lonely planet

Thailand

Mark Beales, Tim Bewer,
David Eimer, Bruce Evans, D… Harper, Isabella Noble

REISEPLANUNG

REISEZIELE IN THAILAND

TRAVEL INK / GETTY IMAGES ©

WAT PHO, S. 66, BANGKOK

ANUJAK JAIMOOK / GETTY IMAGES ©

REISFELDER, S. 352, CHIANG MAI

KAMPEE PATISENA / GETTY IMAGES ©

Inhalt

WAT PHRA THAT DOI KONG MU, S. 322, MAE HONG SON

REISEZIELE IN THAILAND

LEELAKAJONKIJ / GETTY IMAGES ©

ROYAL PARK RAJAPRUEK, S. 352, CHIANG MAI

ANNAPURNA MELLOR / GETTY IMAGES ©

SAIREE BEACH, KO TAO, S. 610

STEVE OGLE / GETTY IMAGES ©

Inhalt

THAILAND VERSTEHEN

PRAKTISCHE INFORMATIONEN

SONDER-SEITEN

RAILAY, S. 721

Willkommen in Thailand

Freundlich, lebenslustig, exotisch, tropisch und voller Kultur und Geschichte – Thailand mit seinen glitzernden Tempeln und tollen Stränden scheint selbst ebenso zu strahlen wie seine herzlichen Bewohner.

Sand zwischen den Zehen

Die Küste ist lang (eigentlich zwei Küsten), grüne Inseln erheben sich aus dem azurblauen Meer und zwischen Himmel und Meer ragen Kalksteinformationen auf. Das tropische Thailand ist ein Paradies für Genussmenschen wie Einsiedler, für Könige wie Bettler. Man kann sich austoben oder entspannen, z. B. in der sanften Brandung vor Ko Lipe, beim Tauchen vor Ko Tao, beim Klettern an den Klippen von Krabi, beim Kiteboarden in Hua Hin, beim Feiern in Ko Phi-Phi oder in einem Resort auf Ko Samui.

Heilige Stätten

In dem vom Buddhismus geprägten Land sind das Überirdische und spirituelle Andachten allgegenwärtig: Tempel und goldene Buddhas zieren ländliche Gegenden und Städte, alte Banyanbäume werden feierlich in heilige Tücher gewickelt, Glück verheißende Schreine stehen in einfachen Häusern, aber auch in modernen Einkaufszentren, und mit Girlanden geschmückte Anzeigetafeln sollen Unfälle abwenden. Auch Besucher können sich in diesen Dialog einklinken, etwa bei einem Meditationsseminar in Chiang Mai oder den religiösen Festen im Nordosten, in den Höhlenschreinen in Kanchanaburi und Phetchaburi oder in den Bergtempeln im Norden des Landes.

Felder & Wälder

Zwischen all den größeren und kleineren Städten liegt das ländliche Herz Thailands, das aus Reisfeldern, Regenwald und Dörfern besteht, wo die Landwirtschaft den Takt vorgibt. Im Norden stoßen Wälder und Felder an gezackte blaue Berge, von denen silbrige Wasserfälle stürzen. Im Süden ragen Sandsteinklippen aus der bebauten Landschaft wie prähistorische Wolkenkratzer. In der Regenzeit strahlt der ansonsten trockene Nordosten smaragdgrün, weil Reispflänzchen den Boden bedecken.

Reich gedeckter Tisch

Die thailändische Küche wird weltweit geliebt und spiegelt elementare Aspekte der thailändischen Kultur wider: Sie ist großzügig, einladend, stärkend und zwanglos. Jedes Gericht weist frische heimische Zutaten auf, z. B. Zitronengras, Chilis oder Meeresfrüchte. Die vielfältige Küche basiert auf vier Geschmacksrichtungen: scharf, süß, salzig und sauer. Feinschmecker erkunden auf kulinarischen Touren Bangkoks Nudelbuden, die Meeresfrüchte-Pavillons auf Phuket und die birmanischen Marktstände in Mae Sot. Kochkurse enthüllen, wie einfach die Gerichte zubereitet werden – und sich auf Märkten zurechtzufinden, ist eine (überlebens-)wichtige Fertigkeit.

Warum ich Thailand liebe

Von Austin Bush, Autor

Ich könnte einfach sagen, dass ich an Thailand vor allem das thailändische Essen mag. Doch dann muss ich an das Gefühl der Freiheit während einer Motorradtour quer durchs Land denken. Und an die Sinneseindrücke auf einem geschäftigen Morgenmarkt – oder an eine durchwachte Nacht in Bangkok. Auch an die vielen Begegnungen mit der Geschichte und der antiken und modernen Kultur, die einen praktisch an jeder Ecke erwarten. Nicht zu vergessen die Sandstrände, die Urwälder, die uralten Ruinen und die Tempel. Sicher, das Essen ist hervorragend – doch auf den zweiten Blick hat Thailand so viel mehr zu bieten …

Mehr zu unseren Autoren gibt's auf S. 890

Wat Phra That Doi Suthep (S. 354), Chiang Mai

Thailand

0 150 km
Provinz Mae Hong Son
Berglandschaft, Trekking und Bergvölker (S. 305)
Chiang Mai
Relaxte Stadt mit Kultur und guter Küche (S. 336)
Geschichtspark Sukhothai
Zwischen den Ruinen herumradeln (S. 278)
Ayutthaya
Welterbestätte mit historisch bedeutsamen Ruinen (S. 172)
Kanchanaburi
Stadt am Flussufer voller Natur und Geschichte (S. 188)
Provinz Chiang Rai
Wanderungen, Goldenes Dreieck und Flusstrips (S. 224)
Mekong
Dem Fluss von Chiang Khan (S. 407) nach Pha Taem (S. 473) folgen
Geschichtspark Phanom Rung
Ruinen inmitten von Reisfeldern (S. 455)
Khao Yai National Park
Die Bangkok am nächsten gelegene Wildnis (S. 451)
MYANMAR (BIRMA)
LAOS
VIETNAM
Golf von Tonkin
Golf von Martaban
18° N
16° N
14° N
YANGON (RANGUN)
Mawlamyaing
Myawaddy
Tavoy
VIENTIANE
BANGKOK
Luang Prabang
Vang Vieng
Mae Sai
Chiang Saen
Chiang Khong
Tha Ton
Fang
Chiang Rai
Mekong
Huay Kon
Chiang Kham
Pai
Mae Hong Son
Doi Inthanon (2565 m)
Doi Inthanon National Park
Chiang Mai
Lamphun
Nan
Mae Sariang
Lampang
Phrae
Den Chai
Kheuan Sirikit
Kheuan Phumiphon
Utaradit
Sawankhalok
Sukhothai
Tak
Mae Sot
Lang San National Park
Phitsanulok
Lom Sak
Phichit
Kamphaeng Phet
Um Phang
Nakhon Sawan
Uthai Thani
Chainat
Drei-Pagoden-Pass
Sangkhlaburi
Khao Laem Reservoir
Si Nakharin Reservoir
Singburi
Ang Thong
Lopburi
Suphanburi
Nam Tok
Kanchanaburi
Nakhon Pathom
Pathum Thani
Saraburi
Ayuthaya
Kheuan Mae Wong
Mae Nam Chao Phraya
Chiang Khan
Si Chiangmai
Nong Khai
Loei
Udon Thani
Phu Kradung National Park
Nam Nao National Park
Kheuan Ubon Ratana
Phetchaburi
Khon Kaen
Kheuan Chulabhol
Chaiyaphum
Nakhon Ratchasima (Khorat)
Khao Yai National Park
Pak Thong Chai
Prachinburi
Aranya Prathet
Prasat Phanom Rung
Phimai
Buriram
Surin
Mahasarakham
Kalasin
Kheuan Lam Pao
Roi Et
Yasothon
Beung Kan
Nakhon Phanom
Tha Khaek
Sakhon Nakhon
Phu Phan National Park
Savannakhet
Mukdahan
Amnat Charoen
Ubon Ratchathani
Warin Chamrap
Si Saket
Pha Taem National Park
Chong Mek
Pakse

Bangkok
Mega-Stadt voller Spaß (S. 60)
Khao Sok National Park
Urzeitlicher Regenwald (S. 660)
Surin & Similan Islands Marine National Parks
Berühmte Tauchspots (S. 657)
Phuket
Internationales Strand-Resort (S. 675)
Ko Lipe
Weißer Sand, intakte Korallen, brummende Kneipen (S. 768)
Ko Kut
Ruhiges Strandparadies (S. 530)
Ko Tao
Die Tauch-Hauptstadt des Landes (S. 610)
Ko Pha-Ngan
Vollmondpartys und in Hängematten abhängen (S. 592)
Höhenstufen
1000 m
500 m
200 m
100 m
0
KAMBODSCHA
VIETNAM
MALAYSIA
ANDAMANENSEE
GOLF VON THAILAND
SÜDCHINESISCHES MEER
Mekong
Tonlé Sap
PHNOM PENH
HO-CHI-MINH-STADT (SAIGON)
Sakhon
Songkhram
Phetchaburi
Kaeng Krachan National Park
Cha-am
Hua Hin
Chonburi
Si Racha
Pattaya
Sattahip
Rayong
Chanthaburi
Ko Samet
Trat
Ko Chang
Ko Kut
Prachuap Khiri Khan
Thap Sakae
Bang Saphan
Chumphon
Isthmus of Kra
Ranong
Ko Tao
Ang Thong Marine National Park
Ko Pha-Ngan
Ko Samui
Chaiya
Surin Islands
Surat Thani
Khao Sok National Park
Similan Islands
Khao Lak
Phang-Nga
Nakhon Si Thammarat
Ko Yao Yai
Krabi
Railay
Thung Song
Phuket
Ko Phi-Phi
Ko Lanta
Ranot
Trang
Phattalung
Kantang
Thaleh Luang
Songkhla
Thaleh Ban National Park
Hat Yai
Pattani
Ko Tarutao Marine National Park
Satun
Sadao
Yala
Ko Lipe
Narathiwat
Pulau Langkawi
Alor Setar
Sungai Kolok
Kota Bharu
Betong
Keroh
Sungai Petani
12° N
10° N
8° N
6° N
98° E
104° E
106° E

Thailands Top 20

1

Bangkok

1 Glanzvolle Tempel, mächtige Wolkenkratzer, pulsierendes Nachtleben – und natürlich das Essen! Was könnte man an Bangkok (S. 60) nicht mögen? Abgesehen von Verkehrschaos, feuchtwarmem Klima und politischer Instabilität ist Thailands Hauptstadt heute sauberer und leichter zu entdecken als je zuvor. Wer hier zwischen den Schreinen, Märkten, Einkaufszentren und Museen pendelt, kann sich zwischendurch einen Imbiss an Straßenständen genehmigen oder sich in ein paar von Asiens besten Restaurants stärken. Für einen buchstäblichen Überblick am ersten Abend empfiehlt sich eine Bar hoch oben in einem Wolkenkratzer – und dann nichts wie hinein in die Metropole.

Chiang Mai

2 Als Kulturhauptstadt des Nordens ist Chiang Mai (S. 336) bei Kulturfreaks, Tempelfans und Familien gleichermaßen beliebt. Viele der Tempel in der Altstadt stammen aus der Zeit des einst unabhängigen Königreichs Lan Na. Die Schreine und kurvigen Seitenstraßen lassen sich am besten per Fahrrad erkunden. In der malerischen Umgebung warten Dschungelwanderungen, Begegnungen mit Elefanten, Dörfer ethnischer Minderheiten und viel traditionelles Kunsthandwerk. Die eigentliche Stadt punktet zudem mit tollem Essen – darunter ausländische Gerichte (z. B. japanisches Sushi, birmanische Currys), typische Spezialitäten des Nordostens und vegetarische Kost.

KEVIN FOY / ALAMY STOCK PHOTO ©

2

WYVETTE CARDOZO / GETTY IMAGES ©

Railay

3 Am Ende der Halbinsel Krabi ragen mit den Karstinseln von Railay (S. 721) ein paar der bekanntesten Naturwunder Thailands aus dem Meer empor. Der Sand ist weiß und weich wie Puderzucker, während das bewaldete Hinterland nur zu Fuß erkundet werden kann. Hier gibt's keine Autos – Besucher reisen per Langboot an und ab. Vor Ort kann man faulenzen, schwimmen, tauchen oder klettern. Kletteranfänger lernen die Grundlagen; manche von ihnen bleiben so lange, dass sie einen Free Solo an einer der Felsnadeln schaffen.

Provinz Chiang Rai

4 Die Zeiten des Opiumhandels im Goldenen Dreieck liegen lange zurück. Dafür fasziniert Chiang Rai (S. 224) heute mit Spaß im Freien wie Trekking- oder Erkundungstouren. Zudem warten hier tolle, einzigartige kulturelle Erfahrungen: vom Besuch eines Akha-Dorfs bis hin zu Übernachtungen im yunnanesischen Dorf Mae Salong. Chiang Rai ist wohl Thailands schönste Provinz zwischen Mekong und Gebirge. Und wer größere Reisepläne hegt, kommt von hier aus auch gut nach Myanmar und Laos. Bewohnerinnen eines Akha-Dorfs

3

Ayutthaya

5 Ayutthaya (S. 172) war einst eine lebendige, glitzernde Hauptstadt mit Hunderten Tempeln. Seine frühere Pracht lässt sich bei Radtouren durch die gipsverputzten und zum UNESCO-Welterbe gehörenden Backsteinruinen aber nur noch erahnen. Und dennoch vermitteln sie einen guten Eindruck, wie sich die Metropole zu deren Blütezeit als internationales Handelszentrum präsentiert hat. Am Stadtrand liegen weitere Highlights wie ein großes Kunsthandwerkszentrum oder der wohl eklektischste Königspalast aller Zeiten.

Phetchaburi

6 Diese Provinzhauptstadt (S. 534) bietet einen tollen Mix aus Natur und Kultur. Sie ist ein ruhiges Refugium im Gegensatz zu Bangkoks Trubel und eine hervorragende Zwischenstation bei der Rückkehr aus dem Süden. Highlights sind z. B. ein alter Bergpalast, heilige Höhlenschreine und belebte Tempel. Im alten Ladenviertel betreiben viele Thai-Tanten und -Omas noch eigenhändig ihre Geschäfte. Und der nahe Kaeng Krachan National Park ist die Heimat wild lebender Gibbons und exotischer Vögel. Geschichtspark Phra Nakhon Khiri, Phetchaburi (S. 534)

Pai

7 Man nehme ein schönes Bergtal und eine Partyszene im Stil einer thailändischen Insel – kombiniert mit altmodischem Hippie-Vibe und Nordthailands gelassener Art. Ergebnis ist Pai (S. 305) – bis heute das coolste Ziel im Norden und entsprechend beliebt. So kann es hier vor allem auf dem Höhepunkt des thailändischen „Winters" (Dez. & Jan.) recht voll werden. Doch die riesige Unterkunftsauswahl bietet etwas für jedes Budget. Zudem sorgt ein großes Spektrum von Outdoor-Aktivitäten und erholsamen Optionen für Individualität. Das Spicypai Backpackers (S. 311)

6

MARTIN RICHARDSON / GETTY IMAGES ©

7

MATTHEW MICAH WRIGHT / GETTY IMAGES ©

Surin & Similan Islands Marine National Parks

8 Die weltberühmten Meeresparks rund um die Surin- (S. 657) und die Similan-Inseln (S. 667) haben Thailand als internationales Taucherziel etabliert. Khao Lak ist Startpunkt von Touren mit Bordübernachtung, die mehr Zeit für das Beobachten von Unterwasserbewohnern wie Mantarochen oder Walhaien lassen. Dichter Dschungel und weiche weiße Sandstrände inmitten von Korallenriffen machen auch die eigentlichen Inseln zur Attraktion. Mantarochen, Similan Islands Marine National Park

Kanchanaburi

9 Die westthailändische Provinz Kanchanaburi (S. 188) ermöglicht Zeitreisen in den Zweiten Weltkrieg: Hier steht die berüchtigte Brücke am Kwai. Danach empfehlen sich Wanderungen durch die regionale Dschungelwildnis. Auf der Suche nach Gibbons und Thailands letzten Tigern geht's dabei an Wasserfällen und reißenden Flüssen vorbei. Zudem gibt's hier noch viele andere Aktivitäten (z. B. Seilrutschen, Kajaktrips, Begegnungen mit Elefanten). Übernachtet wird idealerweise in einem Homestay unter indigener Leitung. Brücke am Kwai (S. 189)

Geschichtspark Sukhothai

10 Eine der eindrucksvollsten historischen Stätten des Landes (S. 278) schickt ihre Besucher rund 800 Jahre zurück. Bei Radtouren durch die Ruinen der früheren Hauptstadt kurvt man an Tempeln, Buddhastatuen und fischreichen Teichen vorbei. Tolle Museen und Unterkünfte mit super Preis-Leistungs-Verhältnis runden das Paket ab. Zudem wirkt Sukhothai fast nie überfüllt. Unbekannter ist der nahe Geschichtspark Si Satchanalai-Chaliang: Dort erklimmt man uralte Treppen eventuell sogar ganz allein.

Mekong

11 Im Nordosten erstreckt sich der Mekong von Chiang Khans (S. 407) historischen Ladenzeilen bis zu den Wasserfällen im Pha Taem National Park (S. 473). Wer dem Fluss folgt, entdeckt viele Highlights: Thailändische und laotische Kultur befruchten sich hier gegenseitig, wovon z. B. Fischerdörfer oder der bizarre Skulpturenpark in Nong Khai zeugen. Ebenfalls sehenswert sind die prähistorischen Felsbilder in Ubon Ratchathani. Die Region ist wenig besucht und liefert sicher Stoff für tolle Geschichten. Chiang Khan

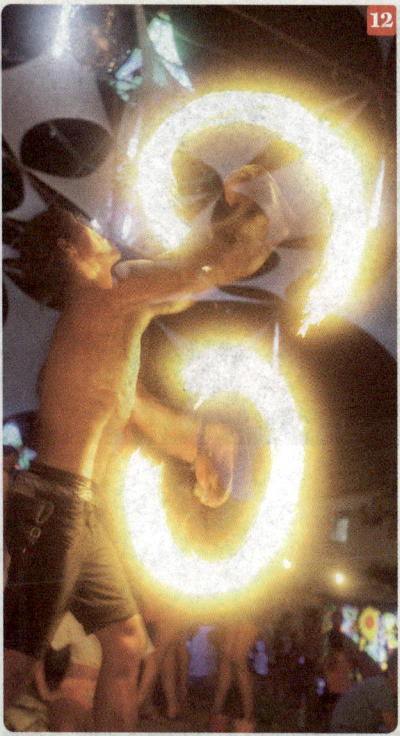

JOHN BROWN / ALAMY STOCK PHOTO ©

ALVARO LEIVA / ALAMY STOCK PHOTO ©

Ko Pha-Ngan

12 Ko Pha-Ngan (S. 592) ist für seine Vollmondpartys mit Techno-Beats berühmt. Schon vor längerer Zeit hat sich die einst alternativ angehauchte Insel in eine Art asiatisches Ibiza verwandelt. Mit ihren vielen Boutique-Bleiben bietet sie Luxusfans eine Alternative zu Ko Samui. An der Nord- und Ostküste können sich Hängemattenasketen jedoch immer noch wie glückliche Schiffbrüchige fühlen. Der küstennahe Sail Rock zählt zu den besten Tauchspots im Golf von Thailand. Das Innere des Eilands wird größtenteils von Urwäldern bedeckt. Feuerjongleur bei einer Vollmondparty, Hat Rin (S. 597)

Phuket

13 Die Strandinsel Phuket (S. 675) spricht internationale Gäste jeden Alters an und ist z. B. ab Bangkok (oder sogar Dubai) direkt per Flieger erreichbar. Fünfsterne-Resorts und Boutiquehotels versprechen hier sorgenfreie Tropenferien. Schöne Sandstrände, erstklassige Spas, ausgelassene Partys, Tagestrips zu Mangrovenwäldern, Rettungszentren für Gibbons und vielerlei Wassersportarten (z. B. Tauchen, Surfen) sorgen dabei für Unterhaltung. Die Inselhauptstadt Phuket Town wartet mit viel Kultur auf und ist inzwischen eine Attraktion für sich. Surfer, Hat Patong (S. 699)

Mae Hong Son

14 Die Provinz Mae Hong Son (S. 305) versteckt sich im äußersten Nordwesten und hat mehr mit Myanmar gemeinsam als mit dem übrigen Thailand. Die abgeschiedene Lage, die hohen Berge und die einzigartige Kultur bzw. Küche erwecken mitunter den Eindruck eines ganz anderen Landes. So geht's hier vor allem um Erkundungen, zu denen z. B. die vielen regionalen Höhlen einladen. Alternativ kann man auch mit dem Motorrad Serpentinen folgen oder auf eigene Faust von Mae La-Na nach Soppong wandern. Tham Lot (S. 317) bei Soppong

15

16

Ko Lipe

15 Auf Ko Lipe (S. 768) trifft das leibliche Wohl auf entspanntes Insel-Feeling. Die Insel ist nicht einfach zu erreichen, aber die wachsende Schar ihrer Anhänger ist sich einig, dass sich die Mühe lohnt. Die einsamen Tage sind vorbei, besonders in der Hauptsaison ist die Insel überlaufen, aber sie bietet immer noch eine tolle Mischung aus weißen Sandstränden, authentischer Thai-Küche, schicken Gästehäusern, Boutiqueresorts und Naturabenteuern im Nationalpark. Am besten tauchen und leben kann man hier zu Beginn der Regenzeit (Mitte April bis Juni). Aber das bleibt streng geheim.

Khao Sok National Park

16 Dichter und lichtarmer Dschungel säumt das Herz Südthailands. In diesen uralten Regenwäldern (S. 660) führen lange und anstrengende Wanderrouten hinauf auf spektakuläre Kalksteinformationen mit Traumaussicht. Neben Vögeln und Fledermäusen ist hier mit *Rafflesia kerrii* auch eine der am übelsten riechenden Blumen der Welt heimisch. Wer sich im Tubing, Rafting oder Kajakfahren versucht hat, kann danach gemütlich am Flussufer zelten oder bei Chiaw Lan in schwimmenden Hütten auf einem See übernachten.

Khao Yai National Park

17 Nur ein paar Stunden von Bangkok entfernt sind Elefanten, Affen, Gibbons, Nashornvögel, Pythons, Bären, 1 Mio. Fledermäuse und sogar ein paar scheue Tiger in dieser UNESCO-Welterbestätte (S. 451) daheim. Sichtungen erfordern Glück; die Chancen sind aber ganz o. k. Doch selbst wenn sich kaum Großtiere zeigen, wird der Tag garantiert prima: Beim Dschungelwandern sorgen Orchideen, Vögel und Wasserfälle sofort für Abenteuer-Atmosphäre. Die Kombination aus landschaftlicher Schönheit und guter Erreichbarkeit ist kaum zu überbieten.

Wellenliest

Ko Kut

18 Wer auf der Suche nach einem Inselparadies mit wenig Menschen, aquamarinblauen Wasser und breiten Stränden ist, sollte nach Ko Kut (S. 530) kommen. Mit Hat Khlong Chao findet man hier einen der schönsten Strände Thailands, man kann schnorcheln oder zu Wasserfällen wandern. Am besten aber ist, dass das Leben auf Ko Kut weiter seinen gemütlichen Gang geht, dem sich Besucher gern anpassen. Nachtleben gibt es auf der Insel nicht, hier hört man nur dem Meeresrauschen zu. Aber genau deshalb ist man ja hier. Nom Tok Khlong Chao (S. 530)

Geschichtspark Phanom Rung

19 Thailands größte und schönste Khmer-Ruinen (S. 455) hoch auf einem erloschenen Vulkan sind etwas Besonderes. Die Erwartung steigt, während man der Promenade folgt, Treppen steigt und Brücken überquert. Beim Betreten des restaurierten Tempels mit den vielen Hindu-Skulpturen scheint alles der Zeit entrückt zu sein. Phanom Rung ist zwar nicht so atemberaubend wie Angkor Wat (Kambodscha), aber dennoch eindrucksvoll. Am besten besucht man beides!

18

Ko Lanta

20 Ein entspannter Insel-Vibe und viel herrlicher Sand machen Ko Lanta (S. 739) zum Strandparadies. Gesellige Traveller schätzen die Partyszene an der Nordküste. Freunde der Einsamkeit zieht es dagegen nach Süden, wo schlichte Strandhütten in verschlafener Dorfatmosphäre warten. Das große Angebot an Aktivitäten umfasst z. B. Wanderungen durch Kalksteinhöhlen. Bei Tauchtouren vor Hin Muang und Hin Daeng lassen sich eventuell Rochen und manchmal sogar Walhaie blicken. Für etwas Kultur zwischendurch empfiehlt sich die charmante Old Town an der Ostküste: Dort gibt's eine muslimische Gemeinde und hübsche Cafés am Meer.

Gut zu wissen

Weitere Infos gibt's im Abschnitt „Praktische Informationen" (S. 835)

(S. 835)

Währung
Baht (B)

Sprache
Thai

Visa
Bei Anreise per Flugzeug erhält man ein 30-Tage-Visum; wer auf dem Landweg kommt, kriegt ein 15-Tage-Visum; vor der Anreise bekommt man über das thailändische Konsulat ein 60-Tage-Touristenvisum.

Geld
Geldautomaten sind weit verbreitet; es werden 150 bis 180 B Gebühren fällig. Visa und MasterCard werden in gehobeneren Einrichtungen akzeptiert.

Handys
Am besten besorgt man sich eine günstige Prepaid-SIM-Karte für GSM-Handys. In Bangkok und größeren Städten gibt's 4 G.

Zeit
MEZ+6 Std., während der europäischen Sommerzeit MEZ+5 Std.

Reisezeit

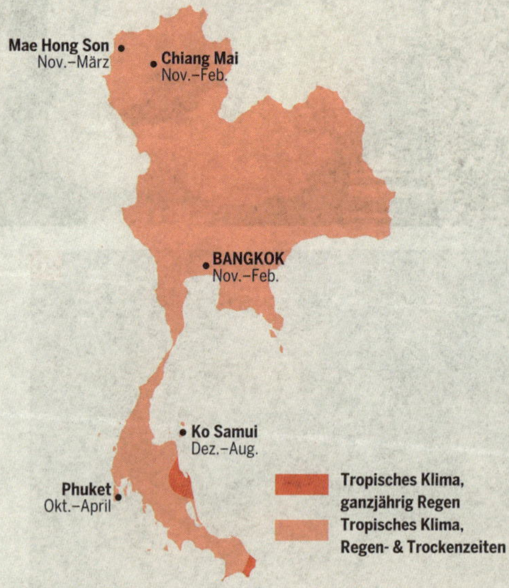

Hauptsaison
(Nov.–März)

- Nach dem Monsun folgt eine kühle und trockene Phase: Die Landschaft ist grün und die Temperaturen sind angenehm.
- Die Weihnachtsferien in westlichen Ländern sorgen für Besuchermassen; die Preise steigen.

Zwischensaison
(April–Juni, Sept. & Okt.)

- Von April bis Juni ist es heiß und trocken, in Bangkok sind durchschnittlich 30 °C. Meerbrisen wirken als natürliche Klimaanlagen.
- September und Oktober sind ideal für den Norden und die Golfküste.

Nebensaison
(Juli–Okt.)

- Monsun: Von kurzen Schauern am Nachmittag bis hin zu Überschwemmungen ist alles möglich.
- Auf einigen Inseln ist alles geschlossen, Fähren fahren eventuell nicht.
- Reisepläne flexibel gestalten!
- Kurze, intensive Regengüsse.

Infos im Internet

Tourism Authority of Thailand (TAT; www.tourismthailand.org) Nationale Tourismusbehörde, Infos und spezielle Events.

Thaivisa (www.thaivisa.com) Expat-Website mit Nachrichten und Diskussionen.

Lonely Planet (www.lonelyplanet.de/thailand) Infos zum Land und zu Sehenswertem.

Bangkok Post (www.bangkokpost.com) News auf Englisch.

The Nation (www.nationmultimedia.com) Nachrichten auf Englisch.

Thai Language (www.thai-language.com) Online-Wörterbuch, Thai-Lehrgänge.

Wichtige Telefonnummern

Landesvorwahl Thailand	☎66
Notruf	☎191
Vorwahl für internationale Gespräche	☎001, 007, 008, 009 (& andere spezielle Nummern)
Auslandsgespräche mit Vermittlung	☎100
Touristenpolizei	☎1155

Wechselkurse

Eurozone	1 €	39,65 B
	100 B	2,51 €
Schweiz	1 SFr	36,62 B
	100 B	2,72 SFr

Aktuelle Wechselkurse sind unter www.xe.com abrufbar.

Tagesbudget

Günstig – weniger als 1000 B

- Schlichtes Gästezimmer: 400–1000 B
- Essen vom Markt-/Imbissstand: 40–100 B
- 1 Bier: 100 B
- Städtischer ÖPNV: 20–50 B

Mittelteuer – 1000–3000 B

- Flashpacker-Pension od. Zi. im Mittelklassehotel: 1000–3000 B
- Westliches Mittagessen und Seafood-Dinner: 150–350 B
- Organisierte Tour oder Aktivität: 1000–1500 B
- Leihmotorrad: 150–250 B

Teuer – mehr als 3000 B

- Zi. im Boutiquehotel: 3000 B
- Edles Abendessen: 350–500 B
- Individuelle Tour: 2000 B
- Mietwagen: ab 800 B

Öffnungszeiten

Banken und staatliche Einrichtungen schließen an nationalen Feiertagen. Einige Bars und Clubs haben während Wahlen und an bestimmten Feiertagen geschlossen, wenn kein Alkohol verkauft wird. In Einkaufszentren gibt es Banken, die spät öffnen.

Banken 9.30–15.30 Uhr; Geldautomaten 24 Std.

Bars 18–1 Uhr

Clubs 20–2 Uhr; manche öffnen erst später

Läden 10 od. 11–21 Uhr

Regierungsstellen Mo–Fr 8.30–16.30 Uhr; einige sind mittags geschlossen

Restaurants 8–22 Uhr, einige nur bis 15 od. 16 Uhr

Ankunft am …

Suvarnabhumi International Airport (Bangkok; S. 854) Mit Airport Rail Link kommt man nach Phaya Thai (45 B, 30 Min.) und per Expressservice nach Makkasan (Bangkok City Air Terminal; 90 B, 15 Min.) und Phaya Thai. Taxifahrten kosten 220 bis 380 B zzgl. 50 B Flughafengebühr und Maut; bis in die Stadt dauert es eine Stunde. Auch Busse fahren ins Zentrum (24–35 B, 6–0 Uhr).

Don Mueang International Airport (Bangkok; S. 855) Bus A1 fährt zur BTS Mo Chit; Bus A2 zur BTS Mo Chit und zur BTS Victory Monument. Beide Fahrten kosten 30 B und starten alle 30 Minuten. Züge fahren nach Hualamphong (5–10 B, 45 Min.). Taxifahrten kosten 300 bis 400 B zzgl. 50 B für Gebühren/Maut. Gratis-Shuttles bedienen Suvarnabhumi von 5 bis 0 Uhr.

Chiang Mai International Airport (S. 855) Taxis kosten pauschal 120 B.

Phuket International Airport (S. 855) Busse fahren nach Phuket (Stadt; 100 B, alle 90 Min.). Minivans steuern die Stadt (150 B) und die Strände (180 B) an, Taxis (550 B) ebenfalls.

Unterwegs vor Ort

Auto & Motorrad Problemlos zu mieten.

Bus Umfassendes Netz, günstig – ideal, um von Stadt zu Stadt zu kommen.

Flugzeug Günstige Inlandsflüge.

Nahverkehr Taxis und Motorräder gibt's überall; feilschen!

Zug Langsam, aber schön: Bangkok–Chiang Mai od. Surat Thani.

Mehr zu **Verkehrsmitteln & -wegen** gibt's auf S. 854.

Thailand für Einsteiger

Weitere Infos gibt's im Kapitel „Praktische Informationen" (ab S. 835).

Checkliste

- Die Gültigkeit des Reisepasses überprüfen (mind. 6 Monate sind vorgeschrieben).
- Bei einem Aufenthalt von mehr als 30 Tagen Visum bei der Botschaft beantragen.
- Reise- und Tauchversicherung abschließen, internationalen Führerschein besorgen.
- Ärztliche Untersuchung fürs Gerätetauchen machen.
- Ggf. Bank und Kreditkartenunternehmen über die Reisepläne informieren.

An alles gedacht?

- Führerschein, internationaler Führerschein
- Thailändisches Reisewörterbuch
- Steckdosen-Adapter
- GSM-fähiges Handy und Ladegerät
- Leichte Kleidung für eine Woche
- Sonnenhut und -brille
- Sandalen
- Ohrstöpsel
- Ggf. Regenkleidung und Schutzhüllen fürs Gepäck

Top-Tipps für die Reise

- Authentische Snacks gibt's auf Märkten und an Straßenständen.
- Öffentliche Verkehrsmittel sind billig und perfekt dazu geeignet, Kontakt zu Einheimischen zu bekommen.
- Städte und Viertel erkundet man am besten mit dem Leihfahrrad.
- Mit ein paar Redewendungen auf Thai und einem Lächeln kommt man überall durch.
- Vorsicht, Betrüger: Juwelenverkäufe „nur heute" in Bangkok, völlig überteuerte Transportpreise, windige Schneider!
- Man sollte wissen, wie man feilscht, ohne als Trottel dazustehen.

Dresscode

Am besten in tropischer Hitze ist leichte, locker sitzende Kleidung. Man sollte auch eine Jacke einpacken, die vor Regen schützt und in den Bergen und in klimatisierten Bussen wärmt. In Tempeln braucht man Kleidung, die Knie und Ellbogen bedeckt. Und für einen Club in Bangkok oder ein feines Restaurant in Phuket sollte ein schickes Outfit dabei sein.

Schlafen

In Thailand eine Unterkunft zu finden, ist einfach. Wer auf Nummer sicher gehen will, bucht für die erste Nacht im Voraus und sucht danach vor Ort. Lediglich an manchen Feiertagen und in der Hauptsaison ist es ratsam, rechtzeitig zu reservieren.

- **Pensionen** Die oft familiengeführten Unterkünfte in privaten Wohngebäuden und Mehrfamilienhäusern sind sehr empfehlenswert. Das Zimmerangebot reicht von extrem einfach (nur Bett und Ventilator) bis recht luxuriös (mit eigenem Bad und Klimaanlage).
- **Hotels** Mal nobel, mal langweilig – das Spektrum der bequemen und meist modernen Hotels ist groß. Frühstück und andere Extras sind im Preis inbegriffen, manche Hotels haben sogar einen Pool.
- **Hostels** Seit Standards und Preise in Thailands Pensionen gestiegen sind, stellen Hostels eine preiswerte Alternative dar und sind besonders für Alleinreisende interessant.

Geld

Meistens muss man bar bezahlen. Gehobenere Einrichtungen akzeptieren mitunter auch Kreditkarten.

Geldautomaten sind weit verbreitet; zusätzlich zu den Gebühren der eigenen Bank werden für jede Auslandstransaktion 150–180 B fällig. Um die Gebühren möglichst gering zu halten, sollte man immer soviel Geld abheben, wie man mit sich herumzutragen wagt. An den meisten Geldautomaten beträgt das Limit 20 000 B.

Feilschen

Wenn die Ware nicht mit einem Preis versehen ist, ist Feilschen erlaubt. Man fragt nach dem Preis, bittet um Rabatt, macht ein Gegenangebot und akzeptiert den dann angebotenen Preis. Stets Lächeln und nicht anfangen zu feilschen, wenn man gar nichts kaufen will!

Trinkgeld

Trinkgelder werden nicht erwartet, sind aber gerne gesehen. Es ist üblich, Restaurantrechnungen oder Taxikosten ein wenig aufzurunden.

Tipps für eine knappe Reisekasse

- Ausgaben notieren.
- Mit öffentlichen Verkehrsmitteln fahren.
- In Begleitung reisen und sich Übernachtungskosten teilen.
- Auf dem Markt essen.
- Souvenirs erst am Ende der Reise kaufen.
- Auch weite Strecken mit Bus oder Zug fahren, nicht fliegen.

TRAVELASIA / GETTY IMAGES ©

In öffentlichen Verkehrsmitteln sind Sitze für Mönche reserviert

Etikette

Thais sind im Allgemeinen sehr gastfreundlich und verständnisvoll. Einige wichtige Tabus und Verhaltensregeln sollte man dennoch kennen:

- **Monarchie** Keine abfälligen Bemerkungen über die Königsfamilie! Alle Dinge mit dem Bild des Königs, also auch Münzen und Geldscheine, sind mit Respekt zu behandeln. Bei der königlichen Hymne und der Nationalhymne sollte man unbedingt aufstehen.
- **Tempel** Die Kleidung sollte Ellbogen und Knie bedecken. Vor dem Betreten eines Tempels die Schuhe ausziehen! Mit untergeschlagenen Beinen sitzen, damit die Füße nicht auf ein Buddhabildnis zeigen. Frauen sollten niemals einen Mönch oder ihm gehörende Sachen berühren. Auf der Straße weicht man Mönchen aus, in öffentlichen Verkehrsmitteln setzt man sich nicht neben sie.
- **Sittsamkeit** Niemals nackt baden oder oben ohne sonnen!
- **Das Gesicht wahren** Konflikte löst man mit einem Lächeln.

Sprache

In den Touristenorten sprechen zwar viele Menschen Englisch, dennoch sollte man die Zahlen und ein paar Brocken Thai beherrschen. Thailand hat eine eigene Schrift. Straßen- und Ortsnamen sind zwar in westlicher Schrift angegeben, doch ist die Transkription alles andere als einheitlich. Auch werden die einzelnen Buchstaben nicht immer so ausgesprochen, wie man es vielleicht erwarten würde: So wird z. B. „ph“ als gehauchtes „p“ gesprochen. Weitere Infos auf S. 869.

Was gibt's Neues?

Verantwortlicher Umgang mit Elefanten

Mittlerweile gibt es erdrückende Beweise, dass Elefantenritte und -shows Asiens sanften Riesen tatsächlich Schaden zufügen. Ein verantwortlicherer Umgang mit den Dickhäutern wird deswegen zusehends beliebter. Tierreservate in Gegenden wie Chiang Mai, Kanchanaburi und Surin konzentrieren sich auf tierfreundlichere Aktivitäten: Hier führen die Dickhäuter keine Tricks für Touristen vor, sondern die Besucher gehen mit ihnen spazieren, baden sie oder bereiten ihnen das Futter. (S. 358)

Bessere Straßen auf Ko Samet

Die einstmals schlammigen Straßen auf Ko Samet wurden ausgebessert, weshalb es auf der Insel keine Geländewagen mehr gibt. Alle großen Strände sind inzwischen relativ leicht zu erreichen. (S. 502)

Flughafenerweiterung

Der Flughafen U-Tapao bei Pattaya wird erweitert. Derzeit gibt es Flüge von Bangkok Air nach Ko Samui und Phuket sowie von Air Asia nach Kuala Lumpur in Malaysia. Nun sollen Verbindungen in thailändische Provinzen und chinesische Städte folgen. Bis 2020 soll die Flughafenkapazität auf 5 Mio. Fluggäste pro Jahr steigen. (S. 495)

Visa-Erleichterungen

Für fast alle ausländischen Besucher ist nun ein sechs Monate gültiges Visum, mit dem man auch mehrfach einreisen kann, erhältlich (5000 B). So bleibt Travellern bei Langzeitaufenthalten die lästige Aus- und Wiedereinreise erspart.

Billigflüge

Nie war es einfacher, von einer Stadt zur nächsten zu reisen, denn inzwischen gibt es billige Inlandsflüge. Dank Frühbuchung ist das Fliegen eine realistische Option für Budgettraveller, zumal ein Flug oft kaum mehr als eine Busfahrt kostet.

Endlich am Stromnetz

Ende 2015 wurde das zu Ko Changs kleineren Nachbarinseln Ko Mak und Ko Kut verlegte Unterwasserkabel in Betrieb genommen, sodass diese nun ans landesweite Stromnetz angeschlossen sind. Beide Inseln haben zum ersten Mal rund um die Uhr Strom. (S. 527) (S. 530)

„Säuberung" am Strand von Phuket

Um an den Stränden von Phuket aufzuräumen, wurden Restaurants plattgemacht und Sonnenliegen und -schirme verboten. Manche Händler nehmen auf solche Bestimmungen jedoch wenig Rücksicht und bieten noch immer ein paar Strandmatten und Barbereiche an. (S. 675)

Straße nach Myanmar

Traveller, die auf dem Landweg nach Myanmar reisen möchten, können nun von Kanchanaburi zu dem Küstenstädtchen Dawei gelangen. (S. 199)

Brücke nach Laos

Eine neue Freundschaftsbrücke über den Mekong verbindet Chiang Khong in der Provinz Chiang Rai mit Huay Xai in Laos. (S. 253)

Weitere Empfehlungen und Beschreibungen gibt's unter lonelyplanet.com/thailand.

Wie wär's mit...

Tierbegegnungen

Khao Yai National Park In Thailands ältestem Nationalpark leben Elefanten, Affen, Schlangen und allerlei Krabbeltiere. (S. 451)

Kaeng Krachan National Park Im dichten Morgennebel aufstehen und eine Wanderung durch den kaum besuchten Park südlich von Bangkok machen, um Elefanten und Gibbons zu beobachten. (S. 539)

Ao Khanom In der schönen und nur wenig besuchten Bucht südlich von Surat Thani tummeln sich Chinesische Weiße Delfine, eine seltene Albinorasse. (S. 631)

Um Phang Eine isolierte und ungezähmte Ecke Thailands, in der noch viele Waldtiere umherstreifen. (S. 301)

Chiang Mai Hier trifft man in Tierreservaten auf ausgemusterte und gerettete Arbeitselefanten. (S. 336)

Nam Nao National Park Der Park ist einer der besten Plätze für Ornithologen und beherbergt auch Elefanten, Leoparden und Tiger. (S. 483)

Khao Laem National Park Dank des großen Stausees können hier Parkbesucher in ein Boot springen, um Tiere zu beobachten – im Park leben etwa 260 unterschiedliche Arten. (S. 204)

Weltklasse-Verwöhnprogramme

Ko Samui Auf dieser Wellness-Rückzugsinsel speckt man ab und wird verschönert. (S. 572)

Bangkok Massagen sind in der Stadt der Engel eine alltägliche Angelegenheit, wie Wäsche aus der Reinigung zu holen oder zur Post zu gehen. (S. 103)

Phuket Die Fünf-Sterne-Spas auf dieser Urlaubsinsel bieten ganztägige Verwöhnprogramme. (S. 685)

Chiang Mai In dieser ruhigen Stadt gibt es Massagen für die breite Masse ohne das teure „Spa"-Etikett. (S. 362)

Ko Chang Wer nicht einfach nur am Strand rumliegen will, kann sich auf Ko Chang auch in erstklassigen Spas verwöhnen lassen. (S. 518)

Den Menschenmassen entfliehen

Ko Tarutao Das wie ausgestorben wirkende Ko Tarutao bietet mit seinen breiten, menschenleeren Stränden perfekte Abgeschiedenheit. (S. 764)

Mae Hong Son Das einsame und charmante Grenzstädtchen hat ein verführerisch thailändisch-birmanisches Flair. (S. 319)

Pranburi In diesem Küstenort kann man Delfine sehen und Seafood genießen. (S. 554)

Ko Ngai Ko Ngai ist eine der ruhigeren Inseln im Süden. Sie bietet Möglichkeiten zum Schnorcheln und tolle Strände. (S. 754)

Thai-Essen

Die Küche ist lecker, sehr praktisch und preiswert.

Currys Thai-Currys sind bunt und scharf. Bangkok, der Süden und der Norden des Landes bieten jeweils eigene Versionen.

Isan-Küche Das „Triumvirat" aus dem Nordosten – *gài yâhng* (Brathähnchen), *sôm·đam* (würziger Salat mit grüner Papaya) und *kôw nĕe·o* (Klebreis) – hat Fans im ganzen Land.

Meeresfrüchte Gegrillte Garnelen, gebratener Tintenfisch, Krabbencurrys, Muscheln – auf an die Küste und probieren!

Obst An Marktständen oder in Schaufenstern stapeln sich köstliche tropische Früchte.

Kochkurse In den Kochschulen in Bangkok (S. 104) oder Chiang Mai (S. 360) Tricks erlernen.

Tempel & Ruinen

Von buddhistischen Tempeln geht es zu Khmer-Heiligtümern.

Bangkok Die bedeutendste Buddha-Figur der Stadt thront im Wat Phra Kaew, dem Sitz des Thai-Buddhismus. (S. 63)

Ayutthaya Die Ruinen dieser Stadt sind ein Zeugnis aus Thailands Gründerjahren. (S. 172)

Sukhothai Diese alte Stätte war die Hauptstadt eines der ersten Thai-Königreiche. (S. 278)

Chiang Mai Innerhalb der ummauerten Altstadt Chiang Mais stehen alte Teaktempel. (S. 336)

Phanom Rung Dieser Außenposten der Khmer, erbaut im Angkor-Stil, wacht seit Jahrhunderten über die Umgebung. (S. 455)

Lopburi In der Vergangenheit regierten hier die Herrscher des Khmer- und des Dvaravati-Reiches; heute tollen Hunderte von Affen in den Ruinen herum. (S. 182)

Shoppen & Märkte

Bangkok Eine Shoppingtour durch die mit Designerprodukten gespickten Mega-Einkaufszentren, die weitläufigen Märkte wie z. B. Chatuchak oder die schicken unabhängigen Läden machen. (S. 145)

Chiang Mai Der quirlige Nachtmarkt ist voller Souvenirs und Antiquitäten. Außerhalb der Stadt bekommt man in den Kunsthandwerkszentren Seidenwaren und bunte Schirme. (S. 380)

Phuket Das Jungceylon ist das schickste Shoppingcenter auf der Insel, und auf dem Wochenendmarkt gibt's eine große Auswahl an Snacks, Bekleidung und Musik. (S. 686)

Khon Kaen Leckermäuler verdrücken auf dem Markt in der städtischen Fußgängerzone rote Würstchen und Süßigkeiten. (S. 480)

Oben: Liegender Buddha im Wat Lokayasutharam (S. 173), Ayutthaya
Unten: Songkran-Wasserschlacht, Chiang Mai

Schwebende Laternen beim Loi Krathong

Bergvölker

Chiang Mai Die Karen, die Lahu, die Hmong und verschiedene andere Bergvölker leben rund um Chiang Mai. (S. 336)

Chiang Rai Die Akha, die in den Bergen rund um Chiang Rai leben, haben ausgeprägte Traditionen, darunter das Schaukelfest mit einer riesigen Schaukel. (S. 224)

Sangkhlaburi In dem Grenzstädtchen kann man bei verschiedenen Hilfsorganisationen arbeiten, die sich um aus Myanmar vertriebene Bergvölker kümmern. Das Mon-Dorf Wang Kha ist über die längste Holzbrücke Thailands erreichbar. (S. 204)

Mae Sot In der von einer faszinierenden Vielfalt geprägten Stadt tummeln sich Hmong, Karen und Birmanen in den Straßen. (S. 294)

Nachtleben

Bangkok Internationale DJs halten regelmäßig in den großen Clubs der Hauptstadt Hof, während in den Sky Bars der Stadt ein entspannteres Publikum Mojitos schlürft. Die Th Khao San ist und bleibt der beliebteste Backpackertreff. (S. 135)

Phuket Die vielen Clubs, Livemusikbars und Kabarettshows sorgen dafür, dass einen nach dem Strand noch jede Menge andere Action erwartet. (S. 686)

Pattaya Auch in Pattaya gibt's inzwischen Megaclubs; sie zielen vor allem auf ausländische Besucher ab. Immer mehr Fünfsternehotels betreiben ihre eigenen schicken Bars mit Livemusik. (S. 500)

Ko Pha-Ngan Heimat der Full Moon Party mit eimerweise Whisky und dem zwangsläufigen Kater. (S. 607)

Feste & Events

Songkran Bei Thailands größtem Fest geht's darum, mithilfe von Wasser anderen Respekt zu bezeugen. Danach finden in fast jedem Städtchen Wasserschlachten statt.

Musikfeste Musikfans sind hier gut versorgt: Es gibt ein Jazz-Festival in Hua Hin (S. 548), ein asiatisches Pop-Fest in Pattaya (S. 498) und internationale DJs in Bangkok und Ko Samui.

Loi Krathong Im November bitten Thailänder um Vergebung ihrer Sünden, indem sie selbstgebastelte Laternen auf den Flüssen aussetzen bzw. als schwebende Fackeln fliegen lassen.

Obstfeste Auf dem Land gibt's zu Ehren landwirtschaftlicher Produkte viele Feste. In Chiang Rai steht die Litschi im Mittelpunkt, in Chanthaburi (S. 509) die Stinkfrucht Durian.

Monat für Monat

TOP-EVENTS

Songkran, April

Loi Krathong, November

Khao Phansaa in Ubon Ratchathani, Juli

Vegetarian Festival, Oktober

Januar

Das Wetter ist trocken und kühl, die Touristenhauptsaison wird eingeläutet.

Chinesisches Neujahrsfest

Thais mit chinesischen Wurzeln feiern das chinesische neue Mondjahr *(đrùđ jeen)* mit einer Woche Hausputz und Feuerwerk.

Februar

Immer noch Hauptsaison: Aus der winterlichen Heimat flüchten Touristenscharen zwecks Sonne und Spaß nach Thailand.

Makha Bucha

Makha Bucha *(mah·kah buh·schah)* ist einer von drei Feiertagen, die wichtige Stationen in Buddhas Leben markieren. Das Festival erinnert an den Tag, an dem 1250 *arahants* (erleuchtete Buddhisten) von Buddha die Grundsätze des Buddhismus empfingen. Es fällt auf den Vollmond des dritten Mondmonats.

Blumenfest

Chiang Mai zeigt sich drei Tage lang in floraler Pracht. Höhepunkt ist die Parade der mit Blumen geschmückten Festwagen.

März

Die heiße und trockene Jahreszeit rückt näher, während die Strände leerer werden. In Thailand beginnen die Semesterferien, die viele Studenten zum Sightseeing nutzen.

Pattaya International Music Festival

Bei diesem Gratis-Event treten in Pattaya Pop- und Rockbands aus ganz Asien auf und locken busseweise Studenten aus Bangkok an.

Drachenfest

Während der windigen Jahreszeit „kämpfen" Drachen über der Sanam Luang in Bangkok und überall im Land um die Lufthoheit.

Goldene Mangosaison

Mangos haben von März bis Juni Saison und werden vor den Augen der Kunden aufgeschnitten, mit Klebreis in eine Dose gepackt und mit einer süßen Sauce garniert.

April

Das Wetter ist heiß und trocken; die Touristensaison neigt sich dem Ende zu. Man muss weit im Voraus reservieren, denn wegen Songkran ist das ganze Land unterwegs.

Songkran

Das Neujahrsfest (13.–15. April) beginnt respektvoll und wird dann zur Wasserschlacht. Zu den morgendlichen Tempelbesuchen gehören Prozessionen mit heiligen Buddha-Bildern, die zeremoniell mit Wasser besprengt werden. Nun füllen die Thais ihre Wasserpistolen und machen sich auf zur „Straßenschlacht". Chiang Mai und Bangkok sind die Epizentren.

Poi Sang Long

Während des farbenfrohen buddhistischen Festivals (Ende März/Anfang April in Mae Hong Son und Chiang Mai) werden junge männliche Shan (Tai Yai) zu Novizen geweiht. Bei den Prozessionen sind die Sieben- bis Vierzehnjährigen mit Kostümen, Kopfschmuck und Schminke herausgeputzt.

Oben: Bunter Wagenschmuck für das Blumenfest (S. 30) in Chiang Mai

Unten: Geistermasken beim Umzug zu Phi Ta Khon (S. 32) in Dan Sai

Mai

Kurz vor der Regenzeit bitten die Thais mit diversen Festen um viel Regen und eine reiche Ernte. Die Preise sind niedriger, und es sind weniger Touristen unterwegs, aber es ist immer noch erbarmungslos heiß.

Königliche Pflugzeremonie

Bei dieser Zeremonie bedient man sich der Astrologie und alter brahmanischer Rituale, um die Reispflanzsaison einzuläuten. Heilige Ochsen pflügen mit einem Holzpflug die Grünfläche der Sanam Luang in Bangkok.

Raketenfest

Im Nordosten, wo der Regen oft spärlich ist, basteln die Dorfbewohner Bambusraketen *(bâng fai)*, die in den Himmel geschossen werden und für Niederschlag sorgen sollen. Das Fest wird in Yasothon, Ubon Ratchathani und Nong Khai gefeiert.

Visakha Bucha

Visakha Bucha *(wí·săh·kà boo·chah)* fällt auf den 15. Tag des zunehmenden Mondes im sechsten Mondmonat und erinnert an Buddhas Geburt, Erleuchtung und *parinibbana* (Tod).

Juni

In einigen Landesteilen erkennt man die Regenzeit nur am Nachmittgsschauer. Der restliche Tag ist frei für Musik und Spaß. In diesem Monat ist Zwischensaison.

Früchte-Fest in Chanthaburi

Bei diesem Fest (Ende Mai/ Anfang Juni) kann man alle

möglichen Obstsorten probieren – z. B. Mangostanen, Rambutanen, Longkongs, Longanfrüchte, Salakfrüchte und die sehr geruchsintensiven Durianfrüchte.

Hua Hin Jazz Festival

Zu dieser musikalischen Hommage an den König, einen Jazz-Saxophonisten und -Komponisten, kommen zahlreiche Jazzbands zur königlichen Residenz.

Phi Ta Khon

Der heilige buddhistische Tag Bun Phra Wet erlebt im Dörfchen Dan Sai in Nordostthailand eine karnevalistische Erneuerung. Gläubige hüllen sich in „Geister"-Kostüme und ziehen Holzphalli schwingend und Reiswhisky trinkend durch die Gassen. Im Juni oder Juli.

Juli

Mit dem Beginn der Regenzeit bereiten sich die Gläubigen auf das buddhistische Fasten vor. Wegen der Ferien sind deutlich mehr Touristen unterwegs.

Asahna Bucha

Zum Vollmond des achten Mondmonats erinnert Asahna Bucha an Buddhas erste Predigt, in der er die vier edlen Wahrheiten der Religion beschrieb. Der Tag gilt als einer der höchsten Feiertage des Buddhismus.

Khao Phansaa

Der Tag nach Asahna Bucha kennzeichnet den Beginn der buddhistischen Fastenzeit (der erste Tag des abnehmenden Mondes im achten Mondmonat), in der Männer traditionell Mönche werden. In Ubon Ratchathani sind die traditionellen Kerzenopfer zu Wachsskulpturen geworden, die festlich präsentiert werden.

August

Bedeckter Himmel und tägliche Schauer prägen die Mitte der Regenzeit.

Geburtstag der Königin

Der Geburtstag der Königin (12. Aug.) ist ein offizieller Feiertag und Thailands Muttertag.

Oktober

Die religiösen Vorbereitungen für das Ende der Regenzeit und der buddhistischen Fastenzeit beginnen. Der Monsun nähert sich (in den meisten Landesteilen) dem Ende.

Vegetarian Festival (Vegetarierfest)

Das neuntägige Fest der Fleischesabkehr wird gemäß der chinesischen Überzeugung gefeiert, dies reinige Körper und Geist. In Phuket artet es etwas aus, wenn die Prozessionsteilnehmer völlig in Trance zu menschlichen Fleischspießen werden.

Ork Phansaa

Das Ende der buddhistischen Fastenzeit (drei Mondmonate nach Khao Phansaa) wird mit der *gà tĭn*-Zeremonie gefeiert, bei der Mönche von Gläubigen neue Gewänder erhalten.

Tag von König Chulalongkorn

Rama V. wird an seinem Todestag im Königlichen Palast in Dusit die Aufwartung gemacht. Findet am 23. Oktober statt.

November

Die kühle Trockenzeit hat begonnen, und wer früh anreist, entgeht den Touristenmassen. Die Strände sind einladend, die Landschaft herrlich grün.

Elefantenschau in Surin

Am dritten Wochenende im November feiert Surin seine berühmtesten Bewohner. Tierschützer sehen das Festival jedoch kritisch.

Loi Krathong

Eines der beliebtesten Feste Thailands ist Loi Krathong, das am Tag des ersten Vollmonds im zwölften Mondmonat gefeiert wird. Kleine, kunstvoll gefaltete Boote, die *kràthong* oder *grà·tong*, werden mit Blumen und Kerzen verziert auf den Gewässern ausgesetzt.

Lopburi Monkey Festival

In der letzten Novemberwoche werden die Makaken der Stadt mit einem Bankett verwöhnt, während die Gläubigen das Spektakel fröhlich beobachten.

Dezember

Die Hauptsaison ist zurück: Der Himmel reißt wieder auf, die Strandresorts füllen sich und Ferienstimmung macht sich breit.

Geburtstag des Königs

Dieser Feiertag zu Ehren des Königs am 5. Dezember wird mit Paraden und weiteren Huldigungen gefeiert. Die Menschen tragen rosafarbene Hemden (rosa ist die Farbe der Monarchie).

Reiserouten

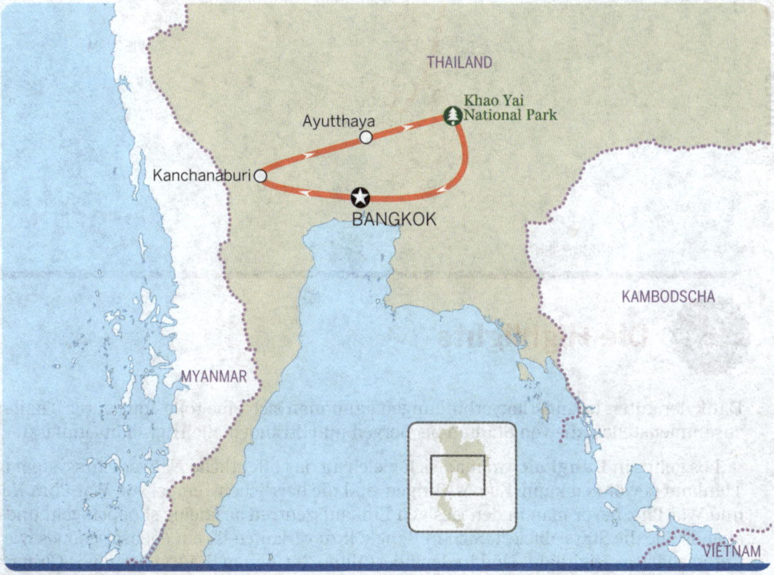

1 WOCHE Bangkok & Umgebung

Auch wer nur wenig Zeit hat, kann den Urwald erleben, Tempel besichtigen und die thailändische Kultur kennenlernen, denn alles ist bequem von **Bangkok** aus zu erreichen.

Nach der Besichtigung der wichtigsten Tempel der Hauptstadt, dem Besuch von Märkten und Spitzenrestaurants fährt man mit dem Zug durch die malerische Landschaft nach **Kanchanaburi**. Dort genießt man ein Bad im siebenstufigen Erawan-Wasserfall, bevor es zum Besuch des ergreifenden Hellfire Pass Memorial geht. Es erinnert an Tausende von Kriegsgefangenen, die beim Bau der berüchtigten Todesbahn im Zweiten Weltkrieg hier ums Leben kamen. In den Wäldern der Umgebung kann man kurze Wanderungen machen oder eines der vielen Abenteuer-Angebote nutzen wie z. B. an einer Seilrutsche durch die Baumwipfel „fliegen" oder Elefanten im Fluss baden.

Im Minivan fährt man nach **Ayutthaya** und radelt dort zu den beeindruckenden Ruinen der ehemaligen Hauptstadt. Dann geht es über Pak Chong in den **Khao Yai National Park**. Bei einer Tageswanderung durch den Dschungel hält man Ausschau nach Elefanten und Tigern, bevor man nach einer Nacht unter dem Sternenzelt wieder zurück nach Bangkok fährt.

2 WOCHEN Die Highlights

Dank der guten Inlandsflugverbindungen kann man sich eine tolle Tour durch Thailand zusammenstellen, die von Städten bis Bergen und Stränden alle Highlights umfasst.

Los geht's in **Bangkok**, wo man sich gleich an das öffentliche Nahverkehrssystem in Thailand gewöhnen kann. Zu besichtigen sind die herrlichen Tempel von Wat Phra Kaew und Wat Pho, bevor man in den riesigen Einkaufszentren ausgiebig shoppen geht und abends wie die Stars abfeiert. Sich in Bangkok zu verlaufen ist ein ebenso schönes wie unterschätztes Highlight. Und in den überfüllten Straßen in Stadtvierteln wie Chinatown gibt es unendlich viel Kurioses und Wunderbares zu entdecken.

Mit dem Flugzeug (oder der landschaftlich reizvolle Aussichten bietenden Eisenbahn) geht es nach **Chiang Mai**, wo man einige Tage mit Thai-Kochkursen, Tempelbesichtigungen, Plaudereien mit Mönchen, Marktbesuchen und fantastischem Essen verbringen kann. Oder man wandert zu den Dörfern der Bergvölker in der Umgebung, besucht ein Camp für gerettete Elefanten und saust an einer Seilrutsche durch den Urwald. Nicht zu vergessen die kühlen Bergregionen von Doi Suthep und Doi Inthanon in Nordthailand.

Dann wird es Zeit für den Strand. Von Chiang Mai fliegt man direkt auf die tropische Insel **Ko Samui** und lässt sich entweder in einem Fünfsternehotel verwöhnen, mietet eine Luxusvilla oder quartiert sich in einer ruhigeren Ecke der Insel (die gibt es tatsächlich noch!) in einem einfachen Strandbungalow ein.

Einen Tag sollte man dem menschenleeren Ang Thong National Marine Park widmen, bevor man zur Nachbarinsel **Ko Pha-Ngan** übersetzt. Dort nimmt man an einer der berühmt-berüchtigten Vollmondpartys teil oder plant den Besuch so, dass man stattdessen ruhig in einer Hängematte faulenzen kann. Gleich daneben liegt das winzige Inselchen **Ko Tao**, Thailands Taucher-Hochburg. Die unzähligen Riffs im seichten Küstengewässer eignen sich aber auch hervorragend zum Schnorcheln.

Wieder zurück nach Ko Samui und von dort mit dem Flieger zur nächsten Insel oder nach Bangkok, um noch ein paar Einkäufe zu erledigen.

Oben: Wat Phra Kaew in Bangkok (S. 63)

Unten: Gespräch mit einem Mönch (S. 359) im Wat Chedi Luang (S. 341), Chiang Mai

3 WOCHEN

Inselhopping im Süden

Nur die besten und schönsten Strände Thailands bei einer einzigen Reise zu besuchen, ist nicht ganz einfach, aber bei geschickter Planung des Inselhoppings bleibt auch noch genügend Zeit für gemütliches Entspannen in der Hängematte. Bei der folgenden Tour wird nur zu Land und zu Wasser gereist, doch wer weniger Zeit hat, kann auch fliegen.

Von **Bangkok** geht's nach **Hua Hin**, einem noblen Ferienort mit unzähligen Kettenhotels direkt am Strand, und weiter nach **Prachuap Khiri Khan**. Dort mietet man ein Motorrad und kurvt an der Küste entlang zu kleinen Buchten und ruhigen Stränden.

Dann beginnt das Inselhopping. Von Chumphon schippert man nach **Ko Tao**. Dort macht man einen Tauchkurs oder schnorchelt ein paar Tage lang in den Küstenriffs, bevor man nach **Ko Pha-Ngan** übersetzt. Wer für Vollmondpartys nichts übrig hat, sucht sich ein ruhiges Plätzchen auf dieser hübschen Insel. Ausruhen und sich verwöhnen lassen (oder weiter Party machen) kann man dann auf **Ko Samui**. Mit der Fähre geht es zum Verkehrsknotenpunkt Surat Thani und weiter mit einem der stündlich abfahrenden Busse in den **Khao Sok National Park**. Das verschlafene Strandparadies Khao Lak ist ein idealer Ausgangspunkt für Tauchgänge vor den **Similan-Inseln** sowie den Surin Islands weiter nördlich. Bei den mehrtägigen Tauchtouren an Bord eines Schiffes hat man reichlich Gelegenheit, sich zwischen Rochen, Haien und Seepferdchen zu tummeln. Wieder aufgetaucht geht es weiter nach **Phuket**, der größten Insel Thailands mit ihren vielen Attraktionen. Ein Tagesausflug in den Nationalpark Ao Phang-Nga ist ein Muss!

Eine kurze Bootsfahrt von Phuket entfernt ist **Ko Phi-Phi**. Obwohl auf der Partyinsel die Nächte durchgefeiert werden, sieht sie am nächsten Morgen wieder fantastisch aus. Von hier aus kommt man gut aufs Festland und kann die tolle Küste von **Krabi** erkunden. Am besten fährt man mit einem Langboot zum Strand von Railay und/oder mit der Fähre direkt auf die idyllische Insel **Ko Lanta** und genießt die ruhige Einsamkeit. Ebenfalls mit der Fähre geht es weiter nach Süden an den herrlichen **Trang-Inseln** vorbei auf die immer beliebtere, aber trotzdem noch relativ ruhige Insel **Ko Lipe**. Von dort kann man mit dem Schnellboot zurück aufs Festland fahren, wenn es Zeit für die Heimreise wird.

4 WOCHEN Best of Thailand

Die komplette Thailand-Rundreise führt in fast jede Ecke des Königreichs. Wer Zeit sparen muss, nimmt das Flugzeug – es fliegt überall eines hin.

Start ist in **Bangkok**. Von dort fährt man mit dem Zug nach Norden in die ehemalige Hauptstadt **Ayutthaya**. Nach einem kurzen Abstecher in die „Affenstadt" **Lopburi** folgt man dem „Kulturpfad" weiter nach Norden bis **Sukhothai**, deren Ruinen man am besten mit dem Fahrrad erkundet. Dann geht es nach **Chiang Mai**, der „Rose des Nordens", zu deren uralten Tempeln man ebenfalls am besten mit dem Rad gelangt. Über kurvige Bergstraßen erreicht man in das Partystädtchen **Pai**. Noch weiter in den Bergen liegt das stark vom benachbarten Myanmar beeinflusste **Mae Hong Son**.

Wieder zurück in Chiang Mai locken nun die Strände der Inseln im Golf von Thailand: **Ko Samui** für exklusiven Badeurlaub, **Ko Pha-Ngan** zum Faulenzen am Strand und Party machen, **Ko Tao** zum Tauchen und Schnorcheln. An der Andamanenküste auf der anderen Seite locken felsige Kalksteininseln. **Ko Phi-Phi** ist die schönste, teuerste und feierwütigste. Das kleine **Ko Jum** bewahrt noch das Strandhütten-Hippie-Flair. Obwohl zu einer Hochburg des Pauschaltourismus geworden, ist **Ko Lanta** immer noch berühmt für seine tollen Tauchgründe. Kletterer bleiben auf dem Festland in **Krabi** und Railay.

Wer noch immer nicht genug von Strand und Meer hat, reist auf der Halbinsel weiter zu den **Trang-Inseln**, den legendären Kalksteininseln, die wie riesige Felsen aus dem glasklaren Wasser aufragen. Alternativ bieten sich die idyllischen Inseln vor Satun an: das aufstrebende und noch nicht so teure **Ko Bulon Leh**, das ländlich-rustikale **Ko Tarutao** und das entspannte **Ko Lipe**.

Oder man lässt die Strände südlich von Krabi aus und begibt sich auf einen Kulturtrip in den landwirtschaftlich geprägten Nordosten des Landes. Über Bangkok geht es durch die Wälder des **Khao Yai National Park** nach Nakhon Ratchasima (Khorat), dem Ausgangspunkt für Touren zu den Angkor-Ruinen in **Phimai**. Der Khmer-Pfad führt weiter in Richtung Osten nach **Phanom Rung**, den eindrucksvollsten Angkor-Tempeln in Thailand – und rund um Phanom Rung gibt es noch weitere kleinere Tempel zu sehen.

Abseits der üblichen Pfade: Thailand

THA TON

Viele kommen in diese abgelegene Stadt am Fluss, um mit dem Boot nach Chiang Rai zu fahren, bleiben dann aber, um zu den Bergvölkern zu trekken und zur Grenze vorzudringen. (S. 393)

PHAYAO

Auf der Reise nach Chiang Rai lohnt sich ein Abstecher in diese wenig besuchte Stadt im Norden. Am bergumrahmten See kann man den Sonnenuntergang genießen und dinieren. (S. 254)

SANGKHLABURI

Das an der Grenze Thailands zu Myanmar gelegene verschlafene Sangkhlaburi ist ein Ort am Ende der Welt, der mit einem ethnischen Mix aufwartet. (S. 204)

PHRAE

Die Stadt erinnert an Luang Prabang und Chiang Mai, bloß ohne Touristen (und Infrastruktur), und ist ein Top-Ziel für Wanderer. Hier gibt es alte Teakhäuser und leckeres Essen – und das alles ohne Kundenwerber. (S. 257)

BUENG KAN

Dieser Ort am Mekong wartet mit dem Wat Phu Tok auf, der auf einem Sandsteinfelsen thront und über unzählige Treppen zu erreichen ist. Das ist wie Klettern ohne Ausrüstung! (S. 430)

GESCHICHTSPARK PHU PHRABAT

Ein geheimnisvoller Park mit bizarren Felsformationen und uralten spirituellen Hinterlassenschaften. (S. 429)

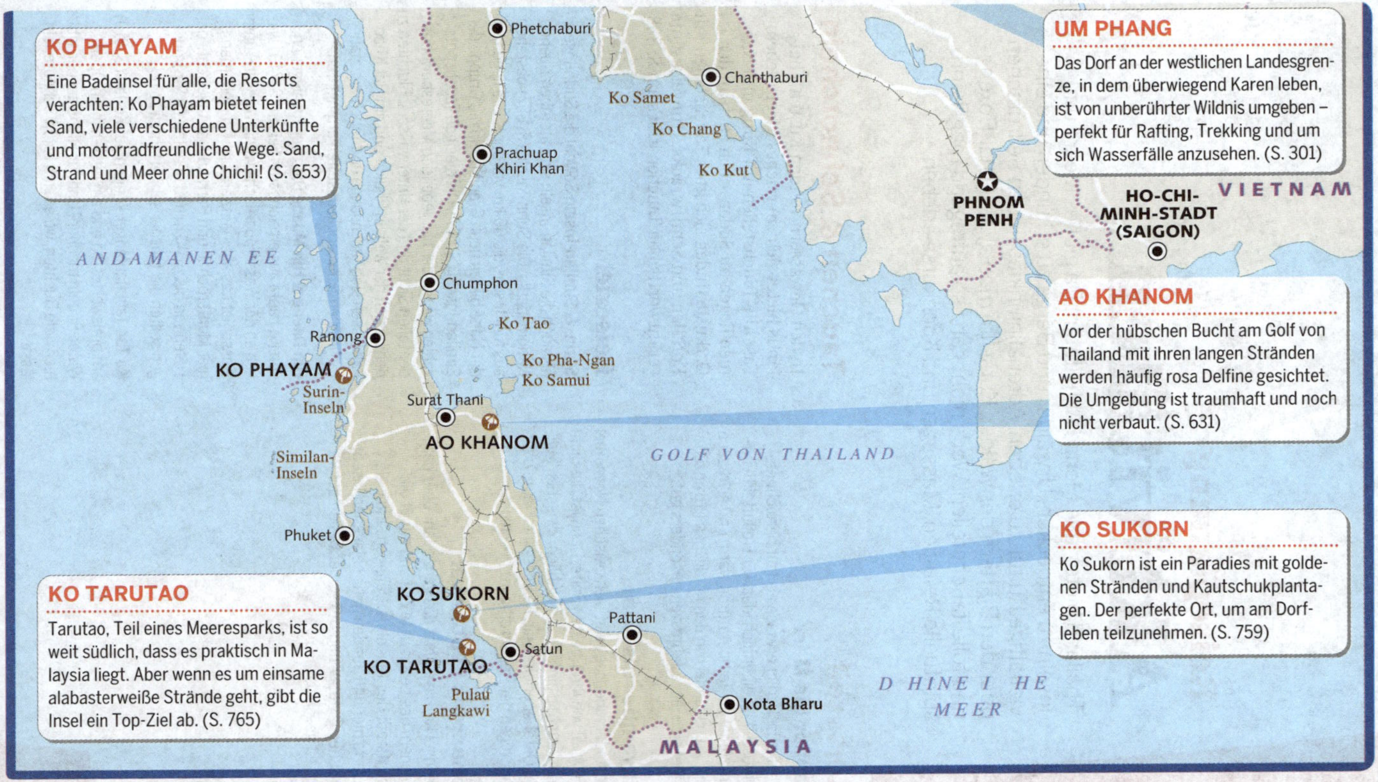
KO PHAYAM
Eine Badeinsel für alle, die Resorts verachten: Ko Phayam bietet feinen Sand, viele verschiedene Unterkünfte und motorradfreundliche Wege. Sand, Strand und Meer ohne Chichi! (S. 653)
UM PHANG
Das Dorf an der westlichen Landesgrenze, in dem überwiegend Karen leben, ist von unberührter Wildnis umgeben – perfekt für Rafting, Trekking und um sich Wasserfälle anzusehen. (S. 301)
AO KHANOM
Vor der hübschen Bucht am Golf von Thailand mit ihren langen Stränden werden häufig rosa Delfine gesichtet. Die Umgebung ist traumhaft und noch nicht verbaut. (S. 631)
KO SUKORN
Ko Sukorn ist ein Paradies mit goldenen Stränden und Kautschukplantagen. Der perfekte Ort, um am Dorfleben teilzunehmen. (S. 759)
KO TARUTAO
Tarutao, Teil eines Meeresparks, ist so weit südlich, dass es praktisch in Malaysia liegt. Aber wenn es um einsame alabasterweiße Strände geht, gibt die Insel ein Top-Ziel ab. (S. 765)
Phetchaburi
Chanthaburi
Ko Samet
Ko Chang
Ko Kut
Prachuap Khiri Khan
PHNOM PENH
HO-CHI-MINH-STADT (SAIGON)
VIETNAM
Chumphon
Ko Tao
Ranong
Ko Pha-Ngan
Ko Samui
KO PHAYAM
Surin-Inseln
Surat Thani
AO KHANOM
Similan-Inseln
GOLF VON THAILAND
Phuket
KO SUKORN
Pattani
Satun
KO TARUTAO
Pulau Langkawi
Kota Bharu
MALAYSIA

Reiseplanung

Aktivitäten

Thailand bietet jede Menge Aktivitäten: Da gibt es Meere und Inseln zu entdecken, Urwälder und Berge zu erkunden und eine vielfältige Kultur zu erleben. Adrenalinjunkies finden Seilrutschen über den Blättern der Wälder, Kurse im *moo·ay tai* (Thai-Boxen) und tolle Tauchstellen. Wer's nicht ganz so aufregend mag, kann spirituelle Refugien, Massagen und Kochkurse erleben.

Reisezeit

Januar bis März

Die hier lächerlicherweise als kalt bezeichnete Jahreszeit ist eigentlich ideal für Freiluftaktivitäten, zumal die Temperaturen warm und erträglich sind. Zum Wandern in den nördlichen Provinzen eignet sich diese Jahreszeit besonders gut.

November bis April

Die Andamanensee zeigt sich zwischen November und April von ihrer besten Seite. Dann ist die Sicht beim Tauchen einfach unglaublich. Zwischen Mai und Oktober erleben die Resorts eine Flaute oder sind wegen der Regenzeit ganz geschlossen.

Januar bis September

Die Insel Ko Tao ist fast das ganze Jahr über bei Tauchern das bevorzugte Ziel und damit die Hauptstadt des Tauchens. Dennoch sind viele Resorts hier und auf den nahe gelegenen Inseln zwischen Oktober und Dezember wegen der Regenzeit geschlossen.

Tauchen & Schnorcheln

In den Gewässern vor den Küsten Thailands bietet sich ein reiches Meeresleben. Fast alle Tauchstellen mit Rang und Namen liegen im Süden, doch auch an der Ostküste finden sich gute Tauchstellen mit Korallen und Schiffwracks. Hinweise zum verantwortlichen Tauchen gibt's auf S. 838.

Reiseziel

Surin- & Similan-Inseln Sowohl die Surin-Inseln als auch die Similan-Inseln sind atemberaubende Nationalparks. Die Surin-Inseln (S. 657) bestehen aus fünf Inseln, die 60 km vor der Küste liegen. In der Nähe bilden neun Granitinseln die Gruppe der Similan-Inseln (S. 667). Die hiesigen Tauchspots zählen wegen der hier lebenden Meeresbewohner, der tollen Sicht und der Unterwasserschluchten zu den besten der Welt. In Phuket und am Hat Khao Lak lassen sich Tauchgänge und Tauchkreuzfahrten in allen Schwierigkeitsstufen arrangieren.

Hin Daeng & Hin Muang Die zwei abgelegenen, von Ko Lanta aus erreichbaren Felsen (S. 740) wirken an der Wasseroberfläche wenig reizvoll – unter Wasser ist das aber ganz anders. Oft sieht man hier Mantarochen und Barrakudas. Angesichts der Tiefen von bis zu 40 m und der starken Strömungen sollten die Taucher sehr erfahren sein..

Ko Tao Tauchanfänger können auf Ko Tao (S. 610) am preiswertesten und am besten ihren Open-Water-Schein machen. Und für Nichttaucher gibt's hier viele Buchten, wo es sich leicht Schnorcheln lässt.

Wandern & Trekken

Im Norden Thailands gibt es exzellente Wanderstrecken mit Wasserfällen, Urwäldern und Bergen. Übernachten kann man bei Bergvölkern oder im Zelt mitten in der Natur. Neben Wanderungen können Guides auch Radtouren, Kajaktrips und Raftingausflüge arrangieren.

Reiseziel

Chiang Mai Chiang Mai (S. 356) ist der wichtigste Ausgangspunkt für Wanderungen, darunter Tagesausflüge zum Doi Inthanon (S. 397), dem höchsten Berg Thailands. Eingefleischte Wanderer zieht es zu abgelegenen Orten wie dem Um Phang Wildlife Sanctuary (S. 301). Oder sie lassen sich von Guides Überlebenstechniken beibringen.

In **Loei** (S. 404) gibt's ein paar spektakuläre Wandermöglichkeiten. Dazu gehört auch der Phu Kradueng National Park (S. 412), wo man auf einem 5,5 km langen Trail zum Hochplateau gelangen und durch Kiefernwälder und Savannen wandern kann.

Thailändisch kochen

Bei vielen Besuchern steht das Erlernen der authentischen Thai-Küche ganz oben auf ihrer Liste. Viele thailändische Chefköche teilen gern ihre Geheimnisse. Weitere Infos zu Kochkursen gibt's auf S. 44.

Reiseziel

Chiang Mai Wer Einblick in die Küche des nördlichen Thailand erhalten will, sollte eine der Kochschulen in Chiang Mai (S. 360) besuchen.

Kanchanaburi Daheim ist einem großes Lob gewiss, wenn man bei Apple & Noi (S. 195) die Zubereitung einer *pàt tai* und grüner Currys erlernt hat. Die Zutaten stammen meist aus Bio-Anbau.

Moo·ay tai (Thaiboxen)

Trainingslager im Thai-Boxen bringen einen mit Pauschalangeboten auf Trab.

Reiseziel

Pattaya Der Fairtex Sports Club (S. 498) hat tolle Einrichtungen und zielt auf ausländische Besucher ungeachtet ihrer Fitness oder ihrer Kampferfahrung ab. Ab und an schauen auch Landesmeister und Kämpfer der gemischten Kampfkünste vorbei.

Chiang Mai Hier gibt es mehrere hervorragende Sportclubs im Thai-Boxen, z. B. das Lanna Muay Thai Boxing Camp (S. 361) und das Chai Yai Muay Thai (S. 361).

Meditation

Thais ziehen sich gern zur spirtuellen Erholung zurück. Man kann sich ihnen in Tempeln oder Meditationszentren anschließen.

Reiseziel

Phuket Auf der Insel (S. 675) gibt es mehrere erstklassige, auf Ausländer ausgerichtete Refugien und auch mehrere gute Yogaschulen.

Ubon Ratchathani Im Nordosten konzentrieren sich die in den Wäldern liegenden Meditationstempel (S. 471). Den mönchischen Lebensstil kann man im Wat Pa Nanachat (S. 470) kennenlernen.

Klettern

Thailand bietet eine Reihe von Klettermöglichkeiten aller Schwierigkeitsgrade. Die meisten Stellen liegen im Süden, aber auch im Norden gibt es anspruchsvolle Gipfel.

Reiseziel

Railay Die Kalksteinklippen machen Railay (S. 721) zur besten Kletterstätte in Thailand. Mehr als 700 präparierte Routen kann man auf eigene Faust oder mit Führern in Angriff nehmen.

Lopburi Khao Chin Lae (S. 185) Der 240 m hohe Kalksteingipfel liegt inmitten von Sonnenblumenfeldern. Guides in Lopburi organisieren den Transport und erläutern die Routen.

Surfen & Kiteboarden

Mitte des Jahres sorgt der Monsun vor Phuket für Surf-Wellen. An der Ostküste schaffen böige Winde fast das ganze Jahr über gute Bedingungen für Kiteboarder.

Reiseziel

Phuket Die besten Wellen gibt's zwischen Juni und September. Dann finden auch die jährlichen Surfwettbewerbe am Hat Kata Yai (S. 677) und am Hat Kalim, gleich nördlich von Patong, statt.

Hua Hin Thailands Nummer eins in Sachen Kiteboarden und Kitesurfen (S. 546). Hier gibt's starke Winde, flaches Wasser und einen langen Strand.

Kôw soy (Curry-Nudelsuppe)

Reiseplanung

Essen & trinken wie die Thais

Feurige Currys, Nudeln, Meeresfrüchte und tropisches Obst – in der Thai-Küche ist all das vertreten. Doch viele Besucher sind sich nicht darüber im Klaren, dass sie in den touristischen Lokalen meist nur eine westlich abgeschwächte Variante der Thai-Küche erwartet. Wer Authentizität erleben will, muss sich mit den Speisen der Regionen und der Volksgruppen vertraut machen.

SIMON REDDY / ALAMY STOCK PHOTO ©

Essen rund ums Jahr

Sommer (März–Juni)

In der heißesten Zeit des Jahres ist vor allem frisches Obst angesagt: Voll ausgereifte Durianfrüchte, Mangos, Mangostanfrüchte und Litschis bersten vor Süße und Geschmack.

Regenzeit (Juli–Okt.)

Kulinarischer Höhepunkt der Regenzeit ist jedes Jahr das Vegetarian Festival (üblicherweise Ende Sept. oder Anfang Okt.). Besonders ausgiebig wird das Fest in Städten mit großer chinesischer Bevölkerung wie Bangkok, Phuket und Trang gefeiert.

Winter (Nov.–Jan.)

In der sehr kurzen kühleren Jahreszeit öffnen in allen größeren Städten des Landes die Biergärten, die zumeist auch typisch thailändische Getränke ausschenken, die so reichhaltig sind, dass sie fast schon eine Zwischenmahlzeit darstellen.

Kulinarische Erfahrungen

Die besten Restaurants

Bann Kun Pra (S. 180) Bietet viele Versionen der berühmten Ayuthaya-Flussgarnelen, z. B. gegrillt mit Kräutern oder gebraten mit Tamarindensauce.

Krua Apsorn (S. 125) Das preisgekrönte Bangkoker Restaurant hat eine dicke Speisekarte mit dekadenten Gerichten der Bangkoker und der zentral-thailändischen Küche.

Jay Fai (S. 126) Das hochgelobte Bangkoker Shophouse hat sich auf meeresfrüchtelastige Pfannengerichte spezialisiert, die die Grenze zwischen der thailändischen und der chinesischen Küche verschwimmen lassen.

Khao Soi Lam Duan Fah Ham (S. 375) Hier gibt's das beste *kôw soy* (die berühmten Curry-Nudeln von Nord-Thailand) in Chiang Mai.

Huen Phen (S. 375) Das Lokal voller Holzschnitzereien in der Altstadt von Chiang Mai tischt köstliche Currys im nördlichen Stil, Suppen und *nám prík* (Chili-Saucen mit Gemüse zum Dippen) auf.

Larp Khom Huay Poo (S. 313) Dieses Restaurant in Pai serviert einfaches, aber höllisch leckeres *lâhp* (eine Art Hackfleisch-„Salat") nach Art des Nordens.

Hua Hin Koti (S. 550) Man weiß, dass ein Restaurant in Thailand gut ist, wenn die Schlange für einen Tisch bis um die Ecke reicht.

Gai Yang Rabeab (S. 478) Mit die besten *gài yâhng* (Grillhähnchen) von Isan gibt's in diesem luftigen, geschäftigen Restaurant in Khon Kaen.

Chowlay (S. 525) Getreu seinem Motto „Wenn es schwimmt, dann haben wir es auch" bietet dieses Restaurant am Pier von Ko Chang eine große Auswahl an Meeresfrüchten und einen tollen Blick auf die Bucht.

Fisherman's Restaurant (S. 606) Das romantische Restaurant auf Ko Pha-Ngan liegt direkt am Meer und hat alles, was wichtig ist: leckere thailändische Meeresfrüchte und ein heiteres Ambiente. Bei Vollmond so früh wie möglich reservieren.

Krua Thara (S. 720) Eines der besten Meeresfrüchterestaurants Thailands, das Feinschmecker aus dem ganzen Land nach Krabi lockt.

Krua Talay (S. 634) Die Meeresfrüchtegerichte in diesem exzellenten Restaurant sind eines der Highlights in Nakhon Si Thammarat – ein Festmahl!

Suay (S. 684) Die hervorragende Thai-Fusion-Küche in diesem Restaurant in Phuket schafft mit saisonalen und regionalen Zutaten elegante Kreationen wie *sôm đam* mit Mangostanfrucht.

In Town (S. 561) Das bei Einheimischen sehr beliebte Lokal bietet fantastische Meeresfrüchte und einen tollen Blick auf die herrliche Bucht von Prachuap Khiri Khan.

Suanmagmai Resort (S. 208) Hier gibt's perfekt zubereitete Speisen, darunter viele ungewöhnliche Gerichte wie frittierte Entenschäbel und Farn-Salat, eine regionale Spezialität von Sangkhlaburi.

Mum Aroy (S. 492) In diesem weithin beliebten Restaurant in Si Racha kann man bei Krabben und Garnelen erkunden, warum die Meeresfrüchte von der Ostküste dermaßen hoch gehandelt werden.

Kochkurse

Die eintägigen Kochkurse beginnen in der Regel mit dem Besuch des Marktes, wo die Zutaten eingekauft werden, bevor es dann mit der Zubereitung von Currypasten, Suppen, Currys, Salaten und Desserts losgeht.

Amita Thai Cooking Class (S. 104), Bangkok

Chiang Mai Thai Cookery School (S. 361), Chiang Mai

Suwannee (S. 228), Chiang Rai

Buchabun Art & Crafts Collection (S. 547), Hua Hin

Apple & Noi's Thai Cooking Course (S. 195), Kanchanaburi

Koon Travel & Butler (S. 477), Khon Kaen

Koh Chang Thai Cookery School (S. 518), Ko Chang

Samui Institute of Thai Culinary Arts (S. 576), Ko Samui

Borderline Shop Cookery Course (S. 295, S. 298), Mae Sot

Pai Cookery School (S. 309), Pai

Suay Cooking School (S. 681), Phuket

Regionale Spezialitäten

Im Gegensatz zur landläufigen Meinung im Ausland ist die Thai-Küche alles andere als überall gleich, sondern besteht aus einem breiten Spektrum an Zutaten, verschiedensten Arten der Zubereitung und Gerichten, die es oft nur in einer einzigen Provinz oder sogar Stadt gibt.

Bangkok & Zentralthailand

Wenn Nicht-Thailänder von thailändischem Essen sprechen, meinen sie meist Gerichte aus der Küche Bangkoks und dem zentralen Tiefland. Tatsächlich begünstigten das reiche Angebot an landwirtschaftlichen Erzeugnissen, der Zugang zum Meer und Einflüsse aus aller Welt die Entstehung einer raffinierten und sehr vielseitigen Küche.

Nordthailand

Kôw soy (Currynudelsuppe) ist wohl allgemein bekannt, doch davon abgesehen dürfte es selbst Thais schwerfallen, weitere, typisch nordthailändische Gerichte zu nennen. Die am wenigsten bekannte, regionale Küche Thailands richtet sich wegen der Höhenlage und des Klimas auch mehr als alle anderen nach den jahreszeitlich verfügbaren Lebensmitteln.

Nordosten

Die Küche des Nordostens ist die rustikalste Regionalküche des Landes. Sie beruht noch immer auf dem, was die verschiedenen Thai-Völker seit Hunderten, wenn nicht Tausenden von Jahren essen. So ist die Küche des Nordostens geprägt von einfach zubereiteten, scharf gewürzten Grillgerichten und Suppen, zu denen praktisch immer und überall Klebreis gegessen wird.

Südthailändische Küche

Bei dem Essen, das man in seiner Pension bekommt, fällt es einem vermutlich nicht auf, doch die Gerichte im Süden Thailands gehören zu den schärfsten im Land. Wer mal abseits der Touristenpfade etwas isst, findet eine ganze Palette feurig-scharfer Suppen, pikanter Currys und stark gewürzter Pfannengerichte.

Ethno-Küchen

Außer von der geografischen Lage sind die Regionalküchen auch von den vorherrschenden Minderheiten der Muslime und Chinesen beeinflusst.

Muslimisch geprägte thailändische Küche

Angeblich kamen Muslime im späten 14. Jh. erstmals nach Thailand. Neben dem Koran brachten sie eine Küche mit, die *halal* (islamischen Speisevorschriften entsprechend) war und auf Fleisch und getrockneten Gewürzen aus ihrer Heimat in Indien und dem Nahen Osten basierte. Fast 700 Jahre später ist der Einfluss dieses kulinarischen Austauschs noch immer spürbar.

Während manche typischen Gerichte, wie das dem indischen *paratha* ähnelnde Fladenbrot *roti*, sich kaum verändert haben, sind andere wie *gaang mát·sà·màn* eine einzigartige Mischung aus thailändischer, indischer und nahöstlicher Kochkunst. In letzter Zeit wurde das Angebot um weitere muslimische Gerichte aus Thailands südlichem Nachbarn Malaysia bereichert.

Amita Thai Cooking Class (S. 104), Bangkok

Typische Gerichte der muslimisch-thailändischen Küche sind:

- *Gaang mát·sà·màn* – Das „muslimische Curry" wird mit viel Kokosmilch und getrockneten Gewürzen zubereitet. Wie viele muslimisch-thailändische Gerichte schmeckt es eher süßlich.
- *Kôw mòk* – Das als *biryani* in der ganzen muslimischen Welt verbreitete Gericht gibt es auch in Thailand. Hier wird es in der Regel mit Hühnchen zubereitet und mit einer süß-sauren Sauce sowie einer Schale Hühnerbrühe serviert.
- *Má·đà·bà* – Das in Malaysia und Indonesien unter dem Namen *murtabak* bekannte Gericht besteht aus *roti* (Fladenbrot), das pikant oder auch süß gefüllt und knusprig gebraten wird.
- *Sà·đé* (Satay) – Die pikante Erdnusssauce, die zu diesen Grillspießen serviert wird, stammt nicht, wie oft vermutet, aus der Thai-Küche.
- *Sà·làt kàak* – Der mit süßer Erdnusssauce angerichtete „muslimische Salat" (wobei *kàak* eine etwas abwertende Bezeichnung für Menschen oder Dinge aus Südasien und/oder dem muslimischen Kulturbereich ist) besteht aus Eisbergsalat, Tofustückchen, Gurke, hartgekochten Eiern und Tomaten.
- *Súp hăhng woo·a* – Die Ochsenschwanzsuppe ist wahrscheinlich malaiischen Ursprungs und wird zumeist saurer als das buddhistisch-thailändische *đôm yam* zubereitet.

Chinesisch-thailändisch

Schon seit Jahrhunderten beeinflussen Einwanderer aus Südchina die Thai-Küche, und wahrscheinlich wurden auch der Wok und diverse Nudelgerichte von chinesischen Arbeitern und Kaufleuten eingeführt.

Weit verbreitete Gerichte der chinesisch-thailändischen Küche sind:

- *Bà·mèe* – Die chinesischen Eiernudeln werden meist mit gegrillten Schweinefleischstreifen und Gemüse oder Wan-Tan-Teigtaschen serviert.
- *Gŏo·ay đĕe·o kôo·a gài* – Die breiten Reisnudeln, die mit Ei, Hühnchenfleisch und Tintenfisch in Knoblauchöl gebraten werden, sind vor allem in Bangkoks Chinatown sehr beliebt.
- *Kôw kăh mŏo* – Geschmorte Schweinshaxe auf Reis mit Gemüse und einem hart gekochten Ei ist der Inbegriff einer chinesischen Mahlzeit.
- *Kôw man gài* – Das von der chinesischen Insel Hainan stammende Hühnchen auf Reis wird jetzt an jeder Straßenecke Thailands angeboten.
- *Sah·lah·bow* – Die gedämpften Brötchen sind der Renner in den typisch chinesischen Cafés.

Ko Yao Noi (S. 672), Ao Phang-Ng.

Reiseplanung

Für jeden der richtige Strand

Es ist schon ein Jammer: Thailand hat einfach zu viele Strände, um nur einen zu wählen! Selbst wer zum wiederholten Mal kommt, steht vor der Qual der Wahl, zumal sich der Tourismus so rasant entwickelt, dass man die Strände nach einigen Jahren kaum mehr wiedererkennt. Strände und Inseln werden daher im Folgenden kurz porträtiert, sodass jeder seinen Traumstrand finden kann.

TEEII / SHUTTERSTOCK ©

Die besten Strände für ...

Ruhe und Action zugleich

Ko Mak Strandbarszene, leicht zu erkundende, breite Sandstrände.

Ko Phayam Mit dem Rad geht es über Nebenwege zu menschenleeren Stränden oder zur nächsten Party.

Hat Mae Nam Ruhiger Strand auf Ko Samui, doch ganz in der Nähe gibt's jede Menge Action.

Ko Bulon Leh Entspannte Stimmung und großes Freizeitprogramm.

kulturelle Einblicke

Ko Yao Noi Die thailändisch-muslimische Fischerinsel hat eine schöne Karstlandschaft.

Ko Sukorn Eine von Landwirtschaft und Fischerei geprägte Insel voller Mangroven und Wasserbüffel.

Ko Phra Thong Mit den Moken (*chao leh*, „Leute der See") kann man seltene Orchideen entdecken.

Hua Hin In dem urbanen Strandparadies kann man sich unter die Thais der Mittelschicht mischen.

Gut von Bangkok aus zu erreichen

Heutzutage sind die Strände in unmittelbarer Nähe von Bangkok nicht mehr unbedingt auch diejenigen, die man am besten und schnellsten erreichen kann. Inzwischen fliegen Fluggesellschaften aus aller Welt natürlich auch direkt nach Phuket und Ko Samui – was einen Zwischenstopp in der Hauptstadt unnötig macht. Und selbst von Bangkok (und vielen Städten Südostasiens) kommt man mit dem Flugzeug bequem in viele Strandparadiese im Süden.

Wer nicht fliegen will oder kann oder auch nur wenig Zeit zur Verfügung hat, reist von Bangkok aus am besten nach Ko Samet (die Fahrt dauert alles in allem etwa 4 Std.) oder in die nächstgelegenen Ferienorte Bang Saen (1 Std. mit dem Bus) und Pattaya (1½ Std.). Auf dem Festland sind die am nächsten gelegenen Strandorte Cha-am in zweieinhalb Stunden und Hua Hin in drei Stunden zu erreichen. In nur sechs Stunden ist man auf Ko Chang, während die Reise zu den Inseln in der südwestlichen Golfregion mindestens zehn Stunden dauert. Wer es eilig hat und mit dem Bus unterwegs ist, sollte die Andamanenküste meiden.

In Partylaune?

Wohin?

Die meisten Traveller, die in den Süden Thailands fahren, wollen eigentlich nur eins: Partys feiern. Und die hiesige Tourismusbranche ist mit brummenden Bars an den großen Stränden voll darauf eingestellt.

Glücklicherweise kann man dem Partywahnsinn ebenso leicht entkommen wie ihn mitmachen, sind doch die größten Partymeilen hinreichend bekannt. So ist es abseits der großen Touristenzentren ruhig und friedlich.

Anrüchige Bars

Bangkok, Pattaya und Phuket sind die Haupteinsatzorte von Push-up-BHs und „Hello-Mista"-Angeboten, während sie sich in der südwestlichen Golfregion auf Hat Lamai auf Ko Samui beschränken. Auf Inseln wie Ko Chang sowie in mittelgroßen Badeorten wie Hat Yai und Ao Nang gibt's ebenfalls kleine Ansammlungen durchaus zwielichtiger Massagesalons und Bars mit dem Striptease-Symbol über dem Eingang, doch meistens geht es hier sehr diskret zu. Auf den kleineren Inseln und in Kleinstädten sucht man derartige Etablissements vergebens, zumindest in der vorderen Reihe.

Die Stufen der Partytauglichkeit

Stufe Eins: Tote Hose Surin- und Similan-Inseln, Laem Son National Park, Hat Pak Meng und Hat Chang Lang

THAILANDS INSELN & STRÄNDE IM ÜBERBLICK

STRÄNDE	PAUSCHAL-TOURISTEN	BACK-PACKER	FAMILIEN	PARTYS	SCHNOR-CHELN & TAUCHEN	BESONDERHEITEN
Ko Chang & Ostküste						
Ko Samet	✓	✓	✓	✓		hübscher Strand, gut von Bangkok aus zu erreichen
Ko Chang	✓	✓	✓	✓	✓	internationales Resort, Urwald im Inselinneren
Ko Wai		✓	✓		✓	einfaches Tagesausflugsziel, abends wie ausgestorben
Ko Mak	✓	✓	✓			mittelmäßiger Strand, tolle Stimmung
Ko Kut	✓	✓	✓			hübsche, teilweise erschlossene Insel, ideal für Ruhe und Frieden
Hua Hin & nördliche Küste						
Hua Hin	✓	✓	✓			internationales Resort, von Bangkok aus leicht zu erreichen
Pranburi & Around	✓		✓			ruhig, in der Nähe von Bangkok
Ban Krut			✓			zwanglos, bei Thais sehr beliebt
Bang Saphan Yai		✓	✓			preiswerter Festlandsstrand
Ko Samui & südliche Golfküste						
Ko Samui	✓	✓	✓	✓		internationales Resort für gesellige Strandgänger
Ko Pha-Ngan	✓	✓	✓	✓	✓	beliebte Strände mit Saufgelagen am Hat Rin
Ko Tao	✓	✓	✓	✓	✓	jede Menge Tauchschulen
Ang Thong		✓	✓			herrliche Karstlandschaft
Ao Khanom		✓	✓			ruhig, kaum bekannt
Phuket & the Andamanenküste						
Ko Chang (Ranong)		✓	✓		✓	rustikal
Ko Phayam		✓	✓			ruhig, kaum bekannt
Surin- & Similan-Inseln			✓		✓	Tauchtouren mit Übernachtung an Bord
Ko Yao	✓	✓	✓			schlechte Strände, aber nette Atmosphäre und tolle Landschaft
Phuket	✓	✓	✓	✓	✓	internationales Resort für gesellige Strandgänger
Ao Nang	✓	✓	✓		✓	touristisch, in der Nähe von Railay
Railay	✓	✓	✓			Kletterer-Hochburg
Ko Phi-Phi	✓	✓		✓	✓	nette Partyinsel
Ko Jum	✓	✓	✓			mittelmäßiger Strand, nette Atmosphäre

Ko Lanta	✓	✓	✓		✓	entwickelt sich zum Ziel von Pauschaltouristen
Trang-Inseln	✓	✓	✓		✓	Ko Ngai ist prima für Kinder
Ko Bulon Leh		✓	✓		✓	ruhige, hübsche Strände
Ko Tarutao		✓	✓			Nationalpark im Aufbau
Ko Lipe	✓	✓	✓	✓	✓	immer was los, praktisch für Visaverlängerungen
Ko Adang		✓			✓	beliebt bei Tagesausflüglern

Stufe Zwei: Ein kleiner Silberstreifen am Horizont Ko Tarutao, Ko Libong, Prachuap Khiri Khan

Stufe Drei: Es gibt eine Bar Ko Yao Islands, Ao Khanom, Ko Kut

Stufe Vier: Es gibt vielleicht mehrere Bars Hat Khao Lak, Ko Muk, Ao Thong Nai Pan (Pha-Ngan)

Stufe Fünf: Es gibt überall Bars Hua Hin, Bo Phut (Samui), Ao Nang

Stufe Sechs: Es gibt Partys am Strand Ko Yao Islands, Ao Khanom, Ko Kut

Stufe Sieben: Will jemand einen Magic Milkshake? Ko Lanta, Ko Chang, Ban Tai (Pha-Ngan)

Stufe Acht: Habe ich vergessen Hat Lamai (Samui), Ko Lipe, Ko Samet

Stufe Neun: Was war gestern Abend? Hat Chaweng (Samui), Pattaya, Ko Tao

Stufe Zehn: Ich will nicht wissen, was gestern Abend war Patong (Phuket), Ko Phi-Phi, Hat Rin (Ko Pha-Ngan)

Ferienorte und ihre jeweiligen Besonderheiten

Der Charakter eines thailändischen Ferienortes hängt stark von dem dort herrschenden Preisgefüge ab. In Orten, in denen Mittelklasse-Unterkünfte überwiegen, trifft man vor allem Pauschaltouristen und Strandurlauber unter endlosen Reihen von Sonnenschirmen an. Vor der Küste kreuzen die riesigen Boote der Veranstalter von Schnorcheltouren.

In teureren Orten geht es hingegen beschaulicher zu. Die noblen Strände von Surin und Ao Ban Tao auf Phuket gehören zu den ruhigeren der Insel, bieten aber jede Menge gute Restaurants und Cocktailbars. Auf Ko Kut vor der Ostküste befinden sich hübsche Badeorte an weitgehend unberührten Stränden, während an den abgelegenen Stränden im Nordosten von Ko Samui einige der luxuriösesten Ferienanlagen in ganz Thailand stehen. Je teurer, desto mehr Privatsphäre und Abgeschiedenheit wird geboten.

Nur an einigen der abgelegensten Strände des Landes findet man noch ein paar Strandhütten.

Aktivitäten

Viele Urlauber richten sich bei der Auswahl ihres Strandes danach, was man außer Faulenzen am Strand noch alles tun kann.

Tauchen & Schnorcheln

Thailand ist ein Paradies für Taucher und Schnorchler. Die schönste Unterwasserwelt im ganzen Land haben die Andamanenküste und Ko Tao am unteren Golf zu bieten. Auf manchen Inseln wie Ko Samui und Ko Lanta kann zwar an den Stränden nicht besonders gut geschnorchelt werden, zum Ausgleich gibt es dann aber Schnorcheltouren zu nahe gelegenen Spots im angeboten, wo man ein paar Korallen und Fische und mit etwas Glück sogar eine Meeresschildkröte oder einen Hai zu Gesicht bekommt.

Klettern

Railay ist das bekannteste Kletter-Eldorado im Süden Thailands. Es bietet ausgezeichnete Bedingungen für Anfänger und zudem noch eine vergnügliche Stimmung. Auf Ko Phi-Phi gibt es neben der lebhaften Partyszene und den vielen Unternehmungen an Land und auf dem Wasser auch einige hervorragende Kletterareale, ein paar weniger frequentierte, abgelegene Routen findet zudem rund um das reizende Festlandsstädtchen Krabi an. Langsam, aber sicher entwickeln sich die Ko-Yao-Inseln zu einem Ziel vor allem für erfahrene Kletterer. Und auch Ko Tao zieht Sportkletterer an.

Wandern

In den auf dem Festland gelegenen Nationalparks wie Khao Sok gibt es die meisten Möglichkeiten, durch den Dschungel zu wandern. Aber auch auf den bewaldeten Inseln wie Ko Chang, Ko Pha-Ngan und sogar Phuket gibt es klasse Wanderwege; oft führen sie zu Wasserfällen oder Aussichtspunkten mit Blick aufs blaue Meer.

Kultur

Wer einen unverfälschten Einblick in die thailändische Kultur erhalten will, sollte die großen Touristenzentren hinter sich lassen und stattdessen Küstenortschaften wie Trang, Surat Thani oder Nakhon Si Thammarat, weniger bekannte Inseln wie Ko Si Chang oder Ko Sukorn oder auf den bekannteren kaum besuchte Ecken wie die Südküste von Ko Samui oder die Ostküste von Ko Lanta ansteuern. Doch selbst mitten im touristischen Patong oder auf Ko Phi-Phi kann man eine Vorstellung davon bekommen, was sich jenseits der Ferienanlage verbirgt, indem man einfach mal an den Imbissbuden einen Snack zu sich nimmt und sich mit den Besitzern unterhält. Und ein freundliches Lächeln hilft fast immer, wenn man mit den Einheimischen ins Gespräch kommen möchte.

Gefahren

Wer einen Motorroller oder ein Motorrad mietet, ist möglicherweise nicht versichert. Bei den meisten Vermietungen ist die Versicherung nicht inbegriffen – und im Falle eines Unfalls wird die Versicherung zu Hause vielleicht nicht für den entstandenen Schaden aufkommen. Es ist üblich, dass man für medizinische Ausgaben und für fällige Reparaturen an beschädigten Fahrzeugen haftbar gemacht wird. Wer keinen thailändischen oder internationalen Führerschein hat, macht sich außerdem strafbar (viele Vermietungen kontrollieren den Führerschein nicht). Mit einem gemieteten Fahrzeug sollte man auf Sand oder Kies auf der Straße achten (vor allem beim Bremsen), langsam fahren (nicht mehr als 40 km/h), vor allem nach Regenfällen, und komplett auf Alkohol verzichten.

Tödliche Badeunfälle passieren leider immer wieder. Rote und gelbe Warnflaggen sollten unbedingt beachtet werden. An vielen Stränden gibt es keine Rettungsschwimmer. Gefährlich sind Strömungen, die einen ins offene Meer hinaus treiben. Wird man

REISEZEIT

REGION	JAN.–MÄRZ	APRIL–JUNI	JULI–SEPT.	OKT.–DEZ.
Bangkok	bis März wird's immer heißer	heiß & feucht	Regenzeit	bis Dez. kühlt es wieder stetig ab
Ostküste	Hauptsaison, die im März langsam zu Ende geht	die Regenzeit beginnt im Mai	auf den kleineren Inseln ist während des Monsuns alles geschlossen	kühleres Wetter, niedrige Hotelpreise
Nördliche Golfküste	klar & sonnig	heiß & trocken	gelegentlich Regen & starker Wind	gelegentlich Regen & starker Wind
Südliche Golfküste	klar & sonnig	heiß & trocken	klar & sonnig, zunehmender Wind & Regen auf Ko Tao	Monsun & raue See
Nördliche Andamanenküste	Hauptsaison, hohe Preise	Nebensaison mit wechselhaftem Wetter	Regenzeit & Surfsaison	die Hauptsaison beginnt
Südliche Andamanenküste	Hauptsaison	im Mai beginnt normalerweise der Monsun	einige Resorts schließen wegen der Regenzeit	mit der Sonne kehren die Menschenmassen zurück

Silvesterfeuerwerk, Ao Nang (S. 717)

in tiefem Wasser von einer Brandungsrückstrom erfasst, sollte man nicht gegen sie ankämpfen, weil man gefährlich schnell ans Ende seiner Kräfte kommen könnte. Man ist also besser beraten, wenn man um Hilfe ruft und sich von der Strömung treiben lässt, um Kräfte zu sparen. Von weiter draußen ist es oft auch möglich wieder zurückzuschwimmen. Da die Strömungskanäle in der Regel recht schmal sind, kann man zudem versuchen, parallel zur Küste zu schwimmen, um den Sog zu entkommen.

Die an manchen Stränden aufgestellten Warnhinweise vor Würfelquallen sollte beherzigt werden. Der Hautkontakt mit Würfelquallen kann lebensbedrohlich sein; zwar sind tödliche Unfälle selten, doch gab es allein rund um die Insel Ko Pha-Ngan 2014/15 in einem Zeitraum von zwölf Monaten zwei Todesopfer.

Reiseplanung

Mit Kindern reisen

Wer ein exotisches Ziel sucht, das sich auch für Kinder eignet, ist in Thailand genau richtig. Mit Stränden, Bergen, Elefanten, bunten Tempeln und quirligen Märkten ist für jede Altersgruppe etwas dabei. Zudem lieben die Thais alles, was niedlich ist – und exotisch aussehende Kinder finden sie noch schnuckeliger als Plüschtiere und Hundebabys.

Top-Ziele für Kids

Ostküste & Ko Chang

Das seichte Wasser ist ideal für Schwimmanfänger und dank des abendlichen Niedrigwassers findet man beim Schatzsuchen im Sand tollste Dinge. Ältere Kids finden den Urwald, Elefanten oder Kajaktouren durch Mangroven spannend.

Nördliche Golfregion

Hua Hin hat Sandstrände mit viel Platz zum Toben, bei den Tempeln treiben Affen immer Unfug. In Phetchaburis Höhlentempeln gibt es Fledermäuse.

Ko Samui & südwestliche Golfregion

Ältere Kinder können auf Ko Tao schnorcheln gehen. Ko Samui – vor allem die Strände im Norden – sind super für die ganz Kleinen, Hat Chaweng ist gesellig und kommerziell, was Teenies gefallen dürfte.

Phuket & Andamanen

Phuket hat viel Unterhaltung zu bieten (wir empfehlen die Surfschulen), die Partyszene sollte man aber meiden. Vor der Küste liegen Inseln, wo man Kinder unbesorgt planschen lassen kann.

Chiang Mai

In den Sommerferien strömen europäische Familien scharenweise in die Stadt, damit die Kids die thailändische Kultur kennenlernen, Elefanten nahekommen und durch die tolle Gegend radeln können.

Thailand mit Kindern

Kleine Kinder von westlichen Urlaubern stehen überall und sofort im Mittelpunkt des Interesses und werden wie Stars behandelt. Dabei kommen Babys mit dieser Star-Rolle erstaunlich gut zurecht und genießen die Aufmerksamkeit, wenn sich mürrische Taxifahrer plötzlich in nette Onkels verwandeln und Kuckuck spielen wollen (auf Thailändisch *já ǎir*). Holt man sich mit einem Baby auf dem Arm an einem Stand etwas zu essen, bieten die Verkäufer häufig an, das Kind zu nehmen, solange man isst, und zeigen es dann stolz bei den Nachbarn herum.

Wenn Kinder in der Fremdelphase sind, werden sie sich mit der Kinderliebe der Thais allerdings schwertun. Mit Kids im Vorschulalter, die schon mit Unsicherheiten zu kämpfen haben, aber immer noch richtig süß sind, sollten Eltern besser in touristischen Gegenden bleiben, statt in entlegene Gebiete zu reisen, in denen Ausländer generell, vor allem aber ihr Nachwuchs eine absolute Sensation sind. Eine höfliche Art, weitere Annäherungsversuche zu unterbinden, ist die Behauptung, das Kind sei „schüchtern" *(ki aye)*.

Ältere Kinder erregen zwar nicht mehr die geballte Aufmerksamkeit der Thais, könnten aber vom allgemeinen Chaos der Großstädte und den Unsicherheiten verstört werden, die eine so ungewohnte Umgebung und die Suche nach Verkehrsmitteln mit sich bringen. Am besten beteiligt man die Kinder aktiv an der Reiseplanung, drückt ihnen den Stadtplan in die Hand, lässt sie eine Reiseroute festlegen oder Wasserflaschen tragen. Denn schließlich sind sie die nächste Generation von Reisenden.

Thailändische Großstädte bieten kaum Gelegenheit, sich ausreichend zu bewegen, zumal sich kleine Energiebündel bei der großen Hitze ohnehin nicht richtig austoben können. Deshalb empfiehlt sich die Buchung eines Hotels oder Resorts mit Swimmingpool, damit die Kids mit dem Kopf nicht durch die sprichwörtliche Wand müssen.

Um das Reisen mit Kindern so angenehm wie möglich zu gestalten, empfiehlt sich ein Blick in den Lonely Planet Band *Travel with Children*, der mit vielen nützlichen Tipps und Infos aufwartet. Der Schwerpunkt liegt dabei auf Reisen in Entwicklungsländer.

Highlights für Kinder

Kinder werden die Strände in Thailand lieben. Die meisten befinden sich an geschützten Buchten mit seichtem Wasser – gut geeignet für Schwimmanfänger. Je weiter es nach Süden geht, desto klarer wird das Wasser. Die Buchten sind oft von küstennahen Riffen gesäumt und hin und wieder wagen sich neugierige Fische bis kurz vor den Strand.

In ganz Thailand wird jede Menge Spaß mit Tieren angeboten; die Haltungsbedingungen entsprechen jedoch oft nicht westlichen Standards. In Chiang Mai, dem Zentrum des Elefantentourismus, können Touristen auf Tuchfühlung mit den Dickhäutern gehen und sich über ihr Los informieren. Doch wohin man auch mit dem Nachwuchs geht, man sollte beim Elefantentourismus den Tierschutz nicht außer Acht lassen. In vielen Ferienhochburgen wie Phuket oder Ko Chang kann man Tieren in freier Wildbahn begegnen. Und in Lopburi wimmelt es von Affen, die das reinste Chaos verursachen.

Die vielen Outdoor-Aktivitäten wie einoder gar mehrtägige Wanderungen, Seilrutschen und Raftings auf Bambusflößen werden vor allem ältere Kinder begeistern. Chiang Mai, Kanchanaburi, die Strandresorts im Süden und die Touristenzentren im Norden Thailands bieten Familien eine Menge Möglichkeiten, sich in der Natur auszutoben.

In Bangkok gibt es die vom BTS betriebene Stadtbahn (Skytrain), Einkaufszentren inklusive Rolltreppen (der Hit bei Vorschulkindern) und unzählige Shoppingmöglichkeiten ganz zur Freude von Kindern und Teenagern.

Selbst die Fahrt von einem Ort zum anderen kann zum Abenteuer werden. Viele Kinder lieben die Fahrt im Nachtzug – von den unteren Betten aus können sie alle vorbeirauschenden Bahnhöfe ganz genau im Blick behalten. Einmal in einem Schnellboot übers Wasser zu rasen, ist ein weiteres Erlebnis, von dem die Kids sicher daheim erzählen werden.

Selbst Tempelbesuche können für Kinder fesselnd sein. Beim Aufstieg zu Bergtempeln können sie verborgene Höhlenschreine entdecken, die dort lebenden Affen bestaunen und sich so richtig verausgaben. Aber auch die Gebetsrituale in einem buddhistischen Tempel sind für den Nachwuchs erstaunlich interessant – da zündet man Räucherstäbchen an, verneigt sich vor Buddha und verreibt Blattgold auf der zentralen Statue. An diesen Ritualen können selbst die Kleinsten schon aktiv teilnehmen. Zudem gibt es in den meisten Tempeln auch einen Bereich, wo man einen Blick in die Zukunft werfen kann: So schüttelt man z. B. einen Bambusbehälter, bis ein nummeriertes Stöckchen herausfällt; der Nummer ist dann eine Weissagung zugeordnet. In anderen Tempeln gibt es Töpfe oder Automaten, auf denen die verschiedenen Wochentage stehen. Passend zum eigenen Geburtstag wirft man eine Spende in einen der Töpfe und erhält ein entsprechendes Sprüchlein.

Planung & Praktische Informationen

Einrichtungen speziell für kleine Kinder, z. B. Kindersitze für Autos, Hochstühlchen in Restaurants oder Wickelräume in öffentlichen Toiletten, sucht man in Thailand in den allermeisten Fällen vergeblich. Deshalb müssen Eltern kreativ mit den begrenzten Mitteln umgehen oder einfach ohne zurechtkommen.

In den größeren Orten und Städten bekommt man Milchpulver und Windeln in Supermärkten und 7-Eleven-Filialen; die thailändischen Windeln sind aber meist kleiner als die europäischen. Für Windeln ab Größe 3 sollte man es bei Tesco Lotus, Big C oder Tops Market versuchen. Wundcremes gibt's in der Apotheke.

Die Kleinen von A nach B zu transportieren, kann eine echte Herausforderung sein; häufig bieten die Bürgersteige keinen Platz für einen sperrigen Kinderwagen. Besser ist da ein kompakter Buggy, mit dem man sowohl am Hydranten als auch an Obstkarren vorbeikommt und der zusammengeklappt auch in ein *túk-túk* dreirädriges motorisiertes Fahrzeug) passt. Auch eine Tragehilfe kann praktisch sein, aber der eigene Kopf sollte den des Kindes stets überragen, weil erschreckend viele Gegenstände auf Stirnhöhe hängen.

Mit Kindern essen gehen

Die Sorge um geeignetes Essen, das ihre Kinder auch mögen, steht bei reisenden Eltern ganz oben und wird durch eine Küche, die für ihre Schärfe bekannt ist, nicht gerade kleiner. Glücklicherweise bekommen auch thailändische Kinder noch keine scharfen Chilis und so gibt es eine Reihe kinderfreundlicher Gerichte, die das Personal in jedem Restaurant empfehlen kann. Wegen der großen Hitze müssen Eltern auch darauf achten, dass ihre Kinder genügend trinken, am besten Wasser oder Fruchtsaft wie den frischen Saft junger Kokosnüsse oder erfrischenden Limettensaft, der bei Kindern erstaunlich beliebt ist.

➡ *kài jee·o* – Das Omelett ist zwar wesentlich fettiger als die französische Variante, doch immer eine sichere und garantiert nicht scharfe Option im Restaurant oder in der Garküche.

➡ *gài yâhng/tôrt* – Grill- oder Brathühnchen gibt's auf Märkten und an Straßenständen.

➡ *kôw něe·o* – Dem kohlehydratreichen Klebreis können selbst mäkelige Esser nicht widerstehen. Auf den Märkten gibt es ihn grundsätzlich zu gegrilltem oder gebratenem Hühnchen.

➡ *gài pàt mét má·môo·ang* – Gebratenes Hühnchen mit Cashewkernen ist ein sehr beliebtes, mildes Kindergericht in Restaurants.

➡ *kôw man gài* – Reis mit Hühnchen nach Hainan-Art gibt's morgens und nachmittags in speziellen Geschäften.

Gesundheit & Sicherheit

Generell müssen sich Eltern im Thailand-Urlaub nicht allzu viele Sorgen um die

AUS DEM FAMILIENALBUM

Nach vier Thailandreisen mit zwei Kindern, die mich als meine Assistenten auf Entdeckungstour begleiteten, habe ich einiges zu erzählen.

Bei seinem letzten Thailandbesuch war mein Sohn gerade vier und wir erforschten zusammen die Ostküste. Der absolute Renner waren für ihn die Hotels, in denen es zwei Seifenstücke gab – wie leicht doch Vierjährige zu beeindrucken sind! –, und die 7-Eleven-Läden, in denen seine Babysitterin immer Kekse und Ananas besorgte („Papa, hast du schon mal Ananas gegessen?", fragte er bei einem Telefongespräch mit den Daheimgebliebenen). Das Moskitonetz, unter dem wir auf Ko Kut schliefen, wurde unsere ganz persönliche Fledermaushöhle. Und sein größter Triumph war es, wenn er den Thai-Frauen am Strand entkommen konnte, die nichts lieber taten, als ihn gutmütig zu kneifen und zu zwicken.

Bei meiner letzten Reise hatte ich meine einjährige Tochter dabei, um ihren nagelneuen Pass einzuweihen. Als wir in Chiang Mai waren, beobachtete sie verzückt sämtliche Katzen und Hunde auf der Straße, winkte Passanten zu und wurde ständig von thailändischen und chinesischen Touristen fotografiert. Sie verlangte lautstark nach Nudeln und protestierte ebenso lautstark, wenn wir in Bangkok nicht an jeder Haltestelle des *Skytrains* ausstiegen. Und als wir wieder zu Hause waren, konnte sie gar nicht verstehen, warum Fremde sie nicht auf den Arm nehmen wollten.

Von Lonely Planet Autorin China Williams

Gesundheit ihrer Kinder machen. Regelmäßiges Händewaschen ist allerdings auf jeden Fall zu empfehlen. Thailändische Kinder werden mitunter zweimal am Tag gebadet und danach eingepudert, um Hautirritationen aufgrund der hohen Luftfeuchtigkeit zu vermeiden. Ausländische Besucher sollten zumindest einmal am Tag duschen. Man sollte seine Kinder eindringlich davor warnen, mit Tieren zu spielen, da Tollwut in Thailand recht verbreitet ist und manche Haustiere (vor allem wilde Affen) aggressiv sein können.

Ein großes Problem ist das sich zunehmend ausbreitende Dengue-Fieber, das während der Regenzeit 2013 die höchste Infektionsrate seit 20 Jahren erreichte. Daher sollten Eltern ihre Kinder unbedingt vor Mückenstichen schützen – was zugegebenermaßen sehr schwierig ist. Insektenabwehrcremes mit 12% DEET sind von den 7-Eleven Filialen bis hin zu anderen Lebensmittelgeschäften überall erhältlich; dennoch ist es ratsam, eine Creme schon von zu Hause mitzubringen. Ist das Kind gestochen worden, gibt's eine Vielzahl thailändischer Salben, die den Juckreiz und die Schwellung abklingen lassen. Ansonsten sollte man die üblichen Gesundheitsvorkehrungen treffen.

Stadtkinder werden keine Probleme haben, sich in den thailändischen Ballungsräumen mit dem chaotischen Verkehr und überfüllten Fußwegen zurechtzufinden. Die Städte Thailands sind allerdings sehr laut und können bei Kleinkindern zu akuter Reizüberflutung führen. Kinder sollten die Regeln für das richtige Verhalten im Straßenverkehr kennen, denn mitten im Trubel und Straßenlärm wird die Kommunikation schwierig.

Thailand im Überblick

Bangkok & Umgebung

Kultur
Essen
Nachtleben

Altes Siam

Die Tempel am Fluss Chao Phraya sind nationale Pilgerstätten mit religiösen Symbolen und die größten Darstellungen klassischer Kunst und Architektur im Land.

Je mehr, desto besser

Die Bewohner der Tempel-Metropole lieben Essen. Man bekommt es überall, auf Schubkarren und aus fettverschmierten Woks, in feinen Restaurants und schicken Cafés. Alle Immigrantengruppen Bangkoks haben ihre kulinarischen Außenstellen, die allen exotische Genüsse bereiten.

Ein Drink unter den Sternen

Der Inbegriff abendlicher Gemütlichkeit in Bangkok ist ein Plastiktisch voller beschlagener Gläser mit Chang-Bier, aber Dachterrassen mit Brise und Cocktails sehen auf Instagram besser aus. In der Stadt wimmelt es von hippen Uni-Studenten, die die Indie-Clubs und Popdiskos füllen.

S. 60

Zentralthailand

Kultur/ Geschichte
Berge
Ausflugsziele

Reste & Ruinen

Die Ruinen von Ayutthaya, dem mächtigsten Königreich Thailands, gehören zum UNESCO-Welterbe. In den Überresten Lopburis regieren heute Affen. In Kanchanaburi finden sich Gedenkstätten für Kriegsgefangene, die an der „Todeseisenbahn" arbeiteten.

Ausflug in die Berge

Kanchanaburi ist das Tor zu den nebelverhangenen, von Flüssen und Wasserfällen geformten Bergen im Westen Thailands. Dank der Nationalparks ist dies eine der urtümlichsten Ecken.

Relaxen im Nirgendwo

Sangkhlaburi und Thong Pha Phum sind Refugien am Ende der Welt. Die Anreise ist einfach, die Abreise fällt hingegen schwer.

S. 169

Nordthailand

Kultur/ Geschichte
Berge
Essen

Alte Königreiche

Überall sind die Überreste alter Stadtstaaten mit ihren befestigten Mauern und buddhistischen Monumenten zu sehen. Am stimmungsvollsten ist Sukhothai.

Frühnebel

Die Berge bilden eine spektakuläre Kulisse. Kurvige Straßen mit Ausblicken und von Minderheiten bewohnte Bergdörfer sind die Highlights von Chiang Rai und Mae Hong Son.

Hausmannskost à la Norden

Das kühlere Klima des Nordens bestimmt die von sauren und bitteren Aromen geprägte Küche der Region, beeinflusst von der Thai-, Shan- und Yunnan-Küche. Das berühmteste Gericht der Region ist *kôw soy*, ein Curry auf Nudeln.

S. 209

Provinz Chiang Mai

Kultur/Geschichte
Essen
Outdoor-Abenteuer

Lanna-Kultur

Den Gegensatz zum chaotischen Bangkok bildet Chiang Mai, das mit seiner befestigten Altstadt die Geschichte und Kultur Nordthailands präsentiert. Man genießt das Sightseeing und die Koch-, Sprach- und Massage-Kurse.

Curry & Nudeln

Der Norden hat eigene Versionen traditioneller Gerichte, die das kühle Klima und die Nähe zu Myanmar und Yunnan zeigen. Chiang Mai bekehrt Fleischesser mit vegetarischen Leckereien.

In die Berge pendeln

Jenseits der Stadt warten Berge darauf, beim Wandern, Paddeln oder Seilrutschen erkundet zu werden: Outdoor-Abenteuer für Familien, Sportler und Naturfreunde.

S. 334

Nordostthailand

Kultur/Geschichte
Outdoor
Feste

Das alte Angkor

In der südlichen Isan-Region lag die Fernstraße des antiken Khmer-Reiches. In Phanom Rung und Phimai kann man Ruinen aus jener Zeit sowie viele weitere imposante Tempel bewundern.

Berge & Flüsse

Es gibt diverse Nationalparks, u.a. die immergrünen Wälder von Khao Yai und die skurrilen Felsformationen von Phu Phrabat. Der Mekong lockt mit seiner üppigen Landschaft und den Resorts am Ufer viele Besucher an.

Gemeinschaftsgeist

In der heißen Jahreszeit ist man im Nordosten des Landes damit beschäftigt, viel Spaß zu haben. Bei den Rocket Festivals und dem Phi Ta Khon Festival geht es wild zu.

S. 400

Ko Chang & Ostküste

Strände
Tauchen/Schnorcheln
Kleinstädte

Inselatmosphäre

Das dschungelbedeckte Ko Chang wird wegen des Tropen-Feelings geliebt. Das stille Ko Kut punktet mit Einsamkeit, Ko Mak rühmt sich relaxten Insel-Flairs, und das kleine Ko Wai bietet schöne Ausblicke.

Tauchspaß

Rund um Ko Chang bietet ein Meerespark Top-Bedingungen für Tauchanfänger. Unterwasserfelsen beherbergen Fische und Schildkröten.

Reizvolle Provinz

Das oft übersehene Chanthaburi ist für seinen Wochenend-Schmuckmarkt und sein restauriertes Ufergelände berühmt, und Trat, eine Zwischenstation auf dem Weg nach Ko Chang, bezaubert mit schlichtem Charme.

S. 488

Hua Hin & nördliche Golfregion

Kultur/Geschichte
Strände
Essen

Königliche Küste

Viele Thai-Könige flüchteten aus Bangkok an diese Küste. Hier liegen auch Phetchaburi mit seinem historischen Palast auf einem Hügel und den Höhlenschreinen sowie Hua Hin, das immer noch als Seebad des Königs dient.

Surf & Turf

Strandfans finden Prachuap Khiri Khan toll, eine ruhige Stadt mit Karstbuchten, oder Hua Hin, einen Urlaubsort mit allen Annehmlichkeiten, ideal für Familien und Flitterwöchner.

Strandküche

Hier gibt es leckere Fisch- und Meeresfrüchtegerichte – ob auf dem Nachtmarkt in Hua Hin, bei fliegenden Händlern in Cha-am oder in den Küstenrestaurants.

S. 532

Ko Samui & südwestliche Golfregion

Strände
Tauchen/ Schnorcheln
Nachtleben

Für Sonnenanbeter

Die drei Inseln in der südwestlichen Golfregion stehen bei Insel-Hoppern hoch im Kurs. Das gut organisierte Samui hat Resorts mit weißen Stränden, Ko Pha-Ngan ist eher unkonventionell mit heimeligen Buchten.

Tauchspot

Tauchanfänger lieben Ko Tao wegen des warmen Wassers und der niedrigen Preise, aber Ko Pha-Ngan kommt gleich danach.

Mondtänze

Ko Pha-Ngan wird während seiner Vollmondpartys zu einem riesigen Uni-Campus, wenn Menschenmassen den Strand stürmen um im Mondschein zu raven. Schnapseimer, Neonfarben und Betrunkene in Massen!

S. 569

Phuket & Andamanenküste

Landschaft
Strände
Tauchen/ Schnorcheln

Karstkathedralen

Kalksteinberge ragen aus dem glitzernden Wasser. Dank der Freizeitsportveranstalter in Krabi, Trang und Ko Yao sind die Felsnadeln ein atemberaubender Abenteuerspielplatz.

Goldlöckchens Strände

Strände an der Andamanenküste gibt's für jeden Geschmack. Phuket bietet Spaß für die Massen, aber auch Luxus. Einen Besuch wert sind Ko Lanta und das immer beliebter werdende Ko Phayam.

Cousteaus Welt

Fische, Korallengärten, Wracks – zu den hiesigen Tauch- und Schnorchelspots gehören die berühmten Meeresnationalparks der Similan-und der Surin-Inseln.

S. 645

Reiseziele in Thailand

Bangkok & Umgebung

Inhalt ➡

Gut essen

- nahm (S. 130)
- Eat Me (S. 129)
- Krua Apsorn (S. 125)
- Jay Fai (S. 126)
- MBK Food Island (S. 134)

Schön übernachten

- AriyasomVilla (S. 120)
- Phra-Nakorn Norn-Len (S. 121)
- Siam Heritage (S. 114)
- Bangkok Tree House (S. 123)
- Lamphu Treehouse (S. 110)

Auf nach Bangkok!

Alles, was man sich von Bangkok erzählt, stimmt. Die Stadt ist all das – und noch viel, viel mehr.

Der Verkehr kann zwar wirklich grausam sein, mit dem BTS (Skytrain) oder dem Chao-Phraya-Express-Boot kann man sich in der Stadt aber in Windeseile von A nach B bewegen. Natürlich gibt's hier auch einige anstößige Ecken, viel erwähnenswerter als die Go-go-Bars sind jedoch Bangkoks überraschend weltgewandte Bars und das schicke Nachtleben. Das Straßenessen ist zu Recht legendär, viele Besucher wissen aber gar nicht, dass in der Stadt auch eine ganze Reihe international renommierterer Köche angesiedelt ist. Zudem stehen die Chancen viel besser, in einem hippen Hostel oder einem heimeligen Gästehaus unterzukommen, als in einem Budget-Alptraum zu landen, wie er im Film *The Beach* beschrieben wird.

Das bedeutet, dass irgendwo in der chaotischen Vielfalt Bangkoks – glitzernde buddhistische Tempel und gläserne Wolkenkratzer, traditionell gekleidete Mönche und modeaffine Jugendliche, Freiluftmärkte und klimatisierte Einkaufszentren – jeder etwas findet, das wie für ihn geschaffen ist.

Reisezeit

- Laut der Weltorganisation für Meteorologie zählt Bangkok zu den heißesten Städten der Welt. Temperaturschwankungen gibt es kaum, sodass die durchschnittlichen Höchsttemperaturen zwischen sehr warmen 32 °C und heißen 34 °C liegen.
- Die Regenzeit dauert ungefähr von Mai bis Oktober und beschert der Stadt etwa 300 mm Regen pro Monat.
- Die einzige echte Verschnaufpause von der gnadenlosen Hitze und Luftfeuchtigkeit bietet der Winter, der im Dezember und Januar einige relativ kühle Wochen mit sich bringt.

Highlights

1 Den Glanz des Goldes im **Wat Phra Kaew** und dem **Großen Palast** (S. 63) bestaunen

2 Die große Buddha-Statue im **Wat Pho** (S. 70) betrachten

3 Bei einer **Bootsfahrt auf den Kanälen Thonburis** (S. 79) von einer Sehenswürdigkeit zur nächsten schaukeln

4 Im **Jim-Thompson-Haus** (S. 87) thailändische Architektur und Kunst kennenlernen

5 Auf dem **Chatuchak-Wochenendmarkt** (S. 149) seine Baht verprassen

6 In einer der **Kochschulen** (S. 104) Bangkoks die Zubereitung authentischer thailändischer Gerichte erlernen

7 Hoch über der Stadt in einer der **Dachbars** (S. 136) den Sternen und den funkelnden Lichtern der Wolkenkratzer zuprosten

8 Sich in einem der unglaublich preisgünstigen **Zentren für Thai-Massagen** (S. 104) in Bangkok bis zur Glückseligkeit durchkneten lassen

9 An den **Straßenimbissen in Chinatown** (S. 127) in einen kulinarischen Rausch fallen

10 Bangkok entfliehen und das nahe gelegene Städtchen **Amphawa** (S. 164) am Kanal besuchen

Geschichte

Heute ist Bangkok der Regierungssitz und das kulturelle Zentrum Thailands, aber seine Entstehung während einer Zeit des Aufruhrs war ein historisches Wunder. Nach dem Fall von Ayutthaya im Jahr 1767 zerfiel das Königreich in Parteien, die sich gegenseitig militärisch bekämpften. General Taksin gelang es schließlich, das Land wieder zu vereinen. Seinen Stützpunkt verlegte er nach Thonburi am westlichen Ufer des Mae Nam Chao Phraya (Chao Phraya), einen für den Seehandel über den Golf von Thailand günstigen Standort. Taksin war ein

BANGKOK IN ...

... einem Tag

So früh wie möglich aufstehen und direkt ein Chao-Phraya-Express-Boot in Richtung Norden zum **Nonthaburi-Markt** (S. 154) nehmen! Auf dem Rückweg steigt man einfach am Tha Chang aus und erkundet die Museen und Tempel von **Ko Ratanakosin** (S. 63); dann bietet sich ein Mittagessen in **Banglamphu** (S. 124) an. Nachdem man sich ein bisschen frisch gemacht hat, eröffnet ein Cocktail bei Sonnenuntergang in einer **Bar über den Dächern der Stadt** (S. 136) einen ganz neuen Blick auf Bangkok. Anschließend ruft ein leckeres Thai-Abendessen im eher gehobenen **nahm** (S. 130).

... zwei Tagen

Nachdem man mit dem **Skytrain** die verschiedenen **Shoppingmöglichkeiten** (S. 145) im Zentrum von Bangkok abgeklappert und anschließend im **Jim-Thompson-Haus** (S. 87) vorbeigeschaut hat, hat man sich ein Mittagessen in einem der **Food-Courts** (S. 134) der Stadt redlich verdient. Den restlichen Tag widmet man einer **traditionellen Thai-Massage** (S. 103). Überschüssige Kalorien schüttelt man sich abends beim Besuch in einem der Nachtclubs des **RCA** (S. 142) von den Hüften.

... drei Tagen

Den Tag verbringt man entweder auf dem **Chatuchak-Wochenendmarkt** (S. 149) oder meldet sich, sollte gerade nicht Wochenende sein, bei einer **Kochschule** (S. 104) an. Und da man sich nun an Bangkoks Lärm, Luftverschmutzung und Verkehr gewöhnt hat, ist man am Abend bereit für die Imbissstände in **Chinatown** (S. 127).

... vier Tagen

Mittlerweile ist es wahrscheinlich Zeit, der Großstadt zu entfliehen. Ein gutes Ausflugsziel ist z. B. **Ko Kret** (S. 164), eine autofreie Insel nördlich von Bangkok, oder man macht eine Fahrt mit dem Longtail-Boot durch die **Kanäle Thonburis** (S. 79).

militärischer Stratege, aber kein sonderlich beliebter Herrscher. Später wurde er von einem anderen bedeutenden Militärgeneral, Chao Phraya Chakri, abgesetzt. 1782 verlegte dieser die Hauptstadt auf die gegenüberliegende Seite des Flusses an einen besser zu verteidigenden Ort, weil er einen Angriff der Birmanen erwartete. Sein Sohn folgte ihm 1809 in der Herrschaft nach – damit war die heutige Dynastie begründet, und Chao Phraya Chakri wurde als Rama I. bezeichnet.

Der König setzte sich zum Ziel, in der neuen Hauptstadt die alte Pracht von Ayutthaya wiederauferstehen zu lassen. Im Sumpfland wurde ein Inselbezirk (Ko Ratanakosin) geschaffen, in dessen Zentrum der Königspalast (Großer Palast) und ein Tempel für den Smaragd-Buddha (Wat Phra Kaew) steht. Rund um die neue Stadt wurde eine dicke Mauer gezogen, hinter der die Einwohner ideal an die jahreszeitlichen Überschwemmungen angepasst in Pfahlhäusern oder auf Hausbooten lebten.

Als ab dem Ende des 19. Jhs. europäische Ästhetik und Technologien begannen, im Osten Fuß zu fassen, brachen in der Hauptstadt moderne Zeiten an. Unter Rama IV. (König Mongkut; reg. 1851–1868) und Rama V. (König Chulalongkorn; reg. 1868–1910) erhielt Bangkok die erste asphaltierte Straße (Th Charoen Krung, früher bekannt als New Road) und einen neuen Königsbezirk (Dusit), der nach dem Vorbild europäischer Palastanlagen angelegt wurde.

Bangkok war noch ziemlich mickrig, als amerikanische Soldaten während des Vietnamkriegs hier in den Gogo-Bars und Bordellen Ablenkung und Vergnügung suchten. Erst während des Booms in den 1980er- und 1990er-Jahren entwickelte sich Bangkok explosionsartig zu einer echten Metropole mit kolossalen Wolkenkratzern und einer endlosen Betonwüste, die immer mehr Reisfelder und Grünflächen verschlang. Die extravagante Expansion wurde durch den wirtschaftlichen Einbruch von 1997 gezähmt, wie heute noch an den vielen halbfertigen Wolkenkratzern zu erkennen ist, auch wenn diese zunehmend hinter moderner Verkehrsinfrastruktur, endlos scheinenden Wohntürmen und den ausgedehnten Glasfassaden von Mega-Malls verschwinden, die das Gesicht des heutigen Bangkok so sehr prägen.

Sehenswertes

Ko Ratanakosin เกาะรัตนโกสินทร์

Willkommen in der Wiege Bangkoks. Die weitläufige Stadt, wie wir sie heute kennen, entwickelte sich aus Ko Ratanakosin, einer winzigen künstlichen Insel („Ko"), die entstand, als Ende des 18. Jhs. entlang des Mae Nam Chao Phraya ein Kanal ausgegraben wurde. In dieser Gegend befinden sich die glänzenden Tempel und Paläste, die die meisten Besucher Bangkoks mit der Stadt in Verbindung bringen, und am Flussufer von Ko Ratanakosin gibt es mehrere Museen, Märkte und Universitäten. All diese Sehenswürdigkeiten liegen in fußläufiger Entfernung voneinander. Man besucht sie am besten am frühen Morgen, bevor sich die Temperaturen dem Siedepunkt nähern.

Die Gegend lässt sich am besten mit dem Chao-Phraya-Express-Boot über die Anlegestellen Phra Chan, Maharaj, Chang und Tien erreichen. Alternativ kann man mit dem BTS bis zur Station National Stadium oder Ratchathewi oder mit der MRT bis nach Hua Lamphong fahren und dort für ein kurzes Stück ins Taxi umsteigen.

★ Wat Phra Kaew & Großer Palast — BUDDHISTISCHER TEMPEL

(วัดพระแก้ว, พระบรมมหาราชวัง; Karte S. 74; Th Na Phra Lan; Eintritt 500 B; 8.30–15.30 Uhr; Tha Chang, Tha Maharaj, Tha Phra Chan Tai) GRATIS Der Tempel des Smaragd-Buddhas, umgangssprachlich **Wat Phra Kaew** genannt, ist eine riesige, märchenhafte Anlage, in der u.a. der Große Palast, die ehemalige Residenz des thailändischen Monarchen, untergebracht ist.

Das Gelände wurde 1782, im ersten Jahr Bangkoks als Hauptstadt, geweiht und ist heute die größte Attraktion der Stadt und natürlich auch eine Pilgerstätte für ergebene Buddhisten und Nationalisten. Auf 94,5 ha stehen hier mehr als 100 Gebäude, die 200 Jahre königlicher Geschichte und architektonischer Experimente widerspiegeln.

Der **Smaragd-Buddha** ist in einer fantastisch dekorierten *bòht* (Kapelle) untergebracht und die Hauptattraktion des Tempels.

Von der einen oder anderen Empfangshalle einmal abgesehen, nutzt der König die Gebäude des **Großen Palastes** heute nur noch für bestimmte Zeremonien, etwa am Krönungstag. Sie sind Besuchern größtenteils nicht zugänglich. Früher waren die riesigen königlichen Harems im Bereich des Inneren Palastes untergebracht und wurden von kampferprobten Wächterinnen beschützt. Unter den Gebäuden des äußeren Palastbereichs, die Besuchern offenstehen, ist auch die **Borombhiman-Halle**, ein französisch angehauchtes Konstrukt, das ursprünglich Rama VI. (König Vajiravudh; reg. 1910–25) als Residenz diente. Der Bau im Westen ist die **Amarindra-Halle** (Mo–Fr geöffnet). Ursprünglich als Gerichtshalle angelegt, wird sie nun für Krönungszeremonien genutzt und ist das einzige Palastgebäude, das von Touristen betreten werden darf. Am größten unter den Palastbauten ist der **Chakri Mahaprasat**, die Halle des Großen Palastes. Ganz am Ende steht die **Dusit-Halle** im Ratanakosin-Stil, die früher als Ort für Audienzen diente und später zur königlichen Begräbnishalle umgemodelt wurde.

Am Kartenhäuschen können auch Guides angeheuert werden; Angebote, die irgendwo draußen gemacht werden, sollte man ein-

ANGEMESSEN GEKLEIDET?

Die meisten der großen Touristenattraktionen Bangkoks sind heilige Stätten, und Besucher sollten sich dementsprechend verhalten und kleiden. Besonders im Wat Phra Kaew und im Großen Palast sowie im Park des Dusit-Palastes wird einem der Zutritt verweigert, wenn man nicht angemessen gekleidet ist. Wer kurze Hosen oder ärmellose Oberteile trägt, darf das Tempelgelände nicht betreten. Diese Regeln gelten für Männer wie für Frauen. Wenn die Beinbekleidung etwas zu kurz ist, sodass man die Waden sehen kann, wird man in einen Umkleideraum komplimentiert, in dem man sich einen Sarong ausleihen kann. Dieser Service ist kostenlos, man muss jedoch eine Kaution von 200 B hinterlegen. Flipflops und Sandalen sind eigentlich auch nicht erlaubt, die Wachen sind bei der Durchsetzung dieser Regel aber nicht ganz so strikt. Egal, welches Schuhwerk man nun trägt, es sollte immer vor dem Betreten einer wichtigen *bòht* (Kapelle) oder *wí·hăhn* (heilige Halle) ausgezogen werden. Wenn man vor einer Darstellung eines Buddhas sitzt, setzt man sich am besten auf die Füße, um diese nicht in Richtung der verehrten Gestalt zu richten – ein Verhalten, das als höchst beleidigend angesehen wird.

Wat Phra Kaew & Großer Palast

BANGKOKS WICHTIGSTE RELIGIÖSE UND HERRSCHER-MONUMENTE ERKUNDEN

Der erste Bereich, den Traveller betreten, ist die als Wat Phra Kaew bezeichnete buddhistische Tempelanlage. Rundherum führt ein überdachter Gang, dessen Innenwände diverse **Gemälde mit Episoden aus dem *Ramakian*** ❶ und ❷ zieren. Dies Wandgemälde stellen Szenen aus dem hinduistischen Epos Ramayana dar, entstanden unter Rama I. (reg. 1782–1809) und zeigen auf 178 Tafeln Ramas Kampf zur Rettung seiner entführten Frau Sita.

Nachdem man sich mit der Geschichte vertraut gemacht hat, geht man durch eines der von ***yaksha*** ❸ bewachten Tore zum Innenhof. Das bedeutendste Bauwerk hier ist der ***bòht*** bzw. **Ordinationssaal** ❹ mit dem namensgebenden **Smaragd-Buddha** ❺.

Kinnari
Diese anmutigen Wesen, halb Schwan, halb Frau, stammen aus der hinduistisch-buddhistischen Mythologie. Sie stehen vor dem Prasat Phra Thep Bidon.

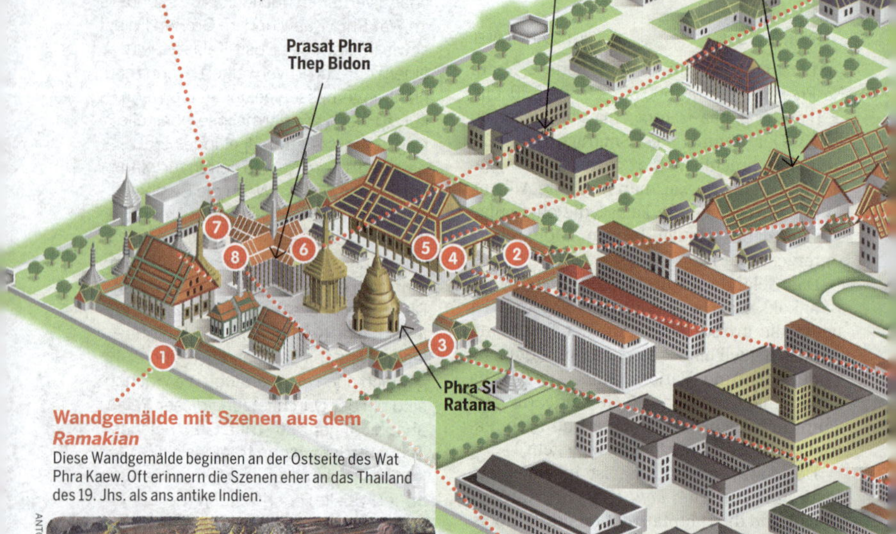

Wandgemälde mit Szenen aus dem *Ramakian*
Diese Wandgemälde beginnen an der Ostseite des Wat Phra Kaew. Oft erinnern die Szenen eher an das Thailand des 19. Jhs. als ans antike Indien.

Hanumans
In Reihen angebrachte spitzbübische Affengottheiten aus der hinduistischen Mythologie stützen die unteren Ebenen zweier kleiner *chedi* nahe dem Prasat Phra Thep Bidon.

Im Osten liegt die Obere Terrasse, ein erhöhter Bereich mit den **Turmspitzen der drei Haupt-*chedi*** 6. Das mittlere Gebäude, das Phra Mondop, beherbergt buddhistische Manuskripte. Hier befinden sich einige der bemerkenswerten mythischen Figuren des Wat Phra Kaew, darunter winkende ***kinnaris*** 7 und Grimassen schneidende **Hanumans** 8.

Der Spaziergang führt weiter durchs Westtor bis zum Großen Palast. Hier sind nur wenige Gebäude für die Öffentlichkeit zugänglich. Das bedeutendste Bauwerk ist der 1882 erbaute **Chakri Mahaprasat** 9. Die Außenfassade der Halle ist besonders sehenswert, sie weist eine einzigartige Mischung aus westlicher und traditionell thailändischer Architektur auf.

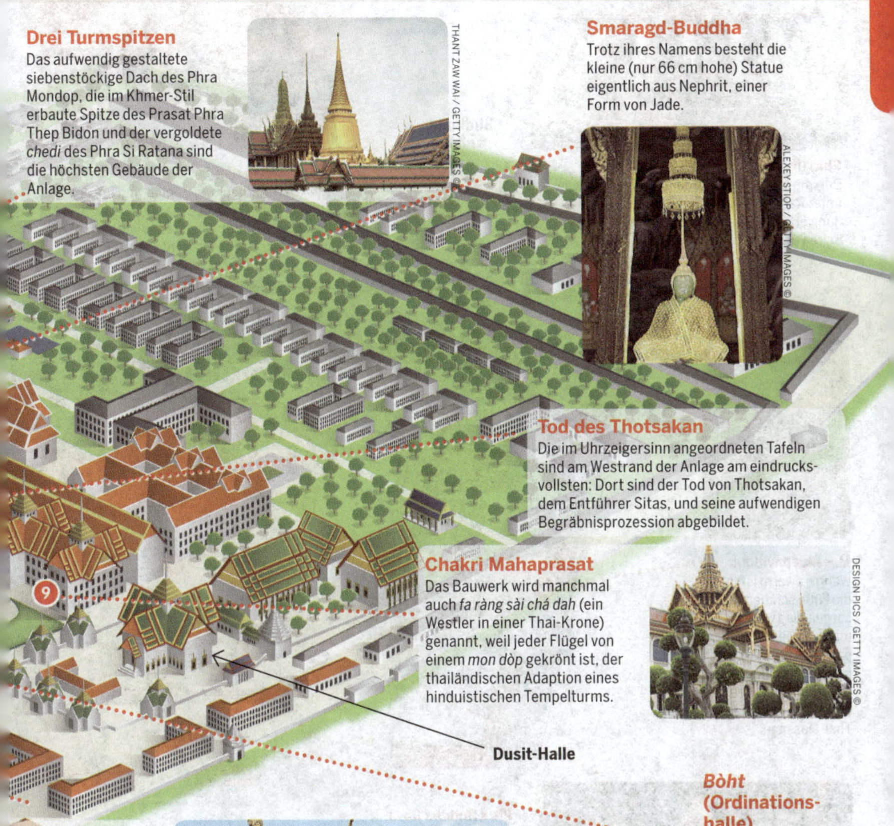

Drei Turmspitzen
Das aufwendig gestaltete siebenstöckige Dach des Phra Mondop, die im Khmer-Stil erbaute Spitze des Prasat Phra Thep Bidon und der vergoldete *chedi* des Phra Si Ratana sind die höchsten Gebäude der Anlage.

THANT ZAW WAI / GETTY IMAGES ©

Smaragd-Buddha
Trotz ihres Namens besteht die kleine (nur 66 cm hohe) Statue eigentlich aus Nephrit, einer Form von Jade.

ALEXEY STIOP / GETTY IMAGES ©

Tod des Thotsakan
Die im Uhrzeigersinn angeordneten Tafeln sind am Westrand der Anlage am eindrucksvollsten: Dort sind der Tod von Thotsakan, dem Entführer Sitas, und seine aufwendigen Begräbnisprozession abgebildet.

Chakri Mahaprasat
Das Bauwerk wird manchmal auch *fa ràng sài chá dah* (ein Westler in einer Thai-Krone) genannt, weil jeder Flügel von einem *mon dòp* gekrönt ist, der thailändischen Adaption eines hinduistischen Tempelturms.

DESIGN PICS / GETTY IMAGES ©

Yaksha
Jeder Eingang des Wat Phra Kaew wird mit Argusaugen von zwei riesigen *yaksha*, Monster oder Riesen aus der hinduistischen Mythologie, bewacht.

ZZVET / GETTY IMAGES ©

***Bòht* (Ordinationshalle)**
Das Bauwerk ist ein frühes Beispiel der Architekturschule Ratanakosin, die traditionelle Überbleibsel aus Ayutthaya mit moderneren Elementen aus China und dem Westen kombiniert.

Wat Pho

RUNDGANG ZU DEN BUDDHAS DES WAT PHO

Der Rundgang beginnt am Haupt-*wí•hăhn* (Heiligtum). Hier befindet sich das Herz des Wat Pho: der riesige **Liegende Buddha** ❶. Neben seiner Größe sind die **Perlmuttintarsien** ❷ auf den Fußsohlen der Statue bemerkenswert. Die Wände des *wí•hăhn* sind mit Gemälden bedeckt, die Szenen aus den vorherigen Leben Buddhas zeigen. An der Südseite des Bauwerks befinden sich 108 Mönchsschalen aus Bronze; für 20 B kann man 108 Münzen kaufen und eine in jede Schale werfen, was Glück bringen soll.

Man verlässt den *wí•hăhn* und geht ostwärts an den zwei **Steinriesen** ❸ am Tor zum Rest der Tempelanlage vorbei. Südlich sieht man die vier hoch aufragenden **königlichen *chedi*** ❹.

PHOTO BY VICHAN SRISEANGNIL / GETTY ©

Phra Ubosot
Der imposante *bòht* (Ordinationssaal) wurde unter Rama I. erbaut. Seine heutige Erscheinung erhielt er während der Renovierungsarbeiten unter Rama III. (reg. 1824–1851).

KISZON PASCAL / GETTY ©

Buddha-Galerien
Die zwei überdachten Gänge rund um den Phra Ubosot beherbergen sage und schreibe 394 vergoldete Buddha-Figuren. Viele von ihnen weisen klassische Elemente der Ayutthaya- oder Sukhothai-Ära auf.

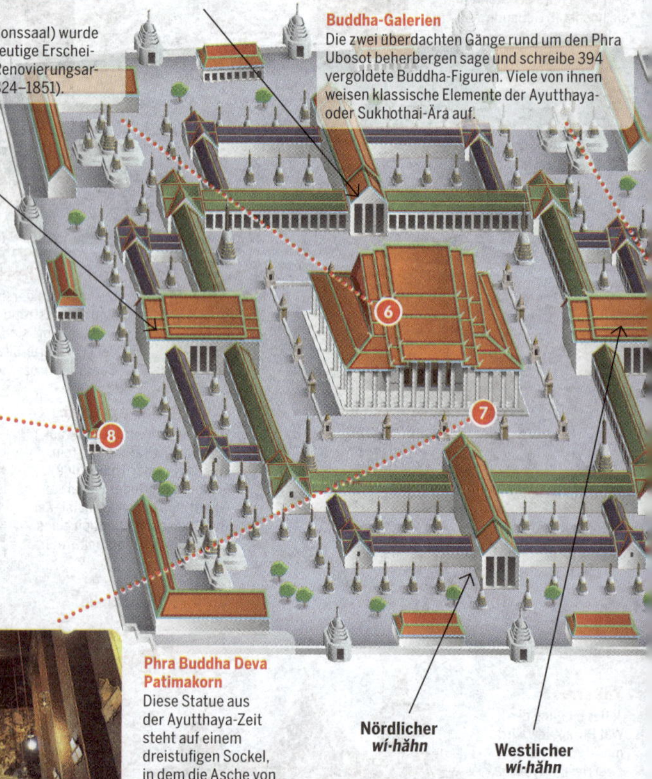

PIDJOE / GETTY ©

Massagepavillons
Wenn es warm ist und die Füße schmerzen, sorgen die zwei klimatisierten Massagepavillons für willkommene Abkühlung bei einer hochwertigen und relativ günstigen Thai-Massage.

OASIZZ / GETTY ©

Phra Buddha Deva Patimakorn
Diese Statue aus der Ayutthaya-Zeit steht auf einem dreistufigen Sockel, in dem die Asche von Rama I. aufbewahrt wird, und wurde vom König hergebracht.

Weiter östlich durchquert man zwei **Galerien mit Buddha-Statuen** 5, die vier *wí•hăhn* miteinander verbinden, von denen zwei bemerkenswerte Buddha-Figuren aus der Sukhothai-Zeit beherbergen. Sie bilden die Kulisse für den **Phra Ubosot** 6, den Ordinationssaal, das zweitwichtigste Bauwerk des *wát*. Der Sockel ist von diversen Basrelief-Inschriften umgeben, und drinnen befindet sich die bemerkenswerte Buddhafigur **Phra Buddha Deva Patimakorn** 7.

Wat Pho wird oft als Thailands erste Universität bezeichnet. Die Tradition wird mit der Schule für Thai-Medizin und den zwei **Massagepavillons** 8 am Ostrand der Anlage fortgesetzt.

In der Osthälfte der Anlage finden sich mehrere kleinere *chedis* sowie Felsengärten.

TAKEPICSFORFUN / GETTY ©

Königliche *chedi*
Die vier in klassischem Ratanakosin-Stil mit bunten Fliesen dekorierten chedi sollen die ersten vier Könige der Chakri-Dynastie repräsentieren.

SAMART BOONYANG / GETTY ©

Liegender Buddha
Der imposante Liegende Buddha im Wat Pho wurde um einen 46 m langen und 15 m hohen Kern aus Ziegelsteinen modelliert, mit Gips verputzt und mit Blattgold überzogen. Er steht für den Übergang Buddhas ins Nirwana.

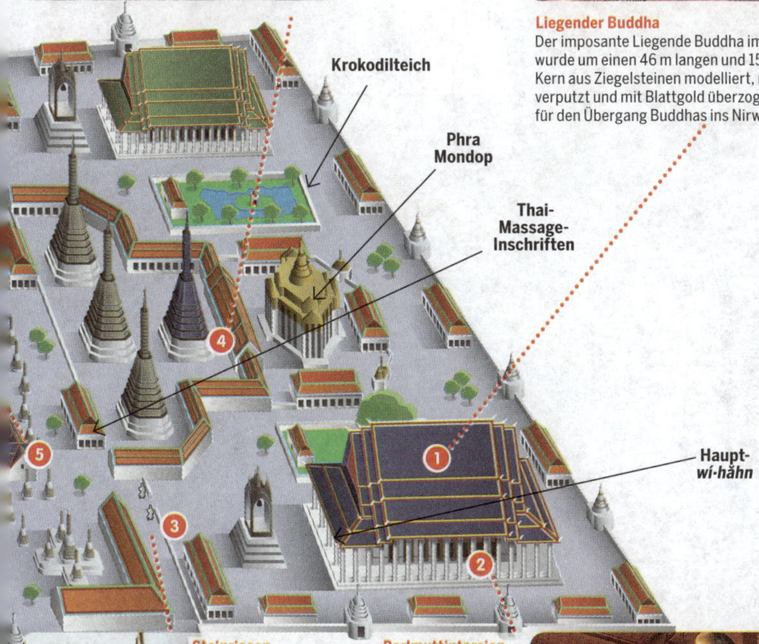

IMAGE SOURCE / GETTY ©

Steinriesen
Die riesigen Granitfiguren – die Darstellungen reichen von Figuren aus der chinesischen Oper bis hin zu Marco Polo – kamen im 19. Jh. als Ballast chinesischer Dschunken nach Thailand.

Perlmuttintarsien
Die 108 glückverheißenden lák•sà•nà, körperliche Merkmale Buddhas, sind auf den Fußsohlen des Liegenden Buddha dargestellt.

KAMPEE PATISENA / GETTY ©

Großraum Bangkok

Suvarnabhumi International (16 km)
Talat Rot Fai (5,5 km)
Ramkhamhaeng
Thai Rent A Car
Th Phra Ram IX
Th Phetchaburi
Makkasan
Makkasan (Bangkok City Air Terminal)
Soi 21 (Asoke)
TH SUKHUMVIT
Th Sukhumvit
KHLONG TAN
Soi 71
Nepalesische Botschaft
Phra Khanong
s. Karte Th Sukhumvit (S. 96)
KHLONG TOEY
Th Rama IV
PHRA KHANONG
On Nut
Bang Chak
Punnawithi
Udom Suk
Bang Na
Bahnhof Bearing (1,5 km)
BANGNA
Mae Nam Chao Phraya
Bang Kachao
PORT
Th Phra Ram IV
s. Karte Lumphini Park & Th Phra Ram IV (S. 90)
Lumphini-park
RATCHATHEWI
PRATUNAM
SIAM SQUARE
s. Karte Siam Square & Pratunam (S. 92)
s. Karte Silom & Sathon (S. 86)
SATHON
Th Naradhiwas Rajanagarindra (Chong Nonsi)
Th Silom
TROK CHAN
Hualamphong
Th Charoen Krung
s. Karte Uferegebiet (S. 84)
CHINATOWN
s. Karte Chinatown & Phahurat (S. 80)
BANGLAMPHU
Bangkok Noi (Thonburi)
s. Karte Ko Ratanakosin, Banglamphu & Thonburi (S. 74)
KHLONG SAN
Th Lat Ya
Krung Thonburi
Wongwian Yai
Th Charoen Nakhon
THANON TOK
Th Phra Ram III
RATBURANA
Th Suksawat
Chalerm Mahanakhon Expwy
Th Taksin
KHLONG BANGKOK YAI
KHLONG MON
THONBURI
Pho Nimit
Talat Phlu
Wutthakat
KHLONG BANG LUANG
Th Phetkasem
Phuttamonthon 1
Bang Wa
DAO KHANONG
Th Ratchaphruk
Th Phra Ram II
A B C D E F G
5 6 7 8

Großraum Bangkok

Sehenswertes
1 Bang-Nam-Pheung-Markt F8
2 Museum of Contemporary Art............E1
3 Nonthaburi-Markt C1
4 Si-Nakhon-Kheun-Khan-Park E7
5 Talat Rot Fai 2 ....F4
6 Schwimmender Markt v. Taling Chan.A4
7 Wat Bang Nam Pheung Nok...............F8
8 Wong-Wian-Yai-Markt C6

Aktivitäten, Kurse & Touren
9 Amita Thai Cooking Class..................B7
10 Manohra Cruises................................C7

Schlafen
11 Bangkok Tree House F8
12 Beat Hotel G6
13 Loog Choob Homestay C5
14 W Home...D7

Essen
15 Nang-Loeng-Markt C5

Ausgehen & Nachtleben
16 Sugar Ray...F5
17 Tuba...F5

Unterhaltung
18 Calypso Bangkok C7
19 Lam Sing G5
20 Mambo Cabaret E8
21 Parking Toys..G1
22 Tawandang German Brewery E7

Shoppen
23 Asiatique C7

fach ignorieren. Für 200 B kann man sich für zwei Stunden einen Audioguide holen.

Im Eintrittspreis für die Anlage ist auch der Zugang zum Park des Dusit-Palastes enthalten. Dort stehen der aus Teakholz gefertigte Wimanmek-Palast und der Abhisek-Dusit-Thronsaal.

★ Wat Pho — BUDDHISTISCHER TEMPEL

(วัดโพธิ์/วัดพระเชตุพน, Wat Phra Chetuphon; Karte S. 74; Th Sanam Chai; Eintritt 100 B; 8.30–18.30 Uhr; Tha Tien) Unter Bangkoks Hauptsehenswürdigkeiten ist der Wat Pho unser Favorit und (etwas) weniger überfüllt als der Wat Phra Kaew. Die Anlage kann einige Superlative für sich verbuchen: den größten liegenden Buddha der Stadt, Thailands größte Sammlung von Buddha-Darstellungen und das älteste Bildungszentrum im Königreich.

Das Highlight von Wat Pho ist der unglaublich eindrucksvolle **Liegende Buddha**, der beinahe zu groß für sein Zuhause ist.

Das weitläufige Gelände des Wat Pho umfasst 8 ha Land. Die wichtigsten Attraktionen liegen nördlich der Th Chetuphon, die Klosteranlagen südlich. Die Tempelanlage ist auch das nationale Zentrum für die Lehre und Erhaltung der traditionellen Thai-Medizin, zu der auch die Thai-Massage gehört. Rama III. hatte diese Einrichtung initiiert, als die Tradition vom Aussterben bedroht war. Die Massageschule verfügt über zwei **Massage-Pavillons** (Wat Pho, Th Sanam Chai; Thai-Massage 420 B/Std.; 9–18 Uhr; Tha Tien) auf dem Tempelgelände sowie zusätzliche Räume in der Ausbildungseinrichtung (S. 104) außerhalb des Tempels.

Amulettmarkt — MARKT

(ตลาดพระเครื่องวัดมหาธาตุ; Karte S. 74; Th Maha Rat; 7–17 Uhr; Tha Chang, Tha Maharaj, Tha Phra Chan Tai) Der geheimnisvolle, faszinierende Markt nimmt die Gehwege entlang der Th Maha Rat und der Th Phra Chan ein und erstreckt sich bis zu dem dichten Netz aus überdachten Marktbuden südlich der Tha Phra Chan. Bester Zugangspunkt ist der gut ausgeschilderte Trok Mahathat. Hier wird vor allem mit kleinen Talismanen gehandelt, die bei Sammlern, Mönchen, Taxifahrern und Leuten mit gefährlichen Berufen begehrt sind.

Potenzielle Käufer feilschen hier um Preise und blättern Kataloge mit teilweise astronomisch teuren Amuletten durch. Der Markt ist ein hervorragendes Plätzchen, um herumzuschlendern und die Männer (seltener Frauen) zu beobachten, die mit Lupen die winzigen Amulette studieren, um versteckte Bedeutungen und mit Glück den einen oder anderen echten Schatz zu finden.

Siam-Museum — MUSEUM

(สถาบันพิพิธภัณฑ์การเรียนรู้แห่งชาติ; Karte S. 74; www.museumsiam.org; Th Maha Rat; Eintritt 300 B; Di–So 10–18 Uhr; Tien Pier) Dieses unterhaltsame Museum in einem Gebäude europäischen Stils aus dem 19. Jh., in dem früher das Handelsministerium untergebracht war, bedient sich verschiedener Medien, um die Wurzeln des thailändischen Volkes und seiner Kultur zu erkunden und zu präsentieren. Die Ausstellungen sind äußerst engagiert zusammengestellt und interaktiv aufbereitet, wie es für Thailands Museen längst nicht überall üblich ist. Sie sind auch erfrischend ausgewogen und unterhaltsam und werfen eine Reihe von Fragen zu den Ursprüngen des Landes und seiner Menschen auf.

In jedem Raum gibt es ein informatives Video, das über einen Sensor gestartet wird, sodass sich die Wartezeit auf ein Minimum reduziert. Zu den Highlights, die Kinder mindestens eine Stunde lang und Erwachsene noch länger bei Laune halten dürften, zählen ein Schlachtenspiel über die Ayutthaya-Zeit, ein Raum voller traditioneller thailändischer Spielsachen und ein Imbisskarren, vor dem man sich als Verkäufer von *pàt tai* (gebratenen Nudeln) fotografieren lassen kann. Im angeschlossenen Souvenirladen findet man auch ein paar einfallsreiche Mitbringsel.

Nationalmuseum MUSEUM

(พิพิธภัณฑสถานแห่งชาติ; Karte S. 74; 4 Th Na Phra That; Eintritt 200 B; ⌚Mi–So 9–16 Uhr; ⛴Tha Chang, Tha Maharaj, Tha Phra Chan Tai) Das Nationalmuseum von Thailand wird oft als das größte Museum Südostasiens angepriesen und beherbergt eine eindrucksvolle Sammlung an Ausstellungsstücken, die man am besten bei einer der zweimal wöchentlich stattfindenden **Führungen** (Nationalmuseum, 4 Th Na Phra That; im Museumseintritt enthalten; ⌚Mi & Do 9.30 Uhr; ⛴Tha Chang, Tha Maharaj) kennenlernt.

Die meisten Gebäude des Museums wurden 1782 als Palast für Prinz Wang Na, Vizekönig von Rama I. erbaut. Rama V. wandelte es 1874 in ein Museum um, das in seiner gegenwärtigen Form drei Dauerausstellungen zeigt, die sich über mehrere Gebäude erstrecken. Zum Zeitpunkt der Recherche wurden einige der Ausstellungssäle gerade renoviert.

Der **Geschichtsflügel** hat sich beeindruckenderweise einer gewissen zeitgenössischen Ausstellungsästhetik angenähert und präsentiert eine prägnante Chronologie von Ereignissen und Figuren aus prähistorischen Zeiten sowie aus der Sukhothai-, Ayutthaya- und Bangkok-Ära. Zu den Highlights zählen eine beschriftete Steinsäule des Königs Ramkamhaeng, die als ältestes Zeugnis thailändischer Schrift gilt (was jedoch umstritten ist), der Thron König Taksins, die Rama V. gewidmete Ausstellung und ein Film über Rama VII. mit dem Namen *The Magic Ring*.

INSIDERWISSEN

BI, DER AMULETTVERKÄUFER

Bi, ein alteingesessener Verkäufer auf Bangkoks Amulettmarkt, steht zu Fragen rund um die hier angebotenen, wertvollen Talismane Rede und Antwort.

Wie lange verkaufst du schon Amulette? Mein Vater hat diesen Stand eröffnet. Ich bin seit etwa zehn Jahren im Geschäft.

Wer sind deine Kunden? Alle möglichen Leute interessieren sich für Amulette: Männer, Frauen, Menschen, die an die Kraft der Amulette glauben, Anleger, Sammler.

Welche Kräfte besitzen die Amulette? Manche Amulette beschützen Menschen beispielsweise vor Gefahren. Andere haben konkretere Kräfte und können etwa bewirken, dass eine Waffe nicht richtig funktioniert.

Woher kommen diese Kräfte? Amulette werden von Mönchen gesegnet, was aber nicht bedeutet, dass sie bei jedem Menschen ihre Wirkung entfalten. Man muss auch daran glauben!

Zu welchem Preis verkaufst du die Amulette? Auf Thai sagen wir, dass wir ein Amulett mieten, denn es klingt nicht ehrerbietig, einen heiligen Gegenstand zu kaufen. Wir glauben, dass wir diese Amulette nur eine gewisse Zeit lang bei uns haben und sie dann an andere weitergeben. Wir haben Amulette, die zwischen ein paar Hundert und mehreren Millionen Baht kosten.

Sind alle Amulette auf diesem Markt alt und wertvoll? In manchen Läden werden Kopien angeboten, was den Kunden aber meist gesagt wird. Einige Verkäufer versuchen allerdings, die Menschen zu täuschen. Nur weil ein Amulett alt ist, bedeutet das nicht, dass es auch wertvoll ist. Es hängt immer davon ab, was zu einem bestimmten Zeitpunkt gerade gefragt ist.

Woher weißt du, ob ein Amulett echt oder gefälscht ist? Ich habe eine Lupe und ich weiß, auf was genau ich achten muss. Die Technik ist heutzutage aber sehr fortgeschritten. Es wird also immer einfacher, die Leute hinters Licht zu führen.

Die **Ausstellung über dekorative Kunst und Ethnologie** deckt jede erdenkliche Form des Kunsthandwerks ab: traditionelle Musikinstrumente, Keramik, Kleidung und Textilien, Holzschnitzereien, Insignien und Waffen. Der **Flügel für Archäologie und Kunstgeschichte** zeigt Ausstellungen, die von prähistorischen Zeiten bis zur Bangkok-Epoche reichen.

Neben den großen Ausstellungsräumen gibt es noch die **Buddhaisawan-Kapelle**, in der einige gut erhaltene, originale Wandgemälde und eine der am höchsten verehrten Buddhadarstellungen des Landes, Phra Phut Sihing, zu sehen sind. Die Legende besagt, die Darstellung sei aus Sri Lanka nach Thailand gekommen, Kunsthistoriker gehen aber davon aus, dass sie aus dem Sukhothai des 13. Jhs. stammt.

Nationalgalerie KUNSTGALERIE

(พิพิธภัณฑสถานแห่งชาติ/หอศิลป์เจ้าฟ้า; Karte S. 74; www.facebook.com/TheNationalGalleryBangkok; 4 Th Chao Fa; Eintritt 200 B; ⌚ Mi–So 9–16 Uhr; ⛴ Chang Pier, Maharaj Pier, Phra Chan Tai Pier) Die Nationalgalerie ist in dem Gebäude der ehemaligen Königlichen Münze aus der Zeit von Rama V. untergebracht. Die Dauerausstellung ist recht veraltet und angestaubt. Weltliche Kunst ist relativ neu in Thailand, und die besten Beispiele schöner Kunst findet man vor allem in den Tempeln, für die sie angefertigt wurden – so wie historische westliche Kunstwerke oft in europäischen Kathedralen zu sehen sind. Insofern dokumentiert die hiesige Dauerausstellung größtenteils Thailands Hommage an die moderne Kunst.

Interessanter sind die Wechselausstellungen, die in den geräumigen hinteren Ausstellungsräumen präsentiert werden. Was gerade gezeigt wird, steht auf der Facebook-Seite oder den Plakaten vor dem Gebäude.

Lak Meuang DENKMAL

(ศาลหลักเมือง; Karte S. 74; Ecke Th Sanam Chai & Th Lak Meuang; ⌚ 6.30–18.30 Uhr; ⛴ Tha Chang, Tha Maharaj, Tha Phra Chan Tai) Die Holzsäule in Phallusform wurde 1782 von Rama I. als spiritueller Grundpfeiler Bangkoks im Rahmen der Gründung der neuen Hauptstadt aufgestellt. In animistischer Tradition verkörpert die Säule den Schutzgeist der Stadt (Phra Sayam Thewathirat) und ist zudem praktischer Bezugspunkt der Straßenachsen der Stadt und Messpunkt für Entfernungen zu anderen Städten.

Mit etwas Glück kann man bei einem *lá-kon gâa bon* (in Auftrag gegebenen Tanz) zugegen sein: Als Dank für den erfüllten Wunsch eines Gläubigen vollführen prächtig kostümierte Tänzerinnen subtile Bewegungen zu Ehren des Schutzgeistes.

> **THA ODER PIER?**
>
> *Tâh* wird oft als *tha* transkribiert und bedeutet Anlegestelle oder Pier. Deshalb steht auf diversen Schildern der Stationen des Chao-Phraya-Express-Boots Tha XXX anstelle von XXX-Pier.

Banglamphu บางลำพู

Banglamphu, das neben Ko Ratanakosin liegt, besteht aus zwei Welten: einerseits dem charakteristischsten Stadtteil des alten Bangkok, andererseits der Th Khao San, einer frechen, von Neonlichtern erhellten Entspannungsmeile für Backpacker. Je nachdem, was einem mehr liegt, kann man sich für eine der beiden Seiten entscheiden und der anderen einfach den Rücken zukehren – auch das macht den Charme von Banglamphu aus. Die meisten klassischen Gebäude Bangkoks finden sich in diesem Gebiet. Gleiches gilt für authentische Bangkoker Küche und Kultur.

Das Viertel ist unter anderem über die Anlegestellen des Chao-Phraya-Express-Boots am Tha Phra Athit (Banglamphu) zu erreichen oder über die Kanalboothaltestelle Tha Phanfa Leelard. Alternativ nimmt man den BTS bis National Stadium oder Ratchathewi oder die MRT bis Hua Lamphong und steigt dort für ein kurzes Stück in ein Taxi um.

Goldener Berg BUDDHISTISCHER TEMPEL

(ภูเขาทอง, Phu Khao Thong; Karte S. 74; abseits der Th Boriphat; Eintritt zum Gipfel des Goldenen Berges 10 B; ⌚ 7.30–17.30 Uhr; ⛴ Klorng-Boot bis Tha Phanfa Leelard) Selbst wer so langsam genug von den ganzen *wâts* hat, sollte den kurzen Weg auf den Goldenen Berg in Angriff nehmen. Serpentinenartige Stufen schlängeln sich über einen künstlich angelegten Hügel, auf dem knorrige Bäume Schatten spenden (an einigen hängen Schilder in englischer Sprache), vorbei an Gräbern und Bildern reicher Wohltäter. Oben angekommen wird man mit einem 360-Grad-Panorama und Bangkok von seiner fotogensten Seite belohnt.

THANON KHAO SAN

Die Th Khao San, besser bekannt als Khao San Road, ist anders als alles andere auf der Welt. Sie ist ein internationaler Sammelpunkt von Leuten, die entweder die Freiheit des Reisens in Südostasien genießen oder sich wieder die goldenen Fesseln des Lebens in der ersten Welt anlegen wollen. Sie alle treffen hier im Neonlicht des Schmelztiegels Banglamphu zusammen. Die Einzigartigkeit dieser Straße lässt sich vielleicht am besten mit folgender Frage verdeutlichen: Wo sonst, außer an Flughäfen, treffen Menschen aus Dutzenden Ländern zusammen – frischgebackene Backpacker, die Bananenpfannkuchen in sich hineinstopfen, Omas und Opas, die einen Gin Tonic nach dem anderen bestellen, Hippies, Hipsters, Nerds, Glamazons, Pauschaltouristen, Weltenbummler, Urlauber, Aussteiger, kurz: Menschen verschiedenster Hautfarbe und verschiedensten Glaubens, die einen beobachten, während man selbst wiederum sie und natürlich alles andere beobachtet?

Die Th Khao San (*kâw săhn* bedeutet „ungekochter Reis") ist eins der berühmtesten Kinder des Zeitalters der Individualreisen. Natürlich war das nicht immer so. In ihren ersten zwei Jahrhunderten war sie nur eine von vielen unscheinbaren Straßen im alten Bangkok – wenn man mehr über die frühere Zeit erfahren möchte, sollte man das neue **Khaosan Museum** (EG, 201 Th Khao -San; ⏲9–21 Uhr; Phra Athit/Banglamphu-Pier) GRATIS besuchen. Die ersten Gästehäuser entstanden hier 1982, und je mehr Backpacker in den 1980er-Jahren herkamen, desto mehr wurden die alten Holzhäuser eines nach dem anderen in Billigabsteigen umgewandelt. Nach dem Erscheinen von Alex Garlands Roman *Der Strand* (1997), dessen Handlung in dem schäbigeren Abschnitt der Khao San einsetzt, wurde es für Backpacker, die nach Südostasien kamen, so etwas wie ein Initiationsritus, hier abzusteigen.

Der Erfolg von Garlands Roman und des darauf basierenden Films brachte die Khao San in Richtung Mainstream, wobei das Schäbige romantisiert wurde und das Klischee des ungewaschen alternativen Backpackers aufkam. Auch die seit Langem schwelende Kontroverse über die Th Khao San rückte an die Spitze aller Backpackerunterhaltungen in der ganzen Region: Ist es cool oder uncool, auf der KSR abzusteigen? Ist das noch „echtes Reisen" oder nur ein internationales „Irgendwo", das westlichen Backpackern ein paar Baht erspart, bevor sie wieder nach Hause fliegen und ihre wohlverdiente Karriere beginnen? Ist das denn noch das echte Thailand?

Vielleicht hat es eine von Garlands Figuren genau auf den Punkt gebracht, als sie sagte: „Weißt du, Richard, eines Tages finde ich einen dieser Lonely Planet Schreiber, und dann frage ich ihn, was an der Khao San Road eigentlich so verdammt einsam sein soll."

Heute mehr denn je würde die Antwort lauten: nicht sehr viel. Durch all die Werbung hat sich die Khao San weiterentwickelt: Statt der von Wanzen verseuchten Absteigen gibt's heute Boutiquehotels und anstelle der massenkompatiblen TV-Bars, in denen Raubkopien von Filmen gezeigt wurden, existieren hippe Designerbars, in denen sich schicke Backpacker in Designerklamotten tummeln. Aber die interessanteste Veränderung ist wohl, wie die Thais die Khao San inzwischen sehen.

Einst als billiger, schmutziger Treff von *fa·ràng kêe ngók* (knausrigen Ausländern) abgeschrieben, ist Banglamphu heute das angesagteste Viertel der Stadt, das zu gewissen Teilen auch von den seit Langem verspotteten unabhängigen Travellern und ihren modernen Ideen geprägt wurde. Und auch die Bangkoker Gegenkultur-Kids blieben natürlich nicht fern, und sie brachten eine gute Auswahl kleiner Bars, Bio-Cafés und Läden mit sich. Tatsächlich erwies sich das Alternativ-Völkchen Bangkoks als die thailändische Würze, die dem Schmelztiegel zuvor noch gefehlt hatte.

Das bedeutet allerdings nicht, dass sich die Khao San von ihren Backpacker-Wurzeln verabschiedet hätte. Sie hat noch immer alles, was Traveller begehren: Essen, das einen das Heimweh vergessen lässt, Cafés und Bars, in denen man Reisegeschichten darüber, wie man am besten zur kambodschanischen Grenze kommt, austauschen kann, Schneider, Reisebüros, Zahnweißer, antiquarische Buchläden, Zopfflechter und natürlich die unvermeidlichen Akha-Frauen, die jedem ihre Holzfrösche andrehen wollen. Nein, hier ist wirklich überhaupt nichts einsam …

Ko Ratanakosin, Banglamphu & Thonburi

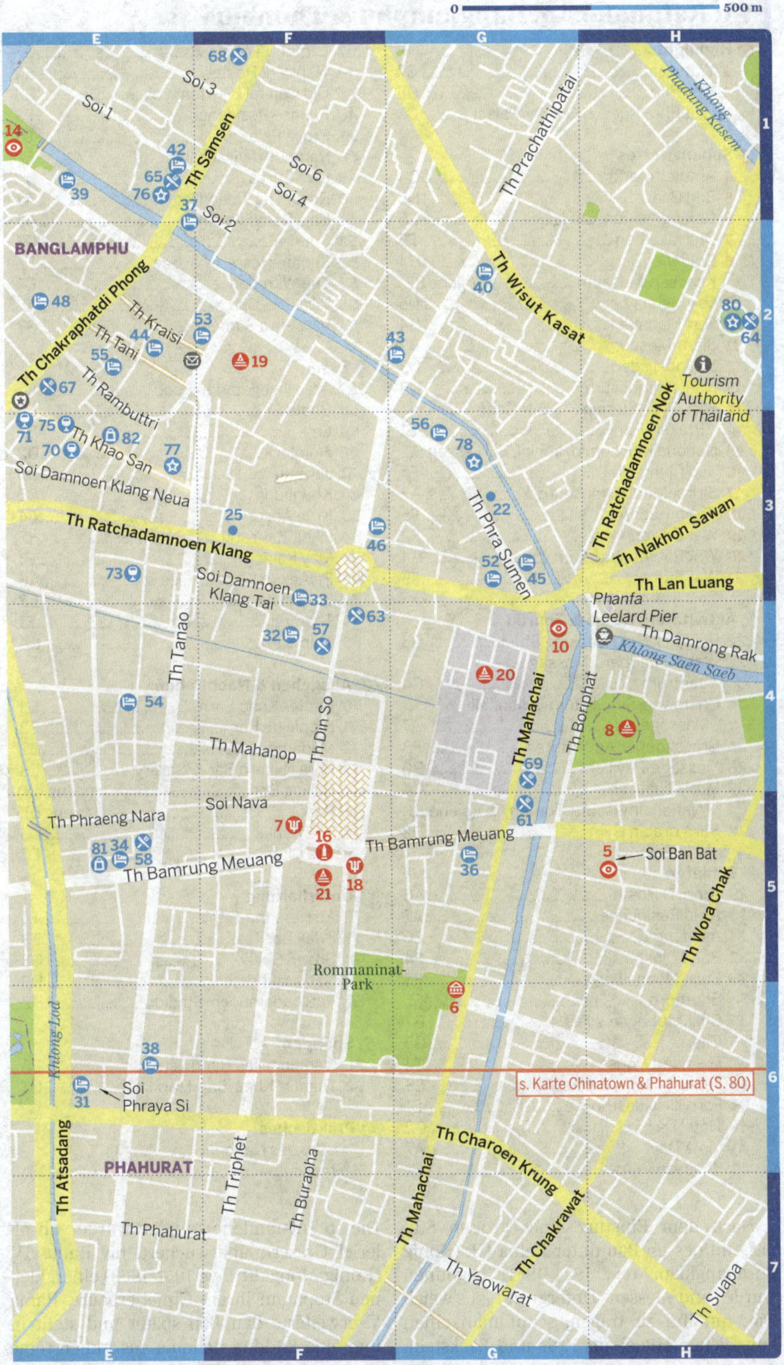
0
500 m
E
F
G
H
1
2
3
4
5
6
7
BANGLAMPHU
PHAHURAT
Soi 1
Soi 3
Soi 6
Soi 4
Soi 2
Th Samsen
Th Prachathipatai
Khlong Phadung Kasem
Th Wisut Kasat
Th Chakraphatdi Phong
Th Kraisi
Th Tani
Th Rambuttri
Th Khao San
Soi Damnoen Klang Neua
Th Ratchadamnoen Klang
Soi Damnoen Klang Tai
Tourism Authority of Thailand
Th Ratchadamnoen Nok
Th Nakhon Sawan
Th Lan Luang
Th Phra Sumen
Phanfa Leelard Pier
Th Damrong Rak
Khlong Saen Saeb
Th Tanao
Th Din So
Th Mahanop
Th Mahachai
Th Boriphat
Soi Nava
Th Phraeng Nara
Th Bamrung Meuang
Soi Ban Bat
Th Wora Chak
Rommaninat-Park
s. Karte Chinatown & Phahurat (S. 80)
Khlong Lod
Soi Phraya Si
Th Atsadang
Th Triphet
Th Burapha
Th Charoen Krung
Th Chakrawat
Th Phahurat
Th Yaowarat
Th Suapa
1
5
6
7
8
10
14
16
18
19
20
21
22
25
31
32
33
34
36
37
38
39
40
42
43
44
45
46
48
52
53
54
55
56
57
58
61
63
64
65
67
68
69
70
71
73
75
76
77
78
80
81
82

Ko Ratanakosin, Banglamphu & Thonburi

Highlights
1 Wat Arun ... C7
2 Wat Pho ... B6
3 Wat Phra Kaew & Großer Palast ... C5

Sehenswertes
4 Amulettmarkt ... C4
5 Ban Baat ... H5
6 Gefängnismuseum ... G6
7 Dhevasathan ... F5
8 Goldener Berg ... H4
Khaosan-Museum ... (siehe 82)
9 Lak Meuang ... D5
10 Fort Mahakan ... G4
11 Siam-Museum ... B7
12 Nationalgalerie ... D3
13 Nationalmuseum ... D3
14 Fort Phra Sumen & Santi-Chai-Prakan-Park ... E1
15 Nationalmuseum d. königl. Barkassen. A2
16 Sao Ching-Cha ... F5
17 Siriraj-Medizinmuseum ... A3
18 Vishnu-Schrein ... F5
19 Wat Bowonniwet ... F2
20 Wat Ratchanatdaram ... G4
21 Wat Suthat ... F5

Aktivitäten, Kurse & Touren
22 Bangkok Bold Cooking Studio ... G3
23 Wat-Mahadhatu-Massage-zentrum ... C4
24 Chetawan-Schule für traditionelle Massage ... A7
25 Grasshopper Adventures ... F3
26 Massage-Pavillons ... B6
27 Muay Thai Lab ... C4
(Nationalmuseum-Touren) ... (siehe 13)
28 Sor Vorapin Gym ... D2

Schlafen
29 Arom D Hostel ... A6
30 Arun Residence ... A7
31 Asadang ... E6
32 Baan Dinso ... F4
33 Baan Noppawong ... F3
34 Bhuthorn ... E5
35 Chakrabongse Villas ... B7
36 Chern ... G5
37 Diamond House ... E1
38 Feung Nakorn Balcony ... E6
39 Fortville Guesthouse ... E1
40 Hotel Dé Moc ... G2
41 Inn A Day ... A7
42 Khaosan Immjai ... E1
43 Lamphu Treehouse ... G2
44 NapPark Hostel ... E2
45 Old Capital Bike Inn ... G3
46 Pannee Residence ... F3
47 Praya Palazzo ... D1
48 Rambuttri Village Inn ... E2
49 Riva Surya ... D2
50 Royal Tha Tien Village ... A7
51 Sala Ratanakosin ... A6
52 Sourire ... G3
53 Suneta Hostel Khaosan ... F2
54 The Warehouse ... E4
55 Villa Cha-Cha ... E2
56 Villa Phra Sumen ... G3

Essen
57 Arawy Vegetarian Food ... F4
58 Chote Chitr ... E5
59 Err ... B7
60 Hemlock ... D2
61 Jay Fai ... G5
62 Khunkung ... C5
63 Krua Apsorn ... F4
64 Likhit Kai Yang ... H2
65 May Kaidee's ... E1
66 Pa Aew ... A6
67 Shoshana ... E2
68 Thamna ... F1
69 Thip Samai ... G4

Ausgehen & Nachtleben
70 Center Khao Sarn ... E3
71 Hippie de Bar ... E3
72 Madame Musur ... D2
73 Phra Nakorn Bar & Gallery ... E3
Rolling Bar ... (siehe 43)
Roof ... (siehe 51)
74 The Bank ... D3
75 The Club ... E3

Unterhaltung
76 Ad Here the 13th ... E1
77 Brick Bar ... E3
78 Brown Sugar ... G3
79 Nationaltheater ... D3
80 Ratchadamnoen-Stadion ... H2

Shoppen
81 Traditionelles Handwerk ... E5
82 Thanon-Khao-San-Markt ... E3

Praktisches
Büro des Nationalmuseums ... (siehe 13)

Nach dem Einsturz eines großen Stupas, mit dessen Bau unter Rama III. (König Phranangklao; reg. 1824–1851) begonnen wurde und dessen Untergrund zu weich war, um ihn zu tragen, schuf man einen künstlichen Hügel aus Erde und Backstein. Die so entstandene Anhöhe wurde von allerlei Gräsern überwuchert, bis Rama IV. (König Mongkut; reg. 1851–1868) einen kleinen Stupa auf ihrem Gipfel erbaute. Rama V. erweiterte den Bau später und stellt in ihm eine Buddha-Reliquie aus Indien (eine

Gabe der britischen Regierung) auf. Die Betonmauern wurden während des Zweiten Weltkriegs hinzugefügt, um eine Erosion zu verhindern.

Jedes Jahr im November findet auf dem Gelände ein Festival statt, bei dem auch eine zauberhafte Prozession mit Kerzen zum Goldenen Berg zieht.

Wat Suthat BUDDHISTISCHER TEMPEL

(วัดสุทัศน์; Karte S. 74; Th Bamrung Meuang; Eintritt 20 B; ⌚ 8.30–21 Uhr; Klorng-Boot bis Tha Phanfa Leelard) Der Wat Suthat ist nicht nur riesig und beeindruckend, sondern genießt auch den wichtigsten königlichen Tempelrang. Im Inneren des *wí·hăhn* (Heiligtum für eine Buddha-Skulptur) befinden sich aufwendige Wandgemälde, die *jataka* (Geschichten aus Buddhas Leben) zeigen, sowie der 8 m hohe **Phra Si Sakayamuni**, Thailands größte noch erhaltene Bronzestatue aus der Sukhothai-Ära, die im 14. Jh. in der einstigen Hauptstadt Sukhothai gegossen wurde. Die Asche von Rama VIII. (König Ananda Mahidol; reg. 1935–1946) wird im Sockel des Bildnisses aufbewahrt.

Der *bòht* hinter dem *wí·hăhn* ist der größte seiner Art im Land. Der Wat Suthat hat aber noch einen weiteren Superlativ zu bieten: Er genießt den höchsten königlichen Tempelrang Rachavoramahavihan. Zudem kommt ihm dank seiner Verbindung zu brahmanischen Priestern, die wichtige Zeremonien wie die Königliche Pflugzeremonie im Mai abhalten, ein besonderer Platz im religiösen Leben Thailands zu. Die Priester führen auch religiöse Riten in zwei Hindu-Schreinen nicht weit vom *wát* entfernt durch – und zwar im **Dhevasathan** (เทวสถาน (โบสถ์พราหมณ์); Karte S. 74; ⌚ Sonnenaufgang–Sonnenuntergang; Klorng-Boot bis Tha Phanfa Leelard) GRATIS an der Th Din So sowie im kleineren **Vishnu-Schrein** (Karte S. 74; ⌚ Sonnenaufgang–Sonnenuntergang; Klorng-Boot bis Tha Phanfa Leelard) GRATIS an der Th Unakan.

Ban Baat STADTVIERTEL

(บ้านบาตร; Karte S. 74; Dorf der Bettelschalen; abseits der Soi Ban Bat; ⌚ 9–17 Uhr; Klorng-Boot bis Tha Phanfa Leelard) GRATIS Rama I. (König Phraphutthayotfa; reg. 1782–1809) gründete in Bangkok einst drei Dörfer zur Herstellung von *bàhts*, charakteristischen Schalen, in denen die Mönche jeden Morgen von gläubigen Buddhisten Essen und Almosen erhalten. Ban Baat ist als letztes dieser Dörfer noch erhalten. Zu seinen Kunden zählen heute nicht mehr Tempel, sondern Touristen. Wer eine dieser Schalen kauft, dem wird auch gleich gezeigt, wie sie hergestellt werden.

Das Dorf, das heute eigentlich nur noch aus einer einzigen Gasse besteht, findet man, wenn man von der Th Bamrung Meuang in die Soi Ban Bat einbiegt und dann die erste Straße nach rechts geht.

Heute stammen die meisten Schalen aus billiger Massenproduktion und so beschränkt sich die handwerkliche Tradition auf eine einzige Großfamilie. Dieser kann man beim Zusammenhämmern der Schalen aus acht Stahlteilen, die für den Edlen Achtfachen Pfad des Buddhismus stehen, zuschauen. Die Verbindungsstellen werden dann durch geschmolzenen Kupferdraht miteinander verbunden. Anschließend wird die Schale behauen, poliert und mehrfach mit einem schwarzen Lack versiegelt.

Wat Ratchanatdaram BUDDHISTISCHER TEMPEL

(วัดราชนัดดาราม; Karte S. 74; Th Mahachai; ⌚ 8–17 Uhr; Klorng-Boot bis Tha Phanfa Leelard) GRATIS Dieser Tempel wurde Mitte des 19. Jhs. für Rama III. (König Phranangklao; reg. 1824–51) errichtet. Seine Bauweise soll von den Metalltempeln abgeleitet sein, die vor über 2000 Jahren in Indien und Sri Lanka gebaut wurden.

Im hinteren Teil des Komplexes, hinter einer gepflegten Gartenanlage, gibt es einen bekannten Markt, auf dem *prá krêu·ang* (buddhistische Amulette) in allen Größen, Formen und Stilen feilgeboten werden.

Sao Ching-Cha DENKMAL

(เสาชิงช้า, Riesenschaukel; Karte S. 74; Th Bamrung Meuang; ⌚ 24 Std.; Klorng-Boot bis Tha Phanfa Leelard) GRATIS Unter diesem dünnen roten Bogen – einem Wahrzeichen Bangkoks – fand früher ein brahmanisches Fest zu Ehren Shivas statt, bei dem die Teilnehmer immer höher und höher schaukelten, um an einen Beutel voll Gold zu gelangen, der an einem 15 m hohen Bambuspfahl hing. Wer es schaffte, das Gold zu greifen, durfte es behalten. Dies war jedoch kein einfaches Unterfangen und viele Wagemutige kamen dabei ums Leben. Am Ticketschalter im angrenzenden Wat Suthat ist ein Foto zu sehen, auf dem das riskante Ritual abgebildet ist.

Den Brahmanen kam am königlichen Hof, vorwiegend bei Krönungsritualen, eine mystische Rolle zu. Die Revolution 1932 setzte der sowieso schon schwindenden Macht der Brahmanen jedoch effektiv ein

Ende und das Fest mitsamt dem Schaukelritual wurde unter der Herrschaft Ramas VII. (König Prajadhipok; reg. 1925–35) abgeschafft.

Im Jahr 2007 wurde die alte Schaukel durch das heutige Exemplar ersetzt, das aus sechs riesigen Teakholzstämmen aus der Provinz Phrae in Nordthailand gefertigt wurde. Die ursprüngliche Riesenschaukel ist im Nationalmuseum zu sehen.

Fort Phra Sumen & Santichaiprakan-Park BEMERKENSWERTES GEBÄUDE, PARK

(ป้อมพระสุเมรุ, สวนสันติชัยปราการ; Karte S. 74; Th Phra Athit; 5–21 Uhr; Tha Phra Athit (Banglamphu) GRATIS Dort, wo früher eine Zuckerfabrik stand, befindet sich heute der **Santichaiprakan-Park**, ein winziges Fleckchen Grün mit einem tollen Blick auf den Fluss und viel Action am Abend, beispielsweise ulkigen kommunalen Aerobic-Kursen. Der Pfad am Fluss entlang nach Süden lädt zu einem ruhigen Spaziergang ein.

Das bekannteste Wahrzeichen des Parks ist das strahlend weiße **Fort Phra Sumen**, das 1783 zur Verteidigung gegen potenzielle Flottenangriffe erbaut wurde.

Der achteckige Bunker aus Ziegel und Gips, der nach dem mythischen Phra Sumen (Berg Meru) aus der hinduistisch-buddhistischen Kosmologie benannt ist, war einer der 14 städtischen Wachtürme an der alten Stadtmauer entlang dem Khlong Rop Krung (dem heutigen Khlong Banglamphu, der auf vielen Hinweisschildern aber noch immer als Khlong Rop Krung angeschrieben ist). Abgesehen vom **Fort Mahakan** (ป้อมมหากาฬ; Karte S. 74; Th Ratchadamnoen Klang; 24 Std.; Klorng-Boot bis Tha Phanfa Leelard) GRATIS ist dies der einzige noch stehende Turm.

Wat Bowonniwet BUDDHISTISCHER TEMPEL

(วัดบวรนิเวศวิหาร; Karte S. 74; www.watbowon.org; Th Phra Sumen; 8.30–17 Uhr; Tha Phra Athit (Banglamphu) GRATIS Der 1826 gegründete Wat Bowonniwet (umgangssprachlich auch Wat Bowon genannt) ist der nationale Sitz der Klostersekte Thammayut, die eine reformierte Version des thailändischen Buddhismus praktiziert. Wer damit nichts anfangen kann, sollte den Tempel wenigstens wegen der bemerkenswerten Wandgemälde des *bòht* besuchen, darunter thailändische Darstellungen des westlichen Lebens im frühen 19. Jh. (vermutlich dienten Zeitschriftenillustrationen als Vorlage).

Aufgrund seines königlichen Status sollten Besucher auf angemessene Kleidung besonders achten. Wer kurze Hosen und ärmellose Oberteile trägt, dem wird der Zutritt zum Wat verwehrt.

Rama IV. (König Mongkut; reg. 1851–68), der als Gelehrter, nicht als König gesehen werden wollte, begründete diese Sekte und rief damit die königliche Tradition der Ordination in diesem Tempel ins Leben. Tatsächlich war Mongkut sogar mehrere Jahre lang Abt des Wat Bowon. Rama IX. (König Bhumibol Adulyadej; reg. seit 1946), Kronprinz Vajiralongkorn sowie mehrere andere männliche Mitglieder der Königsfamilie waren hier als Mönche auf Zeit ordiniert.

Thonburi ธนบุรี

Direkt gegenüber von Banglamphu am anderen Flussufer liegt Thonburi, das nach dem Fall Ayutthayas kurzzeitig die thailändische Hauptstadt war. Am rechten Ufer des Mae Nam Chao Phraya ist es so ruhig, dass man glauben könnte, dies sei eine andere Provinz. Es gibt nur relativ wenige Attraktionen, aber *fàng ton* (der umgangssprachliche Name des Viertels) ist eine tolle Gegend, um ziellos durch die begrünten Straßen zu schlendern.

Am unkompliziertesten erreicht man die Sehenswürdigkeiten mit dem Chao-Phraya-Express-Boot über die Anlegestellen Saphan Somdet Phra Pin Klao, Thonburi Bahnhof, Wang Lang (Siriraj), Wat Rakhang oder Wat Arun.

★ Wat Arun BUDDHISTISCHER TEMPEL

(วัดอรุณฯ; Karte S. 74; www.watarun.net; abseits der Th Arun Amarin; Eintritt 50 B; 8–18 Uhr; Flussfähre ab Tha Tien) Nach dem Fall Ayutthayas übernahm König Taksin hier an einem Schrein feierlich die Macht und errichtete einen Königspalast und einen Tempel für den Smaragd-Buddha. Der Tempel wurde nach dem indischen Gott der Morgendämmerung (Aruna) benannt und stand für die wortwörtliche und symbolische Gründung eines neuen Ayutthayas.

Zum Zeitpunkt der Recherche war die Spitze des Wat Arun aufgrund von Renovierungsarbeiten geschlossen. Die Wiedereröffnung war noch für 2016 geplant. Besucher können das Gelände betreten, jedoch nicht auf den Turm hinaufsteigen.

Sein markantestes Merkmal, den 82 m hohen *Ƀrahng* (Turm im Khmer-Stil), erhielt der Wat Arun aber erst, als sowohl die Hauptstadt als auch der Smaragd-Buddha nach Bangkok verlegt wurden. Mit dem Bau

NICHT VERSÄUMEN

UNTERWEGS AUF THONBURIS KANÄLEN

Bangkok wurde früher auch das „Venedig des Ostens" genannt, da die Stadt von einem hochentwickelten Netz aus *klorng* (auch *khlong*) durchzogen war, von Menschenhand ausgehobene Kanäle, die die Einwohner als Transportmittel für sich selbst und für ihre Waren nutzten. Heute haben Autos und Motorräder die Boote verdrängt und die Mehrzahl der Kanäle Bangkoks wurde aufgefüllt und in Straßen umgewandelt. Wo dies nicht geschehen ist, trocknen sie meist langsam aus und stinken vor sich hin. Am Westufer des Mae Nam Chao Phraya in Thonburi kann man jedoch einen Einblick in die von Wasser geprägte Vergangenheit der Stadt erhaschen.

Thonburis Netz aus Kanälen und Nebenflüssen wimmelt auch heute noch von einer bunten Flotte an Wasserfahrzeugen – von Kanus bis hin zu mit Reis beladenen Frachtkähnen – und die Vordertüren der auf Stelzen erbauten Wohnhäuser, Handelshäuser und Tempel öffnen sich zum Wasser hin. Die Anwohner sind davon überzeugt, dass diese Wasserwege sie vor den saisonalen Überflutungen schützen, von denen die Hauptstadt immer wieder heimgesucht wird. Der **Khlong Bangkok Noi** ist von Pflanzen und historischen Tempeln gesäumt, entlang des kleineren **Khlong Mon** stehen vorwiegend Wohnhäuser. Der **Khlong Bangkok Yai** verläuft dort, wo der Fluss früher auch verlief – bevor der Kanal gebaut wurde, um die Durchfahrt zu beschleunigen. Die Longtail-Boote, die überall auf diesen und den übrigen Kanälen Thonburis verkehren, kann man heutzutage chartern (am Tha Chang und Tha Tien, beide auf der Ko Ratanakosin). Die Preise an diesen Anlegestellen sind etwas höher als an anderen Orten und viel Verhandlungsspielraum gibt es auch nicht, aber die Wahrscheinlichkeit, dass man auf die Schippe genommen wird oder hinterher Trinkgelder oder andere unerwartete Gebühren erhoben werden, ist hier am geringsten.

Bei einer Bootstour fährt man meist über den Khlong Bangkok Noi und den Khlong Mon und kommt am Royal Barges National Museum (Nationalmuseum der königlichen Barkassen), am Wat Arun und einem Tempel am Wasser vorbei, an dem Fische gefüttert werden. Längere Ausflüge führen auch noch über den Khlong Bangkok Yai und schließen teilweise noch den Besuch einer Orchideenfarm ein. Am Wochenende besteht zudem die Möglichkeit, dem **Schwimmenden Markt Taling Chan** (S. 152) einen Besuch abzustatten. Man muss aber wissen, dass die am häufigsten angebotene einstündige Tour (1000 B, bis zu 6 Pers.) zeitlich einfach zu kurz ist, um auszusteigen und die Sehenswürdigkeiten zu erkunden. Sinnvoller ist es deshalb, eine längere Tour (1½/2 Std., 1300/1500 B) zu buchen. Die meisten Anbieter haben festgelegte Routen, wer aber ein bestimmtes Ziel im Kopf hat, kann sich auch dorthin schippern lassen. Die Touren werden im Allgemeinen zwischen 8 und 17 Uhr angeboten.

Wem der Sinn nach einem längeren und individuelleren Ausflug steht, dem bietet **Pandan Tour** (☎ 02 689 1232, 087 109 8873; www.thaicanaltour.com; Touren ab 2295 B) eine ganze Reihe von Ausflügen (vorwiegend ganztägig) an. Eine günstigere Alternative sind die **Longtail-Boote für Pendler** (Tha Chang, abseits der Th Maha Rat; 25 B; ⏰ 4.30–19.30 Uhr; ⛴ Tha Chang) vom Tha Chang bis nach Bang Yai am nördlichsten Ende des Khlong Bangkok Noi. Um wieder zurückzukommen, muss man allerdings umsteigen, und oft wird Ausländern davon abgeraten, mit diesen Booten zu fahren.

des Turms wurde in der ersten Hälfte des 19. Jhs. unter Rama II. begonnen, fertiggestellt wurde er erst später unter Rama III. Die kunstvollen **Blumenmosaike** sind von Weitem nicht zu erkennen. Sie sind aus bunten Scherben chinesischen Porzellans gefertigt, eine Technik, die zu Beginn der Ratanakosin-Periode, als chinesische Schiffe im Hafen Bangkoks tonnenweise Ballast in Form von altem Porzellan abluden, eine übliche Form der Verzierung von Tempeln war.

Auch ein Blick ins Innere des *bòht* ist durchaus lohnend. Die wichtigste Buddha-Darstellung hier wurde angeblich von Rama II. (König Phraphutthaloetla Naphalai; reg. 1809–24) persönlich entworfen. Die **Wandmalereien** stammen aus der Zeit von Rama V. (König Chulalongkorn; reg. 1868–1910). Am eindrucksvollsten ist eine Abbildung von Prinz Siddhartha, wie er außerhalb seiner Palastmauern Geburt, Alter, Krankheit und Tod begegnet – eine Erfahrung, die ihn

Chinatown & Phahurat

dazu brachte, sein weltliches Leben aufzugeben. Die Asche von Rama II. ist im Fundament des hier vorherrschenden Buddha-Bildnisses begraben.

Regelmäßig legen Fähren von Tha Tien zum Wat Arun (3 B) auf der gegenüberliegenden Seite des Flusses ab.

Nationalmuseum der Königlichen Barkassen (Royal Barges National Museum) MUSEUM
(พิพิธภัณฑสถานแห่งชาติเรือพระราชพิธี/เรือพระที่นั่ง; Karte S. 74; Khlong Bangkok Noi od. 80/1 Th Arun Amarin; Eintritt 100 B, Erlaubnis zum Fotografieren 100 B; 9–17 Uhr; Phra Tha Saphan Phra Pin Klao) Die königlichen Barkassen sind sehr schmale, besonders aufwendig verzierte Boote, die für zeremonielle Prozessionen eingesetzt werden. Diese Tradition reicht zurück bis in die Ayutthaya-Ära, als Reisen (sowohl vom gemeinen Volk als auch von der Königsfamilie) vorrangig per Boot unternommen wurden. Wenn sie gerade nicht im Einsatz sind, kann man die Barkassen in diesem interessanten Museum in Thonburi besichtigen.

Am bequemsten erreicht man das Museum vom Tha Saphan Phra Pin Klao aus mit dem Motorradtaxi (den Fahrer bitten, nach *reu·a prá têe nâ* zu fahren). Eine weitere Möglichkeit ist ein Ausflug mit dem Longtail-Boot durch Thonburis Kanäle. Auf Wunsch wird am Museum gehalten.

Das wichtigste der sechs hier ausgestellten Boote ist die *Suphannahong*, die persönliche Barkasse des Königs. Sie ist aus einem einzigen Holzstamm gefertigt und gilt als der größte Einbaum der Welt. Übersetzt bedeutet ihr Name „Goldener Schwan", weshalb in den Bug ein riesiger Schwanenkopf geschnitzt wurde. Die Buge der weniger bedeutenden Boote sind mit Abbildungen aus der hinduistisch-buddhistischen Mythologie versehen, etwa mit einer *naga* (mythische Seeschlange) oder einer *garuda* (Vishnus Vogelreittier).

Alte Fotografien lassen die grandiosen Prozessionen lebendig werden, in denen die größte Barkasse eine Rudermannschaft von 50 Mann benötigte; hinzu kamen sieben Sonnenschirmhalter, zwei Steuermänner, zwei Navigatoren sowie ein Fahnenträger, ein Schlagmann und ein Sänger. Heute findet die königliche Barkassenprozession nur noch unregelmäßig statt, zuletzt im Jahr 2012 zum 85. Geburtstag des Königs.

Chinatown & Phahurat

Highlights
1 Wat Traimit (Goldener Buddha) F3

Sehenswertes
2 Pak Khlong Talat A2
3 Phahurat C2
Phra-Buddha-Maha-Suwanna-Patimakorn-Ausstellung .... (siehe 1)
4 Sampeng Lane C2
5 Talat Mai E2
6 Wat Mangkon Kamalawat E2
Yaowarat Chinatown Heritage Center .... (siehe 1)

Schlafen
7 Loy La Long E4
8 Shanghai Mansion E3
9 Siam Classic G4

Essen
10 Nay Hong E1
11 Old Siam Plaza B1
12 Royal India C2
13 Samsara E4
14 Thanon-Phadungdao-Seafood-Stände E3

Ausgehen & Nachtleben
15 El Chiringuito F3
16 Tep Bar F3

Unterhaltung
17 Sala Chalermkrung B1

Chinatown & Phahurat เยาวราช/พาหุรัด

Bangkoks Chinatown (nach seiner Hauptstraße Yaowarat genannt) ist für Städtereisende das Äquivalent zum Amazonasbecken. Die Highlights hier sind keine wohlgeordneten Tempel oder Museen, sondern ein ziemlich kompliziertes Netz aus Gassen, überfüllten Märkten und Straßenimbissen voller Köstlichkeiten. Anders als andere Chinatowns weltweit ist die von Bangkok überhaupt nicht aufgemotzt. Sich in ihr zu verlieren, ist vermutlich das Beste, was einem passieren kann.

Das Viertel entstand 1782, als Bangkoks chinesische Einwohner – größtenteils Arbeiter, die zum Aufbau der neuen Hauptstadt angeheuert wurden – von den Herrschern aus dem Gebiet des heutigen Ko Ratanakosin hierhin umgesiedelt wurde. Seitdem hat sich hier wenig verändert, und man kann noch immer Unterhaltungen in verschiedenen chinesischen Dialekten hören, chinesische Heilkräuter kaufen und leckere chinesische Gerichte probieren, die man sonst nirgendwo in Thailand findet.

Am Westrand von Chinatown liegt ein kleines, aber lebhaftes indisches Viertel, das Phahurat genannt wird. Es ist ein scheinbar endloser Basar mit Bollywood-Stoffen, fotogenen Straßenverkäufern, die *paan* (Betelnuss zum Kauen) feilbieten, mehreren Läden mit köstlichen nordindischen Süßwaren und Dutzenden indischen Geschäften, die alle möglichen Stoffe und Kleidungsstücke verkaufen. Die meisten der unten aufgeführten Sehenswürdigkeiten sind am einfachsten über die MRT-Station Hua Lamphong zu erreichen. Alternativ nimmt man das Chao-Phraya-Express-Boot bis zu den Anlegestellen Saphan Phut/Memorial Bridge, Ratchawong oder Marine Department, die auch nicht weit entfernt liegen.

★ Wat Traimit (Goldener Buddha) BUDDHISTISCHER TEMPEL

(วัดไตรมิตร; Tempel des Goldenen Buddha; Karte S. 80; Th Mittaphap Thai-China; Eintritt 40 B; ⌚ Di–So 8–17 Uhr; ⛴ Ratchawong Pier, Ⓜ Hua Lamphong, Ausgang 1) Besuchermagnet des Wat Traimit ist zweifellos die eindrucksvolle, 3 m hohe und 5,5 t schwere **Buddhastatue aus massivem Gold**, die glänzt wie – nun ja, wie Gold eben. Die im anmutigen Sukhothai-Stil gearbeitete Statue wurde vor etwa 40 Jahren „entdeckt", als sie beim Umzug in ein neues Gebäude innerhalb der Tempelanlage vom Kran fiel und der Gipsmantel, der sie bis dahin verborgen hatte, zersprang.

Man vermutet, dass die Umhüllung hinzugefügt wurde, um die Statue vor marodierenden Horden, entweder gegen Ende der Sukhothai-Ära oder später, während der Ayutthaya-Ära, als die Stadt von den Birmanen belagert wurde, zu schützen. Der Tempel selbst soll aus dem frühen 13. Jh. stammen.

Zahlreiche Spenden und ein konstanter Touristenstrom haben dafür gesorgt, dass genügend Geld floss, und so ist die Statue nun in einem neuen vierstöckigen Gebäude aus Marmor untergebracht. Das Obergeschoss beherbergt die **Phra-Buddha-Maha-Suwanna-Patimakorn-Ausstellung** (Karte S. 80; Wat Traimit (Goldener Buddha), Th Mittaphap Thai-China; Eintritt 100 B; ⌚ Di–So 8–16 Uhr; ⛴ Ratchawong Pier, Ⓜ Hua Lamphong, Ausgang 1), in der man erfährt, wie die Statue geschaffen und entdeckt wurde, und wie sie an ihren aktuellen Aufenthaltsort gelangt ist. Im dritten Stock findet sich das **Yaowarat Chinatown Heritage Center** (Karte S. 80; Wat Traimit (Goldener Buddha), Th Mittaphap Thai-China; Eintritt 100 B; ⌚ Di–So 8–16 Uhr; ⛴ Ratchawong Pier, Ⓜ Hua Lamphong, Ausgang 1), ein kleines, aber fesselndes Museum mit Multimedia-Exponaten über die Geschichte von Bangkoks Chinatown und ihrer Bewohner.

Talat Mai MARKT

(ตลาดใหม่; Karte S. 80; Soi Yaowarat 6/Charoen Krung 16; ⌚ 6–18 Uhr; ⛴ Tha Ratchawong, Ⓜ Hua Lamphong, Ausgang 1 & Taxi) Mit fast zwei Jahrhunderten Geschichte auf dem Buckel ist die Bezeichnung „Neuer Markt" für diesen Handelsplatz eigentlich nicht mehr ganz passend. Ungeachtet dessen ist dies der authentischste chinesische Markt Bangkoks, wenn nicht ganz Thailands. Jedem, der schon einmal in China war, werden die getrockneten Lebensmittel, Würzmischungen, Gewürze und Saucen bekannt vorkommen. Selbst wer sich nicht außerordentlich für Kulinarisches interessiert, wird in der hektischen Atmosphäre (Achtung vor Motorrädern, die sich zwischen den Fußgängern hindurchschlängeln!), die sich mit ungewohnten Anblicken und exotischen Düften vermischt, ein surreales Sinneserlebnis haben.

Während sich auf dem Großteil des Marktes alles um Kochzutaten dreht, ist der Teil nördlich der Th Charoen Krung (entspricht der Soi 21, Th Charoen Krung) für seine Stände mit Räucherstäbchen, aus Papier hergestellten Gegenständen und Naschwerk für feierliche Anlässe bekannt – allesamt wichtige Elemente einer traditionellen chinesischen Begräbniszeremonie.

Phahurat STADTVIERTEL

(พาหุรัด; Karte S. 80; Th Chakkaraphet; ⌚ 9–17 Uhr; ⛴ Tha Saphan Phut (Memorial Bridge), Tha Pak Klong Taladd) Im kleinen, aber geschäftigen Little India Bangkoks gibt es Unmengen an winzigen Läden, in denen begeisterte Händler aus Südostasien alles Indische von Bollywood-Filmen bis hin zu Bindis verkaufen. Ein toller Ort, um einfach umherzuschlendern und hier und da einen Masala Chai oder eine Süßspeise aus dem Punjab zu probieren.

Am meisten ist in der nicht ausgeschilderten Soi ATM los, die entlang dem riesigen Einkaufszentrum India Emporium verläuft.

In Phahurat werden vor allem Stoffe verkauft und so gibt es hier kunterbunte Textilien, traditionelle thailändische Tanzkostüme, Diademe, Pailletten, Perücken und andere Accessoires, die einen zum Transvestiten, zum Sänger von *mŏr lam* (thailändischer

Countrymusik) oder zu beidem machen. Hier findet man aber auch gute Angebote für maschinell genähte Thai-Klamotten und Kinderbekleidung.

Wat Mangkon Kamalawat BUDDHISTISCHER TEMPEL
(วัดมังกรกมลาวาส; Karte S. 80; Ecke Th Charoen Krung & Th Mangkon; ⏲6–18 Uhr; Tha Ratchawong, M Hua Lamphong, Ausgang 1 & Taxi) GRATIS Weihrauchschwaden und Gesänge bilden die Kulisse in diesem Mahayana-Buddhisten-Tempel im chinesischen Stil. Rund um den Tempel bieten Verkäufer Speisen für die Götter an – gedünstete Teigtaschen in Lotusblütenform und Orangen –, die dem Tempel für verschiedene Verdienste gespendet werden. Der Tempel stammt von 1871 und ist das größte und wichtigste religiöse Gebäude in der Gegend. Während des jährlichen Vegetarierfests herrscht hier ein besonders lebendiges religiöses und kulinarisches Treiben.

Ufergebiet ข้างแม่น้ำ

Dieser Abschnitt des Mae Nam Chao Phraya war früher Bangkoks internationale Zone und hat sich bis heute ein besonderes chinesisches und muslimisches Flair erhalten.

Am einfachsten ist es über die BTS-Station Saphan Taksin und die Anlegestellen des Chao-Phraya-Express-Boots Central/Sathon und Oriental zu erreichen.

Bangkok-Museum MUSEUM
(พิพิธภัณฑ์ชาวบางกอก; Karte S. 84; 273 Soi 43, Th Charoen Krung; Eintritt gegen Spende; ⏲Mi–So 10–16 Uhr; Tha Si Phraya/River City) In drei alten Bauten aus dem frühen 20. Jh. wird hier eine oft vernachlässigte Ära Bangkoks Geschichte beleuchtet.

Das Hauptgebäude, das 1937 fertiggestellt wurde und in dem die Familie Surawadee wohnte, wurde von einem chinesischen Zimmermann gebaut und kostete schließlich sogar weniger als die veranschlagten 2400 B (von denen man sich heute gerade einmal einen Türgriff kaufen könnte). Dieses Gebäude und das große Holzhaus rechts daneben, das als Pension dazugebaut wurde, um die Kosten besser stemmen zu können, sind bis oben hin mit allerhand Schnickschnack gefüllt, der einen Einblick in das Leben einer Familie in der Nachkriegszeit gibt sowie ein faszinierendes Bild jener Zeit insgesamt zeichnet. Das dritte Gebäude steht hinter dem Wohnblock und stammt von 1929. Es diente einem britischen Arzt als Praxis, der jedoch schon kurz nach seiner Ankunft in Thailand starb.

Talat Noi STADTVIERTEL
(ตลาดน้อย; Karte S. 84; abseits der Th Charoen Krung; ⏲7–19 Uhr; Tha Marine Department) Hier, abseits der Th Charoen Krung, offenbart sich dem Besucher ein Mikrokosmos des einheimischen Lebens. Das Viertel ist nach einem kleinen *(nóy)* Markt *(đà·làht)* benannt, der sich zwischen der Soi 22 und Soi 20 erstreckt. Wer hier umherschlendert, kann auf seinem Weg durch die strahlförmigen Gassen, die alle irgendwie miteinander verbunden scheinen, in Nudelshops, ölverschmierte Maschinenläden und die Wohnzimmer der Anwohner hineinspicken.

Altes Zollhaus HISTORISCHES GEBÄUDE
(กรมศุลกากร; Karte S. 84; Soi 36, Th Charoen Krung; Tha Oriental) Das in den 1890er-Jahren erbaute, von einem italienischen Architekten entworfene ehemalige Zollhaus des Landes war einst das Tor nach Thailand. Hier wurden den Händlern, die ins Königreich ein- oder ausreisen wollten, die Steuern abgeknöpft. Die Vordertür öffnet sich in Richtung der Haupteinnahmequelle (dem Fluss) und die großartige Fassade ist mit zeremoniellen Dekorationen wie Säulen und Oberlichtern geschmückt.

Das zerfallende und dennoch bezaubernd schöne Gebäude mit seinen herabhängenden Fensterläden, der abblätternden gelben Farbe und der Wäsche, die auf den Balkons zum Trocknen aufgehängt ist, dient heute den Mitgliedern der Bangkoker Feuerwehr als Unterkunft. Auch für Hochzeitsfotos ist es eine beliebte Kulisse. Eingefleischte Filmfans erkennen das alte Zollhaus vielleicht aufgrund seines Gastauftritts in Wong Kar Wais Film *In the Mood for Love* (2000).

Silom & Sathon สีลม/สาธร

Das Geschäftsviertel an der Th Silom hat nur eine Handvoll Touristenattraktionen zu bieten, die zwischen den Hotelketten, Bürotürmen und Restaurants verstreut liegen.

Am einfachsten ist die Gegend über die BTS-Stationen Sala Daeng, Chong Nonsi und Surasak sowie die MRT-Haltestellen bei Si Lom zu erreichen.

M.R.-Kukrit-Pramoj-Haus HISTORISCHES GEBÄUDE
(บ้านหม่อมราชวงศ์คึกฤทธิ์ปราโมช; Karte S. 86; ☎02 286 8185; Soi 7, Th Naradhiwas Rajanaga-

Ufergebiet

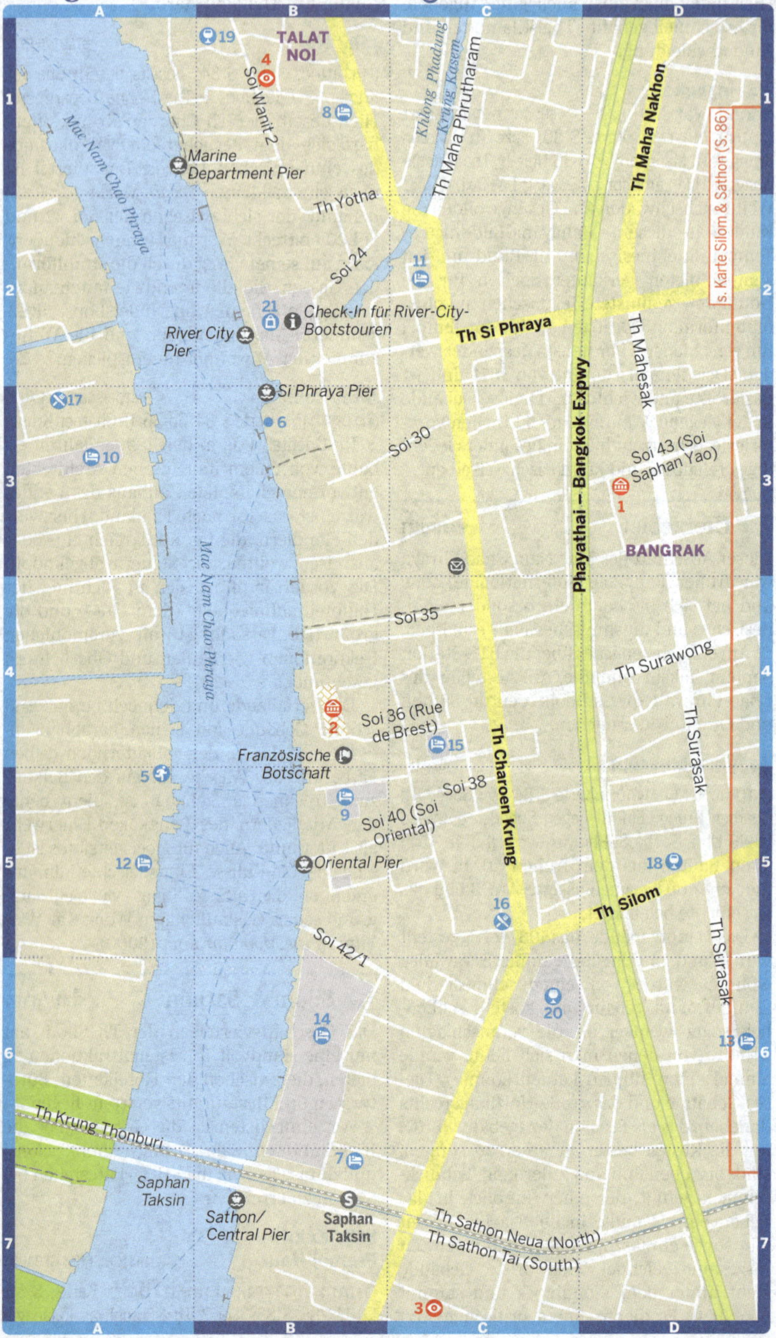
0
400 m
A
B
C
D
1
2
3
4
5
6
7
TALAT NOI
BANGRAK
Mae Nam Chao Phraya
Soi Wanit 2
Marine Department Pier
Khlong Phadung Krung Kasem
Th Maha Phrutharam
Th Maha Nakhon
Th Yotha
Soi 24
Check-In für River-City-Bootstouren
River City Pier
Th Si Phraya
Si Phraya Pier
Th Mahesak
Phayathai – Bangkok Expwy
Soi 30
Soi 43 (Soi Saphan Yao)
Soi 35
Th Surawong
Soi 36 (Rue de Brest)
Th Surasak
Französische Botschaft
Th Charoen Krung
Soi 38
Soi 40 (Soi Oriental)
Oriental Pier
Th Silom
Soi 42/1
Th Krung Thonburi
Saphan Taksin
Sathon/ Central Pier
Saphan Taksin
Th Sathon Neua (North)
Th Sathon Tai (South)
s. Karte Silom & Sathon (S. 86)
1
2
3
4
5
6
7
8
9
10
11
12
13
14
15
16
17
18
19
20
21

Ufergebiet

Sehenswertes
1 Bangkok-Museum D3
2 Altes Zollhaus B4
3 Sathorn Unique Tower C7
4 Talat Noi B1

Aktivitäten, Kurse & Touren
Chao Phraya Princess .... (siehe 21)
Chaophraya Cruise .... (siehe 21)
Co van Kessel Bangkok Tours .... (siehe 21)
Grand Pearl .... (siehe 21)
5 Oriental Spa A5
6 Wan Fah B3
White Orchid .... (siehe 21)

Schlafen
7 Glur Bangkok B7
8 Loftel 22 .... B1
9 Mandarin Oriental B5
10 Millennium Hilton A3
11 Oldtown C2
12 Peninsula Hotel A5
13 Saphaipae D6
14 Shangri-La Hotel B6
15 Swan Hotel C4

Essen
Lord Jim's .... (siehe 9)
16 Muslim Restaurant C5
17 Never Ending Summer A3

Ausgehen & Nachtleben
18 Maggie Choo's D5
19 River Vibe B1
20 Sky Bar C6
Viva & Aviv .... (siehe 21)

Unterhaltung
Bamboo Bar .... (siehe 9)
Sala Rim Naam .... (siehe 5)

Shoppen
21 River City B2

rindra/Chong Nonsi; Eintritt Erw./Kind 50/20 B; ⌚10–16 Uhr; S Chong Nonsi, Ausgang 2) Der charmante Gebäudekomplex, in dem einst der Schriftsteller und Staatsmann Mom Ratchawong Kukrit Pramoj (1911–1995) lebte, ist heute der Öffentlichkeit zugänglich. Umgeben von einem gepflegten Garten, der für seine thailändischen Bonsais berühmt ist, gewähren die fünf Teakhäuser den Besuchern einen Einblick in die traditionelle thailändische Kunst und Architektur. Man erfährt auch einiges über den früheren Besitzer der Anlage, der von 1974 bis 1975 Ministerpräsident von Thailand war und über 150 Bücher – darunter den bekannten Roman Si Phaendin („Vier Herrschaften") – schrieb und 20 Jahre darauf verwendete, dieses Anwesen auszuschmücken.

Schlangenfarm Queen Saovabha Memorial Institute ZOO

(สถานเสาวภา; Karte S. 86; Schlangenfarm; Ecke Th Phra Ram IV & Th Henri Dunant; Eintritt Erw./Kind 200/50 B; ⌚Mo–Fr 9.30–15.30, Sa & So bis 13 Uhr; 👪; M Si Lom, Ausgang 1, S Sala Daeng, Ausgang 3) Thailands Schlangenfarmen sind sehr häufig eher eine Art Karnevalsdarbietung als Einrichtungen zum Wohl der Tiere – das 1923 gegründete Queen Saovabha Memorial Institute stellt hier jedoch eine echte Ausnahme dar. Auf der Schlangenfarm werden Antiseren hergestellt. Dazu werden die Tiere „gemolken" und das so gewonnene Gift wird Pferden injiziert. Diese produzieren ein Gegengift, das entnommen, gereinigt und schließlich zur Behandlung von Menschen eingesetzt wird, die von Giftschlangen gebissen wurden. Im Amphitheater im Freien gibt es regelmäßiges Schaumelken (Mo–Fr 11 Uhr) sowie weitere Vorführungen mit Schlangen (Mo–Fr 14.30 und Sa & So 11 Uhr).

In den herrlich grünen Außenanlagen wird man ununterbrochen von westlicher Rockmusik beschallt. Hier leben auch einige Schlangen in Käfigen, der Großteil der Attraktionen befindet sich aber im Simaseng-Gebäude, das auf dem hinteren Teil des Geländes steht. Im Erdgeschoss sind dort unterschiedliche Schlangenarten in Terrarien zu sehen.

Sri-Mariamman-Tempel HINDU-TEMPEL

(วัดพระศรีมหาอุมาเทวี/วัดแขก; Karte S. 86; Wat Phra Si Maha Umathewi; Ecke Th Silom & Th Pan; ⌚6–20 Uhr; S Surasak, Ausgang 3) GRATIS Der Sri-Mariamman-Tempel besticht durch seine atemberaubende Extravaganz. Er ist eine wilde Mischung aus Farben, Formen und Gottheiten. Er wurde in den 1860er-Jahren von tamilischen Einwanderern errichtet und seine 6 m hohe Fassade ist mit ineinandergreifenden Hindu-Gottheiten in bunten Farben geschmückt. Zwar stammt die Mehrheit der Menschen, die im Tempel arbeiten, vom indischen Subkontinent, dennoch sieht man hier oft auch thailändische und chinesische Gläubige, die ihre Gebete sprechen. Dies liegt daran, dass für viele von ihnen auch die Hindu-Götter eine wichtige Rolle spielen.

Silom & Sathon

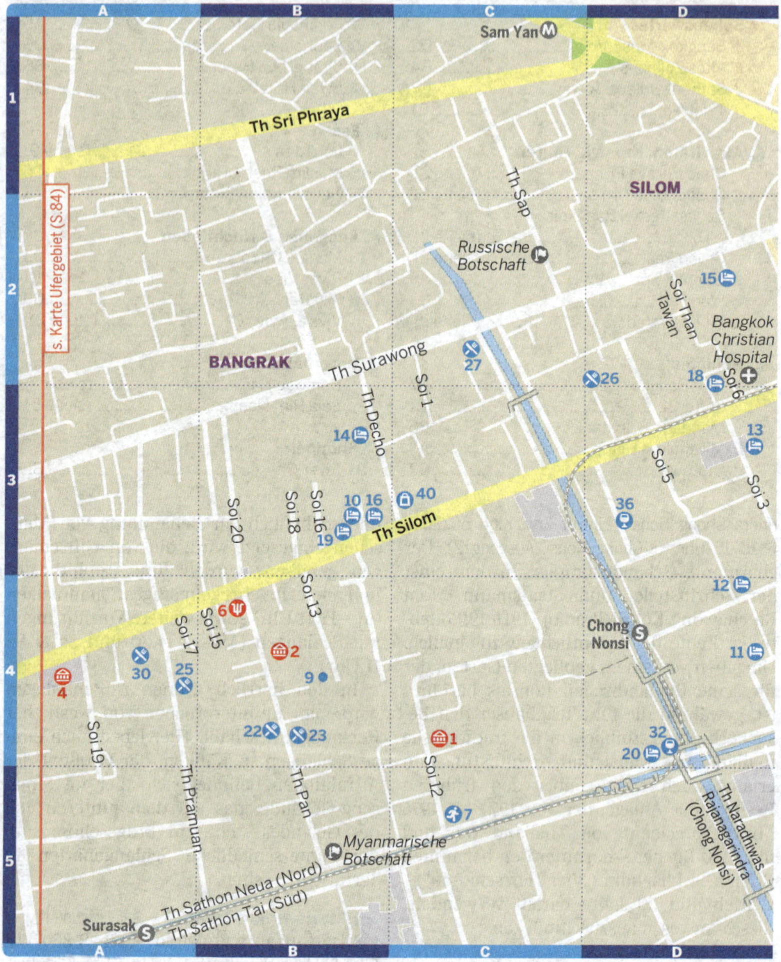

Der offizielle Name des Tempels ist Wat Phra Si Maha Umathewi, oft wird er aber einfach Wat Khaek genannt. Das Wort *kàak* ist eine umgangssprachliche Bezeichnung für Menschen indischer Abstammung und bedeutet „Gast" – ein Euphemismus für eine Gruppe, die man sich eigentlich nicht als Mitbürger wünscht. Daher mögen viele in Thailand lebende Inder diesen Ausdruck nicht.

Lumphini-Park & Th Phra Ram IV สวนลุมพินี/ถนนพระราม ๔

Die Hauptattraktion in diesem hyperurbanen Teil der Stadt ist paradoxerweise die größte zusammenhängende Grünfläche Bangkoks.

Die einfachste Art, den Park zu erreichen, ist über die BTS-Station Sala Daeng oder die MRT-Haltestellen Si Lom und Lumphini.

★ Lumphini-Park PARK

(สวนลุมพินี; Karte S. 90; begrenzt durch Th Sarasin, Th Phra Ram IV, Th Witthayu/Wireless Rd & Th Ratchadamri; ⏲4.30–21 Uhr; 👪; Ⓜ Lumphini, Ausgang 3, Si Lom, Ausgang 1, Ⓢ Sala Daeng, Ausgang 3, Ratchadamri, Ausgang 2) Der nach Buddhas Geburtsort in Nepal benannte Lumphini-Park bietet die beste Möglichkeit, Bangkok zu entfliehen, ohne die Stadt zu

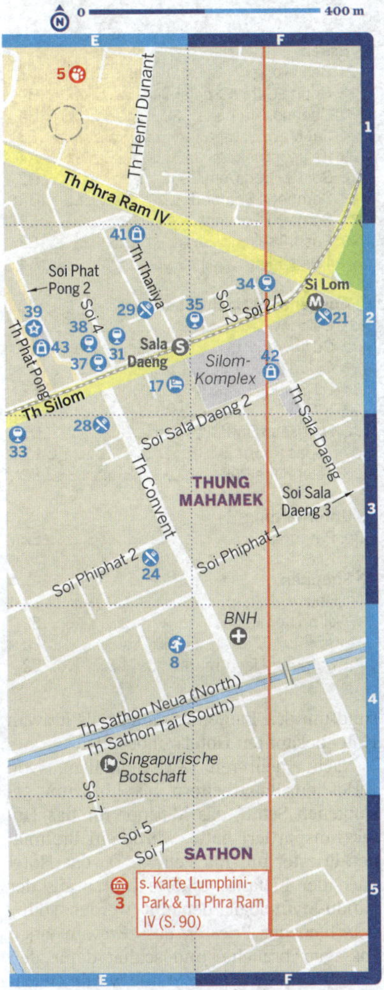

verlassen. Schattige Wege, ein großer künstlicher See und gepflegte Rasenflächen lassen einen den dröhnenden Verkehr und die hoch aufragenden Betonklötze der Stadt für kurze Zeit vergessen.

Hier gibt's auch Paddelboote für Verliebte, Spielplätze für die Kinder und riesige Warane, die die gesamte Familie unterhalten. Am besten besucht man den Park vor 7 Uhr, wenn die Luft noch frisch ist (naja, zumindest für Bangkoker Verhältnisse) und sich Heerscharen von Thai-Chinesen dem Tai Chi widmen. In den kühleren Abendstunden erwacht der Park erneut zum Leben, wenn Aerobic-Fans gemeinsam zu Technobeats schwitzen. Spät am Abend werden die Parkränder von weiblichen und männlichen Prostituierten bevölkert.

Siam Square & Pratunam สยามสแควร์/ประตูน้ำ

In diesem Teil der Stadt ist der Kommerz, überwiegend in Form von mehrstöckigen Megamalls, die Hauptattraktion schlechthin, es gibt aber auch ein paar Sehenswürdigkeiten, für die man keine Kreditkarte braucht.

Die meisten Attraktionen sind über die BTS-Stationen Siam oder Chit Lom oder mit einem Kanalboot bis Hua Tha Chang leicht zu erreichen.

★ **Jim-Thompson-Haus** HISTORISCHES GEBÄUDE
(Karte S. 90; www.jimthompsonhouse.com; 6 Soi Kasem San 2; Erw./Schüler 150/100 B; 9–18 Uhr, Besuch nur mit Führung, alle 20 Min.; Klorng-Boot bis Sapan Hua Chang Pier, S Nationalstadion, Ausgang 1) Das dschungelartig bewachsene Anwesen war einst das Heim des namensgebenden amerikanischen Seidenhändlers und Kunstsammlers. Der 1906 in Delaware geborene Thompson war während des Zweiten Weltkriegs für kurze Zeit in Thailand für das Office of Strategic Services (den Vorgänger der CIA) tätig. Nach dem Krieg ließ er sich in Bangkok nieder, als er auf die von Hand hergestellte Seide seines Nachbarn aufmerksam wurde, und sein Geschäftssinn geweckt worden war. Er schickte Muster des feinen Stoffes an Modehäuser in Mailand, London und Paris und baute sich allmählich weltweit einen festen Kundenstamm auf.

Neben Textilien sammelte Thompson auch Teile diverser abgebrochener alter Häuser, die er 1959 an ihrem heutigen Standort wieder aufbaute. Einige stammen aus der alten Hauptstadt Ayutthaya, andere – wie das erste Haus, das man bei der Führung betritt – stammen aus Baan Khrua und wurden mit Flößen über den *klorng* (Kanal; auch „khlong" ausgesprochen) geschafft. Beim Wiederaufbau wurden die Außenwände nach innen gekehrt, sodass die Fachwerkkonstruktion zu erkennen ist. Im Haupthaus sind auch Thompsons kleine, aber feine Sammlung asiatischer Kunst und seine persönlichen Habseligkeiten ausgestellt.

Thompsons Geschichte endet jedoch nicht mit seiner informellen Herrschaft als am besten angepasster Ausländer Bangkoks. Bei einem nachmittäglichen Spaziergang im Jahr 1967 in den Cameron Highlands

Silom & Sathon

Sehenswertes

1 H Gallery C4
2 Kathmandu Photo Gallery B4
3 MR Kukrit Pramoj House E5
4 Number 1 Gallery A4
5 Queen Saovabha Memorial Institute E1
Silom Galleria .... (siehe 4)
6 Sri-Mariamman-Tempel B4
Tang Gallery .... (siehe 4)
Thavibu Gallery .... (siehe 4)

Aktivitäten, Kurse & Touren

7 Health Land C5
8 Ruen-Nuad Massage Studio E4
9 Silom Thai Cooking School B4

Schlafen

10 Amber B3
11 Café Ice Residence D4
12 Glow Trinity Silom D4
13 HQ Hostel D3
14 Lub*d B3
15 Siam Heritage D2
16 Silom Art Hostel B3
17 Silom One E2
18 Smile Society D2
19 Triple Two Silom B3
20 W Bangkok D4

Essen

21 Benjarong F2
22 Bonita Cafe & Social Club B4
23 Chennai Kitchen B4
24 Eat Me E3
25 Kalapapruek A4
26 Soi 10 Food Centres D2
27 Somboon Seafood C2
28 Somtam Convent E3
29 Sushi Tsukiji E2
30 Taling Pling A4

Ausgehen & Nachtleben

31 Balcony E2
32 Cé La Vi D4
33 Cloud 47 .... E3
34 DJ Station F2
35 G.O.D F2
36 Namsaah Bottling Trust D3
37 Tapas Room E2
38 Telephone Pub E2

Unterhaltung

39 Patpong E2

Shoppen

40 House of Chao C3
41 Jim Thompson E2
42 July F2
43 Patpong-Nachtmarkt E2

im Westen Malaysias verschwand Thompson spurlos. Im selben Jahr wurde seine Schwester in den USA ermordet. Das lieferte Stoff für die unterschiedlichsten Verschwörungstheorien: Steckten kommunistische Spione dahinter? Oder geschäftliche Konkurrenten? Oder gar ein menschenfressender Tiger? Das Rätsel wurde zwar nie gelöst, aber die Hinweise des amerikanischen Journalisten Joshua Kurlantzick in seinem Porträt von Thompson, *The Ideal Man*, legen nahe, dass die lautstarke antiamerikanische Haltung, die Thompson in seinen späteren Jahren einnahm, ihn zu einem potenziellen Ziel der CIA machte.

Traveller sollten sich vor den gut gekleideten Schleppern in der *soi* nahe dem Thompson-Haus in Acht nehmen, die ihnen weismachen wollen, das Museum sei geschlossen, um sie in windige Läden zu lotsen.

Erawan-Schrein DENKMAL

(ศาลพระพรหม; Karte S. 92; Ecke Th Ratchadamri & Th Phloen Chit; 6–23 Uhr; S Chit Lom, Ausgang 8) GRATIS Der Erawan-Schrein wurde ursprünglich 1956 erbaut und war ein letzter verzweifelter Versuch, eine Unglücksserie rund um den Bau eines damals als Erawan Hotel bekannten Hotels zu beenden.

Nach mehreren Zwischenfällen, von verletzten Bauarbeitern bis hin zum gesunkenen Schiff, das Marmor für das Hotel transportiert hatte, wurde ein Brahmanen-Priester um Rat gefragt. Da das Hotel nach der Elefanteneskorte Indras aus der Hindu-Mythologie benannt werden sollte, entschied der Priester, dass Erawan einen Passagier brauche, und schlug dafür den Gott Brahma vor. Eine Statue wurde errichtet – und die Unglücksserie war beendet.

Obwohl das ursprüngliche Erawan Hotel 1987 abgerissen wurde, gibt's den Schrein dazu immer noch und er ist bis heute eine wichtige Pilgerstätte für Thailänder, besonders für solche, die auf materielle Unterstützung hoffen. Wer an der Statue einen Wunsch loswerden möchte, sollte zwischen 7 und 8 Uhr oder zwischen 19 und 20 Uhr kommen und eine ganze Reihe bestimmter Dinge darbringen, darunter Kerzen, Räucherstäbchen, Zuckerrohr oder Bananen, die fast ausschließlich in Siebenerpacks offeriert werden. Besonders beliebt sind Elefanten aus Teakholz. Die Einnahmen vom Verkauf

UNRUHIGE ZEITEN AM ERAWAN-SCHREIN

Eines der klischeehaftesten Bilder, die einem beim Gedanken an Bangkok in den Sinn kommen, sind aufwendig gekleidete Tänzerinnen, die am Hindu-Schrein vor dem Grand Hyatt Erawan Hotel einen klassischen Thai-Tanz aufführen. Aber im Gegensatz zu vielen anderen Dingen, die einem in Thailand vorgegaukelt werden, ist dies keine konstruierte Geschichte und es stecken jede Menge Gefühle hinter der abgeklärten Fassade.

Nachdem er 50 Jahre lang ein meist recht ruhiges Dasein gefristet hatte, rückte der Schrein am 21. März 2006 in den Blickpunkt der Öffentlichkeit, als der 27-jährige Thanakorn Pakdeepol, der schon lange an psychischen Störungen und Depressionen litt, kurz nach Mitternacht das höchst verehrte, aus Gips gegossene und vergoldete Brahma-Abbild mit einem Hammer zerstörte. Thanakorn wurde fast unmittelbar danach in der Nähe von zwei thailändischen Müllsammlern angegriffen und zu Tode geprügelt. Obwohl die Regierung eine zügige Restaurierung der Statue anordnete, wurde der Zwischenfall zu einem befeuernden Omen für die Protestbewegung gegen den damaligen Premierminister Thaksin Shinawatra, die zu jenem Zeitpunkt in vollem Gange war. Während einer Kundgebung am folgenden Tag stellte der Protestführer Sondhi Limthongkul die Vermutung auf, der Premierminister sei Drahtzieher der Zerstörung des Abbildes und wolle die Gottheit durch eine „dunkle Macht" ersetzen. In der Hauptstadt machten Gerüchte die Runde, dass Thaksin kambodschanische Schamanen damit beauftragt habe, Thanakorn mit Flüchen zu belegen, damit er diese entsetzliche Tat beginge. Als Reaktion darauf wurde Thanakorns Vater mit den Worten zitiert, Sondhi sei „der größte Lügner, den ich jemals gesehen habe". Wenn Thaksin auf Sondhis Anschuldigungen angesprochen wurde, antwortete dieser nur: „Das ist absurd". Einen Monat später wurde eine neue Statue aufgestellt, die auch Teile der Vorgängerversion enthielt. Thaksin lebt seit 2008 im Exil.

Im Jahr 2010 wurde die Ratchaprasong-Kreuzung, an der sich der Schrein befindet, zum wichtigsten Versammlungsort für Demonstrationen der regierungskritischen „Rothemden", die das Gebiet monatelang besetzten. Bilder der vorwiegend der Unterschicht angehörenden, vom Land stammenden Demonstranten, die vor den Schaufenstern der Luxusläden an der Ratchaprasong-Kreuzung kampierten, waren ein gefundenes Fressen für die Medien. Als die Rothemden am 19. Mai gewaltsam durch das Militär von der Kreuzung vertrieben wurden, kamen fünf Menschen ums Leben und fliehende Demonstranten steckten das nahegelegene Einkaufszentrum CentralWorld in Brand.

CentralWorld wurde 2012 renoviert, ein Jahr später wurde die Ratchaprasong-Kreuzung jedoch erneut Schauplatz großer Proteste, diesmal durch die Gegner der damaligen Premierministerin Yingluck Shinawatra, Thaksins Schwester. Die Demonstrationen wurden in der Bevölkerung *Shutdown Bangkok* genannt (es gab sogar „Fanartikel", auf denen das Computersymbol für Ausschalten abgebildet war) und diesmal wurden angesichts der Bilder der vorwiegend aus der Mittel- und Oberschicht stammenden Demonstranten vor den schicken Geschäften weniger Kontraste festgestellt als vielmehr Vergleiche gezogen. Am 20. Mai 2014 verhängte die thailändische Armee das Kriegsrecht und setzte durch einen Staatsstreich die Regierung ab, woraufhin sich die Demonstranten zerstreuten.

Der schlimmste Zwischenfall in der Geschichte des Schreins ereignete sich jedoch am Abend des 17. August 2015, als eine Bombe, die auf dem Gelände des Erawan-Schreins deponiert war, explodierte und 20 Menschen tötete und weitere 120 Menschen verletzte. Es handelte sich dabei um einen offenkundigen Terrorakt, den Premierminister Prayut Chan-o-cha als den „schlimmsten Zwischenfall" beschrieb, den es jemals in Thailand gegeben hat. Zum Zeitpunkt der Recherche waren zwei Verdächtige bereits gefasst, ihre Motive bleiben jedoch weiterhin unklar.

Warum gibt es aber so viel Unruhe rund um einen Schrein, von dem die meisten glauben, er habe positive Kräfte? Manche sind der Ansicht, der Erawan-Schrein befinde sich auf Land, das schon uralte, möglicherweise miteinander in Konflikt stehende übernatürliche Kräfte in sich trage. Andere meinen, das Gebiet sei momentan spirituell überladen, da auch andere Bauwerke in der näheren Umgebung ihre eigenen Hindu-Schreine besitzen, die womöglich mit diesem hier in Konkurrenz stehen. Eines steht jedoch fest: In Thailand sind Politik, Glaube, Glück und Unglück oft eng miteinander verbunden.

Lumphini-Park & Th Phra Ram IV

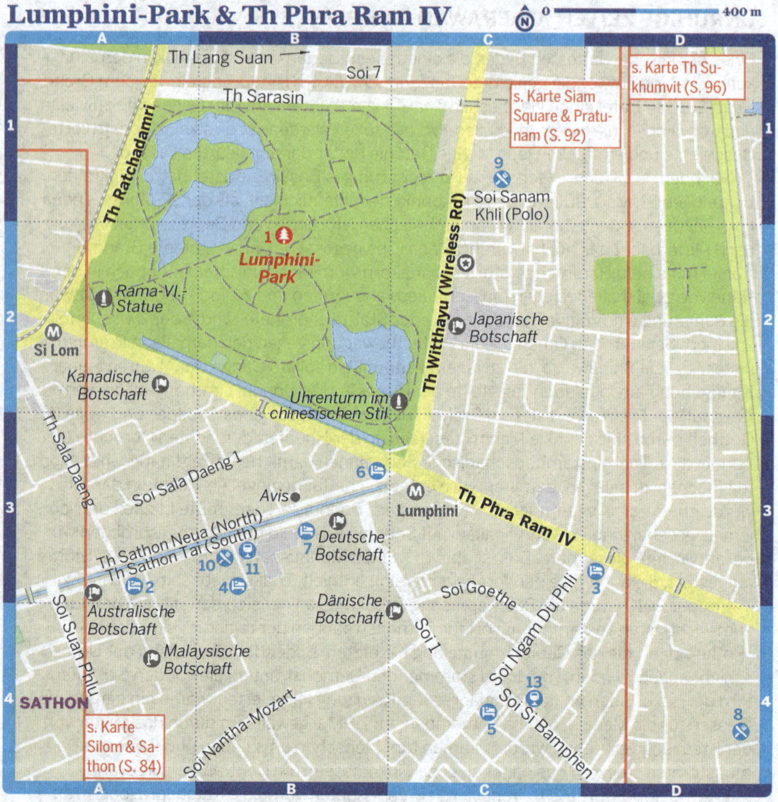

Lumphini-Park & Th Phra Ram IV

Highlights
1 Lumphini-Park B2

Schlafen
2 Chaydon Sathorn A3
3 ETZzz Hostel D3
4 Metropolitan by COMO B3
5 S1 Hostel C4
6 Sofitel So B3
7 Sukhothai Hotel B3

Essen
8 Issaya Siamese Club D4
9 Kai Thort Jay Kee C1
10 nahm B3

Ausgehen & Nachtleben
11 Moon Bar B3
Park Society .... (siehe 6)
12 Smalls A4
13 Wong's Place C4

dieser Gaben werden einer gemeinnützigen Organisation gespendet, die vom gegenwärtigen Hotel, dem Grand Hyatt Erawan, geleitet wird. Ebenso ist es möglich (das lässt sich den Touristenbroschüren entnehmen), eine traditionelle Thai-Tanzaufführung zu buchen, was oft gemacht wird, wenn ein Wunsch in Erfüllung gegangen ist.

Im August 2015 explodierte in der Nähe des Schreins eine Bombe. Dabei wurden 20 Menschen getötet und der Schrein wurde leicht beschädigt. Er wurde ausgebessert und war zwei Tage später wieder geöffnet.

Lingam-Schrein DENKMAL

(ศาลเจ้าแม่ทับทิม; Karte S. 92; Swissôtel Nai Lert Park, Th Witthayu/Wireless Rd; 24 Std.; Klorng-Boot bis Wireless Pier, S Phloen Chit, Ausgang 1) GRATIS Jedes Viertel hat seinen eigenen lokalen Schrein, entweder in Form eines von bunten Tüchern umschlungenen heiligen Banyanbaums oder eines Geisterhauses (*san phra phum*). Ein Garten voller Phallussymbole hingegen ist wahrlich nicht alltäglich, doch man findet einen solchen hinter den Angestelltenunterkünften des Swissôtel Nai Lert Park.

Um zum Lingam-Schrein zu kommen, folgt man einem kleinen betonierten Weg, der rechts am Hoteleingang vorbeiführt. Dieser windet sich hinunter bis ins Innere des Gebäudes, das gleich neben dem Parkplatz steht. Der Schrein befindet sich am Ende des Gebäudes und direkt am Kanal.

Der millionenschwere Geschäftsmann Nai Loet erbaute hier ein Geisterhaus mit Schrein, das von Phallussymbolen aus behauenem Stein und Holz umgeben ist. Die Stätte wurde zu Ehren der Göttin Jao Mae Thap Thim errichtet, die in dem alten Banyanbaum des Geländes wohnen soll. Kurz nachdem der Schrein gebaut wurde, bekam irgendeine Frau, die hier eine Opfergabe dargebracht hatte, ein Kind und seit-

BANGKOKS KUNSTGALERIEN

Obwohl Bangkoks hyperurbanes Milieu genau das Richtige für den Kunstbanausen zu sein scheint, der wohl in jedem von uns steckt, hat die Stadt doch eine kleine, aber wachsende Kunstszene zu bieten. In den letzten Jahren scheint es, als sprieße fast jede Woche eine neue Galerie aus dem Boden. Zudem ist Bangkok eine Art regionales Kunstzentrum mit aufstrebenden Künstlern aus Ländern wie Myanmar und Kambodscha. Wer wissen will, was bei seinem Besuch in der Stadt los ist, holt sich ein kostenloses Exemplar der hervorragenden *BAM!* (www.facebook.com/bangkokartmap).

Hier einige der besseren Galerien in Bangkok:

Kathmandu Photo Gallery (www.kathmanduphotobkk.com; Karte S. 86; 87 Th Pan; Di–So 11–19 Uhr; S Surasak, Ausgang 3) GRATIS Bangkoks einzige echte Fotogalerie befindet sich in einem restaurierten chinesisch-portugiesischen Shophouse. Die kleine Galerie im Obergeschoss beherbergt Wechselausstellungen lokaler und internationaler Künstler und Fotografen.

Silom Galleria (Karte S. 86; 919/1 Th Silom; 11–22 Uhr; S Surasak, Ausgang 3) GRATIS Keine Galerie im eigentlichen Sinne, aber in den oberen Etagen der verlassen wirkenden Mall verstecken sich ein paar der besten kommerziellen Galerien Bangkoks: Die **Number 1 Gallery** (www.number1gallery.com; 4. Stock) zeigt ausgefallene moderne thailändische Kunst, die **Tang Gallery** (5. Stock) Arbeiten zeitgenössischer chinesischer Künstler und **Thavibu** (www.thavibu.com; 4. Stock) befasst sich mit Arbeiten vietnamesischer und birmanischer Künstler.

Bangkok Art & Culture Centre (BACC; Karte S. 92; www.bacc.or.th; Ecke Th Phayathai & Th Phra Ram I; Di–Sa 10–21 Uhr; S National Stadium, Ausgang 3) GRATIS Dieses große, moderne Gebäude im Zentrum Bangkoks hat sich zu einer der wichtigsten Adressen in der zeitgenössischen Kunstszene der Stadt entwickelt. Neben den drei Etagen und 3000 m² Ausstellungsfläche gibt es in dem Kunst- und Kulturzentrum auch Geschäfte, Privatgalerien, Cafés und eine Kunstbibliothek.

100 Tonson Gallery (Karte S. 92; www.100tonsongallery.com; 100 Th Ton Son; Do–So 11–19 Uhr; S Chit Lom, Ausgang 4) GRATIS Das 100 Tonson gilt gemeinhin als eine der besten kommerziellen Galerien der Stadt und beherbergt eine Sammlung aus zeitgenössischen Werken aller Genres von einheimischen und internationalen Künstlern.

H Gallery (Karte S. 86; www.hgallerybkk.com; 201 Soi 12, Th Sathon Neua/North; Mi–Sa 10–18 Uhr, Di nach Vereinbarung; S Chong Nonsi, Ausgang 1) GRATIS Führende kommerzielle Galerie für aufstrebende thailändische Maler von abstrakter Kunst.

Museum of Contemporary Art (MOCA; Karte S. 68; www.mocabangkok.com; 3 Th Viphawadee Rangsit; Eintritt 180 B; Di–So 10–18 Uhr; S Mo Chit, Ausgang 1 & Taxi) Riesiger neuer Komplex nördlich der Stadt. Das MOCA zeigt auf fünf Etagen Werke der allerbesten thailändischen zeitgenössischen Künstler. Hier muss man unbedingt hin, um die ganze Palette moderner thailändischer Kunst von atemberaubend bis nicht ganz so gut kennenzulernen.

Siam Square & Pratunam

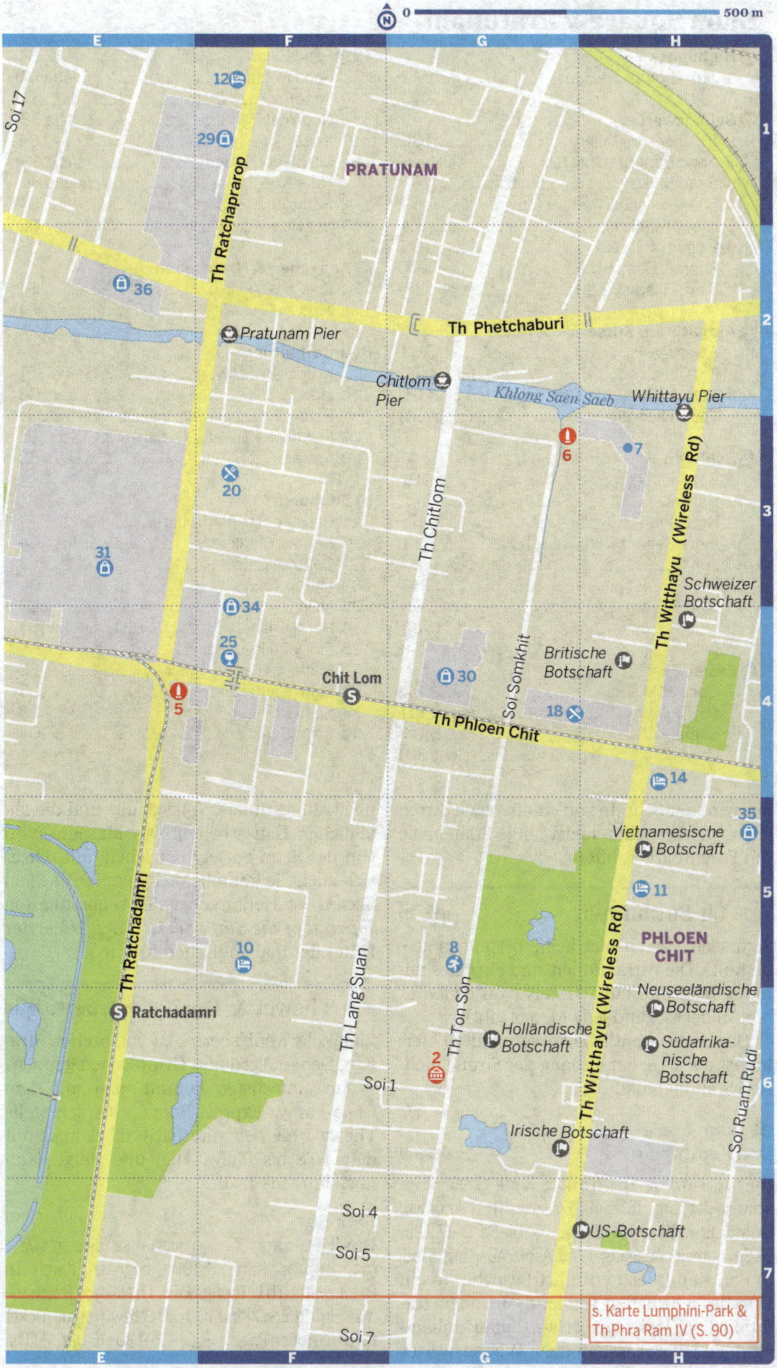

s. Karte Lumphini-Park & Th Phra Ram IV (S. 90)

Siam Square & Pratunam

Highlights
1 Jim-Thompson-Haus A2

Sehenswertes
2 100 Tonson Gallery G6
Aood Bankrua Thai Silk ..... (siehe 3)
3 Baan Khrua A2
4 Bangkok Art & Culture Centre B3
5 Erawan-Schrein E4
6 Lingam-Schrein G3
Phamai Baan Krua ..... (siehe 3)
Siam Ocean World ..... (siehe 38)

Aktivitäten, Kurse & Touren
7 Asian Oasis H3
KidZania ..... (siehe 38)
8 Spa 1930 ..... G5
Thann Sanctuary ..... (siehe 31)

Schlafen
9 Boxpackers Hostel D1
10 Hansar F5
11 Hotel Indigo H5
12 Indra Regent Hotel F1
13 Lub*d A3
14 Okura Prestige H4
15 Siam@Siam A3
16 Wendy House B2

Essen
17 Coca Suki D4
Din Tai Fung ..... (siehe 31)
18 Eathai G4
Food Loft ..... (siehe 30)
19 Food Plus C4
Food Republic ..... (siehe 37)
20 FoodPark F3
Gourmet Paradise ..... (siehe 38)
21 Koko C4
MBK Food Island ..... (siehe 33)
Nuer Koo ..... (siehe 38)
22 Somtam C4
23 Sra Bua D2

Ausgehen & Nachtleben
24 Co-Co Walk B1
25 Mixx F4

Unterhaltung
Krung Sri IMAX ..... (siehe 38)
26 Lido C3
Paragon Cineplex ..... (siehe 38)
27 Playhouse Theater Cabaret B1
28 Scala B3

Shoppen
29 Baiyoke Garment Center F1
30 Central Chidlom G4
31 CentralWorld E3
32 Marco Tailor C4
33 MBK Center B3
34 Narai Phand F4
35 Pinky Tailors H5
36 Platinum Fashion Mall E2
37 Siam Center C3
38 Siam Paragon D3
39 Siam Square C4

her wird der Schrein von einem regen Strom Gläubiger besucht – meist junge Frauen, die um Fruchtbarkeit bitten.

Th Sukhumvit สุขุมวิท

Sightseeing spielt hier keine besonders große Rolle. Die Attraktionen sind eher Restaurants, Bars und auch Hotels (von denen es hier in der Gegend jede Menge gibt).

Das beste öffentliche Verkehrsmittel hierher ist der BTS, der entlang der Straße mehrere Stationen hat.

★ Siam Society & Ban Kamthieng — MUSEUM

(สยามสมาคม & บ้านคำเที่ยง; Karte S. 96; www.siam-society.org; 131 Soi 21/Asoke, Th Sukhumvit; Eintritt Erw./Kind 100 B/frei; Di–Sa 9–17 Uhr; M Sukhumvit, Ausgang 1, S Asok, Ausgang 3 od. 6) Ban Kamthieng entführt Besucher in ein Dorf des nördlichen Thailands. In einem traditionellen Holzhaus erfährt man anhand verschiedener Ausstellungen Wissenswertes über Alltagsrituale, Volksglaube und die alltäglichen Hausarbeiten. Das Museum wird von der Siam Society betrieben, mit der es sich auch die Räumlichkeiten teilt. Die Siam Society ist Herausgeber des renommierten *Journal of the Siam Society* und beherzter Hüter der thailändischen Kultur.

Thewet & Dusit เทเวศน์/ดุสิต

Bangkoks Königsbezirk ist von breiten Straßen, Denkmälern und Grünflächen geprägt.

Am einfachsten kommt man mit dem Chao-Phraya-Express-Boot (Anlegestelle Thewet) hierher. Alternativ fährt man mit dem BTS bis Phaya Thai und steigt dann noch kurz ins Taxi.

Park des Dusit-Palasts — MUSEUM, HISTORISCHE STÄTTE

(วังสวนดุสิต; Karte S. 100; begrenzt durch Th Ratchawithi, Th U Thong Nai & Th Nakhon Ratchasima; Eintritt Erw./Kind 100/20 B bzw. frei mit Ticket für den Großen Palast; Di–So 9.30–16 Uhr; Tha

Thewet, S Phaya Thai, Ausgang 2 & Taxi) Nach seiner ersten Europa-Rundreise kehrte Rama V. (König Chulalongkorn; reg. 1868–1910) 1897 mit Visionen von europäischen Schlössern nach Hause. Hier machte er sich daran, diese Baustile abzuwandeln und sie in einer einzigartigen thailändischen Architektur zum Ausdruck zu bringen, die im heutigen Park des Dusit-Palasts bewundert werden kann. Der aktuelle König hat mittlerweile einen anderen Wohnsitz (nämlich Hua Hin), und so umfasst dieser Komplex heute ein Hausmuseum und andere kulturelle Sammlungen.

Da es sich um ein königliches Anwesen handelt, sollten Besucher Oberteile mit Ärmeln und lange Hosen (keine Caprihosen) oder einen langen Rock tragen.

Der **Wimanmek-Palast** (Karte S. 100) wurde ursprünglich 1868 auf der Insel Ko Si Chang erbaut und 1910 an seinen heutigen Standort versetzt. Er umfasst 81 Zimmer, Säle und Vorräume und gilt als weltweit größtes Gebäude aus „goldenem" Teakholz. Angeblich wurde bei seinem Bau kein einziger Nagel verwendet. Die Villa war das erste dauerhafte Gebäude auf dem Gelände des Dusit-Palasts und diente Rama V. Anfang des 20. Jhs. als Residenz. Drinnen sind verschiedene Gebrauchsgegenstände des Königs und ein wahrer Schatz aus Kunstobjekten und Antiquitäten der frühen Ratanakosin-Ära zu sehien. Die Villa kann nur im Rahmen von (englischsprachigen) Führungen besichtigt werden; diese dauern etwa eine Stunde und werden zwischen 9.45 und 15.15 Uhr alle halbe Stunde angeboten.

In der Nähe präsentiert das **Museum für alte Stoffe** (Karte S. 100) eine wunderschöne Sammlung traditioneller Seiden- und Baumwollstoffe, die Teil der königlichen Tuchsammlung sind. Zum Zeitpunkt der Recherche war dieses jedoch aufgrund von Renovierungsarbeiten geschlossen.

Der kleinere **Abhisek-Dusit-Thronsaal** (Karte S. 100) wurde 1904 ursprünglich für

ABSEITS DER ÜBLICHEN PFADE

BANGKOKS BIZARRE MUSEEN

Wer dem Anblick ausgestopfter Tiger oder Buddhastatuen nichts abgewinnen kann, sollte vielleicht einer dieser ausgefallenen Einrichtungen einen Besuch abstatten.

Medizinmuseum Siriraj (พิพิธภัณฑ์นิติเวชศาสตร์สงกรานต์นิยมเสน; Karte S. 74; 2. Stock, Adulyadejvikrom Bldg, Siriraj Hospital; Eintritt 200 B; Mi–Mo 10–16 Uhr; Tha Wang Lang (Siriraj), Anlegestelle Bahnhof Thonburi) In diesen drei miteinander verbundenen Museen der Anatomie, Pathologie und Forensik (zusammen einfach „Museum des Todes" genannt) sind verschiedene Gliedmaßen, Mordwaffen und Beweismittel von Tatorten zu sehen, darunter das blutbefleckte T-Shirt eines Opfers, das mit einem Dildo erstochen wurde. Am einfachsten ist das Museum vom Tha Chang aus mit der Flussfähre zum Tha Wang Lang (Siriraj) in Thonburi zu erreichen. Am Ausgang der Anlegestelle nach rechts (Norden) zum Siriraj Hospital abbiegen, dort hineingehen und den grünen Museumsschildern folgen.

Ancient City (เมืองโบราณ, Muang Boran; www.ancientcitygroup.net/ancientsiam/en; 296/1 Th Sukhumvit, Samut Prakan; Eintritt Erw./Kind 9–16 Uhr 700/350 B, 16–19 Uhr 350/175 B; 9–19 Uhr; S Bearing, Ausgang 1) Wem die Zeit fehlt, um die berühmtesten historischen Bauwerke Thailands zu besichtigen, der sollte vielleicht das laut eigenen Angaben größte Freilichtmuseum der Welt besuchen, in dem ebendiese Bauwerke in Miniaturform ausgestellt sind. Da es hier normalerweise schön ruhig und fast nie überfüllt ist, kann man die „Stadt" wunderbar mit dem Fahrrad (Leihgebühr 50 B/Tag) erkunden. Ancient City liegt östlich von Bangkok außerhalb von Samut Prakan. Von der BTS-Station Bearing ist es ganz einfach mit dem parkeigenen Shuttlebus zu erreichen (Abfahrtszeiten finden sich auf der Website).

Gefängnismuseum (พิพิธภัณฑ์ราชทัณฑ์; Karte S. 74; Rommaneenart Park, 436 Th Mahachai; Mo–Fr 9–16 Uhr; Klorng-Boot bis Tha Phanfa Leelard) GRATIS Dieses Museum präsentiert die Überreste eines ehemaligen Gefängnisses. Hier erfährt man alles über die schmerzvolle Welt der hiesigen Bestrafungskultur. Mit lebensgroßen Modellen werden schreckliche Exekutionen und Bestrafungen nachgestellt, sodass sich die meisten Besucher vornehmen, sich während ihres Aufenthalts im Land gesetzestreu zu verhalten.

Th Sukhumvit

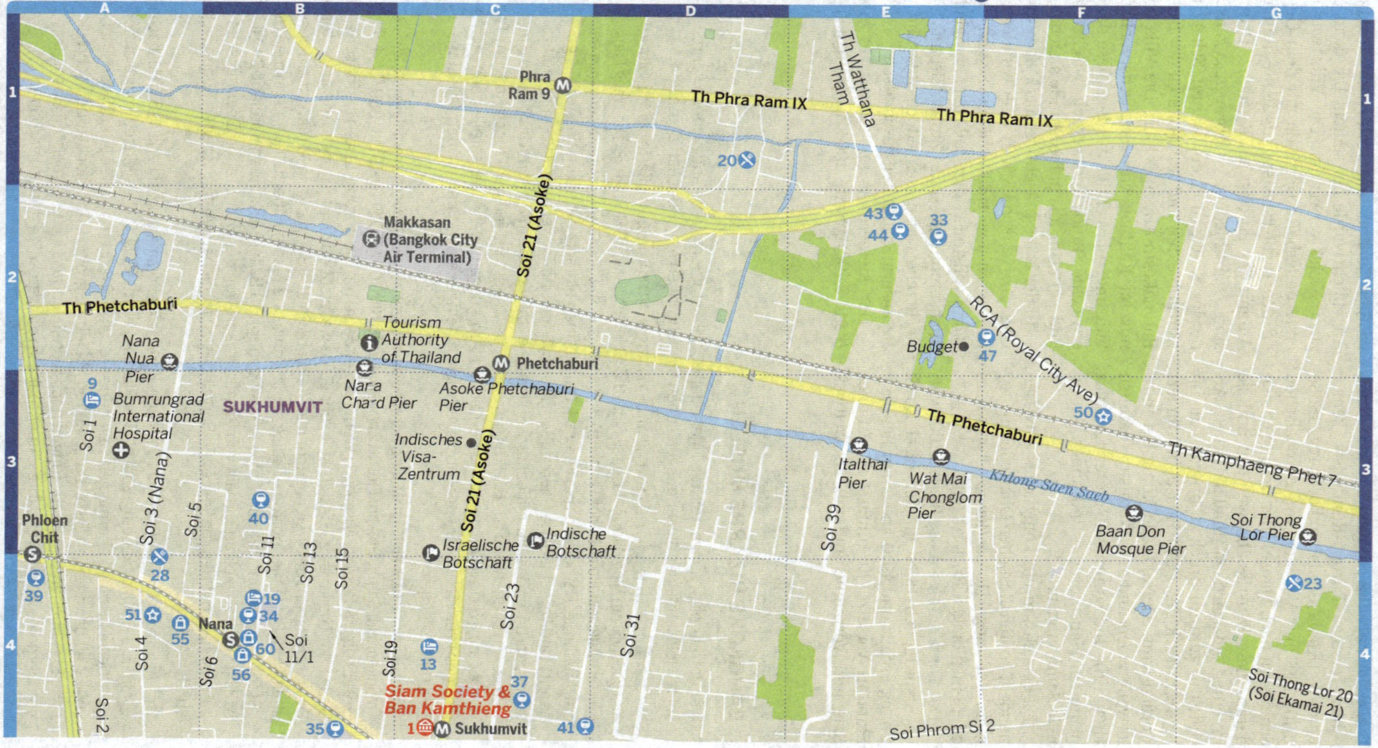

A
B
C
D
E
F
G
5
6
7
8
Asok
Soi 8
Soi 10
Soi 12
Soi 14
Soi 16
Soi 18
Soi 20
Soi 22
Soi 24
Soi 26
Soi 27
Soi 29 (Lak Khet)
Soi 30
Soi 31
Soi 33
Soi 34
Soi 36
Soi 38
Soi 39
Soi 41
Soi 43
Soi 45
Soi 49
Soi 51
Soi 53
Soi 55 (Thong Lor)
Soi 57
Soi 59
Soi 61
Soi 63 (Ekamai)
Soi Prom Si 1
Soi Prommit
Samitivej Hospital
Soi Thong Lor 17
Soi Thong Lor 16
Soi Thong Lor 13
Soi Thong Lor 9
Soi Thong Lor 10/
Soi Ekamai 5
Soi Thong Lor 5
Soi Ekamai 6
Soi Ekamai 4
Soi Ekamai 2
Spanische Botschaft
Benjakiti-Park
Ratchada
Th Ratchadaphisek
Phrom Phong
Benjasiri-Park
Th Sukhumvit
Philippinische Botschaft
Thong Lo
Ekkamai
Busbahnhof Ost
TOBACCO MONOPOLY
KHLONG TOEY
Queen Sirikit National Convention Centre
Soi Rongnarong Phichai Songkhram
Soi Napha Sap 2
Soi Plukchit
Khlong Toei
Th Phra Ram IV
s. Karte Lumphini-Park & Th Phra Ram IV (S. 90)

Th Sukhumvit

Highlights

1 Siam Society & Ban Kamthieng ... C4

Sehenswertes

2 Khlong-Toey-Markt ... B8

Aktivitäten, Kurse & Touren

3 ABC Amazing Bangkok Cyclists ... D6
4 Asia Herb Association ... D6
5 Coran ... G6
6 Divana Massage & Spa ... C5
7 Fun-arium ... D8
8 Phussapa-Thai-Massage-Schule ... D6

Schlafen

9 AriyasomVilla ... A3
10 Atlanta ... A5
11 Baan Sukhumvit ... C5
12 FU House Hostel ... B5
13 Fusion Suites ... C4
14 Ma Du Zi ... C5
15 Napa Place ... E7
16 Pause Hostel ... D7
17 S31 ... D5
S-Box ... (siehe 17)
18 Sheraton Grande Sukhumvit ... B5
19 Suk 11 ... B4

Essen

20 Anotai ... D1
21 Bei Otto ... C5
22 Bo.lan ... F7
23 Game Over ... G4
24 Gokfayuen ... F6
25 Jidori-Ya Kenzou ... D6
26 Klang Soi Restaurant ... E5
27 Little Beast ... F5
28 Nasir Al-Masri ... A4
29 Saras ... C5
30 Soul Food Mahanakorn ... F7

Ausgehen & Nachtleben

31 Arena 10 ... G6
32 Badmotel ... G5
33 Beer Cap ... E2
34 Cheap Charlie's ... B4
35 Club Insanity ... B4
36 Demo ... G6
Funky Villa ... (siehe 36)
37 Glow ... C4
38 Grease ... F5
39 Hyde & Seek ... A4
40 Levels ... B3
41 Narz ... C4
42 Nung-Len ... G6
43 Onyx ... E2
44 Route 66 ... E2
45 Scratch Dog ... C5
46 Studio Lam ... E7
47 Taksura ... F2
48 WTF ... E7

Unterhaltung

49 Friese-Green Club ... C6
50 House ... F3
Living Room ... (siehe 18)
51 Nana Entertainment Plaza ... A4
52 Soi Cowboy ... C5
53 Titanium ... C5

Shoppen

54 Duly ... E5
55 Nickermann's ... A4
56 Raja's Fashions ... B4
57 Shop @ TCDC ... D6
58 Terminal 21 ... C5
59 ThaiCraft Fair ... C5
60 Thanon-Sukhumvit-Markt ... B4

Rama V. erbaut. Er ist ein typisches Beispiel für die bessere Architektur jener Zeit. Die durch die viktorianische Ära beeinflusste Zuckerbäckerarchitektur und die maurischen Säulenhallen verschmelzen miteinander und schaffen eine beeindruckende, sehr thailändische Fassade. Im Saal wird eine hervorragende Ausstellung regionalen Kunsthandwerks von Mitgliedern der Stiftung Promotion of Supplementary Occupations & Related Techniques (Support), gezeigt, einer von Königin Sirikit unterstützten wohltätigen Organisation.

In der Nähe des Eingangs an der Th U Thong Nai gibt es zwei große Ställe, in denen einst drei weiße Elefanten untergebracht waren – Albinismus gilt als glücksverheißend und macht betroffene Tiere automatisch zum Eigentum des Königshauses. Heute ist hier das **Königlich-Thailändische Elefantenmuseum** (Karte S. 100) untergebracht. In einem der Gebäude sind Artefakte und Fotos ausgestellt, die die Bedeutung von Elefanten in der Geschichte Thailands vergegenwärtigen und erklären, nach welchen körperlichen Merkmalen ihr unterschiedlicher Status festgelegt wird. Im zweiten Stall befindet sich eine lebensgroße Skulptur des ersten königlichen Albino-Elefanten. Thailändische Besucher behandeln die in königliche Gewänder gehüllte Statue fast schon wie einen Schrein.

Wat Benchamabophit BUDDHISTISCHER TEMPEL
(วัดเบญจมบพิตร (วัดเบญจะฯ); Karte S. 100; Ecke Th Si Ayuthaya & Th Phra Ram V; Eintritt 20 B; 8–18 Uhr; Tha Thewet, Phaya Thai, Ausgang

3 & Taxi) Man kennt diesen Tempel von der Rückseite der 5-Baht-Münze. Die auffällige *bòht* (Kapelle) des allgemein nur Wat Ben genannten Tempels aus weißem, aus Italien importiertem Marmor, wurde im späten 19. Jh. unter Rama V. erbaut. Die Asche des Königs befindet sich im Sockel der zentralen Buddhafigur, einer Kopie des Phra Phuttha Chinnarat in Phitsanulok.

Das Gebäude ist, von außen wie von innen, ein einzigartiges Beispiel moderner thailändischer Tempelarchitektur. Die Innenarchitektur vermischt thailändische Eigenheiten mit europäischen Einflüssen: Die roten Teppiche, die mit Gold auf weißem Hintergrund gemalten, sich wiederholenden Motive an den Wänden, die wie Buntglasfenster bemalten Tapeten und die königsblaue Wand hinter dem zentralen Buddhabildnis erinnern doch stark an einen europäischen Palast. Das überrascht auch nicht allzu sehr, bedenkt man, wie begeistert Rama V. von Europa war. Weitere Beweise dafür finden sich auf der gegenüberliegenden Straßenseite im Park des Dusit-Palasts.

Im Hof hinter dem *bòht* gibt es 53 Buddha-Figuren (33 Originale, 20 Kopien), die alle *mudra* (Gesten) und Stile aus der Geschichte Thailands repräsentieren, sodass man hier hervorragend die buddhistische Ikonografie studieren kann. Wer sich nicht für religiöse Bilder begeistern kann, der

ABSEITS DER ÜBLICHEN PFADE

BAAN KRUA

Das am Kanal gelegene Viertel **Baan Khrua** (บ้านครัว; Karte S. 92; Klorng-Boot bis Sapan Hua Tha Chang, S Ratchathewi, Ausgang 1, National Stadium, Ausgang 1) stammt aus jenen turbulenten Jahren Ende des 18. Jhs., als muslimische Cham aus Kambodscha und Vietnam an der Seite des neuen thailändischen Königs kämpften und als Dank dafür dieses Stück Land östlich der neuen Hauptstadt erhielten. Die Einwanderer brachten die Tradition des Seidenwebens mit sich in die neue Heimat und nachdem sie den Khlong Saen Saeb ausgehoben hatten, um besser an den Fluss angebunden zu sein, stieg die Zahl der Bewohner immer weiter.

Die 1950er- und 1960er-Jahre waren für Baan Krua eine Blütezeit, nachdem Jim Thompson die Weber angestellt hatte und ihre Seide in alle Welt exportierte. In den letzten 50 Jahren hat sich die Situation jedoch immer mehr verschlechtert. Nachdem Thompson verschwunden war, wurde auch die Seidenproduktion an andere Standorte verlagert und die Bevölkerung kämpfte 15 Jahre lang erfolgreich gegen den Bau einer Schnellstraße mitten durch ihr Viertel. Im Laufe der Zeit sind viele Muslime aus der Gegend fortgezogen und Schätzungen besagen, dass mittlerweile nur noch etwa 30 % der Bevölkerung Muslime sind. Der Rest setzt sich vorwiegend aus Zuwanderern aus dem Nordosten Thailands zusammen.

Heute besteht Baan Krua aus alten, nah aneinander gebauten Häusern, die durch winzige Pfade verbunden sind, auf denen kaum zwei Personen aneinander vorbeikommen. Es gibt eine Moschee und zwei familienbetriebene Geschäfte, das **Phamai Baan Krua** (www.phamaibaankrua.com; Soi 9, Soi Phaya Nak; 8.30–17 Uhr; Klorng-Boot bis Sapan Hua Tha Chang, S Ratchathewi, Ausgang 1, National Stadium, Ausgang 1) und das **Aood Bankrua Thai Silk** (02 215 9864; Soi 9, Soi Phaya Nak; 9–20 Uhr; Klorng-Boot bis Sapan Hua Tha Chang, S Ratchathewi, Ausgang 1, National Stadium, Ausgang 1), die vom Bleichen der Fäden bis hin zum Weben der Stoffe auf alten hölzernen Webstühlen bis heute in jeden Schritt der Seidenherstellung involviert sind. Dabei erhebt Phamai Baan Krua den Anspruch, das ältere der beiden Unternehmen zu sein. Es wird vom deutsch- und englischsprechenden Niphon Manuthas geleitet und stellt weiterhin jene Art qualitativ hochwertiger, handgewebter Seide her, die Jim Thompson ursprünglich dazu bewogen hatte, hier zu investieren. Dabei sind die Preise sogar viel niedriger als die, die man auf der anderen Seite des *klorng* bezahlen muss.

Nach dem Besuch des Jim-Thompson-Hauses liegt Baan Krua sozusagen direkt auf dem Weg. Einfach über die Brücke am Ende der Soi Kasem San 3 gehen. Alternativ geht man von der BTS-Station Ratchathewi in die Soi Phaya Nak, nimmt die dritte Straße links (die soi, die zur Moschee Da-Rul-Fa-La führt), folgt ihr bis zum Kanal, geht nach rechts und hält dann nach entsprechenden Schildern Ausschau.

Thewet & Dusit

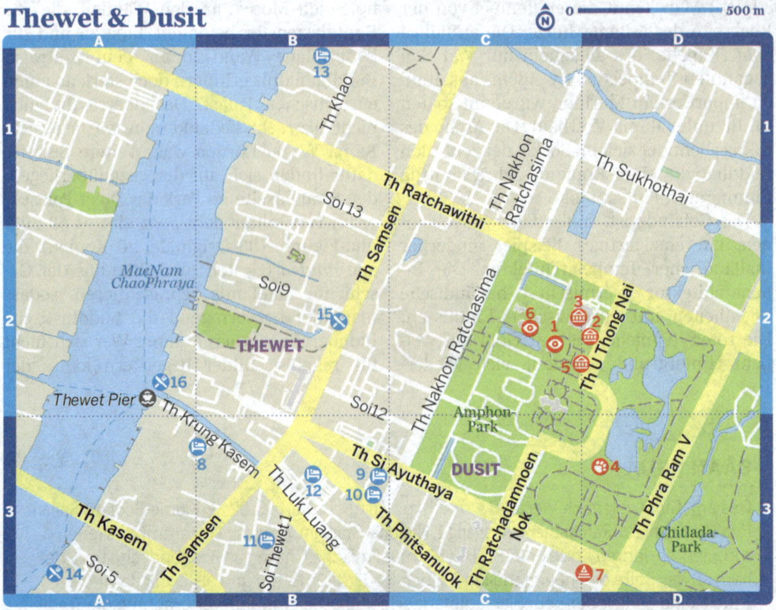

Thewet & Dusit

Sehenswertes
1 Abhisek-Dusit-Thronsaal C2
2 Museum für alte Stoffe D2
3 Dusit-Palast-Park C2
4 Dusit-Zoo D3
5 Königl.-thail. Elefantenmuseum C2
6 Vimanmek-Herrenhaus C2
7 Wat Benchamabophit D3

Schlafen
8 Baan Manusarn B3
9 Baan Tepa Boutique House B3
10 Hi Baan Thewet B3
11 Phra-Nakorn Norn-Len B3
12 SSIP Boutique B3
13 The Siam B1

Essen
14 Khinlom Chom Sa-Phan A3
15 Krua Apsorn B2
16 Steve Café & Cuisine A2

sollte einen Spaziergang entlang der hübsch gestalteten Kanäle voll blühender Seerosen und vorbei an chinesischen Fußgängerbrücken machen.

Ratchathewi ราชเทวี

Abgesehen von einigen wenigen Sehenswürdigkeiten steht Ratchathewi eher für das vorstädtische Bangkok. Am besten ist es mit dem BTS zu erreichen.

Suan-Pakkad-Palastmuseum MUSEUM
(วังสวนผักกาด; Karte S. 102; Th Sri Ayuthaya; Eintritt 100 B; 9–16 Uhr; Phaya Thai, Ausgang 4)
Das oft übersehene Suan Pakkad ist ein echtes Schmuckstück. Die acht traditionellen thailändischen Holzhäuser dienten einstmals als Residenz der Prinzessin Chumbon von Nakhon Sawan – und waren davor eine Salatfarm. Im Innern der Pfahlbauten sind Kunst, Antiquitäten und weitere Einrichtungsgegenstände ausgestellt. Das sorgsam gepflegte Gelände mit seinen Enten, Schwänen und einem halb abgeschlossenen Garten gleicht einer wunderbar friedlichen Oase.

Der winzige **Lack-Pavillon** im hinteren Teil des Anwesens stammt aus der Ayutthaya-Ära. In seinem Inneren sind mit Blattgold bedeckte *Jataka-* und *Ramayana-*Wandbilder sowie verschiedene Szenen aus dem Alltag jener Zeit zu bestaunen. Das Gebäude war einst Teil einer Klosteranlage am Ufer des Mae Nam Chao Phraya, unmittelbar südlich von Ayutthaya. In den größeren Wohngebäuden im vorderen Teil des Geländes werden buddhistische und hinduistische Kunst im Khmer-Stil, Keramik aus Ban Chiang sowie eine äußerst interessante Sammlung historischer **Buddhas** einschließlich einer wunderschönen Darstellung im späten U-Thong-Stil ausgestellt.

Baiyoke Tower 2 GEBÄUDE

(ตึกใบหยก ๒; Karte S. 102; 22 Th Ratchaprarop; Eintritt 300 B; ⌚9–23 Uhr; Klorng-Boot bis Tha Pratunam) Der Baiyoke Tower 2, Bangkoks höchstes Gebäude (der Titel wird ihm jedoch von einem „Superturm“ entrissen werden, der 2016 fertiggestellt werden sollte) ist ebenso hoch wie kitschig. Hinauf geht's durch einen Korridor, der mit Aliens und Planeten zugepflastert ist und in dem als Hintergrundmusik die Titelmelodie von *Star Wars* gespielt wird. Ganz oben im 84. Stock findet man sich dann auf einer sich drehenden Freiluftplattform wieder, von der aus man die Stadt mit ihren nicht enden wollenden Ausläufern betrachten kann.

Aktivitäten

Meditation

Auch wenn Bangkok manchmal wie der unbuddhistischste Ort auf Erden wirkt, gibt es doch einige Anlaufstellen, wo sich Ausländer in theravada-buddhistischer Meditation (Unterrichtssprache Englisch) üben können.

Meditationszentrum Wat Mahadhatu MEDITATION

(Karte S. 74; ☎02 223 3813, 02 222 6011; Sektion 5, Wat Mahathat, Th Maha Rat; Spenden willkommen; ⌚Unterricht 7, 13 & 18 Uhr; Tha Chang, Tha Maharaj, Tha Phra Chan Tai) Dieses kleine Zentrum im Wat Mahathat bietet täglich dreistündige, ungezwungene Meditationskurse an. Der Kursleiter Prasuputh Chainikom (Kosalo) spricht Englisch. Längere Aufenthalte mit Unterricht, Unterkunft und Verpflegung können arrangiert werden, von den Teilnehmern wird allerdings erwartet, dass sie sich strikt an die Verhaltensregeln halten.

House of Dhamma MEDITATION

(Karte S. 106; ☎02 511 0439; www.houseofdhamma.com; 26/9 Soi 15, Th Lat Phrao; Eintritt gegen Spende; ⌚Kurse Mi–So 10–17 Uhr; M Lat Phrao, Ausgang 3) Helen Jandamit hat ihr Haus am Stadtrand als Rückzugsort für Meditationssuchende und für zweitägige *vipassana*-Kurse (Meditation zur Entfaltung der Einsicht) geöffnet. Auf der Website erhält man Infos zu aktuell angebotenen Workshops. Unbedingt mindestens eine Woche im Voraus einen Platz reservieren!

Thai-Boxen

Im letzten Jahrzehnt ist das Erlernen von *moo·ay tai* (auch *muay thai* geschrieben) bei Ausländern immer beliebter geworden, und überall im Land stellt man sich auf fremdsprachige Boxschüler ein. In folgenden Camps werden Trainingsprogramme auf Englisch sowohl für Männer als auch für Frauen angeboten. Auf der Website **Muay Thai Camps** (www.muaythaicampsthailand.com) findet man zusätzliche Infos zu den verschiedenen Trainingszentren in Thailand.

MuayThai Institute KAMPFSPORT

(☎02 992 0096; www.muaythai-institute.net; Rang-sit Stadion, 336/932 Th Prachatipat, Pathum Thani; 10-tägiger Kurs ab 8000 B; M Chatuchak Park exit 2 & taxi; S Mo Chit, Ausgang 3 & Taxi) Dieses Institut ist an das angesehene World Muay Thai Council angeschlossen und bietet einen Grundlagenkurs im Thai-Boxen (bestehend aus drei Stufen) sowie die passenden Kurse für Trainer, Schiedsrichter und Kampfrichter.

Fairtex Muay Thai KAMPFSPORT

(☎086 776 0488; www.fairtexbangplee.com; 99/5 Mu 3, Soi Buthamanuson, Th Thaeparak, Samut Prakan; Kurs & Unterkunft 1450–1850 B/Tag; S Chong Nonsi, Ausgang 2 & Taxi) Beliebtes, seit Langem bestehendes Thai-Box-Camp südlich von Bangkok.

Muay Thai Lab KAMPFKUNST

(Karte S. 74; ☎02 024 1326; www.muaythailab.net; 2. Stock, Tha Maharaj, Th Maha Rat; Unterricht ab 990 B; ⌚11–20 Uhr; Tha Maharaj, Tha Chang, Tha Phra Chan Tai) Das Muay Thai Lab ist ein neues, beeindruckendes Zentrum für alles, was mit Thai-Boxen zu tun hat. In der Lobby gibt's eine kostenlose Ausstellung zur Geschichte und Kultur des Thai-Boxens sowie einen kleinen Laden, in dem es sowohl Souvenirs als auch Boxausrüstung zu kaufen gibt. Der Unterricht findet auf dem Dach im Freien statt. Von dort aus hat man einen Blick über Mae Nam Chao Phraya.

Man kann hier auch unangemeldet vorbeischauen und bei den Einführungskursen gleich mitmachen. Diese finden täglich zwischen 11 und 15 Uhr statt. Im Preis sind Kleidung und Ausrüstung, ein Spint sowie die Nutzung der Duschen und eines Handtuchs inbegriffen.

Sor Vorapin Gym KAMPFKUNST

(Karte S. 74; ☎02 282 3551; www.thaiboxings.com; 13 Th Kasab; Kurs/Monat 500/9000 B; ⌚Unterricht 7.30–9.30 & 15–17 Uhr; Tha Phra

Ratchathewi

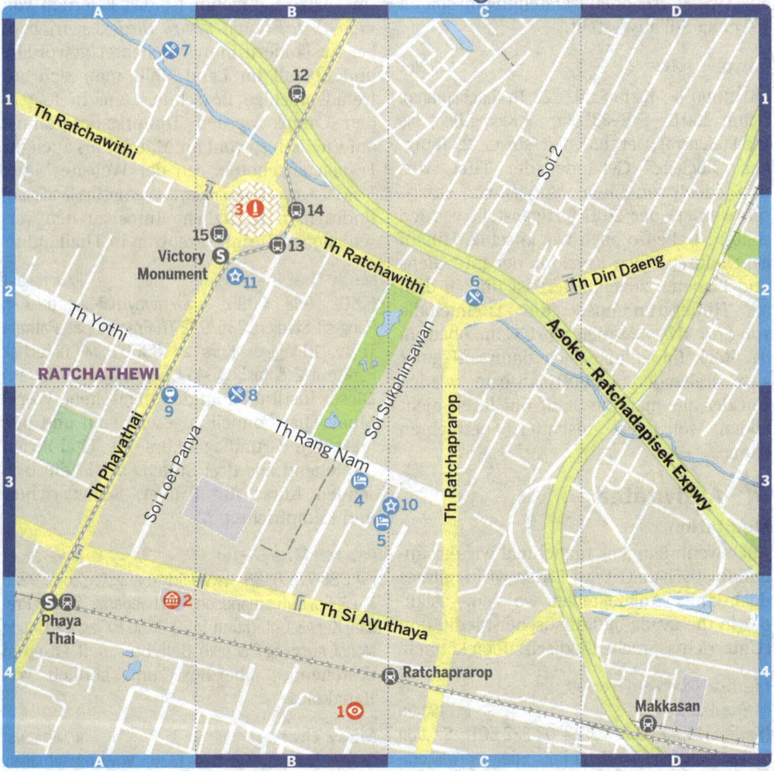

Ratchathewi

Sehenswertes
1 Baiyoke Tower II B4
2 Suan-Pakkad-Palast-Museum A4
3 Siegesdenkmal B2

Schlafen
4 Bizotel B3
5 K Maison B3

Essen
6 Pathé C2
7 Sam-Ang Kulap A1
8 Tida Esarn B3

Ausgehen & Nachtleben
9 Sky Train Jazz Club A3

Unterhaltung
10 Raintree C3
11 Saxophone Pub & Restaurant B2

Transport
12 Minivans nach Aranya Prathet (zur kambodschanischen Grenze), Mae Klong (nach Amphawa) & Nakhon Pathom B1
13 Minivans nach Ayuthaya & Ban Phe (nach Ko Samet) B2
14 Minivans nach Chanthaburi, Kanchanaburi, Phetchaburi & Suvarnabhumi International Airport B2
15 Minivans nach Pak Chong (Richtung Khao Yai National Park) & Busbahnhof Süd B2

Athit (Banglamphu) Das Studio in praktischer Nähe zur Th Khao San ist auf Kurse im Thai-Boxen für ausländische Teilnehmer beiderlei Geschlechts spezialisiert.

Thai-Massage

Eine gute Massage ist das Geburtsrecht eines jeden Bangkokers und eine Freude für jeden Besucher. Dementsprechend werden Massagen hier auch an jeder Ecke angeboten. Sie unterscheiden sich aber erheblich in ihrer Qualität – je nachdem, ob es Massagen oder „Massagen" sind. Wer nicht auf Letzteres steht, sollte einen Bogen um Schuppen machen, die aggressiv mit sexy gekleideten Frauen werben.

Wer sich das erste Mal in die Hände eines Thai-Masseurs oder einer Thai-Masseurin begibt, sollte alle vorherigen Erfahrungen mit Massagen lieber vergessen, denn viele Besucher empfinden die Thai-Massage als schmerzhaft und entspannend zugleich. Die traditionelle Thai-Massage basiert auf ganzheitlichen Yoga-Techniken inklusive Ziehen, Dehnen, Biegen und Stimulieren von Druckpunkten. Bei guter Ausführung hat man nach der traditionellen Massage Schmerzen, fühlt sich aber belebt. Zu einer Ganzkörper-Thai-Massage gehören oft auch Kräuterwarmwickel (Massageöle werden eher bei der Sex-Massage angewandt).

Je nach Stadtteil und Lage kostet eine Fußmassage in einem kleinen Salon 200–350B und eine Ganzkörpermassage 300–600B.

Health Land MASSAGE

(Karte S. 86; ☎ 02 637 8883; www.healthlandspa.com; 120 Th Sathon Neua/North; Massage 2 Std. 500 B; ⏲ 9–23 Uhr; S Surasak, Ausgang 3) Dies ist die Hauptfiliale eines alteingesessenen Miniimperiums für Thai-Massagen. Hier werden in sauberer Umgebung ein gutes Preis-Leistungs-Verhältnis sowie fachlich einwandfreie Massagen und Spa-Anwendungen geboten. Auf der Webseite finden sich die Adressen und Kontaktdaten weiterer Filialen.

Ruen-Nuad Massage Studio MASSAGE

(Karte S. 86; ☎ 02 632 2662; 42 Th Convent; Massage 350 B/Std.; ⏲ 10–21 Uhr; M Si Lom, Ausgang 2, S Sala Daeng, Ausgang 2) Dieser bezaubernde Salon befindet sich in einem umgebauten Holzhaus. Im Gegensatz zu den meisten anderen Massagesalons in Bangkok geht es hier weder kitschig noch esoterisch zu. Ebenfalls erfreulich: Auch die Preise sind erschwinglich.

Asia Herb Association MASSAGE

(Karte S. 96; ☎ 02 261 7401; www.asiaherbassociation.com; 33/1 Soi 24, Th Sukhumvit; Thai-Massage 500 B/Std., Thai-Massage mit Kräuterwickeln 1½ Std. 1100 B; ⏲ 9–2 Uhr; S Phrom Phong, Ausgang 4) Die Kette in japanischer Hand hat entlang der Th Sukhumvit mehrere Niederlassungen und ist auf Ɓrà·kóp-Massagen spezialisiert, bei denen traditionelle thailändische Kräuterwickel mit 18 verschiedenen Kräutern zum Einsatz kommen.

Coran MASSAGE

(Karte S. 96; ☎ 02 726 9978; www.coranbangkok.com; 94-96/1 Soi Ekamai 10, Soi 63/Ekamai, Th Sukhumvit; Thai-Massage 600 B/Std.; ⏲ 11–22 Uhr; S Ekkamai, Ausgang 4 & Taxi) Ein tolles Spa mit minimalistischem Flair in einer Thai-Villa. Aroma- und Thai-Massagen.

Spas

Wer nicht gerade seinen gesamten Aufenthalt in einer klimatisierten Luftblase verbracht hat (was im heutigen Bangkok durchaus möglich wäre), der wird früher oder später das Bedürfnis verspüren, die ganzen negativen Auswirkungen der Großstadt von sich abzuwaschen. Dies kann in Form eines einfachen Bades geschehen oder durch eine mehrstufige Kur mit einer individuell abgestimmten Auswahl von Aromastoffen, Ölen und einer ganzen Horde geschultem Personal. Es gibt unzählige Spas in Bangkok, viele von ihnen befinden sich in Spitzenklassehotels mit entsprechenden Preisen.

Oriental Spa SPA

(Karte S. 84; ☎ 02 659 9000; www.mandarinoriental.com/bangkok/luxury-spa; Mandarin Oriental, 48 Soi 40/Oriental, Th Charoen Krung; Massage-/Spa-Paket ab 2900 B; ⏲ 9–22 Uhr; ⛴ Oriental Pier od. Hotel-Shuttleboot ab Tha Sathon (Central Pier) Das Oriental Spa gilt als eines der führenden Spas weltweit und setzt bei Wellnessanwendungen im asiatischen Stil hohe Maßstäbe. Wer einen langen Flug hinter sich hat, wird Gefallen an der Jetlag-Massage finden. Alle Anwendungen müssen allerdings vorab gebucht werden.

Spa 1930 SPA

(Karte S. 92; ☎ 02 254 8606; www.spa1930.com; 42 Th Ton Son; Thai-Massage ab 1000 B, Spa-Pakete ab 3500 B; h9.30–21.30 Uhr; S Chit Lom, Ausgang 4) Im unaufdringlichen und stilvollen Spa 1930 können sich Entspannungssuchende ganz ohne aufgesetzte Esoterikmusik oder Inhaltsstoffe, die man eher auf einer Dinnerparty erwarten würde, zurücklehnen.

Das Angebot ist schlicht (Gesichts- und Körperpflege sowie Körpermassage), aber auch Peelings und Ölmassagen bekommt man hier.

Thann Sanctuary SPA
(Karte S. 92; ☎ 02 658 6557; www.thann.info/thann_sanctuary.php; 2. Stock, CentralWorld, Th Ratchadamri; Thai-Massage ab 2000 B, Spa-Anwendungen ab 2800 B; ⌚ 10–21 Uhr; Ⓢ Chit Lom, Ausgang 9 zum Sky Walk, Siam, Ausgang 6 zum Sky Walk) Diese lokale Marke für Kräuterkosmetik betreibt auch einige Spas in Einkaufszentren. So kann man nach dem Shoppen noch perfekt entspannen.

Divana Massage & Spa SPA
(Karte S. 96; ☎ 02 261 6784; www.divanaspa.com; 7 Soi 25, Th Sukhumvit; Massage ab 1100 B, Spa-Pakete ab 2650 B; ⌚ Mo–Fr 11–23, Sa & So 10–23 Uhr; Ⓜ Sukhumvit, Ausgang 2, Ⓢ Asok, Ausgang 6) Das Spa mit seinem persönlichen Ambiente in einem Gartenhaus hat sich sein echt thailändisches Flair erhalten.

Kurse

Kochen

Wäre es nicht toll, für seine Freunde zu Hause ein authentisch thailändisches Gericht zaubern zu können? Der Besuch einer thailändischen Kochschule gilt schon fast als Muss für Bangkok-Reisende – und als ein absoluter Höhepunkt!

Die Kurse unterscheiden sich ziemlich in Preis und Qualität; ein typischer Halbtageskurs sollte zumindest eine einfache Einführung in die landestypischen Zutaten und Gewürze beinhalten, und man sollte bei den Vorbereitungen und beim Kochen selbst mitmachen dürfen. Die meisten Schulen bieten eine wechselnde Auswahl von Gerichten, die sich täglich ändert, sodass man eine ganze Woche lang Kurse machen kann, ohne zweimal dasselbe zu kochen. Viele Unterweisungen schließen einen Besuch auf dem Markt ein, und bei fast allen erhält man eine Reihe ausgedruckter Rezepte. Meist endet der Unterricht mit einem gemeinsamen Mittagessen, das man selbst zubereitet hat.

★ **Amita Thai Cooking Class** KOCHKURS
(Karte S. 68; ☎ 02 466 8966; www.amitathaicooking.com; 162/17 Soi 14, Th Wutthakat, Thonburi; 3000 B; ⌚ Kurse Do–Di 9.30–13 Uhr; ⛴ Klorng-Boot vom Tha Maharaj) Piyawadi „Tam" Jantrupon gibt in einem am Kanal gelegenen Haus in Thonburi einen der charmantesten Kochkurse der Stadt und legt dabei eine ansteckende Begeisterung an den Tag. Der Kurs beinhaltet einen Ausflug in einen Kräutergarten und die Anleitung zur Zubereitung von vier Gerichten. Im Preis inbegriffen ist auch die Anfahrt, in diesem Fall die Bootsfahrt ab dem Tha Maharaj.

Helping Hands KOCHKURS
(☎ 080 434 8686; www.cookingwithpoo.com; Kurs 1500 B; ⌚ Kurse 8.30–13 Uhr) Diese beliebte Kochschule wurde von einer Bewohnerin der Khlong-Toey-Slums gegründet. Die Kurse werden noch immer in ihrem Viertel abgehalten und beinhalten die Zubereitung von drei Gerichten, einen Besuch auf dem Khlong-Toey-Markt und den Transport zum und vom Emporium-Einkaufszentrum. Unbedingt im Voraus buchen!

Bangkok Bold Cooking Studio KOCHKURS
(Karte S. 74; ☎ 098 829 4310; www.bangkokbold.com; 503 Th Phra Sumen; Kurs 2000 B; ⌚ Kurse 9–13 & 14–17 Uhr; ⛴ Klorng-Boot bis Tha Phanfa Leelard) Bold ist das neueste Projekt eines Teams, das früher eine beliebte Kochschule auf der Th Khao San betrieb. Täglich werden zwei Kurse angeboten, in denen man die Zubereitung von drei Thai-Gerichten lernt. Abgehalten werden die Kurse in einem schicken Shophouse.

Silom Thai Cooking School KOCHKURS
(Karte S. 86; ☎ 084 726 5669; www.bangkokthaicooking.com; 68 Soi 13, Th Silom; Kurs 1000 B; ⌚ Kurse 9–13 Uhr, 13.40–17.30 & 18–21 Uhr; Ⓢ Chong Nonsi, Ausgang 3) Die Kochschule ist in zwei schlichten, aber charmanten Räumen untergebracht. Im Rahmen der Kurse besucht man den lokalen Markt und erlernt innerhalb von vier Stunden die Zubereitung von sechs Gerichten. Nirgendwo bekommt man mehr für seine Baht. Wer im Zentrum von Bangkok wohnt, kann den Kurs auch mit Abholservice buchen.

Thai-Massage

Chetawan Traditional Massage School MASSAGE
(Karte S. 74; ☎ 02 622 3551; www.watpomassage.com; 392/32-33 Soi Phen Phat; Kurs ab 2500 B, Thai-Massage 420 B/Std.; ⌚ Kurse 9–16 Uhr, Massage 9–18 Uhr; ⛴ Tha Tien) Dieses Institut, das zum nahegelegenen Tempel gleichen Namens gehört, hat Kurse in traditioneller Thai-Massage für Anfänger und Fortgeschrittene im Angebot. Die Einsteigerkurse dauern 5 Tage (insg. 30 Std.) und befassen sich mit Ganzkörpermassagen oder Fußmassagen. Auch wer hier keinen Kurs be-

BANGKOK MIT KINDERN

Es gibt nicht gerade viele Attraktionen in Bangkok, die direkt auf die Bedürfnisse von Kindern abgestimmt sind. Dafür gibt es aber viele Bangkoker, die ihnen gerne ihre Aufmerksamkeit schenken. Im Netz unter www.bangkok.com/kids findet man einen ausgezeichneten Überblick über Dinge, die man mit Kindern unternehmen kann, und www.bambiweb.org ist eine nützliche Infoquelle für Eltern mit kleinen Kindern in Bangkok.

Wer kleine Kinder hat, sollte nicht vergessen, dass es hier so gut wie keine Kindersitze gibt. Und selbst, wenn man den eigenen Kindersitz mitbringt, haben die meisten Taxis hinten keine Gurte, um sie auch festzuschnallen. Ist man zu Fuß unterwegs, sind Tragetücher praktischer als Kinderwagen, weil die Gehwege in Bangkok für ihre Unebenheit geradezu berühmt sind.

Kinderfreundliche Museen

Das erst kürzlich renovierte **Children's Discovery Museum** (Karte S. 106; Th Kamphaengphet 4, Queen Sirikit Park; Di–Fr 9–17, Sa & So 10–18 Uhr; ; M Chatuchak Park, Ausgang 1, S Mo Chit, Ausgang 1) GRATIS hat jede Menge interaktive Ausstellungen zu Themen von Bauwesen bis Kultur.

Das **Siam-Museum** (S. 70) ist zwar nicht speziell auf Kinder ausgerichtet, hat aber viele interaktive Exponate, die auch jüngere Besucher begeistern.

In der **Ancient City** (S. 95) außerhalb der Stadt sind die berühmtesten Monumente Thailands nachgebaut. Sie sind durch Radwege miteinander verbunden und laden förmlich dazu ein, darauf herumzuklettern.

Erlebniszentren & Parks

Es gibt zwei empfehlenswerte, speziell auf Kinder ausgerichtete Erlebniszentren. Das **Funarium** (Karte S. 96; 02 665 6555; www.funarium.co.th; 111/1 Soi 26, Th Sukhumvit; Eintritt 110–320 B; Mo–Do 9–18, Fr–So bis 19 Uhr; S Phrom Phong, Ausgang 1 & Taxi) ist das größte im Zentrum Bangkoks, das **KidZania** (02 683 1888; www.bangkok.kidzania.com/en; 5. Stock, Siam Paragon, 991/1 Th Phra Ram I; Erw. 425–500 B, Kind 425–1000 B; Mo–Fr 10–17, Sa & So 10.30–20 Uhr; S Siam Ausgänge 3 & 5) ist aber auch sehr beeindruckend.

Der **Lumphini-Park** (S. 86) ist in den kühlen Morgen- und Abendstunden ein perfekter Ort, um Drachen steigen zu lassen (Feb. & März), mit einem Schwanenboot zu fahren oder sich die Beine zu vertreten und die Lunge dabei endlich mal wieder so richtig zu entfalten.

Spaß an Regentagen

Sowohl das **MBK Center** (S. 146) als auch das **Siam Paragon** (S. 147) haben Bowlingbahnen, auf denen sich die älteren Kinder austoben können. Im **Krung Sri IMAX** (Karte S. 92; 02 129 4635; www.majorcineplex.com/en/cinema/paragon-cineplex/; 5. Stock, Siam Paragon, 991/1 Th Phra Ram I; Ticket 250–1200 B; S Siam Ausgänge 3 & 5) werden mit Spezialeffekten gespickte Hollywood-Actionfilme und Naturfilme ausgestrahlt.

Zoos & Tiere

Der **Dusit-Zoo** (สวนสัตว์ดุสิต (เขาดิน); Karte S. 100; www.dusitzoo.org; Th Ratchawithi; Erw./Kind 150/70 B; 8–18 Uhr; Thewet Pier; S Phaya Thai, Ausgang 3 & Taxi) beherbergt auf einem 19 ha großen Gelände Gehege mit mehr als 300 Säugetieren, 200 Reptilien und 800 Vögeln, u. a. auch seltenen heimischen Tierarten wie Bantengs, Gauren und Serauen sowie einigen Nashörnern. Es gibt schattige Plätzchen, in der Mitte einen See mit Padelbooten und einen kleinen Kinderspielplatz.

Mit der **Siam Ocean World** (สยามโอเชี่ยนเวิร์ล; Karte S. 92; www.siamoceanworld.com; UG, Siam Paragon, 991/1 Th Phra Ram I; Erw./Kind ab 990/790 B; 10–21 Uhr; S Siam, Ausgang 3 & 5) wurde in einem Einkaufszentrum eine riesige Unterwasserwelt geschaffen. Zu bestaunen gibt es ein Unterwasserriff hinter Glas, und auch bei der täglichen Fütterung der Pinguine und Haie kann man zusehen.

Auf der Schlangenfarm des nahe gelegenen **Queen Saovabha Memorial Institute** (S. 85) können Kinder dabei zusehen, wie Giftschlangen nicht ganz freiwillig ihr Gift spenden, damit nebenan Antiseren hergestellt werden können.

Bangkok Nord

legt, kann einfach auf eine Thai-Massage vorbeischauen.

Die Schule liegt außerhalb des Tempelgeländes in einem renovierten Bangkoker Shophouse in der nicht ausgeschilderten Soi Phen Phat.

Die Kurse für Fortgeschrittene, in denen therapeutische und Heilmassagen erlernt werden, umfassen 60 Unterrichtsstunden; Voraussetzung für eine Teilnahme ist das Absolvieren des Anfängerkurses. Weitere Fortgeschrittenenkurse behandeln Ölmassagen und Aromatherapien oder Massagen für Kinder und Säuglinge.

Phussapa Thai Massage School MASSAGE (Karte S. 96; ☎02 204 2922; www.thaimassage-bangkok.com/nuat1_egl.htm; 25/8 Soi 26, Th Sukhumvit; Unterrichtsgebühr ab 6000 B; ⏲Massage 11–23 Uhr, Kurse 9–16 Uhr; S Phrom Phong, Ausgang 4) Ein schon seit langem in Bangkok lebender Japaner betreibt diese Massageschule, deren fünftägige Einsteigerkurse für Thai-Massage 30 Stunden umfassen. Die Kurse für Fuß- und Eigenmassagen dauern nicht so lange. Thai-Massagen können auch für 300 B pro Stunde gebucht werden.

Geführte Touren

Wer Bangkok mithilfe eines Guides erkunden möchte, wendet sich an einen empfehlenswerten Tourveranstalter wie **Tour with Tong** (☎081 835 0240; www.tourwithtong.com; geführte Tour ab 1000 B), dessen Team Touren in und um Bangkok veranstaltet, oder **Thai Private Tour Guide** (☎082 799 1099; www.thaitourguide.com; geführte Tour ab 2000 B), dessen Guides massenweise positives Feedback erhalten.

Stadtspaziergänge & Thementouren

Obwohl Luftverschmutzung und Hitze nicht gerade zuträgliche Faktoren sind, ist Bangkok doch eine faszinierende Stadt für eine Erkundung zu Fuß.

Bangkok Nord

Bangkok Private Tours STADTSPAZIERGANG
(www.bangkokprivatetours.com; geführte Tour ab 150 US$) Themenbezogene Stadtspaziergänge durch Bangkok.

Bangkok Food Tours STADTSPAZIERGANG
(☎095 943 9222; www.bangkokfoodtours.com; geführte Tour ab 1150 B) Halbtägige kulinarische Touren durch Bangkoks ältere Viertel.

Chili Paste Tours KULINARISCHE TOUR
(☎085 143 6779, 094 552 2361; www.foodtoursbangkok.com; geführte Tour ab 1800 B) Halbtägige kulinarische Touren durch Bangkoks ältere Viertel.

Radtouren

Es gibt zwar ein paar Radtouren, die durch Bangkoks Großstadtviertel führen, doch die meisten haben den im Süden gelegenen, herrlich grünen und unbebauten Bezirk Amphoe Phra Pradaeng (auch als Bang Kachao bekannt) zum Ziel, wo schmale Wege kreuz und quer über Kanäle führen, die kleine Obstplantagen und einfache Dörfer mit Wasser versorgen.

Grasshopper Adventures RADTOUR
(Karte S. 74; ☎02 280 0832; www.grasshopperadventures.com; 57 Th Ratchadamnoen Klang; geführte Tour halber/ganzer Tag ab 1100/1600 B; ⏲8.30–18.30 Uhr; ⛴Klorng-Boot bis Tha Phanfa Leelard) Dieser viel gelobte Anbieter veranstaltet diverse einzigartige Radtouren in und rund um Bangkok, darunter eine Nachttour und eine Tour durch die grünen Zonen der Stadt.

ABC Amazing Bangkok Cyclists RADTOUR
(Karte S. 96; ☎081 812 9641; www.realasia.net; 10/5-7 Soi Aree, Soi 26, Th Sukhumvit; geführte Tour ab 1300 B; ⏲Tour tgl. um 8, 10, 13 & 18 Uhr; Ⓢ Phrom Phong, Ausgang 4) Ein alteingesessener Anbieter von Radtouren (morgens, nachmittags oder ganztägig) durch Bangkok und seine Vororte.

Co van Kessel Bangkok Tours RADTOUR
(Karte S. 84; ☎02 639 7351; www.covankessel.com; EG, River City, 23 Th Yotha; Tour ab 950 B; ⏲6–19 Uhr; ⛴River City Pier) Die ursprünglich von einem Holländer betriebene Firma organisiert diverse Touren in Chinatown, Thonburi und Bangkoks grünen Zonen, bei denen oft auch eine Bootsfahrt mit dazu gehört. Start ist jeweils am Büro des Veranstalters im Einkaufszentrum River City.

Bangkok Bike Rides RADTOUR
(☎02 381 7490; www.bangkokbikerides.com; geführte Tour ab 1000 B) Der Ableger des Tourveranstalters Spice Roads bietet Ausflüge sowohl in städtische als auch in ländliche Gebiete sowie eine Nachttour an. Wer möchte, wird vom Hotel abgeholt.

Fluss- und Kanalfahrten

Noch heute kann man Bangkoks Vergangenheit als „Venedig des Ostens“ erleben, auch wenn inzwischen motorisierte Fahrzeuge längst die Boote verdrängt haben. Entlang des Flusses und der Kanäle steht eine bunte Flotte aus Wasserfahrzeugen bereit, von Kanus bis hin zu Reisbarkassen. In diesem Teil der Stadt sind viele Wohnhäuser, Geschäfte und Tempel noch immer für das Leben am Wasser konzipiert und eröffnen einen faszinierenden Einblick in eine Vergangenheit, in der sich die Thailänder noch selbst als *jôw nám* (Herren des Wassers) bezeichnet haben.

Am einfachsten lassen sich die Attraktionen am Fluss mit den öffentlichen Chao-Phraya-Express-Booten (S. 162) erkunden. Die meisten Fähren Richtung Norden fahren bis Nonthaburi Pier, die nach Süden bis Sathon Central Pier nahe dem BTS-Bahnhof Saphan Taksin. Es gibt aber auch einige Boote, die nach Süden bis zum Wat Ratchasingkhon fahren.

Wer die Kanäle hautnah erleben will, kann eines der Longtail-Boote chartern. Infos dazu gibt's auf S. 79.

Flussfahrten von Bangkok in Richtung Norden zu den Ruinen der früheren Hauptstadt Ayuthaya fangen die gesamte Romantik des Flusses ein und sind etwas schneller als die Segelschiffe. Die meisten Trips beinhalten eine geführte Tour durch die Ruinen Ayuthayas mit einem Zwischenstop am Sommer-Palast von Bang Pa-In.

Asian Oasis BOOTSTOUR
(Karte S. 92; ☎088 809 7047, 081 496 4516; www.asian-oasis.com; 7. Stock, Nai Lert Tower, 2/4 Th Witthayu/Wireless Rd; 2-Tages-Ausflug 6450–10 450 B; ⌚Mo–Fr 9–17 Uhr; S Phloen Chit, Ausgang 1) An Bord einer Flotte aus restaurierten Reisbarkassen mit altmodischem Charme und modernen Annehmlichkeiten geht es über den Chao Phraya. Zum Ausflug gehören die Fahrt entweder flussauf- oder flussabwärts von bzw. nach Ayutthaya und die Rückfahrt mit dem Bus in umgekehrter Richtung. Der Preis variiert je nach Saison und Richtung.

Thanatharee BOOTSTOUR
(☎02 440 1979; www.thanatharee.com; 2-Tages-Ausflug 10 800–17 300 B) Bootstour nach Ayuthaya mit Übernachtung auf einem restaurierten hölzernen Kahn mit sechs Kajüten.

Feste & Events

Neben den landesweiten Feiertagen gibt's in Bangkok auch sonst immer etwas zu feiern. Viele thailändische Feiertage richten sich nach dem Mondkalender, sodass das Datum, an dem sie begangen werden, jedes Jahr ein anderes ist. Die genauen Termine findet man auf der Website der Tourism Authority of Thailand (S. 157) und im Bangkok Information Center (S. 156).

Februar & März

Chinesiches Neujahr KULTUR
(⌚Jan. oder Feb.) Thai-Chinesen feiern den Beginn des neuen Mondjahrs eine Woche lang mit Hausputz, Löwentänzen und Feuerwerken. Die meisten Feierlichkeiten finden in Chinatown statt. Die Termine sind jedes Jahr unterschiedlich.

Drachenflug-Saison KULTUR
(⌚März) Während der windigen Jahreszeit tragen bunte Drachen ihre „Kämpfe" am Himmel über Sanam Luang und dem Lumphini-Park aus.

April & Mai

Songkran KULTUR
(⌚Mitte April) Die Feierlichkeiten um das thailändische Neujahrsfest sind zu einer Wasserschlacht geworden, in der *alle* Teilnehmer (ob gewollt oder nicht) mit Hochleistungswasserpistolen und Wasserbomben beschossen werden. Die heftigsten Schlachten finden auf der Th Khao San statt.

Königliche Pflugzeremonie KULTUR
(⌚Mai) Seine Majestät der König (oder wie in den letzten Jahren der Kronprinz) eröffnet die Reisanbausaison mit einer Zeremonie auf dem Sanam Luang. Die genauen Termine variieren.

August

Geburtstag der Königin KULTUR
(⌚12. Aug.) Der Geburtstag der Königin wird im ganzen Land als Muttertag gefeiert. In Bangkok konzentrieren sich die Feierlichkeiten auf die Th Ratcha-damnoen und den Grand Palace.

September & Oktober

Vegetarierfest ESSEN
(⌚Sept. od. Okt.) Ein zehntägiges chinesisch-buddhistisches Festival mit gelb beflaggten Straßenständen, die unzählige fleischlose Köstlichkeiten feilbieten. Die meisten Stände finden sich in Chinatown. Der Termin für die Feierlichkeiten variiert von Jahr zu Jahr.

König-Chulalongkorn-Tag KULTUR
(⌚23. Okt.) Rama V. wird jedes Jahr an seinem Todestag auf der Royal Plaza in Dusit geehrt. Seine Bewunderer strömen dann scharenweise mit Räucherstäbchen und Blumengirlanden herbei, um ihm gebührend zu huldigen.

November

Loi Krathong KULTUR
(⌚Anfang Nov.) Ein wunderschönes Vollmondfestival, bei dem in der Nacht des ersten Vollmonds kleine Boote aus Bananenblättern auf dem Mae Nam Chao Phraya schwimmen. Sie haben die Form von Lotusblüten und werden mit Kerzen erleuchtet.

Wat-Saket-Fest VOLKSFEST
(⌚Nov.) Das größte aller Bangkoker Tempelfeste (*ngahn wát*) findet im Wat Saket und am Goldenen Berg rund um Loi Krathong statt. Das Tempelgelände verwandelt sich dabei in ein lärmendes Volksfest, bei dem Blumen, Räucherstäbchen, Glocken, safrangelbe Stoffe und Unmengen an Thai-Gerichten verkauft werden.

Dezember

Geburtstag des Königs/Vatertag KULTUR
(⌚5. Dez.) Der Geburtstag des Monarchen wird von seinen Landsleuten mit vielen Paraden und Feuerwerk gefeiert.

Schlafen

Wer bei einem typischen Bangkoker Hotel unwillkürlich an den zweiten Teil von *Hangover* denken muss, wird sich freuen zu hören, dass es in der Stadt eine große Auswahl an Unterkünften gibt, darunter auch moderne Hostels, Pensionen und Hotels. Noch erfreulicher ist, dass die meisten Unterkünfte der Stadt ein exzellentes Preis-Leistungs-Verhältnis bieten und der Wettbewerb so groß ist, dass man fast immer einen Preisnachlass rausschlagen kann.

Ko Ratanakosin

Arom D Hostel HOSTEL $

(Karte S. 74; ☎02 622 1055; www.aromdhostel.com; 336 Th Maha Rat; B/Zi. inkl. Frühstück 800/2250–2500 B; ; Tha Tien) Die Zimmer und Schlafsäle hier haben alle ein etwas kitschiges Design, es gibt aber einladende Gemeinschaftsbereiche, darunter eine Dachterrasse, Computer, ein Café im Erdgeschoss und ein Fernsehzimmer. Die privaten Zimmer haben zwar nicht viel Platz, sind aber umso stilvoller eingerichtet. Auf die angegebenen Preise werden oft beträchtliche Rabatte gewährt.

Royal Tha Tien Village HOTEL $$

(Karte S. 74; ☎095 151 5545; www.facebook.com/theroyalthatienvillage; 392/29 Soi Phen Phat; Zi. 1200 B; ; Tha Tien) In zwei umgebauten Shophouses sind hier zwölf recht schlichte Zimmer untergebracht, aber es gibt viel Platz und die Ausstattung mit Fernseher, Kühlschrank, Klimaanlage und glänzendem Parkett sowie die gemütliche, heimelige Atmosphäre machen diese Bleibe empfehlenswert. Sie ist sehr beliebt – also am besten vorab buchen.

Inn A Day HOTEL $$$

(Karte S. 74; ☎02 221 0577; www.innaday.com; 57-61 Th Maha Rat; Zi./Suite inkl. Frühstück 3500–4200/7500–9000 B; ; Tha Tien) Inn A Day besticht nicht nur durch sein hypercooles Retro- bzw. Industriedesign (das Hotel ist in einer ehemaligen Zuckerfabrik untergebracht), sondern auch durch seine außergwöhnliche Lage (es thront über dem Fluss sowie dem Wat Arun). Die elf Zimmer sind nicht gerade riesig, verfügen aber über ein paar einzigartige Extras wie saubere Neon-Duschkabinen. Die Suiten in der obersten Etage sind zweistöckig und überzeugen nicht zuletzt mit ihren riesigen Badewannen mit Löwenfüßen.

Chakrabongse Villas HOTEL $$$

(Karte S. 74; ☎02 622 1900; www.chakrabongsevillas.com; 396/1 Th Maha Rat; Zi./Suite inkl. Frühstück 5000/10 000–25 000 B; ; Tha Tien) Die märchenhafte Anlage rund um einen immer noch genutzten Königspalast von 1908 umfasst drei luxuriöse, aber beengte Zimmer und vier größere Suiten und Villen, teilweise mit tollem Flussblick. Es gibt hier auch einen Pool, einen dschungelartigen Garten und eine erhöhte Terrasse, auf der man romantisch am Flussufer speisen kann. Reservierung erforderlich.

Sala Ratanakosin HOTEL $$$

(Karte S. 74; ☎02 622 1388; www.salaresorts.com/rattanakosin; Soi Tha Tian; Zi./Suite inkl. Frühstück 4000–6300/12 100 B; ; Tha Tien) Das Sala wartet mit schickem, modernistischem Flair auf – vielleicht ein etwas zu schriller Kontrast zu dem früheren Lagerhaus, in dem es untergebracht ist. Die 15 schwarzweiß eingerichteten Zimmer mit offenem Bad und großen Fenstern, die den Blick auf den Fluss und den Wat Arun freigeben, sind nicht besonders groß, für designbewusste Gäste jedoch genau das Richtige.

Banglamphu & Umgebung

★Chern HOSTEL $

(Karte S. 74; ☎02 621 1133; www.chernbangkok.com; 17 Soi Ratchasak; B 400 B, Zi. 1400–1900 B; ; Klorng-Boot bis Tha Phanfa Leelard) Die weitläufigen, offenen Räume und blendenden Weißtöne dieses Hotels versprühen ein Flair, wie man es sich im Jenseits vorstellt. Die Schlafsäle mit acht Betten sind überdurchschnittlich gut, besonders schön sind aber die privaten Zimmer mit ihren attraktiven minimalistischen Details, großem Schreibtisch, Fernseher, Safe, Kühlschrank und jeder Menge Platz. Obendrein sind sie auch noch super günstig.

Fortville Guesthouse HOTEL $

(Karte S. 74; ☎02 282 3932; www.fortvilleguesthouse.com; 9 Th Phra Sumen; Zi. 870–1120 B; ; Tha Phra Athit (Banglamphu) Das Designkonzept dieses Hotels, das zum Zeitpunkt der Recherche gerade renoviert wurde, ist schwer zu beschreiben: Von außen sieht es aus wie eine moderne Kirche oder eine Burg, im Inneren wird auf Spiegel und industrielles Flair gesetzt. Die Zimmer selbst sind stilvoll minimalistisch und die teureren haben noch kleine Extras wie einen Kühlschrank oder einen Balkon.

THANON KHAO SAN: JA ODER NEIN?

Die Th Khao San ist der Inbegriff der Budgetunterkünfte in Bangkok. Das bedeutet aber nicht zwangsweise, dass es der einzige oder gar beste Ort in der Stadt ist, um ein günstiges Zimmer zu finden. Die Backpacker-Straße kann oft sehr laut und hektisch sein und ist auch Anziehungspunkt für Betrüger. Wer nicht weit vom Trubel entfernt, aber nicht unbedingt mitten drin wohnen möchte, findet mittlerweile immer mehr interessante Optionen in allen Preiskategorien an etwas abgelegeneren Straßen, beispielsweise an der Th Phra Athit am Fluss, an der von vielen Bäumen gesäumten Soi Ram Buttri oder in den kleineren Wohnstraßen abseits der Th Samsen. Während der Hauptsaison (Dez.–Feb.) ist es jedoch wirklich ratsam, das erste freie Bett zu nehmen, das man finden kann. Die besten Chancen hat man, wenn man schon während der Checkout-Zeit (10 oder 11 Uhr) eintrudelt.

Khaosan Immjai HOSTEL $

(Karte S. 74; ☎ 02 629 3088; www.khaosanimmjai.com; 240 Soi 1, Th Samsen; B inkl. Frühstück 350–420 B; ❄@📶; ⛴Tha Phra Athit (Banglamphu) Besonders hübsch oder außergewöhnlich ist dieses Hostel nicht, mit seinem heimeligen Flair und den vielen guten Feedbacks hat es sich aber eine Empfehlung verdient. Die in Pastelltönen gehaltenen Schlafsäle sind sauber, hell und haben zwischen vier und 14 Betten. Zudem gibt's jede Menge praktischer Ausstattungsextras (Waschmaschinen, Computer etc.), die jedoch alle kostenpflichtig sind.

★ Lamphu Treehouse HOTEL $$

(Karte S. 74; ☎ 02 282 0991; www.lamphutreehotel.com; 155 Wanchat Bridge, abseits der Th Prachathipatai; Zi./Suite inkl. Frühstück 1650–2500/3500–4500 B; ❄@📶🏊; ⛴Klorng-Boot bis Tha Phanfa Leelard) Trotz seines Namens steht das hübsche Mittelklassehotel fest auf dem Boden der Tatsachen und bietet dazu noch ein tolles Preis-Leistungs-Verhältnis. Die mit Holz verkleideten Zimmer sind attraktiv und einladend und Dachbar, Pool, Internetcafé, Restaurants und die ruhige Lage am Kanal tun ihr Übriges, dass man hier nicht mehr weg will. Die neue Erweiterung ein paar Blocks entfernt erhöht die Chancen, dass es mit einer Reservierung klappt.

★ Feung Nakorn Balcony HOTEL $$

(Karte S. 74; ☎ 02 622 1100; www.feungnakorn.com; 125 Th Fuang Nakhon; B/Zi/Suite inkl. Frühstück 700/1650/2100–4700 B; ❄@📶; ⛴Tha Saphan Phut (Memorial Bridge), Tha Pak Klong Taladd) Das Hotel in einer ehemaligen Schule besitzt 42 große, helle und gemütliche Zimmer rund um einen einladenden Garten. Zu den Annehmlichkeiten zählen eine kostenlose Minibar, ein Safe und ein Flachbildfernseher in jedem Zimmer. Es ist ruhig und abgeschieden abseits der Hauptstraße gelegen und hat kompetentes Personal. Eine charmante, einladende, wenn auch nicht ganz billige Bleibe.

The Warehouse HOTEL $$

(Karte S. 74; ☎ 02 622 2935; www.thewarehousebangkok.com; 120 Th Bunsiri; Zi. inkl. Frühstück 2380–2680 B; ❄@📶; ⛴Klorng-Boot bis Tha Phanfa Leelard) Holzpaletten, die als Möbel dienen, gelbschwarze Kunst an den Wänden, freiliegende Armaturen und weitere industrielle Elemente tragen ihren Teil zum Fabrikflair des „Lagerhauses" bei. Und dennoch erwarten die Gäste hier 36 tolle, funktionale und recht große, wenn auch nicht gerade günstige Zimmer.

Sourire HOTEL $$

(Karte S. 74; ☎ 02 280 2180; www.sourirebangkok.com; Soi Chao Phraya Si Phiphat; Zi. inkl. Frühstück 1500–3500 B; ❄@📶; ⛴Klorng-Boot bis Tha Phanfa Leelard) Mehr als nur ein Hotel: Die 38 Zimmer verströmen eine beruhigende, heimelige Atmosphäre. Sanfte Beleuchtung, komfortable, stabile Holzmöbel sowie freundliche, ältere Inhaber runden das Ganze ab.

Um hierher zu gelangen, folgt man der Soi Chao Phraya Si Phiphat bis zum Ende und klopft an der hohen braunen Holztür gleich links.

Villa Cha-Cha HOTEL $$

(Karte S. 74; ☎ 02 280 1025; www.villachacha.com; 36 Th Tani; Zi. 1400–2200 B; ❄📶🏊; ⛴Tha Phra Athit (Banglamphu) Balinesische Statuen, faulenzende Hotelgäste, ein großes Restaurant und ein winziger Pool – das alles verbirgt sich in diesem etwas versteckten, aber beliebten Hotel. Bei der Innenausstattung der Zimmer wurden einige unbeholfene Gestaltungsversuche unternommen (etwa die Aktportraits an den Wänden), der eigentliche Reiz geht hier vielmehr von der geselligen Urlaubsatmosphäre aus.

Diamond House HOTEL $$

(Karte S. 74; ✆02 629 4008; www.thaidiamondhouse.com; 4 Th Samsen; Zi. 1100–1700 B; ❄@📶; ⛴Tha Phra Athit (Banglamphu) Zwar teilt sich dieses exzentrische Hotel das Gelände mit einem chinesischen Tempel, es hat aber seinen eigenen Stil gefunden. In den meisten Zimmern stehen die Betten auf einer Art Podest und die Einrichtung ist von Buntglas, dunklen Farben und schicken Möbeln geprägt. Fenster sind hier leider Mangelware und einige der Zimmer sind relativ eng, aber die Terrasse auf dem Dach und der Whirlpool im Freien (!) können das wieder wettmachen.

Hotel Dé Moc HOTEL $$

(Karte S. 74; ✆02 282 2831; www.hoteldemoc.com; 78 Th Prachathipatai; Zi. inkl. Frühstück 1650–1850 B; ❄@📶🏊; ⛴Klorng-Boot bis Tha Phanfa Leelard) Die Zimmer in diesem Hotel aus den 1960er-Jahren wirken mit ihren hohen Decken und den großen Fenstern sehr geräumig, die Möblierung und die Fassade scheinen allerdings noch im vorigen Jahrhundert festzustecken. Zum Hotel gehört ein einladender, wunderbar altmodischer Pool mit Café, und als Extras gibt's kostenlosen Transport zur Th Khao San und Gratis-Fahrräder.

Rambuttri Village Inn HOSTEL $$

(Karte S. 74; ✆02 282 9162; www.rambuttrivillage.com; 95 Soi Ram Buttri; Zi. inkl. Frühstück 850–2350 B; ❄📶🏊; ⛴Tha Phra Athit (Banglamphu) Unmittelbar abseits der Hauptstraße bietet dieses mittelgroße Hotel zahlreiche nichtssagende, dafür aber saubere und komfortable Zimmer mit einem guten Preis-Leistungs-Verhältnis. Mit dem Hof im Erdgeschoss, in dem sich einige Restaurants und Geschäfte befinden, ist es zudem eine ziemlich praktisch gelegene Übernachtungsoption.

Pannee Residence HOTEL $$

(Karte S. 74; ✆02 629 4560; 117 Th Din So; Zi. inkl. Frühstück 1100–1700 B; ❄@📶; ⛴Klorng-Boot bis Tha Phanfa Leelard) Das mehrstöckige Pannee bietet saubere, wenn auch etwas charakterlose Zimmer. Die günstigsten unter ihnen sind klein, haben aber, wie alle anderen auch, Safe, Fernseher und Kühlschrank. Die Veranda im obersten Stockwerk mit Regenduschen und Sonnenliegen bietet etwas Freiraum und durch die des Hotels Nähe zu den Sehenswürdigkeiten Bangkoks fällt die Entscheidung dann nicht mehr schwer.

Old Capital Bike Inn HOTEL $$$

(Karte S. 74; ✆02 629 1787; www.oldcapitalbkk.com; 609 Th Phra Sumen; Zi. inkl. Frühstück 3190–6590 B; ❄@📶; ⛴Klorng-Boot bis Tha Phanfa Leelard) Dieses alte Shophouse ist der Inbegriff eines Flitterwochen-Hotels und hat zehn dekadente, opulente Zimmer mit intensivem Farbschema und schweren Holzmöbeln. Seitdem kürzlich das Management gewechselt hat und Renovierungsarbeiten durchgeführt wurden, dreht sich hier alles ums Fahrrad. Bikes können auch kostenlos ausgeliehen werden.

Praya Palazzo HOTEL $$$

(Karte S. 74; ✆02 883 2998; www.prayapalazzo.com; 757/1 Somdej Prapinklao Soi 2; Zi./Suite inkl. Frühstück 4145–5334/7118–11 282 B; ❄📶🏊; ⛴hoteleigenes Shuttleboot ab Tha Phra Athit (Banglamphu) Nachdem sie fast 30 Jahre vor sich hin geschlummert hatte, wurde diese in Thonburi am Fluss gelegene Villa aus dem 19. Jh. als attraktives Boutiquehotel wiedergeboren. Die 17 Zimmer sind ein bisschen klein, und nicht von jedem hat man einen unverstellten Blick auf den Fluss, aber die sorgfältige Renovierung, die hübsche Möblierung mit Antiquitäten und die idyllisch anmutende Atmosphäre machen dies zu einer Unterkunft mit echtem kolonialem Charme.

Riva Surya HOTEL $$$

(Karte S. 74; ✆02 633 5000; www.rivasuryabangkok.com; 23 Th Phra Athit; Zi. inkl. Frühstück 6950–10 350 B; ❄@🏊; ⛴Tha Phra Athit (Banglamphu) Das frühere Apartmentgebäude wurde in ein Hotel umgebaut, das in diesem Teil der Stadt zu den designorientierteren seiner Art zählt. Die 68 Zimmer sind in Grau- und Schwarztönen gehalten und mit modernen Möbeln ausgestattet. Die Riva Rooms verfügen außerdem noch über einen tollen Flussblick, sie sind allerdings nicht immer geräumig.

Villa Phra Sumen HOTEL $$$

(Karte S. 74; ✆080 085 0085; www.villaphrasumen.com; 457 Th Phra Sumen; Zi./Suite inkl. Frühstück 3000–3300/4500–6000 B; ❄@📶; ⛴Klorng-Boot bis Tha Phanfa Leelard) Direkt am Kanal liegt, umgeben von einem Garten, die neue Villa Phra Sumen, die mit einem geheimnisvollen und abgeschiedenen Flair aufwartet. Die 34 Zimmer – alle mit Balkon und moderner Ausstattung – reichen von rechzt kleinen (und damit überteuerten) Standardzimmern bis hin zu zweistöckigen Suiten. Das Personal ist äußerst aufmerksam.

Stadtspaziergang Altes Bangkok

START CHANG PIER
ZIEL WAT PHO
LÄNGE/DAUER CA. 4 KM, 4–6 STD.

Viele Top-Sehenswürdigkeiten Bangkoks finden sich im ehemaligen Herrscherviertel Ko Ratanakosin und rundherum. Am besten startet man früh, um der Hitze und den Massen zu entgehen. Für die Tempel angemessen kleiden! Tipps von Fremden zu Shopping und Sehenswürdigkeiten ignorieren.

Startpunkt ist der 1 **Tha Chang**, von wo aus man Richtung Osten zum Haupttor von 2 **Wat Phra Kaew & Großem Palast** (S. 63) geht, zwei der berühmtesten Attraktionen. Ein Stück zurückgehen und dann der Th Maha Rat nach Norden folgen. Hinter dem Zeitungsstand mit den Katzen nach links in die 3 **Trok Tha Wang** einbiegen. Die engen Gassen sind ein Bangkoker Original.

Nun geht's nach links in die geschäftige Trok Maha That, wo man den überfüllten 4 **Amulettmarkt** (S. 70) erkundet. Den Markt am Tha Phra Chan verlassen, die Th Maha Rat überqueren und gen Osten zum 5 **Sanam Luang**, dem „Königlichen Feld", gehen.

Danach überquert man die Th Ratchadamnoen Nai, hält sich nördlich und biegt am Royal Hotel rechts in die 6 **Th Ratchadamnoen Klang**, die hiesige Champs Élysées, ein. Läuft man weiter gen Osten, sieht man an der Kreuzung mit der Th Tanao die 7 **Gedenkstätte zum 14. Oktober**, die an die zivilen Demonstranten erinnert, die am 14. Oktober 1973 während einer Kundgebung für Demokratie vom Militär getötet wurden. In der Ferne erkennt man das 1932 errichtete 8 **Demokratiedenkmal**.

Nach dem Mittagessen im 9 **Poj Spa Kar** oder 10 **Chote Chitr** (S. 125) geht es auf die Th Phraeng Nara, über den Khlong Lod und westwärts die Th Lak Meuang entlang zum 11 **Lak Meuang** (S. 72), in dem der Schutzgeist Bangkoks wohnt.

Schließlich läuft man die Th Sanam Chai nach Süden und biegt rechts in die Th Thai Wang ein, die zum Eingang des 12 **Wat Pho** (S. 70), führt, in dem der Liegende Buddha residiert.

Chinatown & Phahurat

Siam Classic PENSION $

(Karte S. 80; ☎ 02 639 6363; 336/10 Trok Chalong Krung; Zi. inkl. Frühstück 450–1200 B; ❄@📶; ⛴ Tha Ratchawong, Ⓜ Hua Lamphong, Ausgang 1) Die Zimmer hier sind im Hinblick auf Möbel eher spartanisch ausgestattet und die günstigsten haben auch keine Klimaanlage, aber es wurde viel Energie darauf verwendet, sie komfortabel, ordentlich und sogar ein wenig stylish zu machen. Der Gemeinschaftsbereich im Erdgeschoss lädt zum Verweilen und Quatschen ein. Im ganzen Haus herrscht eine herzliche, gemütliche Atmosphäre.

Oldtown HOSTEL $

(Karte S. 84; ☎ 02 639 4879; www.oldtownhostelbkk.com; 1048-1054 Soi 28, Th Charoen Krung; B 230–270 B, Zi. 800 B; ❄@📶; ⛴ Tha Marine Department, Ⓜ Hua Lamphong, Ausgang 1) Die Schlafsäle und Zimmer dieses neuen Hostels in einem ehemaligen Shophouse haben Gemeinschaftsbäder und sind recht schlicht, was jedoch durch die großzügigen Gemeinschaftsbereiche wieder wettgemacht wird. In der riesigen Lobby steht ein Billardtisch, es gibt eine Küche, Computer und bequeme Sessel. Gleich nebenan findet man ein Café.

Shanghai Mansion HOTEL $$$

(Karte S. 80; ☎ 02 221 2121; www.shanghaimansion.com; 479-481 Th Yaowarat; Zi./Suite inkl. Frühstück 3000/4000 B; ❄@📶; ⛴ Ratchawong Pier, Ⓜ Hua Lamphong, Ausgang 1 & Taxi) Dieses preisgekrönte Boutiquehotel ist mit Abstand die stilvollste Unterkunft in Chinatown (wenn nicht sogar in ganz Bangkok). Es erinnert mit dem Buntglas, den zahllosen Lampen, kräftigen Farben und seinem ironischen Chinatown-Kitsch unweigerlich an Shanghai um das Jahr 1935. Wer so richtig in die Vollen gehen möchte, lässt sich eines der größeren Zimmer zur Straße hin geben. Sie haben hohe Fenster und sind deshalb heller.

Ufergebiet

Swan Hotel HOTEL $$

(Karte S. 84; ☎ 02 235 9271; www.swanhotelbkk.com; 31 Soi 36/Rue de Brest, Th Charoen Krung; Zi. inkl. Frühstück 1200–2000 B; ❄@📶≋; ⛴ Tha Oriental) Die Möblierung aus den 1960er-Jahren lässt dieses klassische Bangkoker Hotel trotz der kürzlich erfolgten Renovierung etwas überaltert wirken, die Zimmer sind jedoch luftig und makellos sauber, und das altmodische Ambiente verleiht dem Swan, besonders seinem Pool, ein abgefahrenes Retro-Flair.

Mandarin Oriental HOTEL $$$

(Karte S. 84; ☎ 02 659 9000; www.mandarinoriental.com; 48 Soi 40/Oriental, Th Charoen Krung; Zi./Suite inkl. Frühstück 14 150–30 000/26 700–160 000 B; ❄@📶≋; ⛴ Tha Oriental, oder hoteleigenes Shuttleboot ab Tha Sathon (Central Pier) Wer Bangkok richtig erleben will, sollte in diesem prächtigen alten Hotel am Fluss absteigen. Die meisten Zimmer liegen im modernen, kürzlich renovierten neuen Flügel, aber eigentlich sind die Zimmer im Gartenflügel und im Autorenflügel wegen des altmodischen Flairs vorzuziehen. Zum Zeitpunkt der Recherche wurde letzterer gerade umfassend renoviert.

Peninsula Hotel HOTEL $$$

(Karte S. 84; ☎ 02 861 2888; www.peninsula.com; 333 Th Charoen Nakhon; Zi./Suite inkl. Frühstück 17 000–25 000/30 000–140 000 B; ❄@📶≋; ⛴ hoteleigenes Shuttleboot ab Tha Sathon (Central Pier) Nach fast 20 Jahren in Bangkok scheint das Pen noch immer alles bieten zu können: eine perfekte Lage (in Thonburi über dem Fluss thronend), einen perfekten Ruf (bei der Wahl der weltweit besten Luxushotels ist es stets vorne mit dabei) und eines der höchsten Serviceniveaus der Stadt. Wenn Geld keine Rolle spielt, mietet man sich am besten in einem der obersten Stockwerke ein. Hier liegt einem Bangkok im wahrsten Sinne des Wortes zu Füßen.

Shangri-La Hotel HOTEL $$$

(Karte S. 84; ☎ 02 236 7777; www.shangri-la.com; 89 Soi 42/1; Zi./Suite inkl. Frühstück 10 000–14 100/14 800–124 800 B; ❄@≋; Ⓢ Saphan Taksin, Ausgang 1) Das Shangri-La liegt in praktischer Nähe zum BTS, bietet verhältnismäßig günstige Preise, versprüht eine resortartige Atmosphäre am Fluss, hat eine große Auswahl an Zimmern (mit seinen 800 Stück zählt es zu den größten Hotels der Stadt) und bietet viele Aktivitäten und Annehmlichkeiten. Das alles macht das Hotel zu einer guten Wahl für Familien.

Millennium Hilton HOTEL $$$

(Karte S. 84; ☎ 02 442 2000; www.bangkok.hilton.com; 123 Th Charoen Nakhon; Zi./Suite inkl. Frühstück 4300–6200/6800–34 300 B; ❄@📶≋; ⛴ hoteleigenes Shuttleboot ab Tha Sathon (Central Pier) Schon wenn man die imposante Lobby betritt, wird klar, dass dies Bangkoks jüngstes und modernstes Hotel am Flussufer ist.

Die Zimmer – allesamt mit Flusspanorama – sind dementsprechend mit flippigen Möbeln und Fotos mit landestypischen Motiven ausgestattet. Der gläserne Aufzug und der künstliche Strand sind nur zwei der coolen Extras.

Silom & Sathon

HQ Hostel HOSTEL $

(Karte S. 86; ☎02 233 1598; www.hqhostel.com; 5/3-4 Soi 3, Th Silom; B/Zi. inkl. Frühstück 330–520/890–990 B; ; M Si Lom, Ausgang 2, S Sala Daeng, Ausgang 2) Das HQ ist ein Flashpacker-Hostel im schicken Betongewand und industriellem Stil. Es bietet in einem schmalen mehrstöckigen Gebäude mitten im Finanzviertel Bangkoks Schlafsäle mit vier bis zehn Betten, ein paar private Zimmer (einige davon mit eigenem Bad) und einladende Gemeinschaftsbereiche.

★ **Smile Society** HOTEL $$

(Karte S. 86; ☎081 442 5800, 081 444 1596; www.smilesocietyhostel.com; 30/3-4 Soi 6, Th Silom; B/Zi. inkl. Frühstück 420/900–1880 B; ; M Si Lom, Ausgang 2, S Sala Daeng, Ausgang 1) Teils Boutique-Unterkunft, teils Hostel: Das vierstöckige Shophouse bietet kleine, aber komfortable, gut ausgestattete Zimmer und Schlafsäle mit makellosen Gemeinschaftsbädern. Hinzu kommen die zentrale Lage, das unfassbar gute Feedback der Gäste, hilfsbereite, englischsprachige Angestellte sowie ein paar weitere Extras. Durch den neuen und praktisch identischen Anbau nebenan kann nun auch die steigende Gästezahl des immer beliebter werdenden Hotels abgefangen werden.

Amber HOTEL $$

(Karte S. 86; ☎02 635 7272; www.amberboutiquesilom.com; 200 Soi 14, Th Silom; Zi. inkl. Frühstück 1650–2150 B; ; S Chong Nonsi, Ausgang 3) Angesichts der allgegenwärtigen Einrichtungsthemen – etwa marokkanisch, chinesisch-portugiesisch oder modern – könnte man meinen, das Amber lege mehr Wert auf Stil als auf Komfort. Aber nichts hier ist zu schrill oder übertrieben und die 19 geräumigen Zimmer bieten mit ihren vielen Annehmlichkeiten und der ruhigen Lage ein hervorragendes Preis-Leistungs-Verhältnis sowie viel natürliches Licht.

Silom One HOTEL $$

(Karte S. 86; ☎02 635 5130; www.silomone.com; 281/15 Soi 1, Th Silom; Zi. 2500–3500 B; ; M Si Lom, Ausgang 2, S Sala Daeng, Ausgang 2) Das Silom One hat es mit seinen 10 Zimmern in einer Art japanischem Minimalismusstil gerade noch so in das mittlere Preissegment geschafft. Die praktische Lage in einer kleinen Sackgasse nur wenige Schritte von den öffentlichen Verkehrsmitteln und zahlreichen Straßenständen entfernt ist unschlagbar.

★ **Siam Heritage** HOTEL $$$

(Karte S. 86; ☎02 353 6101; www.thesiamheritage.com; 115/1 Th Surawong; Zi./Suite inkl. Frühstück 4900–5700/7000–13 500 B; ; M Si Lom, Ausgang 2, S Sala Daeng, Ausgang 1) Etwas abseits der viel befahrenen Th Surawong versteckt sich dieses noble Boutiquehotel mit heimeligem thailändischem Charme – vermutlich weil die Besitzer im selben Gebäude wohnen. Die 73 Zimmer sind von Seide und dunklem Holz mit schicken Designelementen und durchdachten Annehmlichkeiten geprägt. Auf dem Dach befindet sich ein einladender Bereich mit Garten, Pool und Spa, und alles wird von einem Team aus zuvorkommenden und professionellen Angestellten in Schuss gehalten. Sehr zu empfehlen!

Glow Trinity Silom HOTEL $$$

(Karte S. 86; ☎02 231 5050; www.glowbyzinc.com/trinity-silom; 150 Soi Phiphat 2; Zi. inkl. Frühstück 3500–4200 B; ; S Chong Nonsi, Ausgang 2) Ein gehobenes Hotel, dessen Preise knapp über dem Mittelklassesegment liegen. Die Zimmer sind geräumig, modern und technisch gut ausgestattet, der Service ist professionell und gleich nebenan gibt es einen Pool und ein Fitnesscenter.

Triple Two Silom HOTEL $$$

(Karte S. 86; ☎02 627 2222; www.tripletwosilom.com; 222 Th Silom; Zi./Suite inkl. Frühstück 3200–3500/7900 B; ; S Chong Nonsi, Ausgang 3) Nach unlängst durchgeführten Renovierungsarbeiten erinnern die Zimmer dieses Hotels an elegante, moderne Büroräume (im positiven Sinn!). Dank des vielen Platzes, der riesigen Bäder und der einladenden Betten wird hier aber sicher nicht die Arbeit, sondern die Erholung an erster Stelle stehen. Gäste können den Garten auf dem Dach nutzen, für den Pool und das Fitnesscenter müssen sie aber ins Schwesterhotel Narai gleich nebenan gehen.

W Bangkok HOTEL $$$

(Karte S. 86; ☎02 344 4000; www.whotels.com/bangkok; 106 Th Sathon Neua/North; Zi./Suite inkl. Frühstück 9000–10 350/11 250–154 350 B;

GEWUSST WO: HOTELSUCHE IN BANGKOK

Auf den ersten Blick scheint es eine schier nicht zu bewältigende Aufgabe, sich in Bangkok einen Schlafplatz auszusuchen, denn in wirklich jeder Ecke dieser riesigen Stadt gibt's zahllose Hotels. Allerdings erleichtern einem nicht zuletzt das Budget und die Antwort auf die Frage, was man in unmittelbarer Nähe haben möchte (Essen, Ausgeh- und/oder Einkaufsmöglichkeiten), die Entscheidung.

Ko Ratanakosin, Banglamphu & Thonburi Banglamphu liegt zwar etwas abgeschieden vom Rest Bangkoks, hier befindet sich aber weiterhin der Großteil der Budgetunterkünfte sowie zahllose Restaurants, Bars und Einkaufsoptionen. In Ko Ratanakosin gibt's mittlerweile auch einige wenige Mittel- und Spitzenklassehotels, allerdings sucht man dort in unmittelbarer Umgebung Essens- und Ausgehoptionen vergebens.

Chinatown & Phahurat Die Übernachtungsoptionen in Chinatown eignen sich in der Regel gut für den kleinen Geldbeutel und die vielen Essensstände an der Straße und die Nähe zum Bahnhof Hualamphong sind weitere Pluspunkte. Das Nachtleben erkundet man aber besser woanders.

Ufergebiet Die meisten der legendären Luxushotels der Stadt finden sich hier am Ufer des Mae Nam Chao Phraya. Auch Ausgeh- und Essensoptionen sind hier eher gehobener Natur.

Silom & Sathon Das Finanzviertel an der Th Silom ist nicht gerade die reizendste Ecke der Stadt, dafür reicht das Angebot an Unterkünften von Budget bis hin zu erste Sahne. Zudem hat man Restaurants, Ausgehoptionen, BTS und MRT quasi direkt vor der Tür. Entlang der Th Sathon gibt es einige Spitzenklassehotels, die Gegend hat generell jedoch nicht sonderlich viel Charme zu bieten.

Lumphini-Park & Th Phra Ram IV In der Soi Ngam Duphli nahe der Th Sathon gibt's viele Budgethotels, wer Restaurants oder Ausgehoptionen sucht, wird jedoch eher enttäuscht werden.

Siam Square & Pratunam Mit zahlreichen Unterkünften von Budget bis Mittelklasse, tollen Restaurants und Einkaufsmöglichkeiten sowie seiner Lage gleich an der Kreuzung der beiden BTS-Linien (und nur eine kurze Taxifahrt von den älteren Vierteln der Stadt entfernt) ist das Gebiet rund um den Siam Sq in Sachen Zweckmäßigkeit und Bequemlichkeit in dieser immer weiter ausufernden Stadt wohl kaum zu übertreffen.

Sukhumvit An dieser Straße findet sich ein bisschen von allem: Backpacker-Hostels und Schuppen für Sex-Touristen (vor allem zw. Soi 1 & 4), aber auch Fünf-Sterne-Luxus (ab Soi 12). Die Pluspunkte sind, dass es hier Essen aus praktisch jeder Ecke der Welt, zahlreiche Ausgehoptionen und obendrein auch eine gute Anbindung an BTS und MRT gibt.

Thewet & Dusit In dem Gebiet zwischen Flussufer in Thewet und Dusit findet man ein paar relaxte Budget- und Mittelklasseunterkünfte. Viele Restaurants und Bars gibt es zwar nicht, aber Banglamphu ist zum Glück nicht weit.

Ratchathewi Wer all die Annehmlichkeiten der Bangkoker „Innenstadt" (Massenverkehrsmittel, Essen, Nachtleben, Einkaufsmöglichkeiten) genießen möchte, aber keine Lust auf Schlepper hat, ist hier genau richtig.

Nördliches Bangkok Dieses Gebiet bietet für jeden etwas: Von modernen Hostels zu künstlerisch angehauchten Mittelklasseoptionen ist alles vertreten und so gut wie alle versprühen ein angenehmes, vorstädtisches Flair. Von hier kommt man recht einfach in die anderen Teile der Stadt und hat zudem gute Restaurants, Bars und Einkaufsmöglichkeiten direkt vor der Tür.

Großraum Bangkok Wer sich in den äußeren Bezirken Bangkoks einquartiert, wird mit weniger Hektik, einem guten Preis-Leistungs-Verhältnis und, je nach Lage, auch der Nähe zum Flughafen belohnt. Allerdings ist die Verkehrsanbindung insgesamt eher schwierig und teilweise sieht es auch in Sachen Ausgehen und Unterhaltung hier eher mau aus.

BANGKOKS BESTE HOSTELS

Wer mit knappem Budget reist, findet in Bangkok etliche Übernachtungsoptionen, von High-End-Schlafsälen mit Kojen-Betten in brandneuen Hostels bis hin zu modernen Etagenbetten in einem Shophouse. (Wer mehr Privatsphäre wünscht, bekommt in fast allen Hostels auch private Zimmer.) Die Gemeinschaftsbäder folgender Unterkünfte sind sauber und zweckdienlich, sodass der Aufenthalt sich nicht wie eine Behelfslösung anfühlt:

Lub*d (Karte S. 92; ☎ 02 634 7999; www.siamsquare.lubd.com; Th Phra Ram I; B 590 B, Zi. 1550–2000 B; ❄ @ 📶; S National Stadium, Ausgang 1) Der Name ist ein Wortspiel mit dem thailändischen *làp dee*, was „schlaf gut" bedeutet. Aber die angenehme Atmosphäre lässt die Gäste meist die Nacht durchmachen. Es gibt einen einladenden Gemeinschaftsbereich sowie Extras von Waschmaschinen bis hin zu einem Theaterraum. Ist das Haus voll, kommt man vielleicht in der Filiale gleich abseits der **Th Silom** (☎ 02 634 7999; www.silom.lubd.com; 4 Th Decho; B 550–600 B, Zi. 1250–1900 B; ❄ @ 📶; S Chong Nonsi, Ausgang 2) unter.

Silom Art Hostel (Karte S. 86; ☎ 02 635 8070; www.silomarthostel.com; 198/19-22 Soi 14, Th Silom; B 380–450 B, Zi. 1200 B; ❄ @ 📶; S Chong Nonsi, Ausgang 3) Das skurrile, freundliche und unterhaltsame Silom Art Hostel kombiniert recycelte Materialien, unkonventionelle Möbel und bunte Kunstwerke wie sonst keine Einrichtung in der Stadt. Trotzdem dreht sich nicht alles nur um die Optik: Die Betten und Zimmer sind funktional und komfortabel und es gibt ansprechende Gemeinschaftsbereiche.

Loftel 22 (Karte S. 84; www.loftel22bangkok.com; 952 Soi 22, Th Charoen Krung; B 350 B, Zi. 900–1350 B; ❄ @ 📶; ⛴ Tha Marine Department, M Hua Lamphong, Ausgang 1) In zwei Shophouses sind hier stylishe, einladende Schlafsäle und private Zimmer (alle mit Gemeinschaftsbad) untergebracht. Der freundliche Service und die gute Lage in einer der stimmungsvollsten Ecken Chinatowns runden das Gesamtpaket ab.

NapPark Hostel (Karte S. 74; ☎ 02 282 2324; www.nappark.com; 5 Th Tani; B 440–650 B; ❄ @ 📶; ⛴ Tha Phra Athit (Banglamphu) Das beliebte Hostel hat Schlafsäle verschiedener Größe. Die kleinsten und teuersten haben sechs Kojen-Betten, die mit Steckdosen, Mini-TV, Leselampen und WLAN ausgestattet sind. Die kulturellen Aktivitäten und die Gemeinschaftsbereiche sorgen aber dafür, dass man all das überhaupt nicht braucht.

Saphaipae (Karte S. 84; ☎ 02 238 2322; www.saphaipae.com; 35 Th Surasak; B/Zi. inkl. Frühstück 450/1000–1600 B; ❄ @ 📶; S Surasak, Ausgang 1) Die hellen Farben, die soliden Möbel und die frechen Wandgemälde in der Lobby dieses Hostels vermitteln den Eindruck einer Tagesstätte für Traveller – ein Muster, das sich auch durch die verspielten Gemeinschaftsbereiche und Zimmer zieht. Die Schlafsäle und Zimmer sind durchdacht und gut ausgestattet, und man findet hier jede Menge Reiseinfos und Einrichtungen.

Suneta Hostel Khaosan (Karte S. 74; ☎ 02 629 0150; www.sunetahostel.com; 209-211 Th Kraisi; B/Zi. inkl. Frühstück 490–590/1180 B; ❄ @ 📶; ⛴ Tha Phra Athit (Banglamphu) Das Suneta tut sich durch seine freundliche Atmosphäre, sein Retro-Design (einige Schlafsäle ähneln Schlafwaggons), die Lage abseits der Hauptstraße und den Service hervor.

Yim Huai Khwang Hostel (Karte S. 106; ☎ 02 118 6038; www.yimhuaikhwang.com; 70 Th Pracha Rat Bamphen; B/Zi. inkl. Frühstück 450–550/1556–3000 B; ❄ 📶; M Huay Khwang, Ausgang 1) Ein neues Hostel in einem Vorort, das in einem bunten Design gehalten ist und dessen Schlafsäle mit komfortablen Etagenbetten für vier bis sechs Personen ausgestattet sind. Es liegt weit ab von allen Sehenswürdigkeiten, aber sehr nah an der MRT.

S1 Hostel (Karte S. 90; ☎ 02 679 7777; www.facebook.com/S1hostelBangkok; 35/1-4 Soi Ngam Du Phli; B 330–380 B, Zi. 700–1300 B; ❄ @ 📶; M Lumphini, Ausgang 1) Die Schlafsäle dieses riesigen neuen Hostels sind zwar schlicht, die Einrichtung in den Grundfarben ist aber sehr hübsch. Es verfügt über unzählige Extras (Waschküche, Küche, Dachterrasse) und eine praktische Lage in fußläufiger Entfernung zur MRT.

Glur Bangkok (Karte S. 84; ☎ 02 630 5595; www.glurbangkok.com; 45 Soi 50, Th Charoen Krung; B/Zi. inkl. Frühstück 400–650/800–1200 B; ❄ 📶; ⛴ Tha Sathon (Central Pier), S Saphan Taksin, Ausgang 1) Ein Shophouse mit drei komfortablen Schlafsälen mit acht Betten. Viel Platz gibt es nicht, aber dafür angenehme Gemeinschaftsbereiche und ein Café.

❄@📶≋; S Chong Nonsi, Ausgang 1) Ein kecker, auffälliger Neuling der großen Hotelkette mit entsprechend frisch wirkenden Zimmern, die mit frechen Details (z. B. zum Thema Thai-Boxen) und Hightech-Elementen ausgestattet sind. Viel Glitzer und Glas, eine Lobbybar und ein wahrhaft glitzernder Pool sind nur einige Dinge, die das W zu einem Anwärter auf den Titel des clubartigsten Hotels Bangkoks machen.

Lumphini-Park & Th Phra Ram IV

ETZzz Hostel HOSTEL $

(Karte S. 90; ☎02 286 9424; www.etzhostel.com; 5/3 Soi Ngam Du Phli; B 250–350 B, Zi. 900 B; ❄@📶; M Lumphini, Ausgang 1) In diesem schmalen Shophouse sind Schlafsäle mit vier bis zwölf Betten sowie zwei private Zimmer (letztere verfügen jeweils über ein eigenes Bad) untergebracht. Ihnen gemein sind ein auf den Grundfarben basierendes Farbschema und die praktische Lage nahe der MRT.

Chaydon Sathorn HOTEL $$

(Karte S. 90; ☎02 343 6333; www.chaydonsathorn.com; 31 Th Sathon Tai/South; Zi. inkl. Frühstück 1500–2500 B; ❄@📶; M Lumphini, Ausgang 2) Das ehemalige King's Hotel im Botschaftsviertel wurde als schmuckloses Mittelklassehotel wiedergeboren. Die Grundfarben und das klare Design machen das spärliche Sonnenlicht in manchen Zimmern wett. Auf der Website kann man gute Online-Rabatte abgreifen.

★ **Metropolitan by COMO** HOTEL $$$

(Karte S. 90; ☎02 625 3333; www.comohotels.com/metropolitanbangkok; 27 Th Sathon Tai/South; Zi./Suite inkl. Frühstück 4500–6500/7500–40 000 B; ❄@📶≋; M Lumphini, Ausgang 2) Die Fassade des ehemaligen YMCA hat sich kaum verändert, ein Blick ins Innere verrät aber, dass es sich hier um eines der schicksten und attraktivsten Hotels Bangkoks handelt. Seit der Renovierung im Jahr 2014 erstrahlen alle 171 Zimmer nun in Schwarz, Weiß und Gelb und sehen besser aus denn je. Zu erwähnen bleibt noch, dass die „City"-Zimmer etwas eng, die zweistöckigen Penthouse-Suiten hingegen wie kleine Wohnungen wirken.

Sukhothai Hotel HOTEL $$$

(Karte S. 90; ☎02 344 8888; www.sukhothai.com; 13/3 Th Sathon Tai/South; Zi./Suite inkl. Frühstück 12 800–16 800/17 800–80 000 B; ❄@📶≋; M Lumphini, Ausgang 2) Dies ist eines der nobelsten Luxushotels Bangkoks und wie der Name schon vermuten lässt, findet man hier Ziegelstupas, Innenhöfe und alte Skulpturen, die für eine friedliche, fast tempelartige Atmosphäre sorgen. Im krassen Kontrast dazu stehen die Zimmer mit hochmodernen Fernsehern, Telefonen und Toiletten.

Sofitel So HOTEL $$$

(Karte S. 90; ☎02 624 0000; www.sofitel.com; 2 Th Sathon Neua/North; Zi./Suite inkl. Frühstück 7750–10 700/13 200–50 000 B; ❄@📶≋; M Lumphini, Ausgang 2) In den letzten Jahren wurde in Bangkok eine Handvoll großer und hipper Hotels bekannter Ketten eröffnet – das Sofitel So ist eines davon. Man hat hier einen tollen Blick auf den Lumphini-Park nebenan, der bei der Gestaltung des Hotels als Inspiration diente. Das Design basiert auf den vier Elementen, sodass es keine zwei Zimmer gibt, die völlig gleich sind, aber alle wirken groß, stilvoll, modern und jung.

Siam Square & Pratunam

Wendy House HOSTEL $

(Karte S. 92; ☎02 214 1149; www.wendyguesthouse.com; 36/2 Soi Kasem San 1; Zi. inkl. Frühstück 750–2000 B; ❄@📶; S National Stadium, Ausgang 1) Die Zimmer in dieser alteingesessenen Budgetunterkunft sind klein und schlicht, für diese Preisklasse aber extrem sauber und relativ gut ausgestattet (TV, Kühlschrank).

Boxpackers Hostel HOSTEL $

(Karte S. 92; ☎02 656 2828; www.boxpackershostel.com; 39/3 Soi 15, Th Phetchaburi; B/Zi. inkl. Frühstück 500–800/1260–1530 B; ❄📶; S Ratchathewi, Ausgang 1 & Taxi) Das moderne schlichte Hostel hat in seinen Schlafsälen für vier bis zwölf Personen Etagenbetten stehen, einige davon sind auch Doppelbetten. Zu den gemütlichen Gemeinschaftsbereichen zählen im Erdgeschoss ein Café und ein Loungebereich mit Billardtisch. Das angeschlossene Hotel bietet 14 kleine, aber ähnlich ansprechende private Zimmer.

Indra Regent Hotel HOTEL $$

(Karte S. 92; ☎02 208 0022; www.indrahotel.com; 120/126 Th Ratchaprarop; Zi./Suite inkl. Frühstück 2500–4200/5000–12 500 B; ❄📶≋; S Ratchathewi, Ausgang 4) Fast die Hälfte der 500 Zimmer dieses klassischen Bangkoker Hotels aus dem Jahr 1971 wurden mittlerweile renoviert, das Indra Regent hat sich jedoch einige bezaubernde Noten aus der Vergangenheit bewahrt. Die Zimmer sind komfortabel, groß und gut ausgestattet, wenn auch vielleicht etwas konservativ. Im Segment der Mittelklassehotels liegt es preislich an der unteren Grenze und bietet somit ein ordentliches Preis-Leistungs-Verhältnis.

Siam@Siam HOTEL $$$

(Karte S. 92; ☎ 02 217 3000; www.siamatsiam.com; 865 Th Phra Ram I; Zi. inkl. Frühstück 5467–9200 B; ❄@📶🏊; S National Stadium, Ausgang 1) Ein scheinbar willkürlicher Mix aus Farben und industriellen bzw. recycelten Materialien in der Lobby ergibt einen Stil, den man nur als „Schrottplatz-Chic" bezeichnen kann – im positiven Sinne natürlich. Die Zimmer, die sich auf die Etagen 14 bis 24 verteilen, sind überwiegend im selben Stil gehalten und bieten einen umwerfenden Blick auf die Stadt. Es existieren auch ein Spa, ein Restaurant oben auf dem Dach und ein Pool im 11. Stock.

Hansar HOTEL $$$

(Karte S. 92; ☎ 02 209 1234; www.hansarbangkok.com; 3 Soi Mahadlekluang 2; Zi./Suite inkl. Frühstück 5000–24 000 B; ❄@📶🏊; S Rat-chadamri, Ausgang 4) Das neue Hansar punktet mit Stil und einem guten Preis-Leistungs-Verhältnis. Alle 94 Zimmer sind hübsch mit riesigen Bädern und großen Schreibtischen ausgestattet. Aber das Top-Angebot des Hauses sind die kleinsten (und billigsten) Wohnstudios mit Kochnische, Waschmaschine, freistehender Badewanne und Gratis-WLAN. Zudem gehört, jedenfalls in den meisten Studios, auch ein Balkon dazu.

Okura Prestige HOTEL $$$

(Karte S. 92; ☎ 02 687 9000; www.okurabangkok.com; 57 Th Witthayu/Wireless Rd; Zi./Suite inkl. Frühstück 14 000–25 000/29 000–150 000 B; P❄@📶🏊; S Phloen Chit, Ausgang 5) Der Bangkoker Ableger einer japanischen Hotelkette – übrigens deren einziger im Ausland – ist, anders als die anderen in letzter Zeit eröffneten großen Hotels in Bangkok, bewusst

BANGKOKS REIZENDSTE KLEINE HOTELS

Obwohl in Bangkok vor allem die großen Hotelketten vertreten sind, gibt es dennoch einige hübsche Hotels und Pensionen mit unter zehn Zimmern. Hier ein paar der Lieblinge der Lonely Planet Autoren:

Arun Residence (Karte S. 74; ☎ 02 221 9158; www.arunresidence.com; 36-38 Soi Pratu Nokyung; Zi./Suite inkl. Frühstück 3500–4200/5800 B; ❄@📶; ⛴ Tha Tien) Das mehrstöckige Holzhaus ist herrlich am Fluss direkt gegenüber vom Wat Arun gelegen, hat aber noch viel mehr zu bieten als nur einen tollen Ausblick. Die sechs Quartiere hier schaffen den Spagat zwischen heimelig und schick. Einige sind groß und loftähnlich, andere bestehen aus zwei zusammenhängenden Zimmern. Am besten sind die Suiten mit Balkon im obersten Stock.

Loy La Long (Karte S. 80; ☎ 02 639 1390; www.loylalong.com; 1620/2 Th Songwat; B/Zi. inkl. Frühstück 1300/2100–4000 B; ❄@📶; ⛴ Tha Ratchawong, M Hua Lamphong, Ausgang 1 & Taxi) Rustikal, retro und charmant – die sechs Zimmer in dem 100 Jahre alten Holzhaus haben jede Menge Charakter. Aber damit nicht genug: Das luftige Haus mit seinen einladenden Ecken und Winkeln und der wundervollen, erhöhten Lage über dem Mae Nam Chao Phraya hat ein persönliches, geheimnisvolles Flair. Der einzige Haken an der Sache: Es ist recht schwer zu finden. Von der Th Songwat aus direkt durch den Wat Patumkongka Rachaworawiharn zum Fluss gehen.

W Home (Karte S. 68; ☎ 02 291 5622; www.whomebangkok.com; Yaek 8, Soi 79, Th Charoen Krung; Zi. inkl. Frühstück 1500–1600 B; ❄@📶; S Saphan Taksin, Ausgang 2 & Taxi) Es liegt zugegebenermaßen recht weit ab vom Schuss, aber das macht dieses 60 Jahre alte, renovierte Hotel nur noch attraktiver. Zum Gesamtpaket gehören freundliche Gastgeber, vier kleine, aber hübsche und sorgsam ausgestattete Zimmer (leider hat nur eines ein eigenes Bad), einladende Gemeinschaftsbereiche und das authentische Flair, als Gast bei einer Familie unterzukommen. Die Soi 79 zweigt etwa 1 km südlich von Saphan Taksin von der Th Charoen Krung ab. W Home liegt etwa 250 m östlich der Hauptstraße.

Bhuthorn (Karte S. 74; ☎ 02 622 2270; www.thebhuthorn.com; 96-98 Th Phraeng Phuthon; Zi. inkl. Frühstück 4500–6300 B; ❄@📶; ⛴ Tha Saphan Phut (Memorial Bridge), Tha Pak Klong Taladd) Wie eine Reise in die Vergangenheit fühlt sich eine Übernachtung in diesem wunderschönen alten Shophouse in einem klassischen Bangkoker Viertel an. Die drei Zimmer sind nicht stylish. Aber die minimalistische, fast besinnlich-ruhig Atmosphäre und die feinen, durchdachten und ausgesprochen japanischen Details im Foyer und in den 240 Zimmern muss man einfach mögen. Online sind in der Regel beträchtliche Rabatte zu bekommen.

Hotel Indigo HOTEL $$$

(Karte S. 92; 02 207 4999; www.ihg.com; 81 Th Witthayu/Wireless Rd; Zi./Suite inkl. Frühstück 3599–8599/15 599–20 599 B; ; S Phloen Chit, Ausgang 5) Das Indigo ist zwar Teil einer internationalen Kette, doch das Hotel versprüht trotzdem jede Menge lokalen Charme und hat sich gut an die Geschichte und Kultur dieser Ecke Bangkoks angepasst. Es ist retro, modern, typisch Thai und künstlerisch angehaucht zugleich. Viele der 192 Zimmer bieten einen Blick auf die grüneren Teile des Botschaftsviertels und allesamt sind sie mit farbenfrohen Möbeln und zweckmäßigen Annehmlichkeiten ausgestattet.

Sukhumvit

Suk 11 HOSTEL $

(Karte S. 96; 02 253 5927; www.suk11.com; 1/33 Soi 11, Th Sukhumvit; Zi. inkl. Frühstück 535–1712 B; ; S Nana, Ausgang 3) Das extrem gut geführte und ebenso beliebte rustikale Gästehaus ist eine Oase aus Holz und Pflanzen im Großstadtdschungel von Th Sukhumvit. Die Zimmer sind schlicht, sauber und komfortabel, wenn auch ein bisschen dunkel. Die Bewohner der billigsten teilen sich das Bad. Obwohl es hier fast 70 Zimmer gibt, muss man mindestens zwei Wochen im Voraus buchen.

Pause Hostel HOSTEL $

(Karte S. 96; 02 108 8855; www.onedaybkk.com; Oneday, 51 Soi 26, Th Sukhumvit; B/Zi. inkl. Frühstück 450–550/1300–2000 B; ; S Phrom Phong, Ausgang 4) Gleich neben einem Café mit Coworking-Bereichen befindet sich dieses moderne, weltoffene Hostel. Die Schlaf-

nicht besonders groß, verfügen aber über viel Atmosphäre und sowohl antike Möblierung als auch moderne Annehmlichkeiten. Das Schwesterhotel **Asadang** (085 180 7100; www.theasadang.com; 94-94/1 Th Atsadang; Zi. inkl. Frühstück 3900–6000 B; ; Tha Saphan Phut (Memorial Bridge), Tha Pak Klong Taladd) liegt ein paar Blocks entfernt und hat ein ganz ähnliches Angebot.

Café Ice Residence (Karte S. 86; 02 636 7831; cafeiceresidences@gmail.com; 44/4 Soi Phiphat 2; Zi. inkl. Frühstück 2100–3000 B; ; S Chong Nonsi, Ausgang 2) Die makellose, erstklassige Villa in einer ruhigen Straße ist mehr als nur ein Hotel. Sie bietet neun einladende, geräumige und komfortable Zimmer, die dezent, aber attraktiv möbliert sind. Im Haus gibt's auch ein Thai-Restaurant.

Loog Choob Homestay (Karte S. 68; 085 328 2475; www.loogchoob.com; 463/5-8 Th Luk Luang; Zi./Suite inkl. Frühstück 2100/3600–4400 B; ; Tha Thewet, S Phaya Thai, Ausgang 3 & Taxi) Manch einer wird bei einer Unterkunft in einer ehemaligen Edelsteinfabrik außerhalb der Touristenzone eher skeptisch sein, die fünf Zimmer sind aber stylish und einladend und zudem mit einer ganzen Reihe von durchdachten Aufmerksamkeiten und einem freundlichen, herzlichen Service verbunden.

Baan Noppawong (Karte S. 74; 02 224 1047; www.facebook.com/baannoppawong; 112-114 Soi Damnoen Klang Tai; Zi./Suite inkl. Frühstück 2500–3200/4200–4990 B; ; Klorng-Boot bis Tha Phanfa Leelard) Genau so stellt man sich ein Hotel vor, das von einer freundlichen Oma geleitet wird. Die sieben Zimmer in diesem picobello sauberen alten Haus sind vielleicht nicht riesig, aber hell, komfortabel, heimelig und mit antiken Möbeln hübsch ausgestattet. Durch die abgeschiedene Lage fühlt man sich hier noch mehr wie bei Freunden zu Hause.

Baan Dinso (Karte S. 74; 02 621 2808; www.baandinso.com; 113 Trok Sin; B/Zi. inkl. Frühstück 650/1000–2600 B; ; Klorng-Boot bis Tha Phanfa Leelard) Die alte Holzvilla ist vielleicht nicht das beste Schnäppchen in Bangkok, aber als Unterkunft mit nostalgischer Atmosphäre und charakteristischem Umfeld ist sie fast unschlagbar. Von den neun kleinen, aber makellosen Zimmern haben fünf ein eigenes Bad. Es gibt auch funktionale und einladende Gemeinschaftsbereiche.

säle haben vier bis acht Betten und sind, ebenso wie die privaten Zimmer (von denen nur wenige ein eigenes Bad haben), in einem hübschen Industrie-Design gehalten. Zudem gibt es gemütliche Gemeinschaftsbereiche mit viel Tageslicht.

Atlanta HOTEL $

(Karte S. 96; ☎ 02 252 1650; www.theatlantahotelbangkok.com; 78 Soi 2, Th Sukhumvit; Zi./Suite inkl. Frühstück 750–1050/950–1950 B; ❄@🛜≋; S Nana, Ausgang 2) Geradezu provokativ antiquiert und nicht weniger altbacken präsentiert sich dieses langsam verfallende Juwel, das sich seit seinem Bau 1952 kaum verändert hat. Die opulente Lobby steht im starken Gegensatz zu den schlichten Zimmern und die Anti-Sextouristen-Kampagne ist gut gemeint, hat aber einen etwas krampfhaften Unterton. Dies alles ist aber angesichts des einladenden Pools (angeblich der erste Hotelpool des Landes) und des wunderbaren Restaurants (nur für Hotelgäste) schnell vergessen.

Napa Place HOTEL $$

(Karte S. 96; ☎ 02 661 5525; www.napaplace.com; 11/3 Soi Napha Sap 2; Zi./Suite inkl. Frühstück 2200–3100/3400–4100 B; ❄@🛜; S Thong Lo, Ausgang 2) Versteckt in einem typischen Bangkoker Großstadtkomplex liegt die vielleicht heimeligste Unterkunft der Stadt. Die zwölf großen Zimmer sind mit dunklem Holz aus dem früheren von der Familie geführten Holzgeschäft sowie mit hellbraunen Stoffen von thailändischen Webern dekoriert. Die gemütlichen Gemeinschaftsbereiche dürften sich nur unbedeutend von heimischen Wohnzimmern unterscheiden.

S-Box HOTEL $$

(Karte S. 96; ☎ 02 262 0991; www.sboxhotel.com; 4 Soi 31, Th Sukhumvit; Zi. inkl. Frühstück 1000–2524 B; ❄@🛜; S Phrom Phong, Ausgang 5) Der Name ist Programm: Die Zimmer dieses Hotels erinnern sehr stark an Boxen, wenn auch hübsche, moderne Boxen mit angesagten Möbeln und praktischen Annehmlichkeiten. Die günstigsten unter ihnen sind eher mit kleinen Kapseln vergleichbar und haben kein Tageslicht, während die teureren Zimmer Fenster vom Boden bis zur Decke haben.

Fusion Suites HOTEL $$

(Karte S. 96; ☎ 02 665 2644; www.fusionbangkok.com; 143/61-62 Soi 21/Asoke, Th Sukhumvit; Zi. inkl. Frühstück 1700–2400 B; ❄@🛜; M Sukhumvit, Ausgang 1, S Asok, Ausgang 1) Ein ungewöhnlich ausgefallenes Hotel für diese Preisklasse. Die unkonventionelle Möblierung verleiht den Zimmern hier viel Stil, auch wenn die billigsten etwas düster sind.

Baan Sukhumvit HOTEL $$

(Karte S. 96; ☎ 02 258 5630; www.baansukhumvit.com; 392/38-39 Soi 20, Th Sukhumvit; Zi. inkl. Frühstück 1320–1650 B; ❄@🛜; M Sukhumvit, Ausgang 1, S Asok, Ausgang 1) Ein Hotel mit einer anheimelnden, gemütlichen Atmosphäre, dessen zwölf Zimmern zwar extrem schlicht und ohne jegliche besondere Annehmlichkeiten gestaltet, dafür aber irgendwie auch hübsch sind. Die teureren Optionen haben etwas mehr Platz, eine Badewanne und einen Safe. Ein weiterer Ableger befindet sich nicht weit entfernt in der Soi 18.

★ **Ariyasom Villa** HOTEL $$$

(Karte S. 96; ☎ 02 254 8880; www.ariyasom.com; 65 Soi 1, Th Sukhumvit; Zi. inkl. Frühstück 6650–14 750 B; ❄@🛜≋; S Phloen Chit, Ausgang 3) Hinter einer Wand aus tropischen Gewächsen versteckt sich am Ende der Soi 1 diese renovierte Villa aus den 1940er-Jahren – eines der am schlechtesten gehüteten Geheimnisse Bangkoks. Die 24 Zimmer sind groß und mit Liebe zum Detail mit durchdachten thailändischen Designelementen und wunderschönen prächtigen alten Möbeln ausgestattet. Es gibt auch ein Spa und einen einladenden tropischen Pool. Unbedingt weit im Voraus buchen.

Sheraton Grande Sukhumvit HOTEL $$$

(Karte S. 96; ☎ 02 649 8888; www.sheratongrandesukhumvit.com; 250 Th Sukhumvit; Zi./Suite inkl. Frühstück 11 000–13 800/19 000–56 000 B; ❄@🛜≋; M Sukhumvit, Ausgang 3, S Asok, Ausgang 2) Die Zimmer dieses günstig gelegenen, auf Geschäftsreisende ausgerichteten Hotels gehören zu den größten der Stadt und sind zudem mit jeder Menge großzügigen Annehmlichkeiten ausgestattet. Das Feedback der Gäste ist überwältigend und die (mittlerweile vermutlich abgeschlossenen) Renovierungsarbeiten haben das bereits sehr gute Hotel noch einmal eine Stufe nach oben gebracht.

Ma Du Zi HOTEL $$$

(Karte S. 96; ☎ 02 615 6400; www.maduzihotel.com; Ecke Th Ratchadaphisek & Soi 16, Th Sukhumvit; Zi./Suite inkl. Frühstück 7062–7651/10 593–15 301 B; ❄@🛜; M Sukhumvit, Ausgang 3, S Asok, Ausgang 6) Der thailändische Name bedeutet in etwa „schau doch mal rein", was angesichts der Tatsache, dass man hier nur mit Reservierung ein Zimmer bekommt und eben nicht einfach so reinschauen kann, nicht so richtig passen will. Aber wer einmal drin ist, findet hinter dem Tor ein modernes, gehobenes Hotel mittlerer Größe in dunklen, eleganten Farbtönen vor. Besonders toll sind die riesigen Badezimmer, in denen sich Badewannen mit Türen und minimalistische Duschen befinden.

S31 HOTEL $$$
(Karte S. 96; ☎ 02 260 1111; www.s31hotel.com; 545 Soi 31, Th Sukhumvit; Zi./Suite inkl. Frühstück 6000–7000/9000–10 000 B; ❄ ☎ ≋; S Phrom Phong, Ausgang 5) Die frechen Muster und Grafiken – sowohl innen als auch außen – machen das S31 zu einer angenehmen, erfrischenden Wahl. Durch kleine, aber feine Details wie Küchennischen mit großen Kühlschränken, hypergroße Betten und kostenlose Kursen (Thai-Boxen und Yoga) beweist das Hotel, dass hinter dem ganzen Style noch mehr steckt. Wer online bucht, kann saftige Rabatte abgreifen. Zwei weitere Niederlassungen finden sich in der Soi 15 bzw. 33.

Thewet & Dusit

Hi Baan Thewet HOTEL $
(Karte S. 100; ☎ 02 281 0361; www.hi-baanthewet.com; 25/2 Th Phitsanulok; Zi. inkl. Frühstück 500–750 B; ❄ @ ☎; ⛴ Tha Thewet) Die eher institutionell wirkende Lobby verrät noch nichts über die 14 hübschen, auf altmodisch getrimmten Zimmer. Einige sind recht klein und könnten ein Fenster vertragen, aber die einladenden Gemeinschaftsbereiche und die grüne, angenehm ruhige Lage abseits der üblichen Touristenpfade machen das wieder wett.

Baan Manusarn PENSION $$
(Karte S. 100; ☎ 02 281 2976; www.facebook.com/baanmanusarn; Th Krung Kasem; Zi. inkl. Frühstück 1400 B; ❄ @ ☎; ⛴ Tha Thewet) Nur wenige Schritte vom Tha Thewet entfernt liegt dieses einladende alte Shophouse mit vier Zimmern. Alle sind geräumig und mit wunderschönen Holzfußböden ausgestattet. Die Hälfte von ihnen hat einen Balkon und die beiden Familienzimmer bieten am meisten Platz.

SSIP Boutique HOTEL $$
(Karte S. 100; ☎ 02 282 6489; www.ssiphotelthailand.com; 42 Th Phitsanulok; Zi. inkl. Frühstück 2200–3500 B; ❄ @ ☎; ⛴ Tha Thewet) Hübsche Fliesen, schwere Holzmöbel, antike Einrichtungselemente: Die 20 Zimmer hier sind sorgfältig darauf getrimmt, das Bangkok der Vergangenheit wieder aufleben zu lassen. Die modernen Annehmlichkeiten (TV, Kühlschrank, Safe) und das aufmerksame Personal sorgen aber dafür, dass man bei seinem Aufenthalt nicht auf Komfort verzichten muss.

★ **Phra-Nakorn Norn-Len** HOTEL $$$
(Karte S. 100; ☎ 02 628 8188; www.phranakorn-nornlen.com; 46 Soi Thewet 1; Zi. inkl. Frühstück 2200–4200 B; ❄ @ ☎; ⛴ Tha Thewet) Das hel-

AM FLUGHAFEN ÜBERNACHTEN

Die meisten Besucher Bangkoks müssen sich nicht mit den Flughafenhotels herumschlagen, da Taxis nicht nur allgegenwärtig, sondern auch noch billig sind. Zudem ist der Verkehr nachts und am frühen Morgen nicht sehr dicht, sodass man schnell am Ziel ankommt. Wer sich trotzdem wegen eines frühen Abflugs oder einer späten Ankunft Sorgen macht, kann ruhigen Gewissens in einem der folgenden Hotels nächtigen:

Novotel Suvarnabhumi Airport Hotel (☎ 02 131 1111; www.novotelairportbkk.com; Suvarnabhumi International Airport; Zi./Suite inkl. Frühstück 5613–6200/8043 B; ❄ @ ☎; S Phra Khanong, Ausgang 3 & Taxi, 🚌 Suvarnabhumi Airport & hoteleigener Shuttlebus) Über 600 Luxuszimmer direkt auf dem Gelände des Flughafens Suvarnabhumi.

The Cottage (☎ 02 727 5858; www.thecottagesuvarnabhumi.com; 888/8 Th Lad Krabang; Zi. inkl. Frühstück 900–2700 B; ❄ @ ☎ ≋; S Phra Khanong, Ausgang 3 & Taxi, 🚌 Suvarnabhumi Airport & hoteleigener Shuttlebus) In der Nähe des Geländes des Flughafens Suvarnabhumi und in fußläufiger Entfernung zu Essens- und Einkaufsmöglichkeiten. Ein solides Mittelklassehotel mit Flughafenshuttle.

Amari Airport Hotel (☎ 02 566 1020; www.amari.com/donmuang; 333 Th Choet Wutthakat; Zi. 2190–2590 B, Suite 2590–3590 B; ❄ @ ☎ ≋; M Chatuchak Park, Ausgang 2 & Taxi, S Mo Chit, Ausgang 3 & Taxi) Direkt gegenüber vom Don Mueang International Airport.

le, freundliche Hotel inmitten einer großen abgeschirmten Gartenanlage, die im Stile des alten Bangkoks aufgezogen ist, ist eine angenehme Bleibe voller Atmosphäre, auch wenn nicht unbedingt das beste Preis-Leistungs-Verhältnis geboten wird. Dafür sind die 31 Zimmer ansprechend mit Antiquitäten und Wandbildern ausgestattet. Es darf nicht unerwähnt bleiben, dass es auf den Zimmern selbst weder TVs noch WLAN-Zugang gibt, das tritt aber angesichts der angebotenen Massagen und den endlos vielen Möglichkeiten zum friedvollen Relaxen ziemlich schnell in den Hintergrund.

The Siam HOTEL **$$$**
(Karte S. 100; ☎ 02 206 6999; www.thesiamhotel.com; 3/2 Th Khao; Zi./Villa inkl. Frühstück 14 950–22 327/26 271–36 912 B; ❄@📶🏊; ⛴ Tha Thewet, oder hoteleigenes Shuttleboot ab Tha Sathon (Central Pier) Das moderne Hotel am Flussufer ist eine Retrospektive in die 1930er-Jahre und mit Art-déco-Elementen, reichlich Marmor und wunderschönen Antiquitäten ausgestattet. Die Zimmer sind groß und gut gepflegt, während die Villen mit Dachterrasse und Tauchbecken noch eins draufsetzen. Das Siam ist aber nicht nur schön, sondern hat auch einiges an Aktivitäten zu bieten, etwa Unterricht im Thai-Boxen oder ein eigenes Theater.

Ratchathewi

Bizotel HOTEL **$$**
(Karte S. 102; ☎ 02 245 2424; www.bizotelbkk.com; 104/40 Th Rang Nam; Zi. inkl. Frühstück 1800 B; ❄@📶; S Victory Monument, Ausgang 4) Hübsch und hell und voller nützlicher Annehmlichkeiten: Wenn man sich die Zimmer hier so anschaut, könnte man glatt meinen, sie kosteten das Doppelte. Ein weiterer Bonus sind die Lage in einer relativ ruhigen Ecke der Stadt sowie die hilfsbereiten und freundlichen Angestellten.

K Maison HOTEL **$$$**
(Karte S. 102; ☎ 02 2451953; www.kmaisonboutique.com; Soi Ruam Chit; Zi./Suite inkl. Frühstück 2675–3975/8375 B; ❄📶; S Victory Monument, Ausgang 4) Schon in der Lobby mit ihrem unschuldigen Weiß, den geschwungenen Marmorverzierungen und den blauen Akzenten wird man auf das vorbereitet, was einen in diesem neuen Boutiquehotel erwartet. Die 21 Zimmer sind im selben Stil gehalten und auf eine feine und ansprechende Weise bescheiden. Und wer jetzt denkt, dass das alles vielleicht mehr Schein als Sein ist, der sei beruhigt: K Maison ist gleichzeitig auch komfortabel und zweckmäßig.

Bangkok Nord

The Yard HOSTEL **$**
(Karte S. 106; ☎ 089 677 4050; www.theyardhostel.com; 51 Soi 5, Th Phahonyothin; B/Zi. inkl. Frühstück 550–650/1500 B; ❄📶; S Ari, Ausgang 1) Dieses flippige Hostel besteht aus zehn umfunktionierten Schiffscontainern. Da ist klar, dass weder die Schlafsäle noch die privaten Zimmer besonders groß sind (noch ein gutes Preis-Leistungs-Verhältnis bieten); sie sind aber dennoch hübsch und gemütlich und teilen sich so einladende Gemeinschaftsbereiche wie den Innenhof (der als Namensgeber diente und auch als Bar herhält) und eine Küche.

Mystic Place HOTEL **$$**
(Karte S. 106; ☎ 02 270 3344; www.mysticplacebkk.com; 224/5-9 Th Pradiphat; Zi. inkl. Frühstück 1530–1870 B; ❄@📶; S Saphan Khwai, Ausgang 2 & Taxi) Das Hotel umfasst 36 Zimmer, die alle individuell und verspielt gestaltet sind. In einem der Zimmer steht z. B. ein Stuhl aus ausgestopften Tieren, und die Wände sind mit Graffiti übersät, und ein anderes ist vollkommen mit Bildern von optischen Täuschungen bedeckt. Das Mystic verspricht jede Menge Spaß und ist äußerst beliebt – man sollte also im Voraus buchen!

Großraum Bangkok

Siamaze HOSTEL **$**
(Karte S. 106; ☎ 02 693 6336; www.siamaze.com; Soi 17, Th Ratchadaphisek; B/Zi. inkl. Frühstück 390–490/1200–1960 B; ❄@📶; M Sutthisan, Ausgang 4) Das Siamaze ist ein unauffälliges, lässiges Budgethotel mit großen privaten Zimmern und technisch gut ausgestatteten Schlafsälen mit Etagenbetten. Letztere teilen sich große und saubere Gemeinschaftsbäder und durchdachte, praktische Einrichtungen. Wer nicht unbedingt dort wohnen muss, wo alle wohnen, hat hier eine hervorragende Option gefunden.

Beat Hotel HOTEL **$$**
(Karte S. 68; ☎ 02 178 0077; www.beathotelbangkok.com; 69/1 Th Sukhumvit; Zi. inkl. Frühstück 2000–2500 B; ❄@📶🏊; S Phra Khanong, Ausgang 3) Dieses neue Hotel hat sich ganz dem Thema Kunst verschrieben und versprüht ein junges, dynamisches Flair, das bereits in der Lobby zu spüren ist und sich in den 54

Zimmern fortsetzt. Diese haben sehr unterschiedliche Designs, von bunten, deckenhohen Wandgemälden bis hin zu monochromatischen, frechen Farbschemata. Für die riesigen Deluxe-Zimmer lohnt es sich, etwas tiefer in die Tasche zu greifen.

★ **Bangkok Tree House** HOTEL **$$$**

(Karte S. 68; ☎082 995 1150; www.bangkoktreehouse.com; nahe Wat Bang Na Nork, Phra Pradaeng; Bungalow inkl. Frühstück 6000–10 000 B; ❄@📶🏊; Ⓢ Bang Na, Ausgang 2 & Taxi) Das „Baumhaus" befindet sich im sehr grünen Bezirk Amhpoe Phra Pradaeng. Um hierher zu gelangen, fährt man mit dem BTS nach Bang Na, wo man dann für die kurze Fahrt zur Anlegestelle am Wat Bang Na Nork ein Taxi nimmt. Dort steigt man in die Fähre über den Fluss (4 B, 5–21.30 Uhr). Wieder von Bord, legt man das letzte Stück mit einem Motorradtaxi (10 B) oder zu Fuß (Wegbeschreibung im Voraus telefonisch erfragen!) zurück.

Die zwölf stilvollen mehrstöckigen Bungalows wurden aus nachhaltig produzierten und recycelten Materialien erbaut. Das so entstandene Ambiente gleicht dem eines raffinierten umweltfreundlichen Sommercamps. Zu den durchdachten Annehmlichkeiten zählen mit Filmen bestückte Computer im Zimmer sowie kostenlos nutzbare Handys und Fahrräder – es gibt sogar Eiscreme. Wer online bucht, kann ansehnliche Rabatte absahnen.

Essen

Essen ist die absolut sicherste unter den berüchtigten fleischlichen Freuden der Stadt und ist in Bangkok eine ernste Angelegenheit. Die lokale Küche zieht Besucher aus aller Welt an, aber auch Einheimische aus den entlegensten Teilen der Stadt nehmen für eine bestimmte Schüssel Nudeln oder einen Teller Reis sogar Verkehr und Überschwemmungen fröhlich in Kauf.

Das Angebot ist riesig und vielfältig, von Ständen, die ihr Geschäft täglich neu aufbauen, bis zu schicken Speisesälen in Fünfsternehotels ist alles dabei. Nach unserer Erfahrung findet man das leckerste Essen irgendwo dazwischen: in den jahrzehntealten, familiengeführten Shophouse-Restaurants, die nur eine begrenzte Auswahl Gerichte servieren.

Auch fremde Einflüsse sind zu spüren und führen zu Kombinationen wie Thai-Chinesisch oder Thai-Muslimisch. Und auch die regionalen Küchen würzen Bangkoks Speiseplan. Wer die *gŏo·ay đĕe·o* (Reisnudeln) und Currys irgendwann doch einmal leid ist, für den hält Bangkok eine wachsende Auswahl hochwertiger internationaler Restaurants bereit, von der französischen Küche bis hin zu authentischen japanischen Ramen-Lokalen.

Ko Ratanakosin

Bangkoks Herrscherviertel bietet zwar jede Menge Sehenswürdigkeiten, aber kaum Restaurants – schade eigentlich angesichts der tollen Uferlage.

Pa Aew ZENTRALTHAILÄNDISCH **$**

(Karte S. 74; Th Maha Rat, kein Schild in lateinischen Buchstaben; Hauptgerichte 20–60 B; ⊙Di–Sa 10–17 Uhr; ⛴Tha Tien) Leckere Gerichte nach Bangkok-Art (vor allem mit Meeresfrüchten) genießt man hier auf einem der bereitgestellten Plastikstühle. Es handelt sich hierbei um einen absolut unscheinbaren Currywurst-Stand im Freien, dessen schmackhafte Gerichte es aber in sich haben. In dieser Gegend der Stadt zählt das Pa Aew zu den besten Essensoptionen.

Ein Schild in lateinischen Buchstaben gibt's hier nicht. Man erkennt den Stand an den offenen Essensauslagen direkt vor der Krung Thai Bank nahe der Ecke Soi Pratu Nokyung.

Err THAI **$$**

(Karte S. 74; www.errbkk.com; abseits der Th Maha Rat; Gerichte 65–360 B; ⊙Di–So 11 Uhr–open end; ❄; ⛴Tha Tien) Man denke an all die verschiedenen würzigen, knusprigen und geräucherten Fleischleckereien, die man auf der Straße findet und stelle sich nun vor, dies alles würde auch in einem flippigen Retro-Lokal gepaart mit thailändischen Cocktails und Bieren aus lokalen Kleinbrauereien serviert – willkommen im Err. Das Err (ein umgangssprachlicher Ausdruck für eine Ver-

MONTAGS RUHETAG

Fans von Straßenessen seien gewarnt: Montags haben in Bangkok alle Stände wegen der obligatorischen Straßenreinigung (deren Ergebnis am Dienstagmorgen schon nicht mehr wirklich zu sehen ist) geschlossen. Wer an diesem Tag zufällig in der Stadt ist, sollte aus der Not eine Tugend machen und eines der gehobenen Hotelrestaurants besuchen, die so gut wie nie geschlossen haben.

BANGKOKS GESCHMACKSWELTEN

In Bangkok, geografisch in der Zentralebene Thailands gelegen, haben die Einflüsse der vorherrschenden Minderheiten und der Reichtum des Königspalasts die örtliche Küche entscheidend geprägt.

Die Bewohner Zentralthailands lieben vor allem süße und würzige Speisen. Süßwasserfisch, Schweinefleisch, Kokosmilch und Palmzucker sind häufige Zutaten in der regionalen Küche. Aufgrund der Nähe zum Golf von Thailand werden in den Restaurants Bangkoks gern Meeresfrüchte aller Art serviert. Schon vor 200 Jahren brachten muslimische Einwanderer diverse getrocknete Kräuter und chinesische Arbeiter und Straßenverkäufer eine Reihe von Nudel- und Wok-Gerichten mit nach Zentralthailand. Und dass in Bangkok der Königshof seinen Sitz hatte, hatte den kulinarischen Nebeneffekt, dass die hiesige Küche besonders raffiniert und anspruchsvoll war und sich oft ungewöhnlicher und exotischer Zutaten bediente. Diese Art Thai-Küche, auch königliche Thai-Küche genannt, ist es, die das Thai-Essen jenseits der Landesgrenzen berühmt gemacht hat.

Man kann nicht behaupten, thailändisches Essen nach Bangkoker Art zu kennen, ohne zumindest einige der folgenden Spezialitäten gekostet zu haben:

Đôm yam Zitronengras, Thai-Ingwer, Kaffernlimettenblätter und Limettensaft verleihen dieser Suppe ihren charakteristischen Geschmack; frische Chilischoten oder ölhaltiges Chilimark sorgen für die legendäre Schärfe. Die Suppe gibt's fast überall – aber die wohl beste bekommt man im **Krua Apsorn** (S. 125).

Gŏo·ay đĕe·o reu·a Sie werden auch „Bootsnudeln" genannt, weil sie früher aus kleinen Booten an den Kanälen Zentralthailands verkauft wurden. Dieses intensive, schüsselweise servierte Nudelgericht mit Schweine- oder Rindfleisch zählt zu den würzigsten thailändischen Nudelspezialitäten. In der Nähe des Victory Monument wird es von mehreren Restaurants serviert, darunter auch das **Sam-Ang Kulap** (Soi 18, Th Ratchawithi, kein Schild in lateinischen Buchstaben; Gerichte ab 30 B; ⌚8–17 Uhr; S Victory Monument, Ausgang 3).

Gŏo·ay đĕe·o·kôo·a gài Die breiten Reisnudeln, gebraten mit Ei, Hühnchen, eingelegtem Tintenfisch und Knoblauchöl, sind ein bescheidenes, aber leckeres thailändisch-chinesi-

einbarung) scheint zu gut, um wahr zu sein, man darf es aber ruhig glauben: Es ist real!

Khunkung ZENTRALTHAILÄNDISCH $$

(Navy Club; Karte S. 74; 77 Th Maha Rat; Hauptgerichte 70–450 B; ⌚Mo–Fr 11–14 & 18–22, Sa & So 11–22 Uhr; ❄; ⛴Tha Chang, Tha Maharaj, Tha Phra Chan Tai) Das Restaurant der Royal Navy Association ist in einem der wenigen am Flussufer gelegenen und deshalb begehrten Gebäude an diesem Abschnitt des Mae Nam Chao Phraya ansässig. Die Einheimischen kommen wegen der Kombination von tollem Ausblick und preiswerten, leckeren Gerichten mit Meeresfrüchten hierher – sicher nicht wegen der Atmosphäre, die stark an eine Cafeteria erinnert.

Das Khunkung befindet sich gleich abseits der Hauptstraße. Einfach auf der Th Maha Rat dem Schild „Navy Club" folgen.

Banglamphu

Obwohl das Essen, das man in Banglamphu bekommt, nicht weit vom unechten *pàt tai* und dem laschen *đôm yam* der Th Khao San entfernt ist, gehört das Viertel zu den beliebtesten Gegenden der Stadt, wenn es um Essen geht. Jahrzehntealte Restaurants und sagenhafte Straßenhändler säumen die Straßen in dieser grünen Ecke des alten Bangkoks, und man kann problemlos den ganzen Tag damit verbringen, allein am südlichen Ende der Th Tanao herumzunaschen.

Lokale Speisen sucht man zwar eigentlich besser abseits der Touristenstraßen, dank des ausländischen Einflusses haben sich aber auch in der Th Kao San ein paar tolle thailändische Lokale etabliert.

Nang-Loeng-Markt THAI $

(Karte S. 68; zw. Soi 8-10, Th Nakhon Sawan; Hauptgerichte 30–80 B; ⌚Mo–Fr 10–14 Uhr; ⛴Tha Thewet, S Phaya Thai, Ausgang 3 & Taxi) Den stimmungsvollen Markt mit frischen Auslagen gibt's schon seit 1899. Er bietet einen bezaubernden Einblick ins alte Bangkok und ist ganz nebenbei noch eine tolle Adresse für leckeres Essen. Nang Loeng ist vor allem für seine thailändischen Süßwaren

sches Gericht, das man im **Nay Hong** (abseits der Th Yukol 2, kein Schild in lateinischen Buchstaben; Hauptgerichte 35–50 B; 16–22 Uhr; Tha Ratchawong, M Hua Lamphong, Ausgang 1 & Taxi) und an vielen Imbissbuden in Chinatown bekommt.

Kôw mòk Biryani, ein überall in der muslimischen Welt beliebtes Gericht, wird natürlich auch in Bangkok verkauft. Hier wird es meist mit Huhn zubereitet und mit einem süß-sauren Dip und einer Schüssel Hühnerbrühe serviert. Zu empfehlen ist die nach einem guten alten Rezept zubereitete Version des alteingesessenen **Muslim Restaurant** (1354-6 Th Charoen Krung; Hauptgerichte 40–140 B; 6.30–17.30 Uhr; Tha Oriental, S Saphan Taksin, Ausgang 1).

Máh hór Aus dem Königspalast stammt diese thailändische Vorspeise: Mandarinenstücke oder Ananasscheiben mit einem süßen, herzhaften und scharfen Topping aus Schweinefleisch, Geflügel, Erdnüssen, Zucker, Pfefferkörnern und Korianderwurzel. Das Gericht ist Bestandteil des Menüs im Restaurant **nahm** (S. 130).

Mèe gròrp Die traditionell hergestellten, knusprigen, süß-sauren Nudeln (ein ehemaliges Palastrezept) sind immer schwieriger zu bekommen. Ausgezeichnet zubereitet wird das Gericht in dem bewährten Restaurant **Chote Chitr** (146 Th Phraeng Phuthon; Hauptgerichte 60–200 B; 11–22 Uhr; Klorng-Boot bis Tha Phanfa Leelard) in Banglamphu.

Pàt tai Die dünnen Reisnudeln werden mit getrockneten oder frischen Shrimps, Bohnensprossen, Tofu, Eiern und Gewürzen kurz gebraten und traditionell mit Limettenscheiben, ein paar Halmen Knoblauch-Schnittlauch und einer aufgeschnittenen Bananenblüte serviert. Das wohl bekannteste thailändische Gericht wird in Bangkok vielleicht am besten im **Thip Samai** (313 Th Mahachai; Hauptgerichte 50–250 B; 17–2 Uhr; Klorng-Boot bis Tha Phanfa Leelard) zubereitet.

Yen đah foh Das wahrscheinlich bizarrste und beliebteste Nudelgericht in Bangkok ist diese Mischung aus einer leicht süßen, blutroten Brühe mit diversen Fleischbällchen und knackigem Gemüse. Erhältlich ist es an den Ständen der **Soi 10 Food Centres** (Soi 10, Th Silom; Hauptgerichte 20–60 B; Mo–Fr 8–15 Uhr; M Si Lom, Ausgang 2, S Sala Daeng, Ausgang 1).

bekannt, um die Mittagszeit bekommt man hier aber auch hervorragende Currys nach zentralthailändischer Art oder chinesische Nudelgerichte.

★ Likhit Kai Yang — NORDOST-THAI $$

(Karte S. 74; abseits der Th Ratchadamnoen Nok, kein Schild in lateinischen Buchstaben; Hauptgerichte 50–280 B; 9–21 Uhr; ; Tha Thewet, S Phaya Thai, Ausgang 3 & Taxi) In dem seit Jahrzehnten bestehenden Restaurant gleich hinter dem Ratchadamoen-Stadion (die ziemlich schäbige Filiale direkt neben dem Stadiontor meidet man besser) gönnen sich die Einheimischen vor einem Thai-Boxkampf noch schnell eine nordostthailändische Mahlzeit. Der freundliche Inhaber spricht auch Englisch und hilft gerne bei der Bestellung. Unbedingt das „über Holzkohle gegrillte Hühnchen" mit Kräutern probieren, das dem Laden seinen Namen gibt.

Das Restaurant hat kein Schild in lateinischen Buchstaben. Einfach nach dem riesigen gelben Banner Ausschau halten.

★ Krua Apsorn — THAI $$

(Karte S. 74; www.kruaapsorn.com; Th Din So; Hauptgerichte 80–400 B; Mo–Sa 10.30–20 Uhr; ; Klorng-Boot bis Tha Phanfa Leelard) Im gemütlichen Speiseraum dieses Restaurants kehren sowohl Mitglieder der thailändischen Königsfamilie als auch Restaurantkritiker gerne ein. Eigentlich sind alle angebotenen Gerichte aus Zentral- und Südthailand lecker, die Stammgäste schwören aber auf die dekadenten Krabben mit gelbem Chili aus der Pfanne und die *tortilla Española*, also Krabbenomelett.

Ein weiterer Ableger befindet sich in der Th Samsen in **Thewet & Dusit** (Karte S. 100; www.kruaapsorn.com; 503-505 Th Samsen; Hauptgerichte 80–400 B; Mo–Fr 10.30–19.30, Sa bis 18 Uhr; ; Tha Thewet).

Shoshana — ISRAELISCH $$

(Karte S. 74; 88 Th Chakraphatdi Phong; Hauptgerichte 70–240 B; 10–24 Uhr; ; Tha Phra Athit (Banglamphu) Dies ist eines der am längsten bestehenden israelischen Restau-

VEGETARIERFEST IN CHINATOWN

Während des jährlich stattfindenden Vegetarierfests im September oder Oktober feiert Bangkoks Chinatown eine Orgie des fleischlosen Genusses. Die Feierlichkeiten konzentrieren sich auf Chinatowns Hauptstraße, die Th Yaowarat, und auf die Gegend **Talat Noi** (S. 83), aber auch im Rest der Stadt weisen Restaurants und Imbissstände anhand von gelben Fähnchen darauf hin, dass sie fleischlose Gerichte anbieten.

Neben den Feiernden chinesischer Abstammung freuen sich auch Thailänder auf die speziellen Gerichte, die es nur während dieses Festes gibt. Die meisten Restaurants legen ihr normales Speiseangebot auf Eis und bereiten stattdessen die üblichen Thai-Gerichte wie *đôm yam* (scharf-saure Suppe nach Thai-Art) und *gaang kĕe·o wăhn* (grünes Curry) mit einem auf Soja basierenden Fleischersatz zu. Selbst regionale Thai-Spezialitäten werden ohne Fleisch verkauft. Für die Zubereitung der speziellen Festgerichte werden oft gelbe Hokkien-Nudeln verwendet, meist in Pfannengerichten mit fleischartigen Pilzen und großen Gemüsestücken.

Von der Fleischabstinenz einmal abgesehen wird das zehntägige Fest auch mit Besuchen in einem Tempel gefeiert, bei denen die Gläubigen oftmals weiß gekleidet sein müssen.

rants auf der Khao San. Mit seiner Einrichtung, etwa den kitschigen Kunstwerken an den Wänden und den Tischsets aus Plastik, erinnert es irgendwie an ein großelterliches Wohnzimmer. Bei den frittierten Gerichten kann man nichts falsch machen; sie sind alle sehr lecker. Dazu sollte man unbedingt den köstlichen Auberginen-Knoblauch-Dip probieren.

Hemlock THAI $$

(Karte S. 74; 56 Th Phra Athit; Hauptgerichte 75–280 B; ⌚ Mo–Sa 16–24 Uhr; ❄ ✎; ⛴ Tha Phra Athit (Banglamphu)) Dieses alteingesessene und sehr beliebte Restaurant in einem gemütlichen Shophouse besitzt genügend Stil, um hier einen ganz besonderen Abend verbringen zu können, aber auch bei Geschmack und Zubereitung werden keine Abstriche gemacht. Im Gegensatz zu anderen Locations gleicht die umfangreiche Speisekarte des Hemlock einem Vermächtnis vergangener Zeiten, denn hier kommen auch uralte Rezepte aus den Kochbüchern des Adels wieder auf den Tisch, ganz zu schweigen von einigen vegetarischen Optionen.

★ **Jay Fai** ZENTRALTHAILÄNDISCH $$$

(Karte S. 74; 327 Th Mahachai; Hauptgerichte 180–1000 B; ⌚ Mo–Sa 15–2 Uhr; ⛴ Klorng-Boot bis Tha Phanfa Leelard) Beim Anblick des kahlen Speiseraums fällt es schwer zu glauben, dass das Jay Fai weit über Bangkoks Grenzen hinaus für die teuersten *pàt kêe mow* („Nudeln des Trinkers"; breite frittierte Reisnudeln mit Meeresfrüchten und thailändischen Kräutern) bekannt ist.

Jay Fai liegt in einem so gut wie ungekennzeichneten Shophouse auf der Th Mahachai unmittelbar gegenüber eines 7-Eleven.

Chinatown & Phahurat

Beim Stichwort Chinatown denken die meisten Bangkoker an Straßenimbisse.

Im Westen des Viertels liegt Phahurat, das Bangkoker Little India, gespickt mit kleinen indischen und nepalesischen Restaurants, die sich in der winzigen Soi abseits der Th Chakkaraphet drängen.

Old Siam Plaza SÜSSWAREN $

(Karte S. 80; Ecke Th Phahurat & Th Triphet; Hauptgerichte 30–90 B; ⌚ 10–19 Uhr; ❄; ⛴ Saphan Phut/Memorial Bridge Pier, Pak Klong Taladd Pier) Zuckersüchtige sollten bei ihrer kulinarischen Tour durch Bangkok hier unbedingt einen Stopp einlegen. Das Erdgeschoss dieses Einkaufszentrums ist ein echtes Schlaraffenland voller traditioneller thailändischer Süßwaren und Snacks, bei deren Herstellung man sogar zusehen kann.

Samsara JAPANISCH, THAI $$

(Karte S. 80; Soi Khang Wat Pathum Khongkha; Hauptgerichte 110–320 B; ⌚ Di–Do 16–24, Fr–So bis 1 Uhr; ✎; ⛴ Ratchawong Pier, Ⓜ Hua Lamphong, Ausgang 1 & Taxi) Mit thailändisch-japanischen Gerichten, belgischen Bieren und seinem kreativen, zusammengeschusterten Flair ist das Samsara das wohl vielfältigste Lokal in Chinatown. Das Essen ist durchweg lecker, und die frische Brise vom Fluss und der schöne Ausblick runden das kulinarische Erlebnis ab. Das Restaurant liegt am Ende der winzigen Soi Khang Wat Pathum Khongkha, gleich westlich des gleichnamigen Tempels.

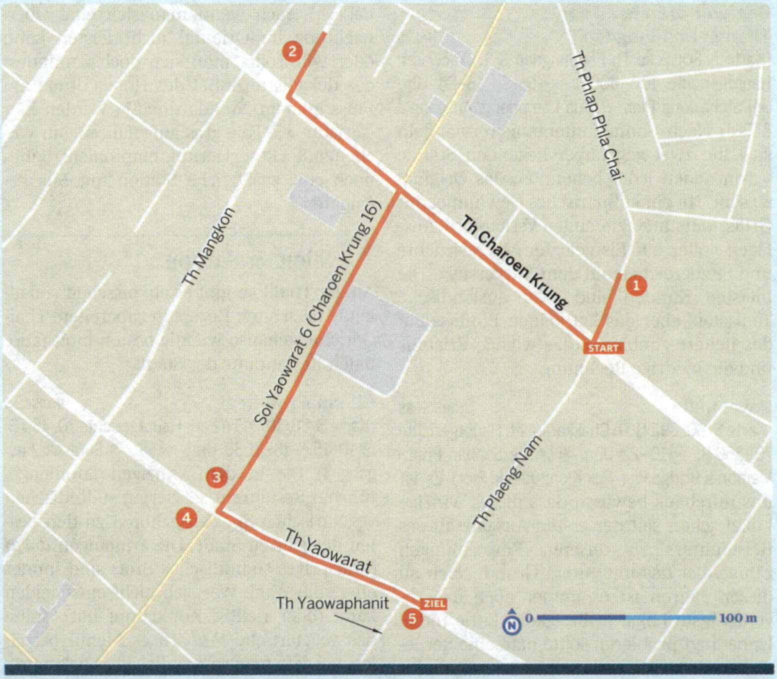

Stadtspaziergang **Kulinarisches Chinatown**

START ECKE TH PLAENG NAM & **TH** CHAROEN KRUNG
ZIEL ECKE TH YAOWAPHANIT & **TH** YAOWARAT
LÄNGE/DAUER CA. 1 KM, 2–3 STD.

Straßenimbisse sind ein fester Bestandteil von Chinatown, was das Viertel perfekt für kulinarische Abenteuer macht. Obwohl die meisten Straßenverkäufer lange offen haben, sind die Gerichte an den beliebteren Ständen oft schon früh ausverkauft. Die beste Zeit ist zwischen 19 und 21 Uhr. Montags sollte man nicht kommen, da die meisten Stände dann zu sind. Um so viele Gerichte wie möglich zu probieren, teilt man am besten miteinander.

Gestartet wird an der Kreuzung von Th Plaeng Nam und Th Charoen Krung. Auf der Th Phlap Phla Chai geht's nordwärts, wo man sich 50 m rechts hält, bis das 1 **Nai Mong Hoi Thod** erreicht ist, ein Restaurant, das für seine köstlichen *or sòo·an* (frittierte Austern mit Ei und Teig) bekannt ist.

Dann zurück auf die Th Charoen Krung gehen und nach rechts abbiegen. An der Th Mangkon geht es nach rechts, wo gleich links das 2 **Jek Pui** in Sicht kommt, eine Imbissbude ohne Tische, die mit ihren milden Thai-Currys nach chinesischer Art punktet.

Wieder überquert man die Th Charoen Krung und geht nach links gen Osten bis zur Soi Yaowarat 6/Charoen Krung 16 (auch Talat Mai genannt), der bekanntesten Marktgasse der Gegend. Am Ende der kleinen Straße bereitet ein Herr 3 **gŏo·ay đĕe·o kôo·a gài** (gebratene Reisnudeln mit Hühnchen, Ei und Knoblauchöl) zu.

Am Ende der Gasse findet man sich auf der Th Yaowarat wieder, überquert diese und landet mitten im geschäftigen Markt auf der gegenüberliegenden Straßenseite. Der erste Verkäufer rechts, 4 **Nay Lek Uan**, macht *gŏo·ay jáp nám săi*, eine herzhaft gepfefferte Brühe mit Nudeln und Schweineinnereien.

Wieder zurück auf der Th Yaowarat geht's nach rechts und bis zur nächsten Kreuzung (Th Yaowarat Ecke Th Yaowaphanit). Dort steht 5 **Mangkorn Khao**, eine Bude mit *bà·mèe* (Weizennudeln nach chinesischer Art) und Schweinefleisch vom Grill.

Seafood-Stände an der Thanon Phadungdao THAI $$

(Karte S. 80; Ecke Th Phadungdao & Th Yaowarat; Hauptgerichte 100–600 B; Di–So 16–24 Uhr; Ratchawong Pier, M Hua Lamphong, Ausgang 1 & Taxi) Nach Sonnenuntergang verwandeln sich die zwei gegenüber liegenden Stände – von denen jeder behauptet, das Original zu sein – in ein kulinarisches Gewimmel mit Grills, lautstark agierenden Verkäufern, Auslagen voller auf Eis gelegter Meeresfrüchte und Sitzbereichen auf dem Bürgersteig. Die meisten Kunden sind zwar ausländische Touristen, aber das hat keinen Einfluss auf das heitere Ambiente, das witzige Erlebnis und die niedrige Rechnung.

Royal India INDISCH $$

(Karte S. 80; 392/1 Th Chakkaraphet; Hauptgerichte 70–350 B; 10–22 Uhr; ; Saphan Phut/ Memorial Bridge Pier, Pak Klong Taladd Pier) Es ist uns durchaus bewusst, dass dieses winzige Lokal schon seit der ersten Ausgabe dieses Reiseführers zu unseren Empfehlungen zählt. Aber das mit gutem Grund: Nach all diesen Jahren ist es immer noch das zuverlässigste Lokal in Bangkoks Little India. Unbedingt probieren sollte man eine der leckeren Brotsorten oder eines der reichhaltigen Currys; zum Abschluss könnte man sich dann noch eine hausgemachte Süßspeise aus dem Punjab gönnen.

Ufergebiet

Never Ending Summer THAI $$

(Karte S. 84; 02 861 0953; www.facebook.com/TheNeverEndingSummer; 41/5 Th Charoen Nakhon; Hauptgerichte 140–350 B; Mo 11–14 & 17–23, Di–So 11–23 Uhr; ; Flussfähre ab Tha Si Phraya/ River City) Sein kitschiger Name wird dem überraschend gehobenen Thai-Restaurant in einem ehemaligen Lagerhaus am Fluss nicht annähernd gerecht. Hier kann man sich unter elegante Einheimische mischen, die sich Thai-Gerichte wie Wassermelonen-Würfel mit Fisch, Zucker und frittierten Schalotten oder schmackhafte grüne Currys mit Schwein und frischem, extrascharfem Chili schmecken lassen.

Lord Jim's INTERNATIONAL $$$

(Karte S. 84; 02 659 9000; www.mandarinoriental.com/bangkok/fine-dining/lord-jims; Mandarin Oriental Hotel, 48 Soi 40/Oriental, Th Charoen Krung; Buffet 2050–2943 B; Mo–Fr 12–14.30, Sa 11.30–15, So 11–15 Uhr; ; Tha Oriental oder hoteleigenes Shuttleboot ab Tha Sathon (Central Pier) Auch wenn man sich eine Übernachtung im Oriental nicht leisten kann oder will, sollte man sich doch zumindest das dekadente Buffet des Hotels direkt am Fluss gönnen. Standardmäßig werden hier Gerichte wie Foie gras aufgefahren, am Wochenende (Reservierung empfohlen!) gibt's noch eine zusätzliche Station mit Meeresfrüchten.

Silom & Sathon

An der Th Silom gibt es ein bisschen von allem – nach alten Rezepten zubereitete Thai-Gerichte genauso wie die besten internationalen Restaurants der Stadt.

Chennai Kitchen INDISCH $

(Karte S. 86; 107/4 Th Pan; Hauptgerichte 70–150 B; 10–15 & 18–21.30 Uhr; ; S Surasak, Ausgang 3) Die in dem winzigen familiengeführten Restaurant servierten südindischen vegetarischen Speisen gehören zu den besten der ganzen Stadt. Die armlangen *dosai* (knuspriges südindisches Brot) sind immer eine gute Wahl. Wer sich nicht entscheiden kann (oder richtig Kohldampf hat), sollte das vegetarische *thali* (fixes Menü) bestellen, bei dem man so ziemlich alles bekommt, was die Küche hergibt.

Kalapapruek THAI $

(Karte S. 86; 27 Th Pramuan; Hauptgerichte 90–330 B; Mo–Sa 8–18, So bis 15 Uhr; ; S Surasak, Ausgang 3) Das altehrwürdige Thai-Lokal hat zahlreiche Filialen und Ableger in Einkaufszentren in der ganzen Stadt. Am besten ist aber immer noch das Original in der Th Pramuan. Auf der umfangreichen Speisekarte stehen thailändische Spezialitäten aus nahezu jeder Region des Landes, Tagesgerichte und manchmal auch saisonale Leckerbissen.

Somtam Convent NORDOST-THAI $

(„Hai"; Karte S. 86; 2/4-5 Th Convent; Hauptgerichte 55–150 B; Mo–Fr 11–21, Sa bis 17 Uhr; ; M Si Lom, Ausgang 2, S Sala Daeng, Ausgang 2) Essen aus dem nordöstlichen Thailand bekommt man meistens nur an Straßenständen, die es mit der Hygiene nicht ganz so genau nehmen und die weder eine englische Speisekarte noch englischsprachiges Personal haben. Eine vergleichsweise sanfte Einführung in die Wunderwelt von *lâhp* (eine Art Salat aus Hackfleisch), *sôm·đam* und anderen Leckerbissen aus dem Isan erhält man in diesem beliebten und alteingesessenen Restaurant.

Taling Pling THAI $$

(Karte S. 86; Baan Silom, Soi 19, Th Silom; Hauptgerichte 110–275 B; ⏲11–22 Uhr; ❄✎; S Surasak, Ausgang 3) Vom protzigen Inneren dieses alteingesessenen Restaurants sollte man sich nicht abschrecken lassen, denn hier wird eine riesige Vielfalt an hausgemachten, geschmacksintensiven Thai-Gerichten serviert. Das Taling Pling ist eine gute Anlaufstelle für leckere Thai-Kost aus dem südlichen und zentralen Thailand: So gibt es etwa *gaang kôo·a* (Krebsfleisch mit Curry und wilden Betelblättern). Für den krönenden Abschluss werden auch köstliche Kuchen und Torten sowie erfrischende Drinks angeboten.

Sushi Tsukiji JAPANISCH $$

(Karte S. 86; 62/19-20 Th Thaniya; Sushi 60–700 B/Stück; ⏲11.30–14.30 & 17.30–22.30 Uhr; ❄; M Si Lom, Ausgang 2, S Sala Daeng, Ausgang 1) Unter den unzähligen japanischen Esslokalen entlang der Th Thaniya ist das nach dem berühmten Fischmarkt Tokyos benannte Tsukiji die beste Wahl. Wer sich in diesem eleganten Sushi-Restaurant ein Abendessen gönnt, ist hinterher ein ganzes Stück ärmer. Deshalb kommt man lieber unter der Woche zum Mittagessen hierher, wenn man für gerade einmal 297 B ein großzügiges Sushi-Menü erhält.

★ Eat Me INTERNATIONAL $$$

(Karte S. 86; ☎02 238 0931; www.eatmerestaurant.com; Soi Phiphat 2; Hauptgerichte 275–1400 B; ⏲15–1 Uhr; ❄✎; M Si Lom, Ausgang 2, S Sala Daeng, Ausgang 2) Die Gerichte mit Beschreibungen wie „über Holzkohle gegrillter Chicorée- und Mozzarella-Salat mit kandierter Zitrone und trockengereiftem Cecina-Rind" klingen vielleicht etwas überkandidelt, wenn nicht sogar prätentiös, sind sind aber zweifelsohne lecker. Die lässig-elegante Atmosphäre, hervorragende Cocktails, eine Weinkarte, die sich sehen lassen kann, und einige der besten Desserts der Stadt tragen dazu bei, dass dies eine der empfehlenswertesten Adressen für ein gutes Abendessen in Bangkok ist.

Benjarong THAI $$$

(Karte S. 86; ☎02 200 9000; www.dusit.com; EG, Dusit Thani Hotel, 946 Th Phra Ram IV; Mittagsmenü zum Festpreis 650–750 B, Abendmenü zum Festpreis 1700 B, Hauptgerichte 390–1200 B; ⏲Mo–Fr 11–14.30 & 18–22, Sa 18–22 Uhr; ❄; M Si Lom, Ausgang 3, S Sala Daeng, Ausgang 4) Dieses Thai-Restaurant ist das Aushängeschild des Dusit Thani und verfügt nach einer Generalüberholung über einen prachtvollen, dekadenten Speisesaal. Als neuer Chefkoch konnte der Däne Morten Nielsen gewonnen werden. So überrascht es nicht, dass

VEGETARISCH ESSEN IN BANGKOK

Vegetarische Ernährung ist ein Trend unter den Einwohnern thailändischer Städte, aber speziell auf fleischfreie Kost ausgerichtete Restaurants sind noch immer dünn gesät.

Banglamphu hat dank der vielen auf Fleisch verzichtenden *fa·ràng* (Ausländer) die größte Konzentration an vegetarischen Restaurants. In diesem Stadtteil gibt es das alteingesessene **Arawy Vegetarian Food** (Karte S. 74; 152 Th Din So; Hauptgerichte ab 30 B; ⏲7–20 Uhr; ✎; ⛴Klorng-Boot bis Tha Phanfa Leelard) und das **May Kaidee's** (Karte S. 74; www.maykaidee.com; 33 Th Samsen; Hauptgerichte 80–120 B; ⏲9–22 Uhr; ❄✎; ⛴Tha Phra Athit (Banglamphu), das auch vegetarische Kochkurse anbietet. Die Restaurants **Shoshana** (S. 125) und **Hemlock** (S. 126) bieten eine breite Palette an fleischfreier Kost.

In den anderen Vierteln Bangkoks sind unter anderem die Restaurants **AJH Vegetarians** (Karte S. 106; Banana Family Park, Th Phahonyothin; Hauptgerichte 15–30 B; ⏲Di–So 7–14 Uhr; ✎; S Ari, Ausgang 1), **Anotai** (Karte S. 96; www.facebook.com/pages/Anotai/40116588503; 976/17 Soi Rama 9 Hospital, Th Phra Ram IX; Hauptgerichte 150–300 B; ⏲Do–Di 10–21.30 Uhr; ❄✎; M Phra Ram 9, Ausgang 3 & Taxi), **Bonita Cafe & Social Club** (Karte S. 86; 56/3 Th Pan; Hauptgerichte 160–250 B; ⏲Mi–Mo 11–22 Uhr; ❄✎; S Surasak, Ausgang 3), **Chennai Kitchen** (S. 128), **Saras** (S. 132) und **Thamna** (Karte S. 74; 175 Th Samsen; Hauptgerichte 90–190 B; ⏲Mo–Sa 11–15 & 17–21 Uhr; ❄✎; ⛴Tha Thewet) auf Vegetarier ausgerichtet. Jede Menge Fleischloses gibt's auch im **Issaya Siamese Club** (S. 130), im **Koko** (Karte S. 92; 262/2 Soi 3, Siam Sq; Hauptgerichte 75–250 B; ⏲11–21 Uhr; ❄✎; S Siam, Ausgang 2) und am Stand C8 im **MBK Food Island** (S. 134).

Während des Vegetarierfests im Oktober ist die ganze Stadt verrückt nach Tofu. Stände und Restaurants zeigen mit gelben Fähnchen an, dass sie fleischfreie Gerichte servieren. In Chinatown sind die meisten dieser Stände zu finden.

die Speisen eine Mischung aus westlichen Kochtechniken und thailändischen und gelegentlich auch anderen asiatischen Zutaten sind. So kommen köstliche Kreationen wie „knusprig-süße Schweinerippchen mit gesalzenem Sriracha-Kraut" auf den Tisch.

Somboon Seafood CHINESISCH-THAI $$$
(Karte S. 86; ☎ 02 233 3104; www.somboonseafood.com; Ecke Th Surawong & Th Naradhiwas Rajanagarindra/Chong Nonsi; Hauptgerichte 120–900 B; ⌚ 16–23.30 Uhr; ❄; Ⓢ Chong Nonsi, Ausgang 3) Ein hektischer, gigantisch großer Speisesaal, in dem sich alles um Meeresfrüchte dreht und der bis über Bangkoks Stadtgrenzen hinaus bekannt ist – nicht zuletzt für sein Krebscurry, das das beste der Stadt sein soll. Auch der in Soja geschmorte Seebarsch (*ɓlah grà·pong nêung see·éw*) zählt zu Somboons Spezialitäten und sollte, wie alle thailändischen Fischgerichte, mit einer großen Portion *kôw pàt ɓoo* (gebratener Reis mit Krebsfleisch) bestellt werden. Am besten schmeckt das alles, wenn man so viele Freunde wie möglich dazu einlädt.

Lumphini-Park & Th Phra Ram IV

Kai Thort Jay Kee NORDOST-THAI $$
(Polo Fried Chicken; Karte S. 90; 137/1-3 Soi Sanam Khli/Polo; Hauptgerichte 50–350 B; ⌚ 11–21 Uhr; ❄; Ⓜ Lumphini, Ausgang 3) Auch wenn das *sôm·đam*, der Klebreis und das *lâhp* in diesem ehemaligen Straßenstand den Eindruck erwecken, es handele sich um ein nordostthailändisches Lokal – das Brathähnchen, das dem Restaurant als Namensgeber diente, stammt eher aus dem Süden des Landes. Bedeckt mit einer dicken Schicht knusprig gebratenen Knoblauchs ist es aber dann doch eine für Bangkok typische Speise.

★ nahm THAI $$$
(Karte S. 90; ☎ 02 625 3388; www.comohotels.com/metropolitanbangkok/dining/nahm; EG, Metropolitan Hotel, 27 Th Sathon Tai/South; Mittagsmenü zum Festpreis 550–1500 B, Abendmenü zum Festpreis 2300 B, Gerichte 280–750 B; ⌚ Mo–Fr 12–14, tgl. 19–22.30 Uhr; ❄; Ⓜ Lumphini, Ausgang 2) Der australische Chefkoch und Autor David Thompson steht hinter einem der besten Thai-Restaurants in Bangkok (internationalen Kritikern zufolge sogar das beste weltweit). Inspiriert von alten Kochbüchern hat er vergessenen und exotisch klingenden Gerichten wieder neues Leben eingehaucht, z. B. Curry mit geräuchertem Fisch, Garnelen, Geflügelleber, Herzmuscheln, Chilischoten und schwarzem Pfeffer.

Wer abends hierherkommt, dem sei das mehrgängige Dinnermenü ans Herz gelegt, mittags kommt *kà·nŏm jeen*, dünne Reisnudeln mit Curry, auf den Tisch.

Wer mildes, auf den europäischen Geschmack getrimmtes Essen erwartet, wird hier enttäuscht. Reservierung empfohlen.

Issaya Siamese Club THAI $$$
(Karte S. 90; ☎ 02 672 9040; www.issaya.com; 4 Soi Sri Aksorn; Hauptgerichte 150–580 B; ⌚ 11.30–14.30 & 18–22.30 Uhr; ❄ ✎; Ⓜ Khlong Toei, Ausgang 1 & Taxi) Das in einer charmanten Villa aus den 1920er-Jahren untergebrachte Issaya ist der erste Versuch des thailändischen Starkochs Ian Kittichai, ganz auf die Küche seines Heimatlands zu setzen. Auf der Karte stehen in Sauce ertränkte Fleischspeisen und leichtere Gerichte mit Zutaten aus dem restauranteigenen Bio-Garten. Das Restaurant ist schwierig zu finden; am besten nimmt man ein Taxi über die Soi Ngam Du Phli.

Siam Square & Pratunam

Wer in diesem Teil des Zentrums vom Hunger übermannt wird, der ist hauptsächlich auf die Food-Courts und Kettenrestaurants in den Einkaufszentren angewiesen. Aber auch hier ist man in Thailand, und wenn man es schafft, die 08/15-Atmosphäre auszublenden, ist das Essen ganz ordentlich.

Nuer Koo CHINESISCH-THAI $
(Karte S. 92; 4. Stock, Siam Paragon, 991/1 Th Phra Ram I; Hauptgerichte 85–970 B; ⌚ 11.30–21.15 Uhr; ❄; Ⓢ Siam Ausgänge 3 & 5) Sieht so die Zukunft des Straßenstands aus? Das in einem Einkaufszentrum angesiedelte Nuer Koo serviert eine Luxusversion der bescheidenen Rindfleischnudeln. Sein Stück vom Rind sucht man selbst aus (auch vom Kobe-Rind aus Japan) und genießt es dann mit leckerer Brühe im klimatisierten Ambiente. Da geraten die guten alten Tage schnell in Vergessenheit.

Somtam NORDOST-THAI $
(Karte S. 92; 392/14 Soi 5, Siam Sq; Hauptgerichte 75–120 B; ⌚ 10.45–21.30 Uhr; ❄; Ⓢ Siam, Ausgang 4) In puncto Geschmack oder Authentizität kann das Somtam zwar nicht mit den Straßenständen mithalten, wer aber Wert darauf legt, gesehen zu werden, für den ist diese klimatisierte, angesagte Location genau richtig, um Spezialitäten aus Nordostthailand zu kosten. Abends muss man sich auf Wartezeiten einstellen.

INSIDERWISSEN

PONGTAWAT „IAN" CHALERMKITTICHAI: KÜCHENCHEF IN BANGKOK

Pongtawat „Ian" Chalermkittichai ist in Bangkok geboren und hat schon bei vielen TV-Kochshows mitgewirkt. Zudem ist er Schriftsteller sowie Chefkoch und Besitzer des **Issaya Siamese Club** (S. 130) und, vielleicht am bedeutendsten, Quelle der Inspiration für zwei Geschmacksrichtungen der Lay's-Kartoffelchips.

Können Sie den typischen Geschmack des Essens in Bangkok beschreiben? Essen aus Zentralthailand ist komplex. Da gibt es nicht nur eine Geschmacksebene, denn es basiert nicht auf Zutaten mit einem intensiven Geschmack. Aber es ist sehr reichhaltig; Curry-Gerichte im zentralen Thailand werden mit Kokosmilch zubereitet. Außerdem haben wir hier Zugang zu allen möglichen Zutaten: Das Meer ist nicht weit, also haben wir Meeresfrüchte, und es gibt auch Süßwasserfisch und Essen aus den Regionen, wo Meer und Flüsse aufeinandertreffen.

Können Sie uns ein paar klassische Bangkok-Gerichte nennen? Currys auf Reis, im Wok gebratene oder chinesisch-thailändische Gerichte, Nudelvariationen wie *pàt tai* oder die Bootsnudeln. Manche Einwohner kochen immer noch königliche Thai-Gerichte, aber selten. Ein Beispiel ist Pomelo-Salat, der sehr erfrischend ist, da er mit vielen Kräutern und frischen Zutaten zubereitet wird. Auch die Textur ist angenehm, mit der Pomelo und den knusprig angebratenen Frühlingszwiebeln. Nicht zu vergessen die Chilipaste und die Kaffirlimettenblätter, die dem Salat jede Menge Geschmack verleihen.

Welche Straßenstände und Restaurants servieren gutes Bangkok-Essen? Ich persönlich mag die Bootsnudeln, die es nahe der Tha Pratunam gibt. **Jay Fai** (S. 126) hat ein großartiges Krabbenomelette. Bei **Krua Apsorn** (S. 125) gibt es leckere grüne Currys mit Hühnchen und gebratene *pàk kràchèt* (Wassermimose; eine Gemüseart).

Welches Viertel ist die beste Adresse für Anfänger in Sachen Bangkok-Essen? Die Th Thong Lor bietet einige tolle Anlaufstellen. Es gibt einen Stand, der seit 30 Jahren Klebreis verkauft, einen Stand mit Austernomelettes, Nudeln mit geschmorter Ente und gute Restaurants wie das **Soul Food Mahanakorn** (S. 133).

Welcher Markt ist der beste? Ich gehe mit Besuchern meist auf den **Wong-Wian-Yai-Markt** (Th Charoen Rat; ⏲17–22 Uhr; Ⓢ Wongwian Yai, Ausgang 1). Er wird auch Lao-Markt genannt, da es hier auch viele Dinge vom Land zu kaufen gibt, viele Kräuter und Dinge wie Frösche und teilweise auch gute Meeresfrüchte. Hier findet man viele warme Speisen, aber auch Thai-Snacks und -Süßwaren.

Food Plus THAI $

(Karte S. 92; zw. Soi 5 & Soi 6, Siam Sq; Hauptgerichte 30–70 B; ⏲Di–So 9–15 Uhr; Ⓢ Siam, Ausgang 2) In dieser engen Gasse quellen die Auslagen der *ráhn kôw gaang* (Reis- und Curry-Buden) fast über. Alles wird im Voraus zubereitet, sodass man einfach nur auf das Gericht zeigt, das einem lecker scheint. Dabei wird man es kaum schaffen, mehr als 100 B auszugeben, alles schmeckt aber authentisch und unfassbar lecker.

Din Tai Fung CHINESISCH $$

(Karte S. 92; 7. Stock, CentralWorld, Th Ratchadamri; Gerichte 65–315 B; ⏲11–22 Uhr; ❄📝; Ⓢ Chit Lom, Ausgang 9 bis Sky Walk, Siam, Ausgang 6 bis Sky Walk) Die meisten Gäste dieses viel gelobten taiwanesischen Kettenrestaurants zieht es wegen der *xiao long bao* (mit Brühe gefüllte „Suppen"-Klöße) hierher. Aber nicht nur die sind lecker; die anderen nordchinesischen Gerichte sind ebenso gut und lohnen den Ausflug in die abgelegeneren Regionen der Speisekarte.

Coca Suki CHINESISCH, THAI $$

(Karte S. 92; 416/3-8 Th Henri Dunant; Hauptgerichte 98–788 B; ⏲11–23 Uhr; ❄📝; Ⓢ Siam, Ausgang 6) Das Coca Suki ist beliebt bei einheimischen Familien. Die Spezialität ist *sù·gêe*, ein Eintopf auf Brühebasis, in den man rohe Zutaten tunkt. Das Coca bietet das Gericht schon lange an und die Filiale am Siam Square zeigt, dass man trotzdem modern sein möchte. Ein Tipp für alle, die es scharf mögen: Die würzige Brühe *tom yam* probieren.

Sra Bua THAI $$$

(Karte S. 92; ☎02 162 9000; www.kempinski.com/en/bangkok/siam-hotel/dining; EG, Siam Kempinski

NICHT VERSÄUMEN

DINNER-BOOTSFAHRTEN AUF DEM MAE NAM CHAO PHRAYA

Eine Dinner-Bootsfahrt auf dem Mae Nam Chao Phraya gilt als einzigartiges Bangkok-Erlebnis, und mehrere Unternehmen bieten solche Fahrten an. Allerdings wird dabei meist eine recht kitschige Atmosphäre mit lautem Unterhaltungsprogramm auf den riesigen, hell beleuchteten Booten geschaffen, sodass man kaum noch mitbekommt, dass man auf dem Wasser ist. Das Essen, das als Buffet aufgetischt wird, reicht von mittelmäßig bis nicht erwähnenswert. Andererseits macht der Blick vom dunklen Fluss auf die beleuchteten Tempel und Wolkenkratzer am Ufer und die kühle Brise all das wieder wett.

Gute Anlaufstelle für alle Fragen rund um eine Dinner-Bootsfahrt ist das **River City Check-in-Zentrum für Bootstouren** (Karte S. 84; www.rivercity.co.th; EG, River City, 23 Th Yotha; ⌚10–22 Uhr; ⛴Tha Si Phraya/River City, oder Shuttleboot ab Tha Sathon (Central Pier), wo Tickets für **Grand Pearl** (☎02 861 0255; www.grandpearlcruise.com; 2000 B; ⌚Bootsfahrt 19.30–21.30 Uhr; ⛴Tha Si Phraya/River City), **Chaophraya Cruise** (☎02 541 5599; www.chaophrayacruise.com; 1700 B; ⌚Bootsfahrt 19–21 Uhr; ⛴Tha Si Phraya/River City), **Wan Fah** (☎02 622 7657; www.wanfah.in.th/eng/dinner; 1300 B; ⌚Bootsfahrt 19–21 Uhr; ⛴Tha Si Phraya/River City), **Chao Phraya Princess** (☎02 860 3700; www.thaicruise.com; 1400 B; ⌚Bootsfahrt 19.50–21.50 Uhr; ⛴Tha Si Phraya/River City) und **White Orchid** (☎02 438 8228; www.thairivercruise.com; 1400 B; ⌚Bootsfahrt 19.20–21.45 Uhr; ⛴Tha Si Phraya/River City) gekauft werden können. Alle Bootsfahrten legen am Tha Si Phraya/River City ab. Auf der Website gibt's genauere Infos dazu, was gerade angeboten wird.

Eine Erfahrung der gehobeneren Art bietet **Manohra Cruises** (☎02 476 0022; www.manohracruises.com; Erw. 875–1250 B, Kind 1750–2500 B; ⛴hoteleigenes Shuttleboot ab Tha Sathon (Central Pier). Die Fahrt findet an Bord von restaurierten Reisbarkassen aus Teakholz statt und ist natürlich um einiges stilvoller, und auch das Essen ist besser als das bei den anderen Dinner-Bootsfahren. Abfahrt ist am Anantara Bangkok Riverside Resort & Spa, das mit dem hoteleigenen Shuttle-Boot ab Tha Sathon (Central Pier) erreichbar ist.

Hotel, 991/9 abseits der Th Phra Ram I; Hauptgerichte 650–890 B, Tagesmenü 1350–2700 B; ⌚12–15 & 18–22.30 Uhr; ❄; S Siam Ausgänge 3 & 5) Das Sra Bua wird von einem thailändisch-dänischen Paar betrieben, dessen Kopenhagener Restaurant Kiin Kiin mit einem Michelin-Stern ausgezeichnet wurde. Entsprechend weist die Thai-Küche hier internationale Einflüsse auf. Indem die beiden die Thai-Speisen mit Molekularküche zubereiten, kreieren sie unkonventionelle Gerichte wie „warmer Hummer mit Perlen aus gefrorenem Curry". Reservierung empfohlen.

Sukhumvit

Auf dieser schier endlos langen Straße kann man – für die Dauer des Essens – schon mal vergessen, dass man in Thailand ist.

Gokfayuen CHINESISCH $

(Karte S. 96; www.facebook.com/wuntunmeen; 161/7 Soi Thong Lor 9; Hauptgerichte 69–139 B; ⌚11–23.30 Uhr; ❄; S Thong Lo, Ausgang 3 & Taxi) Dieses neue Restaurant hat sich alle Mühe gegeben, hongkongtypische Gerichte hier in Bangkok neu aufzulegen. Zu den (hausgemachten) Nudeln aus Weizen und Ei passen gebratenes Schweinefleisch oder gedünstetes Gemüse mit Austernsauce hervorragend. Auch der Milchtee à la Hongkong ist lecker.

Klang Soi Restaurant THAI $

(Karte S. 96; Soi 49/9 Th Sukhumvit; Hauptgerichte 80–250 B; ⌚Di–So 11–14.30 & 17–22 Uhr; ❄; S Phrom Phong, Ausgang 3 & Taxi) In diesem Restaurant in Sukhumvit geht die typische thailändische Omi essen. Die durch den Kopierer gejagte Speisekarte umfasst alte Spezialitäten aus Zentral- und Südthailand sowie einige westliche Gerichte.

Zu finden am Ende der Soi 49/9 im Komplex des Racquet Club.

Saras INDISCH $

(Karte S. 96; www.saras.co.th; Soi 20, Th Sukhumvit; Hauptgerichte 90–200 B; ⌚9–22.30 Uhr; ❄✍; M Sukhumvit, Ausgang 2, S Asok, Ausgang 4) Der Slogan „Fast-Food-Schlaraffenland" mag vielleicht nicht die cleverste PR für ein Restaurant sein, aber es ist eine ziemlich passende Beschreibung dieses indischen Restaurants. Man bestellt an der Theke und erhält dann knusprige *dosai (knuspriges süd-indisches Brot)*, fleischfreie regionale Gerichte oder reichhaltige Currys (das Essen wird einem an den Tisch gebracht). Wenn Fast Food doch immer so befriedigend wäre!

Game Over AMERIKANISCH $$
(Karte S. 96; www.gameover.co.th; Liberty Plaza, 1000/39 Soi 55/Thong Lor, Th Sukhumvit; Hauptgerichte 160–340 B; ⌚Di–So 11.30–14.30 & 17.30–23.30, Mo 17.30–23.30 Uhr; ❄; S Thong Lo, Ausgang 3 & Taxi) In diesem neu eröffneten Videospiel-Zentrum mit Restaurant werden Erinnerungen an die Teenagerjahre wach. Man kann *Call of Duty* zocken und nebenher noch einen der besten Burger Bangkoks verdrücken. Ältere Gamer freuen sich über Scrabble und eine beeindruckende Auswahl an importierten Bieren aus Kleinbrauereien.

★ **Jidori-Ya Kenzou** JAPANISCH $$$
(Karte S. 96; abseits der Soi 26, Th Sukhumvit; Gerichte 60–350 B; ⌚Mo–Sa 17–24 Uhr; ❄; S Phrom Phong, Ausgang 4) Das gemütliche japanische Restaurant serviert exzellente Tofugerichte, köstliche Salate und hervorragende Desserts. Hier ist alles überdurchschnittlich lecker, das Highlight sind aber die geräucherten, perfekt marinierten Hähnchenspieße.

Little Beast INTERNATIONAL $$$
(Karte S. 96; ☎02 185 2670; www.facebook.com/littlebeastbar; 44/9-10 Soi Thong Lor 13; Hauptgerichte 300–750 B; ⌚Di–Sa 17.30–1, So 11–16 Uhr; ❄📶; S Phrom Phong, Ausgang 3 & Taxi) Das Little Beast ist durch und durch Bangkok, gleichzeitig aber auch durch und durch lecker und außerdem ein wenig von der modernen amerikanischen Küche beeinflusst. Hier kommen Fleischgerichte, üppige Salate und einige der leckersten Desserts der ganzen Stadt auf den Tisch (allein die Eiscreme-Sandwichs lohnen den Besuch).

Nasir Al-Masri NAHÖSTLICH $$$
(Karte S. 96; 4/6 Soi 3/1, Th Sukhumvit; Hauptgerichte 160–370 B; ⌚24 Std.; ❄🖉; S Nana, Ausgang 1) Eines von mehreren Restaurants mit nahöstlicher Küche in der Soi 3/1. Das Nasir Al-Masri ist leicht erkennbar, denn vom Boden bis zur Decke ist alles in Edelstahl gehalten. Obwohl sich in der nahöstlichen Küche alles um Fleisch dreht, gibt's hier auch köstliche vegetarische *mezze* (kleine Gerichte).

Bo.lan THAI $$$
(Karte S. 96; ☎02 260 2962; www.bolan.co.th; 24 Soi 53, Th Sukhumvit; Tagesmenü 980–2680 B; ⌚Do–So 12–14.30 & 19–22.30, Di & Mi 11.30–22.30 Uhr; ❄🖉; S Thong Lo, Ausgang 1) In gehobenen Thai-Restaurants geht's oft mehr ums Aussehen als um den Geschmack, aber das Bo.lan ist da eine Ausnahme. Die Besitzer Bo und Dylan (Bo.lan ist ein Wortspiel, das auch „antik" bedeutet) wissen genau, was sie tun, und Resultat ihrer Interpretation der Thai-Küche sind großzügige Menüs mit würzigen Thai-Gerichten. À la carte wird nicht angeboten, dafür aber vegetarische Menüs. Reservierung empfohlen.

Bei Otto DEUTSCH $$$
(Karte S. 96; ☎02 260 0869; www.beiotto.com; 1 Soi 20, Th Sukhumvit; Hauptgerichte 185–995 B; ⌚11–24 Uhr; ❄🖉; M Sukhumvit, Ausgang 2, S Asok, Ausgang 4) Seit mehr als 30 Jahren ist das Bei Otto nun schon hier zu Hause. Sein ganzer kulinarischer Stolz sind seine Schweinshaxen, die angeblich die besten der Stadt sein sollen. Hinzu kommen eine gute Auswahl deutscher Biere und ein angeschlossener Feinkostladen mit himmlischem Brot und echter Wurst. Wer Heimweh hat, sollte also unbedingt hier vorbeischauen.

Soul Food Mahanakorn THAI $$$
(Karte S. 96; ☎02 714 7708; www.soulfoodmahanakorn.com; 56/10 Soi 55/Thong Lor, Th Sukhumvit; Hauptgerichte 140–300 B; ⌚17.30–24 Uhr; ❄🖉; S Thong Lo, Ausgang 3) Das Soul Food begeistert mit seiner Doppelnatur als einladendes Restaurant – auf der Karte finden sich Abwandlungen rustikaler thailändischer Gerichte – und als Bar mit leckeren, alkoholischen, thailändisch inspirierten Cocktails. Reservierung empfohlen.

Thewet & Dusit

Thewet lässt vielleicht eine gewisse kulinarische Vielfalt vermissen, trumpft dafür aber mit einem tollen Blick auf den Fluss auf.

Khinlom Chom Sa-Phan THAI $$
(Karte S. 100; ☎02 628 8382; www.khinlomchomsaphan.com; 11/6 Soi 3, Th Samsen; Hauptgerichte 95–2500 B; ⌚11.30–24 Uhr; ⛴Tha Thewet) Einheimische zieht es dank der Mischung aus Flussblick und leckeren Gerichten mit Meeresfrüchten in dieses Freiluftrestaurant. Es ist sehr beliebt, also unbedingt vorab anrufen und einen Tisch am Flussufer reservieren.

Steve Café & Cuisine THAI $$
(Karte S. 100; www.stevecafeandcuisine.com; 68 Soi 21, Th Si Ayuthaya; Hauptgerichte 160–390 B; ⌚Mo–Fr 11.30–14.30, Sa & So 11.30–23 Uhr; ⛴Tha Thewet) Der schlecht gewählte Name dient anscheinend nur als Deckmantel für dieses gehobene Thai-Restaurant in einem Gebäude direkt am Ufer. Auf der Speisekarte steht eine gute Auswahl an Thai-Gerichten und der Service ist selbst bei vollem Haus freundlich und effizient.

NICHT VERSÄUMEN

BANGKOKS BESTE FOOD-COURTS

Rund um den Siam Square finden sich einige der größten Einkaufszentren Bangkoks und auch überdurchschnittlich viele Food-Courts. Sie eignen sich prima dafür, quasi einen Zeh in das Meer der Thai-Küche zu tauchen, zumal sie in der Regel preiswert, sauber und klimatisiert sind und eine englischsprachige Karte vorhanden ist. Meistens geht man zunächst an eine der Kassen und kauft Gutscheine oder eine Karte mit Guthaben. Das Wechselgeld erhält man dann später an derselben Kasse zurück.

MBK Food Island (Karte S. 92; 6. Stock, MBK Center, Ecke Th Phra Ram I & Th Phayathai; Hauptgerichte 35–150 B; ⌚10–22 Uhr; ❄ ✍; S National Stadium, Ausgang 4) Zum Zeitpunkt der Recherche 2015 wurde hier gerade renoviert. Mittlerweile sollte der Urvater aller hiesigen Food-Courts aber wieder geöffnet haben, in dem Dutzende Imbisse ihre Gerichte (chinesisch-thailändisch, regional und international) anbieten.

Gourmet Paradise (Karte S. 92; EG, Siam Paragon, 991/1 Th Phra Ram I; Hauptgerichte 35–500 B; ⌚10–22 Uhr; ❄ ✍; S Siam Ausgänge 3 & 5) Das geschäftige Gourmet Paradise vereint internationale Fast-Food-Ketten, einheimische Restaurants und Imbissstände im Food-Court-Stil und hat eine besondere Vorliebe für Süßwaren.

Food Republic (Karte S. 92; 4. Stock, Siam Center, Ecke Th Phra Ram I & Th Phayathai; Hauptgerichte 30–200 B; ⌚10–22 Uhr; ❄ ✍; S Siam, Ausgang 1) Der schönste Food-Court der Stadt bietet einen guten Mix aus thailändischen und internationalen (meist asiatischen) Ständen in einem offenen, modernen Ambiente. Am überzeugendsten waren die thailändisch-muslimischen Gerichte am Stand „Curry Rice“.

Food Loft (Karte S. 92; www.centralfoodloft.com; 6. Stock, Central Chidlom, 1027 Th Phloen Chit; Hauptgerichte 65–950 B; ⌚10–22 Uhr; ❄ ✍; S Chit Lom, Ausgang 5) Dieses Kaufhaus ist Vorreiter des Konzepts des gehobenen Food-Court, in dem indische, italienische, japanische und weitere internationale Küchen gekonnt interpretiert werden.

Eathai (Karte S. 92; www.facebook.com/EathaibyCentral; UG, Central Embassy, 1031 Th Phloen Chit; Hauptgerichte 60–360 B; ⌚10–22 Uhr; ❄ ✍; S Phloen Chit, Ausgang 5) Ein riesiger neuer Food-Court, der Thai-Gerichte aus nahezu allen Ecken des Landes auf den Tisch bringt, auch solche aus berühmten Straßenimbissen und Restaurants in Bangkok.

FoodPark (Karte S. 92; 4. Stock, Big C, 97/11 Th Ratchadamri; Hauptgerichte 30–90 B; ⌚9–21 Uhr; ❄; S Chit Lom, Ausgang 9 bis Sky Walk) Die Auswahl hier inspirieren vielleicht nicht gerade dazu, nach Thailand umzuziehen, die Gerichte sind aber üppig, preiswert und entsprechen genau der Art von Fast Food, die die Einheimischen mögen.

Um herzukommen, geht man in die Th Si Ayuthaya und durch den Wat Thevaratkunchong bis der Fluss erreicht ist. Die Einheimischen zeigen gern den Weg.

Ratchathewi

Tida Esarn NORDOST-THAI $

(Karte S. 102; 1/2-5 Th Rang Nam; Hauptgerichte 40–300 B; ⌚10.30–22.30 Uhr; S Victory Monument, Ausgang 2) Das Tida Esarn serviert in städtischem Ambiente Gerichte aus dem ländlichen Thailand. Viele Ausländer zählen zu den Gästen, die Küche verzichtet deshalb aber nicht auf Gerichte nach Isan-Art wie *súp nòr mái*, ein scharfer Salat aus Bambus.

Pathé THAI, INTERNATIONAL $$

(Karte S. 102; www.patherestaurant.com; 507 Th Ratchawithi; Hauptgerichte 94–275 B; ⌚7 Uhr–Mitternacht; ❄; S Victory Monument, Ausgang 4) Dies ist die moderne thailändische Antwort auf das American Diner der 1950er-Jahre. Das beliebte Lokal bietet ordentliches Thai-Essen, eine heitere Atmosphäre und eine Jukebox mit zerkratzten Platten. Die Karte ist bunt gemischt und kombiniert thailändische und westliche Zutaten. Unbedingt Platz lassen für die frittierte Eiscreme!

Nördliches Bangkok

Khua Kling Pak Sod SÜD-THAI $$

(Karte S. 106; ☎02 617 2553; www.khuaklingpaksod.com; 24 Soi 5, Th Phahonyothin; Hauptgerichte 150–380 B; ⌚11–14.30 & 17.30–21.30 Uhr; ❄; S Ari, Ausgang 1) Süd-Thai ist die wahrscheinlich schärfste Küche des Landes. Wenn man beim Essen also schon ins Schwitzen gerät, warum nicht in stilvoller Umgebung? Zu den empfehlenswerten Gerichten zählen das namensgebende *khua kling*, Hackfleisch in einer dem Eindruck nach leicht entflammbaren Currypaste, sowie die chinesisch-thailändische, aus Phuket stammende Spezialität *moo hong*, wohlriechender, fast schon süßlicher geschmorter Schweinebauch.

Fatbird INTERNATIONAL $$

(Karte S. 106; ☎ 02 619 6609; www.facebook.com/fatbird; Soi 7/Ari, Th Phahonyothin; Hauptgerichte 160–300 B; ⏲ Di–So 17.30–24 Uhr; ❄; Ⓢ Ari, Ausgang 3) Als Abendessen sind die Gerichte hier – von frittierten Kartoffelbällchen bis hin zu scharfem Reis – nicht wirklich geeignet. Als Barsnacks taugen sie aber allemal, vor allem in Kombination mit einem der genialen Cocktails, der Shophouse-Atmosphäre und der guten Musik.

Ausgehen & Nachtleben

Einst war Bangkok berühmt-berüchtigt für ein Nachtleben, das keine Tabus kennt. In den letzten Jahren jedoch beschränken strenge Auflagen den Verkauf von Alkohol, und es gibt zunehmend konservative Sperrstunden. Trotzdem findet man noch immer eine witzige Bar- und Clubszene vor, und ein paar Locations schenken sogar nach 2 Uhr noch Alkohol aus.

Das Bangkoker Nachtleben hat viele Facetten: Es gibt alles von Pubs im englischen Stil, wo man sich bequem mit einem Bier und der Zeitung hinsetzen kann, bis hin zu schicken Schuppen, wo die Schönen und Reichen hingehen, um zu sehen und gesehen zu werden. Viele Besucher verbinden mit Bangkok aber die Art von Bars, die keine Adresse haben – und die findet man fast überall in der Stadt. Das sind Lokale, bei denen man auf Plastikstühlen an der Straße inmitten der Autoabgase sitzt und zwischen dem Zuprosten gedankenverloren an Leckereien knabbert. Bangkok ist auch eine der wenigen Großstädte der Welt, wo es niemanden kümmert, wenn man eine Bar auf das Dach eines Wolkenkratzers setzt. Die meisten Bars schließen um Mitternacht und Rauchen ist bei Veranstaltungen drinnen (und denen, die nur halbwegs draußen stattfinden) verboten.

Bangkoks Nachtclub-Szene ist so wachsweich wie eine reife Mango, und diese richtig coole Disko, die man beim letzten Thailand-Trip vor ein paar Jahren hier entdeckt hat, wird aller Wahrscheinlichkeit nach inzwischen schon längst Geschichte sein. Infos darüber, was gerade in der Stadt geboten wird, finden sich im Revolverblatt **BK**, in der Freitagsbeilage **Guru** der *Bangkok Post* oder auf **Siam2nite** (www.siam2nite.com). Alternativ wendet man sich an die Organisatoren der weithin beliebten monatlichen DJ-Events wie **Dudesweet** (www.dudesweet.org) oder **Paradise Bangkok** (www.facebook.com/paradisebangkok). Der Eintrittspreis für die Nachtclubs beträgt 100 bis 800 B und beinhaltet in der Regel einen oder zwei Drinks. Seit einem behördlichen Beschluss im Jahr 2004 muss die Mehrheit der Bangkoker Clubs um 1 Uhr schließen. Ein kompliziertes Einteilungssystem erlaubt es Veranstaltungsorten in bestimmten „Unterhaltungs-Zonen", darunter Royal City Ave/RCA, Th Silom und Teile der Th Sukhumvit, bis um 2 Uhr geöffnet zu haben (manchmal sogar bis 3 Uhr), aber selbst diese längeren Öffnungszeiten unterliegen der Laune der Polizei.

Ko Ratanakosin, Banglamphu & Thonburi

Romantische Drinks am Fluss sind die Spezialität der Barszene von Ko Ratanakosin, während die lärmende Th Khao San eine der besten Destinationen für eine Partynacht ist.

Hippie de Bar BAR

(Karte S. 74; www.facebook.com/hippie.debar; 46 Th Khao San; ⏲ 15–2 Uhr; ⛴ Tha Phra Athit (Banglamphu)) Die wahrscheinlich beste Bar in Banglamphu punktet mit einer abgefahrenen Retroatmosphäre und Sitzgelegenheiten drinnen und draußen. Dazu gibt's einen für Bangkok einzigartigen Mix aus Indie und Pop auf die Ohren. Trotz ihrer Lage auf der Th Khao San sieht man in der Bar überraschend wenige ausländische Gesichter. Ein toller Ort, um mit Einheimischen ins Gespräch zu kommen.

Madame Musur BAR

(Karte S. 74; 41 Soi Ram Buttri; ⏲ 8–1 Uhr; ⛴ Tha Phra Athit (Banglamphu)) Das Madame Musur erspart einem die Fahrt Richtung Norden nach Pai, denn es versprüht die schwer fassbare Atmosphäre einer Mischung aus Nordthailand, *The Beach* und der Th Khao San. Ein toller Ort zum Quatschen, Trinken und Leute beobachten. Zudem bietet es eine kleine Auswahl nordthailändischer Gerichte (100–200 B), sodass man hier auch ganz gut essen kann.

NICHT VERSÄUMEN

BANGKOKS BESTE DACHBARS

In der Vergangenheit waren in Bangkok die Bars auf den Dächern der Wolkenkratzer nur etwas für gut betuchte Traveller, inzwischen aber hat sich die Bandbreite vergrößert und es gibt ganz unterschiedliche Bars von schlicht bis förmlich. Man muss aber wissen, dass so gut wie alle Dachbars der Hotels in Bangkok eine strenge Kleiderordnung haben und wer in Shorts und/oder Sandalen auftaucht, wird nicht reingelassen – auch hübsche Glitzersandalen sind nicht erlaubt. Die Ladies sollten also ein Paar schicke Schuhe mit Absatz dabeihaben.

Moon Bar (Karte S. 90; www.banyantree.com/en/web/banyantree/ap-thailand-bangkok/vertigo-and-moon-bar; 61. Stock, Banyan Tree Hotel, 21/100 Th Sathon Tai/South; 17–1 Uhr; M Lumphini, Ausgang 2) Eine beunruhigend niedrige Absperrung trennt die Gäste dieser Dachbar von den 61 Stockwerke tiefer liegenden Straßen Bangkoks. Die Moon Bar auf dem Banyan Tree Hotel ist nach eigenen Angaben eine der höchstgelegenen Freiluftbars der Welt.

River Vibe (Karte S. 84; 8. Stock, River View Guesthouse, abseits der Soi Charoen Phanit; 19.30–23 Uhr; Tha Marine Department, M Hua Lamphong, Ausgang 1 & Taxi) Wer sich die überteuerten Cocktails der hochpreisigen Bangkoker Dachbars nicht leisten kann oder will, der sollte im River Vibe vorbeischauen. Der tolle Flussblick ist alles andere als ein fauler Kompromiss.

Cloud 47 (Karte S. 86; https://www.facebook.com/thecloud47; 47. Stock, United Center, 323 Th Silom; 17–1 Uhr; M Si Lom, Ausgang 2, S Sala Daeng, Ausgang 2) Etwas mehr Bewegungsfreiheit – genau genommen sogar genug, um Kricket zu spielen – gefällig? Dann ist diese Dachbar genau das Richtige. Hier kann man sich bei viel Platz zurücklehnen und die Livemusik und die Lage mitten im Finanzbezirk der Stadt mit den zahllosen beeindruckend hohen Gebäuden rundherum genießen.

Sky Bar (Karte S. 84; www.lebua.com/sky-bar; 63. Stock, State Tower, 1055 Th Silom; 18–1 Uhr; Tha Sathon (Central Pier), S Saphan Taksin, Ausgang 3) Wer die breiten Stufen hinab zu dieser über dem Abgrund hängenden Bar mit Blick auf die Bangkoker Skyline und den Mae Nam Chao Phraya schreitet, fühlt sich gleich wie eine Hollywood-Diva. Einige Szenen aus dem zweiten Teil von Hangover wurden hier gedreht – und obwohl sie nicht gerade günstig sind, sind die Cocktails hier ein echter Genuss.

Roof (Karte S. 74; www.salaresorts.com/rattanakosin; 5. Stock, Sala Rattanakosin, 39 Th Maha Rat; Mo–Do 17–24, Fr–So bis 1 Uhr; Tha Tien) Hier erwartet die Gäste zwar nicht dieselbe Loft-Atmosphäre wie in vielen anderen Dachbars, das Roof – direkt am Fluss gelegen – macht dies jedoch mit dem zweifellos schönsten Blick auf den Wat Arun wieder wett.

Park Society (Karte S. 90; 29. Stock, Sofitel So, 2 Th Sathon Neua/North; 17–2 Uhr; M Lumphini, Ausgang 2) Der Blick von hier oben schweift zuerst hinunter auf die grüne Weite des Lumphini-Parks, die abrupt von hoch aufragenden Gebäuden zu fast allen Seiten begrenzt wird. Und da soll noch einer sagen, Bangkok erinnere nicht sofort an Manhattan. Leider erinnern auch die Getränkepreise im Park Society stark an New York City, jeden Monat gibt's aber einige Specials, die günstiger sind.

Phra Nakorn Bar & Gallery (Karte S. 74; www.facebook.com/Phranakornbarandgallery; 58/2 Soi Damnoen Klang Tai; 18–1 Uhr; Klorng-Boot bis Tha Phanfa Leelard) Neben dem reizenden Blick auf das alte Bangkok bietet die luftige Dachterrasse dieser künstlerisch angehauchten Bar auch billiges und leckeres Thai-Essen.

Sky Train Jazz Club (Karte S. 102; Ecke Th Rang Nam & Th Phayathai; 17–2 Uhr; S Victory Monument, Ausgang 2) Ein Besuch in dieser lachhaft unpassend benannten Bar fühlt sich eher an, als würde man auf dem Dach der Wohnung eines Freundes abhängen als in einem Jazzclub. Den BTS sieht man aber tatsächlich und ab und zu gibt's auch Jazz, und es herrscht eine abgerissene Kneipenatmosphäre. Um hierherzukommen, hält man nach dem Schild Ausschau und geht vorbei an zahllosen Graffitis über eine Treppe hinauf bis zum Dach.

The Club
NACHTCLUB

(Karte S. 74; www.facebook.com/theclubkhaosanbkk; 123 Th Khao San; Eintritt Fr & Sa 120 B; ⏲21–2 Uhr; ⛴Tha Phra Athit (Banglamphu) Zu den Gästen des höhlenartigen Tanzclubs mitten auf der Th Khao San zählen sowohl Einheimische als auch Backpacker. Infos zu geplanten Veranstaltungen und Gast-DJs gibt's auf der Facebook-Seite.

Center Khao Sarn
BAR

(Karte S. 74; Th Khao San; ⏲24 Std.; ⛴Tha Phra Athit (Banglamphu) Von der Terrasse im Freien kann man aus erster Reihe das Kommen und Gehen auf der Th Khao San beobachten. In der Bar spielen bis spät in die Nacht hinein Bands.

Rolling Bar
BAR

(Karte S. 74; Th Prachathipatai; ⏲17–24 Uhr; ⛴Klorng-Boot bis Tha Phanfa Leelard) Mit ihrer ruhigen Lage am Kanal ist diese Bar ein guter Zufluchtsort abseits der hektischen Th Khao San. Salzige Barsnacks und Livemusik sorgen dafür, dass man auch nicht so schnell wieder geht.

Chinatown & Phahurat

Abgesehen von ein paar neuen Bars auf der Soi Nana hat Bangkoks Chinatown in Sachen Nachtleben leider vor allem eher zweifelhafte Locations zu bieten. Am besten holt man sich an den hiesigen Straßenständen etwas zu essen, bevor man sich zum Ausgehen nach Banglamphu oder Silom aufmacht, die nicht weit entfernt liegen.

★ Tep Bar
BAR

(Karte S. 80; www.facebook.com/TEPBAR; 69-71 Soi Nana; ⏲Di–So 17–24 Uhr; Ⓜ Hua Lamphong, Ausgang 1) Solch eine elegante und doch unterhaltsame Bar würde man in Chinatown eigentlich gar nicht erwarten. Das Tep erreicht dies durch sein modernes Interieur mit thailändischen Akzenten, die leckeren Cocktails (das Aushängeschild der Bar), thailändische Snacks sowie die laute thailändische Livemusik jeden Freitag und Samstag.

El Chiringuito
BAR

(Karte S. 80; ☎086 340 4791; www.facebook.com/elchiringuitobangkok; 221 Soi Nana; ⏲Do–So 18–24 Uhr; Ⓜ Hua Lamphong, Ausgang 1) Die Bar im Retrostil bietet Sangria, spanischen Gin und spanische Barsnacks, aber auch wechselnde Kunstausstellungen. Die Öffnungszeiten sind sehr variabel. Am besten ruft man vorher an oder schaut auf der Facebook-Seite vorbei.

Silom & Sathon

Der südliche Teil Siloms ist das Schwulenviertel Bangkoks, in der Gegend finden sich aber mehrere tolle Bars und Tanzclubs, in denen alle Gäste willkommen sind.

Smalls
BAR

(Karte S. 90; 186/3 Soi Suan Phlu; ⏲20.30 Uhr–open end; Ⓜ Lumphini, Ausgang 2 & Taxi) Das Smalls ist eine jener Bars, die zwar neu sind, sich aber anfühlen, als gäbe es sie schon ewig. Die Gäste erwartet ein kitschig-dekadentes Innendesign, eine einladende Dachterrasse sowie Livemusik (Do & Fr). Die vielen verschiedenen Hauscocktails sind zwar süß, aber dennoch stark, und die Barsnacks reichen von Rillettes bis Quesadillas.

Namsaah Bottling Trust
BAR

(Karte S. 86; www.namsaah.com; 401 Soi 7, Th Silom; ⏲17–2 Uhr; Ⓜ Si Lom, Ausgang 2, Ⓢ Sala Daeng, Ausgang 2) Im Namsaah sollte man allerorts das Unerwartete erwarten: Vom Gebäude (ein ehemaliges Herrenhaus, das nun in einem unpassenden grellen Pink angestrichen und in einem dunklen, clubartigen Stil eingerichtet ist) bis hin zu den Cocktails (Klassiker mit ein oder zwei zusätzlichen Besonderheiten), Barsnacks und Gerichten (z. B: *pàt tai* mit Foie gras) ist hier alles mit der genau richtigen Menge an Verrücktheit ausgestattet.

Tapas Room
NACHTCLUB

(Karte S. 86; 114/17-18 Soi 4, Th Silom; Eintritt 100 B; ⏲19–2 Uhr; Ⓜ Si Lom, Ausgang 2, Ⓢ Sala Daeng, Ausgang 1) Obwohl diese alteingesessene zweistöckige Disko direkt am Anfang von Bangkoks Schwulenstraße schlechthin liegt, ist hier wirklich jeder willkommen. Von Donnerstag bis Samstag bringen DJs und Live-Schlagzeuger den Club beinahe zum Bersten.

Cé La Vi
NACHTCLUB

(Karte S. 86; www.kudeta.com/bangkok; 38. & 39. Stock, Sathorn Square Complex, 98 Th Sathon Neua/North; ⏲Mo–Do 11–1, Fr & Sa bis 3 Uhr; Ⓢ Chong Nonsi, Ausgang 1) Mit mehreren Bars, drei Restaurants und zwei Clubs ist und bleibt das ehemalige Ku Dé Ta der Gigant der städtischen Clubszene – im wörtlichen wie im übertragenen Sinne. Freitags und samstags muss man nach 22 Uhr mit einem Eintritt von 500 B rechnen.

Ufergebiet

Viva & Aviv BAR

(Karte S. 84; www.vivaaviv.com; EG, River City, 23 Th Yotha; ⌚11–24 Uhr; ⛴ Tha Si Phraya/River City) Die beneidenswerte Lage am Fluss, der gemütliche Sitzbereich im Freien und eine unkonventionelle Atmosphäre machen diese restaurantähnliche Bar zu einer der besten Locations für einen Cocktail bei Sonnenuntergang.

Maggie Choo's BAR

(Karte S. 84; www.facebook.com/maggiechoos; UG, Novotel Bangkok Fenix Silom, 320 Th Silom; ⌚So–Do 19.30–2, Fr & Sa bis 3 Uhr; S Surasak, Ausgang 1) Das ehemalige Bankgebäude mit der Atmosphäre einer Opiumhöhle in Chinatown, geheime Gänge und Frauen in Seidenkleidern lassen einen leicht vergessen, dass das neue Maggie Choo's eigentlich eine Bar ist. Das merkt man dann aber spätestens an den kreativen, ganz schön süßen Hauscocktails und dem aus Selfies-schießenden Einheimischen und neugierigen Touristen bestehenden Publikum.

Siam Square & Pratunam

Im zentralsten Gebiet Bangkoks findet sich nur eine Handvoll Bars.

Co-Co Walk BAR

(Karte S. 92; 87/70 Th Phayathai; ⌚17–24 Uhr; S Ratchathewi, Ausgang 2) In dem überdachten Komplex findet man ein lautes und buntes Durcheinander aus Pubs, Bars und Livemusik vor, und überall wimmelt es nur so von thailändischen Studenten. Leider ist es sinnlos, die Namen einiger besonderer Bars aufzulisten, da sich diese innerhalb kurzer Zeit mit Sicherheit schon wieder ändern werden, denn so läuft es hier seit eh und je.

Hyde & Seek BAR

(Karte S. 96; www.hydeandseek.com; EG, Athenee Residence, 65/1 Soi Ruam Rudi; ⌚11–1 Uhr; S Phloen Chit, Ausgang 4) Dank der leckeren und sättigenden Barsnacks und Gerichte nach englischem Vorbild darf sich das Hyde & Seek zu Recht als „Gastropub" bezeichnen. Der wahre Grund für einen Besuch hier sind jedoch wohl eher die unfassbar große Auswahl an Spirituosen (eine der größten in ganz Bangkok) und die überaus leckeren Cocktails, die zu den besten in der Stadt zählen.

Sukhumvit

An dieser langen Straße finden sich die elegantesten Bars und Nachtclubs in ganz Bangkok.

INSIDERWISSEN

WIR FEIERN DIE GANZE NACHT ...

Da die meisten Kneipen und Tanzclubs gegen 2 Uhr schließen, ist *One Night in Bangkok*, wie Murray Head sie besang, längst nicht mehr das, was sie einmal war. Zum Glück gibt es ein paar Läden, die die nötige „Lizenz" zum Durchfeiern haben und bis in die Morgenstunden geöffnet sind.

Die alteingesessene Backpacker-Bar **Wong's Place** (Karte S. 90; 27/3 Soi Si Bamphen; ⌚Di–So 21 Uhr–open end; M Lumphini, Ausgang 1) abseits der Soi Ngam Duphli ist bis spät in die Nacht geöffnet, sodass man sich vor Mitternacht eigentlich gar nicht erst blicken lassen braucht. Nahe der Th Khao San liegt im 3. Stock eines Gebäudes **The Bank** (Karte S. 74; 3. Stock, 44 Th Chakraphatdi Phong; ⌚18 Uhr–open end; ⛴ Tha Phra Athit (Banglamphu) und scheint angesichts der sonst so strikten Durchsetzung der Sperrstunde einen dicken Stein im Brett zu haben. In einigen zugegebenermaßen recht kitschigen Clubs im „neuen" Bangkok wie **Club Insanity** (Karte S. 96; www.clubinsanitybangkok.com; Soi 12, Th Sukhumvit; Eintritt 200 B; ⌚20 Uhr–open end; M Sukhumvit, Ausgang 3, S Asok, Ausgang 2), **Levels** (Karte S. 96; www.levelsclub.com; 6. Stock, Aloft, 35 Soi 11, Th Sukhumvit; Eintritt 500 B; ⌚21 Uhr–open end; S Nana, Ausgang 3), **Mixx** (Karte S. 92; www.mixx-discotheque.com/bangkok; UG, InterContinental Hotel, 973 Th Phloen Chit; Eintritt 300 B; ⌚22–2 Uhr; S Chit Lom, Ausgang 7), **Narz** (Karte S. 96; www.narzclubbangkok.net; 112 Soi 23; Eintritt ab 400 B; ⌚21–2 Uhr; M Sukhumvit, Ausgang 2, S Asok, Ausgang 3) und **Scratch Dog** (Karte S. 96; UG, Windsor Suites Hotel, 8-10 Soi 20, Th Sukhumvit; Eintritt 400 B; ⌚24 Uhr–open end; M Sukhumvit, Ausgang 2, S Asok, Ausgang 4) wird den Gästen mit den Top 40 der Hip-Hop-Charts und mit R & B eingeheizt und die Partynächte hier enden erst in den frühen Morgenstunden.

★WTF BAR

(Karte S. 96; www.wtfbangkok.com; 7 Soi 51, Th Sukhumvit; ⌚Di–So 18–1 Uhr; 📶; Ⓢ Thong Lo, Ausgang 3) Das Wonderful Thai Friendship (oder hat jemand hinter der Abkürzung vielleicht etwas anderes vermutet?) ist eine unkonventionelle und freundliche Nachbarschaftsbar, die gleichzeitig auch noch eine Galerie beherbergt. Künstlerisch interessierte Einheimische und in Bangkok lebende Ausländer treffen sich hier zu klassischen Cocktails, Livemusik und DJ-Events, Lesungen, Kunstausstellungen und leckeren Barsnacks. Und in dieser Sache sind sich Gäste und Autoren auf jeden Fall einig: Das WTF ist die beste Bar Bangkoks.

Tuba BAR

(Karte S. 68; www.facebook.com/tubabkk; 34 Room 11-12 A, Soi Thong Lor 20/Soi Ekamai 21; ⌚11–2 Uhr; Ⓢ Ekkamai, Ausgang 1 & Taxi) Teils Lagerraum für überladene Antiquitäten, teils Restaurant, teils freundliche Nachbarschaftskneipe: Dieser skurrilen Bar mangelt es weder an Vielfalt noch an toller Atmosphäre. Am besten bestellt man sich sein Getränk gleich flaschenweise (die Barkeeper verwalten die Flaschen übrigens treuhänderisch, bis man sie ausgetrunken hat) und gönnt sich die nach „mehr" schmeckenden Chicken Wings oder die leckeren frittierten *lâhp* (ein würzig-scharfer Salat aus Hackfleisch).

Sugar Ray BAR

(Karte S. 68; www.facebook.com/pages/Sugar-Ray-Youve-Just-Been-Poisoned/234918586711793; abseits der Soi Ekamai 21; ⌚Mi, Fr & Sa 20–2 Uhr; Ⓢ Ekkamai, Ausgang 1 & Taxi) Ein Team aus spaßigen und flippigen thailändischen Jungs führt diese ebenso spaßige und flippige, etwas versteckt liegende Bar, in der aromatisierter Sirup und spaßige und flippige Cocktails angeboten werden… Der Old Fashioned z. B. wird mit altem gelagertem Rum, Orangen- und Kardamomsirup gemischt und mit einer Scheibe karamellisiertem Bacon serviert.

Badmotel BAR

(Karte S. 96; www.facebook.com/badmotel; 331/4-5 Soi 55/Thong Lor, Th Sukhumvit; ⌚17–1 Uhr; Ⓢ Thong Lo, Ausgang 3 & Taxi) Badmotel vermischt das Moderne mit dem Kitschigen, das Kosmopolitische mit dem Thailändischen und trifft damit beim hippen Bangkoker Publikum den richtigen Nerv. Das zeigt sich auch bei den Drinks, wenn der thailändische Kindersirup Hale's Blue Boy mit Rum gemixt wird, und bei den Barsnacks, wenn man den nordthailändischen Dip *naam prik ong* zu Papadam (dünnen frittierten Fladen) gereicht bekommt.

Studio Lam BAR

(Karte S. 96; www.facebook.com/studiolambangkok; Soi 51, Th Sukhumvit; ⌚Di–So 18–1 Uhr; Ⓢ Thong Lo, Ausgang 3) Dieser neue Veranstaltungsort ist ein Anbau des megahippen Plattenlabels ZudRangMa. Hier gibt's ein Soundsystem in jamaikanischer Tradition, das extra für die DJ-Sets (Weltmusik und Retro-Thai) und die ab und zu gespielten Liveshows aufgebaut wurde. Die angebotenen Drinks sind typisch Thai und zeigen, dass das Studio Lam in der Gegenwart angekommen ist.

Grease NACHTCLUB

(Karte S. 96; www.greasebangkok.com; 46/12 Soi 49, Th Sukhumvit; ⌚Mo–Sa 18–2 Uhr; Ⓢ Phrom Phong, Ausgang 3 & Taxi) Dies ist nicht nur der größte und heißeste, sondern dem Gefühl nach auch der jüngste Nachtclub Bangkoks. Man könnte sich auf den vier Etagen mit Speisebereichen, Lounges und Tanzflächen glatt verlaufen.

Cheap Charlie's BAR

(Karte S. 96; Soi 11, Th Sukhumvit; ⌚Mo–Sa 16.30–23.45 Uhr; Ⓢ Nana, Ausgang 3) Hier gibt's nie genügend Sitzplätze, und das Designkonzept lässt sich wohl am treffendsten als „Schrottplatz-Look" beschreiben. An den meisten Abenden ist der Biergarten aber ein toller Ort, um alle möglichen Leute – von Pauschaltouristen bis hin zu hier lebenden Englischlehrern – zu treffen.

Arena 10 CLUB

(Karte S. 96; Soi Thong Lor 10/Soi Ekamai; Ⓢ Ekkamai, Ausgang 2 & Taxi) Der Unterhaltungskomplex unter freiem Himmel ist das beliebteste Ziel der Jungen und Schönen Bangkoks – nunja, derzeit zumindest. Das **Demo** (www.facebook.com/demobangkok; Arena 10, Soi Thong Lor 10/Soi Ekamai 5; ⌚21–2 Uhr; Ⓢ Ekkamai, Ausgang 2 & Taxi) bietet hämmernde Rhythmen und die Atmosphäre eines New Yorker Lagerhauses, während das **Funky Villa** (www.facebook.com/funkyvillabkk; Arena 10, Soi Thong Lor 10/Soi Ekamai 5; ⌚19–2 Uhr; Ⓢ Ekkamai, Ausgang 2 & Taxi) mit seinem Sitzbereich im Freien und den Top 40 als Soundkulisse etwas cooler ist.

Freitags und samstags zahlen Ausländer hier 400 B Eintritt.

Glow NACHTCLUB
(Karte S. 96; 96/415 Soi Prasanmit; Eintritt ab 350 B; ⌚ Mo–Mi 22–1, Do 22–3, Fr & Sa 22–4 Uhr; Ⓜ Sukhumvit, Ausgang 2, Ⓢ Asok, Ausgang 3) Der selbsternannte „Boutique"-Club öffnet schon recht früh seine Türen und bietet in Loungeatmosphäre ein beeindruckendes Spektrum an Wodkas an. Später am Abend wird dann Musik von Hip-Hop (freitags) bis hin zu Electronica (samstags) und auch alles dazwischen gespielt.

Nung-Len NACHTCLUB
(Karte S. 96; www.nunglen.net; 217 Soi 63/Ekamai, Th Sukhumvit; ⌚ Mo–Sa 18–1 Uhr; Ⓢ Ekkamai, Ausgang 1 & Taxi) Jung, laut und thailändisch: Das Nung-Len (wörtl. „setz dich und entspann dich") an der belebten Th Ekamai ist ein populärer Tanzclub mit Livemusik und vielen Studenten. Wer nach 22 Uhr auftaucht, kommt nicht mehr rein.

☆ Unterhaltung

Wer sich in Bangkok langweilt, sollte sich schämen. Das Nachtleben hier ist so vielfältig wie in praktisch jeder anderen modernen Stadt auch, und die unzähligen Optionen tragen längst nicht alle das Wort Go-go in ihrem Namen. Und selbst wer normalerweise um zehn ins Bett geht, wird Bangkoks aufregendem Unterhaltungsangebot nach dem Abendessen nicht widerstehen können. Es reicht von luxuriösen Kinos bis hin zu traditionellen Kulturveranstaltungen.

Gà·teu·i-Kabarett

In den letzten paar Jahren hat sich das *gà·teu·i*-Kabarett (auch *kathoey*) mit als Frauen verkleideten Männern zu einem richtigen Trend unter den Touristen in Bangkok entwickelt. Das **Calypso Bangkok** (Karte S. 68; ☎ 02 688 1415; www.calypsocabaret.com; Asiatique, Soi 72-76, Th Charoen Krung; Eintritt Erw./Kind 900/600 B; ⌚ Vorführungen 20.15 & 21.45 Uhr; ⛴ Shuttlefähre ab Tha Sathon (Central Pier), das **Mambo Cabaret** (Karte S. 68; ☎ 02 294 7381; 59/28 Yannawa Tat Mai; Tickets 800–1000 B; ⌚ Vorführungen 19.15 & 20.30 Uhr; Ⓢ Chong Nonsi, Ausgang 2 & Taxi) und das **Playhouse Theater Cabaret** (Karte S. 92; ☎ 02 215 0571; www.playhousethailand.com; 5 Ratchadapisek Rd, Bezirk Chompol, Chatuchak; Eintritt Erw./Kind 1200/600 B; ⌚ Vorführungen 19 & 20.20 Uhr; Ⓢ Ratchathewi, Ausgang 1) bieten choreographiereiche Bühnenshows mit Beinschwüngen wie am Broadway und von Playback untermaltem Pop.

Go-go-Bars

Obwohl Prostitution eigentlich verboten ist, blüht sie in Bangkok, und aufgrund des Einflusses von Kriminalität und Korruption wird es wohl noch lange dauern, bis die vorhandenen Gesetze auch wirklich durchge-

SCHWULEN- & LESBENSZENE IN BANGKOK

Bangkok ist ein so schwules Pflaster, dass San Francisco im Vergleich dazu wie eine texanische Kleinstadt wirkt. Mit freizügigen Nachtlokalen und jährlich stattfindenden Schwulenparaden genießt die homosexuelle Community, gemessen an der Haltung im Rest der Region, eine beispiellose Toleranz. Trotzdem muss gesagt werden, dass sich in den letzten Jahren HIV und andere sexuell übertragbare Krankheiten unter Homosexuellen in Bangkok stark verbreitet haben. Wer mitmischen möchte, sollte also unbedingt auf Nummer sicher gehen und sich schützen.

Lokale Veranstaltungsmagazine wie *BK* (www.bk.asia-city.com) verraten einem die derzeit angesagtesten Bars und Clubs der Stadt. Der **Lesbian Guide to Bangkok** (www.bangkoklesbian.com) ist das einzige englischsprachige Angebot in Bezug auf die Lesbenszene.

Der untere Teil der Th Silom ist Bangkoks inoffizielles Schwulenviertel. Eines seiner Epizentren ist die winzige Soi 2 mit vielen Tanzclubs wie **DJ Station** (Karte S. 86; www.dj-station.com; 8/6-8 Soi 2, Th Silom; Eintritt ab 150 B; ⌚ 22–2 Uhr; Ⓜ Si Lom, Ausgang 2, Ⓢ Sala Daeng, Ausgang 1), dem belebtesten und wohl berühmtesten Schwulen-Nachtclub Thailands, wenn nicht sogar Asiens. Fast unmittelbar daneben liegt die Soi 2/1 mit Bars wie **G. O. D** (Guys on Display; Karte S. 86; Soi 2/1; Eintritt 280 B; ⌚ 20 Uhr–open end; Ⓜ Si Lom, Ausgang 2, Ⓢ Sala Daeng, Ausgang 1), wo Männer auch schon mal oben ohne tanzen. Etwas entspannter geht es in der Soi 4 mit den alteingesessenen Straßenbars **Balcony** (Karte S. 86; www.balconypub.com; 86-88 Soi 4, Th Silom; ⌚ 17.30–2 Uhr; 📶; Ⓜ Si Lom, Ausgang 2, Ⓢ Sala Daeng, Ausgang 1) und **Telephone Pub** (Karte S. 86; www.telephonepub.com; 114/11-13 Soi 4, Th Silom; ⌚ 18–1 Uhr; 📶; Ⓜ Si Lom, Ausgang 2, Ⓢ Sala Daeng, Ausgang 1) zu.

BANGKOKS KINOS

Ein Kinobesuch ist in Bangkok ungemein billig. Mit 120 B kostet die Kinokarte hier nur einen Bruchteil von dem, was man zu Hause für einen Platz hinlegen muss. Außerdem sind die Kinos fast alle neu, und man kann beim Filmeschauen sogar Bier trinken.

Aber das war's noch nicht: Mit 16 Kinosälen und insgesamt mehr als 3000 Sitzplätzen können es nur wenige Kinos, egal wo, mit dem **Paragon Cineplex** (Karte S. 92; ☎ 02 129 4635; www.paragoncineplex.com; 5. Stock, Siam Paragon, 991/1 Th Phra Ram I; S Siam, Ausgang 3 & 5) aufnehmen. Neben dem größten IMAX-Kino Thailands gibt es noch das Blue Ribbon Screen, ein Kino mit maximal 72 Sitzen, wo man zusätzlich Kissen, Decken, kostenlose Snacks und Getränke und natürlich auch eine 15-minütige Massage bekommt, und das Enigma mit Sofas für verliebte Pärchen, Cocktails und Essen und natürlich Decken und Massagen.

Wer auf Retro steht, dem werden die altmodischen und unabhängigen Kinos gegenüber vom Siam Sq gefallen, darunter das **Scala** (Karte S. 92; ☎ 02 251 2861; Soi 1, Siam Sq; S Siam, Ausgang 2) und das **Lido** (☎ 02 252 6498; www.apexsiam-square.com; zw. Soi 2 & Soi 3, Siam Sq; S Siam, Ausgang 2). Etwas künstlerischer geht's im **House** (Karte S. 96; www.houserama.com; 3. Stock, RCA Plaza, RCA/Royal City Ave; M Phetchaburi, Ausgang 3 & Taxi) an der RCA zu. Richtig gemütlich ist es hingegen im **Friese-Green Club** (FGC; Karte S. 96; ☎ 087 000 0795; www.facebook.com/pages/The-Friese-Greene-Club/371737282944797; 259/6 Soi 22, Th Sukhumvit; S Phrom Phong, Ausgang 6) mit nur acht Sitzen.

In Thailand werden fast alle Filme mit englischen Untertiteln gezeigt. Jede Filmvorführung beginnt mit der thailändischen Königshymne, bei der alle Zuschauer sich respektvoll von ihren Plätzen erheben müssen. Trotz der Hitze und der hohen Luftfeuchtigkeit auf den Straßen sollte man nicht vergessen, einen Pulli einzupacken, da alle Kinos in Bangkok die Klimaanlage bis zum Anschlag aufdrehen. In Kinos von der Art des Blue Ribbon braucht man das natürlich nicht.

setzt werden. Aber trotz des Bildes, das die westlichen Medien zeichnen, ist das Bangkoker Rotlichtmilieu nicht zwangsläufig von Gesetzesbruch und Ausbeutung geprägt (obwohl es diese Faktoren natürlich auch gibt), sondern hat wohl eher die Aura von Vulgarität und Langeweile.

Patpong (Karte S. 86; Th Phat Phong & Soi Phat Phong 2; ⌚16–2 Uhr; M Si Lom, Ausgang 2, S Sala Daeng, Ausgang 1) ist wohl eines der berühmt-berüchtigtsten Rotlichtviertel der Welt, das seinen Ruf in den 1980er-Jahren durch wilde Sexshows erlangte, bei denen alles Mögliche von Tischtennisbällen und Rasierklingen bis hin zu Zwergen auf Motorrädern zum Einsatz kam. Inzwischen ist das Ganze eher ein Zirkus für neugierige Schaulustige als ein Ort für echten Sextourismus. Mehr zur Geschichte dieser Straße gibt's im Kasten gegenüber. Heute sind das **Soi Cowboy** (Karte S. 96; Soi Cowboy; ⌚16–2 Uhr; M Sukhumvit, Ausgang 2, S Asok, Ausgang 3) und das **Nana Entertainment Plaza** (Karte S. 100; Soi 4, Th Sukhumvit; ⌚16–2 Uhr; S Nana, Ausgang 2) die Locations für käuflichen Sex.

Livemusik

Musik gehört beim Ausgehen in Thailand einfach dazu, und fast jede Kneipe, die ihre gesalzenen Erdnüsse wert ist, hat eine Hausband. Diese spielt meist flotte, gecoverte thailändische Popmusik oder langweilige internationale Standards (wer die Stadt verlassen hat, ohne einmal eine Liveversion von *Hotel California* gehört zu haben, der ist nicht wirklich in Bangkok gewesen). Aber es gibt immer mehr Lokale, die sich mit eigenartigen und/oder genialen Bands und Auftritten von der Masse abheben.

★ **Brick Bar** LIVEMUSIK

(Karte S. 74; www.brickbarkhaosan.com; UG, Buddy Lodge, 265 Th Khao San; Sa & So Eintritt 150 B; ⌚20–1.30 Uhr; Tha Phra Athit (Banglamphu)) In diesem Kellerpub – eine der Lieblingsadressen der Lonely Planet Autoren für Livemusik in Bangkok – tritt jeden Abend eine andere Liveband vor fast ausschließlich einheimischem Publikum auf. Am Ende des Abends tanzen die Gäste auch schon mal auf dem Tisch. Die Brick Bar ist berüchtigt dafür, dass es hier unfassbar voll werden kann. Man sollte also auf jeden Fall rechtzeitig kommen.

★ **Parking Toys** LIVEMUSIK

(Karte S. 68; ☎ 02 907 2228; www.parkingtoys.in.th; 17/22 Soi Mayalap, abseits des Kaset-Navamin

Hwy; ⌚16–2 Uhr; mChatuchak Park exit 2 & taxi, S Mo Chit, Ausgang 3 & Taxi) Das Parking Toys ist einer der besten Bangkoker Livemusik-Schuppen und veranstaltet abwechslungsreiche Gigs mit tollen Bands, von Rockabilly bis hin zu Elektro-Funk-Jam-Gruppen.

Living Room LIVEMUSIK
(Karte S. 96; ☎02 649 8888; www.thelivingroomatbangkok.com/en; EG, Sheraton Grande Sukhumvit, 250 Th Sukhumvit; ⌚18–24 Uhr; M Sukhumvit, Ausgang 3, S Asok, Ausgang 2) Vom Äußeren sollte man sich nicht täuschen lassen: Die scheinbar langweilige Hotel-Lounge verwandelt sich jeden Abend in den besten Jazzschuppen der Stadt. Und mit seinen bequemen Sitzgelegenheiten (besonders den Sofas) macht er seinem Namen („Wohnzimmer") alle Ehre. Am besten informiert man sich rechtzeitig vorab, welcher Saxofon-Virtuose oder Drummer gerade in der Stadt ist.

Lam Sing LIVEMUSIK
(Karte S. 68; www.facebook.com/iSanLamSing; 57/5 Th Phet Phra Ram; ⌚21.30–4 Uhr; S Ekkamai, Ausgang 1 & Taxi) Nicht einmal David Bowie in seiner Zeit als Ziggy Stardust hätte mit diesem dunklen, dekadenten, mit Strass ausgeschmückten Schuppen mithalten können. Das Lam Sing ist eine der besten Locations der Stadt für *mŏr lam* und *lôok tûng*, eine Musikrichtung, die ihre Wurzeln im ländlichen Nordosten Thailands hat. Hier gibt's klangstarke Livemusikauftritte, die von Backgroundtänzern in aufwendigen Kostümen und mit akkurater Choreographie begleitet werden.

Ein Schild in lateinischen Buchstaben sucht man hier vergebens, die meisten Taxifahrer kennen den Ort aber.

Tawandang German Brewery LIVEMUSIK
(Karte S. 68; www.tawandang.co.th; Ecke Th Phra Ram III & Th Naradhiwas Rajanagarindra/Chong Nonsi; ⌚17–1 Uhr; S Chong Nonsi, Ausgang 2 & Taxi) In der riesigen Musikhalle von der Größe eines Hangars herrscht das ganze Jahr über Oktoberfeststimmung. Das thailändisch-deutsche Essen ist lecker, und das

ABSTECHER

RCA/ROYAL CITY AVENUE

Tagsüber ist es nur eine fade Geschäftsstraße, am Freitag- und Samstagabend verwandelt sich die Royal City Avenue – die gemeinhin nur RCA genannt wird – jedoch in die beliebteste Vergnügungsmeile Bangkoks. Die großen Clubs hier können oft Tausende Gäste anziehen, ohne Ausweis und angemessene Kleidung (keine Shorts oder Sandalen) kommt man allerdings nicht rein.

Am besten nimmt man sich von der MRT-Haltestelle Phra Ram 9 ein Taxi, dem es in der Regel aber nicht erlaubt, auf die RCA selbst zu fahren, weshalb man entweder einen U-Turn machen oder die belebte Th Phet Uthai zu Fuß überqueren muss. Hier einige besonders gute Adressen:

Onyx (Karte S. 96; www.facebook.com/onyxbkk; RCA/Royal City Ave; Eintritt ab 400 B; ⌚20–3.30 Uhr; M Phra Ram 9, Ausgang 3 & Taxi) Dies ist der vermutlich eleganteste Club auf der RCA – was nicht zuletzt der gesalzene Eintrittspreis und die schnieke Klientel verraten. Auf der Facebook-Seite erfährt man, welche DJ-Events anstehen.

The Beer Cap (Karte S. 96; www.facebook.com/beercapbkk; 21/66 RCA/Royal City Ave; ⌚18–2 Uhr; M Phra Ram 9, Ausgang 3 & Taxi) Wer nichts mit dem lauten Beat und hellen Licht des EDM anfangen kann, und wem der Sinn weniger nach Wodka-Shots als nach traditionell gebrautem Bier steht, der sollte in dieser lässigen Bierbar mit zahllosen importierten Gebräuen vorbeischauen.

Route 66 (Karte S. 96; www.route66club.com; 29/33-48 RCA/Royal City Ave; Eintritt 300 B; ⌚20–2 Uhr; M Phra Ram 9, Ausgang 3 & Taxi) Dieser weitläufige Club ist so alt wie die RCA selbst, durch regelmäßige Renovierungen und Erweiterungen hat er jedoch nichts von seiner Popularität eingebüßt. Die große Tanzfläche wird mit den Top 40 der Hip-Hop-Charts beschallt, während auf den zahlreichen kleineren Floors alles von Thai-Pop bis Livemusik gespielt wird.

Taksura (Karte S. 96; RCA/Royal City Ave; ⌚18–2 Uhr; M Phra Ram 9, Ausgang 3 & Taxi) Wer sich vor einem Clubbesuch noch etwas stärken möchte, wird von den würzigen *gàp glâem* (Thai-Snacks zu Alkohol) sicher nicht enttäuscht werden.

hauseigene Gebräu durchaus trinkbar. Die allabendlichen Bühnenshows verleiten das Publikum zum Mitsingen. Die Musik beginnt gegen 20.30 Uhr.

Titanium LIVEMUSIK
(Karte S. 96; www.titaniumbangkok.com; 2/30 Soi 22, Th Sukhumvit; 20–1 Uhr; S Phrom Phong, Ausgang 6) Diese kitschige „Eisbar" lockt viele Gäste mit ihrer eisig eingestellten Klimaanlage, den spärlich bekleideten Bedienungen und den aromatisierten Wodkas an, die eigentliche Hauptattraktion ist aber die hauseigene Frauenband Unicorn, die hier jeden Abend von 21.30 bis 0.30 Uhr für jede Mengung Stimmung sorgt.

Saxophone Pub & Restaurant LIVEMUSIK
(Karte S. 102; www.saxophonepub.com; 3/8 Th Phayathai; 19.30–1.30 Uhr; S Victory Monument, Ausgang 2) Auch nach fast 30 Jahren bleibt das Saxophone die beste Adresse für Livemusik. Es ist ein dunkler Veranstaltungsort mit persönlichem Flair, in dem man seinen Stuhl einfach vor die Bühne stellt und der Band damit so nahe kommt, dass man die Schweißperlen zählen kann. Wer dann doch lieber etwas Abstand zu den Musikern hält, der schaut sich die Blues-, Jazz-, Reggae- und Rockauftritte vom Balkon aus an.

Ad Here the 13th LIVEMUSIK
(Karte S. 74; www.facebook.com/adhere13thbluesbar; 13 Th Samsen; 18–24 Uhr; Tha Phra Athit (Banglamphu) Die winzige Blues-Bar neben dem Khlong Banglamphu/Khlong Rob Krung hat alles, was eine echte Nachbarschaftskneipe haben sollte: viele Stammkunden, kaltes Bier und wärmende Musik von der meisterhaften hauseigenen Band (Beginn gegen 22 Uhr). Hier kennt jeder jeden, man muss also nicht schüchtern sein und mischt sich am besten einfach direkt unter die Leute.

Brown Sugar LIVEMUSIK
(Karte S. 74; www.brownsugarbangkok.com; 469 Th Phra Sumen; Di–Do 17–1, Sa & So bis 2 Uhr; Klorng-Boot bis Tha Phanfa Leelard, Tha Phra Athit (Banglamphu) Der alteingesessene Livemusik-Schuppen hat in der Altstadt Bangkoks eine gemütliche neue Bleibe gefunden. Die Livemusik beginnt an den meisten Abenden um 20 Uhr.

Bamboo Bar LIVEMUSIK
(Karte S. 84; 02 236 0400; www.mandarinoriental.com/bangkok/fine-dining/the-bamboo-bar; EG, Mandarin Oriental, 48 Soi 40/Oriental, Th Charoen Krung; So–Do 17–1, Fr & Sa bis 2 Uhr; Tha Oriental oder hoteleigenes Shuttleboot ab Tha Sathon (Central Pier) Die Bamboo Bar im Oriental wurde frisch renoviert und sieht nun besser aus denn je. Sie ist und bleibt eines der besten Lokale für Livejazz. Die Musik beginnt jeden Abend um 21 Uhr.

Raintree LIVEMUSIK
(Karte S. 102; Soi Ruam Chit; Mo–Sa 18–1 Uhr; S Victory Monument, Ausgang 2) Der rustikale Pub ist inzwischen einer der wenigen, in denen man noch „Lieder fürs Leben" zu hören bekommt, also thailändische Volksmusik, deren Wurzeln in der Zeit der politischen Bewegungen der 1960er- und 1970er-Jahre liegen. Mit seinen leckeren Barsnacks ist es auch eine gute Adresse für einen Happen zu essen.

Traditionelle Künste

Nationaltheater THEATER
(Karte S. 74; 02 224 1342; 2 Th Ratchini; Ticket 60–100 B; Tha Chang, Tha Maharaj, Tha Phra Chan Tai) Im Nationaltheater finden von Januar bis September am ersten und zweiten Sonntag im Monat jeweils um 14 Uhr *kŏhn*-Vorstellungen (Tanztheater mit maskierten Darstellern mit Geschichten aus dem *Ramakian*) und von Oktober bis Dezember am ersten und zweiten Sonntag im Monat *lá·kon*-Aufführungen (thailändisches Tanztheater) statt. Tickets werden erst eine Stunde vor Veranstaltungsbeginn verkauft.

Sala Chalermkrung THEATER
(Karte S. 80; 02 222 0434; www.salachalermkrung.com; 66 Th Charoen Krung; Ticket 800–1200 B; Vorstellung Do & Fr 19.30 Uhr; Tha Saphan Phut (Memorial Bridge), M Hua Lamphong, Ausgang 1 & Taxi) Dieses Bangkoker Wahrzeichen im Art-déco-Stil war bis 1933 ein Kino und gehört heute zu den letzten raren Orten, an denen man *kŏhn*-Vorstellungen sehen kann. Das traditionelle thailändische Tanztheater wird hier von Lasergrafiken und Hightech-Audioklängen begleitet und verfügt auch über englische Untertitel. Auch Konzerte und andere Veranstaltungen finden hier statt. Nähere Infos dazu gibt's auf der Website.

Sala Rim Naam THEATER
(Karte S. 84; 02 437 3080; www.mandarinoriental.com/bangkok/fine-dining/sala-rim-naam; Mandarin Oriental Hotel, Soi 40/Oriental, Th Charoen Krung; Ticket Erw./Kind 1999/1700 B; Abendessen & Vorstellung 20.15–21.30 Uhr; Tha Oriental oder hoteleigenes Shuttleboot ab

PATPONG

Die Neonschilder lassen überhaupt keinen Zweifel daran zu, was das vorherrschende Gewerbe in Patpong ist, dem wohl weltweit berüchtigtsten Straßenzug voller Go-go-Bars und Erotikclubs. Bei so viel nackter Haut dürfte selbst Hugh Hefner noch erblassen, und wer sich in einen der Clubs in den Obergeschossen wagt, wird einen Tischtennisball oder eine Dartscheibe niemals mehr so betrachten wie zuvor.

Jahrelang waren die Ansichten über Patpong ganz streng geteilt: Einige sahen darin einen Ort der sexuellen Ausbeutung, der Unmoral und des Lasters, andere reisten eigentlich überhaupt nur nach Bangkok, um sich in Patpong endlich einmal so richtig ausleben zu können. Inzwischen ist Patpong aber so sehr zu einer Karikatur seiner selbst geworden, dass eine dritte Kategorie hinzugekommen ist: die der neugierigen Touristen. Wie man Patpong oder jedes andere der bekannten Rotlichtviertel Bangkoks selbst erlebt, hängt in jedem Fall stark von der eigenen Einstellung und vom persönlichen Scharfblick ab.

Prostitution ist in Thailand eigentlich verboten, aber es gibt nicht weniger als 2 Mio. Sexarbeiter im Land, von denen die weitaus meisten – sowohl Männer als auch Frauen – ihre Dienste thailändischen Männern anbieten. Viele Prostituierte stammen aus ärmeren Regionen wie dem Isan im Nordosten, andere verdienen sich vielleicht Geld für ihr Studium an einer Universität dazu. Manche Soziologen meinen, dass viele Thais Sex weniger durch eine moralisch oder romantisch getönte Brille betrachten als die meisten Menschen aus dem Westen. Das bedeutet aber natürlich auch nicht, dass thailändische Ehefrauen es gerne sehen, wenn ihre Männer zu Prostituierten gehen. Aber erst seit Frauen bessere Bildungs- und Arbeitschancen haben, wird diese sehr weit verbreitete Praxis ernsthaft infrage gestellt.

Patpong umfasst momentan zwei *soi*, die im Finanzviertel von Bangkok zwischen der Th Silom und der Th Surawong parallel verlaufen. Die beiden Straßen gehören der chinesisch-thailändischen Familie Patpongpanich, nach der das Viertel benannt ist. Die kaufte das Gelände in den 1940er-Jahren und ließ zunächst Th Phat Phong mit all den Shophouses bauen; Soi Phat Phong 2 kam dann später hinzu. Während des Vietnamkriegs wurden die ersten Bars und Clubs für amerikanische GIs auf „Fronturlaub" eröffnet. Die Szene wuchs während der 1970er-Jahre kräftig an und wurde dann nach und nach auch im Ausland immer bekannter. In den 1980er-Jahren stand das Geschäft schließlich in voller Blüte, als die „Attraktionen und Sehenswürdigkeiten" von Patpong sogar einen wichtigen Stützpfeiler offizieller Werbekampagnen der thailändischen Tourismusindustrie bildeten.

Heutzutage geht es in Patpong ruhiger und gesitteter zu. Nicht zuletzt wegen des beliebten Nachtmarkts, der nach 17 Uhr die Straße beherrscht, zieht das Viertel nun so viele Touristen an, dass es gewissermaßen zu einem Sex-Themenpark geworden ist. Natürlich gibt es hier immer noch die typischen Männer mittleren Alters, die den Tänzerinnen an der Stange zuschauen, sich in den dunklen Ecken der „Blow-Job-Bars" herumdrücken und eine „Vermittlungsgebühr" bezahlen, um Girls in ein Stundenhotel mitzunehmen. Aber daneben erblickt man auch normale Touristen und sogar Familien, die sich einfach nur mal das ganze Spektakel anschauen wollen.

Die meisten Traveller werfen allerdings nur verstohlene Blicke in die Go-go-Bars im Erdgeschoss, wo sich Frauen in Bikinis um Edelstahlstangen winden. Andere allerdings lassen sich von Schleppern, die tolle Sex-Shows versprechen, in die schummrigen Clubs in den Obergeschossen locken. Es muss an dieser Stelle aber gesagt sein, dass diese erotischen Shows in der Regel vor allem darin bestehen, dass überaus gelangweilt dreinschauende Frauen Dinge tun, die sowohl für sie als auch für ihr Publikum nicht aufreizend, sondern einfach nur erniedrigend sind. Manche dieser Clubs sind zudem auch wegen ihrer Abzockemaschen berüchtigt, wobei sich in der Regel das wenn, dann auch nur spärlich bekleidete Bedienungspersonal auf die staunenden Traveller stürzt wie Geier auf Aas. Ehe man weiß, wie einem geschieht, hat man schon ein Dutzend Drinks bestellt und eine Zeche von Tausenden Baht angehäuft. Anschließend setzt es laute Zankereien unter den drohenden Blicken einschüchternder Rausschmeißer, und der düpierte Tourist kann abziehen.

Tha Sathon (Central Pier) Das geschichtsträchtige Mandarin Oriental hält in einem prachtvollen thailändischen Pavillon auf der anderen Flussseite in Thonburi Theatervorstellungen mit Abendessen ab. Der Preis liegt weit über dem Durchschnitt, was nicht zuletzt an den finanziellen Möglichkeiten der Gäste des Hotels liegt, das Feedback ist aber durchweg positiv.

Thai-Boxen (Moo·ay tai)

Die besten Kämpfe im Thai-Boxen bekommt man in den beiden Bangkoker Boxstadien **Lumpinee Boxing Stadium** (☎02 282 3141; www.muaythailumpinee.net/en; 6 Th Ramintra; Ticket 3./2. Klasse/am Ring 1000/1500/2000 B; Ⓜ Chatuchak Park, Ausgang 2 & Taxi, Ⓢ Mo Chit, Ausgang 3 & Taxi) und **Ratchadamnoen Stadium** (abseits der Th Ratchadamnoen Nok; Ticket 3./2. Klasse/am Ring 1000/1500/2000 B; ⛴ Tha Thewet, Ⓢ Phaya Thai, Ausgang 3 & Taxi) zu sehen. Die Karten für Ausländer sind nicht gerade günstig und um ein Vielfaches teurer als die für Thais. Um noch eins draufzusetzen, gibt's für die überhöhten Preise keinen besonderen Service oder gar spezielle Plätze, und im Ratchadamnoen-Stadion werden Ausländer manchmal sogar in einen Bereich mit versperrter Sicht gepfercht. Wer bereits mental auf diesen finanziellen Tiefschlag durch die Organisatoren vorbereitet ist, kann den eigentlichen Kampf dann vielleicht dennoch genießen.

Kämpfe werden die ganze Woche über ausgetragen und finden in den beiden Stadien abwechselnd statt. Die Kämpfe im Ratchadamnoen, Bangkoks ältestem und ehrwürdigstem Stadion, stehen montags, mittwochs und donnerstags ab 18.30 Uhr bis etwa 23 Uhr und sonntags um 15 und 18.30 Uhr auf dem Programm. Im Lumpinee, ein neues Gebäude im Norden fernab des Stadtzentrums, geht es bei Kämpfen jeden Dienstag und Freitag zwischen 18.30 und 23 Uhr und samstags von 16 bis 20.30 Uhr und von 21 bis 0.30 Uhr zur Sache. Echte Fans sagen, die besten Kämpfe werden dienstagabends im Lumphinee und donnerstagabends im Ratchadamnoen ausgetragen. Dabei gibt's jeweils acht bis zehn Kämpfe mit fünf Runden zu sehen. Die Plätze füllen sich meist erst kurz vor Beginn der Hauptkämpfe, die gegen 20 oder 21 Uhr starten.

Vor den Stadien steht Englisch sprechendes „Personal", das einen praktischerweise bei der Ankunft anspricht. Es gab zwar ein paar Berichte über Abzocke, aber die meisten dieser Leute leiten die Besucher zum Kartenschalter für Ausländer und reichen ihnen eine Übersicht über die Kämpfe; manchmal empfehlen sie einem auch die ihrer Meinung nach besten Kämpfe (z. B. die Weltergewichte zwischen 61,2 kg und 66,7 kg). Man sollte die Eintrittskarten auf jeden Fall am Kartenschalter und nicht bei irgendwelchen Straßenhändlern vor dem Stadion kaufen!

Als Vorbereitung auf den Kampf kann man sich bei den Restaurants, die das Ratchadamnoen-Stadion umgeben, einen Teller *gài yâhng* (gegrilltes Hühnchen) oder ein anderes Gericht aus dem Nordosten mitnehmen.

Shoppen

Willkommen in einem echten Einkaufsparadies! Hier gibt es einen der weltweit größten Freiluftmärkte, zahlreiche gigantische Edeleinkaufszentren und fast in jeder Straße Basare, die die Gehwege verstopfen. Es ist unmöglich, angesichts von so viel Handel nicht beeindruckt zu sein. Aber trotz des offenkundigen Ausmaßes und der Vielfalt ist Bangkok auf dem Gebiet des Shoppens nur in einem Bereich wirklich herausragend: nämlich in Sachen Billigkram. Es gibt natürlich auch Luxusartikel und Markenwaren in Bangkok, aber die Preise sind hoch, und man findet viel bessere Angebote bei Online-Anbietern in den USA oder bei Schnäppchenverkäufen in Hongkong. Keramik, spottbillige T-Shirts, Stoffe, asiatischer Schnickschnack und (falls man mit dem sich nach dem Kauf einstellenden Schuldgefühl leben kann) Raubkopien – das sind die wahren Schnäppchen in Bangkok.

Die eigentlich Schwierigkeit liegt darin, sich in Bangkok zurechtzufinden, denn das Chaos der dicht bebauten Stadt macht einem die Orientierung zuweilen nicht gerade leicht. Ein guter Einkaufsbegleiter ist *Nancy Chandler's Map of Bangkok* mit Anmerkungen zu allen möglichen kleinen und abgelegenen Shoppinggelegenheiten und *đà·làht* (Märkten).

Antiquitäten

Echte thailändische Antiquitäten sind rar gesät und dementsprechend auch sehr teuer. Die meisten Antiquitätenhändler in Bangkok halten deshalb nur einige wenige authentische Stücke für echte Sammler bereit und bieten ansonsten jede Menge Pseudo-Kram und traditionell hergestellte Gegenstände an, die wie Antiquitäten aussehen sollen.

KAMPF DER EDELSTEINABZOCKE!

Wer kein Schmuckhändler ist, sollte in Thailand einfach keine ungefassten Edelsteine kaufen – und damit basta! Zahllose Touristen fallen auf folgende weit verbreitete und gut durchdachte Masche rein: Ein scheinbar hilfsbereiter Fremder schleppt sie zu einem Laden, in dem sie dann zum Kauf einer großen Menge Steine überredet werden, die sie in der Heimat angeblich mindestens für das Doppelte weiterverkaufen können. Diese Betrugskünstler sind Experten (und Teil eines gut organisierten Kartells). Sie scheinen vertrauenswürdig und erzählen den Touristen, dass sie einen Ausländer brauchen, um die komplizierten Ausfuhrbestimmungen zu umgehen. Und hier die Überraschung: Der internationale Edelsteinhandel funktioniert (natürlich!) ganz anders, und die meisten Touristen bleiben am Ende einfach auf einem Haufen völlig wertloser Glassteine sitzen. Denn wenn sie den Schwindel schließlich bemerken, hat der Laden meist geschlossen und bereits seinen Namen geändert – und da kann die Polizei dann auch nicht wirklich weiterhelfen.

Wer mehr über dieses Thema erfahren oder einen Betrug melden möchte, kann unter 2bangkok.com die Rubrik „Gem Scam" aufrufen. Hier wird dem Phänomen seit Jahren nachgegangen. Manchmal kann die Touristenpolizei bei der Aufklärung solcher dubioser Kaufgeschäfte helfen, Wunder sollte man allerdings keine erwarten.

River City ANTIQUITÄTEN

(Karte S. 84; www.rivercity.co.th; 23 Th Yotha; ⌚10–22 Uhr; ⛴Tha Si Phraya/River City, oder Shuttleboot ab Tha Sathon (Central Pier) Im dritten und vierten Stock des Einkaufszentrums am Fluss gibt's einige Läden mit hochwertiger Kunst und Antiquitäten. Leider ist es hier wie in den meisten Antiquitätenläden Bangkoks: Die meisten Stücke kommen wohl eher aus Myanmar und einige auch aus Kambodscha.

Zwischen 10 und 20 Uhr verkehrt alle 30 Minuten ein kostenloses Shuttleboot zwischen dem Tha Sathon (Central Pier) und River City.

House of Chao ANTIQUITÄTEN

(Karte S. 86; 9/1 Th Decho; ⌚9.30–19 Uhr; S Chong Nonsi, Ausgang 3) Dieser Antiquitätenladen auf drei Ebenen ist passenderweise in einem alten Geschäftgebäude untergebracht. Hier gibt's alles für das kolonialzeitliche Herrenhaus, von dem man schon so lange träumt. Besonders interessant sind die verschiedenen verwitterten Türen, Torbögen, Pforten und Gitter, die hinter dem Ausstellungsraum in dem überdachten Bereich zu finden sind.

Kaufhäuser & Einkaufszentren

Bangkok selbst mag überfüllt und verschmutzt sein, aber seine Kaufhäuser sind moderne Oasen der Ordnung, geradezu eisig temperiert und sonntagnachmittags vom Großteil der Einwohner der Stadt bevölkert – der klimatisierten Räume wegen. Nicht von ungefähr haben die BTS-Stationen auch schattige überdachte Rollwege, die die Passagiere bis direkt in die nahe gelegenen Geschäfte bringen, ohne dass diese auch nur einen Schritt gehen müssten.

Das Angebot der Einkaufszentren ist überraschend gut, aber man sollte hier keine Schnäppchen erwarten; die meisten Importprodukte kosten mehr als anderswo. Eine Eigenart ist, dass einem die Verkäufer von Regal zu Regal durch den ganzen Laden folgen – dies ist die thailändische Definition von „Service" und kein Hinweis darauf, dass man als Ladendieb verdächtigt wird. Man sollte mit dem Gegenstand, den man kauft, unbedingt zufrieden sein, denn Umtausch ist hier unüblich. Die meisten Einkaufszentren sind von 10–22 Uhr geöffnet.

★ **MBK Center** EINKAUFSZENTRUM

(Karte S. 92; www.mbk-center.com; Ecke Th Phra Ram I & Th Phayathai; ⌚10–22 Uhr; S National Stadium, Ausgang 4) Dieses wirklich riesige Einkaufszentrum wurde im Jahr 2015 umfassend renoviert und ist und bleibt eine der Hauptattraktionen der Stadt. Jedes Wochenende ist hier die Hälfte von Bangkoks Einwohnern (und der Großteil der Touristen) dabei anzutreffen, wie sie eine irgendwie gar nicht mehr enden wollende Anzahl kleiner Stände und Läden durchkämmen, die sich über unglaubliche acht Stockwerke erstrecken.

Im MBK gibt es Handys und Zubehör (4. Stock) so günstig wie nirgendwo sonst in Bangkok zu kaufen. Zudem ist hier auch einer der besseren Orte, um sich eine Kameraausrüstung (EG & 5. Stock) zuzulegen. Der riesige Food-Court (6. Stock) ist einer der besten der Stadt.

Siam Paragon EINKAUFSZENTRUM
(Karte S. 92; www.siamparagon.co.th; 991/1 Th Phra Ram I; ⌚10–22 Uhr; S Siam Ausgänge 3 & 5) Das Siam Paragon ist nicht nur ein Einkaufszentrum, sondern irgendwie auch ein städtischer, klimatisierter Park. Neben den ganzen Geschäften sind hier auch das Siam Ocean World (S. 105), das Paragon Cineplex (S. 141) und das Gourmet Paradise (S. 134) untergebracht, ein riesiger Food-Court im Untergeschoss. Im dritten Stock findet sich Kinokuniya, Thailands größter englischsprachiger Buchladen.

CentralWorld EINKAUFSZENTRUM
(Karte S. 92; www.centralworld.co.th; Th Ratchadamri; ⌚10–22 Uhr; S Chit Lom, Ausgang 9 zum Sky Walk, Siam, Ausgang 6 zum Sky Walk) Das CentralWorld mit mehr als 500 Geschäften und 100 Restaurants auf acht Stockwerken ist eines der größten Einkaufszentren Südostasiens. Neben einer Eisbahn findet man hier eine extragroße Filiale des Buchladens B2S. Außerdem könnte man Stunden damit verbringen, im Karmakamet (im 3. Stock) an den Duftflakons zu schnüffeln.

Terminal 21 EINKAUFSZENTRUM
(Karte S. 96; www.terminal21.co.th; Ecke Th Sukhumvit & Soi 21/Asoke; ⌚10–22 Uhr; M Sukhumvit, Ausgang 3, S Asok, Ausgang 3) Das neue Einkaufszentrum scheint das dringende Bedürfnis der Thailänder nach kitschigen Objekten zu befriedigen, vor denen man sich ablichten lassen kann. Ein Besuch hier lohnt aber nicht nur wegen der Show drumherum, sondern tatsächlich auch wegen der Shoppingmöglichkeiten. Los geht's am „Flughafen" im Erdgeschoss. Die darüber liegenden Stockwerke haben nicht nur Bezeichnungen wie Paris, Tokio oder andere Städtenamen, sondern sind auch noch so aufgemacht. Und wer weiß: Vielleicht kauft man am Ende ja doch noch etwas.

Central Chidlom EINKAUFSZENTRUM
(Karte S. 92; www.central.co.th; 1027 Th Phloen Chit; ⌚10–22 Uhr; S Chit Lom, Ausgang 5) In Bezug auf Qualität und Auswahl gilt das Central als bestes Einkaufszentrum des Landes. Neben diesem schicken Flaggschiff gibt es noch 13 weitere Filialen in Bangkok.

Mode & Textilien

In den letzten Jahren hat sich Bangkok zu einer modebewussten und zunehmend auch Mode produzierenden Stadt gemausert. Einheimische Designer wie Senada Theory, Flynow und Tango haben gezeigt, dass die neue Modeszene auf den internationalen Laufstegen locker mithalten kann. Erschwinglichere Outfits werden vor allem von den hippen Teenagern der Stadt getragen, die in ihrem charakteristischen „Bangkok Style" stolz die verschiedenen Shoppinggegenden unsicher machen.

★ Siam Square EINKAUFSZENTRUM
(Karte S. 92; Th Phra Ram I; ⌚11–21 Uhr; S Siam, Ausgang 2, 4 & 6) Die Shoppingzone unter freiem Himmel ist ein Paradies für Teenager. Popmusik dröhnt aus blechernen Lautsprechern, und haufenweise junger Leute in hippen Klamotten tummeln sich zwischen den Fast-Food-Restaurants und den winzigen Boutiquen. Ein toller Ort, um Marken- und Designersachen aufzuspüren, die man sonst nirgendwo findet, auch wenn man für die meisten Kreationen eine superschlanke Figur braucht.

Siam Center EINKAUFSZENTRUM
(Karte S. 92; www.siamcenter.co.th; Th Phra Ram I; ⌚10–21 Uhr; S Siam, Ausgang 1) Das Siam Center wurde bereits 1976 errichtet und war damit das erste Einkaufszentrum des Landes. Es wurde aber erst kürzlich rundumerneuert, sodass man ihm sein Alter kaum ansieht. Im dritten Stock findet man mehrere hiesige etablierte Labels wie Flynow III, Senada Theory oder Tango.

Baiyoke Garment Center KLEIDUNG
(Karte S. 92; Ecke Th Phetchaburi & Th Ratchaprarop; ⌚10–22 Uhr; Klorng-Boot bis Tha Pratunam, S Ratchathewi, Ausgang 4) Diese chaotische Ansammlung an kleinen Verkaufsständen ist das unangefochtene Epizentrum von Bangkoks Bekleidungsbezirk. Die Verkäufer beschränken sich nicht nur auf den überdachten Marktbereich, sondern nehmen auch noch Dutzende Geschäfte der unmittelbaren Umgebung ein. Verkauft wird fast überall dasselbe: günstige T-Shirts, Taschen und No-Name-Kleidung.

Jim Thompson KUNSTHANDWERK
(Karte S. 86; www.jimthompson.com; 9 Th Surawong; ⌚9–21 Uhr; M Si Lom, Ausgang 2, S Sala Daeng, Ausgang 3) Dies ist das letzte noch existierende (und damit gleichzeitig größte) Geschäft des internationalen Förderers von Thai-Seide. Verkauft werden farbige Seidentücher, Platzdeckchen, Stolen und Kissen. Die Stilrichtungen und Motive sprechen al-

ONE NIGHT IN BANGKOK ... REICHT NICHT, UM SICH EINEN ANZUG SCHNEIDERN ZU LASSEN

Viele Bangkok-Traveller glauben, sie könnten sich hier Klamotten nach Maß zum Schnäppchenpreis schneidern lassen. Grundsätzlich ist das natürlich auch tatsächlich möglich. Die Preise hier sind fast immer niedriger als zu Hause, aber beliebte Abzockermethoden, vom kommissionshungrigen *túk-túk*-Fahrer *(ausgesprochen: đúk đúk)* bis hin zu schlechter Verarbeitung und minderwertigen Stoffen, machen das Geschäft mit der Maßschneiderei in Bangkok potenziell zur enttäuschenden Erfahrung und zu einer Fehlinvestition. Um die Chancen auf ein zufriedenstellendes Resultat zu erhöhen, bitte hier weiterlesen!

Man bekommt, wofür man bezahlt hat. Wer einen Anzug, zwei Hosen, zwei Hemden und eine Krawatte, mit einigen eingearbeiteten Seidenfäden, in Auftrag gibt und für das Ganze dann gerade mal 169 US$ bezahlt (ein sehr beliebtes Angebot in Bangkok), der darf natürlich auch nicht überrascht sein, wenn das Ergebnis dementsprechend aussieht. Auch wenn ein Angebot auf den ersten Blick verlockend klingen mag, hängt der Preis doch auch stark vom gewählten Stoff ab.

Man sollte so in etwa wissen, was man sucht. Soll's ein Einreiher oder ein Zweireiher sein? Wie viele Knöpfe? Welche Art Hose? Wer keine Ahnung hat, den wird der Schneider natürlich auch gerne beraten. Alternativ kann man sein Lieblingskleidungsstück von zu Hause mitbringen und es einfach nachmachen lassen.

Wer sich etwas schneidern lassen möchte, sollte dafür eine Woche einplanen. Hemden und Hosen können zwar oft schon in 48 Stunden oder weniger mit nur einer Anprobe fertiggestellt werden, aber egal was der Schneider sagt: Für einen guten Anzug braucht man mehr als eine, oft auch mehr als zwei Anproben. Die meisten seriösen Schneider werden auf zwei bis fünf Anproben bestehen. Ein Angebot, einen Auftrag in weniger als 24 Stunden fertigstellen zu können, ist deshalb unbedingt mit Vorsicht zu genießen.

Gute Schneider sind u.a.:

Pinky Tailor (Karte S. 92; www.pinkytailor.com; 888/40 Mahatun Plaza, Th Phloen Chit; Mo–Sa 10–19 Uhr; S Phloen Chit, Ausgang 2 & 4) Herrn Pinkys Spezialität sind seit über 35 Jahren maßgeschneiderte Hemden und Jacketts. Zu finden hinter dem Mahatun-Gebäude.

July (Karte S. 86; 02 233 0171; www.julytailor.com; 30/6 Th Sala Daeng; Mo–Sa 9–18 Uhr; M Si Lom, Ausgang 2, S Sala Daeng, Ausgang 4) Arbeitet auch für Thailands Königshaus und Eliten. Die Anzüge sind nicht billig und vom Schnitt her sehr konservativ, aber die Qualität ist top.

Marco Tailors (Karte S. 92; 430/33 Soi 7, Siam Sq; Mo–Fr 9–19 Uhr; S Siam, Ausgang 2) Dieser alteingesessene, verlässliche Schneider macht ausschließlich Herrenanzüge und hat eine große Auswahl von Woll- und Baumwollstoffen, die auch wählerische Banker überzeugt.

Duly (Karte S. 96; 02 662 6647; www.laladuly.co.th; Soi 49, Th Sukhumvit; 10–19 Uhr; S Phrom Phong, Ausgang 1) Die hochwertigen italienischen Stoffe und die erfahrenen Schneider machen diese Location zu einer der besten Adressen, um ein Hemd in Auftrag zu geben.

Raja's Fashions (Karte S. 96; 02 253 8379; www.rajasfashions.com; 160/1 Th Sukhumvit; Mo–Sa 10.30–20 Uhr; S Nana, Ausgang 4) Einer der bekannteren Schneider Bangkoks. Das Feedback der Kunden geht etwas auseinander, aber der Großteil lobt Service und Qualität.

Nickermann's (Karte S. 96; 02 252 6682; www.nickermanns.net; UG, Landmark Hotel, 138 Th Sukhumvit; Mo–Sa 10–20.30, So 12–18 Uhr; S Nana, Ausgang 2) Geschäftsfrauen sind begeistert von Nickermann's maßgeschneiderten Hosenanzügen: Die figurbetonten Hosen und Jacketts passen wie angegossen. Auch feierliche Ballkleider gehören zur Spezialität des Schneiders.

lerdings eher ältere Kunden mit konservativem Geschmack an.

Platinum Fashion Mall KLEIDUNG
(Karte S. 92; www.platinumfashionmall.com; Th Phetchaburi; 9–20 Uhr; Klorng-Boot bis Tha Pratunam, S Ratchathewi, Ausgang 4) Dieses fünfstöckige Einkaufszentrum ist Teil des Bekleidungsbezirks Bangkoks, der unmittelbar nördlich auf der anderen Seite der Th Phetchaburi angrenzt. Hier bekommt man eine riesige Auswahl an billiger No-Name-Mode.

Kunsthandwerk, Souvenirs & Dekor

Auf den Touristenmärkten gibt es tonnenweise fabrikgefertigte Waren, die überall entlang der Touristenrouten auftauchen. Die Waren in den Einkaufszentren sind qualitativ etwas besser und werden auch zu entsprechend höheren Preisen angeboten. Aber die besten Stücke findet man in unabhängigen Läden.

Alle zwei Monate findet in Bangkok die **Thai Craft Fair** (Kunsthandwerksmesse; Karte S. 96; www.thaicraft.org; 3. Stock, Jasmine City Bldg, Ecke Soi 23 & Th Sukhumvit; 10–15 Uhr; M Sukhumvit, Ausgang 2, S Asok, Ausgang 3) mit Werken von mehr als 60 thailändischen Künstlern statt.

Heritage Craft KUNSTHANDWERK
(Karte S. 74; 35 Th Bamrung Meuang; Mo–Fr 11–18 Uhr; Klorng-Boot bis Tha Phanfa Leelard) Hier gibt es Kunsthandwerk fürs gute Gewissen: Diese neue Boutique dient den qualitativ hochwertigen heimischen Waren von ThaiCraft (S. 149) als stimmungsvoller Ausstellungsraum. Einigen der Produkte liegt der Herstellungsgrundsatz des Fair Trade zugrunde. Verkauft werden unter anderem Seide aus Thailands Nordosten, Körbe aus dem Süden und Schmuck aus dem Norden. Zudem ist das zugehörige Café ebenfalls äußerst einladend.

Shop @ TCDC KUNSTHANDWERK
(Karte S. 96; www.tcdc.or.th/shop; 5. Stock, Emporium, Ecke Soi 24 & Th Sukhumvit; Di–So 10.30–21 Uhr; S Phrom Phong, Ausgang 2) Dieser Laden ist an das TCDC (Designbibliothek und Museum) angeschlossen und ist eine tolle Adresse, um sich ein paar wirklich nette Souvenirs – etwa Duftseifen und -kerzen, Küchenschürzen, mit denen man wie ein Thai-Boxer aussieht, einzigartige Postkarten und witzige Haushaltswaren – zu kaufen. Alles hier wurde von thailändischen Designern entworfen.

Narai Phand SOUVENIRS
(Karte S. 92; www.naraiphand.com; EG, President Tower, 973 Th Phloen Chit; 10–20 Uhr; S Chit Lom, Ausgang 7) Diese von der Regierung geführte, angenehm klimatisierte Einrichtung verkauft Kunsthandwerk in Souvenir-Qualität zu festen Preisen. Hier gibt's nichts, was es nicht auch auf allen touristischen Straßenmärkten gäbe, aber es ist eine gute Alternative zum Marktbesuch, wenn man nur wenig Zeit oder ein bisschen Angst vor dem Feilschen hat.

Märkte

Obwohl klimatisierte Einkaufszentren die besseren PR-Abteilungen haben, verkörpern die Freiluftmärkte doch das wahre Gesicht des Handels in Bangkok und bieten auch immer die besten Schnäppchen.

Man betrachtet die Märkte am besten als Sehenswürdigkeiten und nicht als Shoppinggelegenheit.

★ **Chatuchak-Wochenendmarkt** MARKT
(ตลาดนัดจตุจักร, Talat Nat Jatujak; Karte S. 106; www.chatuchak.org; Th Phahonyothin; Sa & So 9–18 Uhr; M Chatuchak Park, Ausgang 1, Kamphaeng Phet, Ausgang 1 & 2, S Mo Chit, Ausgang 1) Der Chatuchak zählt zu den größten Märkten der Welt und scheint alles zu haben, was man käuflich erwerben kann, von altmodischen Sneakern bis hin zu Babyeichhörnchen. Man sollte für den Besuch einen ganzen Tag einplanen, da es hier viel zu sehen, zu erleben und zu kaufen gibt. Wer den Massen und der Hitze entgehen möchte, kommt am besten schon recht früh – idealerweise gegen 10 Uhr.

Bei den **Chatuchak-Parkbüros** in der Nähe der nördlichen Begrenzung der Markt-Sois 1, 2 und 3 gibt es ein Informationszentrum sowie eine Bank mit Geldautomaten und Wechselschaltern. Lagepläne und Toiletten befinden sich überall auf dem Markt.

Freitags von etwa 20–24 Uhr öffnen Verkäufer, vor allem diejenigen, die Kleidung, Accessoires und Essen verkaufen, auf dem Chatuchak ihre Stände. Auch werktags werden hier morgens ein paar Verkaufsstände und gegenüber der Südseite des Marktes täglich ein Gemüse-, Pflanzen- und Blumenmarkt aufgebaut. Ein Teil des letztgenannten Marktes ist auch als **Or-Tor-Kor-Markt** (องคกรตลาดเพื่อเกษตรกร; Karte S. 106; Th Kamphaengphet 1; 8–18 Uhr; M Kamphaeng Phet, Ausgang 3) bekannt und verkauft fantastisches, riesengroßes Obst sowie Meeres-

Chatuchak-Markt

Chatuchak-Markt

Essen
1 Café Ice ... C1
2 Foontalop ... A4
3 Saman Islam ... B3
4 Toh-Plue ... B3
5 Viva 8 ... C1

Ausgehen & Nachtleben
6 Viva's ... A3

Shoppen
7 AnyaDharu Scent Library ... B4
8 Baan Sin Thai ... A4
9 D-narn ... B3
10 Kitcharoen Dountri ... C1
11 Marché ... B3
12 Meng ... A4
13 Orange Karen Silver ... A3
14 Papachu ... B2
15 Pariwat A-nantachina ... C1
16 PL Bronze ... B3
17 Spice Boom ... A4
18 Ton-Tan ... C2
19 Tuptim Shop ... C2

früchte und hat auch einen ziemlich guten Food-Court.

Ist man erst einmal ins Innere des Chatuchak vorgedrungen, kommt es einem so vor, als gäbe es hier weder Ordnung noch einen Ausweg. Der Markt ist jedoch in ziemlich schlüssige Abschnitte aufgeteilt. Der Uhrenturm hilft ganz gut bei der Orientierung.

➡ *Antiquitäten, Kunsthandwerk & Souvenirs*

Abschnitt 1 ist der richtige Ort, um sich mit Buddha-Statuen, alten LPs und anderen Antiquitäten einzudecken. Weltlichere Kunst und Kunsthandwerk, z. B. Musikinstrumente und Produkte der Bergvölker, finden sich in Abschnitt 25 und 26. **Baan Sin Thai** (Abschnitt 24, Stand 130, Soi 1, Chatuchak-Wochenendmarkt, Th Phahonyothin; ⌚Sa–So 9–18 Uhr; Ⓜ Kamphaeng Phet Ausgänge 1 & 2, Chatuchak Park, Ausgang 1, Ⓢ Mo Chit, Ausgang 1) verkauft eine Mischung aus *kŏhn*-Masken und altmodischem thailändischem Spielzeug – alles hervorragende Souvenirs. **Kitcharoen Dountri** (Abschnitt 8, Stand 464, Chatuchak-Wochenendmarkt, Th Phahonyothin; ⌚Sa–So 9–18 Uhr; Ⓜ Chatuchak Park, Ausgang 1, Kamphaeng Phet Ausgänge 1 & 2, Ⓢ Mo Chit, Ausgang 1) hat sich auf thailändische Musikinstrumente wie Flöten, Pfeifen und Trommeln spezialisiert und verkauft auch CDs mit klassischer Thai-Musik. Weitere skurrile Geschenkideen, beispielsweise täuschend echtes thailändisches Obst und Gemüse aus Plastik und in Originalgröße gibt's bei **Marché** (Abschnitt 17, Stand 254, Soi 1). Das nahe **Papachu** (Abschnitt 17, Stand 23, Chatuchak-Wochenendmarkt, Th Phahonyothin; ⌚Sa–So 9–18 Uhr; Ⓜ Chatuchak Park, Ausgang 1, Kamphaeng Phet Ausgänge 1 & 2, Ⓢ Mo Chit, Ausgang 1) verkauft das Gleiche – allerdings in Miniaturausführung.

➡ *Bekleidung & Accessoires*

Kleidung dominiert den Großteil des Chatuchak-Markts, angefangen von Abschnitt 8 bis hin zu Abschnitt 24, jeweils in den Abschnitten mit gerader Zahl. In den Abschnitten 5 und 6 sind Secondhand-Klamotten für jede nur denkbare thailändische Jugend-Subkultur von Punk bis Cowboy erhältlich. An der Soi 7, an der Grenze zwischen Abschnitt 12 und 14, findet man vor allem Underground-Hip-Hop- und Skatermode. Etwas anspruchsvollere unabhängige Labels sind in den Abschnitten 2 und 3 vertreten, während man in den Abschnitten 8 und 10 Bekleidung in Touristengrößen und andere Textilien erhält.

Wer auf der Suche nach Accessoires ist, findet mehrere Läden in den Abschnitten 24 und 26, z. B. **Orange Karen Silver** (Abschnitt 26, Stand 229, Soi 34/8), das sich auf klobigen Silberschmuck und ungeschliffene Halbedelsteine spezialisiert hat.

➡ *Essen & Trinken*

Bei akutem Chatuchak-Koller (unleidliches Verhalten aufgrund von Dehydrierung oder Hunger) schaffen die zahlreichen thailändischen Snacks, die vor allem an den Imbissständen zwischen den Abschnitten 6 und 8 zu finden sind, Abhilfe. Zu den Langzeitfavoriten zählen das populäre Isan-Restaurant **Foontalop** (Abschnitt 26, Stand 319, kein Schild in lateinischen Buchstaben; Hauptgerichte 20–70 B; ⌚Sa–So 10–18 Uhr), der westlich-thailändische Imbiss **Café Ice** (Abschnitt 7, Stand 267; Hauptgerichte 250–490 B; ⌚Sa–So 10–18 Uhr) mit gutem, wenn auch überteuertem *pàt tai* (gebratene Nudeln) und leckeren Fruchtshakes, das **Toh-Plue** (gegenüber Abschnitt 17; Hauptgerichte 150–400 B; ⌚Sa & So 12–20 Uhr) mit thailändischen Standardgerichten und das thailändisch-muslimische Restaurant **Saman Islam** (Abschnitt 16, Stand 34, Soi 24; Hauptgerichte 40–100 B; ⌚Sa–So 10–18 Uhr) mit leckerem Hühnchen-Biryani. **Viva 8** (www.facebook.com/Viva8JJ; Abschnitt 8, Stand 371; Hauptgerichte 150–300 B; ⌚Sa & So 9–22 Uhr) hat einen DJ und – zumindest bei unserem Besuch – einen Koch, der riesige Pfannen voller Paella zubereitet. Gegen Abend lockt dann die Café-Bar **Viva's** (Abschnitt 26, Stand 161; ⌚Sa & So 10–22 Uhr) mit Livemusik und einem Feierabendbier.

➡ *Haushaltswaren & Dekor*

In der westlichen Ecke des Marktes, vor allem in den Abschnitten 8 bis 26, findet man größtenteils Haushaltswaren jeder Art, von billigen Plastikeimern bis hin zu teuren Woks aus Messing. Hier ist ein besonders guter Ort, um sich mit günstiger thailändischer Keramik einzudecken, von Seladon-Ware bis hin zu traditionellen Schüsseln im Hahnendesign aus Lampang.

PL Bronze (Abschnitt 25, Stand 185, Soi 4; ⌚Sa & So 9–18 Uhr) hat eine riesengroße Auswahl von Edelstahlbesteck, und **Ton-Tan** (Abschnitt 8, Stand 460, Soi 15/1; ⌚Sa & So 9–18 Uhr) verkauft Teller, Schüsseln und andere Küchenutensilien, die aus Kokosnuss- und Zuckerpalmen hergestellt werden.

Wer seinem Haushalt etwas mehr Würze verleihen möchte, stattet dem **Spice Boom** (Abschnitt 26, Stand 246, Soi 8; ⌚Sa & So 9–18 Uhr) einen Besuch ab. Dort gibt's getrocknete Kräuter und Gewürze sowohl zum Verzehr als auch zu Dekozwecken. Weitere Highlights für die feine Nase sind z. B. die handgemachten Seifen, Lotionen, Badesalz und Peelingcremes bei **D-narn** (Abschnitt 19, Stand 203, Soi 1; ⌚Sa & So 9–18 Uhr) oder die wohlriechenden Parfums und Ölessenzen von **AnyaDharu Scent Library** (Abschnitt 3, Stand 3, Soi 43/2; ⌚Sa–So 9–18 Uhr).

Wer keine Lust auf Verbrauchsgüter hat, findet in Abschnitt 7 eine wahre Open-Air-Galerie. Ein besonders guter Anbieter von Wandgemälden mit Bangkok als Motiv ist **Pariwat A-nantachina** (Abschnitt 7, Stand 117, Soi 63/3; ⌚Sa–So 9–18 Uhr). Neue und alte birmanische Lackwaren gibt's in den Läden des Abschnitts 10, darunter auch den **Tuptim Shop** (Abschnitt 10, Laden 261,

ABSTECHER

SCHWIMMENDE MÄRKTE

Fotos von schwimmenden Märkten (*đà·làht nám*), deren Holzkanus voll mit farbenfrohen exotischen Früchten beladen sind, prägen seit Jahrzehnten das offizielle touristische Profil Thailands. Diese Märkte sind zwar ebensolche Wahrzeichen wie der Große Palast oder der Liegende Buddha, aber sie werden inzwischen fast nur noch für Touristen aus dem In- und Ausland abgehalten – von denen sie auch abhängig sind, denn dank der Straßen und Motorräder erledigen die Bangkoker ihre täglichen Besorgungen schon längst lieber trockenen Fußes. Trotzdem lohnen einige der schwimmenden Märkte in Thailand durchaus einen Besuch.

Schwimmender Markt Tha Kha (ตลาดน้ำท่าคา; Tha Kha, Samut Songkhram; ⏲7–12 Uhr, 2., 7. & 12. Tag des zunehmenden & abnehmenden Mondes sowie Sa & So) Dieser Markt wirkt am „echtesten“, ist aber auch am schwersten zu erreichen. Hier hat eine Handvoll Verkäufer am Ufer eines offenen, ländlichen *klorng* (Kanals), der von Kokospalmen und alten Holzhäusern gesäumt ist, angelegt. Es können **Bootsfahrten** (20 B/Pers., 45 Min.) auf dem Kanal arrangiert werden und überall werden leckere Snacks und Früchte verkauft. Infos zur nächsten Bootsfahrt erhält man beim **Touristenbüro** (☎034 752847; www.amphawatourism.com; 71 Th Prachasret, Amphawa; ⏲8.30–16.30 Uhr) von Amphawa. Hin kommt man mit einem der morgendlichen *sŏrng·tăa·ou* (Sammel-Pick-ups, 20 B, 45 Min.) vom Marktplatz in Samut Songkhram aus.

Schwimmender Markt Amphawa (S. 166) Der Schwimmende Markt Amphawa in der Provinz Samut Songkhram wird nahe dem Wat Amphawa abgehalten. Hier gibt es vor allem Lebensmittel und Touri-Schnickschnack, und da der bei Besuchern aus Bangkok beliebte Markt nur am Wochenende stattfindet, kann es sehr hektisch zugehen.

Schwimmender Markt Taling Chan (ตลาดน้ำตลิ่งชัน; Khlong Bangkok Noi, Thonburi; ⏲Sa & So 7–16 Uhr; Ⓢ Wongwian Yai, Ausgang 3 & Taxi) Dieser Markt, außerhalb von Bangkok an der Zufahrtsstraße zum Khlong Bangkok Noi, sieht aus wie jeder andere Frischmarkt: Er ist voller Obst- und Gemüseverkäufer aus dem Umland. Die Überraschung erlebt man am Kanal, wo schwimmende Docks als Speisebereich dienen; die Küchen bilden die an den Docks festgebundenen Kanus. Taling Chan liegt in Thonburi und ist mit einem Taxi vom BTS-Bahnhof Wongwian Yai oder mit dem klimatisierten Bus 79 (16 B, 25 Min.) erreichbar, der an der Th Ratchadamnoen Klang hält. An jedem großen Pier in Bangkok kann man auch Boote nach Taling Chan und zum Khlong Chak Phra chartern.

Schwimmender Markt Damnoen Saduak (ตลาดน้ำดำเนินสะดวก; Damnoen Saduak, Ratchaburi; ⏲7–12 Uhr) Der 100 Jahre alte schwimmende Markt ist der berühmteste des Landes – und inzwischen im Grunde ein schwimmender Souvenirstand, umringt von Pauschaltouristen. Aber auch dieser Aspekt bietet einen faszinierenden Einblick in die thailändische Kultur, denn der Großteil der hiesigen Touristen sind Thais, und ihren Umgang mit diesem kulturellen „Themenpark“ zu beobachten, ist durchaus interessant. Unabhängig vom Markt sind aber auch die bewohnten Kanäle schön friedlich und können mit einem gemieteten Boot (100 B/Pers.) für eine längere Zeit erkundet werden. Unterwegs macht man Halt bei kleinen Familienbetrieben, etwa bei einem Süßwarenhersteller, einer Pomelo-Farm und einem Messerhersteller. Der klimatisierte Bus 79, der an der Th Ratchadamnoen Klang hält, und Kleinbusse (abseits Th Phayathai; Ⓢ Victory Monument, Ausgang 3) vom Victory Monument fahren beide zum Süd-Busbahnhof in Thonburi, wo man Busse zum Damnoen Saduak (80 B, 2 Std., 6–21 Uhr regelm.) findet.

Don-Wai-Markt (ตลาดดอนหวาย; Don Wai, Nakhon Pathom; ⏲6–18 Uhr) Dieser Markt am Flussufer in der Provinz Nakhon Pathom schwimmt eigentlich gar nicht, war aber in seinen Anfangszeiten im frühen 20. Jh. ein schwimmender Markt für Pomelo- und Jackfruchtbauern und -händler. Wie bei vielen touristischen Attraktionen, die auf einheimische Besucher abzielen, ist das Essen hier der Hauptmagnet; es gibt z. B. Früchte, traditionelle Süßwaren und *Ɓèt pah·lóh* (geschmorte Ente mit fünf Gewürzen). Man kann dann genüsslich an Bord großer Boote bei einer Fahrt auf dem Mae Nam Nakhorn Chaisi (60 B, 1 Std.) speisen. Am einfachsten kommt man mit einem Minivan (45 B, 35 Min.) vom Central Pinklao in Thonburi zum Don-Wai-Markt.

Soi 19; ⏲ Sa–So 9–18 Uhr). **Meng** (Abschnitt 26, Stand 195, Soi 8; ⏲ Sa–So 9–18 Uhr) bietet einen verstaubten Mischmasch von skurrilen Antiquitäten aus Thailand und Myanmar.

➡ ***Haustiere***

In den Abschnitten 13 und 15 werden Welpen und Katzenbabys verkauft. In der Soi 9 des Abschnitts 15 gibt's mehrere Läden, die ausschließlich Bekleidung für Haustiere verkaufen. Man sollte unbedingt wissen, dass dieser Abschnitt früher für den illegalen Verkauf wilder Tiere berüchtigt war; inzwischen ist diese Praxis aber größtenteils in den Untergrund gedrängt.

➡ ***Pflanzen & Garten***

Der innere Teil der Abschnitte 2 bis 4 hat eine riesige Auswahl von Topfpflanzen, Blumen, Kräutern und Obst im Angebot und außerdem Zubehör, um dies alles angemessen zu hegen und zu pflegen. Viele dieser Läden haben auch werktags nachmittags geöffnet.

★ Talat Rot Fai MARKT

(ตลาดรถไฟ; www.facebook.com/taradrodfi; Soi 51, Th Srinakharin; ⏲ Do–So 18–1 Uhr; S Udom Suk, Ausgang 2 & Taxi) Dieser Nachtmarkt ist durch und durch retro, von Vintage-Klamotten bis hin zu kitschigen Antiquitäten. Mit seinen Essensständen und Food-Trucks, den zu Bars umgebauten VW-Bussen, einigen echten Kneipen und sogar ein paar Hipster-Friseuren ist der Markt viel mehr als nur ein Einkaufsziel.

Wem das noch nicht genug Vintageflair ist, der sollte auch im kürzlich eröffneten und etwas kleineren (aber praktischer gelegenen) **Talat Rot Fai 2** (Karte S. 106; Esplanade Complex, 99 Th Ratchadaphisek; ⏲ Do–So 18–1 Uhr; S Thailand Cultural Centre, Ausgang 4) an der Th Ratchadaphisek vorbeischauen. Dorthin kommt man, indem man die MRT bis zum Thailand Cultural Centre nimmt und dann das Shoppingcenter Esplanade durchquert.

★ Thanon-Khao-San-Markt SOUVENIRS

(Karte S. 74; Th Khao San; ⏲ 10–24 Uhr; ⛴ Tha Phra Athit (Banglamphu) Die Straße mit den meisten Pensionen in Banglamphu ist Tag und Nacht ein Basar für alle „unverzichtbaren" Dinge, auf die die Backpacker-Gemeinde so abfährt. Es gibt vulgäre T-Shirts, MP3-Raubkopien, Hanfklamotten, gefälschte Studentenausweise, unechte Designerkleidung, Selfie-Sticks, Orangensaft und, natürlich, unerlässlich: die quakenden Holzfrösche.

Asiatique MARKT

(Karte S. 68; www.thaiasiatique.com; Soi 72-76, Th Charoen Krung; ⏲ 16–23 Uhr; ⛴ Shuttleboot ab Tha Sathon (Central Pier) Der Asiatique am Ufer des Mae Nam Chao Phraya zählt zu den beliebteren Nachtmärkten Bangkoks und besteht aus einer Reihe von Warenlagern. Feilgeboten werden Klamotten, Souvenirs und es gibt auch einige Imbiss- und Getränkestände.

Hierher gelangt man mit einem der zwischen 16 und 23.30 Uhr häufig verkehrenden Shuttleboote ab Tha Sathon (Central Pier).

Bang-Nam-Pheung-Markt MARKT

(ตลาดบางน้ำผึ้ง; Karte S. 68; Bang Kachao, Phra Pradaeng; ⏲ Sa & So 8–15 Uhr; S Bang Na, Ausgang 2 & Taxi) Ein einfach zu erreichender Zufluchtsort vor der Stadt ist der nur am Wochenende stattfindende quirlige Markt auf der Amphoe Phra Pradaeng, einem weitläufigen Bezirk mit ländlichem Flair. Da es ein thailändischer Markt ist, dreht sich alles vor allem ums Essen, sodass man sich den Bauch unter freiem Himmel so richtig vollschlagen kann.

Um hierher zu gelangen, fährt man mit dem BTS nach Bang Na und nimmt von dort aus ein Taxi für die kurze Fahrt bis zum Pier am Wat Bang Na Nork. Mit der Fähre (4 B) geht's über den Fluss, gefolgt von einer kurzen Fahrt mit einem Motorradtaxi (10 B).

Thanon-Sukhumvit-Markt SOUVENIRS

(Karte S. 96; zw. Soi 3 & Soi 15, Th Sukhumvit; ⏲ Di–So 11–23 Uhr; S Nana Ausgänge 1 & 3) Gefälschte Klamotten und Uhren, Porno-DVDs, chinesische Wurfsterne und andere fragwürdige Geschenkartikel dominieren auf diesem vorwiegend auf Pauschaltouristen ausgerichteten Markt.

Patpong-Nachtmarkt SOUVENIRS

(Karte S. 86; Th Phat Phong & Soi Phat Phong 2; ⏲ 18–24 Uhr; M Si Lom, Ausgang 2, S Sala Daeng, Ausgang 1) Auf diesem Markt im berüchtigten Patpong buhlen Stripclubs und Verkaufsstände gleichermaßen um die Aufmerksamkeit der Besucher. Patpong wird seinem Ruf, eine Neigung zu illegalen Machenschaften zu haben, durchaus gerecht. Und trotz allem sieht man hier jede Menge rechtschaffene Menschen wie Familien oder seriöse Paare, die zwischen den zahllosen gefälschten Waren herumschlendern. Man muss hier stets mit Entschlossenheit feilschen, denn die zuerst genannten Preise sind meist astronomisch hoch.

ABSEITS DER ÜBLICHEN PFADE

MÄRKTE ALS SEHENSWÜRDIGKEIT?

Auch wenn man nichts Bestimmtes sucht, sind einige von Bangkoks Märkten dennoch einen Besuch wert. Hier einige Favoriten der Autoren:

Pak Khlong Talat (ปากคลองตลาด, Blumenmarkt; Karte S. 80; Th Chakkaraphet; ⌚24 Std.; Tha Pak Klong Taladd, Tha Saphan Phut (Memorial Bridge) Der weitläufige Markt für den Blumengroßhandel ist zu einer Touristenattraktion für sich geworden. Die endlosen Stapel empfindlicher Orchideen, Reihen mit Rosen und Berge an Nelken sind wirklich sehenswert und die shirtlosen Träger, die die Farbenpracht umherschleppen, sorgen für Bewegung auf dem Platz. Am besten kommt man spät abends, wenn die Waren aus den ländlichen Regionen angeliefert werden.

Nonthaburi-Markt (ตลาดนนทบุรี; Karte S. 68; Tha Nam Nonthaburi, Nonthaburi; ⌚5–9 Uhr; Tha Nonthaburi) Die exotischen Früchte, hoch aufragende Berge von getrockneten Chilischoten, rauchende Grills und einige der letzten noch existierenden Rikschas der Stadt verleihen dem Nonthaburi-Markt, einem der größten und stimmungsvollsten Obst- und Gemüsemärkte der Gegend, eine für Bangkok sehr untypische Kulisse. Früh herkommen, da die meisten Verkäufer bis 9 Uhr schon wieder weg sind. Hierher kommt man mit dem Chao-Phraya-Express-Boot bis Tha Nonthaburi, der nördlichste Halt der meisten Linien. Der Markt ist von der Anlegestelle aus nach einem zweiminütigen Fußmarsch nach Osten entlang der Hauptstraße erreicht.

Sampeng Lane (สำเพ็ง; Karte S. 80; Soi Wanit 1; ⌚8–18 Uhr; Tha Ratchawong, Ⓜ Hua Lamphong, Ausgang 1 & Taxi) Der gut besuchte Markt für den Großhandel verläuft ganz grob parallel zur Th Yaowarat und bildet die Grenze zwischen den beiden Stadtvierteln Chinatown und Phahurat. Die enge Gasse, die von der Th Ratchawong abzweigt, führt an unterschiedlichsten Warengruppen vorbei: Handtaschen, Haushaltswaren, Haarschmuck, Aufkleber, Fanartikel japanischer Animationsfilme und piepsende Schlüsselketten aus Plastik.

Khlong-Toey-Markt (ตลาดคลองเตย; Karte S. 96; Ecke Th Ratchadaphisek & Th Phra Ram IV; ⌚5–10 Uhr; Ⓜ Khlong Toei, Ausgang 1) Dieser Markt für den Großhandel ist einer der größten der Stadt. Von hier kommen auch viele der Speisen, die man im Laufe seines Aufenthalts in Bangkok zu sich nimmt. Früh herkommen (am besten vor 10 Uhr, da die meisten Verkäufer danach schon wieder weg sind) und – auch wenn manche Ecken hier nicht gerade schön sind – einen Fotoapparat mitbringen, um die vielen Durian-Früchte oder die munteren Fischhändler zu fotografieren.

ℹ Praktische Informationen

GEFAHREN & ÄRGERNISSE

In Bangkok wird einem das Geld viel wahrscheinlicher mit Charme abgenommen als mit Gewalt. Geübte Betrüger nutzen die berühmte thailändische Freundlichkeit und den nicht abreißenden Strom neuer, ahnungsloser Touristen aus. Die touristischsten Gebiete der Stadt – Wat Phra Kaew, Wat Pho, Jim-Thompson-Haus, Th Khao San, Erawan-Schrein – sind die beliebtesten Jagdgründe solcher Ganoven. Der beste Schutz ist noch immer das Wissen: Bevor man sich ins Getümmel stürzt, sollte man sich mit den gängigsten Betrugspraktiken vertraut machen.

Wer einem Betrug zum Opfer gefallen ist, kann sich an die Touristenpolizei wenden, die teilweise sehr wirksam gegen „unethische" Geschäftspraktiken und Delikte vorgehen kann. Allgemein sollte man sich aber bei jedem Geschäft darüber im Klaren sein, dass man keinerlei Kundenschutz genießt und keinen Anspruch auf Entschädigung geltend machen kann.

GELD

Die regulären Banköffnungszeiten in Bangkok sind meist von 8.30 bis 15.30 Uhr, wobei Filialen in geschäftigen Gegenden und in Einkaufszentren auch länger aufhaben können und Geldautomaten überall in der Stadt zu finden sind. Viele thailändische Banken haben Wechselschalter für Fremdwährungen, und in unmittelbarer Nähe vieler Touristengebiete gibt's zudem oft Wechselstuben. Geldscheine von 1000 B sollte man in 7-Eleven-Läden oder an anderen seriösen Orten benutzen. Straßenverkäufer und Taxifahrer werden kaum in der Lage sein, einen Schein von 500 B oder größer zu wechseln.

INTERNETZUGANG & TELEFON

Da heutzutage jeder ein Smartphone besitzt, sind Internetcafés in Bangkok mittlerweile vom

Aussterben bedroht. In Touristenvierteln wie der Th Khao San gibt's aber noch einige davon.

An vielen Orten in Bangkok kann man mittlerweile über WLAN (meist kostenlos) im Internet surfen, vor allem in den Cafés und Restaurants der Einkaufszentren.

Eine praktische Anlaufstelle zum Stillen seiner Kommunikationsbedürfnisse im Zentrum Bangkoks ist **TrueMove** (Karte S. 92; www.truemove.com; Soi 2, Siam Sq; ⏲7–22 Uhr; S Siam, Ausgang 4). Hier stehen Computer mit schneller Internetverbindung und Skype, man kann Handys und SIM-Karten kaufen, und zudem bekommt man Infos über WLAN-Zugangspunkte für Computer und Telefone in der ganzen Stadt.

MEDIEN

Tageszeitungen sind an den Straßenkiosks erhältlich. Monatlich erscheinende Zeitschriften werden in den meisten Buchläden verkauft.

Bangkok 101 (www.bangkok101.com) Eine touristenfreundliche Zeitschrift mit Infos zu Veranstaltungen.

Bangkok Post (www.bangkokpost.com) Die englischsprachige Tageszeitung der Stadt.

BK (www.bk.asia-city.com) Onlineversion der Zeitschrift mit dem besten Veranstaltungskalender Bangkoks.

Coconuts Bangkok (bangkok.coconuts.co) Website mit Nachrichten über alles Abgefahrene und Skurrile, was in Bangkok so passiert.

Nation (www.nationmultimedia.com) Englischsprachige Tageszeitung mit Schwerpunkt auf Wirtschaft.

Not the Nation (www.notthenation.com) Thailands Antwort auf das Satiremagazin *Titanic*.

MEDIZINISCHE VERSORGUNG

Dank seiner hohen medizinischen Standards in der Krankenhausbehandlung entwickelt sich Bangkok sehr schnell zu einem beliebten Ziel für Medizintouristen, die hier zu günstigeren Preisen Zahnbehandlungen, bestimmte operative Eingriffe sowie kosmetische Korrekturen vornehmen lassen. Die Apotheker der Stadt können die meisten leichteren Beschwerden (für Bangkok typische Magen-Darm-Infekte, Nasennebenhöhlen- und Hautinfektionen) diagnostizieren und behandeln.

GÄNGIGE ABZOCKE IN BANGKOK

Am besten führt man sich zuerst diese typischen Betrugsmaschen zu Gemüte und schließt sich Lonely Planets Kreuzzug gegen Bangkoks gewiefte Betrugskünstler an.

Heute geschlossen Einfach jeden „freundlichen" Einheimischen ignorieren, der behauptet, eine Attraktion sei aufgrund eines buddhistischen Feiertags oder wegen Reinigungsarbeiten geschlossen. Dies sind nur Vorwände für einen Ausflug zu einem falschen Edelsteinverkauf.

Túk-túk-Fahrten für 20 B Wer dieser allgegenwärtigen Abzocke auf den Leim gegangen ist, kann sämtliche Tagespläne vergessen. Diese sogenannten „Touren" lassen alle Sehenswürdigkeiten links liegen und bringen die Passagiere stattdessen zu den windigen Schmuckhändlern und Schneidern, die den Fahrern für die Kundschaft Provisionen bezahlen.

Taxifahrt zum Pauschalpreis Pauschalpreise für Taxifahrten (meist zwischen 100 und 150 B für Ziele innerhalb der Stadt) sollte man generell entschieden ablehnen. Man kann davon ausgehen, dass diese dreimal so hoch sind wie der eigentliche Preis laut Taxameter. Entfernt man sich zu Fuß ein Stück von den Haupttouristenzentren, stehen die Chancen besser, einen ehrlichen Fahrer zu finden. Sollte ein Fahrer einmal „vergessen", das Taxameter anzustellen, sagt man einfach: „Meter, *kâ/kráp*" (für eine Frau/einen Mann).

Touristenbusse in den Süden Auf der langen Reise in den Süden haben gut organisierte und vernetzte Diebe stundenlang Zeit, das Gepäck zu durchwühlen, Koffer aufzubrechen (und sie dann wieder zu verschließen) und Kreditkarten, Elektronikgeräte und sogar Kosmetikartikel zu stehlen. Diese Masche gibt es schon seit Jahren; ihr kann aber ganz leicht vorgebeugt werden, indem man seine Wertsachen im Handgepäck mit in den Bus nimmt.

Freundliche Fremde Bei elegant gekleideten Herren, die fragen, woher man kommt und wohin man will, ist äußerste Vorsicht geboten. Nach diesem anfänglichen Smalltalk folgt meist der Satz: „Ach, mein Sohn/meine Tochter studiert in (Name der eigenen Heimatstadt)" – diese Männer scheinen ein geradezu enzyklopädisches Wissen über die wichtigsten Universitätsstädte der Welt zu haben. Den Touristenbehörden zufolge ist dieses Verhalten für Thailänder absolut untypisch, und man sollte hier sehr misstrauisch sein.

Folgende Krankenhäuser bieten einen 24-Stunden-Notfalldienst. Die hier aufgeführten Nummern sind wichtig, wenn ein Krankenwagen oder sofortige medizinische Hilfe benötigt wird. Die meisten dieser Krankenhäuser haben zudem Tageskliniken mit Englisch sprechendem Personal vor Ort.

Bangkok Christian Hospital (Karte S. 86; ☎ 02 625 9000; www.bch.in.th/en; 124 Th Silom; Ⓜ Si Lom, Ausgang 2, Ⓢ Sala Daeng, Ausgang 1) Modernes Krankenhaus im Zentrum von Bangkok.

BNH (Karte S. 86; ☎ 02 686 2700; www.bnhhospital.com; 9 Th Convent; Ⓜ Si Lom, Ausgang 2, Ⓢ Sala Daeng, Ausgang 2) Modernes Krankenhaus in zentraler Lage.

Bumrungrad International Hospital (Karte S. 96; ☎ 02 667 1000; www.bumrungrad.com/thailandhospital; 33 Soi 3, Th Sukhumvit; Ⓢ Phloen Chit, Ausgang 3) International anerkanntes Krankenhaus.

Samitivej Hospital (Karte S. 96; ☎ 02 022 2222; www.samitivejhospitals.com; 133 Soi 49, Th Sukhumvit; Ⓢ Phrom Phong, Ausgang 3 & Taxi) Modernes Krankenhaus in Bangkok.

NOTFALL

Bei medizinischen Notfällen und wenn man einen Krankenwagen braucht, kann man sich an eines der oben aufgeführten Krankenhäuser mit Englisch sprechendem Personal wenden. Polizei und Feuerwehr sind unter folgenden Rufnummern erreichbar:

Polizei (☎ 191) Die Telefonnummer der Polizei fungiert in ganz Thailand als universelle Notrufnummer. Man kann über sie auch einen Krankenwagen rufen oder ein Feuer melden.

Touristenpolizei (☎ 24 Std.-Hotline 1155) Bei den meisten Problemen, bei denen die Polizei gerufen werden muss (in der Regel Betrug oder Diebstahl), wendet man sich am besten an die Touristenpolizei. Diese ist im Umgang mit Ausländern geübt und kann übrigens auch im Falle einer Verhaftung sehr hilfreich sein.

POST

Hauptpost (Karte S. 84; ☎ 02 233 1050; Th Charoen Krung; ⏰ Mo–Fr 8–20, Sa & So bis 13 Uhr; ⛴ Oriental Pier) Bangkoks Hauptpost.

TOILETTEN

Öffentliche Toiletten sind in Bangkok rar gesät. Am besten sucht man gleich nach einem Einkaufszentrum, einem Fast-Food-Restaurant oder, im allerbesten Fall, einem Luxushotel (einfach reinspazieren, als würde man hier logieren!). In Einkaufszentren muss man manchmal eine kleine Gebühr (2–5 B) bezahlen, in den neueren Malls gibt es auch Behindertentoiletten. Entgegen hartnäckiger Gerüchte lässt sich sagen, dass Stehklos in Bangkok auf dem absteigenden Ast sind.

INSIDER-BLOGS

Etliche Einwohner von Bangkok, sowohl Einheimische als auch Ausländer, wollen ihre Erfahrungen mit anderen teilen und unterhalten Blogs und Websites über das Leben in Bangkok. Hier nennen wir ein paar der informativeren und/oder unterhaltsameren:

2Bangkok (www.2bangkok.com) Der Nachrichtenspürhund und Geschichtsfan verfolgt aktuelle und ältere Schlagzeilen der Stadt.

Global Post (www.globalpost.com/bio/patrick-winn) Patrick Winn, der Südostasienkorrespondent dieses Online-Nachrichtendiensts, lebt in Bangkok und hat eine besondere Vorliebe dafür, die verrückten kleinen Geschichten aufzudecken, die sich in der Stadt zutragen.

Greg To Differ (gregtodiffer.com) „Geschichten, Geschwätz und Beobachtungen zum Leben von Ausländern in der verrücktesten Stadt Asiens."

Kathy MacLeod (www.kathymacleod.blogspot.com) Ein Bangkoker Leben im Comic-Format.

Richard Barrow in Thailand (www.richardbarrow.com) In Bangkok lebender Vollzeit-Blogger, der über alles von Reisen bis News berichtet.

Still Life in Moving Vehicles (www.lifeinmovingvehicle.blogspot.com) Foto-Blog mit Bildern von Bangkok vom Beifahrersitz aus.

TOURISTENINFORMATION

In den offiziellen Touristeninformationen gibt's Karten, Broschüren und Tipps zu Sehenswürdigkeiten und Aktivitäten. Diesen kostenlosen Service bitte nicht mit dem der lizenzierten Reisebüros verwechseln, die auf Provisionsbasis Touren und Transfers buchen! Häufig verwenden Reisebüros in ihren Namen Elemente der offiziellen nationalen Touristenorganisation (Tourism Authority of Thailand; TAT), um Traveller zu täuschen.

Bangkok Information Center (Karte S. 74; ☎ 02 225 7612-4; www.bangkoktourist.com; 17/1 Th Phra Athit; ⏰ Mo–Fr 9–19, Sa & So bis 17 Uhr; ⛴ Tha Phra Athit (Banglamphu) Touristeninformation mit Infos über die Stadt, Karten, Broschüren und Wegbeschreibungen. Ihre Stände und Buden finden sich überall in der Stadt und sind an dem grün-weißen Symbol eines Elefantentreibers auf einem Elefanten zu erkennen.

Tourism Authority of Thailand (TAT; ☎ Zentrale 1672; www.tourismthailand.org) Hauptbüro (TAT; Karte S. 96; ☎ 02 250 5500, Zentrale 1672; www.tourismthailand.org; 1600 Th Phetchaburi Tat Mai; ⌚ 8.30–16.30 Uhr; Ⓜ Phetchaburi, Ausgang 2); Banglamphu (TAT; Karte S. 74; ☎ 02 283 1500, Zentrale 1672; Ecke Th Ratchadamnoen Nok & Th Chakraphatdi Phong; ⌚ 8.30–16.30 Uhr; Klorng-Boot bis Tha Phanfa Leelard); Suvarnabhumi International Airport (TAT; ☎ 02 134 0040, Zentrale 1672; www.tourismthailand.org; 2. Stock, zw. Gate 2 & 5, Suvarnabhumi International Airport; ⌚ 24 Std.).

ℹ An- & Weiterreise

BUS

Bangkok ist das Zentrum für Busverbindungen in jede Ecke des Königreichs. Für Fernbusse zu beliebten Touristenzielen empfiehlt es sich, Fahrkarten direkt bei den Busunternehmen an den Busbahnhöfen zu kaufen anstatt bei Reisebüros in touristischen Zentren wie der Th Khao San. Es gibt drei große Busbahnhöfe, von denen zwei unpraktisch weit weg vom Stadtzentrum liegen, sowie einen Busbahnhof für Busse in andere Provinzen, der sich am Internationalen Flughafen Suvarnabhumi im Zentrum für öffentliche Verkehrsmittel befindet. Für die Fahrt zu den Busbahnhöfen sollte man aus den meisten Teilen Bangkoks mindestens eine Stunde einplanen.

Busbahnhof Ost (Karte S. 96; ☎ 02 391 2504; Soi 40, Th Sukhumvit; Ⓢ Ekkamai, Ausgang 2) Von hier aus starten Busse nach Pattaya, Rayong, Chanthaburi und zu anderen Zielen im Osten – außer nach Aranya Prathet. Die meisten Einheimischen nennen den Busbahnhof *sà·tăh·nee èk·gà·mai* (Ekamai-Bahnhof), wobei er auch in der Nähe der BTS-Station Ekkamai liegt.

Busbahnhof Nord & Nordost (Mo Chit; Karte S. 106; ☎ Busse in den Nordosten 02 936 2852, Durchwahl 602/605, Busse in den Norden 02 936 2841, Durchwahl 325/614; Th Kamphaeng Phet; Ⓜ Kamphaeng Phet, Ausgang 1 & Taxi, Ⓢ Mo Chit, Ausgang 3 & Taxi) Der hektische Busbahnhof gleich nördlich des Chatuchak-Parks wird auch *kŏn sòng mŏr chít* (Mo-Chit-Bahnhof) genannt, darf aber nicht mit der BTS-Station Mo Chit verwechselt werden. Ab hier fahren Busse zu allen Zielen im Norden und Nordosten sowie zu internationalen Destinationen wie Pakse (Laos), Phnom Penh (Kambodscha), Siem Reap (Kambodscha) und Vientiane (Laos).

Busbahnhof Süd (Sai Tai Mai; ☎ 02 422 4444, Call-Center 1490; Th Boromaratchachonanee) Der Süd-Busbahnhof der Stadt liegt ein ganzes Stück westlich vom Zentrum Bangkoks. Er wird gemeinhin *săi đâi mài* genannt und zählt zu den angenehmsten und übersichtlichsten im Land. Von hier fahren nicht nur alle Busse in den Süden, sondern auch nach Kanchanaburi und ins westliche Thailand.

Suvarnabhumi Public Transport Centre (☎ 02 132 1888; Flughafen Suvarnabhumi) Von diesem Busbahnhof, 3 km vom Suvarnabhumi International Airport entfernt, fahren relativ häufig Busse Richtung Osten und Nordosten, darunter auch nach Aranya Prathet (zur kambodschanischen Grenze), Chanthaburi, Ko Chang, Nong Khai (zur laotischen Grenze), Pattaya, Rayong, Trat und Udon Thani. Vom Flughafen fährt ein kostenloser Shuttle-Bus hierher.

FLUGZEUG

Bangkok hat zwei Flughäfen. Der 30 km östlich vom Zentrum Bangkoks gelegene **Suvarnabhumi International Airport** (☎ 02 132 1888; www.suvarnabhumiairport.com) nahm mit mehreren Jahren Verspätung 2006 den kommerziellen internationalen und nationalen Flugverkehr auf. Der Name des Flughafens wird *sù·wan·ná·puum* ausgesprochen, und seinen Flughafencode (BKK) hat er vom alten Flughafen in Don Mueang geerbt. Auf der Flughafen-Website findet man Details zu allen Landungen und Abflügen in Echtzeit.

Bangkoks ehemaliger Flughafen für internationale und Inlandsflüge, der **Don Mueang International Airport** (☎ 02 535 1253; www.donmueangairportthai.com), liegt 25 km nördlich vom Zentrum Bangkoks. Im September 2006 wurde der Linienflugverkehr hier eingestellt, doch schon bald darauf siedelten sich hier die Billigflieger an.

Folgende Fluglinien bieten Inlandsflüge von/zu den zwei Flughäfen in Bangkok:

Air Asia ☎ 02 515 9999; www.airasia.com

Bangkok Airways ☎ 1771; www.bangkokair.com

Happy Air ☎ 02 216 5151; www.happyair.co.th

Nok Air ☎ 1318; www.nokair.com

Orient Thai ☎ 02 229 4100, Call-Center 1126; www.flyorientthai.com/en/home

Solar Air ☎ 02 535 2456; www.solarair.co.th

Thai Lion Air ☎ 02 529 9999; www.lionairthai.com

Thai Smile ☎ 02 118 8888; www.thaismileair.com

ZUG

Bahnhof Hualamphong (☎ 02 220 4334, Zentrale 1690; www.railway.co.th; abseits der Th Phra Ram IV; Ⓜ Hua Lamphong, Ausgang 2) Hualamphong ist die Endstation für die wichtigsten Zugverbindungen aus dem Süden, Norden, Nordosten und Osten.

Hualamphong bietet folgende Serviceleistungen: Duschen, Poststelle, Gepäckaufbewahrung, Cafés und Food-Courts. Um hierher zu gelangen, fährt man von der Th Sukhumvit mit der MRT bis zur Haltestelle Hua Lamphong, aus westlichen Stadtteilen (Banglamphu, Thewet) nimmt man den Bus 53.

Bahnhof Bangkok Noi (☎ 02 418 4310, Zentrale 1690; www.railway.co.th; abseits der Th Itsaraphap; ⛴ Bahnhof Thonburi, Tha Wang Lang (Siriraj), Ⓢ Wongwian Yai, Ausgang 4 & Taxi) Von diesem Bahnhof, der auch als Thonburi bekannt ist, gibt es sporadische (und für Ausländer ziemlich überteuerte) Zugverbindungen nach Nakhon Pathom, Kanchanaburi und Nam Tok.

Bahnhof Wong Wian Yai (☎ 02 465 2017, Zentrale 1690; www.railway.co.th; abseits der Th Phra Jao Taksin; Ⓢ Wongwian Yai, Ausgang 4 & Taxi) Von diesem winzigen, versteckt liegenden Bahnhof fährt ein Pendlerzug nach Samut Sakhon (auch Mahachai genannt).

ℹ Unterwegs vor Ort

Auf den ersten Blick scheint Bangkok ein einziges undurchdringliches Chaos zu sein, sein Verkehrsnetz wird aber nach und nach immer weiter verbessert, und obwohl man höchstwahrscheinlich zu irgendeinem Zeitpunkt während seines Aufenthalts in der Stadt hoffnungslos im Verkehr feststecken wird, sind die Staus bei Weitem nicht mehr so legendär wie sie es früher einmal waren. Nachts und inzwischen überwiegend auch tagsüber sind Bangkoks 70 000 saubere und dazu noch spottbillige Taxis die beste Wahl, auch wenn man sich vor Augen halten muss, dass Bangkoks Verkehr alles andere als vorhersehbar ist. Während der Rushhour sind dann BTS, MRT, Flussfähren und *klorng*-Fähren (Kanalfähren, auch *khlong* geschrieben) die

VERKEHRSMITTEL NACH/AB BANGKOK

ZIEL	FLUGZEUG	BUS	MINIVAN	ZUG
Ayuthaya		53–68 B; 1½ Std.; 5–19 Uhr stündl. (ab Busbahnhof Nord & Nordost)	60 B; 1 Std.; 6–21 Uhr alle 25 Min. (ab Victory Monument)	15–185 B; 1½ Std.; 4.20–23.53 Uhr 40-mal tgl.
Chiang Mai	ab 790 B; 1–1½ Std.; tgl. häufig (vom Don Mueang International Airport); ab 1265 B; tgl. häufig (vom Suvarnabhumi International Airport)	500–778 B; 9½–11 Std.; 5.40–22.05 Uhr stündl. (ab Busbahnhof Nord & Nordost)		231–1454 B; 12–15 Std.; 12.45–22 Uhr 5-mal tgl.
Chiang Rai	ab 790 B; 1¼ Std.; 12-mal tgl. (vom Don Mueang International Airport); ab 1090 B; 1¼ Std.; 7-mal tgl. (vom Suvarnabhumi International Airport)	601–868 B; 11–12 Std.; 6.30–12.30 & 19–21.30 Uhr stündl. (ab Busbahnhof Nord & Nordost)		
Hat Yai	ab 1440 B; 1½ Std.; tgl. häufig (vom Don Mueang International Airport); 1900 B; 1½ Std.; 5-mal tgl. (vom Suvarnabhumi International Airport)	514–1028 B; 13 Std.; 14–21.15 Uhr häufig (ab Busbahnhof Süd)		259–1590 B; 12–15 Std.; 13–22.40 Uhr 6-mal tgl.
Khon Kaen	ab 700 B; 55 Min.; 7-mal tgl. (vom Don Mueang International Airport); ab 1300 B; 55 Min.; 3-mal tgl. (vom Suvarnabhumi International Airport)	260–498 B; 10–11 Std.; 4–23 Uhr stündl. (ab Busbahnhof Nord & Nordost)		77–1168 B; 9–11 Std.; 8.20–20.45 Uhr 4-mal tgl.
Mae Sot	ab 1114 B; 65 Min.; 4-mal tgl. (vom Don Mueang International Airport)	297–638 B; 7–8 Std.; 8.15–9 & 21.15–22.40 Uhr stündl. (Busbahnhof Nord & Nordost)		

weitaus bessere Option. Die Einheimischen und auch viele der hier lebenden Expats sind zwar überzeugte Nutzer der allgegenwärtigen Motorradtaxis, angesichts vieler schlimmer Unfälle sind Fahrten damit das Risiko aber einfach nicht wert.

Aktuelle Infos zum öffentlichen Nahverkehr in Bangkok erhält man unter www.transitbangkok.com.

AUTO

Wer nur kurz in der Stadt ist, für den ist Autofahren (und Parken) eine größere Be- als Entlastung. Wer keine öffentlichen Verkehrsmittel nutzen kann oder möchte, kann sich über sein Hotel ein Auto mit Fahrer mieten oder einen Taxifahrer anheuern, der vertrauenswürdig erscheint. Ein seriöser Anbieter ist beispielsweise **Julie Taxi** (☎ 091 098 4553, 081 846 2014; www.facebook.com/TourWithJulieTaxi) mit vielen verschiedenen Fahrzeugen und einem hervorragenden Service.

Wer dennoch lieber selbst fährt, kann in der ganzen Stadt Autos und Motorräder mieten. Die Preise beginnen bei etwa 1000 B pro Tag für einen Kleinwagen. Für alle Mietfahrzeuge braucht man einen Pass sowie einen gültigen internationalen Führerschein.

Verlässliche Autovermietungen sind unter anderem **Avis** (Karte S. 90; ☎ 02 251 1131; www.avisthailand.com; 40 Th Sathon Neua/North; ⏲ 8–18 Uhr; Ⓜ Lumphini, Ausgang 2), **Budget** (Karte S. 96; ☎ 02 203 9294; www.budget.co.th; 19/23 Bldg A, RCA/Royal City Ave; ⏲ 8–19 Uhr; Ⓜ Phra Ram 9, Ausgang 3 & Taxi) und **Thai Rent A Car** (Karte S. 68; ☎ 02 737 8888; www.thairentacar.com; 2371 Th Phetchaburi Tat Mai; ⏲ Mo–Sa 8.30–17.30 Uhr; Ⓢ Thong Lo, Ausgang 3 & Taxi), die alle drei auch Schalter am Suvarnabhumi International

VERKEHRSMITTEL NACH/AB BANGKOK

ZIEL	FLUGZEUG	BUS	MINIVAN	ZUG
Nong Khai		337–675 B; 10 Std.; 20.30–21.45 Uhr stündl. (ab Busbahnhof Nord & Nordost)		213–1317 B; 12 Std.; 18.30–20.45 Uhr 3-mal tgl.
Pak Chong (zum Khao Yai National Park)		130–140 B; 3 Std.; 4–13 Uhr stündl. (ab Busbahnhof Nord & Nordost)	160 B; 2½ Std.; 7–20 Uhr stündl. (ab Victory Monument)	
Phuket	ab 1400 B; 75 Min.; tgl. häufig (vom Don Mueang International Airport); ab 1790 B; 75 Min.; tgl. häufig (vom Suvarnabhumi International Airport)	482–938 B; 12–15 Std.; 7.30–20.20 Uhr alle 30 Min. (ab Busbahnhof Süd)		
Sukhothai	ab 1695 B; 1 Std.; 2-mal tgl. (vom Suvarnabhumi International Airport)	265–342 B; 6–7 Std.; 9–12 & 21.45–22 Uhr stündl. (ab Busbahnhof Nord & Nordost)		
Trat	ab 2550 B; 1 Std.; 3-mal tgl. (vom Suvarnabhumi International Airport)	248–275 B; 5½ Std.; 4–9.45 Uhr häufig (ab Ost-Busbahnhof); 243 B; 6 Std.; 7.30–22 Uhr 5-mal tgl. (ab Busbahnhof Nord & Nordost)	300 B; 5 Std.; 5–17 Uhr stündl. (ab Victory Monument); 300 B; 5 Std.; 9–17 Uhr stündl. (ab Busbahnhof Nord & Nordost)	
Ubon Ratchathani	ab 1400 B; 70 Min.; 9-mal tgl. (vom Don Mueang International Airport); ab 1400 B; 70 Min.; 3-mal tgl. (vom Suvarnabhumi International Airport)	356–790 B; 10–11 Std.; 6.40–21.45 Uhr stündl. (ab Busbahnhof Nord & Nordost)		205–1280 B; 8½–12 Std.; 5.45–22.25 Uhr 6-mal tgl.

Airport und am Don Mueang International Airport haben.

BTS & MRT

Die Hochbahn **BTS** (☎ 02 617 6000, Touristeninformation 02 617 7341; www.bts.co.th), auch Skytrain (*rót fai fáh*) genannt, braust durch das „neue" Bangkok (Silom, Sukhumvit und Siam Sq). Die Linien kreuzen sich am Bahnhof Siam und verkehren regelmäßig zwischen 6 und 23.45 Uhr. Eine Fahrkarte kostet 15 bis 52 B, eine Tageskarte 140 B. Die meisten Fahrkartenautomaten nehmen nur Münzen an, aber an den Infoschaltern kann man Geld wechseln.

Die Bangkoker **MRT** (☎ 02 354 2000; www.bangkokmetro.co.th), also die Metro, ist hilfreich für Traveller, die in der Gegend um die Th Sukhumvit oder Th Silom wohnen und zum Bahnhof Hualamphong wollen. Eine Fahrkarte kostet zwischen 16 und 42 B, eine Tageskarte 120 B. Die Züge fahren regelmäßig zwischen 6 und 24 Uhr.

BUS

Das öffentliche Bussystem der Stadt wird von der **Bangkok Mass Transit Authority** (☎ 02 246 0973, Zentrale 1348; www.bmta.co.th) betrieben. Da der Verlauf der Routen oft verwirrend ist und die Taxis hier so günstig, muss man wirklich extrem knapp bei Kasse sein, um den Bus zum Verkehrsmittel seiner Wahl zu machen. Wer sich hiervon nicht abschrecken lässt, der bezahlt für die Fahrt in einem klimatisierten Bus 10 bis 23 B, Tickets für einen normalen Bus (mit Ventilatoren) beginnen bei 6,50 B. Die meisten Linien verkehren zwischen 5 und 22 oder 23 Uhr. Die Nachtbusse beginnen um 3 oder 4 Uhr und stellen den Betrieb dann am Vormittag ein. Um in dem Chaos durchzusteigen, holt man sich am besten den *Bangkok Bus Guide* von thinknet.

FAHRRAD

Aufmerksamen Radfans ist vielleicht bereits die neue grüne abgetrennte Radspur aufgefallen, die durch bestimmte Abschnitte in Banglamphu und Ko Ratanakosin verläuft. Sie ist Teil der Pun-Pun-Initiative (www.punpunbikeshare.com), zu der 50 Mietstationen für Fahrräder in der ganzen Stadt gehören sowie ein klar gekennzeichneter (wenn auch nicht immer abgetrennter) Radweg.

Bevor man sich ein Fahrrad ausleihen kann, muss man sich online registrieren (http://pcc.punpunbikeshare.com/member/). Dann holt man sich an einer der acht mit Personal besetzten Stationen eine Chipkarte. Diese kostet 320 B und beinhaltet bereits ein Guthaben von 100 B. Die Miete ist die ersten 15 Minuten der Ausleihe kostenlos, danach werden etwa 10 B pro Stunde fällig.

VOM/ZUM FLUGHAFEN

Bangkok verfügt über zwei Flughäfen: Den Großteil der Flüge wickelt der Suvarnabhumi International Airport ab, während Billigfluglinien den Don Mueang International Airport nutzen. Wer zwischen den beiden umsteigen muss, sollte mindestens eine Stunde dafür einplanen, da die Flughäfen an entgegengesetzten Enden der Stadt liegen. Von 5.30 bis 17 Uhr pendeln Kleinbusse zwischen den beiden Flughäfen; die Fahrt kostet 50 B.

Suvarnabhumi International Airport

Folgende Verkehrsmittel fahren vom Flughafenterminal direkt in die Stadt: Taxis mit Taxameter, Hotellimousinen, der Airport Rail Link, private Fahrzeuge und einige Minivans. Falls an der Straße keine Taxis mit Taxameter stehen oder die Schlange zu lang ist, kann man mit dem Flughafen-Shuttle zum Taxistand am Zentrum für öffentliche Verkehrsmittel fahren.

Airport Rail Link (☎ Zentrale 1690; www.srtet.co.th) Verbindet den Suvarnabhumi International Airport mit der BTS-Station (Skytrain) Phaya Thai (45 B, 30 Min., 6–24 Uhr) und der MRT-Haltestelle (Metro) Phetchaburi (45 B, 25 Min., 6–24 Uhr).

Bus & Minivan Das Zentrum für öffentliche Verkehrsmittel ist 3 km vom Flughafen entfernt. Hier gibt es auch einen Busbahnhof, von dem Langstreckenbusse in eine Handvoll Provinzen sowie Stadtbusse und Minivans in die Innenstadt starten. Zwischen dem Zentrum und den Flughafenterminals verkehren kostenlose Flughafen-Shuttles. Für Touristen relevante

INTERNATIONALE BUSVERBINDUNGEN AB BANGKOK

Vom Bangkoker Busbahnhof Nord & Nordost (Mor Chit) fahren inzwischen immer mehr staatliche Busse zu Zielen im Ausland.

ZIEL	PREIS	DAUER	HÄUFIGKEIT
Pakse (Laos)	900 B	12 Std.	20 & 21 Uhr
Phnom Penh (Cambodia)	750 B	14 Std.	1.30 Uhr
Siem Reap (Cambodia; nach Angkor Wat)	750 B	8 Std.	8 & 9 Uhr
Vientiane (Laos)	900 B	12 Std.	20 Uhr

MINIVANS NACH/AB BANGKOK

Privat betriebene Minibusse, *rót đoo* genannt, sind eine schnelle und recht bequeme Möglichkeit, um von Bangkok in die Nachbarprovinzen zu gelangen. Rund um das **Siegesdenkmal** (อนุสาวรีย์ชัย; Ecke Th Ratchawithi & Th Phayathai; ⌚24 Std.; Ⓢ Victory Monument, Ausgang 2) warten an verschiedenen Haltepunkten Minivans, die zu diversen Zielen aufbrechen.

ZIEL	PREIS	DAUER	HÄUFIGKEIT
Aranya Prathet (zur kambodschanischen Grenze)	230 B	3½ Std.	4.20–18.30 Uhr stündl.
Ayuthaya	60 B	1 Std.	6–21 Uhr alle 30 Min.
Ban Phe (nach Ko Samet)	200 B	3 Std.	6–20 Uhr stündl.
Chanthaburi	200 B	3 Std.	5.30–18 Uhr stündl.
Kanchanaburi	120 B	2 Std.	6–18 Uhr stündl.
Nakhon Pathom	60 B	1 Std.	6–21 Uhr häufig
Pak Chong (nach Khao Yai)	160 B	2 Std.	7–20 Uhr stündl.
Pattaya	150 B	2 Std.	6–20 Uhr stündl.
Phetchaburi	100 B	2 Std.	5.15–20 Uhr alle 45 Min.
Samut Songkhram (Mae Klong; nach Amphawa)	70 B	1½ Std.	6–21 Uhr häufig
Busbahnhof Süd	35 B	20 Min.	8–21 Uhr häufig

Busverbindungen in die Stadt sind beispielsweise die Busse 551 zur BTS-Station Victory Monument (40 B, 5–22 Uhr regelmäßig) und 552 zur BTS-Station On Nut (20 B, 5–22 Uhr regelmäßig). An diesen Punkten hat man Anschluss an andere öffentliche Verkehrsmittel; man kann aber auch einfach ein Taxi bis zum Hotel nehmen. Es fahren zusätzlich auch Busse und Minivans zu Zielen im Osten, darunter etwa nach Chanthaburi, Hua Hin, Ko Chang, Pattaya und Trat.

Die relativ häufig fahrenden Minivans zum Don Muang International Airport warten auf der Ebene 1 vor der Tür 8 (50 B, 40 Min., 5.30–17 Uhr).

Von der Stadt aus kann man mit dem BTS entweder nach On Nut fahren und dann in der Nähe des Markteingangs gegenüber von Tesco Lotus in den Minivan 552 (20 B, 5–22 Uhr regelmäßig) steigen, nach Udom Suk fahren und dort in Bus A3 (30 B, 6–20.30 Uhr regelmäßig) umsteigen oder bis zum Victory Monument fahren und einen der unregelmäßig verkehrenden Minivans zum Suvarnabhumi International Airport (40 B, 5-20 Uhr) nehmen.

Taxi Beim Verlassen des Terminals die Schlepper und die gelben Schilder mit der Aufschrift „Official Airport Taxis" (überteuert) ignorieren! Stattdessen geht man am besten auf die Ebene 1 und stellt sich dort an der Schlange für ein öffentliches Taxis an. Dort geht es normalerweise recht schnell voran. Die Taxis, die an diesen Schaltern gebucht werden, sollten ihr Taxameter eigentlich immer einschalten. Probiert es der Fahrer dennoch ohne, so muss man ihn mit einem freundlichen, aber bestimmten „Meter, please" darauf hinweisen. Die Preise für Taxifahrten mit Taxameter vom Flughafen belaufen sich auf ungefähr 200 bis 250 B zur Th Sukhumvit, auf 250 bis 300 B zur Th Khao San und auf 400 B nach Mo Chit. Die Mautgebühren (25–70 B) sowie eine von offizieller Seite erhobene Flughafen-Ausfahrtsgebühr (50 B), die direkt an den Fahrer bezahlt wird, kommen noch obendrauf.

Don Mueang International Airport

Bus & Minivan Vor der Ankunftshalle des Don Muang International Airport gibt es zwei Flughafenbuslinien: Der Bus A1 hält an der BTS-Station Mo Chit (30 B, 7.30–23.30 Uhr regelmäßig), der Bus A2 fährt seltener und hält an den BTS-Stationen Mo Chit und Victory Monument (30 B, 7.30–23.30 Uhr alle 30 Min.).

Vor der Ankunftshalle findet man auch die vergelichsweise häufig verkehrenden Kleinbusse, die zwischen dem Don Mueang International Airport und dem Suvarnabhumi International Airport (50 B, 1 Std., 5.30–17 Uhr) hin und her pendeln.

Am Highway vor dem Flughafen halten öffentliche Busse: Bus 29 zum Bahnhof Hualamphong (24 Std.) mit Zwischenstopp an der BTS-Station Victory Monument, Bus 59 mit Halt nahe der Th Khao San (24 Std.) und Bus 538 mit Halt an der BTS-Station Victory Monument (4–22 Uhr). Eine Busfahrt kostet etwa 30 B.

Taxi Wie am Suvarnabhumi International Airport fahren auch hier öffentliche Taxis vor der Ankunftshalle ab; zum Taxameter-Fahrpreis kommt noch eine Flughafengebühr von 50 B hinzu.

Zug Der Fußweg, der vom Flughafen zum Amari Airport Hotel führt, bietet auch Zugang zum Don-Mueang-Bahnhof. Ab hier fahren zwischen 4 und 11.30 Uhr alle 60 bis 90 Minuten und zwischen 14 und 21.30 Uhr alle 60 Minuten (ab 5–10 B) Züge zum Hualamphong-Bahnhof.

SCHIFF/FÄHRE

Öffentliche Boote waren einst das wichtigste Transportmittel der Stadt. Heute gibt es nur noch einige wenige am majestätischen Mae Nam Chao Phraya und auf einigen *klorng* innerhalb der Stadt.

Kanallinien

Auf dem Khlong Saen Saep verkehren Kanaltaxis (Banglamphu nach Ramkhamhaeng); sie sind eine einfache Art, um von Banglamphu zum Jim-Thompson-Haus, in die Einkaufszentren am Siam Sq (für beides am Sapan Hua Tha Chang aussteigen) und zu anderen weiter östlich auf der Th Sukhumvit gelegenen Zielen zu kommen (allerdings muss man dafür am Tha Pratunam umsteigen). Diese Boote werden hauptsächlich von Pendlern genutzt und legen nur wenige Sekunden am Pier an – entweder man springt sofort auf, oder man bleibt zurück. Eine Fahrkarte kostet zwischen 9 und 19 B; die Boote fahren unter der Woche ungefähr von 5.30 bis 19.15 Uhr (Sa 6–18.30, So 6–18 Uhr).

Flusslinien

Das Unternehmen **Chao Phraya Express Boat** (☎ 02 623 6001; www.chaophrayaexpressboat.com) bietet den wichtigsten Fährservice auf dem Mae Nam Chao Phraya. Die Hauptanlegestelle wird Tha Sathon, Saphan Taksin oder auch Central Pier genannt und bietet einen Anschluss an den BTS (Station Saphan Taksin).

Die Boote verkehren zwischen 6 und 20 Uhr und Tickets (10–40 B) sind an der Anlegestelle oder an Bord erhältlich. Die Fahrkarte muss übrigens immer als Beweis dafür aufgehoben werden, dass man bezahlt hat (es ist allerdings eine reine Formalität).

Am häufigsten gibt es die mit orangefarbenen Flaggen gekennzeichneten Expressboote. Diese verkehren zwischen dem Wat Rajsingkorn im Süden Bangkoks und Nonthaburi im Norden und halten an den meisten Anlegestellen (15 B, 6–19 Uhr regelmäßig). Ein mit blauer Flagge versehenes Touristenboot (40 B, 9.30–17 Uhr alle 30 Min.) fährt vom Tha Sathon (Central Pier) zum Tha Phra Athit (Banglamphu) und hält unterwegs an den Anlegestellen acht wichtiger Sehenswürdigkeiten – die Kommentare auf Englisch sind allerdings kaum zu verstehen. Verkäufer am Tha Sathon (Central Pier) versuchen, Touristen einen Tagespass für 150 B aufzuschwatzen. Sofern man aber nicht vorhat, an jenem Tag wirklich sehr viel mit dem Boot zu fahren, lohnt sich das Ticket nicht.

TIPPS ZUM TAXIFAHREN IN BANGKOK

- Niemals Taxis ohne Taxameter nutzen, die häufig in der Nähe der Hotels oder in touristischen Gebieten herumstehen. Einfach einen oder zwei Blocks weit laufen, bis ein anderes Taxi vorbeifährt.
- Anders als in einigen anderen Ländern versuchen die Bangkoker Taxifahrer nicht, einen länger als nötig in der Gegend herumzufahren. Sie machen mehr Geld durch einen zügigen Fahrgastwechsel.
- Viele der Bangkoker Taxifahrer sind eigentlich Saisonarbeiter frisch vom Land, die sich hier kaum auskennen.
- Sollte ein Fahrer es ablehnen, einen zu einer bestimmten Adresse zu fahren, liegt es womöglich daran, dass seine Schicht bald zu Ende ist und er das Leihtaxi bis zu einer bestimmten Zeit zurückbringen muss, und nicht daran, dass er einen nicht mag.
- Nur sehr wenige Taxifahrer in Bangkok sprechen gut Englisch; da hilft es immens, wenn man einen Zettel mit der Adresse auf Thai vorzeigen kann.
- Ältere Taxis sind vielleicht nicht so bequem, dafür sind die Fahrer meistens erfahrener und das Auto gehört ihnen – anders als bei den neueren Taxis, die meistens nur geliehen sind.

Boote über den Fluss

Es gibt auch Flachbodenboote, die zwischen Thonburi und Bangkok den Fluss überqueren. Die Anlegestellen befinden sich in der Regel direkt neben denen der Chao-Phraya-Express-Boote. Die Überfahrt kostet 3 B; die Boote verkehren ungefähr zwischen 7 und 19 Uhr.

MOTORRADTAXI

Die frechen, mit Nummern und Westen ausgestatteten Motorradtaxifahrer sind an fast jedem Ende einer langen Straße zu finden und aus dem Straßenbild des modernen Bangkok kaum mehr wegzudenken. Eine Fahrt zum Ende *(sùt soy)* oder Anfang *(bàhk soy)* einer durchschnittlichen *soi* kostet meist zwischen 10 und 15 B. Die Preise für längere Fahrten sollten besser schon im Voraus ausgehandelt werden – sie liegen bei 20 bis 100 B.

Gelegentlich bekommt man auf Anfrage einen Motorradhelm gereicht. Wenn man allerdings bedenkt, wie halsbrecherisch manche Fahrer unterwegs sind, ist eigentlich jeder Körperteil in Gefahr. Vor allem muss man seine Knie anlegen – die Fahrer sind Passagiere mit kürzeren Beinen als die eines durchschnittlichen Ausländers gewöhnt. Frauen mit Rock sollten sich seitlich setzen und eventuell herunterhängenden Stoff festhalten, damit er nicht in das Rad oder die Kette gerät.

TAXI

Obwohl viele Traveller beim ersten Bangkok-Besuch noch zögern, sind Taxis hier im Allgemeinen neu und geräumig und die Fahrer höflich und hilfsbereit, was das Taxi zu einer tollen Option macht.

Alle Taxis sind mit Taxameter ausgestattet und die Fahrer müssen diesen auch einschalten. Der Grundpreis liegt bei 35 B und Fahrten zu den meisten Orten im Zentrum Bangkoks kosten zwischen 60 und 90 B. Die Autobahnmaut – je nach Ausgangspunkt 25 bis 70 B– muss vom Fahrgast bezahlt werden.

Taxi Radio (☎1681; www.taxiradio.co.th) und weitere Taxi-Ruf-Services sind rund um die Uhr erreichbar und berechnen zusätzlich zum Fahrpreis laut Taxameter eine Gebühr von 20 B.

App-basierte Alternativen zu den herkömmlichen Bangkoker Taxis sind z. B. **All Thai Taxi** (www.allthaitaxi.com), **Easy Taxi** (www.easytaxi.com/th), **Grab Taxi** (www.grabtaxi.com/bangkok-thailand) und **Uber** (www.uber.com/cities/bangkok).

TÚK-TÚK

Eine Fahrt mit dem dreirädrigen Vehikel, dem Sinnbild Thailands schlechthin, ist vor allem bei Neuankömmlingen sehr gefragt, allerdings merkt man recht schnell, dass die meisten Ausländer eigentlich zu groß dafür sind und unter dem niedrigen Dach kaum hinausschauen können.

Túk-túk-Fahrer (ausgesprochen *đúk đúk*) haben außerdem ein Gespür fürs schnelle Geld, wodurch man manchmal nicht dort ankommt, wo man hinwollte, was nicht selten auch noch den Geldbeutel strapaziert. Man sollte sich vor allem vor Fahrern in Acht nehmen, die für 20 B eine Sightseeing-Tour anbieten – das ist eine Abzockmasche, bei der man unterwegs unter Druck gesetzt wird, überteuerte Waren zu kaufen. Eine kurze *túk-túk*-Fahrt kostet nämlich mindestens 60 B.

RUND UM BANGKOK

Wer mal aus der Hauptstadt raus will, aber nicht übermäßig viel Zeit hat, für den bietet sich ein Tagesausflug in eine der benachbarten Städte und Provinzen an. Bangkok hat alle provinziellen Reize Thailands vor der Tür: Man muss keine weiten Strecken zurücklegen, um uralte religiöse Denkmäler, schwimmende Märkte, architektonische Schätze und entspannte Fischerdörfer vorzufinden.

Rund um Bangkok

Ko Kret

เกาะเกร็ด

6174 EW.

Eines der von Bangkok aus am leichtesten zu erreichenden Ausflugsziele ist Ko Kret. Die künstliche „Insel" entstand, nachdem vor fast 300 Jahren als Abkürzung für eine langgezogene Biegung des Mae Nam Chao Praya ein Kanal ausgehoben wurde. In der Gegend finden sich einige der ältesten Siedlungen der Mon, die vom 6. bis 10. Jh. n. Chr. die herrschende Kultur in Zentralthailand stellten. Heute ist Ko Kret ein sehr beliebtes Ziel für Wochenendausflüge und überdies bekannt für seine handgefertigten Terrakotta-Töpfe und den geschäftigen Wochenendmarkt.

Sehenswertes & Aktivitäten

Auf der Insel gibt es ein paar durchaus sehenswerte Tempel. Interessant ist beispielsweise der schiefe Stupa im **Wat Poramai Yikawat** (วัดปรมัยยิกาวาส; Ko Kret; Nonthaburi ⏲9–17 Uhr; 🚌166 & Flussfähre ab Wat Sanam Neua). GRATIS Doch das echte Highlight hier ist die wunderbar idyllische Atmosphäre am Flussufer. Ein 6 km langer gepflasterter Weg umrundet die Insel. Man kann ihn zu Fuß oder mit dem Rad erkunden. Leihfahrräder gibt's an der Anlegestelle (40 B/Tag). Alternativ kann man dort auch ein Boot für bis zu zehn Personen anmieten (500 B). Zur typischen **Inseltour** gehören unbedingt jeweils ein Zwischenstopp in einem Batik-Atelier und bei einer Süßwarenfabrik und am Wochenende der Besuch eines schwimmenden Marktes.

Ko Kret ist für seine **handgetöpferten Tonwaren** bekannt, die überall auf den Bangkoker Märkten verkauft werden. Übrigens: Bestellt man bei irgendeinem Verkäufer auf der Insel einen Eiskaffee, erhält man eine kleine Tasse als Souvenir. Vom Wat Poramai Yikawat braucht man nur in irgendeine Richtung zu gehen, und man sieht sowohl an der Ost- als auch an der Nordküste verschiedene aufgegebene Brennöfen oder aber Töpfereien, in denen emsig gearbeitet wird.

Wer Ko Kret werktags besucht, wird vermutlich der einzige Traveller sein. Am Wochenende sieht die Sache ganz anders aus, denn Ko Kret ist ein extrem beliebtes Ausflugsziel der städtischen Thais. Dann gibt es auch viel mehr zu essen, zu trinken und zu kaufen – aber eben auch viel mehr Menschen.

Essen

An den Wochenenden strömen die Einheimischen scharenweise nach Ko Kret, wo sie gerne frittierte Snacks und typisch thailändische Süßwaren genießen. Ein Snack, den man sich keinesfalls entgehen lassen sollte, ist *khâw châa,* ein ungewöhnliches, aber wirklich leckeres Gericht der Mon-Küche mit pikanten Häppchen und kaltem Duftreis.

Pa Ka Lung THAI $

(Restaurant River Side; Ko Kret, Nonthaburi; Hauptgerichte 30–60 B; ⏲Mo–Fr 8–16, Sa & So bis 18 Uhr; ⛴Flussfähre ab Wat Sanam Neua) Ein Food Court unter freiem Himmel mit englischsprachiger Karte und Schild in lateinischer Schrift. Hier bekommt man gutes *khâw châa* und andere Gerichte.

An- & Weiterreise

Ko Kret befindet sich in Nonthaburi, rund 15 km nördlich vom Zentrum Bangkoks. Hierher gelangt man mit dem Bus 166 vom Victory Monument oder mit einem Taxi bis Pak Kret, bevor man am Wat Sanam Neua mit der Fähre (2 B, ab 5–21 Uhr) den Fluss überquert.

Amphawa

อัมพวา

5000 EW.

Dieses Kanaldorf ist zu einem beliebten Ziel der Großstädter geworden, die die typische thailändische Szenerie hier lieben. Dieser Zustrom von Besuchern aus Bangkok hat zwar ein paar Anzeichen von Gentrifizierung mit sich gebracht, aber die Kanäle, die alten Holzbauten, die stimmungsvollen Cafés und der idyllisch dümpelnde Verkehr auf dem Wasser verbreiten noch immer jede Menge Charme und Atmosphäre. Von Freitag bis Sonntag findet in Amphawa ein schwimmender Markt statt. Wer hingegen an einem Werktag hierher kommt, der wird wahrscheinlich der einzige Traveller sein, der die ländliche Idylle genießt.

Sehenswertes & Aktivitäten

Ein paar Schritte von Amphawas zentralem Steg entfernt liegt der **Wat Amphawan Chetiyaram** (วัดอัมพวันเจติยาราม; abseits Rte 6006, Amphawa; ⏲Sonnenaufgang–Sonnenuntergang) GRATIS, ein anmutiger, mit wundervollen Wandgemälden geschmückter Tempel, der an eben jener Stelle stehen soll, wo sich einst das Wohnhaus Rama II. befunden hat. Ein kurzer Spaziergang vom Tempel

ABSEITS DER ÜBLICHEN PFADE

DER LANGE WEG NACH AMPHAWA

Amphawa liegt zwar nur 80 km von Bangkok entfernt, wer es aber richtig anstellt, für den wird es bis dorthin eine lange Reise mit Zügen, Booten, einem Motorrad und sogar einer kurzen Fahrt auf der Ladefläche eines Lastwagens. Und warum das Ganze? Ganz einfach: Weil die Reise zu einem Ort manchmal genauso interessant ist wie das Ziel selbst.

Das Abenteuer beginnt am **Bahnhof Wong Wian Yai** (S. 158) in Thonburi. Unmittelbar hinter dem Kreisverkehr Wongwian Yai befindet sich ein Markt mit Lebensmitteln, hinter dem sich der Bahnhof der Pendlerlinie verbirgt. Hier steigt man in einen der stündlich verkehrenden Züge nach Samut Sakhon (10 B, 1 Std., 5.30–20.10 Uhr).

Nach 15 Minuten im ruckelnden Zug macht die dichte Bebauung der Stadt so langsam kleinen Ortschaften mit niedrigen Häusern Platz. Vom Fenster aus kann man in Wohnhäuser, Tempel und Läden hineinspicken, die gerade einmal eine Armlänge von den vorbeifahrenden Zügen trennt. Fährt man weiter, säumen Palmen, wie Flickenteppiche aussehende Reisfelder und Sümpfe voller Aronstab- und Blumenrohrgewächse die Eisenbahnlinie, nur unterbrochen von dem einen oder anderen Bahnhof, an dem der Zug nur bei Bedarf hält.

Die abgelegenen Höfe verschwinden aber schnell, sobald **Samut Sakhon** erreicht ist, das von den Einheimischen auch gerne Mahachai genannt wird, da es am Zusammenfluss des Mae Nam Tha Chin und des Khlong Mahachai liegt. In der geschäftigen Hafenstadt einige Kilometer flussaufwärts vom Golf von Thailand endet auch der erste Teil der Zugstrecke. Vor dem 17. Jh. trug es den Namen Tha Jiin (chinesische Anlegestelle), da hier zahlreiche Dschunken aus China anlegten.

Nachdem man sich den Weg durch einen der hektischsten Frischmärkte des Landes gebahnt hat, erreicht man einen weitläufigen Hafen voller Wasserhyazinthen und Fischerboote aus Holz. Ein paar verrostete, auf den Fluss gerichtete Kanonen zeugen von der Existenz der langsam verfallenden Festung der Stadt, die das Königreich vor Angreifern vom Meer schützen sollte.

Mit der Fähre geht es hinüber nach Baan Laem (3–5 B). Während der kurzen Überfahrt konkurriert man mit Motorradfahrern (meist sind das Lehrer oder Boten) um genügend Platz, um nicht umzufallen. Wenn man nicht mit der seltener verkehrenden Fähre für 5 B übergesetzt ist, steht nun noch eine Fahrt mit dem Motorradtaxi (10 B) für die 2 km zum **Wat Chawng Lom** (วัดช่องลม; Ban Laem, Samut Sakhon; ⏲ Sonnenaufgang–Sonnenuntergang) an. Dort ist der Jao Mae Kuan im Schrein untergebracht, ein 9 m hoher Springbrunnen in der Form der im Mahayana-Buddhismus verehrten Göttin der Barmherzigkeit, die bei Reisegruppen aus der Region beliebt ist. Neben dem Schrein befindet sich die Bahnstation Tha Chalong, an der dreimal täglich Züge nach Samut Songkhram abfahren (8.10, 12.05 & 16.40 Uhr, 10 B, 1 Std.). Der Zug rumpelt aus der Stadt hinaus und fährt danndurch einen Wald, der die Gleise nahezu verschlingt. Dieser kleine Abschnitt fühlt sich tatsächlich an, als sei man Welten vom Lärm und Gestank Bangkoks entfernt.

Der Dschungel lichtet sich aber bald und alle Illusionen, in ein Paralleluniversum ohne Asphalt und Beton eingetaucht zu sein, lösen sich bei der Einfahrt nach **Samut Songkhram** in Luft auf. Und um den Schock perfekt zu machen, hält der Zug mitten in einem Bienenstock aus hektischen Marktständen, die zwischen Ankunft und Abfahrt eines Zuges direkt auf den Bahngleisen aufgestellt werden. Wenn ein Zug auf die Station zurollt, muss das alles natürlich hastig weggeräumt werden. Eine ganz schön beeindruckende Szenerie.

Samut Songkhram, oder häufig auch Mae Klong genannt, ist die adrettere Version von Samut Sakhon und hat als Stadt auch viel mehr zu bieten. Dank des flachen Lands und der vielen Wasserquellen kann sich das Gebiet rund um die Hauptstadt der Provinz eine stete Bewässerung leisten, die für den Anbau von Guave, Litschis und Trauben unerlässlich ist. Am Tha-Mae-Klong-Markt (*tâh đà·làht mâa glorng*) kann man ein Boot chartern (1000 B) oder in eines der *sŏrng·tăa·ou* (8 B) hüpfen, die nicht weit vom Markt ablegen, und die 10-minütige Fahrt nach Amphawa antreten.

führt zum **King Buddhalertla (Phuttha Loet La) Naphalai Memorial Park** (อุทยานพระบรมราชานุสรณ์ พระบาทสมเด็จพระพุทธเลิศหล้านภาลัย (อุทยาน ร. ๒); abseits Rte 6006, Amphawa; Eintritt 20 B; ⌚8.30–17 Uhr), einem Museum, das in einer Ansammlung traditioneller zentralthailändischer Häuser untergebracht ist. Diese stehen auf 1,5 ha landschaftsgärtnerisch gestaltetem Boden. Das Museum ist Rama II. gewidmet und verfügt sogar über eine Bibliothek mit antiken Büchern aus dem Siam des frühen 19. Jhs.

Nachts gleiten **Longtail-Boote** durch Amphawas ruhende Gewässer, auf denen man den sternenähnlichen Tanz der *hìng hôy* (Glühwürmchen) beobachten kann, die in der Regenzeit besonders zahlreich vertreten sind. Von Freitag bis Sonntag werden von den Piers aus Touren angeboten. Ein Platz im Boot kostet 60 B. An allen anderen Tagen zahlt man 500 B für eine zweistündige Fahrt.

Schlafen & Essen

Amphawa ist bei Wochenendausflüglern aus Bangkok beliebt, und fast jedes zweite Haus scheint als Privatunterkunft für Touristen zu dienen. Und da ist alles dabei: kaum mehr als eine Matratze auf dem Boden mit einem Moskitonetz genauso wie gehobene, pensionsähnliche Unterkünfte. Zimmer mit Ventilator bekommt man ab etwa 250 B, Zimmer mit Klimaanlage hingegen, deren Bewohner sich in vielen Fällen Gemeinschaftsbäder mit den Gästen aus anderen Zimmern teilen müssen, kosten etwa 1000 B und mehr. Werktags sind die Preise dann aber nur halb so hoch.

Neben den vielen Restaurants am Kanal und dem Schwimmenden Markt, der allerdings nur am Wochenende stattfindet, gibt es in Amphawa jeden Abend auch einen schlichten **Nachtmarkt**.

Baan Ku Pu HOTEL $$
(☎034 725920; Th Rim Khlong; Bungalow inkl. Frühstück 800–4000 B; ❄) Ein „Resort" im thailändischen Stil mit Holzbungalows in einer relativ ruhigen Umgebung.

ChababaanCham Resort HOTEL $$$
(☎081 984 1000; www.chababaancham.com; Th Rim Khlong; Zi. inkl. Frühstück 1500–2400 B; ❄📶) Unmittelbar am Kanal liegt diese Unterkunft mit attraktiven, modernen und geräumigen Maisonette-Zimmern. Die teureren Optionen haben noch einen Loungebereich auf dem Dach.

Ploen Amphawa Resort HOTEL $$$
(☎081 458 9411; www.ploenamphawa.com; Th Rim Khlong; Zi. inkl. Frühstück 1400–3000 B; ❄📶) Dieses Hotel ist alles andere als ein Resort. In einem renovierten Holzhaus mittendrin im Tumult des Kanalufers werden hier einige Zimmer vermietet.

Schwimmender Markt Amphawa MARKT $
(ตลาดน้ำอัมพวา; Amphawa; Gerichte 20–40 B; ⌚Fr–So 16–21 Uhr) Wer am Wochenende in Amphawa ist, der kann sein Essen auf dem unterhaltsamen Markt kaufen, wo neben gegrillten Meeresfrüchten auch andere Gerichte direkt von den Booten aus feilgeboten werden.

An- & Weiterreise

Vom **Busbahnhof Süd** (S. 157) in Bangkok steigt man in irgendeinen Bus Richtung Damnoen Saduak und lässt sich in Amphawa (80 B, 2 Std., 6–21 Uhr regelmäßig) absetzen.

Alternativ fahren häufig Minivans von einer **Haltestelle** (Karte S. 102; Th Phahonyothin; Ⓢ Victory Monument) nördlich von Bangkoks Siegesdenkmal nach Samut Songkhram (auch Mae Klong genannt; 70 B, 1½ Std, 6–21 Uhr regelmäßig). Dort kann man in der Nähe des Markts in einen *sŏrng·tăa·ou* (Passagier-Pickup; 8 B) steigen, der einen nach zehnminütiger Fahrt in Amphawa absetzt.

Nakhon Pathom นครปฐม

120 000 EW.

Nakhon Pathom ist eine typisch zentralthailändische Stadt mit dem Phra Pathom Chedi als sichtbarer Rechtfertigung für ihren Anspruch auf den Titel der ältesten Siedlung des Landes. Auch der Name der Stadt, der sich aus der Pali-Bezeichnung „Nagara Pathama" („erste Stadt") ableitet, scheint dieser Prahlerei etwas Legitimität zu verleihen.

Die moderne Stadt ist ziemlich verschlafen, aber an diesem Ort kann man den Alltag der Thais auf einfache Art und Weise kennenlernen und seine frisch erworbenen Sprachkenntnisse unter Leuten anwenden, die derartige Bemühungen auch wirklich zu schätzen wissen.

Sehenswertes

Phra Pathom Chedi BUDDHISTISCHER TEMPEL
(พระปฐมเจดีย์; Eintritt zum Museum gegen Spende; ⌚Museum Mi–So 9–16 Uhr) GRATIS Der Phra Pathom Chedi im Zentrum der Stadt ist mit

127 m eines der höchsten buddhistischen Bauwerke der Welt. Der Originalstupa wurde im frühen 6. Jh. von den Theravada-Buddhisten aus Dvaravati errichtet. Aber im frühen 11. Jh. eroberte der Khmer-König Suriyavarman I. von Angkor die Stadt und errichtete einen brahmanischen *prang* (Stupa im Hindu-/Khmer-Stil) über dem Heiligtum. Die Birmanen von Bagan unter König Anawrahta plünderten die Stadt im Jahr 1057, und der *prang* lag in Trümmern, bis ihn Rama IV. (König Mongkut) im Jahr 1860 restaurieren ließ.

Auf der Ostseite des Bauwerks, im *bòht*, befindet sich ein **Buddha im Dvaravati-Stil** und in europäischer Haltung, die der eines Buddhas im Wat Phra Meru in Ayutthaya ähnelt. Er könnte möglicherweise sogar von dort stammen.

Interessant sind auch die vielen chinesischen Skulpturen, die in grünlichen Stein gehauen sind und die als Ballast im Boden chinesischer Dschunken des 19. Jhs. nach Thailand kamen. Gegenüber vom *bòht* befindet sich ein **Museum** mit interessanten Dvaravati-Skulpturen und jeder Menge altem Krimskrams. Innerhalb des Chedi-Komplexes befindet sich der **Lablae Cave**, ein künstlicher Tunnel, der einen Schrein mit mehreren Buddha-Figuren beherbergt.

Der **Wát**, der den Stupa umgibt, genießt den höchsten Tempelrang des Königreichs (Rachavoramahavihan) und ist einer von nur sechs Tempeln in Thailand, denen diese Ehre zuteil wird. Die Asche von König Rama VI. ist im Sockel des Phra Ruang Rochanarit begraben, einem großen, stehenden Buddha aus der Sukhothai-Ära, im nördlichen *wí·hăhn* des *wát*.

Phutthamonthon DENKMAL

(พุทธมณฑล; ⏲ Sonnenaufgang–Sonnenuntergang) GRATIS Südöstlich der Stadt findet sich der Phutthamonthon, ein stehender Buddha im Sukhothai-Stil, der von Corrado Feroci entworfen wurde. Mit seinen 15,8 m ist er angeblich der größte der Welt. Ihn umgibt ein 400 ha großer landschaftlich gestalteter Park mit Skulpturen, die die wichtigsten Etappen im Leben Buddhas darstellen.

Alle Busse, die zwischen Bangkok und Nakhon Pathom verkehren, passieren die

ABSTECHER

AMPHOE PHRA PRADAENG: BANGKOKS GRÜNE LUNGE

Wer sich schon einmal einen Drink in einer von Bangkoks Dachbars gegönnt hat, dem ist beim Umherblicken vielleicht das ländlich anmutende Gebiet unmittelbar südöstlich des Stadtzentrums aufgefallen. Amphoe Phra Pradaeng („Pradaeng-Halbinsel") ist wie ein grüner Daumen aus Land, das von drei Seiten vom Mae Nam Chao Phraya umgeben ist. Diese natürliche Gegebenheit scheint es vor der städtischen Entwicklung bewahrt zu haben.

Die meisten Besucher kommen wegen des **Bang-Nam-Pheung-Markts** (ตลาดบางน้ำผึ้ง; Bang Kachao, Phra Pradaeng; ⏲ Sa & So 8–15 Uhr; S Bang Na, Ausgang 2 & Taxi) hierher, ein toller Markt, der nur am Wochenende stattfindet und auf dem vorwiegend Lebensmittel angeboten werden. Wenn man schon mal da ist, sollte man auch dem wunderbaren, baufälligen **Wat Bang Nam Pheung Nok** (วัดบางน้ำผึ้งนอก; Bang Kachao, Phra Pradaeng, Samut Prakan; ⏲ Sonnenaufgang–Sonnenuntergang; S Bang Na, Ausgang 2 & Taxi) GRATIS einen Besuch abstatten. Dieser buddhistische Tempel hat schon 250 Lenze auf dem Buckel.

Viele Anbieter von Fahrradtouren in und um Bangkok haben auch Amphoe Phra Pradaeng im Programm und laden auf den erhöht gebauten Wegen der Halbinsel zu einer etwas aktiveren Form des Sightseeings ein. Eine Alternative ist ein Besuch im **Si-Nakhon-Kheun-Khan-Park** (สวนศรีนครเขื่อนขันธ์; Bang Kachao, Phra Pradaeng, Samut Prakan; ⏲ 6–19 Uhr; S Bang Na, Ausgang 2 & Taxi) GRATIS, einem weitläufigen botanischen Park mit einem großen See und einem Turm zur Vogelbeobachtung.

Wem es auf Amphoe Phra Pradaeng gefällt, der kann auch über Nacht bleiben, etwa im **Bangkok Tree House** (S. 123).

Um hierher zu kommen, nimmt man den BTS bis Bang Na und steigt dann für die kurze Fahrt zur Anlegestelle am Wat Bang Na Nork in ein Taxi (via Th Sanphawut). Von dort geht es mit der Flussfähre (4 B) hinüber, und wer auf den Bang-Nam-Pheung-Markt möchte, steigt noch kurz auf ein Motorradtaxi (10 B).

Zufahrtsstraße zum Park bei Phra Phutthamonthon Sai 4. Von dort aus kann man in den Park laufen, trampen oder ein *sŏrng·tăa·ou* anhalten. Von Nakhon Pathom aus kann man auch einen weiß-violetten Salaya-Bus nehmen. Die Haltestelle befindet sich in der Th Tesa gegenüber der Post.

Essen

Nakhon Pathom hat einen tollen Markt entlang der Straße zwischen dem Bahnhof und Phra Pathom Chedi. Sein *kôw lăhm* (Klebreis und Kokosnuss in einem Bambusrohr gedünstet) soll das beste in Thailand sein.

An- & Weiterreise

Nakhon Pathom liegt 64 km westlich von Bangkok. Die Stadt hat keinen zentralen Busbahnhof, aber die meisten Transportmittel kommen in der Nähe des Marktes und des Bahnhofs an und fahren dort auch ab.

Am bequemsten und schnellsten kommt man mit dem Kleinbus, Abfahrt an der **Haltestelle** (S. 166) nördlich vom Siegesdenkmal in Bangkok (60 B, 1 Std, normalerweise 6–18 Uhr) nach Nakhon Pathom.

Außerdem gibt's den ganzen Tag über regelmäßige Zugverbindungen von Bangkoks Bahnhof Hualamphong in Chinatown (14–60 B, 1 Std.).

Zentralthailand

Inhalt ➡

Gut essen

- Blue Rice (S. 197)
- Bann Kun Pra (S. 180)
- Suanmagmai Resort (S. 208)
- Naan Stop Curry (S. 186)

Schön übernachten

- Tamarind Guesthouse (S. 179)
- FloatHouse River Kwai (S. 201)
- Oriental Kwai Resort (S. 196)
- Ayothaya Riverside House (S. 178)
- P Guesthouse (S. 206)
- Good Times Resort (S. 195)

Auf nach Zentralthailand!

Die Vergangenheit ist überall präsent in Zentralthailand. Geschichtlich Interessierte können um die Tempelruinen von Ayutthaya radeln und sich vorstellen, wie prächtig diese ehemalige Hauptstadt einst gewesen sein muss. In Kanchanaburi lassen sich die „Todeseisenbahn" und Gedenkstätten besichtigen; Besucher erweisen den Gefangenen des Zweiten Weltkriegs, die hier beim Bau der Bahnlinie leiden mussten, die Ehre.

Zentralthailand ist aber nicht nur geschichtsträchtig, auch die Natur hat viel zu bieten: die Bergketten von Kanchanaburi mit spektakulären Wasserfällen, tiefen Höhlen und den wenigen noch existierenden wildlebenden Tigern Thailands. Im multiethnischen Norden der Region lädt das entspannte Sangkhlaburi zum Faulenzen am See in der Nähe zum Tor zu Myanmar ein; wer mag, kann auch im grünen Thong Pha Phum National Park im Urwald übernachten.

Lopburi verbindet Natur und Geschichte auf seine eigene Weise, denn hier – in der einstigen zweiten Hauptstadt Thailands – tollen Hunderte Affen zwischen den Tempeln aus der Khmer-Zeit herum.

Reisezeit

- In Zentralthailand kann man alle drei Jahreszeiten des Landes erleben: heiß von Februar bis Juni, regnerisch von Juni bis Oktober und (relativ) kühl von Oktober bis Januar. Die einzige Konstante ist die Feuchtigkeit.
- Wegen der hohen Lage ist es in Sangkhlaburi und den Nationalparks der Umgebung kühler als in anderen Gegenden (und manchmal richtig kalt). Ayutthaya und Lopburi liegen in einer weiten, offenen Ebene, die die gleiche Menge Regen und Hitze abbekommt wie Bangkok.

Highlights

1 Früh aufstehen und über die Holzbrücke **Saphan Mon** (S. 205) im entspannten Sangkhlaburi schlendern

2 Das Affengetümmel in **Lopburi** (S. 185) beobachten

3 Um die Tempelruinen in **Ayutthaya** (S. 172) radeln

4 Eine Nacht hoch oben in einem Baumhaus im **Thong Pha Phum National Park** (S. 203) verbringen

5 Die Death Railway Bridge und die Museen zum Zweiten Weltkrieg in **Kanchanaburi** (S. 189) besuchen

6 Die sieben Stufen am **Erawan-Wasserfall** (S. 199) hinaufklettern, einem der imposantesten Wasserfälle in ganz Thailand

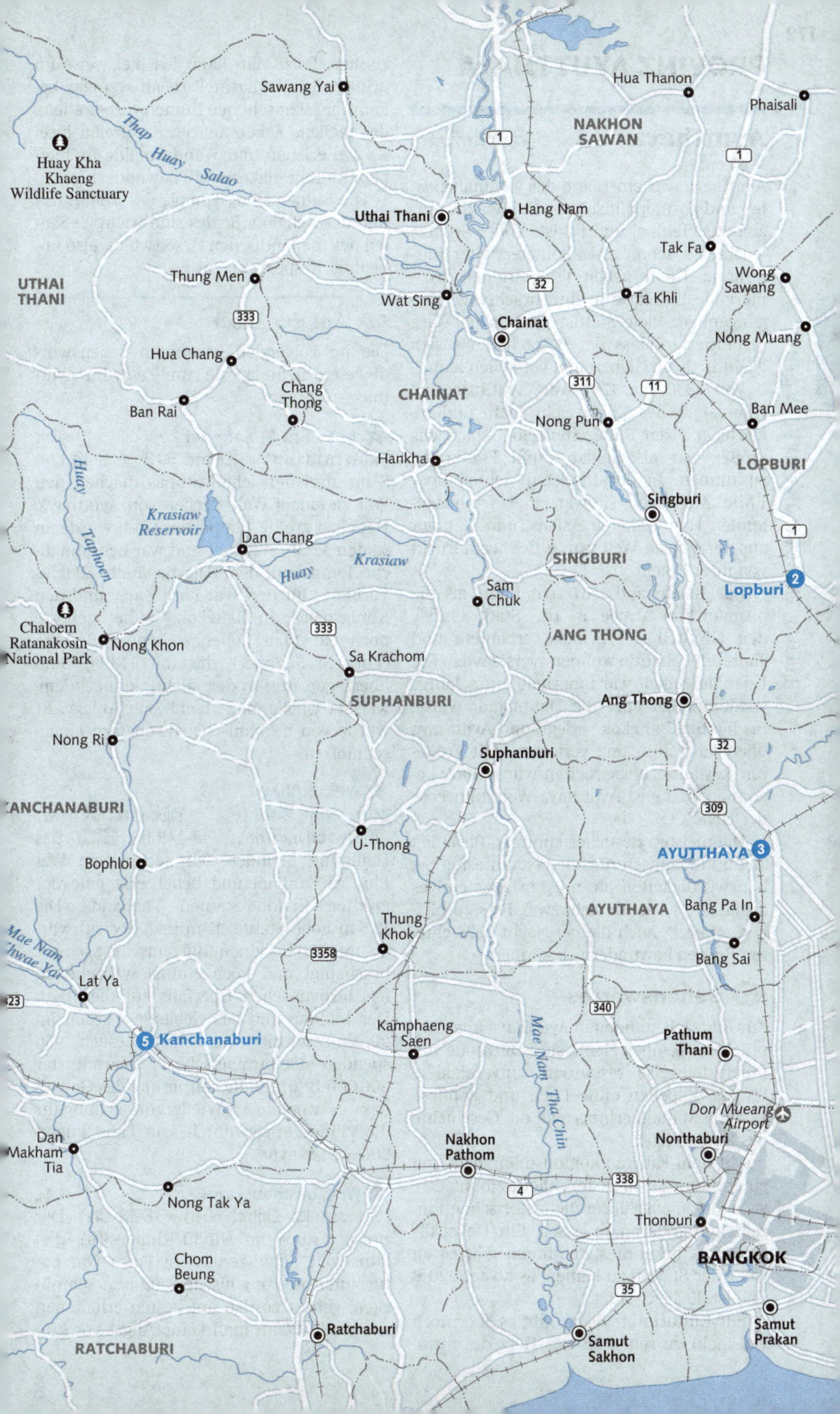
Sawang Yai
Thap Huay Salao
Huay Kha Khaeng Wildlife Sanctuary
Hua Thanon
Phaisali
NAKHON SAWAN
1
Uthai Thani
Hang Nam
Tak Fa
Wong Sawang
UTHAI THANI
Thung Men
32
Ta Khli
Wat Sing
333
Chainat
Nong Muang
Hua Chang
311
11
Chang Thong
CHAINAT
Ban Rai
Nong Pun
Ban Mee
Hankha
LOPBURI
Huay Taphoen
Krasiaw Reservoir
Singburi
Dan Chang
Huay Krasiaw
SINGBURI
2 Lopburi
Sam Chuk
Chaloem Ratanakosin National Park
Nong Khon
ANG THONG
333
Sa Krachom
SUPHANBURI
Ang Thong
Nong Ri
32
Suphanburi
KANCHANABURI
309
U-Thong
AYUTTHAYA 3
Bophloi
AYUTHAYA
Bang Pa In
Thung Khok
Mae Nam Khwae Yai
3358
Bang Sai
Lat Ya
323
340
Kamphaeng Saen
Mae Nam Tha Chin
Pathum Thani
5 Kanchanaburi
Don Mueang Airport
Dan Makham Tia
Nakhon Pathom
Nonthaburi
338
Nong Tak Ya
4
Thonburi
Chom Beung
BANGKOK
35
Ratchaburi
Samut Sakhon
Samut Prakan
RATCHABURI

PROVINZ AYUTTHAYA

Ayutthaya พระนครศรีอยุธยา

83 217 EW.

Ayutthaya war einst eine der wohlhabendsten und kosmopolitischsten Städte, ihre vergoldeten Tempel und Paläste voller Schätze leuchteten schon aus kilometerweiter Entfernung. Heute geben Tempelruinen faszinierende Einblicke in ihre prachtvolle Vergangenheit. Viele Stätten wurden teilweise restauriert, sodass der Betrachter sie sich leicht in ihren Glanzzeiten vorstellen kann.

Von 1350 bis 1767 war Ayutthaya die Hauptstadt des Königreichs Siam und regierte in ihren Blütezeiten ein Gebiet, das größer war als England und Frankreich zusammen. In der Inselstadt lebten über 1 Mio. Menschen, sie war einer der bedeutenden Handelshäfen Asiens, und Händler aus der ganzen Welt waren tief beeindruckt von ihrer Pracht.

Das Reich fand 1767 sein Ende, als die birmanische Armee in die Stadt einfiel, den Großteil der Schätze erbeutete und Tausende Stadtbewohner versklavte. Die Unabhängigkeit war innerhalb eines Jahres wiedererlangt, aber die Hauptstadt wurde ins heutige Bangkok verlegt, und Ayutthaya blieb jahrzehntelang verlassen. Mit größeren Restaurierungsarbeiten wurde 1969 begonnen, heute ist Ayutthaya Weltkulturerbe der UNESCO.

Die meisten Besucher kommen für einen Tag und klappern nur die bekanntesten Sehenswürdigkeiten ab, müssen aber einiges auslassen. Es lohnt sich, zwei Tage zu bleiben, um z. B. auch die bei Nacht beleuchteten Ruinen bewundern zu können.

Sehenswertes

Zur Blütezeit standen in Ayutthaya über 400 prächtige Tempel. Heute sind Dutzende von ihnen teilweise restauriert, unverkleidete Stupas, Kapellen ohne Dach und kopflose Buddha-Statuen erinnern an die Geschichte des Königreichs.

Mit dem Fahrrad kommt man leicht von einer Stätte zur nächsten, aber es lohnt sich, sich von einem Führer die historischen Einzelheiten erklären zu lassen. Ein Ticket für die sechs bekanntesten Ruinen gibt es an jeder der Stätten zu kaufen, es kostet 220 B und ist 30 Tage gültig.

Für Kulturinteressierte gibt es aber noch viel mehr zu sehen als das Herz des historischen Teils. Man kann beispielsweise im grünen Sri Nakharin Park an weniger bekannten, aber schönen Ruinen vorbeiradeln, das tägliche Leben auf der autofreien Insel Ko Lai erleben und Wandgemälde in Tempeln im Rattanakosin-Stil bewundern.

Die Ruinen sind Symbole des Königtums und der Religion. Beides sind wichtige Säulen der thailändischen Gesellschaft, also unbedingt Respekt zeigen!

Auf der Insel

Die im Folgenden genannten Sehenswürdigkeiten befinden sich im Zentrum Ayutthayas:

★ Wat Phra Si Şanphet RUINE
(วัดพระศรีสรรเพชญ์; Eintritt 50 B; ⏲8–18 Uhr) Seine drei herrlichen Stupas machen den Wat zu einem Wahrzeichen von Ayutthaya. Der einst größte Tempel der Stadt wurde im späten 15. Jh. errichtet und war der königliche Tempel auf dem Palastgelände – beides Vorbilder für den Wat Phra Kaew und den Königspalast in Bangkok. Früher gehörte noch ein 16 m hoher, stehender Buddha (Phra Si Sanphet), der mit 143 kg Gold überzogen war (oder mehr, je nachdem, welcher Quelle man glaubt), zur Anlage. Er wurde von birmanischen Eroberern eingeschmolzen.

★ Wihan Phra Mongkhon Bophit BUDDHISTISCHER TEMPEL
(วิหารพระมงคลบพิตร; ⏲8–17 Uhr) GRATIS Das Heiligtum befindet sich neben dem Wat Phra Si Sanphet und beherbergt eine der größten Buddha-Statuen Thailands. Die 12,5 m hohe Statue (17 m inkl. Sockel) wurde um 1700 bei einem Blitzeinschlag schwer beschädigt und noch einmal während eines birmanischen Überfalls auf die Stadt. Der Buddha und das Gebäude wurden im 20. Jh. restauriert. Bei seinem Besuch 1956 spendete der birmanische Premierminister 200 000 B für die Restaurierung des Gebäudes – es war eine Art Wiedergutmachung für die Plünderungen durch sein Land knapp 200 Jahre zuvor.

★ Wat Ratchaburana RUINE
(วัดราชบูรณะ; Eintritt 50 B; ⏲8–18 Uhr) Der *prang* (Stupa im Hindu/Khmer-Stil), den kunstvolle Schnitzereien in Form von Lotusblüten und mythischen Figuren schmücken, gehört zu den am besten erhaltenen der Stadt. Wenn man keine Angst vor gro-

ßer Höhe, engen Räumen oder Fledermäusen hat, kann man darin die bunt bemalte Krypta besichtigen. Der Tempel wurde 1424 von König Borom Rachathirat II. an der Stelle errichtet, an der seine beiden Brüder eingeäschert worden waren. Sie hatten im Kampf gegeneinander um den Thron den Tod gefunden.

Wat Phra Ram RUINE

(วัดพระราม; Eintritt 50 B; ⏲8–18 Uhr) Der Wat Phra Ram steht möglicherweise am Ort der Einäscherung von König U Thong, doch seine Geschichte ist nicht eindeutig. Er besitzt einen der höchsten *prang* in Ayutthaya, obwohl das Gelände kleiner ist als die besser bekannten Stätten. Ein guter Grund, ihn zu besichtigen, ist, dass dort wenig los ist.

Wat Mahathat RUINE

(วัดมหาธาตุ; Th Chee Kun; Eintritt 50 B; ⏲8–18 Uhr) Hier wartet das meistfotografierte Objekt Ayutthayas, der in das Wurzelgeflecht eines Baumes verwobene Kopf eines Sandstein-Buddhas. Der zentrale *prang* war einst 43 m hoch und brach lange vor der birmanischen Plünderung von selbst zusammen. Er wurde zwar in jüngerer Zeit wieder aufgebaut, stürzte aber 1911 wieder ein. Errichtet wurde er 1374 während der Regentschaft von König Borom Rachathirat I. und war der Sitz des obersten Mönchspatriarchen sowie der wichtigste Tempel des ganzen Königreichs.

Ayutthaya Tourist Center MUSEUM

(ศูนย์ท่องเที่ยวอยุธยา; ☎035 246076; ⏲8:30-16:30 Uhr) GRATIS Ein guter erster Anlaufpunkt in Ayutthaya ist das hervorragende Museum im oberen Stockwerk mit einer Ausstellung über die Tempel und den Alltag in Ayutthaya. Ebenfalls oben befindet sich das winzige, aber interessante **Ayutthaya National Art Museum**. Unten findet man die Touristeninformation.

Wat Lokayasutharam RUINE

(วัดโลกยสุธาราม; jenseits des Th Khlong Thaw; ⏲Sonnenaufgang–Sonnenuntergang) GRATIS In dieser Tempelruine gibt es einen beeindruckenden, 42 m langen liegenden Buddha, angeblich aus der frühen Ayutthaya-Periode. Ein Besuch dort ist die kurze Fahrt mit dem Rad wert.

Wat Suwandararam BUDDHISTISCHER TEMPEL

(วัดสุวรรณดาราราม; ⏲Sonnenaufgang–Sonnenuntergang) GRATIS Obwohl es hier in der Ayutthaya-Periode einen Tempel gab, stammen die jetzigen Gebäude aus der aktuellen Regierungszeit. Der *bòht* (Zeremonienhalle) wurde von König Rama I. errichtet und der *wí·hăhn* (Heiligtum) daneben von König Rama IV. In beiden gibt es faszinierende Wandmalereien, die u.a. den damaligen Alltag zeigen und Geschichten aus dem Leben von König Naresuan erzählen. Man beachte die bootsähnliche, konkave Gestaltung des *bòht*, die typisch ist für die späte Ayutthaya-Periode, welche sich bis in die frühe Rattanakosin-Periode hinein erhalten hat.

Chao Sam Phraya National Museum MUSEUM

(พิพิธภัณฑสถานแห่งชาติเจ้าสามพระยา; Ecke Th Rotchana & Th Si Sanphet; Erw./Kind 150 B/frei; ⏲9–16 Uhr; P) Das größte Museum der Stadt beherbergt viele Schätze, die bei Ausgrabungen gefunden wurden, u.a. Goldartefakte aus den Krypten des Wat Mahathat und des Wat Ratchaburana.

Ayuthaya Historical Study Centre MUSEUM

(ศูนย์ศึกษาประวัติศาสตร์อยุธยา; Th Rotchana; Erw./Kind 100/50 B; ⏲9–16 Uhr; P) Dieses von der japanischen Regierung gegründete moderne Museum zeigt das traditionelle Dorfleben und die Außenbeziehungen zur Zeit des Königreichs Ayutthaya, außerdem einige Dioramen der Blütezeit der Stadt. Das untere Stockwerk kann auf Anfrage geöffnet werden.

Chantharakasem National Museum MUSEUM

(พิพิธภัณฑสถานแห่งชาติจันทรเกษม; Th U Thong; Eintritt 100 B; ⏲Mi–Sa 9–16 Uhr) Das Museum befindet sich auf dem Gelände des Wang Chan Kasem (Chan-Kasem-Palast), der für König Rama IV. an der Stelle eines Palastes erbaut wurde, den König Naresuan und sieben auf ihn folgende Könige Ayutthayas nutzten. Das Museum ist groß, aber die Sammlung (buddhistische Kunst, Keramiken, antike Waffen, lackierte Schränke und Originalmobiliar) eher nicht – die aufwendig dekorierten Gebäude selbst sind hier die Hauptattraktion.

Thai Boat Museum MUSEUM

(พิพิธภัณฑ์เรือไทย; ☎035 241195; www.thaiboatmuseum.com; Th Ho Rattanachai; Eintritt gegen Spende; ⏲9–12 & 13–17 Uhr) Dieses interessante, kleine Privatmuseum ist randvoll mit Holzbooten, echten wie künstlerischen Miniaturen, von denen viele noch heute über Ayutthayas Flüsse schippern.

Ayutthaya

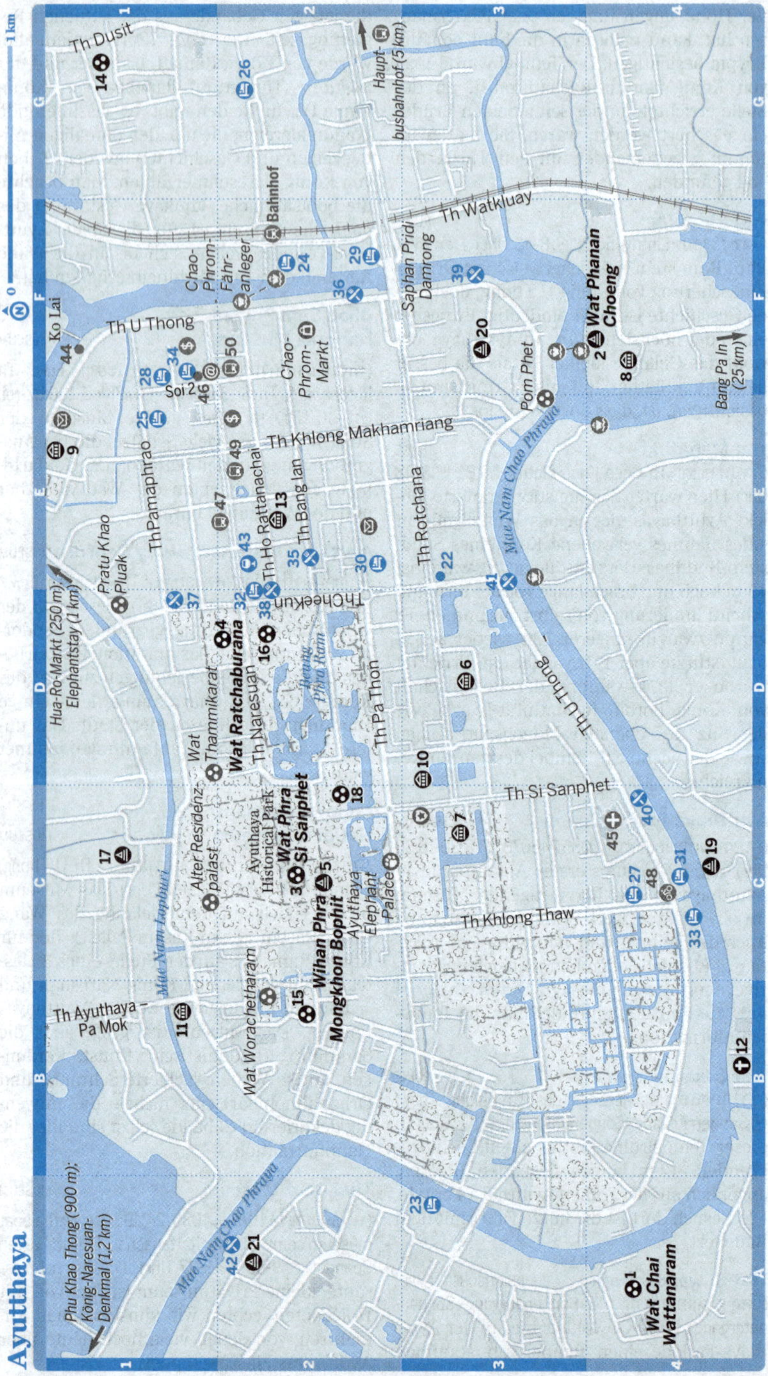
1 km
Th Dusit
Haupt-busbahnhof (5 km)
Bahnhof
Th Watkluay
Chao-Phrom-Fähr-anleger
Saphan Pridi Damrong
Ko Lai
Th U Thong
Soi 2
Chao-Phrom-Markt
Wat Phanan Choeng
Pom Phet
Bang Pa In (25 km)
Th Khlong Makhamriang
Th Pamaphrao
Th Ho Rattanachai
Th Bang Ian
Th Rotchana
Mae Nam Chao Phraya
Pratu Khao Pluak
Hua-Ro-Markt (250 m); Elephantstay (1 km)
Th Cheekun
Bueng Phra Ram
Wat Thammikarat
Wat Ratchaburana
Th Naresuan
Th Pa Thon
Th U Thong
Th Si Sanphet
Alter Residenzpalast
Ayuthaya Historical Park
Wat Phra Si Sanphet
Ayutthaya Elephant Palace
Th Khlong Thaw
Mae Nam Lopburi
Wihan Phra Mongkhon Bophit
Wat Worachetharam
Th Ayuthaya – Pa Mok
Phu Khao Thong (900 m); König-Naresuan-Denkmal (1,2 km)
Mae Nam Chao Phraya
Wat Chai Wattanaram

Ayutthaya

Highlights	
1 Wat Chai Wattanaram	A4
2 Wat Phanan Choeng	F4
3 Wat Phra Si Sanphet	C2
4 Wat Ratchaburana	D2
5 Wihan Phra Mongkhon Bophit	C2
Sehenswertes	
6 Ayuthaya Historical Study Centre	D3
7 Ayutthaya Tourist Center	C3
8 Baan Hollanda	F4
9 Chantharakasem-Nationalmuseum	E1
10 Chao-Sam-Phraya-National-museum	D3
11 Million Toy Museum	B1
12 St. Joseph	B4
13 Thai Boat Museum	E2
14 Wat Kudi Dao	G1
15 Wat Lokayasutharam	B2
16 Wat Mahathat	D2
17 Wat Na Phra Men	C1
18 Wat Phra Ram	C2
19 Wat Phutthai Sawan	C4
20 Wat Suwandararam	F3
21 Wat Tha Ka Rong	A2
Aktivitäten, Kurse & Touren	
22 Ayutthaya Boat & Travel	E3
Schlafen	
23 Ayothaya Riverside House	A3
24 Baan Are Gong	F2
25 Baan Lotus Guest House	E1
26 Baan Thai House	G2
27 Baifern	C4
28 Chantana Guesthouse	F1
29 Krungsri River Hotel	F2
30 Promtong Mansion	E2
31 Sala Ayutthaya	C4
32 Tamarind Guesthouse	D2
33 Thong Come Homestay	C4
34 Tony's Place	F1
Essen	
35 Bang-Ian-Nachtmarkt	E2
36 Bann Kun Pra	F2
37 Lung Lek	D1
38 Malakor	D2
39 Pae Krung Gao	F3
40 Roti-Sai-Mai-Stände	C4
41 Sai-Thong	E3
42 Talat Nam Wat Tha Ka Rong	A2
Tony's Place	(siehe 34)
Ausgehen & Nachtleben	
43 Coffee House	E2
Praktisches	
44 Einwanderungsbehörde	F1
45 Phra Nakorn Si Ayuthaya Hospital	C4
46 Tour With Thai	F1
Tourism Authority of Thailand	(siehe 7)
Transport	
47 Busfahrkartenverkauf	E2
48 Lung Nuat	C4
49 Minivans nach Bangkok	E2
50 Talat-Ta-Rot-Chao-Phrom-Haltestelle	F2

Million Toy Museum MUSEUM

(พิพิธภัณฑ์ทลานของเล่นเกริกยุ้นพันธ์; ☎081 890 5782; www.milliontoymuseum.com; ThUThong; Erw./Kind 50/20 B; ⏲Di–So 9–16 Uhr; P) Gut möglich, dass man sein Lieblingsspielzeug aus Kindertagen zwischen all den Zinnsoldaten, Puppen und Godzillas entdeckt, die in diesem Museum über zwei Stockwerke liebevoll ausgestellt sind. Aber es gibt hier nicht nur Spielzeug zu sehen: Die Sammlung mit Keramik und alten Kokosnussschabern ist auch interessant.

Nicht auf der Insel

Auf der anderen Seite des Stadtgrabens, der das Zentrum Ayutthayas umgibt, finden sich mehrere bekannte Tempel. Einige der Stätten sind problemlos mit dem Fahrrad zu erreichen, für andere braucht man allerdings ein Motorrad. Alternativ lassen sich die Sehenswürdigkeiten im Rahmen einer abendlichen Bootsfahrt um die Insel herum erkunden.

★ Wat Chai Wattanaram RUINE

(วัดไชยวัฒนาราม; Eintritt 50 B; ⏲8–18 Uhr) Diese Ruine ist dank des zentralen, 35 m hohen *prang* im Khmer-Stil und ihres im Großen und Ganzen guten Zustand die eindrucksvollste Stätte abseits der Insel. Sie wurde zu Beginn der 1630er-Jahre von König Prasat Thong (in einem Zeitraum von rund 20 Jahren) zu Ehren seiner Mutter erbaut. Die Ähnlichkeit mit Angkor Wat in Kambodscha ist Absicht.

★ Wat Phanan Choeng BUDDHISTISCHER TEMPEL

(วัดพนัญเชิง; Eintritt 20 B; ⏲Sonnenaufgang–Sonnenuntergang) In diesem Tempel kann es am Wochenende bei den diversen beliebten Zeremonien recht hektisch zugehen. Die bekannteste Attraktion ist der 19 m hohe Phra-Phanan-Choeng-Buddha, der 1324 geschaffen wurde und in einem hoch aufragenden *wí·hăhn* (geöffnet 8–17 Uhr) steht, umgeben von 84 000 kleinen Buddha-Abbildungen, die die Wände zieren. Er ist sogar noch imposanter als der große Buddha im Wihan Phra Mongkhon Bophit. Täglich strömen die Menschen hierher, um ihren Kopf mit der Robe des großen Buddhas zu bedecken, eine Zeremonie, die in anderen Tempeln meist nur an hohen Feiertagen stattfindet.

Die Gebäude vor dem großen Buddha zieren einige historische Wandgemälde; der **chinesische Jao-Mae-Soi-Dok-Schrein** mit Blick auf den Fluss ist besonders farbenfroh.

★ Wat Yai Chai Mongkhon — RUINE

(วัดใหญ่ชัยมงคล; Eintritt 20 B; ⏲6–18 Uhr) König U Thong gründete diesen Tempel 1357, um Mönche zu beherbergen, die von ihrer Weihe in Sri Lanka zurückkehrten. 1592 fügte König Naresuan nach einem Sieg über die Birmanen den fantastischen glockenförmigen *chedi* hinzu. Dank der Gartenanlage gehört die Ruine zu den fotogensten in Ayutthaya. In der Nähe des Eingangs befindet sich ein 7 m langer liegender Buddha. Die Einheimischen glauben, dass es Glück bringt, wenn man es schafft, eine Münze an seinen Füßen kleben zu lassen.

Wat Kudi Dao — RUINE

(วัดกุฎีดาว; ⏲8–16.30 Uhr) GRATIS Sie sieht zwar noch nicht ganz so aus wie die bei Indiana Jones, aber der Wald fordert diese attraktive Ruine langsam, aber sicher zurück. Der mächtige Haupt-Stupa ist bereits eingestürzt, aber andere Bauten stehen noch. Die Ruine liegt nordöstlich des Bahnhofs, weit außerhalb des Radius der meisten Ayutthaya-Besucher, und es kann sein, dass man sie ganz für sich allein hat. Der **Wat Maheyong** (Eintritt 50 B; ⏲8–16.30 Uhr) ein Stück weiter östlich ist größer, aber nicht so interessant, obwohl der ummauerte Korridor, der zum *ubosot* (Kapelle) führt, ein ungewöhnliches Detail ist.

Wat Tha Ka Rong — BUDDHISTISCHER TEMPEL

(วัดท่าการ้อง; ⏲Sonnenaufgang–Sonnenuntergang; P) GRATIS Gleich nordwestlich der Insel befindet sich dieser bizarre Tempel voller interessanter Statuen: buddhistische, hinduistische, animistische und ein paar nur so zum Spaß. Hinter den *waiing*-Skeletten, der Sammlung mit Buddha-Abbildungen aus Nachbarländern, den Aquarien und den überlebensgroßen Mönchen warten ein historischer *ubosot*, das Wrack eines Holzboots und ein schwimmender Wochenendmarkt (S. 179).

Wat Phutthai Sawan — BUDDHISTISCHER TEMPEL

(วัดพุทไธศวรรย์; ⏲Sonnenaufgang–Sonnenuntergang) GRATIS Dieser noch immer aktive Tempel war der erste, der abseits der Insel erbaut wurde und ist einer der wenigen Orte, die die Birmanen nicht zerstört haben, auch wenn die Zeit nicht spurlos an ihm vorübergegangen ist. Man kann den mächtigen *prang* im Khmer-Stil innen erklimmen. Wenn er abends angestrahlt wird, ist der Tempel wirklich ein atemberaubender Anblick.

Phu Khao Thong — STUPA

(เจดีย์ภูเขาทอง; ⏲Sonnenaufgang–Sonnenuntergang; P) Dieser riesige weiße Stupa wurde ursprünglich während einer 15-jährigen Belagerung erbaut, der obere Teil jedoch später von den Thais hinzugefügt. Man kann die 79 Stufen bis zur Mitte hinaufsteigen und den Ausblick auf die umliegenden Reisfelder genießen. Die mächtige Statue vorn erinnert an den Eroberer-König Naresuan. Er ist von Reliefs, die einige seiner historischen Heldentaten zeigen – auf einem ringt er mit einem Krokodil – und Dutzenden Statuen von Kampfhähnen umgeben.

Wat Na Phra Men — BUDDHISTISCHER TEMPEL

(วัดหน้าพระเมรุ; Eintritt 20 B; ⏲Sonnenaufgang–Sonnenuntergang; P) Dieser Tempel war einer der wenigen, die 1767 dem Zorn der einfallenden birmanischen Armee entkamen, und diente ihr als Hauptstützpunkt. Der *bòht* ist riesig, größer als die meisten modernen, und die hochheilige wichtigste Buddha-Abbildung weist „royale Kleidung" auf, was in der Ayutthaya-Ära sehr verbreitet war. Und bitte einfach ignorieren, was auf dem Schild drinnen steht: Das Ding ist aus Bronze, nicht aus Gold!

Elefanten-Kraal — HISTORISCHE STÄTTE

(เพนียดคล้องช้าง) GRATIS Einst wurden Wildelefanten in diesem jetzt restaurierten *kraal* (Einfriedung) gehalten, der aus Hunderten Teak-Stämmen erbaut worden ist. Der König sah zu, wenn die Tiere für den Krieg oder die Arbeit ausgewählt wurden. Momentan wird der *kraal* nicht genutzt. Stattdessen werden die Elefanten, die nicht im historischen Park arbeiten, im hinteren Bereich angekettet. **Elephantstay** (☎080 668 7727; www.elephantstay.com; ab 12 000 B/Pers. inkl. Unterkunft) bietet die Möglichkeit, Zeit mit den Elefanten zu verbringen. Der Mindestaufenthalt beträgt drei Tage.

Schwimmender Markt Ayuthaya MARKT
(ตลาดน้ำอโยธยา; ⏲Mo–Fr 9–17, Sa & So bis 18 Uhr; P) GRATIS Das hier ist kein richtiger schwimmender Markt, eher eine hochkitschige Touristenfalle mit Souvenirläden und Selfie-Spots auf Holzplattformen über dem Wasser. Aber hier gibt's prima Snacks für zwischendurch und nachmittags kulturelle Darbietungen. Den Ayodia Inter Market nebenan mit dubiosen Tierattraktionen sollte man meiden.

Touren

In der und rund um die Stadt wird eine Vielzahl von Touren angeboten. Man kann sie über die Unterkunft buchen, auch wenn

AUSLÄNDISCHES VIERTEL

Zwei Gründe, warum Ayutthayas Herrscher so erfolgreich waren, waren ihre gewandte Diplomatie und ihre Toleranz gegenüber anderen Kulturen und Religionen. Zu Hochzeiten lebten hier 40 verschiedene ethnische Gruppen. Menschen aus umliegenden Orten – Mon, Lao und Khmer, aber auch Chinesen – lebten mehr oder weniger frei mitten unter den Einheimischen. Alle, die von weiter her kamen, etwa Inder, Perser, Javaner und Malaien, erhielten Land vom König (meist im Süden der Insel), damit sie eigene Siedlungen errichten konnten.

Die Portugiesen, die 1511 eintrafen, waren die ersten Europäer, die Siam erreichten. Auch ihnen wurde in den 1540ern Land gewährt, um sich hier anzusiedeln. Im folgenden Jahrhundert folgten ihnen Dänen, Engländer, Spanier und Franzosen. Die Europäer brachten Waffen und andere Luxusgüter und kehrten meist mit Zinn, Tierfellen, Sappanholz und Reis wieder zurück.

1767 traf diese Siedlungen dasselbe Schicksal wie den Rest der Stadt, und drei Nationen gedenken ihrer alten Verbindungen zu Thailand heute mit Informationszentren.

Das Gebiet südwestlich der Flusskreuzung ist halb ländlich und zum Radfahren ideal. Hier war in der historischen Blütezeit östlich des **Wat Phutthai Sawan** (S. 176) eine persische Gemeinde ansässig, und noch heute ist das Gebiet einer von vielen muslimischen Bezirken der modernen Stadt.

Baan Hollanda (บ้านฮอลันดา; www.baanhollanda.org; Eintritt 50 B; ⏲Mi–So 9–17 Uhr; P) Diese informative Ausstellung wurde neben dem ausgegrabenen Fundament einiger Originalgebäude des Handelspostens eingerichtet und erzählt die Geschichte der thailändisch-niederländischen Beziehungen, von der Zeit, als die Niederländische Ostindien-Kompanie (VOC) 1604 in Ayutthaya eintraf, bis heute. Unten serviert ein kleines Café niederländischen Kaffee und Kakao. Man sollte auf dem Weg unbedingt die Werft nebenan bewundern. Das englische Dorf befand sich gleich südlich, das chinesische ganz in der Nähe, aber von beiden ist nichts erhalten geblieben.

Japanisches Dorf (หมู่บ้านญี่ปุ่น; Erw./Kind 50/20 B; ⏲8–17 Uhr; P) Diese interessante Ausstellung findet sich 1 km südlich des Baan Hollanda und beschäftigt sich mit dem Leben der rund 1500 Japaner, die sich im frühen 17. Jh. in Ayutthaya ansiedelten. Einige kamen her, um Handel zu betreiben, aber die meisten waren Christen, die vor der Verfolgung in ihrer Heimat geflohen waren. Es gibt einen kleinen japanischen Garten und zwei Ausstellungsräume, in denen jeweils ein Video gezeigt wird.

St. Joseph (วัดนักบุญยอแซฟ; ⏲Mo–Sa 8.30–12 & 13–16.30, So 10.30–11.30 Uhr) 1673 gab König Narai den Franzosen ein Stück Land neben der christlich-vietnamesischen Siedlung und spendete Geld für den Bau der ersten St.-Joseph-Kirche. Die original Holzkirche wurde 1695 durch einen Ziegelbau ersetzt und seitdem oft umgebaut. Heute sind viele Einwohner, die rund um die Kirche leben, katholisch.

Portugiesisches Dorf (หมู่บ้านโปรตุเกส; ⏲9–16 Uhr) Der Mittelpunkt des portugiesischen Dorfes ist eine freigelegte Grabstätte, an der die Skelettüberreste mehrerer portugiesischer Siedler in einer offenen Grube ausgestellt sind. Davor befindet sich das Fundament der 1540 erbauten St.-Dominikus-Kirche, der ersten in Thailand errichteten Kirche und einer von dreien in der damals größten europäischen Gemeinde. Bemerkenswert ist das Geisterhaus im thailändischen Stil mit Figuren des heiligen Joseph und Paulus im Inneren.

INSIDERWISSEN

BESONDERE TÚK-TÚKS

Die Túk-Túks in Ayutthaya unterscheiden sich aufgrund ihrer eigenartigen kuppelförmigen Vorderseite vom klassischen thailändischen Modell. Sie haben eine gewisse Ähnlichkeit mit Darth Vaders berühmter Maske und düsen in allen Formen und Farben in der Stadt herum. Ein altgedienter Fahrer erzählt, dass es diese besonderen Taxis bereits seit über 50 Jahren gibt. Man glaubt, dass die Japaner das Modell erfunden haben, was die geschwungene Front im Samurai-Stil erklären würde.

Reisebüros wie **Tour With Thai** (☎035 231084; www.tourwiththai.com; Soi 2, Th Naresuan; ⏲8.30–18.30 Uhr) vielleicht mehr Optionen und Flexibilität bieten. Die meistbeworbene Tour ist eine zweistündige Bootsfahrt am Nachmittag (200 B/Pers.), bei der man kurz am Wat Phanan Choeng, Wat Phutthai Sawan und Wat Chai Wattanaram stoppt. Eine praktische, wenn auch gehetzte Art, diese drei beeindruckenden weiter entfernten Stätten zu besuchen!

Wer etwas ganz anderes möchte: **Ayutthaya Boat and Travel** (☎081 733 5687; www.ayutthaya-boat.com; Th Chee Kun; ⏲Mo–Sa 9–17 Uhr) bietet Touren per Fahrrad oder Paddelboot inklusive Unterkunft in einer Gastfamilie an und kann auch ein Abendessen auf einem Teak-Reisboot organisieren.

Außerdem gibt's **Bootstouren** (S. 181) über Nacht von Bangkok nach Ayutthaya.

Feste & Events

Wai Kru Muay Thai Ceremony KULTURELL

Kämpfer und Fans des Thaiboxens strömen Mitte März nach Ayutthaya, um den Meistern Respekt zu zollen. Während des einwöchigen Festivals gibt's unter anderem Kämpfe und Unterricht im *moo·ay tai* (Muay Thai) sowie Demonstrationen von Schwertbauern und *yant*-Tätowierungen zu sehen.

Ayutthaya World Heritage Fair LICHTSHOW

Die Sound-&-Lichtshows (500 B) am Wat Mahathat sind das Highlights dieses Events Mitte Dezember.

Schlafen

Die meisten Backpacker steuern direkt die Soi 2, Th Naresuan an, aber die Gegend rund um die Fähranleger (auf beiden Seiten des Flusses) ist auch backpackerfreundlich und bietet jede Menge günstiger Zimmer. Beide Bereiche sind sehr überschaubar und lassen sich schnell nach einer Unterkunft mit dem passenden Vibe durchforsten.

Auf der Westseite der Insel am Fluss abzusteigen, ist weniger praktisch, allerdings sehr angenehm – nur Vorsicht: Bei den meisten abendlichen Bootstouren (und am Wochenende gibt's haufenweise) sind Karaokemaschinen mit an Bord!

★ **Ayothaya Riverside House** PENSION $

(081 644 5328; Zi. ohne Bad 400 B, Zi. auf dem Boot 1500 B; ❄📶) Am anderen Ufer des Chao Phraya auf der Westseite der Stadt sorgt diese wundervolle Pension dank ihrer nicht touristischen Lage für eine ganz besondere Erfahrung. Die regulären Zimmer sind einfach, mit Ventilator ausgestattet und in einem alten Holzhaus untergebracht (mit Gemeinschaftsbad). Dafür ist es die einzige Unterkunft der Stadt, in der man auf einem Boot übernachten kann.

Passend zur entspannten Atmosphäre hier sind die Besitzer der Anlage unglaublich freundlich.

★ **Baan Lotus Guest House** PENSION $

(☎035 251988; Th Pamaphrao; B 200 B, EZ 250 B, DZ & 2BZ 350–600 B; P❄📶) So nah und doch so fern der Backpacker-Gegend: Dieses umgebaute Schulhaus aus Teak mit großer Terrasse hinten ist ein Traum, und der Besitzer ist genauso charmant wie das Gebäude selbst. Es geht so entspannt zu, dass hier nach 18 Uhr praktisch nichts mehr passiert – auch Einchecken ist nicht möglich.

Chantana Guesthouse PENSION $

(☎035 323200; chantanahouse@yahoo.com; 12/22 Soi 2, Th Naresuan; Zi. inkl. Frühstück 300–450 B; P❄📶) Dieses makellose Haus mag eher langweilig wirken, bietet aber das vielleicht beste Preis-Leistungs-Verhältnis in der Gegend. Das Personal ist freundlich, spricht aber nur begrenzt englisch. Für 50 B mehr gibt's ein Zimmer mit Balkon.

Baan Are Gong PENSION $

(☎035 235592; siriporntan@yahoo.com.sg; Soi Satani Rot Fai; Zi. 380–1300 B; ❄📶) Zwei Minuten vom Bahnhof entfernt: Das Baan Are Gong ist in einem 100 Jahre alten Teak-Haus direkt am Fluss untergebracht und wird von einer freundlichen Familie geführt. Es ist nicht die billigste Unterkunft in dieser Ecke, hat aber am meisten Flair. Bewohner der günstigsten Zimmer teilen sich ein Bad.

★ Tamarind Guesthouse PENSION $$
(☎089 010 0196; tamarindthai2012@gmail; abseits Th Chee Kun; Zi. inkl. Frühstück 600–1200 B;) In diesem umgebauten Holzhaus findet sich eine kreative Mischung aus Alt und Neu, und der Service könnte nicht freundlicher sein. Das Tamarind versteckt sich in einer kleinen Nebenstraße direkt gegenüber dem Wat Mahathat und schafft das Kunststück, gleichzeitig friedlicher Rückzugsort und mitten im Geschehen zu sein.

★ Baifern PENSION $$
(☎035 242051; www.baifernhomestay.com; Th Khlong Thaw; Zi. 800–1700 B;) Eine der stilvollsten Pensionen der Gegend. Bis auf die günstigsten Zimmer sind alle originell eingerichtet, und die Lounge unter dem Holzhaus ist sehr einladend. Sehr ruhig und freundlich!

Tony's Place PENSION $$
(☎035 252578; www.tonyplace-ayutthaya.com; Soi 2, Th Naresuan; Zi. 200–1200 B;) Wirklich schöne Zimmer und ein Mini-Pool machen das Tony's zur Flashpacker-Wahl Nummer eins – ebenso die Möglichkeit, Reisetipps mit anderen Gästen auszutauschen. Die günstigeren Quartiere mit Ventilator haben Gemeinschaftsbäder.

Thong Come Homestay PENSION $$
(☎083 990 0601; http://thongcomehomestay.webiz.co.th; Th U Thong; Zi. 700 B;) Nicht die preiswerteste Option der Stadt, aber die beiden schlichten Zimmer des Thong Come liegen direkt am Fluss und sind ideal zum Faulenzen. Falls es voll ist, sind das Ban Bua und das Seven Seas ganz ähnliche Alternativen in derselben Ecke.

Promtong Mansion PENSION $$
(☎089 165 6297; www.promtong.com; abseits Th Pa Thon; Zi. 850–1550 B;) Auch wenn dem Haus der Charakter der besten Pensionen in Ayutthaya fehlt – der hilfsbereite Besitzer und das freundliche Personal sind klasse. Die Zimmer sind groß und gut ausgestattet, die Lage ist praktisch und ruhig. Die Gäste dürfen den Pool des anderen Hotels der Familie benutzen, das 1 km entfernt ist.

Sala Ayutthaya BOUTIQUE-HOTEL $$$
(☎035 242588; www.salaayutthaya.com; Th U Thong; Zi. inkl. Frühstück 4700–9400 B;) Das Sala Ayutthaya ist ein wundervoller Ort und verbindet auf künstlerische Weise die antike Ästhetik der Stadt mit modernem Flair. Der abendliche Blick auf den angestrahlten Wat Phutthai Sawan am anderen Flussufer ist atemberaubend.

Baan Thai House BOUTIQUEHOTEL $$$
(☎080 437 4555; www.baanthaihouse.com; Zi. inkl. Frühstück 2400–3800 B;) Diese Villen im Thai-Stil, vor allem die drei historischen Teak-Häuser, und die gut gepflegte Anlage garantieren einen meditativen Aufenthalt. Außerdem gibt's ein hauseigenes Spa zur Entspannung nach dem Besuch der Ruinen.

Krungsri River Hotel HOTEL $$$
(☎035 244333; www.krungsririver.com; 27/2 Th Rotchana; Zi./Suite inkl. Frühstück 1900/4500 B;) All der Komfort, den man von einem internationalen Vier-Sterne-Haus erwartet, und dazu eine tolle Aussicht von den Zimmern vorn sowie ein gutes italienisches Restaurant.

Essen

Ein jahrhundertelanger Austausch mit ausländischen Händlern hat zu einem bunten kulinarischen Angebot geführt. Flussgarnelen, thailändisch-muslimische Snacks und vor allem die „Bootsnudeln" (die angeblich von hier stammen) herrschen vor. Die vielen Restaurants am Fluss sind eher teuer, aber ihr Geld wert.

Roti-Sai-Mai-Stände SÜSSES $
(Th U Thong; ⌚8–20 Uhr) Das Dessert *roh đee săi măi* (Seidenfaden-Roti) wurde in Ayutthaya erfunden und wird in der ganzen Stadt verkauft, aber die Läden vor dem Krankenhaus sind die berühmtesten. Man kann sich eine Tüte voll kaufen und es selbst zubereiten, indem man dünne Fäden aus geschmolzenem Palmzucker zusammenrollt und sie in das Roti wickelt.

Talat Nam Wat Tha Ka Rong MARKT $
(⌚Sa & So 8–17 Uhr) Es ist ein tolles Erlebnis, sich auf diesem schwimmenden Markt etwas zu essen zu kaufen, auf dem die Händler auf Booten stehen, die an großen Flößen vertäut sind. Weniger spaßig ist die Suche nach einem Tisch. Der Markt befindet sich auf dem Chao Phraya hinter dem gleichnamigen Tempel (S. 176).

Malakor THAI $
(Th Chee Kun; Gerichte 40–200 B; ⌚Restaurant 12–22, Café 8–16 Uhr;) Das Malakor in einer kleinen Holzhütte hat eine umfangreiche Karte, niedrige Preise, einen tollen Koch und ein entspanntes Ambiente. In Sa-

chen Service muss man allerdings Geduld mitbringen. Das Gebäck, die Fruchtsäfte und der Kaffee im Café im Erdgeschoss sind auch toll.

Lung Lek NUDELN $

(Th Chee Kun; Hauptgerichte 30–50 B; ⌚8.30–16 Uhr) Dieses Nudelhaus ist bei allen beliebt. Uncle Lek serviert schon seit Langem das vielleicht beste *gŏo ay đĕe o reu a* der ganzen Stadt.

Tony's Place INTERNATIONAL, THAI $

(Soi 2, Th Naresuan; Gerichte 70–300 B; 📶✍) Im vorderen Bereich des Tony's gibt's einfaches, aber leckeres Essen im thailändischen oder westlichen Stil (auch vegetarisch). Gäste können mit vielen anderen Travellern plaudern.

Nachtmarkt Bang Ian MARKT $

(Th Bang Ian; ⌚16–20.30 Uhr) Dieser große, geschäftige Nachtmarkt am Ende der gleichnamigen Straße ist ein tolles kulinarisches Ziel. Er liegt ideal, wenn man vorher oder hinterher die bei Nacht beleuchteten Ruinen sehen will.

★ **Bann Kun Pra** THAI $$

(☎035 241978; www.bannkunpra.com; Th U Thong; Gerichte 70–420 B; ⌚11–21.30 Uhr). Dieses 100 Jahre alte Teak-Haus ist viel gemütlicher als die meisten anderen Restaurants am Fluss und ein prima Platz, um einfach nur dazusitzen und das Leben am Fluss zu beobachten. Auf der einfallsreichen Karte stehen viele Meeresfrüchte und mehrere Versionen lokaler Flussgarnelen, etwa gegrillt mit Kräutern oder gebraten in Tamarindensoße. Ein paar hübsche, aber teure Zimmer gibt's auch.

★ **Pae Krung Gao** THAI $$

(Th U Thong; Gerichte 60–1000 B; ⌚10–21.30 Uhr; 📶) Ein herrlich überladenes Restaurant am Fluss, das erstklassiges thailändisches Essen serviert – die Hälfte der Gäste kommt wahrscheinlich nur wegen der gegrillten Flussgarnelen hierher. Die englischsprachige Karte ist kurz. Wenn man weiß, was man mag, einfach fragen!

Sai-Thong THAI, NORDÖSTLICH $$

(Th U Thong; Gerichte 60–350 B; ⌚10.30–21.30 Uhr; P✍👪) Eines der vielen großen Restaurants mit Terrasse am Fluss auf diesem Abschnitt des Chao Phraya. Das Sai-Thong hält sich nicht groß mit Deko auf, aber das Essen ist so gut, dass die Einheimischen immer wieder herkommen.

🍷 Ausgehen & Nachtleben

Die meisten Reisenden beschränken sich auf die Straßenbars in der Soi 2, Th Naresuan. Wer eine typisch thailändische Partynacht erleben möchte, ist – trotz des seltsamen Namens – in der Bar **Coffee House** (Th Naresuan) richtig, in der jeden Abend ab 20 Uhr Livemusik gespielt wird.

ℹ Praktische Informationen

EINWANDERUNG

Einwanderungsbehörde (☎035 328411; Th U Thong; ⌚8.30–12 & 13–16.30 Uhr)

GEFAHREN & ÄRGERNISSE

Beim Radfahren sollte man seine Tasche am Körper tragen, statt sie in den Korb zu legen, aus dem sie geklaut werden könnte. Nachts streunen viele Hunderudel durch die Straßen – Augenkontakt vermeiden und immer auf Abstand bleiben!

GELD

Alle großen Banken haben Filialen (und Geldautomaten) an der Th Naresuan, aber am Wochenende hat nur die **Krungthai-Geldwechselstube** (Kaufhaus Amporn; ⌚10–17.30 Uhr) offen. Am Bang-Pa-In-Palast gibt's auch eine Wechselstube, die täglich geöffnet hat.

MEDIZINISCHE VERSORGUNG

Phra Nakorn Si Ayutthaya Hospital (☎035 211888; Th U Thong) Mit Notfallzentrum und Ärzten, die des Englischen mächtig sind.

NOTFALL

Touristenpolizei (☎035 241446; Th Si Sanphet)

POST

Hauptpost (Th U Thong; ⌚Mo–Fr 8.30–16.30, Sa 9–12 Uhr)

TOURISTENINFORMATION

Tourism Authority of Thailand (TAT; Tourismusbehörde; ☎035 246076; tatyutya@tat.or.th; Th Si Sanphet; ⌚8.30–16.30 Uhr) Unterhält einen Infoschalter, dessen Personal Karten und gute Tipps bereithält, im Ayutthaya Tourist Center (S. 173).

ℹ An- & Weiterreise

BUS

Die Minivan-Haltestelle *(đà·làht tâh rót jôw prom)* in Ayutthaya liegt gleich südlich der Backpacker-Meile. Minivans nach Suphanburi (hier umsteigen nach Kanchanaburi!), Saraburi (Umsteigemöglichkeit nach Pak Chong und Khorat) und zu verschiedenen Orten in Bangkok (die meisten Touris wollen zum Victory Monument) fahren hier ab. Einen Block weiter westlich ist eine zweite Abfahrtsstelle für Bangkok.

VERKEHRSMITTEL AB AYUTTHAYA

Bus

ZIEL	PREIS (B)	DAUER (STD.)	HÄUFIGKEIT
Bangkok, Rangsit	40	¾	regelm. (Minivan)
Bangkok, Victory Monument	60	1½	regelm. (Minivan)
Bangkok Nordbahnhof (Mo Chit)	50	1	regelm. (Minivan)
Chiang Mai	419–837	8–10	regelm.
Lopburi	80	1½–1¾	alle 30 Min. (Minivan)
Saraburi	45	1½	regelm.
Sukhothai	266–342	7	regelm.
Suphanburi	45	1½	regelm. (Minivan)

Zug

ZIEL	PREIS (B)	DAUER (STD.)	HÄUFIGKEIT
Bang Pa In	3–12	1¼	18-mal tgl.
Bangkok, Bahnhof Hualamphong	15–66	1½–2½	regelm.
Chiang Mai	211–1398	11–14	5-mal tgl.
Nong Khai	202–1262	9–11	4-mal tgl.
Pak Chong	53–465	2–3	10-mal tgl.

Wer weiter weg will, muss zum Hauptbusbahnhof rausfahren, 3 km östlich der Insel abseits der Th Rotchana. Man kann im **Busticket-Büro** (⌚6–17 Uhr) auf der T Naresuan auch Fahrkarten nach Chiang Mai und Sukhothai kaufen. Ein Túk-Túk vom Busbahnhof in die Altstadt kostet mit Glück 100 B, vermutlich aber eher 150 B. Man kann aber auch in den violetten *sŏrng·tăa·ou* (7B) steigen.

Viele Reisende kaufen auch teurere Premium-Tickets in ihrem Hotel. Diese schließen den Transport zum Bahnhof und für gewöhnlich eine Dusche vor der Abfahrt ein. Außerdem werden Plätze in privaten Minivans nach Kanchanaburi (400 B, 3 ½ Std.) und Th Khao San (200 B, 1½ Std.) angeboten; die Passagiere werden am Hotel abgeholt.

SCHIFF/FÄHRE

Es verkehren keine öffentlichen Boote zwischen Bangkok und Ayutthaya. Die von Reisebüros in Bangkok angebotenen „Kreuzfahrten" sind eigentlich Bustouren mit kurzer Bootsfahrt durch Bangkok am Anfang oder Ende.

Es gibt aber zwei Unternehmen, die von Bangkok aus Übernachtreisen in restaurierten Holzbooten anbieten. Bei **Anantara Cruises** (www.bangkok-cruises.anantara.com) gibt's eine dreitägige Tour, die bis in die Stadt führt, während **Mekhala** (www.mekhala.com) nur bis nach Bang Pa In fährt – den Historical Park besucht man dann entweder per Bus oder aber per Fahrrad.

ZUG

Züge sind für gewöhnlich langsamer als Busse und Minibusse – außer denen zum Khao Yai National Park (Bahnhof Pak Chong). Die meisten Züge nach Bangkok halten am Bahnhof Bang Sue, bevor sie in Hualamphong eintreffen.

Für alle, die Ayutthaya im Rahmen eines Tagesausflugs besuchen, bevor sie in einen Nachtzug steigen: Am Bahnhof gibt's eine Gepäckaufbewahrung, und die meisten Pensionen bieten Duschmöglichkeiten für rund 30 B an.

ℹ Unterwegs vor Ort

Radfahren ist die ideale Art, die Stadt zu erkunden. Die meisten Pensionen verleihen Fahrräder (40–50 B/Tag) und Motorräder (250–300 B), und auch vor dem Wat Mahathat und Wat Ratburana gibt's ein paar Läden. Wer im Südwesten der Insel absteigt, kann sich an **Lung Nuat** (☎088 233 2537; Th U Thong; ⌚7–20 Uhr) wenden.

Túk-Túks sind überall verfügbar. Das erste Angebot des Fahrers ist garantiert zu hoch, aber die meisten Fahrten auf der Insel sollten rund 50 B kosten. Der gängige Preis pro Stunde liegt bei 200 B, aber bei mehrstündigen Touren bekommt man normalerweise Rabatt.

Fahrten mit den Flussfähren kosten 5 B pro Nase zuzüglich 5 B für ein Fahrrad. Die Fähre in Bahnhofsnähe verkehrt von 5 Uhr bis 19.30 Uhr, und die ganz im Westen kann auch Motorräder transportieren.

Kurze Elefantenritte an den Tempeln vorbei sind ebenfalls im Angebot, aber man sollte auch das Wohl der Tiere bedenken (s. S. 838), bevor man sich dafür oder dagegen entscheidet.

Rund um Ayutthaya

★ **Bang-Pa-In-Palast** PALAST

(พระราชวังบางปะอิน; Eintritt 100 B; ⌚8–16, letzter Einlass 15.15 Uhr) Die bunte Mischung architektonischer Stile macht diesen Palast so einzigartig. Er wurde erstmals im 17. Jh. genutzt und im 19. Jh. von den Königen Rama IV. und V. wiederbelebt, wobei hauptsächlich Letzterer für den europäischen Stil verantwortlich war. Zu den Höhepunkten gehören der atemberaubende Wehart Chamrun im chinesischen Stil, das farbenfrohe Observatorium Ho Withun Thasana und ein thailändischer Pavillon, der in der Mitte eines Teiches zu schwimmen scheint.

1880 ertranken Königin Sunanda und ihre Tochter während ihrer Reise zum Palast. Laut thailändischem Gesetz war es Höflingen verboten, die Königin zu berühren, deshalb wagte es keiner, ins Wasser zu springen und sie zu retten. Nach der Tragödie änderte König Rama V. das Gesetz. Auf dem Palastgelände wurde zum Gedenken ein Obelisk aus Marmor errichtet. Man kann einen Wagen zum Selberfahren mieten (1. Std. 400 B, jede weitere 100 B), aber die Anlage schließt recht früh.

Der **Wat Niwet Thamaprawat** auf einer Insel neben dem Palast verfügt über einen ungewöhnlichen *bóht*. Er wurde im Stil einer Kathedrale entworfen, und seine gotisch anmutenden Buntglasfenster und die Ritter in Rüstung stehen im Kontrast zu den Buddha-Abbildungen. Man erreicht ihn vom Palastparkplatz aus kostenlos mit einer von Mönchen betriebenen Seilbahn.

Um zum Palast zu gelangen, steigt man in Ayutthaya in den Zug (3 B, 15 Min.) und dann auf ein Motorradtaxi (20 B) zum Palast um, der 1,7 km entfernt liegt.

Bang Sai Arts & Crafts Centre KULTURZENTRUM

(ศูนย์ศิลปาชีพบางไทร; Erw./Kind 100/50 B, Vogelpark zzgl. 20 B; ⌚9–17 Uhr) Dieses Zentrum pflegt die traditionelle thailändische Kunst, indem es 30-minütige Trainingskurse anbietet, die sich mit allem Möglichen von Keramik über Seide bis zu Khon-Masken beschäftigen, und Besucher können umherspazieren und sich alles anschauen. Weitere Attraktionen auf dem 180 ha großen Gelände sind der Pavillon **Sala Phra Ming Kwan**, der Galerien beherbergt und alles Mögliche verkauft, ein Park mit traditionellen Häusern aus dem ganzen Königreich, ein Vogelpark und ein Aquarium. Man sollte besser nicht an einem Montag herkommen, denn da ist fast alles geschlossen, es sei denn, es ist Feiertag.

Von Ayutthaya ist das Zentrum nicht mit öffentlichen Verkehrsmitteln zu erreichen.

PROVINZ LOPBURI

Lopburi ลพบุรี

161 040 EW.

Tempelruinen und schelmische Affen sind die Hauptattraktionen im entspannten Lopburi. Man kann beide im Rahmen eines Tagesausflugs sehen, bevor man über Nacht nach Chiang Mai weiterreist, aber wer länger bleibt, kann außerhalb der Stadt klettern sowie Sonnenblumenfelder und Fledermaushöhlen sehen.

Lopburi ist eine der ältesten Städte Thailands und entstand während der Dvaravati-Zeit (6.–10. Jh.), trug damals jedoch den Namen Lavo. Die Architektur und die Kunst der darauffolgenden Khmer- und Ayutthaya-Reiche sind noch heute erhalten. König Narai (reg. 1657–1688) machte die Stadt zu seiner zweiten Hauptstadt und empfing hier zahlreiche ausländische Würdenträger.

Es sind jedoch die pelzigen Bewohner der jetzigen Zeit, die den Reiz diese Stadt ausmachen. Hunderte Affen leben in und um zwei der wichtigsten Ruinen, und die meisten Besucher, Thais wie Ausländer, kommen vor allem hierher, um das bunte Affentreiben zu erleben.

Sehenswertes

Alle Hauptattraktionen in Lopburi liegen praktischerweise nah beieinander und können entspannt an einem Tag besichtigt werden. Wer über Nacht bleibt, kann nach Einbruch der Dunkelheit durch die Stadt spazieren und die ganz unterschiedlich angestrahlten Ruinen und Schreine bestaunen.

Es gibt einen Tagespass für vier Tempel (150 B), der aber ziemlich sinnlos ist, da der

Lopburi

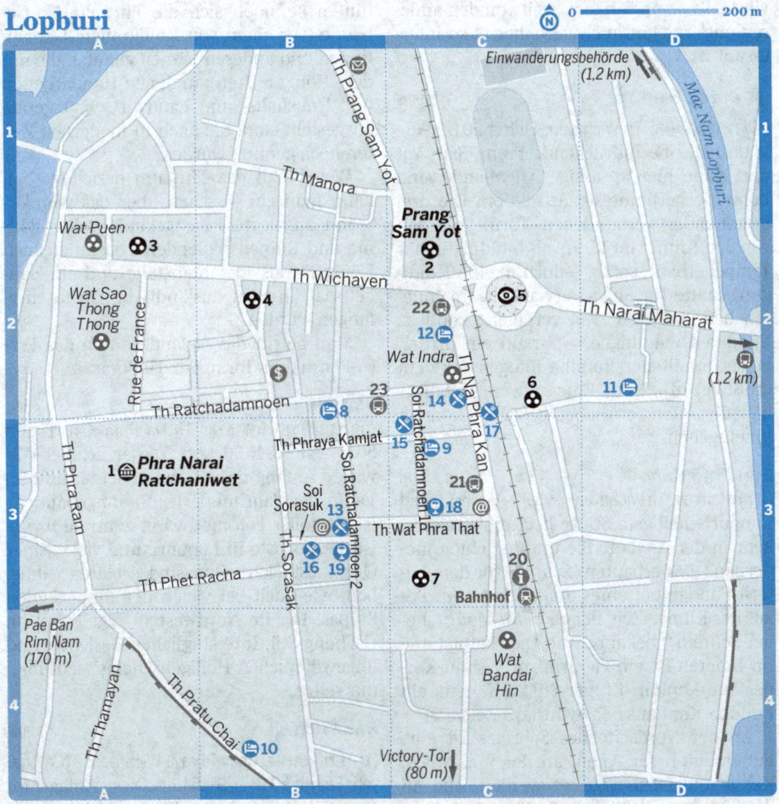

Lopburi

Highlights
1 Phra Narai Ratchaniwet A3
2 Prang Sam Yot C2

Sehenswertes
3 Ban Wichayen A2
4 Prang Khaek B2
5 San Phra Kan C2
6 Wat Nakhon Kosa C2
7 Wat Phra Si Ratana Mahathat C3

Schlafen
8 Nett Hotel B2
9 Noom Guesthouse C3
10 Pafun Resort B4
11 Pee Homestay D2
12 Sri Indra Hotel C2

Essen
13 Baan Sahai B3
14 Khao Tom Hor C2
15 Matini C3
16 Naan Stop Curry B3
17 Nachtmarkt C2
Noom Guesthouse .... (siehe 9)

Ausgehen & Nachtleben
18 Come Inn Bar C3
19 Sahai Phanta B3

Praktisches
20 Tourism Authority of Thailand C3

Transport
21 Minivans nach Bangkok C3
22 Minivans nach Bangkok C2
23 Sŏrng·tăa·ou zum Busbahnhof B2

vierte, **Kraison Siharat**, weit von den anderen entfernt und nicht annähernd so interessant ist.

★ Prang Sam Yot RUINE

(ปรางค์สามยอด; Th Wichayen; Eintritt 50 B; ⏲ 6–18 Uhr) Der beeindruckende Prang Sam Yot und seine hier ansässige Affenbande sind Lopburis berühmteste Attraktion. Die drei miteinander verbundenen Türme wurden von den Khmer im 13. Jh. als buddhistischer Tempel erbaut, später jedoch in eine Huldigungsstätte für Shiva verwandelt. Im Inneren befinden sich zwei verfallene kopflose Buddha-Abbildungen, während ein dritter, besser erhaltener Buddha fotogen vor dem größten *prang* sitzt. Eine schwere Metalltür hält die Affen fern, aber Besucher können hineingehen.

San Phra Kan SCHREIN

(ศาลพระกาฬ; Th Wichayen; ⏲ 5.30–18 Uhr) GRATIS Lopburis heiligste Stätte liegt am Kreisverkehr in der Altstadt. Sie umfasst einen modernen (1951 erbauten) Schrein vor dem Laterit-Fundament eines umgestürzten *prang* aus der Khmer-Zeit, der als *săhn sŏong* („hoher Schrein") bekannt war. Die Hauptstatue im Inneren ist ein vierarmiger Vishnu-Körper im Lopburi-Khmer-Stil, auf dem ein Buddha-Kopf aus der Ayutthaya-Zeit sitzt.

An der Nordseite des Schreins ist eine Futterstation für Affen, an der u.a. Milch, Kekse und Obst abgelegt werden, und an der Südseite tritt täglich eine *lam*-Tanztruppe auf. Beides ist Ausdruck der Dankbarkeit gegenüber den Göttern, nachdem Wünsche erfüllt wurden.

★ Phra Narai Ratchaniwet MUSEUM

(พระนารายณ์ราชนิเวศน์; Eingang Th Sorasak; Eintritt 150 B; ⏲ Mi–So 8.30–16 Uhr) Besucher sollten ein paar Stunden für diesen ehemaligen Königspalast einplanen, der heute das Somdet Phra Narai National Museum beherbergt, das ausgezeichnete Ausstellungen zur Lokalgeschichte zeigt. Mit dem Bau wurde 1665 mit der Hilfe französischer und italienischer Ingenieure begonnen, und im Palast wurden ausländische Würdenträger empfangen. Nach König Narais Tod war er verlassen, bis ihn König Rama IV. beanspruchte. Die Hauptausstellung, die 3500 Jahre der bekannten Geschichte der Provinz umfasst, befindet sich in seinem Residenzbereich.

Viele Besitztümer von König Rama IV. sind im 3. Stock zu sehen. Nebenan wird mit einer Ausstellung König Narai gedacht, und hinten befinden sich die Phra-Pratiap-Gebäude (vor allem von Königinnen, Gemahlinnen und anderen Frauen genutzt, die mit dem König reisten), in denen Handarbeiten und Haushalts- und Landwirtschaftsgeräte ausgestellt sind, die auch in modernen Zeiten noch genutzt wurden.

Wenn man das Museum besichtigt hat, kann man ein bisschen über das wunderschön angelegte Palastgelände voller Bäume und Ruinen schlendern, darunter auch König Narais Elefantenställe und ein Bankettsaal, in dem ausländische Gäste empfangen wurden.

Man betritt das Gelände durch das Pratu-Phayakkha-Tor in der Th Sorasak.

Wat Phra Si Ratana Mahathat RUINE

(วัดพระศรีรัตนมหาธาตุ; Th Na Phra Kan; Eintritt 50 B; ⏲ 8.30–16.30 Uhr) Dieser Khmer-Wát wurde Anfang des 12. Jhs. errichtet und im Laufe der Jahrhunderte oft umgebaut. Er ist ein tolles Fotomotiv. Der zentrale *prang* ist der höchste in Lopburi, und viele seiner Originalstuckarbeiten sind erhalten geblieben, wie auch bei vielen der umliegenden Stupas. Der im Nordwesten zeigt Engel im U-Thong-Stil: Ihre länglichen Gesichter und ungewöhnlichen Heiligenscheine sieht man nur selten.

Ban Wichayen RUINE

(บ้านวิชาเยนทร์, Chao Phraya Wichayen; Th Wichayen; Eintritt 50 B; ⏲ 9–16 Uhr) Diese Anlage, im europäischen Stil von König Narai erbaut, diente als Residenz für ausländische Botschafter und beherbergte außerdem den Palast des griechischen Kaufmanns Constantine Phaulkon, der zu den wichtigsten Beratern des Königs zählte. Das mittlere der drei Gebäude war eine katholische Kirche. Auch wenn er sehr verfallen ist, sieht der Palast noch immer majestätisch aus.

Wat Nakhon Kosa RUINE

(วัดนครโกษา) GRATIS Dies ist das Fundament eines einst offensichtlich sehr großen *chedi*, der in der Dvaravati-Zeit erbaut wurde, wahrscheinlich im 12. Jh. In der Khmer- und Ayutthaya-Zeit wurden weitere Gebäude hinzugefügt, von denen jedoch kaum etwas erhalten ist. Im hinteren Bereich befinden sich mehrere beschädigte Buddha-Bildnisse.

Prang Khaek RUINE

(ปรางค์แขก) GRATIS Dieses Trio aus Türmen ist das älteste Denkmal in Lopburi. Es wurde

AFFENZAUBER

Erwachsene Männer laden ihre Steinschleudern, alte Frauen schnappen sich 2 m lange Stangen, und Spielzeugkrokodile lugen aus den Schaufenstern hervor – willkommen in Lopburi, einer Stadt, die einen hoffnungslosen Kampf gegen ihre legendären Affen führt! Hunderte Rhesus- und Javaneraffen (und Kreuzungen aus den beiden Spezies) streifen überall durch die Altstadt, über Dächer und Stromleitungen. Sie klettern auf Autos, rutschen die Markisen hinunter, streiten sich über auf dem Boden liegende Essensreste und bieten auf diese Art eine ununterbrochene Show, die die „Stadt der Affen" berühmt gemacht hat.

Viele Einheimische verabscheuen ihre Affennachbarn, aber den Tieren wird nie ein Leid getan, weil die Menschen glauben, sie seien Schüler des Hindu-Gottes Hanuman (in der thailändischen Version des Ramayana gab Rama Hanuman, der die Stadt gründete, dieses Land), und die Affen zu verletzten bedeutet richtig schlechtes Karma. Man muss sich aber nur ein paar Minuten in der Stadt aufhalten, um zu verstehen, warum viele Einwohner dafür sind, einige von ihnen in einen Wald außerhalb umzusiedeln.

In der Nähe der Affen ist Vorsicht geboten. Sie mögen vielleicht niedlich sein, aber sie sind Wildtiere. Man sollte in der Affenzone nicht offen Essbares mit sich herumtragen (oder irgendwas, das als Essen betrachtet werden könnte), sonst kann man mit einem Blitzdiebstahl rechnen. Wer beklaut wird, sollte sich nicht wehren, da die Affen manchmal beißen, was zu Infektionen führen kann. Man sollte auch nicht unter ihnen entlanggehen, es sei denn, man hat einen Schirm dabei.

In **Prang Sam Yot** (S. 184) und **San Phra Kan** (S. 184), wo die Affen leben, fallen die Begegnungen für gewöhnlich spielerisch aus. Wenn man lange genug still steht, schleichen sich ein paar von ihnen an und öffnen Schnürsenkel, klauen Hüte oder springen einem auf den Rücken.

im 11. Jh. im Khmer-Stil aus Ziegeln erbaut und war womöglich einst ein Tempel für den Hindu-Gott Shiva. König Narai ließ es wieder aufbauen, nachdem es eingestürzt war.

Aktivitäten

Es ist zwar nicht gerade das nächste Krabi, aber in Khao Chin Lae (S. 186) gibt's eine **Kletter**-Szene und Dutzende Routen zum Gipfel hinter dem Wat Pa Suwannahong. Das Noom Guesthouse (S. 185) verleiht Ausrüstung und bietet für Anfänger geeignete Ganz- und Halbtagsausflüge an. Wer sich allein auf den Weg macht, sollte sich bei den Mönchen anmelden und ihre ausgehängten Regeln befolgen, zu denen es im Übrigen auch gehört, sich im Tempel respektvoll zu kleiden.

Feste & Events

King Narai Fair KULTURELL

(Mitte Feb.) Dieses Festival wird alljährlich am Phra Narai Ratchaniwet abgehalten. Dann werden alte Zeremonien nachgestellt, und es gibt viele andere kulturelle Aktivitäten, etwa einen „Retro-Markt". Außerdem findet die obligatorische Sound-&-Lichtshow statt.

Monkey Festival KULTURELL

(Ende Nov.) Wunderschöne Büfetttische werden als Festessen für die Affen viermal am Tag mit Obst und Süßem üppig gedeckt. Außerdem gibt's ein Straßenfest und Tanzdarbietungen. Für gewöhnlich findet es am letzten Sonntag im November statt.

Schlafen

Budgetzimmer sind in der Altstadt die einzige Alternative. Der Neustadt mangelt es überraschenderweise an wirklich guten Optionen.

★ **Noom Guesthouse** PENSION $

(036 427693; www.noomguesthouse.com; Th Phraya Kamjat; B 150 B, Zi. 200–500 B;) Mit Abstand das *fa·ràng*-freundlichste Haus der Stadt. Im Noom stehen klassische Schlafsäle im Holzhaus und gemütliche, kleine Gartenbungalows hinten zur Auswahl.

Pee Homestay GASTFAMILIE $

(086 164 2184; www.lopburimassage.com; Soi Phromachan; Zi. 200–450 B; @) Ganz anders als die anderen – und das ist auch gut so. Wer bei der superfreundlichen Ganaree, Kosmetikerin und Massagetherapeutin, absteigt, kann sich auf eine sehr lokale Erfahrung freuen. Ihre drei Zimmer im oberen

ABSEITS DER ÜBLICHEN PFADE

KHAO CHIN LAE

Dieser zerklüftete Berg ist von der Stadt Lopburi aus in der Ferne zu erkennen und ein grandioser Anblick, vor allem die Ostseite. Am **Wat Khao Chin Lae**, an dem eine Schar Pfauen und eine Gruppe Affen lebt, kann man die 436 Stufen zu dem großen weißen Buddha hinaufsteigen und einen spitzenmäßigen Ausblick auf den Berg und die (von November bis Januar blühenden) **Sonnenblumenfelder** im Süden genießen, die nach den Affen die zweitberühmteste Attraktion Lopburis sind. Der 240 m hohe, karge Gipfel des **Wat Pa Suwannahong** ganz im Osten sieht witzigerweise wie ein Khmer-*prang* (Stupa) aus, wenn man sich im nähert. Er ist der beliebteste Berg, wenn es ums **Klettern** (S. 185) geht.

Der hohe, abseits der anderen aufragende Berg ist der **Kao Ta Kla**, der eine große **Fledermaushöhle** beherbergt. Kurz vor Sonnenuntergang flattern Tausende Fledermäuse zur nächtlichen Jagd heraus. Am besten sieht man sie vom Parkplatz am **Wat Suwankiri** gleich nebenan.

Nur 3 km östlich des Bergs liegt der Stausee **Ang Sap Lek**, der von Restaurants mit Bambusstegen gesäumt ist, in denen man am Wasser zu Mittag oder Abend essen kann.

Es ist möglich, sich im **Noom Guesthouse** (S. 185) ein Motorrad zu leihen und all diese Orte zu besuchen, aber es gibt nur wenige englischsprachige Hinweisschilder. Das Noom bietet auch nachmittägliche Touren an (4 Pers. 1200 B), die all diese Sehenswürdigkeiten umfassen und außerdem zum **Wat Phra Puttachai** führen, dem berühmten Tempel mit Buddhas Fußabdruck in der nahen Provinz Saraburi. Wer nur die Sonnenblumen sehen will, kann mit einem Bus Richtung Wang Muang fahren (15 B, 30 Min.) und sich in der Nähe absetzen lassen.

Stockwerk sind im Rennen um den Titel für die saubersten Zimmer in ganz Thailand ganz vorn dabei.

Pafun Resort HOTEL $
(☎086 706 4931; Th Pratu Chai; Zi. 500 B; ❄📶) Das neueste Hotel (es ist kein Resort) in der Altstadt. Das Pafun liegt ein wenig abseits an der alten Stadtmauer, und auch wenn die Lage weniger praktisch ist, bietet es die besten Zimmer in Ruinennähe.

Nett Hotel HOTEL $
(☎036 411738; netthotel@hotmail.com; abseits Th Ratchadamnoen; Zi. 250–550 B; ❄📶) Das Nett ist immer noch das beste der altmodischen Hotels nahe den Ruinen. Die Zimmer sind recht sauber und wurden vor ein paar Jahren renoviert. Besser als die Zimmer ist aber die umzäunte Dachterrasse, von der aus man prima Affen beobachten kann. Die billigsten Zimmer haben nur einen Ventilator und Kaltwasserduschen.

Sri Indra Hotel HOTEL $
(☎036 411261; 3-4 Th Na Phra Kan; Zi. 200–350 B; ❄📶) Die Zimmer sind schlicht – schlechte Matratzen und kein heißes Wasser –, aber die Fenster sind ein Platz in der ersten Reihe, wenn es ums Affenbeobachten geht. Die meisten Zimmer sind nur mit Ventilatoren ausgestattet.

Benjatara Boutique Place Resort HOTEL $$
(☎036 422608; www.benjataralopburi.com; Zi. 550–700 B; P❄📶) Das moderne, saubere, gut geführte Benjatara ist zwar noch kein Boutiquehotel, bietet aber die besten Zimmer in Lopburi. Es liegt gerade noch im Ort, am Saraburi-Highway 5,5 km außerhalb der Altstadt.

Essen & Ausgehen

Die beste Option, um ein günstiges Abendessen in der Altstadt ist der bescheidene **Nachtmarkt** (Th Na Phra Kan; ⏲15–23 Uhr).

Lopburi bietet kein wirkliches Nachtleben, vor allem nicht in der Altstadt. Die meisten Reisenden gönnen sich einfach im Noom Guesthouse oder Matini ein paar Biere, aber mit etwas Mühe gibt's durchaus Alternativen. Einen Block südlich der beiden ist die **Come Inn Bar** (Th Wat Phra That), einen Block westlich das **Sahai Phanta** (Soi Sorasak) mit seiner Hausband im Carabao-Stil, die jeden Abend auf der Bühne steht.

★ **Naan Stop Curry** INDISCH $
(Soi Sorasak; Gerichte 70–180 B; ⏲11–22 Uhr; 📶🌱) Kein typisches indisches Restaurant mit stickiger Luft und weißen Tischdecken: Auf der kleinen Karte stehen Familienrezepte, die auf Bestellung frisch zubereitet werden. Der Besitzer ist freundlich, und dazu

gibt Rock'n'Roll auf die Ohren. Zum Mittagessen nicht immer geöffnet.

Pae Ban Rim Nam THAI $
(Gerichte 95–350 B; ⏲10–22 Uhr; 🅿) Dieses schwimmende Restaurant ist auf Meeresfrüchte spezialisiert. Es ist das angenehmste Lokal der Stadt. Man kann die Fische füttern, während man aufs Essen wartet.

Khao Tom Hor CHINESISCH, THAI $
(Th Na Phra Kan; Gerichte 50–150 B; ⏲17–3 Uhr) Das allzeit volle Khao Tom Hor bietet thailändisch-chinesische Küche, etwa *salid tôrd* (frittierten gesalzenen Fisch). Der Service ist flott und das Essen köstlich.

Matini INTERNATIONAL, THAI $
(Th Phraya Kamjat; Geriche 50–350 B; ⏲9 Uhr–open end; 📶🖉) Der gratis nutzbare Pool, das Blues-Brothers-Motiv an der Wand und gutes Essen (Thai & westlich) machen dies zu Lopburis coolstem Backpacker-Laden. Der Name ist kein Tippfehler: *matini* bedeutet „komm her" auf Thai.

Baan Sahai THAI $
(Soi Sorasak; Gerichte 40–249 B; ⏲11–22 Uhr; 📶) Unverkennbar thailändisch, aber mit einem Hauch europäischen Flairs: Dieses kleine Lokal bezeichnet sich als Bistro. Die englische Karte ist kurz; wer was Bestimmtes im Sinn hat, fragt einfach, wahrscheinlich ist es zu haben. Tipp: Brownies zum Dessert!

Noom Guesthouse THAI, INTERNATIONAL $
(Th Phraya Kamjat; Gerichte 50–150 B; ⏲8–21.30 Uhr; 📶🖉) Das Noom zeichnet sich durch seine große Frühstückskarte mit Speisen von Müsli bis *jóhk* (gekochter Reis) aus.

ℹ Praktische Informationen

Im Nordteil von Alt-Lopburi gibt's mehrere Banken, aber keine hat abends oder am Wochenende geöffnet.

Einwanderungsbehörde (☎036 424686; Th Phra Piya; ⏲Mo–Fr. 8.30–16.30 Uhr) In der Neustadt, gleich südlich des Phra Narai Circle.

Muang Narai Hospital (☎036 616300; Th Pahonyohtin)

Post (Th Prang Sam Yot)

Tourism Authority of Thailand (TAT; Tourismusbehörde; ☎036 770096; tatlobri@tat.or.th; Th Na Phra Kan; ⏲8.30–16.30 Uhr) Im Bahnhof.

ℹ An- & Weiterreise

BUS & MINIVAN

Lopburi liegt weit abseits des wichtigsten Nord-Süd-Highways und bietet nur wenige Busverbindungen zu weiter entfernten Zielen. Nach Kanchanaburi muss man umsteigen: Erst

VERKEHRSMITTEL AB LOPBURI

Bus & Minivan

ZIEL	PREIS (B)	DAUER (STD.)	HÄUFIGKEIT
Ayutthaya	80	1½	alle 30 Min. (Minivan)
Bangkok, Victory Monument	110–120	2	regelm. (Minivan)
Chiang Mai	502–582	9–12	12.30, 22.30, 23, 24 Uhr
Nakhon Ratchasima (Khorat)	127–164	3½	7-mal tgl.
Nakhon Ratchasima (Khorat)	130	3½	alle 30 Min. (Minivan)
Pak Chong	70	2	alle 30 Min. (Minivan)

Zug

ZIEL	PREIS (B)	DAUER (STD.)	HÄUFIGKEIT
Ayutthaya	13–58	¼–1½	18-mal tgl.
Bangkok, Bahnhof Hualamphong	28–123	2–3½	17-mal tgl.
Chiang Mai	212–1353	9–12	5-mal tgl.
Phitsanulok	99–1046	3–5	11-mal tgl.

geht's nach Ang Thong oder Ayutthaya und dann weiter nach Suphanburi. Am **Busbahnhof** (Sa Kaew Circle), 2 km außerhalb der Altstadt, gibt's keinen Ticketschalter. Tickets nach Chiang Mai sollte man im **Noom Guesthouse** (S. 185) kaufen.

Minivans nach Bangkok fahren an zwei Haltestellen auf der Th Na Phra Kan ab. Minivans nach Ayutthaya starten am Busbahnhof, sammeln aber auch Passagiere in der Th Sorasak südlich der Th Ratchadamnoen ein, falls noch Plätze frei sind. Wie es bei Minivans in Thailand immer der Fall ist, braucht großes Gepäck ein eigenes Ticket.

ZUG

Der **Bahnhof** (Th Na Phra Kan) ist in der Altstadt. Die Gepäckaufbewahrung kostet 15 B pro Tasche und Tag und ist rund um die Uhr geöffnet.

ℹ Unterwegs vor Ort

Der blaue *sŏrng·tăa·ou* (8 B) fährt am Busbahnhof in der Th Ratchadamnoen ab. *Săhm·lór* und Motorradtaxis fahren für 20 B zu Zielen in der ganzen Altstadt.

PROVINZ KANCHANABURI

Angesichts der atemberaubend schönen Natur in Kanchanaburi scheint es paradox, dass diese Gegend vor allem für die schrecklichen „Todeseisenbahn"-Ereignisse im Zweiten Weltkrieg bekannt ist. Ein Besuch der Kriegsdenkmäler in der Provinzhauptstadt ist ein Muss, bevor man tiefer in die Provinz vordringt und den dichten Dschungel, die wunderschönen Wasserfälle und die Höhlen in den zahlreichen Parks und Schutzgebieten erkundet, die der Western Forest Complex vereint, eines der größten Schutzgebiete Asiens. Die Wandergebiete gehören zu den besten in Thailand.

Das abgeschiedene, entspannte Sangkhlaburi ganz im Norden ist eine der ethnisch buntesten Städte des Landes. Nachdem viele Menschen vor Verfolgung und Gewalt aus Myanmar hierher geflüchtet waren, trafen auch zahlreiche Ehrenamtliche aus dem Ausland ein, um zu helfen.

Wer Sangkhlaburi noch nicht abgeschieden genug findet, kann ja mal einen Abstecher zum verfallenen Grenzort E-Thong machen.

Kanchanaburi กาญจนบุรี

94 602 EW.

Heute ist die Provinzstadt Kanchanaburi lebendig und modern, aber Denkmäler und Museen zum Zweiten Weltkrieg erinnern an dunklere Zeiten. Japanische Truppen beuteten damals alliierte Kriegsgefangene und asiatische Zwangsarbeiter aus, um eine Eisenbahnstrecke nach Myanmar zu bauen. Die grauenvolle Geschichte wurde durch eine fiktive Erzählung bekannt, die lose auf wahren Ereignissen basierte. Sie wurde durch Pierre Boulles Buch *Die Brücke am*

KANCHANABURI IN …

… zwei Tagen

Die Hauptattraktionen liegen zentral, man kann daher alles in der Stadt an einem Tag sehen. Der **Kanchanaburi War Cemetery**, das **Thailand–Burma Railway Centre** und die **Death Railway Bridge** sind ein Muss, und der Tag klingt mit einem Kaffee und einem Spaziergang entlang der charmanten **Heritage Walking Street** auf der anderen Seite der Stadt wunderbar aus. Am zweiten Tag geht's raus zum **Erawan-Wasserfall** und **Hellfire Pass Memorial**.

… vier Tagen

Wer zwei Tage mehr Zeit hat, kann entweder **Sangkhlaburi** einen Blitzbesuch abstatten, wo neblige Bootsfahrten am Morgen und birmanisches Essen warten, oder noch zwei weitere Tage die Gegend rund um die Hauptstadt erforschen und auf keinen Fall den **Muang Sing Historical Park** und den **Wat Tham Seua** verpassen. Man sollte mindestens eine Nacht in einem Nationalpark verbringen – **Sai Yok** ist die logische Wahl.

… einer Woche

Nachdem man das magische **Sangkhlaburi** besucht hat, lohnt sich ein wunderbarer Abstecher nach **E-Thong** an der Grenze zu Myanmar. Außerdem kann man eine Nacht in einem Baumhaus im **Thong Pha Phum National Park** verbringen.

Kwai und dem darauf basierenden Film von 1957 berühmt. Die Straßen östlich der Brücke wurden nach den Ländern benannt, die an dem Konflikt beteiligt waren.

Da so viele Parks und historische Stätten in der umliegenden Gegend leicht zugänglich sind, ist Kanchanaburi ein idealer Ausgangspunkt zur Erkundung einiger Ecken von Thailands wildem Westen.

Sehenswertes

In der Stadt

★ Death Railway Bridge (Todesbahn-Brücke) HISTORISCHE STÄTTE

(สะพานข้ามแม่น้ำแคว, Brücke am Khwae) Die berühmte, 300 m lange Eisenbahnbrücke hat nichts von ihrer Kraft und Symbolik verloren, vor allem, wenn man sie früh oder spät genug am Tag besucht und so die Touristenmassen umgeht. Ihre Mitte wurde 1945 durch die Bomben der Alliierten zerstört, daher spannt sich nur noch der äußere Teil im Original über den Fluss. Von der zweiten (hölzernen) Brücke, die 100 m flussabwärts von den Japanern errichtet wurde, ist nichts mehr übrig. Man darf über die Brücke spazieren, sollte sich aber in eine der Sicherheitsbuchten stellen, wenn sich ein Zug nähert.

Die drei alten Züge im Park in der Nähe des Bahnhofs wurden während des Zweiten Weltkriegs genutzt. Auf der anderen Flussseite kann man rechts den **chinesischen Tempel** besuchen und die Brücke von dessen friedlichem Garten aus betrachten.

Am letzten November- und ersten Dezemberwochenende bekommt man bei einer ebenso geschmackvollen wie lehrreichen **Sound-&-Lichtshow** die ganze Geschichte vermittelt.

★ Thailand–Burma Railway Centre MUSEUM

(ศูนย์รถไฟไทย-พม่า; www.tbrconline.com; 73 Th Jaokannun; Erw./Kind 140/60 B; ⌚9–17 Uhr) Dieses moderne, informative Museum erläutert Kanchanaburis Rolle im Zweiten Weltkrieg und beleuchtet die Todesfälle als eine Tragödie, nicht nur als statistischen Wert. Die Galerien berichten von der Geschichte der Eisenbahn, und zeigen, wie die Gefangenen behandelt wurden und was passierte, nachdem die Strecke fertig war. Oben gibt's eine Ausstellung zu Kriegsartefakten, darunter Pfeile, die ein Kriegsgefangener aus alten Rasierern gefertigt hat, und ein Diorama, das erklärt, wie der Hellfire-Pass seinen Namen bekam. Man sollte sich auch das ergreifende Video über die überlebenden Kriegsgefangenen anschauen.

★ Kanchanaburi War Cemetery FRIEDHOF

(สุสานทหารพันธมิตรดอนรัก; Th Saengchuto; ⌚24 Std.) Der größere der beiden Kriegsfriedhöfe in Kanchanaburi wird von der Commonwealth War Graves Commission makellos erhalten und liegt mitten in der Stadt. Von den 6981 hier begrabenen Soldaten war fast die Hälfte britisch, der Rest kam hauptsächlich aus Australien und den Niederlanden. Wenn man am Friedhofseingang steht, liegen rechts ausschließlich britische Opfer, vorn links sind die Gräber der Australier, und hinten links liegen niederländische und unbekannte Soldaten, während die Eingeäscherten ganz hinten links die letzte Ruhe fanden.

Alle sterblichen Überreste amerikanischer Kriegsgefangener wurden in die USA zurückgebracht. Wer nach der letzten Ruhestätte einer bestimmten Person sucht: Am Eingang gibt's ein Register.

Historische Straße STADTTEIL

(ถนนปากแพรก) Diese wunderschöne alte Straße bietet einen Einblick in das Kanchanaburi vergangener Zeiten. Viele Läden stammen aus dem frühen 20. Jh., und die Gebäude zeigen chinesisch-portugiesische, thailändische, vietnamesische und chinesische Stile. Gelbe Schilder informieren über die Geschichte und Architektur von fast 20 von ihnen. Während des Zweiten Weltkriegs hatten die Japaner hier mehrere Gebäude als Büros, Wohnhäuser, Gefängnis und Bordell angemietet.

Der Rundgang beginnt am restaurierten **Stadttor**. 1831 erbaut, ist es das letzte erhaltene der ursprünglich acht Tore. Unmittelbar dahinter befindet sich eine Statue von König Rama III., der befahl, die Stadt hierher umzusetzen, und gleich daneben befindet sich die 1931 erbaute **Gouverneursresidenz**.

Jeath War Museum MUSEUM

(พิพิธภัณฑ์สงคราม; Th Wisuttharangsi; Eintritt 50 B; ⌚8–17 Uhr) In diesem kleinen Museum sind Briefe und Kunstwerke ehemaliger Kriegsgefangener zu sehen, die von den harschen Lebensbedingungen berichten, sowie mehrere persönliche Gegenstände

Kanchanaburi (Provinz)

und Kriegsrelikte, darunter auch eine Alliiertenbombe, die die Brücke sprengen sollte, jedoch nie explodierte. Hauptgrund für einen Besuch ist jedoch, dass eine der drei Galerien im Stil der Bambushütten (*attap* genannt) erbaut wurde, in denen die Kriegsgefangenen hausten.

„Jeath" ist ein Akronym der kriegführenden Länder, die mit der Eisenbahn zu tun hatten: Das sind Japan, England, Australien bzw. die USA, Thailand und Holland (die Niederlande). Dieses Akronym wird auch auf vielen Schildern vor dem WWII Museum verwendet.

Das Jeath Museum wird von den Mönchen des benachbarten Wat Chaichumphon (Wat Tai) geführt, der ebenfalls einen Abstecher wert ist und interessante Statuen und Schreine birgt, u.a. einen, der aus einem Boot aus dem Zweiten Weltkrieg gefertigt wurde, das man aus dem Fluss gezogen hat.

WWII Museum MUSEUM

(พิพิธภัณฑ์สงครามโลกครั้งที่สอง; Th Mae Nam Khwae; Eintritt 40 B; ⏲8–18 Uhr) Das Beste, was man über dieses Museum sagen kann, ist vielleicht, dass die Aussicht auf die Death Railway Bridge großartig ist. Die Spitze des Turms in der Nordwestecke ist der beste Aussichtspunkt. Das Museum selbst bietet eine vielfältige, zusammengewürfelte, aber gut gemeinte Sammlung von Artefakten. Die meisten haben mit dem Krieg zu tun, darunter Züge, japanische Motorräder und alte Helme. Andere Räume zeigen Dinge, die für ihre Besitzer einst wichtig waren, etwa Zigaretten, Jadeschnitzereien, Edelsteine oder Gemälde ehemaliger Miss Thailands.

Auch wenn es die Allgemeinbildung nur begrenzt erweitert, findet hier praktisch jeder etwas Interessantes. Zwischen den beiden Gebäuden steht ein Stupa, dessen Äußeres bunte Schalen zieren, während innen eine große Glocke hängt.

Außerhalb der Stadt

★ **Wat Tham Seua** BUDDHISTISCHER TEMPEL

(วัดถ้ำเสือ; ⏲Sonnenaufgang–Sonnenuntergang; P) GRATIS Das Herzstück dieses auf einem Berg stehenden Tempels ist ein imposanter, 18 m hoher Buddha, der von einem goldenen Mosaik umhüllt ist. Er ist eine wichtige Huldigungsstätte für Thais: Eine Möglichkeit ist, Münzen auf kleine Tabletts auf einem Förderband zu werfen, das die Spenden zu einer Sammelschale in der Mitte transportiert. Der Tempel ist von mehreren Stupas umgeben. Der größte ist 68 m und neun Stockwerke hoch und voller (meist kriegsbezoger) Wandgemälde zur Geschichte Kanchanaburis sowie Buddha-Bildnisse, darunter viele mit selten zu sehenden Posen.

Die gleichnamige „Tigerhöhle" befindet sich am Fuß des Berges, rechts neben der Seilbahn (20 B). Der Tempel im chinesischen Stil nebenan, **Wat Tham Khao Noi**, ist eher von außen als von innen interessant.

Die Tempel liegen 12 km südöstlich der Stadt. Nachdem man die südlichste Brücke der Stadt überquert hat, an der ersten Möglichkeit links abbiegen und dem Fluss folgen! Es gibt keine öffentlichen Verkehrsmittel hierher.

Wat Ban Tham BUDDHISTISCHER TEMPEL

(วัดบ้านถ้ำ; ⏲Treppe 8–17 Uhr; P) GRATIS In der Umgebung von Kanchanaburi sind Höhlentempel fast genauso häufig wie 7-Elevens

Kanchanaburi

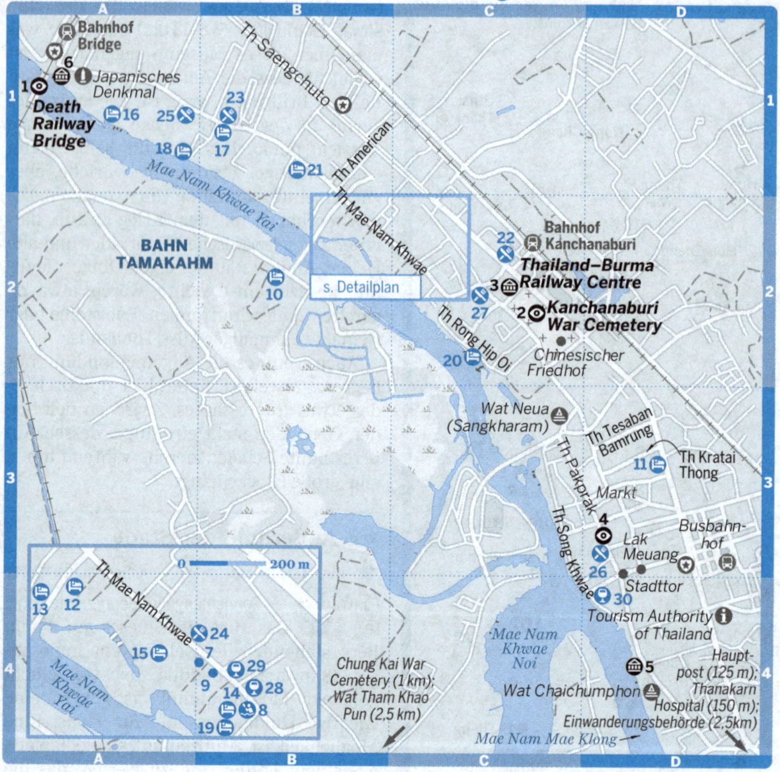

Kanchanaburi

Highlights
1 Death Railway Bridge A1
2 Kanchanaburi War Cemetery C2
3 Thailand–Burma Railway Centre C2

Sehenswertes
4 Historische Straße D3
5 Jeath War Museum D4
6 WWII Museum A1

Aktivitäten, Kurse & Touren
Apple & Noi's Thai Cooking Course .... (siehe 10)
AS Mixed Travel .... (siehe 10)
7 Good Times Travel B4
8 River Kwai Canoe Travel Services B4
9 Toi's Tours B4

Schlafen
10 Apple's Retreat B2
11 Baan Ma Feung D3
12 Blue Star Guest House A4
13 Good Times Resort A4
14 Jolly Frog B4
15 Ploy Guesthouse A4
16 River Kwai Bridge Resort A1
17 Sabai@Kan B1
18 Sugar Cane 2 Guesthouse A1
19 T&T Guesthouse B4
20 Tara Raft C2
21 U Dee Room & Coffee B1

Essen
Blue Rice .... (siehe 10)
22 JJ Market C2
23 Meat & Cheese B1
24 On's Thai-Issan B4
25 Pai-Kan A1
26 Sitthisang D3
27 Zap Zap C2

Ausgehen & Nachtleben
28 Buddha Bar B4
Pal Bar .... (siehe 28)
29 Sugar Member B4
30 Tam Nan D4

in der Stadt, und dieser hier ist der interessanteste. Man steigt die Stufen hinauf und gelangt durch das Maul des Drachen in die große Haupthöhle. Einer der Felsen sieht angeblich aus wie Bua Kli, eine unschuldige Frau, die laut thailändischer Sage von ihrem Mann getötet wurde, und ist daher das ganze Jahr über „bekleidet".

Über ihr befindet sich die Statue von Phra Siwali (ein wichtiger Schüler Buddhas), die an jedem wolkenlosen Morgen durch einen einzigen Schacht vom Sonnenlicht beleuchtet wird. Weiter bergauf (über die metallene Wendeltreppe am Höhleneingang) warten einige kleinere Schreine und eine tolle Aussicht. In der **Tham-Man-Wichit-Höhle** in Gipfelnähe gibt's Stufen, Licht und ein paar hübsche Felsformationen zu sehen.

Man kommt 4 km vor dem Wat Tham Seua an diesem Tempel vorbei.

Chung Kai War Cemetery FRIEDHOF

(สุสานทหารพันธมิตรช่องไก่; 7–18 Uhr) GRATIS Chung Kai war im Zweiten Weltkrieg der Standort eines der größten Alliierten-Kriegsgefangenenlager. Die Gefangenen bauten ganz in der Nähe ein eigenes Krankenhaus und eine Kirche. Der Friedhof ist kleiner und weniger besucht, aber ebenso gut gepflegt wie der in der Stadt. 1400 Commonwealth- und 300 niederländischen Soldaten werden hier geehrt. Die Anlage befindet sich in Flussnähe, 2,5 km südwestlich der Wat-Neua-Brücke, und ist leicht per Fahrrad zu erreichen.

Wat Tham Khao Pun BUDDHISTISCHER TEMPEL

(วัดถ้ำเขาปูน; Eintritt 30 B; 6–18 Uhr) Diese Höhle liegt der Stadt am nächsten. Durch ihre vielen Kammern führt ein markierter, im Allgemeinen gut gehbarer Pfad; in einigen Abschnitten muss man sich ducken. Die weiß gestrichene Kammer in der Nähe des Ausgangs war in Kriegszeiten ein japanisches Krankenhaus. Draußen, in einer nachgebauten Bambushütte, ist ein kleines Museum untergebracht, das Fotos von Kriegsgefangenen zeigt. Wenn man der Straße nach hinten folgt, bietet sich ein hübscher Blick auf den Mae Nam Khwae Noi. Der Tempel liegt 4 km außerhalb der Stadt, hinter dem Chung Kai War Cemetery.

Aktivitäten

Touren, Wandern & Trekken

Touren sind eine praktische Art, die wichtigsten Sehenswürdigkeiten außerhalb der Stadt zu besuchen, aber für alle, die in einer kleinen Gruppe unterwegs sind, könnte es günstiger sein, einen Fahrer anzuheuern und sie auf eigene Faust zu erkunden. Tagesausflüge kosten in der Regel 800 B bis 1100 B pro Person einschließlich Gebühren und Mittagessen. Kanchanaburi ist reich an Naturschätzen, und viele Standardtouren beinhalten auch Bambus-Rafting und kurze Dschungelwanderungen.

Praktisch alle Unternehmen bieten dieselben Touren zum selben Preis an – Erawan-Wasserfall, Hellfire-Pass und die „Holzbrücke" der Death Railway sind beliebt. Abenteuerlichere Optionen wie Radtouren und Dschungelwanderungen mit Übernachtung, bei denen man für gewöhnlich in einem Karen-Dorf Station macht, werden ebenfalls angeboten, sofern genügend Interessenten vorhanden sind, also einfach mal rumfragen! Generell gilt: Je weiter nördlich man geht, desto wilder wird's.

Nicht vergessen: Die angegebenen Preise sind verhandelbar. Ausflüge werden bei zu wenigen Teilnehmern abgesagt, deshalb sollte man sich vor der Buchung genau erkundigen.

AS Mixed Travel (034 512017; www.applesguesthouse.com; Apple's Retreat), **Good Times Travel** (034 624441; www.good-times-travel.com; Th Mae Nam Khwae) und **Toi's Tours** (034 514209; www.toistours.com; Th Mae Nam Khwae) sind renommierte Agenturen, aber es gibt noch viele andere. Wer wirklich etwas über die Lokalgeschichte während des Zweiten Weltkriegs erfahren will, sollte sich einer Halb- oder Ganztagestour mit den spezialisierten Führern des Thailand-Burma Railway Centre (S. 189) anschließen.

Elefanten-Begegnungen

Es gibt zwei ethisch einwandfreie Elefantenprojekte (keine Ausritte oder Zirkustricks) in Kanchanaburi. Das Personal beider holt Besucher in der Stadt ab und bringt sie hinaus aufs Land. Kinder zahlen weniger.

Abgesehen davon, dass es den Elefanten guttut, empfinden es viele Besucher auch als befriedigender, ihre Zeit damit zu verbringen, mit den geretteten und „pensionierten" Elefanten spazieren zu gehen und sie zu waschen und zu füttern, statt nur auf einem Stuhl auf dem Rücken eines arbeitenden Elefanten zu sitzen. Für gewöhnlich beinhaltet das Programm eine Mischung aus Besuch und freiwilliger Arbeit, und es wird erwartet, dass Traveller ordentlich mit anpacken.

Wer Elefantentouren bei anderen Unternehmen in der Stadt bucht, kann darum bitten, dass der Elefantenritt durch ein dickhäuterfreundlicheres Elefantenbad ersetzt wird.

Elephant Haven ELEFANTEN-BEGEGNUNG
(☎053 272855; www.elephantnaturepark.org) Dieses neue Projekt von Chiang Mais renommiertem Elephant Nature Park (S. 840) bietet Tagesausflüge (2500 B/Pers.) und Optionen mit Übernachtung (5800 B) an. Bei der Tagesversion verbringt man nur Zeit mit den Elefanten und muss nicht mit anpacken, und das Übernachtungspaket umfasst einen Besuch der nahen Tham-Krasae-Brücke der Death Railway.

Elephants World ELEFANTEN-BEGEGNUNG
(☎086 335 5332; www.elephantsworld.org) Elephants World bietet regelmäßig Ein- (2500 B/Pers.) und Zwei-Tagespakete (4500 B) an. Die Teilnehmer helfen bei der Arbeit mit den Elefanten mit, und man kann auch einen Monat als freiwilliger Helfer bleiben.

Kajak fahren

River Kwai Canoe Travel Services KAJAKFAHREN
(☎034 512346; riverkwaicanoe@yahoo.com; Th Mae Nam Khwae) Die Teilnehmer werden aus der Stadt gebracht, sodass sie zurückpaddeln können. Die dreistündige, 15 km lange Tour ist beliebt, aber es gibt auch längere und kürzere Optionen.

Kurse

Das Personal des vegetarischen Restaurants On's Thai-Issan (S. 197) bietet einen kurzen, informellen Kurs an, im Rahmen dessen man etwas kocht.

WARUM EINE BRÜCKE AM KHWAE?

Der Bau der „Todeseisenbahn" war eine erstaunliche Demonstration der Ingenieurskunst der Japaner. Die Strecke wurde durch harte Arbeit, nicht mit modernen Maschinen geschaffen, und die alliierten Kriegsgefangenen und Zwangsarbeiter, die sich dabei quälten, bezahlten einen schrecklichen Preis. Weit über 12 000 Kriegsgefangene und rund 90 000 Zwangsarbeiter starben infolge von Krankheiten, mangelnder Hygiene, fehlender medizinischer Ausrüstung und der brutalen Behandlung durch die Lagerwärter. Viele Thais riskierten ihr Leben, um den Gefangenen zu helfen, konnten jedoch nicht viel tun.

Die 415 km lange Bahnstrecke wurde im Zweiten Weltkrieg während der japanischen Besetzung Thailands (1941–1945) mit dem Ziel erbaut, eine Versorgungsroute über Land nach Birma (Myanmar) zu sichern, damit der japanischen Eroberung weiterer westasiatischer Länder nichts im Weg stand.

Mit dem Bau wurde im Oktober 1942 an bereits bestehenden Bahnhöfen in Thanbyuzayat in Myanmar und Nong Pladuk (Ban Pong) in Thailand begonnen; am 16. Oktober 1943 wurden die Gleisabschnitte 37 km südlich des Drei-Pagoden-Passes vereint.

Die Arbeitsbedingungen waren zu Beginn relativ gut, aber selbst damals ließ die Lebensmittelversorgung zu wünschen übrig. Cholera, Malaria und Ruhr waren weit verbreitet, und die japanischen und koreanischen Wärter verhängten barbarische Strafen, wenn jemand aus der Reihe tanzte. Je mehr die Japaner auf einen schnelleren Bau drängten, desto schlimmer wurden die Bedingungen.

Aufgrund des bergigen Geländes wurden entlang der Strecke 688 Brücken gebaut. Die meisten waren Gerüstbrücken aus Holz, etwa die oft besuchte Tham Krasae. Die Brücke, die sich nahe der Stadt Kanchanaburi über den Fluss Kwai spannt, erhielt den Beinamen **Death Railway Bridge** (s. S. 189) und war die einzige in Thailand erbaute Stahlbrücke; in Birma gab es sieben. Sie wurde von den Alliierten mehrfach bombardiert, aber die Kriegsgefangenen mussten sie immer wieder aufbauen.

Als sich das Blatt im Krieg wendete, wurde die Eisenbahn zur Fluchtroute für die japanischen Truppen. Nach dem Krieg übernahmen die Briten die Kontrolle über die Eisenbahn auf birmanischer Seite und zerstörten einen 4 km langen Gleisabschnitt zum Drei-Pagoden-Pass aus Angst, die Strecke könnte von Separatisten der Karen genutzt werden.

Auf thailändischer Seite übernahm die State Railway of Thailand (SRT) die Kontrolle und unterhielt weiterhin Züge auf der 130 km langen Originalstrecke zwischen Nong Pladuk südlich von Kanchanaburi und Nam Tok.

Apple & Noi's Thai Cooking Course KOCHKURS
(www.applesguesthouse.com; Apple's Retreat) Wer *sôm·đam* nicht von *đôm yam* unterscheiden kann – dem hilft Khun Noi. Ihre sehr beliebten eintägigen Kurse (1550 B) beginnen auf dem lokalen Markt und enden vier Gerichte später beim Abendessen. Längere, ausführlichere Kurse sind ebenfalls im Angebot.

Schlafen

Die meisten Traveller steigen in zentraler Lage rund um die Th Mae Nam Khwae ab, die sich in fußläufiger Entfernung von der Brücke und vom Bahnhofs befindet. Viele Unterkünfte in der Budget- und Mittelklasse liegen hier am oder wortwörtlich auf dem Fluss. Die meisten stehen so weit von der Straße entfernt, dass der Lärm der vielen Bars dort kein Thema ist, aber insgesamt gilt: Je weiter nördlich man absteigt, desto ruhiger und angenehmer wird's. Die Zeiten, in denen Partyboote diesen Flussabschnitt quälten, sind zum Glück vorbei, aber das Donnern von Longtail-Booten und Jetskis wird tagsüber immer zur Geräuschkulisse am Fluss gehören.

Da die Stadt nur 130 km von Bangkok entfernt liegt, kommen viele Hauptstädter am Wochenende hierher, Reservierungen sind daher zu empfehlen.

INSIDERWISSEN

SEI KEIN BÜFFEL!

Der Film *Die Brücke am Kwai* machte den Fluss berühmt, hinterließ jedoch auch eine ganze Generation, die seinen Namen falsch aussprach. Richtig heißt der Fluss Khwae (klingt wie das englische *square* ohne „s" und „r") und nicht Kwai (wie das englische *why*). Spricht man den Fluss aus wie im Film, spricht man in Wahrheit von einem Flussbüffel, was Thais sehr amüsant finden.

Während des Krieges führte die Brücke auch gar nicht über den Khwae. Obwohl die Eisenbahn auf dem Großteil ihrer Strecke am Fluss Khwae entlangfährt, spannte sich die Brücke tatsächlich über den Fluss Mae Klong – Pierre Boulle hat sich geirrt, als er sein Buch schrieb.

Nach dem Film (er wurde in Sri Lanka gedreht, und die Brücke hat keinerlei Ähnlichkeit mit der echten) kamen immer mehr Touristen nach Kanchanaburi, um die Brücke zu besichtigen. Um Verwirrung und Enttäuschungen zu vermeiden, wurde der Mae Klong 1960 offiziell in Khwae Yai (*yai* bedeutet „groß") umbenannt.

In der Stadt

Blue Star Guest House PENSION $
(☎034 624733; www.bluestar-guesthouse.com; 241 Th Mae Nam Khwae; Zi. 200–750 B; P❄📶) Die Natur umwuchert im Blue Star die sehr schlichten, aber recht günstigen Hütten am Wasser, sodass ein echtes Dschungel-Feeling entsteht. Bessere, modernere Zimmer stehen auf festerem Boden zur Verfügung. Insgesamt eine der besten Budgetoptionen der Stadt.

T&T Guesthouse PENSION $
(☎034 514846; Th Mae Nam Khwae; EZ 150 B, DZ 250–550 B) Die Familie, der dieses kleine Häuschen am Fluss gehört, wohnt auch hier – Traveller fühlen sich also fast, als würden sie in einer Gastfamilie übernachten, mit allen Vorteilen (Freundlichkeit) und Nachteilen (Lärm), die diese Art der Unterkunft mit sich bringen kann. Die Hauptzimmer sind preiswert, man muss die Toilette allerdings manuell spülen. Die Floßzimmer hingegen bieten nur eine Matratze auf dem Boden.

Sugar Cane 2 Guesthouse PENSION $
(☎034 514988; Th Cambodia; Zi. 200–550 B; P❄📶) Auch wenn man das Gefühl hat, sich auf dem Land zu befinden: Das Sugar Cane 2 ist nur zehn Minuten zu Fuß vom touristischen Treiben entfernt. Es verströmt nicht allzu viel Charakter, aber die Zimmer an der Landseite sind gut, und die Floßzimmer immerhin noch besser als der Durchschnitt.

Jolly Frog PENSION $
(☎034 514579; 28 Soi China; EZ 100 B, DZ 180–320 B, FZ 400 B; P❄📶) Die Blütezeit des Jolly Frog ist schon lange vorbei, aber da die schäbigen Zimmer zu den billigsten der Stadt gehören, bleibt es bei Backpackern beliebt. Die gesellige Atmosphäre und die Hängematten im Garten sind weitere Pluspunkte.

★ **Good Times Resort** HOTEL $$
(☎087 162 4949; www.good-times-resort.com; Zi. inkl. Frühstück 1150–2700 B; P❄📶🏊) Auch wenn die Straße zum Resort nicht gerade ermutigend ist: Hinter dem Parkplatz wartet eine kleine Flussoase mit großen, attrak-

tiven Zimmern, gutem Service und leckerem Abendessen.

★ Sabai@Kan HOTEL $$

(☎ 034 625544; www.sabaiatkan.com; 317/4 Th Mae Nam Khwae; Zi. 1400–1700 B, FZ 2100 B, inkl. Frühstück; P ❄ ☜ ≋) Das hübsche Boutiquehotel macht alles richtig: Es hat die Art von Kingsize-Betten, auf die man am liebsten sofort draufspringen möchte. Die Zimmer mit Pool- und Gartenblick bekommen jede Menge Tageslicht ab. Auch der Service ist hervorragend.

Ploy Guesthouse PENSION $$

(☎ 090 964 2653; www.ploygh.com; 79/2 Th Mae Nam Khwae; Zi. 660–1750 B; P ❄ @ ☜ ≋) Das Ploy verfügt über stilvolle Zimmer mit dunklen Holzmöbeln, die im Erdgeschoss haben kleine Fenstergärten. Die Terrasse hinten ist eines der schönsten Fleckchen der Stadt, um am Fluss zu entspannen.

Apple's Retreat PENSION $$

(☎ 034 512017; www.applesguesthouse.com; 153/4 Mu 4, Ban Tamakham; Zi. inkl. Frühstück 990 B; P ❄ ☜) Fast wie eine schicke Unterkunft bei einer Gastfamilie: Hier bieten Apple & Noi schlichte, aber stilvolle Zimmer, einen freundlichen Empfang und tonnenweise Lokalwissen in einem ruhigen Teil der Stadt. Während das Restaurant am Fluss liegt, befinden sich die Zimmer der Straße gegenüber. Im Gegensatz zu den meisten anderen Quartieren in dieser Preisklasse haben sie jedoch weder einen Fernseher noch einen Kühlschrank.

Tara Raft PENSION $$

(☎ 086 396 7349; www.tararoom.com; Th Rong Hip Oi; Zi. 700–900 B; ❄ ☜) Obwohl nur 300 m vom geschäftigen Treiben auf der Th Mae Nam Khwae entfernt, herrscht entlang der Rong Hip Oi eine ganz andere Atmosphäre: friedlich und sehr lokal. Das Tara könnte zwar ein bisschen mehr Charakter haben, aber es bietet mit Abstand die besten Floßzimmer der Stadt: Sie sind hell und nett eingerichtet, sogar mit Mini-Kühlschrank und eigenem Safe.

Das Tara ist zwar das Beste seiner Art, aber es gibt auch noch drei günstigere Optionen in dieser Ecke. Das alternde **VN Guesthouse** ist nach wie vor die erste Wahl der meisten Backpacker und das **Rainbow Guesthouse** die heimeligste, während die alten Holzstege dem heruntergekommenen **River Guesthouse** den meisten Charakter verleihen.

U Dee Room & Coffee PENSION $$

(☎ 085 360 3666; Th Mae Nam Khwae; Zi. 750 B) Die Zimmer befinden sich über einem kleinen Café ein wenig abseits des touristischen Treibens. Sie sind hell, funkelnd sauber und relativ ruhig und dürften erholsamen Schlaf garantieren. Es gibt keine Lobby und daher nur dann Service, wenn das Café geöffnet ist, für gewöhnlich von 9 bis 18 Uhr, es sei denn, man vereinbart etwas anderes.

River Kwai Bridge Resort RESORT $$

(☎ 034 514522; www.riverkwaibridgeresort.com; 8 Th Vietnam; Zi. inkl. Frühstück 1300–1950 B; P ❄ ☜ ≋) Dieses abgeschiedene Garten-Resort in fußläufiger Entfernung zur Death Railway Bridge (man kann sie vom Restaurant aus halb sehen) verfügt über abgewohnte, aber immer noch gute Bungalows. Das Personal ist freundlich und hilfsbereit.

Baan Ma Feung PENSION $$

(☎ 034 511090; Th Saengchuto; Zi. 650 B; ❄ ☜) Dieses Haus ist eine nette kleine Überraschung, solange einen die Lage nicht stört: weit entfernt vom Fluss und den meisten Restaurants. Die Zimmer sind gemütlich und sauber, und befände sich die Pension im touristischen Herzen der Stadt, wäre sie sicher oft ausgebucht.

Obwohl sich der Eingang an der Hauptstraße befindet, liegen die Zimmer im hinteren Bereich und halten den Verkehrslärm in Schach.

Außerhalb der Stadt

★ Ban Sabai Sabai PENSION $$

(☎ 089 040 5268; www.bansabaisabai.com; 102/3 Mu 4, Nong Bua; Zi. 300–650 B, FZ 1400–1600 B; ❄ ☜) Diese freundliche Pension liegt auf dem Land, nur ein paar Kilometer außerhalb der Stadt am Hwy 323, und macht ihrem Namen alle Ehre: „Haus der Entspannung“. Die verschiedenen Zimmer rund um den Garten sind alle gemütlich, und die Gäste fühlen sich sofort wie zu Hause. Das Haus ist leicht per Bus zu erreichen, aber man kann sich auch in der Stadt abholen lassen. Einen Motorradverleih gibt's ebenfalls.

★ Oriental Kwai Resort RESORT $$$

(☎ 034 588168; www.orientalkwai.com; 194/5 Mu 1, Tambon Lat Ya; Zi. inkl. Frühstück 2300–4900 B; ❄ ☜ ≋) Dieses wundervolle Resort unter thailändisch-niederländischer Leitung befindet sich 13 km nordwestlich der Stadt, fast 2 km abseits der Straße zum Erawan National Park, und bietet hübsche, gut ausgestattete Hütten in einem halb verwilderten Garten voller Vögel. Zwei der Hütten sind auf Familien ausgerichtet und bieten bis zu sechs Personen Platz. Es dürfte nicht überraschen, dass es oft voll ist, also so weit wie möglich im Voraus buchen!

X2 River Kwai RESORT $$$
(☎034 552124; www.X2resorts.com; Zi. 18750–22500 B, Suite 33750–37500 B inkl. Frühstück; P❄📶🏊) Dieses neue Resort 10 km südwestlich der Stadt vereint trendiges Design mit friedlicher, malerischer Lage am Mae Nam Khwae Noi. Einige Zimmer haben direkten Pool-Zugang, andere einen riesigen Balkon. Die Standardpreise sind Absurd hoch, aber bei Onlinebuchungen gibt's bis zu 75% Rabatt. Um den Transport muss man sich selbst kümmern.

Essen

Die Restaurants am Fluss sind die beste Wahl. In der Th Mae Nam Khwae gibt's jede Menge gutes thailändisches Essen, falls man es aus seiner Pension schafft. Lokale Restaurants sind im nördlichen Teil der Straße häufiger, aber im Grunde überall vertreten. Eine weitere gute, authentische Option ist der **JJ Market** (Th Saengchuto; ⏲17.30–22 Uhr) in Bahnhofsnähe, auch wenn er hauptsächlich Essen zum Mitnehmen und weniger Sitzgelegenheiten bietet.

★**Blue Rice** THAI $
(www.applesguesthouse.com; 153/4 Mu 4 Ban Tamakahm; Gerichte 135 B; ⏲ 1–14 & 18–22 Uhr; P📶🌿) Eine klasse Karte, tolle Aromen und eine perfekte Lage am Flussufer machen das Blue Rice zum Hit. Küchenchef Apple peppt thailändische Klassiker innovativ auf. Heraus kommen beispielsweise der namengebende Reis, *yam sôm oh* (Grapefruit-Salat) oder Hühnchen-Kokosnuss-Suppe mit Bananenblüten.

Pai-Kan THAI $
(Th Mae Nam Khwae; Gerichte 35–159 B; ⏲11–22 Uhr; 📶) Man schreibt seine Bestellung in das kleine Notizbuch und schaut den Köchen bei der Arbeit in der offenen Küche zu. Die Thai-Gerichte sind einfach, aber schmackhaft und absolut authentisch. Es gibt auch viele weniger gängige Gerichte wie Algensuppe und *sôm·đam* aus Gurken statt Papaya.

On's Thai-Issan VEGETARISCH $
(☎087 364 2264; www.onsthaiissan.com; Th Mae Nam Khwae; Gerichte 50 B; ⏲10–22 Uhr; ❄🌿) Das thailändische vegetarische und vegane Essen hier (mit ein paar Gerichten aus Isan) ist so gut, dass auch viele Fleischesser herkommen. Die freundliche On bringt den Gästen zudem gern bei, wie man es zubereitet. Ein zweistündiger Kochkurs mit drei Gerichten kostet 600 B.

Sitthisang CAFÉ $
(Th Pakprak; Gebäck 35–65 B; ⏲8–18 Uhr; ❄📶) In diesem gemütlichen Café bekommt man zu Kaffee und Kuchen auch ein Stück Geschichte serviert. Die stolzen Besitzer haben es zu einem der schönsten und besterhaltenen Gebäude in der Historischen Straße gemacht.

Zap Zap THAI, NORDÖSTLICH $
(Th Mae Nam Khwae; Gerichte 35–220 B; ⏲11–22 Uhr; 📶) Auf der umfangreichen thailändischen Karte stehen z.B. grünes Curry und *pàt tai*, aber eigentlich sind die Tische wegen der scharfen Gerichte aus Isan von morgens bis abends besetzt. Wer das Beste beider Küchen probieren möchte, sollte den „gebratenen Papaya-Salat" bestellen.

Meat & Cheese INTERNATIONAL, THAI $$
(Th Mae Nam Khwae; Gerichte 70–3300 B; ⏲11–23 Uhr; ❄📶) Dieses beliebte Lokal ist stolz auf seine Steaks, aber die Holzofenpizza ist der wahre Star. Nach 21 Uhr spielt eine Liveband.

Ausgehen & Nachtleben

Traveller wie Auswanderer verbringen ihre Abende entlang der Th Mae Nam Khwae, in der sich eine Bar an die nächste reiht, vor allem am Südende. Viele sind mit Billardtischen ausgestattet und zeigen Fußballspiele im Fernsehen. In einigen sind sogar Prostituierte unterwegs. **Sugar Member** (Th Mae Nam Khwae), **Buddha Bar** (Th Mae Nam Khwae) und **Pal Bar** (Th Mae Nam Khwae) ziehen ein junges Thai-Publikum an. Wer billig trinken will, kann in den Bars am Straßenrand lokalen Schnaps für 10 B kaufen.

Die Th Song Khwae am Fluss ist das Herz der Stadt und hat eine größere Vielfalt von Bars, die meist lange geöffnet haben. Die Liveband, die thailändische Country-Musik spielt, macht das **Tam Nan** (Th Song Khwae) zu einer außergewöhnlichen Option.

Praktische Informationen

EINWANDERUNG

Einwanderungsbehörde (☎034 564279; Hwy 3209; ⏲Mo–Fr 8.30–12 & 13–16.30 Uhr)

GELD

Die meisten Banken befinden sich in der Th Saengchuto nahe dem Busbahnhof. Drei Wechselstuben vor dem World War II Museum haben zu den normalen Geschäftszeiten geöffnet.

INTERNETZUGANG

Internetcafés nehmen ab 10 B pro Stunde und finden sich in der Th Mae Nam Khwae.

MEDIZINISCHE VERSORGUNG

Thanakarn Hospital (☎ 034 622370; Th Saengchuto) Dieses Krankenhaus ist am besten auf Ausländer eingestellt.

NOTFALL

Touristenpolizei (☎ 034 512795; Th Saengchuto)

POST

Hauptpost (Th Saengchuto; ⌚ Mo–Fr 8.30–16.30, Sa & So 9-12 Uhr)

TOURISTENINFORMATION

Das Büro der **Tourism Authority of Thailand** (TAT; Touristenbehörde; ☎ 034 511200; tatkan @tat.or.th; Th Saengchuto; ⌚ 8.30–16.30 Uhr) hat Karten und hilfsbereites Personal, liegt aber abseits des Busbahnhofs. Der **Schalter der Touristenpolizei** (⌚ 9–16 Uhr) an der Death Railway Bridge hält begrenzt Informationen bereit.

An- & Weiterreise

BUS

Der **Busbahnhof** (☎ 034 515907) von Kanchanaburi liegt im Stadtzentrum gleich abseits der Th Saengchuto, und mittlerweile fahren mehr Minivans als Busse (nicht vergessen: In Minivans muss man für eine große Tasche ein Extraticket kaufen!). Wer nach Ayutthaya will, muss zuerst nach Suphanburi fahren. Richtung Süden geht's schneller, in Ratchaburi statt in Bangkok umzusteigen, aber es fahren nur 2.-Klasse-Busse dorthin. Minivans nach Bangkok fahren bis gegen 20 Uhr ab.

Es gibt auch Minivans nach Bangkok, die auf Traveller ausgerichtet sind und Passagiere entlang der Th Mae Nam Khwae einsammeln. Tickets sind in Dutzenden Läden erhältlich und kosten zwischen 20 B und 60 B pro Nase. Die einzigen Strecken, die sich lohnen, sind die zum Flughafen Suvarnabhumi (500 B, 3 Std.), nach Hua Hin (430 B, 4½ Std.) und Ayutthaya (380 B, 3½ Std.), da keine Direktverbindungen vom Busbahnhof dorthin bestehen.

ZUG

Kanchanaburi liegt an der Eisenbahnlinie Bangkok Noi–Nam Tok (Züge halten nicht am Bahnhof Hualamphong), die auch eine Teilstrecke der Death Railway umfasst. Die SRT bewirbt die Strecke als historische Route und verlangt von Ausländern 100 B für jede einfache Fahrt, unabhängig von der Länge. Die Züge sind 3.-Klasse-Züge, sprich: Es gibt Holzbänke und keine Klimaanlage, und man sollte nicht erwarten, dass sie pünktlich fahren. Wer einen Tagesausflug nach Kanchanaburi plant, sollte lieber den Bus nehmen.

Der interessanteste Teil der Reise beginnt hinter Kanchanaburi, wenn der Zug die Death Railway Bridge überquert und in den Bahnhof Nam

BUSSE AB KANCHANABURI

ZIEL	PREIS (B)	DAUER (STD.)	HÄUFIGKEIT
Bangkok, Khao San Rd	120	2½	regelm. (Minivan)
Bangkok, Nordbusbahnhof (Mo Chit)	120	2½	regelm. (Minivan)
Bangkok, Südbusbahnhof (Sai Tai Mai)	110	2½	alle 30 Min.
Bangkok, Südbusbahnhof (Sai Tai Mai)	100	2	regelm. (Minivan)
Bangkok, Victory Monument	120	2½	regelm. (Minivan)
Chiang Mai	594	10–11	9 & 19 Uhr
Nong Khai (über Khorat)	533–829	11	9 & 18.30 Uhr
Ratchaburi	50	2	regelm.
Sangkhlaburi	130	5	6-mal tgl. zw. 6 & 13.30 Uhr
Sangkhlaburi	175	3½	regelm. (Minivan)
Suphanburi	50–65	2	alle 40 Min.

GRENZÜBERGANG NACH MYANMAR: VON PHU NAM RON NACH HTEE KHEE

Dieser Grenzübergang ist neu, und etwas abenteuerlich geht's immer noch zu, aber alles in allem läuft es ganz einfach. An der Grenze sind keine Visa für Myanmar erhältlich.

Anreise zur Grenze Es gibt Busse (70 B) und Minivans (100 B, 1½ Std.), die ab 9 Uhr vom Busbahnhof Kanchanaburi direkt zur Grenze fahren. Wer früh aufbricht, kann es in einem Tag nach Dawei schaffen, aber falls nötig, gibt's auch Pensionen in Phu Nam Ron.

An der Grenze Nachdem man seinen Ausreisestempel in Thailand erhalten hat, kann man auf einen der neuen Shuttle-Busse (50 B) warten oder mit einem Motorradtaxi zur Einwanderungsbehörde Myanmars fahren. Die Formalitäten sind unkompliziert, wenn auch auf beiden Seiten ein bisschen langsam.

Weiterreise Nicht weit von der Einwanderungsbehörde wird man an Minivan-Fahrer verwiesen, die einen für 800 B pro Nase nach Dawei bringen, aber der Preis ist manchmal verhandelbar. Billiger ist es, wenn man einen Lkw-Fahrer findet, der bereit ist, einen mitzunehmen. Die Fahrt dauert fünf Stunden (im Lkw länger) und führt durch wunderschöne Berglandschaft nach Dawei, größtenteils auf einer unbefestigten und manchmal sehr holprigen Straße, aber Verbesserungen nahen.

Tok einfährt (2 Std., 6.07, 10.35 & 16.26 Uhr), in der Nähe des Hellfire-Pass. Die meisten, die von Kanchanaburi nach Nam Tok reisen, steigen an dem kleinen **Bahnhof** neben der Death Railway Bridge in den Zug. Um sicherzugehen, dass man einen Sitzplatz ergattert (die linke Zugseite gewährt die beste Aussicht), sollte man deshalb in der Stadt einsteigen. Eine weitere Option ist ein „Spezialwagen". Ein Touranbieter mit einem Stand neben dem Kiosk der Touristenpolizei bietet für 300 B ein Paket an, das ein Kissen, einen Snack und einen garantierten Sitzplatz beinhaltet.

Züge nach Bangkok Noi (3 Std.) fahren um 7.19 und 14.48 Uhr ab.

ℹ Unterwegs vor Ort

FAHRRAD & MOTORRAD

Pensionen und Geschäfte entlang der Th Mae Nam Khwae vermieten Motorräder für 200 B pro Tag, Fahrräder gibt's für 50 B.

ÖFFENTLICHE VERKEHRSMITTEL

Motorradtaxis, viele mit Beiwagen, in den mehrere Personen und große Gepäckstücke passen, sind viel gängiger als Túk-Túks. Eine Fahrt vom Busbahnhof in die Hotelgegend dürfte 50 B kosten.

Gelbe und blaue *sŏrng·tăa·ou* fahren für 10 B pro Passagier die Th Saengchuto auf und ab (am Friedhof aussteigen, wenn man in die Hotelgegend will!). Man kann am Westrand des Busbahnhofs einsteigen. Orangefarbene *sŏrng·tăa·ou* fungieren eher als Taxis als auf ihren regulären Routen zu verkehren.

SCHIFF/FÄHRE

Longtail-Boote können nahe der Death Railway Bridge und dem Jeath War Museum angeheuert werden. Das Standardprogramm umfasst eine eineinhalbstündige Tour zum Chung Kai War Cemetery, zum Wat Tham Khao Pun und entweder zur Brücke oder zum Museum, je nachdem, wo sie beginnt. Der Fixpreis für bis zu sechs Personen beträgt 800 B, ist aber manchmal verhandelbar.

Rund um Kanchanaburi

Die Hauptattraktionen rund um Kanchanaburi könnte man in einen Tag packen, wenn man durchhetzen will und einen eigenen fahrbaren Untersatz hat, aber man braucht mindestens zwei Tage, um sie richtig zu sehen. Wer am Wochenende eine Nacht in einem Nationalpark verbringen will, sollte das Zimmer vorab buchen.

Alle außer Muang Sing sind leicht mit öffentlichen Verkehrsmitteln zu erreichen. Wer morgens aufbricht, kann mit dem Zug nach Nam Tok fahren und dann in einen der lokalen Busse auf dem Hwy 323 zum Hellfire-Pass und zum Sai Yok National Park einsteigen.

Erawan National Park อุทยานแห่งชาติเอราวัณ

Der **Erawan National Park** (☎034 574222; Erw./Kind 300/200 B) ist für seinen siebenstufigen Wasserfall berühmt und bei Einheimischen wie Travellern gleichermaßen beliebt (sprich: überfüllt). Der **Erawan-Wasserfall** (Weg geöffnet 8–17 Uhr) verdankt seinen Namen der Tatsache, dass einige finden, seine oberste Stufe ähnele Erawan, dem

TIGERTEMPEL

Der Tigertempel in der Nähe von Kanchanaburi ist die vielleicht umstrittenste Touristenattraktion Thailands. Er entstand 1999 zum Schutz verwaister Tigerjungen, entwickelte sich später aber zu einer profitablen Touristenattraktion, während die Tigerpopulation durch ein Zuchtprogramm auf knapp 150 Exemplare anwuchs.

Obwohl Gesetzesverstöße und eine ungenügende Versorgung der Tiger nachgewiesen wurden, die Verantwortlichen nicht einmal die grundlegenden Schutzmaßnahmen durchführen und immer wieder Anschuldigungen laut werden (auch vom ehemaligen Tierarzt des Tempels), es würden Tiger als Haustiere oder Körperteile der Tiere nach Übersee verkauft, zieht der Tigertempel noch immer eine Menge Touristen an.

Über die Misshandlungsvorwürfe wurde in thailändischen und ausländischen Medien umfassend berichtet, und die Behörde für Nationalparks und Artenschutz hat damit gedroht, die Tiger zu entfernen (man hat bereits Kragenbären und andere angeblich illegal gehaltene Tiere aus dem Tempel geholt), es wurde jedoch nie offiziell Anklage erhoben und das Tempelpersonal streitet weiter alles ab.

Reisende sollten zudem wissen, dass viele Versicherungen Besuche dieser oder ähnlicher Einrichtungen nicht abdecken. Auch wenn Angriffe nur sehr selten vorkommen, gibt es sie durchaus. Im Mai 2015 etwa zerfleischte ein Tiger den Vorsteher des Tigertempels.

dreiköpfigen Elefanten aus der Hindu-Mythologie. Die ersten drei Stufen sind leicht zu erreichen, aber danach sind Wanderschuhe und ein wenig Ausdauer gefragt, um die 2 km lange Wanderung zu bewältigen. Wer mag, kann sich Badeklamotten mitbringen und zusammen mit knabbernden Fischen auf allen Stufen im himmlisch blauen Wasser planschen, sollte jedoch die Affen im Auge behalten, die gern mal die Klamotten klauen, während man badet. Auf der vierten Stufe gibt's eine natürliche Steinrutsche, und auf Stufe sechs baden die wenigsten Besucher.

Die Höhle **Tham Phra That** liegt in einer anderen Ecke des 550 km² großen Parks und lockt mit einer Vielzahl schimmernder Kalksteinformationen. Für Geologen sind die Höhlen wegen ihrer deutlich erkennbaren Verwerfungslinie interessant. Man kann sich an die Touristeninformation wenden, bevor man die 12 km hier hinausfährt, dann wird man von einem Führer mit Petroleumlampe in Empfang genommen. Der Park beherbergt noch weitere fantastische Höhlen, die jedoch derzeit alle für die Öffentlichkeit gesperrt sind. Es ist unsicher, ob sie je wieder öffnen.

Laubmischwald bedeckt über 80 % des Parks, aber es gibt auch trockene Malven- und immergrüne Wälder mit großen Bambusbeständen. Tiger, Elefanten, Sambare, Gibbons, rote Riesengleithörnchen, Königskobras und Nashornvögel sind in dem Park beheimatet, rund um den Wasserfall aber nicht zu sehen.

Park-**Bungalows** (☎ 02 562 0760; www.dnp.go.th; Bungalow 800–2400 B) bieten zwei bis acht Personen Platz. Für 50 bis 300 B kann man ein Zelt mieten, mit eigenem Zelt fällt eine Gebühr von 30 B an.

Busse ab Kanchanaburi (50 B, 1½ Std., tgl. 8–17.40 Uhr 8-mal) fahren direkt zur Touristeninformation. Der letzte Bus zurück in die Stadt fährt um 16 Uhr und ist am Wochenende proppenvoll. Kundenfänger versuchen am Busbahnhof, die Besucher zu überreden, einen privaten Fahrer anzuheuern statt den Bus zu nehmen, aber das ist nicht nötig.

Nam Tok บ้านน้ำตก

Nam Tok ist die Endhaltestelle der Eisenbahn. Diese Tatsache, nicht die Attraktionen an sich, führt die meisten Besucher hierher. Aber es gibt viel zu sehen und zu erleben, wenn man nicht gleich wieder umkehren und zurückfahren will.

Obwohl die Züge am Bahnhof halten, führt die Strecke noch 1,5 km weiter und man kann ihr bis zum Wasserfall **Nam Tok Sai Yok Noi** folgen. Er ist wunderschön, wird aber von Juli bis November auch von thailändischen Familien überrannt, die hier spielen und picknicken. Außerdem steht ganz am Ende der Strecke ein alter **Dampfzug aus dem Zweiten Weltkrieg**.

Oberhalb des Wasserfalls, 100 m von der Holzbrücke entfernt, liegt die kleine **Sai-Yok-Höhle**. Zwei Buddha-Bildnisse werden von natürlichem Licht erleuchtet, während sich im hinteren Teil ein heiliger schlangenförmiger Felsen befindet, den man nur sehen kann, wenn man eine Taschenlampe dabei hat. Obwohl sie zum Sai Yok National Park gehört, ist der Eintritt frei.

Die wunderschöne **Wang-Badan-Höhle** gehört zum Erawan National Park (und ist daher gebührenpflichtig). Sie ist derzeit geschlossen, und niemand weiß, wann und ob sie wieder geöffnet wird.

Viel attraktiver als der Wasserfall ist die traumhafte **Tham Lawa**, eine unserer Lieblingshöhlen in Thailand. Der 280 m lange Weg führt durch mehrere große Kammern, die nicht nur mit imposanten Stalaktiten und Stalagmiten beeindrucken, sondern auch mit vielen anderen bizarr geformten Felsen. Der Pfad ist beleuchtet, wenn auch nur recht spärlich. Am besten eine Taschenlampe mitbringen (oder hoffen, dass man sich von einem der Ranger eine ausleihen kann), damit der Höhlenbesuch zu einem echten Erlebnis wird! Man muss die Gebühr für den Sai Yok National Park bezahlen. Die Höhle ist ab 20 km vom Sai Yok Noi ausgeschildert.

Viele Besucher kommen nur nach Nam Tok, um entweder im **River Kwai Resotel** (☎ 02 642 5497; www.riverkwairesotel.net; Zi. inkl. Frühstück 2400–3450 B; P ❄ @ ☎ ≋) oder im **FloatHouse River Kwai** (☎ 02 642 5497; www.thefloathouseriverkwai.com; Zi. inkl. Frühstück 5250 B; P ❄ ☎) abzusteigen, Schwester-Lodges in völlig unterschiedlichem Stil. Das Resotel ist ein Resort am Fluss mit Bungalows rund um einen prächtigen Garten, während das FloatHouse wahrhaft luxuriöse, traumhaft schöne Floßzimmer anbietet. Beide Unterkünfte befinden sich in der Nähe der Tham Lawa.

Gleich außerhalb der Stadt, 3 km südlich des Wasserfalls, ist das bescheidenere **Boutique Raft Resort** (☎ 034 634191; www.boutiqueraft-riverkwai.com; Zi. inkl. Frühstück 2500–3000 B; P ❄ ☎), während das **Chokchai Hotel** (☎ 089 550 4361; Zi. 250–450 B, FZ 1000 B; P ❄ ☎) einfache, aber gute Zimmer am Highway zwischen dem Wasserfall und dem Dorf bietet.

Züge nach Kanchanaburi (100 B, 2 Std.) tuckern um 5.20, 12.55 und 15.30 Uhr am Bahnhof los, während Busse zwischen Kanchanaburi (45–55 B, 1¼ Std.) und Thong Pha Phum (70 B, 1 Std.) mindestens halbstündlich hier durchkommen. Sechs Busse verkehren bis nach Sangkhlaburi (80–90 B, 4 Std.), der letzte macht sich um 14.30 Uhr auf den Weg.

Das Personal des Chokchai Hotel verleiht Motorräder für 300 B pro Tag und kann Autos mit Fahrer organisieren.

Die Lawa-Höhle ist nicht weit vom Fluss entfernt. Man kann sie per Boot vom Pak Saeng Pier neben dem Boutique Raft Resort erreichen. Die Fahrt dauert eine Stunde und kostet 1200 B hin und zurück.

Hellfire Pass Memorial ช่องเขาขาด

Das bewegende **Hellfire Pass Memorial** (☎ 034 919605; Rte 323; ⊙ Museum 9–16, Gelände 7.30–18 Uhr) GRATIS ist ein wundervolles Denkmal für all jene, die während des Baus der Eisenbahn zwischen Burma und Thailand im Zweiten Weltkrieg starben.

Der Besuch beginnt im Museum, in dem kostenlose Audioguides verteilt und detaillierte Beschreibungen zur Gegend sowie faszinierende Geschichten von Überlebenden geboten werden. Dann kann man (über eine lange Treppe) zu dem Weg hinuntersteigen, der dem originalen Schienenbett folgt.

Nahe dem Anfangspunkt der Route befindet sich die berüchtigte Senke, die als Hellfire-Pass (auch Konyu Cutting) bekannt ist, die größte entlang der gesamten Eisenbahnstrecke. Die Gegend bekam ihren Namen nach der finalen Bauphase der „Speedo"-Periode, in der 500 Gefangene 16 bis 18 Stunden am Tag in Schichten arbeiteten. Im Schein brennender Fackeln entstanden die unheimlichen Schatten der japanischen Wärter und der verhärmten Gesichter der Gefangenen, wodurch die Szene an Dantes Inferno erinnert haben soll.

Die komplette Strecke ist 4 km lang und endet am Compressor Cutting, aber die thailändischen Behörden haben die letzten 1,5 km gesperrt, sodass man bis auf Weiteres nur bis zum Hin Tok Cutting kommt. Nach vorheriger Absprache kann man sich am Ende des Weges abholen lassen.

Das Museum liegt 80 km nordwestlich von Kanchanaburi am Hwy 323 und ist mit den Bussen nach Sangkhlaburi und Thong Pha Phum zu erreichen (55–65 B, 1½ Std., alle 30 Min.). Der letzte Bus zurück nach Kanchanaburi fährt ungefähr gegen 17 Uhr hier vorbei.

Sai Yok National Park อุทยานแห่งชาติไทรโยค

Der 958 km² große **Sai Yok National Park** (☎ 034 686024; www.dnp.go.th; Erw./Kind 300/200 B) lockt mit Kalksteinbergen,

Wasserfällen, Höhlen und einigen extrem seltenen Tieren. Da viele Sehenswürdigkeiten rund um das Besucherzentrum liegen und über gut ausgeschilderte, gut erhaltene Wege erreichbar sind (auf den meisten sind Fahrräder erlaubt), ist es ganz leicht, ihn auf eigene Faust zu erkunden. Er ist auch nie so voll wie der Erawan National Park.

Die bekannteste Attraktion ist der **Nam Tok Sai Yok Yai** (Sai-Yok-Yai-Wasserfall), an dem ein Fluss – allerdings nicht allzu tief – in den darunter fließenden Mae Nam Khwae Noi stürzt. Der größere Nam Tok Sai Yok Lek befindet sich auf der anderen Seite der Hängebrücke. Beide Wasserfälle sind klein, aber wunderschön, weil sie direkt aus dem Wald in die Tiefe stürzen.

Weitere Ziele in der Nähe der Wasserfälle sind eine **natürliche Quelle**, **Aussichtspunkte** am Fluss, die alten **Öfen** japanischer Soldaten und ein **Longtail-Boot-Verleih** (400 B/30 Min.).

Das kleinste Säugetier der Welt (3 cm lang), die sehr seltene Schweinsnasenfledermaus, wurde hier erstmals 1973 gesichtet. Sie hängt im wahrsten Sinne des Wortes in der **Tham Kang Kao** („Fledermaushöhle") ab, 2 km vom Besucherzentrum entfernt, gemeinsam mit vielen anderen normal großen Fledermäusen. Am besten eine Taschenlampe mitbringen! Auf dem Weg zur Fledermaushöhle kann man einen kurzen Abstecher zum Fundament der **Death Railway Bridge** machen. Dazu direkt hinter der Brücke die Augen nach einem unmarkierten originalen Gleisabschnitt offenhalten!

Im Sai Yok wurde (1983) eine weitere Tierart entdeckt: die rot-weiß-blaue *Thaiphusa sirikit*, eine Krabbe, die man jedoch wahrscheinlich nicht sehen wird, ebenso wenig wie Elefanten, Gaure, Tapire oder Sambarhirsche, da große Tiere den abgeschiedenen Westteil des Parks bevorzugen. Man könnte in Brückennähe aber Muntjaks und Bindenwarane sichten.

Die wunderschöne Höhle **Tham Doawadueng** wartet mit einer Fülle von Felsformationen und Tieren auf: Fledermäuse, Grillen und Schlangen. Sie ist beleuchtet, aber es gibt keine Treppen, und der Zugang kann bei Nässe tückisch sein. Ein Ranger begleitet Besucher nach drinnen, und auch wenn es nicht verlangt wird, ist ein Trinkgeld angemessen. Fledermäuse fliegen kurz vor Sonnenuntergang aus, außer in der heißen Jahreszeit. Die Höhle liegt auf dem Landweg 6 km nordwestlich des Parkeingangs, aber man kann auch für 1000 B (hin & zurück) ein Boot nehmen, muss dann allerdings noch 1,5 km bergauf zur Höhle wandern.

Im Park stehen **Bungalows** (☎02 562 0760; www.dnp.go.th; Bungalows 800–2100 B) und ein Campingplatz (Zeltverleih 270 B) zur Verfügung, aber die Floß-Resorts rund um die Brücke, darunter das saubere, komfortable **Krit Raft House** (☎081 942 8107; Zi. 1000 B) und das **@Raft** (☎081 805 6467; Zi. inkl. Frühstück 1000–2000 B), sind die bessere Wahl. Außerdem gibt's schwimmende Restaurants und viele Imbissstände im Parkplatzbereich.

Das Besucherzentrum liegt 95 km nordwestlich von Kanchanaburi. Busse auf der Strecke Sangkhlaburi–Kanchanaburi (60 B, 1½ Std.) fahren an der Abzweigung zum Park vorbei. Das Zentrum befindet sich 3 km abseits des Highways. Motorradtaxis (20 B) warten in der Nähe, aber nicht direkt an der Kreuzung. Beim Verlassen des Parks kann man im Besucherzentrum darum bitten, dass eines gerufen wird. Der letzte Bus zurück nach Kanchanaburi kommt ungefähr um 17 Uhr.

Muang Sing Historical Park อุทยานประวัติศาสตร์เมืองสิงห์

Muang Sing (Eintritt 100 B; ⌚8–16.3 Uhr), auch Lion City, konserviert die Überreste eines Khmer-Außenpostens aus dem 13. Jh., der einst eine Station auf der Handelsroute auf dem Mae Nam Khwae Noi gewesen sein könnte. Die restaurierten Ruinen zeigen Architektur im Bayon-Stil und wurden für den Mahayana-Buddhismus erbaut.

Die noch erhaltenen Schreine im Park bestehen meist aus Laterit-Steinen und sind auf einer rund 102 ha großen bewaldeten Anlage verteilt, die von einer mächtigen Stadtmauer umschlossen ist. Rund um die Mauer wurden außerdem Schutzwälle und Gräben hinzugefügt, die vor dem Haupteingang zu sehen sind. Die Teiche innerhalb der Mauer wurden wahrscheinlich für religiöse Zwecke genutzt.

Es gibt zwei große Hauptmonumente und die Überreste von zwei weiteren. Der wichtigste Schrein, **Prasat Muang Sing**, befindet sich im Zentrum und zeigt Richtung Osten (wie die meisten Angkor-Tempel). Im Inneren sind nachgebaute Statuen des achtarmigen Bodhisattva Avalokitesavara und der Göttin Prajnaparamita zu sehen; Letztere stand ursprünglich vermutlich in dem anderen großen Schrein.

Außerhalb der Mauer, direkt am Fluss, befindet sich eine **Grabstätte**, die zwei Skelette, Tonwaren und Schmuck enthält und rund 2000 Jahre alt ist.

Muang Sing liegt 40 km westlich von Kanchanaburi. Den Bahnhof Tha Kilen (100 B) erreicht man nach 1,5 km zu Fuß, aber am besten kommt man ohnehin mit eigenem fahrbaren Untersatz, da die Züge nur selten fahren und das Gelände sehr groß ist.

Thong Pha Phum ทองผาภูมิ

Der kleine, aber geschäftige Verkehrsknotenpunkt Thong Pha Phum liegt vor einer Bergkulisse und wird von den meisten Travellern links liegen gelassen, die nur auf dem Weg zu den Nationalparks im Norden von Kanchanaburi durch den Ort fahren.

Die einzigen Dinge, die es in der Stadt zu tun gibt, sind ein Besuch auf dem **Markt** mit den vielen birmanischen Händlern und ein Spaziergang über die **Hängebrücke**, die sich über den Fluss spannt. Am anderen Flussufer befindet sich der **Wat Tha Kanun**. Wenn man daran vorbeigeht, erreicht man eine lange Treppe zu einem **Stupa**, der nachts oberhalb der Stadt zu schweben scheint.

Außerhalb der Stadt lohnt sich eine Fahrt zum **Vajiralongkorn-Damm** (6–18 Uhr) 7 km nordwestlich, der den riesigen See Kheuan Khao Laem staut. Die Aussicht ist wunderschön, und hier lebt auch eine Gruppe Affen. 20 km südlich, gleich abseits des Highways Sangkhlaburi–Kanchanaburi, befindet sich die beliebte (sprich: überfüllte) **Thermalquelle Hin Dat** (Erw./Kind 60/40 B; 6–22 Uhr). Die *bòr nám rórn* (Thermalquellen) wurden von japanischen Soldaten während des Krieges erschlossen und verfügen nun über drei geothermale Becken (und ein viertes nur für Mönche) sowie einen Massage-Pavillon.

Trotz einiger Eigentümlichkeiten – die Toilettenrollenhalter befinden sich beispielsweise außerhalb der Badezimmer – ist das neu erbaute **Thong Phaphum Place** (034 599544; Th Thetsaban 14; Zi. 600–1200 B; P ❄ 📶) das beste Hotel der Stadt. Es liegt hinter dem Markt. Einfach nach dem *Free Wifi*-Schild Ausschau halten! Eine günstigere Alternative bietet 200 m nordwestlich des Markts das **S. Boonyong Hotel** (081 889 7246; Th Thetsaban; Zi. 280–500 B, FZ 1500 B; P ❄ 📶) mit betagten, aber sauberen Zimmern und Bungalows.

ℹ An- & Weiterreise

Man kann mit meist alten, ventilatorgekühlten Bussen nach Kanchanaburi (80–110 B, 3 Std., alle 30 Min.) und Sangkhlaburi (70–80 B, 2 Std., 3-mal tgl.) fahren und am Markt oder unterwegs an der Straße aus der Stadt heraus zusteigen. Die Minivan-Haltestelle liegt 200 m nordwestlich des Hauptmarkts; es gibt Verbindungen nach Kanchanaburi (115 B, 2 Std., alle 30 Min.) und Sangkhlaburi (80 B, 1½ Std., alle 30 Min.).

Komfortable klimatisierte Busse zu Bangkoks Nordbahnhof Mo Chit (185–238 B, 5 Std., 9.30 & 11 Uhr) über Kanchanaburi fahren am Restaurant **Krua Ngaw Bah** (034 599377) ab, gegenüber der orangefarbenen Thanachart Bank nahe dem Südrand der Stadt.

Lokale *sŏrng·tăa·ou* steuern Ziele wie den Wasserfall Kaeng Krawia (35 B, 1 Std., regelm.) und die Thermalquellen Hin Dat (40 B, 45 Min., alle 30 Min.) an und fahren am Markt ab.

Thong Pha Phum National Park อุทยานแห่งชาติทองผาภูมิ

Der **Thong Pha Phum National Park** (034 510979; Erw./Kind 100/50 B) nahe dem Ende des dröhnenden Hwy 3272 überquert einen zerklüfteten Gebirgszug entlang der Grenze zu Myanmar und ist einer der schönsten und am wenigsten bekannten Orte in ganz Thailand. Er nennt sich selbst „Land des Nebels und des eisigen Regenwalds", was für Besucher bedeutet: früh aufstehen, um in der kalten Jahreszeit den Nebel durch das Tal wabern zu sehen, und warme Kleidung mitbringen!

Bei ausländischen Reisenden ist der Park am ehesten für seine **Baumhäuser** (034 510979; Zi. 800–2000 B) bekannt. Diese „Tarzan"-Zimmer in 6 bis 10 m Höhe sind ziemlich rustikal: Strom gibt's nur am frühen Abend, und auch wenn der Regen durchs Dach tropfen kann, ist die Aussicht spektakulär. Die Zimmer auf festem Boden sind in besserem Zustand. Einen Zeltplatz gibt's auch; der Zeltverleih kostet 270 B.

Der Park birgt eine vielfältige Tier- und Pflanzenwelt, auch wenn man vermutlich keine Elefanten, Tiger oder Bären zu Gesicht bekommt. Dafür spazieren Marmorkatzen, Fleckenmusangs, Seraue (asiatische Bergziegen) und Tenasserim-Muntjaks oft durch das Besucherzentrum und den Unterkunftsbereich. Ganz sicher begegnet man auch Wan Waew, den wildlebenden, aber zahmen Doppelhornvögeln.

Thais kennen den Park wegen der von Rangern geführten Übernachtwanderungen (16 km Rundweg) auf den **Berg Chang Pheuk**, die größtenteils durch Grasland führen und einen tollen Blick auf Myanmar ermöglichen. Sie werden von Oktober bis Januar veranstaltet und kosten 1200 B für bis zu zehn Wanderer. Träger können angeheuert werden. Es wandert nur selten jemand woanders hin, aber die Ranger können Besucher auch durch den Wald zu verschiedenen Wasserfällen und Aussichtspunkten führen.

Man kann bis auf 300 m an den **Jokkadin-Wasserfall** heranfahren, der mit Wucht 30 m in die Tiefe stürzt. Vom Besucherzentrum muss man dazu 2 km nach Südwesten fahren und dann über 3 km einer steilen Nebenstraße folgen.

Die zweite Hälfte der 62 km langen Strecke vom Thong Pha Phum gehört zu den abgeschiedensten und kurvigsten Straßen ganz Thailands. Sie ist befestigt, aber an vielen Stellen holprig. Gelbe *sŏrng·tăa·ou* nach E-Thong fahren am Besucherzentrum vorbei.

E-Thong อีต่อง

Der kleine Grenzort E-Thong, 8 km hinter dem Besucherzentrum des Thong Pha Phum National Park, war einst ein lebendiger, recht kosmopolitischer Ort mit frischen Meeresfrüchten auf seinen Märkten und internationaler Einwohnerschaft. Die Zinn- und Wolframminen, die den Beinamen *mĕuang pĕe·lôrk* (Geisterminen) erhielten, weil so viele Menschen darin starben, begannen jedoch in den 1980ern nach und nach zu schließen, und die Teiche und großen Gebäude in und rund um die Stadt sowie rund 300 meist ältere Einwohner sind alles, was heute noch übrig ist.

Die Grenze zu Myanmar ist geschlossen, selbst für Einheimische, aber man kann zu der riesigen thailändischen Flagge auf dem Kamm wandern. Wenn die Luft klar ist (was nicht oft passiert), sieht man bis zur Andamanensee.

E-Thong ist beinahe das ganze Jahr über wie eine Geisterstadt, aber in der kalten Jahreszeit füllt sie sich am Wochenende mit jungen Bangkokern, weswegen es auch mehrere moderne Privatunterkünfte gibt, etwa das **Hill House** (☎080 781 5702; Zi. NS/HS 600/1000 B).

Eine Alternative ist das unglaubliche **Somsak Mining Forest Glade** (☎081 325 9471; pro Pers. inkl. aller Mahlzeiten 1600 B), das von „Auntie Glen" geführt wird, einer Australierin, die schon seit Jahrzehnten hier lebt. Das hausgemachte Essen schließt ihre beliebten Kuchen ein, die man auch in der Stadt kaufen kann.

Das **Hong Noi Restaurant** (☎080 788 5919; Gerichte ab 30 B; ⏲7–19.30 Uhr) serviert ausgezeichnetes thailändisches Essen. Die Tochter des Hauses spricht ein wenig englisch – eine gute Anlaufstelle, um sich ein paar Tipps zu holen.

Gelbe *sŏrng·tăa·ou* (70 B, 2 Std., 10.30 & 23.30 Uhr) fahren am Thong Pha Phum ab. Zurück geht's um 6.30 Uhr und 7 Uhr.

Khao Laem National Park อุทยานแห่งชาติเขาแหลม

Mit dem mächtigen Khao-Laem-Stausee im Zentrum und Kalksteinbergen rundum ist der 1497 km² große **Khao Laem National Park** (☎034 510431; Erw./Kind 200/100 B) eine besondere Naturschönheit. Trotz seiner Größe und seines Potenzials ist der breite, sanfte **Kroeng-Krawia-Wasserfall**, der durch einen kleinen Wald fließt, so ziemlich alles, was sich die meisten Besucher hier ansehen. Er liegt 34 km nördlich des Thong Pha Phum an der Hauptstraße; der Eintritt ist frei. Das Besucherzentrum ist auf der anderen Straßenseite.

Auch ohne eigenen fahrbaren Untersatz kann man den **Kroeng-Krawia-Sumpf** besuchen, der in der kühleren Jahreszeit für Vogelbeobachter ein lohnendes Revier sein kann. Der Wanderweg beginnt 5 km südlich des Wasserfalls, und man kann ihn in gut zwei Stunden bewältigen, aber nur in Begleitung eines Rangers.

Es gibt eine **Unterkunft** (☎02 562 0760; www.dnp.go.th; Bungalow 1200–1800 B) und einen Zeltplatz am Kroeng-Krawia-Sumpf, aber das **Pom Pee** (☎02 562 0760; www.dnp.go.th; Bungalow 900 B) ist einladender und attraktiver. Es befindet sich 9 km nördlich des Kaeng-Krawia-Wasserfalls und bietet bei Sonnenuntergang einen tollen Blick auf den See.

Vom Thong Pha Phum fahren *sŏrng·tăa·ou* zum Kroeng-Krawia-Wasserfall (35 B, 1 Std., alle 30 Min.).

Sangkhlaburi สังขละบุรี

6877 EW.

Für viele Reisende ist Sangkhlaburi die Endstation, aber für viele Einwohner steht es für den Beginn einer neuen Reise. Nur in wenigen Orten in Thailand lebt eine ethnisch so bunte Mischung, bei der Karen und Mon sowie einige Lao und Birmanen den Thais zahlenmäßig überlegen sind. Die meisten wurden hier geboren, aber viele sind aus Myanmar auf der Suche nach einem sichereren Leben über die Grenze gekommen.

Auch wenn es recht abgeschieden und verschlafen ist, verfügt Sangkhlaburi dank seiner Beliebtheit bei thailändischen Touristen über zahlreiche Resorts und Restaurants. Mehrere NGOs, von Schwergewichten wie dem American Refugee Committee bis zu kleineren persönlichen Projekten, ziehen einen steten Strom freiwilliger Helfer an, die dem Ort ein wenig internationales Flair verleihen. Auf S. 840 steht, wie man sich ihnen anschließen kann.

In der Stadt kann man prima abhängen. Die Serpentinenfahrt hierher, vorbei an Urwald, schwimmenden Dörfern und einer grandiosen Aussicht über den Kheuan Khao Laem (Khao-Laem-Stausee) ist allein schon Grund genug für einen Besuch.

Sehenswertes & Aktivitäten

★ Saphan Mon BRÜCKE

(สะพานมอญ) Sangkhlaburis legendäre, 440 m lange Holzbrücke ist eine der größten der Welt und verbindet den Hauptteil der Stadt, in dem vorwiegend Thais und Karen leben, mit der Mon-Siedlung. Obwohl sich die Gebäude und Läden auf der Mon-Seite auch nicht von denen in anderen Thai-Dörfern unterscheiden, ist sie wegen der vielen Stumpen qualmenden Frauen, Sarong tragenden Männer und mit gelber Salbe bedeckten Gesichter etwas ganz Besonderes.

Am Mon-Ende der Brücke wartet ein typischer thailändischer **Souvenirmarkt**, auf dem Karen beliebte Hemden und Kleider verkaufen. Wenn man der Straße von der Brücke bergauf folgt und dann links auf die Hauptstraße abbiegt, kann man auch den **Mon-Markt** besuchen.

Ein 70 m langer Abschnitt der Brücke stürzte 2013 während sintflutartiger Regenfälle ein, und die schwimmende Bambusbrücke, die anschließend erbaut wurde, ist immer noch da – aber nicht mehr lange. Wenn sie einbricht, wird sie nicht wieder aufgebaut.

★ Khao-Laem-Stausee SEE

(เขื่อนเขาแหลม) Eine Bootsfahrt auf diesem gigantischen See ist ein Muss. Er wurde in den 1980er-Jahren durch den Bau des Vajiralongkorn-Damms (S. 203, vor Ort als Khao-Laem-Damm bekannt) geschaffen, der nahe dem Thong Pha Phum über den Mae Nam Khwae Noi führt. Zwei der zahlreichen Dörfer, die der neue See damals überflutete, wurden an ihren heutigen Standort umgesetzt, und die Brücke wurde erbaut, um die Dörfer zu verbinden. Alles, was heute noch übrig ist, sind die zerstörten Überreste dreier Tempel.

Der nächstgelegene Tempel, der **Wat Wang Wiwekaram Gao** (*gao* = alt), ist von der Brücke aus sichtbar; hier befand sich das Mon-Dorf. Wenn der See seinen Höchststand erreicht, bleiben nur die Spitze des *ubosot* und der Glockenturm trocken. Der nahe **Wat Si Suwannaram Gao** war der Tempel des Thai-Karen-Dorfs. Er taucht auf, wenn der See Niedrigwasser hat, während der **Wat Somdet Gao** auf einem Hügel im Wald steht und das ganze Jahr über trocken bleibt. Der neue Wat Somdet ist der Tempel mit den vielen Buddha-Abbildungen an der Straße in die Stadt.

Touren ab der Holzbrücke kosten für alle drei Tempel 500 B (max. 6 Pers.) und dauern eine Stunde, nur den Wat Wang Wiwekaram Gao anzusteuern, kostet 300 B.

Die Stille am frühen Morgen, wenn grauer Nebel die umliegenden Berge umhüllt, ist die beste Zeit für einen Besuch.

Wat Wang Wiwekaram BUDDHISTISCHER TEMPEL

(วัดวังก์วิเวการาม; ⌚ Sonnenaufgang–Sonnenuntergang) GRATIS Dieser Tempel ragt aus dem Wald oberhalb der Stadt empor und ist das spirituelle Zentrum von Thailands Mon. Der *wí·hăhn* mit drei grün-gelben Türmen ist ein Schrein für den hoch verehrten Mönch Luang Phaw Uttama, der 2006 starb und darin seine letzte Ruhe fand. Er wurde in Myanmar geboren und floh 1949 vor dem Bürgerkrieg nach Thailand. Er wurde zu einer wichtigen Stütze der Mon-Bevölkerung

INSIDERWISSEN

EINE FRAGE DES GLÜCKS

Auf den Stufen zum **Chedi Luang Phaw Uttama** wartet auf Besucher eine Herausforderung: Auf halbem Weg gibt es eine Stufe mit dem Fußabdruck Buddhas, auf der jede Menge Münzen liegen. Wer es schafft, dass seine Münze auf dem Rand stehen bleibt, ist für immer mit Glück gesegnet.

in beiden Ländern und war ein in ganz Thailand anerkannter buddhistischer Führer.

Chedi Luang Phaw Uttama BUDDHISTISCHER TEMPEL

(เจดีย์พุทธคยา) GRATIS 600 m südöstlich des Wat Wang Wiwekaram steht dieser im Stil des Mahabodhi-*chedi* in Bodhgaya, Indien, erbaute Stupa. Sein goldfarben bemaltes, Art-déco-artiges Äußeres ist mit Nischen mit kleinen Buddha-Bildnissen übersät. Drumherum gibt's einen ungewöhnlichen Glockenturm und mal wieder einen Souvenirmarkt.

Mon National Cultural Center KULTURZENTRUM

(ศูนย์วัฒนธรรมมอญ ประเทศไทย; ⌚9–17 Uhr) GRATIS Auch wenn dieses kleine Kulturzentrum nicht auf Besucher ausgerichtet ist, sind diese durchaus willkommen, und das Personal beantwortet gern alle Fragen. Der Ausstellungsraum hat nicht viel zu bieten, aber die Orchesterinstrumente sind echte Kunstwerke, und am Wochenende und in den Schulferien hat man gute Chancen, die Kinder beim Üben anzutreffen. Zum Zentrum geht's von der Saphan-Mon-Brücke bergauf, dann rechts auf die Soi 2, über eine weitere Holzbrücke und dann etwa 250 m den Hügel rauf.

Sangkhlaburi Cultural Center KULTURZENTRUM

(ศูนย์วัฒนธรรม อำเภอสังขละบุรี; ☎086 178 4096; Th Sangkhlaburi; ⌚Mo–Fr 8–16, Sa & So bis 12 Uhr) GRATIS Die Mitarbeiter dieses kleinen Kulturzentrums versuchen vornehmlich, einheimischen Kindern die Kultur der Karen, Mon und Thais nahezubringen. Die Haupthalle beherbergt eine kleine Sammlung, hauptsächlich Körbe, aber ein Besuch lohnt sich allein schon wegen der altmodischen Bauernhüte. Um das Zentrum zu erreichen, geht man zum Ostrand der Stadt und dann Richtung Süden, vorbei an der Schule nahe der Soi 7.

SCHWIMMEND UNTERWEGS

Lake House Adventure (☎02 630 9371; www.lakehouseadventure.com; B/DZ 13 500/35 800 B inkl. Mahlzeiten) bietet viertägige Hausboot-Touren ab Sangkhlaburi an – komplett mit diversen täglichen Aktivitäten und Ausflügen. In der Nebensaison gibt's Rabatt.

Wat Si Suwannaram BUDDHISTISCHER TEMPEL

(วัดศรีสุวรรณาราม) GRATIS Karen-Frauen kommen an den meisten Tagen in diesen bedeutenden Tempel, um Baumwolle zu weben. Das Gebäude, in dem sie arbeiten, birgt auch eine kleine, angestaubte Sammlung alter Körbe und Schüsseln.

Sangkhlaburi-Dschungel-Trekking WANDERN & TREKKEN

(☎085 425 4434; jarunsaksri1@gmail.com) Der Wald rund um Sangkhlaburi ist viel naturbelassener und seltener besucht als die meisten anderen Wanderregionen in Nordthailand, und „Jack“ blickt auf eine jahrelange Erfahrung als Führer in der Gegend zurück. Die beste Option ist der sechs- bis siebentägige Trek entlang der Grenze zu Myanmar von Sangkhlaburi nach Um Phang (S. 300), im Rahmen dessen man in Karen-Dörfern übernachtet.

Kürzere Wanderungen durch das als UNESCO-Weltkulturerbe geschützte Thung Yai Wildlife Sanctuary sind ebenfalls problemlos möglich.

Kurse

Scenns KOCHEN, SPRACHE

(☎080 602 3184; www.scenns.com) Die klassisch ausgebildete, unglaublich charmante Tänzerin Sai bietet hochseriöse thailändische Koch-, Tanz- und Sprachkurse an. Zimmer sind auch erhältlich.

Schlafen

Die Gegend mit den besten Unterkünften beginnt 1 km südlich des Busbahnhofs entlang der Th Sri Sukwankiri. Die meisten Häuser hier stehen oberhalb des Stausees und bieten Ausblick auf die Brücke, kriegen aber auch den Bootslärm ab. Für samstagabends sollte man dringend reservieren, genauso rund um Feiertage. Noch besser ist es, einfach an einem Werktag zu kommen, wenn die Stadt viel friedlicher und ansprechender ist.

★ P Guesthouse PENSION $

(☎034 595061; www.p-guesthouse.com; Th Sri Sukwankiri; Zi. 300–950 B; P ❄ 📶) So eine Aussicht bekommt man normalerweise nicht für 300 B: Von den aus Stein und Holz gebauten Quartieren in diesem familiengeführten Haus schaut man malerisch aufs Wasser. Es gibt zwei Optionen: Ventilator-Zimmer mit Gemeinschaftsbad mit kaltem Wasser und Hocktoilette oder Zimmer mit Klimaanlage und grandioser Aussicht (vor allem Nr. 7).

DREI-PAGODEN-PASS ด่านเจดีย์สามองค์

Auch wenn der Name lebendige Bilder heraufbeschwört – die Realität sieht ganz anders aus als diese Vorstellung. Die Pagoden, ursprünglich nur ein Haufen Steine, die in der Gegend von Ayutthaya aufgetürmt wurden, sind winzig und von einem Markt umschlossen, auf dem hauptsächlich Edelsteine, Jade und Zigaretten verkauft werden. Sie markieren den Pass, der von Thais und Birmanen genutzt wurde, als diese jeweils im Nachbarland einfielen. Nebenan erinnert ein kurzer Wegabschnitt noch an die Tragödie rund um die Death Railway.

Thais und Birmanen können die Grenze überqueren, um die Stadt Payathonzu zu besuchen, aber diese Route ist für Ausländer schon lange gesperrt. Es gibt keine Informationen, wann sie wieder ganz geöffnet wird.

Nur 2,5 km vor dem Pass führt eine ausgeschilderte Abzweigung zur **Kaeo-Sawan-Bandan-Höhle**. Man kann mehrere große, beleuchtete Kammern (der Schalter ist unten neben dem großen Buddha) besuchen, aber sehr viele Felsformationen sind hier nicht sehen.

Viel weiter abseits der Hauptstraße – und unserer Meinung nach weder die Mühe (in der Regenzeit ist er eine matschige Katastrophe) noch das Geld (die Ranger verlangen manchmal 200 B Parkeintritt) wirklich wert – befindet sich der **Takhian-Thong-Wasserfall**. Aber wenigstens hat man ihn vermutlich ganz für sich allein, was ja auch mal nett ist.

Grüne *sŏrng·tăa·ou* fahren von Sangkhlaburis Busbahnhof (30 B, 40 Min., alle 40 Min.) direkt zu den Pagoden.

Beide Optionen sind für Sangkhlaburi preiswert. Das Essen im Restaurant ist teuer, aber das Lokal ist ein fantastischer Ort, um zu entspannen. Die Pension bietet auch gute Tagesausflüge in den umliegenden Wald an.

J Family Homestay GASTFAMILIE $
(☎034 595511; 150 B/Pers.; 📶) Das ist eine tolle Wahl für eine sehr lokale Erfahrung. Die kleinen Zimmer bieten nur Matratzen auf dem Boden und ein Gemeinschaftsbad, aber die Familie ist eine sprudelnde Quelle für Informationen zur Gegend. Das Haus ist eine Straße östlich der Th Sri Sukwankiri ausgeschildert.

Phuthan Resort PENSION $$
(☎084 750 1648; Zi. 800–1600 B; ❄📶) Auch wenn es abseits des Flusses liegt – und keine Aussicht bietet – sind die niedlichen Holzbungalows für Sangkhlaburi den Preis wert.

Ban Thor Phan HOTEL $$$
(☎081 824 3369; www.banthorphan.com; Zi. inkl. Frühstück 2500–36 000 B; ❄📶) Dieses farbenfrohe, labyrinthartige Haus wirkt eher wie ein Fantasiedorf als wie ein Hotel. Die Zimmer sind gemütlich und gut ausgestattet, und an Werktagen gibt's normalerweise bis zu 50 % Rabatt. Ein Klamottenladen hilft hier, ein Waisenhaus zu unterstützen und bietet auch Yoga, „Kristallklangschalentherapie" und mehr an.

Essen & Ausgehen

Sangkhlaburis **Markt** ist ein faszinierender Ort für einen Bummel; obendrein kann man unter thailändischen und birmanischen Speisen wählen. Der **Nachtmarkt** (⏲16.30–21.30 Uhr) wird nebenan abgehalten, der **Walking Street Market** (⏲Sa 17–22 Uhr) einen Block weiter vor dem Krankenhaus. Letzterer findet in der Regenzeit nicht statt.

Ein kleines Restaurant am Dorfende der Brücke serviert Mon-Gerichte, aber alle Einheimischen haben uns empfohlen, stattdessen den Hügel zu Nai Bons namenlosem **ráhn kăi kôw morn** (Mon-Lokal; Gerichte 30 B) hinaufzusteigen. Die Betreiber sprechen kein Englisch, aber man kann einfach in die Töpfe gucken und wählen. *Kà·nŏm jeen* (Reisnudeln mit Fischsoße), das bekannteste Mon-Gericht, ist bis etwa 10 Uhr auf dem **Lebensmittelmarkt** auf der anderen Straßenseite erhältlich.

Zwei Bars entlang der Th Sri Sukwankiri, **Garden Home** und **Blue Rock**, stillen Gelüste nach westlichem Essen und sind gute Anlaufstellen, um Ehrenamtliche zu treffen und Tipps zur Region zu erhalten.

Baan Unrak Bakery BÄCKEREI $
(Th Sri Sukwankiri; Snacks 25–90 B; ⏲Mo–Sa 8–19.30 Uhr; 🖉) Das Fleischlos-Café gehört zur Baan-Unrak-Organisation und wird Vegetarier begeistern.

★ **Suanmagmai Resort** THAI $$

(Gerichte 40–450 B; ⌚10–21.30 Uhr; 📶) Der englische Teil der Karte sorgt für ratloses Kopfschütteln (frittiertes *platypus*, „Schnabeltier", sind eigentlich Entenschnäbel). Die Bilder helfen ein bisschen, aber egal, was man bestellt, es ist immer perfekt zubereitet. Hier kann man prima mal was Neues ausprobieren und aus mehreren lokalen Spezialitäten wählen, etwa Farnsalat oder „scharfer Suppe mit Seewolf". Das Lokal liegt 300 m nördlich der Mon-Brücke.

Shoppen

Die Baan Unrak Bakery verkauft authentische Karen-Webereien, die von der Baan-Unrak-Frauenkooperative in Handarbeit hergestellt werden.

Weaving for Women KLEIDUNG, KUNSTHANDWERK

(www.weavingforwomen.org; Th Sri Sukwankiri) Hier werden in recht informeller Atmosphäre echte Karen-Kleider gewebt und genäht. Moderne Schals, Taschen und vieles mehr gibt's auch.

Praktische Informationen

Die meisten für Besucher wichtigen Anlaufstellen befinden sich im Stadtzentrum, etwa Banken (SCB ist zu empfehlen), Internet (an der Soi 3), ein Krankenhaus, das Postamt und ein 7-Eleven. Die **Einwanderungsbehörde** (☎034 595335; ⌚Mo–Fr 8.30–12 & 13–16.30 Uhr) liegt auf dem Weg zum Drei-Pagoden-Pass, 1,5 km nördlich der Kreuzung.

An- & Weiterreise

Ein Parkplatz am Westrand der Stadt dient als Sangkhlaburis Busbahnhof, aber er wird nur von vier alten Bussen nach Kanchanaburi (130 B, 4 Std., 6.30, 8, 9.30 & 13 Uhr) und öffentlichem Nahverkehr genutzt. Tickets für klimatisierte Busse zum Mo-Chit-Bahnhof in Bangkok (238–306 B, 7 Std., 7.45 & 9.30 Uhr) werden gut 20 m vor dem Bahnhof verkauft. Minivans nach Kanchanaburi (175 B, 3½ Std., regelm.) fahren auf der anderen Seite der Stadt ab, nur zwei Blocks vom Busbahnhof entfernt.

Der einzige planmäßige Halt der Minivans zwischen Sangkhlaburi und Kanchanaburi ist Thong Pha Phum. Wer woanders aussteigen möchte, etwa am Sai Yok National Park, muss den vollen Preis bis Kanchanaburi bezahlen.

Unterwegs vor Ort

Das J Family Homestay (S. 207) und das **P Guesthouse** (S. 206) verleihen Fahrräder (100 B/Tag) und Motorräder (200 B). Letzteres bietet auch Kanus an. Man kann sich an **Baan Job** (☎093 994 0790; Th Sri Sukwankiri) neben dem P Guesthouse wenden, wenn man ein Auto mit Fahrer chartern möchte, um die Gegend nördlich von Kanchanaburi zu erkunden.

Ein Motorradtaxi zwischen den Unterkünften und dem Stadtzentrum oder der Brücke dürfte mit etwa 20 B zu Buche schlagen.

Nordthailand

Inhalt ➡

Gut essen

- Larp Khom Huay Poo (S. 313)
- Muu Thup (S. 332)
- Khao Soi Pa Orn (S. 253)
- Lung Eed (S. 231)
- Bamee Chakangrao (S. 293)

Schön übernachten

- Fern Resort (S. 323)
- Boklua View (S. 269)
- Phu Chaisai Resort & Spa (S. 239)
- Riverside Guest House (S. 219)
- Pukha Nanfa Hotel (S. 266)

Auf nach Nordthailand!

In Nordthailand kann man mehr als genug erleben.

Der größte Trumpf der Region ist die Natur; das zerklüftete Gelände ist ein Mekka für Outdoor-Aktivitäten – von Raftingtouren in Um Phang bis hin zu Wanderungen inmitten wilder Orchideen in Mae Hong Son.

Aber auch wer sich mehr für die Errungenschaften der Menschen interessiert, kommt angesichts der reichen Palette kultureller Attraktionen und Erlebnisse in Nordthailand nicht zu kurz. Vieles, für das die thailändische Kultur bekannt ist, stammt aus dieser Region. Wer sie erkunden will, kann beispielsweise in Phrae einen buddhistischen Tempel besuchen, einen Homestay-Aufenthalt im ländlichen Sukhothai einlegen oder auf dem Abendmarkt in Lampang einheimische Gerichte probieren.

Auch ausgefallenere Wünsche werden im Norden befriedigt: Abenteuerlustige Entdecker können in Mae Sariang zu einem Trek zu den Bergvölkern aufbrechen oder eine Autotour nach Phayao unternehmen, Geschichtsfans können im Geschichtspark Sukhothai eine Reise in die Vergangenheit wagen – und wir können versichern, dass die Partyszene des im Landesinneren gelegenen Pai einen den Strand nicht vermissen lässt.

Beste Reisezeit

- Der Winter (Nov.–Jan.) ist die Zeit, in der man nach Nordthailand reisen sollte. Dann steigen die Temperaturen tagsüber im Hochland auf angenehme 20 bis 23 °C an, fallen nachts in einigen Lagen aber bis in die Nähe des Gefrierpunkts.
- Zwischen März und Mai, in der heißesten Zeit des Jahres, klettern die Temperaturen bis auf fast 40 °C, und der Rauch der Brandrodungen kann die Luft vernebeln.
- Falls man auch etwas wandern will, sollte man die Regenzeit (Juni–Okt.) auf alle Fälle meiden.

Highlights

1. Naturschutzgebiete erkunden, z. B. den **Phu Hin Rong Kla National Park** (S. 277) in der Provinz Phitsanulok oder den **Salawin National Park** (S. 333) in der Provinz Mae Hong Son

2. Im abgelegenen Um Phang wandern und raften, wo am Ende der Straße der **Nam Tok Thilawsu** (S. 301), Thailands schönster Wasserfall, lockt

3. Die einzigartige Kultur der chinesischen Außenposten wie das weltabgeschiedene **Mae Salong** (Santikhiri; S. 236) erkunden

4. Wenig besuchte Städte wie **Phayao** (S. 254) oder **Phrae** (S. 257) entdecken

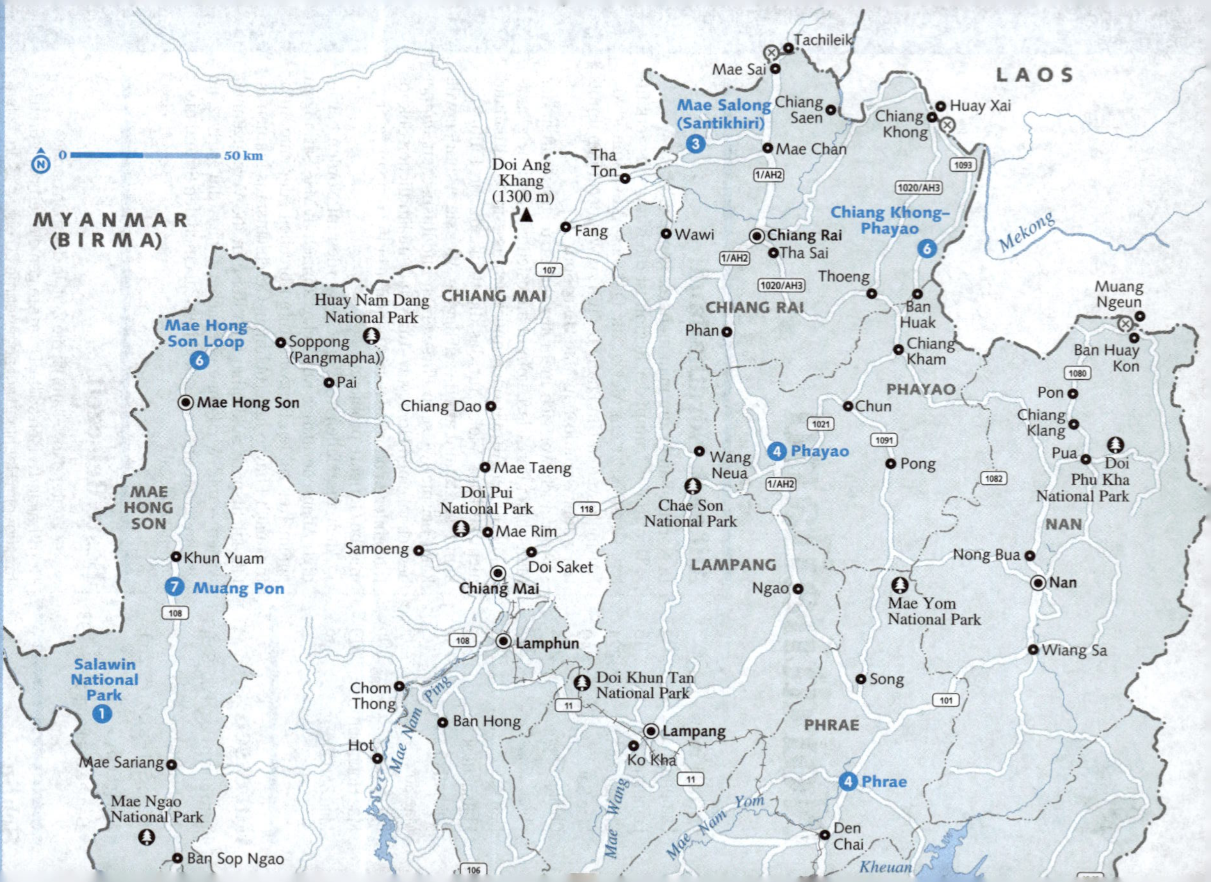

5 In den Geschichtsparks von **Sukhothai** (S. 278) und **Si Satchanalai-Chaliang** (S. 287) in Thailands goldenes Zeitalter eintauchen

6 Ein Fahrzeug mieten und die **Mae-Hong-Son-Rundtour** (S. 312) oder die Strecke von **Chiang Khong nach Phayao** (S. 255) in Angriff nehmen

7 Sich in Homestays auf Gemeinschaftsbasis kopfüber ins nordthailändische Leben stürzen, z. B. in **Muang Pon** (S. 329) oder **Ban Na Ton Chan** (S. 282)

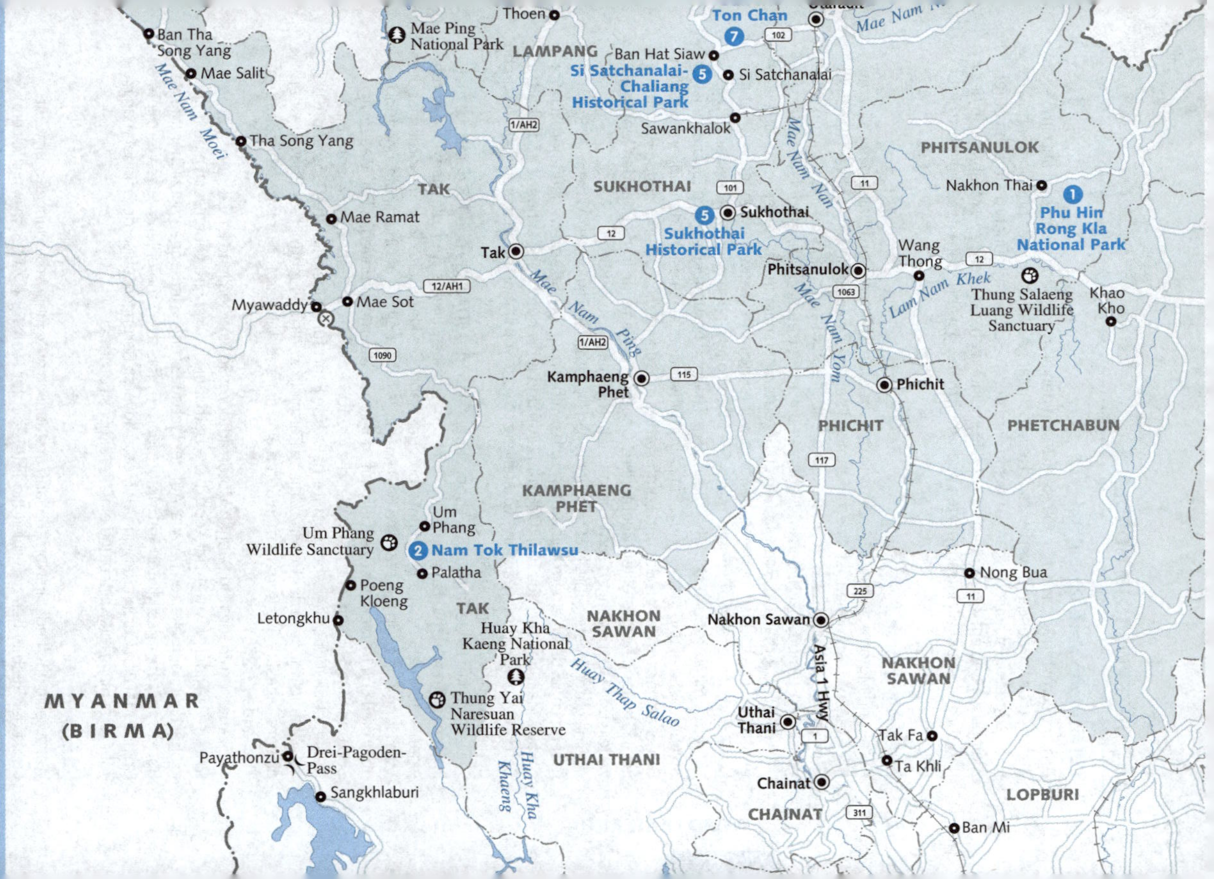

UNTERWEGS IM NORDEN

Öffentliche Verkehrsmittel

Am bequemsten kommt man mit dem Zug in den Norden, auch wenn die Fahrt im Vergleich zu der mit anderen Verkehrsmitteln recht lange dauert und es nur eine Bahnlinie nach Norden gibt. Fast die ganze Region wird durch Busse und zunehmend auch durch Kleinbusse bedient, abgesehen von den Gemeinden an der Grenze zu Myanmar, in denen *sŏrng·tăa·ou* (Kleintransporter, auch *songthaew* geschrieben) das Transportmittel der Wahl sind.

Auto & Motorrad

Auto- und Motorradvermieter gibt es in den meisten Städten. Nordthailand mit einem Mietwagen zu erkunden, ist eine zunehmend beliebter werdende Alternative. Thailands Straßenverkehr birgt zwar gewisse Risiken, aber dafür kann man sich das Land im selbst gewählten Tempo anschauen und jederzeit die ausgetretenen Touristenpfade verlassen.

Wer nicht vorhat, Off-Road-Touren zu unternehmen oder in der Regenzeit unbefestigte Straßen in Angriff zu nehmen, benötigt wahrscheinlich keines der großen in Chiang Mai angebotenen Geländemotorräder. Die Motorrollern ähnelnden Motorräder (110–150 cm³) mit Automatikgetriebe, die in ganz Thailand herumfahren, sind für die meisten Straßen schnell und stark genug. Eine Alternative für alle, die es auf den langen, geraden Strecken gern etwas größer und komfortabler mögen, ist die 200 cm³ Honda Phantom, ein in Thailand hergestellter Möchtegern-Chopper. Allgemeine Infos über den Motorradverleih und Überlegungen zum Thema Sicherheit gibt's ab S. 856.

Eine guter Einstieg fürs Motorradfahren in Nordthailand ist der 100 km lange Samoeng Loop, der in einem halben Tag zu bewältigen ist. Die Strecke verläuft nördlich von Chiang Mai über die Rtes 107, 1096 und 1269 und führt durch eine schöne Landschaft; in den Kurven bekommt man eine Vorstellung davon, womit man bei längeren Touren durch den Norden rechnen muss.

Der 470 km lange Chiang Rai Loop, der auf den Rtes 107, 1089 und 118 durch die malerischen Ortschaften Fang und Tha Ton führt, ist eine beliebte Tour, die man auch durch einen Aufenthalt in Chiang Rai unterbrechen kann. Die klassische Tour im Norden ist der Mae Hong Son Loop (S. 312): Die 600 km lange Fahrt beginnt in Chiang Mai und führt über die 1864 Kurven der Rte 1095 mit möglichen Übernachtungen in Pai, Mae Hong Son und Mae Sariang, ehe man über die Rte 108 nach Chiang Mai zurückkehrt. Eine weniger bekannte, aber ebenso unterhaltsame Fahrt führt über die Rtes 1155 und 1093 von Chiang Khong in der Provinz Chiang Rai in die wenig besuchte Stadt Phayao – bei diesem Tagesausflug kommt man durch eine der spektakulärsten Gebirgslandschaften Thailands (S. 255).

Die beste Infoquelle in Sachen Motorradtouren in Nordthailand ist **Golden Triangle Rider** (GT Rider; www.gt-rider.com). Die Betreiber der Website geben auch eine Reihe großartiger Tourenkarten heraus. Auf der Website stehen Unmengen nützlicher Informationen, z. B. über das Mieten von Motorrädern (mit Listen empfehlenswerter Vermieter in Chiang Mai und Chiang Rai) und zu Motorradversicherungen, außerdem findet man hier Tourvorschläge mit Karten und ein interaktives Forum.

Flugzeug

Wer es eilig hat, findet in Nordthailand erstaunlich gute Flugverbindungen. Zum Zeitpunkt der Recherchen unterhielt die THAI-Tochter **Nok Air** (☎1318; www.nokair.com) das größte Netz mit Flügen aus mehreren Provinzhauptstädten in der Region nach Bangkok und Chiang Mai. Weitere Inlandsfluglinien mit Flügen im Norden sind u. a.:

Air Asia (☎02 515 9999; www.airasia.com)

Bangkok Airways (☎1771; www.bangkokair.com)

Kan Air (☎02 551 6111; www.kanairlines.com)

Thai Lion Air (☎02 529 9999; www.lionairthai.com)

Thai Smile (☎02 118 8888; www.thaismileair.com)

Geschichte

Die Geschichte Nordthailands ist von der wechselnden Vormachtstellung verschiedener selbstständiger Fürstentümer geprägt. Einer der wichtigsten frühen kulturellen Einflüsse im Norden ging vom Mon-Königreich in Hariphunchai (heute Lamphun) aus, das vom späten 8. bis ins 13. Jh. das Sagen hatte. Einen ganz eigenen Charakter besitzt die Hariphunchai-Kunst mit ihren Buddhadarstellungen; viele gute Beispiele finden sich im Hariphunchai National Museum in Lamphun.

Die Thais, die wahrscheinlich etwa seit dem 7. Jh. aus China einwanderten, vereinten im 13. Jh. mehrere Fürstentümer unter sich – es entstand Sukhothai, das den Mon schließlich Hariphunchai entriss. 1238 erklärte sich Sukhothai zu einem unabhängigen Königreich, das unter seinem ersten König Si Intharathit schnell seine Einflusssphäre ausweitete. Aus diesem Grund – und auch weil das Königreich die moderne thailändische Kunst und Kultur stark prägte – gilt Sukhothai als das erste wirkliche Thai-Königreich.

Im Jahr 1296 gründete König Mengrai die Stadt Chiang Mai, nachdem er Hariphunchai unterworfen hatte. Später wurde Chiang Mai, das im 14. und 15. Jh. eine Allianz mit Sukhothai bildete, ein Teil des größeren Königreichs Lan Na Thai (Land der Millionen Reisfelder), kurz Lanna. Dieses Reich erstreckte sich im Süden bis nach Kamphaeng Phet, im Norden bis nach Luang Prabang in Laos. Das goldene Zeitalter Lannas war das 15. Jh. Für eine kurze Zeit wurde die Hauptstadt von Sukhothai nach Phitsanulok (1448–1486) verlegt, und Chiang Mai wurde ein wichtiges religiöses und kulturelles Zentrum. Doch im 16. Jh. schwand die Macht vieler Thai-Allianzen. Die Schwäche machten sich die Birmanen zunutze, die Chiang Mai 1556 eroberten und danach Lanna zwei Jahrhunderte lang beherrschten. Nachdem die Birmanen 1767 Ayutthaya erobert hatten, gruppierten sich die Thais neu und eroberten 1774 unter König Kawila Chiang Mai zurück, während die Birmanen in den Norden zurückgedrängt wurden.

Im späten 19. Jh. unternahm König Rama V. von Bangkok Anstrengungen, die Nordregion mit dem Kern Thailands zu verbinden, um so die koloniale Bedrohung abzuwehren. Die Fertigstellung der nördlichen Bahnlinie nach Chiang Mai im Jahr 1921 stärkte diese Verbindungen, sodass die Nordprovinzen schließlich im frühen 20. Jh. mit dem Königreich Siam verschmolzen.

Sprache

Die regionalen Dialekte Thailands unterscheiden sich stark und können sogar für Muttersprachler, die aus einer anderen Region stammen, unverständlich sein. *Găm méuang*, der Dialekt des Nordens, ist da keine Ausnahme. Außer einem ganz anderen Tonsystem als das Standard-Thai besitzt er eine Menge Wörter, die in anderen Dialekten nicht vorkommen. Allgemein hat das Nordthailändische einen langsameren Rhythmus als die drei Hauptdialekte, was gut zu der relaxten, lässigen Art der hier lebenden Menschen passt.

Das Nordthailändische besitzt sogar eine eigene Schrift. Diese basiert auf einer alten Mon-Schrift, die ursprünglich nur zur Aufzeichnung buddhistischer Texte verwendet wurde. Zur Zeit des Lanna-Reichs wurde diese Schrift so populär, dass sie von den Tai Lü in China, den Khün im östlich gelegenen Shan-Staat und von weiteren Thai-Kadai sprechenden Gruppen, die zwischen Lanna und China lebten, übernommen wurde. Heute können nur noch wenige Bewohner des Nordens diese oft als „Lanna-Schrift" bezeichnete nordthailändische Schrift lesen, man findet sie aber gelegentlich auf Schildern, was die Besonderheit der hiesigen Kultur betonen soll.

PROVINZ LAMPHUN

Diese winzige Provinz südöstlich von Chiang Mai besteht aus wenig mehr als einer kleinen Stadt, umgebenen von Bauernhöfen, Dörfern und einem leicht erreichbaren Nationalpark.

Lamphun ลำพูน

14 000 EW.

Lamphun ist vor allem für kulturell interessierte Chiang-Mai-Besucher ein lohnender Zwischenstopp. Die ruhige Provinzhauptstadt an den Ufern des Mae Kuang, eines Nebenflusses des Mae Ping, macht wenig Aufhebens von der Tatsache, dass sie eine der ältesten Städte Thailands ist. Die Festungsmauer und die alten Tempel sind Überbleibsel aus Lamphuns Vergangenheit als nördlichster Vorposten des Mon-Dvaravati-Reichs und bildete unter dem Namen Hariphunchai ein eigenes Königreich

SPICKZETTEL FÜR DEN NORDTHAILAND-TRIP

Nordthailand umfasst ein relativ großes Gebiet mit vielen Orten, Völkern und Kulturen. All das kann bei der Reiseplanung schnell überfordern. Die folgenden nach Themen geordnete Anhaltspunkte könnten hilfreich sein:

Bestes Kunsthandwerk Nan

Exotischster Lebensmittelmarkt Mae Sot

Bestes nordthailändisches Essen Chiang Rai

Beste Nudelgerichte Sukhothai

Freundlichste Einheimische Phrae

Beste Kulturwanderungen Provinz Chiang Rai

Beste Naturwanderungen Provinz Mae Hong Son

Beste antike Architektur Lampang

Antike Ruinen, die kaum einer kennt Kamphaeng Phet

Wildeste Backpacker-Partyszene Pai

Beste Stadt abseits der ausgetretenen Pfade Phayao

(750–1281). Hier regierte Chamadevi, eine Mon-Königin, die unter den historischen Herrschern Thailands einen Ehrenplatz einnimmt.

Die 26 km lange Straße zwischen Chiang Mai und Lamphun gehört zu den Hauptattraktionen. Auf der hübschen Landstraße fährt man streckenweise unter dem dichten Blätterdach hoher Flügelfruchtgewächse.

Sehenswertes

Wat Phra That Hariphunchai BUDDHISTISCHER TEMPEL
(วัดพระธาตุหริภุญชัย; Th Inthayongyot; Eintritt 20 B; ⏲6–21 Uhr) Lamphuns bekanntester Tempel reicht noch in die Mon-Zeit zurück: Er wurde 1044 (oder nach anderen Datierungen 1108 oder 1157) an der Stelle des früheren Palasts von Königin Chamadevi errichtet.

Zum Tempel gehören einige interessante Bauten, ein paar schöne Buddha-Statuen und zwei alte *chedi* (Stupas) im originalen Hariphunchai-Stil. Der Tempelbezirk bröckelte vor sich hin, bis Khruba Siwichai, ein berühmter Mönch aus Nordthailand, in den 1930er-Jahren für seine Renovierung sorgte.

Der höchste der alten *chedis*, der Chedi Suwan, stammt von 1418 und ist ein schmaler, spitzer, 21 m hoher Backsteinturm. Etwas neuer ist der 46 m hohe Phra Maha That Chedi, der mit seiner Glockenform auf einem quadratischen Sockel als ein Musterbeispiel der Lanna-Architektur des 15. Jhs. gilt.

Nationalmuseum Hariphunchai MUSEUM
(พิพิธภัณฑสถานแห่งชาติหริภุญไชย; Th Inthayongyot; Eintritt 100 B; ⏲Mi–So 9–16 Uhr) Gegenüber vom Wat Phra That Hariphunchai findet sich auf der anderen Straßenseite das informative Hariphunchai National Museum. Im Inneren sind eine Reihe von Artefakten aus der Mon- und Lanna-Zeit sowie Buddha-Figuren aus der Ära des Dvaravati-Reichs ausgestellt. In einem Saal werden Steininschriften in Mon- und Thai-Lanna-Schrift gezeigt. Die Begeisterung des Kurators für sein Museum und Lamphuns kulturelles Erbe wirkt ansteckend. Der kleine Buchladen des Museums hat auch einige englischsprachige Titel.

Wat Chama Thewi BUDDHISTISCHER TEMPEL
(วัดจามเทวี; Th Chamadevi; ⏲Sonnenaufgang–Sonnenuntergang) GRATIS Im Wat Chama Thewi gibt's einen ungewöhnlichen Hariphunchai-*chedi* zu bestaunen. Das Bauwerk entstand ungefähr im 13. Jh., wurde seither viele Male restauriert und präsentiert heute eine Mischung aus verschiedenen Architekturstilen. Jede Seite des *chedi* weist fünf Reihen mit je drei Buddhafiguren auf, die nach oben hin immer kleiner werden. Die noch relativ neuen stehenden Buddhas sind im Dvaravati-Stil gehalten.

Der Tempel ist ca. 1,5 km vom Wat Phra That Hariphunchai entfernt; einfach vor dem Nationalmuseum in ein Motorradtaxi steigen (20 B)!

Feste & Events

Songkran WASSERFEST
Beim Songkran (Mitte April) geht es hier gemütlicher und traditioneller zu als in Chiang Mai – wer es nicht so nass und derb mag, schaut sich das Fest besser in Lamphun an.

Lam Yai Festival LONGAN-FEST
In der zweiten Augustwoche steht Lamphun ganz im Zeichen der Longan-Frucht, des wichtigsten landwirtschaftlichen Erzeugnisses der Gegend. Beim Lam Yai Festival sieht man über und über mit Früchten geschmückte Festwagen. Und natürlich wird

im Rahmen der Festivitäten auch eine Miss Lam Yai gewählt.

Schlafen & Essen

Da Lamphun so nahe bei Chiang Mai liegt, wird man hier wohl kaum übernachten. In Lamphuns Hauptstraße, direkt südlich vom Wat Phra That Hariphunchai, gibt es mehrere recht ordentliche **Nudelläden** (Th Inthayongyot; Hauptgerichte 30–90 B).

Dao Kanong NORDTHAILÄNDISCH $
(340 Th Charoen Rat/Th Chiang Mai-Lamphun; Hauptgerichte 30–90 B; ⏲9.30–20 Uhr) Wer es etwas deftiger mag, geht in das seit Langem bestehende Dao Kanong mit seiner Riesenauswahl nordthailändischer Speisen. Das Restaurant befindet sich 1,5 km nördlich des Wat Phra That Hariphunchai.

Shoppen

Kad Khua Moong Tha Sing MARKT
(⏲9–18 Uhr) Hinter dem Wat Phra That Hariphunchai liegt der Souvenir-Markt Kad Khua Moong Tha Sing. Hier gibt's für die Gegend Typisches wie getrocknete *lam yai* (Longan) und Seide.

An- & Weiterreise

Blaue *sŏrng·tăa·ou* (Kleinbusse) und lila Busse fahren von Chiang Mai aus tagsüber häufig nach Lamphun (25 B, alle 30 Min.). Sie starten in Chiang Mai vom Busbahnhof Chang Pheuak, von einer Haltestelle in der Th Praisani vor dem Talat Warorot und von einer weiteren östlich des Flusses an der Th Chiang Mai-Lamphun, gleich südlich des Büros der Tourist Authority of Thailand (TAT). Auch am Busbahnhof Chang Pheuak in Chiang Mai hat man Anschluss. Busse und *sŏrng·tăa·ou* können einen in Lamphun in der Th Inthayongyot an der Haltestelle vor dem Nationalmuseum und dem Wat Phra That Hariphunchai absetzen. Von der Haltestelle vor dem Nationalmuseum und vom städtischen Busbahnhof an der Th Sanam fahren die Minibusse und *sŏrng·tăa·ou* (25 B, 30 Min., 6–17.30 Uhr) zurück nach Chiang Mai.

Doi Khun Tan National Park อุทยานแห่งชาติดอยขุนตาล

Doi Khun Tan National Park NATURSCHUTZGEBIET
(☎053 546 335, Unterkunft 02 562 0760; www.dnp.go.th; Eintritt 200 B; ⏲8–17 Uhr) Dieser 225 km² große Park liegt im Bergland zwischen den Provinzen Lamphun und Lampang. Er erstreckt sich vom mit Bambuswald bedeckten Tiefland auf 350 m über dem Meeresspiegel bis hinauf zum mit Kiefern bewachsenen Gipfel des Doi Khun Tan in 1363 m Höhe. Wildblumen, darunter Orchideen, Ingwer und Lilien, wachsen hier in Hülle und Fülle. Bei der Parkverwaltung gibt es Karten, auf denen die gut markierten Wege verzeichnet

NORDTHAILÄNDISCH

Früher reagierten die Menschen in Nordthailand oft beleidigt, wenn Außenstehende versuchten, sie auf *găm méuang* (die umgangssprachliche Bezeichnung für diesen Dialekt) anzusprechen. Dieses Verhalten ging auf die Zeit zurück, als die Zentralthailänder ihre Landsleute aus dem Norden als zurückgeblieben ansahen und sich über ihre Sprache lustig machten. Heute sind die meisten Nordthais aber stolz auf ihre Sprache, und wer ein paar der folgenden Wörter und Sätze kennt, wird die Einheimischen für sich erwärmen, mit ihnen reden und flirten können oder ihnen auch nur ein Lächeln abgewinnen.

Ôo găm méuang bòr jâhng Ich kann kein Nordthailändisch.

A yăng gór? Was haben Sie gesagt?

An née tôw dai? Wie viel kostet das?

Mee kôw nêung bòr? Haben Sie Klebereis?

Lám đáa đáa köstlich

Mâan lâ ja/stimmt

Yin dee nôe Danke

Bòr mâan nein

Gàht Markt

Jôw (Eine von Frauen benutzte Höflichkeitsform, entspricht dem zentralthailändischen *ka*)

sind. Kurze Wanderstrecken rund um die Verwaltungszentrale sind darunter, aber auch lange Wege zu den vier Berggipfeln; eine Strecke führt sogar nach **Nam Tok Tat Moei** (hin & zurück 7 km). An Wochenenden in der kühlen Jahreszeit ist der Park sehr gut besucht.

Durch die Berge verläuft Thailands längster Eisenbahntunnel (1352 m). Tausende Arbeiter aus Laos schufteten hier sechs Jahre lang, bevor der Tunnel 1921 in Betrieb genommen wurde – mehrere Arbeiter sollen Tigern zum Opfer gefallen sein.

Bungalows (500–2700 B), in denen zwei bis neun Traveller unterkommen können, sowie ein Restaurant befinden sich in der Nähe der Parkverwaltung.

Der Haupteingang zum Park liegt direkt beim Bahnhof Khun Tan. Abfahrtszeiten und Fahrpreise bei der **State Railway of Thailand** (☎1690; www.railway.co.th) telefonisch erfragen oder auf die Website schauen! Am Bahnhof angekommen, überquert man die Gleise und läuft über den steilen, markierten Weg 1,3 km bis zur Parkverwaltung. Wer mit dem Auto anreist, folgt der Autobahn von Chiang Mai nach Lampang bis zur Ausfahrt Mae Tha; von dort sind es 18 km über eine ausgeschilderte, steile und unbefestigte Straße.

PROVINZ LAMPANG

Lampang war früher ein Zentrum der Holzfällerei, heute sind jedoch Bergbau und Töpferei die wichtigsten Gewerbezweige in der großen, gebirgigen Provinz, die Naturschönheiten, eine nette Hauptstadt und einige der schönsten buddhistischen Tempel Nordthailands zu bieten hat.

Lampang ลำปาง

59 000 EW.

Schwerfällige Elefanten, elegante Villen früherer Holzbarone, eindrucksvolle Tempel aus der Lanna-Ära, viele davon aus Holz – Lampang scheint auf freundliche Art alle Klischees über Nordthailand zu bestätigen. Trotzdem wirkt die Stadt „unentdeckter" als so mancher stärker auf Touristen eingestellte Ort im Norden, weil nur wenige Besucher den Weg hierher finden.

Geschichte

Zwar wurde die Provinz Lampang bereits während der Dvaravati-Periode im 7. Jh. besiedelt, Legenden berichten jedoch davon, dass die Stadt Lampang vom Sohn der Hariphunchai-Königin (heutige Lamphun) Chama Thewi gegründet wurde. Diese spielt eine wichtige Rolle in der Geschichte des Hariphunchai-Königreichs.

Wie Chiang Mai, Phrae und andere ältere Städte des Nordens wurde auch das moderne Lampang in Form eines Rechtecks angelegt, mit einer Stadtmauer umgeben und entlang eines Flusses (hier dem Mae Wang) gebaut. Am Ende des 19. und zu Beginn des 20. Jhs. war Lampang zusammen mit dem nahe gelegenen Phrae ein wichtiger Umschlagplatz für den nationalen und internationalen Handel mit Teakholz. Eine große britische Holzgesellschaft engagierte birmanische Vorarbeiter, die mit der Teakholzindustrie Birmas vertraut waren. Diese sollten birmanische und thailändische Holzfäller aus der Gegend ausbilden. Zusammen mit unabhängigen birmanischen Teakhändlern, die ebenfalls in Lampang ihren Geschäften nachgingen, sponserten diese gut bezahlten Vorarbeiter in der Stadt den Bau von mehr als einem Dutzend Tempeln. In einigen der beeindruckendsten Wats Lampangs und der wunderschönen alten Häuser entlang Th Talad Gao ist das Erbe dieser Handwerker bis heute zu entdecken.

Sehenswertes & Aktivitäten

Wat Phra Kaew Don Tao BUDDHISTISCHER TEMPEL

(วัดพระแก้วดอนเต้า; abseits der Th Phra Kaew; Eintritt 20 B; ⌚Sonnenaufgang–Sonnenuntergang) Der Haupt-*chedi* zeigt Hariphunchai-Einfluss, während der *mon·dòp* (kleiner, quadratischer Schrein mit spitz zulaufendem Dach) daneben erst aus dem Jahr 1909 stammt.

Der *mon·dòp* ist mit Glasmosaiken im typisch birmanischen Stil verziert und birgt ein Buddha-Bild im Mandalay-Stil. Zwischen 1436 und 1468 beherbergte dieser Wat den Smaragd-Buddha. Dieser war insgesamt in vier Wats in Nordthailand untergebracht, ehe er nach Bangkok in den Wat Phra Kaew kam.

Eine Ausstellung von Lanna-Artefakten kann im Museum des Wats, dem **Lanna-Museum** (Eintritt gegen Spende; ⌚7–18 Uhr) bestaunt werden.

Neben dem Tempelkomplex steht der 1809 errichtete **Wat Suchadaram**, der nach Mae Suchada benannt worden ist, der zentralen Figur einer lokalen Legende.

Th Talad Gao VIERTEL

(ถนนตลาดเก่า) Lampangs multikulturelle Geschichte prägt diese Uferstraße, die von alten Wohnhäusern, Tempeln und Ladenhäusern im thailändischen, englischen, chinesischen und birmanischen Stil gesäumt wird. Hier findet zudem wöchentlich ein Straßenmarkt (S. 221) statt.

Wat Pongsanuk Tai BUDDHISTISCHER TEMPEL

(วัดปงสนุกใต้; Th Pongsnook; ⌚Sonnenaufgang–Sonnenuntergang) GRATIS Obwohl der Tempel bei seiner Renovierung viel von seinem ursprünglichen Charakter verloren hat, ist der *mon·dòp* im Wat Pongsanuk Tai immer noch eines der wenigen verbliebenen hiesigen Beispiele für die alte Tempelarchitektur im Lanna-Stil, bei der zu den Seiten offene Holzgebäude bevorzugt wurden. Der mit Schnitzereien verzierte Holzdurchgang am Eingang zur Nordtreppe vermittelt einen Eindruck davon, wie der Tempel früher ausgesehen hat.

In einer Reihe musealer Räume auf dem Tempelgelände sind Artefakte aus der Region ausgestellt, englischsprachige Erklärungen sind jedoch kaum vorhanden.

Baan Sao Nak MUSEUM

(บ้านเสานัก; 85 Th Radwattana; Eintritt 50 B; ⌚10–17 Uhr) Das auf 116 quadratischen Teakpfeilern ruhende riesige Teakhaus wurde 1895 im traditionellen Lanna-Stil errichtet und war die Residenz einer örtlichen *kun·yĭng* („Herrin"); heute dient es als Museum. Das Gebäude ist mit birmanischen und thailändischen Antiquitäten möbliert, aber das wirklich Sehenswerte sind das Haus und der gepflegte Park.

Dhanabadee Ceramic Museum MUSEUM

(พิพิธภัณฑ์เซรามิคธนบดี; www.dhanabadeeceramicmuseum.com; abseits der Soi 1, Th Phrabat; Eintritt 100 B; ⌚9–17 Uhr) Dhanabadee behauptet, als erste Firma die in ganz Thailand verbreiteten typischen „Hühnchenschalen" hergestellt zu haben. 2013 öffnete das Unternehmen seine Tore für Besucher und bietet seither Führungen an, die über die Geschichte und den Herstellungsprozess dieses Gefäßtyps informieren. Das Museum befindet sich etwa 500 m südlich der Th Phahonyothin/AH2.

Wat Chedi Sao BUDDHISTISCHER TEMPEL

(วัดเจดีย์ซาว; Th Pratuma; ⌚Sonnenaufgang–Sonnenuntergang) GRATIS Der Tempel ist nach den *sao* (nordthailändisch für „20") geweißten *chedis* im Lanna-Stil auf seinem Gelände benannt. Doch der eigentliche Schatz des Wat ist eine aus dem 15. Jh. stammende Statue des sitzenden Buddha aus Massivgold, die in einem glasummantelten, über einem rechteckigen Teich errichteten Pavillon ausgestellt ist.

Im Kopf der Statue soll ein Knochensplitter aus Buddhas Schädel und in seiner Brust ein goldenes Palmblatt mit einer alten Inschrift in Pali verborgen sein; Frisur und Gewand des Bildnisses sind mit kostbaren Edelsteinen besetzt. Angeblich hat ein Bauer die Figur 1983 bei den nahe gelegenen Ruinen des Wat Khu Kao gefunden.

Die Mönche des Wat Chedi Sao stellen Kräuterarzneien her und verkaufen sie: Das beliebte *yah mòrng* ähnelt dem bekannten Tigerbalsam.

Der Wat liegt rund 6 km nördlich der Stadt, zu erreichen ist er über die Th Phra Kaew; die Fahrt mit einem Motorradtaxi kostet hin und zurück rund 60 B.

Phum-Lakhon-Museum MUSEUM

(พิพิธภัณฑ์เมืองของชาวลำปาง; Ecke Th Chatchai & Th Thakhrao Noi; ⌚Mo–Fr 8.30–16.30 Uhr) GRATIS Das kleine, bezaubernde Museum infor-

EIN HOCH AUF DIE MELONE!

Der kleine Wat Suchadaram beim Wat Phra Kaew Don Tao soll an der Stelle stehen, an der sich einst das Melonenfeld *(dorn đôw)* von Mae (Mutter) Suchada befand, einer frommen Frau aus der Gegend. Während einer Hungersnot soll ein Mönch die Frau um eine Gabe gebeten und von ihr eine Melone von ungewöhnlicher Form erhalten haben. Beim Öffnen der Melone entdeckte der Mönch einen großen grünen Edelstein und schuf aus diesem mit Mae Suchadas Hilfe und dem Beistand des Gottes Indra ein Buddha-Bildnis.

Die Dorfbewohner argwöhnten, Mae Suchada hätte ein zu enges Verhältnis zu dem Mönch und köpften sie in einer Lynchaktion. Als sie später ihr Verbrechen einsahen (denn die Untat verursachte eine erneute Hungersnot), errichteten sie zu Ehren der Frau einen Tempel. Das smaragdene Buddha-Bildnis befindet sich heute im Wat Phra That Lampang Luang (S. 222).

Lampang

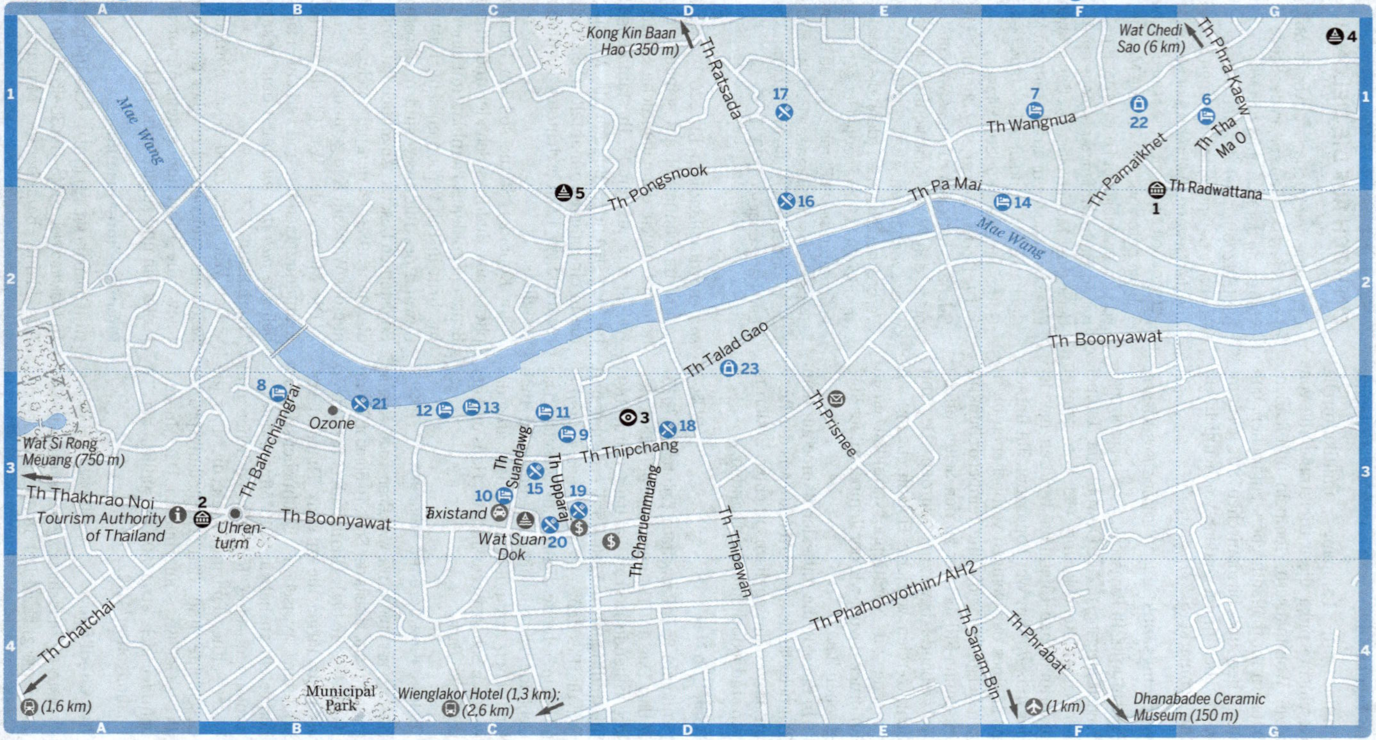
0
400 m
Kong Kin Baan Hao (350 m)
Wat Chedi Sao (6 km)
Th Phra Kaew
Th Ratsada
Th Wangnua
Th Tha Ma O
Th Pamaikhet
Th Radwattana
Mae Wang
Th Pongsnook
Th Pa Mai
Th Boonyawat
Th Talad Gao
Th Prisnee
Ozone
Th Thipchang
Th Bahnchiangrai
Wat Si Rong Meuang (750 m)
Th Suandawg
Th Upparaj
Th Charuenmuang
Th Thakhrao Noi
Tourism Authority of Thailand
Uhren-turm
Taxistand
Wat Suan Dok
Th Thipawan
Th Phahonyothin/AH2
Th Sanam Bin
Th Phrabat
Th Chatchai
(1,6 km)
Municipal Park
Wienglakor Hotel (1,3 km); (2,6 km)
(1 km)
Dhanabadee Ceramic Museum (150 m)

Lampang

Sehenswertes

1 Baan Sao Nak F2
Lanna-Museum .... (siehe 4)
2 Phum-Lakhon-Museum B3
3 Th Talad Gao D3
4 Wat Phra Kaew Don Tao G1
5 Wat Pongsanuk Tai C2
Wat Suchadaram .... (siehe 4)

Schlafen

6 Akhamsiri Home G1
7 Auangkham Resort F1
8 Baan Chiangrai B3
9 Chita Coffee & Guesthouse C3
10 Pin Hotel C3
11 Prink C3
12 Riverside Guest House C3
13 R-Lampang C3
14 TT&T Guest House F2

Essen

15 Aroy One Baht C3
16 Abendmarkt E2
17 Khun Manee D1
18 Long Jim D3
19 Mae Hae C3
20 Phat Thai Yay Fong C3
21 Riverside B3

Shoppen

22 Kulturmarkt F1
23 Straßenmarkt D2

miert anhand multimedialer Exponate über die Geschichte, die Menschen und die Kultur von Lampang.

Wat Si Rong Meuang BUDDHISTISCHER TEMPEL
(วัดศรีรองเมือง; Th Thakhrao Noi; Sonnenaufgang–Sonnenuntergang) GRATIS Der Wat Si Rong Meuang wurde Ende des 19. Jhs. von Kunsthandwerkern aus Myanmar erbaut. Das Tempelgebäude ist im birmanischen „Stufenstil" mit Zinndächern und aufwendig geschnitzten Holzgiebeln gestaltet.

Wat Si Chum BUDDHISTISCHER TEMPEL
(วัดศรีชุม; Th Thipawan; Sonnenaufgang–Sonnenuntergang) GRATIS Der im birmanischen Stil gehaltene Wat Si Chum ist ein weiteres Schmuckstück in Lampang. Er stammt aus dem Jahr 1912.

Pferdekarren

Lampang ist die einzige Stadt in Thailand, in der es noch Pferdekarren gibt – allerdings befördern sie heute nur noch Touristen. Die knallbunten, mit Plastikblumen geschmückten Karren, die von Fahrern mit Stetson auf dem Kopf gelenkt werden, kann man gar nicht übersehen. Die halbstündige Tour (300 B) führt am Mae Wang entlang, bei der einstündigen Tour (300 B) werden am Wat Phra Kaew Don Tao und am Wat Si Rong Meuang Zwischenstopps eingelegt.

Von ca. 5 Uhr bis 21 Uhr warten Pferdekarren in der Th Suandawg gegenüber vom Pin Hotel und in der Th Boonyawat gleich östlich des Marktes auf Fahrgäste.

Schlafen

Akhamsiri Home HOTEL $
(054 228 791; www.akhamsirihome.com; 54/1 Th Pamaikhet; Zi. 590 B;) „Annehmlichkeiten eines Mittelklassehotels zu Budgetpreisen", so könnte dieses Hotel für sich werben. Die großen, kühlen Zimmer befinden sich in einem gepflegten Wohnkomplex und haben alle TV, Kühlschrank und einen Garten oder Balkon. Sich auf Englisch zu verständigen, könnte allerdings schwierig sein.

Chita Coffee & Guesthouse PENSION $
(054 323 370; www.facebook.com/chitacoffeeguesthouse; 143 Th Talad Gao; Zi. 350–650 B;) Mitten in der historischen Th Talad Gao bietet das Chita stilvolle Budgetzimmer über dem Café. Die preiswertesten sind winzig, haben Ventilatoren und teilen sich das Bad.

Baan Chiangrai HOTEL $
(054 221 961; 336/9 Th Bahnchiengrai; Zi. 590 B;) Die sieben schicken, modernen Zimmer befinden sich über einem Coffeeshop. Sie sind alle mit Flachbild-TV und großem Schreibtisch ausgestattet. Gutes Preis-Leistungs-Verhältnis.

TT&T Guest House PENSION $
(054 221 303; 82 Th Pa Mai; Zi. 350–550 B;) Diese seit Langem existierende Unterkunft hat eine entsprechend altmodische Backpacker-Atmosphäre zu bieten. Die Zimmer sind schmucklos und haben Gemeinschaftsbäder, aber die schöne Lage Fluss und die großen Bereiche zum Chillen im Erdgeschoss machen das wieder wett.

★ **Riverside Guest House** PENSION $$
(054 227 005; www.theriverside-lampang.com; 286 Th Talad Gao; Zi. 350–900 B, Suite 1800–2000 B;) Dieser Komplex aus aufgemöbelten, mit Grün umgebenen Holzhäusern direkt am Fluss ist eine der angenehmeren Unterkünfte in Lampang, wenn nicht in

ganz Nordthailand, und gehört preislich immer noch in den Budgetbereich. Draußen gibt's viele Tische im Schatten, an denen man essen oder sich unterhalten kann. Zu den Einrichtungen für Traveller gehört auch eine Motorradvermietung.

Am besten nimmt man eines der beiden Zimmer im Obergeschoss des Haupthauses (denn die haben große Balkone mit Blick auf den Mae Wang) oder die riesige Zwei-Zimmer-Suite.

Auangkham Resort PENSION **$$**
(☎054-221-305; www.auangkhamlampang.com; 49-51 Th Wangnua; Zi. 900–1100 B; ❄📶) Diese Unterkunft ist keine Ferienanlage, sondern eine ausgesprochen gut geführte Pension im Boutiquestil. Die 14 Zimmer sind hell und luftig, und alle haben Balkone mit Blick in den hübschen Garten. Der heimelige Service passt zur friedlichen Atmosphäre. Besondere Pluspunkte sind der kostenlose Fahrradverleih und die Lage am freitags stattfindenden Kulturmarkt (S. 221).

R-Lampang PENSION **$$**
(☎054 225 278; www.r-lampang.com; 278 Th Talad Gao; Zi. 250–1000 B; ❄📶) Die Ästhetik dieser beiden Holzhäuser am Mae Wang lässt sich am besten als „niedlich" beschreiben. Die Korridore sind bunt angestrichen und mit Teddybären dekoriert. Die Zimmer mit Klimaanlage sind geräumig, die zwei Budgetzimmer mit Ventilator sind ziemlich klein und teilen sich das Bad. Im angeschlossenen Laden gibt's Getränke und Souvenirs.

Pin Hotel HOTEL **$$**
(☎054 221 509; pin.hotel@yahoo.com; 8 Th Suandawg; Zi. inkl. Frühstück 625–1500 B; ❄📶) Die makellosen, geräumigen und ruhig gelegenen Zimmer bieten Kabel-TV, Minibar und große Bäder, sind aber nicht besonders stimmungsvoll. Dafür entschädigt die praktische Lage: Die meisten Sehenswürdigkeiten der „Downtown" befinden sich in Gehweite vom Hotel.

Prink HOTEL **$$**
(☎08 3589 6921; 262-264 Th Talad Gao, keine Ausschilderung in lateinischen Buchstaben; Zi. 650–800 B; ❄📶) Eines der nobelsten historischen Gebäude an der Th Talad Gao wurde zu einem stilvollen Boutiquehotel umgewandelt. Die acht Zimmer liegen über einem Café und einer Eisdiele. Alle haben ein lustiges Retro-Design, einige bieten aber keine Fenster und wirken daher ziemlich beklemmend. Besser verlangt man eines der etwas teureren Balkonzimmer. Gäste teilen sich Gemeinschaftsbäder.

Wienglakor Hotel HOTEL **$$$**
(☎054 316 430-5; www.lampangwienglakor.com; 138/35 Th Phahonyothin; Zi. inkl. Frühstück 1200–1600 B, Suite inkl. Frühstück 3500 B; ❄@📶) Wer es lieber etwas gediegener mag, für den ist dieses Hotel genau das Richtige in Lampang. Die Lobby und auch die Zimmer sind geschmackvoll mit Teakholz und nordthailändischen Tempelmotiven dekoriert. Die Deluxe-Zimmer verfügen über eine zusätzliche Sitzecke und einen begehbaren Kleiderschrank. Der schöne Essbereich am Karpfenteich im Freien präsentiert sich klassisch und mit natürlichem Touch. Das Hotel befindet sich etwa 1,5 km westlich des Zentrums von Lampang an der Kreuzung Th Phahonyothin/AH2 und Th Duangrat.

Essen

Für eine vergleichsweise kleine Stadt bietet Lampang eine recht große Auswahl von Restaurants, die gute nordthailändische und akzeptable westliche Gerichte servieren, sowie ein paar, die dazwischen liegen.

Aroy One Baht THAI **$**
(Ecke Th Suandawg & Th Thipchang; Hauptgerichte 30–100 B; ⏲16–23 Uhr) An manchen Abenden wirkt es, als hätte sich ganz Lampang hier versammelt, was nur zu verständlich ist: Das Essen ist köstlich und sehr preiswert. Zudem ist das Ambiente in dem Holzhaus einfach toll.

Mae Hae NORDTHAILÄNDISCH **$**
(1017 Th Upparaj, keine Ausschilderung in lateinischen Buchstaben; Hauptgerichte 20–50 B; ⏲11–19 Uhr) In diesem schlichten, schon lange bestehenden nordthailändischen Restaurant kann man in Erfahrung bringen, was Lampang an Schnellgerichten so zu bieten hat. Eine Speisekarte gibt es nicht, man wählt einfach aus den Suppen, Currys, Dips und Salaten, indem man darauf deutet. Am besten hält man nach einem hellblauen Gebäude Ausschau.

Phat Thai Yay Fong THAI **$**
(Th Boonyawat, keine Ausschilderung in lateinischen Buchstaben; Hauptgerichte 35–60 B; ⏲17–22 Uhr) Wie essen Nordthailänder denn ihr *pàt tai*? AUf keinen Fall anders als mit Schweinehack und Schweinekruste! Dieser beliebte Imbissstand befindet sich gleich östlich des Wat Suan Dok.

Abendmarkt MARKT $

(Th Ratsada; ⏲16–20 Uhr) Für Selbstversorger und Leute, die an hiesigem Essen interessiert sind, lohnt sich unbedingt ein Besuch auf Lampangs allabendlich stattfindendem Markt mit seinen Körben voller dampfendem Klebreis und Dutzenden Kleinigkeiten zum Probieren.

Kong Kin Baan Hao NORDTHAILÄNDISCH $$

(72 Th Jama Thewi, keine Ausschilderung in lateinischen Buchstaben; Hauptgerichte 50–250 B; ⏲10–24 Uhr) In diesem Lieblingslokal der Einheimischen trifft man sich nach Einbruch der Dunkelheit, denn dann wird eine Flasche Whisky als typische Beilage angesehen. Auf der englischsprachigen Speisekarte stehen auf den Seiten mit „Local Cuisine" nordthailändische Gerichte wie *gaang kaa gòp* (eine Kräutersuppe mit Froschfleisch) und *lâhp kôo·a* (*lâhp*, das mit einheimischen Gewürzen kurz in der Pfanne angebraten wird).

Das Restaurant befindet sich 1 km außerhalb der Stadt. Um hinzukommen, nimmt man die Th Ratsada nach Norden, überquert dann den Fluss und biegt an der Ampel nach links ab – das Restaurant ist auf der linken Seite. Nach den Bäumen Ausschau halten!

Long Jim AMERIKANISCH $$

(Th Charuenmuang; Pizzas 115–130 B; ⏲Di–Fr 17–21, Sa & So 17–22 Uhr; 📶🖋) Bei Long Jim gibt's Pizza wie in New York – samstags und sonntags auch stückweise – sowie Pasta, Suppen und Salate. Hier hat ein echter Amerikaner das Sagen.

Riverside INTERNATIONAL, THAI $$

(328 Th Thipchang; Hauptgerichte 80–210 B; ⏲10–22 Uhr) Diese Holzhütte, die so aussieht, als würde sie jeden Augenblick in den Mae Wang stürzen, ist bei ausländischen Touristen und ortsansässigen Ausländern gleichermaßen beliebt. Livemusik, eine gut bestückte Bar und eine große Auswahl regionaler und westlicher Gerichte sorgen für ein stets volles Restaurant.

Shoppen

Straßenmarkt MARKT

(⏲Sa & So 16–22 Uhr) Lampangs Straßenmarkt befindet sich in der netten Th Talad Gao. Am Samstag- und Sonntagabend ist sie für den Verkehr gesperrt, dann halten hier Souvenir-, Kunsthandwerks- und Imbissstände Einzug.

NICHT VERSÄUMEN

KHUN MANEE

Khun Manee (35 Th Ratsada, keine Ausschilderung in lateinischen Buchstaben; ⏲7–19 Uhr) Lampang ist bekannt für die süchtig machenden *kôw ðaan* (in Wassermelonensaft getränkte und mit Palmzucker bestreute frittierte Reiskuchen). In dieser netten, kleinen Fabrik abseits der Th Ratsada kann man sich das Gebäck kaufen und zuschauen, wie es hergestellt wird. Ausschau halten nach dem weißen, beleuchteten Schild mit grünen Buchstaben!

Kulturmarkt MARKT

(Th Wangnua; ⏲Fr 17–20 Uhr) Ein dem Straßenmarkt ähnelnder Kulturmarkt findet jeden Freitagabend auf der anderen Seite des Flusses in der Th Wang Nuea statt.

Praktische Informationen

In der Th Boonyawat befinden sich mehrere Banken mit Geldautomaten.

Post (Th Prisnee; ⏲Mo–Fr 8.30–16.30, Sa 9–12 Uhr)

Tourism Authority of Thailand (TAT; ☎054 237 229, landesweit 1672; Th Thakhrao Noi; ⏲Mo–Fr 9–16 Uhr) Das hilfsbereite Personal hat ordentliche Karten der Gegend und Infos über die hiesigen Sehenswürdigkeiten und Aktivitäten.

An- & Weiterreise

Lampangs Flughafen, der zum Zeitpunkt der Recherchen gerade umgebaut wurde, befindet sich ca. 1,5 km südlich des Stadtzentrums am östlichen Ende der Th Phahonyothin/AH2. Damals flogen von hier nur **Bangkok Airways** (☎Lampang 054 821 522, landesweit 1771; www.bangkokair.com; Lampang Airport; ⏲8.30–11.30 & 12.30–18.30 Uhr) dreimal täglich nach Bangkok zum Suvarnabhumi International Airport (1420 B, 1½ Std.) und **Nok Air** (☎Lampang 09 4494 3440, landesweit 1318; www.nokair.com; Lampang Airport; ⏲8–20 Uhr) dreimal täglich nach Bangkok zum Don Muang International Airport (1300 B, 1½ Std.). Die Taxifahrt vom Flughafen in die Innenstadt kostet 50 B pro Person oder 100 B, wenn man das ganze Taxi nimmt.

Lampangs **Bus- und Minibusbahnhof** (☎054 218 219; Ecke Th Phahonyothin/AH2 & Th Chantarasurin) liegt fast 2 km südlich des Stadtzentrums. Zwischen dem Bahnhof und dem Zentrum verkehren zahlreiche *sŏrng·tăa·ou* (20 B, 15 Min., 3–21 Uhr). Minibusse fahren nach Chiang Mai

VERKEHRSMITTEL AB LAMPANG

Bus

ZIEL	PREIS (B)	DAUER (STD.)	HÄUFIGKEIT
Bangkok	361–722	9	7.30–11.30 & 18.30–21 Uhr regelm.
Chiang Mai	51–143	2	2–23 Uhr halbstündl.
Chiang Rai	108–194	4	6.30–15 Uhr regelm.
Mae Sai	238	6	12.40 Uhr
Mae Sot	245	4	10–16.30 Uhr; 3-mal tgl.
Nan	158–316	4	9–24 Uhr; 7-mal tgl.
Phitsanulok	164–203	4½	6.30–20.45 Uhr stündl.
Phrae	83–165	2	9–24 Uhr; 11-mal tgl.
Sukhothai	220–319	3½	6.30–20.45 Uhr stündl.

Zug

ZIEL	PREIS (B)	DAUER (STD.)	HÄUFIGKEIT
Bangkok	256–1872	12	6-mal tgl.
Chiang Mai	23–413	3	6-mal tgl.
Phitsanulok	48–1542	5	6-mal tgl.

(71 B, 1½ Std., 6.30–16 Uhr stündl.) und nach Phrae (85 B, 2 Std., 7.10–16.30 Uhr halbstündl.).

Lampangs historischer **Bahnhof** (☎ 054 217024, landesweit 1690; www.railway.co.th; Th Phahonyothin) stammt aus dem Jahr 1916 und ist ca. 2,5 km vom Stadtzentrum entfernt, also ist es ein ganz schöner Fußmarsch zu den meisten Unterkünften. Ein Túk-Túk (sprich: *đúk đúk*) vom Bahnhof ins Zentrum kostet um die 80 B.

ℹ Unterwegs vor Ort

Das Zentrum von Lampang lässt sich durchaus zu Fuß erkunden. Im Büro der Tourism Authority of Thailand bekommt man gegen Vorlage des Reisepasses kostenlose Leihfahrräder (10–16 Uhr). Für Fahrten ins Umland warten am **Taxistand** (☎ 054 217233; Th Suandawg; ⏲ 6.30–17 Uhr) in der Nähe des Pin Hotels Taxis auf Gäste.

Fahrräder und Motorräder kann man bei **Ozone** (395 Th Thipchang; Fahrrad/Motorrad pro Tag 60/200 B; ⏲ 9–20 Uhr) mieten.

Rund um Lampang

Wat Phra That Lampang Luang วัดพระธาตุลำปางหลวง

Wat Phra That Lampang Luang BUDDHISTISCHER TEMPEL

(abseits der Rte 1034; ⏲ Sonnenaufgang–Sonnenuntergang) Zu diesem uralten buddhistischen Tempelkomplex GRATIS gehören mehrere interessante religiöse Bauten, darunter der wohl schönste Lanna-Tempel Nordthailands, der offene **Wíhaan Luang**. Der eindrucksvolle *wíhaan* (heilige Stätte) stammt von 1476 und gilt als das älteste noch erhaltene Holzgebäude in Thailand. Mächtige Teakholzpfeiler tragen das dreistufige Holzdach. Aus dem frühen 19. Jh. stammende *Jataka*-Wandmalereien (Szenen aus den früheren Leben des Buddha) schmücken die Holztafeln an der Innenseite des oberen Umgangs des *wíhaan*. Ein riesiger vergoldeter *mon·dòp* im hinteren Teil des *wíhaan* enthält ein Bildnis Buddhas, das 1563 gegossen wurde.

Der kleine und schlichte **Wíhaan Ton Kaew** nördlich vom Haupt-*wíhaan* wurde 1476 erbaut, der 45 m hohe *chedi* im Lanna-Stil hinter dem Haupt-*wíhaan* stammt von 1449 und wurde 1496 ausgebaut.

Der **Wíhaan Nam Taem** nördlich des *chedi* wurde im frühen 16. Jh. errichtet und zeigt erstaunlicherweise immer noch Spuren der ursprünglichen Wandmalereien, die damit zu den ältesten im Land gehören.

Das älteste Gebäude im Tempelkomplex ist der aus dem 13. Jh. stammende **Wíhaan Phra Phut**, der südlich des Haupt-*chedi* zu finden ist.

Leider ist es nur Männern erlaubt, das mit der Camera obscura erzeugte Abbild des *wihaan* und des *chedi* im **Haw Phra Phutthabaht**, einem kleinen weißen Gebäude hinter dem *chedi*, zu betrachten. Das Bild wird (auf dem Kopf stehend) durch ein kleines Loch auf ein weißes Tuch projiziert; selbst die Farben der Gebäude sind genau zu erkennen.

Auf dem Gesims über dem Eingang zu dem Tempelkomplex beeindruckt ein Drachenrelief – derartige Reliefs waren einst in nordthailändischen Tempeln üblich, sind heute aber nur noch selten zu finden. Das Eingangstor stammt angeblich bereits aus dem 15. Jh.

Im Arboretum vor den südlichen Toren des Wats befinden sich drei sehenswerte **Museen**. Eines zeigt hauptsächlich zeremonielle Gegenstände und einige Buddha-Figuren. Ein anderes, Haus des Smaragd-Buddhas genannt, stellt Münzen, Banknoten, Buddha-Figuren, silberne Betelnuss-Kästchen, Lackschnitzereien und andere völkerkundliche Artefakte aus, außerdem drei kleine, reich vergoldete Buddhas, die auf einem Altar hinter einer großen, mit Ornamenten verzierten Silberschale stehen. Das dritte kleine, aber feine Museum hat Regale voller Buddha-Figuren, Lackschnitzereien, Manuskripte und Keramiken, die sowohl auf Thai als auch auf Englisch beschriftet sind.

ℹ An- & Weiterreise

Der Wat Phra That Lampang Luang liegt 18 km südwestlich von Lampang in Ko Kha. Mit öffentlichen Verkehrsmitteln erreicht man ihn von Lampang aus, indem man auf der Th Boonyawat ein blaues *sŏrng·tăa·ou* (20 B) in Fahrtrichtung Osten anhält und dann von der Haltestelle in Ko Kha die restlichen 3 km bis zum Tempel mit dem Motorradtaxi (60 B) zurücklegt. Ein *sŏrng·tăa·ou* von Lampangs Busbahnhof kostet für die einfache Strecke 400 B, und für ein Taxi hin und zurück zahlt man genauso viel.

Mit dem Auto oder Fahrrad geht es von Lampang über die Th Phahonyothin/AH2 Richtung Süden bis zur Ausfahrt Ko Kha, danach folgt man der Straße über eine Brücke und hält sich rechts. Nun 3 km der Ausschilderung folgen und über eine weitere Brücke fahren, dann kommt der Tempel zur Linken in Sicht!

Thai Elephant Conservation Center & Umgebung ศูนย์อนุรักษ์ช้างไทย

Hang Chat, 33 km südöstlich von Lampang, zu erreichen über die Rte 11, hat ein paar Sehenswürdigkeiten zu bieten, deren wichtigste zwei separate Zentren für Elefanten sind.

Thai Elephant Conservation Center ELEFANTEN

(TECC; ✆ 054 829 333; www.thailandelephant.org; Rte 11; Erw./Kind 200/100 B; ⏲ Elefantenbad 9.40 & 13.10 Uhr) Das beliebte Zentrum setzt sich für den Asiatischen Elefanten im Ökotourismus ein. Es sollte aber nicht verschwiegen werden, dass auch Elefantenshows und -ausritte angeboten werden. Tierschützer sind der Meinung, dass dies negative Auswirkungen auf die Tiere haben könnte.

Neben Shows gibt es eine Ausstellung über die Geschichte und Kultur rund ums Thema Elefanten, eine Kunstgalerie in Sachen Dickhäuter, einen Elefantenfriedhof und Ausritte in den umliegenden Wald. Für alle, die sich näher mit der Kultur dieser Tiere befassen möchten, bietet die Mahout Training School des TECC mehrere Programme von einem Tag bis zu einem Monat an.

Alle Einnahmen aus den Eintrittsgeldern und dem Souvenirverkauf gehen an das Elefantenhospital vor Ort, in dem alte, ausgesetzte und kranke Elefanten aus ganz Thailand gepflegt werden; außerdem werden mit den Mitteln Forschungs- und Aufzuchtprogramme unterstützt.

ABSEITS DER ÜBLICHEN PFADE

WAT LAI HIN

Wenn man den Wat Phra That Lampang Luang besichtigt und über ein eigenes Fahrzeug verfügt, sollte man auch den in der Nähe von Ko Kha gelegenen, schönen **Wat Lai Hin** (วัดไหลหิน; an der Rte 1034; ⏲ Sonnenaufgang–Sonnenuntergang) besuchen. Der von Künstlern aus Kyaingtong (auch bekannt als Kengtung oder manchmal als Chiang Tung), Myanmar, errichtete winzige Tempel gehört zu den typischsten Lanna-Tempeln in der Gegend. Er beeinflusste erheblich das Design des Dhara Dhevi Hotel in Chiang Mai, ganz zu schweigen von der Kulisse des thailändischen Kassenschlagers *Suriyothai – Die Kriegsprinzessin* (2001). Auf dem Gelände befindet sich ein interessantes Folkloremuseum, das die Mönche einem auf Wunsch aufschließen.

Von Ko Kha kommend, nimmt man die Straße zum Wat Phra That Lampang Luang. 1 km davor zweigt eine Straße ab, über die man den Tempel nach ca. 6 km erreicht.

FAE-Elefantenhospital ELEFANTEN
(Friends of the Asian Elephant; ☎08 1881 2269; www.elephant-soraida.com; an der Rte 11; Eintritt gegen Spende; ⌚8–17 Uhr) Das neben dem Thai Elephant Conservation Center gelegene (und damit verbundene) Hospital beansprucht für sich, die weltweit erste Einrichtung dieser Art zu sein. Besucher sind willkommen, und man kümmert sich auch um sie, aber man darf nicht vergessen, dass es sich hier wirklich um eine medizinische Einrichtung handelt, in der weder Führungen noch Elefantenkunst angeboten werden. Spenden sind sehr willkommen.

Schlafen & Essen

Auf dem Gelände des Thai Elephant Conservation Center gibt's Unterkünfte und drei Restaurants.

Homestay Program HOTEL $
(☎054 829 333; www.thailandelephant.org; Thai Elephant Conservation Center; 500 B/Pers.; @) Wer an den mehrtägigen TECC-Programmen teilnimmt, wohnt und isst mit einem Mahut in den schlichten, mit Ventilator ausgestatteten Bungalows; Unterkunft und Verpflegung sind im Preis des Ausbildungsprogramms enthalten. Die Zimmer – ohne Mahlzeiten – werden auch an Gäste vermietet, die nicht an den Programmen teilnehmen.

Chang Thai Resort RESORT $$
(☎08 9634 6341; www.thailandelephant.org; Thai Elephant Conservation Center; Bungalow 1000–1500 B; ❄📶) Die Ein- und Zweizimmerbungalows des TECC sind modern und komfortabel.

Shoppen

Thung Kwiang Market MARKT
(ตลาดทุ่งเกวียน; Rte 11; ⌚7–18 Uhr) Die ca. 5 km südöstlich vom Thai Elephant Conservation Center gelegene Markthalle bietet einen Crashkurs in Sachen nordthailändisches Essen und Kunsthandwerk an – von *rót dòo·an* (frittierte Würmer, eine Spezialität aus dem Norden) bis hin zu den auffälligen Schalen in Hahnform aus Lampang.

An- & Weiterreise

Das Thai Elephant Conservation Center und die Umgebung sind von Lampangs Busbahnhof aus mit Minibussen oder *sŏrng·tăa·ou* (30–70 B, 40 Min.), die auf dem Weg nach Chiang Mai sind, gut zu erreichen. Wenn man dem Fahrer sagt, dass man zu den Elefantenzentren möchte, setzt er einen bei Km 37 ab. Das TECC liegt 1,5 km abseits der Schnellstraße, Shuttle-Busse bringen Besucher hin. Alternativ steigt man am Busbahnhof von Lampang in ein blaues *sŏrng·tăa·ou* (600 B) oder in ein Taxi (ca. 1000 B).

PROVINZ CHIANG RAI

Chiang Rai, Thailands nördlichste Provinz, hat von allem etwas zu bieten: Während die Berge im äußersten Osten zu den spektakulärsten des Landes gehören, ähneln die tief gelegenen Flussebenen des Mekong im Nordosten denen, die man viel weiter südlich in Isan vorfindet. Ferner grenzt die Provinz an Myanmar und Laos. Was die Einwohner betrifft, gehört Chiang Rai wohl zu den ethnisch vielfältigsten thailändischen Provinzen. Es gibt hier eine beträchtliche Minderheit von Bergvölkern, Shan und anderen Tai-Völkern sowie, in neuester Zeit, mehr Zugewanderte aus China.

Chiang Rai เชียงราย

70 000 EW.

In der Provinz Chiang Rai gibt es so viele Attraktionen, dass ihre Hauptstadt oft übersehen wird. Wer sich die Zeit nimmt, wird entdecken, dass Chiang Rai eine zwar kleine, aber hübsche Stadt mit entspannter Atmosphäre, ordentlichen Unterkünften und wundervollen kulinarischen Spezialitäten ist. Sie ist außerdem der logische Ausgangspunkt für Exkursionen in die abgelegeneren Ecken der Provinz.

Phaya Mangrai gründete Chiang Rai im Jahr 1262 als eine Stadt des laotisch-thailändischen Königreichs Lan Na. Erst 1786 wurde Chiang Rai dem Königreich Siam zugeschlagen und erhielt 1910 den Status einer Provinz.

Sehenswertes

Mae Fah Luang Art & Culture Park MUSEUM
(ไร่แม่ฟ้าหลวง; www.maefahluang.org/rmfl; 313 Mu 7, Ban Pa Ngiw; Erw./Kind 200 B/frei; ⌚Di–So 8–17 Uhr) Neben dem Museum, das eine der größten Sammlungen von Lanna-Artefakten in Thailand beherbergt, befinden sich auf dem großen, sorgsam gepflegten Gelände antike und zeitgenössische Kunstwerke, buddhistische Tempel und weitere Gebäude. Die Anlage liegt rund 4 km westlich des Zentrums von Chiang Rai. Die Fahrt dorthin im Túk-Túk oder Taxi kostet um die 100 B.

Im **Haw Kaew**, dem Museum des Parks, zeigt die Dauerausstellung Kunstwerke und Objekte überwiegend aus Teakholz, die aus dem gesamten Gebiet des ehemaligen Königreichs Lanna stammen. Darüber hinaus gibt es einen Saal für Wechselausstellungen.

Der **Haw Kham**, ein tempelartiger Turm, der 1984 aus den Überresten von 32 Holzhäusern errichtet wurde, ist wohl das Highlight im Park. Das monumentale Gebäude, das angeblich von dem aus der Lanna-Zeit stammenden Wat Pongsanuk in Lampang beeinflusst ist, wirkt mit seiner Buddha-Statue, die scheinbar über dem (eigens aus Ko Samet importierten) weißen Sand schwebt, und dem feierlichen, von Kerzenschein erhellten Innenraum wie eine indigene Andachtsstätte.

Man kann das Personal bitten, einem die Tür zum **Haw Kham Noi** aufzuschließen. In dem Gebäude sind schöne volkstümliche buddhistische Wandmalereien zu bewundern, die aus einem abgebrochenen, aus Teakholz gezimmerten Tempel in Phrae stammen.

Hilltribe Museum & Education Center — MUSEUM

(พิพิธภัณฑ์และศูนย์การศึกษาชาวเขา; www.pdacr.org; 3. Stock, 620/25 Th Thanalai; Eintritt 50 B; ⏲ Mo–Fr 8.30–18, Sa & So 10–18 Uhr) Dieses Museum und Kulturzentrum sollte man besuchen, bevor man eine Trekkingtour zu den Bergvölkern unternimmt. Das Zentrum, das von der gemeinnützigen Population & Community Development Association (PDA) betrieben wird, macht zwar optisch eher wenig her, bietet aber jede Menge interessante Informationen über die verschiedenen Ethnien in Thailand und alles, was mit ihnen zusammenhängt.

Zu Beginn des Besuchs gibt's eine 20-minütige Diashow über die thailändischen Bergvölker, gefolgt von der Möglichkeit zum selbstständigen Erforschen der Ausstellungsstücke wie typische Kleidungsstücke von sechs wichtigen Völkern, Beispiele für die Bambusnutzung, handwerkliche Geräte der Völker und weitere anthropologische Objekte. Der Kurator des Museums ist leidenschaftlich bei der Sache und erzählt einem gern etwas über die verschiedenen Völker, ihre Geschichte, neue Entwicklungen und die Gemeinschaftsprojekte, die das Museum finanziell unterstützt.

Die PDA veranstaltet auch sehr empfehlenswerte Trekking-Touren.

Oub Kham Museum — MUSEUM

(พิพิธภัณฑ์อูบคำ; www.oubkhammuseum.com; Th Nakhai; Erw./Kind 300/100 B; ⏲ 8–17 Uhr) Das leicht skurrile Museum beherbergt eine eindrucksvolle Sammlung von Utensilien aus buchstäblich jeder Ecke des früheren Lanna-Reichs. Die Gegenstände, von denen einige wahrhaft einzigartig sind, reichen von einem Vorkosterlöffel aus Affenknochen, den die Könige Lannas benutzten, bis hin zu einem bemerkenswert geschnitzten Thron aus Chiang Tung (Kyaingtong) in Myanmar. Das Museum liegt ca. 2 km westlich des Stadtzentrums und ist etwas schwierig zu finden. Die Fahrt dorthin im Túk-Túk kostet um die 60 B.

Der Museumsbesuch ist nur im Rahmen von (englischsprachigen) Führungen möglich. Dabei geht man auch durch eine vergoldete, künstlich angelegte Höhle, in der mehrere Buddha-Statuen im Licht von Diskokugeln und künstlichen Fackeln stehen. Das ganze Museumsgelände mit der riesigen, vergoldeten Statue eines *naga* (mythisches Schlangenwesen mit magischen Kräften), den Wasserfällen und Springbrunnen wirkt irgendwie kitschig. Der Besuch ist ein gleichermaßen bizarres wie aufschlussreiches Erlebnis.

Wat Phra Kaew — BUDDHISTISCHER TEMPEL

(วัดพระแก้ว; Th Trairat; ⏲ Tempel 7–19 Uhr, Museum 9–17 Uhr) GRATIS Der ehrwürdigste buddhistische Tempel der Stadt hieß im örtlichen Dialekt ursprünglich Wat Pa Yia (Bambuswaldkloster). Die Hauptgebetshalle ist eine mittelgroße, gut erhaltene Holzkonstruktion. Der achteckige *chedi* dahinter stammt aus dem späten 14. Jh. und ist typisch für den Lanna-Stil. Das angrenzende, zweistöckige Holzgebäude ist ein **Museum**, in dem diverse Lanna-Artefakte ausgestellt werden.

Der Legende zufolge traf 1434 ein Blitz den *chedi* des Tempels, der in sich zusammenfiel und den Phra Kaew Morakot (Smaragd-Buddha; tatsächlich ist er aus Jade) freigab. Nach einer langen Reise – inklusive eines langen Zwischenstopps in Vientiane – ruht dieser nationale Talisman heute in einem großen Tempel in Bangkok, der ebenfalls seinen Namen trägt.

1990 beauftragte Chiang Rai einen chinesischen Künstler, eine neue Skulptur aus kanadischer Jade anzufertigen. Sie bekam den Namen Phra Yok Chiang Rai (Chiang-Rai-Jadebuddha) und ist ganz bewusst keine ex-

Chiang Rai

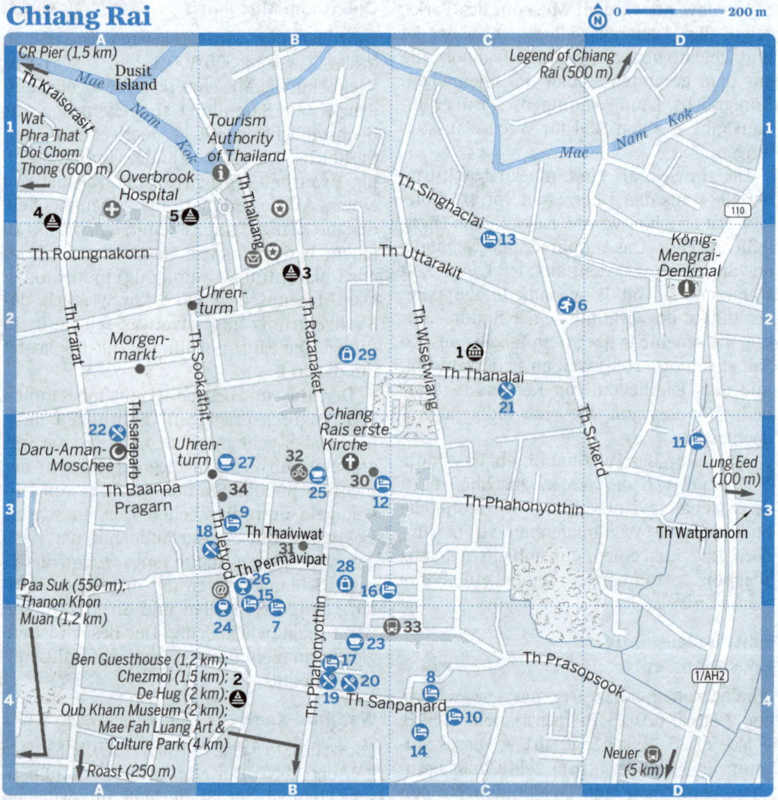

Chiang Rai

Sehenswertes

1 Hilltribe Museum & Education Center C2
2 Wat Jet Yot B4
3 Wat Klang Wiang B2
4 Wat Phra Kaew A1
5 Wat Phra Singh A1

Aktivitäten, Kurse & Touren

6 Chaow Nang Studio C2
PDA Tours & Travel .... (siehe 1)

Schlafen

7 Baan Bua Guest House B4
8 Baan Warabordee C4
9 Chook Dee Friend House B3
10 Diamond Park Inn C4
11 FUN-D Hostel D3
12 Golden Triangle Inn B3
13 Moon & Sun Hotel C2
14 Na-Rak-O Resort C4
15 Orchids Guest House B3
16 The North B3
17 Wiang Inn B4

Essen

18 Khao Soi Phor Jai B3
19 Muang Thong B4
20 Namnigew Pa Nuan B4
21 Phu Lae C2
22 Rosprasert Muslim Food A3

Ausgehen & Nachtleben

23 BaanChivitMai Bakery B4
24 Cat Bar B4
25 Doi Chaang B3
26 Easy House B3
27 Pangkhon Coffee B3

Shoppen

28 Nachtmarkt B3
29 Straßenmarkt B2

Transport

30 Budget Rent-A-Car B3
31 Chiang Rai Big Bike Rental B3
32 Fat Free B3
33 Provinzübergreifender Busbahnhof C4
34 ST Motorcycle B3

ABSTECHER

HIMMEL & HÖLLE

Gleich vor den Toren von Chiang Rai befinden sich zwei der bizarrsten, meistgepriesenen – und sehenswertesten – Attraktionen der Provinz: Wat Rong Khun und Baan Dum.

Wat Rong Khun (วัดร่องขุ่น; Weißer Tempel; an der Rte 1/AH2; ⏲Mo–Fr 8–17, Sa & So 8–17.30 Uhr) GRATIS Während die meisten buddhistischen Tempel Thailands auf eine jahrhundertelange Geschichte zurückblicken können, wurde mit dem Bau des Wat Rong Khun erst 1997 begonnen. Entworfen hat ihn der berühmte vom Maler zum Architekten konvertierte Chalermchai Kositpipat. Aus der Ferne scheint der Tempel aus glitzerndem Porzellan zu sein, bei näherem Hinsehen entdeckt man aber, dass dieser Effekt durch eine Kombination aus weißer Farbe und Spiegelstückchen erzielt wird. Der Tempel steht 13 km südlich von Chiang Rai. Hin kommt man mit einem der Busse, die regelmäßig von Chiang Rai nach Chiang Mai oder Phayao fahren (20 B).

In den Tempel gelangt man über eine Brücke in Form ausgestreckter Arme (als Sinnbild des Verlangens), die einen Teich überspannen. Im Inneren sind nicht die üblichen Szenen aus dem Leben Buddhas. Hier hat der Künstler vielmehr zeitgenössische Bilder gemalt, die das *samsara* (den Kreislauf von Werden und Vergehen) darstellen sollen. Szenen wie ein Flugzeug, das in die Twin Towers rast, oder (seltsamerweise) Keanu Reeves als Neo aus dem Film *Matrix* (und nicht zu vergessen Elvis, Hello Kitty, Superman und andere.) dominieren die eine vollendete Wand der ansonsten noch unvollendeten Anlage. Der Tempel wurde durch das Erdbeben in 2014 nur wenig beschädigt.

Baan Dum (บ้านดำ; Schwarzes Haus; an der Rte 1/AH2; ⏲9–12 & 13–17 Uhr) GRATIS Das bizarre Geistesprodukt des thailändischen Nationalkünstlers Thawan Duchanee ist ein ziemlich düsteres Gegenstück zum Wat Rong Khun. Der Baan Dum vereint mehrere Gebäude, von denen die meisten schwarz angestrichen und unheilverheißend mit Tierpelzen und -knochen ausstaffiert sind. Die Anlage befindet sich 13 km nördlich von Chiang Rai in Nang Lae. Hin kommt man mit jedem Bus Richtung Mae Sai (20 B).

Das Herzstück ist ein schwarzes, höhlenartiges, an einen Tempel erinnerndes Gebäude mit einem langen Esstisch aus Holz und Stühlen aus Hirschgeweihen – gewissermaßen der Speisesaal des Teufels. In den anderen Gebäuden gibt es u. a. weiße, wie Brüste geformte Schlafzimmer, dunkle, mit Phalli ausstaffierte Bäder und eine mit Knochen und Pelzen geschmückte „Kapelle". Die Gebäude zeigen unverkennbar nordthailändische Einflüsse, aber die düsteren Farben, die gruseligen Dekorationen und all die toten Tiere verschmelzen miteinander zu einem Ganzen, das mehr als Fantasie und nicht so sehr als Wirklichkeit anzusehen ist.

akte Kopie des Phra Kaew Morakot in Bangkok. Sie hat einen Sockeldurchmesser von 48,3 cm und ist mit 65,9 cm Höhe nur 0,1 cm kleiner als das Original. Die Statue ist im eindrucksvollen Haw Phra Yoke untergebracht, dessen Wände mit wunderschönen, modernen Wandmalereien dekoriert sind. Einige von ihnen zeigen die Reise des originalen Phra Kaew Morakot, andere die feierliche Zeremonie, die man abhielt, als die neue Statue in Chiang Rai ankam.

Tham Tu Pu & Buddha-Höhle BUDDHISTISCHER TEMPEL

(ถ้ำตูปู่/ถ้ำพระ; ⏲Sonnenaufgang–Sonnenuntergang) GRATIS Wenn man über die Mae Fah Luang Brücke (befindet sich direkt nordöstlich vom Stadtzentrum) auf die Nordseite des Mae Nam Kok geht, gelangt man zur Abzweigung nach Tham Tu Pu und zur Buddha-Höhle.

Beide Attraktionen sind für sich allein genommen nicht wirklich überwältigend. Aber die Landschaft ist wunderschön, so dass sich der Abstecher für eine gemütliche Fahrrad- oder Motorradtour anbietet.

Zunächst geht es 1 km die Straße entlang, dann biegt man auf einen unbefestigten Weg ab und folgt diesem 200 m bis zum Fuß einer Kalksteinklippe, wo steile Stufen zur Hauptkammer mit einer staubigen Buddha-Statue hinaufführen – das ist **Tham Tu Pu**.

Fährt man auf derselben Straße noch 3 km weiter (dem Schild „Buddha Images Cave" folgen!), erreicht man die **Buddha-Höhle**, eine Höhle am Mae Nam Kok, in der sich ein winziger, aber regelmäßig genutzter buddhistischer Tempel befindet. Hier leben ein einsamer Mönch und zahlreiche Katzen. Der Tempel gehörte zu den Orten, die König Rama V. zu Beginn des 20. Jhs. bei einer Reise in diese Region seines Reiches besuchte.

Wat Phra Singh BUDDHISTISCHER TEMPEL

(วัดพระสิงห์; Th Singhaclai; ⌚ Sonnenaufgang–Sonnenuntergang) GRATIS Der Tempel datiert bis ins späte 14. Jh. zurück; die ältesten erhaltenen Gebäude sind typisch nordthailändische Holzkonstruktionen mit niedrigen, geschwungenen Dächern. Die eindrucksvollen Holztüren des Haupt-*wí·hăhn* wurden angeblich von Künstlern aus der Gegend mit Schnitzereien verziert. Drinnen befindet sich eine Kopie des verehrten Phra-Singh-Buddhas aus Chiang Mai.

Wat Jet Yot BUDDHISTISCHER TEMPEL

(วัดเจ็ดยอด; Th Jetyod; ⌚ Sonnenaufgang–Sonnenuntergang) GRATIS Der siebentürmige *chedi* im Wat Jet Yot ähnelt dem des gleichnamigen Wat in Chiang Mai, weist aber keine Stuckverzierung auf. Von größerem ästhetischem Interesse ist die Holzdecke der vorderen Veranda des Haupt-*wí·hăhn*, an der eine für Thailand einzigartige astrologische Malerei zu sehen ist.

Wat Klang Wiang BUDDHISTISCHER TEMPEL

(วัดกลางเวียง; Ecke Th Ratanaket & Th Uttarakit; ⌚ Sonnenaufgang–Sonnenuntergang) GRATIS Der buddhistische Tempel wirkt völlig modern, datiert aber in seinen Ursprüngen mindestens 500 Jahre in die Vergangenheit. Im Rahmen von umfassenden Umgestaltungen in den frühen 1990er-Jahren hat man mehreren Bauten einen einheitlichen „modernen Lanna-Stil" verpasst, aber beim eleganten *hŏr đrai* (Handschriftendepot) scheint das ursprüngliches Aussehen erhalten worden zu sein.

Wat Phra That Doi Chom Thong BUDDHISTISCHER TEMPEL

(วัดพระธาตุดอยจอมทอง; an der Th Kraisorasit; ⌚ Sonnenaufgang–Sonnenuntergang) GRATIS König Mengrai, der Gründer von Chiang Rai, bestimmte den Ort für die künftige Stadt von diesem Gipfel direkt westlich vom Zentrum des heutigen Chiang Mai. Der auf dem Hügel stehende *chedi* im Lanna-Stil entstand wahrscheinlich zwischen dem 14. und 16. Jh. und könnte in seinem Inneren einen älteren *chedi* der Mon verbergen. Auf dem Hügel befindet sich auch der „Stadtnabel" von Chiang Rai.

Aktivitäten

Fast jede Pension und jedes Hotel in Chiang Rai bietet Trekking-Touren in das Gebiet der Bergvölker an, u. a. Touren mit Schwerpunkt auf Bodenständigkeit, Nachhaltigkeit oder Gemeinnützigkeit.

Die Preise für die Touren sind abhängig von der Art der Aktivitäten, der Dauer und der Teilnehmerzahl. Eine Wanderung mit zwei Teilnehmern und zwei Übernachtungen kostet pro Person zwischen 2900 und 5800 B. Meistens ist in diesem Preis alles enthalten: Übernachtung, Transport und Verpflegung.

Mirror Foundation WANDERN & TREKKEN

(☎ 053 737 616; www.thailandecotour.org) Die Preise sind zwar etwas höher als bei anderen Veranstaltern, dafür unterstützt man aber auch die Ausbildung der Guides, wenn man Touren bei dieser NGO bucht. Im Angebot sind ein- bis dreitägige Trekkingtouren, bei denen man die Akha-, Karen- und Lahu-Dörfer in Mae Yao nördlich von Chiang Rai besucht.

PDA Tours & Travel WANDERN & TREKKEN

(☎ 053 740 088; www.pda.or.th/chiangrai/package_tour.htm; Hilltribe Museum & Education Center, 3. OG, 620/25 Th Thanalai; ⌚ Mo–Fr 8.30–18, Sa & So 10–18 Uhr) Die NGO veranstaltet ein- bis dreitägige Treks; die Gewinne fließen in Gemeindeprojekte, z. B. in die AIDS-Prävention, in mobile Kliniken, in Ausbildungsstipendien und in den Aufbau dorfeigener Sparkassen.

Rai Pian Karuna WANDERN & TREKKEN

(☎ 082 195 5645; www.facebook.com/raipiankaruna) Das neue, soziale und kommunale Unternehmen veranstaltet ein- und mehrtägige Treks (mit Unterbringung bei Gastfamilien) zu Akha-, Lahu- und Lua-Dörfern im nördlich von Chiang Rai gelegenen Mae Chan. Auch weitere Aktivitäten, von einwöchiger Freiwilligenarbeit bis zu Kochkursen, sind im Angebot.

Thailand Hilltribe Holidays WANDERN & TREKKEN

(☎ 085 548 0884; www.thailandhilltribeholidays.com) Auf Nachhaltigkeit ausgerichtete Touren und Aufenthalte in Gastfamilie in und um Chiang Rai.

Suwannee KOCHKURS

(☎ 084 740 7119; www.suwanneethaicookingclasschiangrai.blogspot.com; Kurs 1250 B; ⌚ Kurse 9.30–14 Uhr) Suwannees Kochkurse umfassen einen Marktbesuch und die Zubereitung von vier Gerichten. Ihr Haus befindet sich ca. 3 km außerhalb des Stadtzentrums, sie holt die Kursteilnehmer aber normalerweise von den meisten zentral gelegenen Hotels und Pensionen ab.

Cook Thai Yourself KOCHKURS
(081 844 9913; www.cookthaiyourself.wix.com/home; Kurse ab 950 B; Kurse 9.30–15 Uhr) Die Thai-Kochkurse finden in etwas ländlicher Umgebung 20 Minuten von Chiang Rai entfernt statt. Der Transport ist im Preis enthalten.

Chiang Rai Bicycle Tours FAHRRADTOUR
(053 774 506, 085 662 4347; www.chiangraibicycletour.com; Touren ab 1400 B) Diverse Radtouren ins Umland von Chiang Rai.

Chaow Nang Studio KULTUR
(645/7 Th Uttarakit; 10–19 Uhr) Sich wie ein Angehöriger der Lanna-Herrschaftsfamilie auszustaffieren und ein Porträt (ab 1000 B) für die Nachwelt machen zu lassen, ist ein Muss für thailändische Besucher von Chiang Mai und Chiang Rai. Es gibt eine Riesenauswahl Kostüme und Kulissen.

Schlafen

Chiang Rai hat eine große Auswahl von Unterkünften, und da die Preise in den letzten Jahren nur langsam gestiegen sind, weisen die Unterkünfte in der Stadt ein gutes Preis-Leistungs-Verhältnis auf. Die meisten Budgetunterkünfte befinden sich im Stadtzentrum rund um die Th Jetyod. Die meisten Mittelklassehotels sind ein paar Schritte von der Innenstadt entfernt. Die Luxushotels stehen hauptsächlich außerhalb des Zentrums.

In der Stadt

Moon & Sun Hotel HOTEL $
(053 719 279; 632 Th Singhaclai; Zi. 500–600 B, Suite 800 B;) Das helle und makellos saubere, kleine Hotel bietet große, moderne Zimmer mit einem grandiosen Preis-Leistungs-Verhältnis. Einige Zimmer sind mit Himmelbett und alle mit Schreibtisch, Kabel-TV und Kühlschrank ausgestattet. Die Suiten verfügen über einen separaten, großen Sitzbereich.

Baan Warabordee HOTEL $
(053 754 488; baanwarabordee@hotmail.com; 59/1 Th Sanpanard; Zi. 500–600 B;) Die dreistöckige Thai-Villa wurde in ein schönes Hotel mit gutem Preis-Leistungs-Verhältnis umgebaut. Die mit viel dunklem Holz und hellen Stoffen ausgestatteten Zimmer verfügen über Klimaanlage, Kühlschrank und Warmwasser.

FUN-D Hostel HOSTEL $
(053 712 123; www.facebook.com/FunDHostelChiangRai; 753 Th Phahonyothin; B inkl. Frühstück 260–290 B, Zi. inkl. Frühstück 800 B;) Das Hostel mit dem quirligen Ambiente befindet sich – wie könnte es anders sein – über einem Restaurant mit Bar und Café. In den geräumigen, hellen Schlafsäle stehen sechs bis acht Betten, die teureren Zimmer haben semiprivate Bäder.

Baan Bua Guest House PENSION $
(053 718 880; www.baanbua-guesthouse.com; 879/2 Th Jetyod; Zi. 250–550 B;) Die ruhige Pension besteht aus elf hellgrünen Zimmern, die rund um einen einladenden Garten angeordnet sind. Die Zimmer sind einfach, aber sauber und gemütlich.

The North HOTEL $
(053 719 873; www.thenorth.co.th; 612/100-101 Sirikon Market; B 200 B, Zi. 390–490 B;) Dieses Hotel verleiht der tristen Gegend um Markt und Busbahnhof etwas Farbe. Die 15 Zimmer verbinden modernes mit thailändischem Design, einige gewähren direkten Zugang zu einladenden Bereichen, in denen man wunderbar chillen kann.

Orchids Guest House PENSION $
(053 718 361; www.orchidsguesthouse.com; 1012/3 Th Jetyod; Zi. 450–500 B;) Die blitzblanken Zimmer in einem Wohnkomplex sind eine gute Budgetoption. Zusätzlich zur Unterkunft gibt es hier auch noch diverse Serviceangebote, z.B. Internet, Wäscherei, Taxitransfer und Trekkingangebote.

Chook Dee Friend House PENSION $
(09 4672 7921; Ecke Th Jetyod & Th Thaiviwat; B 120 B, Zi. 150–350 B;) Die Zimmer sind schlicht, und die coole Reggae-Atmosphäre verspricht nicht gerade einen herausragenden Service. Wer aber eine gesellige Backpackerszene sucht, ist hier richtig.

Baan Rub Aroon PENSION $$
(053 711 827; www.baanrubaroon.net; 893 Th Ngummuang; Zi. inkl. Frühstück 650–2000 B;) Die Zimmer in der schönen Villa gleich westlich vom Stadtzentrum halten nicht, was die Fassade verspricht, auch haben die meisten nur Gemeinschaftsbäder. Es ist aber eine gute Wahl für all diejenigen, die

auf der Suche nach einer ruhigen, gemütlichen Bleibe sind.

Diamond Park Inn HOTEL $$

(☎053 754 960; www.diamondparkinnchiangrairesort.com; 74/6 Th Sanpanard; Zi. inkl. Frühstück 1300 B, Suite inkl. Frühstück 1500–1600 B; ❄📶🏊) Die aggressive Werbung („Wer in Chiang Rai ist, übernachtet natürlich im Diamond Park Inn") kann man einfach vergessen. Das große Hotel ist eine solide Mittelklasseoption. Die ansprechenden Zimmer sind mit modernen Möbeln eingerichtet, die Betten stehen auf Podesten. Die teureren Zimmer mit Badewanne und Balkon sind so groß, dass man sich fast ein wenig verloren darin fühlt.

Golden Triangle Inn HOTEL $$

(☎053 711 339; 590 Th Phahonyothin; Zi. inkl. Frühstück 1000 B; ❄📶) Zum Zeitpunkt unserer Recherche wurde diese Unterkunft gerade renoviert. Die 32 Zimmer könnten auch Teil einer großen thailändischen Wohnung (einschließlich der damit manchmal einhergehenden Unordnung) sein. Sie verfügen über Fliesen- oder Holzfußböden, Holzmöbel und Doppelbetten.

Na-Rak-O Resort HOTEL $$

(☎08 1951 7801; www.facebook.com/narakoresort; an der Th Sanpanard; Zi. inkl. Frühstück 750 B; P📶) *Nâh·rák* bedeutet „niedlich", und das ist die goldrichtige Beschreibung für dieses kleine Hotel. Die hellen, luftigen Zimmer mit großen Bädern sind so farbenfroh, dass sie fast schon an eine Kita erinnern.

Wiang Inn HOTEL $$$

(☎053 711 533; www.wianginn.com; 893 Th Phahonyothin; Zi. inkl. Frühstück 2400–3200 B, Suite inkl. Frühstück 6100–10 000 B; ❄@📶🏊) Das abgefahrene Äußere im Stil der 1970er-Jahre ist ein guter Indikator für das Alter dieses zentral gelegenen Business-Class-Hotels, das erst vor Kurzem renoviert wurde. Die Zimmer sind gut gepflegt und dezent landestypisch dekoriert.

Außerhalb der Stadt

Ben Guesthouse PENSION $

(☎053 716 775; www.benguesthousechiangrai.com; 351/10 Soi 4, Th Sankhongnoi; Zi. 200–800 B, Suite 1000–1200 B; ❄@📶🏊) Das Ben ist eine der besten Unterkünfte im Budget- und Mittelklassesektor in Nordthailand. In der absolut makellosen Anlage gibt es alles: preiswerte Zimmer mit Ventilator, riesige Suiten und sogar einen Pool. Sie liegt 1,2 km vom Zentrum entfernt, am Ende der Soi 4 an der Th Sankhongnoi (an der Kreuzung mit der Th Phahonyothin heißt die Straße Th Sathanpayabarn). Die Fahrt dorthin mit einem Túk-Túk kostet 60 B.

Chezmoi PENSION $$

(☎08 9148 5257, 08 9747 5683; www.chezmoimyhome.com; 34/2 Th Sankhongnoi; Zi. inkl. Frühstück 550–1500 B; ❄📶) Die sieben Zimmer in diesem Wohnhaus/Studio einer freundlichen, einladenden Familie haben makellos saubere Gemeinschaftsbäder. Das Chezmoi befindet sich etwa 1,5 km außerhalb des Stadtzentrums am westlichen Ende der Th Sankhongnoi (an der Kreuzung mit der Th Phahonyothin heißt die Straße Th Sathanpayabarn) – die Fahrt dorthin mit einem Túk-túk kostet 60 B.

De Hug HOTEL $$

(☎053 711 789; www.dehughotel.com; Rte 1211; Zi. inkl. Frühstück 1100–1800 B; ❄@📶) Die großen Zimmer in dem neuen, vierstöckigen Hotelkomplex sind mit modernen Möbeln eingerichtet und verfügen über alle modernen Annehmlichkeiten. Obwohl es sich um ein relativ großes Hotel handelt, vermittelt das De Hug eine gewisse Gemütlichkeit. Das Hotel befindet sich 2 km westlich vom Stadtzentrum gegenüber vom Oub Kham Museum. Die Fahrt im Túk-Túk hierher kostet ca. 60 B.

Legend of Chiang Rai HOTEL $$$

(☎053 910 400; www.thelegend-chiangrai.com; 124/15 Th Kohloy; Zi. 6500–9800 B, Bungalow 13 500 B, inkl. Frühstück; ❄@📶🏊) Das Resort der gehobenen Preisklasse wirkt wie ein traditionelles Lanna-Dorf und ist eines der wenigen Hotels vor Ort mit direkter Uferlage. Die Zimmer geben sich schlicht und romantisch und sind mit beruhigend cremefarbenen Rattanmöbeln ausgestattet. Ein Infinity-Pool am Flussufer und ein Wellnesszentrum sind die Sahnehäubchen unter den zahlreichen Luxus-Extras. Das Resort befindet sich ungefähr 500 m nördlich der Th Singhaclai.

Le Meridien Chiang Rai Resort HOTEL $$$

(☎053 603 333; www.lemeridien.com; 221/2 Th Kwaewai; Zi. 5000–7500 B, Suite 18 000–20 000 B, inkl. Frühstück; ❄@📶🏊) Chiang Rais größte Luxusherberge steht ungefähr 2 km außerhalb des Stadtzentrums an einem schönen Abschnitt des Flusses Mae Nam Kok. Die Zimmer sind riesig und in Grau, Weiß und

Schwarz gehalten. Auf dem Gelände gibt's zwei Restaurants und einen Infinity Pool zusätzlich zu all den Extras, die man bei einem Hotel dieser Preisklasse erwarten darf.

Essen

Zur Essenszeit wird man in Chiang Rai mit ziemlicher Sicherheit zum Nachtmarkt geschickt. Aber eine Warnung: Das Essen dort ist nicht der Bringer! Wer am Wochenende in der Stadt ist, hält sich besser an die Verkäufer auf den Freiluftmärkten Thanon Khon Muan und dem Straßenmarkt, die eine gute Auswahl lokaler Gerichte bieten.

★ Lung Eed NORDTHAILÄNDISCH $
(Th Watpranorn; Hauptgerichte 40–100 B; ⏲ Mo–Sa 11.30–21 Uhr) In diesem einfachen Ladenrestaurant gibt's eines der leckersten Gerichte Chiang Rais. An der Wand hängt zwar eine englischsprachige Speisekarte, man sollte sich aber auf keinen Fall das köstliche *lap kai* (mit einheimischen Kräutern gebratenes Hähnchenhackfleisch, gekrönt von knusprig frittierter Hähnchenhaut, Schalotten und Knoblauch) entgehen lassen. Das Restaurant befindet sich in der Th Watpranorn etwa 150 m östlich der Rte 1/AH2.

Khao Soi Phor Jai THAI $
(Th Jetyod, keine Ausschilderung in lateinischen Buchstaben; Hauptgerichte 35–60 B; ⏲ 7.30–17 Uhr) Das Phor Jai serviert Schalen mit dem namensgebenden milden, aber schmackhaften Nudel-Curry-Gericht und ein paar andere nordthailändische Speisen. Ausschau halten nach dem Ladenrestaurant mit viel Blau!

Paa Suk NORDTHAILÄNDISCH $
(Th Sankhongnoi; keine Ausschilderung in lateinischen Buchstaben; Hauptgerichte 10–25 B; ⏲ 8.30–15 Uhr) Im Paa Suk werden großee Schüsseln *kà·nŏm jeen nám ngée·o* serviert, eine für die Gegend typische dünne Suppe aus Schweine- oder Rindfleisch und Tomaten, die über frische Reisnudeln gegossen wird. Das Lokal liegt zwischen Soi 4 und Soi 5 der Th Sankhongnoi (diese heißt Th Sathanpayabarn an der Kreuzung mit dem südlichen Ende der Th Phahonyothin); man erkennt es an dem gelben Schild.

Namngiew Pa Nuan VIETNAMESISCH, THAI $
(Th Sanpanard, keine Ausschilderung in lateinischen Buchstaben; Hauptgerichte 10–120 B; ⏲ 9–17 Uhr) Das halb versteckt liegende Lokal serviert eine einmalige Mischung aus vietnamesischen und nordthailändischen Gerichten. Das schmackhafte Essen, der freundliche Service und das angenehme, scheunenartige Ambiente lassen einen nur bedauern, dass der Laden nicht auch abends geöffnet hat.

Muang Thong CHINESISCH, THAI $
(Ecke Th Sanpanard & Th Phahonyothin; Hauptgerichte 30–100 B; ⏲ 24 Std.) Thais und Travel-

NICHT VERSÄUMEN

CAFÉ-KULTUR AUF CHIANG-RAI-ART

Die relativ kleine Stadt Chiang Rai hat beneidenswert viele erstklassige Cafés in westlichem Stil zu bieten. Das liegt hauptsächlich daran, dass in den abgelegeneren Ecken der Provinz viele der besten Kaffeebohnen Thailands angebaut werden. Zu den besseren Cafés der Stadt gehören:

BaanChivitMai Bakery (www.baanchivitmai.com; Th Prasopsook; ⏲ Mo–Fr 8–19, Sa & So 8–18 Uhr; 📶) In dieser beliebten Bäckerei kann man neben gut zubereitetem Kaffee aus in der Gegend angebauten Kaffeebohnen erstaunlich authentische Süßwaren nach schwedischer Art und Gerichte sowie Sandwiches nach westlicher Art genießen. Die Einnahmen gehen an BaanChivitMai, eine Organisation, die Wohnheime und Ausbildungsprojekte für vernachlässigte, verwaiste oder HIV-infizierte Kinder betreibt.

Doi Chaang (542/2 Th Ratanaket; ⏲ 7–22 Uhr; 📶) Doi Chaang ist die führende Kaffeemarke aus Chiang Rai, die Bohnen sind jetzt auch in Kanada und Europa erhältlich.

Pangkhon Coffee (Th Sookathit; ⏲ 7–22 Uhr; 📶) Hier wird nicht nur Kaffee aus regionalen Kaffeebohnen, sondern auch ein schöner Blick auf Chiang Rais vergoldeten Uhrenturm geboten.

Roast (Th Sankhongluang; ⏲ 7.30–17 Uhr) Diese „Tropfenbar" behandelt die Kaffeebohnen aus der Region mit äußerstem Respekt. Die Th Sankhongluang befindet sich einen Block südlich des Chiang Rai Technical College, ca. 1,2 km vom Stadtzentrum entfernt.

DIE KÜCHE DES NORDENS

Ähnlich wie bei der Sprache gibt es auch beim Essen in Thailand von Provinz zu Provinz kleine Unterschiede. Die Küche der thailändischen Nordprovinzen ist da keine Ausnahme: Sie spiegelt das relativ kühle, von ausgeprägten Jahreszeiten bestimmte Klima und die Vorliebe für Schweinefleisch, Gemüse und Frittiertes aller Art wider.

Traditionell aßen die Nordthailänder fast ausschließlich *kôw nĕe·o*, den Klebreis, der im hiesigen Dialekt *kôw nêung* heißt. Kokosmilch spielt in der nordthailändischen Küche kaum eine Rolle. Überhaupt ist diese Küche wohl unter allen thailändischen Küchen diejenige, die am meisten von der Saison abhängt, am wenigsten Gewürze verwendet und sich oft mit dem bitteren oder anderen Aroma getrockneter Kräuter begnügt.

Paradoxer- und unglücklicherweise ist es außerhalb von Chiang Mai und den anderen großen Städten Nordthailands oft schwierig, authentische regionale Gerichte zu bekommen. Nur relativ wenige Restaurants servieren nordthailändische Gerichte; die große Mehrzahl authentischer Gerichte bekommt man an Ständen in Beuteln zum Mitnehmen. Wenn man aber mal ein Restaurant findet, das regionale Kost anbietet, sollte man u. a. folgende Gerichte probieren:

Gaang hang·lair Dieses reichhaltige Schweinefleischcurry ist birmanischen Ursprungs (*hang* ist eine Verballhornung des birmanischen Wortes *hin* für Curry) und wird häufig bei Festen und Zeremonien zubereitet. Probieren kann man das Gericht im Phu Lae (S. 233) in Chiang Rai.

Kâap mŏo Frittierte Schweineschwarte ist eine übliche – durchaus leckere – Beilage in Nordthailand.

Kôw gân jîn Reis mit Blut gemischt, in einem Bananenblatt gedämpft und mit Knoblauchöl serviert. Zu bekommen im Paa Suk (S. 231) in Chiang Rai.

Kôw soy Dieses beliebte Curry-Nudelgericht stammt eventuell aus Birma und wurde wohl von durchreisenden chinesischen Händlern nach Nordthailand gebracht. Eine milde, aber schmackhafte Variante gibt's im Khao Soi Phor Jai (S. 231) in Chiang Rai.

Kà·nŏm jeen nám ngée·o Frische Reisnudeln, die mit einer herben Brühe aus Schweinefleisch und Tomaten serviert werden. Ausgezeichnet zubereitet im Paa Suk (S. 231) in Chiang Rai.

Lâhp kôo·a Wörtlich „gebratenes *lâhp*". Der berühmte thailändische Hackfleisch-„Salat" wird mit einer Mischung aus einzigartigen getrockneten Gewürzen gebraten. Wer kann, sollte die Variante im Pu Som Restaurant (S. 266) in Nan probieren.

Lôo Rohes Blut mit einer Currypaste über frittierten Innereien und knusprigen Nudeln – das sicherlich gewöhnungsbedürftigste aller nordthailändischen Gerichte, das vor allem in der Provinz Phrae zu finden ist.

Năam Vergorenes rohes Schweinefleisch – eine säuerliche Delikatesse, die besser schmeckt als erwartet.

Nám prík nùm Grüne Paprika, Schalotten und Knoblauch werden gegrillt, dann zu einer klebrigen, pikanten Paste püriert und mit Klebreis, halbgarem Gemüse und frittierter Schweineschwarte serviert. Dieses Gericht gibt's auf fast jedem Abendmarkt in Nordthailand.

Nám prík òrng Der Chili-Dip der Shan besteht aus Tomaten und Schweinehack – eine Art nordthailändische Bolognese. Probieren kann man ihn im Banpleng Restaurant (S. 325) in Mae Hong Son.

Sâi òo·a Gegrillte Schweinfleischwurst mit vielen frischen Kräutern. Erhältlich im Muu Thup (S. 332) in Mae Sariang.

Đam sôm oh In der nordthailändischen Variante des *sôm·đam* (pikanter Salat aus grünen Papayas) werden die grünen Papayas durch Pomelos ersetzt.

Đôm yam In der nordthailändischen Version der beliebten Thaisuppe kommen einige der gleichen getrockneten Gewürze zum Einsatz wie beim *lâhp kôo·a*.

ler schlagen gleichermaßen gern in diesem schon lange bestehenden Open-Air-Lokal zu, wo es die übliche Palette schmackhafter, salziger und würziger chinesisch-thailändischer Gerichte gibt.

Rosprasert Muslim Food THAI $
(Th Isaraparb; Hauptgerichte 35–80 B; 7–20 Uhr) Dieses Freiluft-Restaurant neben der Moschee in der Th Isaraparb serviert köstliche Gerichte der thailändischen Muslime, darunter *kôw mòk gài*, die thailändische Version von Hähnchen-Biryani.

Phu Lae THAI $
(673/1 Th Thanalai; Hauptgerichte 80–320 B; 11.30–15 & 17.30–23 Uhr;) Das Restaurant mit Klimaanlage ist wegen seiner schmackhaften, aber leicht „gezähmten" nordthailändischen Gerichte bei thailändischen Touristen beliebt. Zu den empfehlenswerten Gerichten aus der Region gehören *gaang hang·lair* (Schweinebauch mit einem gehaltvollen Curry auf birmanische Art) das mit eingelegten Knoblauchzehen serviert wird, und *sâi òo·a* (mit Kräutern gewürzte Schweinswürstchen).

Ausgehen & Nachtleben

Die Th Jetyod ist zwar eine recht schäbige Barmeile, dennoch finden sich hier ein paar von Chiang Rais Vorzeigelokalen.

Cat Bar BAR
(1013/1 Th Jetyod; 17–1 Uhr) In der Cat Bar gibt's einen Billardtisch und ab 22.30 Uhr Livemusik.

Easy House BAR
(Ecke Th Jetyod & Th Pemavipat; 17–24 Uhr) Im Easy House mit dem netten Open-Air-Ambiente kann man auch gut zu Abend essen.

Shoppen

Straßenmarkt MARKT
(Th Thanalai; Sa 16–22 Uhr) Wenn man an einem Samstagabend in der Stadt ist, sollte man sich diesen Straßenmarkt nicht entgehen lassen. Hier werden unter freiem Himmel alle möglichen für Chiang Rai typischen Dinge angeboten, von Kunsthandwerk bis zu regionalen Speisen. Der Markt erstreckt sich über die Th Thanalai vom Hilltribe Museum bis zum Morgenmarkt.

Thanon Khon Muan MARKT
(Th Sankhongnoi; So 18–21 Uhr) Am Sonntagabend wird der Abschnitt der Th Sankhongnoi westlich von der Soi 2 für den Verkehr gesperrt. An den Ständen wird Kleidung, Kunsthandwerk und ortstypisches Essen angeboten. An der Kreuzung mit dem südlichen Ende der Th Phahonyothin trägt die Th Sankhongnoi den Namen Th Sathanpayabarn.

Nachtmarkt MARKT
(abseits der Th Phahonyothin; 18–23 Uhr) Chiang Rais Abendmarkt liegt neben dem Busbahnhof hinter der Th Phahonyothin. Dieser Markt ist zwar viel kleiner als der in Chiang Mai, bietet aber auch ein recht gutes Sortiment von Kunsthandwerk und Tourístensouvenirs.

Praktische Informationen

In der Th Phahonyothin und der Th Thanalai befinden sich mehrere Banken mit Wechselschalter und Geldautomaten.

Internet (Th Jetyod; 20 B/Std.; Mo–Fr 7–24, Sa & So 9–24 Uhr)

Overbrook Hospital (053 711 366; www.overbrook-hospital.com; Th Singhaclai) Modernes Krankenhaus mit englischsprachigem Personal.

Tourism Authority of Thailand (TAT; 053 744 674, landesweit 1672; tatchrai@tat.or.th; Th Singhaclai; 8.30–16.30 Uhr) Hier spricht man zwar kaum Englisch, aber das Personal strengt sich bei der Beratung wirklich an. Außerdem gibt's eine kleine Auswahl von Karten und Broschüren.

Touristenpolizei (053 740 249, landesweit 1155; Th Uttarakit; 24 Std.) Auf dem rund um die Uhr besetzten Polizeirevier versteht man Englisch.

An- & Weiterreise

BUS

Busse zu Zielen innerhalb der Provinz Chiang Rai sowie ein paar Kleinbusse und überwiegend langsame Busse mit Ventilator, die einige wenige Orte im übrigen Nordthailand anfahren, starten am **provinzübergreifenden Busbahnhof** (053 715952; Th Prasopsook) im Stadtzentrum. Wer Ziele außerhalb der Provinz Chiang Rai ansteuern will (oder es eilig hat), sollte vom **neuen Busbahnhof** (053 773989) 5 km südlich der Stadt an der Rte 1/AH2 abfahren. Zwischen 6 und 17.30 Uhr (15 B, 15 Min.) verkehren viele *sŏrng·tăa·ou* zwischen diesen beiden Bahnhöfen.

FLUGZEUG

Der **Chiang Rai International Airport** (Mae Fah Luang International Airport; 053 798000; www.chiangraiairportonline.com) befindet sich ca. 8 km nördlich der Stadt. Im Terminal gibt's Schalter der Fluggesellschaften, eine Wechselstube, eine Post und mehrere Au-

BUSSE AB CHIANG RAI

ZIEL	PREIS (B)	DAUER (STD.)	HÄUFIGKEIT
Bangkok	493–935	11-12	7–19 Uhr regelm. (neuer Busbahnhof)
Chiang Khong	65	2	6–17 Uhr regelm. (provinzübergreifender Busbahnhof)
Chiang Mai	140–280	3-7	6.30–19.30 Uhr stündl. (neuer Busbahnhof)
Chiang Mai	144–288	7	6.15–18.45 Uhr regelm. (provinzübergreifender Busbahnhof)
Chiang Saen	38	1½	6.20–19 Uhr regelm. (provinzübergreifender Busbahnhof)
Fang	120	2½	8 Uhr (neuer Busbahnhof)
Khon Kaen	445–668	11–12	9–19.30 Uhr 6-mal tgl.
Lampang	108–151	4–5	12.45–16.30 Uhr 5-mal tgl. (neuer Busbahnhof)
Lampang	102–156	5	6.30–11 Uhr 6-mal tgl. (provinzübergreifender Busbahnhof)
Luang Prabang (Laos)	950	16	13 Uhr (neuer Busbahnhof)
Mae Chan (für Mae Salong/Santikhiri)	25	45 Min.	5–19.30 Uhr regelm. (provinzübergreifender Busbahnhof)
Mae Sai	39	1½	6–18.30 Uhr regelm. (provinzübergreifender Busbahnhof)
Mae Sot	412	12	8.15 & 8.45 Uhr (neuer Busbahnhof)
Nakhon Ratchasima (Khorat)	630–745	12–13	6.30–19.20 Uhr 6-mal tgl. (neuer Busbahnhof)
Nan	164	6	9.30 Uhr (provinzübergreifender Busbahnhof)
Phayao	47	1½–2	10–15.30 Uhr stündl. (neuer Busbahnhof)
Phayao	44	2	9.30–15.10 Uhr regelm. (provinzübergreifender Busbahnhof)
Phitsanulok	260–335	6–7	6.15–19.20 Uhr stündl. (neuer Busbahnhof)
Phrae	157	4	6–18 Uhr halbstündl. (neuer Busbahnhof)
Sukhothai	255	8	7.30–12 Uhr stündl. (neuer Busbahnhof)

KLEINBUSSE AB CHIANG RAI

ZIEL	PREIS (B)	DAUER (STD.)	HÄUFIGKEIT
Chiang Saen	45	1½	6.20–17.40 Uhr ständl. (provinzübergreifender Busbahnhof)
Mae Sai	46	1½	6.30–18 Uhr regelm. (provinzübergreifender Busbahnhof)
Phayao	63	1	6–18 Uhr halbstündl.
Phrae	165	3½	6–18 Uhr halbstündl. (neuer Busbahnhof)
Sop Ruak (Goldenes Dreieck)	50	2	6.20–19 Uhr ständl. (provinzübergreifender Busbahnhof)

tovermieter. Ein Taxi vom Flughafen in die Stadt kostet 200 B. In umgekehrter Richtung zahlt man mit einem Taxi mit Taxameter von **Chiang Rai Taxi** (☎ 053 773477) etwa 120 B.

Es gibt täglich zwölf Flüge zu Bangkoks Don Muang International Airport (390–1090 B, 1 Std. 20 Min.) und sieben zu Bangkoks Suvarnabhumi International Airport (1090–1800 B, 1 Std. 20 Min.).

Air Asia (☎ 053 793 543, landesweit 02 515 9999; www.airasia.com; Chiang Rai International Airport; ⏲ 8–21 Uhr) Fliegt zum Bangkoker Don Muang International Airport.

Bangkok Airways (☎ 053 793 006, landesweit 1771; www.bangkokair.com; Chiang Rai International Airport; ⏲ 7–20.30 Uhr) Fliegt zum Bangkoker Suvarnabhumi International Airport.

China Eastern (☎ landesweit 02 636 6980; www.flychinaeastern.com; ⏲ 8.30–17 Uhr) Zum Zeitpunkt der Recherchen gab es vom Chiang Rai International Airport nur einen Auslandsflug, und zwar nach Kunming (9000 B, 1½ Std.) in China.

Kan Air (☎ 053 793 339, landesweit 02 551 6111; www.kanairlines.com; Chiang Rai International Airport; ⏲ 8.30–20 Uhr) Startet täglich nach Chiang Mai (1490 B, 35 Min.).

Nok Air (☎ 053 793000, landesweit 1318; www.nokair.co.th; Chiang Rai International Airport; ⏲ 8–19 Uhr) Fliegt zum Bangkoker Don Muang International Airport.

Thai Lion Air (☎ landesweit 02 529 9999; www.lionairthai.com; Chiang Rai International Airport; ⏲ 8–20 Uhr) Fliegt zum Bangkoker Don Muang International Airport.

Thai Smile (☎ 053 798200, landesweit 02 118 8888; www.thaismileair.com; Chiang Rai International Airport; ⏲ 8–20 Uhr) Fliegt zum Bangkoker Suvarnabhumi International Airport.

SCHIFF/FÄHRE

Passagierschiffe verkehren auf dem Mae Nam Kok zwischen Chiang Rai und Tha Ton in der Provinz Chiang Mai mit Zwischenstopp in Ban Ruam Mit. Die Boote starten am **CR Pier** (☎ 053 750009; ⏲ 7–16 Uhr), 2 km nordwestlich der Stadt. Die Túk-Túk-Fahrt zum Pier kostet etwa 80 B.

ℹ Unterwegs vor Ort

AUTO

Mehrere Autovermieter haben Büros in der Stadt und am Flughafen.

Avis Rent-A-Car (☎ 053 793827, landesweit 02 251 1131; www.avisthailand.com; Chiang Rai International Airport; ⏲ 7.30–21 Uhr)

Budget Rent-A-Car (☎ 053 740443, 053 740442; www.budget.co.th; Golden Triangle Inn, 590 Th Phahonyothin; ⏲ 8–18 Uhr)

Hertz (☎ 053 798252, landesweit 02 266 4666; www.hertzthailand.com; Chiang Rai International Airport; ⏲ 8–20 Uhr)

Sixt (☎ 053 793999, landesweit 1798; www.sixtthailand.com; Chiang Rai International Airport; ⏲ 8–21 Uhr)

Thai Rent A Car (☎ 053 793393; www.thairentacar.com; Chiang Rai International Airport; ⏲ 8–20 Uhr)

MOTORRAD & FAHRRAD

Die meisten Pensionen und mehrere Läden in der Th Jetyod vermieten Motorräder (ab 200 B/24 Std.).

Chiang Rai Big Bike Rental (☎ 09 1627 9367; www.crbigbikerentals.com; Th Thaiviwat; 400–1800 B/Tag)

ST Motorcycle (☎ 053 713652; 1025/34-35 Th Jetyod; 150–1000 B/Tag; ⏲ 8–19 Uhr)

Fat Free (☎ 053 752532; 542/2 Th Baanpa Pragarn; 80–450 B/Tag; ⏲ 9–18 Uhr) Kann Fahrräder organisieren.

TAXI & TÚK-TÚK

Chiang Rai Taxi (☎ 053 773477) betreibt in der Stadt und im Umland preiswerte Taxis mit

Taxameter. Eine Túk-Túk-Fahrt im Zentrum von Chiang Rai sollte um die 60 B kosten.

Ban Ruam Mit & Umgebung บ้านรวมมิตร

Ruam Mit bedeutet „gemischt", und das ist eine gute Beschreibung des am Fluss gelegenen Dorfes. Der Ort ist ein guter Ausgangspunkt für Ausflüge in die hügelige Umgebung, in der Volksgruppen wie Thai, Karen, Lisu und Akha leben. Über eine erst vor Kurzem befestigte Straße erreicht man von Chiang Rai aus nach nur 20 km Ban Ruam Mit mit seiner ethnischen Vielfalt und natürlichen Schönheit – einfacher geht es wirklich nicht.

Sehenswertes & Aktivitäten

Die meisten Besucher kommen wegen der Elefantencamps nach Ban Ruam Mit. Ein weitaus besserer und mit Sicherheit auch nachhaltigerer Grund sind aber Wanderungen zu den vielen umliegenden Dörfern. Auch ein Besuch der Thermalquelle und des Nationalparks lohnt sich.

Pha Soet Hot Spring THERMALQUELLE
(บ่อน้ำพุร้อนผาเสริฐ; Ban Pha Soet; Erw./Kind 30/10 B; 8–18 Uhr) Das heiße Wasser dieser Naturquelle wird in einen Gemeindepool geleitet. Wer es privater mag, für den stehen auch Zimmer zur Verfügung (50–100 B). Ban Pha Soet liegt etwa 3 km westlich von Ban Ruam Mit.

Lamnamkok National Park NATURSCHUTZGEBIET
(อุทยานแห่งชาติลำน้ำกก; 8–16.30 Uhr) Dieser erst 2002 gegründete Nationalpark ist einer der jüngsten Thailands. Er hat Wasserfälle und vor allem eine Thermalquelle zu bieten, die nur einen kurzen Fußmarsch vom Verwaltungsgebäude entfernt ist. Längere Exkursionen sind nur mit Führer möglich. Die Parkverwaltung befindet sich ca. 3 km westlich von Ban Ruam Mit.

Schlafen & Essen

In Ban Ruam Mit gibt's ein paar einfache Lokale. Alle Hotels haben eigene Restaurants.

Akha Hill House HOTEL $
(08 9997 5505; www.akhahill.com; Zi. 150–300 B, Bungalow 400–1100 B;) Das wunderschön gelegene, aber wenig berauschende Hotel befindet sich an einem steilen Hang in Richtung des Dorfes Akha. Die Unterkünfte reichen von Zimmern mit Ventilator und Gemeinschaftsbad bis hin zu geräumigen Bungalows mit Klimaanlage. Die meisten Gäste übernachten hier im Rahmen von Trekking-Paketen, die unterschiedlich beurteilt werden. Das Hotel befindet sich 5 km südlich von Ban Pha Soet.

★ **Bamboo Nest de Chiang Rai** PENSION $$
(09 5686 4755, 08 9953 2330; www.bamboonest-chiangrai.com; Bungalows inkl. Frühstück 800–1800 B) Obwohl diese einzigartige Unterkunft in dem Dorf Lahu nur 23 km von Chiang Rai entfernt ist, fühlt man sich hier doch wie in einer anderen Welt. Das Bamboo Nest besteht aus einfachen, aber geräumigen Bambushütten auf einem Hügel mit Blick über Terrassenreisfelder. Strom wird ausschließlich mittels Sonnenkollektoren erzeugt. Den Laptop kann man also getrost zu Hause lassen und stattdessen Aktivitäten wie Vogelbeobachtungstouren, Wandern und vieles mehr genießen.

Das Bamboo Nest ist ca. 2 km vom Verwaltungsgebäude des Lamnamkok National Park entfernt. Wer mindestens zwei Nächte bleibt, kann sich kostenlos in Chiang Rai abholen lassen.

Mae Kok Siri Cottage HOTEL $$
(08 8914 4142; Ban Ruam Mit; Bungalows inkl. Frühstück 950–2300 B;) Das neue, saubere Hotel am Westrand von Ban Ruam Mit am Flussufer verfügt über fünf Bambushütten mit Ventilator und dahinter vier größere Villen mit Klimaanlage. Im Ort gibt's noch ein paar ähnliche Unterkünfte.

An- & Weiterreise

Die einfachste Art, um von Chiang Rai nach Ban Ruam Mit zu gelangen, ist per Boot. Um 10.30 Uhr startet täglich ein Passagierschiff am CR Pier, 2 km nordwestlich von Chiang Rai (100 B, ca. 1 Std.); in einem Charterboot kostet die Fahrt ca. 800 B. Boote in die entgegengesetzte Richtung halten gegen 14 Uhr in Ban Ruam Mit.

Mae Salong (Santikhiri) แม่สลอง (สันติคีรี)

20 000 EW.

Um ein bisschen China zu schnuppern, ohne eine Grenze zu überqueren, bietet sich dieses stimmungsvolle Dorf in den Hügeln hinter Chiang Rai an.

Mae Salong wurde ursprünglich vom 93. Regiment der Kuomintang (KMT) besiedelt, das nach dem Sieg der Kommunisten im chinesischen Bürgerkrieg 1949 nach Birma (Myanmar) geflüchtet war. Als die Abtrünnigen 1961 gezwungen waren, Myanmar zu verlassen, weil die Regierung in der damaligen Hauptstadt Rangun (Yangon) ihnen den Aufenthalt im nördlichen Myanmar nicht länger gestattete, zogen die ehemaligen Soldaten in Ponykarawanen mit ihren Familien nach Nordthailand, siedelten sich in den Bergdörfern an und bauten eine Gesellschaft auf, die jener glich, die sie in Yunnan verlassen hatten.

Eine Generation später besteht diese einmalige Gesellschaft weiter: Der yunnanesische Dialekt des Chinesischen ist immer noch die Umgangssprache, die Einwohner sehen chinesisches und kein thailändisches Fernsehen, und auch das Essen ist hier chinesisch geprägt. Heute wird Mae Salong zwar viel besucht, aber seine Lage in den Hügeln, die ausgeprägt chinesische Atmosphäre, die vielen Bergvölker und Teeplantagen ringsum machen den Ort trotzdem zu einem für Thailand einmaligen Ziel. Hier kann man gut ein paar Tage ausspannen, zumal die Umgebung zu Erkundungstouren verführt.

Sehenswertes

Morgenmarkt MARKT

(⏲6–8 Uhr) Ein kleiner, aber nicht uninteressanter Morgenmarkt wird an der T-Kreuzung nahe dem Shin Sane Guest House abgehalten. Er lockt neben den Einwohnern des Ortes viele Angehörige der Bergvölker aus den umliegenden Distrikten an.

Ganztägiger Markt MARKT

Ein ganztägiger Markt findet am südlichen Ende des Dorfes statt. Hier verkaufen Händler Kunsthandwerk der Bergvölker, zudem gibt es Teeläden und ein paar einfache Restaurants.

ABSEITS DER ÜBLICHEN PFADE

BAN THOET THAI

Das in einem engen Flusstal ca. 20 km nördlich von Mae Salong gelegene Ban Thoet Thai (บ้านเทอดไทย) ist ein multiethnisches Dorf mit der Atmosphäre eines abgelegenen Grenzorts und einer interessanten Geschichte.

Das Dorf ist vor allem deswegen berühmt, weil es früher das Hauptquartier des als „Opiumkönig" berüchtigten Shan-Kriegsherrn Khun Sa war. Bis in die frühen 1980er-Jahre war Ban Thoet Thai (das damals unter dem Namen Ban Hin Taek – Bruchsteindorf – bekannt war) durch die Nähe zum Goldenen Dreieck, durch das raue, gebirgige Terrain und das Fehlen befestigter Straßen praktisch von der Außenwelt abgeschnitten, sodass Khun Sa buchstäblich ein Monopol auf den weltweiten Opiumhandel aufbauen konnte. Eine Ausstellung über den Menschen Khun Sa sowie über die Kultur und Geschichte der Shan zeigt das **Khunsa-Museum** (⏲8–17 Uhr) GRATIS in seinem früheren Hauptquartier ca. 500 m nördlich des Marktareals. Unbedingt einen Blick in das Wohnzimmer mit der gruseligen lebensgroßen Puppe von Khun Sa werfen!

Ban Thoet Thai soll außerdem die erste Siedlung der Akha in Thailand gewesen sein. Heute leben hier aber auch viele Shan und Chinesen sowie Mitglieder weiterer Volksgruppen, u. a. der Thai Lü, der Lahu, der Hmong, der Lua und der Lisu. Etwa 6 km nordwestlich des Ortes erreicht man über eine sehr steile Straße **Ban Ah Hai**, ein malerisches Akha-Dorf mit einem einzigartigen buddhistischen Tempel aus Lehmziegeln. Der Betreiber des Rim Taan Guest House kann den Weg beschreiben und bietet auch lockere Touren dorthin an.

Die beste Unterkunft ist das **Rim Taan Guest House** (☎053 730209; 15 Mu 1; Zi. & Bungalows 350–2000 B; ❄📶), das in einem hübschen Garten mit Bach in der Ortsmitte einfache Bungalows mit Ventilator und Zimmer mit Klimaanlage vermietet. In dem **Restaurant Ting Ting** (Hauptgerichte 40–150 B; ⏲7–21 Uhr) gleich nebenan stehen viele schmackhafte chinesische Gerichte auf der langen, englischsprachigen Speisekarte. Geldautomaten gibt's im 7-Eleven und ganz in der Nähe auch ein **Internetcafé** (20 B/Std.; ⏲9–23 Uhr).

Nach Ban Thoet Thai kommt man mit blauen *sŏrng·tăa·ou*, die zwischen 7 und 17 Uhr vor dem 7-Eleven in Mae Salong auf Fahrgäste warten (60 B, 40 Min.). In umgekehrter Richtung fahren zwischen 6 und 17 Uhr Trucks vom Marktareal in Ban Thoet Thai (60 B).

Wat Santikhiri AUSSICHTSPUNKT
(วัดสันติคีรี) Um den großartigen Ausblick vom Wat Santikhiri genießen zu können, muss man den Markt überqueren und die 718 Stufen hinaufsteigen (oder das Auto nehmen). Der Wat folgt der Mahayana-Tradition des Buddhismus und ist im chinesischen Stil erbaut.

Aussichtspunkt AUSSICHTSPUNKT
Hinter dem Khumnaiphol Resort und ein Stück weiter den Hügel hinauf befindet sich ein Aussichtspunkt mit einigen Teeläden und dem Grabmal eines berühmten Generals der KMT. Manchmal wird die Anlage von einem der ehemaligen Soldaten bewacht, der Besuchern (allerdings leider nur auf Thai oder Yunnan-Chinesisch) einiges über die Geschichte der nationalchinesischen Exilanten in der Region berichten kann.

Chinese Martyr's Memorial Museum MUSEUM
(Eintritt 20 B; ⌚8–18 Uhr) Südlich der Abzweigung zum Grabmal des KMT-Generals befindet sich das Chinese Martyr's Memorial Museum, ein prachtvolles Gebäude im chinesischen Stil, in dem Ausstellungen zum Thema KMT – Schlachten, Migration, Kultur – in Thailand zu sehen sind.

Aktivitäten

Im Shin Sane Guest House und im Little Home Guesthouse sind kostenlose Karten erhältlich, die mehr oder weniger genau den Weg zu den Dörfern der Akha, Lisu, Mien, Lahu und Shan in diesem Gebiet beschreiben. Die nahe gelegenen Dörfer der Akha und Lisu sind zu Fuß in weniger als einem halben Tag zu erreichen.

Das Shin Sane Guest House veranstaltet vierstündige Ausritte zu vier nahe gelegenen Dörfern (500 B, 3–4 Std.).

Schlafen

In den letzten Jahren hat Mae Salong in puncto Unterkünfte einen wahren Boom erlebt. Traveller brauchen sich keine Sorgen zu machen, wenn in der Unterkunft der ersten Wahl kein Zimmer mehr frei sein sollte, denn es gibt wirklich sehr viele Budget- und Mittelklassehotels. Aufgrund der großen Konkurrenz sind die Preise – außer in der Hauptsaison (Nov.–Jan.) – oft verhandelbar. Das kühle Klima bringt es mit sich, dass nur wenige Unterkünfte mit einer Klimaanlage ausgestattet sind.

In der Stadt

Alle Unterkünfte befinden sich in oder in unmittelbarer Nähe der Hauptstraße.

Saeng A Roon Hotel PENSION $
(☎053 765029; Zi. 300–400 B; ❄📶) Günstig in Marktnähe gelegenes Hotel mit einfachen, aber sauberen Zimmern; die im Obergeschoss gewähren einen tollen Blick auf die hügelige Landschaft.

Shin Sane Guest House PENSION $
(☎053 765026; www.maesalong-shinsane.blogspot.com; Zi. 100 B, Bungalow 300 B; @📶) Die Zimmer mit Gemeinschaftsbad in Mae Salongs ältestem Hotel sind schmucklos, wenn auch geräumig. Die Bungalows mit Bad und TV wirken weitaus komfortabler. Das Hotel liegt in der Nähe der Kreuzung, an der der Morgenmarkt stattfindet.

Little Home Guesthouse PENSION $$
(☎053 765389; www.maesalonglittlehome.com; Bungalow 800 B; @📶) In der Nähe der Marktkreuzung stehen einige hübsche Bungalows mit gutem Preis-Leistungs-Verhältnis. Die Zimmer sind ordentlich und sonnig, die Betreiber extrem freundlich. Zum Zeitpunkt der Recherchen wurde gerade ein neues Hauptgebäude errichtet.

Baan Hom Muen Li HOTEL $$
(☎053 765271; osmanhouse@hotmail.com; keine Ausschilderung in lateinischen Buchstaben; Zi. inkl. Frühstück 1200–1500 B; 📶) Das mitten im Ort gegenüber vom Café Sweet Maesalong gelegene stilvolle Hotel bietet 22 Zimmer, die geschmackvoll in modernem und klassischem China-Stil dekoriert sind. Man sollte ein Zimmer im Obergeschoss des Neubaus nehmen, denn von den riesigen Balkonen hat man einen grandiosen Blick auf die umliegenden Teeplantagen.

Khumnaiphol Resort HOTEL $$
(☎08 1493 5242; https://th-th.facebook.com/khumnaiphol.chiangrai; keine Ausschilderung in lateinischen Buchstaben; Zi. inkl. Frühstück 800 B, Bungalow inkl. Frühstück 1200–1500 B; 📶) Das auf einem Hügel gelegene Resort bietet komfortable, aber recht kitschig dekorierte Bungalows. Von den überdachten Veranden hat man einen umwerfenden Blick auf die darunter liegenden Teeplantagen. Preiswertere Zimmer gibt's im Hauptgebäude. Das Hotel liegt 1 km südlich der Stadt in der Nähe der Kreuzung, an der der Nachmittagsmarkt stattfindet.

Außerhalb der Stadt

Maesalong Flower Hills Resort RESORT $$
(☎ 053 765496; www.maesalongflowerhills.com; Zi. 1000–7000 B, Bungalows 1500–5900 B, inkl. Frühstück; ❄📶🏊) Das Resort 2 km östlich vom Zentrum huldigt einer Anlagengestaltung, bei der die Blütenpracht im Mittelpunkt steht, und ist daher gar nicht zu übersehen. Gäste können unter verschiedenen Zimmern und Bungalows wählen. Die größeren Bungalows und der riesige Pool machen die Anlage zu einer perfekten Alternative für Familien.

Maesalong Mountain Home HOTEL $$$
(☎ 08 4611 9508; www.maesalongmountainhome.com; Zi. & Bungalow 1600–2500 B; 📶) Das an einer unbefestigten Straße 1 km östlich von Mae Salongs Zentrum gelegene Boutiquehotel (nach dem orangefarbenen Schild Ausschau halten!) ist eine großartige Wahl, wenn man über ein eigenes Auto verfügt oder gern ein paar Schritte läuft. Die 14 Bungalows stehen mitten auf einem bewirtschafteten Gehöft, sie sind hell und luftig, haben große Balkone und riesige Bäder.

★ **Phu Chaisai Resort & Spa** RESORT $$$
(☎ 053 910500; www.phu-chaisai.com; Bungalow inkl. Frühstück 3900–20 000 B; ❄📶🏊) Dieses einzigartige Resort ca. 7 km von Ban Pasang (der Abzweigung nach Mae Salong) entfernt auf einem einsamen, mit Bambus bewachsenen Hügel ist die außergewöhnlichste Unterkunft in der Gegend. In den rustikalen Lehmziegel-Bambus-Bungalows gibt es passenderweise keine TVs, dafür aber einen tollen Blick auf die umliegenden Berge. Außerdem bietet das Resort zahlreiche Aktivitäten (Wellness, Massage, Yoga, Tageswanderungen, Rafting, Schwimmen), es kommt also bestimmt keine Langeweile auf. Für 824 B kann man sich in Chiang Rai abholen lassen.

Essen

Mit einem typisch chinesischen Frühstück aus *bah·tôrng·gŏh* (chinesischen Donuts) und heißer Sojamilch auf dem Morgenmarkt startet man gut in den Tag.

Tatsächlich kommen viele thailändische Touristen nur nach Mae Salong, um Yunnan-Gerichte wie *màn·tŏh* (dampfgegarte chinesische Brötchen) mit geschmortem Schweinebauch und eingelegtem Gemüse oder geschmortes Seidenhuhn mit chinesischen Kräutern zu essen. Hausgemachte Eiernudeln sind eine weitere Spezialität in Mae Salong, sie werden mit einer Brühe aus Schweinefleisch und einer scharfen Chilipaste serviert. Das Gericht gibt's in mehreren Restaurants vor Ort.

Viele Teehäuser verkaufen Tee aus der Region (meist Oolong und Jasmintee) und bieten gratis Kostproben an.

Salema Restaurant CHINESISCH $
(Hauptgerichte 30–250 B; ⏲7–20 Uhr) Das Restaurant gehört zu den freundlichsten vor Ort und hat das leckerste Essen überhaupt zu bieten. Im Salema werden schmackhafte muslimisch-chinesische Gerichte serviert, z. B. das reichhaltige Rindercurry auf Yunnan-Art und einen köstlich säuerlich-scharfen Salat mit Thunfisch und Teeblättern. Auch Nudelgerichte wie *kôw soy* mit Rindfleisch sind empfehlenswert. Das Salema ist am östlichen Ende des Ortes.

Sweet Maesalong CAFÉ $
(Hauptgerichte 45–155 B; ⏲8.30–17 Uhr; 📶) Wer mehr Koffein braucht, als die Teeblätter hergeben, findet in diesem modernen Café eine große Auswahl von Kaffeespezialitäten aus regionalem Anbau. Es gibt auch überraschend aufwendige Backwaren und Tellergerichte. Das Sweet Maesalong liegt ungefähr in der Ortsmitte.

Sue Hai CHINESISCH $$
(Hauptgerichte 40–300 B; ⏲7–21 Uhr) Zu dem einfachen Teeladen in Familienhand gehört ein chinesisches Restaurant. Es befindet sich gleich östlich des Stadtzentrums. Auf der englischsprachigen Speisekarte stehen regionale Spezialitäten wie gebratene Pilze aus der Region mit Sojasauce und köstliches luftgetrocknetes Schweinefleisch mit frischem Chili.

Praktische Informationen

In der Thai Military Bank gegenüber dem Khumnaiphol Resort am südlichen Ortsrand gibt es einen Geldautomaten. In der Nähe befindet sich auch ein **Internetcafé** (20 B/Std.; ⏲9–23 Uhr).

An- & Weiterreise

Die wahrscheinlich einfachste Art, um nach Mae Salong zu gelangen, ist mit dem Bus nach Mae Chan, von wo aus oft grüne *sŏrng·tăa·ou* nach Mae Salong (60 B, 7.30–16.30 Uhr halbstündl.) fahren. Gecharterte *sŏrng·tăa·ou* nehmen für die Fahrt ca. 700 B. Alternativ kann man mit einem Bus Richtung Mae Sai bis Ban Pasang fahren. Von dort fahren blaue *sŏrng·tăa·ou* (wenn sie voll besetzt sind) den Berg hinauf nach Mae

Salong (60 B, 1. Std., 6–17 Uhr). Gecharterte *sŏrng·tăa·ou* nehmen für die Fahrt ca. 500 B. Wer in die entgegengesetzte Richtung will, muss in der Nähe von Mae Salongs 7-Eleven ein *sŏrng·tăa·ou* per Handzeichen anhalten.

Mae Salong ist über die Straße auch von Tha Ton in Chiang Mai aus erreichbar. Gelbe *sŏrng·tăa·ou* in Richtung Tha Ton halten in der Nähe des Little Home Guesthouse (60 B, 1 Std., 8.20, 10.20, 12.20 & 14.30 Uhr).

Unterwegs vor Ort

In Mae Salong kann man fast alles zu Fuß erkunden. Wer ins Umland will (oder die Hügel in Angriff nehmen will), kann sich bei Mini im Osten der Stadt oder bei den meisten Unterkünften ein Motorrad leihen (ca. 200 B/24 Std.).

Mae Sai แม่สาย

22 000 EW.

Auf den ersten Blick scheint Thailands nördlichste Stadt, kaum mehr zu sein als ein großer Markt unter freiem Himmel. Doch Mae Sai ist auch ein guter Ausgangspunkt, um das Goldene Dreieck und Mae Salong sowie – wegen der Nähe zu Myanmar – auch die Randgebiete des Shan-Staats zu erkunden.

Gelegentlich führen Kämpfe innerhalb Myanmars oder Streitigkeiten zwischen den Regierungen Thailands und Myanmars zu einer zeitweiligen Schließung der Grenze. Es empfiehlt sich also, Erkundigungen über die aktuelle Situation einzuholen, ehe man sich zu einer Fahrt nach Mae Sai entschließt.

Sehenswertes

Wat Phra That Doi Wao BUDDHISTISCHER TEMPEL
(วัดพระธาตุดอยเวา, 1 Th Phahonyothin; ⌚ Sonnenaufgang–Sonnenuntergang) GRATIS Einen großartigen Blick über Mae Sai und hinüber nach Myanmar hat man, wenn man nahe der Grenze die Stufen auf den Hügel zum Wat Phra That Doi Wao hinaufsteigt. Dieser Wat wurde angeblich zum Andenken an ein paar Tausend birmanische Soldaten errichtet, die hier 1965 bei Kämpfen gegen KMT-Verbände fielen. (In der Stadt kursieren verschiedene Versionen, auch eine, in der die KMT-Soldaten die Helden sind.)

Schlafen

Mom Home PENSION $
(☎053 731537; haritchayahana@gmail.com; an der Th Sailomjoy; Zi. 300–500 B; ❄📶) Das neue, blitzblanke, dreistöckige Gebäude hat neun Zimmer mit TV, Kühlschrank und Warmwasserduschen. Der Preis richtet sich danach, ob man ein Zimmer mit Ventilator oder Klimaanlage nimmt. Die Anmeldung befindet sich in dem ausgeschilderten Büro in der Th Sailomjoy an der T-Kreuzung.

Maesai Guest House HOTEL $
(☎053 732021; 688 Th Wiengpangkam; Bungalows 200–600 B; 📶) Die Anlage aus Nurdach-Bungalows bietet Unterkünfte von einfachen Zimmern mit Kaltwassergemeinschaftsduschen bis hin zu Bungalows am Fluss mit Terrasse und eigenem Bad.

Afterglow HOTEL $
(☎053 734188; www.afterglowhostel.com; 139/5 Th Phahonyothin; Zi. 500–800 B, Bungalows 500 B, inkl. Frühstück; ❄📶) Mit dem Café im Erdgeschoss und den minimalistisch anmutenden Zimmern ist das Afterglow die wohl hippste Unterkunft in ganz Mae Sai. Hinten sind nun ein paar gleichermaßen stilvolle Bungalows hinzugekommen. Das Hotel liegt leider unkomfortable 4 km von der Grenze entfernt.

Khanthongkham Hotel HOTEL $$
(☎053 734222; 7 Th Phahonyothin; Zi. inkl. Frühstück 850–1500 B, Suite 1200–1650 B; ❄📶) Das Hotel besitzt riesige Zimmer, die geschmackvoll mit hellem Holz und braunem Stoff dekoriert sind. Die Suiten sind außergewöhnlich groß und haben – wie übrigens alle Zimmer – Flachbildfernseher und geräumige, einladende Bäder. Minuspunkt: Viele Zimmer haben keine Fenster.

Sai Lom Joy HOTEL $$
(☎09 4615 1177; www.sailomjoy.com; an derTh Sailomjoy; Zi. 1300–1500 B) Die reizende dreistöckige Villa hat einen friedvollen Hof. Die modernen, einladenden Zimmer mit Thai-Dekor bieten die üblichen Annehmlichkeiten.

Piyaporn Place Hotel HOTEL $$
(☎053 734511; www.piyaporn-place.com; 77/1 Th Phahonyothin; Zi./Suite inkl. Frühstück 800/1800 B; ❄@📶) An der Hauptstraße auf Höhe der Soi 7 steht das siebenstöckige Businesshotel mit gutem Preis-Leistungs-Verhältnis. Die großen, modernen Zimmer verfügen über Holzböden, kleine Sofas und die üblichen Businessklasse-Extras wie Bad, Kabel-TV und Minibar.

Maekhong Delta Boutique Hotel HOTEL $$
(☎053 642517; www.maekhonghotel.com; 230/5-6 Th Phahonyothin; Zi. inkl. Frühstück 1000–4500 B;

Mae Sai

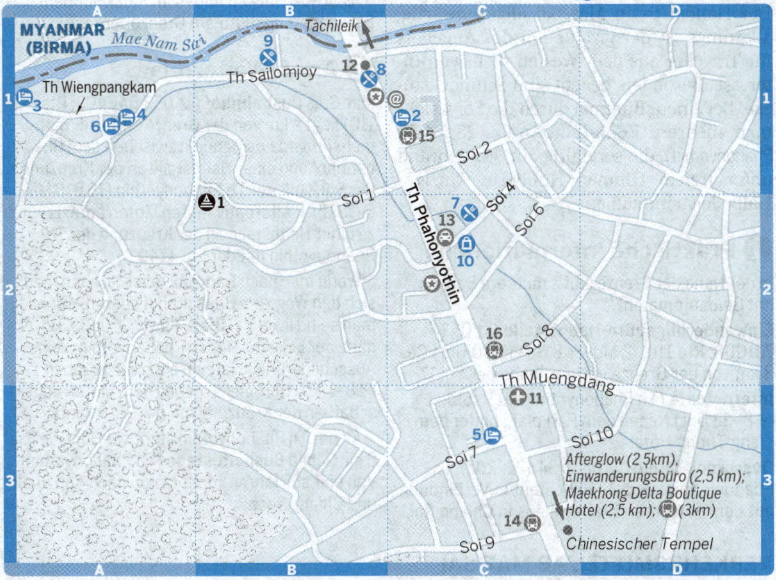

Mae Sai

Sehenswertes
1 Wat Phra That Doi Wao B2

Schlafen
2 Khanthongkham Hotel C1
3 Maesai Guest House A1
4 Mom Home A1
5 Piyaporn Place Hotel C3
6 Sai Lom Joy A1

Essen
7 Bismillah Halal Food C2
8 Nachtmarkt B1
9 Sukhothai Cuisine B1

Shoppen
10 Edelsteinmarkt C2

Praktisches
11 Overbrook Clinic C3
12 Thailändisches Einwanderungsbüro B1

Transport
13 Motorradtaxis zum Busbahnhof C2
Pornchai .... (siehe 14)
14 Siam First C3
15 Sŏrng·tăa·ou zum Busbahnhof C1
16 Sŏrng·tăa·ou nach Sop Ruak & Chiang Saen C2

) Schon ein sonderbarer Name, wenn man bedenkt, dass das Mekong-Delta ganz fern im Süden Vietnams ist … Und noch sonderbarer ist es, dass die Zimmer hier irgendwie an eine Skilodge erinnern. Aber dessen ungeachtet sind sie modern und schön. Der einzige Haken ist, dass das Hotel fast 4 km vom Stadtzentrum entfernt ist.

Essen

Täglich gibt es einen großen **Nachtmarkt** (Th Phahonyothin; Gerichte 30–60 B; 17–23 Uhr) in der Th Phahonyothin. Tagsüber findet man **Snack- & Getränkeverkäufer** vor der Polizeistation in der Th Phahonyothin.

Bismillah Halal Food THAI $
(Soi 4, Th Phahonyothin; Hauptgerichte 30–100 B; 5–17 Uhr) Das von birmanischen Muslimen geführte winzigkleine Restaurant bereitet für seine Gäste ein ausgezeichnetes Biryani und praktisch sämtliche nur denkbaren muslimischen Gerichte von Roti bis Samosa zu.

Sukhothai Cuisine THAI $
(399/9 Th Sailomjoy, keine Ausschilderung in lateinischer Schrift; Hauptgerichte 35–40 B; 7–17 Uhr) Das Personal dieses Freiluftrestaurants serviert neben den Sukhothai-Nudeln auch Satay und ein paar andere einfache Gerichte.

Shoppen

Der Handel ist in Mae Sai allgegenwärtig, allerdings ist der größte Teil des Angebots für Traveller aus dem Westen nicht von Interesse. Besonders beliebt sind Schmuckstücke. Bei einem Bummel durch die Soi 4 sieht man mehrere **Edelsteinhändler** (Soi 4, Th Phahonyothin), die sorgfältig am Straßenrand unter freiem Himmel Hunderte winziger Halbedelsteine zählen.

Praktische Informationen

In der Nähe der Grenze gibt's mehrere Banken mit Geldautomaten.

Einwanderungsbüro-Hauptstelle (☎053 731008; Rte 110; ⏲Mo–Fr 8.30–16.30 Uhr) Ca. 3 km von der Grenze entfernt nahe der Soi 17.

Internetcafé (Th Phahonyothin; 10 B/Std.; ⏲8–23 Uhr) Neben dem Parkplatz hinter dem Wang Thong Hotel.

Overbrook Clinic (☎053 734422; 20/7 Th Phahonyothin; ⏲8–17 Uhr) Steht in Verbindung mit dem modernen Krankenhaus in Chiang Rai.

Touristenpolizei (☎115; Th Phahonyothin; ⏲8.30–18 Uhr) Zu finden im Kiosk vor dem Einwanderungsbüro am Grenzübergang.

An- & Weiterreise

Mae Sais **Busbahnhof** (☎053 646403; Rte 110) liegt 4 km von der Grenze entfernt. Sammel-*sŏrng·tăa·ou* pendeln zwischen dem Busbahnhof und einer Haltestelle an der Kreuzung der Soi 2 mit der Th Phahonyothin (15 B, 5 Min., 6–18 Uhr). Alternativ fahren Motorradtaxis von/zu einer Haltestelle an der Kreuzung der Th Phahonyothin mit der Soi 4 (40 B).

Wenn man nach Bangkok möchte, kann man sich den Weg zum Busbahnhof sparen, wenn man sein Ticket bei **Siam First** (☎053 731504; nahe der Ecke Soi 9 & Th Phahonyothin, keine Ausschilderung in lateinischen Buchstaben; ⏲8–17.30 Uhr) gleich neben dem Motorradgeschäft an der Kreuzung mit der Soi 9 kauft.

An der Th Phahonyothin steht auf Höhe der Soi 8 ein Schild **Bushaltestelle** (Th Phahonyothin). Von hier aus fahren *sŏrng·tăa·ou* nach Sop Ruak und Chiang Saen.

VERKEHRSMITTEL AB MAE SAI

Bus

ZIEL	PREIS (B)	DAUER (STD.)	HÄUFIGKEIT
Bangkok	519–980	12	7 & 16.20–17.40 Uhr regelm.
Chiang Mai	144–288	5	6.15–16.30 Uhr 9-mal tgl.
Chiang Rai	39	1½	5.45–18 Uhr regelm.
Fang	92	3	8 & 14 Uhr
Mae Sot	493	12	6.45 Uhr
Nakhon Ratchasima (Khorat)	514–771	15	5–18 Uhr 6-mal tgl.
Phayao	69–103	3	5.15–18 Uhr 6-mal tgl.
Phitsanulok	273–410	8	5.15–18 Uhr 6-mal tgl.
Phrae	164–246	5	5.15–18 Uhr 6-mal tgl.
Tha Ton	92	2	8 & 14 Uhr

Kleinbus & Sŏrng·tăa·ou

ZIEL	PREIS (B)	DAUER (STD.)	HÄUFIGKEIT
Chiang Rai	46	1	6–18 Uhr regelm. Kleinbusse
Chiang Saen	50	1	8–12 Uhr regelm. *sŏrng·tăa·ou*
Fang	92	3	8 & 14 Uhr Kleinbusse
Sop Ruak (Goldenes Dreieck)	50	45 Min.	8–13 Uhr regelm. *sŏrng·tăa·ou*
Tha Ton	92	2	8 & 14 Uhr

GRENZÜBERGANG NACH MYANMAR: VON MAE SAI NACH TACHILEIK

Der Grenzübergang Mae Sai–Tachileik wird gern von Travellern benutzt, um das Visum zu verlängern. Es gibt aber einige Hindernisse, wenn man weiter ins Land einreisen möchte. Die Formalitäten für den Grenzübertritt können sich jederzeit ändern, sodass man unbedingt vor Ort die Lage checken sollte, bevor man sich auf den Weg macht.

Anreise zur Grenze

Die Grenze und die thailändische Einreisestelle sind von den meisten Unterkünften in Mae Sai fußläufig zu erreichen.

An der Grenze

Nachdem man in der **thailändischen Einreisestelle** (☎ 053 733261; Th Phahonyothin; ⏲ 6.30–21 Uhr) die üblichen Formalitäten erledigt hat, geht man über die Brücke zur Einreisestelle in Myanmar. Wer bereits ein Myanmar-Visum hat, kann von dort auf dem Landweg nach Kyaingtong (auch unter dem Namen Kengtung oder manchmal Chiang Tung bekannt) oder Mong La sowie auf dem Luftweg in andere Orte in Myanmar reisen.

Wer noch kein Myanmar-Visum hat, bekommt relativ einfach ein Eintagesvisum für den Besuch von Tachileik; etwas komplizierter ist es, ein zwei Wochen gültiges Visum für den Aufenthalt in Kyaingtong und/oder Mong La zu ergattern.

Tagesausflügler zahlen eine Gebühr von 500 B für einen befristet gültigen Ausweis; den Pass muss man an der Grenze hinterlegen. In Tachileik gibt's nicht viel zu tun außer shoppen und birmanisch essen – die Preise sind ungefähr identisch mit denen auf der thailändischen Seite, und überall werden Baht akzeptiert. Es gibt einen interessanten Morgenmarkt, und auch ein Besuch der Teeläden kann Spaß machen.

Weiterreise

Wer Kyaingtong und/oder Mong La besuchen möchte und noch kein Myanmar-Visum hat, wendet sich direkt an das Büro von Myanmar Travels & Tours (MTT). Dort muss man genau angeben, wohin man fahren möchte. Man benötigt drei Passfotos und 10 US$ oder 500 B für die Ausstellung einer 14 Tage gültigen Grenzidentitätskarte; seinen Reisepass muss man an der Grenze hinterlegen, um sicherzustellen, dass man auf gleichem Wege wieder ausreist. Außerdem muss man für die Dauer des Aufenthalts einen Führer engagieren – der kostet 1000 B pro Tag (zzgl. 400 B „Führungssteuer"). Wenn man nicht vorab einen in Kyaingtong ansässigen Guide engagiert hat, der einen an der Grenze erwartet, wird einem von MTT einer zugewiesen, und man muss während des Aufenthalts die Unterkunft und Verpflegung des Guides bezahlen. Empfehlenswerte in Kyaingtong ansässige Führer sind u. a. **Leng** (☎ +95 9490 31470; sairoctor.htunleng@gmail.com) und **Freddie** (Sai Yot; ☎ +95 9490 31934; yotkham@gmail.com).

Kyaingtong ist eine verschlafene Stadt, aber auch die historische Hauptstadt der Khün-Kultur des Shan-Staats. Die Khün sprechen eine nördliche Thaisprache, die mit Shan und Thai Lü verwandt ist, und verwenden eine Schrift, die der alten Lanna-Schrift ähnelt. Übernachten kann man u. a. im **Princess Hotel** (☎ +95 842 1319; kengtung@mail4u.com.mm; 21 Zaydankalay Rd; Zi. inkl. Frühstück 50–85 US$; ❄) oder in der Budgetunterkunft **Harry's Trekking House** (☎ +95 842 1418; harry.guesthouse@gmail.com; 132 Mai Yang Rd; Zi. inkl. Frühstück 10–20 US$; ❄).

Mong La liegt an der chinesischen Grenze und steht unter der Kontrolle der United Wa State Army. Der Ort war früher bekannt für Drogenhandel, Kasinos und Prostitution. Zur Recherchezeit war für Ausländer die Einreise von Mong La nach China nicht möglich.

Busse nach Kyaingtong (10 000 K, 5 Std., 8–8.30 & 11.30–12.30 Uhr) starten am Busbahnhof von Tachileik, der 2 km und eine Fahrt mit dem *sŏrng·tăa·ou* (20 B) oder Motorradtaxi (50 B) von der Grenze entfernt ist. Alternativ kann man am Busbahnhof auch ein Taxi (65 000 K) oder ein Sammeltaxi (15 000 od. 20 000 K) nehmen, dann muss man aber bereit sein zu warten, bis das Fahrzeug voll besetzt ist.

Es gibt keine direkte Busverbindung von Tachileik nach Mong La.

Weitere Infos zu Kyaingtong und Mong La stehen im englischsprachigen Lonely Planet *Myanmar (Burma)*.

Unterwegs vor Ort

Eine Fahrt im Ort mit einem *sŏrng·tăa·ou* kostet 15 B, mit einem Motorradtaxi ist man für 20 bis 40 B unterwegs.

Motorräder vermietet **Pornchai** (☎ 053 731136; 4/7 Th Phahonyothin, keine Ausschilderung in lateinischen Buchstaben; 250 B/Tag; ⏲ 8–17 Uhr). Zu finden ist der Laden auf Höhe der Soi 9.

Chiang Saen เชียงแสน

11 000 EW.

Chiang Saen ist der Inbegriff eines verschlafenen Städtchens am Fluss, war aber einst die Stätte eines früheren Thai-Königreichs, dessen Ursprünge im 7. Jh. liegen sollen. Die Überbleibsel dieses Reiches sind in der modernen Stadt verteilt – zu den noch erhaltenen Relikten gehören mehrere *chedis*, Buddha-Bildnisse, *wí·haan*-Säulen und Teile der Stadtbefestigung aus gestampftem Lehm. Später war Chiang Saen locker mit anderen nordthailändischen Königreichen verbunden, im 18. Jh. auch mit Myanmar, und wurde erst in den 1880er-Jahren ein Teil Siams.

Heutzutage gehen riesige Flusskähne mit Früchten, Maschinenteilen und allen möglichen Importgütern aus China in Chiang Saen vor Anker und sorgen so dafür, dass die alte Handelsroute zwischen China und Siam aktiv bleibt. Trotz dieser Handelsaktivitäten hat sich die Stadt im letzten Jahrzehnt nicht großartig verändert und ist deshalb auch ein angenehmerer Aufenthaltsort als das vergleichsweise hektische, touristische Sop Ruak, das sogenannte „Goldene Dreieck", 9 km östlich.

Chiang Saen liegt am Fluss Mekong gegenüber der laotischen Stadt Ton Pheung. Der Grenzübertritt ist an dieser Stelle allerdings ausschließlich für Einheimische möglich.

Sehenswertes & Aktivitäten

Wat Phra That Pha Ngao BUDDHISTISCHER TEMPEL

(วัดพระธาตุผาเงา; abseits der Rte 1129; ⏲ Sonnenaufgang–Sonnenuntergang) GRATIS 3 km südlich der Stadt befindet sich im Dorf Sop Kham dieser buddhistische Tempelkomplex mit einer großen Gebetshalle, die errichtet wurde, um eine teilweise freigelegte Statue aus der Chiang-Saen-Ära zu schützen. Außerdem gibt es hier ein wunderschönes, goldfarbenes Handschriftendepot (*hŏr đrai*) aus Teakholz. Eine steile Straße führt hinauf zu einer Tempelpagode auf einem Hügel, von dem aus man einen herrlichen, weiten Blick auf die Umgebung und den träge fließenden Mekong hat.

Chiang Saen

Wat Chedi Luang BUDDHISTISCHER TEMPEL
(วัดเจดีย์หลวง; Th Phahonyothin; ⌚Sonnenaufgang–Sonnenuntergang) GRATIS Zu den Ruinen des buddhistischen Wat Chedi Luang gehört ein 18 m hoher, achteckiger *chedi* im klassischen Chiang-Saen- oder Lanna-Stil. Die Archäologen streiten sich noch über die genaue Entstehungszeit, sind sich aber einig, dass er zwischen dem 12. und 14. Jh. erbaut worden sein muss.

Wat Pa Sak HISTORISCHE STÄTTE
(วัดป่าสัก; abseits der Rte 1290; Geschichtspark Eintritt 50 B; ⌚Mi–So 8.30–16.30 Uhr) GRATIS Ungefähr 200 m von der Pratu Chiang Saen stehen die Überreste des Wat Pa Sak. Die Ruinen der sieben Monumente sind zu einem Geschichtspark zusammengefasst. Der immer noch mit schönen Stuckreliefs geschmückte Haupt-*chedi* aus der Mitte des 14. Jh. zeigt Elemente der Stile von Hariphunchai und Sukhothai und möglicherweise auch einen Einfluss der historischen Königsstadt Bagan.

Wat Phra That Chom Kitti & Wat Chom Chaeng BUDDHISTISCHER TEMPEL
(วัดพระธาตุจอมกิตติ/วัดจอมแจ้ง; abseits der Rte 1290; ⌚Sonnenaufgang–Sonnenuntergang) GRATIS Die Überreste des Wat Phra That Chom Kitti und des Wat Chom Charng stehen rund 2,5 km nordwestlich der Stadt auf einem Hügel. Der runde *chedi* des Wat Phra That Chom Kitti soll noch vor der Gründung des Königreichs errichtet worden sein.

Wat Pha Khao Pan BUDDHISTISCHER TEMPEL
(วัดผ้าขาวป้าน; Th Rimkhong; ⌚Sonnenaufgang–Sonnenuntergang) GRATIS Auf dem Gelände des noch genutzten Wat Pha Khao Pan nahe dem Fluss steht ein prachtvoller *chedi* aus der Lanna-Periode. In Nischen an allen vier Seiten des großen, quadratischen Sockels erblickt man schreitende Buddhas im Lanna-Stil. Die Buddhastatue im Osten nimmt die *mudra* ein, also die um Regen bittende Haltung: Beide Hände zeigen am Körper entlang zu Boden – diese Geste ist in Laos verbreiteter als in Thailand.

Chiang Saen National Museum MUSEUM
(พิพิธภัณฑสถานแห่งชาติเชียงแสน; 702 Th Phahonyothin; Eintritt 100 B; ⌚Mi–So 8.30–16.30 Uhr) Dieses Museum ist eine tolle Infoquelle zur Region, obwohl es nur relativ klein ist.

Touren auf dem Mekong BOOTSTOUR
(☎08 5392 4701; Th Rimkhong; ⌚8–17 Uhr) Schnellboote, die für fünf Passagiere ausgelegt sind, fahren von der Anlegestelle nach Sop Ruak (einfache Strecke/hin & zurück pro Boot 600/700 B, 1 Std.) oder die ganze Strecke bis Chiang Khong (einfache Strecke/hin & zurück pro Boot 2500/3000 B, 1½ Std.).

Schlafen

Jay Nay PENSION $
(☎08 1960 7551; Th Nhongmoon, keine Ausschilderung in lateinischen Buchstaben; Zi. 350–400 B; ❄📶) Das Jay Nay bietet in einem zweistöckigen Komplex 13 identische Zimmer. Sie sind einfach, aber neu und gemütlich. Ausschau halten nach den Worten *Rooms for Rent*!

Sa Nae Charn Guest House PENSION $
(☎053 651138; 641 Th Nhongmoon; Zi. 250–450 B; ❄📶) Das von einem älteren Herrn aus Sin-

Chiang Saen

Sehenswertes
1 Chiang Saen National Museum A2
2 Wat Chedi Luang B2
3 Wat Pa Sak A2
4 Wat Pha Khao Pan C1

Aktivitäten, Kurse & Touren
5 Touren auf dem Mekong C2

Schlafen
6 Jay Nay C1
7 Sa Nae Charn Guest House C1

Essen
8 Abendmarkt-Imbissstände B2
9 Kiaw Siang Hai C1
10 Imbissstände am Fluss C1
11 Straßenmarkt C2

Ausgehen & Nachtleben
2 be 1 .... (siehe 9)

Praktisches
12 Einwanderungsbehörde C2

Transport
13 Busse nach Chiang Rai & Chiang Mai C2
14 Chiang Saen Tour & Travel C3
15 Motorradverleih B2
16 Sombat Tour B2
17 Sŏrng·tăa·ou nach Hat Bai C3
18 Sŏrng·tăa·ou nach Sop Ruak & Mae Sai C2

gapur geführte Haus bietet einfache Zimmer. Je mehr man zahlt, desto mehr Annehmlichkeiten (TV, Klimaanlage) werden geboten.

Gin's Maekhong View Resort & Spa HOTEL $$
(☎ 08 4485 1376; www.facebook.com/GinsMaekhongView; Th Rimkhong; Zi. inkl. Frühstück 1000–1500 B, Bungalow inkl. Frühstück 1500 B; ❄ 📶 🏊) Hier haben Gäste die Wahl zwischen ziemlich beengten Bungalows am Flussufer und geräumigen Zimmern in einem zweistöckigen Gebäude. Es gibt einen Pool, ein großes Feld mit Sonnenblumen, ein Spa und ein Café. Die gleichen Leute betreiben auch die Budgetunterkunft **Gin's Guest House** (☎ 053 650847; 71 Th Rimkhong; Zi. 300–600 B, Bungalow 600 B; ❄ 📶) auf der gegenüberliegenden Straßenseite.

Das Gin's befindet sich ca. 1 km nördlich des Zentrums von Chiang Saen in der Nähe der rekonstruierten Stadtmauern.

Pak-Ping-Rim-Khong PENSION $$
(☎ 053 650151; www.facebook.com/PakPingRimKhong; 484 Th Rimkhong; Zi. inkl. Frühstück 1200–2100 B; ❄ 📶) Der neue, gepflegte Villenkomplex befindet sich gleich nördlich der Stadt. Die geräumigen Zimmer haben Klimaanlagen, TVs und Kühlschränke.

Siam Triangle Hotel HOTEL $$
(☎ 053 651115; www.siamtriangle.com; 267 Th Rimkhong; Zi. inkl. Frühstück 1250–3000 B, Suite inkl. Frühstück 6000 B; ❄ @ 📶 🏊) Chiang Saens größtem Hotel fehlt es zwar etwas an Charme, aber dafür sind die gigantisch großen Suiten mit Jacuzzi, von denen aus man den Blick auf den Fluss genießt, doch recht beeindruckend. Auf der gegenüberliegenden Straßenseite gibt's einen neuen Flügel mit etwas billigeren Zimmern. Das Hotel liegt direkt vor den Toren von Chiang Saen, etwa 400 m südlich der ehemaligen Stadtmauer.

Viang Yonok PENSION $$$
(☎ 053 650444; www.viangyonok.com; an der Rte 1016; Bungalow inkl. Frühstück 2400–2950 B; ❄ @ 📶 🏊) Der Schwerpunkt in dieser gepflegten Anlage mit sieben komfortablen, modernen Bungalows liegt auf Aktivitäten, und wem ein Pool, eine Sauna, ein Kraftraum, Fahrräder, Kajaks und die Möglichkeit zur Vogelbeobachtung nicht reichen, der ist wohl ohnehin kaum zufrieden zu stellen. Die Unterkunft befindet sich ungefähr 5 km westlich von Chiang Saen in Ban Khu Tao, abseits der Straße nach Mae Chan. Den gelben Schildern folgen, die hinter der Esso-Tankstelle zu sehen sind!

Essen & Ausgehen

Preiswerte Nudel- und Reisgerichte bekommt man an den **Imbissständen** (Hauptgerichte 30–60 B) in der Nähe der überdachten Bushaltestelle in der Th Phahonyothin. Mit Einbruch der Dunkelheit bieten **Imbissstände** (Th Phahonyothin; Hauptgerichte 30–60 B; ⏲ 16–22 Uhr) direkt westlich von hier ihre Speisen an. Samstagabends wird ein Abschnitt der Th Rimkhong für den Verkehr gesperrt. Dann gibt es auf dem wuseligen **Straßenmarkt** (Hauptgerichte 20–60 B; ⏲ Sa 16–21 Uhr) viele kulinarische Angebote.

Imbissstände am Fluss THAI $
(Th Rimkhong; Hauptgerichte 30–60 B; ⏲ 16–23 Uhr) Während der Trockenzeit legen Essens-

MIT DEM BOOT NACH JINGHONG

Früher konnte man mit einem Passagierschiff auf dem Mekong von Chiang Saen nach Jinghong im chinesischen Bezirk Xishuangbanna fahren. Die Fahrt dauerte bei günstigen Bedingungen 15 Stunden. Der Betrieb wurde aber 2011 eingestellt, als bei einer Schießerei in Zusammenhang mit Drogenhandel 13 chinesische Seeleute ums Leben kamen.

Falls der Betrieb wieder aufgenommen werden sollte, werden die Boote wohl wieder montags, mittwochs und freitags um 5 Uhr in Chiang Saen ablegen. Diese Termine sind aber nicht in Stein gemeißelt, sodass man unbedingt anrufen sollte, bevor man Pläne schmiedet. In den trockeneren Monaten (in der Regel März–Mai) fahren die Boote nicht, da Felsen und Untiefen die Fahrt behindern.

Für diesen Trip benötigt man vorab ein Visum für China – mehrere Pensionen vor Ort können das besorgen, schneller es geht aber in Chiang Mai oder Bangkok. Wer schon ein Visum hat, bucht sein Ticket über **Chiang Saen Tour & Travel** (☎ 08 1993 2425; 64 Th Rimkhong; ⏲ 9–19 Uhr) oder **Maekhong Delta Travel** (☎ 053 642517; www.maekhongtravel.com; Maekhong Delta Boutique Hotel, 230/5-6 Th Phahonyothin; einfache Strecke 3500 B oder 820 Y; ⏲ 9–17 Uhr) in Mae Sai.

verkäufer am Flussufer ihre Matten aus und bieten rustikale Speisen wie gegrillten Fisch oder gegrilltes Hühnchen in dicken Bambusscheiben feil. Dazu gibt's Klebreis und *sôm·đam* (scharfen Salat aus grüner Papaya).

Kiaw Siang Hai CHINESISCH $
(44 Th Rimkhong, keine Ausschilderung in lateinischen Buchstaben; Hauptgerichte 50–200 B; ⌚8–20 Uhr) Dieses authentisch chinesische Restaurant wird von den Arbeitern der chinesischen Schiffe besucht, die in Chiang Saen anlegen, und bereitet neben Kloßgerichten noch eine ganze Menge anderer Speisen zu. Empfehlenswert sind der würzige gebratene Tofu nach Sichuan-Art oder auch die chinesischen Kräutersuppen. Das Restaurant ist leicht an den riesigen Keramiktöpfen zu erkennen, die vor der Tür stehen.

Jinda's Kitchen NORDTHAILÄNDISCH $
(Rte 1290; Hauptgerichte 25–100 B; ⌚8–21 Uhr; 📶) In diesem gemütlichen Restaurant am Straßenrand werden seit mehr als 50 Jahren regionale Gerichte serviert, u.a. leckere *kà·nŏm jeen nám ngée·o* (frische Reisnudeln in einer fleischig-scharfen Schweinefleisch-Tomaten-Brühe). Das Lokal liegt ungefähr auf halber Strecke zwischen Chiang Saen und Sop Ruak.

2 be 1 BAR
(Th Rimkhong; ⌚17.30–24 Uhr) Die winzige Bar am Fluss hat drinnen und draußen Sitzplätze und außerdem einen Billardtisch.

ℹ Praktische Informationen

Chiang Saen Hospital (☎053 777017; Rte 1016) Das staatliche Krankenhaus befindet sich direkt südlich vom Wat Pa Sak.

Einwanderungsbehörde (☎053 777118; Ecke Th Phahonyothin & Th Sukapibansai; ⌚Mo–Fr 8.30–16.30 Uhr)

Internetcafé (Th Nhongmoon; 10 B/Std.; ⌚9–21 Uhr)

Touristeninformation (☎053 777084; Th Phahonyothin; ⌚Mo–Sa 8.30–16.30 Uhr) Zeigt ein gutes Reliefmodell der Gegend mit den wichtigsten Ruinenstätten und Fotos von diversen *chedi* vor, während und nach ihrer Restaurierung.

ℹ An- & Weiterreise

Blaue sŏrng·tăa·ou (Th Phahonyothin) warten zwischen 7.20 und 15 Uhr an einem Stand am östlichen Ende der Th Phahonyothin auf Fahrgäste nach Sop Ruak (20 B) und Mae Sai (50 B). Wer nach Chiang Khong will, nimmt an dem Stand in der Th Rimkhong südlich der am Flussufer gelegenen Einwanderungsbehörde ein **grünes sŏrng·tăa·ou** (Th Rimkhong) in Richtung Hat Bai (9–14 Uhr, 50 B, 1 Std.), wo er in ein anderes *sŏrng·tăa·ou* umsteigen muss.

Chiang Saen hat keinen richtigen Busbahnhof, es ist vielmehr eine **überdachte Haltestelle** (Th Phahonyothin) am östlichen Ende der Th Phahonyothin, an der die Busfahrer ihre Fahrgäste ein- und aussteigen lassen. Von dieser Haltestelle aus fahren viele Busse nach Chiang Rai (37 B, 1½ Std., 5.30–17.30 Uhr) und ein Bus pro Tag nach Chiang Mai (222 B, 5 Std., 9 Uhr).

Sombat Tour (☎053 650788; Th Phahonyothin; ⌚8.20–17.20 Uhr) schickt täglich zwei VIP-Busse nach Bangkok (1058 B, 12 Std., 17 & 17.30 Uhr), Abfahrt ist vor dem kleinen Büro in der Th Phahonyothin.

ℹ Unterwegs vor Ort

Motorradtaxifahrer nehmen für eine kurze Fahrt innerhalb der Stadt 20 B. Sie warten in der Nähe und gegenüber der Bushaltestelle auf Fahrgäste.

Die Gegend um Chiang Saen lässt sich gut auf zwei Rädern erkunden. Mountainbikes und Motorräder gibt's beim **Motorradverleih** (☎08 9429 5798; 247/1 Th Phahonyothin, keine Ausschilderung in lateinischen Buchstaben; Fahrrad/Motorrad pro 24 Std. 80/200B; ⌚8–19 Uhr) beim Frisiersalon.

Sop Ruak สบรวก

Myanmar, Thailand und Laos stoßen in Sop Ruak aufeinander, dem „Mittelpunkt" des Goldenen Dreiecks am Zusammenfluss von Nam Ruak und Mekong. Die beiden Opiummuseen der Stadt, das House of Opium und die Hall of Opium, lohnen einen Besuch, außerdem kann man mit einem Bootsausflug nett eine Stunde zubringen. Aber eigentlich bleiben die meisten Traveller hier nur, wenn sie ein Zimmer in einem der herausragenden Luxushotels in dem Gebiet gebucht haben.

👁 Sehenswertes & Aktivitäten

Hall of Opium MUSEUM
(หอฝิ่น; Rte 1290; Erw./Kind 200 B/frei; ⌚Di–So 8.30–16 Uhr) 1 km nördlich von Sop Ruak hat die Mah Fah Luang Foundation auf einem 40 ha großen Gelände gegenüber dem Anantara Golden Triangle Resort & Spa die 5600 m² fassende Hall of Opium geschaffen. Die Multimedia-Ausstellungen dieses Museums beschreiben die faszinierende Geschichte des Opiums und zeigen enga-

Goldenes Dreieck & Umgebung

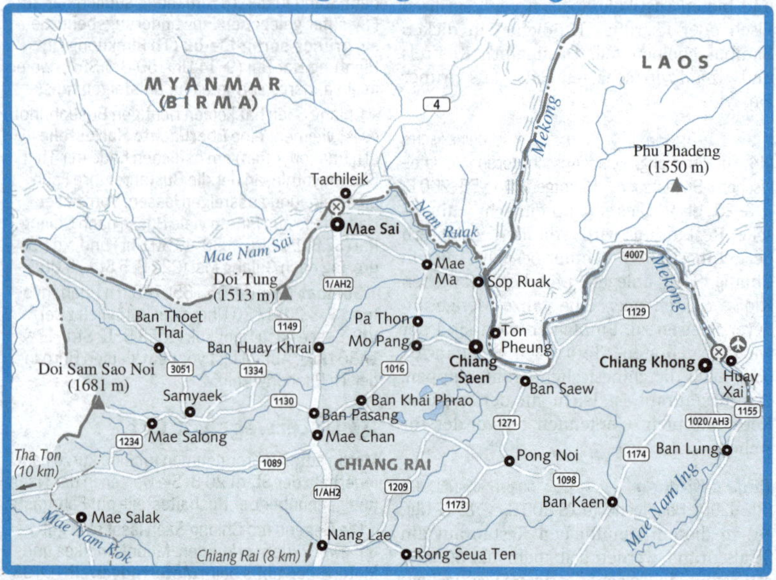

giert und informativ die Auswirkungen des Opiummissbrauchs auf das Individuum und die Gesellschaft. Die Präsentation ist ausgewogen und sehenswert.

House of Opium MUSEUM

(บ้านฝิ่น; Rte 1290; Eintritt 50 B; ⌚7–19 Uhr) Das kleine Museum mit historischen Ausstellungsstücken zum Opiumanbau lohnt einen Besuch. Ausgestellt sind neben Fotos und Landkarten mit englischer Beschriftung all die Utensilien, die man zum Anbau, zur Ernte, zum Genuss und zum Vertrieb des Harzes des Schlafmohns (*Papaver somniferum*) braucht, darunter Pfeifen, Gewichte und Waagen. Das Museum befindet sich am südöstlichen Ende von Sop Ruak, praktisch direkt gegenüber der großen Buddha-Statue von Phra Chiang Saen Si Phaendin.

Phra Chiang Saen Si Phaendin BUDDHISTISCHER TEMPEL

(พระเชียงแสนสี่แผ่นดิน; Rt 1290; ⌚7–21 Uhr) GRATIS Die erste Sehenswürdigkeit, die in Sop Ruak auffällt, ist der Phra Chiang Saen Si Phaendin, eine gigantische Buddha-Statue, die von einer thailändisch-chinesischen Stiftung finanziert wurde. Die Statue thront auf einer bootsartigen Plattform; Besucher werden verführt, ihre Münzspenden von einer erhöhten Plattform hinter der Statue herunterrollen zu lassen.

Wat Prathat Pukhao BUDDHISTISCHER TEMPEL

(วัดพระธาตุภูเข้า; Rte 1290; ⌚Sonnenaufgang–Sonnenuntergang) GRATIS Neben dem House of Opium führen ein paar Stufen hinauf zum buddhistischen Wat Prathat Pukhao. Von dort hat man den besten Blick auf die Stelle im Mekong, an der Laos, Myanmar und Thailand aufeinandertreffen.

Bootsfahrten

Tagsüber können an einem der zahlreichen Piers Ausflüge im Longtail-Boot (1 Std. max. 5 Pers. 500 B/Boot) auf dem Mekong organisiert werden. Die Touren umfassen in der Regel die Fahrt flussaufwärts, um einen Blick auf das Kasinohotel in Myanmar zu werfen, und einen Aufenthalt auf der laotischen Insel Don Sao, die ungefähr auf halber Strecke zwischen Sop Ruak und Chiang Saen liegt. Bei der Ankunft in Laos muss jeder Besucher 30 B Einreisesteuer zahlen.

Schlafen & Essen

Der einzige Grund in oder bei Sop Ruak zu übernachten, sind einige der besten Luxusunterkünfte Thailands. Budgettraveller sind in Chiang Saen besser aufgehoben. Es gibt Touristenlokale mit Mekong-Blick.

Four Seasons Tented Camp HOTEL $$$ (☎ 053 910200; www.fourseasons.com; 2 Nächte alles inkl. 104 000–116 000 B; ❄@📶🏊) Wenn es Zeit und Geldbeutel erlauben, ist dieses von Safaris inspirierte Resort, das eine einzigartige Wohnerfahrung in Thailand bietet, ein Muss. Die „Zelte" sind luxuriös und mit Gegenständen ausgestattet, die an kolonialzeitliche Safaris erinnern. Der Mindestaufenthalt beträgt zwei Nächte, zu den täglich

DAS GOLDENE DREIECK, FRÜHER & HEUTE

Historisch bezieht sich der Begriff „Goldenes Dreieck" auf eine geografische Region, die sich über Tausende Quadratkilometer nach Myanmar, Laos und Thailand hinein erstreckt und in der der Opiumhandel florierte. Vom Beginn des vorigen Jahrhunderts bis in die 1980er-Jahre hinein war diese Region weltweit das größte Anbaugebiet von *Papaver somniferum*, dem Schlafmohn, aus dem Opium gewonnen wird. Armut, fehlende Infrastruktur und noch dazu das Fehlen von staatlichen Strukturen in den weitgehend von Rebellen beherrschten Gebieten führten dazu, dass der Anbau der Pflanzen und der Transport des gewonnenen Opiums, das schließlich zu Heroin raffiniert in alle Welt gelangte, praktisch ungestört vor sich gingen.

Der zweifellos wichtigste einzelne Akteur des Drogenhandels im Goldenen Dreieck war der Shan-chinesische Warlord Khun Sa, den die Presse als Opiumkönig bezeichnete. Ab Mitte der 1970er schloss Khun Sa von seinem Hauptquartier in der Provinz Chiang Rai aus mit seiner Shan United Army (SUA), in Mae Salong ansässigen ehemaligen Kämpfern der KMT, die den Bürgerkrieg in China verloren hatte, und weiteren Gruppen ein Bündnis, das praktisch ein Monopol auf den weltweiten Opiumhandel erlangte.

Nach zwei gescheiterten Attentaten auf sein Leben bot Khun Sa im Jahr 1988 der australischen Regierung an, die gesamte Opiumernte für 50 Mio. AUS$ pro Jahr an sie zu verkaufen. Damit würde, so behauptete er, der weltweite Heroinhandel zum Erliegen kommen. Den USA unterbreitete er eine ganz ähnliche Offerte, doch beide Staaten schlugen das Angebot aus. Die US-amerikanische DEA setzte ein Kopfgeld von 2 Mio. US$ auf seine Ergreifung aus. Schließlich ergab sich Khun Sa im Jahr 1996 den birmanischen Behörden. Myanmar weigerte sich jedoch, den Warlord an die USA auszuliefern, sodass Khun Sa 2007 schließlich unbehelligt in Yangon (Rangun) starb.

Khun Sas Kapitulation war der Sargnagel für den Opiumhandel im Goldenen Dreieck – der Mohnanbau in dem Gebiet fiel 1998 auf den tiefsten Stand aller Zeiten. Zu Beginn des 21. Jhs. verdrängte der Goldene Halbmond in Afghanistan das Goldene Dreieck von der Spitzenstellung als Opiumproduzent. Nach einem kürzlich erschienenen Bericht des Büros der UN für Drogen- & Verbrechensbekämpfung hat der Handel inzwischen jedoch wieder zugenommen – wohl vor allem aufgrund steigender Nachfrage aus China. Im Jahr 2012 war Myanmar allein für rund 25 % der Weltopiumproduktion verantwortlich.

Die meisten Beobachter sind sich jedoch darüber einig, dass sich der Drogenhandel im Goldenen Dreieck inzwischen von Opium auf Methamphetamine verlagert hat. Die Droge, die auf thailändisch als *yah bâh* („verrückte Droge") bezeichnet und in Myanmar in Fabriken hergestellt wird, denen Verbindungen zur United Wa State Army nachgesagt werden, ist zur neuen Geißel der Region geworden: So machten beispielsweise Bilder von durchgeknallten Süchtigen, die Geiseln nahmen, zu Beginn des Jahrhunderts in Thailand Schlagzeilen. Trotz aller Anstrengungen der thailändischen Behörden, das Meth-Dealen auszurotten, nehmen Handel und Gebrauch der Droge offenbar immer weiter zu – nur die Preise sind infolge der Bekämpfungsmaßnahmen angestiegen.

Die Tage des wachsenden Opiumhandels gehören der Vergangenheit an, aber Hoteliers und Tourveranstalter in Chiang Rai haben aus dem Namen natürlich Kapital geschlagen und das kleine Dorf Sop Ruak zum „Goldenen Dreieck" erklärt, um Fantasien von illegalen Abenteuern, exotischen Grenzregionen und Opiumkarawanenschmuggel wachzurufen. Aber die einzige Karawane, die es hier zu sehen gibt, ist die der großen Reisebusse mit Pauschaltouristen. Opium gibt's heute nur noch in Museen, und sogar die einst schöne Landschaft ist mittlerweile von Geldautomaten und unzähligen Ständen mit Touristenkram und durch lautes Marktgeschrei aus den verschiedenen Tempeln verschandelt. Und aus dem früher absolut uneinnehmbaren Hauptquartier Khun Sas in Ban Thoet Thai ist inzwischen eine ganz entspannte Touristenattraktion geworden.

angebotenen Aktivitäten gehören u.a. Ausflüge im Longtail-Boot und Wellnessanwendungen. Auch Ausritte auf Elefanten und sonstige „Erfahrungen" in Zusammenhang mit Dickhäutern stehen auf dem Programm. Wer die Teilnahme an solchen Aktivitäten in Betracht zieht, sollte sich vorab über die damit in Zusammenhang stehenden Fragen einer artgerechten Haltung der Tiere informieren.

Anantara Golden Triangle Resort & Spa HOTEL $$$
(☎ 053 784084; www.anantara.com; Rte 1290; Zi. & Suite alles inkl. 36 500–44 000 B/Nacht; ❄ @ 📶 🏊) Das preisgekrönte Resort befindet sich auf einem großen, wunderschön gestalteten Gelände direkt gegenüber der Hall of Opium. Die Zimmer verbinden thailändische und internationale Gestaltungsmotive, und alle haben Balkone mit Blick auf den Mekong. Annehmlichkeiten wie Whirlpool, Squash- und Tennisplätze, Fitnessstudio, Sauna und Spa runden das Luxusangebot ab. Aktivitäten wie Kochkurse sind in den meisten Pauschalangeboten enthalten. Auch hier darf man die Probleme in Zusammenhang mit angebotenen Elefantenaktivitäten nicht aus den Augen verlieren.

An- & Weiterreise

Häufig fahren *sŏrng·tăa·ou* nach Chiang Saen (20 B, 15 Min., 7–12 Uhr) und Mae Sai (45 B, 30 Min., 8–13 Uhr, alle 40 Min.), die man einfach an der Hauptstraße heranwinkt. Kleinbusse nach Chiang Rai (50 B, 1 Std., 5.50–16 Uhr stündl.) halten auf dem Parkplatz westlich des Phra Chiang Saen Si Phaendin. Aber auch die 9 km lange Fahrradfahrt von Chiang Saen nach Sop Ruak ist nicht anstrengend.

Chiang Khong เชียงของ

12 000 EW.

Abgelegener, aber lebendiger als der Nachbarort Chiang Saen ist Chiang Khong. Die Kleinstadt war ein wichtiger Markt für die Bergvölker in der Region und für den Handel mit dem nördlichen Laos. Einst gehörte sie zu Juon, einem kleinen *meu ang* (Stadtstaat), der im Jahr 701 von König Mahathai gegründet wurde. Im Verlauf der Jahrhunderte war Juon erst Chiang Rai, dann Chiang Saen und schließlich Nan tributpflichtig, ehe es schließlich in den 1880er-Jahren von Siam einverleibt wurde. Das Territorium von Chiang Khong erstreckte sich bis zur chinesischen Provinz Yunnan, aber 1893 annektierten die Franzosen einen großen Teil des Nordufers des Mekong und gliederten das Gebiet in Französisch-Indochina ein.

Heute ist das Uferstädtchen bei Travellern als Zugang nach Laos beliebt. 2013 wurde eine Brücke über den Mae Nam Khong eröffnet, die die Reise nach Laos und in die VR China wesentlich erleichtert. Von Huay Xai auf dem anderen Ufer des Mekong gelangt man in einer zweitägigen, gemütlichen Bootsfahrt nach Luang Prabang. Und wer noch weiter möchte, erreicht von Huay Xai aus nach einer achtstündigen Busfahrt Boten, einen offiziellen Grenzübergang in die VR China.

Schlafen

Die meisten Unterkunftsbetreiber in Chiang Khong haben sich speziell auf Budgettraveller eingestellt.

In der Stadt

Namkhong Resort HOTEL $
(☎ 053 791055; 94/2 Th Sai Klang; Zi. 200–1000 B; ❄ 📶 🏊) Nur wenige Schritte abseits der Hauptstraße befindet sich diese lauschige Anlage mit tropischen Pflanzen und schönen Holzhäusern. Selbst die preiswerten Zimmer mit Ventilator und Gemeinschaftsbad sind entzückend. Ein weiteres Plus ist der Pool.

PP Home PENSION $
(Baan Pak Pon; ☎ 053 655092; baanpakpon@hotmail.co.th; abseits der Th Sai Klang; Zi. 350–600 B; ❄ 📶) Das weitläufige Holzhaus verfügt über große, holzgetäfelte Zimmer und ein paar neue Zimmer im angrenzenden Betongebäude.

Ban Tammila HOTEL $
(☎ 053 791234; www.baantammila.com; 113 Th Sai Klang; Zi. & Bungalow 450–750 B; ❄ 📶) Von außen wirkt die Anlage zwar etwas vernachlässigt, aber die Zimmer und Bungalows sind sauber und in warmen Farben gehalten. Einige Zimmer haben breite Balkone und Hängematten. Vor allem Nr. 12 bietet einen schönen Blick hinüber nach Laos.

Baan-Fai Guest House PENSION $
(☎ 053 791394; 108 Th Sai Klang; Zi. 200–800 B; ❄ 📶) Nach der Renovierung sieht dieses einladende Holzhaus besser aus denn je. Die acht Zimmer im Hauptgebäude haben Klimaanlage und ein eigenes Bad, die neueren Zimmer Ventilator und Gemeinschaftsbad. Ein Café fehlt natürlich auch nicht.

Chiang Khong

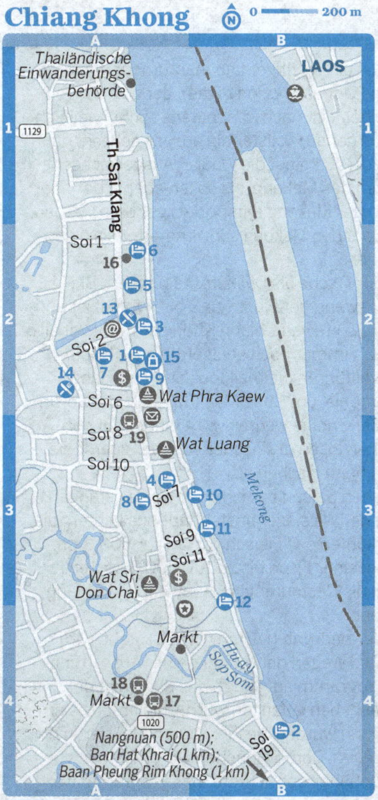

Chiang Khong

Schlafen

1 Baan-Fai Guest House A2
2 Baanrimtaling B4
3 Ban Tammila A2
4 Chiang Khong Green Inn A3
5 Chiang Khong Teak Garden Hotel A2
6 Day Waterfront Hotel A2
7 Funky Box A2
8 Namkhong Resort A3
9 Namkhong Riverside Hotel A2
10 PP Home B3
11 Rim Nam House B3
12 River House B3

Essen

13 Bamboo Mexican House A2
14 Khao Soi Pa Orn A2

Ausgehen & Nachtleben

Hub .... (siehe 7)

Shoppen

15 Straßenmarkt A2

Praktisches

16 Easy Trip A2

Transport

17 Busse nach Chiang Mai & Phayao A4
Busse nach Chiang Rai .... (siehe 18)
18 Sombat Tour A4
19 Sŏrng·tăa·ou nach Hat Bai A3

Funky Box HOSTEL $
(☎08 2765 1839; Soi 2, Th Sai Klang; B 100 B; ❄📶) Der Name hält, was er verspricht: Ein kastenförmiges Gebäude mit 16 Schlafsälen. Aber keine Sorge, das Ganze ist *funky* im positiven Sinne des Wortes!

Rim Nam House HOTEL $
(☎053 655680; abu_bumpbump@sanook.com; an der Th Sai Klang; Zi. 350–500 B; ❄📶) Diese Unterkunft am Flussufer verfügt über 20 fast identische, geräumige und saubere Budgetzimmer. Die teureren Zimmer sind mit Klimaanlagen und alle Quartiere mit Kühlschrank und TV.

Chiang Khong Green Inn HOTEL $
(☎053 791009; www.chiangkhong-greeninn.com; 89/4 Th Sai Klang; Zi. 200–500 B; ❄@📶) Die preiswerteren Zimmer in dieser modern anmutenden Backpackerbleibe sind klein, haben Ventilatoren und teilen sich ein Gemeinschaftsbad. In den Zimmern mit Klimaanlage haben Gäste mehr Beinfreiheit, und außerdem gibt's einen TV und ein eigenes Bad.

River House HOTEL $$
(☎053 792022; theriverhouse_chiangkhong@hotmail.com; 419 Th Sai Klang; B 150 B, Zi. 300–800 B; ❄@📶) Das heimelige weiße Haus mit Blick über den Mekong ist eine großartige Budget-/Mittelklasseoption. Die preiswerteren Zimmer sind klein und verfügen nur über Ventilator und Gemeinschaftsbad, die teureren sind geräumig und mit Klimaanlage, Kühlschrank, TV und Balkon ausgestattet.

Namkhong Riverside Hotel HOTEL $$
(☎053 791796; www.namkhongriverside.com; 174-176 Th Sai Klang; Zi. inkl. Frühstück 1300–1500 B; ❄@📶) Das moderne, beliebte dreistöckige Hotel wurde erst vor Kurzem renoviert und bietet viele saubere, ordentliche Zimmer, von denen die meisten einen eigenen Balkon mit Blick auf den Fluss besitzen. Das Haus ist eine gute Wahl im Mittelklassebereich, aber leider machen sich die abendlichen Karaoke-Partys störend bemerkbar.

DER MEKONG-RIESENWELS

Der Abschnitt des Mekong um Chiang Khong ist ein wichtiger Lebensraum für den *blah bèuk* (Mekong-Riesenwels, unter Ichthyologen *Pangasianodon gigas*), der zu den größten Süßwasserfischen der Welt zählt. Ein *blah bèuk* ist nach mindestens sechs, vielleicht auch erst nach zwölf Jahren (niemand weiß das genau) vollständig ausgewachsen; dann ist er zwischen 2 und 3 m lang und bringt bis zu 300 kg auf die Waage. Ausgewachsene Tiere findet man nur in bestimmten Abschnitten des Mekong, sie sollen aber in der tibetischen Hochebene, in der Provinz Qinghai (wo der Mekong entspringt) geboren werden und dann den ganzen Weg bis zum mittleren Lauf des Mekong schwimmen, wo sie den größten Teil ihres Erwachsenenlebens verbringen.

In Thailand und Laos ist das milde Fleisch der Fische als Delikatesse begehrt. Sie werden zwischen Ende April und Juni gefangen, wenn der Fluss nur 3 bis 4 m tief ist und die Welse flussaufwärts ziehen. Ban Hat Khrai, 1,5 km von Chiang Khong entfernt, ist als eine der wenigen Stellen bekannt, an denen man immer noch gelegentlich *blah bèuk* fangen kann. Bevor sie ihre Netze auswerfen, vollführen die thailändischen und laotischen Fischer jedes Jahr eine besondere Zeremonie, um Chao Mae Pla Beuk, die Göttin der Riesenwelse, gnädig zu stimmen. Bei der Zeremonie werden u. a. Hühner auf den Fischerbooten geopfert. Nach den Feierlichkeiten losen die Fischer aus, wer zuerst die Netze auswerfen darf, und wechseln sich dann beim Fischen ab.

In den letzten Jahren wurden in einer typischen Saison nur ein paar Welse gefangen (in manchen Jahren auch gar keine). Die Gilde der Welsjäger besteht nur aus Leuten, die in Ban Hat Khrai geboren sind. Die Fischer verkaufen das Fleisch vor Ort für 500 B pro Kilogramm oder mehr; in Bangkok kann ein einzelner Fisch bis zu 100 000 B kosten. Das meiste Welsfleisch landet in Bangkok, weil die Restaurants in Huay Xai und Chiang Khong bei solchen Preisen nicht mithalten können.

Obwohl der *blah bèuk* auf der Roten Liste der bedrohten Arten (CITES) steht, wird darüber gestritten, wie bedroht er tatsächlich ist. Wegen der Gefahr seiner Ausrottung hat die Fischereibehörde Thailands 1983 ein Programm aufgelegt, das die Zucht der Welse in Gefangenschaft vorsieht. Wenn ein Weibchen gefangen wurde, hielt man es am Leben, bis ein männliches Tier ins Netz ging. Dann wurden die Eier (durch Massieren der Eierstöcke) entfernt und in einen Behälter gegeben. Dem Männchen wurde Samen entnommen, mit dem man dann die Eier in dem Behälter befruchtete. Das Programm war bis 2001 nicht sehr erfolgreich, doch in diesem Jahr überlebten 70 000 Jungfische. Die Fische wurden dann an Fischereizentren im Land verteilt, von denen einige bescheidene Erfolge bei der Aufzucht der Welse erzielten, vor allem in Fischteichen in der zentralthailändischen Provinz Suphanburi. Deswegen findet man *blah bèuk* heute wieder landesweit auf den Speisekarten.

Im Augenblick besteht die größte Gefahr für das Überleben des Mekong-Riesenwelses in Freiheit in Staudämmen: Aktuell gibt es sieben am Mekong, und es sind mindestens elf weitere geplant. Diese Dämme würden die Wanderung der Fische verhindern. Eine weitere Gefahr geht von der Beseitigung der Stromschnellen im chinesischen Teil des Mekong aus, wodurch wertvolle Laichgründe für die Fische verloren gehen.

Day Waterfront Hotel HOTEL $$
(☎053 791789; www.hoteldaywaterfront.com; 789 Th Sai Klang; Zi. inkl. Frühstück 650–900 B) Geräumige und gut eingerichtete, aber relativ schlichte Zimmer. Die eigentlichen Highlights sind das freundliche Personal und der grandiose Blick hinüber nach Laos.

Chiang Khong Teak Garden Hotel HOTEL $$$
(☎053 792008; www.chiangkhongteakgarden.com; 666 Th Sai Klang; Zi. inkl. Frühstück 1800–2100 B; ❄@📶) Die modernen Duplex-Bungalows in Chiang Khongs teuerster Unterkunft sind gut ausgestattet und gemütlich, wenn auch nicht gerade stimmungsvoll. Der Preisunterschied bemisst sich danach, ob man in den Garten oder auf den Fluss blickt.

Außerhalb der Stadt

Baanrimtaling PENSION $
(☎053 791613, 08 4615 5490; maleewan_th@yahoo.com; 99/2 Soi 19, Th Sai Klang; B 100–130 B, Zi. 150–450 B; @📶) Die 13 Zimmer in diesem weitläufigen Haus sind für diese Preisklas-

se ziemlich durchschnittlich, und auch die Lage ist nicht gerade ideal, aber die anheimelnde Atmosphäre und der freundliche Service können durchaus dafür sorgen, dass man vielleicht etwas länger bleibt als geplant.

Rai Saeng Arun RESORT **$$$**
(☎ 08 1802 7062; www.raisaengarun.com; Rte 4007; Bungalow inkl. Frühstück 3300–3900 B; ❄📶) Das Resort, das 22 km von Chiang Khong entfernt an der Rte 4007 liegt, besteht aus 14 Bungalows auf einem atemberaubenden Gelände am Mekong. Alle sind stilvoll und gemütlich, haben Balkone und Duschen im Freien und sind untereinander durch über Reisfelder führende Laufstege verbunden. In der Nebensaison gibt's beträchtliche Preisnachlässe.

Essen & Ausgehen

In der Touristensaison (ca. Nov.–Mai) gibt's mittwochs und samstags auf Chiang Khongs Hauptstraße einen **Straßenmarkt** (Th Sai Klang; Hauptgerichte 30–60 B; ⏲ Nov.–Mai Mi & Sa 18–22 Uhr) mit einer ordentlichen Auswahl regionaler Speisen.

★ **Khao Soi Pa Orn** THAI **$**
(Soi 6, Th Sai Klang, keine Ausschilderung in lateinischen Buchstaben; Hauptgerichte 30–40 B; ⏲ 8–16 Uhr) Auch wer glaubt, *kôw soy*, die berühmte Curry-Nudelsuppe des Nordens

GRENZÜBERGANG NACH LAOS: VON CHIANG KHONG NACH HUAY XAI

Ende 2013 wurde die „Vierte thailändisch-laotische Freundschaftsbrücke" über den Mekong fertiggestellt. Seitdem dürfen Ausländer nicht mehr mit dem Boot nach Huay Xai rüberfahren, was bedeutet, dass die Einreise nach Laos jetzt nicht nur unbequemer, sondern für die meisten Traveller auch teurer ist.

Anreise zur Grenze

Ausgangspunkt ist die Freundschaftsbrücke etwa 10 km südlich von Chiang Khong. Hin kommt man mit einem *săhm·lór* (150 B) aus dem Stadtzentrum oder von der Bushaltestelle am Markt.

An der Grenze

Nachdem man die Formalitäten bei der **thailändischen Einwanderungsbehörde** (☎ 053 792824; ⏲ 7–20.30 Uhr) erledigt hat, fährt man mit einem Shuttle-Bus (ab 20 B) über die 630 m lange Brücke. Bei Ankunft in Huay Xai können sich Ausländer auf der laotischen Seite ein 30 Tage gültiges Visum für Laos kaufen (30–42 US$, je nach Staatsangehörigkeit). Wenn man nicht schon ein Visum für Thailand hat, bekommt man bei der Rückkehr von der thailändischen Einwanerungsbehörde ein 15-Tage-Visum.

Weiterreise

Auf der laotischen Seite der Brücke kostet die Fahrt im *săhm·lór* zum Bootsanleger oder zu Huay Xais neuem Busbahnhof exorbitante 100 B/25 000 K pro Person. Von Huay Xai fahren Busse u. a. nach Luang Nam Tha (60 000–85 000 K, 4½ Std., 8.30 & 10 Uhr), Luang Prabang (145 000–170 000 K, 12 Std., 8.30, 10 & 18 Uhr), Udomxai (90 000–100 000 K, 9 Std, 9.30 Uhr), Vang Vieng (215 000 K, 24 Std., 10 Uhr) und Vientiane (250 000 K, 24 Std., 10 Uhr).

Wer viel Zeit hat, kann auch das täglich verkehrende langsame Boot (1000 B/ 250 000 K, ca. 10.30 Uhr) nach Luang Prabang nehmen; die Fahrt dauert zwei Tage inklusive einer Übernachtung in dem Dorf Pak Beng. Die lauten Schnellboote (350 000 K, 6–7 Std., 9–11 Uhr regelm.) sollte man nicht nehmen, da es bei diesen Fahrten schon schlimme Unfälle gegeben hat. Die Tickets über ein in Chiang Khong ansässiges Reisebüro wie Easy Trip zu buchen, kostet etwas mehr, dafür kümmert sich aber jemand um den Transport und ein Lunch-Paket für die Bootsfahrt.

Wer schon ein Visum für China hat, kann von Chiang Khong aus direkt nach China reisen. Nachdem man bei der Ankunft in Huay Xai ein 30 Tage gültiges laotisches Visum bekommen hat, nimmt man einfach einen der Busse nach Mengla (120 000 K, 8 Std., 8.30 Uhr) oder Kunming (430 000 K, 18 Std., 10.30 Uhr); beide Städte liegen in der chinesischen Provinz Yunnan.

zu kennen, wird von der in Chiang Khong servierten Version überrascht sein, denn hier verzichtet man auf die Currybrühe und verwendet stattdessen klare Suppe mit einer reichhaltigen, scharfen Schweinehackmischung. Es werden auch diverse Speisen ohne Nudeln angeboten.

Nangnuan THAI $

(Ban Hat Khrai; Hauptgerichte 30–150 B; ⌚8–21 Uhr) Hier stehen Süßwasserfische aus dem Mekong im Mittelpunkt. Sie werden auf verschiedene Arten zubereitet, wie genau, wird in der ausführlichen englischsprachigen Speisekarte erklärt. Das Restaurant befindet sich am Ende der Straße nach Ban Hat Khrai, etwa 1 km südlich der Stadt.

Baan Pheung Rim Khong THAI $

(Ban Hat Khrai, kein Ausschilderung in lateinischen Buchstaben; Hauptgerichte 40–150 B; ⌚10–22 Uhr) In der schmuddeligen Bude am Fluss genießen die Einheimischen schmackhafte Fischgerichte. Das Lokal liegt am Ende der Straße nach Ban Hat Khrai, rund 1 km südlich des Ortes.

Bamboo Mexican House INTERNATIONAL $$

(Th Sai Klang; Hauptgerichte 70–250 B; ⌚7.30–20.30 Uhr;) Die Leitung hat hier die ehemalige Verwalterin eines nicht mehr existierenden Gasthauses, die mexikanisch Kochen von ihren US-amerikanischen und mexikanischen Gästen gelernt hat. Wie mexikanisch die Küche wirklich ist, können wir nicht beurteilen, weil wir bei den köstlichen selbst gebackenen Broten und Kuchen hängen geblieben sind. Das Lokal macht früh auf und kann auch Lunch-Pakete für die Bootsfahrt nach Luang Prabang liefern.

Hub BAR

(Soi 2, Th Sai Klang; ⌚12–24 Uhr) Nachdem er die Welt auf dem Fahrrad in Rekordzeit umrundet hatte, schlug der Brite Alan Bate in Chiang Khong Wurzeln und eröffnete diese winzige, lustige Kneipe rund ums Thema Fahrrad.

ℹ Praktische Informationen

In der Th Sai Klang gibt's ein paar Banken mit Geldautomaten und Wechselschaltern.

Easy Trip (☎053 655174, 08 9635 5999; www.discoverylaos.com; 183 Th Sai Klang; ⌚9–19 Uhr) Das professionelle Reisebüro hilft bei der Organisation von Boots- und Bustouren in Laos.

Internet (Th Sai Klang; 30 B/Std.; ⌚10–22 Uhr) An der Hauptstraße gegenüber vom Bamboo Mexican House.

ℹ An- & Weiterreise

In Chiang Khong gibt es keinen zentralen Busbahnhof. Fahrgäste steigen an verschiedenen Stellen in der Nähe des südlich vom Stadtzentrum gelegenen Markts ein und aus. Wer nach Bangkok will, sollte sich seine Fahrkarte vorab bei **Sombat Tour** (☎053 791644; Rte 1020) kaufen. Wer auf dem Weg nach Chiang Saen ist, muss zunächst an einem Stand in der Th Sai Klang ein *sŏrng·tăa·ou* nach Hat Bai (50 B, 1 Std., ca. 8 Uhr) nehmen und dort in ein *sŏrng·tăa·ou* nach Chiang Saen umsteigen.

Alternativ bietet Nok Air (S. 221) mittlerweile den Transfer in Kleinbussen über den Flughafen Chiang Rai nach/von Chiang Khong an (ca. 2 Std.).

ZIEL	PREIS (B)	DAUER (STD.)	HÄUFIGKEIT
Bangkok	650–1019	13	7, 7.25 Uhr & 15–16 Uhr-regelm.
Chiang Mai	279–434	6–7	7.15, 9.45 & 10.30 Uhr
Chiang Rai	65–126	2½	5–15 Uhr stündl.
Phayao	151	3	10.30 Uhr

ℹ Unterwegs vor Ort

Ein *săhm·lór* vom Busbahnhof zur Freundschaftsbrücke, dem Grenzübergang nach Laos, kostet 150 B.

PROVINZ PHAYAO

Phayao พะเยา

20 000 EW.

Nur wenige Menschen kennen diese ruhige, aber hübsche Kleinstadt im Norden, auch vielen Thais sagt sie nichts. Die übereifrigen Texter einer Werbebroschüre wollten dem wohl etwas entgegensetzen und nannten Phayao „das Wien Südostasiens". Das ist zwar ein bisschen übertrieben, aber Phayao ist zweifellos eine der hübscheren Ortschaften in Nordthailand. Durch ihre Lage am Kwan Phayao, einem ausgedehnten Feuchtgebiet, wirkt die Stadt naturnah, was man von den meisten anderen thailändischen Städten nun wirklich nicht behaupten kann. Die baumgesäumten Straßen, Tempel und alten Holzhäuser der „Innenstadt" von Phayao wecken Erinnerungen an das alte Thailand.

Die wenig besuchte Kleinstadt ist der perfekte Ort, um auf dem Weg nach oder von Chiang Rai einen Zwischenstopp einzulegen oder um hier die vorgeschlagene Autotour ab Chiang Khong ausklingen zu lassen.

Sehenswertes & Aktivitäten

★ Kwan Phayao FEUCHTGEBIET

(กว๊านพะเยา; Th Chaykawan) Dieses große Gewässer ist der größte Sumpf in Nordthailand und ein Symbol für Phayao. Der Sumpf ist zwar natürlichen Ursprungs, aber der Wasserspiegel wird künstlich reguliert, weil das Feuchtgebiet sonst außerhalb der Regenzeit austrocknen würde. Der inmitten von Bergen gelegene Sumpf ist weit malerischer, als man erwarten würde – hier kann man herrliche Sonnenuntergänge erleben. Abends sieht man Rudermannschaften auf der Wasserfläche trainieren, und von der Anlegestelle am südlichen Ende der Th Chai Kwan werden **Bootsfahrten** (20 B/Pers.; 8–18 Uhr) zu den Überresten des **Wat Tiloke Aram** unternommen, eines 500 Jahre alten, in den Fluten versunkenen Tempels. Es gibt ehrgeizige Pläne, den Tempel wieder aufzubauen, der nur eines von vielen Heiligtümern ist, die in den Gewässern des Kwan Phayao verschwunden sind. Neben verlorenen buddhistischen Artefakten gibt es in dem Feuchtgebiet mindestens 50 endemische Fischarten. In einem kleinen **Fischzuchtgebiet** kann man für 5 B die Fische füttern.

Wat Sri Khom Kham BUDDHISTISCHER TEMPEL

(วัดศรีโคมคำ; Th Chaykawan; Sonnenaufgang–Sonnenuntergang) GRATIS Phayaos wichtigster Tempel soll aus dem Jahr 1491 stammen, doch das heute sichtbare Gebäude wurde erst 1923 vollendet. Die riesige Gebetshalle beherbergt den Phra Jao Ton Luang, die mit 18 m Höhe größte Buddha-Statue des Landes aus der Chiang-Saen-Ära. Einer Legende zufolge soll die Errichtung dieser Statue mehr als 30 Jahre in Anspruch ge-

ABSEITS DER ÜBLICHEN PFADE

DER LANGE WEG NACH PHAYAO

Wenn man in Chiang Khong mit einem eigenen Fahrzeug unterwegs ist, bietet sich Gelegenheit zu einem ausgezeichneten Abstecher. Die Routen 1155 und 1093 gehören zu den spektakulärsten Landstraßen Thailands. Der Weg führt an steilen Gebirgshängen direkt an der thailändisch-laotischen Grenze entlang; unterwegs fährt man an Wasserfällen und Nationalparks vorbei und bekommt eine tolle Aussicht geboten. Wenn man ein Ziel ansteuern möchte, kann man bis nach Phayao fahren. In der wenig besuchten Provinz und dem gleichnamigen Ort gibt's ordentliche Unterkünfte und gutes Essen.

Von Chiang Khong führt die Tour auf der Rte 1020 geradewegs nach Süden und folgt der Ausschilderung zum **Phu Chi Fa**, einem Nationalpark nahe der laotischen Grenze. Für thailändische Verhältnisse ist die Ausschilderung überraschend eindeutig; eine gute Hilfe ist die Karte *Golden Triangle* von Golden Triangle Rider (S. 212).

In dem hoch in den Bergen gelegenen Dorf Doi Pha Tang kann man einen kurzen Abstecher zum **Pratu Siam** (1653 m) machen, einem der eindrucksvollsten Aussichtspunkte in Thailand. Man findet hier einfache Unterkünfte und Verpflegung vor.

Die Route 1093 verengt sich und wird deutlich einsamer, je mehr man sich **Phu Chi Fa** nähert, einer Bergspitze, von der aus man einen weiten Blick hinüber nach Laos hat. Zum Gipfel führen mehrere Routen, die beliebteste über Ban Rom Fah Thai. Es gibt mehrere Unterkünfte und einige einfache Restaurants zu beiden Seiten des Phu Chi Fa.

Nachdem man am Phu Chi Fa vorbei ist, bleibt man auf der Rte 1093 und folgt der Ausschilderung nach **Ban Huak**. Das malerische Dorf in der Provinz Phayao liegt 2 km von der Grenze zu Laos entfernt. Hier gibt es am 10. und 30. jeden Monats einen Grenzmarkt und außerdem Privatunterkünfte. In der Nähe befindet sich der einmalige **Nam Tok Phu Sang**, ein Wasserfall mit heißem Thermalwasser.

Von Ban Huak folgt man der Ausschilderung nach Chiang Kham, nimmt dann die Rte 1021 nach Chun, von wo aus es direkt (über Dok Kham Tai) nach Phayao geht, das selbst ein lohnendes Ziel ist.

Wenn man die ganze Strecke auf einmal fahren will, braucht man mindestens sechs Stunden einschließlich Zwischenstopps zum Fotografieren, für einen Kaffee und eine Mahlzeit.

nommen haben. Das Bildnis ist zwar nicht das schönste oder am besten proportionierte Buddha-Bild in Thailand, aber dennoch eindrucksvoll. Der Tempel ist ungefähr 2 km vom nördlichen Ende der Th Chaykawan entfernt.

Die Ordinationshalle liegt erhöht über dem Kwan Phayao und ist mit anmutigen modernen Wandmalereien geschmückt. Ebenfalls auf dem Gelände des Wat befindet sich ein buddhistischer Skulpturenpark, in dem schreckliche überlebensgroße Darstellungen der buddhistischen Hölle zu sehen sind.

Phayao Cultural Exhibition Hall MUSEUM
(หอวัฒนธรรมนิทัศน์; Th Chaykawan; Eintritt 40 B; 8.30–16.30 Uhr) Das zweistöckige Museum ist mit Ausstellungsstücken und jeder Menge Infos (auch auf Englisch) zur örtlichen Geschichte und Kultur vollgestopft. Zu den Highlights gehören eine einzigartige „schwarze" Buddha-Statue und zwei sich umschlingende versteinerte Krabben, die als „Wonder Lover" bezeichnet werden. Das Museum befindet sich neben dem Wat Sri Khom Kham rund 2 km vom nördlichen Ende der Th Chaykawan entfernt.

Wat Li BUDDHISTISCHER TEMPEL
(วัดลี; am Hwy 1 Asia; Tempel Sonnenaufgang–Sonnenuntergang, Museum 9–15 Uhr) GRATIS Der buddhistische Tempel gleich hinter der Rte 1 gegenüber der Abzweigung nach Phayao beherbergt ein kleines Museum mit einer recht ordentlichen Sammlung von Gegenständen aus der Chiang-Saen-Ära.

Wat Phra That Jom Thong BUDDHISTISCHER TEMPEL
(วัดพระธาตุจอมทอง; an der Th Chaykawan; Sonnenaufgang–Sonnenuntergang) GRATIS Der hübsche *chedi* steht 3 km vom Stadtzentrum entfernt auf einem bewaldeten Hügel.

Schlafen

Huanpak Jumjai PENSION $
(054 482659; 37/5-6 Th Prasat; Zi. 600 B) Die geräumigen, sauberen Zimmer sind wunderschön mit Holz ausgestaltet. Die Pension befindet sich direkt hinter der Th Chaykawan und ist nur ein paar Schritte vom Ufer entfernt, wo es weitere Unterkünfte dieser Art gibt.

Gateway Hotel HOTEL $$
(054 411333; 7/36 Soi 2, Th Pratu Khlong; Zi. inkl. Frühstück 900–1100 B, Suite inkl. Frühstück 2000–2500 B) Die Zimmer in dem wohl besten Hotel der Stadt wurden nun endlich renoviert. Das Hotel befindet sich gleich neben dem Busbahnhof.

Essen

Für eine so kleine Stadt hat Phayao erstaunlich viele kulinarische Angebote. Dutzende Restaurants säumen das Ufer des Kwan Phayao von der Th Thakawan bis zum öffentlichen Park.

Khao Soi Saeng Phian NORDTHAILÄNDISCH $
(Th Thakawan, keine Ausschilderung in lateinischen Buchstaben; Hauptgerichte 25–40 B; 9–15 Uhr) In diesem von einer Familie geführten Restaurant einen Block abseits vom Ufer bekommt man eines der besseren *kôw soy* in dieser Ecke Nordthailands.

Kaat Boran MARKT $
(Th Chaykawan; Hauptgerichte 30–60 B; 18–22 Uhr) Der große Nachtmarkt, auf dem es hauptsächlich Essbares gibt, findet jeden Abend in der Nähe des King-Ngam-Muang-Denkmals statt.

Nachtmarkt THAI $
(Th Rob Wiang; Hauptgerichte 30–60 B; 18–22 Uhr) Einen großen Nachtmarkt gibt's auch allabendlich an der Nordseite der Th Rob Wiang.

Chue Chan THAI $$
(Th Chaykawan; Hauptgerichte 80–240 B; 10–22.30 Uhr) Von den vielen Uferrestaurants loben die Gourmetkritiker vor allem das Chue Chan. Auf der langen Speisekarte mit Abbildungen und englischer Beschriftung stehen schmackhafte Gerichte, die man anderswo nicht bekommt, z. B. gefüllte Schweinehaxe und sauren gebratenen Fisch mit Ei.

Praktische Informationen

In der Th Donsanam unweit des Morgenmarkts gibt's mehrere Banken, von denen viele auch Geldautomaten und einen Wechselschalter haben. Ins Internet kommt man im **Internet@ Cafe** (Th Pratu Khlong; 20 B/Std.; 10–22 Uhr) und einigen Läden in der Th Donsanam.

An- & Weiterreise

Phayaos **Busbahnhof** (054 431488; Th Pratu Khlong), befindet sich am nördlichen Ende der Th Chaykawan. Seine gute Auslastung verdankt er der Lage der Stadt an der wichtigsten Nord-Süd-Autobahn. Deswegen kann man nach Bangkok einen der rund 40 Busse nehmen, die

BUSSE AB PHAYAO

Außer den hier aufgeführten Bussen fahren auch noch Kleinbusse nach Chiang Rai (63 B, 1 Std., 7.15–19 Uhr halbstündl.) und Phrae (102 B, 2 Std., 7.15–19 Uhr halbstündl.).

ZIEL	PREIS (B)	DAUER (STD.)	HÄUFIGKEIT
Bangkok	416–832	11	8.30–9.45 & 18–21 Uhr regelm.
Chiang Khong	115	3½	12.10 & 16.40 Uhr
Chiang Mai	162–241	5	7.15–18 Uhr 6-mal tgl.
Chiang Rai	50–92	3	4–15 Uhr regelm.
Lampang	65–100	3	6.30–17.30 Uhr stündl.
Mae Sai	104–162	3	4–18.15 Uhr 7-mal tgl.
Nan	95–122	4	8 & 12 Uhr

von Orten weiter im Norden in Richtung Hauptstadt hier durchkommen.

PROVINZ PHRAE

Phrae ist eine ländliche, gebirgige Provinz, bei der man vor allem an Teakholz denkt. Trotz des landesweiten Verbots der Abholzung ist von den Teakwäldern nicht mehr viel übrig geblieben – und dieser Rest ist gefährdet.

Phrae แพร่

18 000 EW.

Bei einem Spaziergang durch die älteren Teile von Phrae verblüfft die Ähnlichkeit mit der historischen Stadt Luang Prabang in Laos: Viel Grün, traditionelle Holzgebäude und malerische Tempel prägen das Bild, und man sieht viele buddhistische Mönche auf den Straßen. Die Einwohner der Stadt gehören zu den freundlichsten Menschen in Thailand. Nicht zuletzt wegen seiner Lage am Ufer des Mae Nam Yom und seines alten Befestigungswalls wird Phrae gern mit Chiang Mai verglichen. Trotzdem kommen nach Phrae nur wenige Besucher – gerade deshalb ist es für alle ein hervorragendes Ziel, die nicht mehr brauchen als ein paar kleinere Sehenswürdigkeiten, gutes landestypisches Essen und nette Gesellschaft.

Sehenswertes

In der Stadt

Wat Luang BUDDHISTISCHER TEMPEL
(วัดหลวง; Soi 1, Th Kham Leu; Sonnenaufgang–Sonnenuntergang) GRATIS Der älteste Wat in Phrae stammt wahrscheinlich aus der Gründungszeit der Stadt im 12. oder 13. Jh.

Die Veranda des Haupt-*wí haan* ist im klassischen Luang-Prabang-/Lan-Xang-Stil erbaut, wurde aber leider mit Laterit, rotem Verwitterungsboden, ummauert. Gegenüber der Vorderseite des *wí haan* befindet sich das Pratu Khong, ein Teil des ursprünglichen Stadttors. Es wird jedoch nicht mehr als Tor genutzt, sondern beherbergt die Statue des Chao Pu, eines frühen Lanna-Herrschers.

Der Phra That Luang Chang Kham, der große achteckige *chedi* im Lanna-Stil, ruht auf einem quadratischen Fundament und wird auf allen vier Seiten von Elefanten getragen. So wie es auch andernorts in Phrae und Nan zu sehen ist, wird der *chedi* zuweilen mit Tai-Lü-Stoffen umhüllt.

Auf dem Tempelgelände befindet sich außerdem ein **Museum**, das Tempelantiquitäten, Keramiken und religiöse Kunst aus der Lanna-, der Nan-, der Bago- und der Mon-Ära zeigt. Der sitzende Buddha im 2. Stock, der im 16. Jh. in Phrae angefertigt wurde, ist besonders sehenswert. Es sind auch einige Fotos aus dem 19. Jh. ausgestellt; was sie zeigen, wird auf Schildern in englischer Sprache kurz erläutert. Abgebildet sind beispielsweise Szenen einer grausamen Enthauptung. Normalerweise ist das Museum nur an Wochenenden geöffnet, doch die Mönche machen auf Wunsch werktags auch mal eine Ausnahme.

Wat Phra Non BUDDHISTISCHER TEMPEL
(วัดพระนอน; Th Ban Mai; Sonnenaufgang–Sonnenuntergang) GRATIS Westlich des Wat Luang steht ein weiterer, 300 Jahre alter Wat. Seinen Namen hat er von der hoch verehrten liegenden Buddha-Statue im Inneren. Der *bòht* (Kapelle) wurde vor rund 200 Jahren gebaut. Der Wat zeichnet sich durch ein eindrucksvolles Dach, einen separaten, zweigeteilten Portikus und eine vergolde-

Phrae

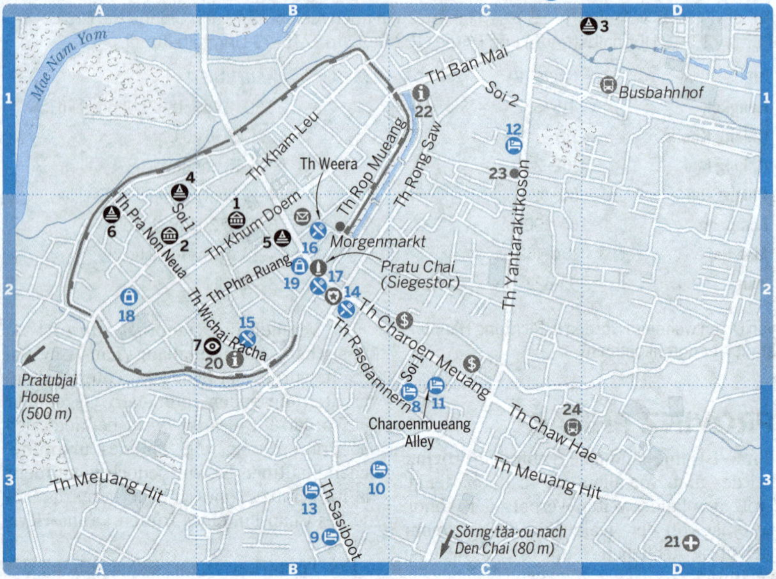

Phrae

Sehenswertes

- 1 Khum Jao Luang B2
- 2 Vongburi House A2
- 3 Wat Jom Sawan D1
- 4 Wat Luang A1
- 5 Wat Phra Baht Ming Meuang B2
- 6 Wat Phra Non A2
- 7 Wichairacha House B2

Schlafen

- 8 Bua Khao C3
- 9 Huern na na B3
- 10 Nakhon Phrae Tower B3
- 11 Nana C3
- 12 Paradorn Hotel C1
- 13 Phoomthai Garden B3

Essen

- 14 Gingerbread House Café & Gallery B2
- 15 Khao Soi Klang Wiang B2
- Nachtmarkt .... (siehe 19)
- 16 Pan Jai B2
- 17 Saeng Fah Laep B2

Shoppen

- 18 Kat Korng Kow A2
- 19 Maw Hawm Anian B2

Praktisches

- 20 Nok Bin B2
- 21 Phrae Hospital D3
- 22 Tourism Authority of Thailand C1

Transport

- 23 Sang Famotor C1
- 24 Sŏrng·tăa·ou zum Wat Phra That Cho Hae C3

te, mit Ramayana-Szenen geschmückte Schnitzfassade aus. Der *wí·hăhn* beherbergt das Buddha-Bildnis, das in mit Perlen und Metallplättchen verzierte Tai-Lü-Stoffe eingehüllt ist.

Wat Jom Sawan BUDDHISTISCHER TEMPEL

(วัดจอมสวรรค์; Th Ban Mai; ⏲ Sonnenaufgang–Sonnenuntergang) GRATIS Der Tempel außerhalb der Altstadt wurde von ortsansässigen Shan Ende des 19. und Anfang des 20. Jhs. errichtet und vereint birmanische und Shan-Einflüsse. Ein angrenzender, kupferbekrönter *chedi* hat inzwischen große Teile seines Stucks eingebüßt, sodass das kunstvolle Ziegelmauerwerk freiliegt und zu sehen ist. Seit der kürzlich erfolgten Renovierung ist der Wat Jom Sawan eigentlich mehr ein Museum als ein für religiöse Belange genutzter Tempel.

Wat Phra Baht Ming Meuang BUDDHISTISCHER TEMPEL
(วัดพระบาทมิ่งเมือง; Th Charoen Meuang, ⏲ Sonnenaufgang–Sonnenuntergang) GRATIS Gegenüber der Post in der Altstadt liegt der Wat Phra Baht Ming Meuang, der zwei früher getrennte Tempelgelände vereint (in einem ist ein ab und zu geöffnetes **Museum** untergebracht). Er beherbergt eine buddhistische Schule, einen alten *chedi*, einen ungewöhnlichen, achteckigen Trommelturm aus Teakholz sowie den hoch verehrten Phra Kosai, der stark dem Phra Phuttha Chinnarat in Phitsanulok ähnelt.

Außerhalb der Stadt

Phae Meuang Phi NATURSCHUTZGEBIET
(แพะเมืองผี; abseits der Rte 101; ⏲ 6–18 Uhr) GRATIS Der Name Phae Meuang Phi, „Geisterland", bezieht sich auf die bizarren Säulen, die aus Erde und Fels geformt sind und wie riesige Pilze aussehen – höchstwahrscheinlich sind sie durch Erosion entstanden, weniger durch ein paranormales Phänomen. Der Park liegt ungefähr 18 km nordöstlich von Phrae nahe der Rte 101. Mit öffentlichen Verkehrsmitteln hinzukommen, ist keine Option; für rund 600 B kann man ein *sŏrng·tăa·ou* chartern, oder man wendet sich wegen Alternativen an Khun Kung im Nok Bin (S. 261).

Das Gebiet ist zu einem Provinzpark erklärt worden; einige Wanderwege und Aussichtspunkte wurden vor Kurzem angelegt. Im Park gibt's Picknickpavillons und Verkäufer, die nahe beim Eingang *gài yâhng* (Grillhähnchen), *sôm·đam* (Papayasalat) und Duftreis anbieten.

Wat Phra That Cho Hae BUDDHISTISCHER TEMPEL
(วัดพระธาตุช่อแฮ; abseits der Rte 1022; ⏲ Sonnenaufgang–Sonnenuntergang) GRATIS Der nach dem Stoff, mit dem Gläubige ihn umwickeln, benannte Wat thront auf einer Hügelspitze und ist berühmt für seinen 33 m hohen, vergoldeten *chedi*. Wie der Wat Phra That Doi Suthep in Chiang Mai ist auch dieser Wat eine wichtige Pilgerstätte für die Thais im Norden.

Der Tempel liegt 9 km südöstlich der Stadt abseits der Rte 1022. Zwischen 6 und 16.30 Uhr fahren *sŏrng·tăa·ou* von Phrae nach Phra That Cho Hae (20 B); die Abfahrt erfolgt von einer Haltestelle in der Nähe des Talat Phrae Preeda an der Th Chaw Hae. Außerhalb dieser Zeiten kann man ein *sŏrng·tăa·ou* für diese Fahrt chartern (400 B).

Geschichtete *naga*-Stufen führen zum Tempelkomplex hinauf. Der *bòht* ist recht geschmacklos mit einer vergoldeten Holzdecke, Rokokopfeilern und Lotusknospen-Wandmosaiken dekoriert. Dem Buddha-Bildnis Phra Jao Than Jai, das dem Phra Phuttha Chinnarat in Phitsanulok ähnelt, bringen Frauen, die sich Kinder wünschen, Opfergaben dar.

Schlafen

Bua Khao HOTEL $
(☎ 054 511372; 8 Soi 1, Th Charoen Meuang, keine Ausschilderung in lateinischen Buchstaben; Zi. 350–600 B; ❄ 📶) Dieses gleich hinter der Hauptstraße versteckte Monstrum aus Teakholz hat nur überwiegend kleine Zimmer mit ziemlich harten Betten zu bieten, aber der Service ist prima und das Ambiente stimmungsvoll.

Paradorn Hotel HOTEL $
(☎ 054 511177; kanthatham@hotmail.com; 177 Th Yantarakitkoson; Zi. 330–800 B, Suite 900 B, inkl. Frühstück; ❄ 📶) Dies ist eine ordentliche Budgetunterkunft unweit vom Busbahnhof. Die Zimmer mit Ventilator haben eigene Balkone.

Nana HOTEL $
(☎ 054 521985; 346/2 Th Charoen Meuang, keine Ausschilderung in lateinischen Buchstaben; Zi. 400–500 B; ❄ 📶) Die großen Zimmer sind mit entsprechend großen TVs und Kühlschränken ausgestattet, und in die teureren wurden noch mehr Möbel reingestellt. Das Nana liegt an einer winzigen, als Charoenmeuang Alley ausgeschilderten Gasse. Nach dem gelben Schild Ausschau halten!

Phoomthai Garden HOTEL $$
(☎ 054 627359; www.phoomthaitravel.com; 31 Th Sasiboot; Zi. inkl. Frühstück 1200–2000 B; ❄ @ 📶) Dieses Boutiquehotel ist zwar ein ganzes Stück von der Altstadt entfernt, aber insgesamt die beste Wahl in Phrae. Die hübsch, modern und komfortabel eingerichteten Zimmer haben alle einen Balkon mit Blick auf den Hotelgarten. Das Hotel befindet sich ca. 300 m südlich der alten Stadtmauer in der Th Sasiboot.

Nakhon Phrae Tower HOTEL $$
(☎ 054 521321; www.nakornphraetower.com; 3 Th Meuang Hit; Zi. inkl. Frühstück 650–800 B, Suite inkl. Frühstück 1800–2500 B; ❄ 📶) Das

NICHT VERSÄUMEN

ALTE HERRENHÄUSER IN PHRAE

Wegen des lukrativen Handels mit Teakholz besitzt Phrae eine ganze Menge schöner alter Herrenhäuser. In manche können Besucher hineinschauen, u. a. in folgende:

Vongburi House (บ้านวงศ์บุรี; 50 Th Kham Leu; Eintritt 30 B; ⏲9–17 Uhr) Das zweistöckige Teakhaus des letzten Fürsten von Phrae beherbergt heute ein privates Museum. Das Gebäude wurde zwischen 1897 und 1907 für Luang Phongphibun und seine Frau Chao Sunantha errichtet, die damals eine profitable Teakkonzession in der Stadt besaßen. In vielen der 20 Zimmer des Hauses sind Teakantiquitäten aus dem späten 19. Jh. ausgestellt, außerdem Dokumente (darunter Sklavereikonzessionen aus dem frühen 20. Jh.), Fotos und andere Überbleibsel aus der vergangenen Ära der Teakdynastie.

Pratubjai House (บ้านประทับใจ; Eintritt 40 B; ⏲8–17 Uhr) Das Baan Pratubjai (Eindrucksvolles Haus) ist ein großes Teakhaus im nordthailändischen Stil, für dessen Bau mehr als 130 über 300 Jahre alte Teak-Stämme verwendet wurden. Die Dekoration ist ziemlich kitschig – so „eindrucksvoll" wie der Name verheißt, ist die Sache nicht. Das Haus ist nicht ganz leicht zu finden: Am besten geht man durch das Westtor der früheren Stadtmauer und folgt der Ausschilderung, nach der Schule rechts abbiegen. Die Fahrt hierher mit dem *săhm·lór* kostet rund 60 B.

Wichairacha House (บ้านวิชัยราชา; 8 Th Wichai Racha; ⏲Sonnenaufgang–Sonnenuntergang) GRATIS Das wunderschöne Teakhaus soll 1898 von Kunsthandwerkern aus Guangzhou (Kanton) erbaut worden sein. Das Gebäude soll zu einem Museum werden, zum Zeitpunkt unserer Recherche waren die Arbeiten daran aber noch längst nicht abgeschlossen.

Khum Jao Luang (คุ้มเจ้าหลวง; Th Khum Doem; ⏲8.30–17 Uhr) GRATIS Das imposante Gebäude wurde 1892 in einer Mischung aus thailändischen und europäischen Architekturstilen erbaut und war Sitz des letzten Chao Luang (Herrschers) von Phrae. Das Haus diente später als Gouverneursresidenz und beherbergt heute ein Museum zur Geschichte der Region (keine englischsprachigen Erläuterungen). Man sollte sich auch das Untergeschoss zeigen lassen, in dem Sklaven und Gefangene untergebracht waren und auch gezüchtigt wurden.

große Business-Hotel liegt direkt vor den Toren der Altstadt. Es bietet die üblichen schmucklosen, aber funktionalen Annehmlichkeiten eines thailändischen Provinzhotels dieser Preisklasse und einen tollen Blick auf die Stadt.

Huern na na HOTEL $$$
(☎054 524800; 7/9 Th Sasiboot; Zi. inkl. Frühstück 2600 B, Suite inkl. Frühstück 5000–5500 B; ❄📶🏊) Die geräumigen Zimmer in Phraes elegantestem Hotel sind zeitgenössisch gestaltet, im nordthailändischen Stil dekoriert und bieten wohldurchdachte Annehmlichkeiten. Die Suiten sind mit Jacuzzi oder Kochnische ausgestattet. Das Huern na na befindet sich abseits der Th Sasiboot etwa 250 m südlich der Th Meuang Hit.

Essen & Ausgehen

Phraes Ausgehmeile ist die Straße, die zum Busbahnhof führt. Dort befinden sich mehrere Bars und Karaoke-Schuppen, in denen es sehr laut zugeht.

Pan Jai NORDTHAILÄNDISCH $
(2 Th Weera, keine Ausschilderung in lateinischen Buchstaben; Hauptgerichte 20–40 B; ⏲7–22 Uhr) Tagsüber wird hier meistens *kà·nŏm jeen* (frische Reisnudeln mit verschiedenen Currys und Kräutern) bestellt. Abends kommen die Einheimischen zum *mŏo gà·tá* (Grillspezialitäten mit Selbstbedienung). Man muss nach dem gelben Schild Ausschau halten.

Gingerbread House Café & Gallery THAI $
(Th Charoen Meuang; Hauptgerichte 50–120 B; ⏲Mo–Fr 8.30–18, Sa & So 8.30–19 Uhr; ❄📶) Modernes Café mit Klimaanlage und englischsprachiger Speisekarte, auf der schnelle, leichte Gerichte mit gebratenem Reis stehen. Einen kleinen Kunsthandwerksladen gibt's hier auch.

Khao Soi Klang Wiang NORDTHAILÄNDISCH $
(Th Wichai Racha, keine Ausschilderung in lateinischen Buchstaben; Hauptgerichte 35–50 B; ⏲10–14 Uhr) In diesem Restaurant bekommt man

einfach nur *kôw soy*. Zu der einfachen oder der „Jumbo"-Schale gibt's Hühnchen, Rind- oder Schweinefleisch. Das Lokal befindet sich in dem leuchtend gelben Gebäude gleich gegenüber dem Nok Bin.

Saeng Fah Laep THAI $

(Th Charoen Meuang, keine Ausschilderung in lateinischen Buchstaben; Hauptgerichte 10–40 B; ⏲9–19 Uhr) Die freundliche Familie bereitet thailändische Süßspeisen zu, darunter schmackhaftes *kôw nĕe·o má·môo·ang* (Duftreis mit Mango). Der Laden hat kein englischsprachiges Schild; er befindet sich in dem alten Ladenhaus gleich westlich der Polizeiwache.

Nachtmarkt THAI $

(Th Rop Mueang; Hauptgerichte 30–60 B; ⏲18–22 Uhr) Allabendlich findet rund um die Kreuzung Pratu Chai (Siegestor) ein kleiner, aber unterhaltsamer Nachtmarkt statt.

Shoppen

Phrae ist bekannt für das unverwechselbare *sêua môr hôrm*, das indigogefärbte Bauernhemd, das man in Nordthailand überall sieht. Der Stoff dafür wird in Ban Thung Hong hergestellt, gleich vor den Toren der Stadt.

Maw Hawm Anian BEKLEIDUNG

(36 Th Charoen Meuang, keine Ausschilderung in lateinischen Buchstaben; ⏲7–20.30 Uhr) Eine gute Stelle, um sich in der Stadt ein *môr hôrm* zu kaufen! Das Geschäft befindet sich in der Altstadt etwa 60 m vom Südosttor (Pratu Chai) entfernt.

Kat Korng Kow MARKT

(Th Kham Leu; ⏲Sa 14–20 Uhr) Jeden Samstagnachmittag wird am westlichen Ende der Th Kham Leu der Freiluftmarkt Kat Korng Kow abgehalten.

VERKEHRSMITTEL AB PHRAE

Bus

ZIEL	PREIS (B)	DAUER (STD.)	HÄUFIGKEIT
Bangkok	692	8	9.30–12.30 & 18.30–21 Uhr regelm.
Chiang Mai	151–302	4	6–18.40 Uhr regelm.
Chiang Rai	164–320	4	6–18.40 Uhr regelm.
Lampang	87–174	2	6–18.40 Uhr regelm.
Mae Sai	200–412	5	5–23.40 Uhr 6-mal tgl.
Nan	90–179	2	3–18.50 Uhr regelm.
Phayao	106–213	2	6–18.40 Uhr stündl.
Phitsanulok	191	3	6–22.30 Uhr regelm.
Sukhothai	127–164	3	10–14.20 Uhr 5-mal tgl.

Minivan

ZIEL	PREIS (B)	DAUER (STD.)	HÄUFIGKEIT
Ban Huay Kon (Grenze zu Laos)	180	5	3–19.10 Uhr 4-mal tgl.
Chiang Rai	150	4½	6–18.40 Uhr stündl.
Lampang	78	2	6–17.50 Uhr stündl.
Nan	78	2	3–18.50 Uhr regelm.
Phayao	100	2	6–18.40 Uhr stündl.

Zug

ZIEL	PREIS (B)	DAUER (STD.)	HÄUFIGKEIT
Bangkok	155–1291	9–11	8-mal tgl.
Chiang Mai	72–549	4–6	7-mal tgl.
Lampang	50–968	2	4-mal tgl.
Phitsanulok	30–348	3½	8-mal tgl.

Praktische Informationen

Nok Bin (08 1423 5599; 24 Th Wichai Racha; 10–17 Uhr) Khun Kung, eine hiesige Journalistin, und ihr Mann haben ein nettes Café aufgemacht, das zugleich als Infozentrum für Besucher dient. Das Paar druckt eine Touristenkarte von Phrae, die regelmäßig aktualisiert wird, und kann auch Leihfahrräder und -motorräder besorgen.

Phrae Hospital (054 522444; Th Chaw Hae) Südöstlich der Stadt.

Tourism Authority of Thailand (TAT; 054 521127, landesweit 1627; tatphrae@tat.or.th; Th Ban Mai; 8.30–16.30 Uhr) Das Büro östlich des Stadtzentrums ist funkelnagelneu.

An- & Weiterreise

Zum Zeitpunkt der Recherche wurde Phraes Flughafen nur von **Nok Air** (054 522189, landesweit 1318; www.nokair.com; Phrae Airport; 8–17 Uhr) für einen Flug täglich zum/vom Bangkoker Flughafen Don Muang International Airport (1600 B, 1 Std.) benutzt. Vom Flughafen, der 2,5 km östlich vom Stadtzentrum liegt, kann man sich von **Ko Ngian** (08 7179 5056; Mo–Sa 8–17 Uhr) in die Stadt zu seinem Hotel (100 B) bringen lassen.

Anders als in den meisten Städten Thailands sind von Phraes **Bus- und Kleinbusbahnhof** (054 511800; an der Th Yantarakitkoson) aus ein paar Unterkünfte fußläufig zu erreichen.

Der Phrae nächstgelegene Bahnhof ist **Den Chai** (054 613260, landesweit 1690; www.railway.co.th), 23 km südlich der Stadt. **Blaue sŏrng·tăa·ou** (Th Yantakarakitkoson) fahren oft zum Bahnhof Den Chai (40 B, 40 Min., 6.30–17.30 Uhr), los geht's an der Haltestelle vor dem Phrae Vocational College. Für 400 B kann man auch das ganze Fahrzeug chartern.

Unterwegs vor Ort

Eine Fahrt mit dem *săhm·lór* innerhalb der Altstadt kostet ca. 40 B. Motorradtaxis warten am Busbahnhof auf Fahrgäste; für die Fahrt von hier zum Pratu Chai (Siegestor) muss man etwa 40 B hinblättern. **Sang Famotor** (054 521598; 163/8 Th Yantarakitkoson; 200 B/24 Std.; Mo–Sa 8.30–16.30 Uhr) ist ein Motorradhändler, der auch Fahrräder verleiht.

PROVINZ NAN

Ganz oben im nordöstlichen Winkel Thailands liegt die abgelegene Provinz Nan. Wegen ihrer herrlichen Natur ist sie einen Besuch wert. Interessant ist auch die ethnische Zusammensetzung der hiesigen Bevölkerung, die sich von der in den anderen Nordprovinzen deutlich unterscheidet. Außerhalb des Tals des Mae Nam Nan bilden die Mien das zahlenmäßig größte Bergvolk, gefolgt von den Hmong. In ganz Nan verstreut leben noch vier weniger bekannte Volksgruppen, die man außerhalb dieser Provinz kaum findet: die Tai Lü, die Mabri, die Htin und die Khamu.

Nan น่าน

20 000 EW.

Wegen seiner abgeschiedenen Lage ist Nan kein Ziel, über das man zufällig stolpert. Aber wer sich die Zeit für einen Abstecher genommen hat, wird mit vielfältiger Stadtgeschichte und jeder Menge Kultur belohnt.

Viele der Bewohner Nans sind Tai Lü, Nachfahren von Einwanderern aus Xishuangbanna im Südwesten Chinas. Dieses kulturelle Erbe zeigt sich in der Kunst und Architektur der Stadt, besonders in ihren schönen Tempeln. Die Reste der alten Stadtmauer und mehrere alte Wats künden hingegen vom früheren Einfluss Lannas.

Geschichte

Jahrhundertelang war Nan ein isoliertes, unabhängiges Königreich mit wenigen Verbindungen zur übrigen Welt. Viele Funde weisen auf eine prähistorische Siedlung hin, doch erst als sich Mitte des 14. Jhs. mehrere kleine *meu·ang* (Stadtstaaten) zu Nanthaburi vereinigten, wurde die Stadt eine ernstzunehmende Macht. Gegen Ende des 14. Jhs. wurde Nan zu einem der neun nordthailändisch-laotischen Fürstentümer, aus denen Lan Na Thai (Lanna), das Lanna-Reich, bestand. Im 15. Jh. blühte die Stadt unter dem Namen Chiang Klang (mittlere Stadt) auf, der ihre Lage zwischen Chiang Mai (neue Stadt) und Chiang Thong (goldene Stadt, heute Luang Prabang) bezeichnete. 1558 bemächtigten sich die Birmanen des Königreichs und verschleppten viele Bewohner als Sklaven nach Birma. Bis Westthailand den Birmanen wieder abgerungen werden konnte (1786), war die Stadt fast menschenleer. Dann erlangte die hiesige Dynastie wieder die Herrschaft über die Stadt, die halbautonom blieb, bis sie sich 1931 endgültig, aber widerwillig Bangkok unterwarf.

Sehenswertes

★ **Wat Phumin** BUDDHISTISCHER TEMPEL
(วัดภูมินทร์; Ecke Th Suriyaphong & Th Pha Kong; Sonnenaufgang–Sonnenuntergang) GRATIS Nans

Nan

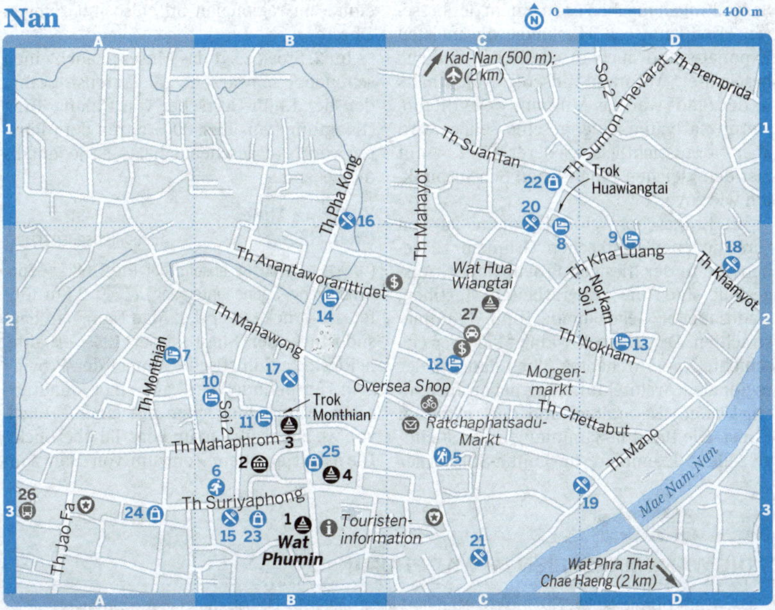

Nan

Highlights
1 Wat Phumin B3

Sehenswertes
2 Nan National Museum B3
3 Wat Hua Khuang B3
4 Wat Phra That Chang Kham B3

Aktivitäten, Kurse & Touren
5 Fhu Travel C3
Nan Seeing Tour .... (siehe 12)
6 Nan Touring B3

Schlafen
7 Banban Nannan Library A2
8 Fah Place C2
9 Nan Boutique Hotel D2
10 Nan Guest House B2
11 Nan Lanna Hotel B3
12 Pukha Nanfa Hotel C2
13 Srinual Lodge D2
14 Sukkasem Hotel B2

Essen
15 Hot Bread B3
16 Nachtmarkt B1
17 Nor Nan B2
18 Pu Som Restaurant D2
19 Rak Khun D3
20 Som Tam Thawt C1
21 Wan Da C3

Shoppen
22 Amnouy Porn & Jangtrakul C1
Nan Silver .... (siehe 12)
23 OTOP B3
24 Peera A3
25 Straßenmarkt B3

Transport
26 Busbahnhof A3
27 Thana Sin Motors C2

berühmtester buddhistischer Tempel ist bekannt für seine feinen Wandmalereien, die im späten 19. Jh. von dem Tai-Lü-Künstler Thit Buaphan geschaffen wurden. Von außen hat der Tempel die Form eines kreuzförmigen *bòht*. Er wurde 1596 errichtet und unter der Herrschaft von Chao Anantavorapitthidet (1867–1874) restauriert. Der aufwendige vierseitige Altar in der Mitte des *bòht* ist an jeder Seite mit einem sitzenden Buddha im Sukhothai-Stil geschmückt.

Nan National Museum MUSEUM

(พิพิธภัณฑสถานแหงชาตินาน; Th Pha Kong; Eintritt 100 B; Mi–So 9–16 Uhr) Das 1973 eröffnete **Museum** ist im 1903 erbauten Palast der letzten beiden Feudalfürsten von Nan untergebracht. Seine Ausstellungsstücke und

Sammlungen machen es zu einem der besseren Provinzmuseen Thailands; die meisten Exponate sind auch in englischer Sprache beschriftet. Während unseres Aufenthalts in der Stadt war das Museum wegen Renovierungsarbeiten leider geschlossen, es wird aber voraussichtlich wiedereröffnet – mit fast den gleichen inhaltlichen Schwerpunkten wie zuvor.

Im Erdgeschoss sind Exponate zu den verschiedenen ethnischen Gruppen zu sehen, die in der hiesigen Provinz leben. Ausgestellt sind u.a. Silberarbeiten, Textilien, traditionelle Gegenstände und Stammestrachten. Der 2. Stock widmet sich der Geschichte Nans, archäologischen Funden, der regionalen Architektur, königlichen Insignien, Waffen, Keramiken und der religiösen Kunst. Die Buddha-Sammlung umfasst einige seltene Exemplare im Lanna-Stil, ferner einige im regionalen Stil, also mit „langen Ohren".

Im 2. Stock zeigt das Museum auch einen seltenen „schwarzen" Elefantenstoßzahn, den der Khün-Herrscher von Chiang Tung (Kengtung) vor über 300 Jahren dem Fürsten von Nan geschenkt hat – so jedenfalls die Legende.

Wat Phra That Chae Haeng — BUDDHISTISCHER TEMPEL

(วัดพระธาตุแช่แห้ง; abseits der Rte 1168; ⏲ Sonnenaufgang–Sonnenuntergang) GRATIS 2 km hinter der Brücke über den Mae Nam Nan liegt südöstlich der Stadt dieser 1355 erbaute, heiligste buddhistische Tempel der Provinz Nan. Er befindet sich auf einer quadratischen Einfriedung oben auf einem Hügel, von wo aus man Nan und das Tal überblickt. Die Fahrt aus dem Zentrum von Nan zum

NICHT VERSÄUMEN

DIE WANDMALEREIEN IM WAT PHUMIN

Der Wat Phumin ist die Sixtinische Kapelle Nordthailands: Die Motive der Wandmalerei findet man heute überall – auf Schnickschnack vom Nachtmarkt in Chiang Mai genauso wie auf Postkarten, die in Bangkok verkauft werden. Die Szenen mögen glücklich wirken, die Zeit, in der die Malereien entstanden, war es nicht – Nan verlor damals seine Stellung als ein autonomes Königreich. So findet man in den Szenen denn auch hintergründige politische und soziale Kommentare, was sonst in der religiösen Kunst Thailands selten ist.

Die Wandmalereien wurden von Jao Suliyaphong in Auftrag gegeben, dem letzten König von Nan. Sie illustrieren u. a. die *Khaddhana Jataka,* eine relativ unbekannte Geschichte aus einem früheren Leben des Buddha, die nach Aussage des Thai-Historikers David K. Wyatt (in seinem tollen Buch *Reading Thai Murals)* nirgendwo sonst in der buddhistischen Welt dargestellt worden ist. Die Geschichte auf der linken Seite der nördlichen Tempelwand zeigt eine Waise, die ihre Eltern sucht. Nach Wyatts Ansicht wurde diese bestimmte Erzählung als eine Metapher für das Königreich Nan ausgewählt, das ebenfalls von einer Reihe von „Eltern", den Thai-Königreichen von Sukhothai, Chiang Mai und Ayutthaya, verlassen worden war. Ungefähr in der Zeit, als die Wandmalereien entstanden, wurde Nan von König Rama V. vollständig in das Königreich Siam eingegliedert bzw. ein großer Teil seines Territoriums an Frankreich abgetreten. Die Unzufriedenheit mit dieser Entscheidung verdeutlicht eine Szene auf der Westwand. Hier versuchen zwei Affenmännchen, miteinander zu kopulieren; der Hintergrund ähnelt – laut Wyatt nicht zufällig – der französischen Trikolore.

Die Wandmalereien sind aber auch allein schon wegen ihrer Schönheit bemerkenswert, die umso erstaunlicher ist, wenn man sich dessen bewusst wird, mit welch eingeschränkter Farbpalette der Künstler Thit Buaphan auskommen musste. Die Malereien faszinieren auch durch ihre realitätsnahe Darstellung des alltäglichen Lebens in Nan am Ende des 19. Jhs. Bei der Darstellung von drei Angehörigen eines Bergvolks an der Westwand sind Details wiedergegeben wie der riesige Kropf des Mannes und der bellende Hund, der andeutet, dass diese Menschen Fremde sind. Vielfach sieht man Männer mit Frauenschals, häufig beim Verrichten traditioneller Frauenarbeiten; diese Bilder gehören zu den frühesten Darstellungen von *gà·teu·i* (Ladyboys; auch *kàthoey* genannt). Seine Visitenkarte hat der Künstler auf der Westwand hinterlassen, wo man ihn mit einer Frau schäkern sieht. Wenn man bedenkt, dass Thit Buaphan mehr als 20 Jahre brauchte, um die Malereien zu vollenden, wird ihm diese kleine Freiheit wohl gestattet sein.

Tempel kostet mit einem Motorradtaxi hin und zurück rund 100 B.

Der *bòht* zeigt Tai-Lü-Einfluss, sein dreistufiges Dach besitzt geschnitzte Traufen, und über den Türen befinden sich Drachenreliefs. Ein vergoldeter *chedi* im Lanna-Stil steht auf einem großen, rechteckigen Platz neben dem *bòht* – wenn man spät am Tag herkommt, glüht das Gebäude regelrecht in der Abendsonne.

Wat Phra That Chang Kham BUDDHISTISCHER TEMPEL

(วัดพระธาตุช้างค้ำ; Ecke Th Suriyaphong & Th Pha Kong; ⌚Sonnenaufgang–Sonnenuntergang) GRATIS Die Entstehungszeit des nach dem Wat Phra That Chae Haeng zweitwichtigsten Tempels der Stadt ist unbekannt. Sein 1458 wieder aufgebauter Haupt-*wí·hăhn* enthält einen riesigen sitzenden Buddha und verblasste Wandbilder, die teilweise schon restauriert sind. Mitte des 20. Jhs. ließ angeblich ein Mönch die Bilder immer wieder übertünchen, weil er dachte, sie lenkten die Gläubigen von seiner Predigt ab! Im *wí·hăhn* befinden sich auch einige Schriftrollen aus der Lanna-Periode (in Lanna-Schrift), die nicht nur die üblichen buddhistischen Inhalte verewigen, sondern auch über die Geschichte, das Rechtswesen und die Astrologie ihrer Zeit Auskunft geben. Seitlich davon steht ein *tam·mâht* (ein *dhamma*-Sitz, der von Mönchen beim Unterricht verwendet wurde). Der *chedi* hinter dem *wí·hăhn* stammt aus dem 14. Jh., vielleicht der Entstehungszeit des Tempels. Wie die Stupas in Sukhothai und Si Satchanalai wird auch dieser von Elefantenstatuen getragen.

Neben dem *chedi* steht ein kleiner, unscheinbarer *bòht* aus derselben Zeit. Der Abt des Wat Phra That Chang Kham weiß eine interessante Geschichte über den *bòht* und das Buddha-Bildnis zu erzählen, das einst darin enthalten war. Demnach wollte 1955 der Historiker A.B. Griswold den 145 cm großen Buddha kaufen. Der schreitende Buddha schien eine plumpe Gipsfigur im Sukhothai-Stil zu sein. Nachdem Griswold dem Abt 25 000 B geboten hatte, begann er mit dem Abtransport des Buddhas – dabei bröckelte jedoch der Gips ab und offenbarte einen darunter liegenden, echten Sukhothai-Buddha aus purem Gold. Unnötig zu sagen, dass der Abt den Buddha – sehr zum Leidwesen Griswolds – nicht mehr gehen ließ. Vermutete Griswold, was sich unter dem Gips verbarg? Der Abt will es nicht verraten. Die Statue wird heute in einem Glasabteil der *hŏr đrai* (Handschriften-Bibliothek), dem größten dieser Art in Thailand, aufbewahrt; dieser befindet sich neben dem *wí·hăhn*. Die Handschriften-Bibliothek ist die größte ihrer Art in Thailand.

Wat Hua Khuang BUDDHISTISCHER TEMPEL

(วัดหัวขวง; Ecke Th Mahaphrom & Th Pha Kong; ⌚Sonnenaufgang–Sonnenuntergang) GRATIS Dieser Tempel hat einen markanten *chedi* im Lanna-/Lan-Xang-Stil mit vier Buddha-Nischen, einem schönen hölzernen *hŏr đrai* und einen bemerkenswerten *bòht* mit einer beschnitzten Holzveranda im Luang-Prabang-Stil. Im Innern sind eine geschnitzte Holzdecke und ein großer *naga*-Altar zu bewundern. Das Gründungsdatum des Tempels ist zwar nicht bekannt, doch dem Stil nach ist er wohl einer der ältesten Wats der Stadt.

Aktivitäten

Nan hat nichts, das mit der organisierten Trekking-Maschinerie in Chiang Rai oder Chiang Mai vergleichbar wäre. Die meisten Besucher, vor allem auch die Thais, bewegen sich hier lieber auf dem Wasser als zu Fuß. Wildwasser-Rafting auf dem Mae Nam Wa im nördlichen Nan ist nur bei hohem Wasserstand möglich (Sept.–Dez.); die besten Bedingungen herrschen angeblich zu Beginn der Regenzeit. Die Stromschnellen reichen von Klasse I bis IV; auf der Fahrt geht's durch unberührten Dschungel und an abgelegenen Dörfern vorbei.

Nan Touring RAFTEN

(☎08 1961 7711; www.nantouring.com; 11/12 Th Suriyaphong; 3 Tage & 2 Nächte 5900 B/Pers.; ⌚9–17 Uhr) Dieser Veranstalter bietet eine Vielzahl von Raftingtouren für Gruppen ab mindestens fünf Personen an.

Nan Seeing Tour RADTOUR

(☎08 1472 4131; Th Sumon Thevarat; Tagestour ab 4500 B; ⌚8–19 Uhr) Veranstaltet Zweiradtouren in und um Nan. Das Nan Coffee fungiert als Büro.

Fhu Travel WANDERN & TREKKEN

(☎054 710636, 08 1287 7209; www.fhutravel.com; 453/4 Th Sumon Thevarat; Trekking 1700 B/Pers.; ⌚9–18 Uhr) Der alteingesessene Veranstalter organisiert eintägige Treks rund um Nan.

Schlafen

Fah Place HOTEL $

(☎054 710222; 237/8 Th Sumon Thevarat; Zi. 400–500 B; ❄📶) Die großen Zimmer sind mit hübschen Teakmöbeln und jenen bombastischen, einladenden Betten eingerichtet, die man eigentlich nur in Hotels erwartet, in der man ein Vielfaches des hiesigen Preises für die Übernachtung hinblättern muss – ein echtes Schnäppchen! Die gleichen Leute betreiben auch das ähnliche **Sukkasem Hotel** (☎054 772555; sukksasemnan@gmail.com; 119-121 Th Anantaworarittidet; Zi. 400–1000 B; ❄📶).

Nan Guest House HOTEL $
(☎054 771849, 08 1288 8484; www.nanguesthouse.net; 57/15 Soi 2, Th Mahaphrom; Zi. 250–430 B; ❄@📶) In einem ruhigen Wohnviertel in der Nähe von Nans berühmtesten Tempeln bietet diese lange bestehende, gepflegte Unterkunft pieksaubere, geräumige Zimmer, von denen die Hälfte über eigene Bäder mit Warmwasser, Klimaanlage, TV und Kühlschrank verfügt.

Banban Nannan Library PENSION $
(☎08 9859 5898; www.facebook.com/BanbanNannan; 14/1 Th Monthian; Zi. 350–700 B; 📶) Die vier Zimmer in diesem Holzhaus sind recht einfach, was aber durch die Lage in einem einladenden Garten, die gleichnamige Bibliothek und die heimelige Atmosphäre mehr als wett gemacht wird.

Srinual Lodge HOTEL $$
(☎054 710174; www.facebook.com/srinuallodgefanpage; 40/5 Th Nokham; Zi. 800–1400 B, Suite 1800 B; ❄📶) Das zweistöckige Backsteingebäude hat zwei Dutzend Zimmer, die mit Holzbalken, Bambus und folkloristischen Stoffen einen rustikalen Eindruck machen sollen. Doch trotz dieser Gestaltung wirken die Zimmer durchaus gemütlich, und das Haus ist die dem Mae Nam Nan am nächsten liegende Unterkunft.

Nan Lanna Hotel HOTEL $$
(☎054 772720; Trok Monthian; Zi. 600–800 B; ❄📶) In die kühlen Zimmer kommt zwar wenig natürliches Licht, dafür sind sie aber geräumig, haben große Bäder und einen netten Retro-Touch.

★ **Pukha Nanfa Hotel** HOTEL $$$
(☎054 771111; www.pukhananfahotel.co.th; 369 Th Sumon Thevarat; Zi. inkl. Frühstück 2500–4600 B; ❄@📶) Aus dem früher uninteressanten Nan Fah Hotel ist ein absolut bezauberndes Boutiquehotel geworden. Die 14 gemütlichen Zimmer sind klassisch mit viel Holz eingerichtet und mit regionalen Stoffen, kunsthandwerklichen Arbeiten und Kunst geschmückt. Alte Reklametafeln und Bilder sorgen für zusätzlichen nostalgischen Charme. Getoppt wird das Ganze durch die gute Lage und das äußerst fähige Personal.

Nan Boutique Hotel HOTEL $$$
(☎054 775532; www.nanboutiquehotel.com; 1/11 Th Kha Luang; Zi. inkl. Frühstück 1800–3200 B; ❄📶) Die super ordentliche, vorstädtisch wirkende Anlage hat zwar nicht so viel Atmosphäre wie andere Unterkünfte in Nan, dafür gibt es hier aber die modernsten und am besten ausgestatteten Zimmer der Stadt. Weitere Pluspunkte sind der kostenlose An- und Abtransport, der kostenlose Fahrradverleih und ein Spa.

Essen & Ausgehen

Obwohl sonst in jeder Hinsicht charmant, gehört Nan in Sachen Restaurants zu den langweiligsten Orten in Nordthailand.

Auf dem städtischen **Nachtmarkt** (Th Pha Kong; Hauptgerichte 30–60 B; ⏰17–23 Uhr) gibt's ein paar ordentliche Imbissstände. Noch besser ist der Straßenmarkt am Samstag (S. 267) mit nordthailändischen Gerichten, die man mitnehmen oder vor Ort an Tischen verzehren kann.

Pu Som Restaurant NORDTHAILÄNDISCH $
(203/1 Th Khamyot, keine Ausschilderung in lateinischen Buchstaben; Hauptgerichte 35–90 B; ⏰10–22 Uhr) Hier kommen hauptsächlich Fleischgerichte aus der Küche, und zwar ortstypisch als *lâhp* (eine Art Hack-„Salat") oder als *néu·a·nêung* (über Kräutern gedämpftes Rindfleisch mit köstlichem Galgant-Dip). Es gibt kein englischsprachiges Schild; Ausschau halten nach der *est cola*-Leuchtreklame.

Hot Bread INTERNATIONAL, THAI $
(38/1-2 Th Suriyaphong; Hauptgerichte 25–140 B; ⏰7–16 Uhr; 🌿) Das reizende Café und Restaurant im Retrostil hat eine große Auswahl von Frühstücksgerichten westlicher Art – darunter auch das leckere, selbst gebackene Brot gleichen Namens – sowie andere westliche und thailändische Gerichte. Besonders empfehlenswert ist vormittags die *kôw soy* (Nudelsuppe).

Rak Khun THAI $
(Th Mano, keine Ausschilderung in lateinischen Buchstaben; Hauptgerichte 70–200 B; ⏰17–22 Uhr) Auch wenn man diese Ansammlung von Klapptischen und Neonröhren unter freiem Himmel nach westlichem Standard kaum als Restaurant bezeichnen kann, so ist es doch bei Einheimischen der Renner. Un-

bedingt *gaì tôrt má·kwàan* (mit heimischen Gewürzen gebratenes Huhn) oder *yam pàk gòot* (Salat aus Farnen) probieren!

Wan Da THAI $
(Th Kha Luang; Hauptgerichte 30–50 B; ⏲8–17 Uhr) Diese Restaurantlegende serviert so ziemlich alles, von Currys auf Reis bis hin zu Satay. Insider bestellen aber *kà·nŏm jeen* (frische Reisnudeln mit diversen Toppings).

Som Tam Thawt THAI $
(Th Sumon Thevarat, keine Ausschilderung in lateinischen Buchstaben; Hauptgerichte 35–60 B; ⏲Di–So 10–21 Uhr) Das winzige Restaurant ist bekannt für sein *sôm·đam tôrt,* frittiertes *sôm·đam* (Papayasalat), einen gleichermaßen knackigen wie sättigenden Snack. Es gibt hier auch Frucht-Smoothies und andere einfache Gerichte. Das Lokal liegt schräg gegenüber dem Hotel Fah Place.

Nor Nan THAI $
(Lanna & Art Shop, Th Pha Kong; Hauptgerichte 70–180 B; ⏲8–22 Uhr; ❄📶) Modernes Café-Restaurant mit ein paar Thai-Gerichten auf der kleinen Speisekarte (nur auf Thai) und einer kleinen Auswahl importierter Biere.

Shoppen

Nan ist einer der besten Orte in Nordthailand, wenn es um Souvenirs geht. Zu den guten Angeboten gehören vor Ort hergestellte Textilien, vor allem Tai-Lü-Webarbeiten. Typische Tai-Lü-Stoffe zeigen rote und schwarze Blumenmuster oder geometrische und Tiermotive auf weißem Baumwolluntergrund. Besonders beliebt ist das Muster *lai nám lăi* (strömendes Wasser), dessen Stufen Bäche, Flüsse und Wasserfälle symbolisieren. Die Applikationen der örtlichen Hmong und die Stickereien der Mien sind ebenfalls von ausgezeichneter Qualität. Und auch die aus Gräsern und Bambus geflochtenen Körbe und Matten der Htin lohnen einen Blick.

Straßenmarkt MARKT
(Th Pha Kong; ⏲Sa 17–22 Uhr) Jeden Samstagnachmittag wird der Abschnitt der Th Pha Kong vor dem Nan National Museum für den Verkehr gesperrt, und Händler bauen ihre Stände auf, um Essen, Textilien und regionales Kunsthandwerk anzubieten.

Kad-Nan MARKT
(43 Th Mahayot; ⏲10–22 Uhr) Diese Mall unter freiem Himmel ist Nans Antwort auf Bangkoks Wochenmarkt Chatuchak. Hier findet man Läden, die Schnickschnack, Kunsthandwerk und Kleidung verkaufen sowie ferner Restaurants, Kaffeestuben und Bars. Der Markt ist offiziell ab 10 Uhr geöffnet, am besten kommt man aber abends, wenn auch wirklich die meisten Läden und Restaurants geöffnet sind und dank Livemusik eine Jahrmarktsatmosphäre herrscht.

Amnouy Porn & Jangtrakul KUNSTHANDWERK
(Th Sumon Thevarat; ⏲8–19 Uhr) Die nebeneinander liegenden Läden verkaufen regionale Waren, vor allem Textilien und Kleidung.

OTOP KUNSTHANDWERK
(Th Suriyaphong; ⏲8.30–18 Uhr) Im Verkaufsraum dieser staatlich subventionierten Entwicklungsinitiative findet man alles von ortstypischen Snacks bis zu Silberwaren.

BUSSE AB NAN

Außer den hier aufgeführten Bussen fahren auch noch Kleinbusse nach Ban Huay Kon (Grenze zu Laos; 100 B, 3 Std., 5–9.30 Uhr 5-mal tgl.) und Phrae (78 B, 2 Std., 5.30–18 Uhr halbstündl.).

ZIEL	PREIS (B)	DAUER (STD.)	HÄUFIGKEIT
Bangkok	400–801	10–11	8–10 & 19–19.30 Uhr regelm.
Chiang Mai	242–451	6	7.30–22.30 Uhr regelm.
Chiang Rai	171	6	9 Uhr
Lampang	158–316	4	7.30–22.30 Uhr regelm.
Phayao	200	4	13.30 Uhr
Phitsanulok	196	4	7.45–17.15 Uhr 5-mal tgl.
Phrae	98	2½	7.30–22.30 Uhr regelm.
Pua (zum Doi Phu Kha National Park)	50	2	6–18 Uhr stündl.

Peera KUNSTHANDWERK
(26 Th Suriyaphong; ⏲8–19 Uhr) Dieses Geschäft, das nur einen kurzen Spaziergang vom Wat Phumin entfernt ist, bietet qualitativ hochwertige Textilien aus der Region an, vor allem Röcke und Blusen.

Nan Silver KUNSTHANDWERK
(430/1 Th Sumon Thevarat; ⏲7.30–18.30 Uhr) Dieser kleine Laden hat Klasse. Im Sortiment sind verschiedenste vor Ort entworfene und hergestellte Silberwaren.

Praktische Informationen

Touristeninformation (☎054 751169; Th Pha Kong; ⏲8.30–12 & 13–16.30 Uhr) Die hilfreiche Touristeninformation liegt versteckt hinter Straßenhändlern und Coffeeshops gegenüber vom Wat Phumin.

An- & Weiterreise

Nans erst kürzlich renovierter Nan Nakhon Airport befindet sich ca. 3 km nördlich der Stadt. **Air Asia** (☎Nan 054 772635, landesweit 025 159999; www.airasia.com; Nan Nakhon Airport; ⏲9–17.30 Uhr) und **Nok Air** (☎Nan 09 1119 9834, landesweit 1318; www.nokair.com; Nan Nakhon Airport; ⏲8–18 Uhr) fliegen nach Bangkok zum Don Muang International Airport (890–1200 B, 1½ Std., 6-mal tgl.); **Kan Air** (☎Nan 09 0907 1811, landesweit 02 551 6111; www.kanair lines.com; Nan Nakhon Airport; ⏲8–20.30 Uhr) fliegt nach/von Chiang Mai (1890 B, 45 Min., tgl.). Mit **Klay Airport Taxi** (☎08 6188 0079; Nan Nakhon Airport) kommt man zum Flughafen (ca. 100 B/Pers.).

Alle Busse, Kleinbusse und *sŏrng·tăa·ou* starten in Nan am **Busbahnhof** (☎054 711662; Th Jao Fa) am südwestlichen Stadtrand. Die Fahrt im Motorradtaxi vom Busbahnhof ins Stadtzentrum kostet 30 B.

Wer zum Bahnhof Den Chai in Phrae will, kann jeden Bus in Richtung Chiang Mai oder Bangkok nehmen.

Unterwegs vor Ort

Eine Stadtfahrt im *săhm·lór* kostet zwischen 30 und 40 B. Taxis mit Taxameter werden von **Nan Taxi** (☎08 4610 7777, 054 773555) betrieben.

Motorräder (ab 200 B) kann man im **Oversea Shop** (☎054 710258; 488 Th Sumon Thewarat; ⏲8.30–17.30 Uhr) und bei **Thana Sin Motors** (TS; ☎08 9953 0896; 1-7 Th Sumon Tevarat; ⏲Mo–Sa 8–17 Uhr) sowie bei mehreren Pensionen mieten.

Rund um Nan

Wat Nong Bua วัดหนองบัว

Wat Nong Bua BUDDHISTISCHER TEMPEL
(⏲Sonnenaufgang–Sonnenuntergang) GRATIS
Das nette, schmucke Tai-Lü-Dorf Nang Bua

GRENZÜBERGANG NACH LAOS: VON BAN HUAY KON NACH MUANG NGEUN

Das 140 km nördlich von Nan gelegene Ban Huay Kon ist ein verschlafenes Bergdorf in der Nähe der laotischen Grenze. Am Samstagmorgen wird hier ein Grenzmarkt abgehalten, aber die meisten Leute kommen hierher, weil das Dorf ein internationaler Grenzübergang nach Laos ist.

Anreise zur Grenze

Nach Ban Huay Kon fahren täglich fünf Kleinbusse, die in Phrae starten und zwischen 5 und 9.30 Uhr in Nan (100 B, 3 Std.) einen Zwischenstopp einlegen. In der Gegenrichtung fahren Minibusse nach Nan (100 B, 3 Std.), Phrae (180 B, 5 Std.) und Den Chai (zum Bahnhof; 200 B) in Ban Huay Kon um 9, 10, 11.45, 12.45 und 15 Uhr ab.

An der Grenze

Nach dem Passieren der thailändischen Einreisebehörde können Ausländer sich ein 30 Tage gültiges Visum für Laos kaufen. Das kostet je nach Staatsangehörigkeit zwischen 30 und 42 US$. Nach 16 Uhr und an Wochenenden muss man einen Aufpreis von 1 US$ oder 50 B hinblättern.

Weiterreise

Weiter geht's in das 2,5 km entfernte laotische Dorf Muang Ngeun, wo man im Phouxay Guesthouse übernachten kann. Wer weiter will, geht zur winzigen Autohaltestelle neben dem Markt, von wo *sŏrng·tăa·ou* zwischen 14 und 16 Uhr nach Hongsa (40 000 K, 1½ Std.) fahren.

nahe der Ortschaft Tha Wang Pha, rund 30 km nördlich von Nan ist für den Wat Nong Bua im Lü-Stil bekannt. Mit dem typischen zweistufigen Dach und dem mit Schnitzereien verzierten Holzportikus ist der *wí·hăhn* zwar schlicht, aber eindrucksvoll. Sehenswert sind auch die geschnitzten *naga*-Köpfe an den Ecken des Daches. Im *wí·hăhn* sind einige bäuerliche, aber schöne *Jataka*-Wandmalereien zu besichtigen, die von Thit Buaphan stammen sollen, dem Künstler, der auch den Wat Phumin ausmalte. Jeder Besucher sollte eine Spende für den Unterhalt des Tempels und seine Restaurierung am Altar lassen.

Direkt hinter dem Wat steht ein typisches Tai-Lü-Haus, in dem Weberinnen arbeiten. Hier kann man schöne, vor Ort hergestellte Textilien erstehen.

Nong Bua liegt rund 30 km nördlich von Nan. Zur Hinfahrt nimmt man einen Bus Richtung Norden oder ein *sŏrng·tăa·ou* (35 B) nach Tha Wang Pha. Man steigt in Samyaek Longbom aus, marschiert nach Westen zu einer Brücke über den Mae Nam Nan und biegt dann nach links ab. Nun geht es weiter zu einer zweiten kleinen Brücke, hinter der man den Wat Nong Bua zur Rechten erblickt. Vom Highway aus sind es lange 3 km bis zum Wat.

Doi Phu Kha National Park อุทยานแห่งชาติดอยภูคา

Doi Phu Kha National Park NATIONALPARK (✆ 08 2194 1349; Unterkunft 02 562 0760; www.dnp.go.th; Eintritt 200 B) Den Mittelpunkt dieses Nationalparks bildet der 2000 m hohe Doi Phu Kha, der höchste Berg in den Amphoe (Landkreisen) Pua und Bo Kleua in der Provinz Nan (rund 75 km nordöstl. von Nan). Im Park und seiner Umgebung gibt es mehrere Dörfer der Htin, Mien, Hmong und Tai Lü, außerdem eine Reihe von Höhlen und Wasserfällen sowie unendlich viele Wanderwege durch den Wald. Bei der Parkverwaltung ist eine einfache Wanderkarte erhältlich, und man kann einen ortskundigen Führer für eine kurze Wanderung oder längere Ausflüge engagieren. Auch Raftingtouren auf dem Nam Wa werden angeboten. In der kühleren Jahreszeit ist es hier häufig kalt und in der Regenzeit sehr feucht.

Der Park stellt diverse **Bungalows** (2–7 Pers. 300–2000 B) zur Verfügung, in der Nähe gibt's auch ein Restaurant und einen einfachen Laden.

Wer den Nationalpark mit öffentlichen Verkehrsmitteln erreichen will, muss einen Bus oder ein *sŏrng·tăa·ou* nach Pua (50 B, 2 Std., 7–17 Uhr stündl.) nehmen, dort am 7-Eleven aussteigen und den Highway überqueren, um eines der drei täglich verkehrenden *sŏrng·tăa·ou* (50 B, 30 Min., 7.30, 9.30 & 11.30 Uhr) zu erwischen.

Ban Bo Luang บ้านบ่อหลวง

Ban Bo Luang (auch bekannt als Ban Bo Kleua, das Salzquellendorf) ist ein malerisches Dorf der Htin südöstlich des Nationalparks Doi Phu Kha. Die Menschen hier leben von der Salzgewinnung aus den örtlichen Salzquellen. Die wichtigsten Salzquellen der Gemeinde sind leicht zu finden, sie liegen fast in der Dorfmitte.

Wenn man mit einem eigenen Transportmittel unterwegs ist, eignet sich das Dorf gut als Ausgangspunkt, um die nahe gelegenen Nationalparks Doi Phu Kha und **Khun Nan** (อุทยานแห่งชาติขุนนาน; ✆ 054 778140; Eintritt Erw./Kind 100/50 B; ⏲ 8–16.30 Uhr) zu erkunden. Letzterer liegt einige Kilometer nördlich von Ban Bo Luang. Von seinem Besucherzentrum führt ein 2 km langer Weg zu einem Aussichtspunkt, von dem aus man einen Blick auf die Dörfer der Gegend und hinüber nach Laos hat. Im Park gibt's Unterkünfte (Bungalow 800–1600 B) und ein einfaches Restaurant.

In Ban Bo Luang stehen Travellern ein paar Unterkünfte zur Verfügung. Die bei Weitem beste ist das **Boklua View** (✆ 08 1809 6392; www.bokluaview.com; Zi. & Bungalow inkl. Frühstück 1850 B; ❄ 📶), ein schönes, gut geführtes Resort an einem Hügel mit Blick über das Dorf und den Nam Mang, der es durchfließt. Zur Anlage gehört ein Garten, außerdem gibt es hier gutes Essen (unbedingt Chefkoch Touns frittiertes Hähnchen mit nordthailändischen Gewürzen probieren!). Wenn das Boklua View voll ausgebucht ist, kann man im Ort in einem der einfachen „Resorts" oder bei Gastfamilien übernachten.

In Ban Bo Luang gibt es mehrere kleine Restaurants, in denen einfache Gerichte auf die Tische kommen. Das beste ist wahrscheinlich das **Hua Saphan** (keine Ausschilderung in lateinischen Buchstaben; Hauptgerichte 70–120 B; ⏲ 9–21 Uhr) am Fuß der Brücke.

Zum Zeitpunkt der Recherchen akzeptierte der einzige Geldautomat im Ort keine ausländischen Karten, also ausreichend Bargeld mitbringen!

Ban Bo Luang erreicht man von Nan aus mit dem Bus nach Pua (50 B, 2 Std., 6–18 Uhr stündl.). Am 7-Eleven aussteigen, die Schnellstraße überqueren und ein *sŏrng·tăa·ou* (80 B, 1 Std., 7.30, 9.30 & 11.30 Uhr) nehmen, dessen Endstation das Dorf ist! Nach Pua starten *sŏrng·tăa·ou* in der Nähe der T-Kreuzung in Bo Luang (9, 10.30 & 12.30 Uhr).

PROVINZ PHITSANULOK

Phitsanulok พิษณุโลก

84 000 EW.

Nach Phitsanulok kommen wenige Besucher auf eigene Faust, dafür aber umso mehr Pauschaltouristen – die Stadt ist ein guter Ausgangspunkt, um die historischen Sehenswürdigkeiten von Sukhothai, Si Satchanalai und Kamphaeng Phet zu besuchen. Die hektische, sympathische Stadt besitzt einige interessante Stätten und Museen, allen voran den Wat Phra Si Ratana Mahathat, in dem sich eine der meistverehrten Buddha-Figuren des Landes befindet.

Wer auf eigene Faust losziehen will, kann die Stadt als Basislager für einen Besuch der nahen Nationalparks und Naturschutzgebiete von Thung Salaeng Luang (S. 276) und von Phu Hin Rong Kla (S. 276), dem früheren strategischen Hauptquartier der Kommunistischen Partei Thailands (KPT), nutzen.

Sehenswertes

★ Wat Phra Si Ratana Mahathat BUDDHISTISCHER TEMPEL

(วัดพระศรีรัตนมหาธาตุ; Th Phutta Bucha; Tempel 6–21 Uhr, Museum Mi–So 9–17.30 Uhr) GRATIS Der Haupt-*wí·hăhn* dieses Tempels, den die Einheimischen kurz Wat Yai nennen, wirkt von außen klein, er beherbergt aber den Phra Phuttha Chinnarat, eine der meistverehrten und -kopierten Buddhafiguren Thailands – nur dem Smaragd-Buddha in Bangkoks Wat Phra Kaew kommt noch ein höherer Stellenwert zu als dieser berühmten Bronzestatue.

Es heißt, der Bau dieses Wat sei 1357 unter der Regentschaft von König Li Thai in Auftrag gegeben worden. Als der Wat fertiggestellt war, wollte Li Thai drei prächtige Bronze-Buddhas in seinem Inneren sehen. Deshalb ließ er namhafte Bildhauer aus Si Satchanalai, Chiang Saen und Hariphunchai (Lamphun) sowie fünf brahmanische Priester kommen. Die ersten beiden Bronzegüsse klappten auf Anhieb, für den dritten – die herrlichste der drei Statuen – benötigte man aber drei Anläufe. Ein weiß gewandeter Weiser, der – so die Legende – aus dem Nichts erschienen sei, habe bei diesem entscheidenden Guss geholfen, um im nächsten Augenblick wieder zu verschwinden. Das Bild erhielt den Namen Chinnarat-Buddha (Siegreicher König) und wurde zum Prunkstück des *wí·hăhn*. Die anderen beiden Statuen, Phra Chinnasi und Phra Si Satsada, brachte man später nach Bangkok in den Wat Bowonniwet, den königlichen Tempel.

Der Phra Phuttha Chinnarat ist im späten Sukhothai-Stil gehalten. Einzigartig aber ist der flammenartige Heiligenschein um Kopf und Brustkorb, der unten zu beiden Seiten der Statue in drachenähnliche Schlangenköpfe ausläuft. Der Kopf dieses Buddha ist etwas breiter als im Sukhothai-Stil eigentlich üblich: Dadurch wirkt die Statue ganz besonders majestätisch.

Ein Heiligtum auf der einen Seite wurde in ein **Museum** umgewandelt, in dem uralte Buddha-Figuren, Keramiken und weitere historische Artefakte ausgestellt sind.

Obwohl der Tempel so heilig ist, fordern ohne Unterlass laute Lautsprecherdurchsagen zum Spenden auf. Auch thailändische Musiker, eine Reihe von Händlern, die von Kräutern bis zu Lotterielosen alles mögliche verhökern, mehrere Geldautomaten und Hunderte Besucher erzeugen eine hektische Atmosphäre. Man sollte frühmorgens kommen (am besten vor 7 Uhr), wenn man in Ruhe meditieren oder auch nur Fotos machen möchte. Und grundsätzlich immer in angemessener Kleidung erscheinen – also keine Shorts oder ärmellose Oberteile tragen!

Wat Ratburana BUDDHISTISCHER TEMPEL

(วัดราชบูรณะ; Th Phutta Bucha; Sonnenaufgang–Sonnenuntergang) GRATIS Auf der anderen Straßenseite gegenüber vom Wat Phra Si Ratana Mahathat steht der Wat Ratburana, der weniger Besucher anzieht, aber in mancherlei Hinsicht sogar interessanter ist als sein berühmter Nachbar. Neben einem *wí·hăhn* mit einem 700 Jahre alten vergoldeten Buddha, einer *bòht*-Kapelle mit schönen Wandmalereien, die aus der Mitte des 19. Jhs. stammen, und zwei hölzernen *hŏr đrai* birgt die Tempelanlage auch ein paar merkwürdige Sehenswürdigkeiten, die einen faszinierenden Einblick in die Glaubenspraktiken

Phitsanulok

Phitsanulok

Highlights
1 Wat Phra Si Ratana Mahathat B1

Sehenswertes
2 Phitsanulok-Museum A2
3 Wat Ratburana B1

Schlafen
4 Ayara Grand Palace C2
5 Golden Grand Hotel C2
6 Lithai Guest House B4
7 River Homestay A3

Essen
8 Ban Mai C2
9 Fah-Ke-Rah C2
10 Jaroen Rat B4
11 Nachtmarkt C3
12 Nachtmarkt D2
13 Paknang B3

Ausgehen & Nachtleben
14 Amarin in Town B3
15 Camper A4
16 Shew Shew A3

Shoppen
17 Nachtmarkt B4

Praktisches
18 Golden House Tour B4
19 Tourism Authority of Thailand B4

des thailändischen Buddhismus vermitteln: Da ist zunächst unübersehbar ein mit Girlanden geschmücktes großes Holzboot. Mit ihm reiste König Rama V. einst zu einem offiziellen Besuch in Phitsanulok an. Heute glaubt man, das Boot erfülle all jenen ihre Wünsche, die ein Opfer darbringen und dann drei- oder neunmal unter der gesamten Länge des Bootsrumpfs durchkriechen. Neben dem *wí·hăhn* steht ein heiliger Baum

NICHT VERSÄUMEN

VOLKSKUNDEMUSEUM, BUDDHA-GIESSEREI & VOGELGARTEN

Als ehemaliger Militärkartograf, Buddha-Statuen-Gießer, Vogelliebhaber und landesweit anerkannter Brauchtumsexperte bündelte Oberfeldwebel Thawee Buranakhet seine diversen Erfahrungen und Interessen, um in Phitsanulok drei sehr sehenswerte Attraktionen zu schaffen.

Die Museen befinden sich in der Th Wisutkasat, etwa 1 km südlich des Bahnhofs von Phitsanulok; die Fahrt hierher im Túk-Túk kostet ca. 60 B.

Sergeant Major Thawee Folk Museum (พิพิธภัณฑ์พื้นบ้านจ่าทวี; 26/38 Th Wisutkasat; Erw./Kind 50/25 B; ⏲8.30–16.30 Uhr) Dieses Museum beherbergt eine bemerkenswerte Sammlung von Werkzeugen, Textilien und Fotos aus der Provinz Phitsanulok. Das Museum verteilt sich auf fünf traditionelle, thailändische Gebäude mit gepflegten Gärten. Alle Exponate sind mit informativen, lesenswerten Beschreibungen in englischer Sprache versehen. Wer sich fürs Kochen interessiert, findet hier den Nachbau einer traditionellen thailändischen Küche und verschiedene Fallen zum Fangen von Wild. Männliche Besucher werden beim Anblick der Darstellung einer traditionellen Bullenkastration – einer Prozedur, die anscheinend ohne scharfe Werkzeuge vonstattengeht – einen stechenden Schmerz empfinden.

In der gleichen Anlage gibt es außerdem ein einfaches **Aquarium**, in dem man in Phitsanulok heimische Fische bewundern kann.

Buranathai Buddha Image Foundry (โรงหล่อพระบูรณะไทย; 26/43 Th Wisutkasat; ⏲8–17 Uhr) Gegenüber vom Sergeant Major Thawee Folk Museum befindet sich die kleine Buranathai Buddha Image Foundry, die ebenfalls Oberfeldwebel Thawee gehört. Hier werden Bronze-Buddhas aller Größen gegossen. Besucher können bei der Arbeit zuschauen und in einer detaillierten Fotoausstellung einiges über das Wachsausschmelzverfahren lernen. Bei manchen größeren Stücken dauert die Fertigstellung über ein Jahr. In dem kleinen Souvenirladen vor Ort können Interessierte Bronze-Buddhas verschiedener Größen kaufen.

Außer der Buddha-Gießerei gibt es auch noch Kampfhähne zu sehen. Die Tiere werden hier gezüchtet und ins ganze Land verkauft. (Der offizielle englische Name für diesen Teil der Einrichtung lautet The Centre of Conservative Folk Cock.)

Garden Birds of Thailand (สวนนกไทย; 26/43 Th Wisutkasat; Erw./Kind 50/25 B; ⏲8–17 Uhr) Zur Buranathai Buddha Image Foundry gehört auch der Garden Birds of Thailand, eine Ansammlung von Volieren mit in Thailand heimischen Vögeln, darunter auch einige bedrohte Arten wie die sehr hübsche rosabrüstige Jamu-Fruchttaube und der prähistorisch anmutende Schildschnabel. Leider sind die Käfige im Allgemeinen recht klein und vermitteln keinen Eindruck vom natürlichen Lebensraum der Vögel.

mit Leitern zu beiden Seiten. Gläubige klettern hinauf, hinterlassen eine Opfergabe, läuten eine Glocke und klettern wieder runter. Diese Aktion wird wiederum insgesamt drei- oder neunmal durchgeführt. Direkt neben dem Baum hängt ein riesenhafter Gong, der einen einmaligen summenden Ton von sich gibt, wenn er auf die richtige Art und Weise gerieben wird.

Neben jeder dieser heiligen Einrichtungen steht ein Wächter, der nicht nur die Opfergaben wie Münzen, Weihrauch und Blumen einsammelt, sondern Besuchern auch genaue Anweisungen gibt, wie jedes Ritual auszuführen ist, wie oft etwas wiederholt, was geopfert und welches Gebet vorgetragen werden muss.

Phitsanulok-Museum MUSEUM
(พิพิธภัณฑ์เมืองพิษณุโลก; Pibulsongkram Rajabhat University, Th Wang Chan; ⏲8.30–16.30 Uhr) GRATIS Das neue, aber sehr schlichte Museum bietet hauptsächlich textlastige Exponate zu Kultur und Geschichte der Stadt. Im Obergeschoss findet man weitere Ausstellungen zu den fünf südlichsten Provinzen Nordthailands (Phetchabun, Phichit, Tak, Phitsanulok und Uttaradit), aber Erläuterungen gibt es fast nur in thailändischer Sprache.

Schlafen

Lithai Guest House HOTEL $
(☎055 219626; 73/1-5 Th Phayarithai; Zi. inkl. Frühstück 300–580 B; ❄📶) Die rund 60 lichtdurchfluteten Zimmer verströmen nicht viel

Atmosphäre, sind aber sauber. Die Zimmer mit Klimaanlage verfügen über große eigene Bäder mit Warmwasser, außerdem Kabel-TV und einen Kühlschrank. Das Frühstück ist im Preis enthalten.

River Homestay HOTEL $
(☎ 055 249226; an der Th Wang Chan; Zi. 550–650 B; ❄📶) Mit den sechs Zimmern auf einem am Kai liegenden Hausboot wird eine in Phitsanulok einst übliche Art der Unterkunft zu neuem Leben erweckt. Es gibt kleine, aber ansprechende Zimmer mit halboffenen Bädern und einen Fernsehraum für alle Gäste zusammen.

Ayara Grand Palace HOTEL $$
(☎ 055 909993; www.ayaragrandpalacehotel.com; Th Authong; Zi. inkl. Frühstück 1100–1200 B, Suite inkl. Frühstück 1600–2800 B; ❄@📶🏊) Mit seinen Pastellfarben aus den 1990er-Jahren, den Fake-Kaminen und den aufdringlichen Blumenmustern wirkt dieses Hotel gnadenlos kitschig. Da das aber alles nicht allzu ernst gemeint ist und die Suiten wirklich riesig sind – in der teuersten steht sogar ein elektrischer Massagestuhl –, bietet diese Unterkunft ein ziemlich gutes Preis-Leistungs-Verhältnis.

Golden Grand Hotel HOTEL $$
(☎ 055 210234; www.goldengrandhotel.com; 66 Th Thammabucha; Zi. inkl. Frühstück 690–850 B, Suite inkl. Frühstück 2500 B; ❄@📶) Das Minzgrün der Möbel, die Bodenbeläge und Vorhänge sind ein schlagender Beweis dafür, dass dieses Businesshotel aus den 1970er-Jahren stammt. Die Zimmer sind geräumig und sauber, wenn auch ein bisschen verwohnt und etwas muffig. Im Verlauf der aktuellen Renovierung werden die Suiten hoffentlich ein Farbschema und Möblierung erhalten, die ein wenig mehr der heutigen Zeit entsprechen.

Pattara Resort & Spa HOTEL $$$
(☎ 055 282966; www.pattararesort.com; 349/40 Th Chaiyanupap; Zi. inkl. Frühstück 3800–4000 B, Villa inkl. Frühstück 7500–9000 B; ❄@📶🏊) Für dieses naturnah anmutende Resort etwa 2 km östlich des Zentrums von Phitsanulok sprechen so einige Dinge: Die üppig dimensionierten Zimmer verfügen über enorme Bäder mit Badewanne und breite Balkone mit Blick auf Lotusteiche und einen Pool. Sogar noch besser sind die beiden Pool-Villen mit eigenem Pool oder die beiden Villen, die über dem Lotusteich zu schweben scheinen.

Yodia Heritage Hotel BOUTIQUEHOTEL $$$
(☎ 055 214677; www.yodiaheritage.com; 89/1 Th Phutta Bucha; Zi. inkl. Frühstück 3300–4500 B, Suite inkl. Frühstück 8900 B; ❄@📶🏊) In dem Boutiquehotel an einem ruhigen Abschnitt des Mae Nam Nan erwarten Gäste riesige Suiten mit großen Badewannen und einem halbprivaten Swimmingpool.

Essen

Phitsanulok nimmt sein kulinarisches Angebot sehr ernst. Die Stadt ist geradezu versessen auf abendliche Märkte – es gibt nicht weniger als drei an verschiedenen Stellen der Stadt. Auf dem bekanntesten Nachtmarkt (S. 274) Phitsanuloks wird vor allem Kleidung angeboten, aber das am südlichsten gelegene Restaurant des Streifens ist auf *pàk bûng loy fáh* (wörtlich: „morgens durch die Luft segelnde Weinrebe") spezialisiert: Der Koch brät eine Ladung des namengebenden Gemüses in einem Wok an und wirft sie dann durch die Luft einem wartenden Kellner zu, der sie mit einem Teller auffängt. Mit etwas Glück erlebt man, wie eine Touri-Gruppe versucht, das fliegende Gemüse aufzufangen und alles mit *pàk bûng* einsaut.

Ein weiterer **Nachtmarkt** (Th Phra Ong Dam; Hauptgerichte 30–60 B; ⏲17–24 Uhr) findet sich zu beiden Seiten der Th Phra Ong Dam nördlich der Th Authong, ein dritter, sehr gut besuchter **Nachtmarkt** (bei Th Akatossaroth; Hauptgerichte 30–60 B; ⏲16–20 Uhr) hat seinen Standort gleich südlich vom Bahnhof. Hier bekommt man hauptsächlich Essen zum Mitnehmen, darunter *kôw nĕe·o hòr*, kleine Bananenblätter, die mit Klebreis gefüllt sind, und verschiedenen Beilagen; zwei einander gegenüberliegende Stände ganz in der Nähe des Eingangs zum Markt in der Th Ekathotsarot bieten dieses Gericht an.

Ein weiteres, für Phitsanulok typisches Gericht ist *gŏoay·đĕe·o hôy kăh* (wörtlich: „Baumelnde-Beine-Nudeln"). Der komische Name kommt von der Art und Weise, wie die Kunden am Ufer sitzen und die Beine baumeln lassen.

Paknang CHINESISCH, THAI $
(Th Sairuthai; Hauptgerichte 40–280 B; ⏲10–22 Uhr) Diese Ecke des alten Phitsanulok wirkt ganz entschieden chinesisch-traditionell – logisch, dass die schmackhaften chinesischen Gerichte in dem schon lange bestehenden Restaurant hier genau das richtige Essen sind.

Fah-Ke-Rah THAI $

(786 Th Phra Ong Dam; Hauptgerichte 20–60 B; ⌚7–21 Uhr) In der Nähe der pakistanischen Moschee in der Th Phra Ong Dam gibt es mehrere thailändisch-muslimische Cafés, von denen das Fah-Ke-Rah wahrscheinlich das beste ist. Dicke *roh·đee* (knusprige Teig-„Pfannkuchen") werden mit reichhaltigen Currys serviert. Außerdem gibt es täglich frisch zubereiteten Joghurt.

Jaroen Rat VEGETARISCH, THAI $

(Th Sithamatraipidok, keine Ausschilderung in lateinischen Buchstaben; Hauptgerichte 15–40 B; ⌚8–15 Uhr; 🖉) Aus der Küche dieses einfachen Lokals kommen mehrere vegetarische Gerichte mit ungeschältem braunem Reis. In der gleichen Straße gibt's noch mindestens drei weitere vegetarische Restaurants – sie sind problemlos an den gelben Fahnen zu erkennen.

Rim Nan THAI $

(5/4 Th Phutta Bucha, keine Ausschilderung in lateinischen Buchstaben; Hauptgerichte 20–35 B; ⌚9–16 Uhr) Das direkt nördlich vom Wat Phra Si Ratana Mahathat gelegene Rim Nan ist eines von ein paar ganz ähnlichen Restaurants in der Th Phutta Bucha. Man bekommt hier *gŏoay·đěe·o hôy kăh* („Baumelnde-Beine-Nudeln") und „alternative" Sitzplätze.

★ **Ban Mai** THAI $$

(93/30 Th Authong, keine Ausschilderung in lateinischen Buchstaben; Hauptgerichte 100–290 B; ⌚11–22 Uhr; ❄) Ein Abendessen in diesem bei Einheimischen beliebten Restaurant ist wie ein Essen bei den Großeltern: Die Gäste äußern ihre Meinung zu allem Möglichen, es gibt viele alte Möbelstücke, und eine dicke Katze scheint die Herrin des Speisesaals zu sein. Dazu passend kommen altmodische Gerichte wie *gaang pèt bèt yâhng* (Curry mit gegrillter Ente) und *yam đà krái* (Salat aus Kräutern und Zitronengras) auf die Tische. Ausschau halten nach dem gelben Komplex gegenüber vom Ayara Grand Palace Hotel!

Ausgehen & Nachtleben

Amarin in Town BAR

(Th Phayarithai; ⌚18–24 Uhr) Wer keinen Appetit auf das immer gleiche Chang oder Singha hat, geht in diese Bar und genießt eines der acht Biere vom Fass oder der etwa 50 verschiedenen Flaschenbiere, die im Kühlschrank stehen.

Camper BAR

(Th Baromtrilokanart; ⌚19–24 Uhr) In dieser Open-Air-Bar voller ramponierter altmodischer Möbel und einheimischer Hipster gibt's Bier vom Fass und Livemusik – das Ganze ist so locker und lässig, wie es der Name verspricht.

Shew Shew BAR

(an der Th Wang Chan; ⌚18–24 Uhr) Die einzige noch bestehende schwimmende Kneipe gehört einer aussterbenden Gattung an. Hier bekommt man Snacks und etwas deftigere Thai-Gerichte.

Shoppen

Nachtmarkt MARKT

(Th Phutta Bucha; ⌚19–24 Uhr) Dieser Nachtmarkt von Phitsanulok ist entschieden mehr auf Alltag und weniger auf Kunsthandwerk eingestellt als die anderen Nachtmärkte in Nordthailand. Wer auf billige Kleidung und eine Fußmassage aus ist, ist hier richtig.

Praktische Informationen

Mehrere Banken in der Stadt haben Devisenschalter und Geldautomaten. Mehrere Geldautomaten finden sich auch auf dem Gelände des Wat Phra Si Ratana Mahathat.

@net (abseits der Th Baromtrilokanart; 8 B/Std.; ⌚24 Std.) Internetzugang.

Golden House Tour (☎055 259973; 55/37-38; Th Baromtrilokanart; ⌚Mo–Sa 7–19 Uhr) Das erfahrene Reisebüro bucht Flugtickets und arrangiert Transportmöglichkeiten in und rund um Phitsanulok.

Tourism Authority of Thailand (TAT; ☎055 252742, landesweit 1672; tatphlok@tat.or.th; 209/7-8 Th Baromtrilokanart; ⌚8.30–16.30 Uhr) Das Büro abseits der Th Baromtrilokanart hat hilfsbereites Personal, das einem kostenlose Stadtpläne und ein Faltblatt mit Stadtspaziergängen aushändigt. Dieses Büro ist auch für die Provinzen Sukhothai, Phichit und Phetchabun zuständig.

Touristenpolizei (☎1155; Th Akatossaroth)

An- & Weiterreise

Phitsanuloks **Flughafen** (☎055 301002) liegt ca. 5 km südlich der Stadt. Es gibt einen Taxischalter, an dem man für 150 B Fahrten in die/aus der Stadt organisieren kann. **Air Asia** (☎Phitsanulok 09 4719 3645, landesweit 02 515 9999; www.airasia.com; Phitsanulok Airport; ⌚6–18.30 Uhr) und **Nok Air** (☎Phitsanulok 055 301051, landesweit 1318; www.nokair.co.th; Phitsanulok Airport; ⌚6–21 Uhr) fliegen Bangkoks Don Muang International Airport (690–1100 B, 55 Min., 5-mal tgl.) an, **Kan Air**

VERKEHRSMITTEL NACH/AB PHITSANULOK

Bus

ZIEL	PREIS (B)	DAUER (STD.)	HÄUFIGKEIT
Bangkok	304–472	5–6	6.20–23.30 Uhr stündl.
Chiang Mai	232–237	6	5.40–12.40 Uhr regelm.
Chiang Rai	300	7–8	8–10.30 Uhr 4-mal tgl.
Kamphaeng Phet	59–83	3	5–18 Uhr stündl.
Lampang	203	4	5.40–12.40 Uhr regelm.
Lom Sak (Green Route)	68	1–2	7–17 Uhr 5-mal tgl.
Mae Sai	309–336	7	5–13 Uhr 3-mal tgl.
Mae Sot	242	4	1 & 2.30 Uhr
Nakhon Thai (zum Phu Hin Rong Kla National Park)	52–73	2	5–18 Uhr stündl.
Nan	204	6	7.30–11.30 Uhr 3-mal tgl.
Phayao	218–303	4	8–10.30 Uhr 4-mal tgl.
Phrae	127	4	6–15.30 Uhr 3-mal tgl.
Sukhothai	57–94	1	7.20–16.45 Uhr häufig
Geschichtspark Sukhothai	58	1½	7.15–12.40 Uhr 4-mal tlg.

Minivan

ZIEL	PREIS (B)	DAUER (STD.)	HÄUFIGKEIT
Mae Sot	157	4	8–15 Uhr 4-mal tgl.
Phrae	147	4	5–18.30 Uhr 7-mal tlg.
Sukhothai	50	1	5–18 Uhr halbstündl.
Geschichtspark Sukhothai	70	1½	5–18 Uhr halbstündl.

Zug

ZIEL	PREIS (B)	DAUER (STD.)	HÄUFIGKEIT
Bangkok	69–1664	5–7	10-mal tgl.
Chiang Mai	65–1645	7–9	6-mal tgl.
Lampang	158–1042	5	5-mal tgl.

(☎ Phitsanulok 08 6395 0718, landesweit 02 551 6111; www.kanairlines.com; Phitsanulok Airport; ⏲ 8–17 Uhr) fliegt nach Chiang Mai (1990 B, 1 Std., 4-mal wöchentl.).

Der **Busbahnhof der Stadt** (☎ 055 212090; Rte 12) liegt 2 km östlich am Hwy 12; die Fahrt im Túk-Túk oder Motorradtaxi vom/ins Stadtzentrum kostet 60 B. Die Verbindungen ab Phitsanulok sind gut, da die Stadt ein Knotenpunkt mehrerer Bus- und Kleinbuslinien ist.

Phitsanuloks **Bahnhof** (☎ Phitsanulok 055 258005, landesweit 1690; www.railway.co.th; Th Akatossaroth) ist von vielen Unterkünften zu Fuß zu erreichen und hat eine Gepäckaufbewahrung. Der Bahnhof ist ein bedeutender Knotenpunkt, an dem fast alle Züge in Richtung Norden und Süden halten.

ℹ Unterwegs vor Ort

Stadtfahrten mit einem Darth-Vader-artigen *săhm·lór* gibt's ab 60 B. Auf einem Schild vor dem Bahnhof sind die Preise zu den verschiedenen Zielen in der Stadt angegeben. Phitsanulok verfügt jetzt auch über ein paar **Taxis** (☎ 055 338888).

ABSEITS DER ÜBLICHEN PFADE

DIE GRÜNE ROUTE

Die Rte 12, die zwischen Phitsanulok und Lom Sak entlang des malerischen, mit Stromschnellen gespickten Lam Nam Khek verläuft, ist als Green Route bekannt. Entlang dieser Straße finden sich Wasserfälle, Resorts und die Nationalparks Phu Hin Rong Kla und Thung Salaeng Luang.

Im TAT-Büro in Phitsanulok ist eine gute Karte mit den Attraktionen an dem 130 km langen Straßenabschnitt erhältlich. Die ersten beiden Wasserfälle, **Nam Tok Sakhunothayan** (bei Km 33) und **Kaeng Song** (bei Km 45), die an den Wochenenden überlaufen sein können, sollte man auslassen. Der dritte Wasserfall, **Kaeng Sopha** (bei Km 72), ist ein größeres Areal mit kleinen Fällen und Stromschnellen. Hier kann man zwischen den verschiedenen Felsformationen herumwandern – je nach Regenfällen sind mal mehr, mal weniger Felsbrocken zu sehen. Bei ausreichendem Wasserstand (in der Regel Sept.–Nov.) können alle Resorts in dieser Gegend **Wildwasser-Raftingtouren** auf dem Lam Nam Khek organisieren.

Weiter östlich befindet sich an der Straße der 1262 km² große **Thung Salaeng Luang National Park** (☎055 268019, Unterkunft 02 562 0760; www.dnp.go.th; Eintritt 300–500 B; ⊙8–17 Uhr), eines der größten und wichtigsten Wildreservate Thailands. Der Eingang ist bei Km 80; hier hält die Parkverwaltung auch Infos zu Wanderwegen und Unterkünften bereit.

Wer ein eigenes Fahrzeug hat, kann bei Km 100 nach Süden in die Rte 2196 abbiegen und nach **Khao Kho** (Khow Khor) fahren, ein weiteres Berglager der Kommunistischen Partei Thailands (KPT) in den 1970er-Jahren.

Nach dem Khao-Kho-Abstecher kehrt man entweder auf die Schnellstraße von Phitsanulok nach Lom Sak zurück oder wechselt von der Rte 2196 auf die Rte 2258, bis diese an der Rte 203 endet. Auf der Rte 203 fährt man dann entweder weiter gen Norden nach Lom Sak oder gen Süden nach Phetchabun.

Fast überall an der Green Route gibt's Unterkünfte im Resort-Stil, Budgetunterkünfte ballen sich in der Nähe von Kaeng Song bei Km 45 und in den **Nationalparks** (☎02 562 0760; www.dnp.go.th; Stellplatz Zelt 30 B, Zelt für 2–8 Pers. 150–600 B, Bungalow 300–5000 B). Am Ufer des Nam Khek kann man in mehreren Restaurants mit schöner Aussicht und einer kühlen Brise einkehren.

Busse zwischen Phitsanulok und Lom Sak kosten 68 B, sie fahren von 7–17 Uhr. Um unabhängig zu sein, macht man diese Fahrt am besten mit einem eigenen fahrbaren Untersatz. Mietwagen gibt's bei den verschiedenen Autovermietern am Flughafen von Phitsanulok.

Leihwagen kosten an Phitsanuloks Flughafen ab ca. 1200 B pro Tag:

Avis (☎Phitsanulok 08 9969 8672, landesweit 02 251 1130; www.avisthailand.com; ⊙7–21 Uhr)

Budget (☎Phitsanulok 018 208644, landesweit 02 203 9222; www.budget.co.th; ⊙7–18 Uhr)

Sixt (☎Phitsanulok 055 301044, landesweit 1789; www.sixtthailand.com; ⊙7–22 Uhr)

Thai Rent A Car (☎Phitsanulok 055 301058, landesweit 02 737 8888; www.thairentacar.com; ⊙7–20.30 Uhr)

Phu Hin Rong Kla ภูหินรองกล้า

Der Berg Phu Hin Rong Kla war zwischen 1967 und 1982 strategisches Hauptquartier der Kommunistischen Partei Thailands (KPT) und ihres bewaffneten Arms, der Volksbefreiungsarmee Thailands (People's Liberation Army of Thailand, PLAT). Der abgelegene, leicht zu verteidigende Gipfel war wie gemacht für die Rebellen. In der nur 300 km entfernten chinesischen Provinz Yunnan wurden die Kader der KPT in revolutionärer Taktik geschult. 1979 fand das jedoch ein Ende, nachdem sich die chinesischen mit den vietnamesischen Kommunisten überworfen hatten und die KPT auf die Seite Vietnams gewechselt war.

Beinahe 20 Jahre lang galt das Gebiet um Phu Hin Rong Kla als Schlachtfeld zwischen Regierungs- und kommunistischen Truppen. 1972 startete die thailändische Regierung eine Großoffensive gegen die PLAT, mit der sie vergeblich versuchte, diese vom Berg zu fegen. Das Lager der KPT am Phu

Hin Rong Kla wurde besonders aktiv, als die thailändische Armee im Oktober 1976 Hunderte Studenten während des Arbeiter-Studenten-Aufstands in Bangkok tötete. Viele Studenten flohen daraufhin, schlossen sich der KPT an und gründeten ein Krankenhaus und eine Schule für politische und militärische Taktik.

Nachdem die PLAT bis 1978 auf 4000 Mitglieder angewachsen war, startete die thailändische Armee 1980 und 1981 neue Angriffe. Und diesmal gelang es ihr, der KPT Gebiete abzuringen. Doch der entscheidende Schlag gegen die KPT erfolgte erst 1982, als die Regierung allen Studenten eine Amnestie anbot, die sich nach 1976 den Kommunisten angeschlossen hatten. Dass die Studenten ihr den Rücken kehrten, brach der Bewegung, die mittlerweile dringend auf frische Kräfte angewiesen war, das Rückgrat. Ein letzter militärischer Vorstoß Ende 1982 zwang die PLAT zur Kapitulation. Zwei Jahre später wurde der Phu Hin Rong Kla zum Nationalpark erklärt.

Sehenswertes & Aktivitäten

Phu Hin Rong Kla National Park NATURSCHUTZGEBIET

(อุทยานแห่งชาติภูหินร่องกล้า; ☎ 055 233527; www.dnp.go.th; Eintritt 500 B; ⏲ 8.30–17 Uhr) Der 307 km^2 große Park wartet mit zerklüfteten Bergen und Wäldern, Felsbrocken und Wildblumen auf. Die Parkverwaltung befindet sich auf einer Höhe von ca. 1000 m, sodass es hier selbst in der heißen Jahreszeit immer angenehm kühl ist. Die Hauptattraktionen sind nicht allzu weit von der Hauptstraße, die durch den Park führt, entfernt. Zu ihnen gehören die Reste der KPT-Festung – eine rustikale Versammlungshalle, die für politische und militärische Taktik benutzt wurde – und das KPT-Verwaltungsgebäude. Gegenüber der Schule steht ein Wasserrad, das von Exilstudenten der Ingenieurwissenschaften entworfen wurde.

An den Wochenenden und an Feiertagen ist am Phu Hin Rong Kla manchmal recht viel los. Wer es ruhig mag, sollte lieber an einem Tag mitten in der Woche hierher kommen.

Wer sich nicht für die neuere Geschichte des Phu Hin Rong Kla interessiert, für den hat der Park Wasserfälle, Wanderwege und malerische Aussichtspunkte sowie interessante Felsformationen zu bieten: die Lan Hin Pum genannten Felsvorsprünge und das Lan Hin Taek genannte Gebiet mit tiefen Felsspalten, in denen sich die Truppen der PLAT bei Luftangriffen versteckten. Im Besucherzentrum sind Karten erhältlich.

Pha Chu Thong HISTORISCHE STÄTTE

(Felsen der gehissten Flagge) Ein 1 km langer Weg führt zum Pha Chu Thong (manchmal auch: Felsen der roten Fahne), auf dem die Kommunisten nach militärischen Erfolgen die rote Fahne hissten. In dieser Gegend befinden sich auch ein Luftschutzbunker, ein Aussichtsposten und die Überreste des KPT-Hauptquartiers. Bevor die thailändischen Behörden eine Straße bauen ließen, war dieser Teil des Areals so gut wie nicht zu erreichen.

Die Gebäude im Park bestehen aus Holz und Bambus und haben weder Anschluss an die Kanalisation noch an die Stromversorgung – das zeigt, wie primitiv die Lebensbedingungen waren.

Das kleine **Museum** in der Parkverwaltung zeigt Relikte aus den Tagen der KPT, allerdings gibt's kaum englischsprachige Erläuterungen. Am Ende der Straße in den Park liegt ein kleines Dorf der weißen Hmong.

Schlafen & Essen

Das Personal des Reisebüros Golden House Tour (S. 274) in der Nähe des TAT-Büros kann bei der Buchung von Unterkünften behilflich sein.

Thailand's Royal Forest Department CAMPING $

(☎ 02 562 0760; www.dnp.go.th; Zelt für 2–8 Pers. 150–600 B, Bungalow 800–2400 B) Die in drei verschiedenen Bereichen des Parks stehenden Bungalows für drei bis 15 Personen müssen vorab über dieses Büro gebucht werden. Man kann auch sein Zelt aufschlagen oder eines mieten und sich einen Schlafsack (60 B) leihen. In der Nähe des Campingplatzes und der Bungalows gibt es Restaurants und Imbissstände.

An- & Weiterreise

Die Parkverwaltung ist ca. 125 km von Phitsanulok entfernt. Um hinzukommen, nimmt man zunächst einen der frühen Busse nach Nakhon Thai (57–73 B, 2 Std., 5–18 Uhr stündl.). Dort kann man in der Nähe des Marktes ein *sŏrng·tăa·ou* zum Park chartern (700 B). Golden House Tour (S. 274) bietet von Phitsanulok aus einen Tagesausflug an (Auto & Fahrer 2500 B zzgl. Benzin). Reizvoll ist auch eine Tour mit dem Motorrad; die Strecke ist nicht sehr befahren.

Allerdings benötigt man eine starke Maschine, um die Hügel auf dem Weg zum Phu Hin Rong Kla zu bezwingen.

PROVINZ SUKHOTHAI

Sukhothai สุโขทัย

37000 EW.

Von der Mitte des 13. bis ins späte 14. Jh. stand das Königreich von Sukhothai (Wachsendes Glück) in voller Blüte. Diese Epoche wird oft als das „Goldene Zeitalter" der Thai-Kultur bezeichnet – die religiöse Kunst und Architektur dieser Zeit werden als der klassische Stil Thailands angesehen. Die *meuang gòw* (Altstadt) von Sukothai umfasst ein 45 km² großes Gebiet mit teilweise wiederaufgebauten Ruinen, das zu den meistbesuchten antiken Stätten Thailands gehört.

Die 12 km östlich des Geschichtsparks am Mae Nam Yom gelegene Marktstadt Neu-Sukhothai ist wenig interessant. Aber es herrscht eine freundliche und entspannte Atmosphäre, und wegen der guten Verkehrsverbindungen und der sehr guten Unterkünfte ist die Stadt ein guter Ausgangspunkt, um die Ruinen der Altstadt zu besichtigen.

Geschichte

Sukhothai gilt als die erste Hauptstadt Siams, auch wenn das so nicht ganz stimmt. Bis 1238 war das Gebiet Teil eines Khmer-Reichs, dann verbündeten sich die beiden Thai-Herrscher Pho Khun Pha Muang und Pho Khun Bang Klang Hao und schufen ein neues Thai-Königreich.

Die Sukhothai-Dynastie herrschte 200 Jahre lang und brachte neun Könige hervor. Der berühmteste war König Ramkhamhaeng, der von 1275 bis 1317 regierte. Ihm wird die Entwicklung der ersten thailändischen Schrift zugeschrieben, seine Inschriften gelten als die erste thailändische Literatur überhaupt. Unter Ramkhamhaeng breitete sich das Königreich aus und umfasste am Ende ein Gebiet, das größer war als das heutige Thailand. Doch 1438, wenige Monarchen später, fiel Sukothai an Ayutthaya.

DAS ERSTE THAI-REICH?

Die Gründung von Sukhothai im Jahr 1238 wird oft als die Gründung des ersten Thai-Königreichs bezeichnet. Aber das Königreich von Chiang Saen wurde bereits rund 500 Jahre früher gegründet und zur Zeit der Entstehung von Sukhothai gab es andere Thai-Königreiche, z.B. die Reiche von Lanna und Phayao. Der starke Einfluss, den Sukhothai auf die Kunst, Sprache, Literatur und Religion der modernen thailändischen Gesellschaft hatte, und natürlich auch die immense Größe des Reiches während seiner Blütezeit im frühen 13. Jh. haben sicher dazu beigetragen, dass sich diese bequeme, aber eigentlich falsche Ansicht verbreiten konnte.

Sehenswertes

Geschichtspark Sukhothai HISTORSCHE STÄTTE

(อุทยานประวัติศาสตร์สุโขทัย; Karte S. 279; ☎ 055 697527) Die Ruinen im Geschichtspark Sukhothai gehören zu den beeindruckendsten Welterbestätten Thailands. Im Park befinden sich innerhalb der alten Stadtmauern die Reste von 21 historischen Stätten und vier große Teiche, weitere 70 Stätten liegen in einem Umkreis von 5 km. Die Ruinen sind in fünf Zonen unterteilt. Für die zentrale, nördliche und östliche Zone gilt jeweils ein gesonderter Eintrittspreis von 100 B.

Typisch für die Architektur der Tempel in Sukhothai ist der klassische Lotusknospen-*chedi* mit einer konischen Spitze auf einem quadratischen Gebäude, das auf einem dreistufigen Sockel ruht. Einige Stätten zeigen auch andere Architekturstile, die in dieser Epoche eingeführt und modifiziert wurden, beispielsweise den glockenförmigen singhalesischen und den zweistufigen Srivijaya-*chedi*.

Der Park ist zwar recht beliebt, aber auch sehr weitläufig, sodass man ihn normalerweise relativ ungestört erkunden kann. Einige der eindrucksvollsten Ruinen befinden sich außerhalb der Stadtmauern. Wenn man sich alles genau anschauen will, braucht man ein Fahrrad oder ein Motorrad.

Zentrale Zone

In der **Hauptzone** (Eintritt 100 B zzgl. 10/20/50 B pro Fahrrad/Motorrad/Auto; ⌚ So–Fr 6.30–19, Sa 6.30–21 Uhr) des historischen Parks stehen einige der beeindruckendsten Ruinen der Anlage. Am Ticketschalter sind

Geschichtspark Sukhothai

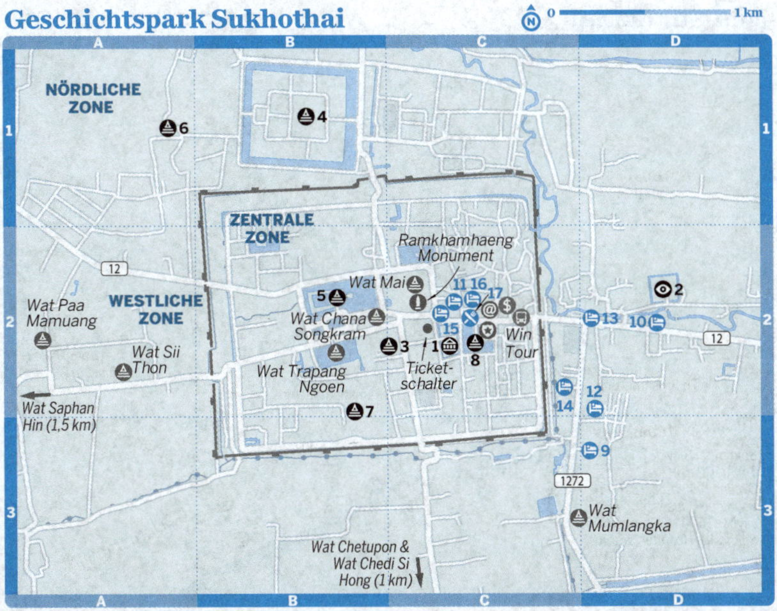

Geschichtspark Sukhothai

Sehenswertes

1 Ramkhamhaeng National Museum C2
2 Wat Chang Lom D2
3 Wat Mahathat C2
4 Wat Phra Phai Luang B1
5 Wat Sa Si B2
6 Wat Si Chum A1
7 Wat Si Sawai B2
8 Wat Trapang Thong C2

Schlafen

9 Le Charme Sukhothai D3
10 Legendha D2
11 Old City Guest House C2
12 Orchid Hibiscus Guest House D2
13 PinPao Guest House D2
14 Tharaburi Resort C2
15 Vitoon Guesthouse C2
16 Wake Up @ Muang Kao C2

Essen

17 Coffee Cup C2

Audioguides (150 B) – auch auf Englisch – erhältlich. Samstagabends wird der Großteil der zentralen Zone angestrahlt, dann ist bis 21 Uhr geöffnet.

Wat Mahathat BUDDHISTISCHER TEMPEL
(วัดมหาธาตุ; Karte S. 279) Sukhothais größter Wat stammt aus dem 13. Jh. Er ist von Ziegelmauern (206 x 200 m) und einem Wassergraben umgeben, der den äußeren Rand des Universums und den kosmischen Ozean darstellen soll.

Die *chedis* weisen das berühmte Lotusknospenmotiv auf, und zwischen den zerstörten Säulen des alten *wí·hăhn* thronen immer noch einige stattliche Buddha-Statuen. Innerhalb der Klostermauern stehen nicht weniger als 198 *chedis*. Viele halten diese Ruinen, in denen es wahrhaftig viel zu entdecken gibt, für das geistige und administrative Zentrum der alten Stadt.

Ramkhamhaeng National Museum MUSEUM
(พิพิธภัณฑสถานแหงชาติรามคำแหง; Karte S. 279; Eintritt 150 B; 9–16 Uhr) Ein guter Startpunkt für die Besichtigung der historischen Ruinen des Parks ist das Ramkhamhaeng National Museum. Inmitten einer eindrucksvollen Sammlung von Artefakten aus Sukhothai kann hier auch eine Replik der berühmten Ramkhamhaeng-Inschrift studiert werden, eines der wohl ältesten Beispiele für die thailändische Schrift. Der Eintrittspreis für

Neu-Sukhothai

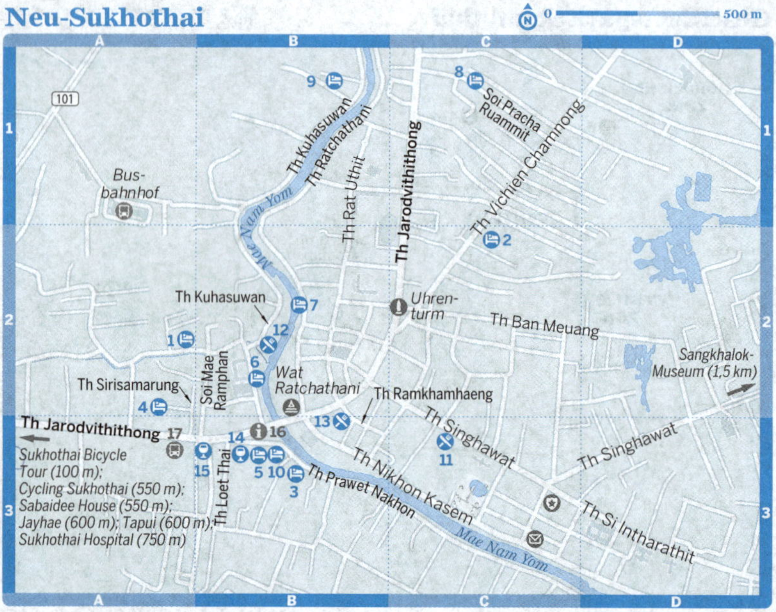

Neu-Sukhothai

Schlafen

1 4T Guesthouse A2
2 At Home Sukhothai C2
3 Ban Thai B3
4 Blue House A2
5 Foresto B3
6 J&J Guest House B2
7 Lotus Village B2
8 Ruean Thai Hotel C1
9 Sila Resort B1
10 TR Room & Bungalow B3

Essen

11 Dream Café C3
12 Fueang Fah B2
13 Nachtmarkt B3

Ausgehen & Nachtleben

14 Chopper Bar B3
15 Poo Restaurant B3

Praktisches

Kasikorn Bank .... (siehe 16)
16 Tourism Authority of Thailand B3

Transport

17 Sŏrng·tăa·ou zum Geschichtspark Sukhothai A3

das Museum ist in dem für die Besichtigung der zentralen Zone nicht enthalten.

Wat Si Sawai BUDDHISTISCHER TEMPEL

(วัดศรีสวาย; Karte S. 279) Gleich südlich des Wat Mahathat befindet sich dieser buddhistische Schrein aus dem 12. und 13. Jh. Er wurde ursprünglich von den Khmer als Hindu-Tempel errichtet und besteht aus drei Türmen im Khmer-Stil und einem malerischen Wassergraben.

Wat Sa Si BUDDHISTISCHER TEMPEL

(วัดสระศรี; Kloster des heiligen Teiches; Karte S. 279) Der Wat Sa Si steht auf einer Insel westlich des Bronzedenkmals von König Ramkhamhaeng (dem dritten König Sukhothais). Es ist ein einfacher Wat im klassischen Sukhothai-Stil mit einem großen Buddha, einem *chedi* und den Säulen des zerstörten *wí·hăhn.*

Wat Trapang Thong BUDDHISTISCHER TEMPEL

(วัดตระพังทอง; Karte S. 279) Dieser kleine, immer noch bewohnte Wat neben dem Ramkhamhaeng National Museum zeichnet sich durch seine wunderbaren Stuckreliefs aus. Ein großer Teich mit Lotusblüten umgibt den Wat, der über einen Brückensteg zugänglich ist. Dieses Reservoir, der Originalschauplatz des thailändischen Festes Loi

Krathong, versorgt die Gemeinde Sukhothai mit dem Großteil des vor Ort benötigten Wassers.

Nördliche Zone

Die **nördliche Zone** (Eintritt 100 B zzgl. 10/20/50 B pro Fahrrad/Motorrad/Auto; ⏲6.30–17.30 Uhr) befindet sich 500 m nördlich der alten Stadtmauern und ist leicht mit dem Fahrrad zu erreichen.

Wat Si Chum BUDDHISTISCHER TEMPEL

(วัดศรีชุม; Karte S. 279) Dieser Wat nordwestlich der Altstadt besitzt einen eindrucksvollen *mondòp* (Mandapa, Versammlungshalle) mit einem 15 m hohen, sitzenden Buddha aus Ziegeln und Stuck. Die eleganten, zugespitzten Finger des Buddhas sind ein beliebtes Fotomotiv. Archäologen mutmaßen, dass das Bildnis der in der berühmten Ramkhamhaeng-Inschrift erwähnte Phra Atchana ist. Ein nach oben führender Durchgang in der Mauer des *mondòp* wurde gesperrt, ein Blick auf die *Jataka*-Inschriften an der Tunneldecke bleibt einem daher verwehrt.

Wat Phra Phai Luang BUDDHISTISCHER TEMPEL

(วัดพระพายหลวง; Karte S. 279) Dieser Wat liegt etwas isoliert. Seine drei Türme im Khmer-Stil aus dem 12. Jh. sind größer als die des Wat Si Sawai in der zentralen Zone. Möglicherweise lag hier das Zentrum Sukhothais unter der bis 1238 andauernden Herrschaft der Khmer aus Angkor.

Westliche Zone

Die **westliche Zone** (Eintritt 100 B zzgl. 10/20/50 B pro Fahrrad/Motorrad/Auto; ⏲8–16.30 Uhr) Sukhothais liegt an ihrem fernsten Punkt 2 km westlich der alten Stadtmauern und ist die größte Zone. Neben dem Wat Saphan Hin findet man mehrere Ruinen vor, weitgehend zerfallen. Zur Erkundung dieser Zone benötigt man ein Fahrrad oder Motorrad.

Wat Saphan Hin BUDDHISTISCHER TEMPEL

(วัดสะพานหิน) Dieser Wat steht auf einem Hügelkamm, der die Ebene um 200 m überragt. Sein Name bedeutet „Steinbrücke“ in Anspielung auf den noch erhaltenen Pfad und die Stufen aus Schiefer, die zum Tempel hinaufführen.

Von der Tempelanlage sind nur ein paar *chedi* und die Ruine des *wí·hăhn* erhalten, die aus zwei Reihen von Lateritsäulen um einen 12,5 m hohen, auf einem Backsteinsockel stehenden Buddha besteht. Die Stätte befindet sich 3 km westlich der früheren Stadtmauer. Von oben hat man einen guten Blick auf die Ruinen Sukhothais im Südosten und die Berge im Norden und Süden.

Weitere Stätten

Weitere lohnende Stätten liegen außerhalb der stärker frequentierten Zonen, für die man Eintritt bezahlen muss.

Sangkhalok-Museum MUSEUM

(พิพิธภัณฑ์สังคโลก; Rte 1293; Erw./Kind 100/50 B; ⏲8–17 Uhr) Das kleine, aber informative Museum gibt eine ausgezeichnete Einführung zum berühmtesten und weithin exportierten Erzeugnis des antiken Sukhothai, seiner Keramik.

Im Erdgeschoss sind eine eindrucksvolle Sammlung originaler thailändischer Töpferwaren, die in der Gegend gefunden wurden, und einige importierte Stücke aus Vietnam, Myanmar und China zu sehen. Im 2. Stock folgen Werke aus Ton, die keine Gebrauchsgegenstände, sondern reine Kunstwerke sind, darunter einige schöne und seltene Keramik-Buddhas.

Das Museum liegt ungefähr 2,5 km östlich des Zentrums von Neu-Sukhothai; die Fahrt mit dem Túk-Túk dorthin kostet um die 100 B.

Wat Chang Lom HISTORISCHE STÄTTE

(วัดช้างล้อม; Karte S. 279; abseits der Rte 12) GRATIS Der Wat Chang Lom (von Elefanten umstelltes Kloster) liegt abseits der Rte 12 in der östlichen Zone rund 1 km östlich vom Hauptparkeingang. Der große, glockenförmige *chedi* wird am Sockel von 36 Elefantenfiguren getragen.

Wat Chetupon HISTORISCHE STÄTTE

(วัดเชตุพน) GRATIS Dieser 1,4 km südlich der alten Stadtmauern gelegene Tempel besaß einst einen vierseitigen *mondòp*, der auf jeder Seite einen Buddha in einer der vier klassischen Stellungen – sitzend, zurückgelehnt, stehend und gehend – zeigte. Die anmutigen Umrisse des gehenden Buddhas sind noch erkennbar.

Wat Chedi Si Hong HISTORISCHE STÄTTE

(วัดเจดีย์สี่ห้อง) GRATIS Am Haupt-*chedi* dieses Wats direkt gegenüber dem Wat Chetupon sind noch große Teile der originalen Stuckreliefs mit den lebensecht wirkenden Darstellungen von Elefanten, Löwen und Menschen erhalten.

Aktivitäten

Cycling Sukhothai RADTOUR
(☎055 612519, 08 5083 1864; www.cycling-sukhothai.com; an der Th Jarodvithithong; halber Tag 750 B, ganzer Tag 950–990 B, Sonnenuntergangstour 400 B) Der seit fast 20 Jahren in Sukhothai lebende Belgier Ronny Hanquart ist begeisterter Radsportler. Er veranstaltet thematisch ausgerichtete Touren wie die Historical Park Tour, bei der man auch weniger besuchte Wats und Dörfer anfährt. Das Büro befindet sich ca. 1,2 km westlich des Mae Nam Yom in Neu-Sukhothai; der kostenlose An- und Abtransport kann vereinbart werden.

Sukhothai Bicycle Tour RADTOUR
(☎08 6931 6242; www.sukhothaibicycletour.com; 34/1 Th Jarodvithithong; halber Tag 750 B, ganzer Tag 1050–1150 B) Der Veranstalter von Radtouren bekommt jede Menge umwerfend gute Kritiken.

Feste & Events

Loi Krathong KULTUR
Der Geschichtspark Sukhothai ist einer der beliebtesten Orte, um dieses fünftägige Fest im November zu begehen. Zauberhafte schwimmende Lichter, Feuerwerk, Volkstanzaufführungen und eine Sound-&-Light-Show gehören hier dazu.

ABSEITS DER ÜBLICHEN PFADE

BAN NA TON CHAN HOMESTAY

Homestay-Programm (☎08 9885 1639; www.homestaynatonchan.blogspot.com; 350 B/Pers. inkl. Frühstück & Mittagessen) Ban Na Ton Chan, ein malerisches Dorf im ländlichen Sukhothai, hat ein preisgekröntes Homestay-Programm aufgelegt. Fast 20 Haushalte sind beteiligt. Im Preis enthalten sind Frühstück und Abendessen (mittags kann man *kôw Ƅóep* probieren, ein regionales Nudelgericht) sowie die Teilnahme an den Tätigkeiten der Dorfbewohner, z. B. am Kochen, Weben und der Möbelherstellung.

Die Einheimischen zeigen bereitwillig ihre Wohnungen und geben gern ihr Wissen weiter, allerdings ist es mit ihren Englischkenntnissen nicht weit her.

Das Dorf liegt 15 km östlich der Rte 101 an einer ausgeschilderten Nebenstraße nördlich von Ban Hat Siaw. Ein Motorradtaxi vom Stand in Ban Hat Siaw bringt einen für 150 B dorthin.

Schlafen

Die meisten Unterkünfte gibt es in Neu-Sukhothai; hier findet man einige Budgetunterkünfte, die mit das beste Preis-Leistungs-Verhältnis in Nordthailand aufweisen. Saubere, freundliche Hotels und Pensionen sind massenhaft vorhanden. Viele Anlagen haben hübsche Bungalows, bieten kostenlose Leihfahrräder an, und das Personal holt Gäste kostenlos vom Busbahnhof ab. Immer mehr Unterkünfte entstehen in Parknähe, vor allem solche der Mittel- und Spitzenklasse. Während des Loi-Krathong-Fests schießen die Preise in die Höhe.

Neu-Sukhothai

TR Room & Bungalow PENSION $
(Karte S. 280; ☎055 611663; www.sukhothaibudgetguesthouse.com; 27/5 Th Prawet Nakhon; Zi. 300–450 B, Bungalow 600 B; ❄@📶) Den schlichten Zimmern fehlt es etwas an Atmosphäre, aber sie gehören mit zu den saubersten in ganz Nordthailand. Wer etwas mehr Platz braucht, kann in einem der fünf Holzbungalows hinten übernachten.

Ban Thai HOTEL $
(Karte S. 280; ☎055 610163; banthai_guesthouse@yahoo.com; 38 Th Prawet Nakhon; Zi. 200–500 B, Bungalow 350–550 B; ❄📶) Die Zimmer sind nichts Besonderes, aber die Kombination aus freundlicher Atmosphäre, einem hübschen Garten und niedrigen Preisen macht das wieder wett.

Sabaidee House HOTEL $
(☎055 616303; www.sabaideehouse.com; 81/7 Th Jarodvithithong; Zi. 200–600 B; ❄📶) Die fröhliche Pension in halb ländlicher Lage bietet sieben schöne Bungalows und vier Zimmer im Hauptgebäude. Das Sabaidee House befindet sich an der Th Jarot Withithong etwa 200 m vor der Kreuzung mit der Rte 101; am besten einfach nach dem Schild Ausschau halten!

4T Guesthouse HOTEL $
(Karte S. 280; ☎055 614679; fourthouse@yahoo.com; 122 Soi Mae Ramphan; Zi. 300–400 B, Bungalow 600–800 B; ❄📶🏊) In diesem weitläufigen Budgetresort herrscht peinliche Ordnung. Es gibt eine bunte Palette von Bungalows und geräumigen Zimmern. Ein wichtiger Pluspunkt ist der Swimmingpool.

ABSTECHER

BAUER FÜR EINEN TAG

Mit Sukhothais **Organic Agriculture Project** (☎ 055 647290; halber Tag inkl. Mittagessen 900 B; ⏲ Do–Di 8–17 Uhr) können Besucher an traditionellen Aktivitäten thailändischer Bauern teilnehmen.

Die eine Hälfte des Tages wird auf dem Bio-Bauernhof am Flughafen Sukhothai verbracht. Er beginnt damit, dass man sich die typische Kleidung eines thailändischen Reisbauern anzieht und dann in einem *ee đaan* (ein traditionelles Nutzfahrzeug) zum Einsammeln von Enteneiern fährt. Danach folgen ein Ritt auf einem Büffel, der Besuch einer Orchideenplantage, ein Einblick in die verschiedenen Stadien des Reisanbaus und schließlich das Pflanzen oder Ernten von Reis. Den Abschluss bilden ein zwangloser Kochkurs und eine aus den Bio-Produkten des Hofes zubereitete Mahlzeit.

Bisher ist das Projekt hauptsächlich auf thailändische Besucher ausgerichtet. Wer kein Thai kann, benötigt wahrscheinlich einen Dolmetscher. Der Portier des nahe gelegenen Sukhothai Heritage Resort (S. 289) kann bei der Suche behilflich sein.

Zu der Anlage gehört auch ein **Restaurant** (Hauptgerichte 50–120 B; ⏲ Do–Di 8–17 Uhr), in dem Gerichte serviert werden, die aus den Bio-Produkten des Hofes zubereitet wurden.

Die Anlage befindet sich 27 km von Neu-Sukhothai entfernt abseits der Rte 1195 an derselben Straße wie Sukhothais Flughafen. Öffentliche Verkehrsmittel dorthin gibt es nicht. Wer kein eigenes Fahrzeug hat, kann vereinbaren, dass der Kleinbusdienst (S. 287) am Flughafen Sukhothai einen dorthin bringt.

Lotus Village HOTEL **$$**

(Karte S. 280; ☎ 055 621484; www.lotus-village.com; 170 Th Ratchathani; Zi. 900–1500 B, Bungalow 1300–2900 B, inkl. Frühstück; ❄@🛜) „Dorf" ist der passende Name für diese friedliche Anlage mit erhöht über Lotusteichen stehenden Holzbungalows. In einem schönen Holzgebäude stehen zudem noch kleinere Zimmer (meist mit Ventilator) zur Verfügung. Die ganze Anlage ist birmanisch bzw. indisch gestaltet. Das Frühstück und das Personal werden allseits gerühmt, und ein Wellnesscenter vor Ort bietet verschiedene Anwendungen an.

At Home Sukhothai PENSION **$$**

(Karte S. 280; ☎ 055 610172; www.athomesukhothai.com; 184/1 Th Vichien Chamnong; Zi. inkl. Frühstück 450–900 B, Bungalow inkl. Frühstück 900 B; ❄@🛜) In dem 50 Jahre alten Haus, in dem der Eigentümer seine Kindheit verbrachte, stehen Gästen einfache, aber gemütliche Quartiere zur Verfügung. Die Zimmer im Originalgebäude sind mit Ventilator ausgestattet, die neueren mit Klimaanlage – in beiden fühlt man sich schnell wie zu Hause. Es sind jetzt noch vier Bungalows mit Blick auf einen Teich hinzugekommen. Der einzige Nachteil ist die relativ große Entfernung ins „Zentrum" von Sukhothai.

Sila Resort HOTEL **$$**

(Karte S. 280; ☎ 055 620344; www.silaresortsukhothai.com; 3/49 Th Kuhasuwan; Zi. 230–500 B, Bungalows 750–1200 B; ❄@🛜) Die Anlage mit blühenden Bäumen, einer Thai-Villa im Pfefferkuchenstil, Holzbungalows, Statuen, resortartigen Nurdachhäusern und einem Restaurant erinnert irgendwie an Disneyland. Und wie bei Disneyland gibt's ein lustiges, buntes Drumherum und freundlich lächelndes Personal als Komplettpaket. Leider liegt diese Bleibe allerdings ein ordentliches Stück vom Zentrum Neu-Sukhothais entfernt.

J&J Guest House PENSION **$$**

(Karte S. 280; ☎ 055 620095; 12 Th Kuhasuwan; Bungalow 600–700 B; ❄🛜) Die acht schönen, kühlen und relativ geräumigen Bungalows stehen in einem gepflegten Garten am Fluss. Sie sind identisch, der Preis hängt aber davon ab, ob es einen Ventilator oder eine Klimaanlage im Bungalow gibt.

Foresto HOTEL **$$**

(Karte S. 280; ☎ 08 3213 4112; www.forestosukhothai.com; 16/1-3 Th Prawet Nakhon; Zi. 800–1500 B; ❄@🛜) Die Unterkunft mit zwölf geräumigen, stilvollen Zimmern befindet sich in einer etwas abgeschiedenen, grünen Gegend abseits der Pensionsmeile. Zum Zeitpunkt der Recherchen waren weitere Zimmer in Planung.

Blue House HOTEL **$$**

(Karte S. 280; ☎ 055 64863; www.sukhothaiblue house.wordpress.com; abseits der Th Sirisamarung;

ABSTECHER

ELEFANTENSCHUTZGEBIET BOON LOTT

Das großartige **Elefantenschutzgebiet Boon Lott** (www.blesele.org; pro Pers. & Nacht inkl. Mahlzeiten & Transfer 5000 B.) liegt 8 km vom Dorf Baan Tuek in der Provinz Sukhothai entfernt. Hier können Gäste beobachten, wie sich gerettete und „pensionierte" Dickhäuter in ihrem natürlichen Umfeld bewegen. Die stets willkommenen Tages- und Mehrtagesbesucher werden in alle Aspekte des alltäglichen Lebens einbezogen, z. B. gilt es, Elefanten zu den Weidegebieten zu führen oder sich an Bepflanzungsarbeiten zu beteiligen. Es gibt drei Gästeunterkünfte für je zwei Personen; man sollte sie unbedingt im Voraus buchen.

Zi. 600–800 B; ❄@📶) In der großen Villa gibt es 18 Zimmer mit Bad, Klimaanlage, TV, Kühlschrank und Warmwasserdusche. Wer auf all diesen Komfort verzichten kann, könnte auch in dem dazugehörigen Green House übernachten. Die Zimmer mit Ventilator und Gemeinschaftsbad kosten hier zwischen 100 und 300 B.

★ **Ruean Thai Hotel** HOTEL $$$
(Karte S. 280; ☎055 612444; www.rueanthaihotel.com; 181/20 Soi Pracha Ruammit; Zi. inkl. Frühstück 1480–4200 B; ❄@📶🏊) Auf den ersten Blick könnte man diesen auffälligen Komplex für einen buddhistischen Tempel oder ein traditionelles Thai-Haus halten. Die Zimmer im Obergeschoss sind auffällig thailändisch dekoriert, die Zimmer am Pool sind etwas moderner, und hinten gibt's noch ein Betongebäude mit einfachen Zimmern mit Klimaanlage. Der Service ist freundlich und effektiv, und das Ganze wirkt wie eine Ferienanlage. Kostenloser Abholservice vom Busbahnhof.

Geschichtspark Sukhothai

Vitoon Guesthouse PENSION $
(Karte S. 279; ☎055 697045; 49 Rte 12; Zi. 300–900 B; ❄📶) Dies ist die bessere der beiden Optionen für Budgettraveller in fußläufiger Entfernung zur Altstadt. Die Zimmer mit Ventilator sind absolut kahl, aber die Zimmer mit Klimaanlage in dem neueren Gebäude sind makellos – ein ordentliches Angebot.

Old City Guest House PENSION $
(Karte S. 279; ☎055 697515; 28/7 Rte 12; Zi. 200–900 B; ❄📶) In diesem großen Komplex finden sich jede Menge ganz unterschiedlich gestaltete Zimmer, und auch deren Zustand ist recht unterschiedlich. Die meisten sind mit Klimaanlagen und TV ausgestattet. Traveller sollten sich am besten ein paar der Quartiere zeigen lassen, bevor sie sich entscheiden.

Orchid Hibiscus Guest House HOTEL $$
(Karte S. 279; ☎055 633284; www.orchidhibiscus-guesthouse.com; 407/2 Rte 1272; Zi./Bungalows 900/ 1300 B; ❄📶🏊) Die Zimmer und Bungalows verteilen sich über ein ruhiges, gepflegtes Gelände, in dessen Mitte sich ein Pool befindet. Die Zimmer sind heiter, makellos und voller hübscher Details und Gestaltungsakzente. Als Extra gibt's ein „Amazing Breakfast" (100 B). Das Orchid Hibiscus liegt an der Rte 1272 rund 500 m von der Rte 12 entfernt – die Ausfahrt zwischen Km 48 und Km 49 ist die richtige.

Wake Up@Muang Kao PENSION $$
(Karte S. 279; ☎055 697153; www.facebook.com/WakeUpAtMuangKaoBoutiqueHotel; 1/1 Rte 12; Zi. inkl. Frühstück 1100–1500 B; ❄@📶) Wenn es bei Privatunterkünften so etwas wie eine Flashpacker-Bleibe gibt, dann diese hier. Die fünf Zimmer sind geräumig und geschmackvoll und ortstypisch dekoriert. Ein freundliches Ehepaar aus dem Ort betreibt die Unterkunft und bringt frischen Wind nach Alt-Sukhothai.

PinPao Guest House HOTEL $$
(Karte S. 279; ☎055 633284; www.pinpaoguesthouse.com; Rte 12; Zi. 900 B; ❄@📶🏊) In dieser Unterkunft finden sich zehn der farbenfrohesten Zimmer, die wir je gesehen haben. Viele haben aber keine Fenster und wirken entsprechend düster. Der einladende Pool und der Bereich zum Baden machen das aber wieder wett. Es liegt an der Rte 12, direkt gegenüber der Abzweigung zur Rte 1272.

Tharaburi Resort HOTEL $$$
(Karte S. 279; ☎055 697132; www.tharaburiresort.com; 321/3 Rte 1272; B 600 B, Zi. inkl. Frühstück 1500–4200 B, Suite inkl. Frühstück 5000–6000 B; ❄@📶🏊) Luxuriöse Unterkunft mit drei traditionell anmutenden Gebäuden mit 13 Zimmern, Suiten und sogar ein paar Schlafsälen. Die Zimmer sind mit nachgemachten Antiquitäten und Seide themenspezifisch (marokkanisch, japanisch, chinesisch) aus-

staffiert. In den Suiten fühlt man sich wie in einer kleinen Wohnung. Eine stilvolle, aber leicht überteuerte Option.

Le Charme Sukhothai HOTEL $$$
(Karte S. 279; ☎055 633333; www.lecharmesukhothai.com; 9/9 Rte 1272; Zi. & Bungalow 2500–4500 B; ❄📶🏊) Aus der Ferne wirkt die Anlage nicht sehr vielversprechend, doch von Nahem entdeckt man einladende, farbenfrohe Bungalows, die durch einen erhöhten Plankenweg, üppige Gartenanlagen und Lotosteiche verbunden sind. Die Zimmer sind groß und schlicht, aber recht geschmackvoll dekoriert. Sie verfügen sogar über einladende Balkone mit Blick auf die Teiche.

Legendha HOTEL $$$
(Karte S. 279; ☎055 697215; www.legendhasukhothai.com; Rte 12; Zi. inkl. Frühstück 1600–4400 B, Villa inkl. Frühstück 7500 B; ❄@📶🏊) Mit seinen Wasserbecken, den Grünanlagen und den traditionellen Gebäuden vermittelt das viel gelobte Resort das Gefühl, man befände sich in einem nordthailändischen Dorf. Aufmerksames Servicepersonal, ein Pool und die relativ praktische Lage für den Besuch des Geschichtsparks sind weitere Pluspunkte hier.

Essen & Ausgehen

Neu-Sukhothai

Sukhothais kulinarisches Markenzeichen ist *gŏo·ay đĕe·o sù·kŏh·tai* (Nudeln à la Sukhothai) – eine leicht süßliche Brühe mit unterschiedlich zubereitetem Schweinefleisch, gemahlenen Erdnüssen und in dünne Streifen geschnittenen grünen Bohnen.

Jayhae THAI $
(Th Jarodvithithong; Hauptgerichte 30–50 B; ⏲8–16 Uhr) Wer die Nudeln im Jayhae nicht probiert hat, war nicht in Sukhothai. In dem äußerst beliebten Restaurant bekommt man auch *pàt tai* und leckeren Kaffee.

Tapui THAI $
(Th Jarodvithithong, keine Ausschilderung in lateinischen Buchstaben; Hauptgerichte 30–50 B; ⏲7–15 Uhr) Das aus einem mit Ziegeln gepflasterten Fußboden und einem Blechdach darüber bestehende Restaurant beansprucht für sich, das erste zu sein, das *gŏo·ay đĕe·o sù·kŏh·tai* in der namensgebenden Stadt serviert hat. Das Lokal befindet sich ca. 1,3 km westlich des Mae Nam Yom.

Fueang Fah THAI $
(Karte S. 280; 107/2 Th Khuhasuwan, keine Ausschilderung in lateinischen Buchstaben; Hauptgerichte 50–350 B; ⏲10–22 Uhr) Man sollte sich als Insider ausgeben und in diesem alteingesessenen Restaurant am Fluss speisen. Die Spezialität sind hier Gerichte mit Süßwasserfisch, beispielsweise der schmackhafte Bratfisch – das erste Gericht auf der kaum verständlichen englischen Speisekarte. Das Lokal liegt gleich hinter der Brücke in der Th Khuhasuwan.

Nachtmarkt MARKT $
(Karte S. 280; Th Ramkhamhaeng; Hauptgerichte 30–60 B; ⏲18–23 Uhr) Wer auf der Suche nach preiswertem Essen ist, sollte Neu-Sukhothais kleinen Nachtmarkt besuchen. Die meisten Verkäufer sind auf Ausländer eingestellt und haben sogar zweisprachige Speisekarten.

Dream Café THAI $$
(Karte S. 280; 86/1 Th Singhawat; Hauptgerichte 80–350 B; ⏲17–23 Uhr; ❄✍) Im Dream Café zu essen, ist wie eine Mahlzeit in einem Antiquitätengeschäft. Es gibt hier ein Sammelsurium geschmackvoller Möbel und jede Menge Schnickschnack, das Personal ist kompetent und freundlich, und – am wichtigsten – das Essen ist lecker. Empfehlenswert sind die gut zubereiteten *yam* („Salate" thailändischer Art) sowie die Gerichte mit Süßwasserfischen, eine Spezialität der Stadt.

Chopper Bar BAR
(Karte S. 280; Th Prawet Nakhon; ⏲10–00.30 Uhr; 📶) Traveller genauso wie Einheimische versammeln sich in dieser Restaurantbar, um von vormittags bis in die späten Abendstunden Essen (Hauptgerichte 30–150 B), Getränke und live gespielte Musik zu genießen. Eine Stippvisite auf der Dachterrasse an einem lauen Abend ist schon fast ein Muss.

Poo Restaurant BAR
(Karte S. 280; 24/3 Th Jarodvithithong; ⏲11–24 Uhr; 📶) Das trügerisch kleine Poo mit seinem unglücklich gewählten Namen hat eine kleine Auswahl belgischer Biere im Sortiment.

Geschichtspark Sukhothai

An der Straße zum Geschichtspark gibt's mehrere Imbissstände und Restaurants für Touristen.

Coffee Cup INTERNATIONAL, THAI $
(Karte S. 279; Rte 12; Hauptgerichte 30–150 B; ⌚8–22 Uhr; 📶) Dieses Lokal ist eines der besseren Backpacker-Restaurants in der Nähe des Geschichtsparks.

ℹ Praktische Informationen

Banken mit Geldautomaten sind über das ganze Zentrum von Neu-Sukhothai verstreut, vor allem in der Gegend westlich des Mae Nam Yom, aber auch in Alt-Sukhothai.

Smile Internet Cafe (Rte 12; 10 B/Std.; ⌚9–22 Uhr) Das Internetcafé gegenüber vom Wat Trapang Thong in Alt-Sukhothai bietet Internetzugang.

Sukhothai Hospital (☎055 610280; Th Jarodvithithong) Gleich westlich von Neu-Sukhothai.

Tourism Authority of Thailand (TAT; Karte S. 280; ☎055 616228, landesweit 1672; Th Jarodvithithong; ⌚8.30–16.30 Uhr) Das neue Büro nahe der Brücke in Neu-Sukhothai hat eine gute Auswahl von Karten und Broschüren.

Touristenpolizei (☎1155; Rte 12)

ℹ An- & Weiterreise

Sukhothais Flughafen liegt ganze 27 km nördlich der Stadt an der Rte 1195. Als einzige Fluglinie ist **Bangkok Airways** (☎Sukhothai Airport 055 647224, landesweit 1771; www.bangkokair.com; Sukhothai Airport; ⌚7.30–11.30 & 12.30–17.30 Uhr) hier vertreten; ihre Flieger gehen zweimal täglich nach Bangkok zum Suvarnabhumi International Airport (1695 B, 1¼ Std.). Zwischen dem Flughafen und Neu-Sukhothai verkehren **Minibusse** (☎055 647220; Sukhothai Airport; einfache Strecke 180 B). Alternativ bieten Air Asia (S. 274) und Nok Air (S. 274) mittlerweile auch einen Transfer in Minibussen von/nach Alt- und Neu-Sukhothai über den Flughafen in Phitsanulok an. Die Fahrt dauert eine knappe Stunde.

Sukhothais Minibus- und **Busbahnhof** (☎055 614529; Rte 101) liegt fast 1 km nordwestlich des Zentrums von Neu-Sukhothai. Die Fahrt im Motorradtaxi zwischen dem Busbahnhof und dem Zentrum von Neu-Sukhothai sollte um die 50 B kosten. Man kann aber auch ein *sŏrng·tăa·ou* Richtung Geschichtspark nehmen; diese halten

VERKEHRSMITTEL AB SUKHOTHAI

Bus

ZIEL	PREIS (B)	DAUER (STD.)	HÄUFIGKEIT
Bangkok	266–342	6–7	7.50–22.40 Uhr halbstündl
Chiang Mai	214–293	5–6	6.20–14 Uhr 5-mal tgl.
Chiang Rai	255	9	6.40–11.30 Uhr 4-mal tgl.
Kamphaeng Phet	57–72	1½	7.50–22.40 Uhr regelm.
Khon Kaen	244–357	7	8.30–24 Uhr regelm.
Lampang	170-220	3	6.20–2 Uhr 5-mal tgl.
Mae Sot	191	3	1.30 & 3.30 Uhr
Nan	193	4	15 Uhr
Phitsanulok	43–54	1	6–24 Uhr stündl.
Sawankhalok	28	1	6.40–18 Uhr stündl.
Si Satchanalai	49	1½	6.40–18 Uhr stündl.

Minivan & Sŏrng·tăa·ou

ZIEL	PREIS (B)	DAUER (STD.)	HÄUFIGKEIT
Kamphaeng Phet	60	2	7–16.30 Uhr regelm. *sŏrng·tăa·ou*
Mae Sot	130	3	9.15–16.15 Uhr 4-mal tgl. Kleinbusse
Phitsanulok	40	1	8.50–14 Uhr 3-mal tlg. Kleinbusse
Geschichtspark Sukhothai	30	30 Min.	6–18 Uhr regelm. *sŏrng·tăa·ou*

auf dem Weg stadtauswärts am Busbahnhof (20 B, 10 Min., 6–18 Uhr regelm.).

Wer in der Nähe des Geschichtsparks wohnt, kann am Büro von **Win Tour** (Rte 12; ⌚6a–21.40 Uhr) in einen der Busse nach Bangkok (342 B, 6 Std., 8.20, 12.30 & 21.50 Uhr) und Chiang Mai (228 B, 5 Std., 6.50–14 Uhr 6-mal) steigen.

Unterwegs vor Ort

Eine Fahrt im *săhm·lór* innerhalb von Neu-Sukhothai sollte nicht mehr als 40 B kosten.

Sŏrng·tăa·ou verkehren relativ häufig zwischen Neu-Sukhothai und dem Geschichtspark Sukhothai (30 B, 30 Min., 6–18 Uhr). Los geht's an der Haltestelle in der Th Jarot Withithong. Die Fahrt mit einem Motorradtaxi zwischen der Stadt oder dem Busbahnhof und dem Geschichtspark schlägt mit 120 B zu Buche.

Das beste Fortbewegungsmittel im Geschichtspark sind Fahrräder, die man in den Läden vorm Parkeingang für 30 B pro Tag mieten kann (6–18 Uhr).

Im Park fährt eine Tram (40 B, 1 Std., 8–17 Uhr), die an drei Tempeln in der zentralen Zone hält. Sie verkehrt aber nur, wenn zehn Fahrgäste zusammenkommen, außerdem werden die Erläuterungen nur auf Thai gegeben.

Motorräder können im Poo Restaurant (S. 285) und in fast jeder Pension in Neu-Sukhothai gemietet werden (ab ca. 250 B/24 Std.).

Geschichtspark Si Satchanalai-Chaliang

อุทยานประวัติศาสตร์ศรีสัชนาลัย

Die aus dem 13. bis 15. Jh. stammenden Ruinen der alten Städte Si Satchanalai und Chaliang liegen zwischen Hügeln eingebettet 50 km nördlich von Sukhothai. Im Stil gleichen sie den Ruinen im Geschichtspark Sukhothai, aber die Umgebung ist hier ländlicher und friedlicher. Der Park umfasst rund 720 ha und ist von einem 12 m breiten Graben umgeben. Chaliang, 1 km weiter südöstlich, ist die ältere der beiden Städte. Sie wurde schon im 11. Jh. gegründet, ihre beiden Tempel stammen aber aus dem 14. Jh.

Die nahe gelegenen Städte Ban Hat Siaw und Sawankhalok sind die wichtigsten Versorgungszentren für die Gegend.

Sehenswertes & Aktivitäten

Si Satchanalai

In dieser **Zone** (Eintritt 100 B zzgl. 50 B pro Auto; ⌚8–18 Uhr) stehen die meisten Ruinen. Das **Informationszentrum** des Parks (⌚8–16.30 Uhr) verteilt kostenlose Lagepläne und zeigt eine kleine Ausstellung zur Geschichte des Ortes und zu seinen Sehenswürdigkeiten. Nahe dem Eingangstor werden Fahrräder (30 B/Tag; ⌚9–16 Uhr) vermietet.

Wat Chang Lom HISTORISCHE STÄTTE

(วัดช้างล้อม) Dieser schöne Tempel war das Zentrum der alten Stadt Si Satchanalai. Elefantenfiguren umgeben den glockenförmigen *chedi,* der etwas besser erhalten ist als sein Gegenstück in Sukhothai. Laut einer Inschrift wurde der Tempel zwischen 1285 und 1291 von König Ramkhamhaeng erbaut.

Wat Khao Phanom Phloeng HISTORISCHE STÄTTE

(วัดเขาพนมเพลิง) Auf dem Hügel mit Blick auf den Wat Chang Lom finden sich die Reste des Wat Khao Phanom Phloeng. Erhalten sind u.a. ein *chedi,* ein großer sitzender Buddha und Steinsäulen, die früher das Dach des *wí hăhn* trugen. Von hier aus kann man die Anlage dieser einst großen Stadt prima erkennen. Auf dem etwas höheren Hügel westlich des Phanom Phloeng ragt ein großer *chedi* im Sukhothai-Stil in die Höhe – der einzige Überrest des **Wat Khao Suwan Khiri**.

Wat Chedi Jet Thaew HISTORISCHE STÄTTE

(วัดเจดีย์เจ็ดแถว) Neben dem Wat Chang Lom liegt die Ruine dieses Wat. Hier stehen sieben Reihen von *chedis,* deren größter die Kopie eines *chedi* des Wat Mahathat in Sukhothai ist. Der *wí·hăhn* aus Ziegeln und Mörtel ist ebenfalls sehenswert: Seine Gitterfenster sehen aus, als wären sie aus gedrechseltem Holz gefertigt – eine alte indische Technik, die man in ganz Südostasien findet.

Wat Nang Phaya HISTORISCHE STÄTTE

(วัดนางพญา) Dieser *chedi* im singhalesischen Stil südlich des Wat Chedi Jet Thaew stammt aus dem 15. oder 16. Jh. und ist daher etwas jünger als die anderen Ruinen von

> **KOMBIKARTE**
>
> Die Eintrittskarte für 220 B gilt sowohl für den Geschichtspark Si Satchanalai, den Wat Chao Chan (in Chaliang) als auch für das Si Satchanalai Centre for Study & Preservation of Sangkalok Kilns.

Geschichtspark Si Satchanalai-Chaliang

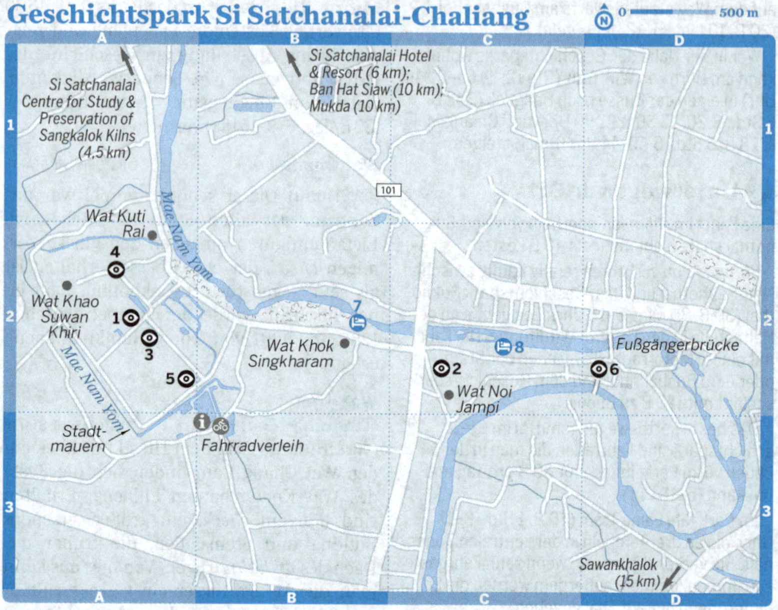

Geschichtspark Si Satchanalai-Chaliang

Sehenswertes

1 Wat Chang Lom A2
2 Wat Chao Chan C2
3 Wat Chedi Jet Thaew A2
4 Wat Khao Phanom Phloeng A2
5 Wat Nang Phaya A2
6 Wat Phra Si Ratana Mahathat D2

Schlafen

7 Homestay B2
8 Papong Homestay C2

Si Satchanalai. Die Stuckreliefs am großen Laterit-*wí·hăhn* vor dem *chedi* – der mittlerweile von einem Blechdach geschützt wird – stammen aus der Ayutthaya-Periode, in der Si Satchanalai als Sawankhalok bekannt war. Die Goldschmiede in der Umgebung fertigen noch immer *nahng pá·yah* an, ein Muster, das diesen Reliefs nachempfunden ist.

Chaliang

Zu der noch älteren Stätte Chaliang, die eine kurze Fahrradfahrt von Si Satchanalai entfernt ist, gehören zwei sehr sehenswerte Tempel.

Wat Phra Si Ratana Mahathat HISTORISCHE STÄTTE

(วัดพระศรีรัตนมหาธาตุ; Eintritt 20 B; 8–16.30 Uhr) Diese Ruinen bestehen aus einem großen Laterit-*chedi* aus den Jahren 1448 bis 1488, der zwischen zwei *wí·hăhns* steht. Einer der *wí·hăhns* birgt einen großen, sitzenden Buddha im Sukhothai-Stil, einen kleineren, stehenden Buddha und ein Basrelief des schreitenden Buddhas, der so typisch für den fließenden, scheinbar knochenlosen Sukhothai-Stil ist. Der andere *wí·hăhn* enthält einige weniger bedeutende Bildnisse.

Wat Chao Chan HISTORISCHE STÄTTE

(วัดเจ้าจันทร์; Eintritt 100 B; 8–17 Uhr) Die Hauptattraktion hier ist ein großer Turm im Khmer-Stil (ähnlich den späteren Türmen von Lopburi), der wahrscheinlich aus der Regierungszeit des Khmer-Königs Jayavarman VII. (1181–1217) stammt. Der Turm wurde restauriert und befindet sich in recht gutem Zustand. Der dachlose *wí·hăhn* rechts beherbergt die Umrisse eines großen, stehenden Laterit-Buddhas, den Sonne und Witterung fast vollständig zerbröselt haben. Eintritt wird hier nicht immer verlangt.

Brennöfen von Sawankhalok

Einst säumten in der Gegend um Si Satchanalai mehr als 200 riesige Keramikbrennöfen die Ufer des Mae Nam Yom. In China – dem größten Importeur thailändischer Töpferwaren in der Sukhothai- und Ayutthaya-Periode – wurden die Töpferwaren „Sangkalok" genannt, eine Verballhornung von Sawankhalok. In der Region wird auch heute noch Keramik hergestellt, ein örtlicher Keramikkünstler brennt seine Stücke immer noch in einem unterirdischen, mit Holz befeuerten Brennofen.

Si Satchanalai Centre for Study & Preservation of Sangkalok Kilns MUSEUM
(ศูนย์ศึกษาและอนุรักษ์เตาสังคโลก; Eintritt 100 B; ⌚8–16.30 Uhr) 5 km nordwestlich der Ruinen von Si Satchanalai sind in diesem Zentrum große freigelegte Brennöfen und viele erhaltene Keramiken zu sehen. Die Exponate sind interessant, englischsprachige Erläuterungen fehlen aber.

Sawankhalok

Nationalmuseum Sawanworanayok MUSEUM
(พิพิธภัณฑสถานแห่งชาติสวรรควรนายก; 69 Th Phracharat; Eintritt 50 B; ⌚Mi–So 9–16 Uhr) Im Ort Sawankhalok zeigt das staatlich subventionierte Museum, das sich auf der westlichen Uferseite nahe dem Wat Sawankhalam befindet, eine eindrucksvolle Sammlung von Artefakten aus dem 12. bis 15. Jh. Im Erdgeschoss sind Keramiken aus der Region ausgestellt, im Obergeschoss mehrere wunderschöne Buddhastatuen der Sukhothai-Ära aus Stein und Bronze.

Schlafen & Essen

In der Nähe der historischen Stätten gibt's nicht viele Unterkünfte und Restaurants. Alternativen sind u.a. Sawankhalok, 15 km südlich, und Ban Hat Siaw, ca. 9 km nördlich des Parks.

Homestay PENSION $
(☎055 631063, 08 4048 8595; Zi. 600 B; ❄📶) Eine hiesige Künstlerin hat ihr Atelierhaus für Gäste geöffnet und ein vom Haus unabhängiges Zimmer mit Bad und Klimaanlage eingerichtet. Nach dem Schild „Homestay" direkt gegenüber vom Wat Khok Singkharam in der Nähe des Eingangs nach Si Satchanalai Ausschau halten!

Papong Homestay PENSION $
(☎055 631557, 08 7313 4782; Zi. 400–600 B; ❄📶) Die von Einheimischen betriebene Unterkunft in der Nähe des historischen Parks bietet drei saubere, gemütliche Zimmer mit Bad.

Si Satchanalai Hotel and Resort HOTEL $
(☎055 672666; 247 Rte 101, keine Ausschilderung in lateinischen Buchstaben; Zi. & Bungalow 400–1200 B; ❄📶) Die Zimmer sind langweilig, aber sauber, und die geräumigen Bungalows eignen sich perfekt für Familien. Die knallrosa Gebäude 6 km nördlich des Parks an der Westseite der Rte 101 sind nicht zu übersehen.

Mukda Resort HOTEL $
(☎055 671024; Rte 101, Ban Hat Siaw; Zi. 220–500 B; ❄) Saubere, komfortable Zimmer in der Nähe des Geschichtsparks. Das Hotel befindet sich am nördlichen Rand von Ban Hat Siaw an der Abzweigung nach Uttaradit.

Saengsin Hotel HOTEL $
(☎055 641259; 2 Th Thetsaban Damri; Zi. 220–360 B; ❄📶) Das 1 km südlich des Bahnhofs in Sawankhalok gelegene Hotel bietet seinen Gästen in die Jahre gekommene, aber saubere Zimmer.

Sukhothai Heritage Resort RESORT $$$
(☎055 647564; www.sukhothaiheritage.com; 999 Mu 2; Zi. 3400–4600 B, Suite 6600–8900 B, inkl. Frühstück; ❄@📶🏊) Diese noble, aber ländlich anmutende Anlage liegt nahe dem Flughafen fast 32 km vom Geschichtspark Si Satchanalai entfernt. Niedrige Backsteinbauten und Häuser mit Spitzdächern verteilen sich um grüne Felder und friedliche Lotusteiche und gipfeln in einem tempelartigen Ambiente – wenn man so will, eine Fortsetzung des Geschichtsparks. Die Zimmer holen einen mit großen Flachbild-TVs und modernen Möbeln aber wieder schnell in die Gegenwart zurück.

An- & Weiterreise

BUS

Der Geschichtspark Si Satchanalai-Chaliang liegt an der Rte 101 zwischen Sawankhalok und Ban Hat Siaw. Von Neu-Sukhothai nimmt man den Bus nach Si Satchanalai (49 B, 1½ Std., 6–18 Uhr stündl.) oder einen der vier Busse nach Chiang Rai (46 B, 6.40–11.30 Uhr) und lässt sich an der *meu·ang gòw* (Altstadt) absetzen.

Wer von Sawankhalok zum Park will, kann am staatlichen **Busbahnhof** (☎055 642037) in jeden beliebigen Bus gen Norden steigen (ca.

20 B, 30 Min., 7–17 Uhr regelm.). Der Busbahnhof befindet sich südlich des Bahnhofs an der Rte 1180.

ZUG

Sawankhaloks alter Bahnhof ist eine der örtlichen Sehenswürdigkeiten. König Rama VI. ließ extra eine 60 km lange Bahnstrecke von Ban Dara (einer kleinen Ortschaft an der Hauptbahnstrecke nach Norden) nach Sawankhalok bauen, um die Ruinen besuchen zu können. Erstaunlicherweise gibt's heute einen täglich verkehrenden Spezialexpress von Bangkok nach Sawankhalok (482 B, 7 Std., 10.50 Uhr). Der Zug fährt um 19.40 Uhr nach Bangkok zurück, wo er um 3.30 Uhr ankommt. Man kann diesen Zug auch nur bis Phitsanulok (328 B, 3½ Std., 17.55 Uhr) nehmen. Der Zug ist ein „Sprinter", d. h. er führt nur 2.-Klasse-Wagen mit Klimaanlage und hat keine Schlafwagen. Im Fahrpreis sind Abendessen und Frühstück enthalten.

Unterwegs vor Ort

Fahrräder (S. 287) können sich Traveller nahe der Imbissstände am Eingang zum Geschichtspark ausleihen.

PROVINZ KAMPHAENG PHET

Kamphaeng Phet กำแพงเพชร

30 000 EW.

Kamphaeng Phet liegt auf halbem Weg zwischen Bangkok und Chiang Mai. Der Name der einstmals befestigten Stadt bedeutet wörtlich „Diamantmauer" – das war eine Anspielung auf die Stärke ihrer Stadtmauern. Diese Sicherheitsvorkehrungen waren auch geboten, da die Stadt das Sukhothai- und später das Ayutthaya-Königreich gegen Angriffe aus Birma oder Lan Na schützen sollte. Teile der Mauern sind heute noch zu sehen, ebenso die eindrucksvollen Ruinen mehrerer religiöser Gebäude. Die moderne Stadt erstreckt sich an einem seichten Abschnitt des Mae Nam Ping und gehört zu den angenehmeren Provinzhauptstädten Thailands.

KOMBIKARTE

Die Eintrittskarte für 150 B gilt sowohl für die alte ummauerte Stadt Kamphaeng Phet als auch für den größeren, weiter außerhalb der Stadt gelegenen Komplex.

Sehenswertes & Aktivitäten

Geschichtspark Kamphaeng Phet GESCHICHTSPARK

(อุทยานประวัติศาสตร์กำแพงเพชร; ⌚8–18 Uhr) Der Geschichtspark Kamphaeng Phet gehört zu den Welterbestätten der UNESCO. Die Ruinen der Gebäude aus dem 14. Jh. stammen etwa aus der gleichen Zeit wie die bekannteren Bauten des Königreichs Sukhothai. An den buddhistischen Stätten Kamphaeng Phets wurde aber fast noch 200 Jahre weitergebaut, bis in die Ayutthaya-Periode hinein. Sie sind also sowohl vom Sukhothai- als auch vom Ayutthaya-Stil geprägt – ein Mischstil buddhistischer Kunst, der nirgendwo sonst in ganz Thailand zu finden ist.

Der Park ist in verschiedene Abschnitte unterteilt: eine einst ummauerte Stadt gleich nördlich des modernen Kamphaeng Phet und ein größerer Komplex ca. 1,5 km weiter nördlich.

Die Ruinen sind bei Weitem nicht so gut restauriert wie die in Sukhothai. Die Anlage ist kleiner und weniger überlaufen und wirkt traulicher.

Ummauerte Stadt

Der **ummauerten Zone** (Eintritt 100 B; ⌚8–18 Uhr) gleich nördlich des modernen Kamphaeng Phet verdankt die Stadt ihren Namen. Hier lebten einst Mönche der *gamavasi* („Leben in der Gemeinschaft"). Vom Stadtzentrum aus ist es ein ziemlich langer Fußmarsch dorthin, eine Motorradtaxifahrt kostet etwa 40 B.

Wat Phra Kaew HISTORISCHE STÄTTE

(วัดพระแก้ว) Der ehemalige Tempel neben einem zu Ruinen zerfallenen Gebäude, das wohl einst der Herrscherpalast war, bildet das Zentrum der ummauerten Stadt. Man erblickt einen riesigen liegenden Buddha und mehrere kleinere Buddha-Statuen, die durch Verwitterung so schlank und porös geworden sind, dass sie manche Besucher an Skulpturen von Alberto Giacometti erinnern.

Wat Phra That HISTORISCHE STÄTTE

(วัดพระธาตุ) Die Ruinen dieses ehemaligen Tempels zeichnen sich insbesondere durch einen von Säulen umgebenen *chedi* im Kamphaeng-Phet-Stil aus, der sich auf einem runden Sockel aus Backstein und Laterit erhebt.

Kamphaeng Phet

Kamphaeng Phet

Sehenswertes

1 Nationalmuseum Kamphaeng Phet C2
2 Regionalmuseum Kamphaeng Phet C2
3 Shiva-Schrein C2
4 Wat Khu Yang D3
5 Wat Phra Borommathat A3
6 Wat Phra Kaew B2
7 Wat Phra That B2

Schlafen

8 Chakungrao Riverview C4
9 Grand View Resort B3
10 Ko Chokchai Hotel D4
11 Navarat Heritage Hotel C4
12 Scenic Riverside Resort A1
13 Three J Guest House D3

Essen

14 Bamee Chakangrao D4
15 Kitti D4
16 Mae Ping Riverside B3
17 Nachtmarkt C4

Ausgehen & Nachtleben

18 Rong Tiam C3

Außerhalb der Stadt

Die Vielzahl der Ruinen von Kamphaeng Phet befindet sich in der großen Zone (Eintritt 100 B) etwa 1,5 km nördlich der Stadtmauer. In dieser Gegend lebten früher Mönche der *aranyavasi* („Leben im Wald"). Neben dem Wat Phra Si Iriyabot und dem Wat Chang Rob gibt es noch mehr als 40 andere Anlagen, u. a. sechs weitere, die erst vor Kurzem freigelegt wurden. Von denen sieht man allerdings nicht viel mehr als ein paar Mauerreste und hier und da ein verwittertes Buddha-Bildnis.

Am Eingang befindet sich eine hervorragende **Touristeninformation** (⌚8–16.30

Uhr), wo man sich auch **Fahrräder** (30 B/Tag) leihen kann.

Eine Motorradtaxifahrt von Kamphaeng Phets Zentrum zum Eingang kostet etwa 80 B.

Wat Phra Si Iriyabot HISTORISCHE STÄTTE

(วัดพระสี่อิริยาบถ) Das Highlight ist ein hochragender *mon·dòp* (das kleine Gebäude mit quadratischem Sockel und Spitzturm in einem Wat) mit den verwitterten Überresten von im klassischen Sukothai-Stil gearbeiteten stehenden, sitzenden, gehenden und liegenden Buddha-Figuren.

Wat Chang Rob HISTORISCHE STÄTTE

(วัดช้างรอบ) Der Name bedeutet so viel wie „von Elefanten umringter Tempel", und die Ruine ist genau das: ein Tempel, dessen Mauern mit 68 Stuckelefanten verziert sind.

Noch mehr Sehenswertes

Nationalmuseum Kamphaeng Phet MUSEUM

(พิพิธภัณฑสถานแห่งชาติกำแพงเพชร; Th Pindamri; Eintritt 100 B; Mi–So 9–16 Uhr) Kamphaeng Phets sehenswertes Museum wurde umfassend renoviert. Es beherbergt eine große Sammlung von Artefakten aus der Gegend um Kamphaeng Phet, u. a. die größte hinduistische Bronzeplastik Thailands. Das Bildwerk befand sich früher in dem nahe gelegenen **Shiva-Schrein**, doch 1886 stahl ein deutscher Missionar Hände und Kopf des Idols (die später aber zurückgegeben wurden). Heute befindet sich in dem Schrein eine Replik.

Regionalmuseum Kamphaeng Phet MUSEUM

(พิพิธภัณฑ์เฉลิมพระเกียรติกำแพงเพชร; Th Pindamri; Eintritt 10 B; 9–16.30 Uhr) Zum Zeitpunkt der Recherchen wurde das Regionalmuseum gerade renoviert. Es besteht aus einer Reihe von im Thai-Stil gehaltenen Holzhäusern auf Stelzen inmitten einer landschaftlich schön gestalteten Anlage. In den drei Hauptgebäuden des Museums gibt's Ausstellungen über die Geschichte und Vorgeschichte sowie über die verschiedenen ethnischen Gruppen in der Provinz.

Wat Phra Borommathat BUDDHISTISCHER TEMPEL

(วัดพระบรมธาตุ; abseits der Rte 1078; Sonnenaufgang–Sonnenuntergang) GRATIS Jenseits des Mae Nam Ping liegen die Ruinen des Wat Phra Borommathat in einem Gebiet, das schon lange vor der Blütezeit von Kamphaeng Phet besiedelt war. Die noch sichtbaren Überreste stammen aber aus der postklassischen Sukhothai-Periode. Der Tempelkomplex weist einige kleine und einen großen *chedi* aus der späten Sukhothai-Periode auf, der heute von einem Schirmdach im birmanischen Stil bekrönt ist – eine Zutat des frühen 20. Jhs.

Wat Khu Yang BUDDHISTISCHER TEMPEL

(วัดคูยาง; Soi 1, Soi Ratchavithee; Sonnenaufgang–Sonnenuntergang) GRATIS In dem buddhistischen Tempel gleich nördlich des Zentrums von Kamphaeng Phet ist ein schöner hölzerner *hŏr đrai* (Handschriften-Bibliothek) aus dem 19. Jh. zu bewundern.

Thermalquellen von Phra Ruang THERMALQUELLEN

(บ่อน้ำร้อนพระร่วง; Eintritt 30 B; 8.30–18 Uhr) 20 km außerhalb von Kamphaeng Phet befinden sich natürliche Thermalquellen an der Straße nach Sukhothai, die gewissermaßen die thailändische Version eines ländlichen Thermalbads sind. Das warme Wasser, dem Heilkräfte nachgesagt werden, wird in sieben einzelne Bäder geleitet (50 B), außerdem gibt es mehrere Einrichtungen, die traditionelle thailändische Massagen anbieten. Öffentliche Transportmittel zu den Thermalquellen gibt es nicht, aber im Three J Guest House lässt sich der Transport organisieren.

Schlafen

Three J Guest House PENSION $

(055 713129, 08 1887 4189; www.threejguesthouse.com; 79 Soi 1, Soi Ratchavitee; Zi. 250–800 B;) Die preiswertesten Bungalows in diesem einladenden Gästehaus sind mit Ventilatoren ausgestattet und teilen sich ein sauberes Bad, die teureren bieten eine Klimaanlage. Man bekommt hier jede Menge Infos zur Gegend und kann Fahrräder und Motorräder mieten.

Ko Chokchai Hotel HOTEL $

(055 711531; 19-43 Soi 8, Th Ratchadumnoen 1, keine Ausschilderung in lateinischen Buchstaben; Zi. 280–340 B;) Dieses imposante Gebäude mit seinen kleinen, aber sauberen Zimmern ist eine gute Budgetoption, vor allem wenn man im „Zentrum" von Kamphaeng Phet wohnen möchte.

Navarat Heritage Hotel HOTEL $$

(055 711211; www.navaratheritage.com; 2 Soi 21, Th Tesa 1; Zi. inkl. Frühstück 800–2500 B;)

Das aus den 1970er-Jahren stammende Navarat wurde renoviert, dabei wurde fast alles, was auf sein wahres Alter hinweisen könnte, beseitigt. Die modernen, geräumigen und gemütlichen Zimmer sind allerdings etwas überteuert. Manche bieten einen schönen Blick auf den Fluss.

Chakungrao Riverview HOTEL $$
(☎ 055 714900; www.chanukungraoriverview.com; 149 Th Thesa 1; Zi. inkl. Frühstück 1000–1300 B, Suite inkl. Frühstück 3500 B; ❄@📶) Kamphaeng Phets schickste Unterkunft bietet geschmackvoll mit dunklem Holz und viel Dunkelgrün eingerichtete Zimmer. Von den Balkonen genießt man entweder den Blick auf den Fluss oder die Stadt. Für die riesigen Suiten kann man meistens einen beträchtlichen Rabatt aushandeln.

Grand View Resort HOTEL $$
(☎ 055 721104; 34/4 Mu 2, Nakhon Chum; Zi. & Bungalow inkl. Frühstück 290–890 B; ❄📶) Eines von mehreren fast ländlichen „Resorts" am Westufer des Mae Nam Ping mit unterschiedlichen Unterkünften. Das Highlight sind aber die sechs schwimmenden Floßbungalows.

Scenic Riverside Resort HOTEL $$$
(☎ 055 722009; www.scenicriversideresort.com; 325/16 Th Thesa 2; Bungalow inkl. Frühstück 1000–3500 B; ❄📶🏊) Ein griechisches Fischerdorf, dessen Inneneinrichtung von einem halbwüchsigen thailändischen Mädchen gestaltet wurde – so etwa muss man sich dieses abgefahrene, aber witzige Resort vorstellen. Die acht weiß getünchten Villen mit Kuppeldach sind mit Stoffpuppen und anderem Kitsch dekoriert, aber geräumig; Gäste teilen sich den Pool. Die Anlage ist hübsch am Fluss gelegen.

Essen & Ausgehen

Kamphaeng Phet hat zwar nicht den Ruf einer kulinarischen Hochburg, aber ein paar recht interessante Angebote gibt es dennoch.

★ **Bamee Chakangrao** THAI $
(Ecke Soi 9 & Th Rachadumnoen 1, keine Ausschilderung in lateinischen Buchstaben; Hauptgerichte 30–35 B; ⏲8.30–15 Uhr) Dünne Nudeln aus Weizen und Eiern *(bà·mèe)* sind eine Spezialität von Kamphaeng Phet; dieses berühmte Restaurant ist eines der besten Lokale, um sie zu probieren. Die Nudeln werden hinter dem Restaurant täglich frisch zubereitet. Außerdem gibt's hier auch Schweinefleisch-Satay. Man erkennt das Lokal an den grünen Wimpeln an der Ecke.

Nachtmarkt THAI $
(Th Thesa 1; Hauptgerichte 30–60 B; ⏲16–22 Uhr) Preiswertes thailändisches Essen bekommen Hungrige auf dem gut besuchten Nachtmarkt, der jeden Abend in Flussnähe gleich nördlich vom Navarat Heritage Hotel abgehalten wird.

Mae Ping Riverside THAI $
(50/1 Mu 2, Nakhon Chum, keine Ausschilderung in lateinischen Buchstaben; Hauptgerichte 40–120 B; ⏲11–23 Uhr) In diesem Lokal am Westufer des Mae Nam Ping gibt's ordentliches Essen, Bier vom Fass und Livemusik. An diesem Uferabschnitt befinden sich noch ein paar ähnliche Restaurants.

Kitti CHINESISCH, THAI $$
(Ecke Th Vijit 2 & Th Bamrungrat, keine Ausschilderung in lateinischen Buchstaben; Hauptgerichte 50–1200 B; ⏲10–14 & 16–22 Uhr; ❄) Das alteingesessene Kitti zeichnet sich vor allem für seine chinesischen Seafood-Gerichte aus. Unbedingt probieren sollte man das ungewöhnliche, aber köstliche Brathähnchen mit Cashewnüssen, eingelegtem Knoblauch und süßem Schweinefleisch.

Rong Tiam BAR
(Soi 9, Th Thesa 1, keine Ausschilderung in lateinischen Buchstaben; ⏲18–1 Uhr) Die freundliche Kneipe in einem umgebauten alten Ladenhaus hat Snacks, Bier und ab 20.30 Uhr Livemusik zu bieten.

Praktische Informationen

Die meisten größeren Banken haben Filialen mit Geldautomaten in den Hauptstraßen in Flussnähe und in der Th Charoensuk. In der Stadt gibt's ein **Internetcafé** (Soi 8, Th Rachadumnoen 1; 15 B/Std.; ⏲9–21 Uhr).

An- & Weiterreise

Kamphaeng Phets **Busbahnhof** (☎ 055 799103; Rte 101) befindet sich ca. 1 km westlich des Mae Nam Ping. Motorradtaxis (50 B) und *sŏrng·tăa·ou* (20 B, 7.30–15 Uhr regelm.) verkehren zwischen dem Bahnhof und der Stadt. Wer aus Sukhothai oder Phitsanulok kommt, sollte in der Altstadt oder am Kreisverkehr in der Th Thesa 1 aussteigen, um sich so die Rückfahrt im *sŏrng·tăa·ou* in die Stadt zu ersparen.

Wenn man nach Bangkok (295 B, 5 Std., 9–23 Uhr regelm.) will, lässt sich der Busbahnhof ganz umgehen, indem man sein Busticket bei **Win Tour** (☎ 055 713971; Th Kamphaeng Phet)

BUSSE AB KAMPHAENG PHET

Zusätzlich zu den hier aufgelisteten Bussen fahren auch noch Minibusse nach Mae Sot (120 B, 3 Std., 8–18 Uhr regelm.) und nach Sukhothai (60 B, 1 Std., 14.30 Uhr) sowie *sŏrng·tăa·ou* nach Sukhothai (60 B, 2 Std., 8–12 Uhr 3-mal tgl.).

ZIEL	PREIS (B)	DAUER (STD.)	HÄUFIGKEIT
Bangkok	220–330	5	8–1.30 Uhr regelm.
Chiang Mai	218–328	5	11.30–1 Uhr 8-mal tgl.
Chiang Rai	291–374	7	12–22.30 Uhr 5-mal tgl.
Lampang	161	4	11.30–1 Uhr8-mal tgl.
Mae Hong Son	509	11	20.30 Uhr
Nan	239	6	13.30 Uhr
Phitsanulok	61–85	2½	5–18 Uhr stündl.
Phrae	169	4	13.30 Uhr
Sukhothai	57–74	1	12–4 Uhr stündl.

kauft und dort in der Nähe des Kreisverkehrs einsteigt.

ℹ Unterwegs vor Ort

Motorradtaxis oder Túk-Túks sind in Kamphaeng Phet dünn gesät. Daher empfiehlt es sich, ein Fahrrad oder Motorrad zu mieten – z. B. im Three J Guest House (Fahrrad/Motorrad pro Tag 50/200 B).

PROVINZ TAK

Die große, gebirgige Provinz hat wegen ihrer Nähe zu Myanmar eine komplexe Geschichte und weist einen einmaligen kulturellen Mix auf. Im Westen und Norden finden sich Siedlungen der Hmong, Musoe (Lahu), Lisu sowie der Weißen und der Roten Karen; insbesondere der Westen der Provinz unterscheidet sich wegen der Einflüsse der Karen und der Birmanen kulturell seit jeher stark vom übrigen Thailand. In den Distrikten an der Grenze zu Myanmar (Mae Ramat, Tha Song Yang und Mae Sot) gibt es heute viele Flüchtlingslager, eine Folge der jahrelangen Kämpfe zwischen der Karen National Union (KNU) und Regierungstruppen von Myanmar.

Vielleicht aufgrund ihrer Abgelegenheit ist die Provinz Tak noch recht unerschlossen. Das zusammenhängende Naturschutzgebiet, das aus dem Um Phang Wildlife Sanctuary, dem Nationalpark Thung Yai Naresuan, dem Huay Kha Kaeng Wildlife Sanctuary und den Nationalparks Khlong Lan und Mae Wong besteht, ist einer der größten Naturräume Thailands und eines der größten intakten Naturwaldgebiete Südostasiens.

Seit 2013 in Mae Sot–Myawaddy die erste Landgrenze nach Myanmar geöffnet wurde, ist es mit der Abgeschiedenheit jedoch vorbei. Man wird abwarten müssen, wie sich die Provinz als immer wichtiger werdende internationale Durchgangsstation zwischen den beiden Ländern weiterentwickeln wird.

Mae Sot แม่สอด

52 000 EW.

Obwohl Mae Sot abgelegen und relativ klein ist, gehört es zu den kulturell vielfältigsten Städten Thailands. In den Straßen herrscht ein bunter ethnischer Mix: Birmanen in ihren *longyi* (Sarongs), Hmong- und Karen-Frauen in den traditionellen Kostümen der Bergstämme, bärtige Muslime, thailändische Armeekommandos und ausländische Mitarbeiter von Nichtregierungsorganisationen prägen das Stadtbild. Man hört hier genauso oft birmanisch und Karen wie Thai, die Ladenschilder in den Straßen sind mit thailändischen, birmanischen und chinesischen Schriftzeichen bedeckt, und die Tempelarchitektur in Mae Sot ist überwiegend birmanisch geprägt. Mae Sot ist zudem zum wichtigsten Jade- und Edelsteinzentrum an der Grenze geworden; der Handel liegt überwiegend in den Händen chinesischer und muslimischer Einwanderer aus Myanmar.

Obschon es in Mae Sot nicht viele echte Sehenswürdigkeiten gibt und viele Traveller eigentlich nur wegen einer Visumsverlängerung hierher kommen, bleiben viele am Ende doch länger als geplant. Eine multikulturelle Atmosphäre sowie ein brummender

Rund um Tak & Mae Sot

Markt, Möglichkeiten zu unterhaltsamen Aktivitäten und gute Restaurants sind daran nicht ganz unschuldig.

Sehenswertes & Aktivitäten

Grenzmarkt MARKT
(ตลาดริมน้ำเมย; Rte 105; 7–19 Uhr) Auf dem Markt am Mae Nam Moei auf thailändischer Seite wird ein Mix aus Alltagsgegenständen aus Myanmar, Schwarzmarktklamotten, billiger Elektronik aus China, Essen und vieles mehr verkauft. Der Markt ist 5 km westlich von Mae Sot; von einem Haltepunkt an der Th Chid Lom fahren *sŏrng·tăa·ou* dorthin (20B, 6–18 Uhr).

Kräutersauna SAUNA
(Wat Mani, Th Intharakhiri; Eintritt 20 B; 15–19 Uhr) Im Wat Mani gibt's eine Kräutersauna mit getrennten Bereichen für Männer und Frauen. Die Sauna liegt im hinteren Bereich des Klostergeländes, noch hinter den *gù·đì* (Mönchszellen).

Kochkurs KOCHKURS
(055 546584; borderlineshop@yahoo.com; Borderline Shop, 674/14 Th Intharakhiri; Kurs 1000 B; Unterricht Di–So 9–12 & 15–18 Uhr) In diesen Kursen lernt man, vier verschiedene Shan-, birmanische und Karen-Gerichte zuzubereiten. Außerdem gehören ein Besuch auf dem Markt und ein Kochbuch dazu, außerdem die Möglichkeit, die kulinarischen Ergebnisse im angrenzenden Café gemeinsam mit den anderen Teilnehmern zu verspeisen. Je größer die Gruppe wird, desto niedriger kann der Preis pro Teilnehmer angesetzt werden. Das Ganze findet im Borderline Shop (S. 298) statt.

Yoga For Life YOGA
(08 3092 2772; Irawadee Resort, 758/1 Th Intharakhiri; Unterricht Mo–Sa 9.30–10.30, 16.50–17.30 & 17–19, Di & Do 19.15–20.15 Uhr) Der tägliche Yogaunterricht, der von den Leuten von Yoga For Life abgehalten wird, findet im Irawadee Resort statt.

Mae Sot

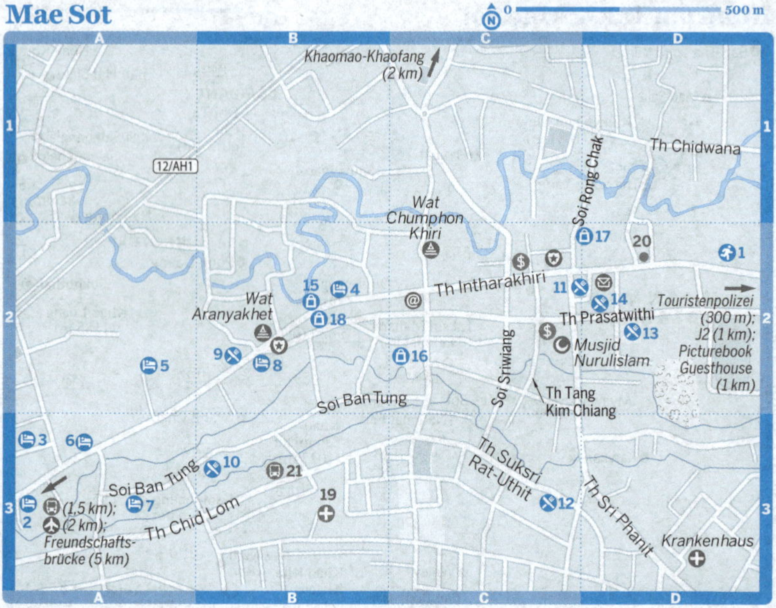

Mae Sot

Aktivitäten, Kurse & Touren

Kochkurs .... (siehe 15)
1 Kräutersauna D2
Yoga For Life .... (siehe 6)

Schlafen

2 Arisa House A3
3 Baan Rabiangmai A3
4 Bai Fern Guesthouse B2
5 Ban Thai Guest House A2
6 Irawadee Resort A3
7 Krissana Guest House A3
8 Phan Nu House B2

Essen

Borderline Teashop .... (siehe 15)
9 Casa Mia B2
10 Famous Ray's B3
11 Khrua Canadian C2
12 Lucky Tea Garden C3
13 Nachtmarkt D2
14 Phat Thai Mae Sot D2

Shoppen

15 Borderline Shop B2
16 Städtischer Markt C2
17 Straßenmarkt D2
18 WEAVE B2

Praktisches

19 Phra Wo Hospital B3

Transport

20 Mr. Park D2
21 Sŏrng·tăa·ou zum/zur Grenzmarkt/Freundschaftsbrücke B3

Feste & Events

Thai-Box-Wettkampf SPORT

Meist im April treten thailändische und birmanische Boxer gegeneinander an. Die Kämpfe im traditionellen Stil finden irgendwo außerhalb der Stadt in einem kreisrunden Ring statt und gehen über fünf Runden; die ersten vier dauern drei Minuten, die letzte hat kein Zeitlimit. Mit ihren mit Hanfstoff umwickelten Fäusten prügeln sich die Boxer, bis einer blutet oder k.o. geschlagen wird. Wer wissen will, wo der jährliche Schlagabtausch stattfindet, muss herumfragen.

Schlafen

Viele Unterkünfte in Mae Sot gehören zur Budgetkategorie und sind auf Mitarbeiter von Nichtregierungsorganisationen eingestellt, die länger bleiben.

Phan Nu House PENSION $

(☎08 1972 4467; 563/3 Th Intharakhiri; Zi. 250–500 B; ❄📶) Diese Herberge bietet 29 große

Zimmer in einem Wohnviertel gleich hinter der Straße. Die meisten sind mit Klimaanlage, TV, Kühlschrank und Warmwasseranschluss ausgestattet und damit ein günstiges Angebot.

Bai Fern Guesthouse HOTEL $
(☎055 531349; www.bai-fern.com; 660 Th Intharakhiri; Zi. 150–350 B; ❄📶) Das große Haus, in dem sich diese Unterkunft befindet, steht nicht direkt an der Straße. Die Budgetzimmer sind schlicht, aber ordentlich und haben Gemeinschaftsbäder. Der Service ist freundlich. Im Gemeinschaftsbereich können Gäste eine Küche, einen Kühlschrank und WLAN nutzen.

Krissana Guest House PENSION $
(☎08 8158 7877; 63/4 Soi Ban Tung; Zi. 350–450 B; ❄@📶) Die in einer ruhigen Straße gelegene Pension bietet große Zimmer mit Wänden aus poliertem Beton, Betten auf Podesten und kleinen, runden Bädern. Der Preis hängt davon ab, ob man sich für ein Zimmer mit Ventilator oder mit Klimaanlage entscheidet.

Ban Thai Guest House HOTEL $$
(☎055 531590; banthai_mth@hotmail.com; 740 Th Intharakhiri; Zi. 350–1200 B; ❄@📶) Der kleine Komplex aus umgebauten Thai-Häusern bietet stilvolle Zimmer mit Klimaanlage, Möbeln im Thai-Stil und thailändischen Textilien sowie einige Zimmer mit Ventilator und Gemeinschaftsbädern im Haupthaus. Die ordentliche, anheimelnde und komfortable Unterkunft ist bei länger bleibenden Mitarbeitern von Nichtregierungsorganisationen beliebt, es empfiehlt sich deshalb, vorab zu reservieren.

Picturebook Guesthouse HOTEL $$
(☎09 0459 6990; www.picturebookthailand.org; 125/4-6 Soi 19, Th Intharakihiri; Zi. inkl. Frühstück 600–800 B; ❄📶) Die zehn Zimmer in einem hübschen Garten erinnern mit geschliffenem Beton, künstlerischen Details und passenden Holzmöbeln an trendige Schlafsäle. Das freundliche, hilfsbereite Personal arbeitet hier im Rahmen eines gemeinnützigen Ausbildungsprogramms. Das Hotel befindet sich in der Soi 19 (kein Straßenschild) direkt hinter dem Hotel J2, etwa 1 km östlich von Mae Sot.

Baan Rabiangmai HOTEL $$
(☎055 532144; www.baanrabiangmai.in.th; 3/3 Th Don Kaew; Zi. inkl. Frühstück 950–2000 B; ❄📶) Das Baan Rabiangmai ist ein sauberes, gemütliches Hotel ohne Schnickschnack, wie man es sich in jeder Stadt wünscht. Die 19 Gästezimmer sind gut durchdacht eingerichtet und haben Kochnischen, große Kühlschränke, Sitzecken, Flachbild-TVs und kleine Balkone.

J2 HOTEL $$
(☎055 546999; www.facebook.com/j2hotel; 149/8 Th Intharakhiri; Zi. inkl. Frühstück 850–1900 B; ❄@📶) Das helle neue J2 hat große, ansprechend in minimalistischem Retro-Design gestaltete Zimmer mit Möbeln, die denen der 1960er- und 1970er-Jahre nachempfunden sind. Die Zimmer sind nicht gerade billig, aber man bezahlt hier für Stil, und das J2 ist sicher das stilbewussteste Hotel im Ort. Es liegt rund 1 km östlich des Zentrums.

Irawadee Resort HOTEL $$
(☎055 535430; www.irawadee.com; 758/1 Th Intharakhiri; Zi./Suite inkl. Frühstück 1200/1800 B; ❄📶) Das Irawadee hat modern anmutende Zimmer, die birmanisch – oder traditionell chinesisch? – dekoriert sind. Die geräumigen Badezimmer bieten Freiluftduschen. Die ganze Anlage ist grell und kitschig, aber lustig und komfortabel.

Arisa House HOTEL $$
(☎055 535111; www.barnarisa.com; Th Intharakhiri; Zi. inkl. Frühstück 690–1000 B; ❄📶) Diese Unterkunft hat nur wenig Flair zu bieten, aber dafür verfügen die 35 großen, modernen Zimmer in diesem vierstöckigen Gebäude über Klimaanlage, TV, Kühlschrank und Warmwasserdusche.

Essen

Mae Sot ist eine Art kulinarisches Babel – hier ist eine so große gastronomische Vielfalt vertreten wie in kaum einer anderen thailändischen Stadt. Toll frühstücken kann man in der Gegend direkt südlich der Musjid Nurulislam, wo mehrere gut besuchte **muslimische Restaurants** süßen Tee, Roti und *nanbya* (Brot aus dem Tandoor) servieren. Auf dem munteren Tagesmarkt gibt's birmanische Gerichte wie *mohinga* (das inoffizielle Nationalgericht Myanmars) oder Currys birmanischer Art mit Reis. Auf Mae Sots **Nachtmarkt** (Th Prasatwithi; Hauptgerichte 30–60 B; ⌚18–23 Uhr) gibt's hingegen vor allem thailändische und chinesische Gerichte.

Lucky Tea Garden BIRMANISCH $
(Th Suksri Rat-Uthit; Hauptgerichte 10–50 B; ⌚6–18 Uhr) Wer ein authentisches birmani-

sches Teelokal kennenlernen möchte, ohne nach Myawaddy zu fahren, kann in diesem freundlichen Café einkehren und süßen Tee, herzhaften Snacks und – natürlich – auch richtig schlechte birmanische Popmusik genießen.

Phat Thai Mae Sot THAI $

(Th Prasatwithi, keine Ausschilderung in lateinischen Buchstaben; Hauptgerichte 25–45 B; ⌚12–21 Uhr) Das gemütliche Lokal serviert *pàt tai* mit lokalem Touch: mit Schweinekruste und gegrilltem Schweinefleisch. Ausschau halten nach dem rustikalen, halb offenen Holzgebäude!

Borderline Teashop BIRMANISCH $

(Borderline Shop, 674/14 Th Intharakhiri; Hauptgerichte 35–55 B; ⌚Di–So 7.30–21 Uhr; ✎) In dem gemütlichen Café werden schmackhafte birmanische Salate, Nudelgerichte und Süßwaren serviert. Wem das Essen geschmeckt hat, der kann sich dort auch für einen Kochkurs anmelden (S. 295).

★ **Khaomao-Khaofang** THAI $$

(www.khaomaokhaofang.com; 382 Rte 105; Hauptgerichte 120–280 B; ⌚11–22 Uhr) Hier speist man wie in einem luxuriösen Urwald, denn in dem Lokal wurden Kandelaber durch Weinranken, Orchideen und viel fließendes Wasser ersetzt. Probieren sollte man einen der köstlichen *yams* (würzige Salate auf thailändische Art) mit Zutaten wie weißem Kurkuma oder Pilzen aus der Gegend. Das Restaurant liegt nördlich der Stadt an der Straße nach Mae Ramat (Rte 105) zwischen Km 1 und Km 2.

Famous Ray's AMERIKANISCH $$

(Soi Ban Tung; Hauptgerichte 110–330 B; ⌚11.30–21 Uhr; ❄) Hier gibt's nur Burger, aber in kreativen Variationen: thailändisch mit *pàt tai* und sautiertem Wasserspinat oder birmanisch mit Curry und birmanischem Tomatensalat.

Casa Mia INTERNATIONAL, THAI $$

(Th Intharakhiri; Hauptgerichte 50–200 B; ⌚So–Fr 8–22 Uhr; ✎) Dieses schlichte Restaurant serviert die wahrscheinlich billigste hausgemachte italienische Pasta des ganzen Universums. Im Angebot sind auch thailändische und birmanische Speisen sowie ein paar ausgefallene Desserts, u.a. leckerer Banoffee-Pie.

Khrua Canadian INTERNATIONAL, THAI $$

(3 Th Sri Phanit; Hauptgerichte 40–280 B; ⌚7–22 Uhr; 📶✎) Hier kann man mal vergessen, dass man in Asien ist: Der namensgebende Kanadier Dave braut seinen eigenen Kaffee und serviert hausgemachte Bagels, Käse und Fleischwaren. Die Portionen sind groß, das Angebot ist abwechselungsreich, und wenn einem wieder einfällt, dass man sich ja in Thailand befindet, gibt's hier auch noch Infos zur Region.

Shopping

Mae Sot ist am bekanntesten für seinen Edelsteinhandel. Die Stadt ist der wichtigste Umschlagplatz für Jade und Edelsteine an der Grenze. Es macht Spaß, in den glitzernden Schätzen in den Edelsteinläden an der Th Prasatwithi, gleich östlich vom Morgenmarkt, herumzuwühlen.

Städtischer Markt MARKT

(abseits der Th Prasatwithi; ⌚6–18 Uhr) Mae Sots städtischer Markt gehört zu den größten und belebtesten in Thailand. Hier gibt es haufenweise exotische Waren aus Myanmar, darunter birmanische Bücher, *thanaka*-Stäbchen (daraus wird das gelbe Pulver gemacht, das sich hier viele Leute ins Gesicht schmieren), Beutel mit eingelegten Teeblättern und Samtpantoffeln aus Mandalay.

Borderline Shop KUNSTHANDWERK

(www.borderlinecollective.org; 674/14 Th Intharakhiri; ⌚Di–Sa 9–19 Uhr) Der Laden verkauft Kunsthandwerk, das von Flüchtlingsfrauen hergestellt wird. Die Gewinne gehen an eine Fraueninitiative und an eine Stiftung, die Kindern hilft. Die Galerie oben verkauft Gemälde. Im Haus wird außerdem ein Kochkurs abgehalten, und es gibt einen Teegarten.

WEAVE KUNSTHANDWERK

(www.weave-women.org; 656 Th Intharakhiri; ⌚Mo–Sa 9–17 Uhr) Eine von zwei Filialen in Nordthailand: Dieses Geschäft ist auf farbenfrohe Kleidungsstücke spezialisiert, die von Flüchtlingsfrauen aus Birma in Handarbeit hergestellt werden.

Straßenmarkt MARKT

(Soi Rong Chak; ⌚Sa 17–21 Uhr) Jeden Samstagabend wird die kleine Straße an der Polizeiwache für den Verkehr gesperrt. Dann verkaufen hier die Händler an ihren Ständen Kunsthandwerk, Kleidung und Essen.

Praktische Informationen

Mehrere Banken im Zentrum verfügen über Geldautomaten. Eine offizielle Touristeninformation gibt es in Mae Sot nicht, aber das Personal des Restaurants Khrua Canadian ist eine gute Infoquelle.

Einwanderungsbehörde (☎055 563000; Th Intharakhiri; ⌚8.30–16.30 Uhr) In diesem Büro in der Nähe der Freundschaftsbrücke kann man sein Visum verlängern lassen.

net @ all (Th Intharakhiri; 15 B/Std.; ⌚9–22 Uhr) Internetzugang.

Touristenpolizei (☎1155; 738/1 Th Intharakhiri) Östlich des Stadtzentrums.

An- & Weiterreise

Mae Sots winziger **Flughafen** (☎055 563620; Th Asia) befindet sich ca. 2 km westlich der Stadt. Zum Zeitpunkt der Recherchen wurde er nur von **Kan Air** (☎Mae Sot 09 0907 1817, landesweit 02 551 6111; www.kanairlines.com; Mae Sot Airport) für Flüge zu/von Bangkoks Don Muang International Airport und nach/von Chiang Mai sowie von **Nok Air** (☎Mae Sot 055 563883, landesweit 1318; www.nokair.co.th; Mae Sot Airport; ⌚8–17 Uhr) für Flüge nach/von Bangkoks Don Muang International Airport genutzt.

Alle im Fernverkehr eingesetzten *sŏrng·tăa·ou*, Kleinbusse und Busse fahren von Mae Sots **Busbahnhof** (☎055 563435; Th Asia) ab. Er befindet sich 1,5 km westlich der Stadt. Die Fahrt im Motorradtaxi zum Busbahnhof sollte um die 50 B kosten.

Unterwegs vor Ort

Der größte Teil des Zentrums von Mae Sot lässt sich gut zu Fuß erkunden. Motorradtaxis und *sähm·lór* nehmen für eine Fahrt innerhalb des Stadtzentrums 40 B. In Mae Sot verkehren auch **Taxis** (☎09 8101 9345; www.facebook.com/taximaesot), die Fahrt vom Flughafen in die Stadt kostet 60 B.

Sŏrng·tăa·ou zur Freundschaftsbrücke starten an einer Haltestelle in der Th Chid Lom (20 B, 15 Min., 6–18 Uhr regelm.).

Viele Pensionen vermieten Motorräder (ca. 250 B/24 Std.), am Flughafen von Mae Sot gibt's Autovermieter:

Hertz (☎Mae Sot 09 5695 2469, landesweit 02 266 4666; www.hertzthailand.com; Mae Sot Airport; ⌚9.30–18.30 Uhr)

Mr. Park (☎055 533900; 304-304/1 Th Intharakhiri; 150–200 B/24 Std.; ⌚Mo–Sa 8–17.30 Uhr) Dieser Laden vermietet Motorräder.

Thai Rent A Car (☎Mae Sot 09 9060 0500, landesweit 02 737 8888; www.thairentacar.com; Mae Sot Airport; ⌚9.30–18.30 Uhr)

VERKEHRSMITTEL AB MAE SOT

Flugzeug

ZIEL	PREIS (B)	DAUER (STD.)	HÄUFIGKEIT
Bangkok (Don Muang International Airport)	1600	65 Min.	4-mal tgl.
Chiang Mai	1290	40 Min.	1-mal tgl.

Bus

ZIEL	PREIS (B)	DAUER (STD.)	HÄUFIGKEIT
Bangkok	333–666	7–8	8–21.50 Uhr regelm.
Chiang Mai	259–333	5–6	6 & 10 Uhr
Chiang Rai	488	9	6 & 10 Uhr
Kamphaeng Phet	120	3	10–20.30 Uhr 4-mal tgl.
Lampang	248	4	8 Uhr
Mae Sai	535	12	6–10 Uhr 3-mal tgl.
Phitsanulok	158	4	7–13 Uhr 4-mal tgl.
Sukhothai	120	3	7–13 Uhr 4-mal tgl.

Minivan & Sŏrng·tăa·ou

ZIEL	PREIS (B)	DAUER (STD.)	HÄUFIGKEIT
Kamphaeng Phet	140	3	8–16 Uhr Kleinbusse stündl.
Mae Sariang	200	6	6–12 Uhr *sŏrng·tăa·ou* stündl.
Um Phang	120	4	7–15 Uhr *sŏrng·tăa·ou* stündl.

GRENZÜBERGANG NACH MYANMAR: VON MAE SOT NACH MYAWADDY

Die 420 m lange Freundschaftsbrücke verbindet Mae Sot mit Myawaddy in Myanmars Kayin-Staat.

Anreise zur Grenze

Von 6 bis 18 Uhr verkehren *sŏrng·tăa·ou* zwischen Mae Sot und der Freundschaftsbrücke (20 B).

An der Grenze

Die Ausreiseformalitäten sind bei der **thailändischen Einwanderungsbehörde** (☎055 563004; ⏲5.30–20.30 Uhr) an der Freundschaftsbrücke zu erledigen. Nachdem man die Brücke überquert hat, meldet man sich beim **birmanischen Einwanderungsbüro** (☎+95 0585 0100; ⏲5–20 Uhr, Myanmar-Zeit). Wer sich in Bangkok oder anderswo bereits ein Visum für Myanmar besorgt hat, kann über Nacht bleiben oder zu anderen Zielen weiterreisen. Alle anderen zahlen beim birmanischen Einwanderungsbüro eine Gebühr von 500 B für einen zeitlich befristeten Ausweis, mit dem sie sich bis 20 Uhr desselben Tages in Myawaddy aufhalten dürfen. Der Reisepass wird an der Grenze einbehalten.

Myawaddy ist eine recht typische birmanische Stadt mit ein paar Klöstern, Schulen, Geschäften etc. Der bedeutendste Tempel ist der Shwe Muay Wan (Dar Tu Kalair St), ein traditioneller glockenförmiger *chedi* (Stupa), der mit mehreren Kilogramm Gold überzogen und mit mehr als 1600 Edel- und Halbedelsteinen besetzt ist. Ein weiterer bemerkenswerter buddhistischer Tempel ist der Myikyaungon (Nat Shin Naung St; auf Thai: Wat Don Jarakhe), der nach seinem farbenprächtigen, krokodilförmigen Altarraum benannt ist. An der Südseite der Stadt kann man Myawaddys 1000 Jahre alte irdene Stadtmauer bewundern. Sie wurde vermutlich von den ursprünglich in der Gegend ansässigen Mon errichtet.

Weiterreise

Etwa 200 m hinter der Grenze stehen an der Kreuzung mit der Pattamyar St weiße Sammeltaxis (von den Birmanen *vans* genannt). Die Autos fahren los, wenn sie voll sind (6–17 Uhr, nur an Tagen mit geradem Datum). Ziele sind u. a. Mawlamyine (10 000–15 000 K, 6 Std.), Hpa-an (7500–10 000 K, 6 Std.) und Rangun (25 000 K, 14 Std.). Es fährt auch ein Bus nach Rangun (12 000 K, 16 Std.), los geht's jeden Tag um 5 Uhr vor einem kleinen Büro in der Pattamyar St.

Von Mae Sot nach Um Phang

Die Route 1090 führt südlich von Mae Sot in das 150 km entfernte Um Phang. Diese Strecke wurde früher wegen der Guerillagruppen, die den Ausbau des Highways behinderten, Todeshighway genannt. Seit den 1980er-Jahren hat sich einiges geändert, aber Bremsversagen und tückische Kurven kosten auf dieser steilen Serpentinenstraße, die sich durch eine fantastische Berglandschaft schlängelt, noch immer Menschenleben.

Entlang der Strecke liegen die beiden Wasserfälle **Nam Tok Thararak** (น้ำตกธารารักษ์; ⏲6–18 Uhr) GRATIS 26 km von Mae Sot, und **Nam Tok Pha Charoen** (น้ำตกพาเจริญ; Rte 1090; ⏲6–18 Uhr) GRATIS 41 km von Mae Sot entfernt. Der Nam Tok Thararak fällt neben einem malerischen *chedi* über Kalksteinfelsen; die raue Oberfläche der Steine erleichtert das Klettern. Mittlerweile ist das Gelände in eine Art Park verwandelt worden: Bänke mitten im Strom am Fuß des Wasserfalls sorgen für Abkühlung, es gibt Plumsklos und am Wochenende Imbissstände. Die Ausfahrt ist leicht zu übersehen, man muss nach dem Schild zum Chedi Kho Ausschau halten.

Gleich hinter Ban Rom Klao 4 – ungefähr auf halber Strecke zwischen Mae Sot und Um Phang – liegt ein großes Dorf namens **Um Piam**, in dem birmanische und Karen-Flüchtlinge leben. Rund 20 000 Menschen, die aus Lagern in der Gegend von Rim Moei umgesiedelt wurden, haben hier ein neues Zuhause gefunden. Außerdem liegen in dieser Gegend mehrere Dörfer der Hmong.

Von Mae Sots Busbahnhof fahren *sŏrng·tăa·ou* nach Um Phang (120 B, 4 Std., 7–15 Uhr stündl.).

Um Phang & Umgebung อุ้มผาง

Um Phang, am Zusammenfluss von Mae Nam Klong und Huay Um Phang, ist ein abgelegenes Dorf, in dem vorwiegend Karen zu Hause sind. In vielen der in dieser Gegend noch recht archaischen Karen-Dörfer sind Elefanten kein ungewöhnlicher Anblick, besonders in **Palatha**, einem traditionellen Karen-Dorf 25 km südlich von Um Phang. Auf den Veranden der Häuser in diesem Dorf sieht man daher viele *yaeng* (Elefantensättel) und anderes Sattel- und Zaumzeug zur Bändigung der grauen Riesen.

Die meisten Besucher kommen aber nicht wegen der Kultur, sondern wegen der Natur hierher. Das Gebiet grenzt an das Um Phang Wildlife Sanctuary, ein beliebtes Ziel für Raftingtouren und Wanderungen. Dort befindet sich auch der Nam Tok Thilawsu, Thailands größter Wasserfall.

Sehenswertes

Nam Tok Thilawsu WASSERFALL

(น้ำตกทีลอซู) Mit 200 m Höhe und in der Regenzeit bis zu 400 m Breite ist dieser Wasserfall im **Um Phang Wildlife Sanctuary** (เขตรักษาพันธุ์สัตว์ป่าอุ้มผาง; ☎055 577318, 08 8427 5272; Eintritt 200 B, Auto zzgl. 30 B; ⏲8–16.30 Uhr) Thailands größter.

Man kann bei der Parkverwaltung zelten (30 B), braucht dafür aber ein eigenes Zelt und sollte für die Zeit zwischen November und Januar seinen Platz vorab reservieren. Nur während dieser Monate ist das schlichte Restaurant vor Ort mit Sicherheit geöffnet.

Die Thais, die in dieser Hinsicht keinen Spaß verstehen, betrachten den **Nam Tok Thilawsu** als den schönsten Wasserfall in ihrem Land. Hinter dem Wasserfall befinden sich eine flache Höhle und mehrere Stellen, wo man schwimmen kann. Am besten kommt man nach der Regenzeit (Nov. & Dez.), wenn die 200 m hohen und 400 m breiten Kalksteinfelsen am Mae Nam Klong vom Wasser überströmt sind und der Nam Tok Thilawsu am schönsten aussieht.

Der leichte 1,5 km lange Weg von der Verwaltung bis zum Wasserfall ist als **Naturlehrpfad** ausgebaut. Rund um den Wasserfall erstreckt sich zu beiden Seiten des Flusses einer von Thailands dichtesten Urwäldern; die Wandermöglichkeiten in der Gegend sind absolut einmalig. In dem Wald soll es mehr als 1300 Palmenarten geben, und auch Riesenbambus und Würgefeigen sind hier zu finden.

Die meisten Leute besuchen den Wasserfall im Rahmen einer organisierten Tour, man kann aber auch auf eigene Faust kommen. Ist man mit dem eigenen Auto unterwegs, fährt man unmittelbar nördlich von Um Phang auf die Rte 1167 ab. Nach 12 km biegt man am Polizeikontrollpunkt links in die Rte 1288 ein. Nun geht's 6 km weiter bis zur Kontrollstelle des Schutzgebiets, wo man das Eintrittsgeld bezahlt. Danach sind es noch 25 km auf einer größtenteils asphaltierten Straße bis zum Sitz der Parkverwaltung.

Wer kein eigenes Auto hat, kann problemos irgendwo in Um Phang einen Truck (hin & zurück 2000 B) buchen. Alternativ nimmt man ein *sŏrng·tăa·ou* Richtung Poeng Kloeng bis zum Kontrollpunkt des Reservats (30 B, 6.30–15.30 Uhr, stündl.) und organisiert seine Weiterfahrt von dort (hin & zurück 1800 B).

Tham Ta Khu Bi HÖHLE

(ถ้ำตะโค๊ะบิ) GRATIS Von Ban Mae Klong Mai, das von Um Phang aus wenige Kilometer nördlich am Highway Richtung Mae Sot liegt, führt die Rte 1167 in südwestlicher Richtung an der thailändisch-myanmarischen Grenze entlang. Am Weg liegt das Höhlensystem Tham Ta Khu Bi, was in der Sprache der Karen „flache Mango" heißen soll. Führer gibt's hier nicht, und man braucht eine Taschenlampe.

Dörfer

Die Rte 1288, die zum Kontrollpunkt des Um Phang Wildlife Sanctuary führt, setzt sich danach mehr als 70 km fort und endet in **Poeng Kloeng** (บ้านเปิงเคลิ่ง), einem Handelsdorf der Karen, Birmanen, Talaku und Thai an der Grenze zu Myanmar.

Poeng Kloeng ist ein unscheinbarer Flecken, wo die Hauptbeschäftigung offensichtlich im Verkauf von Schwarzmarktzigaretten aus Myanmar und der Produktion von Betelnüssen besteht. Der Hauptgrund für die strapaziöse Fahrt hierher ist der Besuch des Nachbardorfs **Letongkhu** (เลตองคุ).

Dieses liegt 12 km südlich von Poeng Kloeng und ist über eine raue, bergauf füh-

Um Phang

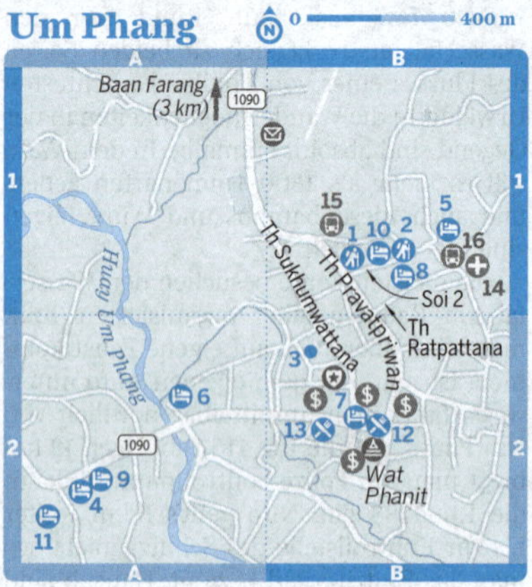

Um Phang

Aktivitäten, Kurse & Touren
1 Boonchuay Tour B1
2 Napha Tour B1
Trekker Hill .... (siehe 10)
3 Umphang House B2

Schlafen
4 Ban Phurkchaya A2
5 Comesing Homestay B1
6 Garden Huts A2
7 K & K Guest House B2
8 Phudoi Camp Site & Resort B1
9 Se Heng Chai Resort A2
10 Trekker Hill B1
11 Tu Ka Su Cottage A2

Essen
12 Abendmarkt B2
13 Wae Kam Der B2

Ausgehen & Nachtleben
Ban Kru Sun .... (siehe 7)

Praktisches
14 Krankenhaus B1

Transport
15 Sŏrng·tăa·ou nach Mae Sot B1
16 Sŏrng·tăa·ou nach Poeng Kloeng B1

rende Piste zu erreichen. Den vorliegenden spärlichen anthropologischen Informationen nach hängen die Einwohner überwiegend der Lagu- oder Talaku-Sekte an, deren Buddhismus mit schamanistischen und animistischen Elementen durchsetzt ist. Dörfer dieser Glaubensrichtung haben einen geistlichen und weltlichen Führer. Dieser *pu chaik* (die Thais nennen ihn *reu·sĕe*, „Seher" oder „Weiser") trägt seine langen Haare meist zu einem Knoten geschlungen und ist je nach Untersekte in weiße, gelbe oder braune Gewänder gehüllt.

Da evangelikale christliche Missionare in die Gegend eingedrungen sind und versuchen, die Talaku zu bekehren, sind die meisten Einheimischen Fremden gegenüber ziemlich misstrauisch. Wer das Dorf besucht, sollte darauf achten, keine Gebäude ohne Erlaubnis oder Einladung zu betreten und nicht ungefragt zu fotografieren. Übernachtungen im Dorf werden nicht immer erlaubt.

Vom *sŏrng·tăa·ou*-Haltepunkt in Um Phang fahren *sŏrng·tăa·ou* nach Poeng Kloeng (100 B, 2½ Std., 6.30–15.30 Uhr etwa stündl.). Fahrplanmäßige Verkehrsmittel nach Letongkhu gibt es nicht. Wer von Poeng Kloeng aus nicht wandern, trampen oder sich einer geführten Tour zum Dorf anschließen will, kann in Um Phang auch einen Geländewagen mit Fahrer mieten (ca. 5000 B).

Aktivitäten

So ziemlich jede Pension in Um Phang kann Kombinationen aus Trekking- und Raftingtouren in der Gegend organisieren. Da aber Um Phang fest in der Hand von thailändischen Touristen ist, sprechen nur wenige Guides englisch oder haben Erfahrung im Umgang mit ausländischen Travellern.

Eine typische dreitägige Tour mit zwei Übernachtungen umfasst sowohl Rafting als auch Wandern. Eine beliebte zusätzliche Aktivität sind Ausritte auf Elefanten; Tierschützer sind jedoch der Meinung, dass sich dies für die Tiere nachteilig auswirkt. Die meisten Touren führen zum Nam Tok Thilawsu und weiter. Auch längere oder kürzere Trips können arrangiert werden.

Die Raftingtouren reichen von eintägigen Trips auf dem Mae Klong von Um Phang nach Nam Tok Thilawsu bis zu dreitägigen Exkursionen von Palatha bis zum Nam Tok Thi Lo Re, einem weiteren imposanten Wasserfall. Die meisten Raftingtouren sind nur von November bis Januar möglich.

Ein weiteres Raftinggebiet ist Um Phang Khi nordöstlich von Um Phang. Offiziell gibt es hier zum Höhepunkt der Regenzeit 47 (einige Raftinganbieter behaupten sogar 67) Stromschnellen der Klasse III (mittelschwer) und der Klasse IV (schwer). Die Raftingsaison von Um Phang Khi ist nur kurz (Aug.–Okt.), da der Fluss im restlichen Jahr zu wenig Wasser führt.

Eine dreitägige Rafting- und Trekkingtour kostet alles inklusive ab ca. 4000 B pro Person (bei 2 Pers.).

Trekker Hill TREKKING, RAFTING
(☎055 561090; Soi 2, Th Pravatpriwan) Der empfehlenswerte Veranstalter hat die meisten englisch sprechenden Führer zur Verfügung und bietet verschiedene zwei- bis dreitägige Treks an.

Boonchuay Tour TREKKING, RAFTING
(☎055 561020, 08 1379 2591; Th Pravatpriwan; ⊙13–18 Uhr) Mr. Boonchuay veranstaltet eine Vielzahl von Trekking- und Raftingtouren. Die Guides sprechen Englisch und haben Erfahrung um Umgang mit ausländischen Travellern.

Umphang House TREKKING, RAFTING
(☎055 561511, 08 9568 5273; www.umphanghouse.webs.com; Soi 4, Th Sukhumwattana; ⊙8–17 Uhr) Dieser Veranstalter hat diverse Touren im Angebot, die von englisch sprechenden Guides geführt werden. Bei vielen Touren stehen Elefanten im Mittelpunkt, was Tierschützer als problematisch betrachten.

Napha Tour TREKKING, RAFTING
(☎055 561287, 08 1855 8754; Soi 2, Th Pravatpriwan) Napha veranstaltet vor allem Raftingtouren, bietet ganz unterschiedliche Programme an und hat englisch sprechende Guides.

Schlafen

Die meisten Herbergen in Um Phang sind auf große thailändische Reisegruppen eingestellt, ausländischen Individualreisenden begegnet man daher mit etwas Verwirrung. Entsprechend sind auch viele der Zimmer vor Ort auf vier oder mehr Personen zugeschnitten. Singles oder Paare können in der Regel niedrigere Preise aushandeln, vor allem während der Regenzeit.

Se Heng Chai Resort HOTEL $
(☎055 561605; Rte 1090, keine Ausschilderung in lateinischen Buchstaben; Zi. 500 B; ❄📶) Gleich westlich der Stadt bietet dieses „Resort" 13 saubere, modern wirkende Zimmer in einem zweistöckigen Gebäude. Es ist das größte Haus auf dem Hügel.

K & K Guest House PENSION $
(☎08 7846 1087; Th Sukhumwattana; Zi. 350–500 B; ❄📶) Acht neue Zimmer in einem modernen Ladenhaus mitten im Gewusel des „Zentrums" von Um Phang.

Comesing Homestay PENSION $
(☎08 1813 9742; an der Th Pravatpriwan; Zi. 300 B) Der Guide gleichen Namens hat sein geräumiges Holzhaus für Besucher geöffnet. Die Bewohner der drei einfachen Zimmer teilen sich mit der Familie einen Gemeinschaftsbereich. Wer auf den Zimmerpreis noch 100 B drauflegt, bekommt zwei hausgemachte Mahlzeiten.

Trekker Hill HOTEL $
(☎055 561090; Soi 2, Th Pravatpriwan; Zi. 300–500 B; 📶) Die rustikalen Hütten an einem steilen Hang sind eine gute Wahl. Die Zimmer haben Warmwasseranschluss und bieten einen schönen Blick auf das Tal und Um Phang.

Tu Ka Su Cottage HOTEL $$
(☎055 561295; www.tukasu.webs.com; an der Rte 1090; Zi. 800–1500 B; ❄📶) Dieses Hotel ist die komfortabelste und gepflegteste Unterkunft in Um Phang. Die schönen Mehrzimmer-Cottages aus Stein und Backstein stehen in einem Garten voller Blumen und exotischer Obstbäume. Alle Zimmer sind mit Klimaanlagen, Warmwasseranschluss, TV, Kühlschrank und Bädern mit Outdoor-Feeling ausgestattet.

Baan Farang HOTEL $$
(☎08 0115 5678; an der Rte 1090; Zi. inkl. Frühstück 500–1000 B; 📶) Auf dem tollen Grundstück 3 km vor Um Phang an der Rte 1090 in der Nähe der Abzweigung nach Thilawsu gibt es sieben gemütliche Hütten. Die teureren stehen direkt am Fluss.

Phudoi Camp Site & Resort HOTEL $$
(☎055 561049; www.phudoi.com; Th Ratpattana; Zelt 150 B, Zi. 500–1200 B; ❄📶) Das hauptsächlich auf Reisegruppen eingestellte Phudoi bietet Bungalows an einem schön angelegten Hang in Zentrumsnähe. Die geräumigen Bungalows im Blockhausstil besitzen Veranden. Außerdem gibt es ein Campinggelände und ein Restaurant gleichen Namens.

Garden Huts HOTEL $$
(☎055 561093, 08 7073 7509; Rte 1090; Zi. 300–1500 B; 📶) Die Budget-Bungalows unterschiedlicher Ausstattung und Größe sowie das neue Gebäude am Flussufer werden von einer netten, älteren Dame geführt. Es gibt schöne Sitzbereiche und einen gepflegten Garten.

Ban Phurkchaya HOTEL $$
(☎055 561308, 08 99268 7976; www.banphurkchaya.com; Rte 1090, keine Ausschilderung in latei-

nischen Buchstaben; Zi. inkl. Frühstück 700–1000 B; ❄📶) Eine niedliche Anlage mit sauberen, gemütlichen Zimmern in und rund um eine moderne Villa. Es gibt kein englischsprachiges Schild, aber die riesigen, mit Blumen geschmückten Zeichen vorn an der Fassade sind nicht zu übersehen.

Essen & Ausgehen

In Um Phang gibt es mehrere einfache Restaurants.

Wae Kam Der THAI $
(Rte 1090, keine Ausschilderung in lateinischen Buchstaben; Hauptgerichte 30–120 B; ⏲10–20 Uhr) Dies ist eines der besseren Lokale vor Ort. Im Angebot sind mehrere Tagesgerichte wie *kà·nŏm jeen* (frische Reisnudeln mit Curry) und Thai-Salate. Ausschau halten nach dem halboffenen Gebäude mit Tontöpfen!

Abendmarkt THAI $
(Soi 9, Th Pravatpriwan; Hauptgerichte 20–60 B; ⏲Fr & Sa 15–21 Uhr) Freitag- und samstagabends findet ein kleiner, aber feiner Abendmarkt statt.

Ban Kru Sun CAFÉ
(Th Sukhumwattana; Hauptgerichte 20–35 B; ⏲6.30–20.30 Uhr; 📶) Der von einem thailändischen Musiker betriebene Souvenirladen bietet guten Kaffee und andere Getränke.

Praktische Informationen

In Um Phang gibt es jetzt zwei große Banken und vier Geldautomaten.

An- & Weiterreise

Sŏrng·tăa·ou nach Mae Sot fahren von einer Haltestelle am Nordende der Th Pravatpriwan (130 B, 4 Std., 6.30–12.30 Uhr stündl.) ab. Die *sŏrng·tăa·ou* nach Poeng Kloeng starten von einer Haltestelle an der Th Ratpattana, gegenüber dem Krankenhaus (100 B, 2½ Std., 6.30–15.30 Uhr stündl.).

Von Mae Sot nach Mae Sariang

Die Route 105 verläuft von Mae Sot aus nordwärts entlang der Grenze zu Myanmar bis nach Mae Sariang (226 km) in der Provinz Mae Hong Son. Die kurvenreiche, geteerte Straße führt durch die kleinen Dörfer Mae Ramat, Mae Salit, Ban Tha Song Yang und Ban Sop Ngao (Mae Ngao). In den dichten Wäldern in diesen Teilen der Provinz finden sich noch vereinzelte Teakbaumbestände, und die in der Gegend ansässigen Karen verwenden gelegentlich noch Arbeitselefanten.

Der **Nam Tok Mae Kasa** zwischen Km 13 und 14 ist ein sehenswerter Wasserfall mit einer Höhle. In dem nahe gelegenen Dorf **Mae Kasa** gibt es eine Thermalquelle.

In **Mae Ramat** sollte man sich den **Wat Don Kaew** hinter der Bezirksverwaltung anschauen. In ihm befindet sich ein großer Marmor-Buddha im Mandalay-Stil.

Nach ein paar Straßensperren kommt man bei Km 58 durch das riesige Flüchtlingsdorf **Mae La**, in dem schätzungsweise 60 000 birmanische Flüchtlinge leben. Das Dorf ist mindestens 3 km lang; zum Durchfahren braucht man ein paar Minuten und begreift so, was für ein großes Flüchtlingsproblem Thailand hat.

Bei Km 94, in der Nähe von Ban Tha Song Yang (es gibt noch ein Dorf gleichen Namens weiter nördlich), befinden sich die ausgedehnten Kalksteinhöhlen von **Tham Mae Usu**. Vom Highway aus führt ein 2 km langer Fußmarsch zur Tham Mae Usu. Achtung: In der Regenzeit verschließt der Fluss, der durch die Höhle fließt, ihren Eingang!

Schließlich ist bei **Ban Tha Song Yang** das nördliche Ende der Provinz Tak erreicht. Dieses Karen-Dorf liegt wunderschön am Rand von Kalksteinklippen am Ufer des Mae Nam Moei. Es ist die letzte größere Siedlung in Tak, ehe es bergauf in die dichten Dschungel und Berge des Nationalparks Mae Ngao in Mae Hong Son geht.

Ban Sop Ngao, wenig mehr als ein Dorf an der Straße mit dem Sitz der Parkverwaltung, ist der erste Ort, durch den man in der Provinz Mae Hong Son fährt. Von dort sind es weitere 40 km bis nach Mae Sariang, wo reichlich Verpflegung und Unterkünfte zur Verfügung stehen.

Schlafen & Essen

Allzu viele Unterkünfte und Restaurants gibt es an dieser Strecke nicht. Das praktischste Basislager ist Tha Song Yang (die Ortschaft bei Km 90 – nicht das Dorf gleichen Namens am Nordrand der Provinz Tak), weil es dort ein paar Restaurants gibt. Auch in Mae Salit, etwas weiter nördlich, findet man Unterkünfte und Verpflegung.

Thasongyang Hill Resort HOTEL $
(☎055 589088; bei km 85; Rte 105, Ban Tha Song Yang; Zi. 300–500 B; ❄📶) Diese Anlage nördlich von Tha Song Yang bietet große, moderne Zimmer in einem langgestreckten Ge-

bäude und schöne Bungalows in einem mit Blumen bepflanzten Garten. Es gibt noch ein paar ähnliche Hotels in der Gegend, aber dieses ist das hübscheste von allen.

Per-pron Resort HOTEL **$**
(☎ 08 1774 5624; 110 Mu 2; Bungalows 300–350 B) Gleich südlich von Mae Salit stehen hier ein paar rustikale Bungalows mit Ausblick auf den Mae Nam Moei.

An- & Weiterreise

Vom Busbahnhof in Mae Sot fahren *sŏrng·tăa·ou* nach Mae Sariang (200 B, 6 Std., 6–12 Uhr stündl.).

PROVINZ MAE HONG SON

Die abgelegenste Provinz Thailands ist nur über kurvenreiche Gebirgsstraßen (hier wird einem schnell übel) oder mit einem der gelegentlich stattfindenden Flüge in die Provinzhauptstadt zu erreichen. Das Land ist gebirgig, dicht bewaldet und dem Einfluss vom Meer her wehender Winde entzogen. Die Temperatur steigt selten über 40 °C, und im Januar fällt sie bis auf 2 °C. Die Luft ist oft dunstig: im Winter durch Bodennebel, in der heißen Jahreszeit aufgrund von Brandrodung. Die Provinz liegt an der Grenze zu Myanmar, deshalb sind hier ethnische Minderheiten (hauptsächlich Karen, aber auch einige Hmong, Lisu und Lahu) sowie birmanische und Shan-Immigranten aus dem Nachbarland vertreten.

Zwar ist Mae Hong Son inzwischen ein etabliertes Reiseziel, und im Gebiet um die Hauptstadt sind viele Resorts entstanden, aber nur wenige Besucher kommen weiter als bis Pai.

Pai ปาย

2000 EW.

Wer lange genug in Nordthailand ist, dem wird gewiss zu Ohren kommen, dass Pai die Khao San Rd des Nordens sei. Nun ist Letztere zwar eine Straße, aber ansonsten ähnelt der Ort tatsächlich einer Traveller-Insel ohne Strand. Es scheint mittlerweile mehr Pensionen als Privathäuser in der „Downtown" zu geben, überall findet man Trekking-Agenturen oder Restaurants, und nachts gibt's Livemusik und Partys.

Anders als die Khao San Rd oder die Inseln ist Pai (das wie „bei" ausgesprochen

Provinz Mae Hong Son

wird) aber nicht nur bei Ausländern, sondern auch bei Thais beliebt. In der Hauptsaison im Winter (Dez.–Jan.) drängen sich Tausende Thais aus Bangkok in der Stadt – in manchen Gegenden hat man eher das Gefühl, sich auf dem Chatuchak-Markt als in einem Dorf in Mae Hong Son zu befinden. In dieser Zeit sind Staus keine Seltenheit und die Unterkünfte so knapp, dass viele Leute in Zelten übernachten müssen.

Trotz alledem hat der Andrang dem Ort mit seiner Bilderbuchlage in einem Gebirgstal noch nichts anhaben können. Neben der Hauptstraße gibt's viele ruhige Unterkünfte, etliche naturnahe, entspannte Aktivitäten halten die Besucher bei Laune, es existiert eine muntere Kunst- und Musikszene, und in den Tempeln, den ruhigen Seitenstraßen und auf dem Nachmittagsmarkt ist die Verwurzelung in der Shan-Kultur noch spürbar.

Sehenswertes

Die meisten Attraktionen Pais liegen außerhalb des Zentrums, sodass es nötig ist, ein Motorrad zu mieten.

Wat Phra That Mae Yen BUDDHISTISCHER TEMPEL
(วัดพระธาตุแม่เย็น; ⏲ Sonnenaufgang–Sonnenuntergang) GRATIS Von dem Tempel oben auf ei-

Pai

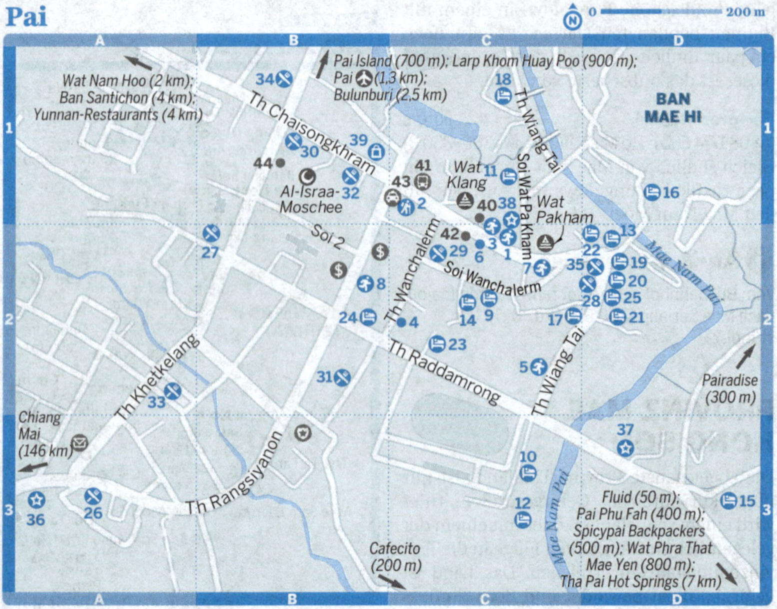

Pai

Aktivitäten, Kurse & Touren

1 Back-Trax C2
2 Duang Trekking C1
3 Pai Adventure Rafting C2
4 Pai Cookery School C2
5 Pai Traditional Thai Massage C2
6 Savoei (A Taste of Pai) C2
7 Thai Adventure Rafting C2
8 Thom's Pai Elephant Camp B2

Schlafen

9 Baankanoon C2
10 Baantawan Guest House C3
11 Breeze of Pai Guesthouse C1
12 Giant Guest House C3
13 Hotel des Artists D2
14 Mr. Jan's Guest House C2
15 Pai Chan D3
16 Pai Country Hut D1
17 Pai Fah C2
18 Pai River Villa C1
19 Pai RiverCorner D2
20 Pai Village Boutique Resort & Farm D2
21 Pai Vimaan Resort D2
22 Rim Pai Cottage D2
23 Tayai's Guest House C2
24 TTK B2
25 Villa De Pai D2

Essen

26 Baan Benjarong A3
27 Abendmarkt B2
28 Good Life D2
Khanom Jeen Nang Yong .... (siehe 3)
29 Mama Falafel C2
Maya Burger Queen .... (siehe 17)
30 Nong Beer B1
31 Om Garden Cafe B2
32 Pai Siam Bistro B1
33 Saengthongaram-Markt A2
34 Thai Style BBQ Buffet B1
TTK .... (siehe 24)
35 Witching Well D2

Unterhaltung

36 Bebop A3
37 Don't Cry D3
38 Edible Jazz C1

Shoppen

39 Straßenmarkt B1

Transport

40 Aya Service C1
41 Busbahnhof C1
42 Duan-Den C2
43 Motorradtaxistand C1
44 North Wheels B1

nem Hügel bietet sich ein schöner Blick ins Tal. Von der Hauptkreuzung geht es 1 km nach Osten zum Fuß der Treppe (353 Stufen), die zum Gipfel führt. Mit einem Fahrzeug kann man aber auch die 400 m lange befestigte Straße zum Gipfel nehmen, die einer anderen Route folgt.

Wat Nam Hoo BUDDHISTISCHER TEMPEL
(วัดน้ำฮู; Ban Nam Hoo; ⊙Sonnenaufgang–Sonnenuntergang) GRATIS Der Wat Nam Hoo liegt rund 2 km westlich von Pai und beherbergt eine heilige Buddha-Figur, aus deren Kopf einst heiliges Wasser ausgetreten sein soll. Diese Stätte ist bei thailändischen Besuchern beliebt; auf dem Gelände wird auch ein kleiner Markt abgehalten.

Ban Santichon DORF
(บ้านสันติชล) Ein belebtes chinesisches Dorf. Mit seinen kitschigen Fotomotiven, der dudelnden Musik, den Restaurants für Yunnan-Gerichte, den Teeverkostungen und Ponyritten, dem skurrilen Nachbau der Chinesischen Mauer und dem **Aussichtspunkt auf dem Berg** (Eintritt 20 B; ⊙4.30–18 Uhr) wirken Teile von Ban Santichon fast wie ein chinesisches Disneyland. Ban Santichon liegt etwa 4 km westlich von Pai.

Thermalquellen Tha Pai THERMALQUELLE
(บ่อน้ำร้อนท่าปาย; Erw./Kind 300/150 B; ⊙7–18 Uhr) Der gepflegte Park befindet sich 7 km südöstlich der Stadt auf der anderen Seite des Mae Nam Pai und ist über eine asphaltierte Straße zu erreichen. Durch den Park fließt ein schöner Bach, dessen Wasser sich hier und da mit dem Wasser der heißen Quellen mischt und angenehme Badestellen bildet. Das Wasser wird auch in ein paar in der Nähe gelegene Spas eingeleitet.

Pai Canyon NATURSCHUTZGEBIET
(กองแลนปาย) GRATIS 8 km außerhalb von Pai führt an der Straße nach Chiang Mai eine gepflasterte Treppe hinauf zu einem Aussichtspunkt hoch über den Felsklippen und dem Tal von Pai. Über einen Schotterweg kann man in die Schlucht hinuntersteigen. Da es hier aber keinen Schatten gibt, sollte man diesen Ausflug morgens oder nachmittags in Angriff nehmen.

Gedenkbrücke WAHRZEICHEN
(สะพานประวัติศาสตร์ท่าปาย; Rte 1095) Für Ausländer ist das nur eine alte Brücke, aber für Tausende Thais, die hier in der Hauptsaison anhalten, ist die Gedenkbrücke oder Memorial Bridge ein unverzichtbares Fotomotiv auf der Fahrt durch die „762 Kurven" nach Pai. Die 9 km außerhalb von Pai an der Straße nach Chiang Mai gelegene Brücke wurde im Zweiten Weltkrieg von japanischen Soldaten gebaut.

Wasserfälle

Rund um Pai gibt's ein paar Wasserfälle, die vor allem nach der Regenzeit (Okt.–Anfang Dez.) einen Besuch lohnen. Der am nächsten gelegene und meistbesuchte ist der **Nam Tok Mo Paeng** mit seinen natürlichen Badeteichen. Der Wasserfall ist über die Straße, die auch zum Wat Nam Hoo führt, von Pai insgesamt rund 8 km entfernt – zu Fuß ist das eine ganz schön lange Strecke, aber mit dem Fahrrad oder Motorrad lässt sie sich prima bewältigen. Ähnlich weit von Pai entfernt, aber genau entgegengesetzt, liegt der **Nam Tok Pembok** gleich abseits der Straße nach Chiang Mai. Am weitesten weg ist der **Nam Tok Mae Ye**. Er befindet sich an der unbefestigten Straße, die östlich aus Pai herausführt, unmittelbar hinter der Abzweigung zu Fluid – der Marsch dorthin dauert mehrere Stunden.

Aktivitäten

Massagen & Wellness

Viele Einrichtungen bieten traditionelle Thaimassagen ab etwa 150 B pro Stunde an. Reiki, Kristallheilung, Akupunktur, Reflexzonentherapie und weitere nicht-indigene Heilverfahren werden ebenfalls angeboten. Einfach Ausschau halten nach entsprechenden Schildern, Infos gibt's auch im monatlich erscheinenden *Pai Events Planner*. Außerdem nutzen ein paar der örtlichen Unternehmen, die alle ca. 1,5 km nordwestlich der Thermalquellen von Tha Pai (S. 307) angesiedelt sind, das heilkräftige Thermalwasser.

Pai Traditional Thai Massage MASSAGE
(PTTM; ☎08 3577 0498; www.pttm_2001@hotmail.com; 68/3 Soi 1, Th Wiang Tai; Massage pro 1/1½/2 Std. 180/270/350 B, Sauna 100 B, 3-tägiger Massagekurs 2500 B; ⊙9–21 Uhr) Die Einrichtung gibt's schon lange. Sie gehört Einheimischen und hat sehr gute nordthailändische Massagen im Angebot. In der Sauna (nur in der kühlen Jahreszeit) kann man in Heilkräutern schwelgen. Die dreitägigen Massagekurse beginnen jeweils montags und freitags und nehmen täglich drei Stunden in Anspruch. Das freundliche Ehepaar, das die Massagen und die Kurse durchführt, ist zer-

INSIDERWISSEN

PAI VOR DEM RUMMEL

Heute ist Pai eine beliebte Station auf der Backpackerkarte und eines der bekanntesten Reiseziele in Nordthailand. Joe Cummings, der Autor der ersten Auflage dieses Buchs über Thailand, erinnert sich noch gut, wie Pai zu Beginn der 1980er-Jahre aussah: „Der Ort bestand aus wenig mehr als ein paar Holzhäusern, Ladenhäusern und zwei Wats." Joe lebt seit dieser Zeit in Thailand. Er hat an mehr als 30 Büchern über die Region mitgearbeitet und hat auch noch eine Wohnung in Pai.

Wann kamen Sie erstmals nach Pai? Anfang 1981 mietete ich ein 250-cm³-Geländemotorrad in Chiang Mai und brach nach Mae Hong Son auf. Ich recherchierte für die erste Auflage von *Thailand* und wurde davor gewarnt, nach 17 Uhr auf der Straße unterwegs zu sein, weil dann die „Kommunisten und Banditen" aus ihren Schlupflöchern kämen.

Woran erinnern Sie sich bei Ihrem Aufenthalt? Ich übernachtete in der einzigen Herberge, die Zimmer vermietete, dem Wiang Pai Hotel. Das war ein zweistöckiges Gebäude aus Teakholz mit sechs Zimmern, einer Gemeinschaftstoilette und -dusche sowie hinten einer Opiumhöhle. Mir gefiel Pai, aber in den ganzen 1980er-Jahre glaubte ich, der Ort würde immer nur ein Zwischenstopp für Traveller auf dem Weg nach Mae Hong Son bleiben.

Was denken Sie heute über Pai? Haben Sie je bedauert, es in dem Buch erwähnt zu haben? Pai wurde aus gutem Grund so beliebt. Es handelt sich, zumindest nach meinem Geschmack, um das schönste Tal in Thailand (und inzwischen kenne ich fast alle Täler im Land). Es ist einigermaßen kühl, und man kann in der Gegend eine Menge unternehmen. Nein, ich bedauere nicht, über Pai geschrieben zu haben. Mundpropaganda breitet sich ohnehin schneller aus als Reiseführerprosa, es hätte also auch gar nichts geändert, wenn ich geschwiegen hätte.

Welche Sehenswürdigkeiten, Aktivitäten und kulinarischen Spezialitäten empfehlen Sie in Pai? Ich wandere immer noch gern rund um den Nam Tok Pembok. Und die yunnanesische Küche (S. 313) in Ban Santichon ist eine nette Abwechslung zu den thailändischen und *fa·ràng*-Gerichten im Ort.

tifiziert und hat seine Ausbildung in Chiang Mais Old Medicine Hospital absolviert.

Spa Exotic SPA
(☎053 065 722; www.spaexotic.com; 86 Mu 2, Ban Mae Hi; Thermalbad 120 B; ⏲8–23 Uhr) Bei diesem Resort wird das heiße Wasser von den Tha-Pai-Thermalquellen in die Bungalow-Bäder sowie in einen Outdoor-Pool geleitet, der auch für Nicht-Resortgäste zugänglich ist.

Pai Hotsprings Spa Resort SPA
(☎053 065748; www.paihotspringsparesort.com; 84-84/1 Mu 2, Ban Mae Hi; Thermalbad 100 B, Massage 350 B/Std.) Das Hotel im Resort-Stil bietet auch Massagen (8–17 Uhr) und Thermalbäder (6–19 Uhr) an.

Aroma Pai Spa SPA
(☎053 065745; www.aromapaispa.com; 110 Mu 2, Ban Mae Hi; Thermalbad 80 B, Spa-Anwendungen 850–1500 B; ⏲8–22 Uhr) Im Angebot sind Bäder in Einzelräumen und in einem Gemeinschaftsbecken sowie diverse Spa-Anwendungen.

Rafting & Kajakfahren

In der feuchten Jahreszeit (etwa Juni–Feb.) ist Rafting auf dem Mae Nam eine beliebte Freizeitbeschäftigung. Auf der Tour von Pai nach Mae Hong Son muss man je nach Wasserstand Stromschnellen der Klassen I bis V überwinden. In den Preisen ist alles enthalten (Rafting- und Campingausrüstung, wasserdichte Taschen, Versicherung und Verpflegung); sie liegen zwischen 1500 und 1800 B pro Person für einen eintägigen Trip und zwischen 1800 und 2500 B pro Nase für zwei Tage.

Pai Adventure Rafting RAFTING
(☎053 699385; www.thailandpai.net; 28 Th Chaisongkhram; ⏲8–22 Uhr) Die ein- und zweitägigen Wildwassertouren dieses empfehlenswerten Veranstalters können mit Wandertouren und anderen Aktivitäten kombiniert werden. Auf Wunsch gibt's auch Überlebenstraining im Dschungel.

Thai Adventure Rafting RAFTING
(☎053 699111; www.thairafting.com; Th Chaisongkhram; ⏲8–17 Uhr) Der Veranstalter unter

französischer Leitung bietet ein- und zweitägige Raftingtrips an. Auf diesen Touren werden ein Wasserfall, ein fossiles Riff und Thermalquellen besucht; übernachtet wird in dem ständigen Camp des Veranstalters am Fluss.

Back-Trax RAFTING
(☎053 699739; backtraxtour@gmail.com; 85 Th Chaisongkhram; ⏰8–22 Uhr) Das Unternehmen hat über zehn Jahre Erfahrung und bietet mehrtägige Rafting-Exkursionen, Tubing-Ausflüge, Wanderungen und natürlich auch Reiki-Kurse an.

Trekking

Geführte Wandertouren für Gruppen von zwei oder mehr Personen kosten inklusive allem zwischen ca. 800 und 1000 B pro Person und Tag. Die meisten Touren führen zu den Lisu-, Lahu- und Karen-Dörfern im benachbarten Soppong (Pangmapha) und dessen Umgebung. Die Treks kann man bei Reisebüros in den Pensionen oder bei speziellen Veranstaltern buchen. Dazu gehören auch alle oben genannten Rafting-Anbieter.

Duang Trekking TREKKING
(☎053 699101; Duang Guesthouse, Th Chaisongkhram; ⏰8–21 Uhr) Einer der alteingesessenen Anbieter von Trekkingtouren.

Noch mehr Aktivitäten

Fluid SPORTANLAGE
(Ban Mae Yen; Eintritt 60 B; ⏰9–18.30 Uhr) Schwimmbad und Sporthalle direkt vor den Toren der Stadt, ca. 600 m östlich der Brücke.

Thom's Pai Elephant Camp ELEFANTENAUSRITTE
(☎053 699286; www.thomelephant.com; Th Rangsiyanon; Elefantenausritt 800–1200 B/Pers.; ⏰8–21 Uhr) Pais etabliertestes Elefantenunternehmen hat ein Büro in der Stadt. Man kann direkt auf dem Rücken des Tieres sitzen oder in einem Sitz, bei einigen Ausritten gehört ein Bad mit den Elefanten dazu. Mit zum Paket gehört auch ein anschließendes Bad in Wannen, die mit dem Wasser der Thermalquellen gefüllt sind. Tierschützer sind der Meinung, dass diese Ausritte für die sanften Giganten schädlich sein können. Man sollte die Dickhäuter lieber bewundern statt auf ihnen herumzuklettern.

Kurse

Das Kursangebot in Pai reicht von Trommeln bis hin zu Zirkusakrobatik. Über die laufenden Veranstaltungen informieren der *Pai Events Planner* (PEP) und der **Pai Explorer** (www.paiexplorer.com).

Pai Cookery School KOCHKURS
(☎08 1706 3799; Th Wanchalerm; Kurse 600–750 B; ⏰11–13.30 & 14–18.30 Uhr) Diese Schule mit zehnjähriger Erfahrung bietet täglich diverse Kochkurse, bei denen drei bis fünf Gerichte zubereitet werden. Zum Nachmittagskurs gehört auch der Einkauf der Zutaten auf dem Markt. Interessenten müssen sich einen Tag im Voraus anmelden.

Savoei (A Taste of Pai) KOCHKURS
(☎08 5620 9918; Th Chaisongkhram; Kurse 600–800 B; ⏰9.30–13.30 & 16–20 Uhr) Die ganztägigen Kurse beinhalten einen Besuch auf dem Markt und die Zubereitung von sechs Gerichten, die halbtägigen von vier Gerichten.

Sor Wisarut THAIBOXEN
(☎08 3321 2230; www.facebook.com/SorWisarut MuayThaiGym; Ban Mae Hi; Kurse 300–400 B; ⏰8–10 & 15–17 Uhr) Wanachai und Emanuel unterrichten Thaiboxen in der rustikalen Sporthalle, die etwa 1 km außerhalb der Stadt an der Abzweigung gleich hinter dem Fluid steht.

Xhale Yoga Pai YOGA
(www.xhaleyogapai.com; 14 000 B/5 Tage) Wer eine Auszeit nötig hat, kann sich für einen Yogakurs mit fünf Übernachtungen (Mo–Sa) anmelden. Die für Anfänger und Fortgeschrittene geeigneten Kurse finden in den Gebirgsausläufern vor den Toren von Pai statt. Im Preis enthalten sind Unterkunft, großartige Verpflegung, Yoga- und Meditationskurse sowie ein Ausflug zu einer Thermalquelle in der Nähe. Der stets gut gelaunte und lächelnde Lehrer Bud ist ein wahrer Sonnenschein; das Ambiente ist herzlich, es herrscht kein Konkurrenzgetue. Die Teilnehmer werden an der Bushaltestelle Aya in Pai abgeholt.

Schlafen

Trotz mehrjährigen Wachstums ist nur ein leichter Rückgang bei der Neueröffnung von Unterkünften in Pai zu erkennen; bei unserem Besuch hieß es, es gäbe inzwischen mehr als 500 Hotels, Pensionen und Resorts. Im „Zentrum" von Pai hat sich in den letzten Jahren zwar nicht viel verändert, aber in einem Umkreis von 3 km rund um die Stadt sind einige neue Resorts entstanden. Trotz dieses riesigen Angebots ist in der Spitzensaison, wenn die thailändischen Touristen herbeiströmen (Dez.–Jan.), manchmal kaum ein Zimmer zu bekommen; dann muss man auf Zelte ausweichen (ca. 100 B). Die Preise in Pai schwanken stark: Fast alle Mittelklasse- und Spitzenklassehotels senken in der Nebensaison ihre Preise, manchmal um bis zu 60 %.

In der Stadt

Pais Beliebtheit – vor allem bei thailändischen Touristen – hat dazu geführt, dass es jetzt jede Menge Mittel- und Spitzenklassehotels gibt. Es gibt aber auch noch einige preiswerte Zimmer außerhalb des Stadtzentrums. Dort sollte man sich eine Bleibe suchen, wenn man mit der Vorfreude auf ländliche Idylle nach Pai gekommen ist.

Pai Country Hut HOTEL $

(08 7779 6541; www.paicountryhut.com; Ban Mae Hi; Bungalow inkl. Frühstück 300–800 B;) Die Bambusbungalows sind einfach, aber sauber. Die meisten verfügen über Bäder und einladende Hängematten. Die Anlage befindet sich zwar nicht unmittelbar am Fluss, ist aber die ansprechendste von mehreren ähnlichen Budgetunterkünften in Flussnähe.

TTK PENSION $

(053 698093; 8/10 Th Raddamrong; Zi. 350–450 B;) Den Zimmern dieser Unterkunft hinter dem gleichnamigen israelischen Restaurant fehlt es zwar an Sonnenlicht und Design, aber sie sind blitzblank und gut gelegen.

Mr. Jan's Guest House PENSION $

(053 699554; 18 Soi Wanchalerm; Zi. 300–1000 B;) Das Mr. Jan's ist eine der altehrwürdigsten Pensionen in Pai. Die einfachen, etwas dunklen Zimmer sind rund um einen Heilkräutergarten angeordnet.

Giant Guest House PENSION $

(053 698059; www.giantguesthouse.com; Th Wiang Tai; Bungalow 200–400 B;) Die Pension ist bestimmt nicht die komfortabelste und auch nicht die am stärksten serviceorientierte Unterkunft in Pai, doch in Sachen authentischer Hippie-Atmosphäre ist sie unschlagbar.

Pai River Villa HOTEL $$

(053 699796; pairivervillaresort@gmail.com; 7 Th Wiang Tai; Bungalow inkl. Frühstück 900–1500 B;) Dieses Hotel gehört zu den ansprechendsten Mittelklasseunterkünften in Pai. Die geräumigen, stilvoll eingerichteten Bungalows besitzen Klimaanlagen und große Balkone, auf denen man hervorragend am Flussufer mit Blick auf die Berge relaxen kann. Die Bungalows mit Ventilator sind bedeutend kleiner.

Baankanoon PENSION $$

(053 699453; www.baankanoonpai.com; 33 Soi Wanchalerm; Bungalow 500–1200 B;) Die von Einheimischen betriebene Anlage besteht aus 14 hellen Doppel- und Einzelbungalows, die rund um einen etwa 100 Jahre alten *kà·nŭn* (Jackfruchtbaum) angeordnet sind. Sie sind ruhig, sauber und gemütlich.

Pai Fah HOTEL $$

(08 8409 1151; 77 Th Wiang Tai; Zi. 900–1200 B; @) Dieses Hotel, das sich als „Boutiquehaus" bezeichnet, bietet nahe dem Zentrum des Geschehens 14 einfache, aber helle und saubere Zimmer in einer zweistöckigen Villa – die Quartiere mit Klimaanlage sind teurer.

Breeze of Pai Guesthouse HOTEL $$

(08 1998 4597; www.facebook.com/BreezeOfPai; Soi Wat Pa Kham; Zi. 500 B, Bungalow 800 B;) Die gepflegte Anlage in Flussnähe besteht aus neun einfachen, aber sauberen und geräumigen Zimmern und sechs Nurdachbungalows. Man wohnt unweit des Getümmels, bleibt aber vom Lärm verschont. Wegen der treuen Stammkundschaft sollte man vorher reservieren.

Tayai's Guest House PENSION $$

(053 699579; off Th Raddamrong; Zi. & Bungalow 800–1200 B;) Einfache, aber saubere Zimmer und Bungalows mit Ventilator oder Klimaanlage in einer ruhigen, grünen Anlage abseits der Hauptstraße.

Villa De Pai HOTEL $$

(053 699109; www.villadepai.net; 87/1 Th Wiang Tai; Bungalow 1000–2000 B;) Eine Ansammlung alter und neuer, sauberer, gut gelegener Bungalows am Fluss. In der Hauptsaison ist das Frühstück im Preis enthalten.

★ **Pai Village Boutique Resort & Farm** HOTEL $$$

(053 698152; www.paivillage.com; 88 Th Wiang Tai; Bungalow inkl. Frühstück 1900–3200 B; @) Die gut gepflegte Anlage besteht aus 26 Holzbungalows, die im Garten verstreut an kurvigen Wegen stehen. Die Zimmer sind eher klein, haben aber vom Fußboden bis zur Decke reichende Schiebefenster, große, schicke Bäder und geräumige Terrassen mit Rattanmatten und Dreieckskissen,

um das Grün rundherum richtig genießen zu können. Außerhalb der Saison kann man enorme Preisnachlässe aushandeln.

Baantawan Guest House HOTEL $$$
(☎053 698116; www.baantawanpai.com; 117 Th Wiang Tai; Zi. inkl. Frühstück 1200–3000 B, Bungalow inkl. Frühstück 2000–3000 B; ❄@📶) Die älteren und charmanteren zweistöckigen, am Fluss stehenden Bungalows aus wiederverwertetem Teakholz sind der eigentliche Grund, hier zu übernachten. In einem großen, zweistöckigen Gebäude gibt es außerdem noch geräumige (und preiswertere) Zimmer. Der Service ist erstklassig. Die Unterkunft befindet sich an einem relativ abgeschiedenen (will heißen ruhigen) Abschnitt des Flusses.

Rim Pai Cottage HOTEL $$$
(☎053 699133; www.rimpaicottage.com; 99/1 Th Chaisongkhram; Bungalow 1500–3500 B; ❄📶) Die gemütlichen Bungalows (Okt.–Feb. inkl. Frühstück) stehen an einem abgeschiedenen, herrlich bewaldeten Abschnitt des Nam Pai. Man findet am Ufer viele gemütliche Plätzchen zum Relaxen, die ganze Anlage wirkt wie ein idyllisches Dorf. Ein Tipp: Die alten Bungalows aus Holz haben sehr viel mehr Flair als die neuen Betonbungalows.

Hotel des Artists HOTEL $$$
(☎053 699539; www.hotelartists.com; 99 Th Chaisongkhram; Zi. inkl. Frühstück 4000–4800 B; ❄📶) Das alte Shan-Wohnhaus wurde in ein hübsches Boutiquehotel umgewandelt. Die 14 etwas engen Zimmer verbinden asiatische und europäische Gestaltungselemente auf geschmackvolle Art. Die Doppelbetten stehen auf einer erhöhten Plattform. Alle Zimmer haben Balkone, die Zimmer mit Flussblick sind etwas größer und teurer.

Pai RiverCorner HOTEL $$$
(☎053 699049; www.pairivercorner.com; 94 Th Chaisongkhram; Zi. inkl. Frühstück 3900–6400 B; ❄📶🏊) Die neun Zimmer prunken mit schönen thailändischen Möbeln, wundervollen Farben und vielen luxuriösen Details – sie sind definitiv *die* Bleibe für Designfans. Alle Zimmer haben Balkone zum Ufer hin, einige auch Lounges und Wellnessbäder.

Pai Vimaan Resort HOTEL $$$
(☎053 699403; www.paivimaan.com; 73 Th Wiang Tai; Zi. inkl. Frühstück 2500–300 B, Bungalow inkl. Frühstück 5000–6000 B; ❄📶) Das Highlight sind die fünf riesigen, mit Klimaanlage, Jacuzzi, TV und weiteren modernen Annehmlichkeiten ausgestatteten Zeltbungalows am Flussufer – Camping in neuer Dimension. Die zweistöckigen Bungalows sind hell und luftig; von den Zimmern im Obergeschoss hat man einen tollen Blick auf den Fluss. Im hölzernen Haupthaus gibt es ebenfalls Zimmer.

Außerhalb der Stadt

Wer ein eigenes Fahrzeug hat, findet außerhalb des Zentrums von Pai viele Unterkünfte. Die meisten sind auf thailändische und nicht so sehr auf ausländische Touristen ausgerichtet. Es handelt sich somit überwiegend um Anlagen der mittleren und gehobenen Preisklasse mit Bungalows, die über eine Klimaanlage verfügen.

Amy's Earth House PENSION $
(☎08 6190 2394; www.amyshouse.net; Ban Mae Khong; B 200 B, Bungalow 400–600 B; 📶) Das Amy's beansprucht für sich, die erste Lehmziegelunterkunft in Pai zu sein. Die einfachen, aber geräumigen Lehmbungalows mit Open-Air-Duschen stehen an einem landschaftlich schön gestalteten Hang mit Blick übers Tal. Das Hotel ist ca. 3,5 km vom Stadtzentrum entfernt an der Straße nach Mae Hong Song – Ausschau halten nach der gut ausgeschilderten Abzweigung direkt hinter der Start- und Landebahn des Flughafens, ca. 1,3 km von Pai!

Spicypai Backpackers HOTEL $
(☎08 5263 5147; www.spicyhostels.com; Mae Yen; B 150 B; 📶) Die Bambusschlafsäle sehen aus, als stammten sie aus einer Folge von *Survivor*. In den Gemeinschaftsbereichen mit Küche und Feuerstelle setzt sich das rustikale Ambiente fort. Die Unterkunft liegt ca. 750 m östlich des Mae Nam Pai, gleich abseits der Straße, die zu den Thermalquellen von Thai Pai führt.

★ **Bueng Pai Farm** PENSION $$
(☎08 9265 4768; www.paifarm.com; Ban Mae Hi; Bungalow 1000–2000 B; 📶🏊) Die zwölf geräumigen, in ländlicher Umgebung gelegenen Bungalows mit Ventilator sind strategisch günstig und ansprechend um einen großen Teich mit Süßwasserfischen angeordnet. Es gibt einen Pool, eine Gemeinschaftsküche, Angelausrüstung und in den Wintermonaten außerdem noch ein Lagerfeuer. Das Bueng Pai befindet sich ca. 2,5 km östlich von Pai, abseits der Straße, die zu den Thermalquellen von Thai Pai führt. Nach dem Schild Ausschau halten!

ABSEITS DER ÜBLICHEN PFADE

MAE-HONG-SON-RUNDTOUR

Eine der beliebtesten Motorradtouren in Nordthailand ist die Umgehungsstraße, die in Chiang Mai beginnt, durch die ganze Provinz Mae Hong Son führt und schließlich wieder in Chiang Mai endet – eine Rundtour von fast 600 km.

Die Mae-Hong-Son-Rundtour beginnt eigentlich 34 km nördlich von Chiang Mai, wenn man in die Rte 1095 abbiegt und sich gleich in die erste von 1864 Kurven legt. Nun geht es sofort bergauf. Man kommt nur langsam voran, aber das Gute an dieser Strecke ist, dass es eine große Auswahl von Übernachtungsmöglichkeiten gibt. Viele der Städte mit guten Unterkünften und Restaurants liegen keine 70 km auseinander, sodass Motorradfahrer die Chance haben, ihren Adrenalinspiegel auch wieder zu senken. Gut übernachten kann man beispielsweise in Pai, 130 km von Chiang Mai entfernt, in Soppong, weitere 40 km entfernt, und in Mae Hong Son, 65 km von Soppong entfernt.

Wenn man Khun Yuam, 70 km südlich von Mae Hong Son, erreicht hat, hat man die Qual der Wahl. Entweder man nimmt die Rte 1263 nach Mae Chaem und fährt über den Doi Inthanon, den höchsten Gipfel des Landes, zurück nach Chiang Mai, oder man fährt weiter gen Süden nach Mae Sariang und folgt der Rte 108 über Hot zurück nach Chiang Mai. Die Entfernungen zwischen den einzelnen Städten sind hier allerdings größer, auch sollte man für diese Strecke ein stärkeres, komfortableres Motorrad haben.

Ein ausgezeichneter Reisebegleiter ist die *Mae Hong Son Loop Guide Map* von Golden Triangle Rider, die in fast allen Buchläden in Chiang Mai erhältlich ist. In der Karte finden sich Angaben zu den Entfernungen zwischen den einzelnen Orten an der Strecke sowie Tipps zu möglichen Abstechern und sonstige hilfreiche Infos.

★ Pairadise HOTEL $$

(☎053 698065; www.pairadise.com; Ban Mae Hi; Bungalow 900–1500 B; ❄📶🏊) Das gepflegte Resort thront auf einem Bergrücken direkt vor den Toren der Stadt über dem Pai-Tal. Die stilvollen, geräumigen Bungalows sind mit vergoldeten Lotus-Wandmalereien verziert, haben schöne, rustikale Bäder und Terrassen mit Hängematten. Sie sind alle um einen von einer Quelle gespeisten Badeteich angeordnet. Das Hotel befindet sich ca. 750 m östlich des Mae Nam Pai; auf das Schild gleich hinter der Brücke achten!

Pai Chan HOTEL $$

(☎08 1180 3064; www.paichan.com; Ban Mae Hi; Bungalow inkl. Frühstück 500–1400 B; 📶🏊) Vom Parkplatz aus macht das Pai Chan nicht viel her, bei näherem Hinsehen entdeckt man aber die schönen, komfortablen, stabil gebauten Holzbungalows. Ihnen fehlt es zwar an modernen Annehmlichkeiten (z. B. einer Klimaanlage), aber das machen Balkone mit Blick über Reisfelder oder einen einladenden Pool wieder wett. Das Hotel liegt ca. 200 m östlich des Mae Nam Pai.

PuraVida HOTEL $$

(☎08 9635 7556; www.puravidapai.com; Wiang Nua; Bungalow inkl. Frühstück 1430 B; ❄📶) Ein freundliches niederländisch-thailändisches Ehepaar betreibt die Anlage mit acht niedlichen Bungalows, die auf einem gepflegten Hang im ruhigen Viertel Wiang Nua stehen. Der „Flitterwochen"-Bungalow steht etwas isolierter. Alle Zimmer sind mit Klimaanlage, TV, Kühlschrank und Warmwasser ausgestattet. Das Hotel liegt rund 4 km vom Ortszentrum entfernt abseits der Straße nach Mae Hong Song – die gut ausgeschilderte Abzweigung befindet sich rund 1 km außerhalb von Pai.

Sipsongpanna HOTEL $$

(☎053 698259; www.facebook.com/paisipsongpanna; Wiang Nua; Bungalow inkl. Frühstück 1000–1200 B; ❄📶) Die fünf Lehmziegelbungalows am Flussufer sind rustikal und etwas skurril. Sie sind in bunten Farben gehalten, die Betten stehen auf Podesten, und die Glasschiebetüren öffnen sich zu großen Balkonen. Es gibt auch noch ein paar originale Holzbungalows, die aber nach und nach durch neue ersetzt werden. Das Hotel liegt etwa 2,5 km vom Stadtzentrum entfernt an der Straße nach Mae Hong Son – Ausschau halten nach der gut ausgeschilderten Abzweigung, die sich ca. 1 km außerhalb von Pai befindet!

Pai Phu Fah HOTEL $$

(☎08 1906 2718; www.paiphufah.com; Ban Mae Hi; Zi. & Bungalow 300–1500 B; ❄📶) Hier gibt's eine recht ordentliche Auswahl von Bungalows und Zimmern in ruhiger, ländlicher Umgebung am Rand eines bilderbuchmäßigen Reisfelds. Das Hotel befindet sich ca. 650 m östlich des Mae Nam Pai an der Straße, die zu den Thermalquellen von Thai Pai führt.

Phu Pai HOTEL $$$
(☎ 053 065111; www.phupai.com; Mae Na Theung; Bungalow inkl. Frühstück 2100–3800 B; ❄📶🏊) Die schöne, sich selbst als „Kunstresort" bezeichnende, idyllisch wirkende Anlage bietet 40 Luxusbungalows in ortstypischem Stil. Das Highlight ist die Aussicht: Die meisten Bungalows stehen direkt an Reisfeldern, und vom Infinity-Pool genießt man den Blick übers Pai-Tal.

Das Hotel befindet sich ungefähr 4 km vom Stadtzentrum entfernt an der Straße nach Mae Hong Son. Um hin zu kommen, sollte man nach der gut ausgeschilderten Abzweigung gleich hinter der Start- und Landebahn des Flughafens, ca. 1,3 km von Pai entfernt, Ausschau halten.

Bulunburi HOTEL $$$
(☎ 053 698302; www.bulunburi.com; Ban Pong; Bungalow inkl. Frühstück 1300–4500 B; ❄@📶🏊) Die verführerisch idyllische Lage in einem kleinen Tal mit Reisfeldern und Bächen ist genauso verlockend wie die hübsche Unterkunft. Die elf Bungalows – von kleinen Zimmern mit Ventilator bis zu großen Häusern mit zwei Schlafzimmern – sind gut ausgestattet und stilvoll.

Das Hotel liegt rund 2,5 km außerhalb des Zentrums an der Straße nach Mae Hong Son – die gut ausgeschilderte Abzweigung befindet sich rund 1 km hinter Pai.

Pripta HOTEL $$$
(☎ 053 065750; www.pripta.com; 90 Mu 3, Mae Hi; Bungalow inkl. Frühstück 3500–5000 B; ❄📶) Diese Anlage am Hang hat zwölf schicke Bungalows am Rand des Pai-Tals zu bieten. Die riesigen, hohen Zimmer haben große Balkone mit Outdoor-Badewannen, die mit Wasser aus den nahe gelegenen Thermalquellen gespeist werden. Die Unterkunft befindet sich ca. 7 km von Pai entfernt zwischen den Thermalquellen von Tha Pai und der Rte 1095.

Pai Island RESORT $$$
(☎ 053 699999; www.paiislandresort.com; Bungalow inkl. Frühstück 5000–6500 B; ❄📶🏊) In diesem beliebten Resort vermischen sich die Stile der pazifischen Inselregion mit denen Afrikas. Die zehn freistehenden, gemütlichen Luxusvillen befinden sich auf durch Brücken miteinander verbundenen Inseln und sind mit Jacuzzi und großen, halboffenen Bädern ausgestattet. Die Anlage liegt ca. 700 m nördlich der Stadt an der Straße nach Mae Hong Son.

Pai Treehouse HOTEL $$$
(☎ 08 1911 3640; www.paitreehouse.com; Mae Hi; Bungalow inkl. Frühstück 1000–6500 B; ❄📶) Auch wenn es nicht gelingt, eines der drei immer begehrten Baumhäuser zu ergattern, gibt es hier noch einige andere schöne Bungalows, von denen viele nah am Fluss stehen. Auf dem weitläufigen Gelände leben Elefanten, und auf dem Mae Nam Pai schwimmen Flöße – kurz: Es herrscht eine familienfreundliche Atmosphäre. Das Resort liegt 6 km östlich von Pai, kurz vor den Thermalquellen von Tha Pai.

✕ Essen

Auf den ersten Blick hat Pai eine eindrucksvolle Sammlung von Restaurants, aber nach ein paar Mahlzeiten wird klar, dass die Qualität des Essens im Allgemeinen ziemlich mittelmäßig ist.

Vormittags bekommt man Essen zum Mitnehmen auf dem **Saengthongaram-Markt** (Th Khetkelang; Hauptgerichte 30–60 B; ⏲6–11 Uhr). Leckere lokale Take-Aways gibt's auf dem **Abendmarkt** (Th Raddamrong; Hauptgerichte 30–60 B; ⏲15–19 Uhr), der jeden Nachmittag zwischen 15 Uhr und Sonnenuntergang stattfindet. Später am Abend stehen in der Touristensaison Stände und umgebaute VW-Busse in der Th Chaisongkhram und der Th Rangsiyanon; da werden alle möglichen Gerichte und Getränke verkauft.

★ Larp Khom Huay Poo NORDTHAILÄNDISCH $
(Ban Huay Pu; Hauptgerichte 50–80 B; ⏲9–20 Uhr) In diesem Restaurant kann man den Weizengras- und Tofu-Essern entkommen, denn hier steht Fleisch und nochmal Fleisch auf der Speisekarte. Die Spezialität des Hauses (ein absolutes Muss) ist *larp moo kua*, nordthailändisches *lâhp* (gebratenes Schweinehack mit regionalen Kräutern und Gewürzen). Dazu gibt's einen Korb mit Klebreis, einen Teller mit bitteren Kräutern und ein eiskaltes Singha – Besseres gibt's in ganz Pai nicht. Das Restaurant liegt etwa 1 km nördlich der Stadt an der Straße nach Mae Hong Son.

★ Yunnan-Restaurants CHINESISCH $
(keine Ausschilderung in lateinischen Buchstaben; Hauptgerichte 30–250 B; ⏲7–20 Uhr) Mehrere

Freiluftrestaurants in Ban Santichon (4 km westl. von Pai) servieren traditionelle Gerichte der yunnanesischen Einwohner der Stadt. Typisch sind *màntŏ* (gedämpfte Brötchen), die hier mit in chinesischen Kräutern geschmorter Schweinehaxe serviert werden, hausgemachte Nudeln und mehrere Gerichte mit lokalen Gemüsesorten und Exotischem wie Seidenhuhn.

Om Garden Cafe INTERNATIONAL $

(abseits der Th Raddamrong; Hauptgerichte 60–120 B; ⏲ Di–So 8.30–17 Uhr; 🖉) Frisch gepresste Säfte, internationale vegetarische Speisen, Gäste, die barfuß sind und/oder auf der Flöte spielen: Hier gibt's einfach alles, was man von einem Ort namens Om Garden erwartet – sogar gutes Essen. Die Speisen reichen von orientalischen Mezze über Burritos zum Frühstück bis hin zu Salaten und Backwaren.

Witching Well INTERNATIONAL $

(www.witchingwellrestaurant.com; 97 Th Wiang Tai; Hauptgerichte 70–150 B; ⏲ 8–22 Uhr; 📶🖉) In dieses von Ausländern geführte quirlige Lokal geht man, wenn einem der Sinn nach echten Sandwiches, Pasta, Kuchen und Gebäck steht. Hier gibt's auch guten Kaffee und richtige Frühstücksgerichte, die man sonst nirgendwo in Pai findet.

Maya Burger Queen AMERIKANISCH $

(www.facebook.com/MayaBurgerQueen; Th Wiang Tai; Hauptgerichte 90–1450 B; ⏲ 14–22 Uhr; 🖉) Burger sind in Pai der absolute Renner, und die besten gibt's wahrscheinlich im Maya. Hier ist alles hausgemacht, von den weichen, leicht süßlichen Brötchen bis zu der gehaltvollen Knoblauchmayonnaise, die zu den dick geschnittenen Fritten gereicht wird.

Good Life INTERNATIONAL $

(Th Wiang Tai; Hauptgerichte 35–190 B; ⏲ 8–23 Uhr; 📶🖉) Kefir, Kombucha, Rübensaft und Weizengras sagen eigentlich alles über die Atmosphäre in diesem beliebten Café. Aber keine Angst: Es gibt auch Softdrinks und eine lange Speisekarte mit thailändischen und internationalen Gerichten, viele auch ohne Fleisch.

TTK ISRAELISCH $

(The Thai Kebab; Th Raddamrong; Hauptgerichte 100–180 B; ⏲ 8.30–21.30 Uhr; 📶🖉) Auf der umfangreichen Karte stehen typische und ausgefallene israelische Speisen und obendrein ein paar Frühstücksgerichte.

Cafecito TEX-MEX $

(www.facebook.com/cafecitopai; Hauptgerichte 70–160 B; ⏲ Fr–Mi 9–18 Uhr; 🖉) Tacos, Burritos und Quesadillas – im Cafecito werden Tex-Mex-Gerichte und viel Vegetarisches unter amerikanischer Leitung serviert. Das Lokal fungiert auch als Café. Es befindet sich ca. 600 m südlich der Th Rangsiyanon in der nicht beschilderten Straße neben dem Polizeirevier von Pai.

Khanom Jeen Nang Yong THAI $

(Th Chaisongkhram, keine Ausschilderung in lateinischen Buchstaben; Hauptgerichte 25–30 B; ⏲ 7–22 Uhr) Die Spezialität des Hauses sind *kà·nŏm jeen* (dünne Reisnudeln mit einer curryartigen Brühe nach Wahl). Das Restaurant befindet sich in dem gleichen Gebäude wie Pai Adventure Rafting.

Nong Beer THAI $

(Ecke Th Khetkalang & Th Chaisongkhram; Hauptgerichte 40–200 B; ⏲ 8–20 Uhr) Alteingesessenes Restaurant für preiswerte und authentische Thai-Gerichte von *kôw soy* bis zu Currys mit Reis.

Mama Falafel ISRAELISCH $

(Soi Wanchalerm; Menü 100–110 B; ⏲ Mo–Sa 14.30–22 Uhr; 📶🖉) Seit 2002 serviert die freundliche, aus Pai stammende Betreiberin schmackhafte Falafel, Hummus, Schnitzel und andere typisch israelische Gerichte. Die Menüs sind sowohl in Sachen Quantität als auch in puncto Qualität unschlagbar.

Pai Siam Bistro INTERNATIONAL $

(Th Chaisongkhram; Hauptgerichte 70–140 B; ⏲ 9–22 Uhr; 📶🖉) In dem gemütlichen Lokal werden die üblichen international angehauchten Thai-Gerichte und Specials mit mediterranem Touch sowie einfache Kuchen und Gebäckstücke serviert.

Baan Benjarong ZENTRALTHAILÄNDISCH $$

(179 Th Rangsiyanon; Hauptgerichte 90–170 B; ⏲ 11–21 Uhr) Man sollte es den einheimischen Familien gleichtun und diesem klassischen Restaurant am Rand eines Reisfelds einen Besuch abstatten. Speisen wie geschmorte, gesalzene Krabben in Kokosmilch und Salat aus Bananenblüten, Shrimps und Hähnchenfleisch gehören zu den besseren in der ganzen Stadt.

Thai Style BBQ Buffet THAI $$

(Th Khetkelang; 150 B/Pers.; ⏲ 16–22 Uhr) Wie der Name des Restaurants verrät, handelt es sich hier um *mŏo gà·tá*, das in Nordthailand so beliebte Selbstbedienungs-Barbecue.

Doch anders als in den meisten Lokalen ist hier die Fleisch- und Gemüsequalität gut, außerdem wird Livemusik geboten.

Ausgehen & Unterhaltung

Es gibt Dutzende Bars in Pai, von denen viele allerdings anscheinend nur die Lebensdauer von Fruchtfliegen haben. Aber keine Angst, es gibt in der Stadt und auch in der Umgebung ein paar interessante, bereits länger bestehende Bars mit Livemusik!

Edible Jazz LIVEMUSIK
(www.ediblejazz.com; Soi Wat Pa Kham; ⏲16–23 Uhr) Hier kann man jeden Abend gegen 20.30 Uhr bei Gitarrenmusik eine Katze streicheln und ein Bier schlürfen. Je nachdem, wer gerade in der Stadt ist, kann der Open-Mike-Abend am Sonntag überraschend gut sein.

Bebop LIVEMUSIK
(Th Rangsiyanon; ⏲20–1 Uhr) Dieser legendäre Schuppen ist bei Einheimischen und Travellern beliebt und bietet abends (ab etwa 22 Uhr) Livemusik. Gespielt werden Blues, R&B und Rock.

Don't Cry BAR
(Th Raddamrong; ⏲18 Uhr–open end) Diese auf der anderen Seite des Flusses gelegene Reggae-Bar erinnert an die Bars in Ko Phangan. Der total coole Laden fungiert auch als Club mit Livemusik und ist geöffnet, bis sich der allerletzte Gast auf den Heimweg macht.

Shoppen

Straßenmarkt MARKT
(Th Chaisongkhram & Th Rangsiyanon; ⏲18–22 Uhr) In der Touristensaison (Nov.–Feb.) gibt's im Stadtzentrum allabendlich einen Straßenmarkt.

Praktische Informationen

Internetcafés gehören zwar einer aussterbenden Gattung an, aber es gibt dennoch ein paar am westlichen Ende der Th Chaisongkhram (20–30 B/Std.).

In der Th Rangsiyanon und der Th Chaisongkhram sind mehrere Wechselstuben und Geldautomaten zu finden.

Der **Pai Explorer** (www.paiexplorer.com) ist der kostenlose englischsprachige Stadtplan. Der *Pai Events Planner* (PEP) ist ein kostenloses, monatlich erscheinendes Blatt, das Informationen über kulturelle Events, Reiseziele und die Neueröffnungen von Kneipen und Restaurants enthält; man kriegt ihn problemlos überall in der Stadt.

AUSGEHEN IN PAI 101

Zur allgemeinen Orientierung: Die meisten Open-Air-Cocktailbars, oft auch rund um einen VW-Bus, befinden in der Th Chaisongkhram. Pais höchste Konzentration von Bars mit Reggae-Vibe ist in der Th Wiang Tai. In der Th Rangsiyanon gibt's Restaurantbars im Gasthausstil mit unterschiedlicher Musikberieselung und Abendessen. Ein paar Freiluftbars à la Reggae sind am östlichen Ende der Th Raddamrong gleich jenseits der Brücke zu finden.

An- & Weiterreise

BUS & MINIBUS

Von Pais winzigem **Busbahnhof** (Th Chaisongkhram) fahren langsame Busse (mit Ventilator) die folgenden Ziele an:

Chiang Mai 80 B, 3–4 Std., 12 Uhr
Mae Hong Son 80 B, 3–4 Std., 11 Uhr
Soppong (Pangmapha) 45 B, 1½ Std., 11 Uhr

Außerdem starten hier effizientere Kleinbusse nach Chiang Mai und zu Zielen in Mae Hong Son:

Chiang Mai 150 B, 3 Std., 7–17 Uhr stündl.
Mae Hong Son 150 B, 2½ Std., 8.30 Uhr
Soppong (Pangmapha) 100 B, 1 Std., 8.30 Uhr

Aya Service und Duan-Den fahren mit klimatisierten Kleinbussen nach Chiang Mai (150–200 B, 3 Std., 7–17.30 stündl.).

FLUGZEUG

Pais Flughafen befindet sich ca. 1,5 km nördlich der Stadt an der Rte 1095. Zum Zeitpunkt der Recherchen flog nur **Kan Air** (☎053 699955, landesweit 025 516111; www.kanairlines.com; Pai Airport; ⏲8.30–17.30 Uhr) von/nach Chiang Mai. Alternativ bietet Air Asia einen Bustransfer vom Chiang Mai International Airport (1990 B, 20 Min., 11 Uhr) nach Pai (Dez.–März tgl., April–Nov. Fr, Sa & So).

Unterwegs vor Ort

Der größte Teil Pais lässt sich zu Fuß erkunden. Motorradtaxis warten am Taxistand gegenüber vom Busbahnhof auf Fahrgäste. Die Preise liegen bei 50 B nach Ban Santichon und bei 100 B nach Nam Tok Mo Paeng. Für Ausflüge kann man in der Stadt Fahrräder und Motorräder mieten.

Aya Service (☎053 699888; www.ayaservice.com; 22/1 Th Chaisongkhram; Motorrad 100–1800 B/24 Std.; ⏲7–22 Uhr) Großer Anbieter mit mehr als 100 Bikes.

Duan-Den (☎053 699966; 20/1 Th Chaisongkhram; 100–250 B/24 Std.; ⏲7–21 Uhr) Hier gibt's viele kleinere Motorräder.

North Wheels (☎094 7196119; www.northwheels.com; Th Khetkelang; Motorrad/Auto pro 24 Std. 140/1200 B; ⊙8–20 Uhr) Vermietet Motorräder und Autos.

Soppong สบป่อง

Soppong, das manchmal auch Pangmapha genannt wird, was sich eigentlich auf den gesamten Distrikt bezieht, ist ein kleines Marktdorf und liegt ein paar Stunden nordwestlich von Pai und etwa 70 km von Mae Hong Son entfernt. Viel zu sehen gibt es hier nicht, aber das umliegende Gebiet ist von dichten Wäldern, rauschenden Strömen und atemberaubenden Kalksteinvorsprüngen geprägt. Vor allem aber ist dies die beste Gegend in Thailand, wenn es um Höhlenwanderungen geht.

Außerdem gibt es hier noch mehrere Dörfer der Shan, Lisu, Karen und Lahu, die man bequem zu Fuß erreichen kann.

Sehenswertes & Aktivitäten

Wer am Dienstagvormittag in Soppong ist, kann den rustikalen **Markt** besuchen.

Die besten Infos über Höhlenwanderungen und Trekkingtouren in der Umgebung bekommt man von dem Betreiber der Cave Lodge (S. 318). Hier kann man erfahrene einheimische Führer anheuern, es lassen sich auch empfehlenswerte Kajak-, Wander- und Höhlentouren organisieren. Die Lodge befindet sich 9 km von Soppong entfernt in der Nähe der Höhle Tham Lot, die von allen in der Umgebung gelegenen Höhlen am leichtesten zugänglich ist.

Schlafen & Essen

Alle Unterkünfte sind deutlich durch Hinweisschilder kenntlich gemacht, die meisten liegen an der Hauptstraße von Soppong. Zu praktisch jeder Unterkunft gehört ein angeschlossenes Restaurant, doch von diesen Lokalen abgesehen ist die Restaurantauswahl dürftig.

★ **Soppong River Inn** HOTEL **$$**
(☎053 617107; www.soppong.com; Rte 1095; Zi. & Bungalow 200–2450 B; ❄@📶) Mit Zimmern in ein paar großen Gebäuden am Ufer und einer Handvoll freistehender schlichter Bungalows ist diese Herberge die attraktivste in Soppong. Die Unterkünfte liegen in einem üppigen Garten mit gewundenen Wegen; sie haben viel Atmosphäre und sind alle etwas anders eingerichtet. Das River Rim Cottage mit dem eigenen Balkon direkt über dem Fluss ist besonders empfehlenswert. Es liegt am westlichen Ortsrand in Gehentfernung vom Busbahnhof.

Little Eden Guesthouse HOTEL **$$**
(☎053 617054; www.littleeden-guesthouse.com; Rte 1095; Zi. & Bungalow 400–1800 B; ❄@📶🏊) Die fünf um einen schönen Pool angeordneten Nurdach-Bungalows sind gut gepflegt und haben Warmwasserduschen. Die vier Zimmer in dem neuen Gebäude sind geräumig und ansprechend. Was diesen Ort aber zu etwas Besonderem macht, sind die wunderschönen zweistöckigen „Häuser". Sie sind perfekt für Familien oder Gruppen, sind stilvoll dekoriert und bieten Wohnzimmer, lauschige Winkel und Terrassen mit Hängematten.

Baan Cafe Nature Resort HOTEL **$$**
(☎053 617081; khunjui@yahoo.com; Rte 1095; Zi. 600 B, Bungalow 1200 B; 📶) In der Nähe der Brücke, rund 750 m westlich von Soppongs Bushaltestelle, bietet diese Anlage makellose Zimmer und hausgroße Bungalows in einer Parkanlage am Nam Lang. Die Bungalows verfügen über Kamine und Balkone mit Blick auf den Fluss und sind ein echtes Schnäppchen. Das Baan Cafe ist zugleich eines der besseren Restaurants (7.30–19.30 Uhr) im Ort und serviert Kaffee aus regionalem Anbau.

Lemonhill Garden PENSION **$$**
(☎053 617039; Rte 1095; Zi. & Bungalow 500–1500 B; ❄📶) Wegen der Lage gegenüber vom Busbahnhof ist diese Pension wohl die beliebteste in Soppong, obwohl es schönere gibt. Im Angebot ist eine bunte Palette von Zimmern und Bungalows – man sollte sich erst ein paar anschauen, bevor man sich entscheidet. Ein Restaurant gibt's (7–18 Uhr) auch.

Rock RESORT **$$$**
(☎053 617134; www.therockresort.com; Rte 1095; Zi. & Bungalow inkl. Frühstück 800–2500 B; ❄📶) Diese Unterkunft, die man kaum übersehen kann, befindet sich ca. 1,5 km westlich der Stadt. Die Bungalows verteilen sich über ein gepflegtes Grundstück an dem mit Felsformationen gesprenkelten Flussufer. Außerdem gibt es ein Zimmer mit TV, Kühlschrank und Klimaanlage. Eine Hängebrücke verbindet das Gelände mit dem angrenzenden Blumengarten. Das Rock ist auf thailändische Touristen ausgerichtet, die Verständigung auf Englisch könnte ein Problem sein.

ABSEITS DER ÜBLICHEN PFADE

DIE HÖHLEN VON PANGMAPHA

Das 900 km² große Gebiet des Distrikts Pangmapha ist bekannt für seine vielen Höhlensysteme, von denen bisher mehr als 200 entdeckt wurden. Neben der Tham Lot ist die **Tham Nam Lang**, 20 km nordwestlich von Soppong in der Nähe von Ban Nam Khong, eine der berühmtesten. Sie ist 8,5 km lang und soll in puncto Volumen einer der größten Höhlenzüge weltweit sein.

Viele der Höhlen sind eigentlich unterirdische Flussläufe, einige sogar mit Wasserfällen, Seen und „Sandstränden". *Cryptotora thamicola*, ein augenloser, nur in Höhlen lebender Fisch, der die Wasserfälle hinaufklettern kann und eine eigene Gattung bildet, kommt weltweit nur in zwei Höhlen vor, die beide in Pangmapha liegen. In anderen Höhlen gibt es aufgrund toxischer Gase oder wegen Sauerstoffmangels wenig oder gar kein Leben.

In mehr als 85 der 200 Kalksteinhöhlen des Distrikts stehen uralte Särge, die aus ganzen Teakholzstämmen gefertigt wurden. Die bis zu 9 m langen Särge ruhen meist auf Holzgerüsten in den Höhlen. Datierungen mit der Radiokarbonmethode haben ein Alter von 1200 bis 2200 Jahren ergeben. Die Sargenden sind fast immer mit Schnitzereien verziert; thailändische Archäologen haben wenigstens 50 verschiedene Muster feststellen können. Die hiesigen Shan nennen diese Begräbnishöhlen *tâm pěe* (Geisterhöhlen) oder *tâm pěe maan* (Sarghöhlen). Man weiß nicht, wer die Särge hergestellt hat und warum sie in die Höhlen gebracht wurden. Immerhin lässt sich daraus, dass sich in den meisten Höhlen weniger als zehn Särge befinden, die Vermutung herleiten, dass nur bestimmte Personen das Recht auf eine so aufwendige Bestattung hatten. Ähnliche Särge wurden in Karstregionen westlich von Bangkok und auch auf Borneo, in China und auf den Philippinen gefunden. Mehr Särge aus jener Epoche als in Pangmapha findet man aber nirgendwo.

Am leichtesten zu besichtigen sind die **Sarghöhle** (Rte 1095; Eintritt 20 B; ⌚8.30–17 Uhr) gleich hinter dem Pangmapha Hospital, 2 km westlich von Soppong, sowie die Sarghöhlen in der 9 km nordöstlich von Soppong gelegenen Tham Lot. Mehrere Sarghöhlen, die Wissenschaftler derzeit untersuchen, sind für die Öffentlichkeit gesperrt, aber John Spies von der Cave Lodge (S. 318) dürfte wissen, welche Höhlen gerade erkundet werden können. Sein Buch *Wild Times* ist ein großartiger Begleiter auf Höhlenwanderungen.

ℹ Praktische Informationen

Soppongs Polizeiwache befindet sich 1,5 km westlich der Stadt. Im Stadtzentrum in der Nähe der Tankstelle kann man an ein paar Geldautomaten Bares abheben.

ℹ Anreise & Unterwegs vor Ort

Motorradtaxis, die an der Bushaltestelle in Soppong warten, bringen ihre Fahrgäste für 70 B pro Person nach Tham Lot oder zur Cave Lodge; mit privaten Kleintransportern kostet die Fahrt für bis zu sechs Personen 300 B.

Motorräder (250 B/Tag) vermietet **Castrol Bike Point** (☎053 617185; Rte 1095; ⌚7–18 Uhr) am westlichen Ortsrand.

Die Busse und Kleinbusse halten ganz in der Nähe des Marktes, schräg gegenüber von der Tankstelle.

Busverbindungen:

Chiang Mai 105 B, 6 Std., 10.30 Uhr
Mae Hong Son 45 B, 3 Std., 12.30 Uhr
Pai 45 B, 1½ Std., 10.30 Uhr

Kleinbusverbindungen:

Chiang Mai 250 B, 4 Std., 8.30–18 Uhr stündl.
Mae Hong Son 100B, 2 Std., 9.30–18.30 Uhr stündl.
Pai 100 B, 1 Std., 8.30–18.30 Uhr stündl.

Rund um Soppong

Tham Lot ถ้ำลอด

Tham Lot HÖHLE

(Eintritt ab 150 B; ⌚8–17.30 Uhr) Etwa 9 km nördlich von Soppong befindet sich die Tham Lot (sprich *tâm lôrt*, auch bekannt als *tâm nám lôrt*), eine große Kalksteinhöhle mit eindrucksvollen Stalagmiten, „Sarghöhlen" und einem breiten Bach. Zusammen mit der Tham Nam Lang weiter westlich gehört sie zu den größten bekannten Höhlen Thailands. Die Gesamtlänge der Höhle beträgt 1600 m, der Teil, durch den sich der Bach schlängelt, ist 600 m lang.

Außer der Haupthöhle gibt es noch drei Nebenhöhlen – die Säulenhöhle, die Puppenhöhle und die Sarghöhle –, die über Leitern zu erreichen sind. Um alles zu entdecken, muss man ca. zwei Stunden veranschlagen. Je nach Wasserstand ist die Besichtigung von Teilen der Höhle zwischen August und Oktober nur eingeschränkt möglich.

Am Eingang muss man sich eine Gaslaterne geben lassen und für 150 B einen Guide anheuern (dieser führt max. 3 Pers.). Ohne Guide darf man die Höhlen nicht besichtigen. Floßfahrten (max. 3 Pers., einfache Strecke 300 B, hin & zurück 400 B) vom Eingang bis zum Ausgang führen durch die Säulenhöhle, die Puppenhöhle und die Sarghöhle. Wer keine Rückfahrt bucht, kann außerhalb der Höhle zurücklaufen (20 Min.). Das geht aber nur in der Trockenzeit (ca. Nov.–Mai). In dieser Zeit ist es auch möglich, zur Puppenhöhle zu waten und von dort ein Floß bis zum Ausgang zu nehmen (200 B). Wer bei Sonnenuntergang am Ausgang ist, kann zusehen, wie Hunderttausende Mauersegler in die Tham Lot hineinfliegen und ihre Schlafplätze auf den Stalagmiten in Beschlag nehmen.

Das **Nature Education Centre** (⌚8–17.30 Uhr) vor Ort beherbergt eine einfache Ausstellung über die Gegend sowie Reste von Töpferwaren, die in der Höhle gefunden wurden.

Schlafen & Essen

Mehrere **Freiluftrestaurants** (Hauptgerichte 20–60 B; ⌚9–18 Uhr) vor dem Eingang zum Tham-Lot-Park bieten einfache Thai-Gerichte an.

★ **Cave Lodge** PENSION $$
(☎053 617203; www.cavelodge.com; B 120 B, Zi. 250–300 B, Bungalow 400–2000 B; 📶) Die seit 1986 bestehende und von John Spies, dem inoffiziellen Experten für die ganze Gegend, betriebene Unterkunft gehört zu den legendärsten Übernachtungsmöglichkeiten in Nordthailand (und war wohl die erste Pension in Mae Hong Son). Die 20 Zimmer sind zwar einfach, aber einzigartig und sehr unterschiedlich. Die Lage an einem bewaldeten Hang oberhalb des Nam Lang ist wunderschön, und an Optionen für Outdoor-Aktivitäten herrscht auch kein Mangel.

Zur Wahl stehen Höhlenwanderungen und Kajaktouren (Letztere sind nur von ca. Feb.–Mai möglich) sowie Wanderungen mit und ohne Guide (gute Karten sind vorhanden). Man kann aber in dem schönen Gemeinschaftsbereich auch einfach nur die Seele baumeln lassen. Die traditionelle Shan-Kräuter-Sauna ist ein Erlebnis. In den alten Öfen werden frisches Brot und andere Speisen zubereitet. Die Tham Lot ist nur ein paar Schritte von der Cave Lodge entfernt.

Mae La-Na แม่ละนา

Das in einem malerischen Gebirgstal 6 km abseits der Rte 1095 gelegene winzige Shan-Dorf wirkt weltentrückt. Die berühmteste Attraktion vor Ort ist die **Tham Mae La-Na**, eine 12 km lange Höhle, durch die ein Bach fließt. Zwar bieten örtliche Guides an, einen durch die Höhle zu führen, aber wirklich auf Schaulustige eingerichtet ist man hier nicht – Besucher könnten fragile Höhlenformationen zerstören und den Lebensraum der empfindlichen Höhlenfische schwer beeinträchtigen. Besser besucht man nur die nahe gelegenen Höhlen **Tham Pakarang** (Korallenhöhle) und **Tham Phet** (Diamantenhöhle), in denen es interessante Wandformationen zu sehen gibt. Führer (200 B) kann man tagsüber im größten Dorfladen und an der Tankstelle engagieren. Manche Höhlen sind eventuell während der Regenzeit nicht zugänglich.

Mae La-Na ist auch ein guter Ausgangspunkt für interessante **Wanderungen**. Viele der schönsten Landschaften von Mae Hong Son liegen im Bereich einer Tageswanderung, außerdem gibt es in der Nähe mehrere Dörfer der Roten und Schwarzen Lahu. Man kann auch eine 15 km lange halbe Schleife von Mae La-Na über die Tham Lot abwandern. Khun Ampha im Maelana Garden Home hat eine einfache Karte.

Die Abzweigung nach Mae La-Na liegt 13 km westlich von Soppong. Die Fahrt mit einem Motorradtaxi von Soppong aus kostet 200 B. Auf dem Weg kommt man an **Jabo** vorbei, einem Dorf der Schwarzen Lahu, wo es ebenfalls eine Sarghöhle gibt.

Schlafen & Essen

Homestay-Programm PENSION $
(100 B/Pers. & Nacht) Zwei Dutzend Familien haben sich in Mae La-Na zu einem Homestay-Programm zusammengeschlossen; die Einnahmen fließen in einen Gemeinschaftsfonds. Mahlzeiten kosten 100 B pro Esser. Infos bekommt man in dem sporadisch geöffneten Holzhaus am Ortseingang oder in jedem Haus, an dem ein „Homestay"-Schild zu sehen ist.

Maelana Garden Home PENSION $
(☎08 1706 6021; Zi. & Bungalows 200–500 B; 📶) Am Rand der Ortschaft auf dem Weg zur Tham Mae La-Na steht dieser schöne, bauernhofartige Komplex aus Zimmern in zwei Holzhäusern und einigen Nurdach-Bambusbungalows. Authentische Shan-Gerichte werden angeboten für 100 B pro Person. Vorher anrufen – eine Abholung lässt sich vereinbaren (von der Rte 1095; 150 B, aus Soppong 400 B) – oder im Dorfladen/an der Tankstelle nach Khun Ampha fragen!

Mae Hong Son แม่ฮ่องสอน

7000 EW.

Abgelegen inmitten der Berge – Mae Hong Son entspricht genau den Vorstellungen, die sich viele Traveller von einer typisch nordthailändischen Stadt machen. Der spürbare birmanische Einfluss stört das Bild genauso wenig wie der raue Charakter der Grenzstadt, denn schließlich bleibt man hier von Túk-Túks und Schleppern weitgehend verschont. Das heißt aber nicht, dass Mae Hong Son ein völlig unerschlossenes Städtchen wäre: Reisegruppen kommen schon seit Jahren hierher. Das große Aktivitätsangebot – von Bootsausflügen bis zu Trekkingtouren – sorgt aber dafür, dass Traveller mit einmaligen Erlebnissen rechnen können.

Die Monate November bis Februar eignen sich am besten für einen Besuch in Mae Hong Son – dann ist es hier kühl und besonders schön. Während der Regenzeit (Juni–Okt.) ist das Reisen in die abgelegeneren Teile der Provinz beschwerlich, weil nur wenige Straßen asphaltiert sind. In der heißen Jahreszeit (etwa Feb.–Mai) liegt der Rauch, der durch die Brandrodung entsteht, über dem Mae-Pai-Tal. Wer im Winter kommt, muss auf ausgesprochen kalte Nächte vorbereitet sein: Man sollte zumindest einen dicken Pullover und warme Socken für morgens und abends dabei haben.

Geschichte

Mae Hong Son war die längste Zeit seiner kurzen Existenz von Thailand geografisch, politisch und kulturell getrennt. Die Stadt wurde im frühen 19. Jh. als ein Ausbildungslager für Elefanten gegründet und blieb lange Zeit wenig mehr, bis 1856 wegen der Kämpfe in Birma Tausende Shan in die Region strömten. Später blühte Mae Hong Son als Zentrum der Holzfällerei auf und blieb ein unabhängiges Königreich, das König Rama V. schließlich 1900 mit dem Königreich Siam vereinte.

Sehenswertes

Angesichts der bunten Farben, weißen Stupas und glänzenden Zinkverzierungen der Tempel Mae Hong Sons, die im birmanischen und im Shan-Stil errichtet wurden, kann man sich schon fragen, in welchem Land man sich hier eigentlich befindet.

Wat Jong Klang BUDDHISTISCHER TEMPEL
(วัดจองกลาง; Th Chamnansatit; ⏲Sonnenaufgang–Sonnenuntergang) GRATIS Der Wat Jong Klang beherbergt 100 Jahre alte *Jataka*-Glasmalereien und ein **Museum** (Eintritt gegen Spende; ⏲8–18 Uhr) mit 150 Jahre alten Holzpuppen aus Myanmar, die die unangenehmeren Aspekte des Lebensrades zeigen. Der Tempel wird nachts angestrahlt und spiegelt sich im Nong Jong Kham – ein beliebtes Fotomotiv bei Travellern.

Wat Jong Kham BUDDHISTISCHER TEMPEL
(วัดจองคำ; Th Chamnansatit; ⏲Sonnenaufgang–Sonnenuntergang) GRATIS Dieser Tempel neben dem Wat Jong Klang wurde vor fast 200 Jahren von den Thai Yai (oder Shan) erbaut, die etwa die Hälfte der Einwohner der Provinz Mae Hong Son ausmachen.

Wat Hua Wiang BUDDHISTISCHER TEMPEL
(วัดหัวเวียง; Th Phanich Wattana; ⏲Sonnenaufgang–Sonnenuntergang) GRATIS Dieser Wat direkt westlich vom Markt in Mae Hong Son ist wegen seines *bòht* (Kapelle) mit dem kunstvoll gestuften Holzdach und des viel verehrten Bronze-Buddhas aus Mandalay (Myanmar) sehenswert.

Wat Kam Kor BUDDHISTISCHER TEMPEL
(วัดก๋ำกอ; Th Pha Doong Muay Do; ⏲Sonnenaufgang–Sonnenuntergang) GRATIS Dieser Tempel im birmanischen Stil ist für seinen einmaligen überdachten Weg bekannt.

Wat Phra Non BUDDHISTISCHER TEMPEL
(วัดพระนอน; Th Pha Doong Muay Do; ⏲Sonnenaufgang–Sonnenuntergang) GRATIS Der Wat Phra Non beherbergt den größten liegenden Buddha der Stadt.

Aktivitäten

Trekking

Mae Hong Son liegt am Rand eines bergigen Waldgebiets und eignet sich somit perfekt als Ausgangspunkt für Wanderungen

Mae Hong Son

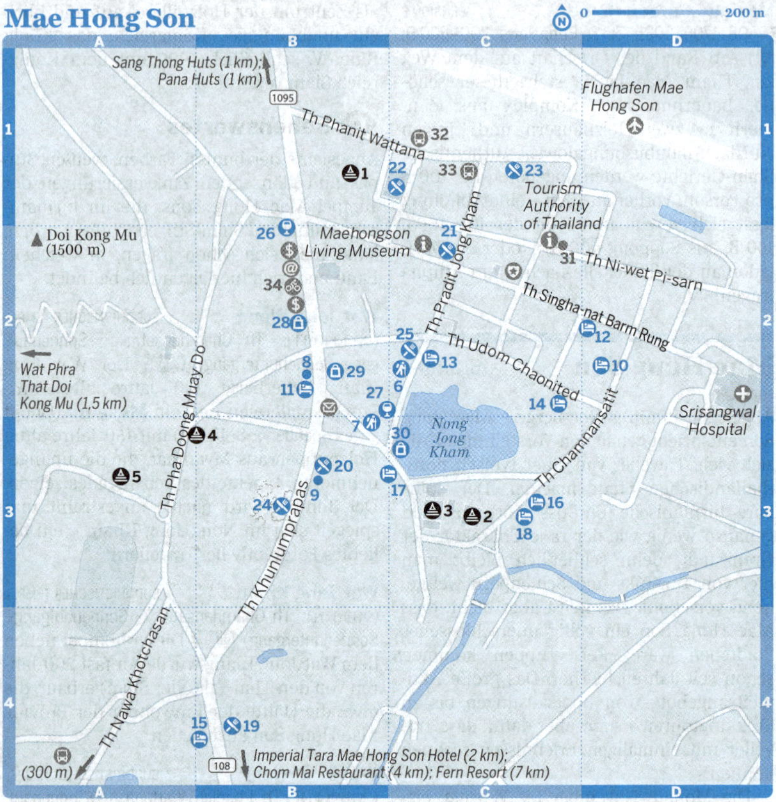

ins Umland. Wandern und Trekken ist hier keine so große Freizeitindustrie wie anderswo, sodass Traveller, die bereit sind, sich die Stiefel schmutzig zu machen, hier eine relativ unberührte Natur und abgelegene Dörfer vorfinden.

Mehrtägige Wandertouren in Gruppen von zwei Personen kosten zwischen 1000 und 3000 B pro Person und Tag. Wie überall in Thailand sinkt der Tagespreis erheblich mit der Zahl der Teilnehmer und der Länge der Wanderung.

Nature Walks TREKKING

(☎ 08 9552 6899; www.naturewalksthai-myanmar.com) Die Trekkingtouren kosten bei diesem Veranstalter vielleicht mehr als anderswo, dafür ist aber der aus Mae Hong Son stammende John auch der beste Guide in der Stadt. Die Treks reichen von eintägigen Wanderungen durch die Natur bis zu mehrtägigen Touren quer durch die Provinz. John arrangiert auch maßgeschneiderte Touren, beispielsweise die Orchideentour von März bis Mai. Bei Interesse kann man mit John per E-Mail oder Telefon Kontakt aufnehmen.

Friend Tour TREKKING

(☎ 053 611647, 08 6180 7031; PA Motor, 21 Th Pradit Jong Kham; ⏲8–18.30 Uhr) Der empfehlenswerte Veranstalter mit fast 20 Jahren Erfahrung bietet Trekking- und Raftingtouren sowie Tagesausflüge an.

Namrin Tour WANDERN

(☎ 053 614454; an der Th Pradit Jong Kham; ⏲9–19 Uhr) Mr. Dam wirbt zwar mit *bad sleep, bad jokes* (schlechter Schlaf, schlechte Witze), seine Trekkingtouren bekommen aber gute Kritiken.

Bootsausflüge

Fahrten mit Longtail-Booten auf dem nahen Mae Nam Pai sind beliebt. Angeboten werden sie von den Gästehäusern und Agenturen, die auch Wanderungen im Umland von

Mae Hong Son

Sehenswertes
1 Wat Hua Wiang B1
2 Wat Jong Kham C3
3 Wat Jong Klang C3
Wat-Jong-Klang-Museum .... (siehe 3)
4 Wat Kam Kor B3
5 Wat Phra Non A3

Aktivitäten, Kurse & Touren
6 Friend Tour C2
7 Namrin Tour B3
8 Rosegarden Tours B2
9 Tour Merng Tai B3

Schlafen
10 Baan Mai Guest House D2
11 Baiyoke Chalet Hotel B2
12 Coffee Morning D2
13 Friend House C2
14 Jongkham Place C2
15 Mountain Inn & Resort B4
16 Palm House C3
17 Piya Guesthouse B3
18 Romtai House C3

Essen
Ban Din Coffee .... (siehe 13)
19 Banpleng Restaurant B4
20 Fern Restaurant B3
La Tasca .... (siehe 11)
21 Maesribua C2
22 Morgenmarkt C1
23 Nachtmarkt C1
24 Nachtmarkt B3
25 Salween River Restaurant & Bar C2

Ausgehen & Nachtleben
26 Crossroads B2
27 Sunflower B2

Shoppen
28 Maneerat B2
29 Manerplaw/Ethnic Echoes B2
30 Straßenmarkt C3

Transport
31 JD C2
PA Motor .... (siehe 6)
32 Sŏrng·tăa·ou nach Mae Aw (Ban Rak Thai) C1
33 Sŏrng·tăa·ou nach Ban Ruam Thai (Pang Ung) C1
34 Titan B2

Mae Hong Son organisieren. Die meisten Bootstouren beginnen in Tha Pong Daeng, 4 km südwestlich von Mae Hong Son. Die Boote fahren 15 km stromabwärts bis zum „Langhals"-Dorf Huay Pu Keng (700 B, 1 Std.) oder noch weiter bis zum 20 km von der Anlegestelle entfernten Grenzposten Ban Nam Phiang Din (800 B, 1½ Std.), ehe es zurückgeht. In den Booten finden maximal acht Passagiere Platz.

Schlammbad

Phu Klon Country Club SPA
(☎053 282579; www.phuklon.co.th; Schlammpackung 80–700 B, Massage 250–450 B/Std.; ⏲8–18.30 Uhr) Diese Anlage, von ihren Besitzern als „Country Club" bezeichnet, wird als Thailands einziges Schlammbad angepriesen. Phu Klon liegt 16 km nördlich von Mae Hong Son in Mok Champae. Wer kein eigenes Fahrzeug hat, kann das täglich nach Ban Ruam Thai oder Mae Aw verkehrende *sŏrng·tăa·ou* (25 B) nehmen. Dann muss man allerdings sehen, wie man wieder zurückkommt. Die Quelle wurde 1995 von Geologen entdeckt. Vor der Anwendung wird der Schlamm pasteurisiert und zusätzlich mit Kräutern versetzt. Bäder im Thermalbad und Massagen werden hier ebenfalls angeboten.

Geführte Touren

Rosegarden Tours TOUR
(☎053 611681; www.rosegarden-tours.com; 86/4 Th Khunlumprapas; Tour ab 600 B; ⏲8.30–22 Uhr) Der Schwerpunkt dieses Veranstalters mit englisch- und französischsprachigen Führern liegt auf Kultur und Sightseeing.

Tour Merng Tai TOUR
(☎053 611979; www.tourmerngtai.com; 89 Th Khunlumprapas) Dieser Veranstalter führt vor allem von der Stadt aus Touren mit Kleinbussen und Radtouren durch, organisiert aber auch Trekkingausflüge.

Feste & Events

Poi-Sang-Long-Fest RELIGION
Die Wats Jong Klang und Jong Kham stehen im Mittelpunkt dieses Fests im März, bei dem Shan-Jungen in einer *boòat lôok gâaou* genannten Zeremonie zu Mönchsnovizen ordiniert werden. Nach dem Brauch der Shan tragen die Jungen dabei keine einfachen weißen Gewänder, sondern verzierte Kostüme, Blumenkopfschmuck und Schminke.

Jong-Para-Fest RELIGION
Das wichtige lokale Fest wird im Oktober gegen Ende der buddhistischen Regenklausur

NICHT VERSÄUMEN

WAT PHRA THAT DOI KONG MU

Wat Phra That Doi Kong Mu (วัดพระธาตุดอยกองมู; ⌚Sonnenaufgang–Sonnenuntergang) GRATIS Auf dem Doi Kong Mu, dem 1500 m hohen Hügel westlich der Stadt, steht diese auch als Wat Plai Doi bekannte Tempelanlage. In zwei 1860 bzw. 1874 errichteten Shan-*chedi* ruht die Asche von Mönchen aus dem Shan-Staat in Myanmar. An der Rückseite des Wat ragt ein großer, schlanker, stehender Buddha in die Höhe; von hier aus hat man eine gute Aussicht auf die Landschaft westlich des Felsgrats. Es gibt hier auch ein Café und einen Markt für Touristen. Der Blick auf das Nebelmeer, das sich jeden Morgen unten im Tal sammelt, ist beeindruckend – später dann bietet sich eine wunderschöne Aussicht auf die Stadt und die umliegenden Täler.

Von der Th Pha Doong Muay Do führt eine lange Treppe zur Spitze des Wat Phra That Doi Kong Mu (sie ist einfacher zu begehen, als es aussieht). Alternativ kann man ein Motorradtaxi nehmen (hin & zurück 120 B).

gefeiert – drei Tage vor Vollmond im elften Mondmonat (das genaue Datum variiert dementsprechend von Jahr zu Jahr). Zu Beginn des Fests bringen einheimische Shan den Mönchen in einer Prozession, bei der auf Stangen montierte Palastmodelle getragen werden, Opfergaben in die Tempel. Es finden Volkstheater- und Tanzvorführungen auf dem Gelände der Wats statt– einige davon bekommt man nur in Nordwestthailand zu sehen.

Loi Krathong KULTUR
An diesem nationalen Feiertag im November – bei dem normalerweise *grà·tong* (kleine Lotusflöße) auf den nächstgelegenen Teich, See oder Fluss gesetzt werden – lassen die Einwohner von Mae Hong Son auf dem Doi Kong Mu Ballons, sogenannte *grà·tong sà·wăn* (Himmels-*grà·tong*) aufsteigen.

Schlafen

Mae Hong Son hat generell einen Mangel an inspirierenden Unterkünften. Außerhalb des Stadtzentrums gibt es aber ein paar herausragende Mittelklassehotels. Da die Stadt ein Touristenziel ist, schwanken die Preise je nach Saison; außerhalb der Hauptsaison (Nov.–Jan.) kann man also durchaus Rabatte aushandeln.

In der Stadt

Friend House PENSION $
(☎053 620119; 20 Th Pradit Jong Kham; Zi. 200–500 B; 📶) Die supersauberen, wenn auch etwas langweiligen Zimmer reichen von ultraschlicht mit Gemeinschaftsbädern und Warmwasser bis hin zu größeren Zimmern mit eigenem Bad.

Coffee Morning HOTEL $
(☎053 612234; 78 Th Singha-nat Barm Rung; Zi. 500–600 B; @📶) In diesem alten Holzhaus gibt's ein Café mit Buchladen und drei einfache Zimmer. Dafür, dass die Zimmer kein eigenes Bad haben, sind sie relativ teuer, aber das Café und die künstlerisch angehauchte Atmosphäre machen dieses Manko wieder wett.

Baan Mai Guest House PENSION $
(☎09 3136 0577; www.facebook.com/BaanMaiGuestHouse; 26/1 Th Chamnansatit; Zi. inkl. Frühstück 300 B) Die drei einfachen Zimmer mit Ventilator in einem gemütlichen Holzhaus unweit des Nong Jong Kham vermitteln echtes Familien-Feeling.

Palm House PENSION $
(☎053 614022; 22/1 Th Chamnansatit; Zi. 400–1000 B; ❄📶) In dem zweistöckigen Betonhaus gibt's mehrere langweilige, aber große, saubere Zimmer mit TV, Kühlschrank, Warmwasser und Ventilator oder Klimaanlage. Zum Zeitpunkt der Recherchen war man gerade dabei, einen Erweiterungsbau zu errichten. Der hilfsbereite Betreiber spricht Englisch und kann Transportmittel organisieren.

Piya Guesthouse HOTEL $$
(☎053 611260; piyaguesthouse@hotmail.com; 1/1 Th Khunlumprapas; Bungalow 700 B; ❄📶🏊) Diese Anlage ist nur ein paar Schritte vom See in Mae Hong Son entfernt. Die Bungalows sind in einem Garten rund um einen kleinen Pool angeordnet. Sie sind mit Klimaanlage, Kühlschrank, TV und Warmwasserduschen ausgestattet. Hier ist alles sauber und einladend, und auch die Lage könnte nicht besser sein.

Romtai House PENSION $$
(☎053 612437; www.maehongson-romtai.com; Th Chamnansatit; Zi. 400–600 B, Bungalow 800 B;

❄📶) Versteckt hinter den Tempeln am See und einem kahl wirkenden Empfangsbereich bietet diese Anlage eine große Vielfalt von Unterkünften, von geräumigen, sauberen Zimmern bis hin zu Bungalows mit Blick über einen üppig grünen Garten mit Fischteichen.

Jongkham Place PENSION **$$**
(☎ 053 614294; 4/2 Th Udom Chaonited; Zi. 500–800 B, Bungalow 800 B, Suite 1200–1500 B; ❄📶) Dieser Familienbetrieb am See bietet ein paar Zimmer, vier hübsche Holzbungalows und zwei Suiten im Penthousestil. Die meisten Unterkünfte verfügen über TV, Kühlschrank und Klimaanlage.

Mountain Inn & Resort HOTEL **$$**
(☎ 053 611803; www.mhsmountaininn.com; 112/2 Th Khunlumprapas; Zi. inkl. Frühstück 1200–1500 B, Suite inkl. Frühstück 2500 B; ❄@📶🏊) Saubere, gemütliche Zimmer mit hübscher Thai-Deko. Klimaanlage, TV und Kühlschrank sind Standard in diesem Hotel. Im Hof gibt's einen schönen Garten mit kleinen Teichen, einem Pool, Bänken und Sonnenschirmen. Die Superior-Zimmer mit Terrasse und Blick auf den Pool haben ein besseres Preis-Leistungs-Verhältnis als die Deluxe-Zimmer.

Baiyoke Chalet Hotel HOTEL **$$$**
(☎ 053 613132; www.baiyokehotel.com; 90 Th Khunlumprapas; Zi. inkl. Frühstück 1380–1800 B; ❄📶) Das Hotel liegt praktisch und hat komfortable Unterkünfte. Wie die Lobby sind auch die Zimmer geschmackvoll in Hartholz mit dezenten ortstypischen Details gestaltet. In Restaurant und Lounge im Erdgeschoss kann es recht laut zugehen, weshalb ein Zimmer abseits der Straße oder in einem der oberen Stockwerke sicher die bessere Wahl ist. Außerhalb der Saison gibt's fast 50 % Rabatt.

Außerhalb der Stadt

Sang Tong Huts HOTEL **$$**
(☎ 053 611680; www.sangtonghuts.org; Th Maka Santi; Bungalow 700–3000 B; @📶🏊) Diese Anlage mit rustikalen Bungalows in einem Waldgebiet gleich außerhalb der Stadt gehört zu den Unterkünften, die etwas mehr Atmosphäre bieten. Die Zimmer sind geräumig, komfortabel und gut gestaltet, und die leckeren Backwaren und der Pool entschädigen für die Entfernung zum Zentrum. Die Anlage ist bei Gästen beliebt, die immer mal wieder nach Mae Hong Son kommen, deswegen besser vorab reservieren!

Die Anlage befindet sich rund 1 km nordöstlich der Th Khunlumprapas, gleich abseits der Th Maka Santi – wenn man Richtung Pai fährt, einfach links vor der nördlichsten Ampel im Ort abbiegen und der Ausschilderung folgen!

Pana Huts PENSION **$$**
(☎ 053 614331; www.panahuts.com; 293/9 Th Maka Santi; Zi. & Bungalow 600–800 B; 📶) Die vier Bambushütten stehen in einem Waldgebiet außerhalb der Stadt und verfügen über Badezimmer mit Warmwasseranschluss und Terrassen. Der einladende Gemeinschaftsbereich gibt sich mit seinem Dach aus Teakblättern, Holzbänken und der umschlossenen Feuerstelle für kühle Nächte angemessen rustikal.

Die Anlage befindet sich rund 1 km nordöstlich der Th Khunlumprapas, gleich abseits der Th Maka Santi – wenn man Richtung Pai fährt, einfach links vor der nördlichsten Ampel im Ort abbiegen und der Ausschilderung folgen!

★ **Fern Resort** RESORT **$$$**
(☎ 053 686110; www.fernresort.info; an der Rte 108; Bungalow inkl. Frühstück 2500–3500 B; ❄@📶🏊) Das schon lange bestehende, umweltfreundliche Resort gehört zu den angenehmeren Unterkünften in Nordthailand. Die 35 stilvoll eingerichteten Holzbungalows stehen inmitten terrassenartig angelegter Reisfelder und Bäche. Fernseher sucht man hier vergeblich, dafür gibt's aber Hunde, einen Pool, einen Petanque-Platz und Naturlehrpfade in dem angrenzenden Mae Surin National Park – langweilig wird es hier also schon mal nicht. Der einzige Nachteil ist, dass das Resort 7 km südlich der Stadt liegt. Gäste können sich kostenlos von Flughafen oder Busbahnhof abholen lassen, außerdem fahren regelmäßig Shuttles von und zur Stadt, die am Fern Restaurant halten.

Imperial Tara Mae Hong Son Hotel HOTEL **$$$**
(☎ 053 684444-9; www.imperialhotels.com; Rte 108; Zi. 3800 B, Suite 5000–6600 B, inkl. Frühstück; ❄@📶🏊) Die geschmackvoll eingerichteten Zimmer in dem exklusiven 104-Betten-Hotel sind allesamt mit Holzdielen und Balkonen ausgestattet. Die Terrassen mit Fenstertüren sind eine willkommene Abwechselung zur Konzeption der üblichen Businesshotels. Zu den Einrichtungen gehören eine Sauna, ein Swimmingpool und ein Fitnesscenter. Das Hotel steht etwa 2 km südlich der Stadt.

Essen & Ausgehen

Mae Hong Sons **Morgenmarkt** (abseits der Th Phanich Wattana; Hauptgerichte 10–30 B; ⌚6–9 Uhr) ist ein netter Ort zum Frühstücken. Mehrere Stände am nördlichen Ende des Marktes servieren ungewöhnliche Gerichte wie *tòo·a poo ùn*, ein birmanisches Nudelgericht mit dickem Kichererbsenbrei und gebratenen Kichererbsenküchlein und Tofu. Andere Stände im gleichen Abschnitt verkaufen eine örtliche Version von *kà·nŏm jeen nám ngée·o* (dünne Reisnudeln mit einer Sauce aus Schweinefleisch und Tomaten), oft zusammen mit *kahng pòrng*, einem Shan-Snack aus zerstampftem, gebratenem Gemüse.

Die Stadt hat außerdem zwei gute Nachtmärkte. Der **Nachtmarkt** (Th Phanich Wattana; Hauptgerichte 20–60 B; ⌚16–20 Uhr) in der Nähe des Flughafens bietet überwiegend nordthailändische Gerichte zum Mitnehmen, der **Nachtmarkt** (Th Khunlumprapas; Hauptgerichte 10–60 B; ⌚16–21 Uhr) am südlichen Ende der Th Khunlumpras hat typische Thai-Kost. Auf dem Straßenmarkt von Mae Hong Song gibt es während der Touristensaison einige Imbissstände, auch solche mit regionalen Angeboten.

Maesribua NORDTHAILÄNDISCH $
(Ecke Th Pradit Jong Kham & Th Singha-nat Barm Rung; Hauptgerichte 20–40 B; ⌚8–13 Uhr) Wie die Shan-Großmutter, die man nie hatte, serviert Auntie Bua täglich großzügige Portionen Shan-Currys, Suppen und Dips.

Chom Mai Restaurant THAI $
(abseits der Rte 108, keine Ausschilderung in lateinischen Buchstaben; Hauptgerichte 40–290 B; ⌚8.30–15.30 Uhr; 📶📝) Die Speisenauswahl auf der englischsprachigen Karte ist zwar begrenzt, aber das köstlich reichhaltige *kôw soy* (nordthailändische Curry-Nudel-Suppe)

DIE DÖRFER DER LANGHALS-PADAUNG

Diese Dörfer sind Mae Hong Sons bekannteste – und umstrittenste – Touristenattraktion. Der Spitzname „Langhals" entstand wegen der Gewohnheit einiger Frauen der Kayan (oder Padaung, wie die Shan sagen), schwere Messingspiralen um den Hals zu tragen. Diese Halsspirale drückt auf das Schlüsselbein und den Brustkorb, weshalb der Hals unnatürlich lang aussieht. Ein weit verbreiteter Irrglaube ist, dass die Hälse abknicken und die Frauen ersticken würden, wenn sie die Spiralen ablegten. In Wirklichkeit legen die Frauen die Spiralen ohne jede Probleme ab und an, und es gibt auch keinen Beweis, dass die Halsdeformation ihre Gesundheit beeinträchtigt.

Niemand weiß, wie dieser Brauch entstanden ist. Einer Theorie zufolge sollten die Spiralen die Frauen für Männer anderer Stämme unattraktiv machen, nach einer anderen sollten sie Tiger daran hindern, sie am Hals zu packen und fortzuschleppen. Wahrscheinlich aber handelt es sich nur um ein Modeaccessoire. Bis vor Kurzem war der Brauch schon so gut wie verschwunden, hat aber durch das Geld aus dem Tourismus und wohl auch durch örtliche Behörden, die von den Kayan-Frauen profitieren wollen, neuen Auftrieb erhalten.

Die Dörfer stehen heute auf dem Programm vieler Tourveranstalter und sind ein wichtiger Touristenmagnet von Mae Hong Son geworden. Viele bezeichnen die Dörfer – nicht ganz unberechtigt – als Menschenzoos, uns erinnern sie aber mehr an bizarre ländliche Märkte, weil die Frauen das meiste Geld mit dem Verkauf von Souvenirs und Getränken einnehmen. Die Padaung, mit denen wir gesprochen haben, behaupten, sie seien mit ihrer momentanen Situation ganz zufrieden, aber die Staatenlosigkeit, die sie mit allen anderen Flüchtlingen aus Myanmar teilen, ist sicher kein beneidenswerter Zustand: Die Bauern, die sich früher selbst versorgten, sind heute auf den Tourismus und auf fremde Hilfe angewiesen.

Alle drei Padaung-Siedlungen kann man auf eigene Faust besuchen, wenn man ein eigenes Transportmittel hat. Alternativ bieten alle Reiseagenturen in Mae Hong Son Touren an. Am meisten besucht wird das 7 km von Mae Hong Son entfernte Dorf **Huai Seua Thao**. Abgelegener, aber definitiv ebenso vom Tourismus erschlossen ist **Kayan Tayar** nahe dem Shan-Dorf Ban Nai Soi, 35 km nordwestlich von Mae Hong Son. Eine weitere „Langhals"-Siedlung befindet sich in **Huay Pu Keng**; ein Besuch dort ist Bestandteil der Touren mit Longtail-Booten, die am Tha Pong Daeng starten. In allen Siedlungen wird von Nicht-Thais ein Eintrittsgeld von 250 B pro Person gefordert.

oder das *kôw mòk gài* (die thailändische Biryani-Version) sollte man sich nicht entgehen lassen. Das Chom Mai befindet sich ca. 4 km südlich von Mae Hong Son an der Straße nach Tha Pong Daeng – Ausschau halten nach dem Schild der Kaffeefirma Doi Chaang!

Ban Din Coffee CHINESISCH $
(Th Pradit Jong Kham, keine Ausschilderung in lateinischen Buchstaben; Hauptgerichte 30 B; ⌚7–21 Uhr) Wer es nicht bis nach Mae Aw (Ban Rak Thai) geschafft hat, sollte unbedingt in diesem Freiluftrestaurant die leckeren und einzigartigen Nudelgerichte, das Trockenobst, Tee und andere Spezialitäten der chinesischen/yunnanesischen Bewohner von Mae Hong Son probieren.

Banpleng Restaurant NORDTHAILÄNDISCH $
(108 Th Khunlumprapas; Hauptgerichte 35–120 B; ⌚Mo–Sa 9–22 Uhr) Das Personal dieses Freiluftrestaurants tischt ein paar sehr schmackhafte lokale Gerichte auf – am besten hält man sich an die, die auf der englischsprachigen Karte mit *Maehongson style* gekennzeichnet sind.

Salween River Restaurant & Bar INTERNATIONAL, THAI $
(www.salweenriver.com; 23 Th Pradit Jong Kham; Hauptgerichte 60–330 B; ⌚8–22 Uhr; 📶🌱) Das Salween ist ein typisches Traveller-Café mit ein paar alten Reiseführern, Gratis-WLAN und einer Speisekarte, auf der Burger und birmanische Gerichte stehen. Anders als in den meisten Cafés dieser Art ist das Essen hier aber gut. Probieren sollte man den birmanischen Salat mit grünem Tee.

Fern Restaurant INTERNATIONAL, THAI $
(Th Khunlumprapas; Hauptgerichte 65–180 B; ⌚10.30–22 Uhr; 📶🌱) Das Fern ist mit ziemlicher Sicherheit Mae Hong Sons schickstes Restaurant, aber man darf nicht vergessen, dass es sich hier eben um Mae Hong Son handelt. Nichtsdestotrotz ist der Service professionell und das Essen gut. Auf der umfangreichen Speisekarte stehen thailändische und regionale Gerichte sowie ein paar vegetarische Speisen. An manchen Abenden gibt es Live-Barmusik.

La Tasca ITALIENISCH $$
(Th Khunlumprapas; Hauptgerichte 60–190 B; ⌚11–22 Uhr; 🌱) Das gemütliche Lokal serviert schon seit Urzeiten hausgemachte Pasta, Pizza und Calzone. Dies ist eines der wenigen Restaurants vor Ort, wo man einigermaßen authentische westliche Gerichte bekommt.

Crossroads BAR
(61 Th Khunlumprapas; ⌚8–1 Uhr; 📶) Das freundliche Bar-Restaurant ist in jeder Hinsicht eine Kreuzung: Es liegt an einer der wichtigsten Straßenkreuzungen in Mae Hong Son, und das Publikum reicht von Backpacker-Greenhorns bis zu wettergegerbten Einheimischen. Und außerdem gibt's hier Steaks (180–250 B).

Sunflower BAR
(Th Pradit Jong Kham; ⌚7.30–22 Uhr) Eigentlich ist das Sunflower ein Restaurant (Hauptgerichte 50–320 B), fungiert aber auch als Bar mit Bier vom Fass, Live-Lounge-Musik, schönem Blick auf den See und kitschigem künstlichem Wasserfall.

Shoppen

Am Südende der Th Khunlumprapas gibt's ein paar Souvenirläden.

Straßenmarkt MARKT
(Th Pradit Jong Kham; ⌚Okt.–Feb. 17–22 Uhr) Von Oktober bis Februar verwandeln sich die Straßen um den Jong-Kham-See zu einem wuseligen Straßenmarkt mit Kunsthandwerk und Imbissständen.

Manerplaw/Ethnic Echoes KUNSTHANDWERK
(Th Khunlumprapas; ⌚10–22 Uhr) Diese beiden miteinander verbundenen Läden haben sich auf Kleidung der Bergvölker spezialisiert.

Maneerat KUNSTHANDWERK
(80 Th Khunlumprapas, keine Ausschilderung in lateinischen Buchstaben; ⌚8–21 Uhr) Maneerat hat eine große Auswahl von Shan- und birmanischen Artikeln.

Praktische Informationen

Die meisten Banken am Südende der Th Khunlumprapas haben Geldautomaten.

Maehongson Living Museum (27 Th Singhanat Barm Rung; ⌚7–17 Uhr; 📶) Das hübsche Holzhaus des früheren Busdepots von Mae Hong Son wurde in ein Museum für Kultur, Essen und Architektur der Region umgewandelt, die meisten Infos sind aber auf Thai. Es gibt ein paar englischsprachige Karten und Broschüren, kostenloses WLAN und einen Fahrradverleih (nur 15 B/Tag).

Titan (Th Khunlumprapas; 15 B/Std.; ⌚9–21 Uhr) Internetzugang.

Tourism Authority of Thailand (TAT; ☎053 612982, landesweit 1672; www.tourismthailand.org/Mae-Hong-Son; Th Ni-wet Pi-sarn;

(⌚8.30–16.30 Uhr) Hier sind einfache Touristenbroschüren und Landkarten erhältlich.

Touristenpolizei (☎053 611812, landesweit 1155; Th Singha-nat Barm Rung; ⌚8.30–16.30 Uhr)

An- & Weiterreise

Vielen Reisenden ist die Zeit, die sie bei einem Flug von Chiang Mai nach Mae Hong Son gegenüber einer Busfahrt sparen, die zusätzliche Ausgabe wert. Zum Zeitpunkt der Recherchen wurde Mae Hong Sons Flughafen dreimal täglich von **Kan Air** (☎053 613188, landesweit 02 551 6111; www.kanairlines.com; Mae Hong Son Airport; ⌚7.30–17 Uhr) angeflogen (1590 B, 35 Min.). Die Fahrt mit dem Túk-Túk in die Stadt kostet etwa 80 B.

Mae Hong Sons Bus- und Minibusbahnhof liegt 1 km südlich der Stadt; die Fahrt von hier ins Zentrum mit einem Túk-Túk oder Motorradtaxi kostet 60 B. **Prempracha Tour** (☎053 684100; Busbahnhof Mae Hong Son, Th Nawa Khotchasan) bietet Busverbindungen innerhalb der Provinz an, **Sombat Tour** (☎053 684222; Busbahnhof Mae Hong Son, Th Nawa Khotchasan) verkehrt zwischen Mae Hong Son und Bangkok.

Unterwegs vor Ort

Das Zentrum von Mae Hong Son lässt sich leicht zu Fuß erkunden. Der Ort ist einer der wenigen in Thailand, in dem nicht an jeder Ecke ein Motorradtaxi steht. Einige findet man aber in der Nähe des Eingangs zum Morgenmarkt. Stadtfahrten kosten 20 bis 40 B. Vor Ort fahren auch ein paar Túk-Túk; mit ihnen kostet eine Stadtfahrt 40 B.

Da die meisten Sehenswürdigkeiten von Mae Hong Son außerhalb der Ortschaft liegen, lohnt es sich, ein Motorrad oder Fahrrad zu mieten.

PA Motor (☎053 611647, 08 6180 7031; 21 Th Pradit Jong Kham; Motorrad 150–250 B/Tag, Auto 1500–3000 B/Tag; ⌚8–18.30 Uhr) Vermietet Motorräder und Autos.

JD (☎08 4372 6967; Th Ni-wet Pi-sarn; 150–200 B/Tag; ⌚8–18.30 Uhr) Vermietet Motorräder.

Titan (Th Khunlumprapas; 100 B/Tag; ⌚9–21 Uhr) Vermietet qualitativ hochwertige Mountainbikes.

Rund um Mae Hong Son

Thermalquellen von Pha Bong บ่อน้ำร้อนผาบ่อง

Thermalquellen von Pha Bong THERMALQUELLEN
(Einzelbad/Baderaum 50/400 B; ⌚8 Uhr–Sonnenuntergang) Im Shan-Dorf Pha Bong, 11 km südlich der Hauptstadt, liegt dieser öffentliche Park mit Thermalquellen. Man kann hier einfach baden oder sich einen Baderaum mieten, außerdem werden Massagen (150 B/Std.) angeboten. Die Quellen sind mit jedem Bus Richtung Süden erreichbar.

VERKEHRSMITTEL AB MAE HONG SON

Bus

ZIEL	PREIS (B)	DAUER (STD.)	HÄUFIGKEIT
Bangkok	742–865	15	15 & 16 Uhr
Chiang Mai	118	8	8.30 Uhr (nördliche Route)
Chiang Mai	185–333	9	8, 10.30, 20 & 21 Uhr (südliche Route)
Khun Yuam	43–88	2	8, 10.30, 20 & 21 Uhr
Mae Sariang	97–182	4	8, 10.30, 20 & 21 Uhr
Pai	66	4½	8.30 Uhr
Soppong (Pangmapha)	41	2	8.30 Uhr

Minivan & Sŏrng·tăa·ou

ZIEL	PREIS (B)	DAUER (STD.)	HÄUFIGKEIT
Ban Ruam Thai (Pang Ung)	80	1	9.30 & 15.30 Uhr *sŏrng·tăa·ou*
Chiang Mai	250	6	7–17 Uhr Kleinbusse stündl.
Mae Aw (Ban Rak Thai)	80	1	12 & 15 Uhr *sŏrng·tăa·ou*
Pai	150	2½	7–17 Uhr Kleinbusse stündl.
Soppong (Pangmapha)	100	1½	7–17 Uhr Kleinbusse stündl.

Tham Pla National Park อุทยานแห่งชาติถ้ำปลา

Tham Pla National Park NATURSCHUTZGEBIET
(Rte 1095; Erw./Kind 100/50 B; ⌚8–18 Uhr) Die interessanteste Sehenswürdigkeit dieses Nationalparks bildet die Tham Pla (Fischhöhle), eine mit Wasser gefüllte Höhle, in der Hunderte Bachkarpfen einer bestimmten Art leben. Der Park liegt 16 km nördlich von Mae Hong Son und kann mit jedem Bus Richtung Norden erreicht werden. Ein ungefähr 450 m langer Weg führt vom Eingang des Nationalparks zu einer Hängebrücke, die einen kleinen Fluss überspannt, und weiter bis zur Höhle.

In der Nähe der Höhle sieht man die Statue des Hindu-Weisen Nara, der die heiligen Fische vor Gefahren beschützen soll. Die Karpfen werden bis zu 1 m lang und sind nur in den Provinzen Mae Hong Son, Ranong, Chiang Mai, Rayong, Chanthaburi und Kanchanaburi zu finden. Sie ernähren sich von Grünzeug und Insekten, die Einheimischen halten sie aber für Vegetarier und füttern sie deshalb ausschließlich mit Obst und Gemüse (gibt's am Parkeingang zu kaufen).

Dem Besuch in diesem Park fehlt vielleicht ein eigentlicher Höhepunkt, aber das Schutzgebiet ist idyllisch und schattig – und Verpflegungsmöglichkeiten und Picknicktische fehlen auch nicht.

Mae Aw (Ban Rak Thai) & Umgebung แม่ออ

Ein lohnender Tagesausflug führt von der Provinzhauptstadt nach Mae Aw (auch Ban Rak Thai genannt), das ein malerischer chinesischer Außenposten direkt an der Grenze zu Myanmar ist, 43 km nördlich von Mae Hong Son.

Die Straße nach Mae Aw ist schön. Sie führt zunächst durch hübsche Uferdörfer der Shan wie **Mok Champae** und dann plötzlich bergauf durch eine eindrucksvolle Berglandschaft. Für Zwischenstopps bieten sich der **Pha-Sua-Wasserfall**, ungefähr 5 km den Berg hinauf, und der **Pang-Tong-Sommerpalast** an, eine wenig benutzte Königsresidenz ein paar Kilometer hinter dem Wasserfall.

Bei Ban Na Pa Paek kann man einen interessanten Abstecher machen, wenn man dort links abbiegt und 6 km bis zum Shan-Dorf **Ban Ruam Thai** weiterfährt. In dem Ort gibt es mehrere einfache Unterkünfte und Restaurants. Die Straße endet 500 m weiter bei **Pang Ung**, einem friedlichen, von Kiefern umgebenen Gebirgsstausee, der für thailändische Tagesausflügler so etwas wie die thailändische Schweiz ist.

Von Ban Na Pa Paek sind es noch weitere 6 km nach Norden, vorbei an Hügeln mit Tee- und Kaffeeplantagen, bis man Mae Aw erreicht hat. Der Ort am Rand eines Stausees wurde von Kuomingtang-Kämpfern aus Yunnan gegründet, die 1949 vor den siegreichen Kommunisten geflohen waren; die Einwohner und die Gebäude wirken immer noch sehr chinesisch. Die Haupterwerbszweige sind inzwischen der Tourismus und der Teeanbau. In zahlreichen Lokalen kann man das örtliche Gewächs probieren, außerdem servieren mehrere Restaurants Gerichte aus Yunnan.

Eine kurze, unbefestigte Straße führt bis zu einem (nur für Einheimische geöffneten) Grenzübergang. Es wird dringend davon abgeraten, in dieser Gegend auf eigene Faust zu wandern, weil es hier gelegentlich zu bewaffneten Konflikten kommt und hier zudem noch eine berüchtigte Drogenschmuggelroute verläuft.

Schlafen & Essen

Ping Ping Guest House PENSION $
(☎08 44481 9707; Mae Aw; Zi. 300–400 B) Dieses Gästehaus und ein paar ganz ähnliche Einrichtungen rund um Mae Aws Stausee haben schlichte Unterkünfte in Lehmziegelbungalows zu bieten.

Guest House & Home Stay PENSION $$
(☎08 3571 6668; Ban Ruam Thai; Zi. 400–2500 B) Das älteste Gästehaus in Ban Ruam Thai (es gibt inzwischen zahlreiche „Homestays", die Unterkunft für 200 bis 400 B anbieten) verfügt über Übernachtungsmöglichkeiten in mehreren einfachen Backsteinhütten, die umgeben von Kaffee- und Teesträuchern sowie Obstbäumen an einem Hang stehen.

Gee Lee Restaurant CHINESISCH $$
(Mae Aw, keine Ausschilderung in lateinischen Buchstaben; Hauptgerichte 60–180 B; ⌚8–19 Uhr) Das Gee Lee war eines der ersten Lokale, in denen Besuchern die ortstypischen chinesischen Gerichte auf Yunnan-Art serviert wurden. Geschmorte Schweinehaxen und in der Pfanne gebratenes Gemüse sind die Spezialitäten. Das Restaurant liegt an einer Ecke des Sees, direkt vor der Kreuzung, von der aus man zum Ortskern kommt.

An- & Weiterreise

Täglich fahren vier *sŏrng·tăa·ou* nach Mae Aw, davon zwei von einer Haltestelle östlich des städtischen Marktes in Mae Hong Son. Diese verkehren nur bis Ban Ruam Thai (80 B, 1 Std., 9.30 & 15.30 Uhr). Die beiden anderen starten von einer Haltestelle gegenüber dem Markt und fahren weiter bis Mae Aw (80 B, 1 Std., 12 & 15 Uhr). An der letzten Haltestelle fahren die *sŏrng·tăa·ou* erst los, wenn sie voll sind, was manchmal erst Stunden nach der regulären Abfahrtszeit der Fall ist. Deswegen empfiehlt es sich, eine Gruppe zusammenzutrommeln und gemeinsam ein Fahrzeug zu chartern; die *sŏrng·tăa·ou*-Fahrer, die wir ansprachen, nannten 1200 bis 1600 B als Preis für die Fahrt zu einem der beiden Ziele. Jeder Tourveranstalter in Mae Hong Son organisiert für rund 1500 B ein Fahrzeug. Zurück nach Mae Hong Son fahren *sŏrng·tăa·ou* in Ban Ruam Thai um 5.30 und 11 Uhr und in Mae Aw um 8 Uhr.

Die Strecke bietet sich aber auch für eine wunderbare Motorradtour an. Dabei unbedingt genügend Sprit dabeihaben: Die einzige Tankstelle unterwegs befindet sich in Ban Na Pa Paek, am Ende eines sehr langen Anstiegs!

Khun Yuam

ขุนยวม

7000 EW.

Ungefähr auf halber Strecke zwischen Mae Sariang und Mae Hong Son – alle Busse Richtung Norden machen hier ihre Pause – liegt das ruhige Bergstädtchen Khun Yuam, das eine nette Abwechselung zu den umliegenden, stärker besuchten Zielen ist. Hier gibt's einige Unterkünfte und ein paar interessante Sehenswürdigkeiten.

Sehenswertes

Die meisten Attraktionen von Khun Yuams liegen außerhalb der Stadt. Um sie zu besuchen, braucht man ein eigenes Transportmittel.

Thai-Japan Friendship Memorial Hall MUSEUM

(Rte 108; Erw./Kind 100/50 B; ⏲8–16.30 Uhr) Am nördlichen Ende der Stadt steht die kürzlich renovierte Thai-Japan Friendship Memorial Hall. Nach einem kurzen Film über die Geschichte und Kultur von Khun Yuam besichtigt man Exponate und Zeugnisse zur Regionalgeschichte und aus der Zeit, als die Japaner in den letzten Wochen des Krieges mit Birma Khun Yuam besetzt hielten. Nach Kriegsende blieben einige japanische Soldaten im Ort und heirateten hier. Der letzte japanische Soldat, der sich in der Gegend niedergelassen hatte, ist im Jahr 2000 gestorben.

Wat To Phae BUDDHISTISCHER TEMPEL

(วัดต่อแพ; ⏲Sonnenaufgang–Sonnenuntergang) GRATIS Etwa 6 km westlich von Khun Yuam liegt an einem Bach der stimmungsvolle Wat To Phae, in dem es einen *chedi* im Mon-Stil und einen sehr gut erhaltenen *wí·hăhn* im birmanischen Stil zu bestaunen gibt. Hinter den Vorhängen des Hauptaltars im *wí·hăhn* versteckt sich auf der einen Seite ein 150 Jahre alter birmanischer *kalaga*, ein bestickter und paillettenbesetzter Wandbehang.

Ban Mae U Khaw DORF

(บ้านแม่อูคอ) 25 km von Khun Yuam entfernt und erreichbar über die Rte 1263 liegt an den Hängen des Doi Mae U Khaw das Hmong-Dorf Ban Mae U Khaw. Ende November ist das Gebiet ein einziges Blütenmeer, wenn die *dòrk boo·a đorng*, die Mexikanischen Sonnenblumen, blühen. Die Thais sind so begeistert von dem malerischen Anblick, dass in dieser Zeit alle Unterkünfte ausgebucht sind.

Nam Tok Mae Surin WASSERFALL

(น้ำตกแม่สุรินทร์; Eintritt 200 B) Rund 50 km hinter Khun Yam erreicht man den 100 m hohen Nam Tok Mae Surin im Nationalpark Mae Surin, den angeblich höchsten Wasserfall Thailands.

ABSTECHER

NATURLEHRPFAD MAE SAKUT

Naturlehrpfad Mae Sakut (Eintritt 20 B; ⏲8–17 Uhr) Keine Zeit für eine Trekkingtour in Mae Hong Son? Dann sollte man diesen Naturlehrpfad im Nationalpark Nam Tok Mae Surin in Angriff nehmen, um wenigstens eine Ahnung von der hiesigen Naturschönheit zu bekommen. Der relativ einfache, 5 km lange Rundwanderweg führt durch Bambus- und Teakbaumwälder, vorbei an Wasserfällen, Wildblumen (natürlich nur in der entsprechenden Jahreszeit) und Aussichtspunkten.

Der Weg beginnt etwa 7 km nördlich von Mae Hong Son an der Straße, die zum Fern Resort führt. Etwa 200 m hinter dem Resort kommt man an eine Straßensperre, wo man das Auto abstellen und den Eintritt bezahlen muss.

Schlafen & Essen

In Khun Yuam finden sich einige bescheidene Reis- und Nudellokale im Süden des Ortes an der Ostseite der Rte 108. Die meisten davon schließen um 17 oder 18 Uhr.

Mithkhoonyoum Hotel HOTEL $
(☎053 691057; 63 Rte 108; Zi. 400–800 B; ❄) Dieses alteingesessene Hotel an der Hauptstraße durch das Ortszentrum hat einfache, saubere Zimmer mit Bad. Die teureren, erst vor Kurzem renovierten Zimmer sind richtig gut geworden.

Ban Farang HOTEL $$
(☎053 622086; www.banfarang-guesthouse.com; 499 Th Ratburana; B inkl. Frühstück 150 B, Zi. & Bungalow inkl. Frühstück 800–1600 B; ❄📶) Diese Unterkunft abseits der Hauptstraße am nördlichen Ortsrand (man sollte Ausschau halten nach den Schildern in der Nähe der Bushaltestelle) besteht aus blitzeblanken Bungalows an einem bewaldeten Hang. Die preiswerteren Zimmer mit Ventilator sind einfach und dunkel, haben aber eine Terrasse, die teureren sind mit Klimaanlage, Kühlschrank und TV ausgestattet.

Yoont HOTEL $$
(☎053 691531; yoontkhunyuam@hotmail.com; 92 Rte 108; Zi. inkl. Frühstück 700–1200 B; ❄@📶) Das Yoont mitten in Khun Yuams Hauptstraße befindet sich in einem großen Betonkasten. Die zwölf Zimmer sind relativ geräumig und recht stilvoll eingerichtet, wenn sie auch ein bisschen überteuert sein dürften. Zum Entspannen gibt's eine einladende Dachterrasse.

Praktische Informationen

An der Hauptstraße befinden sich ein paar Banken mit Geldautomaten.

An- & Weiterreise

Die Busse, die zwischen Mae Sariang und Mae Hong Son unterwegs sind, legen in Khun Yuam regelmäßig einen Zwischenstopp ein. Der Busbahnhof befindet sich am nördlichen Ortsrand.

Zwischen 8 und 22.30 Uhr fahren täglich sechs Busse nach Chiang Mai (150–275 B, 7–8 Std.). Außerdem machen sich pro Tag zwei Minibusse auf den Weg (300 B, 5½ Std, 7 & 14 Uhr). Zwischen 15 und 4 Uhr starten täglich vier Busse nach Mae Hong Son (43–80 B, 1½ Std.); zwischen 8 und 22.30 Uhr fahren sechs Busse nach Mae Sariang (60–120 B, 2 Std.). Um 7 und um 14 Uhr machen sich Kleinbusse auf den Weg nach Mae Sariang (150 B, 1½ Std.).

ABSEITS DER ÜBLICHEN PFADE

MUANG PON

Muang Pon Homestay Program
(☎08 4485 5937; pro Nacht inkl. Frühstück & Abendessen 350 B) Vor zehn Jahren haben sich die Bewohner von Muang Pon, einem malerischen, traditionellen Shan-Dorf direkt südlich von Khun Yuam, für ein Homestay-Programm zusammengeschlossen. Etwa 15 Haushalte nehmen daran teil. Im Preis enthalten sind Frühstück und Abendessen, die Teilnahme an täglich anfallenden Aktivitäten wie der Herstellung von traditionellen Kunsthandwerksgegenständen, das Zubereiten von typischen Süßspeisen, landwirtschaftlichen Arbeiten sowie Sightseeing. Die Einheimischen sind gern bereit, ihre Häuser zu öffnen und ihr Wissen zu teilen, aber man darf nicht vergessen, dass die Dorfbewohner kaum Englisch sprechen.

Muang Pon befindet sich ca. 12 km südlich von Khun Yuam. Hin kommt man mit jedem Bus, der nach Mae Sariang oder Chiang Mai fährt.

Mae Sariang แม่สะเรียง

20 000 EW.

Das bisher eher wenig besuchte Mae Sariang wird ganz allmählich immer beliebter. Die Gründe sind die schöne Lage am Fluss und die Tatsache, das es ein günstiger Ausgangspunkt für nachhaltigen Tourismus und Wandertouren ist. Es gibt in der Gegend mehrere Siedlungen von Bergvölkern, vor allem rund um Mae La Noi 30 km nördlich der Stadt. Die Region südlich von Mae Sariang ist überwiegend gebirgiges Urwaldgebiet und umfasst die beiden Nationalparks Salawin und Mae Ngao.

Sehenswertes

Mae-Sariang-Museum MUSEUM
(พิพิธภัณฑ์แม่สะเรียง; Th Wiang Mai; ⌚8.30–16.30 Uhr) GRATIS In dem imposanten, tempelartigen Gebäude nahe der Highway-Kreuzung ist ein Museum untergebracht, das sich der lokalen Kultur widmet. Infos auf Englisch gibt's zwar nicht, aber die lebensgroßen Dioramen, die die Sitten und Bräuche der nördlichen Thai, der Shan, Karen und Lua in der Provinz Mae Sariang darstellen, sind einen Blick wert.

Wat Jong Sung & Wat Si Bunruang BUDDHISTISCHER TEMPEL
(วัดจองสูง/วัดศรีบุญเรือง; abseits der Th Wiang Mai; ⏲ Sonnenaufgang–Sonnenuntergang) GRATIS Die beiden Shan-birmanischen Tempel stehen nebeneinander gleich an der Hauptstraße von Mae Sariang. Der 1896 errichtete Wat Jong Sung ist der interessantere der beiden Tempel und besitzt schlanke *chedis* im Shan-Stil und Klostergebäude aus Holz.

Phra That Jom Thong BUDDHISTISCHER TEMPEL
(พระธาตุจอมทอง; an der Rte 105; ⏲ Sonnenaufgang–Sonnenuntergang) GRATIS Die riesige, goldene Buddha-Statue auf dem Hügel ist kaum zu übersehen. Von dort oben bietet sich ein toller Blick auf Mae Sariang. Die Anlage befindet sich 3 km südlich der Stadt abseits der Straße nach Mae Sot.

Aktivitäten

Wenn es um Trekkingtouren, Naturwanderungen oder andere Outdoor-Aktivitäten geht, ist die Gegend um Mae Sariang wahrscheinlich eine der besten Nordthailands. Dies liegt nicht nur an der natürlichen Schönheit und kulturellen Vielfalt der Region, sondern auch daran, dass hier eine neue Generation von verantwortungsbewussten Tourveranstaltern am Werk ist, die auf gemeindeorientierten Tourismus setzt. Die Preise liegen bei Gruppen von mindestens zwei Personen zwischen 1500 und 5000 B pro Tag und Person.

Mae Sariang Tours WANDERN, RAFTEN
(☎ 08 8404 8402; www.facebook.com/maesariang.man) Der Mae Sariang Man, wie sich der Besitzer dieses Unternehmens gern nennt, ist ein erfahrener Trekker, der umweltbewusste und gemeindeorientierte Treks und Raftingtouren in den Dschungel und die Nationalparks rund um seine Geburtsstadt sowie im weiter südlich gelegenen Sop Moei veranstaltet. Er hat kein Büro; wer eine Tour unternehmen will, ruft ihn an oder schaut auf seine Facebook-Seite.

Dragon Sabaii Tours WANDERN
(☎ 08 5548 0884; www.thailandhilltribeholidays.com; Th Mongkolchai) Im Vordergrund stehen Öko- und Kulturtourismus hauptsächlich im Gebiet von Mae La Noi gleich nördlich von Mae Sariang. Man besucht die Dörfer der Bergvölker, ohne zu stören, kann aber auch Homestays mit Freiwilligenarbeit buchen, bei denen man mit Angehörigen dieser Völker gemeinsam kocht und auf den Feldern arbeitet. Alle Angebote sind so gestaltet, dass auch die örtlichen Gemeinden etwas davon haben.

Piak Private Tours TREKKING
(☎ 09 3179 9786; piak1003@hotmail.com) Die Touren und Treks von Piak, einem unabhängigen, erfahrenen Guide, bekommen stets gute Kritiken. Zu erreichen ist er per E-Mail und telefonisch.

NG River Guides RAFTING
(☎ 053 681139, 08 9756 6443; www.ng-river-guides.com; 258/1 Th Mae Sariang; ⏲ 9–17 Uhr) Bobby, der Veranstalter vor Ort, organisiert in den feuchten Monaten Oktober bis Dezember Rafting- und Kajaktouren auf dem Mae Nam Yuam. Halbtagstouren von Mae La Noi nach Mae Sariang kosten bei Gruppen von mindestens zwei Personen ab 1200 B pro Tag und Person. Es können auch längere Strecken und Trips mit Übernachtung organisiert werden.

Bobby bietet auch Fliegenfischen (die gefangenen Fische kommen zurück ins Wasser) in Mae Ngao und Mae La Noi an; bei Gruppen von mindestens zwei Personen betragen die Preise mindestens 9000 B pro Tag und Person.

Northwest Tour TREKKING
(☎ 053 682860, 08 9700 9928; Northwest Guest House, 81 Th Laeng Phanit) Der Veranstalter kann Wanderungen in Naturgebiete und zu Karen-Dörfern in den Distrikten Mae Sariang und Sop Moei organisieren.

Schlafen

Northwest Guest House PENSION $
(☎ 08 9700 9928; patiat_1@hotmail.com; 81 Th Laeng Phanit; Zi. 250–350 B; ❄@📶) Die acht einfachen Zimmer in diesem gemütlichen Holzhaus haben zwar nur Matratzen auf dem Fußboden, bekommen aber Tageslicht ab und sind relativ geräumig. Hier können auch Trekkingtouren und andere Exkursionen organisiert werden.

Pang Sariang PENSION $
(☎ 053 682333; 2 Th Laeng Phanit, keine Ausschilderung in lateinischen Buchstaben; Zi. 250–300 B; ❄@📶) Villa mit vier gemütlichen, einfachen Zimmern. Ausschau halten nach dem Schild mit der Aufschrift „Guest House & Restaurant"!

Riverhouse Hotel HOTEL $$
(☎ 053 621201; www.riverhousehotels.com; 77 Th Laeng Phanit; Zi. inkl. Frühstück 1000–1300 B;

Mae Sariang

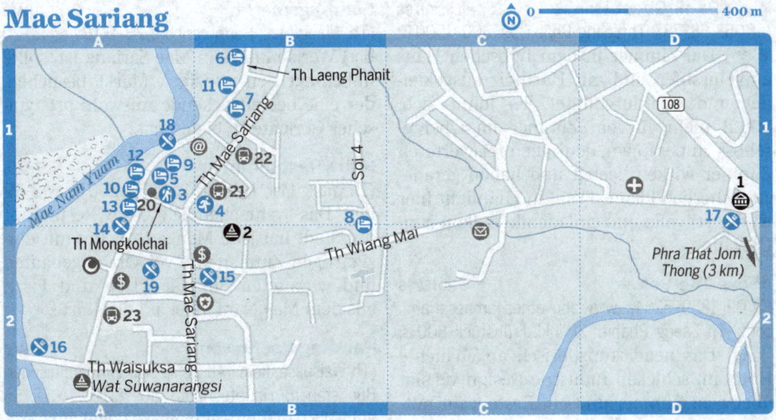

Mae Sariang

Sehenswertes
1 Mae-Sariang-Museum D1
2 Wat Jong Sung & Wat Si Bunruang B2

Aktivitäten, Kurse & Touren
3 Dragon Sabaii Tours A1
4 NG River Guides B1
Northwest Tour .... (siehe 9)

Schlafen
5 Above The Sea A1
6 Black Ant Resort B1
7 Huen-Kham-Kong B1
8 Mae Loe Gyi B1
9 Northwest Guest House A1
10 Pang Sariang A1
11 River Bank Guest House B1
12 Riverhouse Hotel A1
13 Riverhouse Resort A1

Essen
14 Coriander in Redwood A2
15 Intira Restaurant B2
16 Kai Yang Rai Khwan A2
17 Muu Thup D1
18 Sawaddee Restaurant & Bar A1
19 Sonntagsmarkt A2

Transport
20 Fahrradverleih A1
Busbahnhof .... (siehe 21)
21 Prempracha Tour B1
22 Sombat Tour B1
23 Sŏrng·tăa·ou nach Mae Sam Laep A2

❄@📶) Mit seiner Kombination aus nostalgisch wirkendem Teak, modischem Dekor und – nicht zu vergessen – seiner Uferlage ist dieses Boutiquehotel das beste Haus in der Stadt. Die Zimmer sind mit Klimaanlage und großen Veranden mit Ausblick auf den Fluss sowie Fenstern vom Boden bis zur Decke ausgestattet. Dieselben Besitzer führen auch das teurere, aber etwas weniger ansprechende **Riverhouse Resort** (☎053 683066; Th Laeng Phanit; Zi. inkl. Frühstück 1500–2800 B; ❄@📶) gleich südlich an der Th Laeng Phanit.

Mae Loe Gyi PENSION $$
(☎08 6920 2835; www.facebook.com/maeloegyi; Soi 4, Th Wiang Mai; Bungalow inkl. Frühstück 800 B; ❄📶) Die ruhig gelegene Unterkunft besteht aus vier geräumigen Bungalows mit separatem Schlaf-, TV- und Küchenbereich. In dem angeschlossenen Café und Restaurant gibt's Frühstück sowie Gerichte mit und ohne Fleisch.

Black Ant Resort HOTEL $$
(☎053 682123; www.blackantcoffee.resort.com; 113 Th Laeng Phanit; Zi. inkl. Frühstück 1000–1200 B; ❄@📶) Das Black Ant hat Zimmer zu beiden Seiten der Th Laeng Phanit. Alle sind groß und gut ausgestattet, in manchen gibt es einmalige Details, z.B. einen Baum mitten im Raum.

Huen-Kham-Kong HOTEL $$
(☎053 682416; www.huenkhamkong.com; 102 Th Laeng Phanit; Bungalows 800–900 B; ❄📶) Die sechs niedlichen und hübschen Bungalows haben freundliche Besitzer und verfügen über TV, Kühlschrank und Klimaanlage. Man bekommt auch Fahrräder.

River Bank Guest House PENSION $$
(☎053 682787; Th Laeng Phanit; Zi. 300–1500 B; ❄📶) Die Zimmer in dem hübschen Haus am Flussufer sind mit Hartholz ausgekleidet und lichtdurchflutet. Es lohnt sich, 200 B mehr für ein Zimmer im Obergeschoss zu berappen, denn die preiswerteren Zimmer wirken beengt und haben geradezu lächerlich kleine TVs. Ein Highlight hier ist der stilvolle und einladende Balkon zum Ufer hin.

Above The Sea HOTEL $$
(☎09 1859 5264; www.abovetheseamaesariang.com; Th Laeng Phanit; Zi. inkl. Frühstück 800 B; ❄📶) Das neue, künstlerisch angehauchte Hotel im schicken Industrie-Design verfügt über acht Zimmer und ein Restaurant mitsamt Bar.

Essen & Ausgehen

In der Th Laeng Phanit, nördlich der Kreuzung mit der Th Mongkolchai, reihen sich am Flussufer die unterschiedlichsten Bars aneinander.

★**Muu Thup** NORDTHAILÄNDISCH $
(Th Wiang Mai, keine Ausschilderung in lateinischen Buchstaben; Hauptgerichte 50–80 B; ⏲8–19 Uhr) Hier kommen authentische, köstliche Grillfleischgerichte auf nordthailändische Art auf den Teller. Namensgeber des Restaurants ist das Gericht *mŏo đúp* (gegrilltes und anschließend mit einem Hammer weichgeklopftes Schweinefleisch), das man unbedingt probieren sollte. Das Lokal befindet sich schräg gegenüber vom Mae-Sariang-Museum; nach dem Grill Ausschau halten!

Sonntagsmarkt THAI $
(Th Wiang Mai; Hauptgerichte 20–60 B; ⏲15–20 Uhr) Wer sonntags in Mae Sariang ist, sollte unbedingt den winzigen Markt besuchen, der eine beeindruckende Auswahl ortstypischer Gerichte zu bieten hat.

Intira Restaurant THAI $
(Th Wiang Mai; Hauptgerichte 50–200 B; ⏲8–22 Uhr) Das wahrscheinlich beste Restaurant der Stadt hat jede Menge Gerichte mit einzigartigen Zutaten wie vor Ort angebauten und geernteten Shiitake-Pilzen und Fisch aus dem Mae Nam Moei auf der Karte.

Kai Yang Rai Khwan THAI $
(Th Waisuksa, keine Ausschilderung in lateinischen Buchstaben; Hauptgerichte 30–180 B; ⏲Di–So 9–14 Uhr) In dem einfachen Lokal am Fuß der Brücke gibt's die typischen Isan-Gerichte: gegrilltes Hähnchen, Papaya-Salat und Duftreis.

Sawaddee Restaurant & Bar THAI $
(Th Laeng Phanit; Hauptgerichte 40–150 B; ⏲17–24 Uhr; 📶🥬) Dieses Lokal hat etwas von einer Strandbar: Man kann sich wunderbar bei einem Bier entspannen und dabei auf das Wasser schauen (auch wenn es nur der Mae Nam Yuam ist). Auf der langen Speisekarte finden sich auch viele Angebote für Vegetarier.

Coriander in Redwood THAI $$
(Th Laeng Phanit; Hauptgerichte 50–420 B; ⏲Mo–Sa 10–22 Uhr) Das schickste Restaurant der Stadt residiert in einem schönen Holzgebäude und macht viel Wind um seine Steaks. Besser beraten ist man aber mit den thailän-

VERKEHRSMITTEL AB MAE SARIANG

Bus

ZIEL	PREIS (B)	DAUER (STD.)	HÄUFIGKEIT
Bangkok	590–689	12	19 & 19.30 Uhr
Chiang Mai	100–180	4–5	12.30–1 Uhr 4-mal tgl.
Khun Yuam	60–120	2–3	12.30–4 Uhr 7-mal tgl.
Mae Hong Son	100–200	3–4	12.30–4 Uhr 7-mal tgl.

Minivan & Sŏrng·tăa·ou

ZIEL	PREIS (B)	DAUER (STD.)	HÄUFIGKEIT
Chiang Mai	200	3½	7–17 Uhr Kleinbusse 6-mal tgl.
Khun Yuam	150	1½	10.30 & 17.30 Uhr Kleinbusse
Mae Sam Laep	80	1½	6.30–15.30 Uhr *sŏrng·tăa·ou* regelm.
Mae Sot	250	6	6.30–12.30 Uhr *sŏrng·tăa·ou* regelm.

dischen Gerichten, etwa den verschiedenen *nám prík* (Chili-Dips). Zur Abkühlung am Nachmittag bieten sich Eiscreme und Eiskaffee an.

Praktische Informationen

In Mae Sariang befinden sich mehrere Banken mit Geldautomaten, die meisten am westlichen Ende der Th Wiang Mai. Ein **Internetcafé** (Th Laeng Phanit; 10 B/Std.; 9–22 Uhr) gibt es ebenfalls in der Stadt. Christian und Beng im Sawaddee Restaurant & Bar sind eine gute Informationsquelle für kurze, aber witzige Ausflüge und Aktivitäten in der Gegend.

An- & Weiterreise

Prempracha Tour (053 681347) am **Busbahnhof** (Th Mae Sariang) verkehrt mit Bussen und Kleinbussen zwischen Mae Sariang und Mae Hong Song. **Sombat Tour** (053 681532; Th Mae Sariang) hat sein Büro direkt nördlich des Busbahnhofs und fährt mit Bussen nach Bangkok.

Unterwegs vor Ort

Motorräder und Fahrräder vermieten ein Fahrradladen (08 1181 3695; an der Th Laeng Phanit; Fahrrad/Motorrad 50/200 B/24 Std.; 7–19 Uhr) und das Northwest Guest House.

Rund um Mae Sariang

Salawin National Park

Salawin National Park NATIONALPARK

(อุทยานแหงชาติสาละวิน; 053 071429; Eintritt 200B) Dieser Nationalpark umfasst 722 km² geschütztes Land in den Bezirken Mae Sariang und Sop Moei. Der Park ist dicht bewaldet; Teakbäume und asiatische Rothölzer prägen das Bild. Hier steht u.a. auch der zweitgrößte Teakbaum Thailands. Es gibt zahlreiche Wanderwege, und man kann per Boot auf dem Mae Nam Salawin bis zur Außenstation des Parks bei Tha Ta Fang fahren.

Die Parkverwaltung befindet sich 6 km von Mae Sariang entfernt. Hier stehen Bungalows (600–1200 B), die über das **Royal Forest Department** (02 562 0760; www.dnp.go.th/parkreserve) gebucht werden können.

Mae Sam Laep

Mae Sam Laep DORF

(แมสามแลบ) Das Handelsdorf Mae Sam Laep liegt am Fluss innerhalb des Salawin National Parks fast am Ende der kurvenreichen, 50 km langen Bergstraße, die in Mae Sariang beginnt. Der Ort, in dem birmanische Flüchtlinge leben, wirkt wie eine Grenzstadt.

Das Dorf ist ein Ausgangspunkt für Bootsfahrten auf dem Mae Nam Salawin. Die Touren führen durch unberührten Dschungel, vorbei an ungewöhnlichen Felsformationen. Gelegentlich schippert man nach Myanmar hinüber. Am Pier in Mae Sam Laep kann man Richtung Süden Boote zum 25 km von Mae Sam Laep entfernten Sop Moei (etwa 2000 B, 1½ Std.) und Richtung Norden zur Außenstation des Salawin National Park bei Tha Ta Fang (etwa 1500 B, 1 Std.) chartern, die 18 km nördlich von Mae Sam Laep liegt. Es gibt auch Passagierboote, die aber nur selten ablegen. Außerdem muss man schon Thai können, um zu erfahren, wohin die Reise geht…

Die *sŏrng·tăa·ou* von Mae Sariang nach Mae Sam Laep (80 B, 1½ Std., 6.30–15.30 Uhr regelm.) starten von einer Haltestelle an der Th Laeng Phanit in der Nähe des Morgenmarkts.

Provinz Chiang Mai

Inhalt ➡

Gut essen

- SP Chicken (S. 373)
- Talat Pratu Chiang Mai (S. 374)
- Ginger & Kafe @ The House (S. 376)
- Tengoku (S. 378)
- Chiang Dao Nest (S. 391)

Schön übernachten

- Anantara Resort & Spa (S. 370)
- Rachamankha (S. 368)
- Baan Orapin (S. 370)
- Mo Rooms (S. 369)
- Awanahouse (S. 366)

Auf in die Provinz Chiang Mai!

Chiang Mai, die Hauptstadt Nordthailands, erreicht man von Bangkok problemlos über Nacht mit dem Zug, und dennoch ist sie Welten vom Trubel und Glamour Bangkoks entfernt. Die frühere Hauptstadt des Königreiches Lan Na, einst vom Königreich Siam von der birmanischen Herrschaft befreit, ist eine faszinierende Stadt der glänzenden Klöster, munteren Märkte, modernen Einkaufszentren und ruhigen Wohnstraßen, die auch gut in ein Dorf passen würden.

Chiang Mai wirkt eher ländlich als wie eine Mega-Metropole, doch die historische Stadt hat sich zu einem wichtigen Travellerzentrum entwickelt, das einfach alle magnetisch anzieht – von jugendlichen Backpackern über junge Familien und um die Welt reisende Senioren bis zu Heerscharen junger chinesischer Touristen, die dem touristischen Erlebnis der Stadt ein neues Gesicht geben.

Doch historische Klöster und Kochkurse sind nur ein Steinchen des Mosaiks. In die bewaldeten Berge der Provinz rund um Chiang Mai kommen Abenteuerlustige, um zu raften, zu wandern, Mountainbike zu fahren und zu anderen adrenalingeschwängerten Aktivitäten, während auf nicht ganz so energiegeladene Besucher Begegnungen mit Elefanten, Bäder in heißen Quellen und Spaziergänge auf experimentellen Farmen und in üppigen botanischen Gärten warten.

Reisezeit

- Am besten besucht man Chiang Mai in der kühlen Jahreszeit, die etwa von November bis Februar dauert, dann ist das Wetter mild und es regnet kaum.
- In der heißen Jahreszeit von März bis Juni klettert das Thermometer regelmäßig über 35 °C; ein Hotel mit Pool ist dann ein Segen!
- Songkran im April ist das größte Fest – und die größte Party – Chiang Mais; Verkehrsmittel und Unterkunft sollte man aber rechtzeitig im Voraus buchen.

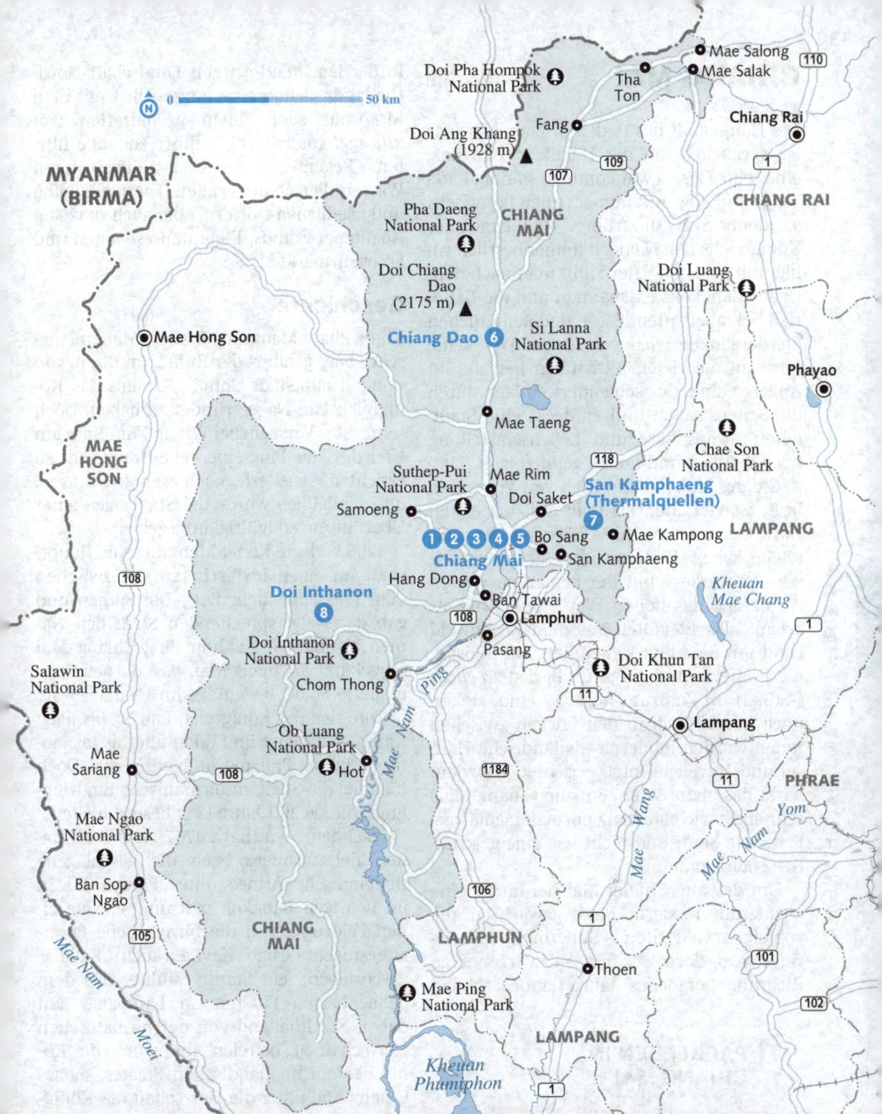

Highlights

1 Chiang Mais goldene Dreifaltigkeit – den **Wat Phra Singh** (S. 341), den **Wat Chedi Luang** (S. 341) und den **Wat Phra That Doi Suthep** (S. 354) – besuchen

2 Beim **„Monk Chat"** (S. 359) Mönchen begegnen und darüber diskutieren, was die Männer in Orange motivierte

3 Bei **Kochkursen** (S. 360) in Chiang Mai das Zubereiten grüner Currys lernen

4 Der Parade der Shopper beim **Saturday-Walking-Street-** und beim **Sunday-Walking-Street-Markt** (S. 346) folgen

5 Sich ins geschäftstüchtige Getümmel des **Talat Warorot** (S. 348) stürzen

6 Die mystische **Chiang-Dao-Höhle** (S. 390) in Chiang Dao erforschen

7 In den **Thermalquellen** (S. 396) in San Kamphaeng im Dschungel baden

8 Den **Doi Inthanon** (S. 397) besteigen, um tosende Wasserfälle und moderne *chedi* (Stupas) zu sehen

CHIANG MAI

เชียงใหม่

398 000 EW.

Die Hauptstadt des thailändischen Nordens ist, verglichen mit der Hektik in Bangkok, eine echte Oase. Zwar kommen ständig Flugzeuge und Züge mit immer neuen Besuchern an, dennoch ist die frühere Hauptstadt des Königreichs Lan Na noch immer herrlich ruhig und gelassen. Hier kann man nach dem Chaos Bangkoks entspannen und die Batterien bei fabelhaftem Essen und gemütlichen Spaziergängen wieder aufladen. Wer keine Lust auf die vielen Aktivitäten hat, die im Angebot sind, der schlendert einfach durch die Seitenstraßen und entdeckt eine Stadt, deren Atmosphäre und Lebenseinstellung noch deutlich traditionell geprägt ist.

Chiang Mai, das inmitten von Vorbergen liegt, ist viel älter, als man auf den ersten Blick vermuten würde. Während der mittelalterlichen Blütezeit der Stadt wurden alle Bauwerke – mit der bemerkenswerten Ausnahme des hohen Wat – aus Teakholz erbaut, das Elefanten aus dem Regenwald rund um die Stadt schleppten. Die Klöster, die immer um einen alten Backstein-*chedi* (-Stupa) im Zentrum angelegt sind, stehen noch heute, doch in den Lücken zwischen ihnen wurden moderne thailändische Häuser und Traveller-Hotels errichtet. Trotzdem wirkt das historische Zentrum Chiang Mais sehr stark wie eine ganz normale, schläfrige ländliche Stadt und nicht wie eine geschäftige Hauptstadt.

Um das alte Chiang Mai herum ist eine ausufernde moderne Stadt gewachsen, die von einem Geflecht aus Superhighways umringt wird, doch wer einfach in irgendeine Richtung geradeaus fährt, landet schnell in der leuchtend grünen Landschaft Nordthailands. Schon eine kurze Fahrt mit dem Motorrad oder einem gechartertem *rót daang* („roter Truck") führt zu unberührten Regenwaldreservaten, aufgewühlten Wasserfällen, blubbernden Thermalquellen und friedlichen Dörfern, aber auch zu vielen Abenteuer-Camps, Elefantenreservaten und Souvenirmärkten.

PARKLEBEN IN CHIANG MAI

Der einzige öffentliche Park in der Altstadt Chiang Mais, der **Suan Buak Hat** (Karte S. 338; Th Bamrungburi; ⏲ 5–21 Uhr) ist ein wunderbares Fleckchen, um zu entspannen. Wenn die Sonne tief steht, kommen die Einheimischen und joggen auf den Laufbahnen, flitzen auf dem Spielplatz herum (die Kleinen), füttern die Fische in den Teichen oder kaufen Litschis von den Verkäufern vor dem Park und lassen sich auf geliehenen Matten (10 B) nieder und genießen die angenehme abendliche Temperatur.

Geschichte

König Phaya Mengrai (oft auch „Mangrai" geschrieben) gebührt der Ruhm, im 13. Jh. von seiner Hauptstadt Chinag Sen aus das Königreich Lan Na gegründet zu haben. Doch sein erster Versuch, bei Wiang Kum Kam am Ufer des Mae Ping eine neue Hauptstadt zu errichten, scheiterte nach wenigen Jahren, und schließlich wurde die Stadt nach einer Überflutung endgültig aufgegeben.

1296 verlegte König Mengrai seine Hauptstadt an einen idyllischeren Ort zwischen dem Fluss und dem Berg Doi Suthep und gab der vielversprechenden Stadt den Namen Nopburi Si Nakhon Ping Chiang Mai (abgekürzt zu Chiang Mai, was „die neue ummauerte Stadt" bedeutet). Im 14. und 15. Jh. dehnte sich das Königreich Lan Na bis nach Kamphaeng Phet im Süden und bis ins laotische Luang Prabang im Norden aus. Doch 1556 fiel die Stadt an birmanische Eindringlinge, die sie 200 Jahre lang besetzt hielten.

Nachdem Ayutthaya 1767 an die Birmanen fiel, formierte sich die geschlagene thailändische Armee unter Phraya Taksin im heutigen Bangkok neu und startete einen Feldzug gegen die birmanische Besatzungsmacht. Chao Kavila (auch „Kawila" geschrieben), ein Stammesführer aus dem benachbarten Fürstentum Lampang, half dabei, Nordthailand von der birmanischen Herrschaft zu „befreien" und wurde der König des nordthailändischen Staates, sodass Chiang Mai unter die Herrschaft des Königreiches Siam geriet.

Unter Kavila entwickelte sich Chiang Mai zu einem wichtigen Handelszentrum, wobei das reichlich vorhandene Teakholz eine wichtige Rolle spielte. Rund um die Innenstadt wurden gewaltige Ziegelmauern gebaut. Viele der späteren Tempel im birmanischen Stil wurden von wohlhabenden Teakholzhändlern errichtet, die in dieser Periode aus Birma einwanderten. In ihrer Folge kamen die Missionare und die britischen Teakholz-Konzessionäre, die in der Altstadt Villen im Kolonialstil bauten.

WAS, NOCH MEHR WATS?

Wer Lust auf weitere religiöse Thai-Bauwerke hat, findet in der Altstadt und in den Straßen ringsum Dutzende weitere historische Wats. Hier sind einige gute Tempel, an denen man die Erkundungstour beginnen kann.

Wat Inthakhin Saduemuang (วัดอินทขิลสะดือเมือง; Karte S. 342; Spende erbeten; ⌚6–18 Uhr) In diesem Tempel mitten in der Th Inthawarorot wurde ursprünglich die Làk Meuang (Stadtsäule) aufbewahrt, und der vergoldete *wí·hăhn* (Heiligtum) ist eines der am perfektesten proportionierten Bauwerke der Stadt.

Wat Phan On (วัดพันอ้น; Karte S. 342; Th Ratchdamnoen; Spende erbeten; ⌚6–17 Uhr) Den goldenen *chedi* (Stupa) dieses wohlhabenden Wats schmücken vergoldete Buddhas in Nischen, die mit Mustern in *lai-krahm*-Technik verziert sind. Abends strömen scharenweise Anhänger in den Tempel. Während des Sunday-Walking-Street-Markts verwandelt sich der Hof in einen Food Court.

Wat Jet Lin (วัดเจ็ดลิน / วัดหนองจลิน; Karte S. 342; Th Phra Pokklao; Spende erbeten; ⌚4–18 Uhr) In diesem freundlichen Wat wurden im 16. Jh. die Lan-Na-Könige gekrönt. Heute kann man hier eine Sammlung riesiger Gongs, einen großen alten *chedi* im *mon-dòp*-Stil und einen großen vergoldeten Buddha mit besonders eleganten Proportionen sehen.

Wat Lokmoli (วัดโลกโมฬี; Karte S. 342; Th Chaiyaphum; Spende erbeten; ⌚6–18 Uhr) Ein eleganter Holzkomplex mit vielen Terrakotta-Skulpturen. Der *wí·hăhn* wird von einem dreistufigen Dach gekrönt, und der hohe, fassförmige *chedi* hat noch Teile seines Originalputzes.

Wat Chomphu (วัดชมพู; Karte S. 342; Soi 1, Th Chang Moi Kao; Spende erbeten; ⌚6–18 Uhr) Gleich nördlich der Th Tha Phae liegt dieses ruhige Kloster, dessen prächtiger vergoldeter Stupa mit goldenen Elefanten 1999 zu Ehren des Königs restauriert wurde.

Wat Ou Sai Kham (วัดอู่ทรายคำ; Karte S. 342; Th Chang Moi Kao; Spende erbeten; ⌚7–18 Uhr) Der freundliche Nachbarschaftstempel bewahrt in seinem Haupt-*wí·hăhn* eine beeindruckende Sammlung Jade-Buddhas sowie Jade- und Nephrit-Steine auf.

Wat Mahawan (วัดมหาวัน; Karte S. 342; Th Tha Phae; Spende erbeten; ⌚6–18 Uhr) Ein stattlicher, weiß getünchter Wat, an dem der Einfluss der birmanischen Teakholzhändler, die zum Beten herkamen, deutlich zu erkennen ist. Der *chedi* und die Tore im birmanischen Stil sind mit Gipsreliefs von Engeln und mythischen Bestien geschmückt.

Der Untergang des halbautonomen Staates Lan Na war nur eine Frage der Zeit. Angesichts der Ausdehnung der Kolonialherrschaft im benachbarten Birma und Laos machte Bangkok Chiang Mai 1892 zu einem Verwaltungssitz, und die Prinzessin Dara Rasmi wurde nach Bangkok geschickt, um eine der offiziellen Begleiterinnen von König Rama V. zu werden, was die Bindungen zwischen den beiden königlichen Familien verstärkte.

Die Fertigstellung der nördlichen Eisenbahnlinie nach Chiang Mai 1922 sorgte schließlich für den Anschluss des Nordens an Zentralthailand, und 1933 wurde Chiang Mai eine Provinz des Königreichs Thailand. Dennoch blieb Chiang Mai bis 2001 relativ unentwickelt. Erst damals beschloss der aus Chiang Mai stammende Premierminister Thaksin Shinawatra, die Stadt durch den Ausbau des Flughafens und den Bau von Superhighways zu modernisieren.

Die Umsetzung des großen Plans des Premierministers wurde unterbrochen, als dieser 2006 aus dem Amt flog. Doch viele seiner loyalen Unterstützer haben weiterhin Machtpositionen inne, und für 2019 ist der Bau einer Hochgeschwindigkeits-Bahnlinie nach Bangkok geplant.

Sehenswertes

In Chiang Mai gibt es zahlreiche Tempel, Märkte und Museen, doch die Attraktionen außerhalb der Altstadt, sowohl innerhalb als auch außerhalb des Highway-Rings, sollte man auf keinen Fall übersehen.

Altstadt — เมืองเก่า

Tempel prägen die Silhouette der Altstadt, Mönche in orangefarbenen Roben mischen sich unter die Touristenströme und die Atmosphäre ist eher die einer Provinzstadt als die einer modernen, geschäftigen Groß-

Chiang Mai

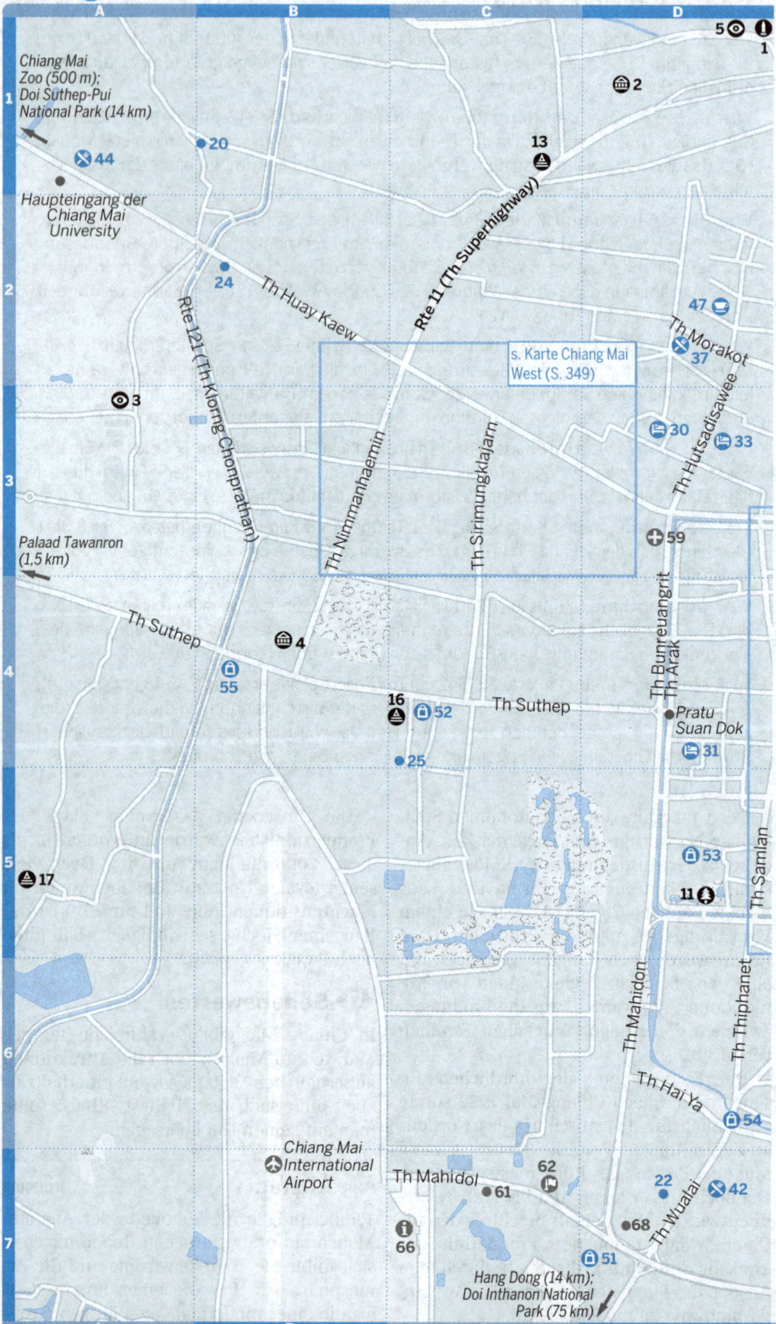

Chiang Mai Zoo (500 m); Doi Suthep-Pui National Park (14 km)
Haupteingang der Chiang Mai University
Palaad Tawanron (1,5 km)
Th Huay Kaew
Rte 11 (Th Superhighway)
Rte 121 (Th Klorng Chonprathan)
Th Nimmanhaemin
Th Sirimungklajarn
s. Karte Chiang Mai West (S. 349)
Th Morakot
Th Hutsadisawee
Th Suthep
Th Suthep
Th Bunreuangrit
Th Arak
Pratu Suan Dok
Th Samlan
Th Mahidon
Th Thiphanet
Th Hai Ya
Th Wualai
Th Mahidol
Chiang Mai International Airport
Hang Dong (14 km); Doi Inthanon National Park (75 km)
1
2
3
4
5
11
13
16
17
20
22
24
25
30
31
33
37
42
44
47
51
52
53
54
55
59
61
62
66
68
A
B
C
D
1
2
3
4
5
6
7

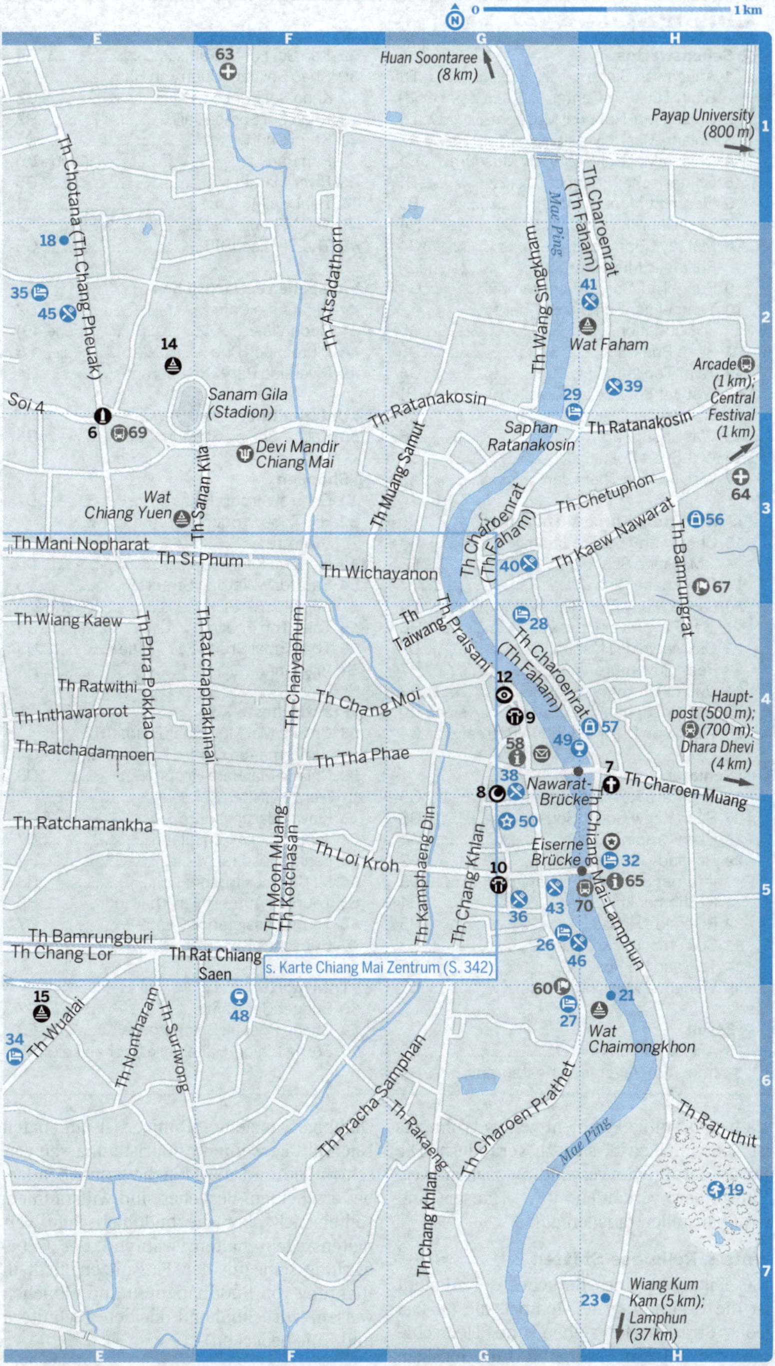

0
1 km
Huan Soontaree (8 km)
Payap University (800 m)
Th Chotana (Th Chang Pheuak)
Th Atsadathorn
Th Wang Singkham
Mae Ping
Th Charoenrat (Th Faham)
Wat Faham
Arcade (1 km); Central Festival (1 km)
Sanam Gila (Stadion)
Soi 4
Th Ratanakosin
Saphan Ratanakosin
Devi Mandir Chiang Mai
Th Muang Samut
Wat Chiang Yuen
Th Sanan Kila
Th Chetuphon
Th Kaew Nawarat
Th Bamrungrat
Th Mani Nopharat
Th Si Phum
Th Wichayanon
Th Charoenrat (Th Faham)
Th Taiwang
Th Praisani
Th Wiang Kaew
Th Phra Pokklao
Th Ratchaphakhinai
Th Chaiyaphum
Th Ratwithi
Th Inthawarorot
Th Chang Moi
Th Ratchadamnoen
Th Tha Phae
Hauptpost (500 m); (700 m); Dhara Dhevi (4 km)
Nawarat-Brücke
Th Charoen Muang
Th Ratchamankha
Th Moon Muang
Th Kotchasan
Th Loi Kroh
Th Kamphaeng Din
Th Chang Khlan
Eiserne Brücke
Th Chiang Mai-Lamphun
Th Bamrungburi
Th Chang Lor
Th Rat Chiang Saen
s. Karte Chiang Mai Zentrum (S. 342)
Th Wualai
Th Nontharam
Th Suriwong
Wat Chaimongkhon
Th Pracha Samphan
Th Rakaeng
Th Charoen Prathet
Th Ratuthit
Th Chang Khlan
Wiang Kum Kam (5 km); Lamphun (37 km)

Chiang Mai

Sehenswertes
1 Anusawari Singh ... D1
Baan Tuek Art Center ... (siehe 58)
2 Chiang Mai National Museum ... D1
3 Chiang Mai University ... A3
4 Chiang Mai University Art Museum ... B4
5 Chinesischer Friedhof ... D1
6 Elephant Monument ... E3
7 First Church ... H4
8 Matsayit Ban Haw ... G4
Philatelic Museum ... (siehe 9)
9 Pung-Tao-Gong-Ahnentempel ... G4
10 Tempel der Samakkee Charity Foundation ... G5
11 Suan Buak Hat ... D5
12 Talat Ton Lam Yai ... G4
13 Wat Jet Yot ... C1
14 Wat Ku Tao ... E2
15 Wat Srisuphan ... E6
16 Wat Suan Dok ... C4
17 Wat U Mong Thera Jan ... A5

Aktivitäten, Kurse & Touren
18 Chetawan Thai Traditional Massage School ... E2
19 Gymkhana Club ... H7
20 Lanna Muay Thai Boxing Camp ... B1
21 Mae Ping River Cruise ... H6
22 Old Medicine Hospital ... D7
23 Peak Adventure Tour ... H7
24 UniTEFL International ... B2
Wat Srisuphan ... (siehe 15)
25 Wat Suan Dok Meditation Retreat ... C4

Schlafen
26 Anantara Resort & Spa ... G5
27 Baan Kaew Guest House ... G6
28 Baan Orapin ... G4
29 Hollanda Montri ... G2
30 International Hotel Chiangmai ... D3
31 Rachamankha ... D4
32 Riverside House ... H5
33 Spicythai Backpackers ... D3
34 Tri Yaan Na Ros ... E6
35 Viangbua Mansion ... E2

Essen
36 Anusarn Food Center ... G5
37 Imm Aim Vegetarian Restaurant ... D2
38 Kao Soi Fueng Fah ... G4
39 Khao Soi Lam Duan Fah Ham ... H2
40 Khao Soi Prince ... G3
41 Khao Soi Samoe Jai ... H2
42 Khun Churn ... D7
Pun Pun ... (siehe 16)
43 River Market ... G5
44 Talat Na Mor ... A1
45 Talat Thanin ... E2
46 The Service 1921 ... G5

Ausgehen & Nachtleben
47 Akha Ama Cafe ... D2
Good View ... (siehe 49)
48 Pinte Blues Pub ... F6
49 Riverside Bar & Restaurant ... G4

Unterhaltung
50 Kalare Boxing Stadium ... G5

Shoppen
51 Central Airport Plaza ... D7
52 Hill-Tribe Products Promotion Centre ... C4
53 Mengrai Kilns ... D5
54 Saturday Walking Street ... D6
Sop Moei Arts ... (siehe 28)
55 Talat Ton Phayom ... B4
56 Thai Tribal Crafts Fair Trade ... H3
57 Vila Cini ... H4

Praktisches
58 Chiang Mai Municipal Tourist Information Centre ... G4
59 Chiang Mai Ram Hospital ... D3
60 Französisches Konsulat ... G6
61 Einwanderungsbüro ... C7
62 Japanisches Konsulat ... C7
63 Lanna Hospital ... F1
64 McCormick Hospital ... H3
65 Tourism Authority of Thailand ... H5
66 Tourist Assistance Centre ... C7
67 Britisches Konsulat ... H3

Transport
68 Budget Car Rental ... D7
69 Chang Pheuak Bus Terminal ... E3
70 Sŏrng·tăa·ou-Haltestelle Saphan Lek ... H5

stadt. Das ruhige Ambiente eines Wohnorts ist aber im Begriff, sich zu verändern: Die Büros der Provinzverwaltung ziehen weg, Einwohner verkaufen ihre Häuser und Großbaustellen tauchen auf.

Wats & Religiöse Stätten

Das Highlight eines Besuches der Altstadt ist die Erkundung der Tempel, die an fast jeder Straßenecke stehen und Heerscharen von Pilgern, Touristen und hiesigen Gläubigen anziehen. Ruhiger ist am späten Nachmittag, wenn die Touristenmassen verschwinden und die Mönche zum Abendgebet erscheinen. Besucher sind willkommen, sollten sich aber die buddhistischen Verhaltensregeln halten: während der Gebete ruhig sein, mit den Fußspitzen nicht in Richtung von Buddhafiguren und Mönchen weisen, zurückhaltend kleiden (Schultern und Knie bedecken).

★ Wat Phra Singh BUDDHISTISCHER TEMPEL

(วัดพระสิงห์; Karte S. 342; Th Singharat; Eintritt zum Haupt-*wí·hăhn* 20 B; ⏲5–20.30 Uhr) Den am meisten verehrten Tempel Chiang Mais, den Wat Phra Singh, dominiert ein riesiger *wí·hăhn* (Heiligtum) mit Mosaikeinlagen. Die prachtvollen Klostergebäude und die makellos getrimmte Anlage, auf der sich Kaffeestände und Massagepavillons verteilen, sind Ausdruck seines Reichtums. Pilger kommen hierher, um die berühmte Buddhastatue namens **Phra Singh** (Löwen-Buddha) anzubeten, die sich im Wihan Lai Kham befindet, einer kleinen Kapelle direkt südlich vom *chedi* im hinteren Teil der Anlage.

Der Buddha soll aus Sri Lanka nach Thailand gekommen sein und erhielt 1367 einen Schrein. Auch die Kapelle selbst ist mit ihren vergoldeten *naga*- (Schlangen-)giebeln und *lai·krahm* (Goldmuster in Schablonentechnik) im Inneren sehr eindrucksvoll.

Trotz des hohen Status des Phra Singh ist wenig über die Statue bekannt, die mehr mit Buddhastatuen aus Nordthailand als mit solchen aus Sri Lanka gemeinsam hat. Noch mysteriöser ist, dass sich in Thailand noch zwei weitere, fast identische Statuen befinden, eine im Nationalmuseum Bangkok und eine im Wat Phra Mahathat Woramahawihaan in Nakhon Si Thammarat. Ungeachtet ihrer Herkunft hat sich die Statue zum Fokus der religiösen Feierlichkeiten während des Songkran-Festival entwickelt.

Ein weiterer interessanter Bau in der Klosteranlage ist die erhöhte Tempelbibliothek in einem eleganten Pavillon aus Teakholz und Stuck namens **Ho Trai**, der mit Basrelief-Engeln im Stil des Wat Jet Yot (s. S. 228) verziert ist. Der Haupt-*chedi* des Tempels steht auf einem klassischen achteckigen Fundament im Lan-Na-Stil und wurde 1345 von König Pa Yo erbaut; oft wird er von Gläubigen mit Streifen orangefarbenen Stoffs umwickelt.

★ Wat Chedi Luang BUDDHISTISCHER TEMPEL

(วัดเจดีย์หลวง; Karte S. 342; Th Phra Pokklao; Spenden erbeten; ⏲6–18 Uhr) Der Wat Chedi Luang ist nicht ganz so prächtig wie der Wat Phra

ORIENTIERUNG IN CHIANG MAI

Es ist recht leicht, sich in Chiang Mai zurechtzufinden. In der Altstadt herrscht, von den Hauptdurchgangsstraßen abgesehen, nur wenig Verkehr, und die meisten Besucher erkunden sie mit dem Rad oder zu Fuß und nutzen Túk-Túks (ausgesprochen *đúk đúk*) und *rót daang* (Sammeltaxis), um zu Sehenswürdigkeiten außerhalb dieses kompakten Zentrums zu gelangen. Der Stadtplan *Map of Chiang Mai* von Nancy Chandler, den es in vielen hiesigen Buchläden gibt, hilft dabei, sicher durch die Stadt zu spazieren.

Von der Altstadt ausgehend führt die Rte 107 Richtung Norden, die Rte 108 Richtung Süden und die Rte 106 Richtung Südosten. Diese strahlenförmigen Straßen kreuzen eine komplizierte äußere Ringstraße, die aus zwei Superhighways besteht, aus der Rte 11 (Th Superhighway) und der Rte 121 (Th Klorng Chonprathan). Wenn man selbst fährt, ist es fast immer einfacher, sich an die Straßen zu halten, die aus dem Zentrum herausführen, als sich auf den Superhighways zurechtzufinden. Bei Zielen außerhalb der Altstadt wird die Wegbeschreibung oft in Bezug auf die vier Haupttore der Stadt angegeben.

Pratu Tha Phae (Osten) Von hier aus Richtung Osten auf der Th Tha Phae geht es zum Fluss, zum Talat Warorot und zum Night Bazaar.

Pratu Chang Pheuak (Norden) Die Th Chotana (Th Chang Pheuak) nach Norden führt zum Busbahnhof Chang Pheuak und zur Rte 107 in den Norden der Provinz Chiang Mai.

Pratu Suan Dok (Westen) Von hier gelangt man auf der Th Suthep zur Chiang Mai University, zum Doi Suthep und zum Ausgehviertel in der Th Nimmanhaemin.

Pratu Chiang Mai (Süden) Nach Südwesten entlang der Th Wualai geht es zum Saturday-Walking-Street-Markt und zur Rte 108, die in den Süden der Provinz Chiang Mai führt.

Wer über die Ringstraße in die Altstadt oder heraus fährt, muss das komplizierte Verkehrssystem entlang des Stadtgrabens meistern. Der Verkehr in der Ringstraße auf der Innenseite des Grabens verläuft gegen den Uhrzeigersinn, der Verkehr auf der Außenseite im Uhrzeigersinn. Will man in Gebiete zwischen diesen beiden Ringstraßen, dann muss man den Graben überqueren und wenden. Da man von den Ringstraßen nie auf die Straßen kommt, die von den Haupttoren stadtauswärts führen, muss man fast immer an seinem Ziel vorbeifahren und dann auf der entgegengesetzten Seite zurückkommen.

Chiang Mai Zentrum

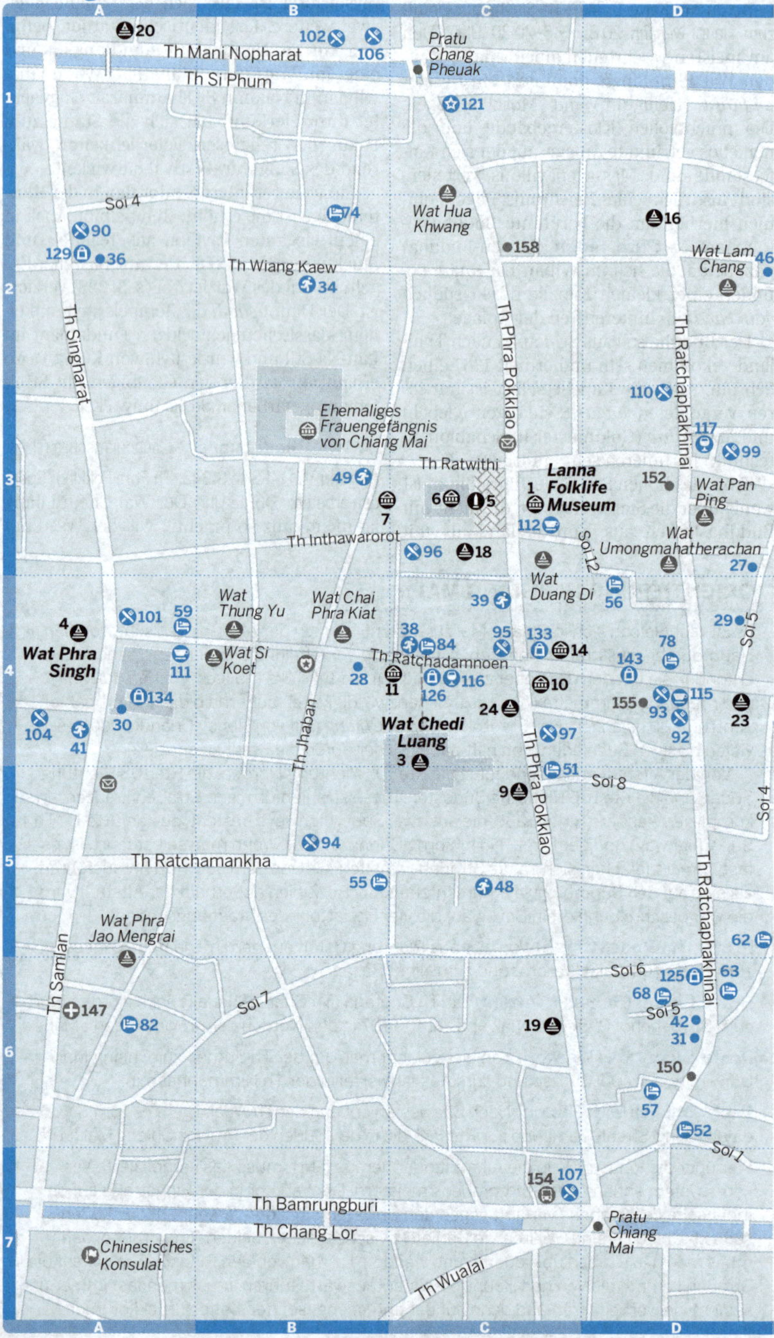

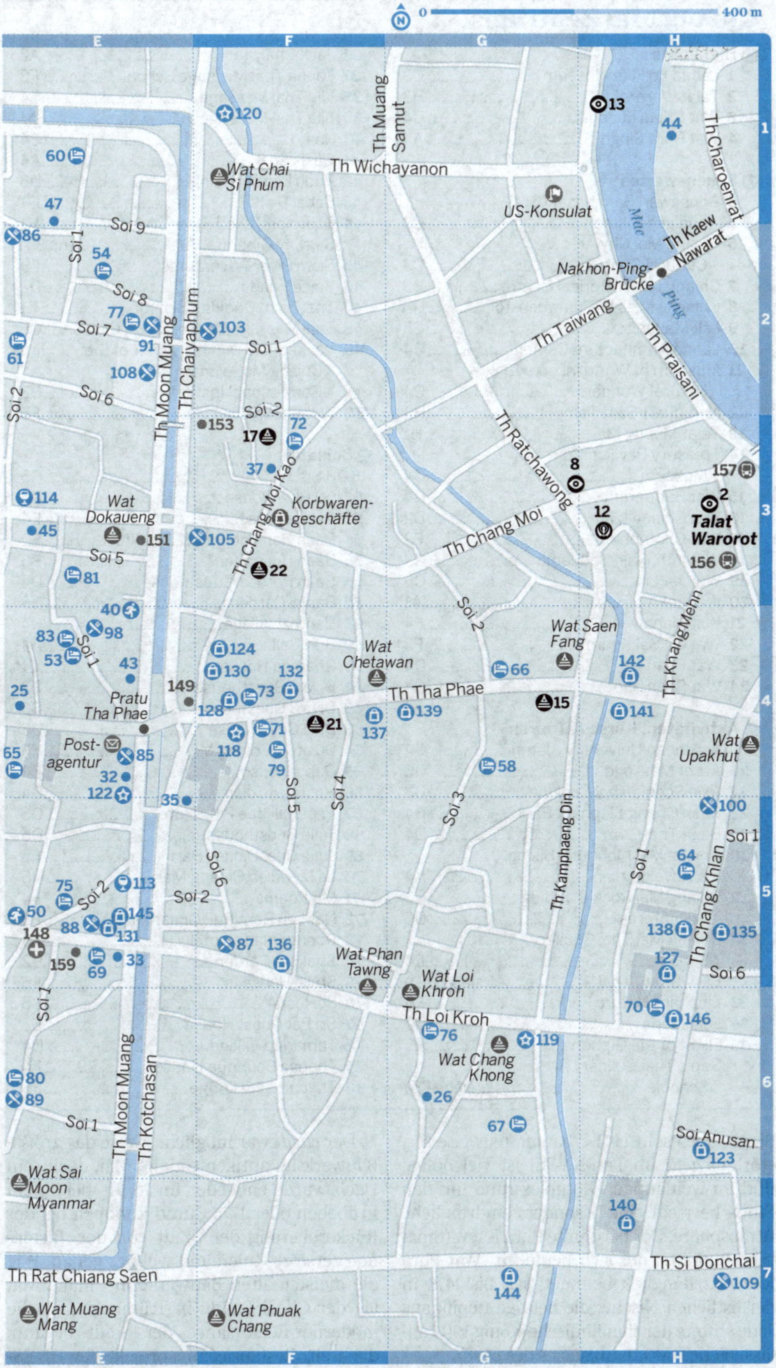
0
400 m
Th Wichayanon
Wat Chai Si Phum
Th Muang Samut
US-Konsulat
Mae Ping
Th Charoenrat
Th Kaew Nawarat
Nakhon-Ping-Brücke
Th Taiwang
Th Praisani
Th Ratchawong
Th Chang Moi
Talat Warorot
Korbwarengeschäfte
Th Chang Moi Kao
Th Chaiyaphum
Th Moon Muang
Wat Dokaueng
Pratu Tha Phae
Postagentur
Th Tha Phae
Wat Chetawan
Wat Saen Fang
Th Khang Mehn
Wat Upakhut
Th Kamphaeng Din
Th Chang Khlan
Wat Phan Tawng
Wat Loi Khroh
Th Loi Kroh
Wat Chang Khong
Soi Anusan
Th Kotchasan
Wat Sai Moon Myanmar
Th Rat Chiang Saen
Th Si Donchai
Wat Muang Mang
Wat Phuak Chang

Chiang Mai Zentrum

Highlights
1 Lanna Folklife Museum ... C3
2 Talat Warorot ... H3
3 Wat Chedi Luang ... C4
4 Wat Phra Singh ... A4

Sehenswertes
5 Anusawari Sam Kasat (Dreikönigsdenkmal) ... C3
6 Chiang Mai City Arts & Cultural Centre ... C3
7 Chiang Mai Historical Centre ... B3
8 Chinesisches Willkommenstor ... G3
9 Làk Meuang ... C5
10 Lanna Architecture Center ... C4
11 Museum of World Insects & Natural Wonders ... C4
12 Namdhari-Sikh-Tempel ... H3
13 Talat Muang Mai ... H1
14 Treasury Pavilion Coin Museum ... C4
15 Wat Bupparam ... G4
16 Wat Chiang Man ... D2
17 Wat Chomphu ... F3
18 Wat Inthakhin Saduemuang ... C3
19 Wat Jet Lin ... C6
20 Wat Lokmoli ... A1
21 Wat Mahawan ... F4
22 Wat Ou Sai Kham ... F3
23 Wat Phan On ... D4
24 Wat Phan Tao ... C4

Aktivitäten, Kurse & Touren
25 American University Alumni ... E4
26 Art of Massage ... G6
27 Asia Scenic Thai Cooking ... D3
28 Baan Chang Elephant Park ... B4
29 Baan Thai ... D4
30 Chiang Mai Mountain Biking & Kayaking ... A4
31 Chiang Mai Rock Climbing Adventures ... D6
32 Chiang Mai Thai Cookery School ... E4
Easy Study Thai ... (siehe 140)
33 Elephant Nature Park ... E5
34 Fah Lanna ... B2
35 Flight of the Gibbon ... E5
Gap's Thai Culinary Art School ... (siehe 65)
36 Jack Chaiya ... A2
37 Lanna Thai Massage School ... F3
38 Lila Thai Massage ... C4
39 Lila Thai Massage ... C4
40 Namo ... E4
41 Oasis Spa ... A4
42 Pooh Eco-Trekking ... D6
43 Sabai De Ka ... E4
44 Scorpion Tailed River Cruise ... H1
Segway Gibbon ... (siehe 35)
45 Siam River Adventures ... E3
46 Spice Roads ... D2
47 Thai Farm Cooking School ... E1
48 Thai Massage Conservation Club ... C5
49 Vocational Training Center of the Chiang Mai Women's Correctional Institution ... B3
50 Wat Phakkao ... E5

Schlafen
51 3 Sis ... C5
52 60 Blue House ... D6
53 Awanahouse ... E4
54 Baan Hanibah Bed & Breakfast ... E2
55 Baan Huenphen ... B5
56 Baan Pordee Guesthouse ... D4
57 Banjai Garden ... D6
58 Banthai Village ... G4
59 Buri Gallery ... A4
60 Charcoa House ... E1
61 Diva 2 Guesthouse ... E2
62 Diva 3 Guesthouse ... D5
63 Diva Guesthouse ... D6
64 DusitD2 Chiang Mai ... H5
65 Gap's House ... E4
66 Hostel In Town ... G4
67 Imperial Mae Ping Hotel ... G6
68 Julie Guesthouse ... D6
69 Julie Guesthouse Part II ... E5
70 Le Meridien Chiang Mai ... H6
71 Mo Rooms ... F4
72 Nat Len Boutique Guesthouse ... F3
73 Roong Ruang Hotel ... F4
74 Shakara Garden ... B2
75 Smile House 1 ... E5
76 SoHostel ... G6
77 Sri Pat Guest House ... E2
78 Tamarind Village ... D4
79 Thapae Boutique House ... F4
80 Thapae Gate Lodge ... E6

Singh, doch sein 1441 erbauter, teilweise zerstörter *chedi* im Lan-Na-Stil ist viel höher, und im weitläufigen Komplex rund um den Stupa herrscht eine besonders eindringliche Atmosphäre. Der berühmte Phra Kaew (Smaragd-Buddha), der sich heute im Wat Phra Kaew in Bangkok befindet, saß bis 1475 in der östlichen Nische; die heutige Replik aus Jade stiftete der thailändische König 1995 anlässlich des 600. Jahrestages des *chedi*.

Der *chedi* war möglicherweise das größte Bauwerk im antiken Chiang Mai, doch sein Dach wurde entweder im 16. Jh. bei einem Erdbeben oder 1775 durch Kanonen bei der Rückeroberung der Stadt von den Birmanen zerstört – niemand weiß es genau. Wie die meisten alten Bauwerke in Chiang Mai lag der Chedi Luang in Trümmern, als die moderne Renaissance der Stadt begann, doch ein Restaurierungsprojekt der UNES-

81 TJR Boutique House E3
82 Tropical Inn A6
83 Vieng Mantra E4
84 Villa Duang Champa C4

Essen

85 AUM Vegetarian Food E4
86 Blue Diamond E2
87 Chez Marco Restaurant & Bar F5
88 Dada Kafe E5
89 Dash E6
90 Fern Forest Cafe A2
91 Ginger & Kafe @ The House E2
92 Girasole D4
Good Morning Chiang Mai .... (siehe 82)
93 Hot Chilli D4
94 Huen Phen B5
95 Khaow Tom 1B C4
96 Kiat Ocha C3
97 La Fourchette C4
98 Lert Ros E4
99 New Delhi D3
100 Nachtmarkt H5
101 Pak Do Restaurant A4
102 Party Buffet B1
Ruen Tamarind .... (siehe 78)
103 Salad Concept F2
104 SP Chicken A4
105 Swan F3
106 Talat Pratu Chang Pheuak B1
107 Talat Pratu Chiang Mai C7
108 Talat Somphet E2
109 Whole Earth Restaurant H7
110 Yok Fa D3

Ausgehen & Nachtleben

111 Akha Ama Cafe A4
112 Café de Museum C3
113 John's Place E5
Raming Tea House .... (siehe 142)
114 UN Irish Pub E3
115 Wawee Coffee D4
116 Writer's Club & Wine Bar C4
117 Zoe In Yellow D3

Unterhaltung

118 Inter F4
119 Loi Kroh Boxing Stadium G6
120 Nabé F1
121 North Gate Jazz Co-Op C1
122 Thapae Boxing Stadium E4

Shoppen

123 Anusarn Night Bazaar H6
124 Backstreet Books F4
125 Chaitawat Bikeshop D6
126 Chiang Mai Cotton C4
127 Chiang Mai Night Bazaar H5
128 Elements F4
129 Ethnic Lanna A2
130 Gecko Books F4
131 Gecko Books E5
Ginger .... (siehe 91)
132 Herb Basics F4
133 Herb Basics C4
134 HQ Paper Maker A4
135 Kalare Night Bazaar H5
Kesorn Arts .... (siehe 142)
136 KukWan Gallery F5
137 Nakorn Kasem F4
138 Night Bazaar H5
139 Nova G4
140 Pantip Plaza H7
141 Praewphun Thai Silk H4
142 Siam Celadon H4
143 Sunday Walking Street D4
144 Suriwong Book Centre G7
145 Thai Tribal Crafts Fair Trade E5
146 Vila Cini H6

Praktisches

147 Center of Thai Traditional & Complementary Medicine A6
148 Mungkala Traditional Medicine Clinic E5

Transport

149 Air Asia E4
150 Mr. Mechanic D6
151 Mr. Mechanic E3
152 Mr. Mechanic D3
153 North Wheels F3
154 Sŏrng·tăa·ou-Haltestelle Pratu Chiang Mai C7
155 SM Travel D4
156 Sŏrng·tăa·ou nach San Kamphaeng H3
157 Sŏrng·tăa·ou-Haltestelle Talat Warorot H3
158 Thai Airways International C2
159 Tony's Big Bikes E5

CO und der japanischen Regierung in den 1990er-Jahren stabilisierte das Denkmal und verhinderte seinen weiteren Verfall.

Beim Gang rund um den *chedi* erkennt man leicht die Restaurierungsarbeiten an den vier *naga*-Treppen, die in die vier Haupthimmelsrichtungen weisen. An der Südseite der Basis des Stupa befinden sich fünf Elefanten-Skulpturen. Vier davon sind Nachbildungen, doch der äußerste rechte Elefant ist original aus Stein und Putz. Die Restauratoren stellten die Arbeiten kurz vor dem Turmhelm ein, da man sich nicht einigen konnte, wie dieser ausgesehen hatte.

Im zentralen *wí·hăhn* befindet sich ein verehrter stehender Buddha namens **Phra Chao Attarot**, der von zwei Jüngern flankiert wird. In den Teakholzpavillons im hinteren Teil der Anlage kann man weitere Kapellen und Statuen sehen, darunter ein liegender Buddha

SHOPPEN AM WOCHENENDE

So wie Bangkok den Chatuchak Weekend Market hat, so hat Chiang Mai seine „Walking Streets" am Wochenende – karnevalsähnliche, turbulente Straßenmärkte, für die samstags und sonntags die Hauptdurchgangsstraßen geschlossen werden, um Platz zu machen für Souvenirstände, Straßenkünstler und Straßenessen.

Wenn samstagsnachmittags die Sonne sinkt, verwandelt sich die Th Wualai, die vom Pratu Chiang Mai nach Südwesten führt, in den **Saturday-Walking-Street-Markt** (ถนนเดินวันเสาร์; Karte S. 338; Th Wualai; ⌚Sa 16–24 Uhr). Im Getümmel der Einheimischen und Touristen aus aller Welt kann man sich kaum mehr bewegen. Alle feilschen um handgemachte Seife, Hundehalsbänder nach der letzten Mode, Holzschnitzereien, Buddha-Gemälde, Schnickschnack von den Bergstämmen, thailändische Musikinstrumente, Papierlaternen und Regenschirme, Silberschmuck, Heilkräuter usw.

Für einen abwechslungsreichen Soundtrack sorgen Straßenkünstler: blinde Gitarrenspieler, Schnulzensänger, altkluge Schulkinder mit Headsets. Zudem wimmelt es in allen Höfen und Gässchen von Imbissverkäufern. Noch mehr großartiges Straßenessen gibt's am nahegelegenen **Talat Pratu Chiang Mai** (S. 374). Wem der Trubel zu viel wird, der kann in den **Wat Srisuphan** (S. 350) schlüpfen, dessen silberne *ubosot* (Ordinationshalle) nach Einbruch der Dunkelheit in den Farben des Regenbogens erleuchtet ist.

Am Sonntagnachmittag widerholt sich das ganze Spektakel auf der anderen Seite der Altstadt in der Th Ratchadamnoen, wo der ebenso ausgelassene **Sunday-Walking-Street-Markt** (ถนนเดินวันอาทิตย์; Karte S. 342; Th Ratchadamnoen; ⌚So 16–24 Uhr) stattfindet. Hier scheint sogar noch mehr los zu sein, denn in den Höfen der Wats entlang der Strecke öffnen Food Courts. Wer samstags schon in der Th Wualai war, wird sonntags viele Verkäufer und Händler vom Vorabend wiedererkennen. Der Markt ist für einheimische Familien eine wichtige Einnahmequelle, und viele Händler verbringen die ganze Woche damit, Erzeugnisse herzustellen, die sie samstags und sonntags verkaufen.

und ein chinesisch beeinflusster, stattlicher sitzender Buddha, der kaum in seine Robe passt. Der tägliche „Monk Chat" (S. 359) unter einem Baum in der Anlage zieht immer viele interessierte Traveller an.

Wenn man die Anlage über den Haupteingang in der Th Phra Pokklao betritt, kommt man an der anderen großen Attraktion des Wat Chedi Luang vorbei. In einer markanten Kapelle, die einer *mon·dòp* (Bibliothek) ähnelt, steht die **Làk Meuang** (Stadtsäule; Karte S. 342; Wat Chedi Luang, Th Phra Pokklao), die Stadtsäule, die angeblich bei der Gründung Chiang Mais 1296 von König Mengrai persönlich errichtet wurde. Die Einheimischen nennen die Säule auch Sao Inthakin. Früher stand sie in einem Schrein im Wat Inthakin, um die Ecke in der Th Inthawarorot. Buddhistische Führer haben entschieden, dass nur Männer den Pavillon betreten dürfen, um die Säule zu sehen. Das Tor zum Schrein in der Th Phra Pakklao flankieren *yaksha* (Wächter-Dämonen), und die Basreliefs auf den Toren stellen Lan-Na-Krieger dar.

Wat Phan Tao BUDDHISTISCHER TEMPEL

(วัดพันเถา; Karte S. 342; Th Phra Pokklao; Spenden erbeten; ⌚6–18 Uhr) Dieses Juwel aus Teakholz, der ohne Zweifel stimmungsvollste Wat in der Altstadt, steht im Schatten des Wat Chedi Luang in einer mit flatternden orangefarbenen Fahnen geschmückten Anlage. Das Kloster setzt dem Teakholzhandel ein Denkmal, denn seine riesige Gebetshalle wird von 28 massiven Teakholzsäulen getragen und ist von einer dunklen Teakholztäfelung umgeben. Besonders eindrucksvoll ist der Kontrast zwischen den orangefarbenen Roben der Mönche und dem dunklen Holz während des Abendgebets.

Über der Fassade erhebt sich die prächtige Skulptur eines Pfaus über einem Hund, die für das astrologische Geburtsjahr des früheren königlichen Bewohners steht. Das Kloster ist einer der zentralen Orte während des Festivals Visakha Bucha im Mai oder Juni; dann zünden Mönche rund um den Teich der Anlage Hunderte Butterlampen an.

Wat Chiang Man BUDDHISTISCHER TEMPEL

(วัดเชียงมั่น; Karte S. 342; Th Ratchaphakhinai; Spenden erbeten; ⌚6–18 Uhr) Chiang Mais ältester Tempel wurde vom Gründer der Stadt, Phaya Mengrai, um 1296 errichtet. Eine Steinplatte vor der *ubosot* (Ordinationshalle) mit einer Inschrift von 1581 ist der älteste bekannte Hinweis auf die Gründung der Stadt. Im Haupt-*wí·hăhn* befindet sich zudem die älteste bekannte Buddha-Statue des Königreichs Lan Na, die 1465 gegossen wurde.

In einem kleineren zweiten *wí·hăhn* befinden sich die Wächterfiguren der Stadt, das Marmorbasrelief des Phra-Sila-Buddhas, das vor über 1000 Jahren in Sri Lanka geschaffen worden sein soll, und die winzige Kristallfigur des Sae-Tang-Khamani-Buddhas, angeblich eine Arbeit für den König von Lopburi von ca. 200 v. Chr.

Die heiligen Figuren befinden sich in einem schönen, an eine *mon·dòp* erinnernden Altar namens *khong phra chao*, einem typischen Element der alten Lan-Na-Tempel. Zum Kloster gehört auch ein prächtiger *chedi* mit einem von Elefanten flankierten Stuckfundament und einer vergoldeten oberen Ebene.

Anusawari Sam Kasat (Dreikönigsdenkmal) DENKMAL

(อนุสาวรีย์สามกษัตริย์; Karte S. 342; Th Phra Pokklao) Das Bronzedenkmal der drei Könige steht im Zentrum des alten Verwaltungsviertels von Chiang Mai und erinnert an den Bund, den Phaya Ngam Meuang aus Phayao, Phaya Mengrai aus Chiang Mai und Phaya Khun Ramkhamhaeng aus Sukhothai bei der Gründung der Stadt schmiedeten. Für viele Einheimische, die nach der Arbeit vorbeischauen, um Opfergaben abzulegen, ist es ein Schrein. Der Platz ist bei Familien sehr beliebt, um nach Einbruch der Dunkelheit spazieren zu gehen, und Straßenhändler verkaufen „Helikopter"-Spielzeug, das von den Flugsamen hiesiger Bäume inspiriert ist.

Museen

In der Altstadt gibt's drei großartige historische Museen – das Lanna Folklife Museum, das Chiang Mai City Arts & Cultural Centre und das Chiang Mai Historical Centre – die sich in mehreren Häusern im thailändischen Kolonialstil befinden, in denen früher die Stadtverwaltung untergebracht war. Man kann ein einfaches Ticket für alle drei Museen kaufen, es ist eine Woche gültig und kostet 180/80 B (Erw./Kind).

★ Lanna Folklife Museum MUSEUM

(พิพิธภัณฑ์พื้นถิ่นล้านนา; Karte S. 342; Th Phra Pokklao; Erw./Kind 90/40 B; ⏲ Di–So 8.30–17 Uhr) Im früheren Provinzgericht, einem 1935 errichteten Gebäude im thailändischen Kolonialstil, stellt dieses Museum das Dorfleben der Lanna mit mehreren lebensgroßen Dioramen nach, die von der *lai-krahm*-Schablonentechniken über den *fon lep* (ein mystischer Lan-Na-Tanz mit langen, künstlichen Metallfingernägeln) bis zum komplizierten Symbolismus der verschiedenen Elemente in Klöstern im Lan-Na-Stil reichen.

Am besten beginnt man hier seinen Besuch, ehe man die vielen Wats in der Altstadt besichtigt.

Chiang Mai City Arts & Cultural Centre MUSEUM

(หอศิลปวัฒนธรรมเชียงใหม่; Karte S. 342; www.cmocity.com; Th Phra Pokklao; Erw./Kind 90/40 B; ⏲ Di–So 8.30–17 Uhr) Dieses Museum in der früheren Provinzhalle, einem stattlichen Gebäude im thailändischen Kolonialstil von 1927, gibt einen tollen Überblick über die Geschichte Chiang Mais. Dioramen, Artefakte und audiovisuelle Ausstellungen führen die Besucher durch die entscheidenden Kämpfe und Siege der Stadtgeschichte, von den ersten Siedlungen bis zum Bau der Eisenbahnlinie. Oben befindet sich ein gut gemachter

JEEN HOR

Einst lag Chiang Mai an einer der berühmtesten Fernstraßen Asiens, der Südroute der Seidenstraße. Muslimisch-chinesische Händlern aus der Provinz Yunann (China) zogen mit ihren Pferdekarawanen durch die Berge nach Süden zum Indischen Ozean, um dort mit den Kaufleuten der Seemächte Handel zu treiben. Für die Thais in Chiang Mai waren die Karawanen ein seltsamer Anblick, und sie gaben den Händlern wegen ihrer sonderbaren Lasttiere den Spitznamen *jeen hor* (galoppierende Chinesen).

Das Zentrum der reitenden Händler war ein Marktviertel namens **Ban Haw** in der Nähe des heutigen Night Bazaar, wo noch immer eine große Gemeinschaft muslimischer Yunnanesen lebt. Die Händler besuchen die 100 Jahre alte Moschee **Matsayit Ban Haw** (Islamische Moschee Hedaytul; Karte S. 338; Soi 1, Th Charoen Prathet (Halal St)), die von späteren chinesischen Einwanderern gegründet wurde. In der Halal St gibt es mehrere einfache Restaurants, die muslimische Thai-Gerichte anbieten, darunter großartiges *kôw soy* (Curry-Huhn mit Nudeln), *kôw mòk gài* (Hühnchen-*biryani*) und *néu·a òp hŏrm* („duftendes" Trockenrindfleisch).

Nachbau eines hölzernen Lan-Na-Dorfes. Der Souvenirladen des Museum verkauft eine außergewöhnlich gute Auswahl an Lackwaren, Schmuck und sogar künstlichen Metallfingernägeln für den *fon-lep*-Tanz.

Chiang Mai Historical Centre MUSEUM
(หอประวัติศาสตร์เมืองเชียงใหม่; Karte S. 342; Th Rat-withi; Erw./Kind 90/40 B; ⌚Di–So 8.30–17 Uhr) In einem luftigen Gebäude im Lan-Na-Stil hinter dem Chiang Mai City Arts & Culture Centre widmet sich dieses Museum der Geschichte der Provinz Chiang Mai und zeigt Exponate zur Geschichte der Hauptstadt, zur birmanischen Okkupation und zur modernen Ära des Handels und der Vereinigung mit Bangkok. Unten ist die archäologische Ausgrabung einer antiken Tempelmauer zu sehen.

Museum of World Insects & Natural Wonders MUSEUM
(Karte S. 342; www.thailandinsect.com; Th Ratcha-damnoen; Erw./Kind 100/70 B; ⌚9.30–16.30 Uhr) Die riesigen Schmetterlinge und anderen Insekten Thailands sind in diesem kleinen Museum zu sehen, das ein Malariaforscher und seine Frau, eine Insektenforscherin, betreiben. Neben präparierten Insekten gibt es auch kleine Infotafeln zu von Insekten übertragenen Krankheiten und surrealistische Bilder von nackten Menschen mit Moskitos. Eine kleine **Filiale** (Karte S. 349; www.thailandinsect.com; Soi 13, Th Nimmanhaemin; Eintritt Erw./Kind 200/100 B; ⌚Mo–Sa 9–17, So 9–16 Uhr) befindet sich im Bereich der Th Nimmanhaemin.

Treasury Pavilion Coin Museum MUSEUM
(Karte S. 342; Th Ratchadamnoen, Treasury Pavilion; ⌚8.30–12 & 13–16.30 Uhr) GRATIS Ein kurzer Besuch in diesem kleinen staatlichen Museum lohnt sich, um die bizarren Formen zu sehen, die das thailändische Geld im Lauf der Jahre hatte, von gehämmerten Münzen über runde Silberbälle bis zu Barren.

Östlich der Altstadt

Hinter dem Pratu Tha Phae liegt Chiang Mais traditionelles Handelsviertel mit großen Basaren und traditionellen Ladenhäusern, die sich bis hinunter zum Fluss ziehen.

★ **Talat Warorot** MARKT
(ตลาดวโรรส; Karte S. 342; Ecke Th Chang Moi & Th Praisani; ⌚6–17 Uhr) Der Warorot (auch „Waroros" geschrieben), der älteste öffentliche Markt der Stadt, ist ein toller Ort, um die thailändische Seele der Stadt zu erleben. Neben Souvenirverkäufern gibt's hier Stände, die alles für den thailändischen Haushalt verkaufen: Woks, Fischernetze, eingelegte Teeblätter, Perücken, Dampfgarer für Klebreis, thailändische Würste, *kâab mŏo* (Schweinschwarte), lebenden Wels und Statuen für Geisterhäuser. Ein halber Tag vergeht schnell, während man durch die Gänge schlendert, den Einheimischen beim Einkaufen zuschaut und um Dinge feilscht, die man zu Hause gut brauchen kann.

Den Markt hat man erreicht, wenn der Verkehr zum Stillstand kommt und sich Karren voll mit Waren zwischen den Autos hindurchschlängeln. Die Lage am Fluss ist kein Zufall, denn traditionell wurden die meisten landwirtschaftlichen Produkte, die in Chiang Mai verkauft wurden, mit dem Boot auf dem Mae Ping in die Stadt gebracht.

An den Talat Warorot grenzt der Talat Ton Lam Yai, der größte Blumenmarkt der Stadt, und im Süden schließen sich weitere Basare mit „trockenen" und „feuchten" Nahrungsmitteln, Stoffhändlern, chinesischen Goldschmieden und Kleidungsständen an. Am Nordende des Basarbereichs drängen sich Obsthändler, die Berge von Litschis, Longan-, Mangostan- und Rambutanfrüchten verkaufen. *Săhm·lór* (Fahrradrikschas) – inzwischen ein seltener Anblick in der Stadt – warten darauf, die Kunden mit ihren Einkäufen nach Hause zu fahren.

Talat Ton Lam Yai MARKT
(ตลาดต้นลำไย; Karte S. 338; Th Praisani; ⌚24 Std.) Der an den Talat Warorot angrenzende Talat Ton Lam Yai verwandelt sich von einem überdachten Markt für Haushaltsgegenstände in einen lebhaften Blumenmarkt (*gàht dòrk mái*), der sich zu beiden Seiten des Flusses in der Th Praisani erstreckt. Die Floristen sind schon fast Architekten und errichten aus Blüten und Bananenblättern fantastische kunstvolle Skulpturen für Festivals und Schreine in Wohnhäusern. Der Duft von Jasmin schwebt wie Parfüm durch die Wege, und Tag und Nacht halten Taxifahrer vor der Tür, um kleine aromatische Bänder mit Miniaturrosen und Jasminblüten für ihr Fahrzeug zu kaufen.

Der Markt ist zwar rund um die Uhr geöffnet, doch der Löwenanteil des Handels wird nach Einbruch der Dunkelheit abgewickelt, wenn die Mittagshitze längst abgeklungen ist. Während großen Festivals wie dem Loi Krathong und dem Blumenfest herrscht auf dem Markt Hochbetrieb.

Chiang Mai West

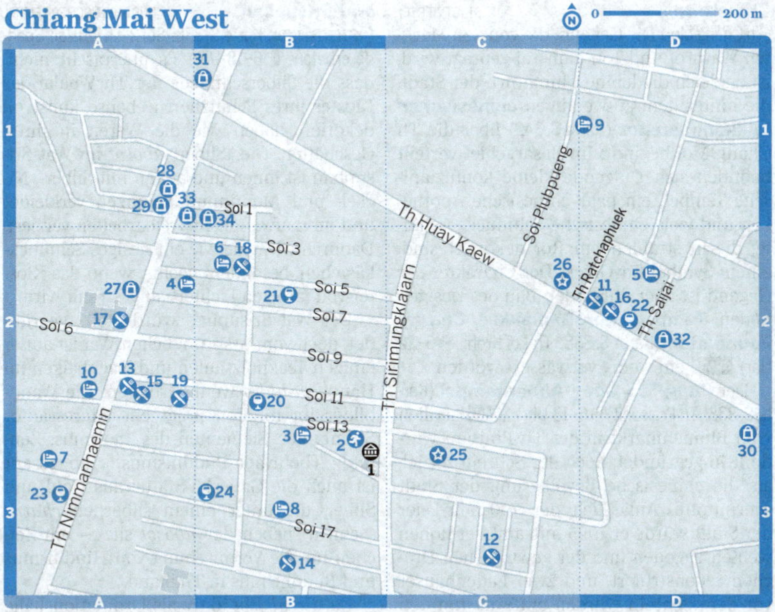

Chiang Mai West

Sehenswertes
1 Museum of World Insects & Natural Wonders ... B3

Aktivitäten, Kurse & Touren
2 Burma Study Center ... B3

Schlafen
3 Artel Nimman ... B3
4 Baan Say-La ... A2
5 Bunk Boutique ... D2
6 Bunthomstan Guesthouse ... B2
7 Kantary Hills ... A3
8 Nimman Boutique Resort ... B3
9 Sakulchai Place ... D1
10 Yesterday Hotel ... A2

Essen
11 Ai Sushi ... D2
12 Anchan Noodle ... C3
13 Esan Cafe ... A2
14 I-Berry ... B3
15 Salad Concept ... A2
16 Salsa Kitchen ... D2
17 Smoothie Blues ... A2
18 Tengoku ... B2
19 Tong Tem Toh ... A2

Ausgehen & Nachtleben
20 Beer Republic ... B2
21 Blar Blar Bar ... B2
22 Soho Bar ... D2
23 Warmup Cafe ... A3
24 Year Garage ... B3

Unterhaltung
25 Sangdee Gallery ... C3
26 Sudsanan ... C2

Shoppen
27 Chabaa ... A2
28 Doi Tung ... A1
29 Ginger ... A1
30 Kad Suan Kaew Shopping Center ... D3
31 Maya Lifestyle Shopping Center ... B1
32 Shinawatra Thai Silk ... D2
33 Srisanpanmai ... A1
34 Studio Naenna ... B1
The Booksmith ... (siehe 33)

Talat Muang Mai MARKT
(ตลาดเมืองใหม่; Karte S. 342; Th Praisani; ⏲24 Std.) Auf Chiang Mais Großhandelsobstmarkt bricht jeden Morgen hektische Aktivität aus: riesige Ladungen Mangos, Durians, Rambutans, Longans, Wassermelonen, Wasseräpfel, Maracujas und fast jeder anderen tropischen Frucht, die es gibt, werden am Ostufer von Lastwagen geladen und an Fruchtsaftstände und Markthändler verkauft.

Chinatown STADTVIERTEL

(Th Chang Moi) Die Gegend, die von den Märkten Warorot und Ton Lam Yai geprägt wird, ist zugleich die kleine Chinatown der Stadt, die hinter dem aufwendigen **chinesischen Willkommenstor** (Karte S. 342) über die Th Chang Moi beginnt. Im Basargebiet verteilt befinden sich Dutzende kleine konfuzianische Tempel, ein paar chinesische Apotheken und viele chinesische Schmuckgeschäfte, die in strahlendem Rot dekoriert sind, einem Symbol für Glück. Der Charakter der Gegend ist aber durch den Bau des riesigen neuen **Tempels der Samakkee Charity Foundation** (Karte S. 338; Th Loi Kroh; ⏲6–22 Uhr) GRATIS ein wenig verwässert worden.

Der **Pung-Tao-Gong-Ahnentempel** (Karte S. 338; Th Praisani; ⏲6–18 Uhr) GRATIS südlich vom Blumenmarkt in der Th Praisani wurde 1876 gegründet, doch der Schrein zerfiel, als die chinesische Bevölkerung der Stadt schrumpfte. Anlässlich der 700-Jahr-Feier der Stadt wurde er 1995 mitsamt der hohen weißen Pagoden und der gewundenen Drachen rekonstruiert, und zwei Ladenhäuser vor dem Schrein wurden entfernt, um den Fluss des *chi* zu verbessern. Zum chinesischen Neujahrsfest zieht eine kleine Parade durch die Straßen.

Wat Bupparam BUDDHISTISCHER TEMPEL

(วัดบุปผาราม; Karte S. 342; Th Tha Phae; Spende erbeten; ⏲6–18 Uhr) Dieser reich verzierte Tempel zeigt deutlich den Einfluss der birmanischen Teakholzhändler, die im 19. Jh. nach Chiang Mai einwanderten. Die auffällige Dharma-Halle beherbergt unten eine *mon·dòp* (Bibliothek), oben einen Gebetsraum. Doch das markanteste Bauwerk der Anlage ist der herrliche, windschiefe *wí·hăhn* aus Teakholz mit Spiegelmosaiken im klassischen Lan-Na-Stil. Der *chedi* am hinteren Ende der Anlage ist im birmanischen Mon-Stil gebaut, vier steinerne *singha* (Löwen) schmücken sein Fundament.

Südlich der Altstadt

Die Richtung Südosten durch die Stadt führende Hauptstraße, die Th Wualai, ist für ihre **Silbergeschäfte** berühmt. Die gesamte Straße ist vom Hämmern der Schmiede erfüllt, die kunstvolle religiöse Bilder und ornamentale Muster in Schüsseln, Schmuckkästchen und Schmuckteller aus Silber oder häufiger aus Aluminium schlagen. Hier findet auch der lebhafte Saturday-Walking-Street-Markt (S. 346) statt.

Wat Srisuphan BUDDHISTISCHER TEMPEL

(วัดศรีสุพรรณ; Karte S. 338; Soi 2, Th Wualai; Spende erbeten; ⏲6–18 Uhr) Es überrascht nicht, dass die Silberschmiede der Th Wualai das Kloster ihres Schutzherrn ebenso kunstvoll dekoriert haben wie die Waren in ihren Geschäften. Die „Silber"-*ubosot* im Wat Srisuphan ist innen und außen mit Silber-, Nickel- und Aluminiumtäfelungen verkleidet und mit aufwändigen Treibarbeiten verziert. Dadurch wirkt sie wie ein riesiges Schmuckkästchen, besonders nachts, wenn das Kloster von farbigen Lichtern angestrahlt wird.

Der Wat Srisuphan wurde 1502 gegründet, doch vom ursprünglichen Wat ist außer einigen Teakholzsäulen und Dachbalken im Haupt-*wí·hăhn* wenig erhalten. Die Wandbilder im Inneren prägt ein interessanter Stilmix aus Elementen des Taoismus, Zen- und Theravada-Buddhismus. Interessant ist auch die Ganesha-Statue aus Gold und Silber, die unter einem silbernen *chatra* (Schirm) neben der *ubosot* sitzt – ein Zeichen für die Vermischung von Hinduismus und Buddhismus in Thailand.

Da die *ubosot* aktiv als Ordinationshalle genutzt wird, darf sie nur von Männern betreten werden.

Wiang Kum Kam HISTORISCHE STÄTTE

(เวียงกุมกาม; Rte 3029; Führung mit Pferdekutsche/Bus 300/400 B; ⏲8–17 Uhr) Die erste Stadt, die 1286 am Ufer des Mae Ping als Hauptstadt des Lan-Na-Reiches gegründet wurde, Wiang Kum Kam, wurde im 16. Jh. wegen Überflutungen aufgegeben. Die ausgegrabenen Ruinen liegen an den kurvigen Straßen eines verschlafenen Dorfes 5 km südlich von Chiang Mai. Die Zeit hat vom Wiang Kum Kam ihren Tribut gefordert, doch die Ziegelsockel und die Ruinen der *chedi* sind eindrucksvolle Zeugen seiner früheren Pracht.

Das wichtigste Bauwerk der Stätte ist der **Wat Chedi Liam** mit seinem hohen Stuck-*chedi,* der in Dutzende Nischen für Buddha-Statuen unterteilt ist – eine Reminiszenz an den berühmten indischen Mahabodhi-Tempel. Tatsächlich entstand der Turm erst bei einer recht fantasiereichen Restaurierung durch einen birmanischen Händler im Jahr 1908. In der Stätte wurden über 1300 mit Inschriften versehene Steinplatten, Backsteine, Glocken und *chedi* ausgegraben, von denen einige im Besucherzentrum ausgestellt sind. Die bedeutendste archäologische Entdeckung war eine vierteilige gravierte Steinplatte, die sich heute im Chiang Mai National Museum befindet und die eines der ältesten bekannten Beispiele für die thailändische Schrift zeigt.

Die meisten Besucher erkunden die Ruinen mit dem Pferdewagen oder den kleinen, offenen Touristenbussen, die vom Besucherzentrum aus die Rte 3029 entlangfahren. Wer ein eigenes Fahrzeug hat, nimmt die Th Chiang Mai–Lamphun (Rte 106), folgt der ausgeschilderten Straße bis hinter einen kleinen Kreisverkehr mit einem Brunnen und biegt an der T-Kreuzung links ab, um zu Wat Chedi Liam zu kommen.

Westlich der Altstadt

Das moderne Chiang Mai hat sich westlich der Altstadt in Richtung Doi Suthep und der Chiang Mai University ausgedehnt, doch in den Straßen verteilt liegen auch einige historische Sehenswürdigkeiten.

Wat Suan Dok BUDDHISTISCHER TEMPEL
(วัดสวนดอก; Karte S. 338; Th Suthep; Spende erbeten; ⏲6–22 Uhr) Dieses bedeutende Kloster wurde 1373 auf dem Gelände eines früheren Blumengartens errichtet und beherbergt in einem Schrein die andere Hälfte der heiligen Buddha-Reliquie, die auf einem weißen Elefanten zum Wat Phra That Doi Suthep gebracht wurde. Der zentrale *chedi* ist ein vergoldetes glockenförmiges Gebäude, das sich dramatisch über ein Meer aus makellos weißen Gedenk-*chedi* erhebt, die zu Ehren von Mitgliedern der thailändischen königlichen Familie aufgestellt wurden. Im Hintergrund ragt der neblige Kamm des Doi Suthep auf.

Der an einen Hangar erinnernde zentrale *wí·hăhn* beherbergt einen enormen stehenden Buddha, der fast an die Decke stößt. Zu einem Spaziergang lädt der Gedenkgarten mit den weiß getünchten *chedi* vor dem Kloster ein, in dem die Asche von Generationen von Mitgliedern der Lan-Na-Königsfamilien begraben ist.

In der Anlage ist auch die Mahachulalongkorn Buddhist University zu Hause, an deren beliebtem „Monk Chat" und Meditationsklausuren in englischer Sprache oft Ausländer teilnehmen.

Wat U Mong Thera Jan BUDDHISTISCHER TEMPEL
(วัดอุโมงค์; Karte S. 338; Soi Wat U Mong, Th Khlong Chonprathan; Spende erbeten; ⏲6–18 Uhr) Dieser historische Waldtempel, nicht zu verwechseln mit dem kleinen Wat U Mong in der Altstadt, ist bekannt für seine einsame Waldlage und seinen alten *chedi*. Dieser erhebt sich über einer Ziegelplattform, unter der 1380 ein Gängesystem für den „verrückten" Mönch Thera Jan angelegt wurde. Beim Spaziergang durch die gewölbten Tunnel kann man Reste der Originalwandbilder und mehrere alte und verehrte Buddha-Statuen sehen. Im Wald rings um die Plattform befinden sich verwitterte Buddha-Figuren aus vielen Jahrhunderten.

Die Mönche des Tempels halten Kühe, Rotwild, Hühner und kurioserweise englische Bullterrier. Auf dem Gelände gibt's auch einen hübschen künstlichen See, der von *gù·đì* (klösterliche Hütten) umringt ist. Hinter dem *chedi* befindet sich ein abgemagerter Buddha aus schwarzem Stein in birmanischem Stil.

Der Wat U Mong liegt 600 m südlich der Th Suthep in der Nähe der Chiang Mai University; man sollte dem Fahrer als Fahrziel „Wat U Mong Thera Jan" angeben, damit man im richtigen Kloster ankommt. Wer selbst fährt, achtet in der Th Suthep auf Schilder zum Srithana Resort.

Chiang Mai University UNIVERSITÄT
(มหาวิทยาลัยเชียงใหม่, CMU; Karte S. 338; www.cmu.ac.th; Th Huay Kaew & Th Suthep; Eintritt Erw./Kind 60/30 B; ⏲9–17 Uhr) Der Hauptcampus der berühmten öffentlichen Universität Chiang Mais erstreckt sich auf einem 2,9 km² großen Landstück westlich der Stadt, das teilweise von Wald und offener Landschaft bedeckt ist. Die friedliche Oase ist ein schöner Ort, um spazieren zu gehen. Den Campus durchziehen Radwege, zudem gibt's viele Cafés für eine Pause.

Den Eintritt für Touristen – er wurde eingeführt, nachdem chinesische Touristen begannen, Schuluniformen anzuziehen und sich in die Unterrichtsräume zu schleichen! – zahlt man am **Information Center** unweit des Eingangs in der Th Huay Kaew. Er beinhaltet eine Busfahrt zum Reservoir Ang Kaew auf dem Gelände.

Chiang Mai University Art Museum GALERIE
(Karte S. 338; www.finearts.cmu.ac.th; Th Nimmanhaemin; ⏲Di–So 9–17 Uhr) GRATIS Die Fakultät der Bildenden Künste hat eine eigene Galerie in der Nähe der Kreuzung Th Nimmanhaemin/Th Suthep, in der sie Wechselausstellungen moderner thailändischer und internationaler Künstler zeigt, eine ständige Sammlung gibt es aber nicht. Einige Ausstellungen finden im **Baan Tuek Art Center** (Karte S. 338; Th Tha Phae; ⏲Di– So 15–20 Uhr) GRATIS in der Th Tha Phae statt.

1 MIO. REISFELDER

Nordthailand war für die Bewohner Bangkoks einst so fern und fremdartig wie das heutige Kambodscha und Laos. Das nordthailändische Königreich Lan Na hatte einen eigenen Dialekt, ein eigenes Schriftsystem, eigene Bräuche und eine eigene Stammesidentität. Nach dem Zweiten Weltkrieg wurden Anstrengungen unternommen, eine einheitliche „thailändische" Identität zu schaffen, und angesichts des massiven Einflusses des Süden des Landes erlebten die Traditionen Lan Nas einen Niedergang. Doch wer unter die Oberfläche schaut, findet noch heute Spuren der Identität und des Nationalstolzes der Lanna.

Geschnitzte gekreuzte Giebel namens *kalae* (ein Erbe animistischer Stammeskulte) zieren noch heute Bauten in ganz Chiang Mai, und der nordthailändische Dialekt wird nach wie vor von Millionen *kun meu·ang* (Menschen des Nordens) gesprochen. Die religiösen Feste in Chiang Mai kulminieren in einem Feuerwerk des Lärms und der Farben, wenn *piphat*-Gruppppen traditionelle Lieder anstimmen und Gläubige in knallbunten Trachten Lan-Na-Tänze vorführen. Das aus dem Norden stammende thailändische Fest Songkran (S. 363) wird in Chiang Mai mit besonderem Schwung gefeiert.

Weitere faszinierende Einblicke in das alte Königreich Lan Na bietet das Anusawari Singh (S. 356), nördlich der Stadt direkt hinter dem Hwy 11, wo Chao Kavila auf einer künstlichen Insel zwei Gipslöwen errichtete, um potentielle birmanische Eindringlinge abzuschrecken. Im Juni stehen die Löwen im Zentrum der überschwänglichen Feierlichkeiten im Rahmen des Festivals Suep Jata Muang, bei dem die älteren Einwohner Chiang Mais tanzen und den Schutzgeistern der Stadt Opfergaben darbringen. Chao Kavila soll auch die gipsernen Wächterelefanten des Elephant Monument (S. 355) am Busbahnhof in der Th Chotana (Th Chang Pheuak) gebaut haben.

Noch deutlicher zeigen sich die animistischen Ursprünge des Königreichs Lan Na beim Festival Pu Sae Ya Sae, das zehn Tage nach dem Suep Jata Muang in Mae Hia im Wald unter dem Wat Phra That Doi Kham (S. 353) gefeiert wird. Einer Legende zufolge war der Berg Doi Kham einst die Domäne zweier böser Riesen namens Pu Sae und Ya Sae. Doch dann erschien Buddha den beiden Riesen, überzeugte sie, ein Leben des Dharma zu führen und rettete so das Leben der Bewohner von Mae Hia. Um den Segen der Riesen zu beschwören, opfert und häutet der Dorfschamane, in den dann der Geist von Pu Sae fährt, einen Wasserbüffel.

Chiang Mai Night Safari ZOO
(เชียงใหม่ไนท์ซาฟารี; ☎053 999000; www.chiangmainightsafari.com; Rte 121; Führungen Erw./Kind 800/400 B; ⏰11–22 Uhr; 👪) Dieser große Tierpark ist Tag und Nacht geöffnet, die eigentliche Action findet jedoch nach Einbruch der Dunkelheit statt, wenn man von einer Besucherbahn mit offenen Seiten Tiere aller Art beobachten kann. Die Tiershows und klingenden Fontänen erinnern ein wenig an Las Vegas. Obwohl der Zoo von Tierschutzorganisationen wegen der angeblich schlechten Betreuung der Tiere kritisiert wurde, ist er bei Familien nach wie vor beliebt, denn hier sind viele große Raubtiere und afrikanische Pflanzenfresser zu sehen. Die Touren „Predator Prowl" und „Savannah Safari" beginnen Tag und Nacht zu festen Zeiten.

Der **Jaguar Trail** (Erw./Kind 100/50 B), ein 1,2 km langer Weg rund um den See, kommt an den Gehegen mit den beliebtesten Zootieren vorbei. Der Zoo liegt ca. 12 km vom Zentrum Chiang Mais entfernt gleich westlich der Rte 121. Viele Besucher buchen bei Hotels oder Reisebüros Pakete, die die Hin- und Rückfahrt beinhalten.

Der späte Nachmittag vor der Night Safari ist die perfekte Zeit für den tollen Kinderspielplatz.

Royal Park Rajapruek GÄRTEN
(อุทยานหลวงราชพฤกษ์; www.royalparkrajapruek.org; Rte 121, Mae Hia; Erw./Kind 100/50 B; ⏰8–18 Uhr) Der weitläufige formelle Garten in der Nähe des Chiang Mai Night Safari ist ein weiteres Projekt zu Ehren des Königs und der Königin. Er besteht aus 21 Themengärten, die 2006 anlässlich der Chiang Mai International Horticultural Exposition (Internationale Gartenausstellung) in Chiang Mai von Regierungen aus aller Welt gespendet wurden. Auf dem Papier klingt das Ganze ziemlich amtlich, doch tatsächlich ist die Anlage üppig, grün und friedlich. Der zentrale Pavillon in Form eines riesigen Wat zeigt ziemlich altmodische Ausstellungen, die die thailändische königliche Familie ehren.

Wat Phra That Doi Kham BUDDHISTISCHER TEMPEL

(วัดพระธาตุดอยคำ; Mae Hia; Spende erbeten; ⌚6–18 Uhr) Eine steile *naga*-Treppe führt durch den Wald zu diesem schönen Tempel, der auf einem Hügel oberhalb des Royal Park Rajapruek über der Stadt aufragt. Mit seinem vergoldeten *chedi,* den riesigen Buddha-Statuen und dem Panoramablick auf die Stadt ist er eine gute und ruhigere Alternative zum Wat Phra That Doi Suthep. Am einfachsten erreicht man ihn mit einem Leihmotorrad oder einem gecharterten *rót daang;* man folgt von der Rte 121 den Schildern zum Royal Park Rajapruek und fährt am Kreisverkehr vor dem Eingang nach rechts.

Chiang Mai Zoo ZOO

(สวนสัตว์เชียงใหม่; www.chiangmaizoo.com; 100 Th Huay Kaew; Erw./Kind 150/70 B, Kombiticket Zoo & Aquarium 290/200 B; ⌚8–16.30 Uhr; 👪) Der Chiang Mai Zoo ist besser als viele andere Zoos der Region, was das Wohlergehen der Tiere angeht. Zudem liegt er herrlich in den bewaldeten Hängen des Doi Suthep. Neben Tieren aus der ganzen Welt, darunter Pinguine in einem Eishaus, gibt's im Zoo mehrere spezielle Ausstellungen, für die ein Zusatzticket benötigt wird, etwa das beeindruckende **Aquarium** (Erw./Kind 225/175 B), das **Pandahaus** (Erw./Kind 100/50 B) und die **Schneekuppel** (150/100 B), in der viele Einheimische diese kalte Materie zum ersten Mal erleben. Zudem stehen die Chancen gut, dass man riesige Käfer aus dem Dschungel ringsum krabbeln sieht.

Die Monorail des Zoos ist außer Betrieb, doch ein Shuttlebus (Erw./Kind 30/20 B) zuckelt über das Gelände und bringt Besucher zu den leicht vernachlässigten oberen Anlagen, zu denen es ansonsten vom Eingang steil nach oben geht. An vielen Gehegen werden Bananen und anderes gesundes Futter verkauft; die Kids lieben es, Emus und andere exotische Tiere zu füttern.

Doi Suthep-Pui National Park NATIONALPARK

(อุทยานแห่งชาติดอยสุเทพ – ปุย; ☎053 210244; Th Huay Kaew; Erw./Kind 100/50 B, Auto 30 B; Camping 60 B/Pers., Bungalows 400–2500 B; ⌚8 Uhr–Sonnenuntergang) Die oft von Wolken gekrönten, feucht-heißen Berge **Doi Suthep** (1676 m) und **Doi Pui** (1685 m) sind zwei der heiligsten Gipfel Nordthailands. Dichter Wald bedeckt die Zwillingsgipfel, die sich dramatisch am Rand von Chiang Mai erheben. Ein 265 km² großes Gebiet an den Hängen der Berge, das beide Gipfel einschließt, ist als Nationalpark geschützt und zieht neben Scharen von Naturfreunden auch Legionen von Pilgern an, die kommen, um im Wat Phra That Doi Suthep zu beten.

Beim Aufstieg weicht der Tiefland-Regenwald einem Nebelwald voller Moose und Farne, der ein Paradies für über 300 Vogelarten und 2000 Arten von Farnen und Blühpflanzen bildet. Der Park ist auch ein bei Mountainbikern bekanntes Ziel, und mehrere in Chiang Mai ansässige Agenturen veranstalten spezielle Mountainbiketouren auf Pfaden, die die Bewohnern der Stammesdörfer in den Bergen früher als Jagd- und Handelsrouten nutzten.

Die Unterkünfte im Park sind eine praktische Basis, um den Park zu erkunden. Vom Campingplatz führt ein 2 km langer Weg zum Gipfel des Doi Suthep, wenngleich die einzige Aussicht die auf den Nebel ist, der zwischen den Bäumen wabert.

Wie in anderen Nationalparks gibt es auch in diesem viele donnernde Wasserfälle, darunter der **Nam Tok Monthathon**, etwa 2,5 km von der Asphaltstraße entfernt, der in eine Reihe von Wasserbecken stürzt, die ganzjährig Wasser führen. Der **Nam Tok Wang Bua Bahn** liegt näher an der Straße zum Doi Suthep, kostet keinen Eintritt und hier tummeln sich immer viele fröhliche Einheimische; allerdings ist er eigentlich kein richtiger Wasserfall, sondern eher eine Reihe von Stromschnellen.

Oberhalb des Bhubing Palace liegen mehrere Hmong-Dörfer. **Ban Doi Pui** befindet sich nahe der Hauptstraße und ist hauptsächlich ein Touristenmarkt in den Bergen. Interessanter ist es, nach **Ban Kun Chang Kian** weiterzufahren, ein Dorf, in dem Kaffee angebaut wird. Hinter dem Campingplatz Doi Pui führt eine 500 m lange unbefestigte Straße ins Dorf; am besten fragt man Nationalpark-Mitarbeiter nach dem Weg. *Rót daang* fahren vom Parkplatz des Wat Phra That Doi Suthep sowohl nach Ban Doi Pui (60 B) als auch nach Ban Kun Chang Kian (hin & zurück 200 B).

Der Eingang zum Park befindet sich 16 km nördlich des Zentrums von Chiang Mai. *Rót daang* (als Sammeltaxis) fahren von der Chiang Mai University (Eingang Th Huay Kaew) zu verschiedenen Orten im Nationalpark. Die einfache Fahrt zum Wat Phra That Doi Suthep kostet 40 B, zum Bhubing Palace 70 B. Man kann auch für 500 bis 600 B einen *sŏrng·tăa·ou* (Kleinbus) für einen halben Tag chartern.

★ Wat Phra That Doi Suthep BUDDHISTISCHER TEMPEL

(วัดพระธาตุดอยสุเทพ; Th Huay Kaew, Doi Suthep; Eintritt 30 B; ⊙6–18 Uhr) Der Wat Phra That Doi Suthep, der in den Bergen thront und auf die Stadt blickt, ist einer der heiligsten Tempel Nordthailands. Jedes Schulkind in Chiang Mai lernt die Legende seiner Gründung. Der Wat selbst ist ein schönes Beispiel nordthailändischer Architektur. Man erreicht ihn über eine anstrengende Treppe mit 360 Stufen, die mit Mosaik-*naga* verziert ist. Der Aufstieg erlaubt Gläubigen, sich buddhistische Verdienste zu erwerben, doch wer nicht so viel Energie hat, kann auch für 20 B mit einer Art Standseilbahn fahren.

König Keu Naone gründete das Kloster 1383 als Schrein für ein Knochenstück, das aus der Schulter des historischen Buddhas stammen soll. Ein Wandermönch aus Sukhothai brachte das Knochenstück mit. Am Fuß des Berges zerbrach es in zwei Teile. Eines davon befindet sich in einem Schrein im Wat Suan Dok, das zweite wurde an einem heiligen weißen Elefanten befestigt, der durch den Dschungel wanderte, bis er starb und so den Ort für das Kloster bestimmte.

Die Terrasse am oberen Ende der Treppe zieren Brotfruchtbäume, Schreine, Steingärten und Denkmäler, darunter eine Statue des weißen Elefanten, der die Reliquie zu ihrem heutigen Aufbewahrungsort trug. Vor dem Betreten des Innenhofes erweisen Kinder der Statue eines echsenartigen Wächterdrachens namens „Mom" die Ehre.

Auf einer Treppe geht es hinauf zur inneren Terrasse, wo ein Fußweg um den golden glänzenden *chedi* führt, in dem die Reliquie aufbewahrt wird. Der krönende fünfstufige Schirm oben auf dem *chedi* erinnert an Chiang Mais Unabhängigkeit von Birma und an seine Vereinigung mit Thailand. An den Schreinen, die ihn umgeben und die Buddha-Stuatuen in verschiedenen Posen und aus den unterschiedlichsten Materialien enthalten, stehen Pilger Schlange, um Lotusblüten und andere Opfergaben abzulegen.

Innerhalb der Klosteranlage veranstaltet das Doi Suthep Vipassana Meditation Center (S. 360) diverse religiöse Begegnungsprogramme für Besucher.

Rót daang fahren zwischen dem unteren Ende der Treppe und verschiedenen Orten in Chiang Mai, z. B. dem Zoo (40 B/Pers.) und

DIE TEAKHOLZ-ÄRA IN CHIANG MAI

Chiang Mai wurde nie von europäischen Mächten kolonialisiert, doch die Stadt weist viele Zeichen des europäischen Einflusses auf, der aus jener Zeit stammt, als britische und US-amerikanische Teak-Konzessionäre ein Vermögen mit dem Holz aus den umliegenden Wäldern machten. Eines der markantesten kolonialen Bauwerke ist die verwitterte **First Church** (Karte S. 338; Th Chiang Mai-Lamphun), die gleich südlich der Nawarat-Brücke am Ostufer steht und die 1868 von der Laotischen Mission aus North Carolina gegründet wurde. Die Eisenbrücke direkt südlich von hier wurde als Hommage an die zerstörte Nawarat-Brücke gebaut, deren Stahlträger Ingenieure aus dem englischen Cleveland hergestellt hatten. Viele Einheimische glauben, dass die berühmte Memorial Bridge in Pai nicht aus dem Zweiten Weltkrieg stammt, sondern eine Kopie aus den 1970er-Jahren ist und mit Trägern der Nawarat-Brücke in Chiang Mai gebaut wurde.

Geht man am Westufer in die entgegengesetzte Richtung, kommt man an der ehemaligen **Hauptpost** im Kolonialstil vorbei, in der heute ein kleines **Philatelistisches Museum** (Karte S. 338; Th Praisani; ⊙Di–So 9–16 Uhr) GRATIS ist. Rund um die Kreuzung Th Ratwithi und Th Phra Pokklao in der Altstadt verteilen sich weitere Verwaltungsgebäude im thailändischen Kolonialstil; die frühere **Provinzhalle** (das heutige **Chiang Mai City Arts & Cultural Centre**; S. 347) und das **Provinzgericht** (das heutige **Lanna Folklife Museum**; S. 347) zeigen den Einfluss der der britischen „Gentlemen-Forstmänner", die im 19. und 20. Jh. 60 % der Teakindustrie in Chiang Mai kontrollierten.

Viele Villen der Teakkonzessionäre sind zwar verfallen, doch der architektonische Kolonialstil wurde von der Lan-Na-Königsfamilie übernommen. Eine der beeindruckendsten erhaltenen Teakholzvillen ist das **Lanna Architecture Center** (Karte S. 342; www.lanna-arch.net; 117 Th Ratchadamnoen; ⊙Mo–Fr 8.30–16.30 Uhr) GRATIS, das zwischen 1889 und 1893 erbaut wurde und einst Prinz Jao Maha gehörte. Weitere Beispiele für diesen Mischstil sind das frühere britische Konsulat, in dem sich heute das **Restaurant The Service 1921** (S. 377) am Anantara Resort befindet, und der **Darapirom Palace** (S. 389).

WANDERUNG ZUM DOI SUTHEP

Zum Beginn des akademischen Jahres im Juli machen sich alle Erstsemester der Chiang Mai University auf eine Pilgerwanderung zum Wat Phra That Doi Suthep. Dabei sollen die neuen Studenten dem Geist der Stadt vorgestellt werden, der im Berg wohnen soll. Ambitioniertere Studenten steigen über einen moddrigen Pfad auf, der nahe des Fernsehturms am Hintereingang des Chiang Mai Zoo beginnt und durch das Gelände des Wat Phalad führt. Um zu diesem Pfad zu gelangen, geht man bis zum Ende der die Universität umgebenden Mauer in der Th Suthep und folgt dann der ausgeschilderten Straße rechts Richtung Palaad Tawanron bis zum Hintereingang des Zoos; an dieser Gabelung hält man sich links, bis man den Fernsehtum erreicht. Dort zeigt ein braunes Schild den Beginn des Pfades an.

dem Wat Phra Singh (50 B/Pers.), starten aber erst, wenn genug Fahrgäste da sind. Im gecharterten *rót daang* kostet die einfache Fahrt 300 B, die Hin- und Rückfahrt 500 B. Viele Besucher kommen mit Mountainbikes aus der Stadt, und man kann auch von der Universität aus laufen (s. Kasten oben).

Bhubing Palace GÄRTEN
(พระตำหนักภูพิงค์, Phra Tamnak Bhu Bing; www.bhubingpalace.org; Th Huay Kaew, Doi Suthep; Eintritt 50 B; ⌚8.30–11.30 & 13.30–15.30 Uhr) Das Gelände des Winterpalasts der königlichen Familie oberhalb des Wat Phra That Doi Suthep ist für Besucher geöffnet (wenn die Königsfamilie nicht gerade anwesend ist). Dank des kühlen Gebirgsklimas können die königlichen Gärtner hier „exotische" Pflanzen wie Rosen anpflanzen, was ein Magnet für viele thailändische Besucher ist. Interessanter ist das **Reservoir** in der Anlage, dessen Fontänen zu vom König persönlich komponierter Musik tanzen. Für 400 B kann man ein *trolley car* (Golfwagen) mieten.

Nördlich der Altstadt

Ein kurzes Stück nördlich vom Pratu Chang Pheuak (Tor des weißen Elefanten) steht das **Elephant Monument** (Karte S. 338), zwei Stuckpavillons mit Elefanten-Statuen, die König Chao Kavilo 1800 erbaut haben soll.

Wat Jet Yot BUDDHISTISCHER TEMPEL
(วัดเจ็ดยอด; Karte S. 338; Rte 11/Th Superhighway; Spende erbeten; ⌚8.30–17 Uhr) Bei diesem historischen Wat, der außerhalb der Rte 11 im Norden der Stadt liegt, ist ein großer Teil des Originalstucks noch erhalten. Hier bekommt man eine Vorstellung davon, wie andere Tempel der Stadt in ihrer Blütezeit ausgesehen haben könnten. Das Kloster wurde 1477 erbaut, um das Achte Buddhistische Weltkonzil zu beherbergen. Sein historischer *wí·hăhn* ist mit verwitterten Stuckreliefs von *deva* (engelhafte buddhistische Geister) verziert.

Der alte *wí·hăhn* wird von *jèt yôrt* (7 Türmen) gekrönt, ein Symbol für die sieben Wochen, die Buddha nach seiner Erleuchtung im indischen Bodhgaya verbrachte, und soll eine Kopie des Mahabodhi-Tempels in Bodhgaya sein. Wissenschaftler vermuten jedoch, dass die Pläne von einer Votivtafel aus Ton kopiert wurden, die den Tempel aus einer verzerrten Perspektive darstellt. In der Anlage verteilt stehen weitere Kapellen und *chedi* sowie viele alte Feigenbäume, an denen Gläubige Holzstangen befestigt haben, um sich religiöse Verdienste zu erwerben.

Wat Ku Tao BUDDHISTISCHER TEMPEL
(วัดกู่เต้า; Karte S. 338; Soi 6, Th Chotana/Th Chang Pheuak; Spende erbeten; ⌚6–18 Uhr) Hinter dem Stadion Muang Chiang Mai nördlich der Altstadt liegt der malerische Wat Ku Tao, der 1613 erbaut wurde und viele birmanische und konfuzianische Elemente aufweist. Man sagt, dass der markante *chedi* an einen Stapel Wassermelonen erinnert, daher der Name (im nordthailändischen Dialekt bedeutet *tao* „Melone"). Im Tempel wird die Asche von Tharawadi Min aufbewahrt, dem Sohn des birmanischen Königs Bayinnaung, der von 1578 bis 1607 über Lan Na herrschte.

Chiang Mai National Museum MUSEUM
(พิพิธภัณฑสถานแห่งชาติเชียงใหม่; Karte S. 338; ☎053 221308; Rte 11/Th Superhighway; ⌚Mi–So 9–16 Uhr) Das vom Fine Arts Department der thailändischen Regierung verwaltete Museum ist der wichtigste Bewahrer von Lan-Na-Artefakten und der Geschichte Nordthailands. Die meisten Ausstellungen waren zum Zeitpunkt der Recherche aber wegen Renovierung geschlossen. Geöffnet war nur das Erdgeschoss, in dem buddhistische Statuen, *howdahs* (Elefanten-Sänften)

und Dioramen historischer Szenen gezeigt werden. Wenn das Museum wieder eröffnet, wird wahrscheinlich auch wieder der frühere Eintritt von 100 B erhoben.

Taschen und Kameras muss man in den kostenlosen Schließfächern am Ticketschalter lassen. Damit sich der Besuch wirklich lohnt, sollte man ihn mit dem Wat Jet Yot und dem chinesischen Friedhof verbinden.

Chinesischer Friedhof FRIEDHOF
(Karte S. 338; Soi 1, Th Chotana/Th Chang Pheuak; ⌚6–18 Uhr) Auf diesem Friedhof, der sich in einer ruhigen Gasse hinter dem National Museum befindet, stehen Reihen eleganter chinesischer Grabsteine. Am Umfang ihrer Verzierungen lässt sich gut der frühere Reichtum der Verstorbenen ablesen. Ganz in der Nähe sind die sonderbaren **Anusawari Singh** (Karte S. 338; Soi 1, Th Chotana/Th Chang Pheuak) zu sehen, zwei Stucklöwen, die König Chao Kavila persönlich errichtet haben soll.

Aktivitäten

Abstecher in die Natur sind in Chiang Mai einfach. Maximal eine Stunde Autofahrt außerhalb der Stadt befinden sich tropische Regenwälder, sprudelnde Flüsse, Stammesdörfer in den Bergen sowie Schutzgebiete und Elefantencamps. Dutzende Veranstalter bieten Abenteuertouren an, auf denen man zu Fuß, mit dem Fahrrad, Geländefahrzeug oder sogar an Seilrutschen die bewaldeten Berge und die Wasserläufe erkundet.

Alle genannten Veranstalter haben sich mit der Qualität ihrer Touren einen guten Ruf erworben. Es gibt aber viele Nachahmer, die weniger eindrucksvolle Versionen der gleichen Aktivitäten anbieten. Um sicherzugehen, dass man nicht enttäuscht wird, sollte man direkt beim Veranstalter buchen und nicht bei einem Touragenten, dem man obendrein noch eine Provision zahlt.

Abenteueraktivitäten

Wie grüne Giganten erheben sich rund um Chiang Mai bewaldete Berge, die direkt am Stadtrand beginnen. Nur 15 km von der Altstadt liegt der Doi Suthep National Park mit seinen Wasserfällen und einem Netz aus Wanderwegen und Mountainbike-Trails, die zu den schönsten des Landes gehören. Wer den Dschungel hautnah erleben will, kann ein Motorrad ausleihen und damit zum Gipfel des Doi Suthep fahren oder die Mae-Sa-Samoeng-Rundfahrt (S. 389) absolvieren, die sich um die unteren Hänge des Berges windet. Kletterer fahren zur Crazy Horse Buttress, einer beeindruckende Gruppe von Kalksteinklippen hinter der Höhle Tham Meuang On, 35 km östlich von Chiang Mai unweit der Rte 1317 zwischen San Kamphaeng und Ban Huai Kaew.

Wildwasserraften und Kajakfahren kann man am besten auf dem wilden und schäumenden Mae Taeng, der sich nahe von Chiang Dao seinen Weg durch die Berge bahnt. Die lange Wildwasserrafting-Saison dauert von Juli bis März. Die organisierten Touren folgen einem 10 km langen Abschnitt des Flusses mit Stromschnellen von Grad II bis IV. Nach starkem Monsunregen kann der Fluss schlagartig stark anschwellen und ist dann gefährlich; bei der Entscheidung für einen Veranstalter sollte man einen sorgfältigen Blick auf die Sicherheitsausrüstung und -vorkehrungen werfen.

Flight of the Gibbon ZIP-LINE
(Karte S. 342; ☎053 010660; www.treetopasia.com; 29/4-5 Th Kotchasan; Tagestour 3599 B) Dieser Veranstalter von Abenteuertouren wurde oft kopiert, aber nie ganz erreicht. Er löste den Seilrutschen-Hype aus. Unweit von Ban Mae Kampong, eine Fahrstunde östlich von Chiang Mai, erstrecken sich fast 5 km Kabel zwischen Plattformen in den Baumkronen. Neben Tagestouren sind auch mehrtägige Touren mit verschiedenen Aktivitäten und Übernachtung bei Familien in einem Dorf im Angebot.

Chiang Mai Mountain Biking & Kayaking MOUNTAINBIKEN
(Karte S. 342; ☎053 814207; www.mountainbikingchiangmai.com; 1 Th Samlan; Touren 1250–2300 B) Dieser Spezialveranstalter bietet empfehlenswerte Kajaktouren auf dem Mae Ping und ganztägige geführte Mountainbike-Exkursionen (auf Importrädern) in den Doi Suthep-Pui National Park und zu entfernteren Zielen, darunter der beliebte Aufstieg zum Wat Phra That Doi Suthep.

Siam River Adventures RAFTING
(Karte S. 342; ☎089 515 1917; www.siamrivers.com; 17 Th Ratwithi; Rafting ab 1800 B/Tag) Der Veranstalter von Wildwasserrafting und Kajaktouren hat über zehn Jahre Erfahrung und genießt wegen seiner Professionalität und der hohen Sicherheitsstandards einen guten Ruf. Die Guides erhalten ein spezielles Rettungstraining, und an besonders gefährlichen Flussabschnitten stehen zusätzliche Mitarbeiter mit Wurfleinen bereit. Die Touren können mit Elefantenbegegnungen und Übernachtungen in Dörfern kombiniert werden.

WANDERN IN CHIANG MAI

Tausende Besucher wandern jedes Jahr in Nordthailand in der Hoffnung auf tolle Berglandschaften, Kontakte zu traditionellen Bergvölkern und Begegnungen mit Elefanten. Eine riesige Industrie ist entstanden, um die Nachfrage zu befriedigen, doch das Erlebnis ist kommerziell und viele Traveller finden ihre Vorstellung von Abenteuer nicht erfüllt.

Das Standardpaket beinhaltet eine einstündige Fahrt im Minibus nach Mae Taeng oder Mae Wang, eine kurze Wanderung zu einem Elefantencamp, einen Elefantenritt, eine Fahrt auf einem Bambusfloss und bei mehrtägigen Touren die Übernachtung in einem oder in der Nähe eines Dorfs der Bergvölker. Viele Pension setzen ihre Gäste unter Druck, eine solche Tour zu buchen, da sie eine Provision einstreichen, und einige fordern ihre Gäste sogar auf, die Unterkunft zu wechseln, wenn sie sich weigern.

Diese Touren sind zwar beliebt, doch sie besuchen Elefantencamps, deren Reputation hinsichtlich des Wohlergehens der Elefanten fragwürdig ist. Auch Touren zu den Bergvölkern können eine Enttäuschung sein, denn in vielen Dörfern wohnt heute ein Mischung aus Stammesangehörigen und chinesischen und birmanischen Einwanderern, deren Lebensweise nicht mehr so traditionell wie früher ist. Auch die Flossfahrt ist eventuell nur ein stilles Treiben auf einem Bach und keine aufregende Fahrt durch Stromschnellen.

Wer wirklich abenteuerlustig ist, muss die Dinge selbst in die Hand nehmen. Mit einem Mietmotorrad kann man in den Dschungel fahren und die Nationalparks nördlich und südlich von Chiang Mai besuchen; Chiang Dao ist dafür ein guter Startpunkt. Wer Elefanten unter natürlichen Bedingungen begegnen möchte, kann einen Tag im **Elephant Nature Park** (S. 357) verbringen und dann mit **Siam River Adventures** (S. 356) eine echte Wildwasser-Tour erleben. Und um die traditionellen Kultur der Bergvölker zu erleben, muss man in entlegenere Ecken reisen, die nicht auf einer Tagestour von Chiang Mai aus erreichbar sind; am besten fährt man nach Tha Ton und bucht von dort eine mehrtägige Tour.

Spice Roads FAHRADTOUREN
(Karte S. 342; ☎053 215837; www.spiceroads.com; 1 Soi 7, Th Moon Muang; Fahrradtouren ab 1000 B) Hat eine große Auswahl an Radtouren auf gut gewarteten Importfahrrädern im Angebot, von Halbtagstouren rund um die Stadt Chiang Mai bis zu echten Mountainbike-Trails in der Umgebung der Stadt.

Peak Adventure Tour ABENTEUERSORT
(Karte S. 338; ☎053 800567; www.thepeakadventure.com; 302/4 Th Chiang Mai-Lamphun; Touren 900–2500 B) Dieser Veranstalter bietet verschiedene Abenteuerexkursionen an, darunter Quadfahren, Abseilen, Trekken, Wildwasserrafting und Klettern, sowie Fototouren durch Chiang Mai im *săhm·lór*.

Pooh Eco-Trekking TREKKING
(Karte S. 342; ☎053 208538; www.pooh-ecotrekking.com; 59 Th Ratchaphakhinai; 2-Tages-Touren ab 3500 B/Pers.) Die Besitzer dieser Agentur nehmen das „Eco" in ihrem Namen ernst und veranstalten überdurchschnittlich gute Trekkingtouren zu Stammesdörfern in den Bergen sowie andere Abenteuertouren.

Chiang Mai Rock Climbing Adventures KLETTERN
(CMRCA; Karte S. 342; ☎053 207102; www.thailandclimbing.com; 55/3 Th Ratchaphakhinai; Kletterkurse ab 3195 B) CMRCA wartet viele der Kletterrouten an den Kalksteinfelsen der Crazy Horse Buttress, darunter mit Nägeln versehene Sportkletterrouten der Schwierigkeitsstufen 6a bis 7a und höher der französischen Skala. Es veranstaltet auch Kletter- und Höhlenkletterkurse für alle Niveaus und betreibt einen Shuttlebus zu den Kletterfelsen (hin & zurück 300 B, 8 Uhr; einen Tag vorher buchen). Die Ausrüstung kann man hier mieten, entweder als Einzelstücke oder als „Komplettset" für zwei Kletterer (1875 B).

Elefantenbegegnungen

Chiang Mai ist einer der bekanntesten Orte Thailands, um Elefanten zu begegnen. In der Umgebung gibt's Dutzende Elefantencamps, obwohl viele immer noch Pakete mit Elefantenreiten, Tiershows und Büffelkarrenfahrten oder Bambusfloßfahrten auf einem Fluss anbieten. Die besseren Camps offerieren anstelle von Ausbeutung die Interaktion mit den Dickhäutern: Die Besucher begleiten die Elefantenherden und füttern und waschen die Tiere, verzichten aber auf Aktivitäten, die deren Wohlergehen schaden.

★ **Elephant Nature Park** ELEFANTENBEGEGNUNG
(Karte S. 342; ☎053 818754; www.elephantnaturepark.org; 1 Th Ratchamankha; 1-/2-Tages-Touren

ETHISCHE BEGEGNUNGEN MIT ELEFANTEN

Elefanten werden in Thailand seit Tausenden Jahren als Lasttiere genutzt, die die Stämme aus den Teakwäldern schleppen und die Kutschen der thailändischen Königsfamilie ziehen. Buddhisten ebenso wie Hindus verehren die Elefantengötter Erawan und Ganesha, und selbst der Umriss Thailands erinnert an einen Elefantenkopf, dessen Rüssel hinunter in die Landenge ragt.

Das landesweite Verbot des Holzeinschlags machte 1989 plötzlich Tausende Arbeitselefanten arbeitslos, und die Hirten und Mahuts (Elefantenführer) suchten nach neuen Wegen, um mit ihren Tieren Geld zu verdienen. So entstanden die Elefantencamps Chiang Mais. Herden, die früher in der Holzwirtschaft tätig waren, unterhalten heute mit zirkusartigen Vorstellungen und Ritten durch den Wald Touristen. Das wachsende Bewusstsein für Tierschutz rückt diese Branche und ihre Praktiken aber auf neue Weise ins Rampenlicht.

Besonders problematisch sind Elefantenritte. Ein Problem ist, dass die *howdahs* (Sänften), in denen die Touristen sitzen, die Wirbelsäule der Tiere stark belasten und zu bleibenden Schäden führen können. Bei den zirkusähnlichen Vorführungen sind die Elefanten der Gefahr von Verletzungen ausgesetzt, und viele Camps halten ihre Elefanten angekettet und getrennt und nutzen den traditionellen *ankus* und ähnliche Metallhaken, um die Tiere zu beherrschen. Die Gesetze taugen wenig zur Kontrolle, denn sie klassifizieren Elefanten noch immer als Transportmittel. Viele Tiere zeigen deutliche Zeichen psychologischer Störungen, die sich in Angriffen auf Menschen niederschlagen.

Doch es gibt Alternativen. Sangduen (Lek) Chailert, ein Pionier des Elefantenschutzes in Nordthailand, hat erfolgreich gezeigt, dass gerettete Elefanten unter Bedingungen gehalten werden können, die ihrer natürlichen Umwelt sehr nahe kommen und dass dies immer noch Einnahmen aus dem Tourismus bringt. Im Elephant Nature Park (S. 357) in der Nähe von Mae Taeng sind die Elefanten nicht angekettet und können auf dem weitläufigen Gelände am Fluss ihre eigenen sozialen Gruppen bilden. Auf Elefantenritte wird verzichtet, stattdessen laufen die Besucher mit den Elefanten und ihren Mahuts über das Gelände, füttern die Tiere an speziellen Futterstationen per Hand mit Obst und Gemüse und helfen beim Elefantenbad im Fluss.

Angesichts des Erfolgs dieses Modells des Elefantentourismus verzichten immer mehr Veranstalter auf die schädlichsten Praktiken, und inzwischen gibt es mehrere Einrichtungen, in denen Besucher ohne das ungute Gefühl, das Problem eigentlich zu verschlimmern, zum Schutz der Elefanten beitragen können. Wer eine Einrichtung aussucht, sollte auf die angebotenen Aktivitäten und auf die Betreuung der Elefanten achten. Bei Elefantenritten sind Ritte ohne Sänfte, bei denen die Reiter auf der Schulter der Tiere sitzen, weniger schädlich als Ritte in hölzernen *howdahs;* einige sind aber auch der Meinung, dass auf Ritte ganz verzichtet werden sollte, da Tierschutzexperten mahnen, dass es für die Tiere ein brutale Misshandlung bedeutet, wenn sie „lernen" müssen, Reiter zu akzeptieren. Das Reiten ohne Sänfte ist für kleinere Kinder ungeeignet.

Die in diesem Band genannten Elefantencamps legen alle Wert darauf, dass es den Tieren gut geht. Wer bei ihnen bucht, kann dadurch andere Veranstalter dazu ermutigen, das Wohlergehen der Tiere an oberste Stelle zu setzen.

2500/5800 B) Elephant Nature Park, eines der ersten Reservate für befreite Elefanten in Chiang Mai, war unter der Führung seines Gründers Sangduen (Lek) Chailert ein Pionier der Bewegung, die auf Reiten und Shows verzichtete und den Schutz der Elefanten an erste Stelle stellte. Statt der üblichen Zirkusroutine steht die Begegnung zwischen Tieren und Besuchern im Mittelpunkt: Man verbringt den Tag, indem man die Mahouts und ihre Herden begleitet und beim Waschen und Füttern der Elefanten hilft.

Die Elefanten, die hier leben, wurden aus Holzfällercamps und Touristenshows befreit. Sie werden nicht an Ketten gelegt, und keine Haken werden eingesetzt. Die Tiere können Familiengruppen bilden und sich weitgehend wie eine wilde Herde verhalten. Das schönste Erlebnis ist es, die natürliche Interaktion zwischen den Elefanten zu sehen: Baby-Elefanten, die ein spielerisches Tauziehen mit den Stoßzähnen veranstalten, Familien, die sich ein gemeinsames Schlammbad gönnen und ältere Elefanten, die sich um blinde oder behinderte Mitglieder der Herde kümmern.

Der Elephant Natur Park liegt im Mae-Taeng-Tal, 60 km von Chiang Mai. Die Tagestouren beinhalten ein vegetarisches Mittagsbüffet. Längere Pakete, die Freiwilligenarbeit einschließen, sind ebenfalls möglich.

Thai Elephant Care Center ELEFANTENBEGEGNUNG
(☎053 206247; www.thaielephantcarecenter.com; Mae Sa; halber/ganzer Tag 2000/3000 B) Dieses Zentrum in Mae Sae, ca. 25 km nordwestlich von Chiang Mai, wurde gegründet, um für Elefanten zu sorgen, die für die Holzfällercamps und Elefantenshows zu alt waren. Reiten ist hier nicht möglich, stattdessen füttern die Gäste die Senioren mit Gras, Kräuterbällen und Bananen, helfen bei ihrem Bad und besuchen den Friedhof, auf dem die an Altersschwäche gestorbenen Elefanten ruhen.

Elephant Retirement Park ELEFANTENBEGEGNUNG
(☎081 961 9663; www.elephantretirementpark.com; San Pa Yang, Mae Taeng; Touren ab 2600 B) Der Betreiber in Mae Taeng folgt ethischen Prinzipien und bietet Begegnungen mit Elefanten beim Laufen, Füttern und Baden, aber kein Reiten. Die Herden können ihre eigenen Familiengruppen gründen.

Baan Chang Elephant Park ELEFANTENBEGEGNUNG
(Karte S. 342; ☎053 814174; www.baanchangelephantpark.com; 147/1 Th Ratchadamnoen; 1-/2-Tages-Touren ab 2900/6900 B) Der Park ist in Mae Taeng, 50 Minuten nördlich von Chiang Mai, und bemüht sich sehr, Besucher über Elefanten und Tierschutzfragen zu informieren. Die Herde ist jedoch angekettet und die Pakete umfassen Elefantenreiten ohne Sattel; das ist zwar besser als *howdah*-Ritte, dennoch raten Tierschutzgruppen davon ab. Die Pakete beinhalten auch ein kurzes Mahout-Training und Zeit beim Bad der Elefanten.

Patara Elephant Farm ELEFANTENBEGEGNUNG
(☎081 992 2551; www.pataraelephantfarm.com; Baan Pong; Tagestour 3800–5800 B) Im Zentrum von Khun Pats Elefantencamp, das etwa 30 km westlich von Chiang Mai abseits der Rte 1269 liegt, steht die Interaktion zwischen Elefantenkühen und -kälbern. Die Besucher werden für einen Tag zu „Elefantenbesitzern" und helfen bei der Gesundheitskontrolle, dem Füttern, Baden und Training der Tiere. Reiten wird zwar angeboten, aber auf Sattel wird grundsätzlich verzichtet.

Andere Aktivitäten

Namo YOGA
(Karte S. 342; ☎053 326648; www.namochiangmai.com; 109/1 Th Moon Muang; Kurse 220 B; ⏲Mo–Sa 10–11.30 & 18–19.30 Uhr) Am Ende einer Gasse nahe dem Tha-Phae-Tor gibt's hier Yogakurse ohne Voranmeldung sowie Workshops in Gesang, Qigong und Massage.

Gymkhana Club SPORTCLUB
(Karte S. 338; ☎053 241035; www.chiengmaigymkhana.com; Th Ratuthit) Der historische Gymkhana Club wurde 1889 von britischen Teakholzhändlern gegründet und hat Tennisplätze, einen Golfplatz und einen Golfübungsplatz, die Nichtmitglieder gegen

MIT MÖNCHEN PLAUDERN

Wer sich für den Buddhismus interessiert, kann in vielen Tempeln Chiang Mais bei den beliebten „Monk Chats" mit Mönchen sprechen. Die Novizen verbessern ihr Englisch und die Gäste erfahren etwas über das Leben im Kloster. Das ist eine faszinierende Gelegenheit, mehr über die Rituale zu lernen, die zumindest einen kleinen Teil des Lebens der meisten thailändischen Männer prägen. Als Zeichen des Respekts sollte man sich angemessen kleiden: Schulter und Knie sollten bedeckt sein. Die rituellen Tabus erfordern, dass Frauen Mönche und deren Besitztümer nicht berühren und ihnen nie etwas direkt reichen.

Wat Suan Dok (S. 351) In einem besonderen Raum finden montags bis freitags von 17 bis 19 Uhr „Monk Chats" statt.

Wat Srisuphan (S. 350) Veranstaltet von 17.30 bis 19 Uhr direkt vor den Meditationskursen Gesprächsrunden.

Wat Chedi Luang (S. 341) An einem Tisch unter einem Baum kann man täglich von 9 bis 18 Uhr mit Mönchen sprechen.

Wat Phakkao (วัดผ้าขาว; Karte S. 342; Th Ratchmankha; Spende erbeten; ⏲6–18 Uhr) Bietet samstags und sonntags von 16 bis 19 Uhr ein ruhiges Gespräch mit Mönchen an.

eine Tagesgebühr nutzen können. Der Club befindet sich südöstlich der Nawarat-Brücke gleich abseits der Th Chiang Mai–Lamphun.

Kurse

Buddhistische Meditation

Mehrere Tempel bieten *vipassana*-Meditationskurse und Meditationsklausuren an. Die meisten haben strenge Regeln. Die Teilnehmer sollen schlichte weiße Kleidung tragen, die sie normalerweise im Tempel kaufen können. Die Teilnahme ist meist kostenlos, eine Spende ist aber angebracht.

Doi Suthep Vipassana Meditation Center MEDITATION
(☎053 295012; www.fivethousandyears.org; Th Huay Kaew, Wat Phra That Doi Suthep) Auf dem Gelände des Wat Phra That Doi Suthep bietet dieses Zentrum Mediationskurse an, die drei bis 21 Tage dauern können.

Northern Insight Meditation Centre MEDITATION
(☎053 278620; www.watrampoeng.net; Th Suthep Muang, Wat Ram Poeng) Die Kurse im Wat Ram Poeng, 4 km südlich von Chiang Mai, dauern mindesten 26 Tage und sind für ernsthaft an Meditation Interessierte geeignet. Der Tag beginnt um 4 Uhr früh, die Mahlzeiten werden schweigend eingenommen.

Wat Srisuphan MEDITATION
(Karte S. 338; ☎053 200332; 100 Th Wualai; ⏲Di, Do & Sa 17.30–21 Uhr) Der silberne Tempel südlich der Altstadt gibt eine Einführung in die Meditation mit den vier Grundpositionen (stehen, gehen, sitzen, liegen).

Wat Suan Dok Meditation Retreat MEDITATION
(Karte S. 338; ☎084 609 1357; www.monkchat.net; Th Suthep, Wat Suan Dok; 2-Tages-Seminar 500 B; ⏲Di & Mi) Die zum Wat Suan Dok gehördende buddhistische Universität veranstaltet zweitägige Meditationsklausuren in einem Wat im Wald. Man sollte sich vorher anmelden und erhält dann weitere Infos.

Kochen

Chiang Mai ist die beliebteste Stadt Thailands, wenn es um den Besuch von Kochkursen zur Thai-Küche geht. Über ein Dutzend Kochschulen konkurrieren um Kunden, die lernen wollen, Currypasten, Pfannengerichte, Currys und thailändische Puddings zuzubereiten. Die Kurse bestehen meist aus eintägigen Modulen; in mehreren aufeinanderfolgenden Modulen kann man die Zubereitung eines gesamten Thai-Menü lernen. Es gibt aber auch Abend- und Halbtagskurse. In allen Kursen erfahren die Teilnehmer etwas über die Zutaten und die

CHIANG MAI MIT KINDERN

Bei Familien ist Chiang Mai sehr beliebt, sowohl wegen seiner entspannten Atmosphäre als auch wegen der unzähligen angebotenen Aktivitäten. Zuerst wählt man am besten ein Hotel mit Pool aus und plant seine Tage, ohne sie zu überladen. Mit einen gecharterten *rót daang* oder Túk-Túk kann man nach Belieben kommen und gehen. Der am günstigsten gelegene Spielplatz befindet sich im **Suan Buak Hat** (S. 336). Vertrautes westliches Essen gibt es in der Altstadt und in den Einkaufszentren.

Für die Begegnung mit Elefanten sollte man sich einen ganzen Tag Zeit nehmen – der **Elephant Nature Park** (S. 357) bietet das perfekte Gleichgewicht zwischen Tierschutz und Interaktion. Ein weiterer Tag ist dem Paddeln, Schwimmen und Picknicken an den **Wasserfällen von Mae Sa** (S. 389) vorbehalten. Besuche von Wats kommen bei Kindern gut an, zudem sind die Klosteranlagen grün, ruhig und überwiegend verkehrsfrei; die Tempel **Phra That Doi Suthep** (S. 354), **Suan Dok** (S. 351), **U Mong Thera Jan** (S. 351), **Chedi Luang** (S. 341) und **Phra Singh** (S. 341) bieten die besten Möglichkeiten, kleine Traveller zu unterhalten. Die drei Museen in der Altstadt (S. 347) zeigen viele moderne, kinderfreundliche Ausstellungen, und die zooähnliche Begegnung mit Tieren ist im **Chiang Mai Zoo** (S. 353) und im **Chiang Mai Night Safari** (S. 352) möglich.

Wenn es tagsüber unerträglich heiß wird, gibt es in allen großen Einkaufszentren klimatisierte Multiplexkinos und Aktivitäten für Kinder. Im Central Festival befindet sich die **Eisbahn Sub-Zero** (☎053 288868; www.majorbowlhit.com; pro Std. Erw./Kind 250/200 B; ⏲Mo–Fr 11–22, Sa & So 10–22 Uhr), die sogar Stützgestelle für blutige Anfänger bietet. Für einen Besuch auf den **Walking-Street-Märkten** (S. 346) am Samstag oder Sonntag oder für einen Ausflug zum **Night Bazaar** (S. 381) an den anderen Wochentagen sollte man die normale Schlafenszeit ruhig mal nach hinten verschieben.

Kochtechniken und besuchen lokale Märkte, um Kräuter und Gewürze zu kaufen, oder einen Kräutergarten. Die besten Kurse finden in Gemeinschaftsküchen in Bauernhäusern in der Umgebung von Chiang Mai statt. Natürlich kommt man selbst in den Genuss der Thai-Küche, die man zubereitet, und verlässt den Kurs am Ende mit einem Rezeptheft, mit dessen Hilfe man zurück in der Heimat kleine Wunder vollbringen kann.

Chiang Mai Thai Cookery School KOCHKURS
(Karte S. 342; ☎053 206388; www.thaicookeryschool.com; 47/2 Th Moon Muang; Kurse 1450 B) Eine der ältesten Kochschulen Chiang Mais wird von TV-Koch Sompon Nabnian und seinem Team geführt. Die Kurse finden in ländlicher Umgebung außerhalb Chiang Mais statt. Es gibt auch eine spezielle abendliche Master Class für nordthailändische Köstlichkeiten, die Sompon Nabnian selbst leitet.

Asia Scenic Thai Cooking KOCHKURS
(Karte S. 342; ☎053 418657; www.asiascenic.com; 31 Soi 5, Th Ratchadamnoen; halbtägiger / Tageskurs ab 800/1000 B) Khun Gayrays Kochkurse kann man entweder in der Stadt oder auf einem friedlichen Bauernhof außerhalb besuchen. Sie umfassen Suppen, Currys, Pfannengerichte, Salate und Desserts – nach einem Tag kann man also schon ein dreigängiges Menü kochen.

Gap's Thai Culinary Art School KOCHKURS
(Karte S. 342; ☎053 278140; www.gaps-house.com; 3 Soi 4, Th Ratchadamnoen; 1-/2-tägiger Kurs 900/1800 B; ⏲Mo–Sa) Diese Kochschule gehört zur Pension Gap's House. Die Kurse finden außerhalb der Stadt im Wohnhaus des Eigentümers statt.

Thai Farm Cooking School KOCHKURS
(Karte S. 342; ☎081 288 5989; www.thaifarmcooking.com; 38 Soi 9, Th Moon Muang; Kurs 1300 B) Kochkurse auf einem Biobauernhof 17 km außerhalb von Chiang Mai. Die Hin- und Rückfahrt ist im Preis enthalten.

Baan Thai KOCHKURS
(Karte S. 342; ☎053 357339; www.baanthaicookery.com; 11 Soi 5, Th Ratchadamnoen; Tages-/Abendkurse 1000/800 B) Die praktisch in der Stadt gelegene Kochschule bietet Tags- und Abendkurse.

Sprache

Als Universitätsstadt ist Chiang Mai sehr beliebt, um die thailändische Sprache zu lernen. Außerdem kann man hier eine Ausbildung zum TEFL-Lehrer (Teaching English as a Foreign Language/Lehrer für Englisch als Fremdsprache) machen.

American University Alumni SPRACHKURS
(AUA; Karte S. 342; ☎053 214120; www.learnthaiinchiangmai.com; 73 Th Ratchadamnoen; Gruppenkurse 4800 B) Veranstaltet 60-stündige Thai-Kurse, wobei von Montag bis Freitag je zwei Unterrichtsstunden stattfinden. Auch Privatunterricht ist möglich.

Easy Study Thai SPRACHKURS
(Karte S. 342; ☎089 429 9872; www.easystudythai.com; Th Chang Khlan, 3. OG Pantip Plaza; Thai-Kurse ab 2000 B) Oben im Einkaufszentrum Pantip Plaza; bietet eine breite Palette an Thai-Kursen, von einmonatigen Anfänger-Paketen bis zu einjährigen Kursen.

Payap University SPRACHKURS
(☎053 851478; http://ic.payap.ac.th; Th Kaew Nawarat, Kaew Nawarat Campus; Thai-Kurse ab 8000 B) Dieses Privatinstitut (gegründet von der Church of Christ of Thailand) veranstaltet Thai-Intensivsprachkurse mit 60 Unterrichtsstunden Umfang.

UniTEFL International SPRACHKURS
(Karte S. 338; ☎053 400001; www.unitefl.com; 213/2 Th Huay Kaew, P & S Bldg 3; TEFL-Kurse 345–1790 US$) Bietet TEFL-Zertifizierungskurse von 60 bis 120 Stunden und Jobvermittlung nach Abschluss des Kurses sowie einjährige Thai-Sprachkurse.

Thaiboxen

In Chiang Mai gibt's einige bewährte Sportschulen für *moo·ay tai* (auch *muay Thai geschrieben*), die bereits Landesmeister hervorgebracht haben und ausländische Kampfsportler akzeptieren.

Lanna Muay Thai Boxing Camp KAMPFSPORT
(Karte S. 338; ☎053 892102; www.lannamuaythai.com; 161 Soi Chang Khian, Th Huay Kaew; Tag/Woche/Monat 400/2200/8000 B) Unterrichtet Ausländer wie Einheimische und ist dafür berühmt, bereits einen Champion trainiert zu haben: den Transvestiten-Thaiboxer Parinya Kiatbusaba.

Chai Yai Muay Thai KAMPFSPORT
(☎082 938 1364; Th Sunpiliang, Nong Hoi; Tag/Woche/Monat 450/1700/5000 B) Seit 30 Jahren trainiert die Schule thailändische und ausländische Kampfsportler aller Leistungsstufen. Sie liegt südöstlich von der Stadt unweit der Rte 11 nahe beim Chiang Mai 700 Years Park.

Santai Muay Thai KAMPFSPORT
(☎082 528 6059; www.muay-thai-santai.com; 79 Mu 9, San Kamphaeng; Tag/Woche/Monat 500/2500/9000 B) Die von früheren Profiboxern geführte Schule ist darauf ausgerichtet, Wettkampfniveau zu erreichen. Sie liegt östlich der Stadt.

Thaimassage

In Chiang Mai gibt es viele Massageschulen, angefangen von Schulen, die hauptsächlich Kurse für Touristen anbieten, bis zu von der Regierung anerkannten Berufsausbildungsschulen.

Thai Massage School of Chiang Mai MASSAGE
(TMC; ☎053 854330; www.tmcschool.com; 203/6 Th Chiang Mai-Mae Jo; Einführungskurse ab 7500 B) Nordöstlich der Stadt gelegen. Die bekannte Schule bietet einen staatlich geprüften Lehrplan an. Es gibt drei Grundlehrgänge und ein Intensivtrainingsprogramm für Lehrer.

Old Medicine Hospital MASSAGE
(OMH; Karte S. 338; ☎053 201663; www.thaimassageschool.ac.th; 78/1 Soi Siwaka Komarat, Th Wualai; Kurse 5000–6000 B) Der staatlich geprüfte Lehrplan ist sehr traditionell gehalten. Es

SPAS IN CHIANG MAI

Früher boten Massagesalons in Chiang Mai kaum mehr als eine Matratze auf dem Boden und ein energisches Durchwalken für wenig Geld, doch heute hat sich der Schwerpunkt hin zu luxuriösen Spas verlagert. Diese erwecken mit ihren Massagetischen in üppigen Gärten, in denen Vögel singen und Wasser plätschert, die Eleganz des Lan-Na-Königshofes wieder zum Leben.

Wer in Chiang Mai Lust auf eine Massage hat, sollte sich entweder für eine noble oder für eine schlichte entscheiden. Will man sich nicht in einem schicken Spa nach allen Regeln der Kunst verwöhnen lassen, sollte man einen der zwanglosen Massagepavillons in den Klöstern der Stadt besuchen oder den Massageservice nutzen, der im Rahmen von Rehabilitationsprogrammen für Blinde und ehemalige Gefängnisinsassen angeboten wird.

Vocational Training Center of the Chiang Mai Women's Correctional Institution (Karte S. 342; ☎053 122340; 100 Th Ratwithi; Fußmassage/traditionelle Massage ab 150/180 B; ⏲Mo–Fr 8–16.30, Sa & So 9–16.30 Uhr) Die tollen Massagen werden von weiblichen Häftlingen durchgeführt, die an einem Ausbildungs- und Rehabilitationsprogramm des Gefängnisses teilnehmen. Im Café nebenan kann man nach der Massage etwas trinken.

Lila Thai Massage (Karte S. 342; ☎053 327043; www.chiangmaimassage.com; Th Phra Pokklao; Standard-/Kräutermassage ab 200/300 B; ⏲10–22 Uhr) Das vom früheren Direktor des Frauengefängnisses der Stadt gegründete Lila Thai beschäftigt Absolventinnen des Massage-Ausbildungsprogramms des Gefängnisses. Es gibt fünf Filialen in der Altstadt, darunter eine in der Th Ratchadamnoen (Karte S. 342; ☎053 327243; www.chiangmaimassage.com; Th Ratchadamnoen; Standard-/Kräutermassage ab 200/300 B; ⏲10–22 Uhr).

Thai Massage Conservation Club (Karte S. 342; ☎053 904452; 99 Th Ratchamankha; Massage 180–300 B; ⏲8–21 Uhr) Der Thai Massage Conservation Club, ein Kollektiv von Masseusen, die traditionelle Thai-Massage praktizieren, beschäftigt nur blinde Masseusen, die wegen ihres besonders ausgeprägten Tastsinns als Expertinnen gelten.

Oasis Spa (Karte S. 342; ☎053 920111; www.oasisspa.net; 4 Th Samlan; Kräuter-Dampfbehandlungen ab 600 B, Massagen ab 1700 B) Wer sich richtig verwöhnen lassen will, bekommt im Oasis in Pavillons im Lan-Na-Stil in einem ruhigen Garten eine Nobelvariante der Thai-Massage, inklusive Peelings, Packungen, Massagen und Ayurveda-Anwendungen.

Fah Lanna (Karte S. 342; www.fahlanna.com; 57/1 Th Wiang Kaew; Massagen ab 250 B; ⏲10–22 Uhr) Das idyllische Spa liegt in einem Wassergarten im Lan-Na-Stil voller Farne und Wasserspiele und bietet eine breit Palette an Spa-Behandlungen.

Ban Hom Samunphrai (☎053 817362; www.homprang.com; 93/2a Mu 12, Tawangtan, Saraphi; Dampfbad 200 B, Massage 600–1300 B) Die Lehrerin Maw Hom („Kräuterdoktor") stammt aus einer langen Tradition der Kräuterkundler und Massagetherapeuten. Neben traditioneller Thai-Massage kann man hier auch ein traditionelles Kräuterdampfbad nehmen. Es liegt 9 km außerhalb Chiang Mais in der Nähe des McKean Institute; Infos zur Anfahrt stehen auf der Webseite.

gibt zwei zehntägige Kurse pro Monat sowie kürzere Fuß- und Ölmassagekurse. Von Dezember bis Januar sind die Klassen voller als im restlichen Jahr.

Chetawan Thai Traditional Massage School MASSAGE
(Karte S. 338; ☎053 410360; www.watpomassage.com; 7/1-2 Soi Samud Lanna, Th Pracha Uthit; Universalkurs 9500 B) Dieser Ableger der Bangkoker Massageschule Wat Pho liegt nahe der außerhalb gelegenen Rajabhat University.

Lanna Thai Massage School MASSAGE
(Karte S. 342; ☎053 232547; http://en.lannathaimassageschool.net; 37 Th Chang Moi Kao; Kurse 1800–12 000 B) Die renommierte Schule in der Nähe des Wat Chomphu wird vom thailändischen Ministerium für Bildung und Gesundheit anerkannt. Die Kurse behandeln auch die Vorbereitung von Kräuterbehandlungen mit frischen Zutaten.

Art of Massage MASSAGE
(Karte S. 342; ☎083 866 2901; www.artofmassage.webs.com; Soi 3, Th Loi Kroh; Kurse 990–2900 B) Khun Wanna erntet begeisterte Kritiken für ihre Praxiskurse (max. 2 Pers., 2–3 Tage).

Sabai De Ka MASSAGE
(Karte S. 342; ☎081 881 3697; www.massage-chiangmai.com; 93/3 Th Moon Muang; Kurse 1200–5000 B) Die beliebte Schule in der Nähe des Pratu Tha Phae veranstaltet Kurse für viele verschiedene Massagetechniken und -therapien, die einen halben bis zwei Tage dauern.

Jack Chaiya MASSAGE
(Karte S. 342; ☎083 154 6877; www.jackchaiya.com; 74/3 Th Wiang Kaew; 3- bis 5-tägige Kurse ab 7000 B) Jack Chaiya lernte *jàp sên* (wörtlich „Nervenberührung"), eine nordthailändische Massagetechnik, die der Akkupressur ähnelt, von seiner Mutter und gibt sein Wissen nun in dieser kleinen Massageschule unweit vom Wat Phra Singh weiter.

Geführte Touren

Die Veranstalter von Abenteueraktivitäten Peak Adventure (S. 357), Chiang Mai Mountain Biking & Kayaking (S. 356) und Spice Roads (S. 357) bieten alle Stadtbesichtigungen mit dem Fahrrad oder *săhm·lór* an.

Segway Gibbon SEGWAY-TOUR
(Karte S. 342; ☎084 614 4004; www.segwaygibbon.com; 29/4-5 Th Kotchasan; 2/3-stündige Touren 1999/2299 B) Geführt vom Team von Flight of the Gibbon; Segway-Touren zu den beliebtesten Highlights der Stadt.

Click and Travel RADTOUR
(☎053 281553; www.chiangmaicycling.com; Touren 950–5350 B; 👪) Click and Travel veranstaltet familienfreundliche Radtouren mit Schwerpunkt Kultur, die zu Tempeln und Sehenswürdigkeiten innerhalb und außerhalb des Zentrums führen.

Chiang Mai Street Food Tours KULINARISCHE TOURTOUREN
(☎085 033 8161; www.chiangmaistreetfoodtours.com; 750 B) Die Feinschmecker-Führungen über die Morgen- und Nachtmärkte der Stadt sind eine tolle Einführung in die Küche Nordthailands.

Feste & Events

Während des unglaublich beliebten Blumenfests, der Songkran-Feiern und des Loi Krathong sollte man Unterkunft, Verkehrsmittel etc. möglichst lang im Voraus buchen.

Chiang Mai Red Cross & Winter Fair KULTUR
(⌚Dez.–Jan.) Das zehntägige Fest wirkt mit seinen kulturellen Veranstaltungen und gut besuchten nordthailändischen Imbissständen ein wenig wie eine ländliche Kirmes. Hauptveranstaltungsort ist das Chiang Mai City Arts & Cultural Centre.

Blumenfest KULTUR
(⌚Anfang Feb.) Ein Meer aus Blüten! Das dreitägige Fest Anfang Februar bietet Blumenausstellungen, kulturelle Veranstaltungen und Schönheitswettbewerbe sowie eine Blumenparade von der Nawarat-Brücke nach Suan Buak Hat.

Chinesisches Neujahr NEUJAHR
(⌚Feb.) Die chinesischen Bewohner der Stadt feiern das Neujahrsfest im Februar mit chinesischem Festival-Essen, Löwentänzen und Ähnlichem.

Songkran NEUJAHR
(⌚Mitte April) Chiang Mai feiert das thailändische Neujahrsfest (13.–15. April) mit ansteckender Begeisterung. Tausende Feierlustige versammeln sich an allen Seiten des Wassergrabens, um alle Passanten (und einander) mit Wasser zu begießen. Die ruhigeren Songkran-Rituale finden im Wat Phra Singh statt.

Poy Sang Long (Poy Luang) RELIGION
(⌚meist April) Während dieser dreitägigen Weihezeremonie kleiden sich geschminkte

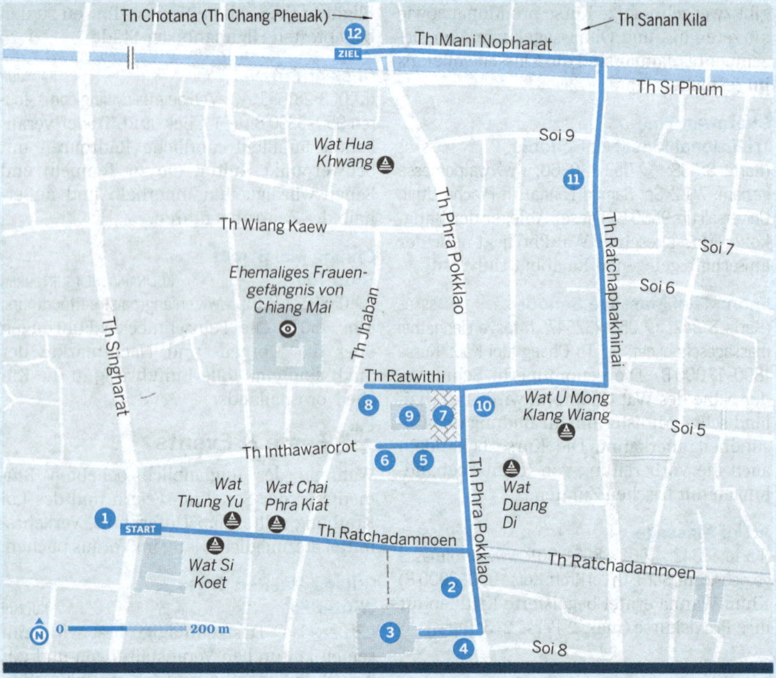

Stadtspaziergang **Altstadttempel**

START WAT PHRA SINGH
ZIEL TALAT PRATU CHANG PHEUAK
LÄNGE/DAUER 2,5 KM; 5 STD.

Kein Besuch in Chiang Mai wäre komplett ohne eine Tempeltour. Los geht's mit dem 1 **Wat Phra Singh** (S. 341), in dem sich die meistverehrte Buddha-Statue der Stadt befinden. Danach spaziert man die Th Ratchadamnoen hinunter und biegt rechts in die Th Phra Pokklao ab. Dicht hintereinander stehen hier der großartige Teakholz-*wí·hăhn (Heiligtum)* des 2 **Wat Phan Tao** (S. 346) und der massive 3 **Wat Chedi Luang** (S. 341), der größte und prächtigste Lan-Na-*chedi* (Stupa) der Stadt. Nach der zeremoniellen Umrundung des Stupa im Uhrzeigersinn schlüpft man in den 4 **Làk Meuang** (S. 346), um die verehrte Stadtsäule anzuschauen.

Nun dreht man um und folgt der Th Phra Pokklao nach Norden bis zur Kreuzung mit der Th Inthawarorot. Dort steht der malerische *wí·hăhn* des 5 **Wat Inthakhin Saduemuang** (S. 337), in dem die Stadtsäule im Mittelalter aufbewahrt wurde. Jetzt ist eine gute Zeit fürs Mittagessen im 6 **Kiat Ocha** (S. 373). Frisch gestärkt geht man nun die Th Phra Pokklao einen weiteren Block Richtung Norden zum 7 **Anusawari Sam Kasat** (S. 347; Dreikönigsdenkmal) und erweist den drei Lan-Na-Königen, die Chiang Mai gründeten, die Ehre.

Hier ist man am perfekten Ausgangspunkt, um die drei Stadtmuseen, das 8 **Chiang Mai Historical Centre** (S. 348), das 9 **Chiang Mai City Arts & Cultural Centre** (S. 347) und das 10 **Lanna Folklife Museum** (S. 347; Kombiticket für alle drei Museen) zu besuchen. Wer es schafft, sich von der eisigen Klimaanlage loszureißen, geht die Th Ratchaphakhinai weiter nach Norden bis zum antiken 11 **Wat Chiang Man** (S. 346), dem ältesten Wat in einer Stadt, in der an alten Tempeln kein Mangel herrscht. Zum Schluss spaziert man zum Wassergraben und lässt sich das fantastische *kôw kăh mŏo* (langsam gegarte Schweinshaxe mit Reis) der Ladys mit den Cowboyhüten auf dem 12 **Talat Pratu Chang Pheuak** (S. 374) schmecken.

INSIDERWISSEN

SONGKRAN IN CHIANG MAI

Songkran (13.–15. April), das birmanische Eindringlinge und wandernde Bergstämme nach Thailand brachten, ist das größte und farbenfroheste Fest in Chiang Mai. Die Straßen verwandeln sich in einen regelrechten Whirlpool, wenn Tausende Liter Wasser verspritzt und vergossen werden, um das traditionelle nordthailändische Neujahrsfest zu feiern. Die Feierlichkeiten dehnen sich bis in die Wats der Stadt aus, besonders bis in den Wat Phra Singh, der das Ziel einer riesigen Prozession ist. Traditionell kam ein Großteil des Wassers aus den Gräben rund um die Altstadt, aber inzwischen gibt es Befürchtungen, dass dies wegen der hohen Wasserverschmutzung aus gesundheitlichen Gründen nicht mehr möglich sein wird. Doch egal, woher das Wasser stammt – etwas davon bekommt man garantiert ab, also Klamotten anziehen, die nass werden können, Handy und Kamera im Hotel lassen, eine Wasserpistole kaufen und hinein ins Getümmel!

Novizen in bunte Kostüme, die Buddhas Jugend als verwöhnter Prinz symbolisieren.

Inthakhin-Festival RELIGION
(Mitte Mai) Das religiöse Festival, das Mitte Mai im Wat Chedi Luang stattfindet, soll die Wächtergottheit der Stadt, die in der Stadtsäule wohnt, günstig stimmen, damit der Monsun pünktlich beginnt.

Loi Krathong RELIGION
(Okt./Nov.) Entlang des Mae Ping wird dieses auch Yi Peng genannte Mondkalender-Fest gefeiert, bei dem die Flussgeister mit kleinen lotusblütenförmigen Booten geehrt werden und Tausende beleuchtete Laternen in den Himmel aufsteigen.

Schlafen

Inspiriert vom Kinohit *Lost in Thailand* (2011) strömen mittlerweile Heerscharen chinesischer Touristen zu Städtekurzreisen nach Thailand, und das hat starke Auswirkungen auf die Hotelszene in Chiang Mai. Neue Hotels und Pensionen schießen wie Pilze aus dem Boden und bisherige Vorstellungen von Hochsaison und Nachsaison wurden über Bord geworfen. Wer während des chinesischen Neujahrsfestes, zu Songkran und anderen Feiertagen kommt, sollte lange im Voraus reservieren.

Die Übernachtungspreise in der Stadt steigen allmählich, doch noch immer findet man ein Bett im Schlafsaal für unter 200 B, ein einfaches Zimmer mit Ventilator für 400 B und ein anständiges Zimmer mit Klimaanlage für 500 B. Einige Budgetpensionen bieten die Zimmer sehr günstig an und kompensieren dies durch die Provisionen für Trekking- und andere Touren; Traveller haben berichtet, dass sie ihre Pension verlassen mussten, weil sie sich geweigert haben, dort eine Tour zu buchen. Die Mitarbeiter informieren die Gäste in der Regel, wenn dies in der Unterkunft Usus ist.

Das obere Ende der Preisskala dominieren vor allem Businesshotels, es gibt aber einige gehobene Mittelklassehotels im liebenswerten Lan-Na-Stil, die deutlich ansprechender sind. Die Spitzenhotels sind einige Resorts, die traditionelle Lan-Na-Elemente nahtlos mit zukunftsweisender Technik und makellosem Service verbinden. Kostenloses WLAN ist in fast allen Unterkünften der Stadt die Regel.

Altstadt

In der Altstadt gibt's Hunderte Unterkünfte, die sich meist in den winzigen Gassen zwischen den Hauptstraßen verteilen.

★ **Gap's House** PENSION $
(Karte S. 342; 053 278140; www.gaps-house.com; 3 Soi 4, Th Ratchadamnoen; EZ/DZ ab 370/470 B;) Der überwucherte Garten dieser langjährigen, beliebten Backpacker-Bleibe ist ein richtiger Dschungel, dessen entspannte Gemeinschaftsbereiche viel Privatsphäre bieten. Die bescheidenen Budgetzimmer befinden sich in traditionellen Holzhäusern. Die Besitzer veranstalten auch Kochkurse und tischen jeden Abend ein köstliches Büffet auf. Reservieren kann man nicht.

★ **Diva Guesthouse** PENSION $
(Karte S. 342; 053 273851; www.divaguesthouse.com; 84/13 Th Ratchaphakhinai; B 120–180 B, Zi. 250–800 B; @) Das Diva, eine lebendige Pension in der geschäftigen Th Ratchaphakhinai, bietet das komplette Backpacker-Paket: Betten im Schlafsaal, winzige Budgetzimmer, Abenteuertouren, Internetzugang, Ambient-Musik sowie gebratenen Reis und *sà·dé* (gegrilltes Fleisch mit Erdnusssauce) im Café unten. Die Palette der Zimmer reicht

von Schlafsälen bis zu Familienzimmern; alle sind entweder mit Ventilator oder mit Klimaanlage ausgestattet. Die Besitzer leiten auch das **Diva 2** (Karte S. 342; ☎053 224648; Soi 2, Th Ratwithi; EZ/DZ ab 180/220 B; ❄📶) und das **Diva 3** (Karte S. 342; ☎093 171 6078; Soi 3, Th Ratchamankha; B ab 170 B; ❄📶).

Julie Guesthouse PENSION $
(Karte S. 342; ☎053 274355; www.julieguesthouse.com; 7 Soi 5, Th Phra Pokklao; B ab 90 B, Zi. ohne/mit Bad ab 150/220 B; 📶) Das Julie erfreut sich anhaltender Beliebtheit, obwohl das mehr am Preis als am Komfort liegt. Für wenig mehr als den Preis eines Smoothies bekommt man schon ein schlichtes Bett im Schlafsaal, schuhkartonartige Privatzimmer kosten nur wenig mehr. Abends versammeln sich die Traveller auf der überdachten Dachterrasse. In der **Filiale** (Karte S. 342; ☎094 628 1991; julie_chiangmai@gmx.net; 11 Th Ratchamankha; B 120–180 B) in der Th Ratchamankha gibt's nur Mehrbettzimmer.

Smile House 1 PENSION $
(Karte S. 342; ☎053 208661; www.smilehousechiangmai.com; 5 Soi 2, Th Ratchamankha; Zi. mit Ventilator/Klimaanlage 350/700 B; ❄📶🏊) Die beliebte, freundliche Pension erinnert mit ihrem Planschbecken für Kinder und einem größeren Pool für Erwachsene ein wenig an ein 1950er-Jahre-Motel. Es ist sehr entspannt, und die einfach eingerichteten Zimmer mit großen Fenstern bieten viel fürs Geld.

Der örtlichen Legende zufolge diente das Haus einst als „Geheimversteck" des berüchtigten Opium-Bandenchefs Kun Sa, eines Shan-Chinesen.

Shakara Garden PENSION $
(Karte S. 342; ☎053 327535; shakaragarden@gmail.com; 51/1 Soi 4, Th Singharat; B 150 B, Zi. mit Ventilator/Klimaanlage 350/450 B; ❄@📶) Das alte Aoi Garden Home tritt in neuem Gewand auf, bietet aber immer noch das gleiche alte Backpacker-Erlebnis zu Schnäppchenpreisen. Die winzigen, einfachen Zimmer sind mit Moskitonetzen ausgestattet und verteilen sich auf ein paar Holzhäuser. Es gibt jede Menge entspannte Sitzbereiche, wo Traveller chillen und schwatzen. Die Mehrbettzimmer sind gemischt, Privatzimmer gibt's nur mit Gemeinschaftsbad.

60 Blue House PENSION $
(Karte S. 342; ☎053 206120; www.60bluehouse.com; 32-33 Th Ratchaphakhinai; B 250 B, EZ/DZ ab 350/400 B; ❄📶) Ein Hostel nur für Frauen mit Achtbetten-Schlafsälen und sauberen Privatzimmern mit Gemeinschaftsbad. Besitzer Khun Tao hat jede Menge lokale Infos, sodass die Gäste immer wissen, was sie nicht verpassen sollten und was sie so alles tun können.

Thapae Gate Lodge PENSION $
(Karte S. 342; ☎053 207134; www.thapaegatelodge.com; 38/7 Soi 2, Th Moon Muang; Zi. mit Ventilator/Klimaanlage ab 250/500 B; ❄📶) Die noblere Version eines typischen Thai-Hauses mit einfach Backpackerzimmern und unterschiedlichen Annehmlichkeiten von Ventilator über Klimaanlage bis zu mehr Platz und Balkons. Dass es einem deutsch-thailändischen Team gehört, merkt man spätestens, wenn man die Speisekarte des Gartencafés liest.

Banjai Garden PENSION $
(Karte S. 342; ☎085 716 1635; www.banjai-garden.com; 43 Soi 3, Th Phra Pokklao; Zi. mit Ventilator/Klimaanlage 400/500–1200 B; ❄📶) Das Banjai Garden befindet sich in einem gepflegten Holzhaus und hat eine ruhige Atmosphäre und einen netten Garten, in dem man relaxen kann. Zur Wahl stehen einfache saubere Zimmer mit Ventilator und bessere mit Klimaanlage. Hier fühlt man sich ein wenig wie in einem thailändischen Privathaus.

★ **Awanahouse** PENSION $$
(Karte S. 342; ☎053 419005; www.awanahouse.com; 7 Soi 1, Th Ratchadamnoen; Zi. mit Ventilator/Klimaanlage 400/650–875 B; ❄@📶🏊) Die beste Pension in der Gegend um das Pratu Tha Phae hat Zimmer für jeden Geldbeutel, die alle blitzsauber sind, und einen Mini-Pool mit kaltem Wasser, der sich unter der Terrasse im Erdgeschoss verbirgt. Je teurer die Zimmer, desto komfortabler und schöner gestaltet sind sie. Auf der Dachterrasse befindet sich ein Bereich zum Chillen mit Blick über das alte Chiang Mai.

Die Mitarbeiter sind fantastisch und reißen sich für Kinder ein Bein aus, darum ist es bei Familien sehr beliebt. Am besten bucht man im Voraus.

★ **Sri Pat Guest House** PENSION $$
(Karte S. 342; ☎053 218716; www.sri-patguesthouse.com; 16 Soi 7, Th Moon Muang; Zi. 1300–1900 B; ❄📶🏊) Eine herausragende Flashpacker-Pension mit allem Drum und Dran: WLAN, Pool, gemeinschaftliche Holzterrassen, verstreute Buddha-Statuen und schick geflieste Zimmer mit Flachbild-TVs und Thai-Akzenten. Man bekommt viel Charakter fürs Geld und die Angestellten sind fröhlich und freundlich.

ABSTECHER

HAUPTSTRASSE VON EINST: DER MAE PING RIVER

Vor dem Bau von Straßen und Bahnlinien war der Mae Ping River die Hauptroute für Waren, die nach Chiang Mai gelangten. Zu den Märkten am Ufer kamen damals die Lan-Na-Könige, um mit dem Rest Thailands – und über die Seidenstraße mit dem Rest Asiens – Handel zu treiben. Auf dem Fluss wurde alles Erdenkliche transportiert, von Obst und Gemüse bis zu den riesigen Stämmen von Teakbäumen, doch nach der Fertigstellung der Eisenbahn 1922 verschwand der Handel auf dem Fluss allmählich.

Noch immer fließt der Mae Ping gemächlich durch die Stadt, doch heute sind kaum mehr Boote auf dem Wasser – abgesehen von Bootstouren, die einen tollen Blick auf die Stadt ermöglichen. Der älteste Anbieter ist **Scorpion Tailed River Cruise** (Karte S. 342; ☎081 960 9398; www.scorpiontailedrivercruise.com; Th Charoenrat; Bootsfahrt 500 B), dessen Touren in überdachten Longtail-Booten an einem Pier beim Wat Srikhong (direkt nördlich der Nakhon-Ping-Brücke) beginnen. Sie führen durch eine friedliche Landschaft zu einer Farm auf dem Land, wo die Fahrgäste einen Snack mit Mango und Klebreis erhalten. **Mae Ping River Cruise** (Karte S. 338; ☎081 884 4621; www.maepingrivercruise.com; 133 Th Charoen Prathet, Wat Chaimongkhon; 2-stündige Bootsfahrt ab 550 B; ⌚8.30–17.30 Uhr stündl.) veranstaltet ähnliche Touren, die am Wat Chaimongkhon südlich vom Zentrum in der Th Charoen Prathet starten, sowie längere Bootsfahrten zum **Wiang Kum Kam** (S. 350).

Wer Lust hat, selbst zu paddeln, kann bei **Chiang Mai Mountain Biking & Kayaking** (S. 356) geführte Kajaktouren auf dem Mae Ping unternehmen, die in bewaldete Gegenden nördlich der Stadt führen.

★Villa Duang Champa HOTEL $$
(Karte S. 342; ☎053 327199; www.duangchampa.com; 82 Th Ratchadamnoen; Zi. ab 1900 B; ❄📶) In erstklassiger Lage in der Nähe des Sunday-Walking-Street-Markts gibt das Villa Duang Champa dem Backpacker-Leben etwas vom Chic einer Design-Zeitschrift. Die geräumigen Zimmer befinden sich in einem modernisierten traditionellen Gebäude und haben Böden aus poliertem Beton, Möbel verschiedener Stilrichtungen, einen Hauch kolonialen Charmes und Eckchen, in denen man die Sonne genießen kann.

Vieng Mantra HOTEL $$
(Karte S. 342; ☎053 326640; www.viengmantra.com; 9 Soi 1, Th Ratchadamnoen; EZ/DZ ab 1050/1900 B; ❄@📶🏊) Mit seinem Pool im Hof und dem gepflegten Garten ist das Vieng Mantra, ein ordentliches Hotel in der kurvigen Soi 1, eine kleine Oase. Das Angebot reicht von sehr schlichten bis zu eleganten Deluxe-Zimmern mit runden Diwans und dicken Seidenkissen. Die Balkons haben eingebaute Sitzmöbel und blicken auf den leuchtend blauen Pool.

Tropical Inn PENSION $$
(Karte S. 342; ☎086 922 3606; www.goodmorningchiangmai.com; 29/5 Soi 6, Th Ratchamankha; Zi. 1300–1500 B; ❄📶🏊) Für den Salzwasserpool, das erstklassige Frühstück und die ruhige Lage südlich vom Wat Phra Singh bekommt diese komfortable Pension in einem spanisch inspirierten Stil Extrapunkte. Die Zimmer sind mit viel Holz gestaltet und mit frischer Bettwäsche und geschmackvollen Bädern ausgestattet. Das Café Good Morning Chiang Mai (S. 374) serviert auch gutes Mittag- und Abendessen.

Buri Gallery PENSION $$
(Karte S. 342; ☎053 416500; www.burigallery.com; 102 Th Ratchadamnoen; Zi. 1300–2300 B; ❄📶🏊) Das Buri Gallery liegt nur ein paar Schritte vom Wat Phra Singh und ist die perfekte Basis, um die Altstadt zu erkunden. Die Zimmer verstecken sich hinter dem Café und dem Garten in mehreren umgebauten Teakholzgebäuden und liegen rund um einen Pool, der sich prima für Familien eignet. Sie sind zwar teuer, dafür aber mit einzelnen Lan-Na-Kunstwerken dekoriert, und die besten haben einen Balkon, auf dem man den Sonnenuntergang betrachten kann.

Baan Pordee Guesthouse PENSION $$
(Karte S. 342; ☎083 764 8008; www.baanpordee.com; 6 Soi 12, Th Phra Pokklao; Zi. ab 1100 B; ❄📶) Der riesige offene, luftige Balkon prägt das Ambiente dieser ruhigen, friedlichen Pension in einem eleganten modernen Haus hinter dem Wat Duang Di. Die ordentlichen, tadellosen Zimmer blicken auf den Garten.

Baan Hanibah Bed & Breakfast HOTEL $$
(Karte S. 342; ☎053 287524; www.baanhanibah.com; 6 Soi 8, Th Moon Muang; EZ/DZ ab

1000/1600 B; ❄📶) Dieses entspannte Boutique-Refugium im Herzen der Altstadt wird von einem Garten mit duften Frangipanibäumen abgeschirmt. Hinter dem kunstvollen Eingangstor steht ein umgebautes Teakholzhaus mit kleinen, sehr stilvollen Zimmern, die mit fließenden Vorhängen und Thai-Akzenten gestaltet sind.

Charcoa House HOTEL $$

(Karte S. 342; ☎053 212681; www.charcoa.com; 4 Soi 1, Th Si Phum; Zi. 1440–1990 B; ❄📶) Wie ein delikates Petit Four: Dieses Boutiquehotel wird von den freundlichen Mitarbeitern, die auch die hauseigene Bäckerei mit Café leiten, mit Liebe zum Detail geführt. Stilistisch ist es eine Mischung aus spanischer Villa und Schweizer B&B. Allein wegen des Frühstücksgebäcks lohnt der Aufenthalt.

TJR Boutique House HOTEL $$

(Karte S. 342; ☎053 326525; Soi 1, Th Moon Muang; Zi. 900–1200 B; ❄@📶) Das TJR befindet sich in einem Neubau im Apartmentstil und hat geräumige Zimmer mit großen Betten und Bädern mit Wannen sowie einige Thai-Akzente, die daran erinnern, wo man eigentlich ist. Die Zimmer zur Straße hin blicken auf die Berge. Es ist sehr beliebt, also im Voraus buchen!

★Tamarind Village HOTEL $$$

(Karte S. 342; ☎053 418896-9; www.tamarindvillage.com; 50/1 Th Ratchadamnoen; Zi. ab 4500 B, Suite ab 7800 B; ❄📶🏊) Die Anlage im stimmungsvollen Lan-Na-Stil erstreckt sich in bester Lage abseits der Th Ratchadamnoen auf dem Gelände einer alten Tamarindenplantage und besticht durch mühelose Eleganz. Durch geflieste, überdachte Pavillons gelangt man zu schönen, abgeschiedenen Gärten und dem riesigen Pool, die von hohen alten Bäumen beschattet werden. Die Zimmer sehen aus wie aus der Design-Zeitschrift und sind mit wunderbaren Stoffen und Kunstwerken thailändischer Völker gestaltet.

Für Kinder ab einem Jahr wird ein Babysitter-Service angeboten.

Das Restaurant Ruen Tamarind (S. 376) serviert schön präsentierte Thai-Gerichte, und das opulente Spa bietet die gesamte Palette an Behandlungen.

★Rachamankha HOTEL $$$

(Karte S. 338; ☎053 904111; www.rachamankha.com; abseits der Soi 1, Th Samlan; Zi. ab 8040 B, Suite ab 21 590 B; ❄@📶🏊) Nachdem er schon mit dem Tamarind Village geglänzt hatte, setzte Architekt Ong-ard Satrabhandu mit seinem zweiten historischen Ensemble in den Gassen westlich des Wat Phra Singh noch einen drauf. Wenn man das Hotel betritt, fühlt man sich, als ob man durch den Kreuzgang eines alten Kloster oder durch ein mittelalterliches Dorf spaziert. Die miteinander verbundenen Innenhöfe führen zu schattigen Pavillons mit Terrakottafliesen und zu opulenten Zimmern mit Himmelbetten und einer dezenten Elegant, die perfekt zur Atmosphäre des Hotels passt.

3 Sis HOTEL $$$

(Karte S. 342; ☎053 273243; www.the3sis.com; 1 Soi 8, Th Phra Pokklao; DZ 1590–1700 B; ❄📶) Gegenüber vom Tor zum Wat Chedi Luang bietet das 3 Sis große, luftige Zimmer, die hinter einem Straßenrestaurant um ein großes, offenes Atrium liegen. Im Vordergebäude befinden sich typische Hotelzimmer; die viel hübscheren Zimmer in der „Vacation Lodge" im hinteren Teil haben Holzböden und bieten zusätzlichen Komfort. Angesichts der tollen Lage und des inbegriffenen Frühstücks ist der Preis wirklich fair.

Baan Huenphen BOUTIQUEHOTEL $$$

(Karte S. 342; ☎053 281100; www.baanhuenphen.com; 117/1 Th Ratchamankha; Zi. 1700-2850 B; ❄📶🏊) Das modernisierte Thai-Haus nahe des gleichnamigen nordthailändischen Restaurants hat große, luftige Zimmer mit makellosen Bädern und Balkons zur Vorderseite, auf denen man sitzen kann. Zudem gibt es einen hübschen Pool und in den öffentlichen Bereichen unten jede Menge Kunsthandwerk und Antiquitäten aus Hang Dong.

Östlich der Altstadt

Wenn es hier auch nicht so heimelig ist wie in der Altstadt, ist die Th Tha Phae doch mindestens genauso gut gelegen, wenn es um Besichtigungen und das Nachtleben geht – sie ist sogar näher am Night Bazaar.

Hostel In Town HOSTEL $

(Karte S. 342; ☎053 234292; www.hit-thapae.com; Soi 2, Th Tha Phae; B 220 B; ❄📶) Das HIT, eines von mehreren schicken Backpacker-Hostels gleich östlich der Altstadtmauern, hat ordentliche Mehrbettzimmer mit Schließfächern und Handtüchern sowie ein Café auf der Dachterrasse. Im 2. Stock gibt's einen Schlafsaal nur für Frauen.

SoHostel HOSTEL $

(Karte S. 342; ☎053 206360; sohostel.chiangmai@gmail.com; 64/2 Th Loi Kroh; B ab 219 B, Zi. ab

1500 B; ❄📶) Die Loi Kroh ist eher für Girlie-Bars als für Backpacker-Unterkünfte bekannt, doch dieses riesige, moderne Hostel ist eine gute Option, denn es liegt nur einen kleinen Spaziergang von der Altstadt und dem Night Bazaar entfernt. Die in zwei Rottönen und Weiß gestalteten Mehrbettzimmer mit sechs bis zwölf Betten bieten mehr fürs Geld als die etwas überteuerten Privatzimmer.

Roong Ruang Hotel HOTEL $
(Karte S. 342; ☎053 234746; www.roongruang.com; 398 Th Tha Phae; Zi. 500–700 B; ❄@📶) Der günstige Preis ist der Trumpf dieses altmodischen Hotels in der Th Tha Phae. Die sauberen, gefliesten Zimmer haben wenig Charakter, doch die besseren sind mit Badewannen ausgestattet und bieten viel Platz, um seine Sachen auszubreiten.

Thapae Boutique House HOTEL $$
(Karte S. 342; ☎053 284295; www.thapaeboutiquehouse.com; 4 Soi 5, Th Tha Phae; Zi./Suite ab 950/1500 B; ❄📶) In dem beliebten Flashpacker-Hotel gibt's genug Wandbilder, Thai-Textilien und hölzerne Ornamente, um den Boutiquehotel-Preis zu rechtfertigen. Zudem liegt es sowohl in der Nähe der Altstadt als auch des Night Bazaar. Die Zimmer haben überdurchschnittlich viel Charakter, und das Frühstück ist im Preis enthalten.

Nat Len Boutique Guesthouse PENSION $$
(Karte S. 342; www.natlenboutiqueguesthouse.com; 2/4 Soi Wat Chompu, Th Chang Moi; Zi. 650–1200 B; ❄📶🏊) Die fantasievoll gestalteten Zimmer dieser unauffälligen Pension, die gleich außerhalb der Stadtmauer liegt, verteilen sich auf mehrere farbenfrohe Häuser. Am besten gefiel uns der hellblaue Pool mit den sprudelnden Whirlpools. In den Gassen ringsum befinden sich viele interessante Wats.

Baan Kaew Guest House PENSION $$
(Karte S. 338; ☎053 271606; www.baankaew-guesthouse.com; 142 Th Charoen Prathet; Zi. 800 B; ❄📶) Die zweistöckige Pension im Apartmentstil ist eine günstige Option am ruhigen Ostufer, nicht allzu weit vom Night Bazaar. Die sauberen, gefliesten Zimmer mit weißer Bettwäsche haben Balkons mit Blick auf den großen Garten.

★ **Mo Rooms** HOTEL $$$
(Karte S. 342; ☎053 280789; www.morooms.com; 263/1-2 Th Tha Phae; Zi. ab 2800 B; ❄@📶🏊) Ein Designhotel im urbanen Gewand: Der bloße Beton und die plastischen Holzelemente kontrastieren mit Naturmaterialien. Alle Zimmer wurden von verschiedenen thailändischen Künstlern thematisch nach Tieren des chinesischen Tierkreises gestaltet und bieten daher visionäre Ideen der Inneneinrichtung. Unsere Lieblingszimmer sind das „Monkey" („Affe") mit seinem geflochtenen Bett und das „Horse" („Pferd") mit dem surrealen Bett-Baum. Hinten gibt's einen von Kieseln gesäumten Pool, vorne ein Restaurant, das asiatische Fusionsküche serviert.

★ **Banthai Village** HOTEL $$$
(Karte S. 342; ☎053 252789; www.banthaivillage.com; 19 Soi 3, Th Tha Phae; Zi. 6000–8000 B, Suite ab 10 000 B; ❄@📶🏊) Das Banthai Village erinnert tatsächlich an ein Dorf, das in die moderne Stadt versetzt wurde. Das Hotel erstreckt sich über mehrere Holzhäuser mit Balkons, die um einen Pool und einen mit Strelitzien bewachsenen Garten liegen. Die Zimmer sind mit niedrigen Holzbetten, dunklen Möbeln und traditionellen dreieckigen Thai-Kissen dezent im historischen Stil gestaltet. Man sollte aber nach günstigeren Online-Preisen suchen, denn die offiziellen Listenpreise sind für das Gebotene zu hoch.

DusitD2 Chiang Mai HOTEL $$$
(Karte S. 342; ☎053 999999; www.dusit.com; 100 Th Chang Khlan; Zi. ab 3768B; ❄@📶🏊) Das DusitD2 ist ein Stück moderner Minimalismus mitten im Chaos des Night Bazaar. Das dominierende orangene Farbschema zieht sich von der Lobby bis hinein in die Designerzimmer. Zu den Einrichtungen des Hotels gehören ein Pool und ein Fitnessraum mit Blick auf die Stadt.

Le Meridien Chiang Mai HOTEL $$$
(Karte S. 342; ☎053 253666; www.lemeridienchiangmai.com; 108 Th Chang Khlan; Zi. ab 4800 B; ❄@📶🏊) Dieses Businesshotel bietet modernes Ambiente vor den Toren des Night Bazaar. Die coolen, stillen Flure führen zu modernen Zimmern, in denen die Bäder durch Glaswände von den Zimmern getrennt sind, um Tageslicht durchzulassen. Für so viel Geld ist der Infinity Pool mit Blick auf die Berge aber ein schönerer Ort, um gesehen zu werden! Gäste ohne Reservierung können oft bessere Preise bekommen.

Imperial Mae Ping Hotel HOTEL $$$
(Karte S. 342; ☎053 283900; www.imperialhotels.com; 153 Th Sridonchai; Zi. ab 2300 B, Suite ab 4500 B; ❄@📶🏊) Die eisige Klimaanlage begrüßt die Gäste in der riesigen Lobby dieses etwas einförmigen Hotelturms in toller Lage

in der Nähe des Night Bazaar. Das Ambiente ist altmodisch: getönte Fenster, Boutiquen und ein Zitherspieler in der Lobby, typisch asiatische Hotelzimmer oben. Doch das Hotel hat einen schönen Pool und bieten Zuflucht vor der Hitze und dem Lärm der Stadt.

Flussufer

Die Viertel an beiden Flussufern sind weniger touristisch, liegen aber immer noch nah genug am Nachtmarkt und den Restaurants am Ostufer.

Hollanda Montri PENSION $

(Karte S. 338; ☎053 242450; www.hollandamontri.com; 365 Th Charoenrat (Th Faham); Zi. mit Ventilator/Klimaanlage ab 400/500 B; ❄📶) Eine Alternative zu den Backpacker-Unterkünften in der Altstadt mit gutem Preis-Leistungs-Verhältnis und in Gehweite zu den Uferrestaurants. Die Zimmer sind einfach, dafür ist die Lage am Fluss ruhig. Hier können auch Leihfahrräder und -motorräder arrangiert werden.

★ **Riverside House** PENSION $$

(Karte S. 338; ☎053 302121; www.riversidehousechiangmai.com; 101 Th Chiang Mai-Lamphun; Zi. 700–1000 B; ❄@📶🏊) Diese Pension in der Nähe der Saphan Lek (Eiserne Brücke) bietet ein tolles Preis-Leistungs-Verhältnis. Die Zimmer verteilen sich auf drei Häuser. Am teuersten sind die im zentralen Haus, das am Pool und abseits des Verkehrslärms liegt, doch alle Zimmer sind ihr Geld wert. Eine gute Option für Familien.

★ **Baan Orapin** PENSION $$$

(Karte S. 338; ☎053 243677; www.baanorapin.com; 150 Th Charoenrat (Th Faham); Zi. 1700–3500 B; ❄📶🏊) Das familiengeführte Baan Oparim ist ein stattliches Teakholzhaus inmitten eines ruhigen privaten Gartens. Die Familie der Besitzer lebt hier seit 1914. Die Gästezimmer befinden sich in eleganten Villen auf dem Grundstück und sind mit schönen Möbeln und Stoffen eingerichtet. Design-Fans finden in den edlen Boutiquen in der Th Charoenrat gehobene Haushaltswaren.

★ **Anantara Resort & Spa** DESIGNHOTEL $$$

(Karte S. 338; ☎053 253333; http://chiang-mai.anantara.com; 123 Th Charoen Prathet; Zi. ab 8230 B; ❄@📶🏊) Hier würde James Bond absteigen, wenn er nach Chiang Mai käme: Das Antara liegt auf dem weitläufigen Gelände des stattlichen ehemaligen britischen Konsulats und offeriert eine perfekte Mischung aus topmodernem Design und historischer Eleganz. Die Zimmer sind hinreißend – Naturholz in unterschiedlichen Farbtönen, raumhohe Fenster, Flachbild-TVs, Balkone

UNSICHTBARE ARBEITSMIGRANTEN

In den letzten drei Jahrzehnten sind schätzungsweise 20 000 Menschen aus Myanmar in die Provinz Chiang Mai geflohen, um politischer Gewalt, wirtschaftlicher Not und der Unterdrückung im benachbarten birmanischen Shan-Staat zu entkommen. Einige dieser Migranten fanden in Thailand Schutz und Chancen auf ein neues Leben, doch andere erlebten Ausbeutung und arbeiten unter sklavenähnlichen Bedingungen mit geringer Sicherheit und wenig Schutz vor Missbrauch. Viele Angehörige des „Langhals"-Stammes der Padaung, die in den Touristencamps rund um Chiang Mai zur Schau gestellt werden, sind tatsächlich Arbeiter in Schuldknechtschaft und müssen die Gebühren für die Menschenschmuggler abarbeiten, die sie über die Grenze brachten.

Angesichts des wachsenden Drucks aus dem In- und Ausland unternimmt die thailändische Regierung Schritte, um den Zustrom der Einwanderer zu begrenzen, führt etwa Razzien in Menschenschmugglerlagern durch und hat einen nationalen Überprüfungsprozess eingeleitet, durch den sich Migranten für einen legalen Status und den Mindestlohn qualifizieren können. Allerdings sind oft Anschuldigungen zu hören, dass die Polizei die Augen vor der Ausbeutung verschließt oder sich sogar daran beteiligt.

Als Reaktion darauf kümmern sich mehrere Nichtregierungsorganisationen, die mit der birmanischen Migranten-Community Chiang Mai zusammenarbeiten, darum, dass Flüchtlinge medizinische Versorgung, Bildung und rechtliche Unterstützung erhalten. Wer dies unterstützen oder als Freiwilliger arbeiten möchte, kann sich ans **Burma Study Center** (Karte S. 349; www.burmastudy.org; 302/2 Soi 13, Th Nimmanhaemin; ⏲Mo–Fr 11.30–20, Sa 11.30–18 Uhr) in Chiang Mai wenden, eine Dachorganisation für Projekte, die mit birmanischen Flüchtlingen arbeiten.

mit Diwanen – und blicken alle auf das vom Zen-Buddhismus inspirierte Grundstück und den Fluss. Im ehemaligen Konsulat befindet sich heute das Restaurant The Service 1921 (S. 377), zudem gibt's im Garten einen friedlichen Pool und einen Teich, auf dem die Mitarbeiter abends Laternen schwimmen lassen. Das Hotel bietet einen Babysitter-Service und stellt Familien auf Wunsch Kinderbetten, Hochstühle, Kindergerichte und Autokindersitze zur Verfügung.

Westlich der Altstadt

Westlich der Altstadt wohnt man nahe der Chiang Mai University und der Th Nimmanhaemin mit ihren Bars und Restaurants.

Spicythai Backpackers HOSTEL $
(Karte S. 338; ☎083 477 9467; www.spicyhostels.com; 14 Th Hutsadisawee; B 220 B; ❄@📶) Diese traditionelle Backpacker-Absteige versteckt sich im von Studenten geprägten Viertel nördlich der Th Huay Kaew und folgt dem klassischen südostasiatischen Muster. In den einfachen, für Männer und Frauen getrennten Zimmern stehen jeweils sechs Betten, es gibt einen Garten mit Hängematten, und in der gemeinsamen Lounge laufen den ganzen Tag lang westliche Filme. Von Juni bis August ist es in der Regel geschlossen, dann wohnen hier thailändische Studenten.

Bunk Boutique HOSTEL $
(Karte S. 349; ☎091 859 9656; bunkboutique@hotmail.com; 8/7 Th Ratchaphuek; B 250 B, Zi. 900 B; ❄📶) In diesem unlängst eröffneten Hostel in einem großen Apartmentblock hinter der Th Huay Kaew gibt es erstklassige Vierbettzimmern. Die hellen Betten haben Vorhänge, die für Privatsphäre sorgen, und jeder bekommt ein eigenes Schließfach. Wenn genug Betten frei sind, kann man ein Vierbettzimmer als Privatzimmer mieten.

International Hotel Chiangmai HOTEL $
(Karte S. 338; ☎053 221819; www.ymcachiangmai.org; 11 Soi Sermsak, Th Hutsadisawee; Zi. 400–1600 B; ❄@📶🏊) Das zentrale YMCA in Chiang Mai bietet leicht abgenutzte Zimmer zu günstigen Preisen und die vertraute Anstaltsatmosphäre. Die Dekoration ist zwar in den 1980er-Jahren hängen geblieben, doch die Mitarbeiter halten alles tipptopp sauber. Von den oberen Zimmern kann man sogar die Berge sehen.

Zum Hotel gehören ein Restaurant, ein Pool und ein Kunsthandwerksgeschäft.

★ Artel Nimman BOUTIQUEHOTEL $$
(Karte S. 349; ☎053 213143; Soi 13, Th Nimmanhaemin; Zi. 1350–1850 B; ❄📶) Wir lieben Hotels mit Glasschiebetüren, und das Artel hat sie! Das modernistische Gebäude besticht mit runden Fenstern, poliertem Beton, geometrischen Formen sowie kontrastierenden Formen, und die Zimmer sind cool, ruhig und kreativ. Es gibt ein Café mit leckeren Speisen und, wie gesagt, Schiebetüren zum Balkon über der Straße.

Baan Say-La PENSION $$
(Karte S. 349; ☎053 894229; www.baansaylaguesthouse.com; 4 Soi 5, Th Nimmanhaemin; Zi. mit Ventilator/Klimaanlage 600/890 B; ❄📶) In dieser Boutiquepension in einem Ladenhaus in der Th Nimmanhaemin gibt's Zimmer in ganz unterschiedlichen Stilrichtungen – modernistisch, traditionell, blumig-kolonial -, und die Besitzer sorgen dafür, dass alles tipptopp und ordentlich ist. Etwas Günstigeres dürfte man so nah am Zentrum des Geschehens nicht finden.

Bunthomstan Guesthouse PENSION $$
(Karte S. 349; ☎053 217768; www.bunthomstan.com; 7 Soi 5, Th Nimmanhaemin; Zi. 1150–1550 B; ❄📶) Die Besitzer dieser komfortablen Pension in einem modernen Thai-Haus haben offenbar ein Faible für die 1950er-Jahre – man achte auf die historische Benzinpumpe in der Auffahrt. Das friedliche Refugium liegt in der Nähe einiger der besten Restaurants der Stadt. Die Zimmer sind groß, elegant und wunderbar klimatisiert.

Nimman Boutique Resort HOTEL $$
(Karte S. 349; ☎053 222638; www.nimmanresort.com; 29 Soi 17, Th Nimmanhaemin; Zi. ab 1500 B; ❄📶) Die Preise dieses effizienten Hotels sind gerechtfertigt, was in diesem Viertel um die Th Nimmanhaemin eher die Ausnahme als die Regel ist. Die Läufer und Kissen aus Thai-Stoffen sorgen in den modernen Zimmern im Hotelstil für etwas Flair. Es gibt auch einen Garten, in dem man entspannen kann, falls man nicht doch lieber um die Ecke bei I-Berry (S. 377) Smoothies trinkt. Gäste ohne Anmeldung bekommen oft Rabatt und landen so im Budgetpreisbereich.

Sakulchai Place HOTEL $$
(Karte S. 349; ☎053 211982; www.sakulchaiplace.com; Soi Plubpueng, Th Huay Kaew; Zi. 650–1100 B; ❄📶) In einer unauffälligen Gasse nördlich der Th Huay Kaew bietet dieser frei stehende Block Zimmer, die regelrecht strahlen. Ruhige, kühle Flure führen zu den Zimmern

mit TVs und anderen modernen Annehmlichkeiten, die in vielen anderen Hotels der Stadt das Doppelte kosten würden. Das Hotelrestaurant ist gut.

Kantary Hills HOTEL **$$$**
(Karte S. 349; ☎053 222111; www.kantarycollection.com; Soi 12, Th Nimmanhaemin; Zi. 2800–7100 B, Apt. ab 38 000 B pro Monat;) Das makellos gepflegte Kantary Hills bietet stilvolle Hotelzimmer in einem riesigen unabhängigen Komplex, der etwas abseits des Zentrums des Geschehens der Th Nimmanhaemin steht. Bei Geschäftsleuten und Diplomaten ist es sehr beliebt. Es vermietet auch Apartments.

Yesterday Hotel BOUTIQUEHOTEL **$$$**
(Karte S. 349; ☎053 213809; www.yesterday.co.th; 24 Th Nimmanhaemin; Zi. ab 1500 B;) Im Zentrum des Geschehens der Th Nimmanhaemin bietet das Yesterday eine kleine Reise in die jüngere Vergangenheit. Die Gemeinschaftsbereiche sind mit Vintage-Drucken, alten Phonographen, Bakelit-Telefonen und altmodischen Röhren-TVs gestaltet. Die Zimmer prägt ein subtileres Flair der Jahrhundertmitte. Zum Zeitpunkt der Recherche wurde gerade eine neue Lobby gebaut.

Übriges Stadtgebiet

Viangbua Mansion HOTEL **$$**
(Karte S. 338; ☎053 411202; www.viangbua.com; 3/1 Soi Viangbua, Th Chang Pheuak; Zi. ab 750 B, ab 5600 B pro Woche;) Dieses Hotel mit Service-Apartments nördlich der Pratu Chang Pheuak liegt ein Stück abseits des Geschehens, ist aber für Langzeitaufenthalte beliebt. Die tadellosen Zimmer im Apartment-Stil sind mit Kühlschrank, Wohnbereich, Balkon und TV ausgestattet und werden tage-, wochen- oder monatsweise vermietet. Die teureren Zimmern bieten eine einfache Küche.

★ **Tri Yaan Na Ros** BOUTIQUEHOTEL **$$$**
(Karte S. 338; ☎053 273174; www.triyaannaros.com; 156 Th Wualai; Zi. ab 3675 B;) In diesem charmanten Boutiquehotel südlich des größten touristischen Gewimmels in der Th Wulai hat man die beste Ausgangsposition für den Besuch des Saturday-Walking-Street-Markts. Der größte Pluspunkt ist aber die elegante Einrichtung: es ist der vielleicht schönste Nachbau eines traditionellen Thai-Hauses in Chiang Mai. Die Gästezimmer befinden sich in einem liebevoll restaurierten Thai-Haus hinter dem Restaurant.

Die Zimmer sind mit Himmelbetten, fließenden Stoffen, viel dunklem Holz und alten Buddhas eingerichtet. Außerdem gibt's einen friedlichen Pool im Innenhof.

★ **Dhara Dhevi** RESORT **$$$**
(☎053 888888; www.dharadhevi.com; 51/4 Th Chiang Mai-San Kamphaeng, abseits der Rte 1006; Zi. ab 17 600 B;) Etwa 5 km östlich der Altstadt entführt das Dhara Dhevi seine Gäste in die Vergangenheit, natürlich ohne auf zeitgemäßen Service und moderne Annehmlichkeiten zu verzichten! Chiang Mais prächtigste Unterkunft ist im traditionellen Lan-Na-Stil gehalten und befindet sich auf einem großen Gelände mit weißen Säulen, Teakholzpavillons, antiken Kunstwerken und gepflegten Teichen und Reisterrassen. Die Zimmer sind nobel und warten mit allem erdenklichem Komfort auf.

Man kann hier spektakuläres Essen genießen, sich eine Massage gönnen und Kunsthandwerks-, Koch- und sogar Reisanbau-Kurse besuchen, ohne die Anlage je zu verlassen. Und dank dem speziellen Kinderclub und dem Babysitter-Service ist das Hotel auch ideal für Familien.

Four Seasons Chiang Mai RESORT **$$$**
(☎053 298181; www.fourseasons.com; Th Mae Rim-Samoeng Kao, abseits der Rte 1096; Zi. ab 20 000 B;) In Chiang Mais noblem Resort Four Seasons in der Nähe des Mae Rim verteilen sich Pavillons mit hohen Thai-Dächern und freistehende Residenzen im Regenwald, und den gepflegten Garten hegen Bauern in traditioneller Kleidung. Die Räume wirken mit den fließenden Stoffen und den antiken Kunstwerken wie einer Design-Zeitschrift entsprungen. Außerdem gibt's eine Kochschule, ein preisgekröntes Spa und alle Extras, die man von einem Fünf-Sterne-Hotel erwartet. Für Familien sind besondere Villen vorhanden, und Kinder unter 18 Jahren, die im Zimmer ihrer Eltern übernachten, müssen nichts bezahlen.

Essen

Chiang Mai hat eine florierende Restaurantszene, die von Backpacker-Cafés und Touristenrestaurants dominiert wird. Am besten isst man ohne Frage auf den fantastischen Nachtmärkten (S. 374), die sich an den Haupttoren der Stadt und an mehreren anderen Orten erstrecken. Wenigstens einmal sollte jeder Besucher abends auf einem Nachtmarkt essen; viele tun dies sogar jeden Abend.

Altstadt

In der Altstadt wimmelt's von Traveller-Cafés, doch die Qualität geht weit auseinander und es gibt kaum gehobene Restaurants.

★ Lert Ros NORDOSTTHAILÄNDISCH $
(Karte S. 342; Soi 1, Th Ratchadamnoen; Hauptgerichte 30–160 B; ⌚12–21 Uhr) Beim Betreten dieses kleinen Lokals im hiesigen Stil kommt man am Hauptgang vorbei: leckerer ganzer Buntbarsch, der auf Kohle gegrillt und mit einer feurigen Dip-Sauce nach Art von Isan serviert wird. Mit Klebreis als Beilage ist dieses schlichte Gericht eines der köstlichsten Essen in Chiang Mai. Auf der (winzigen) Karte stehen auch Curryschweinefleisch in Bananenblättern, scharfe Currys nach nordthailändischer Art und *sôm·đam* (pikanter grüner Papayasalat).

★ SP Chicken NORDTHAILÄNDISCH $
(Karte S. 342; 9/1 Soi 1, Th Samlan; Hauptgerichte 50–150 B; ⌚11–21 Uhr) Chiang Mais bestes Hähnchen kommt jeden Tag in diesem winzigen Café in der Nähe des Wat Phra Singh vom Grill. Das Angebot reicht von Salaten bis zu Suppen, doch die meisten Gäste essen einfach ein halbes (80 B) oder ganzes (150 B) Hähnchen und dippen das Fleisch in die scharfen, herben nordthailändischen Saucen, die bereitstehen.

★ Kiat Ocha CHINESISCH, THAI $
(Karte S. 342; Th Inthawarorot; Hauptgerichte 50–90 B; ⌚6–15 Uhr) Täglich rennen Einheimische die Türen dieser bescheidenen Kantine im chinesischen Stil ein, weil sie nicht genug von der Hausspezialität *kôw man gài* (gekochtes Hähnchen nach Hainan-Art) bekommen können. Jedes Essen wird mit Suppe, Chilisauce und Blutwurst serviert. Auf der Karte stehen auch im Wok gebratenes Hähnchen und Schweinefleisch sowie *sà·đé*.

Khaow Tom 1B ZENTRALTHAILÄNDISCH $
(Karte S. 342; 68/3 Th Ratchadamnoen; Hauptgerichte 60–250 B; ⌚12–24 Uhr) Die teilweise offene Kantine ist etwas touristischer als es auf den ersten Blick scheint, doch die Thai-Küche ist gut, die Preise stimmen auch und zudem kann man hier prima den Trubel in der Th Ratchadamnoen beobachten. Die Stäbchen nimmt man sich selbst aus dem winzigen Kasten auf dem Tisch.

AUM Vegetarian Food VEGETARISCH $
(Karte S. 342; 65 Th Moon Muang; Hauptgerichte 80–150 B; ⌚10.30–20.30 Uhr; 🖉) Das AUM (ausgesprochen „Om") war eines der ersten Restaurants, das besonders gesundes Essen anbot, und ist ein Magnet für vegetarische Traveller und ein paar experimentierfreudige Fleischesser. Die Auswahl reicht von vegetarischen Maki-Rollen über blauen Klebreis bis zu köstlichem *sôm·đam* mit Cashewnüssen und Möhren. Das AUM bereitet seinen eigenen Fond auf Pilzbasis zu.

Dash ZENTRALTHAILÄNDISCH $
(Karte S. 342; 38/2 Soi 2, Th Moon Muang; Hauptgerichte 85–325 B; ⌚11–23 Uhr) Das Dash, ein leicht überdurchschnittlich gutes Traveller-Restaurant, serviert in einem eleganten Teakholzhaus oder draußen auf der Terrasse kräftig gewürzte Thai-Currys. Die Schokoladen-Brownies mit Eis sind spektakulär!

Dada Kafe VEGETARISCH $
(Karte S. 342; Th Ratchamankha; Hauptgerichte 60–140 B; ⌚9–21 Uhr, Mai & Jun ibis 18 Uhr; 🖉) Das winzige Restaurant serviert vitaminreiche, geschmackvolle und gesunde vegetarische Gerichte und Smoothies. Zutaten wie Pollen und Weizengras werden in Fruchtshakes verwandelt, und auf der Karte stehen auch vegetarische Burger, Omeletts, Salate, Sandwiches und Currys mit braunem Reis.

Pak Do Restaurant NORDTHAILÄNDISCH $
(Karte S. 342; Th Samlan; Hauptgerichte 35–50 B; ⌚7–15 Uhr) Das Pak Do gegenüber vom Wat Phra Singh hat keine Karte: Man schaut einfach in die großen Metallschüsseln, die davor stehen, und sucht sich aus, was einem zusagt. An den meisten Tagen gibt es ein Dutzend Currys und Eintöpfe, sowohl vegetarische als auch mit Fleisch, die auf Reis serviert werden. Die Schweinerippchen in einem trockenen Curry auf nordthailändische Art sind großartig!

Fern Forest Cafe CAFÉ $
(Karte S. 342; Th Singharat; Hauptgerichte 90–190 B; ⌚8.30–20.30 Uhr) Der Umzug um die Ecke hat diesem hübschen Gartencafé mit schattigen Tischen in einem ruhigen, grünen Innenhof keinen Abbruch getan. Auf der westlichen Karte stehen Sandwiches, Kuchen und Salate.

Blue Diamond VEGETARISCH $
(Karte S. 342; 35/1 Soi 9, Th Moon Muang; Hauptgerichte 65–140 B; ⌚Mo–Sa 7–21 Uhr; 🖉) Das Blue Diamond erinnert mit seinen vielen frischen Zutaten, den abgepackten Gewürzen und Kräutermischungen und den Backwaren ein wenig an einen Naturkostladen. Das Café

FABELHAFTES MARKTESSEN

Jeder weiß, dass das beste Essen Chiang Mais in den Straßen serviert wird, und die Märkte der Stadt sind aromatisch, frenetisch und fabelhaft. Jeden Abend ab ca. 17 Uhr bauen die Imbissverkäufer an zentralen Standorten in der Altstadt ihre Stände auf, neben Ständen für Smoothies und Bier- und Softdrink-Verkäufern. Jeder Stand hat seine Spezialität: Hier gibt's einfach alles von gegrilltem Flussfisch und *pàt gà prow* (gebratenes Hähnchen oder Fleisch mit Chili und Indischem Basilikum) bis zu Steaks, gegrillten Garnelen und „Tornado Potato" (eine ganze Kartoffel, die korkenzieherförmig geschnitten und frittiert wird).

Auch auf den Märkten der Stadt drängen sich Imbissstände und Verkäufer, die *gàp kôw* (vorgekochte Eintopfe und Currys, die mit Reis serviert werden) und andere Gerichte zum Mitnehmen für die viel beschäftigten Berufstätigen anbieten. Und natürlich werden die **Saturday- und Sunday-Walking-Street-Märkte** (S. 346) von Essensverkäufern regelrecht überrannt. Hier ist ein Führer zu den besten Marktständen Chiang Mais:

Talat Pratu Chiang Mai (Karte S. 342; Th Bamrungburi; Hauptgerichte ab 40 B; ⏲4–12 & 18–24 Uhr) Auf diesem geschäftigen Markt gibt's tagsüber Lebensmittel und fertige Lunchpakete, abends die typischen Nachtmarkt-Leckereien. Hier ist es jeden Abend rammelvoll, besonders während des Saturday-Walking-Street-Markts in der Th Wulai.

Talat Pratu Chang Pheuak (Karte S. 342; Th Mani Nopharat; Hauptgerichte ab 40 B; ⏲5–23 Uhr) Dieser Markt, der sich vom nördlichen Stadttor nach Westen erstreckt, ist einer der beliebtesten Nachtmärkte Chiang Mais und verkauft typische Gerichte, darunter das beste *kôw kăh mŏo* (langsam gegarte Schweinshaxe mit Reis), das mit viel Wirbel von der „Cowboy Hat Lady" zubereitet wird – ihren Stand kann man gar nicht verpassen.

Talat Somphet (Somphet Market; Karte S. 342; Soi 6, Th Moon Muang; Hauptgerichte ab 30 B; ⏲6–22 Uhr) Ein kleiner, lokaler Lebensmittelmarkt nördlich vom Pratu Tha Phae, der sich abends in einen Nachtmarkt verwandelt. Viele Kochschulen kommen zum gemeinsamen Marktbesuch her.

Talat Ton Phayom (Karte S. 338; Th Suthep; Hauptgerichte ab 30 B; ⏲8–18 Uhr) Der lokale Markt abseits der Th Suthep ist bei thailändischen Touristen beliebt, die hier authentische nordthailändische Spezialitäten wie *kâap mŏo* (frittierte Schweineschwarte) kaufen.

Talat Warorot (S. 348) Auf dem ältesten Markt Chiang Mais verstecken sich in allen möglichen Ecken nordthailändische Imbissstände.

Talat Thanin (Siri Wattana; Karte S. 338; abseits der Th Chang Pheuak; Hauptgerichte 20–40 B; ⏲5–19 Uhr) Nördlich der Altstadt abseits der Th Chotana (Th Chang Pheuak) hat sich dieser öffentliche Markt auf fertige Gerichte zum Mitnehmen spezialisiert: In riesigen Pfannen, Bottichen und Platten befinden sich Fischeintöpfe, Currys, pfannengerührtes Gemüse und aromatische Würzen.

Talat Na Mor (Karte S. 338; Th Huay Kaew, Malin Plaza; Hauptgerichte ab 40 B; ⏲17–22 Uhr) Ein fröhlicher Nachtmarkt für Studenten mit niedrigen Preisen und großer Auswahl; es lohnt sich auch, sich bei den nahen Studentenrestaurants in der Th Huay Kaew umzuschauen.

bietet eine große Auswahl an Sandwiches, Salaten, Pfannengerichten und Fusionsgerichten wie Makkaroni-*đôm-yam*.

Good Morning Chiang Mai INTERNATIONAL $
(Karte S. 342; 29/5 Soi 6, Th Ratchamankha; Frühstück & Hauptgerichte 80–130 B; ⏲8–20 Uhr) Dieses Café einer Pension in der Nähe des Wat Phra Jao Mengrai ist bei hier lebenden Ausländern sehr beliebt. Es serviert internationales Frühstück, von Pfannkuchen-Stapeln bis zu europäischem Frühstück und mit *đôm yam* aromatisierter Pasta. Man kann im mit Filmsouvenirs geschmückten Café oder im Garten am Pool essen.

Yok Fa NORDTHAILÄNDISCH $
(Karte S. 342; Th Ratchaphakhinai; Hauptgerichte 35–45 B; ⏲11–21 Uhr) In diesem Familienrestaurant wird das Essen frisch in riesigen Woks zubereitet, die davor stehen. Meist sind fünf oder sechs Gerichte im Angebot; abhängig davon, was gerade in der Küche auf dem Herd steht. *Râht nâh* (frittierte *mee*-Nudeln die in einer süßlichen Sojasauce gegart werden) sind eine besondere Spezialität.

Party Buffet CHINESISCH $
(Karte S. 342; Th Mani Nopharat; Büfett 169 B; ⏲16–6 Uhr) Vom Namen sollte man sich nicht abschrecken lassen – zu diesem angesagten Büfett, das die ganze Nacht lang serviert wird, kommen die Nachtschwärmer der Stadt, um es sich gut gehen zu lassen. Es funktioniert nach dem Prinzip „All you can eat", man zahlt einmal und kann dann bis in den Morgen gekochtes und gegrilltes Fleisch, Fisch und Gemüse schlemmen.

Swan BIRMANISCH $
(Karte S. 342; 48 Th Chaiyaphum; Hauptgerichte 70–150 B; ⏲11–23 Uhr) Das abgewetzt wirkende Restaurant gleich östlich der Altstadt bietet einen kulinarischen Abstecher über die Grenze. Auf der Karte stehen schmackhafte birmanische Gerichte wie *gaang hang lay* (trockenes, saures Schweincurry mit Tamarinde und Erdnüssen). Der Innenhof hinter dem Restaurant bietet Schutz vor dem Verkehr entlang der Stadtmauer.

★ **Huen Phen** NORDTHAILÄNDISCH $$
(Karte S. 342; ☎053 277103; 112 Th Ratchamankha; Mittagsgerichte 40–60 B, Hauptgerichte abends 80–200 B; ⏲8–15 & 17–22 Uhr) Das mit Antiquitäten vollgestopfte Restaurant zaubert magisches, authentisches nordthailändisches Essen auf den Tisch. Tagsüber werden die Gerichte in der Kantine davor serviert, doch abends verlagert sich das Geschehen in den stimmungsvollen Speiseraum, wo man eine breite Palette an köstlichen, stark gewürzten Dschungel-Currys, Pfannengerichten und regionalen Variationen von *nám prík* (Chilisaucen mit Gemüse zum Dippen) probieren kann. Es ist unglaublich beliebt, wer nicht früh da ist, muss mit einer langen Wartezeit rechnen.

★ **La Fourchette** FRANZÖSISCH $$
(Karte S. 342; Th Phra Pokklao; Hauptgerichte 250–580 B; ⏲18–22.30 Uhr) Das La Fourchette, das wie ein Wohnzimmer der 1920er-Jahre eingerichtet ist, gehört einem thailändischen Koch, der den Jazz-Bass liebt, in Frankreich ausgebildet wurde und sein erworbenes Können in Chiang Mai einsetzt. Hier gibt's tolle Steaks und coole Fusionsgerichte wie Red-Snapper-Filet mit Mango.

Girasole ITALIENISCH $$
(Karte S. 342; ☎053 276388; Kad Klang Wiang, Th Ratchadamnoen; Hauptgerichte 90–260 B; ⏲11–21 Uhr) In der winzigen Kad-Klang-Wiang-Arkade beweist das Girasole, dass seinen Pizzen zu den besten der Stadt gehören. Er verwendet Peperoni und andere Zutaten, die schwer aufzutreiben sind. Innen und im Freien gibt es mehrere Sitzbereiche. Das Angebot reicht von fabelhaften Pasta-Gerichten über *secondi piatti* bis zu leckerem *gelato* zum Dessert.

Hot Chilli ZENTRALTHAILÄNDISCH $$
(Karte S. 342; 71A Th Ratchadamnoen; Hauptgerichte 150–350 B; ⏲12–24 Uhr) Die hohen Preise zahlt man in diesem angesagten Restaurant in der Th Ratchadamnoen nicht für die Thai-Küche, die so lala ist, sondern für das

KÔW SOY PROBIEREN

Chiang Mais inoffizielle kulinarische Spezialität ist *kôw soy* (*khao soi*), eine reichhaltige Currysuppe mit knackigen gebratenen Nudeln sowie weichen gekochten Nudeln, Kokosmilch und reichlich Kurkuma und Chili, serviert mit eingelegtem Gemüse. Dieses Gericht brachten einst die Händlern aus Yunnan mit, die über die Seidenstraße nach Chiang Mai kamen. Noch immer gibt's das beste *kôw soy* (*khao soi*) der Stadt in der **Halal Street** (Soi 1, Th Charoen Prathet) nahe des Night Bazaar. Das **Kao Soi Fueng Fah** (Karte S. 338; Soi 1, Th Charoen Phrathet; Hauptgerichte 40–60 B; ⏲7–21 Uhr) ist dank kräftig gewürzten Schalen und dem sauberen Speiseraum der Konkurrenz voraus.

Eine andere gute Gegend, um *kôw soy* zu essen, ist der **Wat Faham** in der Th Charoenrat (Th Faham), nördlich der Th-Ratanakosin-Brücke am Ostufer des Mae Ping. Unser Lieblingsrestaurant ist das unauffällige **Khao Soi Lam Duan Fah Ham** (Karte S. 338; 352/22 Th Charoenrat (Th Faham); Hauptgerichte ab 40 B; ⏲9–16 Uhr), in dem sich Mittags Horden von Einheimischen drängen und die Schüsseln mit reichhaltigem *kôw soy* schlürfen. Auch das nahegelegene **Khao Soi Samoe Jai** (Karte S. 338; 391 Th Charoenrat (Th Faham); Hauptgerichte 50–70 B; ⏲8–17 Uhr) kocht eine großartige Suppe. Ein weiterer toller Tipp ist das **Khao Soi Prince** (Karte S. 338; 105-109 Th Kaew Nawarat; Hauptgerichte 30–50 B; ⏲8–15.30 Uhr) in der Nähe des Prince Royal's College, das besonders bei einheimischen Studenten beliebt ist.

Ambiente. Man sitzt in riesigen Schaukeln unter weichen roten Stoffbahnen und Kaskaden von Kunstblumen.

New Delhi INDISCH $$

(Karte S. 342; Th Ratwithi; Hauptgerichte 60–300 B; ⌚11–22 Uhr) Zugegeben, sehr stimmungsvoll ist es nicht, doch dieses Restaurant, das auf jeden Schnickschnack verzichtet, serviert mit das beste indische Essen der Stadt.

★ Ginger & Kafe @ The House ZENTRALTHAILÄNDISCH $$$

(Karte S. 342; ☎053 419011; www.thehousethailand.com; 199 Th Moon Muang, The House; Hauptgerichte 90–590 B; ⌚11–23 Uhr) In diesem Boutique-Restaurant, das mit alten Möbeln, weichen Sofas, gutem China-Porzellan und viel rotem Samt eingerichtet ist, fühlt man sich wie in einer noblen Thai-Villa. Die köstlichen Thai-Gerichte werden wunderbar präsentiert, man sollte aber auf versteckte Preise in der Karte achten: Das Massaman-Curry kostet mit Lamm fast doppelt so viel wie mit Rind!

★ Ruen Tamarind NORDTHAILÄNDISCH $$$

(Karte S. 342; Tamarind Village, 50/1 Th Ratchadamnoen; Hauptgerichte 220–440 B; ⌚11–22.30 Uhr; ✎) Wer mal richtig gut essen gehen möchte, bekommt in diesem Restaurant im Tamarind Village exzellente nordthailändische Speisen in gepflegtem Ambiente mit Blick auf den Hotelpool. Gerichte wie *yum tawai gài* (pikanter Hähnchensalat mit Tamarinden-Dressing) werden wie Kunstwerke präsentiert, und Musiker spielen während des Essens auf.

Östlich der Altstadt

Frühmorgens verkaufen Händler in der kleinen Chinatown (S. 350) der Stadt *nám đow·hôo* (Sojamilch) und längliche *youtiao* (Donuts im chinesischen Stil).

Anusarn Food Center MARKT $

(Karte S. 338; Th Chang Khlan, Anusarn Night Bazaar; Hauptgerichte 60–350 B; ⌚17–22 Uhr) Im Anusarn Food Center hinter dem Anusarn-Markt gibt es eine größere Gruppe von Ständen, die typisch Thailändisches und Chinesisches verkaufen, sowie einige Restaurants, die lebende Fische und Meeresfrüchte nach Wunsch zubereiten und servieren (gegrillt, gebraten oder gedämpft mit Ingwer, süß-saurer Soße oder süßem Chili). Bezahlt wird nach Gewicht, man sollte also vorher fragen, was das Gewünschte kosten wird.

River Market THAI $$

(Karte S. 338; ☎053 234493; Th Charoen Prathet; Hauptgerichte 165–500 B; ⌚11–23 Uhr) Das River Market setzt mehr auf seine Lage als auf seine Küche, ist für ein romantisches Dinner wegen des nächtlichen Blicks auf die beleuchtete Eiserne Brücke aber trotzdem empfehlenswert. Auf der Karte stehen alle typischen thailändischen Standardgerichte.

Chez Marco Restaurant & Bar FRANZÖSISCH $$

(Karte S. 342; ☎053 207032; 15/7 Th Loi Kroh; Hauptgerichte 150–1290 B; ⌚Mo–Sa 17.30–24 Uhr) Ungeachtet der nicht sehr vielversprechenden Lage in der Mitte der Girlie-Bar-Szene der Loi Kroh bringt der Koch Marco gesunde französische Küche mit frischen Zutaten und etwas gallischem Flair auf den Tisch.

Whole Earth Restaurant ZENTRALTHAILÄNDISCH, INDISCH $$

(Karte S. 342; 88 Th Si Donchai; Hauptgerichte 165–420 B; ⌚11–22 Uhr) Dieses mit hängendem Wein und Orchideen bewachsene Restaurant in einem Teakholzhaus liegt in einem großen Garten. Es ist die Art Restaurant, in die man Gäste ausführt, um indische und thailändische Gerichte zu essen, die zwar exotisch klingen, einem aber nicht mit zu viel Chili den Mund verbrennen.

Flussufer & übrige Stadt

Viele Besucher essen hier nicht nur in den Restaurants, sondern verbringen am Ufer entlang der Th Charoenrat (Th Faham) den ganzen Abend; im Riverside (S. 378) und im Good View (S. 379) ist es immer voll.

Khun Churn VEGETARISCH $

(Karte S. 338; Th Thiphanet, Old Chiang Mai Cultural Center; Büfett 164 B; ⌚8–22 Uhr; ✎) Das Khun Churn, das an einen etwas ungünstigen Standort am Old Chiang Mai Cultural Center (ca. 1 km südlich der Altstadtmauer an der Rte 108) gezogen ist, ist vor allem für sein fleischloses All-you-can-eat-Büfett (11–14.20 Uhr) bekannt, bei dem Dutzende Gerichte, Salate, Kräuterdrinks und Desserts im thailändischen Stil serviert werden.

Huan Soontaree NORDTHAILÄNDISCH $$

(☎053 872707; 208 Th Patan; Hauptgerichte 110–200 B; ⌚Mo–Sa 16–23 Uhr) Thailändische Touristen strömen in dieses rustikale Restaurant außerhalb der Stadt in der Hoffnung, die Stimme ihrer Inhaberin, der thailändischen Sängerin Soontaree Vechanont zu hören. Sie tritt von Montag bis Samstag gegen 20 Uhr im Restaurant auf. Auf der Karte steht ein Mix aus nord-, nordost- und zentralthailändischen Spezialitäten. Es liegt 8 km nördlich der Stadt auf der Westseite des Flusses, gleich südlich der Rte 11.

★**The Service 1921** SÜDOSTASIATISCH $$$
(Karte S. 338; ☎053 253333; Anantara Resort, 123 Th Charoen Prathet; Hauptgerichte 250–2000 B; ⏲6–23 Uhr) Das panasiatische Restaurant im Anantara ist der Inbegriff von Eleganz: Die Kellner sind in Kleidung der 1920er-Jahre gehüllt und die Inneneinrichtung erinnert an die geheimen Büros des MI6, was perfekt zur herrlichen Teakholzvilla passt, die einst Sitz des britischen Konsulats war. Das Essen wird mit erstklassigen Zutaten zubereitet, obwohl die Gewürze bei einigen Gerichten abgemildert und so an internationale Vorlieben angepasst wurden.

Im Hotel gibt's auch ein internationales Restaurant, das ebenso romantisch ist und einen Blick auf den Fluss bietet.

Westlich der Altstadt

In der Th Nimmanhaemin und den angrenzenden Gassen gibt's großartige internationale Küche, allerdings können Restaurants und Cafés über Nacht auftauchen oder verschwinden. Im Folgenden sind daher nur solche genannt, bei denen die Wahrscheinlichkeit hoch ist, dass sie noch im Geschäft sind, wenn man mit dem Dessert fertig ist.

★**Pun Pun** VEGETARISCH $
(Karte S. 338; www.punpunthailand.org; Th Suthep, Wat Suan Dok; Hauptgerichte 40–75 B; ⏲Do–Di 8–16 Uhr; ✎) 🍃 Im hinteren Teil des Wat Suan Dok versteckt sich dieses bei Studenten beliebte Café, in dem man vegetarische Thai-Gerichte probieren kann, die mit wenig bekannten Kräuter- und Gemüsesorten und viel Vollkorngetreide zubereitet werden. Die Zutaten stammen vom hauseigenen Konzept-Bauernhof, der zugleich ein Bildungszentrum für nachhaltiges Leben ist.

Eine Filiale namens **Imm Aim Vegetarian Restaurant** (Karte S. 338; 10 Th Santhitham; Hauptgerichte 40–75 B; ⏲10–21 Uhr; ✎) 🍃 befindet sich unweit vom International Hotel Chiangmai.

Esan Cafe NORDOSTTHAILÄNDISCH $
(Karte S. 349; Th Nimmanhaemin; Hauptgerichte 75–110 B; ⏲11–22 Uhr) Das moderne, helle Café serviert leckere Salate nach Art von Isan und Grillgerichte sowie etwa ein halbes Dutzend *sôm-đam*-Varianten. Die feurigen Salatdressings sind klasse.

Anchan Noodle CHINESISCH-THAI $
(Karte S. 349; Soi 9, Th Sirimungklajarn; Hauptgerichte 40–60 B; ⏲9–16 Uhr) Studenten lieben dieses ruhige Café in einer kleinen Wohnstraße östlich der Th Nimmanhaemin wegen der großen Schüsseln Schweinefleisch auf chinesische Art, serviert mit blauen Nudeln oder Klebreis (mit Blütenblättern gefärbt).

I-Berry DESSERTS $
(Karte S. 349; Soi 17, Th Nimmanhaemin; Eiscreme & Smoothies ab 60 B; ⏲10–22 Uhr; 📶) Der Tag und Nacht überlaufene Laden, der Eis und Smoothies verkauft, ist ein echtes Highlight. Er gehört dem thailändischen Komiker Udom Taepanich, der wegen seines markantesten Körperteils den Spitznamen „Nase" trägt. Man bestellt die köstlichen Smoothies, Shakes und Eisbecher nach ihren recht komplizierten Namen in der Karte.

Ai Sushi JAPANISCH $
(Karte S. 349; Th Huay Kaew; Hauptgerichte 90–210 B; ⏲17–23.30 Uhr) Wer in Chiang Mai günstig essen will, sollte schauen, wohin die Studenten gehen, und die strömen ins Ai Sushi. Abends, wenn die Gäste sich auf das frische und köstliche Sushi und Sashimi und die Beilagen stürzen, wird es hier turbulent.

Salad Concept INTERNATIONAL $
(Karte S. 349; Th Nimmanhaemin; Hauptgerichte 50–170 B; ⏲11–22 Uhr; 📶✎) Wie die Kaninchen futtern die Gäste an diesem Salatbüffet mit einer großen Auswahl an chemiefreiem Grünzeug, Garnierung und Dressings. In der Th Chaivaphum befindet sich eine **Filiale** (Karte S. 342; Th Chaiyaphum; Hauptgerichte 50–170 B; ⏲10–21 Uhr).

★**Tong Tem Toh** NORDTHAILÄNDISCH $$
(Karte S. 349; Soi 13, Th Nimmanhaemin; Hauptgerichte 50–170 B; ⏲11–21 Uhr) Das trendige Café in einem Teakholzhaus serviert köstliche und authentische nordthailändische Küche. Auf der Karte stehen nicht nur die üblichen Thai-Gerichte, sondern auch lokale Spezialitäten wie *nám prík ong* und *gaang hang lay.*

Salsa Kitchen MEXIKANISCH $$
(Karte S. 349; Th Huay Kaew; Hauptgerichte 100–240 B; ⏲11–23 Uhr) Aus Gründen, die nicht ganz klar sind, ist mexikanisches Essen im Stil der USA in Chiang Mai total angesagt, und das Salsa Kitchen gehört zu den besten Restaurants, die es servieren. Es ist

bei hier lebenden Ausländern beliebt und abends herrscht oft viel Betrieb.

Royal Project Restaurant NORDTHAILÄNDISCH $$
(Krua Silapacheep; Th Huay Kaew; Hauptgerichte 90–190 B; 9–17.30 Uhr) Erzeugnisse der Landwirtschaftsprojekte der Königin wandern in die leckeren Salate, Suppen, Eintöpfe, Pfannengerichte und anderen Thai-Speisen dieses ordentlichen Restaurants in der Nähe des Zoos, das von der Regierung betrieben wird. Zu den Highlights der Karte gehören Forelle und saisonale thailändische Spezialitäten. Der angeschlossene Laden verkauft Produkte des Königlichen Projekts.

Smoothie Blues INTERNATIONAL $$
(Karte S. 349; 32/8 Th Nimmanhaemin; Hauptgerichte 45–160 B; 7.30–20 Uhr) In dem bei hier lebenden Ausländern beliebten Restaurant gibt's tolles Frühstück – Croissants, Pfannkuchen, Bagels, Schinken und Eier –, gute Sandwiches und dazu passend Smoothies.

★ **Tengoku** JAPANISCH $$$
(Karte S. 349; 053 215801; Soi 5, Th Nimmanhaemin; Hauptgerichte 130–1650 B; 11–14 & 17.30–22 Uhr;) In Chiang Mai liebt man japanisches Essen, doch das Tengoku stellt die Konkurrenz locker in den Schatten des Fuji. Das elegante, moderne Restaurant serviert fantastisches Sushi, leckeres Yakitori, spektakuläres Sukiyaki und großartige Steaks vom Wagyu-Rind sowie günstigere Bento-Kästchen mit kompletten Gerichten.

Palaad Tawanron ZENTRALTHAILÄNDISCH $$$
(053 216039; abseits der Th Suthep; Hauptgerichte 160–380 B; 11–24 Uhr) Dieses Restaurant liegt an einem magischen Fleckchen in einer felsigen Klamm in der Nähe des Doi Suthep mit Blick auf ein geschütztes Waldgebiet und die funkelnden Lichter der Stadt. Das Ambiente und die Fahrt hierher sind großartig, das Essen ist so lala.

Man erreicht das Palaad Tawanron vom Ende des Universitätsgeländes in der Th Suthep aus; von dort folgt man den Schildern. Wenn man am Hintereingang vom Zoo ankommt, ist man auf dem richtigen Weg.

Ausgehen & Nachtleben

Chiang Mai hat drei Hauptecken zum Ausgehen: die Altstadt, das Flussufer und die Th Nimmanhaemin. Irgendwann während des Aufenthalts in der Stadt landen fast alle Besucher im Riverside (S. 378) oder im Good View (S. 379) am Ostufer des Mae Ping.

Altstadt

In der Altstadt gibt's ein paar Partybars für Backpacker und mehrere gediegenere Kneipen im Pub-Stil.

Zoe In Yellow BAR
(Karte S. 342; 40/12 Th Ratwithi; 11–2 Uhr) Ins Zoe, das sich in einem Komplex aus Open-Air-Bars an der Ecke Th Ratchaphakhinai und Th Ratwithi befindet, kommen die Backpacker, um Krüge kalten Chang-Biers und Cocktails aus Eimern zu trinken, zu banalen Dancefloor-Hits zu rocken und bis in den frühen Morgen zu schmusen oder Reisegeschichten auszutauschen.

John's Place BAR
(Karte S. 342; Th Moon Muang; 11–24 Uhr) Verschwommene Neonlichter und nicht zusammenpassende Poster schmücken diese Traveller-Bar. Der gesellige Treffpunkt ist weit genug von der schäbigen Loi-Kroh-Szene weg. Die Dachterrasse ist ein schönes Plätzchen, um hoch über dem Trubel ein kaltes Bier zu trinken.

Writer's Club & Wine Bar BAR
(Karte S. 342; 141/3 Th Ratchadamnoen; 10–24 Uhr;) Ein früherer Auslandskorrespondent betreibt diese Bar mit Restaurant, die bei Expats und Travellern, die in Ruhe etwas trinken wollen, beliebt ist. Hier gibt's auch offene Weine (ab 140 B).

UN Irish Pub PUB
(Karte S. 342; 24/1 Th Ratwithi; 11–24 Uhr) Chiang Mais Irish Pub wartet mit dem typischen Paket der grünen Insel auf: Guinness vom Fass, Hausmannskost, Quizabende am Donnerstag und internationale Sportübertragungen auf dem Großbildschirm.

Östlich & südlich der Altstadt

★ **Riverside Bar & Restaurant** BAR
(Karte S. 338; www.theriversidechiangmai.com; 9-11 Th Charoenrat (Th Faham); Hauptgerichte 130–370 B; 10–1 Uhr) Irgendwann landet praktisch jeder im Riverside. Das alte Teakholzhaus wirkt wie die Provinzversion eines Hard Rock Cafés. Jeden Abend spielen Bands. Auf der Terrasse am Fluss oder dem Balkon im Obergeschoss kann man die frische Abendbrise auf dem Mae Ping genießen.

Hier gibt's auch gute westliche und Thai-Küche, und auf der anderen Straßenseite befindet sich ein schickerer Ableger mit Lounge- und Bar-Charakter.

★ **Good View** BAR

(Karte S. 338; www.goodview.co.th; 13 Th Charoenrat (Th Faham); Hauptgerichte 100–250 B; ⌚10–2 Uhr) Das Good View, am Fluss und nur ein paar Meter von seinem Erzrivalen Riverside entfernt, zieht mit seiner großen Speisekarte mit typischen Thai-Gerichten und Sushi-Tellern sowie allabendlich wechselnden Bands in wechselnder Besetzung (was, der Drummer spielt heute Gitarre, und der Bassist sitzt am Klavier?) viele Einheimische an.

Pinte Blues Pub BAR

(Karte S. 338; https://bluespubchiangmai.wordpress.com; 9 Soi 1, Th Ratcha Chiangsaen; ⌚16–24 Uhr) Die alteingesessene Blues-Bar (1986 gegründet) ist schon durch die ganze Stadt gezogen und befindet sich derzeit in einer Gasse südlich der Stadtmauer. Hier erklingt Country-Blues im Country-Ambiente.

Westlich der Altstadt

Die Th Nimmanhaemin ist bei Studenten der CHM und bei der städtischen „hi-so" (High Society) beliebt. Die Bars kommen und gehen schneller, als man eine kalte Flasche Chang bestellen kann. Die aktuellen Hotspots findet man, wenn man durch die Gassen schlendert und schaut, wo sich eine Menschenmenge drängt.

Beer Republic BAR

(Karte S. 349; Soi 11, Th Nimmanhaemin; ⌚Di–So 16–24 Uhr) Diese europäisch angehauchte Bierbar im angesagtesten Teil der Th Nimmanhaemin hat 15 Fassbiere auf Lager.

Year Garage BIERGARTEN

(Karte S. 349; www.facebook.com/oneyearatnimman; Soi 17, Th Nimmanhaemin; ⌚18–24 Uhr) Die Bierfeststimmung und das gute, billige Essen (Thai-Currys, Pfannengerichte sowie Fisch und Meeresfrüchte vom Grill) locken scharenweise Studenten in diesen Biergarten unter freiem Himmel in der Soi 17.

Blar Blar Bar BIERGARTEN

(Karte S. 349; Soi 5, Th Nimmanhaemin; ⌚18–24 Uhr) Große Bar, in der Studenten und andere jugendliche Gäste reichlich trinken, die Kellnerinnen Markenbiere promoten und im Hof Livemusik gespielt wird.

Warmup Cafe CLUB

(Karte S. 349; www.facebook.com/warmupcafe1999; 40 Th Nimmanhaemin; ⌚18–2 Uhr) Das Warmup, ein Veteran der Th Nimmanhaemin, rockt seit 1999 und zieht zu später

ANREGENDE GEBRÄUE

Chiang Mai hat die Cafékultur enthusiastisch übernommen, doch seine Cafés gehören nicht zu internationalen Ketten, sondern sind unabhängig und werden von Einheimischen betrieben. Sie verkaufen Kaffee, der von den Bergvölkern und Waldgemeinden rund um die Stadt stammt. Der dort geerntete hochwertige Arabica-Kaffee, wurde als Ersatzpflanze für den Opiumanbau eingeführt und wird heiß, kalt, als Eiskaffee und in vielen Dessert-Zubereitungen aufgetischt. Alle Cafés servieren auch Eistee nach nordthailändischer Art: eine leuchtend orange Mischung aus zu starkem Tee, Zucker und Kondensmilch, serviert auf zerstoßenem Eis. Hier einige herausragende Cafés zum Probieren:

Akha Ama Cafe (Karte S. 338; www.akhaama.com; 9/1 Soi 3, Th Hutsadisawee, Mata Apartment; Kaffee ab 50 B; ⌚9–21 Uhr; 📶) Die lokale Café-Kette wurde von einem Akha gegründet, der als erster Bewohner seines Dorfes das College absolvierte. In der Th Ratchadamnoen in der Altstadt befindet sich eine **Filiale** (Karte S. 342; www.akhaama.com; 175/1 Th Ratchadamnoen; ⌚8–18 Uhr; 📶).

Wawee Coffee (Karte S. 342; www.waweecoffee.com; Th Ratchadamnoen, Kad Klang Wiang; Getränke ab 50 B; ⌚Mo–Sa 8–21, So bis 23 Uhr; 📶) Es ist fast unmöglich, in Chiang Mai ein paar Blocks zu gehen, ohne auf eine klimatisierte Filiale von Wawee Coffee zu stoßen.

Café de Museum (Karte S. 342; Th Ratwithi, Lanna Folklife Museum; Getränke ab 40 B; ⌚Mo–Fr 9–18, Sa & So bis 19 Uhr; 📶) Perfekt, um nach einem Besuch der Altstadt-Museen wieder aufzutanken: Hier gibt's eine große Auswahl an anregenden heißen, kalten und eisigen Getränken.

Raming Tea House (Karte S. 342; Th Tha Phae; Getränke 50–100 B; ⌚8.30–17.30 Uhr) Dieses elegante Café im viktorianischen Stil befindet sich im Siam-Celadon-Laden und serviert thailändische Bergtees zu gutem thailändischem und westlichem Essen. Der Nachmittagstee inklusive Snacks und Dessert kostet ab 190 B.

Stunde ein junges, hippes und attraktives Publikum an. Im Hauptraum läuft Hip-Hop, in der Lounge dröhnen Elektro-Bässe und im Garten spielen Rockbands lange Soli.

Soho Bar BAR

(Karte S. 349; 20/3 Th Huay Kaew; ⌚17–24 Uhr) Eine richtige Schwulen- und Lesbenszene gibt's in Chiang Mai nicht, doch diese gemütlich Kaffee-Bar ist schwulenfreundlich, und die liebenswerten Besitzer sorgen dafür, dass sich hier jeder zu Hause fühlt.

☆ Unterhaltung

Livemusik

Nicht nur in den speziellen Livemusik-Locations, auch im Riverside (S. 378) und im Good View (S. 379) treten jeden Abend Bands auf.

★ Sudsanan LIVEMUSIK

(Karte S. 349; abseits der Th Huay Kaew; ⌚18–24 Uhr) Eine kurze unbefestigte Straße, die von der Th Huay Kaew abgeht, führt zu einem Holzhaus voller Musik und Charakter. Es ist in erster Linie ein Treff der Einheimischen, in dem Musiker tränenrührige *pleng pêu·a chee·wít* (Lieder fürs Leben) spielen. Auf das Schild gleich westlich der Th Ratchaphuek achten, man kann es leicht übersehen!

Nabé LIVEMUSIK

(Karte S. 342; Th Wichayanon; ⌚18–1 Uhr) Das Nabé, das bei Einheimischen in den Zwanzigern beliebt ist, lockt mit kaltem Bier, warmen Snacks und rockenden Livebands, die ihre Instrumente wirklich beherrschen und thailändische Songs für ein thailändisches Publikum spielen.

Inter LIVEMUSIK

(Karte S. 342; 271 Th Tha Phae; ⌚16–1 Uhr) In diesem kleinen Holzhaus versammelt sich ein dynamisches Aufgebot lokaler Talente. Es hat das gewisse Strandhütten-Flair, das Traveller überall lieben, und einen gefragten Billardtisch – wir würden aber nicht empfehlen, gegen die Besitzerin anzutreten, die schon etliche Pokale gewonnen hat!

North Gate Jazz Co-Op LIVEMUSIK

(Karte S. 342; Th Si Phum; ⌚19–23 Uhr) Diesen kleinen Jazzclub füllen oft mehr Musiker als Gäste, doch die Musik kann ziemlich hip sein (was Jazz angeht).

Sangdee Gallery LIVEMUSIK

(Karte S. 349; www.sangdeegallery.org; 5 Soi 5, Th Sirimungklajarn; ⌚Di–Sa 11–24 Uhr) Das Sangdee ist gleichzeitig Galerie, Musikclub, Bar und Café und wird von Chiang Mais Kreativen geliebt, die hier Livemusik, DJ-Sets und Kunstausstellungen erleben. Donnerstags ist Open-Mike-Abend.

Kinos

In allen großen Einkaufscentern gibt's Multiplex-Kinos, die die neuesten Thai- und Hollywood-Streifen zeigen. Karten kosten von 100 B bis zu 350 B für Deluxe-Sessel mit Bedienung. Wer Lust auf einen Film hat, kann z. B. ins Maya Lifestyle Shopping Center (S. 382), zur Central Airport Plaza (S. 382), ins Central Festival (S. 382) oder ins nicht so schicke, aber billigere Kad Suan Kaew Shopping Center (S. 382) gehen.

Moo·ay Tai

In Chiang Mai gibt es drei *moo·ay-tai*-Stadien, das **Thapae Boxing Stadium** (Karte S. 342; ☎089 434 5553; Th Moon Muang; Karten 400–600 B; ⌚Mo–Sa 21–24 Uhr), das **Loi Kroh Boxing Stadium** (Karte S. 342; ☎094 606 8029; Th Kamphaeng Din; Tickets 400–600 B; ⌚ab 21.30 Uhr) und das **Kalare Boxing Stadium** (Karte S. 338; ☎081 681 8029; Th Chang Khlan; Karten 400–600 B; ⌚Mo–Fr 21 Uhr), in denen einen Mischung aus thailändischen und internationalen Kämpfern in den Ring steigen. Puristen mögen die Szene verglichen mit dem echten *moo·ay tai* im Süden etwas gekünstelt finden.

Shoppen

Chiang Mai ist Thailands Kunsthandwerkszentrum, hier wird eine unglaubliche Menge und Vielfalt an Kunsthandwerk produziert, von Textilien der Bergstämme über Holz- und Korbflechtarbeiten bis zu Kopien von Antiquitäten (die aber oft nicht als Kopien ausgewiesen sind). Das schönste Einkaufserlebnis der Stadt bieten die Märkte Saturday Walking Street und Sunday Walking Street (S. 346), doch ähnliches Kunsthandwerk findet man auch jeden Tag auf dem Night Bazaar (S. 381) und außerhalb der Stadt in Ban Tawai (S. 397), Hang Dong (S. 396) und Bo Sang (S. 396).

Altstadt

★ Herb Basics SCHÖNHEITSPRODUKTE

(Karte S. 342; www.herbbasicschiangmai.com; Th Ratchadamnoen; ⌚Mo–Sa 9–18, So 14–21 Uhr) Ein toller Laden, um duftende Produkte mit natürlichen Inhaltsstoffen wie Kräuterbalsam, Peeling, Creme, Seife und Shampoo zu kaufen, die alle in Chiang Mai hergestellt werden. Es gibt auch eine **Filiale** (Karte S. 342; ⏲Mo–Sa 9–20, So 12–20 Uhr) in der Th Tha Phae und einen kleinen Laden am Flughafen.

★ Ginger HAUSHALTSWAREN, BEKLEIDUNG

(Karte S. 342; www.thehousethailand.com; 199 Th Moon Muang, The House; ⏲10–22.30 Uhr) Ethno-Design ist das ästhetische Motto dieser Schickimicki-Boutique am Rand des Wassergrabens. Ihre Räume sind mit Kissen, Bekleidung und Spielzeug aus ethnischen Textilien sowie niedlichem Melamin-Geschirr in Regenbogenfarben gefüllt. In der Th Nimmanhaemin befindet sich eine **Filiale** (Karte S. 349; www.thehousethailand.com; 6/21 Th Nimmanhaemin; ⏲9.30–19 Uhr).

HQ Paper Maker PAPIER

(Karte S. 342; www.hqpapermaker.com; 3/31 Th Samlan; ⏲9–18 Uhr) In diesem faszinierenden Geschäft gibt es handgeschöpftes Maulbeerpapier *(săh)* in einer erstaunlichen Vielfalt an Farben und Mustern, darunter wunderbares marmoriertes Papier, das an die ersten und letzten Seiten gebundener Bücher aus dem 19. Jh. erinnert.

Mengrai Kilns KERAMIK

(Karte S. 338; www.mengraikilns.com; 79/2 Th Arak; ⏲8–17 Uhr) Im Südwesten der Altstadt bewahrt Mengrai Kilns die Tradition der thailändischen Seladon-Töpferei und verkauft Kochgeschirr, Tafelservices, Dekorationsartikel und Krippen im westlichen Stil.

Chiang Mai Cotton BEKLEIDUNG

(Karte S. 342; www.chiangmaicotton.com; Th Ratchadamnoen; ⏲Mo–Sa 10–19, So 10–23 Uhr) Das Geschäft in der Nähe des Wat Chedi Luang verkauft hochwertige, moderne Naturbaumwollkleidung.

NÄCHTLICHES SHOPPEN IN CHIANG MAI

Manchmal hat man das Gefühl, dass ganz Chiang Mai nur darauf aus ist, Souvenirs zu verkaufen, und nirgendwo meldet sich dieses Gefühl stärker als auf dem **Chiang Mai Night Bazaar** (Karte S. 342; Th Chang Khlan; ⏲19–24 Uhr) zwischen dem Fluss und der Altstadtmauer. Während der Nachmittag voranschreitet, füllen sich die Bürgersteige mit Straßenhändlern, die Boxershorts, T-Shirts mit der Aufschrift „I love Chiang Mai", hölzerne Geisterhäuser in Miniaturformat, Silbererzeugnisse der Bergvölker, getrocknete Mangos, handgemachte Seife, hölzerne Elefanten, Drahtmodelle von Túk-Túks, Buddha-Bilder, Stoffe, Teddybär-Dioramen und Selfie-Sticks verkaufen. Der manchmal recht frenetische Markt ist ein Erbe der yunnanesischen Handelskarawanen auf der alten Seidenstraße, die hier einen Stopp einlegten, und noch heute ist hartes Feilschen angesagt.

Innerhalb des Night Bazaar liegen zwei große überdachte Märkte, die als **Night Bazaar** (Karte S. 342; Th Chang Khlan; ⏲19–24 Uhr) und **Kalare Night Bazaar** (Karte S. 342; Th Chang Khlan; ⏲19–24 Uhr) ausgeschildet sind und die im Prinzip die immer gleichen Waren verkaufen, wobei der Schwerpunkt etwas stärker auf Holzschnitzereien, Bildern und anderem Kunsthandwerk liegt. Auf dem Kalare Night Bazaar geht es etwas lärmiger zu; auf einem erhöhten Podium in der Mitte residiert eine Bluesbar.

Südlich der Th Loi Kroh on Th Chang Khlan befindet sich der nicht ganz so klaustrophobisch enge **Anusarn Night Bazaar** (Karte S. 342; Th Chang Khlan; ⏲17–22 Uhr), ein halb überdachter Markt mit Tischen, auf denen Kinkerlitzchen von den Bergstämmen, hölzerne Elefanten, Blumen aus Seife und andere in Heimarbeit hergestellte Artikel zum Verkauf angeboten werden. Hier kann man auch gut getrocknete Mangos und andere lokale Konserven kaufen. Den Rand des Marktes säumen zahlreiche Massagesalons und Anbieter von Fisch-Pediküre, außerdem gibt's ein kitschiges *gà-teu-i*-Kabarett (mit als Frauen verkleideten Männern, auch *kàthoey* geschrieben).

Wer etwas essen möchte, findet unzählige Imbisse, einige großartige *kôw-soy*-(Curry-Nudelsuppe-)Kantinen in der Halal St (Soi 1, Th Charoen Prathet) und ein paar Touristenlokale im **Anusarn Food Center** (S. 376). Außerdem gibt's gleich nördlich der Halal St in der Th Chang Khlan einen lärmigen **Nachtmarkt** (Karte S. 342; Th Chang Khlan; Hauptgerichte ab 40 B; ⏲18–23 Uhr) unter freiem Himmel, der eine gute Auswahl an Straßenessen bietet.

Túk-Túks und *rót daang* (Sammeltaxis) warten rund um die Kreuzung Th Loi Kroh und Th Chang Khlan auf Shopper, die sie mitsamt ihren Einkäufen zu leicht überhöhten Fahrpreisen nach Hause transportieren können.

CHIANG MAIS SHOPPINGBOOM

Chiang Mai entwickelt sich zunehmend zu einer tollen Alternative zu Bangkok, was internationale Markennamen und Einkaufszentren angeht. Dabei hilft natürlich der explosionsartige Anstieg der chinesischen Touristen, die zu Shoppingreisen in die Stadt kommen. Auf dem Flughafen gibt's das übliche System der Mehrwertsteuer-Rückerstattung (*VAT refund*) und die Mega-Malls, die am Stadtrand liegen, verkaufen einfach alles, von Gucci-Pumps bis zur neuesten Unterhaltungselektronik.

Maya Lifestyle Shopping Center (Karte S. 349; www.mayashoppingcenter.com; Th Huay Kaew; ⌚Mo–Fr 11–22, Sa & So ab 10 Uhr) Das eleganteste Einkaufszentrum von Chiang Mai verbirgt sich hinter einer raffiniert gestalteten Fassade und bietet alle großen internationalen Marken, eine ganze Etage mit Unterhaltungselektronik, einen guten Supermarkt, ein Multiplex-Kino und tolle Restaurants in der 4. Etage.

Central Festival (www.central.co.th; Rte 11, Faham; ⌚Mo–Do 11–21, Fr 11–22, Sa & So 10–22 Uhr) Gleich nördlich vom Busbahnhof an der Rte 11 befindet sich das schillerndste Einkaufszentrum der Stadt. Sein Herz bilden ein zentrales Warenhaus und Uniqlo, das tonnenweise internationale Markenklamotten verkauft. Daneben gibt es beeindruckende Food Courts, ein Multiplex-Kino und eine Eisbahn.

Central Airport Plaza (Karte S. 338; www.centralplaza.co.th; Rte 1141 (Th Mahidol); ⌚Mo–Fr 11–21, Sa & So 10–21 Uhr) Ein riesiger Konsumtempel mit mehreren Etagen, die mit Kleidung, Elektronik und Lebensmittel vollgestopft sind, sowie das unvermeidliche Multiplex-Kino. Das „Northern Village" im 1. Stock verkauft schön verpacktes Kunsthandwerk.

Kad Suan Kaew Shopping Center (Karte S. 349; www.kadsuankaew.co.th; Th Huay Kaew; ⌚10–21 Uhr) In dieses unauffällige, leicht veraltete Shoppingcenter kommen die Einheimischen, um Haushaltsgegenstände zu kaufen und billig ins Kino zu gehen.

Pantip Plaza (Karte S. 342; www.pantipplaza.com; Th Chang Khlan; ⌚10–22 Uhr) Unweit vom Night Bazaar; gute Auswahl an Original-Computerzubehör, Kameras und Handys sowie an Accessoires, Software und Peripheriegeräten aller Art.

Promenada Resort Mall (www.promenadachiangmai.com; Rte 3029, Tumbon Tasala; ⌚Mo–Fr 11–21, Sa & So 10–21 Uhr) Ein wenig abgelegen im Südwesten der Stadt hinter der Rte 11 bietet dieses ruhige Vorstadt-Einkaufszentrum das übliche Kino, Food Center, einen Kinderspielbereich und Elektronik- und Modegeschäfte.

Ethnic Lanna KUNSTHANDWERK
(Karte S. 342; www.ethniclanna.com; Th Singharat; ⌚Mo–Sa 9–20 Uhr) Gute Auswahl an ethnischen Fair-Trade-Souvenirs und Textilien.

Östlich der Altstadt

Die Th Tha Phae säumen kleine Läden, die Antiquitäten von manchmal zweifelhafter Herkunft verkaufen, sowie viele Boutiquen, in denen man Schmuck, Accessoires, Kleidung und Kunsthandwerk bekommt. Strohhüte und Körbe kauft man am besten in den speziellen **Korbwarengeschäften** in der Th Chang Moi gleich östlich der Stadtmauer.

Kunsthandwerk & Bekleidung

Siam Celadon KERAMIK
(Karte S. 342; www.siamceladon.com; 158 Th Tha Phae; ⌚8–18 Uhr) Das alteingesessene Unternehmen verkauft in einem hinreißenden, mit Laubsägearbeiten bedeckten Teakholzhaus aus der Zeit der britischen Teakholzkonzessionäre feine Seladon-Keramik mit rissiger Glasur. Nach dem Bummel im Geschäft lädt das angeschlossene Raming Tea House (S. 379) zu einer Tasse Tee ein.

Kesorn Arts KUNSTHANDWERK
(Karte S. 342; 154-156 Th Tha Phae; ⌚9–18 Uhr) Dieser vollgestopfte Laden, der Traum jedes Sammlers, handelt seit Jahren mit Erzeugnissen der Bergvölker, hauptsächlich mit Textilien, Lackwaren und Schmuck.

Nova SCHMUCK
(Karte S. 342; www.nova-collection.com; 201 Th Tha Phae; ⌚Mo–Sa 10–20, So 10–18 Uhr) In diesem eleganten Studio wird hochwertiger Schmuck hergestellt, z. B. Ringe, Anhänger und Ohrringe aus Gold, Silber und Edelsteinen.

Nakorn Kasem KUNSTHANDWERK
(Karte S. 342; 231-3 Th Tha Phae; ⌚Mo–Sa 9–18 Uhr) Einer von vielen Antiquitätenläden,

die Keramik, Statuen, Schnitzarbeiten und Bronzen verkaufen, deren Alter und Echtheit aber kaum überprüfbar ist. Wenn einem etwas gefällt, kann man es ruhig kaufen, sollte es aber nicht als Investition ansehen.

Praewphun Thai Silk BEKLEIDUNG
(Karte S. 342; 83-85 Th Tha Phae; ⏲10–18 Uhr) Seit 50 Jahren verkauft dieses Geschäft Seide alter Art, sowohl in Form von Kleidung als auch als Meterware.

Elements SCHMUCK
(Karte S. 342; 400-402 Th Tha Phae; ⏲9.30–21.30 Uhr) In dem unbeschilderten Laden nahe des Pratu Tha Phae gibt's eine vielfältige Auswahl an Silber- und Edelsteinschmuck, Seidentüchern und anderen Accessoires. Hier ist man richtig, wenn man etwas sucht, das ins Auge fällt.

KukWan Gallery BEKLEIDUNG
(Karte S. 342; 37 Th Loi Kroh; ⏲10–19 Uhr) Der charmante kleine Laden liegt etwas zurückgesetzt von der Straße und verkauft Tücher, Läufer, Bettvorleger sowie Naturbaumwolle und Seide vom Meter.

Bücher

Backstreet Books BÜCHER
(Karte S. 342; 2/8 Th Chang Moi Kao; ⏲8–20 Uhr) Backstreet Books, ein großes Geschäft in der Th Chang Moi Kao, der „Book Alley" (Büchergasse), hat eine gute Auswahl an Reiseführern und stapelweise Krimis und Thriller.

Gecko Books BÜCHER
(Karte S. 342; 2/6 Th Chang Moi Kao; ⏲9–21 Uhr) Gecko Books hat mehrere Filialen, die Romane, Reiseführer und Karten verkaufen, darunter eine **Filiale in der Th Ratchamankha** (Karte S. 342; Th Ratchamankha; ⏲Mo–Fr 11–18, Sa & So 9–21 Uhr).

Suriwong Book Centre BÜCHER
(Karte S. 342; 54 Th Si Donchai; ⏲8–20 Uhr) Diese Institution der Stadt besteht aus einem gut sortierten Buchladen im Obergeschoss und einem Zeitschriftenladen mit internationalen Magazinen von *Elle* bis *Wallpaper* im Erdgeschoss.

Flussufer

Vila Cini BEKLEIDUNG, ACCESSOIRES
(Karte S. 338; www.vilacini.com; 30-34 Th Charoenrat (Th Faham); ⏲9.30–22.30 Uhr) In einem charaktervollen Teakholzhaus mit Marmorböden und einer schmalen, klapprigen Treppe bietet Vila Cini hochwertige, handgefertigte Seiden- und Baumwollkleidung, die an die Marke Jim Thompson erinnert. In der Th Chang Khlan befindet sich eine **Filiale** (Karte S. 342; www.vilacini.com; Th Chang Khlan, OP Place; ⏲11–23 Uhr).

Sop Moei Arts BEKLEIDUNG, KUNSTHANDWERK
(Karte S. 338; www.sopmoeiarts.com; 150/10 Th Charoenrat (Th Faham); ⏲9–18 Uhr) Dieses Geschäft, das Teil eines Wirtschaftsförderungsprojekts ist, verkauft hochwertiges Kunsthandwerk der Bergstämme, von gewebten Textilien bis zu Körben, und unterstützt damit die Bewohner von Karen-Dörfern in der Provinz Mae Hong Son.

Thai Tribal Crafts Fair Trade BEKLEIDUNG, KUNSTHANDWERK
(Karte S. 338; www.ttcrafts.co.th; 208 Th Bamrungrat; ⏲Mo–Sa 9–17 Uhr) Der von einer Mission unterstützte Fair-Trade-Laden in der Nähe des McCormick Hospital hat Körbe und ornamentale Stickarbeiten aus den Provinzen im Angebot. Am Wassergraben in der Altstadt gibt's eine weitere **Filiale** (Karte S. 342; www.ttcrafts.co.th; 25/9 Th Moon Muang; ⏲Mo–Sa 9.30–18 Uhr).

Westlich der Altstadt

Rund um die teure Th Nimmanhaemin schießen trendbewusste, kosmopolitische Boutiquen wie Pilze aus dem Boden (und verschwinden genauso schnell wieder).

★ **Studio Naenna** BEKLEIDUNG, HAUSHALTSWAREN
(Karte S. 349; www.studio-naenna.com; 22 Soi 1, Th Nimmanhaemin; ⏲10–18 Uhr) Im Studio Naenna, Teil eines Projekts zur Bewahrung der traditionellen Weberei und Stickerei, sind die Farben der Berge in die mit Naturmaterialien gefärbten Baumwoll- und Seidenstoffe gewebt. Den Herstellungsprozess kann man in der zentralen, nördlich der Th Huay Kaew gelegenen **Werkstatt** (www.studio-naenna.com; 138/8 Soi Chang Khian; ⏲Mo–Fr 9–17 Uhr, Okt–März auch Sa 9–17 Uhr) sehen.

Doi Tung ACCESSOIRES, HAUSHALTSWAREN
(Karte S. 349; www.doitung.org; Th Nimmanhaemin; ⏲10–19 Uhr) Dieses sehr schicke Emporium ist Teil eines Entwicklungshilfeprojekts für ländliche Dörfer in der Provinz Chiang Rai und ist bis unter die Decke mit gehobenen Accessoires und Haushaltswaren gefüllt. Viele sind aus eleganten, handgefertigten Stoffen in dezenten, modernen Farben gearbeitet.

Chabaa BEKLEIDUNG
(Karte S. 349; www.atchabaa.com; 14/32 Th Nimmanhaemin, Nimman Promenade; ⌚10–21 Uhr) Das Chabaa bringt Ethno-Mode in die reicheren Viertel. Es gleicht einer Höhle, die mit Kleidung, Schmuck und Accessoires in leuchtenden Primärfarben aus Thailand, Indien und der ganzen Welt gefüllt ist.

The Booksmith BÜCHER
(Karte S. 349; www.smithproject.co.th; 11 Th Nimmanhaemin; ⌚10.30–20.30 Uhr) In dem winzigen Buchladen gibt's tolle Bücher über Thailands Kultur und Bräuche.

Hill-Tribe Products Promotion Centre BEKLEIDUNG, KUSNTHANDWERK
(Karte S. 338; 21/17 Th Suthep; ⌚9–17 Uhr) Textilien der Bergvölker, Taschen, Schachteln, Lackwaren und mehr verkauft dieses große Geschäft in der Nähe des Wat Suan Dok; der Profit geht an Wohlfahrtsprogramme für die Bergvölker.

Srisanpanmai BEKLEIDUNG, ACCESSOIRES
(Karte S. 349; 6 Soi 1, Th Nimmanhaemin; ⌚10–18.30 Uhr) Die Auslagen – eine Fülle von Seiden- und Baumwollschals, Tüchern und Trachten der Bergvölker – sind quasi ein Lehrbuch der Lan-Na-Textilien. Irgendetwas findet man garantiert, mit dem später die Freunde zu Hause überraschen kann.

Shinawatra Thai Silk BEKLEIDUNG
(Karte S. 349; www.shinawatrathaisilk.co.th; 18 Th Huay Kaew; ⌚9–18 Uhr) Das familiengeführte Seidengeschäft hatte sich schon einen Namen gemacht, ehe der Neffe des Besitzers, Thaksin Shinawatra, Premierminister wurde (inzwischen im Exil). Hier gibt's eine gute Auswahl an Tüchern, Hemden, Krawatten und dergleichen.

ℹ Praktische Informationen

EINWANDERUNG

Einwanderungsbehörde (Karte S. 338; ☎053 201755; http://chiangmaiimm.com; abseits der Rte 1141 (Th Mahidol); ⌚Mo–Fr 8.30–16.30 Uhr) Am Flughafen; verlängert Visa.

GEFAHREN & ÄRGERNISSE

Verglichen mit Bankok ist Chiang Mai für Touristen ein sehr entspanntes Pflaster. Die Fahrer von *sŏrng·tăa·ou* und Túk-Túk machen kaum Stress, und es gibt nur wenige Abzockmaschen, vor denen man auf der Hut sein muss.

Das größte Ärgernis ist wahrscheinlich der Verkehr, zu den Stoßzeiten steht man oft lang in Abgaswolken vor den Ampeln. Vorsicht beim Überqueren verkehrsreicher Straßen: Motorräder und *rót daang* achten selten auf Fußgänger.

Im März und April kann sich ein rauchige, staubige Dunstglocke bilden, weil die Bauern ihre Felder abbrennen. Malaria ist zwar kein Problem, doch während des Monsuns bricht häufig Dengue-Fieber aus. Man sollte sich vor Moskitos schützen, auch tagsüber.

Bei Backpackern ist es beliebt, von den Klippen des sogenannten „Grand Canyon", einem mit Wasser gefüllten Steinbruch bei Hang Dong, zu springen. Vorsicht: Mehrere Traveller sind ertrunken, nachdem sie beim Aufschlagen aufs Wasser das Bewusstsein verloren.

Gut zu wissen: Einige Budgetpensionen erwarten, dass ihre Gäste bei ihnen Touren buchen. Gäste, die das ablehnten, mussten sogar schon ausziehen. Die meisten Unterkünfte informieren aber ihre Gäste, wenn dies üblich ist.

GELD

Alle großen thailändischen Banken haben in ganz Chiang Mai Filialen und Geldautomaten, darunter auch entlang der Th Tha Phae, und die meisten betreiben in der Altstadt kleine Wechselschalter mit Geldautomaten. **Western Union** (www.westernunion.com) hat in der ganzen Stadt (u. a. im Night Bazaar) Schalter, an denen man Geld überweisen kann.

INTERNETZUGANG

Fast alle Hotels, Pensionen, Restaurants und Cafés der Stadt bieten kostenlosen WLAN-Zugang. Das Mobilfunknetz der Stadt ist hervorragend, allerdings können die Roaming-Gebühren für Thailand extrem hoch sein.

MEDIEN

Die englischsprachige Wochenzeitschrift *Chiangmai Mail* (www.chiangmai-mail.com) ist eine gute Quelle für lokale Informationen. Die kostenlosen Touristenzeitschriften *Citylife* (www.chiangmaicitylife.com), *Chang Puak* (www.changpuakmagazine.com) und *Chiang Mai Mag* (www.magazinechiangmai.com) enthalten interessante Artikel, Stadtpläne und Werbung.

MEDIZINISCHE VERSORGUNG

Apotheken, in denen Englisch gesprochen wird, gibt es in der Th Ratchamankha und in der Th Moon Muang.

Center of Thai Traditional & Complementary Medicine (Karte S. 342; ☎053 949899; ttcmmedcmu@gmail.com; 55 Th Samlan; ⌚8–20 Uhr) Das von der Medizinischen Fakultät geführte Krankenhaus bietet Check-ups nach westlichen Vorbild, thailändische Kräutertherapie und chinesische traditionelle Medizin.

Chiang Mai Ram Hospital (Karte S. 338; ☎053 920300; www.chiangmairam.com; 8 Th Bunreuangrit) Das modernste Krankenhaus der Stadt.

Lanna Hospital (Karte S. 338; ☎053 999777; www.lanna-hospital.com; Rte 11 (Th Superhighway)) Modernes, gut ausgestattetes Krankenhaus.

McCormick Hospital (Karte S. 338; ☎053 921777; www.mccormick.in.th; 133 Th Kaew Nawarat) Früheres Missionskrankenhaus; gut für kleinere Behandlungen.

Mungkala Traditional Medicine Clinic (Karte S. 342; ☎053 278494; 21-27 Th Ratchamankha; ⌚9–12.30 & 14–19 Uhr) Staatlich lizensierte Klinik, die Akkupunktur, Massage und chinesische Kräutermedizin einsetzt.

NOTFALL

Touristenpolizei (Karte S. 338; ☎053 247318, 24-Std.-Noturf 1155; 608 Rimping Plaza, Th Charoenraj; ⌚6–24 Uhr) Die ehrenamtlichen Mitarbeiter sprechen viele Sprachen.

POST

Eine kleine **Postagentur** (Karte S. 342; ⌚8–20 Uhr) in der Th Ratchadamnoen, die die offiziellen Gebühren der thailändischen Post berechnet, hat sich darauf spezialisiert, unförmige Pakete für den Versand zu verpacken.

Hauptpost (☎053 241070; Th Charoen Muang; ⌚Mo–Fr 8.30–16.30, Sa & So 9–12 Uhr) Weitere günstig gelegene Filialen befinden sich in der Th Samlan, Th Prasaini, Th Phra Pokklao sowie am Flughafen und an der Universität.

TOURISTENINFORMATION

Chiang Mai Municipal Tourist Information Centre (Karte S. 338; ☎053 252557; Th Tha Phae; ⌚Mo–Fr 8.30–11 & 13–16 Uhr) Städtische Touristeninformation in der Nähe des Night Bazaar.

Tourism Authority of Thailand (TAT; Karte S. 338; ☎053 248604; www.tourismthailand.org; Th Chiang Mai-Lamphun; ⌚8.30–16.30 Uhr) Die Mitarbeiter sprechen Englisch und haben Stadtpläne und Reiseinfos über ganz Thailand.

ℹ An- & Weiterreise

BUS

Chiang Mai hat zwei Busbahnhöfe. *Sŏrng·tăa·ou* fahren von festen Haltestellen zu Städten in der Umgebung.

Arcade Bus Terminal

Chiang Mais Fernbusbahnhof liegt ca. 3 km nordöstlich vom Zentrum nahe der Kreuzung Th Kaew Nawarat und Rte 11. Mit Ausnahme der

BUSSE VON/NACH CHIANG MAI

ZIEL	PREIS (B)	DAUER (STD.)	HÄUFIGKEIT
Bangkok	420–840	9–10	regelm.
Chiang Khong	280–430	6½	3-mal tgl.
Chiang Rai	140–280	3–4	stündl.
Khon Kaen	440–580	12	10-mal tgl.
Khorat (Nakhon Ratchasima)	580–680	12	11-mal tgl.
Lampang	92–107	2	stündl.
Lamphun	31–36	1	stündl.
Luang Prabang	1200–1500	20	8 & 9 Uhr (Mo, Mi Fr, So)
Mae Hong Son	140–185	6	alle 1½ Std.
Mae Hong Son (Minivan)	250	5	stündl.
Mae Sai	175–350	5	7-mal tgl.
Mae Sariang	100–200	4–5	alle 1½ Std.
Mae Sot	320	6	2-mal tgl.
Nan	220–280	6	7-mal tgl.
Nong Khai	ab 910	12	3-mal tgl.
Pai	ab 75	4	stündl.
Pai (Minivan)	150	3	stündl.
Phayao	120–240	3	5–8-mal tgl.
Phrae	150–300	4	4–8-mal tgl.
Phuket	1826	22	1-mal tgl.
Sukhothai	ab 230	5–6	10-mal tgl.
Udon Thani	850	12	2-mal tgl.

Busse in den Norden der Provinz Chiang Mai fahren von hier alle Fernbusse, darunter die Busse nach Bangkok und in andere thailändische Großstädte. Ein gechartertes *rót daang* vom Zentrum zum Busbahnhof kostet etwa 60 B, ein Túk-Túk 80 bis 100 B.

Es gibt zwei Terminalgebäude mit Dutzenden Ticketschaltern privater und staatlicher Busgesellschaften. Theoretisch fahren von **Gebäude 2** die Busse nach Norden und von **Gebäude 3** die Busse nach Süden, doch tatsächlich starten an beiden Terminals Busse zu den meisten Zielen. Hinter Gebäude 2 befindet sich ein drittes Depot, das ausschließlich vom privaten Busunternehmen **Nakornchai Air** (☎ 053 262799; www.nca.co.th; Th Kaew Nawarat, Arcade Bus Terminal) genutzt wird, das Luxusbusse nach Bangkok und in fast jede Stadt Thailands bietet.

Es gibt kaum Einrichtungen für Reisende. Neben den beiden Terminalgebäuden befinden sich einige regionale Restaurants und eine Gepäckaufbewahrung (15–21 Uhr, 20 B/Gepäckstück). Wer Zeit totschlagen will, kann hinüber zur **Star Avenue Lifestyle Mall** (abseits der Rte 11, Arcade Bus Terminal; ⏲ 24 Std.) am Gebäude 3 spazieren, wo es klimatisierte Cafés und Restaurants gibt.

Regelmäßige internationale Bus fahren von Chiang Mai über Bokeo nach Luang Prabang via Bokeo, nach Luang Namtha und nach Udom Xai. Mit dem Bus kommt man auch nach Nong Khai (zur Weiterfahrt nach Vientiane).

Chang Pheuak Bus Terminal

Das **Chang Pheuak Bus Terminal** befindet sich gleich nördlich der Altstadt in der Th Chotana (Th Chang Pheuak). Von hier fahren die meisten Busse in den Norden der Provinz Chiang Mai. Staatliche Busse starten regelmäßig nach:

Chiang Dao (40 B, 1½ Std., alle 30 Min.)
Fang (80 B, 3 Std., alle 30 Min.)
Hot (50 B, 2 Std., alle 20 Min.)
Tha Ton (90 B, 4 Std., 6-mal tgl.)

Lokale blaue *sŏrng·tăa·ou* fahren nach Lamphun (25 B, 1 Std., alle 20 Min.). Klimatisierte Minibusse nach Chiang Dao (150 B) starten stündlich von der Soi Sanam Gila hinter dem Busbahnhof.

Öffentliche *Sŏrng-tăa-ou*-Haltestellen

Von mehreren Haltestellen fahren *sŏrng·tăa·ou* zu Städten unweit Chiang Mais. Die Fahrpreise liegen zwischen 20 und 30 B, und alle Strecken werden den ganzen Tag lang regelmäßig bedient.

***Sŏrng-tăa-ou*-Haltestelle Pratu Chiang Mai** (Karte S. 342; Th Bamrungburi) *Sŏrng·tăa·ou* nach Hang Dong, Ban Tawai und zu weiter südlich gelegenen Zielen.

***Sŏrng-tăa-ou*-Haltestelle Saphan Lek** (Karte S. 338; Th Chiang Mai-Lamphun) Fahrten nach Lamphun und Lampang.

***Sŏrng-tăa-ou*-Haltestelle Talat Warorot** (Karte S. 342; Th Praisani) *Sŏrng·tăa·ou* nach Lamphun, Bo Sang, San Kamphaeng und Mae Rim.

FLUGZEUG

Internationale und Inlandsflüge starten und landen auf dem **Chiang Mai International Airport** (Karte S. 338; ☎ 053 270222; www.chiangmaiairportthai.com), 3 km südwestlich der Altstadt.

Die Flugpläne variieren je nach Saison und touristischer Nachfrage. **Thai Airways** (THAI; Karte S. 342; ☎ 053 211044, 023 561111; www.thaiair.com; 240 Th Phra Pokklao; ⏲ Mo–Fr 8.30–16.30 Uhr) hat das größte Inlandsflugnetz, doch **Thai Air Asia** (Karte S. 342; ☎ 053 234645; www.airasia.com; 416 Th Tha Phae; ⏲ 10–20 Uhr) baut sein Netz rasant aus. Zudem fliegen immer mehr Budgetairlines Chiang Mai an. Tickets nach Bangkok kosten bei Bangkok Airways ab 1800 B, bei Thai Airways ab 2200 B. Wer nach Süden fliegt, muss für Flüge nach Phuket mindestens 2350 B zahlen, Tickets nach Surat Thani kosten ab 1650 B.

Auch das Angebot an Direktflügen von Chiang Mai in die Nachbarstaaten wächst schnell. Linienflüge starten nach Yangon (ab 4950 B), Luang Prabang (ab 5000 B) und Kuala Lumpur (3340 B). Direktflüge steuern auch Singapur, Seoul und Taipeh sowie Hongkong, Guangzhou, Hangzhou, Chengdu und andere chinesische Städte an. Wer nach Kambodscha oder Vietnam fliegen will, muss in Bangkok umsteigen. Ein gutes Reisebüro, um Flüge zu buchen, ist **SM Travel** (Karte S. 342; ☎ 053 206488; http://www.yourtripthailand.com; 87-95 Th Ratchadamnoen; ⏲ 8.30–17.30 Uhr) in der Altstadt.

Im Flughafen gibt's eine Gepäckaufbewahrung (7–21 Uhr, 200 B/Tag), eine Postfiliale (8.30–20 Uhr), Banken, Souvenirgeschäfte und ein **Tourist Assistance Centre** (Karte S. 338; ☎ 053 281438; ⏲ 7–23 Uhr). Wer Zeit totschlagen will, kann den Highway ein Stück zurück bis zur großen **Central Airport Plaza** (S. 382) laufen.

ZUG

Der vernachlässigte Bahnhof Chiang Mai, der von der State Railway of Thailand betrieben wird, liegt etwa 2,5 km östlich der Altstadt an der Th Charoen Muang. Auf der Hauptstrecke zwischen Bangkok und Chiang Mai fahren die Züge fünfmal täglich. Allerdings kam es auf der Strecke schon zu Zugentgleisungen, und angesichts der zunehmenden Billigflüge werden die Züge hauptsächlich von Thailändern genutzt. Die Regierung hat versprochen, zukünftig mehr in den Bahnverkehr zu investieren und eine neue Hochgeschwindigkeitsstrecke zwischen Chiang Mai und Bangkok zu schaffen. Auf dem Bahnhof gibt es einen Geldautomaten, eine Gepäckaufbewahrung (5–20.45 Uhr, 20 B/Gepäckstück) und einen Vorverkaufsschalter (Ticketverkauf nur gegen Vorlage des Passes).

Zwischen Chiang Mai und dem Bahnhof Hualamphong in Bangkok fahren vier verschiedene Zugtypen: Rapid, Sprinter, Express und Special Express. Am komfortabelsten sind die über Nacht fahrenden Special-Express-Züge, die um 17 und 18 Uhr in Chiang Mai starten und um 6.15 bzw. 6.50 Uhr in Bangkok ankommen. In umgekehrter Richtung fahren sie um 18.10 und 19.35 Uhr am Bahnhof Hualamphong ab. Die Fahrpläne ändern sich jedoch regelmäßig, daher sollte man sich die aktuellen Fahrzeiten auf der Website der State Railway of Thailand (www.railway.co.th) anschauen.

Zum Zeitpunkt der Recherche galten folgende Fahrpreise:

3. Klasse (Bankplatz) 231–271 B

2. Klassen (zurücklehnbarer Sitz) 391–431 B

2. Klasse Schlafwagen (Ventilator) 531–581 B

2. Klasse Schlafwagen (Klimaanlage) 791–881 B

1. Klasse Schlafwagen (Kliamanlage) 1253–1953 B

WARNUNG: VERSICHERUNGEN IN CHIANG MAI

Wenn man in Chiang Mai ein Motorrad, einen Roller oder ein Auto mietet, sollte man das Kleingedruckte sorgfältig studieren. Einige Unternehmen verleihen Fahrzeuge nur mit der gesetzlich vorgeschriebene Grundversicherung, die eine begrenzte Versicherung gewährt, falls man bei einem selbst verursachten Unfall andere Personen verletzt, bieten aber keine Absicherung für die Kosten der eigenen medizinischen Versorgung oder für Schäden am Mietfahrzeug oder an anderen bei einem Unfall beschädigten Fahrzeugen. Wenn das Fahrzeug gestohlen wird, ist man eventuell in voller Höhe schadenersatzpflichtig. Wer klug ist, geht zu einem Anbieter, der eine umfassende Versicherung und Pannenhilfe anbietet und den Umfang der Versicherungsleistungen im Vertrag deutlich aufführt.

Unterwegs vor Ort

AUTO & PICK-UP

Mietwagenfirmen, die Pkws und Pick-ups verleihen, finden sich in der ganzen Stadt, besonders aber in der Th Moon Muang. Man sollte aber darauf achten, dass sie eine vollständige Haftpflichtversicherung sowie einen ebensolchen Pannenschutz anbieten, und die Versicherungsbedingungen prüfen, damit klar ist, was die Versicherung abdeckt und was nicht. Die meisten Firmen verlangen eine Bargeldkaution zwischen 5000 und 10 000 B.

Die Standardmietpreise für Kleinwagen mit 1,5 l Hubraum (z. B. Toyota Vios oder Honda Jazz) ohne Kilometerbegrenzung beginnen bei 1500 B; das Benzin ist nicht im Preis enthalten. Zu den renommierten Autovermietern zählen:

Budget Car Rental (Karte S. 338; ☎ 053 202871; www.budget.co.th; 201/2 Th Mahidol) Gegenüber der Central Airport Plaza.

North Wheels (Karte S. 342; ☎ 053 874478; www.northwheels.com; 70/4-8 Th Chaiyaphum) Bietet den Transfer vom und zum Hotel, 24-Stunden-Notfallhilfe auf der Straße und eine umfassende Versicherung.

Thai Rent a Car (☎ 053 904188; www.thairentacar.com; Chiang Mai International Airport) Am Flughafen.

FAHRRAD

Ein Fahrrad ist eine gute Option, um sich in Chiang Mai zu bewegen, auf den Ringstraßen um die Altstadt sollte man aber vorsichtig sein. Klapprige Räder mit gebogenem Lenker kann man für etwa 50 B am Tag oder 300 B pro Woche in Pensionen und Geschäften in der Stadt leihen. Die Räder sollte man aber vor der Ausleihe gut inspizieren, gerade die Bremsen können sehr problematisch sein.

Wer ein besseres Rad leihen möchte, kann bei **Chiang Mai Mountain Biking & Kayaking** (S. 356) und **Spice Roads** (S. 357) gute ausländische Rennräder (100–400 B/Tag) und Mountainbikes (250–800 B/Tag) mieten. Ersatzteile für ausländische Räder verkauft der **Chaitawat Bikeshop** (Karte S. 342; 75/4 Ratchaphakhinai; ⏲ Mo–Sa 9–18 Uhr).

In Chiang Mai gibt's auch ein zu wenig genutztes Fahrradverleihsystem, **Bike@Chiangmai** (☎ 085 139 2410; www.bike-at.com; ab 20 B/Stunde), mit fünf Stationen in der Altstadt (am Wat Phra Singh, vor dem Lanna Folklife Museum, am Pratu Tha Phae, am Pratu Chiang Mai und am Suan Buak Hat) und weiteren in der ganzen Stadt. Die Registrierungsgebühren betragen 220 B, danach muss man mindestens 100 B auf die Karte laden, mit der man Zugang zu den Rädern erhält; die Fahrradausleihe kostet ab 20 B für eine Stunde.

VOM/ZUM FLUGHAFEN

Von Exit 9 der Ankunftshalle fährt ein lizensierter Flughafen-Taxiservice, der Festpreise zu verschiedenen Orten in Chiang Mai berechnet; die Fahrt ins Zentrum der Altstadt dürfte 160 B kosten. Die Fahrt mit einem günstigeren Minibus-Shuttle kostet nur 40 B in die Altstadt, die Minibusse fahren aber erst, wenn sie voll sind, und eventuell wird man unter Druck gesetzt, das komplette Fahrzeug zu chartern.

Alternativ kann man zum Highway laufen und dort ein *rót daang* anhalten (ca. 100 B in die Altstadt). Viele Pensionen und Hotels arrangieren die Abholung von Gästen vom Flughafen. Von jedem Ort der Stadt kann man für etwa 80 B ein Túk-Túk oder ein *rót daang* zum Flughafen nehmen; die Fahrt dauert ungefähr 30 Minuten

MOTORRAD

Leihmotorräder und -roller sind in Chiang Mai sehr beliebt. Agenturen und Pensionen verleihen alles von Automatikrollern mit 100 cm^3 (ab 150 B/Tag) über stärkere Honda Dreams (ab 250 B) bis hin zu großen Straßen- und Geländemotorrädern mit maximal 650 cm^3 Hubraum (600–1300 B). Kleinere Maschinen eignen sich gut, um durch die Stadt zu fahren, doch wer die Bergstraßen rund um Chiang Mai erkunden will, sollte sich für ein Motorrad mit mindestens 200 cm^3 entscheiden.

In Thailand besteht Helmpflicht, und die Polizei errichtet häufig Checkpoints, um die Einhaltung zu kontrollieren. Außerdem muss man immer einen Ausweis mit Lichtbild und einen Internationalen Führerschein bei sich tragen, um diesen bei Polizeikontrollen vorzeigen zu können. In der Regel ist die Polizei mit einem ausländischen Führerschein zufrieden, doch wer gar keinen Führerschein vorweisen kann, zahlt eine Strafe.

Auf eine gute Versicherung zu verzichten, um ein paar Bath zu sparen, kann letztlich viel teurer werden. Man sollte immer einen Verleiher wählen, der Pannenschutz und eine vollständige Versicherung anbietet. Die meisten Versicherungen enthalten eine Selbstbeteiligung in Höhe von 1500 B bei Unfällen und von 10 000 B, wenn das Motorrad gestohlen wird; darum sollte man die bereitgestellte Kette mit Vorhängeschloss immer benutzen!

Die meisten Verleiher verlangen den Reisepass als Sicherheit. Dabei gibt es zwar selten Probleme, doch bessere Agenturen akzeptieren als Alternative eine Bargeld-Kaution zwischen 5000 und 10 000 B (keine Kreditkartenzahlung!).

Tipps zu Touren rings um Chiang Mai findet man auf der Seite von Golden Triangle Rider (www.gt-rider.com).

Mr Mechanic (Karte S. 342; ☎ 053 214708; www.mr-mechanic1994.com; 135/1 Th Ratchaphakhinai; Roller/Motorrad/Auto pro Tag ab 150/500/1200 B) Der wohl beste Verleiher in puncto Versicherung und Support bietet eine gut gewartete Fahrzeugflotte und eine umfassende Versicherung mit Pannenschutz. Weitere Filialen befinden sich in der Th Moon Muang (Karte S. 342; ☎ 053 214708; www.mr-mechanic1994.com; 4 Soi 5, Th Moon Muang; Roller/Motorrad/Auto pro Tag ab 150/500/1200 B) und in der Th Ratchaphakhinai (Karte S. 342; ☎ 053 214708; www.mr-mechanic1994.com; 33 Th Ratchaphakhinai; Roller/Motorrad/Auto pro Tag ab 150/500/1200 B).

Tony's Big Bikes (Karte S. 342; ☎ 053 207124; www.chiangmai-motorcycle-rental.com; 17 Th Ratchamankha) Verleiht gut gewartete Motorräder von 125 cm^3 bis 400 cm^3 Hubraum. Bietet auch Fahrunterricht, Tipps zu Touren und die Reparatur von Motorrädern.

ÖFFENTLICHE & GECHARTERTE VERKEHRSMITTEL

Rót daang (wörtlich „rote Lastwagen") sind Sammeltaxis. Sie fahren die Straßen auf und ab und sammeln Fahrgäste ein, die in ihre Richtung unterwegs sind. Es gibt keine festen Routen, am besten fragt man daher einfach den Fahrer, ob er zum gewünschten Fahrziel fährt. Kurze Strecken ein par Blocks weiter kosten ab 20 B, längere (z. B. von der Altstadt zur Th Nimmanhaemin) 40 B.

Die Fahrer sind auch gern bereit, das gesamte Fahrzeug zu einem höheren Preis zu vermieten, z. B. für Tagestouren außerhalb der Stadt. Wenn das Fahrzeug am Straßenrand parkt, anstatt die Straße entlangzufahren, wartet der Fahrer normalerweise auf Kunden, die es chartern wollen. In jedem Fall ist das Ganze mit wenig Stress verbunden; die meisten *rót daang* sind Familienunternehmen, bei denen der Mann fährt und die Frau die Route plant und sich ums Geld kümmert.

Túk-Túks können grundsätzlich nur gechartert werden und sind teurer als *rót daang*, doch dafür bieten sie erfrischenden Fahrwind im Haar und kommen schneller durch den Verkehr. Die Preise für kurze Fahrten betragen ab 60 B und können nachts bis auf 100 B ansteigen. Manche Fahrer können aufdringlich sein und versuchen, ihre Fahrgäste zu Attraktionen zu bringen, bei denen sie eine Provision erhalten.

In Chiang Mai gibt's immer noch einige *săhm·lór*, die für etwa 20 B kurze Strecken rund um den Talat Warorot zurücklegen.

TAXI

Taxis mit Taxametern, die man einfach heranwinken kann, sind in der Stadt eine Seltenheit. Man kann aber bei **Taxi Meter** (☎ 053 244268, 053 241955; www.taxichiangmai.com) ein Taxi bestellen – innerhalb der Stadt kostet die Fahrt kaum mehr als 160 B.

NÖRDLICHES CHIANG MAI

Nördlich der Stadt Chiang Mai, in Richtung der Grenze zwischen Nordthailand und dem Südosten Myanmars, erheben sich zu beiden Seiten des Mae Ping bewaldete Berge. Mit einem gecharterten *rót daang* oder einem Leihmotorrad (mit ausreichenden PS) kann man hoch hinauf in die Berge fahren und Nationalparks, spektakuläre Aussichtspunkte, Farmen des Königlichen Projekts und Dörfer der Bergvölker besuchen. Auf der Webseite www.gt-rider.com haben Motorradfahrer Berichte über ihre Touren in dieser Region veröffentlicht.

Mae Rim แม่ริม

Die nächstgelegene Stadt nördlich von Chiang Mai, das schläfrige Mae Rim, erreicht man auf einer problemlosen, 30 km langen Fahrt auf der Rte 107. Hier kann man den ehemaligen Palast der Prinzessin Dara Rasmee besuchen und am Stausee Huay Teung Thao entspannen. Mae Rim erreicht man auch leicht mit dem Bus oder einem *sŏrng·tăa·ou* (20 B, 15 Min.) vom Busterminal Pratu Chang Pheuak in Chiang Mai.

Stausee Huay Teung Thao STAUSEE
(อ่างเก็บน้ำห้วยตึงเฒ่า; Eintritt 20 B; ⌚7–19 Uhr) Für Thailänder ist ein Stausee nicht einfach nur ein Wasserspeicher, sondern auch ein Erholungs- und Ausflugsziel erster Güte. An diesem großen See gleich westlich der Stadt versammeln sich Familien, um zu schwimmen, am Strand herumzuplanschen oder am Ufer in höhergelegenen Bambushütten zu picknicken – wie an einem Tag am Strand.

Um zum See zu kommen, nimmt man erst die Rte 107, biegt dann nach Südwesten auf die Rte 121 ab und biegt am Schrein Khuang Phra Chao Lanna rechts über die Brücke ab.

Darapirom Palace MUSEUM
(Eintritt 20 B; ⌚Di–Sa 9–17 Uhrt) Dara Rasmee, die letzte Prinzessin des Königreiches Lan Na, verbrachte ihr Lebensende in dieser stattlichen Residenz aus dem 19. Jh., die ganz im klassischen thailändischen Kolonialstil erbaut ist: mit hohen Decken, eleganten Laubsägearbeiten und Holzverandas. In den Räumen sind Familienschmuck, Fotos und persönliche Gegenstände ausgestellt, die das Leben und die Zeit der Prinzessin in Erinnerung rufen.

Der Palast liegt auf dem Gelände des Polizeikomplexes von Mae Rim auf der Westseite der Rte 107; hinter der Polizeiwache biegt man rechts ab und folgt den Schildern vorbei an der Startbahn des Polizeihubschraubers.

Mae-Sa-Samoeng-Rundfahrt แม่สา/สะเมิง

Um in den Dschungel zu gelangen, muss man die Stadtgrenze gar nicht so weit hinter sich lassen. Die Rte 1096, die bei Mae Rim westlich von der Rte 107 abzweigt, führt zunächst an einer ganzen Reihe von sehr touristischen Attraktionen für Tagesausflügler vorbei: Krokodil- und Affenshows, Elefantencamps, Orchideenfarmen, Schießplätze, Geländewagenverleihe und sogar eine von Sylvester Stallone empfohlene Kobrafarm. Danach geht es stetig das bewaldete **Tal des Mae Sa** hinauf. Die Straße windet sich in vielen Kurven nach oben, vorbei an rauschenden Wasserfällen und mehreren Farmen des Königlichen Projekts und verwandelt sich dann an der Abzweigung zum schläfrigen Dorf Samoeng in die Rte 1269. Insgesamt ergibt das eine 100 km lange, durchweg angenehme Rundfahrt ab Chiang Mai, die man per Leihmotorrad oder gechartertem *rót daang* unternehmen kann.

Als erster Halt empfiehlt sich **Nam Tok Mae Sa** (Erw./Kind 100/50 B, Auto 30 B; ⌚8–16.30 Uhr), eine lange Kette sprudelnder Wasserfälle, die in einem üppigen tropischen Wald am Rand des Doi Suthep-Pui National Park liegen, nur 6 km hinter der Abzweigung nach Mae Rim. Überall entlang des Flusses darf man schwimmen, und es sollte kein Problem sein, ein eigenes Wasserbecken zu finden – inklusive Wasserfall-Dusche und Picknickplätzchen auf den Felsen. Die Wasserfälle sind ein tolles Ausflugsziel für Familien und ein wunderbarer Ort, um Stöckchenwerfen á la Winnie Puuh zu spielen. Wer kein Picknick dabei hat, kann auch am Parkplatz etwas bei den Imbissverkäufern kaufen.

Hinter der Abzweigung nach Nam Tok Mae Sa führt die Straße am **Mae Sa Elephant Camp** vorbei, das die Herden aber für altmodische Zirkusshows und *howdah*-Reiten einsetzt, wovon Tierschutzgruppen abraten.

Etwa 2 km hinter dem Elefantencamp liegen die **Queen Sirikit Botanic Gardens** (www.qsbg.org; Rte 1096; Erw./Kind 100/50 B, Auto 100 B, Motorrad 30 B; ⌚8.30–16.30 Uhr), eine 227 ha große Anlage mit Gärten, Pflanzungen, Naturlehrpfaden und riesigen Gewächshäusern mit exotischen und einheimischen Pflanzen. Oben auf dem Kamm befindet sich ein zu wenig beachtetes Umweltbildungszentrum, das **Natural Science Museum**, das große Modelle und interaktive Ausstellungen für Kinder zeigt. In den Gewächshäusern wachsen Pflanzen aller Art, von Dschungelfarnen über Kakteen bis zu ausgewachsenen Palmen. Direkt darunter führt ein **Baumkronenweg** in beträchtlicher Höhe durch einen Dschungelwald. Es ist ein Riesenvorteil, wenn man ein Fahrzeug hat, das einen den Berg hinauf bringt.

Hinter dem botanischen Garten führt die Straße hinauf in ein Hochlandbecken, das einst ein Anbauzentrum für Schlafmohn war, der für die Opiumproduktion genutzt wurde. Die einheimischen Bergbauern wurden mit Unterstützung der thailändischen Königsfamilie überzeugt, auf ihren terrassierten Feldern nun stattdessen Gemüse sowie Obst und Blumen der tropischen und der gemäßigten Klimazone anzubauen. Die Erzeugnisse dieser Farmen werden von Fabriken des Königlichen Projekts weiterverarbeitet und unter dem Label Doi Kham verkauft.

Wer diese Produkte einmal probieren möchte, fährt bei Ban Pong Yaeng von der Rte 1096 ab und folgt der steilen Betonstraße hinauf ins Hmong-Dorf **Nong Hoi**. Oberhalb des Dorfes befindet sich auf 1200 m Höhe das **Mon Cham Restaurant** (Nong Hoi Mai; Hauptgerichte 60–150 B; ⏲7–19 Uhr), herrlich auf dem Bergkamm gelegen. Hier kann man in mehreren Bambuspavillons mit spektakulärem Blick auf die Täler der Umgebung schmackhafte, frisch zubereitete thailändische Küche mit Zutaten des Königlichen Projekts oder einfach nur lokale Obstliköre genießen. Auch die Übernachtung ist in Zelten (700 B) auf dem Gelände möglich. Man benötigt aber schon ein Motorrad mit einem ziemlichen starken Motor, um den ganzen Weg von Ban Pong Yaeng hinauf zu schaffen.

Am westlichen Rand des Tals liegt das stilvolle Boutiquehotel **Proud Phu Fah** (☎053 879389; www.proudphufah.com; Rte 1096, Km 17; Zi. 2950–14 000 B; ❄@📶🏊) mit eleganten Designervillen an einem plätschernden Bach. Es soll den Gästen das Gefühl geben, mitten in der großartigen Natur zu übernachten. Das Freiluftrestaurant mit Blick auf den Rasen und die Berge serviert gesunde Thai-Küche (Gerichte 150–250 B).

Hinter dem Proud Phu Fah verläuft die Straße um den Bergkamm herum, vorbei an mehreren spektakulären Aussichtspunkten, an denen man anhalten kann, um Fotos zu schießen. Danach ist es nicht mehr weit bis zur Kreuzung mit der Rte 1269 und der Abzweigung zum winzigen Dorf **Samoeng**; hier gibt's zwar nicht viel zu sehen, doch im 7-Eleven kann man Proviant kaufen. Auf der Rückfahrt nach Chiang Mai herrscht in der Regel wenig Verkehr; man folgt der Rte 1269 den ganzen Weg bis zur Rte 121 am Rand von Chiang Mai.

Chiang Dao เชียงดาว

Nach Chiang Dao, das in einem üppig grünen Dschungel im Schatten eines mächtigen Kalksteinberges liegt, kommen die hier lebenden Ausländer und die wachsende Mittelschicht Chiang Mais, um der Hitze des Tieflands zu entfliehen. Oberhalb des Dorfes auf dem Weg zum Gipfel des Doi Chiang Dao (2175 m) wird es noch kühler. Der Wald ist bei Vogelfans und Wanderern beliebt. Am Fuß des Berges befindet sich am Eingang zu einer der tiefsten Kalksteinhöhlen Thailands ein hoch verehrter Wat.

Busse nach Chiang Dao halten in dem modernen Dorf, das auf der Ostseite der Rte 107 liegt, doch die meisten Traveller fahren zum nahegelegenen Dorf **Ban Tham** westlich der Hauptstraße, wo sich alle Unterkünfte und der berühmte Höhlentempel befinden.

Sehenswertes & Aktivitäten

Traveller können nicht nur den Höhlentempel besuchen, sondern auch einige eindrucksvolle **Trekkingtouren** zu Orten mit einer besonders reichen Vogelwelt, zu verstreut liegenden Dörfern der Bergvölker und zum luftigen Gipfel des Doi Chiang Dao unternehmen. Die örtlichen Unterkünfte arrangieren Führer und Campingausrüstung. Dies geht aber nur von Oktober bis Mai, wenn die Wege trocken genug sind, um zu wandern.

In Chiang Dao gibt es auch ein **Elefantencamp**; seine Angebote sind mit *howdah*-Ritten, Vorführungen und die unvermeidlichen Mini-Raftingtouren recht altmodisch und entsprechen nicht den empfohlenen Regeln zum Umgang mit Elefanten. Die Bewohner der Dörfer der Bergvölker versammeln sich alle zwei Wochen, an jedem ersten und dritten Dienstag des Monats, auf dem **Markt** in Chiang Dao.

Wat Tham Chiang Dao HÖHLE, BUDDHISTISCHER TEMPEL

(วัดถ้ำเชียงดาว, Chiang-Dao-Höhle; Eintritt 40 B, Gebühr für Führer 100 B) Dieser Waldtempel liegt in einem hübschen Gebiet mit vielen Dschungelschmetterlingen am Eingang zur kühlen **Chiang-Dao-Höhle**, einem Gewirr aus Tunnel und Gängen, das sich mehr als 10 km weit unter dem Kalksteinmassiv des Doi Chiang Dao erstreckt. Für die örtlichen Buddhisten ist die Höhle ein beliebter Rückzugsort, um zu meditieren. Die verschlungenen, kurvenreichen Gänge sind mit bizarr und wundervoll geformten Stalaktiten und Stalagmiten übersät.

Die Kammern am Anfang des Tunnelnetzes, die Tham Sua Dao und Tham Phra Non heißen, sind elektrisch beleuchtet. Der interessanteste Abschnitt der Höhlen ist aber unbeleuchtet und man muss einen Führer mit Gaslaterne anheuern (100 B), um sie zu erkunden – so hilft man zugleich einem Dorfbewohner, seinen Lebensunterhalt zu verdienen. Der Weg führt durch enge Durchgänge zu anderen großen Kammern – Tham Mah (735 m), Tham Kaew (474 m) und Tham Nam (660 m) – und der Führer zeigt unterwegs Fledermauskolonien und interessante Kalksteinformationen, die nach Tieren benannt sind, denen sie ähneln; ein Trinkgeld (etwa 50 B) ist angemessen. Am Ende des beleuchteten Abschnitts erreicht man den kleinen, aber sehr verehrten liegenden Buddha in einer kleinen Vorkammer.

Der örtlichen Legende zufolge lebte in der Höhle einst ein *reu·sĕe* (Einsiedler), der die Geister dazu bewegen konnte, mehrere magische Wunder in den Höhlen zu vollbringen: einen Strom, der dem Sockel eines Buddhas aus massivem Gold entspring, einen Lagerraum mit göttlichen Textilien und eine Stadt der *nagas*. Diese fantastischen Wunder sollen sich aber tiefer im Inneren des Berges befinden, hinter der letzten beleuchteten Höhle.

Doi Chiang Dao Wildlife Sanctuary NATURSCHUTZGEBIET
(เขตรักษาพันธุ์สัตว์ป่าเชียงดาว, Doi Luang; Chiang Dao; Eintritt 200 B, Fahrzeug 30 B) Der in dichten tropischen Wald gehüllte Doi Chiang Dao ragt dramatisch über den umliegenden Ebenen auf. Dieses Dschungelparadies ist mit über 300 hier beheimateten Vogelarten ein Topziel des Landes, um Vögel zu beobachten. Die steile Wanderung zum Gipfel dauert zwei Tage, als Belohnung lockt eine spektakuläre Aussicht auf die Berge ringsum. Zudem ist der Berg einer der besten Orte der Welt, um Riesenkleiber und Burmafasane zu beobachten. Trekkingtouren kann man in den Pensionen in Ban Tham arrangieren, ein/zwei Tage kosten etwa 2400/4600 B.

Wer nur einen kleinen Eindruck von der herrlichen Landschaft gewinnen will, biegt an der Kreuzung vor der Zusammenballung von Unterkünften in Ban Tham rechts ab und folgt der herrlichen, kurvigen Bergstraße, die durch den Wald auf den Kamm führt. Das ist allerdings eine schwierige Fahrt, man braucht schon einen starken Motor, um die Steigungen zu bewältigen.

Wat Tham Pha Plong BUDDHISTISCHER TEMPEL
(สำนักสงฆ์ถ้ำผาปล่อง; Ban Tham; Spende erbeten) GRATIS Wer auf der Straße weiter an den Chiang-Dao-Unterkünften vorbei fährt, kommt zum Parkplatz dieses hübschen Waldtempels am Rand des Chiang-Dao-Massivs. Eine steile *naga*-Treppe führt durch den Wald hinauf zu einer Felsspalte, in der einst der verehrte Meditationsmeister Luang Pu Sim tätig war.

Pha Daeng National Park NATIONALPARK
(อุทยานแห่งชาติผาแดง; ☎053 046370; www.dnp.go.th; Ban Muang Na; Eintritt Erw./Kind 100/50 B; Camping 30 B/Pers., Bungalow 600–2500 B) Über die Rte 1178 erreicht man den nördlich von Doi Chiang Dao gelegenen Pha Daeng National Park mit seiner üppigen grünen Dschungellandschaft und einer bemerkenswerten Vogelwelt. Er flankiert die Grenze zu Myanmar und ist von einem System tiefer Höhlen durchsetzt. Man kann zum Gipfel wandern, außerdem gibt's einige reizvolle Aussichtspunkte und ein paar sprudelnde Wasserfälle. Beim Hauptquartier des Nationalparks kann man in Bungalows übernachten.

Schlafen & Essen

Die Pensionen liegen an der Straße, die vom Wat Tham Chiang Dao am Waldrand Richtung Norden führt. Alle organisieren Touren und verleihen Fahrräder und Motorräder.

Das Restaurant des Chiang Dao Nest ist zweifellos das kulinarische Highlight der Gegend, doch alle Unterkünfte servieren Mahlzeiten, außerdem gibt's am Parkplatz des Wat Tham Chiang Do einige einfache **Thai-Restaurants**. Hier oben kann es kalt werden, besonders zwischen Oktober und Februar, man sollte eine Jacke oder einen Pullover für die Abende mitbringen.

Chiang Dao Hut PENSION $
(☎053 456625; www.chiangdaohut.com; Zi. ab 400 B;) Dieses hübsche Grüppchen Bungalows liegt nahe des Wat Tham Chiang Dao in einem Tal, das zu einem Fluss abfällt; was das Essen angeht, hat man also Alternativen. In den Gemeinschaftsbädern gibt es nur kaltes Wasser, die Atmosphäre ist passend dazu leger und gemächlich.

★ **Chiang Dao Nest** PENSION $$
(☎053 456242; www.chiangdaonest.com; Bungalow 895–1595 B; @) Die Pension, die Chi-

ang Dao ins Blickfeld der Touristen gerückt hat, ist ein charmantes ländliches Refugium. In einem prächtigen tropischen Garten stehen komfortable Bungalows mit Wänden aus geflochtenem Bambus. Viele schattige Pavillons laden dazu ein, es sich mit einem guten Buch bequem zu machen. Allein wegen des preisgekrönten Restaurants lohnt die Fahrt von Chiang Mai hierher; es serviert wechselnde Biere, gute Weine und gehobene, moderne europäische Gerichte wie scharf angebratene Thunfischlende und Safran-Risotto (Hauptgerichte 120–695 B).

Die Pension hat einen von Wald umgebenen Pool mit Bergblick, und die Kleinen werden auch von den Ziegen und dem Spielpavillon begeistert sein. Die Besitzer kennen sich bestens in der Gegend aus und können empfehlenswerte Trekkingtouren arrangieren. Zum Chiang Dao Nest kommt man, wenn man sich an der Kreuzung in Richtung Tham Pha Plong links hält.

Die Besitzer leiten auch das **Nest 2**, das näher am Wat Tham Chiang Dao liegt und ebenfalls mit gepflegten Bungalows und einem guten Thai-Restaurant aufwartet.

Chiang Dao Roundhouses BUNGALOWS **$$**
(☎087 496 1571; www.chiangdao-roundhouses.com; Bungalow ab 1200 B) Die auffällige Lodge, die in Chiang Dao in aller Munde ist, besteht aus einer Gruppe runder Hütten mit hutförmigen Dächern, die in traditionellen Bautechniken und aus Materialien wie recycelten Glasflaschen, Bambus, Reishülsen, Lehm und Stroh gebaut wurden. Die Bäder befinden sich teilweise im Freien. Die Hütten stehen rund um einen Frühstücksraum und eine Yoga-Höhle. Die Anlage befindet sich in einer kleinen Gasse, die gegenüber vom Eingang zum Parkplatz des Wat Tham Chiang Dao beginnt.

Malee's Nature Lovers Bungalows PENSION **$$**
(☎081 961 8387; www.maleenature.com; Camping 100 B, Bungalow 850–1950 B;) In dieser Pension an der Straße nach Tham Pha Plong, deren Besitzerin Malee leidenschaftliche Orchideenzüchterin ist, gibt's einfache, saubere Hütten mit warmer Dusche in einem gepflegten Garten voller Orchideen. Die preiswertesten Zimmer teilen sich Gemeinschaftsbäder, die schickeren Hütten haben ein eigenes Bad. Eine Hütte befindet sich hoch über der Erde – ideal für Vogelfreunde, die beobachten können, was sich in den Baumkronen tut.

ℹ Anreise & Unterwegs vor Ort

Chiang Dao liegt 72 km nördlich von Chiang Mai an der Rte 107. Von der Bushaltestelle im Dorf Chiang Dao fahren *sŏrng·tăa·ou* für 150 B zu den Unterkünften in der Nähe des Höhlentempels. Busse steuern folgende Ziele an:

Chiang Mai (40 B, 1½ Std., alle 30 Min.)
Fang (50 B, 2 Std., 7-mal tgl.)
Tha Ton (65 B, 2½ Std., 7-mal tgl.)

Außerdem verkehren klimatisierte Minivans für 150 B nach Chiang Mai und nach Tha Ton.

Die meisten Unterkünften verleihen Fahrräder (ab 100 B) und Motorräder (ab 300 B), man kann auch für etwa 1000 B für den ganzen Tag ein *sŏrng·tăa·ou* chartern, das einen in der Gegend herumkutschiert.

Doi Ang Khang ดอยอ่างขาง

Die Bergtäler rund um **Doi Ang Khang** an der Grenze zu Myanmar werden wegen des Klimas – im Januar kann es sogar Frost geben – „kleine Schweiz" genannt; doch das ist auch die einzige Ähnlichkeit. Statt Berghütten und Jodlern findet man hier friedliche grüne Täler mit Blumen der gemäßigten Klimazone und Plantagen mit – zumindest für die Thailänder – „exotischen" Früchten wie Äpfeln, Birnen und Erdbeeren, umringt von bewaldeten Bergen.

Heute kommen die Besucher wegen des relativ gemäßigten Klimas und um die **Royal Agricultural Station** (☎053 450107; www.angkhangstation.com; Eintritt 50 B, Auto 50 B; ⏲6–21 Uhr) im Dorf **Ban Khum** im Zentrum des Beckens zu besuchen. Dieses Königliche Projekt wurde gegründet, um für die Bewohner der Dörfer der Bergvölker eine Einkommensalternative zum Opiumanbau zu schaffen und um zu erforschen, welche neuen Feldpflanzen in den kühlen Tälern Nordthailands kultiviert werden könnten. Viele Mitarbeiter sind Dorfbewohner aus den umliegenden Dörfern Pang Ma, Ban Luang, Ban Khob Dong und Ban Nor Lae, in denen Yunann-Chinesen, Birmanen und Angehörige von Bergvölkern leben – auch diese Dörfer sind einen Besuch wert.

Rund um die Station liegen mehrere gepflegte Gärten und Werkstätten. Dort wird das Obst sortiert, der Tee weiterverarbeitet und Kräutermischungen und Schönheitsprodukte werden gemixt und getestet. Das **Restaurant** der Hauptstation, ein Gebäude im Kolonialstil mit Kellnern in geblümten traditionellen Trachten, serviert gute Küche nach Art des thailändischen Tieflands sowie nordthailändische Spezialitäten mit Zutaten vom Königlichen Projekt. Man kann hier auch übernachten (50 B, Bungalows 650–3500 B); die meisten der großen Bungalows haben Terrassen, auf denen man die Landschaft genießen kann.

Weitere Unterkünfte befinden sich im Dorf Ban Khum. Die beste Option ist das charmante **Angkhang Nature Resort** (☎053 450110; www.mosaic-collection.com/angkhang; Bungalows 2500–3800 B; ❄@) mit großen, noblen Bungalows mit Balkon und Bergblick, das auf einem Hang über dem Königlichen Projekt steht. Das Hotel kann Mountainbike-Touren, Wanderungen und Maultierritte in den Bergen der Umgebung organisieren. Jacke oder Pullover für die kühlen Abende mitbringen!

An- & Weiterreise

Doi Ang Khang erreicht man über die Haarnadelkurven der Rte 1249, die etwa 13 km südlich von Fang von der Rte 107 abzweigt. Öffentliche Verkehrsmittel gibt es nicht, man kann aber mit einem gecharterten *sŏrng·tăa·ou* oder einem Leihmotorrad fahren; Motorräder mit weniger als 250 cm³ werden aber zu kämpfen haben.

Auf dem Rückweg lohnt die Fahrt entlang der malerischen Nebenstrecke entlang der Rte 340 und der Rte 1178, die sich durch den Wald schlängelt und im Pha Daeng National Park in der Nähe von Chiang Dao herauskommt.

Fang ฝาง

Nur wenige Reisende halten in Fang, das ursprünglich im 13. Jh. von König Phaya Mengrai gegründet wurde. Die schläfrige Marktstadt war einst ein Zwischenstopp der chinesischen Handelskarawanen. Heute kommen die meisten Waren aber aus Myanmar, einschließlich *yah bâh* (Methamphetamin), was die vielen Polizei-Checkpoints an der Hauptstraße erklärt. Die meisten Traveller legen nur einen Stopp ein, um in den Bus nach Tha Ton oder Chiang Mai umzusteigen. Es lohnt sich aber, ein oder zwei Stunden zu bleiben, um die birmanisch beeinflussten Wats zu besuchen, die sich nördlich der Ampel im Zentrum auf dem Hang verteilen.

Der **Wat Chong Paen** hat ein markantes grünes birmanischen Pagodendach. In seiner Nähe steht das **Denkmal Queen Three Complexions** mit einer hohen goldenen Statue seines Gründers. Das Denkmal ehrt eine lokale Königin, die so schön gewesen sein soll, dass ihre Haut je nach Tageszeit die Farbe wechselte. Den **Wat Chedi Ngam** in der Nähe des Markts im Stadtzentrum schmücken Wandbilder von König Bhumibol. Der 5 km südlich von Fang gelegenen **Wat Sriboonruang** (☎089 231 0581; www.templeretreatthailand.com; Sansai) führt ein beliebtes Tempelprogramm für ausländische Buddhisten durch, bei dem diese zwei Wochen im Tempel leben.

Von der Haltestelle am Markt fahren Regionalbusse nach Chiang Dao (50 B, 2 Std., alle 30 Min.), Chiang Mai (80 B, 3½ Std., alle 30 Min.) und Tha Ton (14 B, 30 Min., 6-mal tgl.).

Gelbe *sŏrng·tăa·ou* fahren häufig vom Markt nach Tha Ton (25 B, 30 Min.). Klimatisierte Minivans steuern um 8.30 und 14 Uhr Chiang Rai (120 B, 3 Std.) an; diese Strecke bedient auch ein unzuverlässiger Bus um 14 Uhr. Minivans fahren zudem von einer Bushaltestelle am Krankenhaus an der Hauptstraße regelmäßig nach Chiang Mai (150 B).

Tha Ton ท่าตอน

Die nördlichste Stadt der Provinz Chiang Mai scheint Welten von der Provinzhauptstadt entfernt zu sein. Früher war dieser Vorposten im Dschungel einmal ein Drehkreuz des Opiumhandels; das Opium wurde vom birmanischen Warlord Khun Sa über die Grenze geschmuggelt. Es gibt aber keinen offiziellen Grenzübergang und das moderne Tha Ton ist ein ruhiges Provinznest, in das nur wenige Traveller kommen, die flussabwärts nach Chiang Mai fahren wollen.

Die Bootsfahrt den Fluss hinunter ist von Juli bis Dezember möglich, den Rest des Jahres ist man vielleicht der einzige Ausländer in der Stadt. Nichtdestotrotz kann man hier einige interessante Abstecher unternehmen, darunter Bootstouren zur birmanischen Grenze und Tagestouren auf der Straße nach Mae Salong oder zu den heißen Quellen im Doi Pha Hompok National Park. In der Stadt lebt eine beträchtliche Gruppe von Yunnan-Chinesen, die in der kleinen Moschee im chinesischen Stil gleich südlich der Bootsanlegestelle beten.

In der Stadt sollte man sich vor den Hundemeuten in Acht nehmen, die aggressiv sein können.

Sehenswertes & Aktivitäten

Die Unterkünfte in Tha Ton können **Trekking- und Rafting-Touren** zu einer Reihe von Dörfern der Bergvölker organisieren, in denen Palaung, Schwarze Lahu, Akha, Karen und Yunnanesen leben. Sie sind nicht ganz so traditionell wie die Dörfer direkt auf der anderen Seite der Grenze, aber ursprünglicher als die Stammesdörfer in der Nähe Chiang Mais. Für eine Trekkingtour sollte man pro Tag und Person mit etwa 1000 B rechnen, eine zweitägige Rafting-Tour (nur von Okt.–Feb.) kostet ab 2500 B.

Wat Tha Ton BUDDHISTISCHER TEMPEL

(วัดท่าตอน; ☎053 459309; www.wat-thaton.org; Spende erbeten) GRATIS Westlich von Tha Ton erstreckt sich gleich südlich der Brücke dieser faszinierende Klosterkomplex über mehrere bewaldete Hügel. Die Gebäude des Wats liegen auf neun Ebenen, und jeder hat eine eigene Zusammenstellung überlebensgroßer Statuen und einen grandiosen Blick nach Norden Richtung Myanmar oder nach Osten über die Tha-Ton-Ebene zu bieten.

Auf der ersten Ebene steht eine Statue von Kuan Yin, der chinesischen Göttin des Mitgefühls; auf Ebene 3 gibt es einen fülligen chinesischen Buddha und einen hoch aufragenden weißen sitzenden Buddha im Thai-Stil; auf Ebene 4 befindet sich ein riesiger sitzender Buddha mit einer *naga*-Kutte. Ebene 8 krönt den Hügel mit einem bunten Stupa namens Chedi Kaew und auf Ebene 9 (zu erreichen entlang der Straße, die hinter dem *chedi* über den Sattel führt) trägt ein riesiger goldener stehender Buddha eine Bettelschale von der Größe eines Kessel. Von den Flügelfruchtbäumen ringsum segeln die Samen wie kleine Helikopter durch die Luft. Für den Tempel sollte man sich ruhig eine Stunde Zeit nehmen.

Bootsfahrt nach Chiang Rai BOOTSFAHRT

(☎053 053727; Ticket 350 B; ⌚Abfahrt 12.30 Uhr) Während der Regenzeit und solange der Wasserpegel hoch genug ist (Juli–Dez.) fahren täglich Longtail-Boote zwischen Chiang Rai und Tha Ton. Die malerische Route führt vorbei an Gebieten unberührten Waldes, Flussklöstern und Dörfern mit strohgedeckten Hütten und Fischern, die im flachen Wasser ihre Netze auswerfen.

Die Fahrt dauert abhängig von den Bedingungen auf dem Fluss und der Zahl der Zwischenhalte drei bis fünf Stunden. In jedem Boot können sechs bis zwölf Passagiere mitfahren, die Bootsbetreiber sind aber manchmal unwillig zu fahren, wenn die Boote unterbesetzt sind. Wer das ganze Boot chartern will, zahlt 2200 B. Man kann die Fahrt auch (viel langsamer) von Chiang Mai flussaufwärts unternehmen.

NICHT VERSÄUMEN

DIE SORGEN WEGWASCHEN

Der **Doi Pha Hompok National Park** (Doi Fang/Mae Fang National Park; ☎053 453517; www.dnp.go.th; Eintritt Erw./Kind 300/150 B, Auto/Motorrad/Fahrrad 30/20/10 B; Camping 30 B/Pers., Bungalows 1000–2000 B; ⌚7–19 Uhr), der 10 km westlich von Fang bei Ban Meuang Chom nahe der landwirtschaftlichen Station liegt, ist teils Nationalpark und teils öffentliches Thermalbad mit einem herrlichen Thermalquellen-Komplex (auf Nordthailändisch *bor náam hórn*) in einem mit Felsbrocken übersäten Wald. Fußwege schlängeln sich über eine offene Wiese, die mit über 40 Thermalquellen gespickt ist, deren Dampf bis zu 30 m hoch in die Luft schießt. Über den Pfaden wabern malerische Dampfwolken. Das mineralienreiche Wasser wird auf eine erträgliche Temperatur heruntergekühlt und in mehrere private Badehäuser (Erw./Kind 50/20 B) und einen öffentlichen Pool gepumpt. Eine Sauna (30/10 B) und Massageangebote machen das Ganze komplett.

Am Wochenende kommen die Einwohner von Fang hierher, um zu baden und Eier zu kochen, doch unter der Woche ist es hier herrlich ruhig. Es gibt mehrere Cafés, und übernachten kann man in einfachen, aber komfortablen Bungalows sowie auf einem Campingplatz, der Zelte verleiht.

Hinter dem Thermalkomplex besteht der Park aus bewaldeten Bergen mit vielen Wanderwegen und Waldzeltplätzen. Das beliebteste Wanderziel ist der 2285 m hohe Gipfel des Doi Pha Hompok, des zweithöchsten Berges Thailands. Viele Wanderer campen unterhalb des Gipfels und brechen frühmorgens auf, um den Gipfel mit seinem weiten Blick über die Landschaft bei Sonnenaufgang zu erreichen. Oben auf dem Berg beträgt die Durchschnittstemperatur allerdings nur frische 2 °C im Winter und 14 °C im Sommer.

Um in den Park zu kommen, biegt man von der Rte 107 auf die Rte 5054 ab und folgt den Schildern.

Viele Traveller steigen unterwegs im Lahu-Dorf **Mae Salak** oder im Karen-Dorf **Ban Ruammit** aus und wandern auf der Suche nach einer unkommerzielleren Begegnung mit den Bergvölkern in die Berge. **Doi Wawi**, das südlich von Mae Salak liegt, ist eine große, multiethnische Gemeinschaft, in der Yunnanesen, Bergvölker und Thais leben. Die Café-Kette Wawee bezieht ihre Kaffeebohnen ausschließlich aus dieser Gegend. In der Nähe befinden sich Dutzende Dörfer der Bergvölker, darunter die größte Akha-Gemeinde (Saen Charoen) und die älteste Lisu-Siedlung (Doi Chang) Thailands; beide Orte sind auch für ihren Kaffee bekannt.

Schlafen & Essen

Die Pensionen von Tha Ton liegen von der Brücke aus an beiden Seiten des Flusses. Die meisten von ihnen können Trekkingtouren, Bootsfahrten und Leihfahrräder und -motorräder organisieren. In der Nebensaison (Jan.–Juni), wenn der Wasserstand für Bootsfahrten zu niedrig ist, schließen einige Unterkünfte.

Alle Pensionen haben Restaurants am Fluss, und an der Hauptstraße südlich der Brücke gibt's weitere Cafés und lokale Restaurants.

Apple Resort RESORT **$**
(053 373144; applethaton@yahoo.com; Zi. 500–1200 B;) Das Apple nutzt seine Lage gegenüber der Bootsanlegestelle am Nordufer optimal: Im Garten stehen preiswerte Bungalows mit Ventilatoren, am Ufer sehr viel einladendere Bungalows mit wunderbaren Terrassen mit Blick aufs Wasser. Im freundlichen Uferrestaurant kann man Tha Tons schönste Seite erleben: den Fluss im Mondschein. Das Frühstück ist im Preis enthalten.

★ **Old Tree's House** RESORT **$$**
(085 722 9002; www.oldtreeshouse.net; Bungalows 1200–2800 B;) Der Weg zu diesem französisch-thailändischen Resort auf einem Hügel führt an einer Zementfabrik vorbei und ist nicht gerade inspirierend, doch sobald man den üppigen tropischen Garten erreicht hat, gerät man ins Schwärmen. Das Old Tree's macht einfach alles richtig, vom neuen Restaurant mit Blick aufs Tal bis zu den tadellosen Bungalows mit Wänden aus Bambusmatten und dem idyllischen, von Palmen gesäumten Pool. Die Abzweigung befindet sich 400 m hinter Tha Ton.

Saranya River House HOTEL **$$**
(053 373143; www.thatonthailand.com; Zi. ab 1000 B;) Ein stilvolles, modernes Hotel an der Bootsanlegestelle mit einem Pool hinterm Haus. Die geschmackvolle Inneneinrichtung kombiniert Thai-Elemente mit Art déco. Das Frühstücksbüffet kostet 200 B extra.

Garden Home Nature Resort RESORT **$$**
(053 373015; gardenhome14@hotmail.com; Zi. mit Ventilator 300 B, mit Klimaanlage 800–1500 B;) Die ordentlichen, strohgedeckten Bungalows verteilen sich in einer ruhigen, grünen Anlage voller Litschibäumen und Bougainvillea. Es gibt auch ein paar Steinbungalows und drei größere, luxuriösere Bungalows am Fluss mit TV, Kühlschrank und hübschen Verandas.

Thaton River View HOTEL **$$**
(053 053589; thatonriverview@hotmail.com; Zi. ab 1450 B;) Dieses etwas abgewetzte Hotel liegt perfekt direkt am Fluss; vom Restaurant schaut man aufs bewaldete Südufer. Die Bungalows am Ufer sind über hölzerne Plankenwege miteinander verbunden und mit polierten Holzböden ausgestattet. Angesichts der vom Zahn der Zeit angenagten Einrichtungen und des schwankenden Services ist der Preis aber ganz schön hoch.

An- & Weiterreise

Die Hauptbushaltestelle von Tha Ton liegt einen langen Fußweg Richtung Süden am Highway, die Busse halten aber auch auf dem Parkplatz gleich nördlich der Brücke. Busse fahren u. a. nach:

Bangkok (670–1000 B, 14 Std., 3-mal tgl.)
Chiang Dao (65 B, 2½ Std., 6-mal tgl.)
Chiang Mai (90 B, 4 Std.; 6-mal tgl.)
Fang (14 B, 30 Min., 6-mal tgl.)

Nach Fang kommt man auch mit den gelben *sŏrng·tăa·ou* (25 B), die die Hauptstraße auf der Suche nach Fahrgästen auf und ab fahren. Klimatisierte Minivans von Tha Ton nach Chiang Dao kosten 150 B; wer sie buchen will, erkundigt sich bei seiner Unterkunft. Auf dem Landweg erreicht man Chiang Rai mit dem *sŏrng·tăa·ou* nach Mae Salong (60 B, 1½ Std., 3-mal tgl.), wo man nach Chiang Rai oder Fang umsteigt.

Wer ein Auto oder Motorrad hat, kann nach Mae Salong weiterfahren: Dazu nimmt man zunächst die Rte 107, biegt dann auf die Rte 1089 ab und folgt der durchgängig asphaltierten, manchmal aber tückischen Bergstraße vorbei an vereinzelten Lisu- und Akha-Dörfern. Pensionen in Tha Ton verleihen für 350 B pro Tag Motorräder.

SÜDLICHES CHIANG MAI

Direkt südöstlich von Chiang Mai liegt das Ping-Tal, eine fruchtbare Ebene, die sich bis zu den dicht bewaldeten Bergen erstreckt. Im Südwesten erhebt sich der höchste Berg Thailands, der Doi Inthanon (2565 m).

San Kamphaeng & Bo Sang สันกำแพง/บ่อสร้าง

Die Stadt **San Kamphaeng**, die 14 km südöstlich von Chiang Mai an der Rte 1006 liegt, war früher ein berühmtes Produktionszentrum für Baumwolle, Seide und andere handwerkliche Erzeugnisse, doch viele der kleinen Fabriken sind fortgezogen und die verbliebenen wirken ein wenig, als ob sie vom Glück verlassen wären. *Sŏrng-tăa-ou-* und *rót-daang*-Fahrer in Chiang Mai drängen Touristen sehr zu Touren nach San Kamphaeng, um dort Fabriken und Werkstätten zu besuchen, von denen sie eine Provision bekommen. Man kann die Stadt aber problemlos mit öffentlichen Verkehrsmitteln erreichen, es gibt also keinen Grund, das Schleppersystem zu unterstützen, wenn man das nicht möchte.

Wer Lust auf einen solchen Ausflug hat, besucht am besten das faszinierende „Schirmdorf" **Bo Sang** gleich westlich von San Kamphaeng. Hier gibt es eine Reihe von Souvenirgeschäften, Ausstellungsräumen und Werkstätten, die in erster Linie Papier sowie Bambusschirme und Regenschirme herstellen. Die Erzeugnisse sind aber nicht gerade billig und man findet ganz ähnliche auch auf dem Nachtmarkt in Chiang Mai.

Ende Januar zieht beim erstaunlich untouristischen **Bo Sang Umbrella Festival** *(têt·sà·gahn rôm)* eine bunte Schirmparade durch die Hauptstraße von Bo Sang.

ℹ An- & Weiterreise

Weiße *sŏrng·tăa·ou* nach San Kamphaeng (20 B, 30 Min.) fahren regelmäßig in der Gasse südlich des Markets Talat Warorot in Chiang Mai ab; weiße *sŏrng·tăa·ou* nach Bo Sang (20 B, 25 Min.) starten am Ufer in der Th Praisani.

Thermalquellen San Kamphaeng

Die wunderbaren **Thermalquellen San Kamphaeng** (☎053 037101; Erw./Kind 100/50 B; Zi. ab 1000 B, mit Badehaus ab 1300 B; Camping 50 B/Pers.; ⏰7–20 Uhr) liegen ca. 36 km östlich von Chiang Mai an einer kleinen Landstraße, die von der Rte 1317 bei Mae On nach Norden führt. In einem weitläufigen Garten warten öffentliche und private Badehäuser, Massagepavillons und der gemächliche, heiße Fluss, in dem man seine müden Knochen einweichen kann. Am Wochenende kommen scharenweise Einheimische zum Picknicken und kochen im Dampf, der 100 °C heiß aus dem Boden steigt, Eier. Unter der Woche ist es hier aber still und friedlich, nur der Dampf zischt und rauscht aus den Ventilen. Wer komplett ins Wasser eintauchen will, zahlt 50/30 B (Erw./Kind) für ein Bad im öffentlichen Mineralpool oder 60 B für 15 Minuten in einem privaten Badehaus. Man kann in einfachen, aber komfortablen Zimmern übernachten, außerdem gibt's einen Campingplatz und mehrere Restaurants, die Thai-Küche servieren.

Schicker übernachtet man im **Roong Aroon Hot Spring Resort** (☎053 939128; www.chiangmaihotspring.com; Zi. Mo–Fr ab 1600 B, Sa & So 2000 B) einige Kilometer hinter den Hauptquellen. In einem hübschen Garten mit Steinen, die ein wenig an Tiere erinnern, bietet es blitzsaubere Hütten und eigene Mineralbäder, -pools und -dämpfe.

Hang Dong หางดง

Das Dorf **Hang Dong**, etwa 15 km südlich von Chiang Mai an der Rte 108 gelegen, brachte es mit der Herstellung und dem Verkauf von Möbeln, Holzschnitzarbeiten, Antiquitäten (echten und Kopien) und Kunsthandwerk zu Wohlstand. Hang Dongs „Möbelmeile", die Th Thakhilek, führt von der Rte 108 nach Osten in Richtung Ban Tawai; sie zweigt gleich südlich des Marktes ab. Die Straße säumen Dutzende Antiquitäten- und Kunsthandwerksläden, die alles Erdenkliche von aufwändig gestalteten alten chinesischen Hochzeitsbetten (zu astronomischen Preisen) über gigantische buddhistische Holzschnitzereien und birmanische Lackkästen bis zu preiswerterem und kompakterem thailändischen Krimskrams verkaufen. Auch zahlreiche Transportfirmen, die den weltweiten Versand übernehmen, sind in der Straße ansässig.

Die Geschäfte sind täglich von 8 bis 17 Uhr geöffnet. Gut umschauen kann man sich bei **De Siam** (☎053 441254; www.desiam-antiques.com; Th Thakhilek) nach extravaganten alten Betten und Schränken; bei **The Mandala** (☎081 490 9251; Th Thakhilek) nach altem japanischem Schmuck, bei **Siripat Antique** (☎ 053 433246; Th Thakhilek) nach Reproduktionen von Antiquitäten und riesigen Holzschnitzarbeiten; bei **Maharaj Interiors** (☎ 087 692 1691; Th Thakhilek) nach indischen Türen und Kommoden; bei **Chilli Antiques & Arts** (☎ 053 433281; 125 Th Thakhilek) nach erstklassigen thailändischen und birmanischen Buddhas; bei **World Port Services** (☎ 053 434200; www.legendscollection.com; Th Thakhilek) nach kleinerem Kunsthandwerk und birmanischen Lackwaren; und bei **Crossroads Asia** (☎ 053 434650; www.crossroadsasia.com; 214/7 Th Thakhilek, Chaiyo Plaza) nach Ethno-Kunst und Textilien aus 26 Ländern.

In Hang Dong befindet sich auch der **Dokmai Garden** (dokmai.garden@gmail.com; 386 Mu 10, Namprae, Hang Dong; Eintritt 300 B; ⏲ Jan.–Juli), ein privater botanischer Garten, der einheimische Pflanzen schützt und züchtet. Die Zukunft des Gartens steht aber in den Sternen, denn die Besitzer wollen auswandern; nach der aktuellen Situation kann sich per E-Mail erkundigen.

Vom Pratu Chiang Mai fahren *sŏrng·tăa·ou* nach Hang Dong (20 B, 20 Min.). Am einfachsten ist es aber, wenn man einen *rót daang* chartert, dann kann man auch das nahegelegene Ban Tawai besuchen und seine Einkäufe nach Hause schaffen.

Ban Tawai บ้านถวาย

Das 2 km östlich von Hang Dong gelegene **Ban Tawai Tourism Village** (www.ban-tawai.com; ⏲ Mo–Sa 9–18 Uhr) ist ein enormer, fußgängerfreundlicher Touristenmarkt, auf dem Hunderte kleiner Stände Kunsthandwerk und Schnickschnack verkaufen, mit dem man zu Hause seine Bleibe verschönern kann. Das riesige Unternehmen wurde von einheimischen Holzschnitzern ins Leben gerufen, die für ihr Talent und ihre große Produktionsmenge bekannt sind. Heute werden die Holzarbeiten in großem Stil von Werkstätten wie Sriboonmuang in Zone 5 produziert. Das Ganze ist sehr kommerziell. In sechs überdachten „Zonen" gibt's hier die gleichen kunsthandwerklichen Erzeugnisse und Souvenirs wie in den Walking-Street-Märkten in Chiang Mai (S. 346). Angesichts von Schildern wie „antiques made to order" (Antiquitäten auf Bestellung) sollte man schon ins Grübeln kommen, wie alt die angebotenen Antiquitäten wirklich sind.

Vom Pratu Chiang Mai (20 B, 20 Min.) fahren *sŏrng·tăa·ou* nach Ban Tawai; wer ein *rót daang* chartert, kann aber gleich auch das benachbarte Hang Dong besuchen.

Doi Inthanon National Park อุทยานแห่งชาติดอยอินทนนท์

Der höchste Berg Thailands, der Doi Inthanon (oft zu Doi In abgekürzt) erhebt sich 2565 m über dem Meeresspiegel – eine beeindruckende Höhe für das Königreich, aber ziemlich bescheiden verglichen mit den Gipfeln des Himalaja. Im in undurchdringlichen Dschungel gehüllten, 1000 km² großen **Nationalpark** (☎ 053 286730; Erw./Kind 300/150 B, Auto/Motorrad 30/20 B; ⏲ 4–18 Uhr), der sich rund um dieses Granitmassiv erstreckt, befinden sich Wanderwege und Wasserfälle. Wenn die Hitze in Chiang Mai unerträglich wird, kommen die Einheimischen zu Tagesausflügen zum Doi Inthanon, besonders während der Neujahrsferien, wenn man am Gipfel das seltene Ereignis Frost erleben kann.

Sehenswertes & Aktivitäten

Hier dreht sich alles darum, so weit wie möglich hinauf zu kommen, um das Leben in der kälteren Klimazone zu erleben. Am Gipfel des Doi Inthanon ist der Wald kühl und dunkel, und wegen der Kondensation der warmen, feuchten Luft, die von unten aufsteigt, bildet sich oft Nebel. Die Atmosphäre ist fast überirdisch und manchmal auch etwas gespenstisch, besonders wenn man allein im Nebel ist. Man sollte es den thailändischen Besuchern gleichtun und eine Jacke sowie einen Schirm oder Regenponcho für den Fall plötzlicher Schauer mitnehmen.

Zum **Gipfel** selbst führt ein kurzer Weg in der Nähe der Radarstation, direkt hinter den beiden *chedi* des Doi Inthanon. Am Ende stehen ein Schild mit der Aufschrift „Highest Point in Thailand" und ein Schrein für einen der letzten Lan-Na-Könige (Inthawichayanon). Eine großartige Aussicht darf man nicht erwarten, von den Terrassen der beiden *chedi* sieht man mehr. Das winzige Café am Flußweg steuern auch viele exotische Vögel an.

Auf den nebligen oberen Hängen wachsen viele Orchideen, Litschiepflanzen, Moose und Aufsitzerpflanzen, und in den Baumkronen sind 385 Vogelarten beheimatet, mehr als in irgendeinem anderen thailändischen Habitat. Man sollte auf Farbtupfer

ABSTECHER

BAN MAE KAMPONG แม่กำปอง

Etwa 50 km nordöstlich von Chiang Mai versteckt sich im grünen Dschungel oberhalb der Rte 1317 das kleine Dorf **Ban Mae Kampong**, das sich zu einem unkonventionellen Rückzugsort von Travellern entwickelt hat, die der Kommerzialisierung Chiang Mais entkommen und das dörfliche Leben wiederentdecken wollen. Die meisten Besucher kommen im Rahmen einer Zipline-Tour von **Flight of the Gibbon** (S. 356) in diese Gegend, doch es lohnt sich auch, auf eigene Faust herzukommen, um das Dorf und den Dschungel ringsum zu erkunden.

Ban Mae Kampong, das 1300 m hoch liegt, ist in der Gegend als Produktionszentrum für *mêeang* (eingelegte Teeblätter) bekannt, und viele kleine Cafés in der Straße durchs Dorf servieren den hiesigen Kaffee. Die steile Straße führt weiter durch den Wald bis zum **Chae Son National Park** (☎ 054 380000; Erw./Kind 200/100 B; Zi. ab 900 B), der mit Wasserfällen, Thermalquellen und Cottages im Wald lockt.

Bewohner der Gegend haben ein Community Ecotourism Committee (Gemeinde-Ökotourimuskomitee) gegründet, und Besucher können bei mehreren einheimischen Familien übernachten (Zi. 600 B); einfach auf Häuser mit einem Schild „Homestay" achten. **Tiger Trail Thailand** (☎ 053 278517; www.tigertrailthailand.com) in Chiang Mai organisiert ebenfalls Minibustouren mit Übernachtung, und man kann auch eine mehrtägige Tour bei Flight of the Gibbon buchen. Weitere Informationen über das Dorf stehen auf der Seite www.mae-kampong.com.

Alternativ kann man einige Kilometer bergab von Ban Mae Kampong in den **Tharnthong Lodges** (☎ 081 961 538; www.tharnthonglodges.com; Zi. 1200–4000 B), einer angenehmen Anlage im Robinson-Stil, übernachten. In einem mit Statuen gespickten Dschungelgarten – darunter ein unpassender Osterinsel-Kopf – stehen hölzerne Bungalows und ein Restaurant mit Blick auf einen Kieselbach.

Öffentliche Verkehrsmittel gibt es nicht, man erreicht das Dorf aber leicht mit einem anständigen Motorrad oder einem gemieteten *rót daang* – man fährt einfach auf der Rte 1317 an Mae On vorbei nach Ban Huai Kaew und folgt von dort der ausgeschilderten Straße rechter Hand.

im Wald achten – das könnten die leuchtend blauen Nivaltas, die gelbköpfigen Königsmeisen oder die grauschwänzigen Nektarvögel sein. Von Februar bis April ist beste Zeit, um Vögel zu beobachten; am besten sind die Chancen in den *beung* (Moore) unterhalb des Gipfels. Auf dem Berg leben auch Assam-Makaken, Phayre-Brillenlanguren, Gibbons, Indische Zibetkatzen, Muntjaks und Riesengleithörnchen – alles in allem etwa 75 Säugetierarten.

Die meisten Besucher steuern geradewegs die Stupas und den Gipfel an. Den einzigen leichten Zugang in den Wald bietet der rutschige **Ang Ka Trail** (ein 360 m langer Plankenweg), der in der Nähe der Kilometer-48-Markierung in den Nebelwald hinein führt. Der **Kew Mae Pan Nature Trail** (Eintritt & Gebühr für Führer 200 B; ⏲ Okt.–Juni), eine etwas anspruchsvollere Dschungelwanderung, beginnt in der Nähe der Kilometer-42-Markierung und windet sich fast 3 km an mehreren Aussichtspunkten und einem hübschen Wasserfall vorbei; ein Führer ist Pflicht und sollte im Hauptquartier des Parks angeheuert werden. Die beste Sicht herrscht in der Trockenzeit von November bis Februar.

Im Park liegen auch einige Dörfer von Bergvölkern, von denen aber keines besonders malerisch ist. Die meisten Angehörigen der Bergvölker arbeiten heute auf Farmen und in Gärtnereien an den unteren Berghängen. Der Besuch des Hmong-Dorfs **Ban Khun Klang** in der Nähe des Hauptquartiers des Nationalparks lohnt wegen des Blicks auf den Wasserfall Siriphum.

Wasserfälle

In der Regenzeit saugt das Hochland den Regen wie ein Schwamm auf, und von dort strömt es dann in wilden Fluten über acht dramatische Wasserfälle hinunter ins Tiefland. Wegen der Gefahr von Sturzfluten sollte man zwar nicht schwimmen, doch die Wasserfälle sind nach Regenfällen spektakulär und wunderschön.

Der am leichtesten zugängliche Wasserfall ist der **Nam Tok Mae Klang** in der Nähe der Kilometer-8-Markierung und der

Abzweigung von der Rte 108 (die ausgeschilderte Straße direkt vor dem Eingang zum Nationalpark nehmen); am Wochenende kommen aber viele Thailänder zum Picknick und sogar Reisebusse, sodass es ziemlich voll werden kann. Eine Straße in der Nähe der Kilometer-21-Markierung führt zum **Nam Tok Wachirathan**, der in einem bewaldeten Becken liegt. Sein riesiger, aufgewühlter Wasserschleier fällt 50 m in die Tiefe und kann nach starkem Regen so laut wie ein AC/DC-Konzert sein. Am Parkplatz verkaufen mehrere Stände leckeres Essen. Der **Nam Tok Siriphum** in der Nähe der Kilometer-30-Markierung wirkt wie ein zarter silberner Schleier, wenn man ihn vom nahen Dorf Ban Khun Klang aus betrachtet.

Chedi

3 km vor dem Gipfel stehen in einem üppigen tropischen Garten die beiden Stupas **Phra Mahathat Naphamethanidon** und **Phra Mahathat Naphapholphumisiri** (Km 41–42; Eintritt für beide 40 B; ⏲6–18 Uhr), die von der Royal Thai Air Force zu Ehren des thailändischen Königs bzw. der thailändischen Königin gebaut wurden. Die längliche Knospenform des *chedi* Naphamethanidon aus rotem Granit spiegelt sich in den rosa Granittürmen des *chedi* Naphapholphumisiri wider; beide sind in einem modernen Stil erbaut, der sie von anderen Denkmälern Nordthailands abhebt. In den beiden *chedi* befinden sich Buddha-Statuen und Reliefs mit buddhistischen Szenen, und von ihren Terrassen bietet sich ein großartiger Blick.

Schlafen & Essen

Im Park übernachten können Besucher in komfortablen Bungalows (die schönsten mit Blick aufs Wasser) in der Nähe des Nationalparkinformationszentrums im Dorf Ban Khun Klang, nahe der Kilometer-31-Markierung. Unweit davon befindet sich an der Straße ein Restaurantkomplex mit mehreren Lokalen im Stil von Straßenständen. Weitere Imbissstände gibt es am Nam Tok Wachirathan. Am Nam Tok Mae Pan kann man auch zelten (eigene Ausrüstung mitbringen). Eine Alternative bieten einige akzeptable Unterkünfte gleich außerhalb des Parks nahe der Kreuzung Rte 1009 und Rte 108.

Ratchaphruek Hotel HOTEL $

(☎053 341901; www.ratchaphruekhotel.com; Zi. 350–1200 B; ❄📶) Das etwas anstaltsmäßig wirkende Hotel in der Nähe der Abzweigung zum Doi Inthanon hat recht altmodische Zimmer und eine lärmende Karaoke-Bar; am besten fragt man nach einem Zimmer abseits des Gedudels.

Little Home Inthanon Resort BUNGALOW $$

(☎053 033555; www.littlehomeinthanonresort.com; Hütte 600–800 B, Zi. ab 1000 B; ❄📶) Die Bungalowanlage mit verschiedenen kastenförmigen Bungalows mit roten Zinndächern erinnert ein wenig an ein Motel. Doch der Preis stimmt und das Frühstück ist inbegriffen.

Touch Star Resort HOTEL $$$

(☎080 589 9168; www.touchstarresort.com; Zi. 1000–6000 B; ❄📶🏊) Das Touch Star bietet vergleichsweise mehr Komfort und Luxus als die anderen Unterkünfte im Doi Inthanon National Park. Es ist gut ausgeschildert; von der Rte 1009 führt eine schmale Straße in der Nähe der Kilometer-7-Markierung zum Hotel. Es gibt ganz unterschiedliche Zimmer, von Schweizer Chalets bis zu tropischen Bungalows.

Doiin View BUNGALOW $$$

(☎053 033567; www.doiinview.com; Bungalows ab 2200 B; ❄📶) Die neue Unterkunft in Chom Thong an der Rte 1009 wartet mit hübschen, gemütlichen Holzbungalows in einem gepflegten Garten und Leihfahrrädern für Gäste auf.

An- & Weiterreise

Die meisten Besucher kommen mit dem eigenen Fahrzeug oder im Rahmen einer Tour von Chiang Mai. Mit dem Motorrad oder Moped dauert die Fahrt von und nach Chiang Mai jeweils etwa 2½ Stunden.

Wer mit öffentlichen Verkehrsmitteln in den Park will, nimmt zunächst einen Bus von Chiang Mai nach Chom Thong (60 B) an der Rte 108. Von der Highway-Kreuzung fahren gelegentlich öffentliche *sŏrng·tăa·ou* in den Park, aber nur zum Gipfel und zurück. Angesichts des Risikos, festzusitzen, macht es mehr Sinn, einen ganzen *sŏrng·tăa·ou* für die Hin- & Rückfahrt zu chartern (ca. 1000 B).

Nordostthailand

Inhalt ➡

Gut essen

- Maeya (S. 425)
- Khao Tom Raeng Ngan (S. 405)
- Rung Roj (S. 468)
- Jumpa-Hom (S. 468)
- Goodmook* (S. 440)

Schön übernachten

- Mekong Riverside Resort & Camping (S. 410)
- Mut Mee Garden Guest House (S. 415)
- Loei Village (S. 405)
- Tohsang Khongjiam Resort (S. 473)
- Hotel des Artists (S. 453)

Auf nach Nordostthailand!

Der Nordosten Thailands alias Isan (sprich: *ih-sähn*) erstreckt sich vom wilden Mekong (Mae Nam Khong) bis hinunter zum Rand des Khorat-Plateaus. Die Region beheimatet die schönsten Nationalparks und ältesten Tempelruinen des Landes. Sie ist vom nahe gelegenen Kambodscha und Laos beeinflusst sowie in religiöser Hinsicht sehr bedeutsam. Kultur und Küche haben hier ein ganz eigenes Gesicht.

Der relativ trockene Nordosten ist Thailands bevölkerungsreichste und flächenmäßig zweitgrößte Region. Bekannt ist er für seine Landwirtschaft, Kultur und hart arbeitende Bevölkerung, weniger jedoch für touristische Sehenswürdigkeiten. Traveller sollten solchen Klischees aber nicht aufsitzen: Hier warten zwar keine Strände oder wilden Partys, aber dafür viele Naturattraktionen, historische Highlights und einzigartige kulturelle Aktivitäten. Die traditionelle Musik reflektiert den Puls der ländlichen Kultur; die Einheimischen sind freundlich und bodenständig. Der ganze Isan folgt seinem eigenen Rhythmus. Wer sich diesem entspannt hingibt, kann sich auf einen äußerst herzlichen Empfang freuen.

Reisezeit

- In den „kühlen" Monaten (Nov.–Feb.) herrscht bestes Reisewetter: Dann fällt kaum Niederschlag, und es ist noch warm, aber kühler als im übrigen Jahr.
- In der heißen Jahreszeit (März–Mai) steigen die Temperaturen auf fast 40 °C und bleiben auch auf diesem Niveau – so wird jeder Regen zum wahren Segen, das Reisen mitunter sehr anstrengend. Allerdings finden dann auch ein paar der besten Festivals statt.
- Während der Regenzeit (Juni–Okt.) ist der Isan am schönsten: Die starken Niederschläge lassen die Wälder und Reisfelder grün werden, die Wasserfälle stürzen wild zu Tal. Doch kann der Regen auch zu einer gewissen Herausforderung werden.

Geschichte

Wie ganz Südostasien hat auch der Isan im Lauf der Jahrhunderte mehrere Wechsel in puncto Identität und nationaler Zugehörigkeit erlebt: Einst stand er unter der Herrschaft der uralten Kulturen von Chenla und Dvaravati. In jüngerer Vergangenheit wurden Teile der Region abwechselnd von Laos und Kambodscha dominiert. Insgesamt reicht die Geschichte der Region rund 5600 Jahre zurück – bis zur Ban-Chiang-Kultur, die mindestens ab 2100 v. Chr. Bronzewerkzeuge verwendete.

Die Königreiche der Dvaravati erlebten ihren Aufstieg irgendwann zwischen dem 7. und 10. Jh. n. Chr.; ansonsten ist über diese Kultur aber nur sehr wenig bekannt. Ihre Spuren sind heute noch in Phu Phrabat (Udon Thani) und Muang Sema (Nakhon Ratchasima) zu finden. Im 9. Jh. fielen die Khmer ein und beherrschten die Region anschließend etwa 400 Jahre lang. Im Großteil des Isan hinterließen sie ihre so markanten wie mächtigen Tempel, deren bemerkenswerteste Exemplare in Phimai (Nakhon Ratchasima) und Phanom Rung (Buriram) bewundert werden können.

Nach dem Niedergang des Khmer-Reichs erstarkte das Königreich Lan Xang (Lao). Im 14. Jh. drang es gen Süden und tief in den heutigen Isan vor (bis zur heutigen Provinz Roi Et). Ab dem 17. Jh. fiel die Region in den Einflussbereich des Königreichs Siam, blieb aber überwiegend autonom. Im 19. Jh. geriet sie wieder kurzzeitig unter laotische Herrschaft, als der laotische Prinz Chao Anou gegen die thailändische Oberherrschaft rebellierte: Chao drang mit seinen Truppen in den Isan ein und rückte schnell bis hinunter nach Nakhon Ratchasima vor. Dort scheiterten seine Pläne jedoch – teilweise durch Zutun eines örtlichen Helden, dessen Taten zum Inhalt vieler Volkslegenden wurden.

Mitte des 20. Jhs. wurde ein gezieltes Programm durchgeführt, um dem Isan zum Zweck der nationalen Einheit ein „thailändischeres“ Gesicht zu verpassen. Doch erst in den 1960er-Jahren tätigte Thailands Regierung hier umfangreiche Investitionen (mit beträchtlicher US-Unterstützung), um der vermeintlichen kommunistischen Gefahr entgegenzuwirken. Dies kurbelte die Wirtschaft an und erhöhte die Chancen der Bevölkerung, was die Situation insgesamt schnell verbesserte. Dennoch liegt das regionale Pro-Kopf-Einkommen immer noch auf einem Drittel des Landesdurchschnitts.

Sprache & Kultur

Der Isan ist ein Schmelztiegel aus thailändischen, laotischen und Khmer-Einflüssen. Die regionale Isan-Sprache (hier gebräuchlicher als Thai) ähnelt sehr stark dem Laotischen. Tatsächlich leben im Isan wohl mehr Menschen laotischer Abstammung als in Laos selbst. In den südlichsten Provinzen des Unteren Isan gibt's viele Dörfer, in denen die Khmer-Sprache (Kambodschanisch) bis heute die Muttersprache ist.

Die Region lässt sich grob in drei Bereiche unterteilen: Der Obere Isan umfasst neben Loei, Nong Khai, Udon Thani und Bueng Kan ganz im Norden auch die Provinzen entlang des Mekong. Die Provinzen des Unteren Isan im Süden erstrecken sich zwischen Nakhon Ratchasima und Ubon Ratchathani. Der Zentrale Isan besteht hauptsächlich aus den Provinzen Khon Kaen und Roi Et.

OBERER ISAN

Die nördlichen Regionen des Isan liegen entlang der Grenze zu Laos. Sie säumen die Ufer des Mekong, der sich durch Thailand schlängelt, bevor er Kambodscha und Laos erreicht. Hier findet man ein paar wilde und teils auch spektakuläre Nationalparks.

Letztere bilden zusammen mit ein paar Geschichtsparks die regionale Hauptattraktion. Parallel wird vor allem Ausspannen am Mekong immer beliebter: Entlang der Ufer laden inzwischen einige tolle Luxusresorts zum Relaxen in uriger Umgebung ein.

Provinz Loei

Die westlichste Provinz des Isan hat auf gewisse Weise viel mit Nordthailand gemeinsam: Berge, ethnische Minderheiten und spektakuläre Nationalparks. Im ganzen Nordosten birgt das wunderschöne und vielfältige Loei wohl insgesamt das größte Tourismuspotenzial

Seine Einwohner bezeichnen sich selbst als „thailändische Loei“ und sind stolz auf ihre Kultur. Es wird angenommen, dass diese Volksgruppe in den 1850er-Jahren von Luang Prabang aus über Chiang Mai in ihre heutige Heimat kam. In das grenznahe Loei sind im Lauf der Zeit auch noch andere Ethnien eingewandert. So leben hier u. a. viele Tai Phuan und Tai Dam. Hinzu kommt eine kleine Anzahl von Maew (Hmong).

Highlights

1. Den eigenen Horizont im **Pha Taem National Park** (S. 473) erweitern
2. Elefanten, Hirsche und Vögel im **Khao Yai National Park** (S. 451) beobachten
3. Im **Geschichtspark Phanom Rung** (S. 455) die Architektur und Kunstfertigkeit der Khmer bestaunen
4. Die eigene Schwindelfreiheit auf den klapprigen Laufstegen des **Wat Phu Thok** (S. 430) erproben
5. Die mystische Landschaft des **Geschichtsparks Phu Phrabat** (S. 429) erkunden
6. Bei **Nong Khai** (S. 413) am Mekong relaxen
7. Am spektakulären Aussichtspunkt von **Hin Chang See** (S. 480) in frischer Höhenluft schwelgen
8. Beim **Raketenfest** (S. 486) in Yasothon den Höhepunkt der Trockenzeit feiern

SÜDCHINESISCHE MEER
VIETNAM
LAOS
KAMBODSCHA
0 50 km
Paksan
Bueng Kan
4 Wat Phu Thok
Ban Kham Pia
222
Phu Wua Wildlife Sanctuary
Phon Charoen
Ban Phaeng
212
Ban Chaiburi/ Mae Nam Song Si
Wanon Niwat
NAKHON PHANOM
Tha Khaek
Nakhon Phanom
Phang Khon
SAKON NAKHON
22
Sakon Nakhon
212
13
Renu Nakhon
Phu Phan National Park
223
Mekong
That Phanom
Huay Huat National Park
Talat Klang
Dong Sang Kaw
213
9
Somdet
MUKDAHAN
212
KALASIN
Mukdahan
Savannakhet
Nong Sung
Phra Maha Chedi Chai Mongkhon
Phu Pha Thoep National Park
13
Loeng Nok Tha
Roi Et
Selaphum
AMNAT CHAROEN
Khemmarat
YASOTHON
212
202
Lakhon Pheng
Yasothon
8
Pha Tiu
Amnat Charoen
Ban Si Than
202
Phana
Sam Phan Bok
Phra That Kong Khao Noi
Ku Phra Koh Na
214
Pha Taem National Park 1
23
Ban Pa-Ao
Mun
Ubon Ratchathani
Khong Jiam
Rasi Salai
Khuang Nai
Kaeng Tana National Park
Warin Chamrap
Phibun Mangsahan
Vangtao
Chong Mek
Si Saket
Kheuan Sirinthon
Mekong
Prasat Sikhoraphum
Det Udom
SI SAKET
SURIN
Buntharik
Kantharalak
UBON RATCHATHANI
Sangkha
24
Khun Han
Lalom
Phum Saron
Nohn Sung
Chuor Phnom Dangkrek (Dangkrek Mountains)
Phu Chong Nayoi National Park
Chong Sa-Ngam
Khao Phra Wihan
Chong Phran
Phnom Bach (581 m)
Khao Phra Wihan National Park
Phu Khok Yai (753 m)

Provinz Loei

Die Temperaturen in dem bergigen Terrain schwanken zwischen beiden Extremen: Loei zählt zu den wenigen thailändischen Provinzen, in denen die Quecksilbersäule bisweilen auf unter 0 °C fällt.

Loei เลย

22 700 EW.

In dieser relativ kleinen Provinzhauptstadt findet man sich leicht zurecht. Einige anständige Unterkünfte machen Loei zudem zum praktischen Ausgangspunkt für die Erkundung der regionalen Nationalparks. Der Waldpark am Stadtrand punktet mit toller Aussicht auf die Häuser und die umliegenden Hügel.

Sehenswertes

★ Phu Bo Bit Forest Park AUSSICHTSPUNKT

(วนอุทยานภูบ่อบิด) Auf den 600 steilen Stufen kann man hier seine Beine ganz nett für die Nationalparks der Provinz trainieren (einfache Strecke ca. 30 Min.). Oben wird die Mühe des Aufstiegs dann mit einem herrlichen Rundumblick auf die Stadt und die umliegenden Berge belohnt. Der Park liegt rund 6 km vom Stadtzentrum entfernt an der Rte 2138 (Túk-Túk hin & zurück ca. 250 B inkl. Wartezeit).

Viele Einheimische kommen zu Sonnenuntergang hierher und bleiben bis nach Einbruch der Dunkelheit, um Loeis Lichter zu bewundern. Natürlich ist dies auch eine beliebte Stelle zum Fotografieren.

Loei-Museum MUSEUM

(พิพิธภัณฑ์เมืองเลย; Th Charoenrat; 8.30–16.30 Uhr; P) GRATIS Dieses Museum teilt sich einen stattlichen Altbau mit der Touristeninformation. Im 2. Stock warten hier vor allem Plakate und Broschüren. Zu sehen gibt's aber auch Ausstellungen zu den regionalen Volksgruppen der Tai Phuan und Tai Dam sowie ein paar interessante Trachten. Alles ist auf Thai beschriftet.

Loei-Kulturzentrum MUSEUM
(ศูนย์วัฒนธรรมจังหวัดเลย; ☎042 835223; Rte 201; ⌚8.30–16.30 Uhr) GRATIS Rund 5 km nördlich der Stadt befindet sich das kleine Kulturzentrum auf dem Gelände der Rajabhat-Universität. Wer Dan Sai nicht besucht, kann sich hier Masken und Fotos vom Phi-Ta-Khon-Festival ansehen.

Lak Meung (Stadtpfeiler) BAUWERK
(เสาหลักเมือง; Th Sert-Si) Neben dem San-Chao-Pho-Kut-Pong-Tempel erhebt sich der Stadtpfeiler am Ufer des Mae Nam Loei. Die Umgebung empfiehlt sich sehr für Abendspaziergänge.

Schlafen

Sugar Guesthouse PENSION $
(☎089 711 1975; www.sugarguesthouse.blog.com; Soi 2, Th Wisut Titep; EZ mit Ventilator 200–270 B, DZ mit Klimaanlage 380 B; P❄@📶) Saubere Pension mit einfachen Zimmern. Der freundliche Inhaber spricht Englisch und organisiert Touren zu nahe gelegenen Sehenswürdigkeiten wie Phu Reua (2000 B) oder Phu Luang (1200 B).

Baan Sabai HOTEL $
(☎042 811132; www.baansabailoei.com; abseits der Th Nok Kaew; Zi. 350–400 B; P❄📶) Stilvoll wirkendes Hotel in ruhiger und praktischer Lage. Das Haus wartet mit einem guten Preis-Leistungs-Verhältnis und schlichten, aber anständigen Zimmern (sogar die günstigsten Varianten haben Kühlschränke und hochwertige Matratzen) auf.

★ **Loei Village** BOUTIQUEHOTEL $$
(☎042 833599; www.loeivillages.com; Soi 3, Th Nok Kaew; Zi. inkl. Frühstück 990 B; P❄📶) Schon der herzliche Empfang mit kaltem Willkommensgetränk zeigt: Im Loei Village wird Service großgeschrieben. Auch das fesche Dekor, das tolle Frühstückbüfett und die kleinen Details (z. B. Minibars mit Gratissnacks) machen dieses stilvolle Boutiquehotel zu einer der besten Bleiben der Stadt. Weitere Pluspunkte sind das ausgesprochen hilfsbereite Personal und die Leihfahrräder für Gäste.

Muanmanee Boutique Hotel BOUTIQUEHOTEL $$
(☎042 832353; www.muanmaneehotel.com; Soi 3, 35/59 Nok Kaew; Zi. 90–690 B; ❄@📶) Das recht neue Hotel an einer ruhigen Sackgasse (zweigt von der Soi 3 ab) hat saubere und geräumige Zimmer mit hervorragendem Preis-Leistungs-Verhältnis. In der Lobby gibt's einen einladenden Aufenthaltsbereich. Leihfahrräder für Gäste.

Loei Palace Hotel HOTEL $$$
(☎042 815668; 167/4 Th Charoenrat; Zi. 1200–2500 B, Suite 4000 B; P❄@📶🏊) Loeis nobelstes Hotel wartet mit hilfsbereitem Personal und vielen modernen Extras auf. Zumeist sind viele Zimmer nicht belegt – darum unbedingt nach Rabatten fragen! Der WLAN-Empfang funktioniert nur in den beiden unteren Stockwerken.

Essen & Ausgehen

An der Th Ruamphattana finden sich ein paar Bars.

★ **Khao Tom Raeng Ngan** THAI $
(☎042 033050; 32/12 Th Sert-Si; Gerichte 60–200 B; ⌚17–3 Uhr) Dieses Lokal mit schnellem und freundlichem Service ist so belebt wie die Straße, an der es liegt. Neben der namengebenden Reissuppe *(kôw đôm)* kommen auch zahllose andere, ebenso empfehlenswerte Gerichte auf die Tische. Sollte man dennoch etwas auf der Karte vermissen, wird in der Küche gern improvisiert.

Baan Yai NORDOSTTHAILÄNDISCH $
(Th Maliwan; Gerichte 25–150 B; ⌚11–23 Uhr) Das Restaurant mit originaler Küche à la Isan ist vom Stadtzentrum an die Hauptstraße umgezogen. Dort wird es halb von einer Betonmauer verdeckt und ist daher recht schwer zu finden. Der Laden wirkt etwas chaotisch, kredenzt aber gutes Essen – Ländlich-Regionales (z. B. Ameiseneier, Zikaden, Frösche) ebenso wie thailändische Standardgerichte. Abends gibt's Livemusik (je nach Geschmack gut oder schlecht).

Straßenmarkt NORDOSTTHAILÄNDISCH $
(Th Ruamjit; ⌚16–23 Uhr) Loeis Nachtmarkt in Flussnähe ist prima in puncto Essen und ein nettes Ziel für einen Abendspaziergang.

GRENZÜBERGANG NACH LAOS: VON THA LI NACH KAEN THAO

Visa für Laos bekommen Ausländer an der **thailändisch-laotischen Freundschaftbrücke Nam Heuang** (⌚6–18 Uhr), die wenig genutzt wird und 60 km nordwestlich von Loei in Amphoe Tha Li zu finden ist. VIP-Busse verbinden Loei mit Luang Prabang.

Loei

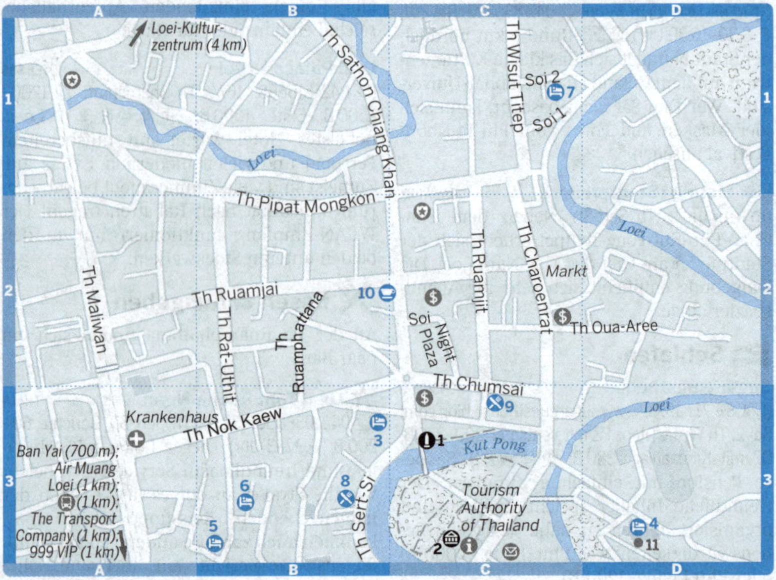

Loei

Sehenswertes
1 Lak Meung (Stadtpfeiler) ... C3
2 Loei-Museum ... C3

Schlafen
3 Baan Sabai ... B3
4 Loei Palace Hotel ... D3
5 Loei Village ... B3
6 Muanmanee Boutique Hotel ... B3
7 Sugar Guesthouse ... C1

Essen
8 Khao Tom Raeng Ngan ... B3
9 Straßenmarkt ... C3

Ausgehen & Nachtleben
10 Phuloei Coffee ... B2

Transport
11 Loei Travel ... D3

Phuloei Coffee CAFÉ
(Th Ruamjai; So–Do 8–19.30, Fr & Sa 8–20.30 Uhr;) Kleines Café mit leckerem Gebäck und gutem Kaffee aus heimischem Anbau.

Praktische Informationen

Tourism Authority of Thailand (TAT; 042 812812; tatloei@tat.or.th; Th Charoenrat; 8.30–16.30 Uhr) Verteilt gute Stadtpläne und hat ausgesprochen hilfsbereites Personal.

Es gibt mehrere Bankfilialen mit langen Öffnungszeiten sowie einen AEON-Geldautomaten im Big-C-Kaufhaus an der Fernstraße.

An- & Weiterreise

BUS

An Loeis **Busbahnhof** (042 833586; Th Maliwan) besteht Verbindung nach Udon Thani (100 B, 3 Std., alle 30 Min.), Khon Kaen (137 B, 3½ Std., stündl.), Khorat (275 B, 6 Std., stündl.), Phitsanulok (154 B, 4 Std., 4-mal tgl.) und Chiang Mai (409–570 B, 10 Std., 4-mal tgl.). Der einzige Bus nach Nong Khai (130 B, 6½ Std.) startet um 6 Uhr und empfiehlt sich sehr, da er der malerischen Route entlang des Mekong folgt. Über Udon Thani kommt man jedoch schneller zum Ziel.

1.-Klasse-Busse rollen regelmäßig nach Bangkok (440 B, 11 Std.) – ebenso VIP-Busse (666 B, tgl. abends) von **Air Muang Loei** (042 832042) und **999 VIP** (042 811706).

Die **Transport Company** (Borisat Khon Song; 042 811706; Busbahnhof Loei) schickt VIP-Busse von Loei nach Luang Prabang (700 B, 10 Std., 8 Uhr). Sie überqueren den Fluss Heuang bei Tha Li, wo Ausländervisa für das Nachbarland direkt erhältlich sind. Dieselbe Firma fährt auch nach Saiyabuli in Laos (500 B, 7 Std.).

FLUGZEUG

Nok Air (☎ 02 900 9955; www.nokair.com) und **Air Asia** (S. 859) verbinden Loei mit dem Flughafen Don Mueang in Bangkok (jeweils 2-mal tgl., ab 990 B). Tickets sind bei **Loei Travel** (☎ 085 010 2426; www.loeitravel.com; ⏲ Mo–Sa 10–17 Uhr) im Loei Palace Hotel erhältlich. Zum Recherchezeitpunkt hatte Air Asia gerade einen neuen Minivan-Shuttle-Service zwischen dem Flughafen und Chiang Khan eingerichtet.

Unterwegs vor Ort

Vom Busbahnhof aus fahren *sŏrng·tăa·ou* (Sammeltaxis; 20 B) und Túk-Túk (sprich: *đúk đúk*; ca. 60 B) quer durch die Stadt.

Das Hotel Loei Village und das Muanmanee halten kostenlose Leihfahrräder für Gäste bereit. Das Sugar Guesthouse hat einen Verleihservice (Fahrrad/Motorrad pro Tag 50/250 B) und organisiert günstige geführte Touren durch die Umgebung. Das Loei Palace Hotel vermietet ebenfalls Drahtesel (halber/ganzer Tag 50/80 B).

Chiang Khan เชียงคาน

6100 EW.

In Form einer florierenden Tourismusbranche profitiert Chiang Khan sehr stark von seiner tollen Lage direkt am Mekong. Der Traumblick hinüber auf die laotischen Berge macht die reizende Flusspromenade und die „Fußgängerzone" (nicht ganz verkehrsberuhigt) mit ihren malerischen Ladenzeilen aus Holz zu den hiesigen Hauptattraktionen. Das Städtchen ist bei thailändischen Urlaubern sehr beliebt und eignet sich prima, um ein paar Tage lang zu relaxen.

Zum Recherchezeitpunkt war geplant, die Promenade am Mekong bis Kaeng Khut Khu zu verlängern und so eine nette Spazierstrecke von insgesamt 4 km Länge zu schaffen.

Sehenswertes

Kaeng Khut Khu AUSSICHTSPUNKT

(แก่งคุดคู้) Die berühmte Biegung des Mekong vor der prachtvollen Bergkulisse mit Blick auf die Stromschnellen geben einen beliebten Zwischenstopp ab. Im umliegenden Park verkauft eine ganze Armada von Straßenhändlern die örtliche Spezialität *má·prów gàaw gâa·ou* (Kokos-Süßigkeit), eine Süßigkeit aus Kokosmilch. Die Stelle liegt 5 km stromabwärts der Stadt; die Fahrt mit dem Túk-Túk kostet 100 B pro Nase.

Phu Thok AUSSICHTSPUNKT

(ภูทอก) In den kühlen Monaten pilgern Besucher zum nahe gelegenen Berg Phu Thok, um den Sonnenaufgang und die Aussicht auf das „Nebelmeer" zu genießen. Wer kein eigenes Vehikel hat, kann Fahrten über das eigene Hotel arrangieren. Dabei geht's zunächst per Túk-Túk zum Berg (100 B/Pers.) und dann mit einem *sŏrng·tăa·ou* (25 B/Pers.) hinauf zu dessen Gipfel.

Wat Si Khun Mueang BUDDHISTISCHER TEMPEL

(วัดศรีคุณเมือง; Th Chai Khong; ⏲ Sonnenaufgang–Sonnenuntergang) Der *bòt* (Zeremonienhalle) im Wat Si Khun Mueang, der wahrscheinlich aus der Zeit Ramas III. stammt, weist einen überwiegend laotischen Stil auf (vor allem im ausladenden Dach zu erkennen), vermischt aber auch zentral- (die Lotuspfeiler) und nordthailändische (die Wache haltenden Löwenfiguren) Stilelemente. Vorn befindet sich eine prächtige Wandmalerei mit Jataka-Legenden.

Aktivitäten

Das Personal der meisten Unterkünfte organisiert Bootsausflüge nach Kaeng Khut Khu oder in die weitere Umgebung. Wegen der schönen Berglandschaft sind längere Touren zu empfehlen. Die Preise hängen vom Benzinpreis ab, eine typische 90-minütige Tour kostet für bis zu zehn Personen um die 1000 B.

Asta Yoga House YOGA

(☎ 086 234 0011; malarinson@hotmail.com; Soi 10; Kurs à 10 Einheiten 1400 B; ⏲ Mo, Mi, Do & So) Khun Malarin unterrichtet Hatha-Yoga und spricht Englisch.

Schlafen

Fast jedes zweite Haus an der Th Chai Khong wurde offenbar zur Pension umgebaut. Da Chiang Khan so beliebt ist, sind die Unterkunftsbetreiber nicht gezwungen, günstige Zimmer anzubieten. Doch Übernachten direkt am Mekong ist hier quasi Pflicht. Die meisten Bleiben verleihen Fahrräder (ca. 50 B/Tag). Aufgepasst: Der Erhalt des historischen Gebäudecharakters bringt vielerorts Gemeinschaftsbäder und dünne Wände mit sich.

Chiangkhan Riverview Guesthouse PENSION $

(☎ 080 741 8055; 277 Th Chai Khong; Zi. mit Ventilator/Klimaanlage 400/600 B, Zi. mit Klimaanlage & eigenem Bad 900 B; ❄ 📶) Die geschmackvoll gestaltete Pension am Mekong verfügt über Quartiere mit Ventilator oder Klimaanlage und Gemeinschaftsbädern oder eigenen

Chiang Khan

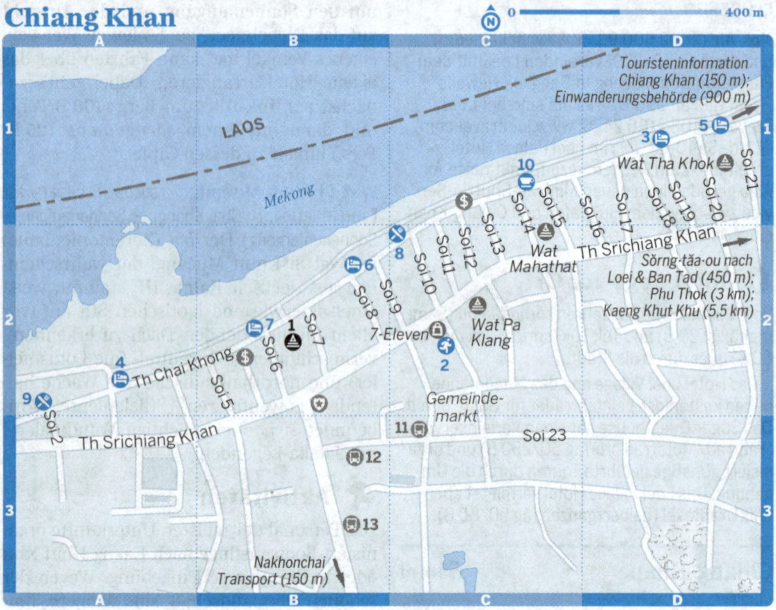

Chiang Khan

Sehenswertes
1 Wat Si Khun Mueang B2

Aktivitäten, Kurse & Touren
2 Asta Yoga House C2

Schlafen
3 Chiangkhan Riverview Guesthouse D1
4 Norn-Nab-Dao A2
5 Old Chiangkhan Boutique Hotel D1
6 Suk Somboon B2
7 Tiw Toy Ngoi Khong B2

Essen
Kit Theung .... (siehe 6)
8 Rabiang Rim Khong C2
9 Soi Song A2

Ausgehen & Nachtleben
10 Toffee Coffee C1

Transport
11 999 VIP C3
12 Air Muang Loei B3
13 Phu Kradung Tours B3

Bädern. Die Architektur ist ein Mix aus Alt und Neu. Die Zimmer punkten mit dunklem Holz, einem coolen Ambiente und teils auch mit Flussblick. Zudem warten hier eine äußerst einladende Terrasse und freundliche Inhaber.

Tiw Toy Ngoi Khong PENSION $$
(☎084 797 0091; Soi 6, Th Chai Khong; Zi. 1200 B) Die blitzsaubere Pension am Fluss hat kein englischsprachiges Schild, liegt aber gleich gegenüber vom Krungthai-Geldautomaten. Die zehn geschmackvollen Zimmer mit großen Doppelbetten sind in der Nachsaison (Feb.–Okt.) deutlich günstiger und dann für nur 500 B zu haben.

Suk Somboon HOTEL $$
(☎092 728 5288; 243/3 Th Chai Khong; EZ/DZ inkl. Frühstück 1000/1500 B; P ❄ 📶) Reizender Flussblick und Vertäfelungen aus dunklem Holz verleihen dem Hotel eine großartige Atmosphäre. Die Betten sind groß und bequem.

Norn-Nab-Dao HOTEL $$
(☎086 792 0215; Th Chai Khong; Zi. inkl. Frühstück 800–1000 B; P ❄ 📶) Im Gegensatz zu vielen örtlichen Neueröffnungen ist dieses Hotel nicht komplett mit Holz eingerichtet. Dennoch verbreitet es einen gewissen Charme. Die nett gestrichenen Zimmer liegen rund um einen zentralen Innenhof.

Chiang Khan Hill Resort HOTEL $$$
(☎ 042 821285; www.chiangkhanhill.com; Zi. 800–4000 B; P❄📶🏊) Die beste Aussicht auf den Kaeng Khut Khu bietet Chiang Khans ältestes Resort, das 5 km östlich der Stadt an den Stromschnellen liegt. Der hauseigene Garten direkt am Mekong und das ziemlich gute Restaurant steigern die Attraktivität zusätzlich. Das Zimmerspektrum reicht von „Reihenhäusern" bis hin zu (zumeist hellen und farbenfrohen) Bungalows.

Old Chiangkhan Boutique Hotel BOUTIQUEHOTEL $$$
(☎ 088 340 3999; Soi 20, Th Chai Khong; Zi. inkl. Frühstück 1500–1700 B) In dem stattlichen alten Wohnhaus im thailändischen Stil werden geschmackvolle Zimmer mit Doppelbetten vermietet. Von den teureren Varianten schaut man auf den Mekong.

Essen & Ausgehen

Soi Song THAI $
(Soi 2, Th Chai Khong; Gerichte 50–150 B; ⊙17–24 Uhr) Das kleine, multifunktionale Lokal ist gleichzeitig Restaurant (Tische, Stühle), Bar (Klubsessel, TV) und Kneipe (Karaoke, Snooker-Billard). Die guten Gerichte auf der englischsprachigen Karte stammen vor allem aus Thailand und dem Nordosten. Zudem gibt's hier Cocktails plus einheimische und internationale Biersorten.

Rabiang Rim Khong THAI $
(Th Chai Khong; Gerichte 50–200 B; ⊙10–22 Uhr) Schon lange vor dem Tourismus-Boom war dieses Lokal bei Einheimischen sehr beliebt. Die Preise sind nun etwas höher, doch die Qualität hat nicht nachgelassen.

Kit Theung THAI $
(☎ 042 821064; 243/3 Th Chai Khong; Hauptgerichte 45–200 B; ⊙11–20.30 Uhr) Wie das Hotel Suk Somboon punktet dessen Hausrestaurant mit dunklem Holz und toller Aussicht auf den Mekong. Auf den Tisch kommen hier thailändische Standardgerichte.

Toffee Coffee CAFÉ
(Th Chai Khong; ⊙7–17 Uhr) Das gemütliche, kleine Café gehört zur Pension Baansupichaya. Bei nettem Blick auf den Mekong kann man hier auf bequemen Stühlen relaxen und Kaffee oder Eiskaffee genießen.

Praktische Informationen

In Chiang Khan gibt's mehrere Bankfilialen (u. a. eine von Krungthai), die im Rahmen ihres Rundumservices auch Bargeld umtauschen.

Vor Ort kann man zudem Fahrräder (ca. 50 B/Tag) und Motorräder (ca. 250 B/Tag) ausleihen.

Touristeninformation Chiang Khan (Soi 21, Th Chai Khong; ⊙10–17 Uhr) Diese Touristeninformation zog zum Recherchezeitpunkt gerade in neue Räumlichkeiten um und müsste inzwischen wieder eröffnet haben.

Einwanderungsbehörde (☎ 042 821911; Soi 26, Th Chai Khong; ⊙Mo–Fr 8.30–16.30 Uhr) Verlängert Visa.

An- & Weiterreise

An der Th Srichiang Khan (Ecke Soi 26) starten *sŏrng·tăa·ou* gen Loei (35 B, 1¼ Std.) – frühmorgens etwa alle 15 Minuten und später, wenn genügend Fahrgäste warten. Unterwegs kann auch am Markt und an der Rte 201 zugestiegen werden. Am Terminal von **Nakhonchai Transport** (Rte 201; ☎ 042 821905) brechen 1.-Klasse-Busse nach Loei (38 B, 45 Min., 9-mal tgl.) auf, die dann über Chaiyaphum (225 B) weiter nach Khorat (311 B, 7 Std.) rollen.

Morgens und am frühen Abend fahren drei Busunternehmen vor ihren eigenen Büros in Richtung Bangkok (je 10 Std., 464–666 B) ab: **Air Muang Loei** (☎ 082 642 1629; Th Srichiang Khan Soi 23), **999 VIP** (☎ 089 893 2898; Soi 9) und **Phu Kradung Tours** (☎ 089 842 1524; Tankstelle an der Rte 201).

Nach Nong Khai besteht keine Direktverbindung. Am schnellsten dorthin geht's über Loei und Udon Thani. Viel malerischer ist jedoch die Route entlang des Flusses, bei der man zuerst ein *sŏrng·tăa·ou* in Richtung Loei bzw. Süden bis Ban Tad nimmt (20 B, 30 Min.) und dort in den Bus nach Nong Khai (startet um 6 Uhr in Loei) umsteigt. Alternativ lässt man sich vom Chauffeur eines Mietautos nach Pak Chom bringen (ca. 700 B), wo Busse nach Nong Khai aufbrechen (80 B, 4 Std., 10 & 15 Uhr). Mit zwei verschiedenen *sŏrng·tăa·ou* geht's ebenfalls (aber umständlicher) nach Pak Chom.

Wer als Selbstfahrer in Richtung Westen unterwegs ist, nimmt idealerweise die wenig genutzten Nebenstrecken entlang des Mae Nam Heuang, die schließlich nach Dan Sai führen.

Pak Chom ปากชม

Rund 70 km östlich von Chiang Khan liegt das verschlafene Pak Chom am Mekong. Das abgeschiedene Städtchen kann dem bekannteren Chiang Khan allgemein nicht das Wasser reichen, hat aber eine deutlich schönere Umgebung: Ein paar hervorragende Resorts machen dies zu einem prima Ziel für alle, die auf rustikales Relaxen und natürlichen Charme stehen. Von Chiang Khan aus führt eine Straße mit herrlicher Aussicht hierher.

Schlafen

★**Mekong Riverside Resort & Camping** RESORT $$
(☎082 272 7472; www.mekongriverside.com; Hwy 211; Villa 1200–1300 B; P❄📶) Das großartige Resort versteckt sich auf einer Kautschukplantage direkt am Mekong und erntet sehr positive Kritiken von Travellern. Eigentümer Mike liefert zahllose Lokalinfos und gibt gute Tipps zu Aktivitäten bzw. Sehenswürdigkeiten vor Ort. Die vier komfortablen Villen sind geschmackvoll eingerichtet; alternativ können Gäste auch zelten. Reservierung ist jedoch immer erforderlich.

Abends findet standardmäßig eine Bootsfahrt statt. Das hervorragende Hausrestaurant (Gerichte 80–400 B) unter der Leitung von Mikes Ehefrau Khun Ben serviert u.a. internationale Küche.

DAS PHI-TA-KHON-FEST IN DAN SAI

Das einzigartige Phi-Ta-Khon-Fest im Dorf Dan Sai verbindet ein buddhistisches Festival (Phra Wet) mit dem Raketenfest (Bun Bang Fai). Das Ergebnis ist ein seltsamer Mix aus angeheiterter Karnevalsstimmung und gruseliger Maskerade à la Halloween.

Die Ursprünge des Ganzen liegen im Dunkeln. Einige der Elemente scheinen jedoch mit Geisterkulten der Thaivölker (vielleicht der Thai Dam) zusammenzuhängen. Das Fest steigt irgendwann im siebten Mondmonat (normalerweise Juni). Den genauen Termin verkündet das einheimische Medium Jao Phaw Kuan, über das sich die Schutzgottheit der Stadt offenbart. Am ersten Festtag vollzieht Jao Phaw Kuan ein Opfer, um Phra Upakud in die Stadt zu bitten (einen erleuchteten Mönch mit übernatürlichen Kräften, der sich in einen weißen Marmorblock verwandelte, um ewig auf dem Grund des Flusses Man zu leben). Dann legen die Einheimischen ausgeflippte Kostüme und Masken an, um zwei Tage lang durchzutanzen – angestachelt von *lôw kŏw* (Whisky aus Reis) und vielerlei sexuellen Anspielungen. Am dritten Tag starten sie ihre Raketen und begeben sich zum Tempel, um die dortigen Predigten zu hören. Im **Phi-Ta-Khon-Museum** (พิพิธภัณฑ์ผีตาโขน; Wat Phon Chai, Th Kaew Asa; ⏱8.30–16.30 Uhr) GRATIS kann man sich super über die Herstellung der Masken informieren und ein paar Kostüme aus nächster Nähe bewundern.

Weitere Attraktionen in Dan Sai: Der **Wat Neramit Wiphatsana** (วัดเนรมิตวิปัสสนา; ⏱Sonnenaufgang–Sonnenuntergang) GRATIS am Ortsrand ist ein schmucker Meditationstempel mit großartigen Gebäuden aus Lateritblöcken. Der nahe gelegene **Phra That Si Songrak** (พระธาตุศรีสองรัก; Rte 2113; ⏱7–17 Uhr) GRATIS ist ein bedeutender *chedi*, der um 1560 an der damaligen Grenze zwischen Thailand und Laos entstand – um daran zu erinnern, dass sich die Königreiche von Ayutthaya und Wiang Chan (Vientiane) erfolgreich gegen die Birmanen verbündet hatten.

Das **Dansai Resort Hotel** (☎089 277 1251, 042 892281; Rte 2013; Zi. mit Ventilator 300 B, mit Klimaanlage 500–700 B; P❄📶) ist eine verlässliche und günstige Option für Übernachtungswillige. Dan Sais tolles **Homestay-Programm** (☎086 862 4812, 042 892339; B 170 B, 2BZ od. DZ ohne/mit Klimaanlage 550/650 B) gibt Besuchern alternativ die Möglichkeit, bei einheimischen Familien zu wohnen und so in das örtliche Leben einzutauchen (die Gastgeber sind zumeist Lehrer, die etwas Englisch sprechen). Details dazu liefert das Personal des Kunsthandwerksladens **Kawinthip Hattakham** (กวินทิพย หัตถกรรม; ☎042 892339; Th Kaew Asa; ⏱8–19 Uhr), der Utensilien für das Phi-Ta-Khon-Fest (u.a. Masken) verkauft und zudem Fahrräder verleiht. Vergleichsweise etwas nobler ist das hervorragende **PhuNaCome Resort** (☎042 892005; www.phunacomeresort.com; Rte 2013; Zi. 4200–6000 B; P❄@📶) 🌿, das einen gewissen Öko-Luxus in super Lage am Ortsrand bietet.

Da das genaue Datum der Feierlichkeiten jedes Jahr von dem örtlichen Medium festgelegt wird, ist es ziemlich schwierig, einen Besuch im Voraus darauf abzustimmen. Die Touristeninformation versucht gerade, das Dorf zur zeitigen Bekanntgabe der zukünftigen Termine zu bewegen. Bis dies von Erfolg gekrönt ist, fragt man am besten per E-Mail bei der Touristeninformation in Loei (S. 406) nach.

Rund 80 km östlich von Loei liegt Dan Sai an der Straße nach Phu Ruea. Zwischen Loei (65–79 B, 1½ Std.) und Phitsanulok (73–102 B, 3 Std.) halten Busse hier alle paar Stunden (Kreuzung der Th Kaew Asa & der Rte 2013).

★ **Mekong Villas** RESORT $$$
(☎ 089 810 0498; www.mekongvillas.com; Hwy 211; EZ in 2-Pers.-Villa 3000 B, Zi. in thailändischem Haus 4000 B, Hütte mit 3 Schlafzi. 10 000 B; P ❄ 📶 🏊) Dieses tolle Refugium empfiehlt sich für alle, die einen Eindruck vom vornehmen alten Thailand bekommen wollen. Ein hiesiges Highlight ist die Lage an einem Bogen des Mekong: Von hier aus schaut man weit hinüber nach Laos. Gleichermaßen wunderbar sind die Villen, bei deren Bau diverse Elemente von prachtvollen Häusern im traditionellen Thai-Stil verwendet wurden. Kunst und Ambiente im Inneren entsprechend jeweils den Originalen.

Das Hausrestaurant liefert Essen auch direkt aufs Zimmer. Gäste können sich am Flughafen Loei abholen lassen und das Auto des Resorts für Ausflüge mieten. Achtung: Ohne rechtzeitige Reservierung geht hier gar nichts – wer spontan auftaucht, wird höchstwahrscheinlich gleich am Eingangstor abgewiesen.

ℹ An- & Weiterreise

Zum Recherchezeitpunkt gab es keine öffentliche Direktverbindung zwischen Chiang Khan und Pak Chom. So müssen Traveller nach wie vor mit einem Bus in Richtung Loei nach Ban Tad fahren (25 B, 40 Min.) und dort in einen anderen Bus gen Pak Chom (45 B, 1½ Std.) umsteigen. Alternativ besteht die bequemere Möglichkeit, mit einem gecharterten Auto von Chiang Khan nach Pak Chom zu gelangen (700 B). Von dort aus geht's dann mit alten und nicht klimatisierten Bussen weiter nach Nong Khai (80 B, 3½ Std., 3-mal tgl.).

Phu Ruea National Park

Der 121 km² große **Phu Ruea National Park** (อุทยานแหงชาติภูเรือ; ☎ 088 509 5299, 042 810965; Eintritt 200 B; Büro tgl. 5–20 Uhr) ist ein beliebter Ort, um der Hitze zu entgehen, und bietet einen weiten Blick vom Gipfel (1365 m), den man entweder mit einem *sŏrng·tăa·ou* oder zu Fuß über einen 1 km langen Weg erreicht. Wer einen etwas längeren Weg nach oben einschlagen will, wandert zunächst über den leicht begehbaren (aber normalerweise zugewucherten), 2,5 km langen Weg vom unteren Besucherzentrum zum 30 m hohen **Nam Tok Huai Phai**, dem wohl schönsten Wasserfall im Park, und marschiert danach noch 5,5 km weiter.

Der Park liegt 50 km westlich von Loei an der Rte 203. Busse können einen in dem Ort Phu Ruea (55 B, 1 Std.) absetzen. Von dort aus muss man zum Park trampen oder einen Truck chartern (ca. 800 B inkl. mehrstündiger Wartezeit). Der Gipfel ist 8 km von der Schnellstraße entfernt.

DER GARTEN DES ISAN

Die Region Phu Ruea ist für die Blumenzucht berühmt. Eine vielfältige Farbenpracht säumt die hiesigen Straßenränder. Dank des kühlen und trockenen Klimas können die einheimischen Bauern einiges anbauen, das im übrigen Isan kaum gedeiht. Darunter sind z. B. Erdbeeren, Macadamianüsse, Kakipflaumen, Petunien und Kaffee (die Kette Coffee Bun hat hier ihren Sitz und verwendet Bohnen aus Loei für ihre Mischungen).

Wer in Sachen Wein nicht übertrieben anspruchsvoll ist, kann dem **Chateau de Loei** (☎ 042 809521; Rte 203, Km 61; ⏰ 8–17 Uhr) einen Besuch abstatten. Diese Winzerei brachte 1995 den ersten kommerziell produzierten Wein des Landes auf den Markt. Verglichen mit den schmucken und gut geführten Weingütern rund um Khao Yai ist sie allerdings ziemlich klein. Im Hinterbereich des zweckmäßigen Hauptgebäudes können Besucher die Lesen und Brandys verkosten.

🛏 Schlafen

Der attraktive **Campingplatz** (Leihzelt 405 B; 📶) wartet mit Warmwasser, WLAN und Strom rund um die Uhr auf. Obendrein verfügt er über sechs komfortable **Bungalows** (☎ 02 562 0760; www.dnp.go.th/parkreserve; 4/6 Pers. 2000/3000 B) mit TV und Kühlschränken. Hinzu kommen mehrere Restaurants. Unterhalb des Parks liegen viele kleine Resorts mit günstigeren Preisen. Im Dezember und Januar ist ausreichender Kälteschutz wichtig, da die Nachttemperaturen dann mitunter fast auf den Gefrierpunkt fallen.

Thailand Sustainable Yoga Retreat Center MEDITATIONSZENTRUM $
(Kailash Akhara; ☎ 087 220 2384; www.dharmainc.org; B ab 250 B/Pers., Zi. 650 B, Hütte 800 B) 🍃 Kailash Akhara liegt zwar nicht im Nationalpark, aber dennoch im Bezirk Phu Ruea. Dieses Yoga- und Meditationszentrum ermöglicht Erfahrungen der ganz anderen Art, indem es den ländlichen Charakter der

ABSTECHER

THAILANDS KUNMING

Aufgrund seiner Ähnlichkeit zum Steinernen Wald in Kunming (China) wird der **Suan Hin Pha Ngam** (สวนหินผางาม; ☎ 042 894254; 100 B/Gruppe, Traktorfahrt 15 B/Pers.; ⌚ 8.30–17.30 Uhr) auch als Khunming Mueang Thai (Thailands Kunming) beworben. Das Areal ist zwar ein wunderschönes Ziel, reicht aber nicht an sein Pendant im Reich der Mitte heran. Wer nur per Traktor zum einfach erreichbaren Aussichtspunkt hinauffährt und sich dort kurz umschaut, wird daher eventuell enttäuscht sein. Die wahre Hauptattraktion besteht jedoch in einer geführten Wanderung (1 Std.) durch das Gewirr der örtlichen Pfade und Höhlen. Die Route ist stellenweise etwas unwegsam – unterwegs muss man sich manchmal bücken, um Engpässe zu durchqueren. Zudem ist mit gewisser Schlammbildung bei Regen zu rechnen. Doch die Mühe lohnt sich!

Eine zweite Stätte im selben Wald wirkt noch etwas abenteuerlicher: Der Pfad durch den **Suan Sawan** (สวนสวรรค์; ☎ 084 952 0591; Ban Suan Sawan; 100 B/Gruppe, Traktorfahrt 15 B/Pers.; ⌚ 8.30–16 Uhr) folgt einer Reihe von Metallstegen über Felsen und durchquert obendrein einige Höhlen. Die Wanderung (ca. 45 Min.) erfordert einen Guide mit Kopflampe. Drittens wäre da noch die **Tham Phothisat** (ถ้ำโพธิสัตว์; 100 B/Gruppe, Traktorfahrt 15 B/Pers.; ⌚ 8.30–16 Uhr), deren Höhlenstruktur dem Suan Sawan entspricht. Die Highlights für Besucher sind jedoch ganz klar der Suan Hin und der Suan Sawan.

Die Stätten liegen 15 bzw. 18 km südwestlich von Nong Hin. Sie sind mit öffentlichen Verkehrsmitteln nicht erreichbar; auch Trampen ist nahezu unmöglich. Für Übernachtungen empfiehlt sich das **Chatikorn** (☎ 086 249 0946; Gemarkung Puan Phu, Nong Hin; Zi. 450–900 B; P ❄), das gleich außerhalb des Parks an der Straße steht (Km 17 zw. Nong Hin & Suan Hin Pha Ngam): In der Nähe eines weiteren markanten Felsens warten dort einfache, aber komfortable Bungalows.

Provinz Loei bestmöglich für sich nutzt. Zur Auswahl stehen hier Privathütten und Schlafsäle in einem wunderschönen Gästehaus. Ergänzend wird täglich Essen serviert (300 B).

Vor Ort finden u. a. Meditationskurse und organisierte Klausuren statt. Bereits geübte Praktizierende können das Klausurzentrum und dessen Meditationshalle aber auch in Eigenregie benutzen. Ergänzend sind weitere Kurse (Yoga, Permakultur, Thai-Massage, Ayurveda) und geführte Touren im Angebot.

Kailash Akhara liegt gleich abseits des Hwy 203 (Straße von Loei nach Phu Reua) und ca. 14 km von Phu Reua entfernt. Ein Taxi ab Phu Reua kostet etwa 300 B.

Phu Kradueng National Park

Der **Phu Kradueng National Park** (อุทยานแหงชาติภูกระดึง; ☎ 042 870833; Erw./Kind 400/200 B; ⌚ Pfad zum Gipfel Okt.–Mai 7–14 Uhr) ist Thailands zweiter Nationalpark und zählt landesweit zu den beliebtesten seiner Art. Übernachten auf dem Gipfel des Phu Kradueng ist für viele thailändische Studierende eine Art Initiationsritus. Im Schatten des namengebenden Berges schützt der Park ein Hochplateau mit vielen Wanderwegen, Felsen und Wasserfällen. In seinen höchsten Lagen (bis zu 1316 m) ist es immer recht kühl: Dort liegt die durchschnittliche Jahrestemperatur bei 20 °C, während die Vegetation einer Mischung aus Kiefernwald und Savanne entspricht. Unter den vielen verschiedenen Waldtieren des insgesamt 348 km² großen Gebiets sind z. B. Elefanten, Goldschakale, Kragenbären, Sambarhirsche, Seraue und Weißhandgibbons.

Am Fuß des Berges steht ein kleines Besucherzentrum; fast alles andere befindet sich weiter oben. Der Hauptpfad auf den Phu Kradueng (einfache Strecke 5,5 km, 3–4 Std.) ist zwar anstrengend, aber zumindest bei trockenem Wetter nicht allzu anspruchsvoll – die meisten steilen Abschnitte sind mit Stufen versehen. Rastplätze mit Imbissständen säumen die landschaftlich schöne Wanderstrecke im Abstand von ca. 1 km. Oben auf dem Plateau sind es dann noch einmal 3 km bis zum Hauptbesucherzentrum. Träger transportieren das Besuchergepäck mittels Bambusstangen bergauf (30 B/kg).

Am attraktivsten ist der Pfad, der in einem bewaldeten Tal insgesamt sechs Wasserfälle passiert. Das gilt sogar nach November, wenn die Fälle weitestgehend ausgetrocknet sind. Über den ganzen Berg verteilen sich viele Felsen mit **Aussichts-**

punkten, die sich z. T. ideal für den Genuss des Sonnenauf- oder -untergangs eignen.

Während der Schulferien (März–Mai & vor allem über Neujahr) wird der Park von riesigen Besuchermassen überrannt. Von Juni bis September ist er zwecks Regeneration des Waldes geschlossen.

Schlafen & Essen

Auf dem Berg können 5000 Leute **zelten** (mit eigenem Zelt 30 B/Pers., Mietzelt 3 Pers. 225 B), außerdem gibt's eine Vielzahl großer **Bungalows** (☎ 02 562 0760; www.dnp.go.th/parkreserve; Bungalow 900–3600 B) und mehrere Open-Air-Restaurants. Wer spät ankommt, kann am Fuß des Berges auf einem der Campingplätze oder in einem Bungalow übernachten.

An- & Weiterreise

Busse, die zwischen Loei (56 B, 1½ Std., alle 30 Min.) und Khon Kaen (75 B, 2 Std.) unterwegs sind, halten in dem Ort Phu Kradueng. Von dort kommt man mit einem *sŏrng·tăa·ou* (20 B/Pers., Auto mit Fahrer 300 B) zum 10 km entfernten Fuß des Berges.

Nong Khai

หนองคาย

47 600 EW.

Direkt gegenüber von Vientiane in Laos liegt Nong Khai am Ufer des Mekong. Die Stadt ist bei Travellern seit Langem sehr beliebt – und das nicht nur wegen ihrer Nähe zur laotischen Hauptstadt und der Unmengen Bananenpfannkuchen: Verführt von den traumhaften rosafarbenen Sonnenuntergängen und dem gemächlichen Lebenstempo machen viele Besucher aus einer geplanten Übernachtung letztendlich viele weitere.

Geschichte

Aufgrund seiner Lage erfüllt Nong Khai zugleich eine historische und eine reale Brückenfunktion zwischen Thailand und Laos. Früher gehörte die Stadt zum Königreich von Vientiane (Viang Chan), das selbst zwischen Unabhängigkeit und Tributpflicht an Lan Chang und Siam schwankte. 1827 ermächtigte Rama III. den thailändischen Fürsten Thao Suwothamma zur Gründung von Meuang Nong Khai am Standort der heutigen Stadt. Der Fürst wählte diese Stelle, da die umliegenden Sümpfe *(nŏrng)* die Verteidigung der Stadt erleichterten.

1992 wurde hier schließlich die 1174 m lange und 30 Mio. US$ teure Saphan Mittaphap Thai-Lao (thailändisch-laotische Freundschaftsbrücke) eröffnet. Damit begann für Nong Khai eine neue Ära, in der es sich zum Verkehrsknotenpunkt und regionalen Handelszentrum entwickelte.

Sehenswertes

★ Sala Kaew Ku SKULPTURENPARK

(ศาลาแก้วกู่; Eintritt 20 B; ⏲8–18 Uhr) Dieser Park ist zwar durchaus kitschig, beeindruckt aber zweifellos durch die schiere Größe seiner Skulpturen. Im Lauf von 20 Jahren wurde er von dem Mystiker Luang Pu Boun Leua Sourirat (gest. 1996) angelegt. Die so verrückte wie wunderbare Ansammlung riesiger Skulpturen strotzt nur so vor hinduistischer und buddhistischer Metaphorik.

Der Hauptschrein ist fast so kurios wie die ihn umgebenden Kunstwerke: Neben zahlreichen Bildern aller Art und Herkunft beherbergt er auch Fotos von Luang Pu aus verschiedenen Perioden seines Lebens. Zudem ruht hier der verstorbene Meister selbst unter einer Glaskuppel, die von blinkenden Lichtern umringt wird.

Alle Busse in Richtung Osten passieren die Straße zum Sala Kaew Ku (10 B), der auch als Wat Khaek bekannt ist. Der Park liegt etwa fünf Gehminuten von der Fernstraße entfernt. Hin und zurück verlangen Túk-Túk-Fahrer ca. 150 B (inkl. 1 Std. Wartezeit). Alternativ ist das Ganze auch per Drahtesel erreichbar (ca. 30 Min.). Eine Karte mit der malerischen Strecke ist beim Mut Mee Garden Guest House erhältlich. Die touristische Krokodilshow in Eingangsnähe ignoriert man übrigens am besten.

Wat Pho Chai BUDDHISTISCHER TEMPEL

(วัดโพธิ์ชัย; Th Phochai; ⏲7–19.30 Uhr) GRATIS Im Zentrum von Nong Khais heiligstem Tempel sitzt der Luang Po Phra Sai. Diese große Buddha-Statue aus der Lan-Chang-Zeit ist über und über mit Gold, Bronze und Edelsteinen bedeckt. Ihr Kopf besteht aus purem Gold, der Körper aus Bronze. Das *ùt·sà·nít* (flammenförmiges Kopfornament) ist mit Rubinen besetzt. Vor Ort sollen sich viele Wunder zugetragen haben. Daher gehört dieser königliche Tempel zum Pflichtprogramm der meisten thailändischen Besucher.

Der Luang Po Phra Sai war eine von drei gleichartigen Statuen, die einst für die Töchter des laotischen Königs Setthathirat angefertigt wurden und als Kriegsbeute nach Thailand gelangten, nachdem Vientiane im Jahr 1778 von König Rama I. geplündert

Rund um Nong Khai

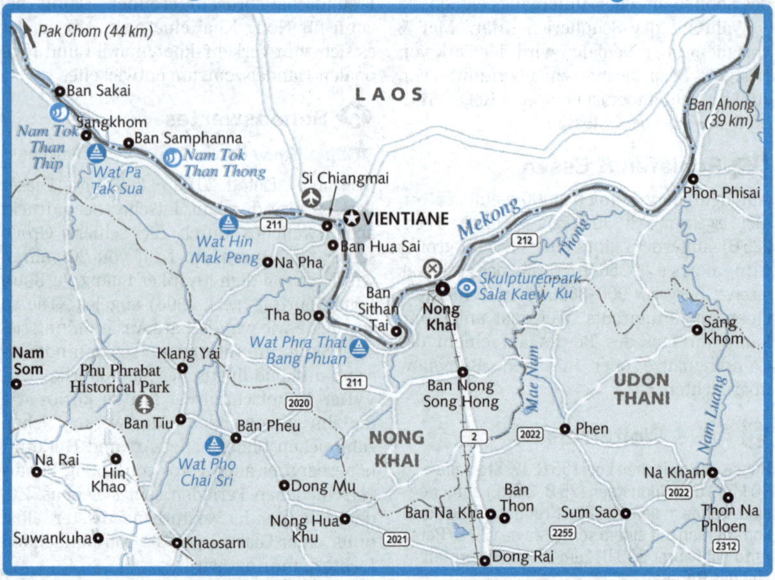

worden war. Die atemberaubenden Wandbilder im Buddha-Saal des Schreins stellen dar, wie die Statuen durch das Innere von Laos zum Mekong transportiert und dort auf Flöße verladen wurden. Bei einem Sturm versank eine der Statuen dann in den Fluten des Flusses und ruht bis heute auf dessen Grund. Einem Mönch im Tempel zufolge wurde sie niemals geborgen, da die *naga* (mythisches Schlangenwesen, das im Fluss lebt) sie behalten wollte. Die dritte Statue, der Phra Soem, befindet sich im Wat Pathum Wanaram neben dem Siam Paragon in Bangkok. Dorthin sollte eigentlich auch der Phra Sai gebracht werden. Doch wie die Wandbilder zeigen: Der Transportwagen brach zusammen – was als Zeichen dafür gedeutet wurde, dass dieser Buddha in Nong Khai bleiben wollte.

Nong-Khai-Aquarium AQUARIUM

(พิพิธภัณฑ์สัตว์น้ำจังหวัดหนองคาย; Eintritt 100 B; ⏲ Di–So 10–18 Uhr) Auf den ersten Blick ist dieses Aquarium nicht sonderlich eindrucksvoll: Einige von den älteren Becken wirken etwas schäbig. Doch je weiter man in das Gebäude hineingeht, desto interessanter wird die Sache. Dies gilt vor allem für das imposante Riesenbecken zum Mekong. Ein Highlight ist die Tauchshow namens „Verfütterung eines Menschen an die Fische" (tgl. 14, Sa, So & Feiertag auch 11 Uhr). Das Aquarium befindet sich weit außerhalb der Stadt auf dem Campus der Khon-Kaen-Universität und ist mit öffentlichen Verkehrsmitteln nicht erreichbar.

Tha-Sadet-Markt MARKT

(ตลาดท่าเสด็จ; Th Rimkhong; ⏲ 8.30–18 Uhr) Die Markthalle ist das beliebteste Ziel der Stadt: Ein Bummel durch die Gänge begeistert so ziemlich jeden Besucher. Verkauft wird hier der übliche Mix aus Klamotten, Elektronik, Essen und allerlei Krimskrams – zumeist Importware aus Laos und China. Dazwischen finden sich aber auch ein paar Läden mit schrägen und hochwertigen Artikeln.

Wat Lam Duan BUDDHISTISCHER TEMPEL

(วัดลำดวน; Th Rimkhong; ⏲ Sonnenaufgang–Sonnenuntergang) GRATIS In Nong Khais Skyline ist dieser Schrein leicht auszumachen: Ganz oben auf seinem *bòht* thront eine riesige Buddha-Figur. Besucher können hinaufsteigen (ohne Schuhe!) und zusammen mit der Statue über den Mekong schauen.

Wihan Ji Gong CHINESISCHER TEMPEL

(วิหารจี้กง; Sanjao Tekka Chee; Th Rimkhong) GRATIS Nong Khais neuester chinesischer Tempel ist dem exzentrischen und trinkfreudigen Ji Gong geweiht. Dieser chinesische Mönch wird zumeist mit einer Weinflasche dargestellt und heute als eine Gottheit verehrt, die Kranke heilt und Menschen in Not hilft. Einfallsreiche Wandmalereien in Schwarz und Weiß zieren den markanten achteckigen Tempelturm.

Nong-Khai-Museum MUSEUM

(พิพิธภัณฑ์จังหวัดหนองคาย; Th Meechai; ⏲ Mo–Fr 8.30–16 Uhr) GRATIS Das kleine Museum im früheren Rathaus zeigt kaum mehr als alte Fotos. Die sind aber einigermaßen gut auf Englisch beschriftet; zudem ist der Besuch gratis. So lohnt es sich durchaus, hier ein paar Minuten zuzubringen.

Aktivitäten

Healthy Garden MASSAGE

(☎ 042 423323; Th Banthoengjit; Thai-/Fußmassage pro Std. 170/200 B; ⏲ 8–20 Uhr) Offeriert die wirkungsvollsten Massagen der Stadt (Fußmassagen und traditionelle Thaimassagen) in klimatisierten Räumlichkeiten.

Pantrix Yoga YOGA

(www.pantrix.net; Soi Mutmee) Über das Mut Mee Garden Guest House bietet Pantrix einwöchige Kurse (7700 B, keine Übernachtungsmöglichkeit) für ernsthaft interessierte Yoga-Jünger an. Los geht's jeweils am ersten und 15. Tag des Monats (außer Mai & Dez.). Die kompetenten Lehrer unterrichten schon seit vielen Jahren.

Weitere Infos gibt's auf der Website oder beim Mut Mee Garden Guest House.

Feste & Events

Während des Songkran wird die kostbare Statue des Luang Po Phra Sai vom Wat Pho Chai (S. 413) im Rahmen eines Umzugs durch die Stadt getragen.

Wie viele andere Städte im Nordosten feiert auch Nong Khai ein **Raketenfest** (*bun bâng fai*), das am Visakha-Bucha-Tag Ende Mai/Anfang Juni beginnt.

Am Ende der buddhistischen Fastenzeit (Ork Phansaa) Ende Oktober/Anfang November finden auf dem Mekong **Langbootrennen** statt. Diese fallen mit dem Oktober-Vollmond zusammen, an dem auch *naga*-Feuerbälle (S. 417) zu sehen sind.

Besonders vergnüglich ist Nong Khais Version des **chinesischen Drachenfests**, das normalerweise im November zehn Tage lang mit Drachentänzen, Akrobaten, chinesischer Oper und jeder Menge Knallkörpern gefeiert wird.

Das **Anu Sahwaree Prap Haw Festival** (5.–15. März) ist das größte Straßenfest der Stadt.

Schlafen

Nong Khais Budgetunterkünfte sind vollständig auf den nicht abreißenden Strom von Backpackern ausgerichtet und gehören zu den besten im Isaan.

★ **Mut Mee Garden Guest House** PENSION $

(☎ 042 460717; www.mutmee.com; 1111/4 Th Kaew Worawut; EZ & DZ ohne eigenes Bad 200–300 B, DZ 300–420 B, DZ mit Klimaanlage 600–1400 B; ❄ 📶) Nong Khais Klassiker für Budgetreisende steht an einem ruhigen Abschnitt des Mekong. An den meisten Abenden tummeln sich zahlreiche Traveller im berauschend entspannenden Garten. Die große Zimmerauswahl rund um ein strohgedecktes Restaurant mit weitem Flussblick bietet etwas für jeden Geldbeutel. Die günstigsten Quartiere teilen sich Gemeinschaftsbäder, während die teuersten Varianten mit tollen Balkonen aufwarten.

Inhaber Julian gibt sein umfangreiches Wissen über örtliche Sehenswürdigkeiten und Legenden gern an Gäste weiter.

Ban Sai Thong PENSION $

(☎ 081 975 6451; Soi 2, Th Meechai; Zi. 600 B) Die neu eröffnete Pension im traditionellen Thai-Stil ist das beste unter den umgebauten Wohnhäusern in dieser Ecke. Die neun geräumigen Zimmer des attraktiv gestalteten Gebäudes umgeben einen offenen Innenhof. Sie haben rustikale Veranden mit Sitzbereichen, von denen der Blick hinunter in den Hof fällt. Für Gäste gibt's kostenlose Leihfahrräder.

Der Preis beinhaltet zudem Morgenkaffee und *kôw tanyápêut* (Mix aus Klebreis und anderen Cerealien).

E-San Guesthouse PENSION $

(☎ 086 242 1860; 538 Soi Srikhunmuang; Zi. mit Ventilator & Gemeinschaftsbad 250 B, Zi. mit Klimaanlage 450 B; P ❄ 📶) Eine stimmungsvolle Bleibe: Eine lange Veranda umgibt hier ein kleines und wunderschön restauriertes Holzhaus in Flussnähe. Kostenlose Leihfahrräder.

Ruan Thai Guesthouse PENSION $

(☎ 042 412519; Th Rimkhong; Zi. mit Ventilator/Klimaanlage 300/400 B; P ❄ @ 📶) Prima Preise, freundliche Atmosphäre, praktische Lage und regelmäßige Renovierung machen

Nong Khai Zentrum

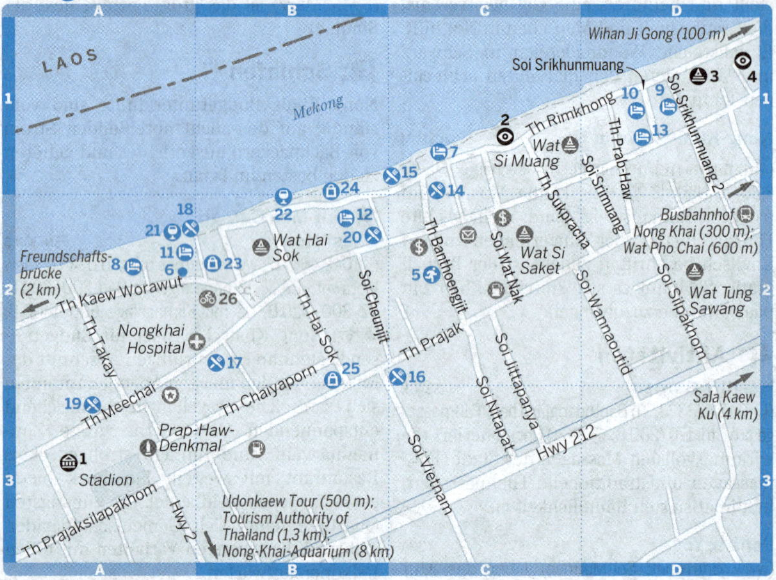

Nong Khai Zentrum

Sehenswertes
- 1 Nong-Khai-Museum A3
- 2 Tha-Sadet-Markt C1
- 3 Wat Lam Duan D1
- 4 Wihan Ji Gong D1

Aktivitäten, Kurse & Touren
- 5 Healthy Garden C2
- 6 Pantrix Yoga A2

Schlafen
- 7 Baan Mae Rim Nam C1
- 8 Baan Sabai Rimkhong A2
- 9 Ban Sai Thong D1
- 10 E-San Guesthouse D1
- Khiangkhong Guesthouse .... (siehe 12)
- 11 Mut Mee Garden Guest House A2
- 12 Ruan Thai Guesthouse B2
- 13 Sawasdee Guesthouse D1

Essen
- 14 Café Thasadej C1
- 15 Daeng Namnuang C1
- 16 Dee Dee Pohchanah C2
- 17 Hospital Food Court B2
- 18 Nagarina A2
- 19 Saap Lah A3
- 20 Sweet Cake & Coffee B2

Ausgehen & Nachtleben
- 21 Gaia A2
- 22 Warm Up B2

Shoppen
- 23 Hornbill Books B2
- 24 Nong-Khai-Straßenmarkt B1
- 25 Village Weaver Handicrafts B2

Transport
- 26 Khun Noui B2

das Ruan Thai zur beliebten Adresse. Die Zimmer mit Ventilator oder Klimaanlage werden durch eine Holzhütte ergänzt. Ein kleiner grüner Garten mit vielen Blumen ist ebenfalls vorhanden.

Baan Sabai Rimkhong HOTEL $
(☎042 413545; www.baansabairimkhong.com; Th Kaew Worawut; Zi. 490–590 B, Zi. mit Flussblick 690 B; P❄☎) Dieses neue Hotel am Fluss mag zwar ein klein wenig seltsam wirken, verlangt aber faire Preise für das Gebotene. Obwohl es sich in einem Neubau befindet, sind ein paar Mängel festzustellen. Auch der Service lässt mitunter zu wünschen übrig. Dafür entschädigen die Lage und die Aussicht von der Lobbyterrasse allerdings vollauf.

Khiangkhong Guesthouse HOTEL $
(☎042 422870; Th Rimkhong; Zi. mit Ventilator/Klimaanlage 300/400 B; ❄📶) Dieser von einer Familie geführte Betonturm ist ein Zwischending aus Pension und Hotel. Die wirklich nette Terrasse im 3. Stock punktet mit Frischluft und Flussblick. Gleiches gilt für einige der Zimmer. Leihfahrräder kosten 30 B pro Tag.

Sawasdee Guesthouse PENSION $
(☎042 420259; www.sawasdeeguesthouse.com; 402 Th Meechai; Zi. mit Ventilator & Gemeinschaftsbad 200–220 B, Zi. mit Klimaanlage 450–650 B; P❄@📶) Würde man Unterkünfte nur nach ihrem Äußeren bewerten, wäre das charismatische Sawasdee in einer alten franko-chinesischen Ladenzeile wohl nicht zu toppen. Den Zimmern rund um einen offenen Innenhof (super zum Abhängen) fehlt jedoch größtenteils das altmodische Flair der Fassade und der Lobby. Dafür sind die Quartiere sauber und preiswert. Die Pension verleiht Fahrräder (40 B/Tag) und Motorräder (250 B/Tag).

Baan Mae Rim Nam HOTEL $$
(☎042 420256, 081 873 0636; www.baanmaerimnam.com; Soi Kheuan 3, Mekong-Promenade; DZ 500–800 B, 3BZ 800–1100B; ❄📶) Direkt am Mekong versteckt sich das knallgelbe Hotel an einer *soi* des Tha-Sadet-Marktviertels. Es vermietet einige tolle Zimmer mit Balkonen und Flussblick. Die günstigeren Standard-

MYSTERIÖSE FEUERBÄLLE

Methangas? Betrunkene laotische Soldaten? Gewitzte Mönche? Oder doch der feurige Atem der heiligen *nagas*, sagenumwobenen, schlangenähnlichen Wesen, die alle Wasserwege Südostasiens bevölkern? Seit 1983 (oder schon immer, je nachdem, wen man fragt) ist die Sichtung der *bâng fai pá yah nâhk* (frei übersetzt „*naga*-Feuerwerk") ein jährlich wiederkehrendes Ereignis am Mekong. Irgendwann am frühen Abend gegen Ende der buddhistischen Regenklausur (Okt.), das mit dem 15. Tag des zunehmenden Monds im 11. Mondmonat zusammenfällt, schießen kleine, rötliche Feuerbälle aus dem Mekong und steigen etwa 100 m hoch in die Luft, ehe sie spurlos verschwinden. Die meisten behaupten, die *naga*-Feuerbälle seien völlig geräuschlos, andere wollen ein Zischen gehört haben, wenn man der Stelle nahe ist, wo die Bälle aus dem Wasser kommen. Die Laoten und Thais sehen das Ereignis als ein Zeichen dafür, dass die im Fluss wohnende *naga* das Ende der Fastenzeit feiert.

Es gibt viele Theorien über die Feuerbälle. So behauptete eine Reportage im thailändischen Fernsehen, dass laotische Soldaten auf der anderen Seite des Flusses gefeiert und dabei in die Luft geschossen hätten. Interessanterweise hagelte es deswegen Proteste von beiden Seiten des Flusses. Einige Leute hingegen meinen, unter dem Schlamm am Grund des Flusses bilde sich eine Mischung aus Methan- und Phosphangasen, die genau in dieser Jahreszeit eine kritische Temperatur erreiche und dann freigesetzt werde. Viele gehen aber davon aus, ein paar gewitzte Mönche hätten einen Weg gefunden, ein „Wunder" zu veranstalten. Diese Annahme bildete auch die Prämisse der 2002 veröffentlichten Filmkomödie *Sip Hah Kam Deuan Sip et* („der 15. Tag des zunehmenden Monds im 11. Mondmonat"), die mit englischen Untertiteln unter dem Titel *Mekhong Full Moon Party* vertrieben wurde.

Naga-Feuerbälle sind in der Provinz Nong Khai zu einem guten Geschäft geworden. Neugierige Thais aus dem ganzen Land versammeln sich an verschiedenen Stellen an den Ufern des Mekong zu dem jährlichen Event. Ins kleine Phon Phisai, den Ort der Feuerball-Sichtungen, strömen rund 40 000 Besucher. Sonderbusse (sehr günstig oder gratis) fahren zur Stadt Nong Khai und zurück. Mehrere Hotels bieten eigene Busse an, in denen ein Sitzplatz garantiert ist. Das Boot des Mut Mee Garden Guest House (S. 415) schippert hin und zurück (mit Mittag- & Abendessen 2800 B).

Wer nicht mit der richtigen Einstellung herkommt, wird vielleicht enttäuscht sein. Das echte Happening besteht nicht darin, auf ein paar kleine Lichter zu warten, die aus dem Fluss kommen, sondern die Thais zu beobachten, die auf die kleinen Lichter warten. Und auch wenn die *naga* mal ihren Jahresgruß nicht am richtigen Tag absendet (manchmal erscheinen die Lichter mit einem Tag Verspätung, weil man nie genau berechnen kann, wann Vollmond ist) und man einen Tag zu früh mit Warten beschäftigt ist, ist man doch um eine interessante Erfahrung reicher.

varianten im Hinterbereich wirken jedoch weniger einladend.

Essen

Es gibt viele Restaurants am Tha-Sadet-Markt und an der Promenade mit ihrem tollen Blick auf den Fluss.

★Dee Dee Pohchanah THAI $
(Th Prajak; Gerichte 45–250 B; ⏲10.30–2 Uhr) Wie gut das Dee Dee ist? Da braucht man sich nur den allabendlichen Andrang anzusehen, von dem man sich aber nicht abschrecken lassen darf. Das schlichte Lokal ist zwar jeden Abend rappelvoll, es funktioniert aber wie eine gut geölte Maschine, sodass man nie lange warten muss.

Sweet Cake & Coffee THAI $
(Th Meechai; Gerichte 50–100 B; ⏲6–21 Uhr; ❄📶) Dieses Lokal ist schwer einzuordnen. Geleitet wird es von einer reizenden alten Dame, die neben thailändischen Standardgerichten viele internationale Klassiker (z. B. gebackene Kuchen, Bananenpfannkuchen) zubereitet. In gemütlicher Atmosphäre gibt's hier Frühstück, Mittag- und Abendessen. Aber auch nur für einen Kaffee (Pulverkaffee, aufgebrüht oder traditionell-thailändisch) ist ein Besuch zu empfehlen.

Saap Lah THAI $
(Th Meechai; Gerichte 25–150 B; ⏲7–20 Uhr) In dem einfachen Lokal gibt's ausgezeichnetes *gài yâhng, sôm·đam* und andere Isan-Gerichte.

Daeng Namnuang VIETNAMESISCH $
(Th Rimkhong; Gerichte 60–130 B; ⏲8–20 Uhr; P📶) Das große Restaurant am Fluss ist im Isaan zu einer Institution geworden, und die Massen strömen von auswärts hierher, um ganze Kofferräume und Reisetaschen mit *năam neu·ang* (Frühlingsrollen mit Schweinefleisch) zu füllen. Es gibt auch eine Filiale am Flughafen Udon Thani

Hospital Food Court THAI $
(Th Meechai; Gerichte 30–50 B; ⏲7–15 Uhr) Der Name täuscht: Dieser Laden serviert kein Krankenhausessen, sondern liegt lediglich gegenüber vom Krankenhaus (und praktischerweise nahe den beliebtesten Pensionen). Die große Auswahl thailändischer Standardgerichte ist gut und günstig.

Nagarina THAI $$
(☎042 412211; Th Rimkhong; Gerichte ca. 100 B, Menüs 200 B; ⏲10–21 Uhr; 📶✎) Das schwimmende Restaurant vom Mut Mee Garden Guest House ist auf erstklassige Fischgerichte spezialisiert. An den meisten Abenden geht es um ca. 17 Uhr los mit der Bootstour (100 B) – vorausgesetzt, mindestens zehn Gäste haben sich jeweils dafür angemeldet. Das Essen musst spätestens 30 Minuten vor dem Ablegen bestellt werden.

Café Thasadej INTERNATIONAL $$
(Th Banthoengjit; Gerichte 60–375 B; ⏲8 Uhr–open end) Das kleine Restaurant serviert Gerichte und alkoholische Getränke aus aller Welt. Die Spirituosenkarte zählt zu den besten der Stadt.

Ausgehen & Nachtleben

Wer ins thailändische Nachtleben eintauchen will, folgt der sich an den Mekong schmiegenden Th Rimkhong über den Tha-Sadet-Markt hinaus nach Osten. Man kommt an einer Reihe von Restaurants und Bars vorbei, die Abendessen und Drinks servieren. Es gibt hier auch ein paar Bars, die ortsansässigen Ausländern gehören.

Gaia BAR
(Th Rimkhong; ⏲19 Uhr–open end) Viele Mut-Mee-Gäste und ortsansässige *fa·ràng* bevölkern diese schwimmende Bar auf dem Mekong. In entspannter Atmosphäre gibt's hier eine tolle Getränkekarte und manchmal auch Livemusik. Oft finden zudem Wohltätigkeitsveranstaltungen zugunsten örtlicher gemeinnütziger Projekte statt.

Warm Up BAR
(Th Rimkhong) Die kleine, bei Thais und Travellern beliebte Bar überragt im übertragenen und im wörtlichen Sinn die anderen Bars an diesem Ende der Th Rimkhong. Man schaut hier über den Fluss und kann auch Poolbillard spielen.

Shoppen

Village Weaver Handicrafts KUNSTHANDWERK
(1020 Th Prajak) Der Laden verkauft hochwertige, handgewebte Stoffe und Kleidung (Konfektionsware oder auf Bestellung) und unterstützt damit Entwicklungsprojekte in der Gegend um Nong Khai. Die *mát-mèe*-Baumwollstoffe sind hier ausgesprochen gut.

Nong-Khai-Straßenmarkt MARKT
(⏲Sa 16–22 Uhr) Jeden Samstagabend findet auf der Promenade ein Straßenfest mit Musik, handgefertigten Produkten und Imbissständen statt.

GRENZÜBERGANG NACH LAOS: VON NONG KHAI NACH VIENTIANE

Dieser Grenzübergang ist einer der meistgenutzten Thailands.

Anreise zur Grenze Wer schon ein Visum für Laos hat, steigt am Busbahnhof von Nong Khai am besten in einen Direktbus nach Vientiane (55 B, 1 Std., 6-mal tgl.). Ein anderer Bus fährt auch nach Vang Vieng (270 B, 4 Std., 10 Uhr). 5 B Aufpreis zahlt man für die Busse an Wochenenden, Feiertagen und die 7.30- bzw. 18-Uhr-Busse nach Laos.

Wer sich sein Visum an der Grenze besorgen will (6–22 Uhr), nimmt ein Túk-Túk. Vom Busbahnhof aus muss man mit 100 B rechnen, vom Stadtzentrum mit 50 B. Wenn man nicht gerade in einer großen Gruppe unterwegs ist, gibt es keinen Grund, die Dienste eines Visa-Service-Büros in Anspruch zu nehmen. Man sollte sich nicht von einem Fahrer dazu überreden lassen.

Man kann auch mit dem Zug nach Laos fahren (es gibt an beiden Bahnhöfen Einreiseschalter), allerdings nicht nach Vientiane. Daher ist es absolut nicht empfehlenswert, mit dem Zug zu fahren. Die 15-minütige Fahrt (20–30 B, Abfahrt 9 & 14.45 Uhr) endet am Bahnhof Thanaleng (alias Dongphasay) gleich hinter der Brücke. Dort ist man der Gnade von Túk-Túk-Fahrern ausgesetzt, die Wucherpreise nehmen.

An der Grenze Wenn man den thailändischen Ausreisestempel in seinem Pass hat, kann man problemlos mit einem Kleinbus (wochentags/Wochenende 20/30 B) über die Brücke zur manchmal ziemlich gut besuchten laotischen Einreisestelle fahren, wo man ein 30 Tage gültiges Visum erhält.

Weiterreise Von der Grenze aus sind es ca. 20 km nach Vientiane. Viele Busse, Túk-Túks und Taxis warten auf Fahrgäste, und es ist ein Leichtes, andere Traveller zu finden, mit denen man sich die Kosten teilen kann.

Hornbill Books BÜCHER
(Soi Mut Mee; ⏲Mo–Sa 10–19 Uhr) Kauft, verkauft und tauscht Bücher (u. a. auf Englisch oder Französisch). Schenkt außerdem Kaffee aus und hat einen Internetzugang.

ℹ Praktische Informationen

Im Einkaufszentrum **Asawann** (Hwy 2; ⏲10–21 Uhr) gibt's lange geöffnete Bankfilialen mit AEON-Geldautomaten.

Einwanderungsbehörde (☎042 990935; ⏲Mo–Fr 8.30–12 & 13–16.30 Uhr) Südlich der Freundschaftsbrücke; verlängert Visa für Thailand.

Nongkhai Hospital (☎042 413461; Th Meechai) Mit Notfallambulanz rund um die Uhr.

Tourism Authority of Thailand (TAT; ☎042 421326; tat_nongkhai@yahoo.com; Hwy 2; ⏲8.30–16.30 Uhr) In unpraktischer Lage außerhalb der Stadt.

ℹ An- & Weiterreise

BUS

Gleich abseits der Th Prajak liegt Nong Khais **Busbahnhof** (☎042 412679), rund 1,5 km von den meisten Pensionen am Fluss entfernt. Udon Thani (40–45 B, 1 Std., alle 30 Min.) wird am häufigsten angesteuert. Wer dem Mekong westwärts folgen will, kann einen Bus nach Sangkhom nehmen (60 B, 3 Std., 7.30, 13 & 15 Uhr). Der Bus um 7.30 Uhr fährt weiter bis nach Loei (130 B, 6½ Std.). Busverbindung besteht auch nach Khon Kaen (119–176 B, 3½ Std., stündl.), Nakhon Phanom (200 B, 6½ Std., 2-mal tgl.) und Kanchanaburi (530–840 B, 10 Std., 8 & 17.30 Uhr). Minivans rollen nach Udon Thani (50 B, 45 Min., stündl.) und Bueng Kan (100–150 B, 2½ Std., 8-mal tgl.).

Am späten Nachmittag bzw. frühen Abend starten zahlreiche Busse gen Bangkok (380–490 B, 11 Std.); tagsüber geht's jedoch vergleichsweise seltener in die Hauptstadt. **Nakhonchai Air** (☎042 420285), **Chan Tour** (☎042 460205) und **999 VIP** (☎042 412679) bieten VIP-Verbindungen (ca. 720–760 B) an. Ein Bus fährt auch direkt zum Busbahnhof am Flughafen Suvarnabhumi (495 B, 9 Std., 20 Uhr). Nach Chiang Mai muss am Busterminal 2 in Udon umgestiegen werden.

FLUGZEUG

Der nächstgelegene Flughafen befindet sich 55 km weiter südlich in Udon Thani. Das Reisebüro **Udonkaew Tour** (☎042 411530; Th Pranang Cholpratan; ⏲8.30–17.30 Uhr) bietet Flughafen-Shuttles mit Minivans an (150 B/Pers.): Bei der Fahrt in die Stadt kann man sich an seinem Hotel oder an der Brücke absetzen lassen. Wer zum Flughafen will, muss dagegen zum Büro gehen. Tickets am besten im Voraus kaufen!

ZUG

Drei Expresszüge (einer morgens, zwei nachmittags) verkehren zwischen Bangkok (Sitzplatz

103–498 B, 1. Klasse in Schlafwagen oben/unten 1117/1317 B, 11½ Std.) und dem **Bahnhof Nong Khai** (☎ 042 411637), der 2 km westlich vom Stadtzentrum liegt. Zudem fährt abends noch ein günstigerer Schnellzug.

Unterwegs vor Ort

Wegen des geringen Verkehrsaufkommens in der Stadt und der Nähe zum Land eignet sich Nong Khai perfekt zum Radeln. Viele Pensionen stellen ihren Gästen kostenlos Fahrräder zur Verfügung. Wer eines mieten muss, findet bei **Khun Noui** (☎ 081 975 4863; Th Kaew Worawut; ⌚ 8–16 Uhr) an der Straße gegenüber vom Eingang des Mut Mee solide Drahtesel (50 B/Tag) und Motorräder (200 B).

Taxis mit Taxameter warten am Busbahnhof und an der Brücke auf Kunden. Im Allgemeinen einigt man sich auf einen Preis und lässt den Taxameter aus. Wenn er aber angeschaltet wird, beträgt die Grundgebühr 50 B. Damit kommt man 2 km weit, jeder weitere Kilometer kostet 4 B. Ein Túk-Túk aus der Gegend um das Mut Mee bis zum Busbahnhof oder bis zur Brücke kostet zwischen 40 und 50 B.

Westlich von Nong Khai

Westlich von Nong Khai laden eine Reihe von bedeutenden Tempeln und ein reizendes Städtchen am Mekong zu Besuchen ein.

Wat Phra That Bang Phuan

Wat Phra That Bang Phuan BUDDHISTISCHER TEMPEL

(วัดพระธาตุบังพวน; ⌚ Sonnenaufgang–Sonnenuntergang) Der Wat Phra That Bang Phuan ist eine der heiligsten Stätten der Region: Die Einheimischen glauben, dass sein schöner *chedi* 29 Buddha-Reliquien enthält. Niemand weiß genau, wann hier der erste Stupa errichtet wurde. Aber nachdem König Setthathirat von Lan Chang 1560 die Hauptstadt seines Königreichs von Luang Prabang nach Vientiane verlegt hatte, ließ er überall im Reich prächtige Tempel errichten. Damals wurde hier ein neuer Stupa über einen älteren gebaut.

Starke Regenfälle untergruben seine Fundamente, und 1970 stürzte er ein. Im Jahr 1977 wurde er wiederaufgebaut. Der heutige Tempel ist 34 m hoch und steht auf einem Sockel mit einer Fläche von 17 m²; drum herum befinden sich viele unverputzte *chedis* und auch ein *naga*-Teich, die der Anlage ein antikes Flair verleihen. Dieses Flair – und nicht der Hauptstupa – macht den Ausflug wirklich lohnend.

Der Tempel steht 22 km von Nong Khai entfernt an der Rte 211. Die Busse Richtung Pak Chom bringen einen her (20 B, 45 Min.).

Wat Hin Mak Peng

Wat Hin Mak Peng BUDDHISTISCHER TEMPEL

(วัดหินหมากเป้ง; ⌚ 6–19 Uhr) GRATIS Der große Waldtempel thront auf einer Klippe über einem sehr malerischen Abschnitt des Mekong. Der friedliche Tempel ist angesehen bei den Thais, weil sie den ersten Abt, Ajahn Thet, ein Nachfolger von Ajahn Mun Bhuridatto (S. 428), verehren. Er hat das Kloster gegründet und soll später Erleuchtung erlangt haben. Auf dem Gelände befinden sich ihm zu Ehren mehrere Denkmäler; auch eine lebensgroße Porträtstatue aus Wachs und ein glitzernder *chedi*. Gäste müssen sich angemessen kleiden: Kurze Hosen und Tops sind verpönt.

Der Tempel liegt auf halbem Weg zwischen Si Chiangmai und Sangkhom. Die Busse von Nong Khai nach Sangkhom (50 B, 2¼ Std.) fahren am Eingang vorbei, und von dort aus ist es noch ein ziemlich weiter Weg zu den Gebäuden.

Sangkhom สังคม

3500 EW.

Der kleine Ort Sangkhom (offizieller Name Ban Chueang) liegt gegenüber der laotischen Insel Don Klang Khong und bietet sich für alle, die zwischen Nong Khai und Loei dem Lauf des Mekong folgen, als Rastplatz an. Die meiste Zeit genießen die Besucher hier den schönen Blick. Es gibt aber auch einige wundervolle Sehenswürdigkeiten im Ort und der Umgebung.

Sehenswertes

Rund 13 km westlich von Sangkhom (2 km abseits der Rte 211) liegt der größte Wasserfall der Region: Die unterste Stufe des dreistufigen **Nam Tok Than Thip** hat eine Fallhöhe von 30 m. Die zweite (gut über Treppen zu erreichen) stürzt 100 m in die Tiefe. Die oberste Stufe (70 m) ist im Walddickicht kaum zu erkennen. Etwa 12 km östlich von Sangkhom befindet sich der vergleichsweise breitere und niedrigere **Nam Tok Than Thong** – leichter zugänglich als der Than Thip und an Wochenenden bzw. Feiertagen mitunter ziemlich überlaufen. Achtung: Wie die meisten Wasserfälle des

Isan werden auch diese beiden hier stark von den Jahreszeiten beeinflusst. Etwa von Juli bis September führen sie am meisten Wasser und fallen im Februar ganz trocken.

Wat Pha Tak Sua BUDDHISTISCHER TEMPEL

(วัดผาตากเสื้อ; ⏲ Sonnenaufgang–Sonnenuntergang) GRATIS Der Waldtempel mit Talblick auf das Städtchen liegt von diesem zwar nur 2 km Luftlinie, aber 19 Fahrtkilometer entfernt. Hier oben hat man eine herrliche Aussicht auf den Mekong. Wer sich in den kalten Monaten frühmorgens einfindet, kann mitunter beobachten, wie Nebel das ganze Tal füllt. Bei Kilometerstein 81 gleich östlich der Stadt beginnt der Pfad, den die Mönche jeden Morgen benutzen. Um dorthin zu gelangen, einfach der Soi 5 folgen und bei den Mango- bzw. Papayabäumen hinter dem letzten Haus nach rechts abbiegen!

Schlafen

★ Bouy Guesthouse PENSION $

(☎042 441065; toy_bgh@hotmail.com; Rte 211; EZ 250 B, Zi. mit Klimaanlage 400 B; P❄@📶) Sangkhoms altehrwürdige Lodge besteht, wie der stets lächelnde Inhaber erklärt, zwar nur aus ein paar „einfachen Hütten", doch die sind aus gutem Grund beliebt. Die Holzterrassen mit Hängematten und die Lage am Fluss gleich westlich des Ortes sorgen für Entspannung pur. Man kann sich Fahrräder/Motorräder (50/200 B) ausleihen und an Flussfahrten teilnehmen. Es gibt auch ein Restaurant, das aber nicht immer geöffnet ist.

Poopae Ruenmaithai HOTEL $$

(☎042 441088; Rte 211; Zi. 700–900 B; P⊖❄@📶) Das attraktive Hotel mit hölzernen Laufstegen und dekorativem Mauerwerk ist etwas für all diejenigen, die Wert auf gewissen Komfort legen. Rund 1,5 km östlich vom Stadtzentrum warten hier ein gutes Restaurant und viele Zimmer mit Flussblick.

An- & Weiterreise

Ab Nong Khai fahren klapprige Busse mit Ventilator nach Sangkhom (60 B, 3 Std., 3-mal tgl.); der erste davon rollt weiter nach Loei (70 B,

DER MEKONG IN GEFAHR

Der Mekong (Mae Nam Khong) zählt zu den großen Flüssen der Welt: Zwischen dem Hochland von Tibet (China) und dem Delta in Vietnam legt er mehr als 4000 km zurück. Seine 800 Kilometer am Ufer entlang der thailändisch-laotischen Grenze sind von wilden und teils auch spektakulären Landschaften geprägt.

Die gigantischen Wassermengen machen den Mekong zur unschätzbar wertvollen Ressource – nicht nur für Uferdörfer und Fischer (dies ist das größte Binnenfischereigewässer der Welt), sondern auch für Wasserkraftkonzerne. Letztere sind inzwischen zur potenziellen Gefahr für die Zukunft des Flusses geworden: Alle wollen ein Stück vom Energiekuchen abbekommen. Um wenigstens etwas Kontrolle über den Kraftwerksbau am Mekong zu erlangen, haben die Regierungen von Kambodscha, Thailand, Laos und Vietnam die Mekong-Flusskommission (Mekong River Commission; MRC) gegründet. Diese kooperiert (zumindest theoretisch) auch mit den Regierungen von China und Myanmar, um die Verbauung des Flusses einzudämmen. Dennoch schießen die Wasserkraftwerke hier weiterhin wie die Pilze aus dem Boden: Zum Recherchezeitpunkt waren im Mekongbecken nicht weniger als 150 weitere Staudämme geplant. Elf Großprojekte entfielen dabei auf den Hauptarm des Unterlaufs, der durch Laos, Thailand und Kambodscha fließt. Und das alles zusätzlich zu den 82 Staustufen, die schon existieren!

Dem Ausbau zu Energiegewinnungszwecken mussten bereits einige Uferdörfer weichen. Abhängig vom Kraftwerksbetrieb fallen und steigen die Pegelstände zudem sehr stark, was auch immer wieder zu sintflutartigen Überschwemmungen führt. Der Einfluss auf die Fischerei ist ebenfalls sehr groß: Mit jedem neuen Damm entsteht ein neues Ökosystem. Obwohl die Folgen in Thailand noch nicht sonderlich stark spürbar sind, können die Langzeiteffekte nicht einfach ignoriert werden. Wasserkraft wird zwar als „saubere" Art der Stromerzeugung beworben, fordert aber einen hohen Tribut. Die Landbevölkerung (die am wenigsten von der erzeugten Energie profitiert) ist davon deutlich stärker betroffen als Großstädter (die den Großteil der erzeugten Energie verbrauchen). Auf lange Sicht werden jedoch alle Bevölkerungsgruppen unter den Konsequenzen zu leiden haben.

3½ Std.). Da der Ort keine Haltestelle hat, müssen vorbeifahrende Busse per Handzeichen herangewinkt werden.

Provinz Udon Thani

Diese Provinz wird von ihrer glamourösen und fortschrittlichen Hauptstadt dominiert. Doch parallel sorgen die Welterbestätte Ban Chiang, das reizvolle „Rote Lotusmeer" (Red Lotus Sea) und der geheimnisvolle Phu Phrabat dafür, dass es der übrigen Region nicht an Attraktionen mangelt.

Udon Thani อุดรธานี

143 390 EW.

Das große und glamouröse Udon Thani beheimatet eine von Thailands größten Auswanderergemeinden. Während des Vietnamkriegs befand sich hier einer der größten US-Luftwaffenstützpunkte. Dies bescherte der Stadt einen rasanten Aufschwung und machte sie nachfolgend zum wichtigsten Verkehrs- und Wirtschaftszentrum der Region. Udon Thani selbst hat nur wenige echte Sehenswürdigkeiten. Dafür gibt's aber in der Umgebung einige interessante Orte.

Sehenswertes

Sanjao Pu-Ya CHINESICHER TEMPEL

(ศาลเจ้าปู่ย่า; Th Nittayo; ⌚Sonnenaufgang–Sonnenuntergang) GRATIS Der große, grelle chinesische Tempel am Südufer des Nong Bua zeugt vom Reichtum der hiesigen thailändisch-chinesischen Händler. Der Pu-Ya-Schrein im Zentrum beherbergt kleine Bilder der chinesischen Götter Pu (Großvater) und Ya (Großmutter).

Vor dem Tempel befindet sich das eindrucksvolle **Udon Thani Thai-Chinese Cultural Center** (ศูนย์วัฒนธรรมไทย-จีน; Th Nittayo; ⌚9–19 Uhr) GRATIS, das einen großen Garten und das **Moral-Museum** beherbergt. Dort kann man hervorragende Exponate über die Geschichte der chinesischen Gemeinde in Udon Thani, die chinesische Kultur und Konfuzius bewundern. Das Pu-Ya Chinese Orchestra spielt hier mittwochs und freitags ab 17 Uhr, kleinere Ensembles treten samstags und sonntags um 13 Uhr auf.

Udon Sunshine Orchid Farm GARTEN

(สวนกล้วยไม้อุดรซันไฌน์; ☎085 747 4144; 127 Th Udorn-Nong Samrong; ⌚8–17 Uhr) GRATIS Diese Orchideenfarm gleich nordwestlich der Stadt wurde einst berühmt, weil es ihr gelang, die erste duftende Orchideenart der Welt zu züchten und daraus ein Parfum zu gewinnen. Mittlerweile züchtet sie eine flüssigkeitsreiche Hybridpflanze namens *Codariocalyx motorius ohashi leguminosae*, die zu Musik „tanzt": Unter dem Einfluss hoher Frequenzen (Sprache oder Gesang) wiegen sich ein paar der kleineren Blätter vor und zurück. Von November bis Februar (7–9.30 & 16.30–18.30 Uhr) sind diese Gewächse am aktivsten.

Der daraus gewonnene Udon Dancing Tea ist wegen seiner angeblichen Heilkraft inzwischen sehr beliebt und vor Ort stets schnell ausverkauft. Alternativ können Besucher auch Orchideen und Parfums von Miss Udon Sunshine erwerben.

Um die Farm zu erreichen, folgt man zunächst der Rte 2024 bis zum Schild mit der Aufschrift *Welcome to Nongsamrong Community* und dann nach weiteren 150 m dem Schild mit der Aufschrift *Udorn Sunshine Fragrant Orchid*. In der Nähe halten zudem der „gelbe Bus" und die *sŏrng·tăa·ou* der Linie 6. Ein Túk-Túk ab dem Stadtzentrum kostet 60 bis 70 B.

Nong-Prajak-Park PARK

(สวนสาธารณะหนองประจักษ์) Am späten Nachmittag erwacht Udons beliebtester Park zum Leben: Am meisten los ist dann entlang der Th Thesa am Seeufer, wo man den besten Blick auf den Sonnenuntergang hat. Morgens gegen 10 Uhr beginnt hier das Personal einiger Dutzend **Massagestände** (⌚10–22 Uhr) mit dem Abrubbeln seiner Laufkundschaft. Etwa um 16 Uhr öffnen zusätzlich mehrere Töpferateliers, in denen man auch selbst den Pinsel schwingen kann. Am nordöstlichen Ufer gibt's außerdem einen **Fahrradverleih** (Ein-/Zwei-/Dreisitzer pro Std. 20/40/50 B; ⌚8–20 Uhr).

Ho Chi Minh Educational & Tourism Historical Site MUSEUM

(แหล่งศึกษาและท่องเที่ยวเชิงประวัติศาสตร์ (โฮจิมินห์); ⌚8–16 Uhr) GRATIS Im Dschungel rund um das Dorf Nong Hang unterhielt Ho Chi Minh von 1928 bis 1929 eines seiner militärischen Ausbildungslager. Zudem versuchte er hier, die große vietnamesische Gemeinde des Isan für seinen Kampf gegen Vietnams französische Besatzer zu gewinnen. Wer sich für vietnamesische Zeitgeschichte interessiert, findet vor Ort ein großes Museum und einen Nachbau von Hos strohgedecktem Lehmhaus.

Die Stätte wird von Einheimischen *bâhn lung hoh* (Onkel Hos Haus) genannt und liegt 10 km außerhalb von Udon. In der Nähe halten *sŏrng·tăa·ou* der Linie 14 (13 B, 30 Min.), die an der Th Prajak gegenüber vom Precha-Nachtmarkt starten. Die Fahrt folgt zunächst der Th Wattananuwong gen Westen und dann der Th Mukkamontri in Richtung Süden. Dann geht's aus der Stadt hinaus bis zu einer beschilderten Kreuzung, ab der es noch 750 m Fußmarsch bis zum Ziel sind.

Feste & Events

In den ersten 15 Dezembertagen feiert Udon die **Thung Si Meuang Fair** mit regionaltypischen Kulturdarbietungen und den üblichen Möglichkeiten zum Shoppen und Essen. Für die ersten zehn Tage werden die Statuen Pu und Ya aus dem Tempel Sanjao Pu-Ya in einen temporären Schrein im Stadtpark gebracht. Der Umzug der Statuen am 1. und 10. Dezember wird jeweils von großen Prozessionen und einem 99 m langen Drachen begleitet. Am 5. Dezember findet ebenfalls ein Drachentanz statt.

Schlafen

The One HOTEL $

(042 244330; www.theoneud.com; Th Prajak Sinlapacom; DZ/2BZ 550/600 B; P ❄) Dieses Hotel überzeugt mit modernen, komfortablen Zimmern und guten Sicherheitsvorkehrungen. Größter Pluspunkt ist die Lage: zentral, aber abseits der Rotlichtszene.

Intara Resort HOTEL $

(042 930490; 263/8 Soi San Chao Puya; EZ/DZ inkl. Frühstück 500/550 B; P ❄) Das Intara im typischen Thai-Stil ist nur dem Namen nach ein Resort. Fürs Geld bietet es jedoch weitaus mehr Atmosphäre als andere Budgetoptionen. Hierfür sorgen u. a. der umliegende Garten und nette Extras wie kostenlose Leihfahrräder für Gäste. Die Zimmer sind sehr sauber und geräumig.

Top Mansion HOTEL $

(042 345015; topmansion@yahoo.com; 35/3 Th Sampanthamit; Zi. 450–790 B; P ❄ @) Das beliebte Hotel ist beeindruckend makellos. Trotz seiner Lage an der anrüchigen „Soi Falang" sollte es daher als Übernachtungsmöglichkeit in Betracht gezogen werden.

P & Mo Guesthouse PENSION $

(081 380 1952; www.pmo-udon.com; Th Rung Sun; EZ/DZ 400/590 B; ❄ @) Schlichte Zimmer mit überdurchschnittlich gutem Preis-Leistungs-Verhältnis machen die freundliche Pension zur besten Budget-Bleibe in der Nähe des Busbahnhofs. Trotz der Lage sind die Quartiere größtenteils recht ruhig, da sie sich im hinteren Bereich des Gebäudes befinden.

Ban Pannarai HOTEL $

(042 304001; Th Poniyom; Zi. mit Ventilator/Klimaanlage 300/440 B; ❄) Etwas abseits der Straße steht dieses gelbe und nicht zu übersehende Gebäude, das im Gegensatz zu den meisten älteren Hotels in Thailand durchaus einen gewissen Charme besitzt. Es verleiht Fahrräder (20 B/Std.) und ist eine ganz gute Wahl für Budgetreisende, die in der Nähe des Sees übernachten wollen. Minuspunkte: Neue Matratzen wären gut, und das Personal spricht kaum Englisch.

P Mansion HOTEL $

(089 554 8636; www.pmansion-udon.com; 44/40 Th Phosri; Zi. 400 B) Das neue Hotel in der Nähe des Busbahnhofs ist etwas weniger anrüchig als manche anderen Unterkünfte in der unmittelbaren Umgebung. Für die sauberen und anständigen Zimmer mit gutem Preis-Leistungs-Verhältnis gibt's auch Langzeittarife.

★ **Much-che Manta** HOTEL $$

(042 245222; www.much-chemanta.com; Th Makkang; Zi. inkl. Frühstück 900–1600 B; P ❄ @) Einfallsreiche Beleuchtung, viel Echtholz und vereinzelte Farbakzente verleihen dem hübschen Boutiquehotel ein einzigartiges Design. Das nette und ruhige Restaurant im Hinterhof serviert internationale Kost (u. a. Holzofenpizzas). Gäste können sich gratis am Flughafen abholen und absetzen lassen.

Centara HOTEL $$$

(042 343555; www.centarahotelsresorts.com; Th Prajak Sinlapacom; Zi./Suite inkl. Frühstück 2800/5800 B; P ❄ @) In der Lobby des großen und mondänen Hotels empfängt aufmerksames Personal die Gäste; ein Restaurant grenzt an. Die oben befindlichen Zimmer wirken zwar etwas abgewohnt, bestätigen aber ansonsten den guten ersten Eindruck. Sie umgeben einen riesigen Innenhof, der gleichzeitig gespenstisch ruhig und seltsam attraktiv ist.

Essen & Ausgehen

Udons Einwohner lieben ihre Nachtmärkte namens **Centre Point** (16–22 Uhr), **Preecha**

Udon Thani

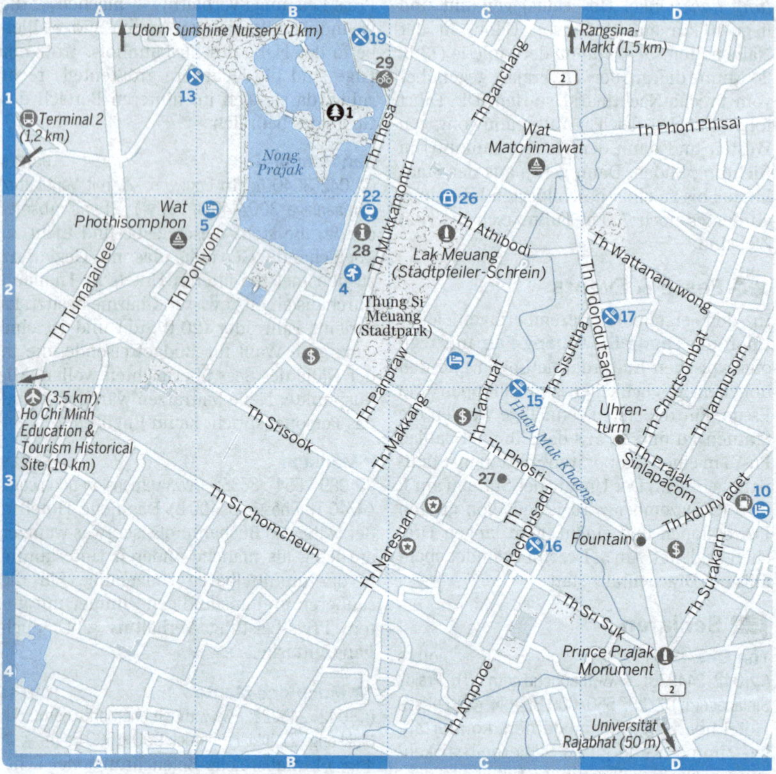

Udon Thani

Sehenswertes
- 1 Nong Prajak Park B1
- 2 Sanjao Pu-Ya F4
- 3 Udon Thani Thai-Chinese Cultural Center F4

Aktivitäten, Kurse & Touren
- 4 Massage B2

Schlafen
- 5 Ban Pannarai B2
- 6 Centara E3
- 7 Much-che Manta C2
- 8 P & Mo Guesthouse E3
- 9 P Mansion E4
- 10 The One D3
- 11 Top Mansion E3

Essen
- 12 Centre-Point-Nachtmarkt F3
- 13 Good Everything A1
- 14 Khai Tun E4
- 15 Kungfu Restaurant C3
- 16 Maeya C3
- 17 Papagallo D2
- 18 Preecha-Nachtmarkt E3
- 19 Rabiang Phatchanee B1
- 20 UD Bazaar F3

Ausgehen & Nachtleben
- 21 Gib Shop E3
- 22 Juice Bars B2

Shoppen
- 23 Central Plaza E3
- 24 Fuzzy Ken's E3
- 25 UD Town F4
- 26 Udon-City-Straßenmarkt C2

Praktisches
- 27 Einwanderungsbehörde C3
- 28 Tourism Authority of Thailand B2

Transport
- 29 Fahrradverleih B1
- 30 Bus-Terminal 1 .... E4
- 31 Chan Tour E3
- 32 On Time E4

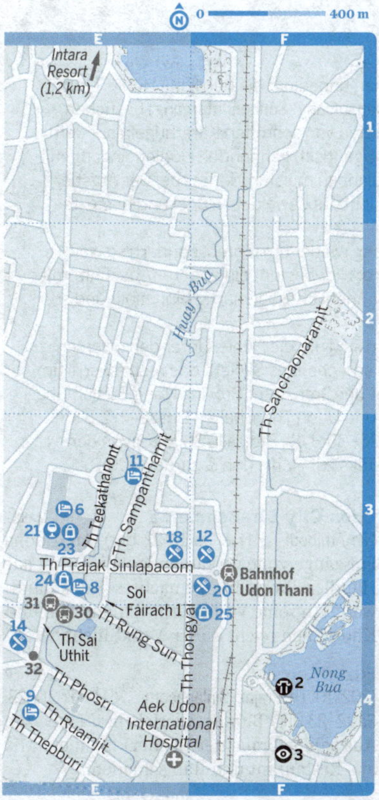

(⌚16–22 Uhr) und UD Bazaar über alles. Die drei benachbarten Areale vor dem Bahnhof warten je mit einem bunten Lebensmittelangebot und großen Biergärten auf.

UD Bazaar NORDOSTTHAILÄNDISCH $
(Th Prajak Sinlapacom; Gerichte ab 50 B; ⌚11–23 Uhr) Der belebte Markt ist eine prima Adresse für gutes und günstiges Essen. Zahlreiche Händler verkaufen hier thailändische Gerichte. Eine Bühne für Livemusik gibt's auch.

Khai Tun THAI $
(☎042 343966; 539/14 Th Nittayo; Büfett 75 B; ⌚9–22 Uhr) Die großen Gästescharen beweisen: Das hiesige *All you can eat*-Büfett ist gleichermaßen schmackhaft wie günstig. Zur Auswahl stehen normalerweise Reis, Nudeln, Currys und Süßigkeiten. Super Preis-Leistungs-Verhältnis!

Kungfu Restaurant FRÜHSTÜCK, CHINESISCH $
(☎042 343395; 98 Th Prajak Sinlapacom; Frühstück 75 B; ⌚10–22 Uhr; P ❄) Das Kungfu ist eigentlich ein chinesisches Restaurant. Wir schätzen es jedoch in erster Linie für sein gutes Frühstück à la Udon – z. B. mit *kôw dôm* (gekochter Reis), *jók* (Reisbrei) und *kài gràtá* (Spiegeleier, in der Pfanne serviert). Dazu gibt's Filterkaffee.

★ Maeya THAI $$
(Th Rachpusadu; Gerichte 55–355 B; ⌚9.10–22.30 Uhr; P) Das tolle Maeya lässt sich keiner Kategorie zuordnen: Die Inneneinrichtung mit verspielten Kacheln und Milchglasfenstern wirkt wie ein Mix aus marokkanischem Stil und Jugendstil. Alle Kellner tragen Anzüge und schwarze Krawatten, und auf der Karte steht alles Mögliche von gegrilltem Käse bis hin zu Wildschwein in roter Currysauce. Das großartige Essen macht das Ganze verdientermaßen sehr beliebt.

Rabiang Phatchanee THAI $$
(Th Suppakitchanya; Gerichte 100–350 B; ⌚9–23 Uhr; 📶) Dieses Lokal am östlichen Seeufer serviert neben allen thailändischen Klassikern auch viele Gerichte, die man bislang wohl noch nie probiert hat (z. B. Fischmagen-Salat). Gefuttert wird entweder draußen auf einer Terrasse oder drinnen in klimatisierten Räumlichkeiten.

Papagallo ITALIENISCH $$
(100/9 Th Udondutsadi; Pizzen 200 B; ⌚11–22 Uhr; 📶) Im Bereich der Central Plaza/Soi Farang gibt's mehrere italienische Restaurants. Besonders empfehlenswert ist jedoch dieser etwas abseits gelegene, winzige Laden (Achtung: leicht zu übersehen!) mit prima Pizzas.

Good Everything INTERNATIONAL, THAI $$$
(Th Poniyom; Gerichte 150–690 B; ⌚10–22 Uhr; P 📶) Das weiße Cottage mit Garten scheint geradewegs aus dem ländlichen England zu stammen und bildet so einen krassen Kontrast zur Soi Falang. Es zählt zu den teuersten Restaurants der Stadt; den vielen Stammgästen zufolge sind die Preise jedoch angemessen. Auf den Tisch kommen hier frisch zubereitete und gesunde Gerichte wie Lamm mit Texas-Chili oder polnische Pilzsuppe – ergänzt durch Salate im Thai- und *fa·ràng*-Stil. Qualitativ hochwertiger Kaffee und Tee sind ebenfalls im Angebot.

Gib Shop SAFTBAR
(Th Prajak Sinlapacom; ⌚Mo–Fr 10.30–21, Sa & So 10–21 Uhr) Dieser Laden im Erdgeschoss der Central Plaza beweist: Saft ist nicht gleich Saft. Denn hier wird hauptsächlich Bio-Obst bzw. -Gemüse verarbeitet. Zudem kann man

ABSTECHER

EINE TRAUMHAFTE HÖHLE

Zwischen Loei und Nong Bua Lamphu sollte man unbedingt die herrliche Höhle **Tham Erawan** (ถ้ำเอราวัณ; Spende willkommen; ⌚ Sonnenaufgang–Sonnenuntergang) besuchen, die 2 km abseits der Hauptfernstraße und inmitten von schroffen Karsthügeln auf dem Areal des Wat Tham Erawan liegt. Hinauf zum gigantisch gähnenden Höhleneingang mit großer Buddha-Statue führt eine steile, aber leicht zu meisternde Treppe. Der Aufstieg durch Bambushaine wird von einer tollen Aussicht auf bewaldete Hügel und bestellte Felder versüßt.

Besucher sollten aber nicht gleich am Eingang wieder umkehren, sondern so weit hineingehen, bis das Licht sehr schummrig wird: Hier beginnt ein anderer Abschnitt mit einer Öffnung im Höhlendach, durch die das Sonnenlicht säulenartig hineinfällt und so eine spektakuläre Atmosphäre erzeugt.

Die Mönche des Wat Tham Erawan kümmern sich um die Höhle. Unter den diversen Spendensammelstationen im Tempel auch ein sprechendes Skelett, das recht skurril um Gaben für Armensärge bittet. Gleich gegenüber der Grenze zur Provinz Nong Bualamphu liegt der Tempel an der Rte 210. Zwischen Loei und Udon Thani halten Busse im 2,5 km entfernten Ban Na Wang an der Hauptstraße (25–35 B, 1¼ Std., alle 30 Min.) Von der dortigen Sunthorn-Withaya-Schule fahren Túk-Túks zur Höhle (hin & zurück 200 B).

auf den Zuckerzusatz verzichten. Eine Filiale findet sich unter den **Saftbars** (Th Thesa; ⌚ 10–21 Uhr) in Nong Prajak.

☆ Unterhaltung

Udon hat die größte und am leichtesten erkennbare Sextourismus-Szene des ganzen Nordostens. Die Umgebung der „Soi Falang" (Th Sampanthamit) wirkt abends ziemlich schmierig – selbst tagsüber ist dort andauernd „Hallo, Massaaage" zu vernehmen. Manche Traveller empfinden die örtliche Atmosphäre auf den Straßen eventuell als unangenehm.

Die drei Nachtmärkte vor dem Bahnhof bieten allerlei Abwechslung: Hier kann man z. B. etwas essen, Klamotten kaufen, Karaoke singen, Snooker spielen, sich ein Tattoo zulegen oder sich die Zukunft weissagen lassen. An manchen Wochenenden gibt's außerdem Livemusik oder Fußball auf Großleinwänden.

Die Central Plaza hat eine Bowlingbahn und zeigt gelegentlich Kinofilme auf Englisch.

Shoppen

Die **Central Plaza** (Th Prajak Sinlapacom; ⌚ Mo–Fr 10.30–21, Sa & So 10–21 Uhr) ist Udons größtes Einkaufszentrum und beherbergt auch eine Filiale der Buchladenkette Asia Books (hat englischsprachige Titel im Programm). Ein Bummel durch die Freiluft-Mall **UD Town** (Th Thongyai; ⌚ Mo–Fr 10–22, Sa & So 9–22 Uhr) macht aber vergleichsweise mehr Spaß.

Udon-City-Straßenmarkt MARKT
(Th Athibodi; ⌚ Fr & Sa 17–22 Uhr) An Udons Fußgängerzone verkaufen lediglich ein paar Händler ihr selbst gemachtes Kunsthandwerk. An seine Vorbilder in Chiang Mai und Khon Kaen reicht dieser Markt nicht heran.

Fuzzy Ken's BÜCHER
(302/10 Th Prajak Sinlapacom; ⌚ Mo–Fr 10–23, Sa 12–23 Uhr) Buntes Allerlei (u. a. eine gute Auswahl gebrauchter Bücher) in einem Mix aus Restaurant und Ramschladen.

ℹ Praktische Informationen

In den Einkaufszentren Central Plaza und Tesco-Lotus gibt's neben AEON-Geldautomaten auch lange geöffnete Bankfilialen.

Aek Udon International Hospital (☎ 042 342555; Th Phosri) Mit Notfallambulanz rund um die Uhr.

Einwanderungsbehörde (☎ 042 249982; Th Phosri; ⌚ 8.30–12 & 13–16.30 Uhr) Verlängert Visa.

Tourism Authority of Thailand (TAT; ☎ 042 325406; tatudon@tat.or.th; Th Thesa; ⌚ 8.30–16.30 Uhr)

Udon Thani Map (www.udonmap.com) Diese Karte und das dazugehörige Magazin namens *Udon Thani Guide* zielen zwar hauptsächlich auf ortsansässige Ausländer ab, sind aber auch für Traveller nützlich. Beides gibt's gratis bei touristisch geprägten Einrichtungen.

ℹ An- & Weiterreise

BUS

Busse nach Bangkok (428–666 B, 8–9 Std., alle 30 Min.) und zu den meisten anderen Zielen starten am **Bus-Terminal 1** (☎ 042 221489; Th Sai Uthit) in der Innenstadt. **Chan Tour** (☎ 042 343403; ⏰7-mal tgl.) und **999 VIP** (☎ 042 221489) schicken VIP-Busse in die Hauptstadt. Weitere Ziele sind u. a. Bueng Kan (160 B, 5 Std., 6-mal tgl.), Nakhon Phanom (160–209 B, 3 Std., alle 30 Min.), Khon Kaen (84–180 B, 2 Std., alle 30 Min.), Pattaya (511–636 B, 11 Std., 10-mal tgl.) und der Suvarnabhumi International Airport (455 B, 8 Std., 21 Uhr). Wer bereits ein Visum für Laos hat, kann per Bus nach Vientiane (80 B, 2 Std., 8-mal tgl.; bei Abfahrt um 18 Uhr zzgl. 5 B) und Vang Vieng (320 B, 7 Std., 8.30 Uhr) fahren.

Vom **Bus-Terminal 2** (☎ 042 214914) an der westlichen Ringstraße werden viele derselben Ziele bedient. Zudem werden Loei (100 B, 3 Std., alle 30 Min.), Phitsanulok (238–306 B, 7 Std., 13-mal tgl.), Chiang Mai (666–888 B, 12 Std., 10-mal tgl.) und andere Städte im Westen nur von hier aus angesteuert.

Busverbindung nach Nong Khai (50 B, 1 Std.) besteht an beiden Terminals – am häufigsten jedoch am Rangsina-Markt (letzte Abfahrt um 21 Uhr). Per Minivan nach Nong Khai geht's ab der Central Plaza (60 B, 45 Min., 6.30–18.30 Uhr, stündl.).

FLUGZEUG

Thai Airways (THAI; ☎ am Flughafen Udon 042 246567, Telefonzentrale 02 356 1111; www.thaiairways.com) verbindet Udon Thani mit dem Flughafen Suvarnabhumi in Bangkok (ab 1400 B, 4-mal tgl.). Zum Flughafen Don Mueang in der Hauptstadt geht's mit **Nok Air** (ab 1100 B, 4-mal tgl.; ☎ am Flughafen Udon 042 348771, Buchungshotline 02 900 9955; www.nokair.com) und **Air Asia** (ab 1000 B, 2-mal tgl.; ☎ 02 515 9999; www.airasia.com). Air Asia fliegt zudem direkt nach Phuket (4000 B, 1-mal tgl.), Nok Air auch nonstop nach Chiang Mai (1800 B, 1-mal tgl.).

Für Flugtickets empfiehlt sich **On Time** (☎ 042 247792; Th Sai Uthit; ⏰ Mo–Sa 8–17, So 9–15 Uhr), eines von mehreren Reisebüros nahe dem Bus-Terminal 1.

ZUG

Zwischen Bangkok und dem **Bahnhof Udon Thani** (☎ 042 222061) verkehren jeden Tag mehrere Expresszüge (Sitzplatz 95–457 B, 1. Klasse Schlafwagen oben/unten 1077/1277 B, 10½ Std.; 3-mal abends, 1-mal morgens) sowie ein günstigerer Schnellzug (1-mal abends). Zusätzlich besteht täglich Zugverbindung nach Nong Khai (11–48 B, 1 Std., 4-mal morgens).

ℹ Unterwegs vor Ort

Sŏrng·tăa·ou (10 B) fahren auf festgelegten Routen durch die Stadt. Die Linie 6 (weiß) ist recht praktisch, weil sie (mit einem Schlenker zur Kreuzung Th Prajak-Surakarn) über die Th Udondutsadi, vorbei am Rangsina-Markt bis zum Bus-Terminal 2 fährt. Es gibt auch zwei Stadtbusse (10 B). Der weiße Bus folgt der Th Udondutsadi, der gelbe fährt von der Th Phosri nach Nittayo und verbindet die beiden Busbahnhöfe miteinander. Auf der *Udon Thani Map* sind alle Bus- und *sŏrng·tăa·ou*-Strecken eingezeichnet.

Auf der Straße kann man nur selten ein **Taxi** (☎ 042 343239; Bestellgebühr 30 B) anhalten, aber vor dem Bus-Terminal 1 und dem Einkaufszentrum Central Plaza warten welche auf Fahrgäste. Die Fahrer machen die Taxameter nicht an. Túk-Túks (die hier „Skylab" heißen) gibt's aber überall. Die Fahrt vom Central Plaza zum Nong Prajak Park kostet meist 50 B. In Udon verkehren noch immer die billigeren Fahrradrikschas.

Viele Hotels holen ihre Gäste kostenlos am Flughafen ab. Ansonsten kommt man mit einem kleinen Shuttle-Bus in die Innenstadt (80 B/Pers.). **Lek Car Rental** (☎ 086 059 3028; www.lekcarrentaludonthani.com) ist eine recht angesehene Autovermietung. Rund um das Einkaufszentrum Central Plaza finden sich einige kleine Autovermieter.

Ban Chiang บ้านเชียง

Die heute bedeutendste archäologische Stätte Südostasiens wurde 1966 zufällig entdeckt. Stephen Young (Anthropologiestudent in Harvard) führte im ländlichen Isan gerade eine Befragung zur politischen Meinung durch. Bei einer Wanderung durch die Gegend stolperte er und fand direkt unter seiner Nase den Rand eines vergrabenen Tongefäßes. Als er sich umsah, entdeckte er weitere Stücke und vermutete, auf eine Begräbnisstätte gestoßen zu sein – und sollte Recht behalten. Bald darauf begann man mit gezielten Ausgrabungen und förderte über 1 Mio. Tonscherben und Dutzende menschlicher Skelette zutage.

KUNSTHANDWERK AUS BAN CHIANG

Bis heute lebt der Ort Ban Chiang vor allem vom Reisanbau – inzwischen allerdings dicht gefolgt vom Geschäft mit Souvenirs. Einige der Stücke (u. a. Tonwaren im lokaltypischen Stil) werden in der Umgebung hergestellt. Wer der Straße vor dem Museum folgt, passiert mehrere **Töpferateliers**. Gleich südlich vom Thai Phuan House stellt eine kleine **Weberinnen-Genossenschaft** hauptsächlich Indigo-Baumwolle her.

Die heute für ihre Spiralornamente bekannten ockerfarbenen Töpferwaren (entstanden 300 v.Chr.–200 n.Chr.) sind nur eine von vielen Formen, die die Menschen hier im Lauf der Zeit geschaffen haben. Wissenschaftler fanden hier auch die bis dahin ältesten Belege für die Herstellung von Werkzeugen aus Metall in der Region (die Menschen begannen hier schon ungefähr um 2000 v.Chr. mit der Bronzeverarbeitung).

Das Gebiet wurde 1992 von der UNESCO zur Welterbestätte erklärt. Archäologische Ausgrabungen förderten in diesem Dorf einen Schatz von Artefakten zutage, der bis etwa 3600 v.Chr. zurückreicht. Damit war die vorherrschende Meinung widerlegt, dass Südostasien im Vergleich zu China und Indien zu jener Zeit kulturell zurückgeblieben war.

Sehenswertes

Ban-Chiang-Nationalmuseum MUSEUM

(พิพิธภัณฑสถานแห่งชาติบ้านเชียง; Eintritt 150 B; Di–So 9–16 Uhr) Das ausgezeichnete Museum beherbergt Unmengen Tonwaren aus allen Ban-Chiang-Perioden sowie unzählige Speerspitzen, Sicheln, Angelhaken, Schöpfkellen, Halsringe und andere Metallobjekte. Die (englisch beschilderten) Exponate gewähren einen hervorragenden Einblick in die ferne Vergangenheit der Region und – was genauso interessant ist – in die Enträtselung ihrer Geheimnisse. Im hinteren Bereich versteckt sich ein Raum, der der Kultur des Tai-Phuan-Volkes gewidmet ist. Dieses Volk siedelte sich vor ca. 200 Jahren hier an und gründete den Ort.

Am 1 km östlich gelegenen **Wat Pho Si Nai** befindet sich eine im Originalzustand belassene freigelegte Begräbnisstätte mit 52 einzelnen Gräbern aus der Zeit um 300 v.Chr. Hier sieht man, wie die Verstorbenen mit Töpferwaren als Grabbeigaben beigesetzt wurden. Das Museumsticket gilt auch für diese Stätte (Mo Eintritt frei).

Wat Pa Lelai BUDDHISTISCHER TEMPEL

(วัดป่าเลไลยก์; Sonnenaufgang–Sonnenuntergang) GRATIS Wer einmal etwas gänzlich anderes sehen will, sollte diesen Tempel besuchen, der 500 m nördlich der Begräbnisstätte über eine kleine Brücke zu erreichen ist. Die erstaunlichen, kindlich anmutenden Wandmalereien im hinteren zweistöckigen Gebäude sind aufschlussreich und unterhaltsam zugleich.

Thai Phuan House HISTORISCHE STÄTTE

(บ้านไทพวน) Rund 300 m südwestlich der Begräbnisstätte (den Schildern mit der Aufschrift *Phuan House which the King and Queen visited in 1972* folgen!) befindet sich dieses traditionelle Isan-Haus, das als Sehenswürdigkeit angepriesen wird. Allerdings sind die bewohnten Häuser, die man beim Bummel durchs Dorf sieht, deutlich interessanter.

Schlafen & Essen

In der Straße vor dem Museum gibt es mehrere Restaurants, von denen eines auch abends geöffnet ist.

Lakeside Sunrise Guesthouse PENSION $

(080 193 4300; suppawat2508@gmail.com; Zi. mit/ohne Badezimmer 500/400 B; P) Das alte Holzhaus steht mitten auf dem Land und ist trotzdem nicht allzu weit vom Museum entfernt – Grund genug, hier zu übernachten. Die einfachen Zimmer mit Gemeinschaftsbad im Erdgeschoss teilen sich eine große Terrasse. Am besten ruft man im Voraus an, denn der fröhliche Inhaber, der gut Englisch spricht, ist natürlich nicht immer zu Hause.

Anreise & Unterwegs vor Ort

Von Udon Thani fährt man mit dem Bus Richtung Sakon Nakhon oder Nakhon Phanom und steigt in Ban Nong Mek (35 B, 45 Min., alle 30 Min.) aus, wo man für die letzten 8 km nach Ban Chiang ein Túk-Túk (1 od. 2 Pers. 200 B hin & zurück) nimmt.

Die Landschaft rund um Ban Chiang lässt sich hervorragend mit dem Fahrrad erkunden, zumal es hier keine Hügel und keinen Verkehr gibt. Fahrräder kann man sich für 10 B pro Tag in den Geschäften bei der Polizeistation östlich des Museums ausleihen.

Red Lotus Sea

In der Provinz Udon Thani sind überall Bilder der **Red Lotus Sea** (ทะเลบัวแดง; Kumphawapi District) zu sehen: Das „Rote Lotusmeer“ wird als eine der regionalen Hauptattraktionen beworben. Dennoch begeben sich nur wenige Ausländer dorthin. Wer den wirklich spektakulären Anblick des Blütenmeers genießen möchte, sollte unbedingt den richtigen Zeitpunkt dafür wählen – denn mit geschlossenen Köpfen enttäuschen die Lotuspflanzen das Auge des Betrachters. Am besten zu bewundern sind sie von Dezember bis Februar in den Morgenstunden vor 11 Uhr. Doch auch im übrigen Jahr bestehen

Chancen auf die volle Blütenpracht, sofern man sich ebenfalls morgens einfindet. Vor einem Besuch empfiehlt es sich stets, die aktuell besten Besuchszeiten bei der Touristeninformation zu erfragen. Von der Seemitte aus (Bootsfahrt 300 B) ist der Anblick am schönsten.

Mit öffentlichen Verkehrsmitteln ist die Red Lotus Sea nicht direkt erreichbar. Um dorthin zu kommen, fährt man zunächst entlang des Hwy 22 nach Ban Na Di. Von dort aus geht's dann per Túk-Túk zum Ziel (hin & zurück 300 B inkl. Wartezeit).

Ban Na Kha บ้านนาขา

Besser als in Ban Na Kha kann man in Thailand wohl nirgends Stoffe kaufen. Im Zentrum gibt's einen überdachten Markt (085 013 1060) mit mehreren Dutzend Geschäften, die eine große Auswahl von Seiden- und Baumwollstoffen aus Thailand und Laos anbieten. Außer in den großen Läden an der Schnellstraße sind die meisten Stoffe handgefertigt. **Mae Bah Pah Fai** (6.30–18 Uhr) gegenüber vom Tempeleingang ist so gut wie alle anderen, hat aber darüber hinaus im hinteren Raum einige jahrhundertealte *kít*-Stoffe hängen.

Bevor man wieder abfährt, sollte man einen Blick auf den **Wat Na Ka Taewee** (Sonnenaufgang–Sonnenuntergang) werfen. Der Tempel wurde von einem Wandermönch gegründet, der ein Loch entdeckt hatte, aus dem er das Geräusch und den Rauch einer *naga* vernahm. Der Bau befindet sich direkt hinter dem kleinen *bòht*. Unter dem gigantischen Buddha sind Töpferwaren und menschliche Skelette ausgestellt, die während der verschiedenen Baumaßnahmen am Tempel entdeckt wurden.

Der weiße Bus von Udon fährt zu dem 16 km nördlich von Udon gelegenen Dorf.

Geschichtspark Phu Phrabat

Als eine der faszinierendsten Sehenswürdigkeiten des Nordostens bereitet der **Phu Phrabat** (อุทยานประวัติศาสตรภูพระบาท; 042 918619; Eintritt 100 B; 8–16.30 Uhr) seinen Besuchern ein ganz besonderes Erlebnis. Die Geschichte dieses geheimnisvollen und mystischen Ortes mit vielen bizarren Felsformationen ist nicht vollständig bekannt. In prähistorischer Zeit wurden die seltsamen Felsen des Parks in diverse religiöse Stätten verwandelt. Darunter besonders zahlreich sind buddhistische *sima*-Steine, die vermutlich vor rund 1000 Jahren während der Dvaravati-Periode entstanden. Parallel wurden hier Höhlenböden akribisch zu glatten Plattformen gemeißelt. Zwischen den vielen Felsnadeln, riesigen Felsbrocken und gewagt ausbalancierten Steinen legte man offenbar einst auch einige Hindu-Tempel an. Idealerweise kommt man zu einem besucherschwachen Zeitpunkt hierher und setzt sich ein paar Minuten lang in einer der Höhlen, um die Atmosphäre aufzusaugen: Dies ist wirklich ein ganz besonderer Ort.

Sehr beeindruckend wirkt z. B. der **Bo Nang Usa** (บอนางอุษา). Dieser mindestens 5 m tiefe Schacht wurde offenbar äußerst mühevoll von Menschenhand in den massiven Fels geschlagen. Sein Alter ist ebenso unbekannt wie sein Zweck.

Zudem zieren prähistorische Malereien mehrere Felsvorsprünge. Die schönsten Exemplare lassen sich direkt nebeneinander am **Tham Wua** und **Tham Khon** bewundern. Diese Bilder beweisen, dass sich hier wohl schon 1500 Jahre früher eine religiöse Stätte befand. Dahinter führt eine Kletterpartie hinauf zum **Pha Sa Dej** am Rand des Steilhangs, wo eine weite Aussicht auf die Farmen und Wälder in der Ferne wartet. Ein Netz von Wegen verbindet alle örtlichen Attraktionen miteinander. Der Park lässt sich gemächlich in zwei Stunden zu Fuß erkunden; es lohnt sich jedoch, hier noch deutlich mehr Zeit zu verbringen. Achtung: Entlang des so abgeschiedenen wie schönen Rundwegs im Norden des Areals besteht mangels guter Beschilderung akute Gefahr, sich zu verirren!

Highlight des Parks ist der **Hor Nang U-sa**. Dieser Felsen in Form eines auf dem Schaft stehenden Stiefels beherbergt einen kleinen Schrein. An vielen Felsformationen informieren Schilder auf Thai und Englisch über die jeweiligen Namen. Letztere sind oft Anspielungen auf die Legende von Usa und Baros, die in Kurzform im Museum gelesen werden kann. Gäste des Mut Mee Garden Guest House (S. 415) in Nong Khai können sich auch die ganze Geschichte zu Gemüte führen.

Südlich vom Eingang steht der **Wat Phra Phutthabaht Bua Bok**, dessen gleichnamiger *chedi* im laotischen Stil einen Fußabdruck Buddhas birgt. Zu diesem Tempel gehören viele weitere Felsen, die denen im eigentlichen Park entsprechen.

Vor Ort finden sich **Stellplätze** (pro eigenes Zelt 20 B, Leihzelt für 2/8 Pers. 50/200 B) und drei reizende **Bungalows** (2/4/6 Pers. 300/600/1200 B) mit steinharten Matratzen in den Betten.

An- & Weiterreise

Der Park ist 65 km von Udon Thani und Nong Khai entfernt und kann von beiden Städten im Rahmen eines Tagesausflugs besucht werden. Die *sŏrng·tăa·ou* vom Busbahnhof in Nong Khai nach Ban Pheu (55 B, 1½ Std.) fahren über Tha Bo. Die Fahrzeuge vom Rangsina-Markt in Udon fahren über Ban Pheu nach Ban Tiu (*sŏrng·tăa·ou*/Kleinbus 35/100 B, 1 Std./45 Min.), das ist das Dorf am Fuß des Hügels. Dort kann man für die letzten 5 km bergauf ein Motorradtaxi (hin & zurück 100 B) nehmen. Túk-Túks von Ban Pheu kosten hin & zurück ca. 250 B, Motorradtaxis kosten die Hälfte (sie sind zwar dort nicht erlaubt, stehen aber trotzdem an den Bushaltestellen). Das letzte Fahrzeug zurück nach Nong Khai startet um 16 Uhr, das nach Udon um 15 Uhr.

Wat Pho Chai Sri

Wat Pho Chai Sri BUDDHISTISCHER TEMPEL
(วัดโพธิ์ชัยศรี; Sonnenaufgang–Sonnenuntergang) Mit seinen bunt bemalten Plastiken (die sind noch bizarrer als die des Sala Kaew Ku in Nong Khai) ist der Wat Pho Chai Sri das perfekte Abstecherziel auf dem Weg nach Phu Phrabat. Es lohnt sich jedoch durchaus auch, eigens diesen Tempel zu besuchen. Auf dem gesamten Gelände stellen lebensgroße Figuren diverse Szenen aus der Sagenwelt des Isan dar. Dabei wird beispielsweise demonstriert, welche Strafen in der buddhistischen Hölle auf die Sünder warten.

Zudem beherbergt der Schrein mit dem Luang Po Naak ein höchst heiliges und 1200 Jahre altes Abbild Buddhas – beschattet von einer siebenköpfigen *naga*, die Einheimischen zufolge für viele Wunder verantwortlich ist.

Der Tempel ist auch als Wat Ban Waeng bekannt und liegt rund 5 km außerhalb von Ban Pheu (Túk-Túk hin & zurück ca. 100 B inkl. Wartezeit).

Provinz Bueng Kan

Thailands jüngste Provinz wurde 2011 von Nong Khai abgetrennt. In dieser abgeschiedenen und vielerorts sehr schönen Region warten neben ein paar der tollsten Tempel auch ein paar der besten Homestay-Programme des Landes.

Bueng Kan บึงกาฬ

4850 EW.

Die einzige echte Attraktion im kleinen Ort Bueng Kan ist der **thailändisch-laotische Markt** (ตลาดนัดบึงกาฬ; Soi Buengkan; Di & Fr morgens). Laotische Händler verkaufen hier einige Produkte, die in den umliegenden Wäldern gesammelt werden (z. B. Kräuter, Pilze). Hinzu kommt ein gutes Sortiment von Lebensmitteln, die typisch für den Isan sind (z. B. Grillen und Frösche ins Kisten). Während der Trockenzeit offenbart sich hier auch interessanter Blick auf den Mekong: Bis zu einer seiner schmalsten Stellen entlang der thailändisch-laotischen Grenze zieht sich der Fluss dann weit aus Bueng Kan zurück.

Es überrascht kaum, dass die meisten Traveller vor Ort lediglich in Busse in Richtung Wat Phu Thok umsteigen. Das **Maenam Hotel** (042 491051; Th Chansin; Zi. 400–450 B; P ⊖ ❄ @ ᯤ) am Mekong hat für Übernachtungswillige die beste lokale Lage. Zum Recherchezeitpunkt wurde die Flusspromenade gerade umfassend saniert – was Bueng Kans Wert als Besucherziel bestimmt steigern wird.

Das beste Hotel der Stadt ist **The One** (042 492234; www.theonehotel-bk.com; Nakhon Phanom Rd; Zi. 790–1700 B, Suite 2500 B; P ⊖ ❄ @ ᯤ) draußen an der Fernstraße: Service und Preis-Leistungs-Verhältnis sind hier super. Die Zimmer für 790 B sind schon jahrelang im „Sonderangebot".

Mittags stellt das Personal vieler Restaurants Tische an der Flusspromenade auf, sodass diese zum besten Jagdrevier für Hungrige wird.

Nahe dem alten Uhrenturm parken Busse nach Nong Khai (100–150 B, 3½ Std., 8-mal tgl., letzte Abfahrt 15 Uhr), Nakhon Phanom (140 B, 3½ Std., 4-mal tgl., letzte Abfahrt 15 Uhr) und Udon Thani (130–150 B, 4½ Std., 12-mal tgl., letzte Abfahrt 16 Uhr). Zu späterer Stunde gelangt man auch mit Bussen gen Bangkok (600 B) nach Nong Khao oder Udon Thani, muss dann aber eventuell den vollen Fahrtpreis berappen. Weitere Busse fahren nach Chiang Mai (800 B).

Wat Phu Thok

Als der Meditationslehrer Luang Pu Juan sein Kloster im Wald auf dem entlegenen und so gut wie nicht zugänglichen Phu Thok errichtete, dachte er wohl kaum daran, damit eine zukünftige Touristenattraktion zu erschaffen. Luang Pu zufolge waren die Felsspalten in den Steilwänden des Berges gute Orte, um Schläfrigkeit mittels Meditation zu überwinden. Besucher werden diese Bewertung schnell nachvollziehen können. Der **Wat Phu Thok** (วัดภูทอก; ⏲6–17 Uhr, 10.–16. April geschl.) GRATIS zählt zu den absoluten Highlights der Region. Sein Herz ist ein riesiger Sandsteinfelsen, der von einem Gewirr aus wackeligen Laufstegen mit Treppen über- und durchzogen sowie umgeben wird. Die halsbrecherisch anmutenden Stege mit großartiger Aussicht auf die Umgebung führen vorbei an Schreinen und *gù·đì* (Mönchshütten bzw. -quartieren), die sich auf Felsvorsprüngen und in Höhlen über den ganzen Berg verteilen. Ganz oben führt eine Klettertour über Stock und Stein zum Gipfelwald, der als siebte Stufe bezeichnet wird. Wer es eilig hat und alle Abkürzungen nimmt, schafft es innerhalb einer Stunde hinauf und wieder hinunter. Doch das ist wenig ratsam: Dieser Aufstieg sollte genossen werden!

Die Möglichkeit zum Meditieren in Abgeschiedenheit lockt viele Mönche und *mâa chee* (Nonnen) aus ganz Thailand an diesen stillen Ort. Besucher sollten sich daher stets ruhig und respektvoll verhalten!

Zusammen mit mehreren anderen hoch verehrten Waldmönchen starb Luang Pu Juan im Jahr 1980 bei einem Flugzeugabsturz, als er auf dem Weg nach Bangkok war, um an den Geburtstagsfeierlichkeiten für Königin Sirikit teilzunehmen. Seine Besitztümer und ein paar Reliquienknochen ruhen in einem *chedi* aus Marmor, der von großartigen Skulpturen geziert wird und am Fuß des Berges in einem herrlichen Garten steht.

ℹ An- & Weiterreise

Von Bueng Kan aus fahren Túk-Túks zum Wat Phu Thok (hin & zurück 800 B inkl. einige Std. Wartezeit). Sparfüchse nehmen einen Bus von Bueng Kan nach Ban Siwilai (30 B, 45 Min.): Ab dort verlangen Túk-Túk-Fahrer nur 350 B für den Trip zum Tempel. Mit einem frühen Morgenbus nach Bueng Kan lässt sich der Wat Phu Thok per Tagesausflug ab Nong Khai besuchen. Dank Bussen von Siwilai nach Udon Thani (140 B, 4 Std., letzte Abfahrt 16.45 Uhr) muss man jedoch nicht auf derselben Strecke zurückfahren.

Auto-, Motorrad- und Radfahrer können der Straße an Bueng Kan vorbei bis Chaiyaphon (27 km) folgen und dort nach rechts in die Rte 3024 einbiegen (auf das Schild achten!), die zum Chet Si und zu mehreren anderen Wasserfällen im Phu Wua Wildlife Sanctuary führt. Deren Stufen in bizarrer Felslandschaft sind jeweils einen Abstecher wert, führen aber nur saisonal Wasser (Mitte Mai–Dez.). Nach weiteren 17,5 km biegt man dann erneut rechts ab und fährt die letzten 4 km bis zum Tempel.

GRENZÜBERGANG NACH LAOS: VON BUENG KAN NACH PAKSAN

Wer bereits ein Visum für Laos hat, kann von Bueng Kan aus über den Mekong nach Paksan fahren, was aber nur wenige Traveller tun.

Anreise zur Grenze Die Einreisebehörde (8–18 Uhr) befindet sich 2,5 km nordwestlich der Stadt. Die Fahrt im Túk-Túk kostet ca. 60 B.

An der Grenze Die Boote fahren zwischen 8.30 und 12 Uhr und zwischen 13 und 16.30 Uhr. Los geht's, wenn ca. 20 Passagiere zusammengekommen sind. In der Mittagszeit und nach 16.30 Uhr wird man wahrscheinlich das ganze Boot für 1000 B chartern müssen.

Weiterreise Túk-Túks warten auf der laotischen Flussseite. Die Schnellstraße und ein paar Hotels sind auch zu Fuß erreichbar.

Phu Wua Wildlife Sanctuary

Eine der tollen Wanderrouten im 186 km² großen **Phu Wua Wildlife Sanctuary** (เขตรักษาพันธุ์สัตว์ป่าภูวัว; ☎084 428 5389; Erw./Kind 100/50 B) ermöglicht Übernachtungen in einer Höhle. Der Wald mit vielen Wasserfällen beheimatet auch etwa drei Dutzend Elefanten. Bei Tages-Treks ab dem Dorf Kham Pia in Eingangsnähe lassen sich während der Regenzeit manchmal einige der Dickhäuter blicken. Dennoch kommt man besser in den kühlen Monaten hierher – schon allein wegen der Blutegel, deren Zahl bei Regen stark zunimmt.

Als offizielles Naturschutzgebiet hat Phu Wua auch Unterkünfte. Diese lassen sich allerdings nur recht schwierig mieten und müssen rechtzeitig bei der Nationalparkbehörde reserviert werden. Dafür fungieren die örtlichen Ranger gerne als Guides (Preis verhandelbar; rechtzeitige Reservierung über den Park ratsam).

Eine bessere Alternative für Übernachtungswillige ist das **Homestay-Programm**

(☎ 087 861 0601; www.bunloedhuts.jimdo.com; EZ 170–270 B, DZ 200–300 B, Gerichte 50–90 B) des Dorfes Ban Kham Pia. Programmleiter Khun Bunleud organisiert neben Tageswanderungen ab dem Dorf auch Übernachtungen in „Baumhäusern“ (Achtung: nichts für Angsthasen!), die sich etwa eine Fahrtstunde entfernt auf einer Waldlichtung befinden. Führungen durch das Dorf und dessen Umgebung kosten standardmäßig 300 B pro Tag. Der Tagestarif für Leihmotorräder liegt bei 200 B.

Zwischen Nong Khai (150 B, 3½ Std.) und Nakhon Phanom (130 B, 3 Std.) halten Busse im 3 km entfernten Ban Don Chik.

Ban Ahong

Auf dem Weg von Nong Khai nach Bueng Kan bietet sich 20 km vor Letzterem ein netter Zwischenstopp im hübschen Ban Ahong am Mekongufer an. Umgeben von rötlichen Felsen flankiert der **Wat Ahong Silawat** (วัดอาฮงศิลาวาส; ⊙ Sonnenaufgang–Sonnenuntergang) am östlichen Dorfrand eine Flusskurve, die Sàdeu Námkong (Nabel des Mekong) genannt wird – aufgrund des riesigen Strudels, der sich hier von Juni bis September dreht. Zudem soll dies einer der tiefsten und schmalsten Abschnitte des Flusses sein. Angesichts der umliegenden Landschaft wirken die gewaltigen Felsen irgendwie deplatziert, was für einen atemberaubenden Anblick in idyllischer Atmosphäre sorgt.

Zwischen Nong Khai (100 B, 2½ Std., 6-mal tgl.) und Bueng Kan halten Busse auf Wunsch am Tempel.

HEILIGE RELIQUIEN

Wer Tempel von verstorbenen Meditationslehrern besucht, wird dort immer sehr aufwendig ausgestellte Knochenfragmente und kristallartige Objekte sehen. Hierbei handelt es sich um „Reliquien“ *(prá tâht)* – Knochenfragmente, die nach der Einäscherung des jeweiligen Mönchs eingesammelt wurden und im Lauf der Zeit manchmal eine kristallartige Struktur ausgebildet haben. Buddhisten in Thailand und vielen anderen Ländern glauben, dass diese Verwandlung von der Erleuchtung des Meisters zeugt. Farbe und Schönheit des Materials lassen dabei auf den spirituellen Reinheitsgrad des Verstorbenen schließen. Solche Reliquien werden sehr verehrt und mitunter auch Gläubigen ausgehändigt. Angeblich vermehren sie sich von selbst, werden weniger oder verschwinden sogar ganz – das ist abhängig vom Verhalten ihres jeweiligen Bewahrers.

Provinz Nakhon Phanom

Die Provinz Nakhon Phanom ist stark von laotischen und vietnamesischen Einflüssen geprägt. Sie wird vom Mekong begrenzt und hat viele höchst heilige Tempel. Allgemein warten in dieser Region mehr subtile als offensichtliche Highlights – darunter interessante historische Stätten und viele Stellen mit super Flussblick. Und schließlich wäre da mit dem gewaltigen Wat Phra That Phanom auch noch ein Pflichtziel für alle, die sich für die Kultur des Isan interessieren.

Nakhon Phanom นครพนม

22 710 EW.

Nakhon Phanom bedeutet „Stadt der Berge“. Die sanft gewellten Zuckerhutgipfel liegen jedoch alle jenseits des Flusses drüben in Laos. Somit können sie von Besuchern zwar bewundert, aber nicht erklommen werden. Dennoch bieten sie vor allem bei einem nebligen Sonnenaufgang einen tollen Anblick.

Nakhon Phanoms Tempel wurden in einem ganz besonderen Stil errichtet: Im Lan-Chang-Reich war die Stadt ein bedeutendes Zentrum. Später entsandten die Thai-Könige ihre besten Kunsthandwerker hierher, um neue Gebäude zu errichten. Schließlich verbreitete sich dann über den Mekong hinweg noch ein starker französischer Einfluss.

Sehenswertes & Aktivitäten

Mekong Underwater World AQUARIUM

(โลกของปลาแม่น้ำโขง; ☎ 042 530780; Rte 2033; Eintritt 30 B; ⊙ Mo–Fr 8.30–16 Uhr) Die Becken dieses Aquariums sind zwar kleiner als die in Nong Khai, aber irgendwie eindrucksvoller. Hierfür sorgen u. a. Holzverkleidungen und eine vergleichsweise bessere Beleuchtung. Rund 6 km westlich der Stadt (über Hwy 22) hat man hier eine gute Gelegenheit, ziemlich große Mekong-Welse *(blah bèuk)* aus nächster Nähe zu beobachten. Auf dem Weg nach Na Kae (20 B, 15 Min.) halten *sŏrng·tăa·ou* vor dem Museum. Ein Taxi ab dem Busbahnhof kostet 100 B inklusive Rückfahrt.

Nakhon Phanom

Nakhon Phanom

Sehenswertes
1 Chom Khong Park ... A1
2 Wat Okat ... C2

Aktivitäten, Kurse & Touren
3 Sunset Cruise ... D2

Schlafen
4 777 Hometel ... C1
5 SP Hotel ... C4
6 TC Apartment ... D3

Essen
7 Good Morning Vietnam & Coffee ... C2
8 Indochina-Markt ... D2
9 Khrua Champasak ... C1
10 Khun Kaew Steak Corner ... C1

Praktisches
11 Einwanderungsbehörde ... D3
12 NKP Travel Centre ... B3
13 Tourism Authority of Thailand ... D3

Transport
777 Hometel ... (siehe 4)
14 Sŏrng•tăa•ou nach That Phanom & Na Kae ... C3

Wat Okat BUDDHISTISCHER TEMPEL
(วัดโอกาส; Th Sunthon Wijit; Sonnenaufgang–Sonnenuntergang) Der Wat Okat ist älter als die Stadt selbst. Er beherbergt den Phra Tiow und den Phra Tiam – zwei heilige Buddha-Figuren aus goldbeschlagenem Holz, die sich auf dem höchsten Piedestal im *wí·hăhn* (Heiligtum) befinden. Der Phra Tiam (rechts) ist eine Replik, da das Original im Jahr 2010 gestohlen wurde. Uns gefällt besonders das wunderschöne Wandgemälde: Es erzählt in Bildern, wie der Phra Tiow und der Phra Tiam einst von Laos aus auf Flößen über den Mekong gebracht

wurden. Und, findet jemand die Backpacker darin?

Ho Chi Minhs Haus MUSEUM

(บ้านโฮจิมินห์; ☎ 042 522430; Eintritt gegen Spende; ⏲ Sonnenaufgang–Sonnenuntergang) Rund 3,5 km westlich der Stadt liegt das Dorf Ban Na Chok. Dessen vietnamesische Einwohner haben einen Nachbau von Uncle Ho's House in Udon Thani errichtet – des einfachen Holzhauses, in dem Ho Chi Minh von 1928 bis 1929 gelegentlich wohnte und seine Widerstandsbewegung plante. Weitere Ausstellungsstücke (z.T. auf Englisch beschriftet) zeigt das **Ho-Chi-Minh-Museum**, in dem alljährlich der Geburtstag des vietnamesischen Politikers (19. Mai) gefeiert wird. Zum Recherchezeitpunkt zog es gerade in ein nagelneues helles Gebäude um (500 m von Hos Haus entfernt).

Former Governor's Residence Museum MUSEUM

(จวนผู้ว่าราชการจังหวัดนครพนม /หลังเก่า); Th Sunthon Wijit; ⏲ Mi–So 9–17 Uhr) GRATIS Das Museum in einem restaurierten Herrenhaus von 1925 zeigt viele Fotos vom alten Nakhon Phanom (viele auf Englisch beschriftet). Im hinteren Bereich gibt's Ausstellungen zur beleuchteten Bootsprozession zu sehen.

Chom Khong Park PARK

(สวนชมโขง; Th Ratchathan; ⏲ 5–20 Uhr) Dieser Park war früher ein Gefängnis. In einigen der alten Zellen sitzen Figuren von Häftlingen. Besucher können auch die Wachtürme erklimmen.

Sonnenuntergangsfahrt BOOTSFAHRT

(☎ 086 230 5560; 50 B/Pers.) Die Stadtverwaltung offeriert diese einstündige Mekong-Bootsfahrt mit der *Thesaban*. Das Boot macht gegenüber vom Indochina-Markt fest. An Bord gibt's Getränke und Snacks.

Feste & Events

Nakhon Phanom ist berühmt für seine **Lai Reua Fai** (⏲ Ende Okt./Anfang Nov.), die anlässlich des Ork Phansaa (Ende der buddhistischen Fastenzeit) stattfindet. Diese beleuchtete Bootsprozession ist die moderne Version der uralten Tradition, Flöße mit Lebensmitteln, Blumen und Kerzen als Opfergaben für die *naga* auf den Mekong zu setzen. Heute kann man dabei riesige Bambusflöße vor animierten Szenen zwischen handgefertigten Laternen (bis zu 20 000 Stück) bewundern. Das einwöchige Rahmenprogramm beinhaltet Bootsrennen, Musikwettbewerbe und andere Festivitäten. Die Boote werden jedoch nur in der Vollmondnacht zu Wasser gelassen.

Schlafen

SP Hotel HOTEL $

(☎ 042 513505; Th Nittayo; EZ/DZ 450/500 B; P ❄ @ ≋) Die Zimmer des schlichten, aber modernen Hotels wirken weniger wohnheimmäßig, als einen die Fassade und die Flure befürchten lassen könnten. Für ein paar Baht mehr wohnt es sich hier besser als in den älteren örtlichen Hotels dieser Preisklasse. Das Mobiliar ist besonders beeindruckend: Es besteht aus wunderschön bearbeitetem und ungemein stabilem Massivholz.

★ **777 Hometel** HOTEL $$

(☎ 042 514777; Th Tamrongprasit; Zi. inkl. Frühstück 590–790 B; P ❄ @ ≋) Das kastenartige Äußere täuscht: Das 777 (*đorng jet* auf Thailändisch) ist das stilvollste Hotel der Stadt. Es punktet nicht nur mit tollem Innenraumdesign, sondern auch mit super Zimmern und spitzenmäßigem Management. Zudem zählen die Angestellten zu den freundlichsten und hilfsbereitesten in ganz Nakhon Phanom.

TC Apartment HOTEL $$

(☎ 042 512212; Th Sunthon Wijit; Zi. 690 B; P ❄ ≋) Das TC in toller zentraler Lage ist eines von den vielen neuen Hotels der Stadt. Die Zimmer auf der Vorderseite haben Balkone mit weiter Aussicht auf den Fluss. Zudem erwarten Gäste hier anständige Quartiere und ein starkes WLAN-Signal. Ein großer Minuspunkt: Der Lärm von der verkehrsreichen Th Sunthon Wijit kann bei Nacht ziemlich nerven.

iHotel HOTEL $$

(☎ 042 543355; Th That Phanom; Zi. inkl. Frühstück 490–650 B; P ❄ @ ≋) Das stilvolle „i" verfügt über gute Matratzen, kraftvolle Duschen und aufmerksames Personal sowie einen Garten hinten. Allerdings scheint es vor allem auf Karaoke- bzw. Snooker-Fans abzuzielen und liegt recht weit außerhalb der Stadt (6 km).

Essen & Ausgehen

Nach dem Abendessen empfehlen sich die ruhigen und attraktiven Bars in den historischen Ladenzeilen nahe dem Uhrenturm.

Indochina-Markt THAI $

(Th Sunthon Wijit; ⌚7–19 Uhr) Auf dem Vorderbalkon des kleinen Food Courts stehen Tische mit tollem Bergblick.

Good Morning Vietnam & Coffee VIETNAMESISCH $

(☎087 226 3445; Th Tamrongprasit; Gerichte 30–50 B; ⌚6–18 Uhr) Seit nunmehr vier Generationen bereitet das kleine Ecklokal seine Gerichte nach denselben Familienrezepten zu. Auf den Tisch kommen z. B. *năam neu·ang* (Frühlingsrollen mit Schweinefleisch, die man selbst zusammenrollt) und pikante Thai-Salate. Anständiger Filterkaffee ist hier ebenfalls zu haben.

Khrua Champasak THAI, VIETNAMESISCH $$

(☎042 514541; Th Sunthon Wijit; Gerichte 40–350 B; ⌚10–22 Uhr) Das Champasak ist auf Fisch aus dem Mekong spezialisiert. Dieser wird von der Inhaberin (einer Fischerstochter) sachkundig ausgewählt und stolz präsentiert. Serviert werden aber auch thailändische und vietnamesische Standardgerichte. Von den klimatisierten Räumlichkeiten und den Freiluftbereichen schaut man jeweils direkt auf den Fluss. Das Restaurant liegt gegenüber vom Khun Kaew Steak Corner und hat kein Schild mit westlicher Beschriftung.

Hinweis: Die Gerichte mit Fisch aus dem Mekong finden sich nicht auf der englischsprachigen Karte – wer eines davon probieren will, lässt sich die Karte auf Thai mit den Bildern geben.

Khun Kaew Steak Corner INTERNATIONAL $$

(☎085 925 7979; Th Sunthon Wijit; Gerichte 65–475 B; ⌚Mo–Sa 16–22 Uhr) Abgefahren von der Einrichtung bis hin zur thailändischen Fusion-Pasta: Das kleine Lokal am Fluss (insgesamt sieben Tische) gehört einem thailändischen Küchenchef, der ein paar Jahre lang in Texas gearbeitet hat. Prima für einen netten Abend – vor allem, wenn man einen der Sitzplätze mit Aussicht ergattern kann!

ℹ Praktische Informationen

Bangkok Bank (Tesco-Lotus, Th Nittayo; ⌚10.30–19 Uhr) Lange geöffnet.

Einwanderungsbehörde (☎042 511235; Th Sunthon Wijit; ⌚Mo–Fr 8.30–12 & 13–16.30 Uhr) Verlängert Visa.

Tourism Authority of Thailand (TAT; ☎042 513490; tatphnom@tat.or.th; Th Sunthon Wijit; ⌚8.30–16.30 Uhr) Liefert Infos zu den Provinzen Nakhon Phanom, Sakon Nakhon und Mukdahan.

ℹ An- & Weiterreise

BUS

Am **Busbahnhof** (☎042 513444; Th Fuang Nakhon) westlich von Nakhon Phanoms Zentrum besteht eine Busverbindung nach Nong Khai (200 B, 6½ Std., 4-mal tgl.), Udon Thani (160–210 B, 4½ Std., regelm.) und Ubon Ratchathani (ab 220 B, 4½ Std., 7 Uhr). In Richtung Ubon nehmen die meisten Traveller jedoch einen der Minivans (190 B, 4 Std., 7-mal tgl.) über Mukdahan (80 B, 2½ Std.) und That Phanom (40 B, 1 Std.). Weitere Busse fahren nach Bangkok (477–614 B, 11–12 Std., Abfahrt zumeist zw. 7 & 8 sowie 17 & 19 Uhr). Ein spezieller VIP-Service wird von **999 VIP** (893 B; ☎042 511403) und **Nakhon Chai Air** (641 B; ☎042 51199) angeboten.

Sŏrng·tăa·ou nach That Phanom (40 B, 1½ Std., bis 17 uhr regelm.) warten in der Nähe der Kasikornbank.

FLUGZEUG

Nok Air (☎02 900 9955; www.nokair.com) und **Air Asia** (☎02 515 9999; www.airasia.com) verbinden die Stadt täglich mit dem Flughafen Don Mueang in Bangkok (einfache Strecke ab 1100 B). Flugtickets sind bei Reisebüros wie dem **NKP Travel Centre** (☎042 520999; Th Apibanbuncha; ⌚Mo–Sa 9–18, So 9–17 Uhr) erhältlich. Der Flughafen-Shuttle-Service setzt Passagiere an beliebigen Hotels in der Stadt ab (100 B/Pers.).

GRENZÜBERGANG NACH LAOS: VON NAKHON PHANOM NACH THA KHAEK

Anreise zur Grenze Es fahren zwar Passagierfähren über den Mekong nach Tha Khaek in Laos, sie sind aber Thais und Laoten vorbehalten. Traveller müssen die thailändisch-laotische Freundschaftsbrücke 3 (nördl. der Stadt) nehmen. Busse nach Tha Khaek (werktags/Wochenende 70/75 B, 8-mal tgl.) fahren zwischen 8 und 17 Uhr.

An der Grenze Alle Einreiseformalitäten werden auf der Brücke erledigt. Ein laotisches Visum bekommt man bei der Einreise. Wenn vietnamesische Arbeiter scharenweise die Grenze passieren wollen, geht es hier ziemlich chaotisch zu, denn Schlangestehen ist ihnen ein Gräuel.

Weiterreise Die Busse warten häufig, bis sie genügend Fahrgäste haben, sodass man nach Tha Khaek oft mehr als zwei Stunden braucht.

Unterwegs vor Ort

Ab dem Busbahnhof verlangen Túk-Túk-Fahrer 30 bis 40 B zu den meisten Zielen in der Stadt. Túk-Túk-Trips nach Ban Na Chok kosten 200 B mit Hin- und Rückfahrt (eventuell lässt sich aber schon für 100 B ein Taxi auftreiben).

Nakhon Phanoms verkehrsarme Straßen laden zum Radeln ein. Das Hotel **777 Hometel** (042 514777; Th Tamrongprasit; Fahrrad/Motorrad pro Tag 50/200 B; 24 Std.) verleiht Drahtesel.

That Phanom ธาตุพนม

11680 EW.

Der Wat Phra That Phanom hat einen gigantischen *chedi*, dessen Spitze hoch über das ruhige Städtchen hinausragt. Der Turm zählt zu den bedeutendsten Wahrzeichen der Region und ist ein wichtiger Pfeiler der Isan-Identität. Eine Hälfte der Stadt schmiegt sich an den Mekong – ein paar historische Gebäude runden den Besuch hier ab. Verglichen z.B. mit Nong Khai und Nakhon Phanom macht That Phanom nicht viel aus seiner Uferlage. Zum Recherchezeitpunkt wurde jedoch gerade eine neue Promenade gebaut, die den Bereich längs des Flusses zukünftig kräftig beleben dürfte.

Sehenswertes

Wat Phra That Phanom BUDDHISTISCHER TEMPEL

(วัดพระธาตุพนม; Th Chayangkun; 5–20 Uhr) GRATIS Dieser Tempel ist wunderschön. Selbst wer keine Tempel mehr sehen kann, wird beeindruckt sein. In seinem Zentrum steht ein Stupa *(tâht)*, wie es seinesgleichen im heutigen Laos keinen zweiten mehr gibt. Er wird von Buddhisten aus beiden Ländern sehr verehrt und ist 53,6 m hoch; ein 16 kg schwerer, mit Edelsteinen verzierter Schirm aus reinem Gold setzt noch einmal 4 m obendrauf.

Obwohl es in buddhistischen Texten nicht belegt ist, glauben viele Thais, dass Buddha selbst nach Thailand reiste und verfügte, dass ein Stück seines Brustbeins als Reliquie in einem an dieser Stelle zu errichtenden *chedi* aufbewahrt werden sollte. Und so geschah es dann auch 535 v.Chr., acht Jahre nach seinem Tod. Fachleute datieren den ersten Bau, einen kurzen Stupa (in einem Teich vor dem Tempel zeigt ein **Nachbau**, wie er wohl ausgesehen haben könnte), auf etwa das 9. Jh. n.Chr. Danach waren Umbauten an der Tagesordnung. 1690 wurde der Turm auf 47 m aufgestockt; Nachahmungen dieses *tâht* findet man überall im Isan. Das heutige Aussehen geht auf das Jahr 1941 zurück. Während schwerer Regenfälle im Jahr 1975 stürzte der Turm allerdings ein, wurde 1978 aber wieder aufgebaut.

Hinter dem Kloster, das den Reliquienturm umgibt, liegen ein schattiger kleiner Park und ein **Museum** (8.30–16 Uhr) GRATIS, das die Legende (nicht die Geschichte) des *tâht* erzählt und außerdem ein Sammelsurium von Töpferwaren und Gongs sowie seltene Buddha-Abbildungen beherbergt.

Kong-Tor DENKMAL

(ประตูโขง) In der Straße vor dem Wat Phra That Phanom ragt ein Bogen empor, der eine symbolische Verbindung zwischen dem *tâht* und dem Mekong herstellen soll. Die Gebäude im französischen Indochina-Kolonialstil zwischen dem Bogen und dem Fluss erinnern an das alte Saigon. In ein paar Läden hier bekommt man vietnamesisches Essen.

Phra That Renu BUDDHISTISCHER TEMPEL

(พระธาตุเรณู; Sonnenaufgang–Sonnenuntergang) Rund 15 km nordwestlich von That Phanom liegt die Phu-Thai-Siedlung Renu Nakhon. Der dortige *tâht* (35 m hoch) ähnelt sehr stark dem älteren *chedi* in That Phanom und gilt als sehr heilig. Er gehört zum Wat That Renu, auf dessen Gelände auch ein guter **Textilienmarkt** stattfindet. Dort gibt's neben Stoffen und Bekleidung aus einheimischer Produktion auch Seiden- und Baumwollwaren, die aus Laos oder anderen Regionen Thailands stammen. Der Tempel ist nicht mit öffentlichen Verkehrsmitteln erreichbar. Túk-Túk-Fahrer in That Phanom verlangen 300 B inklusive Rückfahrt.

Feste & Events

Während des **That-Phanom-Fests** (Ende Jan. od. Anfang Feb.) strömen Besucher aus ganz Thailand und Laos herbei, um dem *tâht* zu huldigen. Neun Tage lang sind die Straßen dann mit Verkaufsständen gefüllt, während viele erstklassige *mŏr lam*-Ensembles (S. 823) auftreten und die ganze Stadt kaum schläft.

Am Morgen des **Ork Phansaa** vollführen Phu Tai ihren „Pfauentanz" vor dem *prá tâht* (Reliquienschrein oder Stupa) im Tempelinneren.

Schlafen

Das That-Phanom-Fest bringt steigende Unterkunftspreise und schon lange ausgebuchte Zimmer mit sich.

Kritsada Rimkhong Hotel HOTEL $
(☎042 540088; www.ksdrimkhong-resort.com; Th Rimkhong; Zi. 500–600 B; P❄@📶) Zum Recherchezeitpunkt wurde das Kritsada gerade umfassend renoviert: Neben dem hölzernen Altbau entstand ein neues Betongebäude mit weiteren Zimmern. Mit Preiserhöhungen war jedoch nicht zu rechnen. Wenn man anruft und der freundliche Inhaber (spricht Englisch) gerade anwesend ist, holt er einen gratis am Busbahnhof ab.

Kritsada 2 HOTEL $
(☎042 540088; Th Rimkhong; Zi. 600 B; P❄📶) Direkt an der Straße am Fluss vermietet dieser Ableger des Kritsada Rimkhong Hotel ein paar Bungalows im Thai-Stil. Interessenten können sich auch an das Kritsada Rimkhong wenden.

Baan-Ing-Oon Guesthouse HOTEL $
(☎042 540111; Th Phanom Phanarak; Zi. 490–590 B; ❄📶) Dieses Hotel steht einen Block vom Fluss entfernt und wirkt äußerlich etwas ältlich. Dafür bietet es saubere Zimmer, genügend Komfort und anständigen Service zu fairen Preisen.

That Phanom Riverview Hotel HOTEL $$
(☎042 541555; www.thatphanomriverviewhotel.com; Th Rimkhong; Zi. 850–1250 B; P❄@📶) Die Zimmer von That Phanoms größter und bester Bleibe sind für ihren Preis recht schlicht. Dafür entschädigen sie mit jeder Menge Platz und Tageslicht. Service und Extras entsprechen dem zu erwartenden Niveau. Zudem gibt's hier kostenlose Leihfahrräder für Gäste. Hinweis: Trotz des Hotelnamens bieten die meisten Quartiere nur wenig oder gar keine Aussicht.

Na That Phanom Place HOTEL $$
(☎042 532148; thatphanomplace@gmail.com; Th Chayangkun; Zi. 790 B; ❄📶) Das reizende Hotel liegt etwa 2 km vom Fluss und daher etwas weit von der Action entfernt (bis zur verkehrsreichen Fernstraße sind es aber zum Glück nur 100 m). Das Haus punktet mit angenehmer Atmosphäre, und die Inneneinrichtung passt gut zu dem frischen Lüftchen, das hier weht. Die schlichten, stilvollen Zimmer sind jeweils individuell gestaltet. Kostenlose Leihfahrräder für Gäste.

✕ Essen

Krua Kritsada Rimkhong NORDOSTTHAILÄNDISCH $
(Th Rimkhong; Gerichte 40–200 B; ⏲8–22 Uhr; P📶) Zum Zeitpunkt unserer Recherche war man gerade dabei, das Restaurant von dem alten Holzbau am Ufer in einen Neubau auf dem Gelände des Kritsada Rimkhong Hotel zu verlegen. Bei seinen thailändischen Standardgerichten auf der Karte liegt der Schwerpunkt auf Spezialitäten der Mekong-Region.

That Phanom

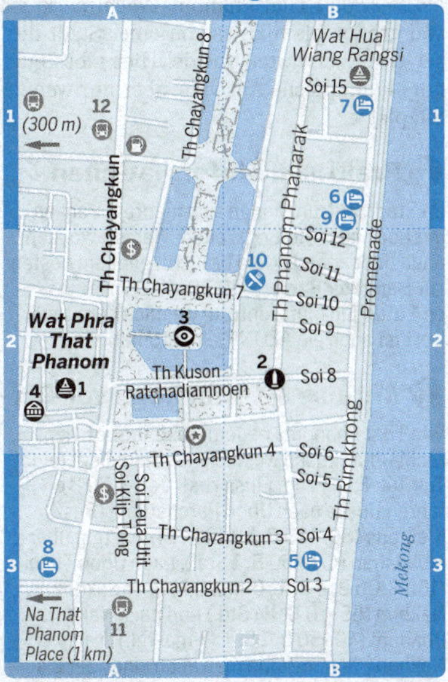

That Phanom

Highlights
1 Wat Phra That Phanom A2

Sehenswertes
2 Kong-Tor B2
3 Stupa-Nachbau A2
4 That-Phanom-Museum A2

Schlafen
5 Baan-Ing-Oon Guesthouse B3
6 Kritsada 2 .... B1
7 Kritsada Rimkhong Hotel B1
8 Na That Phanom Place A3
9 That Phanom Riverview Hotel B1

Essen
Krua Kritsada Rimkhong .... (siehe 7)
10 Nachtmarkt B2

Transport
11 Alter Busbahnhof A3
12 Sŏrng·tăa·ou nach Nakhon Phanom A1

Nachtmarkt NORDOSTTHAILÄNDISCH $

(⌚16–22 Uhr) That Phanoms Nachtmarkt ist viel größer, als man es von einer Stadt dieser Größe erwarten würde. Hier gibt's eine gute kulinarische Auswahl, aber nur wenige Sitzplätze.

ℹ Praktische Informationen

Im Stadtzentrum finden sich mehrere Banken mit normalen Öffnungszeiten. Wer am Wochenende oder abends Geld braucht, geht am besten zur **Bangkok Bank** (⌚10.30–19 Uhr) im Tesco-Lotus-Einkaufszentrum westlich der Stadt. Dort ist auch ein AEON-Geldautomat.

ℹ Anreise & Unterwegs vor Ort

Von That Phanoms neuem **Busbahnhof**, der recht unpraktisch westlich der Stadt liegt (eine Túk-Túk-Fahrt zum Fluss kostet etwa 30 B), fahren Busse nach Ubon Ratchathani (Bus/Kleinbus 180/185 B, 4½ Std., 14-mal tgl.) über Mukdahan (47B/50 B, 1 Std.), nach Udon Thani (168–200 B, 4 Std., 6-mal tgl.) über Sakon Nakhon (55–70 B, 1¼ Std.) und nach Nakhon Phanom (40–50 B, 1 Std., 7-mal tgl.). Nach Nakhon Phanom kann man auch eines der bis 16 Uhr häufig verkehrenden *sŏrng·tăa·ou* (40 B, 1½ Std.) nehmen, die nördlich vom *tâht* auf Fahrgäste warten. Nach Bangkok (435–871 B, 10–11 Std.) fahren zwar auch morgens ein paar Busse, die meisten starten aber zwischen 17 und 19 Uhr. Ein Unternehmen, das Busse nach Bangkok fahren lässt, nutzt noch immer die alte Bushaltestelle im Ort.

Provinz Mukdahan

Mukdahan มุกดาหาร

34 294 EW.

Am Mekongufer liegt Mukdahan genau gegenüber von Savannakhet in Laos. Die freundliche Stadt bietet genug Interessantes für einen entspannten Aufenthalt von ein bis zwei Tagen.

Sehenswertes

Talat Indojin MARKT

(ตลาดอินโดจีน; Th Samran Chaikhongtai; ⌚8–18 Uhr) Der bunte und belebte Markt erstreckt sich entlang und unterhalb der Promenade am Flussufer. Zahllose Stände verkaufen hier neben Lebensmitteln und Bekleidung auch billigen Modeschmuck aus chinesischer und vietnamesischer Produktion. Seiden- und Baumwollstoffe aus dem Isan sind ebenfalls im Angebot.

Hor Kaew Mukdahan MUSEUM

(หอแก้วมุกดาหาร; Th Samut Sakdarak; Eintritt 50 B; ⌚8–18 Uhr) Dieser 65 m hohe Turm ist ein Blickfang, der anlässlich des 50. Thronjubiläums von König Rama IX. errichtet wurde. Im neuneckigen Sockel befindet sich ein interessantes Museum mit (auch englisch erläuterten) Exponaten zu den acht ethnischen Gruppen der Provinz. Eine tolle Aussicht und einige weitere historische Artefakte bietet der Panoramasaal *(The 360° of Pleasure in Mukdahan by the Mekong)* im 50. Stock. In der Kugel auf der Spitze sitzt eine Buddha-Figur, die aus massivem Silber bestehen soll.

Phu Manorom AUSSICHTSPUNKT

(ภูมโนรมย์; ⌚6–19 Uhr) Dieser Berg südlich von Hor Kaew Mukdahan lockt Besucher mit eindrucksvoller Aussicht auf Laos und den Mekong an. Der örtliche Tempel hat einen kleinen Garten. Zudem entsteht hier gerade mächtige Buddha-Statue (84 m hoch). Die Gegend bekommt immer ein frisches Lüftchen ab und ist ein beliebter Ort für Fotos.

Wat Pa Silawiwek BUDDHISTISCHER TEMPEL

(วัดป่าศิลาวิเวก; Th Damrongmukda; ⌚Sonnenaufgang–Sonnenuntergang) GRATIS Der Waldtempel am Stadtrand ist weniger wegen irgendwelcher religiösen oder künstlerischen Aspekte besuchenswert, das Highlight für Besucher sind vielmehr vor allem die hier lebenden Affen.

Feste & Events

Vom 9. bis zum 17. Januar findet das **Mukdahan Thai Tribal Festival** (alias Red Cross Fair) auf dem Platz vor der Provinzverwaltung *(săh·lah glahng)* statt. Neben den üblichen Aktivitäten stehen dabei auch Tänze und andere kulturelle Vorführungen der acht ethnischen Gruppen Mukdahans auf dem Programm.

Schlafen

Ban Rim Suan HOTEL $

(☎042 632980; www.banrimsuan.weebly.com; Th Samut Sakdarak; EZ/DZ 350/450 B; P ⊖ ❄ ☎) Mit seinen großen, luftigen und gut eingerichteten Zimmern bietet dieses Budgethotel einen recht anständigen Gegenwert fürs Geld. Es liegt etwas südlich vom Zentrum, aber dadurch in durchaus angenehmer Nähe zu den Restaurants und Bars am Flussufer.

Submukda Grand Hotel HOTEL $
(☎042 612666; www.submukdagrandhotel.com; Th Samut Sakdarak; Zi. 400–500 B; P ❄) Hier warten Standardzimmer und ein Obergeschoss mit Balkonen, von denen aus man nett auf den Fluss schaut.

Huanum Hotel HOTEL $
(☎042 611137; 38 Th Samut Sakdarak; Zi. mit Ventilator & Gemeinschaftsbad 200–350 B, Zi. mit Klimaanlage 350–420 B; P ❄ @) Eine gute Budgetoption dank Renovierung: Das Huanum mit luftiger Atmosphäre wurde zum Recherchzeitpunkt gerade neu gestaltet. Die bereits fertigen Zimmer machten einen hellen und fröhlichen Eindruck.

★ **Riverview Maekhong Hotel** HOTEL $$
(☎042 633323; Th Samran Chaikhongtai; Zi. 650 B; P ❄ @) Das abgefahrene Hotel südlich des Talat Indojin ist unser örtlicher Favorit: Es erfreut sich einer super Lage am Wasser und fängt die frische Brise vom Fluss dank seines großzügigen Grundrisses voll ein. Obwohl die Zimmer etwas abgenutzt wirken, herrscht hier eine angenehme Atmosphäre. Dazu tragen auch das freundliche Personal, die kostenlosen Leihfahrräder und das Uferrestaurant mit Flussblick von einer Holzterrasse bei.

Unbedingt eines der Quartiere mit großem Balkon und Aussicht auf den Mekong nehmen!

Riverfront Hotel HOTEL $$
(☎042 633348; Th Samran Chaikhongtai; Zi. 850 B, DZ mit Flussblick 1250 B; P ❄) Dieser Neubau mit Hauscafé ist geschmackvoll mit viel Holz und kühlen Fliesenböden gestaltet. Die Aussicht von den Zimmern mit Flussblick ist super. Preise inklusive Frühstückbüfett.

River City Hotel HOTEL $$$
(☎042 615444; Th Samut Sakdarak; Zi. inkl. Frühstück 1080–1800 B, Suite ab 3200 B; P ❄) Der mächtige Turm mit Drehrestaurant im 16. Stock ist aktuell das führende Hotel der Stadt. Die Suiten sind für die meisten Traveller wohl ein bisschen teuer. Die Zimmer mit Aussicht auf den Mekong bieten Flussblick-Fans jedoch ein ganz gutes Preis-Leistungs-Verhältnis. Die günstigeren Quartiere im alten Gebäudeteil sind aber nicht zu empfehlen.

Essen

Die meisten Restaurants im Stadtzentrum schließen schon recht früh. In vielen Lokalen draußen an der Th Phithak Phanomkhet brutzeln die Woks jedoch bis zu später Stunde.

Wine Wild Why? NORDOSTTHAILÄNDISCH $
(Th Samran Chaikhongtai; Gerichte 40–150 B; ⏰9–22 Uhr; P) Das ruhige und sehr charaktervolle Restaurant in einem stimmungsvollen Holzgebäude am Fluss serviert leckeres Essen nach thailändischen und regionalen Rezepten. Inzwischen schenkt es jedoch keinen Wein mehr aus.

Mukdahan

Sehenswertes
1 Talat Indojin B2
2 Wat Pa Silawiwek A3

Schlafen
3 Ban Rim Suan B3
4 Huanum Hotel A1
5 River City Hotel B3
6 Riverfront Hotel B2
7 Riverview Maekhong Hotel B3
8 Submukda Grand Hotel B2

Essen
9 Goodmook* B1
10 Kufad B2
11 Kufad 2 .... B2
12 Nachtmarkt A2
13 Wine Wild Why? B3

GRENZÜBERGANG NACH LAOS: VON MUKDAHAN NACH SAVANNAKHET

Thais und Laoten können von Mukdahans Zentrum aus per Boot über den Mekong fahren. Bürger aller anderen Länder müssen über die Brücke. An Mukdahans Busbahnhof besteht Verbindung nach Savannakhet in Laos (50 B, 7.30–19 Uhr stündl., 1–2 Std. je nach Wartezeit an der Grenze). Bei Abfahrt vor 8.30 Uhr wird ein Aufpreis von 5 B fällig (ebenso werktags 12–13 & nach 16.30 Uhr; Wochenenden & Feiertage ganztägig).

Nachtmarkt THAI, VIETNAMESISCH $
(Th Song Nang Sathit; ⌚16–21 Uhr) Auf Mukdahans Nachtmarkt gibt's das übliche Angebot à la Thailand und Isan. Etwas Besonderes sind aber definitiv die vietnamesischen Händler, von denen ein paar auch *băhn dah* verkaufen. Für diese „vietnamesische Pizza" wird ein knuspriger Cracker mit weich gekochten Nudeln, Schweinefleisch und Frühlingszwiebeln belegt; auf Wunsch kommt noch ein Ei hinzu.

Kufad VIETNAMESISCH $
(Th Samut Sakdarak; Gerichte 40–130 B; ⌚8–17 Uhr; 📶) Dieses vietnamesische Café unter der Leitung einer Familie ist hell, sauber und zu Recht sehr beliebt. Wer es nicht eilig hat, kann hier anständig frühstücken. Die bebilderte Karte erspart einem die Raterei beim Bestellen, nennt aber keine Preise. Etwas weiter die Straße runter gibt's noch eine Filiale namens **Kufad 2** (⌚8–17 Uhr).

★ **Goodmook*** INTERNATIONAL, THAI $$
(☎042 612091; Th Song Nang Sathit; Gerichte 70–450 B; ⌚Di–So 9–22 Uhr; 📶) Das nette Lokal ist eine nette Entdeckung in Mukdahan – kühl, dunkel und einladend. Auf der Karte steht ein Mix aus thailändischen und internationalen Gerichten. Geboten sind zudem Kunst an den Wänden, entspannende Musik, guter Kaffee und die besten selbst gemachten Kekse diesseits des Mekong. Super, um spontan Kontakt zu Travellern aus Thailand und westlichen Ländern zu knüpfen!

ℹ Praktische Informationen

Einwanderungsbehörde (☎042 674274; ⌚Mo–Fr 8.30–16.30 Uhr) Verlängert Visa und befindet sich nördlich der Stadt an der Brücke.

Krung Thai Bank (Th Song Nang Sathit; ⌚10–19 Uhr) Einzige lang geöffnete Bankfiliale im Stadtzentrum.

Touristeninformation (Th Phithak Phanomkhet; ⌚9–16.30 Uhr) Das Personal verteilt Karten und Broschüren, kann aber nicht unbedingt alle gestellten Fragen beantworten. Vor Ort gibt's zudem einen Kunsthandwerksladen und einen thailändischen Massagesalon.

ℹ An- & Weiterreise

Mukdahans **Busbahnhof** (☎042 630486) liegt westlich der Stadt an der Rte 212. Vom Zentrum aus dorthin geht's mit den gelben *sŏrng·tăa·ou* (10 B, 6–17 Uhr), die gen Westen entlang der Th Phithak Phanomkhet unterwegs sind. Ein Túk-Túk zum Busbahnhof kostet 50 B. Minivans fahren u. a. über That Phanom (40 B, 45 Min.) nach Nakhon Phanom (80 B, 2 Std., alle 30 Min.) – ebenso nach Yasothon (84 B, 2 Std., alle 30 Min.) und Ubon Ratchathani (105 B, 2½ Std., alle 30 Min.). Busverbindung besteht z. B. nach Khon Kaen (180–230 B, 4½ Std., alle 30 Min.) und Ubon Ratchathani (75–135 B, 3½ Std., alle 30 Min.). Busse nach Bangkok (420–790 B, 10 Std.) starten zwar ab und zu auch tagsüber, aber hauptsächlich abends zwischen 17 und 20 Uhr. Dies gilt z. B. für die Luxusbusse von **999 VIP** (829 B; ☎042 611478), die um 8.30, 20 und 20.15 Uhr abfahren.

Über die Rte 212 gelangen Selbstfahrer in nur etwa drei Stunden nach Ubon Ratchathani. Wer einen ganzen Tag erübrigen kann, sollte jedoch die Nebenstrecken nehmen, die dicht am Mekong entlang durch ein herrliches Stück des ländlichen Thailand führen.

ℹ Unterwegs vor Ort

Wenn der Chauffeur den Taxameter benutzt, kosten Fahrten mit **Taxi Mukdahan** (☎042 613666; ⌚6–24 Uhr) mindestens 30 B plus Anfahrt (20 B).

Das Restaurant **Goodmook*** (S. 440) verleiht Fahrräder (100 B/Tag).

Phu Pha Thoep National Park

Obwohl er nur eine Fläche von 48 km² abdeckt, bietet der hügelige **Phu Pha Thoep National Park** (อุทยานแหงชาติภูผาเทิบ; ☎089619 7741; Eintritt 200 B) viele schöne Sehenswürdigkeiten, von denen die großen pilzförmigen Felsformationen am bekanntesten sind. Die wichtigsten Felsgruppen befinden sich direkt hinter dem Besucherzentrum; um sie herum stehen von Oktober bis Dezember die Wildblumen in Blüte. Abgesehen davon gibt's mehrere Aussichtspunkte auf Felsspitzen sowie den **Nam Tok Phu Tham Phra**, einen malerischen Wasserfall (nur Mai–Nov.) mit einer Grotte am oberen Ende, in der Hunderte kleiner Buddha-Figuren stehen. Die gut markierten Wege führen in wenigen Stunden an all diesen Sehenswürdigkeiten vorbei. Zur **Tham Fa Mue Daeng**, einer Höhle mit 5000 Jahre alten Malereien, muss man vom Hauptbereich des Parks aus erst 8 km fahren und dann noch 1,5 km wandern.

Im Park gibt es **Zeltplätze** (mit eigenem Zelt 30 B/Pers., Zelt 4/8 Pers. 300/600 B) und einen **Bungalow** (☎ 02 562 0760; www.dnp.go.th/parkreserve; Bungalow 1800 B) mit drei Zimmern.

Der Park liegt 15 km südlich von Mukdahan und ist über die Rte 2034 zu erreichen. Die vom Porn-Pet-Markt, 300 m nördlich vom Hor Kaew Mukdahan, fahrenden *sŏrng·tăa·ou* (20 B, 30 Min., alle 30 Min.) nach Don Tan kommen an der Ausfahrt zum Park vorbei. Die letzten 1,3 km zum Besucherzentrum zu trampen, ist nicht schwierig, man kann aber auch den *sŏrng·tăa·ou*-Fahrer bitten, von seiner Strecke abzuweichen und einen direkt hinzubringen; die meisten werden das für 100 B gern tun. Bis 16.30 Uhr sollte man aber wieder an der Ausfahrt sein, um noch ein *sŏrng·tăa·ou* zurück in die Stadt zu erwischen.

UNTERER ISAN

Die Provinzen zwischen Nakhon Ratchasima und Ubon Ratchathani säumen grob den Verlauf der alten Khmer-Straße, die während der Blüte der Khmer-Königreiche von Angkor Wat aus hinauf ins heutige Thailand führte. Diese Straße ist heute verschwunden. Ihre frühere Existenz bezeugen aber immer noch die Ruinen von vielen Raststationen und Tempeln (z. B. der imposante Komplex von Phanom Rung) – jeweils Anzeichen dafür, wie mächtig das Khmer-Reich einst war.

Doch in dieser Region dreht sich nicht alles nur um Tempel der Khmer: Neben Thailands bekanntestem Nationalpark (Khao Yai) findet man hier auch viele unbekanntere, aber gleichermaßen interessante Parks. Manche davon erfordern etwas Beinarbeit und Abenteuergeist – doch die Mühe lohnt sich sehr!

Nakhon Ratchasima (Khorat) นครราชสีมา (โคราช)

151 450 EW.

Diese belebte Großstadt mit recht wenigen Sehenswürdigkeiten dient vielen Travellern als Tor zum Isan. Der urbane Trubel ist ein Anzeichen für den hiesigen Wohlstand. Inzwischen ist Khorats einstiger historischer Charme jedoch größtenteils im Einheitsbrei moderner Stadtentwicklung untergegangen.

Khorat ist von einem ausgeprägten Sinn für die regionale Identität geprägt: Die Einwohner bezeichnen sich selbst als *kon koh·râht* und nicht als *kon ee·săhn*. Am authentischsten sind die ruhigeren Ecken, in denen der Alltag noch einen recht traditionellen Gang geht (z. B. das östliche Viertel am historischen Festungsgraben).

Hinweis: Statt von „Nakhon Ratchasima“ wird fast überall kurz und bündig von „Khorat“ gesprochen; die beiden Namen sind austauschbar bzw. gleichwertig.

Sehenswertes

Thao-Suranari-Denkmal DENKMAL

(อนุสาวรีย์ท้าวสุรนารี; Th Rajadamnern) GRATIS Thao Suranari, liebevoll auch Ya Mo (Großmutter Mo) genannt, gilt in dieser Region als eine Art Wonderwomen. Sie war während der Herrschaft von Rama III. die Frau des Vizegouverneurs der Stadt und wurde zur Heldin, als sie im Jahr 1826 erfolgreich eine Häftlingsrevolte organisierte, nachdem Chao Anou von Vientiane im Zuge seines Aufstands gegen Siam die Stadt Khorat erobert hatte. Ya Mo soll, so die Legende, die Frauen davon überzeugt haben, die laotischen Soldaten zu verführen, damit die thailändischen Männer dann in einem Überraschungsangriff die Soldaten zurückschlagen und ihre Stadt retten konnten.

Ihr fotogen gelegenes Denkmal steht vor dem **Chumphon-Tor**, dem einzigen im Original erhaltenen Stadttor (die anderen drei wurden erst vor Kurzem wieder aufgebaut). Das Tor gehörte zu den 1656 auf Anordnung des Ayutthaya-Königs Narai von französischen Ingenieuren errichteten Stadtmauern. Das kleine weiße Gebäude nördlich des Tores, das an die alten Festungsmauern erinnert, ist die **Suranari-Halle** (อาคารแสดงแสงเสียงวีรกรรมท้าวสุรนารี; Th Chumphon; ⏲ Di–So 9–18 Uhr) GRATIS, ein Museum mit einem interessanten Diorama und einem noch interessanteren Relief der berühmten Schlacht.

Wat Salaloi BUDDHISTISCHER TEMPEL

(วัดศาลาลอย; Soi 1, Th Thaosura; ⏲ Sonnenaufgang–Sonnenuntergang) GRATIS Khorats interessantester Tempel wurde vermutlich 1827 von Thao Suranari und deren Ehemann gegründet. Die eine Hälfte ihrer Asche ruht hier in

Nakhon Ratchasima (Khorat)

0 500 m

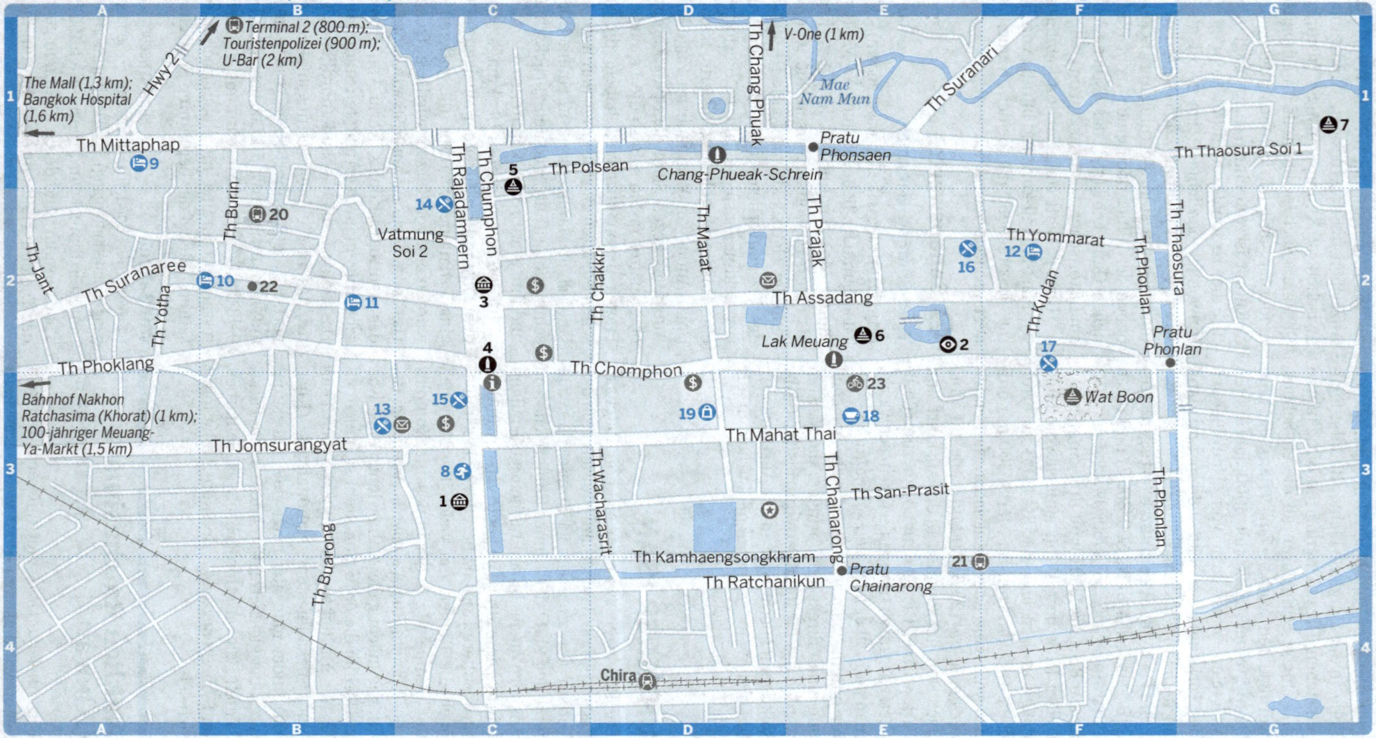

Nakhon Ratchasima (Khorat)

Sehenswertes

Chumphon-Tor .... (siehe 4)
1 Maha Viravong National Museum C3
2 Naranya-Tempel E2
3 Suranari-Halle C2
4 Thao-Suranari-Denkmal C2
5 Wat Phayap C1
6 Wat Phra Narai Maharat E2
7 Wat Salaloi G1

Aktivitäten, Kurse & Touren

8 Ratchadamnern Nuat Pheua Sukhaphap C3

Schlafen

9 Rachaphruk Grand Hotel A1
10 Sansabai House B2
11 Srivichai Hotel B2
12 Thai Inter Hotel F2

Essen

13 Anego B3
14 Gai Yang Saang Thai C2
15 Ming Ter C3
16 Rabieng Kaew E2
17 Wat-Boon-Nachtmarkt F2

Ausgehen & Nachtleben

Bar Nana .... (siehe 9)
18 Wawee Coffee E3

Shoppen

19 Nachtmarkt Korat D3

Transport

20 Bus-Terminal 1 .... B2
21 Bus nach Dan Kwian E4
22 Euro Karn Chang B2
23 Jompol Bike E3

einem kleinen Stupa (die andere in ihrem Denkmal). Vor Ort lassen sich außerdem Sängertruppen anheuern, die dann zu Thaos Ehren ein Ständchen zum Besten geben. Eine kleine Statue der Heldin sitzt betend in dem Teich vor dem preisgekrönten *bóht* des Tempels. Normalerweise wimmelt die ganze Anlage nur so vor Gläubigen, die Opfer darbringen.

Der *bóht* von 1967 ähnelt einer chinesischen Dschunke. Die Körperhaltung der strahlend weißen großen Buddha-Statue im Inneren „besänftigt den Ozean". Wie andere Bauten des Tempels ist auch der *bóth* mit Keramiken aus Dan Kwian verziert. Die anderen religiösen Schreine auf dem Gelände haben aber nichts mit dem Buddhismus zu tun.

Wat Phayap BUDDHISTISCHER TEMPEL

(วัดพายัพ; Th Polsaen; ⌚ Sonnenaufgang–Sonnenuntergang) GRATIS Dem Abt des Wat Phayap kam einst zu Ohren, dass Sprengungen für einen Steinbruch eine wunderschöne Höhle in der Provinz Saraburi zerstörten. So rettete er einige von deren Bestandteilen – darunter Stalagtiten, Stalagmiten und andere unglaubliche Felsformationen. Damit schmückte er einen Raum unterhalb seiner Residenz und schuf auf diese Weise einen einzigartigen Schrein.

Doch auch die eigentlichen Produkte des Steinbruchs sind hier offenbar prima genutzt worden: Zum Recherchezeitpunkt wurde gerade ein wunderschöner neuer *bóht* aus poliertem Granit und Marmor vollendet – gekrönt von einem Dach mit Marmorschindeln.

Wat Phra Narai Maharat BUDDHISTISCHER TEMPEL

(วัดพระนารายณ์มหาราช; Th Chomphon; ⌚ Sonnenaufgang–Sonnenuntergang) GRATIS Der große Tempel ist interessant, weil hier drei heilige Sandsteinskulpturen aus der Khmer-Zeit freigelegt wurden. Wer diese bewundern will (die heiligste davon ist der Phra Narai bzw. Vishnu), folgt den Schildern mit den roten Pfeilen zurück zur südöstlichen Ecke der Anlage: Dort sind die Figuren in einem Anbau des separaten **Naranya-Tempels** (⌚ 10–18 Uhr) untergebracht.

Maha Viravong National Museum MUSEUM

(พิพิธภัณฑสถานแห่งชาติมหาวีรวงศ์; Th Rajadamnern; Eintritt 50 B; ⌚ Mi–So 9–16 Uhr) Die Sammlung des wenig besuchten Museums ist sehr klein, aber hervorragend. Zu sehen gibt's hier u. a. uralte Keramiken (unbedingt auch einen Blick in die hinteren Bereiche werfen!). Hinzu kommen mehrere Buddha-Figuren aus der Zeit von der Dvaravati- bis zur Rattanakosin-Periode.

Aktivitäten

Ratchadamnern Nuat Pheua Sukhaphap MASSAGE

(☎ 092 452 4717; 68 Th Rajadamnern; Thaimassage ohne/mit Öl pro Std. 200/400 B; ⌚ 9–21 Uhr) In dieser hübschen Relax-Einrichtung beruhigt Thai-Musik die Nerven. Das Ganze ist eine professionelle Praxis, die Entspannungsmassagen und gezielte therapeutische Behandlungen anbietet. Neben traditionellen Methoden kommen dabei auch Kräuter und Abklopfen zur Anwendung.

Feste & Events

Khorat explodiert förmlich beim **Thao-Suranari-Fest** (23. März–3. April), bei dem in der Stadt die namensgebende Heldin gefeiert wird. Das Spektakel mit Umzügen, Theateraufführungen und anderen Events findet auf der Rajadamnern Rd statt.

Anlässlich des Khao Phansaa im Juli gibt's in Khorat einen **Kerzenumzug**, der – obwohl er etwas kleiner ist – dem in Ubon Ratchathani ziemlich ähnelt.

Schlafen

★ Sansabai House HOTEL $
(☎044 255144; www.sansabai-korat.com; Th Suranaree; Zi. 300–450 B; P ❄ 📶) Das Sansabai verbirgt sich hinter dem Hotel Tokyo, das sich viel besser vermarktet. Die versteckte Lage passt jedoch zum bewusst schlicht gehaltenen Ambiente. Die Lobby wirkt einladend, während die Zimmer mit Ventilator oder Klimaanlage ständig renoviert werden.

Srivichai Hotel HOTEL $
(☎044 242194; 9-11 Th Buarong; Zi. 400–500 B) Die anständigen, sauberen Zimmer mit netten Rattanmöbeln haben ein verlässlich gutes Preis-Leistungs-Verhältnis. Fantastischerweise verfügen sie jeweils auch über Duschen und große Badewannen. Das Hotel besitzt außerdem ein eigenes Café und serviert Frühstück (zzgl. 50–90 B).

Thai Inter Hotel HOTEL $$
(☎044 247700; www.thaiinterhotel.com; Th Yommarat; Zi. inkl. Frühstück 650 B; P ❄ @ 📶) Das kleine Hotel mit heimeliger Lobby mixt diverse Einrichtungsstile auf seltsame Weise. Das Mobiliar in den gemütlichen (jedoch etwas beengten) Zimmern macht einen leicht abgenutzten Eindruck. Die Lage in der Nähe von einigen anständigen Bars und Restaurants ist ganz gut, aber nicht sonderlich ruhig. Gäste bekommen Rabatt in der benachbarten Bar.

Rachaphruk Grand Hotel HOTEL $$
(☎044 341222; www.rachaphrukgrandhotel.com; Th Mittaphap; Zi. inkl. Frühstück 1200–1500 B, Suite 4500 B; P ❄ @ 📶 🏊) Der alte Prachtbau im chinesischen Stil strotzt nur so vor Erinnerungsstücken und Nippes. Die geräumigen Zimmer sind mit leicht betagtem Designer-Mobiliar eingerichtet. Auf Gäste warten zudem ein Pool, ein Fitnesszentrum mit Sauna, ein Yoga-Raum und viele Unterhaltungsoptionen.

V-One HOTEL $$$
(☎044 342444; www.v-onehotelkorat.com; Th Chang Phuak; Zi. inkl. Frühstück 1990–7900 B; P ❄ @ 📶 🏊) Mit dem knalligen Farb- und Stilmix erinnert dieses selbst ernannte „Trend- und Boutiquehotel" eher an ein Kinderzimmer und weniger an eine Drei-Sterne-Bleibe. Doch in seinem Bestreben, anders als seine Konkurrenz zu sein, bietet es viel Komfort. Die Zimmer (größtenteils mehr geschmackvoll als kitschig) warten allesamt mit Tresoren und anderen kleinen Extras auf.

Sima Thani HOTEL $$$
(☎044 213100; www.simathani.com; Th Mittaphap; Zi. inkl. Frühstück1500–2000 B, Suite 4600–10 500 B; P ❄ @ 📶 🏊) Bietet alle Standards und Extras eines Luxushotels.

Essen

In The Mall gibt's *fa·ràng*-Essen en masse.

Ming Ter VEGAN $
(Th Rajadamnern; Gerichte 40–80 B; ⏲7.30–18 Uhr; 🌿) Mit Englisch kommt man in diesem gemütlichen Veganerlokal kaum durch. Da hier aber mit Fleischersatz zubereite thailändische und chinesische Klassiker angeboten werden, kann man trotzdem seine Lieblingsspeisen bestellen und wird wahrscheinlich auch verstanden. Man kann aber auch einfach auf etwas in der Büfett-Theke zeigen.

Gai Yang Saang Thai THAI $
(Th Rajadamnern; ganzes Freilandhähnchen 140 B; ⏲7.30–20 Uhr) Hier werden seit einem halben Jahrhundert die besten *gài yâhng* (Grillhähnchen) Khorats serviert.

Wat-Boon-Nachtmarkt THAI $
(Th Chompon; ⏲17–21.30 Uhr) Dieser Nachtmarkt ist zwar nicht so beliebt wie der

NICHT VERSÄUMEN

PÀT MÈE KOH·RÂHT

Eine Spezialität, die man unbedingt probieren muss, ist *pàt mèe koh·râht*. Es ähnelt *pàt tai*, ist aber geschmacksintensiver und wird mit einer regionalen Art von Reisnudeln *(mèe koh·râht)* zubereitet. Das Gericht ist in der Provinz Nakhon Ratchasima weit verbreitet, sonst aber kaum auf der Speisekarte zu finden.

ISAN KULINARISCH

Bei den kulinarischen Kreationen des Isan werden thailändische und laotische Rezepte mit einheimischen Zutaten kombiniert. Fester Bestandteil der Regionalkultur ist die heilige Dreifaltigkeit der nordöstlichen Küche: *gài yâhng* (Grillhähnchen), *sôm·đam* (pikanter Papaya-Salat) und *kôw nĕe·o* (Klebreis). Ein elementarer Bestandteil der meisten Mahlzeiten sind hier auch diverse scharfe Chili-Sorten. Äußerst wichtig für einheimische Köche ist zudem die fermentierte Fischsauce *ƀlah ráh*, die wie Faulschlamm aussieht und von Auswärtigen (auch Thais) zumeist nicht gerade gemocht wird. Aber: Nur *sôm·đam* mit *ƀlah ráh* ist authentisch!

Auf den regionalen Speisekarten steht auch sehr viel Fisch, der zumeist aus dem Mekong und anderen großen Flüssen stammt. Zu den beliebtesten Arten zählen dabei *ƀlah dùk* (Wels), *ƀlah chôrn* (gestreifter Schlangenkopffisch) und *ƀlah boo* (Sandgrundel). Insekten waren früher ein traditionelles Hauptnahrungsmittel einheimischer Familien. Bis heute werden sie im Isan häufig als Snacks oder als Zutaten von Chili-Saucen verspeist. So sieht man draußen auf dem Land mitunter violette Lichter, die zum Fang von *maang dah* dienen – riesigen Wasserkäfern, aus denen eine aromatische Chili-Paste *(prík maang dah)* hergestellt wird.

Beispiele für regionale Klassiker:

lâhp Thailands berühmter Hackfleisch-„Salat“ stammt eigentlich aus dem Isan und ist (wenn er hier serviert wird) eines der schärfsten Gerichte des ganzen Landes. Das Fleisch wird mit allen möglichen Zutaten (u. a. Pilzen) verfeinert. Manchmal kommt es auch roh auf den Tisch, was aufgrund der potenziellen Gesundheitsgefährdung durch Bakterien und Parasiten allerdings keine empfehlenswerte Option ist.

nám đòk Entspricht praktisch dem *lâhp;* das Fleisch wird jedoch nicht gewürfelt und gekocht, sondern in Streifen geschnitten und gegrillt.

đôm sâap Regionale Version des *đôm yam*; enthält normalerweise viele Innereien und Sehnen, die nach der Zubereitung von *lâhp* von einem Tier übrig bleiben.

súp nòr·mái Normalerweise ein Bambussprossen-„Salat“, der mit *yâh-nang*-Blättern verfeinert wird und weitaus weniger scharf ist als *sôm·đam*.

gaang òrm Typischer und relativ schwach gewürzter Isan-Curry mit vielen Kräutern; enthält wie alle anderen regionalen Currys keine Kokosmilch.

gaang hèt Weiteres Curry-Gericht, das im Nordosten weit verbreitet ist; der leicht säuerliche Geschmack kommt von der Tamarinde. Die Zusammensetzung ändert sich oft mit den Pilzen, die je nach Jahreszeit gerade im Wald wachsen.

sâi gròrk ee·săhn Fermentiertes Schweinefleisch ist für das saure Aroma der „Isan-Wurst“ verantwortlich. Klebreis, Knoblauch und Salz kommen ebenfalls mit hinein.

ƀlah pŏw Gegrillter Fisch (mehrere Arten aus dem Süßwasser) in Salzkruste, gefüllt mit Pandanusblättern und Zitronengras.

Nachtmarkt Korat (S. 446), aber besser in puncto Essen. Im Angebot sind Gerichte aus dem Nordosten und dem übrigen Thailand.

★ Anego JAPANISCH $$
(☎ 044 260530; Th Jomsurangyat; Gerichte 60–600 B; ⌚17–24 Uhr; P ❄ 📶) Durch dunkle Holztüren geht's hier hinein in ein gemütliches kleines Lokal, das von Thais und Auswanderern gleichermaßen geschätzt wird. Auf der ellenlangen Karte stehen u. a. zahllose japanische Gerichte (begleitet von den üblichen Fotos); eine ganze Seite ist italienischer Pasta gewidmet.

Rabieng Kaew THAI $$
(Th Yommarat; Gerichte 100–300 B; ⌚11–17 Uhr; P) Dieses reizende Restaurant hat hinten einen grünen Garten und einen Speiseraum voller Antiquitäten. Das Mobiliar ist so rustikal, dass es schon fast vernachlässigt wirkt. Doch hier geht's nicht nur um Atmosphäre: Das Essen ist wirklich gut. Alle großen Gerichte sind zum Teilen gedacht.

Ausgehen & Nachtleben

In Nakhon Ratchasima (Khorat) gibt es jede Menge gute Thai-Kneipen. Zum Bar-Hopping eignen sich die Kreuzungen der Th

Mahat Thai und der Th San-Prasit mit der Th Chainarong.

Auf der Tanzfläche der **U-Bar** (Hwy 2), in der Nähe des V-One Hotels, 2,5 km nördlich des Zentrums, und in der weniger populären, aber günstiger gelegenen **Bar Nana** (Th Mittaphap) im Rachaphruk Grand Hotel tummeln sich Studenten. In beiden geht's erst gegen 22 Uhr richtig los.

Wawee Coffee CAFÉ
(080 170 3232; Th Mahat Thai; 7–20 Uhr;) Prima zum Abhängen: Im Wawee gibt es einen klimatisierten Bereich und eine Freiluftterrasse, von der man auf einen Teich voller bunter Zierkarpfen schaut. Latte macchiato, Brownies und Sofas runden das stilvolle Paket ziemlich perfekt ab.

Shoppen

Nachtmarkt Korat MARKT
(Th Manat; 17–22 Uhr) Dieser Nachtmarkt reicht zwar nicht an sein Vorbild in Chiang Mai heran, eignet sich aber trotzdem für einen netten Bummel. In belebter Atmosphäre kann man hier vor allem Klamotten erstehen.

Hundertjähriger Meuang-Ya-Markt MARKT
(Th Mukhamontri; 16–22 Uhr) Stark kitschlastiger Markt, der werktags ziemlich ruhig ist.

The Mall EINKAUFSZENTRUM
(Th Mittaphap; Mo–Fr 10.30–21, Sa & So 10–21 Uhr) Dies ist das größte und schickste Shopping-Center im Isan. Es gibt hier auch eine kleine Filiale von Asia Books mit englischsprachigen Büchern.

Praktische Informationen

In The Mall gibt's einen AEON-Geldautomaten und viele Bankfilialen mit langen Öffnungszeiten.

Bangkok Bank (Th Jomsurangyat; 10.30–19 Uhr) In der Klang Plaza; betreibt zudem einen AEON-Geldautomaten draußen neben dem Eingang.

Bangkok Hospital (044 429999; Th Mittaphap)

Einwanderungsbehörde (044 375138; Mo–Fr 8.30–12 & 13–16 Uhr) In Dan Kwian.

Post (Th Jomsurangyat; Mo–Fr 8.30–22.30, Sa 9–12 & 16–22.30, So & Feiertag 16–22.30 Uhr)

Tourism Authority of Thailand (TAT; 044 213666; tatsima@tat.or.th; 2102–2104 Th Mittaphap; 8.30–16.30 Uhr) Neben dem Sima Thani Hotel.

Touristeninformationskiosk (9–17 Uhr) Direkt neben dem Thao-Suranari-Denkmal.

An- & Weiterreise

BUS

In Khorat gibt's zwei Busbahnhöfe. **Terminal 1** (044 242899; Th Burin) im Stadtzentrum bedient Bangkok (nur 1. Klasse) und die meisten Städte in der Provinz Nakhon Ratchasima, etwa Pak Chong (60 B, 1½ Std., alle 20 Min.). Busse zu anderen Zielen und weitere Busse und Kleinbusse nach Bangkok starten am **Terminal 2** (*bor kŏr sŏr sŏrng*; 044 295271; Hwy 2) nördlich der Innenstadt. Auf die Busse nach Bangkok (171–320 B, 3½ Std.) muss man nie lange warten, da sie aus den meisten Städten im Isan auf ihrem Weg in die Hauptstadt durch Khorat fahren.

Kleinbusse nach Ayutthaya (132 B, 4 Std., alle 30 Min.) und Lopburi (120 B, 3½ Std., stündl.) fahren am Bus-Terminal 2 los.

ZUG

Obwohl am **Bahnhof Khorat** (044 242044) viele Züge halten, geht's mit Bussen doch schneller ans Ziel. Bahnverbindung besteht hier nach Bangkok (über Ayutthaya; 50–425 B, 5–7 Std., 10-mal tgl.), Ubon Ratchathani (58–453 B, 5–6 Std., 9-mal tgl.) und Khon Kaen (38–170 B, 3½ Std., 4-mal tgl.).

Der kleinere **Bahnhof Chira** (044 242363) liegt näher an der Altstadt und ist daher eventuell ein bequemerer Startpunkt.

Unterwegs vor Ort

Es gibt feste *sŏrng-tăa-ou*-Routen (8 B) durch die Stadt. Aber selbst Einheimische finden sich nur schwer in dem verwirrenden System aus Zahlen und Farben zurecht. Die meisten Gefährte tuckern an der Kreuzung Th Suranaree und Th Rajadamnern vorbei. Wenn man irgendwo hin will, sollte man einfach dorthin gehen und sich durchfragen. Das gelbe *sŏrng·tăa·ou* der Linie 1 mit den weiß-grünen Streifen fährt auf der Suranaree nach Westen und hält am Bahnhof, an der Touristeninformation und der Mall. Das weiße *sŏrng·tăa·ou* der Linie 6 mit den rot-gelben Streifen fährt auf der Rajadamnern gen Norden direkt vorbei an der Mall, und die weiße Linie 15 mit violetten Streifen fährt zum Bus-Terminal 2.

Innerhalb der Stadt kostet eine Túk-Túk-Fahrt zwischen 40 und 70 B. Normale Motorradtaxis und *săhm·lór* (Fahrradrikscha) kosten weniger. Taxis mit Taxameter warten nur am Bus-Terminal 2 und an der Mall auf Fahrgäste. Es ist aber fast unmöglich, den Fahrer dazu zu überreden, den Taxameter auch anzustellen.

Korat Car Rental (081 877 3198; www.koratcarrental.com) ist ein lokales Unternehmen mit ausgezeichnetem Ruf. Das Sima Thani Hotel vermittelt Autos mit Fahrern, von denen einige auch etwas Englisch sprechen.

Euro Karn Chang (088 355 9393; 239-241 Th Suranaree; Mo–Sa 8–17 Uhr) nahe

BUSSE AB NAKHON RATCHASIMA (TERMINAL 2)

ZIEL	PREIS (B)	DAUER (STD.)	HÄUFIGKEIT
Aranya Prathet (Rong-Kleua-Markt)	165	4	5.30–17.30 Uhr (5-mal tgl.)
Ayutthaya (Minivan)	132	4	6–19 Uhr (regelm.)
Buriram	99	2–3	regelm.
Chiang Mai	473	12–13	3–20.30 Uhr (11-mal tgl.)
Khon Kaen	120–250	3–4	6–23 Uhr (regelm.)
Khon Kaen (Minivan)	129	2½	7–17 Uhr (stündl.)
Krabi	913	15	16.50 Uhr
Loei	275	7	5.30–17.45 Uhr (11-mal tgl.)
Lopburi	120	3½	6–19 Uhr (alle 30 Min.)
Nang Rong	75–95	2	ganztägig (regelm.)
Nang Rong (Minivan)	75	1½	5–20 Uhr (alle 30 Min.)
Nong Khai	220–435	6	ganztägig (stündl.)
Surin	136–175	4	7–19.20 Uhr (alle 30 Min.)
Trat	324	8	1 Uhr
Ubon Ratchathani	288–445	5–6	8–1 Uhr (14-mal tgl.)
Udon Thani	245–300	5	regelm.

dem Bus-Terminal 1 vermietet Motorräder für 300/1400 B pro Tag/Woche und **Jompol Bike** (081 955 2838; Th Chumphon; 8–17.30 Uhr Do–So) Fahrräder für 100 B pro Tag.

Rund um Nakhon Ratchasima

Dan Kwian ด่านเกวียน

Auch wenn man sich nicht für Keramik interessiert, sollte man Dan Kwian einen Besuch abstatten. In diesem Dorf, nicht weit von Khorat entfernt, werden seit Jahrhunderten Töpferwaren hergestellt, die für ihre raue Struktur und ihre rostrote Farbe bekannt sind. Nur das in dieser Region gewonnene Kaolin erzeugt diesen Farbton. Das meiste, was heute hergestellt und verkauft wird, ist billiger Deko-Kram, aber es gibt auch ein paar schöne moderne Töpferwaren sowie Sandsteinrepliken antiker Khmer-Skulpturen. Wenn man durch den Ort spaziert, findet man südlich der unzähligen Läden, die die Straße säumen, noch ein paar Familien mit kleinen Werkstätten und eigenen Brennöfen (an der Schule gen Osten abbiegen). Eine große Werkstatt gibt's auch am nördlichen Ende der Hauptstraße hinter dem DinPao-Laden in der Nähe der Fußgängerbrücke.

Wer nach Dan Kwian will, steigt in Khorat in der Nähe des Südtors (oder in der Th Mahat Thai) in einen Bus (14 B, 30 Min.). Auch vom Terminal 2 fahren Busse (25 B, 45 Min.) dorthin.

Pak Thong Chai ปักธงชัย

Nachdem Jim Thompson begonnen hatte, hier Seide einzukaufen, entwickelte sich Pak Thong Chai zu einem der größten Seidenweberzentren Thailands. Heute gibt es in dem Distrikt fast ein Dutzend Seidenfabriken, und in den Dörfern arbeiten Tausende Familien zu Hause an ihren Webstühlen. Pak Thong Chai ist bekannt dafür, sich bei den Stoffmustern immer nach dem neuesten Trend zu richten, aber in ein paar Läden bekommt man auch traditionelle Stoffe wie *mát·mèe*, von denen die meisten in anderen Provinzen gewebt werden.

Pak Thong Chai ist eine relativ große Stadt und daher nicht annähernd so charmant wie andere Seidenzentren im Isaan, z. B. Chonnabot (S. 482) oder Ban Tha Sawang (S. 462). Trotzdem lohnt sich ein Besuch im Geschäft **Macchada** (⏲8–17 Uhr) am südlichen Stadtrand, weil man hier den Webern bei der Arbeit zusehen kann. An der Hauptstraße ist zwar ein Silk Cultural Centre ausgeschildert, aber das ist seit Jahren geschlossen.

Pak Thong Chai liegt 30 km südlich von Khorat an der Rte 304. Vom Terminal 1 fahren oft Busse (21 B, 1 Std.) hierher.

Ban Prasat บ้านปราสาท

Vor rund 3000 Jahren entwickelte sich bei Ban Prasat am Ufer des Than Prasat eine primitive Ackerbaukultur (eng verknüpft mit der von Ban Chiang), die 1500 Jahre überdauerte. Die Menschen bauten Reis an, domestizierten Tiere, stellten farbige Töpferwaren her, webten Stoffe und schmiedeten später auch Werkzeuge aus Bronze. Die Geheimnisse dieser frühen Zivilisation kamen 1991 bei umfangreichen archäologischen Ausgrabungen ans Licht.

In drei **Ausgrabungsstätten** (Eintritt frei), die sich mitten im Dorf befinden, können Skelette (überwiegend Repliken) und Töpferwaren direkt am Fundort besichtigt werden. Das kleine, aber gute **Museum** (Eintritt frei; ⏲8–16.30 Uhr) beherbergt einige der Funde und veranschaulicht, wie das Leben im Dorf damals und heute aussah bzw. aussieht. Südlich des Museums gibt es noch eine Familie, die zu Hause der **Seidenweberei** nachgeht, ihre eigenen Würmer züchtet und die Seidenfäden spinnt. Besucher sind willkommen.

Viele Familien (einige sprechen ein bisschen Englisch) beteiligen sich an dem preisgekrönten **Gastfamilienprogramm** (☎081 725 0791; inkl. 2 Mahlzeiten 400 B/Pers.). Sie nehmen Besucher in ihren Häusern auf und lassen sie an ihrem Tagewerk wie Korbflechten und Ackerbau teilhaben. Mindestens einen Tag im Voraus reservieren!

Ban Prasat liegt 45 km nordöstlich von Khorat abseits des Hwy 2. Die Busse (35 B, 1 Std.) Richtung Phimai setzen einen an der Hauptstraße ab. Von dort bringen einen Motorradtaxis zu allen Stätten (50 B/Pers.), man sollte beachten, dass manchmal nur ein Fahrer arbeitet.

Phimai พิมาย

9768 EW.

Mitten in dieser netten, aber ansonsten ziemlich langweiligen Kleinstadt steht einer der am besten erhaltenen Khmer-Tempelkomplexe Thailands: Prasat Phimai erinnert sehr stark an Angkor Wat in Kambodscha. Einst führte hier die alte Khmer-Straße zwischen der Hauptstadt Angkor und den nördlichen Gebieten des Königreichs vorbei. Bei Anreise aus Richtung Bangkok ist dies die erste große Khmer-Stätte entlang des Weges – und dazu eine der schönsten. Zudem ist Prasat Phinai dank der Lage im Stadtzentrum vergleichsweise einfach erreichbar.

Phimai lässt sich leicht per Tagesausflug ab Khorat besuchen. Wer's ruhiger mag, kann aber auch hier absteigen und einen Trip nach Khorat unternehmen.

Sehenswertes

★Geschichtspark Phimai HISTORISCHE STÄTTE

(อุทยานประวัติศาสตร์พิมาย; ☎044 471568; Th Ananthajinda; Eintritt 100 B; ⏲7.30–18 Uhr) Dem **Besucherzentrum** (⏲8.30–16.30 Uhr) zufolge begann der Khmer-König Jayaviravarman (reg. 1002–1006 n. Chr.) einst mit der Errichtung dieses Tempels. Andere Quellen datieren den Baubeginn jedoch auf das 12. Jh. Aber ganz egal: Phimai gehört zu Thailands eindrucksvollsten Ruinen aus der Khmer-Zeit. Obwohl die Anlage ursprünglich eine Stätte des Mahayana-Buddhismus war, zeigen die Reliefs auch viele hinduistische Gottheiten. Zudem beeinflussten einige der örtlichen Gestaltungselemente den Komplex von Angkor Wat.

Man betritt die Anlage über eine kreuzförmige **Naga-Brücke**, die symbolisch für den Weg von der Erde in den Himmel steht, und geht dann durch das **Südtor** (was ungewöhnlich ist, weil die meisten Khmer-Tempel nach Osten ausgerichtet sind) der Außenmauer, die ein Gebiet von 565 x 1030 m umschließt. Ein erhöhter Gang, der früher ein Ziegeldach hatte, führt in das innere Heiligtum und zum 28 m hohen **Hauptschrein** aus weißem Sandstein, der mit wunderschönen Reliefs bedeckt ist. In der Mitte des **Prang Brahmathat** vor dem Hauptschrein befindet sich eine Replik der Steinskulptur des Angkor-Königs Jayavarman VII. im Schneidersitz, der sehr stark an einen sitzenden Buddha erinnert. Das Original befindet sich im Nationalmuseum von Phimai.

Sachkundige Studenten aus der Gegend fungieren gelegentlich als Führer, aber nur wenige sprechen Englisch. Doch glücklicherweise gibt es eine kostenlose Broschüre,

Phimai

0 —— 200 m

Phimai

Highlights
1 Geschichtspark Phimai B2

Sehenswertes
2 Uhrenturm C3
3 Meru Bhramathat C3
4 Phimai National Museum C1
5 Pratu Chai C4

Schlafen
6 Khru Pom C3
7 Phimai Paradise C2

Essen
8 Nachtmarkt C3
9 Nom Neay Bakery & Coffee B2
10 Rabiang Mai C3

Ausgehen & Nachtleben
11 Barai Coffee C3

Praktisches
12 Besucherzentrum des Geschichtsparks Phimai C3

Transport
13 Boonsiri Guesthouse C3
14 Niu Motorbike B3

die einen recht guten Überblick über den Komplex bietet.

Phimai-Nationalmuseum MUSEUM

(พิพิธภัณฑสถานแห่งชาติพิมาย; Th Tha Songkhran; Eintritt 100 B; ⏲Mi–So 9–16 Uhr) Das äußerst sehenswerte Museum wurde kürzlich renoviert und zählt nun zu den besten des Nordostens. Es steht am Rand des Sa Kwan, eines Wasserbeckens der Khmer aus dem 12. Jh. Die beiden großen Gebäude beherbergen eine tolle Sammlung von Khmer-Skulpturen (u. a. viele herrliche Türstürze), die aus Phimai und vielen anderen Ruinenstätten des Unteren Isan stammen. Zu sehen gibt's außerdem bemerkenswerte schwarze Keramiken aus Phimai (500 v. Chr.–500 n. Chr.) und Buddha-Bildnisse aus verschiedenen Perioden.

Sai Ngam PARK
(ไทรงาม; ⌚ Sonnenaufgang–Sonnenuntergang) Etwas östlich der Stadt überwuchert Thailands größter und ältester Banyan-Baum eine ganze Insel. Der „Wundervolle Banyan" ist mindestens 350 Jahre alt und ein echter Gigant: Das Gewirr aus knorrigen Stämmen und miteinander verbundenen Ästen sieht aus wie ein kleiner Wald.

Noch mehr historische Stätten

Meru Bhramathat (Th Buchayan) GRATIS ist ein aus der späten Ayutthaya-Ära (18. Jh.) stammender Backstein-*chedi*. Sein Name geht auf eine Sage zurück, derzufolge an eben dieser Stelle König Bhramathat eingeäschert wurde.

Drei Stadttore stehen noch: Das **Pratu Chai** (Siegestor) GRATIS an der Straße nach Angkor ist am besten erhalten. Der Erdhügel neben dem Tor gibt einen Eindruck davon, wie die Festungswälle, die einst die ganze Stadt umschlossen, einst aussahen. Die Mauern wurden im 13. Jh. errichtet und ebenso das heute als **Kuti Rusi** (Eremitenherberge; ⌚ Sonnenaufgang–Sonnenuntergang) GRATIS bekannte Areal, ein Hospital, das von Jayavarman VII. errichtet wurde. Ebenfalls aus dieser Zeit stammt der **Tha Nang Sa Phom** (⌚ Sonnenaufgang–Sonnenuntergang) GRATIS, eine Rampe aus Laterit, die sich heute auf dem Gelände des Fine Arts Departments befindet (hinter dem Tor gleich rechts).

Feste & Events

Beim **Phimai-Fest** Mitte November wird die Geschichte der Stadt mit kulturellen Darbietungen, Sound-&-Light-Shows (Tickets 200–600 B) und Drachenbootrennen gefeiert.

Schlafen

Phimai Paradise HOTEL $
(☎ 044 287565; www.phimaiparadise.com; Th Samairujee; Zi. 450–700 B; P ⊖ ❄ ᯤ ≋) Dieser recht neue Hotelturm ist zwar nicht übermäßig schick, beherbergt aber die besten Zimmer der Stadt. Die Quartiere sind geräumig und sauber. Gäste können Fahrräder ausleihen (100 B/Tag) und bekommen auch Frühstück (zzgl. 100 B).

Khru Pom PENSION $
(☎ 044 471541; Th Ananthajinda; EZ ohne Bad 150 B, Zi. 350–450 B; P ⊖ ❄ @ ᯤ) Angesichts der Lage mitten in einem Straßenblock ist diese blitzsaubere, kleine Pension überraschend ruhig. Die freundlichen Inhaber sprechen Englisch und betreiben auch ein anständiges Hausrestaurant. Die Unterkunft ist an einem Schild mit der schlichten Aufschrift „Guesthouse & Restaurant" zu erkennen und steht am Ende der kleinen Seitenstraße, die neben dem 7-Eleven abzweigt.

Moon River Resort Phimai PENSION $
(☎ 085 633 7097; www.moon-river-resort-phimai.com; Soi 2, Ban Sai Ngam Patana; Zi. mit Ventilator/Klimaanlage 400/600 B, FZ 1000 B; P ⊖ ❄ ᯤ) In grüner und beinahe ländlicher Umgebung steht diese Pension unter thailändisch-deutscher Leitung am nördlichen Flussufer – bei Bedarf ist sie sogar schwimmend zu erreichen. Ein paar Kilometer außerhalb der Stadt (an der Straße nach Khorat) warten hier größtenteils schlichte, aber gute Holzhütten mit Ventilator oder Klimaanlage. Ein cooler Laufsteg verbindet die Quartiere miteinander.

Essen & Ausgehen

Die Straßenimbisse neben dem Sai Ngam versorgen die Leute morgens und mittags mit einfachen Thai- und Isan-Gerichten wie *pàt pímai* (das ist dasselbe wie *pàt mèe koh râht*, s. S. 444, jedoch mit weicheren Nudeln). Es steht auch auf den Speisekarten einiger Restaurants in der Stadt.

★ **Nom Neay Bakery & Coffee** BÄCKEREI $
(Th Tha Songkhran; Gerichte 100–250 B; ⌚ 8.30–17 Uhr) Der kleine Laden nahe dem Eingang zum Geschichtspark bezeichnet sich selbst als Bäckerei – Kuchen und Filterkaffee sind die Spezialitäten des Hauses. Dennoch gibt's hier auch ganz gute Gerichte nach internationalen und thailändischen Rezepten.

Rabiang Mai THAI $
(Th Samairujee; Gerichte 50–250 B; ⌚ 17–24 Uhr; ᯤ) Dieses semi-schicke Restaurant mit Bar und gelegentlicher Livemusikbeschallung ist nicht ganz günstig. Sein Essen (größtenteils thailändisch plus ein paar Optionen im Isan- und *fa·ràng*-Stil) schmeckt jedoch ziemlich lecker.

Nachtbasar NORDOSTTHAILÄNDISCH $
(Th Ananthajinda; ⌚ 16–21 Uhr) Die besuchenswerten Imbissstände säumen eine Sei-

tenstraße, die vom täglich stattfindenden Frischwaren-Nachtmarkt abzweigt.

Barai Coffee CAFÉ
(☎ 085 611 5841; Th Ananthajinda; ⏲ 8.30–17 Uhr) Das reizende kleine Lokal gleich vor dem Eingang zum Geschichtspark ist eine super Adresse, um eine Tasse Filterkaffee zu trinken. Es serviert auch Fruchtshakes, Sandwiches und Waffeln, ist aber mehr Café als Restaurant.

An- & Weiterreise

Phimai hat zwar einen Busbahnhof, aber den braucht man eigentlich gar nicht, denn alle Busse auf dem Weg in die und aus der Stadt fahren am Pratu Chai, am Uhrturm und am Museum vorbei.

Von Khorats Bus Terminal 2 fahren den ganzen Tag über ca. alle 20 Minuten Busse und Kleinbusse nach Phimai (50 B, 1½ Std.).

Unterwegs vor Ort

Phimai ist nicht allzu groß. Man kann den Ort also gut zu Fuß erkunden. Wer aber mehr von der Stadt und ihrer Umgebung sehen will, sollte sich im **Boonsiri Guesthouse** (Th Chomsudasadet; halber/ganzer Tag 40/60 B) ein Fahrrad oder bei **Niu Motorbike** (☎ 044 471694; Th Ananthajinda; 200 B pro Tag; ⏲ Mo–Sa 8–17 Uhr) ein Motorrad leihen.

Khao Yai National Park

Weit oben auf der Liste der bedeutendsten Nationalsparks der Welt steht der **Khao Yai** (อุทยานแห่งชาติเขาใหญ่; ☎ 086 092 6529; Erw./Kind 400/200 B, Auto 50 B; ⏲ 6–18 Uhr), Thailands ältestes und meistbesuchtes Naturschutzgebiet. Auf einer Fläche von 2168 km² beheimatet der Khao Yai einen der größten unberührten Monsunwälder des asiatischen Festlands – Grund genug für die UNESCO, ihn (als Teil des Dong-Phayayen-Khao-Yai-Waldes) zum Weltnaturerbe zu erklären. Der Besuch auf eigene Faust sollte keinerlei Schwierigkeiten bereiten, zumal das Personal des **Besucherzentrums** (☎ 086 092 6529; ⏲ 8–19 Uhr) sehr hilfsbereit ist – auch auf Englisch.

Der 1351 m hohe Gipfel des Khao Rom ist die höchste Stelle des Parks, der fünf Vegetationszonen beherbergt: immergrünen Regenwald (100–400 m), halbimmergrünen Regenwald (400–900 m), Laubwald (an den Nordhängen auf 400–600 m), immergrünen Bergwald (über 1000 m) und schließlich Savanne und Sekundärwald in den Gebieten, in denen vor der Einrichtung des Nationalparks Land- und Holzwirtschaft betrieben wurde.

Etwa 200 Elefanten ziehen durch den Park. Außerdem leben hier Säugetiere wie Tiger, Leoparden, Bären, Gaure, Muntjaks, Otter, verschiedene Gibbon- und Makakenarten sowie einige ziemlich große Pythons. Auf Khao Yais Vogelliste stehen 392 Arten. Hier ist eine der größten Nashornvogel-Populationen Thailands beheimatet, darunter auch der Doppelhornvogel (*nók gòk* oder *nók gah·hang*).

Der Haupteingang befindet sich südlich von Pak Chong. Der zweite, weniger frequentierte Südeingang liegt in der Provinz Prachinburi.

Sehenswertes & Aktivitäten

Wasserfälle

Im Khao Yai gibt's eine Reihe von Wasserfällen. Der kleine **Nam Tok Kong Kaew** befindet sich direkt hinter dem Besucherzentrum. Beim größten Wasserfall, dem **Nam Tok Haew Narok**, der im äußersten Süden des Parks (vom Parkplatz 800 m zu Fuß) liegt, stürzt das Wasser über drei Stufen insgesamt 150 m in die Tiefe. Den Preis für den schönsten Wasserfall bekommt aber der 25 m hohe **Nam Tok Haew Suwat**, der die Hauptrolle in Danny Boyles Film *The Beach* spielte. Er führt das ganze Jahr über Wasser, und man kann hinunter zum Becken laufen. Schwimmen ist aber nicht erlaubt. Der Haew Suwat ist leicht mit dem Auto zu erreichen, es führen aber auch ein paar Wanderpfade dorthin, z. B. der Kong Kaew-Haew- Suwat Trail.

Wildtierbeobachtung

An der Straße durch den Park findet man mehrere **Aussichtspunkte** und **Salzlecksteine** (die morgens und abends oft Elefanten anlocken). Mit etwas Glück sichtet man auf dem Kong Kaew-Haew Suwat Trail Gibbons und Nashornvögel und vielleicht sogar Elefanten. Dennoch ist es wahrscheinlicher, dass man auf den Straßen Elefanten sieht.

Am **Aussichtsturm Nong Phak Chi** blickt man auf einen kleinen See und einen Salzleckstein. Einen besseren Ort zum Tierebeobachten gibt's im ganzen Park nicht. In den frühen Abendstunden versammelt sich nicht selten Wild am dem Besucherzentrum und in der Nähe der Campingplätze.

Wandern

Den Aussichtsturm Nong Phak Chi kann man über mehrere Wanderwege erreichen.

Der kürzeste Weg (900 m) zum Turm beginnt 1,8 km nördlich des Besucherzentrums – er ist breit und gut gepflegt. Ein 5,4 km (3 Std.) langer Trekkingweg zum Aussichtsturm beginnt am Besucherzentrum, ein weiterer 3 km (2 Std.) langer Weg bei Kilometer 33. Dieser Weg eignet sich besser zum Beobachten der Tiere, außerdem gehört er zu Khao Yais besten Vogelbeobachtungsmöglichkeiten. Zum Wasserfall Nam Tok Haew Suwat kommt man über den ziemlich anspruchsvollen, 8 km (4–5 Std.) langen **Kong Kaew-Haew Suwat Trail** (Trail 1), der hinter dem Besucherzentrum seinen Startpunkt hat.

Für den Kong Kaew-Haew Suwat Trail und die Wanderungen zum Turm braucht man zwar nicht unbedingt einen Führer, es wird aber dringend empfohlen, einen anzuheuern, weil die Wege (mit Ausnahme der kurzen Strecke zum Aussichtsturm) kaum frequentiert und nicht gut markiert sind. So mancher Traveller hat sich hier schon verlaufen und musste die Nacht im Wald verbringen. Über das Besucherzentrum kann man einen der Parkranger als Führer engagieren (halber/ganzer Tag 500/1000 B pro Gruppe). Sie begleiten einen auch bei längeren Wanderungen querfeldein.

Egal, wo man wandert, Traveller sollten immer feste Schuhe und lange Hosen tragen. In der Regenzeit gibt es viele Blutegel. Zwar helfen Mückenschutzmittel, sie fernzuhalten, aber die „Blutegelsocken", die im Besucherzentrum verkauft werden, sind ein sehr viel besserer Schutz.

☞ Geführte Touren

Die meisten Hotels und Resorts rund um den Khao Yai organisieren **Touren durch den Park**. Dies ist eine geniale Art und Weise, den Park zu besuchen, denn ein guter Führer zeigt einem Lebewesen, die man sonst nie entdecken würde. Der typische Tagesausflug (1300–1900 B/Pers.) beinhaltet ein paar einfache Wanderungen am Vormittag mit Tierbeobachtungen und dem Besuch des Wasserfalls Haew Suwat. Mittagessen, Snacks, Trinkwasser und (in der Regenzeit) „Blutegelsocken" sind immer im Preis enthalten, der Parkeintritt manchmal nicht – ein Preisvergleich lohnt sich also. Bei den halbtägigen Ausflügen (450–600 B) bleibt man normalerweise außerhalb des Parks und besucht eine Höhle, schwimmt in einer Quelle und beobachtet seltene Faltlippenfledermäuse, die zu Millionen aus einer Berghöhle rausflattern. Es werden auch spezielle Vogelbeobachtungs-, Camping-, Trekkingtouren etc. angeboten. Das Greenleaf Guesthouse und die Khaoyai Garden Lodge bekommen für ihre Touren immer viel Lob, ebenso der Newcomer **Bobby's Apartments & Jungle Tours** (☎086 262 7006; www.bobbysjungletourkhaoyai.com) in der Nähe von Tesco-Lotus in Pak Chong.

Einen besseren Ort zum **Vogelbeobachten** als den Khao Yai hat Thailand nicht zu bieten. Es gibt hier zwei bekannte Guides: Tony, der das **Khao Yai Nature Life Resort** (☎081 827 8391; www.khaoyainaturelifetours.com) betreibt, und **Nang** (☎089 427 1823; www.thailandyourway.com), eine der wenigen Führe-

JENSEITS DES WALDES

Diverse sehenswerte Attraktionen machen Pak Chongs weitere Umgebung zum beliebten Ausflugsziel.

In drei Räumen zeigt das tolle **Khao Yai Art Museum** (☎044 756060; www.khaoyaiartmuseum.com; ⏲10–18 Uhr) GRATIS moderne Werke von ein paar der besten Künstler Thailands (u. a. Anupong Chantorn, Lampu Kansanoh). Zu finden ist es 4 km östlich der Th Thanarat bei Kilometer 15 (am Polizeiposten abbiegen!).

Thailand ist Vorreiter in puncto „New Latitude Wines". Über ein Dutzend Weingüter macht die Gegend um den Nationalpark inzwischen zum Zentrum dieser immer bedeutender werdenden Branche. Zwei der Marktführer liegen an der Muak-Lek-Straße (Direktroute Bangkok–Khao Yai; Ausfahrt bei Kilometer 144 nehmen): **PB Valley** (☎036 226415; www.khaoyaiwinery.com; Führung 300 B; ⏲Führungen 10.30, 13.30 & 15.30 Uhr) verkorkte seine erste Flasche im Jahr 1998. **GranMonte** (☎044 009543; www.granmonte.com; Führung Erw./unter 20 Jahren 300/220 B; ⏲Führungen Nov.–Feb. Sa, So & Feiertag 10, 11.30, 13, 14.30 & 16.30 Uhr, März–Okt. 10.30, 13.30 & 15.30 Uhr) folgt drei Jahre später. Die beiden Betriebe liegen rund 22,5 bzw. 16 km vom Nationalparkeingang entfernt. In malerischer Umgebung warten sie mit Führungen (Reservierung erforderl.), Weinproben, luxuriösen Unterkünften und Mittag- oder Abendessen in vornehmen Restaurants auf.

rinnen im Khao Yai. Beide bieten auch Standardtouren durch Park an.

Das Parkpersonal selbst veranstaltet einstündige **Nachtsafaris** (081 063 9241; 500 B/Auto; 19 & 20 Uhr), bei denen man im Scheinwerferlicht Ausschau nach Tieren hält. Manchmal sind aber so viele Fahrzeuge gleichzeitig unterwegs, dass das Erlebnis gänzlich ruiniert wird. Reservieren ist ein Muss (max. 8 Pers./Fahrzeug).

Schlafen & Essen

Es gibt einige Dutzend Unterkünfte an der und um die Th Thanarat (Rte 2090), der Straße zum Park. Noch viel mehr findet man im nicht sonderlich angenehmen Ort Pak Chong vor den Toren des Parks. Budget- und einige Mittelklasseunterkünfte bieten einen kostenlosen Shuttle-Service an, aber eigentlich nur, wenn man auch eine Tour bei ihnen bucht. Außer den absoluten Billigunterkünften bieten alle Hotels werktags und in der Nebensaison (April–Okt.) Preisnachlässe von bis zu 40 % an.

Am schönsten schläft man natürlich im eigentlichen Park. Dort gibt's überall **Zeltplätze** (mit eigenem Zelt 30 B/Pers., Leihzelt für 3 Pers. 225 B) und diverse **Unterkünfte** (02 562 0760; www.dnp.go.th/parkreserve; Zi. & Bungalow 800–9000 B, Mo–Do 30 % Erm.). Letztere sind rustikal (keine Klimaanlagen, Kühlschränke oder Fernseher), aber komfortabel; gebucht werden müssen sie über die Website des Nationalparks. Hinweis: Alle Übernachtungsmöglichkeiten im Park liegen recht weit vom Besucherzentrum entfernt.

Alle aufgeführten Lodges servieren Essen. Unter den vielen weiteren Lokalen an der Th Thanarat sind auch überraschend zahlreiche Optionen mit italienischer Küche. Zudem findet man Restaurants an allen belebten Orten im Park selbst – beispielsweise am Besucherzentrum, bei mehreren Zeltplätzen und einigen Wasserfällen. Allerdings ist Vorausplanung ratsam, da selbst die Restaurants der Zeltplätze schon um ca. 18 Uhr schließen.

★ Khaoyai Garden Lodge HOTEL $
(044 365178; www.khaoyaigardenlodgekm7.com; Th Thanarat, Km 7; Zi. mit Ventilator 350 B, Zi. mit Klimaanlage 2000–3200 B, FZ 2800 B; P) Rund um einen attraktiven Garten vermietet dieses freundliche und familiengeführte Hotel allerlei Zimmer. Die günstigsten Varianten mit Ventilator und Warmwasser-Gemeinschaftsbädern sind ziemlich geräumig; zudem bieten sie mehr fürs Geld als die meisten anderen Budgetbleiben der Gegend. Zum allgemein tollen Preis-Leistungs-Verhältnis trägt auch die Restaurantbar bei, die vor dem Haus zum Kontakteknüpfen mit anderen Gästen einlädt.

Greenleaf Guesthouse PENSION $
(044 365073; www.greenleaftour.com; Th Thanarat, Km 7,5; Zi. 200–300 B; P) Die alteingesessene Pension unter der Leitung einer Familie hat unordentlich wirkende Gemeinschaftsbereiche und Quartiere, die bestenfalls als schlicht bezeichnet werden können. Andererseits profitieren Familien hier von der Möglichkeit, sich bei Bedarf auch Zimmer ohne Aufpreis teilen zu können. Zudem hat der Familien-Bungalow (500 B) ein super Preis-Leistungs-Verhältnis. WLAN gibt's nur in den Gemeinschaftsbereichen. Achtung: Aufgrund der begrenzten Zimmerzahl werden Gäste bevorzugt, die geführte Touren durch den Park buchen.

Khao Yai Villa HOTEL $$
(083 365 8588; www.khaoyaivilla.com; Th Thanarat, Km 12; Zi. 790 B; P) Was diesen einfachen, modernen Zimmern an Charme fehlt, wird durch das Preis-Leistungs-Verhältnis wieder wett gemacht – der Preis ist nämlich im Vergleich zum hiesigen Standard sehr günstig.

Rimtarninn Hotel HOTEL $$
(430 Th Mitraphap; Zi. 850 B; P) Wer nicht an der Th Thanarat übernachten will, trifft mit diesem kleinen Hotel in Pak Chong eine ziemlich gute Wahl: Sechs Stockwerke umgeben hier einen hübschen Innenhof. Drinnen wartet ein Mix aus Rustikalität (viele unbearbeitete Holzbalken) und zahlreichen cleveren Designelementen. Angesichts der Lage am verkehrsreichen Mitraphap Hwy gibt's hier also ganz anständig was fürs Geld.

Das Hausrestaurant **Rabiang Nam** (430 Th Mitraphap; Gerichte 80–150 B) findet man rechts vom Hotel am Flussufer *(rim tarn)*.

★ Hotel des Artists HOTEL $$$
(044 297444; hoteldesartists@gmail.com; Th Thanarat, km 22; Zi. 3200–4200 B, Villa 5000–6000 B, jeweils inkl. Frühstück; P@) Ungewöhnlich für Khao Yai: Das geschmackvolle Hotel setzt eher auf Schick im französischen Kolonialstil als auf Naturverbundenheit. Dennoch lässt der Bergblick hinter dem Haus keinen Zweifel darüber, wo man sich gerade befindet. Die großartigen

Zimmer werden durch Villen am Rand eines großen Pools ergänzt.

Balios HOTEL $$$
(☎044 365971; www.balioskhaoyai.com; Th Thanarat, Km 17; Zi. inkl. Frühstück 3200–4000 B; P ❄ @ 📶 ≋) Khao Yais erste Luxus-Lodge geht mit der Zeit: Das Balios kommt im schmucken und leicht italienisch angehauchten Gewand daher. Die geschmackvoll gestalteten Zimmer haben allesamt Veranden mit Blick auf den Pool oder die attraktiven Gärten. Nachsaisons- und Frühbucherrabatte!

Jungle House HOTEL $$$
(☎044 297183; www.junglehousehotel.com; Th Thanarat, Km 19,5; Zi. 1600–2200 B; P ❄ 📶) Die hiesigen Zimmer sind ansprechend mit Naturholz und Gipsputz an den Wänden gestaltet. Zumeist verfügen sie auch über loftmäßige Sitzbereiche. Obendrein geht man hier mit dem Dschungel auf Tuchfühlung: Zum Gelände gehört ein kleines Stück Urwald, in dem sich z. B. allerlei Reptilien und sogar hoteleigene Elefanten tummeln.

An- & Weiterreise

Zwischen 6 und 17 Uhr passieren alle 30 Minuten *sŏrng·tăa·ou* die 30 km lange Strecke von Pak Chong über die Th Thanarat bis zum Nordeingang des Parks (40 B, 45 Min.). Los geht's vor dem 7-Eleven in der Nähe der Hirschstatue (die eher wie eine Giraffe aussieht). Bis zum Besucherzentrum sind es dann weitere 14 km. Die Wachleute weisen die Fahrer gern an, die Leute bis dorthin zu fahren. Manche verdienen sich auch nebenbei noch etwas dazu, indem sie Motorräder vermieten (500 B/Tag). An der Hauptstraße in Pak Chong gibt es mehrere Motorradverleiher (300 B/24 Std.), darunter **Petch Motor** (☎081 718 2400; Th Mittaphap, an der Th Tesabarn 13) etwas südwestlich der Ampel (nach dem „Diamanten" im Fenster Ausschau halten!).

Nur 2.-Klasse-Busse Richtung Bangkok (128 B, 3 Std.) starten am Busbahnhof, der sich südwestlich der Ampel in der Th Thesabarn 8 befindet. Die häufig verkehrenden 2.-Klasse-Busse und Kleinbusse nach Khorat (60 B, 1½ Std.) halten ca. 500 m nordöstlich der Hirschstatue nahe *đà·l àht kàak*. Kleinbusse zum Siegerdenkmal in Bangkok (180 B, 2½ Std., stündl.) warten in der Nähe der Hirschstatue auf Fahrgäste. Man kann auch gegenüber vom *đà· àht kàak* in Kleinbusse (aus Khorat kommend) nach Ayutthaya (100 B, 2½ Std.) und Lopburi (80 B, 2 Std.) einsteigen – sofern es noch freie Sitzplätze gibt, was aber meistens der Fall ist. Die 1.-Klasse-Busse nach Bangkok (150 B, 2½ Std.) und Khorat (80 B, 1 Std.) halten an der Hirschstatue, sie fahren über die Schnellstraße.

Nach Pak Chong kommt man auch mit dem Zug aus Bangkok und Khorat, aber mit dem Bus oder Kleinbus geht es viel schneller. Nach Ayutthaya gibt es jedoch weder eine direkte Busverbindung noch viele Kleinbusse, sodass der Zug (23–363 B, 2–3 Std., 9-mal tgl.) eine gute Alternative ist.

Sung Noen สูงเนิน

Auf dem Weg von Pak Chong nach Khorat erreicht man nach relativ kurzer Zeit dieses Städtchen mit einer paar interessanten Sehenswürdigkeiten.

Sehenswertes

Sema Ancient City RUINE
(เมืองเก่าเสมา; Ban Hin Tang) Nur 5 km vom Bezirk Sung Noen entfernt liegt die kleine Ortschaft Hin Tang mit dieser Ruinenanlage, die vermutlich aus der Dvaravati-Periode stammt. Eine exakte Datierung ist bislang nicht erfolgt; zudem wurden hier bislang kaum archäologisch gearbeitet. Das Auge des Betrachters fällt hauptsächlich auf bröckelnde Fundamente. Allerdings soll auf einem der Sockel einst ein Buddha-Bildnis gethront haben.

Für den wenig spektakulären Anblick entschädigt das Gefühl, sich abseits der ausgetretenen Pfade zu bewegen: Bis auf ein paar Infotafeln sind keinerlei touristische Einrichtungen vorhanden. Und höchstwahrscheinlich hat man die ganze Stätte für sich allein.

Wat Dhammachak Senaram BUDDHISTISCHER TEMPEL
(วัดธรรมจักรเสนาราม; donations welcome) Dieser Tempel ist auch als Wat Phra Norn (Tempel des Liegenden Buddha) bekannt und beherbergt als Hauptattraktion den ältesten liegenden Buddha des Landes. Die 1300 Jahre alte Skulptur aus der Dvaravati-Zeit besteht aus behauenen Sandsteinblöcken, die inzwischen teilweise verrutscht sind. Doch obwohl auch sein Gesicht sehr stark vom Zahn der Zeit angenagt wurde, bietet dieser Buddha immer noch einen eindrucksvollen Anblick.

An- & Weiterreise

Zwischen Pak Chong (63 km entfernt) und Khorat (37 km entfernt) halten Minivans in Sung Noen. Von dort aus geht es bei Bedarf per Mietmotorrad nach Ban Hin Tang (5 km), wo der Tempel und die Ruinen im Abstand von ca. 500 m zueinander liegen.

Provinz Buriram

Das Städtchen Buriram hat eine freundliche Atmosphäre, aber kaum touristische Sehenswürdigkeiten. Dafür warten in der gleichnamigen Provinz ein paar von Thailands absoluten Pflichtattraktionen aus der Khmer-Zeit. Krönendes Highlight unter den zahlreichen Khmer-Ruinen in der regionalen Landschaft ist Phanom Rung. Dieser wunderschön restaurierte und höchst sehenswerte Komplex unterhalb der Spitze eines erloschenen Vulkans ist das spektakulärste Khmer-Bauwerk des Landes – und wird wohl selbst Besucher beeindrucken, die bereits Angkor Wat in Kambodscha bewundert haben.

Nang Rong นางรอง

20920 EW.

Eine gute Auswahl recht komfortabler Hotels und ein großes Dienstleistungsspektrum machen das freundliche, aber gesichtslose Städtchen zur besten Ausgangsbasis für Trips nach Phanom Rung.

Schlafen & Essen

★P California Inter Hostel PENSION $

(☎081 808 3347; www.pcalifornianangrong.webs.com; Th Sangkakrit; Zi. mit Ventilator 250 B, Zi. mit Klimaanlage 350–600 B; P ❄ 📶) Die tolle Pension im Osten der Stadt vermietet helle, nett eingerichtete Zimmer, die in allen Preisklassen einen super Gegenwert fürs Geld bieten. Dies gilt auch für die günstigsten Quartiere mit Ventilatoren und Kaltwasserduschen. Die teureren Varianten haben Wohnbereiche mit Sofas. Inhaber Khun Wicha spricht Englisch, das übrige Personal gleich mehrere Sprachen. Khun kennt sich in der Gegend aus und leitet zudem geführte Touren. Für Gäste gibt's kostenlose Leihfahrräder.

Ein Motorradtaxi ab dem Busbahnhof kostet 50 B.

Honey Inn PENSION $

(☎044 622825; www.honeyinn.com; Soi Si Kun; Zi. mit Ventilator/Klimaanlage 250/350 B; ❄ @ 📶) Dieser familiengeführte Veteran in Nang Rong liegt 1 km nördlich vom Busbahnhof und holt Gäste kostenlos dort ab. Abseits vom Lärm steht das Haus an einer ruhigen *soi* und ist auch ansonsten eine prima Wahl: Hier sind Leihmotorräder (250–300 B/Tag) und geführte Touren im Angebot. Auf einen klangvollen Aufenthalt einstellen – der Inhaber ist Musiklehrer!

The Park HOTEL $$

(☎044 633778; www.theparknangrong.com; Th Praditpana; Zi. 590–790 B; P ❄ 📶) Das Park ist das beste von mehreren neuen Mittelklassehotels in Nang Rong. Am Seeufer südöstlich vom Busbahnhof umgeben hier preiswerte Zimmer einen so ruhigen wie reizenden Garten.

Cabbages & Condoms HOTEL $$

(☎044 657145; Hwy 24; Zi. inkl. Frühstück 700–1500 B; P ❄ @ 📶) Die Population & Community Development Association betreibt dieses angenehme Resort auf einem herrlich schattigen Gelände direkt an der Fernstraße. Die geräumigen Zimmer haben Steinfußböden. Die hauseigene Bekleidungsfabrik wurde gezielt eröffnet, um Arbeitsmöglichkeiten aus der Stadt in die Dörfer zu holen.

Wie der Name schon vermuten lässt: Kondome sind hier ein wichtiges Thema und werden sogar gratis ausgegeben.

Leider liegt das Hotel rund 6,5 km westlich der Stadt. Allerdings erreicht man es ganz gut mit Minivans (z. B. in Richtung Nang Rong), die sich entlang der Fernstraße recht einfach anhalten lassen.

Phob Suk THAI $$

(Hwy 24; Gerichte 60–360 B; ⏲9–22 Uhr; P 📶) Die bebilderte Speisekarte in diesem bekannten Restaurant in der Nähe des Busbahnhofs präsentiert einen typischen Mix aus thailändischer, chinesischer und Isan-Küche. Besonders empfehlenswert ist das in der ganzen Stadt berühmte *kăh mŏo* (Schweinebraten).

Anreise & Unterwegs vor Ort

Am **Busbahnhof** (☎044 631517) westlich von Nang Rong halten die meisten Busse, die zum Geschichtspark Phanom Rung unterwegs sind.

Das P California und das Honey Inn verleihen Motorräder (ab 250 B/Tag); beim Honey gibt's auch Mountainbikes (ab 100 B/Tag).

Zum Recherchezeitpunkt plante der Inhaber des P California gerade die Einrichtung eines Shuttle-Service auf der Route Khao Yai–Phimai–Nang Rong (Details telefonisch bei der Pension erfragen!).

Geschichtspark Phanom Rung

Phanom Rung (อุทยานประวัติศาสตร์เขาพนมรุ้ง; ☎044 666251; Eintritt 100 B, Kombi-Ticket mit Prasat Muang Tam 150 B; ⌚6–18 Uhr) ist das größte und am besten restaurierte Khmer-Denkmal in Thailand. Es befindet sich 200 m über den Reisfeldern auf dem Gipfel eines erloschenen Vulkans.

Der Tempel wurde zwischen dem 10. und 13. Jh. als hinduistisches Monument für Shiva erbaut. Der größte Teil entstand während der Herrschaft von König Suriyavarman II. (reg. 1113–1150), als die Angkor-Architektur ihren Höhepunkt erreicht hatte. Die Anlage ist nach Osten ausgerichtet, und viermal im Jahr scheint die Sonne durch alle 15 Eingänge des Heiligtums. Dieses Schauspiel der perfekten Sonnenkonstellation ist vom 3. bis 5. April und vom 8. bis 10. September bei Sonnenaufgang sowie vom 5. bis 7. März und vom 5. bis 7. Oktober bei Sonnenuntergang zu bewundern (in Schaltjahren jeweils einen Tag früher). Zu diesen Zeiten ist der Park länger geöffnet. Während der betreffenden Tage im April feiern die Einheimischen das **Phanom-Rung-Fest** mit uralten Brahmanen-Zeremonien und modernen Sound- & Lightshows.

Sehenswertes

Unterhalb des Hauptheiligtums befindet sich – hinter der langen Reihe von Souvenirläden – ein **Informationszentrum** (⌚8.30–16.30 Uhr) mit Artefakten, die hier gefunden wurden, und einer Ausstellung über den Bau und die letzten Restaurierungsarbeiten, die 17 Jahre dauerten. Man bekommt hier eine kostenlose Info-Broschüre oder kann einen Thai sprechenden Führer anheuern (die Führer machen das kostenlos, erwarten aber ein Trinkgeld). Wer keine Lust hat, den Berg hinaufzuklettern, kann bis zum oberen Parkplatz (50 B/Auto) fahren; die Broschüre ist dort allerdings nicht erhältlich.

Einer der bemerkenswertesten Teile von Phanom Rung ist die **Promenade**, die zum Haupttor führt. Sie beginnt an einem Hang 400 m östlich des Hauptturms und führt über drei irdene **Terrassen** zu einer kreuzförmigen Plattform, auf der wohl einst ein Holzpavillon stand. Rechts daneben befindet sich der **Umkleidepavillon** *(phlab phla)*, in dem die Königsfamilie vor dem Betreten der Tempelanlage gewaschen und angekleidet wurde. Von dort geht's hinunter zu einem 160 m langen **Prozessionsweg**, der von Sandsteinsäulen mit Kapitellen in Form von Lotusknospen im Stil der frühen Angkor-Zeit (1100–1180) gesäumt ist. Dieser Weg endet an der ersten und größten von drei **Naga-Brücken**, die von 16 fünfköpfigen *nagas* (mythischen Schlangen) im klassischen Angkor-Stil bewacht wird. Wie bei allen Khmer-Tempeln sollen die Brücken den Übergang vom Irdischen ins Himmlische markieren.

Hinter der Brücke führt eine Treppe hinauf zur prachtvollen **Ostgalerie** und zum Hauptheiligtum. Der **Hauptturm** hat an allen vier Seiten eine Galerie, und der Eingang zu jeder dieser Galerien ist eine kleinere Version des Hauptturms.

Die Handwerkskunst des Phanom Rung stellt einen Höhepunkt im künstlerischen Schaffen der Khmer dar und steht den Reliefs im kambodschanischen Angkor Wat in nichts nach. In den Stürzen und Giebeldreiecken über den Türen zu den Hauptmonumenten und an verschiedenen bedeutenden Stellen an der Außenseite des Heiligtums kann man hervorragende Skulpturen der beiden Gottheiten Shaiva und Vaishnava bewundern. In der östlichen Säulenhalle *mon·dòp* (Halle mit einem quadratischen Grundriss) befindet sich ein Nataraja (Tanzender Shiva) im späten Baphuon- oder frühen Angkor-Stil. Am Südeingang befinden sich die Reste von Shiva und Uma auf ihrem Reitbullen Nandi. Den Mittelpunkt des *ɓrah·sàht* (Palast) bildet ein Shivalingam (Phallus), davor befindet sich eine beeindruckende Nandi-Statue.

An- & Weiterreise

Besucher können mit einem *sŏrng·tăa·ou* (25 B, 30 Min., alle 30 Min.) vom alten Markt am östlichen Stadtrand von Nang Rong oder mit einem Bus Richtung Chanthaburi vom Busbahnof am westlichen Stadtrand nach Ban Ta Pek fahren, von wo aus sie dann mit einem Motorradtaxi weiter nach Phanom Rung fahren (200 B inkl. Wartezeit).

Wer weiter nach Ubon Ratchathani (263 B, 4½ Std., stündl.), Surin (80B, 2 Std., alle 30 Min.), Khorat (75–95 B, 2 Std., stündl.), Pak Chong (122 B, 2½ Std., stündl.) oder Bangkok (231–275 B, 5 Std., stündl.) gebracht werden möchte oder von dort kommt, kann in Ban Tako, einer gut ausgeschilderten Abzweigung ca. 14 km östlich von Nang Rong, aussteigen und dort auf eines der Fahrzeuge aus Nang Rong warten. Man kann aber auch ein Motorradtaxi direkt nach Phanom Rung nehmen (hin & zurück 300 B).

Das Personal des **P California Hostel** (S. 455) bietet eine halbtägige Tour an (385 B/Pers.) bei der die Teilnehmer den Phanom Rung und Muang Tam besuchen.

Rund um Phanom Rung

PRASAT MUANG TAM

Rund 8 km nordwestlich von Phanom Rung liegt der **Prasat Muang Tam** (ปราสาทเมืองต่ำ; Eintritt 100 B; 6–18 Uhr) aus dem späten 10. oder frühen 11. Jh. Die „Unterstadt" wurde einst von König Jayavarman V. in Auftrag gegeben. In puncto Größe, Atmosphäre und Qualität der Restaurierung ist sie nach Phanom Rung und Phimai die interessanteste Khmer-Tempelanlage des Isan.

Der als Shiva-Schrein erbaute Komplex hat einen ungewöhnlichen Grundriss: Am bemerkenswertesten ist, dass von den fünf *prang* (Stupas im Khmer-Stil) drei vorn und zwei hinten angeordnet sind – und daher nicht in der üblichen Fünfer-Kreuzform. Der Haupt-*prang* konnte nicht wieder aufgebaut werden. Er steht wahrscheinlich für den Mt. Kailasa (Shivas Sitz) und wird von vier L-förmigen Wasserbecken voller Lotusblüten umgeben. Diese sollen die Ozeane darstellen und werden wiederum von einer sonderbaren fünfköpfigen *naga* umringt. Muang Tam ist der einzige Khmer-Tempel mit dieser Anordnung; die Becken tragen viel zum Reiz der Anlage bei.

Erkundungstouren beginnen am besten im kleinen **Besucherzentrum** (6–18 Uhr) GRATIS, das auf der anderen Straßenseite am Rand des **Barai Muang Tam** (von den Khmer angelegtes Wasserbecken der Größe 510 x 1090 m) steht und gute Infos zur Stätte liefert. Das Dorf hat ein eigenes **Homestay-Programm** (089 070 8889; inkl. 3 Mahlzeiten 500 B/Pers.). Praktischer für Individualreisende ist jedoch das privat geführte **Tanyaporn Guesthouse** (087 431 3741; Zi. 350–500 B;) südwestlich der Ruinen.

Motorradtaxi-Trips nach Phanom Rung lassen sich mit Abstechern nach Muang Tam kombinieren (zzgl. 150 B).

NOCH MEHR KHMER-RUINEN

Wer sich an Ruinen von Khmer-Tempeln noch immer nicht sattgesehen hat, findet in der Gegend um Phanom Rung noch eine Vielzahl weniger bekannter Anlagen, die einen Eindruck von der großen Bedeutung vermitteln, die diese Region im Khmer-Reich einst hatte. Die meisten Reisenden finden diese Orte nicht allzu interessant, doch eine Fahrt durch das Reisanbaugebiet gewährt einen tiefen Einblick in das Leben auf dem Land – und ist garantiert eine Erleuchtung! Der Eintritt in alle der im Folgenden beschriebenen tagsüber geöffneten Anlagen, die vom Fine Arts Department bis zu einem gewissen Grad restauriert wurden, ist kostenlos.

Kuti Reusi Nong Bua Rai liegt direkt unterhalb von Phanom Rung, und die ähnliche, aber stimmungsvollere Anlage **Kuti Reusi Khok Meuang** befindet sich gleich nordwestlich von Prasat Muang Tam.

Von **Prasat Khao Plaibat** ist nicht mehr viel übrig, doch der Weg dorthin ist abenteuerlich, und man wird mit tollen Blicken auf den Phanom Rung und das Dongrek-Gebirge an der kambodschanischen Grenze belohnt. Der nur selten benutzte Weg beginnt am Wat Khao Plaibat, 3 km von Prasat Muang Tam entfernt. Man passiert das Tor neben der riesigen Buddha-Figur, biegt an der *gù·dì* (Mönchsquartier) rechts ab und schlüpft durch den Stacheldrahtzaun.

Rund um Phanom Rung

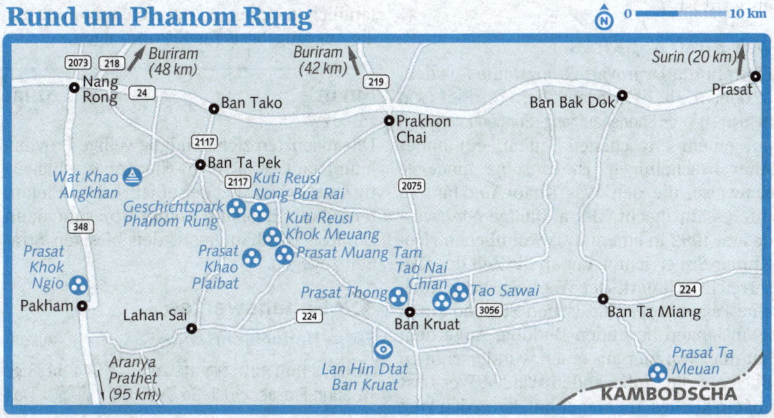

Von hier aus nimmt man den Weg nach rechts, dann leicht links den Hügel hinauf und folgt den Bäumen, die mit orangefarbenen Bändern geschmückt sind. Der Aufstieg auf den Hügel dauert normalerweise keine halbe Stunde – zumindest wenn man nicht vom Weg abkommt, was jedoch recht wahrscheinlich ist. Wenn man einen Mönch darum bittet, wird er einem aber bestimmt bereitwillig den Weg zeigen.

Im **Prasat Khok Ngio**, 3 km vor Pakham, gibt's ein kleines Museum mit alten Töpfen und Buddha-Figuren, die bei Ausgrabungen rund um den Tempel gefunden wurden.

Der **Prasat Thong** (alias Khok Prasat), der in der Nähe des Markts von Ban Kruat liegt, wurde vor Kurzem restauriert und hat neue Mauern bekommen. Wenn man in der Gegend ist, lohnt sich ein Zwischenstopp allemal.

Der für den Bau dieser antiken Anlage verwendete Sandstein stammt aus dem weitläufigen **Lan Hin Dtat Ban Kruat** (Ban-Kruat-Steinbruch), der am besten vom Wat Lan Hin Dtat südwestlich des Ortes Ban Kruat zu sehen ist. Eine Abbruchkante befindet sich in der Nähe des Parkplatzes und ist über den Weg rechts hinter der Buddha-Statue zu erreichen – nach rechts schauen, wenn es die Stufen raufgeht!

Ganz in der Nähe von Ban Kruat sind auch die beiden Brennöfen **Tao Nai Chian** und der größere **Tao Sawai** zu finden, die zwischen dem 9. und dem 13. Jh. den Großteil des Khmer-Reiches mit Keramikwaren versorgten. Heute sind sie kaum mehr als zwei überdachte Dreckhaufen.

Schließlich bietet sich noch ein Besuch des Prasat Ta Meuan (S. 462) in der Provinz Surin an, der von Phanom Rung nur 55 km entfernt ist.

WAT KHAO ANGKHAN

Obwohl die Dvaravati-Grenzsteine aus dem 8. oder 9. Jh. dem friedvollen **Tempel** (วัดเขาอังคาร; ⌚ Sonnenaufgang–Sonnenuntergang) auf einem erloschenen Vulkan ein hohes Alter bescheinigen, ist es seine moderne Bauweise, die den Wat Khao Angkhan so interessant macht. Der auffällige *bóht* wurde erst 1982 in einem ungewöhnlichen Neo-Khmer-Stil errichtet, der an die Zeit des Kaiserreichs erinnert. Der Wat beherbergt auch eine Pagode im chinesischen Stil und einen 29 m langen liegenden Buddha. Außerdem hat man von hier aus einen wunderschönen Blick auf die umliegenden Wälder. Wer Lust auf ein kleines Abenteuer hat, kann den Weg hinunter zum Dorf Ban Khwao zu Fuß oder mit dem Mountainbike in Angriff nehmen. Obwohl am Tempel eine Karte hängt und die Strecke ausgeschildert ist, sollte man sich dafür aber besser Rat im P California (S. 455) in Nang Rong holen.

Der Tempel ist sowohl von Nang Rong als auch von Phanom Rung ca. 20 km entfernt. Beide Straßen dorthin sind übersät mit Schlaglöchern, und es gibt keine öffentlichen Verkehrsmittel. Der Weg ist recht gut ausgeschildert, wer aber mit dem eigenen Auto unterwegs ist, sollte an manchen Kreuzungen nach dem Weg fragen. Ein Motorradtaxi kostet von Ban Ta Pek 200 B und von Nang Rong 300 B. P California bietet halbtägige Touren (285 B/Pers.) mit Stopps in Dörfern, in denen Seide gewoben wird.

Provinz Surin

Die Provinz Surin ist übersät mit Khmer-Ruinen aus der Angkor-Zeit. Die meisten sind eher bescheiden und nur für echte Geschichtsfans interessant. Allerdings punktet der Prasat Sikhoraphum mit toller Kunst, und der Prasat Ta Meuan draußen im Dschungel wirkt sehr eindrucksvoll. Der kambodschanische Einfluss auf die Region beschränkt sich jedoch nicht auf die Vergangenheit: Über ein Drittel der Einwohner sind ethnische Khmer. So ist Kambodschanisch in vielen Dörfern bis heute die Hauptsprache.

Zudem ist die Provinz nicht nur für Tempel, sondern auch für die jährliche Elefantenschau (Elephant Round-Up), das Elefantendorf Ban Ta Klang und diverse Kunsthandwerkszentren berühmt. Ihre Hauptstadt ist weniger interessant als die ländlichen Ecken, eignet sich aber ganz gut als Ausgangsbasis für Erkundungen.

Surin สุรินทร์

40 100 EW.

Die ansonsten ziemlich langweilige Provinzhauptstadt erwacht im November schlagartig zum Leben: Bei der alljährlichen Elefantenschau (Elephant Round-Up) sind dann zahllose Dickhäuter auf den hiesigen Straßen zugegen.

Sehenswertes

Surin-Nationalmuseum MUSEUM

(พิพิธภัณฑสถานแห่งชาติสุรินทร์; ☎ 044 513358; Th Surin-Prasat; ⌚ Mi–So 9–16 Uhr) GRATIS Das gut gestaltete Museum konzentriert sich auf die Khmer-Ruinen und die drei ethnischen Gruppen der Provinz: Die Lao, Khmer und Suai sind die berühmten „Elefantenhirten" der Region. Das Museum liegt 4 km südlich der Stadt an der Rte 214. Zu erreichen ist es mit den rosafarbenen *sŏrng·tăa·ou* der Linie 1 (10 B), die vor dem Busbahnhof und am Uhrenturm neben dem Frischwarenmarkt *(đà·làht sòt)* starten.

Queen Sirikit Sericulture Center KUNSTHANDWERK

(ศูนย์หม่อนไหมเฉลิมพระเกียรติสมเด็จพระนางเจ้าสิริกิติ์ พระบรมราชินีนาถ (สุรินทร); ☎044 511393; Rte 226; ⏲8–16.30 Uhr) GRATIS Rund 4 km westlich der Stadt bietet dieses Forschungszentrum die wohl beste Gelegenheit, den gesamten Prozess der Seidenherstellung von der Raupe bis zum Webstuhl zu verfolgen. Besucher können sich jederzeit diverse Ausstellungen anschauen; die Seidenmacher arbeiten allerdings nur werktags. Es gibt jedoch die Möglichkeit, auf Voranmeldung eine Vorführung am Wochenende zu arrangieren.

San Lak Meuang BAUWERK

(ศาลหลักเมือง; Th Luck Meuang) Gleich westlich der Th Tanasarn erhebt sich Surins prächtiger Säulenschrein im Khmer-Stil. Über den Türen des *prang* befinden sich Nachbildungen des berühmten Narai-Bandhomsindhu-Türsturzes von Phanom Rung.

Feste & Events

Surin Elephant Round-Up KULTUR

Surins berühmtes Festival findet seit mehreren Jahrhunderten statt und geht insgesamt elf Tage lang. Die größten Besucherscharen kommen jedoch zur Hauptveranstaltung am letzten Wochenende. Dabei nehmen 300 Elefanten u. a. an nachgestellten Schlachtszenen teil. Gleichermaßen spektakulär ist das „Elefantenbüfett" am Freitag vor der großen Show.

Elefantenshows aller Art sind jedoch allgemein umstritten (S. 838): Um ausreichend „zahm" für solche Vorstellungen zu sein, müssen die Tiere ein rigoroses und oft schmerzhaftes Training über sich ergehen lassen. Wer das Festival besuchen will, sollte dies im Hinterkopf haben.

Tickets für die nachgestellte Schlacht gibt's ab 40 B. Den direktesten Blick auf die Action bieten jedoch die VIP-Plätze (500–1000 B) mit Schattengarantie und (manchmal) englischsprachigen Kommentaren. Das Festival findet am dritten Wochenende im November statt und lässt die örtlichen Unterkunftspreise dann kräftig steigen.

Geführte Touren

Saren Travel GEFÜHRTE TOUREN

(☎044 513599; 202/1–4 Th Thesaban 2; ⏲Mo–Sa 8.30–17 Uhr) Geführte Touren durch die Provinz Surin und deren Umland.

Schlafen

Während des Elefantenfestivals verteuern sich die örtlichen Unterkünfte extrem und sind dann auch recht schnell ausgebucht. Wer Surin zu diesem Zeitpunkt besuchen will, sollte daher so früh wie möglich reservieren.

★ Maneerote Hotel HOTEL $

(☎044 539477; www.maneerotehotel.com; Soi Poi Tunggor, Th Krungsri Nai; Zi. 450 B, DZ 450–500 B; P ❄ @ ᯤ) Das ruhige Hotel südwestlich vom Frischwarenmarkt hat zweifellos das beste Preis-Leistungs-Verhältnis der Stadt: Neben sauberen, modernen Zimmern gibt's hier auch eine Restaurant-Bar und Frühstück (zzgl. 100 B).

Baan Chang Ton PRIVATUNTERKUNFT $

(☎087 459 8962; www.baanchangton.com; Th Suriyarart; Zi. 400–500 B; P ❄ @ ᯤ) Das alte Haus mit viel schönem dunklem Holz vermittelt einen guten Eindruck vom Privatleben in Thailand. Dank der freundlichen Inhaber fühlen sich Gäste rundum wohl. Mit Gemeinschaftsbädern, Matratzen auf dem Fußboden und nur einem einzigen klimatisierten Raum ist das Ganze recht schlicht – Highlight ist die besondere Atmosphäre.

Gäste können die Küche benutzen oder abends zusammen mit der Familie essen (Voranmeldung erforderlich). Handtücher sind selbst mitzubringen. Interessenten müssen grundsätzlich reservieren und können zu variablen Zeiten auschecken. Das Gebäude steht südlich vom *săh·lah glahng* (Provinz-Rathaus) an einer recht ruhigen Seitenstraße.

Martina Hotel HOTEL $

(☎044 713555; www.martinahotel.com; Th Phichitchai; Zi. 400–550 B, Suite 1200 B) Das große und moderne Hotel liegt etwas weit außerhalb der Stadt, ist aber weiterhin sehr beliebt: Die attraktiven Zimmer punkten mit fairen Preisen und allen üblichen Extras. Zudem warten hier ein super Service, Mietmotorräder (250 B/Tag) und kostenlose Leihfahrräder. Letztere dürfen allerdings nur auf dem Hotelgelände benutzt werden.

Surin Majestic Hotel HOTEL $$
(☎044 713980; www.surinmajestic.com; Th Jitrbumrung; Zi. inkl. Frühstück 1200–1400 B, Suite 2200–4500 B; P ❄ @ 🛜 🏊) Die hiesigen Zimmer sind hell und sauber. Ohne die vielen Extras (z. B. Pool, Fitnessraum) und die Lage direkt am Busbahnhof wären sie aber wohl deutlich günstiger.

Essen & Ausgehen

Das überraschend ausgelassene Nachtleben der Stadt konzentriert sich hauptsächlich auf den Umkreis des Thong Tarin Hotel östlich vom Busbahnhof.

Steak Corner THAI $
(Hua Mum Satek; ☎089 888 9948; Th Suriyakan; Gerichte 50–270 B; ⏲15–22 Uhr; 🛜) Der Inhaber dieses Restaurants betrieb früher das beliebte Tang Lak gleich um die Ecke. Inzwischen ist er mit seinem Lokal unter neuem Namen in neue Räumlichkeiten nahe der Touristeninformation umgezogen. Das tolle Essen im spartanischen Ambiente wird von Thais und *fa·ràng* gleichermaßen sehr geschätzt.

Petmanee 2 THAI $
(Th Murasart; Gerichte 20–80 B; ⏲9–15 Uhr) Dieses einfache Lokal südlich des Ruampaet Hospitals am Wat Salaloi (Ausschau halten nach dem Hähnchengrill!) ist Surins berühmtester Laden für *sôm·đam* und *gài yâhng*. Auch das *súp nòr mái* (Bambussprossencurry) ist lecker. Mit Englisch kommt man hier nicht weit, aber das Essen ist so gut, dass man sich eben durch die Bestellung stottert.

Nachtmarkt THAI $
(Th Krungsri Nai; ⏲17–22 Uhr) Dieser Nachtmarkt einen Block südlich des Springbrunnens bietet viele Thai- und Isan-Gerichte.

Kit Teung Bakery & Coffee BÄCKEREI $
(☎086 468 9414; Th Sanit Nikomrat; Kuchen 40 B; ⏲7–20 Uhr; P 🛜) Die helle und moderne Bäckerei gleich südöstlich vom Bahnhof ist eine der besten örtlichen Adressen in Sachen Kaffee. Zu etwas Besonderem wird sie jedoch durch ihre witzige Auswahl thailändischer Backwaren. Neben einem klimatisierten Innenbereich gibt's hier auch eine überdachte Freiluftterrasse, die von einem kühlenden Vorhang aus Hängepflanzen umgeben wird.

Surin Chai Kit THAI $
(297 Th Tanasarn; Gerichte 35–55 B; ⏲Mo–Sa 7–15 Uhr) Das schlichte Lokal gleich rechts neben dem Sang Thong Hotel serviert Mittagessen aus dem Wok und leckeres Frühstück mit gebratenen Eiern. Die Inhaber mit freundlichem Dauerlächeln halten sogar praktische Stadtpläne für ausländische Gäste bereit.

GRENZÜBERGANG NACH KAMBODSCHA: SURIN & SI SAKET

Von Chong Chom nach O Smach

Anreise zur Grenze Wegen der Kasinos in Kambodscha fahren viele Minibusse von Surins Busbahnhof nach Chong Chom an der kambodschanischen Grenze (60 B, 1½ Std., regelm.).

An der Grenze Die Grenze ist von 7 bis 20 Uhr geöffnet; Visa für Kambodscha gibt's direkt vor Ort. Hinweis: Viele Schlepper wollen einem hier beim Erlangen des Visums helfen. Die Extrakosten kann man sich jedoch sparen und das Prozedere problemlos selbst am Schalter erledigen.

Weiterreise Auf der thailändischen Seite der Grenze warten Taxivermittler. Die günstigere Alternative besteht darin, nahe dem Visabüro drüben in Kambodscha direkt mit den Fahrern zu verhandeln. Mangels Festpreisen ist Feilschen dabei ein Muss. Für die zweistündige Fahrt kann man entweder Einzelplätze wählen (350–500 B/Pers.) oder gleich das ganze Auto mieten (1500–1800 B). Ab ca. 9 Uhr ist Letzteres eventuell die einzige Möglichkeit, da dann nur noch wenige Leute unterwegs sind.

Von Chong Sa-Ngam nach Choam

Dieser Grenzübergang in der Provinz Sri Saket wird nur wenig genutzt: Hierher fahren keine öffentlichen Verkehrsmittel, obwohl die Straße gen Siem Reap super in Schuss ist. Visa gibt's direkt vor Ort.

BUSSE AB SURIN

ZIEL	PREIS (B)	DAUER (STD.)	HÄUFIGKEIT
Aranya Prathet	234	6	5-mal tgl.
Khon Kaen	182	4	stündl.
Khorat	125–175	4	alle 30 Min.
Roi Et	104	2½	stündl.
Ubon Ratchathani	105–200	3	alle 2 Std.
Udon Thani	142	4	1-mal tgl. (14.30 Uhr)

★ **Sydney Canale** INTERNATIONAL, THAI $$
(☎089 428 4711; 349/4 Th Tesaban 1; Gerichte 50–1100 B; ⊙10–15 & 17–22 Uhr;) Nach Stilwechsel und Umzug befindet sich dieses Restaurant nun in eindrucksvollen großen Räumlichkeiten nahe der Touristeninformation. An einem Kanal gibt's hier Freiluftbereiche, klimatisierte Innenräume mit hohen Decken und die (unserer Meinung) nach beste *fa·ràng*-Küche der Stadt.

Unter den Kreationen des Küchenchefs (in Australien ausgebildet) sind beispielsweise Hühnchen-Lasagne, Entenbrustfilet mit Orangensauce und eine ziemlich leckere Crème Caramel. Ein paar thailändische und japanische Gerichte stehen ebenfalls auf der Karte.

Praktische Informationen

Die Banken in der Surin Plaza Mall sind abends und an den Wochenenden geöffnet. Am Hintereingang der Petchkasem Plaza gibt's einen AEON-Geldautomaten. Beide befinden sich in der Th Tesabarn 1, zwei Blocks westlich bzw. einen Block östlich des Springbrunnens.

Ruampaet Hospital (☎044 513192; Th Tesabarn 1)

Tourism Authority of Thailand (TAT; ☎044 514447; tatsurin@tat.or.th; Th Tesabarn 1; ⊙8.30–16.30 Uhr) Gegenüber vom Ruampaet Hospital.

An- & Weiterreise

BUS

Zwischen dem **Busbahnhof** (☎044 511756; Th Jitrbumrung) in Surin und Bangkok (272–543 B, 7 Std.) verkehren häufig Busse. Den besten Service bieten die VIP-Busse (389 B, 9-mal tgl.) von **Nakhonchai Air** (☎044 515151), die am eigenen Terminal 1 km nördlich des Bahnhofs starten. Wenn man aus Bangkok kommt, kann man übrigens auch am Hauptbusbahnhof aussteigen.

ZUG

Der **Bahnhof Surin** (☎045 511295) liegt an der Strecke zwischen Bangkok (73–489 B, 7–9 Std., 9-mal tgl.) und Ubon Ratchathani (31–382 B, 2–4 Std., 10-mal tgl.).

Unterwegs vor Ort

Surin ist für Traveller sehr bequem, denn man findet quasi alles, was man braucht, innerhalb weniger Blocks rund um den Busbahnhof und den Bahnhof. Wer nicht laufen will, kann für eine Fahrt im Zentrum ein Túk-Túk (40–50 B) oder eine der vielen preiswerten Fahrradrikschas nehmen.

Saren Travel (S. 459) und das Restaurant Surin Chai Kit (S. 460) vermieten Autos. Einige der *fa·ràng*-Bars in der Straße hinter dem Busbahnhof vermieten Motorräder.

Rund um Surin

BAN TA KLANG บ้านตากลาง

Dieses Suai-Dorf erzeugt etwas gemischte Gefühle: Einerseits ist es der beste Ort, um Surins Elefanten außerhalb der Festivalzeit zu sehen. Andererseits werden Tierfreunde manches vor Ort nicht mögen. Die Dickhäuter tummeln sich hier überall und leben dabei unmittelbar mit den Menschen zusammen. Hauptattraktion ist jedoch das **Elephant Study Centre** (☎044 145050; Eintritt 100 B; ⊙8.30–16 Uhr), das eine Art Zirkusvorstellung (10 & 14 Uhr, 30 Min.) veranstaltet und als Talentshow bewirbt. Im Rahmen dieser extrem kitschigen Angelegenheit treten die Elefanten u. a. als Maler, Dart- und Basketballspieler auf. Das Ganze hat einen zweifelhaften Charakter: Die Tiere vollführen ihre Tricks definitiv nicht aus freien Stücken.

Das hervorragende **Surin Project** (☎084 482 1210; www.surinproject.org) auf dem Gelände arbeitet mit dem Elephant Nature Park (S. 840) in Chiang Mai zusammen. Sein Ziel ist es, die Lebensbedingungen der Elefanten zu verbessern – beispielsweise, indem die Dickhäuter in großen Gehegen gehalten und weniger stark angekettet werden. Davon profitieren jedoch nicht alle Elefanten des Study Centre: Nur die vom Surin Project betreuten Tiere tragen eine Kette, alle anderen zwei.

Wer eine schöne Zeit unter den Elefanten verbringen will, kann sich beim Projekt für diverse Aktivitäten anmelden (u.a. Elefantenpflege zusammen mit den Mahuts, Futterzubereitung, Baumaßnahmen). Hinzu kommen Freiwilligenprogramme mit eintägigen (2000 B inkl. Mahlzeiten) und einwöchigen Engagements (13000 B inkl. Mahlzeiten & Unterkunft). Rechtzeitige Reservierung ist jeweils zu empfehlen. Das Infozentrum befindet sich auf dem Show-Gelände. Vor Ort gibt's auch ein **Homestay-Programm** (200 B/Pers., Gerichte 50–100 B).

Am Tag des Visakha Bucha (zumeist im Mai) ziehen **Elefantenparaden** durch alle Suai-Dörfer der Gegend. Dabei reiten die zukünftigen Mönche auf bunt bemalten Tieren.

Ab Surins Busbahnhof gelangt man mit *sŏrng·tăa·ou* zum Dorf (60 B, 1½ Std., stündl.; letzte Rückfahrt um 16 Uhr). Selbstfahrer folgen zuerst der Rte 214 in Richtung Norden (40 km) und dann den Elefantenschildern entlang der Rte 3027 (22 km).

KUNSTHANDWERKERDÖRFER

Nahe Surin gibt's viele Kunsthandwerkerdörfer, deren Produkte oft kambodschanische Einflüsse erkennen lassen. Dies gilt z.B. für die *pâh hohl*-Stoffe, deren geometrische Muster etwas an *mát·mèe* erinnern, aber keine Knüpfbatiken sind. Seide aus Surin (häufig mit Naturfarben gefärbt) ist in anderen Landesteilen mitunter schwer erhältlich und hier zudem deutlich günstiger.

Das berühmteste Seidenweberzentrum ist Ban Tha Sawang.

Direkt nebeneinander liegen **Ban Khwao Sinarin** und **Ban Chok** nördlich von Surin (18 km über Rte 214 & 3036). Diese beiden Dörfer sind für Seidenstoffe (heute zumeist synthetisch) und Silberwaren bekannt. Der lokaltypische *yók dòrk*-Brokatstoff fällt schlichter aus als sein Pendant aus Ban Tha Sawang. Diese Spezialität kann jedoch inzwischen nicht mehr direkt vor Ort gekauft werden – Interessenten werden z.B. am Suwannaphum International Airport fündig. Das Highlight unter den Silberwaren sind *ƀrà keuam*-Perlen im kambodschanischen Stil, die einst mit den Vorfahren der heutigen Dorfbewohner nach Thailand kamen und nun zusammen mit anderen Schmuckstücken in der **OTOP Handicrafts Mall** (Th Jitrbumrung; ⊙8–17.30 Uhr) am Ostrand der Ortschaften hergestellt werden. In Surin warten große blaue *sŏrng·tăa·ou* nach Ban Khwao Sinarin (25 B, 30 Min., stündl.) an einer namenlosen *soi* zwischen Springbrunnen und Bahnhof.

PRASAT TA MEUAN

Prasat Ta Meuan KHMER-RUINE
(ปราสาทตาเมือน; ⊙Sonnenaufgang–15 Uhr) GRATIS Die stimmungsvollsten Khmer-Rui-

ABSTECHER

BAN THA SAWANG

Auch wer sich nicht sonderlich für Weberei interessiert, wird vom Dorf Tha Sawang wahrscheinlich fasziniert sein: Umgeben von schattenspendenden Gärten stehen hier uralte Häuser (bereits reizvoll an sich), in denen Spezialisten an zweistöckigen Webstühlen kunstvolle Seidenstoffe herstellen.

Die Manufaktur **Chansoma** (จันทร์โสมา; ⊙8–17 Uhr) hat Tha Sawang zu einem der bekanntesten Seidenweberdörfer Thailands gemacht. In ihre kostbaren Brokatstoffe *(pâh yók torng)* sind echte Silber- und Goldfäden eingewoben. Doch der Herstellungsprozess ist genauso eindrucksvoll wie die fertigen Produkte: Vier Frauen arbeiten hier gleichzeitig an einem Webstuhl mit über 1000 Litzen; eine der Damen sitzt ein Stockwerk unter ihren Kolleginnen. Kein Wunder also, dass es dabei pro Tag nur wenige Zentimeter vorangeht. Viele der fertigen Stoffe sind für den königlichen Hof bestimmt. Für 30000 B pro Meter kann man sich jedoch auch individuell etwas anfertigen lassen. Zum Recherchezeitpunkt entstand hier gerade ein Stück im geschätzten Wert von 300000 B, für dessen Vollendung weitere eineinhalb Jahre veranschlagt wurden.

Rund um Chansoma verkaufen andere Läden konventionelle Seidenstoffe an zahlreiche thailändische Touristen. Das Dorf liegt 8 km westlich von Surin an der Rte 4026. Ab der Stadt hierher geht's mit Túk-Túk (ca. 200 B) und *sŏrng·tăa·ou* (15 B, 20 Min., regelm.; Abfahrt auf der Nordseite des Frischwarenmarks). Achtung: Nicht im Dorf auf ein Fahrzeug für den Rückweg warten, sondern hinaus zur Hauptstraße laufen!

nen Surins sind drei Stätten im Wald an der kambodschanischen Grenze, die als Prasat Ta Meuan bekannt sind. Sie liegen am alten Khmer Hwy zwischen Angkor Wat und Phimai, wo die Straße über das Dongrek-Gebirge führt.

Die erste Anlage, der eigentliche **Prasat Ta Meuan**, wurde zur Zeit Jayavarmans VII. (1181–1210) als Raststätte für Pilger erbaut. Es ist ein ziemlich kleiner Tempel mit einem aus Laterit-Steinblöcken bestehenden Heiligtum mit zwei Türen und fünf Fenstern. Es ist nur noch ein Sandstein-Türsturz mit einem meditierenden Buddha übrig.

300 m südlich befindet sich der größere **Prasat Ta Meuan Toht**, der als Hospitalskapelle diente. Er wurde ebenfalls von Jayavarman VII. erbaut. Die Ruinen umfassen eine *gopura*, einen *mon·dòp* und einen *prang* und sind von einer Lateritmauer umgeben.

Knapp 1 km weiter befindet sich beim Armeestützpunkt am Ende der Straße die größte Anlage, der **Prasat Ta Meuan Thom**. Dieser Shiva-Schrein, der um einen von der Natur geschaffenen Felslingam errichtet wurde, ist etwa zwei Jahrhunderte älter als die anderen. Trotz der etwas willkürlichen Rekonstruktion (und der schweren Beschädigungen aus den 1980er-Jahren, in denen die Roten Khmer das Gebiet besetzt hielten) lohnt sich die etwas beschwerliche Anreise. Drei *prang* und eine große Halle wurden aus Sandsteinblöcken auf einem Lateritfundament errichtet. Innerhalb der Grenzmauern stehen noch ein paar kleinere Gebäude. Bedeutende Reliefs sind nicht mehr vorhanden. Eine Treppe an der Südseite (der Tempel ist wie auch der in Phimai nach Süden ausgerichtet) führt hinunter auf kambodschanisches Gebiet, das an der Baumgrenze anfängt.

Die Anlagen beginnen 10,3 km südlich von Ban Ta Miang (an der Rte 224, 23 km östlich von Ban Kruat) und sind über eine kurvige Straße zu erreichen, auf der meist mehr Kühe als Autos unterwegs sind. Man braucht sein Fahrzeug, und der Besuch ist von Phanom Rung aus genauso bequem wie von Surin City. Die Öffnungszeiten beachten: Wegen der Nähe zur Grenze, schließt die Anlage aus Sicherheitsgründen früher!

NOCH MEHR KHMER-TEMPELRUINEN

Bei dem aus dem 11. Jh. stammenden **Prasat Ban Phluang** (Eintritt 50 B; ⏲7–18 Uhr), 33 km südlich von Surin, handelt es sich um einen einzigen Sandstein-*prang* ohne Spitze. Der Besuch lohnt sich aber wegen der wunderschönen Reliefs (u.a. Indra auf seinem Elefanten Airavata, auf Thai Erawan, mit nur einem statt wie üblich drei Köpfen). Der *prang* wurde wahrscheinlich nie fertiggestellt, aber dennoch wird angenommen, dass er einst eine Holzspitze hatte. Die Ruine befindet sich 600 m neben der Rte 214; die Ausfahrt ist 2,5 km südlich des Hwy 24. Alle Fahrzeuge, die von Prasat in Richtung Kap Choeng oder zur Grenze fahren, können Traveller in der Nähe absetzen (30 B, 30 Min.).

Der **Prasat Sikhoraphum** (Eintritt 50 B; ⏲7.30–18 Uhr), 30 km nordöstlich von Surin, ist eine größere, sehenswerte Khmer-Anlage. Der im 12. Jh. erbaute Sikhoraphum hat fünf Backstein-*prang*, von denen zwei noch ihre Spitze haben, so auch der 32 m hohe Hauptturm. Es ist nur noch ein Türsturz erhalten, aber der ist einfach umwerfend. Das Relief zeigt den tanzenden zehnarmigen Shiva und ist noch in hervorragendem Zustand – eines der schönsten Stücke der Khmer-Kunst. Darunter befinden sich die beiden einzigen Apsara-Reliefs (göttliche Tänzerinnen) in Thailand. Während des Elefantentriebs findet hier eine Sound-&-Light-Show statt. Von Surin City aus erreicht man Sikhoraphum im Kleinbus (30 B, 1 Std., stündl.) oder mit dem Zug (7–50 B, 30 Min., häufig). Den Tempel kann man sehr leicht erreichen, weil er mitten in der Stadt liegt. Im Übrigen ist Sikhoraphum sehr bekannt für sein *kah·lá·maa*, eine klebrige, süße schwarze Paste, die besser schmeckt, als ihr Name sich anhört.

Wer mit dem Auto nach Sikhoraphum fährt, sollte einen Abstecher zum 400 m von der Rte 226 entfernten **Prasat Muang Thi** (ปราสาทเมืองที; ⏲Sonnenaufgang–Sonnenuntergang) GRATIS machen. Die drei erhaltenen Backstein-*prang* sind in einem traurigen Zustand (einer sieht aus, als würde er gleich einstürzen). Sie sind so klein, dass sie richtig niedlich wirken.

Si Saket

Dieses eintönige Städtchen hat nicht sonderlich viel zu bieten; auf dem Weg nach Khao Phra Wihan kommt man aber eventuell hier durch. Das Geschäftszentrum befindet sich zwischen dem zentral gelegenen Bahnhof und dem Busbahnhof, der etwa 2 km weiter südlich an der Th Kuang Heng liegt.

KHAO PHRA WIHAN NATIONAL PARK

Die Hauptattraktion des 130 km² großen **Khao Phra Wihan National Park** (อุทยานแหงชาติเขาพระวิหาร; ☎ 081 264 8727; Erw./Kind 400/200 B) ist eines der bedeutendsten regionalen Bauwerke aus der Angkor-Periode: der Khao Phra Wihan (auf Khmer: Preah Vihear), dessen stimmungsvolle Ruinen mit herrlicher Aussicht rund 500 m über dem Flachland thronen. Der gewaltige Tempelkomplex lag früher auf thailändischem Boden und wird zukünftig zu Kambodscha gehören. Hauptgrund hierfür war eine Welterbe-Kampagne der kambodschanischen Regierung (die bislang keine Restaurierung der Stätte beabsichtigt). Doch wegen Grenzstreitigkeiten ist die Anlage nun leider nicht mehr von Thailand aus zugänglich, woran sich in absehbarer Zeit wohl auch nichts ändern wird.

Wat Lan Khuat BUDDHISTISCHER TEMPEL

(วัดล้านขวด; ⏲ Sonnenaufgang–Sonnenuntergang) GRATIS Dieser Tempel heißt zwar offiziell Wat Pa Maha Chedi Kaeo, wird aber inzwischen überall nur noch Wat Lan Khuat genannt: Beim einzigartig kreativen Erscheinungsbild des „Tempels der Millionen Flaschen" ist der Name Programm. Der Schrein steht in Khun Han, das 11 km südlich des Hwy 24 an der Rte 2111 liegt (am Kreisverkehr in Si Saket nach Westen abbiegen!).

Prasat Wat Sa Kamphaeng Yai KHMER-RUINE

(⏲ Sonnenaufgang–Sonnenuntergang) GRATIS Rund 30 km westlich von Si Saket (über Rte 226) liegt Amphoe Uthumphon Phisai mit dem Prasat Wat Sa Kamphaeng Yai. Dieser Shiva-Schrein besitzt zwei *wí·hăhn* (große Halle in thailändischen Tempeln; zumeist für Laien zugänglich). Hinzu kommen vier *prang* aus dem 11. Jh. Der größte davon wurde ursprünglich aus Sandstein erbaut und später mit Backsteinen restauriert. Wie die drei anderen hat er heute keine Spitze mehr. Zahlreiche Türstürze und weitere Reliefs sind aber jeweils erhalten geblieben.

Die Ruinen gehören zum Gelände ihres modernen Nachfolgers namens Wat Sa Kamphaeng Yai. In dessen unmittelbarer Nähe halten Busse ab Si Saket (20 B, 30 Min.) und Surin (55 B, 1½ Std.). Eine Anreise per Zug geht schneller und ist günstiger. Allerdings liegt der Bahnhof ein paar Kilometer vom Tempel entfernt.

Provinz Ubon Ratchathani

Obwohl Ubon Ratchathani zu Thailands interessantesten Provinzen gehört, wird es nur wenig besucht. Die bezaubernde Hauptstadt hat viel Geschichte zu bieten, und auch Naturliebhaber werden nicht enttäuscht. Die Landschaft am Mekong ist so bizarr wie grandios, und im Pha Taem National Park gibt's so viel zu sehen, dass man mehrere Tage beschäftigt ist. Das entlegene, vom Dschungel bedeckte Dreiländereck Thailand, Laos und Kambodscha ist jetzt als „Smaragddreieck" (in Anlehnung an das „Goldene Dreieck" in Thailands Norden) bekannt. Die Dschungellandschaft im Phu Chong Nayoi National Park ist atemberaubend schön.

Ubon Ratchathani อุบลราชธานี

86 800 EW.

Nur wenige Städte in Thailand belohnen zielloses Umherstreunen so reich wie Ubon. Wer den unvermeidlichen Stau auf den Zufahrtsstraßen überstanden hat, dem zeigt sich die „Königliche Stadt der Lotusblüte" von ihrer schönsten Seite. An den Mae Nam Mun, den zweitlängsten Fluss Thailands, schmiegt sich das historische Zentrum südlich der Th Kueuan Thani, in dem es so geruhsam zugeht wie sonst kaum irgendwo in den großen Ballungszentren der Region. Es gibt hier derart viele interessante Tempel, dass selbst Tempelmuffel begeistert sein werden.

Ubon kam im Vietnamkrieg als Stützpunkt der US-Luftwaffe zu Wohlstand und hat sich in der Zwischenzeit zu einem Finanz-, Bildungs- und Landwirtschaftszentrum gemausert. Der Ort ist kein berühmtes Touristenziel, aber es ist ein idealer Ausgangspunkt, um von dort aus viele Attraktionen der Provinz zu erkunden.

Sehenswertes

Thung Si Meuang PARK

(ทุ่งศรีเมือง) Hauptattraktion des zentral gelegenen Stadtparks ist die riesige Betonplastik in Form eines **Kerzenfest-Umzugswagens**. Das **Ehrenmal** in der nordöstlichen Ecke stammt von ehemaligen alliierten Kriegsgefangenen, die im Zweiten Weltkrieg während Thailands Besatzung durch Japan als Zwangsarbeiter hierher gebracht wurden. Mit der Errichtung des schlichten Backsteinobelisken bedankten sich die einstigen Häftlinge bei den thailändischen Zivilisten, die ihnen in den Gefangenenlagern heimlich geholfen hatten. Der **Stadtsäulen-Schrein** (San Lak Meuang) befindet sich im Süden.

Wat Thung Si Meuang BUDDHISTISCHER TEMPEL
(วัดทุ่งศรีเมือง; Th Luang; Sonnenaufgang–Sonnenuntergang) GRATIS Der unter der Herrschaft von Rama III. (1824–1851) erbaute Tempel beherbergt eine in ausgezeichnetem Zustand erhaltene klassische *hŏr đrai* (Tripitaka-Halle). Wie viele andere *hŏr đrai* steht auch diese zum Schutz der kostbaren Schriften (auf Palmenblättern) vor Termiten auf hohen, angeschrägten Stelzen mitten in einem Teich. Sie steht offen, sodass man einen Blick ins Innere werfen kann. Die originalen Wandmalereien in dem kleinen *bóht* neben der *hŏr đrai* zeigen das Leben zur Zeit von Rama III. und sind in bemerkenswert gutem Zustand.

Ubon-Ratchathani-Nationalmuseum MUSEUM
(พิพิธภัณฑสถานแห่งชาติอุบลราชธานี; Th Kheuan Thani; Eintritt 100 B; Mi–So 9–16 Uhr) Dieses informative Museum ist im ehemaligen Rathaus untergebracht. Es zeigt viele Exponate – von Grenzsteinen zur Markierung des heiligen Bezirks buddhistischer Tempel aus der Dvaravati-Zeit bis hin zu einer 2500 Jahre alten Dong-Son-Bronzetrommel und in Ubon gefertigten Textilien. Wertvollster Besitz des Museums aber ist eine Ardhanarisvara-Statue aus dem 9. Jh., die die Verschmelzung Shivas mit seiner Gemahlin Uma zu einem Wesen verkörpert. Von diesen Figuren wurden nur zwei in Thailand gefunden.

Wat Si Ubon Rattanaram BUDDHISTISCHER TEMPEL
(วัดพระธาตุหนองบัว; Th Uparat; Sonnenaufgang–Sonnenuntergang) GRATIS Der **bóht** (8–16 Uhr) in diesem wichtigen Tempel ähnelt dem Wat Benchamabophit in Bangkok, aber die meisten Thais kommen wegen des 7 cm großen Topas-Buddhas im Inneren hierher. Der Phra Kaew Butsarakham, wie er genannt wird, ist eines der heiligsten Besitztümer der Stadt und soll anlässlich der Gründung Ubons aus Vientiane hergebracht worden sein.

In ein **Museum** (พิพิธภัณฑ์วัดศรีอุบลรัตนาราม; Mi–So 9–16 Uhr) GRATIS für religiöse Objekte verwandelt hat man die schöne, alte *săh·lah* (Halle) aus Holz in dem Tempel. Das Highlight hier ist die Sammlung von *đoô prá đraiЂìdòk* aus dem 18. Jh. – wunderschönen Kisten zur Aufbewahrung von Palmblatthandschriften.

Wat Phra That Nong Bua BUDDHISTISCHER TEMPEL
(วัดพระธาตุหนองบัว; Th Thammawithi; Sonnenaufgang–Sonnenuntergang) Dieses spektakuläre Kloster wurde im Lauf der letzten Jahre renoviert. Mit seinen funkelnden Türmen in Weiß und Gold ist es ein umwerfender Anblick. Der *chedi* erinnert vage an den Mahabodhi-Stupa im indischen Bodhgaya. In seinem Inneren befindet sich ein weiterer wunderschöner und ebenfalls vergoldeter *chedi* (geöffnet 8–18 Uhr), der 1956 anlässlich des 2500-jährigen Bestehens des Buddhismus errichtet wurde. Golden schimmert auch die benachbarte *săh·lah* (Halle): Darin steht ein funkelnder Altar mit acht sitzenden Buddhas und einem darüber angeordneten Buddha in liegender Position.

Der Tempel liegt am Stadtrand und ist mit *sŏrng·tăa·ou* der Linie 10 erreichbar.

Ubonnithat Culture Display MUSEUM
(หอวัฒนธรรมอุบลนิทัศน์; Th Jaeng Sanit; Mo–Sa 8.30–16 Uhr) GRATIS Dieses Museum befindet sich im Untergeschoss des toll gestalteten Ubon Ratchathani Art & Culture Centre, das auf dem Campus der Rajabhat-Universität steht. Im Vergleich zum Nationalmuseum sind hier weitaus mehr kulturelle Bezüge bemerkbar, was sich auch in ein paar relativ neuen Ausstellungen äußert. Unter diesen ist z. B. ein Raum zu Udons berühmten Waldmönchen, der u. a. über deren Lehren informiert (z. T. in englischer Übersetzung). Parallel gibt's darin Naturheilmittel, Musikinstrumente, Kostüme und viele Kerzenskulpturen zu sehen.

Aktivitäten

Ubonvej Thai Massage MASSAGE
(045 260345; www.ubonvejthaimassage.com; 113 Th Thepyothi; 2-stündige Massagen 350 B; 9.30–24 Uhr) Die Website verkündet unübersehbar: „Kein Sex!". In den schicken Räumlichkeiten warten stattdessen Ubons beste Massagen in vielerlei Varianten.

Legacy Gym THAIBOXEN
(045 264708; www.legacygym.com; Th Srisangthong; Privatunterricht ab 600 B, B pro Pers. & Monat 13 000 B) Inhaber dieser *moo·ay tai*-Schule

Ubon Ratchathani

ist der frühere Profi-Thaiboxer Ole Laursen, der heute in Ubon lebt. Das Kursangebot (u. a. Pauschalpakete mit Training und Unterkunft) eignet sich sehr gut für Besucher aus dem Westen – gleichermaßen für „echte Kämpfer" und Leute, die nur ihre Fitness verbessern wollen. Herren und Damen trainieren hier gemeinsam; spezielle Frauenkurse gibt es nicht.

Verglichen mit hektischeren *moo·ay tai*-Hochburgen wie Phuket oder Pattaya bietet Ubon ein entspannteres Trainingsumfeld.

Feste & Events

Ubons berühmtes **Kerzenfest** (Kabuan Hae Tian) entstand unter der Herrschaft von König Rama V., nachdem der damalige Gouverneur das Raketenfest für zu gefährlich erklärte. Aus den ursprünglich einfachen Formen sind heute (mithilfe von Innenrahmen) gigantische, aufwendig gearbeitete Wachsfiguren geworden. Der Umzug ist Teil des **Khao Phansaa**, der normalerweise im Juli stattfindet.

Preisgekrönte Kerzen werden nach dem Umzug drei Tage lang in der Th Srinarong in der Nähe vom Thung Si Meuang ausgestellt, und die meisten sind auch danach noch mehrere Monate in den Tempeln der Stadt zu sehen. Ungefähr einen Monat vor dem Umzug wird in den Tempeln mit der Herstellung der Kerzen begonnen. Das Fest ist bei thailändischen Touristen sehr beliebt, und die Hotels in der Stadt sind früh ausgebucht.

Beim Ork Phansaa gibt es auch in Ubon eine **Lai Reua Fai**, wenn auch viel kleiner als in Nakhon Phanom (S. 434).

Schlafen

Phadaeng Hotel HOTEL $

(☎045 254600; www.thephadaeng.com; Th Phadaeng; Zi. 500–800 B; P ❄ @ ☎) Das Phadaeng hat eines der besten Preis-Leis-

Ubon Ratchathani

Sehenswertes
1 Kerzenumzugsstatue A3
2 Stadtpfeiler-Schrein C3
3 Ehrenmal B2
4 Thung Si Meuang A3
5 Ubon-Ratchathani-National-museum C4
6 Wat Liap C3
7 Wat Pa Noi B2
8 Wat Si Ubon Rattanaram A3
Wat Si Ubon Rattanaram Boht .... (siehe 8)
9 Wat Thung Si Meuang B3

Aktivitäten, Kurse & Touren
10 Ubonvej Thai Massage C2

Schlafen
11 Ecoinn B3
12 Phadaeng Hotel B2
13 Sri Isan Hotel B4
14 T3 House B2

Essen
15 Gway-tiao Gai Boran C4
16 Jumpa-Hom D2
17 Nachtmarkt D4
18 Peppers Restaurant, Bakery & Cafe B1
19 Porntip Gai Yang Wat Jaeng B1
20 Ros Isan B2
21 Rung Roj B1
22 Sam Chai Cafe B2
23 Sarin Coffee & Cake D4
U-Bake .... (siehe 16)

Ausgehen & Nachtleben
24 U-Bar C2

Shoppen
25 Camp Fai Ubon C2
26 Maybe C3
27 Punchard A2
28 Rawang Thang D4
29 Straßenmarkt D4

Praktisches
30 Tourism Authority of Thailand D4

Transport
31 Sakda Travel World B2
32 Sŏrng•tăa•ou nach Phibun Mangsahan D1

tungs-Verhältnisse der Stadt: Nur ein paar Minuten vom Park Thung Si Meuang entfernt vermietet es recht neue und gut gepflegte Zimmer mit prima Einrichtung (u. a. Großbildfernseher, Schreibtische). Ein großer Parkplatz schirmt die Quartiere vor dem Straßenlärm ab. Das Hotelpersonal verleiht auch Fahrräder (50 B/Tag). Das Haus wird innen von Duplikaten klassischer Gemälde geziert.

Sri Isan Hotel HOTEL $
(045 261011; www.sriisanhotel.com; 62 Th Ratchabut; Zi. 450–600 B, DZ 500–650 B;) Durch ein Atrium fällt jede Menge Tageslicht in die helle und fröhliche Lobby dieses Hotels mit allgemein gutem Preis-Leistungs-Verhältnis. Hell und farbenfroh wirken auch die kürzlich renovierten Zimmer, die sich dank ihrer Lage super als Ausgangsbasis für Erkundungen eignen. Leihfahrräder (60 B/12 Std.) sind hier ebenfalls zu haben.

★ **Outside Inn** PENSION $$
(088 581 2069; www.theoutsideinnubon.com; 11 Th Suriyat; Zi. inkl. Frühstück 650–790 B;) Eine nette, kleine Garten-Lounge sorgt hier für entspannte und gesellige Atmosphäre. Die geschmackvolle Einrichtung der großen und komfortablen Zimmer besteht aus Recyclingholz. Die thailändisch-amerikanischen Inhaber sind super Gastgeber und servieren leckeres Essen (thailändisch oder mexikanisch). Obendrein liefert Brent gute Lokalinfos und gibt Tipps zu Ubons Sehenswürdigkeiten.

Per pedes ist es von hier aus ziemlich weit zu den Hauptattraktionen der Stadt. Gäste können sich jedoch Fahrräder (gratis) und Motorräder (240–280 B/Tag) ausleihen. Vom Busbahnhof aus ist die Pension mit *sŏrng·tăa·ou* der Linie 10 erreichbar.

Ecoinn HOTEL $$
(045 254200; 152 Th Srinarong; Zi. 800–900 B;) Diese äußerst stilvolle und elegante Neueröffnung hat ein gutes Preis-Leistungs-Verhältnis. Die Inhaber sind stolz auf ihr Ökobewusstsein. So finden sich z. B. Bio-Produkte aus einheimischer Produktion in den Bädern. Das geschmackvolle Zimmerdesign lässt Frischluft zirkulieren und reduziert auf diese Weise den Klimatisierungsbedarf. Zum Recherchezeitpunkt stand zudem die Eröffnung einer hauseigenen Weinbar kurz bevor.

T3 House HOTEL $$
(045 263119; Soi Saphasit 1, Th Saphasit; Zi. 600–700 B;) Das stilvolle und moderne T3 House mit riesigem Parkplatz ver-

steckt sich am Ende einer kleinen *soi*. Die Zimmer punkten mit vielen netten Extras (z. B. Regenduschen).

Tohsang Hotel HOTEL $$

(☎045 245531; www.tohsang.com; 251 Th Palochai; Zi. inkl. Frühstück 1000–1500 B; P ❄ @ ☏) Geschmackvolles Dekor erweckt hier einen tollen ersten Eindruck – verstärkt durch aufmerksames Personal, Zimmerservice, kostenlose Flughafen-Shuttles und interessante Architektur: Die Zimmer sind auf verschiedenen Ebenen angeordnet. Die Quartiere wirken zwar im Vergleich zur eleganten Lobby etwas abgenutzt, sind aber immer noch ihr Geld wert.

Nebenan sorgen eine Kokosplantage und das Haus eines Priesters für einen netten ländlichen Touch mitten in der Stadt.

Sunee Grand Hotel HOTEL $$$

(☎045 352900; www.suneegrandhotel.com; Th Chayangkun; Zi. inkl. Frühstück 1800–2300 B; P ❄ @ ☏ ≋) Ubons bestes Hotel ist weit günstiger als alles Vergleichbare außerhalb des Isan. Von den stilvollen Lampen bis hin zum tadellosen Service erfüllt es alle Erwartungen. Zudem gibt's hier ein großes Business-Zentrum und eine Lobby mit einem Pianisten. Das benachbarte Einkaufszentrum verfügt über ein Kino, eine Bowlingbahn und einen Mini-Badepark auf dem Dach.

Essen

★ **Rung Roj** THAI $

(☎045 263155; Th Nakhonban; Gerichte 45–150 B; ⊙Mo–Sa 9.30–20.30 Uhr; ❄ ☏) Diese nobel aussehende Institution ist überraschend günstig. Die hervorragenden Gerichte aus ausschließlich frischen Zutaten basieren auf Familienrezepten. Von außen wirkt das Ganze eher wie eine Villa und weniger wie ein Restaurant. Als Erkennungszeichen ist jedoch ein markantes Schild mit Teller, Gabel und Löffel vorhanden.

Ros Isan NORDOSTTHAILÄNDISCH $

(Th Nakhonban; ⊙16–23 Uhr) Das leicht schäbige Äußere täuscht: Freundliches Personal serviert hier super Essen – hauptsächlich Regionalküche, aber auch thailändische Standardgerichte. Wer traditionelle Hausmannkost à la Isan probieren will, sollte *néua dàat dee·o* (gedörrte Rindfleischstreifen) mit *kôw nĕe·o* (Klebreis) bestellen.

Sam Chai Cafe THAI $

(Th Phadaeng; Gerichte ab 45 B; ⊙5.30–13.30 Uhr) Dieses belebte Lokal ist nicht wirklich ein Café: Hier gibt's zwar traditionellen Thai-Kaffee, aber auch *jók* (Reisbrei) und *kôw đôm* (Reissuppe). Wenn man fertig gegessen hat, bringt der blitzschnelle Service fast sofort die Rechnung. Draußen vor der Tür quasselt der Inhaber nonstop in ein Mikrofon – das ist aber nicht ganz so schlimm, wie es sich vielleicht anhört.

Nachtmarkt THAI, VIETNAMESISCH $

(Th Kheuan Thani; ⊙16–23 Uhr) Obwohl der Nachtmarkt in Ubons Zentrum kleiner ist als erwartet, so ist er doch eine ausgezeichnete Adresse fürs Abendessen, vor allem wenn am Wochenende auch noch der Straßenmarkt stattfindet. Angeboten werden thailändische, vietnamesische und Isan-Gerichte.

Porntip Gai Yang Wat Jaeng THAI $

(Th Saphasit; Gerichte 20–130 B; ⊙7.30–19 Uhr) In diesem einfachen Lokal sieht es aus, als ob ein Tornado hindurchgefegt wäre, aber die Köche erzeugen in ihrer Küche einen Sturm ganz anderer Art. Viele Leute halten das Lokal für das beste in Sachen *gài yâhng*, *sôm·đam*, Würstchen und anderer Gerichte der typischen Isan-Küche.

Sarin Coffee & Cake CAFÉ $

(Th Phrommarat; Kuchen ab 40 B; ⊙Mo–Do 8–17 Uhr, Fr–So 8–19 Uhr; ❄ ☏) Eine kleine, kühle Oase an heißen Tagen: Neben dem gewöhnlichen Eiskaffee werden hier auch selbst gemachte Kekse serviert. Das Schild in thailändischer Sprache ist so stilisiert, dass die Schrift ein bisschen wie „NTSU" in lateinischen Buchstaben aussieht.

Outside Inn INTERNATIONAL, THAI $

(Th Suriyat; Gerichte 60–200 B; ⊙Mi–Mo 11–14.30 & 17–21 Uhr; P ☏ ✎) Das Hotelrestaurant hebt sich mit (für thailändischen Standard) guten mexikanischen Speisen hervor. Aber auch die Thai-Gerichte sind lecker. Auf der Speisekarte stehen außerdem Sandwiches und eine ganze Palette Cocktails.

Gway-tiao Gai Boran THAI $

(Th Phrommarat; Gerichte 35–45 B; ⊙8.30–15 Uhr) Die *gŏo·ay·đĕe·o* (Nudelsuppe) ist zweifellos lecker. Wir mögen jedoch besonders die altmodische Atmosphäre, die hier auch nach der Altstadtsanierung erhalten geblieben ist.

★ **Jumpa-Hom** THAI $$

(☎045 260398; Th Phichitrangsan; Gerichte ab 100 B; ⊙17–24 Uhr; ❄ ☏) Das Jumpa-Hom zählt zu den schönsten und kulinarisch attraktivsten Restaurants im ganzen Nordosten. Auf der langen Karte stehen auch etwas ungewöhnlichere Gerichte. Zum Verweilen lädt einerseits eine Holzterrasse mit vielen Pflanzen und Wasserspielen ein. Andererseits steht Gästen hier auch ein klimatisierter Speiseraum mit wenigen Tischen und Sitzkissen auf dem Boden zur Verfügung. Zum Haus gehört die Bäckerei **U-Bake** (Kuchen ab 50 B; ⌚9–23 Uhr).

★ Peppers Restaurant, Bakery & Cafe INTERNATIONAL, BÄCKEREI **$$**
(297/2–3 Upalisan Rd; Gerichte 75–450 B; ⌚8–21 Uhr; ❄📶) Das Peppers ist bei Thais und *fa·ràng* gleichermaßen beliebt. Die lange internationale Karte reicht von Nachos, Schnitzeln, Pies im Pub-Stil und *đôm yam gûng* bis hin zum Ganztagsfrühstück. Hinzu kommen Weine und Biere aus aller Welt. Die super leckeren Backwaren sind jedoch die eigentliche Spezialität des Hauses.

Ausgehen & Nachtleben

U-Bar CLUB
(Th Thepyothi) Die U-Bar ist seit Langem der beliebteste Studentenschuppen der Stadt – auch, weil viele von Bangkoks besten Bands hier spielen, wenn sie nach Ubon kommen. Der Club ist mittlerweile in neue Räumlichkeiten gleich um die Ecke umgezogen, brummt aber wie eh und je.

Shoppen

Obwohl der Isan für Seide berühmt ist, dreht sich in Ubon alles um Baumwolle: Mehrere gute Läden verkaufen hier z. B. handgewebte Stoffe, Klamotten und Taschen aus diesem Material. Die guten Sachen von **Camp Fai Ubon** (Th Thepyothi; ⌚8.30–17 Uhr) alias Peaceland sind z. T. mit Naturfarben gefärbt. **Maybe** (Th Srinarong; ⌚8–19 Uhr) hat das größte Bekleidungssortiment (allerdings nicht mit Naturfarben behandelt).

★ Punchard KUNSTHANDWERK
(☎045 265751; Th Phadaeng; ⌚9–18.30 Uhr) Dieser Kunsthandwerksladen ist zwar ziemlich teuer, hat aber die beste Allround-Auswahl der Stadt. Verkauft werden hier vor allem Seidenstoffe und Einrichtungsgegenstände. Viele der Artikel sind nach alten Methoden in modernem Design hergestellt – da macht das Stöbern sehr viel Spaß.

Rawang Thang KUNSTHANDWERK
(Th Kheuan Thani; ⌚Mo–Do 8–20, Fr–So bis 21 Uhr) In diesem Isan-Laden gibt es auch Ubon-Baumwolle, darüber hinaus aber abgedrehte T-Shirts, Kissen, Postkarten, Bilderrahmen und jede Menge Schnickschnack. Vieles haben die Besitzer, ein freundliches Ehepaar, selbst hergestellt; sie wissen alles über Ubon.

Straßenmarkt MARKT
(Th Ratchabut; ⌚Fr–So 18–23 Uhr) Dieser kurzweilige Straßenmarkt wird an Wochenenden entlang der Th Ratchabut abgehalten.

Praktische Informationen

Im Ying Charoen Park in der Nähe der Rajabhat-Universität gibt es Banken, die auch abends geöffnet sind und in der Innenstadt liegen. AEON-Geldautomaten finden sich bei Tesco-Lotus und in der City Mall, beide an der Straße zum Busbahnhof.

Tourism Authority of Thailand (TAT; ☎045 243770; tatubon@tat.or.th; 264/1 Th Kheuan Thani; ⌚8.30–16.30 Uhr) Hat hilfsbereite Angestellte.

Ubonrak Thonburi Hospital (☎045 260285; Th Phalorangrit) Rund um die Uhr geöffnete Notfallambulanz.

An- & Weiterreise

BUS

Vom **Busbahnhof** (☎045 316085) nördlich der Stadt fahren *sŏrng·tăa·ou* der Linien 2, 3 und 10 ins Zentrum. Ab Ubon rollen diverse Busse nach Bangkok. Die besten VIP-Services werden dabei von **999 VIP** (767 B, 20.30 Uhr; ☎045 314299) und **Nakhonchai Air** (767 B, 8.20, 13.55 & 20.20 Uhr; ☎045 269777) angeboten.

Busse ab Ubon Ratchathani:

ZIEL	PREIS (B)	DAUER (STD.)	HÄUFIGKEIT
Bangkok	420–603	10	regelm.
Chiang Mai	872	12	18 Uhr
Khon Kaen	180–277	4½	alle 30 Min.
Mukdahan	75–135	3½	alle 30 Min.
Nakhon Ratchasima	286–445	5–6	14-mal tgl.
Nang Rong	263	4½	stündl.
Pakse (Laos)	200	3	9.30 & 15.30 Uhr
Rayong	605–784	13	5-mal tgl.
Surin	105–200	3	alle 2 Std.
Udon Thani	318	6	7.30, 8.30 & 11.30 Uhr

FLUGZEUG

Zum Don Mueang Airport in Bangkok geht's mit **Air Asia** (einfache Strecke ca. 1400 B, 2-mal tgl.; ☎ 02 515 9999; www.airasia.com) und **Nok Air** (einfache Strecke ca. 1400 B, 7-mal tgl.; ☎ 02 900 9955; www.nokair.com). Etwa zum selben Preis fliegt **Thai Airways** (THAI; ☎ 045 313340; www.thaiairways.com) dreimal täglich zum Suvarnabhumi Airport in der Hauptstadt. Kan Air verbindet Ubon mit Chiang Mai und Pattaya (jeweils ca. 1200 B, 1-mal tgl.).

Flugtickets gibt's bei **Sakda Travel World** (☎ 045 254333; www.sakdatour.com; Th Phalorangrit; ⌚ Mo–Sa 8.30–18.30 Uhr) und vielen anderen Reisebüros.

ZUG

Zu Ubons **Bahnhof** (☎ 045 321004; Th Sathani) in Warin Chamrap fahren *sŏrng·tăa·ou* der Linie 2. Verbindung nach/ab Bangkok besteht u. a. um 18.30 Uhr per Nachtexpress (Sitzplatz in 2./1. Klasse 221/460 B, 2. Klasse Schlafwagen B oben/unten 691/781 B, 1. Klasse Schlafwagen B oben/unten 1080/1280 B, 11½ Std.). Parallel rollen fünf weitere Züge gen Hauptstadt (95–581 B, 8½–12 Std.). Alle Züge ab Ubon halten auch in Si Saket, Surin und Khorat.

ℹ Unterwegs vor Ort

In der ganzen Stadt verkehren nummerierte *sŏrng·tăa·ou* (10 B). Deren Linien sind auf einem kostenlosen Stadtplan der TAT eingezeichnet und führen zumeist nah an deren Büro vorbei. Túk-Túk-Trips innerhalb des Stadtzentrums kosten 30 bis 50 B. Zudem warten an Ubons Busbahnhof und Flughafen jeweils ein paar **Taxis** (☎ 045 265999) mit Gebührenzählern (Grundpreis/Bestellgebühr 30/20 B). Die Chauffeure benutzen ihre Taxameter aber sehr oft nicht und verlangen pauschal 100 B für eine Fahrt in die Stadt.

Unter den örtlichen Autovermietern ist z. B. **Ubon Car Rental** (☎ 089 629 9418; Auto pro Tag mit/ohne Fahrer 1500/1200 B). Für diese Firma fährt Thanawat, der gut Englisch spricht und zahlreiche Lokalinfos liefert.

Rund um Ubon Ratchathani

Am Flussufer gleich gegenüber von Ubon liegt der BezirkWarin Chamrab mit zwei berühmten Waldtempeln.

Wat Nong Pa Phong — BUDDHISTISCHER TEMPEL

(วัดหนองป่าพง; ⌚ Sonnenaufgang–Sonnenuntergang) Der friedvolle Wat Nong Pa Phong ist für seine Ruhe während der täglichen Arbeit und Meditation bekannt. Gründer und Meditationslehrer Luang Pu Cha (gest. 1992) eröffnete insgesamt fast 100 Zweigklöster. Auch manche seiner zahllosen Anhänger (u. a. Dutzende westliche Mönche) haben inzwischen selbst Ableger in Großbritannien, Europa und der übrigen Welt gegründet. Der Tempel liegt ca. 10 km jenseits der Flusses; *sŏrng·tăa·ou* der Linie 3 halten 2 km von ihm entfernt. Ein Motorradtaxi (falls aufzutreiben) kostet 20 B.

Dank intelligenter Architektur sind das dreistöckige Museum und der vergoldete *chedi* mit Luang Pu Chas sterblichen Überresten vom Inneren des Klosters getrennt. So werden die meditierenden Mönche nicht von Besuchern gestört. Das seltsame Sammelsurium im Museum reicht von Luang Pu Chas weltlichen Besitztümern und Geld aus aller Welt bis hin zu Föten und Skeletten (als Symbole für Geburt bzw. Tod).

Wat Pa Nanachat — BUDDHISTISCHER TEMPEL

(วัดป่านานาชาติ; www.watpahnanachat.org; ⌚ Sonnenaufgang–Sonnenuntergang) GRATIS Als Klosterableger des Wat Pa Nanachat wurde der Wat Nong Pa Phong im Jahr 1975 speziell für Ausländer eröffnet. Bis heute ist Englisch hier die Hauptsprache. Wer bereits Meditationserfahrung hat, kann sich in Briefform für einen Aufenthalt bewerben (Postadresse: Guest Monk, Wat Pa Nanachat, Ban Bung Wai, Amphoe Warin Chamrap, Ubon Ratchathani 34310). Gäste müssen alle Tempelregeln befolgen (z. B. Aufstehen um 3 Uhr, nur eine Mahlzeit pro Tag, Rasieren von Kopf und Augenbrauen).

BAN PA-AO — บ้านผาอาว

Ban Pa-Ao ist berühmt für Messing- und Bronzegegenstände, die im Wachsausschmelzverfahren mittels langer Wachsstränge hergestellt werden. Dies ist der einzige Ort in Thailand, in dem diese Methode noch angewandt wird. Im **Soon Thorng Leuang Ban Pa-Ao** (⌚ 7–17 Uhr) am anderen Ende des Dorfes kann man zusehen, wie Glocken, Schüsseln und vieles mehr auf diese Art hergestellt werden. Ban Pa-Ao ist aber auch ein Seidenweberdorf. Am Ortseingang befindet sich ein **Seidenzentrum** (⌚ 8–17 Uhr) mit einem Laden (die *mát mèe*-Qualität ist hier ausgezeichnet) und einigen Webstühlen. Die meisten Webarbeiten werden aber zu Hause hergestellt.

Im Wat Burapa Pa-Ao Nuea wurde ein prächtiges **Museum** (⌚ 8–17 Uhr) GRATIS eröffnet, das diverse historische Artefakte und Kunsthandwerksgegenstände aus der Gegend ausstellt. Leider gibt es aber nur sehr wenige Schilder mit Erklärungen.

WALDTEMPEL

Als Buddha vor 2500 Jahren nach Erleuchtung strebte, zog er in die Wälder. Diese waren im damaligen Indien der traditionelle Aufenthaltsort von Asketen und Wahrheitssuchenden. Auch Buddhas erste Schüler wurden allesamt im Wald zu Mönchen geweiht und lebten bzw. meditierten dort.

Mit der Verbreitung der Lehre wuchs auch der Mönchsorden. Einige seiner Mitglieder gründeten daraufhin Klöster in Städten und wurden im Lauf der Zeit als *gamavasi* (Stadtbewohner) bekannt. Ordensbrüder, die das Leben im Wald bevorzugten, erhielten den Namen *aranyavasi* (Waldbewohner). Diese galten allgemein als eifriger beim Entwickeln von Meditationspraktiken. Zudem hielten sie sich offenbar vergleichsweise strenger an mindestens eine der 13 buddhistischen Askeseregeln *(dhutanga)* – z. B. am Fuß eines Baumes zu leben oder pro Tag nur eine Mahlzeit und diese ausschließlich aus der Almosenschale zu essen.

Heutzutage sind Stadtmönche die Regel. Waldmönche waren in Thailand beinahe ganz verschwunden, bis der ehrwürdige Ajahn Mun Bhuridatto (1870–1949) diese Tradition fast im Alleingang wiederbelebte. So wird Ajahn Mun (Aussprache Man) heute überall für die Wiederbelebung der thailändischen *aranyavasi* verehrt. Zudem zählt er zu den Mönchen, die weithin als erleuchtet gelten – ungewöhnlich, da Buddhisten ihre Errungenschaften normalerweise nicht bekanntgeben. Nach Ajahn Muns Tod lebte sein Erbe in seinen zahlreichen Schülern fort. Viele entwickelten sich selbst zu spirituellen Lehrern.

Zu Anfang sollen die Thais beim Anblick der streng wirkenden Waldmönche in dunklen Kutten noch weggerannt sein. Doch inzwischen sind die Lehrer aus den Wäldern bei Bangkoks Oberschicht, Intellektuellen, frommen Bauern und Wahrheitssuchenden aus dem Westen gleichermaßen beliebt. Infolgedessen werden ihre Tempel oft mit Spenden überschüttet und sind z. T. sehr wohlhabend. Authentische Waldtempel achten jedoch nach wie vor auf Disziplin und sind in erster Linie Orte des spirituellen Strebens. Besucher sollten sich angemessen respektvoll verhalten. Da solche Tempel keine Touristenattraktionen sind, beschreibt dieses Buch nur wenige davon. Die folgenden Wats sind jedoch inzwischen beliebte spirituelle Wallfahrtsorte, die einzigartige Einblicke in eine tiefere Ebene der thailändischen Kultur gewähren – und darum besuchenswert. Achtung, Ausnahme: Der Wat Pa Nanachat ist Meditationsschülern vorbehalten!

Wat Pa Sutthawat (วัดป่าสุทธาวาส; Th Suk Kasem; ⏲5–21 Uhr) GRATIS Dieser Tempel im Städtchen Sakon Nakhon ist Ajahn Mun gewidmet, der einst die Tempelgründung unterstützte, aber erst kurz vor seinem Tod hier lebte. Letzte Ruhestätte seiner persönlichen Besitztümer ist das **Ajahn Mun Museum** (⏲6–19 Uhr), das mit seinen Bogen und geätzten Glasfenstern etwas an eine moderne christliche Kirche erinnert. Hinten sitzt Ajahn Mun als Bronzeplastik auf einem Piedestal; vorne steht eine Glasvitrine mit Reliquien, die nach der Einäscherung des Mönchs übrig geblieben sind. Alles ist auf Englisch beschriftet.

Wat Nong Pa Pong Tempel des bekannten Meditationslehrers Ehrwürden Ajahn Chah, der zusammen mit Ajahn Mun eine kurze (aber erleuchtende) Zeit verbrachte.

Wat Pa Nanachat (S. 470) Zweigkloster des Wat Nong Pa Phong, speziell für Ausländer gegründet.

Wat Phu Thok (S. 430) Thailands spektakulärstes Kloster, gegründet von Ehrwürden Ajahn Juan (ein Schüler Ajahn Muns).

Wat Hin Mak Peng (S. 420) Tempel des Luang Pu Thet (ein Schüler des alten Ajahn Mun) mit Blick auf den Mekong.

Ban Pa-Ao ist 3,5 km vom Hwy 23 entfernt zu finden. Die Busse ab/nach Yasothon fahren an der entsprechenden Ausfahrt vorbei (20 B, 20 Min.); von dort aus können Traveller ein Motorradtaxi nehmen (einfache Strecke 20 B).

PHIBUN MANGSAHAN พิบูลมังสาหาร

10 890 EW.

Thais legen oft einen Zwischenstopp im staubigen Phibun Mangsahan ein, um einen Blick auf die Stromschnellen (**Kaeng**

Sapheu) gleich hinter der Brücke über den Mae Nam Mun zu werfen. Die felsigen Inselchen lassen die „Python-Stromschnellen" zwischen Februar und Mai anwachsen, aber der schattige Park lohnt das ganze Jahr über den Besuch.

Der geflieste *bòht* im **Wat Phu Khao Kaew** (⌚Sonnenaufgang–Sonnenuntergang) im Westteil des Ortes ist außen mit Khmer-Symbolen übersät, darunter Apsaras und tanzende Shivas. Die Wände im Inneren sind mit Reliefs von bedeutenden Stupas aus ganz Thailand verziert.

Die Dörfer auf der anderen Seite der Brücke in Richtung Khong Jiam sind für ihre geschmiedeten **Gongs** aus Eisen und Bronze bekannt, die in Tempeln und klassischen Thai-Musikensembles verwendet werden. In vielen Werkstätten am Straßenrand kann man den Gongmachern zusehen, wie sie auf die flachen Metallscheiben einhämmern und sie auf rustikalen Feuerstellen wärmebehandeln. Hier gibt's auch Leute, die Trommeln, Glocken und Becken herstellen.

Visaverlängerungen bekommt man bei der **Einreisebehörde** (☎045 441108; ⌚Mo–Fr 8.30–12 & 13–16.30 Uhr) in Phibun Mangsahan, 1 km südlich der Brücke auf dem Weg nach Chong Mek.

Schlafen & Essen

★Kaeng Sa-Pue Riverside Hotel RESORT $$

(☎045 204318; Zi. inkl. Frühstück mit/ohne Flussblick 850/750 B; P❄📶🏊) Lust, sich etwas zu gönnen? Dann auf zu diesem relativ unbekannten Resort, das gegenüber von Phibun direkt an den Kaeng Sapheu liegt. Trotz etwas betagt wirkender Zimmer kickt das Ganze weit oberhalb seiner Liga: Vom hellen, luftigem Foyer und vom Pool schaut man super hinaus auf die Stromschnellen. Zudem gibt's hier ein sorgsam gepflegtes Gartengelände. Schnell buchen, bevor die Quartiere teurer werden!

An- & Weiterreise

Von Phibuns Busbahnhof hinter dem Markt fahren Busse (35 B, 1 Std., alle 20 Min.) zum Busbahnhof in Ubon (mit Zusteigemöglichkeit am Warin-Markt auf der anderen Seite des Flusses) und *sŏrng·tăa·ou* nach Chong Mek (35 B, 1 Std., alle 30 Min.).

Kleinbusse, die zwischen Ubon (50 B) und Chong Mek (50 B) verkehren, halten alle 30 Minuten in Phibun, einen Block hinter der Bushaltestelle vor dem Laden mit Autoersatzteilen.

Es gibt auch *sŏrng·tăa·ou* (40 B, 1½ Std., alle 30 Min.) nach Talat Ban Du (Ban-Du-Markt) nahe dem Zentrum von Ubon und zum Khong-Jiam-Park (40 B, 1 Std., 2-mal vormittags) in der Nähe der Brücke.

KAENG TANA NATIONAL PARK

Fährt man die Straße nach Khong Jiam über den Pak-Mun-Damm, kommt man zum **Kạeng Tana National Park** (อุทยานแห่งชาติแก่งตะนะ; ☎045 406888; Eintritt 200 B). Der Fluss Mun umrundet hier zunächst die dicht bewaldete Don Tana (Insel Tana), die über zwei lange Hängebrücken mit dem Festland verbunden ist, und sprudelt dann über die wunderschönen Stromschnellen gleichen Namens, vorbei an ein paar malerischen Felsen. Am Ende der Trockenzeit tauchen – ähnlich wie in Sam Phan Bok (S. 474) – die natürlich entstandenen Aushöhlungen im Felsen auf. Am **Besucherzentrum** (⌚8–16 Uhr) beginnen ein paar gute kurze Wanderwege: Der 1,5 km lange Gipfelweg zum Aussichtspunkt **Lan Pha Phueng** ist besonders malerisch. Der breite, wunderschöne Wasserfall **Nam Tok Tad Ton** im Süden des Parks ist nur 300 m von der Hauptstraße entfernt.

Es gibt hier einen **Campingplatz** (mit eigenem Zelt 30 B/Pers., Mietzelt 4/8 Pers. 150/225 B) und vier **Bungalows** (☎0 2 562 0760; www.dnp.go.th/parkreserve; 6/10 Pers. 1000/2000 B). Das einfache Restaurant ist nur tagsüber geöffnet.

Auf dem Landweg ist der Park 14 km von Khong Jiam entfernt. Es gibt keine öffentlichen Verkehrsmittel dorthin. Man kann aber mit einem Boot flussaufwärts fahren und sich für einen kurzen Besuch im Park absetzen lassen (600 B).

KHONG JIAM โขงเจียม

Auf einer malerischen Halbinsel liegt Khong Jiam am Zusammenfluss des rötlichen Mekong mit dem bläulichen Mun. Wegen der unterschiedlichen Tönung des Wassers wird diese Stelle Mae Nam Song Si (Zweifarbenfluss) genannt. Das Farbenspiel ist normalerweise auch vom Ufer aus erkennbar, wirkt aber von einem Boot aus am schönsten. Bei hohem Flusspegel (Juni–Okt.) erzeugt das verschiedenfarbige Wasser kleine Strudel, die ähnlich wie heiße Lava blubbern. **Flussfahrten** (☎089 628 6883) sind z. B. mit zehnsitzigen Booten (350 B, 30 Min.) möglich. Die größeren Kähne steuern auch diverse Ziele entlang des Mekong an (u. a. den Kaeng Tana und Pha Taem National Park).

Ein Abstecher zum **Wat Tham Khuha Sawan** (วัดถ้ำคูหาสวรรค์; ⌚ Sonnenaufgang–Sonnenuntergang) oberhalb der Stadt lohnt sich schon allein wegen der herrlichen Aussicht. Doch dieser Tempel hat auch einen einzigartigen *chedi* mit neun Spitzen und einen komplett weißen *bòht*. Zudem gibt's hier einen eindrucksvollen Orchideengarten (blüht in den kalten Monaten) und einen der größten Gongs aller Zeiten. Auf dem prächtigen Altar ist der Leichnam des letzten Abts (Luang Pu Kham) in einem Glassarg aufgebahrt.

Seit 2005 werden in Khong Jiam auch *naga*-Feuerbälle (S. 417) gesichtet – allerdings nicht jedes Jahr.

Schlafen & Essen

Nach Khong Jiam verirren sich nicht viele *fa·ràngs*, aber weil der Ort bei Thais so derartig beliebt ist, gibt's hier jede Menge Unterkünfte. Mehrere teure Restaurants liegen nahe dem Mae Nam Song Si, darunter zwei schwimmende Restaurants auf dem Mekong.

Banpak Mongkhon HOTEL $
(☎ 045 351352; www.banmongkhon.com; Th Kaewpradit; DZ 350–700 B, 3BZ 500 B; P ⊖ ❄ @ 📶) Eine super Wahl für jeden Geldbeutel: Hier wohnt man in einfachen, aber niedlichen und sehr charaktervollen Holzhütten im Thai-Stil. Die freundlichen Inhaber kennen sich bestens in der Gegend aus und vermieten auch ein Auto. Rechtzeitige Reservierung ist ratsam.

★ **Baansuan Rimnam Resort** HOTEL $$
(☎ 085 493 3521; Th Rimmoon; Bungalow inkl. Frühstück 800–1000 B; P ⊖ ❄ 📶) Das ruhige Hotel versteckt sich in einem kleinen Teakbaumhain am Mae Nam Mun. Die klimatisierten Bungalows im Blockhausstil punkten mit super Flussblick und passen perfekt zum umliegenden Wald – die Lage macht das Ganze höchst empfehlenswert. Zum Recherchezeitpunkt war die Eröffnung eines Hausrestaurants geplant.

★ **Tohsang Khongjiam Resort** HOTEL $$$
(☎ 045 351174; www.tohsang.com; Zi. inkl. Frühstück 2500–3890 B, Villa 2500–7060 B, Sedhapura-Poolvilla 12 500–14 500 B; P ⊖ ❄ @ 📶 🏊) Das Tohsang ist geprägt von noblem Understatement und nutzt seine Lage direkt am Südufer des Mae Nam Mun optimal aus. Der Luxuscharakter mag für diesen ländlichen Teil Thailands vielleicht etwas unpassend erscheinen. Doch das Hotel ist keinesfalls glamourös und hat ein sehr ruhiges Ambiente. So fügt es sich prima in die urige Umgebung ein.

Rund 3,5 km außerhalb der Stadt gibt's hier zudem Fahrräder, Kajaks, ein Spa und ein Freiluftrestaurant mit tollem Blick auf den Fluss.

An- & Weiterreise

Alle öffentlichen Verkehrsmittel halten an der großen Kreuzung vor dem Ort. Der einzige Direktbus nach Ubon (80 B, 2½ Std.) fährt um 6 Uhr los und um 14 Uhr nach Khong Jiam zurück. Man kann auch morgens mit einem *sŏrng·tăa·ou* nach Phibun Mangsahan (40 B, 1 Std., 6 & 8 Uhr) starten und von dort aus weiterfahren. Busse nach Bangkok fahren um 7.30 Uhr (2. Kl. 435 B) und um 16.30 Uhr (1. Kl. 560 B).

Das Hotel Banpak Mongkhon verleiht Fahrräder (100 B/Tag) und Motorräder (300 B/Tag).

PHA TAEM NATIONAL PARK

Oberhalb von Khong Jiam ragt ein langer Felsen namens Pha Taem am Mekong empor. Dieser ist das Herzstück des wunderschönen, aber wenig bekannten **Pha Taem National Park** (อุทยานแหงชาติผาแต้ม; ☎ 045 252581; Erw./Kind 400/200 B). Von ganz oben schaut man über den Fluss hinweg nach Laos hinein. Weiter unten führt ein Pfad zu prähistorischen Felsbildern, die mindestens 3000 Jahre alt sind. Die Darstellungen zeigen z. B. *ɓlah bèuk* (Mekong-Riesenwelse), Elefanten, menschliche Hände, geometrische Muster und Fischreusen. Letztere ähneln stark den großen Modellen, die bis heute im Einsatz sind. Die zweite Aussichtsplattform befindet sich vor der eindrucksvollsten Bildgruppe. Die Waldrodung beim Anlegen des Besichtigungspfads hat den Fels leider dem Einfluss der Elemente ausgesetzt. In den Jahren seit der Parkgründung sind die Bilder daher teilweise verblasst. Trotzdem bieten sie immer noch einen faszinierenden Anblick. Ausstellungen im **Besucherzentrum** (⌚ 5–18 Uhr) informieren über die Bilder und die örtliche Natur.

Nördlich des Felsens befindet sich der 25 m hohe Wasserfall **Nam Tok Soi Sawan**, der – wie alle anderen Wasserfälle im Park – von Juni bis Dezember Wasser führt. Vom Besucherzentrum aus fährt man 19 km dorthin und geht dann die letzten 500 m zu Fuß. Man kann aber auch (in Begleitung eines Rangers) eine ca. 15 km lange Wanderung über die Klippe zum Wasserfall machen, was

ABSTECHER

SAM PHAN BOK สามพันโบก

Beim Besuch von Sam Phan Bok („3000 Löcher") fühlt man sich wie auf einem anderen Planeten. Jahrtausendelang hat die Erosion dieser schmalen, felsigen Biegung des Mekong die Beschaffenheit eines Schweizer Käses verliehen und so den erstaunlichsten Abschnitt des ganzen Mekong-Ufers geschaffen. In der Regenzeit ist die Stelle mit Wasser bedeckt, wenn sie aber freiliegt (normalerweise Dez.–Mai), kann man sie stundenlang erkunden. Selbst in den Monaten, in denen sie nur teilweise zu sehen ist, lohnt sich der Trip hierher. Es gibt hier keinen Schatten; am besten kommt man also frühmorgens oder am späten Nachmittag. Auch die Bootsfahrten über Sam Phan Bok hinaus lohnen sich wegen der schönen Landschaft sehr.

Sam Phan Bok liegt nördlich vom Pha Taem National Park. Öffentliche Verkehrsmittel dorthin gibt es nicht. Man kann dort campen, und ein paar Leute vermieten in der Hauptsaison sogar Zelte. Es sind hier auch Unterkünfte vorhanden; das einfache, freundliche **Song Khon Resort** (☎087 256 1696; www.songkhonresort.com; Zi. 500–700 B; P ❄) mit Blick auf den Hat Salung an einem wunderschönen Flussabschnitt mochten wir am liebsten. Es befindet sich in der Nähe des Ortes Ban Song Khon. Es hat rustikale Zimmer, aber die Lage ist unschlagbar. Aber egal, wo man übernachten will – an Wochenenden und Feiertagen während der Sam-Phan-Bok-Saison ist frühes Buchen ein Muss.

allerdings vorher organisiert werden muss. In der Nähe des Wasserfalls findet man laut Parkprospekt das **größte Blumenfeld Thailands** (Blütezeit Nov.–Feb.).

In der Nordhälfte des Parks gibt es noch mehr Wasserfälle, uralte Kunst und wundervolle Ausblicke zu bewundern. Auf dem Felsen **Pha Cha Na Dai** sieht man die Sonne in Thailand zuerst aufgehen und dann wieder untergehen. Durch ein Loch, das sich in den überhängenden Felsen gebildet hat, stürzt der herrliche **Nam Tok Saeng Chan** in die Tiefe. Überall in dem 340 km² großen Park findet man zu seltsamen Formen erodierte Felsen, darunter auch die vier pilzförmigen Felsformationen **Sao Chaliang**, die denen im Phu Pha Thoep National Park in Mukdahan ähneln.

In Pha Taem gibt's **Zeltplätze** (mit eigenem Zelt 30 B/Pers., Leihzelt für 2/3/4 Pers. 150/225/300 B) und fünf **Bungalows** (☎02 562 0760; www.dnp.go.th/parkreserve; für 6 Pers. mit Venitlator 1200 B, für 5 Pers. mit Klimaanlage 2000 B; ❄). Bis Sonnenuntergang verkaufen Imbissstände diverse Snacks und Schnellgerichte. Im Bereich des Parkeingangs findet man zudem mehrere „Resorts". Das beste davon ist das **Pha Taem & Kaeng Phisamai Resort** (☎087 249 3173; www.phataemriverside.com; Zi. inkl. Frühstück 1000 B; P ❄ 📶) in super Lage direkt am Fluss: Neben einer Traumaussicht auf die Felsen drüben in Laos warten hier sogar Ponys und Ziegen.

Pha Taem liegt 18 km (über Rte 2112) von Khong Jiam entfernt und ist nicht mit öffentlichen Verkehrsmitteln erreichbar. Besucher mieten daher am besten ein Túk-Túk in Khong Jiam (600 B).

CHONG MEK ช่องเม็ก

Südlich von Khong Jiam, am Ende der Rte 217, liegt die kleine Grenzstadt Chong Mek. Die neuen Brücken über den Mekong weiter im Norden haben den Verkehr auf dieser Strecke reduziert. Dadurch gingen dem Chong-Mek-Markt, der bei thailändischen Touristen sehr beliebt war, viele Kunden verloren. Wer abends hier hängen bleibt, kann in einer der preiswerten Pensionen nördlich des Markts übernachten.

Zwischen Chong Mek und Khong Jiam verkehren keine öffentlichen Verkehrsmittel; man fährt entweder über Phibun oder mietet ein Motorradtaxi (250 B), ein Túk-Túk (300 B) oder einen Kleinlaster (500 B).

PHU CHONG NAYOI NATIONAL PARK

Die Grenzen von Thailand, Laos und Kambodscha bilden im Nordosten das sogenannte „Smaragddreieck". In dessen Mitte schützt der wenig bekannte **Phu Chong Nayoi National Park** (อุทยานแหงชาติภูจองนายอย; ☎045 210706; Erw./Kind 400/200 B) eine der wildesten und in Sachen Wald intaktesten Ecken Thailands. Hier leben Elefanten, Tiger, Malaienbären, Muntjaks, Gibbons, Malaienhornvögel und vom Aussterben bedrohte Malaienenten (Letztere bekommt man aber fast nie zu Gesicht).

Hauptattraktion des 686 km² großen Parks ist der Wasserfall **Namtok Huay Luang**, der in zwei parallelen Strömen über einen 45 m hohen Felsen in die Tiefe stürzt und ganzjährig zumindest ein bisschen Wasser führt. Vom Besucherzentrum aus verläuft ein kurzer Pfad zu einem Aussichtspunkt. Alternativ kann man über 274 Stufen zum Fuß des Falls hinuntersteigen und dort baden (ca. bis März, danach gibt es zu wenig Wasser dafür). Rund 150 m flussabwärts bietet der **Namtok Praon La-or** ebenfalls ein hübsches Bild. Oberhalb der Fälle leiten Ranger kurze Besuchertrips mit Bambusflößen (300 B/6 Pers.; beste Zeit Okt.–Dez.), die aber aus diversen Gründen nicht immer stattfinden. Zwischen dem Wasserfall und dem Besucherzentrum mit Unterkünften erstreckt sich das Steinfeld **Palan Pachad** mit vielen Wildblumen.

Leidenschaftliche Sterngucker sollten unbedingt vor Ort übernachten. Für diesen Zweck gibt's sechs ziemlich abgenutzte **Bungalows** (☎02 562 0760; www.dnp.go.th/parkreserve; für 4/6 Pers. 600/1200 B) sowie 2 km von Huay Luang entfernt einen **Zeltplatz** (mit eigenem Zelt 30 B/Pers.). Direkt am Wasserfall befindet sich ein Restaurant (⏲tgl. 9–16 Uhr). Im Bereich der Unterkünfte werden Snacks und Getränke verkauft.

Der Park ist nicht mit öffentlichen Verkehrsmitteln erreichbar. Da auch im Inneren kaum Fahrzeuge unterwegs sind, brauchen Besucher entweder ein eigenes Vehikel oder viel Geduld beim Trampen.

ZENTRALER ISAN

Große Touristenattraktionen sind Mangelware im Zentralen Isan. Allerdings findet man hier die nette Ortschaft Roi Et und die Universitätsstadt Khon Kaen, die auch ein wichtiger Verkehrsknotenpunkt ist. Hinzu kommen Thailands größte Bestände von Dinofossilien und Zugangsmöglichkeiten zu ein paar bedeutenden Nationalparks.

Provinz Khon Kaen

Die Provinz Khon Kaen, für Besucher aus Nordthailand das Tor zum Isan, ist ein interessanter Mix aus Alt und Neu. Das Leben auf dem Land ist noch immer von Landwirtschaft und Textilherstellung geprägt, während die ständig wachsende, moderne Hauptstadt gewaltig boomt.

Khon Kaen ขอนแก่น

122 370 EW.

Als Standort der größten Universität im Nordosten und als bedeutender Wirtschaftsknotenpunkt präsentiert sich Khon Kaen jung, gebildet und voller Dynamik. Die Stadt würde zwar besser auf die Liste jener Orte passen, in denen es sich gut leben lässt, als auf die der Reiseziele von Travellern, bietet aber dennoch genügend interessante Sehenswürdigkeiten und gute Einrichtungen, die einen Zwischenstopp lohnen.

Sehenswertes

BUENG KAEN NAKHON บึงแก่นนคร

Der 100 ha große See ist der schönste Ort in der Stadt und lädt zu einem entspannten Bummel ein. Die Wege an seinem Ufer verbinden den See mit ein paar interessanten Orten. Einen Fahrradverleih findet man am Markt und am Westufer gegenüber vom Wat Klang Muang Kao; Letzterer hat auch Tandems und Tripletts (30 B/Std. & Sitz).

GRENZÜBERGANG NACH LAOS: VON CHONG MEK NACH VANGTAO

Anreise zur Grenze Fast alle Traveller fahren mit dem Bus, der von Ubon Ratchathani direkt nach Pakse fährt. Die Busse warten an der Grenze so lange, bis man sein Visum für Laos hat. Chong Meks kleiner Busbahnhof wird auch von *sŏrng·tăa·ou* aus Phibun Mangsahan (35 B,1 Std., regelm.), Kleinbussen aus Ubon (100 B, 1¼ Std., alle 30 Min.) über Phibun (50 B) und Bussen aus Bangkok (547–638 B, 10 Std., 5-mal tgl.) angefahren. Vom Busbahnhof zur Grenze ist es knapp 1 km. Motorradtaxis und Túk-Túks berechnen 20 B für die Strecke.

An der Grenze Der Grenzübergang ist von 6 bis 20 Uhr geöffnet. Die Grenze passiert man meist problemlos zu Fuß durch einen unterirdischen Tunnel. Die Beamten in Laos verlangen manchmal eine zusätzliche „Stempelgebühr", bestehen normalerweise aber nicht wirklich darauf.

Weiterreise Pakse erreicht man in ca. einer Stunde in einem der häufig verkehrenden *sŏrng·tăa·ou* (10 000 K).

★ **Wat Nong Wang** BUDDHISTISCHER TEMPEL
(วัดหนองแวง; Th Robbung; ⏲ Sonnenaufgang–Sonnenuntergnag) GRATIS Am Südende des Sees steht der **Phra Mahathat Kaen Nakhon** (⏲ 7–17 Uhr). Der atemberaubende Stupa im Herzen des bedeutenden Tempels ist die größte Sehenswürdigkeit in Khon Kaen. Hier findet man ein paar aufschlussreiche Wandmalereien zur Kultur des Isan. Es gibt auch einige historische Ausstellungsstücke, darunter eine Sammlung seltener Buddha-Bildnisse im 4. Stock und eine Aussichtsterrasse im 9. Stock.

Mahesak-Schrein HINDU TEMPEL
(ศาลเจ้าพ่อมเหศักดิ์; Th Robbung) GRATIS Der moderne *prang* im Khmer-Stil ist Indra geweiht. Nachts wirkt er schon beinahe unheimlich.

Rim-Bueng-Markt MARKT
(ตลาดริมบึง; Th Robbung; ⏲ 16–21 Uhr) Auf diesem witzigen kleinen Markt im Schatten des Wat That bekommt man Lebensmittel und Secondhand-Klamotten und erspäht Stände, an denen man Tonwaren selbst bemalen kann. Tagsüber ist es hier auch möglich, Tretboote (nach 17 Uhr 40 B/halbe Std.; vor 17 Uhr für eine beliebige Zeit 50 B) zu mieten.

Hong Moon Mung MUSEUM
(โฮงมูนมังเมืองขอนแก่น; Th Robbung; Eintritt 90 B; ⏲ Di–Sa 9–17 Uhr) Das ausgezeichnete Museum über Khon Kaen befindet sich im Amphitheater und gewährt anhand von Dioramen und Exponaten über die Jurazeit einen ziemlich guten Einblick in die Kultur des Isan.

Sanjao Bueng Tao Gong Ma CHINESISCHER TEMPEL
(ศาลเจ้าปึงเถ่ากงม่า; Th Robbung) Der größte und schönste chinesische Tempel von Khon Kaen wird manchmal auch Sanjao Bueng Kaen Nakhon genannt. Im Park auf der anderen Straßenseite steht eine große Statue von Guan-Im (der chinesischen Göttin der Barmherzigkeit).

Einsäulenpagode SCHREIN
(ศาลเจ้าเสาเดียว; Th Robbung) Diese Replik des berühmten Tempels in Hanoi wurde von den zahlreichen in Khon Kaen lebenden Vietnamesen erbaut. Ein gutes Plätzchen, um den Sonnenuntergang zu beobachten!

ANDERSWO IN KHON KAEN

Khon-Kaen-Nationalmuseum MUSEUM
(พิพิธภัณฑสถานแห่งชาติขอนแก่น; Th Lang Sunratchakan; Eintritt 100 B; ⏲ Mi–So 9–16 Uhr) Die interessante Sammlung enthält Artefakte aus prähistorischen Zeiten bis hin zur Gegenwart. Zu den Highlights zählen Tonwaren aus Ban Chiang und ein Dvaravati-*săir-mah* (Tempel-Grenzstein), der zeigt, wie Prinzessin Pimpa mit ihren Haaren Buddhas Füße säubert. Die Exponate aus Haushalt und Landwirtschaft geben einen Eindruck davon, was man auf dem Land zu sehen bekommt.

Wat Pa Tham Uthayan BUDDHISTISCHER TEMPEL
(วัดธรรมอุทยาน; Th Mittaphap; ⏲ Sonnenaufgang–Sonnenuntergang) Der friedliche Tempel, 10 km nördlich der Stadt, beherbergt in seiner riesigen Anlage viele schöne Monumente, darunter auch eine 23 m hohe weiße

KHON KAENS KUNSTSZENE

Dank der vielen Studenten wächst Khon Kaens umtriebige, moderne Kunstszene weiterhin. Die folgenden Galerien ermöglichen einen guten Einstieg.

Art & Culture Museum (หอศิลปวัฒนธรรม มหาวิทยาลัยขอนแก่น; ⏲ 10–19 Uhr) Die zweistöckige Galerie auf dem Universitätgelände ist Khon Kaens führender Ausstellungsort für Kunst. Die gezeigten Installationen stammen hauptsächlich von Profis und wechseln regelmäßig im Monatsabstand. Dann ist das ansonsten täglich geöffnete Museum jeweils ein bis zwei Tage lang geschlossen.

Ton Tann Art Space & Gallery (หอศิลป์ต้นตาล; Ton Tann Green Market, Hwy 2; ⏲ 16.30–22 Uhr) In einem auf Stelzen stehenden Gebäude.

Lak Muang Gallery (หอศิลป์หลักเมือง; Th Srichant; ⏲ 10–18 Uhr) Hinter FedEx.

Khon Kaen Faculty of Fine & Applied Arts Gallery (หอศิลป์ คณะศิลปกรรมศาสตร์ มหาวิทยาลัยขอนแก่น; ⏲ Mo–Fr 9–19 Uhr) Zeigt vor allem Arbeiten von Studenten, aber auch Werke von Künstlern aus anderen Landesteilen. In manchen Monaten gibt's keine Ausstellungen.

Schreitender-Buddha-Figur. Inzwischen hat sich der Tempel zu einem bekannten Meditationszentrum gemausert. Hierher gelangt man mit dem *sŏrng·tăa·ou* der Linie 4 (15 B) von der Th Namuang oder der Th Prachasamoson. Achtung: Unbedingt dem Fahrer sagen, wohin man möchte, da nicht alle so weit fahren!

Kurse

Centrum Health Center MASSAGE
(☎ 089 711 8331; veenasspa@gmail.com; Soi Supatheera) Nahe dem Khon Kaen Centrum Hotel leitet Inhaberin Veena hier Kurse in Thai-Massage (auf Englisch und Thai). Zum Zentrum gehört auch ein Friseursalon.

Geführte Touren

In Khon Kaen gibt's mehrere tolle Touranbieter mit Trips durch die Provinz oder den ganzen Isan.

Koon Travel & Butler KOCHEN, MEDITATION
(☎ 043 332113; www.koontravel.net) Die gesellige Inhaberin und Tourführerin Veena organisiert alle Arten von Ausflügen. Ihre Spezialität sind maßgeschneiderte Meditationstouren zu berühmten Waldtempeln im ganzen Isan (u. a. zum Wat Pa Thama Uthayan in Khon Kaen). Ansonsten veranstaltet die Firma z. B. auch zwanglose Kochkurse (2000 B/Pers.) und siebentägige Kurse in Thai-Massage (6900 B).

Isan Explorer ABENTEUERTOUR
(☎ 085 354 9165; www.isanexplorer.com) Lonely Planet Autor Tim Bewer ist Mitinhaber dieser Firma, deren Schwerpunkt auf „entschleunigten" Touren liegt. Die große Auswahl umfasst z. B. Elefantenbegegnungen, bei denen auf das Tierwohl geachtet wird. Ebenfalls im Angebot sind Bergwanderungen westlich von Khon Kaen und viele Trips zu kulturellen Attraktionen im Isan.

Khon Kaen Education & Travel Programs GEFÜHRTE TOUR
(☎ 083 359 9115; www.kketp.com) Neben Touren durch den Isan (ein- oder mehrtägig) hat diese Firma auch Lehrerjobs für Freiwillige im Programm. Inhaber Katt veranstaltet Thai-Sprachkurse.

Feste & Events

Ende November finden an zwölf Tagen zeitgleich die **Seidenmesse** und das **Phuk-Siaw-Fest** statt. Rund um das Provinzrathaus *(săh·lah glahng)* feiert und erhält das Fest die Tradition des *pòok sèeo*. Bei diesem Freundschaftsritual binden sich die Einheimischen gegenseitig *fâi pòok kăan* (heilige Bändchen) um die Handgelenke. Das Rahmenprogramm beinhaltet u. a. einen Umzug, regionaltypische Musik und viele Einkaufsmöglichkeiten.

Schlafen

★ **Eco Place** HOTEL $
(27/9 Th Robmuang; Zi./Suite 600/1500 B; P ❄ ᯤ) Helle, fröhliche und farbenfrohe Zimmer mit Pfiff verleihen dem recht neuen Eco Place ein super Preis-Leistungs-Verhältnis. Das Ökobewusstsein des Hotels zeigt sich u. a. an den einheimischen Bio-Pflegeprodukten in den Bädern. Das Zimmerdesign maximiert die natürliche Luftzirkulation und senkt so den Bedarf für eine Klimaanlage (dennoch vorhanden, falls es einem zu warm werden sollte).

Chonlada HOTEL $
(☎ 081 873 1387; Soi Supatheera; Zi. 400 B; ❄ ᯤ) Kleine, einfache Unterkunft mit neuen, ordentlichen Zimmern zu fairen Preisen. Die *soi*, in der sie liegt, ist relativ ruhig, und die stets lächelnden Betreiber machen den Aufenthalt hier zu einem Gewinn.

Charoenchit House HOTEL $
(☎ 043 227300; Th Chuanchun; Zi. 500–600 B; P ❄ @ ᯤ) Das saubere und recht neue Hotel gleich nördlich des Sees ist eine solide Budgetoption. Die attraktiv eingerichteten Zimmer bieten ziemlich viele Extras fürs Geld.

★ **Khon Kaen Centrum** HOTEL $$
(☎ 081 574 0507; www.kk-centrum.com; 33/17–18 Soi Supatheera; Zi. inkl. Frühstück 650–850 B; P ❄ ᯤ) Diese Bleibe sieht von außen aus wie ein gewöhnliches kleines Hotel im Thai-Stil. Doch die Details machen das Ganze zu etwas Besonderem: Mit ihrer hochwertigen weißen Einrichtung wirken die Zimmer ziemlich eindrucksvoll. Zudem liegen sie im hinteren Bereich des Gebäudeblocks und bekommen daher kaum Straßenlärm ab. Der Inhaber (wohnt vor Ort) legt großen Wert auf Service und Sauberkeit. Für Gäste gibt's Leihfahrräder.

Piman Garden HOTEL $$
(☎ 043 334111; www.pimangardenhotel.com; Th Klang Muang; Zi. 800–1500 B; P ❄ ᯤ) Trotz seiner Lage im Stadtzentrum überzeugt das Piman mit Ruhe und Privatsphäre: Abseits der Straße umgeben die gut gepflegten Zim-

Khon Kaen

mer einen attraktiven Garten. Die teureren Quartiere haben allerdings ein suboptimales Preis-Leistungs-Verhältnis. Trotzdem zählt das Hotel immer noch zu den besten örtlichen Mittelklasse-Optionen.

Pullman Raja Orchid HOTEL $$$
(☎ 043 322155; www.pullmanhotels.com; abseits der Th Prachasumran; Zi. 2220–2720 B, Suite 3950–5450 B; jeweils inkl. Frühstück; P ❄ @ 📶 🏊) An der prachtvollen Lobby ist das Niveau von Khon Kaens bestem Hotel sofort zu erkennen. Im Herzen der Stadt warten hier zahlreiche Extras wie mehrere Restaurants, eine deutsche Kleinbrauerei und ein luxuriöser Wellnessbereich mit Pool und Fitnessraum. Die Zimmer sind geräumig und gut ausgestattet, der Service ist zuvorkommend und aufmerksam.

Achtung: Man sollte unbedingt ein Zimmer im vorderen Bereich nehmen, da hinten die Musik der nahegelegenen Nachtclubs hineindröhnt!

Essen

Khon Kaen hat einen guten **Nachtmarkt** (Th Reunrom; ⏲17–24 Uhr). Kulinarisch sehr interessant ist zudem der östlichste Abschnitt des Straßenmarkts am Samstag.

Gai Yang Rabeab NORDOSTTHAILÄNDISCH $
(☎ 043 243413; Th Theparak; ganzes Brathähnchen 160 B; ⏲9–15 Uhr) In der Provinz Khon Kaen gibt's vielen Thais zufolge die leckersten *gài yâhng* (Brathähnchen) des Landes. Diesbezüglich gilt das schlichte Lokal mit reiner Regionalküche allgemein als bestes der Stadt.

Tawan Thong VEGAN $
(☎ 043 330389; 71/1 Th Ammart; Gerichte 30–40 B; ⏲6–14 Uhr; P 📶 🌿) Das Tawan Thong ist inzwischen in große neue Räumlichkeiten mit ökobewusstem Design (hohe Decken, Freiflächen) umgezogen. Das gesunde und rein vegetarische Büfett ist so gut, dass es auch viele Nichtvegetarier anlockt.

Khon Kaen

Sehenswertes
1 Hong Moon Mung D4
2 Lak Muang Gallery B2
3 Mahesak-Schrein C4
4 Rim-Bueng-Markt C4
5 Sanjao Bueng Tao Gong Ma D4
6 Ton Tann Art Space & Gallery A4

Aktivitäten, Kurse & Touren
7 Centrum Health Center B2

Schlafen
8 Charoenchit House C3
9 Chonlada B2
10 Eco Place D1
Khon Kaen Centrum .... (siehe 7)
11 Piman Garden C1
12 Pullman Raja Orchid B4

Essen
13 Didines A4
14 Nachtmarkt C3
15 Pavilion Café B4
16 Pomodoro B4
Tawan Thong .... (siehe 10)

Ausgehen & Nachtleben
17 Rads B3
18 Slove U C4
19 U-Bar B4

Unterhaltung
Central Plaza .... (siehe 20)

Shoppen
20 Central Plaza A2
21 Prathammakant C3
22 Rin Thai Silk C3
23 Thammoo Art-Decor C3
Ton-Tann-Green-Markt .... (siehe 6)

Praktisches
24 Très Bien Travel B4

Transport
25 Nakhonchai Air C2
26 Narujee B2
27 Alter klimatisierter Busbahnhof C2
28 Normaler Busbahnhof C1
29 THAI B4

Pomodoro ITALIENISCH $$
(Soi Khlong Nam; Gerichte 150–330 B; 17–23 Uhr;) Mitten im belebten Umkreis des Pullman Raja Orchid gibt's hier das beste italienische Essen der Stadt.

Didines INTERNATIONAL $$
(Th Prachasumran; Gerichte 60–380 B; Küche 17–22.30 Uhr, Bar bis 24 Uhr;) Was aus der Bar kommt, ist hier weitaus besser als das, was aus der Küche kommt. Das stilvolle Restaurant bietet aber dennoch die größte Auswahl von *fa·ràng*-Speisen in der Stadt, etwa Cordon Bleu aus Hähnchenbrust, Lachsravioli und Quesadillas mit schwarzen Bohnen. Eigentlich geht man aber ins Didines, weil es hier eine gute Auswahl amerikanischer Biere aus Kleinbrauereien und einen Billardtisch gibt.

Pavilion Café INTERNATIONAL $$$
(Th Prachasumran; Frühstück/Mittag-/Abendessen 450/550/700 B; 6–10, 11.30–14 & 18–22.30 Uhr; P) Das Hauptrestaurant des Pullman Raja Orchid hat ein ausgezeichnetes internationales Büfett, das aber nicht jeden Tag aufgebaut wird.

Ausgehen & Nachtleben

Mehrere coole Open-Air-Kneipen im Thai-Stil sind an der Kreuzung Th Reunrom und Th Prachasumran wie Pilze aus dem Erdboden geschossen. In dem schnell wachsenden Viertel Lang Mor außerhalb der Stadt hinter der Khon-Kaen-Universität gibt's mehr solcher Locations, aber vor allem mit studentischem Publikum.

★ **Slove U** CAFÉ
(095 651 7121; Th Sri Nual; Grüntee-Latte 40 B, Frucht-Shakes 90 B; 8–18 Uhr;) Khon Kaen hat viele junge Einwohner, und daher sind auch zahlreiche gute Cafés vorhanden. Dieser freundliche, kleine Schuppen mit allerlei attraktivem Kitsch als Ausstattung ist einer unserer Favoriten.

Rads NACHTCLUB
(Th Prachasumran) Das feierwütige Zentrum des örtlichen Nachtlebens weist vielerlei Facetten auf: Neben Musik von Livebands, DJs und Karaoke gibt's hier auch *Coyote Ugly*-Tänzerinnen und ein Restaurant unter freiem Himmel.

U-Bar LIVEMUSIK
(Soi Khlong Nam) Gut besuchter Liveclub, in dem auch berühmte Bands aus Bangkok spielen.

Unterhaltung

Central Plaza KINO
(Th Srichant) Im schicksten Einkaufszentrum von Khon Kaen gibt's ein Kino, das Filme in englischer Sprache zeigt, und eine Bowlingbahn.

ABSTECHER

TRAUMAUSSICHT

Der **Hin-Chang-See-Aussichtspunkt** (จุดชมวิวหินช้างสี; Eintritt 100 B) ist nicht mit öffentlichen Verkehrsmitteln erreichbar – die Anfahrt ab Khon Kaen (50 km) bedingt entweder ein eigenes Vehikel oder ein Taxi. Doch die Mühe lohnt sich definitiv: Denn das Ganze ist nicht nur ein Aussichtspunkt, sondern ein Wunderland aus hausgroßen Felsbrocken zwischen lichten Baumbeständen. Ganz oben schaut man herrlich auf den Ubonrat-Stausee. Und das eindrucksvoller und aus größerer Höhe, als die Anfahrt vermuten lässt!

Der Aussichtspunkt liegt im Nam Phong National Park, kann aber von Khon Kaen aus direkt angesteuert werden. Somit entfällt ein Umweg über den ca. 30 km entfernten Haupteingang des Parks. Um hierher zu kommen, folgt man zunächst dem Hwy 12 (Th Maliwan) bis Kilometerstein 30, dann der Rte 4064 und schließlich der Rte 5035 (12 km). Halbtägige Taxitrips ab Khon Kaen kosten ca. 1500 B. Khun Panya (S. 482) bietet Tagesausflüge für 1300 B plus Benzinkosten an. Koon Travel (S. 477) organisiert geführte Trips (u. a. mit Camping in der Gegend). Auch Teilnehmer der Wandertouren von Isan Explorer (S. 477) kommen in den Genuss der großartigen Aussicht.

Shoppen

Aufgrund des großen Angebots ist Khon Kaen wohl das beste Pflaster, um Kunsthandwerk aus dem Isan zu kaufen.

★ Straßenmarkt MARKT

(Th Na Sunratchakan; 17.30–22.30 Uhr) Wie auf Chiang Mais Straßenmärkten verkaufen hier zahllose Händler (darunter viele Studenten) z. B. selbst hergestellte Handtaschen, T-Shirts, Postkarten oder Bilderrahmen. An strategisch günstigen Ecken treten Tänzer, Musiker und andere Straßenkünstler auf. Die Laternen im chinesischen Stil, die überall zu finden sind, tragen zur festlichen Atmosphäre bei.

Prathammakant KUNSTHANDWERK

(Th Reunrom; 9–18 Uhr) Alles unter einem perfekten Dach: Dieser renommierte Laden hat die bei Weitem beste und größte Kunsthandwerksauswahl der Stadt. Darunter ist z. B. eine beeindruckend umfangreiche Auswahl von Seidenstoffen.

Thammoo Art-Decor KUNST

(043 320479; 79/2 Th Ruenrom; 9–18 Uhr) Der faszinierende Shop grenzt nahtlos an den gleichermaßen faszinierenden Stoffladen Prathammakhant: Stöbernde Besucher bemerken eventuell gar nicht wirklich, dass sie vom einen Geschäft zum anderen wechseln. Im Angebot sind hier Kunstwerke, Jadeskulpturen, Buddhas, Einrichtungsgegenstände und diverse Souvenirs (z. B. *kaan*-Pfeifen im Spielzeugformat). Hinzu kommen Malereien des Inhabers, der am Verkaufstresen oft selbst den Pinsel schwingt.

Ton-Tann-Green-Markt MARKT

(Hwy 2; 16–23 Uhr) Ton Tann ist halb Markt, halb Einkaufszentrum. Ähnlich wie auf dem Straßenmarkt verkaufen hier viele der Händler moderne, handgefertigte Kunsthandwerksgegenstände. Es gibt auch einen Modebereich, eine Kunstgalerie sowie zahlreiche Restaurants.

Rin Thai Silk KUNSTHANDWERK

(043 220705; Th Namuang) Dieser Laden stellt nicht nur Kleider und Röcke aus Seide her, sondern bietet auch Baumwollwaren im *mát-mèe*-Stil feil. Der Schwerpunkt liegt dabei stets auf Qualität – wovon die tollen Ausstellungsstücke ebenso zeugen wie die Tatsache, dass Einheimische (vor allem zukünftige Bräute) hier gezielt Hochwertiges kaufen.

Central Plaza EINKAUFSZENTRUM

(Th Srichant; Mo–Do 10.30–21, Fr–So 10–21 Uhr) Eines der größten Einkaufszentren im Isan. Hier gibt's eine Filiale von Asia Books mit englischsprachigen Büchern.

Praktische Informationen

Die drei größten Einkaufszentren der Stadt (Central Plaza, TukCom und Fairy Plaza) beherbergen lange geöffnete Bankfilialen. In der Central und Fairy Plaza gibt's auch AEON-Geldautomaten.

Einwanderungsbehörde (043 465242; Hwy 2; Mo–Fr 8.30–12 & 13–16.30 Uhr) Nördlich der Stadt nahe dem Eingang zur Khon-Kaen-Universität.

Khon Kaen Ram Hospital (043 333800; Th Srichant; Notaufnahme 24 Std.)

Tourism Authority of Thailand (TAT; 043 227714; tatkhkn@tat.or.th; Th Robbung;

⌚8.30–16.30 Uhr) Verteilt Stadtpläne und beantwortet auch Fragen zu umliegenden Provinzen.

Très Bien Travel (☎043 322155; Pullman Raja Orchid; ⌚Mo–Fr 8.30–17.30, Sa 8.30–14 Uhr) Verlässliche Adresse für Flugtickets.

An- & Weiterreise

BUS

Khon Kaen ist ein betriebsamer Verkehrsknotenpunkt. Von hier aus bedienen Direktbusse fast alle Städte des Isan und zudem viele Ziele außerhalb der Region. Alle Gesellschaften benutzen den **neuen klimatisierten Busbahnhof** (Th Liang Muang Khon Kaen), der an der Ringstraße südlich der Stadt liegt und häufig als Bor Kor Sor Sahm (Terminal 3) bezeichnet wird. Zum Recherchezeitpunkt betrieben einige große Busfirmen (z. B. Nakhonchai und Chan Tour) immer noch Ticketschalter im **alten klimatisierten Busbahnhof** (☎043 239910; Th Klang Muang) – kombiniert mit der Möglichkeit, von dort aus per Gratis-Shuttle zum neuen Busbahnhof zu fahren. Minivans benutzen nach wie vor den alten Busbahnhof.

Zum Recherchezeitpunkt war der **normale Busbahnhof** (☎043 237300; Th Prachasamoson) noch Startpunkt für alle möglichen Busse zu vielerlei Zielen (u. a. in alle Städte der Provinz). Dennoch war seine Schließung geplant – in naher Zukunft soll alles am neuen klimatisierten Busbahnhof abgewickelt werden.

Am bequemsten nach Bangkok geht's mit **Nakhonchai Air** (☎Telefonzentrale 1624, 02 790 0009; www.nca.co.th). Diese Firma startet den ganzen Tag über regelmäßig am neuen Terminal für klimatisierte Busse und bietet auch einen VIP-Service an („First Class", 560 B; Abfahrt 11.15, 23.15 & 0.15 Uhr).

FLUGZEUG

Thai Airways (☎043 227701; www.thaiairways.com; Pullman Raja Orchid; ⌚Mo–Fr 8–17 Uhr) verbindet Khon Kaen mit dem Suvarnabhumi Airport in Bangkok (einfache Strecke 1300–3300 B, 3-mal tgl.). Mit **Air Asia** (☎02 515 9999; www.airasia.com) geht's zum Don Mueang Airport in der Hauptstadt (einfache Strecke 700–1500B, 4-mal tgl.). Auch **Nok Air** (☎02 900 9955; www.nokair.com) bietet Flüge ab/nach Don Mueang an (700–2300 B, 3-mal tgl.).

Mehrere Hotels (u. a. das Pullman) schicken Shuttle-Busse (70 B) zum Khon Kaen Airport. Sie sind auf ankommende Flüge abgestimmt; es dürfen auch Passagiere mitfahren, die nicht im Hotel absteigen. Am Flughafen wartende Taxifahrer benutzen ihre Gebührenzähler nicht.

ZUG

Vier Expresszüge verbinden den **Bahnhof Khon Kaen** (☎043 221112) mit Bangkok (Sitzplatz 77–399 B, 1. Klasse Schlafwagen B oben/unten 968/1168 B, 8½–9 Std., 1-mal morgens, 3-mal abends). Hinzu kommt ein günstigerer Schnellzug am Abend. Weitere Züge fahren nach Nakhon Ratchasima (38–170 B, 3½ Std., 4-mal tgl.).

Unterwegs vor Ort

Sŏrng·tăa·ou (9 B) sind regelmäßig auf festen Routen in der ganzen Stadt unterwegs. Beispiele

BUSSE AB KHON KAEN

Alle folgenden Busse starten am neuen klimatisierten Busbahnhof. Zusätzlich werden einige der genannten Ziele von nicht klimatisierten bzw. 2.-Klasse-Fahrzeugen ab dem normalen Busbahnhof bedient – z. B. Khorat (120 B, 3 Std., regelm.) oder Roi Et (80 B, 2½ Std., regelm.). Vom normalen Busbahnhof aus geht's auch nach Loei (143 B, 3½ Std., stündl.) und Surin (182 B, 4 Std., stündl.).

ZIEL	PREIS (B)	DAUER (STD.)	HÄUFIGKEIT
Bangkok	280	7	6.30–0.30 Uhr (regelm.)
Chiang Mai	549–949	12	3.30–21 Uhr
Khorat	166	3½	8.30–23.30 Uhr (regelm.)
Mukdahan	230	4	2.45 & 4.30 Uhr
Nakhon Phanom	243	5	7.30–16 Uhr (5-mal tgl.)
Nong Khai	176	3½	12.20–20 Uhr (4-mal tgl.)
Phitsanulok	323	6	12.30–22 Uhr (8-mal tgl.)
Roi Et	104–222	2	9–15 Uhr (9-mal tgl.)
Suvarnabhumi Airport	365	6½	22.50 Uhr
Ubon Ratchathani	180–277	4½	1–20 Uhr (16-mal tgl.)
Udon Thani	126–180	2	5–19 Uhr (stündl.)
Vientiane (Laos)	180	4	8 & 15 Uhr

für die praktischsten Linien (jeweils über den alten klimatisierten Busbahnhof an der Th Klangmuang): Linie 4 passiert das Einwanderungsbüro, Linie 8 führt zum Wat Nong Wang und dann gen Nordwesten durch das Universitätsviertel. Linie 10 in Richtung Norden fährt nahe bzw. vor dem vietnamesischen Konsulat vorbei. Und mit Linie 21 geht's hinaus zum Nationalmuseum.

Túk-Túks sind die teuerste Option für individuelle Fahrten (40–60 B zu den meisten Zielen im Stadtzentrum). Die meisten Leute benutzen sie trotzdem: **Taxis mit Gebührenzähler** (☎ 043 465777, 043 342800; Startpreis/Bestellgebühr 30/30 B) sind an der Straße nur schwer aufzutreiben, und bei telefonischer Bestellung muss man meist lange warten. Taxis und Motorradtaxis (Stadtfahrt 20–30 B) warten praktisch nur an den Busbahnhöfen und an der Central Plaza. Die Chauffeure schalten aber dort jeweils ihre Gebührenzähler nicht ein.

Die verlässliche Firma **Narujee** (☎ 081 471 6524; Soi Kosa; Auto/Motorrad pro Tag ab 1200 B/200 B) ist einer der vielen Autovermieter rund um das Einkaufszentrum TukCom. Das Team von **Khun Panya** (☎ 092 290 9151; Auto mit Fahrer 1300 B/Tag) bietet Mietautos mit Fahrern an.

Chonnabot ชนบท

Der kleine Ort 55 km südwestlich von Khon Kaen ist eines der erfolgreichsten Seidenweberdörfer Thailands und für seine erstklassigen *mát-mèe*-Stoffe berühmt. Im **Sala Mai Thai** (☎ 043 286218; ⏲ 9–17 Uhr) GRATIS, einem Museum für Seidenweberei 1 km westlich des Ortes, erfährt man alles über die Herstellung von Seide und darf sich sogar selbst an den Webstuhl setzen. Im hinteren Teil befindet sich eine Ausstellungshalle mit Holzapparaturen zum Spinnen, Knüpfen, Färben und Weben von Seide per Hand sowie eine große Maschine, die einst in Fabriken zum Einsatz kam. Es gibt ein paar Nachbauten typischer Isan-Häuser mit diversen traditionellen Haushaltsgegenständen und im Obergeschoss einen Raum, in dem man traditionelle *mát-mèe*-Muster bewundern kann.

Im Museum können Interessierte auch Seide kaufen, aber die meisten Leute decken sich in den vielen Läden in der Th Sriboonruang, die auch **Seidenstraße** genannt wird, ein. Einige bieten auch schöne Baumwollstoffe aus dem nahe gelegenen Dorf Ban Lawaan an.

Touranbieter in Khon Kaen veranstalten Touren nach Chonnabot. Man kann aber auch mit öffentlichen Verkehrsmitteln hierher fahren. Vom normalen Busbahnhof fahren Busse Richtung Nakhon Sawan, die einen in Chonnabot (42 B, 1 Std., 6-mal tgl.) absetzen. Man kann auch den Bus (35 B, 1 Std., alle 30 Min.) oder den Zug (9 B, 30 Min., 8 & 8.30 Uhr) nach Ban Phai nehmen und dort in einen Bus nach Chonnabot (20 B, 20 Min., stündl.) umsteigen.

Prasat Puay Noi

Der aus dem 12. Jh. stammende **Prasat Puay Noi** (ปราสาทเปือยน้อย; ⏲ Sonnenaufgang–Sonnenuntergang) GRATIS ist die größte und interessanteste Khmer-Ruine im nördlichen Isaan, auch wenn sie eigentlich nicht mit einigen weniger bekannten Ruinen weiter im Süden mithalten kann.

WEBARBEITEN IM MÁT-MÈE-STIL

Der *mát-mèe*-Stil des Isan zählt zu Thailands bekanntesten Webstilen. Ergebnis dieser Art von Knüpfbatik (*mát* bedeutet „knüpfen", *mèe* heißt „Fäden") sind Stoffbahnen mit geometrischen und in sich verschlungenen Mustern. Die Muster werden von Mutter zu Tochter weitergegeben und sind Abstraktionen von Naturmotiven (z. B. Bäume, Vögel) – was einem aber ohne entsprechenden Hinweis nicht auffällt.

Zu Beginn des Herstellungsprozesses spannen die Weberinnen ihre Baumwoll- oder Seidenfäden stramm über einen Holzrahmen mit der Breite des späteren Stoffes. Dann erzeugen sie die gewünschten Muster fast immer rein aus dem Gedächtnis, indem sie jeweils mehrere Einzelfäden mittels Plastikfolie bündeln (früher wurde dafür die Rinde von Bananenstauden verwendet). Der Rahmen wird anschließend in die Farbe getaucht, die nur in die freiliegenden Fäden eindringt. Die Farbe ist heutzutage zumeist ein Chemieprodukt – Naturgrundstoffe wie Blütenblätter oder Baumrinde sind aber inzwischen wieder auf dem Vormarsch. Das Umwickeln und Färben wiederholt sich insgesamt mehrfach. Heraus kommen komplexe Muster, die auf dem Webstuhl richtig zum Leben zu erwachen scheinen. Je mehr man von dem Prozess sieht, desto klarer wird einem, wie erstaunlich es ist, dass das fertige Produkt so wunderschön wirkt.

Von Khon Kaen fährt man entweder mit dem Bus (35 B, 1 Std., alle 30 Min.) oder mit dem Zug (9 B, 30 Min., 8 & 8.30 Uhr) nach Ban Phai, wo man in ein *sŏrng·tăa·ou* nach Puay Noi (35 B, 1 Std.) umsteigt. Das letzte *sŏrng·tăa·ou* zurück nach Ban Phai fährt um 14 Uhr. Mit dem eigenen Fahrzeug fährt man von Ban Phai 11 km lang auf dem Hwy 23 in Richtung Osten (Ausschilderung nach Borabu) bis zur Rte 2301. Weiter geht es auf dieser Straße und der Rte 2297 (24 km).

Phu Wiang National Park

Ein Geologe, der nach Uran suchte, entdeckte hier im Jahre 1976 eine riesige Kniescheibe. Bei den daraufhin eingeleiteten Ausgrabungsarbeiten fanden Paläontologen das 15 m lange Fossil eines Pflanzenfressers, der später nach der Prinzessin Sirindhorn *Phuwianggosaurus sirindhornae* genannt wurde. Das Dinofieber brach aus (was auch die vielen Dinosaurierfiguren in Khon Kaen erklärt), und nachdem noch weitere Funde gemacht worden waren, erklärte man das Gebiet zum **Phu Wiang National Park** (อุทยานแห่งชาติภูเวียง; ☎043 358073; Eintritt 200 B).

An einer der eingezäunten **Ausgrabungsstätten** (⏲8.30–16.30 Uhr) ist das unvollständige Skelett eines *Siamotyrannus isanensis* zu sehen, eines frühen Vorfahrens des *Tyrannosaurus rex*. Vom Besucherzentrum und den Parkplätzen in der Nähe führen verschiedene Wege dorthin. Wer weiter in den Park vordringen will (am besten mit Geländewagen oder Mountainbike), entdeckt Fußabdrücke von Dinosauriern, Wasserfälle und einen tollen Aussichtspunkt.

Das **Phu Wiang Museum** (พิพิธภัณฑ์ไดโนเสาร์ภูเวียง; ☎043 438204; Erw./Kind 60/30 B; ⏲Di–So 9–17 Uhr) 3 km vor dem Park zeigt paläontologische und geologische Funde sowie lebensgroße Modelle und einige Animatronic-Modelle der Dinosaurierarten, die einst in dieser Gegend lebten. Kinder werden ausflippen, wahrscheinlich auch wegen der gigantischen fotogenen Dinostatuen im **Si Wiang Dinosaur Park** ganz in der Nähe. Wiang Kao, der Distrikt des hufeisenförmigen Gebirges, in dem der Park liegt, ist ein Obstanbaugebiet. Die Gegend lässt sich wunderbar mit dem Auto erkunden und bietet einen guten Einblick in das traditionelle Leben auf dem Land.

Der Parkeingang befindet sich 90 km westlich von Khon Kaen. Busse und Kleinbusse fahren von Khon Kaens normalem Busbahnhof nach Phu Wiang (40–100 B, 1½ Std., alle 30 Min.), wo man für die restlichen 19 km bis zum Park ein Túk-Túk (hin & zurück 500 B) oder ein Motorradtaxi (300 B) nehmen muss.

Nam Nao National Park

Eines der wertvollsten Naturschutzgebiete Thailands, der **Nam Nao National Park** (อุทยานแห่งชาติน้ำหนาว; ☎081 962 6236; Eintritt 200 B), erstreckt sich auf einer Fläche von 966 km² gleich hinter der Provinz Khon Kaen über das Phetchabun-Gebirge in den Provinzen Chaiyaphum und Phetchabun. Obwohl der Park abgelegen ist (hier hatte sich die thailändische Volksbefreiungsarmee bis in die frühen 1980er-Jahre festgesetzt), ist er über den Hwy 12 gut zu erreichen.

Bei einer Durchschnittshöhe von 800 m ist es hier das ganze Jahr über recht kühl (*nám nŏw* bedeutet „das Wasser fühlt sich kalt an"), und im Dezember und Januar kann es sogar Frost geben. Zwischen die Laub- und Nadelwälder mit den Sumpf-Kiefern, die nur selten in Thailand vorkommen, mischen sich einige große Bambushaine. Der Nam Nao National Park liegt im Herzen des Western Isaan Forest Complex, eines 6000 km² großen Areals aus acht miteinander verbundenen Naturschutzgebieten (darunter auch der Phu Kradueng National Park und das **Phu Khiaw Wildlife Sanctuary**, für das man sich vorab eine Besuchererlaubnis beschaffen muss). Hier gibt es besonders viele Tiere – beispielsweise so viele Elefanten, dass der Campingplatz durch einen elektrischen Zaun geschützt ist. Wer Glück hat, erspäht vielleicht Malaienbären, Bantengs (Wildrinder), Goldschakale, Muntjaks, Gibbons, Schuppentiere und Gleithörnchen. Es gibt sogar ein paar wenige Tiger. Zudem bevölkern mehr als 200 Vogelarten den Wald, darunter Doppelhornvögel und Silberfasane. Da hier die Sicht ausgesprochen gut ist, gibt es in Thailand eigentlich kaum einen besseren Ort zur Vogelbeobachtung.

Vom Besucherzentrum ausgehend, durchzieht ein beachtliches System von **Wanderwegen** den Park, die zu mehreren malerischen Aussichtspunkten führen. Der **Haewsai-Wasserfall** befindet sich 17 km östlich vom Besucherzentrum. Die besten **Aussichtspunkte** zum Beobachten des Sonnenaufgangs und des Morgennebels bzw. des Sonnenuntergangs liegen 5 bzw. 11 km weiter westlich. Wenn im Park viel los ist, werden Besucher in Fahrzeugen (70 B/Pers.) zu den Aussichtspunkten gebracht.

Einen Sitzplatz muss man im Besucherzentrum reservieren. Unterkünfte müssen über die Website des Nationalparks (www.dnp.go.th) gebucht werden.

Rund um das Besucherzentrum gibt es **Zeltstellplätze** (mit eigenem Zelt 30 B/Pers., Mietzelt 2–6 Pers. 250–300 B), einige **Bungalows** (☎ 02 562 0760; www.dnp.go.th/parkreserve; Bungalow 4–12 Pers. 1500–4000 B) und ein paar einfache Restaurants.

Die meisten Busse, die vom normalen Busbahnhof in Khon Kaen in Richtung Westen nach Lom Sak oder Phitsanulok fahren, halten im Nam Nao National Park (120 B, 2½ Std.). Das Besucherzentrum liegt ungefähr 1,5 km von der Schnellstraße entfernt.

Kobradorf Ban Khok Sa-Nga หมู่บ้านงูจงอางบ้านโคกสง่า

Die Einwohner von Ban Kho Sa-Nga verdienen ihren Lebensunterhalt auf einzigartige und gefährliche Weise: Sie veranstalten täglich Shows mit Königskobras, die hier zu Hunderten gezüchtet werden. Die meisten Familien des selbst ernannten „Königskobradorfs" halten ein paar der Reptilien in Kisten unter ihren Häusern.

Diese Tradition begann 1951, als ein Handelsreisender in Sachen Heilkräuter hier erstmals Schlangen vorführte, um mehr Kunden anzulocken. Sein Plan funktionierte – seitdem steht das Dorf für die Kunst der Schlangenzucht und -dressur. Bei den heutigen **Schlangenshows** des King Cobra Club of Thailand fordern die Dompteure die Reptilien und damit auch ihr Schicksal heraus – offenbar häufig nicht erfolgreich, wie die vielen fehlenden Finger zeigen. Vor Ort gibt's sogar eine „Ehrentafel" mit den Namen alle jener Dompteure, die eine Show nicht überlebt haben. In den Kommentaren wird dies immer wieder stark betont. Wer sich daran stört (oder am Gedanken, dass hier schon Fünfjährige mit Schlangen auftreten), verzichtet besser auf einen Besuch.

Das Dorf liegt 50 km nordöstlich von Khon Kaen (über Hwy 2 & Rte 2039). Um es von dort aus zu erreichen, nimmt man am normalen Busbahnhof einen Bus oder Minivan in Richtung Kranuan und steigt an der Abzweigung nach Ban Khok Sa-Nga aus (30 B, 1 Std., alle 30 Min.). Dann geht's per Túk-Túk zum Showplatz (40 B). Wer in Khon Kaen als Selbstfahrer startet, nimmt idealerweise die Landstraße, die am hochverehrten *chedi* **Phra That Kham Kaen** im Dorf Ban Kham vorbeiführt.

Roi Et ร้อยเอ็ด

34 285 EW.

Roi Et ist seit mindestens 2800 Jahren bewohnt und damit eine der ältesten Städte des Isan. Der Legende nach gab es hier einmal elf Stadttore. In den alten Schriften wurde „11" als „10 + 1" dargestellt. Diese Schreibweise führte irgendwie zum Namen der Stadt, der „101" bedeutet.

Außer langen Abschnitten des einstigen Festungsgrabens ist von Roi Ets langer Geschichte heute nicht mehr viel zu sehen. Dennoch hat sich die Stadt einen gewissen Charme und eine besondere Identität bewahrt. Sie ist sicher nicht verschlafen, folgt aber ihrem ganz eigenen Rhythmus.

Sehenswertes

Wat Burapha BUDDHISTISCHER TEMPEL
(วัดบูรพา; Th Phadung Phanit; ⏲ Sonnenaufgang–Sonnenuntergang) GRATIS Der riesige Buddha, der die Skyline von Roi Et überragt, ist der **Phra Phuttha Ratana Mongkon Mahamuni** (oder kurz Luang Po Yai). Obwohl von geringem künstlerischen Wert, ist er die Hauptsehenswürdigkeit des Tempels und definitiv auch nicht zu übersehen: Von Kopf bis Fuß misst er 59,2 m und vom Boden bis zur Spitze des *ùt·sà·nít* sogar stolze 67,8 m. Man kann die Treppen hinter ihm hinaufsteigen.

Roi-Et-Nationalmuseum MUSEUM
(พิพิธภัณฑสถานแห่งชาติร้อยเอ็ด; Th Peonjit; Eintritt 100 B; ⏲ Mi–So 9–16 Uhr, gesetzl. Feiertage geschl.) Dieses interessante Museum widmet sich alten Artefakten und der Kultur des Isan. Der 3. Stock informiert über die Seidenweberei – u. a. mit einer guten Ausstellung zu den Materialien, die beim Herstellen von natürlich gefärbter Bekleidung verwendet werden. Zu sehen gibt's auch ein paar Khmer-Artefakte aus der Lopburi-Zeit.

Bueng Phalan Chai PARK
(บึงพลาญชัย) Auf den Spazierwegen der hübschen, schattigen Insel tummelt sich die übliche Schar von Studenten, Joggern, Picknickern und Liebespaaren. Im Norden steht die heißgeliebte Statue des Schreitenden Buddha, im Süden erhebt sich der **lak meuang** (ศาลหลักเมือง; Stadtpfeiler).

Wat Neua BUDDHISTISCHER TEMPEL
(วัดเหนือ; Th Phadung Phanit; ⏲ Sonnenaufgang–Sonnenuntergang) GRATIS Der friedvolle Tempel im Norden der Stadt ist bekannt für seinen

Roi Et

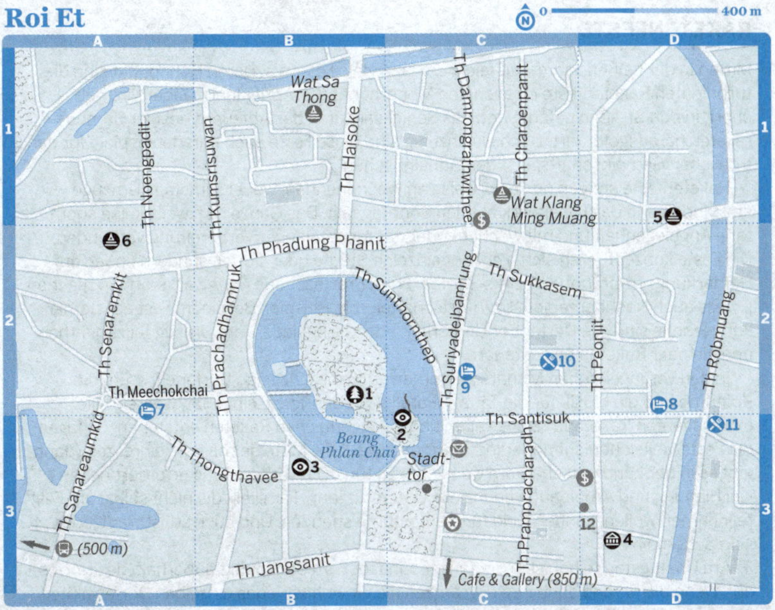

Roi Et

Sehenswertes

1 Bueng Phalan Chai B2
2 Lak Meuang C3
3 Roi-Et-Aquarium B3
4 Roi-Et-Nationalmuseum D3
5 Wat Burapha D1
6 Wat Neua A2

Schlafen

7 City Home Place A2
8 Roi Et City Hotel D2
9 Saithip Hotel C2

Essen

10 Nachtmarkt C2
11 White Elephant D3

Transport

12 ST Travel D3

1200 Jahre alten Backstein-*chedi* aus der Dvaravati-Zeit. Dessen viereckige Glockenform ist ungewöhnlich für Thailand. Ebenfalls im Inneren des Klosters findet man einen riesigen Bodhi-Baum und *bai săir·mah* (buddhistische Grenzsteine) aus der Dvaravati-Zeit.

Roi-Et-Aquarium AQUARIUM

(สถานแสดงพันธุ์สัตว์น้ำเทศบาลเมืองร้อยเอ็ด; Th Sunthornthep; ⏲Di–So 8.30–16 Uhr, gesetzl. Feiertage geschl.) GRATIS Das kleine Aquarium mit Unterwassertunnel zeigt Flossenträger aus dem ganzen Isan. Die meisten Becken wirken irgendwie öde und traurig. Im Becken mit dem Tunnel tummeln sich jedoch ein paar ziemlich große Flussfische. Potenziell interessant, falls man die Aquarien in Nong Khai oder Nakhon Phanom nicht besuchen kann!

Schlafen

City Home Place HOTEL $

(☎043 516079; Th Thongthavee; EZ/DZ 400/440 B; P ❄ 📶) Die blitzblanken Zimmer des recht neuen Hotels sind zwar nicht sonderlich charaktervoll, haben aber ein ganz gutes Preis-Leistungs-Verhältnis. Zudem bekommen Gäste ein kleines Frühstück.

Saithip Hotel HOTEL $

(☎043 511742; Th Suriyadejbamrung; Zi. 240–320 B; P ❄ 📶) Dieses einfache Billighotel ist praktisch ein Betonblock voller dicht gedrängter Zimmerreihen. Die teureren Quartiere sind klimatisiert und angesichts der Innenarchitektur wohl die beste Wahl.

Roi Et City Hotel HOTEL $$

(Th Peonjit; Zi. 950 B, Suite bis zu 7000 B) Dieser prachtvolle Oldtimer hat schon bessere Tage gesehen, muss aber angesichts der Innen-

RAKETENFESTE

Mitten in der heißen Jahreszeit feiert der Isan viele Festivals. Deren Höhepunkt sind die turbulenten Raketenfeste im sechsten Mondmonat (ca. April–Juni). Dabei wird gebechert, in den Straßen getanzt und das Schicksal durch das Abfeuern riesiger Bambusraketen herausgefordert. Doch gleichzeitig sind diese Feste auch Paradebeispiele für den fröhlichen Gemeinschaftsgeist der Einheimischen.

Raketenfeste steigen normalerweise an Wochenenden, wobei samstags Umzüge stattfinden und das Feuerwerk auf den Sonntag fällt. Das Ganze ist jeweils keine spontane Angelegenheit und mit wochen- oder gar monatelanger Vorbereitung verbunden. Die Feste konzentrieren sich nicht auf einzelne Städte oder Dörfer, sondern finden auf Gemarkungs- *(đambon)*, Bezirks- *(amper)* und Provinzebene *(jangwàt)* statt. So machen jeweils auch Nachbargebiete bzw. -ortschaften mit. Beispiel: Bei einem Fest auf Gemarkungsebene sind alle Dörfer der Gemarkung dazu eingeladen, am Umzug teilzunehmen und ein paar Raketen beizusteuern.

In den vorangehenden Monaten kümmern sich die einzelnen Dörfer eifrig um die Kostüme und die Musik für die Tänzer. Parallel werden Tänze eingeübt, während die extravaganten Raketenumzugswagen und die eigentlichen Raketen entstehen. So fallen die Feste vielleicht nicht unbedingt rein zufällig auf die Mitte der heißen Jahreszeit (dann gibt es in der Landwirtschaft am wenigsten zu tun). Die Vorbereitung erfordert neben viel Planung und Arbeit auch finanzielle Unterstützung: Familien, die nicht selbst am Fest teilnehmen wollen, können Geld für die Kostüme spenden. Und auch sonst trägt jeder sein Scherflein bei.

Am Umzugstag reihen sich die Tänzer zunächst am Startpunkt außerhalb des Dorfes auf. Wenn die Parade dann beginnt, tanzen die Einwohner jedes einzelnen Dorfes hinter ihrem jeweiligen Dorfschild die Straße entlang. In der Hitze strengt das ganz schön an. Darum marschieren spezielle Wasserträger direkt hinter den Tänzern und versorgen diese mit ausreichend Flüssigkeit. Herzstück des Umzugs sind die Raketenwagen. Immer wieder sieht man aber auch den Krötenkönig (Phaya Khan Khak), einen Elefanten, ein Eichhörnchen und vielleicht sogar das Bildnis eines „Jungen" bei sexuellem Tun. Die vorbeiziehende Parade wird vom Organisationskomitee genauestens begutachtet. Als Preis bekommt das Siegerdorf dann zwar nur Ruhm statt Geld, aber ums Gewinnen geht's dabei ohnehin nicht.

Die Raketen in allen möglichen Größen (bis zu 3 m lang) werden sonntags gezündet. Früher bestanden sie aus Bambusrohren mit Schwarzpulverfüllung. Die heutigen Exemplare basierend jedoch auf Kunststoffrohren. Achtung: Unfälle sind keine Seltenheit! Mangels Konstruktionsstandards haben die Raketen ein unberechenbares Flugverhalten. In Verbindung mit dem kräftigen Alkoholkonsum steigt so das Verletzungsrisiko stark an – ein Problem, dem sich Thailands Regierung inzwischen intensiv widmet.

Viele Dörfer und Städte veranstalten Raketenfeste. Zweifellos am berühmtesten ist jedoch das Festival in **Yasothon**, das auch offiziell von der TAT beworben wird. Am zweiten Maiwochenende erwacht die ansonsten langweilige Ortschaft dann schlagartig zum Leben – Unterkünfte daher so früh wie möglich reservieren! Von Yasothons Bleiben hat das **BM Grand** (☎ 045 714262; Th Rattanakhet; EZ/DZ 400/450 B; P ⊖ ❄ ☜) das beste Preis-Leistungs-Verhältnis. Das gut geführte **JP Emerald Hotel** (☎ 045 724848; www.jpemeraldhotel.com; Th Prapa; Zi. 550 B, Zi. inkl. Frühstück 700–1200 B; P ❄ @ ☜) ist eine gesellige Alternative.

Interessante Raketenfeste gibt's z. B. auch in den Bezirken Suwannaphum (erstes Juniwochenende) und Phanom Phrai (Vollmond des siebten Mondmonats) der Provinz Roi Et – ebenso in vielen Ortschaften der Provinzen Nong Khai und Udon Thani. Per Bus ist Yasothon z. B. ab Bangkok (1. Klasse/VIP 400/624 B), Ubon Ratchathani (90–105 B), Mukdahan (80–103 B) und Khon Kaen (120–181 B) erreichbar.

Festbesucher möchten sich vielleicht auch Yasothons „Riesenkröte" ansehen: Zum Recherchezeitpunkt war das fünf Stockwerke hohe **Krötenmuseum** der Stadt gerade fertig geworden. Zukünftig sollen darin Ausstellungen zum Raketenfest und zur damit verbundenen Folklore zu sehen sein.

einrichtung und der Kunst im Foyer einst durchaus etwas dargestellt haben. Die etwas abgenutzten Zimmer sind nett eingerichtet. In den geräumigen Bädern stehen Badewannen. Die Standardzimmer haben ein gutes Preis-Leistungs-Verhältnis.

Essen & Ausgehen

White Elephant INTERNATIONAL, THAI $
(Chang Pheuak; Th Robmuang; Gerichte 60–350 B; ⌚16–23.30 Uhr; P 📶) Das Restaurant gleich gegenüber vom alten Festungsgraben serviert zahllose thailändische Gerichte. Die Spezialitäten des Hauses stammen jedoch wie der Inhaber aus Deutschland. Der Laden hat eine gemütliche Holzeinrichtung und ist bei westlichen Touristen sehr beliebt.

Nachtmarkt NORDOSTTHAILÄNDISCH $
(Th Prampracharadh; ⌚15–23 Uhr) Unter dem großen Dach findet tagsüber der städtische Markt statt. Abends nimmt hier Roi Ets größter Nachtmarkt den Betrieb auf.

Cafe & Gallery CAFÉ
(Th Ronnachai Chanyut; ⌚9–18.30 Uhr; 📶) Das kleine Café beschert Roi Et etwas dringend notwendige Kultur: Es gehört einem Fotografen, dessen gerahmte Aufnahmen hier überall aushängen und auch gekauft werden können (ab 500 B). Als kleiner Snack empfiehlt sich der „pikante Schokoladenkuchen", der mit Chili gewürzt ist. Gegenüber vom Roi Et Hospital liegt das Lokal rund 1 km südlich des Sees.

Anreise & Unterwegs vor Ort

Roi Ets Flughafen befindet sich 13 km nördlich der Stadt. Verbindung zum Don Mueang Airport in Bangkok besteht mit **Nok Air** (3-mal tgl., einfache Strecke ab ca. 1000 B; ☎02 900 9955; www.nokair.com) und dem Unternehmen **Air Asia** (2-mal tgl.; ☎02 515 9999; www.airasia.com). Flugtickets bekommt man bei **ST Travel** (☎043 512469; Th Peonjit; ⌚Mo–Sa 8.30–18 Uhr).

Der **Busbahnhof** (☎043 511939; Th Jangsanit) liegt 1 km westlich vom Stadtzentrum. Mindestens stündlich rollen Busse von hier aus nach Bangkok (305–610 B, 8 Std.), Khon Kaen (Bus od. Minivan 80–116 B, 2½ Std.), Ubon Ratchathani (113–146 B, 3 Std.) und Surin (95 B, 2½ Std.). Túk-Túk-Fahrer verlangen 60 B zu allen Zielen in Seenähe.

Ko Chang & Ostküste

Inhalt ➡

Gut essen

- Relax (S. 489)
- Glass House (S. 499)
- Jep's Restaurant (S. 506)
- Chanthorn Phochana (S. 510)
- Pan & David Restaurant (S. 495)

Schön übernachten

- Bann Makok (S. 531)
- Rabbit Resort (S. 498)
- Samed Pavilion Resort (S. 503)
- Baan Luang Rajamaitri (S. 509)
- Koh Chang Sea Hut (S. 523)

Auf nach Ko Chang & an die Ostküste!

Die beiden Inseln Ko Chang und Ko Samet sind der Hauptgrund, warum Touristen an die Ostküste kommen. Dabei hat das Festland von weltweit bekannten Ferienorten wie Pattaya bis zum altmodischen Charme des zauberhaften Chanthaburi mindestens ebenso viel zu bieten.

Ko Samet, die größte der in unmittelbarer Reichweite von Bangkok gelegenen Inseln, ist besonders beliebt bei Luxus-Backpackern, die Wodka aus Eimern trinken, Feuerkünstler am Strand bewundern und in den ruhigen Buchten im Süden faulenzen. Weiter südlich liegt Ko Chang, die zweitgrößte Insel Thailands. Hier verbringt man die Tage mit Tauchen, Faulenzen an den Stränden der Westküste oder Wanderungen im Urwald, und stürzt sich abends ins Partyleben.

Nur wenige Besucher zieht es nach Bang Saen, obwohl die trendigen Restaurants am Meer und der lange Strand durchaus einen Zwischenstopp wert sind. Ganz anders das wilde, laute Pattaya mit seinem ausschweifenden Nachtleben, unzähligen Attraktionen und einer der besten internationalen Küchen Thailands.

Reisezeit

- Die beste Reisezeit für die Ostküste ist am Ende der Regenzeit, also im November, und vor Beginn der Hochsaison (Dez.–März). Dann ist es angenehm kühl, die Landschaft ist üppig grün und die Preise sind angemessen. Während der Ferien über Weihnachten und Neujahr ist auf Ko Chang Hochsaison. Erst im März wird es wieder ruhiger, aber dann beginnt die heiße Trockenzeit.
- Obwohl es in der Regenzeit von Mai bis Oktober oft tage- oder gar wochenlang gar nicht regnet, schließen einige Hotels und Geschäfte auf Ko Chang; auf Ko Kut, Ko Mak und Ko Wai ist alles dicht und die Inseln befinden sich im Winterschlaf. Während des Monsuns ist Ko Samet die beste Wahl, da es aufgrund des dortigen Mikroklimas relativ trocken ist.

Bang Saen บางแสน

42 843 EW.

Der am nächsten bei Bangkok gelegene Badeort ist ein beliebter Zufluchtsort der Stadtbewohner am Wochenende. Die kürzliche Neugestaltung der Strandpromenade und viele neue Boutiquehotels machen ihn noch beliebter. So ist die 4 km lange Promenade tagsüber voller Tandems und Essensstände, die Meeresfrüchte verkaufen. Abends strömen die Studenten in die angesagten Restaurants und Bars mit Blick aufs Meer.

Sehenswertes & Aktivitäten

Khao Sam Muk HÜGEL

(เขาสามมุข, Affenberg) Auf dem „Affenberg" leben Hunderte von Rhesusaffen, die gierig und schnell nach allem greifen, was sie erhaschen können. Auf keinen Fall füttern, da sie sonst noch aggressiver werden! In der Überlieferung der Einheimischen ist der Hügel nach einem Mädchen benannt, das sich hier nach einer unglücklichen Liebe das Leben nahm.

Wang Saen Suk BUDDHISTISCHER TEMPEL

(วังแสนสุข, Tempel des Glücks; Soi 19, Sai 2; 8–18 Uhr) GRATIS Trotz seines „glücklichen" Namens enthält der Tempel grauenhafte Statuen von Sündern, die, wie in Dantes Inferno, bis in alle Ewigkeit mit Höllenqualen bestraft werden. Zwei riesige Statuen am Eingang sind von Mischwesen aus Mensch und Tier umgeben. Die Statuen auf der Rückseite stellen thailändische Märchen dar und mahnen ein tugendhafteres Verhalten an. Die riesigen Welse und Schildkröten im Teich daneben dürfen gefüttert werden (10 B).

Mangrove Forest Conservation Centre WALD

(038 398268; Ang Sila; 8.30–15.30 Uhr) GRATIS Dieser Wald ist so geheim, dass selbst viele Einheimische nicht wissen, dass es ihn gibt. Ein 2 km langer Holzplankenweg führt in den zumeist dichten und schattigen Mangrovenwald. Hier lassen sich auch Krebse, Herzmuscheln und Schlangenkopffische beobachten. Der Wald liegt 3 km nördlich von Ang Sila, dessen täglicher Fischmarkt ebenfalls einen Besuch lohnt. Ang Sila liegt 6 km nördlich von Bang Saen.

Wihahn Tepsatit Pra Gitichairloem CHINESISCHER TEMPEL

(วิหารเทพสถิตพระกิติเฉลิม; Ang Sila; 8–17 Uhr; P) GRATIS Der vierstöckige Tempel wurde zum 72. Geburtstag des Königs errichtet und ist mit kunstvollen Malereien und herrlichen Skulpturen geschmückt. Die Einheimischen bringen regelmäßig ihre Opfergaben in den Tempel, und freiwillige Helfer erklären gern die Rituale. Der Tempel steht an der Hauptstraße von Ang Sila.

Flight of the Gibbon SEILRUTSCHEN

(089 970 5511; www.treetopasia.com; Tour ab 3000 B) Die Seilrutsche, an der man durchs Blätterdach des Khao Kheow Open Zoo rauscht, ist 3 km lang und hat 26 Plattformen. In der Tagestour sind weitere Aktivitäten wie ein Hindernisrennen durch den Dschungel und ein Besuch des benachbarten Zoos enthalten.

Schlafen

Suk Jai Guesthouse PENSION $

(086 839 1688; Soi 1, Bang Saen Sai 1; Zi. 500 B;) Die recht funktionalen Zimmer sind nichts Besonderes, aber nur ein paar Schritte vom Strand entfernt. Das Namensschild ist zwar nur in Thai, aber das Haus ist gut an der rot-weiß gefliesten Fassade zu erkennen.

Bangsaen Heritage Hotel HOTEL $$$

(038 399899; www.bs-heritagehotel.com; 50 Sai 1; Zi. inkl. Frühstück 2942–11 181 B;) Die wunderbare Hotelanlage ist ein Symbol für den aktuellen Aufschwung in Bang Saen. Einrichtung und Ausstattung sind eine Kombination aus traditionellem Thai-Stil und modernen Akzenten.

Essen & Ausgehen

Summer's Corner CAFÉ $

(193/25 Th Long Had Bang Saen; Hauptgerichte 100–150 B; 10–22 Uhr;) Die studentische Stammkundschaft der örtlichen Uni schätzt das fröhliche Personal und die lässige Einrichtung ebenso wie das kreative Essen.

Relax THAILÄNDISCH $$

(Th Rob Khao Sum Muk; Hauptgerichte 150–300 B; 16 Uhr–Mitternacht) Der Name sagt schon alles: die Gäste sitzen direkt am Strand, trinken Bier zu gegrilltem Tintenfisch und genießen Livemusik.

An- & Weiterreise

In der Nähe des Hauptabzweigung nach Bang Saen fahren auf beiden Seiten der Th Sukhumvit Minivans und Busse ab. Die roten *sŏrng·tăa·ou* (kleine Pickup-Laster) fahren nach Si Racha (15 B, 20 Min., 5.30–21 Uhr).

Highlights

1. Auf **Ko Chang** (S. 514) schnorcheln und durch den Urwald wandern
2. Sich im kristallklaren Wasser von **Ko Kut** (S. 530) treiben lassen
3. In den kleinen Buchten von **Ko Wai** (S. 527) mit den Fischen schwimmen
4. Auf der hübschen Insel **Ko Samet** (S.502) eine Bucht nach der anderen entdecken
5. Durch das alte Hafenviertel von **Chanthaburi** (S. 507) schlendern
6. Auf einem Tandem die schattige Promenade von **Bang Saen** (S.489) entlangfahren
7. Einen entspannten Tag in der atmosphärischen Altstadt von **Trat** (S.511) verbringen
8. Mit einem Tagesausflug auf die friedliche Insel **Ko Si Chang** (S.494) und einem Zwischenstopp in **Si Racha** (S. 492) der Hektik in Bangkok entkommen
9. In Pattaya das moderne Meisterwerk des **Sanctuary of Truth** (S. 496) als kunstvoll geschnitzten Beweis für die hohe Kunst des Buddhismus und Hinduismus bewundern
10. Die ganze Küste entlang Meeresfrüchte essen – deshalb kommen schließlich auch die Thais her

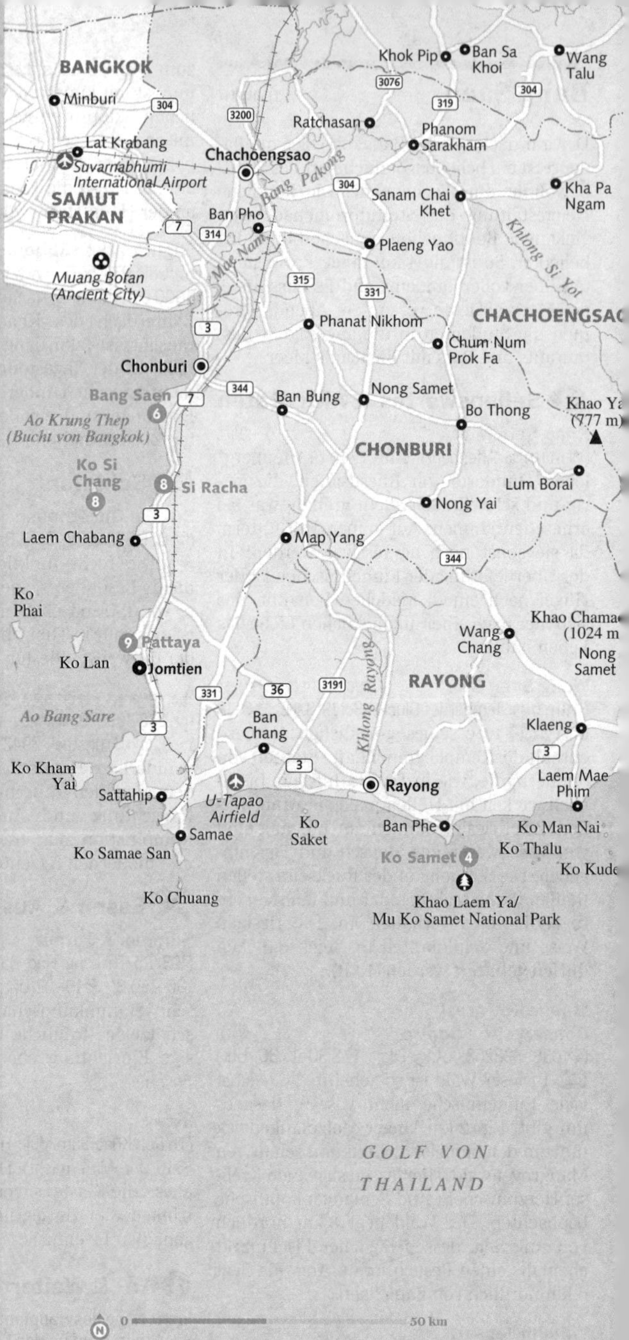

Lam
Prachin buri
Sa Kaew
Watthana Nakhon
Huay Jot
Sai Yoi
Khao Chakan
317
33
348
Ang Sila
Non Mak Mun
KAMBODSCHA
Aranya Prathet
Poipet
3395
Sai Diaw
Non Sao-Eh
Sisophon
Khlong Hat
Khao Takrup (660 m)
Wang Mai
3395
317
Khao Daeng
Thun Khanan
CHANTHABURI
Battambang
Tamun
Khao Soi Dao Nua (1566 m)
Pung Ngon
Nong Chek Soi
Takra
Ban Pakard
Khao Chamao/ Khao Wong National Park
Khao Khitchakut National Park
Pong Nam Ron
Psar Pruhm
Pailin
Si Yaek Kong Din
317
Nong Khla
Makham
3
Ban Pa-Ah
Tha Mai
5 Chanthaburi
Chang Thun
Nam Tok Phlio National Park
Nong Sii
Laem Sadet
Chao Lao
Ta Chalap
3157
Chak Yai
Laem Sing
Khlung
Pong
Dan Chumpon
Laem Ko Proet
3159
Tha Chot
3271
TRAT
3156
3
Trat
7
KAMBODSCHA
Bang Kradan
Ban Noen Sung
Laem Muang
318
Laem Ngop
Ao Trat
Tha Sen
1 Ko Chang
Laem Sok
Mu Ko Chang National Marine Park
Hat Mai Rut
Ko Wai 3
Ko Kradat
Ko Mak
Ko Ran
Khlong Yai
Ko Mai Si
2 Ko Kut
Hat Lek
Krong Koh Kong

ZIEL	BUS	MINIVAN
Ost-Busbahnhof (Ekamai), Bangkok	83 B; 1 Std.; stündl.	
Nord-Busbahnhof (Mo Chit), Bangkok	95 B; 1½ Std.; stündl.	120 B; 1½ Std.; 5–20.30 Uhr stündl.
Bangkok Suvarnabhumi International Airport	110 B; 1 Std.; stündl.	
Victory Monument in Bangkok	110 B; 1½ Std., stündl.	
Ban Phe (nach Ko Samet)		180 B; 2 Std.; 8–17 Uhr

Si Racha ศรีราชา

80 088 EW.

Si Racha (sprich „si ra-tscha") ist eine unglaubliche Mischung aus Tradition und Moderne. Am Pier hängen Tintenfische zum Trocknen, im Wasser dümpeln farbenfrohe Fischerboote aus Holz neben riesigen Containerschiffen, die im benachbarten Hafen von Laem Chabang anlegen.

In den Sushi-Restaurants und Karaokebars treffen sich Japaner, die in den Industrie- und Gewerbegebieten rundum arbeiten, und verwandeln das Zentrum in Klein-Tokio. Das Herz der Stadt aber schlägt im Gesundheitspark, der direkt am Wasser liegt.

Sehenswertes

Sehenswürdigkeiten gibt's in Si Racha kaum, aber man kann einen gemütlichen Spaziergang durch die Stadt machen.

Ko Loi INSEL

Die Insel hat einen **thailändisch-chinesischen Tempel** und tolle Sonnenuntergänge zu bieten. In einem Teich unterhalb des Tempels schwimmen riesige Schildkröten, die mit Tintenfischen (10 B) gefüttert werden dürfen. Hier legt auch die Fähre nach Ko Si Chang ab.

Gesundheitspark PARK

In dem sehr gepflegten öffentlichen Park treffen sich jeden Abend die Einheimischen zum Yoga, Tai-Chi und Skateboarden. Außerdem gibt's dort ein Café, einen Joggingpfad und einen Spielplatz.

Schlafen

Die originellsten (d.h.: einfachsten) Unterkünfte sind die Holzhäuser auf den Piers.

Samchai HOTEL $

(☎038 311800; Soi 10, Th Jermjompol; Zi. 350–900 B; ❄📶) Das Hotel auf dem Pier hat rustikale Zimmer mit schönem Blick aufs Meer. Die günstigeren Zimmer werden nur von einem Ventilator gekühlt.

Siriwatana Hotel HOTEL $

(☎038 311037; 35 Soi Siriwatana, Th Jermjompol; Zi. 200–380 B; 📶) Glaubt man den Einheimischen, so steht dieses Holzgebäude schon seit fast einem Jahrhundert auf seinen Pfählen im Meer. So ist das Wasser nicht nur durchs Fenster, sondern auch durch die Bodendielen zu sehen.

Seaview Sriracha Hotel HOTEL $$

(☎038 319000; seaview_hotel@hotmail.com; 50-54 Th Jermjompol; Zi. inkl. Frühstück 990–1900 B; ❄@📶) Die Zimmer sind gemütlich und die auf der Rückseite bieten auch Meerblick

Essen

Der Küstenort Si Racha ist natürlich vor allem für Meeresfrüchte bekannt, die hier auf thailändische, japanische und koreanische Art zubereitet werden.

Ko-Loi-Meeresfrüchte-Stände SEAFOOD $

(Gerichte 40–160 B; ⏲10–21 Uhr) Die Essensstände auf dem Damm, der die Stadt mit der Insel Ko Loi verbindet, haben sich auf frische Meeresfrüchte spezialisiert.

Lahp Ubon NORDOSTTHAILÄNDISCH $

(Th Si Racha Nakorn; Gerichte 20–80 B; ⏲10–22 Uhr) In dem Isan-Restaurant ist der *nám đòk mŏo* (würziger Salat mit Schweinefleisch) besonders lecker.

My One VIETNAMESISCH $

(14/10 Th Surasak 1; Gerichte 50–160 B; ⏲9–21 Uhr) Das einfache thailändisch-vietnamesische Restaurant bietet eine gute Auswahl an frischen und gesunden Gerichten wie Salaten und (nicht frittierten) Frühlingsrollen.

Mum Aroy SEAFOOD $$

(Soi 8, Th Jermjompol; Gerichte 60–420 B; ⏲11–22 Uhr) Die „köstliche Ecke" ist *der* Ort, um leckere Meeresfrüchte mit Blick auf die am Pier zum Trocknen aufgehängten Tintenfische zu genießen. Um hierher zu gelangen, geht man am Samitivet Sriracha Hospital links vorbei und sucht nach dem Aquarium mit dem 2 m langen Fisch, das vor dem Haus steht.

California Steak STEAKS $$

(4/3-4 Th Surasak 2; Hauptgericht 200–300 B; ⏲17.30–Mitternacht) Das Fleisch für die

Si Racha

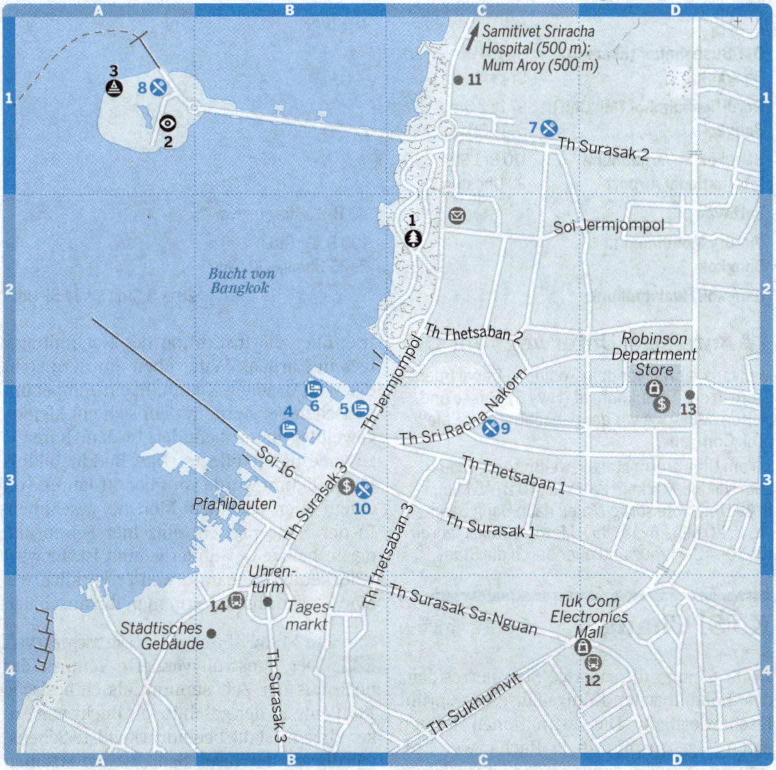

Si Racha

Sehenswertes

1 Gesundheitspark C2
2 Ko Loi A1
3 Thailändisch-chinesischer Tempel A1

Schlafen

4 Samchai B3
5 Seaview Sriracha Hotel B3
6 Siriwatana Hotel B3

Essen

7 California Steak C1
8 Ko-Loi-Meeresfrüchte-Stände A1
9 Lahp Ubon C3
10 My One B3

Praktisches

11 Einreisebehörde C1

Transport

12 Busse nach Bangkok D4
13 Minivans nach Bangkok D3
14 *Sŏrng·tăa·ou* nach Pattaya & Bang Saen B4

Steaks des schicken Steakhauses könnte wirklich aus den USA stammen, auf jeden Fall wird es importiert. Zudem gibt's gute Pizzas.

Praktische Informationen

Einreisebehörde (☎038 312571; 3/1 Th Jermjompol; ⏱8.30–16.30 Uhr)

Die **Krung Thai Bank** (Ecke Th Surasak 1 & Th Jermjompol; ⏱8.30–15.30 Uhr) bietet sowohl einen Geldautomaten als auch eine Wechselstube.

Post (Th Jermjompol; ⏱Mo–Fr 8.30–16.30, Sa 8.30–12.30 Uhr) Gegenüber dem Gesundheitspark.

Samitivet Sriracha Hospital (☎038 324111; Soi 8, Th Jermjompol)

VERKEHRSMITTEL AB SI RACHA

ZIEL	BUS	MINIVAN	ZUG
Ost-Busbahnhof (Ekamai), Bangkok	94 B; 1½hr; 5–20 Uhr stündl.		
Nord-Busbahnhof (Mo Chit), Bangkok	97 B; 2 Std.; 5–19.30 Uhr stündl.		
Bangkok Suvarnabhumi International Airport	110 B; 1 Std.; 5.10–20 Uhr stündl.		
Pattaya		40 B; 30 Min.; regelm.	
Victory Monument in Bangkok		100 B; 1½ Std.; 5–20 Uhr alle 30 Min.	
Bangkok Hualamphong			28 B; 3 Std.; tgl. 14.52 Uhr

Anreise & Unterwegs vor Ort

Minivans fahren vor dem Robinson Department Store in der Th Sukhumvit (Hwy 3), Busse und weitere Minivans vor der benachbarten IT Mall (Tuk Com) ab.

Vom Uhrenturm starten weiße *sŏrng·tăa·ou* zum Naklua-Markt in Pattaya (40 B, 45 Min., 6–18 Uhr), rote *sŏrng·tăa·ou* nach Bang Saen (15 B, 20 Min., 6–18 Uhr). Motorradtaxis fahren für 30–40 B kreuz und quer durch die Stadt.

Ko Si Chang เกาะสีชัง

4975 EW.

Ko Si Chang, die einstige Sommerresidenz des thailändischen Königshauses, versprüht Fischerdorfflair. Die Attraktionen lohnen einen Tagesausflug ab Si Racha, wer Entspannung sucht, kann zudem über Nacht bleiben. Am Wochenende ist mehr los, dafür sorgen Besucher aus Bangkok, die Meeresfrüchte essen, Fotos am Meer schießen und zu den örtlichen Tempeln pilgern.

Sehenswertes

Phra-Chudadhut-Palast HISTORISCHE STÄTTE

(Di–So 9–17 Uhr) GRATIS Der ehemalige Palast war von König Chulalongkorn (Rama V.) im Sommer genutzt worden, wurde aber aufgegeben, als die Franzosen 1893 die Insel kurzzeitig besetzten. Der Hauptthronsaal aus vergoldetem Teakholz, der auch als Vimanmek Teak Mansion oder Wimanmek-Palast bekannt ist, wurde 1910 nach Bangkok gebracht. Übrig sind Gebäude im viktorianischen Stil in einer gartenartigen Anlage.

Im Ruen Vadhana und Ruen Mai Rim Talay sind historische Erinnerungsstücke an die Aufenthalte des Königs auf der Insel und Dokumente zu seinen Arbeitsbeschaffungsprogrammen ausgestellt. So hielt er vor der Inselbevölkerung einst einen Vortrag über die Institution des Nachmittagstees in Europa. Weiter oben am Berg steht der Wat Atsadang Khanimit, ein Tempel mit gotischen Fenstern, in dem sich ein kleiner, geweihter Raum befindet, in dem Rama V. zu meditieren pflegte. Das Buddhabildnis im Heiligtum wurde vor über 50 Jahren von einem hier lebenden Mönche geschaffen. In der Nähe ragt ein einzelner Felsen auf, der in heilige Gewänder gehüllt ist. Er wird „Glockenfels" genannt, weil er wirklich wie eine Glocke klingt, wenn man ihn anschlägt.

San Jao Phaw Khao Yai CHINESISCHER TEMPEL

GRATIS Der kunstvoll verzierte Tempel, der noch aus der Zeit stammt, als chinesische Kaufleute in der geschützten Bucht vor Anker gingen, ist die beeindruckendste Sehenswürdigkeit der Insel. Seinetwegen strömen chinesische Touristen zum Neujahrsfest im Februar auf die Insel. Der Tempel mit Höhlenschreinen, verschiedenen Ebenen und einem herrlichen Blick aufs Meer steht nördlich des Haupttortes der Insel.

Wat Tham Yai Phrik BUDDHISTISCHER TEMPEL

(วัดถ้ำยายปริก; www.watthamyaiprig.com; Spenden erbeten; 5–18 Uhr) GRATIS Das buddhistische Kloster wurde über und um Meditationshöhlen errichtet, die sich im Inneren des zentralen Kalksteingebirges der Insel befinden. Vom *chedi* (Stupa) auf dem Hügel hat man einen tollen Ausblick. Aus ganz Thailand kommen Mönche und Nonnen *(mâa chee)*, um die friedliche Ruhe der Höhlen zu nutzen. In der Regel ist immer jemand da, der die Besucher durch das Kloster führt und den Buddhismus erklärt.

In einem kleinen Raum des Klosters ist der Leichnam einer Nonne zu sehen, der an die Endlichkeit des irdischen Lebens erinnern soll. Teilnehmer von Meditationskursen können auch im Kloster übernachten.

Hat Tham Phang STRAND

Der Strand der „Eingestürzten Höhle" im Südwesten der Insel ist der einzige Sandstrand auf Ko Si Chang. Neben Sonnenschirmen und Liegestühlen werden hier auch Kajaks vermietet. Im nördlichen Abschnitt kann man ganz gut schnorcheln.

Aktivitäten

Einheimische bieten **Schnorchelausflüge** zur Fledermausinsel Ko Khang Khao an, die auch einen schönen Strand hat. Vom Hauptpier fahren auch Schnellboote (400 B) zur Insel. Die **Kajaks** am Hat Tham Phang werden für 200 B pro Stunde vermietet. Nach Nach Ko Khang Khao paddelt man etwa 45 Minuten.

Sichang Healing House MASSAGE

(☎081 572 7840; nahe Th Makham Thaew) Die bezaubernde, englischsprachige Besitzerin dieses Paradiesgartens bietet eine große Auswahl ausgezeichneter Massagen an (300–600 B). Außerdem verkauft sie hausgemachte Gesundheitsprodukte und vermietet einfache Bambuszimmer für 300 B.

Schlafen & Essen

Auf der Insel gibt es einzelne Pensionen, Privatunterkünfte und Restaurants, die auf Meeresfrüchte spezialisiert sind.

Charlie's Bungalows PENSION $$

(☎085 191 3863; www.kosichang.net; Th Makham Thaew; Zi. 1000–1100 B; ❄📶) Die ganz in Weiß gehaltenen Bungalows stehen in einem Garten und sind mit TVs und DVD-Playern ausgestattet. Das Personal ist freundlich und hilfsbereit. Für Wochenenden und Feiertage im Voraus buchen!

★ **Pan & David Restaurant** THAILÄNDISCH, INTERNATIONAL $$

(☎038 216629; www.ko-sichang.com; 167 Mu 3, Th Makham Thaew; Gerichte 120–440 B; ⏲8.30–22 Uhr) Bei Fleisch von freilaufenden Hühnern, hausgemachter Eiscreme, leckerem Thai-Essen und einer ordentlichen Weinkarte kann man hier nichts falsch machen. Es werden auch Zimmer (750–1800 B) vermietet, darunter einige umgebaute Fischerboote.

Pa Noi Rim Tahng SEAFOOD $$

(Th Makham Thaew; 100–350 B; ⏲11–21 Uhr) Die Einheimischen lieben die hervorragenden Meeresfrüchte des einfachen Straßenrestaurants. Die blauen Tische und Schirme sind nicht zu übersehen.

Praktische Informationen

Das einzige Dorf auf der Insel liegt auf der dem Festland zugewandten Seite. Dort ist auch der Fähr-Anleger. Eine holprige Straße führt vom Dorf zu den Sehenswürdigkeiten der Insel.

Auf der Internetseite des Restaurants Pan & David (www.ko-sichang.com) findet man viele nützliche Infos über die Insel.

Die **Kasikornbank** (99/12 Th Atsadang; ⏲8.30–15.30 Uhr) hat einen Geldautomaten und eine Wechselstube.

Post (Th Atsadang; ⏲Mo–Fr 8.30–16.30, Sa 8.30–12.30 Uhr) In der Nähe des Piers.

Anreise & Unterwegs vor Ort

Zwischen 7 und 20 Uhr legt die Fähre nach Ko Si Chang stündlich am Verbindungssteg nach **Ko Loi** (S. 494) in Si Racha ab (einfache Strecke 50 B, 45 Min.). Abfahrt in Ko Si Chang ist ebenfalls stündlich, allerdings von 6–19 Uhr.

Motorradtaxis warten am Pier und fahren für 30–50 B überall hin. Touren mit aufgemotzten *săhm·lór* (oder auch *săamláw*) zu den wichtigsten Sehenswürdigkeiten gibt's für 250 B.

Am Pier können auch Motorräder gemietet werden (250 B/Tag, 80 B/Std.).

Pattaya พัทยา

192 372 EW.

Wer einsame Strände und sanft schaukelnde Hängematten sucht, sollte einen großen Bogen um Pattaya machen. Mit Hunderten von Bierkneipen, Go-Go-Bars und Massagesalons gilt die Stadt zu Recht als Sexmetropole. Doch der Sündenpfuhl bemüht sich sehr, das miese Sex-Image loszuwerden, und mittlerweile kommen viele der jährlich 10 Mio. Besucher tatsächlich wegen den gigantischen Einkaufszentren und anderen Annehmlichkeiten. Dazu gehören eine wachsende Zahl kultureller und actiongeladener Aktivitäten sowie internationaler Restaurants.

Die Stadt erstreckt sich rund um die halbmondförmige Bucht von **Ao Pattaya**, wo in den 1960er-Jahren der erste Ferienort Thailands für amerikanische GIs entstand, die sich vom Vietnamkrieg erholen wollten. Während Süd-Pattaya (Pattaya Tai) immer noch das Zentrum des Nachtlebens ist, hat sich der Norden (Pattaya Neua) zu einer Gegend der gehobenen Preisklasse entwickelt.

In **Jomtien** im Süden befindet sich der schwulenfreundliche Strand von Hat Dongtan. Das nördlich der Innenstadt gelegene **Naklua** ist ebenfalls ruhiger und bietet einige Luxusresorts am Strand von Wong Amat.

Pattaya & Naklua

Die schönsten Strände der Gegend sind auf **Ko Samae San**, einem winzigen Inselchen mit guten Schnorchelbedingungen, sowie der unter Aufsicht der thailändischen Marine stehende **Hat Nahng Ram**, beide 35 km südlich von Pattaya.

Sehenswertes & Aktivitäten

Sanctuary of Truth DENKMAL

(ปราสาทสัจธรรม; ☎038 367229; www.sanctuaryoftruth.com; 206/2 Mu 5, Soi Naklua 12; Erw./Kind 500/250 B; ⏲8–18 Uhr) Das ganz aus Holz, aber ohne einen einzigen Nagel errichtete Heiligtum der Wahrheit, das zudem einen himmlischen Blick aufs Meer bietet, lässt sich am besten als visionären Lebensraum beschreiben, einer Mischung aus Kunstinstallation, religiösem Schrein und Kulturdenkmal. Die Architektur ist ebenso beeindruckend wie die Lage, denn die vier Flügel des Heiligtums sind jeweils der thailändischen, kambodschanischen (Khmer), chinesischen und indischen religiösen Bilderkunst gewidmet.

Das reich verzierte, tempelähnliche Bauwerk wurde vom thailändischen Millionär Lek Viriyaphant entworfen, der sein gesamtes Vermögen für dieses und andere historische Projekte wie etwa das Freilichtmuseum Ancient City bei Bangkok ausgibt, um die al-

Pattaya & Naklua

Sehenswertes
1 Art in Paradise ... C1
2 Khao Phra Tamnak ... A5

Aktivitäten, Kurse & Touren
3 Fairtex Sports Club ... C1

Schlafen
4 Asia BackPackers ... C3
5 Garden Lodge Hotel ... C1
6 Nag's Head ... B3
7 Siam@Siam ... C2

Essen
8 La Baguette ... C1
9 Leng Kee ... C3
10 Mantra ... C1
11 Nang Nual ... B3
12 Thepprasit Market ... D5

Ausgehen & Nachtleben
13 Gulliver's ... C2
14 Lima Lima ... A4

Unterhaltung
15 Blues Factory ... B4
16 Tiffany's ... C1

Transport
17 35 Group ... C4
18 Bangkok Airways ... C2
19 Minivans nach Bangkok ... D3

ten, traditionellen Bautechniken und Architekturen nicht nur vor dem Verschwinden zu bewahren, sondern sogar zu neuem Leben zu erwecken. In diesem Fall geht es darum, die alte Kunst der Holzbearbeitung ohne moderne Hilfsmittel zu pflegen. Kein Wunder, dass an dem Bauwerk seit 1981 gewerkelt wird und es immer noch nicht fertig ist.

Jeder Zentimeter des 105 m hohen Gebäudes ist mit Schnitzereien von hinduistischen und buddhistischen Gottheiten bedeckt.

Eine Besichtigung ist nur im Rahmen von Führungen möglich, die alle 30 Minuten stattfinden. Außerdem werden um 11.30 und 15.30 Uhr thailändische Tänze vorgeführt. Motorradtaxis bringen die Besucher für 50–70 B von Pattaya zum Heiligtum, das sich etwa 3 km vom Zentrum entfernt am Ende der 1 km langen Soi 12, einer Seitenstraße der Th Naklua, befindet.

Anek Kusala Sala (Viharn Sien) — MUSEUM

(อเนกกุศลศาลา / วิหารเซียน; ☎038 235250; abseits der Th Sukhumvit; Eintritt 50 B; ⏰8–17 Uhr) Das bei Reisegruppen beliebte Museum zeigt über 300 eindrucksvolle chinesische Kunstwerke, vor allem Bronze- und Messingstatuen, die sowohl historische Persönlichkeiten als auch buddhistische, konfuzianische und taoistische Gottheiten darstellen. Gegründet wurde es von dem im China aufgewachsenen Thai Sa-nga Kulkobkiat zur Förderung der Freundschaft zwischen beiden Ländern.

Im 1. Stock drängen sich chinesische Unsterbliche, von Pangu, dem kosmischen Riesen, bis zu Guan Yin, der Göttin der Gnade. Auf der Terrasse im 2. Stock stehen die beeindruckendsten Stücke der Ausstellung: überlebensgroße Statuen von Shaolin-Mönchen in verschiedenen Kampfsporthaltungen. Nebenan befindet sich eine bewegende Sammlung von Figuren des Alltags, auf die die Besucher 1-B-Münzen legen.

Um zu dem 16 km südlich von Pattaya gelegenen Museum zu gelangen, fährt man mit einem *sŏrng·tăa·ou* (25 B) Richtung Sattahip und steigt an der Abzweigung zum Wat Yangsangwaram aus. Von dort lässt man sich mit einem Motorradtaxi die letzten 5 km zum Museum fahren. Den Fahrer sollte man bitten, zu warten, damit man auf jeden Fall wieder zur Hauptstraße zurückkommt. Mit eigenem Fahrer kostet die Hin- und Rückfahrt zum Museum 1500 B.

Ko Lan — INSEL

(เกาะล้าน) Scharen von Tagesausflüglern strömen auf die kleine Insel, die 7 km vor Pattaya liegt. Am Wochenende tummeln sich an den fünf Stränden bis zu 5000 Besucher, die sich mit Bananenbooten und anderen Wasserfahrzeugen vergnügen. Die Boote zur Insel (30 B, 45 Min., 5-mal tgl.) fahren am Bali Hai Pier am südlichen Ende der Walking St in Pattaya ab. Von Ko Lan fährt das letzte Boot um 18 Uhr zurück.

Khao Phra Tamnak — BUDDHISTISCHE STÄTTE

(เขาพระตำหนัก; ⏰Sonnenaufgang–Sonnenuntergang) Ein riesiger, goldener Buddha sitzt auf dem bewaldeten Hügel zwischen Jomtien und Süd-Pattaya. Er gehört zum friedlichen Wat Phra Yai und stammt noch aus der Zeit, als Pattaya ein kleines, unbedeutendes Fischerdorf war. Auf einem Hügel in der Nähe erstreckt sich der **Monument Park**, von dem man einen tollen Blick auf den Sonnenuntergang in der Ao Pattaya hat. Das Ganze ist nur einen kurzen Fußmarsch vom südlichen Ende der Walking St entfernt.

PATTAYA MIT KINDERN

Das überraschend große Angebot Pattayas für Kinder reicht von Aquaparks bis zu familienfreundlichen Bauernhöfen und Camps.

Cartoon Network Amazone (☎038 237797; www.cartoonnetworkamazone.com; 888 Mu 8, Th Sukhumvit; Erw./Kind 1290/890 B; ⏲10–18 Uhr; 👪) Das weltweit erste Erlebnisbad dieser Art ist eigentlich ein internationaler Cartoon-Themenpark. Ob in der Surfarena oder auf dem 1 km langen Fluss – überall begegnet man den Helden bekannter Zeichentrickserien.

Greta Farm (☎092 634 7979; www.gretafarm.com; 68/5 Mu 3, Th Wat Yarn; ⏲7–23 Uhr; 👪) Ziegen, Pferde und Kühe sind die Stars auf diesem Bauernhof für Kinder. Außerdem können sich die Kleinen im Bogenschießen üben, über Seilbrücken balancieren und sich im Freizeitpark austoben.

Underwater World (☎038 756879; www.underwaterworldpattaya.com; 22/22 Mu 11, Th Sukhumvit; Erw./Kind 500/300 B; ⏲9–18 Uhr; 👪) Mit Meeresbewohnern zum Anfassen und Koi-Fütterungen ist das größte Aquarium der Gegend besonders kinderfreundlich.

Art in Paradise (☎038 424500; www.artinparadise.co.th; 78/34 Mu 9, Th Pattaya Sai 2; Erw./Kind 400/200 B; ⏲9–21 Uhr; 👪) Hier ist Fotografieren ausdrücklich erlaubt und sogar erwünscht, denn die bizarren 3-D-Gemälde von Dinosauriern, Wasserfällen und einem Elefanten auf der Toilette kommen auf dem Selfie erst so richtig zur Geltung.

Fairtex Sports Club FITNESS & GESUNDHEIT
(☎038 253888; www.fairtexpattaya.com; 179/185-212 Mu 5, Th Pattaya Neua; Trainingseinheit 800 B) Manager mit Burnout, Freunde des Kampfsports und abenteuerlustige Sportler kommen in das Fitnessstudio im Stil einer Ferienanlage, um *moo·ay tai* (auch *muay Thai;* Thaiboxen) zu lernen und einen schweißtreibenden Urlaub zu verbringen. Die Nutzung des Schwimmbads und anderer Sporteinrichtungen ist im Preis enthalten. Auch Übernachtungen können gebucht werden.

Feste & Events

Pattaya International Music Festival MUSIK
(www.pattayamusicfest.com) Mitte März verwandelt sich Pattayas Uferpromenade in einen Konzertsaal unter freiem Himmel, in dem drei Tage lang Livemusik gespielt wird. Für Stimmung sorgen dabei lokale Musiker sowie Bands aus ganz Asien mit einer Bandbreite von Hip-Hop bis Rock.

Schlafen

Unterkünfte im Zentrum oder Süd-Pattaya sind zwar meist günstiger, aber auch näher am lauten Nachtleben. In Nord-Pattaya und Teilen von Naklua befinden sich die bekannten Hotels, während es in Soi Bua Khao und Jomtien gute Budgetunterkünfte gibt.

Jomtien Hostel HOSTEL $
(☎038 233416; www.jomtienhostel.com; Mu 12, Hat Jomtien; B/Zi. 280/550 B; ❄@📶) Das saubere Hostel mit guten Betten ist nur 200 m vom Strand entfernt. Schließfächer sind vorhanden.

Asia BackPackers HOSTEL $
(☎038 420528; www.asia-backpackers.com; 420/162 Mu 9, Soi Bua Khao; Zi. 330 B; @📶) Als eines der wenigen Hostels mitten in Pattaya ist es eine einfache, aber gemütliche Alternative zu den ansonsten üblichen Pensionen. Schließfächer sind vorhanden.

Nag's Head PENSION $
(☎038 425274; nagshead_pattaya@yahoo.co.th; 485/15 Th Pattaya Sai 2; Zi. 700 B; ❄📶) Gute Budgetunterkunft mit sauberen Zimmern und freundlichem Personal. Die Zimmer, die nicht zur Straße hinausgehen, sind ruhiger.

Garden Lodge Hotel HOTEL $$
(☎038 429109; www.gardenlodgepattaya.net; Ecke Soi 20 & Th Naklua; Zi. 1350–3000 B; ❄📶🏊) Das besonders bei deutschen Touristen sehr beliebte Hotel hat etwas altmodische Zimmer, aber einen Swimmingpool, und ist von einem schönen Landschaftsgarten umgeben.

★ **Rabbit Resort** HOTEL $$$
(☎038 251730; www.rabbitresort.com; Hat Dongtan; Zi. inkl. Frühstück 5000–10 990 B; ❄@📶🏊) Die eleganten Bungalows und Ferienhäuschen der abgeschiedenen Hotelanlage verstecken sich in einem Wäldchen am Strand zwischen Jomtien und Pattaya Tai. Mobiliar und Wandschmuck sind im thailändischen Stil gehalten. Einer der beiden Pools ist besonders gut für Familien geeignet. Der Service ist so hervorragend wie das ganze Hotel.

Birds & Bees Resort HOTEL $$$
(☎ 038 250556; www.cabbagesandcondoms.co.th; Soi 4, Th Phra Tamnak; Zi. 2000–12 000 B; ❄@🛜🏊) Die Ferienanlage in einem tropischen Garten hat zwei Pools und sehr geräumige Zimmer. Die preiswerteren Zimmer bieten keine Aussicht. Mit den Einnahmen wird die Arbeit der PDA unterstützt, einer gemeinnützigen Organisation des ehemaligen Politikers Mechai Viravaidya, der sich jetzt für die Entwicklung auf dem Land und den Gebrauch von Kondomen engagiert.

Siam@Siam HOTEL $$$
(☎ 038 930600; www.siamatpattaya.com; 390 Mu 9, Th Pattaya Sai 2; Zi. inkl. Frühstück 6250–15 000 B; ❄@🛜🏊) Mit einer Mischung aus modernem Design, recycelten Materialien und leuchtenden Farben passt das Hotel in jede Schublade. Zu den Highlights gehören das Restaurant auf dem Dach, der Infinity Pool und die geniale Bar aus alten Jeeps und *túk-túks* (sprich: *đúk đúks*). Die Zimmerpreise sind oft recht flexibel.

Essen

Natürlich ist Pattaya voller erstklassiger Restaurants mit internationaler und thailändischer Küche, doch es gibt auch immer noch Unmengen von Essensständen auf den Märkten und in den Straßen für Reisende mit kleinerem Budget.

Thepprasit Market MARKT $
(Ecke Th Thepprasit & Th Sukhumvit; Gerichte 30–80 B; ⏲ Fr–So 16–22 Uhr) Neben allerlei Krimskrams und Unmengen von Klamotten gibt's auf dem gut besuchten Nachtmarkt am Wochenende auch eine große Auswahl an Smoothies, Nudelgerichten und Snacks.

Leng Kee THAI-CHINESISCH $
(Th Pattaya Klang; Gerichte 100–300 B; ⏲ 24 Std.) Das alteingesessene chinesisch-thailändische Restaurant ist vor allem für seine Entengerichte weithin bekannt, doch auch die Meeresfrüchte hier sind sehr lecker.

★ **Glass House** THAILÄNDISCH $$
(☎ 038 255922; www.glasshouse-pattaya.com; 5/22 Mu 2, Jomtien; Gerichte 170–380 B; ⏲ 11–24 Uhr) Die Gäste des strahlend weißen Strandlokals genießen Meeresfrüchte, Pizzen und Steaks mit den Füßen im warmen Sand.

Mum Aroy SEAFOOD $$
(☎ 038 223252; 83/4 Soi 4, Th Naklua; Gerichte 150–420 B; ⏲ 11–23 Uhr) Das alteingesessene Restaurant am Wasser liegt genau dort, wo das ehemalige Fischerdorf von Naklua endet. Tatsächlich liegen noch ein paar alte Fischerboote verlassen vor der Küste. Eine frische Brise umweht die Gäste, die sich gierig über das fantastische Thai-Essen hermachen. Unbedingt probieren sollte man *sôm·đam Ƀoo* (würziger Papaya-Salat mit Krebsfleisch) und *Ƀlah mèuk nêung ma-now* (in Limettensaft gedünsteter Tintenfisch).

Nang Nual SEAFOOD $$
(☎ 038 428478; Walking St; Gerichte 180–500 B; ⏲ 11–24 Uhr) Das Restaurant, das zu den bekanntesten Meeresfrüchtelokalen in Pattaya

PATTAYA – STADT DER AUSLÄNDER

Keine andere Stadt in Thailand hat einen derart schlechten Ruf wie Pattaya. Seit die ersten US-Soldaten in den 1960er-Jahren zur Erholung von der Front in Vietnam kamen, ist der Ort ein Synonym für Sextourismus. In den allgegenwärtigen Bierbars, Go-Go-Clubs und Massagesalons arbeiten Tausende von Prostituierten.

Doch es gibt auch eine andere, weniger anrüchige Seite der Stadt. Scharen von Ausländern aus allen Teilen der Welt haben sich hier niedergelassen und machen Pattaya (nach Bangkok) zur zweitgrößten, wirklich internationalen Stadt des Landes. Die meisten kamen wegen der hohen Lebensqualität, niedrigen Lebenshaltungskosten und vielen Annehmlichkeiten wie einigen der besten Golfplätze Thailands.

Viele Briten haben hier Firmen gegründet, die aufstrebende arabische Gemeinde konzentriert sich rund um die Soi 16 am Südende der Walking St und Naklua ist besonders beliebt bei deutschen Auswanderern. Mit den Ausländern kamen auch immer mehr internationale Geschäfte, die von südamerikanischem Kaffee bis französischem Käse mittlerweile Spezialitäten aus aller Welt anbieten.

Schätzungen zufolge leben ca. 40 000 Ausländer ständig in Pattaya, und noch mehr verbringen zumindest einen Teil des Jahres hier. Ihre Zahl wird weiter steigen, denn die Stadt wird in atemberaubendem Tempo ausgebaut und fortentwickelt. Neben den monatlich aus dem Boden gestampften Wohntürmen ist das neueste Projekt ein Tunnel an die Küste.

zählt, erstreckt sich beiderseits der Walking St. Es gibt eine riesige Auswahl guter Gerichte, darunter auch viel Westliches, und die Fischspezialitäten sind ausgestellt.

Bang Sare THAILÄNDISCH $$
(Gerichte 100–300 B; ⌚11–23 Uhr) Rund 20 km südlich von Pattaya liegt der aufstrebende Ferienort Bang Sare mit seinem langen Sandstrand sowie trendigen Restaurants und Cafés mit leckerer internationaler und thailändischer Küche. Am Wochenende ist es immer sehr voll.

Rimpa Lapin THAILÄNDISCH $$
(☎038 235515; www.rimpa-lapin.com; Hat Jomtien; Gerichte 150–400 B; ⌚14–24 Uhr) In dem Restaurant auf den Klippen genießt man die ausgezeichnete Thai-Fusionsküche mit einem spektakulären Blick auf die ganze Bucht von Pattaya. Für die Zeit des Sonnenuntergangs unbedingt reservieren! Öffentliche Verkehrsmittel fahren nicht hierher.

Sketch Book Art Cafe THAI, INTERNATIONAL $$
(478/938 Mu 12, Th Tha Phraya; Gerichte 90–365 B; ⌚8–22 Uhr) Das fantastische Künstlercafé mitten in einem herrlich verwilderten Garten bietet eine willkommene Auszeit vom Trubel in Pattaya. Die Kunstwerke an den Wänden stammen vom Besitzer selbst. Es gibt leckere Smoothies und frisches Thai-Essen.

La Baguette BÄCKEREI $$
(☎038 421707; 164/1 Mu 5, Th Naklua; Gerichte 160–290 B; ⌚8–24 Uhr) Im schicken Café werden ausgezeichnete Salate, leckere Crêpes und viele Kaffee- und Teespezialitäten serviert. Am Wochenende sollte man reservieren.

Mantra INTERNATIONAL $$$
(☎038 429591; Th Hat Pattaya; Gerichte 160–1240 B; ⌚18–23.30 Uhr) Das noble Spitzenrestaurant sollte man unbedingt besuchen, auch wenn man sich nur einen der schicken Cocktails leisten kann (ab 180 B). Auf der Karte stehen japanische, thailändische und westliche Gerichte. Der Sonntagsbrunch für 1690 B ist legendär und bei den Einheimischen eine feste Institution.

Ausgehen & Nachtleben

Trotz des Überangebots von immer gleichen Bierkneipen gibt es noch immer ein paar gute Kneipen ohne anrüchiges Ambiente.

Gulliver's BAR
(Th Hat Pattaya; Bier ab 85 B; ⌚15–2 Uhr) Die neokoloniale Fassade täuscht, denn dahinter verbirgt sich eine Sportbar. Auf mehreren Bildschirmen laufen die Football-Spiele der englischen Premier League.

Lima Lima CLUB
(Walking St; ⌚22–5 Uhr) Gelegentlich legen internationale DJs für das bunt gemischte Publikum aus Touristen und Einheimischen auf. Der Eintritt kostet 200 B.

☆ Unterhaltung

Tiffany's THEATER
(☎038 421700; www.tiffany-show.co.th; 464 Th Pattaya Sai 2; Eintritt 800–1200 B; ⌚18, 19.30 & 21 Uhr) Die familienfreundliche Travestieshow mit viel Glitzer, Glamour und Gesang begeistert vor allem chinesische Reisegruppen.

Blues Factory LIVEMUSIK
(Soi Lucky Star, Walking St; ⌚22–2 Uhr) Das für gute Livemusik seit langem bekannte Lokal hat seit kurzem einen neuen Besitzer, doch an der allabendlich laut dargebotenen Rock- und Soulmusik hat sich nichts geändert.

ℹ Praktische Informationen

EINREISE

Einreisebüro (☎038 252750; Soi 5, Hat Jomtien; ⌚8.30–16.30 Uhr)

GEFAHREN & ÄRGERNISSE

Das größte Problem in Pattaya ist der Alkohol, der immer wieder zu Verkehrsunfällen und Schlägereien führt. Deshalb sollte man alle Wertsachen immer im Zimmersafe des Hotels lassen! Auch sollte man keine Jet-Skis mieten, da es immer wieder zu vorgetäuschten „Beschädigungen" kommt.

GELD

Banken und Geldautomaten gibt's überall.

MEDIEN

Pattaya Mail (www.pattayamail.com) ist nur eine der englischsprachigen Wochenzeitungen der Stadt. Pattaya One (www.pattayaone.net) bietet faszinierende Einblicke in die dunkle Seite Pattayas.

MEDIZINISCHE VERSORGUNG

Das **Bangkok Pattaya Hospital** (☎038 259999; www.bangkokpattayahospital.com; 301 Mu 6, Th Sukhumvit, Naklua; ⌚24 Std.) bietet erstklassige medizinische Versorgung.

NOTFALL

Touristenpolizei (☎Notruf 1155; tourist@police.go.th) Die Zentrale ist neben dem Büro der Tourism Authority of Thailand in der Th Phra Tamnak, Polizeistände befinden sich am Strand von Pattaya und Jomtien.

VERKEHRSMITTEL AB PATTAYA

ZIEL	BUS	MINIVAN	ZUG	FLUGZEUG
Ost-Busbahnhof (Ekamai), Bangkok	119 B; 2 Std.; 4.30–23 Uhr alle 30 Min.	130 B; 2 Std.; regelm.		
Nord-Busbahnhof (Mo Chit), Bangkok	128 B; 2½ Std.; 4.30–21 Uhr alle 40 Min.	150 B; 2½ Std.; regelm.		
Süd-Busbahnhof, Bangkok	119 B; 3 Std.; 6–18.30 Uhr alle 2 Std.	150 B; 2½ Std.; stündl.		
Bangkok Suvarnabhumi International Airport	250 B; 2 Std.; 6–19 Uhr 7-mal tgl.	120 B; 2 Std.; regelm.		
Bangkok Hualamphong		150 B; 3½ Std.; 1-mal tgl.		
Aranya Prathet (nach Kambodscha)		260 B; 5 Std.; 4–18 Uhr stündl.		
Ko Samet		160 B; 1 Std.; stündl.		
Rayong		100 B; 1½ Std.; regelm.		
Si Racha		40 B; 50 Min.; regelm.	5 B; 1¼ Std.; 1-mal tgl.	
Ko Samui				ab 3890 B; 1Std.; tgl.
Phuket				ab 2650 B; 1½ Std.; tgl.

POST

Post (Soi 13/2, Th Pattaya Sai 2; ⌚Mo–Fr 8.30–16.30, Sa 8.30–12.30 Uhr)

TOURISTENINFORMATION

Tourism Authority of Thailand (TAT; ☎038 428750; tatchon@tat.or.th; 609 Th Phra Tamnak; ⌚8.30–16.30 Uhr) Das hilfsbereite Personal des Büros an der nordwestlichen Ecke des Parks Rama IX hält Broschüren und Stadtpläne bereit.

ℹ An- & Weiterreise

Der internationale Flughafen **U-Tapao** (☎038 245595; www.utapao.com) liegt 33 km südlich der Stadt. Er wird von **Bangkok Airways** (☎038 412382; www.bangkokair.com; 179/85-212 Th Pattaya Sai 2) und **Air Asia** (www.airasia.com) angeflogen.

Der zentrale Busbahnhof befindet sich in der Th Pattaya Neua.

Minivans in Richtung Bangkok fahren an der Ecke Th Sukhumvit und Th Pattaya Klang ab. Minivans, die in Richtung kambodschanischer Grenze fahren, starten an der Kreuzung von Th Sukhumvit und Th Pattaya Tai. Die Minivans von **35 Group** (☎080 070 3341; Ecke Th Pattaya 3 & Th Pattaya Tai) fahren nach Ko Chang (550 B), Ko Mak (750 B) und Ko Kut (800 B).

Der **Bahnhof von Pattaya** (☎038 429285) liegt im Süden der Stadt, in der Nähe der Th Sukhumvit.

ℹ Unterwegs vor Ort

Die in Pattaya als „Baht-Busse" bezeichneten *sŏrng·tăa·ou* fahren entlang der Hauptstraßen. Einfach einsteigen und beim Aussteigen 10 B bezahlen! Wer die ganze Strecke von Naklua (oder in umgekehrter Richtung) fahren möchte, muss eventuell am Delfin-Kreisverkehr in Pattaya Neua umsteigen. Am Kreisverkehr verkehren außerdem Baht-Busse zum Busbahnhof. Wer noch weiter fahren möchte, kann einen ganzen Baht-Bus chartern, sollte aber den Preis unbedingt im Voraus aushandeln. Motorräder werden für 200 B am Tag vermietet.

Rayong & Ban Phe ระยอง/บ้านเพ

106 737 & 17 116 EW.

Auf dem Weg nach Ko Samet landet man sehr wahrscheinlich erst einmal in diesen zwei Städten, denn Rayong bietet regelmäßige Busverbindungen zu allen möglichen Orten, während in dem kleinen Hafen von Ban Phe die Fähren nach Ko Samet ablegen. Zwischen den beiden Städten verkehren blaue *sŏrng·tăa·ou* (25 B, 45 Min., alle 15 Min.).

Schlafen

Rayong President Hotel HOTEL $

(☎038 611307; www.rayongpresidenthotel.com; Th Sukhumvit, Rayong; DZ/2BZ 400–500/550 B; ❄📶) Kommt man am Busbahnhof an, muss man nur die Th Sukhumvit überqueren und nach rechts gehen. Bei der Siam Commercial Bank an der Ecke geht es dann links weiter.

Christie's Guesthouse PENSION $

(☎ 038 651976; www.christiesbanphe.com; 280/92 Soi 1, Ban Phe; Zi. 600 B; ❄ 📶) Das gemütliche Christie's nahe dem Fähranleger bietet seinen Gästen neben einer Unterkunft auch Mahlzeiten und Bücher.

Essen

★ Tamnanpar THAILÄNDISCH $$

(www.tamnanpar-rayong.com; 167/6 Mu 7, Ban Phe; Gerichte 150–300 B; ⏲10–22 Uhr) Für dieses Restaurant lohnt sich jeder Umweg, denn es ist Teil einer Ferienanlage im Stil des tropischen Regenwalds, serviert unglaubliches Essen und hat (ähem…) preisgekrönte Toiletten. Außerdem befindet sich ein toller Aquapark auf dem Gelände (Erw./Kind 200/100 B).

An- & Weiterreise

Vom Busbahnhof in Rayong fahren Minivans nach Bangkok zum Ost-Busbahnhof Ekamai und Nord-Busbahnhof Mo Chit (jeweils 160 B, 3½ Std., 4.40–20 Uhr stündl.) und zum Internationalen Flughafen Suvarnabhumi (160 B, 3½ Std., 5–20 Uhr, stündl.).

Ebenso fahren Minivans nach Pattaya (80 B, 1½ Std., regelm.), Chanthaburi (120 B, 2 Std., regelm.) und Trat (200 B, 3 Std., regelm.).

Ankunft und Abfahrt der Busse zum Busbahnhof Ekamai in Bangkok (166 B, 4 Std., 7–18 Uhr alle 2 Std.) ist gegenüber dem Nuanthip-Pier in Ban Phe.

Von Ban Phe fahren auch Minivans nach Laem Ngop (250 B, 3 Std., 3-mal tgl.), wo die Boote nach Ko Chang ablegen, sowie nach Pattaya (200 B, 2 Std., stündl.) und zum Victory Monument in Bangkok (200 B, 4 Std., alle 40 Min.).

Außerdem verkehren von hier die Boote von und nach Ko Samet (S. 507).

Ko Samet เกาะเสม็ด

Das ehemalige Backpacker-Paradies zieht heute ein wesentlich vielfältigeres Publikum an. Jedes Wochenende stürmen Scharen von Ausflüglern aus Bangkok die feinen Sandstrände und kleinen Buchten mit azurblauem Wasser, um abzufeiern. Derweil sind viele Hotels und Resorts fest in der Hand von Pauschaltouristen aus aller Welt. Während es an den Stränden im Norden jeden Abend Feuershows und Grillpartys gibt, ist der südliche Teil der Insel noch recht ruhig und abgeschieden.

Doch trotz dieser Beliebtheit und der unmittelbaren Nähe zu Bangkok ist Ko Samet überraschend wenig erschlossen. Das Inselinnere ist noch immer von dichtem Dschungel bedeckt, der bis an die niedrigen Hotels heranreicht.

Sehenswertes & Aktivitäten

Wandert man auf anderen Inseln von Strand zu Strand, so geht es auf Ko Samet von Bucht zu Bucht. Über felsige Landzungen, durch Wälder voller Zikaden führt der Fußweg die Küste entlang von einer traumhaften Bucht in die nächste, und die Stimmung wird immer sanfter, je weiter man nach Süden kommt.

Hat Sai Kaew STRAND

(หาดทรายแก้ว) Der Strand ganz im Nordosten der Insel ist der breiteste, weißeste und wildeste von allen. Sonnenanbeter, Sarong-Verkäufer, Schnellboote, Jet-Skis und Restaurants nehmen jeden Zentimeter in Beschlag. Und mit Partys und lautstarkem Karaoke bis zum Morgengrauen wird es auch nachts nicht ruhiger.

Ao Hin Khok & Ao Phai STRAND

(อ่าวหินโคก/อ่าวไผ่) Im Vergleich zu Hat Sai Kaews nördlichen Nachbarn sind die durch eine felsige Landzunge voneinander getrennten, sagenhaften Buchten von Ao Hin Khok und Ao Phai weniger überlaufen. Das Publikum ist hier meist jünger und stilvoller als die Tourgruppen am Hat Sai Kaew. Diese beiden Strände sind die traditionellen Partyorte der Backpacker-Szene auf Ko Samet.

Ao Phutsa (Ao Tub Tim) STRAND

(อ่าวพุทรา / อ่าวทับทิม) Südlich von Ao Hin Khok und Ao Phai erstreckt sich der breite Sandstrand von Ao Phutsa (auch Ao Tub Tim genannt), der besonders beliebt ist bei Ruhesuchenden, Familien und Paaren, die nur ein Mindestmaß an „Zivilisation" brauchen.

Ao Wong Deuan STRAND

(อ่าววงเดือน) Der Strand in der halbkreisförmigen Bucht ist der zweitbeliebteste der Insel. Hier befinden sich viele Hotelanlagen und einige Pensionen.

Ao Thian STRAND

(อ่าวเทียน) Der mit großen Felsbrocken durchsetzte Sandstrand von Ao Thian (oder Candlelight Beach) ist eine Oase der Ruhe. Er ist einer der lässigsten, entspanntesten Strände auf Ko Samet und unter der Woche herrlich einsam. Am Wochenende fallen Studenten aus Bangkok ein, die nächtelang den Sternen mit ihren Gitarren huldigen.

Ao Wai STRAND

(อ่าวหวาย) Der schöne Strand ist weit ab von allem, in Wirklichkeit aber nur 2 km von Ao Thian entfernt.

Ao Prao STRAND

Der „Coconut Beach" an der Westküste ist für seine fantastischen Sonnenuntergänge bekannt. Leider verschwindet der kleine Strand unter den riesigen Luxushotels, die Einsamkeit versprechen (aber nicht bieten).

Geführte Touren

Zusammen mit neun anderen Inseln gehört Ko Samet zum Khao Laem Ya/Mu Ko Samet National Park. Obwohl auch diese Inseln touristisch ein wenig erschlossen sind, kommen die meisten Besucher nur für einen Tag. **Ko Kudee** bietet einen hübschen kleinen Sandstrand, klares Wasser zum Schnorcheln und einen netten Wanderweg. Auf Ko Man Nai befindet sich mit dem **Rayong Turtle Conservation Centre** ein geschützter Brutplatz für die vom Aussterben bedrohten Meeresschildkröten, über die die kleine Touristeninformation ausführlich informiert.

Die Veranstalter der Bootsfahrten, die direkt an den Stränden zu finden sind, haben diverse Touren im Angebot (ab 500 B/Pers.).

Schlafen

Obwohl immer mehr Hotelanlagen die einstigen Bungalows ersetzen, sind die Unterkünfte auf Ko Samet noch immer überraschend einfach und altmodisch. So sind durchaus Zimmer mit Ventilator für weniger als 700 B zu haben. In der Nebensaison und unter der Woche sind die Preise generell niedriger.

Eine Warnung für Frühaufsteher: Hat Sai Kaew, Ao Hin Khok, Ao Phai und Ao Wong Deuan sind die beliebtesten Strände, an denen Nacht für Nacht lautstarke Partys gefeiert werden.

Hat Sai Kaew

Mossman House PENSION $

(☎038 644017; Zi. 800–1300 B; ❄📶) Die solide Pension in der Hauptstraße, direkt neben dem Kartenhäuschen des Nationalparks, hat große, gemütliche Zimmer und ist von einem grünen Garten umgeben. Die hinteren Zimmer sind deutlich ruhiger.

> **BANGKOK UMGEHEN**
>
> Ein Netz von Bus- und Minivan-Verbindungen zwischen der Ostküste und dem internationalen Flughafen Suvarnabhumi sorgt dafür, dass man sich nach der Ankunft oder vor dem Abflug nicht durch Bangkok quälen muss. Das kommt vor allem Touristen entgegen, die vor dem europäischen Winter an die thailändischen Strände flüchten möchten. Ko Samet bietet den hübschesten Strand in Flughafennähe, wobei Frischvermählte im Südwesten verlassene Strandidylle finden. Am Busbahnhof des Flughafens hängt der Fahrplan der Busse nach Rayong aus, von dort geht's mit einem *sŏrng·tăa·ou* zur Fähre nach Ko Samet.

Sinsamut PENSION $$

(☎038 644134; www.sinsamutkohsamed.com; Zi. 1100–2500 B; ❄📶) Die früher ziemlich vergammelte Pension hat sich zu einem schicken Boutiquehotel mit hellen, freundlichen Zimmern und hübschem Dachgarten gemausert. Teilweise gibt's Ermäßigungen.

Laem Yai Hut Resort BUNGALOWS $$

(☎038 644282; Zi. 1500–2500 B; ❄) Die 15 farbenfrohen Bungalows verteilen sich in einem schattigen Garten am nördlichen Ende des Strandes. Das schäbige Äußere passt so gar nicht zu den modernen Bädern und bequemen Betten im Inneren.

Ao Hin Khok & Ao Phai

★ **Samed Pavilion Resort** BOUTIQUEHOTEL $$$

(☎038 644420; www.samedpavilionresort.com; Ao Phai; Zi. inkl. Frühstück 3500–5500 B; ❄@📶🏊) Das prachtvolle Boutiquehotel hat 85 elegante Zimmer, die rund um den Pool liegen.

Silver Sand HOTEL $$$

(☎038 644300; www.silversandsamed.com; Ao Phai; Zi. inkl. Frühstück 2200–4000 B; ❄@📶) Das immer weiter expandierende Mini-Resort verfügt über eine Bar, ein Restaurant und mehrere Geschäfte. Die Anlage ist etwas unpersönlich, dafür sind die Zimmer von guter Qualität und liegen an einem wunderschönen Strandabschnitt.

Ao Phutsa & Ao Nuan

Ao Nuan Bungalows BUNGALOWS $$

(☎081 781 4875; Bungalow mit Ventilator/Klimaanlage 800–1200/1500–3000 B; ❄) Ao Nuan ist

Ko Samet

0
1 km
Ban Phe (7 km)
Laem Noi Na
Laem Phra
Ao Wiang Wan
Ao Noi
Ao Kham
Ao Noi Na
Ao Klang
Na Dan Pier
Sŏrng·tăa·ou-Haltestelle
Na Dan
Ko Samet Health Centre
Khao Laem Ya/ Mu Ko Samet National Park
Ao Prao
Nationalpark-Hauptbüro
Laem Yai
Hat Sai Kaew
Ao Hin Khok
Ao Phai
Ao Phutsa (Ao Tub Tim)
National-park-büro
Laem Rua Taek
Ao Nuan
Ao Cho
Sŏrng·tăa·ou-Haltestelle
Ao Wong Deuan
Golf von Thailand
Ao Thian
Ao Lung Dam
Golf von Thailand
Ao Wai
Ao Wai
Ao Kiu Na Nai
Ao Kiu Na Nok
Laem Khut
Ao Karang

Ko Samet

Sehenswertes

1 Ao Phutsa (Ao Tub Tim) ... C3
2 Ao Prao ... B2
3 Ao Thian ... B4
4 Ao Wong Deuan ... B4
5 Hat Sai Kaew ... C2

Schlafen

6 Ao Nuan Bungalows ... B3
7 Apache ... B5
Ban Thai Sang Thain ... (siehe 21)
8 Blue Sky ... B4
9 La Lune Beach Resort ... B4
10 Laem Yai Hut Resort ... D2
11 Lima Coco Resort ... B2
12 Malibu Garden Resort ... B4
13 Mossman House ... C2
14 Nice & Easy ... B4
15 Pudsa Bungalow ... C3
16 Samed Pavilion Resort ... C3
17 Samet Ville Resort ... B5
18 Silver Sand ... C3
19 Sinsamut ... C2
20 Tubtim Resort ... B3
21 Viking Holiday Resort ... B4
22 Vongdeuan Resort ... B4

Essen

23 Jep's Restaurant ... C2
24 Ploy ... C2
25 Rabeang Baan ... C2
26 Red Ginger ... C2
Sea Breeze ... (siehe 18)

Ausgehen & Nachtleben

27 Ao Prao Resort ... B2
Baywatch Bar ... (siehe 9)
28 Naga Bar ... C2

die letzte Backpacker-Bucht auf Ko Samet. Sie ist nur über eine Schotterpiste erreichbar, und es gibt kein Internet. Die Gäste dösen in ihren Hängematten vor den Holzbungalows oder entspannen sich im Restaurant. Es werden auch Zelte vermietet (450 B).

Tubtim Resort HOTEL $$
(☎ 038 644025; www.tubtimresort.com; Ao Phutsa; Zi. inkl. Frühstück 800–3800 B; ❄@📶) Das gut geführte Hotel veranstaltet jeden Abend Grillpartys und hat eine große Auswahl an soliden, großen Bungalows in unterschiedlicher Qualität, aber alle dicht am Strand.

Pudsa Bungalow BUNGALOWS $$
(☎ 038 644030; Ao Phutsa; Bungalow mit Ventilator/Klimaanlage 800/1700 B; ❄📶) Die Bungalows mit Ventilator sind schon etwas in die Jahre gekommen, die Bungalows mit Klimaanlage haben bessere Betten und sogar einen Balkon. Am Strand stehen sonderbare Skulpturen aus Stein.

Ao Wong Deuan & Ao Thian (Candlelight Beach)

Die Fähre von Ban Phe nach Ao Wong Deuan (hin & zurück 140 B) verkehrt regelmäßig, am Wochenende öfter. Um nach Ao Thian zu kommen, setzt man mit der Fähre nach Ao Wong Deuan über und überquert die Landzunge in Richtung Süden. Von hier führt auch ein kurzer, markierter Weg an die Westküste der Insel.

Blue Sky BUNGALOWS $
(☎ 089 936 0842; Ao Wong Deuan; Zi. 600–1200 B; ❄) Eine der wenigen Budgetunterkünfte in Ao Wong Deuan. Die heruntergekommenen Bungalows stehen auf einer felsigen Landzunge.

Apache PENSION $
(☎ 081 452 9472; Ao Thian; Zi. 800–1500 B; ❄) Die kunterbunte, kuriose Ausstattung passt bestens zum superlässigen Flair dieser Unterkunft. Die Bungalows sind einfach, aber in Ordnung. Das hauseigene Restaurant auf Pfählen ist nicht nur was fürs Auge.

Nice & Easy HOTEL $$
(☎ 038 644370; www.niceandeasysamed.com; Ao Wong Deuan; Zi. 1200–2500 B; ❄📶) Wie der Name schon sagt, ist die Anlage mit modernen, gemütlichen Bungalows in einem Garten hinter dem Strand wirklich sehr schön und angenehm.

Viking Holiday Resort HOTEL $$
(☎ 038 644353; thammaraksa@hotmail.com; Ao Thian; Zi. inkl. Frühstück 1200–2000 B; ❄📶) Das nobelste Hotel der Gegend hat gemütliche Zimmer, das Personal ist freundlich und hilfsbereit. Die preiswerteren Zimmer werden nur von einem Ventilator gekühlt.

Ban Thai Sang Thain HOTEL $$
(☎ 081 305 9408; www.banthaisangthain.com; Ao Thian; Zi. 1700–3000 B; ❄📶) Das traditionelle Hotel ganz aus Holz mit pavillonartigen Zimmern, die eher funktional als schön sind, ist besonders beliebt bei thailändischen Touristen. So sprechen nur wenige Mitarbeiter Englisch.

Malibu Garden Resort PENSION $$
(☎ 038 427277; www.malibu-samet.com; Ao Wong Deuan; Zi. inkl. Frühstück 1950–3400 B; 📶🏊) Das Haus in zweiter Reihe der Strandhotels hat saubere, langweilige Zimmer, dafür aber ei-

nen Swimmingpool. Das Personal ist freundlich und hilfsbereit.

La Lune Beach Resort RESORT $$$
(☎in Bangkok 02 260 3592; www.lalunebeachresort.com; Ao Wong Deuan; Zi. inkl. Frühstück 2500–3200 B; ❄📶🏊) Schicke, stilvolle Luxusresorts sind das neue Gesicht von Ko Samet – und dieses ist das beste von allen. Die 40 Zimmer in sanftem Braun und Weiß gehen alle auf den Swimmingpool hinaus. Zu bestimmten Zeiten sind die Preise niedriger.

Vongdeuan Resort HOTEL $$$
(☎038 644171; www.vongdeuan.com; Ao Wong Deuan; Zi. inkl. Frühstück 2700–4900 B; ❄📶🏊) Die weitläufige Anlage inmitten eines Gartens nimmt den größten Teil des südlichen Strandabschnitts von Ao Wong Deuan ein. Das professionell geführte Hotel ist besonders beliebt bei Familien. In den hübschen Bungalows findet man die besten Badezimmer in diesem Teil der Welt.

Ao Wai

Die Bucht von Ao Wai ist nur 2 km von Ao Thian entfernt, kann aber auch mit einem in Ban Phe gecharterten Schnellboot angefahren werden.

Samet Ville Resort HOTEL $$$
(☎038 651682; www.sametvilleresort.com; Zi. inkl. Frühstück 1400–6500 B; ❄📶🏊) Die 4½ ha große Anlage unterm grünen Blätterdach erstreckt sich über die beiden Buchten Ao Wai und Ao Hin Kleang und ist ebenso abgeschieden wie langweilig. Dafür sind die Zimmer der verschiedensten Kategorien nur ein paar Schritte vom tollen Strand entfernt.

EINTRITTSGEBÜHR FÜR DEN STRAND

Da Ko Samet als Teil des Mu Ko Samet National Park unter Naturschutz steht, wird von den Besuchern bei der Ankunft eine Eintrittsgebühr (Erw./Kind 200/100 B) verlangt. Wer nachweisen kann, dass er in Thailand lebt und arbeitet, bezahlt den „einheimischen" Preis von nur 40 B. Die Gebühr ist Nationalparkbüro zu entrichten. *Sŏrng·tăa·ou* vom Fähranleger halten automatisch am Tor. Die Eintrittskarte unbedingt für spätere Kontrollen aufbewahren! Das Anlegen am Pier von Na Dan kostet 20 B.

Ao Prao

Lima Coco Resort RESORT $$$
(☎in Bangkok 02 129 1140; www.limasamed.com; Zi. inkl. Frühstück 2590–7290 B; ❄📶🏊) Von den drei noblen Resorts in der Bucht an der Westküste ist dieses am wenigsten protzig. Die weiß gestrichenen Zimmer sind freundlich und hell, das Personal ist sehr dynamisch, und es gibt Massagen am Strand.

Essen

Zu den meisten Hotels und Pensionen gehört ein Restaurant, das sich bei Sonnenuntergang in eine Bar verwandelt. Das Essen und der Service hauen einen nicht vom Hocker, aber es gibt praktisch keine Alternative. Auf der Insel besonders beliebt sind abendliche Barbecues am Strand, bei denen alle Arten von Fisch und Meeresfrüchten auf dem Grill landen. In Na Dan gibt's ein paar preiswerte Thai-Restaurants.

Jep's Restaurant INTERNATIONAL $
(Ao Hin Khok; Gerichte 60–150 B; ⏲7–23 Uhr) In dem hübschen Restaurant unter einem ausladenden Baum, der mit bunten Lichtern geschmückt ist, gibt's eine große Auswahl an internationalen und thailändischen Gerichten. Unbedingt Platz fürs Dessert lassen!

Rabeang Baan THAILÄNDISCH $
(Na Dan; Gerichte 70–120 B; ⏲8–21 Uhr) Das Essen in dem Lokal beim Fährhafen, direkt am Wasser, ist so gut und so reichhaltig, dass man glatt vergisst, die Insel zu verlassen. Mittags ist wesentlich mehr los als abends.

Red Ginger INTERNATIONAL, THAILÄNDISCH $$
(Na Dan; Gerichte 120–320 B; ⏲11–23 Uhr) Auf der kleinen, aber feinen Speisekarte des stimmungsvollen Lokals zwischen dem Pier und Hat Sai Kaew stehen vor allem die Lieblingsgerichte des französisch-kanadischen Küchenchefs. Es gibt aber auch gute Salate, tolle Spareribs aus dem Backofen und ein paar thailändische Gerichte.

Sea Breeze SEAFOOD $$
(Ao Phai; Gerichte 80–500 B; ⏲11–23 Uhr) In dem Restaurant direkt am schönen Strand von Ao Phai lassen sich die Gäste die Meeresbrise um die Nase wehen, während sie die verschiedensten Meeresfrüchte genießen. Es gibt auch einige westliche Gerichte.

Ploy SEAFOOD $$
(Hat Sai Kaew; Gerichte 50–400 B; ⏲11–23 Uhra) Bevor man sich in den einzigen Nachtclub

der Insel direkt nebenan begibt, kann man sich in dem lebhaften Restaurant mit Krabben, Krebs und Hummer stärken. Die Speisekarte ist ellenlang, und auch in der Bar ist immer etwas los.

Ausgehen & Nachtleben

Am Wochenende steppt der Bär auf Ko Samet: Reisegruppen aus aller Welt üben sich in Karaoke, die Jugend schüttet sich mit Bier zu und tanzt zur Techno-Musik ab. Vor allem in Hat Sai Kaew, Ao Hin Khok, Ao Phai und Ao Wong Deuan ist ständig Party angesagt.

Ao Prao Resort BAR

(Ao Prao; Getränke ab 90 B; ⌚Sonnenaufgang–Sonnenuntergang; 📶) Vom hübschen Restaurant der Ferienanlage an der Westküste hat man einen tollen Blick aufs Meer und die spektakulären Sonnenuntergänge. Um herzukommen, braucht man ein eigenes Fahrzeug.

Baywatch Bar BAR

(Ao Wong Deuan; Bier ab 80 B; ⌚Sonnenuntergang–open end) Der ideale Ort für einen Drink am abendlichen Strand: die Cocktails sind stark, und es sind viele fröhliche Nachtschwärmer unterwegs.

Naga Bar BAR

(Ao Hin Khok; Bier ab 70 B; ⌚Sonnenuntergang–open end) Die Wände der immer vollen Strandbar sind mit leuchtend bunten Kunstwerken geschmückt. Die freundlichen, einheimischen Inhaber bieten gute Musik zu verschiedenen Whiskeys und Wodka/Red-Bull-Mischungen im Eimer.

Praktische Informationen

Auf Ko Samet gibt's mehrere Geldautomaten, z. B. beim Fähranleger von Na Dan, in Ao Wong Deuan und Ao Thian.

Ko Samet Health Centre (☎038 644123; ⌚24 Std.) An der Hauptstraße zwischen Na Dan und Hat Sai Kaew.

Nationalpark-Hauptbüro (zwischen Na Dan & Hat Sai Kaew; ⌚Sonnenaufgang–Sonnenuntergang) Ein weiteres Büro ist in Ao Wong Deuan.

Polizei (☎1155) An der Hauptstraße zwischen Na Dan und Hat Sai Kaew. Auch am Strand von Ao Wong Deuan gibt's einen Polizeiposten.

An- & Weiterreise

Die Fähren nach Ko Samet legen an den Piers von Ban Phe ab, von denen es viele gibt. Sie werden von verschiedenen Fährgesellschaften bedient, die dieselben Preise (einfache Strecke/hin & zurück 70/100 B, 40 Min., 8–17 Uhr stündl.) verlangen und bei Na Dan, dem Hauptpier von Ko Samet, anlegen. Das letzte Boot zurück zum Festland macht sich um 18 Uhr auf den Weg.

Ao Wong Deuan und der Süden der Insel sind auch direkt mit einer Fähre vom Festland aus zu erreichen (einfache Strecke/hin & zurück 90/140 B, 1 Std., 3-mal tgl.).

Schnellbootfahrer verlangen pro Weg 200–500 B und bringen Passagiere zum Strand ihrer Wahl. Sie fahren jedoch erst los, wenn das Boot voll genug ist.

INSIDERWISSEN

MONSTERBEGRÜSSUNG

Die imposante Statue einer barbusigen Frau am Pier von Na Dan ist nicht zu übersehen. Sie soll an den berühmtesten Sohn Ko Samets, den Dichter Sunthorn Phu und sein bekanntestes Werk *Phra Aphaimani* erinnern. Es ist die Geschichte eines Prinzen, der in ein unterseeisches Königreich verbannt wird, in dem eine liebestolle Riesin herrscht. Eine Meerjungfrau hilft dem Prinzen, sich auf Ko Samet zu flüchten. Dort besiegt er die Riesin durch sein Spiel auf einer Zauberflöte.

Unterwegs vor Ort

Ko Samet ist klein und lässt sich hervorragend zu Fuß erkunden. Doch auch mit dem Auto oder Motorrad kommt man fast überall hin.

Grüne *sŏrng·tăa·ou* erwarten die ankommenden Fähren am Anleger und bringen ihre Passagiere zu den verschiedenen Stränden (10–70 B, je nach Strand). Die Charter für das ganze Vehikel liegt bei 100–400 B.

In der Nordhälfte der Insel werden fast überall Motorräder vermietet (300 B/Tag). Da die Straßen mittlerweile gut ausgebaut sind, werden keine Geländefahrzeuge mehr vermietet.

Chanthaburi จันทบุรี

121549 EW.

Chanthaburi liefert den Beweis, dass nicht alles Gold ist, was glänzt. Was hier glänzt, sind Saphire, Smaragde und andere Edelsteine, die jedes Wochenende auf einem riesigen Markt in den Straßen der Stadt gehandelt werden. Ganz in der Nähe zeugen die wunderbar restaurierten Gebäude direkt am Wasser vom Einfluss der Chinesen, Franzosen und Vietnamesen auf die Architektur und das Leben in der Stadt.

Im 19. Jh. flüchteten vietnamesische Christen vor der Verfolgung im damaligen

Chanthaburi

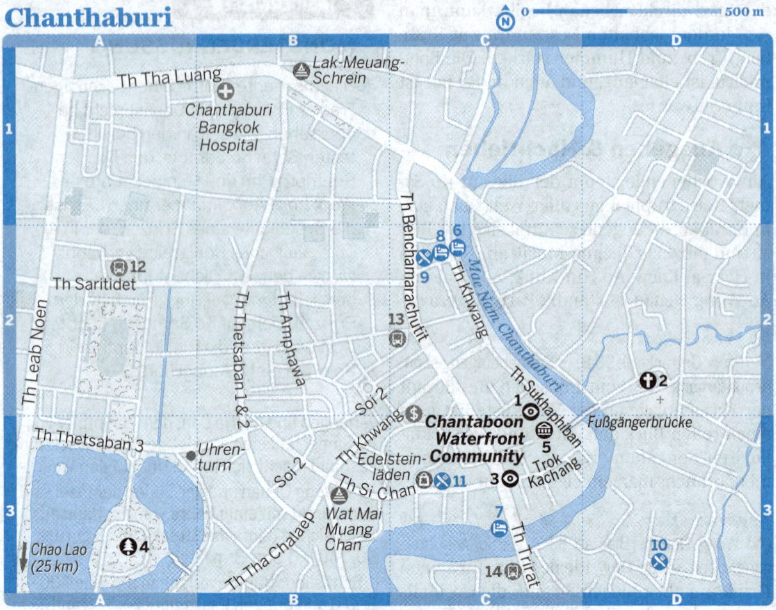

Chanthaburi

Highlights
1 Chantaboon Waterfront Community C2

Sehenswertes
2 Kathedrale D2
3 Edelsteinmarkt C3
4 King Taksin Park A3
5 Learning House C3

Schlafen
6 Baan Luang Rajamaitri C2
7 River Guest House C3
8 Tamajun Hotel C2

Essen
9 Chanthorn Phochana C2
10 Jay Pen Yentafo D3
11 Muslim Restaurant C3

Transport
12 Busbahnhof & Minivans A2
13 Minivan-Haltestelle C2
14 Minivans nach Ban Pakard/Pong Nam Ron C3

Cochinchina (Südvietnam) nach Chanthaburi. In den 1920er- und 1940er-Jahren kamen weitere Vietnamesen in die Stadt, dieses Mal auf der Flucht vor der französischen Kolonialherrschaft. Eine dritte Flüchtlingswelle folgte 1975, nachdem die Kommunisten in Südvietnam an die Macht gekommen waren. Von 1893 bis 1905 war Chanthaburi von Frankreich besetzt, das sich mit dem Königreich Siam über die Grenzen in Indochina stritt.

25 km weiter südlich und an zahllosen Salzgärten vorbei befinden sich die ruhigen Küstenorte **Laem Sing** und **Chao Lao**, wobei letzterer über schöne Strände und gute Unterkünfte verfügt.

Sehenswertes & Aktivitäten

★Chantaboon Waterfront Community HISTORISCHE STÄTTE
(Th Sukhaphiban) Der zauberhafte Stadtteil am Ufer des Mae Nam Chanthaburi ist voller restaurierter Häuser, vor denen die älteren Bewohner sitzen und über die guten alten Zeiten reden. Im **Learning House** (☎081 945 5761; ⏲Sa & So 10–16.30 Uhr) werden historische Fotos, Gemälde und Baupläne des Viertels gezeigt. Im oberen Stockwerk sind Zeichnungen des raffinierten Belüftungssystems der Häuser zu sehen, die sowohl chinesische Schriftzeichen als auch französische Lilien aufweisen.

Vor gut 300 Jahren begannen die Bauern und Kaufleute der Region, ihre Waren auf dem Fluss zu transportieren und ihn als Handelsweg zu nutzen. Später kamen auf dem Fluss chinesische und vietnamesische Händler und Flüchtlinge in die Stadt. Heute stehen in der 1 km langen Straße am Fluss immer noch viele Wohnhäuser, doch locken zunehmend Kunstgalerien, Cafés und Essensstände die Wochenendausflügler aus ganz Thailand.

Edelsteinmarkt MARKT

(ตลาดพลอย; Th Si Chan & Trok Kachang; ⌚ Fr–So 9–18 Uhr) Am Wochenende hallen die ansonsten ruhigen Straßen rund um die Th Si Chan (oder „Gem Road") wider vom Gefeilsche und Gezeter der Käufer und Verkäufer von Edelsteinen. Ungeachtet der Kostbarkeit der Ware geht es zu wie auf einem ganz normalen thailändischen Markt. Die Menschen drängen sich um die provisorisch aufgebauten Tische und untersuchen die darauf liegenden kleinen Häufchen loser Steine.

Der Markt, den es seit Jahrzehnten gibt, gewährt einen faszinierenden Einblick in den Handel mit Edelsteinen, bei dem aber nur mitmachen sollte, wer sich damit auskennt. Die Edelsteinminen in den Bergen rund um Chanthaburi versorgten einst den königlichen Palast mit kostbaren Saphiren und Rubinen, doch Mitte des 19. Jhs. bauten Händler des (birmanischen) Shan-Volkes die Minen zu kommerziellen Unternehmen aus. Heutzutage sind die in der Region geschürften Edelsteine von zu geringer Qualität für den internationalen Markt, doch die findigen Händler von Chanthaburi besorgen sich auf der ganzen Welt Edel- und Halbedelsteine, um sie hier an ihre Kunden aus aller Welt zu verkaufen.

Die letzte Mine in der Gegend, die noch in Betrieb ist, befindet sich in **Khao Phloi Waen**, 6 km außerhalb der Stadt. Sie ist vor allem für gelbe Saphire bekannt, die die Farbe von Mekong-Whiskey haben.

Kathedrale KIRCHE

(⌚ Sonnenaufgang–Sonnenuntergang) GRATIS Thailands größte Kathedrale steht am Ostufer des Mae Nam Chanthaburi. Aus einer einfachen Kapelle von 1711 entstand nach vier Umbauten die heutige Kathedrale im neugotischen Stil mit ihren schönen Buntglasfenstern. Die Marienstatue vor dem Eingang ist mit mehr als 200 000 Saphiren bedeckt – ein Zeichen der engen Verbindung zwischen Religion und Edelsteinhandel in der Stadt. Eine Fußgängerbrücke führt von der Chantaboon Waterfront Community zur Kathedrale.

King Taksin Park PARK

(สวนสาธารณะสมเด็จพระเจ้าตากสิน; Th Tha Chalaep; ⌚ Sonnenaufgang–Sonnenuntergang) Die größte Oase der Stadt, die gern zum Joggen und Picknicken mit der Familie genutzt wird, ist auch bestens geeignet für einen netten Abendspaziergang.

Feste & Events

Obstfestival ESSEN

Das Ende Mai oder Anfang Juni stattfindende Obstfestival bietet Gelegenheit, die Früchte aus der Region wie Rambutan, Mango und die stinkende Durian zu probieren.

Schlafen

Rund um die Th Sukhaphiban gibt es mehrere Boutiquehotels, aber auch einfachere Unterkünfte.

River Guest House HOTEL $

(☎ 039 328211; 3/5-8 Th Si Chan; Zi. 190–490 B; ❄@📶) Die Zimmer sind winzig und die Betten sehr einfach, aber die Lage am Fluss macht das mehr als wett. Am günstigsten sind die Zimmer mit Gemeinschaftsbad.

★ **Baan Luang Rajamaitri** HISTORISCHES HOTEL $$

(☎ 039 322037; www.baanluangrajamaitri.com; 252 Th Sukhaphiban; Zi. inkl. Frühstück 1100–2650 B; ❄📶) Das nach einem einheimischen Philanthropen benannte Hotel wurde sorg-

GRENZÜBERGANG NACH KAMBODSCHA: VON BAN PAKARD NACH PSAR PRUHM

Anreise zur Grenze Von Chanthaburi fahren **Minivans** (☎ 092 037 6266) nach Ban Pakard/Pong Nam Ron (150 B, 1½ Std., 10, 11 & 18.30 Uhr). Sie starten an der Haltestelle am Ufer gegenüber dem River Guest House.

An der Grenze Hier geht es sehr viel ruhiger und unkomplizierter zu als am Grenzübergang Poipet weiter nördlich. Für die Einreise ist ein Passbild und die Entrichtung der Visagebühr in Höhe von 20 US$ erforderlich.

Weiterreise Mit dem Motorradtaxi geht es weiter nach Pailin. Von dort fahren regelmäßig Sammeltaxis (5 US$/Pers., 1½ Std.) ins malerische Battambang. Danach nimmt man ein Boot nach Siem Reap oder den Bus nach Phnom Penh.

ABSTECHER

NATIONALPARKS IN DER NÄHE VON CHANTHABURI

In der Nähe von Chanthaburi gibt's zwei kleine Nationalparks, die sich hervorragend für einen Tagesausflug eignen. Da in beiden Malariagefahr besteht, sind die üblichen Vorsichtsmaßnahmen zu treffen.

Der **Khao Khitchakut National Park** (อุทยานแห่งชาติเขาคิชฌกูฏ; ☎039 452074; Eintritt 200 B; ⏲6–18 Uhr) liegt 28 km nordöstlich der Stadt. Hauptattraktion des Parks sind die Wasserfälle von **Nam Tok Krathing**, die aber nur nach der Regenzeit wirklich sehenswert sind. Den Khao Khitchakut National Park erreicht man mit *sŏrng·tăa·ou* (35 B, 45 Min.), die neben dem Postamt an der Nordseite des Marktes von Chanthaburi stehen. Sie fahren auf der Rte 3249 bis 1 km vor die Hauptverwaltung des Parks. Von dort aus müssen die Besucher zu Fuß weitergehen. Die Rückfahrt gestaltet sich schwieriger: Entweder man wartet ewig lange oder trampt.

Viel beliebter ist der **Nam Tok Phlio National Park** (อุทยานแห่ง ชาติน้ำตกพลิ้ว; ☎039 434528; Eintritt 200 B; ⏲8.30–16.30 Uhr) am Hwy 3, 14 km südöstlich von Chanthaburi. Ein angenehmer, 1 km langer Naturlehrpfad führt rund um die eher kleinen Wasserfälle. Mit einem *sŏrng·tăa·ou* kann man von der Nordseite des Marktes von Chanthaburi fast bis zum Parkeingang fahren (50 B, 30 Min.), d. h. die Passagiere werden in 1 km Entfernung von ihm abgesetzt. Mit eigenem Fahrer kostet die Hin- und Rückfahrt zum Park 1500 B.

In beiden Parks kann man auch übernachten, Buchungen telefonisch oder online beim **Park-Reservierungssystem** (☎02 562 0760; www.dnp.go.th).

fältig restauriert und hat nun sehr elegante Zimmer.

Tamajun Hotel BOUTIQUEHOTEL $$
(☎039 311977; www.tamajunhotel.com; 248 Th Sukhaphiban; Zi. inkl. Frühstück 1500–1800 B; ❄📶) Mit unechtem Gras auf den Stufen und individuell gestalteten Themenzimmern hat das schicke Hotel einen witzigen, ein wenig nostalgischen Charme. Die Zimmer zum Fluss teilen sich einen Balkon, im hoteleigenen Restaurant kann man gut essen. Unter der Woche gibt's 15% Ermäßigung.

Essen & Ausgehen

Obststände STÄNDE $
(Th Sukhumvit; Obst 40–80 B; ⏲8–21 Uhr; ✎) Chanthaburi ist bekannt für frisches Obst. Kostproben gibt's an den zahlreichen Obstständen in der Th Sukhumvit, 8 km nordöstlich des Zentrums (an denen man bei der Fahrt nach Chanthaburi vorbeikommt).

Jay Pen Yentafo THAILÄNDISCH $
(Wat Phai Lom; Nudelgericht 100 B; ⏲9–15.30 Uhr) Die pinkfarbene Nudelsuppe mit Krabben macht das Restaurant beim Tempel zu einer Institution der Einheimischen.

Muslim Restaurant INDISCH, THAILÄNDISCH $
(☎081 353 5174; Ecke Soi 4 & Th Si Chan; Gerichte 50–80 B; ⏲9.30–18 Uhr) Das winzige, von muslimischen Thailändern geführte Restaurant serviert ausgezeichnete *paratha*, *biryani*, Currys und Chai-Tees.

Chanthorn Phochana THAILÄNDISCH $$
(102/5-8 Th Benchamarachutit; Gerichte 100–200 B; ⏲9–21 Uhr) Der ideale Ort, um die Spezialitäten der Region zu probieren, z. B. *chamung*-Blätter mit Schweinefleisch oder Nudeln mit Krabben nach Chanthaburi-Art.

Praktische Informationen

Banken mit Wechselstuben und Geldautomaten verteilen sich überall in der Stadt.

VERKEHRSMITTEL AB CHANTHABURI

ZIEL	BUS	MINIVAN
Ost-Busbahnhof (Ekamai), Bangkok	198 B; 4 Std.; 25-mal tgl.	
Nord-Busbahnhof (Mo Chit), Bangkok	205 B; 4 Std.; 2-mal tgl.	
Khorat	279 B; 4 Std.; alle 2 Std.	
Sa Kaew	145 B; 2 Std.; alle 2 Std.	
Rayong		120 B; 2 Std., stündl.
Trat		70 B; 1 Std.; regelm.

Bank of Ayudhya (Th Khwang; ⏲8.30–15.30 Uhr)

Chanthaburi Bangkok Hospital (☎039 319888; Th Tha Luang; ⏲25 Std.) Gehört zur Bangkok Hospital Group; für Notfälle zuständig.

ℹ Anreise & Unterwegs vor Ort

Der Busbahnhof von Chanthaburi liegt westlich des Flusses. Dort fahren auch Minivans ab. Ein Motorradtaxi innerhalb der Stadt kostet 30–40 B.

Trat

ตราด

21590 EW.

Als Hauptdurchgangsort auf dem Weg nach Ko Chang und in die Küstenregion Kambodschas wird dem altmodischen Charme von Trat viel zu wenig Beachtung geschenkt. Dabei liegen die meisten Pensionen in einem Geschäftsviertel mit hübschen Holzhäusern und verwinkelten Gassen, in denen sich das typisch thailändische Alltagsleben abspielt: Kinder kurven mit den Fahrrädern herum, Hausfrauen erledigen Besorgungen, in kleinen Geschäften werden billige Schmuckstücke und Dinge des täglichen Bedarfs verkauft.

Trat ist berühmt für ein medizinisches Kräuteröl (*nám·man lĕu·ang*), das von Arthritis bis Insektenstichen angeblich alles heilen kann und in allen Apotheken in Trat zu haben ist. Eine Einheimische, Mae Ang-Ki (Somthawin Pasananon), stellt das Wunderöl nach einem geheimen Rezept her, das in ihrer chinesisch-thailändischen Familie seit Generationen überliefert wird.

Sehenswertes

Ein weiteres blühendes Geschäft in Trat ist die **Produktion essbarer Schwalbennester**. Dafür wurden die oberen Stockwerke eines Kaufmannshauses in der Th Lak Meuang absichtlich in Nistplätze der Salanganen umgewandelt, deren essbare Nester bei den Chinesen als Delikatesse gelten. Essbare Schwalbennester waren ziemlich selten (und teuer), da sie von speziell ausgebildeten, waghalsigen Kletterern in schwindelerregender Höhe von der Decke bestimmter Höhlen gepflückt werden mussten. Doch in den 1990er-Jahren schafften es findige Unternehmer, diese Höhlenatmosphäre in mehrstöckigen Geschäftshäusern nachzubauen. Die Idee entwickelte sich zum einträglichen Geschäft der Stadt.

Markthalle MARKT

Auf dem überdachten Markt, der sich östlich der Th Sukhumvit bis zur Th Tat Mai erstreckt, bekommt man einfach alles, auch das, was man beim Packen zu Hause vergessen hat. Ohne es richtig zu merken, befindet man sich plötzlich auf dem **Tagesmarkt** (Th Tat Mai; ⏲6–11 Uhr), wo es frisches Obst, Gemüse und Essen zum Mitnehmen gibt.

Schlafen

In den traditionellen Holzhäusern rund um die Th Thana Charoen sind viele preiswerte Hotels untergebracht.

★ **Ban Jai Dee Guest House** PENSION $

(☎083 589 0839; banjaidee house@yahoo.com; 6 Th Chaimongkol; Zi. 200 B; 📶) Die lässige Pension in einem traditionellen Holzhaus hat einfache Zimmer mit Gemeinschaftsbad (und warmen Duschen). Die Gemeinschaftsbereiche sind mit Gemälden und Kunstgegenständen geschmückt, die die künstlerisch tätigen Besitzer selbst angefertigt haben. Unbedingt im Voraus buchen. Inhaber Serge gibt auch gern Reise- und Ausflugstipps.

Garden Guest House PENSION $

(☎087 019 3111; 87/1 Th Sukhumvit; Zi. 150–400 B; 📶) Die bezaubernde ältere Dame, die die Pension führt, bemüht sich so sehr um das Wohlergehen ihrer Gäste, dass man sich tatsächlich wie zu Hause fühlt. Die Zimmer vor der Zusage erst ansehen, da die Betten von

Trat (Provinz) 0 — 20 km

Trat

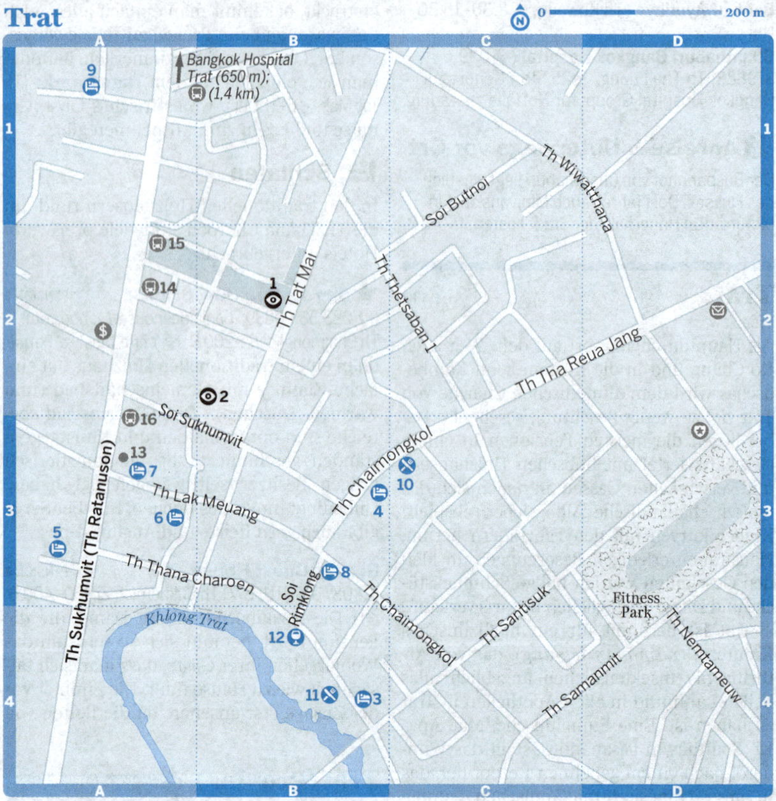

Trat

Sehenswertes
1 Tagesmarkt ... B2
2 Markthalle ... B2

Schlafen
3 Artist's Place ... B4
4 Ban Jai Dee Guest House ... B3
5 Garden Guest House ... A3
6 Orchid ... A3
7 Pop Guest House ... A3
8 Rimklong Boutique Hotel ... B3
9 Trat Center Hotel ... A1

Essen
10 No Name Steak & Pasta ... C3
11 Pier 112 ... B4

Ausgehen & Nachtleben
12 Cafe Oscar ... B4

Transport
13 Family Tour ... A3
14 Minivans nach Chanthaburi ... A2
15 *Sŏrng·tăa·ou* zum Busbahnhof & nach Laem Ngop ... A2
16 *Sŏrng·tăa·ou* zur Tha Centrepoint & Th Thammachat (Laem Ngop) ... A3

sehr unterschiedlicher Qualität sind. Nur eines der zehn Zimmer hat ein eigenes Bad.

Orchid PENSION $
(039 530474; orchidguesthouse@gmail.com; 92 Th Lak Meuang; Zi. 150–500 B;) Die geräumigen, etwas heruntergekommenen Zimmer befinden sich in einem Haus mit großem Garten. Die preiswertesten Zimmer sind mit Ventilator und Gemeinschaftsbad. Wenn die lässige Besitzerin ihr Restaurant öffnet, gibt es gute Pizza.

Pop Guest House PENSION $
(☎039 512392; popgoodguesthouse@hotmail.com; 1/1 Th Thana Charoen; Zi. 150–600 B; ❄@📶) Die Pension mit zwei Ablegern in der Nähe hat recht langweilige Zimmer in den verschiedensten Variationen. Das Personal ist nicht besonders freundlich, aber es gibt ein gutes Restaurant. Die preiswerteren Zimmer werden nur von einem Ventilator gekühlt.

Artist's Place PENSION $$
(☎082 469 1900; pier.112@hotmail.com; 132/1 Th Thana Charoen; Zi. inkl. Frühstück 800–1100 B; ❄📶) Die individuell gestalteten Zimmer und Kunstwerke im Garten des Hauses sind das Steckenpferd des Besitzers Phukhao.

Trat Center Hotel HOTEL $$
(☎039 531234; www.tratcenterhotel.com; 45/65 Th Tasaban 5; Zi. inkl. Frühstück 900 B; 🅿❄📶) Das ordentliche Mittelklassehotel mit modernen, sauberen Zimmern und bequemen Betten ist nur 5 Gehminuten vom Markt entfernt.

Rimklong Boutique Hotel BOUTIQUEHOTEL $$
(☎039 523388; soirimklong@hotmail.co.th; 194 Th Lak Meuang; Zi. 1000 B; ❄📶) Das einzige Boutiquehotel der Stadt hat fünf freundliche, luftige Zimmer. Zum Hotel gehört ein nettes Café.

Essen & Ausgehen

In Trat wird auf dem Markt gegessen: vom morgendlichen Kaffee *gah·faa bohrahn* auf dem Markt in der Th Tat Mai bis zum Abendessen auf dem Nachtmarkt (am gleichen Ort von 17–21 Uhr) und dazwischen Nudeln zum Mittagessen in der Markthalle. Abends werden auch in der Th Sukhumvit Essensstände aufgebaut.

No Name Steak & Pasta INTERNATIONAL, THAILÄNDISCH $
(61-65 Th Chaimongkol; Gerichte 50–120 B; ⏲So–Fr 8–21 Uhr) Im „namenlosen" Restaurant gibt's thailändische und westliche Klassiker sowie Sandwiches. Der Kaffee und die Smoothies sind ebenfalls sehr gut.

Pier 112 THAILÄNDISCH $$
(132/1 Th Thana Charoen; Gerichte 80–250 B; ⏲10.30–22.30 Uhr; ✎) Große Auswahl an vegetarischen Gerichten sowie guten Currys.

Cafe Oscar BAR
(Th Thana Charoen; Bier ab 50 B; ⏲9–1 Uhr) Eine bunte Mischung aus Einheimischen und hier lebenden Ausländern trifft sich in dieser Eckkneipe mit Holzmöbeln und Musik aus den 1970er- und 1980er-Jahren. In der Nebensaison öffnet die Bar erst abends.

Praktische Informationen

Die quer durch die Stadt verlaufende Th Sukhumvit wird oft auch als Th Ratanuson bezeichnet.

Trat Map (www.tratmap.com) ist ein sehr nützliches Internet-Verzeichnis aller Unternehmen und Sehenswürdigkeiten in der Stadt.

Bangkok Hospital Trat (☎039 532735; www.bangkokhospital.com; 376 Mu 2, Th Sukhumvit; ⏲24 Std.) Das Krankenhaus ist 400 m nördlich des Stadtzentrums.

Krung Thai Bank (Th Sukhumvit; ⏲8.30–15.30 Uhr) Geldautomat und Wechselstube.

Polizei (☎1155; Ecke Th Santisuk & Th Wiwatthana) Nur einen kurzen Fußmarsch vom Zentrum entfernt.

VERKEHRSMITTEL AB TRAT

ZIEL	BUS	MINIVAN	FLUGZEUG
Bangkok Suvarnabhumi International Airport	261 B; 5–6 Std.; 5-mal tgl.		ab 2550 B; 1 Std.; 2-mal tgl.
Ost-Busbahnhof (Ekamai), Bangkok	254 B; 5 Std.; 17-mal tgl.	270 B; 4 Std.; 8.30–16.30 Uhr alle 2 Std.	
Nord-Busbahnhof (Mo Chit), Bangkok	261 B; 5–6 Std.; 4-mal tgl.	270 B; 4 Std.; 8.30–16.30 Uhr alle 2 Std.	
Chanthaburi	70 B; 1 Std.; 8.15–18 Uhr alle 2 Std.	70 B; 50 Min.; 6–18 Uhr regelm.	
Hat Lek (nach Kambodscha)		120 B; 1½ Std.; 5–18 Uhr stündl.	
Pattaya		300 B; 3½ Std.; 8–18 Uhr alle 2 Std.	
Rayong/Ban Phe (nach Ko Samet)		200 B; 2½ Std.; 8–18 Uhr alle 2 Std.	

GRENZÜBERGANG NACH KAMBODSCHA: VON HAT LEK NACH KRONG KOH KONG

Anreise zur Grenze Der von Trat aus nächstgelegene Grenzübergang nach Kambodscha befindet sich zwischen Hat Lek und Krong Koh Kong. Von 5 bis 18 Uhr fahren jede Stunde Minivans vom Busbahnhof in Trat nach Hat Lek (120 B, 1½ Std.).

An der Grenze Dies ist der teuerste Grenzübergang zwischen Thailand und Kambodscha. Ein Visum kostet stolze 1500 B (im Gegensatz zu 20 US$ an anderen Grenzübergängen) und kann nur in Baht bezahlt werden. Außerdem benötigt man ein Passbild. Betrüger, die behaupten, man benötige auch ein ärztliches Attest oder andere Dokumente, kann man getrost ignorieren. Ab 20 Uhr ist die Grenze dicht.

Weiterreise Auto- (10 US$) und Motorradtaxis (3 US$) fahren nach Koh Kong. Dort gibt es Anschluss nach Sihanoukville (4 Std., 1- bis 2-mal tgl.) und Phnom Penh (5 Std., 2- bis 3-mal bis 11.30 Uhr).

An diesem Grenzübergang können auch thailändische Visa erneuert werden, die dann allerdings nur noch 15 Tage lang gültig sind.

Post (Th Tha Reua Jang; ⏲Mo–Fr 8.30–16.30, Sa 8.30–12.30 Uhr) Östlich des Geschäftszentrums der Stadt.

Anreise & Unterwegs vor Ort

Der Busbahnhof liegt 2 km außerhalb der Stadt. Von mehreren Haltestellen in der Th Sukhumvit fahren Minivans dorthin. Die Minivans von **Family Tour** (☎081 940 7380; Ecke Th Sukhumvit & Th Lak Meuang) fahren zum Victory Monument und Nord-Busbahnhof (Mo Chit) in Bangkok.

Die drei Anleger für die Fähren von und nach Ko Chang, Ko Kut, Ko Mak und Ko Wai befinden sich in Laem Ngop, etwa 30 km südwestlich von Trat. Ausführliche Infos zu den Fährverbindungen finden sich im Abschnitt zur jeweiligen Insel.

Sŏrng·tăa·ou nach Laem Ngop und zu den Fähranlegern (60 B/Pers. bei 6 Passagieren, 200 B für das ganze Fahrzeug, 40 Min.) fahren in der Th Sukhumvit, direkt hinter dem Markt, ab.

Bangkok Airways (☎am Flughafen Trat 039 5516545, in Bangkok 02 265 5555; www.bangkokair.com) bietet Flüge vom und zum Trat Airport, der 40 km von der Stadt entfernt ist. Eine Taxifahrt in die Stadt kostet den Wucherpreis von 600 B. Deshalb besser ein *sŏrng·tăa·ou* anhalten.

Ein Motorradtaxi in der Stadt kostet 20–30 B.

Motorräder werden im Bereich der Pensionen in der Th Sukhumvit vermietet (200 B/Tag).

Ko Chang เกาะช้าง

12 346 EW.

Die malerische „Elefanteninsel", auf der sich steile, mit dichtem Regenwald bedeckte Berge erheben, ist immer noch abgeschieden und ursprünglich rau – auch wenn sie immer mehr zum Ziel für Pauschalreisende wird. An der Westküste gibt's einige schöne Buchten mit feinen Sand-, aber auch vielen Kiesstränden. Was der Insel an Strand fehlt, macht sie durch die verrückte Kombination aus gut zugänglicher Wildnis und wilder Partyszene wett. So werden die bequemen Ausflüge in den üppigen Dschungel oder die bunte Korallenwelt unter Wasser bei einer der vielen Partys am Lonely Beach ausgiebig begossen.

Noch vor gut zehn Jahren gab es auf der abgeschiedenen Insel nur stundenweise Strom und praktisch keine Touristen. Obwohl sie noch immer schwierig zu erreichen ist, reißt der Besucherstrom inzwischen nicht mehr ab. Chinesische Pauschaltouristen, Backpacker auf der Durchreise nach Kambodscha und strandliebende Pärchen werden über Ko Chang zu den weiter entfernten Inseln des Mu Ko Chang National Marine Park geschleust. Entlang der dicht besiedelten Westküste sind künstliche Mini-Großstädte entstanden, mit deren Lebensstandard die Infrastruktur der Insel nicht Schritt halten kann. Nur in den Dörfern im Südosten und den Mangrovenwäldern von Ban Salak Phet und Ban Salak Kok hat sich das alte Leben der Insel erhalten.

Sehenswertes

Trotz der negativen Begleiterscheinungen der rasanten Modernisierung bietet die zweitgrößte Insel Thailands immer noch eine herrliche tropische Unterwasserwelt, dichten Regenwald voller wilder Tiere und jede Menge Wassersportmöglichkeiten für sonnenhungrige Bewegungsfanatiker.

Westküste

Dank der Buchten und Strände ist die Westküste der bei weitem am besten erschlossene Teil von Ko Chang. Mit öffentlichen *sŏrng·tăa·ou* sind die Strände leicht und preiswert zu erreichen. Vor allem Kinder sollten immer Badeschuhe tragen, da viele Strände stellenweise sehr felsig sind. Das seichte Wasser ist meist ruhig, kann bei stürmischem Wind und in der Regenzeit (Mai–Okt.) auch gefährliche Rippströmungen aufweisen.

Hat Sai Khao STRAND

(หาดทรายขาว) Der längste und schönste Sandstrand der Insel ist voller Hotels für Pauschaltouristen und Sonnenanbeter. Nur ganz am nördlichen Ende des Strandes hat sich eine ruhige Backpacker-Enklave erhalten. In der Hauptstraße des Strandortes geht es immer laut und geschäftig zu, dafür bietet sie aber alles, was man braucht.

Hat Kai Mook STRAND

(หาดไข่มุก) Die „Perlen" des Strandes sind in Wahrheit große Kieselsteine, die die Küste bis hin zu einer Landzunge im fischreichen Gewässer säumen. Schwimmen und Sonnenbaden ist nicht so toll, aber man kann gut schnorcheln.

Ao Khlong Prao STRAND

(อ่าวคลองพร้าว) Der hübsche Sandstrand von Khlong Prao erstreckt sich zwischen riesigen Felsvorsprüngen und wird von zwei Flussmündungen durchzogen. Bei Ebbe stöbern Muschelsucher im feingerippten Sand nach Schalentierchen, die das Wasser zurückgelassen hat. Die Hauptbeschäftigung am Khlong Prao, der von weitläufigen Luxus-Ferienanlagen beherrscht wird, besteht aber im Faulenzen am Pool, denn bei Flut steht der Großteil des Strandes unter Wasser.

Mit einem Mietfahrzeug lassen sich von hier aus Ausflüge zu Wasserfällen im Landesinneren unternehmen. Der größte Wasserfall der Insel ist der **Nam Tok Khlong Plu**, der über drei Stufen in ein Badebecken hinabstürzt. Ein 600 m langer Fußweg führt durch den Dschungel zu dem Wasserfall.

Hat Kaibae STRAND

(หาดไก่แบ้) Der an den Khlong Prao anschließende Strand ist toll für Familien und Paare über 30. Der schmale Sandstreifen erstreckt sich in einer von Inseln gesäumten Bucht, die weit genug von den Hotels der Pauschaltouristen entfernt ist, um sich unabhängig fühlen zu können. Man kann mit dem Kajak zum abgelegenen Teil der Insel paddeln oder bei Ebbe am Strand Muscheln suchen.

Lonely Beach STRAND

Der alles andere als „einsame" Strand ist das Reich der Backpacker auf Ko Chang und nach Sonnenuntergang der lauteste Ort der Insel. Die Musik dröhnt in voller Lautstärke, der Wodka wird aus Eimern getrunken. Bis auf ein paar Kiesel am Südende ist der Strand feinsandig.

Tree Top Adventure Park ABENTEUERPARK

(www.treetopadventurepark.com; Bailan Bay; 950 B; ⌚9–17 Uhr) In dem beliebten Abenteuerpark kann man sich wie Tarzan durch den Dschungel schwingen, über Seilbrücken balancieren, an Seilrutschen hängen und mit „fliegenden" Skateboards und Fahrrädern durch die Bäume sausen. Für den Park in der Nähe der Bailan Bay sollte man zwei Stunden einplanen. Die Hin- und Rückfahrt zum Park kostet 150 B. Auch alle Reisebüros auf Ko Chang bieten die Tour zum Park an.

Ban Bang Bao DORF

(บ้านบางเบ้า) In dem ehemaligen Fischerdorf ist die traditionelle Bauweise der miteinander verbundenen Bootsanleger noch gut zu erkennen, doch die Bewohner leben schon lange nicht mehr vom Fischfang, sondern haben Teile ihrer Häuser in Souvenirläden und Restaurants verwandelt.

ABSTECHER

HAT MAI RUT

Der Ausläufer der Provinz Trat, der sich im Südosten entlang der kambodschanischen Grenze erstreckt, ist von Sandstränden gesäumt. Sehr gut zu erreichen ist **Hat Mai Rut**, der praktisch auf halber Strecke zwischen Trat und dem Grenzübergang von Hat Lek liegt. Ganz in der Nähe befindet sich ein altes Fischerdorf mit bunten Holzbooten, in dem sich seit Generationen Familienunternehmen der Fischerei im kleinen Stil widmen. Die Häuschen des **Mairood Resort** (☎089 841 4858; 28 Mu 6; Zi. ab 1950 B; ❄@📶≋) am Meer inmitten von Mangroven versprechen einen schönen Aufenthalt.

Um hierher zu kommen, nimmt man am Busbahnhof von Trat ein *sŏrng·tăa·ou* Richtung Hat Lek. Das Resort ist 3 km vom Kilometerstein 53 an der Schnellstraße entfernt.

Ko Chang

Obwohl das Dorf auf den ersten Blick wie eine Touristenfalle wirkt, bieten die Händler auf den Bootsanlegern im Allgemeinen recht hochwertige Waren aus der Region an. Ganz am Ende des Dorfs befindet sich ein weißer Leuchtturm, vor dem die Boote zu den Inseln der Umgebung im Wasser liegen. Wer nicht in einer der Pensionen auf den Bootsanlegern übernachten will, sollte sich vor Einbruch der Dunkelheit auf den Heimweg machen, denn danach wird es sehr schwierig, noch ein Taxi zu bekommen.

Hat Khlong Kloi STRAND

Am östlichen Ende der Bucht von Bang Bao liegt der feine Sandstrand Khlong Kloi, der trotz der vielen Leute und üblichen Annehmlichkeiten (Bier, Obst, Essen, Massage) immer noch wie ein Geheimtipp wirkt. Selbst ein paar Pensionen gibt's bereits, aber öffentliche Verkehrsmittel fahren noch nicht bis hierher.

Nördliches Inland

Der überwiegende Teil des gebirgigen Landesinneren von Ko Chang steht als Nationalpark unter Naturschutz. Der dichte Dschungel, in dem unzählige Arten von Tieren leben, ist von silbern schimmernden Wasserfällen durchzogen.

Ban Kwan Chang ELEFANTENCAMP

(บ้านควาญช้าง; ☎087 811 3599; chaitientong@yahoo.com; Führung 800–1300 B; ⏲8–17 Uhr) Auf dem schönen Gelände mitten im Urwald genießen zehn Elefantendamen ihr Gnadenbrot. Die Führungen, die zwischen 30 Minuten und 1 Stunde (800/1300 B) dauern, beinhalten das Füttern, Baden und Reiten der Elefanten. Der Besitzer des Camps, Pittaya Homkrailas, ist ein angesehener Natur- und Tierschützer, der großen Wert darauf legt, die tier- und menschenfreundliche Beziehung zwischen den Elefanten und ihren Mahuts zu bewahren. Allerdings sollte man es sich im Interesse des Tierschutzes gut überlegen, ob man tatsächlich auf einem Elefanten reiten will.

Die Fahrt zum Camp ist im Preis enthalten. Insektenschutzmittel mitnehmen!

Ostküste

Die noch ruhige und unerschlossene Ostküste von Ko Chang besteht zum größten Teil aus sanften Hügeln, die mit Kokosnuss- und anderen Palmen bedeckt sind, sowie bescheidenen Fischerdörfern an der Südspitze. Für die Erkundung dieser einsamen Küste voller malerischer Buchten und Mangrovenwälder ist ein eigenes Fahrzeug erforderlich.

Nam Tok Than Mayom — WASSERFALL

(น้ำตกธารมะยม; Parkeintritt 200 B; ⊙8–17 Uhr) Die insgesamt drei Wasserfälle des Flusses Khlong Mayom sind über die Hauptverwaltung des Nationalparks in der Nähe von Tha Than Mayom zu erreichen. Der Blick von oben ist atemberaubend. Ganz in der Nähe sind Inschriftensteine mit den Initialen von Rama V., Rama VI. und Rama VII. zu sehen.

Ao Salak Kok — BUCHT

(อ่าวสลักคอก) Der dichte Mangrovenwald steht unter dem Schutz der einheimischen Fischer, die um seine Bedeutung für das Ökosystem dieser Gegend wissen. Mangroven sind die Kinderstube der Meeresbewohner sowie der hiesigen Vögel und Krustentiere, die hier die nächsten Generationen großziehen. So ist die Bucht mittlerweile eine Hochburg des Ökotourismus.

In Zusammenarbeit mit Khun Pittaya vom Elefantencamp Ban Kwan Chang betreiben die Dorfbewohner ein preisgekröntes Projekt zum Schutz der Umwelt und zur Bewahrung der traditionellen Lebensweise. Dafür vermieten sie Kajaks über die Salak Kok Kayak Station und führen das dazu gehörende Restaurant.

Ban Salak Phet — DORF

(บ้านสลักเพชร) In dem Dorf im Südosten der Insel sieht es immer noch so aus wie überall auf Ko Chang, bevor die Touristen kamen. Der verschlafene Ort ist voller Fischerboote und dösender Hunde auf den Straßen, doch hier starten auch einige gute Trekkingtouren.

Die meisten Besucher kommen wegen der Meeresfrüchte-Restaurants hierher oder um auf einsamen Nebenstraßen zu einem abgeschiedenen Strand zu gelangen. Direkt außerhalb der geschäftigen Ortsmitte liegt die **Ao Salak Phet**, eine herrliche Bucht, die im Schutz von bergigen Inselchen liegt.

Nam Tok Khiri Phet — WASSERFALL

(น้ำตกคีรีเพชร) Der kleine Wasserfall ist 2 km entfernt von Ban Salak Phet. Nach dem 15-minütigen Marsch von der Straße aus kann man im tiefen Badebecken abtauchen. Hier ist meist weniger los als an den größeren Wasserfällen, und er ist gut von Ao Salak Phet aus zu erreichen.

Aktivitäten

Kajakfahren

Von einem Kajak auf dem Meer aus sieht Ko Chang sehr beeindruckend aus. Auf dem im Allgemeinen sehr ruhigen Wasser kann man gemütlich zu den Inseln vor der Küste paddeln. Viele Hotels vermieten oben offene Kajaks (ab 300 B/Tag), die besonders gut für das Paddeln in Küstennähe und für Fahrer geeignet sind, die sich nicht festlegen wollen. Einige bieten die Kajaks gratis an.

KO CHANG IN ...

... drei Tagen

Am Strand liegen, sich vom Rücken auf den Bauch drehen und wieder zurück, ab und zu kurz ins Wasser – und das so lange, bis man entweder einen Sonnenbrand hat oder es zu langweilig wird. Dann ist es an der Zeit, die sonnenbedingte Trägheit abzulegen und auf Entdeckungstour zu gehen. Wie wär's mit einer **Tageswanderung** durch den Dschungel oder **Kajakfahren** vor und auf der Insel? Oder man fährt mit einem *sŏrng·tăa·ou* nach **Ban Bang Bao** (S. 515), isst dort zu Mittag oder ein vorgezogenes Abendessen und geht danach Souvenirs kaufen. Am nächsten Tag mietet man sich ein Motorrad und erkundet die Mangrovenwälder und Fischerdörfer an der **Ostküste** (S. 517).

... einer Woche

Die nahen Inseln **Ko Wai** (S. 527) und **Ko Kut** (S. 530) locken mit feinen Sandstränden. Oder man engagiert sich ein oder zwei Tage beim **Koh Chang Animal Project** (S. 518).

KayakChang KAJAKFAHREN
(☎ 087 673 1753; www.kayakchang.com; Emerald Cove Resort, Khlong Prao; Kajak ab 2000 B/Tag) An erfahrene Paddler werden sehr hochwertige, geschlossene Kajaks vermietet, die schneller und wendiger sind. Außerdem sind mehrtägige Touren (ab 450 B) zu den Inseln des Archipels im Angebot.

Salak Kok Kayak Station KAJAKFAHREN
(☎ 087 748 9497; Leihkajak 200 B/Std.) Mit der Erkundung der Mangrovensümpfe von Ao Salak Kok im Osten der Insel unterstützt man ein preisgekröntes Projekt des Ökotourismus. Der Kajakverleih an Selbstfahrer ist ein Projekt der Dorfgemeinschaft zur Förderung des Tourismus bei gleichzeitiger Erhaltung der traditionellen Lebensweise. Die Inhaber können auch geführte Touren mit Holzbooten (200 B) und Wanderungen sowie Unterkünfte bei den Familien des Dorfs (Homestays) organisieren.

Wandern

Ko Chang lohnt sich nicht nur wegen der Strände. Das Angebot an Trekking-Touren ist ungewöhnlich groß und vielfältig, denn die Insel ist mit üppigem Urwald voller Vögel, Affen und seltener Blumen gesegnet. Geführt werden die Touren von einer Handvoll Englisch sprechender Einheimischer, die nahe dieses Urwalds aufgewachsen sind und seine Geheimnisse gern weitergeben.

Mr. Tan (tantrekking@hotmail.com; ☎ 089 645 2019) von **Evolution Tour** (☎ 039 557078; www.evolutiontour.com) führt sowohl leichte, familienfreundliche Wanderungen als auch anspruchsvolle, achtstündige Bergtouren. **Mr. Raht** (kohchang_trekking@yahoo.com; ☎ 086 155 5693) wandert mit den Teilnehmern einen Tag lang durch den Dschungel im Süden und Osten der Insel. Dabei kann auch im Freien übernachtet werden. Die Trekking-Touren kosten zwischen 450 und 1500 B.

Koh Chang Trekking WANDERN
(☎ 081 588 3324) Für Vogelbeobachter organisiert der Veranstalter ein- und zweitägige Touren (1000–2000 B) in den Nationalpark sowie Wanderungen auf die zwei felsigen Gipfel des Khao Chom Prasat. Der Preis gilt jeweils für eine Gruppe von vier Personen.

Freiwilligenarbeit

Koh Chang Animal Project FREIWILLIGENARBEIT
(☎ 089 042 2347; www.kohchanganimalproject.org; Ban Khlong Son; ⌚ Mo–Sa 9–17.30 Uhr) Verletzte, misshandelte und ausgesetzte Tiere werden von der gemeinnützigen Organisation medizinisch versorgt und in Pflege genommen. Aber auch die Tiere der Inselbewohner werden hier veterinärmedizinisch versorgt, sterilisiert und kastriert. Freiwillige Helfer sind ebenso willkommen wie Spenden. Besonders gefragt sind natürlich Tierärzte und Tierarzthelferinnen, aber auch fachfremde Reisende können sich hier nützlich machen. Vorher telefonisch anmelden.

Wenn man als Adresse „Ban Lisa" (Lisas Haus) in Khlong Son angibt, wissen die meisten *sŏrng·tăa·ou*-Fahrer Bescheid. Wer mit dem Motorrad kommt, biegt in Ban Khlong Son beim 7-Eleven von der Hauptstraße ab und fährt danach noch 1,5 km weiter.

Massage

Sima Massage MASSAGE
(☎ 081 489 5171; Khlong Prao; Massage 250–400 B/Std.; ⌚ 8–22 Uhr) Der Salon neben dem KaTi Culinary (S. 525) in der Hauptstraße wird von den Einheimischen als bester Massagesalon der Insel bezeichnet – und das will etwas heißen an einem Ort, wo es mehr Massagesalons als 7-Eleven-Läden gibt.

Kurse

Koh Chang Thai Cookery School KOCHEN
(☎ 039 557243; Blue Lagoon Bungalows, Khlong Prao) Die Kochkurse sollen Körper und Geist beleben und sind eine tolle Alternative zum Faulenzen. Die Kurse dauern meist fünf Stunden, beinhalten eine Einkaufstour auf dem Markt und kosten 1500 B pro Person. Geschnippelt, gebraten und frittiert wird in einer schattigen Küche unter freiem Himmel, direkt neben der Flussmündung. Im Voraus buchen.

Schlafen

Der Pauschaltourismus hat die Hotelpreise auf Ko Chang verdorben. Es gingen aber nur die Preise nach oben, die Qualität leider nicht. Das liegt teilweise daran, dass die auf Reisegruppen eingerichteten Hotels garantierte Übernachtungen haben und nicht darauf angewiesen sind, Stammgäste oder Laufkundschaft zufriedenzustellen. Zudem werden die Preise einfach nachgeahmt, sodass preisbewusste Reisende kaum eine freie Auswahl haben.

Nur in der Regenzeit (Mai–Okt.) fallen die Preise drastisch. In der Hochsaison (Nov.–März) sowie an Wochenenden und Feiertagen sollte man im Voraus buchen und im Internet nach Sonderangeboten suchen.

NICHT VERSÄUMEN

TAUCHEN & SCHNORCHELN VOR KO CHANG

Die Tauchreviere rund um Ko Chang bieten eine Vielfalt an Korallen, Fischen und für Anfänger geeignete, seichte Gewässer.

Das Unterwassergebirge, das sich vor der südlichen Inselspitze im Mu Ko Chang National Marine Park erstreckt, ist nach einer 30-minütigen Bootsfahrt erreicht. Zu den beliebtesten Tauchspots gehören **Hin Luk Bat** und **Hin Rap**, felsige, mit Korallen überzogene Abhänge unter Wasser, die zwischen 18 und 20 m tief liegen und ein Paradies für Schwarmfische und einige Schildkrötenarten sind. In der Nähe von Hin Rap wurde 2013 absichtlich ein 30 m langes Kampfflugzeug versenkt, das nun auf der Seite liegt.

Bei Weitem am besten tauchen kann man aber rund um **Ko Rang**. Da die unbewohnte Insel zum Nationalpark gehört, ist die Fischerei hier verboten. Die Sicht ist viel besser als vor Ko Chang und beträgt im Schnitt zwischen 10 und 20 m. Ein beliebtes Tauchrevier ist **Hin Gadeng**, dessen spektakuläre korallenbedeckte Felstürme bis zu 28 m weit zu sehen sind. An der Ostküste von Ko Rang liegt **Hin Kuak Maa**, das auch als „Drei-Finger-Riff" bekannt ist. Das Besondere hier ist eine mit Korallen bedeckte Felswand, die von 2 auf 14 m abfällt und ganze Schwärme marinen Lebens anzieht.

Die flacheren Tauchgebiete von **Ko Yak**, **Ko Tong Lang** und **Ko Laun** sind für Anfänger und Fortgeschrittene gleichermaßen geeignet. Vor den kleinen Felseninselchen, die komplett umrundet werden können, wimmelt es nur so von Korallen, Schwarm- und Kugelfischen, Muränen, Barrakudas, Rochen und manchmal sogar Schildkröten.

Rund 7 km vor Ban Bang Bao liegt mit dem Wrack der **HTMS Chang** ein sehr beliebter Tauchspot. Das 100 m lange Schiff der thailändischen Marine wurde 2012 absichtlich versenkt, um ein künstliches Riff zu schaffen. Es liegt 30 m unter der Wasseroberfläche.

Beim Schnorcheln rund um das riffgesäumte **Ko Wai** kann man eine Vielzahl farbenprächtiger Hart- und Weichkorallen bewundern. Die Insel ist ein beliebtes Tagesausflugsziel, bietet aber auch einfache Unterkünfte – für mehr Zeit im Riff.

Rund um **Ko Mak** sind die Schnorchelbedingungen weniger gut, doch kann man schöne Tauchausflüge ins Riff vor der Insel unternehmen, auch wenn dort nicht so viele Fische zu sehen sind wie anderswo.

Eintägige Tauchausflüge kosten ab 2900 B aufwärts. Für den PADI-Open-Water-Tauchschein werden pro Person 14 500 B fällig. Viele Tauchschulen sind auch während der Regenzeit (Mai–Okt.) geöffnet, allerdings sind Sicht und Wasserverhältnisse dann meist recht schlecht. Hier zwei empfehlenswerte Tauchschulen:

BB Divers (☎ 039 558040; www.bbdivers.com) Die Schule mit Sitz in Bang Bao ist auch an den Stränden von Lonely Beach, Khlong Prao und Hat Sai Khao sowie in der Hauptsaison auf Ko Kut und Ko Wai vertreten.

Lonely Beach Divers (☎ 080 619 0704; www.lonelybeachdivers.com) In der Schule am Lonely Beach arbeiten mehrsprachige Tauchlehrer.

An der Westküste sind die Unterkünfte am Lonely Beach immer noch am preiswertesten, in Hat Kaibae gibt es das beste Preis-Leistungs-Verhältnis, und in Hat Sai Khao ist alles völlig überteuert. An der Ostküste findet man ein paar wenige Unterkünfte in Ao Salak Kok und Ao Dan Kao.

Hat Sai Khao

Der schönste Strand der Insel ist zugleich auch der teuerste. Am nördlichen und südlichen Ende gibt's noch ein paar Budget- und Mittelklasse-Unterkünfte, die vielleicht in Betracht kommen, wenn man unbedingt am feinsten Sandstrand sein will. Am felsigen Strandabschnitt im Süden ist bei Flut überhaupt kein Sand da. Die Backpacker-Enklave nördlich des KC Grande Resort ist nur über den Strand zu erreichen.

Independent Bo's PENSION $

(Zi. 300–800 B; 📶) Exzentrischer als dieses Sammelsurium von Zimmern auf dem Hügel geht an diesem Strand nicht. Mit skurrilen Schildern an den Wänden und WLAN-Verbot in der Bar fühlt man sich wie zu alten Hippie-Zeiten. Die Bungalows, die es nur mit Ventilator gibt, sind ebenso unterschiedlich wie die Preise. Reservierungen sind nicht möglich, und Kinder haben keinen Zutritt.

Starbeach Bungalows PENSION $

(☎084 345 1079; www.starbeach-kohchang.com; Bungalow 500–750 B; 📶) Die einfachen Bungalows mit Ventilator, die sich den Hügel hinauf ziehen, wirken sehr baufällig, sind aber recht solide. Und ganz in der Nähe des schönsten Abschnitts dieses Strandes.

Arunee Resort PENSION $$

(☎086 111 9600; aruneeresorttour@hotmail.com; Zi. inkl. Frühstück mit Ventilator/Klimaanlage 500/1500 B; ❄📶) Nach der Renovierung sind die ehemals superbilligen Zimmer jetzt freundlich und hell. Die Pension ist von der Hauptstraße zurückgesetzt und nur 50 m vom Strand entfernt.

Rock Sand Resort PENSION $$

(☎084 781 0550; www.rocksand-resort.com; Zi. 750–3500 B; ❄📶) Die Anlage richtet sich offiziell an Luxus-Backpacker, ist aber nicht wirklich ein Resort. Die Zimmer mit Meerblick sind ganz o.k. und gehen auf einen gemeinsamen Balkon hinaus. Die preiswerteren Zimmer sind viel einfacher. Bei Flut muss man durchs Wasser zum Haus waten.

Paddy's Palms Resort HOTEL $$

(☎039 619083; www.paddyspalmspub.com; Zi. inkl. Frühstück 1100–1300 B; ❄📶🏊) Das Hotel ist zwar ein gutes Stück vom Strand entfernt, hat dafür aber einen Pool/Whirlpool, hübsche Zimmer und eine ausgezeichnete Sportsbar im Eingangsbereich.

Sai Khao Inn PENSION $$

(☎081 570 1380; Zi. 1200–1800 B; ❄📶) Die Pension in einem ruhigen Garten an der dem Strand abgewandten Seite der Straße bietet von Bungalows auf Pfählen bis zu ganz einfachen Zimmern für jeden etwas – und das zu recht vernünftigen Preisen angesichts der vielen Resorts. Sie befindet sich am Ende einer Seitengasse der Hauptstraße.

Keereeelé HOTEL $$

(☎039 551285; keeree_ele@hotmail.com; Zi. inkl. Frühstück 2200–2600 B; ❄📶🏊) Das mehrstöckige Hotel, dessen Name „Elefantenberg" bedeutet, hat moderne, gemütliche Zimmer, teilweise mit Blick auf die Berge im Hintergrund. Die Betten stehen nach chinesischem Vorbild etwas erhöht. Das Hotel befindet sich 300 m vom Strand entfernt an der vom Strand abgewandten Straßenseite.

Apple Beachfront Resort HOTEL $$

(☎039 551228; applebeachfrontresort@gmail.com; Zi. inkl. Frühstück 2800 B; ❄📶🏊) Die mit vielen natürlichen Materialien ausgestatteten Zimmer sind einfach und sauber. Sie gehen entweder aufs Meer oder den großen, terrassenförmigen Pool-Bereich hinaus.

Ao Khlong Prao

An der Ao Khlong Prao überwiegen luxuriöse Ferienanlagen, zwischen denen sich ein paar Budgetunterkünfte verlieren. An der Hauptstraße gibt's eine Handvoll preiswerter Pensionen, die nur einen Katzensprung vom Strand entfernt sind.

★ **Blue Lagoon Bungalows** PENSION $$

(☎039 557243; www.kohchang-bungalows-bluelagoon.com; Zi. 500–1800 B; ❄) Die Anlage neben einer malerischen Flussmündung bietet eine große Auswahl an verschiedenen Bungalows und Zimmern und sogar ein Zelt (250 B). Das größere Familienzimmer wurde mit Elefantendung gebaut. Ein Holzplankenweg führt zum Strand. Das ausgezeichnete Personal bietet auch verschiedene Aktivitäten wie Yoga und Kochkurse an.

Lin Bungalow BUNGALOWS $$

(☎084 120 1483; Zi. 1500 B; ❄📶) Die gute Mittelklasse-Unterkunft besteht aus zehn soliden, großzügigen Bungalows am Strand.

BITTE NICHT FÜTTERN!

Bei den Bootstouren rund um die Insel beglücken viele Veranstalter ihre Gäste mit einem Stopp vor einer Felsenklippe, damit sie die dort lebenden Affen füttern können. Das scheint ganz unbedenklich und recht unterhaltsam zu sein, hat aber verhängnisvolle Folgen, denn die Affen werden von dieser Futterquelle abhängig. Wenn die Boote aber nicht mehr so oft kommen, z. B. in der Nebensaison, sind jüngere und schwächere Tiere nicht in der Lage, sich selbst zu versorgen.

Gleiches gilt für Tauchgänge und Bootsausflüge, bei denen die Reste des Mittagessens an die Fische verfüttert werden. Oft wird sogar am Bootsanleger Brot nur für diesen Zweck verkauft. Natürlich ist es toll, so Schwärme buntschillernder Fische anzulocken, doch diese geben dafür die Korallenriffe auf. Ohne das tägliche „Abknabbern" durch die Fische wiederum sind die Korallen bald mit Algen überwuchert und können ersticken.

Baan Rim Nam PENSION $$
(☎087 005 8575; www.iamkohchang.com; Zi. 1300–1900 B; ❄📶) Das ehemalige Fischerhaus hoch über einem von Mangroven gesäumten Fluss hat kühle, luftige Zimmer. Der englische Besitzer kennt die Insel wie seine Westentasche und gibt dieses Wissen gern weiter. Es stehen kostenlose Kajaks zur Verfügung, mit denen man in 3 Minuten zum Strand paddeln kann.

Magic Resort BUNGALOWS $$
(☎039 557074; www.magicresortkohchang.co.th; Zi. inkl. Frühstück 1300–2500 B; ❄📶) Vom Zauber des einstigen Backpacker-Paradieses ist nicht mehr viel zu spüren, doch die einfachen Bungalows am Strand und der gepflegte, herrlich entspannende Garten sind immer noch äußerst beliebt. WLAN gibt's nur im Eingangsbereich.

Sofia Garden Resort HOTEL $$
(☎080 095 1095; www.sofiagardenresort.net; Zi. 1690–2200 B; ❄📶🏊) Die Annehmlichkeiten wie Sauna und Pool sind ihr Geld wert, doch die Zimmer sind ziemlich veraltet, und es gibt keinen direkten Zugang zum Strand.

Keereeta Resort PENSION $$
(☎039 551304; keeree_ta@hotmail.com; Hat Kai Mook; Zi. inkl. Frühstück 1900–2300 B; ❄📶🏊) Die Zimmer in warmen Farben und mit künstlerischen Akzenten sind wirklich sehr stylish. Direkt neben dem Swimmingpool stehen Massagepavillons. Die Anlage befindet sich nördlich der Ao Khlong Prao.

Aana HOTEL $$$
(☎039 551137; www.aanaresort.com; Zi. 3500–6500 B; ❄@📶🏊) Die hoch über dem Wald und dem Khlong Prao stehenden Häuschen sind vom Strand gut mit dem Kajak zu erreichen. Die preiswerteren Zimmer sind für den Preis etwas zu heruntergekommen.

The Dewa RESORT $$$
(☎039 557339; www.thedewakohchang.com; Zi. inkl. Frühstück 7000–20 000 B; ❄@📶🏊) Das luxuriöseste Hotel der Gegend ist durch und durch schick: vom 700 m² großen Pool mit dunklem Boden bis hin zu den Zimmern im modernen, thailändischen Stil, auf deren Ausstattung selbst der US-Seidenfabrikant Jim Thompson stolz gewesen wäre.

Hat Kaibae

Mit Boutiquehotels, einfachen Hütten und Bungalows der mittleren Preisklasse verfügt Hat Kaibae wohl über die größte Un-

> **ℹ ALS NATIONALPARK GESCHÜTZT**
>
> Weite Teile von Ko Chang gehören zum Mu Ko Chang National Marine Park und sind entsprechend geschützt. Auch wenn sich der Naturschutz etwas nebulös gestaltet, müssen Besucher von Wasserfällen manchmal eine Parkeintrittsgebühr von 200 B bezahlen (für welche ist bei der Beschreibung der Wasserfälle angegeben). Das **Nationalparkhauptbüro** (☎039 555080; Ban Than Mayom; ⌚8–17 Uhr) liegt im Osten der Insel, nahe des Wasserfalls Nam Tok Than Mayom.
>
> Nacktbaden und Oben ohne sind im Mu Ko Chang National Marine Park gesetzlich verboten. Das gilt somit für alle Strände auf Ko Chang, Ko Kut, Ko Mak und Ko Wai.

terkunftsvielfalt auf der Insel. Dafür besteht der Strand hier nur teilweise aus Sand.

Porn's Bungalows BUNGALOWS $
(☎080 613 9266; www.pornsbungalows-kohchang.com; Zi. 600–1500 B) Die entspannte Anlage am Westende des Strandes hat auch ein sehr beliebtes Restaurant. Die Holzbungalows werden nur von Ventilatoren gekühlt. Am besten sind die Strandbungalows für 1000 B.

KB Resort HOTEL $$
(☎039 557125; www.kbresort.com; Zi. inkl. Frühstück 2300–5000 B; ❄@📶🏊) Die gelben Bungalows mit fröhlichen Badezimmern stehen in ruhiger Lage direkt am Meer.

Kai Bae Hut Resort HOTEL $$
(☎081 862 8426; www.kaibaehutresort.com; Zi. inkl. Frühstück 900–2500 B; ❄📶) An einem malerischen Strandabschnitt steht eine Ansammlung verschiedenster Unterkünfte: von recht heruntergekommenen Hütten mit Ventilator über schicke Betonbungalows bis zu modernen Hotelzimmern, von denen die preiswerteren auch nur Ventilatoren bieten. Im großen Restaurant unter freiem Himmel wird jeden Abend der Grill angeworfen. Für Kinder gibt's genug Platz zum Toben.

Garden Resort HOTEL $$
(☎039 557260; www.gardenresortkohchang.com; Zi. inkl. Frühstück 2200–4500 B; ❄@📶🏊) Das Hotel an der dem Strand abgewandten Straßenseite besteht aus großen, sauberen Bungalows, die den schattigen Weg zum Swimmingpool säumen. Die Bar und das

Restaurant im Eingangsbereich sind beliebte Treffpunkte. Ein kleiner Sandstrand ist nur 150 m entfernt.

The Chill RESORT $$$
(☎039 552555; www.thechillresort.com; Zi. inkl. Frühstück 5250–14 400 B; ❄@☎≋) Die Anlage ist so geschickt konzipiert, dass alle Zimmer im Erdgeschoss auf einen der drei Pools hinausgehen. Neben freundlichen, modernen Zimmern bietet sie jede Menge Annehmlichkeiten. Besonders beliebt bei Familien.

Lonely Beach

Der besonders bei Backpackern beliebte Strand ist immer noch die Gegend mit den preiswertesten Unterkünften der Insel, obwohl bezahlbare Pensionen direkt am Strand kaum zu finden sind. Da es weit und breit keine schicken Resorts gibt, sind die Straßen hier immer noch voller schmuddeliger Bars und günstiger Pensionen statt Wellnesstempeln und Massagesalons.

★ **BB World of Tapas** HOSTEL $
(☎089 504 0543; www.bbworldoftapas.com; B 200 B, Zi. mit Ventilator 500–600 B; ☎≋) Genau wie bei Tapas bekommt man hier von allem etwas: die Tauchschule vor Ort, Fitnessraum, eine bunt gemischte Tapas-Karte, ein gemütlicher Gemeinschaftsbereich, um andere Reisende zu treffen und sich auszutauschen. Eines der wenigen Hostels in Strandnähe.

Siam Hut PENSION $
(☎039 619012; www.siamhutkohchang.com; Zi. 480–680 B; ❄☎≋) Ibiza mit Vollmondpartys – die Backpacker-Unterkunft ist die Partyhochburg am Lonely Beach. Die preiswerten Holzhütten stehen in der Nähe eines der wenigen Sandstrände hier. WLAN gibt's nur an der Rezeption.

Paradise Cottage HOTEL $
(☎081 773 9337; y_yinggg@hotmail.com; Zi. mit Ventilator/Klimaanlage 500/800–1200 B; ❄☎) Mit House-Musik im Hintergrund, Hängematten vor Pavillons mit Blick aufs Meer und gemütlichen Zimmern ist das Hotel genau das Richtige für Luxus-Backpacker. Bei Ebbe kann man bis zu einer Sandbank jenseits der Felsen laufen.

Little Eden PENSION $
(☎084 867 7459; www.littleedenkohchang.com; Zi. 700–1100 B; ❄@☎) Alle 15 Bungalows sind über ein verschlungenes Netz von Holzplankenwegen verbunden. Die recht großen Zimmer haben überraschend schöne Bäder. Gemeinschaftsbereich und Personal sind gleichermaßen angenehm und freundlich.

KLKL Hostel PENSION $
(☎083 088 3808; Zi. 600–1200 B; ❄@☎≋) Eigentlich ist dies kein Hostel, denn es gibt nicht einen Schlafsaal, sondern nur freundliche Zimmer in Blau, Grün und Pink zu vernünftigen Preisen. Alle Zimmer haben warmes Wasser, die preiswerteren Zimmer sind mit Ventilatoren ausgestattet. WLAN gibt's nur im Bereich der Bar.

Oasis Bungalows PENSION $$
(☎081 721 2547; www.oasis-kohchang.com; Zi. 450–1400 B; ❄☎) Buchstäblich die Top-Unterkunft am Lonely Beach, und das nicht nur wegen ihrer Lage hoch oben auf einem Hügel. Alle Zimmer haben Meerblick, doch der Blick aus dem Baumhaus in 12 m Höhe toppt alles. Die von einem freundlichen holländischen Paar geführte Oase besteht aus geräumigen Mittelklasse-Bungalows. Die günstigeren Zimmer werden nur von einem Ventilator gekühlt.

Zum Strand sind es 5 Minuten zu Fuß.

Warapura Resort HOTEL $$
(☎039 558123; Zi. 1900–4500 B; ❄@☎≋) Die bezaubernden Bungalows stehen versteckt zwischen dem Dorf und einem Strand mit Mangroven. Der große Swimmingpool direkt am Wasser ist ideal für alle, die lieber aufs Meer schauen als darin zu planschen.

Lonely Beach Resort BUNGALOWS $$
(☎081 279 5120; www.lonelybeach.net; Zi. 900–1300 B; ❄☎≋) Die Bungalows erstrecken sich bergabwärts inmitten eines schattigen Gartens. Sie sind schlicht, aber geräumig und ausreichend komfortabel. Das angeschlossene Restaurant serviert eine ungewöhnliche und zugleich leckere Mischung aus dänischen und thailändischen Gerichten.

Ban Bang Bao

Trotz des enormen Tourismus ist Ban Bang Bao immer noch bezaubernd. Die Unterkünfte bestehen meist aus umgebauten Pierhäusern direkt am Meer, von denen man bequem die Fähren zu den Inseln erreicht. Wegen des steten Stroms an Tagesausflüglern ist es tagsüber kein Problem, zu einem Badestrand zu kommen. Zudem liegt der Strand von Khlong Kloi östlich des Dorfes. Nachtschwärmer müssen entweder ein Motorrad mieten oder irgendwo übernachten, da mit Einbruch der Dunkelheit die *sŏrng·tăa·ou* nur noch selten fahren und sehr teuer sind.

Bang Bao Cliff Cottage PENSION $
(☎085 904 6706; www.cliff-cottage.com; Zi. 600–1200 B; ❄📶) Ein paar Dutzend einfache Hütten mit Strohdach stehen versteckt an einem grünen Hügel hoch über einer felsigen Bucht westlich des Fähranlegers. Die meisten sind mit Meerblick, der teilweise spektakulär ist. Die Tauchschule Scubadawgs hat hier eine Filiale. In der Hauptsaison stehen auch Zelte zur Verfügung.

★ **Koh Chang Sea Hut** HOTEL $$
(☎081 285 0570; www.kohchang-seahut.com; Zi. inkl. Frühstück 2800 B; ❄📶) Die luxuriösen Bungalows und Zimmer am Ende des Piers von Bang Bao bieten fast einen Rundumblick über die Bucht. Jeder Bungalow ist von einer eigenen Terrasse umgeben, auf der das Frühstück serviert wird. Kostenlose Kajaks.

Buddha View PENSION $$
(☎039 558157; www.thebuddhaview.com; Zi. 600–1400 B; ❄) Die noble Pension am Pier ist besonders beliebt bei Urlaubern aus Bangkok. Von den sieben ganz in Holz und sehr durchdacht ausgestatteten Zimmern haben nur vier ein eigenes Bad. Das Restaurant ist ebenfalls ausgezeichnet.

El Greco PENSION $$
(☎086 843 8417; www.elgreco-kohchang.com; Zi. 1200–1400 B; ❄📶) In den sauberen Zimmern der einfachen Pension in der Mitte des Piers von Bang Bao stehen etwas harte Betten, doch die Aussicht ist einfach traumhaft. Das griechische Restaurant ist zumindest einen Blick wert.

Nirvana HOTEL $$$
(☎039 558061; www.nirvanakohchang.com; Zi. inkl. Frühstück 3000–4700 B; ❄📶🏊) Die superluxuriösen Bungalows im balinesischen Stil stehen versteckt auf einer felsigen, mit Dschungel bedeckten Halbinsel. Die geräumigen Zimmer haben Bäder aus Stein und sind mit alten Pop-Postern geschmückt. Hier ist man wirklich der Welt entrückt, kann aber mit dem Shuttle-Bus nach Bang Bao jederzeit in die Zivilisation zurückkehren. Der Nachbarstrand ist nicht zum Baden geeignet.

Nördliches Inland & Ostküste

Der Norden und Osten von Ko Chang ist weit weniger erschlossen als die Westküste und deshalb wesentlich einsamer. Ein eigenes Fahrzeug ist unabdingbar. Vielleicht sollte man auch in einer Gruppe reisen, um sich nicht ganz so verloren vorzukommen, doch dafür ist es hier ruhig und friedlich.

Jungle Way PENSION $
(☎089 247 3161; Khlong Son Valley; Zi. 200–500 B) Die wunderbare Bungalowanlage mitten im Urwald ist nur über eine Seilbrücke zu erreichen. Der Besitzer Khun Ann kennt sich bestens in der Gegend aus und organisiert Trekking-Touren, die hier starten. Die Bungalows mit Ventilator sind einfach, aber in Ordnung, und das Restaurant ist sehr gut.

Die Facebook-Seite wird regelmäßig aktualisiert.

The Souk PENSION $$
(☎081 553 3194; www.thesoukkohchang.com; Ao Dan Kao; Zi. mit Ventilator/Klimaanlage 900/1500–2200 B; ❄@📶) Die schicken Bungalows sind mit Pop Art geschmückt und ihr Geld durchaus wert. Es gibt viel Platz zum Entspannen und ein einfaches Restaurant mit Terrasse und Cocktailbar direkt am roten Sandstrand. Bei den Zimmern mit Klimaanlage ist das Frühstück im Preis enthalten.

Amber Sands HOTEL $$$
(☎039 586177; www.ambersandsbeachresort.com; Ao Dan Kao; Zi. 2800–4250 B; ❄@📶🏊) Die Anlage zwischen Mangroven und einem ruhigen, roten Sandstrand hat schicke Bungalows und einen tollen Blick aufs Meer. Gefühlt liegt das Hotel am Ende der Welt, tatsächlich ist es nur 15 Minuten vom Fähranleger entfernt. Von August bis Mitte Oktober geschlossen.

Spa Koh Chang Resort HOTEL $$$
(☎080 964 7614; www.thespakohchang.com; Ao Salak Kok; Zi. inkl. Frühstück 2136–3657 B; ❄📶🏊) Das Wellness-Resort auf einem ruhigen, üppig grünen Gelände, das fast bis zu den Mangrovenwälder der Bucht reicht, hat sich auf heilsame Anwendungen aller Art wie Fasten, Yoga und Meditation spezialisiert. Die eleganten Bungalows, die sich den mit Blumen bedeckten Hügel hinaufziehen, sorgen für eine geruhsame Auszeit, die ganz der Gesundheit und dem Wohlbefinden gewidmet ist. Im Restaurant gibt's Vegetarisches und Veganes. Kein Zugang zum Strand.

Essen & Ausgehen

Praktisch alle Unterkünfte auf der Insel haben Restaurants, die alle ordentliches, aber kein herausragendes Essen bieten. Überall

GRENZÜBERGANG NACH KAMBODSCHA: VON ARANYA PRATHET NACH POIPET

Anreise zur Grenze Mit dem Direktbus ab dem Nord-Busbahnhof (Mo Chit) in Bangkok gelangt man am bequemsten auf dem Landweg von der Hauptstadt nach Siem Reap. Die Busfahrten mit Zwischenstopps, die auf der Th Khao San und andernorts in Bangkok angeboten werden, mögen billig und praktisch erscheinen, haben sich ihren Ruf als Touristenfallen jedoch nicht umsonst erworben; wer sie nutzt, muss mit hoher Wahrscheinlichkeit damit rechnen, abgezockt zu werden.

Wer die Strecke in verschiedenen Etappen bewältigen möchte (was sehr viel billiger ist als der Direktbus ab Mo Chit), hat folgende Möglichkeiten, von Bangkok zur Grenzstadt Aranya Prathet (alias Aran) zu gelangen: per Bus ab Mo Chit, per Bus oder Minivan ab dem Ost-Busbahnhof (Ekamai), per Bus ab der Bushaltestelle am Suvarnabhumi International Airport, per Minivan ab dem Siegesdenkmal oder mit dem Zug 3. Klasse (wer Siam Reap am selben Tag erreichen möchte, muss bis um 11.35 Uhr losfahren, wer früh genug da sein möchte muss bereits um 5.55 Uhr fahren) ab Hualamphong. Aran bietet alle ein bis zwei Stunden zudem Busverbindungen von anderen Städten der Region an, z. B. ab Khorat, Surin und Chanthaburi. Alle Minivans sowie einige Busse fahren bis zum Rong Kluea Market neben der Grenze, deswegen ist ein Zwischenstopp in der Stadt Aranya Prathet nicht nötig. Alternativ bewältigen *sŏrng·tăa·ou* (15 B), Motorradtaxis (60 B) oder *túk-túks* (*đúk đúk* ausgesprochen; 80 B) die letzten 7 km bis zur Grenze.

An der Grenze Die Grenze ist täglich von 7 bis 20 Uhr geöffnet. Auf der thailändischen Seite wird aufdringlich darum geworben, das kambodschanische Visum dort zu kaufen. Ganz egal, was einem erzählt wird, es gibt keinen Grund, das Visum nicht erst an der Grenze zu erwerben. Anderswo kostet es mehr und dauert länger. Bevor man die thailändische Einreisebehörde erreicht, sollte man niemandem seinen Pass zeigen und kein Geld wechseln.

Nachdem man den Ausreisestempel für Thailand erhalten hat, folgt man dem Pulk zur kambodschanischen Einreisestelle. Wer noch kein Visum hat, hält sich an das Schild „Visa on Arrival". Morgens an Werktagen dauert das Prozedere in der Regel zehn bis 20 Minuten, nach 12 Uhr muss man mit einer Stunde oder mehr Wartezeit rechnen. Auch am Wochenende und an Feiertagen, wenn besonders viele Thais versuchen, Touristen abzuzocken, und ausländische Arbeiter ihre Visa verlängern, ist viel los. Oftmals wird Besuchern angeboten, gegen Zahlung einer speziellen „VIP"-Gebühr von 200 B an die Spitze der Schlange vorzurücken. Meist wird dann eine weitere kleine „Stempel-" oder „Zuschlag"-Gebühr (alias Bestechungsgeld) fällig. Solche Angebote sollte man ausschlagen, auch wenn man ein bisschen länger warten muss.

Weiterreise Vom Busbahnhof in Poipet fahren regelmäßig Busse und Sammeltaxis entlang einer befestigten Straße nach Siem Reap. Dieser Busbahnhof liegt etwa 1 km entfernt (per Motorradtaxi 2000 CR) beim zentralen Markt, einen Block nördlich der Canadia Bank nahe der NH5. In Poipet gibt es außerdem einen zweiten „internationalen" Busbahnhof, 9 km östlich der Stadt, wo Tickets das Doppelte kosten. Genutzt wird er ausschließlich von schlecht informierten oder leichtgläubigen Ausländern, die sich in den kostenlosen Shuttle locken lassen, der dorthin fährt. Ausführliche Informationen für Reisen jenseits der Grenze liefert der Lonely Planet Band *Kambodscha*.

an den Stränden werden ständig Partys gefeiert, sei es von den gesetzten Älteren am Hat Sai Khao oder von den wilden Jüngeren am Lonely Beach.

Westküste

Porn's Bungalows Restaurant THAI $
(Hat Kaibae; Gerichte 80–180 B; ⌚11–23 Uhr) Das entspannte, in dunklem Holz gehaltene Restaurant ist die ultimative Strandlounge. Das Barbecue ist lecker. Ansonsten ist das Trinken hier eindeutig wichtiger als das Essen, und Kleiderordnung gibt es auch keine.

Nid's Kitchen THAI $
(nidkitchen@hotmail.com; Khlong Prao; Gerichte 50–150 B; ⌚18–22 Uhr) Im Wok der mit Rasta-Deko geschmückten Hütte brutzeln die typischen thailändischen Standardgerichte. Auch gut, um nur etwas zu trinken.

★ Barrio Bonito MEXIKANISCH $$
(Hat Kaibae; Gerichte 160–250 B; ⌚17–22.30 Uhr) In ihrem Straßenrestaurant mitten in Kaibae serviert ein bezauberndes französisch-mexikanisches Pärchen fantastische Fajitas und coole Cocktails. Das Essen ist wirklich gut und die Einrichtung sehr stylish.

★ Phu-Talay SEAFOOD $$
(☎039 551300; Khlong Prao; Gerichte 100–320 B; ⌚10–22 Uhr) In dem hübschen, in Blau-Weiß gehaltenen Lokal mit Holzboden über einer Lagune herrscht eine gemütliche Atmosphäre. Serviert wird eine durchdachte Auswahl an Klassikern der Inselküche (mit jeder Menge Fisch) zu vernünftigeren Preisen als in vielen anderen Meeresfrüchterestaurants.

Oodie's Place INTERNATIONAL, THAI $$
(☎039 551193; Hat Sai Khao; Gerichte 80–390 B; ⌚11–24 Uhr) Der einheimische Musiker betreibt diesen wunderbar vielseitigen Laden, in dem exzellente französische Küche sowie leckere Thai-Spezialitäten auf den Tisch kommen und Livemusik (ab 22 Uhr) gespielt wird. Auch nach all den Jahren bei der Ausländergemeinde noch immer sehr beliebt!

Baanta THAI $$
(Khlong Prao; Gerichte 120–250 B; ⌚12–22 Uhr; 📶) Das Restaurant, das von den Inhabern des superschicken Panviman Resort geführt wird, bietet ausgezeichnete Qualität zu einem hervorragenden Preis-Leistungs-Verhältnis. Auf den Tisch kommen thailändische Standardgerichte sowie einige moderne Abwandlungen.

Saffron on the Sea THAI $$
(☎039 551253; Hat Kai Mook; Gerichte 120–350 B; ⌚8–22 Uhr; 📶) Das freundliche Boutiquehotel unter der Leitung eines aus Bangkok geflüchteten Künstlers bietet ein geräumiges Strandlokal und entspannt-romantische Atmosphäre. Die thailändischen Gerichte werden im Stil von Ko Chang zubereitet, sind also eher süßlich als scharf.

Jea Eaw THAI $$
(Khlong Prao; Gerichte 120–300 B; ⌚10–21 Uhr) Das einfache Restaurant unter freiem Himmel ist jeden Abend voller Einheimischer, die das sehr geschmackvolle Essen in riesiger Auswahl schätzen. Besonders zu empfehlen sind die Garnelen.

Paul's Restaurant EUROPÄISCH $$
(☎039 551499; Hat Sai Khao; Gerichte 160–280 B; ⌚17–22 Uhr) Das Restaurant auf den Klippen serviert deutsche und europäische Gerichte in toller Qualität, gewürzt mit sarkastischen Bemerkungen des unterhaltsamen Besitzers.

Magic Garden THAI $$
(☎039 558027; Lonely Beach; Gerichte 100–220 B; ⌚9–24 Uhr; 📶) Am angesagtesten Ort von Lonely Beach kann man nicht nur leckere Smoothies und eimerweise Wodka genießen, sondern sich auch mit anderen Reisenden austauschen und neue Lektüre besorgen. Auf der Speisekarte stehen die üblichen thailändischen und westlichen Standardgerichte.

Chowlay SEAFOOD $$
(Ban Bang Bao; Gerichte 100–450 B; ⌚10–24 Uhr) „Wir haben alles, was schwimmt" ist der Slogan des Restaurants auf dem Pier. Und das riesige Angebot an Meeresfrüchten ist mindestens ebenso beeindruckend wie der Blick auf die Bucht.

KaTi Culinary THAI $$
(☎081 903 0408; Khlong Prao; Gerichte 130–290 B; ⌚11–15 & 18–22 Uhr) Meeresfrüchte, ein paar Isan-Gerichte und die berühmte hausgemachte Currysauce sind die Spezialitäten des Restaurants. Dazu gibt's Smoothies mit Litschis, Limonen und Pfefferminze. Auch ein Kindermenü wird angeboten.

Nördliches Inland & Ostküste

Blues Blues Restaurant THAI $
(Ban Khlong Son; Gerichte 70–150 B; ⌚10–21 Uhr) Hinter dem grünen Vorhang aus tropischen Pflanzen verbirgt sich ein künstlerisch angehauchtes Thai-Lokal, das wegen seiner Erfahrung, Effizienz und erfreulicher Preise sehr geschätzt wird. An den Wänden hängen vom Besitzer gemalte Aquarelle. Um hin zu kommen, nimmt man die Straße nach Ban Kwan Chang; nach 600 m kommt es rechts in Sicht.

Jungle Way Restaurant THAI $
(☎089 247 3161; Ban Khlong Son; Gerichte 70–120 B; ⌚7–21 Uhr; ✎) Das zur Pension gehörende Restaurant ist bekannt für seine Lage mitten in der Natur und die gute Hausmannskost. In der Zeit, die die (gemächliche) Zubereitung der Speisen in Anspruch nimmt, können die Gäste zu einem Aussichtspunkt hinaufsteigen und von einer Plattform aus die Tiere des Dschungels beobachten.

★ Shambhala EUROPÄISCH $$
(Siam Royal View, Hat Chang Noi; Gerichte 120–390 B; ⌚Do–Di 13–21 Uhr) Trotz der Top-Lage an der nördlichen Inselspitze bietet das

Restaurant mit Pool einige der günstigsten Cocktails überhaupt und erstklassige thailändische und internationale Gerichte, darunter ein sagenhaftes Risotto. Am schönsten bei Sonnenuntergang.

Praktische Informationen

GEFAHREN & ÄRGERNISSE

Auf der Straße zwischen Ban Khlong Son im Norden und Hat Sai Khao ist größte Vorsicht geboten, denn sie ist gefährlich steil und hat einige scharfe Haarnadelkurven. Bei Sturm kommen noch schlechte Straßenverhältnisse und Schlammlawinen dazu. Wer mit einem gemieteten Motorrad unterwegs ist, sollte zwischen Hat Kaibae und Lonely Beach besonders vorsichtig fahren, vor allem in der Regenzeit. Und grundsätzlich Schutzkleidung tragen!

Die Polizei führt regelmäßig Drogenrazzien in den Unterkünften der Insel durch. Wer mit Rauschgift erwischt wird, zahlt hohe Geldstrafen oder landet sogar im Gefängnis.

Vorsichtig sollte man auch bei billigen Fahrscheinen für den Minibus von Siem Reap nach Ko Chang sein, denn in der Regel sind damit betrügerische Provisionszahlungen verbunden, die einen letzendlich viel Zeit und Geld kosten können.

Die Gefahr, auf Ko Chang an Malaria zu erkranken, ist eher gering. Daher dürfte der ausgiebige Gebrauch von Insektenabwehrmitteln als angemessene Prophylaxe ausreichen.

GELD

Banken mit Geldautomaten und Wechselstuben gibt's an allen Stränden der Westküste.

MEDIZINISCHE VERSORGUNG

Bang Bao Health Centre (☎ 039 558086; Ban Bang Bao; ⏲ 8.30–16 Uhr) Für kleinere Wehwehchen.

Ko Chang Hospital (☎ 039 586096; Ban Dan Mai) Das staatliche Krankenhaus mit gutem Ruf und günstigen Behandlungspreisen befindet sich südlich des Fähranlegers.

Ko Chang International Clinic (☎ 039 551555; Hat Sai Khao; ⏲ 24 Std.) Das Krankenhaus gehört zur Bangkok Hospital Group und akzeptiert die meisten Reise-Krankenversicherungen, ist aber teuer.

NOTFALL

Polizei (☎ 039 586191; Ban Dan Mai)

Touristenpolizei (☎ 1155) Nördlich von Ban Khlong Prao. Kleinere Polizeiposten gibt's auch in Hat Sai Khao und Hat Kaibae.

POST

Ko Chang Post (☎ 039 551240; ⏲ 9–17 Uhr) Ganz am südlichen Ende von Hat Sai Khao.

TOURISTENINFORMATION

Das kostenlose Magazin **Koh Chang Guide** (www.koh-chang-guide.com) ist praktisch überall auf der Insel erhältlich und beinhaltet nützliche Karten der Strände.

Die umfassende Website **I Am Koh Chang** (www.iamkohchang.com) ist das Herzensprojekt eines Briten, der auf der Insel lebt. Recht respektlos gibt er jede Menge subjektive Berichte und Informationen zum Besten.

An- & Weiterreise

Ob von Bangkok oder von Kambodscha aus, es dauert einen ganzen Tag, um nach Ko Chang zu kommen.

Die Fähren vom Festland nach Ko Chang legen alle in Laem Ngop ab. Der Fähranleger von **Koh Chang Ferry** (☎ 039 555188), ist der Tha Thammachat, der von **Centrepoint Ferry** (☎ 039 538196) der Tha Centrepoint. Auf Ko Chang legen die Boote vom Tha Thammachat am Tha Sapparot an, die Fähren von Centrepoint an einem Pier in derselben Straße.

Die Fähren von **Bang Bao Boat** (☎ 039 558046; www.kohchangbangbaoboat.com)

VERKEHRSMITTEL AB KO CHANG

AUSGANGSPUNKT	ZIEL	SCHNELLBOOT	BUS
Ost-Busbahnhof (Ekamai), Bangkok	Tha Thammachat		263 B; 6 Std.; 2-mal tgl.
Laem Ngop, Tha Centrepoint	Ko Chang	80 B; 40 Min.; 6–19 Uhr stündl.	
Laem Ngop, Tha Thammachat	Ko Chang	80 B; 30 Min.; 6.30–19 Uhr alle 45 Min.	
Ko Chang	Ko Kut	900 B; 5 Std.; 2-mal tgl.	
Ko Chang	Ko Mak	600 B; 2 Std.; 1-mal tgl.	
Ko Chang	Ko Wai	400 B; 15 Min.; 2-mal tgl.	
Ko Chang	Bangkok Suvarnabhumi International Airport		263 B; 5 Std.; 14 Uhr

SCHNELLBOOTE AB KO WAI

ZIEL	PREIS (EINFACHE STRECKE)	DAUER	HÄUFIGKEIT
Ko Chang	400 B	15 Min.	3-mal tgl.
Ko Kut	700 B	1 Std.	3-mal tgl.
Ko Mak	300 B	45 Min.	3-mal tgl.
Laem Ngop (Festland)	450 B	30 Min.	4-mal tgl.

verbinden in der Hochsaison Ko Chang mit den Inseln Ko Mak, Ko Kut und Ko Wai. Die Boote legen in Bang Bao im Südwesten der Insel ab.

In der Hochsaison verkehren auch Schnellboote zwischen den Inseln.

Von Bangkok fahren Busse vom Ost-Busbahnhof (Ekamai) und Suvaranabhumi International Airport über Chanthaburi und Trat nach Ko Chang.

ℹ Unterwegs vor Ort

An den Fähranlegern warten Sammel-*sŏrng·tăa·ou*, um ankommende Passagiere zu den verschiedenen Stränden zu kutschieren (Hat Sai Khao 100 B, Khlong Prao 150 B, Lonely Beach 200 B). Eine Fahrt zwischen benachbarten Stränden kostet 50 bis 200 B. Nach Einbruch der Dunkelheit steigen die Preise dramatisch an, dann werden für die Strecke von Bang Bao nach Hat Sai Khao 500 B fällig.

Motorräder werden für 200 B am Tag vermietet. Die bergigen und kurvigen Straßen von Ko Chang sind allerdings gefährlich, daher sollte man unbedingt überprüfen, ob das Motorrad einwandfrei funktioniert.

Ko Wai เกาะหวาย

Die schöne Insel Ko Wai ist winzig und recht primitiv, aber mit tollen Korallenriffen im glasklaren Wasser gesegnet, das sich bestens zum Schnorcheln eignet. Zudem bietet sie einen schönen Blick auf Ko Chang. Nachmittags fallen regelmäßig Tagesausflügler ein, doch abgesehen davon herrscht Ruhe und Frieden. Die meisten Bungalows sind von Mai bis September geschlossen, wenn die See hier rau ist und Überflutungen an der Tagesordnung sind.

Schlafen

Good Feeling BUNGALOWS $
(☎081 850 3410; Zi. 400–500 B) Bis auf einen haben die zwölf Holzbungalows alle ein eigenes Bad. Sie stehen verstreut auf einer felsigen Landzunge, die mit kleinen, einsamen Sandbuchten durchsetzt ist. Vor der Küste kann man gut schnorcheln.

Ko Wai Paradise BUNGALOWS $
(☎081 762 2548; Zi. 300–800 B) Die einfachen Holzbungalows stehen an einem Bilderbuchstrand. In den Korallenriffen vor der Tür tummeln sich auch die Tagesausflügler.

Grand Ma Hut PENSION $
(☎081 841 3011; Zi. 400–600 B) Die einfache, abgeschiedene Pension an der felsigen Nordostspitze der Insel wird gern von den Kapitänen der Schnellboote empfohlen, denn die Bucht von Ao Yai Ma befindet sich ganz in der Nähe.

Ko Wai Pakarang PENSION $$
(☎084 113 8946; kohwaipakarang@hotmail.com; Zi. mit Ventilator/Klimaanlage 600–1200/2200–2500 B; ❄@📶) Die Bungalows sind aus Holz und Beton, das hauseigene Restaurant ist o.k. und das englischsprachige Personal sehr hilfsbereit. Nur die teuersten Zimmer haben eine Klimaanlage.

Koh Wai Beach Resort HOTEL $$$
(☎081 306 4053; www.kohwaibeachresort.com; Zi. inkl. Frühstück 2100–5900 B; ❄📶) Die noble Anlage mit geräumigen Bungalows und allem modernen Komfort liegt nur einen Katzensprung vom Strand im Süden der Insel.

ℹ Anreise & Unterwegs vor Ort

Die Fährschiffe lassen ihre Passagiere an dem Anleger aussteigen, der der jeweiligen Unterkunft am nächsten ist. Ansonsten muss man auf einem schmalen Trampelpfad 15 bis 30 Minuten durch den Wald gehen.

Die Fähre von **Bang Bao Boat** (www.kohchangbangbaoboat.com) dreht einmal täglich eine Runde von Ko Chang nach Ko Kut. Das Boot legt in Ko Chang um 9.30 und 12 Uhr ab und schippert über Ko Wai (einfache Strecke 400 B, 30 Min.) und Ko Mak (einfache Strecke 600 B, 1 Std.) nach Ko Kut (900 B, 2 Std.).

Ko Mak เกาะหมาก

Auf der nur 16 km² großen Insel gibt's keine Raser, keine Hotels dicht an dicht, keine lauten Bierkneipen und keine überfüllten

Strände. Stattdessen trifft man auf palmengesäumte Buchten, in denen seichte Wellen ans Ufer schlagen, und eine durch und durch entspannte Atmosphäre. Dennoch wird Ko Mak wohl nie ein Super-Urlaubsparadies werden, denn das Inselinnere ist von Kokosnuss- und Kautschukplantagen bedeckt. Außerdem sind die Sandfliegen an einigen Stränden eine echte Plage.

In der Hochsaison (Dez.–Mai) ist es einfacher, auf die Insel zu kommen und dort zu bleiben, denn in der Nebensaison von Mai bis September stellen viele Boote den Fährverkehr ein und die Bungalowanlagen schließen. Dank des neuen Unterwasserkabels gibt's auf Ko Mak und Ko Kut jetzt rund um die Uhr Strom.

Sehenswertes & Aktivitäten

Der beste Strand der Insel ist **Ao Pra** im Westen, allerdings ist er völlig unerschlossen und nur schwer zu erreichen. Aktuell eignet sich die Bucht von **Ao Suan Yai** im Nordwesten am besten zum Baden und für Strandspaziergänge. Der breite, halbmondförmige Sandstrand wird weniger von Sandfliegen heimgesucht als die Strände im Süden. Mit dem Fahrrad oder Motorrad ist die Bucht von allen Unterkünften der Insel gut zu erreichen.

Vor der Küste liegt die Insel **Ko Kham**, die 2008 für angeblich 200 Mio. B an eine Privatperson verkauft worden ist. Seitdem wird das ehemals beliebte Ziel von Tagesausflüglern zu einem Luxus-Resort ausgebaut.

Koh Mak Divers TAUCHEN
(☎ 083 297 7724; www.kohmakdivers.com; Tauchgang ab 2400 B) Koh Mak Divers veranstaltet Tauchausflüge in den Mu Ko Chang National Marine Park, der etwa 45 Minuten entfernt ist.

Schlafen & Essen

Die meisten preiswerten Pensionen befinden sich an der Ao Khao, einem ansehn-

Ko Mak & Ko Kut

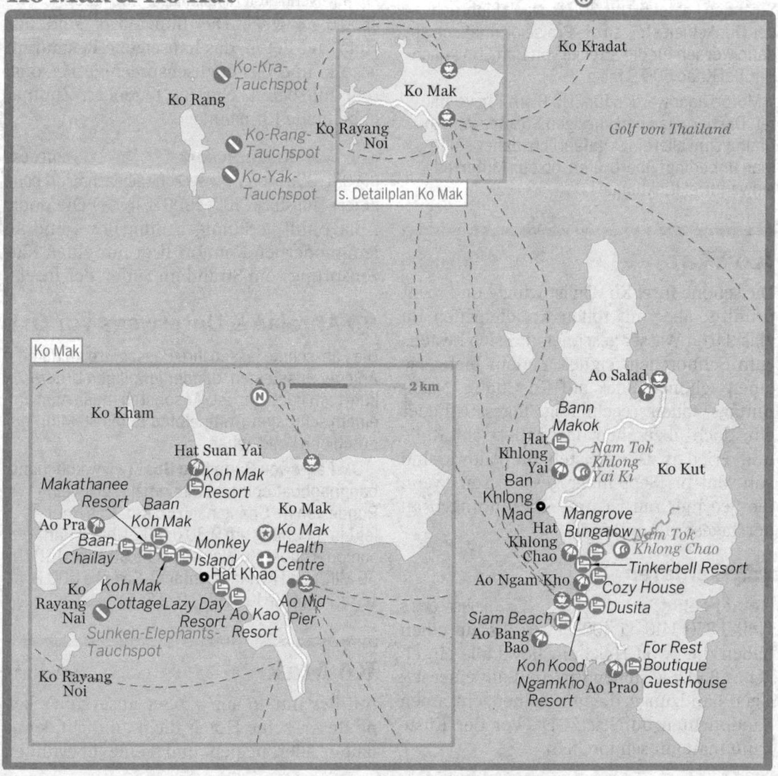

lichen Sandstrand im Südwesten der Insel. Die Ferienanlagen liegen in der hübscheren Bucht Ao Suan Yai im Nordwesten.

Die Hauptstraße zwischen dem Monkey Island und dem Makathanee Resort säumt eine Handvoll familienbetriebener Restaurants. Wen das Entdeckungsfieber packt, der verbindet einfach ein Abendessen oder einen abendlichen Drink mit der Erkundung der verschiedenen Buchten.

Koh Mak Cottage BUNGALOWS **$**
(☎081 910 2723; www.kohmakcottage.com; Ao Khao; Zi. 500 B; @📶) Die 19 kleinen, rustikalen Bungalows sind schlicht und einfach, liegen aber direkt am Strand. WLAN gibt's nur an der Rezeption.

Monkey Island PENSION **$$**
(☎085 389 0949; www.monkeyislandkohmak.com; Ao Khao; Zi. 600–4000 B; ❄@📶) Die Königin der Pensionen bietet Lehmziegel- und Holzbungalows in den drei „affigen" Varianten Pavian, Schimpanse und Gorilla, die über die verschiedensten Annehmlichkeiten verfügen. Allen gemeinsam sind witzige Details. Das hippe Restaurant bringt ordentliche Thai-Küche ganz entspannt auf den Tisch. Es gibt sogar ein kleines Planschbecken für Kinder. Die Zimmer ab 1500 B sind mit Klimaanlage und Frühstück.

Baan Chailay PENSION **$$**
(☎080 101 4763; www.baanchailay.com; Ao Khao; Zi. inkl. Frühstück 1000–1600 B; ❄📶) Die freundliche Mischung aus Privatunterkunft und Pension bietet Bungalows am Strand und Zimmer im Haus der Familie. Sie befindet sich am weniger geschäftigen, östlichen Ende von Ao Khao. Feinschmecker werden die Barbecues am Strand und die Bäckerei lieben!

Makathanee Resort HOTEL **$$**
(☎087 802 7575; www.makathaneekohmak.com; Ao Khao; Zi. inkl. Frühstück 1200–5500 B; ❄📶🏊) Durch die raumhohen Fenster der schicken Bungalows mit weichen Matratzen und viel Platz blickt man direkt aufs Meer. Einige der Zimmer befinden sich im Hotelgebäude. Die preiswerteren haben zwar keinen Meerblick, sind aber ihr Geld ebenfalls wert. Der Service ist sehr professionell, und es gibt einen Kajakverleih (400 B/Tag).

Baan Koh Mak BUNGALOWS **$$**
(☎089 895 7592; www.baan-koh-mak.com; Ao Khao; Zi. 1690–3990 B; ❄📶) Die 18 weißen Bungalows sind voller Tageslicht und künstlerischen Details. Im Restaurant gibt's WLAN.

Ao Kao Resort PENSION **$$**
(☎083 152 6564; www.aokaoresort.com; Ao Khao; Zi. 2500–3000 B; ❄📶) 🍃 Die in einer hübschen Biegung der Bucht gelegene Pension bietet verschiedene Bungalows im thailändischen Stil, die alle einen Balkon und Strandzugang haben. Zu den Annehmlichkeiten der Anlage gehören Sportangebote und Massagen. Das Resort ist auch bekannt für seine umweltfreundlichen Projekte wie Solaranlagen und Maßnahmen zur Energieeinsparung. WLAN gibt's nur im Restaurant.

Lazy Day Resort BUNGALOWS **$$**
(☎081 882 4002; www.kohmaklazyday.com; Zi. inkl. Frühstück 2500–2700 B; ❄📶) Die zwölf großen Bungalows der professionell geführten Anlage stehen inmitten eines wunderbaren Gartens.

Koh Mak Resort HOTEL **$$$**
(☎039 501013; www.kohmakresort.com; Ao Suan Yai; Zi. inkl. Frühstück 2800–6800 B; ❄📶🏊) Ein Schnellboot von Laem Ngop (450 B) bringt die Gäste direkt zu dem Luxushotel, das keine Wünsche offen lässt. Die hübschen, strahlend weißen Bungalows stehen direkt am Strand und sind von Tageslicht durchflutet. Es werden Kajaks verliehen und Kochkurse angeboten.

ℹ Praktische Informationen

Es gibt weder Banken noch Geldautomaten auf der Insel, deshalb genug Bargeld mitnehmen.

Ball's Cafe (☎081 925 6591; Ao Khao; ⏲8–21 Uhr; 📶) Das Internetcafé mit richtigem Café und Informationszentrum befindet sich direkt hinter dem Baan Koh Mak. Inhaber Khun Ball engagiert sich aktiv für die Insel, betreibt die Website www.kohmak.com und leitet verschiedene Umweltschutzinitiativen.

Ko Mak Health Centre (⏲8.30–16.30 Uhr) Das kleine Krankenhaus liegt in der Nähe des Ao Nid Pier, an der Straße, die quer durch die Insel führt. Es leistet erste Hilfe bei Notfällen und Krankheiten.

Polizei (⏲1155) Neben dem Health Centre befindet sich eine kleine Polizeiwache.

ℹ Anreise & Unterwegs vor Ort

Die Schnellboote aus Laem Ngop (einfache Strecke 450 B, 50 Min.) legen in Ao Suan Yai, Ao Nid und beim Makathanee Resort in Ao Khao an.

In der Nebensaison verkehren nur ein bis zwei Boote täglich zwischen dem Festland und Ko Mak. Die Inhaber von Pensionen und Hotels holen ihre Gäste kostenlos am Pier ab.

Die Fähre von **Bang Bao Boat** (www.kohchangbangbaoboat.com) dreht einmal täglich eine

SCHNELLBOOTE AB KO MAK

ZIEL	PREIS (EINFACHE STRECKE)	DAUER	HÄUFIGKEIT
Ko Chang	600 B	45 Min.	3-mal tgl.
Ko Kut	400 B	45 Min.	2-mal tgl.
Ko Wai	300 B	30 Min.	3-mal tgl.
Laem Ngop (Festland)	450 B	1 Std.	2-mal tgl.

Runde von Ko Chang nach Ko Kut. Das Boot legt in Ko Chang um 9.30 und 12 Uhr ab und schippert über Ko Wai (einfache Strecke 400 B, 30 Min.) und Ko Mak (einfache Strecke 600 B, 1 Std.) nach Ko Kut (900 B, 2 Std.). In entgegengesetzter Richtung geht es zuerst nach Ko Wai (einfache Strecke 300 B, 30 Min.) und dann weiter nach Ko Chang (600 B, 1 Std.).

In der Hauptsaison verbinden Schnellboote Ko Mak mit vielen anderen Zielen. Einmal auf der Insel angekommen, bewegt man sich mit dem Fahrrad (40 B/Std.) oder Motorrad (200 B/Tag) weiter.

Ko Kut

เกาะกูด

Für viele ist Ko Kut (auch „Koh Kood" geschrieben) *die* thailändische Insel schlechthin – und das zu Recht: pudrig feine Sandstrände, glasklares Wasser in malerischen Buchten und mehr Kokosnusspalmen als Häuser.

Passend zu diesem märchenhaften Paradies haben die Hotels Namen wie „Tinkerbell" und „Peter Pan". Im Gegensatz zur großen Schwester Ko Chang sucht man Nachtleben, Verkehrschaos oder laute Musik hier vergebens. Aber genau deshalb kommen die Besucher, und auch, um endlich mal nichts tun (zu müssen). Wem es in der Hängematte doch zu langweilig wird, kann Kajak fahren oder schnorcheln oder auf der Nachbarinsel Ko Rang Fische beobachten.

Die viertgrößte Insel Thailands ist nur halb so groß wie Ko Chang und war schon immer die Domäne des gehobenen Pauschaltourismus und der oberen Zehntausend, die die Abgeschiedenheit suchen. Doch nun wird die Insel zunehmend egalitärer, und auch immer mehr Individualtouristen, insbesondere Familien und Paare, werden sich künftig hier erholen.

Sehenswertes & Aktivitäten

Nam Tok Khlong Chao WASSERFALL

Zwei schöne, kurze Wanderungen führen zu den beiden Wasserfällen der Insel. Der größere und bekanntere, Nam Tok Khlong Chao, ist sehr breit und stürzt malerisch in ein riesiges Becken. Ein kurzer Dschungelpfad führt zur Basis des Wasserfalls hinunter, alternativ paddelt man mit dem Kajak den Khlong Chao hinauf. Weiter nördlich befindet sich der kleinere Wasserfall **Nam Tok Khlong Yai Ki**, der ebenfalls ein großes Becken zum Abkühlen bietet.

Schlafen & Essen

In der Nebensaison stellen viele Boote den Fährverkehr ein und die Bungalowanlagen schließen. Während der Hochsaison sind die Ferienanlagen an Wochenenden und Feiertagen von thailändischen Urlaubern belegt. In dieser Zeit empfiehlt es sich auf jeden Fall, im Voraus zu buchen. Die meisten Schnellboote setzen die Gäste dann direkt am Landungssteg ihres Hotels ab.

An jedem Strand im Südwesten gibt's eine Handvoll Unterkünfte. Hat Khlong Chao hat ein paar teure Boutiquehotels, aber auch preiswerte Pensionen, die sich zumeist hinter der Hauptstraße am Strand verstecken. Familien werden die Budget- und Mittelklassehotels in Ao Ngam Kho gefallen. Der Strand ist zwar ein altes Korallenriff und sehr steinig, aber im äußersten Norden der Bucht gibt's einen kleinen, sandigen Abschnitt. Unbedingt Badeschuhe tragen!

Zu den meisten Pensionen gehört auch ein Restaurant, aber es stehen genügend andere Lokale zur Auswahl, die vor allem Meeresfrüchte anbieten.

Cozy House PENSION $

(☎089 094 3650; www.kohkoodcozy.com; Khlong Yai; Zi. inkl. Frühstück 600–1200 B; ❄📶) Das Mekka für Rucksacktouristen ist nur 10 Gehminuten vom hübschen Hat Khlong Yai entfernt. Zur Wahl stehen freundliche, preiswerte Zimmer mit Ventilator und gemütliche Holzbungalows mit Klimaanlage.

Mangrove Bungalow BUNGALOWS $

(☎089 936 2093; www.kohkood-mangrove.com; Ban Khlong Chao; Zi. mit Ventilator/Klimaanlage inkl. Frühstück 700–1000/1500 B; ❄📶) Mitten in der Natur stehen die Bungalows aus Holz am Rand eines Mangrovenwalds. Zum Strand sind es nur wenige Gehminuten. Der Wasserfall von Khlong Chao ist 20 Minuten mit dem Kajak oder einen kurzen Fußmarsch entfernt. Die Zimmer sind sauber und freundlich. WLAN gibt's nur an der Rezeption.

Koh Kood Ngamkho Resort BUNGALOWS **$$**
(☎ 081 825 7076; www.kohkood-ngamkho.com; Ao Ngam Kho; Zi. mit Ventilator/Klimaanlage inkl. Frühstück 1000/1500–2000 B; ❄📶) Eine der besten Unterkünfte direkt am Strand. Die hübschen, rustikalen Hütten kleben an einem bewaldeten Hügel über einem akzeptablen Strand. Es gibt einen Kajakverleih (250 B/Tag) und ein gutes Restaurant, in dem man erst bei der Abreise bezahlen muss.

For Rest Boutique Guesthouse HOTEL **$$**
(☎ 084 524 4321; www.kohkoodboutiquehouse.com; Ao Prao; Zi. inkl. Frühstück 1200–2500 B; ❄📶) Das ruhige, abgeschiedene Hotel, das aus zwei traditionellen Pfahlbauten besteht, befindet sich fast am südlichsten Punkt der Insel. Unbedingt vorher reservieren. In der Nebensaison (Mai–Sept.) geschlossen.

Dusita HOTEL **$$**
(☎ 081 707 4546; www.dusitakohkood.net; Ao Ngam Kho; Zi. 1490–3890 B; ❄) Das Hotel ist zu Recht sehr beliebt bei Familien, denn die Kinder können sich den ganzen Tag in dem riesigen Garten am Meer austoben. Alle anderen können vor dem Trubel der Welt in die geräumigen, leicht veralteten Bungalows flüchten.

Siam Beach BUNGALOWS **$$**
(☎ 084 332 0788; www.siambeachkohkood.net; Ao Bang Bao; Zi. inkl. Frühstück 1400–2500 B; ❄@📶) Die Bungalows auf Pfählen sind nichts Besonderes, doch blickt man direkt auf den schönen Strand. Die günstigeren Zimmer mit Ventilator bieten ein gutes Preis-Leistungs-Verhältnis. WLAN gibt's nur in der Hotellobby.

★ Bann Makok HOTEL **$$$**
(☎ 081 643 9488; www.bannmakok.com; Khlong Yai Ki; Zi. inkl. Frühstück 3200–3800 B; ❄@📶) 🍃 Das in den Mangroven versteckte Boutiquehotel erinnert an ein traditionelles Fischerdorf an einem Pier. Für die Einrichtung der acht Zimmer wurde Altholz in nostalgischen Farben verwendet. In Leseecken und auf den Gemeinschaftsterrassen hat man genug Ruhe, um dem Vogelgezwitscher zu lauschen oder sich in ein Buch zu vertiefen.

Tinkerbell Resort HOTEL **$$$**
(☎ 081 826 1188; www.tinkerbellresort.com; Hat Khlong Chao; Zi. inkl. Frühstück 9900–12 000 B; ❄@📶🏊) Mit natürlichen Materialien wie Bambuszäunen und mit Strohdächern scheint das Hotel ein Teil der Landschaft zu sein. Die rötlichen Bungalows gehen auf einen Bilderbuchstrand hinaus, die Ferienhäuschen dahinter haben einen eigenen kleinen Swimmingpool. In der Bar kann man den Sonnenuntergang mit einem kühlen Drink genießen. In der Nebensaison gibt's 40 % Ermäßigung.

ℹ Praktische Informationen

Auf Ko Kut gibt es mittlerweile einen Geldautomaten (der zum Zeitpunkt der Recherche aber leer war). Die großen Hotels haben eine Wechselstube. Das kleine **Krankenhaus** (☎ 039 525748; ⏲ 8.30–16.30 Uhr) in Ban Khlong Mad kann kleinere Notfälle behandeln. Die **Polizeiwache** (☎ 039 525741) ist ganz in der Nähe. Fast alle Hotels und Pensionen haben WLAN.

ℹ Anreise & Unterwegs vor Ort

Auf dem Festland legen die Fähren nach Ko Kut am Pier von Laem Sok ab, 22 km südöstlich von Trat, wo sich auch die nächstgelegene Busstation befindet.

Das klimatisierte Boot von **Koh Kood Princess** (☎ 086 126 7860; www.kohkoodprincess.com) legt in Ao Salad im Nordosten der Insel an (einfache Strecke 350 B, 1-mal tgl., 1 Std. 40 Min.). An Land werden die Passagiere kostenlos zu den wichtigsten Stränden gebracht. **Boonsiri** (☎ 085 921 0111; www.boonsiriferry.com) fährt mit einem Katamaran von Laem Sok nach Ao Salad (einfache Strecke 500 B, 2-mal tgl, 1½ Std.).

Von und nach Laem Sok verkehren auch Schnellboote (einfache Strecke 450–600 B, 1½ Std., 3-mal tgl.), die die Passagiere am Anleger ihres jeweiligen Hotels absetzen.

Die Fähre von **Bang Bao Boat** (www.kohchangbangbaoboat.com) dreht einmal täglich eine Runde von Ko Chang nach Ko Kut. Das Boot legt in Ko Chang um 9.30 und 12 Uhr ab und schippert über Ko Wai (einfache Strecke 400 B, 30 Min.) und Ko Mak (einfache Strecke 600 B, 1 Std.) nach Ko Kut (900 B, 2 Std.).

Da die Straßen auf Ko Kut sehr steil sind, ist hier ein Leihfahrrad nicht zu empfehlen – es sei denn, man möchte für die Tour de France trainieren. Motorräder werden für 300 B am Tag vermietet.

Hua Hin & nördliche Golfregion

Inhalt ➡

Gut essen

- Rang Yen Garden (S. 541)
- Hua Hin Koti (S. 550)
- Prikhorm (S. 566)
- In Town (S. 561)
- Rabieng Rim Nam (S. 537)

Schön übernachten

- Baan Bayan (S. 549)
- Brassiere Beach (S. 555)
- Away Hua Hin (S. 555)
- House 73 (S. 560)
- Pattana Guest House (S. 548)

Auf nach Hua Hin & in die nördliche Golfregion!

Die nördliche Golfregion war lange Zeit die bevorzugte Spielwiese der thailändischen Elite, die damit in die Fußstapfen der Königsfamilie trat – seit Rama IV. verbrachten alle thailändischen Könige die Sommer hier in ihren jeweiligen Sommerresidenzen. Dies lockte schließlich zahllose thailändische Touristen auf der Jagd nach Spaß und guten Meeresfrüchten an diesen Küstenabschnitt.

Historische Stätten, Nationalparks und lange, perfekt zum Baden geeignete Sandstrände bieten einen attraktiven Mix aus Freiluftaktivitäten und Kultur – und all das nicht weit von Bangkok entfernt. Auch immer mehr ausländische Traveller wissen die Kombination aus unberührter Küstenlandschaft und geruhsamem Provinzleben zu schätzen. Schnorchel- und Tauchspots sind zwar rar, dafür finden Kitesurfer in der nördlichen Golfregion aber die mit Abstand besten Bedingungen in ganz Thailand vor und dürften sich wie im siebten Himmel fühlen.

Reisezeit

- Die beste Reisezeit ist während der heißen Trockenzeit (Feb.–Juni). Von Juli bis Oktober (Südwestmonsun) und von Oktober bis Januar (Nordostmonsun) gibt's gelegentlich etwas Regen und starke Winde, aber für gewöhnlich bleibt es in der Region dank einer geografischen Besonderheit trockener als im Rest des Landes.
- Während der Sturmperioden werden Quallen oft sehr nahe ans Ufer getrieben, Baden ist dann gefährlich. Thais schützen sich, indem sie vollständig bekleidet ins Wasser gehen.

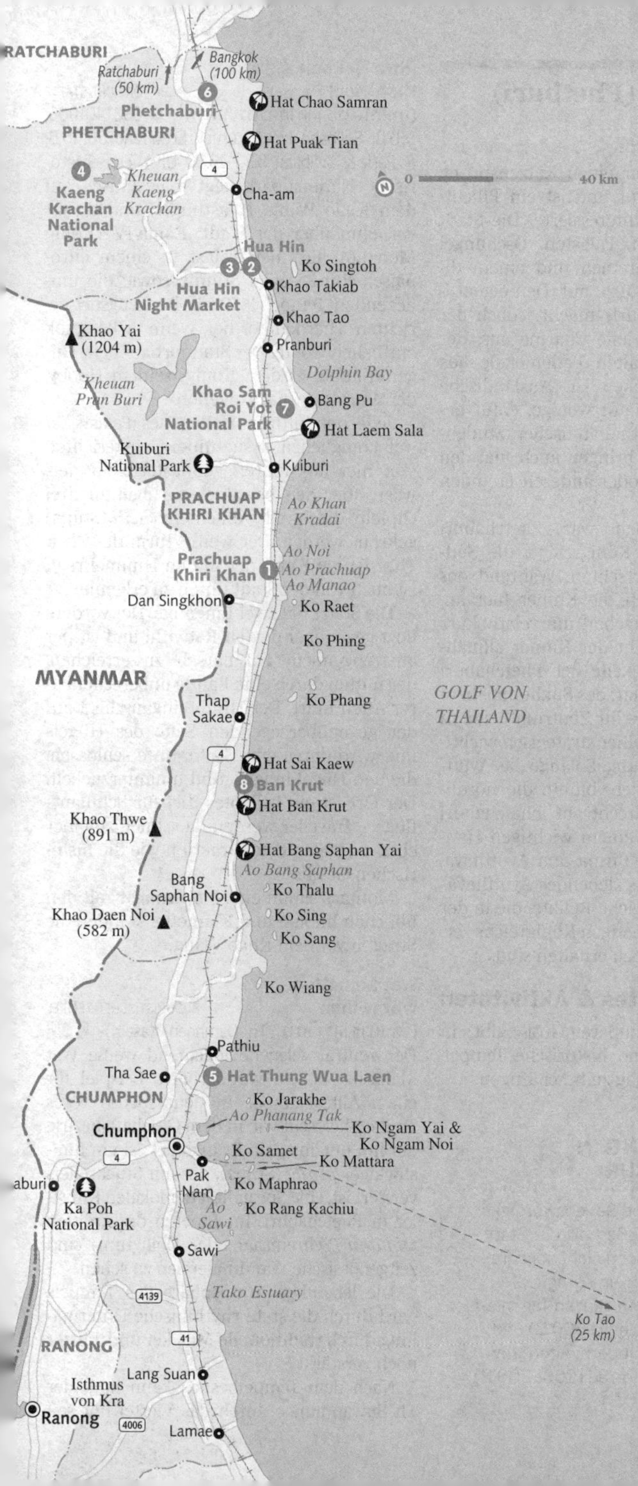

Highlights

1. In **Prachuap Khiri Khan** (S. 558) eine kurvenreiche Motorradtour zwischen Buchten und Kalksteingipfeln unternehmen
2. Am langen, goldgelben Strand von **Hua Hin** (S. 542) bummeln gehen und die über die Wellen hüpfenden Kitesurfer bewundern
3. Auf dem **Nachtmarkt** (S. 550) von Hua Hin essen, shoppen (und dann noch mal was essen)
4. Tief im **Kaeng Krachan National Park** (S. 539) Gibbons und wilde Elefanten beobachten
5. Am entspannten **Hat Thung Wua Laen** (S. 564) anderen Backpackern entfliehen
6. In **Phetchaburi** (S. 534) den Bergpalast und die unterirdischen Höhlen entdecken und sich dabei von Affen necken lassen
7. Bei einer Pilgerreise in den **Khao Sam Roi Yot National Park** (S. 556) den erleuchteten Höhlenschrein Tham Phraya Nakhon bestaunen
8. In **Ban Krut** (S. 563) seinen eigenen einsamen Sandstrand finden

Phetchaburi (Phetburi)

เพชรบุรี

23235 EW.

Phetchaburi liegt nur einen Katzensprung von Bangkok entfernt und ist ein Pflichtstopp für kulturell Interessierte. Die Stadt wartet mit Tempeln, Palästen, Dschungel rundum, Höhlenschreinen und einem direkten Zugang zur Küste auf. Den eigentlichen Reiz Phetchaburis macht jedoch der verschlafene provinzielle Charme aus, der den Märkten und alten Ladenlokale aus Teakholz zu verdanken ist. Ausländische Besucher sieht man nur wenige, dafür besichtigen Gruppen thailändischer Studenten die Stätten und bringen auch mal den Mut auf, den einen oder anderen Fremden zu grüßen.

Historisch gesehen war Phetchaburi bedeutend für jene Königreiche, die Südostasien einst beherrschten. Während des 11. Jhs. siedelten sich die Khmer hier an, auch wenn ihre Herrschaft nur relativ kurz währte. Als die Macht der Khmer allmählich schwand, entwickelte sich Phetchaburi während der Herrschaft des Sukhothai- bzw. Ayutthaya-Reichs, die ihr Zentrum beide in Thailand hatten, zu einer strategisch wichtigen königlichen Festung. Solange das Ayutthaya-Reich stabil blieb, blühte die nördliche Golfregion regelrecht auf. Phetchaburi gedieh im 17. Jh. zu einem wichtigen Handelsposten zwischen Birma und Ayutthaya. Die Stadt wird oft als „lebendes Ayutthaya" bezeichnet, da zahlreiche Relikte, die in der Hauptstadt dieses einstigen Königreichs zerstört wurden, hier noch erhalten sind.

Sehenswertes & Aktivitäten

Trotz seiner überschaubaren Größe gibt's in Phetchaburi genügend historische Tempel, um Besucher einen Tag zu beschäftigen.

SIGHTSEEING IN PHETCHABURI

Einige der schönsten Sehenswürdigkeiten befinden sich außerhalb der Stadt – das sollte einen jedoch nicht abschrecken. Man kann sich ein *sŏrng·tăa·ou* (Sammeltaxi) für den ganzen Tag mieten (normalerweise etwa 500 B) und alle Highlights abklappern. Alternativ nimmt man ein Motorrad (200–300 B) oder ein Fahrrad (50 B).

Phra Nakhon Khiri Historical Park HISTORISCHE STÄTTE
(อุทยานประวัติศาสตร์พระนครคีรี; ☎032 401006; 150 B; Seilbahn hin & zurück Erw./Kind 50/15 B; ⏲Park & Seilbahn 8.30–16.30 Uhr) Der historische Nationalpark liegt majestätisch auf dem Khao Wang (Palasthügel) und thront vornehm über der Stadt. Rama IV. (König Mongkut) ließ den Palast in einem europäisch-chinesischen Stilmix sowie die umliegenden Tempel 1859 als Rückzugsort errichten. Hier kam er her, wenn er Bangkok entfliehen wollte. Der Standort auf dem Hügel erlaubte es dem König, seinem Hobby, der Astrologie, nachzugehen.

Jede der luftigen Hallen des Palasts ist mit königlichen Besitztümern eingerichtet. Von hier aus führen gepflasterte Spazierwege über den bewaldeten Hügel zu drei Gipfeln, die jeweils von einem *chedi* (Stupa) gekrönt werden. Der weiße Turm des **Phra That Chom Phet**, der in den Himmel ragt, ist auch von der Stadt unten zu erkennen.

Die Stätte hat zwei Eingänge. Der vordere liegt gegenüber der Th Ratwithi und ist per anstrengendem Fußmarsch zu erreichen, der mitten durch eine Bande unberechenbarer Affen führt. Der Hintereingang liegt auf der gegenüberliegenden Seite des Hügels und wird durch eine **Seilbahn** erschlossen, die den Hügel hinauf- und hinunterzuckelt. Der Ort ist ein beliebtes Ziel für Schulausflüge – Traveller werden da schnell zu einer ebenso großen Fotoattraktion wie die historischen Gebäude.

Montags säumt ein **Nachtmarkt** mit den üblichen Imbiss- und Klamottenständen die Straßen vor dem Khao Wang.

Wat Mahathat Worawihan BUDDHISTISCHER TEMPEL
(วัดมหาธาตุวรวิหาร; Th Damnoen Kasem) GRATIS Der zentral gelegene leuchtend weiße Wat Mahathat ist ein wunderbares Beispiel für einen Alltagstempel, in dem ebenso reges Treiben herrscht wie in dem Geschäftsbezirk, der ihn umgibt. Sein Prunkstück ist ein fünfstöckiger *prang* (Stupa), der mit Stuckreliefs verziert ist, eine Spezialität der lokalen Künstler in Phetchaburi. Im Inneren des größten *wí·hăhn* (Schreinsaal oder Heiligtum) sind zeitgenössische Wandmalereien zu sehen.

Die lebendige Atmosphäre des Tempels wird durch die stete rhythmische Untermalung durch traditionelle Musiker und Tänzer noch verstärkt.

Nach dem Tempelbesuch kann man der Th Suwanmunee durch das Viertel mit seinen alten Teakholzhäusern folgen. Läden verkaufen religiösen Krimskrams und der Geruch von Räucherstäbchen hängt in der Luft.

Tham Khao Luang HÖHLE

(ถ้ำเขาหลวง; ⌚8–18 Uhr) GRATIS Rund 4 km nördlich der Stadt befindet sich die Tham Khao Luang, eine spektakuläre Felsenkammer voller Tropfsteine, die zu Thailands eindrucksvollsten Höhlenschreinen zählt und einer der Lieblingsorte von Rama IV. war. Die Höhle ist über eine steile Treppe zu erreichen. Ihre zentrale Buddha-Figur erstrahlt in himmlischem Glanz, wenn das Sonnenlicht durch die herzförmige Deckenöffnung fällt.

In der Nähe des Parkplatzes kann man einen der Führer anheuern, die jedoch nicht immer sehr bereitwillig mit ihrem Preis herausrücken (normalerweise 100 B/Pers.). Den Transport aus der Stadt hierher muss man vorab organisieren (hin & zurück ca. 150 B).

Am gegenüberliegenden Ende der Kammer befinden sich mehrere sitzende Buddhas, die Schatten auf die Wellen der Höhlenwand zeichnen.

Laut Fremdenführern ließ Rama IV. das Steintor, das die Hauptkammer von einer zweiten Kammer trennt, aus Sicherheitsgründen für ein Paar errichten, das einst in dieser Höhle lebte. Die liegende Figur in der dritten Kammer soll den Kreislauf von Leben und Tod darstellen, hat hier selbst jedoch keine sehr friedliche Ruhestätte gefunden, da Räuber sie auf der Suche nach verborgenen Schätzen größtenteils zerstörten. Noch tiefer im Inneren der Höhle ist eine Felsformation zu sehen, die angeblich einem Kruzifix gleicht, auch wenn wir Fantasielosen dies nicht erkennen konnten (Thais haben offenbar eine besonders rege Fantasie, wenn es darum geht, vertraute Formen in Stalaktiten zu erkennen).

Rund um den Eingang der Höhle trifft man auf dreiste Affen, die um Futter betteln.

Phra Ram Ratchaniwet HISTORISCHE STÄTTE

(พระรามราชนิเวศน์; ☎032 428083; Ban-Peun-Palast; Eintritt 50 B; ⌚Mo–Fr 8.30–16.30 Uhr) Das imposante Art-déco-Gebäude wurde 1910 auf Geheiß von Rama V. als Sommerpalast erbaut; er starb jedoch kurz nach Baubeginn. Der Palast wurde von deutschen Architekten entworfen, die die Gelegenheit nutzten, die Innovationen ihrer Baukunst zu präsentieren. Im Inneren warten großzügige, sonnendurchflutete Zimmer, die mit exquisiten Fliesen, Buntglas, Parkettböden und jeder Menge gusseisernen Details ausgestattet sind.

AFFENTHEATER

In Phetchaburi leben eine Menge Makaken, die weder Scham noch Furcht kennen. Einst beschränkte sich ihr Revier auf den Khao Wang (Palasthügel), mittlerweile haben sie sich jedoch auf die umliegenden Straßen und auf die Route zur Tham Khao Luang ausgebreitet. Dort lauern sie an Imbissständen oder halten unter den vorbeigehenden Fußgängern nach potenziellen Opfern Ausschau. Die Affen lieben Plastiktüten, da sie in ihnen etwas Essbares vermuten, deswegen sollte man diese nicht offen zur Schau stellen. Zudem ist es ratsam, Kamerataschen gut festzuhalten und die Tiere weder zu füttern noch anzulocken: Sie beißen!

Der Palast steht auf dem Gelände einer Militärbasis 1 km südlich der Stadt; Besucher müssen eventuell ihren Pass vorzeigen.

Der Bau ist typisch für das frühe 20. Jh., eine Zeit, in der die Thais ihre Leidenschaft für Gebäude im europäischen Stil in dem Versuch auslebten, mit der „modernen" Architektur ihrer kolonisierten Nachbarn mitzuhalten. Die Größe der Anlage ist beeindruckend, ebenso die doppelte Wendeltreppe, die zum eleganten Hinabschreiten einlädt, und das persönliche Bad des Königs, das zu seiner Zeit hochmodern war.

Wat Kamphaeng Laeng BUDDHISTISCHER TEMPEL

(วัดกำแพงแลง; Th Phokarang) GRATIS Der alte, einst reich verzierte Schrein aus dem 12. Jh. ist ein wunderschönes Überbleibsel aus der Zeit, als sich das Königreich Angkor (Khmer) vom heutigen Kambodscha bis zur Malaiischen Halbinsel erstreckte. Bis Thailand zum Buddhismus übertrat, war er hinduistisch. Eines der Heiligtümer ist noch intakt und wird von zwei kleineren Schreinen und verfallenden Sandsteinmauern gesäumt – ein großartiges Fotomotiv!

Tham Khao Bandai-It HÖHLE

(ถ้ำเขาบันไดอิฐ; Spende erwünscht; ⌚9–16 Uhr) Das Bergkloster liegt 2 km westlich der Stadt und erstreckt sich über mehrere große Höhlen, die zu Buddha-Schreinen und Meditationskammern umgebaut wurden. Englisch sprechende Führer (100 B Trinkgeld erwünscht!) weisen Touristen den Weg, hauptsächlich um sie vor Affen zu schützen. In einer der Höhlen haust eine Fledermauspopulation – die

Phetchaburi (Phetburi)

Guides weisen darauf hin, nicht mit offenem Mund nach oben zu schauen (auch ein guter Rat fürs tägliche Leben).

Hat Puak Tian STRAND

(หาดปึกเตียน) Einheimische kommen am Wochenende an diesen 20 km südöstlich von Phetchaburi gelegenen dunklen Sandstrand, um Meeresfrüchte zu verspeisen und sich in die Brandung zu stürzen. Öffentliche Verkehrsmittel verkehren nicht hierher.

Der Strand findet in dem thailändischen Gedichtepos *Phra Aphaimani* von Sunthorn Phu Erwähnung. Am Ufer steht die teilweise versunkene Statue einer riesigen Frau mit ausgestreckten Händen und verzweifelter Miene. Sie stellt eine Figur aus dem Gedicht dar, die sich als wunderschöne Verführerin verkleidet, um die Liebe des Helden zu gewinnen und ihn an diesem Strand einzusperren. Er erkennt jedoch ihren Verrat – und ihre Hässlichkeit – und entkommt mithilfe einer Meerjungfrau nach Ko Samet (wo die Strände sowieso schöner sind ...).

Feste & Events

Phra Nakhon Khiri Fair KULTUR

Das neuntägige Provinzfest findet Ende März bis Anfang April rund um den Khao Wang

Phetchaburi (Phetburi)

Sehenswertes
1 Phra Nakhon Khiri Historical Park A2
2 Phra That Chom Phet A3
3 Wat Mahathat Worawihan C3

Schlafen
4 J.J. Home C3
5 Sabaidee Resort C2
6 Sun Hotel A2
7 White Monkey C3

Essen
8 Tagesmarkt D3
9 Jek Meng B2
10 Ne & Nal C2
11 Nachtmarkt C2
12 Rabieng Rim Nam C3

Ausgehen & Nachtleben
13 Pagoda Cafe C3

Transport
14 Minivans nach Bangkok C2
15 Minivans zum Kaeng Krachan National Park C2
16 Busse nach Cha-am & Hua Hin D3
17 Sŏrng·tăa·ou zum Kaeng Krachan National Park D3

statt. Der Phra Nakhon Khiri wird mit Lichtern geschmückt, es gibt Vorführungen traditioneller Tänze, Kunsthandwerks- und Imbissstände und einen Schönheitswettbewerb.

Schlafen

Pensionen waren in Phetchaburi früher Mangelware, doch in den letzten Jahren haben sich die Unterkünfte verbessert. Allerdings ist die Auswahl nicht sehr groß, sodass man besser vorab bucht – vor allem für die Hauptsaison (Nov.–März).

2N Guesthouse PENSION $
(☎081 817 1134; two_nguesthouse@hotmail.com; 98/3 Mu 2, Tambol Bankoom; DZ & 2BZ 580 B; ❄📶) In abgeschiedener Lage abseits des Stadtzentrums finden sich hier sechs große, helle Zimmer mit kleinen Balkonen. Die freundlichen Angestellten sind eine gute Infoquelle. Gäste können sich kostenlos abholen lassen und Fahrräder ausleihen.

Sabaidee Resort PENSION $
(☎086 344 4418; sabai2505@gmail.com; 65–67 Th Klongkrachang; Zi. 250–500 B; ❄📶) Die einfachen, aber gepflegten Bungalows und Zimmer (einige nur mit Ventilator) verteilen sich um einen kleinen Garten und haben alle Gemeinschaftsbäder. Die Gemeinschaftsterrasse mit Blick auf den Fluss ist ein hübscher Ort für einen Sundowner. Die netten Angestellten vermitteln auch thailändische Kochkurse. Außerdem kann man Fahrräder (50 B) und Motorroller (300 B) mieten.

J.J. Home PENSION $
(☎081 880 9286; a.sirapassorn@hotmail.com; 2 Th Chisa-In; Zi. 300–500 B; ❄📶) Die Pension vermietet zu beiden Seiten der Straße saubere Zimmer mit gutem Preis-Leistungs-Verhältnis. Die teureren haben ein eigenes Bad, Klimaanlage und Gemeinschaftsbalkone.

White Monkey PENSION $$
(☎032 898238; whitemonkey.guesthouse@gmail.com; 78/7 Th Klongkrachang; Zi. 600–1000 B; ❄📶) Neue, wenn auch recht teure Pension mit hellen, geräumigen und blitzblanken Zimmern (die teureren haben Klimaanlage und ein eigenes Bad), einer hübschen Gemeinschaftsterrasse und hilfreichen, Englisch sprechenden Angestellten, die auf Wunsch auch Ausflüge in die Gegend organisieren.

Sun Hotel HOTEL $$
(☎032 401000; www.sunhotelthailand.com; 43/33 Soi Phetkasem; Zi. 950 B; ❄@📶) Das Hotel gegenüber vom Hintereingang des Phra Nakhon Khiri hat professionelles Personal und große, moderne, wenn auch reizlose Zimmer. Unten gibt's ein hübsches Café. Außerdem kann man Fahrräder ausleihen (20 B/Std.).

Essen & Ausgehen

Das von Palmzuckerplantagen umgebene Phetchaburi ist berühmt für seine thailändischen Süßwaren wie *kà·nŏm môr gaang* (Eiercreme) und diverse „goldene" Desserts aus Eigelb, die glücksverheißend sein sollen. Von den nahe gelegenen Obstplantagen kommen erfrischend aromatische *chom·pôo Phet* (Phetchaburi-Rosenapfel), Ananas und goldgelbe Bananen.

★ **Rabieng Rim Nam** INTERNATIONAL, THAILÄNDISCH $
(☎032 425707; 1 Th Chisa-In; Gerichte 50–100 B; ⌚8–24 Uhr; 📶) Das Restaurant am Flussufer tischt in netter Atmosphäre hervorragendes Essen auf. Der Besitzer spricht Englisch und

VERKEHRSMITTEL AB PHETCHABURI

ZIEL	BUS	MINIVAN	ZUG
Bangkok Hualamphong			34–84 B; 3–4 Std.; 1.51–16.46 Uhr 11-mal tgl.;
Bangkok Southern Bus Terminal	120 B; 2–3 Std.; häufig	100 B; 2 Std.; 4.30–17 Uhr stündl.	
Bangkok Victory Monument		100 B; 2 Std.; 4.30–20 Uhr alle 45 Min.	
Cha-am (ab Th Matayawong)	30 B; 45 Min.; häufig		20–30 B; 1 Std.; 3-mal tgl.
Hua Hin (ab Th Matayawong)	40 B; 1½ Std.; häufig		13–34 B; 2 Std.; 1.51–16.46 Uhr 11-mal tgl.
Kaeng Krachan National Park		100 B; 1 Std.; 8.30–17 Uhr stündl.	

ist eine Fundgrube an Infos. Die angeschlossene Pension hat ein paar abgewohnte, aber noch akzeptable Zimmer (120 B) mit Gemeinschaftsbad.

Jek Meng THAI $
(www.jekmeng-noodle.com; 85 Th Ratwithi; Gerichte 50–100 B; ⏰7–17 Uhr) Der kleine Imbiss gegenüber der Shell-Tankstelle setzt sich von der vergleichbaren Konkurrenz ab und verkauft Currys, Klöße, gebratenen Reis und Nudeln. Einfach nach schwarz-weiß karierten Tischdecken Ausschau halten!

Ne & Nal THAI $
(Th Damnoen Kasem; Gerichte 30–50 B; ⏰8–16 Uhr) Das legere Lokal ist für seine langsam in Tontöpfen geschmorten Suppen bekannt. Die *gŏo·ay đĕe·o gài* (Hähnchennudeln) sind nach südlicher Art mit einem ganzen Hähnchenschenkel zubereitet.

Nachtmarkt MARKT $
(Th Ratwithi; ⏰16–22 Uhr) Ab dem späten Nachmittag geht es auf dem Markt geschäftig zu. Zur Auswahl stehen thailändisches Fast Food und anständige Grillgerichte.

Tagesmarkt MARKT $
(⏰6–18 Uhr) Der Tagesmarkt nördlich des Uhrenturms bietet Besuchern Einblicke in das bunte Treiben. An Imbissen werden die üblichen Nudelgerichte und Spezialitäten wie *kà·nŏm jeen tôrt man* (dünne Nudeln mit gebratenem, scharfem Fisch) oder *kôw châa pét·bù·ree* (kalter Reis, serviert mit süßen Beilagen) feilgeboten; letztgenanntes Gericht ist ein Favoriten in der heißen Jahreszeit.

Pagoda Cafe CAFÉ
(95 Th Klongkrachang; Tee/Kaffee ab 35 B; ⏰Di–So 9–18 Uhr; 📶) Das hippe Café lockt einen Haufen Studenten an. In dem klimatisierten Raum kann man wunderbar vor der Nachmittagssonne flüchten.

ℹ Praktische Informationen

Eine offizielle Touristeninformation gibt es in der Stadt nicht. Aktuelle Infos erhält man jedoch auch in den Pensionen.

Hauptpost (Ecke Th Ratwithi & Th Damnoen Kasem; ⏰Mo–Fr 8.30–16.30, Sa 9–12 Uhr)

Polizei (☎032 425500; Th Ratwithi) Nahe der Kreuzung mit der Th Ratchadamnoen.

Siam Commercial Bank (2 Th Damnoen Kasem; ⏰Mo–Fr 9.30–15.30 Uhr) Hier kann man Geld wechseln und es gibt auch einen Geldautomaten (ebenso wie bei anderen Banken in der Nähe).

ℹ An- & Weiterreise

Die klimatisierten Busse zum Busbahnhof Bangkok-Süd starten außerhalb der Stadt gegenüber vom Kaufhaus Big C an der Th Phetkasem. Vor dem Big C halten auch Busse und Kleinbusse Richtung Süden. Motorradtaxis bringen einen für 50 B in die Stadt.

In der Nähe vom Nachtmarkt starten Kleinbusse nach Bangkok (zum Siegesdenkmal und zum Busbahnhof Bangkok Süd) und zum Kaeng Krachan National Park.

Die normalen Busse nach Cha-am und Hua Hin halten in der Stadt nahe der Th Matayawong.

Es bestehen häufige Zugverbindungen vom/zum Bahnhof Bangkok Hualamphong. Der Fahrpreis hängt jeweils von Zug und Klasse ab.

ℹ Unterwegs vor Ort

Motorradtaxis fahren für 30 bis 40 B sämtliche Ziele im Zentrum an. Die Fahrt im *sŏrng·tăa·ou* (Sammeltaxi) kostet etwa dasselbe. Vom Bahnhof zum Stadtzentrum sind es zu Fuß etwa 20 Minuten (1 km).

Alle Pensionen vermieten auch Fahrräder (50 B/Tag) und Motorräder (200–300 B/Tag).

Kaeng Krachan National Park อุทยานแห่งชาติแก่งกระจาน

Wenn der frühe Morgennebel sanft über dem Blätterdach des Waldes hängt, erwacht man zur unheimlichen Sinfonie der Gibbon-Schreie. Anschließend kann man durch den herrlich grünen Dschungel wandern und Elefantenherden und andere Wildtiere an ihren Wasserlöchern beobachten – oder seine Klamotten beim Aufstieg zum höchsten Gipfel des Parks komplett durchschwitzen. Mit 3000 km² ist dies Thailands größter **Nationalpark** (☎032 459293; www.dnp.go.th; 300 B; ⏱Besucherzentrum 8.30–16.30 Uhr). Er liegt zwar überraschend nahe an der Zivilisation, schützt jedoch eine undurchdringlich wirre Wildnis, in die sich relativ wenige Touristen wagen. Dank zweier Flüsse (Mae Nam Phetchaburi und Mae Nam Pranburi), eines großen Sees und reichlich Niederschlag bleibt der Park das ganze Jahr über grün. Hier leben unzählige Tiere, darunter auch Wildelefanten, Hirsche, Gibbons, Brillenlanguren und Wildrinder.

Darüber hinaus ist der Park eine interessante Schnittfläche zweier Habitate, stellt er doch den südlichsten Lebensraum der nördlichen Vogelarten Thailands bzw. den nördlichsten Lebensraum der südlichen Arten dar. Hier leben etwa 400 Spezies, darunter auch Nashornvögel, Fasane und andere Bodenbewohner.

Aktivitäten

Den Park erkundet man am besten wandernd. Die meisten Wege sind ausgeschildert und zweigen von der Hauptstraße ab. Der Weg zum **Nam Tok Tho Thip** beginnt an der 36-km-Marke und führt über 4 km zu einem 18-stufigen Wasserfall. Der Gipfel des **Phanoen Thung** (1112 m), der höchste Punkt des Parks, ist über eine 6 km lange Wanderung zu besteigen, die an der 27-km-Marke beginnt. Während der Regenzeit (Aug.–Okt.) sind die meisten Wege gesperrt, auch der zum Phanoen Thung.

Die Zwillings-Wasserfälle **Pa La-U Yai** und **Pa La-U Noi** im südlichen Teil des Parks sind auch bei Tagesausflüglern aus Hua Hin beliebt. Sie sind während der Regenzeit geöffnet, wenn sie am meisten Wasser führen. In Hua Hin kann man sich ferner einer Mountainbike-Tour durch den Park anschließen.

Die touristische Infrastruktur in Kaeng Krachan ist relativ bescheiden, die Straßen können ziemlich holprig sein. Die Parkranger helfen bei der Organisation einer Camping-Leihausrüstung, von Essen oder Verkehrsmitteln – dies braucht man, wenn man tiefer in den Park vordringen will, um die Tierwelt hautnah zu erleben. Am Wochenende und an Feiertagen kann es ziemlich voll werden, an Werktagen ist der Park jedoch oft fast menschenleer. Die beste Zeit für einen Besuch ist von November bis April.

Schlafen & Essen

Es gibt verschiedene **Bungalows** (☎02 562 0760; www.dnp.go.th/parkreserve; Bungalow ab 1200 B) im Nationalpark, vor allem in der Nähe des Stausees. Überwiegend handelt es sich um schlichte, mit Ventilator und Kühlschrank ausgestattete Unterkünfte für vier bis sechs Personen. Es gibt auch **Campingplätze** (60–90 B/Pers.), darunter einen besonders schönen mit viel Gras nahe dem Stausee am Besucherzentrum, und ein bescheidenes Restaurant. Zelte kann man beim Besucherzentrum mieten. Nicht vergessen: In der Regenzeit kann man hier nicht übernachten – und die Stellplätze und Bungalows sind ziemlich weit entfernt von den Stellen, an denen die Tiere umherstreifen.

A&B Bungalows BUNGALOWS $$
(☎089 891 2328; Bungalow für 2 Pers. 1000 B; ❄📶) Die familienbetriebene Unterkunft an der Straße zum Eingang des Nationalparks Kaeng Krachan liegt etwa 3,5 km vor dem Besucherzentrum und ist besonders bei Vogelbeobachtergruppen beliebt. Das zugehörige Restaurant kann einen auch mit Lunch-Paketen versorgen.

An- & Weiterreise

Kaeng Krachan liegt etwa 52 km südwestlich von Phetchaburi, der südliche Rand des Parks ist 35 km von Hua Hin entfernt. Wer mit dem Auto unterwegs ist, fährt auf dem Hwy 4 von Phetchaburi aus 20 km Richtung Süden bis nach Tha Yang. Dann rechts (westwärts) abbiegen und weitere 38 km fahren, um das Besucherzentrum zu erreichen! Auch wer aus südlicher Richtung aus Hua Hin kommt, folgt von Tha Yang aus derselben Zufahrtsstraße.

Alternativ ist der Park von Phetchaburi aus auch mit dem **Minivan** (☎089 231 5810; einfache Strecke 100 B; ⏱stündl. 8.30–17.30 Uhr) zu erreichen. Wahlweise kann man sich in Phetchaburi (in der Nähe der Turmuhr) auch ein *sŏrng·tăa·ou* (80 B, 1½ Std., 6–14 Uhr) ins Dorf

Ban Kaeng Krachan schnappen, das 4 km vor dem Park liegt. Vom Dorf aus bestehen Transportmöglichkeiten zum Park. Oder man mietet sich ein eigenes *sŏrng·tăa·ou* bis direkt zum Park, muss dann aber darauf gefasst sein, dass die Hin- und Rückfahrt ca. 1500 B kostet.

Minivan-Touren werden auch von Hua Hin aus angeboten.

Cha-am ชะอำ

35581 EW.

Der günstige, fröhliche Strandort Cha-am ist ein beliebtes Ziel für Arbeiterfamilien und Studenten aus Bangkok. Am Wochenende und an Feiertagen bringen in Neonfarben bemalte Busse (*chor ching cha* genannt) mit laut dröhnender Musik Urlauber in die Stadt. Diese feiern dann typisch thailändische Strandpartys in Form eines Ess- und Trinkmarathons rund um die von Schirmen beschatteten Strandmöbel. Fürs Unterhaltungsprogramm sorgen Bananenboote, die hin und her rasen und ihre Passagiere schließlich mit einem finalen, abrupten Wendemanöver ins Meer befördern, dem in der Regel lautes Klatschen und Kichern von den Zuschauerrängen am Strand folgen.

Nach Cha-am verirren sich wenige Ausländer. Meist handelt es sich dabei um ältere Europäer, die lieber hier als im teureren Hua Hin überwintern. Am Strand sieht man übrigens kaum Badeklamotten, da die meisten Thais lieber mit T-Shirt und Shorts bekleidet im Meer schwimmen. Cha-am bietet einen langen, weiten Sandstrand, sauberes, ruhiges, graublaues Wasser, großartige Meeresfrüchte und unterhaltsame Einblicke in die Urlaubswelt Einheimischer. Und die Preise gehören zu den niedrigsten an der ganzen Golfküste.

Feste & Events

Krabbenfest ESSEN

(Feb.) Im Februar feiert Cha-am eine seiner Meeresdelikatessen: die Blaukrabbe. Imbissstände, Konzerte und jede Menge Neon verwandeln den Strand dann in eine echte Partyzone.

Gin Hoy, Do Nok, Tuk Meuk ESSEN

(Sept.) Bei diesem Fest im September kann man wirklich alles erleben. Übersetzt heißt es „Iss Schalentiere, beobachte Vögel, fang Tintenfische" – ein treffender Titel, der Cha-ams Attraktionen und Fischfangtraditionen vereint. Hauptsächlich ist das Fest jedoch kulinarischer Natur und wartet mit einer Vielzahl von Schalentieren auf; man kann aber tatsächlich auch an einer Vogelbeobachtungsaktion in einem der nahen Schutzgebiete oder an einer Tintenfischfangvorführung teilnehmen.

Cha'am International Kite Festival SPORT

(März) Jeden März fliegen zwei Tage lang Drachen aus ganz Thailand und der Welt am Himmel über dem Strand.

Schlafen

In Cha-am gibt es zwei einfache Unterkunftstypen: Hotels entlang der Strandstraße Th Ruamjit und die teureren „Condotel"-Anlagen (Wohnungen mit Küchen, die über ein Mietprogramm gebucht werden können). Werktags sind Rabatte auf die angegebenen Preise möglich. Pensionen findet man an der Soi 1 North, die von der Strandstraße Th Ruamjit abzweigt, oder nahe dem lärmigen Soi Bus Station, ein paar Hundert Meter südlich der Soi 1 North.

Das Nordende des Strandes (Long Beach) lockt mit seinem breiteren, helleren Sandstreifen sehr viele Menschen an. Die Th Narathip teilt den Strand in Nord und Süd; die *sois*, die von der Th Ruamjit abzweigen, sind von dieser Kreuzung aus in beide Richtungen jeweils aufsteigend durchnummeriert.

Pa Ka Ma PENSION $$

(032 433504; Soi 1 North, Th Ruamjit; Zi. 600–1200 B;) Die beste Pension an der Soi 1 hat eine attraktive Gestaltung, bessere Badezimmer als die Konkurrenz, bequeme Betten und eine Honeymoon Suite mit schöner Terrasse. Die Angestellten sprechen allerdings kaum Englisch.

Charlie House PENSION $$

(032 433799; www.charlie-chaam.com; 241/60–61, Soi 1 North, Th Ruamjit; Zi. 650–800 B;) Die ruhige Pension hat eine limettengrüne Lobby und moderne, komfortable Zimmer. Die Badezimmer sind allerdings etwas eng. Nicht verwechseln mit dem anstaltsmäßig wirkenden Charlie Place oder dem Charlie TV in derselben Gasse!

Cha-am Mathong Guesthouse PENSION $$

(081 550 2947; www.chaammathong.com; 263/47–48 Th Ruamjit; Zi. 600–700 B;) Die Zimmer sind einfach, aber sauber und liegen direkt gegenüber dem Strand. Die besseren Quartiere haben Meerblick und kleine Balkone. Das angeschlossene Restaurant ist tagsüber gut besucht.

BEGEGNUNGEN MIT TIEREN

Auch wenn das moderne Empfinden zirkusartige Tierattraktionen ablehnt, tragen noch immer viele wohlmeinende Tierfreunde, die neugierig sind auf Thailands fabelhafte Tierwelt mit Elefanten, Affen und Tigern, unwissentlich zum Erhalt einer kaum regulierten, ausbeuterischen Branche bei. Oft werden die Tiere in freier Wildbahn gefangen und dann verstümmelt, um sie ungefährlicher zu machen (Tigern werden beispielsweise oft die Krallen und Zähne gezogen). Nicht selten werden sie als Haustiere angeschafft und später vernachlässigt, unter unwürdigen Bedingungen auf engstem Raum gehalten oder wieder ausgesetzt, wenn sie zu krank oder zu schwach sind, um noch von Nutzen zu sein.

Die Wildlife Friends Foundation Thailand betreibt 35 km nordwestlich von Cha-am ein **Wildtier-Schutzzentrum** (☎032 458135; www.wfft.org; Wat Khao Luk Chang), in dem misshandelte und ausgesetzte Tiere aufgenommen und versorgt werden. Die meisten dieser ursprünglich in freier Wildbahn lebenden Tiere können aufgrund von Verletzungen oder mangelnder Überlebensfähigkeit nicht mehr ausgewildert werden. Das Zentrum kümmert sich um 400 Tiere, darunter Bären, Tiger, Gibbons, Makaken, Loris und Vögel. Angeschlossen ist auch eine Rettungsstation für Elefanten; sie kauft Dickhäuter, die zum Betteln auf der Straße eingesetzt wurden, auf und gibt ihnen ein neues Zuhause.

Das Zentrum bietet eine **Führung** (1800 B/Pers.) an, bei der die Tiere und die Geschichten ihrer Rettung vorgestellt werden. Die Führung umfasst auch einen Besuch bei den Elefanten (jedoch ohne Ausritte!) sowie den Hoteltransfer ab Hua Hin oder Cha-am.

Wer den Tieren näher kommen will, kann sich als freiwilliger Helfer in dem Zentrum engagieren. An einem normalen Tag schnippelt man Gemüse für die Malaienbären, säubert Gehege und rudert zur täglichen Fütterung zur Gibbon-Insel hinaus. Wer an einer Mitarbeit interessiert ist, muss mindestens eine Woche mithelfen und eine obligatorische Spende an das Zentrum (ab 455 US$/16 152 B) entrichten. Weitere Infos gibt's direkt beim Zentrum oder auf der Website (www.wildlifevolunteer.org).

Baan Pantai Resort HOTEL $$$
(☎032 433111; www.baanpantai.com; 247/58 Th Ruamjit; Zi. ab 2000 B; ❄📶🏊) Das familienfreundliche Hotel ist eleganter als die meisten Hotels in Cha-am und hat einen riesigen Pool, ein kleines Fitnesscenter. Und der Strand liegt gleich über die Straße. Die Zimmer verfügen über gute Betten und Terrassen.

Essen

Vom Liegestuhl aus kann man einen der Straßenhändler heranwinken, die Meeresfrüchte verkaufen. Oder man bestellt etwas von den nahe gelegenen Strandrestaurants mit Lieferservice. Am Nordende des Strands findet man am Angelpier Seafood-Restaurants mit fairen Preisen. Es gibt auch einen großen Nachtmarkt an der Th Narathip nahe dem Bahnhof.

★ **Rang Yen Garden** THAILÄNDISCH $
(☎032 471267; 259/40 Th Ruamjit; Gerichte 60–180 B; ⏲Nov.–April 11–22 Uhr) Das grüne Gartenrestaurant ist ein gemütliches und freundliches Plätzchen. Hier fühlt man sich nach einem Tag, an dem man die ganze Zeit nur „der Fremde" war, fast wie zu Hause. Es serviert thailändische Spezialitäten und ist nur in der Hauptsaison geöffnet.

Hello Restaurant INTERNATIONAL, THAILÄNDISCH $$
(Soi Bus Station, Th Ruamjit; Gerichte ab 155 B; ⏲10–22 Uhr; 📶) Der französische Koch tischt hochwertige internationale Gerichte, thailändische Klassiker und jede Menge Meeresfrüchte auf.

Bella Pizza ITALIENISCH, THAILÄNDISCH $$
(☎032 470980; 328/19 Th Nongjiang; Pizza ab 175 B; ⏲16–23 Uhr) Die beliebte, von einem Italiener betriebene Pizzeria liegt am südlichen Stadtrand und hat eine große, ruhige Außenterrasse. Es gibt auch thailändisches Essen. Mit Lieferservice.

Praktische Informationen

Der Phetkasem Hwy verläuft durch Cha-ams geschäftiges Ortszentrum, das etwa 1 km vom Strand entfernt ist. Im Zentrum liegen auch die Hauptbushaltestelle, Banken, die Hauptpost, ein Freiluftmarkt und der Bahnhof.

Es gibt viele Banken mit Geldautomaten und an der Th Ruamjit eine Möglichkeit, Geld umzutauschen.

Only Chaam (www.onlychaam.com) ist eine nützliche Website mit Online-Blog über einen Besuch in Cha-am.

Post (Th Ruamjit; ⏲Mo–Fr 8.30–16.40, Sa 9–12 Uhr) Am Hauptstrand.

VERKEHRSMITTEL AB CHA-AM

ZIEL	BUS	MINIVAN	ZUG
Bangkok Hualamphong			40–90 B; 4½ Std.; tgl. 4.55 & 14.33 Uhr
Bangkok Southern Bus Terminal	155 B; 3 Std.; häufig	160 B; 2½ Std.; 7–18 Uhr stündl.	
Bangkok Victory Memorial		160 B; 2½ Std.; 7–18.30 Uhr alle 30 Min.	
Hua Hin	25 B; 45 Min.; häufig	40 B; 30 Min.; häufig	30–40 B; 1½ Std.; 2-mal tgl.
Phetchaburi	30 B; 45 Min.; häufig	50 B; 30 Min.; häufig	20–30 B; 1 Std.; 3-mal tgl.

Tourism Authority of Thailand (TAT; ☎ 032 471005; tatphet@tat.or.th; 500/51 Th Phetkasem; ⌚ 8.30–16.30 Uhr) Am Phetkasem Hwy, 500 m südlich der Stadt. Die Angestellten sprechen gut Englisch.

ℹ An- & Weiterreise

Die Busse halten an der Kreuzung Phetkasem Hwy/Th Narathip. Es fahren häufig Busse von/nach Bangkok, Phetchaburi und Hua Hin.

Von der Soi Bus Station zwischen der Th Ruamjit und der Th Chao Lay fahren Kleinbusse zum Bangkoker Siegesdenkmal und zum Busbahnhof Bangkok-Süd. Kleinbusse fahren auch nach Hua Hin und Phetchaburi. Ein Taxi nach Hua Hin kostet 500 B.

Der **Bahnhof** (Th Narathip) befindet sich westlich vom Phetkasem Hwy. Vom Bahnhof Bangkok Hualamphong fahren Züge nach Cha-am mit Weiterfahrt nach Hua Hin. Auf den Fahrplänen ist Cha-am nur auf Thailändisch als „Ban Cha-am" verzeichnet.

ℹ Unterwegs vor Ort

Vom Stadtzentrum zum Strand ist es nur eine kurze Fahrt mit dem Motorradtaxi (40 B). Manche Fahrer versuchen, ihre Passagiere statt zur gewünschten Hoteladresse zu einem anderen Hotel zu fahren, von dem sie eine Provision erhalten.

An der gesamten Th Ruamjit gibt es Motorrad-Vermieter (200 B/Tag). Fahrräder sind eine gute Möglichkeit herumzukommen und überall erhältlich (20 B/Std. bzw. 80 B/Tag).

Hua Hin หัวหิน

59 369 EW.

Thailands ältestes Seebad ist keine von Palmen gesäumte, einsame Insel – und vielleicht gerade deshalb umso schöner. Es bietet eine erfrischende Mischung aus Stadt und Meer mit kosmopolitischem Flair, lebhaften Märkten, leckeren Straßensnacks, langen Stränden und einer reibungslos funktionierenden Infrastruktur.

Hua Hins aristokratische Wurzeln reichen bis in die 1920er-Jahre zurück, als Rama VI. (König Vajiravudh) und Rama VII. (König Prajadhipok) hier Sommerresidenzen erbauten, um Bangkoks stickigem Klima zu entfliehen. Der berühmtere der beiden Paläste ist der 3 km nördlich der Stadt gelegene **Phra Ratchawang Klai Kangwon** („Palast fern aller Sorgen"), der noch heute als königliche Residenz dient. Sein Name ist so poetisch, dass ihn Thais oft als Slogan für ihre Stadt nutzen. Die Unterstützung durch Rama VII. und der Bau der Süd-Eisenbahn machten Hua Hin für den thailändischen Adel zum angesagtesten Ort für den Bau ihrer Sommervillen am Meer.

In den 1980er-Jahren begannen Luxushotelketten, den Standort für sich zu entdecken, woraufhin in Scharen auch ausländische Touristen nach Hua Hin kamen. Heute sind hier alle internationalen Namen vertreten. Und immer mehr wohlhabende Ausländer verbringen ihren Ruhestand in einer der Eigentumswohnungen, die sich über die ganze Stadt verteilen. Thailänder der Mittel- und Oberschicht aus Bangkok schauen am Wochenende vorbei und lassen die Stadt teilweise wie das obere Sukhumvit aussehen.

In dem Ort wird zwar eine Menge Geld umgesetzt, aber weil Hua Hin eine geschäftige thailändische Stadt ist, sind die reichlich vorhandenen Meeresfrüchte erschwinglich und es gibt preisgünstige öffentliche Verkehrsmittel, dank derer man leicht und schnell ans Meer kommt. Alles in allem kostet es viel weniger Mühen (und Geld), um von Bangkok nach Hua Hin zu gelangen, als zu den Inseln im Süden.

Sehenswertes

In Hua Hin gibt es zahlreiche Strände, die breit, lang und zum Baden ideal geeignet sind. Seit jeher erfreut sich die Stadt des vielleicht trockensten Wetters auf der Malaiischen Halbinsel. Während der Regenzeit (Juli–Sept.) auf Quallen achten!

Hua Hin (Stadt) เมืองหัวหิน

Das ehemalige Fischerdorf hat sich seine Verbindung zur Vergangenheit erhalten: Noch heute gibt es in dem Städtchen das alte Teakholz-Shophouse-Viertel mit schmalen Gassen und in viele alte Häuser am quirligen Pier sind Restaurants und Pensionen eingezogen. Südlich des Hafens liegt eine felsige Landzunge, der der Ort seinen Namen verdankt – „Hua Hin" bedeutet „Steinerner Kopf". Im Geschäftszentrum der Stadt findet man lebhafte Märkte und Läden, die all den Kram verkaufen, den man zu Hause vergessen hat.

Hat Hua Hin STRAND

(หาดหัวหิน; öffentlicher Zugang über das Ostende der Th Damnoen Kasem) Vom öffentlichen Hauptzugang betrachtet, präsentiert sich der Strand von Hua Hin als netter, jedoch wenig eindrucksvoller Sandstreifen, der mit runden, glatten Felsen gespickt ist. Abschrecken lassen sollte man sich dennoch nicht – hier lassen sich bestens Leute beobachten. Schwimmen und Sonnenbaden kann man hingegen besser weiter südlich, dort ist der Sand feiner und das graugrüne Meer ruhig.

Der 5 km lange Strand erstreckt sich bis zu einer Landzunge, die ein Buddha ziert (Khao Takiab). Am Nordende fotografieren thailändische Urlauber ihre Freunde dabei, wie sie bis zu den Knöcheln ins Meer waten. Und jedem, der nur kurz stehen bleibt, wird ein Ponyritt angeboten. Weiter südlich säumen eher Resorts als Palmen die Strandlandschaft, das stört jedoch nur wenig, wenn man im Meer plantscht. Die Zufahrtsstraßen führen zur Th Phetkasem, wo grüne *sŏrng·tăa·ou* zurück in die Stadt fahren.

Hua Hin Train Station HISTORISCHE STÄTTE

(สถานีรถไฟหัวหิน; Th Liap Thang Rot Fai) Ein berühmtes Beispiel lokaler Architektur: Der rot-weiße Pavillon, der neben dem Bahnhof von Hua Hin steht, diente in der Regierungszeit von Rama VI. als königlicher Warteraum. Mit Ankunft der Eisenbahn wurde die Anfahrt von Bangkok auf nur vier Stunden reduziert, was Hua Hin in ein Urlaubsziel für die in Bangkok lebenden Monarchen und Angehörigen der Upperclass verwandelte.

100 Jahre später bewältigen selbst rasende, mit Energy-Drinks gedopte Minivan-Fahrer die Strecke nicht in kürzerer Zeit.

Nördliches Hua Hin

Die Sommerresidenzen der königlichen Familie und des niederen Adels säumen die Küste, wenn man von Hua Hins Angelpier in nördlicher Richtung nach Cha-am reist.

Hat Hua Hin Neua STRAND

(หาดหัวหินเหนือ; Strand im nördlichen Hua Hin; Gelände 5.30–7.30 & 16–19 Uhr) Das Nordende des Strandes ist zwar nicht der spektakulärste Abschnitt, wird jedoch von vornehmen thailändisch-viktorianischen Anwesen mit Gärten gesäumt, die maritim inspirierte Namen wie „Dem Haus des Meeres lauschen" tragen. Der heutige Königspalast liegt rund 3 km nördlich der Stadt, Besucher sind jedoch nur auf dem **Gelände** zugelassen (Ausweis erforderlich).

Von der Th Naebkehardt zweigen öffentliche Zugangswege zum Strand ab. Am Wochenende ist die Th Naebkehardt ein beliebtes Ziel von Besuchern aus Bangkok. Diese verbringen den Sommer noch immer in altmodischen Residenzen oder dinieren in den zu Restaurants umgebauten Häusern.

Plearn Wan GEBÄUDE

(เพลินวาน; 032 520311; www.plearnwan.com; Th Phetkasem zw. Soi 38 & Soi 40; 9–21 Uhr) Kunstinstallation und kommerzielles Unternehmen zugleich – das Plearn Wan ist die Nachbildung der altmodischen Ladenhäuser (Shophouses), die einst die thailändisch-chinesischen Viertel von Bangkok und Hua Hin prägten. Neben Musik- und Bekleidungsgeschäften gibt es hier auch eine Apotheke, die all die Wurzeln, Pülverchen und anderen Mixturen verkauft (oder vielmehr ausstellt), die thailändische Großmütter einst benutzten.

Phra Ratchaniwet Mrigadayavan HISTORISCHE STÄTTE

(พระราชนิเวศน์มฤคทายวัน; 032 508443; Eintritt 50 B; Do–Di 8.30–16 Uhr) 12 km nördlich von Hua Hin trifft man auf diesen in der frischen Meeresbrise gelegenen Sommerpalast. Er wurde 1924 während der Herrschaft von Rama VI. erbaut und besteht aus einer Reihe miteinander verbundener Teakholzhäuser mit hohen Fenstern samt Fensterläden und filigranen Holzarbeiten. Erbaut wurden die

Hua Hin

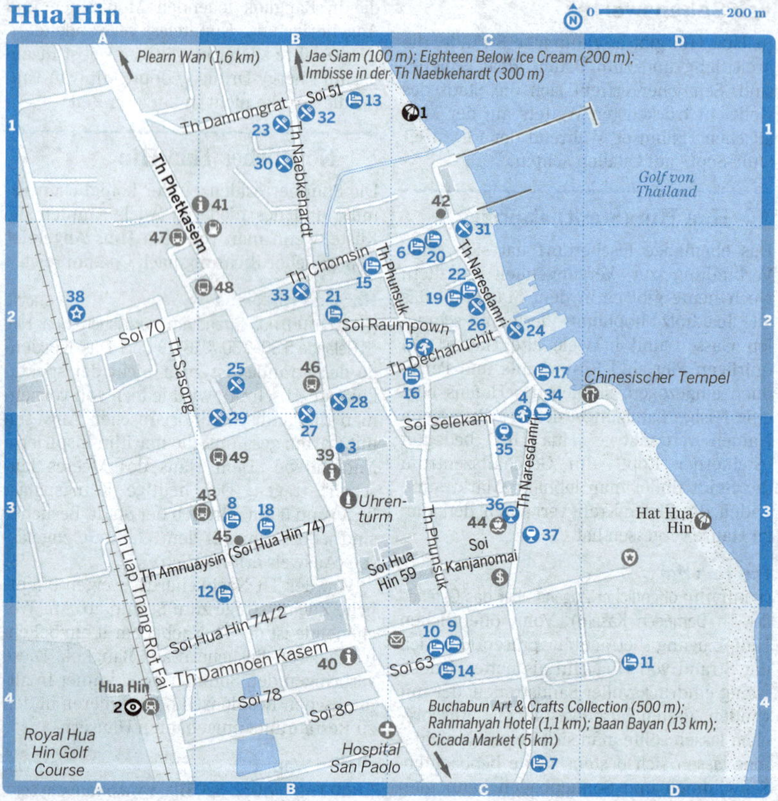

Häuser auf Stelzen, sodass eine schattige Promenade durchs „Erdgeschoss" verlief. Der wunderschöne Garten mit prächtigen Bäumen gewährt großartige Ausblicke aufs Meer.

Der funktionale und doch elegante Baustil erklärt sich durch die rheumatische Arthritis, unter der Rama VI. litt. Der italienische Architekt entwarf den Palast so, dass er eine maximale Luftzirkulation erlaubte und von der Lage am Meer profitierte. Zu sehen gibt es lediglich eine kleine Fotosammlung mit Motiven rund ums Königshaus, die Anlage ist jedoch ein idyllisches Fleckchen und wird häufig von thailändischen Besuchern aufgesucht, die der Monarchie ihren Respekt zollen möchten.

Der Palast befindet sich auf dem Gelände des Camp Rama VI., eines Militärstützpunkts – Besucher müssen sich daher eventuell ausweisen. Am einfachsten erreicht man die Anlage mit privaten Transportmitteln; alternativ nimmt man von Hua Hin aus den Bus nach Cha-am und bittet den Fahrer, gegenüber der Eingangspforte des Palasts zu halten. Oft gibt es Motorradtaxis, die einen die letzten 2 km fahren. Da es sich um einen königlichen Palast handelt, sollten Besucher Arme und Beine bedecken; vor Ort gibt es sarongähnliche Gewänder, die diesen Zweck erfüllen.

Von Hua Hin ins Landesinnere

Baan Silapin GALERIE

(บ้านศิลปิน; ☎ 032 534830; www.huahinartistvillage.wordpress.com; Th Hua Hin-Pa Lu-U; Kunstkurse pro Std. Erw./Kind 150/100 B; ⊙ Di–So 10–17 Uhr) Tawee Kase-ngam, ein Maler aus der Gegend, gründete diese Künstlerkolonie in einem schattigen Wäldchen, 4 km westlich der Th Phetkasem. Die Galerien und Atelierräume zeigen die Werke von 19 Künstlern, von denen viele Bangkoks hektischer Kunstwelt entflohen sind, um sich in die

Hua Hin

Sehenswertes
1 Hat Hua Hin C1
Hat Hua Hin Neua .... (siehe 1)
2 Hua Hin Train Station A4

Aktivitäten, Kurse & Touren
3 Hua Hin Adventure Tour B3
4 Hua Hin Golf Centre C2
5 Thai Thai Massage C2

Schlafen
6 Baan Chalelarn Hotel C2
7 Baan Laksasubha C4
8 Baan Manthana B3
9 Baan Oum-or Hotel C4
10 Ban Somboon C4
11 Centara Grand Resort & Villas D4
12 Euro-Hua Hin City Hotel YHA B3
Fulay Guesthouse .... (siehe 17)
13 Green Gallery B1
14 Hotel Alley C4
15 King's Home B2
16 Love Sea House C2
17 Mod C2
18 My Place Hua Hin B3
19 Pattana Guest House C2
20 Tai Tai Guest House C2
21 Tong-Mee House B2
22 Victor Guest House C2

Essen
23 Baan Tuayen Icy Beans B1
24 Chaolay C2
25 Chatchai Market B2
26 Cool Breeze C2
27 Hua Hin Koti B3
28 Jek Pia Coffeeshop B2
29 Nachtmarkt B3
30 Ratama B1
31 Sang Thai Restaurant C2
32 Sôm·đam-Stand B1
33 Thanon-Chomsin-Imbisse B2

Ausgehen & Nachtleben
34 Coffee Club C2
35 El Murphy's Mexican Grill & Steakhouse C3
36 Lounge Bar C3
37 Mai Tai Cocktail & Beer Garden C3

Unterhaltung
38 Bang Bar A2

Praktisches
39 Städtische Touristeninformation B3
40 Städtische Touristeninformation B4
41 Tourism Authority of Thailand B1
42 Tuk Tours C1

Transport
Klimat. Busse nach Bangkok ..... (siehe 43)
43 Büro Bangkok-Busse B3
44 Lomprayah C3
45 Minivans nach Bangkok B3
46 Minivans nach Bangkok B2
47 Minivans zum Siegesdenkmal in Bangkok A2
48 Busse nach Phetchaburi & Cha-am B2
49 Sŏrng·tăa·ou nach Khao Takiab & Buses to Pranburi B3

entspanntere Atmosphäre Hua Hins mit seiner wunderschönen Berg- und Meereslandschaft zurückzuziehen.

Gezeigt werden Wechselausstellungen, wobei Lehmhütten die verspielten Skulpturen schützen. Dienstags und donnerstags gibt es **Kunstkurse** für Erwachsene, samstags für Kinder.

Hua Hin Hills Vineyard WEINGUT

(ไร่องุ่นหัวหินฮิลล์ วินยาร์ด; ☎081 701 0222; www.huahinhillsvineyard.com; Th Hua Hin-Pa Lu-U; Weingut-Führung 1700–2400 B, Weinverkostung 3 Gläser 290 B; ⏲9–19 Uhr) Das Weingut liegt in einem malerischen Gebirgstal, 45 km westlich von Hua Hin. Auf dem lehmigen Sand- und Schieferboden gedeihen diverse Rhone-Rebsorten, die zu Weinen der hauseigenen Marke Monsoon Valley verarbeitet werden. Täglich werden **Führungen durch das Weingut** (ab 1700 B) angeboten, zu denen Weinproben, ein tolles Dreigängemenü und ein Shuttleservice gehören. Alternativ beschränkt man sich auf die **Weinverkostung**.

Die teuerste Führung beinhaltet unnötigerweise auch noch den Ritt auf einem Elefanten. Im Angebot stehen auch ein *pétanque*-Kurs, Mountainbiken und die malerische Sala Wine Bar & Bistro.

Ein Weingut-Shuttle fährt um 10.30 und 15 Uhr vom angeschlossenen Laden des **Hua Hin Hills Wine Cellar** (☎032 511497; 2F Villa Market, Th Phetkasem) ab und kehrt um 13.30 bzw. 18 Uhr zurück; die Fahrt hin und zurück kostet 300 B.

Khao Takiab เขาตะเกียบ

Rund 7 km südlich von Hua Hin bewacht der Monumental Chopstick Mountain, den ein gigantischer stehender Buddha ziert, das südliche Ende des Strandes. Auf dem Gipfel des 272 m hohen Berges warten neben einem thailändisch-chinesischen Tempel, dem **Wat Khao Lat**, auch zahlreiche Affen, denen nicht zu trauen ist. Die Aussicht ist jedoch spektakulär. Auf der Südseite des Khao Takiab befindet sich der **Suan Son Pradipath** (Meerespinien-Garten), ein matschiger Strand, der von der Armee instand gehalten wird und bei thailändischen Wochenendausflüglern beliebt ist. Grüne *sŏrng·tăa·ou* fahren von Hua Hin bis zum Dorf Khao Takiab, wo jede Menge einfacher thailändischer Lokale fangfrischen Fisch von den Booten verkaufen, die hier vor Anker liegen.

Auf dem angenehm ruhigen **Cicada Market** (Th Phetkasem; Gerichte 45–120 B; ⏲ Fr & Sa 16–23, So 16–22 Uhr) in der Nähe finden sich viele Imbissstände; am Wochenende ab 19 Uhr wird Livemusik gespielt. Der Markt befindet sich direkt vor dem Khao Takiab auf der linken Straßenseite. Vom Nachtmarkt in Hua Hin fahren grüne *sŏrng·tăa·ou* (20 B, 6–21 Uhr) hierher; wer ein *túk-túk* (Motorradrikscha) nimmt, bezahlt für die einfache Fahrt 150 B.

Aktivitäten

Mit neun Golfplätzen in der Gegend bleibt Hua Hin ein beliebtes Reiseziel für einheimische und ausländische Golfspieler.

Das Fahrrad ist eine günstige und schöne Variante, die Attraktionen in Hua Hins Umland zu erkunden, insbesondere weil Taxifahrer horrende Preise verlangen. Man sollte sich nicht von den betriebsamen Hauptverkehrsstraßen abschrecken lassen – es gibt viele ruhige Nebenwege, auf denen man die Landschaft genießen kann.

Mit seinen starken, fast ganzjährig wehenden Winden lockt Hua Hin jede Menge Kitesurfer an.

Kiteboarding Asia KITESURFEN
(☎ 081 591 4593; www.kiteboardingasia.com; 143/8 Soi 75/1, Th Phetkasem, Süd-Hua-Hin; 3-tägiger Anfängerkurs 11 000 B) Der alteingesessene Veranstalter unterhält drei Strandläden, die Ausrüstung verleihen und Kurse anbieten. Beim eintägigen Einführungskurs lernen Teilnehmer die physikalischen Grundlagen des Kitesports kennen. Die Lehrer empfehlen Anfängern, den Kurs zu einem Zeitpunkt zu belegen, wenn der Wind aus Südost bläst (Jan.–März) und das Meer ruhiger ist.

Hua Hin Golf Centre GOLF
(☎ 032 530476; www.huahingolf.com; Th Selakam; ⏲ 12–21 Uhr) Das freundliche Personal des professionell geführten Ladens informiert über die erschwinglichsten, gepflegtesten Golfplätze, auf denen nicht dauernd Affen versuchen, sich mit den Bällen aus dem Staub zu machen. Zum Angebot zählen außerdem Golftouren und Leihausrüstung (500–700 B/Tag).

Black Mountain Golf Course GOLF
(☎ 032 618666; www.bmghuahin.com; Golfplatzgebühren ab 1800 B, Caddy 300 B) Der beste Platz von Hua Hin liegt etwa 10 km westlich der Stadt. Auf dem 18-Loch-Kurs fanden bereits Turniere der Asian PGA statt. Ursprünglich bestand das Gelände aus Dschungel und einer Ananasplantage. Einige natürliche Bachläufe dienen nun als Wasserhindernisse.

IM KITESURF-FIEBER

Zur Schönheit von Hua Hins Stränden tragen auch die über dem Meer hüpfenden und schwebenden Kitesurfer bei. Starke, böige Winde, seichtes Wassers und ein lang gezogener Strand, der sich hervorragend zum Üben eignet, machen die Stadt zu Thailands Kitesurfer-Mekka. Von hier bis hinunter nach Pranburi bläst der Wind von Oktober bis Dezember aus Nordost und von Januar bis Mai aus Südost – perfekte Bedingungen für Kitesurfer. Selbst in der Regenzeit von Mai bis Oktober sind die Bedingungen oft attraktiv. Der Küstenabschnitt eignet sich so gut für den Abenteuersport, dass Hua Hin 2010 sogar die Weltmeisterschaften im Kitesurfen ausrichtete.

Aber man muss noch kein Weltmeister sein, auch wer den Sport erlernen will, ist in Hua Hin goldrichtig. Nach einem dreitägigen Kurs in einer der vielen Schulen vor Ort kann man bereits durch die Lüfte schweben. Es gibt auch Angebote für Fortgeschrittene, zudem kann man sich als Lehrer ausbilden lassen.

Wer sich das Spektakel lieber vom Boden aus ansehen möchte, kann das **Hua Hin International Kite Festival** besuchen, das alle zwei Jahre im März 12 km nördlich der Stadt auf dem Gelände der Militärbasis Rama VI. stattfindet. Zu sehen gibt es dann Kitesurfer in Aktion und Drachen in verschiedensten Formen und Farben.

WEIN AUS NEUEN BREITEN

Der gesunde Menschenverstand würde vermuten lassen, dass neben Kokospalmen kein leckerer Wein gedeihen kann. Doch Fortschritte in der Pflanzenforschung und die globale Vielfalt an Rebensorten haben die Türen für ein Experiment geöffnet, das sich „New Latitude Wines" nennt und Weine außerhalb der üblichen Breitengrade (30.–50. Breitengrad) anbaut.

Die größte Herausforderung in den neuen Anbauregionen besteht darin, das bevorzugte Klima der Weintrauben so genau wie möglich nachzuahmen. Das bedeutet, dass mithilfe von Beschneidung, regulierter Bewässerung und Mischkulturbepflanzung von Gräsern eine vorgetäuschte Ruhe- oder Winterphase erzeugt wird, um während der Regenzeit Bodenverluste zu verhindern. Wer sich mit Weinanbau in der Alten Welt auskennt, wird angesichts dessen, wie die thailändischen Weingüter sämtliche Weinanbauregeln verletzen und dennoch erfolgreich sind, schockiert sein.

Bislang wurde von Weinexperten noch kein New-Latitude-Wein gekrönt, der die großen Altmeister überflügelt hätte, doch füllen diese definitiv eine lokale Nische. Die Siam Winery, das Mutterunternehmen von **Hua Hin Hills Vineyard**, will Weine produzieren, die mit den komplexen Aromen der thailändischen Küche harmonieren. Das Weingut baut u. a. Colombard-, Chenin-Blanc-, Muskat-, Syrah- und Sangiovese-Reben an; normalerweise passen die erfrischenden Weißweine mit Zitrusnote hervorragend zu dem Feuerwerk der meisten thailändischen Gerichte.

Das heiße Klima beeinflusst nicht selten die Geschmackswahrnehmung des Weintrinkers. Die leichteren Weine, die in Thailand produziert werden, entfalten hier oft eine befriedigendere Wirkung als die kräftig-schweren Roten, die besser zu einem kühlen Frühlingstag passen. In Thailand Rotwein zu trinken, war schon immer eine Herausforderung, da die Hitze die ansonsten ledrigen Noten sofort in Essig verwandelt. Um dem Tropen-Faktor entgegenzuwirken, muss man also eine weitere Weinregel brechen und den Roten in den Kühlschrank legen, um so gut wie möglich Kellertemperaturen zu imitieren.

Thai Thai Massage MASSAGE
(20/1 Th Dechanuchit; Massage ab 250 B; ⌚10–23 Uhr) In allen Nobelhotels gibt es luxuriöse Spas. Wer aber etwas Preiswerteres und trotzdem überdurchschnittlich Gutes sucht, findet unter dieser seriösen Adresse geübte und freundliche Masseurinnen mit hervorragenden Kritiken.

Kurse

Thai Cooking Course Hua Hin KOCHKURS
(☎081 572 3805; www.thai-cookingcourse.com; 19/95 Th Phetkasem; Kurs 1500 B) Angehende Chefköche sollten sich für diesen eintägigen Kochkurs inklusive Marktbesuch und Kochbuch einschreiben. Mindestteilnehmerzahl drei Personen.

Geführte Touren

In der Stadt bieten viele Agenturen Tagesausflüge in nahe gelegene Nationalparks an. Wer allein reist, muss eventuell warten, bis sich genügend Teilnehmer eingefunden haben.

Hua Hin Adventure Tour ABENTEUERTOUR
(☎095 493 6942, 032 530314; www.huahinadventuretour.com; 69/7 Th Naebkehardt) Hua Hin Adventure Tour organisiert sportliche Touren wie Kajakfahrten im Khao Sam Roi Yot National Park und Montainbiken im Kaeng Krachan National Park.

Hua Hin Bike Tours RADFAHREN
(☎081 173 4469; www.huahinbiketours.com; 15/120 Th Phetkasem, zwischen Soi 27 & 29; Touren ab 2000 B) Dieses Fahrradunternehmen wird von einem Ehepaar geführt, das ganztägige und mehrtägige Touren zu einer Reihe von Attraktionen in und um Hua Hin anbietet. Man kann zum Hua Hin Hills Vineyard radeln und sich anschließend eine wohlverdiente Erfrischung gönnen, den kleinen Küstenstraßen südlich von Hua Hin folgen oder durch die Kalksteinlandschaft des Khao Sam Roi Yot Nationalpark fahren.

Die beiden verleihen außerdem erstklassige Fahrräder (500 B/Tag) für unabhängige Radler und geben zahlreiche Tipps zu verschiedenen Routen. Darüber hinaus organisiert das Paar überall in Thailand Langstreckenradtouren zu wohltätigen Zwecken oder für Firmenausflüge. Weitere Informationen gibt's beim Mutterunternehmen **Tour de Asia** (www.tourdeasia.org).

SIEBEN KÖNIGE

Wer noch einen Beweis dafür braucht, wie sehr die Thais ihre Monarchie verehren, braucht sich lediglich die sieben gigantischen Statuen der angesehensten Könige des Landes anschauen, die vor Kurzem im Ratchaphakdi Park außerhalb von Hua Hin errichtet wurden. Die Bronzestatuen – jede einzelne 14 m hoch und 30 t schwer – überragen den Park.

Die Statuen wurden in verschiedenen Gießereien in Zentralthailand hergestellt und hielten wochenlang den Verkehr auf, als sie in 200 m langen Konvois aus Tiefladern Richtung Süden nach Hua Hin transportiert wurden.

Die sieben Könige sind Ramkhamhaeng, Naresuan, Narai, Taksin, Buddha Yodfa Chulalok, Mongkut und Chulalongkorn. Ihre Statuen werden das Herzstück des rund 17,5 Mio. € teuren Parks in der Nähe des Klai-Kangwon-Palasts bilden, in dem der derzeitige König seine Sommer verbringt. Finanziert wird das Unterfangen vom zutiefst patriotischen Militär.

Seit dem Putsch im Mai 2014 regiert das Militär Thailand und dieser neue Park steht symbolisch dafür, wie das Militär die Monarchie als zentralen Bestandteil der nationalen Identität Thailands sieht. Die Könige wurden als Repräsentanten der glorreichsten Epochen der thailändischen Geschichte sorgfältig ausgewählt. So sollen die Statuen unmissverständlich klarmachen, dass das Land nur unter der Monarchie prosperieren kann.

Feste & Events

King's Cup Elephant Polo Tournament KULTUR

(Aug. & Sept.) Das alljährliche Poloturnier wird Ende August, Anfang September mit Elefanten statt Pferden ausgetragen. Die Veranstaltung sammelt zwar Geld für den Schutz von Elefanten, allerdings werden dafür die Dickhäuter zu Unterhaltungszwecken eingesetzt – was eigentlich mit dem Tierschutz nicht vereinbar ist. Hintergrundinfos dazu gibt's auf S. 541.

Hua Hin Jazz Festival JAZZ

(Aug.) Zu Ehren des persönlichen Interesses, das der König für dieses Genre hegt, trägt die Stadt der königlichen Refugien auch dieses jährliche Jazzfestival aus, bei dem thailändische und internationale Künstler auftreten. Alle Veranstaltungen sind kostenlos.

Schlafen

Die meisten Budget- und Mittelklasseunterkünfte befinden sich im alten Einkaufsviertel. Die Umgebung ist stimmungsvoll und lockt mit günstigem Essen in unmittelbarer Nähe. Wer aber an den Strand will, muss „pendeln" – entweder zu Fuß zum Nord Hat Hua Hin (am besten bei Ebbe) oder mit dem *sŏrng·tăa·ou* einige Kilometer zum Südende von Hat Hua Hin.

Die Unterkünfte der Spitzenklasse sind die Strandresorts, die sich südlich des Sofitel erstrecken. Alle internationalen Ketten haben einen Standort in Hua Hin; wir haben allerdings nur die einzigartigen, lokalen Häuser aufgelistet, die eine besondere Atmosphäre bieten.

Hua Hin (Stadt)

Victor Guest House PENSION $

(032 511564; victorguesthouse@gmail.com; 60 Th Naresdamri; Zi. 390–1290 B;) Die effizient betriebene Pension mit ordentlichen Zimmern, kleinem Garten und zentraler Lage ist sowohl bei Thailändern als auch Touristen sehr beliebt. Die hilfsbereiten Angestellten haben viele Reisetipps auf Lager.

Fulay Guesthouse PENSION $

(032 513145; www.fulayhuahin.net; 110/1 Th Naresdamri; Zi. 550–1050 B;) Eine schöne altmodische Pension am Pier mit rauschenden Wellen und knarrenden Dielen. Die Zimmer sind nicht sehr groß, doch die Betten sind gut und die Badezimmer in Ordnung.

Euro-Hua Hin City Hotel YHA HOSTEL $

(032 513130; www.huahineurohotel.com; 5/15 Th Sasong; Zi. 250–1600 B;) Einige Schlafsäle haben nur einen Ventilator, alle sind altmodisch und wirken irgendwie anstaltsmäßig. Dafür ist der Preis für Hua Hin echt in Ordnung. Freundliche Angestellte. Die privaten Zimmer sind recht groß, aber auch überteuert. Wer kein HI-Mitglied ist, zahlt auf die angegebenen Preise noch 50 B oben drauf. Die Jugendherberge liegt abseits der Straße – nach dem Schild Ausschau halten.

★ **Pattana Guest House** PENSION $$

(032 513393; 52 Th Naresdamri; Zi. 990 B;) Die kürzlich umgebaute Pension mit

hübschem, friedlichem Garten versteckt sich in einer kleinen Soi in einem einfachen Teakhaus. Alle Zimmer sind zweistöckig und haben unten ein Bad und ein kleines Wohnzimmer.

King's Home PENSION **$$**
(☎089 052 0490; huahinkingshome@gmail.com; abseits der Th Phunsuk; Zi. 600–1400 B; ❄📶🏊) Die familienbetriebene Pension hat jede Menge Charakter: Sie ist voller Antiquitäten und Artefakte, die die Inhaber von ihren Reisen durch ganz Südostasien mitgebracht haben. Die Zimmer sind von ordentlicher Größe. Hinter dem Haus gibt's sogar ein kleines Planschbecken. Viele Gäste kommen immer wieder her – das sagt schon alles.

Baan Chalelarn Hotel HOTEL **$$**
(☎032 531288; www.chalelarnhotel.com; 11 Th Chomsin; Zi. 1000–1800 B; ❄@📶) Das Chalelarn hat ein Foyer mit Holzboden und zwölf große Zimmer mit riesigen Betten und Veranda. Frühstück ist inklusive.

Baan Oum-or Hotel HOTEL **$$**
(☎081 944 9390; baan_oum-or@hotmail.com; 77/18–19 Soi 63, Th Phetkasem; Zi. 800–1200 B; ❄📶) Die Zimmer hier sind groß und hell. Aber es gibt nur sechs – also frühzeitig buchen.

Love Sea House PENSION **$$**
(☎080 079 0922; siamozohlie@hotmail.com; 35 Th Dechanuchit; Zi. 700–1200 B; ❄📶) Die hübsche, familienbetriebene Pension ist in frischem Blau-Weiß gehalten, hat saubere, recht große Zimmer und eine praktische Lage.

Tai Tai Guest House PENSION **$$**
(☎032 512891; Kallaya_Lasen@hotmail.com; 1/8 Th Chomsin; Zi. 700–900 B; ❄📶) Große Zimmer mit hervorragenden Betten, Meerjungfrau-Bildern an den Wänden und akzeptablen Bädern. Die teureren Zimmer haben eine Veranda, bekommen aber auch mehr vom Straßenlärm ab. Die Dachterrasse lädt zum geselligen Beisammensein ein.

Tong-Mee House PENSION **$$**
(☎032 530725; tongmeehuahin@hotmail.com; 1 Soi Raumpown, Th Naebkehardt; Zi. 600–1000 B; ❄@📶) Versteckt in einer ruhigen Wohngasse, bietet diese alteingesessene Pension gemütliche, saubere Zimmer mit Balkon. Vorab buchen.

Mod PENSION **$$**
(☎032 512296; www.modguesthouse.com; Th Naresdamri; Zi. 600–800 B; ❄📶) Nach der Renovierung ist diese Pension jetzt komfortabler und hat bessere Betten als die meisten anderen Herbergen am Pier. Die teureren Zimmer haben Klimaanlage und Meerblick. Einige der billigen Zimmer haben keine Fenster und nur einen Ventilator.

Ban Somboon PENSION **$$**
(☎032 511538; www.baansomboon.com; 13/4 Soi Hua Hin 63, Th Phetkasem; Zi. 700 B; ❄📶) Die Pension in einer sehr ruhigen, zentral gelegenen *soi* hat Wände voller Familienfotos und einen kleinen Garten. Man fühlt sich hier, als wäre man bei seiner thailändischen Lieblingstante zu Besuch.

Hotel Alley HOTEL **$$**
(☎032 511787; www.hotelalleyhuahin.com; 13/5 Soi Hua Hin 63, Th Phetkasem; Zi. 1300–1600 B; ❄📶) Das Hotel versteckt sich in einer ruhigen *soi* und hat geräumige, moderne und in Pastellfarben dekorierte Zimmer, die meisten mit Balkon. Das Frühstück ist im Preis inbegriffen.

Baan Manthana HOTEL **$$**
(☎032 514223; www.manthanahouse.com; 24/10 Th Sasong; Zi. 900–2500 B; ❄📶🏊) Bei drei separaten Flügeln ist hier immer viel Platz – sogar in der Ferienzeit. Die Zimmer sind komfortabel und recht groß, manche haben auch einen Balkon. Zudem gibt's einen kleinen Pool.

My Place Hua Hin HOTEL **$$$**
(☎032 514111; www.myplacehuahin.com; 17 Th Amnuaysin, Th Phetkasem; Zi. 1850–4500 B; ❄@📶🏊) Schickes, einladendes und professionell geführtes Hotel im Herzen der Stadt, das dank stilvoller, großer Zimmern einem Boutiquehotel sehr nahekommt. Auf dem Dach gibt's einen Pool.

Strände von Hua Hin

Rahmahyah Hotel PENSION **$$**
(☎032 532106; Rahmahyah@yahoo.co.uk; 113/10 Soi Hua Hin 67, Th Phetkasem, Süd-Hua-Hin; Zi. 800–1300 B; ❄📶🏊) Gegenüber dem Market Village, rund 1 km südlich der Stadt, versteckt sich zwischen den Luxusresorts eine kleine Auswahl von Pensionen mit Strandzugang. Das Rahmahyah ist mit seinen sauberen, funktionalen Zimmern die beste Wahl. Gäste können den Gemeinschaftspool auf der anderen Seite nutzen. Im Voraus buchen.

★**Baan Bayan** HOTEL **$$$**
(☎032 533540; www.baanbayanresort.com; 119 Th Phetkasem, Süd-Hua-Hin; Zi. 3500–21 000 B; ❄

) Das Baan Bayan ist ein wunderschönes Teakholzhaus. Es wurde Anfang des 20. Jhs. erbaut und ist heute das perfekte Ziel für alle, die nach Luxus suchen, aber auf die übertriebene Opulenz eines großen Resorts verzichten wollen. Die luftigen Zimmer haben hohe Decken, das Personal ist sehr aufmerksam und die Lage direkt am Strand der Hammer.

Baan Laksasubha HOTEL $$$
(032 514525; www.baanlaksasubha.com; Th 53/7 Naresdamri; Zi. 3675–11525 B;) Das kleine Resort eines Sprösslings der Königsfamilie bietet 16 sehr gefragte Cottages, die frisch und zurückhaltend eingerichtet sind. Durch den Garten schlängeln sich Wege bis zum Strand. Es gibt auch ein Kinderzimmer mit Spielzeug und Büchern. Taxifahrer verstehen einen besser, wenn man „baan laksu-pah" sagt.

Green Gallery HOTEL $$$
(032 530487; www.greenhuahin.com; 3/1 Soi Hua Hin 51, Th Naebkehardt, Nord-Hua-Hin; Zi. 2650–12980 B;) Das nette kleine Hotel ist bei Thais der Oberschicht sehr beliebt. Das umgebaute Strandhaus im Kolonialstil diente einst einer Prinzessin als Urlaubsdomizil. Alle Zimmer sind individuell und kunstvoll dekoriert, das angeschlossene Restaurant ist sehr zu empfehlen.

Centara Grand Resort & Villas HOTEL $$$
(032 512021; www.centarahotelsresorts.com; 1 Th Damnoen Kasem; Zi. 3720–9450 B; @) Das ehemalige Railway Hotel, Hua Hins erstes Strandhotel, ist mittlerweile topmodern ausgestattet. Zu der fantastischen Anlage gehören ein toller Pool, Strandzugang, riesige Zimmer, viele Restaurants und sehr freundliches Personal.

G Resort & Mall HOTEL $$$
(032 515199; www.ghuahin.com; 250/201 Th Phetkasem; Zi. 2400–5900 B;) Resort und Einkaufszentrum in einem – die Kombi soll asiatische Touristen anziehen, lockt aber auch ein paar Westler an. Große, moderne Zimmer mit riesigen Betten und ordentlichen Balkonen. Pluspunkte sammeln außerdem der riesige Pool und der gerade mal 200 m entfernte Strand.

Essen

Jek Pia Coffeeshop THAILÄNDISCH $
(51/6 Th Dechanuchit; Gerichte ab 50 B; 6.30–13.20 & 17.30–20.30 Uhr) Mehr als nur ein Coffeeshop: Das 50 Jahre alte Restaurant ist eine kulinarische Institution, die sich auf eine große Auswahl pfannengerührter Meeresfrüchte spezialisiert hat. Es ist äußerst beliebt bei den Einheimischen – man muss damit rechnen, für einen Tisch Schlange zu stehen. Außerdem hält man sich hier strikt an die Öffnungszeiten – wer nach 19.30 Uhr kommt, kann nicht mehr bestellen.

Nachtmarkt MARKT $
(Th Dechanuchit zw. Th Phetkasem & Th Sasong; Gerichte ab 50 B; 17–24 Uhr) Hua Hins Nachtmarkt ist eine Attraktion, die dem Strand ernsthaft Konkurrenz macht. Der Mix aus Essen und Klamotten lockt Touristen wie Einheimische an. Hummer und Riesengarnelen sind das Richtige für Leute mit ausreichend Kleingeld, doch die Pfannengerichte an den einfachen Ständen sind mindestens genauso lecker. Zu empfehlen sind *pàt pŏng gà·rèe Ъoo* (Krabben-Curry), *gûng tôrt* (gebratene Shrimps) und *hŏy tôrt* (Omelette mit gebratenen Muscheln).

Thanon-Chomsin-Imbisse IMBISS $
(Ecke Th Chomsin & Th Naebkhardt; Gerichte 35–45 B; 9–21 Uhr) Wer zu 100 % authentisch essen möchte, sollte die Imbissstände ausprobieren, die sich in dieser Ecke der Stadt aneinanderreihen. Vor allem in der Mittagspause kommen die Leute hierher. Das Ambiente ist eher dürftig. Dennoch: Thais sind beim Essen stets sehr penibel und benutzen auch hier lieber eine Gabel (oder ihre Finger mit ein bisschen *kôw nĕe·o*), um das Fleisch von den Knochen ihres *gài tôrt* (gebratenes Hühnchen) zu lösen, statt ihre Zähne direkt ins Fleisch zu graben.

Chatchai Market MARKT $
(Th Phetkasem; Gerichte ab 35 B; tagsüber) Der Tagesmarkt der Stadt ist in einem historischen Gebäude aus dem Jahr 1926 zu Hause, das zu Ehren Ramas VII. mit einem Dach mit sieben Traufen ausgestattet wurde. Hier sind die üblichen Marktsnacks zu finden: morgens *Ъah·tôrng·gŏh* (chinesisches frittiertes Gebäck) und *gah·faa boh·rahn* (altmodisch gebrauter Kaffee mit süßer Kondensmilch) sowie den ganzen Tag über Nudeln, frische Wan Tans und die komplette Palette superfrischer Tropenfrüchte.

★ **Hua Hin Koti** CHINESISCH, THAI $$
(032 511252; 16/1 Th Dechanuchit; Gerichte ab 120 B; 12–22 Uhr) Das thailändisch-chinesische Restaurant gegenüber dem Nachtmarkt ist ein echtes kulinarisches Highlight. Thais lieben die gebratenen Krebsfleischbällchen,

WOCHENENDADRESSEN FÜR HUNGRIGE BESUCHER AUS BANGKOK

Am Wochenende ist in Hua Hin noch ein ganz anderes Gezeitenphänomen zu beobachten: Geschäftsleute aus Bangkok überfluten die Stadt, füllen die Hotels und Restaurants der Th Naebkehardt, strömen über den Nachtmarkt und sorgen dafür, dass die Nachtclubs beinahe überlaufen. Am Sonntag verstopfen sie dann wieder sämtliche Straßen nach Norden und folgen dem Ruf der bevorstehenden Arbeitswoche.

Sie sind derartig präsent, dass man schon bald den unwiderstehlichen Drang verspürt, sich ihnen anzuschließen – dank diverser Beiträge über Restaurants im thailändischen Fernsehen oder in kulinarischen Magazinen tummeln sie sich ohnehin alle in denselben Läden. Also einfach die Designersonnenbrille aufsetzen und sich mit ausgefahrenen Ellenbogen den Weg zu einem Tisch in einem der beliebtesten Restaurants in Nord-Hua-Hin bahnen:

Sôm-đam-Stand (Th Naebkehardt; Gerichte ab 35 B; ⌚10–14 Uhr) Der *sôm-đam*-Stand gegenüber dem Iammeuang Hotel verarbeitet problemlos den gesamten Vorrat an grünen Papayas des Landes an einem Wochenende. Zudem gibt's leckeres Grillhähnchen.

Baan Tuayen Icy Beans (Th Naebkehardt; Gerichte ab 55 B; ⌚7–22 Uhr) Neuer Hipster-Treff, der mit drei verschiedenen Menüs für Frühstück, Mittagessen und Abendessen ein großes Publikum anlockt. Das grüne Curry mit gekochtem Schweinefleisch ist jetzt schon berühmt – genauso wie der Rote-Bohnen-Smoothie.

Eighteen Below Ice Cream (Th Naebkehardt; Eiscreme ab 55 B; ⌚Mi–Mo 11–17 Uhr) Die Gourmet-Eisdiele am Ende der Straße hinter dem Baan Talay Chine Hotel wird von einem geübten Koch betrieben und hat sich auf reichhaltige, cremige Geschmacksrichtungen spezialisiert.

Ratama (12/10 Th Naebkehardt; Gerichte ab 120 B; ⌚10–22 Uhr) Die thailändische Oberschicht schätzt das hiesige Menü, das von einfachen Nudelgerichten bis hin zu hervorragenden, scharfen Meeresfrüchte-Currys reicht. Wer es den Thailändern gleich machen will, bestellt die scharf-saure Hühnerfußsuppe.

Jae Siam (Th Naebkehardt; Gerichte ab 35 B; ⌚9–22 Uhr) Bei dem Nudelladen unter freiem Himmel, unmittelbar vor dem Evergreen Hotel, sollte man unbedingt vorbeischauen. Werktags lassen sich hier städtische Beamte aus Hua Hin nieder, die Bangkoker kommen am Wochenende. Der Laden ist berühmt für sein *gŏo·ay đĕe·o mŏo đŭn* (Nudeleintopf mit Schweinefleisch) und sein *gŏo·ay đĕe·o gài đŭn* (Nudeleintopf mit Hühnchen).

während Ausländer vor allem *đôm yam gûng* (Krabbensuppe mit Zitronengras) begeistert. Bei allen gut an kommen wiederum scharfer Meeresfrüchtesalat *(yam tá-lair)* und frittierter Fisch mit Ingwer.

Sang Thai Restaurant MEERESFRÜCHTE $$
(Th Naresdamri; Gerichte ab 150 B; ⌚10–23 Uhr) Das riesige Sang Thai ist eines der vielen längst etablierten Restaurants am Pier und eine Institution in Hua Hin. Es bietet eine riesige Auswahl an Meerestieren an, die in gigantischen Wasserbecken auf ihr Schicksal warten. Hier kann man sich satt essen, ohne viel Geld auszugeben, oder auch einen teuren Hummer verdrücken.

Chaolay MEERESFRÜCHTE $$
(15 Th Naresdamri; Gerichte ab 150 B; ⌚10–22 Uhr) Das stimmungsvolle Pier-Restaurant aus alten Zeiten ist immer voll. Dank der großen, offenen Küche im Erdgeschoss kann man den Köchen bei der Zubereitung des Seafoods zusehen. Freie Tische gibt's meist oben.

Cool Breeze MEDITERRAN $$
(62 Th Naresdamri; Tapas ab 70 B; ⌚11–23 Uhr; 📶) Das beliebte Tapas-Lokal erstreckt sich über zwei Etagen. Das tägliche Mittagsmenü (260 B) ist ein gutes Angebot. Ordentlichen Weinkarte.

Ausgehen & Unterhaltung

Das Nachtleben Hua Hins scheint in einer Zeitschleife gefangen: Zur Auswahl stehen Sport- und Hostessbars – wobei sich beides manchmal kaum voneinander unterscheiden lässt. Wer's raffinierter mag, sollte sich an die Nobelhotels halten.

Mai Tai Cocktail & Beer Garden BAR
(33/12 Th Naresdamri; Bier ab 70 B, Cocktail ab 129 B; ⌚12–1 Uhr; 📶) Gesellig, billig und im-

VERKEHRSMITTEL AB HUA HIN

ZIEL	BUS	MINIVAN	ZUG
Bangkok Hualamphong			44–622 B; 4–6 Std.; 12.45–16.01 Uhr 13-mal tgl.
Bangkok Southern Bus Terminal	180 B; 4½ Std.; 3–21 Uhr 8-mal tgl.		
Internationaler Flughafen Bangkok Suvarnabhumi	294 B; 5 Std.; 6–18 Uhr 7-mal tgl.		
Bangkok Victory Monument		180 B; 4 Std.; 6–19 Uhr alle 30 Min.	
Cha-am	25 B; 40 Min.; häufig		20–30 B; 2-mal tgl.
Chiang Mai	813 B; 12 Std.; 3-mal tgl.; 8, 17.30 & 18 Uhr		
Phetchaburi	40 B; 1½ Std.; häufig		30–40 B; 12-mal tgl.
Phuket	1011 B; 9–10 Std.; 2-mal tgl.; 10 & 21 Uhr		
Surat Thani	787 B; 7–8 Std.; 2-mal tgl.; 10 & 22 Uhr		
Ubon Ratchathani	695 B; 13 Std.; 1-mal tgl.; 18 Uhr		

mer gut gefüllt. Am besten schnappt man sich draußen auf der Terrasse einen Tisch und gönnt sich vor dem Dinner einen Drink.

El Murphy's Mexican Grill & Steakhouse BAR
(25 Soi Selakam, Th Phunsuk; Bier ab 90 B, Cocktail ab 180 B; ⏲7–1.30 Uhr) Jede Sportbar braucht etwas Originelles: Dieser Laden gibt sich als Mischung zwischen Mexiko und Irland. Große Auswahl, Livemusik und eine nette Atmosphäre, allerdings ist das Bier nicht billig.

Lounge Bar COCKTAILBAR
(156 Th Naresdamri; Cocktail ab 150 B; ⏲10–24 Uhr; 📶) Ziemlich raffiniert für eine Bar in Hua Hin, mit recht günstigen Cocktails und Plätzen im Freien, von wo aus man die Leute beobachten kann. Tagsüber kann man hier prima kurz auf einen Kaffee reinschauen.

Coffee Club CAFÉ
(130/2 Th Naresdamri; Kaffee ab 90 B, Sandwich ab 180 B; ⏲Mo–Do 7–22.30, Fr–So 7–23 Uhr; 📶) Das Starbucks-ähnliche Café serviert viele Arten Kaffee und Tee sowie ein gutes westliches Frühstück, deftige Sandwiches, Salate und klassische Thai-Gerichte.

Bang Bar LIVEMUSIK
(Th Liap Thang Rot Fai) An der Railway Rd nördlich der Soi 70 findet sich einige thailändische Musikbars, in die sich kaum ein Ausländer verirrt. In dieser Bar halten verschiedene Sänger und Bands bis in die frühen Morgenstunden das große Publikum bei Laune.

ℹ Praktische Informationen

GELD

Überall in der Stadt gibt's Wechselstuben und Geldautomaten.

INFOS IM INTERNET

Hua Hin Today (www.huahintoday.com) Von ortsansässigen Expats herausgegebene Zeitung.

Tourism Hua Hin (www.tourismhuahin.com) Kurze Einführung in die Stadt und guter Überblick über die Gegend.

INTERNETZUGANG

WLAN ist in ganz Hua Hin vorhanden, darunter in Pensionen und Cafés.

MEDIZINISCHE VERSORGUNG

Bangkok Hospital Hua Hin (☎032 616800; www.bangkokhospital.com/huahin; Th Phetkasem zw. Soi Hua Hin 94 & 106) Eine Dependance der angesehenen Krankenhauskette im Süden von Hua Hin.

Hospital San Paolo (☎032 532576; 222 Th Phetkasem) Gleich südlich der Stadt. Notaufnahme vorhanden.

NOTFALL

Touristenpolizei (☎032 515995; Th Damnoen Kasem) Am Ostende der Straße.

POST

Hauptpost (Th Damnoen Kasem; ⌚ Mo–Fr 8.30–16.30, Sa 9–12 Uhr)

REISEBÜROS

Tuk Tours (☎ 032 514281; www.tuktours.com; 2/1 Th Chomsin; ⌚ 9–18 Uhr) Das hilfsbereite Personal dreht den Kunden nichts an und bucht Aktivitäten und Verkehrsmittel für ganz Thailand.

TOURISTENINFORMATION

Städtische Touristeninformation (☎ 032 511047; Ecke Th Phetkasem & Th Damnoen Kasem; ⌚ Mo–Fr 8.30–16.30 Uhr) Karten und Infos zu Hua Hin. Eine weitere Filiale (☎ 032 522797; Th Naebkehardt; ⌚ Mo–Fr 9–19.30, Sa & So 9.30–17 Uhr) befindet sich nahe dem Uhrenturm.

Tourism Authority of Thailand (TAT; ☎ 032 513885; 39/4 Th Phetkasem; ⌚ 8.30–16.30 Uhr) Die Angestellten hier sprechen Englisch und sind ziemlich hilfsbereit. Das Büro befindet sich nördlich der Stadt nahe der Soi Hua Hin 70.

An- & Weiterreise

Der **Flughafen** (www.huahinairport.com) liegt 6 km nördlich der Stadt. Es gibt aber nur Charterverbindungen.

Hua Hins **Fernbusbahnhof** (Th Phetkasem zw. Soi Hua Hin 94 & 98) befindet sich südlich der Stadt. Es gibt Busverbindungen nach Chiang Mai, Prachuap Khiri Khan, Phuket, Surat Thani und Ubon Ratchathani. Die Busse nach Bangkok starten in der Stadt am **Büro** (Th Sasong) des Busunternehmens nahe dem Nachtmarkt. Die Busse zum Internationalen Flughafen Bangkok Suvarnabhumi fahren am Fernbusbahnhof ab.

Regionalbusse starten nördlich des Markts an der Th Phetkasem u. a. nach Cha-am und Phetchaburi.

Lomprayah hat eine Bus-Boot-Verbindung von Hua Hin nach Ko Tao (1050 B, 7–8 Std., 8.30 Uhr), Ko Pha-Ngan (1300 B, 9 Std., 8.30 Uhr) und Ko Samui (1400 B, 10 Std., 8.30 Uhr).

Minivans fahren zum Busbahnhof Bangkok Süd und zum Bangkoker Siegesdenkmal. Abfahrt ist nahe dem Nachtmarkt und von einem Büro an der Ecke Th Phetkasem und Th Chomsin.

Es gibt häufige Zugverbindungen vom/zum Bahnhof Bangkok Hualamphong und zu anderen Bahnhöfen entlang der südlichen Bahnstrecke.

Unterwegs vor Ort

Grüne *sŏrng·tăa·ou* fahren an der Ecke Th Sasong und Th Dechanuchit in der Nähe des Nachtmarkts ab und dann entlang der Th Phetkasem nach Khao Takiab (20 B). Busse nach Pranburi (20 B) starten von derselben Haltestelle.

Die Preise für *túk-túks* in Hua Hin sind eine Frechheit, sie beginnen bei astronomischen 100 B und lassen sich nur selten verhandeln. Die Tarife für Motorradtaxis sind bei kurzen Strecken deutlich anständiger (40–50 B).

In einigen Läden in der Th Damnoen Kasem und Th Chomsin kann man sich auch Motorräder (200–300 B/Tag) und Fahrräder (50–100 B/Tag) ausleihen. **Thai Rent A Car** (☎ 02 737 8888; www.thairentacar.com) ist eine professionelle Mietwagenfirma mit anständigen Preisen, ihr Fuhrpark ist top in Schuss, und sie setzen ihre Kunden direkt am Hotel ab.

Von Hua Hin nach Pranburi

Südlich von Hua Hin liegen einige Strände, die von dramatischen Landzungen umrahmt werden und sich wunderbar für einen Tagesausflug anbieten, wenn man vom urbanen Flair genug hat.

Hat Khao Tao หาดเขาเต่า

Rund 13 km südlich von Hua Hin erstreckt sich in südlicher Richtung von Khao Takiab nach Khao Tao („Schildkrötenberg") über mehrere Kilometer ein beinahe menschenleerer Strand. Er ist sehr viel ruhiger und weniger erschlossen als sein Pendant in Hua Hin: Hochhäuser, Liegestühle, Sarong-Verkäufer und reitende Touristen wird man vergeblich suchen.

Auf dem Berg steht ein großer Tempel, der fast jeder erdenklichen Gottheit gewidmet ist: Buddha, Khun Yin (chinesische Göttin des Mitgefühls), Vishnu und sogar den thailändischen Königen. Wenn man dem Weg zum Meer folgt, kann man zu dem Buddha auf dem Hügel hinaufwandern.

Von Hua Hin aus gelangt man mit einem Bus Richtung Pranburi hierher, sofern man den Busfahrer bittet, einen an der Abzweigung nach Khao Tao aussteigen zu lassen (20 B); alternativ kann man ein Motorradtaxi zum Tempel nehmen (20 B). Die einfache Strecke ab Hua Hin kostet 200 B. Auf dem Rückweg sind die Transportmöglichkeiten begrenzt; man kann natürlich einfach zu Fuß gehen oder per Anhalter fahren – normalerweise kommen genügend Leute zum bzw. vom Tempel.

Hat Sai Noi หาดทรายน้อย

Rund 20 km südlich von Hua Hin fällt die malerische Bucht Hat Sai Noi steil ins Meer und bietet eine der wenigen Möglichkeiten, im tiefen Wasser zu schwimmen. Rundum muss man auf keine Annehmlichkeiten verzichten: Es gibt einfache Meeresfrüchterestaurants und sogar ein paar kleine Pensionen, größtenteils unter thailändischer Leitung. Wer echte Abgeschiedenheit sucht, sollte die Bucht an einem Werktag besuchen. Der Strand liegt südlich von Khao Tao an einer hübschen Straße, die an einem Reservoir vorbeiführt und von Bougainvilleen und Kalksteinklippen gesäumt ist. Um hierher zu gelangen, steigt man in Hua Hin in einen Bus Richtung Pranburi und lässt sich an der Abzweigung nach Khao Tao absetzen (20 B); dann geht's per Motorradtaxi nach Hat Sai Noi (60 B). Die Fahrt zurück zum Highway könnte sich schwierig gestalten, man kann jedoch in einem der Restaurants um Hilfe bitten.

Pranburi & Umgebung

24 789 EW.

Folgt man dem Highway von Hua Hin in südlicher Richtung, erreicht man den ländlichen „Vorort" Pranburi, der sich für Bangkok-Thais zu einer angesagten Alternative an der Küste entwickelt hat. Manche nennen die äußerst beliebte Gegend gar schon thailändische Riviera. Vor Ort sind das Fischerdorf und die nahen Stränden allerdings noch unter einem bescheideneren Namen bekannt: **Pak Nam Pran** („Flussmündung des Pranburi") beschreibt allein die geografische Lage.

Eine Küstenstraße trennt eine Reihe kleiner, villenartiger Resorts und eine wachsende Zahl Wohnblocks vom Strand. Mit jeder Regenzeit nimmt das Meer mehr Sand mit sich, sodass an einigen Teilen der Küste bereits Schutzbarrieren errichtet werden mussten. Da die meisten Gästen hier Thais sind, ist der schwindende Strand eher von geringer Bedeutung – die meisten einheimischen Touristen kommen ohnehin nur hierher, um den Blick aufs Meer und die Spezialität des Dorfes zu genießen: getrockneten Tintenfisch. Jeden Morgen legen die Tintenfischboote am Fluss an, laden ihren Fang des Tages aus und lassen ihn in der Sonne trocken. Das Ganze ist eine interessante, aber eben auch ziemlich übel riechende Angelegenheit; die großen Trockengestelle verteilen sich über die ganze Stadt.

An den Fluss grenzt ein mächtiger Mangrovenwald, der unter dem Schutz des **Pranburi Forest Park** (☎032 621608) steht. Man kann auf einem Holzsteg durch den Park wandern und die Mangroven aus der Perspektive eines Schlammbewohners erkunden, zudem gibt's einen von Pinien gesäumten Strand und Unterkünfte. Im Park werden Bootstouren auf dem Fluss und den kleinen Kanälen angeboten.

Entlang der Küstenstraße kann man einen netten Ausflug nach **Khao Kalok** („Totenkopfberg") unternehmen, einer mächtigen Landzunge, auf deren Südseite eine wunderschöne, geschützte Bucht liegt. Dieser Südstrand ist breit, sandig und meilenweit vom Trubel in Hua Hin oder Pak Nam Pran entfernt, auch wenn es am Wochenende voll werden kann. Entlang des Sandstreifens reihen sich mehrere abgeschiedene Boutiqueresorts aneinander, in denen man wunderbar die Flitterwochen verbringen und den Menschenmassen entkommen kann, ohne sich zu weit von der Zivilisation zu entfernen.

Die nächste Bucht in südlicher Richtung wird oft **Delfinbucht** genannt, da sie zwischen Februar und Mai gerne von Flaschennasendelfinen und Indischen Schweinswalen besucht wird. Malerisch liegen perfekt geformte, mit Urwald bedeckte Inseln vor der Küste und der Strand ist wunderbar weit und pulvrig. Die Gegend ist bei Familien beliebt, da die Resorts hier recht preiswert sind, nicht viel Verkehr herrscht und praktisch kein Nachtleben existiert. Außerdem liegt der Nordeingang des Khao Sam Roi Yot National Park nur wenige Kilometer entfernt.

Schlafen & Essen

Vor Ort gibt es in erster Linie Unterkünfte der oberen Preisklasse; allerdings sind nicht alle Strandresorts ihr Geld auch wert, weshalb man es sich überlegen sollte, ob man ein Hotel reserviert, das hier nicht genannt ist. Abgesehen davon bietet die Gegend einige der besten Boutiqueresorts in Thailand, in denen man sich verwöhnen lassen kann.

Beach House PENSION **$$**
(☎087 164 6307; karl@beachhousepranburi.com; Pak Nam Pran; Zi. 700–1200 B; ❄📶🏖) Die freundliche, von einem Engländer betriebene Pension mit komfortablen Zimmern von ordentlicher Größe ist eine der günstigsten Unterkünfte in der Gegend. Sie richtet sich vor allem an junge Kiteboarder. Man kann hier das Kitesurfen erlernen – der Wind ist dabei mindestens genauso gut wie in Hua Hin, wenn nicht gar besser. Im zugehöri-

gen Restaurant gibt's sonntagmittags einen ordentlichen Braten.

★ **Away Hua Hin** HOTEL $$$
(☎089 144 6833; www.away-huahin.com; südl. von Khao Kalok; Zi. 4500–6000 B; ❄📶🏊) Das unprätentiöse Boutiquehotel zählt zu den erschwinglicheren der Gegend. Die sieben alten Teakholzhäuser stehen an einem paradiesischen Küstenabschnitt und sind mit riesigen, gemütlichen Betten und schicken Bädern ausgestattet.

Die herzlichen Besitzer, eine thailändisch-australische Familie, legen Wert auf heimeliges Flair, so wird das gesellige Frühstück gemeinschaftlich an einem Tisch im großen Haus eingenommen. Manche Villen bieten totale Privatsphäre, während andere gut für Familien geeignet sind. Um zum Strand zu gelangen, muss man nur die Straße überqueren.

★ **Brassiere Beach** HOTEL $$$
(☎032 630554; www.brassierebeach.com; Dolphin Bay; Zi. 3000–9000 B; ❄📶🏊) Die zwölf Stuckvillen liegen 100 m entfernt von der nächsten asphaltierten Straße an einem abgeschiedenen Strand bei den gebirgigen Ausläufern des Nationalparks Khao Sam Roi Yot. Sie verbinden auf großartige Weise Privatsphäre mit Charakter. Die Zimmer versprühen ein dezentes spanisches Kolonialflair, einige haben sogar eine Dachterrasse und die meisten eine Dusche im Freien. Ideal für Leute, die für eine kleine Weile die Welt hinter sich lassen wollen.

La a natu Bed & Bakery HOTEL $$$
(☎032 689941; www.laanatu.com; südlich von Khao Kalok; Zi. 4488–15 888 B; ❄📶🏊) Das La a natu macht – und das mit Bravour – aus einem thailändischen Reisbauerndorf ein Urlaubserlebnis der Luxusklasse. Die strohgedeckten Villen auf Stelzen haben abgerundete Ecken und ein verspieltes Design à la Familie Feuerstein.

Alle Villen bieten sehr viel Privatsphäre, vermitteln aber mit ihren ebenerdigen Wohnräumen und den oft steilen, leiterartigen Treppen zum Schlafbereich gleichzeitig einen Eindruck vom traditionellen rustikalen Lebensstil. Angeboten wird auch hervorragendes Essen. Und dann wäre da natürlich noch der halb private Strand direkt vor der Tür!

Dolphin Bay Resort HOTEL $$$
(☎032 559333; www.dolphinbayresort.com; Dolphin Bay; Zi. 1690–13 680 B; ❄@📶🏊) Das

Südl. v. Hua Hin

Resort, das die Delfinbucht als familienfreundliches Ziel etabliert hat, bietet entspanntes Ferienlagerambiente, standardmäßige, preiswert-funktionelle Bungalows und Apartments sowie eine kleine Auswahl hochpreisiger Unterkünfte. Die Anlage ist so weitläufig, dass Kinder sich hier sicher frei bewegen können; zudem gibt's zwei große Pools und einen hübschen Sandstrand gegenüber.

Palm Beach Resort & Hotel HOTEL $$$
(☎085 921 5533; www.palm-beachresort.com; Pak Nam Pran; Zi. 2000–3000 B; ❄📶🏊) Die zehn geräumigen, kürzlich renovierten und geschmackvoll eingerichteten Zimmer sind sehr komfortabel und liegen direkt am Strand. Ausgesprochen nettes Personal.

Khao Kalok Restaurant THAI $$
(Khao Kalok; Gerichte 90–300 B; ⏲11–22 Uhr) Dieses Freiluftrestaurant am südlichen Fuß des Berges bietet einen perfekten Ausblick auf die vertäuten Fischerboote. Das Essen

ist einfach köstlich. In sehr relaxter Atmosphäre kommen z. B. *gaang kĕe·o wăhn* (grünes Curry), *Ƀlah mèuk gà·prow* (gebratener Tintenfisch mit Basilikum) oder das übliche *pàt pàk roo·am* (gebratenes Gemüse) auf den Tisch.

Anreise & Unterwegs vor Ort

Pranburi liegt 35 km südlich von Hua Hin und ist von dessen Nachtmarkt aus mit einem gewöhnlichen Bus (20 B) zu erreichen. Man steigt am Highway aus und kann sich dort ein *sŏrng·tăa·ou* nach Pak Nam Pran schnappen.

Außerdem besteht von Bangkoks Siegesdenkmal eine Minivan-Verbindung nach Pranburi (200 B). Wer in die Delfinbucht möchte (manchmal auch Khao Sam Roi Yot Beach genannt), muss mit dem Fahrer einen zusätzlichen Fahrpreis aushandeln (normalerweise 100 B).

Alle, die die Gegend richtig erkunden möchten, müssen sich ein Motorrad ausleihen, da der öffentliche Nahverkehr hier keine Option ist.

Khao Sam Roi Yot National Park อุทยานแห่งชาติเขาสามร้อยยอด

Mächtige Kalksteinfelsen ragen wie steinerne Puzzleteile in der Landschaft dieses 98 km² **Parks** (☎032 821568; www.dnp.go.th; Erw./Kind 200/100 B) in die Höhe, dessen Name „300 Berggipfel“ bedeutet. Hier können Outdoor-Enthusiasten und Vogelbeobachter wunderschöne Höhlen, Strände und Küstensumpfgebiete erkunden.

Dank seiner Nähe zu Hua Hin ist der Park auch ein beliebtes Ziel bei Tagesausflüglern und umfasst sowohl öffentliche Schutzgebiete als auch private Krabbenfarmen – man sollte also keine abgeschiedene, unberührte Gegend erwarten.

Rama IV. und eine riesige Entourage thailändischer und europäischer Gäste kamen am 18. August 1868 hierher, um eine totale Sonnenfinsternis zu bestaunen, die der Monarch angeblich höchstpersönlich vorhergesagt hatte. Außerdem ließen sie sich ein Festmahl munden, das ein französischer Spitzenkoch zubereitet hatte. Doch alles hat seinen Preis: Zwei Monate später starb der König an Malaria, die er sich hier durch Moskitostiche eingefangen hatte. Heute ist das Malariarisiko im Park ziemlich gering, doch die Stechmücken können eine echte Plage sein, vor allem während der Regenzeit.

Das **Khao Daeng Visitors Centre** am Südende des Parks ist die größte touristische Informationsquelle, die Ranger sprechen auch Englisch. Karten werden am Eingangstor verteilt.

Verschiedene Reisebüros in Hua Hin bieten Tagesausflüge zum Park an. Hua Hin Bike Tours (S. 547) organisiert Rad- und Wandertouren.

Sehenswertes & Aktivitäten

Die Karten, die an den Kontrollstationen im Park verteilt werden, tragen oft nur Beschriftungen in Thai. Die folgenden Attraktionen sind in geografischer Reihenfolge von Nord nach Süd aufgeführt.

Tham Kaew — HÖHLE

(ถ้ำแก้ว) Tham Kaew umfasst eine Reihe unterirdischer Kammern und schmaler Passagen, die nur über einen steilen, 128 m langen Klettersteig über die Berge zu erreichen und bei Ausflüglern nicht allzu beliebt sind. Die Tropfsteine und Kalksteinfelsen sind von unzähligen Kalzitkristallen durchzogen und glitzern wunderschön (daher auch der Name „Edelsteinhöhle“). Am Häuschen am Eingang zum Wanderweg kann man sich eine Lampe ausleihen. Vorsicht: Manchmal kann der Pfad rutschig und recht gefährlich sein!

Tham Phraya Nakhon & Hat Laem Sala — HÖHLE

(ถ้ำพระยานคร/หาดแหลมศาลา) Die meistbesuchte Attraktion des Parks ist diese von vielen verehrte Höhle. Sie birgt eine königliche *săh·lah* (Versammlungshalle, oft auch *sala* geschrieben), die 1890 für Rama V. erbaut wurde und oft in herrliche Sonnenstrahlen getaucht wird. Über einen Wanderweg ist sie vom malerischen **Hat Laem Sala**, einem auf drei Seiten von Kalksteinhügeln und Kasuarinen flankierten Sandstrand, zu erreichen.

Der Strand bietet außerdem ein kleines Besucherzentrum, ein Restaurant, Bungalows und Zeltplätze. Die Höhle ist 450 m lang, steil, felsig und manchmal ziemlich rutschig – also lieber keine Flip-Flops tragen. Vor Ort findet man zwei große Kammern mit Kratern vor, die Versammlungshalle ist die zweite der beiden.

Wer Laem Sala besuchen möchte, muss auf alternative Transportmöglichkeiten zurückgreifen, da keine Straße zum Strand führt. Der Strand ist von Bang Pu, das an der Abzweigung von Tham Kaew auf der Strandseite liegt, mit dem Boot zu erreichen (hin & zurück 400 B). Alternativ kann man von Bang Pu aus auch dem steilen Fußweg folgen und in 20 Minuten zum Strand wandern.

Tham Sai
HÖHLE

(ถ้ำไทร) Tham Sai liegt am Ende eines 280 m langen Hügelpfads und umfasst eine einzelne große Kammer voller Stalaktiten und Stalagmiten. Im Inneren muss man auf steil abfallende, rutschige Felsen achtgeben. Normalerweise wagen sich nur besonders Abenteuerlustige an diese Höhle. In der Nähe des Eingangs verleihen die Dorfbewohner Lampen. Die Höhle liegt gleich nördlich vom Hat Sam Phraya.

Hat Sam Phraya
STRAND

(หาดสามพระยา) Dieser schattige, von Kasuarinen gesäumte Strand ist 1 km lang und bietet sich für einen netten Badestopp nach einer schweißtreibenden Wanderung an. Es gibt ein Restaurant und Toiletten.

Khao Daeng
WANDERN

(เขาแดง) Die Abzweigung zu diesem Pfad schlängelt sich durch mächtige Berge, die eine lohnende Wanderung versprechen. Der 30-minütige Aufstieg über Stufen zum Gipfel des Khao Daeng bietet ein spektakuläres Panorama aus Kalksteinklippen und einer rauen Küstenlinie.

Khlong Khao Daeng
VOGELBEOBACHTUNG

(คลองเขาแดง) Morgens oder nachmittags kann man in Wat Khao Daeng ein Boot für eine Rundfahrt (500 B, 50 Min.) über den Kanal mieten. Bevor man aufbricht, sollte man sich ein bisschen mit dem Führer unterhalten, um zu sehen, wie gut er Englisch spricht. Bessere Führer kennen auch die englischen Namen verbreiteter Wasservögel und zeigen sie ihren Passagieren.

Thung Sam Roi Yot
VOGELBEOBACHTUNG

(ทุ่งสามร้อยยอด) Der größte Süßwassersumpf des Landes wird als nationales Kulturgut betrachtet und stellt einen wichtigen Lebensraum für Sing- und Wasservögel, Amphibien und andere in Feuchtgebieten lebende Tierarten dar. Er befindet sich in der Westecke des Parks und ist vom Hwy 4 (Th Phetkasem) auf Höhe der Kilometermarke 275,6 erreichbar. Die Quittung für die Eintrittsgebühr sollte man gut aufbewahren, damit man nicht noch mal bezahlen muss.

Mangrove Walk
WANDERN & TREKKEN

Am Südende des Parks führt hinter dem Besucherzentrum ein 900 m langer Holzsteg durch den Mangrovensumpf, von dem aus sich prima Vögel und Krebse beobachten lassen. Im Zentrum kann man Guides anheuern, sie sind allerdings nicht immer verfügbar und sprechen unterschiedlich gut Englisch.

Schlafen & Essen

In der Delfinbucht, 4 km vom Park entfernt, gibt es Privatresorts.

Nationalparkbehörde
CAMPING $$

(☎ 02 562 0760; www.dnp.go.th/parkreserve; Stellplatz 120–225 B, Besucherzentrum-Bungalows 1200–1400 B, Hat-Laem-Sala-Bungalows 1600–3000 B) Die Nationalparkbehörde vermietet am Hat Laem Sala und am Besucherzentrum Bungalows (max. 6 Pers.); es ist eine Reservierung erforderlich. In der Nähe des Khao-Daeng-Aussichtspunkts, am Hat Laem Sala oder am Hat Sam Phraya kann man auf einem Campingplatz ein Zelt aufschlagen; an allen drei Punkten gibt's auch einfache Restaurants und viele Affen.

An- & Weiterreise

Der Park liegt rund 40 km südlich von Hua Hin und ist am besten mit einem fahrbaren Untersatz zu erreichen. Es gibt zwei Hauptein-

VOGELPARADIES

Da sich die ostasiatische und die australische Zugvogelroute im Khao Sam Roi Yot National Park kreuzen, wurden dort bereits 300 Zug- sowie dauerhaft im Park lebende Vogelarten gezählt, darunter auch Chinadommeln, Zimtdommeln, Purpurhühner, Wasserrallen, Zimtsumpfhühner, Hindublatthühnchen, Graureiher, Buntstörche, Pfeifgänse, Schelladler und Schwarzkopfibisse. Der Park ist einer von nur zwei Orten in Thailand, in dem der Purpurreiher brütet.

Wasservögel sind in der kalten Jahreszeit (Nov.–Dez.) am häufigsten zu beobachten. Die Vögel kommen teilweise von sehr weit her, sogar aus Sibirien, China und Nordeuropa, um hier zu überwintern. Die üblichen Plätze für Vogelbeobachter sind das Mangrove Centre, Khlong Khao Daeng und auch ein paar der Strände.

Thai Birding (www.thaibirding.com) hält ausführlichere Informationen zu den Vogelarten im Park bereit und erklärt, wo man sie beobachten kann.

ABSTECHER

WO DIE ELEFANTEN WOHNEN

Wie wär's mit einem Blick auf eine Herde wilder Elefanten, die mitten im Urwald ein abendliches Bad genießen? Das urbanisierte Thailand scheint zwar meilenweit von derart unberührter Natur entfernt, doch im südwestlich von Khao Sam Roi Yot gelegenen **Kuiburi National Park** (☎ 032 646292; Hwy 3217; Erw./Kind 200/100 B) lebt eine der landesweit größten Herden wilder Elefanten (sie umfasst etwa 230 Tiere). Der Park stellt eine wichtige Verbindung ihres Lebensraums zwischen dem rauen Grenzgebiet zu Myanmar und dem Kaeng Krachan National Park dar und bildet somit eine der größten intakten Waldflächen in Südostasien. Häufig kann man die Herden beim Baden an den Wasserlöchern nahe der mit Aussichtsplattformen bestückten Pa-Yang-Station beobachten. Vermutlich wird man auch Muntjaks, wilde Rinder und zwangsläufig auch Affen zu Gesicht bekommen.

Wandertouren, bei denen man die Elefanten beobachtet, können inklusive englischsprachiger Guides und Transport über das Hauptbüro des Parks arrangiert werden.

Wer vorab reserviert, kann auch in **Bungalows** (☎ 02 562 0760; www.dnp.th.go/parkreserve; Bungalow 1800 B) übernachten.

gänge: Die Abzweigung für den Nordeingang befindet sich am Hwy 4 (Th Phetkasem) bei Kilometer 256, der Südeingang in der Nähe der 286,5-km-Marke.

Wer mit einer Gruppe unterwegs ist, kann sich ein Taxi ab Hua Hin teilen (hin & zurück 1500 B), zudem werden dort Tagesausflüge angeboten. Alternativ fährt man mit dem Minivan vom Siegesdenkmal in Bangkok nach Pranburi (200 B), leiht sich ein Motorrad und erkundet den Park auf eigene Faust. Man kann auch mit dem Minivan-Fahrer aushandeln, dass man bis zum Parkeingang gefahren wird, hat dann aber innerhalb des Parks kein Transportmittel.

Prachuap Khiri Khan ประจวบคีรีขันธ์

33 521 EW.

Das verschlafene Küstenstädtchen versprüht ein wunderbar entspanntes Flair und ist ein echtes Juwel in diesem Teil Thailands. Die breite Bucht leuchtet in tropischem Blau und ist gespickt mit schaukelnden Fischerbooten. Ganz in der Nähe liegen herrliche Strände vor der Kulisse wabenförmiger Kalksteinberge. Solch eine Landschaft findet man sonst nur an der südlichen Andamanenküste!

In den letzten Jahren haben immer mehr Ausländer den Charme Prachuaps für sich entdeckt und dem zugebauten Samui-Archipel den Rücken gekehrt. Vor allem Familien zieht es hierher. Doch im Vergleich zu bekannteren Urlaubszielen ist die Touristenschar noch immer überschaubar, sodass es an den Stränden, in den Bergtempeln und in den vielen hervorragenden Meeresfrüchte-Restaurants noch genügend Platz gibt.

Sehenswertes & Aktivitäten

Khao Chong Krajok AUSSICHTSPUNKT

(เขาช่องกระจก) Am Nordrand der Stadt erhebt sich der Khao Chong Krajok („Spiegeltunnelberg", so genannt wegen des Loches im Berg, in dem sich scheinbar der Himmel widerspiegelt). Hier lässt sich eine alte Prachuap-Tradition pflegen: zum **Tempel** auf dem Gipfel klettern, ungezogenen Affen ausweichen und die Aussicht auf die Küstenlinie in der Tiefe genießen.

Lang ist die Treppe, die auf den Gipfel zu einem von Rama VI. erbauten Tempel hinaufführt. Von hier bietet sich ein herrlicher Ausblick auf die Stadt, die Bucht und sogar bis zur nur 12 km entfernten Grenze zu Myanmar.

Keine Lebensmittel, Getränke oder Plastiktüten mitbringen – die Affen halten all dies für einen echten Schatz, den es zu erobern gilt!

Ao Prachuap BUCHT

(อ่าวประจวบ) Das Aushängeschild der Stadt ist die Ao Prachuap (Prachuap Bay), eine elegant gebogene Bucht, die von einer Uferpromenade gesäumt wird. In den kühlen Morgen- und Abendstunden laufen, schlendern oder flanieren die Einheimischen am Ozean entlang und genießen die frische Brise und das Rauschen des Meeres.

Freitag- und samstagabends findet auf der Promenade ein Straßenmarkt für Essen, Souvenirs und Bekleidung statt.

Nördlich des Khao Chong Krajok, gleich hinter der Brücke, erstreckt sich die Bucht bis zu einer zerklüfteten Bergspitze, wo es entspannter zugeht als an ihrem städtischen Gegenstück. Ein schöner, langer Sandstrand verläuft parallel zur Straße. Menschen sieht man hier aber nur am Wochenende, sodass er geradezu zum Faulenzen am Strand einlädt. Am äußersten Nordende liegt ein traditionelles Fischerdorf mit einem Pier, an dem bunte Fischkutter aus Holz im Wasser schaukeln.

Wat Ao Noi — BUDDHISTISCHER TEMPEL

(วัดอ่าวน้อย) GRATIS Wenn man von der Ao Prachuap der Küstenstraße für 8 km Richtung Norden durch das Fischerdorf folgt, erreicht man diesen wunderschönen Teakholztempel, der sich über zwei Buchten erstreckt (Ao Noi & Ao Khan Kradai). Die Kulisse bilden äußerst fotogene Kalksteinberge, während eine sehr dramatisch dargestellte neunköpfige Naga (sagenumwobene Schlange) das Äußere des Tempels beschützt. Im Inneren sind einzigartige Flachrelief-Wandmalereien zu sehen, die die *Jataka* (Geschichten über Buddhas vorherige Leben) darstellen.

Auf der Tempelanlage wachsen verschiedene Obstbäume (Jackfrucht, Granatapfel, Mango und Rosenäpfel), während sich in einem Lotusteich gefräßige Fische tummeln, die nur darauf warten, von Verdienste sammelnden Gläubigen gefüttert zu werden. Der unangenehme Geruch, der ganz in der Nähe in der Luft liegt, verrät, dass im Tempel Salanganen (schwalbenartige Vögel) gezüchtet werden, deren essbare Nester sehr lukrativ verkauft werden. Man sollte auf keinen Fall versuchen, ein Nest oder Eier zu klauen: Sowohl Bußgelder als auch die anderen Strafen (fünf Jahre Gefängnis und 500 000 B) sind alles andere als ein Spaß.

Ein zerklüfteter Kalksteinberg (Khao Khan Kradai) trennt den Tempel von der Küste. Er lockt mit einer vor Ort sehr berühmten Höhle, der Tham Phra Nawn („Höhle des schlafenden Buddhas"): Sie ist über einen betonierten Pfad zu erreichen, der über und um den Hügel herumführt und einen wunderschönen Ausblick auf die Ao Khan Kradai und die Hügel dahinter bietet. Hier ist es herrlich ruhig; blühende Kakteen, die an den rauen Felsen zu kleben scheinen, bedecken den bewaldeten Berg. Im Inneren der Höhle führt eine kleine Kammer zu einer größeren, in der sich auch der namensgebende liegende Buddha befindet. Wer eine Fackel (oder eine Taschenlampe) hat, kann sich auch in eine weitere, noch größere Kammer vorwagen, in der Buddha-Abbildungen zu sehen sind.

Prachuap Khiri Khan

Prachuap Khiri Khan

Sehenswertes
1 Khao Chong Krajok B1

Schlafen
2 House 73 .... B3
3 Maggie's Homestay B3
4 Prachuap Beach Hotel B3
5 Thur Hostel B3

Essen
6 Ciao Pizza B3
7 Tagesmarkt B3
8 Grandma's B3
9 In Town B3
10 Longmug-Paa Lord B3
11 Nachtmarkt A2
12 Suan Krua B3

Ausgehen & Nachtleben
Top Deck .... (siehe 5)

Transport
13 Klimatisierte Busse nach Hua Hin, Cha-am, Phetchaburi & Bangkok A2
14 Minivans nach Ban Krut, Bang Saphan Yai & Chumphon A2
15 Minivans nach Hua Hin & Bangkok A2

ABSTECHER

DAN SINGKHON BORDER MARKET

Nur 12 km südwestlich von Prachuap Khiri Khan liegt die Grenze zu Myanmar. Zur Zeit unserer Recherchen hielten sich hartnäckig die Gerüchte, dass die Grenze in sehr naher Zukunft für Ausländer geöffnet werden soll. In solch einem Fall – vor dem Aufbruch unbedingt kontrollieren – muss man sich vorab ein Visum für Myanmar besorgen.

Bis dahin jedoch kann man auf jeden Fall das thailändische Grenzstädtchen Dan Singkhon besuchen. Der einstige Militärstützpunkt beherbergt heute einen lebhaften **Markt**, der wegen der vielen Schnäppchen sehr geschätzt wird.

Am Samstagmorgen tauchen bei Sonnenaufgang fliegende Händler aus Myanmar in der Kurve gleich hinter dem Grenzposten auf und schieben Handkarren, die turmhoch mit dem üblichen Schnickschnack, Marktwaren und Pflanzen beladen sind. Touristen sind oft starr vor Staunen, was so alles in einen Koffer passt, aber Einheimische und Expats machen oft Shopping-Abstecher hierher und decken sich mit Orchideen, der Spezialität des Marktes, oder Hartholzmöbeln ein. Auch wenn man nur zum Bummeln herkommt, kann man das festliche Flair des Marktes mit seiner dröhnenden Musik, den bunten Sonnenschirmen, die den Straßenrand säumen, und den strohgedeckten „Verkaufshütten" unter Palmen genießen. Man sollte aber lange vor 12 Uhr kommen, wenn man den Markt ausführlich erkunden möchte, da er schon mittags wieder schließt.

Wer von Prachuap Khiri Khan mit einem eigenen Fahrzeug nach Dan Singkhon fahren möchte, folgt dem Hwy 4 südwärts. Nach ein paar Kilometern kommt ein Wegweiser nach Dan Singkhon in Sicht; von hier sind es zur Grenze noch 15 km in Richtung Westen.

Ao Manao SCHWIMMEN

(อ่าวมะนาว) Am Wochenende zieht es die Einheimischen zur Ao Manao, einer von Inseln umringten Bucht mit sauberem Sandstrand, 4 km südlich der Stadt. Sie liegt in Abschnitt 5 eines thailändischen Luftwaffenstützpunkts – der Strand wird vom Militär jede Woche generalstabsmäßig gereinigt.

Ansonsten finden sich hier die üblichen Strandannehmlichkeiten: ein Restaurant, Liegestühle, Schwimmreifen zum Ausleihen und Sonnenschirme. Unterwegs zum Strand kommt man an Thailands Spitzenpiloten vorbei, die auf dem nahen Golfplatz und der Driving Range entspannen. Von der Stadt aus betritt man den Stützpunkt am Eingang auf der Th Suseuk, mitunter muss man sich ausweisen. Der Strand schließt um 20 Uhr.

Schlafen

Am Meer entstehen immer mehr Unterkünfte, Pensionen sind genauso vertreten wie Hotels. Da Prachuap immer beliebter wird, empfiehlt es sich jedoch, vorab zu reservieren. An der Th Suseuk und in deren Umgebung vermieten einige Privatleute Zimmer – auf die Schilder achten.

In der Stadt

Thur Hostel HOSTEL $

(☎096 047 5622; Thurhostel@gmail.com; 58 Th Chai Thaleh; B 350 B, Zi. 600–1000 B;) Das Hostel direkt am Meer bietet kleine, aber gepflegte Schlafsäle mit guten, dicken Matratzen. Die teuersten Zimmer haben eine Terrasse mit schönem Meerblick.

Maggie's Homestay PENSION $

(☎087 597 9720; 5 Soi Tampramuk; Zi. 180–550 B;) In alter Backpacker-Tradition kümmert sich die Inhaberin Maggie um eine bunte Horde Traveller, die sich in ihrem Heim wie Zuhause fühlen. Die Zimmer in dem umgebauten traditionellen Haus teilen sich überwiegend das Bad und reichen von sehr einfach bis komfortabel. Es gibt noch einen schattigen Garten und eine Gemeinschaftsküche.

★ **House 73** PENSION $$

(☎086 046 3923; www.facebook.com/house73prachuab/info; 73 Th Suseuk; Zi. 800–1300 B;) Die moderne Boutiquepension überzeugt mit wunderschönem Design und ist das auffälligste Gebäude der Stadt. Zur Auswahl stehen nur vier große pastellfarbene Zimmer mit riesigen Betten, zudem gibt es eine Gemeinschaftslounge und eine fantastische Dachterrasse mit Panoramablick auf die Bucht.

Sun Beach Guesthouse PENSION $$

(☎032 604770; www.sunbeach-guesthouse.com; 160 Th Chai Thaleh; Zi. 700–1000 B;) Die hervorragende Mittelklasseunterkunft verbindet die Annehmlichkeiten eines Hotels mit der Gastfreundschaft einer Pension. Der neoklassische Stil und der hellgelbe Anstrich sorgen für lebendiges Flair, die Zimmer sind sauber und haben große Veranden. Im Voraus buchen.

Prachuap Beach Hotel HOTEL $$
(☎032 601288; www.prachuapbeach.com; 123 Th Suseuk; Zi. 700–1300 B; ❄📶) Die modernen, komfortablen Zimmer mit leuchtend weißer Bettwäsche verteilen sich auf mehrere Stockwerke. Auf der einen Seite bieten sich grandiose Ausblicke aufs Meer, auf der anderen gibt's eine ebenfalls sehr nette, wenn auch weniger eindrucksvolle Aussicht auf die Berge.

Außerhalb der Stadt

Natural Home PENSION $
(☎032 602082; 149–151 Th Suanson; Zi. 300–400 B; ❄📶) Diese Bungalows, rund 1 km nördlich der Stadt, sind schlicht, aber vom Strand an der Ao Prachuap nur durch eine Straße getrennt. Die billigsten Zimmer haben nur einen Ventilator. Nette Angestellte mit Englischkenntnissen und ein geschwätziger Papagei begrüßen die Gäste an der Rezeption.

Aow Noi Sea View HOTEL $$
(☎032 604440; www.aownoiseaview.com; Ao Noi; Zi. 800–900 B; ❄📶) Nördlich der Stadt befindet sich dieses abgeschiedene dreistöckige Hotel in der Nähe vom Pier, an dem die Fischerboote festgemacht sind. Direkt vor der Tür liegt der Strand von Ao Noi. Die Zimmer mit Balkon sind groß, aber etwas altmodisch.

Golden Beach Hotel HOTEL $$
(☎032 601626; www.goldenbeachprachuap.com; 113–115 Th Suanson; Zi. 800 B; ❄📶) Das komfortable Mittelklassehotel gegenüber vom Ao-Prachuap-Strand hat Meerblick und ein ordentliches Preis-Leistungs-Verhältnis. Die Zimmer sind sauber und recht groß.

Essen & Ausgehen

Die Restaurants in Prachuap sind günstig und servieren exzellente Meeresfrüchte sowie immer öfter auch westliche Gerichte. Auf dem **Tagesmarkt** (Th Maitri Ngam; ⏲tagsüber) gibt es Ananas von den umliegenden Obstplantagen; auf Anfrage schneidet der Verkäufer die Früchte auf. Auf dem kleinen **Nachtmarkt** (Th Kong Kiat; ⏲17–21 Uhr) findet man die üblichen Stände mit Pfannengerichten.

Suan Krua VEGETARISCH $
(Soi Tampramuk; Gerichte ab 35 B; ⏲6.30–15 Uhr; 🌶) Hervorragendes vegetarisches Buffet-Lokal. Zur Auswahl stehen verschiedene Gerichte, die sich schnell verkaufen. Ist nichts mehr da, schließt der Laden. Also pünktlich und am besten hungrig herkommen!

Grandma's CAFÉ $
(☎081 743 9737; 238 Th Suseuk; Gerichte ab 35 B, Kaffee ab 30 B; ⏲7.30–19 Uhr; 📶) Cooles, von Künstlern betriebenes Café im Erdgeschoss eines renovierten, 80 Jahre alten traditionellen Holzhauses – ideal fürs Frühstück oder für eine Kaffee- oder Smoothie-Pause. Es stehen auch drei geschmackvoll dekorierte Zimmer (ab 690 B) zur Vermietung.

★ **In Town** THAILÄNDISCH $$
(118 Th Chai Thaleh; Gerichte ab 80 B; ⏲15–22 Uhr) In dem bei anspruchsvollen Einheimischen derzeit angesagtesten Restaurant kann man beim Essen draußen mit Blick auf die Bucht sitzen. Es gibt eine tolle Auswahl an frischen Meeresfrüchten: Barrakudas, Thunfisch, Krabben, Muscheln – einfach auf den Fisch der Wahl zeigen. Auf Wunsch wird bei der Zubereitung weniger scharf gewürzt.

Rim Lom MEERESFRÜCHTE $$
(5 Th Suanson; Gerichte 90–190 B; ⏲10–22 Uhr) Das bei den Einheimischen beliebte *pàt pŏng gà·rèe Ƀoo* (Krabben-Curry) kommt

PRACHUAP KHIRI KHAN IM ZWEITEN WELTKRIEG

Prachuap, genauer gesagt die Ao Manao, war einer der sieben Orte entlang der Golfküste, an denen japanische Truppen am 8. Dezember 1941 bei ihrer Invasion Thailands landeten. Der Luftwaffenstützpunkt an der Ao Manao war Schauplatz heftiger Gefechte. Japan war nicht in der Lage, ihn einzunehmen, bis ein Waffenstillstand vereinbart wurde und die thailändische Regierung ihren Soldaten die Einstellung der Kampfhandlungen befahl.

Mehrere Straßennamen in der Stadt erinnern an jene Zeit, darunter Phithak Chat („Das Heimatland verteidigen"), Salachip („Leben opfern") und Suseuk („Schlachten schlagen"). Einmal im Jahr findet zudem ein Gedenkgottesdienst für die Soldaten und Zivilisten statt, die bei den Gefechten ums Leben kamen.

VERKEHRSMITTEL AB PRACHUAP KHIRI KHAN

ZIEL	BUS	MINIVAN	ZUG
Ban Krut	70 B; 1½ Std.; stündl.	90 B; 1 Std.; 6–17 Uhr stündl.	13 B; 1-mal tgl.
Bang Saphan Yai	60 B; 2 Std.; stündl.	100 B; 1½ Std.; 6–17 Uhr stündl.	16 B; 8-mal tgl.
Bangkok Hualamphong			168–455 B; 7–8 Std.; tgl. 12.14–23.35 Uhr 8-mal
Bangkok Southern Bus Terminal	200 B; 6–7 Std.; 3-mal tgl.; 9, 12.30 & 1 Uhr	220 B; 5–6 Std.; 7–17 Uhr stündl.	
Bangkok Victory Monument		220 B; 6 Std.; 6–17 Uhr stündl.	
Cha-am		120 B; 2 Std.; 6–17 Uhr stündl.	14 B; 2 Std.; 1-mal tgl.
Hua Hin		80 B; 1½ Std.; 6–17 Uhr stündl.	19 B; 1 Std.; 8-mal tgl.
Phetchaburi		150 B; 3 Std.; 6–17 Uhr stündl.	32 B; 3 Std.; 8-mal tgl.

mit großen Stücken süßen Krabbenfleischs auf den Tisch, das *yam tá-lair* (Meeresfrüchte-Salat) ist scharf und pikant. Das Lokal liegt 200 m hinter der Brücke auf der linken Seite, direkt gegenüber vom Strand an der Ao Prachuap.

Longmug-Paa Lord THAILÄNDISCH $$
(Th Chai Thaleh; Gerichte ab 100 B; ⌚12–22 Uhr) Weiteres Freiluftlokal mit tollem Blick auf die Bucht. Nach Sonnenuntergang wird's richtig voll. Es gibt eine große Auswahl an Meeresfrüchten.

Ciao Pizza ITALIENISCH $$
(Th Suseuk; Pizza ab 180 B; ⌚10–14 & 16–22 Uhr) Die von einem Italiener betriebene Pizzeria verkauft Pizza, hausgemachte Pasta, Gelato, täglich frisch gebackenes Brot und eine Auswahl an Käse, Wurst und Salami zum Mitnehmen.

Top Deck BAR
(53 Th Chai Thaleh; Bier ab 60 B, Cocktail ab 130 B; ⌚Do–Di 13–24 Uhr; 📶) In Prachuap werden abends die Bürgersteige hochgeklappt, im Top Deck kann man jedoch zum Glück noch bis spät in die Nacht etwas trinken und die blinkenden Lichter der Fischerboote in der Bucht beobachten. Es gibt auch thailändische und westliche Hausmannskost (ab 120 B).

ℹ Praktische Informationen

Bangkok Bank (Ecke Th Maitri Ngam & Th Sarachip; ⌚Mo–Fr 9.30–15.30 Uhr)

Polizei (Th Kong Kiat) Gleich westlich der Th Sarachip.

Post (Ecke Th Maitri Ngam & Th Suseuk; ⌚Mo–Fr 8.30–16.30, Sa 9–12 Uhr)

Touristeninformation (☎032 611491; Th Chai Thaleh; ⌚8.30–16.30 Uhr) Am nördlichen Stadtrand. Die Angestellten sprechen Englisch und sind sehr hilfsbereit.

ℹ An- & Weiterreise

Pro Tag fahren drei klimatisierte Busse von der Th Phitak Chat zum Busbahnhof in Bangkoks Süden. Zudem gibt es Verbindungen nach Ban Krut und Bang Saphan Yai.

Minivans verkehren ab der Ecke Th Thetsaban Bamrung/Th Phitak Chat.

Fernbusse, die Ziele im Süden wie Phuket und Krabi bedienen, halten am neuen Busbahnhof, der 2 km nordwestlich der Stadt am größten Highway liegt; Motorradtaxis bringen einen für 40 bis 50 B dorthin.

Der Bahnhof befindet sich in der Th Maharat. Es gibt regelmäßige Verbindungen nach/ab Bangkok.

ℹ Unterwegs vor Ort

Prachuap ist so klein, dass man es ganz bequem zu Fuß erkunden kann; für rund 30 B bekommt man aber auch ein Motorradtaxi. Wer die Ao Noi oder die Ao Manao mit dem Motorrad besuchen möchte, muss mit 100 bis 150 B rechnen.

Oder man leiht sich für 250 B pro Tag ein Motorrad bzw. für 50 B ein Fahrrad aus: Da die Straßen in der Gegend gut sind, kann man auf diese Art wunderbar die umliegenden Strände erkunden.

Ban Krut & Bang Saphan Yai

บ้านกรูด/บางสะพานใหญ่

4198 / 15134 EW.

Diese wunderschönen, entspannten Strände liegen zwar nahe der Zivilisation (80 km bzw. 100 km südlich von Prachuap Khiri Khan), sind aber trotzdem unglaublich idyllisch – eine echte Überraschung. Sanft legt sich die Abenddämmerung über die Kokospalmen, während das kristallklare, blaue Meer sachte gegen die lange, sandige Küste brandet. Keine Hochhäuser, keine Bars und kein vorbeirasender Verkehr trüben das Urlaubsfeeling: Hier kann man in aller Ruhe lesen, schwimmen, essen und Rad fahren.

Auch wenn beide Strände angenehm unaufgeregt sind, sind sie bei den Thais durchaus bekannt; besonders in Ban Krut fallen am Wochenende oft ganze Busladungen und Familien ein. Unter der Woche teilt man sich die Strände jedoch höchstens mal mit ein paar Longtail-Booten.

Auf den Websites Ban Krut Info (www.bankrutinfo.com) und Bang Saphan Guide (www.bangsaphanguide.com) gibt's weitere Informationen rund um die Gegend.

Sehenswertes & Aktivitäten

Ban Krut wird von einer mit einem Tempel gekrönten Landzunge in zwei Strände geteilt. Im Norden liegt inmitten einer grünen Dschungellandschaft der abgeschiedene **Hat Sai Kaew**, an dem es nur wenige Resorts gibt. Im Süden erstreckt sich der **Hat Ban Krut** mit einer Reihe Resorts und Restaurants im Bungalowstil gegenüber dem Strand. Beide Strände locken mit goldgelbem Sand und klarem, ruhigem Wasser, der Hat Ban Krut hat jedoch mehr Geselligkeit und eine bessere Infrastruktur zu bieten (es gibt auch Geldautomaten) und ist ohne eigenes Fahrzeug einfacher zu erschließen.

Bang Saphan Yai, 20 km südlich von Ban Krut, trifft das berühmte thailändische Strandklischee perfekt: So sah Thailand vor 15 Jahren aus, bevor Poolvillen und Pauschaltouristen die träge am Strand herumlungernden Hippies vertrieben. Sobald man es sich in einer der einfachen Strandhütten gemütlich gemacht hat, braucht man vermutlich den ganzen Urlaub über keine Schuhe mehr und die Tage werden nur so vorüberfliegen. Vor den Inseln vor der Küste, etwa **Ko Thalu** und **Ko Sing**, kann man von Ende Januar bis Mitte Mai prima **schnorcheln** und **tauchen**.

Schlafen & Essen

Ban Krut

Es dürfte nicht leicht sein, hier eine Budgetoption zu finden. Wer aber nicht am Wochenende anreist, sollte sich einen Rabatt sichern können. In Hat Ban Krut kann man sich Fahrräder (100 B/Tag) und Motorräder (300 B/Tag) ausleihen, wenn man in der Stadt etwas zu erledigen hat, und das Personal der meisten Unterkünfte organisiert Schnorchelausflüge zu den nahen Inseln. Wer am Hat Sai Kaew absteigt, braucht jedoch einen eigenen fahrbaren Untersatz.

NaNa Chart Baan Krut HOTEL **$$**
(032 695525; www.thailandhostel.com; 123 Th Ban Krut-Kohktahom; Zi. 700–4800 B;) Eigentlich ist das NaNa Chart ein Hostel – allerdings ohne Schlafsäle –, doch mit seiner Vielzahl an Zimmern und Bungalows an einem spärlich bewohnten Strandabschnitt könnte es glatt auch als Resort durchgehen. Am billigsten sind die Holzhütten mit Ventilator; die Nobelhütten am Strand bieten hingegen alle modernen Annehmlichkeiten.

Die Anlage ist auf große Gruppen eingestellt, weshalb es in der Hauptsaison recht betriebsam zugeht; viel ruhiger ist es dagegen in der Nebensaison (Mai–Sept.). Hostelmitglieder erhalten Rabatt.

Proud Thai Beach Resort PENSION **$$**
(089 682 4484; www.proudthairesort.com; Hat Ban Krut; Zi. 800–1200 B;) Hier gibt's acht gut gepflegte Bungalows mit Terrasse in einem blumigen Garten. An Wochenenden und Feiertagen steigen die Preise – vorab buchen.

Bayview Beach Resort HOTEL **$$$**
(032 695566; www.bayviewbeachresort.com; Hat Ban Krut; Zi. 1600–5000 B;) Das am Wochenende bei den Bangkokern sehr beliebte Bayview ist eine tolle Wahl für Familien. Es bietet hübsche Bungalows mit großen Veranden auf einem schattigen Anwesen. Es gibt einen Pool in Strandnähe, ein Planschbecken für die Jüngsten und einen kleinen Spielplatz. Das Resort veranstaltet auch Schnorchel- und Tauchausflüge und vermietet Kajaks und Fahrräder.

Kasama's Pizza ITALIENISCH **$$**
(Hat Ban Krut; Pizza ab 190 B; Fr–Mi 7.30–23 Uhr;) Hat sättigende, saftige Baguettes (ab 100 B) für ein Strandpicknick und empfiehlt sich für ein Frühstück oder abends für eine Pizza nach New Yorker Art.

Bang Saphan Yai

Der Strand liegt 6 km südlich der Stadt Bang Saphan Yai. Er ist weniger idyllisch als Ban Krut, dafür gibt es sowohl Budgetunterkünfte als auch Luxusvillen mit Pool. Die günstigeren Optionen findet man nördlich der Why Not Bar.

Roytawan PENSION $
(☎087 670 8943; Hat Bang Saphan Yai; Zi. ab 300 B; 📶) Die entspannte, schlichte Anlage direkt am Strand wird von einer freundlichen muslimischen Familie geführt. Die Bungalows sind einfach (nur Ventilator), aber akzeptabel. Die hiesigen Hähne schlafen freundlicherweise bis Tagesanbruch. Im angeschlossenen Restaurant gibt's WLAN.

Suan Luang Resort PENSION $
(☎032 691663; www.suanluangresort.com; Hat Bang Saphan Yai; Bungalow 480–680 B; ❄📶) Das familienbetriebene Suan Luang ist die professionellste Pension vor Ort und verfügt über rustikale Holzbungalows rund um einen Innengarten. Allerdings ist der Strand etwa 700 m entfernt. Die klimatisierten Bungalows sind weitaus besser als die nur mit Ventilator. Das exzellente Restaurant serviert thailändische und französische Gerichte. Es werden auch Motorräder vermietet (250 B/Tag).

Coral Hotel HOTEL $$$
(☎032 817121; www.coral-hotel.com; Hat Bang Saphan Yai; Zi. 2640–7705 B; ❄📶≋) Das vor allem auf französische Touristen ausgerichtete Nobelhotel direkt am Strand bietet alle Annehmlichkeiten eines Resorts, darunter auch Tauch- und Schnorcheltouren und thailändische Kochkurse. Die geschmackvoll dekorierten Zimmer sind sehr komfortabel, der Pool ist groß und das Restaurant ganz ordentlich.

Anreise & Unterwegs vor Ort

Öffentliche Verkehrsmittel gibt es hier so gut wie gar nicht. Bei der Angabe des Zielorts darf man Bang Saphan Yai nicht mit dem 15 km weiter südlich gelegenen Fischerdorf Bang Saphan Noi verwechseln.

Vom Busbahnhof Bangkok-Süd fahren Busse nach Bang Saphan Yai (275 B, stündl., 6 Std.).

Häufig fahren Kleinbusse von Prachuap Khiri Khan nach Ban Krut (90 B) und Bang Saphan Yai (100 B). Die meisten Kleinbusse nach Ban Krut halten am Highway, von wo einen Motorradtaxis zum Strand bringen (100 B).

Viele erfahrene Besucher nehmen wegen der Nähe zu den Stränden lieber den Zug, auch wenn diese in dieser Region häufig Verspätung haben. Täglich gibt es sechs Züge vom Bahnhof Bangkok Hualamphong nach Ban Krut (265–615 B, 5–7 Std.): Der Zug um 08.05 Uhr kommt um 13.07 Uhr an und ist die beste Option. Der Bahnhof ist auch praktisch, wenn man weiter Richtung Süden nach Chumphon zur Fähre nach Ko Tao fahren will.

Ein Motorradtaxi von der Stadt nach Bang Saphan Yai kostet 70 B. Über das Hotel oder die Pension lässt sich die Rückfahrt zur Stadt oder die Weiterfahrt arrangieren.

Chumphon ชุมพร

33 516 EW.

Die Transitstadt wird vor allem von Reisenden auf dem Weg von oder nach Ko Tao oder Ranong und Phuket im Westen frequentiert. Zudem beginnt in Chumphon der eigentliche thailändische Süden, weshalb man nun auch häufiger muslimische Kopftücher sieht.

Allzu viel gibt es nicht zu tun, während man auf die Fähre wartet, vor Ort locken jedoch leckere Meeresfrüchte und die umliegenden Strände laden zu ein paar Tagen Entspannung abseits der Backpackerrouten ein. **Hat Thung Wua Laen**, 15 km nördlich der Stadt, ist ein ausgezeichneter Strand mit guter touristischer Infrastruktur, den man werktags fast für sich allein hat.

Für einen Verkehrsknotenpunkt ist Chumphon überraschend wenig kompakt. Der Busbahnhof und die Piers mit Bootsverbindungen nach Ko Tao, Ko Samui und Ko Pha-Ngan liegen recht weit von der Stadt entfernt. Aber Reiseagenturen und alle Pensionsmitarbeiter buchen Tickets, informieren über Fahrpläne und weisen den Weg zur richtigen Bushaltestelle.

Feste & Events

Chumphon Marine Festival KULTUR
(⏲März) Beim normalerweise Mitte März stattfindenden Hat Thung Wua Laen gibt's verschiedene Events rund ums Meer: Boots- und Angelausflüge, Tauch- und Schnorcheltrips sowie Ausstellungen und Vorführungen am Strand.

Chumphon Traditional Boat Race KULTUR
(⏲Okt.) Um das Ende der buddhistischen Fastenzeit im Oktober (Ork Phansaa) zu feiern, treten bei diesem traditionellen Ren-

Chumphon

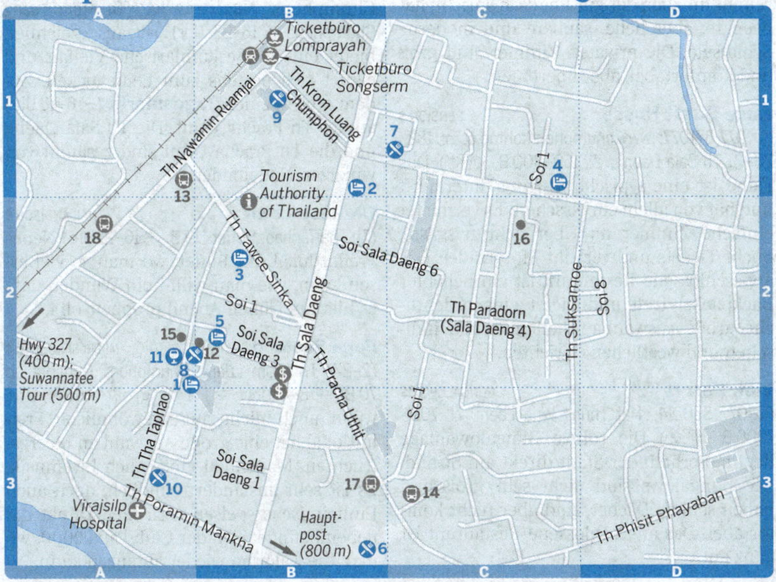

Chumphon

Schlafen
1 Chumphon Gardens Hotel A2
2 Fame Guest House B1
3 Morakot Hotel B2
4 Salsa Hostel C1
5 Suda Guest House B2

Essen
6 Tagesmarkt B3
7 Nachtmarkt C1
8 OK Restaurant A2
9 Papa Seafood B1
10 Prikhorm A3

Ausgehen & Nachtleben
11 Farang Bar A2

Praktisches
12 New Infinity Travel B2

Transport
13 Busse nach Hat Yai A1
14 Choke Anan Tour C3
15 Minivans nach Ranong A2
16 Minivans nach Surat Thani, Bang Saphan Yai & Prachuap Khiri Khan C2
17 Sŏrng·tăa·ou nach Hat Thung Wua Laen B3
18 Sŏrng·tăa·ou zum Hauptbusbahnhof A2

nen Longtail-Boote auf dem Mae Nam Lang Suan (Fluss Lang Suan), 60 km südlich von Chumphon, gegeneinander an. Während des Festivals finden auch andere Verdienste bringende Aktivitäten statt.

Schlafen

Da es sich bei den meisten Übernachtungsgästen in Chumphon um Backpacker handelt, sind die Preise entsprechend moderat. Die Th Tha Taphao ist die örtliche Th Khao San mit vielen Pensionen und Reisebüros.

★ **Suda Guest House** PENSION $
(☎080 144 2079; 8 Soi Sala Daeng 3; Zi. 200–650 B; ❄@📶) Die freundliche, Englisch sprechende Inhaberin Suda hält ihre sechs Zimmer mit Holzböden und einigen netten, für den Preis unerwarteten Details makellos blitzblank. Die Pension ist sehr beliebt – vorher anrufen. Suda bucht auch Tickets und vermietet Motorräder (200–300 B).

Salsa Hostel HOSTEL $
(☎077 505005; www.salsachumphon.com; 25/42 Th Krom Luang Chumphon; B 280–300 B, DZ

650–750 B; ❄@📶) Das Hostel mit hilfsbereitem Inhaber, der gut Englisch spricht, hat beengte, aber helle, saubere und moderne Schlafsäle. Die privaten Zimmer sind groß und komfortabel, aber überteuert.

Fame Guest House PENSION $
(☎077 571077; www.chumphon-kohtao.com; 188/20–21 Th Sala Daeng; Zi. 150–300 B; @📶) Das Fame ist eine typische *fa·ràng*-Unterkunft und hat von allem ein bisschen: Es vermietet einfache Zimmer an Übernachtungsgäste, bucht Tickets und verleiht Motorräder. Das angeschlossene Restaurant ist ein beliebter Backpacker-Treff und bietet eine ordentliche, große Auswahl an thailändischen, indischen und westlichen Gerichten.

View Resort BUNGALOWS $$
(☎077 560214; Hat Thung Wua Laen; Zi. 700–1000 B; ❄📶) Die ruhige Bungalowanlage liegt außerhalb der Stadt direkt am Strand. Die Bungalows sind nicht sehr groß und haben schiefe Dächer, sind aber recht komfortabel. Das angeschlossene Restaurant ist ganz gut.

Chumphon Gardens Hotel HOTEL $$
(☎077 506888; www.chumphongarden.com; 66/1 Th Tha Taphao; Zi. 590–750 B; ❄📶) Das im Stil der 1970er-Jahre gestaltete Hotel hat große, komfortable Zimmer; die Bäder sind etwas besser als vor Ort üblich.

Morakot Hotel HOTEL $$
(☎077 502999; www.morakothotel.com; 102–112 Th Tawee Sinka; Zi. 490–890 B; ❄📶) Die Anlage verteilt sich auf zwei Gebäude: Der neuere Flügel beherbergt die besseren und teureren Zimmer, die Zimmer im älteren Flügel sind für diesen Preis akzeptabel.

Chumphon Cabana Resort & Diving Centre HOTEL $$$
(☎077 560245; www.chumphoncabanaresort.com; Hat Thung Wua Laen; Zi. 1850–2500 B; ❄📶🏊) 🍃 Das netteste Strandresort trotz eher schlichten Bungalows. Der Inhaber des nachhaltig betriebenen Chumphon Cabana nutzt traditionelle Methoden und ist sehr engagiert im Umweltschutz. Das Resort versorgt sich mit Reisfeldern, Hydrokulturgärten und einer Hühnerfarm auf dem Gelände selbst. Zudem wird das Abwasser in Hyazinthenteichen aufbereitet.

Auch wer nicht hier absteigt, sollte das hauseigene Restaurant **Rabieng Talay** besuchen, das Zutaten aus eigenem Anbau verwendet.

Essen & Ausgehen

Chumphons **Nachtmarkt** (Th Krom Luang Chumphon; ⏲16–23 Uhr) ist ausgezeichnet, bietet eine große kulinarische Vielfalt und eignet sich bestens zum Leutegucken. Zudem gibt es einen **Tagesmarkt** (⏲6–16 Uhr) an der Th Pracha Uthit. Die Th Sala Daeng und die Th Pracha Uthit sind gesäumt von winzigen Nudelbuden.

OK Restaurant THAILÄNDISCH $
(Th Tha Taphao; Buffet 119 B; ⏲16–21 Uhr) Neues Freiluftlokal mit Buffet, wo man so viel essen kann, wie man will. Kein Wunder, dass es hier am frühen Abend proppenvoll ist.

Papa Seafood MEERESFRÜCHTE $
(2–2/1 Th Krom Luang Chumphon; Gerichte ab 70 B; ⏲8–4 Uhr; 📶) Das große und gute, wenn auch nicht außergewöhnliche Freiluftlokal hat eine große Auswahl an Meeresfrüchten. Manchmal gibt's auch Livemusik. Es ist sehr ausländerfreundlich, doch auch Einheimische speisen gern hier. Direkt daneben befindet sich der Club Papa 2000, wo man die Kalorien wieder abtanzen kann.

Pirates Terrace INTERNATIONAL, THAILÄNDISCH $
(Hat Thung Wua Laen; Gerichte ab 80 B; ⏲7.30–22 Uhr; 📶) Das beliebte Lokal gegenüber vom Strand eignet sich gut fürs Frühstück, für eine Kaffeepause tagsüber oder einen Drink am Abend. Auf der Karte stehen thailändische Klassiker neben Pizza und Pasta. Hier können auch Tickets gebucht und Motorräder (200 B/Tag) ausgeliehen werden.

★ **Prikhorm** SÜD-THAILÄNDISCH $$
(32 Th Tha Taphao; Gerichte 150–450 B; ⏲11–23 Uhr) Die Einheimischen schätzen die feurige und köstliche südthailändische Küche. Das *gaang sôm* ist ein wunderbar scharfes und würziges Fisch-Curry – aber eigentlich sind alle Gerichte lecker.

Farang Bar BAR
(☎077 501003; www.farangbarchumphon.com; 69/36 Th Tha Taphao; Bier ab 80 B; ⏲11–24 Uhr; 📶) Netter Treff für ausländische Englischlehrer und durchreisende Traveller. Hier kann man gut bei einem Drink ein paar Stunden verweilen. Auf der Karte finden sich thailändische und westliche Gerichte – erstere sind besser. In der Nebensaison geschlossen (Juli & Aug.).

Praktische Informationen

An der Th Sala Daeng gibt es Banken mit Geldwechselschaltern und Geldautomaten.

VERKEHRSMITTEL AB CHUMPHON

ZIEL	SCHIFF/FÄHRE	BUS	MINIVAN	ZUG	FLUGZEUG
Bang Saphan Yai			120 B; 2 Std.; 1-mal tgl.; 14 Uhr	20 B; 2 Std.; 2-mal tgl.; 7 & 12.46 Uhr	
Bangkok Don Mueang Airport					ab 1720 B; 1 Std.; 2-mal tgl. (Nok Air)
Bangkok Hualamphong				192–690 B; 8 Std.; 11-mal tgl.	
Bangkok Southern Bus Terminal		300–591 B; 8 Std.; 11-mal tgl.			
Hat Yai		400 B; 7 Std.; 4-mal tgl.		269–652 B, 6 Std.; 7-mal tgl.	
Ko Pha-Ngan (Lomprayah)	1000 B; 3¼ Std.; 2-mal tgl.; 7 & 13 Uhr				
Ko Pha-Ngan (Songserm)	900 B; 5½ Std.; 1-mal tgl.; 7 Uhr				
Ko Samui (Lomprayah)	1100 B; 4½ Std.; 2-mal tgl.; 7 & 13 Uhr				
Ko Samui (Songserm)	1000 B; 6 Std.; 1-mal tgl.; 7 Uhr				
Ko Tao (Autofähre)	400 B; 6 Std.; 1-mal tgl.; Mo–Sa 23 Uhr				
Ko Tao (Lomprayah)	600 B; 1½ Std.; 2-mal tgl.; 7 & 13 Uhr				
Ko Tao (Songserm)	500 B; 3 Std.; 1-mal tgl.; 7 Uhr				
Phetchaburi		362 B; 6 Std.; 5-mal tgl.		58–545 B; 6–7 Std.; 11-mal tgl.	
Phuket		350 B; 3½ Std.; 2-mal tgl.			
Prachuap Khiri Khan			180 B; 4 Std.; 1-mal tgl.; 15 Uhr	84 B; 3–4 Std.; 10-mal tgl.	
Ranong		120 B; 2½ Std.; 4-mal tgl.	120 B; 2 Std.; häufig		
Surat Thani			170 B; 3 Std.; stündl.; 6–17 Uhr	100 B; 2–3 Std.; 12-mal tgl.	

Bangkok Bank (Th Sala Daeng; ⌚Mo–Fr 9.30–15.30 Uhr) Hat einen Geldautomaten.

Hauptpost (Th Poramin Mankha; ⌚Mo–Fr 8.30–16.30, Sa 9–12 Uhr) Im südöstlichen Stadtteil.

New Infinity Travel (☎077 570176; 68/2 Th Tha Taphao; ⌚8–22 Uhr; 📶) Hervorragendes Reisebüro mit sachkundigen und freundlichen Angestellten. Zudem ist dies der einzige Secondhand-Buchladen in der Stadt.

Tourism Authority of Thailand (TAT; ☎077 501831; 111/11–12 Th Tawee Sinka; ⌚8.30–16.30 Uhr) Hat Karten und Broschüren, doch vermutlich erhält man bessere Infos in seiner Pension.

Virajsilp Hospital (☎077 503238; Th Poramin Mankha) Privatklinik mit Notaufnahme.

ℹ An- & Weiterreise

Die Boote legen an verschiedenen Piers ab; der Transfer ist manchmal im Fahrpreis inbegriffen. Ansonsten zahlt man zusätzliche 100 B für den Transport zum Pier.

SCHIFF/FÄHRE

Für die Überfahrt nach Ko Tao gibt es verschiedene Boote, die allerdings meistens nur morgens und abends ablegen. In den Ticketpreisen ist meist der Transfer zum Pier inbegriffen. Wer ein Kombiticket kauft, sollte sich vergewissern, dass es sowohl für den Bus als auch für das Boot gilt.

Autofähre Sorgt für eine komfortable Fahrt wahlweise auf Pritschen oder Matratzen.

Katamaran nach Lomprayah (☎077 558214; www.lomprayah.com; ⌚5–21 Uhr) Die beste und beliebteste Bus-Boot-Kombi. Die Abfahrt erfolgt an der Tha Tummakam, 25 km von der Stadt entfernt. Das Fahrkartenbüro befindet sich neben dem Bahnhof Chumphon.

Expressboot nach Songserm (☎077 506205; www.songserm-expressboat.com; ⌚9–20 Uhr) Schnellere Morgenverbindung ab Tha Talaysub, rund 10 km außerhalb der Stadt. Allerdings hat das Unternehmen den Ruf, schlecht organisiert zu sein und nicht für den versprochenen kostenfreien Transport in die Stadt zu sorgen, wenn man von den Inseln kommt. Das Fahrkartenbüro scheint selten zu öffnen, daher bucht man Tickets besser über die Pension.

BUS

Der Hauptbusbahnhof befindet sich am Highway, unpraktische 16 km von Chumphon entfernt. Um dorthin zu gelangen, steigt man an der Th Nawamin Ruamjai in ein *sŏrng·tăa·ou* (50 B). Wer nachts zum/vom Bahnhof gefahren werden möchte, muss mit den Taxifahrern feilschen; egal, was sie sagen – die Fahrt sollte nicht mehr als 200 B kosten!

In der Stadt gibt's mehrere Bushaltestellen, sodass man sich eine Fahrt hinaus zum Busbahnhof oft sparen kann. **Choke Anan Tour** (☎077 511757; *soi* abseits der Th Pracha Uthit) im Zentrum bietet Verbindungen nach Bangkok, Phuket und Ranong. **Suwannatee Tour** (☎077 504901), 700 m südwestlich vom Bahnhof, bedient Bangkok, Phetchaburi und Prachuap Khiri Khan. Busse nach Hat Yai fahren nahe der Tankstelle an der Th Nawamin Ruamjai ab.

Sämtliche Minivans nach Surat Thani, Bang Saphan Yai und Prachuap Khiri Khan starten an der namenlosen *soi* gegenüber dem Salsa Hostel.

ZUG

Es gibt häufige Zugverbindungen von/nach Bangkok (192–690 B, 11-mal tgl., 8 Std.).

ℹ Unterwegs vor Ort

Sŏrng·tăa·ous (40 B/Fahrt) und Motorradtaxis (20–30 B/Fahrt) bringen einen in der Stadt überall hin. Die Fahrt im gelben *sŏrng·tăa·ou* zum Hat Thung Wua Laen kostet 30 B.

Leihmotorräder bekommt man in Reisebüros oder Pensionen (ab 200 B/Tag).

Ko Samui & südwestliche Golfregion

Inhalt ➡

Gut essen

- Dining On The Rocks (S. 587)
- Chez François (S. 588)
- Pepenero (S. 585)
- Fisherman's Restaurant (S. 606)
- Baraccuda (S. 622)

Schön übernachten

- Six Senses Samui (S. 581)
- Divine Comedie (S. 600)
- View Point Resort (S. 620)
- Place (S. 617)
- Sanctuary (S. 604)

Auf nach Ko Samui & in die südwestliche Golfregion!

Die südwestliche Golfregion wartet mit Thailands ultimativem Trio auf: Ko Samui, Ko Pha-Ngan und Ko Tao. Diese spektakulären Inseln locken mit ihrem puderfeinen Sand und dem smaragdgrünen Wasser jedes Jahr Millionen Traveller an. Ko Samui ist sozusagen der große Bruder unter den dreien und ganz groß im Geschäft. In den mit perfekter Effizienz betriebenen Luxusresorts der Insel lesen uniformierte Butler den Gästen jeden Wunsch von den Augen ab. Ko Pha-Ngan ist das mittlere Kind, ein Faulenzer mit Hang zu verfilzten Dreadlocks und bis in die Morgenstunden andauernden Partys. Ko Tao dagegen ist das lebenslustige Nesthäkchen, das Outdoor-Aktivitäten liebt und vor Abenteuerlust und Energie nur so strotzt – auf der Insel hat man sich auf Aktivitäten spezialisiert, die einen Adrenalinschub garantieren, darunter erstklassige Tauch- und Schnorchelmöglichkeiten.

An die Festlandküste vor den Inseln kommen kaum ausländische Besucher, aber es ist noch das echte Thailand und in kultureller Hinsicht deutlich ansprechender. Diese Region wird jeden Pessimisten davon überzeugen, dass Thailand noch immer eine ganze Menge Highlights abseits der ausgetretenen Pfade bietet, von den rosa Delfinen und Wasserfällen an der verschlafenen Ao Khanom bis zu den Strandspaziergängen im muslimisch geprägten Songkhla.

Reisezeit

- Von Februar bis April, nach dem Ende des Monsunregens, strahlt die Sonne ohne Unterlass. Juni bis August gehören zu den schönsten Monaten, in denen es nur relativ kurze Phasen leichten Regens gibt, und praktischerweise sind auf der nördlichen Erdhalbkugel dann Sommerferien.
- Von Oktober bis Dezember trommelt sintflutartiger Monsunregen auf die heißen Blechdächer, und die Zimmerpreise fallen deutlich – man versucht, optimistische Strandgänger anzulocken.

Highlights

1 Im kunterbunten Gewimmel abseits von **Ko Tao** (S. 610) Nemo finden

2 Zu den versteckten hellen Stränden des **Ang Thong Marine National Park** (S. 627) paddeln

3 In einer Baumwollhängematte relaxen und an einem einsamen Strand auf **Ko Pha-Ngan** (S. 592) durch die sich kräuselnden Wellen waten

4 Auf **Ko Samui** (S. 572) internationale Fünf-Sterne-Küche und schicke Cocktails bei Sonnenuntergang genießen

5 Sich den vielen Partypilgern anschließen und bei einer **Vollmondparty** (S. 597) am Hat Rin auf Ko Pha-Ngan die Nacht durchtanzen

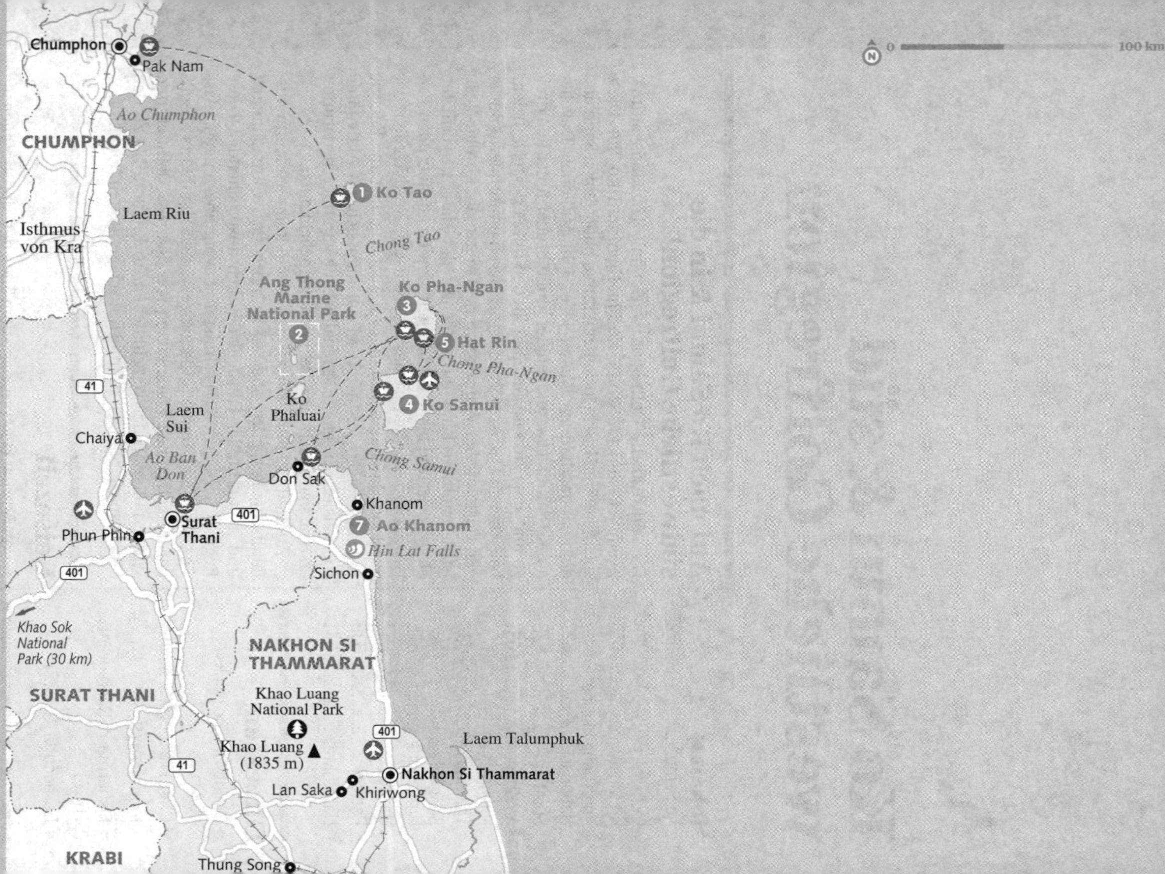

6 Dampfend heißes Seafood von einem Imbiss am Strand von **Songkhla** (S. 635) probieren

7 Die seltenen rosafarbenen Delfine beobachten, wenn sie vor **Ao Khanom** (S. 631) vorbeiziehen

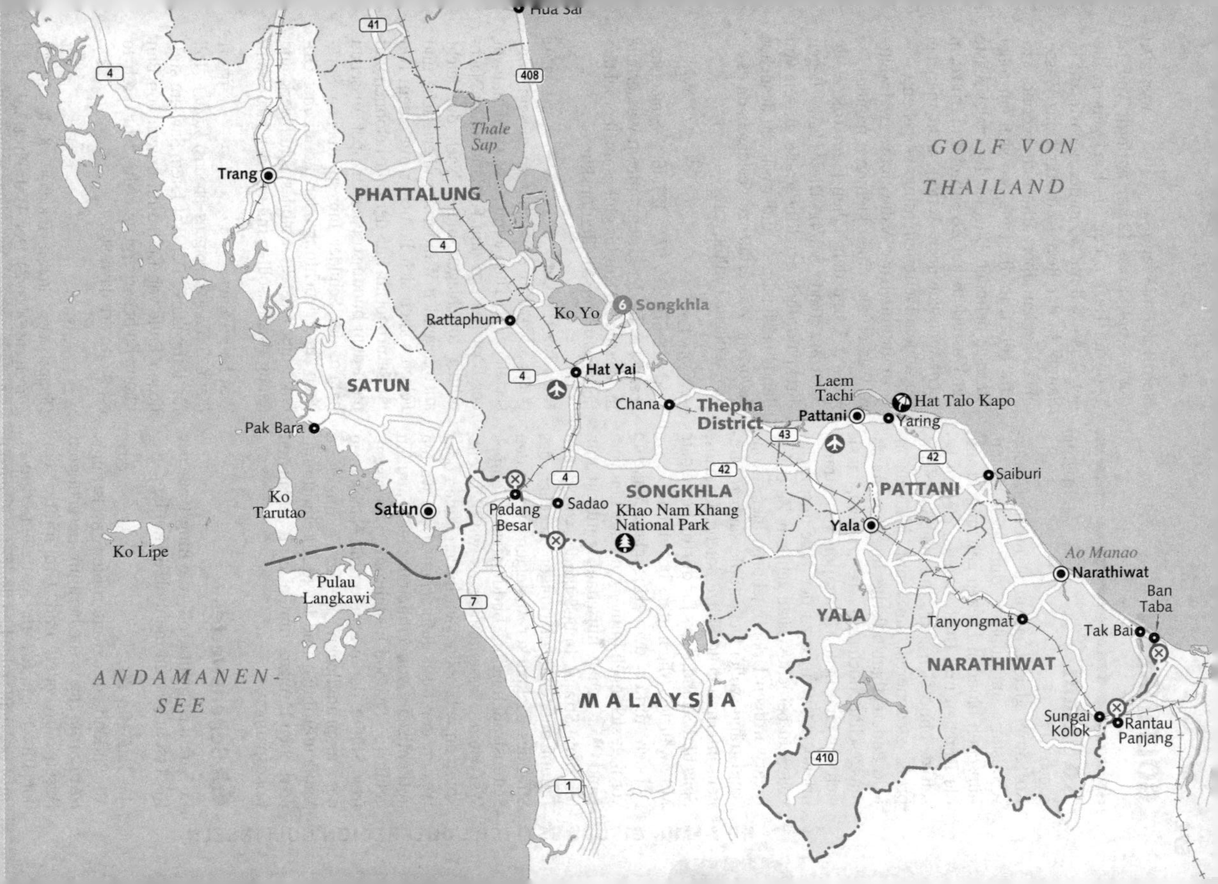

Ko Samui

เกาะสมุย

50 000 EW.

Ko Samui gleicht einem arrivierten Hollywoodstar: unglaublich durchgestylt, mit hübschen blonden Locken geschmückt und die Fältchen und Unebenheiten elegant beseitigt, ohne sich groß um die Boulevardpresse zu scheren. Ko Samui ist länger als jede andere thailändische Insel im Tourismusgeschäft, doch statt passé zu sein, hat sie sich für eine neue Generation von Strandurlaubern geöffnet, zu der viele anspruchsvolle, gut betuchte Gäste gehören. Zu einem oscarwürdigen Urlaub gehören hier schöne Sandstrände voller Liegestühle, saubere Straßen, internationale Spitzenküche, luxuriöse Spas und Strandpartys für dürftig bekleidete Mittzwanziger, die mittags beginnen.

Doch hinter dem Hochglanz-Make-up verbirgt sich noch immer ein Mädchen vom Land. Wer genau hinschaut, entdeckt hinter dem Strand Imbissstände, von denen Dampf aufsteigt, an ruhigen Eckchen des Strandes Backpacker-Absteigen und in den Seitenstraßen heilige buddhistische Tempel. Wer dem Massentourismus wirklich entkommen will, sollte sich in den Süden oder Westen der Insel aufmachen: Dort warten authentische, von einheimischen Familien geführte Seafood-Restaurants, touristenfreie Städte, deren Straßen die Nachfahren der ursprünglichen Siedler (chinesische Kaufleute) füllen und lange Abschnitte mit erfrischend ungezähmten und zerzausten Kokospalmen.

Sehenswertes

Ko Samui ist recht groß – die Ringstraße der Insel ist insgesamt mehr als 50 km lang.

Hin-Ta & Hin-Yai AREAL

Am Südende des zweitgrößten Inselstrands **Hat Lamai** ragen die berühmt-berüchtigten Felsen „Großvater" und „Großmutter" empor. Ihre Form, die an Genitalien erinnert, sorgt bei thailändischen Touristen für fröhliches Dauerkichern.

Ban Hua Thanon STADTVIERTEL

(Karte S. 574) Gleich hinter Hat Lamai beheimatet Hua Thanon eine lebendige muslimische Gemeinde. Die Fischerboote mit dem hohen Bug, die am fast menschenleeren Strand vertäut liegen, bilden eine veritable Galerie komplexer Formen.

Nam Tok Na Muang WASSERFALL

(Karte S. 574) Etwa 12 km entfernt von Na Thon im Herzen der Insel gelegen ist dieser Wasserfall mit 30 m der höchste auf Ko Samui. In der Regenzeit stürzt das Wasser in Kaskaden über ätherisch schöne, violette Felsen in die Tiefe, wo sich ein toller Badesee befindet. Dies ist der malerischste der Wasserfälle auf Ko Samui und trotzdem recht menschenleer. Action sucht man bei trockenem Wetter allerdings vergebens.

In unmittelbarer Nähe gibt es zwei weitere Wasserfälle: einen kleineren namens **Na Muang 2** und den hohen **Nam Tok Wang Saotong** (Karte S. 574). Diese Fälle liegen direkt nördlich der Ringstraße unweit von Ban Hua Thanon. Schilder warnen Besucher davor, die Wasserfälle zu besteigen, da es einige tödliche Unfälle gab.

Wat Hin Lat TEMPEL

(Karte S. 574; ☎ 077 423146; ⊙ morgens–abends) Nahe der gleichnamigen Wasserfälle im Westen Ko Samuis gibt es im Tempel täglich *vipassana*-Meditationskurse.

Nam Tok Hin Lat WASSERFALL

(Karte S. 574) Ein Abstecher zu diesem Wasserfall bei Na Thon lohnt sich, wenn man vor der Bootspassage zum Festland einen Nachmittag totschlagen muss. Nach der leicht anstrengenden Wanderung über Bäche und Felsen sollten sich Besucher mit einem Bad im Naturpool am Fuß der Fälle belohnen und nach dem buddhistischen Tempel Ausschau halten, der Schilder mit spirituellen Sprüchen zur Erleuchtung oder moralischer Orientierung aufstellt. Stabiles Schuhwerk und genug Wasser sollten mit von der Partie sein.

Wat Laem Saw TEMPEL

(Karte S. 574; ⊙ morgens–abends) GRATIS Toll für Tempelfans: Der Wat Laem Saw am südlichen Ende von Ko Samui unweit von Ban Phang Ka beherbergt eine alte, sehr verehrte Stupa im Srivijaya-Stil.

Wat Phra Yai TEMPEL

(Tempel des Großen Buddha; Karte S. 580; ⊙ morgens–abends) Der Wat Phra Yai steht auf einer kleinen Felsinsel, die ein Damm mit dem Nordende von Ko Samui verbindet. Dort ragt seit 1972 der moderne Buddha in sitzender Mara-Pose empor und gibt gegen Meer und Tropenhimmel eine reizvolle Silhouette ab. Aushänge weisen Besucher auf angemessene Kleidung hin. Zum nahegelegenen neuen Tempel **Wat Plai Laem** gehört ein Riesenbuddha mit 18 Armen.

DIE GOLFINSELN IN ...

... einer Woche

Nachdem man sich damit abgefunden hat, dass man nur eine Woche hat, um diese idyllischen Inseln zu erkunden, beginnt man damit an einem der abgeschiedenen Strände im Westen von **Ko Pha-Ngan** oder reist nach Osten, um seine Robinson-Crusoe-Fantasien auszuleben. In der zweiten Wochenhälfte heißt es Partymachen in **Hat Rin**, süßes Nichtstun auf **Samui** oder Tauchen auf der kleinen Insel **Ko Tao**.

... zwei Wochen

Los geht's auf **Ko Tao** mit einem dreieinhalbtägigen Open Water-Kurs mit Zertifikat oder ein paar Spaßtauchgängen. Dann geht's rüber nach **Ko Pha-Ngan**, um den geselligen Vibe im partywütigen Hat Rin aufzusaugen. Danach schnappt man sich ein Langboot und macht sich für ein paar Tage zu einer der versteckten Buchten der Insel auf, um zu entgiften und Ruhe und Einsamkeit zu genießen. Nächste Station ist **Ko Samui**. In **Bo Phut** locken Boutique-Unterkünfte, an den Stränden von Chaweng und Choeng Mon kann man dagegen einen draufmachen wie ein Rockstar. Wer Zeit hat, unternimmt eine Tagestour zum **Ang Thong National Marine Park**.

... einem Monat

Einfach den Zweiwochenplan relaxter absolvieren und dabei viele zusätzliche faule Lesetage an den Stränden aller drei Inseln einstreuen – und keinesfalls die Vollmondparty verpassen, die am Sunrise Beach bei Hat Rin auf **Ko Pha-Ngan** steigt!

Wat Khunaram BUDDHISTISCHER TEMPEL
(Karte S. 574; ⏲ Sonnenaufgang–Sonnenuntergang) GRATIS Mehrere Tempel beherbergen Mumien frommer Mönche – so auch der Wak Khunaram südlich der Rte 4169 zwischen Th Ban Thurian und Th Ban Hua. Seit seinem Tod vor über 20 Jahren sitzt der hiesige Mönch (Luang Phaw Daeng) konserviert in Meditationshaltung und trägt dabei eine Sonnenbrille.

Wat Samret BUDDHISTISCHER TEMPEL
(Karte S. 574; ⏲ Sonnenaufgang–Sonnenuntergang) GRATIS Im Wat Samret nahe der Th Ban Hua sitzt ein typischer Mandalay-Buddha aus massivem Marmor. In Indien und Nordthailand ist so etwas häufiger zu sehen, im Süden vergleichsweise seltener.

Aktivitäten

Ko Samui eignet sich hervorragend für Familien mit Kindern, denn viele Aktivitäten sind hier speziell auf Kinder ausgerichtet.

Blue Stars KAJAKFAHREN, SCHNORCHELN
(Karte S. 578; ☎ 077 300615; www.bluestars.info; Hat Chaweng; Kajak- & Schnorcheltouren Erw./Kind 2500/1600 B) Das Angebot an Schnorchel- und Kajaktouren zum Ang Thong Marine National Park ist groß, doch Blue Stars hat den besten Ruf und die coolsten Boote. Auch wer sich nicht für Blue Stars entscheidet, sollte einen Trip zu diesen Inseln keinesfalls verpassen.

Football Golf FUSSBALL-GOLF
(Karte S. 574; ☎ 089 771 7498; www.samuifootballgolf.com; Erw./Kind 730/350 B; ⏲ 9–18.30 Uhr) Am Hat Choeng Mon wird ein merkwürdiger Sportmix angeboten: Beim Fußballgolf wird der Fußball in ein Loch von der Größe einer Mülltonne „geputtet". Den Kids macht das Spaß und zu jedem Spiel gibt's einen Softdrink gratis dazu. Es handelt sich um einen Par-69-Kurs.

Koh Samui Rum RUMVERKOSTUNG
(Karte S. 574; www.rum-distillery.com; Ban Bang Kao; Proben 50–75 B; ⏲ 9–18 Uhr) Die einzige Rumbrennerei Thailands produziert einen Rhum Agricole im karibischen Stil (gebrannt aus frischem, fermentiertem Zuckerrohrsaft) in vielen natürlichen Geschmacksrichtungen, darunter ein köstlicher Kokosrum, für den das Kokosfleisch mehrere Monate in Rum durchzieht. In einer schönen Umgebung unter schattenspendenden Palmen erwarten die Besucher ein Video über den Produktionsprozess, ein Verkostungsbereich, ein hervorragendes Restaurant mit französischer und thailändischer Küche und ein Laden.

Aquapark WASSERPARK
(Karte S. 578; www.aquaparkchaweng.com; Hat Chaweng; pro Stunde/halberTag/ganzer Tag 300/

Ko Samui

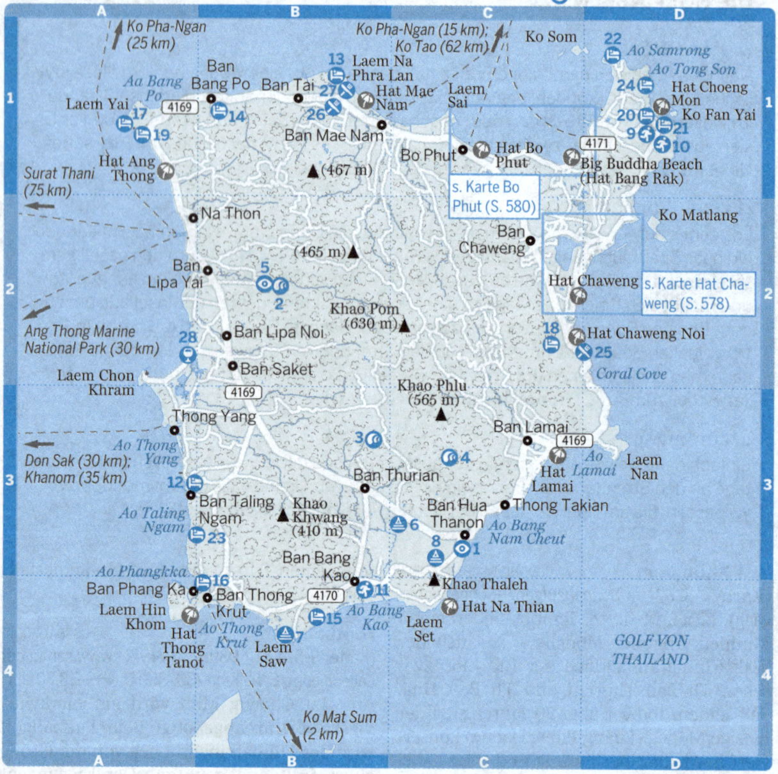

500/700 B; ⊙10–18 Uhr) Hier können sich Kinder auf gigantischen grünen, sehr witzigen Hüpfburgen (darunter ein Ufo, eine Eisberg-Kletterwand und Trampoline) austoben; man kann hinaufklettern und hinunterrutschen. Die Burgen befinden sich in einem abgezäunten Bereich der Ao Chaweng. Alle Teilnehmer müssen Schwimmwesten tragen. Die Erwachsenen können derweil am Strand relaxen und zuschauen – oder wie viele Eltern mitmachen.

Coco Splash Waterpark WASSERPARK

(www.samuiwaterpark.com; Ban Lamai; Eintritt über/unter 1,3 m 490/390 B; ⊙10.30–17.30 Uhr) Kids unter zehn Jahren werden diesen kleinen Park voller lustig bemalter Wasserrutschen aus Beton lieben. Besucher können sich für 60 B (200 B Anzahlung) Handtücher ausleihen, mittelmäßiges Essen gibt es ebenfalls. Wer nicht selbst in Wasser gehen möchte, sondern nur die Kinder beaufsichtigen will, kommt kostenlos in den Park.

Samui Dog & Cat Rescue Centre FREIWILLIGENARBEIT

(Karte S. 578; ☎077 413490; www.samuidog.org; Soi 3, Chaweng Beach Rd; ⊙9–18 Uhr) Freiwillige Mitarbeit und/oder Geldspenden werden im Samui Dog & Cat Rescue Centre gern angenommen. Hier werden immer Freiwillige gebraucht, die sich in den Hundezwingern und der Tierklinik in Ban Taling Ngam (nicht aber in der Zweigstelle Hat Chaweng) um die Tiere kümmern. Interessierte können im Zentrum anrufen oder einfach vorbeigehen. Die Kontaktdaten stehen auf der Website.

Die Organisation konnte mit ihrem Sterilisierungs- und Kastrierungsprogramm entscheidend dazu beitragen, das Hundeproblem auf der Insel unter Kontrolle zu bekommen. Im Zentrum werden Vierbeiner außerdem gegen Tollwut geimpft.

Tauchen

Wem es mit dem Tauchen ernst ist, der sollte direkt auf Ko Tao wohnen. Wer wenig

Ko Samui

Zeit hat und Ko Samui nicht verlassen will, gelangt mit vielen Anbietern zu denselben Tauchspots (natürlich zu höheren Preisen). Am besten wählt man eine Firma, die selbst ein Boot besitzt oder chartert. Das ist zwar etwas teurer, lohnt sich aber im Nachhinein: Veranstalter ohne eigene Boote bringen Taucher oft per Passagierkatamaran nach Ko Tao, wo dann ein zweiter Kahn zur Tauchstelle startet. Bei diesen recht unpersönlichen, mühsamen Trips gibt's auch nichts zu essen.

Auf Ko Samui sind Qualifizierungskurse oft doppelt so teuer wie auf Ko Tao – größtenteils wegen zusätzlicher Spritkosten, da das winzige Ko Tao deutlich näher an den bevorzugten Tauchspots liegt. Neben dem Tauchschein (14 000–22 000 B) gibt's Tagestouren inklusive zwei Tauchgängen, die je nach Lage der Tauchstelle zwischen 4500 und 6200 B kosten.

Ko Samuis Dekompressionskammer liegt am Big Buddha Beach (Hat Bang Rak).

100 Degrees East TAUCHEN
(☎077 425936; www.100degreeseast.com; Hat Bang Rak; ⏲Dez.–Okt. 9–18.30 Uhr) Höchst empfehlenswert, mit einem sehr engagierten Team.

Discovery Dive Centre TAUCHEN
(Karte S. 578; ☎077 300656; www.discoverydivers.com; Chaweng Beach Rd, Amari Palm Reef Resort; Kurse 5900–17 400 B; ⏲11–23 Uhr) Das beliebte Discovery Dive Centre bietet Anfänger- bis Profi-Kurse sowie Tauchtrips und Schnorcheln an.

Spas & Yoga

Aufgrund der starken Konkurrenz im Fünf-Sterne-Hotelsektor von Ko Samui sind die örtlichen Wellnesstempel vom Feinsten. Für spitzenmäßiges Verwöhnen empfehlen sich das Spa vom Anantara (S. 582) in Bo Phut oder das Hideaway Spa im Six Senses Samui (S. 581). Als ältestes Gesundheitszentrum der Insel ist das Spa Resort (S. 580) in Lamai bis heute für effektives „Durchputzen“ durch Fasten bekannt.

Samahita Retreat YOGA, SPA
(☎077 920090; www.samahitaretreat.com; Laem Saw Beach; Aufenthalt ab 840 €) In versteckter Lage an der Südküste warten hier moderne Einrichtungen und ein engagiertes Trainerteam auf Entspannungssuchende, Wellness-Urlauber und Entgiftungswillige. Die Unterkünfte sind weiter oben in einem Appartmentblock untergebracht. Die Yogastudios, Wellnesszentren und ein Restaurant mit gesunder Kost liegen direkt am Ufer.

Tamarind Springs MASSAGE
(☎077 424221; www.tamarindsprings.com) Weitab vom Strand verbirgt sich das Tamarind in einer ruhigen Kokosplantage. Eine kleine Ansammlung von Villen und Massagestudios ist perfekt in die Natur integriert. Teilweise zieren Granitbrocken die Wände und Böden, anderswo gibt's Privatteiche oder kreative Freiluftbäder.

Absolute Sanctuary YOGA, SPA
(Karte S. 574; ☎077 601190; www.absolutesanctuary.com; Choeng Mon) Entgiftung, Yoga, Pila-

tes und Lifestyle-Pakete in marokkanischem Ambiente.

Kurse

Samui Institute of Thai Culinary Arts KOCHKURS
(SITCA; Karte S. 578; ☎077 413172; http://sitca.com; Hat Chaweng; 1-Tageskurs 1850 B) Wer einen Thai-Kochkurs belegen möchte, sollte sich für das SITCA entscheiden. Neben täglichen Kochkursen gibt's hier auch Unterricht in der königlich-thailändischen Kunst, komplexe Blumenmuster aus Obst und Gemüse zu schnitzen. Die Kurse fürs Mittagessen beginnen um 11 Uhr, Abendessen lernt man ab 16 Uhr (je 3 Std. inkl. 3 oder mehr Gerichte).

Die Kurse beinhalten auch praktische Infos dazu, wie sich die Zutaten im eigenen Land beschaffen lassen. Natürlich darf man die Früchte seiner Arbeit auch verspeisen und sogar einen Freund dazu einladen. Kostenlose DVDs mit Thai-Kochanleitungen erleichtern das Nachkochen zu Hause.

Lamai Muay Thai Camp THAIBOXEN
(☎087 082 6970; www.lamaimuaythaicamp.com; 82/2 Moo3, Lamai; 1-tägige/1-wöchige Trainingskurse 300/1500 B; ⏲7–20 Uhr) Die beste *moo·ay tai*-Schule (auch *muay Thai* geschrieben) der Insel. Sie ist ideal für alle, die es ernst meinen, und richtet sich sowohl an Anfänger als auch an Fortgeschrittene, die noch besser werden wollen. Zudem gibt es ein gut ausgestattetes Fitnessstudio für Boxer und Nicht-Boxer, die ihre Fitness steigern wollen.

Kiteboarding Asia KITESURFEN
(☎083 643 1627; www.kiteboardingasia.com; 1-/3-tägige Kurse 4000/11 000 B; ⏲9–18 Uhr) In dieser professionellen Schule lernt man das Kitesurfen in flachem Wasser. Es gibt zwei Standorte: einer in Na Thon auf der Westseite für die Winde von Dezember bis März, ein weiterer in Hua Thanon im Süden der Insel für die Winde von April bis Oktober.

Mind Your Language SPRACHKURS
(☎077 960103; www.mindyourlanguagethailand.com) In dieser erschwinglichen und professionellen Sprachschule in Lamai mit Unterrichtsstunden ab 600 B und Zweitsitz in Bo Phut wird Thai gelehrt.

Schlafen

Die Auswahl an Übernachtungsmöglichkeiten auf der Insel ist überwältigend. Wer mal so richtig prassen will, der wird sich gewiss nicht über einen Mangel an Spitzenresorts mit exklusiven Bungalows, hinreißenden Spas, privaten Infinity Pools und erstklassigen Restaurants beklagen können. In Bo Phut an der Nordküste der Insel gibt es viele charmante Boutiqueunterkünfte – die perfekte Wahl für die mittlere Preisklasse. Rucksacktouristen müssen ein bisschen länger suchen, doch an allen Stränden gibt es auch immer wieder günstige Bleiben.

Die meisten Besucher buchen ihr Resort im Voraus, aber außerhalb der Hauptsaison haben fast alle Mittelklasse- und Budgetunterkünfte gleich gute oder günstigere Angebote, als man sie online finden würde.

Private Villen sind in den letzten Jahren populär geworden; ein guter Anbieter für Luxusvillen ist www.gosamuivillas.com.

Hat Chaweng

Am lebhaften Hat Chaweng stehen die Unterkünfte für jeden Geldbeutel dicht an dicht: von billigen Backpacker-Absteigen, die mit Pappschildern für sich werben, bis zu futuristischen Villen mit eigenem Pool. Idylle sucht man hier aber vergebens: Die nördliche Hälfte des Strandes ist die größte Partyzone und die Resorts in dieser Gegend befinden sich in Hörweite der wummernden Bässe, die von der Ark Bar im Zentrum des Geschehens herüberdröhnen. Wer Wert auf ruhige Nächte legt, sollte sich ein Resort am südlichen Teil des Strandes suchen oder Ohrstöpsel mitbringen. Auf der Chaweng Beach Rd gibt's massenweise Souvenirläden mit Selfie-Sticks und einem Hindernisparcours aus tief hängenden Straßenschildern, die jeden über 1,80 m enthaupten. Überall hängen Werbeplakate für Wet-T-Shirt-Contests, Tattoostudios und Plastikportraits von Heath Ledger als Joker. Und am Himmel brummen die Jets. Lamai ist sehr viel ruhiger, entspannter und insgesamt angenehmer.

Lucky Mother PENSION $
(Karte S. 578; ☎077 230931; 60 Moo 2; Zi. & Bungalow 800–1500 B; ❄📶) Die Lage am belebten Strand, saubere, helle Zimmer und die beliebte Bar davor, in der man mit den Füßen im Sand relaxt, lassen keinen Grund zum Meckern. Für eine Strandlocation in Chaweng absolut empfehlenswert, wenn man den weniger freundlichen unter den Mitarbeitern aus dem Weg geht.

P Chaweng HOTEL $
(Karte S. 578; ☎077 230684; Zi. ab 600 B, Suite 1000 B; ❄@📶) Diese weinüberrankte Bud-

getunterkunft am Ende einer Straße abseits der Hauptmeile bietet saubere Familienzimmer in zwei Blocks mit rosa Fliesenböden oder Holzböden. Alle verfügen über Klimaanlage, warmes Wasser, TV und Kühlschrank. Es ist nicht unbedingt hip und die Barzone ist einen Fußmarsch von 10 Minuten entfernt, aber bessere Zimmer zu demselben Preis zu finden, ist kaum möglich.

Queen Boutique Place HOTEL $
(Karte S. 578; ☎077 413148; queensamui@yahoo.com; Zi. 700–1500 B; ❄@📶) Das Queen und sein freundliches und höfliches Personal bieten Boutiqueunterkünfte zu Backpacker-Preisen. Die sauberen und gut ausgestatteten Zimmer (Klimaanlage, TV, DVD-Player) punkten stilmäßig mit bunten Dekokissen, aber die günstigsten sind schachtelförmig und fensterlos.

Pott Guesthouse PENSION $
(Karte S. 578; Zi. mit Ventilator 300–400 B, mit Klimaanlage 500–600 B; ❄📶) Die hellen Betonzimmer in diesem Wohnblock haben alle ein Bad mit fließend warmem Wasser und Balkon und sind ein echtes Schnäppchen. Die Rezeption befindet sich in einem namenlosen Restaurant an der Hauptstraße genau gegenüber.

Akwa PENSION $
(Karte S. 578; ☎084 660 0551; www.akwaguesthouse.com; Zi. ab 750 B; ❄@📶) Im Akwa gibt es ein paar schräge Zimmer mit hellen Farben, Cartoons an den Wänden und Kuscheltieren; die besten Jahre hat es allerdings schon hinter sich. Aber es hat Charakter und der Service ist freundlich. Die Filiale, fünf Minuten zu Fuß nach Norden, ist frischer und neuer.

Samui Hostel HOSTEL $
(Karte S. 578; ☎089 874 3737; B 200–300 B, DZ 850 B; ❄@) Von vorne sieht das Hostel nicht sehr vielversprechend aus, aber die Schlafsäle mit Ventilator und Klimaanlage sind gepflegt, sauber und freundlich. Außerdem gibt es schicke klimatisierte Doppelzimmer. Der Service ist überdurchschnittlich. Ein Raum mit Holztischen lädt zum Entspannen und Kontaktaufnehmen ein.

★ Jungle Club BUNGALOW $$
(Karte S. 574; ☎081 894 2327; www.jungleclubsamui.com; Hütten 800–1800 B, Häuser 2700–4500 B; ❄@📶🏊) Für die gefährliche Anfahrt über die steile Rutschpiste wird man durch eine unglaubliche Aussicht ganz oben belohnt. Das einsame Bergrefugium ist bei Einheimischen und Touristen gleichermaßen beliebt. In relaxter, naturnaher Atmosphäre entspannen Gäste am herrlichen Infinity Pool oder machen ein Freiluftnickerchen unter den schilfgedeckten Dächern eines *săh·lah* (häufig auch *sala geschrieben*).

Wer seinen kostbaren Dschungelaufenthalt nicht im Ganzkörpergips verbringen möchte, sollte vorab telefonisch für einen Shuttle sorgen (nur ab Chaweng).

Chaweng Garden Beach RESORT $$
(Karte S. 578; ☎077 960394; www.chaweng garden.com; Zi. 3600–33 000 B; ❄@📶🏊) Mitten im üppigen Blattwerk verstecken sich viele verschiedene Zimmertypen. Es gibt recht langweilige Standardzimmer mit Balkon, aber auch eine Strandvilla mit Pool für 33 000 B. Das beste Preis-Leistungs-Verhältnis bieten die modernen, asiatisch inspirierten „Shinto"-Zimmer und die Bungalows aus poliertem Holz. Das ganze Resort ist eine gepflegte Oase in Grün und die hilfsbereiten Mitarbeiter lächeln hier besonders freundlich.

Tango Beach Resort RESORT $$
(Karte S. 578; ☎077 300451; www.tangobeachsamui.com; Zi. 1600–7400 B; ❄📶🏊) Die bunte Lobby lässt einen jugendlichen Vibe vermuten, aber das Tango Beach Resort ist eher eine Aneinanderreihung von Standard-Bungalows, die an einem Teakholz-Bohlenweg liegen, der sich zu einem tollen, aber lebhaften Strandabschnitt schlängelt. Durch die dunkel getönten Fenster kommt das Resort von außen recht schäbig rüber (und der altmodische Pool macht es nicht besser), aber die 39 Zimmer wirken frisch genug.

Ark Bar Beach Resort RESORT $$
(Karte S. 578; ☎077 422047; www.ark-bar.com; Zi. 1700–5200 B; ❄📶🏊) Im sauberen und gepflegten Ark Bar mit 328 Zimmern findet man mindestens zwei Exemplare jeder Art: harte Jungs, entspannte Hippies, Teenager, Mitvierziger etc. Die modernen, hell gestrichenen Zimmer mit Balkon sind ein beträchtliches Stück von der Bar entfernt, aus der den ganzen Tag und bis tief in die Nacht Musik dröhnt.

★ Library RESORT $$$
(Karte S. 578; ☎077 422767; www.thelibrary.co.th; Zi. ab 9140 B; ❄@📶🏊) Diese Fata Morgana in funkelndem Weiß ist fast schon zu cool und heißt ironischerweise Library (Bibliothek). Schwarze Elemente und geschlitzte

Hat Chaweng

Jalousien setzen Akzente, während in jeder „Seite" (engl. *page*; hiesige Zimmerbezeichnung) ein futuristischer iMac steht. Abgesehen davon mögen wir vor allem die bunten, großen Wandinstallationen, die abends hell leuchten und sich farblich an die eigene Stimmung anpassen lassen.

Lebensgroße Statuen stellen Lesende dar. Für alle, die lesen möchten, bietet die Hausbibliothek eine tolle Auswahl farbenfroher Werke zu Kunst und Design. Pflicht ist der rechteckige Riesenpool: Seine Fliesen in intensiven Rottönen lassen ein „Blutbad" plötzlich verlockend erscheinen. Ein Restaurant gibt's auch (S. 586).

Buri Rasa Village RESORT **$$$**
(Karte S. 578; ☎077 230222; www.burirasa.com; Zi. 4850–8900 B; ❄📶🏊) Holztüren im Thai-Stil führen zu Villen mit Terrassen und einfachen, aber eleganten Zimmern. Die gepflegte, mit Palmen und Wachsblumen gestaltete Gartenanlage, die eine meditative Atmosphäre verströmt, liegt zentral und an einem schönen, belebten Strandabschnitt. Auch der Preis ist gut. Der eigentliche Grund, hier zu übernachten, ist aber der freundliche, hilfsbereite und eifrige Service

Chaweng Regent Beach Resort RESORT **$$$**
(Karte S. 578; ☎077 422390, 077 422389; www.chawengregent.com; Zi. 6000–15 000 B; ❄📶🏊) Diese wunderbare Oase mit Bäumen, Pflanzen, schattigem Laub und tropischer Abgeschiedenheit bildet eine angenehme Erholung von der hektischen Chaweng Beach Rd. In dem lauschigen Resort führt eine Holzpromenade zum Strand, es gibt zwei Pools, Goldfischteiche und eine große Auswahl an Zimmern.

Baan Haad Ngam RESORT **$$$**
(Karte S. 578; ☎077 231500; www.baanhaadngam.com; Bungalow 8700–33 500 B; ❄@📶🏊) Schlichte, aber stylishe und elegante lindgrüne Zimmer, Villen und Poolhäuser ver-

Hat Chaweng

Aktivitäten, Kurse & Touren

1 Aquapark C2
2 Blue Stars B2
3 Discovery Dive Centre C1
4 Samui Dog & Cat Rescue Centre A3
5 Samui Institute of Thai Culinary Arts B3

Schlafen

6 Akwa B4
7 Ark Bar Beach Resort C2
8 Baan Chaweng Beach Resort B2
9 Baan Haad Ngam D1
10 Buri Rasa Village B3
11 Centara Grand B3
12 Chaweng Garden Beach B2
13 Chaweng Regent Beach Resort C2
14 Kirikayan Boutique Resort B4
15 Library B3
16 Lucky Mother C2
17 P Chaweng B4
18 Pott Guesthouse B4
19 Queen Boutique Place B4
20 Samui Hostel B3
21 Tango Beach Resort D1

Essen

22 Laem-Din-Markt B3
23 Larder D1
24 Ninja Crepes B3
Page (siehe 15)
25 Pepenero A3
26 Prego C1
27 Stacked B3

Ausgehen & Nachtleben

Ark Bar (siehe 7)
28 Bar Solo C2
29 Green Mango B2
30 Reggae Pub B2
31 Tropical Murphy's Irish B3

Unterhaltung

32 Paris Follies Cabaret C2

Shoppen

33 Bookazine B2
34 Central Festival B2

Transport

35 Bangkok Airways A4

stecken sich in einem botanischen Garten voller Miniwasserfälle und Bäche, die zu einem kleinen Infinity Pool mit Blick auf das azurblaue Meer führen. Der größte Pluspunkt aber ist die Lage, nicht weit vom Trubel, aber ruhig und abgeschieden.

Kirikayan Boutique Resort RESORT $$$

(Karte S. 578; ☎077 332299; www.kirikayan.com; Zi. ab 4500 B; ❄@📶🏊) Schlichtes Weiß, lackiertes Teakholz und rote Akzente prägen in diesem kleinen hippen Resort am südlichen Hat Chaweng das Ambiente. Hier herrscht eine ruhige und erholsame Stimmung: An dickstämmigen Palmen und hoch aufragenden Pflanzen vorbei geht's zum Entspannen auf die Pool-Terrasse im hinteren Teil der Anlage.

Centara Grand RESORT $$$

(Karte S. 578; ☎077 230500; www.centralhotelsresorts.com; Zi. 8900–21500 B; ❄@📶🏊) Das Centara ist ein großer gepflegter Komplex im Herzen von Hat Chaweng, aber die palmenbestandene Anlage ist so groß, dass man dem Trubel der Straße leicht entfliehen kann. Die Zimmer befinden sich in einem hotelähnlichen Gebäude, dessen Gestaltung und Dekoration verdächtig westlich gehalten sind. Es gibt Babysitter und viele familienfreundliche Dienstleistungen. Übers Internet bekommt man außerhalb der Saison kräftige Rabatte.

Baan Chaweng Beach Resort RESORT $$$

(Karte S. 578; ☎077 300564; www.baanchawengbeachresort.com; Bungalow 4500–11000 B; ❄@📶🏊) Das Baan Chaweng bietet ein bisschen Luxus, ohne dass man gleich sein Konto sprengen muss, und zieht damit Familien und preisbewusste Senioren an, die auf den Strandliegen am schönen Strand in der Sonne brutzeln. Die makellosen Zimmer sind in Pfirsich- und Birnentönen gehalten und mit Teakmöbeln eingerichtet, die gleichzeitig modern und traditionell wirken.

Hat Lamai

Am zentralen pudrig-weißen Strandabschnitt von Hat Lamai drängt sich eine erstaunliche Zahl sonnenverbrannter Touristen auf Liegestühlen, doch an den grobkörnigeren Strandenden im Norden und Süden ist es ruhiger. Ban Lamai erstreckt sich hinter dem zentralen Strandbereich. Anders als am Hat Chaweng findet die größte Party Lamais abseits des Strandes statt, darum bleibt der Strand hier meist vom Sound der Dance-Beats verschont. Zudem ist die hiesige Partyszene, die sich vor allem an der Hauptstraße und an ihren kleineren Nebenstraßen befindet, eher von der zwielichtigeren Go-go-Girl-Art.

Amarina Residence HOTEL $

(☎077 418073; www.amarinaresidence.com; Zi. 1200–1800 B; ❄📶) Nur zwei Gehminuten

Bo Phut

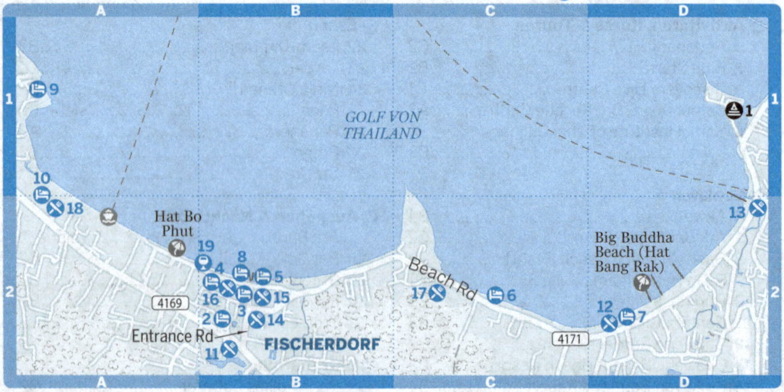

vom Strand entfernt steht dieses kleine, zweistöckige Hotel mit einem sehr guten Preis-Leistungs-Verhältnis. Die großen, geschmackvoll eingerichteten und gefliesten Zimmer wurden rund um die Lobby und ein Tauchbecken gebaut, das leicht fehl am Platz wirkt.

New Hut BUNGALOWS **$**
(☎ 077 230437; newhutlamai@yahoo.co.th; Lamai North; Hütte 300–800 B; ⓦ) Die Nurdachhütten direkt am Strand teilen sich einen großen, sauberen Sanitärblock. Es gibt ein lebendiges Restaurant, freundliches Personal und es herrscht eine unkomplizierte und fröhliche Backpacker-Atmosphäre.

Spa Resort BUNGALOWS **$$**
(☎ 077 230855; www.spasamui.com; Lamai North; Bungalow 720–1200 B; ❄ⓦ≋) Zu den Anwendungen in diesem freundlichen Spa gehören Colon-Hydro-Therapie, Massagen, Aqua-Detox, Hypnotherapie und Yoga, um nur ein paar zu nennen. Die gemütlichen und günstigen Zimmer sind mit Rattanmöbeln, traditionellen Wandgemälden und Balkonen ausgestattet, aber immer schnell ausgebucht. Nichtgäste dürfen an den Programmen teilnehmen und im ausgezeichneten Freiluft-Restaurant am Strand (gesund) essen.

★ **Rocky Resort** RESORT **$$$**
(☎ 077 418367; www.rockyresort.com; Hua Thanon; Zi. 8000–20 000 B; ❄ⓦ≋) Das Rocky findet mit seinem extrem ruhigen Empfangsbereich und zwei Pools scheinbar mühelos die richtige Balance zwischen Nobelambiente und ungezwungener, geselliger Atmosphäre. In den ruhigeren Monaten sind die Preise unschlagbar, an Meerblick herrscht kein Mangel und jedes Zimmer (manche mit Pool) ist mit schönen Möbeln im Thai-Stil mit modernem Touch ausgestattet.

Banyan Tree Koh Samui RESORT **$$$**
(☎ 077 915333; www.banyantree.com/en/samui/overview; Villa ab 23 300 B; ❄@ⓦ≋) Eine ganze Bucht belegt dieser wunderbare, unglaublich luxuriöse Komplex mit Dutzenden mit privaten Pools ausgestatteten Villen, die auf Stelzen über den grünen Laubdächern thronen. Auf dem Gelände flitzen Golfwagen umher, die die Jetsetter zwischen den unzähligen Restaurants und dem riesigen Spa (mit entspannendem Regenwaldsimulator) hin- und herfahren. Der Service ist allerdings verbesserungswürdig.

Samui Jasmine Resort RESORT **$$$**
(☎ 077 232446; 131/8 Moo 3, Lamai; Zi. & Bungalow 4600–12 000 B; ❄ⓦ≋) Genau in der Mitte des Hat Lamai bietet das mit lackiertem Teakholz und trotzdem gemütlich gestaltete Samui Jasmine ein tolles Preis-Leistungs-Verhältnis. Die preiswerteren Zimmer sind besonders empfehlenswert – von vielen hat man einen tollen Blick aufs Meer und den langen, kristallklaren Pool.

Choeng Mon

Choeng Mon ist ein Gebiet mit mehren Stränden am nordöstlichen Zipfel der Insel. In Samrong und Ton Son im Norden sind kleine Gemeinden und einige der luxuriösesten Resorts der Welt zu finden. Normalsterbliche wohnen eher am sichelförmigen Strand des eigentlichen Choeng Mong, den viele für den schönsten Sandstreifen der Insel halten.

Bo Phut

Sehenswertes

1 Wat Phra Yai D1

Schlafen

2 Anantara B2
3 Castaway Guesthouse B2
4 Eden B2
5 Hacienda B2
6 Scent C2
7 Secret Garden Beach Resort D2
8 The Lodge B2
9 W Retreat Koh Samui A1
10 Zazen A1

Essen

11 69 .... B2
12 Antica Locanda D2
13 Catcantoo D2
14 Chez François B2
15 Karma Sutra B2
16 Shack Bar & Grill B2
17 The Hut C2
18 Zazen Restaurant A2

Ausgehen & Nachtleben

Billabong Surf Club .... (siehe 8)
19 Coco Tam's B2
Woo Bar .... (siehe 9)

Samui Honey Cottages Resort RESORT $$
(Karte S. 574; ☎077 427093; www.samuihoney.com; Choeng Mon; Zi. inkl. Frühstück 3500–6500 B; ❄📶🏊) Dieses kleine Resort (mit genauso kleinem Pool) am ruhigeren südlichen Teil des Strandes ist nichts Besonderes, aber netter als manch andere mittelmäßige Angebote in derselben Preisklasse in der Nähe. Die Gäste werden von schönen, klassischen Zimmern im Zen-Stil erwartet.

★ **Six Senses Samui** RESORT $$$
(Karte S. 574; ☎077 245678; www.sixsenses.com/hideaway-samui/index.php; Samrong; Bungalow ab 13 000 B; ❄@📶🏊) Dieses versteckte Bambusparadies ist es wert, dass man einmal im Leben ordentlich Geld ausgibt. Das Six Senses erstreckt sich über 9 ha entlang einer Felsenzunge und definiert den Begriff „Barfußeleganz" mit der perfekten Balance zwischen Überfluss und rustikalem Charme. Die meisten der 66 Villen haben umwerfende Tauchbecken aus Beton und bieten atemberaubende Blicke über die ruhige Bucht darunter.

Die halboffenen Luxusbäder geben dem Begriff „Royal Flush" eine ganz neue Bedeutung. Golfwagen bringen Gäste von ihren Hütten zu den fantastischen Anlagen überall auf dem Gelände– einschließlich eines Spitzen-Spas und zwei ausgezeichneten Restaurants.

Tongsai Bay RESORT $$$
(Karte S. 574; ☎077 245480; www.tongsaibay.co.th; Tong Son; Suite 11 800–38 000 B; ❄📶🏊) Wer sich so richtig verwöhnen lassen will, geht in dieses abgelegene Luxus-Juwel. Die perfekt gepflegte Bungalowgruppe auf dem 10 ha großen Hügelgelände wirkt eher wie ein Dörfchen. Die terrassenartig angelegten Suiten haben Erholungsbereiche, romantische Dekorationen, fantastische Ausblicke, große Terrassen und kreativ platzierte Badewannen (überraschen lassen!).

Es gibt zwei Pools, einen Tennisplatz, ein Spa, einen Dessert-Shop, diverse Restaurants und natürlich einen privaten Strand.

Sala Samui RESORT $$$
(Karte S. 574; ☎077 245888; www.salasamui.com; Choeng Mon; Zi. 6700 B, Villa 9700–23 200 B; ❄@📶🏊) Ist dieses Resort seine saftigen Preise wert? Auf jeden Fall. Das verträumte Luxusdesign ist exquisit und modern – blütenreines Weiß und lackiertes Teakholz kommt überall großzügig zum Einsatz, dezente Türkisakzente greifen die Farbe der privaten Tauchbecken jeder Villa auf. Himmlisch.

Big Buddha Beach (Hat Bang Rak)

Seinen Spitznamen erhielt dieser Strand wegen des riesigen goldenen Buddhas, der über der kleinen nahegelegenen Quasi-Insel Ko Fan thront. Der westliche Teil mit einem relativ menschenleeren Küstenstreifen mit weißem Sand ist bei Weitem der Beste. Je näher man den belebten Landungsstegen kommt, desto gröber und brauner wird der Sand und desto trüber das Wasser. Durch die Nähe des Big Buddha Beach zum Flughafen liegt ein ständiges Dröhnen in der Luft, allerdings kommt man auch schnell und günstig mit dem Taxi dorthin.

Secret Garden Beach Resort BUNGALOWS $$
(Karte S. 580; ☎077 245255; www.secretgarden.co.th; Bungalow 1700–3700 B; ❄📶🏊) Dieses renovierte und runderneuerte Resort in niederländischer Hand hat ein ausgezeichnetes Strandrestaurant, eine Bar und neue, gut ausgestattete Bungalows in dem namensstiftenden Garten und am Pool. Sonntags

gibt's Livemusik, wenn Einheimische, hier lebende Ausländer und Touristen kommen, um zu chillen und was zu trinken, aber ansonsten ist es ziemlich ruhig.

★ Scent RESORT $$$

(Karte S. 580; ☎ 077 960123; www.thescenthotel.com; Suite 8500–10 500 B) Der indochinesische Stil (und dank der Gratis-Räucherstäbchen auch der Duft) in diesem ruhigen Resort erweckt die Eleganz der Kolonialzeit im Asien der 1940er- und 1950er-Jahre wieder zum Leben. Lange Fenster mit Teakholzrahmen lockern das große, graue Betongebäude auf, in dessen Innenhof ein Swimmingpool sowie Zierbäume und -pflanzen angeordnet sind.

Gäste können zwischen Zimmern im europäischen, chinesischen oder Thai-Stil wählen, geräumig und geschmackvoll opulent sind alle eingerichtet.

Bo Phut

Bo Phuts Fischerdorf ist eine Ansammlung schmaler chinesischer Ladenhäuser, die in die trendigsten Boutique-Hotels (meistens der mittleren Preisklasse) und Restaurants der Insel verwandelt wurden. Der zugehörige Strand ist vor allem im östlichen Teil sehr schmal und grobsandig, Richtung Westen wird er heller und breiter.

Hacienda PENSION $$

(Karte S. 580; ☎ 077 245943; www.samui-hacienda.com; Zi. 1200-2800 B,, FZ 2600-4450 B; ❄📶🏊) Poliertes Terrakotta und Torbögen verleihen dem Eingang den Charakter einer spanischen Mission. Die bezaubernden Zimmer sind in einem ähnlichen Stil dekoriert, etwa mit Badezimmerwänden aus Kieseln und mit transparenten Bambuslampen. In den Hacienda Suites ein paar Häuser weiter – dem Zweitgebäude – stehen Gästen preiswertere *eco*-Zimmer zur Verfügung; sie sind winzig und meist fensterlos, aber sauber und komfortabel. Vom Minipool auf dem Dach bietet sich ein toller Blick aufs Meer.

The Lodge HOTEL $$

(Karte S. 580; ☎ 077 425337; www.lodgesamui.com; Zi. 2500–3000 B; ❄📶) The Lodge wirkt mit den blassen Wänden und den dunklen Holzbalken wie eine Jagdhütte aus der Kolonialzeit – nur am blaugrünen Meer. Alle acht Zimmer sind mit Wandbehängen geschmückt und haben einen eigenen Balkon mit Blick auf den Strand, die *pent-huts* im obersten Stock sind besonders geräumig.

Die Lage im Herzen des Fischerdorfs sorgt für Leben, dennoch ist die Atmosphäre in gewisser Weise traulich. The Lodge ist extrem beliebt, daher ist Reservierung ein Muss.

Castaway Guesthouse PENSION $$

(Karte S. 580; ☎ 098 464 6562; Zi. mit Ventilator/Klimaanlage 650–1500 B; ❄📶) Diese frisch renovierte Pension liegt einen Block entfernt vom Strand direkt im Fischerdorf und bietet 15 saubere, helle und freundliche Zimmer.

Eden BUNGALOWS $$

(Karte S. 580; ☎ 077 427645; www.edenbungalows.com; Bungalow 1500–2300 B; ❄📶🏊) Die zehn Bungalows und fünf Zimmer verstecken sich in einem Garten mit einem kleinen Swimmingpool in der Mitte. Die günstigeren Unterkünfte sind schlichter, wer etwas mehr bezahlt, bekommt eine stilvolle Suite mit gelben Wänden und natürlichen Holzmöbeln. Der Strand ist zwei Gehminuten entfernt.

★ Anantara RESORT $$$

(Karte S. 580; ☎ 077 428300; samui.anantara.com; Zi. 6400–22 775 B; ❄@📶🏊) Der überwältigende Sänften-Eingang des Anantara scheint dem Traum von einem fernen orientalischen Königreich entsprungen zu sein. Auf dem wilden Gelände des Resorts schneiden überall Ton- und Kupferstatuen von Dschungelkreaturen ihre Grimassen. Gäste können in einer offenen Pagode Tee trinken, in einem lagunenähnlichen Infinity Pool schwimmen oder sich eine entspannende Spa-Behandlung zwischen den üppigen Tropenpflanzen im wunderschönen Wellnessbereich gönnen.

Zazen RESORT $$$

(Karte S. 580; ☎ 077 425085; www.samuizazen.com; Zi. 6160–17 200 B; ❄@📶🏊) Willkommen in einem der schicksten Boutiqueresorts auf Samui! Jeder Quadratzentimeter dieses charmanten Refugiums wurde sorgfältig und kreativ entworfen. Mit scharlachroten Akzenten verzierte Wände, Terrakotta-Göttinnen, ein Hauch von Feng Shui und großzügig eingesetzter guter Geschmack: Hier gehen asiatischer Minimalismus und moderner Rokoko eine äußerst gelungene Verbindung ein.

Gäste können am Pool oder am besten Abschnitt dieses Strandes auf Liegen im Schatten von Leinensonnenschirmen relaxen. Und selbst der Service ist so luxuriös wie die Kulisse.

Mae Nam & Bang Po

Der schmale weiße Sandstreifen Mae Nam, der zum türkisblauen Meer hin abfällt, ist einer der schönsten Strände der Insel. Hier tummeln sich gern Familien und ältere Paare, was ihm eine ruhige und dennoch lebendige Atmosphäre verleiht, die ideal ist, um im Schatten einer Kokospalme ein gutes Buch zu lesen, zu schlafen oder sich eine Massage am Strand zu gönnen. Der Bang Po, gleich hinter der winzigen Halbinsel gelegen, ist sogar noch ruhiger.

Shangri-la BUNGALOWS $

(☎077 425189; Mae Nam; Bungalow mit Ventilator/Klimaanlage ab 500/1300 B; ❄📶) Für Backpacker ist dies wirklich ein Shangri La: Die Hütten gehören zu den preiswertesten weit und breit, und sie liegen an einem der schönsten Strandabschnitte. Das Gelände ist gärtnerisch nicht besonders gestaltet, doch die einfachen Betonbungalows haben alle ein eigenes Bad (Warmwasser gibt es nur in den Zimmern mit Klimaanlage) und sind sehr gepflegt, und die Mitarbeiter sind sympathisch.

Coco Palm Resort BUNGALOWS $$

(Karte S. 574; ☎077 425095; www.cocopalmbeachresort.com; Mae Nam; Bungalow 3000–9450 B; ❄📶🏊) Die unzähligen Bungalows in diesem Resort warten alle mit Tropenholz, Bambus und Rattan auf. Das Zentrum entlang dem Strand bildet der rechteckige Pool. Die günstigsten Unterkünfte liegen am weitesten vom Strand entfernt, aber auch sie sind komfortabel. Am Schönsten wohnt es sich direkt am Strand in den Villen mit Pool.

Code HOTEL $$$

(Karte S. 574; ☎077 602122; www.samuicode.com; Mae Nam; Suite 3300–11100 B; ❄📶🏊) Nur schnittige, moderne Linien, alles weiß und nicht ein Staubkörnchen weit und breit. Der Kontrast zum türkisblauen Meer und dem großen Infinity Pool sorgt für ein überwältigendes architektonisches Erlebnis. Die Suiten mit raumbreiten Fenstern zum Meer sind geräumig und zweckmäßig und auch der Service ist exzellent.

Wie bei jeder guten Maschine ist natürlich alles direkt da, was man braucht, darunter Fitnessstudio, Spa und Restaurant.

W Retreat Koh Samui RESORT $$$

(Karte S. 580; ☎077 915999; www.starwoodhotels.com/whotels; Mae Nam; Zi. ab 19500 B; ❄@📶🏊) Ein mit Glitzersteinen geschmücktes „W" empfängt die Gäste an der kurvigen Straße zur Lobby und bei der Ankunft fällt so manchem beim Blick auf die glitzernden Infinity Pools und den endlosen Horizont die Kinnlade herunter. Das Markenzeichen „W-Glamour" zeigt sich überall und steht für die Verbindung von urbaner Atmosphäre und Tropenidylle. Das Hotel befindet sich auf einem Hügel und nicht am Strand.

Belmond Napasai RESORT $$$

(Karte S. 574 ☎077 429200; www.napasai.com; Bang Po; Zi. ab 10900 B; ❄@📶🏊) Ein schön gestaltetes Gelände heißt müde Traveller willkommen, die bei der Anreise grasende Wasserbüffel und Gärtner in cremefarbenen Tropenhüten passieren. Über das weitläufige Grundstück verteilen sich Villen, deren traditionelles Thai-Dekor von aufwendig geschnitzten Holzornamenten bis hin zu Bändern aus vor Ort erzeugter Seide reicht.

Na Thon

Chytalay Palace Hotel HOTEL $$

(☎077 421079; 152 Nathon Moo 3; DZ mit Ventilator 400 B, DZ mit Klimaanlage, 550–950 B, 3BZ 800–1000 B; ❄📶) Dieses ruhige Hotel an der Straße am Strand, ein kurzer Marsch südlich vom Pier, hat geräumige Zimmer mit Balkon zum Meer. In den absolut ausreichenden, preiswerteren Zimmern in der unteren Etage blockieren Stromkabel teilweise die Aussicht, sie kosten aber 400 B weniger als die neueren Zimmer oben. Alle Zimmer haben Duschbäder. Der Service ist angenehm, wenn auch etwas reserviert.

Westküste

Ko Samuis Westküste, die überwiegend von thailändischen Touristen besucht wird, besteht aus schmalen Stränden mit grobem Sand, doch die Sonnenuntergänge, das blaue Meer und die Aussicht hinüber zu den Five Islands und zum Grün des Festlands machen das mehr als wett. Es ist eine angenehme Abwechslung zu dem oft ermüdenden Trubel im Osten.

Am Samui BUNGALOWS $$

(Karte S. 574; ☎077 235165; www.amsamuiresort.com; Taling Ngam; Bungalow 1600–6000 B; ❄📶🏊) Einfach mal alle Mäßigung vergessen, die Vorhänge weit aufreißen und den Sonnenschein und den Meerblick durch die raumhohen Fenster hereinlassen! Wer die Haupttouristengegenden verlässt und sich zu diesem abgeschiedenen Strand begibt, bekommt in puncto Zimmerqualität sehr viel mehr für sein Geld.

Sunset Beach Resort & Spa RESORT $$$
(Karte S. 574; ☎077 428200; www.thesunsetbeachresort.com; Ban Taling Nam; Zi. 6000–14300 B, Villa 11000–35800 B;) Der Blick auf die Five Islands bei Sonnenuntergang, der ruhige (etwas grobkörnige) Strand und die besonders sauberen, einfachen, aber luxuriösen Zimmer sind natürlich große Magnete. Doch was das Resort wirklich von anderen in dieser Gegend abhebt, ist der freundliche, aufmerksame Service. Mit den kostenlosen Mountainbikes können Gäste das schläfrige Dorf ringsum erkunden, für fernere Ziele benötigt man aber ein Fahrzeug.

Four Seasons Koh Samui HOTEL $$$
(Karte S. 574; ☎077 243000; www.fourseasons.com/kohsamui; Villa ab 30 000 B;) Diese hügelige 17 ha große Enklave mit 60 Villen liegt auf einer Halbinsel am Westende von Bang Po und wirkt eher wie ein privates Dorf als ein Resort. Von der Lobby hat man eine tolle Aussicht, jede der großen Villen hat ein privates Tauchbecken. Es gibt einen wunderbaren hellen Strand, einen Thai-Boxring und ein Fitnessstudio mit Aussicht.

Mövenpick Resort Laem Yai Beach Samui RESORT $$$
(Karte S. 574; ☎077 421722; www.moevenpick-hotels.com; Zi. inkl. Frühstück 8100–21900 B;) Dieses Boutiqueresort ist ruhig und gelassen und darum an der Westküste die Wahl für Strandspaziergänge ohne Action, verbunden mit traumhaften Sonnenuntergängen und einem herausragenden Service. Die Anlagen, darunter drei Pools, sind erstklassig, genau wie die Villen. Abends finden Kabarett und Feuershows statt, aber wer Nachtleben sucht, sollte das woanders tun.

Südküste

Das südliche Ende von Ko Samui säumen felsige Landzungen und kleine Buchten mit Kiessand, die eher als Parkzonen für thailändische Fischerboote dienen als zum Sonnenbaden. Die Gegend ist perfekt für eine gemütliche Fahrradfahrt durch Kokospalmenhaine und kleine Dörfer, die nicht vom Tourismus dominiert werden.

Easy Time BUNGALOWS $$
(Karte S. 574; ☎077 920111; www.easytimesamui.com; Phang Ka; Villa 2300–4000 B;) In diesem kleinen Refugium in sicherer Entfernung vom Touristengetümmel ist der Service nicht so gut geölt – hier kann jeder sein einsames Robinson-Crusoe-Idyll selbst managen. Zum Strand geht's in wenigen Minuten an einem netten Pool vorbei. Die Doppelvillen und das elegante Restaurant wirken erfrischend unprätentiös.

Elements RESORT $$$
(Karte S. 574; ☎077 914678; www.elements-koh-samui.com; Phang Ka; Zi. inkl. Frühstück 7400–2400 B;) Das Peaceful Elements liegt an einem schönen Strand mit Blick auf die Five Islands und ist der ideale Ort für einen meditativen Rückzug oder einen romantischen Urlaub. Die schicken Zimmer befinden sich in mehrstöckigen Gebäuden, zu den versteckten Villen geht es auf dem Pfad, der zu den Liegen am Strand führt. Weitere Pluspunkte sind die kostenlosen Kajaks und Fahrräder und der tolle Service.

Essen

Schon die Wahl der Unterkunft fällt schwer – und Restaurants hat die Insel noch mehr! Vom Grillhuhn bis zum Beluga-Kaviar stellt Ko Samui stolz sein umfassendes Angebot zur Schau.

Der Festlandseinfluss zeigt sich in zahlreichen Garküchen, die *kôw gaang* (Reis und Curry) verkaufen – meist sind es einfache Holzbuden mit südthailändischen Currygerichten in großen Metalltöpfen. Thailändische Motorradfahrer suchen sich dort ihr Mittagessen aus, indem sie einfach die Deckel abheben und den kunterbunten Inhalt mustern. Gute *kôw gaang*-Garküchen säumen z. B. die ganze Ring Rd (Rte 4169) und haben schon um 13 Uhr alles verkauft. In der Regel deutet also eine Ansammlung einheimischer Motorräder auf Leckeres hin.

Nobellokale sind noch zahlreicher vertreten. Samuis schicke Gastroszene strotzt nur so vor italienischen Lokalen, aber man findet problemlos Menüs aus allen Ländern. Top-Gehälter und gutes Wetter locken regelmäßig Weltklasse-Köche auf die Insel.

Hat Chaweng

Am „Strip" servieren Dutzende Restaurants eine Mischung aus einheimischen Gerichten, internationaler Küche und fettigem Fast Food, aber dafür muss keiner extra hierherfahren. Das beste Ambiente herrscht am Strand, wo viele Bungalow-Betreiber Tische in den Sand stellen, die abends von bunten Lichterketten beleuchtet werden.

Laem Din Markt MARKT $

(Karte S. 578; Gerichte ab 35 B; ⌚4–18 Uhr, Nachtmarkt 18–2 Uhr) Die vielen Stände des belebten Tagesmarkts bieten neben Obst, Gemüse und Fleisch auch Fertiggerichte an. Besucher können z. B. ein Kilo süßer grüner Orangen kaufen oder nach den Zutaten des am Vorabend genossenen Currys stöbern. Abends empfiehlt sich der benachbarte Nachtmarkt für Grillhuhn und Currys im südthailändischen Stil.

Ninja Crepes THAI $

(Karte S. 578; Gerichte ab 75 B; ⌚11–24 Uhr) In diesem lagerhallengroßen Restaurant, das jeden Abend gerammelt voll ist und in dessen Mitte an mehreren Woks in doppeltem Tempo gearbeitet wird, servieren die eifrigen Besitzer thailändische Meeresfrüchtegerichte, Currys, Crepes, Suppen und Desserts.

★ Stacked STEAK $$

(Karte S. 578; www.stacked-samui.com; Hauptgerichte ab 295 B; ⌚12–24 Uhr; 📶) Dieses geradlinige Burgerrestaurant mit offenem Grill, einem engagierten Team sowie einer Knallerkarte ist sowohl visuell als auch kulinarisch ein Fest. Burger und Steaks, die vor Geschmack strotzen, werden in großzügigen Portionen auf Schieferplatten serviert. Man sollte viel Hunger mitbringen, die Versuchung, alles durchzuprobieren, ist groß.

★ Pepenero ITALIENISCH $$

(Karte S. 578; www.pepenerosamui.com; Hauptgerichte ab 250 B; ⌚Mo & Mi–Sa17.30–22.30, So 18–22.30 Uhr) Das Pepenero hat auf Ko Samui für Wirbel gesorgt. Das exzellente italienische Restaurant hat zwar keine Aussicht, macht das aber mehr als wett mit einer tollen Karte (inkl. Brettchen mit Käse und Aufschnitt) und der Fürsorge und Aufmerksamkeit, mit der sich die kontaktfreudigen, hart arbeitenden Gastgeber ihren Gästen widmen.

★ Larder EUROPÄISCH $$$

(Karte S. 578; www.thelardersamui.com; Hauptgerichte 300–900 B; ⌚12–23 Uhr; 📶) Das Res-

SALZ & GEWÜRZE IN DER SÜDTHAILÄNDISCHEN KÜCHE

Keiner soll sagen, wir hätten ihn nicht gewarnt: Die südthailändische Küche ist zweifelsohne die schärfste regionale Variante im Land der scharfen Regionalküchen. In den südlichen Provinzen Thailands ist das Essen oft sehr salzig, und natürlich spielen Fisch und Meeresfrüchte eine große Rolle, von frischem Fisch, der gegrillt oder in Suppen gegeben wird, bis zu eingelegtem oder fermentiertem Fisch, der in Form von Sauce oder Würze auf den Tisch kommt. Zwei der wichtigsten Agrarprodukte in Südthailand sind Kokosnüsse und Cashews, und beide werden für viele Gerichte verwendet. Daneben lieben die Südthailänder ihr Grünzeug, und zu fast jeder Mahlzeit gehören ein Teller mit frischen Kräutern und Gemüse und ein pikanter „Dip" aus Garnelenpaste, Chilis, Knoblauch und Limette.

Zu den Gerichten, die Reisenden in Südthailand wahrscheinlich begegnen werden, gehören die folgenden:

Gaang đai Ƅlah Ein sehr scharfes und salziges Curry mit *đai Ƅlah* (gesalzener Fischmagen); schmeckt viel leckerer als es klingt.

Gaang sôm Diese sauer-scharfe Suppe, die in Zentralthailand als *gaang lĕu·ang* (gelbes Curry) bekannt ist, bekommt ihre besondere Note durch den großzügigen Einsatz von Kurkuma, einer Wurzel, die in der südthailändischen Küche oft verwendet wird.

Gài tôrt hàht yài Das berühmte frittierte Hähnchen aus der Stadt Hat Yai wird durch eine Marinade mit getrockneten Kräutern besonders aromatisch.

Kà·nŏm jeen nám yah Zu diesem Gericht aus dünnen Reisnudeln, die mit einer feurigen, curryartigen Sauce serviert werden, gehört immer ein Teller mit frischem Gemüse und frischen Kräutern.

Kôo·a glîng Das Hackfleisch mit einer scharfen Currypaste ist ein typisches südthailändisches Gericht.

Kôw yam Dieses Gericht ist ein berühmtes Frühstück und besteht aus Reis mit gehackten Kräutern, Bohnensprossen, getrockneten Garnelen, gerösteter Kokosnuss und gemahlenem rotem Chili. Es wird mit einer süß-sauren Sauce auf Fischbasis serviert.

Pàt sà·đor Das beliebte Gericht aus „stinkenden Bohnen" mit Shrimps, Knoblauch, Chilis und Shrimppaste ist scharf und hat einen kräftigen Geschmack.

taurant/Bar/Gastropub zieht mit seiner erfrischenden Karte mit klassischen Gerichten alle Register in einem entspannten und geschmackvollen Ambiente. Die große Weinauswahl und tolle Cocktails runden die Sache ab. Die Speisepalette reicht von langsam gegarten Lamm-Spareribs über in Bierteig gebackene Makrele bis zu warmer Falafel mit Feta-Gurken-Chilli-Salat.

Page ASIATISCH, FUSION **$$$**
(Karte S. 578; www.thelibrary.co.th/the-page.html; Gerichte 300–1650 B; 7–23.30 Uhr;) Für wen das ultra-elegante Library (S. 577) unerschwinglich ist, kann zumindest im zugehörigen Strandrestaurant speisen. Es ist nicht billig, aber mittags ist es zwangloser und bezahlbar.

Dr. Frogs STEAK **$$$**
(Karte S. 574; www.drfrogssamui.com; Hauptgerichte ab 380 B; 12–23 Uhr) Ganz oben auf einer felsigen Landspitze kombiniert das Dr. Frogs die wunderschöne Aussicht aufs Meer mit internationalen Grillgerichten, Meeresfrüchten, Pasta, Pizza und Thai-Spezialitäten. Köstliche Steaks und Krabbenküchlein, dazu freundliche Besitzer, was will man mehr? Die Kulisse ist romantisch und für gequälte Eltern gibt's vorne im Garten einen Kinderspielplatz. Dienstags bis donnerstags wird um 19.30 Uhr live Gitarre gespielt.

Prego ITALIENISCH **$$$**
(Karte S. 578; www.prego-samui.com; Hauptgerichte 280–860 B; 12–23 Uhr) Frisch renoviert und reizvoll aufgefrischt mit einer neuen Bar/Lounge kredenzt dieses coole Restaurant italienische Spitzenküche, darunter eine große Auswahl an vegetarischen Gerichten, abgerundet durch eine verführerische Weinkarte.

Hat Lamai

Am Hat Lamai, nach dem Hat Chaweng Samuis Strand mit den meisten Besuchern, gibt es verglichen mit dem benachbarten Chaweng erstaunlich wenig gute Restaurants. An den meisten Abenden öffnen rund um die „Lady Boxing“-Bars im Zentrum ein paar Nudel- und Pfannkuchenstände und verkaufen Gerichte ab 50 B, die man draußen an Plastiktischen essen kann.

Hua Thanon Markt MARKT **$**
(Karte S. 574; Gerichte ab 30 B; 6–18 Uhr) Wer sich dem Rhythmus dieses Dorfmarkts gleich südlich von Lamai hingibt, späht in Südthailands Küchenwelt hinein: Händler verscheuchen Fliegen von frisch geschlachtetem Fleisch, während Hausfrauen ihre Gemüsebündel in Transportkörben an Motorrädern unterbringen. Die Marktstraße führt zu einer Reihe muslimischer Garküchen, die Schmackhaftes wie Hühnchen-Biryani, pikante Currys oder Röstreis mit Kokosmark, Bohnensprossen, Zitronengras und getrockneten Garnelen anbieten.

Lamai Tagesmarkt MARKT **$**
(Gerichte ab 30 B; 6–20 Uhr) Auf Lamais belebtem Markt gibt's Grundnahrungsmittel und Essen zum Mitnehmen. Im überdachten Bereich können Besucher Obst kaufen oder Händler beobachten, die Kokosmark zur Herstellung von Kokosmilch pürieren. Tipp: den Eisverkäufer mit dem selbstgemachten Kokoseis suchen.

Pad Thai THAI **$**
(www.manathai.com/samui/phad-thai; Hauptgerichte ab 70 B; 11–23 Uhr) Das elegante, halboffene Restaurant an einer Ecke des riesigen Manathai-Hotels ist absolut erschwinglich und eine fantastische Wahl für pfannengerührte und Suppennudeln, gefolgt von Kokoseis.

Tandoori Nights INDISCH **$**
(Hauptgerichte ab 150 B; 11–23.30 Uhr) In diesem einladenden indischen Restaurant kostet ein Gemüsecurry plus Softdrink und Papadum nur 190 B. Man bestimmt seinen persönlichen Schärfegrad selbst, ganz Mutige bestellen das höllisch scharfe Lamm-Vindaloo (290 B) – Augen zu und durch.

★ **La Fabrique** BÄCKEREI **$$**
(Frühstücke ab 120 B; 6.30–22.30 Uhr;) In der geräumigen, französisch angehauchten Boulangerie/Patisserie beim Wat Lamai auf der Rte 4169 abseits der Hauptstraße zerschneiden Ventilatoren die Luft. Der Service ist auf Zack und zuvorkommend. Zur Wahl stehen frisches Brot, Croissants, Gratins, Baguettes, Meringues, Joghurt, Gebäck und ungewöhnlich gute Frühstücksangebote mit frischem Obst und gekochten Eiern. Dazu gibt's eine Auswahl an Kaffee und Tee. In Chaweng ist eine kleinere und lautere Filiale.

Baobab FRANZÖSISCH **$$**
(084 838 3040; Hat Lamai; Hauptgerichte 150–380 B; 8.30–18 Uhr) Nach einer Mahlzeit im lebhaften Baobab ein freies Strandtuch schnappen, auf eine Sonnenliege fläzen und das Rauschen der Brandung und die tolle

Aussicht oder nebenan eine Massage genießen. Wenn möglich einen der Strandtische belegen. Man braucht beide Hände, um die Karte umzublättern, die voller Frühstücksangebote (ganzer Tag), französischen/thailändischen Gerichten, Gegrilltem, Pasta und beliebten Specials ist, inklusive Rotem Thunfischsteak (350 B). Meist ist es rappelvoll.

Radiance INTERNATIONAL **$$**
(Mahlzeiten 100–400 B; ⏲7–22 Uhr; 📶✎) Selbst wenn man nicht im Spa Resort übernachtet und nicht einmal Vegetarier ist: Gesundes Essen hat selten so gut geschmeckt. Und es gibt nicht nur Naturreis – von der erstaunlichen rohen *thom kha* (Suppe mit Kokosnuss und grünem Curry) bis zu Schokoladensmoothies, die einfach jeden Diätplan durcheinanderwerfen, ist hier fast alles erhältlich. Zudem ist die halboffene Lage am Strand sehr entspannt und unprätentiös.

The Dining Room FRANZÖSISCH **$$$**
(www.rockyresort.com/en/dining/dining-room; Gerichte 300–950 B; ⏲mittags & abends) Die Spezialität dieses Strandrestaurants im Rocky's Resort ist das Rinderfilet Rossini – die Geschmacksnerven wähnen sich in Paris, der Sehnerv ob der atemberaubenden Aussicht im siebten Himmel.

Choeng Mon & Big Buddha Beach (Hat Bang Rak)

An der belebten Hauptmeile von Choeng Mon, die parallel zu diesem Hauptstrand im Norden der Insel verläuft, gibt es viele Imbissoptionen, allerdings sind die Preise hier generell höher, selbst ohne Meerblick. Rund um den Big Buddha Beach, westlich von Choeng Mon, gibt es einige Alternativen; die Lage ist hier zwar nicht so glamourös, doch dafür sind die Preise vernünftiger.

Antica Locanda ITALIENISCH **$$**
(Karte S. 580; ☎077 245163; www.anticasamui.com; Hat Bang Rak; Hauptgerichte ab 240 B; ⏲13–23 Uhr; 📶) Die freundliche Trattoria mit geprägten weißen Tischdecken lagert italienischen Wein in Schatullen. Am besten die *vongole alla marinara* (Venusmuscheln in Weißwein, 240 B) oder einfach ein leckeres Gericht von der Tageskarte probieren.

Catcantoo INTERNATIONAL **$$**
(Karte S. 580; www.catcantoo.com; Hat Bang Rak; Hauptgerichte 90–350 B; ⏲9–2 Uhr) Morgens ein preisgünstiges Frühstück, mittags saftige Rippchen, später eine Runde Poolbillard.

★Dining On The Rocks ASIATISCH, FUSION-KÜCHE **$$$**
(Karte S. 574; ☎077 245678; reservations-samui@sixsenses.com; Choeng Mon; Hauptgerichte ab 2200 B; ⏲17–22 Uhr) Hoch über dem Golf wartet Ko Samuis ultimative kulinarische Erfahrung auf neun freischwebenden Veranden aus verwittertem Bambus und Teakholz. Nach Sonnenuntergang (und Wein) fühlt man sich hier, als würde man auf einer Holzbarke auf einem funkelnden Sternenmeer speisen. Alle Gerichte des sechsgängigen Festpreismenüs werden von kreativen Köchen ersonnen, die regelmäßig mit Aroma, Konsistenz und Temperatur experimentieren.

Für besondere Anlässe sollte man weit im Voraus reservieren, wenn sie am „Tisch 99" (dem Flitterwochentisch) und mit Überraschungsmenü auf einer Privatterrasse stattfinden sollen. Das Dining On The Rocks gehört zum abgeschiedenen Six Senses Samui. Die Bar und die Lounge öffnen eine Stunde früher, speisen kann man ab 18 Uhr.

Bo Phut

Das schönste Ambiente zum Essen bietet das Fischerdorf, aber an der Straße, die landeinwärts auf die Hauptstraße zuführt, finden sich viele preiswertere Optionen.

The Hut THAI **$**
(Karte S. 580; Hauptgerichte 60–550 B; ⏲13–22 Uhr) Hier gibt's einfache thailändische Spezialitäten zu vernünftigen Preisen, aber auch teurere Meeresfrüchte-Köstlichkeiten und westliche Gerichte. Da hier nur etwa ein Dutzend Tische stehen, kommt man am besten sehr früh oder sehr spät, wenn man nicht warten will. Fischer können sich hier ihren eigenen Fang zubereiten lassen.

Karma Sutra INTERNATIONAL **$$**
(Karte S. 580; Hauptgerichte 180–700 B; ⏲8–2 Uhr; 📶) Mit viel Violett und Kissen, Sitzsäcken und niedrigen Tischen ist dieses charmante Lokal das Herz von Bo Phuts Fischerdorf und serviert draußen am Rande der Straße gute internationale und thailändische Gerichte.

69 THAI, FUSION **$$**
(Karte S. 580; Hauptgerichte ab 149 B; ⏲13–22 Uhr; 📶) Trotz der ungünstigen Lage am lauten Straßenrand und der altmodischen, zusammengewürfelten und in die Jahre gekommenen Deko, ist dieses Lokal sehr beliebt – auch aufgrund seiner fast ausschließlich glänzenden Kritiken für die kreativen Versionen thailändischer Klassiker.

★ **Chez François** FRANZÖSISCH $$$
(Karte S. 580; www.facebook.com/chezporte; 33/2 Moo 1 Fischerdorf; Menü 1700 B; ⏲Di–Sa 18–23 Uhr) Im Chez François bestellt man nicht à la carte, aber sein hervorragender kulinarischer Ruf hat auf Ko Samui Wellen geschlagen. Es gibt ein dreigängiges Überraschungsmenü. Auf der Facebookseite kann man einen Tisch reservieren, was man frühzeitig tun sollte, wenn man nur ein paar Tage auf Ko Samui weilt, da es eher klein ist. Man kann nur bar bezahlen.

Das Chez François versteckt sich hinter einer Holztür bei einer Apotheke.

Shack Bar & Grill STEAK $$$
(Karte S. 580; www.theshackgrillsamui.com; Hauptgerichte 450–800 B; ⏲17:30–22 Uhr) Das Shack importiert die besten Fleischstücke aus Australien und mariniert sie mit leckeren Saucen in allen Farben des Regenbogens, von Rotwein bis Blauschimmelkäse. Die Sitznischen und der Jazz aus den Lautsprechern verleihen dem Lokal einen westlichen Charakter, doch die Gäste, die hier essen, sind bunt gemischt.

Zazen Restaurant ASIATISCH, FUSION $$$
(Karte S. 580; Gerichte 540–900 B, Menü ab 1300 B; ⏲mittags & abends) Ein romantisches Abendessen im Zazen hat alles zu bieten: Meerblick, Kerzenlicht und gedämpfte Musik. Donnerstag- und Sonntagabend ab 20 Uhr beleben thailändische Tänzerinnen das Geschehen. Man sollte reservieren.

Mae Nam & Bang Po

In Mae Nam gibt es haufenweise Lokale, von Strandhütten, die einen Mix aus Thai-Küche, westlichem Essen und Meeresfrüchtegerichten servieren, bis zu gehobeneren Restaurants, die sich im Netz der von Lilienteichen gesäumten Sträßchen mehr im Inland befinden. Dies ist eine hübsche Gegend, um einfach herumzustromern und seine eigenen Entdeckungen zu machen.

Fish Restaurant INTERNATIONAL $
(Hauptgerichte ab 50 B; ⏲12–22 Uhr) Dieses beliebte Lokal mit Betonboden bietet eine leckere Auswahl an thailändischen Meeresfrüchtegerichten, panasiatischen Speisen und internationalen Appetitanregern, serviert auf eleganten thailändischen Tischtüchern und zu vernünftigen Preisen, die einen ständigen Strom von Gästen anzieht. Allerdings sind die Portionen ziemlich klein und die Musik erinnert an Fahrstuhlfahrten.

Bang Po Seafood SEAFOOD $$
(Bang Po; Gerichte ab 100 B; ⏲abends) Ein Test für die Geschmacksnerven: Das Bang Po Seafood zählt zu den ganz wenigen Inselrestaurants mit Ko-Samui-Traditionskost. So beinhalten die Gerichte z. B. rohe Seeigeleier, Baby-Tintenfische, Meerwasser, Kokosmilch und einheimische Gelbwurz.

John's Garden Restaurant THAI $$
(Karte S. 574; ☎077 247694; www.johnsgardensamui.com; Hauptgerichte ab 160 B; ⏲13–22 Uhr) In diesem pittoresken Gartenrestaurant stehen die Tische zwischen Bambus, Palmen und sorgfältig geschnittenen Hecken. Die Spezialität unter den thailändischen und europäischen Gerichten ist das leckere Massaman Curry. Mückenschutz wird normalerweise bereitgestellt, man sollte aber lieber selbst vorsorgen. Besonders romantisch wird es, wenn die Laternen angehen. Vorab reservieren.

Farmer INTERNATIONAL $$$
(Karte S. 574; ☎077 447222; Mae Nam; Hauptgerichte 350–1000 B; ⏲mittags & abends) Das Farmer liegt traumhaft in einem Reisfeld und ist eine tolle Wahl, besonders wenn in einer sternenklaren Nacht die Kerzen flackern. Das meist europäisch inspirierte Essen schmeckt gut und ist schön angerichtet. Das Farmer bietet einen kostenlosen Abholservice von den Stränden in der Nähe und das Personal ist sehr aufmerksam. Zurzeit werden neue Resortvillen um das Reisfeld gebaut.

West- & Südküste

An der ruhigen Westküste gibt es einige der besten Meeresfrüchtegerichte auf Samui. In Na Thon findet auf der Th Thawi Ratchaphakdi ein riesiger **Tagesmarkt** statt – es lohnt sich, vor der Fahrt mit der Fähre hier ein paar Snacks zu besorgen.

Ging Pagarang SEAFOOD $
(Thong Tanote; Mahlzeiten ab 50 B; ⏲11.30–20 Uhr) Die Einheimischen wissen, dass dies eines der besten Strandrestaurants der Insel ist, um Seafood-Gerichte nach Samui-Art zu essen. Es ist einfach und familiengeführt, doch das Essen und die Aussicht sind klasse. Empfehlenswert sind der Meeresalgensalat mit Krabben, der gebratene getrocknete Tintenfisch mit Kokosnuss und der gebratene Fisch (bzw. die Garnelen) mit Zitronengras.

Five Islands SEAFOOD $$$
(Karte S. 574; ☎077 415359; www.thefiveislands-samui.com; Gerichte 250–790 B; ⏲12–23

Uhr) Das Five Islands bietet ein einzigartiges (wenn auch teures) kulinarisches Erlebnis. Zunächst schippern die Gäste in einem Longtail-Boot (2 Pers. inkl. Essen 7500–9250 B) über das türkisblaue Meer, um die Five Sister Islands zu besuchen. Dort erfahren sie Interessantes über die uralte Kunst der Vogelnesterntе für eine Vogelnestsuppe – eine chinesische Delikatesse. Nach der Rückkehr wird am Strand ein Luxusmahl serviert.

Die mittäglichen Touren starten gegen 10 Uhr, Dinnertouren gegen 15 Uhr. Die Gäste können auch ohne eine Tour nur zum Essen kommen und umgekehrt, die Tour sollte man aber zwei Tage im Voraus buchen.

Ausgehen & Nachtleben

Der lärmige Hat Chaweng ist zweifellos die größte Partyhochburg der Insel. Dahinter rangieren Lamai und Bo Phut. Das übrige Ko Samui ist allgemein recht ruhig, da sich das Nachtleben dort normalerweise auf die Hausbars der Resorts beschränkt.

Hat Chaweng & Lamai

Sich an Hat Chaweng zu amüsieren ist ein Kinderspiel. Die meisten Bars sind bis 2 Uhr morgens geöffnet, und in einigen ist die ganze Nacht etwas los.

Jeden Samstagabend um die Zeit des Abendessens herum ist in den sogenannten „Lady Boxing"-Bars Damenboxen angesagt: Zwei Bargirls steigen dann nach wochenlangem Training in den Ring und treten gegeneinander an. Den Rest der Woche räkeln sie sich und tanzen in diesen Open-Air-Bars, was besonders deprimierend ist, wenn keine Kunden da sind.

Beach Republic BAR
(www.beachrepublic.com; 176/34 Mu 4, Hat Lamai; 7–23 Uhr) Das Beach Republic, leicht zu erkennen an den strohgedeckten Sonnendächern, könnte das Paradebeispiel eines Drehorts für eine TV-Show über alkohollastigen Strandurlaub sein. Es gibt Planschbecken, Lounge-Sessel, eine ellenlange Cocktailkarte und sogar ein Hotel für diejenigen, die die Party nie verlassen wollen. Der Sonntags-Brunch ist legendär.

Ark Bar BAR
(Karte S. 578; www.ark-bar.com; Hat Chaweng; 7–2 Uhr;) Drinks bekommt die Feiergemeinde an der bunten Bar, Gäste lehnen sich auf Liegen am Strand zurück und die Party läuft Tag und Nacht.

Bar Solo BAR
(Karte S. 578; Hat Chaweng) Mit quirliger Partystimmung, guten DJs und Getränkespecials animiert das Bar Solo Partygänger zum Vorglühen vor einer langen Nacht in den Tanzclubs auf der Soi Solo und der Soi Green Mango.

Tropical Murphy's Irish BAR
(Karte S. 578; Hat Chaweng; 8–2 Uhr;) Wenn abends die Livemusik loslegt, verwandelt sich der Laden in die beliebteste Irish Bar auf Ko Samui (ja, davon gibt's ein paar). Auf der Karte stehen Steak und Kidney Pie, Fish & Chips, Ulster Fry (Irisches Frühstück), Lammkoteletts und Irish Stew (Hauptgerichte 60–300 B).

Green Mango BAR
(Karte S. 578; www.thegreenmangoclub.com; Hat Chaweng) Das Green Mango ist so bekannt, dass eine Soi nach ihm benannt wurde. Samuis beliebteste Trinkhochburg ist groß, laut und sehr *fa·ràng*. Es gibt teure Drinks, und verschwitzte Körper wiegen sich im grellen Licht zur Musik.

Reggae Pub BAR
(Karte S. 578; Hat Chaweng; 18–3 Uhr) Die Freilufttanzfläche dieser Fun-Festung wird von ausländischen DJs beschallt. In dem mächtigen, zweistöckigen Gebäude befinden sich lange Bars, Pooltische und eine Livemusikbühne. Das Ganze ist gleichzeitig das reinste Bob Marley-Museum. Am frühen Abend ist es häufig leer, es füllt sich erst gegen Mitternacht. Die lange Straße zum Reggae Pub ist ein Transsexuellen-Treffpunkt.

Strände an der Nord- & Westküste

Woo Bar BAR
(Karte S. 580; Mae Nam; 11–1 Uhr;) Die markante Lobbybar vom W Retreat mit echtem Wow-Faktor gibt dem Wort „schick" eine neue Bedeutung. Hierfür sorgen Sitzkisseninseln mitten in einem großen Infinity Pool, der sich bis zum unendlichen Horizont erstreckt. Zweifellos Ko Samuis bester Ort für einen Sundowner. Donnerstagabends gibt es Mojitos bis zum Abwinken (1300 B).

Nikki Beach BAR
(Karte S. 574; 077 914500; www.nikkibeach.com/kohsamui; Lipa Noi;) Das gefeierte Luxuslabel hat internationalen Schick an Ko Samuis abgeschiedene Westküste gebracht. Es gibt alles: Haute Cuisine, schickes Dekor

und Jetsetter. Brunch- und Dinnerspecials mit verschiedenen Mottos locken die ganze Woche lang viele Gäste an. Quartiere in eleganten Villen werden auch angeboten.

Coco Tam's BAR
(Karte S. 580; Bo Phut; Shisha 500 B; ⌚17–1 Uhr) Die Gäste können es sich hier auf einem Sitzsack im Sand gemütlich machen, einen Cocktail bestellen, der in einem Einmachglas serviert wird, und an einer Shisha (Wasserpfeife) ziehen. Es ist ein bisschen teuer, aber in dieser unkonventionellen, schicken Strandbar ist Relaxen angesagt. An den meisten Abenden treten Feuertänzer auf.

Billabong Surf Club BAR
(Karte S. 580; Bo Phut; ⌚9–1 Uhr; 📶) Im Billabong dreht sich alles um Australian Football, das hier im Fernsehen läuft. Zudem zieren viele signierte Trikots und Erinnerungsstücke aus Down Under die Wände. Der Blick auf Ko Pha-Ngan ist großartig und die Gäste spülen herzhafte Spareribs und Koteletts mit Fassbier runter.

☆ Unterhaltung

Paris Follies Cabaret KABARETT
(Karte S. 578; Hat Chaweng; ⌚20–24 Uhr) Das umwerfende Kabarett bietet jeden Abend um 20, 21, 22 und 23 Uhr einstündige *gà·teu·i*-Kabarettshows (Ladyboys, auch *kà·thoey* geschrieben) an, die gleichermaßen von Männern und Frauen besucht werden. Der Eintritt ist frei, aber man muss etwas trinken (um die 390 B).

Shoppen

Central Festival EINKAUFSZENTRUM
(Karte S. 578; ⌚11–23 Uhr) Die neue Monster-Mall ist voller Läden und Restaurants.

Island Books BÜCHER
(⌚9–19 Uhr) Versteckt an einer Straße abseits der Rte 4169 und geführt von Paul aus Liverpool bietet Island Books in Lamai die größte Auswahl an gebrauchten Büchern auf der Insel.

Bookazine BÜCHER
(Karte S. 578; ☎077 413616; Hat Chaweng; ⌚11–22 Uhr) Outlet, das neue Bücher, Zeitschriften und Lonely Planet Bände verkauft.

ℹ Praktische Informationen

EINWANDERUNG

Das Büro der **Einwanderungsbehörde** (☎077 421069; ⌚Mo–Fr 8.30–12 & 13–16.30 Uhr) liegt ca. 2 km südlich von Na Thon. Die Beamten tendieren dazu, Visa eher minimal als maximal zu verlängern. Zum Zeitpunkt der Recherche wurde hier Dutzenden Touristen nach ermüdender Endloswarterei eine Visumverlängerung knapp und ohne bestimmte Begründung verweigert. An besonders schlechten Tagen kann das Prozedere den ganzen Nachmittag dauern.

GEFAHREN & ÄRGERNISSE

Die Zahl der Verkehrstoten ist auf Ko Samui ziemlich hoch. Das liegt größtenteils an den vielen Touristen, die Motorräder mieten und leider zu spät merken, dass die Kombination von kurvigen Straßen, tropischen Wolkenbrüchen und chaotischem Verkehr tödlich sein kann. Wer sich für ein Leihmotorrad entscheidet, sollte unbedingt einen Schutzhelm mit Plastikvisier tragen (ggf. nachfragen). Achtung: Wer keinen internationalen Führerschein hat, kann bei einem Unfall Probleme mit der Versicherung bekommen.

Strandhändler werden staatlich registriert und sollten theoretisch nummerierte Jacken tragen. Bei nicht aufhörender Belästigung durch Händler sollte man sich an die Behörden wenden.

2015 explodierte eine Autobombe im Einkaufszentrum und verletzte sechs Menschen.

GELD

An der Ost- und Nordküste sowie in Na Thon lässt sich Geld problemlos umtauschen. Viele Banken und Wechselstuben haben täglich geöffnet und man findet dort auch etwa jede 200 m einen Geldautomaten. Anders als auf Ko Tao sollten auf Ko Samui eigentlich keine Kreditkartengebühren anfallen.

INTERNETZUGANG

WLAN gibt's in den meisten Unterkünften, Restaurants und Bars. Manche Spitzenhotels stellen es in Rechnung, aber in den mittleren und günstigen Pensionen ist es umsonst.

MEDIEN

Siam Map Company (www.siammap.com) Vierteljährliche Broschüren, z. B. *Spa Guide*, *Dining Guide*, und ein jährliches Verzeichnis, das Tausende Firmen und Hotels auf der Insel auflistet. Ihre kostenlose *Siam Map Company Samui Guide Map* bekommt man leicht auf der ganzen Insel.

Samui Navigator (www.samuinavigator.com) Dieser Prospekt ist empfehlenswert.

Samui Guide (www.samuiguide.com) Der zeitschriftenähnliche Führer nennt vor allem Restaurants und Attraktionen.

MEDIZINISCHE VERSORGUNG

Die vier privaten Inselkliniken liegen alle nahe Chawengs Tesco-Lotus-Supermarkt an der Ostküste, wo sich die meisten Touristen tummeln. Das staatliche Krankenhaus (Samui Hospital) in

Na Thon ist seit ein paar Jahren deutlich besser, lässt aber immer noch zu wünschen übrig: Seine Finanzierung basiert auf Samuis offizieller Einwohnerzahl, welche die vielen illegalen Arbeiter aus Myanmar nicht erfasst.

Bandon International Hospital (☎ 077 245236, Notruf 077 425748)

Bangkok Samui Hospital (Karte S. 578; ☎ 077 429500, Notruf 077 429555) Beste Option bei fast allen Gesundheitsproblemen.

Dekompressionskammer (☎ 077 427427; Big Buddha Beach) Spezialisten für Tauchmedizin.

Samui International Hospital (Karte S. 578; ☎ 077 230782; www.sih.co.th; Hat Chaweng) Rettungsdienst rund um die Uhr und Annahme von Kreditkarten; liegt nahe dem Amari Resort in Hat Chaweng.

NOTFALL

Touristenpolizei (☎ 077 421281, Notruf 1155) Südlich von Na Thon stationiert.

POST

In mehreren Inselecken gibt's privat geführte Postfilialen, die jeweils eine kleine Bearbeitungsgebühr verlangen. Fast alle Unterkünfte verschicken frankierte und abgestempelte Post für Gäste.

Hauptpost Nahe dem TAT-Büro und nicht immer zuverlässig

TOURISTENINFORMATION

Tourism Authority of Thailand (TAT; ☎ 077 420504; Na Thon; ⏲ 8.30–16.30 Uhr)

An- & Weiterreise

BUS & ZUG

Eine Kombination aus Bus und Fähre ist für den Weg nach Ko Samui praktischer als ein Paket mit Zugfahrt und Fähre, denn so muss man in Phu Phin nicht das Verkehrsmittel wechseln. Die Züge sind allerdings sehr viel komfortabler und geräumiger, besonders nachts. Wer den Zug vorzieht, sollte in Chumphon aussteigen und den restlichen Weg mit dem Lomprayah-Katamaran zurücklegen.

Mehrere Anbieter offerieren Kombitickets für Bus und Fähre. Am schnellsten und komfortabelsten ist der Lomprayah-Service, der täglich um 6 und 21 Uhr in Bangkok startet und um 8 und 12.30 Uhr von Ko Samui nach Bangkok fährt. Die gesamte Fahrt dauert etwa 13½ Stunden und kostet zwischen 1400 B und 1450 B.

FLUGZEUG

Ko Samuis **Flughafen** (www.samuiairportonline.com) liegt im Nordosten der Insel, nahe dem Big Buddha Beach. **Bangkok Airways** (www.bangkokair.com) verbindet etwa alle 30 Minuten Ko Samui mit Bangkoks Suvarnabhumi International Airport (50 Min.). Bangkok Airways fliegt auch direkt von Samui nach Phuket, Pattaya, Chiang Mai, Singapore, Kuala Lumpur, Hong Kong und andere Städte in Südostasien. Mit **Firefly** (www.fireflyz.com.my) geht's von Ko Samui nach Kuala Lumpurs Flughafen Subang und dreimal die Woche nach Penang.

Bangkok Airways (Karte S. 578; ☎ 077 420519, 077 420512) ist am Hat Chaweng und am Flughafen. Der erste und letzte Flug des Tages (6 bzw. 22 Uhr) kosten am wenigsten.

In der Hauptsaison heißt's möglichst rechtzeitig reservieren, da Flüge nach Ko Samui dann oft ausgebucht sind. Falls Letzteres der Fall ist, kann man theoretisch ab Bangkok nach Surat Thani fliegen und dort eine kurze Fahrt mit der Fähre zur Insel machen. Im Vergleich zu Direktflügen nach Samui sind Flüge nach Surat Thani generell günstiger, aber wesentlich stressiger.

SCHIFF/FÄHRE

Auf dem Festland fungieren Ao Ban Don, Don Sak, Chumphon und Tha Thong (zentrales Surat Thani) als Haupthäfen in Richtung Ko Samui. Tha Thong und Don Sak werden am häufigsten genutzt. Auf Samui legen die meisten Fähren in Na Thon, Mae Nam und Big Buddha Beach an bzw. ab. Schnellfährentickets beinhalten oft Gratis-Shuttles per Wassertaxi.

Zum Festland

Zwischen Ko Samui und dem Festland fahren oft Fähren. Zwei Optionen sind die Schnellfähre **Lomprayah** (S. 630 ; 450 B), die in Na Thon abfährt, und die langsamere, stinkende Autofähre **Raja** (120 B) nach Don Sak (☎ 022 768 2112; www.rajaferryport.com), die in Thong Yang startet. Die Fahrt dauert je nach Fähre vier bis fünf Stunden. Bei einigen Fahrten hat man (gegen einen geringen Aufpreis) auch Anschluss zum Bahnhof in Phun Phin. Das langsame Nachtboot nach Samui (300 B) fährt jeden Abend um 23 Uhr im Zentrum von Surat Thani ab und erreicht Na Thon gegen 5 Uhr. Um 21 Uhr tritt es die Rückfahrt von Na Thon an und erreicht das Festland gegen 3 Uhr. Auf das Gepäck achten!

Nach Ko Pha-Ngan & Ko Tao

Täglich verkehren fast ein Dutzend Fähren zwischen Ko Samui und Thong Sala an der Westküste von Ko Pha-Ngan und viele davon fahren weiter nach Ko Tao. Sie starten in Na Thon, Mae Nam oder am Pier des Big Buddha Beach, benötigen 20 bis 60 Minuten pro Tour und kosten je nach Fähre pro Fahrt 200 bis 300 B nach Ko Pha-Ngan.

Auf direktem Weg nach Hat Rin geht es mit der *Haad Rin Queen*, die viermal täglich zwischen Hat Rin und dem Big Buddha Beach hin- und herfährt. Nach der Vollmondparty ist sie doppelt so häufig unterwegs und fährt noch zusätzlich um 7.30 Uhr am selben Tag. Die Überfahrt dauert 50 Minuten und kostet 200 B. Die letzte Fähre legt um 18.30 Uhr ab.

Nach Hat Rin und zu den entlegeneren Stränden von Ko Pha-Ngan geht es einmal täglich mit dem kleinen, klapprigen *Thong Nai Pan Express*. Er startet um 12 Uhr in Mae Hat auf Ko Samui, fährt nach Hat Rin und dann die Ostküste hinauf und stoppt an allen Stränden bis hinauf zum Thong Nai Pan Noi. Je nach Fahrtziel kosten die Tickets 200 bis 400 B. Bei schlechtem Wetter fährt das Boot nicht.

Unterwegs vor Ort

Fast alle Inselresorts vermieten Motorräder und Drahtesel. Bei längerer Mietdauer sollte man versuchen, den gängigen Tagestarif (150–200 B) zu drücken.

Sŏrng·tăa·ou (Kleintransporter) verkehren tagsüber regelmäßig. Da die Fahrpreise saisonal schwanken und zudem von den Chauffeuren gern künstlich erhöht werden, ist es ratsam, Dritte nach den aktuellen Standardtarifen zu fragen. Von Strand zu Strand geht's für ca. 50 B, über die halbe Insel für maximal 100 B. Fünf Minuten per Motorradtaxi kosten etwa 20 B.

Zahllose Taxis machen einen effektiven Überblick recht schwer. Die früher extrem schwankenden Fahrpreise auf den Inseln sind heute stärker standardisiert, im Vergleich zu Bangkok aber immer noch maßlos überzogen. Taxis zum Flughafen kosten üblicherweise ca. 500 B. Manche Reisebüros in Hat Chaweng organisieren günstigere Minibusse.

ABZOCKE BEI MOTORRÄDERN

Selbst wenn man unbeschadet von einer Motorradtour zurückkommt, gibt es Läden, die behaupten, man hätte das Mietfahrzeug beschädigt, und versuchen, dafür eine beträchtliche Geldsumme zu verlangen. Am besten vermeidet man das, indem man zahlreiche Fotos vom Fahrzeug macht, wenn man es ausleiht und darauf achtet, dass die Person, die das Fahrzeug verleiht, dies auch sieht – wenn der Verleiher weiß, dass man Fotos hat, ist es weniger wahrscheinlich, dass er falsche Anschuldigen erhebt. Wenn er trotzdem Forderungen stellt, sollte man ruhig bleiben. Ein Wutanfall verbessert die eigene Position auch nicht und könnte zur Eskalation des Streits führen. Auch auf Ko Ph-Nga tritt dieses Problem häufig auf, auf Ko Tao etwas seltener.

Wenn die Lage wirklich eskaliert, sollte man die **Touristenpolizei** (S. 591) rufen, nicht die normale Polizei.

Ko Pha-Ngan เกาะพงัน

12 500 EW.

Ko Pha-Ngan, das im Herzen eine Hippie-Insel geblieben ist, wurde so sehr zu einem Synonym für die riesige Vollmondparty am Hat Rin, dass der Rest der Insel oft fast vergessen wird. Das ist sehr schade, da es so viel anderes zu bewundern und zu entdecken gibt. Eine Woche im Monat drängen sich etwa 30 000 Menschen an einem Strand, um bis zum Umfallen zu feiern, und dann steigen alle ins nächste Boot und lassen die Unterkünfte und Strände halbleer zurück. Doch nun können sich Budgetreisende, die Ruhe suchen, in den Nebel der guten alten Backpacker-Zeiten zurückziehen und sich ab 400 B (zumindest an den Stränden im Norden) in einer Strandhütte mit Ventilator einnisten. Das kann sich allerdings bald ändern, wenn der Flughafen der Insel eröffnet wird, doch bis dahin ist dieses außergewöhnlich schöne Eiland noch immer ein verschlafenes Fleckchen, an dem man außerhalb der verrückten Vollmondphase einen massiven Bungalow am Hat Rin für etwa 1000 B bekommen kann.

Doch auch konventionelleren, auf Komfort bedachten Besuchern hat Ko Pha-Ngan viel zu bieten: Mit seiner ruhigen, friedlichen Atmosphäre ist es eine tolle Option für Familien. Besonders der abgeschiedene Hat Thong Nai Pan Noi wirkt mit seinen eleganten Resorts, vor denen reihenweise mit Kissen bestückte Strandliegen stehen, wie eine Miniaturversion von Ko Samui, und an der leichter zugänglichen Westküste haben sich einige neue gehobene Resorts angesiedelt, während ein paar ältere Unterkünfte modernisiert wurden, um zahlungskräftigere Gäste anzulocken.

Schlagworte wie „privater Infinity Pool" und „persönlicher Butler" dürfte man demnächst vielleicht öfter hören als *magic milkshake* und „bitte noch einen Eimer Whisky". Doch egal, was passiert: Aller Wahrscheinlichkeit nach wird der riesige Dschungel im Inselinneren nach wie vor unerschlossen wirken, und es wird weiterhin jede Menge toller, einsamer Strände geben, an denen man die Hängematte aufspannen und die Brandung beobachten kann. Viel Spaß!

Sehenswertes

Neben den wilden Partys hält der große Dschungel im Inland viele übersehene, natürliche Attraktionen bereit, darunter be-

Ko Pha-Ngan

Ko Pha-Ngan

Sehenswertes

1 Guanyin-Tempel ... B2
2 Hat Khuat ... C1
Ko Pha-Ngans größter Yang-Na-Yai-Baum ... (siehe 5)
3 Nam Tok Phaeng ... B3
4 Nam Tok Than Sadet ... C2
5 Wat Pho ... C3
6 Wat Phu Khao Noi ... B3

Schlafen

7 Anantara Rasananda ... C1
8 Bamboo Hut ... D4
Barcelona ... (siehe 8)
9 Bay Lounge & Resort ... C4
Boom's Cafe Bungalows ... (siehe 9)
10 Bottle Beach II ... C1
11 Chills Resort ... A2
12 Divine Comedie ... B3
13 Fantasea ... B1
14 Island View Cabana ... B1
15 Kupu Kupu Phangan Beach Villa ... A3
16 Longtail Beach Resort ... C2
17 Loyfa Natural Resort ... A2
18 Mac Bay ... C3
19 Mae Hat Beach View Resort ... A1
20 Mai Pen Rai ... D2
21 Mandalai ... B1
Pariya Resort & Villas ... (siehe 8)
22 Sanctuary ... D3
23 Smile Bungalows ... C1

Essen

Bamboo Hut ... (siehe 8)
Cucina Italiana ... (siehe 21)
24 Fabio's ... C3
Fisherman's Restaurant ... (siehe 12)
25 JJ's Restaurant ... A2
Sanctuary ... (siehe 22)

Ausgehen & Nachtleben

26 Amsterdam ... A3
Flip Flop Pharmacy ... (siehe 16)
Jam ... (siehe 25)

wachsene Berge, Wasserfälle, unberührten Wald, einen Nationalpark sowie einige der spektakulärsten Strände Thailands. Noch mehr Abgeschiedenheit findet man an den abgeschotteten Stränden an der Ostküste, z. B. **Than Sadet**, **Hat Yuan**, **Hat Thian** und den winzigen **Ao Thong Reng**. Für weitere zauberhafte Strände empfiehlt sich eine Tagestour zum atemberaubenden **Ang Thong Marine National Park**.

Die meisten der vielen Wasserfälle im Inselinneren sind während der Trockenzeit nur noch Rinnsale, die beste Zeit für einen Besuch ist von Oktober bis Januar.

Wer einen der 20 Wats auf Ko Pha-Ngan besuchen möchte, sollte unbedingt daran denken, die Strandklamotten gegen angemessene Kleidung zu tauschen. Die meisten Tempel sind von Sonnenaufgang bis Sonnenuntergang geöffnet.

Nam Tok Than Sadet WASSERFALL

(Karte S. 593) Hier sind die königlichen Wappen von Rama V., VII. und IX. in Felsbrocken eingemeißelt. König Rama V. liebte diesen versteckten Ort so sehr, dass er zwischen 1888 und 1909 über ein Dutzend Mal an ihn zurückkehrte. Das Flusswasser des Khlong Than Sadet gilt heute als heilig und wird für königliche Zeremonien verwendet. Nahe der Ostküste schlängelt sich auch die Kaskadenkette **Than Prawet** über ca. 2 km landeinwärts.

Nam Tok Phaeng WASSERFALL

(Karte S. 593) Der Nam Tok Phaeng steht unter Nationalparkschutz. Nach einer kurzen, aber anstrengenden Wanderung ist dieser Wasserfall eine angenehme Belohnung. Hinter dem Wasserfall (außerhalb der Saison trocken) klettert man weitere anregende 15 Minuten einen Pfad mit vielen Wurzeln hoch (entlang dem Phaeng-Domsila-Naturlehrpfad) zum fantastischen Aussichtspunkt Domsila. Die zwei- oder dreistündige Wanderung verläuft dann in einer Schleife weiter durch den Dschungel, vorbei an anderen Wasserfällen, bevor man wieder an den Ausgangspunkt zurückkehrt. Unbedingt Wasser und gute Schuhe mitbringen.

Man kann auch den Khao Ra, den mit 625 m höchsten Inselberg, besteigen. Wer Adleraugen hat, wird unterwegs wildlebende Krokodile, Affen, Schlangen, Hirsche und Wildschweine entdecken. Die Aussicht vom Gipfel ist spektakulär – an klaren Tagen blickt man bis nach Ko Tao. Auch wenn die Wanderung nicht anstrengend ist, kann man sich leicht verirren, darum ist es sehr ratsam, einen Führer zu engagieren.

Guanyin-Tempel BUDDHISTISCHER TEMPEL

(Karte S. 593; 40 B; ⌚7–18 Uhr) Dieser faszinierende chinesische Tempel, laut Ausschilderung „Goddess of Mercy Shrine Joss House", ist Bodhisattva Guanyin gewidmet, der buddhistischen Göttin der Gnade. Der chinesische Name des Tempels (普岳山) auf dem Eingangstor bezieht sich auf die Insel in China, die der Legende nach die Heimat der Göttin ist. Die farbenfrohe Haupthalle – die Große Schatzhalle – beherbergt verschiedene Bodhisattvas, darunter Puxian (auf einem Elefanten) und Wenshu (auf einem Löwen).

Sehenswert ist die Statue einer Guanyin mit 1000 Händen im Guanyin Palace.

Hat Khuat STRAND

(Karte S. 593) Der Hat Khuat, alias Bottle Beach, eignet sich bestens für einen entspannten Bade- und Schnorcheltag, einige übernachten auch in einer der diversen Bungalowanlagen am Strand.

Wat Phu Khao Noi BUDDHISTISCHER TEMPEL

(Karte S. 593; ⌚Sonnenaufgang–Sonnenuntergang) GRATIS Der Wat Phu Khao Noi nahe dem Krankenhaus in Thong Sala ist der älteste Tempel der Insel. Während Traveller den ganzen Tag über hineinkommen, sind die Mönche nur morgens anwesend

Ko Pha-Ngans größter Yang-Na-Yai-Baum BAUM

(Karte S. 593) Bei Wat Pho steht Ko Pha-Ngans größter Yang Na Yai (*Dipterocarpus alatus*; ยางนา) und ist auf dem Weg zum Minitempel Wat Nok (ein kleiner Schrein versteckt im Grünen) einen Abstecher wert. Die gigantischen Baumriesen werden mehr als 50 m hoch und sind für Baumliebhaber echte Schönheiten. Dieses imposante Exemplar ist oft mit bunten Bändern geschmückt.

Wat Pho BUDDHISTISCHER TEMPEL

(Karte S. 593; Kräutersauna ⌚13–19 Uhr) GRATIS Der Wat Pho bei Ban Tai begeistert mit einem umwerfenden Tor und einem ausgedehnten Tempelgelände und bietet eine **Kräutersauna** mit Zitronengrasaroma an (Eintritt 50 B). Zum Zeitpunkt der Recherche wurde gerade eine neue Tempelhalle gebaut.

Wat Khao Tham BUDDHISTISCHER TEMPEL

(Karte S. 596; www.kowtahm.com; ⌚morgens–abends) GRATIS In der Nähe von Ban Tai leben buddhistische Nonnen im Wat Khao Tham, der sich zwischen Bäumen hoch oben auf einem Hügel befindet. Eine Pinnwand informiert über Meditationskurse im Tempel, auf der Website steht mehr. Ganz oben am Ende der Treppe unbedingt die Tempelhalle mit dem bunten Glas besuchen, in der sich ein schlafender Buddha befindet.

Aktivitäten

Der dynamische Tauchhotspot Ko Tao liegt nur ein paar Kilometer entfernt. So erfreut sich Ko Pha-Ngan einer ruhigeren Taucherszene, die eher auf Unterwasserspaß als auf Zertifikate aus ist. Seit einer kürzlich erfolgten Preissenkung können die örtlichen Tarife für Open-Water-Tauchscheine mit denen von Ko Tao mithalten. Zudem sind die Gruppen auf Ko Pha-Ngan meist kleiner, da generell weniger Taucher hierherkommen.

Wie die anderen Inseln des Samui-Archipels ist auch Pha-Ngan von mehreren kleinen Riffen umgeben. Beliebtester Schnorchelspot ist ganz klar das nordwestlich gelegene Eiland **Ko Ma**, das eine charmante Sandbank mit Ko Pha-Ngan verbindet. Auf der östlichen Inselseite gibt's zudem einige interessante Felsriffe.

Für Taucher interessant ist Ko Pha-Ngans Nähe zum mächtigen **Segelfelsen** (Hin Bai) ca. 14 km weiter nördlich: Am besten Tauchspot im Golf von Thailand tummeln sich Walhaie. Zwischen 10 und 30 m Tiefe offenbart sich eine riesige Vielfalt von Korallen und großen Tropenfischen. Hinzu kommt ein vertikal durchschwimmbarer Felsschacht namens „Chimney" (Kamin).

Ko Taos Tauchanbieter besuchen gelegentlich den Segelfelsen. Ihr Schwerpunkt liegt aber häufiger auf anfängerfreundlichen Flachriffen und den tiefen Gewässern beim Chumphon-Felsen. Die beliebtesten Optionen ab Ko Pha-Ngan sind Tagestouren, die den **Chumphon-Felsen**, den Segelfelsen und einen weiteren lokalen Top-Tauchsport besuchen. Diese Ausflüge über drei Stationen (3650–4000 B) beinhalten ein komplettes Mittagessen. Segelfelsen-Touren mit zwei Tauchgängen kosten 2500 bis 2800 B.

Lotus Diving und Haad Yao Divers sind die größten Tauchanbieter der Insel mit gutem Ruf.

Tagesausflüge mit Wandern und Schnorcheln im **Ang Thong Marine National Park** beginnen meist auf Ko Samui. Neuerdings bringen die ersten Veranstalter Touristen aber auch ab Ko Pha-Ngan dorthin. Details zu Bootsausflügen erfragt man am besten bei der eigenen Unterkunft, da sich die Anbieterlandschaft wegen schwankender Benzinpreise oft verändert.

Hat Son

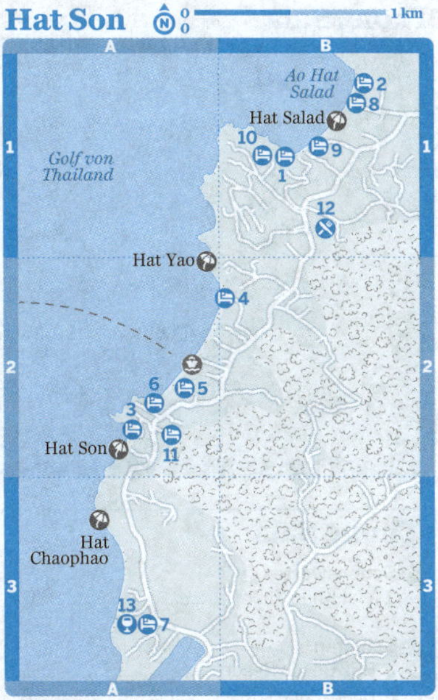

Hat Son

Schlafen

1 Cookies Salad B1
2 Green Papaya B1
3 Haad Son Resort & Restaurant A2
4 Haad Yao Bay View Resort B2
5 Haad Yao See Through Boutique Resort A2
6 High Life A2
7 Pha-Ngan Paragon A3
8 Salad Beach Resort B1
9 Salad Hut B1
10 Shiralea B1
11 Tantawan Bungalows A2

Essen

12 Peppercorn B1

Ausgehen & Nachtleben

13 Belgian Beer Bar A3

Viele größeren Unterkünfte organisieren Wassersportgeräte wie Jetskis oder Kajaks. Das freundliche Personal vom Backpackers Information Centre hilft bei Wassersport-Bedürfnissen aller Art.

Chaloklum Diving TAUCHEN
(☎ 077 374025; www.chaloklum-diving.com; ⏲ 6–18 Uhr) Eines der bewährteren Tauchzentren

Thong Sala

Thong Sala

Sehenswertes
1 Wat Khao Tham D2

Schlafen
2 B52 Beach Resort B2
3 Baan Manali Resort A1
4 Charu Bay Villas C2
5 Coco Garden B2
6 Hacienda Resort B2
7 Lime n Soda B2
8 Milky Bay Resort D2
9 V-View Beach Resort C2

Essen
10 Ando Loco B2
11 Food Factory C2
12 Mason's Arms A1
13 Nachtmarkt A1
14 Nira's A1
15 Vintage Burgers A1

Ausgehen & Nachtleben
16 Harp A1
17 Outlaws Saloon C2

mit Sitz in der Hauptstraße von Ban Chalok Lam. Der Standard ist hoch und die Ausrüstung von guter Qualität.

Lotus Diving TAUCHEN
(☎077 374142; www.lotusdiving.com) Das Tauchzentrum ist unter Tauchern hoch angesehen. Touren kann man im Büro in Ban Chalok Lam oder im Backpackers Information Centre buchen.

Haad Yao Divers TAUCHEN
(☎086 279 3085; www.haadyaodivers.com; Hat Yao) Dieser Tauchveranstalter (gegr. 1997) hat sich seinen soliden Ruf mit Sicherheit und Kundenservice nach europäischem Standard erarbeitet.

Wake Up WAKEBOARDEN
(☎087 283 6755; www.wakeupwakeboarding.com; Jan.–Okt.) In seiner Wassersportschule in Chalok Lam gibt Jamie sein fast unendliches Wakeboarding-Wissen an eifrige Anfänger weiter. Eine Viertelstunde Fliegen kostet 1200 B – angesichts des Einzelunterrichts ein super Preis-Leistungs-Verhältnis. Kiteboarden, Wakeskaten und Wasserskilaufen sind ebenfalls im Angebot.

Jungle Gym SPORTZENTRUM
(Karte S. 599; Hat Rin) Dieses sehr günstig gelegene Sportzentrum war die erste von mittlerweile mehreren Schulen für Thaiboxen auf Ko Pha-Ngan. Auch Yogaunterricht und gut gewartete Fitnessgeräte stehen Sportbegeisterten zur Verfügung.

Geführte Touren

Eco Nature Tour GEFÜHRTE TOUR
(☎084 850 6273) Dieses beliebte Team bietet eine Auswahl an eintägigen Inseltouren an. Empfehlenswert ist die Safari inklusive Schnorcheln sowie dem Besuch eines chinesischen Tempels, eines atemberaubenden Aussichtspunkts und des Wasserfalls Nam Tok Phaeng (1500 B). Man kann auch auf Elefanten reiten, aber man sollte sich genau über die Behandlung und Haltung der Tiere informieren, bevor man dies in Betracht zieht. Buchen kann man im Büro in Thong Sala oder im Backpackers Information Centre.

Schlafen

Ko Pha-Ngans legendäre Tradition der lockeren Partys und Zechgelage hat ihren Ruf als die Hochburg des einfachen Backpacker-Lifestyles zementiert. Trotzdem haben viele Säulen des örtlichen Tourismus in jüngster Zeit ihre Bambushütten abgerissen und neue, schickere Unterkünfte errichtet, die auf die stetig wachsenden Heerscharen der „Flashpacker" abzielen.

In anderen Gegenden werden neue Flächen erschlossen, um Fünf-Sterne-Resorts im Stil von Ko Samui zu bauen. Doch Backpacker können unbesorgt sein: Es wird noch ein Weilchen dauern, ehe der Robinson-Lebensstil verschwindet. Bis dahin kann man auf Ko Pha-Ngan das tolle Unterkunftsangebot jeder Preisklasse genießen. Die Insel ist auch für die interessant, die einsame Strände suchen, denn die Nord- und die Ostküste bieten echte Rückzugsorte.

Los geht es mit den Unterkunftsoptionen am Hat Rin, dann den Westen der Insel hinauf, über die Strände im Norden auf die andere Seite und an der ruhigeren Ostküste nach unten. Die Unterkünfte an der Südküste bieten am meisten fürs Geld. An der Westküste wird gerade viel erschlossen und gebaut. Die Atmosphäre hier ist von einer angenehmen Mischung aus Abgeschiedenheit und Geselligkeit geprägt, allerdings sind einige Strände, speziell im Süden, nicht so malerisch wie andere Teile der Insel. Auch die Preise sind etwas höher als weiter nördlich oder südlich.

Die dramatische Nordküste, ein wilder Dschungel mit mehreren abgeschiedenen Stränden, ist die landschaftlich reizvollste Küste der Insel. Sie erstreckt sich von Chalok Lam bis zum Thong Nai Pan Noi.

Die Ostküste ist perfekt für Einsiedler. Die meisten Gegenden erreicht man nur mit einem Charterboot ab Thong Sala, Chalok Lam und Hat Rin; zu den wenigen Gebieten mit unbefestigten Straßen geht es auch mit einem Jeep-Taxi ab Thong Sala. Das Boot *Thong Nai Pan Express* legt täglich um 12 Uhr am Hat Mae Nam auf Ko Samui ab und stoppt am Hat Rin und an den Stränden der Ostküste bis zum Thong Nai Pan Noi. Der *Thong Nai Pan Express* ist ein klappriges, nicht sehr solides Boot im Stil eines Fischerboots und fährt bei schlechtem Wetter nicht.

Hat Rin

Die schmale Halbinsel Hat Rin verfügt über drei getrennte Strände. Der schöne hellgelbe Hat Rin Nok (Sunrise Beach) ist das Epizentrum des Vollmondgetümmels, der Hat Rin Nai (Sunset Beach) ist ein weniger eindrucksvoller Sandstreifen auf der gegenüberliegenden Seite der kleinen Landzunge, und der Hat Seekantang (auch bekannt als Hat Leela), gleich südlich vom Hat Rin Nai, ist ein netter kleiner Strand mit weißem Sand und mehr Privatsphäre. Die drei Strände sind durch Ban Hat Rin (Hat-Rin-Stadt) verbunden, eine kleine Ansammlung von Restaurants und Bars. Von einem Strand zum nächsten sind es zu Fuß nur ein paar Minuten.

Während der Vollmondpartys erlebt Hat Rin die größte Unterkunftskrise Thailands. Dann verlangen viele Bungalowbetreiber einen Mindestaufenthalt von meist fünf Tagen. Wer erst am Tag der Party (oder selbst am Tag zuvor) anreisen will, sollte unbedingt ein Zimmer im Voraus buchen, sonst muss er vielleicht am Strand schlafen (was allerdings so oder so passieren könnte). Inzwischen gibt es eine neue, an Viehwaggons erinnernde Art von Schlafsälen, in denen eine kaum vorstellbare Zahl an Betten in kleine, dunkle Räume gestopft wird und es nur ein paar Gemeinschaftstoiletten gibt. Außerhalb des Vollmondwahnsinns kosten sie etwa 200 B, während der Party steigt der Preis auf 650 B und mehr. Diese trostlosen Unterkünfte haben die Bettenzahl in der Stadt zwar beträchtlich erhöht, trotzdem ist oft alles ausgebucht. Auf den Hostelbuchungsseiten werden freie Schlafsaalbetten angezeigt. Verpflegung gibt's im Überfluss und neue Optionen eröffnen ständig.

Vollmondsüchtige können auch auf Ko Samui oder an anderen Stränden von Ko Pha-Ngan übernachten und mit dem Schnellboot zur Party fahren – der Preis hängt von der Entfernung ab, aber das Geld, das man spart, wenn man woanders als in Hat Rin übernachtet, macht das sicher wett. Auf gar keinen Fall sollte man während der Partyzeit auf Ko Pha-Ngan ein Fahrzeug steuern, jeden Monat ereignen sich blutige und oft tödliche Unfälle.

Die Zimmerpreise steigen üblicherweise bei Vollmond um 20 bis 300 %.

Lighthouse Bungalows BUNGALOWS **$**
(Karte S. 599; ☎ 077 375075; www.lighthousebungalows.com; Hat Seekantang; Bungalow 400–1000 B; ❄ 📶) Diese versteckte Schlafstätte auf den Felsen bietet einfache Zimmer mit Ventilator und neuere geräumige Bungalows mit Klimaanlage und tollem Meerblick. Die Preise sind o.k. und es gibt ein Restau-

rant bzw. einen Gemeinschaftsbereich mit vielen Kissen, und in der Hauptsaison Yogakurse. Um zur Anlage zu gelangen, folgt man dem hölzernen Bohlenweg südöstlich vom Hat Leela oder nimmt die Bergstraße (Motorrad). Eine Warnung für alle, die so etwas nicht mögen: hier finden jeden Monat Technopartys statt. Vorher nachfragen!

Seaview Sunrise BUNGALOWS $
(Karte S. 599; www.seaviewsunrise.com; Hat Rin Nok; Zi. 500–1400 B;) Preisbewusste Vollmondfans, die möglichst nah am Meer schlafen wollen, sollten hier buchen. Manche der Hütten hinten im Dschungel sind zwar düster und muffig, aber die soliden Bungalows am Strand sind hell und mit poliertem Holz ausgekleidet und blicken auf eine Reihe von Kokospalmen und das Meer.

Paradise Bungalows BUNGALOWS $
(Karte S. 599; 077 375244; Hat Rin Nok; Bungalow 1200–4500 B;) Hier wurden damals die weltberühmten Vollmondpartys ausgebrütet, und der Ort lebt seitdem von diesem Ruhm. Leider wurde das Originalgelände aufgeteilt – zurück blieb eine recht reizlose Reihe von Unterkünften am Hang und am Pool sowie zweistöckige Blocks. Und es wird weiter gebaut …

Same Same PENSION $
(Karte S. 599; 077 375200; www.same-same.com; Ban Hat Rin; B 400 B, Zi. 650 B;) Das Same Same, ein bei Skandinaviern während des Vollmondwahnsinns beliebter Ort, bietet einfache, aber helle Zimmer und reichlich Partyspaß.

Blue Marine BUNGALOWS $$
(Karte S. 599; 077 375079; www.bluemarinephangan.com; Hat Rin Nai; Bungalow 1000–1200 B;) Rund um einen gepflegten grünen Rasen breitet sich dieses Grüppchen identischer Betonbungalows aus. Die besten bieten einen traumhaften Blick auf den hellsten und saubersten Bereich des ruhigen Sunset Beach. Alle Einheiten sind geräumig und sauber und mit Klimaanlage, Kühlschrank, Warmwasser und TV ausgestattet.

Cocohut Village RESORT $$
(Karte S. 599; 077 375368; www.cocohut.com; Hat Seekantang; Bungalow inkl. Frühstück 2600–9500 B; @) Das äußerst gesellige Resort auf einem atemberaubenden Sandstreifen ist sehr beliebt bei israelischen Urlaubern, aber teuer. Die teuersten Optionen – Klippenvillen und Strandbungalows – gehören zu den besten Unterkünften in Hat Rin, die preiswerteren sind weit weniger einladend. Im Zimmerpreis ist ein fantastisches Frühstücksbuffet enthalten.

Pha-Ngan Bayshore Resort RESORT $$
(Karte S. 599; 077 375224; www.phanganbayshore.com; Hat Rin Nok; Zi. 2300–6000 B; @) Das saubere und gepflegte hotelartige Resort zielt auf die stetig wachsende Schar von Flashpackern in Hat Rin ab. Das Personal ist auf Zack und freundlich und beeindruckende Strandausblicke sowie ein riesiger Pool machen es zu einer der Top-Adressen am Sunrise Beach, vor allem wenn man ein Sonderangebot erwischt.

Delight PENSION $$
(Karte S. 599; 077 375527; www.delightresort.com; Ban Hat Rin; Zi. 800–6400 B;) Im Zentrum von Hat Rin bietet das freundliche Delight einige der besten örtlichen Quartiere. Blitzblanke Zimmer in einem Gebäude in thailändischem Stil mit raffinierten Designelementen (z. B. Pfauen als Wandbilder) befinden sich eingebettet zwischen einem einladenden Swimmingpool und einer idyllischen Lagune voller Seelilien.

Tommy Resort RESORT $$
(Karte S. 599; 077 375215; www.tommyresort.com; Hat Rin Nok; Zi. inkl. Frühstück 1850–7500 B;) Diese trendige Adresse im Herzen Hat Rins bietet eine gute Balance zwischen Boutique-Chic und heiterem Flashpacker-Stil. An blühenden Bäumen vorbei geht es zu einem entzückenden weißen Sandstreifen. Der Pool in der Mitte ist azurblau gefliest, das Personal hilfsbereit und zuvorkommend. Alle Zimmer haben Klimaanlage, Kühlschrank und Safe.

Palita Lodge BUNGALOWS $$
(Karte S. 599; 077 375172, 077 375170; www.palitalodge.com; Hat Rin Nok; Bungalow 1800–6400 B;) Mitten im Partygetümmel fällt das familienbetriebene Palita mit seinem herzlichen Service auf. Die geräumigen Betonbungalows sehen von außen etwas baufällig aus, aber Holzakzente und moderne Designelemente machen das Innere sehr gemütlich. Es liegt an einem Strandstreifen und das Restaurant serviert gutes thailändisches Essen. Nichtgäste dürfen für 200 B den Pool nutzen.

Sea Breeze Bungalow BUNGALOWS $$
(Karte S. 599; 077 375162; Ban Hat Rin; Bungalow 500–6000 B;) Leser berichten viel Gutes über das Sea Breeze: Das Labyrinth

Hat Rin

Hat Rin

Aktivitäten, Kurse & Touren
1 Jungle Gym B2

Schlafen
2 Blue Marine A1
3 Cocohut Village C3
4 Delight B1
5 Lighthouse Bungalows C3
6 Palita Lodge B1
7 Paradise Bungalows B2
8 Pha-Ngan Bayshore Resort B1
9 Same Same B2
10 Sarikantang C3
11 Sea Breeze Bungalow B2
12 Seaview Sunrise B1
13 The Coast A1
14 Tommy Resort B1

Essen
15 Lazy House B2
16 Lucky Crab B2
17 Matt's Joint B2
18 Monna Lisa B2
19 Om Ganesh B2

Ausgehen & Nachtleben
20 Cactus Bar B2
21 Drop-In Bar B2
22 Rock C2
Sunrise .... (siehe 8)
Tommy .... (siehe 14)

Praktisches
23 Backpackers Information Centre B2

Transport
24 Sŏrng•tăa•ou nach Thong Sala B1

abgeschiedener Hügelhütten ist ein angenehmer Rückzugsort für jeden Reisenden. Mehrere Bungalows auf Stelzen bieten einen tollen Blick auf Hat Rin und das Meer. Es gibt viele verschiedene Optionen hier, von Zimmern mit Ventilator bis zu Waldhütten.

Sarikantang RESORT **$$$**
(Karte S. 599; ☎077 375055; www.sarikantang.com; Hat Seekantang; Bungalow 2500–5600 B; ❄📶🏊) Die cremefarbenen Hütten mit Pfosten und Türbalken aus Teakholz verteilen sich zwischen wankenden Palmen und bröckelnden geflügelten Statuen an einem der schönsten Strandabschnitte von Hat Rin. Innen sind die Zimmer in einem Ikea-Schick eingerichtet, der sich schnell abnutzt, aber dennoch Komfort bietet.

The Coast RESORT **$$$**
(Karte S. 599; ☎077 951567; www.thecoastphangan.com; Hat Rin Nai; 3700–10 800 B; ❄📶🏊) Das

dunkelgraue, spitzwinklige Resort steht an einem schmalen, aber guten Strandabschnitt abseits des Partytrubels. Die schicken Zimmer sind innen mit poliertem Beton gestaltet und die Betten schmücken weiße Laken. Vom Infinity Pool blickt man aufs Meer und der Service ist traumhaft. Hip, cool und minimalistisch, aber gemütlich.

Ban Khai bis Ban Tai

Das Wasser bei Ban Tai ist seicht und oft trüb, besonders in der Nebensaison, aber die Übernachtungspreise sind, verglichen mit anderen Gegenden der Insel, recht günstig. Zudem ist man nah bei Thong Sala und nach Hat Rin ist es nicht allzu weit. Auch die Strände von Ban Khai sind nicht die malerischsten der Insel, doch die Unterkünfte sind billig, zudem lockt der Blick auf den Ang Thong Marine National Park in der Ferne.

An diesen Stränden finden neben den Vollmondpartys noch viele andere Partys statt, sodass es in der Regel nicht weit bis zum nächsten alkoholgeschwängerten Trubel ist, selbst wenn das eigene Resort einen ruhigen Eindruck macht.

Hacienda Resort BUNGALOWS **$**
(Karte S. 596; ☎077 238825; www.beachresorthacienda.com; B 300 B, Zi. 500–1500 B; ❄📶🏊) Das schicke und zweckmäßige Hacienda bietet hübsche blau-weiß gestrichene Bungalows, Zimmer in zweistöckigen Blocks weiter unten und Schlafsäle mit Klimaanlage am Strand. An der Bar am Pool kann es nachts allerdings laut werden. Es gibt ein Büro der Phangan International Diving School und ein Open-Air-Fitnessstudio.

Boom's Cafe Bungalows BUNGALOWS **$**
(Karte S. 593; ☎077 238318; www.boomscafe.com; Ban Khai; Bungalow 600–1000 B; ❄) Im Boom's fühlt man sich wie beim Besuch seiner thailändischen Familie, von der man nie etwas wusste. Die superfreundliche und hilfsbereite Besitzerin Nok kümmert sich um all ihre Gäste und pflegt alles liebevoll. Keinen kümmert es, dass es keinen Pool gibt, da die Brandung bis fast an die Türschwelle rollt. Das Boom's liegt in der östlichsten Ecke von Ban Khai, nahe von Hat Rin.

★ **Divine Comedie** RESORT **$$**
(Karte S. 593; ☎080 885 8789; www.ledivinecomedie.com; Ban Tai; Zi. 1900–3600 B, Suite 3100–6900 B; ❄📶🏊) Ein umwerfender Mix aus dem chinesischen Stil der 1920er-Jahre und vielleicht mexikanischer Hacienda-Architektur und einer Farbpalette, die zwischen Mint und Ocker wechselt – das funktioniert nicht nur, es betört geradezu. Die Juniorsuiten haben Dachterrassen, der lange Pool führt auf den schmalen Strand zu und ein Restaurant serviert birmanische Spezialitäten.

V-View Beach Resort BUNGALOWS **$$**
(Karte S. 596; ☎077 377436; Zi. 600–2100 B; ❄📶🏊) Über diesem Strandresort weht ein Hauch Einsamkeit und auch wenn das Meer etwas moorig sein kann, es gibt reichlich Hängematten und einen schönen Pool, ordentliche Bungalows und einen hilfsbereiten Besitzer.

B52 Beach Resort BUNGALOWS **$$**
(Karte S. 596; www.b52-beach-resort-phangan.info; Bungalow 1500–4200 B; ❄📶🏊) Die Bungalows im thailändischen Stil mit viel Stroh, polierten Betonböden und rustikalen Baumstämmen, die zum Meer führen, sind absolut erschwinglich.

Bay Lounge & Resort RESORT **$$**
(Karte S. 593; ☎077 377892; www.bayloungeresort.com; Ban Khai; Bungalow inkl. Frühstück 3200–3700 B; ❄📶🏊) Eine schicke, intime Option an einem kleinen weißen Privatstrand, der von Felsbrocken und Dschungel eingerahmt wird. Die Bungalows verschmelzen mit ihrer natürlichen Umgebung, wirken innen wegen des speziellen Betons und der modernen Kunst sehr urban. Das Resort liegt auf halbem Weg zwischen der Vollmondparty in Hat Rin und der Halbmondparty in Ban Khai und bietet Transport zu beiden. Die Check-out-Zeit ist erst um 13 Uhr.

Mac Bay BUNGALOWS **$$**
(Karte S. 593; ☎077 238443; Bungalow 1200–8500 B; ❄📶🏊) Im angenehmen Mac Bay in Ban Khai, wo die Black Moon Party stattfindet, sind selbst die preiswerteren Bungalows picobello. Zur Bierzeit sucht man sich ein Fleckchen auf dem Sand und guckt zu, wie die Sonne Schatten über den Inseln des Ang Thong Marine National Park tanzen lässt.

Milky Bay Resort RESORT **$$$**
(Karte S. 596; ☎077 238566; http://milkybaythailand.com; Ban Tai; Bungalow 1800–13 200 B; ❄@📶🏊) Verschiedene Bungalows im Stil des minimalistischen Schicks mit getönten Fenstern verstecken sich im Schatten hoher Bambushaine auf einem Boden aus Baumrinde und Holzspänen. Das Bild ist traumhaft. Außerdem gibt es einen überdachten Swimmingpool und eine Schwitzstube.

Thong Sala

Der Strand von Thong Sala ist eigentlich nur eine Fortsetzung von Ban Tai, die Sandflächen sind hier aber etwas breiter und liegen günstig in Gehweite der größten Stadt von Ko Pha-Ngan mit ihren Restaurants und Dienstleistungen.

★Coco Garden BUNGALOWS $

(Karte S. 596; ☎086 073 1147, 077 377721; www.cocogardens.com; Thong Sala; Bungalow 550–1100 B; ❄📶) Das großartige Coco Garden, die beste Budgetbleibe an der Südküste, toppt mit seinem gepflegten Gelände, den 25 schönen Bungalows und der ausgezeichneten Strandbar die Resorts in der Nähe.

Baan Manali Resort BUNGALOWS $$

(Karte S. 596; ☎077 377918; Bungalow 2200–3150 B; ❄📶🏊) Das gut geführte Baan Manali mit seinen 14 Bungalows, die unter Kokospalmen verstreut liegen, ist sauber und allgemein eine entspannende, ruhige Wahl. Es gibt einen Infinity Pool und ein ausgezeichnetes Restaurant und die Action in Thong Sala ist nicht weit weg.

Lime n Soda RESORT $$

(Karte S. 596; www.limesodathailand.com; Bungalow 700–2300 B; ❄📶🏊) Einfache, saubere geflieste Bungalows verstecken sich im Schatten von Bambuspflanzen und Kokospalmen an einem Deich oberhalb des Strandes. An der Aussage „Ko Pha-Ngans erstes umweltfreundliches Strandresort“ ist nicht viel dran, aber es ist insgesamt eine solide, ordentliche Wahl.

Charu Bay Villas VILLA $$$

(Karte S. 596; ☎084 191 1266; www.backpackersthailand.com; Villa 8640–11 520 B; ❄📶) Diese komplett ausgestatteten Villen in der Bucht von Ao Bang Charu, südöstlich von Thong Sala, eignen sich hervorragend für Gruppen. Die Beachfront Villa hat drei Schlafzimmer sowie einen großen Whirlpool und beherbergt locker bis zu zehn, die Seaview Villa mit zwei Zimmern bis zu vier Personen.

Ao Nai Wok bis Ao Sri Thanu

An diesem windigen Küstenstreifen an der Westküste in der Nähe von Thong Sala finden sich Resorts und kleine Strände, die zwischen Wäldern aus Mangroven liegen. Es gibt hier zwar nicht viel Sand, doch die Preise sind günstig und die Sonnenuntergänge eindrucksvoll.

Chills Resort RESORT $$

(Karte S. 593; ☎089 875 2100; Ao Sri Thanu; Zi. 1000–2300 B; ❄📶🏊) Die schlichten, aber modernen Zimmer des Chills Resort (unter neuer Leitung), das an einem herrlichen, abgeschiedenen Strandabschnitt voller Felsvorsprünge liegt, erfreuen sich alle eines friedlichen Meerblicks (vor allem bei Sonnenuntergang) sowie einer frischen Brise und bekommen viel Sonnenschein ab. Buchen kann man unter www.agoda.com.

Loyfa Natural Resort BUNGALOWS $$

(Karte S. 593; ☎077 349022; www.loyfanaturalresort.com; Ao Sri Thanu; Zi. 750 B, Bungalow 1300–3100 B, Villa ab 3825 B; ❄📶) Loyfa bekommt Bestnoten für sein freundliches thailändisches Personal, das Französisch spricht, die entzückenden Gärten und robusten Hütten mit beeindruckendem Meerblick. Moderne Bungalows säumen die Landspitze bis zu einem privaten Stückchen aschgrauen Strands. Die preiswertesten Zimmer sind in einem Hotelblock untergebracht.

Kupu Kupu Phangan Beach Villa RESORT $$$

(Karte S. 593; ☎077 377384; www.kupuphangan.com; Ao Nai Wok; Villa ab 8500 B; ❄📶🏊) Das gehobene Resort im Bali-Stil ist mit seinen Lilienteichen, den hohen Palmen, einem Pool, der aus einem Luxusmagazin zu stammen scheint, und Felsen, die den Strand säumen, eines der entzückendsten der Insel. Die tollen Holzvillen verfügen über Pools und eine elegante Inneneinrichtung.

Hat Chaophao

Dieser sichelförmige Strand an der Westküste wird genau wie Hat Yao weiter oben an der Küste von verschiedenen Bungalowanlagen gesäumt.

Pha-Ngan Paragon BUNGALOWS $$$

(Karte S. 595; ☎084 728 6064; Bungalow 1750–12 000 B; ❄@📶🏊) Dieses Mini-Refugium mit nur sieben Zimmern kombiniert Dekor- bzw. Stilelemente der alten Völker Kambodschas, Indiens und Thailands, ohne moderne Annehmlichkeiten zu vernachlässigen. Das „königliche Schlafgemach“ muss gesondert erwähnt werden: Sein Himmelbett wurde offenbar aus Kaschmir importiert.

Hat Yao & Hat Son

Am Hat Yao, einem der belebteren Strände an der Westküste, kann man gut schwimmen, es gibt viele Resorts und ein paar Extra-Services wie Geldautomaten und Lebensmittelgeschäfte. Hat Son ist ein ruhiger, kleiner Strand und die angenehme Abgeschiedenheit vermittelt das kribbelnde Gefühl, ein großes Geheimnis entdeckt zu haben.

Tantawan Bungalows BUNGALOWS $
(Karte S. 595; 077 349108; www.tantawanbungalow.com; Hat Son; Bungalow 900–3300 B;) Das entspannte, kürzlich renovierte Teakholz-Nest aus 11 Bungalows mit Ventilatoren, Klimaanlage und schönem Pool versteckt sich zwischen Dschungelpflanzen, bietet aber wunderbare Aussichten. Allerdings ist es mit Gepäck ein steiler Aufstieg.

High Life BUNGALOWS $
(Karte S. 595; 077 349114; www.haadyaohighlife.com; Bungalow mit Klimaanlage 1200–3500 B;) Wir wissen nicht, was auffälliger ist: der spektakuläre Meerblick vom Infinity Pool oder die unverhohlene Doppeldeutigkeit des Resortnamens. Gemäß Letzterem stehen die 25 Bungalows verschiedener Form und Größe zwischen Palmen auf einem großen Granitfelsen, der sich hoch über das Meer erhebt.

Shiralea BUNGALOWS $
(Karte S. 595; 080 719 9256; www.shiralea.com; Hat Yao; B 250 B, Bungalow 600–1300 B;) Die frisch wirkenden Bungalows am Pool sind zwar einfach, aber die neuen Schlafsäle mit Klimaanlage sind toll und die Atmosphäre gesellig. An der Bar in der Anlage wird Fassbier ausgeschenkt. Zum Strand sind es etwa 100 m. Alle paar Wochen füllt sich das Shiralea mit Studentengruppen aus Contiki.

Haad Son Resort & Restaurant RESORT $$
(Karte S. 595; 077 349104; http://haadsonresort.net; Hat Son; Bungalow 1000–8000 B;) Die Zimmer hier sind ganz unterschiedlich und reichen von großen, älteren Holzbungalows mit Terrassen am Hang bis zu nagelneuen Suiten und Zimmern aus poliertem Beton am Strand. Die abgeschiedene Lage am Strand ist spektakulär; in einem der elegantesten Strandrestaurants der Insel, das auf einer mit Regenwald und Felsen bedeckten Halbinsel mit Meerblick steht, kommt sie so richtig zur Geltung.

Haad Yao See Through Boutique Resort HOTEL $$
(Karte S. 595; 077 349315; www.haadyao.net; Hat Yao; Zi. 2350–2550 B;) Ein gewaltiger zweistöckiger Komplex aus poliertem Beton mit hohen Türen im chinesischen Stil. Der lange, aber nicht sehr einladende Pool ist schwer zugänglich und das Gebäude selbst wirkt ziemlich bizarr platziert. Die Zimmer aber sind gemütlich und das Resort punktet mit zentraler Strandlage.

Haad Yao Bay View Resort RESORT $$$
(Karte S. 595; 077 349193; www.haadyao-bayviewresort.com; Hat Yao; Zi. & Bungalow inkl. Frühstück 1500–7000 B;) Diese Ansammlung von Bungalows und hotelartigen Unterkünften auf der nördlichen Landspitze des Hat Yao gleicht einer tropischen Fata Morgana. Die Auswahl von Übernachtungsoptionen ist riesig; unser Tipp sind die winzigen Zimmer direkt über dem Meer, die ein gutes Preis-Leistungs-Verhältnis bieten. Mehr Luxus bieten die Bungalows mit Meerblick oben auf dem Hügel. Das Resort ist sehr geschäftig und geschäftsmäßig.

Hat Salad

Das Meer an diesem hübschen Strand an der Nordwestküste ist flach und blau, und am südlichen Ende liegen oft einige fotogene Longtail-Boote. Der Strand hat ein leicht rustikales Flair – abends kommen die hiesigen Fischer, um bei Sonnenuntergang ihre Netze auszuwerfen –, kann aber mit vielen Einrichtungen und komfortablen Unterkünften aufwarten.

Cookies Salad RESORT $$
(Karte S. 595; 083 181 7125, 077 349125; www.cookies-phangan.com; Bungalow 1800–3300 B;) In diesem Resort an einem steilen Hang, kann man in Hängematten entspannen. Die privaten Bungalows im Bali-Stil verteilen sich rund um einen zweistufigen Pool, der in vielen Blautönen funkelt. Ihre fransigen Strohdächer und die dichte tropische Vegetation sorgen für ein gewisses rustikales Flair, doch es mangelt nicht an Komfort. Alle hier sind superfreundlich und die Anlage ist immer schnell ausgebucht.

Salad Hut BUNGALOWS $$
(Karte S. 595; 077 349246; www.saladhut.com; Bungalow 2200–5000 B;) Die kleine Bungalow-Gruppe im Thai-Stil ist vollkommen bodenständig, teilt sich aber einen Strand mit deutlich gehobeneren Optionen. Die Brandung ist nur einen Steinwurf entfernt, der Pool ist ziemlich klein. Die Gäste können von ihrer lackierten Teakholzveranda oder der Strandbar beobachten, wie die Sonne sanft in den Wellen untergeht.

Salad Beach Resort BUNGALOWS $$
(Karte S. 595; ☎077 349149; www.phangan-saladbeachresort.com; Bungalow 2000–3920 B; ❄@📶🏊) Das Rundumservice-Refugium am Strand von Hat Salad bietet ein Zimmerdekor mit ungewöhnlicher Farbpalette. Vor allem rund um den Pool wirkt die Anlage aber geschmackvoll und dezent.

Green Papaya BUNGALOWS $$$
(Karte S. 595; ☎077 374230; www.greenpapayaresort.com; Bungalow 3600–10 200 B; ❄@📶🏊) Die Bungalows aus poliertem Holz auf der ruhigen und eleganten Anlage stechen am schönen Strand von Hat Salad sofort ins Auge, aber die Preise sind gesalzen.

Ao Mae Hat

Die recht wenig erschlossene Nordwestspitze der Insel lockt mit tollem Meerblick und jeder Menge weißem Sand; außerdem ist das kleine Ko Ma über eine faszinierende Sandbank mit Pha-Ngan verbunden.

Island View Cabana BUNGALOWS $
(Karte S. 593; ☎077 374173; islandviewcabana@gmail.com; Ao Mae Hat; Bungalow 400–1500 B; 📶) Die Bungalows liegen perfekt, um Sonnenuntergänge zu genießen, und sind groß, wenn auch nicht gerade neu – aber es ist ein schönes Fleckchen am Ende des Strandes direkt an der Landbrücke nach Ko Ma. Weiter hinten gibt es preiswertere Bungalows mit Ventilator.

Mae Hat Beach View Resort BUNGALOWS $
(Karte S. 593; ☎089 823 9756; Bungalow 400–1500 B; ❄) Am verschlafenen Südende des Strandes ist dieses ruhige, aber ziemlich vernachlässigte Resort, in dem kaum was los ist. Diese Option eignet sich für alle, die Ruhe und Frieden wollen. Es gibt Bambusbungalows mit Ventilatoren und solide gefliesten Böden und eine Einzelhütte mit Klimaanlage.

Ban Chalok Lam (Chaloklum) & Hat Khom

Das dicht bebaute und ruhige Fischerdorf Ban Chalok Lam im Norden der Insel ist anders als alle anderen Orte auf Ko Pha-Ngan. Die Ansammlung an Teakhäusern und -hütten wird langsam von europäisch angehauchten Bäckereien und authentischen italienischen Restaurants unterwandert. Doch insgesamt sind hier erfrischenderweise immer noch mehr Einheimische anzutreffen als Touristen – aber die neue Straße treibt die Besucherzahlen in die Höhe und es gibt auch nur wenig Strand.

Sŏrng·tăa·ou fahren die Route von hier nach Thong Sala für etwa 150 B pro Person. Eine unbefestigte Straße führt von Chalok Lam nach Hat Khom, und es gibt Wassertaxis zu vielen Stränden.

Fantasea BUNGALOWS $
(Karte S. 593; ☎089 443 0785; www.fantasea.asia; Chalok Lam; Bungalow mit Ventilator/Klimaanlage 500/800 B; 📶) Das freundliche Fantasea ist eine der besseren von mehreren familiengeführten Bungalowanlagen am ruhigen, östlichen Ende von Chalok Lam. Davor ist ein schmaler Strand, an dem man ganz gut schwimmen kann, und es gibt einen erhöhten Restaurantbereich im Thai-Stil, der zum Entspannen einlädt.

Mandalai HOTEL $$$
(Karte S. 593; ☎077 374316; www.mandalaihotel.com/web2014; Chalok Lam; Zi. 1800–5600 B; ❄@🏊) Das kleine, entzückende Boutiquehotel mit einigen surreal aussehenden Louis XIV-Sesseln in der Rezeption thront still über den umgebenden Fischerhütten. Durch die raumhohen Fenster blickt man auf die orangefarbenen Fischerboote in der Bucht, und es gibt einen kleinen, aber einladenden Pool im Haupthof, nur ein paar Schritte vom Sand entfernt.

Hat Khuat (Bottle Beach)

Die abgelegene Düne im Norden der Insel hat sich einen Ruf als ruhiges Refugium gemacht und ist darum inzwischen ziemlich beliebt. In der Hauptsaison füllen sich die Unterkünfte rasch, daher ist es ratsam, zeitig anzureisen. Mit einem Taxi-Longtail-Boot kommt man je nach Auslastung des Bootes für 100 bis 150 B nach Chalok Lam.

Smile Bungalows BUNGALOWS $
(Karte S. 593; ☎085 429 4995; www.smilebungalows.com; Bottle Beach/Hat Khuat; Bungalow 520–920 B; ⌚Nov. geschl.) Am westlichen Ende des Strandes bietet das familienbetriebene Smile eine Auswahl an Holzhütten mit Ventilatoren, die an einem bewaldeten Hügel stehen. Die zweistöckigen Bungalows (920 B) sind besonders reizend.

Bottle Beach II BUNGALOWS $
(Karte S. 593; ☎077 445156; Bottle Beach/Hat Khuat; Bungalow 600–1100 B; ⌚Nov. geschl.; 📶) An der östlichsten Ecke des Strandes bieten diese einfachen Bungalows den idealen Ort

zum Entspannen – für alle, die nicht so anspruchsvoll sind.

Thong Nai Pan

Die zwei runden Buchten am Thong Nai Pan im Nordosten der Insel gehören zu den abgelegensten, aber trotzdem lebhaften Stränden der Insel. Ao Thong Nai Pan Yai (*yai* bedeutet „groß") ist die Südhälfte, wo es ein paar ausgezeichnete Budget- und Mittelklasseunterkünfte gibt, und Ao Thong Nai Pan Noi (*noi* bedeutet „klein") ist Pha-Ngans exklusivster Strand. Beide Buchten sind gleich schön und toll zum Schwimmen und Wandern. Ein Taxi von einem zum andern kostet etwa 100 B. Die Straße von Thong Sala nach Thong Nai Pan ist inzwischen sehr gut, so dass die Besucherzahlen steigen.

Longtail Beach Resort BUNGALOWS $
(Karte S. 593; ☎077 445018; www.longtailbeachresort.com; Thong Nai Pan; Bungalow mit Ventilator/Klimaanlage ab 550/2590 B; ❄📶) Versteckt am Südende des Strandes am Waldrand bietet das Longtail charmante Backpackerbleiben in einem üppigen Garten.

Anantara Rasananda RESORT $$$
(Karte S. 593; ☎077 239555; http://phangan-rasananda.anantara.com; Villa ab 7500 B; ❄@📶🏊) Man könnte meinen, man wäre plötzlich auf Ko Samui gelandet. Das beeindruckende Fünf-Sterne-Luxus-Resort im Sand mit Doppelvillen – viele mit privaten Tauchbecken – präsentiert einen cleveren Mix aus moderner Ästhetik und traditionellem *săh·lah*-Design. Das hervorragende Anantara-Management gewährleistet, dass der Service erstklassig ist.

Than Sadet

Eine neue Straße führt bis nach Than Sadet, wodurch die schöne Bucht ganz zugänglich ist. Man kann auch das *Thong Nai Pan Express*-Boot von Ko Samui nehmen.

Mai Pen Rai BUNGALOWS $
(Karte S. 593; ☎081 894 5076, 077 445090; www.thansadet.com; Than Sadet; Bungalow 550–1200 B; 📶) Die ruhige Strandbucht zaubert Gästen automatisch ein friedliches Lächeln aufs Gesicht. Von hier aus kann man zum Wasserfall Nam Tok Than Sadet wandern, in einer Stunde nach Thong Nai Pan laufen oder das Meer mit einem Mietkajak erkunden. Die Bungalows auf der hügeligen Landspitze stehen zwischen denen des benachbarten Plaa und sind mit Strohflechtarbeiten und Giebeldächern verziert. Familienbungalows für 900 B und ein freundliches Restaurant gibt es ebenfalls.

Hat Thian & Hat Yuan

An den recht abgeschiedenen Stränden Hat Thian und Hat Yuan in der Nähe der Südostspitze der Insel gibt es ein paar Bungalowanlagen. Der Fußweg zwischen den beiden Stränden führt über die felsige Landspitze, die sie trennt, und dauert keine zehn Minuten Der Hat Yuan ist stärker bebaut und hat den weißeren, breiteren Sandstrand, der Hat Thian ist dagegen ziemlich leer und von naturbelassenen Schönheit.

Zu den Stränden geht's vom Hat Rin mit einem gecharterten Langboot (300–400 B/Boot) oder mit einem Boot des gebuchten Resorts (vorher dort anfragen!). Eine unbefestigte Straße nach Hat Yan ist für Fahrzeuge mit Allradantrieb befahrbar, allerdings nur in der Trockenzeit, und selbst dann ist die Fahrt übers Meer viel einfacher.

Bamboo Hut BUNGALOWS $
(Karte S. 593; ☎087 888 8592; Hat Yuan; Bungalow 400–1000 B; 📶) Das Bamboo Hut liegt wunderbar auf der felsigen Landspitze, die zum Hat Yuan und nach hinten auf das coole Hippiedorf im Dschungel zeigt. Es ist sehr beliebt für Yoga-Auszeiten und Meditationstreffs. Die kleinen Bungalows aus dunklem Holz haben Terrassen.

Barcelona BUNGALOWS $
(Karte S. 593; ☎077 375113; Hat Yuan; Bungalow 400–700 B) Alte, klapprige Bungalows auf Stelzen mit Balkonen und teilweise mit Hängematten ziehen sich hinter einem Palmengarten den Hang hinauf und bieten schöne Aussichten. Der Preis hängt von der Aussicht ab, doch die Unterschiede sind nicht sehr groß, also ruhig einfach einen der preiswerten nehmen.

★ **Sanctuary** BUNGALOWS $$
(Karte S. 593; ☎081 271 3614; www.thesanctuarythailand.com; Hat Thian; B 220 B, Bungalow 770–6000 B) Das Sanctuary ist eine freundliche bewaldete Enklave des entspannten Lächelns und eine Oase mit prächtigen Unterkünften, Yogakursen und Detoxsessions. Die mit vielen Naturmaterialien gebauten Bungalows stehen an einem Netz von Dschungelpfaden. Der traumhaft ruhige Hat Thian eignet sich hervorragend zum Schwimmen. Achtung, man kann nur bar bezahlen.

Pariya Resort & Villas RESORT $$$
(Karte S. 593; ☎ 087 623 6678; www.pariyahaad yuan.com; Hat Yuan; Villa 8000–17 000 B; ❄📶🏊) Die schickste Unterkunft an den Stränden befindet sich direkt vor dem weichsten Sand des Hat Yuan und hat majestätische, goldgelb gestrichene Betonfassaden, aber sie ist nicht billig. Die achteckigen Pagodenbungalows sind groß, aber spärlich eingerichtet.

Essen

Die meisten Besucher gewöhnen sich schnell an den trägen Lebensstil und essen deshalb in ihrer Unterkunft, aber das ist schade, denn Ko Pha-Ngan hat einige ausgezeichnete Restaurants zu bieten, die sich um die Insel verteilen. Zumindest ist es ein weiterer Grund, auf Entdeckungsreise zu gehen.

Hat Rin

Hat Rin hat die größte Ansammlung von Restaurants und Bars auf der Insel, doch die meisten sind ziemlich schlecht, zum Essen braucht man nicht hierher kommen. Die berüchtigte Chicken Corner ist eine beliebte Kreuzung, an der es einige Favoriten und auch ein oder zwei Neuheiten gibt.

Matt's Joint BARBECUE $$
(Karte S. 599; Hauptgerichte ab 189 B; ⏲10.30–24 Uhr) Dieses knallige, amerikanisch gestylte Newcomer-Lokal, geschmückt mit Marvel-Postern, viel Ellbogenfreiheit und erstklassig gelegen an der Chicken Corner, ist eine kaum zu übersehende, wenig subtile Wahl neben sehr mittelmäßiger Konkurrenz. Das Flatrate-BBQ-Buffet (299 B) um 18.30 Uhr ist super und das Frühstück und die Burger ziehen den ganzen Tag Kunden an.

Lazy House INTERNATIONAL $$
(Karte S. 599; Hat Rin Nai; Gerichte 90–270 B; ⏲mittags & abends) Früher war dies das Heim des Eigentümers. Dessen Essen mochte aber jedermann so sehr, dass er beschloss, hier ein Restaurant mit Abhängmöglichkeit einzurichten. Heute gehört das Lazy House locker zu Hat Rins besten Optionen, um sich bei leckerem Shepherd's Pie einen Film anzusehen.

Lucky Crab SEAFOOD $$
(Karte S. 599; Hat Rin Nai; Gerichte 100–450 B; ⏲9–23 Uhr) Allabendlich wird frisch gefangenes, eisgekühltes Meeresgetier auf Miniaturen von Longtail-Booten präsentiert. Wer seine Wahl getroffen hat, schnappt sich einen Tisch im Innenbereich zwischen den baumelnden Pflanzen und den charmanten Steinelementen.

Om Ganesh INDISCH $$
(Karte S. 599; Hat Rin Nai; Hauptgerichte ab 100 B; ⏲9–23 Uhr) Das routinierte, alteingesessene Om Ganesh hat einen regen Kundenstrom wegen nordindischer Currys, *biryani*-Reis, Roti und Lassis oder auch der Auswahl an chinesischen Gerichten. Menüs ab 300 B.

Monna Lisa ITALIENISCH $$
(Karte S. 599; Hat Rin Nai; Pizza & Pasta ab 200 B; ⏲13–23 Uhr) Reisende schwärmen von der Pizza hier, aber die Pasta ist auch nicht von schlechten Eltern. Das Monna Lisa wird von einem Team freundlicher Italiener geführt und hat ein schlichtes Open-Air-Flair.

Südliche Strände

Am Samstagabend (16–22 Uhr) wird eine Nebenstraße in Thong Salas Osten zur **Einkaufsmeile** in Form einer belebten Fußgängerzone. Dort verkaufen hauptsächlich Einheimische ihre Waren an andere Inselbewohner. Das große Angebot reicht von Bekleidung bis hin zu Lebensmitteln.

Nachtmarkt MARKT $
(Karte S. 596; Thong Sala; Gerichte 25–180 B; ⏲14–23 Uhr) Als berauschender Mix aus Küchendampf und essenden Einheimischen ist Thong Salas Nachtmarkt ein Muss für alle, die einen preiswerten Imbiss mit einem Schuss Lokalkultur suchen. An den Ständen präsentiert sich eine Galaxie an Thai-Street-Food, von Gemüsecurry-Taschen bis zu Maiskolben, würzige Würstchen, Kebabs, Frühlingsrollen und Kokoskuchen.

Nira's BÄCKEREI $
(Karte S. 596; Snacks ab 80 B; ⏲7–19 Uhr) Hervorragender Service, zwei helle, miteinander verbundene Räume, superleckere Backwaren, einwandfreier Kaffee (und Raritäten wie Marmite) und moderne Möbel – das Nira's ist in Thong Sala unübertrefflich, vielleicht sogar auf der ganzen Insel. Dies ist *der* Ort zum Frühstücken. Die Musik erinnert an Grover Washington.

Ando Loco MEXIKANISCH $
(Karte S. 596; www.andoloco.com; Ban Tai; Hauptgerichte ab 50 B; ⏲Mi–Mo 14–22.30 Uhr) Dieser superbeliebte mexikanische Treff im Freien kommt überall gut an. Extragroße Margaritas schlürfen, leckere Fajita und ein oder zwei Quesadillas futtern und dann ein paar Kugeln am Billardtisch versenken.

★ Fisherman's Restaurant SEAFOOD $$
(Karte S. 593; ☎ 084 454 7240; Ban Tai; Gerichte 50–600 B; ⏰ 13–22 Uhr) In einem Longtail-Boot sitzend blickt man auf den Sonnenuntergang und den felsigen Pier. Nachts, wenn das Lokal erleuchtet ist, hat es das schönste Ambiente der Insel, und das Essen, vom süchtig machenden gelben Krabbencurry bis zur riesigen Seafood-Platte zum Teilen, ist so fantastisch wie die Atmosphäre. Vor allem während der Partyzeit sollte man im Voraus reservieren.

★ Fabio's ITALIENISCH $$
(Karte S. 593; ☎ 083 389 5732; Ban Khai; Gerichte 150–400 B; ⏰ Mo–Sa 17–22 Uhr) Ein anheimelndes und echt gutes italienisches Restaurant mit goldenen Wänden, cremefarbener Tischwäsche und Bambusmöbeln. Es gibt nur sieben Tische, darum sollte man vorher reservieren. Die hausgemachten Delikatessen wie Meeresfrüchte-Risotto, Pizzas und eisgekühlter Limoncello sind frisch und köstlich und werden kunstvoll präsentiert.

Vintage Burgers BURGER $$
(Karte S. 596; Hauptgerichte ab 220 B; ⏰ 17–22 Uhr; 📶) Dieser fantastische Gourmet-Burgerladen unter portugiesischer Führung in Thong Sala trifft einfach den Nagel auf den Kopf: sechs Arten köstlicher Patties, einschließlich Veggie-, Thunfisch- und Kindervariation, und dazu leckere Fritten mit Salz und Oregano und gesellige Stimmung.

Mason's Arms BRITISCH $$
(Karte S. 596; Thong Sala; Hauptgerichte 160–350 B; ⏰ 10–22.30 Uhr, in der Hauptsaison bis 24 Uhr) Unwirklich ragt ein mächtiger Bau zwischen den sich im Wind wiegenden Palmen hervor: Das schwarz-weiße Pfarrhaus im Tudor-Stil scheint direkt von Stratford-upon-Avon hierher in den diesigen Dschungel verpflanzt worden zu sein. Es ist nur eine Blutwurst von einer offiziellen britischen Kolonie entfernt, mit einer klassischen britischen Karte – die Fish'n'Chips (290 B) sind immer der Knaller und die Marmite-Toasts (80 B) warten auf Esser mit Salzmangel.

Food Factory INTERNATIONAL $$
(Karte S. 596; Hauptgerichte ab 180 B; ⏰ 24 Std.; 📶) Unterteilt in Restaurant und Bar werden hier an der geschäftigen Straße nach Ban Tai rund um die Uhr Pizzas und Burger serviert. Die Mitarbeiter sind fleißig und das Lokal vollgestopft mit signierten Football-Trikots, es gibt Sport-Fernsehen, karierte Tischdecken, 1980er-Jahre-Musik, wirklich leckere Milchshakes und ein überzeugendes Frühstück (150 B).

Andere Strände

★ Cucina Italiana ITALIENISCH $$
(Jenny's; Karte S. 593; Chalok Lam; Pizza 180–200 B; ⏰ 17–22 Uhr) Wären da nicht der Sand zwischen den Zehen und die vorbeizischenden Longtail-Boote, man könnte glauben, man wäre in Italien auf dem Land. Der freundliche italienische Koch widmet sich dem Essen mit Leidenschaft und zaubert alle Gerichte, von der Pasta bis zum täglichen Tiramisu, ganz frisch.

Sanctuary GESUND $$
(Karte S. 593; www.thesanctuarythailand.com; Hat Thian; Hauptgerichte ab 130 B; 📶) Das Restaurant des Sanctuary beweist, dass gesundes Essen (Vegetarisches und Meeresfrüchte) auch gut schmecken kann. Die Menüparade reicht von Massaman Curry bis zu knusprigen Frühlingsrollen aus Vietnam. Hinunterspülen sollte man das mit einer Brombeer-Sojamilch und einem Honig-Immunstärker. Keine Kreditkarten.

Peppercorn STEAK $$
(Karte S. 595; www.peppercornphangan.com; Hat Salad; Hauptgerichte 160–400 B; ⏰ Mo–Sa 16–22 Uhr; 🌿) Weinbergschnecken und saftige Steaks in einer klapprigen Dschungelhütte? Und ob! Das Peppercorn versteckt sich zwar abseits vom Meer im Busch, doch das sollte Feinschmecker nicht davon abhalten, eine von Pha-Ngans besten internationalen Küchen zu testen. Es gibt auch eine feine Auswahl an guten vegetarischen Gerichten. Kein Glutamat oder künstliche Zutaten.

Bamboo Hut WESTLICH, THAI $$
(Karte S. 593; Hat Yuan; Gerichte 100–300 B; ⏰ morgens, mittags & abends; 📶🌿) Kissen im Thai-Stil laden zum Herumlungern ein, man kann aber auch an Teakholztischen in der frischen Brise sitzen und aufs schier unendliche Meer blicken. Das Angebot ist groß und reicht von vegetarischen Spezialitäten und frischem Saft für alle, die gerade eine Fastenkur oder Reinigung hinter sich haben, bis zu klassischen, gut zubereiteten Thai-Gerichten mit Rindfleisch, Hühnchen und Garnelen in allen Varianten.

Two Brothers SEAFOOD $$
(Chalok Lam; Grillmenüs ab 250 B; ⏰ morgens, mittags & abends) Das Two Brothers ist eines der besten von mehreren Seafood-Restaurants

in Chalok Lam, in denen die Fischerfamilien ihren Fang direkt vom Boot auf die Teller bringen.

JJ's Restaurant THAI $$

(Karte S. 593; ⌚9–21 Uhr) Im JJ's bewundert man verzückt den Sonnenuntergang vor der Kulisse junger Mangrovenbäume in Ao Wok, genießt dabei die Leckereien aus der Küche und stößt mit einem kühlen Bier darauf an.

Ausgehen & Nachtleben

Jeden Monat huldigen Partypilger in der Vollmondnacht den Vergnügungsgöttern mit tranceartigen Tänzen, wildem Geschrei und fluoreszierendem Bodypainting. Am berühmt-berüchtigten Sunrise Beach (Hat Rin Nok) feiern Eimertrinker und Feuerschwenker, bis es wieder hell wird.

Wer's etwas entspannter mag, findet rund um die ganze Insel ein paar andere erwähnenswerte Möglichkeiten.

Hat Rin

Hat Rin ist das pulsierende Herz der legendären Vollmondpartys. Wenn der Himmel nicht vom Mond erhellt wird, strömen die Partygänger an andere Orte auf der Südseite der Insel. Die meisten Party-Locations flankieren den Sunrise Beach in Hat Rin von Süd nach Nord.

Rock BAR, NACHTCLUB

(Karte S. 599) Beim Feiern bieten sich von der erhöhten Terrasse am hintersten südlichen Ende des Strandes tolle Aussichten, dazu gibt's die besten Cocktails der Stadt.

Drop-In Bar BAR, NACHTCLUB

(Karte S. 599) Aus diesem Tanzschuppen dröhnen die Charthits, die wir alle heimlich lieben. Dies ist eine der lebhaftesten Bars, außerhalb der Vollmondpartyzeit geht es hier ruhiger zu.

Cactus Bar BAR, NACHTCLUB

(Karte S. 599) Mitten im Zentrum von Hat Rin Nok erklingt im Cactus eine gesunde Mischung aus Old-School-Musik, Hip-Hop und R&B. Der Laden ist sehr beliebt und immer gut besucht, auch wenn hier vor ein paar Jahren ein DJ erschossen wurde.

Sunrise BAR, NACHTCLUB

(Karte S. 599) In der Bar am Strand lassen die Trance-Beats die mit Graffiti bemalten Wände wackeln, bei Vollmond ist hier Drum 'n Bass angesagt.

Tommy BAR, NACHTCLUB

(Karte S. 599) Eine der größten Locations von Hat Rin lockt die Massen mit Liegen, niedrigen Tischen, Schwarzlicht und dröhnender Trancemusik bei Vollmond an.

Thong Sala

Harp PUB

(Karte S. 596; ⌚8–24 Uhr) Das große Harp mit Holzboden, mitteilsamem Personal und der Toplage an der Ecke direkt unten am Pier ist eine Sportsbar und die erste Wahl für Premier League, Fassbier und ausgezeichnete Sonntagsbraten (250 B) sowie weitere deftige Kneipenkost .

Andere Strände

Belgian Beer Bar BAR

(Karte S. 595; www.seetanu.com; Surat Thani; ⌚8–22 Uhr) Diese reizende Bar wird geführt von dem freundlichen Quentin, der Surat Thanis Übernahme durch Yogis und Chakra-Entspannte mit einer verwegenen Auswahl an belgischem Bier trotzt. Das potenteste Amber Bush punktet mit schwindelerregenden 12,5 %. Wem das yogische Fliegen keine Flügel verleiht, probiert es damit.

Jam BAR

(Karte S. 593; Hin Kong; ⌚Di & Sa 20–2 Uhr) In diesem netten Nightspot an der Westküste machen die Gäste selber Musik. Samstag ist Open-Mic-Abend. An den anderen Wochentagen kann man normalerweise Einheimischen beim Jammen auf der Gitarre lauschen. Nach Voranmeldung können Musiker ab 18 Uhr ihre Songs vorstellen.

Outlaws Saloon BAR

(Karte S. 596; ⌚16–2 Uhr) Dieser spaßige Saloon im Ranch-Stil an der Nordseite der Straße zwischen Thong Sala und Ban Tai ist geprägt von Büffelschädeln, US-Flaggen, Elvis-Klängen und US-Ikonen und an belebten Abenden eine echte Sehenswürdigkeit. Es gibt eine fleischlastige Karte, leckere Sonntagsbraten und importierte Biere und Cider.

Flip Flop Pharmacy BAR

(Karte S. 593; Thong Nai Pan; ⌚12–1 Uhr; 📶) Die Freiluftbar auf dem Sand von Thong Nai Pan mit Flip-Flops an der Wand hat einen Pooltisch und einen tollen Strandblick.

Amsterdam BAR

(Karte S. 593; Ao Plaay Laem) Nahe Ao Wok Tum an der Westküste zieht das Amsterdam

Touristen und Einheimische von der ganzen Insel an, die nach einem entspannten Plätzchen zum Beobachten des Sonnenuntergangs suchen.

Praktische Informationen

GEFAHREN & ÄRGERNISSE

In Ko Pha-Ngan kann man ein paar der schönsten Urlaubserinnerungen sammeln, vorausgesetzt man achtet auf folgende problematische Situationen, die ansonsten böse enden können.

Drogen Beim Entspannen am Strand taucht plötzlich ein Einheimischer auf und bietet einem lokal angebautes Marihuana zu lächerlich niedrigen Preisen an. Man sagt „nein, danke", – wohl wissend, dass Thailand Drogenbesitz streng bestraft. Aber der Verkäufer geht immer weiter runter mit dem Preis und bietet einem das Gras praktisch umsonst an. Zu schön, um wahr zu sein? Fürwahr. Sobald man einen Zug nimmt, verpfeift der Dealer einen bei der Polizei, man verschwindet im örtlichen Gefängnis und muss eine hohe Geldstrafe zahlen. Das kommt auf Ko Pha-Ngan häufig vor, darum lässt man sich besser erst gar nicht darauf ein.

Man sollte außerdem Folgendes bedenken: Die Reiseversicherung deckt keine Verletzungen oder Behandlungen ab, die mit Drogen zu tun haben. Zweifellos lassen Drogen Leute auch durchdrehen – es gibt glaubwürdige Berichte über Partygänger, die für längere Zeit ins Delirium versunken sind. Bei Vollmond und zu anderen Partyzeiten muss das psychiatrische Krankenhaus Suan Saranrom (Garten der Freuden) in Surat Thani zusätzliches Personal einstellen, um die vielen *fa·ràng* zu behandeln, die aufgrund von Zauberpilzen, LSD oder reichlich vorhandenen Halluzinogenen ausrasten.

Frauen unterwegs Weibliche Reisende sollten beim Feiern auf der Insel besonders vorsichtig sein. Vielen Berichten zufolge kam es hier schon oft zu Vergewaltigungen unter Drogen- oder Alkoholeinfluss. Und das beschränkt sich keineswegs nur auf die Vollmondpartys. Ebenso beängstigend ist das skrupellose Verhalten mancher einheimischer Motorradtaxifahrer. Weibliche Passagiere haben schon mehrfach grapschende Chauffeure angezeigt. Es gibt sogar Berichte über schwere sexuelle Übergriffe.

Motorrad Ko Pha-Ngan verzeichnet mehr Motorradunfälle als Verletzungen, die von den ausgelassenen Vollmondpartys herrühren. Aber die Motorradunfälle häufen sich bei Vollmond natürlich. Heute gibt es ein Netz gut befestigter Straßen (kürzlich ausgebaut bis nach Than Sadet), aber bei manchen Straßenoberflächen handelt es sich noch immer um ausgefahrene Dreckwege und die Insel hat viele Hügel mit großem Gefälle. Es gibt jetzt einen besonderen Notdienst, der die Insel nach verletzten Bikern absucht. Ohne internationalen Führerschein fährt man illegal und die Versicherung deckt einen Unfall vielleicht nicht ab, wodurch die Kosten schnell sehr hoch werden können.

Ertrinken Brandungsrückströme und Alkohol sind keine guten Partner. Viele Urlauber ertrinken jedes Jahr. Beim Schwimmen sollte man klar im Kopf sein und nicht bei einem Vollmondbesäufnis ins Meer springen.

Falscher Alkohol Dieser Betrug kommt während der Vollmondhysterie häufig an den Trinkbuden am Strand und entlang der Straße vor. Eimer werden mit minderwertigem Mondschein-Reiswhisky oder alte Flaschen mit selbstgemachtem Alkohol gefüllt. Neben eindeutigen Gefahren für die Gesundheit ist der zwielichtige Alkohol auch einer der Hauptverursacher vieler Unfälle zur Vollmondzeit, von Motorradunfällen bis zu Ertrinken, Schlägereien und Verbrennungen beim Springen über brennende Seile.

Glas am Strand Um sich vor fiesen Schnittwunden durch Glasscherben im Sand während der Vollmondpartyzeit zu schützen, sollte man gutes Schuhwerk tragen.

GELD

Als Ko Pha-Ngans „Finanzhauptstadt" hat Thong Sala neben vielen Banken und Wechselstuben auch diverse Western-Union-Büros. In Hat Rin gibt's zahlreiche Geldautomaten und ein paar Bankfilialen am Pier. Geldautomaten findet man auch in Hat Yao, Chalok Lum und Thong Nai Pan.

INFOS IM INTERNET

www.backpackersthailand.com Von Unterkunftsbuchungen bis hin zu den Terminen der Vollmondpartys gibt's hier alles Wissenswerte über Ko Pha-Ngan – ergänzt durch zahllose Infos über ganz Thailand.

www.phangan.info Praktische und informative Quelle über Ko Pha-Ngan mit detaillierten Karten und Erfahrungsberichten.

MEDIZINISCHE VERSORGUNG

Die medizinische Versorgung kann in Ko Pha-Ngan aufgrund schwankender Preise und unterqualifizierter, geldgieriger Ärzte etwas schwierig sein. Viele Kliniken verlangen eine Gebühr von 3000 B vor der Behandlung. Bei ernsten medizinischen Problemen ist man auf Ko Samui, das in der Nähe liegt, besser aufgehoben.

Ko Pha-Ngan Hospital (Karte S. 593; ☎ 077 377034; Thong Sala; ⏲ 24 Std.) Etwa 2,5 km nördlich von Thong Sala mit 24-Stunden-Notfallstation.

NOTFALL

Polizei (Karte S. 593; ☎ 077 377114, 191) Bei der Polizeistation, 2 km nördlich von Thong Sala, kann man eine Anzeige aufgeben. Das kann einen zwischen 110 und 200 B für die Versicherung kosten, sich zu weigern, könnte Probleme bereiten. Bei einer Verhaftung hat man das Recht auf einen Anruf bei der Botschaft. Man muss den gestellten „Dolmetscher" nicht akzeptieren.

Hat man ein ernsthaftes Vergehen begangen, sollte man keinesfall etwas unterschreiben, das nur auf Thai verfasst ist, oder auf dem Dokument vermerken, dass man die Sprache nicht versteht und unter Zwang unterschreibt.

POST

Hauptpost (Karte S. 596; ⏲ Mo–Fr 8.30–16.30, Sa 9–12 Uhr) In Thong Sala; direkt neben dem Pier von Hat Rin befindet sich eine kleinere Filiale (Karte S. 599).

TOURISTENINFORMATION

Die staatliche Tourist Authority of Thailand (TAT) ist auf Ko Pha-Ngan nicht vertreten. So bleiben für Touristeninfos nur Prospekte und die örtlichen Reisebüros. Letztere konzentrieren sich auf den Bereich von Hat Rin und Thong Sala. Obwohl die Agenturen pro Geschäftsvorgang eine kleine Provision verlangen, halten brancheninterne Absprachen die Preise relativ stabil und gleich hoch. Wer viel Geld ausgeben will, sollte sich ein vertrauenswürdiges Reisebüro suchen: Abzocke beim Buchen ist auch auf Pha-Ngan Realität – vor allem, weil es auf der Insel keinerlei Touristenpolizei gibt.

Mehrere Mini-Magazine informieren ebenfalls umfassend über lokale Unterkünfte, Restaurants, Aktivitäten und Vollmondpartys. Unser Favorit hierfür ist die **Phangan Info** (www.phangan.info), die vierteljährlich erscheint und auch als Handy-App erhältlich ist.

Backpackers Information Centre (Karte S. 599; ☎ 077 375535; www.backpackersthailand.com; Hat Rin; ⏲ 11–20 Uhr) Dieses Reisebüro unter der Leitung von hier lebenden Ausländern betreibt auch den benachbarten Tauchshop Crystal Dive. Es ist Pflicht für Traveller, die hochwertige geführte Touren (z. B. Tauchtrips, Dschungelsafaris, Bootsfahrten mit Übernachtung an Bord) und Verkehrsmittel buchen möchten. Nicht nur Backpacker schonen hier rundum ihre Nerven: Für den Fall, dass Probleme auftreten, bekommen Kunden die Handynummer der Eigentümer. Der Service ist super und das Personal immer sehr hilfsbereit.

WÄSCHEREI

Bei vollmondpartybedingter Leuchtfarbe auf den Kleidern ist der Weg zur Wäscherei unnötig – das Zeug geht sowieso nie wieder raus. Leser können uns glauben: Wir haben es nämlich selbst ausprobiert. Für alle anderen Waschbedürfnisse gibt's zahllose Adressen, die Touristenklamotten gern für ca. 40 B pro Kilo reinigen. Ein Schnellservice sollte höchstens 60 B pro Kilo kosten.

ℹ An- & Weiterreise

Wie immer können sich Preise und Abfahrtszeiten ändern. Zwischen Oktober und Dezember kommt es vor, dass Fähren wegen starken Seegangs ausfallen.

FLUGZEUG

Der neue Flughafen auf Ko Pha-Ngan sollte 2014 eröffnet werden, 2015 war er aber immer noch nicht betriebsbereit und eine offizielle Eröffnung nicht in Sicht. Offenbar gab es Probleme, weil er auf ein Gelände reichte, das zum Than Sadet-Koh Phangan National Park gehört, darum ist noch alles in der Schwebe. Falls und wenn er seinen Betrieb aufnimmt, sollen 80-minütige Kan-Air-Flüge Ko Pha-Ngan mit Bangkok verbinden. Es wird erwartet, dass in den kommenden Jahren weitere Verbindungen nach Bangkok und zu anderen Zielen eingerichtet werden.

SCHIFF/FÄHRE

Nach Bangkok, Hua Hin & Chumphon

Die Anbieter Lomprayah und Seatran Discovery offerieren kombinierte Bus-Boot-Pakete (ab ca. 1300 B), die in der Gegend der Th Khao San in Bangkok ihren Startpunkt haben und Hua Hin und Chumphon passieren. Die gesamte Fahrt dauert etwa 17 Stunden.

Auch die Zugfahrt von Bangkok oder Hua Hin nach Chumphon und die Weiterreise mit der Fähre von dort ist recht stressfrei (solange der Zug keine Panne hat, aber das passiert recht oft). Die Bahnfahrt von Bangkok nach Chumphon kostet für einen Sitzplatz in der 2. Klasse 300 B und dauert etwa 8½ Stunden; die Fährfahrt von Chumphon nach Ko Pha-Ngan nimmt ca. 2½ Stunden ein und kostet je nach Boot 800 bis 1000 B.

Nach Ko Samui

Täglich legen etwa ein Dutzend Boote die Strecke zwischen Thong Sala auf Ko Pha-Ngan und Ko Samui zurück. Sie legen zwischen 7 und 18 Uhr ab und benötigen 20 Minuten bis eine Stunde. Das kostet je nach Boot 200 bis 300 B.

Die **Haad Rin Queen** (☎ 077 484668) pendelt viermal täglich zwischen Hat Rin und dem Big Buddha Beach auf Ko Samui. Die Fahrt dauert 50 Minuten, und man zahlt 200 B.

Der *Thong Nai Pan Express* ist ein klappriges altes Fischerboot (nichts für Ängstliche). Er fährt einmal täglich vom Mae Hat auf Ko Samui zum Hat Rin auf Ko Pha-Ngan und dann weiter die Ostküste hinauf, wo er an allen Stränden bis zum Thong Nai Pan Noi anlegt. Je nach Fahrziel kosten die Tickets 200 bis 400 B. Bei schlechtem Wetter fährt das Boot nicht.

Nach Ko Tao

Lomprayah-Fähren nach Ko Tao (500–600 B) starten um 8.30, 13 und 17.45 Uhr in Thong Sala auf Ko Pha-Ngan und kommen um 9.45, 14.15

und 18.45 Uhr an. Die Fähre von **Seatran** (430 B, 90 Min.) legt täglich um 8.30, 13.30 und 17 Uhr in Thong Sala ab. Von Hat Rin fahren eine Stunde vor der Abfahrt der Fähren Taxis nach Thong Sala. Die preiswerteren, aber langsameren Boote von **Songserm** (350 B) starten um 12.30 Uhr von Ko Pha-Ngan, kommen um 14.30 Uhr an und fahren dann weiter nach Chumphon.

Nach Surat Thani & zur Andamanenküste

Täglich fahren ca. acht Boote vom **Songserm Express** (350 B, 4½ Std.) oder **Lomprayah** (550 B, 2¾ Std.) zwischen Ko Pha-Ngan und Surat Thani; alle fahren über Ko Samui. Die Boote legen zwischen 7 und 20 Uhr über den Tag verteilt in Thong Sala ab. Bei gutem Wetter startet jeden Abend um 23 Uhr ein Nachtboot von Surat aus (400 B, 7 Std.); in der entgegengesetzten Richtung erfolgt die Abfahrt von Ko Pha-Ngan um 22 Uhr.

Boot-Bus-Tickets gibt es in allen Reisebüros; man sagt einfach, wohin man fahren möchte, und sie verkaufen die entsprechenden „Teilstücke". Viele Traveller kommen auf der Fahrt von einer Küste zur anderen durch Surat Thani.

Unterwegs vor Ort

Mietmotorräder gibt's auf der ganzen Insel für 150 bis 250 B pro Tag. Es besteht Helmpflicht auf Ko Pha-Ngan und die hiesige Polizei verfolgt das inzwischen auch. Viel wichtiger als das Gesetz ist aber, dass man sogar bei geringer Geschwindigkeit beim Sturz auf den Kopf ernste Verletzungen davontragen kann. Das Leihmotorrad sollte unter dem Sitz genügend Platz haben, um den Helm zu verstauen. Für das Befahren unbefestigter Pisten muss das Leihbike unbedingt einer Honda MTX125 entsprechen – Motorroller mit Direktantrieb können da nicht mithalten. Leihfahrräder sind nicht zu empfehlen, es sei denn, man ist fit genug für die Tour de France.

Auf den Hauptstraßen der Insel sind Pick-up-Trucks und *sŏrng·tăa·ou* unterwegs. Nach Sonnenuntergang verdoppeln sich die Preise. Zum Verlassen der Insel sollte man bei der eigenen Unterkunft nach kostenlosen oder ermäßigten Shuttles fragen. Touren von Thong Sala nach Hat Rin kosten 100 B; weiter entfernte Strände sind mit ca. 150 bis 200 B teuerer zu erreichen.

Ab Thong Sala, Chalok Lam und Hat Rin steuern Longtail-Boote entlegene Ziele wie Hat Khuat (Bottle Beach) an. Kurztrips sind überall ab 50 B möglich, längere Fahrten kosten bis zu 300 B. Private Charterboote schippern ebenfalls von Strand zu Strand (ca. 150 B/15 Min.).

Ko Tao

เกาะเต่า

2032 EW.

Ko Tao war früher das Baby des Trios Samui, Pha-Ngan und Tao und ist natürlich noch immer die kleinste der Inseln. Davon abgesehen ist es jedoch in vielerlei Hinsicht erwachsen geworden. Die Insel gewinnt beständig an Beliebtheit und wird immer teurer, aber noch herrscht auf diesem mit Dschungel bewachsenen Juwel die lebhafte Atmosphäre von Ko Samui, gemischt mit der lässigen Lebensart von Pha-Ngan. Zusätzlich hat auch Tao einen Joker, ein Highlight, das den anderen Inseln fehlt: leicht erreichbare, vielfältige Tauchmöglichkeiten direkt vor der Küste. Hier können sich die Besucher zwischen leuchtend bunten Korallen mit Haien und Rochen tummeln und dann den Tag mit einem Sundowner am weißen Strand verabschieden – und das Tag für Tag. Und auch wenn die Insel ein Synonym für Tauchen zu sein scheint – hier gibt es viel mehr zu erleben. Wanderer und Einsiedler können im feuchten Küstendschungel eine Episode der Fernsehserie *Lost* nachspielen. Und wer lange genug Robinson Crusoe gespielt hat, stürzt sich in die pulsierende Barszene, wo bis zur Morgendämmerung Action herrscht.

Aktivitäten

Tauchen

Ko Tao ist *der* Ort in Thailand für Tauchanfänger. Die seichten Buchten, die die Insel säumen, sind für den ersten Tauchversuch von Neulingen perfekt geeignet. Das Wasser ist kristallklar, es strotzt nur so vor farbenfrohen Riffen und die Wassertemperatur ist wie in der Badewanne. Da es viele geschützte Tauchstellen gibt, kann man im Meer um Ko Tao das ganze Jahr über tauchen, es kann höchstens während der Regenzeit passieren, dass man ein oder zwei Tage aussetzen muss, wenn das Wasser zu unruhig ist, aber das kommt eher selten vor. Die besten Tauchspots befinden sich in einem Umkreis von 20 km vor der Küste an Felsen, sogenannten *pinnacles*. Erfahrene Tauchfans bevorzugen aber fast immer die erstklassigen Spots an der Andamanenküste. Zu den hiesigen Meerestieren gehören Zackenbarsche, Muränen, Fledermausfische, Wimpelfische, Barrakudas, Riesen-Drückerfische, Kaiserfische, Clownfische (Nemos), Stachelrochen und Riffhaie und auch die riesigen Walhaie kommen regelmäßig zu Besuch.

An der Küste stehen 40 Tauchzentren bereit, um werdende Taucher mit der richtigen Ausrüstung auszustatten und sie in einem dreieinhalbtägigen Open-Water-Kurs samt Zertifikat mit den Grundlagen vertraut zu machen. Die starke Konkurrenz unter den Tauchschulen sorgt dafür, dass die Preise unschlagbar niedrig und das Niveau der Leistungen erstklassig ist. Dutzende Tauchanbieter konkurrieren um das Geld der Urlauber, darum sollte man sich erst in Ruhe umschauen. Auf der Insel werden mehr Tauchzertifikate ausgegeben als an irgendeinem anderen Ort der Welt.

ACE Marine Expeditions TAUCHEN
(Karte S. 618; ☎ 077 456547; www.divephotothai.com) Die Luxus-Variante. Mit dem Schnellboot, durchaus angemessen für James Bond, geht es in einem Bruchteil der Zeit hinaus zu den Tauchspots. Das ausgeklügelte „Whaleshark Watch"-Programm zur Beobachtung der Walhaie sorgt für topaktuelle Aufzeichnungen über die Orte, an denen diese gesichtet werden – die Kunden werden dorthin kutschiert, wo die Walhaie sind, was die Chancen, welche zu sehen, erheblich erhöht.

Ban's Diving School TAUCHEN
(Karte S. 618; ☎ 077 456466; www.bansdivingresort.com; Sairee Beach) Ban's, ein gut geführtes Tauchunternehmen, das ständig expandiert, ist eine der erfolgreichsten Tauchschulen der Welt, was Tauchzertifikate angeht, und dennoch hat es sich eine Fünf-Sterne-Atmosphäre bewahrt. Die Unterrichtseinheiten in Klassenräumen finden in recht großen Gruppen statt, doch im Wasser erhält jeder Teilnehmer ausreichend individuelle Zuwendung. Hier arbeiten viele internationale Ausbilder, sodass die Schüler in ihrer Muttersprache tauchen lernen können.

Big Blue Diving TAUCHEN
(Karte S. 618; ☎ 077 456050; www.bigbluediving.com; Sairee Beach) Bei der Tauchschulensuche würde Goldlöckchen wohl Big Blue wählen. Die mittelgroße Firma (nicht zu groß, nicht zu klein) wird für Geselligkeit bei zuverlässig hohem Servicestandard geschätzt. Im hauseigenen Resort kommen Taucher jedes Levels spottbillig unter.

Buddha View TAUCHEN
(☎ 077 456074; www.buddhaview-diving.com; Chalok Ban Kao) Buddha View ist einer der Großanbieter auf Ko Tao und bietet alle Standardzertifikate und Spezialkurse im technischen Tauchen (jenseits der üblichen Grenzen freizeitlicher Unterwassererkundung). Kunden wohnen vergünstigt im freundlichen Resort.

Crystal Dive TAUCHEN
(Karte S. 618; ☎ 077 456106; www.crystaldive.com; Mae Hat) Die Meryl Streep der Tauchanbieter gewinnt jedes Jahr alle Preise für die beste Leistung. Crystal Dive gehört zwar zu den größten Tauchschulen der Insel (und der Welt), sorgt aber mit spitzenmäßigen Lehrern und gutem Unterricht für recht persönliche Atmosphäre. Mehrsprachiges Personal, klimatisierte Unterrichtsräume und zwei hauseigene Pools runden das Paket ab. Äußerst empfehlenswert!

New Heaven TAUCHEN
(☎ 077 457045; www.newheavendiveschool.com; Chalok Ban Kao) Die Eigentümer der kleinen Tauchfirma verbringen viel Zeit damit, die natürliche Schönheit von Ko Taos Unterwasserlandschaft zu erhalten. So kontrollieren sie regelmäßig die Riffe und tragen aktiv zu deren Erholung bei. Das übliche Spektrum von Kursen und Spaßtauchgängen wird durch CPAD-Spezialzertifikate für Forschungstaucher ergänzt.

Scuba Junction TAUCHEN
(Scuba J; Karte S. 618; ☎ 077 456164; www.scuba-junction.com; Sairee Beach) Die Lehrer hier locken Touristen an, die ein privateres Taucherlebnis suchen. Scuba Junction garantiert maximal vierköpfige Gruppen.

Schnorcheln

Schnorcheln ist eine beliebte Alternative zum Sporttauchen, und eigene Schnorcheltouren lassen sich hier leicht organisieren: Bungalowanlagen an den Ostküstenbuchten verleihen Ausrüstung für 100 bis 200 B pro Tag.

Auf Ko Tao ziehen die meisten Schnorchelfans ohne Führer los. Sie schwimmen selbst zu vorgelagerten Buchten oder fahren mit gemieteten Longtail-Booten weiter raus. Alternativ können bei allen örtlichen Reisebüros geführte Touren gebucht werden, die verschiedene Schnorchelspots rund um die Insel abklappern (500–800 B, meist inkl. Aurüstung, Mittagessen & Guide bzw. Bootskapitän). **Laem Thian** wird wegen seiner kleinen Haie geschätzt. Bei **Shark Island** tummeln sich viele Fische, aber ironischerweise keine Haie. **Ao Hin Wong** ist für kristallklares Wasser bekannt, während der **Light House Point** (Karte S. 612) im Norden mit einem verwirrenden Reichtum an farbenprächtigen Seeanemonen aufwartet. Tauchschulenboote nehmen Schnorchler in der Regel zu vergleichbaren Preisen mit. Hinweis: Das Schnorcheln lohnt sich nur an flacheren Stellen (z. B. Japanese Gardens), die generell nachmittags von den verschiedenen Tauchbooten angefahren werden.

Ko Tao

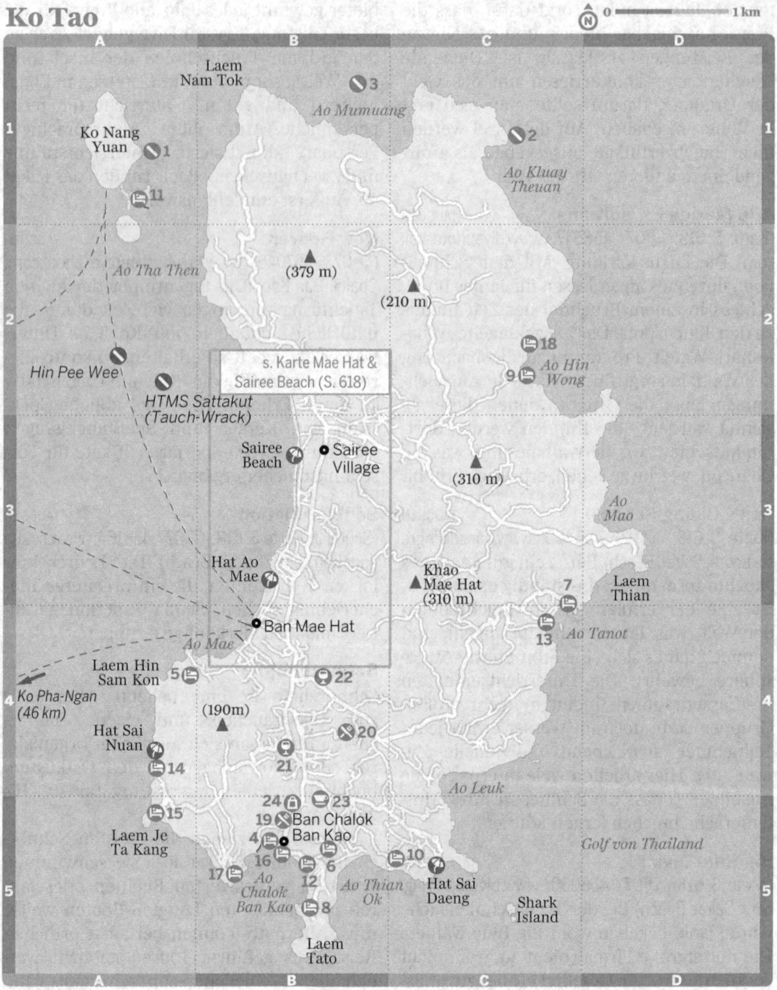

Apnoetauchen

In den letzten Jahren hat Apnoe- bzw. Freitauchen schnell an Beliebtheit zugenommen. Statt technischer Tauchausrüstung nutzt diese Art der Unterwassererkundung verschiedene Techniken des Atemanhaltens, die auf der Insel nunmehr von mehreren kleinen Schulen unterrichtet werden. Das kompetente Team von **Apnea Total** (Karte S. 618; ☎081 956 5720, 081 956 5430; www.apneatotal.com; Sairee Beach) hat mehrere Auszeichnungen im Freitauchsektor gewonnen und zudem ein besonderes Talent, Anfängern den Einstieg in diesen Sport zu erleichtern. Ein Schüler-Lehrer-Verhältnis von 3:1 garantiert zudem jede Menge Sicherheit. Ebenfalls empfehlenswert ist **Blue Immersion** (Karte S. 618; ☎081 188 8488; www.blue-immersion.com; Sairee Beach) unter der Leitung des freundlichen Akim. Der Kampfsport- und Freitauchprofi zählt weltweit zu den ersten Menschen, die ohne Atemgerät über 100 m Tiefe erreicht haben. Eine eintägige Einführung ins Freitauchen kostet 3000 B. Die örtlichen Freitauchpreise sind standardisiert, zweieinhalbtägige SSI-Anfängerkurse schlagen mit 5500 B zu Buche.

Technisches Tauchen & Höhlentauchen

Mit Tech Thailand (www.techthailand.com) oder einer weiteren der wenigen anderen

Ko Tao

Tauchschulen, die technisches Tauchen anbieten, können erfahrene Taucher und Hardcore-Jacques-Cousteaus ihre Unterwasserausflüge aufs nächste Level heben und technisches Tauchen ausprobieren. Das sogenannte „Tec-Diving" bedeutet laut PADI „Tauchen jenseits von konventionellem, kommerziellem Freizeit- und Spaßtauchen" und „geht über die Grenzen des normalen Sporttauchens hinaus". Beim technischen Tauchen erkundet man Tiefen ab 40 m, was mehrere Dekompressionsstufen erfordert. Bei einem einzigen Tauchgang kommen oft verschiedene Atemgasgemische zum Einsatz. Solche Tauchgänge darf nur ein zertifizierter technischer Taucher durchführen. Viele Schulen auf der Insel bieten Trainingskurse an, in denen man verschiedene Zertifizierungen zum technischen Tauchen erhalten kann.

Vor mehreren Jahren ließ das alte Firmenboot namens MV *Trident* die Tauchergemeinde aufhorchen, als es erfolgreich Dutzende bislang unentdeckter Wracks im Golf von Thailand lokalisierte. Berühmtester Fund war dabei die USS *Lagarto,* die als US-Marineschiff im Zweiten Weltkrieg sank. Der Golf ist seit langer Zeit eine wichtige Handelsroute. So werden hier von alten chinesischen Keramiktransportern bis hin zu japanischen *marus* (Handelsschiffen) ständig neue Wracks entdeckt. 2010 versenkte man die *Trident* gezielt vor Ko Tao, um ein künstliches Riff zu schaffen. Wegen falsch berechneter Sprengsätze liegt sie für Anfänger aber etwas zu tief. Das Wrack der HTMS *Sattakut* und tiefere Tauchziele eignen sich gut für technische Tauchgänge.

Höhlentauchen ist auf Ko Tao schwer angesagt. Die abgebrühtesten Gerätetauchfreaks stehen Schlange, um die halbtägige Fahrt zum Khao Sok National Park zu absolvieren. Der Hauptsee des Parks beherbergt eine verblüffende Unterwasserwelt mit vielen versteckten Grotten, Kalksteinfelsen und lauernden Welsen. In bestimmten Bereichen nähern sich Taucher gefluteten Dörfern, die einst dem Staudammbau zum Opfer fielen. Bei den meisten Höhlentauchtouren verlässt man Koa Tao mit dem Nachmittagsboot und kehrt am nächsten Tag wieder mit diesem zurück. Übernachtet wird im oder in der Nähe des Parks.

Unterwasserfotos & -videos

Wenn das Portemonnaie schon vor Tauch-Zertifikaten überquillt, könnten eine geliehene Unterwasserkamera oder ein Kurs im Unterwasserfilmen interessante Optionen sein. Viele Tauchschulen heuern professionelle Videofilmer an, um Open-Water-Tauch-Zertifizierungen zu filmen. Wer sich dafür interessiert, der könnte so nach einem abgeschlossenen Videopraktikum sogar etwas Geld verdienen. Die Tauchveranstalter können den Kontakt zu den sechs Videofilmteams auf der Insel herstellen. Wir empfehlen **ACE Marine Images** (Karte S. 618; ☎077 457054; www.acemarineimages.com; Sairee Beach), eines der führenden Studios für Unterwasserfilme in Thailand. Ein Einführungskurs inklusive Videokamera, Tauchen und Anleitung kostet 4500 B und kann auch für ein PADI-Zertifikat für Fortgeschrittene verwendet werden. **Crystal Images** (☎092 476 4110; www.crystalimages

ABTAUCHEN: DIE PASSENDE TAUCHSCHULE AUF KO TAO FINDEN

Es ist kein Wunder, dass dieser Unterwasserspielplatz bei Anfängern mittlerweile extrem beliebt ist. Doch bevor man abtaucht, sollte man sich unbedingt bei den verschiedenen Tauchschulen umschauen.

Wenn Traveller am Pier von Mae Hat an Land gehen, werden sie von Schleppern belagert, die sie in ihr Tauch-Resort locken wollen, indem sie besonders gute Preise versprechen. Doch auf Ko Tao gibt es Dutzende Tauchzentren. Am besten hat man daher schon bei der Ankunft die Namen einiger renommierter Schulen parat. Wenn man es nicht eilig hat, kann man ruhig erst mal ein paar Tage auf der Insel entspannen und sich mit der Entscheidung Zeit lassen; man trifft garantiert Heerscharen Tauchbegeisterter und Lehrer, die alle ihren Rat und ihre Meinung kundtun.

Denn Fakt ist, dass das Taucherlebnis zum Großteil davon abhängt, ob man mit seinem Lehrer zurecht kommt. Andere Faktoren, die berücksichtigt werden sollten, sind die Größe der Tauchgruppe, die Wartung der Ausrüstung und der Zustand der Tauchspots, um nur einige zu nennen.

Die Tauchpreise sind auf der gesamten Insel mehr oder weniger vereinheitlicht, sodass es sich nicht lohnt, auf der Jagd nach dem besten Angebot über Ko Tao zu hetzen. Ein zertifizierter Open-Water-Tauchkurs (OWD) von **PADI** (www.padi.com) kostet 9800 B; ein OWD-Zertifikat von **SSI** (www.ssithailand.com) mit 9000 B etwas weniger, weil man nichts für die Unterrichtsmaterialien zahlen muss. Ein zertifizierter Open-Water-Tauchkurs (AOWD) für Fortgeschrittene (Advanced Open Water Diver) schlägt mit 8500 B zu Buche, ein Rettungstaucherkurs (Rescue Diver) kostet 9500 B, und das Divemaster-Programm schlägt mit stattlichen 25 000 B zu Buche. Freizeittaucher sollten etwa 1000 B pro Tauchgang oder 7000 B für ein Paket mit zehn Tauchgängen einplanen. Diese Preise beinhalten die gesamte Ausrüstung, das Boot, Ausbilder/Führer und Snacks. Wer seine eigene Ausrüstung mitbringt, bekommt in der Regel einen Rabatt. Vorsicht bei Tauchzentren, die zu viele Preisnachlässe anbieten – Sicherheit ist oberstes Gebot, und ein Anbieter, der ungewöhnlich gute Preise macht, spart dafür wahrscheinlich an zu vielen anderen Stellen.

Die meisten Tauchschulen haben günstige oder sogar kostenlose Unterkünfte. Fast alle Tauchzentren bieten für alle Teilnehmer an einem Anfängerkurs kostenlose Zimmer mit Ventilator. Im Dezember, Januar, Juni, Juli und August sollte man aber auf Touristenmassen und ausgebuchte Unterkünfte gefasst sein, und auch nach jeder Vollmondparty auf Ko Pha-Ngan wimmelt es nur so von Möchtergern-Tauchern.

kohtao.com) und **Oceans Below** (www.oceansbelow.net) offerieren Videofilmkurse und -praktika und haben ihre eigenen speziellen Angebote.

Noch mehr Aktivitäten

★ **Flying Trapeze Adventures** ARTISTIK
(FTA; Karte S. 618; ☎080 696 9269; www.gtadventures.com; Sairee Beach; ⏲16–20 Uhr, Kurse 15.30–17.30 Uhr) 90-minütige Anfänger-Trapezkurse in kleinen Gruppen (1200 B) offenbaren, ob man wirklich Talent hat. In den Nachmittagskursen der superfreundlichen Leiterin Gemma und ihrer Schar biegsamer Assistenten mutieren Teilnehmer nach maximal vier Sprüngen vom Zirkusneuling zum Profi-Überflieger. Es gibt Abendvorstellungen mit Publikumsbeteiligung. Die Kurszeiten ändern sich abhängig vom Sonnenuntergang, am besten vorher reservieren.

Die Teilnehmer müssen mindestens sechs Jahre alt sein.

The Gallery Spa MASSAGE
(Karte S. 618; ☎077 456547; www.thegallerykohtao.com; 400 B) Nach der traditionellen Thai-Massage ist man wie neu geboren. Im Voraus buchen.

Goodtime Adventures WANDERN, ABENTEUERSPORT
(Karte S. 618; ☎087 275 3604; www.gtadventures.com; Sairee Beach; ⏲12 Uhr–open end) Mit Goodtime kann man tauchen, durch den Dschungel im Inselinnern wandern, bei Klettertouren mit Abseilen von Fels zu Fels schwingen oder an einem Nachmittag seinen Mut beim Klippenspringen testen (auf eigenes Risiko). Alternativ dazu stellt man sich direkt all diesen Herausforderungen an einem ganztägigen Koh-Tao-Abenteuer

(3500 B). Das Büro am Sand von Sairee fungiert gleichzeitig als sympathisches Café.

Übernachten kann man in Schlafsälen und Doppelzimmern.

Monsoon Gym & Fight Club KAMPFSPORT
(Karte S. 618; www.monsoongym.com) Dieser Sairee-Beachclub kombiniert Thaiboxen-Programme und Schlafsäle mit Klimaanlage (300 B) für Schüler, die sich eingeschrieben haben, die Kampfkunst zu erlernen. Es ist eine anregende Art für diejenigen, Zeit in Ko Tao zu verbringen, die Tauchen nicht reizt. Das gut ausgestattete Betonstudio liegt direkt am Muay Thai-Ring. Für ein Spontan-Training zahlt man 300 B, eine unbegrenzte Nutzung kostet im Monat 7000 B.

Shambhala YOGA
(Karte S. 618; ☎084 440 6755; www.shambhalayogakohtao.com; Sairee Beach) Ko Taos Vollzeit-Yogastudio belegt einen schönen hölzernen *săh·lah* auf dem bewaldeten Gelände des Blue Wind (Sairee Beach). Der dynamische Yogi Kester leitet die zweistündigen Kurse (300 B).

Ko Tao Bowling & Mini Golf BOWLING, GOLF
(☎077 456316; ⏲12–24 Uhr) An der Hauptstraße zwischen Mae Hat und Chalok Ban Kao findet man hier mehrere selbst gezimmerte Bowlingbahnen (Spiele 300 B/Std.), deren Kegel nach jedem Frame vom Personal neu aufgestellt werden. Nutzer des auffällig gestalteten Minigolfplatzes mit 18 Löchern schlagen ihren Ball z. B. durch Stonehenge oder über die Golden Gate Bridge.

Schlafen

Wenn bei einem Inselbesuch auch Tauchen geplant ist, rundet der jeweilige Tauchver-

TAUCHSPOTS IM ÜBERBLICK

Generell sind Tauchspots nicht frei wählbar: Je nach Wetter- und Wasserbedingungen sucht jede Schule täglich verschiedene Stellen aus. Tiefere Reviere wie der Chumphon-Felsen werden normalerweise morgens besucht. Auf Bootstouren am Nachmittag klappert man flachere Spots wie die Japanese Gardens ab. Kürzlich sind zwei große Schiffe gezielt vor der Küste versenkt worden, um zwei neue Möglichkeiten zum Wracktauchen zu schaffen. Wer auf eine erbauliche Walhaisuche am Segelfelsen hofft, sollte eine der täglichen Tauchtouren ab Ko Pha-Ngan wahrnehmen.

Chumphon Pinnacle (max. Tiefe 36 m) Die vier miteinander verbundenen Felsen liegen 13 km westlich von Ko Tao. Hier warten bunte Seeanemonen und große Schulen von Dickkopf-Stachelmakrelen, Thunfischen oder mächtigen Grauen Riffhaien. Auch Walhaie schauen ab und zu vorbei.

Green Rock (max. Tiefe 25 m) Fitnessfördernder Unterwasserdschungel mit Gruben, Höhlen und kleinen Kaminen, in denen sich Rochen, Zackenbarsche und Drückerfische tummeln. Super zum Nachttauchen.

Japanese Gardens (Karte S. 612; max. Tiefe 12 m) Dieser entspannte Spot zwischen Ko Tao und Ko Nang Yuan ist ideal für Anfänger. Man bekommt farbenfrohe Korallen und oft auch Schildkröten, Stachelrochen oder Kugelfische zu sehen.

Mango Bay (Karte S. 612; max. Tiefe 16 m) Tauchstelle für Leute, die zum ersten Mal mit einer Atemflasche tauchen. Träge Rifffische beobachten, wie die Tauchanfänger ihre neu erworbenen Fähigkeiten auf dem sandigen Boden erproben.

Segelfelsen (max. Tiefe 40 m) Ist am besten erreichbar ab Ko Pha-Ngan und hat einen mächtigen Felskamin mit vertikal durchschwimmbarer Passage. Taucher sehen große Ozeanfische wie Barrakudas und Königsmakrelen. Der Segelfelsen ist einer der besten Spots in Südostasien, um Wale zu beobachten, die in den letzten Jahren ganzjährig gesichtet wurden, es gibt also keine besondere Saison.

Southwest Pinnacle (max. Tiefe 33 m) An der kleinen Felsengruppe tummeln sich Riesenzackenbarsche und Barrakudas und manchmal auch Walhaie.

White Rock (max. Tiefe 29 m) Beheimatet farbenfrohe Korallen, Kaiserfische, Clownfische und revierverteidigende Drückerfische. Ein beliebter Ort zum Nachttauchen.

HTMS Sattakut Das Schiff wurde 2011 südöstlich von Hin Pee Wee versenkt (30 m tief) und ist inzwischen einer der beliebtesten Wrack-Tauchspots.

anstalter sein Angebot wahrscheinlich mit kostenlosen oder vergünstigten Übernachtungen ab. Manche Tauchschulen haben hauseigene Quartiere, andere kooperieren mit Bungalowbetreibern. Wichtig: Unterkunftsrabatte gelten nur an den eigentlichen Unterwassertagen! Wenn also z. B. bei Pauschaloptionen mit zehn Tauchgängen mittendrin ein Pausentag eingelegt wird, gibt's an diesem keine Ermäßigung aufs Zimmer. Ebenfalls wichtig ist genügend ruhiger Schlaf vor dem Tauchen. Somit heißt's, all die „tollen Übernachtungsschnäppchen" vor dem Buchen genau prüfen: Manchmal fehlt nur eine Kakerlake und die Hütte wäre zum Abriss freigegeben.

Zudem haben viele Unterkünfte gar nichts mit Ko Taos Taucherszene zu tun. Die tollen Refugien an den abgeschiedenen Ostbuchten sind immer noch super für echtes Erholen, aufgrund der miesen Inselstraßen und fehlenden Infrastruktur aber teilweise nur schwer erreichbar. Gäste können daher oft vorher anrufen und sich am Mae-Hat-Pier abholen lassen.

Viele Budgetzimmer werden in der Reihenfolge der Ankunft vergeben, und auf den Websites der Hotels sind sie mitunter nicht einmal aufgeführt. Etliche Mittelklasse-Resorts haben ebenfalls Budgetzimmer, darum sollte man bei allen aufgeführten Resorts auf die – oft enorme – Preisspanne achten. Diese Zimmer sind aber schnell ausgebucht, darum kann es sich lohnen, vorher anzurufen und sich zu erkundigen, was für Zimmer frei sind.

Sairee Beach

Der riesige Sairee Beach ist der längste und am stärksten erschlossene Strand der Insel und wird von einer Kette von Tauchanbietern, Bungalowanlagen, Reisebüros, Minimärkten und Internetcafés gesäumt. Am schönsten und ruhigsten ist das Nordende, in den Bars im südlichen Teil herrscht dafür Partystimmung, und es geht oft recht laut zu. Die meisten Gäste entscheiden sich für diesen Strand, denn er bietet eine tolle Mischung aus herrlicher Landschaft und Action.

Blue Wind BUNGALOWS $

(Karte S. 618; ☎ 077 456116; bluewind_wa@yahoo.com; Bungalow 350–1400 B; ❄ 📶) Das Blue Wind ist eine rustikale, aber entspannte Alternative zu den energiegeladenen Tauchresorts am Sairee Beach. Robuste Bambushütten stehen an einem Fußweg hinter der Bäckerei am Strand. Es gibt auch große, geflieste Hütten mit Klimaanlage und hübsche Zimmer in Blocks mit Balkon sowie heißer Dusche und TV. Abends ist die Rezeption geschlossen und das WLAN ist auf den Strandbereich beschränkt.

Spicytao Backpackers HOSTEL $

(Karte S. 618; ☎ 082 278 7115; www.spicyhostels.com/Home.html; B 200–250 B; ❄ 📶) Das Spicytao liegt versteckt abseits der Hauptstraße in einem ländlichen Garten und man fühlt sich in der geselligen Atmosphäre wie zu Hause. Backpacker schwärmen von der Stimmung und den Mitarbeitern, die ständig Aktivitäten organisieren. Unbedingt vorher buchen!

Ban's Diving Resort RESORT $$

(Karte S. 618; ☎ 077 456466; www.bansdivingresort.com; Zi. 600–10 000 B; ❄ @ 📶 🏊) Der auf Taucher ausgerichtete Partypalast wartet mit einer breiten Palette an Unterkünften auf, von richtig guten Zimmern über einfache Backpackerbuden bis zu schicken Bergvillen, und er wächst immer weiter. Nach dem Tauchen chillen die Gäste am wunderbaren Strand vor dem Resort oder an einem der zwei Pools, die sich in einem Dschungelstreifen zwischen den zweistöckigen, mit Säulen und Terrassen versehenen weißen Hotelblocks befinden.

Sairee Cottage BUNGALOWS $$

(Karte S. 618; ☎ 077 456374; www.saireecottagediving.com; Bungalow 500–3000 B; ❄ 📶 🏊) Die Bungalows verbindet ein Sandpfad, der durch einen sonnengesprenkelten Palmen- und Hibiskusgarten führt. Hier weisen sogar die kleinsten und günstigsten Optionen einen höheren Standard auf als die meisten anderen derselben Kategorie. Der Strand vor der Tür ist schmal und liegt im Schatten eines riesigen Eisenholzbaums.

Big Blue Resort BUNGALOWS $$

(Karte S. 618; ☎ 077 456050; www.bigbluediving.com; B 400B, Zi. 1000–7000B; ❄ @) Ein Tauchresort mit Sommerlagervibe: Der Tag ist geprägt von Tauchkursen, die Abende werden zusammen beim Essen oder mit Feuershows verbracht. Weder die einfachen Bungalows mit Ventilator noch die motelartigen Zimmer mit Klimaanlage bieten großartige Aussichten, aber wenn man mehr ausgibt, bekommt man auch Meerpanorama.

Palm Leaf Resort BUNGALOWS $$

(Karte S. 618; ☎ 077 456731; www.kohtaopalmleaf.com; Bungalow 2000–3500 B; ❄ 📶 🏊) Die

Zimmer im Palm Leaf sind gut, aber nicht spektakulär, doch die Lage am ruhigeren nördlichen Ende des samtigen Sairee Beach ist einfach unschlagbar.

Seashell Resort BUNGALOWS $$
(Karte S. 618; ☎077 456271; www.seashell-kohtao.com; Bungalow 1000–4000 B; ❄📶🏊) Auch hier gibt's eine große Auswahl an Unterkünften, von einfachen Holzbungalows mit Ventilator bis zu hotelartigen Zimmern in einem Block. Die Anlagen sind sehr gepflegt, doch verglichen mit anderen Optionen sind die Preise überzogen. Aber es ist eine gute Alternative, in der Taucher wie Nichttaucher willkommen sind.

★ **Place** RESORT $$$
(Karte S. 618; www.theplacekohtao.com; Villa 8000–9000 B; ❄📶) Diese romantische Boutique-Unterkunft liegt etwa 15 Minuten zu Fuß oder fünf Minuten im Taxi entfernt vom Sairee Beach auf einem Berg und bietet neun private, von bewachsenen Hügeln umgebene Luxusvillen mit atemberaubendem Meerblick. Es ist der perfekte Ort für die Flitterwochen: Es gibt überall private Tauchbecken und der persönliche Küchenchefservice verköstigt all jene, die lieber in ihrem Kuschelnest bleiben, als draußen Kalorien aufzunehmen.

Ko Tao Cabana BUNGALOWS $$$
(Karte S. 618; ☎077 456505; www.kohtaocabana.com; Bungalow 6100–16 700 B; ❄@📶🏊) Dieses besondere und ruhige Strandgrundstück hat neben Fachwerkvillen interessante Lehmziegelhütten mit Flechtdächern zu bieten, die sich am Strand und am Berghang befinden. Pfade führen durch den gepflegten, farnbewachsenen Dschungel. Die privaten Villen gehören zur gehobeneren Klasse auf der Insel, allerdings lässt der Service ein paar Wünsche offen und ein bisschen Aufmerksamkeit könnte auch nicht schaden.

Mae Hat

Alle ankommenden Fähren legen am Pier des belebten Dorfes Mae Hat an, und von fast allen Resorts an diesem Strand kann man das ständige Kommen und Abfahren der Boote sehen und hören. Daher ist dies nicht der beste Strand, wenn man ein ruhiges Refugium sucht, er ist aber toll für Besucher, die in erster Linie tauchen wollen. Unterkünfte gibt's hier überall, die charmantesten erstrecken sich jedoch nördlich und südlich vom Pier am Sandstrand.

Sai Thong Resort BUNGALOWS $
(Karte S. 612; www.saithongresort.info; Hat Sai Nuan; Bungalow 500–2500 B; ❄📶) Wo sich der Trubel von Mae Hat an der Südwestküste der Insel verliert, taucht am ruhigen, sandigen Hat Sai Nuan das Sai Thong auf. Vor den Bungalows aus verschiedenen Flecht- und Holzelementen hängen bunte Hängematten auf der Veranda und man blickt auf ein Meer aus Palmen. Es ist abgeschieden und entspannt: Die Gäste liegen gerne auf der Sonnenterrasse des Restaurants, der einzige Ort, an dem es WLAN gibt.

Man erreicht das Resort nach einer kurzen Fahrt mit dem Longtail-Boot vom Mae Hat-Pier aus, oder man läuft 25 Minuten.

Ko Tao Central Hostel HOSTEL $
(Karte S. 618; ☎077 456925, 093 761 2398; www.kohtaohostel.com; B 310 B; ❄📶) Das saubere, zentrale und freundliche Hostel in Mae Hat erkennt man an seinem Londoner U-Bahn-Logo. Es gibt Schlafsäle mit zwölf Betten für alle, die nur einen praktischen Schlafplatz in der Nähe des Piers brauchen. Check-out-Zeit ist um 11 Uhr. Die Rezeption ist im Island Travel nebenan untergebracht. Handtücher werden nicht gestellt.

Tao Thong Villa BUNGALOWS $
(Karte S. 612; ☎077 456078; Ao Sai Nuan; Bungalow 400–1800 B; ❄@📶) Die schnörkellosen Bungalows, die bei Langzeiturlaubern auf der Suche nach Ruhe beliebt sind, bieten grandiose Ausblicke. Das Tao Thong liegt an zwei winzigen Stränden auf einem felsigen Kap auf halbem Weg zwischen Mae Hat und Chalok Ban Kao. Man erreicht es vom Pier in Mae Hat per kurzer Fahrt im Taxiboot.

Crystal Dive Resort BUNGALOWS $$
(Karte S. 618; ☎077 456106; www.crystaldive.com; Bungalow 800–1500 B; ❄📶🏊) Die Bungalows und motelartigen Zimmer sind für Taucher reserviert – Kursteilnehmer erhalten kräftige Rabatte. Gäste können ein Bad im Pool nehmen, wenn dieser gerade nicht vor Tauchanfängern überquillt.

Ananda Villa HOTEL $$
(Karte S. 618; ☎077 456478; www.anandavilla.com; Zi. 500–1800 B; ❄📶) Nah an der Anlegestelle verbreitet dieses freundliche zweistöckige Hotel mit Verandas und umgeben von dekorativen Palmen und Tempelbäumen ein koloniales Flair. Die preiswertesten Zimmer haben nur einen Ventilator und befinden sich in einem anderen, älteren Zimmerblock etwas weiter weg vom Strand.

Mae Hat & Sairee Beach

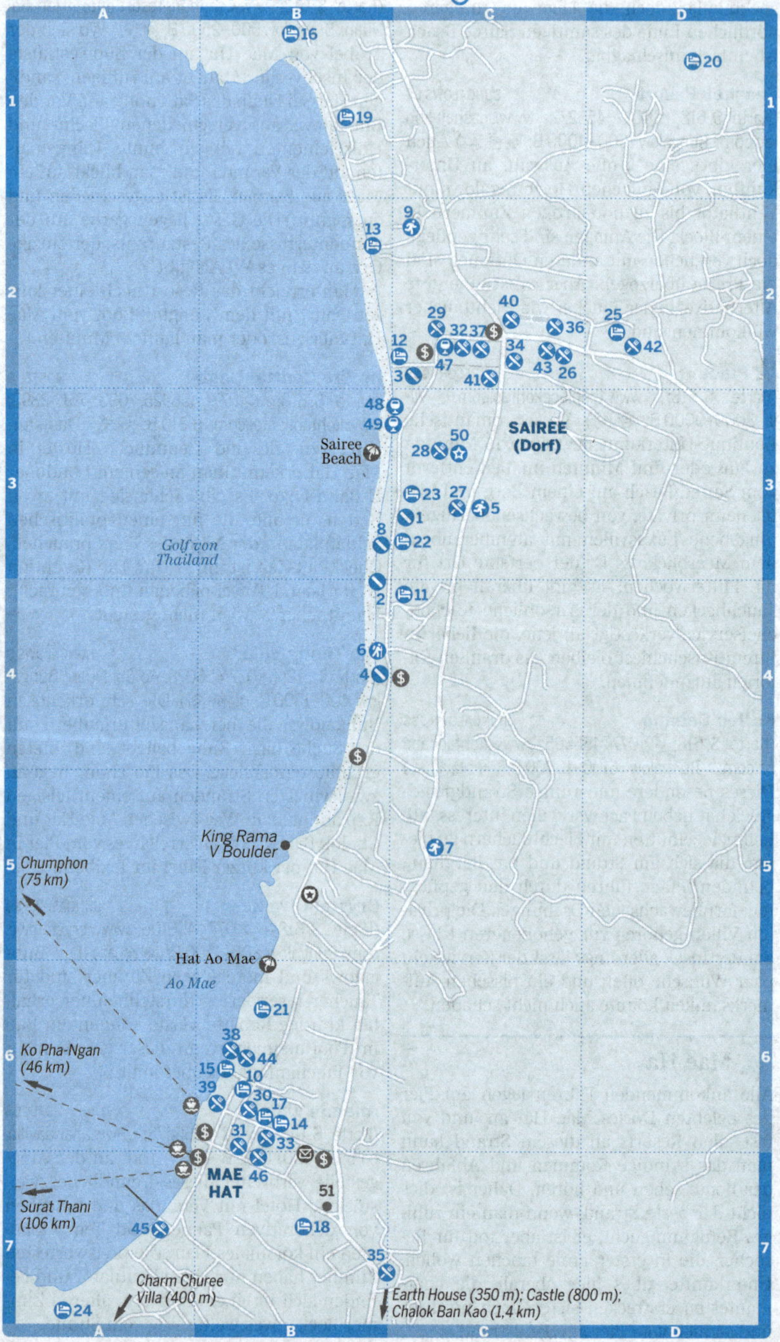

Mae Hat & Sairee Beach

Aktivitäten, Kurse & Touren

	ACE Marine Expeditions	(siehe 43)
	ACE Marine Images	(siehe 43)
1	Apnea Total	C3
2	Ban's Diving School	B4
3	Big Blue Diving	C2
4	Blue Immersion	B4
	Crystal Dive	(siehe 15)
5	Flying Trapeze Adventures	C3
6	Goodtime Adventures	B4
7	Monsoon Gym & Fight Club	C5
8	Scuba Junction	B3
9	Shambhala	C2
	The Gallery Spa	(siehe 43)

Schlafen

10	Ananda Villa	B6
11	Ban's Diving Resort	C4
12	Big Blue Resort	C2
13	Blue Wind	B2
14	Captain Nemo Guesthouse	B6
15	Crystal Dive Resort	B6
16	Ko Tao Cabana	B1
17	Ko Tao Central Hostel	B6
18	Nadapa Resort	B7
19	Palm Leaf Resort	B1
20	Place	D1
21	Regal Resort	B6
22	Sairee Cottage	C3
23	Seashell Resort	C3
24	Sensi Paradise Resort	A7
25	Spicytao Backpackers	D2

Essen

26	995 Roasted Duck	C2
27	Bang Burgers	C3
28	Barracuda Restaurant & Bar	C3
29	Café Corner	C2
30	Café del Sol	B6
31	Cappuccino	B6
32	Chopper's Bar & Grill	C2
33	Dolce Vita	B6
34	Farango's	C2
35	Greasy Spoon	B7
36	Los Pollos Hermanos	C2
37	Oishi Kaiso	C2
38	Pranee's Kitchen	B6
39	Safety Stop Pub	B6
40	Simple Life	C2
41	Su Chili	C2
42	Taste of Home	D2
43	The Gallery	C2
44	This is a Book Cafe	B6
45	Whitening	A7
46	Zest Coffee Lounge	B7

Ausgehen & Nachtleben

47	Diza	C2
48	Fizz	C3
49	Lotus Bar	C3

Unterhaltung

50	Queen's Cabaret	C3

Transport

51	Lederhosenbikes	B7

Captain Nemo Guesthouse PENSION $$
(Karte S. 618; www.captainnemo-kohtao.com; DZ 1000–3000 B; ❄📶) Die fünf Zimmer der beliebten kleinen Pension sind vom Pier aus gut zu Fuß erreichbar und fast immer komplett belegt, darum unbedingt vorher reservieren. Die Besitzer sind freundlich und hilfsbereit und halten alles sauber.

Regal Resort RESORT $$
(Karte S. 618; ☎077 456007; www.kohtaoregal.com; Zi. 2000–4500 B; ❄@📶🏊) Nördlich vom Pier versorgt dieses Resort einen mit allem Rummel gepaart mit einem schönen Strandstreifen mit weißem Sand. Der Hauptpool (von dreien) ist fast den ganzen Tag voller Taucher. Die Zimmer sind groß und manche bieten wunderschöne Ausblicke aufs Meer. Zwar geht immer mal wieder was kaputt, aber das Preis-Leistungs-Verhältnis ist trotzdem gut.

Nadapa Resort RESORT $$
(Karte S. 618; ☎077 456495; www.nadapare sort.com; 2BZ & DZ 1500 B; ❄📶) Es ist kein richtiges Resort, und wer einen Pool und Meerblick will, geht lieber woanders hin, aber das bewährte Nadapa ist hell, sauber und komfortabel, hat farblich gekennzeichnete Zimmer in einem Block mit Balkon und Bungalows. Abseits, aber nicht weit weg von der Action, und nah am Pier.

Charm Churee Villa RESORT $$$
(Karte S. 612; ☎077 456393; www.charmchuree villa.com; Bungalow 3600–39 100 B; ❄📶🏊) Unter himmelhohen Palmen und abseits vom Getümmel des Piers verstecken sich die Luxusvillen von Charm Churee auf einem 48 ha großen Dschungelgrundstück und stehen für fernöstliche Verwöhnkultur in voller Pracht. Direkt in die Felswand wurden Treppen gehauen, die sich an Palmen vorbei zu verstreuten Teakholzhütten auf grauen Felsen hinunterwinden. Die Villen punkten mit charmantem, ungehindertem Blick auf die brausende Brandung.

Sensi Paradise Resort RESORT $$$
(Karte S. 618; ☎077 456244; www.sensiparadise.com; Bungalow 2100–7000 B; ❄📶🏊) „Natural Chic" am schönsten Strandabschnitt des ei-

gentlichen Mae Hat, direkt am Fuß von malerischen Felsen – dem Lärm des Piers entkommt das Resort jedoch nicht. Die Zimmer auf dem Hügel sind abgewohnt und ihren Preis nicht wert, doch die neueren Modelle näher am Strand sind sehr hübsch. Freundliche Angestellte und mehrere luftige Teakholz-*săh·lah* sorgen für besonderen Charme.

Chalok Ban Kao

Am Ao Chalok Ban Ko, auf der Straße etwa 1,7 km südlich von Mae Hat, gibt's eine der größten Unterkunft-Konzentrationen auf Ko Tao. Der schmale, sichelförmige Strand ist an beiden Enden von Felsen eingerahmt. Das milchig weiße Wasser ist recht flach, und bei Ebbe kommt eine Sandbank zum Vorschein, zu der man waten kann, um sich dort zu sonnen. Von den Hauptstränden ist dies der ruhigste, doch finden sich hier immer noch diverse Lokale und Tauchanbieter und ein entspannteres, aber fröhliches Nachtleben.

Tropicana PENSION $

(Karte S. 612; ☎ 077 456167; www.koh-tao-tropicana-resort.com; Zi. 450–2500 B) Die 56 einfachen Wohneinheiten dieser freundlichen, niedrigen Pension verteilen sich in einer sandigen, schattigen Gartenanlage, die zwischen Farnwedeln und hohen Palmen flüchtige Blicke auf das Meer freigibt.

JP Resort PENSION $

(Karte S. 612; ☎ 077 456099; Zi. ab 700–1300 B; ❄@📶) Das bunte, etwas altmodische Sammelsurium von Zimmern im Motelstil liegt in einem kleinen Dschungel, der durch eine Straße vom Meer getrennt ist.

★ **View Point Resort** RESORT $$

(Karte S. 612; ☎ 077 456444; www.kohtaoviewpoint.com; Bungalow 2500–14 000 B; ❄📶🏊) Die üppig grüne Anlage mit Farnen und Palmen erstreckt sich auf einem mit Felsen übersäten Hügel, von dem sich grandiose Blicke aufs Meer und die Bucht bieten. Alle Unterkünfte, von den exquisiten privaten Suiten, die wie ein luxuriöses Liebesnest von Tarzan und Jane wirken, bis zu den Bungalows mit toller Aussicht, sind aus Felsen, Holz und Beton gebaute sehr natürliche Domizile. Das View Point Resort steht unter neuer Leitung und bietet ein fantastisches Preis-Leistungs-Verhältnis.

Freedom Beach BUNGALOWS $$

(Karte S. 612; www.freedombeachresort.info; ☎ 077 456596; Bungalow 700–3500 B; ❄📶) Das Freedom liegt an einem eigenen abgeschiedenen Strand, der von hübschen hohen Büschen beschattet wird, und hat die Atmosphäre einer typischen Backpackerbleibe. Zum Ao Chalok Ban Kao führt ein Fußweg. Ein steiler Zementpfad, der sich vom Strand bis nach oben aufs Kliff zieht, verbindet die Bar am Meer mit den Unterkünften, die von einfachen Holzhütten bis zu massiveren Hütten mit Klimaanlage reichen. Die Rezeption befindet sich im Taahtoh Resort.

New Heaven Resort BUNGALOWS $$

(☎ 077 456422; www.newheavenkohtao.com; Zi. & Bungalow 700–3800 B; ❄📶) Gleich hinter Chalok Ban Kao stehen den Gästen des New Heaven farbenfrohe Hütten auf einem Hügel über dem unglaublich klaren Meer zur Verfügung. Ein Pfad aus bearbeiteten Steinen führt über die strauchigen Felsen hinunter und enthüllt Ausblicke, die direkt den Seiten des *National Geographic* entsprungen sein könnten.

Buddha View Dive Resort BUNGALOWS $$

(Karte S. 612; ☎ 077 456074; www.buddhaview-diving.com; Zi. 800–1300 B; ❄@📶🏊) Wie alle anderen großen Tauchanbieter bietet das Buddha View Tauchern ermäßigte Zimmer auf dem Grundstück und eine supergesellige Atmosphäre. WLAN kostet 100 B.

Ko Tao Resort RESORT $$$

(Karte S. 612; ☎ 077 456133; www.kotaoresort.com; Zi. & Bungalow 1900–6500 B; ❄@📶🏊) Die Zimmer in dem Resort sind aufgeteilt in „Poolseite" und „Paradieszone" und alle gut ausgestattet. Man kann Wassersportausrüstung ausleihen und bekommt an mehreren Bars verschiedene fruchtige Cocktails.

Chintakiri Resort RESORT $$$

(Karte S. 612; ☎ 077 456133; www.chintakiri.com; Zi. & Bungalow 3200–6200 B; ❄@📶🏊) Das Chintakiri, das hoch über dem Meer liegt und auf Chalok Ban Kao blickt, ist eine der luxuriöseren Unterkünfte auf Ko Tao und trägt zu seiner allmählichen heimlichen Verwandlung in eine Ferieninsel für Anspruchsvolle bei. Die Zimmer liegen rund um den Dschungel und haben schneeweiße, lackierte Wände.

Hin Wong

An der heiteren Ostküste der Insel findet man statt Sandstränden eine mit Felsen übersäte Küste, aber das Wasser ist kristallklar. Die Straße nach Hin Wong ist teilweise asphaltiert, aber unerwartete Sandgruben und steile Hügel können einen vom Motorrad werfen. Ein Taxi zum Sairee Beach kostet etwa 200 B.

Hin Wong Bungalows BUNGALOWS $
(Karte S. 612; ☎077 456006; Hin Wong; Bungalow 500–700 B; 📶) Die elf attraktiven Wellblechhütten mit naturbelassener Tropenvegetation oberhalb der im Meer verstreuten Felsen erinnern etwas an die TV-Serie *Gilligans Insel*. Vor dem lebhaften Restaurant ragt ein primitiver Bootssteg ins Meer, auf dem man die Beine baumeln lassen und schwarze Sardinenschwärme im türkisblauen Wasser beobachten kann.

View Rock BUNGALOWS $
(Karte S. 612; ☎077 456549, 077 456548; viewrock@hotmail.com; Hin Wong; Bungalow 500–2000 B; ❄📶) Man fährt über die unbefestigte Straße nach Hin Wong hinunter und folgt den Schildern nördlich der Hin Wong Bungalows. Der Name View Rock ist hier Programm: Aussicht und Felsen. Das Sammelsurium an Holzhütten wirkt wie ein abgeschiedenes Fischerdorf, das zwischen steilen Klippen mit tollem Buchtblick steht.

Ao Tanot (Tanote Bay)

Das felsige Ao Tanot ist stärker besucht als manch andere Ostküstenbucht, aber dennoch recht ruhig und malerisch. Die Straße ist ein großes Stück befestigt, löst sich dann aber in einen Feldweg mit tiefen Löchern auf, also besser langsam fahren. Vergünstigte Taxen (etwa 100 B) pendeln zwischen Tanote Bay und Mae Hat, die Abfahrtszeiten sollte man in seinem Resort abfragen.

Poseidon BUNGALOWS $
(Karte S. 612; ☎077 456735; poseidonkohtao@hotmail.com; Ao Tanot; Bungalow 800–1500 B; 📶) Mit etwa 150 einfachen, aber annehmbaren Hütten mit Ventilator und in Strandnähe bewahrt das Poseidon hier die Tradition der Budget-Bambusbungalows. WLAN im Restaurant.

Family Tanote BUNGALOWS $$
(Karte S. 612; ☎077 456757; Ao Tanot; Bungalow 800–3500 B; ❄@📶) Die familienbetriebene Bungalowgruppe an einem Hang eignet sich gut für Einsamkeitsfans. Direkt vor der Haustür können die Gäste zwischen den Fischen schnorcheln oder zum Restaurant hinaufsteigen, um ein leckeres Essen bei Buchtblick zu genießen.

Ao Leuk & Ao Thian Ok

Jamahkiri Resort & Spa RESORT $$$
(Karte S. 612; ☎077 456400; www.jamahkiri.com; Bungalow inkl. Frühstück 8400–30 000 B; ❄@📶🏊) In dem weiß verputzten Resort sind zwischen Mosaikmustern und mehrarmigen Statuen auch hölzerne Masken und Fruchtbarkeitsgöttinnen aus Stein verteilt. Wilde Affenschreie betonen das Dschungelthema genau wie die strohgedeckten Dächer und die Abendgesellschaften mit Tiki-Fackeln. Es gibt unheimlich viele Stufen, aber die Aussicht ist großartig, das Spa eines der besten und das Tauchzentrum ausgezeichnet.

Ko Nang Yuan

Zum fotogenen Inselchen Ko Nang Yuan, das direkt vor der Nordwestküste von Ko Tao liegt, geht es problemlos mit dem Lomprayah-Katamaran und mit den Wassertaxis, die vom Mae Hat und Sairee aus starten (einfache Strecke 100 B). Alle Besucher der Insel müssen 100 B Steuern zahlen.

Ko Nangyuan Dive Resort BUNGALOWS $$$
(Karte S. 612; ☎077 456088; www.nangyuan.com; Bungalow inkl. Frühstück 1500–14 000 B; ❄📶) Die rustikalen Holz- und Aluminiumbungalows verteilen sich auf drei konischen Inseln, deren Form an Reishüte erinnert und die über eine malerische Sandbank verbunden sind. Tatsächlich ist dies ein privates Inselparadies, tagsüber aber herrscht wegen der Tagesausflügler viel Betrieb. Im Preis enthalten ist eine Rundfahrt nach Ko Tao.

Essen

Angesichts des riesigen Ko Samui am Horizont ist es kaum zu glauben, dass Ko Tao selbst eine ernstzunehmende Gastroszene hat. Die meisten Resorts und Tauchanbieter bieten Restaurants, während sich eigenständige Lokale am Sairee Beach und in Mae Hat ausbreiten. Die Tauchergemeinde hat ein breites internationales Spektrum (z. B. mexikanisch, französisch, italienisch, japanisch) hervorgebracht. Keine Überraschung: Auf der Suche nach Ko Taos leckerstem Thai-Essen fanden wir unsere lokalen Lieblingsgerichte bei namenlosen Straßenrestaurants.

Sairee Beach

★995 Roasted Duck CHINESISCH $
(Karte S. 618; Hauptgerichte ab 70 B; ⌚9–21 Uhr) Hier steht man durchaus mal an, um einen

Platz zu bekommen, und wer sich fragt, um was es hier eigentlich geht: Man wartet auf ausgezeichnete Entengerichte, ab 70 B für eine dampfende Schüssel gebratenem Vogel mit Nudeln bis zu 700 B für ein ganzes Tier.

Bang Burgers BURGER $

(Karte S. 618; Hauptgerichte ab 100 B; ⌚10–22 Uhr) Man muss Geduld mitbringen und in der Schlange warten, um in dem tollen, unglaublich erfolgreichen Burgerladen in Sairee einen der etwa sechs verschiedenen Burger auf der Karte (inkl. einer Veggie-Variante) genießen zu können.

Su Chili THAI $

(Karte S. 618; Gerichte 85–225 B; ⌚10–22.30 Uhr) Das einladende und gut besuchte Su Chili serviert frische und leckere Thai-Gerichte, wobei das freundliche Personal immer fragt, wie scharf das Essen sein soll. Empfehlenswert sind die nordthailändischen Spezialitäten oder die Penang-Currys. Es gibt eine Handvoll Gerichte westlicher Hausmannskost für heimwehkranke Esser.

Oishi Kaiso JAPANISCH $

(Karte S. 618; Hauptgerichte ab 90 B; ⌚11.30–22.30 Uhr) Dieses saubere Lokal in der Größe eines *gyozas* (Teigtasche) lockt mit *nigiri*, *sashimi* und *maki* immer viele Gäste an. Zusätzlich gibt's auch ein paar Thai-Gerichte, aber die findet man überall. Die *gyozas* sind tatsächlich sehr verlockend.

Los Pollos Hermanos BARBECUE $

(Karte S. 618; www.lospolloshermanos-kohtao.com; Hauptgerichte ab 140 B; ⌚8–24 Uhr) Nein, es gibt kein Nando's auf Ko Tao, dafür aber *Los Pollos Hermanos*, die ein ziemlich gutes Piri Piri-Hühnchen grillen und mit Saucen in drei verschiedenen Schärfegraden servieren. Hoffentlich aber trennen sie sich mal von den Holzplatten. Das Lokal versteckt sich an einer Straße abseits der Hauptstraße.

Simple Life INTERNATIONAL $

(Karte S. 618; Hauptgerichte ab 80 B; ⌚7.30–22.30 Uhr) Die Karte ist ziemlich gewöhnlich, aber es gibt hier ausgezeichnete Angebote: Das All-you-can-eat-Pizzabuffet (199 B) lockt an vier Abenden in der Woche die Massen an (So, Mo, Mi & Fr) und das Flatrate-Frühstück (170 B) mit unendlich Kaffee lassen den Laden jeden Morgen brummen.

★ Barracuda Restaurant & Bar ASIATISCH, FUSION $$

(Karte S. 618; ☎080 146 3267; Hauptgerichte 240–590 B; ⌚18–22.30 Uhr) Chefkoch Ed Jones verköstigt die thailändische Prinzessin, wenn sie in der Stadt ist, aber auch Normalsterbliche können für ein paar Baht in den Genuss seiner exquisiten Küche kommen. Einheimische Zutaten werden zu kreativen, frischen Fusionköstlichkeiten verarbeitet, wie z. B. die Seafood-Platte, das Thunfischfilet mit Sesam oder die geschmorte Lammhüfte. Dazu empfiehlt sich ein Ingwer-Zitronengras-Mojito. Fünf Minuten entfernt gibt es eine Zweigstelle.

The Gallery THAI $$

(Karte S. 618; ☎077 456547; www.thegallerykohtao.com; Hauptgerichte 120–420 B; ⌚12–22 Uhr) Neben der Galerie des Besitzers Chris Clark mit wunderschönen Fotos von der Insel befindet sich eines der angenehmsten Lokale im Ort. Das Essen hier ist genauso besonders. Spezialität des Hauses ist das *mok maprao* (Hühner-, Shrimps- und Fischcurry serviert in einer jungen Kokosnuss), aber das weiße Schnapperfilet in cremiger roter Currysauce ist ebenfalls ausgezeichnet.

Taste of Home INTERNATIONAL $$

(Karte S. 618; Hauptgerichte 120–250 B; ⌚11–13 & 18–23 Uhr; 📶) In dem kleinen, einfachen, bei Expats sehr beliebten Lokal unter deutscher Leitung wird etwas von allem serviert (schwedische Hackbällchen, türkische Köfte, ungarisches Gulasch und Wiener Schnitzel, um nur ein paar zu nennen), aber alles ist lecker und liebevoll zubereitet.

Chopper's Bar & Grill INTERNATIONAL $$

(Karte S. 618; www.choppers-kohtao.com; Hauptgerichte 160–300 B; ⌚9–24 Uhr) Regelmäßig voll und feste Größe einer Kneipentour durch Ko Tao – das Chopper's ist ein wilder, beliebter Laden mit zwei Stockwerken und Livemusik, Sportfernsehen, Billard, Kinoraum und guten Snacks. Die Happy Hour dauert von 17 bis 20 Uhr.

Café Corner CAFÉ $$

(Karte S. 618; Snacks & Hauptgerichte 30–180 B; ⌚morgens & mittags) Tolle Räumlichkeiten, modernes Mobiliar und leckerer Eiskaffee haben das Café Corner in den letzten Jahren zu einer Institution in Sairee gemacht. Um 17 Uhr kann man sich mit zwei leckeren Brotlaiben zum halben Preis fürs kommende Frühstück eindecken. Der Rest der Backwaren wird zu Sonnenuntergang entsorgt.

Farango's PIZZA $$

(Karte S. 618; Gerichte 80–230 B; ⌚mittags & abends) Diese geschäftige Pizzeria mit ihrer guten Filiale in Sairee Village serviert leckere Pizzas und andere italienische Klassiker. Nur Barzahlung.

Mae Hat

Zest Coffee Lounge CAFÉ $

(Karte S. 618; Gerichte 70–200 B; ⌚6–18 Uhr; 📶) Ganz aus Ziegelsteinen und Holz und mit einem verkratzten roten Boden braut das Zest einen ausgezeichneten Kaffee. Die Eier Benedict versüßen einem den Morgen, während Faulenzer und Snacker Ciabattasandwiches mümmeln oder klebrige Süßigkeiten mit cremiger Caffe Latte runterspülen. Es gibt eine Filiale in Sairee, aber dieser Laden hier ist besser.

Cappuccino CAFÉ $

(Karte S. 618; Mae Hat; Gerichte ab 30 B; ⌚7–18 Uhr) Das Dekor des Cappuccino rangiert mit seinen Marmortischplatten, Wandspiegeln und guten Grooves irgendwo zwischen dem New Yorker Deli in *Seinfeld* und einer französischen Brasserie – ein toller Ort für einen Kaffee und ein Croissant.

Safety Stop Pub INTERNATIONAL $

(Karte S. 618; Hauptgerichte 60–250 B; ⌚7–23 Uhr; 📶) Das Bar-Restaurant am Pier ist ein Zufluchtsort für heimwehkranke Briten und erinnert an einen tropischen Biergarten. Sonntags können sich die Gäste den Bauch endlos mit gegrillten Köstlichkeiten vollschlagen. Und das Thai-Essen ist auch gar nicht übel.

Pranee's Kitchen THAI $

(Karte S. 618; Gerichte 50–150 B; ⌚7–22 Uhr; 📶) Dieser alte Mae-Hat-Klassiker tischt thailändische Köstlichkeiten wie leckere Currys in einem Freiluft-Pavillon mit Sitzkissen, Holztischen und Fernsehern auf. Jeden Abend um 18 Uhr laufen englischsprachige Filme.

Greasy Spoon FRÜHSTÜCK $

(Karte S. 618; englisches Frühstück 140 B; ⌚6.30–15 Uhr; 📶) Getreu seinem Namen serviert der komplett charakterfreie „Fettlöffel" diverse appetitliche Cholesterinbomben: Blutwurst, Eier, Würstchen, Kartoffelpuffer, Pommes und vegetarische Optionen treiben jedem Briten die Freudentränen in die Augen.

★ **Whitening** INTERNATIONAL $$

(Karte S. 618; Gerichte 150–400 B; ⌚13–1 Uhr; 📶) Das feine, weiße Lokal rangiert irgendwo zwischen Restaurant und schicker Strandbar. Feinschmecker werden die deliziösen Abwandlungen einheimischer und internationaler Gerichte mögen. Mit den nackten Füßen im Sand speist man hier zwischen baumelnden weißen Lichterketten. Und das Beste? Es ist relativ freundlich zum Portemonnaie.

Café del Sol INTERNATIONAL $$

(Karte S. 618; Hauptgerichte ab 100 B; ⌚8–22.30 Uhr; 📶) Direkt am Pier gelegen ist dieses Eckcafé eine ausgezeichnete Wahl, um ein französisches (120 B), englisches (190 B) oder ein Taucherfrühstück (140 B) zu genießen und den Morgentrubel von Ko Tao zu beobachten. Mittags und abends reicht das Menüspektrum von herzhaften Hamburgern mit Paprika bis hin zu hausgemachter Pasta. Die Preise sind aber ziemlich überzogen.

This is a Book Cafe CAFÉ $$

(Karte S. 618; ⌚7–21 Uhr; 📶) Das charmante und sehr ruhige Lokal ist mit seinen hübschen weißen Wänden, Bücherregalen, einer kleinen Auswahl an trendigen Möbeln (und einem misstönenden Fernseher aus den 1970er-Jahren in der Ecke) und einem Blumensofa perfekt für Kaffee, Eis, Backwaren und eine Prise Ruhe.

Dolce Vita ITALIENISCH $$

(Karte S. 618; Pizza 170–270B; ⌚12–22 Uhr) Das Dolce Vita bietet mit hausgemachter Pasta und guten Pizzas die beste italienische Küche auf Ko Tao.

Chalok Ban Kao

I ♥ Salad CAFÉ $$

(Karte S. 612; Hauptgerichte ab 120 B; ⌚8–21 Uhr; 📶) Das rustikale Lokal serviert viele gesunde Salate mit frischen Zutaten, eine Auswahl an vegetarischen und veganen Gerichten und klebrige Desserts. Dazu gibt's frische Obstsäfte und gesunde Frühstücke nur mit Eiweiß.

Viewpoint Restaurant INTERNATIONAL $$$

(Karte S. 612; ☎077 456444; 250–1100 B; ⌚7.30–22 Uhr) Das Viewpoint bietet mit seiner erhöhten Terrasse mit Blick auf den Ao Chalok Ban Kao ein äußerst romantisches Ambiente. Auch das Essen kann mit dem besten auf Ko Samui mithalten – man probiere den geschmorten Bauchspeck oder den ganzen Thunfisch aus dem Ofen. Abgesehen von den australischen Rindfleischgerichten sind die Preise angemessen.

Long Pae STEAK $$$

(Karte S. 612; Hauptgerichte ab 160 B; ⏲10–24 Uhr) Abseits vom Großteil des örtlichen Touristentrubels steht „Onkel Pae" auf einer Terrasse in einem hügeligen Dschungel mit Fernblick auf das Meer. Spezialität des Hauses ist Steak, dazu passen gut die üppigen panasiatischen Appetitanreger. Bei schönem Wetter sollte man zum Sonnenuntergang kommen, bei Wind muss man die Servietten festhalten.

Ausgehen & Nachtleben

Nach dem Tauchen ist Trinken der liebste Zeitvertreib auf Ko Tao. Möglichkeiten dafür sind hier reichlich vorhanden. Auch die drei größten Tauchzentren der Insel haben eigene Bars – **Fishbowl Beach Bar**, **Crystal Bar** und **Buddha On The Beach** in Chalok Bak Kao – die sowohl Schwärme an Touristen als auch hier lebende Ausländer anziehen. Es lohnt sich reinzuschauen, auch wenn man kein Taucher ist.

An diversen Bäumen und Mauern entlang der westlichen Inselküste informieren Flyer über anstehende Partys (Tipp: die zwei 7-Elevens in Sairee). Auch nach Postern sollte man Ausschau halten, die für Dschungelpartys auf unscheinbaren, dicht bewachsenen Grundstücken in der Inselmitte werben. Dann gibt's noch die Kneipentour **Koh Tao Pub Crawl** (www.kohtaopubcrawl.com), die montags, mittwochs und freitags um 18 Uhr im Chopper's Bar & Grill (S. 622) auf Hat Sairee startet und um 19.30 Uhr zu vier weiteren Kneipen aufbricht, einschließlich Kabarett, Livemusik und Feuershows. Für 400 B bekommt man einen Eimer, zwei Kurze und ein T-Shirt, kein schlechter Deal also. Wer ein zweites Mal kommt, zahlt nur noch 300 B und dann 200 B.

Viele Optionen, wie das Chopper's und der Safety Stop Pub (S. 623), eignen sich zusätzlich gut für ein wohlverdientes Après-Tauch-Bier.

Achtung: Nie trinken und dann tauchen!

Am Südende des Sairee Beach wechseln sich **AC Party Pub**, **In Touch** und **Maya Bar** in der Woche damit ab, Partylöwen anzulocken.

★ **Earth House** BIERGARTEN

(Karte S. 612; www.theearthhousekohtao.com; ⏲Mo–Sa 12–24 Uhr) Kelly aus Worcester serviert in diesem entspannten, abgeschiedenen und ländlichen Lokal in einem verträumten Garten eine globale Auswahl an 40 Bieren, Craft-Bieren und Cider. Neben einem eigenen chilligen Baumhaus gibt's noch ein Restaurant (Mo–Sa 9–12 & 13–18 Uhr) und Bungalows, in denen man seinen Rausch ausschlafen kann, wenn man zu viel Green Goblin (Cider) hatte.

Das Earth House liegt an der Straße nach Ao Tanot, kurz vor der Abzweigung nach Ao Leuk.

★ **Fizz** BAR

(Karte S. 618; Sairee Beach) Auf Sitzkissen sinken, einen Designercocktail bestellen und die hypnotisierende Brandung in Einklang mit einer Symphonie an Umgebungsgeräuschen auf sich wirken lassen. Fantastisch.

Castle CLUB

(Karte S. 612; www.thecastlekohtao.com; Mae Hat) An der Hauptstraße zwischen Mae Hat und Chalok Ban Kao ist das dreistöckige Castle die Top-Adresse für Hip-Hop-, Garage-, Elektro- und Funkpartys auf der Insel und lockt jeden Monat eine Auswahl an einheimischen und internationalen DJs zu seinen drei Partys.

Lotus Bar BAR

(Karte S. 618; Sairee Beach) Im Late-Night-Spot an Sairees Nordende wirbeln muskulöse Feuerjongleure brennende Fackeln durch die Luft. Die Drinks sind so groß, dass ein Rettungsschwimmer anwesend sein sollte.

Diza BAR

(Karte S. 618; Sairee Beach) Das Diza ist ein gut besuchter Treff an der Kreuzung in Sairee, wo man billiges Bier schlürfen kann und die Musik voll aufgedreht wird.

Natural High Cafe CAFÉ

(Karte S. 612; ⏲10.30–24 Uhr) Ideal zum Abschalten auf einer schönen erhöhten Freiluftterrasse mit tollem Ausblick in alle Richtungen über die üppige Inselvegetation, Hängematten zum Abhängen, beruhigenden Umgebungsgeräuschen und Kaffee, der in Emaille-Tassen serviert wird. Für Aktive gibt's aber auch einen Pool. Es liegt auf einem Hügel an der Straße nach Hat Sai Daeng, einfach den Schildern folgen.

Unterhaltung

★ **Queen's Cabaret** KABARETT

(Karte S. 618; ⏲jede Nacht 22.15 Uhr) Jeden Abend ist in dieser anheimelnden Bar etwas anderes los. Das Programm reicht von der typischen Show mit Abba-Glamour und Beineschwingen bis zu heißen Oben-ohne-Sängerinnen. Männer, die weit vorn sitzen, müssen aber damit rechnen, in die Show einbezogen zu werden. Es kostet keinen Eintritt, aber es wird erwartet, dass man einen (recht teuren) Drink zu sich nimmt, aber das ist es absolut wert.

Raw Art Moovment LIVEMUSIK
(⏲22 Uhr–open end) Ein Ort für Kunst und Musik, für Geselligkeit und Drinks, und vor allem für den Sunday Art Jam, wenn die talentiertesten Musiker der Insel auftreten und die Atmosphäre einer großen, fröhlichen (gratis!) privaten Party gleicht (tatsächlich ist das Raw Art Moovment Teil des Hauses seiner Besitzer Denny und Lisa). Gegen 19.30 Uhr erklingen die ersten Akkorde, man kann aber jederzeit dazustoßen.

Shoppen

Verglichen mit zu Hause sind die meisten Waren vor Ort günstig. Tauchausrüstungen stellen allerdings die große Ausnahme dar. Auf Ko Tao blättert man westliche Preise plus Versandkosten hin (sogar mit „Discounts"), darum kaufen Taucher ihr Equipment lieber schon zu Hause oder übers Internet. Das größte 7-Eleven an der Kreuzung im Dorf Sairee ist häufig gerammelt voll, vor allem abends. Bier, Softdrinks und alles andere findet man auch in kleineren, einheimischen Läden, wo es schneller geht. Es gibt ein paar familienbetriebene Geschäfte weiter oben an der Galerie vorbei. Omnipräsente Apotheken verlangen sehr hohe Preise für importierte Sonnenmilch, Shampoos, Mückenschutz und andere Artikel, die es auch in kleineren Läden und Zweigstellen von 7-Eleven gibt, wo man preisgünstigere Alternativen findet.

Hammock Cafe Plaeyuan HAUSHALTSWAREN
(Karte S. 612; ⏲9–18 Uhr) Das kleine Café an der Straße nach Chalok Ban Kao verkauft auch eine großartige Auswahl an lebhaften und bunten, von Mlabri handgewebten Hängematten, manche aus bis zu 3 km Stoff. Für eine Sitzhängematte zahlt man um die 1700 B und bis zu 5000 B für die kunstvollste.

Praktische Informationen

Die überall erhältliche Broschüre *Koh Tao Info* nennt zahllose ansässige Firmen und verrät Einiges über Geschichte, Kultur und Gesellschaft der Insel.

GEFAHREN & ÄRGERNISSE

Nichts ist ärgerlicher, als sich mit Freunden zu einem Tauchkurs anzumelden und dann wegen eines Motorradunfalls mit Knieverletzung zwangsläufig auszufallen. Die Straßen auf Ko Tao werden zwar Schritt um Schritt befestigt, manche sind aber immer noch gefährlich. Während ein Mietmoped im Allgemeinen sehr praktisch ist, sollte man das Fahren nicht erst hier lernen. Die Insel strotzt vor steilen Hügeln und Schotterpisten mit versteckten Sandgruben. Mit einem Roller sollte man auf guten Straßen bleiben und bei Unsicherheiten umdrehen. Achtung: Es kommt vor, dass betrügerische Verleiher selbst unversehrt zurückgegebene Bikes fälschlich als beschädigt bezeichnen, um Kunden hohe Geldsummen abzupressen. Unbedingt das Bike vor dem Ausleihen auf Kratzer und Beulen prüfen.

Zudem besteht ein ernsthaftes Risiko durch das Dengue-Fieber. Das Virus kann sich wegen der stark besuchten Touristengebiete und der geringen Größe der Insel schnell ausbreiten.

GELD

Die Geldautomaten der örtlichen 7-Elevens stehen rund um die Uhr zur Verfügung. Weitere Geräte gibt's rund um Mae Hats Fähranleger. An Letzterem findet man auch einen Geldwechselschalter – ebenso nahe dem Choppers in Sairee Beach. In der Nähe von Mae Hats Post säumen mehrere Bankfilialen (Öffnungszeiten werktags meist 9–16 Uhr) die Inselhauptstraße am äußersten Ortsrand. Fast alle Tauchschulen akzeptieren Kreditkarten, wofür allerdings üblicherweise 3 bis 4 % Bearbeitungsgebühr anfallen.

INFOS IM INTERNET

www.kohtaocompleteguide.com Praktische Website und eine ausgezeichnete, vierteljährliche und kostenlose Ausgabe in Buchform.

www.kohtaoonline.com Online-Version der Broschüre *Koh Tao Info*.

INTERNETZUGANG

WLAN ist in fast allen Resorts, Bars und Restaurants vorhanden.

MEDIZINISCHE VERSORGUNG

Vor der Erkundung des Meeres müssen alle Taucher einen medizinischen Haftungsverzicht unterschreiben. Bei jeglichen gesundheitlichen Beeinträchtigungen der Tauchtauglichkeit (einschließlich leichtem Asthma) ist eine Unbedenklichkeitsbescheinigung eines örtlichen Arztes erforderlich. Bei Unsicherheit bezüglich der Tauchtauglichkeit geht man am besten bereits vor der Reise zum Arzt, da es auf der Insel keine offiziellen Krankenhäuser gibt und nur eine begrenzte Anzahl an qualifizierten Profi-Medizinern. Zudem sollte die eigene Reiseversicherung unbedingt Sporttauchen abdecken. Lokale „Arztbesuche" (stark relativiert!) kosten 300 B. Im Bereich von Mae Hat und Sairee können diverse Kliniken und Mini-Krankenhäuser aufgesucht werden, ernsthafte Gesundheitsprobleme sollte man aber auf Ko Samui behandeln lassen. Taucher lassen sich gute medizinische Versorgungsoptionen am besten von ihrem jeweiligen Ausrüster empfehlen. Die nächste Überdruckkammer befindet sich am Big Buddha Beach (Hat Bang Rak) auf Ko Samui, in Notfällen fährt ein Schnellboot dorthin.

NOTFALL

Polizei (Karte S. 618; ☎ 077 456631) Zwischen Mae Hat und Sairee Beach am ausgefahrenen Abschnitt der Strandstraße.

POST

Post (Karte S. 618; ☎ 077 456170; ⌚ Mo–Fr 9–17, Sa 9–12 Uhr) An der Kreuzung zwischen Ko Taos innerer Inselhauptstraße und Mae Hats „Down Road" (10–15 Gehminuten ab dem Pier).

TOURISTENINFORMATION

Die staatliche TAT hat auf Ko Tao kein Informationsbüro. Verkehrsmittel und Unterkünfte lassen sich bei den meisten Tauchshops oder jedem der vielen Reisebüros buchen. Solche Dienstleistungen sind immer mit kleinen Provisionen verbunden.

ℹ An- & Weiterreise

Preise und Abfahrtszeiten können sich plötzlich ändern. Zwischen Oktober und Dezember fallen Schiffspassagen mitunter wegen zu schweren Seegangs aus. Wer bei rauem Wasser schnell seekrank wird, sollte statt eines Lomprayah-Katamarans die Seatran-Fähre nehmen – diese durchpflügt die Wellen direkt, während die Lomprayah-Katamarane auf ihnen schaukeln. Achtung: Wenn man nach der Vollmondparty von Ko Pha-Ngan nach Ko Tao schippern möchte, sollte man Bootstickets unbedingt *mehrere* Tage im Voraus kaufen!

BUS

Bus-Boot-Pakete von/nach Bangkok gibt es in Reisebüros in ganz Bangkok und Südthailand; sie kosten etwa 1000 B. Die Fahrt dauert insgesamt etwa zwölf Stunden. In Chumphon endet die Busfahrt und es geht mit dem Boot weiter. Wer Richtung Bangkok unterwegs ist, kann auch in Hua Hin aussteigen (das Ticket ist genauso teuer wie das nach Bangkok).

FLUGZEUG

Nok Air (www.nokair.com) fliegt ein- oder zweimal täglich vom Don Mueang Airport in Bangkok nach Chumphon und zurück. **Happy Air** (www.happyair.co.th) bietet mehrere Flüge am Tag vom Suvarnabhumi International Airport in Bangkok an und fliegt fünfmal wöchentlich nach Ranong. Die Flüge von/nach Bangkok kosten meistens um die 3300 B. In Chumphon gibt es einen nahtlosen Transfer zum Katamaran nach Ko Tao.

SCHIFF/FÄHRE

Nach Ko Pha-Ngan

Der Katamaran von **Lomprayah** verkehrt dreimal täglich (500–600 B); er verlässt Ko Tao um 6, 9.30 und 15 Uhr und erreicht Ko Pha-Ngan gegen 7, 10.30 und 16 Uhr. Die **Seatran Discovery Ferry** (430 B) bietet die gleiche Verbindung, legt aber erst um 6.30 Uhr ab. Das **Songserm-Schnellboot** (350 B) fährt täglich um 9.30 Uhr los und kommt um 11.30 Uhr auf Ko Pha-Ngan an. Die Abholung vom Hotel ist im Preis inbegriffen.

Nach Ko Samui

Der Katamaran von **Lomprayah** fährt zweimal täglich (600 B) von Ko Tao ab, und zwar um 9.30 und 15 Uhr, und erreicht Mae Nam auf Ko Samui über Ko Pha-Ngan gegen 11.20 und 16.40 Uhr. Ein früheres Schiff geht um 6 Uhr nach Na Thon auf Ko Samui und kommt um 7.45 Uhr an. Die **Seatran Discovery Ferry** (600 B) bietet eine identische Verbindung um 6.30, 9 und 15 Uhr. Das **Songserm**-Schnellboot (450 B) legt täglich um 9.30 Uhr ab und erreicht Ko Samui (wieder über Ko Pha-Ngan) um 13.15 Uhr. Die Abholung vom Hotel ist im Preis inbegriffen.

Nach Surat Thani & zur Andamanenküste

Die einfachste Option ist ein Zwischenstopp auf Ko Pha-Ngan oder Ko Samui, um die Fahrt zu verkürzen und weniger oft umzusteigen. Ansonsten dürfte ein kombiniertes Bus-Boot-Ticket, welches diverse Reisebüros auf der Insel verkaufen, nicht teurer sein, als wenn man die Fahrt individuell organisiert. Wer es aber nicht mag, wie ein Schaf auf einen Touristenbus verladen zu werden, der hat zwei Routen zur Auswahl. Die erste und beliebteste ist die Fahrt mit einem Bus nach Surat (eventuell muss man auf Ko Ko Pha-Ngan oder Ko Samui das Boot wechseln), von wo es mit dem Bus weitergeht.

Die zweite Variante ist die Fahrt mit der Fähre nach Chumphon auf dem Festland und die Weiterfahrt von dort mit Bus oder Bahn in die Provinzen, die weiter im Süden liegen.

ZUG

Auch mit der Bahn können Traveller auf eigene Faust nach Bangkok reisen: Zuerst geht's mit einem Boot nach Chumphon, dann ins Zentrum von Chumphon (oder in irgendeine andere Stadt an der oberen südlichen Golfküste) und von dort mit dem Zug nach Bangkok; wer aus Bangkok kommt, fährt die gleichen Teilstrecken in entgegengesetzter Richtung. Eine Fahrkarte nach Bangkok in der 2. Klasse kostet ca. 300 B, die Fahrt dauert etwa achteinhalb Stunden.

Der Hochgeschwindigkeitskatamaran Lomprayah fährt täglich um 10.15 und 14.45 Uhr von

Ko Tao nach Chumphon (600 B, 1½ Std.), und ein Songserm-Schnellboot macht dieselbe Fahrt um 14.30 Uhr (500 B) und kommt um 17 Uhr an. Bei sehr hohen Wellen fahren möglicherweise nicht alle Fähren.

Unterwegs vor Ort

MOTORRAD

Bei Fahrten abseits der gut befestigten Hauptstraßen sind Leihmotorräder eine gefährliche Sache. Der Tagespreis beginnt bei 150 B für einen Roller. Größere Leihmotorräder kosten ab 350 B. Bei Wochen- und Monatsmiete gibt es Rabatte. **Lederhosenbikes** (Karte S. 618; ☎ 0817 528994; www.kohtaomotorbikes.com; Mae Hat; ⏰ Mo–Sa 8.30–18 Uhr) ist eine recht gute Adresse. Von Geländefahrzeugen (ATVs) oder Jetskis sollte man lieber die Finger lassen, damit passieren viele Unfälle.

SŎRNG·TĂA·OU

An Mae Hats Pier warten viele *sŏrng·tăa·ou*, Pick-up-Trucks und Motorräder auf ankommende Fährpassagiere. Nach Sairee Beach oder Chalok Ban Kao bezahlen Einzelpersonen 200 B. Bei mindestens zweiköpfigen Gruppen werden 100 B pro Nase fällig. Touren von Sairee nach Chalok Ban Kao kosten 150 B pro Gruppenpassagier oder 300 B pro Einzelperson. Diese Preise sind kaum verhandelbar. Wer nicht 200 bis 300 B extra hinblättern will, muss warten, bis alle Taxiplätze belegt sind. Fahrten zur Ostküste sind doppelt so teuer. Zudem erhöhen die Chauffeure ihre Tarife, wenn Regen das Meistern der Inselstraßen erschwert. Bei bereits erfolgter Unterkunftswahl ist es sehr ratsam, rechtzeitig per Telefon einen Shuttle zu arrangieren. Viele Tauchschulen bieten ebenfalls kostenloses Abholen bzw. Hinbringen an.

WASSERTAXI

Wassertaxis starten in Mae Hat, Chalok Ban Kao und nahe der Vibe Bar am Nordabschnitt des Sairee Beach. Bootsfahrten nach Ko Nang Yuan kosten mindestens 100 B. Je nach Passagierzahl lassen sich Longtail-Boote für ca. 1500 B pro Tag chartern.

Ang Thong Marine National Park

อุทยานแห่งชาติหมู่เกาะอ่างทอง

Die rund 40 schroffen Dschungelinseln des Ang Thong Marine National Park verteilen sich wie die Perlen eines zerrissenen Smaragdhalsbands übers himmelblaue Meer: Jedes einzelne Eiland ist ein naturbelassenes Königreich mit steilen Kalksteinklippen, versteckten Lagunen und perfekten, pfirsichfarbenen Sandstränden. Diese traumhafte Inselchen inspirierten Alex Garland zu seinem Kultroman *Der Strand*.

Dieses Naturschutzgebiet in himmlischen Grün- und Blautönen besucht man am besten im Februar, März oder April. Wegen des starken Seegangs zur Monsunzeit ist der Park im November und Dezember fast immer geschlossen.

Sehenswertes

Alle geführten Touren machen Station an der Parkverwaltung auf **Ko Wua Talap**, der größten Insel des Archipels.

Je nach saisonalem Wasserstand und Wetter sind auf **Ko Samsao** oder **Ko Tai Plao** natürliche Steinbögen erkennbar. Wegen der recht geringen Meerestiefe (max. 10 m) rund um die Inselkette sind hier große Korallenriffe nur in ein paar geschützten Ecken auf der südwestlichen und nordöstlichen Seite entstanden. Nahe Ko Tai Plao und Samsao gibt's ein flaches Korallenriff mit ordentlichen, aber keinesfalls hervorragenden Schnorchelmöglichkeiten. An mehreren Stellen können Tauchanfänger flache Höhlen erkunden und bunte Korallengärten, Schildkröten oder Nattern-Plattschwänze (eine hochgiftige Seeschlangenart) bewundern. Pulvrig weiche Sandstrände säumen **Ko Tai Plao**, **Wuakantang** und **Ko Hintap**.

Aussichtspunkt AUSSICHTSPUNKT

Der Aussichtspunkt bietet den vielleicht tollsten Panoramablick Thailands: Von ganz oben schaut man weit über die schroffen Nachbarinseln, die in faszinierenden Formationen aus dem ruhigen, türkisfarbenen Wasser ragen. Der Aufstieg über den steilen Pfad zum Aussichtspunkt (450 m) dauert ca. eine Stunde. Wanderer sollten feste Schuhe tragen und sich auf den scharfkantigen Kalksteinfelsen angemessen langsam bewegen. Ein zweiter Pfad führt zur **Tham Bua Bok**, einer Höhle mit lotusförmigen Stalagmiten und Stalagtiten.

Smaragdmeer SEE

Das Smaragdmeer auf **Ko Mae Ko** wird auch Inneres Meer genannt und ist ein beliebtes Ziel. Dieser beeindruckend große See (250x350 m) in der Inselmitte hat himmlisch minzfarbenes Wasser. Besucher dürfen ihn bewundern, aber nicht hineinsteigen: Er ist für den unreinen menschlichen Körper absolut tabu. In nächster Nähe geht's über mehrere Treppenfluchten hinauf zu einem zweiten spektakulären **Aussichtspunkt**.

Geführte Touren

Am besten erlebt man Ang Thong bei einer der vielen geführten Touren ab Ko Samui oder Pha-Ngan. Der Preis beinhaltet normalerweise Mittagessen, Schnorchelausrüstung, Hotelshuttles und einen (hoffentlich!) kompetenten Guide. Luxusresorts haben oft Privatboote für Gäste-Gruppenausflüge. Manche Mittelklasse- und Budget-Bleiben betreiben ebenfalls eigene Boote. Falls nicht, stellen sie stressfrei den Kontakt zu normalen Tourveranstaltern her. Tauchzentren auf Ko Samui und Pha-Ngan veranstalten **Sporttauchtouren** zum Park. Allerdings sind Ang Thongs Tauchspots nicht in der Kategorie Weltklasse zu finden wie die rund um Ko Tao und Pha-Ngan.

Oft werden Tourfirmen so schnell wieder geschlossen, wie sie neu eröffnet haben – daher am besten bei der eigenen Unterkunft nach einem aktuellen Verzeichnis fragen!

Schlafen

In Ang Thong gibt es keine Resorts, doch auf Ko Wua Talap hat der Nationalpark fünf Bungalows errichtet, in denen zwischen zwei und acht Personen übernachten können. Zudem können Camper in speziell ausgewiesenen Zonen ihr Zelt aufschlagen. Es ist möglich, online zu buchen, allerdings müssen die Kunden innerhalb von zwei Tagen nach der Reservierung Geld überweisen. Um zu reservieren, wendet man sich an die **Nationalparkbüros** (☎077 286025; www.dnp.go.th; Bungalow 500–1400 B).

Anreise & Unterwegs vor Ort

Der Park ist am besten per privatem Tagestrip ab Ko Samui oder Pha-Ngan (28 bzw. 32 km entfernt) erreichbar. Die Inseln liegen zwischen Ko Samui und dem Hauptanleger in Don Sak. Sie werden jedoch nicht von Fähren angesteuert.

Der offizielle Parkeintritt (Erw./Kind 400/200 B) sollte stets im Tourpreis enthalten sein (ggf. beim Anbieter nachfragen!). Private Charterboote sind eine weitere Option, aufgrund der hohen Benzinpreise aber ziemlich teuer.

PROVINZ SURAT THANI

Surat Thani อำเภอเมืองสุราษฎร์ธานี

128 990 EW.

Surat Thani, Thai für „Stadt der guten Menschen", war einst die Hauptstadt des alten Srivijaya-Reichs. Heute hat sich der unglamouröse, typisch thailändische Ort zu einem Verkehrsknotenpunkt entwickelt, durch den Waren und Menschen geschleust werden. Kaum ein Traveller legt auf dem Weg zu den beliebten Inseln Ko Samui, Ko Pha-Ngan und Ko Tao hier eine Pause ein, doch wer authentische thailändische Arbeiterstädte und gute südthailändische Snacks mag und gerne in chinesischen Tempeln herumschnüffelt, sollte sich die Stadt nicht entgehen lassen.

Schlafen

Wer im Zentrum von Surat übernachtet, findet sich in einer geschäftigen thailändischen Stadt wieder, was nach einem Aufenthalt auf den ganz auf Tourismus ausgerichteten Golfinseln recht erfrischend und tatsächlich faszinierend sein kann. Die Preise sind niedrig und man kommt mit relativ wenigen Baht ziemlich weit.

Modernere Unterkünfte findet man, wenn man in einen *sŏrng·tăa·ou* springt und in Richtung des Bezirks Phang-Nga fährt. Beim Einsteigen gibt man dem Fahrer das Fahrziel „Tesco Lotus" an und wird nach 2 bis 3 km an einem großen, kastenförmigen Einkaufszentrum abgesetzt. Eine Handvoll gehobenerer Hotels umgeben die Mall.

Wer wenig Geld hat, flitzt schnell durch die Stadt und nimmt die Nachtfähre zur gewünschten Insel.

My Place @ Surat Hotel HOTEL $
(☎077 272288; 247/5 Th Na Meuang; DZ 490–590 B, FZ 620 B; ❄📶) Nur Lächeln und kein Staubkörnchen in diesem ausgezeichneten chinesischen Hotel im Zentrum. Es gibt große, sehr saubere Zimmer, bunte Kissen, moderne Kunst an den Wänden und Duschen mit ordentlichem Druck – zudem ist das Preis-Leistungs-Verhältnis unschlagbar. Es ist zwar eine Budgetunterkunft, aber hier wird sich fast jeder wohl fühlen. Frühstück wird im Café nebenan serviert.

Wangtai Hotel HOTEL $$
(☎077 283020; 1 Th Talad Mai; Zi. 790–2000 B; ❄@📶🏊) Gegenüber vom TAT-Büro auf der anderen Flussseite ist das Wangtai eine elegante Marmorunterkunft im Stadtzentrum und bietet 230 angenehme und gemütliche, ziemlich typische Zimmer mit guter Aussicht auf die Stadt.

Essen

In Surat Thani bekommt man überall köstliche Straßensnacks am Mittag und am

Surat Thani

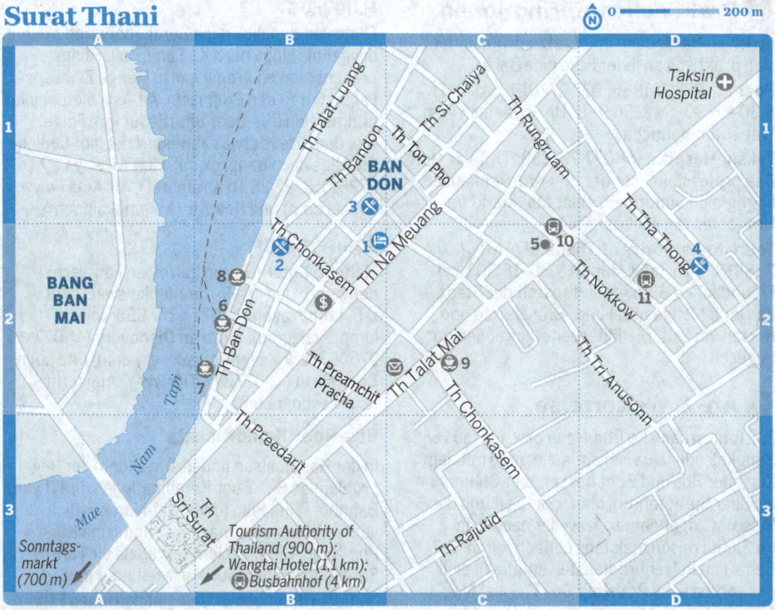

Surat Thani

Schlafen
1 My Place @ Surat Hotel B2

Essen
2 Milano B2
3 Nachtmarkt B1
4 Vegetarisches Restaurant D2

Praktisches
5 Pranthip Co C2

Transport
6 Nachtfähre nach Ko Tao B2
Lomprayah .... (siehe 8)
7 Nachtboote nach Ko Pha-Ngan B2
8 Seatran Discovery B2
9 Seatran-Büro C2
Songserm .... (siehe 8)
10 Haltestelle Talat Kaset 1 .... C2
11 Haltestelle Talat Kaset 2 .... D2

Abend. Neben dem zentralen Nachtmarkt öffnen jeden Abend auch Stände in der Nähe der Abfahrtskais der Nachtboote zu den Inseln; außerdem findet am Sonntagnachmittag ein **Sonntagsmarkt** (⌚16–21 Uhr) in der Nähe des TAT-Büros statt. Tagsüber wird an vielen Ständen in der Nähe des Busbahnhofs im Zentrum *kôw gài òp* (mariniertes gebackenes Hühnchen auf Reis) verkauft.

Nachtmarkt MARKT $
(Sarn Chao Ma; Th Ton Pho; Gerichte ab 35 B; ⌚18–23 Uhr) Eine fantastische Mischung an Köstlichkeiten, darunter massenweise mariniertes Fleisch am Spieß, das auf der Zunge zergeht, frische Fruchtsäfte, Nudelgerichte und Nachtische. Der Markt ist nicht besonders groß, man kann also bequem von Stand zu Stand bummeln, ehe man sich entscheidet.

Milano PIZZA $
(Th Bandon; Hauptgerichte ab 110 B; ⌚12–22 Uhr) Das italienische Restaurant in der Nähe des Piers backt eine leckere Auswahl an Pizzas, während Pasta, weitere internationale Gerichte und Hausmannskost die überraschend gute Karte abrunden.

Vegetarisches Restaurant VEGETARISCH $
(47/7 Th Tha Thong; Hauptgerichte ab 30 B; ⌚7–15 Uhr; ✍) In dem einfachen, aber freundlichen Veggie-Restaurant bekommt man eine Schale Reis und Gemüsecurrys plus eine Emailletasse mit Wasser für gerade einmal 30 B. Man achte auf die gelben Banner mit dem chinesischen Zeichen 斋 (für „vegetarisch“).

Praktische Informationen

In der Th Na Meuang im Stadtzentrum findet sich praktisch an jeder Ecke eine Bank.

Post (077 281966, 077 272013; Mo–Fr 8.30–16.30, Sa & So 9–12 Uhr) Westlich vom Wat Thammabucha.

Taksin Hospital (077 273239; Th Talat Mai) Das professionellste der drei Krankenhäuser liegt gleich hinter dem Talat-Mai-Markt im Nordosten der Innenstadt.

Tourism Authority of Thailand (TAT; 077 288818; 5 Th Talat Mai; 8.30–16.30 Uhr) Freundliches Büro im Südwesten der Stadt, das jede Menge nützlicher Broschüren und Karten verteilt. Die Mitarbeiter sprechen gut Englisch.

An- & Weiterreise

Für Touren nach Ko Pha-Ngan bzw. Ko Tao von Bangkok oder Hua Hin aus sollte man mit dem Zug oder Bus und Boot besser über Chumphon als über Surat fahren. Man spart Zeit und die Reise ist angenehmer. Traveller nach/von Ko Samui reisen meistens einfach durch. Bei Bedarf an Reisebürodiensten empfiehlt sich das verlässliche **Pranthip Co** (Th Talat Mai; 7.30–17.30 Uhr).

BUS & MINIVAN

Der Süden lässt sich am praktischsten mit den Bussen und Minivans erkunden, die an zwei lokalen Haupthaltestellen namens Talat Kaset 1 und Talat Kaset 2 abfahren. Auf der Nordseite der Th Talat Mai (Surats Hauptstraße) befindet sich der Talat Kaset 1 mit schnellen Verbindungen nach Nakhon (120 B, 1½ Std.). Zudem ist dort mit Pranthip Co. eines der vertrauenswürdigeren örtlichen Reisebüros ansässig. Auch Busse nach Phun Phin starten am Talat Kaset 1.

Am Talat Kaset 2, auf der Südseite der Th Talat Mai findet man viele Transportmöglichkeiten.

Der „neue" Busbahnhof ist nunmehr ein paar Jahre alt, wird aber von Einheimischen immer noch so genannt. Er liegt 7 km südlich der Stadt in Richtung Phun Phin und ist für Verbindungen nach bzw. ab Bangkok zuständig (380–800 B, 11–14 Std.).

BUSSE & MINIVANS AB SURAT THANI

ZIEL	PREIS (B)	DAUER (STD.)
Bangkok	421–856	10
Hat Yai	160–290	5
Khanom	100	1
Krabi	150	2½
Phuket	250	6
Trang	160	2

FLUGZEUG

Flüge von Bangkok nach Surat Thani sind zwar billiger als Flüge nach Ko Samui, allerdings braucht man auch eine ganze Menge Zeit vom Flughafen zu den Golfinseln. Air Asia bietet einen praktischen Bus-Boot-Shuttle für ihre Flüge, was den Stress etwas abmildert. Es gibt tägliche Shuttles nach Bangkok mit **Thai Airways** (077 272610; 3/27-28 Th Karunarat), **Air Asia** (www.airasia.com) und **Nok Air** (www.nokair.com).

SCHIFF/FÄHRE

Mehrere Unternehmen betreiben Fährverbindungen zu den Inseln. Empfehlenswert sind z. B. **Lomprayah** (077 4277 656; www.lomprayah.com), **Seatran Discovery** (077 275063; www.seatrandiscovery.com) und auch **Songserm** (077 377704; www.songserm-expressboat.com).

Bus-Boot-Kombitickets

In der Hauptsaison finden Traveller in der Regel problemlos Bus-Boot-Kombinationen direkt vom Bahnhof Phun Phin (der sich 14 km westlich von Surat befindet) nach Ko Samui und Ko Pha-Ngan. Sie sind nicht teurer als die Fahrt von Surat und können viel Wartezeit ersparen.

Zudem betreiben diverse Unternehmen Fähren und Schnellboote zwischen Surat Thani und Ko Tao, Ko Pha-Ngan und Ko Samui. Die meisten Boote, darunter auch die von Raja und Seatran, fahren ab Don Sak (etwa 1 Std. von Surat; der Bustransfer ist im Preis enthalten); die Songserm-Boote fahren aber in Surat. Die Fahrt mit den Raja-Fähren kann frustrierend sein, vor allem wenn man wenig Zeit hat. Nach Ko Samui dauert die Fahrt etwa eineinhalb Stunden, nach Ko Pha-Ngan ca. zweieinhalb; allerdings drosselt der Kapitän den Motor oft auf halbe Kraft, sodass die Fahrt bis zu fünf Stunden dauern kann.

Nachtboot

Im Zentrum Surats starten Nachtboote nach Ko Tao (600 B; 8 Std., Abfahrt 23 Uhr), Ko Pha-Ngan (400 B; 7 Std., Abfahrt 23 Uhr) und Ko Samui (300 B; 6 Std., Abfahrt 23 Uhr). Dies sind Frachtschiffe, keine Luxusboote, daher sollte man Essen und Wasser selbst mitnehmen und auf sein Gepäck achten.

ZUG

Wer mit dem Zug ankommt, landet in Phun Phin, einer uninteressanten Stadt 14 km westlich von Surat. Von Phun Phin fahren Busse nach Phuket, Phang-Nga und Krabi – einige davon über Takua Pa, von wo es zum Khao Sok National Park geht. Ab Surat gibt es häufigere Verbindungen, es lohnt sich aber, sich in Phun Phin erst die Fahrpläne anzuschauen, so erspart man sich vielleicht die lahme Fahrt zwischen beiden Städten.

Wer die Fahrt tagsüber unternehmen möchte, ist mit den Expresszügen am besten beraten.

Nachts sind die klimatisierten Liegewagen die beste Option. Die Züge von Surat nach Bangkok machen in Chumphon und Hua Hin Halt; von Surat Richtung Süden halten sie in Trang, Hat Yai und Sungai Kolok und überqueren dann die Grenze. Im Bahnhof von Phun Phin gibt es eine Gepäckaufbewahrung, die rund um die Uhr geöffnet ist; pro Tag kostet das Einlagern ca. 20 B. Das Büro, das Fahrkarten im Voraus verkauft, ist von 6 bis 18 Uhr geöffnet (wobei irgendwann zwischen 11 und 13.30 Uhr eine Stunde wegen einer nebulösen Mittagspause geschlossen ist). Die Fahrt nach Bangkok dauert achteinhalb Stunden und kostet je nach Klasse 297 bis 1379 B.

Unterwegs vor Ort

Klimatisierte Vans zum/ab Surat Thani Airport kosten etwa 100 B pro Person und bringen Passagiere bis zum Hotel.

Innerhalb der Stadt sind *sŏrng·tăa·ou* unterwegs, die zwischen 10 und 30 B kosten (vom Zentrum nach Tesco Lotus sind es etwa 30 B).

Ventilatorgekühlte Busse von Orange fahren alle zehn Minuten vom Bahnhof Phun Phin nach Surat Thani (15 B, 25 Min.). Dafür nehmen Taxis nur 200 B für maximal vier Leute, Sammeltaxis 100 B pro Person. Weitere Taxipreise hängen gleich nördlich vom Bahnhof an der Fußgängerbrücke aus. Wer in Phun Phin übernachten muss, für den ist das Queen Hotel eine einfache und unfreundliche Option – aber es ist billig und man hat ein Dach über dem Kopf für einen ähnlichen Preis, den ein Taxi nach Surat Thani kostet.

PROVINZ NAKHON SI THAMMARAT

Ao Khanom อ่าวขนอม

Auf halber Strecke zwischen Surat Thani und Nakhon Si Thammarat liegt die malerische Bucht Ao Khanom ruhig am blauen Meer. Die Touristen, die scharenweise auf die nahen Dschungelinseln strömen, übersehen diese ursprüngliche Region, die einfach Khanom genannt wird; doch sie ist eine schöne Option für Traveller auf der Suche nach einem friedlichen Strand, der nicht vom Kommerz verschandelt ist.

Der Strandbereich ist recht lang und besteht eigentlich aus zwei Stränden: dem langen Hauptstrand Hat Nadan und dem kleineren, etwas abgelegeneren Hat Nai Plao.

Sehenswertes

In dieser Gegend befinden sich mehrere unberührte geologische Highlights, darunter **Wasserfälle** und **Höhlen**, die größte Attraktion sind für viele Besucher jedoch die rosa Delfine.

Höhlen HÖHLE

An der Hauptstraße (HWY 4014) zwischen Khanom und Don Sak liegen zwei schöne Höhlen. In der Khao Wang Thong weist eine Lampenreihe Besuchern den Weg durch die Höhlenräume und schmalen Passagen. Den Eingang verschließt ein Metalltor; den Schlüssel bekommt man im Haus am Fuß des Hügels (möglichst eine kleine Spende dalassen!). Rechts von der Hauptstraße an der Rd 4142 liegt die Khao Krot mit zwei großen Höhlen (Taschenlampe mitbringen).

Samet Chun Waterfall WASSERFALL

Am größten Wasserfall der Gegend können sich Besucher in lauwarmen Becken abkühlen und Blicke bis zur Küste genießen. Zum Wasserfall geht es von Ban Kanom zunächst nach Süden, am blauen Schild für Samet Chun biegt man links ein, folgt der Straße ca. 2 km, und biegt rechts ab, nachdem man einen kleinen Fluss überquert hat. Nun geht es auf der unbefestigten Straße den Berg hinauf, bis nach ca. 15 Minuten der Wasserfall hörbar ist und rechts ein kleiner Pfad auftaucht.

Hin Lat Falls WASSERFALL

Der malerische Hin Lat ist der kleinste Wasserfall in der Region und am leichtesten zu erreichen. Es gibt Becken, in denen man schwimmen kann, und mehrere Hütten, die Schatten spenden. Er befindet sich südlich von Hat Nai Plao.

Dat Fa Mountain BERG

Der Dat Fa, der sich etwa 5 km westlich von der Küste am Hwy 4014 erhebt, wartet mit einem postkartenwürdigen Blick auf die geschwungen Küste auf. Meistens ist hier keine Menschenseele, sodass man ungestört anhalten und ein Fotos schießen kann.

Geführte Touren

Pink Dolphin Viewing Tours NATURBEOBACHTUNG

(Tagestouren 1700 B) Die außergewöhnlichsten Bewohner von Khanom sind die rosa Delfine – eine seltene Albino-Unterart der Chinesischen Weißen Delfine mit einer faszinierend rosafarbenen Haut. Während der Morgen- und Abenddämmerung sind sie regelmäßig am alten Bootspier und am Pier des Elektrizitätswerks zu sehen. Viele Resorts organisieren inzwischen Tagestouren, die neben der Delfinbeobachtung per Boot auch den Besuch der Höhlen und Wasserfälle der Gegend beinhalten.

Wer einfach nur die Delfine sehen möchte, kann für 1000 B (max. 6 Pers.) ein paar Stunden ein Boot ausleihen; einfach im Hotel nachfragen!

Schlafen & Essen

Obwohl seit einigen Jahren im Gespräch ist, die Strände von Khanom zu einer entspannteren Alternative zu den nahen Inseln auszubauen, ist es hier immer noch sehr ruhig. Viele Resorts haben nur wenige Gäste, und weil die Anlagen oft lange nicht benutzt werden (z.B. die Toilettenspülungen), sind manche Zimmer feucht. Am besten meidet man die großen Hotels und hält sich an die Bungalowanlagen am Strand. Übrigens liegen alle Unterkünfte recht weit voneinander entfernt, wer kein Fahrzeug hat, kann also nicht einfach ankommen und sich einige Optionen zu Fuß anschauen.

Preiswertes Essen gibt es im **Hat Kho Khao** am Ende der Rd 4232. Mehrere Grillimbisse bieten typische Leckereien wie *mŏo nám đòk* (scharfer Salat mit Schweinefleisch) und *sôm·đam*. In der Nähe der Polizeiwache weiter landeinwärts finden mittwochs und sonntags Märkte statt.

ABSTECHER

WAT SUAN MOKKHAPHALARAM

Wat Suan Mokkhaphalaram (www.suanmokkh-idh.org; Wat Suanmokkh) Umgeben von dichtem Wald zahlt man im Wat Suan Mokkhaphalaram („Garten der Befreiung") 2000 B für ein zehntägiges Programm inklusive Kost, Logis und Unterricht, letzterer ist streng genommen sowieso umsonst. Am ersten Tag jeden Monats beginnen die Klausuren unter Leitung des International Dharma Hermitage, für die man sich am Nachmittag des Vortags anmelden muss. Die philosophischen Lehren des Tempels wurden von Ajan Buddhadasa Bhikkhu, angeblich Thailands berühmtester Mönch, begründet. Ihre ökumenische Ausrichtung vereint christliche, taoistische und Zen-Elemente sowie traditionelle Theravada-Konzepte.

Auskünfte, wie man den Tempel 7 km außerhalb von Chaiya erreicht, gibt's auf der Website.

Suchada Villa BUNGALOWS $
(☎075 528459; www.suchadavilla.com; Hat Naiplau; Bungalow wochentags/Wochenende inkl. Frühstück 800/1000 B; ❄📶) Das Suchada liegt gleich ab von der Hauptstraße und nur fünf Minuten zu Fuß vom Strand. Es ist an seinen bunten, süßen Bungalows erkennbar. Die freundlichen Mitarbeiter sprechen Englisch.

Khanom Hill Resort BUNGALOWS $$
(☎075 529403, 081 956 3101; www.khanom.info; Hat Naiplau; Bungalow 2900–3900 B; ❄📶🏊) Viele Traveller schwärmen von diesem Resort, das auf einem kleinen Hügel an einem traumhaften Sandstrand liegt. Zur Wahl stehen moderne Betonvillen mit Strohdächern, billigere Bungalows im Thai-Stil und große, für Familien geeignete Apartments. Alle Optionen sind sauber und komfortabel.

Talkoo Beach Resort BUNGALOWS $$
(☎075 528397; yok_hana@yahoo.com; Hat Nadan; Bungalow 1000–1500 B; ❄📶🏊) Das Talkoo, eine effizient geführte Unterkunft am Hat Nadan, bietet mehrere Bungalows in einem Garten am Strand und preiswertere Varianten auf einem trockenen, kargen Gelände auf der anderen Seite der Hauptstraße. Alle sind gut in Schuss, geräumig und komfortabel und warten mit charmanten Details wie naturnahen Badezimmern auf.

CC Beach Bar & Bungalows BUNGALOWS $$
(www.ccbeachbarthai.wordpress.com; Bungalow ab 1500 B; ❄📶🏊) Das gesellige Fleckchen an einem schönen Abschnitt des Hat Nadan war anfangs nur eine fröhliche Strandbar. Die sauberen, modernen Betonbungalows sind teurer als andere Unterkünfte in der Gegend und haben ein auf Ausländer zugeschnittenes, freundliches Ambiente.

Racha Kiri RESORT $$$
(☎075 300245; www.rachakiri.com; Bungalow 3550–7150 B; ❄📶🏊) Khanoms Nobelrefugium hat einige geräumige Villen sowie ein Spa und Pool. Die niedrigen Gästezahlen aufgrund der hohen Preise sind eventuell ganz angenehm. Allerdings riecht das Resort förmlich nach totem Kapital, wenn es nicht als Feriendomizil für Firmenangehörige genutzt wird.

Praktische Informationen

Die Polizeiwache und das Krankenhaus befinden sich gleich südlich von Ban Khanom an der Kreuzung, von der es zum Hat Kho Khao geht. Im Zentrum von Khanom (Stadt) gibt es einen 7-Eleven (mit Geldautomat).

An- & Weiterreise

Minivans aus Surat Thani und aus Nakhon fahren täglich zwischen 5 und 17 Uhr im Stundentakt und halten in Khanom (Stadt), das mehrere Kilometer vom Strand entfernt liegt. Von dort fahren Motorradtaxis für 20 bis 30 B (je nach Entfernung) zu den Stränden. Wer im Voraus bucht, wird eventuell vom Personal der Unterkunft kostenlos in Khanom abgeholt.

Eine Taxifahrt ab dem Bootsanleger in Don Sak, von wo die Boote zu den Golfinseln fahren, kostet 1000 B, eine Motorradtaxifahrt 300 B.

Traveller, die ihre Unterkunft erreicht haben, kommen dort nur schwer vom Fleck, es sei denn, sie haben ein eigenes Fahrzeug oder buchen eine Tour bei ihrem Hotel.

Nakhon Si Thammarat

อำเภอเมืองนครศรีธรรมราช

120 836 EW.

Die historische Stadt Nakhon Si Thammarat (meist kurz nur „Nakhon“ genannt), in der einer der bedeutendsten Tempel des Königreichs steht, ist ein lohnenswerter Halt zwischen Hat Yai und Surat Thani.

Vor Hunderten Jahren war die Überlandroute zwischen dem Westhafen Trang und dem Osthafen Nakhon Si Thammarat eine von Thailands Haupthandelsverbindungen zur übrigen Welt. Vom einstigen Zustrom kosmopolitischen Dünkels zeugen bis heute die lokale Küche, Tempel und Museen.

Sehenswertes

Die meisten kommerziellen Einrichtungen Nakhons (Hotels, Banken, Restaurants) befinden sich im nördlichen Teil der Innenstadt. Südlich vom Uhrturm liegen der ehrfurchtgebietende Wat Mahathat und die wunderschönen Überreste der historischen **Ziegelsteinstadtmauer** beim Park und Platz von **Sanam Na Muang**, abseits der sehr langen Hauptverkehrsstraße Th Ratchadamnoen, auf der in beiden Richtungen viele preiswerte *sŏrng·tăa·ou* unterwegs sind. Am späten Nachmittag bevölkern die Einheimischen den Sanam Na Muang, spielen Fußball und Footbag und joggen oder spazieren an der kühleren Luft. Bewundernswert sind zudem die goldfarbenen Statuen der zwölf Tiere des thailändischen Tierkreises oben auf den Laternenpfählen an der Th Ratchadamnoen. Jede einzelne repräsentiert einen der zwölf Stadtstaaten, die dem Königreich Nakhon Si Thammarat untertan waren.

★ Wat Phra Mahathat Woramahawihaan — TEMPEL

(Th Si Thamasok; 8.30–16.30 Uhr) Der atemberaubende Wat Phra Mahathat Woramahawihaan (kurz „Mahathat“) ist Südthailands bedeutendster Wat und beherbergt eine imposante, 77 m hohe weiße *chedi* (Stupa) mit Goldkrone, die in den Himmel ragt. Der Legende zufolge brachten Königin Hem Chala und Prinz Thanakuman vor über 1000 Jahren kostbare Reliquien nach Nakhon und bauten eine kleine Pagode zum Schutz der Kleinode. Seitdem ist der Tempel zu einer weitläufigen Anlage angewachsen, zu der täglich Menschenmassen pilgern, um die beliebten Jatukham-Amulette zu kaufen.

Im Hof unter der weißen *chedi* stehen weitere graue *chedi* und in der Eingangshalle finden sich eine prächtige Treppe und die **Museen** mit antiken Statuen aus allen Zeitaltern und Ecken Thailands, wie ein sich zurücklehnender Buddha aus dem 18. Jh. Der Tempel ist oft überlaufen von Schulkindern, die Blattgold auf die Tempelstatuen auftragen. Vom Thai-Hotel-Gelände zahlt man 10 B für eine Fahrt mit dem *sŏrng·tăa·ou*.

Schattenspielfiguren — MUSEUM

(Th Si Thamasok Soi 3; 9–16.30 Uhr) Es gibt zwei Arten der regionalen Schattenspielfiguren: *năng đà·lung* und *năng yài*. Erstere sind nur 1 m hoch und haben bewegliche Gliedmaßen, Letzere sind fast lebensgroß und haben keine beweglichen Bestandteile. Beide Arten werden aufwändig aus Kuhhaut hergestellt. In Suchart Subsins Puppenhaus gibt es ein kleines Museum, in dem Mitarbeiter das Ausschneiden der Figuren zeigen und kleine Vorführungen geben (50 B).

Ausschau halten nach den Schattenspielfiguren aus dem 18. Jh. oben und weiteren aus dem Zweiten Weltkrieg, die kleiner waren als die traditionellen; mit dabei ist auch ein Doppeldecker-Flugzeug.

Nationalmuseum — MUSEUM

(Th Ratchadamnoen; Eintritt 150 B; Mi–So 9–16 Uhr) Als das Königreich Tampaling bzw. Tambralinga mit Kaufleuten aus Indien, Arabien, Dvaravati und Champa handelte, wurde die Region um Nakhon zu einem Schmelztiegel des Kunsthandwerks. Relikte aus dieser Zeit gibt's heute in diesem interessanten Nationalmuseum zu sehen.

Schlafen & Essen

Nakhon eignet sich toll, um Gerichte mit einer besonderen südthailändischen Note

NICHT VERSÄUMEN

KHAO LUANG NATIONAL PARK

Khao Luang National Park (อุทยานแหงชาติเขาหลวง; ☎075 300494; www.dnp.go.th; Erw./Kind 400/200 B) Der Khao Luang National Park rund um den Khao Luang (1835 m) ist für schöne Berg- und Waldwanderpfade, kühle Bäche, Wasserfälle und Obsthaine bekannt. Die hoch aufragende, mit Urwald bedeckte Bergkette ist der Lebensraum einer Fülle von Vogelarten, hier sind angehende Vogelexperten genau richtig. Doch auch für Pflanzenfreunde gibt's etwas zu sehen, im Park wachsen nämlich mehr als 300 Orchideenarten, von denen man einige nirgendwo sonst auf der Welt findet.

Wer hier übernachten möchte, kann **Park-Bungalows** (600–2000 B/Nacht) für sechs bis zwölf Personen mieten. Im Hauptquartier des Parks befindet sich ein **Restaurant**, und **Zelten** ist am Weg zum Gipfel gestattet.

Zum Park geht es mit einem *sŏrng·tăa·ou* (ca. 35 B) von Nakhon Si Thammarat nach Lan Saka; meistens fahren die Fahrer auch das zusätzliche Stück bis zum Parkhauptquartier. Der Eingang zum Park und die Büros des Royal Forest Department liegen 33 km vom Zentrum Nakhons an der Rte 4015, einer Asphaltstraße, die auf den 2,5 km zu den Büros fast 400 m ansteigt; zum Parkplatz sind es noch weitere 450 m. Auf der Website des Parks stehen viele aktuelle Informationen.

zu probieren. Abends verkaufen muslimische Imbissstandbetreiber köstliche *kôw mòk gài* (Hühnchen-*biryani*), *má·đà·bà* (*murdabag;* indische Pfannkuchen mit Hühnchen- oder Gemüsefüllung) und Roti. Ein gutes Angebot gibt's in der Th Neramit, die später zur Th Pak Nakhon wird – jeden Abend öffnen hier viele Imbissstände.

Thai Hotel HOTEL $
(☎075 341509; fax 075 344858; 1375 Th Ratchadamnoen; Zi. mit Ventilator 350 B, mit Klimaanlage 430–550 B; ❄📶) Das Thai Hotel ist die zentralste Unterkunft der Stadt und nicht weit vom Bahnhof. Zwar ist es weniger edel, die Wände sind etwas dünn und das WLAN unsicher, aber die Zimmer sind sauber und für den Preis ein guter Deal. In jedem Zimmer gibt es einen TV und die oberen Stockwerke bieten einen guten Blick auf das städtische Getümmel. Das Personal ist auch freundlich.

Nakorn Garden Inn HOTEL $
(☎075 323777; 1/4 Th Pak Nakhon; Zi. 445 B; ❄📶) Mit seiner schönen pflanzenreichen Umgebung scheint dieses Hotel eher in einen schattigen Dschungel zu gehören als ins Zentrum, leider sind die meisten Zimmer mit bloßen Backsteinen düster, auch wenn es Klimaanlage, TV, heißes Wasser und Kühlschränke gibt. Dafür ist es mal eine nette rustikale Abwechslung zu einem Betonblock und auch noch günstig, das Personal spricht allerdings kein Wort Englisch.

Twin Lotus Hotel HOTEL $$
(☎075 33777; www.twinlotushotel.net; 97/8 Th Phattanakan Khukhwang; Zi. 1500–2500 B; ❄📶🏊) Man sieht ihm sein Alter an, aber das Twin Lotus mit 401 Zimmern ist das beste gehobene Hotel in Nakhon. Der 16-stöckige Koloss steht 2 km südöstlich vom Zentrum.

★ **Krua Talay** THAI $
(1204/29-30 Th Pak Nakhon; Gerichte 40–300 B; ⊙16–22 Uhr) Gegenüber vom Nakorn Garden Inn serviert dieses fantastische Restaurant tolle Meeresfrüchtegerichte. Hinten gibt's einen Gartenbereich, wo man Krabbenkuchen, knusprigen Seewolf mit würzigem Salat oder Gemüsepfannen mit Austernsauce genießen kann. Es gibt kein Schild auf Englisch, aber man erkennt es am rot-gelb-blauen Zeichen und den Topfpflanzen draußen.

Hao Coffee CAFÉ $
(☎075 346563; Bovorn Bazaar; Gerichte 30–60 B; ⊙morgens & mittags) Das charmante, zugeknöpfte und gut besetzte Café ist immer voller redseliger Einheimischer und auch an Sammlerstücken und Nippes besteht kein Mangel – von Tropenhelmen über Gewehre bis zu verschiedenen Keramikwaren. Ein toller Ort für ein Rühreifrühstück, ein richtiges Essen oder einen Koffeinkick, entweder drinnen oder an den Tischen vorne.

Rock 99 INTERNATIONAL $
(1180/807 Bovorn Bazaar; Hauptgerichte ab 65 B; ⊙16–24 Uhr) Das Rock 99 im Bovorn Bazaar mag etwas grobschlächtig daherkommen, aber es tischt eine gute Auswahl an internationalen Gerichten auf, von Tacosalaten bis zu Pizzas, das Thai-Essen ist aber nicht so gut. Mehrmals die Woche gibt's abends Livemusik. Ein Glas Wein kostet 70 B.

Praktische Informationen

In der Th Ratchadamnoen am nördlichen Ende der Innenstadt gibt es mehrere Banken und Geldautomaten. Ein Buchladen mit englischsprachiger Literatur befindet sich im 3. Stock des Einkaufszentrums Robinson.

Die meisten Hotels geben ihren Gästen Gratiskarten aus, aber nicht alle davon sind hilfreich.

Polizei (1155; Th Ratchadamnoen)

Post (Th Ratchadamnoen; Mo–Fr 8.30–16.30, Sa & So 9–12 Uhr)

Tourism Authority of Thailand (TAT; 075 346515; 8.30–16.30 Uhr) Befindet sich in einem schönen Haus aus dem Jahr 1926 am nördlichen Ende des Sanam Na Muang (Stadtpark) und verteilt einige nützliche Broschüren. Das gesprochene Englisch ist aber begrenzt.

An- & Weiterreise

BUS

Normale Busse nach Bangkok fahren am Busbahnhof ab (überwiegend nachmittags und abends), doch ein paar private Busse starten auch am Buchungsbüro in der Th Jamroenwithi, wo auch die Tickets verkauft werden. Die Fahrt dauert zwölf Stunden und kostet je nach Busklasse 454 bis 1142 B.

Wer Nakhon mit dem Minivan verlassen will und eine Haltestelle sucht, sollte auf die kleinen Schalter am Rand der Straßen im Zentrum achten (auch wenn keine Minivans oder Fahrgäste in der Nähe sind). Am besten fragt man aber nach, denn für jedes Fahrziel gibt es einen anderen Abfahrtsort. Minivans nach Krabi und Don Sak fahren vom selben Punkt ab, also aufpassen, dass man das richtige Fahrzeug besteigt! Die Haltestellen liegen in der Nähe der Th Jamroenwithi, Th Wakhit und Th Yommarat.

FLUGZEUG

Mehrere Fluggesellschaften, darunter Nok Air, Air Asia und Orient Thai Airlines (sowie Thai Airways) fliegen täglich von Bangkok nach Nakhon. Täglich starten etwa sechs Flüge, die eine Stunde dauern (einfache Strecke 1500 B).

ZUG

Zwischen Bangkok und Nakhon (133–652 B; mit Halt in Hua Hin, Chumphon & Surat Thani) verkehren täglich zwei Züge. Sie fahren über Nacht, benötigen zwölf Stunden und fahren weiter nach Hat Yai und Sungai Kolok.

Unterwegs vor Ort

Sŏrng·tăa·ou (10 B, abends etwas mehr) verkehren in Nord-Süd-Richtung entlang der Th Ratchadamnoen und der Si Thammasok. Fahrten mit Motorradtaxis kosten mindestens 30 B (bis zu 50 B bei längeren Strecken).

PROVINZ SONGKHLA

Die zwei Hauptgeschäftszentren der Provinz Songkhla, Hat Yai und Songkhla, leiden weniger unter den politischen Unruhen, die weiter südlich gelegene Städte plagen. Trotzdem gibt es staatliche Reisewarnungen zu diesem Gebiet. Man fällt nicht gerade über ausländische Backpacker, aber es laufen doch einige Touristen über die lokalen Märkte, genießen die muslimisch-thailändische Fusionküche, relaxen an windigen Stränden und tauchen ein in Hat Yais spaßigen und vielseitigen Stadtflair.

Songkhla & Umgebung

สงขลา

90 780 EW.

Die „große Stadt an zwei Meeren" bietet perfekte Fotomotive. Dennoch verzeichnet das gemütliche Songkhla nur wenige ausländische Besucher. Obwohl die Stadt im Vergleich zu weiter südlich gelegenen Provinzen bislang vom Terrorismus muslimischer Separatisten verschont geblieben ist, bekommt sie dieselbe schlechte Presse ab.

An nahezu jeder Ecke reflektieren Architektur und Küche den lokalen Bevölkerungsmix aus Thailändern, Chinesen und Malaien.

Sehenswertes

Ein Ausflug ins **Aquarium** (สงขลาอะควาเรียม; www.songkhlaaquarium.com; Eintritt Erw./Kind 300/200 B; Di–Fr 9.30–15.45, Sa & So 9.30–16.45 Uhr) eignet sich besonders für eine Tour mit Kindern.

★ Nationalmuseum MUSEUM

(พิพิธภัณฑสถานแห่งชาติสงขลา; Th Wichianchom; Eintritt 150 B; Mi–So 9–16 Uhr, an Feiertagen geschl.) Dieses Haus aus dem Jahr 1878 wurde ursprünglich im chinesischen Stil als Residenz einer örtlichen Berühmtheit gebaut. Das Museum dürfte wohl das malerischste Nationalmuseum Thailands sein und zeigt Exponate aus allen Perioden der thailändischen Kunst, besonders aus der des Srivijaya-Reichs. Die Besucher laufen barfuß auf den Holzfußböden, während sie die kunstvollen Holzschnitzereien, die historischen Fotos und die von einem Schiffswrack geborgenen Töpferwaren betrachten.

Hat Samila STRAND

(หาดสมิหลา) Bei einem Spaziergang auf diesem schönen weißen Sandstrand begegnet man kichernden einheimischen Pärchen und fliegenden Drachen (eine örtliche Leidenschaft). Die Bronzeskulptur einer **Meerjungfrau** zu Ehren der hinduistisch-buddhistischen Erdgöttin Mae Thorani sitzt auf Felsen am nördlichen Ende des Strandes. Die Einwohner behandeln die Figur wie einen Schrein; sie binden bunte Stoffbänder um ihre Hüfte und reiben ihre Brüste – das soll Glück bringen.

Zum Sonnenbaden eignet sich der Strand nicht, man kleidet sich hier sehr konservativ, doch er ist ein nettes Fleckchen, um den Einheimischen zu begegnen und thailändische Strandidylle zu genießen und es ist ein toller Ort für eine Wanderung bei Sonnenuntergang.

Ko Yo INSEL

(เกาะยอ) Diese Insel in der Mitte des Thale Sap ist ein beliebtes Ziel für Tagesausflüge ab Songkhla und über Brücken mit dem Festland verbunden. Die Stoffe und vorgefertigten Kleidungsstücke ihrer berühmten Baumwollweberindustrie sind auf einem Straßenmarkt zu hervorragenden Preisen erhältlich.

Inselbesucher sollten keinesfalls den **Wat Phrahorn Laemphor** mit seinem liegenden Riesenbuddha und das **Thaksin-Folkloremuseum** (☎ 074 591618; Eintritt 100 B; ⏲ 8.30–16.30 Uhr), das die Regionalkultur aktiv bewirbt und bewahrt, verpassen.

Seine Pavillons sind Nachbauten südthailändischer Häuser, in denen Folklorekunst und traditionelle Haushaltsgeräte warten.

Geführte Touren

Singora Tram Tour TRAM-TOUR

(⏲ 9–15 Uhr) GRATIS Die kostenlosen, 40-minütigen Tram-Touren (6-mal tgl.) in einer offenen Bahn beginnen neben dem Nationalmuseum. Wer Glück hat, kann einer Führung auf Englisch lauschen. Die Fahrt führt durch den alten Teil der Stadt, vorbei an der Moschee von Songkhla, einem Thai-Tempel und einem chinesischen Schrein und dann hinaus zum Hat Samila.

Schlafen & Essen

Verglichen mit anderen Gegenden am Golf sind Songkhlas Hotels meist günstiger. So kann man sich die jeweils nächsthöhere Unterkunftskategorie relativ gut leisten.

Die beste Adresse für qualitativ hochwertige Meeresfrüchte ist die Straße vor dem BP Samila Beach Hotel bzw. vor allem das Restaurant am dortigen Kreisverkehr. Wer am liebsten Marktkost futtert, findet an den meisten Tagen der Woche Straßenstände. Sonntags empfiehlt sich der Markt am Pavilion Hotel. Der Abendmarkt (Mo–Mi) in der Nähe von Fischfabrik und Busbahnhof hat bis ca. 21 Uhr geöffnet. Am Freitagmorgen gibt's einen weiteren Markt am Rathaus.

Sook Soom Boon 2 HOTEL $

(☎ 074 323809; 14 Th Saiburi; DZ 550 B; ❄ 📶) Der Besitzer der zentral gelegenen Unterkunft spricht gut Englisch und die Zimmer sind preiswert.

BP Samila Beach Hotel HOTEL $$

(☎ 074 440222; 8 Th Ratchadamnoen; Zi. 1600–2500 B; ❄ @ 🏊) Als Wahrzeichen bietet dieses Hotel ein großartiges Preis-Leistungs-Verhältnis: Für dieselben Extras würde man auf den Inseln fast das Doppelte bezahlen. Direkt am Strand gibt's hier große Zimmer mit Kühlschrank, Satelliten-TV und Meer- oder Bergblick (beides echt toll). Allerdings ist es auf seine Art etwas angestaubt und man sollte vorher den WLAN-Empfang im Zimmer testen.

★ **Blue Smile Cafe** CAFÉ $

(254 Th Nakhonnai; Hauptgerichte ab 100 B; ⏲ Di–Fr & So 10–22, Sa 10–24 Uhr) Ein toller Ort für einen Snack, etwas Alkohol oder coole Beats. Man kann darüber streiten, was an diesem Lokal in kanadischer Hand das Beste ist: der Dachgarten, die *Blues Brothers*-Poster, die B52s- und Bob Dylan-Bilder, der Live-Jazz (Fr & Sa ab 19.15 Uhr) oder die hausgemachten Waffeln. Es gibt sogar ein Doppelzimmer, wenn man mal eine Runde schlafen muss.

Ong Heap Huad CAFÉ $

(Th Nakhonnai; ⏲ 8–18 Uhr) Dieses erstaunliche, familienbetriebene Laden-Schrägstrich-Café zeigt eine faszinierende museumsartige Sammlung von alten chinesischen und thailändischen Ladenschildern, Antiquitäten, Statuen, Lampen, ausgestopften Tierköpfen und mehr. Es ist ein reizender Ort, um ein Glas Tee zu genießen. Vor dem Laden stehen Urnen und Nippes und auf dem chinesischen Ladenschild steht 黄協發; er befindet sich gegenüber von Nr. 239.

Praktische Informationen

Banken gibt es überall in der Stadt.

Indonesisches Konsulat (☎ 074 311544; www.kemlu.go.id/songkhla; 19 Th Sadao)

Malaysisches Konsulat (074 311062; 4 Th Sukhum, Songkhla; Mo–Do 8.15–12 & 13–16, Fr 8.15–12 & 14–16 Uhr)

Polizei (074 321868; Th Laeng Phra Ram) Nördlich vom Stadtzentrum.

Post (Th Wichianchom) Gegenüber vom Markt; oben sind Auslandstelefonate möglich.

Anreise & Unterwegs vor Ort

BUS

Der Bahnhof für Busse und Minibusse befindet sich ein paar Hundert Meter südlich vom Viva Hotel. Täglich fahren drei 2.-Klasse-Busse nach Bangkok (693–1070 B), die unterwegs in Nakhon Si Thammarat, Surat Thani und anderen Orten halten. Minibusse (21 B) und Minivans (30–40 B) nach Hat Yai benötigen 40 Minuten und starten in der Th Ramwithi. Von hier fahren auch *sŏrng·tăa·ou* nach Ko Yo ab.

ZUG

Da keine Züge mehr durch Songkhla fahren, muss man sich für die meisten Fernziele im Süden nach Hat Yai begeben.

Hat Yai หาดใหญ่

191 696 EW.

Willkommen im urbanen Zentrum Südthailands. Durch die Einkaufszentren im westlichen Stil zieht der Duft der kantonesischen Fressbuden und der Currys, der von den unglaublich vielfältigen Imbissständen herüberweht. Alte chinesische Männer auf klapprigen Stühlen sitzen vor ihren Trödelläden und lassen das Leben vorüberziehen. Hat Yai ist eine anregende Mixtur aus geschäftiger Großstadt und entspannten Tropen und war lang ein beliebter Stopp bei malaysischen Männern auf einem Wochenendtrip zu Prostituierten. Es fällt auf, dass der Tourismus in der Stadt noch immer vor allem von Malaysiern beherrscht wird, unter die sich ein paar westliche Expats gemischt haben. Die abendliche Barszene bietet gemütliche Kneipen und lebhafte Discos.

Die Stadt ist von den gewaltsamen Zwischenfällen im tiefen Süden meist verschont geblieben, doch ganz ignoriert wurde sie nicht: 2012 wurde das Lee Gardens Plaza Hotel Ziel eines Bombenanschlags, bei dem vier Menschen in dem anschließenden Feuer starben und 400 verletzt wurden. 2014 explodierten drei Bomben in Hat Yai, acht Menschen wurden verletzt. Bei kleineren Zwischenfällen wurden in der Vergangenheit Kneipen, Malls, Kaufhäuser und Hotels Ziel von Bombenangriffen.

Jeder muss selbst entscheiden, ob er hier anhalten will, aber hier umzusteigen, sollte eigentlich nicht besonders riskant sein. Aber wer hier Halt macht, um die Stadt zu erkunden, wird belohnt mit einigen der leckersten Speisen der Region und dem dynamischen Flair der größten Stadt Südthailands.

Schlafen

Im Zentrum von Hat Yai gibt es in Laufnähe vom Bahnhof Dutzende Businesshotels.

Cathay Guest House HOSTEL $
(074 243815; 93/1 Th Niphat Uthit 2; EZ 200 B, DZ & 2BZ 240 B, 3BZ 290 B;) In diesem zentral gelegenen Schnäppchen arbeiten sehr hilfsbereite Menschen, die einen mit Informationen zur Weiterreise versorgen. Die Zimmer sind einfach (mit Hocktoilette), aber die Preise unschlagbar günstig. WLAN kostet pro Stunde 30 B.

Hat Yai Backpackers HOSTEL $
(www.hatyaibackpackershostel.com; 226 Th Niphat Uthit 1; B 240 B, DZ 350 B;) Die angenehme, neue Unterkunft im Zentrum hat Frauenschlafsäle mit vier Betten, gemischte Schlafsäle mit acht Betten und Doppelzimmer (alle mit Ventilator). Das nette Personal gibt gern Tipps zum Aufenthalt in Hat Yai.

Red Planet HOTEL $
(074 261011; www.redplanethotels.com; 152-156 Th Niphat Uthit 2; Zi. ab 900 B;) Dieses Hotel in toller, zentraler Lage bietet Sauberkeit, Erschwinglichkeit und guten Service in ordentlichen, funktionalen Zimmern. Atmosphäre und Motiv sind eher reizlos und die Preise variieren erheblich, je nachdem wie früh man bucht. Der Aufschlag von 200 B für ein Zimmer mit Wasserkocher lohnt sich nicht.

Centara HOTEL $$$
(074 352222; www.centarahotelsresorts.com; 3 Th Sanehanusorn; Zi. 4000–4700 B, Apt. 5300–7000 B, Suite 8500 B;) Zentrale Lage, Pool, 244 ausgezeichnete Zimmer, hervorragender Service und wunderschöne Blicke von den oberen Stockwerken, das alles bietet das Centara. Der abendliche Live-Jazz in der Foyerbar bringt noch mehr Stil rein.

Essen

Die Stadt ist die inoffizielle kulinarische Hauptstadt Südthailands und wartet mit muslimischen Rotis und Currys, chinesischen Gerichten wie Nudeln, Reis mit Ente und Dim Sum sowie frischem thailändischem Seafood sowohl von der Golf- als auch von der Andamanenküste auf. Überall locken Imbissstände, besonders gut ist das Angebot aber in der Th Supasarnrangsan. Mahlzeiten kosten hier zwischen 25 und 80 B.

Nachtmarkt MARKT $
(Th Montri 1) Der Nachtmarkt wartet mit vielen lokalen Gerichten auf, so bieten beispielsweise mehrere Stände das berühmte frittierte Hühnchen nach Art von Hat Yai sowie *kà·nŏm jeen* (frische Reisnudeln serviert mit Curry) an, und einige Stände verkaufen gegrilltes Seafood.

Daothiam CAFÉ $
(79/3 Thammanoonvithi Rd; Hauptgerichte ab 60 B; 7–19 Uhr;) Dieses traditionelle chinesische Café bedient seit 1959 Stammkunden aus Hat Yai. An den Wänden hängen gerahmte Banknoten, das Personal ist freundlich und es gibt eine solide Speisekarte mit thailändischen und chinesischen Gerichten und leckeren Frühstücken. Merkwürdigerweise bedeutet sein Name „Satellit". Das Daothiam liegt gegenüber der Odean Shopping Mall.

Gedi Chadian CHINESISCH $
(134-136 Th Niphat Uthit 3; Hauptgerichte ab 50 B) Das große, offene, weiträumige und sehr belebte Restaurant serviert dampfende Schüsseln mit fabelhaften *wonton*-Nudeln, Reis mit Huhn, Schweinefleisch *chā shāo* und andere sättigende chinesische Gerichte.

Ausgehen

Hive Bar BAR
(127 Th Niphat Uthit 2; 15–24 Uhr) Die angenehme, zentrale Hive Bar in Hat Yai ist ein Tick besser als die anderen und hat eine Fanbase aus Touristen, hier lebenden Ausländern und Einheimischen. Es gibt eine solide Auswahl an Snacks. Poolfans werden nicht enttäuscht sein.

Praktische Informationen

Einwanderungsbüro (Th Phetkasem) In der Nähe der Eisenbahnbrücke; Visa-Verlängerungen.

Tourism Authority of Thailand (TAT; www.tourismthailand.org/hatyai; 1/1 Soi 2, Th Niphat Uthit 3; 8.30–16.30 Uhr) Die sehr hilfsbereiten Mitarbeiter sprechen hervorragend Englisch und haben Berge von Infos über die gesamte Region.

Touristenpolizei (Th Niphat Uthit 3; 24 Std.) In der Nähe des TAT-Büros.

An- & Weiterreise

BUS

Busse zu anderen Provinzen und Minivans in Richtung Süden starten größtenteils 2 km südöstlich vom Zentrum am Busbahnhof. Die meisten Minivans Richtung Norden fahren nunmehr 4 km westlich der Stadt an der Talat Kaset ab. Vom Zentrum aus ist dieses Terminal per Túk-Túk (60 B) erreichbar. Busse verbinden Hat Yai mit fast allen Orten in Südthailand.

Prasert Tour (Th Niphat Uthit 1) hat schnellere Minibusverbindungen nach Surat Thani (4½ Std., 9–17 Uhr). Auch **Cathay Tour** (93/1 Th Niphat Uthit 2) organisiert Minivans zu vielen Orten im Süden.

BUSSE AB HAT YAI

ZIEL	PREIS (B)	DAUER (STD.)
Bangkok	688–1126	15
Krabi	182–535	5
Nakhon Si Thammarat	140	4
Pak Bara	130	2
Phuket	360	7
Songkhla	40	1½
Sungai Kolok	200	4
Surat Thani	235	5
Trang	100	2

FLUGZEUG

Air Asia (www.airasia.com) und **Nok Air** (www.nokair.com) fliegen täglich von und nach Bangkok.

Thai Airways International (THAI; www.thaiairways.com; 182 Th Niphat Uthit 1) pendelt mehrmals täglich zwischen Hat Yai und Bangkok.

ZUG

Per Nachtzug gibt's Verbindung nach bzw. ab Bangkok (259–945 B; 4-mal tgl., 16 Std.); der Zug fährt über Surat Thani (105 B). Weitere Züge fahren an der Ostküste nach Sungai Kolok (92 B; 7-mal tgl.) oder westwärts nach Butterworth (332 B) und Padang Besar (57 B) in Malaysia (2-mal tgl.).

Der Bahnhof hat ein Reservierungsbüro und eine Gepäckaufbewahrung (tgl. 7–17 Uhr).

Unterwegs vor Ort

Flughafentaxis (182 Th Niphat Uthit 1; 100 B/Pers.; 6.30–18.45 Uhr) rollen sechsmal täglich zum Flughafen (6.45, 10, 12.15, 13.45, 15 & 18.15 Uhr). Dorthin geht's auch per Privattaxi (320 B).

Sŏrng·tăa·ou verkehren entlang der Th Phetkasem (10 B/Pers.). Stadtfahrten mit Autorikschas und Motorradtaxis kosten 20 bis 40 B pro Nase.

TIEFER SÜDEN

Yala ยะลา

61250 EW.

Das von Land umgebene Yala zieht sich nach Süden bis zur malaysischen Grenze und ist die südlichste Provinz Thailands. Die gleichnamige Hauptstadt unterscheidet sich deutlich von anderen thailändischen Großstädten. Die breiten Boulevards und das ordentliche gitterförmige Straßennetz liegen um einen riesigen runden Park herum und wirken sehr westlich. Etwa drei Viertel der Einwohner sind Muslime, außerdem ist Yala eine Universitätsstadt und das Bildungszentrum des tiefen Südens.

Sehenswertes

Yalas größte Attraktion, der **Wat Kuha Pi Muk** (auch Wat Na Tham oder Höhlentempel genannt), ist eine der wichtigsten Pilgerstätten Südthailands. Der Höhlentempel aus der Srivijaya-Periode liegt 8 km westlich der Stadt an der Straße von Yala nach Hat Yai (Rte 409) und beherbergt einen liegenden Buddha aus dem Jahr 757. Die Figur eines riesigen Wächters bewacht den Tempeleingang, und durch kleine natürliche Öffnungen in der Höhle fällt Sonnenlicht hinein und beleuchtet mehrere alte buddhistische Höhlenmalereien.

Weiter südlich in Betong befindet sich der größte **Briefkasten** Thailands, der 1924 gebaut wurde. Betong ist zugleich ein offizieller, aber ungünstig gelegener Grenzübergang nach Malaysia; nähere Infos gibt's im **Einwanderungsbüro** (☎073 231292; ⌚8.30–16.30 Uhr).

Schlafen & Essen

Viele der billigsten Unterkünfte in Yala fungieren gleichzeitig als inoffizielle Bordelle. Rund um den Park liegen einige ausgezeichnete Restaurants.

Yala Rama HOTEL $
(☎073 212815; 21 Th Sri Bumrung; Zi. 600 B; ❄📶) Wie die meisten Hotels in der Region wäre dieses zentral gelegene, renommierte Hotel viel teurer, wenn es nicht im touristenarmen Süden läge. Die Zimmer sind sauber und komfortabel, das zugehörige Restaurant ist in Ordnung.

An- & Weiterreise

Yalas Busbahnhof liegt südlich vom Zentrum. Täglich verkehren drei Busse vom und zum südlichen Busbahnhof in Bangkok (711–1422 B, 14 Std.). Der Bus um 16 Uhr aus Bangkok fährt weiter nach Betong.

Täglich fahren vier Züge zwischen Bangkok und Yala (22 Std.). Zwei Züge pro Tag pendeln zwischen Yala und Sungai Kolok (3–4 Std.). Der Bahnhof befindet sich direkt nördlich vom Stadtzentrum.

Busse nach Hat Yai (160 B, 2½ Std.) halten mehrmals am Tag in der Th Sirirot vor dem Büro von Prudential TS Life.

Minivans nach Betong und Sungai Kolok (100 B, 2 Std.) fahren stündlich gegenüber vom Bahnhof ab.

Pattani ปัตตานี

44234 EW.

Die Provinz Pattani, das einstige Herz eines großen muslimischen Fürstentums, das auch die benachbarten Provinzen Yala und Narathiwat umfasste, hat sich nie ganz an die thailändische Herrschaft gewöhnt. Die heutige politische Situation hat zwar die Entwicklung der Region beeinträchtigt, doch die Stadt Pattani kann auf eine 500-jährige Geschichte des Handels mit den berühmtesten Imperialmächten der Welt zurückblicken. Die Portugiesen errichteten hier 1516 einen Handelsposten, 1605 kamen die Japaner durch, 1609 die Holländer, und 1612 ließen die Briten ihre kolonialen Muskeln spielen.

Doch trotz der faszinierenden Geschichte der Stadt hat Pattani außer einigen ganz netten Stränden in der Nähe nicht viel Interessantes zu bieten. Wegen der anhaltenden Aufstände sind all diese Sandstreifen für Individualreisende nicht sicher.

Sehenswertes

Der Mae Nam Pattani (Pattani-Fluss) trennt die Altstadt im Osten von der neueren Stadt im Westen. Entlang der Th Ruedi kann man die Überbleibsel der alten **Architektur** Pattanis sehen – der chinesisch-portugiesische Stil war früher in diesem Teil Südthailands vorherrschend. In der Th Arnoaru stehen einige alte, aber noch intakte Wohnhäuser im chinesischen Stil.

Pattani könnte eines der besseren Ziele für Strandurlauber in der Region sein. Die

REISEN IN DEN TIEFEN SÜDEN: JA ODER NEIN?

Trotz des Konflikts ist fast jeder im tiefen Süden, ob muslimischer Malaie oder Thaisoldat, glücklich, einen *fa·ràng zu sehen*. Bis hier schaffen es nur so wenige Ausländer, dass jedem Besucher eine Menge Aufmerksamkeit seitens der Einheimischen sicher ist.

Zudem wurden bei den Aufständen noch nie Reisende oder westliche Ausländer angegriffen, es ist ein sehr begrenzter Konflikt.

Doch Aufstände sind dem Wesen nach unvorhersehbar, und Bomben unterscheiden nicht, wen sie töten und wen nicht. Eine verbreitete Taktik der Separatisten sind Sprengsätze, die an vor Geschäften oder auf Märkten geparkten Motorrädern angebracht werden, sie wurden mehrfach in den Stadtzentren von Yala, Pattani, Narathiwat und Sungai Kolok eingesetzt.

Am sichersten ist es, sich nicht länger als nötig auf der Straße aufzuhalten – man könnte zur falschen Zeit am falschen Ort sein. Auch ist es nicht ratsam, am frühen Morgen oder nach Einbruch der Dunkelheit durch ländliche Gebiete zu fahren. Motorradfahren sollte man hier möglichst gar nicht, wenn man nicht eindeutig als Ausländer zu erkennen ist.

Doch die größte Hürde für Besucher der Region ist vielleicht, dass der Tourismus durch die Aufstände weitgehend zum Erliegen kam, sodass nur noch sehr wenig touristische Infrastruktur vorhanden ist. Von der Fahrt zwischen den größeren Städten mal abgesehen sind Besucher auf ein eigenes Fahrzeug angewiesen. Es gibt nur wenige Hotels und Restaurants und fast kein Nachtleben, und an den wunderschönen Stränden existieren absolut keine Einrichtungen für Besucher.

Wer in dieser Region reisen will, sollte sich gründlich über die aktuelle Situation informieren und den Rat seiner Botschaft befolgen.

Küste zwischen der Stadt Pattani und der Provinz Narathiwat ist einfach umwerfend: unberührt und bis auf ein paar Fischerdörfer menschenleer. Doch im Moment sind große Teile der Gegend zu gefährlich, um sie auf eigene Faust zu erkunden.

Einheimische gehen gern zum **Laem Tachi**, einem sandigen Kap, das am Nordende der Ao Pattani ins Meer ragt. Man kann es mit einem Taxiboot vom Pier in Pattani erreichen. 35 km nordwestlich von Pattani im **Distrikt Thepha**, der genau genommen schon zur Provinz Songkhla gehört, finden sich die am besten erschlossenen Strände der Gegend. Hier gibt es einige Resorts und Restaurants am Strand, die vor allem auf thailändische Mittelklassetouristen eingestellt sind. Um nach Thepha zu gelangen, nimmt man in Pattani jeden Bus nach Songkhla (oder umgekehrt) und nennt dem Fahrer den Namen des Resorts, man wird dann an der richtigen Stelle am Straßenrand abgesetzt, von wo es nur ein kurzer Weg zu Fuß zum Strand ist.

Matsayit Klang MOSCHEE
(Th Naklua Yarang) Thailands zweitgrößte Moschee, die Matsayit Klang, ist ein traditionelles Bauwerk aus den 1960er-Jahren mit grünen Kuppeln. Sie dürfte noch immer die wichtigste Moschee Südthailands sein. Nicht-Muslime dürfen außerhalb der Gebetszeiten das Gebäude besuchen.

Schlafen & Essen

Palace Hotel HOTEL $
(☎073 349171; 10-12 Pipit Soi Talattewiwat 2; Zi. 200–350 B; ❄) An diesem Hotel ist nichts Palastartiges zu finden. Aber es ist die einzige Budgetbleibe für Ausländer in der Stadt und liegt in der Nähe des Nachtmarkts. Am besten nimmt man ein Zimmer mit Klimaanlage und Warmwasser.

CS Pattani Hotel HOTEL $$
(☎073 335093; www.cspattanihotel.com; 299 Moo 4, Th Nong Jik; Zi. ab 1400 B; ❄@🛜≋) In diesem Hotel, das mit Soldaten vor der Tür und Metalldetektoren in der Lobby das sicherste der Stadt ist, übernachten thailändische Politiker bei ihren seltenen Besuchen im tiefen Süden. Wegen des Mangels an Touristen bekommt man hier tolle Zimmer und Einrichtungen zum Schnäppchenpreis. Es liegt etwa 2 km nördlich vom Stadtzentrum.

Nachtmarkt SÜD-THAI $
(Soi Talattewiwat; ⏲16–21 Uhr) In Pattani kehrt abends viel eher als in den meisten thailändischen Städten Ruhe ein, doch auf dem Nachtmarkt gibt es gutes Seafood sowie

südthailändische Currys und die üblichen Gerichte mit Nudeln und gebratenem Reis.

Praktische Informationen

Am südöstlichen Ende der Th Pipit, in der Nähe der Kreuzung mit der Th Naklua Yarang, gibt's mehrere Banken.

Pattani Hospital (☎ 073 323411, 073 323414; Th Nong Jik)

Polizei (☎ 073 349018; Th Pattani Phirom)

Anreise & Unterwegs vor Ort

Minivans und Busse fahren von Pattanis Busbahnhof am Westrand der Stadt ab. Sie fahren mehrmals täglich nach Hat Yai (100 B, 1½ Std.), Narathiwat (100 B, 1½ Std.) und Sungai Kolok (140 B, 2½ Std.).

Busse nach und von Bangkoks südlichem Busbahnhof fahren zweimal täglich (920–1220 B, 15 Std.).

Motorradtaxis verlangen 30 B für kurze Fahrten durch die Stadt, nach Einbruch der Dunkelheit sind aber kaum noch welche zu finden.

Narathiwat นราธิวาส

41342 EW.

Narathiwat, das am Ufer des Bang Nara liegt, ist die wohl muslimischste Stadt Thailands. Viele Moscheen verteilen sich im gesamten Stadtgebiet. Das Flussufer säumen noch immer einige alte chinesisch-portugiesische Gebäude (man übersieht sie allerdings leicht), und gleich außerhalb der Stadt locken ein paar tolle Strände. Doch wegen der Sicherheitslage kommen hier kaum Traveller durch.

Sehenswertes

Matsayit Klang MOSCHEE

Im südlichen Teil der Th Pichitbumrung steht die Matsayit Klang, eine hölzerne Moschee im Stil Sumatras. Die Einheimischen nennen sie die *central mosque*. Ein Prinz des früheren Sultanats Pattani soll sie vor über hundert Jahren erbaut haben. Nicht-Muslime dürfen sie außerhalb der Gebetszeiten betreten.

Ao Manao STRAND

Der Ao Manao ist ein herrlicher, von Palmen gesäumter Sandstrand 5 km südlich der Stadt. Meistens ist er menschenleer, außer an öffentlichen oder muslimischen Feiertagen.

Hat Narathat STRAND

Direkt nördlich der Stadt liegt der Hat Narathat, ein 5 km langer Sandstrand. Unter den hohen Kiefern davor parken gern Einheimische. Vom Zentrum sind es nur 2 km, die man bequem zu Fuß oder mit dem *sǎhm·lór* zurücklegen kann.

Wat Khao Kong BUDDHISTISCHER TEMPEL

(⏲9–17 Uhr) GRATIS Die höchste Figur eines sitzendes Buddhas in Südthailand befindet sich in einem Park im Wat Khao Kong, 6 km Richtung Nordwesten an der Straße zum Bahnhof in Tanyongmat. Der Buddha aus Stahlbeton ist 17 m lang, 24 m hoch und mit winzigen goldenen Mosaiksteinen besetzt, die magisch in der Sonne funkeln.

Schlafen & Essen

Die meisten Unterkünfte der Stadt liegen an oder in der Nähe der Th Puphapugdee am Ufer des Bang Nara.

Ocean Blue Mansion HOTEL $

(☎ 073 511109; 297 Th Puphapugdee; Zi. 400–500 B; ❄📶) Die relativ großen Zimmer sind etwas abgewohnt, aber man hat einen tollen Blick auf den Fluss und das Ocean Blue Mansion ist einfach die beste Budgetoption.

Tanyong Hotel HOTEL $$

(☎ 073 511477; www.tanyonghotel.com; 16/1 Th Sophaphisai; Zi. 690–890 B; ❄📶) Seriöses, einladendes Hotel mit großen, komfortablen Zimmern und einem einigermaßen guten Restaurant. Man spricht ein wenig Englisch.

Ang Mo CHINESISCH $

(Ecke Th Puphapugdee & Th Chamroonnara; Gerichte 50–150 B; ⏲10–22 Uhr) Das beliebte chinesische Restaurant ist preiswert und gut und hat sogar schon Mitglieder der thailändischen Königsfamilie verköstigt.

HANDYS

Derzeit setzt Thailand ein landesweites Handy-Registrierungsprogramm um, das im tiefen Süden gestartet wurde, wo Aufständische oft Handys nutzten, um Bomben zu zünden. Beim Kauf einer thailändischen SIM-Karte wird die Nummer normalerweise automatisch registriert. Wenn bei der Ankunft im tiefen Süden das Handy nicht mehr funktioniert, kann man es in einem örtlichen Telefongeschäft wieder aktivieren lassen. Dazu muss der Pass vorgelegt werden und die Daten werden notiert, eine Stunde später funktioniert das Handy wieder.

THAILANDS VERGESSENER KRIEG

Beim Chillen am Strand oder beim Meditieren in einem friedlichen Bergtempel mag es einem Besucher unvorstellbar erscheinen, doch der tiefe Süden Thailands ist der Schauplatz eines der längsten und blutigsten Konflikte Südostasiens.

Nur etwa 300 km südlich der Partyinseln Ko Samui und Ko Pha-Ngan hat es in einem Guerillakrieg zwischen muslimischen Malaien und dem thailändischen Staat, in dem Buddhisten die überwältigende Mehrheit stellen, seit 2004 fast 6000 Tote gegeben.

Verglichen mit dem Rest des Landes ist der tiefe Süden, der an Malaysia grenzt, eine komplett andere Welt. Ausländische Besucher kommen nicht hierher und die unberührten Strände sind verlassen. Durch die Dörfer und Städte rumpeln Militärkonvois, Checkpoints dominieren die Straßen und Einwohner müssen DNA-Tests über sich ergehen lassen, um mutmaßliche Aufständische leichter identifizieren zu können.

Etwa 80 % der 1,8 Mio. Einwohner der drei südlichsten thailändischen Provinzen Pattani, Narathiwat und Yala sind Muslime, die zur ethnischen Gruppe der Malaien gehören. Sie sprechen einen malaiischen Dialekt, und viele wünschen sich einen eigenen, unabhängigen Staat, so wie es die Region vor Jahrhunderten einmal war.

Für die schätzungsweise 12 500 bis 15 000 separatistischen Kämpfer ist der tiefe Süden noch immer „Patani" – diesen Namen trug das Sultanat von der Größe Quatars in seinen ruhmreichen Tagen im 14. und 15. Jh. Die Aufständischen betrachten die thailändische Regierung als Kolonialmacht und die thailändischen Buddhisten als Eindringlinge in ihrem Land.

Den Separatisten stehen etwa 150 000 Soldaten, Polizisten und Angehörige von Milizen gegenüber. Kaum ein Woche vergeht, ohne dass ein Mitglied der thailändischen Sicherheitskräfte getötet oder verwundet wird, oft bei Hinterhalten entlang der von Kokospalmen gesäumten Straßen der Region oder durch die immer ausgeklügelteren IEDs (*improvised explosive devices*; Sprengfallen).

Gleichzeitig hat der Aufstand Nachbarn zu Feinden gemacht. Es kommt zu grausamen Rachemorden, bei denen buddhistische und muslimische Zivilisten auf der Heimfahrt mit dem Motorrad niedergeschossen oder auf den Kautschukplantagen, die die Grundlage der hiesigen Wirtschaft bilden, geköpft werden. Bomben werden vor Geschäften oder auf Märkten in den Städten gezündet; sie töten wahllos unbeteiligte Opfer. Die wenigen buddhistischen Mönche, die noch in der Region geblieben sind, müssen fast jeden Morgen von der Armee eskortiert werden, wenn sie Almosen sammeln, weil sie Angst um ihr Leben haben, und die Moscheen sind von Einschüssen durchsiebt.

Doch trotz der schrecklichen Gewalt bleibt der Aufstand sowohl in Thailand als auch im Ausland weitgehend unbemerkt. Thailand begrüßt jedes Jahr fast 25 Mio. Besucher und ist überaus stolz auf seinen Ruf als „Land des Lächelns", den es um jeden Preis schützen will. Die Medien spielen die Gefahrensituation herunter, und thailändische Politiker verhalten sich, als hätten sie vom Ausmaß des Konfliktes keine Ahnung.

Auch die Aufständischen haben darauf verzichtet, Ziele außerhalb des tiefen Südens anzugreifen, auch wenn das der thailändischen Psyche schweren Schaden zufügen und ihnen wesentlich größere Aufmerksamkeit in der ganzen Welt verschaffen würde. Sie schei-

Mangkorntong THAI **$**
(433 Th Puphapugdee; Gerichte 55–200 B; ⌚11–21 Uhr) Auf zwei Terrassen über dem Fluss hat man eine breite Auswahl an Meeresfrüchtegerichten sowie eine Reihe vegetarischer Optionen, und es wird Alkohol ausgeschenkt.

ℹ Praktische Informationen

Das Büro der **Tourism Authority of Thailand** (TAT; ☎ Narathiwat 073 522411, landesweite Hotline 1672) liegt ungünstig einige Kilometer südlich der Stadt, gleich auf der anderen Seite der Brücke an der Straße nach Tak Bai.

ℹ Anreise & Unterwegs vor Ort

Air Asia (☎ landesweite Hotline 02 515 9999; www.airasia.com) fliegt täglich von und nach Bangkok (ab 1783 B, 1½ Std.).

Minivans und Busse fahren vom **Busbahnhof** in Narathiwat (☎ 073 511552), 2 km südlich der Stadt in der Th Rangae Munka. Zweimal täglich fahren Busse von und zu Bangkoks südlichem Busbahnhof (860–1338 B, 15–17 Std.).

nen auch keine Verbindungen zu den radikaleren islamischen Kämpfern in Indonesien und auf den Philippinen zu haben.

Stattdessen bleiben sie im Schatten und veröffentlichen nur selten Statements oder reden mit der Presse. Die Aufständischen gehören mehreren verschiedenen Organisationen an, die miteinander verbunden sind, und operieren in unabhängigen Zellen. Es scheint jedoch keinen gemeinsamen Führer der Gruppen zu geben. Dies macht die sporadischen Friedensgespräche zwischen den Separatisten und der thailändischen Regierung bedeutungslos, denn niemand kann sich sicher sein, ob die Vertreter der Aufständischen diese auch wirklich kontrollieren.

Der Aufstand nahm 2004 seine jetzige Dimension an, nachdem die thailändische Armee 32 mutmaßliche muslimische Rebellen in einer alten Moschee in Pattani in die Enge getrieben und brutal ermordet hatte, doch die Wurzeln des Konflikts liegen Hunderte Jahre in der Vergangenheit. Seit dem 16. Jh. war das Sultanat Patani mehrfach für kurze Perioden unfreiwillig der Herrschaft der Thais unterworfen. Doch erst mit dem Anglo-Siamesischen Vertrag von 1909 wurde der tiefe Süden dauerhaft in das Staatsgebiet Thailands eingegliedert. Im Gegenzug dafür, dass Bangkok auf andere Teile der damals von den Briten regierten Förderierten Malaiischen Staaten verzichtete, erkannte Großbritannien die Souveränität Thailands über die Region an.

Seitdem hat sich Thailand, das bevölkerungsreichste buddhistische Land der Welt, daran gemacht, den tiefen Süden nach seinem eigenen Vorbild umzugestalten. Muslimische Schulen wurden geschlossen, und alle Kinder wurden in den Schulen auf Thai unterrichtet, obwohl viele die Sprache nur als Zweitsprache gelernt haben. Sie wurden im Rahmen des nationalen Lehrplans Thailands auch gezwungen, sich mit dem Buddhismus zu beschäftigen, obwohl sie Anhänger des Islam sind. Beamte wurden aus anderen Landesteilen hierher versetzt, um die Region zu regieren.

Die Politik der thailändischen Regierung, die abwechselnd unbarmherzig und patriarchisch war, schürte die Entstehung einer separatistischen Bewegung. Bei vielen Muslimen sorgt es für enorme Ressentiments, dass sie ihre Kinder dem thailändischen Schulsystem überlassen müssen. Die Schulen gelten bei den Aufständischen als Symbol des verhassten thailändischen Staates, und so wurden in den vergangenen Jahren über 300 Schulen niedergebrannt und mehr als 150 buddhistische Lehrer ermordet.

Doch da der Aufstand vollständig auf nur drei Provinzen und einen kleinen Teil der benachbarten Provinz Songhkla begrenzt ist, wissen selbst viele Thais nicht einmal, wo die Kämpfe eigentlich stattfinden, und sie sind auch nicht bereit, sich mit den Forderungen der Separatisten irgendwie auseinanderzusetzen. Sie sind mit dem in den Schulen gelehrten Nationalismus geimpft, und die Idee, dass der tiefe Süden sich von Thailand abspalten wollen könnte, ist sowohl für die normalen thailändischen Bürger als auch für die Behörden einfach undenkbar.

Doch irgendeine Form der Autonomie dürfte wahrscheinlich der einzige Weg sein, die Gewalt zu beenden. Bis das passiert, wird Thailands vergessener Krieg weitergehen, und die düstere Liste seiner Opfer wird noch länger werden.

Regelmäßig fahren Minivans nach Hat Yai (170 B, 3 Std.), Pattani (100 B, 2 Std.), Sungai Kolok (70 B, 1 Std.) und Yala (100 B, 1½ Std.).

Narathiwat ist klein genug, um zu Fuß erkundet zu werden. Motorradtaxis verlangen 30 B für Fahrten in der Stadt.

Sungai Kolok สุไหงโกลก

41590 EW.

Sungai Kolok ist sicher nicht der schönste oder typischste Ort, um einen ersten Eindruck vom „Land des Lächelns" zu gewinnen, doch es bildet die wichtigste Verbindung zwischen Thailand und Malaysia. Daher ist es auch eine etwas schäbige Grenzstadt, die vor allem für Schmuggel und Prostitution bekannt ist. Es wird seltener zum Ziel der Aufständischen als andere große Städte in der Region, und die instabile Lage im tiefen Süden hat den Ruf der Stadt als Sin City („Stadt der Sünde") in den vergangenen Jahren etwas aufgeweicht, denn die malaysischen Männer, die für wilde

GRENZÜBERGANG NACH MALAYSIA: VON SUNGAI KOLOK NACH RANTAU PANJANG

Anreise zur Grenze Vom Zentrum Sungai Koloks und vom Bahnhof sind es 1,5 km bis zum thailändischen Grenzposten (geöffnet 5–21 Uhr). Motorradtaxifahrer verlangen 30 B.

An der Grenze Dieser Grenzübergang ist unkompliziert. Nach dem Erledigen der Ausreiseformalitäten läuft man über die „Harmony Bridge" zum malaysischen Grenzposten.

Weiterreise Sammeltaxis und Busse nach Kota Bharu, der Hauptstadt des malaysischen Bundesstaates Kelantan, fahren 200 m hinter dem malaysischen Grenzposten ab. Sammeltaxifahrten kosten 10 RM (90 B) pro Person; wer das ganze Fahrzeug chartern will, zahlt 50 RM (450 B). Die Fahrt dauert im Sammeltaxi etwa 40 Minuten, im Bus dauert sie eine Stunde und kostet 5,10 RM (45 B).

Man kann auch mit dem sogenannten „Dschungelzug" weiter Richtung Süden fahren, der nächste Bahnhof befindet sich jedoch in Pasir Mas an der Taxi- und Busroute nach Kota Bahru.

Andere offizielle Grenzübergänge sind Tak Bai, ebenfalls in der Provinz Narathiwat, und Betong weiter südlich in Yala, doch Sungai Kolok ist mit Abstand am praktischsten, um die Grenze nach Malaysia zu überqueren.

Wochenendtrips nach Sungai Kolok kamen, bevorzugen nun das sicherere Hat Yai. Auch die Zahl der Traveller, die von hier aus nach Malaysia reisen, ist deutlich kleiner geworden; dafür kommen mehr Touristen aus Malaysia, die aber sofort in einen Zug Richtung Norden steigen.

Schlafen & Essen

Die meisten Hotels unterscheiden sich hinsichtlich Qualität und Preis kaum. Viele der ganz billigen Unterkünfte akzeptieren keine Ausländer.

Wirklich gute Restaurants sind Mangelware, doch gutes malaysisches und chinesisches Essen lässt sich finden.

Merlin Hotel HOTEL $$

(☎073 611003; 68 Th Charoenkhet; Zi. 600 B; ❄📶) Inventar und Möbel aus einem anderen Jahrhundert, aber sauber und nah am Bahnhof.

Genting Hotel HOTEL $$

(☎073 613231; 250 Th Asia 18; Zi. 700 B; ❄@📶🏊) Eines der besseren Hotels der Stadt, außerdem hat es einen effizienten Sicherheitsdienst, was ängstliche Naturen beruhigen dürfte. Die Zimmer der mittleren Preisklasse sind für den verlangten Preis allerdings ziemlich abgewetzt. Das Haus befindet sich einige Hundert Meter westlich vom Bahnhof auf der anderen Straßenseite.

Kakyah Restaurant MALAYSISCH $

(43/11 Th Charoenkhet; Gerichte ab 30 B; ⏲10–22 Uhr) Das solide Restaurant (kein Alkohol), das von Muslimen geführt wird, serviert gutes malaysisches Essen.

Praktische Informationen

Es gibt ein **Einwanderungsbüro** (☎073 614114; Th Charoenkhet; ⏲Mo–Fr 8–17 Uhr) gegenüber vom Merlin Hotel mit hilfsbereitem, englischsprechendem Personal. An der Grenze steht eine Wache der Touristenpolizei. Geldautomaten und Wechselstuben befinden sich in Bahnhofsnähe.

An- & Weiterreise

Der **Fernbusbahnhof** (Th Asia 18) liegt 3 km östlich vom Bahnhof. Täglich fahren vier Busse von und zu Bangkoks südlichem Busbahnhof (707–1414 B, 17–20 Std.). Minivans nach Hat Yai (200 B, 4 Std.) fahren ebenfalls dort ab.

Minivans Richtung Norden nach Narathiwat (70 B, 1 Std.), Pattani (130 B, 2½ Std.) und Yala (120 B, 2 Std.) starten gegenüber vom Bahnhof.

Zweimal täglich verbinden Züge (11.30 & 14.20 Uhr, 24 Std.) Sungai Kolok mit Bangkok. Die Züge im tiefen Süden sind oft verspätet und werden regelmäßig von Armee und Polizei durchsucht.

Unterwegs vor Ort

Motorradtaxis flitzen für eine Flatrate von 30 B durch die ganze Stadt.

Phuket & Andamanenküste

Inhalt ➡

Gut essen

- Suay (S. 684)
- Aziamendi (S. 670)
- Krua Thara (S. 720)
- Pad Thai Shop (S. 698)
- Trang Night Market (S. 752)

Schön übernachten

- Point Yamu by Como (S. 712)
- Iniala Beach House (S. 669)
- Pak-Up Hostel (S. 714)
- Six Senses Hideaway (S. 673)
- Castaway Resort (S. 772)

Auf nach Phuket & an die Andamanenküste!

Thailands Andamanenküste mit dem türkisblauen Wasser ist eine jener Regionen, bei deren Anblick auf einer Postkarte man sofort zum Aussteiger werden möchte. Und ausnahmsweise übertrifft hier die Schönheit der Gegend sogar noch den Hype. Weiße Sandstrände, wie Kathedralen aufragende Kalksteinklippen und Hunderte mit Urwald bedeckte Inseln erstrecken sich von der Grenze zu Myanmar bis nach Malaysia längs der Küste der Andamanensee. Phuket zieht zwar allen Glamour auf sich, aber weiter im Norden erwarten einen Tauchstätten von Weltklasse, wenig besuchte Inseln und die thailändisch-birmanische Kultur von Ranong. In Richtung Süden wiederum kann man über Karstklippen von Insel zu Insel ziehen, bis man die Grenze zu Malaysia erreicht.

Der Haken? Die Andamanenküste ist kein Geheimtipp, und ihre Strände sind immer mehr überlaufen von Backpackern, Pauschaltouristen, Jetsettern und allem, was dazwischen liegt. Protzige Resorts verdrängen die Bambushütten, und Authentizität kann man nur noch im Hinterland entdecken. Aber wer genau hinschaut, kann hier das Ziel seiner Träume immer noch finden.

Reisezeit

- Von Mai bis Oktober ist Regenzeit. Dann ist das Meer sehr unruhig, einige Inseln sind vom Festland abgeschnitten und viele Resorts schließen oder senken ihre Preise. In Phuket, Trang und anderen Städten im Süden findet Ende September oder im Oktober das Vegetarierfest statt. Es gibt stimmungsvolle Umzüge mit Gläubigen mit durchbohrten Wangen, Böllern und tollem vegetarischen Essen.
- Dezember und Januar sind die touristische Spitzensaison. Dann herrschen ideale Bedingungen zum Tauchen und Schnorcheln. Die Preise steigen, es gibt mehr Verkehrsverbindungen. Unterkünfte und Verkehrsmittel müssen weit im Voraus gebucht werden.

Highlights

1 Auf den **Trang-Inseln** (S. 754) kristallklares Wasser und weiße Sandstrände genießen

2 Auf **Phuket** (S. 675) einen berauschenden Mix mit Luxusunterkünften und Leckereien an Straßenimbissen erleben

3 Im **Khao Sok National Park** (S. 660) durch einen echten Jurassic Park wandern

4 Vor **Ko Lipe** (S. 768) über farbenprächtigen Korallen schnorcheln

5 In **Railay** (S. 721) die himmelhohen Kalksteinklippen über dem jadegrünen Wasser bestaunen

6 Sich auf **Ko Lanta** (S. 739) dem entspannten Strandleben hingeben

7 Auf **Ko Phi-Phi** (S. 727) in himmelblauem Wasser treiben und dann die Nacht durchtanzen

8 In den Gewässern um die **Surin-** (S. 657) und **Similan-Inseln** (S. 667) nach scheuen Walhaien Ausschau halten

9 Mit dem Kajak in die spektakulären *hôrngs* (Höhlen) der atemberaubenden Bucht von **Ao Phang-Nga** (S. 670) paddeln

10 Auf **Ko Phayam** (S. 653) der relaxten Strandbar-Stimmung verfallen

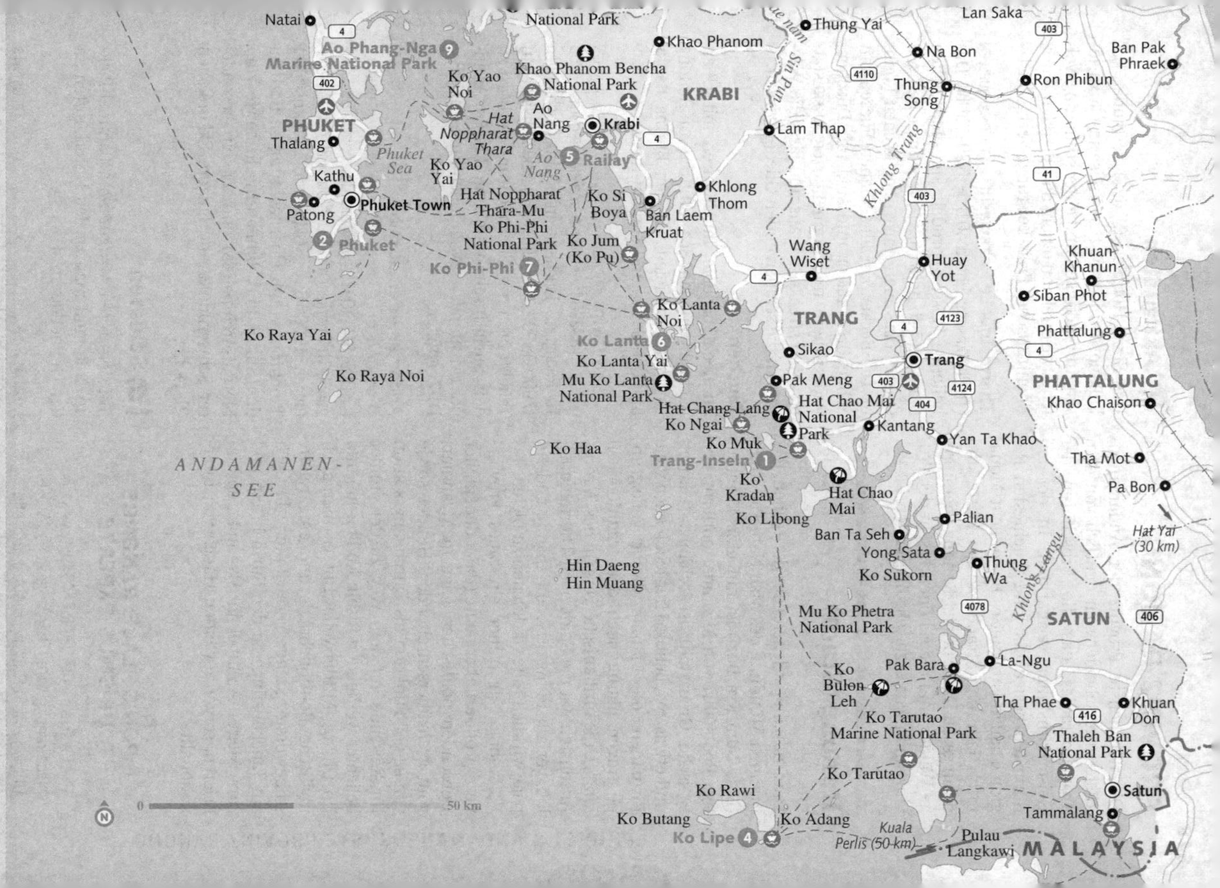

PROVINZ RANONG

Die nördlichste Provinz der Andamanenküste unterscheidet sich deutlich von dem Tropenparadies, das die Broschüren der Reiseveranstalter vermarkten. In der am dünnsten besiedelten und feuchtesten Region Thailands regnet es bis zu acht Monate im Jahr, und Strände an der Küste sind dünn gesät. Dafür besitzt Ranong aber üppige Wälder, und die schönen Inseln der Provinz sind nicht allzu sehr überlaufen.

Ranong (Stadt) ระนอง

53 000 EW.

Die Stadt am östlichen Ufer der trüben, teebraunen Mündung des Mae Nam Pak Chan (Mae Nam Kra Buri) ist nur eine 45-minütige Bootsfahrt von Myanmar entfernt. Die typische Grenzstadt ist schäbig, hektisch und etwas zwielichtig. Hier leben auch viele Birmanen; die Männer dieser Volksgruppe tragen häufig noch den traditionellen *longyi*, die birmanische Version des Sarong. Ansonsten hat die Stadt noch Thermalquellen, verfallene historische Gebäude und ein paar wirklich tolle Garküchen zu bieten.

Ranong war früher ein raues Provinznest, profitiert aber heute (dank der stabiler werdenden politischen Lage in Myanmar) vom grenzüberschreitenden Handel sowie von seiner Funktion als Durchgangsstation für Reisende auf dem Weg zu den immer beliebter werdenden Inseln Ko Phayam und Ko Chang. Mittlerweile gibt es hier auch idyllische Boutiquehotels und eine relativ stilbewusste Szene. Veranstalter, die sich auf Tauchausflüge zu den Surin-Inseln und zum Mergui-Archipel in Myanmar spezialisieren, sorgen für einen Hauch von Internationalität.

PON'S PLACE: RANONGS TOURISMUS-EXPERTE

Pon's Place (☎081 597 4549; www.ponplace-ranong.com; Th Ruangrat; ⏲7.30–19 Uhr; 📶) ist in Ranong *die* Anlaufstelle für alles, was Besucher betreffen kann – von WLAN-Zugang über europäisches Frühstück (40–70 B) bis hin zu Busfahrplänen, Flugbuchungen, Transport vom/zum Flughafen und grenzüberschreitenden Fahrten zur Visaverlängerung (1300 B). Pon ist ein energiegeladener, freundlicher Typ.

Aktivitäten

Das Siam Hot Spa (S. 685) verbindet Lokalkolorit und günstige Preise mit luxuriösen Anwendungen und einer stimmungsvollen Lage direkt an einem dampfenden Fluss. Phantastisches Preis-Leistungs-Verhältnis!

Thermalquelle Rakswarin THERMALQUELLEN
(Th Phetkasem; Eintritt 40 B; ⏲6.30–21 Uhr) Das heilende Wasser sprudelt am südöstlichen Stadtrand so heiß (65 °C) aus einer heiligen Quelle, dass man darin Eier kochen könnte. Die Becken am Fluss haben Fliesen mit Schachbrettmuster und sind mit Duschen, Badetüchern und Sonnenliegen ausgestattet. Man streckt sich aus und lässt die Wärme auf die schmerzenden Glieder wirken.

Tauchen

Zu Recht beliebte Tauchtouren mit Übernachtung auf dem Schiff führen von Ranong zu Weltklassezielen wie den Burma Banks und den Surin- und Similan-Inseln.

A-One-Diving TAUCHEN
(☎077 832984; www.a-one-diving.com; 256 Th Ruangrat; Tauchtour mit 3 Übernachtungen 17 900–18 900 B; ⏲Okt.–April) Spezialisiert auf Tauchtouren mit Übernachtung an Bord zu den Surin-Inseln und zum Mergui-Archipel (Myanmar) sowie Tauchkurse fürs PADI-Zertifikat.

Andaman International Dive Center TAUCHEN
(☎089 814 1092; www.aidcdive.com; Bus Terminal, Th Phetkasem; Tauchtour mit 4 Übernachtungen 19 000 B; ⏲Okt.–April) Veranstaltet Tauchtouren mit Übernachtung an Bord zu den Surin- und Similan-Inseln sowie zum Mergui-Archipel (Myanmar); ein besonderer Schwerpunkt sind längere Exkursionen (6–14 Tage).

Schlafen

Mit dem roten *sŏrng·tăa·ou* (Sammel-Pickup) 3 kommt man zu den Unterkünften an der Th Phetkasem (Hwy 4).

Luang Poj PENSION $
(☎077 833377, 087 266 6333; www.facebook.com/luangpojhostel; 225 Th Ruangrat; Zi. 500 B; ❄📶) Die Unterkunft, die sich als „Boutique-Gästehaus" anpreist, ist eine prächtig aufgemöbelte Version von Ranongs erstem Hotel aus den 1920er-Jahren. Die Zimmer haben zwar keine Fenster, sind aber makellos und gemütlich und in eigenen Farbschemata gehalten (uns gefiel das orangefarbene).

Ranong

Alle teilen sich die gefliesten Bäder mit Warmwasser und das Ambiente mit seiner Mischung aus Alt und Neu (indische Kunst, Wandmalereien, einzigartige Lampen und alte Fotos).

Dahla House PENSION $
(☎077 812959; http://dahla.siam2web.com; 323/5 Th Ruangrat; Zi. mit Ventilator/Klimaanlage 400/500 B; ❄📶) Betonbungalows in babyrosa, minzgrün und himmelblau verteilen sich abseits der Hauptstraße längs eines von Bäumen gesäumten Wegs. Die Hütten mit Kühlschrank und Veranda sind schlicht, (einigermaßen) sauber und haben eine freundlich-bodenständige Anmutung.

The B BOUTIQUEHOTEL $$
(☎077 823111; www.thebranong.com; 295/1-2 Th Ruangrat; Zi. 1100–1600 B; ❄📶🏊) Das modernistische Hotel aus poliertem Beton bietet ein gutes Preis-Leistungs-Verhältnis und ist ein Symbol der neuen Ära, die in Ranong Einzug gehalten hat. Die stilvollen, gemütlichen Zimmer haben schwebende Betten, Regenduschen und eine geschmackvolle, farbenfrohe Einrichtung. Besondere Plus-

Ranong

Aktivitäten, Kurse & Touren
1 Andaman International Dive Center C4
2 A-One-Diving B2
3 Thermalquelle Rakswarin D4

Schlafen
4 Dahla House B2
5 Luang Poj B3
6 Thansila D3
7 The B B2

Essen
8 Tagesmarkt B3
9 Nachtmarkt C3
10 Ranong Hideaway B2
The B Restaurant .... (siehe 7)

GRENZÜBERGANG NACH MYANMAR: VON RANONG (STADT) NACH KAWTHAUNG (VICTORIA POINT)

Die staubige, heruntergekommene Hafenstadt an Myanmars südlichster Festlandspitze wurde von den Briten Victoria Point genannt, ist bei den Thais aber als Ko Song (zweite Insel) bekannt. Der birmanische Name Kawthaung ist wahrscheinlich eine Verballhornung des thailändischen. Die meisten Traveller gehen nur kurz über die Grenze, um ihre Visa zu erneuern, aber Kawthaung ist auf alle Fälle ein interessanter Tagesausflug.

Die Stadt lebt hauptsächlich vom Fischfang und dem Handel mit dem Nachbarland, bringt aber auch einige der besten Kickboxer Myanmars hervor. Auf den nahegelegenen Inseln leben Moken („Seenomaden"; in Thailand abschätzig als *chao leh* bezeichnet).

Seit Mitte 2014 gehen die thailändischen Behörden gegen die Praxis des Aus- und Einreisens zur Visaverlängerung vor. Das Ziel besteht darin, Ausländer mit Touristenvisa daran zu hindern, in Thailand zu leben und zu arbeiten. Zum Zeitpunkt der Recherche gab es keine Schwierigkeiten für normale Reisende. Man sollte die Situation aber kennen und sich bei anderen Travellern erkundigen, wie die aktuelle Lage ist.

Am einfachsten verlängert man sein Visum mit den „Visa-Trips" (1100–1300 B), die die Reisebüros in Ranong anbieten, z. B. Pon's Place (S. 648). Wenn man die leichte Laufarbeit selber auf sich nimmt, kann man 200 B sparen.

Anreise zur Grenze

Wenn die Grenze zwischen Thailand und Myanmar geöffnet ist, starten die Boote nach Kawthaung vom Tha Saphan Plaa, einer Anlegestelle 5 km südwestlich von Ranong. Der rote *sŏrng·tăa·ou* 4 fährt von Ranong zum Pier (20 B), wo die Kapitäne der Longtail-Boote einen zunächst zur Einreisestelle und dann zu ihrem Boot lotsen (einfache Strecke/hin & zurück 125/250 B pro Pers.). Unbedingt klären, ob der Preis pro Person oder pro Boot und für die einfache Strecke oder die Hin- und Rückfahrt gilt. Man braucht eine Fotokopie seines Passes, die man der Anlegestelle machen kann (5 B).

An der Grenze

An der Kontrollstelle teilt man den Beamten mit, ob man als Tagesbesucher kommt oder in Kawthaung übernachten will. In letzterem Fall wird eine Gebühr von 10 US$ fällig, zahlbar nur mit einer frischen Banknote. (Die Kapitäne der Longtail-Boote können sie einem bei Schleppern im Hafen für 500 B beschaffen). Auf der birmanischen Seite bieten „Helfer" alles Mögliche an, vom Tragen des Gepäcks bis zum Beschaffen von Formularen und verlangen dann ein Trinkgeld. In der Regel sind diese Leute aber freundlich und nicht aggressiv.

Wer nur kommt, um sein Thailand-Visum verlängern zu lassen, ist in ungefähr zwei Stunden fertig. Bei der Rückkehr nach Thailand muss man berücksichtigen, dass Myanmars Zeit 30 Minuten hinter der thailändischen hinterherhinkt. Der Zeitunterschied kann dazu führen, dass man es zwar noch schafft, die Formalitäten an der **Einreisestelle von Myanmar** (⏲7–17 Uhr) zu erledigen, die thailändische Einreisestelle (S. 651) aber bereits geschlossen ist. Bei der Ausreise sollte man also unbedingt die Öffnungszeiten der thailändischen Einreisestelle checken – ohne Einreisestempel muss man nämlich am nächsten Tag noch einmal nach Myanmar fahren.

Eine wesentlich schnellere, einfachere und bequemere, wenn auch sterile und langweilige Alternative ist die Anlegestelle des **Andaman Club** (☎ 077 871081; www.andamanclub.com; abseits der Rte 4004; ⏲8.30–16 Uhr), 8 km nordwestlich der Stadt. Dort wird der Pass unverzüglich abgestempelt. Das Schnellboot nach Myanmar (hin & zurück 950 B, 15 Min./Strecke, 8.30–15.30 Uhr stündl.) bringt einen zu einem schicken Kasino. Der gesamte Trip dauert eine Stunde. Für zusätzliche 550 B gibt's vom Kasino aus eine zweistündige Rundfahrt längs der birmanischen Küste.

Weiterreise

Man kann in einem der schäbigen, überteuerten Hotels von Kawthaung übernachten, doch zu empfehlen ist das nicht. Wer ein gültiges Visum für Myanmar besitzt, das man vorab bei der Botschaft Myanmars in Bangkok (oder in einem Drittstaat) beantragen muss, kann bis zu 28 Tage im Land bleiben und an jedem gewünschten Ort ausreisen.

BUSSE AB RANONG

ZIEL	PREIS (B)	DAUER (STD.)	HÄUFIGKEIT
Bangkok	445–692	9–10	7–13 Uhr stündl., 15, 17, 19 & 20 Uhr (VIP)
Chumphon	120	2	7–17 Uhr stündl.
Hat Yai	420	7	6, 10 & 20 Uhr
Khao Lak	180	3½	6.30–17.45 Uhr stündl.
Krabi	197	6	7.30, 10.15 & 14 Uhr
Phang-Nga	190	5	7.30, 10.15 & 14 Uhr
Phuket	250	5–6	6.30–17.45 Uhr stündl.
Surat Thani	190	4–5	6 & 14 Uhr

punkte sind die Snooker-Bar, das offene **Barrestaurant** (Hauptgerichte 100–250 B; ⌚7–1 Uhr; 📶) und der Infinity Pool auf dem Dach mit Blick über Ranong und die umliegenden grünen Hügel.

Thansila HOTEL $$
(☎081 797 4674, 077 823405; www.facebook.com/thansilahotspringresort; 129/2 Th Phetkasem; Zi. mit Ventilator/Klimaanlage 1000/1600 B; ❄📶) Die gemütliche Anlage mit künstlerischem Flair liegt 800 m westlich der Thermalquellen am südöstlichen Stadtrand. Am besten sind die an Lodges erinnernden Unterkünfte mit unverputzten Steinwänden und Blick auf den Fluss, zu denen grottenartige Badezimmer mit Warmwasser und holzgerahmten Spiegeln gehören. Die Anlage ist das Werk einer thailändischen Architektin, die mehr als zwei Jahre in die Renovierung investierte.

Essen & Ausgehen

Ranong hat ein sehr lebendiges, junges, von Einheimischen geprägtes Nachtleben, in dem viel Karaoke geboten wird.

★ **Tagesmarkt** MARKT $
(Th Ruangrat; Gerichte 40–50 B; ⌚5–24 Uhr) Ranongs munterer Tagesmarkt bietet köstliche und günstige thailändische und birmanische Gerichte und dazu viel Lokalkolorit.

Nachtmarkt MARKT $
(Th Kamlangsap, abseits des Hwy 4; Gerichte 30–50 B; ⌚14–19 Uhr) Auf dem Nachtmarkt gleich nordwestlich des Highway gibt's tolle Thai-Gerichte zu sehr günstigen Preisen.

Ranong Hideaway THAI, INTERNATIONAL $$
(☎077 832730; www.ranonghideaway.com; 323/7 Th Ruangrat; Hauptgerichte 90–300 B; ⌚10–23 Uhr; 📶) Das hübsche, wenn auch etwas verwitterte internationale Lokal ist seit Langem ein Lieblingstreff von hier lebenden Ausländern und Geschäftsleuten, die jenseits der Grenze Handel treiben. Unter dem auf Stelzen stehenden Bambusdach erhält man ordentliche Pasta, Fleischgerichte, thailändische Currys und internationales Frühstück. Es gibt auch einen Pizzaofen, einen Billardtisch und eine gut bestückte Bar.

ℹ Praktische Informationen

Viele Unterkünfte und Restaurants bieten WLAN. Geldautomaten finden sich rund um die Kreuzung der Th Ruangrat mit der Th Tha Meuang.

Einreisebehörde Ranong (Th Chalermprakiat; ⌚8.30–17 Uhr) Das Haupteinreisebüro 4 km südwestlich der Stadt bearbeitet Visaverlängerungen.

Einreisestelle Ranong (Tha Saphan Plaa; ⌚8–17 Uhr) Wer nur kurz einen Abstecher nach Kawthaung (Myanmar) und zurück unternehmen will, kann die Formalitäten auch in dieser kleinen Zweigstelle 5 km südwestlich der Stadt erledigen.

ℹ An- & Weiterreise

BUS

Der **Busbahnhof** (Th Phetkasem) liegt 1 km südöstlich vom Zentrum. Der (blaue) *sŏrng·tăa·ou* 2 fährt am Busbahnhof vorbei. Von hier starten Kleinbusse nach Surat Thani (190 B, 3½ Std., 6 & 14 Uhr) und Chumphon (150 B, 2 Std., stündl. 7–17 Uhr).

FLUGZEUG

Der Flughafen Ranong liegt 22 km südlich der Stadt. **Nok Air** (☎02 900 9955; www.nokair.com) fliegt zweimal täglich nach Bangkok (Don Muang).

ℹ Unterwegs vor Ort

Motorradtaxis (50 B) bringen einen in der Stadt fast überall hin, u. a. auch zu den Anlegestellen von **Tha Saphan Plaa**, 5 km südwestlich vom Zentrum, wo die Boote nach Myanmar ablegen, und **Tha Ko Phayam**, 6 km südwestlich vom Zentrum, wo man die Boote nach Ko Chang und Ko Phayam nehmen kann. Der (rote) *sŏrng·tăa·ou* 4 hält in der Nähe der Anlegestellen (20 B).

Pon's Place (S. 648) hilft beim Mieten von Motorrädern und Autos und betreibt einen Shuttledienst von seinem Büro/vom Flughafen zu den Fähranlegern (70/200 B).

Ko Chang เกาะช้าง

Die wenig besuchte, ländliche Insel ist (in jeder Hinsicht) Welten von ihrer viel beliebteren Namensschwester in der Provinz Trat entfernt. Hier geht es wirklich ganz einfach zu, und an den meisten Orten gibt es weder Strom noch WLAN, was aber auch seine Vorteile hat: Die ganze Insel ist eine Oase der Ruhe. Statt der Hektik des modernen Lebens gibt es hier nur das Rauschen der Wellen, das Zirpen der Grillen und in der Ferne das Dröhnen des Motors eines Longtail-Bootes. In der Nebensaison ist's besonders verschlafen.

Der breite **Ao Yai** (Long Beach) an der Westküste besitzt im südlichen Abschnitt schwarzweiß marmorierten Sand und glasklares Wasser; wer weißen Sand vorzieht, kommt am nördlichen Strandabschnitt auf seine Kosten. Ein kurzer Weg führt über die Klippen südwärts zum **Ao Tadaeng**; dieser mit Felsbrocken übersäte Strand ist die schönste Stelle, um auf der Insel den Sonnenuntergang zu erleben.

Man kann an den Stränden herumspazieren, die winzige Inselhauptstadt (auf halber Strecke zwischen der Ost- und der Westküste) erkunden oder sich auf den unbefestigten Pfaden verlieren. Mit etwas Glück kann man dabei Seeadler, Andamanen-Schlangenweihen und Nashornvögel über den Mangroven und Urwäldern an der Ostküste beobachten. Wege führen vom Dorf nach Süden und vom Ao Yai nach **Ao Kai To** an der Westküste und zur Rangerstation des Parks. Dort findet man den größten Abschnitt unberührten Dschungels, der anderswo Cashewhainen und Kautschukplantagen gewichen ist.

Aktivitäten

Aladdin Dive Safari TAUCHEN

(☎087 274 7601; www.aladdindivesafari.com; Cashew Resort, Ao Yai; 2/3 Tauchgänge 4900/6500 B, Tauchtour mit 3 Übernachtungen an Bord 15 800–19 800 B; ⊙Nov.–März 10–18 Uhr) Der relativ schicke Tauchveranstalter veranstaltet Tagesausflüge zu den Surin- und Similan-Inseln, bietet OWD-(Open Water Diver)-Kurse (18 700–19 800 B) und Tauchtouren mit Übernachtung an Bord zum Mergui-Archipel (Myanmar), zu den Surin- und Similan-Inseln sowie nach Ko Phi-Phi, Hin Daeng und Hin Muang.

Om Tao YOGA

(☎085 470 9312; www.omtao.net; Ao Yai; Kurs 300 B) Der von Deutschen geführte Veranstalter bietet von November bis April täglich Yoga-Sitzungen (8.30 Uhr). Auf Anfrage gibt es Kurse auch zu anderen Terminen; Tai Chi und Qigong sind ebenfalls im Angebot.

Schlafen & Essen

Die meisten Unterkünfte auf Ko Chang sind schlichte Bambushütten, die meist nur von November bis Mitte April vermietet werden. Strom steht nur begrenzt zur Verfügung; einige Unterkünfte werden mit Solar- oder Windenergie versorgt.

Die meisten Unterkünfte finden sich bei Ao Yai, einige weitere verstecken sich bei Ao Tadaeng, dem Strand, der sich unmittelbar südlich anschließt und mit Ao Yai über einen kurzen Wanderweg verbunden ist. Ein paar einsamere Optionen gibt es noch an den Stränden im Norden sowie im äußersten Süden der Insel.

★ **Crocodile Rock** PENSION $

(☎080 533 4138; tonn1970@yahoo.com; Ao Yai; Bungalows 400–700 B) Die traumhaften Bambusbungalows thronen auf der herrlichen Landzunge im Süden von Ao Yai und bieten einen wunderbaren Blick auf die Bucht. Die tolle Küche verwöhnt die Gäste mit hausgemachtem Joghurt, Brot, Keksen, gutem Espresso und diversen Meeresfrüchte- und vegetarischen Gerichten. Die Anlage ist beliebt; daher vorab reservieren!

Little Italy BUNGALOW $

(☎084 851 2760; daniel060863@yahoo.it; Ao Yai; Zi. 400–650 B) Die Anlage nahe dem südlichen Ende von Ao Yai umfasst gerade einmal drei unter Bäumen stehende makellose Bungalows, die an ein italienisches Restaurant angeschlossen sind. Zwei der Hütten sind aus Beton und Holz, stehen auf Stelzen und haben umlaufende Veranden und Mezzaningeschosse, die dritte ist ebenerdig, besteht aus Beton und bietet ein gefliestes Badezimmer. Zum Zeitpunkt der Recherche plante der freundliche italienische Besitzer gerade eine Aufbesserung der Anlage; die

Preise könnten also steigen. Weit im Voraus reservieren!

Sunset Bungalows BUNGALOW $

(☎084 339 5224; Ao Yai; Bungalows 300–500 B; ⏰Okt.–Mitte April) Die niedlichen Holzbungalows mit Bambusterrassen und angeschlossenen Bädern im Thai-Stil stehen unter Bäumen auf dem besten (nördlichen) Standabschnitt von Ao Yai. Das Personal ist superfreundlich.

Sawasdee BUNGALOW $

(☎086 906 0900; www.sawadeekohchang.com; Ao Yai; Bungalows 350–950 B; ⏰Nov.–Mitte April) Lüftungsschlitze in den Wänden sorgen bei diesen Nurdach-Holzbungalows am südlichen Ende des Ao Yai für Kühlung. Die abgesenkten Bäder sind bunt gestrichen, und auf den Terrassen gibt es Hängematten.

Eden BUNGALOW $

(☎080 628 7590; Ao Yai; Zi. 200–300 B) Die klapprigen, sehr schlichten Bungalows (Badezimmertüren? Fehlanzeige!) und einfachen Zimmer mit Gemeinschaftsdusche stehen am Nordende von Ao Yai und werden von einer freundlichen Familie in Schuss gehalten, die auch ein tolles Massaman-Curry zubereitet. Die Anlage ist beliebt bei Stammgästen. Es gibt ein geselliges Barrestaurant am Strand und von 18 bis 23 Uhr auch Strom.

Praktische Informationen

Autos und Banken gibt's auf der Insel nicht, mittlerweile aber WLAN in einigen wenigen Läden und Resorts, darunter im Koh Chang Resort (südlicher Abschnitt von Ao Yai).

Anreise & Unterwegs vor Ort

Von Ranong fahren *sŏrng·tăa·ou* (20 B) oder Motorradtaxis (50 B) ab der Th Ruangrat zum Tha Ko Phayam (S. 652) nahe der Saphan Plaa.

Am Pier starten täglich zwei Taxiboote (150 B, 2 Std., 9.30 & 13 Uhr) nach Ko Chang. In der Hauptsaison legen sie an den Stränden der Westküste an und kehren gegen 8.30 Uhr und 13.30 Uhr zurück. Während des Monsuns fahren die Boote (wenn das Wetter es überhaupt zulässt) nur vormittags und legen an der Hauptanlegestelle an der Nordostküste an.

In der Hauptsaison (Nov.–April) fahren täglich mehrere Schnellboote (350 B, 30 Min., 8–16.30 Uhr) zwischen der Tha Ko Phayam in Ranong und der Anlegestelle an der Nordostküste von Ko Chang.

In der Hauptsaison setzen die Schnellboote zwischen Ko Phayam und Ranong auf Anfrage häufig auch Passagiere in Ko Chang (350 B) ab oder nehmen sie dort auf, aber dieser Service ist unzuverlässig; man sollte die Buchung von seinem Resort vornehmen (und bestätigen!) lassen. Longtail-Boote nach Ko Phayam (2000 B) kann man über das Koh Chang Resort chartern.

An der Anlegestelle an der Nordostküste warten Motorradtaxis auf ankommende Boote. Die Fahrt von dort nach Ao Yai kostet 100 B.

Ko Phayam เกาะพยาม

Die immer beliebter werdende Insel Ko Phayam gehört offiziell zum Laem Son National Park (S. 655); sie ist von herrlichen Stränden gesäumt und schafft es einstweilen noch, sich touristisch zu entwickeln, ohne ihren Charakter zu verlieren. Verglichen mit Phuket oder Ko Phi-Phi wirkt die Insel erfrischend natürlich und entspannt. An den spektakulären Küsten im Nordwesten und Südwesten finden sich rustikale Bungalows, kleine Resorts und luftige Strandrestaurants und -bars. Auf der Insel leben Wildschweine, Affen, Schlangen und viele Vogelarten, darunter Seeadler, Reiher und Nashornvögel.

Das einzige „Dorf" auf der Insel (an der Ostküste bei der Hauptanlegestelle) ist sehr touristisch, aber während eines Fests (z. B. dem Cashew Festival im Februar) erkennt man, dass die Einheimischen ihre Insel noch fest im Griff haben.

Schmale Motorradwege, Betonpisten und unbefestigte Wege führen quer durch das bewaldete Inselinnere; einige dieser Straßen sind sehr ausgefahren und gefährlich – unbedingt langsam fahren!

Sehenswertes & Aktivitäten

Das Schnorcheln gibt um Ko Phayam nicht viel her – im warmen Meereswasser sind alle Korallen abgestorben. Aber die Surin-Inseln sind nicht weit entfernt. Man kann sich Tauchexpeditionen mit Übernachtung an Bord anschließen oder einfach mit Schnellbooten zu ihnen übersetzen lassen.

Wat Phayam BUDDHISTISCHER TEMPEL

(วัดเกาะพยาม; ⏰Sonnenaufgang–Sonnenuntergang) GRATIS Versteckt im Dschungel gleich nördlich der Hauptanlegestelle an der Ostküste von Ko Phayam prunkt dieser Tempel mit einem majestätischen goldenen Buddha, flankiert von einer dreiköpfigen *naga* (mythischen Schlange).

Phayam Divers TAUCHEN

(☎086 995 2598; www.phayamlodge.com; Ao Yai; 2 Tauchgänge 6400 B, Tauchtour mit 3 Übernachtungen an Bord 16 000–17 000 B; ⏲ Nov.–April) Am nördlichen Ende des Ao Yai. Veranstaltet eintägige Schnorchel- (4000 B) und Tauchausflüge zu den Surin-Inseln sowie mehrtägige Touren mit Übernachtung an Bord zu den Surin-Inseln, nach Ko Tachai und Ko Bon.

Aladdin Dive Safari TAUCHEN
(☎ 087 274 7601; www.aladdindivesafari.com; Ao Yai; 2/3 Tauchgänge 4900/6500 B, Tauchtour mit 3 Übernachtungen an Bord 15 800–19 800 B; ⏲ Nov.–April 8–20 Uhr) Der relativ schicke Anbieter von Tauchausflügen mit Übernachtung findet sich 500 m landeinwärts vom zentralen Ao Yai. Angeboten werden Tagesausflüge zu den Surin- und Similan-Inseln, OWD (Open Water Diver)-Kurse (18 700–19 800 B) sowie Tauchtouren mit Übernachtung an Bord zum Mergui-Archipel in Myanmar, zu den Surin- und Similan-Inseln, nach Ko Phi-Phi, Hin Daeng und Hin Muang.

Schlafen & Essen

In den letzten Jahren haben sich die Übernachtungsmöglichkeiten auf der Insel vervielfacht. Viele Resorts sind jetzt ganzjährig geöffnet, und angeschlossene Restaurants bieten mittelmäßige thailändische Kost. Die besten und preiswertesten thailändischen Restaurants finden sich im Ort nahe der Anlegestelle. Viele Resorts haben Strom rund um die Uhr, bei anderen ist immer noch mit Einschränkungen zu rechnen.

Die als Standquartier beliebtesten Strände sind Ao Yai im Südwesten und Ao Khao Kwai im Nordwesten. Ruhigere, weniger bekannte Optionen sind die Strände Ao Hin Khow und Ao Mea Mai an der Ostküste (nördlich bzw. südlich der Anlegestelle).

Ao Yai อ่าวใหญ่

Aow Yai Bungalows BUNGALOWS $
(☎ 083 389 8688; www.aowyai.com; Bungalows 400–800 B; 📶) Dieser französisch-thailändische Anbieter am südöstlichen Ende des Ao Yai vermietete vor zwei Jahrzehnten als erster strohgedeckte Bambusbungalows. Heute hat man die Wahl zwischen kleinen rustikalen Bungalows aus Holz und Bambus, die unter hohen Palmen und Kiefern stehen, und größeren Holz- oder Betonbungalows am Strand. Strom gibt's von 10 bis 3 Uhr.

Frog Beach House HOTEL $
(☎ 083 542 7559; www.frogbeachhouse.com; Bungalows 500–1400 B; 📶) Die gepflegten Chalets aus Hartholz sind im traditionellen Thai-Stil gestaltet und bieten Holzböden, Badezimmer vor der Tür, Glaswaschbecken und Moskitonetze. Die Häuser stehen hinter einem schönen Sandstrand an einem kleinen Bach am nördlichen Ende des Ao Yai.

Cede BOUTIQUEHOTEL $$
(☎ 081 622 6464; cedekohphayam@gmail.com; Zi. 2000–2400 B; ❄📶) Die 2015 eröffnete, von Italienern geführte Anlage bringt etwas entspannte Eleganz ans nordwestliche Ende des Ao Yai. Die glänzenden Innenräume wirken schick und einladend; von den beiden vorderen Zimmern hat man einen Panoramablick aufs Meer. Der Glanzpunkt ist die große, offene Bar- und Restaurantterrasse am Strand. Strom gibt's rund um die Uhr, die Klimaanlage läuft nur abends. Außerdem gibt's vor Ort einen Kaffeeausschank und einen Motorradverleih (200 B).

Ban Nam Cha INTERNATIONAL $
(Gerichte 100–180 B; ⏲ 9–18.30 Uhr, wechselnde Öffnungszeiten; 🌿) Blinkende Lichter, Gebetswimpel und Schilder aus Treibholz schmücken diese künstlerisch angehauchte, entspannte Restaurantbude. Es gibt fantastische hausgemachte Panini (mit Knoblauch und Pilzen oder Cashew-Pesto), Sandwiches, Kuchen sowie eine Reihe vegetarischer, birmanischer und europäischer Gerichte. In der Leihbücherei kann man sich mit Taschenbüchern eindecken. Das Lokal befindet sich 500 m landeinwärts hinter dem zentralen Abschnitt des Ao Yai.

Ao Khao Kwai อ่าวเขาควาย

Heaven Beach BUNGALOWS $$
(☎ 082 806 0413; www.ppland-heavenbeach.com; Zi. 1500–2000 B; 📶) Die nette, vier Jahre alte Anlage befindet sich auf einem idyllischen Gelände im mittleren Strandabschnitt. Die in Pastelltönen gehaltenen und mit Blumenmotiven geschmückten Bungalows sind niedlich, reizvoll, sehr geräumig und komfortabel. Sie bieten Fliesenböden, Bäder im Freien, Warmwasserduschen und breite Terrassen mit Rattanliegen. Strom gibt's rund um die Uhr.

Mr. Gao BUNGALOWS $$
(☎ 077 870222; www.mr-gao-phayam.com; Bungalow 1200–1600 B; ⏲ Nov.–April; 📶👪) Die stabilen, gefirnissten Bungalows aus Holz und Backstein oder aus Bambus befinden sich im mittleren Abschnitt des Ao Khao Kwai und sind beliebt bei sportlichen Paa-

ren und Familien. Sie sind reizvoll und besitzen Terrassen vorne, geflieste Bäder und Moskitonetze. Der Inhaber verleiht Kajaks und organisiert Schnorchelausflüge sowie mehrtägige Touren zu den Surin-Inseln. 2015 war gerade eine Renovierung im Gang, nach deren Abschluss es u. a. rund um die Uhr Strom geben wird.

Baan Klong Kleng BUNGALOWS $$
(☎089 772 5090; www.baanklongkleng.com; Zi. 1200–1700 B; ⏲Mitte Okt.–April; 📶) Die schlichten, sauberen Holzbungalows stehen unter Bäumen und bilden eine Reihe bis hinunter zu einem schönen Strandabschnitt. Die Unterkünfte sind komfortabel, wenn auch nicht hinreißend, und bieten stilvolle Keramik-Waschbecken und halb offene Bäder. Im sagenhaften offenen **Strandrestaurant** (Hauptgerichte 140–180 B; ⏲Mitte Okt.–April 8–22 Uhr; 📶🍸) herrscht gute Stimmung. Serviert werden aromatische thailändische Currys (auch vegetarische), köstliches Frühstück und Fusiongerichte wie Pasta mit grünem Curry. Die Anlage liegt im Zentrum des Ao Khao Kwai.

Ao Hin Khow & Ao Mea Mai อ่าวหินขาว/อ่าวแม่หม้าย

★ **PP Land** BUNGALOWS $
(☎081 678 4310; www.ppland-heavenbeach.com; Ao Hin Khow; Bungalows 700–1400 B; 📶❄) 🍃 Die hinreißende Ökolodge mit thailändisch-belgischen Besitzern liegt gleich nördlich der Anlegestelle an der wenig besuchten Ostküste. Die schön gestalteten Betonbungalows werden rund um die Uhr von Wind und Sonne mit elektrischer Energie versorgt; von den Hängematten auf den Terrassen blickt man aufs Meer. Die kenntnisreichen Inhaber backen Kuchen, betreiben einen Bio-Garten, bereiten das Abwasser auf und stellen sogar eigene, natürliche Waschmittel her. Ausgezeichnetes Preis-Leistungs-Verhältnis.

Sabai Sabai BUNGALOWS $
(☎087 895 4653; www.sabai-bungalows.com; Ao Mea Mai; Bungalows 250–1400 B; 📶) Fünf Gehminuten südlich der Anlegestelle an der Ostküste bietet diese fabelhafte, gesellige Traveller-Herberge viele saubere und preiswerte Zimmer (überwiegend mit Ventilator). Die billigen, angenehmen Bambushütten teilen sich die Bäder. Die schlichten Doppelzimmer bieten Meerblick, abgesenkte Bäder und viel Stil. Am besten ist das doppelstöckige, loftartige Zimmer mit Balkon. Es gibt eine entspannte Bar, Hängematten, Filmabende und von 8 bis 1 Uhr auch Strom.

ℹ Praktische Informationen

Viele Resorts bieten inzwischen WLAN. Auf der Insel gibt's keine Geldautomaten, deswegen sollte man sich vor der Überfahrt nach Ko Phayam in Ranong mit ausreichend Bargeld eindecken.

ℹ An- & Weiterreise

Eine Fähre legt täglich um 10 Uhr von Tha Ko Phayam (S. 652), 6 km südwestlich der Stadt Ranong, nach Ko Phayam ab (200 B, 2 Std.) und kehrt um 15 Uhr zurück. In der Hauptsaison (Nov.–April) unternehmen Schnellboote zwischen 7.45 und 16.30 Uhr mindestens stündlich die Überfahrt zur Insel (350 B, 35 Min.; Rückfahrten zum Festland 8, 9, 9.30, 11.30, 12, 15.30, 16 & 16.30 Uhr). In der Hauptsaison legen Schnellboote auf dem Weg von Ko Phayam nach Ranong unterwegs auf Ko Chang (350 B, 20 Min.; 8.30, 9, 12, 12.30, 15 & 15.30 Uhr) an, doch ist dieser Service nicht 100 % zuverlässig.

ℹ Unterwegs vor Ort

Auf Ko Phayam gibt's keine Autos. Die Fahrt mit dem Motorradtaxi von der Anlegestelle nach Ao Khao Kwai/Ao Yai kostet 50/80 B. Die Gehentfernungen sind recht groß: von der Anlegestelle nach Ao Khao Kwai, der nächstgelegenen Bucht, braucht man rund 45 Minuten. Man kann im Dorf (die bessere Option) oder bei größeren Resorts Motorräder (200 B) mieten – für die genauere Erkundung der Insel ist ein derartiges Gefährt sowieso unverzichtbar.

Laem Son National Park อุทยานแห่งชาติแหลมสน

Der heitere, 315 km² große **Nationalpark** (☎077 861431; www.dnp.go.th; Erw./Kind 200/100 B; ⏲8–16.30 Uhr) umfasst 60 km der Küstenlinie an der Andamanensee (den längsten geschützten Strandabschnitt Thailands) sowie mehr als 20 Inseln, u. a. auch das beliebte Ko Phayam (S. 653). 85 % der Parkfläche sind offenes Meer. Große Teile der Küste sind von Mangroven gesäumt und von Prielen durchzogen. Dort leben Fische, Rehe, Makaken, Zibetkatzen, Riesenhörnchen und mehr als 100 Vogelarten, darunter auch Weißbauchseeadler.

Der am leichtesten zugängliche Strand ist der prächtige, von Kasuarinen gesäumte, 3 km lange **Hat Bang Ben**, wo sich die Hauptverwaltung des Parks sowie Unterkünfte befinden. Südlich davon greifen

Halbinseln ins Meer hinaus und verbergen einsame, nur mit Longtail-Booten erreichbare Buchten. An all diesen Stränden soll das Baden ganzjährig sicher sein. Von Hat Bang Ben hat man einen Blick auf die Inseln Ko Kam Yai, Ko Kam Noi, Mu Ko Yipun, Ko Khang Khao und, ganz im Norden, auf Ko Phayam. An der gesamten nördlichen Andamanenküste gibt es wohl keinen schöneren Ort für ein Picknick bei Sonnenuntergang.

56 km südlich von Hat Bang Ben liegt **Hat Praphat**, wo Meeresschildkröten ihre Eier ablegen.

Aktivitäten

Naturpfade starten bei der Parkverwaltung, wo man auch eintägige Bootsausflüge (2500 B, max. 10 Pers.) zu nahegelegenen Inseln vereinbaren kann. Wenn man unmittelbar vor der Parkverwaltung nach links (südwärts) zur Anlegestelle abbiegt, kommt man zum Strand, ohne die Parkgebühr bezahlen zu müssen.

Schlafen & Essen

Die meisten Unterkünfte befinden sich am Hat Bang Ben.

Wasana Resort BUNGALOWS $
(☎ 077 861434; www.wasanaresort.org; Hat Bang Ben; Bungalow mit Ventilator 450 B, mit Klimaanlage 650–750 B; ❄ 📶 👪) Die von einer Familie geführte Anlage umfasst gemütliche Betonbungalows mit Bambusbetten rund um ein farbenfrohes **Restaurant** (Hauptgerichte 80–200 B; ⏲ 7.30–21 Uhr). Die einladenden niederländisch-thailändischen Besitzer servieren herrlich authentisches Gado-Gado, organisieren Tagesausflüge in den Laem Son National Park, verleihen Fahrräder und haben jede Menge Anregungen zur Erkundung des Parks auf Lager (z. B. über die hinreißende, 10 km lange Wanderung über die Landzunge). Gäste, die reserviert haben, werden vom Highway abgeholt.

Es gibt auch größere Bungalows für vier Personen, die sich gut für Familien eignen.

Unterkünfte im Laem-Son-Nationalpark BUNGALOWS, CAMPING $$
(☎ 077 861431, in Bangkok 02 562 0760; www.dnp.go.th; Hat Bang Ben; DZ/4BZ 1000/1800 B, Stellplatz 30 B/Pers., mit gemietetem Zelt 270 B; ❄) Im Park gibt es schlichte Betonbungalows mit Klimaanlage, die nahe dem Strand unter einem schattenspendenden Dach von Kasuarinen stehen, sowie Stellplätze auf dem Gelände und direkt am Strand.

An- & Weiterreise

Die Abzweigung zum Laem Son National Park geht 44 km südlich von Ranong nach Westen vom Hwy 4 ab (zw. Km 657 und Km 658). Busse, die von Ranong nach Süden fahren, können einen dort absetzen (als Ziel Hat Bang Ben nennen; 65 B, 1 Std.). An der Abzweigung kann man Fahrzeuge heranwinken, die zum Park fahren oder bei der Agentur am Straßenrand ein Taxi (200 B) anheuern. Vom Hwy 4 bis zum Parkeingang sind es 10 km.

PROVINZ PHANG-NGA

In der Provinz Phang-Nga führen schlammige Flüsse zwischen von Dschungel bedeckten Bergen zu aquamarinblauen Buchten mit verkarsteten Kalksteinfelsen und Unterwasserlandschaften, die zu den schönsten in Thailand gehören.

Mehr als ein Jahrzehnt nach dem Tsunami vom 26. Dezember 2004 ist in den touristischen Gebieten von Phang-Nga großenteils die Normalität zurückgekehrt. Fortschritte sind erkennbar, vor allem rund um Khao Lak, wo alle früheren Entwicklungserwartungen übertroffen wurden. Viele Fischergemeinden mussten aber ihr Leben grundsätzlich ändern – weil wichtige Personen ums Leben kamen, die Fischereiausrüstung zerstört wurde oder die Gemeinden ins Binnenland abwandern mussten.

Phang-Nga ist weiterhin stark von den Jahreszeiten abhängig. Von Mitte Oktober bis Mitte April strömen die Besuchermassen herbei, angelockt von dem klaren Wasser, den weißen Stränden und den farbenfrohen Korallenriffen. Während des Monsuns (Mai–Okt.) bleiben viele Einrichtungen geschlossen und die Region wirkt gespenstisch ausgestorben.

Khuraburi คุระบุรี

Wer nicht aufpasst, kann diese stimmungsvolle Kleinstadt leicht übersehen. Sie ist das Tor zu den Surin-Inseln und bietet einige der besten Gelegenheiten des gemeindebasierten Tourismus im südlichen Thailand. Für die Einheimischen ist Khuraburi eine Marktstadt, deren Rückgrat Hunderte von Fischern bilden, die vor allem Tintenfischen nachstellen.

Informationen für Reisende gibt's bei **Tom & Am Tour** (☎ 086 272 0588; 298/1 Mu 1, Hwy 4; ⏲ 24 Std.) an der Straße gegenüber der Bushaltestelle.

Geführte Touren

Andaman Discoveries TOUR
(☎087 917 7165; www.andamandiscoveries.com; 120/1 Mu 1, Khuraburi; 3-tägige Tour 6000 B/Pers.; ⌚Mo–Fr 8.30–17.30 Uhr) Bei diesen sehr zu empfehlenden, gemeindebasierten Ein- und Mehrtagestouren stehen u. a. Radfahren, Kultur, Kunsthandwerk und Schnorcheln auf dem Programm. Angeboten werden außerdem Übernachtungen bei Gastfamilien in Dörfern auf Ko Phra Thong und Ökotouren in den Khao Sok National Park. Die Organisation verwaltet auch Gemeindeprojekte, die freiwillige Helfer aufnehmen.

Schlafen & Essen

★ **Boon Piya Resort** PENSION $
(☎081 752 5457; 175/1 Th Phetkasem; Bungalows 650 B; ❄📶) Die geräumigen, modernen Betonbungalows, die mit gefliesten Böden, Bädern mit Warmwasser und kleinen Balkonen aufwarten, sind eine willkommene Überraschung in einem Gartengelände gleich abseits der Hauptstraße am nördlichen Ende von Khuraburi. Der hilfsbereite Besitzer bucht Transportverbindungen von/zu den Surin-Inseln und von/nach Ko Phra Thong.

Morgenmarkt MARKT $
(Hwy 4; Gerichte 20–40 B; ⌚6–10 Uhr) Den Morgenmarkt am nördlichen Ende der Stadt sollte man sich nicht entgehen lassen. An den Ständen werden Hühner gebraten, Kokoswaffeln gegrillt und in blubbernden Kesseln thailändische Donuts frittiert, die dann in dickes, süßes grünes Curry getunkt werden. Der karamellfarbene Tee (10 B) schwimmt auf einer Schicht gezuckerter Kondensmilch. Nur sehr wenige *fa·ràng* (Menschen aus dem Westen) verirren sich auf diesen Markt.

Anreise & Unterwegs vor Ort

Die meisten Busse, die zwischen Ranong (105 B, 2 Std.) und Phuket (150 B, 4 Std.) unterwegs sind, halten in Khuraburi. Um andere Ziele, darunter den Khao-Sok-Nationalpark zu erreichen, nimmt man einen Bus Richtung Phuket und fährt bis zu dem 55 km südlich gelegenen Takua Pa (70 B, 1½ Std.).

Die Anlegestelle der Boote zu den Surin-Inseln und nach Ko Phra Thong befindet sich 9 km nordwestlich der Stadt. Der Veranstalter, bei dem man sein Boot bucht, wird für einen kostenlosen Transport zur Anlegestelle sorgen.

Surine Islands Marine National Park

อุทยานแห่งชาติหมู่เกาะสุรินทร์

Die fünf wundervollen Inseln, die diesen Nationalpark (auch: Mu Ko Surin National Park; ☎076 472145; www.dnp.go.th; Erw./Kind 500/300 B; ⌚Mitte Okt.–Mitte Mai) bilden, liegen 60 km vor der Küste und sind 5 km von der Meeresgrenze zwischen Thailand und Myanmar entfernt. Intakter Regenwald, geschützte Buchten mit kleinen weißen Sandstränden und felsige, ins Meer ausgreifende Landzungen prägen diese auf Granitsockeln ruhenden Inseln. Dank des völlig klaren Wassers sind Meeresbewohner leicht zu erspähen – abgesehen von der Monsunzeit beträgt die Unterwassersichtweite bis zu 30 m. Die geschützten Gewässer werden auch von Moken (abgeleitet von *oken*, „Salzwasser", auch abwertend als *chao leh* bezeichnet), einer ethnischen Gruppe malaiischer Abkunft aufgesucht, die während des Monsuns (Mai–Nov.) auf Ko Surin Tai leben und ansonsten als Seenomaden umherziehen.

Der wunderbare helle Sand, die purpurfarbenen Tiefen, die in unendlichen Schattierungen von Jade und Türkis schimmernden Buchten und die nackten Granit-Landzungen, die beständig weiter abbrechen und Spitzen und natürliche Wellenbrecher ausformen, bleiben allen Besuchern im Gedächtnis.

Die beiden größten Inseln sind Ko Surin Tai (im Süden) und Ko Surin Nuea (im Norden). Die Parkverwaltung, ein **Informationsbüro** (⌚Mitte Okt.–Mitte Mai 7.30–20.30 Uhr) und alle Einrichtungen für Besucher konzentrieren sich in Ao Chong Khad im Südwesten von Ko Surin Nuea.

Khuraburi ist das Sprungbrett zum Park. Die Anlegestelle befindet sich 9 km nordwestlich der Stadt neben dem hilfreichen **Nationalparkbüro** (☎076 472145; www.dnp.go.th; Tha Khuraburi; ⌚Mitte Okt.–Mitte Mai 8.30–16.30 Uhr) auf dem Festland.

Sehenswertes & Aktivitäten

Ban Moken DORF
(Ao Bon, Ko Surin Tai) In Ban Moken an der Ostküste von Ko Surin Tai sind Besucher willkommen. Nach dem Tsunami hat sich die Volksgruppe der Moken (Seenomaden) in dieser geschützten Bucht neu angesiedelt; in jedem April wird eine große Zeremonie zu Ehren der Ahnen (**Loi Reua**) durchge-

führt. Die farbenprächtigen, beschnitzten *labong*-Pfähle, die in der Gegend aufgestellt sind, symbolisieren die Ahnen der Moken. Die Volksgruppe hatte bei dem Tsunami vom zweiten Weihnachtstag 2004, der ihr Dorf zerstörte, keine menschlichen Verluste zu beklagen, weil die Menschen die Zeichen der Natur richtig interpretierten und sich rechtzeitig auf die Hügelspitze zurückzogen.

Vom Surin Islands Marine National Park werden zweistündige Ausflüge von Ko Surin Nuea nach Ban Moken (150 B/Pers., mind. 5 Pers.) angeboten, bei denen man durch das Dorf mit seinen auf Stelzen stehenden Hütten spaziert. Wer auf dem **Chok Madah Trail** (800 m) über den dschungelbewachsenen Hügel zu einem einsamen Strand wandern will, sollte im Dorf die Erlaubnis einholen und einen Führer engagieren. Wer hier Kunsthandwerk kauft, hilft den Dorfbewohnern; auch Kleiderspenden sind willkommen. Hingegen sollte man den Dorfbewohnern keine Süßigkeiten und schon gar keine Alkoholika zukommen lassen, denn der Alkoholismus ist ein wachsendes Problem unter den Moken.

Tauchen & Schnorcheln

Zu den Tauchgebieten im Park gehören **Ko Surin Tai**, **Ko Torinla** (im Süden) und der **HQ Channel** zwischen den beiden Hauptinseln. Auch der 14 km südöstlich gelegene Unterwasserfelsen **Richelieu Rock** gehört zum Park und ist eines der besten, wenn nicht das beste Tauchrevier in der Andamanensee). Mantas lassen sich hier blicken; im März und April werden manchmal auch Walhaie gesichtet.

Im Park gibt es keine Tauchveranstalter; Tauchtouren (4 Tage mit Übernachtung an Bord ab 20 000 B) müssen daher über die Zentren in Khao Lak (S. 662), Phuket (S. 675) oder Ranong (S. 648) gebucht werden. Der Transport ist meist im Preis inbegriffen. Hinzu kommen die Tauchgebühr im Park (200 B/Tag) sowie der fünf Tage gültige Nationalparkeintritt (Erw./Kind 500/300 B).

Die Schnorchelbedingungen sind nicht mehr so fantastisch, wie sie einmal waren, weil die Korallenbleiche die Hartkorallen zerstört hat. Immerhin gibt es aber noch viele bunte Fische und Weichkorallen zu bewundern. Die schönsten Weichkorallen sahen wir bei **Ao Mai Yai** vor der Südwestküste von Ko Surin Nuea. Gut schnorcheln und Meeresschildkröten bewundern kann man an den Stränden von **Ao Sabparod** und **Ao Pak Kaad** vor der Ost- bzw. Südküste von Ko Surin Tai. Viele Fische schwimmen in den Gewässern vor der winzigen Insel **Ko Pajumba**, doch sind die Korallen dort nicht besonders schön. Hunderte farbenfrohe Fische kann man auch bei **Ao Suthep** vor der Nordküste von Ko Surin Tai bewundern.

Die nächstgelegene Dekompressionskammer befindet sich in Phuket. Bei Tauchunfällen nehmen die Veranstalter mit der auf Khao Lak stationierten SSS Ambulance (S. 667) Kontakt auf, die die Boote ansteuert und die verletzten Taucher dann südwärts nach Phuket bringt.

Halbtägige Schnorchelausflüge (150 B/Pers., Schnorchelverleih 160 B) starten um 9 und 14 Uhr von der Inselverwaltung. Bei diesen Ausflügen befindet man sich überwiegend in Gesellschaft von Thais, die in der Regel voll bekleidet in Rettungswesten herumplanschen. Für beschaulichere Schnorchelabenteuer mietet man sich ein Longtail-Boot vom Nationalpark (3000 B/Tag) oder besser direkt von den Moken in Ban Moken (S. 657).

Tourveranstalter in Khuraburi (S. 656) und Khao Lak (S. 662) organisieren Schnorchel-Tagestouren zum Park (Erw./Kind 3500/2100 B).

Greenview SCHNORCHELN
(☎ 076 472070; greenviewtour99@gmail.com; Tha Khuraburi; Erw./Kind Tagestour 3500/2100 B; ⏲ 7.30–21 Uhr) Der in Hinblick auf Sicherheit, Service und Preis-Leistungs-Verhältnis überzeugende Veranstalter bietet ausgezeichnete Schnorchel-Tagesausflüge mit kundigen Guides zu den Surin-Inseln. Im Preis sind Transport, Snacks, ein köstliches Mittagessen und die Ausrüstung inbegriffen. Greenview organisiert auch mehrtägige Aufenthalte auf den Surin-Inseln.

Tiere, Pflanzen & Wandern

Rund um die Parkverwaltung kann man die Ausläufer des Waldes erkunden und Langschwanzmakaken sowie einige der 57 ansässigen Vogelarten erspähen, darunter die an der Andamanensee heimische wunderschöne Kragentaube und den scheuen Rifftriel. Längs der Küste sieht man Brahminenweihe und Riffreiher. Außerdem leben hier zwölf verschiedene Fledertierarten, darunter vor allem Bäume bewohnende Flughunde.

Nature Trail WANDERN
(Ko Surin Nuea) GRATIS Hinter dem Campingplatz von Ao Chong Khad führt ein rauer Naturpfad 2 km entlang der Küste und durch den Wald zum Campingplatz bei Ao

Mai Ngam. Bei Ebbe kann man auch direkt an der Küste von dem einen zu dem anderen Campingplatz marschieren.

Schlafen & Essen

Die Unterkünfte im Park sind ordentlich, wirken aber bei voller Belegung (ca. 300 Pers.) richtig überfüllt. Überwiegend wohnen hier Thailänder, und die Stimmung erinnert an ein munteres Ferienlager.

Unterkünfte im Mu-Ko-Surin-Nationalpark BUNGALOWS, CAMPING **$$**
(☎076 472145; www.dnp.go.th; Ko Surin Nuea; DZ/4BZ 2000/3000 B, Stellplatz 80 B/Pers., mit gemietetem Zelt 300 B; ⏲Mitte Okt.–Mitte Mai; ❄) Die Bungalows am Ao Chong Khad haben Holzböden, eigene Bäder, Terrassen und Ventilatoren (in Betrieb 21.30–7 Uhr) oder Klimaanlagen (in Betrieb 18–21.30 Uhr). Strom gibt es von 18 bis 7 Uhr. Campen kann man bei Ao Chong Khad und bei Ao Mai Ngam. Der erstere Platz hat den schöneren Strand, der letztgenannte füllt sich nicht so schnell, ist abgeschiedener und wirkt mit seiner flachen Bucht aus weißem Sand naturnäher.

Man sollte vorab online oder über das Nationalparkbüro auf dem Festland buchen.

Ao Chong Khad Restaurant THAI **$$**
(Ko Surin Nuea; Hauptgerichte 80–180 B, Menü 120–280 B; ⏲7.30–9, 12–14 & 18.30–20 Uhr) Das Parkrestaurant auf Ko Surin Nuea serviert authentisches und gutes thailändisches Essen. Die Tagestouren legen hier einen Stopp zum Mittagessen ein.

Ao Mai Ngam Restaurant THAI **$$**
(Ko Surin Nuea; Hauptgerichte 80–180 B, Menü 120–280 B; ⏲7.30–9, 12–14 & 18.30–20 Uhr) Das Restaurant des Nationalparks am Ao Mai Ngam liefert ordentliche thailändische Kost.

An- & Weiterreise

Die Schnellboote der Tourveranstalter (hin & zurück 1700 B, einfache Strecke 1¼ Std.) legen gegen 9 Uhr ab und kehren zwischen 13 und 16 Uhr zurück. Da Tickets ohne Zeitangabe akzeptiert werden, kann man zu jeder Zeit zurückfahren, sollte sich aber sein Ticket am Vorabend der Abreise von der Parkverwaltung auf Ko Surin Nuea bestätigen lassen.

Ko Phra Thong & Ko Ra

เกาะพระทอง/เกาะระ

Laut einer Legende vergruben Piraten vor vielen Jahrhunderten einen goldenen Buddha im Sand von Ko Phra Thong, der „Insel des Goldenen Buddha". Die Statue wurde nie gefunden, doch die Insel hat heute andere Schätze zu bieten: endlose Sandstrände, Mangroven, eine reiche Vogelwelt und seltene Orchideen.

Die lange, schmale, bewaldete Insel ist so ruhig wie eine Nacht auf dem offenen Meer. Das Fischen (nach Tintenfischen, Garnelen und Quallen) bleibt der Hauptgewerbezweig; die örtliche Delikatesse ist streng riechendes *gà·Ъì* (fermentierte Garnelenpaste). An der Südwestküste liegen 10 km unberührter, goldener Sandstrand am blauen Meer.

Direkt nördlich liegt die noch ruhigere, von freundlichen Fischern bewohnte Insel Ko Ra mit ihren goldenen Stränden und Mangroven. Die kleine Insel, die eigentlich nur ein von Dschungel überwucherter Berg ist, hat eine beeindruckende Vielfalt an Wildtieren (darunter mehr als 100 Vogelarten, Bengalkatzen, Malaien-Gleitflieger, Wildschweine, Warane, Schuppentiere und Plumploris).

Schlafen & Essen

Mr. Chuoi's BUNGALOWS **$**
(☎084 855 9886, 087 898 4636; www.mrchuoibarandhut.com; Ko Phra Thong; Bungalows 500–1200 B) Die Anlage umfasst schlichte Bungalows aus Holz und Bambus; Strom gibt es nur abends. Es gibt eine lustige Bar und ein ausgezeichnetes Restaurant, in dem Mr. Chuoi persönlich für Stimmung sorgt. Wenn man vorher anruft, kann er den Transport nach Ko Phra Thong arrangieren.

Horizon BUNGALOWS **$$**
(☎081 894 7195; www.horizonecoresort.com; Ko Phra Thong; DZ 1300–1900 B) Die Ökolodge am Nordweststrand hat sieben geräumige, zottelige Bungalows aus Holz und Bambus, die mit Ventilatoren ausgestattet sind und Platz für zwei oder vier Personen bieten. Wo immer möglich, wurden natürliche regionale Produkte aus nachwachsenden Rohstoffen verwendet. Horizon organisiert Wanderausflüge auf die Nachbarinsel Ko Ra (1600 B, mind. 3 Pers.) und bietet die einzige Tauchschule der Insel, **Blue Guru** (☎080 144 0551; www.blue-guru.org; 2 Tauchgänge 4500–6500 B) mit einer idealen Lage zur Erkundung der Gewässer um die nahegelegenen Surin-Inseln.

★ **Golden Buddha Beach Resort** BUNGALOWS **$$$**
(☎081 895 2242, 081 892 2208; www.goldenbuddharesort.com; Ko Phra Thong; Bungalows 2700–

14 000 B;) Das schickste Resort der Gegend lockt Yogafans, Paare und Familien an, die ein abgeschiedenes Refugium suchen. Die Holzhäuser in Privatbesitz sind individuell gestaltet, bieten Natur-Schick und werden kurz- und langfristig vermietet. Es gibt auch größere, für Familien geeignete Häuser. Die Zimmer haben Freiluftbäder und sind mit Holzschnitzereien geschmückt. Durch den Wald und die Gartenanlagen hindurch kann man einen Blick auf den sagenhaften, 10 km langen Strand erhaschen. Alles trifft sich in dem mit Mosaikboden ausgestatteten Clubhaus mit **Restaurantbar** (Hauptgerichte 220–300 B; 7.30–21.30 Uhr;).

An- & Weiterreise

Theoretisch kann man am Pier von Khuraburi ein Longtail-Boot nach Ko Phra Thong (einfache Strecke rund 1500 B) chartern, aber Bootsführer sind schwer zu finden. Es ist sinnvoll, sich in Khuraburi nach der „täglichen lokalen Fähre“ zur Insel zu erkundigen, die allerdings nicht zuverlässig und nicht unbedingt zu den angekündigten Terminen fährt. Am einfachsten ist es, sich vorab mit seinem Resort in Verbindung zu setzen, damit dieses einen Transport arrangiert.

Khao Sok National Park

อุทยานแห่งชาติเขาสก

Ist die Beinmuskulatur nach zu vielen faulen Tagen am Strand erschlafft, bietet sich ein Abstecher aufs Festland zum wunderbaren, 738 km² großen **Khao Sok National Park** (077 395154; www.khaosok.com; Erw./Kind 300/150 B; 8–17 Uhr) an, der auf halber Strecke zwischen der Anadamensee und dem Golf von Thailand liegt. Dieser Tiefland-Dschungel (der feuchteste Ort in Thailand) soll mehr als 160 Mio. Jahre alt sein und wäre damit einer der ältesten Regenwälder auf Erden. Spektakuläre Kalksteinformationen und Wasserfälle liegen in der dichten Vegetation, die wegen des Regens und des morgendlichen Taus immer feucht ist. Ein Netz von unbefestigten Wegen schlängelt sich durch den Urwald und gibt Besuchern Gelegenheit, eine aufregende Vielfalt einheimischer Tiere zu entdecken.

Das Gebiet des Nationalparks ist eines der letzten intakten Habitate für große Säugetiere. In den feuchten Monaten kann man hier Bären, Wildschweine, Gauren, Tapire, Gibbons, Hirsche, wild lebende Elefanten und vielleicht sogar einen Tiger entdecken. Hinzu kommen mehr als 300 Vogelarten, 38 Fledertierarten und eine der größten (und geruchsintensivsten) Blumen der Welt, die immer seltener werdende *Rafflesia kerrii*, die in Thailand nur im Khao Sok National Park vorkommt. Die riesigen Blüten können einen Durchmesser von 80 cm erreichen.

Die beste Zeit für einen Besuch ist die Trockenzeit (Dez.–April). Während des Monsuns (Juni–Okt.) werden die Wege rutschig, plötzliche Überschwemmungen sind häufig, und Blutegel werden zur Plage. Trotzdem ist der Park wegen der Sommerferien in Europa auch in dieser Zeit gut besucht. Außerdem verlassen die großen Tiere in den feuchten Monaten öfters ihre Verstecke, sodass man bessere Chancen hat, welche zu Gesicht zu bekommen.

Sehenswertes & Aktivitäten

Zu den beliebten Aktivitäten gehören Kajakfahren (700 B), Raften (1100 B; Hauptsaison) und Tubing (400 B; Regenzeit). Elefantenritte werden angeboten, doch sollte man sich aus Tierschutzgründen (S. 358) genau überlegen, ob man sich darauf einlassen will.

Die 1,8 km lange Straße, die von der Rte 401 nach Nordosten zur Parkverwaltung führt, ist von schlichten, netten Gästehäusern gesäumt, die Parktouren und Führerdienste anbieten. Wir empfehlen einen Kanu- und Wandertrip (2 Tage mit Übernachtung 2500 B/Pers.) zum Stausee Chieo Lan, bei dem man auf dem See in schwimmenden Hütten übernachtet. Die Tour kann man über die Parkverwaltung (S. 662) und alle Tourvermittler buchen.

Chiaw-Lan-See — SEE

(เขื่อนเชี่ยวหลาน; Tagestour/mit Übernachtung 1500/2500 B) Der eindrucksvolle, 165 km² große See befindet sich 65 km (eine Fahrtstunde) östlich der Parkverwaltung. Er entstand 1982 durch den riesigen, aus Schieferlehm aufgeschütteten Rajjaprabha- oder Chiaw-Lan-Damm. Die aus dem See aufragenden Kalksteinspitzen erreichen bis zu 960 m und sind damit mehr als dreimal so hoch wie die Formationen in der Bucht von Phang-Nga. Die meisten Besucher des Sees machen eine Tagestour oder eine Tour mit Übernachtung (jeweils inkl. Transport, Boot & Führer). Örtliche Fischer bieten am Rand des Staudamms Charterboote (2000 B/Tag), mit denen man die Buchten, Wasserläufe und Seitenarme am Seeufer erkunden kann.

Zwei Höhlen am Südwestufer lassen sich zu Fuß erkunden. In der Höhle **Tham Nam**

Thalu GRATIS finden sich eindrucksvolle Kalksteinformationen und unterirdische Wasserläufe. Während der Regenzeit sollte man die Höhle besser meiden – es sind dann schon tödliche Unfälle vorgekommen. Die Höhle **Tham Si Ru** GRATIS besitzt vier aufeinander zulaufende Gänge, die zwischen 1975 und 1982 von kommunistischen Aufständischen als Versteck genutzt wurden.

Wandern

Die Wandermöglichkeit im Khao Sok National Park sind ausgezeichnet. Die meisten Gästehäuser und Veranstalter organisieren Wandertouren (ganzer Tag 1500–2000 B); man sollte darauf achten, dass der Führer zertifiziert ist (diese Guides tragen offizielle Plaketten).

Wanderkarten sind bei der Parkverwaltung (S. 662) erhältlich. Von dort kann man auf eigene Faust zu den Wasserfällen bei **Wing Hin** (2,8 km) und **Bang Hua Rad** (3 km) wandern. Für Wanderungen zu den Wasserfällen bei **Than Sawan** (6 km) und **Than Kloy** (7 km) benötigt man einen Führer. Zum Zeitpunkt der Recherche war der 4 km lange Weg zu dem elfstufigen Wasserfall von **Sip-Et Chan** für Besucher gesperrt.

Schlafen & Essen

Jungle Huts BUNGALOWS $

(☎077 395160; www.khaosokjunglehuts.com; 242 Mu 6; Zi. mit Ventilator 300–700 B, Klimaanlage 1000 B; ❄📶) Diese beliebte Budgetunterkunft 1 km nordöstlich der Rte 401 umfasst eine ständig wachsende Zahl ordentlicher, individuell gestalteter Bungalows, die alle über ein Badezimmer und eine Veranda verfügen. Es gibt schlichte, auf Stelzen stehende Bambushütten, größere Holzhütten, rosafarbene Betonbungalows und klimatisierte Zimmer, die von schwindelerregenden Laufgängen abgehen.

Art's Riverview Jungle Lodge PENSION $$

(☎098 826 6967, 090 167 6818; www.facebook.com/Arts-Riverview-Lodge-Travel-1562090180732965; 54/3 Mu 6; Bungalows mit Ventilator 650–1000 B, Klimaanlage 1200–1500 B; ❄📶👪) Die Lodge in einem Dschungel voller Affen an einem rauschenden Fluss mit einer von Kalksteinklippen gesäumten Badestelle hat die schönste Lage in Khao Sok. Die auf Stelzen stehenden Bungalows (die eine Renovierung vertragen könnten) bestehen aus Backstein, aus Holz oder haben eine Holzverkleidung. Alle sind geräumig und komfortabel, und viele haben Flussblick. Es gibt eine Vielzahl an Unterkünften, darunter auch welche, die für Familien geeignet sind. Eine Reihe familienfreundlicher Aktivitäten werden ebenfalls angeboten. Die Anlage befindet sich 1,5 km nordöstlich der Rte 401, wo ein Schild den Weg weist.

> **TOUREN DURCH DEN KHAO SOK NATIONAL PARK**
>
> Geführte Touren durch und rund um den Khao Sok National Park werden bis zu 50 % billiger, wenn sie direkt bei den Pensionen oder Reisebüros in der Nähe des Parks gebucht werden. Bucht man die Tour an entfernteren Orten (z. B. Phuket oder Khao Lak) sind im Preis die teure Fahrt zum Park sowie die Kommission für den Vermittler enthalten.

Tree Tops River Huts BUNGALOWS $$

(☎077 395129, 087 862 9656; www.treetopsriverhuts.com; DZ mit Ventilator/Klimaanlage 1000/1300 B; ❄📶) Die sauberen und stabilen, wenn auch etwas in die Jahre gekommenen Bungalows mit Veranden und Klimaanlage stehen auf hohen Stelzen inmitten der Bäume in dieser geschäftigen Anlage am Fluss mit Blick auf die Parkverwaltung. Die Zimmer mit Steinwänden und Klimaanlage sind sehr bequem, aber weniger schön. Alle Unterkünfte haben Warmwasserduschen.

★ **Elephant Hills** RESORT $$$

(☎076 381703; www.elephanthills.com; 170 Mu 7, Tambon Klong Sok; DZ All-inclusive ab 13 585 B; 📶🏊👪) 🍃 Fünfköpfige Familien, Backpacker in den Flitterwochen und Alleinreisende – alle sind mit diesem Resort zufrieden. Oberhalb von Mae Nam Sok, am Fuß der eindrucksvollen, von dunstigem Dschungel überwucherten Kalksteinberge bietet Khao Soks einziges Zeltlager der Spitzenklasse naturverbundenen Luxus nach Serengeti-Art. Die luftigen Zelte sind mit Holzmöbeln, richtigen Badezimmern, Oberlichtern und Hängematten auf den Veranden ausgestattet.

Im Preis inbegriffen sind die Mahlzeiten und geführte Wanderungen und Kanutrips den Fluss hinunter zum zugehörigen Elefantenlager. Die zwölf Elefantenkühe (die aus anderen Lagern gerettet wurden, wo sie Touristen durch die Gegend tragen mussten) werden hier freundlich behandelt. Man darf nicht auf den Dickhäutern reiten, kann sie aber füttern, baden und Zeit mit ihnen verbringen – ein einmaliges Erlebnis. Wer will, kann auch eine Nacht in dem schwimmenden **Regenwald-Camp** (☎076 381703; www.elephanthills.com; Chiaw-Lan-See; DZ All-inclusive ab 19 355 B) verbringen. Reservierung erforderlich.

Jasmine Garden RESORT $$$
(☎082 282 3209; www.khaosokjasmine.com; 35/6 Mu 6; DZ/4BZ 2200/3000 B;) Die 2015 hinzugekommene, von einer Familie geführte Anlage 1 km nordöstlich der Rte 401 bietet Unterkunft mit Klasse, wenn auch ohne Luxus, und außerdem Kochkurse (800 B). Die orangefarbenen Betonbungalows öffnen sich zu geräumigen Terrassen mit Blick auf einen hellblauen Pool und spektakuläre Klippen. Zur feinen Ausstattung gehören geschnitzte Holzbetten, Buddha-Malereien, Fliesenböden und viel Teakholz.

Pawn's Restaurant THAI $
(Zufahrtstraße zum Park; Hauptgerichte 100–150 B; ⌚9–21 Uhr;) Ein freundliches, nur aus Frauen bestehendes Team leitet dieses schlichte Lokal 500 m südwestlich der Parkverwaltung, wo man lecker gewürzte Currys (von scharfen mit rotem Kürbis und Gemüse bis zu wundervoll cremigen mit Tofu oder Hähnchen-Massaman) und große, herzhafte Frühstücksgerichte bekommt.

ℹ Praktische Informationen

Es gibt viele Geldautomaten, und die meisten Pensionen haben WLAN.

Verwaltung des Khao Sok National Park (☎077 395154; www.khaosok.com; ⌚8–17 Uhr) Die Verwaltung liegt rund 1,8 km nordöstlich der Rte 401; die Ausfahrt liegt nahe Km 109. Sie bietet hilfreiche Karten und Infos.

ℹ Anreise & Unterwegs vor Ort

Von Surat nimmt man einen Bus Richtung Takua Pa, von der Andamanenküste einen nach Surat Thani. Die Busse halten an der Rte 401, 1,8 km südwestlich vom Besucherzentrum. Wenn keine Schlepper der Pensionen da sind, muss man bis zu seiner Unterkunft laufen (50 m bis 2 km).

Minibusse fahren täglich u. a. nach:

ZIEL	PREIS (B)	DAUER (STD.)
Bangkok	850	11
Khao Lak	150	1¼
Ko Lanta	750	5
Ko Tao	1100	8
Krabi	350	3
Surat Thani	250	1

Khao Lak & Umgebung เขาหลัก

Wenn die Leute von Khao Lak sprechen, meinen sie in der Regel die Reihe weißer Sandstrände, die vor einer Kulisse bewaldeter Hügel an der Westküste der Provinz Phang-Nga rund 70 km nördlich von Phuket zu finden sind. Das Gebiet ist eine zentrale und entspannte Basis zur Erkundung der nördlichen Andamanenküste, weil leichte Tagesausflüge zu den Similan- und den Surin-Inseln, zu den Nationalparks Khao Sok und Khao Lak/Lam Ru und sogar nach Phuket unternommen werden können.

Auf den südlichsten Strand **Hat Khao Lak** folgt **Hat Nang Thong**, ein idealer Strand für jene, die dem Glamour und Kitsch der größeren Ferienorte auf Phuket aus dem Wege gehen wollen, aber doch Wert auf Komfort, Läden und viele Einrichtungen legen. Das eigentliche Khao Lak (also der Ort) ist mit seinen Restaurants, touristischen Märkten und niedrigen Hotels am grauen Hwy 4 eine schmucklose, aber bequeme Basis, zumal man seine Tage ohnehin weiter draußen verbringen wird.

Rund 2,5 km nördlich davon ist **Hat Bang Niang** mit seinen schmaleren Sandstränden noch ruhiger. Die 12 bzw. 13 km nördlich von Hat Khao Lak gelegenen Strände von **Hat Pakarang** und **Hat Bang Sak** präsentieren sich als ein völlig verschlafener, ununterbrochener Sandstreifen vor einer Kulisse aus dichten Mangroven, hügeligen Weiden und Gummibaumplantagen, die einen breiten Puffer zwischen der Küste und dem Highway bilden. Hier fühlt man sich wirklich fern allem Trubel.

Sehenswertes

Khao Lak/Lam Ru National Park NATIONALPARK
(อุทยานแห่งชาติเขาหลัก-ลำรู่; ☎076 485243; www.dnp.go.th; Erw./Kind 200/100 B; ⌚8–16.30 Uhr) Der gewaltige, 125 km² große Park gleich südlich vom Hat Khao Lak präsentiert sich als eine Collage aus Meeresklippen, 1000 m hohen Bergen, Stränden, Mündungsgebieten, Wasserfällen, bewaldeten Tälern und Mangroven. An Wildtieren finden sich Nashornvögel, Drongos, Tapire, Seraue, Affen, Kragenbären und Bengalenwarane. Das Besucherzentrum der Parkverwaltung liegt 3 km südlich der Ortschaft Khao Lak abseits des Hwy 4. Es gibt hier wenig Informations-

Khao Lak

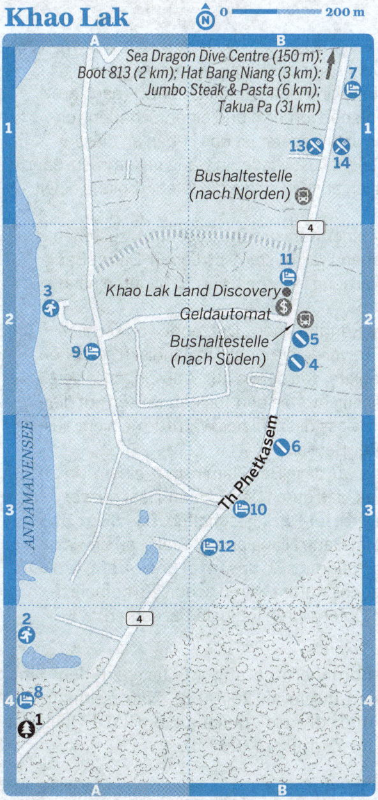

Khao Lak

Sehenswertes

1 Khao Lak/Lam Ru National Park A4

Aktivitäten, Kurse & Touren

2 Hat Khao Lak A4
3 Hat Nang Thong A2
4 IQ Dive B2
5 Sea Bees B2
6 Wicked Diving B3

Schlafen

7 Fasai House B1
8 Unterkunft im Khao Lak/Lam Ru National Park A4
9 Nangthong Bay Resort A2
10 PhuKhaoLak B3
11 To Zleep B2
12 Walker's Inn B3

Essen

13 Go Pong B1
14 Jai B1
Khao Lak/Lam Ru National Park Restaurant .... (siehe 8)
PhuKhaoLak .... (siehe 10)

material, aber ein malerisches **Freiluftrestaurant** (Hauptgerichte 100–200 B; ⏲8.30–20.30 Uhr) auf einem schattigen Hang mit Blick aufs Meer. Von hier führt ein leichter Natur-Rundweg (3 km, 1 Std.) südwärts rund um das Kap zum oft einsamen **Hat Lek**.

Boot 813 DENKMAL

(Bang Niang) Das Polizeiboot wurde von dem starken Tsunami am 2. Weihnachtstag 2004 vom Hat Bang Niang (2,5 km nördlich des Zentrums von Khao Lak) 1 km weit auf ein offenes Feld geschleudert. Ein Jahrzehnt später ist es das bedeutendste Denkmal der Katastrophe in der Region. Hinter dem monumentalen Eingangsbereich findet sich ein Informationskiosk mit einer chronologischen Zeitleiste des Tsunamis (auf Thailändisch und Englisch).

Internationales Tsunami-Museum MUSEUM

(พิพิธภัณฑ์สึนามิระหว่างประเทศ; Hwy 4, Bang Niang; Erw./Kind 100/50 B; ⏲9–19 Uhr) 2,5 km nördlich der Ortschaft Khao Lak und gleich nördlich von Boot 813 findet sich am Hwy 4 das Internationale Tsunami-Museum mit englisch beschrifteten Exponaten, Fotos und Videos, die detailliert von den Auswirkungen der Katastrophe auf eine der am stärksten betroffenen Regionen Thailands berichten.

Aktivitäten

Eintägige Tauch- und Schnorchelausflüge zu den Similan- und Surin-Inseln sind sehr beliebt, wenn möglich, sollte man aber besser eine Tour mit Übernachtung an Bord machen. Da die Inseln ca. 70 km vom Festland (1½ Std. per Schnellboot) entfernt sind, geht es auf solchen Touren ohne die Tagesausflüglermassen deutlich entspannter zu. Tauchveranstalter bieten Touren mit Bordübernachtung ab rund 19 000/35 000 B (3/6 Tage) und Tagesausflüge für 5000 bis 6000 B an.

Bei den drei- bis siebentägigen Touren gleitet man bis zu viermal täglich in die Andamanensee. Die hiesigen Tauchgründe zählen zu Recht zu den Top Ten weltweit. Zwar wurde das Gebiet um die Similan- und die Surin-Inseln kürzlich von einer großflächigen Korallenbleiche betroffen, aber der Richelieu Rock (S. 658) der Surin-Inseln ist immer noch die beste Tauchstelle in der Region – von März bis April lassen sich hier

TSUNAMI-FRÜHWARNSYSTEM

Am 26. Dezember 2004 verursachte ein Seebeben vor der Küste Sumatras gewaltige Wellen, die an die thailändische Andamanenküste brandeten und fast 5400 (nach anderen Schätzungen noch viel mehr) Menschenleben forderte und einen Schaden von Millionen US-Dollar verursachte. Mehr als zehn Jahre später ist das Leben an diesen Küstenabschnitt zurückgekehrt, das Geschäftsleben ist wieder in Gang gekommen, aber der Tsunami bleibt unvergessen. Er hat Initiativen ausgelöst, die die Wiederholung einer solchen Katastrophe verhindern sollen.

Um nicht wieder so unvorbereitet wie 2004 einer Katastrophe gegenüberzustehen, rief Thailand 2005 ein landesweites Katastrophen-Warnsystem ins Leben. Das in Bangkok angesiedelte Zentrum will eine Tsunami-Warnung innerhalb von 15 Minuten nach Eingang der Meldung ausgeben.

Die Öffentlichkeit wird über das landesweite Rundfunknetz, Dutzende von Fernsehkanälen sowie durch SMS benachrichtigt. Für Traveller, die nicht Thailändisch sprechen, gibt es Türme an den Stränden gefährdeter Gebiete, von denen aus Warnungen in verschiedenen Sprachen durchgesagt werden; Blinklichter an den Türmen weisen auf die Warnungsmeldung hin. 2014 wurde bemängelt, dass die Zahl der Warntürme nicht ausreiche; zwei Warnungsbojen waren zudem außer Betrieb.

Zur Erinnerung an die Opfer der Katastrophe wurde in Ban Nam Khem, einem Tintenfischerdorf 26 km nördlich von Hat Khao Lak, das durch den Tsunami fast ausgelöscht wurde, der wellenförmige **Tsunami Memorial Park** geschaffen. Das **Boot 813** (S. 663) liegt im Binnenland 1 km hinter dem Hat Bang Niang an der Stelle, an die es die Welle hingeschleudert hatte. Unweit davon befindet sich das **Internationale Tsunami-Museum** (S. 663). Die bewegenden Gedenkstätten waren schon zuvor inoffizielle Pilgerstätten, an denen die Menschen den Opfern ihren Respekt bezeugten.

auch Walhaie blicken. Wegen der riesigen Manta-Rochen sind auch Ko Bon (S. 667) und Ko Tachai (S. 667), die zu den Similan-Inseln gehören, lohnende Tauchspots.

Die meisten Tauchveranstalter nehmen zu ausgewählten Tagesausflügen und Touren mit Bordübernachtung auch Schnorchler mit (ca. 30 % Rabatt). Tourveranstalter bieten aber auch preiswertere Schnorcheltouren zu den Similan-Inseln (1900 B). Open-Water-Zertifizierungskurse kosten je nach Tauchspot zwischen 10 500 und 18 000 B. Anfänger können sich für rund 6500 B „Discover Scuba"-Touren zu den Similan-Inseln anschließen. In den Preisen ist die Tauchgebühr des Nationalparks (700 B) nicht inbegriffen.

Die Tauchsaison bei den Similan-Inseln dauert von Mitte Oktober bis Mitte Mai, wenn auch der Nationalpark geöffnet ist. Die Touren im April und Mai finden nur bei geeignetem Wetter statt.

★ **Wicked Diving** TAUCHEN

(☎ 076 485868; www.wickeddiving.com; Th Phetkasem, Khao Lak; 2 Tauchgänge 5700 B, Schnorchelausflug Tag/mit Übernachtung 2900/8100 B; ⏲ Okt.–Mai) Der außerordentlich gut geführte, umweltbewusste Veranstalter bietet Tages- und Über-Nacht-Ausflüge zum Schnorcheln und Tauchen, mehrtägige Touren mit Bordübernachtung (3 Tage zu den Similan-Inseln ab 20 700 B), Naturschutztouren und diverse Tauchkurse (PADI-Open-Water-Zertifikat 17 000 B).

★ **Fantastic** SCHNORCHELN

(☎ 076 485998; www.fantasticsimilan.com; Erw./Kind 2300/1700 B; ⏲ Mitte Okt.–Mitte Mai) Die urkomischen Schnorcheltouren zu den Similan-Inseln werden von Mitgliedern des örtlichen Travestie-Ensembles geleitet. Vergleichbares gibt es nirgendwo sonst, und außerdem kommt man zu den besten Schnorchelstellen. Im Preis inbegriffen ist die Abholung aus dem Hotel in Phuket oder Khao Lak. Unbedingt online oder telefonisch reservieren!

Sea Dragon Dive Centre TAUCHEN

(☎ 076 485420; www.seadragondivecenter.com; Th Phetkasem, Khao Lak; 2 Tauchgänge 5100 B, Schnorchel-Tagestour 2700 B; ⏲ Okt.–Mai) Das äußerst effiziente Sea Dragon ist eine der älteren Tauchunternehmen in Khao Lak und bietet einen hohen Standard. Zur Wahl stehen Schnorchel- und Tauch-Tagesausflüge, Wracktauchen (2600 B), Open-Water-Zertifizierungskurse (10 500–17 500 B) und diverse Touren zu den Similan- und Surin-Inseln mit Bordübernachtung (3 Tage ab 12 600 B).

Sea Bees TAUCHEN
(☎076 485434; www.seabees.com; Th Phetkasem, Khao Lak; 2 Tauchgänge 5600 B; ⊙Mitte Okt.–Mai) Der gut organisierte, von Deutschen geführte Veranstalter bietet Touren zu den Similan-Inseln mit zwei Tauchgängen, eintägige Schnuppertrips (9600 B), Open-Water-Kurse (18 050 B), Tauchkurse für Fortgeschrittene sowie Touren zu den Similan-Inseln mit Bordübernachtung (3 Tage ab 18 900 B). Schnorchler können sich den Tagesausflügen anschließen (2800 B).

IQ Dive TAUCHEN
(☎076 485614; www.iq-dive.com; Th Phetkasem, Khao Lak; 2/3 Tauchgänge 5000/6000 B) Der erstklassige Veranstalter hat sich auf Tagesausflüge zum Tauchen und Schnorcheln (2700 B) spezialisiert, bietet aber auch Open-Water-Zertifizierungskurse (15 000–17 000 B), eintägige „Discover Scuba"-Touren (6500 B) und in der Nebensaison Tauchgänge vor Phuket und Ko Phi-Phi.

Geführte Touren

Khao Lak Land Discovery ABENTEUERTOUR
(☎076 485411; www.khaolaklanddicovery.com; 21/5 Mu 7, Th Phetkasem, Khao Lak; ⊙9–20 Uhr) Der mehrsprachige Veranstalter gehört zu den verlässlichsten in Khao Lak und organisiert abenteuerbetonte Tagesausflüge (Erw./Kind 2500/1800 B) in den Khao Lak/Lam Ru National Park sowie Tages- und Über-Nacht-Ausflüge in den Khao Sok National Park (2 Tage Erw./Kind 5800/4200 B).

Schlafen

Im verstopften Ortszentrum herrschen billigere Unterkünfte vor, während Ferienanlagen mit drei oder vier Sternen die Küste säumen. Hotels der Spitzenklasse finden sich am Hat Pakarang und Hat Bang Sak.

Fasai House PENSION $
(☎076 485867; www.fasaihouse.com; 5/54 Mu 7, Khao Lak; Zi. 650–900 B; ❄@≋) Die wohl beste Budgetunterkunft in Khao Lak überzeugt mit freundlichem Personal und blitzblanken, motelartigen Zimmern mit Klimaanlage, die sich in einem netten, gelb getünchten Gebäude neben einem kleinen Pool befinden. Vom Hwy 4 ist die nach Westen abgehende Ausfahrt zu der Unterkunft am nördlichen Ende von Khao Lak ausgeschildert.

To Zleep PENSION $
(☎076 485899; www.tozleep.com; Th Phetkasem, Khao Lak; Zi. 700–1200 B; ❄📶) Dieser komisch benannte, an gestapelte Schachteln erinnernde Block an der Straße ist eine geschmackvolle, Hostel-ähnliche Unterkunft mit farbenfrohen Wandmalereien und kleinen, makellos schicken Zimmern. Einige haben Stockbetten, andere Doppelbetten. Alle Zimmer sind mit minimalistischen, Ikea-artigen Möbeln und Betonböden ausgestattet und zeigen ein Farbe-auf-Weiß-Schema. Am größten und hellsten sind die Eck-Doppelzimmer mit Blick in die Berge.

Walker's Inn PENSION $
(☎084 840 2689; www.walkersinn.com; 26/61 Mu 7, Th Phetkasem, Khao Lak; B/Zi. 200/600 B; ❄📶) Schon lange bei Backpackern beliebt ist diese typische Pension alter Schule mit hellen, geräumigen Zimmern mit Klimaanlage, ordentlichen, nach Geschlechtern getrennten Schlafsälen und einem netten Pub im Erdgeschoss, der komplettes englisches Frühstück serviert. Es gibt auch einen Wäscheservice und einen Motorradverleih (200 B/Tag).

Unterkunft im Khao Lak/Lam Ru National Park BUNGALOWS $
(☎076 485243, in Bangkok 02 562 0760; www.dnp.go.th; Hat Khao Lak; Bungalows mit Ventilator/Klimaanlage 800/2000 B; ❄) Gleich hinter dem südlichen Ende der Ortschaft Khao Lak betreibt die Nationalparkverwaltung ein paar schlichte Bungalows für zwei, vier oder zehn Personen. Sie sind nicht schick, aber die schattige Hügellage und die entspannte Atmosphäre werden allen zusagen, die naturnah wohnen wollen.

Nangthong Bay Resort RESORT $$
(☎076 485088; www.nangthong.com; 13/5 Mu 7, Hat Nang Thong; Zi. 1800–3000 B; ❄@📶≋👪) Ein riesiger, türkisblauer Pool dominiert das üppige Gelände, das sich bis zum Strand hinunterzieht. Der Service ist gut. Die freistehenden Bungalows haben Freiluftduschen und sind in minimalistischem Schwarz-Weiß eingerichtet. Die preiswerteren Zimmer liegen nicht direkt am Strand, bieten aber immer noch ein fantastisches Preis-Leistungs-Verhältnis. Wegen des hübschen, großen Pools und der Zimmer für vier Personen ist die Anlage bei Urlaub machenden thailändischen Familien beliebt. In der Nebensaison ist die Unterkunft ein richtiges Schnäppchen.

PhuKhaoLak BUNGALOWS $$
(☎089 874 1018, 076 485141; www.phukhaolak.com; Mu 7, Th Phetkasem, Khao Lak; Zi. mit Ven-

tilator/Klimaanlage 800/1800 B; ⌚Okt.–Mai; ❄📶🏊) Die klimatisierten Zimmer befinden sich in stilvollen, freistehenden Häuschen mit hohen Decken, dunklen Holzmöbeln, gefliesten Böden, riesigen Badezimmern und Veranden voller Sitzsäcke. Die Zimmer mit Ventilator sind schlicht, aber blitzsauber und haben Veranden. Alle Zimmer verteilen sich um einen blau gefliesten Pool und einen Palmenhain vor der Kulisse der mit Urwald bewachsenen Berge. Das offene thailändische Restaurant (S. 667) ist gut.

★ Sarojin HOTEL $$$
(☎076 427900; www.sarojin.com; Hat Pakarang; Zi. 13 100–24 100 B; ❄📶🏊) 🍃 Das wunderbar friedliche und romantische Refugium mit erstklassigem Service bietet ein elegantes und anheimelndes Ambiente inmitten von Lotosteichen, 12 km nördlich der Ortschaft Khao Lak. Das exklusive Spa (S. 685) mit Blick auf Kokoshaine und Mangroven gehört zu den besten an der Andamanenküste. Die superschicken Zimmer sind makellos mit freundlichem Holz ausgekleidet; die großen, schicken Badezimmer prunken mit freistehenden, runden Badewannen. Kinder sind unerwünscht.

Sowohl die **thailändische Meeresfrüchteküche** am Strand als auch das prächtige, sich unter Bäumen versteckende und von Kerzen erhellte **mediterrane Restaurant** sind außergewöhnlich gut, und es gibt wöchentlich Cocktailpartys, zu denen nur Hotelgäste Zutritt haben. **Kochkurse** finden an den Ufern des Mae Nam Takua Pa statt, wo man auch Wasserbüffel beobachten kann. Das Resort beteiligt sich an örtlichen Gemeindeprojekten z. B. zum Tierschutz und zur Wiederaufforstung.

Casa de La Flora DESIGNHOTEL $$$
(☎076 428999; www.casadelaflora.com; 67/213 Mu 5, Hat Bang Niang; Zi. mit Frühstück 12 420–24 050 B; ❄📶🏊) Auf einem gepflegten Grundstück am See mit zeitgenössischer Kunst residiert dieses schicke, moderne Hotel. Es besteht aus smarten würfelförmigen Villen und Suiten aus Glas und Beton, die mit holzvertäfelten Wänden, doppelseitigen Spiegeln, klobigen Betonbadewannen und eigenen Tauchbecken ausgestattet sind. Schöne Details sind iPod-Anschlüsse, Espressomaschinen in den Zimmern, Föne und natürlich die Kissen nach Wunsch. Schalenartige Schlafliegen säumen den Infinity Pool, über den man aufs Meer blickt.

Der Service hält die ideale Balance zwischen Freundlichkeit und Effizienz.

Essen & Ausgehen

Kulinarische Highlights sind hier nicht zu erwarten, es gibt aber ein paar beliebte Treffs, wo Traveller ihre Taucherlebnisse austauschen können. Taucher, die frühmorgens aufbrechen wollen, werden vor 8.30 Uhr nur schwer ein Frühstück bekommen.

Go Pong THAI $
(Th Phetkasem, Khao Lak; Gerichte 40–120 B; ⌚10–23 Uhr) Das fantastische kleine Straßenlokal mit treuem Stammpublikum zur Mittagszeit serviert echte Thai-Küche: Gebratene Nudeln, sensationelle scharfe Reisgerichte und aromatische Nudelsuppen. Alle Gerichte sind sehr geschmacksintensiv.

Jai THAI $
(5/1 Mu 7 Th Phetkasem, Khao Lak; Hauptgerichte 80–250 B; ⌚8–21 Uhr; 📶) Unter einem weiten Giebeldach am nördlichen Ende des Zentrums von Khao Lak bietet dieses halb offene, von einer Familie geführte Lokal eine große Auswahl an frisch gegrillten Meeresfrüchten und würzigen Pfannengerichten sowie Currys, Reis- und Nudelgerichten aller Art. Zufriedenstellend, freundlich und bequem.

Takieng THAI $$
(26/43 Mu 5, Bang Niang; Hauptgerichte 120–350 B; ⌚12–22 Uhr; 📶) Das Takieng ist das beliebtere und attraktivere der zwei Freiluft-Thai-Restaurants, die unter aufgestelzten Wellblechdächern am Hwy 4, 2,5 km nördlich der Ortschaft Khao Lak, zu finden sind. Hier gibt's frisch gedämpften Fisch in süßem grünen Curry, brillantes *lâhp* mit Hähnchen oder Schweinefleisch, wunderbar würzige Currys und gebratenen Tintenfisch in köstlicher Chili-Sauce. Der Service ist makellos.

Jumbo Steak & Pasta ITALIENISCH $$
(☎098 059 8293; Th Phetkasem, Ban Khukkhuk; Hauptgerichte 70–280 B; ⌚Do–Di 12–22.30 Uhr) Das winzige Lokal an der Westseite des Hwy 4, 6 km nördlich der Ortschaft Khao Lak, gehört einem früheren Küchenchef des Le Meridien, der wunderbare Pastagerichte in allen Geschmacksrichtungen anbietet: *penne all'arrabbiata*, scharfe Meeresfrüchte mit Spaghetti, sahnige Spinat-Tagliatelle und dazu eine Reihe von Pizzas sowie tolle Steaks. Die Gerichte sind von hoher Qualität, die Portionen aber nicht gerade riesig.

PhuKhaoLak INTERNATIONAL, THAI $$

(076 485141; www.phukhaolak.com; Mu 7, Th Phetkasem, Khao Lak; Hauptgerichte 100–350 B; Okt.–Mai 7–22 Uhr;) Das Lokal mit seinen eingedeckten Tischen, die sich am südlichen Ende der Hotel- und Restaurantzone von Khao Lak bis auf den Rasen hinaus ausbreiten, ist kaum zu übersehen. Und das sollte man auch nicht, denn Gäste erwartet hier ein großes Angebot gut zubereiteter thailändischer und europäischer Gerichte, darunter gebratener, gegrillter oder geschmorter Fisch, Filetsteaks, Pastagerichte und Sandwiches. Mit Köstlichkeiten wie würzigem Tofu mit Erdnusssauce kommen hier auch Vegetarier auf ihre Kosten.

Praktische Informationen

SSS Ambulance (076 209 347, Notfall 081 081 9000) Bei Tauchunfällen bringt die SSS die Verletzten in das **Phuket International Hospital** (S. 679). Auch Opfer von Auto- oder Motorradunfällen werden versorgt.

Anreise & Unterwegs vor Ort

Alle Busse, die auf dem Hwy 4 zwischen Takua Pa (55 B, 45 Min.) und Phuket (100 B, 2 Std.) unterwegs sind, halten am Hat Khao Lak, wenn man den Fahrer darum bittet.

Khao Lak Land Discovery (S. 665) betreibt Minibusse zum Phuket International Airport (600 B, 1¼ Std.). Alternativ kann man auch ein Taxi von **Cheaper Than Hotel** (085 786 1378, 086 276 6479; cheaperkhaolak1@gmail.com) zum Flughafen von Phuket (1000 B) und zu Zielen weiter im Süden nehmen. Ansonsten kostet ein Taxi von Khao Lak zum Flughafen 1500 B. Man kann sich auch von einem Bus Richtung Phuket „am Flughafen" absetzen lassen. Man steigt an einer Kreuzung aus, wo in der Regel Motorradtaxis bereit stehen, um einen zum Flughafen zu bringen (10 Min., 100 B).

Zahlreiche Pensionen und Reiseveranstalter, darunter Khao Lak Land Discovery vermieten Motorräder (250 B/Tag).

Similan Islands Marine National Park

อุทยานแห่งชาติหมู่เกาะสิมิลัน

Der wunderschöne, bei Tauchern in aller Welt bekannte, 70 km² große **Similan Islands Marine National Park** (auch: Mu Ko Similan National Park; 076 453272; www.dnp.go.th; Erw./Kind 500/300 B ; Mitte Okt.–Mitte Mai) liegt 70 km vor der Küste der Provinz Phang-Nga. Die glatten Granitinseln über dem klaren, blauen Wasser wirken genauso eindrucksvoll wie die Unterwasserwelt: Die Inseln sind mit Regenwald bedeckt und von blendend weißen, von Korallenriffen gesäumten Stränden umgeben. Unglücklicherweise sind viele Steinkorallen durch die Korallenbleiche eingegangen, aber die Weichkorallen und die sonstige Fauna sind noch intakt, sodass die Inseln weiterhin ein schönes und beliebtes Tauchrevier sind.

1998 wurde der aus neun Inseln bestehende Park um **Ko Bon** und **Ko Tachai** erweitert. Unterkünfte gibt es auf zwei der elf Inseln, nämlich auf Ko Miang (Insel 4) und **Ko Similan** (Insel 8). Das Besucherzentrum des Parks und die meisten Einrichtungen finden sich auf Ko Miang. „Similan" kommt vom Malaiischen *sembilan*, was „neun" bedeutet. Alle Inseln haben zwar eigene Namen, man kennt sie aber vor allem unter ihrer Nummer.

Hat Khao Lak, wo sich die meisten Tauchschulen befinden, ist das Sprungbrett zum Park. Die Anlegestelle und das **Nationalparkbüro** des Festlands (076 453272; www.dnp.go.th; 93 Mu 5, Thap Lamu; Mitte Okt.–Mitte Mai 8–17 Uhr) liegen in Thap Lamu, 12 km weiter südlich (vom Hwy 4 die Rte 4147 nehmen). Es gibt ein **Besucherzentrum** (Ko Miang; Mitte Okt.–Mitte Mai 7.30–20 Uhr) am Strand an der Nordküste von Ko Miang.

Leider sorgt der Massentourismus dafür, dass viele Strände sowie Tauch- und Schnorchelstellen völlig von Tagesausflüglern überlaufen sind. Zum Schaden des Parks gibt es keinerlei Einschränkungen der Besucherzahlen. Am Aufstieg zu Aussichtspunkten bilden sich lange Schlangen, und einige Schnorchelveranstalter füttern sogar die Fische, was aus ökologischer Sicht unverantwortlich ist. So etwas sollte es in einem Nationalpark wirklich nicht geben!

Sehenswertes & Aktivitäten

Tauchen & Schnorcheln

Die Similan-Inseln bieten Tauchspots aller Schwierigkeitsstufen, mit Tauchtiefen von 2 bis 30 m. Felsriffe gibt es bei **Ko Hin Pousar** (Insel 7) und Tauchhöhlen bei **Hin Pousar** (Elefantenkopf-Felsen), wo man auf Meeresbewohner von winzigen Federwürmern und Weichkorallen bis zu Fischschwärmen, Mantarochen und seltenen Walhaien trifft. **Ko Bon** und **Ko Tachai**, die weitgehend von der Korallenbleiche verschont geblieben sind, gehören zu den besseren Tauch- und Schnorchelrevieren. Tauchstellen gibt es bei

Similan Islands Marine National Park

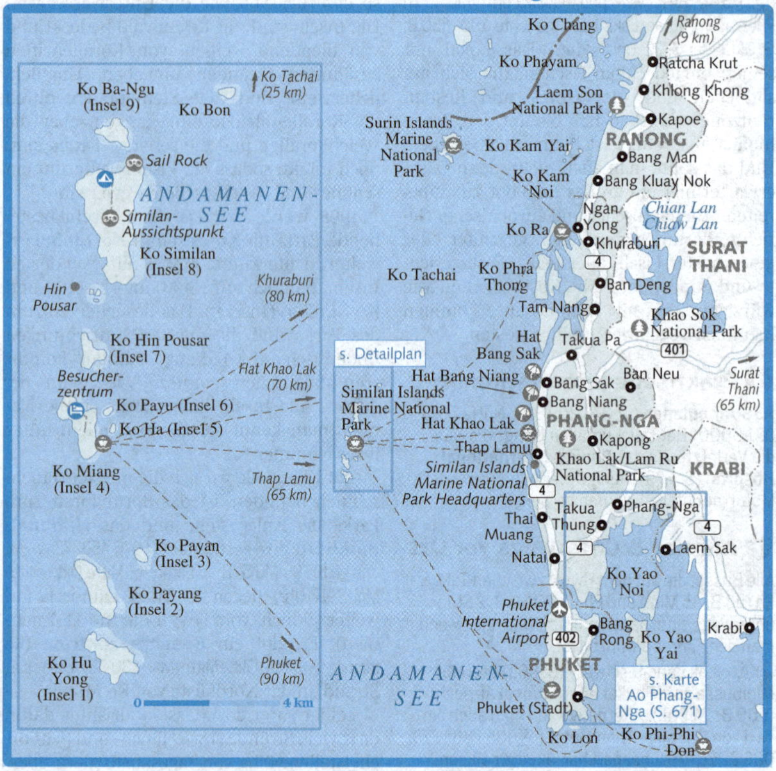

allen sechs Inseln nördlich von **Ko Miang**, während die Inseln 1, 2 und 3 im südlichen Teil des Parks als Schildkrötennistplätze gesperrt sind.

Im Nationalpark gibt es keine Einrichtungen für Taucher, man muss sich also einer Tour anschließen. Die Tauchschulen am Hat Khao Lak (S. 662) organisieren Tagesausflüge (2 Tauchgänge 5000–6000 B) und Touren mit Übernachtung an Bord (3/6 Tage ab ca. 19 000/35 000 B), ebenso auch die Tauchzentren in Phuket (Tagesausflug mit 2 Tauchgängen ab 5600 B, 3 Tage mit Bordübernachtung ab 19 000 B).

Veranstalter in Khao Lak bieten Schnorchelausflüge (1 Tag/mit Übernachtung ab 1900/4700 B). Bei den Tagestouren werden in der Regel drei oder vier Schnorchelstellen aufgesucht.

Tiere, Pflanzen & Wandern

Der Wald rund um das Besucherzentrum auf Ko Miang besitzt einige Wanderwege und viele Tiere und Pflanzen. Die sagenhafte Nikobarentaube mit ihrer wilden Mähne aus graugrünen Federn ist hier heimisch. Die auf den Inseln in der Andamanensee verbreitete Taube gehört zu den 39 im Park vertretenen Vogelarten. Landkrabben mit haarigen Beinen, Flughunde und Gleithörnchen sind im Wald leicht zu erspähen.

Ein schmaler, mit Informationstafeln ausgestatteter Strandweg führt vom Besucherzentrum 400 m nach Osten zu einer kleinen, zum Schnorcheln geeigneten Bucht. Von diesem Weg zweigt der **Viewpoint Trail** ab. Nachdem man 500 m (30 Min.) steil bergauf geklettert ist, hat man von oben einen schönen Panoramablick. Ein 500 m langer Weg bringt einen in 20 Minuten vom Besucherzentrum durch den Wald Richtung Westen zum **Sunset Point**, einer nach Westen blickenden Granitplattform.

Auf Ko Similan führen ein 2,5 km langer Weg durch den Wald zu einem **Aussichtspunkt** und ein kürzerer, steiler Aufstieg vom Strand an der Nordküste hinauf zum **Sail Rock** (auch Balance Rock genannt), der tagsüber von Besuchern geradezu überflutet ist.

Schlafen & Essen

Das **Restaurant** (Gerichte 120–150 B, Mittagsbüfett 230 B; 7.30–20.30 Uhr) neben dem Parkbüro auf Ko Miang serviert einfache thailändische Gerichte. Für Besucher, die auf Ko Similan übernachten, gibt es Verpflegungsmöglichkeiten.

Unterkünfte im Similan Islands Marine National Park BUNGALOWS $$
(076 453272, in Bangkok 02 562 0760; www.dnp.go.th; Zi. mit Ventilator/Klimaanlage 1100/2000 B, Stellplatz mit Zeltvermietung 570 B; Mitte Okt.–Mitte Mai;) Auf Ko Miang gibt es Bungalows mit Balkonen und Meerblick, dunkle, von Ventilatoren gekühlte Langhäuser aus Holz und Bambus sowie Zelte. Strom ist von 18 bis 6 Uhr verfügbar. Zelte gibt es auch auf Ko Similan. Die Unterkünfte bucht man vorab online, telefonisch oder über das Nationalparkbüro auf dem Festland (S. 667) in Thap Lamu.

An- & Weiterreise

Zu den Similan-Inseln gibt es keine öffentlichen Verkehrsmittel. Theoretisch können Individualreisende bei Tagestourveranstaltern in Khao Lak Überfahrten mit dem Schnellboot buchen (hin & zurück 1900 B, 1½ Std. einfache Strecke), wobei diese individuelles Reisen nicht unterstützen. Die meisten Veranstalter sammeln ihre Passagiere am Hat Khao Lak auf, wenn man aber über den Nationalpark bucht, muss man sich auf eigene Faust zum Büro in Thap Lamu durchschlagen und dort auf einen Transport zur Anlegestelle warten.

Die Tauchzentren und Tourveranstalter am Hat Khao Lak und in Phuket buchen Tagestouren/Touren mit Übernachtung (ab 2900/5000 B), Tauchtouren (3 Tage mit Übernachtung an Bord 16 000–19 000 B) und mehrtägige Touren. Im Preis sind der Transport zum Park, die Verpflegung und die Unterkunft enthalten. Das alles kostet nur wenig mehr, als wenn man versucht, auf eigene Faust zu den Inseln zu kommen, wovon deshalb nur abgeraten werden kann.

Natai

นาใต้

Offiziell Teil der Provinz Phang-Nga ist Natai ein täuschend entspannter Vorposten des Highlife von Phuket – ja, noch sagenhafter als diese Provinz. Die aufstrebende Luxusenklave liegt nur 26 km nördlich des Phuket International Airport und ist damit von Phuket aus leichter zu erreichen als manche Teile der gleichnamigen Provinz. Es gibt hier wenig, abgesehen von dem herrlichen, weiten Sandstrand, der im türkisblauen Wasser verschwindet, und von den Restaurants und Unterkünften, die zu den besten im südlichen Thailand zählen.

Schlafen & Essen

★ **Iniala Beach House** DESIGNHOTEL $$$
(076 451456; www.iniala.com; 40/14 Mu 6 , Ban Natai; DZ All-inclusive 1290–2820 US$;) Von den kundig zubereiteten Empfangsdrinks aus Passionsfrüchten über den individuell zugeschnittenen Service und das Restaurant im Haus bis hin zum kühnen, einmaligen, futuristischen Design verströmt diese Unterkunft Coolness, Kreativität und Raffinesse. Das ist das tollste Designhotel im südlichen Thailand – zehn angesagte Innenarchitekten haben die zehn individuell gestalteten Zimmer entworfen, die sich auf drei in sich abgeschlossene Villen mit je drei Suiten und ein Penthouse verteilen. Schlanke, dunkel geflieste Infinity Pools ziehen sich hinunter bis zum herrlichen Strand von Natai.

Jedes Zimmer ist ein exquisites Kunstwerk: glänzend weiße, futuristisch anmutende Bleiben mit bronzenen Lotusverzierungen an den Wänden, Keramiksäulen, hülsenförmigen oder frei aufgehängten Betten, Bambusranken, ovalen Fenstern, eigenen Whirlpools und von russischen Matrjoschkas inspirierten Möbeln. Man kann am Strand an Yogasitzungen teilnehmen, sich im Thai-Boxen (*moo·ay tai* oder *muay Thai*) versuchen oder zum nahen Dorf radeln. Es gibt sogar ein rund um die Uhr geöffnetes, komplett ausgestattetes „Kids' Hotel" (mit Nannys, Kostümfesten und Pyjamapartys). Im Preis inbegriffen sind die Mahlzeiten, der Hin- und Rücktransport, tägliche Massagen und ein Abendessen in dem sensationellen Restaurant Aziamendi vor Ort.

Aleenta BOUTIQUEHOTEL $$$
(in Bangkok 02 514 8112; www.aleenta.com; 33 Mu 5, Ban Natai; Zi. mit Frühstück 10 300–21 540 B;) Ein weiterer von Natais üppigen Luxustempeln. Die schicken, loftartigen Zimmer sind nur durch deckenhohe Fenster von den gemeinschaftlich genutzten Infinity Pools getrennt. Laufstege führen über Seero-

senteiche zu den abgeschirmten, superschicken Villen und Suiten, bei denen sich hohe Palmen in privaten Pools spiegeln. Die zweistöckigen Vierbettzimmer mit Einbauküchen sind ideal für Familien. Noble Cabanas stehen um den schwarz gefliesten Infinity Pool am Meeresufer, und brandneue Villen liegen auf dem Weg zum eleganten Spa.

★ **Aziamendi** FUSION $$$
(☎083 006 5277; www.aziamendi.com; Iniala Beach House, 40/14 Mu 6, Ban Natai; 10-Gänge-Verkostungsmenü ab 5300 B; ⊙Dez.–April Di–Sa 18.30–21 Uhr) Das angesagteste neue Restaurant im Süden führt viele Toplisten an. Geleitet wird es von dem mit drei Michelinsternen ausgezeichneten baskischen Chefkoch Eneko Atxa, der durch das spanische Azurmendi berühmt wurde und hier ein international zusammengesetztes, hochbewertetes Köcheteam versammelt hat. Geboten werden ambitionierte und einfallsreiche 10-Gänge-Verkostungsmenüs, die baskische Traditionen mit thailändischen Aromen verbinden – bei so wundervollen Kreationen wie getrüffelte Eier, diverse Picknick-Leckereien oder Seebarsch mit Tsuyu-Tartar.

Das Essen samt dem Wein von der preisgekrönten Weinkarte genießt man in einem beeindruckenden Raum mit goldenen, von der Andamanensee inspirierten Decken, weichen schwarzen Teppichen und ausgezeichneter südostasiatischer Kunst.

An- & Weiterreise

Die Taxifahrt vom/zum Flughafen Phuket kostet 700 B.

Ao Phang-Nga อ่าวพังงา

Mit türkisfarbenem Wasser, aus dem schroffe Kalksteinfelsen aufragen, weißen Stränden und verfallenen Fischerdörfern ist Ao Phang-Nga eine der spektakulärsten Landschaften an der Andamanenküste. Kein Wunder, dass sich James Bonds Erzfeind Scaramanga *(Der Mann mit dem goldenen Colt)* hier zwischen den Klippen und Schwalbennestern seinen Schlupfwinkel einrichtete. Heutige Auftragskiller mit Weltherrschaftsambitionen dürften den Ort aber links liegen lassen, da hier das ganze Jahr hindurch jede Menge Touristen, Motorboote und hochseetüchtige Kajaks anzutreffen sind. Ein großer Teil der Bucht und Teile der Küste bilden heute den Ao Phang-Nga National Park (S. 671).

Phang-Nga พังงา

12 000 EW.

Phang-Nga ist ein schmuddeliger, nicht weiter interessanter Ort vor einer Kulisse herrlicher Kalksteinfelsen. Viel zu sehen oder zu tun gibt es hier nicht, wenn man nicht gerade zum jährlichen **Vegetarian Festival** (Ende Sept./Okt.) kommt. Die meisten Hotels und Einrichtungen liegen an der Th Phetkasem.

Geführte Touren

Zwar ist es nett, sich seine eigene Route durch Ao Phang-Nga zusammenzustellen, indem man ein Boot chartert (S. 671), aber einfacher (und billiger) ist es, sich der Tour eines Veranstalters in Phang Nga anzuschließen – die meisten haben ihre Büros am Busbahnhof. Die Qualität ist unterschiedlich, die Routen und Preise sind aber überall nahezu identisch.

Sayan Tours BOOTSTOUR
(☎090 708 3211, 076 430348; www.sayantour.com; Busbahnhof, abseits der Th Phetkasem; halber/ganzer Tag 800/1100 B) Der seit langem bestehende Veranstalter von Touren durch Ao Phang-Nga bietet Tagesausflüge nach Ko Panyi, Ko Phing Kan und zur (mit Stalaktiten bedeckten) Höhle Tham Lod sowie Touren mit Übernachtung auf Ko Panyi (1350 B).

Mr Kean Tour BOOTSTOUR
(☎076 430619, 089 871 6092; Busbahnhof, abseits der Th Phetkasem; halber/ganzer Tag 800/1100 B) Mr. Kean veranstaltet seit mehr als 20 Jahren Touren durch Ao Phang-Nga. Die halb- und ganztägigen Ausflüge führen u. a. zur Tham Lod, nach Ko Phing Kan und Ko Panyi. Zusätzlich kann man Kajak fahren und wandern oder die Nacht auf Ko Panyi (1450–1750 B) verbringen.

Schlafen & Essen

Mehrere Imbisse an der Th Phetkasem verkaufen leckeres *kà·nŏm jeen* (dünne Weizennudeln) mit Hähnchencurry, *nám yah* (scharfes Fisch-Curry) oder *nám prík* (scharfe Sauce). Es gibt einen kleinen Nachtmarkt an der Th Phetkasem gleich nördlich vom Busbahnhof neben dem 7-Eleven.

Thaweesuk Hotel PENSION $
(☎076 412100; www.thaweesukhotel.com; 76 Th Phetkasem; Zi. inkl Frühstück mit Ventilator 450 B, mit Klimaanlage 700–800 B; ❄📶) Die einladende, von einer Familie geführte Unter-

kunft versteckt sich hinter einem farbenfrohen, mit Mosaikboden verzierten Foyer im Norden der Th Phetkasem. Die Zimmer im Erdgeschoss mit Kaltwasser und Ventilator oder Klimaanlage sind schlicht, aber sauber. Die Zimmer mit Warmwasser und Klimaanlage im ersten Stock sind dank lackierter Holzböden und vieler Fliesen deutlich stilvoller.

Baan Phang Nga PENSION $$
(☎076 413276; baanphangngabandb@gmail.com; 100/2 Th Phetkasem; Zi. 650–850 B; ❄📶) Eine anheimelnde, altmodische Bleibe mit geräumigen, hellen und sauberen Zimmern in einem übriggebliebenen alten Haus am Nordende der Th Phetkasem. Die Zimmer haben hohe Decken, bunte Böden aus lackiertem Beton und Badezimmer mit Warmwasser und Regenduschen. In der netten **Bäckerei** (Gerichte 65–160 B; ⌚8–21 Uhr; 📶) im Erdgeschoss gibt's guten Kaffee, europäisches Frühstück und thailändische Gerichte.

Phang-Nga Inn PENSION $$
(☎084 851 4444; 2/2 Soi Lohakit; Zi. mit Frühstück 850 B; ❄📶) Das umgebaute Wohnhaus hat stabile Holztreppen, Schränke mit Lamellentüren, Regale voller Geschirr und einen friedlichen Garten. Das Gästehaus ist stilvoll eingerichtet, das Personal ist freundlich, und es gibt eine luftige Lounge.

ℹ An- & Weiterreise

Phang-Ngas Busbahnhof liegt abseits der Th Phetkasem unmittelbar südlich der Soi Bamrung Rat. Um 9, 11, 13, 15 und 17 Uhr fahren Busse nach Takua Pa (150 B, 1½ Std.), wo man Anschluss zu weiteren Zielen hat, u. a. zum Khao Sok National Park.

ZIEL	PREIS (B)	DAUER (STD.)	HÄUFIGKEIT
Bangkok (VIP)	916	12	17.30 Uhr
Bangkok (1. Klasse)	585	12	18 & 19 Uhr
Hat Yai	292	6	7.30–16.20 Uhr stündl.
Krabi	80	1½	7.30–18 Uhr stündl.
Phuket	90	1½	9–16 Uhr stündl.
Ranong	170	5	10.30 & 13.30 Uhr
Surat Thani	150	4	9.30, 11.30, 13.30 & 15.30 Uhr
Trang	185	3½	9.30, 11.30, 13.30 & 15.30 Uhr

Ao Phang-Nga

0 — 10 km

Ao Phang-Nga National Park อุทยานแห่งชาติอ่าวพังงา

Der 1981 geschaffene, etwa 400 km² große **Ao Phang-Nga National Park** (☎076 481188; www.dnp.go.th; Erw./Kind 300/100 B; ⌚8–16 Uhr) ist für seine eindrucksvolle Karstlandschaft berühmt. Er umfasst 42 Inseln mit steilwandigen Klippen. Auf einigen der Inseln gibt es Höhlen, die nur bei Ebbe zugänglich sind und zu versteckten *hôrngs* (halb überfluteten Höhlen) führen. Die Bucht selbst besteht aus großen und kleinen Gezeitenkanälen (Khlong Ko Phanyi, Khlong Phang-Nga, Khlong Bang Toi und Khlong Bo Saen), die in Nord-Süd-Richtung durch die dichten Mangroven führen und als Wasserstraßen für die Fischer und Inselbewohner fungieren. Die Mangrovenwälder sind die größten, die in Thailand noch in unberührtem Zustand erhalten sind.

In der Meeres- und Kalksteinwelt des Nationalparks verbergen sich Reptilien wie Bengalenwarane, Bindenwarane (die beim Schwimmen an Krokodile erinnern), Flugdrachen, Streifenruderschlangen, Bambusottern und Malayische Mokassinottern. An Säugetieren finden sich u. a. Seraue, Javaneraffen, Weißhandgibbons und Südliche Brillenlanguren.

In der Hauptsaison (Nov.–April) wird die Bucht zu einer verstopften Autobahn für Pauschaltouristen. Doch wenn man seine Erkundungstour am frühen Morgen unternimmt (am besten vom Ko-Yao-Archipel aus) oder länger draußen bleibt, kann man durchaus ein Stück Strand, Meer und Karst für sich alleine haben. Eine Kajaktour ist der beste Weg, das Gebiet kennenzulernen.

Sehenswertes & Aktivitäten

In Tha Dan, 9 km südlich des Zentrums von Phang-Nga, kann man Boote chartern, um die halb überfluteten Höhlen und seltsam geformten Inseln des Ao Phang-Nga National Park zu erkunden.

Zwei- bis dreistündige Touren (1000 B/Pers.) führen zu den überlaufenen Inseln Ko Phing Kann und Ko Panyi sowie zu weiteren Zielen im Park. In Tha Surakul, 13 km südwestlich von Phang-Nga in Takua Thung, werden Privatboote zu Preisen vermietet, die denen der Touren entsprechen. Bei der Nationalparkverwaltung kann man Boote (1400 B, max. 4 Pers.) für dreistündige Inselrundfahrten mieten. In Phuket ist John Gray's Seacanoe (S. 681) die beste Adresse für Kajakfahrten zum Ao Phang-Nga National Park.

Ko Khao Phing Kan INSEL

(เกาะเขาพิงกัน, James-Bond-Insel) Die Haupttouristenattraktion im Ao Phang-Nga kennen Thailänder als Ko Phing Kan („Insel des schiefen Felsen"). Seit sie als Kulisse für *Der Mann mit dem goldenen Colt* diente, ist sie von Schnappschüsse machenden Touristen und Händlern überlaufen, die Korallen und Muscheln verhökern, die besser im Meer geblieben wären.

Ko Panyi INSEL

(เกาะปันหยี) Ein von Muslimen bewohntes Dorf mit auf Stelzen ruhenden Häusern klammert sich an die kleine Karstinsel, an der die meisten Touren eine Mittagpause einlegen. Dementsprechend herrscht großer Betrieb. Einige Veranstalter in der Stadt Phang-Nga (S. 670) bieten aber auch Touren mit Übernachtung vor Ort an, sodass man die Landschaft auch ohne Menschenmassen genießen kann.

Schlafen & Essen

Unterkünfte im Ao Phang-Nga National Park BUNGALOWS $

(☎076 481188, in Bangkok 02 562 0760; www.dnp.go.th; Rte 4144; Bungalows 700–1000 B) Auf einem ruhigen, schattigen Gelände, 8,5 km südlich des Zentrums von Phang-Nga, stehen schlichte Bungalows mit Klimaanlage, die jeweils Platz für zwei bis drei Personen bieten. Am Ufer gibt's ein einfaches thailändisches Restaurant.

Anreise & Unterwegs vor Ort

Vom Zentrum Phang-Ngas fährt man 7 km nach Süden auf dem Hwy 4, biegt dann links auf die Rte 4144 (Richtung Tha Dan) ab und erreicht nach 2,6 km die Parkverwaltung. Alternativ nimmt man ein *sŏrng·tăa·ou* nach Tha Dan (30 B).

Ko Yao เกาะยาว

Dank der Berge im Inselinneren, der unberührten Strände, der reichen und vielfältigen Vogelwelt und der freundlichen Bevölkerung aus muslimischen Fischern sind Ko Yao Yai und Ko Yao Noi entspannte Ausgangspunkte, um in die wunderschöne Karstlandschaft von Ao Phang-Nga einzutauchen. Die Inseln gehören zwar zum Ao Phang-Nga National Park (S. 671), sind aber vom 30 km entfernten Phuket aus leichter zu erreichen.

Obwohl Ko Yao Noi vergleichsweise der Winzling unter den Inseln des Ko-Yao-Archipels ist, wohnen dort die meisten Menschen. Die kleine, ganzjährig ansässige Bevölkerung lebt vom Fischen, dem Anbau von Kokospalmen und dem Tourismus. Die Buchten an der Ostküste, wo die meisten Resorts liegen, werden bei Ebbe zu Schlickwatt. Aber **Hat Pasai** an der Südostküste und **Hat Paradise** an der Nordostküste sind einfach prächtig, und auch der Strand von **Hat Tha Khao** an der Ostküste hat seinen eigenen, zerzausten Charme. **Hat Khlong Jark** ist ein schöner Sandstrand, an dem sich gute Unterkünfte finden.

Ko Yao Yai ist abgelegener und weniger erschlossen – die Insel ist zwar doppelt so groß wie Yao Noi, hat aber nur einen Bruchteil von dessen Infrastruktur. Die am besten zugänglichen Strände sind der **Hat Lo Pared** an der Südwestküste, an dem es einige Einrichtungen gibt, und der puderweiße **Hat Chonglard** an der Nordostküste.

Abseits der Strände sollte man sich aus Respekt vor dem Glauben der Einheimischen angemessen kleiden.

Sehenswertes & Aktivitäten

Radfahren

Amazing Bike Tours (S. 694) veranstaltet von Phuket aus beliebte Tagestouren für kleine Gruppen nach Ko Yao Noi. Wer die vielen unbefestigten Straßen auf Ko Yao Noi oder Ko Yao Yai auf eigene Faust erkunden will, kann in vielen Pensionen Mountainbikes (200 B/Tag) mieten; auf Ko Yao Noi ist die Auswahl größer.

Tauchen & Schnorcheln

Über die Pensionen oder Anbieter an den Anlegestellen lassen sich problemlos halbtägige Drei-Insel-Schnorcheltouren (1800 B) durch Ao Phang-Nga vereinbaren.

Elixir Divers TAUCHEN
(☎087 897 0076; www.elixirdivers.com; Glow Elixir, 99 Mu 3, Ko Yao Yai; 2 Tauchgänge 3500–5500 B, 4 Tage mit Übernachtung an Bord 17900–22900 B; ⏲Okt.–April) Ko Yao Yais einzige Tauchschule ist ein kompetenter Veranstalter, der eine Reihe von PADI-Kursen, Tagestouren mit zwei Tauchgängen vor Ort und in Ko Phi-Phi, Touren mit Übernachtung nach Hin Daeng, Hin Muang und zu den Similan-Inseln sowie Schnorchelausflüge nach Ao Phang-Nga, Krabi und Ko Phi-Phi anbietet. Elixir sorgt auch für den Hin- und Abtransport von Travellern, die auf Ko Yao Noi übernachten.

Yoga

Island Yoga YOGA
(☎089 290 0233; www.thailandyogaretreats.com; 4/10 Mu 4, Hat Tha Khao, Ko Yao Noi; Sitzung 600 B; ⏲Sitzungen 7.30 & 16.30 Uhr) Die beliebte Yoga-Schule veranstaltet täglich Sitzungen, bei denen man vorbeikommen kann, und außerdem mehrtägige Yoga- und Tai-Chi-Klausuren. Vorher wegen der Termine nachfragen!

Kajakfahren

Kajaks (500 B/Tag) kann man auf Ko Yao Noi an vielen Stellen ausleihen, darunter bei Sabai Corner (s. rechte Spalte).

Klettern

Mountain Shop Adventures KLETTERN
(☎083 969 2023; www.themountainshop.org; Tha Khao; halber Tag 3200 B) Auf Ko Yao Noi gibt's mehr als 150 Kletterpfade, die Inhaber Mark überwiegend selber erschlossen hat. Angeboten werden Touren für Anfänger und Fortgeschrittene; oft fährt man dabei per Boot zu abgelegenen Kalksteinklippen.

Schlafen & Essen

Ko Yao Noi

Suntisook BUNGALOWS $$
(☎089 781 6456, 075 582750; www.facebook.com/suntisookresort; 11/1 Mu 4, Hat Tha Khao; Zi. 2200 B; ❄📶) Die komfortablen, stilvollen Bungalows aus lackiertem Holz verteilen sich über eine prächtige Gartenanlage voller Schmetterlinge, die nur Meter von einem ruhigen Strand entfernt ist. Alle Bungalows haben große Veranden mit Hängematten, Waschbecken aus durchsichtigem Glas, Tassen, Trinkwasser, Kühlschränke und Topfpflanzen. Die Anlage wird von einer hilfsbereiten thailändischen Familie, die Englisch spricht, effizient geführt. Sie betreiben vor Ort auch ein gutes, authentisches **Restaurant** (Hauptgerichte 70–140 B; ⏲7.30–21 Uhr; 📶). Kajaks werden vermietet, die Benutzung der Motorräder ist im Preis inbegriffen.

Hill House BUNGALOWS $$
(☎089 593 9523; www.hillhouse-kohyaonoi.com; Hat Tha Khao; Zi. 1000–1200 B; 📶) Die freundliche, schlichte Anlage an einem Hang umfasst Bungalows aus dunklem Holz mit Warmwasser, Ventilatoren und Moskitonetzen. Von den Hängematten auf den Terrassen hat man einen schönen Blick durch die Bäume auf die Karstfelsen von Ao Phang-Nga.

Sabai Corner Bungalows PENSION $$
(☎076 597497; www.sabaicornerbungalows.com; Hat Khlong Jark; Bungalows 1800 B) Die sauberen, schlichten Bungalows mit brummenden Ventilatoren, Moskitonetzen und Terrassen mit Hängematten liegen auf einer felsigen Landzunge und haben einen tollen Blick aufs Meer. Das gute, entspannte **Uferrestaurant** (Hauptgerichte 85–260 B; ⏲8–22 Uhr) ist prima zum Abhängen und vermietet Kajaks.

★ **Six Senses Hideaway** RESORT $$$
(☎076 418500; www.sixsenses.com; 56 Mu 5, zw. Hat Khlong Jark & Hat Tha Khao; Villa mit Frühstück 27485–61500 B; ❄📶🏊) 🍃 Das elegante Fünf-Sterne-Resort umfasst 56 Villen mit Pool an einem Hang und ein exquisites Spa (S. 685). Es liegt auf einer bewirtschafteten Kautschukplantage und übertrifft alle Erwartungen. Der Blick über Ao Phang-Nga ist bei einem in rosa Töne getauchten Sonnenuntergang genauso atemberaubend wie an einem frischen, blauen Morgen, der Infinity Pool auf den Klippen ist ein Traum, die Loungebar und der weiße Sandstrand sind zu Recht schwer angesagt. Mit seinem Einsatz für Nachhaltigkeit zeichnet sich das Haus unter den Spitzenklassehotels der Welt aus.

Ko Yao Island Resort RESORT $$$
(☎076 597474; www.koyao.com; 24/2 Mu 5, Hat Khlong Jark; Villa 6500–21600 B; ❄@📶🏊) Die offenen, strohgedeckten Bungalows bieten

einen heiteren Blick über den von Bäumen beschatteten Garten und den zum Strand gerichteten Infinity Pool bis hin zum weißen Strand. Uns gefielen die anmutigen, luftigen, fast an Safarizelte erinnernden Villen mit ihren Patios, auf denen Ventilatoren für Kühlung sorgen, und den halb offenen Badezimmern. Es gibt einen schicken Restaurant- und Barbereich, und der Service ist erstklassig.

Chaba Café INTERNATIONAL **$**
(www.facebook.com/Chaba-Café-and-Gallery-481886365211171; Hat Khlong Jark; Hauptgerichte 90–120 B; ⌚Mo–Sa 9–17 Uhr;) Das niedlich-rustikale Café hinter dem nördlichen Abschnitt des Hat Khlong Jark hat auch eine kleine Galerie und ist geprägt von Pastellfarben, Wänden aus Treibholz und sanfter Musik. Zu dem auf Bio-Zutaten ausgerichtetem Angebot zählen mit Honig gesüßte Säfte, Shakes mit Kokosmilch und Avocado, Chrysanthemen-Tee sowie selbst gebackene Panini, Kekse und Kuchen, Suppen, Pasta und Thai-Gerichte.

★ **Rice Paddy** INTERNATIONAL, THAI **$$**
(☎082 331 6581, 076 454255; Hat Pasai; Hauptgerichte 180–280 B; ⌚Okt.–April Di–So 12–22.30 Uhr, Mai–Sept. Di–So 18–22.30 Uhr;) Das niedliche, ganz in Holz aufgemachte Restaurant mit thailändischen und internationalen Gerichten liegt an der Ecke zur Straße am Südwestende des Hat Pasai, Es gehört Deutschen und ist etwas Besonderes. Auf den klobigen Holzspeisekarten stehen kurz gebratenes *sôm đam*, fantastische Falafel und Hummus, würziges Fischcurry mit Kokosmilch und frische Salate. Es gibt auch leckere vegetarische Gerichte mit Fleischersatz wie z. B. „Lamm" aus Shiitake-Pilzen. Das Massaman-Curry und die Mojitos sind himmlisch.

Ko Yao Yai

Thiwson Beach Resort BUNGALOWS **$$$**
(☎081 956 7582; www.thiwsonbeach.com; 58/2 Mu 4, Hat Chonglard; Bungalows mit Ventilator & Frühstück 1800 B, mit Klimaanlage & Frühstück 2300–3600 B;) Mit Abstand die netteste unter den bescheideneren Bungalow-Anlagen auf der Insel. Die ordentlichen, mit Stroh oder Wellblech gedeckten Hütten haben polierte Fußböden, Freiluftbäder und breite Terrassen. Sie blicken über den Pool hinweg auf den Strand an der Nordostküste, den schönsten der Insel, Die Bungalows direkt am Strand sind die größten, aber die Zimmer mit Ventilator sind in der Nebensaison ein echtes Schnäppchen.

Glow Elixir RESORT **$$$**
(☎087 808 3838; www.glowbyzinc.com; 99 Mu 3, Prunai; Bungalows mit Frühstück 4000–14 900 B;) Neben seinem eigenen seidenweichen Strandabschnitt im Südwesten der Insel bietet das älteste der Vier-Sterne-Resorts auf Yao Yai am Strand und an einem Hügelhang stehende Spitzdachvillen in typisch thailändischem Stil. Sie besitzen dunkle Holzfußböden, Freiluftduschen und Keramik-Waschbecken in Fischgestalt. Zu einigen Villen gehört auch ein privater Pool. Man genießt den spektakulären Sonnenuntergang über Phuket und die Massage-Pagoden. In der Hauptsaison steht auch ein Tauchzentrum (S. 673) zur Verfügung.

Praktische Informationen

In Ta Khao, der größten Siedlung auf Ko Yao Noi, gibt's ein paar Geldautomaten und einen weiteren an der Ostküste gegenüber dem Eingang zum Six Senses Hideaway.

Zum Zeitpunkt der Recherche gab es auf Ko Yao Yai drei Geldautomaten. In der Nebensaison ist es immer noch geraten, viel Bargeld mitzubringen, weil die Automaten dann seltener aufgefüllt werden.

An- & Weiterreise

VON/NACH AO NANG

Von November bis April legt um 11 Uhr ein Schnellboot von der Anlegestelle am Hat Nopp-harat Thara nach Ko Yao Noi und Ko Yao Yai ab (jeweils 650 B, 45 Min.). Von dort fährt es weiter zum Tha Bang Rong in Phuket und kehrt gegen 15 Uhr zurück.

VON/NACH PHUKET

Von Phukets Tha Bang Rong gibt's täglich Schnellboote (200 B, 30 Min., 7.50, 8.40, 9.50, 11.30, 13, 13.30, 14.30, 15 & 17.40 Uhr) sowie Longtail-Boote (120 B, 1 Std., 9.15, 12.30 & 17 Uhr) nach Ko Yao Noi. Die Boote legen unterwegs an der Tha Klong Hia auf Ko Yao Yai (200 B, 25 Min.). Zwischen 6.30 und 16.40 Uhr fahren die Boote nach Phuket zurück.

Wer von Ko Yao nach Phuket zurück will, nimmt vom Tha Bang Rong ein Taxi zu den Resorts (600–800 B) oder ein *sŏrng·tăa·ou* nach Phuket (Stadt) (50 B, tgl. 7, 8.30, 11 & 14.30 Uhr).

VON/NACH KO PHI-PHI

Von Oktober bis April fahren drei Schnellboote pro Woche von/nach Ko Phi-Phi (1500 B).

VON/NACH KRABI

Zwischen 9 und 17.30 Uhr verkehren täglich oft Longtail-Boote (150 B) zwischen der Tha Khao auf Ko Yao Noi und der Tha Len in Krabi (33 km nordwestlich der Stadt Krabi). Von der Tha Len fahren *sŏrng·tăa·ou* (100 B) über Krabis Busbahnhof zur Th Maharat in Krabi.

VON/NACH PHANG-NGA

Von der Tha Dan in Phang-Nga legt um 13 Uhr eine Fähre nach Ko Yao Noi ab (200 B, 1½ Std.), die um 7.30 Uhr zurückkehrt.

Unterwegs vor Ort

Zwischen der Tha Manok auf Ko Yao Noi und der Tha Klong Hia auf Ko Yao Yai sind häufige Shuttleboote im Einsatz (50 B/Pers.). Auf den Inseln sind *túk-túks* (ausgesprochen *đúk đúk*) unterwegs (einfache Strecke ca. 150 B). Die meisten Pensionen vermieten Motorräder (250–300 B/Tag). Die Fahrt mit dem *sŏrng·tăa·ou* zu den Resorts kostet 100 B.

PROVINZ PHUKET

Über die Insel Phuket kursieren manche Missverständnisse. Zunächst einmal wird das „Ph" im Namen als „P" und nicht als „F" ausgesprochen. Und zum Zweiten wirkt Phuket gar nicht wie eine Insel – auf der mit 49 km Länge größten Insel Thailands hat man kaum je das Gefühl, vollständig von Wasser umgeben zu sein. Vermutlich deshalb wird auch das Ko („Insel") vor Phuket häufig weggelassen. Die als „Perle der Andamanensee" vermarktete Insel ist der Inbegriff von grenzenlosem Urlaubsspaß unter der thailändischen Sonne.

Der Sündenpfuhl Patong ist die größte Stadt mit dem vollsten Strand der Insel. Hier schlafen übernächtigte Sonnenanbeter ihren Rausch aus, und Go-Go-Girls spielen Pingpong – ohne Schläger. Aber auf der Insel ist Platz für Alles. Die Stadt Phuket ist zu einer kunstbeflissenen Kapitale mit reicher Kultur geworden, während Rawai an der Südspitze trotz aller Erschließungen herrlich entspannt geblieben ist. Kata und Karon, die beiden Strände an der Westküste, ziehen Urlauber an, die es gern bequem haben. Luxuriöser geht's am Hat Surin und an der Ao Bang Thao zu. Und weiter im Norden wird es immer ruhiger, während man sich seinen Weg durch den Sirinat National Park und das Khao Phra Thaew Reserve bahnt.

Aber letztlich überstrahlt Phukets Hang zum Luxus alle anderen Klischees, die über die Insel im Umlauf sind. Jetsetter strömen in Scharen herbei, um sich in den schicken Wellnesstempeln mit den Fäusten bearbeiten zu lassen und danach in angesagten Nachtclubs oder auf der gemieteten Jacht feine Cocktails zu schlürfen. Und man muss nicht unbedingt Millionen geerbt haben, um auf Phuket das zu tun, was angesagt ist. Tiefseetauchen, Spitzenrestaurants, Luxus-Shopping, sagenhafte weiße Strände und einige der schicksten Hotels in Thailand sorgen dafür, dass man die Insel gar nicht mehr verlassen mag.

Aktivitäten

Tauchen & Schnorcheln

In Bezug auf die Top-Tauchspots in der Andamanensee hat Phuket eine beneidenswert zentrale Lage. Die vielgerühmten Similan-Inseln liegen 100 km nordwestlich, und Dutzende Tauchstätten finden sich rund um die Inseln Ko Phi-Phi und Ko Lanta, die 40 bzw. 72 km südöstlich liegen. Die Touren zu diesen Zielen sind von Phuket aus etwas teurer als von etwas näher gelegenen Orten, da man den Treibstoff für das Boot berappen muss. Die meisten Veranstalter in Phuket bringen ihre Kunden zu den neun Tauchgebieten rund um die Insel, z. B. **Ko Raya Noi** und **Ko Raya Yai** (auch Ko Racha Noi bzw. Ko Racha Yai genannt), aber diese Stätten rangieren nicht so hoch auf der Hitliste. Am besten ist noch das Riff vor der Südspitze von Raya Noi, wo es Weichkorallen und jede Menge Meeresfische gibt, aber in der Regel bleibt es erfahrenen Tauchern vorbehalten. Mantas und Marmor-Zitterrochen werden hier oft erspäht, gelegentlich auch Walhaie.

Eintägige Touren (mit 2 Tauchgängen) zu nahegelegenen Stellen kosten in der Regel 3000 bis 4000 B. Wer nicht tauchen oder nur schnorcheln will, kann zu deutlich geringeren Preisen mitfahren. Open-Water-Zertifikate mit dreitägiger Ausbildung gibt's für 12 000 bis 18 000 B. Manche Schulen erheben eine zusätzliche Gebühr von 500 B für die Ausrüstung.

In Phuket veranstalten viele Anbieter auch Tauchexpeditionen mit Übernachtung an Bord, die zu den Similan-Inseln (S. 667) oder zum Mergui-Archipel in Myanmar führen.

Direkt vor Phuket sind die Bedingungen zum Schnorcheln nicht wirklich berauschend, aber Brille, Schnorchel und Flossen kann man in den meisten Hotelanlagen ausleihen (200 B/Tag). Wegen größerer Sichtweiten und einer artenreicheren Fauna sind die Bedingungen zum Tauchen und Schnorcheln vor den Küsten der kleinen vorgelagerten Inseln wie Ko Raya Yai und Ko Raya Noi deutlich besser.

Phuket (Provinz)

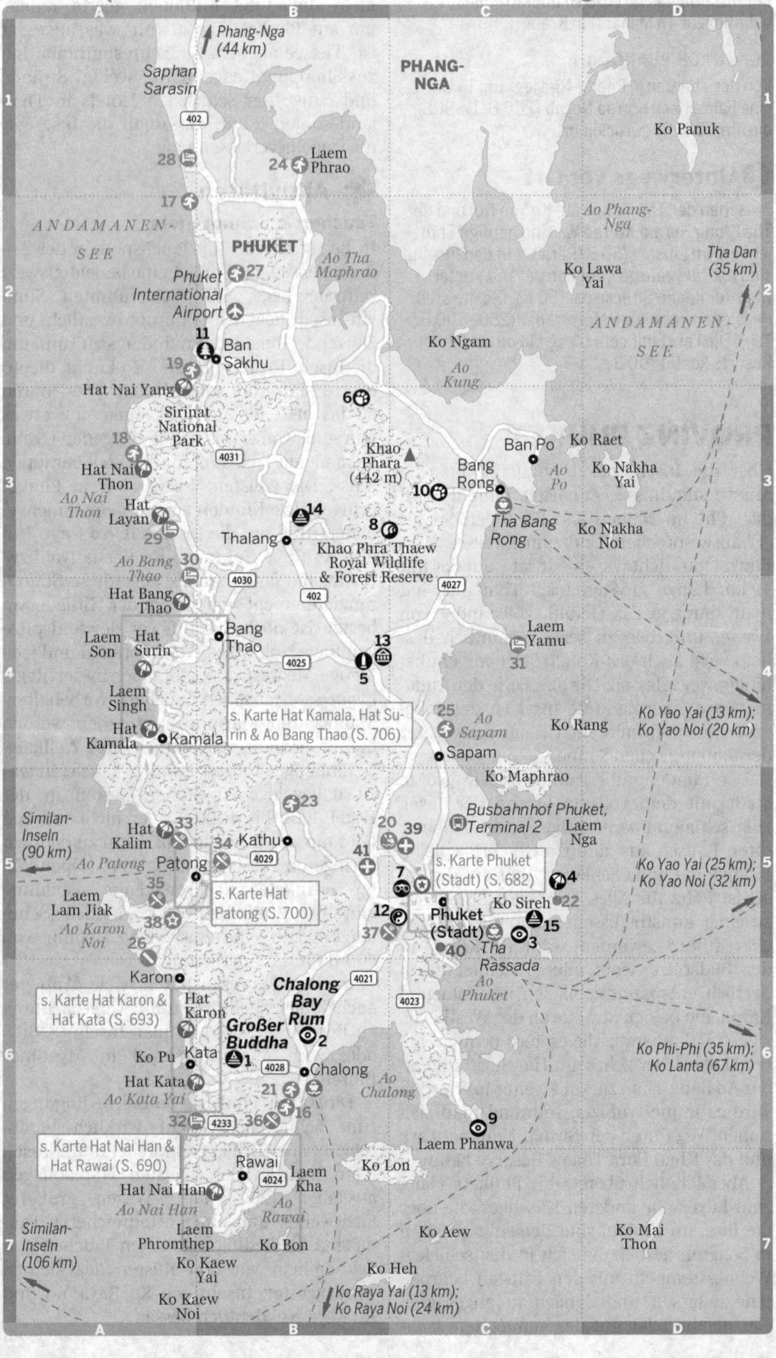

Phuket (Provinz)

Highlights
1 Großer Buddha ... B6
2 Chalong Bay Rum ... B6

Sehenswertes
3 Chow-Lair-Dorf ... C5
4 Hat Teum Suk ... C5
5 Denkmal der Heldinnen ... B4
6 Khao Phra Thaew Royal Wildlife & Forest Reserve ... B3
7 Khao Rang ... C5
Nam Tok Bang Pae ... (siehe 10)
8 Nam Tok Ton Sai ... B3
9 Phuket Aquarium ... C6
10 Phuket Gibbon Rehabilitation Project ... C3
11 Sirinat National Park ... B2
12 Sui-Boon-Tong-Schrein ... C5
13 Thalang National Museum ... B4
14 Wat Phra Thong ... B3
15 Wat Sireh ... C5

Aktivitäten, Kurse & Touren
Asia Marine ... (siehe 24)
Banyan Tree Spa ... (siehe 30)
16 Bob's Kite School ... B6
Bua Luang Spa ... (siehe 28)
Cool Spa ... (siehe 9)
Coqoon Spa ... (siehe 19)
17 Hat Mai Khao ... A2
18 Hat Nai Thon ... A3
19 Hat Nai Yang ... A2
20 John Gray's Seacanoe ... B5
Kite Zone ... (siehe 19)
Kiteboarding Asia ... (siehe 19)
21 Phuket Riding Club ... B6
22 Phuket Thai Cookery School ... C5
23 Phuket Wake Park ... B5
24 Phuket Yacht Haven Marina ... B1
25 Royal Phuket Marina ... C4
Sea Bees ... (siehe 35)
26 Sea Fun Divers ... A5
27 Soi Dog ... B2

Schlafen
28 Anantara Phuket ... A1
29 Anantara Phuket Layan ... A3
30 Banyan Tree ... A3
Dewa ... (siehe 19)
Discovery Beach Resort ... (siehe 19)
Indigo Pearl ... (siehe 19)
Panwa Beach Resort ... (siehe 9)
31 Point Yamu by Como ... C4
Pullman ... (siehe 18)
Unterkunft im Sirinat National Park ... (siehe 11)
Sri Panwa ... (siehe 9)
32 The Shore at Katathani ... B6

Essen
Breeze Restaurant ... (siehe 31)
Elements ... (siehe 18)
33 Home Kitchen ... A5
34 Kaab Gluay ... B5
35 La Gritta ... A5
Mr. Kobi ... (siehe 19)
36 Som Tum Lanna ... B6
Terrace Grill ... (siehe 19)
37 Weekend Market ... B5

Ausgehen & Nachtleben
Baba Nest ... (siehe 9)

Unterhaltung
38 Phuket Simon Cabaret ... A5

Praktisches
39 Bangkok Hospital Phuket ... C5
40 Einreisebehörde Phuket ... C5
41 Phuket International Hospital ... B5

Wie auch sonst in der Andamanensee sind die Monate von November bis April die besten zum Tauchen. Dann herrscht gutes Wetter, und die See ist glatt und klar. Die meisten Tauchveranstalter arbeiten aber auch in der Nebensaison – sofern das Wetter mitspielt. Dann sind die Ausflüge wesentlich günstiger.

Die sehr zu empfehlenden Tauchschulen haben Filialen überall auf der Insel, darunter in Patong (S. 699), Kata (S. 692) und Karon (S. 697).

Kajakfahren

Mehrere in Phuket ansässige Veranstalter bieten Kanutouren durch die malerische Bucht von Ao Phang-Nga. Mit Kajaks gelangt man auch in halb unter Wasser stehende Höhlen, die für Longtail-Boote unbefahrbar sind. Im Preis einer ganztägigen Paddeltour (ca. 4000 B/Pers.) sind die Mahlzeiten, die Ausrüstung und der Transport per Boot inbegriffen. Einige Veranstalter bieten Kajak- und Camping-Pauschaltouren nach Ao Phang-Nga und zum Khao Sok National Park (3 Tage ab 13 500 B, 6 Tage ab 23 500 B). John Gray's Seacanoe (S. 681) ist der beste und bekannteste Anbieter auf der Insel.

Surfen

Als Surfziel ist Phuket noch ein Geheimtipp. Sobald im Sommer der Monsun beginnt, türmt sich das Meer zu rollenden Wogen auf. Die besten Wellen gibt's von Juni bis September, und dann finden auch die jährlichen Surfwettbewerbe am Hat Kata Yai (S. 692), Phukets beliebtestem Surfspot, sowie am Hat Kalim gleich nördlich von

Patong statt. Phuket Surf (S. 692) hat sich am Südende des Kata Yai nahe der besten Stelle niedergelassen, wo die Wellen bis zu 2 m hoch werden. Vor dem Jachtclub am Hat Nai Han (S. 689) gibt es sogar noch höhere Wellen (bis zu 3 m). Vorsicht: Sowohl am Kata als auch am Nai Han gibt es einen heimtückischen, lebensgefährlichen Brandungsrückstrom!

Am geschützten Strand von **Hat Kalim** brechen sich konstante, bis zu 3 m hohe Wellen. Diese hohl brechenden Wellen gelten als die besten der Insel. Am nördlichsten Abschnitt des Hat Kamala (S. 704) gibt es gute, 3 m hohe Wellen direkt am Strand. 1 km weiter nördlich gibt es am Strand von Laem Singh (S. 704), der durch eine große Landzunge vom Wind geschützt ist, richtig große und schnelle Wellen, während die Surfbedingungen am Hat Surin (S. 705) zu den anspruchsvollsten auf Phuket gehören.

Hat Nai Yang (S. 710) hat eine konstante, aber leichte Brandung, die sich bereits mehr als 200 m vor der Küste bricht. Bessere Bedingungen herrschen am Hat Nai Thon; dort werden die Wellen ein paar Mal im Jahr bis zu 3 m hoch.

In der Nebensaison kann man an den meisten der genannten Strände Surfbretter leihen (250–300 B/Std.).

Kitesurfen

Wie überall erfreut sich dieser Trendsport auch auf Phuket zunehmender Beliebtheit. Die besten Strände dafür sind Hat Nai Yang (S. 710; April–Okt.) und Rawai (S. 689; Mitte Okt.–März). Alle genannten Anbieter sind Mitglieder der International Kiteboarding Organization (www.ikointl.com).

Abenteuersport

An Aktivitäten mit Nervenkitzel (Bungee-Jumping, Seilrutschen) herrscht auf Phuket kein Mangel. Die Sicherheitsstandards und die Qualität der Ausrüstung variieren – es hat schon schwere, auch tödliche Unfälle gegeben. Deswegen sollte man Erkundigungen einholen und, wenn man irgendwelche Bedenken hat, auf das Abenteuer lieber verzichten.

Jachtsport

Phuket gehört zu den Zielen in Südostasien, die besonders häufig von Jachten angesteuert werden. An den Küsten liegen die unterschiedlichsten Schiffe vor Anker – von 80 Jahre alten Holzschaluppen bis hin zu den modernsten Hightech-Motorjachten.

An mehreren Orten gibt es Jachthäfen mit ganzjährigen Liegeplätzen. Auskunft über die aktuellen Hafenformalitäten sollte man vorab bei den Marinas einholen. In der Hauptsaison zahlt man für das Chartern eines Boots ohne Skipper pro Tag mindestens 14 500 B.

Royal Phuket Marina BOOTFAHREN
(Karte S. 676; ☎ 076 360811; www.royalphuketmarina.com; abseits des Hwy 402) Die 25 Mio. US$ teure Royal Phuket Marina liegt an der Ostküste, 13 km nördlich von Phuket (Stadt). In der schicken Anlage mit luxuriösen Eigentumswohnungen und noblen Restaurants gibt's 350 Liegeplätze und Einrichtungen, um die Schiffe auszubessern und zu warten.

Phuket Yacht Haven Marina BOOTFAHREN
(Karte S. 676; ☎ 076 206704; www.pyhmarina.com; 141/2 Mu 2, Laem Phrao) Der kürzlich aufgebesserte Jachthafen an Phukets Nordostspitze bietet 320 Hightech-Liegeplätze mit tiefer Fahrrinne, die besonders gern von Superjachten angesteuert werden.

Asia Marine BOOTFAHREN
(Karte S. 676; ☎ 076 206653; www.asia-marine.net; Phuket Yacht Haven Marina, 141/2 Mu 2, Laem Phrao) Eines der ersten Charterunternehmen auf Phuket mit einer großen Flotte von Booten, die die Andamanensee befahren. Von edlen Glasfaser-Katamaranen bis zu Holzdschunken ist hier für jeden etwas dabei. In der Hauptsaison zahlt man für das Chartern eines Boots ohne Skipper ab 14 300 B.

Kurse

Thai-Kochkurse werden in Kata (S. 694), Phuket (Stadt) (S. 681), Ko Sireh (S.688) und Patong (S. 699) angeboten.

Geführte Touren

Wir empfehlen Radtouren (S. 694) statt der aus Umwelt- und Tierschutzgründen fragwürdigen Elefantenritte oder Jeep-Touren. Mehr Infos zum Thema Elefanten und Tierschutz gibt's auf den Seiten 385 und 838.

Praktische Informationen

GEFAHREN & ÄRGERNISSE

Brandungsrückströme Während des Monsuns (Mai–Okt.) ist das Baden wegen hoher Wellen und starker Strömungen manchmal gefährlich. Jedes Jahr ertrinken Dutzende vor den Stränden von Phuket, insbesondere in Laem Singh, Kamala, Karon und Patong. Rote Flaggen warnen Badende vor den gefährlichen Strömungen.

Jetskis Beim Baden unbedingt auf Jetskis achten. Die hat der Gouverneur von Phuket zwar schon 1997 verboten und im Zuge der kürzlichen Säuberung der Insel wurde das Verbot ausdrücklich erneuert, aber seine Umsetzung ist damit noch nicht erreicht. Auch Longtail-Booten sollte man aus dem Weg gehen und sich nicht darauf verlassen, dass der Bootsführer einen schon sehen wird.

Motorräder Auf Phuket mit einem Motorrad zu fahren, hat seine Risiken. Auf den Fernstraßen Phukets werden jedes Jahr Tausende von Menschen verletzt oder getötet. Wer trotzdem nicht auf ein Motorrad verzichten will, sollte sich mit solchen Gefährten auskennen und nicht auf den Schutzhelm verzichten. Im Preis der Vermietung ist nur selten eine Versicherung enthalten.

Überfälle Es gab Berichte über nächtliche Raubüberfälle an der Straße von Patong nach Karon sowie von Kata zum Gebiet Rawai–Hat Nai Han, bei denen die Gangster ihre Opfer auf Motorrädern verfolgten und auch vor dem Einsatz von Messern nicht zurückschreckten. Gelegentlich kommt es auch zu sexuellen Übergriffen auf Frauen. Frauen sollten es sich zweimal überlegen, ehe sie sich oben ohne (was in Thailand sowieso absolut tabu ist) oder vor allem an einsamen Stränden ohne Begleitung in die Sonne legen. Es kann auch gefährlich sein, nachts oder am frühen Morgen allein unterwegs zu sein.

INFOS IM INTERNET

Jamie's Phuket (www.jamie-monk.blogspot.com) Der witzige und intelligente Blog eines seit langem auf Phuket lebenden Ausländers bietet ausgezeichnete Fotos und Tipps für Traveller.

Phuket Dot Com (www.phuket.com) Ein Kompendium von Infos und Empfehlungen, auch zu Unterkünften, die die ganze Insel abdecken.

MEDIEN

Die wöchentlich erscheinende *Phuket Gazette* (www.phuketgazette.net) informiert inselweit über Aktivitäten, Restaurants und Unterhaltungsangebote sowie über die neuesten Skandale. *Phuket Wan* (www.phuketwan.com) ist häufig informativer und aktueller. Eine weitere ausgezeichnete, aktuelle Informationsquelle zum Geschehen auf der Insel ist *Phuket News* (www.thephuketnews.com).

MEDIZINISCHE VERSORGUNG

Die örtlichen Krankenhäuser verfügen über moderne Geräte, Notaufnahmen und Einrichtungen zur ambulanten Versorgung. Die beiden genannten Krankenhäuser besitzen auch Dekompressionskammern.

Bangkok Hospital Phuket (Karte S. 676; ☎ 076 254425; www.phukethospital.com; Th Hongyok Uthit) Das von den Einheimischen bevorzugte Hospital liegt 3 km nördlich von Phuket (Stadt).

Phuket International Hospital (Karte S. 676; ☎ 076 361818, 076 249400; www.phuketinternationalhospital.com; 44 Th Chalermprakiat) Ausländische Ärzte halten dieses Krankenhaus für das beste der Insel.

ℹ An- & Weiterreise

BUS

Die Fernbusse fahren von **Terminal 2** des Busbahnhofs Phuket (Karte S. 676; Th Thepkrasattri), 4 km nördlich von Phuket (Stadt).

FÄHRE & SCHNELLBOOT

Die **Tha Rassada** (Karte S. 676), 3 km südöstlich von Phuket (Stadt), ist die Hauptanlegestelle der Boote nach Ko Phi-Phi, Krabi, Ao Nang, Ko Lanta, zu den Trang-Inseln, nach Ko Lipe und sogar zur Insel Pulau Langkawi in Malaysia (wo es Fährverbindungen nach Penang gibt). Weitere Boote nach Krabi und Ao Nang (über Ko Yao) starten von der **Tha Bang Rong** (Karte S. 676), 26 km nördlich der Tha Rassada.

FLUGZEUG

Der **Phuket International Airport** (Karte S. 676; ☎ 076 327230; www.phuketairportthai.com) liegt 30 km nordwestlich von Phuket (Stadt). Die Fahrt von dort zu den Stränden im Süden dauert 45 bis 60 Minuten. Eine Reihe von Fluglinien fliegen Ziele im Inland an:

Air Asia (Karte S. 700; ☎ 02 515 9999; www.airasia.com; 39 Th Thawiwong, Hat Patong; ⏲ 11–21.30 Uhr)

Bangkok Airways (Karte S. 682; ☎ 076 225033; www.bangkokair.com; 158/2-3 Th Yaowarat, Phuket (Stadt); ⏲ Mo–Sa 8–17.30 Uhr)

THAI (Karte S. 682; ☎ 076 360444; www.thaiairways.com; 78/1 Th Ranong, Phuket (Stadt); ⏲ 8–16.30 Uhr)

MINIVAN

Die Reisebüros auf Phuket verkaufen Tickets (Preis für die Fähre enthalten) für klimatisierte Minivans zu Zielen in Südthailand, darunter Krabi, Ranong, Trang, Surat Thani, Ko Samui und Ko Pha-Ngan. Der Preis ist in der Regel etwas höher als für den Bus.

ℹ Unterwegs vor Ort

Der öffentliche Nahverkehr auf Phuket ist eine Katastrophe und zwingt Besucher, entweder am einmal gewählten Strand zu bleiben, sich ein Auto oder Motorrad zu mieten oder auf überteuerte Taxis oder *túk-túks* zurückzugreifen. Es fahren zwar *sŏrng·tăa·ou* von Phuket (Stadt) zu den Stränden, aber um von einem Strand zu einem anderen (z. B. vom Hat Surin zum Hat

TAXIS IN PHUKET

Seit der Machtübernahme im Jahr 2014 geht das thailändische Militär gegen Phukets berüchtigte „Taximafia" vor, eine Organisation mit überteuerten Mietwagen, die bislang ein Monopol beim Transportwesen auf der Insel hatte. Zahlreiche Fahrer wurden unter dem Vorwurf der Erpressung oder Einschüchterung verhaftet und Taxi-Pavillons, an denen sich die Fahrer versammelten, wurden niedergerissen. Einige Fahrer bestreiten die Vorwürfe und erklären, sie würden einfach nur für ihren Lebensunterhalt arbeiten.

Preistafeln überall auf der Insel verkünden den Höchstpreis zu bestimmten Zielen – es ist erlaubt, den Preis herunterzuhandeln. Taxameter wurden zwar eingeführt, waren zum Zeitpunkt der Recherche aber noch keineswegs die Regel.

Um Abzocke zu vermeiden, sollte man sich die Telefonnummer eines Taxis mit Taxameter notieren und während seines Aufenthalts immer nur denselben Fahrer bestellen. Am leichtesten geht das, wenn man gleich bei der Ankunft ein Taxameter-Taxi vom Flughafen nimmt (dort sind sie am leichtesten greifbar). Die Taxis mit Taxamater stehen 50 m rechts vom Ausgang des Ankunftsterminals. Der festgelegte Preis beträgt 50 B für die ersten 2 km, 12 B pro Kilometer für die folgenden 15 km und für alle folgenden Kilometer jeweils 10 B; hinzu kommt eine „Flughafensteuer" von 100 B. Vom Flughafen aus werden zu keinem Ziel auf der Insel mehr als 700 B fällig.

Mittlerweile sind auch die Fahrzeugbuchungs-Apps Uber und GrabTaxi auf Phuket vertreten. Damit gibt es mehr Angebote, aber nicht unbedingt zu günstigeren Preisen.

Patong) zu kommen, muss man oft über Phuket (Stadt) fahren, was dann Stunden in Anspruch nimmt.

Dank der kürzlichen Schläge gegen **Phukets „Taximafia"** (s. oben) steht immerhin zu hoffen, dass es mit deren Narrenfreiheit ein Ende haben könnte, zumindest bei Fahrten vom oder zum Flughafen.

Phuket (Stadt) เมืองภูเก็ต

77 600 EW.

Bevor Flip-Flops und Selfie-Sticks das Bild bestimmten, war Phuket eine Insel der Kautschukplantagen, Zinnminen und erwerbstüchtigen Kaufleute. Händler aus Arabien, China, Indien und Portugal ließen sich in Phuket (Stadt) nieder; sie konkurrierten und kooperierten und verwandelten die Stadt in einen farbenfrohen Schmelztiegel der Kulturen. Bis heute ist dieses historische Erbe deutlich zu erkennen. Bei einem Bummel durch die Straßen entdeckt man schöne chinesisch oder portugiesisch beeinflusste Gebäude, die heute Künstlercafés, ausgefallene Galerien, bunte Textilläden, fantastische und billige Restaurants sowie preisgünstige, aber schicke Pensionen beherbergen. Seitengassen führen zu in Weihrauchschwaden gehüllten chinesisch-taoistischen Schreinen.

Aber die Stadt ist keineswegs nur ihrer kulturellen Geschichte verhaftet. Topaktuelle Kunst, Musik und Gastronomie sind überall in der wiederentdeckten Altstadt zu finden und locken ein sehr stilbewusstes, überwiegend thailändisches Publikum an. Und die Investoren haben endlich begriffen, dass sich nicht nur mit Stränden und Go-Go-Bars, sondern auch mit Kultur Geld verdienen lässt. Hundert Jahre alte Laden- und Wohnhäuser, die einst dem Verfall überlassen blieben, werden liebevoll restauriert und zum Zentrum einer schnellen Gentrifizierung. Man kann den Eindruck bekommen, dass jedes zweite Gebäude heute ein trendiges Café mit polierten Betonwänden oder ein skurriles Gästehaus wäre, dennoch ist die Stadt immer noch ideal, um außer den Stränden zur Abwechslung einmal etwas Kultur zu erleben.

Trotz drastisch gestiegener Immobilienpreise gibt es in Phuket (Stadt) immer noch die besten Budgetunterkünfte der Insel, und zu den meisten Stränden starten auch fahrplanmäßig *sŏrng·tăa·ou*. Wenn möglich, sollte man ein paar Tage in der Stadt bleiben.

Sehenswertes

Phuket Thaihua Museum MUSEUM

(พิพิธภัณฑ์ภูเก็ตไทยหัว; Karte S. 682; ☎076 211224; 28 Th Krabi; Eintritt 200 B; ⏲9–17 Uhr) Das schicke Museum in einer früheren chinesischen Sprachschule zeigt viele Fotos und auf Englisch erläuterte Exponate zur Geschichte Phukets, angefangen von der chinesischen Einwanderung (viele einflussreiche Familien der Stadt sind chinesischer Abkunft), über die Ära der Zinnminen bis zur heutigen Küche, Mode und Literatur. Man erhält zudem einen Einblick in die Geschichte des Gebäudes, das eine bemerkenswerte Mischung europäischer (Art déco, Klassizismus) und chinesischer (das Giebeldach und der Stuck) Architekturstile darstellt.

Shrine of the Serene Light CHINESISCHER SCHREIN
(ศาลเจ้าแสงธรรม, Saan Jao Sang Tham; Karte S. 682; Th Phang-Nga; ⏲8.30–12 & 13.30–17.30 Uhr) GRATIS Eine Reihe chinesischer Tempel bringen Farbe in die Stadt, besonders stimmungsvoll ist dieser restaurierte Schrein, der sich am Ende einer 50 m langen Gasse versteckt. Die Wände sind mit taoistischen Gravuren verziert, das Deckengewölbe ist vom Weihrauch geschwärzt. Der Altar ist immer mit brennenden Kerzen und frischen Blumen geschmückt. Die Andachtsstätte wurde in den 1890er-Jahren von einer örtlichen Familie errichtet.

Khao Rang AUSSICHTSPUNKT
(เขารัง, Phuket Hill; Karte S. 676; P) Wer sich die Stadt aus der Vogelperspektive anschauen will, sollte zu Fuß oder motorisiert den Khao Rang, 3 km nordwestlich vom Zentrum, aufsuchen. Dank der neuen Aussichtsplattform hat man einen herrlichen Panoramablick über die Phuket (Stadt) bis zur Bucht von Chalong, nach Laem Phanwa und zum Großen Buddha. Am besten kommt man werktags, wenn es auf dem Gipfel relativ ruhig ist. Oben gibt's auch ein paar Restaurants. Zu Fuß braucht man eine Stunde, sollte den Marsch aber nicht nach Einbruch der Dunkelheit unternehmen. Die Fahrt mit dem Taxi kostet 700 B.

Sino-portugiesische Architektur

Bei einem Spaziergang durch die Th Thalang, die Th Dibuk, die Th Yaowarat, die Th Ranong, die Th Phang-Nga, die Th Rassada und die Th Krabi kann man sich die architektonischen Schätze sino-portugiesischer Architektur ansehen. Zu den prächtigsten Gebäuden zählen die **Standard Chartered Bank** (Karte S. 682; Th Phang-Nga), Thailands älteste ausländische Bank, das THAI-Büro (S. 679) und die **alte Post**, in der heute **Phukets Briefmarkenmuseum** (Karte S. 682; Th Montri; ⏲Mo–Sa 10–17 Uhr) GRATIS untergebracht ist. Manche der farbenfroh restaurierten Gebäude säumen die Soi Romanee abseits der Th Thalang – die Gasse beherbergte einst Bordelle, Spielhöllen und Opiumhöhlen.

Die am besten restaurierten Wohnhäuser finden sich an der Th Thalang, der Th Dibuk und der Th Krabi. Das prachtvolle **Phra Phitak Chyn Pracha Mansion** (1903) wurde restauriert und ist heute Sitz des Nobelrestaurants Blue Elephant (S. 685) und einer Kochschule.

Aktivitäten

★ **John Gray's Seacanoe** KAJAKFAHREN
(Karte S. 676; ☎076 254505; www.johngray-seacanoe.com; 86 Soi 2/3, Th Yaowarat; Erw./Kind ab 3950/1975 B) Der älteste, angesehenste und bei Weitem umweltbewussteste Anbieter von Kajaktouren auf Phuket. Bei der Tour „Hong by Starlight" geht man den Massen aus dem Weg, paddelt in den Sonnenuntergang und bewundert die berühmte nächtliche Bio-Lumineszenz von Ao Phang-Nga. Wie alle beliebten Marken in Thailand wird der Name „Seacanoe" oft von anderen missbraucht und John Grays Touren gnadenlos kopiert. Das Original hat seinen Sitz 3,5 km nördlich von Phuket (Stadt).

Kurse

★ **Suay Cooking School** KOCHKURSE
(Karte S. 682; ☎081 797 4135; www.suayrestaurant.com; 50/2 Th Takua Pa; 1800 B/Pers.) Hier lernt man bei einem der besten Köche auf Phuket in seiner besonders relaxten und vergnüglichen Schule. Noy Tammasak führt die Teilnehmer zunächst über den örtlichen Markt und kocht anschließend mit ihnen drei Gerichte, die dann mit einer guten Flasche Wein verspeist werden. Sehr zu empfehlen; mindestens drei Teilnehmer.

Blue Elephant Cooking School KOCHKURSE
(Karte S. 682; ☎076 354355; www.blueelephant.com; 96 Th Krabi; halbtägiger Kurs 3270 B) Hier erlernt man in einem hinreißend restaurierten sino-portugiesischen Gebäude die komplizierte Kunst der thailändischen Königsküche. Angeboten werden halbtägiger Gruppenunterricht, aber auch Privatunterricht, bei dem acht vegetarische Gerichte zubereitet werden (7000 B). Bei den Kursen, die vormittags stattfinden, ist ein Marktbesuch inbegriffen. Vorab reservieren!

Schlafen

Phuket (Stadt) bietet unzählige Budgetunterkünfte. Hotels der Mittel- und Spitzenklasse finden sich an den Stränden.

Ai Phuket Hostel HOSTEL $
(Karte S. 682; ☎076 212881; www.aiphukethostel.com; 88 Th Yaowarat; B 259 B, DZ 650–850 B;

Phuket (Stadt)

(❄@📶) Die Doppelzimmer sind klein, aber mit ihren Holzböden, Schwarzweißfotos und mit Wandmalereien verzierten Decken durchaus stimmungsvoll. Einige haben auch ein eigenes Bad. Die hellen, farbenfrohen und sauberen Schlafsäle haben sechs (im Frauen vorbehaltenen Saal) und acht Betten. Sie teilen sich die Bäder mit Warmwasser und poliertem Betonboden. Im Erdgeschoss gibt es eine kleine Lounge, in der man abhängen kann.

Best Stay Hostel HOSTEL $

(Karte S. 682; ☎099 301 9499; www.beststayhostel.com; 88 Th Phang-Nga; B/Zi. 250/600 B; ❄📶) Ein weiteres neues Hostel in Phuket: Es bietet glänzend weiße Schlafsäle (8–10 Pers.) mit leuchtend grünen Böden und massiven Stockbetten mit weißen Bettdecken und eigenen Lampen pro Schlafplatz. Außerdem gibt's noch kleine Doppelzimmer. Das Haus ist freundlich. Im Erdgeschoss befindet sich ein nettes Café mit gefliestem Boden.

★ **The RomManee** BOUTIQUEHOTEL $$

(Karte S. 682; ☎089 728 9871; www.therommanee.com; Th Romanee; Zi. 1200 B; ❄📶) Die „Boutiquepension" an Phukets schönster Straße hat mit ihrer türkisfarbenen Fassade, den lackierten Betonböden und dem Empfangstresen aus Massivholz definitiv eine Menge Stil. Die vier geräumigen Zimmer mit Holzböden, Flachbild-TVs, farblich akzentuierten Wänden, Stühlen in Neonfarben und geschmackvollen Lampen haben eine künstlerische und moderne Anmutung. Die Treppen sind steil, einen Aufzug gibt es nicht. Es gibt noch eine komfortable, aber weniger freundliche **Dependance** (Karte S. 682; ☎076 355488; 4-6 Th Krabi; Zi. 1000–1200 B; ❄📶) einen Block weiter.

Casa Blanca BOUTIQUEHOTEL $$

(Karte S. 682; ☎076 219019; www.casablancaphuket.com; 26 Th Phuket; Zi. 2300–2800 B; ❄📶🏊) Das ganz in Weiß und Pastelltönen gehaltene, elegant renovierte sino-portugiesi-

Phuket (Stadt)

Sehenswertes
1 Bang-Niew-Schrein D4
2 Jui-Tui-Schrein A3
3 Phukets Briefmarkenmuseum C2
4 Phuket Thaihua Museum B2
5 Shrine of the Serene Light B2
6 Standard Chartered Bank C2

Aktivitäten, Kurse & Touren
Blue Elephant Cooking School .... (siehe 16)
7 Raintree Spa D2
Suay Cooking School .... (siehe 19)

Schlafen
8 Ai Phuket Hostel B2
9 Baan Suwantawe C2
10 Best Stay Hostel C2
11 Casa Blanca C2
12 Memory at On On Hotel B2
13 RomManee Classic B2
14 Sino House D2
15 The RomManee B2

Essen
16 Blue Elephant A2
17 Gallery Cafe B2
18 Kopitiam by Wilai B2
19 Suay B3
20 Thanon-Ranong-Tagesmarkt B3
21 The Cook C2
22 Straßenmarkt B2

Ausgehen & Nachtleben
23 Bo(ok)hemian B2
24 Comics B2
25 Ka Jok See B3
26 Timber Hut B1

Shoppen
27 Ban Boran Textiles B2
28 Drawing Room C2
29 Ranida C2

Praktisches
30 Tourism Authority of Thailand C2
31 Touristeninformation B2

Transport
32 Bangkok Airways B1
33 Busbahnhof Phuket, Terminal 1 .... D2
34 Pure Car Rent C3
35 *Sŏrng·tăa·ou* zu den Stränden B3
36 THAI A2

sche Schmuckstück erhält durch spanisch anmutende Akzente wie gemusterte Fliesenböden und der von Pflanzen gesäumten Terrasse besonderen Glanz. Moderne Kunst schmückt die in hellen Grün- und Blautönen gehaltenen schicken Zimmer. Die Deluxe-Zimmer haben Balkone mit Blick auf die Stadtlandschaft; die Superior-Zimmer blicken auf den kleinen Pool. Im munteren, bunten Foyer serviert ein winziges Café Gebäck frisch aus dem Ofen.

Memory at On On Hotel HOTEL $$
(Karte S. 682; ☎076 216161; www.thememoryhotel.com; 19 Th Phang-Nga; B 300 B, Zi. mit Frühstück 1700–3400 B; ❄📶) Die über lange Zeit sehr einfache Unterkunft war in *The Beach* (2000) als dreckige Backpacker-Absteige zu sehen. Doch durch eine smarte Renovierung wurde Phukets ältestes Hotel zu einer zeitgemäßen Pension der Budget- bis Mittelklasse. Dank Holzböden, Keramik-Waschbecken, alten Schreibtischen, Stockbetten mit Vorhängen und ausgezeichneten Gemeinschaftseinrichtungen sind die Schlafsäle mit vier bis sechs Betten ein fantastisches Angebot.

Die stilvollen Zimmer (von denen einige allerdings etwas muffig wirken) haben Betonböden, Regenduschen, Flachbild-TVs und Rollläden.

Baan Suwantawe HOTEL, APARTMENTS $$
(Karte S. 682; ☎076 212879; www.baansuwantawe.com; 1/10 Th Dibuk; Zi. 1800–3200 B; P❄@📶🏊) Mit Zen-Kunst, Hartholzböden, ziemlich großen Badezimmern, farbenfrohen Bettdecken und gemütlichen Sitzbereichen sind diese geräumigen, an Einraumwohnungen erinnernden Zimmer ein echtes Schnäppchen. Die teureren Zimmer haben Terrassen mit Blick auf den Swimmingpool und den Seerosenteich. Über der ganzen Anlage liegt der Duft von Zitronengras, der typisch ist für viele gehobene Hotels in Asien.

Sino House HOTEL $$
(Karte S. 682; ☎076 232494; www.sinohousephuket.com; 1 Th Montri; Zi. mit Frühstück 1600–2500 B; P❄@📶) Das eindrucksvolle Hotel in Phuket (Stadt) verbindet den Stil Shanghais mit dem Schick der 1960er-Jahre. Die großen luftigen Zimmer wirken wie kleine Apartments und prunken mit modernen Möbeln, handgearbeiteten Keramik-Waschbecken, Tee- und Kaffeemaschinen, originalen Wandmalereien und mondsichelförmigen Duschen in den Badezimmern. Zur Anlage gehört das ausgezeichnete Raintree Spa (S. 685). Bei längeren Aufenthalten gibt es Rabatt.

PHUKET MIT KINDERN

In Patong zeigt sich die zwielichtige Seite der Insel im Geschäft mit dem Sex. Hier würden wir mit Kindern nicht hingehen, obwohl es viele Leute tun. Der Rest der Insel ist hingegen gut für Kinder geeignet.

Besuche im **Phuket Aquarium** (S. 688), bei **Soi Dog** (S. 710) oder dem **Phuket Gibbon Rehabilitation Project** (S. 712) versprechen für Kinder tolle Erlebnisse mit Tieren. Ältere Kinder, die etwas Nervenkitzel mögen, können sich an Kitesurfen in **Rawai** (S. 689) und am **Hat Nai Yang** (S. 710) wagen.

Phukets größte, auf Familien ausgerichtete Attraktion ist **Phuket Fantasea** (S. 705); der Themenpark ist zwar populär, aber in Sachen Ökologie alles andere als vorbildlich. Elefantenritte werden auf Phuket besonders oft angeboten, aber man sollte aus Tierschutzgründen (S. 838) sehr skeptisch sein. Wenn die Kinder quängeln, sollte man sich zumindest umhören, welcher Anbieter einigermaßen gut mit seinen Tieren umgeht.

Phuket Wake Park (Karte S. 676; ☎ 089 873 0187; www.phuketwakepark.com; 86/3 Mu 6, Th Vichitsongkram, Kathu; Erw./Kind 2 Std. 650/350 B, Tageskarte 1150/550 B; ⏲ 7.30–23 Uhr; 👪) Hier kann man sich vor der Hügelkulisse auf Kathus prächtigem See mit dem Wakeboard vergnügen. Der Veranstalter wendet sich hauptsächlich an Teenager und größere Kinder. Man kann zwei Stunden oder einen ganzen Tag auf dem See unterwegs sein, außerdem gibt's Wakeboarding-Kurse (1000 B/Std.). Die Ausrüstung kann gemietet werden (ab 350 B), und auch ein Shuttledienst von/zu den Hotels ist vorhanden.

Surf House (Karte S. 693; ☎ 081 979 7737; www.surfhousephuket.com; 4 Mu 2, Th Pak Bang, Hat Kata; ⏲ 9.30–23.30 Uhr; 👪) Gleich auf der anderen Seite der Straße am Hat Kata Yai serivert dieser Unterhaltungskomplex mit Bar Bier und künstliche Wellen. Die Kids werden die schräge Surf-Rutsche lieben, auf der die Wakeboarder zeigen, wie lange sie sich aufrecht halten können. An der Bar bekommt man Kneipenkost und eiskaltes Chang.

✕ Essen

In Phuket (Stadt) gibt's tolles Essen und das zu viel günstigeren Preisen als am Strand.

Kopitiam by Wilai THAI $

(Karte S. 682; ☎ 083 606 9776; www.facebook.com/kopitiambywilai; 18 Th Thalang; Hauptgerichte 80–120 B; ⏲ Mo–Sa 11–22 Uhr; 📶) Das Restaurant serviert traditionelle Phuket-Gerichte, z. B. *pàt tai* (dünne Reisnudeln mit Ei, Tofu und/oder Garnelen) mit einem gewissen Extra oder fantastisches *mee sua* (gebratene Nudeln mit Ei, Gemüse, Garnelen, Seebarsch und Tintenfisch). Dazu trinkt man frischen Chrysanthemen- oder Passionsfrucht-Saft.

The Cook THAI, FUSION $

(Karte S. 682; ☎ 076 258375; 101 Th Phang-Nga; Hauptgerichte 65–240 B; ⏲ Di–So 8–21.30 Uhr) Der thailändische Inhaber kochte früher in einem Mega-Resort italienisch. Als er dann dieses unglaublich günstige Restaurant in der Altstadt eröffnete, verband er einfach die thailändische mit der italienischen Küche. Probieren sollte man die sensationellen Pizzas mit grünem Hähnchen-Curry bzw. *đôm yam* (scharfem thailändischen Eintopf). Aber auch der klassische Teller Pasta ist zu empfehlen.

★ Suay INTERNATIONAL, THAI $$

(Karte S. 682; ☎ 081 797 4135; www.suayrestaurant.com; 50/2 Th Takua Pa; Hauptgerichte 15–400 B; ⏲ 17–24 Uhr) In dem umgebauten Wohnhaus gleich südlich der Altstadt wird Fusionküche vom Feinsten serviert: ein im Mund schmelzender Glasnudelsalat, ein leichter Pomelo-Salat mit Lachs-Carpaccio und einem Dressing aus gerösteten Chilis, Massaman-Curry mit Lammfleisch, mit Kurkuma gewürzter Seebarsch im Bananenblatt, geräucherte Aubergine mit Chili-Kokos-Dressing und Krabbenfleisch und ein innovatives *sôm·đam* (scharfer Salat mit grünen Papaya) mit ungeheuer aromatischen Mangostanfrüchten.

Die Tische verteilen sich über das romantisch beleuchtete Haus, den Garten und die umlaufende Veranda. Unbedingt probieren sollte man die Mango mit Klebereis und schwarzem Sesam-Eis. Die Weinkarte ist klein, aber gut, und der umgängliche Eigentümer und Chefkoch Noy Tammasak veranstaltet auch gute Kochkurse (S. 681).

Gallery Cafe CAFÉ $$

(Karte S. 682; www.gallerycafe-phuket.com; 19 Th Yaowarat; Hauptgerichte 160–270 B; ⏲ 8–20 Uhr; 📶) Das beliebte Brunch-Café hat Sitznischen aus lackiertem Holz, gemütliche Kissen und gelb getünchte Wände, die mit Kunstwerken geschmückt sind. Auf der Karte stehen herzhafte internationale und thailändische Speisen: Eierfrühstück (ganztägig), Pizzas, Pasta, Salate, Sandwiches, Smoothies, hausgemachte vegetarische Burger. Uns überzeugten die tollen Frühstücks-Bagels und der muntermachende Saft mit Passionsfrucht, Zitronengras und Ingwer.

Blue Elephant THAI $$$
(Karte S. 682; ☎ 076 354355; www.blueelephant.com; 96 Th Krabi; Hauptgerichte 670–1000 B, Menü 1350–2400 B; ⊙ 11.30–14.30 & 18.30–22.30 Uhr;) Hier gibt's thailändische Herrscherküche in einem majestätischen Ambiente. Das Restaurant residiert in dem schön restaurierten, senfgelben Phra Phitak Chyn Pracha Mansion und blickt auf gepflegte Rasenflächen. Es ist in jeder Hinsicht elegant, vom Messingbesteck über die kunstvoll beschnitzten Türen, die Fliesenböden mit Schachbrettmuster bis hin zum erstklassigen Service und den hervorragend zubereiteten und angerichteten Speisen.

Das Verkostungsmenü, das Menü mit drei Hauptgängen und die Gerichte von der

NICHT VERSÄUMEN

FÜNF TOP-SPAS AN DER NÖRDLICHEN ANDAMANENKÜSTE

Massagesalons gibt es überall an der Andamanenküste, besonders viele auf Phuket. Die meisten sind entspannte Familienbetriebe, wo man eine einstündige traditionelle Thai-Massage für gerade einmal 300 B bekommt. Die Qualität ist unterschiedlich, und das Personal wechselt ständig. Am besten vertraut man seinem Bauchgefühl oder erkundigt sich vor Ort nach Empfehlungen.

Wer ein Wellness-Erlebnis nach europäischer Art sucht, bucht in einem der Spas in den Feriensiedlungen auf Phuket. Die sind zwar oft Anhängsel eines Luxushotels, aber in diesen Luxus-Spas mit Zen-Design und umfangreichen Anwendungs-Angeboten sind meist auch Nicht-Hotelgäste willkommen. Und natürlich gibt es tolle Spas überall an der nördlichen Andamanenküste.

Siam Hot Spa (☎ 077 813551; www.siamhotsparanong.com; 73/3 Th Phetkasem, Ranong (Stadt); Anwendung 300–750 B; ⊙ 11–20 Uhr) Das sehr zu empfehlende Mineralbad mit Klasse liegt in Ranong gleich gegenüber den weniger guten öffentlichen Thermalquellen. Man sitzt in seiner eigenen warmen Wanne und gönnt sich anschließend eine Abreibung mit Salzen oder eine traditionelle Thai-Massage.

Cool Spa (Karte S. 676; ☎ 076 371000; www.coolspaphuket.com; Sri Panwa, 88 Mu 8, Th Sakdidej, Laem Phanwa, Phuket; Massagen 2400–4000 B; ⊙ 10–20.30 Uhr) Wickel mit Fruchtsäften, Gesichtsbehandlungen, Abreibungen und Pools auf dem Hügel mit Blick auf den Ozean erwarten einen in diesem eleganten Wellnessparadies. Die Lage an der äußersten Südspitze der Halbinsel Laem Phanwa in Phuket ist schlicht traumhaft.

Six Senses Spa (☎ 076 418500; www.sixsenses.com; 56 Mu 5, zw. Hat Khlong Jark & Hat Tha Khao, Ko Yao Noi; Massagen 3900–6500 B; ⊙ 8–21 Uhr) Keine Luxusanlage verkörpert naturverbundene Eleganz besser als dieses auf Stelzen stehende „Spa-Dorf". Die Therapeuten sind in Massagetraditionen und Naturheilverfahren aus China, Indien und Thailand ausgebildet. Das „Signature Yao Noi Ritual" ist eine herrliche 3½-stündige Wellnessbehandlung bestehend aus Abreibung, Massage und Gesichtsbehandlung.

Pathways Spa (☎ 076 427900; www.sarojin.com; Sarojin, Hat Bang Sak, Khao Lak; Massagen 2100–2600 B; ⊙ 10–21 Uhr) Hier gibt's Massagen in einer Kulisse, die traumhafter kaum sein kann. Die offenen Behandlungs-Pavillons ziehen sich bis zum Rand der Mangroven und Kokospalmen hin und man spürt die Brise der See. Die begabten Therapeuten verwöhnen einen mit Sarojin-Blüten-Abreibungen, Kräuterwickeln und orientalischen Massagen.

Raintree Spa (Karte S. 682; ☎ 081 892 1001; www.theraintreespa.com; Sino House, 1 Th Montri, Phuket (Stadt); Massagen 600–1000 B; ⊙ 10–21.30 Uhr) Das auf einem tropischen Gelände versteckte Raintree ist preislich, qualitativ und atmosphärisch eine Stufe gehobener als die Massageläden in den Straßen von Phuket (Stadt). Die kundigen Therapeuten arbeiten nicht nur ihr Programm ab. Seidenweiche Haut verspricht der Aloe-Gurken-Körperwickel; die zweistündige „Obstsalat"-Abreibung (mit Ananas, Papaya, Mango) ist ein Genuss.

Karte sind allesamt vorzüglich. Zum Restaurant gehört auch die Blue Elephant Cooking School (S. 681).

Ausgehen & Nachtleben

In Phuket (Stadt) kann man feiern wie die Einheimischen. Die Bars haben bis weit in die Nacht hinein geöffnet und werden fast ausschließlich von Thais und hier lebenden Ausländern besucht.

Timber Hut CLUB
(Karte S. 682; ☎076 211839; 118/1 Th Yaowarat; ⌚18–2 Uhr) Seit 25 Jahren treffen sich Thais und ortsansässige Ausländer in diesem zweistöckigen Pub und Club, trinken Whiskey und gehen bei den Livebands mit, die alles von Hardrock bis zu Pop und Hip-Hop abdecken. Kein Grundpreis!

Comics BAR
(Karte S. 682; www.facebook.com/Comics-Cafe-Bar-358086567609208; 44 Th Phang-Nga; ⌚18–24 Uhr) Die jugendliche, ausschließlich thailändische Kundschaft drängt sich in diesem quirligen, blau beleuchteten und mit Comics ausstaffierten Treff und genießt bei entspannender Livemusik thailändische und ausländische Biere, Ciders, Weine und Cocktails.

Bo(ok)hemian CAFÉ
(Karte S. 682; ☎098 090 0657; www.bookhemian.com; 61 Th Thalang; ⌚Mo–Fr 9–19, Sa & So bis 20.30 Uhr; 📶) Jede Stadt sollte ein Café haben, das so cool ist. Mit seinem auf verschiedene Ebenen verteilten Grundriss wirkt es zugleich anheimelnd und avantgardistisch. Im vorderen Raum stehen gebrauchte Bücher zum Verkauf, Fahrräder hängen an der Wand. Es gibt guten Kaffee und Tee und sehr guten Schokoladenkuchen.

Ka Jok See CLUB
(Karte S. 682; ☎076 217903; kajoksee@hotmail.com; 26 Th Takua Pa; Büffet 2500 B/Pers.; ⌚Nov.–April 20–1 Uhr, Mai–Okt. kürzere Öffnungszeiten) Das hundert Jahre alte Haus hat mit der Krimskrams-Sammlung des Eigentümers viel vom Charme des alten Phuket und darüber hinaus zwei Identitäten: Es ist zum einen ein glamouröses Restaurant und zum anderen ein verrückter Partytreff. Es gibt gutes Thai-Essen, aber sobald die Tische abgeräumt sind, startet die wilde Party mit prima Musik und – wenn man Glück hat – extravagantem Cabaret. Das Haus hat kein Schild. Wer hier essen und feiern will, sollte einen oder zwei Monate im Voraus reservieren.

Shoppen

Überall in der Altstadt gibt es lässig-schicke Boutiquen, die Schmuck, Kleidung für Frauen, Stoffe und Souvenirs anbieten. Hinzu kommen immer mehr skurrile Kunstgalerien.

★ **Ranida** ANTIQUITÄTEN, MODE
(Karte S. 682; 119 Th Thalang; ⌚Mo–Sa 10.30–19.30 Uhr) In dem eleganten Mode- und Antiquitätengeschäft gibt's antike Buddha-Statuen und andere Skulpturen, Bio-Textilien und elegante Mode, die von alten thailändischen Gewändern und Stoffen inspiriert ist.

Drawing Room KUNST
(Karte S. 682; isara380@hotmail.com; 56 Th Phang-Nga; ⌚10–21 Uhr) Mit ihrem Street-Art-

FLÜGE VON/NACH PHUKET

ZIEL	FLUGLINIE	HÄUFIGKEIT	PREIS (B)
Bangkok (Don Muang)	Air Asia	14-mal tgl.	1400
Bangkok (Don Muang)	Nok Air	8-mal tgl.	1600
Bangkok (Suvarnabhumi)	Bangkok Airways	7- bis 9-mal tgl.	1790
Bangkok (Suvarnabhumi)	THAI	9- bis 10-mal tgl.	1800
Chiang Mai	Air Asia	3-mal tgl.	1900
Dubai	Emirates	1- bis 2-mal tgl.	15 000
Hat Yai	Bangkok Airways	tgl.	1400
Hongkong	Air Asia	tgl.	3700–6000
Ko Samui	Bangkok Airways	4- bis 5-mal tgl.	3200
Kuala Lumpur	Air Asia	5-mal tgl.	2000–3000
Seoul	Korean Air	tgl.	13 000
Shanghai	China Eastern	2-mal tgl.	9800
Singapur	Air Asia	tgl.	1500–2500

BUSSE AB PHUKET (BUSTERMINAL 2)

ZIEL	BUSTYP	PREIS (B)	DAUER (STD.)	HÄUFIGKEIT
Bangkok	VIP	1011	13	17, 17.20, 18.20, 18.30 & 19 Uhr
	klimatisiert	650	13–14	15.30–19 Uhr stündl.
Chiang Mai	VIP	1826	22	15 Uhr
Hat Yai	VIP	560	7	21.45 Uhr
	klimatisiert	360	7	7.30–12.30 Uhr stündl., 19.30 & 21.30 Uhr
Ko Samui	klimatisiert	450	8 (Bus/Schiff)	9 Uhr
Ko Pha-Ngan	klimatisiert	550	9½ (Bus/Schiff)	9 Uhr
Krabi	klimatisiert	155	3½	6.20–19 Uhr stündl.
Phang-Nga	klimatisiert	85	2½	8.15, 10.15, 12.15 & 20.15 Uhr
Ranong	klimatisiert	250	6	5.30–18.10 Uhr stündl.
Satun	klimatisiert	364	7	8.15, 10.15, 12.15 & 20.15 Uhr
Surat Thani	klimatisiert	195	5	8, 10, 12 & 14 Uhr
Trang	klimatisiert	252	5	7.30–12.30 Uhr stündl., 19.30 & 21.30 Uhr

Flair, das an Brooklyn vor dem Boom oder an East London erinnert, ist diese weit offene Kooperative die interessanteste unter den vielen Galerien der Stadt. Man findet hier leuchtend bunte, abstrakte Malereien oder auch komische Zeichnungen mit Bleistift und Tinte. Metallmöbel und Fahrräder stehen auf den Betonböden. House tönt gedämpft durch die Räume.

Ban Boran Textiles TEXTILIEN
(Karte S. 682; ☎076 211563; 51 Th Yaowarat; ⏲11–18.30 Uhr) Auf den Regalen dieses Ladens stapeln sich hochwertige Seidenschals, birmanische Lackarbeiten, Sarongs, Leinenhemden, schicke bunte Handtaschen und Baumwolltextilien aus Chiang Mai.

ℹ Praktische Informationen

Es gibt viele Geldautomaten in der Th Phuket, der Th Ranong, der Th Montri und der Th Phang-Nga.

Einreisebehörde Phuket (Karte S. 676; ☎076 221905; www.phuketimmigration.go.th; 482 Th Phuket; ⏲Mo–Fr 8.30–16.30 Uhr) Bearbeitet Visaverlängerungen.

Polizei (Karte S. 676; ☎076 212046, 191; Th Chumphon)

Post (Karte S. 682; Th Montri; ⏲Mo–Fr 8.30–16.30, Sa & So 9–12 Uhr)

Tourism Authority of Thailand (TAT; Karte S. 682; ☎076 211036; www.tourismthailand.org/Phuket; 191 Th Thalang; ⏲8.30–16.30 Uhr) Im Büro der Tourismusbehörde gibt's Landkarten, Broschüren, Infos zu Verkehrsverbindungen und zu Bootsausflügen zu nahen Inseln.

Touristeninformation (Karte S. 682; Th Thalang; ⏲9–16.30 Uhr) Stadtpläne, Broschüren, historische Ausstellungen.

ℹ Anreise & Unterwegs vor Ort

VOM/ZUM FLUGHAFEN

Egal, was einem Schlepper am Flughafen glauben machen wollen: Stündlich fährt ein staatlicher, leuchtend orangefarbener Flughafenbus (www.airportbusphuket.com) vom Flughafen über das Denkmal der Heldinnen nach Phuket (Stadt) (100 B, 1 Std.; 6.30–20.30 Uhr). Ein Taxi vom Flughafen in die Stadt kostet 550 B.

AUTO & MOTORRAD

In der Th Rassada gibt's billige Autovermieter. Eine gute Wahl ist **Pure Car Rent** (Karte S. 682; ☎076 211002; www.purecarrent.com; 75 Th Rassada; ⏲8–19 Uhr), das etwa in der Mitte der anderen zu finden ist. Für einen Mietwagen zahlt man rund 1200 B pro Tag (inkl. Versicherung). Günstiger wird es in der Nebensaison und wenn man das Auto länger als drei Tage mietet.

Die Preise der heimischen Anbieter sind in der Regel günstiger als die der internationalen Firmen (die Schalter am Flughafen haben). Aber auch bei diesen kann man ein Schnäppchen machen, wenn man vorab reserviert.

Motorräder (250–300 B/Tag) mieten kann man in der Th Rassada, darunter auch bei Pure Car Rent, sowie bei vielen Läden an den Stränden. Größere Maschinen (über 125 cm³) vermieten Läden in Patong, Kata, Rawai und Karon.

BUS

Das Terminal 1 des Busbahnhofs wird hauptsächlich von Kleinbussen genutzt. Von hier fährt ein sogenannter „Ortsbus" (tatsächlich ein Kleintransporter) nach Patong (50 B; 7–17 Uhr).

Die Fernbusse starten vom **Terminal 2 des Busbahnhofs** (S. 679), 4 km nördlich von Phuket (Stadt). Von der Stadt bringen einen Taxis oder *túk-túks* zum Busbahnhof (300 B).

KLEINBUS

Vom **Terminal 1 des Busbahnhofs** (Karte S. 682; Th Phang-Nga), 500 m östlich des Zentrums von Phuket (Stadt), fahren Kleinbusse zu Zielen überall im südlichen Thailand, u. a. nach:

ZIEL	PREIS (B)	DAUER (STD)
Hat Yai	360	7
Ko Lanta	280	5
Krabi	140	3
Surat Thani	200	4

SŎRNG·TĂA·OU & TÚK-TÚK

Sŏrng·tăa·ou von der Größe eines Busses fahren zwischen 7 und 18 Uhr regelmäßig von der Th Ranong (nahe dem Tagesmarkt) zu Phukets Stränden (25–40 B/Std., 30–90 Min.); zu anderen Zeiten muss man zu den Stränden ein *túk-túk* chartern, was 400 B (Rawai, Kata und Ao Bang Thao), 500 B (Patong, Karon und Surin) oder 600 B (Kamala) kostet. Leuten, die einem erzählen, die Touristeninformation sei 5 km entfernt oder die Strände seien nur mit dem Taxi erreichbar, sollte man keinen Glauben schenken.

Für eine Stadtfahrt verlangen *túk-túk*-Fahrer 100 bis 200 B und Motorradtaxis 30 B.

Ko Sireh เกาะสิเหร่

Die winzige Insel 4 km östlich von Phuket (Stadt) ist mit Phuket durch eine Brücke verbunden und vor allem bekannt für den liegenden Buddha im **Wat Sireh** (Karte S. 676; Th Sireh; Sonnenaufgang–Sonnenuntergang) GRATIS auf dem Hügel und das **Chow-Lair-Dorf** (Karte S. 676).

Thailands größte Siedlung der Urak Lawoi (abschätzig auch *chao leh* genannt) ist wenig mehr als eine von Armut geplagte Siedlung aus Wellblechhütten, die auf Stelzen stehen. Die Urak Lawoi sind das sesshafteste der drei Seenomadenvölker; sie leben nur in dem Gebiet von hier bis zum Tarutao-Langkawi-Archipel und sprechen eine malaiische Sprache, die stark vom Thailändischen beeinflusst ist.

Eine einzige Straße umrundet die Insel. Sie führt an ein paar Villen, Garnelenfarmen, Kautschukplantagen, einem unberührten Waldstück und dem **Hat Teum Suk** (Karte S. 676) vorbei, einem Strand an der Ostküste.

Kurse

Phuket Thai Cookery School KOCHKURS
(Karte S. 676; 076 252355; www.phuketthaicookery.com; 1-tägiger Kurs 2900 B; 8–15 Uhr) In dieser tollen Kochschule auf einem ruhigen Ufergrundstück an der Ostküste von Ko Sireh, 7 km östlich von Phuket (Stadt), kann man sich mit den aromatischen thailändischen Gewürzen vertraut machen. Die Kurse dauern bis zu sechs Stunden. Sie umfassen einen Marktbesuch, die Teilnehmer erhalten ein Kochbuch und werden von ihrem Hotel abgeholt.

Laem Phanwa แหลมพันวา

Das langgezogene, dicht bewaldete Kap ragt gleich südlich der Stadt Phuket weit ins Meer hinein. Für viele ist es das letzte Überbleibsel dessen, was die Insel früher einmal war: sich selbst überlassene Natur. Erschlossen ist im Wesentlichen nur der Hafen an der Spitze des Kaps, 12 km südlich von Phuket (Stadt). Unberührt sind die Buchten und Strände zu beiden Seiten des Hafens, die von felsigen Landzungen und Mangroven geschützt werden und über eine traumhafte, kurvenreiche Küstenstraße erreichbar sind. Wer auf Phuket Ruhe und Frieden sucht, ist hier richtig. Man nimmt die Rte 4021 nach Süden und wechselt gleich südlich von Phuket (Stadt) auf die Rte 4023 Richtung Südosten.

Sehenswertes

Aquarium Phuket AQUARIUM
(สถานแสดงพันธุ์สัตว์น้ำภูเก็ต; Karte S. 676; 076 391126; www.phuketaquarium.org; 51 Th Sakdidej; Erw./Kind 180/100 B; 8.30–16.30 Uhr; P) Phukets beliebtes Aquarium befindet sich beim Hafen an der Spitze von Laem Phanwa und gewährt einen Einblick in Thailands herrliche Unterwasserwelt. Die Sammlung der tropischen Fische, Haie und weiteren Meeresbewohner ist hilfreich in englischer Sprache erläutert. Sehenswert sind die Schwarzspitzen-Riffhaie, die wie Zebras gestreiften Welse und die Zitteraale, die eine Spannung von bis zu 600 V erzeugen können.

Schlafen & Essen

Die Meeresfrüchterestaurants (Hauptgerichte 100–300 B) am Hafen sind prima, um beim Blick auf die bunten, auf dem Wasser tanzenden Fischerboote zu entspannen.

★ **Sri Panwa** RESORT $$$
(Karte S. 676; 076 371000; www.sripanwa.com; 88 Mu 8, Th Sakdidej; DZ mit Frühstück 18 090–38 000 B; P) Von dem mit Mosaiken geschmückten Foyer und dem schicken

Farbschema in Orange und Grau bis hin zu dem sensationellen Cool Spa (S. 685) am Pool ist das Sri Panwa die nobelste Unterkunft am Kap. Die Anlage hat eine idyllische Lage an der mit Dschungel bedeckten südlichsten Spitze von Laem Phanwa. Die Villen bieten mehrere Zimmer, Whirlpools, Freiluftduschen, private Pools und Musikanlagen. Auch die preiswerteren Zimmer sind immer noch wunderbar komfortabel.

Es gibt ein Spielezimmer, mehrere Pools, Tennisplätze und auf Familien zugeschnittene Villen mit zwei Schlafzimmern. Die Loungebar **Baba Nest** (⏲17–21 Uhr) auf dem Dach bietet einen herrlichen Blick auf den Ozean und die Insel und ist einfach zauberhaft. Vor Ort gibt's den ganzen Tag etwas zu essen, von internationalen Gerichten bis hin zu mexikanischen Tapas und japanischen Spezialitäten.

Panwa Beach Resort RESORT **$$$**
(Karte S. 676; ☎ 076 393300; www.thepanwabeachresort.com; 5/3 Mu 8, Ao Yon; Zi. mit Frühstück 4500–5500 B; P ❄ 📶 🏊) Mit seinem eigenen Strandabschnitt und Blick auf Chalong, Rawai und den Großen Buddha bietet dieses etwas betagte Resort an der Westküste des Kaps Abgeschiedenheit, große Zimmer und Vier-Sterne-Service zu günstigen Preisen.

Rawai ราไวย์

Rawai ist gerade total angesagt. Und genau deshalb wimmelt es an der sich schnell entwickelnden Südküste der Insel Phuket nur so von Ruheständlern, Künstlern, Thais und ausländischen Unternehmern. Auch viele Dienstleistungsfirmen haben sich mittlerweile hier angesiedelt.

Die Gegend ist nicht nur von ihren Stränden geprägt, sondern auch durch steil aufragende, in die Andamanensee abfallende, üppig grüne Küstenhügel, die Phukets schönen südlichsten Punkt **Laem Phromthep** (Karte S. 690; Rte 4233) bilden. Wer eine abgeschiedenere Stelle sucht, um den Sonnenuntergang zu bewundern, findet 1,5 km weiter nördlich einen **einsamen Aussichtspunkt** (Karte S. 690; Rte 4233). In den Hügeln finden sich kleine Wohnanlagen, die nur durch ein paar Straßen verbunden sind. Jedes Jahr kommen aber immer mehr hinzu, und man kann sich förmlich vorstellen, wie die Grundstücksspekulation auch noch den letzten Meeresfrüchtegrill und die letzte Tiki-Bar verdrängt. Man kann nur hoffen, dass bis dahin noch ein paar Jahrzehnte (oder doch mindestens einige Jahre) bleiben. Trotz dieser Entwicklungen ist die Natur immer noch spürbar, ganz besonders am Strand.

Aktivitäten

Rawai ist das Zentrum von Phukets wachsender *moo·ay tai*-Begeisterung (auch *muay thai* geschrieben). Es gibt ein halbes Dutzend Schulen, wo Schüler (beiderlei Geschlechts) in Trainingslagern mit professionellen Thai-Boxern die traditionelle Kampfkunst erlernen.

Hat Rawai ist ein ausgezeichneter Ort, um mit **Charterbooten** (Karte S. 690) zu benachbarten Inseln zu fahren. Zu den Zielen von Schnorchelausflügen gehören das ruhige Ko Bon (Longtail-Boot/Schnellboot 1200/2400 B) und Coral Island (1800/3500 B, max. 8 Pers.).

Hat Nai Han STRAND
(Karte S. 690) Fragt man Einheimische oder auf Phuket ansässige Ausländer, welcher ihr Lieblingsstrand ist, werden sie den Hat Nai Han nennen – oder auch nicht und den Fragenden anderswohin schicken, um dieses Gelände für sich zu behalten. Der wunderschöne, halbmondförmige weiße Strand an der Westseite des Kaps ist kaum erschlossen und liegt hinter Kasuarinen; am Ufer befindet sich ein Wat. Man kann prima baden, muss sich in der Nebensaison aber vor Brandungsströmungen hüten.

Hat Rawai STRAND
(Karte S. 690) Hat Rawai ist nicht wirklich zum Abhängen geeignet: ein felsiger Hafen an der Ostseite des Kaps, an dem Longtail- und Schnellboote anlegen. Es gibt hier eine Reihe von Meeresfrüchtegrills und die meisten Luxusapartment-Anlagen.

Rawai Supa Muay Thai THAI-BOXEN
(Karte S. 690; ☎ 076 226495; www.supamuaythaiphuket.com; 43/42 Mu 7, Th Viset; pro Veranstaltung/Woche 300/3000 B; ⏲ Mo–Sa 7–19, So 9–18 Uhr) Diese *moo·ay tai*-Halle wurde von einem früheren Meister dieser Sportart eröffnet (der aber nicht hier lehrt). Aus aller Welt kommen die Leute, um von erfahrenen thailändischen Profis die Kunst des Thai-Boxens zu erlernen. In den Schlafsälen leben die thailändischen und ausländischen Teilnehmer der Trainingslager. Touristen können Schnupperkurse im Thai-Boxen sowie Yoga-Sitzungen (400 B) besuchen.

Hat Nai Han & Hat Rawai

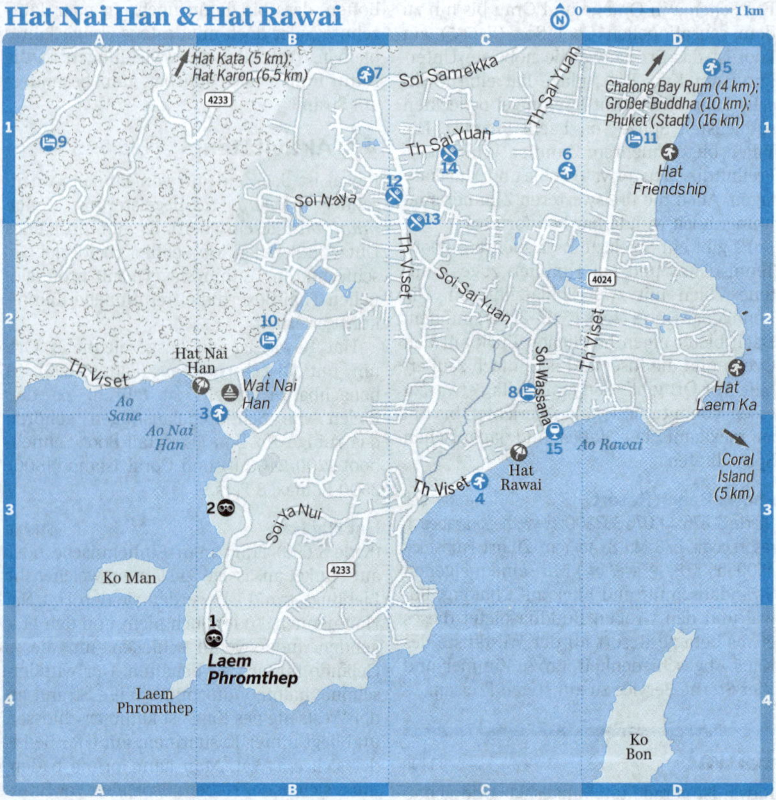

Hat Nai Han & Hat Rawai

Highlights
1 Laem Phromthep B4

Sehenswertes
2 Einsamer Aussichtspunkt B3

Aktivitäten, Kurse & Touren
Charterboote .... (siehe 4)
3 Hat Nai Han B2
4 Hat Rawai C3
5 Kite Zone D1
6 Rawai Supa Muay Thai C1
7 Sinbi Muay Thai B1

Schlafen
8 Good 9 at Home C2
9 Sabai Corner A1
10 Sunsuri B2
11 Vijitt D1

Essen
12 Da Vinci C1
13 German Bakery C1
14 Rum Jungle C1
Sabai Corner .... (siehe 9)

Ausgehen & Nachtleben
15 Nikita's C3

Sinbi Muay Thai THAI-BOXEN
(Karte S. 690; ☎083 391 5535; www.sinbi-muaythai.com; 100/15 Mu 7, Th Sai Yuan; pro Veranstaltung/Woche 400/4800 B; ⊙Mo–Sa 7.30–19 Uhr) Ein angesehenes *moo·ay tai*-Trainingslager, das Kurse für Männer und Frauen anbietet.

Kite Zone KITESURFEN
(Karte S. 690; ☎083 395 2005; www.kitesurfthailand.com; Hat Friendship; 1-stündiger Unterricht 1100 B, 3-tägiger Kurs 10 000–15 000 B) Rawai ist ein prima Ort, um sich ans Kitesurfen zu wagen, und diese coole, junge Schule hat eine tolle Lage über dem Hat Friend-

ship. Das Angebot reicht von einstündigen Schnupperkursen bis zu dreitägigen, zehnstündigen Kursen. Von April bis Oktober finden die Kurse am Hat Nai Yang (S. 710) an der Nordwestseite der Insel statt. Die Ausrüstung wird auch vermietet (1200/3500 B pro Std./Tag). Angeboten werden auch Stehpaddeltouren (ab 700 B).

Bob's Kite School KITESURFEN

(Karte S. 676; ☎092 459 4191; www.kiteschoolphuket.com; Rte 4024; 1-stündiger Unterricht 1500 B, 3-stündiger Kurs 3500 B; ⊙Nov.–April) Phukets älteste, von Deutschen geführte Kitesurfing-Schule ist mit eifrigem, freundlichem Personal immer noch sehr gut im Geschäft. Von Mai bis Mitte Oktober finden die Kurse an der Nordwestseite der Insel am Hat Nai Yang (S. 710) statt. Ausrüstung wird verliehen (1000 B/Std.).

Phuket Riding Club REITEN

(Karte S. 676; ☎076 288213; www.phuketridingclub.com; 95 Th Viset; 1/2 Std. 1000/2000 B; ⊙7.30–18.30 Uhr) Hier gibt's die perfekte Gelegenheit, den Traum vom Reiten in tropischen Gefilden auszuleben. Der Phuket Riding Club veranstaltet nette, ein- bis zweistündige Ausritte in den Dschungel rund um Rawai. Einen Tag im Voraus buchen!

Schlafen

Good 9 at Home PENSION $

(Karte S. 690; ☎088 457 6969; www.facebook.com/good9athome; 62 Mu 6, Soi Wassana; Zi. mit Frühstück 900 B; ❄📶) An einem niedlichen Hof, vom Hat Rawai 300 m die Straße hinauf, liegen die sieben kleinen, aber wunderbar frischen, glänzenden und zeitgemäß eingerichteten Zimmer mit farbenfroh dekorierten Wänden, gefliesten Badezimmern, ein paar Kunstwerken und gutem Preis-Leistungs-Verhältnis. Das limettengrün und grau angestrichene Haus ist sauber, gemütlich und freundlich; an der Ecke ist ein kleiner Kaffeeausschank untergebracht.

Vijitt RESORT $$$

(Karte S. 690; ☎076 363600; www.vijittresort.com; 16 Mu 2, Th Viset; Villa mit Frühstück 6800–27 500 B; P❄📶🏊) Die friedliche Anlage mit Luxusvillen inmitten von Frangipanis ist wahrscheinlich die eleganteste in der Gegend. Die Villen prunken mit Kalksteinböden, großen Badewannen, Freiluftduschen und privaten Terrassen (teilweise mit eigenem Pool), von denen aus sich ein prächtiger Blick aufs Meer bietet. Der eindrucksvolle, mehrstufige Infinity Pool hat einen schwarzen Boden und blickt auf den Hat Friendship.

Sunsuri RESORT $$$

(Karte S. 690; ☎076 336400; www.sunsuri-phuket.com; 11/5 Mu 1, Hat Nai Han; Zi. 4600–5000 B; P❄@📶🏊) Die luxuriöse Anlage mit 132 Zimmern verteilt sich über einen Hügelkamm hinter dem Hat Nai Han. Sie besteht aus vage modernistischen, würfelförmigen Gebäuden in Erdtönen, die ein wenig an *Jurassic Park* erinnern. Fast alle der smarten, geradlinigen Zimmer bieten Meerblick und alle freistehende Bäder, kuschlige Bettwäsche und ein von Hartholz und Kalkstein geprägtes Dekor. Drei große Pools runden das Angebot ab.

Essen

Am Hat Rawai gibt es ein Dutzend, Einheimischen gehörende Meeresfrüchtegrills, die an der Straße den Fang des Tages zubereiten (Hauptgerichte 90–300 B). Man sitzt auf Plastikstühlen oder auf Decken, die auf dem Boden ausgebreitet sind.

Som Tum Lanna THAI $

(Karte S. 676; ☎081 597 0569; 3/7 Th Sai Yuan; Hauptgerichte 80–150 B; ⊙Di–So 9–17 Uhr) Das *sôm·đam* sollte man mild bestellen – es ist dann immer noch scharf genug. Der Fisch ist in dieser Bude mit Isan-Küche durchaus gut, aber nicht besser als anderswo. Das Hähnchen ist dagegen einmalig.

German Bakery EUROPÄISCH $

(Karte S. 690; Th Viset; Hauptgerichte 80–140 B; ⊙7.30–16.30 Uhr) Das von einem deutsch-thailändischen Paar geführte lustige und freundliche Restaurant hat in der Gegend das beste Gebäck. Man bekommt gutes Schwarzbrot, tolles Frühstück (zu empfehlen sind die Ananas-Pfannkuchen) und prima Bratwurst mit Sauerkraut. Surfer tanken hier auf, bevor es morgens auf die Wellen geht.

Da Vinci ITALIENISCH $$

(Karte S. 690; ☎076 289574; www.davinciphuket.com; 28/46 Mu 1, Th Viset; Hauptgerichte 320–900 B; ⊙17.30–22.30 Uhr; 👪) In dem modernen, authentischen italienischen Restaurant speist man bei einer guten Flasche Wein im Freien an weiß eingedeckten Tischen – herrlich an einem lauen Abend. Die Bedienung ist nett und freundlich, die Pizza kommt vom Holzfeuer, das Brot ist frisch und die Pastagerichte sind aromatisch. Die Weinkarte bietet ausgezeichnete Tropfen aus aller Welt, und nach dem Essen gibt's einen kostenlosen Limoncello. Wegen des Kinderspielplatzes ist das Restaurant auch bei Familien beliebt.

★ **Rum Jungle** INTERNATIONAL $$$
(Karte S. 690; ☎076 388153; www.facebook.com/Rum-Jungle-Cafe-Rawai-Phuket-173738946050909; 69/8 Mu 1, Th Sai Yuan; Hauptgerichte 240–620 B; ⊙11.30–14 & 18–22.30 Uhr; ☑) Das halb offene, strohgedeckte Restaurant, in dem außergewöhnliche Weltmusik den Soundtrack bildet, gehört zu den besten in Rawai. Es wird von einer Familie geführt und hat einen hervorragenden australischen Küchenchef. Die neuseeländische Lammkeule ist so ausgezeichnet wie die gedämpften Muscheln, und alle Pastasaucen werden frisch zubereitet. Zu den verführerischen vegetarischen Gerichten gehören Auberginen-Parmigiana und Pasta Gorgonzola.

Ausgehen & Nachtleben

Nikita's BAR
(Karte S. 690; ☎076 288703; www.nikitas-phuket.com; Hat Rawai; Hauptgerichte 150–350 B; ⊙10–24 Uhr; ☎) Der wunderbar entspannte Freilufttreff blickt gleich westlich des Piers von Rawai hinaus aufs Meer. Zu trinken gibt's Kaffee, grünen Tee und eine gute Auswahl an Shakes und Cocktails. Wie wär's z. B. mit einem Mango-Margarita? Dank ordentlicher Kneipengerichte wie Omelettes, Pasta, Burger und Holzofenpizzas ist auch für Hungrige gesorgt.

An- & Weiterreise

Rawai liegt 18 km südwestlich von Phuket (Stadt). *Sŏrng·tăa·ou* fahren von der Th Ranong in Phuket (Stadt) nach Rawai (40 B; 7–17.30 Uhr); einige fahren weiter zum Hat Nai Han (40 B), aber nicht alle – also unbedingt nachfragen! Ein Taxi von Rawai zum Nai Han kostet 200 B.

Taxis fahren von Rawai und vom Hat Nai Han zum Flughafen von Phuket (750 B), nach Patong (700 B) und nach Phuket (Stadt) (500 B).

Hat Kata หาดกะตะ

Mit seinen Einkaufsmöglichkeiten, den guten Surfbedingungen und dem munteren Strand ist Kata für Touristen jeden Alters und aller Einkommensklassen reizvoll, die mehr Klasse als in Karon haben wollen und auf den zwielichtigen Amüsierbetrieb in Patong lieber verzichten. Einsame Strandabschnitte sucht man hier vergebens, dafür kann man aber eine Menge unternehmen.

In der Zwischensaison und der Regenzeit kann man surfen, und sonst gibt es wundervolle Tages-Spas, fantastisches (aber teures) Essen und ein erstklassiges Yogastudio. Eine felsige Landzunge teilt den Strand in zwei Hälften: **Hat Kata Yai** liegt im Norden, der ruhigere **Hat Kata Noi** im Süden. An der Verbindungsstraße zwischen ihnen standen die ersten Villen der Reichen auf Phuket.

Die wichtigste Einkaufsstraße, die Th Kata, verläuft parallel zum Strand. Preiswertere Restaurants, Bars und Pensionen finden sich an der Th Thai Na, die gleich südlich der Stelle, wo die Th Kata über den Hügel nach Karon führt, ins Inselinnere abzweigt.

Sehenswertes & Aktivitäten

Die kleine Insel **Ko Pu** liegt gleich vor der Küste. Wegen starker Rippströmungen muss man aber unbedingt die roten Flaggen beachten und darf sich während der Regenzeit nur ins offene Meer wagen, wenn man ein kräftiger und erfahrener Schwimmer ist.

An Katas beiden Stränden herrschen von April bis November gute Surfbedingungen. Stehpaddelausrüstung und Kajaks werden vermietet (300/900 B pro Std./Tag).

Am Kata Noi gibt's eine Filiale des sehr gut bewerteten Veranstalters **Sea Fun Divers** (Karte S. 693; ☎076 330124; www.seafundivers.com; Katathani, 14 Th Kata Noi; ⊙9–18 Uhr).

Phuket Surf SURFEN
(Karte S. 693; ☎087 889 7308; www.phuketsurfing.com; Hat Kata Yai; Surfunterricht 1500 B, Surfbrettverleih 150/500 B pro Std./Tag; ⊙April–Ende Okt. 8–19 Uhr) Verleiht Surfbretter und bietet 1½-stündigen Einzelunterricht im Surfen. Auf der Webseite stehen Infos zu den örtlichen Surfwellen.

Rumblefish Adventure TAUCHEN
(Karte S. 693; ☎095 441 8665; www.rumblefishadventure.com; 98/79 Beach Centre, Th Kata; 2/3 Tauchgänge 2900/3700 B; ⊙10–19 Uhr) Der schrecklich schicke Tauchveranstalter bietet von seinem Standort im Beach Centre alle üblichen Kurse, Tagesausflüge sowie Tauchtouren mit Bordübernachtung. Der PADI-Open-Water-Kurs kostet 11 900 B. Zum Unternehmen gehört auch ein Hostel.

Dive Asia TAUCHEN
(Karte S. 693; ☎076 330 598; www.diveasia.com; 24 Th Karon; 2/3 Tauchgänge 3400/3900 B; ⊙10–21 Uhr) Angeboten werden eine ganze Palette von PADI-Zertifizierungskursen (Open-Water-Zertifikat 11 600–16 020 B),

Hat Karon & Hat Kata

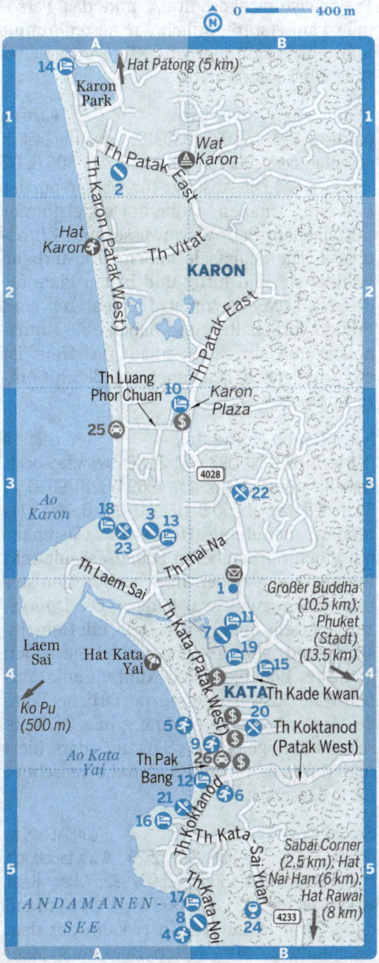

Hat Karon & Hat Kata

Aktivitäten, Kurse & Touren

1 Amazing Bike Tours B4
Baray Spa .... (siehe 19)
Boathouse Cooking Class .... (siehe 12)
2 Dive Asia A1
3 Dive Asia A3
4 Hat Kata Noi A5
5 Hat Kata Yai A4
Infinite Luxury Spa .... (siehe 16)
6 Kata Hot Yoga B5
Phuket Surf .... (siehe 21)
Re Ká Ta Beach Club .... (siehe 12)
7 Rumblefish Adventure B4
8 Sea Fun Divers B5
Sunrise Divers .... (siehe 10)
9 Surf House B4

Schlafen

10 Bazoom Haus A3
11 Beach Centre B4
12 Boathouse B5
13 Fantasy Hill Bungalow A3
14 In On The Beach A1
15 Kata Beach Homestay B4
16 Kata Rocks A5
17 Katathani Resort & Spa B5
18 Marina Phuket A3
Pineapple Guesthouse .... (siehe 10)
Rumblefish Adventure .... (siehe 7)
19 Sawasdee Village B4

Essen

Boathouse Wine & Grill .... (siehe 12)
20 Capannina B4
21 Kata Mama A5
Mama Noi's .... (siehe 10)
22 Pad Thai Shop B3
23 Red Chopsticks A3

Ausgehen & Nachtleben

24 After Beach Bar B5
Ska Bar .... (siehe 21)

Transport

25 *Sŏrng·tăa·ou-* & Taxihaltestelle A3
26 *Sŏrng·tăa·ou-* & Taxihaltestelle B4

eintägige Tauchausflüge nach Ko Phi-Phi sowie Tauchtouren mit Übernachtung an Bord zu den Similan- und den Surin-Inseln (ab 21000 B). Eine weitere Filiale (S. 697) befindet sich in Karon.

Kata Hot Yoga YOGA

(Karte S. 693; ✆076 605950; www.katahotyoga.com; 217 Th Koktanod, Hat Kata; 550 B/Sitzung; ⌚Sitzungen Mo–Fr 9, 17.15 & 19.15, Sa & So 9 & 17.15 Uhr) Noch mehr Hitze gefällig? Bei Kata Hot Yoga werden Bikrams Berühmte Asanas in 90-minütigen Sitzungen in einem glühend heißen Raum gelehrt. Neben dem erfahrenen Inhaber leiten ausländische Experten die Sitzungen. Teilnehmer aller Niveaus sind willkommen; eine Reservierung ist nicht erforderlich. Die mehrere Sitzungen umfassenden Pauschalangebote sind günstig.

Re Ká Ta Beach Club STRANDCLUB

(Karte S. 693; ✆076 330421; www.rekataphuket.com; 184 Th Koktanod, Hat Kata; Tageskarte 1500 B) Der glänzend weiße Club gehört zu den schicksten der beliebten, aber umstrittenen Strandclubs auf Phuket und gehört zur Boathouse-Kette. Der Eintritt verspricht einen Tag voller Glamour, das Abhängen auf Kunstledersofas und das Schlürfen von

Passionsfrucht-Mojitos an dem von Lampen, die ihre Farbe verändern, umgebenen Infinity Pool am Strand. Auch Getränke und Essen (Hauptgerichte 300–1000 B) sind zu bekommen. Mittwochs gibt's freien Eintritt und Maniküre für Frauen.

Kurse

Boathouse Cooking Class KOCHKURS
(Karte S. 693; ☎076 330015; www.boathousephuket.com; 182 Th Koktanod; 1-/2-tägiger Kurs 2570/4095 B; ⌚Kurse Mi, Sa & So 10 Uhr) Katas nobles Spitzenrestaurant bietet fantastische Thai-Kochkurse, die von dem angesehenen Chefkoch geleitet werden.

Geführte Touren

Amazing Bike Tours RADFAHREN
(Karte S. 693; ☎087 263 2031; www.amazingbiketoursthailand.asia; 191 Th Patak East; Tagestour Erw./Kind 2900/2500 B) Der sehr beliebte, in Kata ansässige Abenteuer-Veranstalter bietet geführte halbtägige Radausflüge in kleinen Gruppen zum Khao Phra Thaew Royal Wildlife & Forest Reserve. Außerdem gibt es herrliche Tagesausflüge rund um Ko Yao Noi und anspruchsvollere dreitägige Fahrten rund um den Khao Sok National Park (14 900 B) und durch die Provinz Krabi (15 900 B). Im Preis inbegriffen sind Fahrrad, Schutzhelm, die Mahlzeiten, Trinkwasser und die Eintrittsgebühren in den Nationalpark.

Schlafen

Während der Hauptsaison (Nov.–April) wird es immer schwieriger, eine Bleibe für unter 1000 B zu finden, aber in der Nebensaison fallen die Preise.

Wer ohne gebuchte Unterkunft hier hängenbleibt, findet wahrscheinlich im **Beach Centre** (Karte S. 693) ein Zimmer. Dabei handelt es sich um einen Komplex aus neuen Reihenhäusern mit viel zu vielen Pensionen, als dass man sie hier auflisten könnte. Von der Th Kata biegt man gleich südlich der Kreuzung mit der Th Thai Na landeinwärts ab; die Zufahrt ist ausgeschildert.

Fantasy Hill Bungalow BUNGALOWS $
(Karte S. 693; ☎076 330106; fantasyhill@hotmail.com; 8/1 Th Kata, Hat Kata; Zi. mit Ventilator 500–650 B, Klimaanlage 900–1200 B; P ❄ 📶) Versteckt in einem üppigen Garten an einem niedrigen Hügel hat das lange bestehende, friedliche Fantasy Hill gleichwohl eine zentrale Lage. Die ältlichen, aber gepflegten Bungalows bieten ein tolles Preis-Leistungs-Verhältnis, und das Personal ist äußerst freundlich. Am besten nimmt man ein Eckzimmer mit Klimaanlage und Blick über Kata hinaus.

Rumblefish Adventure HOSTEL $
(Karte S. 693; ☎076 330315; www.rumblefishadventure.com; 98/79 Th Kata; B 250–300 B, DZ 800 B; ❄ 📶) Die Absteige für Wassersportler hat einigermaßen saubere Doppelzimmer mit eigenem Bad, Warmwasser und Klimaanlage. Die Schlafsäle haben türkisfarbene Wände; sie sind luftig und bieten Platz für drei bis sechs Personen. Die teureren sind Frauen vorbehalten und haben eine Klimaanlage und ein eigenes Bad. Das Haus ist eine der vielen Pensionen im Beach-Centre-Komplex.

Kata Beach Homestay HOSTEL $
(Karte S. 693; ☎093 574 8586; www.facebook.com/Kata-Beach-Homestay-490941801079830; 9 Th Kade Kwan; B 250 B, DZ 650–950 B; 📶) Das modern anmutende Hostel und Gästehaus hat einen blitzsauberen Schlafsaal mit acht Betten, einem Boden in Schachbrettmuster und zwei zugehörigen Bädern. Die Doppelzimmer (teils mit eigenem, teils mit Gemeinschaftsbad) sind absolut sauber. Sie haben geflieste Böden, einen Kühlschrank, farbenfrohe Kissen und purpurfarbene Wände. Außerdem gibt es eine große Gemeinschafts-Lounge. Beim Eingang marschiert man durch den Kräuterladen/das Reisebüro im Erdgeschoss.

Sabai Corner BUNGALOWS $$
(Karte S. 690; ☎089 875 5525; www.facebook.com/Sabai-Corner-150517525037992; Hat Kata, abseits der Rte 4233; Zi. 2000 B; P 📶) Kein anderes Zimmer auf der Insel kann mit dem sagenhaften, 270° weiten Blick aufs Meer prunken, der sich von diesen drei einsam an einem Hügel stehenden Chalets aus bietet. Bei allen handelt es sich um geräumige, freistehende Einraumwohnungen aus Beton, die mit Himmelbett, Kühlschrank, Sofa und Safe sowie einem an der Wand montierten TV sowie einer großen Außenterrasse mit Liegestühlen ausgestattet sind. Ein vierter Bungalow aus Holz ist im Bau.

Von Kata aus fährt man auf der Rte 4233 (Richtung Rawai/Hat Nai Han) 2,5 km nach Süden. Die Anlage ist nicht ausgeschildert: Unmittelbar hinter dem Karon Viewpoint die Abzweigung nach rechts (den Hügel hinunter) nehmen, dann ist man nach 1,5 km am Ziel.

NICHT VERSÄUMEN

CHALONG BAY RUM: DIE SPIRITUOSE VON PHUKET

Als Marine Lucchini und Thibault Spithakis, die beide aus angesehenen französischen Winzerfamilien stammen, sich kennenlernten und verliebten, verband sie das Interesse an Spirituosen, insbesondere an feinem Rum. So wurden sie Branntweinbrenner und gründeten ihre eigene Brennerei **Chalong Bay Rum** (Karte S. 676; ☎ 093 575 1119; www.chalongbayrum.com; 14/2 Mu 2, Soi Palai 2; Führung 300 B; ⏲ Führungen stündl. 14–18 Uhr; P).

Sie wollten natürlichen Rum französischer Art herstellen, wie er in Martinique gebrannt wird; den braut man aus Zuckerrohrsaft, nicht (wie sonst üblich) aus Rübenmelasse. Thailand ist der viertgrößte Produzent von Zuckerrohr weltweit, und mehr als 200 Varietäten werden derzeit angebaut. 2012 destillierte noch niemand irgendetwas auf Phuket, deswegen importierten sie 40 Jahre alte kupferne Armagnac-Brennkessel und nahmen den Namen der Bucht einer der schönsten Inseln der Welt in den Namen ihrer Marke auf.

Derzeit wird nur weißer Rum gebrannt, aber dunkler Rum soll bald ebenfalls produziert werden. Der Rum hat ein tolles Aroma, gewann 2015 beim San Francisco World Spirits Competition eine Goldmedaille und eignet sich als Grundstoff für tolle Mojitos – die man bei den Führungen, bei denen man sehr viel über Rum erfährt, auch probieren kann.

Die Führung vorab buchen, denn man braucht eine Wegbeschreibung. Rund 3 km nördlich vom Verkehrskreisel in Chalong biegt man bei der Ausschilderung zum Zoo nach Osten ab. Kurz dahinter folgt das Hinweisschild zur Brennerei.

★ **Sawasdee Village** BOUTIQUEHOTEL $$$
(Karte S. 693; ☎ 076 330979; www.phuketsawasdee.com; 38 Th Kade Kwan, Hat Kata; Zi. 4400–7400 B, Villa 9800–16 500 B; ❄@📶🏊) Das opulente Boutiqueresort verbindet klassischen thailändischen Stil mit marokkanisch anmutenden Elementen und liegt in einer üppigen tropischen Landschaft mit Kanälen, Wasserfällen, buddhistischer Kunst und einem hinreißenden **Spa** (Massage 1300–2600 B; ⏲ 10–22 Uhr). Die verzierten Bungalows mit Spitzdach haben Holzböden, Balkendecken und viel Flair.

Die Villen sind exquisite, zweistöckige Häuser mit freistehenden Bädern, superkomfortablen Betten, aufwendigen Kuppeldecken und direktem Zugang zu einem der beiden romantischen Pools.

Kata Rocks DESIGNHOTEL $$$
(Karte S. 693; ☎ 076 370777; www.katarocks.com; 186/22 Th Koktanod, Hat Kata; DZ 24 900–33 300 B; P❄📶🏊) Katas neuestes Luxushotel erstrahlt in reinem Weiß, thront auf den Klippen zwischen den beiden Stränden und wirkt zeitgemäß und cool. Die Villen sind hypermoderne Apartments von minimalistischem Schick, ausgestattet mit vom iPad gesteuerten Musikanlagen, komplett eingerichteten Küchen, Nespresso-Maschinen, eigenen Pools und Elektro-Jalouisien. Halb versenkte Sonnenliegen säumen den türkisfarbenen Infinity Pool mit Meerblick. Das **Infinite Luxury Spa** (Massage 4200 B; ⏲ 10–22 Uhr) verbindet traditionelle Anwendungen mit hypermoderner Technologie, z. B. in Form von EnergyPods gegen den Jetlag.

Katathani Resort & Spa RESORT $$$
(Karte S. 693; ☎ 076 330124; www.katathani.com; 14 Th Kata Noi, Hat Kata Noi; Zi. mit Frühstück 6400–12 300 B, Suite 8600–18 000 B; P❄📶🏊👪) Das schicke Resort nimmt einen großen Teil des (recht) ruhigen Hat Kata Noi ein und bietet den üblichen Luxus in stilvoller Umgebung. Es gibt viel Platz, viele Aktivitäten und sechs Pools, allerdings könnten die Zimmer smarter sein. **The Shore** (Karte S. 676; ☎ 076 330124; www.theshore.katathani.com; Hat Kata Noi; Villa mit Frühstück 19 000–24 200 B; ❄📶🏊) ist ein luxuriöser und friedlicher Komplex, eine private Welt aus pastellfarbenen Villen vor einem herrlichen Infinity Pool, der sich praktisch direkt am Strand befindet.

In der Nebensaison gibt es oft ausgezeichnete Sonderangebote. Es gibt mehrere kindgerechte Pools, einen Kinderclub, Gerichte und Aktivitäten für Kids sowie einen Babysitter-Service.

Boathouse BOUTIQUEHOTEL $$$
(Karte S. 693; ☎ 076 330015; www.boathousephuket.com; 182 Th Koktanod; Zi. mit Frühstück 7650–9775 B, Suite 14 300–17 600 B; P❄📶🏊) Für thailändische Politiker, Popstars, Künstler und bekannte Autoren ist das anheimelnde, elegante Boathouse immer noch die einzig akzeptable Unterkunft auf Phuket. Die mit dunklem Holz vertäfelten Zimmer sind gediegen, geräumig und prachtvoll, manche haben auch große, luftige Veranden. Vor Ort

DER GROSSE BUDDHA VON PHUKET

Der **Große Buddha** (Big Buddha; พระใหญ่; Karte S. 676; www.mingmongkolphuket.com; abseits der Rte 4021; ⊙6–19 Uhr; P) thront prächtig auf den Nakkerd Hills, dem schönsten Aussichtspunkt auf Phuket, nordwestlich vom Verkehrskreisel in Chalong. Die 45 m hohe Figur ist von der halben Insel aus sichtbar. Die Anlage ist ein wenig touristisch, aber bimmelnde Glöckchen und wehende Flaggen vermitteln einen munteren Eindruck. Unter dem Zeltdach des goldenen Schreins erweist man seine Verehrung und steigt dann hinauf auf die Plattform des Großen Buddha, von wo aus man in die wunderschöne Bucht von Kata und den schimmernden Strand von Karon blickt und im Südosten die winzigen Kanalinseln in der Bucht von Chalong erkennen kann.

Mit der Errichtung des Großen Buddhas wurde 2007 begonnen. Er ist mit birmanischem Alabaster verkleidet, und der ist wahrlich nicht billig. Insgesamt beliefen sich die Baukosten auf rund 100 Mio. Baht (aber das stört hier niemanden). Die Einheimischen betrachten den Großen Buddha als das wichtigste Bauprojekt auf Phuket in den letzten 100 Jahren – und das will schon etwas heißen, weil auf Phuket seit den letzten zwei Jahrzehnten praktisch ständig gebaut wird.

Von der Rte 4021 folgt man 1 km nördlich des Verkehrskreisels in Chalong der Ausschilderung. Die 6 km lange Landstraße führt nach Westen, steil hinauf, vorbei an Terrassen mit Bananenplantagen und dichten Waldstücken.

befindet sich das Boathouse Wine & Grill, eines der Spitzenrestaurants der Insel; der angeschlossene Re Ká Ta Beach Club (S. 693) ist glamourös.

Essen

Es gibt erstaunlich noble Restaurants in Kata, in denen man aber auch tief in die Tasche greifen muss. Günstiger essen kann man in der Th Thai Na und in den zwanglosen Meeresfrüchterestaurants am südlichen Ende des Hat Kata Yai.

Kata Mama THAI $

(Karte S. 693; Hat Kata Yai; Hauptgerichte 50–400 B; ⊙8–21 Uhr) Unser Favorit unter mehreren günstigen Meeresfrüchtebuden, die sich am Südende des Hat Kata Yai verstecken: Dank freundlicher Bedienung, verlässlich schmackhaften Thai-Gerichten und dem entspannten Strand-Ambiente herrscht hier immer großer Betrieb.

★ **Sabai Corner** INTERNATIONAL, THAI $$

(Karte S. 690; ☎089 875 5525; www.facebook.com/Sabai-Corner-150517525037992; Hat Kata, abseits der Rte 4233; Hauptgerichte 100–400 B; ⊙10–22 Uhr; WLAN) Von der großen Terrasse hat man den schönsten Blick auf Phuket: in der einen Richtung bis nach Karon und in der anderen auf den endlosen Horizont und das blaue Meer, das die Insel umspült. Es ist selten, dass Restaurants in so herrlicher Lage auch wirklich gut sind, aber hier ist das der Fall. Das erstklassige Restaurant mit Plätzen drinnen und draußen gehört Thais, Schweizern und US-Amerikanern und ist bei hier lebenden Ausländern beliebt.

Unter dem hohen Strohdach gibt's einen Billardtisch, eine Inselbar und Sportübertragungen im Flachbild-TV. Die Karte ist nicht innovativ – gebratener Reis, gegrillter Fisch, scharfe Thai-Currys, Salate, Pizzas und Pasta –, aber das Essen schmeckt. Von Kata fährt man auf der Rte 4233 (Richtung Rawai/Hat Nai Han) 2,5 km nach Süden. Unmittelbar hinter dem Karon Viewpoint die Abzweigung nach rechts (den Hügel hinunter) nehmen, dann ist man nach 1,5 km am Ziel.

Capannina ITALIENISCH $$

(Karte S. 693; ☎076 284318; www.capannina-phuket.com; 30/9 Mu 2, Th Kata, Hat Kata; Hauptgerichte 160–800 B; ⊙Nov.–April 11–23 Uhr, Mai–Okt. 17.30–23 Uhr) Von der Pasta bis zu den Saucen wird in diesem modernen, halb offenen Restaurant alles frisch zubereitet. Der Service kann lahmen, aber die Ravioli mit vier Käsesorten sind denkwürdig, das Risotto ist sehr zu empfehlen, die Pizzas, Calzones und Bruschettas sind ausgezeichnet, und an der Tafel stehen die wöchentlichen Sonderangebote. In der Hauptsaison wird es voll, dann sollte man besser reservieren.

★ **Boathouse Wine & Grill** INTERNATIONAL $$$

(Karte S. 693; ☎076 330015; www.boathousephuket.com; 182 Th Koktanod, Hat Kata; Hauptgerichte 470–1750 B, Verkostungsmenü 1800–2200 B; ⊙11–22.30 Uhr) Das beste unter den vielen Feinschmeckerlokalen vor Ort ist genau das Richtige für ein besonderes Date. Die Atmosphäre kann ein wenig steif sein, dafür ist hier alles sehr glamourös. Die thailändischen und mediterranen Gerichte (z. B. Riesengarnelen-Risotto oder Hummer-Soufflé) sind sagenhaft, die Weinkarte ist riesig und der Blick aufs Meer himmlisch. Die Menüs, bei denen man sich die Gerichte teilt, werden am Tisch der Gäste zubereitet.

Ausgehen & Nachtleben

Katas Nachtleben ist ziemlich ruhig.

★ Ska Bar BAR

(Karte S. 693; www.skabar-phuket.com; 186/12 Th Koktanod; ⏲12 Uhr–open end) Versteckt in den Felsen an der südlichsten Biegung des Hat Kata Yai und scheinbar mit dem Stamm eines großen, alten Banyan-Baums verwachsen, ist das Ska unsere Lieblingsbar für einen Drink zum Sonnenuntergang. Die thailändischen Barkeeper tragen zu dem entspannten Rasta-Flair bei; Bojen, Papierlaternen und Wimpel baumeln von der Decke. Gelegentlich gibt's auch Feuer-Shows, die man sich anschauen sollte.

After Beach Bar BAR

(Karte S. 693; ☎081 894 3750; Rte 4233; ⏲9–22.30 Uhr) Der 180-Grad-Blick von dieser auf Stelzen stehenden strohgedeckten Reggaebar, die sich an eine Klippe über dem Strand von Kata klammert, ist wunderbar: Man schaut auf Meer und Wellen, felsige Halbinseln und von Palmen bedeckte Hügel. Man lauscht Bob Marley und genießt den Sonnenuntergang. Wenn der Feuerball schließlich versunken ist, leuchten bis zum Horizont die Lichter der Fischerboote. Hier gibt's auch ein sehr aromatisches *pàt tai*.

Praktische Informationen

An Katas Hauptstraße gibt's viele Geldautomaten und WLAN.

Post (Karte S. 693; Rte 4028; ⏲Mo–Fr 8.30–16.30, Sa 9–11 Uhr)

Anreise & Unterwegs vor Ort

Sŏrng·tăa·ou fahren von der Th Ranong in Phuket (Stadt) nach Kata (35 B/Pers, 7.30–18 Uhr). Sie halten an der Th Pak Bang (gegenüber dem Kata Beach Resort).

Von Kata gibt's Taxis zum Flughafen von Phuket (1200 B), nach Phuket (Stadt) (600 B), nach Patong (500 B) und Karon (300 B). Vom Flughafen verkehrt ein Minibus nach Kata (200 B/ Pers., mind. 10 Pers.).

Motorräder werden überall vermietet (300 B/ Tag).

Hat Karon หาดกะรน

Hat Karon wirkt wie ein Zwischending aus Hat Patong und Hat Kata: entspannt, ein bisschen glamourös und ein bisschen anrüchig. Trotz der Megaresorts findet man hier pro Kopf mehr Liegefläche am Strand als in Patong oder Kata. Je weiter nach Norden man kommt, desto schöner wird der breite, goldene Sandstrand; an der nördlichsten Ecke (erreichbar über eine raue Straße hinter dem Kreisverkehr) wirkt das Wasser wie türkisfarbenes Glas.

An den Straßen und Plätzen hinter dem Strand finden sich recht gute Thai-Restaurants, unglaublich viele russische Hinweisschilder, billige Go-Go-Bars, T-Shirt-Verkäufer und der hübsche Karon Park mit einem künstlichen See vor der Bergkulisse. Das nördliche Ende des Orts, nahe dem Kreisverkehr, wirkt schäbig; der südliche Ortsteil geht in das elegantere Kata über.

Aktivitäten

In der Nebensaison (April–Okt.) kann man am Südende des Hat Karon Surfunterricht nehmen (1200 B/Std.) und Surfbretter/Bodyboards (250/100 B pro Std.) ausleihen.

Das in Kata ansässige Dive Asia hat ein **Büro** (Karte S. 693; ☎076 396 199; Th Patak East) im Norden von Karon.

Sunrise Divers TAUCHEN

(Karte S. 693; ☎084 626 4646, 076 398040; www.sunrise-divers.com; 269/24 Th Patak East, Hat Karon; 2/3 Tauchgänge 3200/3800 B, Tauchausflug mit Bordübernachtung ab 12 900 B; ⏲9–17 Uhr) Phukets größter Veranstalter von Touren mit Übernachtung an Bord, wird von einem lange auf Phuket ansässigen Blogger geführt und organisiert mehrtägige Tauchtouren (von günstig bis luxuriös) zu den Similan- und Surin-Inseln, zum Mergui-Archipel in Myanmar sowie nach Ko Phi-Phi. Es gibt auch eintägige Tauchausflüge, u. a. nach Ko Phi-Phi und zu den Similan-Inseln.

Schlafen

Pineapple Guesthouse PENSION $

(Karte S. 693; ☎076 396223; www.pineapplephuket.com; 291/4 Karon Plaza; B 280 B, Zi. mit Ventilator/Klimaanlage 500/1100 B; ❄📶) Versteckt rund 400 m hinter dem Strand findet sich diese ausgezeichnete Budgetunterkunft mit einem herzlichen thailändisch-englischen Management. Die sehr gepflegten, hellen Zimmer haben Warmwasser, bunte Bildtapeten und Kühlschränke; manche bieten auch einen kleinen Balkon. Außerdem gibt es einen schlichten, sauberen Schlafsaal mit zehn Betten.

★ Bazoom Haus PENSION $$
(Karte S. 693; ☎076 396414; www.bazoomhostel.com; 269/5 Mu 3, Karon Plaza; B 400 B, Zi. 2300–3500 B; ❄📶) Die kühn-moderne Fassade weist darauf hin, dass diese Pension etwas Besonderes ist. Die herrlichen Doppelzimmer haben Holzböden und Holzmöbel, Betonwände, indirekte Beleuchtung und mit Mosaiken geflieste Duschen, einige davon auch eigene Terrassen. Vor Ort gibt es ein koreanisches Restaurant (die hilfsbereiten jungen Betreiber stammen aus Korea) mit viel polierten Beton, farbenfroher Kunst und DJs sowie einen Tauch-Shop. In den Schlafsälen stehen je sechs Betten. In der Nebensaison fallen die Preise um bis zu 60 %.

Marina Phuket RESORT $$$
(Karte S. 693; ☎076 330625; www.marinaphuket.com; 47 Th Karon; Zi. mit Frühstück & Abendessen 8100–11 800 B; P❄📶🏊) Erhöhte Plankenwege führen durch den üppigen, ruhigen Garten zu den im klassischen Thai-Stil aufgemachten komfortablen und abgeschiedenen Zimmern und Villen mit Blick aufs Meer oder den Dschungel. Alle haben luftige Terrassen, ein Dekor aus warmem Holz, Teakmöbel und Seidenüberwürfe. Die Villen haben auch Whirlpools. Die Gartenzimmer wurden zum Zeitpunkt der Recherche gerade aufgebessert. Das Restaurant Red Chopsticks bietet ausgezeichnete, modern-asiatische Küche. In der Nebensaison fallen die Preise um bis zu 50 %.

In On The Beach HOTEL $$$
(Karte S. 693; ☎076 398220; www.karon-inonthebeach.com; 695-697 Mu 1, Th Patak West, Hat Karon; Zi. mit Frühstück 3500B; P❄📶🏊) Dieses Hotel am Karon Park ist nichts Besonderes, aber durchaus nett und geschmackvoll. Die etwas betagten Zimmer haben cremefarbene Wände, Marmorböden, Klimaanlage und Deckenventilator. Sie säumen einen tiefblauen Pool und blicken aufs Meer. Das entscheidende Plus ist aber die wunderbare Lage. Da es in der Nebensaison einen beträchtlichen Rabatt gibt, ist das Haus eine ideale Absteige für Surfer.

Essen

Preiswerte Thai- und Meeresfrüchterestaurants gibt es am nördlichen Ende des Hat Karon sowie an der Hauptstraße nahe dem südlichen Abschnitt des Hat Karon.

★ Pad Thai Shop THAI $
(Karte S. 693; Th Patak East, Hat Karon; Gerichte 50 B; ⏰9–18 Uhr) In der guten Imbissbude gibt's sättigenden pikanten Hühnchen-Eintopf sowie geradezu absurd gutes *kôw pàt*

DIE GROSSE SÄUBERUNGSAKTION AM STRAND VON PHUKET

Seit dem Militärputsch von 2014 geht die thailändische Junta gegen die auf Phuket weitverbreitete Korruption vor. Dazu gehörten vor allem Aktionen gegen illegale Bautätigkeit, Geschäftemacherei an den Stränden und die berüchtigte „Taximafia" (S. 680).

Zunächst wurden alle an den Stränden zum Verleih angebotenen Sonnenliegen, Liegestühle und Sonnenschirme verboten und Tausende dieser Möbel unter den Augen bewaffneter Soldaten fortgeschafft. Verkäufer, Masseusen und Restaurants wurden aufgefordert, den Sandstrand zu räumen. Illegal errichtete Bauten wurden planiert. Das betraf auch gut etablierte Strandclubs und Restaurants; andere mussten ihre Fläche stark verkleinern.

Wie sind Traveller davon betroffen? Zum Zeitpunkt der Recherche konnte man Strandmatten und Sonnenschirme immer noch in begrenzter Zahl und in mit „10 %" ausgewiesenen Bereichen leihen; Sonnenliegen bleiben aber verboten. Innerhalb der ausgewiesenen Bereiche dürfen Reisende eigene Sonnenschirme oder Liegestühle aufstellen. Natürlich halten sich die Leute nicht unbedingt an die neuen Bestimmungen. Jet-Skis, die gleich zu Beginn verboten wurden, sind am Hat Patong und Hat Kamala immer noch sehr häufig. Einige Geschäfte missachten den Befehl zur Schließung und machen anderswo weiter.

Derzeit sind die wundervollen Strände von Phuket erst einmal ordentlicher und etwas ruhiger; dafür fehlen einige vertraute Annehmlichkeiten.Die ganze Aktion ist ein Testlauf, der auf andere Teile Thailands ausgeweitet werden könnte. Die gegenwärtige Situation ist kompliziert und bestimmt noch nicht der Weisheit letzter Schluss.

boo (gebratener Reis mit Krabben), *pàt see·éw* (gebratene Nudeln) und Nudelsuppe. Ferner erhält man ein wirklich wundervolles *pàt tai*: süß und pikant, mit Tofu, Ei und Erdnüssen sowie einer Beilage aus Frühlingszwiebeln, Bohnensprossen und Limetten. Unbedingt auch die hausgemachten Chili-Saucen probieren!

Mama Noi's THAI, ITALIENISCH **$**

(Karte S. 693; Karon Plaza; Hauptgerichte 90–185 B; ⏲9–22 Uhr; 📶) Das schlichte, günstige und freundliche Café mit Fliesenboden und verblichenen Italien-Fotos, guter Stimmung und baumelnden Topfpflanzen verköstigt schon seit einer Generation die Massen der hier lebenden Ausländer. Neben tollen Thai-Gerichten gibt's eine große Auswahl an schmackhafter Pasta, z. B. Spaghetti mit rotem Curry.

Red Chopsticks THAI **$$**

(Karte S. 693; ☎076 330625; 47 Th Karon; Hauptgerichte 80–250 B; ⏲12–24 Uhr; 📶) Das tolle zeitgenössische Thai-Restaurant gleich hinter dem südlichen Teil des Hat Karon bringt eine willkommene Prise Eleganz. Man speist in einer smarten, modisch-schicken Lounge mit gemütlichen gestreiften Stühlen, dicken Holzpfeilern und von der Decke hängenden, gedämpften Lampen. Emsige Kellner servieren gebratene Meeresfrüchte im Tontopf, leicht blubbernde Currys und mit Kräutern gewürzte Pfannengerichte, die alle in der offenen Küche zubereitet werden. Das Angebot an Cocktails ist umfangreich.

Anreise & Unterwegs vor Ort

Sŏrng·tăa·ou fahren zwischen 7.30 und 18 Uhr häufig zwischen der Th Ranong in Phuket (Stadt) zum Hat Karon (30 B/Pers.). Die Taxifahrt von Karon zum Flughafen von Phuket kostet 1000 B, nach Phuket (Stadt) 550 B, nach Patong 400 B und nach Kata 200 B. Vom Flughafen fährt ein Minibus nach Karon (200 B/Pers., mind. 10 Pers.). Motorräder werden vermietet (250 B/Tag).

Hat Patong

หาดป่าตอง

Mit krebsroten Russen in schlecht gefälschten Marken-T-Shirts, dem völligen Fehlen von Stadtplanung und Landschaftspflege sowie dem ungezügelten Interesse, aus der Midlife-Crisis ein Geschäft zu machen, ist Patong unfreiwillig komisch. Doch trotz Beton, Silikon und zweifelhafter Moral hat dieser Ort auch etwas für sich.

Patong ist offen für alles. Am entsprechenden Ort findet man alles, vom Venti-Latte bei Starbucks bis hin zur „Begleitung" für einen Abend. Das gilt für Dutzende anderer Urlaubsorte genauso, aber Patong versucht nicht, es zu kaschieren. Natürlich muss man den Ort deshalb nicht mögen. Aber wenn man bei der Ankunft einen Blick auf den weiten Sandstrand und die prächtige halbmondförmige Bucht wirft, begreift man, warum hier einst all das begann.

Man findet hier jede Menge Tauch- und Wellness-Angebote, gehobene Restaurants, Fischbratereien am Straßenrand, extravagantes Cabaret, Thai-Boxen, staubige Antiquitätenläden, eine der coolsten Shopping-Malls in Thailand und natürlich nächtliche Partys ohne Ende.

Aktivitäten

★ **Sea Fun Divers** TAUCHEN

(Karte S. 676; ☎076 340480; www.seafundivers.com; 29 Soi Karon Nui; 2/3 Tauchgänge 4100/4500 B, Open-Water-Zertifkat 18 400 B; ⏲9–18 Uhr) Der ausgezeichnete, sehr professionelle Tauchveranstalter bietet ein hohes Niveau, tadellosen Service und engagierte, erfahrene Tauchlehrer. Das Unternehmen hat seinen Sitz im Resort Le Meridien am südlichen Ende von Patong; eine Filiale (S. 692) befindet sich in Kata Noi.

Sea Bees TAUCHEN

(Karte S. 676; ☎076 292969; www.sea-bees.com; Amari Coral Beach Resort; 2 Tauchgänge 3750 B; ⏲9–18 Uhr) Die ausgezeichnete, von Deutschen geführte Tauchschule veranstaltet lustige Tauchausflüge nach Ko Phi-Phi und zum Wrack der *King Cruiser*, außerdem Open-Water-Zertifizierungskurse (15 000 B) und Tauchtouren mit Übernachtung an Bord zu den Similan-Inseln (ab 18 900 B). Filialen finden sich überall auf Phuket und in Khao Lak.

Kurse

Pum Thai Cooking School KOCHKURS

(Karte S. 700; ☎076 346269; www.pumthaifoodchain.com; 204/32 Th Rat Uthit; Kurs 500–7500 B) Dieses Restaurant mit Kochschule (und Filialen in Thailand, Frankreich und Großbritannien) veranstaltet täglich mehrere Kurse, die 30 Minuten (Zubereitung eines Gerichts) bis zu sechs Stunden dauern. Der beliebte Kurs „Little Wok" (4 Std.) umfasst auch einen Marktbesuch, und die Teilnehmer erhalten ein Kochbuch.

Hat Patong

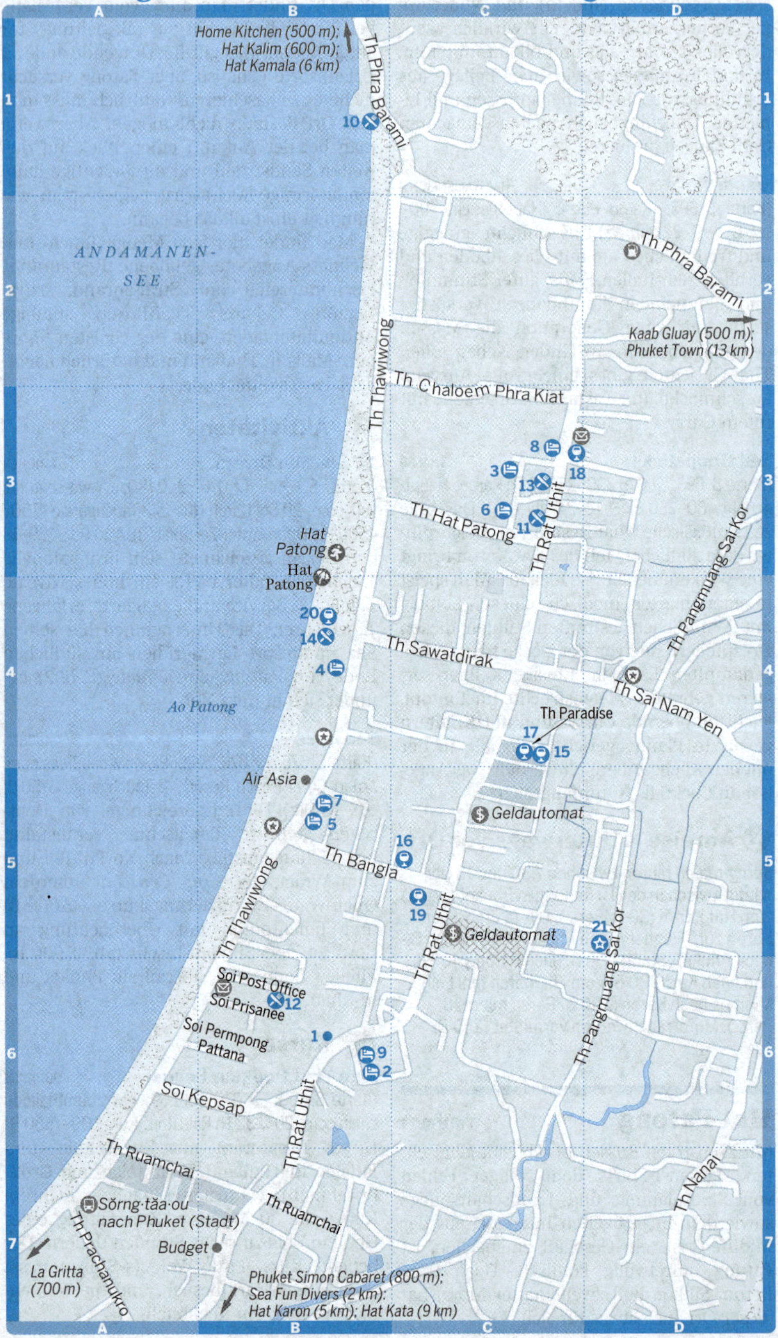

0 200 m
A
B
C
D
1
2
3
4
5
6
7
Home Kitchen (500 m);
Hat Kalim (600 m);
Hat Kamala (6 km)
Th Phra Barami
ANDAMANEN-
SEE
Th Phra Barami
Kaab Gluay (500 m);
Phuket Town (13 km)
Th Thawiwong
Th Chaloem Phra Kiat
Th Hat Patong
Th Rat Uthit
Hat
Patong
Hat
Patong
Th Sawatdirak
Th Sai Nam Yen
Th Pangmuang Sai Kor
Ao Patong
Th Paradise
Air Asia
Geldautomat
Th Bangla
Th Thawiwong
Th Rat Uthit
Geldautomat
Th Pangmuang Sai Kor
Soi Post Office
Soi Prisanee
Soi Permpong
Pattana
Soi Kepsap
Th Rat Uthit
Th Ruamchai
Th Ruamchai
Sŏrng·tăa·ou
nach Phuket (Stadt)
Budget
Th Prachanukro
La Gritta
(700 m)
Phuket Simon Cabaret (800 m);
Sea Fun Divers (2 km);
Hat Karon (5 km); Hat Kata (9 km)
Th Nanai
1
2
3
4
5
6
7
8
9
10
11
12
13
14
15
16
17
18
19
20
21

Hat Patong

Aktivitäten, Kurse & Touren
1 Pum Thai Cooking School B6
Swasana Spa .... (siehe 4)

Schlafen
2 Baipho B6
3 BYD Lofts C3
Ella .... (siehe 12)
4 Impiana Phuket Cabana B4
5 Lupta Hostel B5
6 Merrison Inn C3
7 Patong Backpacker Hostel B5
8 Red Planet C3
9 Sino House B6

Essen
10 Baan Rim Pa B1
11 Chicken Rice Briley C3
12 Ella B6
13 Patong Food Park C3
Sala Bua .... (siehe 4)
14 The Beach B4

Ausgehen & Nachtleben
15 Boat Bar C4
16 Illuzion C5
17 My Way C4
18 Nicky's Handlebar C3
19 Seduction C5
20 Sole Mio B4
Zag Club .... (siehe 15)

Unterhaltung
21 Bangla Boxing Stadium D5

Schlafen

Zwischen November und April ist es schwierig, in Patong eine Bleibe für unter 1000 B zu finden. In der Nebensaison fallen die Preise aber um 40 bis 60 %.

★ Lupta Hostel HOSTEL $
(Karte S. 700; ☎076 602462, 092 934 6453; www.luptahostel.com; 138 Th Tawiwong; B 490–590 B, DZ 1200 B; @📶) Der freundliche und moderne Neuzugang nur 100 m abseits der Th Bangla wirkt eher wie ein europäisches Flashpacker-Hostel als wie eine Absteige in Patong. Die kleinen, komfortablen Schlafsäle für vier bis acht Personen sind mit hellem Holz ausgekleidet und weiß gestrichen. Sie teilen sich die recht schicken Bäder. Zu jedem Bett gehören ein eigenes Schließfach, ein Steckanschluss und ein winziges Regal. In dem mit Kissen, Barhockern und Rattanlampen eingerichteten geselligen Foyer genießt man ein leichtes Frühstück. Ein Schlafsaal ist Frauen vorbehalten.

Patong Backpacker Hostel HOSTEL $
(Karte S. 700; ☎076 341196; 140 Th Thawiwong; B 250–450 B; ❄📶) Das immer gut besuchte Budget-Hostel hat eine tolle Lage gleich auf der anderen Seite der Strandstraße und eine einladende Gemeinschaftslounge. Die bunt gestrichenen Schlafsäle bieten Platz für drei bis zehn Gäste. Im obersten Stock ist es am hellsten, dafür haben die Schlafsäle in den unteren Etagen jeweils ein eigenes Bad.

Baipho PENSION $$
(Karte S. 700; ☎076 292074; www.baipho.com; 205/12-15 Th Rat Uthit ; Zi. mit Frühstück 2000–4500 B; ❄📶) Versteckt in einer ruhigen Gasse prunkt diese künstlerisch anmutende, stimmungsvolle Pension mit Buddha-Figuren, Malereien von Tänzerinnen, Blumenmotiven und Zen-artigen Verzierungen, die sich mit moderner Kunst und großstädtischen Zügen mischen. Die gedämpft beleuchteten, aber stilvoll-gemütlich wirkenden Zimmer sind alle unterschiedlich; man sollte daher das freundliche Management bitten, sich ein paar anschauen zu dürfen.

Merrison Inn HOTEL $$
(Karte S. 700; ☎076 340383; www.merrisoninn.com; 5/35 Th Hat Patong; Zi. mit Frühstück 1500–2000 B; ❄📶) Polierte Betonböden, farbenfroh geflieste Badezimmer, an der Wand montierte Flachbild-TVs, schmale Doppelbetten, freundliches Personal und eine gehörige Portion Asien-Kitsch machen dieses Hotel zu einem ausgezeichneten Angebot.

Red Planet HOTEL $$
(Karte S. 700; ☎076 341936; www.redplanethotels.com; 56 Th Rat Uthit; Zi. 1200–2500 B; P❄📶) Der rotweiße Block ist Teil einer aufstrebenden südostasiatischen Kette und bietet einfache, ordentliche Drei-Sterne-Unterkunft. Die Zimmer sind klein, aber smart, gemütlich und mit Holzböden, Haarfönen und feiner Bettwäsche auch gut ausgestattet.

Sino House PENSION $$
(Karte S. 700; ☎076 293272; 205/10-11 Th Rat Uthit; Zi. 1400–1800 B; ❄📶) Eine nette Pension: Chinesische Kunst hängt an den Korridorwänden, das Foyer ist aufwendig gefliest, und die großen und sauberen, wenn auch einfachen Zimmer haben Holzmöbel, burgunderrote Vorhänge, kleine Safes und vom Boden zur Decke reichende Kopfbretter.

★ BYD Lofts APARTMENTS $$$
(Karte S. 700; ☎076 343024; www.bydlofts.com; 5/28 Th Hat Patong; Apt. 6500–17 400 B; ❄📶🏊) Die drei Blocks einnehmende Anlage wirkt wie einer noblen Innenarchitektur-Zeitschrift entsprungen und geradezu himmlisch verglichen mit der zwielichtigen Umgebung. Wem Stil und Komfort wichtiger sind als die direkte Lage am Strand (der aber auch nur eine Gehminute entfernt ist), ist hier genau richtig. Urbaner Schick prägt die Apartments: weiße Böden, Wände und Rollläden; klare Linien und farbenfrohe Kunst. Zu einigen Zimmern gehören eigene Pools. Ansonsten gibt es auch noch den türkisfarbenen Pool auf dem Dach.

Impiana Phuket Cabana HOTEL $$$
(Karte S. 700; ☎076 340138; www.impiana.com; 41 Th Thawiwong; Zi. 5300–10 600 B, Suite 12 750–29 700 B; P❄📶🏊) Die Anlage im Stil eines Hüttendorfs steht am besten (dem nördlichen) Strandabschnitt nahe beim Geschehen. Die Zimmer bieten allen erdenklichen Komfort. Gute asiatisch-mediterrane Fusionküche gibt's im am Pool gelegenen **Sala Bua** (Hauptgerichte 300–1900 B; ⏲11–23 Uhr), und in dem coolen Glaswürfel des **Swasana Spa** (Massage 1100–1900 B; ⏲10–21 Uhr) kann man sich das ganze Wellnessprogramm gönnen und dabei aufs Meer blicken.

Essen

Patong hat viele Restaurants in allen Preisklassen. Die Kunst besteht nur darin, nicht auf eines der unzähligen Lokale mit verwässerter Thai-Küche und schlecht zubereiteten westlichen Gerichten hereinzufallen. Die feudalsten Restaurants befinden sich alle auf den Klippen am Nordrand der Stadt.

Abends gibt's überall im Ort günstige Verkaufsstände, die Meeresfrüchte und Nudelgerichte anbieten, besonders in den Gassen um die Th Bangla sowie im **Patong Food Park** (Karte S. 700; Th Rat Uthit; Gerichte 50–200 B; ⏲16.30–24 Uhr).

Kaab Gluay THAI $
(Karte S. 676; ☎076 346832; 58/3 Th Phra Barami; Gerichte 60–165 B; ⏲11–2 Uhr; 📶) Das entspannte Lokal am Straßenrand ist zwar bestimmt nicht das geruhsamste Fleckchen in Patong, begeistert aber mit authentischen, günstigen Thai-Gerichten, hellwachem Personal und fehlerlosen (!) Speisekarten. Man isst zwanglos unter einem riesigen Blechdach. Es gibt Garnelen mit rotem Curry, Hähnchen-Satay, Fisch süß-sauer, frittiertes Hähnchen im Honigmantel, klassische Nudel- und Pfannengerichte sowie mehr als 30 Versionen pikanter thailändischer Salate.

Chicken Rice Briley THAI $
(Karte S. 700; ☎081 597 8380; Patong Food Park, Th Rat Uthit; Gerichte 50–60 B; ⏲6–21 Uhr) Eines der wenigen Lokale im Patong Food Park, in dem man auch tagsüber etwas zu essen bekommt. Die geschmorte Hähnchenbrust wird auf Reis mit einer Schale Hühnerbrühe und kleinen Fleischstücken serviert, die man in die fantastische Chili-Sauce stippen kann. Es gibt auch einen beliebten Schweinefleisch-Eintopf auf Reis sowie Mango mit Klebereis. Kein Wunder, dass das Restaurant immer voll ist.

Ella INTERNATIONAL $$
(Karte S. 700; ☎076 344253; www.facebook.com/EllaBistro; 100/19-20 Soi Post Office; Hauptgerichte 200–400 B; ⏲9–23 Uhr; 📶) Das Bistro-Café mit viel Beton und industriell anmutendem Ambiente ist eine nette Überraschung. Zu den ganztägig angebotenen Frühstücksgerichten gehören scharf gewürztes Rührei à la Rajasthan, Massaman-Hähnchen-Tacos, mit Hühnchen und Gemüse gefüllte Omelettes sowie Arme Ritter aus Baguettes mit karamellisierten Bananen. Im Obergeschoss werden ähnlich gestaltete **Zimmer** (Zi. 3200–5400 B; ❄📶) vermietet.

The Beach THAI, SEAFOOD $$
(Karte S. 700; ☎076 345944; 49 Th Thawiwong; Hauptgerichte 180–350 B; ⏲8–23.30 Uhr) In der alteingesessenen Strandbude gibt's ordentliche Thai- und nicht aufregende, aber verlässliche Meeresfrüchtegerichte. Das Essen ist etwas überteuert, aber die Lage ist fantastisch.

★ Home Kitchen INTERNATIONAL $$$
(Karte S. 676; ☎093 764 6753; www.facebook.com/HOME.kitchen.bar.bed; 314 Th Phra Barami, Hat Kalim; Hauptgerichte 300–800 B; ⏲5–1 Uhr; 📶) Weißes Leder, altersschwache Tische, fließende Stoffe, leuchtende Laternen und Neonlichter stoßen hier auf mediterranes Flair. Der/die skurril-schicke Speisesaal/Cocktailbar ist wie ein Schiffsrumpf geformt und ein eindrucksvolles Kunstwerk. Die kreativen thailändisch-mediterranen Gerichte sind ebenfalls fabelhaft. Zu empfehlen sind der Avocado-Krabben-Salat, die Pasta mit Tintenfisch und Lachs, das Massaman-Curry vom Wagyu-Rind, der frittierte Seebarsch mit *pá·aang*-Curry und die wunderbar knusprigen Parmesan-Fritten.

TIGER KINGDOM

Irgendwann während des Aufenthalts hier bekommt man mit Sicherheit eine Broschüre, in dem Phukets umstrittenes Tiger Kingdom angepriesen wird. Das 2013 eröffnete Tiger Kingdom Phuket bietet (wie das Original in Chiang Mai) Hunderten von Besuchern täglich die Gelegenheit, die „zahmen" Tiger – kleine Tigerbabys genauso wie ausgewachsene Tiere – anzufassen, sie zu füttern und mit ihnen zu posieren.

Wie bei Thailands anderen Tiger-Attraktionen gibt es viele Probleme mit dem Tierschutz, aber auch mit der Sicherheit der Besucher. Immer wieder sollen Tiere misshandelt, in zu enge Käfige gesperrt und mit Medikamenten ruhig gestellt worden sein, um sie gefügig zu machen. Wie der berühmt-berüchtigte **Tiger Temple** (S. 200) in Kanchanaburi weist Tiger Kingdom Vorwürfe, dass die Tiere misshandelt würden, entschieden zurück.

2014 wurde ein australischer Tourist beim Besuch des Tiger Kingdom schwer verletzt. Der Tiger, der ihm die Verletzung zugefügt hatte, wurde „aus dem Verkehr gezogen".

Wegen der beträchtlichen Probleme mit dem Tierschutz empfiehlt Lonely Planet ausdrücklich nicht den Besuch im Tiger Kingdom. Mehr zum schwierigen Thema der thailändischen Tierattraktionen steht auf S. 541.

Baan Rim Pa THAI $$$
(Karte S. 700; ☎ 076 340789; www.baanrimpa.com; 223 Th Phra Barami; Hauptgerichte 290–750 B; ⏲ 12–22 Uhr) Zum hervorragenden thailändischen Essen kommt der spektakuläre Ausblick. Das Niveau ist hoch, die Preise sind es auch, aber mit viel Kerzenschein und Klaviermusik liegt Romantik in der Luft. Vorab reservieren und sich fein anziehen!

La Gritta ITALIENISCH $$$
(Karte S. 676; ☎ 076 292697; www.lagritta.com; Amari Coral Beach Resort; Hauptgerichte 400–800 B; ⏲ 10–24 Uhr; 📶) Das moderne italienische Restaurant serviert in toller Lage große Portionen herrlich sahniger Pastagerichte sowie Gourmetpizzas. Dank gemütlicher Sitznischen, wundervollem Strandblick und einer Terrasse, die nur Zentimeter über dem mit Felsbrocken übersäten Ufer am südlichen Ende des Hat Patong liegt, ist dies einer der schönsten Orte, um bei Sonnenuntergang einen Chalong-Bay-Rum-Mojito (S. 695) zu genießen.

Ausgehen & Nachtleben

Einige Besucher sind der Meinung, dass die Barszene in Patong einem den Appetit auf *pàt tai* verderben kann. Wer aber Lust auf blinkende Neonreklamen und kurze Röcke hat, wird sich hier wohlfühlen.

Die Th Bangla ist das Zentrum der Bier- und Gog-Go-Bars. Hier sind die üblichen Shows mit sich drehenden und windenden Thai-Girls und dem Publikum aus rotgesichtigen Männern aus dem Westen zu sehen. Die Techno-Musik dröhnt, die Girls sind praktisch nackt, und Phallussymbole bestimmen das kitschige Dekor. Die Atmosphäre ist aber eher karnevalesk, und viele Gleichgesinnte bahnen sich ihren Weg durch die Menschenmassen zu den Bars.

★ **Seduction** CLUB
(Karte S. 700; www.facebook.com/seductiondisco; 70/3 Th Bangla; ⏲ 22–5 Uhr) DJs aus aller Welt, eine hochprofessionelle Musikanlage und eindeutig die besten Tanzpartys auf Phuket.

Illuzion CLUB
(Karte S. 700; www.illuzionphuket.com; 31 Th Bangla; ⏲ 22–6 Uhr) Patongs angesagtester neuer Megaclub bietet auf mehreren Etagen ein Durcheinander an Dance- und Akrobatikshows, internationale DJs, regelmäßig Abende für Frauen, die ganze Nacht Electro-Rhythmen und unzählige Bars.

Sole Mio BAR
(Karte S. 700; ☎ 081 5378116; Th Thawiwong; ⏲ 10–24 Uhr; 📶) Die skurril dekorierte Bar mit wiederverwertetem Wellblech, pastellfarben gestrichenem Holz und Muschelketten mutet karibisch an. Sie liegt direkt am Strand, Popsongs wummern, und zu trinken gibt's mittelprächtige Cocktails und Chang vom Fass. Man kann seinen Nachmittag auch schlechter verbringen.

Nicky's Handlebar BAR
(Karte S. 700; ☎ 076 343211; www.nickyhandlebars.com; 41 Th Rat Uthit ; ⏲ 7.30–1 Uhr; 📶) In der lustigen Biker-Kneipe sind alle willkommen. Die frühere Kaschemme sieht besser aus denn je. Auf der Metalltheke stehen aus Motorradteilen gebastelte Aschenbecher, die schweren Speisekarten bestehen aus Radkappen und Bremsscheiben. Hier wer-

den auch Harley-Touren veranstaltet und Maschinen vermietet (ab 4800 B).

✩ Unterhaltung

Cabaret und Thai-Boxen stehen hier im Mittelpunkt.

Phuket Simon Cabaret CABARET
(Karte S. 676; ☎ 076 342114; www.phuket-simoncabaret.com; 8 Th Sirirach; Erw. 700–800 B, Kind 500–600 B; ⊙ Shows 18, 19.45 & 21.30 Uhr) Ungefähr 500 m südlich der Stadt zeigt das Simon bunte, unterhaltsame Travestieshows. Das Theater mit seinen 600 Plätzen ist großartig, die Kostüme sind prächtig und die Ladyboys überzeugend. Das Haus ist deutlich auf asiatisches Publikum ausgerichtet und in der Regel ausgebucht – vorab reservieren!

Bangla Boxing Stadium SPORT
(Karte S. 700; ☎ 076 273416; www.banglaboxingstadiumpatong.com; Th Pangmuang Sai Kor; Eintritt 1700–2500 B; ⊙ Mi, Fr & So 21 Uhr) Alter Name, gleiches Programm: eine Runde *moo·ay tai* nach der anderen, mit Boxern aus Thailand und dem Ausland.

Praktische Informationen

Überall in der Stadt gibt's Geldautomaten, Wechselstuben und WLAN.

Post (Karte S. 700; Th Rat Uthit; ⊙ Mo–Fr 8.30–16.30, Sa & So 9–12 Uhr)

Touristenpolizei (Karte S. 700; ☎ 1669, 076 342719; Ecke Th Thawiwong & Th Bangla)

Anreise & Unterwegs vor Ort

Fahrten mit einem *túk-túk* kosten in Patong rund 200 B. Zahlreiche Läden vermieten Motorräder (250 B), **Nicky's Handlebar** (S. 703) vermietet Harleys (ab 4800 B). Die gesetzliche Helmpflicht wird in Patong strikt durchgesetzt; Kontrollen mit Straßensperren sind jederzeit möglich. Der Autovermieter **Budget** (Karte S. 700; ☎ 089 873 0234; www.budget.co.th; Patong Merlin Hotel, 44 Th Thawiwong; ⊙ 8–18 Uhr) findet sich am südlichen Ende der Stadt.

Sŏrng·tăa·ou fahren von der Th Ranong in Phuket (Stadt) zum südlichen Ende des Hat Patong (30 B, 7–18 Uhr). Von dort kann man laufen oder ein Motorradtaxi (30 B/einfache Strecke) oder ein *túk-túk* nehmen. Ein *túk-túk* nach Betriebsschluss für eine Fahrt ab Phuket (Stadt) zu chartern, kostet 500 B. Ein „Lokalbus" verkehrt von 7 bis 17 Uhr zwischen dem **Terminal 1 des Busbahnhofs** (S. 688) in Phuket (Stadt) und Patong (50 B).

Taxis vom/zum Flughafen kosten 800 B. Ein Minibus fährt vom Flughafen nach Patong (180 B/Pers., mind. 10 Pers.).

Hat Kamala หาดกมลา

Als relaxtes Zwischending aus dem Hat Karon und dem Hat Surin lockt Kamala Langzeitgäste, Familien und junge Pärchen an. Die Bucht ist prachtvoll und ruhig. Palmen und Kiefern stehen am grünen, felsigen Nordende; dort ist das Wasser smaragdgrün, und rund um das Felsriff kann man einigermaßen ordentlich schnorcheln. Hinter dem Strand verläuft auf ganzer Länge ein gepflasterter Weg vor den üppigen grünen Hügeln, von denen man nur hoffen kann, dass sie nie bebaut werden. Schicke neue Resorts haben sich bereits in die südlichen Uferklippen hineingefressen, und auch Jet-Skis haben schon ihren Weg nach Kamala gefunden, aber für die Verhältnisse in Phuket ist es hier dennoch recht ruhig.

Aktivitäten

Während des Monsuns (Mai–Okt.) kann man am südlichen Abschnitt des Hat Kamala Surfbretter (300 B/Std.) mieten und Surfunterricht (1500 B) nehmen.

Laem Singh STRAND
(Karte S. 706) Einheimische Kenner halten die von Klippen umsäumte Bucht von Laem Singh, 1 km nördlich von Kamala, für einen der schönsten Strände der ganzen Insel. Man parkt auf der Landzunge und klettert dann auf einem steilen Dschungelpfad zum Strand hinunter. Alternativ chartert man am Hat Kamala ein Longtail-Boot (1000 B). Mit Massenandrang ist zu rechnen.

Schlafen

Papa Crab BOUTIQUEHOTEL $$
(Karte S. 706; ☎ 076 385315; www.phuketpapacrab.com; 93/5 Mu 3; Zi. 1900 B; ❄ 📶) Das elegante Gästehaus vereint anheimelnde Zimmer mit einer friedlichen Lage und diskretem, freundlichen Personal. Eine Holzbrücke führt von der Lobby über den Seerosenteich zu den geschmackvoll in ruhigen Farben (Limettengrün und Weiß) gestalteten Zimmern mit Terrakottaböden, Betten aus dunklem Holz, Toilettenartikeln von Lemongrass und frischen Frangipani-Blumen.

Cape Sienna HOTEL $$$
(Karte S. 706; ☎ 076 337300; www.capesienna.com; 18/40 Mu 6, Th Nakalay; Zi. 4950–16 900 B; ❄ 📶 🏊) Das schicke, romantische Hotel auf der südlichen Landzunge bietet von seiner Lobby, dem Pool, den Cabanas am Pool

und von allen Zimmern einen prächtigen Ausblick auf das türkisfarbene Meer. Die Zimmer haben alle Annehmlichkeiten und sind hell, schick und modern. Orange- und türkisfarbene Farbtupfer sorgen für Auflockerung. Zu den Deluxe-Zimmern gehören Whirlpools auf dem Balkon. Über der Anlage liegt Kamalas luftigste Cocktailbar, das **Vanilla Sky** (⌚17–24 Uhr). Gute mediterrane und thailändische Gerichte gibt's im Restaurant **Plum** (Hauptgerichte 400–1000 B; ⌚18–23 Uhr, Mai–Okt. Mo geschl.; ✎).

Layalina Hotel BOUTIQUEHOTEL **$$$**
(Karte S. 706; ☎076 385944; www.layalinahotel.com; 75-75/1 Mu 3, Hat Kamala; Zi. mit Frühstück 6050–8500 B; ❄📶🏊) Von den Maisonette-Suiten mit eigenen Dachterrassen hat man einen schönen Blick in den Sonnenuntergang. Thailändisches, schlicht-schickes Dekor prägt das kleine Strandhotel, dessen Zimmer mit flauschigen, weißen Tagesdecken und honigfarbenen Holzmöbeln eingerichtet sind. Der Pool ist lachhaft winzig, aber das tiefblaue Meer liegt direkt vor der Tür. In der Nebensaison gibt's großzügigen Rabatt.

Essen

Meena Restaurant THAI **$**
(Karte S. 706; Hauptgerichte 80–150 B; ⌚9–17 Uhr) Das von einer Familie geführte Lokal am Nordende des Strands, in dem Sarongs in Regenbogenfarben oder mit Leopardenmuster als Tischtücher dienen, ist eine echte Entdeckung. Die Inhaber sind superfreundlich, das authentische thailändische Essen und die frischen Frucht-Shakes außergewöhnlich gut. Das rustikale Ambiente ist genau das, was man in Kamala zu finden hofft.

Mam's Restaurant THAI, INTERNATIONAL **$$**
(Karte S. 706; ☎089 032 2009; 32/32 Soi 8; Hauptgerichte 90–280 B; ⌚12–22 Uhr) Hier hat man keinen Strandblick, aber hier lebende Ausländer schwören auf dieses ruhige, kleine Restaurant mit nur ein paar Tischen, die auf dem Hof eines Familienhauses stehen. Hier gibt's sehr aromatische Thai-Gerichte mit Fleisch, Shrimps oder vegetarisch, und darüber hinaus Burger, Pasta, Kebabs, Sandwiches und sogar Fish & Chips. Das Lokal liegt rund 400 m östlich (landeinwärts) der Hauptstraße.

An- & Weiterreise

Sŏrng·tăa·ou fahren von der Th Ranong in Phuket (Stadt) nach Kamala (35 B, 7–17 Uhr).

PHUKET FANTASEA

Die Broschüren, Plakate und Schlepper, die unausgesetzt **Phuket Fantasea** (Karte S. 706), einen 60 Mio. US$ teuren „Kultur-Themenpark" gleich östlich vom Hat Kamala als eine der besten „familienfreundlichen" Attraktionen anpreisen, sind nicht zu übersehen. Es ist empfehlenswert, sich genauer mit den vielen Fragen zum Tierschutz auseinanderzusetzen, die mit dieser an Las Vegas erinnernden Einrichtung verbunden sind, in der die Tiere gezwungen werden, täglich ihre „Vorstellung" zu geben. Danach kann man immer noch entscheiden, ob man sich das anschauen will.

Sŏrng·tăa·ou verbinden darüber hinaus Kamala mit Hat Surin (20 B). Ein Taxi vom/zum Flughafen kostet 700 B.

Hat Surin หาดสุรินทร์

Der Hat Surin könnte Besucher schon allein mit seinem breiten, hellen Sandstreifen, dem Wasser, dessen Färbung von türkisfarben am seichten Ufer zu tiefblau am Horizont übergeht sowie den üppig grünen und mit Felsbrocken übersäten Landzungen verführen. Hinzu kommen aber außerdem noch hinreißende Galerien, fabelhafte Boutiquen, Fünf-Sterne-Resorts, wunderbare Strandrestaurants und die lustige Partystimmung.

Phukets Strandbereinigungs-Kampagne (S. 698) hat Surin besonders hart getroffen. Zum Zeitpunkt der Recherche waren alle Einrichtungen direkt auf dem Strand abgerissen worden (die schmuddeligen Reste lagen noch da); was mit den noch verbliebenen geschehen sollte, war unklar. *Theoretisch* sollte man also nun Hat Surin in unberührter Schönheit genießen können.

Schlafen

Am Hat Surin gibt's einige der schicksten Resorts auf Phuket, aber kaum Budgetunterkünfte.

Benyada Lodge HOTEL **$$**
(Karte S. 706; ☎076 271261; www.benyadalodge-phuket.com; 106/52 Mu 3, Hat Surin; Zi. mit Frühstück 2800–5500 B; ❄📶🏊) Erstklassiger Service und stilvolle, moderne Zimmer (Wandschränke mit schwarzen Jalousien, geflieste Bäder, Sitzecken und weiße Bett-

Hat Kamala, Hat Surin & Ao Bang Thao

decken mit bunten Seidenkissen) machen das Benyada zu einer Unterkunft mit recht gutem Preis-Leistungs-Verhältnis. Von der Bar auf der Dachterrasse genießt man den Sonnenuntergang. Das Hotel ist nur ein paar Gehminuten vom Strand entfernt.

Surin Bay Inn HOTEL **$$**

(Karte S. 706; ☎ 076 271601; 106/11 Mu 3; Zi. mit Frühstück 1800–3000 B; ❄ 📶) Das einladende, schlichte Mittelklassehotel liegt 300 m hinter dem Strand. Fliesenböden, weiße Decken und bunte Kissen geben den geräumigen Zimmern, in denen einfache Wasserkessel zur Verfügung stehen, etwas Schick. Am besten sind die vorderen größeren Zimmer mit Terrasse und Meerblick.

★ **Twin Palms** RESORT **$$$**

(Karte S. 706; ☎ 076 316500; www.twinpalms-phuket.com; 106/46 Mu 3; Zi. mit Frühstück 8100–18 400 B, Suite 14 100–29 100 B; ❄ @ 📶 🏊) Klassisch, aber absolut modern: Das Twin Palms ist genau das, was Surin ausmacht. Fragile weiße Frangipani-Bäume säumen einen Irrgarten von kunstvoll minimalistischen Pools. Selbst die einfachsten Zimmer sind modern und geräumig und haben extra große Badezimmer, freistehende Badewannen und herrlich bequeme Betten. Alles ver-

Hat Kamala, Hat Surin & Ao Bang Thao

Aktivitäten, Kurse & Touren
1 Laem Singh B3
Sun Spa .... (siehe 9)

Schlafen
2 Amanpuri Resort A2
3 Andaman Bangtao Bay Resort B2
4 Benyada Lodge B3
5 Cape Sienna A5
6 Layalina Hotel B5
7 Papa Crab B5
Surin Bay Inn .... (siehe 4)
8 Surin Phuket A2
9 Twin Palms B2

Essen
Andaman Restaurant .... (siehe 3)
10 Bampot D1
11 Bliss Beach Club C1
12 Catch A3
13 Mam's Restaurant B5
14 Meena Restaurant B4
15 Pesto D1
Plum .... (siehe 5)
16 Siam Supper Club D1
17 Sugo B3
18 Taste A3
Tatonka .... (siehe 16)
19 Twin Brothers A3

Ausgehen & Nachtleben
Vanilla Sky .... (siehe 5)

Unterhaltung
20 Phuket Fantasea B5

Transport
21 *Sŏrng·tăa·ou* zum Hat Surin & nach Phuket (Stadt) B5
22 Taxihaltestelle B2

strömt den Eindruck von Ruhe. Das Personal ist professionell, das **Sun Spa** (Anwendungen 1500–2400 B; ⌚11–21 Uhr) fantastisch und der Strand nur ein paar Minuten entfernt.

Es gibt hier einen beliebten Sonntagsbrunch (1970 B).

★ Surin Phuket RESORT **$$$**
(Karte S. 706; ☎076 316400; www.thesurinphuket.com; 118 Mu 3, Hat Pansea; Zi. mit Frühstück 10 500–41 200 B; P❄📶🏊) Fast jede Anlage an einem so lauschigen und wundervollen Strand wäre erste Wahl. Aber die Bungalows im Surin, die sich unter dem Blattwerk am Hügelhang verstecken, bieten dazu noch anheimelnde, erdverbundene und luxuriöse Zimmer, und der sechseckige Pool mit Meerblick ist prächtig abstrakt. Zu vielen der „Cottages" muss man ein ganzes Stück hügelauf und über Holzstege laufen.

Amanpuri Resort RESORT **$$$**
(Karte S. 706; ☎076 324333; www.amanresorts.com; Hat Pansea; Villa 990–3450 US$; P❄📶🏊) Dezent, luxuriös und sehr friedlich: Das Amanpuri ist ein Promi-Magnet und eines der exklusivsten Hotels auf Phuket. Bei den anmutigen Bungalows im traditionellen Design ist die Lage das Entscheidende: Die Cabanas blicken aufs Meer, die Badezimmer sind riesig, und das Dekor wird von warmem Holz bestimmt. Aktivitäten aller Art (Yoga, Kajakfahren, Surfen) sind im Angebot, es gibt einen jettschwarzen Pool, erstklassigen Service und eine gut bestückte Bibliothek.

Essen & Ausgehen

Surin hat einige tolle Nobelrestaurants. Günstige, leckere Meeresfrüchte gibt's in den Speiselokalen am Ufer. Das preiswerteste Essen findet man an den Imbissständen auf dem Strandparkplatz sowie in ein paar Buden, die landeinwärts an der Rte 4025 stehen.

Twin Brothers THAI **$$**
(Karte S. 706; Hat Surin; Hauptgerichte 120–350 B; ⌚11–22 Uhr) Tagsüber steht der eine Bruder am Wok und brutzelt ordentliche Thai-Gerichte mit Schwerpunkt auf Meeresfrüchten zu fast normalen Preisen. Abends wirft der andere Bruder frische Meeresfrüchte auf den Grill. Das Lokal ist bodenständiger als alle anderen in Surin.

Taste FUSION **$$**
(Karte S. 706; ☎076 270090; www.tastesurinbeach.com; Gerichte 200–420 B; ⌚Di–So 12–23 Uhr; 📶) Minimalistisch-moderne Formensprache, toller Service, ein elegantes, aber zwangloses Flair und köstliche thailändisch-mediterrane Fusiongerichte machen dieses urbane Strandlokal zu einer hervorragenden Wahl. Man speist drinnen oder draußen. Zu essen gibt's große Salate (empfehlenswert der mit Ziegenkäse und geräucherten Mandeln), viele kreative Vorspeisen und Hauptgerichte. Jede Woche gibt's Sonderangebote. Keramikfische schwimmen über der Toilettentür.

Sugo ITALIENISCH **$$**
(Karte S. 706; ☎076 386599; www.sugo-phuket.com; 117 Mu 3, Th Srisoonthorn; Hauptgerichte

250–570 B; ⌚Di–So 17–22.30 Uhr) Das von einem sizilianischen Küchenchef geführte „rustikale italienische" Lokal ist neu und beliebt. Es liegt 700 m östlich des Hat Surin an der Rte 4025. Der Laden ist smart und stilvoll, die Sonderangebote stehen auf den Kreidetafeln an den Wänden. Man schlüpft in eine der knallroten Sitznischen oder sitzt im Hinterhof und lässt sich die sorgsam zubereiteten Holzofenpizzas, Pasta- und Fleischgerichte, die Bruschetta oder die Vorspeisenteller schmecken.

★ Catch INTERNATIONAL **$$$**
(Karte S. 706; ☎076 316567; www.catchbeachclub.com; Hauptgerichte 400–600 B; ⌚12–2 Uhr; 📶) Man sollte sich in die luftigsten schicken Klamotten werfen, wenn man in Surins schickstem Strandclub mit Blick aufs Meer speisen will. Alles ist schick: das Ambiente, die Cocktails und die internationale Küche (Pastagerichte, Salate, Burger, Pizzas). Mit dem Clubeintritt (Neben-/Hauptsaison 1000/2000 B) erhält man eine Strandmatte mit Kissen für einen Tag und macht sich dann ans Essen und Trinken. Man kann sich aber auch einfach einen Tisch schnappen und von der Karte bestellen.

ℹ An- & Weiterreise

Sŏrng·tăa·ou fahren von der Th Ranong in Phuket (Stadt) zum Hat Surin (30 B, 7–17 Uhr) und dann weiter zum Hat Kamala; ein gechartertes *túk-túk* kostet 500 B. Für ein Taxi vom/zum Flughafen zahlt man 700 B.

Andaman Car Rent (Karte S. 706; ☎076 621600; www.andamancarrent.com; 112/12 Mu 3, Hat Surin; ⌚9–19 Uhr) Diese Autovermietung (800 B/Tag) liegt 300 m nördlich des Twin Palms.

Ao Bang Thao อ่าวบางเทา

Der eindrucksvolle, 8 km lange, weiße Sandstrand Hat Bang Thao ist noch schöner als der Hat Patong und quasi der Leim, der die disparaten Elemente dieser Gegend zusammenhält. Die südliche Hälfte der Bucht wird von Drei-Sterne-Bungalow-Anlagen und dem schicken Bliss Beach Club eingenommen. Landeinwärts liegen ein altes, von Kanälen durchzogenes Fischerdorf, ein paar neue Ferienhäuser und einige Restaurants. Und dann: eine Herde grasender Wasserbüffel neben einer risigen Baustelle – dies zeigt, wie schnell Bang Thao erschlossen wird.

Direkt im Zentrum liegt der etwas bizarre Laguna-Phuket-Komplex, eine Reihe von Vier- und Fünf-Sterne-Resorts rund um einen asphaltierten Naturpfad und einen künstlichen See (auf dem Shuttleboote für Besucher herumfahren). Am nördlichen Ende der Bucht kommt die Natur zu ihrem Recht: Hier erstrecken sich der weiße Sandstrand und das tropische Meer in die Ferne und bieten jenseits des Betriebs jene Ruhe, wegen der man eigentlich gekommen war.

🛏 Schlafen

In Laguna Phuket gibt's sieben Luxusresorts, einen 18-Loch-Golfplatz und über 30 Restaurants. Gäste können auch die Restaurants und Freizeiteinrichtungen der anderen Resorts benutzen. Zwischen den Hotels verkehren regelmäßig Shuttle-Busse und Pontonboote (durch die miteinander verbundenen Lagunen).

★ Anantara Phuket Layan RESORT **$$$**
(Karte S. 676; ☎076 317200; www.anantara.com; 168 Mu 6, Soi 4, Hat Layan; P❄📶🏊👪) Der Neuzugang an seiner eigenen, unberührt anmutenden Bucht gleich nördlich des Hat Bang Thao ist eine exquisite Anlage der Spitzenklasse. Die schicken Zimmer im zeitgenössisch-thailändischen Stil sind mit dunklem Holz verkleidet und bieten Marmorböden, Keramik-Waschbecken und Apple-Gadgets. Zu den Villen gehören dunkel geflieste Pools und ein Butler-Service rund um die Uhr. Eine lässige Loungebar blickt hinunter auf den blubbernden Pool am Strand. Speisen kann man in zwei ausgezeichneten Restaurants (thailändisch, international/italienisch) oder in seiner eigenen Strandhütte.

Ein Kinderclub hält die Kleinen mit Basteln und Malen bei Laune.

Banyan Tree RESORT **$$$**
(Karte S. 676; ☎076 372400; www.banyantree.com; 33 Mu 4, Th Srisoonthorn, Laguna Phuket; DZ mit Frühstück 18 600–28 250 B; P❄@📶🏊) Die große Anlage, die als erste Bungalows mit eigenem zugehörigen Pool baute, ist eines der feinsten Hotels auf Phuket, eine grüne, schattige Oase des dezenten Luxus. Man wohnt in eleganten Villen mit freistehenden, oben offenen Badehäusern und eigenem Pool, zudem gibt's einen Pool, der Erwachsenen vorbehalten ist. Im zugehörigen **Spa** (Anwendung 2900–7000 B; ⌚8–21 Uhr) sollte man sich unbedingt verwöhnen lassen.

Andaman Bangtao Bay Resort HOTEL **$$$**
(Karte S. 706; ☎076 270246; www.andamanbangtaobayresort.com; 82/9 Mu 3, Hat Bang Thao; Zi.

mit Frühstück 2000–8450 B; P❄📶🏊) Die meisten Bungalows in dieser netten kleinen Anlage am südlichen Ende des Hat Bang Thao haben Meerblick. Es herrscht die Atmosphäre eines Sommerlagers. Die Deko ist sehr thailändisch: Von den Dächern hängen Kokosnüsse und Holzschnitzereien zieren die Wände. Zu diesem Preis würden wir aber etwas mehr Luxus erwarten. Im schlichten **Strandrestaurant** (Hauptgerichte 195–295 B; ⏲8–22 Uhr; 📶) gibt's Meeresfrüchte vom Grill und Thai-Currys.

Essen & Ausgehen

Einige der nobelsten Restaurants von Phuket finden sich gleich vor dem Haupttor des Laguna Phuket.

Pesto THAI, INTERNATIONAL **$$**
(Karte S. 706; ☎082 423 0184; Th Bandon-Cherngtalay; Hauptgerichte 69–479 B; ⏲So–Fr 11.30–23, Sa 17–23 Uhr; 🖉) Ein in Paris ausgebildeter thailändischer Chefkoch und eine winzige Bude am Straßenrand ergeben zusammen ein fantastisches Lokal für köstliche, preiswerte Thai- und internationale Gerichte. Mediterran sind die leichte Pasta mit Pesto, die Hummer-Lasagne und der Salat mit geröstetem Kürbis, thailändisch das *đôm yam gûng* (sauer-scharfe Garnelensuppe), der frittierte und mit Kurkuma gewürzte Fisch und natürlich die Currys.

★ **Bampot** INTERNATIONAL **$$$**
(Karte S. 706; ☎093 586 9828; www.bampot.co; 19/1 Mu 1, Th Laguna; Hauptgerichte 500–600 B; ⏲Di–Fr 18–24, Sa & So 12–15 & 18–24 Uhr) Der letzte hervorragende Neuzugang auf der kulinarischen Szene in Bang Thao hat angemessene Klasse und wirkt modern-urban. Eisblaue Sitznischen, herunterbaumelnde Pfannen, Tische mit schwarzer Oberfläche und weiße Ziegelwände, an denen Kunstwerke hängen, bilden die Kulisse für die ambitionierten, europäisch inspirierten Gerichte (Hummer-Käsemakkaroni, Seebarsch-Ceviche mit Pomelos) frisch aus der offenen Küche. Kreativ komponierte Cocktails und ausländische Weine runden das Angebot ab.

Bliss Beach Club INTERNATIONAL **$$$**
(Karte S. 706; ☎076 510150; www.blissbeachclub.com; 202/88 Mu 2; Hauptgerichte 400–720 B; ⏲11 Uhr–open end; 📶) Selbst wenn man nicht für die Sonntagsparty oder einen Tag auf der schicken Anlage in Türkis und Orange auf Weiß bezahlen will (300 B/Pers.), sollte man einmal auf ein schmackhaftes Mittag- oder Abendessen vorbeischauen. Die thailändischen und internationalen Gerichte (z. B. 33 cm große Holzofenpizza, Salat mit geröstetem Kürbis und Quinoa, Hähnchen-Satay, Burger und Quesadillas) werden auf einer luftigen Strandterrasse mit prächtigem Meerblick serviert.

Siam Supper Club INTERNATIONAL **$$$**
(Karte S. 706; ☎076 270936; www.siamsupperclub.com; 36-40 Th Laguna; Hauptgerichte 290–1250 B; ⏲18–1 Uhr; 🖉) Einer der schicksten Treffs auf Phuket: Hierher kommen die Reichen und Schönen, um Cocktails zu schlürfen, Jazz zu hören und ausgezeichnet zu essen. Auf der international ausgerichteten Karte stehen z. B. Gourmetpizzas, gegrillter Ziegenkäse und herzhafte Hauptgerichte wie gegrillter tasmanischer Lachs, Brathähnchen mit Trüffeln und Honig sowie vielen Pastagerichte.

Tatonka INTERNATIONAL **$$$**
(Karte S. 706; ☎076 324349; 382/19 Mu 1, Th Laguna; Gerichte 180–790 B; ⏲Mo–Sa 18–22 Uhr; 🖉) Das Tatonka preist sich als Heimat der „Globetrotter-Küche" an, für die Inhaber und Eigentümer Harold Schwarz örtliche Produkte mit Kochtechniken verbindet, die er in Europa, Colorado und Hawaii erlernt hat. Das bunte, vorspeisenartige Angebot umfasst einfallsreiche vegetarische und Meeresfrüchtegerichte und leckere Sachen wie Peking-Enten-Pizza, Pasta mit grünem Curry oder Auberginen-„Plätzchen" mit Ziegenkäse. In der Hauptsaison sollte man vorab reservieren!

An- & Weiterreise

Sŏrng·tăa·ou verkehren zwischen der Th Ranong in Phuket (Stadt) und Ao Bang Thao (25 B, 7–17 Uhr). Ein *túk-túk* zu chartern kostet 400 B, ein Taxi vom/zum Flughafen 700 B.

Sirinat National Park
อุทยานแห่งชาติสิรินาถ

Der **Sirinat National Park** (Karte S. 676; ☎076 327152, 076 328226; www.dnp.go.th; Erw./Kind 200/100 B; ⏲8.30–16 Uhr) setzt sich aus den einzigartigen Stränden von Nai Thon, Nai Yang und Mai Khao sowie dem ehemaligen Nai Yang National Park und dem Mai Khao Wildlife Reserve zusammen. Insgesamt umfasst er 22 km² Küstengebiet sowie 68 km² offenes Meer und erstreckt sich vom nördlichen Ende von Ao Bang Thao bis zur nördlichsten Spitze Phukets. Dieses Gebiet gehört zu den schönsten Teilen der Insel.

Der Nationalpark ist maximal 15 Minuten vom Flughafen Phuket entfernt.

Aktivitäten

Während der Monsunzeit (April–Okt.) kann man am Hat Nai Yang prima kitesurfen. Drei gute Schulen sind hier vertreten: **Kiteboarding Asia** (Karte S. 676; ☎081 591 4594; www.kiteboardingasia.com; Hat Nai Yang; 1-stündiger Unterricht 1300 B, 3-tägiger Kurs 11 000 B; ⏲April–Okt.), **Kite Zone** (Karte S. 676; ☎083 395 2005; www.kitesurfthailand.com; Hat Nai Yang; 1-stündiger Unterricht 1100 B, 3-tägiger Kurs 10 000–15 000 B; ⏲Mai–Ende Okt.) und Bob's Kite School (S. 691), deren Hauptsitz Rawai ist.

Hat Nai Thon STRAND

(Karte S. 676) Wer auf Phuket einen schönen goldenen Sandstrand abseits des Gewimmels sucht, ist am Hat Nai Thon, der an der Westküste 7 km südlich des Flughafens liegt, richtig. Die Badebedingungen sind (außer am Höhepunkt der Monsunzeit) gut, und es finden sich Korallen nahe den Landzungen an beiden Enden der Bucht. Im Zuge der Säuberung Phukets wurden viele der früheren Strandrestaurants beseitigt.

Hat Nai Yang STRAND

(Karte S. 676) Die Bucht von Hat Nai Yang, 3 km südlich des Flughafens, wird von einem Riff geschützt, das 20 m weit ins Meer abfällt und gute Bedingungen zum Schnorcheln (Hauptsaison) und fantastische zum Surfen und Kitesurfen (Monsunzeit) schafft. Hinter dem Strand erstreckt sich ein scheinbar endloser Streifen von Meeresfrüchterestaurants, Hotels und relaxten Bars.

Hat Mai Khao STRAND

(Karte S. 676) Der Hat Mai Khao ist der längste Strand auf Phuket. Er beginnt gleich südlich des Flughafens und erstreckt sich über 10 km bis zum nördlichsten Punkt der Insel. Außer an Wochenenden und Feiertagen hat man den schönen, abgeschiedenen Strand fast ganz für sich allein. Meeresschildkröten legen hier zwischen November und Februar ihre Eier ab. Das ganze Jahr über muss man sich vor starken Rückströmungen hüten.

Soi Dog FREIWILLIGENARBEIT

(Karte S. 676; ☎081 788 4222; www.soidog.org; 167/9 Mu 4, Soi Mai Khao 10; Eintritt gegen Spende; ⏲Mo–Fr 9–12 & 13–15.30 Uhr, Führungen 9.30, 11 & 13.30 Uhr) Diese gemeinnützige Stiftung, 2 km landeinwärts vom Hat Mai Khao, kümmert sich um 50 Katzen und 450 Hunde (von denen viele vor dem illegalen Handel mit Hundefleisch gerettet wurden). Der Schwerpunkt der Arbeit liegt auf Sterilisation, Kastration, der Vermittlung der Tiere an verantwortliche Besitzer und auf der Schaffung eines Bewusstseins für die Belange des Tierschutzes. Der Besuch erfolgt im Rahmen einer Führung. Das Gehege der „alten Hunde" mag traurig wirken, aber ihnen geht es hier gut. Die Besucher können mit den Tieren spielen, Hunde ausführen oder sich zu längerer Freiwilligenarbeit verpflichten.

Schlafen & Essen

Hat Nai Thon หาดในทอน

Pullman RESORT $$$

(Karte S. 676; ☎076 303299; www.pullmanphuketarcadia.com; 22/2 Mu 4; Zi. 6500–32 350 B; P ❄ @ ≋) Hoch auf den Klippen über dem Nordabschnitt des Hat Nai Thon liegt diese schöne Anlage mit 227 Zimmern. Schon der Empfangsbereich versetzt einen mit der gewölbten Brücke, den sanften Grau- und Lilatönen, den Tischen in Schatztruhenaufmachung und den unverputzten Wänden aus grob behauenem Kalkstein in Urlaubslaune. Eine traumhafte Reihe spiegelnder Teiche erstreckt sich über dem Meer. Der Service ist erstklassig. Die coolen, zwei- und dreistöckigen Chalets haben Terrassen und sind geräumig und modern.

Im vor Ort befindlichen Restaurant **Elements** (Hauptgerichte 320–1100 B; ⏲18.30–23 Uhr) gibt's gehobene thailändische Küche und freitags ein Meeresfrüchte-Barbecue.

Hat Nai Yang หาดในยาง

Unterkünfte im Sirinat National Park CAMPING, BUNGALOWS $

(Karte S. 676; ☎076 327152, in Bangkok 02 562 0760; www.dnp.go.th; Stellplatz 30 B/Pers., Bungalows 700–1000 B) Bei der Parkverwaltung am nördlichen Ende des Hat Nai Yang gibt's Stellplätze (eigenes Zelt mitbringen!) und auf einem prächtigen, schattigen Steilufer mit weißem Sand gleich hinter dem Strand große, mit Klimaanlagen ausgestattete Betonbungalows. Vorab online oder telefonisch reservieren!

Discovery Beach Resort PENSION $

(Karte S. 676; ☎082 497 7500; discovery-phuket@hotmail.com; 90/34 Mu 5; Zi. mit Ventilator/Klimaanlage 800/1500 B; ❄) Mit thailändischen

Holzschnitzereien an der Fassade, Geländern und Einrichtung aus lackiertem Holz und Zimmern mit Kühlschränken ist diese blitzsaubere Budgetunterkunft eine wirklich gute Wahl. Sie ist zwar nicht schick, aber dank der Lage direkt am Strand ist das Preis-Leistungs-Verhältnis richtig toll.

★ **Dewa** BOUTIQUEHOTEL $$$
(Karte S. 676; ☎ 076 372300; www.dewaphuketresort.com; 65 Mu 1; Zi. ab 7000 B; P ❄ 📶 🏊) Das eigenständige Boutiquehotel bietet nur einige Schritte außerhalb des Nationalparks Apartments mit ein und zwei Schlafzimmern sowie üppige Villen mit Pool. Die mit komplett ausgestatteten Küchen versehenen Apartments sind geräumiger, aber die kleinen, intimen Villen prunken mit Verzierungen aus Treibholz, alten, schmiedeeisernen Applikationen und großen Freiluftbädern mit Wannen in prächtigen Gartenanlagen, deren Mittelpunkt recht große Tauchbecken bilden.

Das **Terrace Grill** (Hauptgerichte 250–440 B; ⌚ 6.30–22.30 Uhr; 📶) ist sensationell und grenzt an den Bereich von Gemeinschaftspool und Bar. Der Service könnte nicht besser sein.

Indigo Pearl RESORT $$$
(Karte S. 676; ☎ 076 327006; www.indigo-pearl.com; 116 Mu 1; Zi. 8250–16 500 B; P ❄ 📶 🏊) Das Design eines der ungewöhnlichsten Megaresorts auf Phuket ist vom historischen Zinnbergbau auf der Insel inspiriert. Schraubstöcke, Waagschalen und andere Gerätschaften sind ins Dekor integriert, selbst die Toilettenpapierhalter sind große Bolzen. Die gemeinschaftlichen Lounge-Bereiche sind in blaues Licht getaucht. Zu den Extras gehören eine Sportbar, die Pool-Oase, Kochkurse (3000 B) und das fantastische **Coqoon Spa** (Anwendungen 2200–7000 B; ⌚ 9–20 Uhr).

Mr. Kobi THAI $$
(Karte S. 676; Hauptgerichte 150–200 B; ⌚ 10–22 Uhr) Auf dem Schild steht: „Gebrochenes Englisch wird hier perfekt gesprochen", tatsächlich spricht der allseits beliebte Mr. Kobi aber sehr gut Englisch. In erfrischend gammeligem Ambiente gibt's preiswerte Thai-Gerichte. An einer Wand wird die Geschichte des Tsunamis von 2004 erzählt.

Hat Mai Khao หาดไม้ขาว

Anantara Phuket HOTEL $$$
(Karte S. 676; ☎ 076 336100; www.phuket.anantara.com; 888 Mu 3; Villa ab 13125 B; ❄ @ 📶 🏊) Die romantische, nur aus Villen bestehende Anlage öffnet sich zu einer heiteren Lagune voller Lotosblumen, an dem sich Holzstege unter sich wiegenden Palmen entlangziehen. Die luxuriösen, typisch thailändischen Villen mit eigenem Pool sind makellos elegant, einige haben auch eigene Hütten an der Lagune. Zu den Extras gehören das nette **Spa** (Anwendungen 3500–5900 B; ⌚ 10–22 Uhr) und alle erdenklichen Aktivitäten (Yoga, Pilates, Radfahren, Tennis, Thai-Boxen).

ℹ An- & Weiterreise

Ein Taxi vom/zum Flughafen kostet 200 B, ein gechartertes *túk-túk* ab Phuket (Stadt) 550 B.

Khao Phra Thaew Royal Wildlife & Forest Reserve

อุทยานสัตว์ป่าเขาพระแทว

Dieses **Schutzgebiet** (Karte S. 676; abseits der Rte 4027 & des Hwy 402; Erw./Kind 200/100 B) umfasst 23 km² unberührten Insel-Regenwald im Norden von Phuket. Als Königsbesitz ist es besser geschützt als die meisten thailändischen Nationalparks. Die höchste Erhebung ist der 442 m hohe Khao Phara.

Einst lebten hier Tiger, Malaienbären, Nashörner und Elefanten, aber heute beschränkt sich die Fauna auf Menschen, Wildschweine, Affen, Plumploris, Languren, Gibbons, Hirsche, Zibetkatzen, Flughunde, Kobras, Pythons, Hörnchen und andere kleinere Tiere.

Vor 50 Jahren entdeckte ein deutscher Botaniker im Khao Phra Thaew die seltene, 3 bis 5 m hohe Weiße Elefantenpalme oder Langkow-Palme. Diese fächerförmige Pflanze kommt nur hier sowie im Khao Sok National Park vor.

Um von Phuket (Stadt) zum Reservat zu gelangen, nimmt man die Th Thepkasattri 13 km nach Norden zum Distrikt Thalang. Am Heldinnendenkmal fährt man 9 km auf der Rte 4027 nach Nordosten, biegt dann nach links (Westen) in Richtung Nam Tok Bang Pae ab und erreicht nach 1 km das Phuket Gibbon Rehabilitation Project (S. 712). Das Schutzgebiet ist auch über den Hwy 402 erreichbar, 6 km nordwestlich des Heldinnendenkmals.

👁 Sehenswertes & Aktivitäten

Es gibt schöne Hügelwanderungen und einige malerische Wasserfälle, darunter den **Nam Tok Ton Sai** (Karte S. 676; ☎ 076311998; abseits des Hwy 402; Erw./Kind 200/100 B) und den **Nam Tok Bang Pae** (Karte S. 676; abseits der Rte 4027; Erw./Kind 200/100 B), der vom Gibbon Project über einen 300 m langen Weg durch den Dschungel zu erreichen ist. Die Wasserfälle sind besonders eindrucksvoll während der Monsunzeit von Juni bis November. Auf Anfrage sind Parkranger vielleicht bereit, Wanderer durch den Park zu führen; der Preis ist Verhandlungssache.

Phuket Gibbon Rehabilitation Project NATURSCHUTZGEBIET

(โครงการคืนชะนีสู่ป่า; Karte S. 676; ☎076 260492; www.gibbonproject.org; abseits der Rte 4027; Eintritt gegen Spende; ⏲9–16.30, Do bis 15 Uhr; Ⓟ) Das aus Spenden (die Pflege eines Gibbons kostet 1800 B im Jahr) finanzierte kleine Schutzgebiet nimmt Gibbons, die in Gefangenschaft gehalten wurden, in der Hoffnung auf, sie wieder auswildern zu können. Zu den Freiwilligenjobs im Zentrum gehören das Informieren der Besucher, das Reinigen der Käfige, die Fütterung der Tiere und das Nachverfolgen der ausgewilderten Gibbons. Wenn man gegen 9 Uhr kommt, hört man den Morgengesang der Gibbons. Man kommt den Tieren übrigens nicht besonders nahe, was für Kinder vielleicht enttäuschend ist, aber die Freiwilligen hier leisten hervorragende Arbeit.

Die Gibbon-Wilderei ist ein großes Problem auf Phuket, zu dem nicht zuletzt auch der Tourismus beiträgt: Gefangene Gibbons werden durch die Touristenbars geschleppt. Phukets letzter freilebender Weißhandgibbon wurde Anfang der 1980er-Jahre gewildert. Reisende können helfen, indem sie sich nicht zusammen mit den gefangenen Gibbons fotografieren lassen.

Thalang-Distrikt อำเภอถลาง

Rund um das **Heldinnendenkmal** (Karte S. 676; Hwy 402), 13 km nördlich von Phuket (Stadt) gibt es im untouristischen Thalang-Distrikt einige lohnende kulturelle Attraktionen.

Sehenswertes & Aktivitäten

Nationalmuseum Thalang MUSEUM

(พิพิธภัณฑสถานแห่งชาติ ถลาง; Karte S. 676; ☎076 379895; Th Srisoonthorn (Rte 4027); Eintritt 100 B; ⏲Mi–So 9–16 Uhr; Ⓟ) Das ausgezeichnete Museum behandelt mit thailändisch und englisch erläuterten Exponaten die Geschichte Phukets von den prähistorischen Bewohnern der Andamanenküste bis zur Ära des Zinnbergbaus. Man erfährt viel über die verschiedenen Ethnien und Sprachen im südlichen Thailand und die Legende der „zwei Heldinnen" (denen das nahegelegene Heldinnendenkmal gewidmet ist), die im 18. Jh. eine birmanische Invasion vereitelt haben sollen, indem sie die Frauen der Insel überredeten, Männerkleidung anzulegen. Das Prunkstück unter den Artefakten in der Eingangshalle ist eine 2,3 m hohe Vishnu-Statue aus dem 9. Jh., die im frühen 20. Jh. in Takua Pa entdeckt wurde.

Das Museum findet sich 200 m nordöstlich des Heldinnendenkmals an der Rte 4027.

Wat Phra Thong BUDDHISTISCHER TEMPEL

(วัดพระทอง; Karte S. 676; abseits des Hwy 402; ⏲Sonnenaufgang–Sonnenuntergang; Ⓟ) GRATIS Phukets „Tempel des Goldenen Buddha" steht rund 7 km nördlich des Heldinnendenkmals. Die Buddha-Statue ist halb in der Erde vergraben, nur der Kopf und die Schultern sind sichtbar. Legenden zufolge wurden Leute, die versuchten, die Statue auszugraben, schwer krank oder erlitten schlimme Unfälle. Der Tempel wird vor allem von Thai-Chinesen verehrt, weil sie glauben, das Buddhabild stamme aus China. Zum Chinesischen Neujahrsfest strömen Pilger aus den Distrikten Phang-Nga, Takua Pa und Krabi herbei. Zum Tempel gehören ein **Krematorium** und ein **historisches Museum**.

Schlafen & Essen

★ **Point Yamu by Como** RESORT $$$

(Karte S. 676; ☎076 360100; www.comohotels.com/pointyamu; 225 Mu 7, Pa Klok, Laem Yamu; DZ mit Frühstück 7060–47 480 B; Ⓟ❄🛜🏊👪) In der hohen Eingangshalle umrahmen schwere weiße Mosaikpfeiler Teiche, in denen sich die Palmen spiegeln. Die Fünf-Sterne-Anlage verbindet thailändische Elemente (Mönchsroben-Orange, Hummerfallen als Lampen) mit einem cool-zeitgenössischen, italienischen Entwurf. Die vielen Zimmer (einige mit eigenem Pool) sind königsblau oder türkisfarben gehalten, und intensivieren so auf dem gesamten Anwesen den Blick auf das grenzenlose Meer und das Panorama von Ao Phang-Nga.

Man entspannt an dem hellblauen Pool, im eisblau gefliesten Spa oder dem privaten Strandclub oder schließt sich den kostenlosen Yoga-, Pilates- und Tai-Chi-Übungen und Fahrradtouren an. Die Villen haben zwei bzw. drei Schlafzimmer und sind für Familien geeignet, und es gibt auch einen Babysitter-Service. Zwei fantastische Restaurants liefern süditalienische bzw. gehobene südthailändische Küche. Das Resort liegt 20 km nordöstlich von Phuket (Stadt), aber wenn man dort ist, wird man es kaum mehr verlassen wollen.

★ **Breeze Restaurant** INTERNATIONAL $$$

(Karte S. 676; ☎ 081 271 2320; www.breezecapeyamu.com; Laem Yamu; Hauptgerichte 275–750 B; ⊙ Mi–Sa 12–22, So bis 16 Uhr ; 📶 🍷) Das noble, aber dezente Restaurant gehört zu den besten auf Phuket und genießt eine herrliche Lage auf einem Hügel in meerumschlossener Abgeschiedenheit 20 km nordöstlich von Phuket (Stadt). Vom mit Säulen verzierten offenen Speisesaal blickt man von blauen Sitzsäcken aus auf den Pool und das Meer. Kleine, von oben bis unten bemalte Autos schmücken die Balkendecke. Auf der wöchentlich wechselnden Karte stehen wunderbare europäische Gerichte, die aus örtlichen Zutaten gemacht werden, sowie klassische Cocktails in thailändischer Abwandlung. Für den Sonntagsbrunch (1930 B) reservieren!

PROVINZ KRABI

Wenn Traveller von der traumhaften Andamanenküste schwärmen, meinen sie meist Krabi. Das Markenzeichen der Provinz sind die Kalksteinformationen, die sich wie eine riesige, zu Abenteuern einladende Festung an der Küste entlangziehen. Kletterer finden ihr Paradies in Railay, Möchtegern-Robinsons auf Ko Lanta, Ko Phi-Phi oder einer der anderen mehr als 150 Inseln vor dieser 120 km langen, von weißen Stränden gesäumten Küste.

Krabi (Stadt) กระบี่

30 500 EW.

Die geschäftige Stadt Krabi liegt majestätisch inmitten unglaublich schroff aus den Mangroven aufragenden Kalksteinfelsen, aber mitten im quirligen, kompakten Ort wird man vor allem von der Menge der Pensionen und Reisebüros sowie vom Ausmaß der Bautätigkeit beeindruckt sein. Die Stadt ist ein wichtiger Verkehrsknoten, um den herum sich eine kräftige Traveller-Szene entwickelt. Westliche Restaurants und kostenloses WLAN sind allgegenwärtig genauso wie Souvenirläden, die den üblichen Krimskrams verhökern.

Wenn man aber eine Weile bleibt, entdeckt man in dem ganzen Chaos doch noch ein sehr reales Provinzleben.

Sehenswertes & Aktivitäten

★ **Wat Tham Seua** BUDDHISTISCHER TEMPEL

(วัดถ้ำเสือ, Tigerhöhlentempel) Der weitläufige Hügel- und Höhlentempel-Komplex 9 km nordwestlich von Krabi (Stadt) ist ein lohnender, nicht allzu anstrengender Tagesausflug. Am Parkeingang beginnt der mörderisch steile Aufstieg, der über 1260 Stufen auf den 600 m hohen Karstgipfel führt. Die 30- bis 40-minütige Kraxelei wird mit dem Blick auf goldene Buddhastatuen, einen vergoldeten Stupa und spektakuläre Sicht auf das Meer hinter Ao Nang belohnt. Man sollte früh aufbrechen und Trinkwasser mitnehmen; auf dem Gipfel gibt es aber Zapfhähne.

Die schönsten weiteren Teile der Anlage entdeckt man, wenn man dem Rundweg durch das kleine, bewaldete Tal hinter dem Hügelkamm folgt, auf dem sich der *bòht* (das zentrale Heiligtum) befindet. Am Weg liegen mehrere Kalksteinhöhlen, in denen sich Buddhabilder, Statuen und Altäre verbergen.

Der Tempelbezirk ist eine heilige Stätte: Beim Besuch keine engen Outfits tragen und Schultern und Knie bedeckt halten!

Die Anfahrt aus Krabi mit Motorradtaxi oder *túk-túk* kostet 100 B. Von der Th Utarakit in Krabi (Stadt) fahren *sŏrng·tăa·ou* (50 B).

Sea Kayak Krabi KAJAKFAHREN

(☎ 089 724 8579, 075 630270; www.seakayak-krabi.com; 40 Th Ruen Rudee) Dieser Veranstalter hat eine Reihe von Seekajaktouren im Programm, darunter zur Ao Tha Len (halber/ganzer Tag 1050/1500 B) mit ihren hochragenden Meeresklippen, nach Ko Hong (ganzer Tag 2200 B), das für seine smaragdgrüne Lagune berühmt ist, und nach Ban Bho Tho (ganzer Tag 1700 B), wo es Karstformationen und Meereshöhlen mit 2000 bis 3000 Jahre alten Malereien gibt. In den genannten Preisen sind Führer, Abholung, Trinkwasser und ein Mittagessen enthalten.

Geführte Touren

Viele Unternehmen veranstalten Tagesausflüge nach Khlong Thom, das 45 km südöstlich von Krabi am Hwy 4 liegt. Dabei wird an Thermalquellen und Süßwasserteichen Halt gemacht. Der Preis liegt bei 1200 bis 2000 B inklusive Transport, Führer, Mittagessen und Getränken. Ordentliches

Krabi (Stadt)

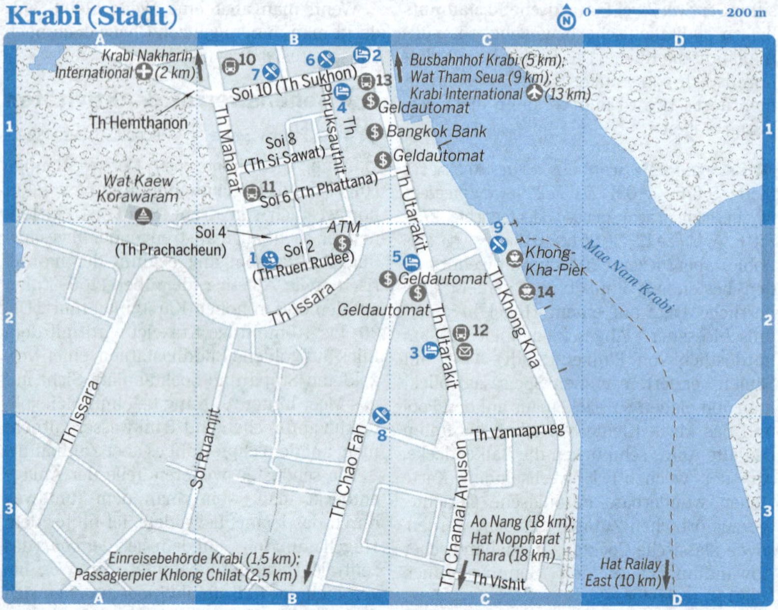

Krabi (Stadt)

Aktivitäten, Kurse & Touren
1 Sea Kayak Krabi B2

Schlafen
2 Apo B1
3 Chan Cha Lay C2
4 Hometel B1
5 Pak-Up Hostel C2

Essen
6 Tagesmarkt B1
7 May & Mark's B1
8 Mr. Krab-i B3
9 Nachtmarkt C2

Ausgehen & Nachtleben
Playground .... (siehe 5)

Transport
10 *Sŏrng·tăa·ou* zur Ao Luk B1
11 *Sŏrng·tăa·ou* nach Ao Nang & Hat Noppharat Thara B1
12 *Sŏrng·tăa·ou* nach Ao Nang & Hat Noppharat Thara C2
13 *Sŏrng·tăa·ou* zum Busbahnhof Krabi B1
14 Tha Khong Kha C2

Schuhwerk anziehen! Darüber hinaus gibt's noch andere „Dschungeltouren", Inseltrips und Ausflüge in die Mangroven.

Schlafen

In Krabi findet man jede Menge außerordentlich billiger Unterkünfte. Luxusanlagen gibt's in Ao Nang.

★ Pak-Up Hostel HOSTEL $
(☎075 611955; www.pakuphostel.com; 87 Th Utarakit; B 280–390 B, DZ 400–500 B; ❄@☺) Das kecke Hostel hat moderne, klimatisierte Schlafsäle aus poliertem Beton für je vier bis zehn Gäste. Die großen, aus Holz gezimmerten Stockbetten sind in die Wand eingebaut und bieten je Bett ein eigenes Schließfach. Die großen, modernen Gemeinschaftsbäder haben Kabinen mit Kaltwasser und Regenduschen mit Warmwasser. Die beiden Doppelzimmer teilen sich ein Bad, und es gibt auch einen Schlafsaal nur für Frauen. Vor Ort befinden sich zwei Bars. Es herrscht eine lustige, clubartige Stimmung, sodass man gern länger bleibt.

Chan Cha Lay PENSION $
(☎075 620952; www.lovechanchalay.com; 55 Th Utarakit; Zi. mit Ventilator 350–600 B, Klimaanlage 450–800 B; ❄@☺) Die Zimmer mit Klimaanlage und angeschlossenem Bad in diesem stets geschäftigen Haus sind in mediterranen Blau- und Weißtönen gestrichen; die Freiluftbäder sind aus weißen Kieseln und poliertem Beton gebaut. Die Unter-

kunft gehört zu den komfortabelsten und stimmungsvollsten in Krabi. Die Zimmer mit Ventilator und Gemeinschaftsbad sind schlichter, aber blitzsauber und verfügen über solide Betten. Der Service ist teils nett, teils ruppig.

Hometel PENSION $
(☎075 622301; hometel_2012@hotmail.com; 7 Soi 10, Th Maharat; Zi. 750 B; ❄📶) Das moderne, freundliche kleine Hotel hat zehn Zimmer, die sich auf drei Etagen verteilen und ist ganz aus poliertem Beton errichtet. Abstrakte Kunst sorgt für Farbe, manche Zimmer haben zwei Terrassen, und alle verfügen über Regenduschen und hohe Decken. Das Fehlen von Fenstern ist nicht jedermanns Sache. Es gibt einen Schalter für Touren und das Buchen von Verkehrsmitteln. Im sonnigen Café erhält man internationale Frühstücksgerichte.

Apo HOTEL $$
(☎075 631189; www.apohotel.com; 189 Th Utarakit; Zi. 1500–2000 B; ❄📶) Dieses Hotel ist das beste und günstigste von mehreren frischen, modernen Gästehäusern in einem ansonsten nicht weiter bemerkenswerten Block. Das Apo bietet auf zwei Gebäude verteilte, glänzende, minimalistisch-smarte Zimmer, in denen jeweils ein Bild mit einer bunten Spirale einen Farbakzent setzt. Einige Zimmer sind mit einen kleinen Balkon mit Blick auf den Fluss ausgestattet.

Essen & Ausgehen

★ Nachtmarkt MARKT, THAI $
(Th Khong Kha; Gerichte 30–60 B; ⏲16–22 Uhr) Neben der Tha Khong Kha ist dieser Markt der beliebteste und netteste Ort in der Stadt, um abends etwas zu essen. Man bekommt authentisches *sôm·đam*, gebratene Nudeln aus dem Wok, *đôm yam gûng* (Suppe mit Garnelen und Zitronengras), gegrillten Schnapper, Satays aller Art sowie cremige thailändische Desserts und frisch gepresste Säfte. Ein Vorteil ist, dass es auch englischsprachige Speisekarten gibt.

Tagesmarkt MARKT, THAI $
(Th Sukhon; Gerichte 20–60 B; ⏲12–20 Uhr) Neben Blumensträußen und Ständen, die sich unter tropischen Früchten biegen, finden sich blubbernde Töpfe mit Curry und Schalen dampfender Nudeln mit gebratenem Tintenfisch, sautiertem Rindfleisch, gebratenem Fisch und gekochtem Mais. Einfach wagemutig zugreifen!

May & Mark's INTERNATIONAL, THAI $
(34 Th Sukhon; Hauptgerichte 85–150 B; ⏲7–22.30 Uhr; 📶) Ein typischer Traveller-Treff mit einer Kaffeetheke aus bunt lackiertem Beton, in dem immer viel los ist. Uns gefielen der gute Espresso und zum Frühstück die Omelettes, Pfannkuchen und das hausgemachte Brot. Darüber hinaus gibt es beliebte Thai-Gerichte und internationale Salate, Sandwiches und Hauptgerichte.

Mr Krab-i INTERNATIONAL $$
(www.facebook.com/MrKRAB-i-Thailand-518357558204883; 27-29 Th Chao Fah; Hauptgerichte 150–280 B; ⏲Mo–Sa 11–1, So 17–1 Uhr; 📶🖉) Die gesellige Loungebar/das zwanglose Lokal trifft mit ofengebackenen Pizzas, Pastagerichten, Salaten und Burgern sowie mit coolen Cocktails, freundlichem Personal und einem Billardtisch genau den Geschmack von Travellern. Es gibt auch gute Angebote für Vegetarier.

Playground BAR
(www.facebook.com/krabiplaygroundbar; 87 Th Utarakit; ⏲17.30–2 Uhr; 📶) In der lebhaften Bar im Hof des Pak-Up Hostels ist immer was los. Bier-Pong, Open-Mike-Abende, Livemusik und ein riesiges Jenga sorgen für Stimmung.

Praktische Informationen

Es gibt zahlreiche Banken und Geldautomaten. Die meisten Pensionen und Restaurants bieten kostenloses WLAN.

Einreisebehörde Krabi (☎075 611097; 382 Mu 7, Saithai; ⏲Mo–Fr 8.30–16.30 Uhr) Bearbeitet Visaverlängerungen; 4 km südwestlich von Krabi.

Krabi Nakharin International Hospital (☎075 626555; www.krabinakharin.co.th; 1 Th Pisanpob) 2 km nordwestlich der Stadt.

Post (Th Utarakit; ⏲Mo–Fr 8.30–16.30, Sa & So 9–12 Uhr)

An- & Weiterreise

BUS

Der **Busbahnhof Krabi** (☎075 663503; Ecke Th Utarakit & Hwy 4) liegt 5 km nördlich des Zentrums von Krabi in Talat Kao nahe der Kreuzung der Th Utarakit mit dem Hwy 4.

FLUGZEUG

Der Flughafen befindet sich 14 km nordöstlich von Krabi am Hwy 4. Die meisten Inlandsfluglinien bieten Flüge zwischen Bangkok und Krabi. Bangkok Air (www.bangkokair.com) fliegt täglich nach Ko Samui, Air Asia (www.airasia.com) nach Chiang Mai.

BUSSE AB KRABI

ZIEL	PREIS (B)	DAUER (STD.)	HÄUFIGKEIT
Bangkok (VIP)	955	12	17 Uhr
Bangkok (mit Klimaanlage)	640–650	12	8, 8.20, 16, 17.30 & 18 Uhr
Hat Yai	230	4½	9–15.20 Uhr stündl.
Phuket	150	3	7.30–17.30 Uhr halbstündl.
Ranong	210	5	8.30 & 12 Uhr
Satun	234	5	11, 13 & 15 Uhr
Surat Thani	150	2½	4.30–16.30 Uhr stündl.
Trang	120	2	9–15.20 Uhr stündl.

MINIVAN

Reisebüros fahren mit klimatisierten Minivans und VIP-Bussen zu beliebten Touristenzentren im Süden, aber in denen sitzt man dicht eingezwängt unter anderen Backpackern. Die meisten bieten kombinierte Tickets (Kleinbus und Fähre) nach Ko Samui (500 B, 5 Std.) und Ko Pha-Ngan (650 B, 7 Std.). Weitere (in der Regel preiswertere) Minivans fahren vom Busbahnhof ab. Von Krabi aus gibt es Verbindungen u. a. nach:

ZIEL	PREIS (B)	DAUER (STD.)
Hat Yai	230	4
Ko Lanta	250–300	2½
Phuket	140–450	2–3
Satun	200	4
Surat Thani	180	2½
Trang	150	2

SCHIFF/FÄHRE

Die Fähren nach Ko Phi-Phi und Ko Lanta legen am Passagierpier **Khlong Chilat** (Tha Khlong Chilat), 4 km südwestlich von Krabi ab. Wer seine Fahrkarte in einem Reisebüro kauft, wird kostenlos zum Pier gebracht.

Hat Railay Ost Longtail-Boote (150 B, 45 Min.) starten vom **Tha Khong Kha** in Krabi (7.45–18 Uhr). Die Schiffer warten mit dem Ablegen, bis acht Passagiere zusammengekommen sind, man kann aber auch das ganze Boot chartern (1200 B). Die Boote zum Hat Railay West starten in Ao Nang.

Ko Jum Von November bis Ende April machen die Boote nach Ko Lanta einen Halt bei Ko Jum (400 B, 1 Std.), wo einen Longtail-Boote an den Strand bringen.

Ko Lanta Von November bis Ende April legt täglich um 11.30 Uhr ein Boot ab (400 B, 2 Std.). Während der Regenzeit kommt man nur mit den häufig verkehrenden, klimatisierten Minivans zur Ko Lanta (250–300 B, 2½ Std.). Diese Kleinbusse fahren auch während der Hauptsaison.

Ko Phi-Phi Die Boote fahren ganzjährig (250–300 B, 1½–2 Std.; 9, 10.30, 13.30 & 15 Uhr; Rückfahrten 9, 10.30, 13.30 & 15.30 Uhr). In der Nebensaison können einzelne Fahrten ausfallen.

Phuket & Ko-Yao-Inseln Die schnellste Verbindung sind Direktboote vom Pier am **Hat Noppharat Thara** (S. 720), 19 km südwestlich von Krabi. *Sŏrng·tăa·ou* (50 B) fahren zwischen dem Tha Khong Kha in Krabi und dem Pier am Hat Noppharat Thara; die Taxifahrt kostet 600 B. Mehrmals täglich fahren Boote von der Tha Len, 33 km nordwestlich von Krabi (Stadt) nach Ko Yao Noi.

SŎRNG·TĂA·OU

Sŏrng·tăa·ou fahren zwischen 6 und 19 Uhr vom Busbahnhof nach Krabi (20 B) und weiter zum Hat Noppharat Thara (50 B), nach Ao Nang (50 B) und zum Muschelfriedhof an der Ao Nam Mao (50 B). In der Hauptsaison fahren sie darüber hinaus in ausgedünntem Takt und für einen etwas höheren Fahrpreis weiter bis 22 Uhr. Von der Th Maharat, gleich nördlich der Th Sukhon, fahren *sŏrng·tăa·ou* häufig zur Ao Luk (80 B, 1 Std.); das letzte startet gegen 15 Uhr.

ℹ Unterwegs vor Ort

Das Zentrum von Krabi lässt sich zu Fuß erkunden. Die *sŏrng·tăa·ou* vom Busbahnhof nach Krabi (20 B) halten in der Th Utarakit vor dem River View Hotel.

AUTO & MOTORRAD

Die meisten Reisebüros und Pensionen, darunter das **Pak-Up Hostel** (S. 714), vermieten Motorräder (200 B/Tag). Mehrere internationale Autovermieter haben Büros am Flughafen (1000–1200 B/Tag).

VOM/ZUM FLUGHAFEN

Ein Taxi vom Flughafen nach Krabi (Stadt) oder umgekehrt kostet 350 B, ein Motorradtaxi 200 B. Reisebüros und das **Pak-Up Hostel** (S. 714) können Plätze für den Flughafenbus (130 B) besorgen.

Ao Nang อ่าวนาง

12 200 EW.

Zunächst die traurige Wahrheit: Wegen der ungebremsten Erschließung und den unansehnlichen Neubauten, die sich im Schatten der atemberaubenden Karstlandschaft drängen, ist Ao Nang recht hässlich, aber ein leicht erreichbares, offen touristisches Reiseziel. Mit Kneipentouren und Gassen voller Bars mit leichten Mädchen geht es hier auch an einigen Stellen ziemlich anrüchig zu.

Doch wenn man über all das hinwegsieht und sich auf die von Kalksteinlandzungen eingerahmten goldenen Strände konzentriert, gibt es hier auch vieles, das man mögen kann. In der Trockenzeit schimmert das Meer türkisfarben; in der Regenzeit wühlen Brandungsrückströme die kaffebraunen Untiefen auf. Wer in klarerem Wasser baden will, bucht einfach eine Fahrt zu den kleinen Inseln am Horizont, wo das Wasser das ganze Jahr über weniger trüb ist.

Ao Nang ist kompakt; finde sich leicht zurecht. Aufgrund der steigenden Zahl schöner Mittelklassehotels ist der Standard der Unterkünfte hoch – und beträchtliche Preisnachlässe sind möglich. Natürlich ist es nirgends so günstig oder authentisch wie in Krabi (Stadt), aber dafür sind die Zimmer hier sauberer, sonniger und lassen eher an Strandurlaub denken. Angesichts der vielen Aktivitäten (Tauchausflüge, Mangroventouren, Schnorcheln, Kitesurfen) und der Nähe zum Flughafen Krabi (40 Min.) und zum dramatischen Railay (per Longtail-Boot 15 Min.) lässt sich leicht verstehen, warum Besucher das ganze Jahr über herbeiströmen.

Sehenswertes

Muschelfriedhof NATURSCHUTZGEBIET

(สุสานหอย, Su-San Hoi; Erw./Kind 200/100 B; ⏲8–18 Uhr) Der Muschelfriedhof liegt 8 km östlich von Ao Nang am Ostende der Ao Nam Mao: Hier kann man riesige Platten bewundern, die von Millionen winzigen, 75 Mio. Jahre alten Muscheln gebildet wurden. Es gibt ein staubiges **Besucherzentrum** (⏲8–16.30 Uhr) mit leidlich interessanten geologischen Exponaten und Stände, an denen Snacks verkauft werden. Die Fahrt mit dem *sŏrng·tăa·ou* kostet ab Krabi/Ao Nang 60/40 B.

Aktivitäten

In Ao Nang sind viele Aktivitäten möglich. Kinder unter 12 Jahren zahlen in der Regel die Hälfte.

Tauchen & Schnorcheln

In Ao Nang gibt's zahllose Tauchschulen, die Touren zu 15 Inseln in der Gegend anbieten, z. B. nach Ko Si, Ko Ha, Ko Poda, Yava Bon und Yava Son. Ein Ausflug mit zwei Tauchgängen kostet zwischen 2700 und 3400 B. Recht einmalig ist das Tauchgebiet vor Ko Mae Urai mit zwei Unterwassertunneln voller Hart- und Weichkorallen. Seit 2013 gibt es in der Gegend auch neue Gelegenheiten zum Wracktauchen, denn die thailändische Marine hat hier drei außer Dienst gestellte Schiffe versenkt. Allerdings sind diese Tauchstätten nur für erfahrene Taucher geeignet, und die Zahl der Touren ist sehr begrenzt.

Andere Touren führen weiter hinaus: zum Wrack der *King Cruiser* (S. 729; 3600–4700 B), nach Ko Phi-Phi (S. 729; 3600–4500 B) sowie nach Hin Daeng, Hin Muang und Ko Haa (S. 740) südlich von Ko Lanta (5700–6600 B). Ein Open-Water-Kurs kostet 14 900 B. Die meisten Tauchveranstalter organisieren auch Schnorchelausflüge (ab 1800 B).

Aqua Vision TAUCHEN

(☎086 944 4068; www.diving-krabi.com; 76/12 Mu 2, Ao Nang; 2/3 Tauchgänge 2700/3600 B; ⏲9–19 Uhr) Die verlässliche, gut informierte Tauchschule veranstaltet Tauchausflüge in der Gegend, Trips mit zwei Tauchgängen nach Ko Phi-Phi (3600–4400 B), diverse Tauchkurse (Open-Water-Kurs 14 900 B) und „Safaris" nach Hin Daeng, Hin Muang und Ko Haa (5700–6600 B) sowie Schnorchelausflüge in der Gegend (1800 B).

The Dive TAUCHEN

(☎082 282 2537; www.thediveaonang.com; 249/2 Mu 2; 2/3 Tauchgänge 2700/3600 B; ⏲11–20 Uhr) Dieser relativ neue, engagierte Tauchveranstalter mit ausgezeichnetem Ruf bietet Ausflüge nach Ko Phi-Phi (3500 B), denen sich auch Schnorchler anschließen können (2500 B), und nach Ko Haa (6200 B). Open-Water-Zertifizierungskurse gibt's für 14 900 B.

Kon-Tiki TAUCHEN

(☎075 637826; www.kontiki-krabi.com; 161/1 Mu 2; 2/3 Tauchgänge 3400/4000 B; ⏲9–21 Uhr) Der als gut bewertete, große Tauchanbieter veranstaltet lustige Tauchausflüge nach Ko Phi-Phi (3900 B) und Ko Haa (6300 B), abendliche Tauchgänge in der Gegend (3800 B) und Schnorchel-„Safaris" (2700 B) sowie Open-Water-Zertifizierungskurse (14 900 B).

Radfahren

Krabi Eco Cycle RADFAHREN
(☎081 607 4162, 075 637250; www.krabiecocycle.com; 309/5 Mu 5; Tour halber/ganzer Tag 800/2000 B) Bei der empfehlenswerten Tagestour radelt man 20 km weit durch Kautschuk- und Olivenplantagen, vorbei an kleinen Dörfern und Thermalquellen bis zum smaragdgrünen Emerald Pool. Das Mittagessen ist bei allen Touren außer der halbtägigen reinen Fahrradtour im Preis inbegriffen. Der Veranstalter verleiht auch Fahrräder (250 B/Tag).

Kajakfahren

Mehrere Unternehmen veranstalten Kajaktouren zu den umliegenden Mangroven und Inseln. Zu den beliebten Zielen zählt die versteckte Lagune von Ko Hong (1800–2500 B), wo es Seeschwalbennester gibt (die – ökologisch fragwürdig – als Zutat zur Vogelnestersuppe gefragt sind). Angeboten werden auch Trips zu den Meeresklippen von Ao Tha Len (halber/ganzer Tag 700/1100 B) sowie zu den Meereshöhlen und den 2000 bis 3000 Jahre alten Malereien in Ban Bho Tho (halber/ganzer Tag 1000/1500 B). Die Preise variieren (einige Unternehmen setzen Schnellboote ein), schließen aber immer ein Mittagessen, Trinkwasser, Kajaks und Führer ein.

Das Last Café (S. 719) am Südostende des Hat Ao Nang vermietet Kajaks (250 B).

Kitesurfen

Kiteboarding Asia (S. 720) bietet Unterricht und Kurse am nahegelegenen Hat Noppharat Thara.

Geführte Touren

In allen Reisebüros kann man die beliebten Vier- oder Fünf-Insel-Touren buchen. Der Preis liegt zwischen 900 und 1200 B, je nachdem, ob man sich für ein Longtail- oder ein Schnellboot entscheidet. Der Ao Nang Long-Tail Boat Service und der Ao Nang Long-Tail Boat Service Club (S. 720) bieten private Chartertouren nach Hong Island (2500 B) und Bamboo Island (3800 B), die übliche Fünf-Insel-Tour (2200 B) und halbtägige Ausflüge nach Ko Kai (Chicken Island) und Ko Poda (1700 B) an; die maximale Teilnehmerzahl liegt bei sechs Personen.

Veranstalter haben halbtägige Ausflüge nach Khlong Thom (Erw./Kind 800/ 1200 B) im Angebot, bei denen man auch Süßwasserbecken und Thermalquellen besucht.

Tagestouren mit dem Schnellbooet nach Ko Phi-Phi (Erw./Kind 1800/1200 B) lassen sich mit Green Planet (S. 721) vereinbaren. Die Touren starten um 9 Uhr und führen nach Ao Maya, Ao Pileh und Bamboo Island.

Schlafen

In der Nebensaison fallen die Preise um bis zu 50 %.

★ Glur HOSTEL $
(☎075 695297, 089 001 3343; www.krabiglurhostel.com; 22/2 Mu 2, Soi Ao Nang; B/DZ 600/1500 B; P ❄ @ ☜ ≋) Das raffinierte, für die Region um Krabi fabelhafte Hostel bietet ein viel besseres Preis-Leistungs-Verhältnis als viele der nahen „Hotels". Der weiße Komplex gehört einem talentierten thailändischen Architekten und seiner Frau, die ihn entworfen haben und auch betreiben. Aus Schiffscontainern, Glas, Sicht- und poliertem Beton entstanden luftige Doppelzimmer und luxuriöse Schlafsäle mit durch Vorhänge abgeteilten, türkisfarbenen Betten mit orangefarbenen Kissen. Der blassblaue Pool wird von tropischen Gartenanlagen eingefasst.

Das Hostel liegt in fußläufiger Entfernung, 1,5 km nordöstlich des Zentrums von Ao Nang.

Slumber Party Hostel HOSTEL $
(☎075 637089; www.slumberpartyhostel.com; Th Ao Nang; B 400–500 B; ❄ ☜) Hierher kommt man wegen der Geselligkeit, nicht zum Schlummern. Das Hostel ist auf muntere junge Gäste eingestellt. Die Schlafsäle mit den purpurfarbenen Wänden haben je zwölf Betten, Klimaanlage und eigene Bäder. Sie sind schlicht, aber bequem und modern. Alkoholgeschwängerte Kreuzfahrten, Kneipentouren, Inselausflüge und Kulturtouren – alles ist im Angebot. Die Rezeption befindet sich in der Bar im Erdgeschoss.

Das Hostel liegt 2 km nordöstlich des Zentrums von Ao Nang. Dort gibt es noch eine **Filiale** (☎075 656850; Th Ao Nang; ❄ ☜) direkt hinter dem Strand.

Mini House BOUTIQUEHOTEL $$
(☎075 810678; www.minihouseaonang.com; 675 Mu 2; Zi. mit Frühstück 1850–2100 B; ❄ ☜) Wandmalereien mit Szenen aus dem örtlichen Leben, warme Holzmöbel, die luftige Rezeption/Lounge und ein plätschernder Bach geben dem frischen, grau getünchten Block Boutique-Atmosphäre. Die schicken, minimalistisch-modernen Zimmer sind mit schweren Holzbetten, stimmungsvoll ausgeleuchteten Wänden, gefliesten Bädern und Balkonen ausgestattet; einige Suiten liegen im Dachgeschoss und sind über Leitern zu

erreichen. Das Haus liegt 900 m die Hauptstraße hinauf, die Richtung Nordosten aus Ao Nang herausführt.

Anawin BUNGALOWS $$

(☎081 677 9632, 075 637664; www.anawinbungalows.com; 263/1 Mu 2; Bungalow 1400 B; ❄📶) Die sauberen, kleinen, knallgelben Betonhütten mit TV und kleinen Veranden verstecken sich in einer ruhigen, grünen Ecke 400 m nordöstlich des Strands von Ao Nang.

Ban Sainai RESORT $$$

(☎075 819333; www.bansainairesort.com; 11/1 Mu 2, Soi Ao Nang; Bungalow mit Frühstück 4950–7200 B; P❄📶🏊) Die gemütlichen, roten, strohgedeckten Bungalows im Lehmziegel-Look verteilen sich unter den Palmen in unmittelbarer Nähe zu den Klippen. Die Zimmer haben geflieste Böden, Bäder aus bunt gefärbtem Beton, Waschbecken aus Holz und Duschen mit Kieselfliesen. In der Nebensaison gibt es tolle Sonderangebote (2625 B). Die relativ neue Anlage befindet sich 1,5 km nördlich der Hauptstraße.

Phra Nang Inn HOTEL $$$

(☎075 637130; www.vacationvillage.co.th; Th Ao Nang; Zi. mit Frühstück 2800–5500 B; ❄📶🏊) Eine strohgedeckte Explosion aus rustikalem Kokosholz, Muschelvorhängen, leuchtend in Orange und Purpur gestrichenen Wänden und aufwendigen thailändischen Fliesen mit mexikanischer Anmutung. Es gibt zwei Pools und eine ähnlich gestaltete Filiale auf der anderen Straßenseite. Einige Zimmer könnten eine Renovierung vertragen, aber die nette Unterkunft ist munter und die Bar liegt am Strand.

Red Ginger Chic HOTEL $$$

(☎075 637999; www.redgingerkrabi.com; 168 Mu 3; Zi. 3200–8000 B; ❄📶🏊) An einem Boulevard voller Hotels am äußersten westlichen Ende von Ao Nang liegt das modische und farbenfrohe Red Ginger. Es prunkt mit verzierten Fliesen, roten Papierlaternen, drapierten Stoffen und einer Theke aus Milchglas im Foyer. Die geräumigen Zimmer haben elegante Tapeten, moderne Möbel und große Balkone mit Blick auf einen ausgedehnten Pool.

Essen

Ao Nang ist voller mittelmäßiger Straßenrestaurants mit überteuertem italienischen, skandinavischen, indischen und thailändischen Speisen sowie Fast Food. Preiswerter isst man an den Imbissständen, die abends an der Straße nach Krabi (nahe McDonald's) aufmachen. Dort bekommt man *roti* (Fladenbrot), *gài tôrt* (gebratenes Hähnchen), Hamburger und dergleichen. Zur Mittagszeit finden sich derartige Straßenimbisse gleich nördlich vom Krabi Resort. Das beste in der ganzen Gegend (und sogar darüber hinaus) gibt's im Krua Thara (S. 720) im nahen Hat Noppharat Thara.

Soi Sunset SEAFOOD $$

(Soi Sunset; Gerichte 200–450 B; ⏲12–22 Uhr) In dieser engen Fußgängergasse am nordwestlichen Ende des Strands bieten mehrere, ziemlich gleichartige Meeresfrüchterestaurants bei tollem Meerblick frische Meeresfrüchte. Eines der besten und beliebtesten ist das **Krua Ao Nang Cuisine** (☎075 695260; Hauptgerichte 200–450 B; ⏲7.30–22 Uhr) am hinteren Ende.

Wang Sai Seafood SEAFOOD, THAI $$

(☎075 638128; Hat Noppharat Thara; Hauptgerichte 80–300 B; ⏲10.30–22 Uhr) Der riesige, offene Speisesaal (gleich hinter dem nordwestlichen Stadtende) hält mit seinem luftigen Strandambiente, frischen Meeresfrüchten und schlichten Thai-Gerichten die Massen bei Laune: Es gibt z. B. Schnapper mit rotem Curry, mit Cashews gebratene Garnelen, in Limettensaft gedünsteten Tintenfisch und auf alle erdenkliche Arten zubereiteten Fisch mit viel Knoblauch. Ein nettes Café ist angeschlossen.

Ausgehen & Nachtleben

Last Café BAR

(Hat Ao Nang; ⏲11 Uhr–open end) Einen angenehmen Eindruck von der unverfälschten Landschaft Ao Nangs erhält man in dieser Strandbar, wo einen am südlichen Ende des Hat Ao Nang kaltes Bier, eine kühle Brise und Plastiktische erwarten. „Bis zum Sonnenaufgang geöffnet."

Praktische Informationen

Bei allen „Touristeninformationen" an der Strandpromenade handelt es sich um private Tourveranstalter. In den Cafés und Hotels gibt's WLAN. Mehrere Banken an der Hauptstraße haben Geldautomaten und Devisenschalter (geöffnet ca. 10–20 Uhr).

Anreise & Unterwegs vor Ort

AUTO

Dutzende Läden an der Promenade vermieten Motorräder (200 B). Budget Car Hire (www.bud

get.co.th) hat Schalter in den größeren Resorts und am Flughafen (Auto 1200–1500 B/Tag).

VOM/ZUM FLUGHAFEN

Zwischen 9 und 17 Uhr fahren stündlich weiße Flughafenbusse (150 B), die vor dem McDonald's an der Straße nach Krabi halten. Private Taxis (600 B) und Minivans (150 B) fahren vom/zum Flughafen.

MINIVANS

Minivans (oft kombiniert mit Fähren) fahren Ziele überall im Süden Thailands an.

ZIEL	PREIS (B)	DAUER (STD.)
Khao Sok	350	3
Ko Lanta	350	3
Ko Lipe	1000	6
Ko Samui	500	4
Ko Tao	800	7
Ko Pha-Ngan	600	5
Phuket	300–350	3

SCHIFF/FÄHRE

Schiffstransport zum Hat Railay West in Railay (15 Min.) bieten **Ao Nang Long-Tail Boat Service** (nordwestliches Ende des Hat Ao Nang; ⏲8–16 Uhr, Mai–Okt. bis 14 Uhr) und der **Ao Nang Long-Tail Boat Service Club** (südöstliches Ende des Hat Ao Nang; ⏲8–24 Uhr, Mai–Okt. bis 20 Uhr). Der Festpreis liegt pro Person bei 100 B (8–18 Uhr) bzw. 150 B (18–24 Uhr). Die Boote starten, wenn acht Passagiere zusammengekommen sind; alternativ kann man das ganze Boot auch chartern, wenn man den Preis für acht Passagiere bezahlt.

Vom Pier am **Hat Noppharat Thara** (s. unten) fahren Schiffe nach Ko Phi-Phi, Ko Lanta, Phuket und zu den Ko-Yao-Inseln.

SŎRNG·TĂA·OU

Sŏrng·tăa·ou fahren von/nach Krabi (50 B, 20 Min.). Die Strecke führt vom Busbahnhof in Krabi über die Th Maharat zum Tha Khong Kha in Krabi und weiter zum Hat Noppharat Thara, nach Ao Nang und zum Muschelfriedhof. Die Fahrt von Ao Nang zum Hat Noppharat Thara oder zum Muschelfriedhof kostet 30 B.

Hat Noppharat Thara

หาดนพรัตน์ธารา

Nördlich von Ao Nang ist der goldgelbe Strand noch etwas naturbelassener. Er zieht sich 4 km lang um eine weniger bebaute Landzunge, bis man schließlich an einer Lagune anlangt, an der sich die Zentrale des **Hat Noppharat Thara-Mu Ko Phi-Phi National Park** (อุทยานแห่งชาติหาดนพรัตน์ธารา-หมู่เกาะพีพี; ☎075 661145; www.dnp.go.th; Erw./Kind Ko Phi-Phi 400/200 B, andere Inseln 200/100 B) befindet. Im **Besucherzentrum** (⏲8.40–16 Uhr) gibt es thailändisch und englisch beschriftete Infos zur Ökologie der Korallenriffe und Mangroven.

Mehrere Resorts werben fälschlich mit einer „zentralen Lage in Ao Nang“. Aber vermutlich wird man am Ende ganz zufrieden sein, wenn man an diesem Strand landet.

Aktivitäten

Kiteboarding Asia KITESURFEN
(☎084 628 5786; www.kiteboardingasia.com; 1-tägiger Kurs 4000 B; ⏲Mai–Sept. & Nov.–Mitte März) Thailands Kitesurfing-Begeisterung macht auch vor der Provinz Krabi nicht Halt. Hier kann man das Wasser bei einstündigem Privatunterricht (2000 B) testen oder entscheidet sich gleich für einen Kurs (1/3 Tage 4000/11 000 B).

Schlafen & Essen

Mehrere Restaurants mit typischen Thai-Snacks (Brathähnchen, Papaya-Salat) liegen nahe der Nationalparkzentrale. An der Uferstraße gibt's Meeresfrüchterestaurants.

Unterkunft im Hat Noppharat Thara-Mu Ko Phi-Phi National Park BUNGALOWS, CAMPING $$
(☎075 661145; www.dnp.go.th; Bungalow 1000 B, Stellplatz 30 B/Pers., inkl. gemietetes Zelt 250 B) Rustikale, aber gepflegte Betonbungalows mit Klimaanlagen und Strom rund um die Uhr finden sich gleich jenseits der Strandstraße. Stellplätze gibt's hinter der Parkzentrale nahe dem Hafen. Die Preise sind ganzjährig die gleichen. Vorab online oder im Besucherzentrum reservieren!

Sabai Resort HOTEL $$
(☎075 637791; www.sabairesort.com; 79/2 Mu 3; Bungalows mit Ventilator 1300–1600 B, Klimaanlage 1600–2200 B; ❄@📶🏊👪) Dies Hotel ist die am professionellsten geführte Bungalowanlage in der Gegend. Die minzgrünen Bungalows mit Ziegeldach sind mit Ventilator oder Klimaanlage ausgestattet und haben Terrassen aus Kieseln und Beton, von denen aus man auf den unter Palmen liegenden Pool und Blumengärten blickt. Die Zimmer für vier Personen eignen sich für Familien.

★ **Krua Thara** SEAFOOD $$
(☎075 637361; 82 Mu 5; Hauptgerichte 100–400 B; ⏲11–22 Uhr) Das große Lokal unter dem

Blechdach ist eines der besten Restaurants an der südlichen Andamanenküste und eines der besten Meeresfrüchterestaurants in Südthailand, womit es zu den besten weltweit zählt. Dabei ist es ganz bescheiden und verarbeitet einfach nur die frischesten Fische, Krabben, Muscheln, Austern, Hummer, Tintenfische und Garnelen zu den verschiedensten, oft sehr kreativen Gerichten.

Die in gelber Currypaste gebratenen Krabben mit Curry-Rührei sind sensationell. Der gebratene Reis ist locker und leicht. Der in rotem Curry gebratene Schnapper war das beste der unzähligen Fischgerichte, die wir in Thailand gegessen haben. Wer keine Meeresfrüchte mag, hält sich einfach an die vielen, leckeren Versionen anderer Thai-Gerichte. Der Service ist äußerst effizient und das Lokal stets voll besetzt.

An- & Weiterreise

Die *sŏrng·tăa·ou* zwischen Krabi (50 B) und Ao Nang (30 B) halten am Hat Noppharat Thara. Im April 2015 sank eine Fähre von *Ao Nang Princess* auf dem Weg von Krabi nach Phuket, wobei ein Passagier sein Leben verlor. Trotz des Unfalls waren Fähren des Unternehmens zum Zeitpunkt der Recherche weiter im Einsatz.

Ko Phi-Phi Eine Fähre von *Ao Nang Princess* setzt vom Pier am Hat Noppharat Thara (neben der Nationalparkzentrale) nach Ko Phi-Phi über (450 B, 2 Std.; Nov.–April tgl., Mai–Okt. Mi, Fr & So). Das Schiff legt um 9.30 Uhr ab und kehrt um 15.30 Uhr von Ko Phi-Phi über Railay zurück.

Ko Lanta Nur in der Hauptsaison fährt eine Fähre von *Ao Nang Princess* nach Ko Lanta (550 B, 2¾ Std., 10.30 Uhr).

Phuket Von November bis April ist das Schnellboot von **Green Planet** (☎075 637488; www.krabigreenplanet.com) die schnellste Verbindung nach Phuket. Es fährt vom Hat Noppharat Thara über Ko Yao Noi und Ko Yao Yai (je 650 B, 45 Min.) nach Tha Bang Rong (1200 B, 1¼ Std.). Das Schiff startet vom Pier am Hat Noppharat Thara um 11 Uhr und kehrt um 15 Uhr von Phuket zurück. Der Transport zur Unterkunft auf Phuket ist im Preis inbegriffen. Darüber hinaus fährt um 15 Uhr eine Fähre von *Ao Nang Princess* nach Phuket (700 B, 3 Std.; Mai–Okt. eingeschränkter Betrieb).

Railay

ไร่เล

Krabis märchenhafte Kalksteinfelsen sind in Railay (auch Rai Leh geschrieben) am spektakulärsten. Das nur per Boot erreichbare ultimative Kletterparadies im Dschungel bietet aber auch herrliche Sandstrände. Es liegt nur eine Landzunge hinter Ao Nang, daher kommen manchmal allzuviele Besucher, aber die Atmosphäre bleibt trotzdem herrlich entspannt.

Sehenswertes

Tham Phra Nang HÖHLE

(ถ้ำพระนาง, Prinzessinnenhöhle; Hat Tham Phra Nang) Die Höhle am Ostende des Strands ist ein wichtiger Schrein für die örtlichen (muslimischen und buddhistischen) Fischer, die geschnitzte Holzphalli in der Hoffnung opfern, der hier hausende Geist einer ertrunkenen indischen Prinzessin werde für guten Fang sorgen. Einer Legende zufolge scheiterte hier im 3. Jh. v. Chr. die Barke, die jene Prinzessin trug. Ihr Geist bezog die Höhle und erweist allen seine Gunst, die ihm Respekt bezeugen.

Sa Phra Nang LAGUNE

(See der heiligen Prinzessin) Etwa auf halber Strecke des Wegs vom Hat Railay Ost zum Hat Tham Phra Nang führt ein schwieriger Trampelpfad die bewaldete Klippenwand hinauf zu dieser versteckten Lagune. Zunächst klettert man steil den Hügel hinauf (mit unterstützenden Seilen). Oben geht's nach rechts weiter zur Lagune, zu der man den Hügel hinunterklettern muss. Geht man oben nach links, erreicht man schnell einen spektakulären **Aussichtspunkt** auf den Klippen. Das Ganze ist ein strapaziöses, aber durchaus machbares kurzes Abenteuer.

Tham Phra Nang Nai HÖHLE

(Innere Prinzessinnenhöhle, Diamantenhöhle; Erw./Kind 200 B/frei; ⏲9–16.30 Uhr) Ein Plankenweg führt durch diese Reihe illuminierter Höhlen voller schöner Kalksteinformationen (und kreischender Fledermäuse). Wegen geänderter Witterungsverhältnisse ist aber das Wasser und damit auch das Funkeln verschwunden, aufgrund dessen die Höhle als Diamantenhöhle bezeichnet wurde. Der Besuch ist angesichts dessen, was es zu sehen gibt, ziemlich teuer. Um hinzugelangen, dem nach Norden weisenden Schild von der Walking St aus folgen (5 Gehminuten).

Aktivitäten

Touren mit Übernachtung auf einsamen Inseln lassen sich mit örtlichen Bootseignern vereinbaren, man muss aber seine Campingausrüstung und Verpflegung selber mitbringen.

Klettern

Mit mehr als 700 präparierten Routen (teils für Anfänger, teils für erfahrene Kletterer),

Railay

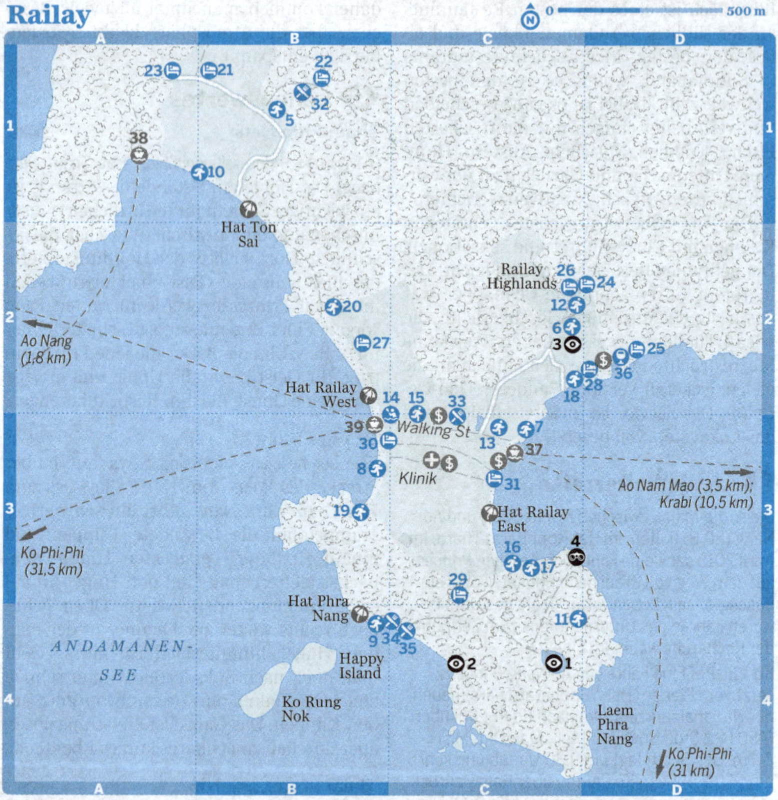

die alle einen unvergleichlichen Ausblick von den Klippen bieten, gehört Railay zu den besten Kletterzielen weltweit. Man kann hier Monate mit Kletter- und Erkundungstouren verbringen – und viele Kletterer tun das auch. Unglaublich populär ist das „Deep-Water-Soloing“: Dabei hangeln sich die Kletterer ohne jede Sicherung an Simsen hoch über dem Meer entlang. Wer abstürzt, fällt ins tiefe Wasser. Auch wagemutige Anfänger können das probieren.

Die meisten Kletterer starten mit der **Muay Thai Wall** und der **One, Two, Three Wall** am Südende des Hat Railay Ost, denn dort gibt es mindestens 40 Routen der Schwierigkeitsgrade 4b bis 8b (französisches System). Die **Thaiwand Wall** am Südende des Hat Railay West ist eine nackte Kalksteinklippe mit einigen der anspruchsvollsten Kletterrouten (Schwierigkeitsgrad 6a bis 7c+).

Zu den weiteren erstklassigen Kletterstellen gehören **Hidden World** mit typischen mittelschweren Routen, **Wee's Present Wall** (ein wenig bekanntes 7c+-Juwel), **Diamond Cave** (bei Anfängern und Fortgeschrittenen gleichermaßen beliebt) und der **Ao Nang Tower**, eine nur per Boot erreichbare Kletterwand mit Dreipunkthalterung. Ausgezeichnete Infos für Kletterer gibt's online unter www.railay.com.

Kletterkurse kosten zwischen 800 und 1000 B für einen halben und zwischen 1500 und 2000 B für einen ganzen Tag. Privatunterricht kostet 3000 B für einen halben und 4500 bis 5000 B für einen ganzen Tag. Dreitägige Kurse (6000 B) beinhalten auch das Vorstiegklettern, bei der man sich mit Karabinern an Haken in der Felswand sichert. Von den Kletterschulen können erfahrene Kletterer die Ausrüstung für zwei Personen für rund 1000 B pro Tag ausleihen (die Qualität kann unterschiedlich sein.) Die Standardausrüstung besteht aus einem 60 m langen Seil, zwei Klettergurten und Kletterschuhen. Wer auf eigene Faust klettern will, bringt besser seine eigene Ausrüstung

Railay

Sehenswertes

1	Sa Phra Nang	C4
2	Tham Phra Nang	C4
3	Tham Phra Nang Nai	C2
4	Aussichtspunkt	C3

Aktivitäten, Kurse & Touren

5	Basecamp Tonsai	B1
6	Diamond Cave	C2
7	Hat Railay East	C3
8	Hat Railay West	B3
9	Hat Tham Phra Nang	B4
10	Hat Ton Sai	B1
11	Hidden World	C4
12	Highland Rock Climbing	C2
13	Hot Rock	C3
	Kajakverleih	(siehe 38)
14	Kajakverleih	C3
15	King Climbers	C3
16	Muay Thai Wall	C3
17	One, Two, Three Wall	C3
18	Real Rocks	C2
19	Thaiwand Wall	B3
20	Wee's Present Wall	B2

Schlafen

21	Chill Out	B1
22	Forest Resort	B1
23	Paasook	A1
24	Railay Cabana	D2
25	Railay Garden View	D2
26	Railay Phutawan Resort	C2
27	Railei Beach Club	B2
28	Rapala Rockwood Resort	D2
29	Rayavadee	C3
30	Sand Sea Resort	B3
31	Sunrise Tropical Resort	C3

Essen

32	Mama's Chicken	B1
33	Mangrove Restaurant	C3
	Sunset Restaurant	(siehe 30)
34	The Grotto	B4
35	The Terrace	C4

Ausgehen & Nachtleben

	Chill Out	(siehe 21)
	Highland Rock Climbing	(siehe 12)
36	Last Bar	D2

Transport

37	Fähranleger	C3
	Longtail-Boote nach Ao Nam Mao	(siehe 37)
38	Longtail-Boote nach Ao Nang	A1
39	Longtail-Boote nach Ao Nang	B3
	Longtail-Boote nach Krabi	(siehe 37)

mit, darunter viele Bandschlingen und Express-Sets, Magnesia (schweißnasse Handflächen sind in den Tropen unvermeidlich) und eine kleine Auswahl Klemmkeile und Friends, um sich auf weniger gut präparierten Routen abzusichern. Wer etwas vergessen hat, findet bei einigen Kletterschulen ein begrenztes Angebot importierter Kletterausrüstung.

Mehrere vor Ort publizierte Bücher beschreiben die Kletterrouten der Gegend im Detail. *Rock Climbing in Thailand and Laos* (2014; Elke Schmitz) gehört zu den umfangreichsten und aktuellsten Führern.

★ Basecamp Tonsai KLETTERN
(☎ 081 149 9745; www.tonsaibasecamp.com; Hat Ton Sai; halber/ganzer Tag 800/1500 B, 3-tägiger Kurs 6000 B; ⏲8–17 & 19–21 Uhr) Der wohl beste Veranstalter in Railay ist auch beim Deep-Water-Soloing (700 B) groß im Geschäft.

Highland Rock Climbing KLETTERN
(☎ 084 443 9539; www.highlandrockclimbingthailand.weebly.com; Ra Leh Highlands; halber/ganzer Tag 1000/1800 B, 3-tägiger Kurs 6000 B; ⏲8–22 Uhr) Wer auf dem Berg übernachten will, klettert am besten mit Mr. Chao.

Hot Rock KLETTERN
(☎ 085 641 9842; www.railayadventure.com; Hat Railay Ost; halber/ganzer Tag 1000/2000 B, 3-tägiger Kurs 6000 B; ⏲9–20 Uhr) Der Veranstalter war einer der ersten Kletter-Anbieter in Railay und hat einen guten Ruf.

King Climbers KLETTERN
(☎ 081 797 8923; www.railay.com; Walking St; halber/ganzer Tag 1000/1800 B, 3-tägiger Kurs 6000 B; ⏲Mo–Fr 8.30–21, Sa & So bis 18 Uhr) Gehört zu den größten, ältesten, angesehensten und professionellsten Schulen.

Real Rocks KLETTERN
(Hat Railay Ost; halber/ganzer Tag 1000/1800 B, 3-tägiger Kurs 6000 B; ⏲8–22 Uhr) Das neuere thailändisch-US-amerikanische Unternehmen wird effizient geführt und von Kunden gut beurteilt.

Tauchen & Schnorcheln

Tauchveranstalter in Railay bieten Touren zu Tauchspots in der Gegend, darunter nach Ko Poda. Zwei Tauchgänge kosten 2500 B, ein Open-Water-Tauchkurs 13 500 B. Angeboten werden auch Tauchausflüge nach Ko Phi-Phi (4000 B) und zum Wrack der *King Cruiser* (S. 729; 4500 B). Die meisten

Tauchveranstalter aus Ao Nang, wo es die größere Auswahl gibt, holen Teilnehmer auch in Railay ab.

Ganztägige Touren zu vielen Inseln, darunter nach Ko Poda, Ko Hong und Ko Kai, lassen sich über die Resorts und Tourveranstalter für 450 bis 1400 B vereinbaren, man kann aber auch Longtail-Boote (halber/ganzer Tag 1800/2800 B) am Hat Railay West chartern. Ein eintägiger Schnorchelausflug nach Ko Phi-Phi kostet zwischen 1400 und 2000 B. Wer nur einfach etwas vor Railay schnorcheln will, kann in den meisten Resorts Taucherbrille und Schwimmflossen für jeweils rund 150 B ausleihen.

Kajakfahren

Kajaks kann man am Hat Railay West oder am Hat Ton Sai mieten (200/800 B pro Std./Tag).

Schlafen & Essen

Hat Railay Ost

หาดไร่เลย์ทิศตะวันออก

Rapala Rockwood Resort BUNGALOWS $

(☎ 075 622586; Bungalow 800–900 B; 📶) Die klapprigen Holzbungalows wurden mit glänzender Farbe und Hängematten auf den Veranden aufgehübscht. Sie sind mit

WO ÜBERNACHTEN?

Rund um Railay gibt es vier Strände, man kann aber auch auf der Landzunge übernachten. Gerade einmal je fünf Gehminuten liegen zwischen dem Hat Railay Ost, dem Hat Railay West, dem Hat Tham Phra Nang und den Highlands.

Der **Hat Railay Ost** (Hat Sunrise) ist der am stärksten erschlossene Strand. Die flache, schlammige Bucht wird von Mangroven gesäumt und lädt nicht gerade zum Baden ein. Bei Ebbe liegen große Wattflächen frei, und bei Windstille wird es brütend heiß. Jedoch finden sich hier preiswerte Hotels, Pensionen und Restaurants, und in fünf Minuten ist man an besseren Stränden. In der Nebensaison fallen die Preise um 50 %.

Der **Hat Railay West** ist ein fast makelloser, wunderbarer weißer Sandstrand und ideal, um zu baden, sich nachmittags einem Fußballspiel anzuschließen oder den feurigen Sonnenuntergang zu genießen. Hier finden sich ausschließlich geschmackvolle Resorts der Mittel- und Spitzenklasse, aber in der Nebensaison können die Preise um bis zu 50 % fallen. Die Longtail-Boote aus/nach Ao Nang setzen/holen Passagiere hier ab.

Der **Hat Tham Phra Nang** an der Südwestseite der Landzunge ist wahrscheinlich einer der schönsten Strände unseres Planeten. Der sichelförmige, hellgoldene Sandstrand wird von Karstklippen, die mit Höhlen durchsetzt sind, eingerahmt, und aus dem himmelblauen Meer ragen in der Ferne die Inseln Ko Kai (Hühnerinsel) und Ko Poda auf. Hier gibt es nur eine Unterkunft: das Rayavadee, die exklusivste Ferienanlage der Halbinsel. Aber jeder kann hier sein Badetuch ausbreiten.

Der **Hat Ton Sai** ist das Refugium von Kletterfreaks und Sparfüchsen. Der Strand ist nicht gerade spektakulär, aber bei so vielen guten Klettergelegenheiten drum herum kümmert das kaum jemanden. Es herrscht ein munteres Flair. Die Bars und Bungalows liegen etwas weiter hinten im Dschungel.

Zum Zeitpunkt der Recherche hatte ein privater Bauunternehmer gerade einen großen Teil des Dschungels hinter dem Strand eingezäunt, aufgebaggert und Berge von Schutt aufgehäuft. Strandfreunde rächten sich mit frechen Graffiti am Baunzaun. Das ganze ist eine ziemliche Schweinerei.

Um zu anderen Stränden zu gelangen, muss man ein Longtail-Boot (50 B) nehmen oder wandern – man braucht rund 20 Minuten, um bei Ebbe über die Felsen zum Hat Railay West zu kraxeln, oder 30 Minuten auf einem hügeligen Pfad durch den Dschungel.

Die rund 500 m landeinwärts vom Hat Railay Ost oder West gelegenen **Railay Highlands** wurden in Railay zuletzt erschlossen. Die Meeresbrise sorgt für Kühlung unter dem Blätterdach des Dschungels, und die Unterkünfte bieten ein gutes Preis-Leistungs-Verhältnis. Vom Hat Railay West folgt man der Walking St (ein Straßenmarkt) und biegt dann nach links (Norden) auf den Pfad ab, der zur Tham Phra Nang Nai (Diamantenhöhle) führt. Vom Hat Railay Ost geht es auf der Betonstraße beim Diamond Cave Resort geradeaus nach Norden.

farbenfroher Bettwäsche, Badezimmern mit Kaltwasser, Moskitonetzen und Ventilator ausgestattet. Neben ein paar Sonnenliegen befindet sich ein winziges Planschbecken. Die Lage auf dem Hügel sorgt für frische Brisen, einen Panoramablick aufs Meer und steile Stufen. Keine Reservierung.

Railay Garden View BUNGALOWS $$
(085 888 5143; www.railaygardenview.com; Bungalow mit Frühstück 1450–1950 B;) Die Bungalows mit Blechdach und Wänden aus geflochtenem Bambus und glänzendem Holz stehen auf Stelzen in tropischen Gartenanlagen hoch über den Mangroven am nordöstlichen Ende des Strands. Einige wirken von außen recht verwittert, aber alle sind geräumig und recht sauber. Sie sind mit thailändischen Stoffen, Sitzkissen und kreativ gestalteten Badezimmern aus Beton ausgestattet. Unbedingt Insektenschutzmittel und (für abendliche Spaziergänge) eine Taschenlampe mitbringen!

Sunrise Tropical Resort RESORT $$$
(075 819418; www.sunrisetropical.com; Bungalow mit Frühstück 3200–6950 B;) Die schicken „Chalets" und „Villen" sind so schön wie die besten am Hat Railay West, aber die Preise entsprechen Hat Railay Ost – sie dürften also mit das beste Preis-Leistungs-Verhältnis in Railay bieten. Die Bungalows haben ein smartes, ruhiges Dekor, Hartholzböden, freistehende Betten oder Matratzen auf Holzplattformen, luxuriöse Badezimmer mit blau gefliesten Böden sowie private Balkone oder Terrassen.

Mangrove Restaurant THAI $
(Walking St; Gerichte 80–150 B; 9–22 Uhr;) Das schlichte, brummende Thai-Lokal unter einem hohen Strohdach liegt zwischen dem Ost- und dem Weststrand und bietet alle typischen, scharf gewürzten Thai-Gerichte zu günstigem Preis, von Glasnudelsalat über pfannengebratene Cashews und *sôm đam* bis hin zum wunderbaren, mit Ei gegrillten Klebereis. Der Küchenchefin gebührt wahrlich Lob.

Hat Railay West

หาดไร่เลย์ทิศตะวันตก

Alle Restaurants der Resorts am Strand sind ordentlich.

Sand Sea Resort RESORT $$$
(075 819463; www.krabisandsea.com; Hat Railay West; Bungalow mit Frühstück 3990–6800 B;) Das günstigste Resort an diesem herrlichen Strand bietet alles von ältlichen „Superior"-Bungalows über kürzlich renovierte Cottages bis hin zu smarten, funkelnden, topmodernen Zimmern mit allen Annehmlichkeiten. Das Gelände ist zwar nicht so schick wie bei den Nachbarn, aber die Zimmer sind komfortabel, und es gibt zwei friedliche Pools im Grünen; von dem einen hat man einen Blick auf die Karstlandschaft.

Im empfehlenswerten **Sunset Restaurant** (Hauptgerichte 180–400 B; 11–21 Uhr;) am Strand notieren die rot behemdeten Kellner die bestellten gegrillten Meeresfrüchte oder Thai-Currys auf ihren iPads.

★ **Railei Beach Club** VILLA $$$
(086 685 9359; www.raileibeachclub.com; Haus 3000–20 000 B;) Versteckt in einem bewaldeten Gelände, das sich nach hinten bis zu den üppig bewachsenen Kalksteinklippen erstreckt, liegen am nördlichen Ende des Strands diese individuell gestalteten Häuser im thailändischen Stil. Sie bieten Platz für sechs bis acht Personen und werden im Auftrag der abwesenden Eigentümer vermietet. Die Häuser haben Terrassen, Küchen und alle Annehmlichkeiten, meist aber keine Klimaanlage. Hinzu kommen noch ein paar kleinere, aber sehr stilvoll mit dunklem Holz ausgekleidete Häuser für zwei Personen.

Das Angebot ist einzigartig und prima; die Lage ist romantisch. Man muss weit im Voraus reservieren. Vor Ort bereiten Köche auf Anfrage frische Thai-Gerichte.

Hat Tham Phra Nang

หาดถ้ำพระนาง

★ **Rayavadee** HOTEL $$$
(075 620740; www.rayavadee.com; Pavillon mit Frühstück 16 900–50 300 B, Villa 106 500–162 600 B;) Das exklusive Resort belegt eines der wohl schönsten Ufergrundstücke in Thailand. Die zweistöckigen Pavillons mit pilzförmigen Kuppeln stehen auf einem Gelände voller Banyanbäume, Blumen und unregelmäßiger Teiche und bieten antike Möbel, regionale Wellnessprodukte, alle modernen Einrichtungen und sogar einen Butlerservice. Zu einigen Pavillons gehört auch ein eigener Pool.

Es gibt Yogakurse, Touren in Luxus-Schnellbooten, ein erstklassiges Spa, sowie eine Reihe von Kindern vorbehaltenen Aktivitäten. Die Villen sind groß genug, um Familien unterzubringen. Nichtgäste können die vier teuren, aber sehr guten Restaurants der Anlage besuchen. **The Grotto** (Hauptgerichte 460–820 B; ⌚12–22 Uhr) tischt mediterrane Gerichte halb im Innern einer illuminierten Höhle am Hat Tham Phra Nang auf; dort gibt's gehobene Thai-Küche im **The Terrace** (Hauptgerichte 400–1100 B; ⌚18–23 Uhr; ✍).

Railay Highlands

Railay Cabana BUNGALOWS $
(☎075 621733, 084 534 1928; Railay Highlands; Bungalow 500 B) Die Lage der tropischen Hippie-Zuflucht in einer von Karstklippen umgebenen Senke ist grandios. Mango- und Mangostanbäume, Bananenstauden und Guaven stehen um die knarrenden, aber sauberen strohgedeckten Bambusbungalows mit Strom rund um die Uhr. Die Anlage befindet sich gleich nördlich von Tham Phra Nang Nai landeinwärts hinter dem Hat Railay Ost.

Railay Phutawan Resort HOTEL $$
(☎084 060 0550, 075 819479; www.railayphutawan.com; Railay Highlands; Zi. mit Ventilator 800 B, Klimaanlage 2500–3500 B; ❄@📶🏊) Die geräumigen Cottages mit cremegelben Wänden und großen Badezimmern mit Regenduschen bieten allen Luxus eines Spitzenklasse-Resorts, aber der saumselige Service lässt zu wünschen übrig. Die gefliesten Zimmer in dem Apartmentblock sind etwas weniger luxuriös, aber durchaus komfortabel. Die muffigen Bungalows mit Ventilator, die ein durchaus ordentliches Preis-Leistungs-Verhältnis aufweisen, können nicht reserviert werden. Vom Infinity Pool mit Blick aufs Meer und die Klippen kann man den Kletterern zuschauen.

Hat Ton Sai หาดต้นไทร

Die besten preiswerten Restaurants liegen an dem Pfad, der hinter den Bungalows landeinwärts führt.

Chill Out BUNGALOWS $
(☎087 699 4527, 084 186 8138; www.chilloutbarkrabi.com; Hat Ton Sai; B/DZ 400/600 B; 📶) Diese Anlage ist zwar nicht luxuriöser als andere in Ton Sai, zeichnet sich aber durch eine gesellige, entspannte Atmosphäre und etwas mehr Stil aus. Bunte ausländische Fahnen zieren die Türen der schlichten Hütten mit Blechdächern und Holzböden, die mit Terrassen, Badezimmern mit Kaltwasser sowie mit Moskitonetzen ausgestattet sind. In der Bar herrscht großer Betrieb. Strom und WLAN gibt's allerdings nur abends.

Paasook BUNGALOWS $
(☎081 893 9220; juaaup@gmail.com; Bungalow 600–900 B) Die billigeren Bungalows haben Betonböden und sind sauber und halbwegs akzeptabel. Die aus Holz gebauten Cottages sind riesig und haben wandhohe Fenster und geflieste Bäder. Der Garten ist üppig und das Personal freundlich.

Forest Resort BUNGALOWS $$
(☎084 440 4335; www.basecamptonsai.com; Zi. 600–900 B, Bungalow 600–1200 B) Die Bambusbungalows sind etwas weniger modrig als die kahlen Zellen mit Betonboden für drei Personen. Die beste Option sind die Bungalows aus Holz und Ziegeln mit Blechdach, gefliesten Böden, Bädern aus rotem Backstein und eigenen Veranden. Alle Zimmer sind mit Ventilatoren ausgestattet, die laufen, wenn es Strom gibt (18–1 Uhr). Falls niemand da ist, fragt man bei Basecamp Tonsai (S. 723), das die Anlage verwaltet.

Mama's Chicken THAI $
(70–100 B; ⌚7–22 Uhr; ✍) Das Lokal ist zwar an den Dschungelpfad umgezogen, der landeinwärts zum Hat Railay Ost und West führt, gehört aber mit internationalem Frühstück, Frucht-Smoothies und einer reichen Palette günstiger Thai-Gerichte (darunter ein seltenes Massaman-Curry mit Tofu und andere vegetarische Abwandlungen) weiterhin zu den beliebtesten in Ton Sai.

Ausgehen & Nachtleben

An den Stränden gibt's viele Bars, in denen man sich entspannen kann.

★ **Last Bar** BAR
(Hat Railay Ost; ⌚11 Uhr–open end) Eine verlässliche, immer volle Tiki-Bar, die sich bis zum Rand der Mangroven ausbreitet. Auf der einen Ebene gibt's Wimpel, Ballons und Sitzecken mit Kissen, auf einer anderen eingedeckte Esstische mit Kerzenbeleuchtung. Hinten spielt Livemusik, und unten am Wasser sind Feuer-Shows zu sehen.

Highland Rock Climbing CAFÉ
(☎084 443 9539; Railay Highlands; ⌚8–20 Uhr) Teils Kletterschule, teils Café: Dieses mit Treibholz verkleidete Lokal bezieht seine Bohnen aus nachhaltigem Anbau in Chiang Rai und hat deshalb mit den besten Kaffee auf der Halbinsel.

Chill Out BAR
(Hat Ton Sai; ⌚11 Uhr–open end, unterschiedliche Öffnungszeiten; 📶) In Ton Sais bester Dschungel-Reggae-Bar entspannt man sich bei kaltem Bier, Livemusik, DJ-Rhythmen und wilden Feuer-Shows.

ℹ Praktische Informationen

Unter www.railay.com finden sich viele Infos zum Ort. Geldautomaten stehen am Hat Railay Ost und an den Pfaden zum Hat Railay West. Die größeren Resorts wechseln Bargeld. WLAN ist weithin verfügbar.

Klinik (☎084 378 3057; Railay Bay Resort, Hat Railay West; ⌚8–22 Uhr) Zur Behandlung kleinerer Verletzungen.

ℹ Anreise & Unterwegs vor Ort

Longtail-Boote fahren vom Tha Khong Kha in Krabi sowie vom Ufer in Ao Nang und Ao Nam Mao nach Railay. Die Boote zwischen Krabi und dem Hat Railay Ost fahren zwischen 7.45 und 18 Uhr. Sie legen ab, wenn acht Personen zusammengekommen sind (150 B, 45 Min.). Alternativ kann man auch das ganze Boot chartern (1200 B).

Die Fahrt mit den Booten vom südöstlichen Ende von Ao Nang zum Hat Railay West oder Hat Ton Sai (15 Min.) kostet zwischen 8 und 18 Uhr 100 B und von 18 bis 24 Uhr 150 B. Die Boote legen erst ab, wenn acht Passagiere zusammengekommen sind. Private Charterboote fahren für 800 B. Von Mai bis Oktober endet der Betrieb schon um 17 Uhr.

Bei starkem Seegang stellen die Boote aus Ao Nang und Krabi den Betrieb ein. Man bekommt aber vielleicht noch ein Boot vom Hat Railay Ost nach Ao Nam Mao (100 B, 15 Min.), von wo aus man per *sŏrng·tăa·ou·*nach Krabi oder Ao Nang gelangt.

Ganzjährig fährt eine Fähre um 9.45 Uhr vom Hat Railay Ost nach Ko Phi-Phi (400 B, 1¼ Std.); Longtail-Boote fahren heran, um Passagiere in Empfang zu nehmen. Die Boote nach Ko Lanta (500 B, 2 Std., tgl. 10.45 Uhr) verkehren nur in der Hauptsaison (Okt.–April). Nach Phuket (700 B, 2¼ Std.) fährt ganzjährig eine Fähre um 15.15 Uhr. Einige Fähren nehmen vor dem Hat Railay West Passagiere auf.

Ko Phi-Phi Don เกาะพีพีดอน

Schönheit kann durchaus auch eine Last sein. Rund 38 km südwestlich von Krabi liegt Thailands Shangri-La: die unglaublich schönen Inseln Ko Phi-Phi Don und Ko Phi-Phi Leh. In dem hedonistischen Paradies tollen Touristen im azurblauen Meer, feiern die ganze Nacht auf dem gerammelt vollen Sandstrand und schießen Schnappschüsse von Longtail-Booten, die zwischen den schroffen Klippen herumtuckern. Angesichts der traumhaft geschwungenen, hellgelben Strände und des üppigen Urwalds ist es wirklich kein Wunder, dass Ko Phi-Phi zum beliebtesten Ziel an der Andamanenküste geworden ist.

Leider hält aber keine Umwelt ein derart mächtiges Wachstum auf Dauer aus. Die Schönheit der Inseln bringt sie in Gefahr. Wenn der Entwicklung auch weiterhin kein Riegel vorgeschoben wird, liegt Ko Phi-Phis ökologischer Untergang in nicht allzu weiter Ferne.

Ko Phi-Phi Don besteht praktisch aus zwei Inseln, die durch einen schmalen Isthmus verbunden sind, der von der Ao Ton Sai und der Ao Lo Dalam flankiert wird. Die Boote legen in der Ao Ton Sai an; ein schmaler Pfad, an dem sich Tourveranstalter, Restaurants und Souvenirläden drängen, erstreckt sich ostwärts am Strand entlang zum **Hat Hin Khom** (Karte S. 728). Diese zentrale Sandbank ist ein vollgepacktes Chaos aus rücksichtsloser Bautätigkeit und überteuerten Unterkünften – der nach Süden gerichtete **Hat Yao** (Langer Strand; Karte S. 728) ist attraktiver.

An der isolierteren Ostküste der Insel sieht es etwas besser aus: Hier findet man noch sensationelle Buchten mit schneeweißen Sandstränden und eine Strandatmosphäre ohne wummernde Bässe. Die schönen, langen Buchten von **Hat Laem Thong** (Karte S. 728) und **Ao Lo Bakao** (Karte S. 728) im Osten sind für Spitzenklassehotels reserviert, an den kleineren Buchten von **Hat Phak Nam** (Karte S. 728) und **Hat Rantee** (Karte S. 728) finden sich schlichtere Bungalowanlagen.

Wer sorgfältig auswählt, sich ökologisch rücksichtsvoll verhält und seine Erwartungen zügelt, kann sich von Ko Phi-Phi immer noch verführen lassen wie Tausende anderer Traveller. Es kann aber auch sein, dass man es hier nicht lange aushält.

👁 Sehenswertes

★ **Aussichtspunkt von Phi-Phi** AUSSICHTSPUNKT
(จุดชมวิวเกาะพีพีดอน; Karte S. 728; Eintritt 30 B) Der anstrengende, aber lohnende Aufstieg zum Aussichtspunkt führt über Hunderte von Stufen und schmale, kurvenreiche Pfade steil hinauf und dauert etwa 20 bis 30 Minuten. Man folgt der Ausschilderung an

Ko Phi-Phi Don

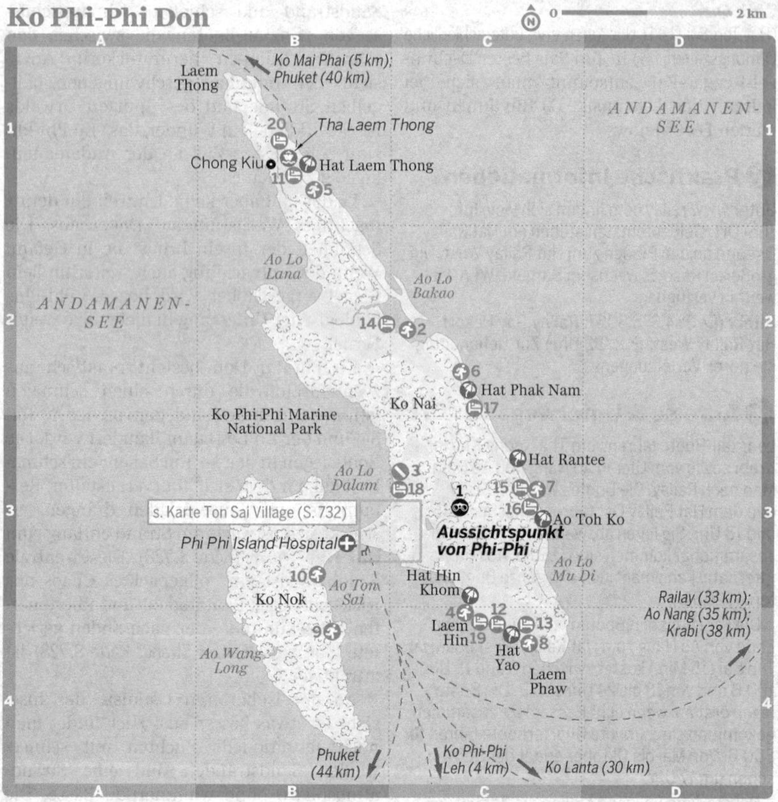

Ko Phi-Phi Don

Highlights
1 Aussichtspunkt von Phi-Phi ... C3

Aktivitäten, Kurse & Touren
2 Ao Lo Bakao ... C2
3 Blue View Divers ... C3
4 Hat Hin Khom ... C4
5 Hat Laem Thong ... B1
6 Hat Phak Nam ... C2
7 Hat Rantee ... C3
8 Hat Yao ... C4
9 Klettergebiet Hin Taak ... B4
10 Klettergebiet Ton Sai Tower ... B3

Schlafen
11 P.P. Erawan Palms Resort ... B1
12 Paradise Pearl Bungalow ... C4
13 Paradise Resort Phi Phi ... C4
14 Phi Phi Island Village ... B2
15 PP Rantee ... C3
16 Rantee Cliff Beach Resort ... C3
17 Relax Beach Resort ... C2
18 Sunflower Boathouse ... C3
19 Viking Natures Resort ... C4
20 Zeavola ... B1

Essen
Paradise Pearl Bungalow ... (siehe 12)
Relax Beach Resort ... (siehe 17)

Ausgehen & Nachtleben
Sunflower Bar ... (siehe 18)

der Straße, die Richtung Nordosten aus Ton Sai Village herausführt. Die meisten Besucher werden unterwegs eine Pause einlegen müssen – Wasserflasche nicht vergessen! Die Aussicht von oben ist herrlich: Man erblickt die üppige Berglandschaft von Phi-Phi in voller Pracht.

Von dort geht es den Hügel hinunter durch den Dschungel zu den friedlichen Stränden am Ostufer.

Aktivitäten

Watersports Experience WASSERSPORT
(www.watersportsexperience.com; Tour ohne/mit Sport 1500/2500 B pro Pers.; ⌚Tour 10 Uhr) Mit einem Schnellboot geht's durch die Gewässer rund um Phi-Phi Don und Phi-Phi Leh. Dabei können die Teilnehmer sich im Stehpaddeln oder Wakeboarden versuchen, Wasserski fahren, von Klippen springen oder schnorcheln. Wer keine Lust auf sportliche Betätigung hat, kann zu einem günstigeren Preis mitfahren. Die Tour kann in jedem Reisebüro im Ton Sai Village gebucht werden.

Tauchen

Kristallklares Wasser und jede Menge Meereslebewesen sind das ideale Rezept für erstklassige Taucherlebnisse (S. 729).

Auf Phi-Phi herrschen inselweit feste Tauchpreise: Open-Water-Zertifizierungskurse kosten 13 800 B, die üblichen Touren mit zwei Tauchgängen schlagen mit 2500 bis 3500 B und ein „Discover Scuba"-Abenteuer mit 3400 B zu Buche. Ausflüge nach Hin Daeng und Hin Muang, 60 km weiter südlich, sind ab Ko Phi-Phi ein teurer Spaß (5500 B) – etwas günstiger ist es, sich einer Tauch-Crew auf Ko Lanta anzuschließen.

★ **Adventure Club** TAUCHEN
(Karte S. 732; ☎081 895 1334; www.diving-in-thailand.net; Ton Sai Village; 2 Tauchgänge 2500 B, Open-Water-Zertifikat 13 800 B; ⌚8–22 Uhr) Unser bevorzugter Tauchveranstalter auf Ko Phi-Phi hat ein ausgezeichnetes Sortiment informativer, umweltbewusster Tauch- und Schnorcheltouren im Angebot. Zu den beliebten Haibeobachtungs-Schnorcheltrips (800 B) steht man gern um 6 Uhr auf – es wird garantiert, dass man dabei mindestens einen Riffhai zu Gesicht bekommt.

Blue View Divers TAUCHEN
(Karte S. 728; ☎075 819 395; www.blueviewdivers.com; Phi Phi Viewpoint Resort, Ao Lo Dalam; 2 Tauchgänge 2500 B; ⌚10–20 Uhr) Der professionelle, gut organisierte Veranstalter legt Wert auf die Beteiligung örtlicher Gemeinden, Strandsäuberungen und Umweltschutz. Geboten werden Touren mit

TAUCHSTÄTTEN UM KO PHI-PHI

Leopardenhaie und Echte Karettschildkröten sind an den Tauchspots um Ko Phi-Phi ein vertrauter Anblick. Im Februar und März lassen sich rund um Hin Daeng, Hin Muang, Hin Bida und Ko Bida Nok manchmal auch Walhaie erspähen. Die besten Sichtverhältnisse herrschen zwischen November und Februar. Zu den besten Tauchspots um Ko Phi-Phi gehören:

TAUCHSPOT	TIEFE (M)	MERKMALE
Anemonenriff	17–26	Hartkorallenriff mit vielen Seeanemonen und Clownfischen
Hin Bida Phi-Phi	5–30	Unterirdische Felszinne mit Hartkorallen, Schildkröten und Leopardenhaien. Gelegentlich kann man auch Mantas und Walhaie beobachten
Hin Muang	19–24	Unterirdische Felszinne mit einigen Leopardenhaien, Zackenbarschen, Barrakudas, Muränen und gelegentlich Walhaien
Wrack der *King Cruiser*	12–30	Um die 1997 gesunkene Passagierfähre tummeln sich Schnapper, Leopardenhaie, Barrakudas, Skorpionfische, Feuerfische und Meeresschildkröten
Wrack der *Kledkaeo*	14–26	Um das 2014 versenkte ausgemusterte Schiff der thailändischen Marine tummeln sich Feuerfische, Schnapper, Zackenbarsche und Barrakudas
Ko Bida Nok	18–22	Karstmassiv mit Gorgonien, Leopardenhaien und Barrakudas; gelegentlich lassen sich auch Walhaie und Mantarochen blicken
Phi-Phi Leh	5–18	Der Rand der Insel ist mit Korallen und Austern bedeckt. Man findet hier Muränen, Kraken, Seepferde und Felspassagen

zwei Tauchgängen, abendliche Tauchgänge (1900 B), Open-Water-Kurse (13 800 B) und Discover Scuba (3400 B).

Sea Frog Diving TAUCHEN
(Karte S. 732; ☎ 087 920 0680, 075 601073; www.ppseafrog.com; Ton Sai Village; 2 Tauchgänge 2500 B; ⌚ 7–22 Uhr) Die alteingesessene Tauchschule hat einen guten Ruf. Sie bietet Open-Water-Kurse (13 800 B), Discover Scuba (3400 B) sowie die üblichen Touren mit zwei Tauchgängen.

Schnorcheln

Ko Mai Phai (Bambusinsel), 6 km nördlich von Phi-Phi Don, ist ein beliebtes, flaches Schnorchelgebiet, wo man kleinere Haie sehen kann. Gut schnorcheln kann man längs der Ostküste von **Ko Nok** (nahe der Ao Ton Sai), an der Ostküste von **Ko Nai** sowie vor dem **Hat Yao**. Die meisten Resorts vermieten die Komplettausrüstung (Schnorchel, Brille und Flossen) für 200 B pro Tag.

Schnorchelausflüge kosten zwischen 700 und 2500 B; der Preis hängt davon ab, ob man mit einem Lang- oder einem Schnellboot fährt. Schnorchler können sich auch Tauchtouren anschließen, und die meisten Tauchveranstalter haben auch spezielle Schnorcheltouren im Angebot – diejenigen von Adventure Club (S. 729) sind sehr zu empfehlen.

Klettern

Ja, auch auf Phi-Phi kann man auf Kalksteinklippen klettern und die spektakuläre Aussicht genießen. Die bedeutendsten Klettergebiete sind der **Ton Sai Tower** (Karte S. 728) am westlichen Ende der Ao Ton Sai und **Hin Taak** (Karte S. 728), eine kurze Fahrt mit dem Longtail-Boot weiter südlich.

Ibex Climbing & Tours KLETTERN
(Karte S. 732; ☎ 075 601370, 084 309 0445; www.ibexclimbingandtours.com; Ton Sai Village; halber/ganzer Tag 1100/1950 B) Einer der neuesten und besten Kletterveranstalter auf Phi-Phi. Eine Einführung und die Ausrüstung sind im Preis enthalten.

Kurse

Pum Restaurant & Cooking School KOCHKURS
(Karte S. 732; ☎ 081 521 8904; www.pumthaifoodchain.com; 125/40 Mu 7, Ton Sai Village; 500–4000 B/Pers.; ⌚ Kurse 11, 16 & 18 Uhr) Fans der Thai-Küche können hier sehr zu empfehlende Kochkurse besuchen, von halbstündigen, bei denen ein Gericht zubereitet wird, bis hin zu fünfstündigen Unternehmungen unter dem Motto „gesunder Lebensstil". Man erfährt etwas über die Geheimnisse der Zubereitung einiger der ausgezeichneten Gerichte, die im zugehörigen Restaurant im Ton Sai Village serviert werden, und nimmt ein Kochbuch mit nach Hause.

Geführte Touren

Seit Leonardo DiCaprio in der Verfilmung von Alex Garlands *Der Strand* hier einen Joint rauchte, ist Ko Phi-Phi Leh so etwas wie eine Pilgerstätte. Abgesehen von Longtail-Boot-Touren nach Phi-Phi Leh und Ko Mai Phai organisieren Tourveranstalter auch Sonnenuntergangsfahrten rund um Ko Phi-Phi Leh, die auch zur Monkey Bay und dem Strand bei Wang Long führen.

PP Original Sunset Tour BOOTSTOUR
(Karte S. 732; Ton Sai Village; 900 B/Pers.; ⌚ Tour 13 Uhr) Bei der sensationellen Sonnenuntergangstour rund um Ko Phi-Phi Leh tanzt man auf dem Doppeldeckerboot zu sanften Rhythmen, fährt zwischen den schroffen Klippen von Ao Pi Leh Kajak, schnorchelt und isst schließlich abends vor dem Strand der Ao Maya gebratenen Reis. Ein engagiertes, gut organisiertes Team leitet den wundervollen Ausflug.

Maya Bay Sleepaboard BOOTSTOUR
(www.mayabaytours.com; 3000 B/Pers.) Das Campen am Maya Beach auf Ko Phi-Phi Leh ist nicht mehr erlaubt, man kann die Nacht aber gleich vor der Küste an Bord verbringen. Im Preis inbegriffen sind Verpflegung, Schlafsack und die Nationalpark-Eintrittsgebühr; die Touren starten um 15 Uhr und kehren am nächsten Vormittag um 10 Uhr zurück. Das gleiche Team veranstaltet auch die beliebte **Plankton Sunset Cruise** (www.mayabaytours.com; 1200 B/Pers.; ⌚ 15–20 Uhr) nach Ko Phi-Phi Leh. Buchen kann man bei jedem Reisebüro in Ton Sai.

Captain Bob's Booze Cruise BOOTSTOUR
(Karte S. 732; ☎ 084 848 6970; www.phiphiboozecruise.com; Frauen/Männer 2500/3000 B; ⌚ Tour 13 Uhr) Der neueste alkoholische Ausflug auf Ko Phi-Phi: Man gondelt durch die Gewässer rund um Ko Phi-Phi Don und Ko Phi-Phi Leh mit einem Segelboot und lässt sich dabei volllaufen.

Schlafen

Es war nie einfach, auf dieser beliebten Insel eine Unterkunft zu finden; besonders schwer ist es, vor allem in der Hauptsaison ein Zimmer ohne allzu große Mängel oder einem völlig überteuerten Preis zu finden. Auf Neuankömmlinge warten Schwärme von Schleppern. Die nerven, können aber nützlich sein.

Einbrüche sind hier keine Seltenheit: Wenn man schläft oder vorhat, wegzugehen, sollte man unbedingt die Tür verriegeln und alle Fenster schließen.

Ton Sai Village & Ao Lo Dalam บ้านต้นไทร/อ่าวโละดาลัม

Auf der flachen, zugebauten, stundenglasförmigen Landzunge zwischen der Ao Ton Sai und der Ao Lo Dalam drängen sich die Unterkünfte. Das zentrale Ton Sai wird auch das „Touristendorf" genannt.

Der von eindrucksvollen Kalksteinklippen umrahmte Strand von Ao Lo Dalam ist wohl der schönste auf Ko Phi-Phi. Aber er ist mit Menschen und Longtail-Booten vollgestopft und wegen der Tagesbesucher und Strandrüpel vermüllt.

Zudem herrscht in dem Gebiet eine unglaubliche (und laute) Bautätigkeit. Immer mehr gleichartige Unterkünfte mit schlichten Schlafsälen werden hochgezogen, ganz besonders hinter den beliebten Clubs an der Ao Lo Dalam.

Blanco HOSTEL $
(Karte S. 732; ☎093 638 3781; Ao Lo Dalam; B 470–625 B; ❄📶) Das spartanische (eigene Bettdecke mitbringen!), aber moderne Party-Hostel besteht aus Bambus-Chalets mit Betonböden, in denen Schlafsäle für vier bis acht Personen untergebracht sind. Die Räume sind beengt, in der Regel ist der Fußboden sandig, und die Matratzen sind so hart wie Turnmatten, aber das stört die hartgesottenen Partywütigen nicht, die hier wegen der lustigen Stimmung und der supergeselligen Strandbar mit gemütlichen Liegen und einem Billardtisch bevorzugt absteigen.

An Nachtschlaf ist natürlich hier nicht zu denken.

Ibiza House HOSTEL, HOTEL $
(Karte S. 732; ☎075 601274, 080 537 1868; ibizahouseppth@gmail.com; Ao Lo Dalam; B 450–700 B, Zi. mit Frühstück 2000–5500 B; ❄📶🏊) Das Haus punktet mit seinen beliebten, gepflegten (wenn auch leicht sandigen) Schlafsälen für zehn Personen mit Klimaanlage, Warmwasserduschen, Safes, WLAN und munterer Partystimmung. Es gibt auch eine Reihe glänzend weißer Doppelzimmer und „Villen". Alle Gäste können den Pool benutzen, an dem sonntags regelmäßig Partys steigen.

Rock Backpacker HOSTEL $
(Karte S. 732; ☎081 607 3897; Ton Sai Village; B 300 B, Zi. mit Ventilator/Klimaanlage 800/1600 B; ❄📶) Das ordentliche Hostel auf dem Hügel über dem Dorf hat saubere Schlafsäle mit Stockbetten, winzige Zimmer, ein einladendes Restaurant mit Bar und eine rustikale, mit Graffitis bedeckte Fassade. Das ist immer noch eine der günstigeren Absteigen in Ton Sai, und es gibt hier eine muntere Backpacker-Szene – nur einen freundlichen Empfang darf man hier nicht erwarten. Keine Reservierung.

Oasis Guesthouse PENSION $
(Karte S. 732; ☎075 601207; 115 Mu 7, Ton Sai Village; Zi. 700–800 B; ❄📶) Das nette, schlichte Gästehaus mit seinen Holzläden liegt umgeben von Bäumen in der Seitenstraße östlich des Zentrums von Ton Sai. Die frisch gestrichenen Zimmer haben blitzende Bäder. Das Personal ist manchmal mürrisch. Keine Reservierung – hier gilt: Wer zuerst kommt, mahlt zuerst.

JJ Residence HOTEL $$
(Karte S. 732; ☎075 601098; www.jjresidence.com; 95 Mu 7, Ton Sai Village; Zi. 2500 B; ❄📶🏊) Die geräumigen Zimmer mit Fliesenböden, schicker Holztäfelung und Balkendecken sind dank Steppdecken, kleinen Kühlschränken, eingebauten Schreibtischen und Kleiderschränken eine der besseren Optionen in Ton Sai. Die Zimmer im ersten Stock öffnen sich zum Pool mit dem Wasserfall. Ein neuer Block in ähnlichem Stil direkt gegenüber sollte inzwischen fertiggestellt sein.

Up Hill Cottage BUNGALOWS $$
(Karte S. 732; ☎075 601124; www.phiphiuphillcottage.com; 140 Mu 7, Ton Sai Village; Zi. mit Ventilator 1200 B, mit Klimaanlage 2000–2500 B; ❄📶) Die Zimmer der kürzlich renovierten, cremefarben angestrichenen Holzbungalows sind in hübschen Pastelltönen gehalten, von denen sich die farbenfrohen Bettdecken und die launig gefliesten Bäder abheben. Die meisten haben eigene Balkone mit Blick auf die Insel. Die preiswerteren Zimmer mit Ventilator sind schlicht, aber sauber. Die Anlage liegt *ein wenig* außerhalb des Trubels am östlichen Ende der Hauptstraße, die nordwärts aus Ton Sai Village hinausführt. Vorsicht mit den vielen Stufen!

Ton Sai Village

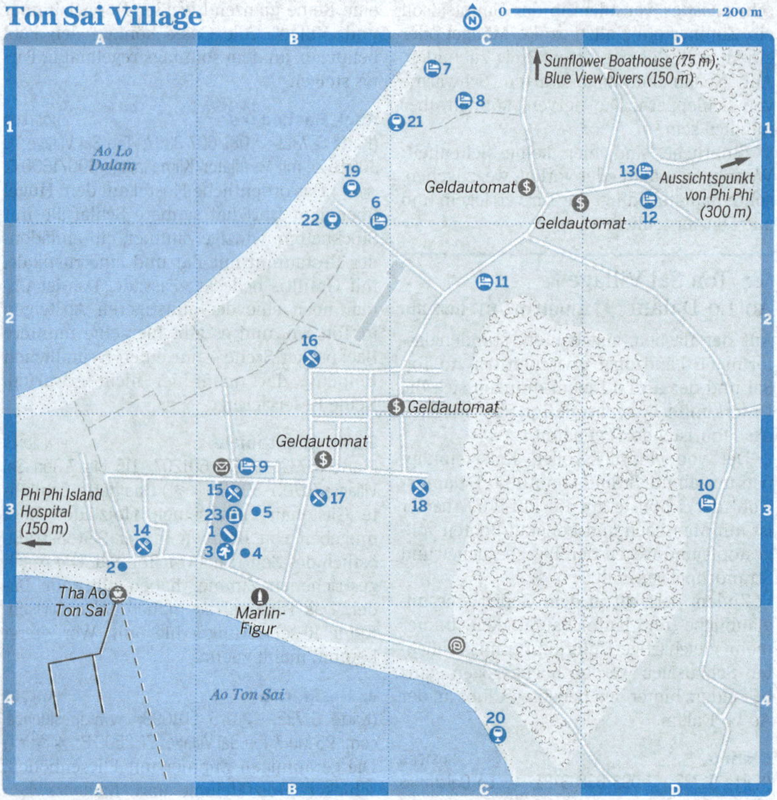

Ton Sai Village

Aktivitäten, Kurse & Touren

1 Adventure Club B3
2 Captain Bob's Booze Cruise A3
3 Ibex Climbing & Tours B3
4 PP Original Sunset Tour B3
5 Pum Restaurant & Cooking School B3
Sea Frog Diving .... (siehe 15)

Schlafen

6 Anita Resort B1
7 Blanco C1
8 Ibiza House C1
9 JJ Residence B3
10 Oasis Guesthouse D3
11 Rock Backpacker C2
12 Tropical Garden Bungalows D1
13 Up Hill Cottage D1

Essen

14 Le Grand Bleu A3
15 Lebensmittelmarkt B3
16 Only Noodles B2
17 Papaya 2 .... B3
18 Papaya Restaurant C3
Unni's .... (siehe 15)

Ausgehen & Nachtleben

19 4Play B1
20 Carlito's C4
21 Ibiza C1
22 Slinky B1

Shoppen

23 D's Bookshop B3

Tropical Garden Bungalows BUNGALOWS $$
(Karte S. 732; ☎089 729 1436; www.thailandphiphitravel.com; Ton Sai Village; Zi. mit Ventilator 1100–1300 B, Klimaanlage 1400–2300 B; ❄📶🏊) Wem es nichts ausmacht, zum essen, trinken oder sonnenbaden zehn Minuten zu laufen, wird das nahe dem Pfad zum Aussichtspunkt

gelegene Tropical Garden mögen. Zimmer gibt's hier in jeder Preisklasse, Größe und Form, z. B. als Blockhütte im Westernstil oder als modernen Betonbau mit Klimaanlage – und selbst die kleinsten bieten ein wenig Atmosphäre. Es gibt einen von Blumen eingefassten Pool mit einer schwimmenden Bar.

Anita Resort RESORT **$$**
(Karte S. 732; ☎075 601282; www.phiphianitaresort.com; Ao Lo Dalam ; Zi. 2700–4500 B; ❄📶🏊) Gleich hinter Ao Lo Dalam bietet dieses Drei-Sterne-Resort Bungalows mit glänzenden Fußböden, die geschmackvoll mit rosa gefliesten Bädern, holzgeschnitzten Lampen in Elefantenform, vom Boden zur Decke reichenden Kopfbrettern sowie Glasschiebetüren ausgestattet sind, die sich zu eigenen Terrassen mit Blick auf den Pool öffnen. Die gegenüberliegenden, neueren „Deluxe"-Zimmer mit Flachbild-TVs geben sich moderner.

Sunflower Boathouse PENSION **$$**
(Karte S. 728; ☎080 038 3374; www.facebook.com/pages/Sunflower-Boathouse-Phi-Phi/101127755691; Ao Lo Dalam; Zi. mit Ventilator/Klimaanlage 1200/1500 B; ❄📶) Die anheimelnd aus lackiertem dunklem Holz gebauten Zimmer bieten farbenfrohe Tagesdecken und etwas Raum und Atmosphäre. Sie verteilen sich über ein schiffsförmiges Gebäude mit Strohdach, das sich am Nordende der Ao Lo Dalam an die wunderbar entspannte Sunflower Bar (S. 736) schmiegt. Eine schlichte und freundliche Unterkunft.

Hat Hin Khom หาดหินคม

Das Gebiet liegt einen viertelstündigen Strand- oder Dschungelspaziergang östlich der Ao Ton Sai und besitzt ein paar kleine, weiße Sandstrände an felsigen Buchten.

Viking Natures Resort BUNGALOWS **$$**
(Karte S. 728; ☎083 649 9492, 075 819399; www.vikingnaturesresort.com; Hat Hin Khom; Bungalow 1200–6000 B; ❄📶) Ja, hier geht's in jeder Hinsicht abgefahren zu, und das ist bestimmt keine geeignete Unterkunft, wenn man sich vor dem Getier des Dschungels fürchtet. Aber wenn man nach Atmosphäre sucht, sind diese Bungalows aus Holz, Stroh und Bambus genau das Richtige: Sie sind mit Treibholz, Muschelvorhängen sowie aus Stein gemeißelten Waschbecken dekoriert und haben Lounge-Bereiche mit Hängematten, von denen aus man einen fabelhaften Blick auf Ko Phi-Phi Leh hat.

Es empfiehlt sich, eine der größeren Holz-Lodges zu nehmen, die über einladende Terrassen verfügen.

Hat Yao หาดยาว

Der muntere, weiße Sandstrand an der Südküste ist ideal zum Baden, man darf aber nicht erwarten, ihn für sich allein zu haben. Von Ton Sai kommt man zu Fuß über den Hat Hin Khom in einer halben Stunde her oder nimmt vom Pier in Ton Sai ein Longtail-Boot (100–150 B).

Paradise Pearl Bungalow RESORT **$$**
(Karte S. 728; ☎075 601248; www.phiphiparadisepearl.com; Hat Yao; Zi. mit Frühstück 3000–6000 B; ❄📶) Der ausgedehnte Komplex aus dunklen thailändischen Holz-Chalets, die mit Kunst und moderner Elektronik ausgestattet sind, versteckt sich auf der felsigen Landzunge an der nördlichen Biegung des Hat Yao. Die angenehm altmodischen Holzhütten am Strand haben freistehende Betten, Spitzenvorhänge und Tee-/Kaffeemaschinen. Das gemütliche **Restaurant** (Hauptgerichte 120–400 B; ⏲7.30–22 Uhr; 📶) wird gern von jungen Pärchen besucht und erstreckt sich bis zum Rand des Sands.

★ **Paradise Resort Phi Phi** HOTEL **$$$**
(Karte S. 728; ☎081 968 3982; www.paradiseresort.co.th; Hat Yao; Bungalow 2900–6500 B; ❄📶) Die kürzlich errichteten, makellos gepflegten Villen in diesem glänzend weiß gestalteten Resort sind mit Fensterwänden, massiven, halb offenen Bädern, Duschen drinnen und draußen, farbig ausgeleuchteten Wänden, Wasserkessel, Kühlschrank und Fön sowie hölzernen Sonnenliegen auf der vorderen Terrasse ausgesprochen luxuriös. Die nach hinten liegenden älteren Villen sind absolut komfortabel, hell und sauber, und auch sie haben schicke, holzgetäfelte Zimmer in thailändisch-modernem Stil. In der Nebensaison gibt's tolle Preisnachlässe. Nur online buchbar!

Hat Rantee หาดรันตี

An der immer noch entspannten, abgelegenen kleinen Bucht an der Ostküste gibt es grau-goldenen Strand, bescheidene Familienbungalows und gute Schnorchelmöglichkeiten. Hin gelangt man per Longtail-Boot vom Pier in Ton Sai (600 B; hin & zurück 200 B/Pers., mind. 4 Pers.; Gäste, die reserviert haben, werden von den Resorts kostenlos abgeholt) oder in einer anstren-

WO AUF KO PHI-PHI (HALBWEGS) RUHIG ÜBERNACHTEN?

Die Lärmbelästigung ist auf Ko Phi-Phi ein echtes Problem. Am schlimmsten ist es an der zentralen Ao Ton Sai und der Ao Lo Dalam, aber auch am Hat Hin Khom kann man in den frühen Abendstunden nicht mit Ruhe rechnen. Zum Zeitpunkt der Recherche gab es in den Bars in Dalam und Ton Sai eine Sperrstunde um 2 Uhr (die mehr oder weniger eingehalten wird), das hindert aber angetrunkene Nachtschwärmer nicht daran, weiter Lärm zu machen (Kotzgeräusche, Türenknallen). Und hinzu kommt rund um die Uhr noch pausenloser Baulärm.

Die ruhigsten Unterkünfte auf Ko Phi-Phi finden Traveller:

- an der Ostküste der Insel
- an der Nebenstraße, die das südöstliche Ende der Ao Ton Sai mit der Ao Lo Dalam verbindet
- auf dem Hügel nahe der Straße zum Aussichtspunkt von Phi-Phi (S. 727)
- am Hat Yao (S. 727)

Die beste Lösung dürfte aber sein, selber mitzufeiern.

genden 45-minütige Wanderung über den Aussichtspunkt.

Rantee Cliff Beach Resort BUNGALOWS $$
(Karte S. 728; ☎ 087 474 7770; www.phiphiranteecliff.com; Bungalow mit Frühstück 2500–5000 B; ❄📶) Die neueste Unterkunft in Rantee überrascht mit charaktervollen großen Bambusbungalows mit Spitzdächern, vor denen sich orange- und purpurfarbene Hängematten im Wind wiegen und die auf einen prächtigen Sandstrand blicken. Alle Bungalows bieten leuchtend blaue Überwürfe, Waschbecken im Zimmer, hohe, strohgedeckte Decken, abgesenkte Badezimmer, hauchdünne Moskitonetze, Tee-/Kaffeemaschinen und Kühlschränke. Die Anlage versteckt sich auf der Landzunge am südlichen Ende des Hat Rantee.

PP Rantee BUNGALOWS $$
(Karte S. 728; ☎ 092 124 0599; Bungalow mit Ventilator 1500 B, mit Klimaanlage 2500–4500 B; ❄📶) Die schlichten, akzeptablen Bungalows mit Flechtwänden aus Bambus und die neueren, sauberen, gefliesten Betonbungalows mit Klimaanlage und breiten Veranden blicken auf den gepflegten Gartenweg, der zum Strand führt. Es gibt hier auch ein ausgezeichnetes Restaurant und vorne eine riesige Holzschaukel.

Hat Phak Nam หาดผักน้ำ

Der prächtige weiße Sandstrand teilt sich die Bucht mit einem kleinen Fischerdorf. Wer den schweißtreibenden einstündigen Anmarsch über den Aussichtspunkt scheut, chartert an der Ao Ton Sai ein Longtail-Boot (1000 B; per Sammel-Bootstaxi hin & zurück 200 B/Pers.).

★ **Relax Beach Resort** BUNGALOWS $$
(Karte S. 728; ☎ 089 475 6536; www.phiphirelaxresort.com; Bungalow 2100–5200 B; @📶) Die 47, im thailändischen Stil lackierten Bungalows haben Holzböden, strohgedeckte Dächer, zweistufige Terrassen mit Sitzkissen sowie (bei den besten Zimmern) Bäder mit Mosaikboden. Sie sind von üppigem Dschungel umgeben. Es gibt ein gutes, auf Meeresfrüchte spezialisiertes **Restaurant** (Karte S. 728; Hat Phak Nam; Gerichte 100–350 B; ⏲ 7.30–21 Uhr; 📶) mit thailändischen und internationalen Gerichten und eine luftige Bar. Die Anlage wird von charmantem Personal geführt, das die Gäste wie Familienmitglieder behandelt.

Ao Lo Bakao อ่าวโละบาเกา

Der von Palmen gesäumte und von spektakulären Hügeln umgebene feine Sandstrand in der im Nordosten der Insel gelegenen Ao Lo Bakao gehört zu den schönsten auf Ko Phi-Phi – über das blaue Meer blickt man hinüber auf die vorgelagerten Inselchen Ko Mai Phai (Bambusinsel) und Ko Mung (Moskito-Insel). Die Fahrt mit dem Longtail-Boot von der Ao Ton Sai kostet 1000 B.

Phi Phi Island Village BUNGALOWS $$$
(Karte S. 728; ☎ 075 628900; www.phiphiislandvillage.com; Zi. mit Frühstück 8400–22 000 B; ❄📶🏊) Die 156 Bungalows aus Holz und Beton, zwischen denen sich Palmen im

Wind wiegen, nehmen fast den gesamten Strand ein. Die Annehmlichkeiten reichen von familienfreundlichen, zwanglosen Aktivitäten über romantische Abendessen bis hin zu verwöhnenden Wellness-Anwendungen. Hier genießt man etwas Luxus der alten Schule, wenn man die Mittel dazu hat. Das Resort sorgt für den An- und Abtransport seiner Gäste von/nach Ton Sai.

Hat Laem Thong หาดแหลมทอง

Die Hotels hier sind teuer, aber dieser weiße Sandstrand an der Nordostküste ist trotzdem voll, und am nördlichen Ende befindet sich zudem eine kleine, zugemüllte Siedlung der Moken (Seenomaden). Die Fahrt mit einem an der Ao Ton Sai gecharterten Longtail-Boot kostet 1200 B; die Hotels kümmern sich um den An- und Abtransport ihrer Gäste.

★ Zeavola HOTEL $$$
(Karte S. 728; ☎075 627000; www.zeavola.com; Bungalow mit Frühstück 10 600–21 800 B;) Von Hibiskussträuchern gesäumte Wege führen zu den schattigen Teak-Bungalows mit schicker, entschieden asiatischer Raumaufteilung drinnen und draußen. Alle haben Glaswände an drei Seiten, schöne Armaturen aus den 1940er-Jahren, alte Möbel, große Keramik-Waschbecken, Duschen drinnen und draußen sowie Tee- und Kaffeemaschinen auf der eigenen Terrasse. Der Service ist makellos. Die schönsten Villen verfügen über eigene Infinity Pools, und es gibt ein fabelhaftes, auf Paare ausgerichtetes Spa.

P.P. Erawan Palms Resort HOTEL $$$
(Karte S. 728; ☎075 627500; www.pperawanpalms.com; Zi. mit Frühstück 4200–9000 B;) Auf dem Gelände ist aller Stress im Nu verschwunden. Durch Gartenanlagen gelangt man auf gewundenen Pfaden zu den hellen, geräumigen, modernen, aber doch traditionell anmutenden „Cottages“ und den kleineren Zimmern, die alle mit Kunst und Kunsthandwerk aus Thailand ausstaffiert sind. Es gibt eine einladende Pool-Bar. Der Service ist ausgezeichnet.

Essen

Die meisten Resorts und Bungalowanlagen haben Restaurants. An der Ao Ton Sai gibt's einige erschwingliche Restaurants, *haute cuisine* darf man hier allerdings nicht erwarten.

Lebensmittelmarkt MARKT, THAI $
(Karte S. 732; Ton Sai Village; Gerichte 60–80 B; 7–22 Uhr) Das preiswerteste und authentischste Essen auf Ko Phi-Phi erhält man auf dem Markt an der schmalsten Stelle des Isthmus. Ein paar engagierte, örtliche Standinhaber bieten hier leckeres *pàt tai*, gebratenen Reis, *sôm·đam* und geräucherten Wels. Zum Zeitpunkt der Recherche wurde der Markt gerade renoviert.

Only Noodles THAI $
(Karte S. 732; Ton Sai Village; Gerichte 60–120 B; 11–22 Uhr) Der Name lügt nicht. In diesem beliebten, versteckt liegenden Lokal mit nur zwei schlichten Tischen am Straßenrand gibt's einfaches, aromatisches *pàt tai* mit Nudeln, nach Wahl mit Fleisch, Meeresfrüchten oder vegetarisch.

Papaya Restaurant THAILÄNDISCH $
(Karte S. 732; ☎087 280 1719; Ton Sai Village; Gerichte 100–350 B; 10–22.30 Uhr) Billig, schmackhaft, würzig: Die authentischen Thai-Gerichte mit viel Basilikum und Chili kommen in großen Portionen. Es gibt die üblichen Currys sowie *sôm·đam* und *đôm yam*. Einen Block weiter ist die Filiale **Papaya 2** (Gerichte 100–350 B; 10–22 Uhr).

★ Unni's INTERNATIONAL $$
(Karte S. 732; ☎081 979 2865; Ton Sai Village; Hauptgerichte 200–350 B; 8–24 Uhr;) In der bei hier lebenden Ausländern beliebten schicken Café-Lounge mit moderner Stimmungsmusik gibt's hausgemachte Frühstücks-Bagel mit allem Möglichen, von Räucherlachs bis Fleischbällchen, und Spezialitäten wie Toast mit Avocados und Feta. Zu den ausgezeichneten internationalen Angeboten gehören die großen griechischen Salate, die Pastagerichte, Burritos, Nachos, Burger, Tapas und Cocktails.

Le Grand Bleu THAI, FRANZÖSISCH $$
(Karte S. 732; ☎081 979 9739; 137 Mu 7, Ton Sai Village; Hauptgerichte 160–360 B; 18.30–23 Uhr) Gleich abseits vom Hauptpier serviert dieses Restaurant in einem bezaubernden Holzhaus mit einem plätschernden Springbrunnen, Kunst an den Wänden und einer bunten Betontheke thailändisch-französische Gerichte. Man bekommt im Ofen geschmorte Ente mit Honig, Ravioli mit Shrimps, in Pesto gekochte Riesengarnelen und sahnige Pilz-Tagliatelle, außerdem eine Auswahl südthailändischer Spezialitäten sowie zu allen Gerichten den passenden ausländischen Wein.

Ausgehen & Nachtleben

Eine raue Partyszene prägt Ko Phi-Phi. Billiger Whiskey, Red Bull und scheußlich süße Cocktails werden eimerweise getrunken und sorgen für einen üblen Kater am nächsten Morgen. Wer in Hörweite des Geschehens wohnt, hat dafür wohl seinen Grund.

★ **Sunflower Bar** BAR

(Karte S. 728; Ao Lo Dalam; ⊙11–2 Uhr; 📶) Das poetisch verfallene Juwel aus Treibholz ist immer noch die entspannteste Bar auf Ko Phi-Phi. Durch den Tsunami von 2004 zerstört, wurde sie aus Altholz wieder aufgebaut. Die Sitznischen aus Longtail-Booten sind nach den vier Liebsten benannt, die der Inhaber in den Fluten verloren hat.

Slinky CLUB

(Karte S. 732; Ao Lo Dalam; ⊙21–2 Uhr) Seit eh und je die angesagteste Stranddisco: Es gibt, wie in mehreren anderen auch, den üblichen Feuerzauber, eimerweise bonbonsüße Cocktails und massenweise Thais, Expats und Touristen, die Kontakt suchen, flirten und zu dröhnender Musik herumtanzen.

Ibiza CLUB

(Karte S. 732; Ao Lo Dalam; ⊙21–2 Uhr) Auch in dieser Strandbar in der Bucht von Dalam geht es hoch her. Man sitzt auf Kissen am Strand und bestaunt die kundigen Feuerschwinger und die betrunkenen Wagehälse, die durch brennende Reifen springen oder sich unter glühenden Stangen hindurchwinden, während alle anderen zu markerschütternder Musik tanzen und die Arme schwingen.

4Play CLUB

(Karte S. 732; Ao Lo Dalam; ⊙21–2 Uhr) Wenn die wilden Clubs von Dalam nach einigen Drinks alle gleiche wirken, liegt das einfach daran, weil sie es sind: Auch hier gibt's die übliche Mischung aus elektrisierendem Feuerzauber, Seiltänzern und wummernden Bässen.

Carlito's BAR

(Karte S. 732; www.carlitosbar.net; Ao Ton Sai; ⊙11–1 Uhr) Etwas weniger wild geht's in dieser Strandbar mit Lichterketten und Plastikstühlen auf dem Sand zu. Es gibt lustige Feuer-Shows und jede Menge *fa·ràng* (Leute aus dem Westen), die auf Bier und Cocktails begierig sind. Bei Partynächten kann es etwas rauer werden.

Shoppen

D's Bookshop BÜCHER

(Karte S. 732; Ton Sai Village; ⊙10–22 Uhr) Tauscht und verkauft neue und gebrauchte Belletristik und Reiseführer in englischer, deutscher, französischer und italienischer Sprache.

Praktische Informationen

Geldautomaten gibt's überall im Tourist Village, aber nicht an den Stränden der Ostküste. WLAN ist überall vorhanden.

Phi Phi Island Hospital (Karte S. 728; ☎075 622 151; Ao Ton Sai) Notfallversorgung am westlichen Ende der Ao Ton Sai. Ernste Fälle werden umgehend per Boot nach Krabi oder Phuket gebracht.

Post (Karte S. 732; Ton Sai Village; ⊙Mo–Fr 9–17 & Sa 9–13 Uhr)

An- & Weiterreise

Ko Phi-Phi ist von Ao Nang, Krabi, Phuket, Railay und Ko Lanta aus erreichbar. Die meisten Boote legen in der Ao Ton Sai an, einige wenige aus Phuket nutzen aber die isoliert gelegene Anlegestelle Tha Laem Thong (Karte S. 728) im Norden. Die Fähren von/nach Phuket, Krabi und Ao Nang verkehren ganzjährig, die Boote von/nach Ko Lanta dagegen nur zwischen Oktober und April.

Es gibt auch kombinierte Schiff-Kleinbus-Tickets zu Zielen in ganz Thailand, beispielsweise nach Bangkok (550–600 B, 11 Std., 17 & 17.30 Uhr), Ko Samui (400–500 B, 6½ Std., 11 & 16 Uhr) und Ko Pha-Ngan (500–600 B, 7 Std., 11 & 16 Uhr).

SCHIFFE/FÄHREN VON/NACH KO PHI-PHI DON

ZIEL	PREIS (B)	DAUER (STD.)	NACH KO PHI-PHI	AB KO PHI-PHI
Ao Nang	350	1¾	9.30 Uhr	15.30 Uhr
Ko Lanta	250–700	1½	8, 12.30, 13 & 16 Uhr	11.30 & 15 Uhr
Krabi	250–300	1½–2	9, 10.30, 13.30 & 15 Uhr	9, 10.30, 13.30 & 15.30 Uhr
Phuket	250–300	1¼–2	9, 11 & 15 Uhr	9, 14, 14.30 & 15.30 Uhr
Railay	350–400	1¼	9.45 Uhr	15.30 Uhr

Unterwegs vor Ort

Auf Ko Phi-Phi Don gibt es keine Straßen. Man geht also überwiegend einfach zu Fuß, doch können in der Ao Ton Sai Longtail-Boote für kurze Fahrten zu anderen Stellen auf der Insel oder nach Ko Phi-Phi Leh gechartert werden.

Longtail-Boote fahren von der Ao Ton Sai zum Hat Yao (100–150 B), Hat Rantee (600 B), nach Hat Phak Nam und der Ao Lo Bakao (1000 B), nach Laem Thong (1200 B) und zur Wai-King-Höhle (auf Ko Phi-Phi Leh; 600 B). Wer ein Longtail-Boot für drei oder sechs Stunden chartert, zahlt 1500 bzw. 3000 B; die Charter eines Schnellboots für einen halben Tag kostet 5000 B.

Ko Phi-Phi Leh เกาะพีพีเล

Das zerklüftete Ko Phi-Phi Leh ist die kleinere der beiden Inseln der Gruppe und wird von allen Seiten von hohen Klippen geschützt. Im kristallklaren Wasser liegen Korallenriffe voller Meeresbewohner. Sie sind ein äußerst beliebtes Ziel von Tagesausflüglern, die hier schnorcheln wollen, aber oft Korallen beschädigen und viel Müll zurücklassen.

Unterkünfte gibt es auf Ko Phi-Phi Leh nicht. Die meisten Besucher kommen im Rahmen eines Tagesausflugs oder einer der sehr beliebten Sonnenuntergangstouren (S. 730) von Ko Phi-Phi Don. Die Touren dauern einen halben Tag und enthalten diverse Schnorchel-Stopps rund um die Insel sowie Abstecher zur Wai-King-Höhle und zur Ao Maya. Die Touren kosten mit einem Longtail-Boot 700 bis 800 B und mit einem Schnellboot 2500 B. Mit der Landung wird die Tagesgebühr für den Nationalpark (Erw./Kind 400/200 B) fällig.

Auf Ko Phi-Phi Leh ist das Campen nicht mehr erlaubt, man kann aber mit Maya Bay Sleepaboard (S. 730) bei Dunkelheit in die Ao Maya einfahren und dort auf einem schaukelnden Boot übernachten.

Sehenswertes & Aktivitäten

Wikingerhöhle HÖHLE

(Tham Phaya Nak, Viking Cave) Die Höhle an der Nordostspitze der Insel ist das Eldorado der Schwalbennestersammler, die hier die unglaublich wertvollen Nester – die Hauptzutat der chinesischen Schwalbennestersuppe – ernten. Die geschickten Sammler klettern auf wackligen Bambusgerüsten bis zum Dach der Höhle, um die Nester zu ernten. Vor dem Aufstieg verrichten sie Gebete und opfern Tabak, Weihrauch und Schnaps. Ihren in die Irre führenden Namen verdankt sie 400 Jahre alten Boots-Graffiti, die von den Mannschaften vorbeisegelnder chinesischer Fischer-Dschunken stammen.

Zum Zeitpunkt der Recherche war die Höhle für Besucher gesperrt. Die meisten Ausflugsboote verlangsamen die Fahrt, sodass man von Bord einen guten Einblick in sie hat.

Ao Pileh SEE

Pileh ist eine von zwei prächtigen smaragdgrünen Buchten auf Ko Phi-Phi Leh und liegt an der Ostküste der Insel. Hier herrscht viel Betrieb, aber eine Kajakfahrt durch die hoch aufragenden Kalksteinwände ist ein echtes Erlebnis.

Ao Maya BUCHT

(Maya-Bucht; Erw./Kind 400/200B) Die spektakulär von grünen Klippen eingefasste majestätische Bucht liegt am Westufer von Ko Phi-Phi Leh. 1999 wurde der schöne Sandstrand als Kulisse für *The Beach*, die Verfilmung des Kultromans *Der Strand* von Alex Garland benutzt. Das führte zu Kontroversen: Natürliche Sanddünen wurden planiert und zusätzliche Palmen gepflanzt, um die Kulisse paradiesischer wirken zu lassen. Das Produktionsteam sorgte zwar anschließend wieder für Ordnung, aber dennoch meinen viele, dass dem Ökosystem dauerhafter Schaden zugefügt wurde.

Der starke Bootsverkehr verdirbt heute etwas die Stimmung, aber die Landschaft ist immer noch hinreißend.

Ko Jum & Ko Si Boya เกาะจำ/เกาะศรีบอยา

Die gleich nördlich von Ko Lanta gelegene Insel Ko Jum und ihre niedrige Nachbarinsel Ko Si Boya sind noch erstaunlich wenig erschlossen, und die wenigen Neubauten verstecken sich unter den Bäumen. Man kann hier kaum etwas anderes tun als an den langen, breiten Stränden zu wandern und die erfrischend rustikale Schönheit der Inseln zu genießen.

Ko Jum war einst ausschließlich im Besitz des Volkes der *chow lair* auf Ko Lanta. Doch unter dem Großen Vorsitzenden Mao Tse-Tung kamen seit den 1950er-Jahren immer mehr Chinesen auf die Insel. Damals lebten hier noch keine Thais, doch mit der Zeit vermischten sich die drei Völker und Kulturen und wurden zu den Einwohnern, die man heute am besten früh am Morgen im malerisch heruntergekommenen Fischerdorf Ban Ko Jum, im Südosten der Insel, beobachten kann.

Obwohl es ein- und dieselbe Insel ist, bezeichnen die Einheimischen nur den flacheren Süden als Ko Jum. Der hügelige Norden ist Ko Pu.

Aktivitäten

Koh Jum Divers TAUCHEN
(082 273 7603; www.kohjum-divers.com; Koh Jum Beach Villas, Ko Jum; 2 Tauchgänge 4600–5500 B, Open-Water-Zertifizierungskurs 15800 B; 10–19 Uhr) Ko Jums einzige Tauchschule liegt an der Westküste und steuert alle Tauchspots um Ko Lanta und Ko Phi-Phi an. Schnorchler können zum halben Preis mitfahren.

Schlafen & Essen

Die Unterkünfte reihen sich an Ko Jums Westküste. Die meisten Resorts haben eigene Restaurants; manche sind in der Nebensaison (Mai–Okt.) geschlossen.

Bodaeng BUNGALOWS $
(081 494 8760; Hat Yao, Ko Jum; Bungalow 250–300 B) Eine gute, altmodische Hippie-Bude mit spottbilligen Bambusbungalows und ein paar etwas neueren Holzhütten, die sich unter den Bäumen verteilen. In den Bädern aus Wellblech erwarten einen Hocktoiletten, und es gibt nur eingeschränkt Strom. Aber der Inhaber ist charmant, und wiederkommende Gäste sorgen in der Hauptsaison für eine gesellige Stimmung.

Siboya Bungalows BUNGALOWS $
(081 979 3344; www.siboyabungalows.com; Ko Si Boya; Bungalow 350 B, Haus 500–1200 B; @) Zugegeben, der Strand von Ko Si Boya ist nichts Besonderes. Doch die Mangroven sind wild und wimmeln von Leben, die Bungalows und Ferienhäuser sind groß, stilvoll und günstig, und in dem ausgezeichneten Restaurant gibt's schnelle Internetverbindungen. Kein Wunder, dass ständig lächelnde, verschwiegene Leute in ihren 50-ern hierher strömen als wäre die Anlage die Pensionärs-Version von Alex Garlands Roman *Der Strand*. In den familienfreundlichen Wohnhäusern haben vier Personen Platz.

★ **Woodland Lodge** BUNGALOWS $$
(081 893 5330; www.woodland-koh-jum.com; Hat Yao, Ko Jum; Standard-/Familien-Bungalow 1100/1500 B;) Diese Anlage ist dank der geschmackvollen, sauberen Bambushütten mit Ventilator, ordentlichen Strohdächern, polierten Holzböden und Veranden, die sich großzügig über das schattige Gelände verteilen, unsere Lieblingsunterkunft auf Ko Jum. In den Familienbungalows aus Beton und Holz finden drei Personen Platz. Die freundlichen britisch-thailändischen Besitzer organisieren Bootsausflüge und führen vor Ort das ausgezeichnete **Fighting Fish Restaurant** (Hauptgerichte 100–200 B; 8–16 & 18–22 Uhr;).

Koh Jum Beach Villas VILLEN $$$
(086 184 0505; www.kohjumbeachvillas.com; Hat Yao, Ko Jum; Villa mit Frühstück 12800–26900 B;) Die geräumigen und eleganten Wohnhäuser aus Holz gehören privaten Eigentümern und sind mit freistehenden Betten und gemütlichen Terrassen mit Meerblick ausgestattet. Die Häuser (einige mit eigenem romantischen Infinity Pool) liegen in Gartenanlagen voller Frangipani-Bäume und Bougainvilleen vor dem herrlich goldenen Strand. Die Verwaltung legt Wert auf Umweltschutz und soziale Verträglichkeit. Das Personal ist nett, und das **Restaurant** (Hauptgerichte 190–350 B; 8–22 Uhr;) und die Bar sind ausgezeichnet.

Klimaanlagen gibt es nicht, aber die Villen sind so gebaut, dass die Meeresbrise für Kühlung sorgt. Einige der Häuser haben bis zu fünf Badezimmer, womit sie bestens für Familien geeignet sind.

Koh Jum Lodge RESORT $$$
(089 921 1621; www.kohjumlodge.com; Hat Yao, Ko Jum; Bungalow mit Frühstück 4500–7000 B; Nov.–April;) Bei der stilvollen Öko-Lodge prägen viel Hartholz und Bambus, hauchdünne Moskitonetze, Kokospalmen, thailändische Schnitzereien, Seidenüberwürfe, gepflegte Anlagen, Massagepavillons und vorn ein weißer, gebogener Sandstrand voller Hängematten das Bild. Hier findet man also ein seltenes Gleichgewicht von Authentizität und Komfort.

Hong Yong Restaurant THAI $
(Ban Ting Rai, Ko Jum; Hauptgerichte 80–100 B; 8–22 Uhr) Wenn Einheimische etwas empfehlen sollen, schicken sie einen ins Hinterland zu diesem improvisierten Dorfrestaurant in Pastellrosa, in dem die quirlige Rosa große Portionen köstlicher Thai-Currys, Pfannengerichte und internationales Frühstück auftischt. Probieren sollte man das aromatische Massaman-Curry oder die sai-

sonalen Meeresfrüchtespezialitäten. Der Laden ist auch als das Rosa's bekannt.

An- & Weiterreise

Zwischen November und Mai setzt das Boot von Krabi nach Ko Lanta Passagiere zum vollen Fahrpreis auch in Ko Jum ab (400 B, 1 Std., 11.30 Uhr); das Boot kehrt um 8.30 Uhr von Ko Lanta zurück. In der Hauptsaison fahren täglich um 8.30 Uhr Boote von Ko Jum nach Ko Phi-Phi (600 B, 1½ Std.), die die Passagiere von den Resorts am Hat Yao einsammeln; die Boote fahren um 14.30 Uhr von Ko Phi-Phi zurück.

Nach Ko Jum fahren ganzjährig Longtail-Boote (100 B, 30 Min.; 9, 10, 11.30, 13, 14.30, 16, 17.30 & 18.15 Uhr, Rückfahrten 6.30, 7.15, 7.35, 7.55, 8.10, 13.30, 14.30 & 16 Uhr) aus Ban Laem Kruat, das 38 km südöstlich von Krabi am Ende der Rte 4036, abseits des Hwy 4, liegt.

Wer von Laem Kruat nach Ko Jum übersetzt, muss beachten, dass die Boote drei verschiedene Piers anlaufen – die Anlegestellen von Ban Ko Jum und Mu Tu sind die praktischsten. Die Pensionen organisieren die Abholung von den Piers, wenn man vorab Bescheid gibt. Ansonsten ist man auf die Freundlichkeit von Fremden angewiesen.

Von Laem Kruat fahren täglich Boote nach Ko Si Boya (50 B, 15 Min.; stündl. 8–17.30 Uhr, Rückfahrten stündl. 6.15–17 Uhr). Für eine Abholung vom Pier im Siboya Resort (S. 738) anrufen!

Sŏrng·tăa·ou warten in Laem Kruat auf die Boote und fahren über den Flughafen von Krabi und Nua Khlong (wo man Anschluss nach Ko Lanta hat) nach Krabi (100 B).

Unterwegs vor Ort

Mehrere Läden in Ban Ko Jum und einige Pensionen auf Ko Jum vermieten Fahrräder (100 B) und Motorräder (250 B).

Ko Lanta

Ko Lanta

เกาะลันตา

26 800 EW.

Die frühere Domäne von Seenomaden und Rucksacktouristen entwickelte sich vom einsamen Tropenparadies im Süden Thailands zu einer Hochburg vorwiegend europäischer Touristen, die die Resorts der Mittel- und Spitzenklasse aufsuchen, um die von Jet-Skis verschonten herrlichen kilometerlangen Strände (die im Norden allerdings unter alarmierend fortschreitender Erosion leiden) sowie die nahen Tauchspots von Hin Daeng, Hin Muang und Ko Haa zu erleben.

Obwohl in Sichtweite von Ko Phi-Phi ist das charmante Ko Lanta weit ruhiger, authentischer und kulturell reicher geblieben und hat Besuchern mit unterschiedlichen Interessen und unterschiedlichen finanziellen Möglichkeiten etwas zu bieten. Im Vergleich zu ihren karstigen Nachbarn ist die Insel auch relativ flach und von guten Straßen durchzogen, die sich über 22 km vom Nord nach Süd erstrecken, sodass man Ko Lanta auch hervorragend mit dem Motorrad erkunden kann. Eine schnelle Rundfahrt enthüllt einen bunten Schmelztiegel der Kulturen: Brathähnchenstände stehen im Schatten schlanker Minarette, an der Ostküste drängen sich die Dörfer der Moken (Seenomaden) mit ihren auf Stelzen ruhenden Hütten, und im grün-braunen Gewirr der Mangroven verbergen sich kleine buddhistische Tempel.

Ko Lanta ist eine Doppelinsel, aber eigentlich meint man damit das südliche Ko Lanta Yai („Groß-Lanta"). Die Boote legen im staubigen, aus zwei Straßen bestehenden Ban Sala Dan an der Nordspitze von Ko Lanta Yai an.

Sehenswertes

★ Ban Si Raya

DORF

(บ้านศรีรายา, Altstadt von Lanta; Karte S. 742) Ban Si Raya, die „Altstadt von Lanta" liegt in der Mitte der Ostküste. Sie war der ursprüngliche Hafen der Insel und ihr Handelszentrum, weil arabische und chinesische Handelsschiffe, die zwischen Phuket, Penang und Singapur fuhren, hier einen sicheren Hafen fanden. Der Ort war von 1901 bis 1998 auch Lantas Verwaltungszentrum. Einige der anmutigen, auf Stelzen stehenden, gut erhaltenen 100 Jahre alten Holzhäuser und Ladenzeilen wurden zu wunderbar altmodischen Gästehäusern umgewandelt. In den Restaurants am Pier speist man frische Meeresfrüchte und blickt auf den Ozean. Drum herum finden sich einige nette unkonventionelle Läden.

Tham Khao Maikaeo HÖHLE

(ถ้ำเขาไม้แก้ว; Karte S. 742; ☎089 288 8954; Führung 300 B) Dieser Komplex aus Höhlen und Tunneln wurde über Jahrmillionen vom Monsunregen aus den Kalksteinspalten herausgefräst. Die Säle voller Stalaktiten und Stalagmiten erreichen teilweise die Größe von Kathedralen, dann wieder gibt es winzige Durchgänge, durch die man sich auf allen Vieren zwängen muss, und schließlich erreicht man sogar einen unterirdischen See. Eine einheimische Familie veranstaltet stündlich Wanderungen zu den Höhlen (Stirnlampen werden gestellt). Das Ganze dauert insgesamt zwei Stunden, und angemessenes Schuhwerk ist für den Besuch unerlässlich. Die Höhle ist an der Hauptstraße ausgeschildert, die vom Hat Khlong Tob zur Ostküste führt. Wegen der Termine vorab anrufen.

Tham Seua HÖHLE

(ถ้ำเสือ, Tigerhöhle; Karte S. 742; Führung 200 B; ⏲Okt.–April) Diese Höhle bietet interessante Tunnel, die im Rahmen einer ein- bis zweistündigen Führung (mit Stirnlampe für jeden Teilnehmer) erkundet werden können. Man erreicht die Höhle über einen ausgeschilderten Weg, der 2 km südlich vom Hat Khlong Nin nach Osten von der Straße zur Nationalparkverwaltung abzweigt.

Aktivitäten

Tauchen & Schnorcheln

Einige der besten Tauchstellen Thailands sind nur einen Katzensprung von Ko Lanta entfernt. Am besten taucht man bei den Unterwasserriffen Hin Muang (S. 729) und **Hin Daeng**, die man im Schnellboot in 45 Minuten erreicht. Diese einsamen Korallenriffe mitten im Meer sind wichtige Weideplätze für große Meeresfische wie Haie, Thunfische, Barrakudas und gelegentlich auch Walhaie und Mantarochen. Hin Daeng gilt gemeinhin als Thailands zweitbester Tauchspot nach dem Richelieu Rock (S. 658) nahe der Grenze zu Myanmar.

Die Tauchstellen um **Ko Haa** bieten bei einer Tiefe von 18 bis 34 m konstant gute Sichtverhältnisse, viele Meeresbewohner (darunter Schildkröten) und eine Höhle mit drei Kammern, die als „Kathedrale" bekannt ist. Die Tauchveranstalter auf Ko Lanta bieten auch Touren zum Wrack der *King Cruiser* (S. 729), zum Anemonenriff (S. 729) und nach Ko Phi-Phi (S. 729) an.

Die Tauchsaison auf Ko Lanta dauert von November bis April, doch veranstalten einige Anbieter auch in der Nebensaison Tauchtouren, sofern das Wetter es zulässt. Trips nach Hin Daeng und Hin Muang kosten 3400 bis 4500 B, nach Ko Haa zahlt man 3100 bis 4000 B. PADI-Open-Water-Kurse gibt's für 13 900 bis 17 900 B. In den Preisen ist die Nationalparkgebühr in der Regel nicht enthalten.

Von Mitte Oktober bis April veranstalten Anbieter überall auf Ko Lanta vier Inseln einbeziehende Schnorchel- und Kajaktouren (1200–1800 B) nach Ko Rok Nok (S. 747), den Trang-Inseln und zu anderen Inseln in der näheren Umgebung.

Scubafish TAUCHEN

(Karte S. 742; ☎075 665095; www.scubafish.com; Ao Kantiang; 2 Tauchgänge 3500 B; ⏲8–20 Uhr) Der alteingesessene Anbieter im Süden der Insel hat einen hervorragenden Ruf. Er bietet auf persönliche Interessen zugeschnittene Aktivitäten wie z. B. „Liquid Lense", einen Kurs in Unterwasser-Fotografie. Sehr beliebt sind die dreitägigen Tauch-Pauschaltouren (9975 B). Das eintägige „Discover Scuba" kostet 3200 B, der Open-Water-Zertifizierungskurs 15 900 bis 17 900 B und die Tour mit zwei Tauchgängen nach Hin Daeng/Hin Muang 4500 B.

Blue Planet Divers TAUCHEN

(Karte S. 741; ☎075 668165; www.divinglanta.com; 3 Mu 1, Ban Sala Dan; 2 Tauchgänge 3100 B; ⏲8.30–21 Uhr) Die erste Schule auf Ko Lanta, die sich auf Unterricht im Freitauchen (ab 2700 B) spezialisiert hat, bietet auch Open-Water-Zertifizierung (13 700 B), „Discover Scuba" (4300 B) und Schnorchelausflüge (1500 B).

Lanta Diver TAUCHEN

(Karte S. 741; ☎075 668058; www.lantadiver.com; 197/3 Mu 1, Ban Sala Dan; 2 Tauchgänge 2900 B, Open-Water-Zertifizierung 13 900 B;

Ko Lanta Nord

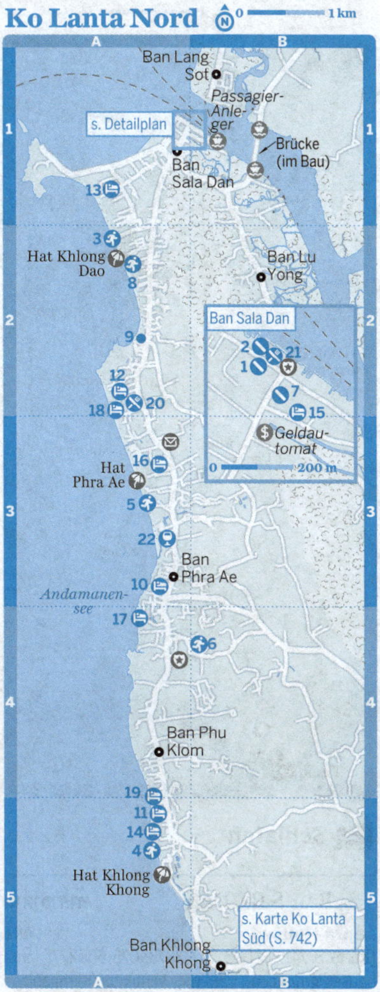

Ko Lanta Nord

Aktivitäten, Kurse & Touren

1 Blue Planet Divers B2
2 Go Dive B2
3 Hat Khlong Dao A2
4 Hat Khlong Khong A5
5 Hat Phra Ae A3
6 Lanta Animal Welfare B4
7 Lanta Diver B2
8 Oasis Yoga A2
9 Time for Lime A2

Schlafen

10 Andaman Sunflower A3
11 Bee Bee Bungalows A5
12 Chill Out House A2
13 Costa Lanta A1
Hutyee Boat .... (siehe 10)
14 Isara Lanta A5
15 Lanta House B3
16 Layana Resort A3
17 Relax Bay A4
18 Somewhere Else A2
19 Where Else! A4

Essen

20 Cook Kai A2
21 Lanta Seafood B2
Manao .... (siehe 17)
Red Snapper .... (siehe 10)

Ausgehen & Nachtleben

Feeling Bar .... (siehe 19)
22 Irish Embassy A3

⏲10–18 Uhr) Der sehr professionelle skandinavische Anbieter hat seinen Sitz nahe dem Pier und kleinere Ableger in den Resorts. Tagestouren mit zwei Tauchgängen nach Hin Daeng und Hin Muang kosten 3900 bis 4700 B, „Discover Scuba" mit zwei Tauchgängen 4500 B.

Go Dive TAUCHEN

(Karte S. 741; ☎075 668320; www.godive-lanta.com; 6 Mu 1, Ban Sala Dan; 2 Tauchgänge 3300 B; ⏲Okt.–April) Eine der neueren Tauchschulen auf Ko Lanta. Angeboten werden Touren mit zwei Tauchgängen nach Hin Daeng/Hin Muang (4200 B), „Discover Scuba" mit zwei Tauchgängen (3900 B) und Open-Water-Zertifizierungen (PADI/SSI 13 900/12 900 B).

Yoga

Relax Bay (S. 741; 400 B) und Sri Lanta (S. 744; 500 B) veranstalten in der Hauptsaison Yogakurse zum Vorbeikommen.

Oasis Yoga YOGA

(Karte S. 741; ☎085 115 4067; www.oasisyoga-lanta.com; Hat Khlong Dao; Sitzung 400 B) Das Yogastudio in der Mitte des Hat Khlong Dao veranstaltet in der Hauptsaison täglich bis zu vier Kurse in Hatha-, Ashtanga- oder Flow Yoga, und darüber hinaus Entgiftungsklausuren und Kurse für Yogalehrer. Von Mai bis Oktober ist das Angebot eingeschränkt; weitere Infos stehen auf der Website.

Freiwilligenarbeit

Lanta Animal Welfare FREIWILLIGENARBEIT

(Karte S. 741; ☎084 304 4331; www.lantaanimalwelfare.com; 629 Mu 2, Ban Phra Ae; Führung gegen Spende; ⏲9–17 Uhr) Das schon lange existierende Tierrettungszentrum kümmert sich um 30 Hunde und 60 Katzen. Streunen-

Ko Lanta Süd

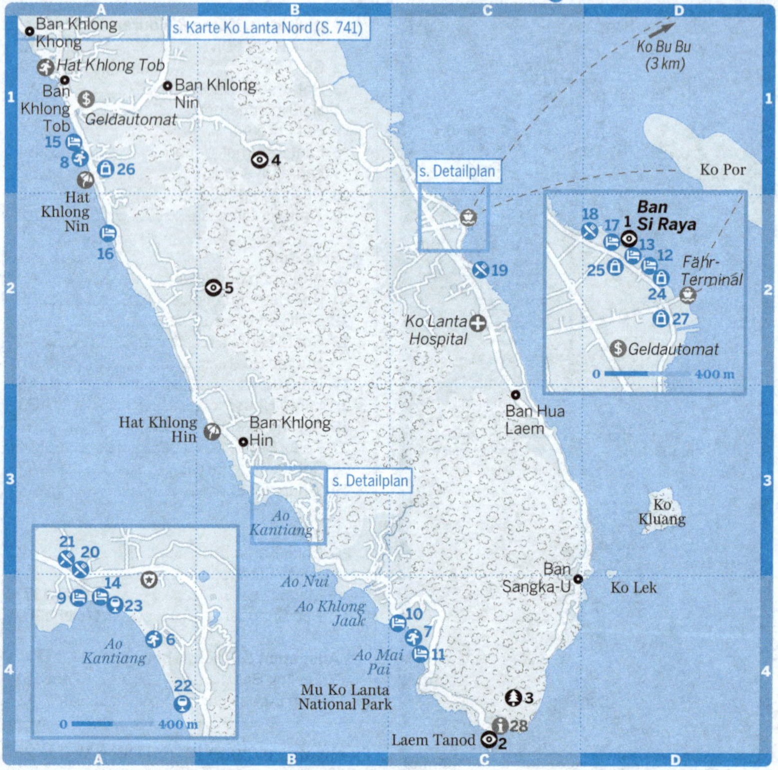

de Tiere werden gefüttert, sterilisiert und an Besitzer vermittelt, zudem unternimmt das Zentrum Impfkampagnen und leistet Öffentlichkeitsarbeit in Sachen Tierschutz. Bei den stündlichen Führungen (40 Min; Nebensaison nur 12 & 15 Uhr) kann man die Einrichtungen besichtigen und mit den Katzen spielen. Besucher, die Hunde ausführen wollen, sind willkommen, ebenso Freiwillige, die länger mitarbeiten wollen.

Kurse

Time for Lime KOCHKURS

(Karte S. 741; ☎075 684590; www.timeforlime.net; Hat Khlong Dao; Kurs 1800 B; ⏲Kurs 16 Uhr) Die beliebte Schule mit Restaurant am südlichen Hat Khlong Dao bietet in einer Profiküche aus Beton Kochkurse, die eine interessantere Rezeptauswahl bieten als sonst in Thai-Kochschulen üblich. Die Kurse (5 Std.) gibt's auch für Vegetarier. Wer mehr als einen Kurs bucht, erhält Rabatt. Die Gewinne gehen an Lanta Animal Welfare. Vorab buchen!

Schlafen

Ban Sala Dan ท่าศาลาด่าน

Lanta House PENSION $

(Karte S. 741; ☎095 547 3873, 075 656277; lantahouse@gmail.com; Zi. mit Ventilator/Klimaanlage 350/450 B; ❄📶) Eine gute, von einer sehr freundlichen Familie geführte Budget-Unterkunft: Das Lanta House hat fensterlose, aber blitzsaubere Zimmer mit Ventilator, dunklen Wänden, Bambusbetten und – für den Preis – viel Stil. Für 100 B erhält man ein Zimmer mit Klimaanlage, Fenster und Balkon. Alle Zimmer mit Gemeinschaftsbädern.

Hat Khlong Dao หาดคลองดาว

★ **Costa Lanta** HOTEL $$$

(Karte S. 741; ☎075 668186; www.costalanta.com; Zi. mit Frühstück 6800–9900 B; ❄📶🏊) Die vom Zen-Buddhismus inspirierten freistehenden Hütten befinden sich in einem

Ko Lanta Süd

von Gezeitenkanälen durchzogenen Garten voller Kokospalmen am nördlichen Ende des Hat Khlong Dao. Alles – Boden, Wände, Waschbecken – besteht aus poliertem Beton, und die minimalistisch-schicken Hütten haben nach zwei Seiten große Tore, um keine Enge aufkommen zu lassen und für einen frischen Luftzug zu sorgen.

Das Restaurant ist so umwerfend wie der Service und der schwarze Infinity Pool am Übergang zum Strand. Bei Online-Buchung ist ein Rabatt möglich. In der Nebensaison fallen die Preise drastisch.

Hat Phra Ae หาดพระแอ

Andaman Sunflower BUNGALOWS $
(Karte S. 741; ☎089 969 2610, 075 684668; Bungalow 750–1350 B; ⏲Okt.–März; 📶) Die wundervollen Holz- und Bambusbungalows mit Hochbetten, hohen Decken aus Palmblättern, Parkettboden, gläsernen Waschbecken und Veranden voller Hängematten verstecken sich in einer Gartenanlage voller Bougainvilleen und Palmen. Die Bungalows stehen zwar nicht direkt am Strand, gehören aber rund um den Hat Phra Ae zu den besten in der gehobenen Budgetklasse.

Chill Out House HOSTEL $
(Karte S. 741; ☎082 183 2258; www.facebook.com/ChillOutHouse; B 150 B, DZ 220–275 B; 📶) Die geschäftige Backpacker-Bleibe, die sich als „Baumhaus-Gemeinde“ versteht, hat schlichte Vier-Bett-Schlafsäle, Gemeinschaftsbäder, Türen aus Kreidetafeln und klapprige Doppelzimmer mit angeschlossenem Bad. Die Unterkunft ist einfach, aber die entspannte Stimmung und der Preis sind unschlagbar. Es gibt eine Bar, einen gemeinschaftlichen iPod-Anschluss und einen wunderbar entspannten Loungebereich mit vielen Hängematten.

Hutyee Boat BUNGALOWS $
(Karte S. 741; ☎083 633 9723; Bungalow 500–700 B) Das Hippie-Paradies aus großen, soliden Bungalows auf Stelzen versteckt sich in einem Dickicht aus Palmen und Bambus und befindet sich gleich abseits vom Strand (hinter dem Nautilus Resort). Die Bungalows bieten geflieste Bäder, kleine Kühlschränke und schaukelnde Hängematten. Die Anlage wird von einer freundlichen muslimischen Familie geführt.

Relax Bay HOTEL $$
(Karte S. 741; ☎075 684194; www.relaxbay.com; Ao Phra Ae; Bungalow mit Frühstück & Ventilator 1600–2450 B, Klimaanlage 2450–5100 B, Luxuszelt 2750–3250 B; ❄📶🏊) Die traumhafte, von Franzosen geführte Anlage nimmt eine baumbedeckte Landzunge vor einem kleinen Strand ein. Die gelb und rot gefärbten Holz- und Bambusbungalows stehen auf

Stelzen und haben große Terrassen mit Blick über die Bucht. Es gibt einen hübsch tropisch anmutenden Pool, das halb offene gute und stilvolle Restaurant **Manao** (Hauptgerichte 140–400 B; ⏲7–21.30 Uhr; 📶) mit Bar und während der Hauptsaison Yoga (400 B). Die Preise sind etwas überzogen, aber in der Nebensaison ist das Preis-Leistungs-Verhältnis ausgezeichnet.

Somewhere Else BUNGALOWS $$
(Karte S. 741; ☎081 536 0858; Bungalow 800–1700 B; 📶) Man hat die Wahl zwischen schlichten, strohgedeckten Bambushütten mit Badezimmern mit Terrakotta-Fliesen und größeren achteckigen Bungalows aus poliertem Beton. Alle Gebäude stehen auf einer schattigen Grünfläche direkt hinter einem sehr beliebten und geselligen Strandabschnitt.

Layana Resort RESORT $$$
(Karte S. 741; ☎075 607100; www.layanaresort.com; Zi. mit Frühstück 16 900–28 100 B; ❄📶🏊) Die Lage am Strand, der fabelhafte, von Palmen gesäumte Pool und der makellose Service sorgen dafür, dass das Erwachsenen vorbehaltene schicke und topmoderne Resort sehr begehrt ist. Die gemütlichen, großen Zimmer aus Hartholz haben ein beruhigend neutrales Dekor. Schalen mit kostenlosem Obst und die Auswahl beim Kopfkissen sorgen für zusätzliche Behaglichkeit. Die Listenpreise sind sehr hoch, aber im Internet gibt es manchmal günstige Angebote, und in der Nebensaison kann man einen Rabatt von 50 % erwarten.

Hat Khlong Khong

หาดคลองโขง

★ **Bee Bee Bungalows** BUNGALOWS $
(Karte S. 741; ☎081 537 9932; Bungalow 600–900 B; ⏲Okt.–April; 📶) Die Anlage ist eine der besten Budgetoptionen auf Ko Lanta. Sie besteht aus einem Dutzend kreativ gestalteter Bambushütten, die von superfreundlichen Leuten verwaltet werden. Jeder Bungalow ist einzigartig; einige stehen auf Stelzen inmitten der Bäume. Im Restaurant vor Ort gibt's eine Bibliothek mit zerlesenen Taschenbüchern, auf dass man sich nicht langweilt, während man auf die köstlichen Thai-Gerichte wartet.

Where Else! BUNGALOWS $
(Karte S. 741; ☎075 667173, 081 536 4870; where else_lanta@yahoo.com; Bungalow 800–2000 B) Ein Stück Lanta-Boheme: Die strohgedeckten Bungalows mit halb offenen Bädern mit Kaltwasser sind ziemlich klapprig; und wer nächtlichen Gelagen und tropischem Ungeziefer aus dem Weg gehen will, sucht besser woanders. Bei Backpackern ist die Anlage mit der ausgelassenen Strandatmosphäre, deren Zentrum die beliebte Feeling Bar (S. 748) bildet, jedenfalls sehr beliebt. Die teureren Bungalows sind mehrstöckig und bieten Platz für bis zu vier Personen.

In der Nebensaison fallen die Preise um 50 bis 70 %.

Isara Lanta BUNGALOWS $$
(Karte S. 741; ☎088 823 2184; www.isaralanta.com; Bungalow mit Ventilator 500–1300 B, mit Klimaanlage 1200–2500 B; 📶) Die beliebte kleine Anlage besteht aus ordentlichen, pastellfarbenen Betonbungalows mit Blechdach und Dekor aus Bambusgeflecht. Sie säumen einen Weg, an dem Blumen stehen und der von dem rustikalen, blau und weiß getünchten Restaurant mit Bar ausgeht.

Hat Khlong Nin

หาดคลองนิน

Round House PENSION $$
(Karte S. 742; ☎086 950 9424; www.lantaroundhouse.com; Zi. 1600 B, Bungalow ohne/mit Bad 600/1500 B, Haus 3000 B; ❄📶) In der netten Pension am Nordende des Strands stehen mehrere Optionen zur Wahl: Die auf Stelzen stehenden Bambus- und Holzbungalows mit Ventilator sind schlicht und haben überwiegend Gemeinschaftsbäder mit Warmwasser. Sie stehen gleich hinter dem luftigen Strandrestaurant. Daneben gibt es ein cooles rundes Haus aus Lehmziegeln für zwei Personen, Zimmer aus Beton, die über Veranden verfügen, sowie ein ideal für Familien geeignetes Strandhaus mit Klimaanlage. Es gibt gute Rabatte für Alleinreisende und in der Nebensaison.

Sri Lanta BOUTIQUEHOTEL $$$
(Karte S. 742; ☎075 662688; www.srilanta.com; Zi. 3400–6900 B; ⏲Sept.–Mai; ❄📶🏊) 🍃 Das dekadente Öko-Hotel am südlichen Ende des Strands besteht aus minimalistischen Holzvillen in wuchernden Gärten, die sich vom Strand bis zu einem aufgeschütteten Hügelhang erstrecken. In dem schicken, von Blumen gesäumten Strandbereich gibt's einen Infinity Pool, ein Restaurant und Massagepavillons. Das Resort gibt sich mit biologisch abbaubaren Produkten, Müllvermeidung und sparsamem Energieverbrauch umweltbewusst.

Angeboten werden auch Yoga-Sitzungen (500 B) und -Klausuren.

Ao Kantiang อ่าวกันเตียง

★ **Baan Laanta Resort & Spa** HOTEL $$
(Karte S. 742; ☎075 665091; www.baanlaanta.com; Bungalow mit Frühstück 2500–4500 B; ❄☕🏊) Auf dem hübsch gestalteten Gelände hinter einem idyllischen weißen Sandstrand finden sich stilvolle Holzbungalows mit Terrassen und ein von Frangipani-Bäumen umgebener dunkel-sinnlicher Infinity Pool, an dem Elefantenfiguren aus ihren Rüsseln erfrischende Fontänen ins Wasser speien. Das Prunkstück in den Zimmern ist ein futonartiges Bett auf einem Holzpodest, über das ein hauchdünnes Moskitonetz gespannt ist. Darum herum stehen bequeme Sofas auf dem Terrakotta-Fliesenboden. Vor Ort befindet sich auch die Tauchschule Scubafish (S. 740).

WO ÜBERNACHTEN?

Ko Lanta besitzt, vor allem an der Westküste, jede Menge schöner goldener Sandstrände. Je nachdem, wo man übernachtet, wird man die Insel anders erleben. Einige Resorts schließen in der Nebensaison (Mai–Okt.), andere senken ihre Preise um 50 %. Die Resorts haben in der Regel eigene Restaurants und Tourveranstalter.

Wegen des Baubooms gibt es jetzt Dutzende Unterkünfte mit gutem Preis-Leistungs-Verhältnis an den Straßen – allerdings fehlt dort der tolle Ausblick. Während der Hauptsaison muss man seine Unterkunft unbedingt reservieren.

Ban Sala Dan In dem charaktervollen Ort sind viele ordentliche Budgetunterkünfte entstanden. Die Lage ist praktisch wegen der Meeresfrüchterestaurants mit Lokalkolorit und der Bootsanlegestelle, aber unpraktisch, wenn man an den Strand will.

Hat Khlong Dao Der einst wunderbare, 2 km lange weiße Sandstrand, an dem man prima baden konnte, ist inzwischen so erodiert, dass bei Flut gar kein Sand mehr übrig ist. Der Strandverlust ist ein großes Thema im gesamten Norden von Ko Lanta.

Hat Phra Ae (Langer Strand) Ein großes Touristendorf (mit touristischen Restaurants, Strandbars und Büros von Tourveranstaltern) ist am sandigen Hat Phra Ae entstanden, 3 km südlich von Ban Sala Dan. Der Strand beginnt zu erodieren, aber noch gibt es einen schönen Abschnitt an seiner Nordflanke.

Hat Khlong Khong Hier erlebt man strohgedeckte Rasta-Bars, Strandvolleyball, Vollmondpartys und gelegentlich stark beworbene „Mushroom-Shakes“. Der Strand liegt 9 km südlich von Ban Sala Dan. Hier ist alles sehr entspannt. Der Sandstreifen vor dem flachen, türkisblauen Meer wird zwar schmäler, ist aber noch ausreichend und erstreckt sich in beide Richtungen endlos.

Hat Khlong Nin Die Hauptstraße Richtung Süden gabelt sich 13 km südlich von Ban Sala Dan (nach dem Hat Khlong Tob). Die linke Abzweigung führt zur Ostküste; die rechte folgt auf 14 km der Küste bis zu Ko Lantas Südspitze. Der hübsche weiße Sandstrand von Hat Khlong Nin ist der erste am rechten Arm der Straße; an seinem Nordende gibt es ein paar kleine Pensionen im Flashpacker-Stil. Einfach Vergleiche anstellen!

Ao Kantiang Die herrliche Bucht mit Sandstränden vor einer Kulisse aus hohen Hügeln liegt im Südwesten und bildet ein eigenes Dorf mit Minimärkten, Motorradverleihern und Restaurants. Die Unterkünfte sind gehoben und abgelegen. Anderswohin wird man kaum kommen.

Ao Mai Pai Die üppige, nahezu unbekannte Bucht an der südwestlichen Küste direkt vor dem Kap hat mit die schönsten Strände auf Ko Lanta vor einer eleganten Kulisse aus Palmenhainen. Ein Felsriff springt nach Norden vor, im Süden liegt eine dschungelbedeckte Landzunge, und dazwischen breitet sich das jadeblaue Meer.

Laem Tanod An der wilden, dschungelbedeckten und bergigen Südspitze gibt es schroffe Felshänge und eine atemberaubende Aussicht.

Ban Si Raya Es gibt auch einige Pensionen in Ko Lantas oft übersehener, wunderbar altmodischen und unglaublich reichen Altstadt, die ihren eigenen Boheme-Charme besitzt.

Phra Nang Lanta HOTEL $$$
(Karte S. 742; ☎ 075 665025; www.vacationvillage.co.th/phrananglanta; Zi. 5900–9500 B; ❄ @ 📶 🏊) Die 15 prächtigen Wohnstudios aus Beton, die wie mexikanische Lehmziegelbauten anmuten, könnten durchaus auch den Seiten einer Innenarchitekturzeitschrift entsprungen sein. In den Innenräumen finden sich klare Linien, viel Hartholz, viel Weiß, bunte Farbakzente, Sitzkissen und Keramik-Waschbecken. Draußen ranken sich Blüten und Blätter über die dem Sonnenschutz dienenden Spalierwände aus Bambus. Der Pool und das Restaurant mit Bar blicken auf den wunderschönen Strand. In der Nebensaison gibt's ausgezeichnete Angebote.

Ao Mai Pai อ่าวไม้ไผ่

Baan Phu Lae BUNGALOWS $$
(Karte S. 742; ☎ 075 665100, 085 474 0265; www.baanphulaeresort.com; Ao Mai Pai; Bungalow mit Ventilator 1800 B, mit Klimaanlage 2000–2400 B; ❄ 📶) Auf den einsamen Felsen am nördlichen Ende des letzten Strands vor Lantas Südspitze stehen die netten, kanariengelben, strohgedeckten Betonbungalows mit Ventilator oder Klimaanlage, farbenfroher Kunst, Bambusbetten und eigenen Veranden. Gleich dahinter thronen klimatisierte Bungalows aus Holz auf ihren Stelzen. Die Betreiber arrangieren Tauch- und Schnorchelausflüge, Kochkurse, Massagen und Verkehrsmittel.

★ **La Laanta** BOUTIQUEHOTEL $$$
(Karte S. 742; ☎ 087 883 9977, 087 883 9966; www.lalaanta.com; Bungalow mit Frühstück 2800–6200 B; ❄ 📶 🏊 👪) Die von einem jungen, auch Englisch sprechenden thailändisch-vietnamesischen Paar geführte Anlage ist die stimmungsvollste auf Ko Lanta. Die strohgedeckten Bungalows haben polierte Betonböden, Hochbetten, gemalte Blumenmuster an den Wänden und Terrassen, von denen man auf einen sandigen Volleyballplatz blickt, der in den felsigen Strand übergeht. Das lässige **Restaurant** (Hauptgerichte 120–350 B; ⏲ 8–21 Uhr; 📶) bietet schmackhafte Thai-Gerichte, darunter auch viele vegetarische. Die Anlage befindet sich gleich vor dem Nationalpark, fernab von allem Anderen.

Für Kinder werden zusätzliche Betten bereitgestellt, außerdem ist auch ein Pool für die Kleinen vorhanden. In der Nebensaison gibt's starke Preisnachlässe.

Laem Tanod แหลมโตนด

Unterkunft im Mu Ko Lanta National Park BUNGALOWS, CAMPING $
(Karte S. 742; ☎ 075 660711, in Bangkok 02 561 4292; www.dnp.go.th; Bungalow 1500–3000 B, Stellplatz 40 B/Pers., mit Leihzelt 300 B) Inmitten zerklüfteter Felsvorsprünge und der tosenden Wogen ist das einsame Gelände rund um die Nationalparkverwaltung eine herrliche Stelle, um in Zelten oder in schlichten Bungalows für vier bis acht Personen zu übernachten. Es gibt Toiletten, fließendes Wasser und auch einen Laden, aber sein Essen muss man selbst mitbringen. In der Verwaltung erhält man auch die Genehmigung für das Campen auf Ko Rok.

Die Straße zur Verwaltung des Meeres-Nationalparks führt durch einen *khlong* (Kanal), der in der Monsunzeit sehr tief werden kann.

Ban Si Raya บ้านศรีรายา

Sriraya PENSION $
(Karte S. 742; ☎ 075 697045; punpun_3377@hotmail.com; Zi. mit Gemeinschaftsbad 500 B) In dem schlichten, aber schön restaurierten chinesischen Shophouse mit dicken Balken erwarten einen viel Stil und ein freundlicher Empfang. Die Wände sind in Erdtönen gestrichen, bunte Bettlaken setzen einen Farbakzent. Am besten nimmt man das Zimmer mit Balkon zur Straße und Blick auf das malerische Zentrum der Altstadt.

Old Times PENSION $$
(Karte S. 742; ☎ 075 697255, 098 567 2855; www.theoldtimeslanta.com; Ban Si Raya; Zi. mit Ventilator 900 B, Klimaanlage 1200–2000 B; ❄ 📶) Die fabelhafte neue Pension in der Altstadt befindet sich in zwei stilvoll aufgemöbelten, 100 Jahre alten Gebäuden aus Teakholz, die sich an der Straße direkt gegenüberstehen. Die makellos stilvollen Zimmer von unterschiedlicher Größe und Preisklasse tragen von Musikstücken inspirierte Namen wie z. B. „Yellow Submarine". Das beste ist hell und mit Schwarzweißfotos geschmückt. Es springt über den Anlegesteg vor, wo es einen mit Sitzkissen ausgestatteten Gemeinschaftsbereich gibt. Das Haus ist lustig, frisch und freundlich.

★ **Mango House** PENSION $$$
(Karte S. 742; ☎ 095 014 0658; www.mangohouses.com; Suite 2500–3000 B, Villa für 2 Pers. 4000 B; 📶) Die 100 Jahre alten chinesischen

ABSTECHER

DER MU KO LANTA NATIONAL PARK

Mu Ko Lanta National Park (อุทยานแห่งชาติหมู่เกาะลันตา; Karte S. 742; ☎075 660711, in Bangkok 02 561 4292; www.dnp.go.th; Erw./Kind/Motorrad 200/100/20 B; ⊙8–18 Uhr) Der 1990 gegründete marine Nationalpark schützt 16 Inseln der Ko-Lanta-Gruppe, darunter auch die Südspitze von Ko Lanta Yai, wird aber zunehmend durch wildwuchernde Bauprojekte an der Westküste von Ko Lanta Yai bedroht. Und auch anderen Inseln in der Gruppe ergeht es kaum besser.

Ko Rok Nai ist immer noch sehr schön: Klippen bilden die Kulisse einer sichelförmigen Bucht, es gibt einen blendend weißen Sandstrand und schöne Korallenriffe. Mit einer bei der Parkverwaltung erhältlichen Genehmigung darf man auf dem benachbarten **Ko Rok Nok** campen. Östlich von Ko Lanta Yai liegt **Ko Talabeng** (Karte S. 739) mit spektakulären Kalksteinhöhlen, die man im Rahmen von Seekajaktouren (1300 B) besuchen kann. Die Nationalparkgebühr wird bei dem Besuch jeder der Inseln fällig. Ko Rok Nai, Ko Rok Nok und **Ko Haa** (S. 740) sind vom 16. Mai bis zum 31. Oktober für Besucher gesperrt.

Die **Nationalparkverwaltung** (Karte S. 742; ☎075 660711, in Bangkok 02 561 4292; ⊙8–16 Uhr) und das **Besucherzentrum** (Karte S. 742; ⊙8–18 Uhr) befinden sich bei Laem Tanod an der Südspitze von Ko Lanta Yai und sind über eine steile, asphaltierte Straße zu erreichen. Es gibt dort einige einfache Wanderwege, zwei benachbarte Strände und einen herrlich malerischen Leuchtturm, außerdem Stellplätze und Bungalows in einer wilden Naturlandschaft.

Teakhäuser – frühere Opiumhöhlen – stehen auf Stelzen am Hafen. Die originalen, abgewetzten Holzböden sind erhalten, und die Decken sind hoch. Die drei Suiten sind so groß wie Häuser und mit Einbauküchen, Satelliten-TV, DVD-Playern und Deckenventilator ausgestattet. Hinzu kommen die neuen, stilistisch an die Altstadt angepassten Villen am Ufer mit Platz für zwei bis sechs Personen. In der Nebensaison fallen die Preise um 50 %.

Essen

Das beste Preis-Leistungs-Verhältnis bieten die Meeresfrüchterestaurants am Nordrand von Ban Sala Dan, wo auf Veranden über dem Wasser frische Meeresfrüchte nach Gewicht verkauft und zubereitet werden.

Phad Thai Rock'n'Roll THAI $
(Karte S. 742; www.facebook.com/phadthairock77; Ao Kantiang; Hauptgerichte 90–150 B; ⊙11–21 Uhr) Es passiert nicht alle Tage, dass das scharf-aromatische *pàt tai* am Straßenrand von einem Gitarristen aufgetischt wird. Hier gibt's nur sechs Gerichte („Jazz" – gebratener Reis –, „Blues" – gebratene Nudeln –, jeweils mit Fleisch, Meeresfrüchten oder Gemüse), die schnell und kunstgerecht in einem schlichten, modernen Ambiente zubereitet werden. Da der Laden beliebt ist, und es auch nur sechs Tische gibt, muss man sich auf Wartezeit einstellen.

Cook Kai THAI $
(Karte S. 741; www.cook-kai.com; Hat Phra Ae; Hauptgerichte 75–350 B; ⊙8–22 Uhr; 📶) In dem riesigen, von einer Familie geführten Lokal baumeln Muschelschalen von der Decke. Das Restaurant bietet eine große Auswahl schlichter, regionaler Gerichte, von pikanten Thai-Salaten über Nudelsuppen und gebratenem Reis bis hin zu brutzelnden Meeresfrüchte-Pfannen und frittiertem oder gedämpftem Fisch.

★ **Drunken Sailors** INTERNATIONAL, THAI $$
(Karte S. 742; ☎075 665076; www.facebook.com/DrunkenSailors; Ao Kantiang; Hauptgerichte 90–150 B; ⊙9–15 & 18–22 Uhr; 📶🖉) Das entspannte, achteckige Haus ist vollgestopft mit Sitzsäcken, Hängematten und niedrigen Tischen, die bis auf die Terrasse hinausquellen. Auf der Karte stehen leckere Gerichte aus aller Welt, darunter Pasta, Baguettes, Burger und erstklassige Thai-Gerichte, darunter perfekt mit Ingwer gewürzte Pfannengerichte und auf Wunsch der Gäste zubereitetes rotes Curry. Der Kaffee, der Kuchen und die Säfte sind weitere Pluspunkte.

Lanta Seafood SEAFOOD $$
(Karte S. 741; Ban Sala Dan; Hauptgerichte 80–250 B; ⊙11–21 Uhr) Das beste unter all den Restaurants in Ban Sala Dan, die Meeresfrüchte nach Gewicht verkaufen, bietet auch alle üblichen Thai-Gerichte. Probieren sollte

man *ɓlah tôrt kà-mîn*: frittierter, weißer Schnapper, eingerieben mit handgemahlenem Kurkuma und Knoblauch.

Beautiful Restaurant SEAFOOD $$
(Karte S. 742; 086 282 1777; Ban Si Raya; Hauptgerichte 100–350 B; 10–21 Uhr;) Die Tische verteilen sich auf vier Bootsanleger, die am nordwestlichen Ende der Altstadt ins Meer hinausragen. Der Fisch ist frisch und exquisit zubereitet.

Caoutchouc INTERNATIONAL, THAI $$
(Karte S. 742; 075 697060; www.facebook.com/Caoutchouc-125216317555399; Ban Si Raya; Gerichte 150–300 B; 10–21 Uhr) Thailändisch-internationale Aromen, verbunden zu köstlich-kreativen Schöpfungen genießt man auf der auf Stelzen stehenden Aussichtsterrasse dieses rustikal-schicken, von Franzosen geführten Restaurants 800 m südlich des Piers der Altstadt. Die Karte ist kurz, aber die Spezialitäten wechseln ständig, z. B. gibt's frischen Feta mit Reis oder einen Shrimps-Curry-Salat und dazu einen Mango- oder Ananas-Lassi.

Red Snapper INTERNATIONAL $$$
(Karte S. 741; 087 885 6965; www.redsnapper-lanta.com; Hat Phra Ae; Tapas 60–295 B, Hauptgerichte 315–625 B; Do–Di 17–23 Uhr;) Wenn ortsansässige Ausländer sich einmal etwas gönnen wollen, strömen sie in dieses von Niederländern geführte Tapasrestaurant am Straßenrand, wo es in einem romantischen Gartenambiente alles von indischen Linsen-und-Kürbis-Curry und selbst eingelegenen Oliven bis hin zu den geschätzten Lendensteaks vom Rind und einer großen Auswahl von Käseplatten gibt. Auch ordentliche vegetarische Gerichte sind zu haben. Als wir vor Ort waren, gab es Pläne, Mitte 2016 an einen anderen Standort in der Nähe umzuziehen.

Ausgehen & Nachtleben

Wer Clubs mit viel Trubel sucht, ist auf dieser Insel fehl am Platz. An den meisten Stränden, vor allem rund um den Hat Phra Ae finden sich lässige Bars mit sanfter Musik bis spät in die Nacht. Alles ist im Fluss, darum sollte man die Plakate überall auf der Insel studieren, wenn man erfahren will, wo gerade ein Event ansteht. In der Nebensaison ist es ausgesprochen ruhig.

Why Not Bar BAR
(Karte S. 742; www.facebook.com/WhyNotBarKohLanta; Ao Kantiang; 11–24 Uhr) In dem munteren, mit Treibholz verkleideten Treff hält man sich an die schlichten Dinge: tolle Feuertänzer, starke Cocktails, quirliges Barpersonal und abends fantastische Livemusik. Man setzt sich auf dem erhöhten Deck an einen der niedrigen Holztische.

Feeling Bar BAR
(Karte S. 741; Hat Khlong Khong; 11 Uhr–Open End) Das Anhängsel der klapprigen, aber geliebten Bungalows von Where Else! (S. 744) hält mit den „Friday Feeling"-Strandpartys das alte Hippie- und Backpacker-Flair von Ko Lanta am Leben.

Same Same But Different BAR
(Karte S. 742; 081 787 8670; www.facebook.com/samesamebutdifferentlanta; Ao Kantiang; 10–22 Uhr) In der hübschen Bar direkt am Wasser kann man unter riesigen Bäumen in strohgedeckten Pavillons oder auf einem Bambusstuhl im Sand durchschnittliche Thai-Küche (Hauptgerichte 120–300 B) und Cocktails genießen. Das Beste hier ist eindeutig die Lage.

Irish Embassy PUB
(Karte S. 741; www.irishembassylanta.com; Ban Phra Ae; 16–24 Uhr) Zwar wird es kaum jemanden auf der Suche nach einem Pub ausgerechnet nach Ko Lanta verschlagen, falls aber doch, findet er in diesem netten Lieblingstreff hier lebender Ausländer die ganze Palette an Quizabenden, Sportfernsehen, Billard und Dart.

Shoppen

★ **Malee Malee** MODE
(Karte S. 742; 075 697235; 55/3 Mu 2, Ban Si Raya; 9–21 Uhr) Ein unkonventionelles Wunderland skurriler, handgemachter Dinge – von im Siebdruckverfahren bedruckten und von Hand bemalten T-Shirts und Seidenschals über Tagebücher, Spielsachen und Babykleidung bis hin zu Malereien, Schmuck und Handtaschen. Die Preise sind günstig, es macht Spaß zu stöbern, und vorne befindet sich ein niedliches Café (Kaffeespezialitäten ca. 80 B).

Hammock House HAUSHALTSWAREN
(Karte S. 742; www.jumbohammock.com; Ban Si Raya; 10–17 Uhr) Einmalige, hochwertige, farbenfrohe Hängematten, hergestellt von Dorfbewohnern und Angehörigen des bedrohten Bergvolks der Mlabri aus dem Norden Thailands, erhält man in diesem Laden, der in der Nebensaison (Mai–Okt.) manchmal geschlossen ist.

Monkey Biziness MODE
(Karte S. 742; Hat Khlong Nin; ⏲ Sept.–Mai 10–19 Uhr; 📶) Fließende, in Thailand hergestellte Frauenkleidung samt Accessoires, dazu dekorative Artikel für die Wohnung und ein relaxtes Café (Getränke 60 B).

Sonntagsmarkt MARKT
(Karte S. 742; Ban Si Raya; ⏲ 8–11 Uhr) In Ban Si Raya gibt es einen kleinen Sonntagsmarkt.

Praktische Informationen

In Ban Sala Dan findet man viele Geldautomaten, Restaurants, Minimärkte, Reiseveranstalter, Tauchshops und Motorradvermieter. Entlang der Westküste gibt es einige 7-Elevens, die meisten mit Geldautomaten. Der Lanta Pocket Guide (www.lantapocketguide.com) ist hilfreich.

Ko Lanta Hospital (Karte S. 742; ☎ 075 697017; Ban Si Raya) Rund 1 km südlich der Altstadt von Ban Si Raya.

Polizei (Karte S. 741; ☎ 075 668192; Ban Sala Dan)

An- & Weiterreise

Nach Ko Lanta kommt man per Boot oder im klimatisierten Minivan. Wer auf eigene Faust anreist, muss eine der häufig verkehrenden **Autofähren** (Motorrad/Fußgänger/Auto 20/20/200 B; ⏲ 6–22 Uhr) von Ban Hua Hin nach Ban Khlong Mak (auf Ko Lanta Noi) nehmen und von dort nach Ko Lanta Yai weiterreisen.

MINIVAN

Minivans sind ganzjährig unterwegs und die einfachste Option, wenn man vom Festland kommt. Sie sind aber in dieser Region immer sehr voll, und Staus an den Autofähren können Verspätungen verursachen. Die meisten Minivans holen Passagiere von den Resorts ab. In der Nebensaison fahren weniger.

Minivans zum Flughafen von Krabi (300 B, 2½ Std.) und zur Stadt Krabi (300 B, 3 Std.) fahren zwischen 7 und 16 Uhr stündlich in beide Richtungen. In Krabi kann man zu anderen Zielen umsteigen, z. B. nach Khao Lak und Bangkok. Von Ko Lanta werden u. a. folgende Ziele angesteuert:

ZIEL	PREIS (B)	DAUER (STD.)	HÄUFIGKEIT
Ko Pha-Ngan	1000–1200	8½	8 & 10.30 Uhr
Ko Samui	900–1100	6½	8 & 10.30 Uhr
Phuket	400	6	9, 10 & 13.30 Uhr
Trang	380	3	8, 9.20, 10.40, 12 & 13.30 Uhr

SCHIFF/FÄHRE

In Ban Sala Dan gibt's zwei Schiffsanlegestellen. Die der Passagierfähren liegt 300 m von der Haupteinkaufsstraße entfernt, die Autofähren nutzen einen **Anleger** (Karte S. 741) 2 km weiter östlich.

Von Mitte Oktober bis Mitte April fährt die Hochgeschwindigkeitsfähre von **Tigerline** (☎ 075 668428; www.tigerlinetravel.com) zwischen Phuket (1500 B, 2 Std.) und Ban Sala Dan (Ko Lanta) und weiter nach Ko Lipe (1700 B, 5 Std.) über Ko Ngai (750 B, 1 Std.), Ko Kradan (850 B, 1½ Std.) und Ko Muk (850 B, 2 Std.). Die Fähre startet um 10 Uhr Richtung Süden, kehrt am Folgetag um 10 Uhr von Ko Li Pe zurück, stoppt gegen 15 Uhr in Ko Lanta und fährt anschließend Richtung Norden weiter.

Ko Phi-Phi Fähren zwischen Ko Lanta und Ko Phi-Phi fahren nur in der Hauptsaison (Okt.–April). Die Boote legen in Ko Lanta um 8 und 13 Uhr ab (250 B, 1½ Std.) und fahren von Ko Phi-Phi um 11.30 und 15 Uhr zurück. In der Hauptsaison sind auch Schnellboote zwischen Ko Lanta und Ko Phi-Phi im Einsatz (700–800 B, 1 Std.).

Krabi Von November bis Ende April fahren Schiffe von Ko Lanta zur Anlegestelle Khlong Chilat (S. 716) in Krabi (400 B, 2 Std.; 8.30 & 13.30 Uhr, Rückfahrt ab Krabi 11.30 Uhr). In der Hauptsaison legen sie unterwegs in Ko Jum (400 B, 1 Std.) an.

Phuket Auf Ko Phi-Phi kann man zu den Fähren nach Phuket umsteigen; man kann auf Ko Lanta Tickets für die Fahrt bis nach Phuket buchen. Der Preis von Ko Lanta nach Ko Phi-Phi beträgt 250 bis 350 B und für die gesamte Strecke bis nach Phuket 700 B.

Trang-Inseln Von November bis Anfang April düsen Schnellboote, z. B. von **Satun Pak Bara Speedboat Club** (☎ 099 404 0409; www.tarutaolipeisland.com) und **Bundhaya Speedboat** (☎ 075 668043; www.bundhayaspeedboat.com) von Ko Lanta zu den Trang-Inseln. Sie legen u. a. in Ko Ngai (650 B, 30 Min.), Ko Muk (900 B, 1 Std.), Ko Kradan (1150 B, 1¼ Std.), Ko Bulon Leh (1600 B, 2 Std.) und Ko Lipe (1900 B, 3 Std.) an.

Unterwegs vor Ort

Die meisten Resorts schicken Fahrzeuge zu den Fähren – die Fahrt zum Resort ist kostenlos, in umgekehrter Richtung zahlt man zwischen 100 und 400 B. Alternativ nimmt man ein Motorradtaxi vor dem 7-Eleven in Ban Sala Dan; der Preis liegt je nach Entfernung zwischen 50 und 400 B.

Motorräder (250 B/Tag) kann man überall (ohne enthaltene Versicherung) mieten. Anbieter in Ban Sala Dan vermieten kleine Geländewagen (1300 B/Tag).

PROVINZ TRANG

Die Provinz Trang, südlich von Krabi, liegt an einem von eindrucksvollen Kalksteinformationen geprägten Abschnitt der Andamanenküste. Auch mehrere herrliche Inseln gehören zu ihr. Abenteuerlustige können im üppigen Landesinneren eine großartige Natur erleben, zu der Dutzende malerische Wasserfälle und Kalksteinhöhlen gehören. Da die Provinz als Reiseziel weit weniger bekannt ist als Krabi erblickt man hier eher Kautschukplantagen als Herden von T-Shirt-Verkäufern. Die Verkehrsverbindungen verbessern sich jedes Jahr; in der Hauptsaison gelangt man leicht von einer Insel zur nächsten bis hinunter nach Malaysia.

Trang (Stadt) ตรัง

60590 EW.

Die meisten Reisenden nehmen Trang nur als Sprungbrett zu den nahen Inseln mit. Wer sich aber für Kultur, thailändisches Essen oder Märkte interessiert, sollte hier einen oder gar zwei Tage bleiben. In dieser typisch thailändischen Stadt findet man sich schnell zurecht. Hier vergisst man auf den sogenannten Nassmärkten (*wet markets*; Märkte, auf denen viel Wasser benutzt wird, zum Putzen wie auch zum Frischhalten der meist leicht verderblichen Waren) schnell die Zeit, bummelt an den Ständen der Straßenhändler vorbei oder genießt einen Kaffee in einem der chinesischen Kaffeehäuser, die stets bis spät in die Nacht geöffnet sind. Und fast immer kann man hier auf irgendeinem Fest ein wenig Lokalkolorit schnuppern.

Die meisten für Traveller wichtigen Einrichtungen befinden sich an der Th Praram VI zwischen **Uhrturm** und Bahnhof.

Sehenswertes

Trang ist eher ein Geschäftszentrum als ein Ferienort. Eine Erkundung lohnen die

Trang (Provinz)

Trang (Stadt)

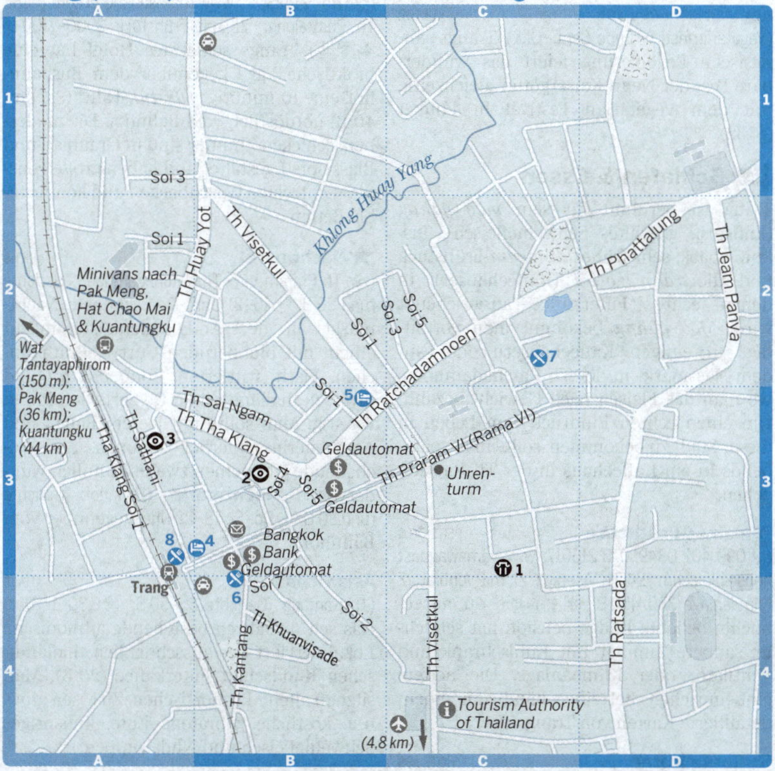

munteren, bunten Nass- und Trockenmärkte an der **Th Ratchadamnoen** und der **Th Sathani**.

Wat Tantayaphirom BUDDHISTISCHER TEMPEL
(วัดตันตยาภิรม; Th Tha Klang) GRATIS Zum einigermaßen interessanten Wat Tantayaphirom gehört ein riesiger, weißer und goldener *chedi* (Stupa), in dem ein Fußabdruck Buddhas verehrt wird.

Meunram-Schrein CHINESISCHER TEMPEL
(ศาลเจ้าพ่อหมื่นราม; zw. Th Visetkul & Th Ratsada) GRATIS Hinter der recht nüchternen Fassade verbirgt dieser von Weihrauchschwaden verhangene Tempel ein überraschend prächtiges Inneres. Manchmal sind hier Aufführungen südthailändischen Schattentheaters zu sehen.

Aktivitäten

Die Touranbieter rund um den Bahnhof und in der Th Praram VI bieten Bootstouren in den Hat Chao Mai National Park und zu den Trang-Inseln (750 B, hinzu kommt dann jeweils noch der Eintritt in den Nationalpark), Schnorcheltrips zur Ko Rok (1300 B/Pers.) und Touren in Privatwagen (1500 B, max. 3 Pers.) zu den Höhlen und Wasserfällen an.

Trang

Sehenswertes
1 Meunram-Schrein C3
2 Nass- & Trockenmarkt B3
3 Nass- & Trockenmarkt A3

Schlafen
4 Sri Trang Hotel B3
5 Yamawa Guesthouse B3

Essen
1952 Café .... (siehe 4)
6 Asia Ocha B4
7 Nachtmarkt C2
8 Nachtmarkt A3

Feste & Events

Vegetarian Festival KULTUR
(Vegetarierfest; Ende Sept.–Okt.) Trangs chinesische Bevölkerung feiert das wunderbare Fest der Neun Kaisergötter gleichzeitig mit dem Vegetarian Festival in Phuket (S. 32).

Schlafen & Essen

Trang ist berühmt für sein *mŏo yâhng* (knusprig gegrilltes Schweinefleisch), Biskuitgebäck, sehr frühes *dim sum*-Frühstück und die *ráhn go·Ɓii* (Kaffeehäuser), in denen echter Filterkaffee ausgeschenkt wird. *Mŏo yâhng* bekommt man vormittags in einigen Kaffeehäusern oder auf dem Nassmarkt in der Th Ratchadamnoen, wo man das Fleisch nach Gewicht bezahlt. Um einen echten Eindruck vom Leben in dieser Stadt zu bekommen, sollte man spätabends in ein Kaffeehaus in der Th Ratsada gehen.

Yamawa Guesthouse PENSION $
(099 402 0349, 075 216617; www.yamawaguesthouse.blog.com; 94 Th Visetkul; Zi. mit Ventilator/Klimaanlage 350/450 B;) Die oft ausgebuchte beliebte Budgetpension hat schlichte, saubere Zimmer mit Kühlschrank und Ventilator oder Klimaanlage. Die netten, einheimischen Betreiber händigem einem detaillierte Karten von Trang aus.

Sri Trang Hotel HOTEL $$
(075 218122; www.sritranghotel.com; 22-26 Th Sathani; Zi. 600–800 B;) In dem renovierten alten Gebäude (das schon seit 1952 Gäste beherbergt) stehen eine große Auswahl von Zimmern mit Ventilator oder Klimaanlage zur Verfügung. Das betagte Design wird mit altmodischen Überseekoffern, hohen Decken, einer hölzernen Wendeltreppe und farbenfrohem Anstrich aufgehübscht. Im Erdgeschoss befindet sich das gemütliche und modern gestaltete **1952 Café** (Gerichte 65–250 B; 8–20 Uhr;), in dem man seinen Kaffee oder sein Pilzomelette genießt und dabei den auf die Wand gemalten Stadtplan von Trang studiert.

Rua Rasada Hotel HOTEL $$$
(075 214230; www.ruarasadahotel.com; 188 Th Phattalung; Zi. mit Frühstück 2900–7100 B;) Trangs schickstes Hotel hat eine praktische Lage gegenüber dem Busbahnhof, eine 10-minütige *túk-túk*-Fahrt (3,5 km; 40 B) nordöstlich vom Bahnhof. Die modernen, schicken Zimmer sind in Graublau und Blassviolett gestaltet und haben große Fenster, rechteckige Waschbecken und komfortable Betten.

★ **Nachtmarkt** MARKT $
(zw. Th Praram VI & Th Ratchadamnoen; Gerichte rund 30 B; 16–21 Uhr) Der schönste Nachtmarkt an der Andamanenküste macht einem mit blubbernden Currys, Brathähnchen, Fisch, frittiertem Tofu, *pàt tai* und diversen thailändischen Desserts den Mund wässrig. Man sollte mit leerem Bauch und Abenteuerlust hierher kommen. Am Wochenende gibt's einen zweiten, ähnlich wundervollen **Nachtmarkt** (Bahnhof; Gerichte rund 30 B; Do–So 18–22 Uhr) gegenüber vom Bahnhof.

Asia Ocha THAI $
(Th Kantang; Gerichte 35–50 B; 6.30–17 Uhr) Das seit 60 Jahren bestehende altmodische Lokal serviert der ausschließlich thailändischen Kundschaft Filterkaffee (20 B). Man sitzt an alten Marmortischen. Zu essen gibt's u. a. köstliche gebratene Ente, knuspriges Schweinefleisch und Nudelsuppen.

Praktische Informationen

Geldautomaten und Wechselstuben finden sich an der Th Praram VI. Die Hotels haben WLAN.

Post (Ecke Th Praram VI & Th Kantang; Mo–Fr 8.30–16.30, Sa 9–12 Uhr)

Touristeninformation (TAT; 075 211580, 075 215867; www.tourismthailand.org; 199/2 Th Visetkul; 8.30–16.30 Uhr)

An- & Weiterreise

BUS

Die Busse fahren von Trangs **Neuem Busbahnhof** (Th Phattalung), der sich 3,5 km nordöstlich vom Bahnhof befindet. Nach Bangkok fahren

BUSSE VON/NACH TRANG

ZIEL	PREIS (B)	DAUER (STD.)	HÄUFIGKEIT
Hat Yai	100	3	5.30–17.30 Uhr halbstündl.
Krabi	120	2	5.30–18.30 Uhr stündl.
Phang-Nga	185	4	5.30–18.30 Uhr stündl.
Phuket	252	5	5.30–18.30 Uhr stündl.

klimatisierte Busse 1. Klasse (646 B, 12 Std.; 8.30, 9.30, 16.30 & 17 Uhr) sowie komfortablere VIP-Busse mit 24 Plätzen (1050 B; 17 & 17.30 Uhr). Von Bangkok starten VIP-Busse/klimatisierte Busse zwischen 18.30 und 19.30 Uhr. Es gibt viele weitere Busverbindungen zu anderen Zielen.

FLUGZEUG

Nok Air (☎ 02 900 9955; www.nokair.com) und **Air Asia** (☎ 02 900 9999; www.airasia.com) fliegen täglich von Bangkok (Don Muang) nach Trang. Der Flughafen liegt 5 km südlich von Trang.

Minivans zur Stadt (90 B) stehen bei der Ankunft von Flügen bereit. In der Gegenrichtung kostet die Fahrt mit Taxi, Motorradtaxi oder *túk-túk* 100 bis 120 B. Die Reisebüros im Ankunftsbereich des Flughafens verkaufen kombinierte Taxi-Fähre-Tickets zu den Trang-Inseln, z. B. nach Ko Ngai (1000 B).

MINIVAN

Minivans fahren von Trangs **Neuem Busbahnhof**. Die in Reisebüros verkauften Kleinbus-Tickets schließen den Transport aus der Stadt zum Busbahnhof ein.

Der örtliche Nahverkehr wird von klimatisierten Minivans, nicht von *sŏrng·tăa·ou* bestritten. Vom Busbahnhof fahren Minivans zwischen 7.30 und 16 Uhr regelmäßig nach Pak Meng (80 B, 1 Std.), Hat Chao Mai (100 B, 1 Std.) und Kuantungku (100 B, 1 Std.). In der Stadt halten sie gleich östlichlich der Stelle, wo die Th Tha Klang die Bahngleise überquert.

Minivans fahren u. a. nach:

Hat Yai (120 B, 2 Std., stündl. 6–18 Uhr)
Ko Lanta (250 B, 2½ Std., 5-mal tgl. zw. 9.50–16.30 Uhr)
Krabi (100 B, 2 Std., stündl. 7–17 Uhr)
Satun (120 B, 2 Std., alle 40 Min. zw. 6–18 Uhr)
Surat Thani (160 B, 3 Std., stündl. 7–17 Uhr)

ZUG

Nur zwei Züge fahren täglich von Bangkok nach Trang: der Express 83 und der Schnellzug 167, die von Bangkoks Bahnhof Hualamphong um 17.05 bzw. 18.30 Uhr abfahren und in Trang am nächsten Morgen um 8.05 bzw. 10.30 Uhr ankommen.

Von Trang fahren diese Züge um 13.30 bzw. 17.25 Uhr ab und kommen in Bangkok um 5.35 bzw. 8.35 Uhr des Folgetags an. Die Fahrt kostet rund 1480/761 B für die 1./2. Klasse (klimatisierter Schlafwagen) und 285 B für die 3. Klasse.

ℹ Unterwegs vor Ort

Túk-túk und Motorradtaxis sammeln sich nahe dem Bahnhof; eine Stadtfahrt kostet 40 B. Reisebüros vermieten Motorräder (250 B/Tag). Die meisten Büros können auch einen Mietwagen organisieren (1200 B/Tag). Autos kann man auch am Flughafen mieten.

Der orangefarbene „Stadtbus" fährt zwischen dem Bahnhof und dem Neuen Busbahnhof (12 B).

Strände von Trang

Trangs Strände sind überwiegend nur Sprungbretter zu den Trang-Inseln. Wenn man Zeit hat, kann man anhalten und die Landschaft bewundern: Kalksteinformationen steigen aus dampfenden Tälern voller Palmen und aus dem wogenden Meer.

Sehenswertes & Aktivitäten

39 km westlich von Trang erreicht man im Amphoe (Distrikt) Sikao den Hat Pak Meng; gleich südlich davon befindet sich der **Hat Chang Lang**.

Reiseveranstalter am Pak Meng organisieren eintägige Bootsausflüge nach Ko Muk, Ko Cheuk, Ko Ma und Ko Kradan sowie eintägige Schnorcheltouren. Im Preis (750 B/Pers., zzgl. Eintrittsgebühr in den Hat Chao Mai National Park) ist jeweils das Mittagessen enthalten. Taucherbrille, Schnorchel und Flossen kann man am Pier ausleihen (je 50 B).

Hat Chao Mai National Park NATIONALPARK

(อุทยานแห่งชาติหาดเจ้าไหม; ☎ 075 203308; www.dnp.go.th; Erw./Kind 200/100 B; ⊙ 9–16 Uhr) Der 231 km² große Park umfasst die Küste vom Hat Pak Meng bis nach Laem Chao Mai und (neben einer Vielzahl kleinerer Eilande) die Inseln Ko Muk, Ko Kadran und Ko Cheuk. Bei einer Tour längs der Küsten und zwischen den Inseln kann man eventuell gefährdete Dugongs und seltene Riesenstörche sowie häufigere Arten wie Muntjaks, Indische Fischotter, Makaken, Languren, Wildschweine, Schuppentiere, Mangrovereiher, Riffreiher, Weißbauchseeadler und Warane beobachten.

Die Parkverwaltung befindet sich am südlichen Ende des Hat Chang Lang, an dem die Uferstraße ins Landesinnere abschwenkt.

Hat Pak Meng STRAND

Der Hat Pak Meng ist ein wild wirkender Küstenstreifen 39 km westlich von Trang. Der Strand ist ungepflegt, aber die spektakulären Kalksteinformationen stehen denen von Railay oder Ko Phi-Phi in Nichts nach. Der Pier von Pak Meng, das Sprungbrett nach Ko Ngai, befindet sich am nördlichen

Ende des Strands. Mehrere Meeresfrüchterestaurants, die bei thailändischen Tagesausflüglern und Wochenendgästen beliebt sind, finden sich dort, wo die Rte 4162 auf die Küste trifft.

Schlafen & Essen

Unterkünfte im Hat Chao Mai National Park CAMPING, BUNGALOWS $
(☎075 203308; www.dnp.go.th; Hat Chang Lang; Bungalow 800 B, Stellplatz 30 B/Pers., mit gemietetem Zelt 225 B) Die schlichten Hütten mit Ventilator bieten ausreichend Platz für zwei bis sechs Personen. Man kann unter den Kasuarinen zelten, und es gibt auch ein Restaurant.

Anantara Si Kao HOTEL $$$
(☎075 205888; www.sikao.anantara.com; Hat Chang Lang; Zi. mit Frühstück 6500–11 200 B, Suite 13 300–18 250 B; P ❄ 📶 ≈) Mit Deluxe-Zimmern mit Meerblick, schönen Holzböden, großen Schreibtischen und herrlicher Sicht auf die Karstfelsen von Pak Meng bringt dieses Hotel trendigen Glamour an den nördlichen Abschnitt des Hat Chang Lang. Eindrucksvolle Holzsäulen und balinesische Möbel schmücken die Lobby, es gibt viele Aktivitäten, und der Blick aufs Meer vom italienischen Restaurant **Acqua** (Hauptgerichte 300–700 B; ⏲6.30–22.30 Uhr; ✎) ist atemberaubend.

Man kann zu dem Hotelgästen vorbehaltenen Strandclub auf dem verführerischen Ko Kradan übersetzen.

An- & Weiterreise

Klimatisierte Minivans fahren zwischen 7.30 und 16 Uhr regelmäßig von Trangs Neuem Busbahnhof über die Th Tha Klang in Trang zum Hat Pak Meng (80 B, 1 Std.) und zum Hat Chao Mai (100 B, 1 Std.). Die Taxifahrt aus Trang kostet 1000 B.

Schiffe fahren täglich um 9.30 Uhr von Ko Ngai nach Pak Meng und kehren um 12 Uhr nach Ko Ngai zurück (350 B, 1 Std.). Ein gechartertes Longtail-Boot kostet 1500 B.

Die Verwaltung des Hat Chao Mai National Parks liegt 1 km abseits der Hauptstraße an einer deutlich ausgeschilderten Abzweigung.

Trang-Inseln

Die geheimnisvollen Trang-Inseln sehen aus wie die letzten Überreste der legendären Kalksteinfelsen der Anadamanenküste, die ansonsten ins Meer gestürzt sind. Die Inseln haben zumeist einen dichten Dschungel und unberührte, weiße Sandstrände, an denen Seenomaden leben.

Ko Ngai เกาะไหง (ไห)

Das von Korallen und klarem, blauen Meer umgebene, dicht bewaldete Ko Ngai (Ko Hai) ist die am stärksten erschlossene der Trang-Inseln. Der lange, hellgelbe, vom Wind zerzauste Strand an der Ostküste geht sacht und sandig in das türkisblaue Wasser über und ist daher sehr gut für Kinder geeignet. Vorgelagert ist ein Riff, zu dem man prima schnorcheln kann. Eine einheimische Bevölkerung gibt es auf der hinreißenden Insel nicht, die sich ganz in der Hand schicker Resorts befindet.

Ko Ngai ist zwar offiziell Teil der Provinz Krabi, aber vom Festland am einfachsten über das 16 km nordöstlich gelegene Pak Meng zu erreichen. In den teureren Resorts gibt's WLAN.

Aktivitäten

Auf Ko Ngai befinden sich einige Tauchzentren (Tauchgänge ab 1300 B). Die Resorts vermieten Schnorchel und Schwimmflossen (je 50 B) sowie Seekajaks (150 B/Std.). Man kann sich auch halbtägigen Schnorchelausflügen zu nahegelegenen Inseln anschließen (ab 600 B).

Schlafen & Essen

Die meisten Unterkünfte gehören deutlich der gehobenen Mittelklasse an und haben Restaurants sowie Strom rund um die Uhr. Das Pier befindet sich beim Koh Ngai Resort, aber Longtail-Boote setzen einen in der Regel am gewünschten Resort ab. Die meisten Resorts kümmern sich um den An- und Abtransport ihrer Gäste.

Ko Ngai Seafood Bungalows BUNGALOWS $$
(☎081 367 8497, 095 014 1853; kob_1829@hotmail.com; Bungalow 1000–1500 B; ⏲ganzjährig) Die schlichten, gepflegten Bungalows mit Ventilator und Veranden mit Meerblick bilden eine nette, familiengerechte Anlage in der Mitte des Hauptstrands. Eigentlich sind diese Bungalows nur das Anhängsel eines beliebten, auf Meeresfrüchte spezialisierten **Restaurants** (☎081 367 8497; Hauptgerichte 80–280 B; ⏲Sept.–April 7–21 Uhr). Das hiesige Krabbencurry mit Kokosmilch und Krabbenfleischstücken ist ein wahres Gedicht.

SCHIFFE/FÄHREN VON/NACH KO NGAI

ZIEL	UNTERNEHMEN	PREIS (B)	DAUER
Ko Lanta	Tigerline	750	1 Std.
	Speedboat	650	30 Min.
Ko Lipe	Tigerline	1300	4 Std.
	Speedboat	1600	2½ Std.
Ko Kradan	Tigerline	450	30 Min.
	Satun Pakbara Speedboat Club	400	25 Min.
Ko Muk	Tigerline	350	1 Std.
	Speedboat	350	30 Min.
Ko Phi-Phi	Tigerline	1200	2½ Std.
	Satun Pakbara Speedboat Club	1350	2 Std.
Phuket	Tigerline	1800	3½ Std.
	Satun Pakbara Speedboat Club	2350	3 Std.

★ **Coco Cottage** BUNGALOWS $$$
(☎ 089 724 9225; www.coco-cottage.com; Bungalow 3400–5000 B; ⏲ Okt.–Mai; ❄@📶) Bei den Cottages am nördlichen Ende des Hauptstrands handelt es sich um extravagante Kokospalmhütten mit Blätterdach, Wänden aus Stammholz und Laternen aus Kokosnussschalen. In den Bungalows mit Meerblick schaut man durch wandhohe Fenster auf die funkelnde Andamanensee. Die Anlage ist sehr stilvoll. Die Terrassen und Innenräume erfreuen sich der Meeresbrise. Weitere Highlights sind die Bambusliegen, die Massagepavillons und das fantastische **Strandrestaurant mit Bar** (Hauptgerichte 160–280 B; ⏲ 7–10, 11–16 & 18–21.30 Uhr), das Gerichte der Thai- und der Fusionküche auftischt.

Thanya Resort BUNGALOWS $$$
(☎ 086 950 7355, 075 206967; www.kohngaithanya resort.com; südliches Ende des Hauptstrands; Zi. mit Frühstück 3500–5200 B; ⏲ Okt.–April; ❄@📶🏊) Diese Anlage bietet balinesischen Schick. Die Teakbungalows sind dunkel, aber stilvoll und geräumig. Sie haben Warmwasserduschen drinnen und draußen ländliche Duschen mit Wassereimern (erst mal ausprobieren!). Man entspannt an dem herrlichen Pool am Strand. Von seiner Terrasse blickt man über den Rasen voller Frangipanis bis hinunter zum Sandstrand. Vor Ort gibt es ein **Tauchzentrum** (☎ 085 056 3455; 1 Tauchgang 1300–1500 B) sowie ein luftiges **Thai-Restaurant** (Hauptgerichte 170–310 B; ⏲ Okt.–April 7–22 Uhr; 📶).

Thapwarin Resort RESORT $$$
(☎ 081 894 3585; www.thapwarin.com; nördliches Ende des Hauptstrands; Bungalow mit Frühstück und Garten-/Meerblick 2700/4700 B; ⏲ Mitte Juni–Mitte Mai; ❄📶) Die luftigen, sehr hübschen Bambushütten reichen bis unter die Bäume. Sie haben eigene Terrassen, Moskitonetze, Papierlaternen und halb offene Duschen und sind bequem, wenn auch ein bisschen überteuert. Das **Barrestaurant** (Hauptgerichte 200–500 B; ⏲ Mitte Juni–Mitte Mai 7–22 Uhr; 📶) am Strand serviert alles von gegrilltem Schnapper bis zu Pizzas und Pasta und veranstaltet abends Feuer-Shows.

ℹ An- & Weiterreise

Das Ko Ngai Villa betreibt täglich Boote von Ko Ngai nach Pak Meng (350 B, 1 Std., 9.30 Uhr, Rückfahrt 12 Uhr). Man kann auch Longtail-Boote von/nach Pak Meng (1500 B), Ko Muk (1500 B), Ko Kradan (1800 B) und Ko Lanta (2000 B) chartern; dazu muss man bei Ko Ngai Seafood (S. 754) oder Ko Ngai Villa nachfragen!

Von Mitte Oktober bis Mitte April stoppen die Fähren von **Tigerline** (☎ 075 590490, 081 358 8989; www.tigerlinetravel.com), die zwischen Phuket und Ko Lipe unterwegs sind, gleich vor Ko Ngai. Von November bis Anfang April sorgen **Satun Pakbara Speedboat Club** (☎ 099 414 4994, 099 404 0409; www.taru taolipeisland.com) und **Bundhaya Speedboat** (☎ 083 653 0323, 075 668043; www.bund hayaspeedboat.com) für einen schnelleren und komfortableren Transport von Insel zu Insel.

Ko Muk เกาะมุก

Die Ankunft auf dem mit Dschungel bedeckten Ko Muk ist unvergesslich, gleichgültig ob man an dem weißen Puderzuckerstrand von **Hat Sivalai** im Osten, an dem bescheidenen, Lokalkolorit bietenden **Hat Lodung** oder am **Hat Farang** (Hat Sai Yao, Charlie's Beach) im Südwesten anlegt, wo jadegrünes Wasser an den schönen Strand grenzt.

Leider ist das Angebot von Unterkünften nicht gerade großartig, und es gibt einen beständigen Strom von Pauschaltouristen in knappen Badehosen, die den Strand unsicher machen, sowie von Tagesausflüglern, die von Ko Lanta hinüberkommen, um sich die Tham Morakot (S. 756) anzuschauen. Aber der Sonnenuntergang an der Westküste ist immer noch prachtvoll, man kommt von hier leicht zu jeder anderen Insel in der Provinz, und vermutlich trifft man mehr Traveller, die die Ruhe genießen als solche, die die ganze Nacht Party machen wollen.

Sehenswertes & Aktivitäten

Zwischen Ko Muk und Ko Ngai liegen die beiden Karst-Inselchen **Ko Cheuk** und **Ko Waen**, die beide kleine Sandstrände und gute Schnorchelmöglichkeiten bieten (die Korallen haben aber Schaden genommen).

Das Koh Mook Garden Resort verleiht Fahrräder (100 B/Tag) und Karten für Radtouren, viele Resorts vermieten Kajaks (100–300 B/Std.) und Motorräder (250 B/Tag). Man kann stundenlang durch Kautschukplantagen und muslimische Fischerdörfer (angemessene Kleidung tragen!) wandern.

Tham Morakot HÖHLE
(ถ้ำมรกต, Emerald Cave) Diese Smaragdhöhle an der Westküste von Ko Muk ist ein herrlicher Kalksteintunnel, der 80 m weit in eine *hôrng* führt. Kein Wunder, dass hier einst Piraten ihre erbeuteten Schätze versteckten! Durch den Tunnel, der teilweise stockfinster ist, muss man paddeln oder schwimmen, um zu einer kleinen weißen Sandbucht zu gelangen. In die von hohen Kalksteinfelsen eingeschlossene Bucht fällt das Sonnenlicht nur um die Mittagszeit. Hier werden Gebühren wie in einem Nationalpark (Erw./Kind 200/100 B) verlangt.

Da die Höhle zum Standardprogramm der meisten Touranbieter gehört, kann es in der Hauptsaison sehr voll werden. Wer die Menschenmassen vermeiden will, mietet am besten ein Longtail-Boot (800–1000 B) oder ein Kajak und schippert entweder bei Tagesanbruch oder am späten Nachmittag zu der Höhle und bewundert sie in aller Ruhe – allein. Allerdings kommt man bei Flut nicht in die Höhle.

DER 50-B-PREISAUFSCHLAG

Fähren und Schnellboote von **Tigerline** (S. 758) stoppen oft im Meer vor den Trang- und Satun-Inseln. Für den An- und Abtransport zum Land wird ein Aufschlag von 50 B genommen, den die Bootsleute fordern, sobald man in das Longtail-Boot eingestiegen ist. In der Regel tuckern sie erst los, wenn man bezahlt hat. Das Ganze ist etwas nervend, wird aber die Reise nicht ruinieren – einfach Kleingeld griffbereit haben!

Schlafen & Essen

Die meisten Unterkünfte am Hat Sivalai und Hat Lodung liegen einen kurzen Fußmarsch vom Hauptpier entfernt im Osten von Ko Muk. Der Hat Lodung liegt westlich des Piers jenseits eines Dorfs mit Stelzenhäusern und der Mangroven; der Hat Sivalai erstreckt sich rund um die Halbinsel im Osten. Die Strände sind zwar schön, aber Unrat von den Mangrovendörfern des Festlands wird hier angeschwemmt.

Das Meer ist am Hat Farang sauberer, wo es preisgünstigere Hotels im Land hinter dem Strand gibt. Die meisten Boote setzen bzw. holen einen dort ab; ansonsten zahlt man für die zehnminütige Motorradtaxifahrt vom/zum Pier 50 B).

Koh Mook Garden Resort PENSION $
(☎081 748 3849; kohmookgardenresort@hotmail.com; Hat Lodung; Zi. 400–800 B; WLAN) Die Zimmer und neuen Bungalows aus Beton mit gefliestem Boden und etwas Meerblick sind sauber und luftig, die älteren Bambusbungalows klein und einfach. Eine engagierte einheimische Familie kümmert sich um die Gäste, nimmt sie zum Schnorcheln mit, verleiht Fahrräder, vermietet Kajaks (200 B/Std.), organisiert Verkehrsmittel und verteilt detaillierte Landkarten mit den schönsten Stellen der Insel.

Pawapi Resort BUNGALOWS $$
(☎089 662 3169; www.pawapi.com; Hat Sivalai; Bungalow 2800–5000 B; Klimaanlage, WLAN) Die noblen Bambusbungalows mit Balkonen stehen auf

1,5 m hohen Stelzen, sodass sie gut durchlüftet werden und man einen sagenhaften 180-Grad-Blick auf die Inseln, den weißen Strand und das funkelnde Meer genießt. Zum Zeitpunkt der Recherche wurden neue Zimmer gebaut; ein Preisanstieg ist also zu erwarten.

Sivalai HOTEL **$$$**
(☎089 723 3355; www.komooksivalai.com; Hat Sivalai; Bungalow mit Frühstück 5000–7000 B; ❄☕≋) Auf einer pfeilförmigen, von weißem Sand bedeckten Halbinsel mit Blick auf Karstinseln und das Festland hat das Sivalai die schönste Lage auf Ko Muk. Die eleganten, strohgedeckten Cottages mit exotischen Farbakzenten haben nach allen Seiten Glastüren; viele auch umlaufende Veranden. Der Swimmingpool ist stillos, aber der Strand ist exquisit, und es gibt praktischerweise ein Spa (Massagen ab 700 B).

Außerdem werden Kajaks vermietet (300 B/Std.).

Hilltop Restaurant THAI **$**
(Hauptgerichte 50–300 B; ⏲9–22 Uhr) Rund 800 m landeinwärts vom Hat Farang serviert dieses einladende, von einer Familie geführt Restaurant an Holzbänken in einem waldigen Freiluftambiente alle üblichen thailändichen Gerichte, auf Wunsch auch extra scharf.

An- & Weiterreise

Von der Anlegestelle von Kuantungku starten Boote zwischen November und April täglich um 12, 13 und 17 Uhr nach Ko Muk (100–300 B, 30 Min.) und kehren um 8, 9 und 14 Uhr zum Festland zurück. In den übrigen Monaten verkehrt nur die billigste, die sogenannte „Lokalfähre" um 13 Uhr. Mit kombinierten Kleinbus-Schiff-Tickets kommt man von/nach Trang (250–450 B, 1½ Std.) und dem Flughafen von Trang (500 B, 1½ Std.). Man kann auch Longtail-Boote von/nach Kuantungku chartern (600–800 B, 30 Min.).

Von November bis Anfang April ist Ko Muk ein Zwischenstopp der Schnellboote, die Ko Lanta (900 B, 1 Std.), Ko Ngai (350–400 B, 30 Min.) und Ko Lipe (1400 B, 2 Std.) verbinden. Das Boot von Phuket nach Ko Lipe von **Tigerline** (☎075 590490, 081 358 8989; www.tigerline travel.com) stoppt zwischen Mitte Oktober und Mitte April vor dem Hat Farang.

Longtail-Boote von Ko Muk nach Ko Kradan (600 B, 30 Min.), Ko Ngai (1000 B, 1 Std.) und Pak Meng (1500 B, 45–60 Min.) lassen sich leicht am Pier chartern und am Hat Farang beim Rubber Tree Bungalow oder Ko Yao Viewpoint beschaffen.

Ko Kradan เกาะกระดาน

Das schöne Ko Kradan hat schmale, seidenweiche, weiße Sandstrände, badewannenwarmes seichtes Wasser und vom Hauptstrand an der Ostküste eine traumhafte Aussicht über das funkelnde, türkisblaue Meer hinüber nach Ko Muk, Ko Libong und zu den Kalksteinfelsen. Das Wasser ist sauber, klar und einladend; im Binnenland gibt es einen kleinen, aber üppigen Rest Urwald.

Aktivitäten

Hat Sunset STRAND
Ein kurzer, ausgeschilderter Weg am Südende des Hauptstrands führt an der Pension Paradise Lost vorbei über den Hügelkamm zum Sunset Beach, einem überwiegend feuchten und felsigen Sandstrand am offenen Meer – ein schöner Ort, um in einiger Einsamkeit den leuchtend rosa Sonnenuntergang am Strand zu erleben.

Hat South SCHNORCHELN
Obwohl die Korallen dezimiert sind, hat man gute Schnorchelmöglichkeiten vor dem Südstrand, der vom Paradise Lost am Südeende des Hauptstrands aus leicht bei einer zehnminütigen Wanderung über einen ausgeschilderten Dschungelpfad zu erreichen ist.

Schlafen & Essen

Wegen der idyllischen Lage sind die Unterkünfte und Restaurants auf Ko Kradan überteuert.

Paradise Lost PENSION **$$**
(☎089 587 2409; www.kokradan.wordpress.com; B 300 B, Bungalow mit/ohne Bad 1200/700 B) Das im Binnenland liegende thailändisch-US-amerikanische Anwesen war eine der ersten Unterkünfte auf Ko Kradan und bietet einfachen Zugang zu einsameren Stränden. Obwohl etwas in die Jahre gekommen, ist es mit Strom rund um die Uhr, freundlicher Atmosphäre und dem luftigen, neuen Schlafsaal mit fünf Betten und Ventilator immer noch die beste Option in der unteren Preisklasse. Die kleinen Bambushütten haben Holzböden, Moskitonetze und Gemeinschaftsbäder; die größeren Holzbungalows verfügen über eigene Toiletten.

Die offene **Küche** (Hauptgerichte 120–300 B; ⏲8–21 Uhr) tischt die beste Hausmannskost der Insel auf – und das in gigantischen Portionen!

SCHIFFE/FÄHREN VON/NACH KO KRADAN

ZIEL	UNTERNEHMEN	PREIS (B)	DAUER
Hat Yao	Tigerline	550	1 Std.
Ko Lanta	Tigerline	850	1½ Std.
	Satun Pakbara Speedboat Club	1150	1¼ Std.
Ko Lipe	Tigerline	1450	3½ Std.
	Satun Pakbara Speedboat Club	1400	2 Std.
Ko Muk	Satun Pakbara Speedboat Club	300	15 Min.
Ko Ngai	Tigerline	450	30 Min.
	Satun Pakbara Speedboat Club	400	45 Min.

Seven Seas Resort HOTEL $$$
(☎082 490 2552, 082 490 2442; www.sevenseasresorts.com; Zi. mit Frühstück 7000–7980 B, Villa 11 300–15 100 B; ❄📶🏊) Die superschicken Zimmer dieser Boutique-Anlage haben Terrazzoböden, in tropische Gärten übergehende Badezimmer drinnen und draußen, riesige, niedrige Betten und in einigen Fällen auch eigene Strandhütten. Am pechschwarzen Infinity Pool serviert das luftige **Restaurant** (Hauptgerichte 330–520 B; ⏱7–22 Uhr; 📶) teure thailändische und internationale Gerichte. Strandfans werden diesen Abschnitt in der Mitte des Hauptstrands lieben.

Reef Resort HOTEL $$$
(☎086 948 8559; www.reefresortkradan.com; Zi. mit Frühstück 3500–4000 B; ❄📶🏊) In dieser neuen, frischen, von Italienern geführten Anlage stehen die hellen, modern-minimalistisch gestalteten Zimmer rund um den von Palmen gesäumten Swimmingpool, nur ein paar Schritte entfernt von dem blauen Wasser am ördlichen, bewaldeten Ende des Hauptstrands von Ko Kradan. Die strohgedeckte Strandbar ist ideal für einen Drink bei Sonnenuntergang; das thailändisch-italienische **Restaurant** (Hauptgerichte 170–300 B; ⏱8–10, 12–15 & 18–21 Uhr; 📶) ist recht ordentlich.

ℹ An- & Weiterreise

Schiffstickets erhält man im Kradan Beach Resort, wo es auch WLAN gibt. Von November bis April fahren täglich um 9 und 12 Uhr Boote nach Kuantungku; kombinierte Tickets einschließlich der anschließenden Kleinbusfahrt gibt es u. a. nach Trang (450 B) und zum Flughafen von Trang (550 B). Ab Trang fahren Kleinbusse mit anschließender Fährfahrt nach Ko Kradan um 11 sowie um 16 Uhr. Für die Fahrt von/nach Kuantungku (1500 B, 45–60 Min.), Ko Muk (800 B, 30 Min.) und Ko Ngai (1800 B, 1 Std.) kann man Longtail-Boote chartern.

Von Mitte Oktober bis Mitte Mai legt die Fähre Phuket–Ko Lipe von **Tigerline** (☎075 590490, 081 358 8989; www.tigerlinetravel.com) vor Ko Kradan einen Zwischenstopp ein. Von November bis Anfang April bietet **Satun Pakbara Speedboat Club** (☎099 404 0409, 099 414 4994; www.tarutaolipeisland.com) schnellere Verbindungen (S. 758).

Ko Libong เกาะลิบง

Die größte Trang-Insel ist mit einem Longtail-Boot nur 30 Minuten vom Hat Yao auf dem Festland entfernt. Das prächtige, dicht bewaldete Juwel voller Kautschukbäume und dichter Mangroven ist mehr wegen seiner spektakulären Tier- und Pflanzenwelt, zu der Dugongs und viele Zugvögel gehören, bekannt als wegen seiner schmalen, goldbraunen Strände. Auf der Insel lebt eine kleine muslimische Fischergemeinde, und an der Westküste gibt es ein paar Resorts. Die raue Schönheit und der gar nicht touristische Charme der Insel kann Besucher verzaubern.

Sehenswertes

Libong Archipelago Wildlife Reserve NATURSCHUTZGEBIET
Das große Mangrovengebiet bei Laem Ju Hoi an der Ostküste von Ko Libong steht unter dem Schutz der Botanischen Verwaltung. Die Meereskanäle sind eines der letzten Habitate des gefährdeten Dugongs: mehr als 100 dieser Seekühe weiden das Seegras, das in der Bucht wächst. Die meisten Resorts auf Ko Libong veranstalten mit Booten Du-

gong-Beobachtungstouren (1000–1500 B), die von Naturkundlern geführt werden.

Schlafen & Essen

Libong Sunset Resort BUNGALOWS $
(089 766 3341, 087 276 5484; www.libongsunsetresort.com; Zi. 500 B, Bungalow mit Ventilator/Klimaanlage 1000/2000 B; Okt.–Mitte April;) Geschützt von einer Landzunge liegt an einem eigenen felsigen Sandstrand diese nette, von einer Familie geführte Anlage. Die schlichten, makellos sauberen Bungalows mit Ventilator oder Klimaanlage und eigenen Veranden mit Meerblick sind etwas abgelegen, bieten aber ein gutes Preis-Leistungs-Verhältnis. Die größten, klimatisierten Bungalows haben Sofas und TVs die einfachen Doppelzimmer mit Gemeinschaftsbad sind als Budgetunterkunft absolut akzeptabel.

Libong Beach Resort BUNGALOWS $$
(084 849 0899, 081 747 4600; Bungalow mit Ventilator 800–1000 B, Klimaanlage 1000–2000 B;) In der niedlichen Anlage gibt's alles von kahlen Schuppen hinter einem trüben Bach bis zu komfortablen Chalets aus Holz und Stroh, die am Strand stehen und halb offene Bäder bieten. Tierbeobachtungstouren werden veranstaltet, man erhält Infos zu Verkehrsmitteln und kann Motorräder mieten (300 B/Tag). Uns gefiel das Restaurant; probieren sollte man das *pàt see·éw* (gebratene Nudeln) oder das *đôm yam kà·mîn* (Suppe aus Meeresfischen).

Libong Relax Beach Resort BUNGALOWS $$
(091 825 4886, 094 582 5113; www.libongrelax.com; Zi. mit Frühstück & Ventilator 1200–2300 B, Klimaanlage 2500–3000 B;) Die erste Wahl in diesem freundlichen und entspannten Resort sind die rustikal-stilvollen Bungalows aus Holz und Bambus, die mit Terrakotta-Waschbecken, glänzenden Böden und Fenstertüren, die sich zum Meer hin öffnen, ausgestattet sind. Die Hütten mit Ventilator sind schlicht, aber smart gestaltet, und es gibt eine Reihe von Touren zur Beobachtung von Vögeln und Dugongs, Schnorchelausflüge und eine Kajakvermietung (200 B/Std.). Das lässige, strohgedeckte **Restaurant** (Hauptgerichte 80–350 B; 7.30–15 & 17–21 Uhr;) am Strand bietet gute thailändische Gerichte.

Anreise & Unterwegs vor Ort

Tagsüber fahren Longtail-Boote stündlich vom Hat Yao (50 B/Pers., 30 Min.) nach Ban Ma Phrao an Ko Libongs Ostküste. Auf Ko Libong bringen Motorradtaxis einen zu den Resorts an der Westküste (100 B/Pers.). Vom Hat Yao ein Longtail-Boot zu den Resorts zu chartern, kostet 900 B. Man kann Boote nach Ko Kradan (1800 B), Ko Muk (1500 B) und Ko Ngai (2300 B) chartern.

Ko Sukorn เกาะสุกร

Das wenig besuchte Ko Sukorn ist ein kulturelles Paradies mit dunkelgelben Stränden, hellgrünem Meer, von Dschungel überwucherten Landzungen aus schwarzen Felsen sowie Dörfern mit Pfahlbauten, in denen die 2600 muslimischen Einwohner leben, deren Reis- und Wassermelonenfelder sowie Kautschukplantagen links und rechts der schmalen Asphaltstraßen liegen. Man kommt an Wiesen vorbei, auf denen einsame Wasserbüffel grasen, besucht pastellfarbene Dörfer, deren Einwohner gern Fremde empfangen, und schläft gut und fest in den stillen Nächten. Die Ruhe der Insel ist hinreißend, ihre Authentizität Balsam für ausgepowerte Gemüter.

Wenige Hügel, ein atemberaubendes Panorama und viel Schatten – aus diesen Gründen lässt sich Ko Sukorn am besten mit einem gemieteten Fahrrad (200 B) erkunden, zumal man so auch beste Gelegenheit hat, mit Einheimischen ins Gespräch zu kommen. Am Hauptstrand an der Südwestküste der Insel befinden sich ein paar entspannte Resorts. Wenn man den Strand verlässt, unbedingt so kleiden, dass man die Gefühle der Einheimischen nicht verletzt!

Schlafen & Essen

★ **Yataa Island Resort** RESORT $$
(081 444 9989, 089 647 5550; www.yataaresort.com; Bungalow mit Frühstück 1350–3000 B;) Die Anlage unter neuer Verwaltung und mit neuem Namen hat rund um einen kühlen, blauen Pool pastellfarbene, klimatisierte Betonbungalows mit grünen Dächern und geschmackvollen Veranden aus lackiertem Holz. Auch die älteren, ebenfalls mit Klimaanlage ausgestatteten Bungalows aus Beton und Holz, die in dem Garten voller Bougainvilleen stehen, sind komfortabel. Das Personal verteilt Karten der Insel, veranstaltet Inselführungen (500 B/Pers.) und vermietet Fahrräder und Motorräder (150 bzw. 200 B). Von dem prächtigen langen Strand vor dem Haus genießt man den feurigen Sonnenuntergang und blickt auf die vorgelagerten Inseln. Das **Restaurant** (Hauptgerichte 100–150 B; 7.30–21 Uhr;) ist ausgezeichnet.

Sukorn Cabana BUNGALOWS $$
(☎089 724 2326; www.sukorncabana.com; Bungalow mit Frühstück 900–1500 B; ❄📶) Die an einem Abhang liegende, schön gestaltete Anlage mit Papayabäumen, Frangipani und Bougainvilleen bietet große, saubere und gepflegte Bungalows mit Strohdach, viel glänzendem Holz, Kühlschrank und wundervollen Veranden. Oben auf dem Hügel finden sich geräumige, moderne Zimmer, durch deren wandhohe Fenster man auf den hübschen Strand und hinüber nach Ko Phetra blickt.

ℹ Anreise & Unterwegs vor Ort

Am einfachsten kommt man nach Ko Sukorn, wenn man das Resort seiner Wahl beauftragt, den Transport ab Trang zu organisieren (1900 B/Pers.) und am preiswertesten, wenn man ein *sŏrng·tăa·ou* von Trang nach Yan Ta Khao (80 B, 40 Min.) nimmt und dort nach Ban Ta Seh (50 B, 45 Min.) umsteigt, wo Longtail-Boote nach Ban Saimai (50 B), der Hauptsiedlung auf Ko Sukorn, ablegen, sobald sie voll besetzt sind. Die Pensionen und Reisebüros in Trang organisieren einen Transport per *sŏrng·tăa·ou* und Boot (250–350 B) über Ban Ta Seh nach Ban Saimai; die Fahrt startet in Trang täglich um 11 Uhr.

Alternativ kann man von Trang nach Ban Ta Seh auch ein Taxi nehmen (1200 B). Die Resorts sind einen 3 km langen Fußmarsch von Ban Saimai entfernt; ein Motorradtaxi für die Strecke kostet 100 B. Man kann auch Longtail-Boote chartern, die einen direkt zu den Strandresorts bringen (1000 B).

PROVINZ SATUN

Satun, die südlichste Region an der Andamanenküste, fristete touristisch bis vor Kurzem ein Schattendasein, aber das hat sich mit der zunehmenden Beliebtheit der weißen Sandstrände von Ko Lipe geändert – aus dem einstigen Backpacker-Geheimtipp wurde ein Strandparadies für die Massen. Abgesehen von Ko Lipe ist der Rest der Provinz nach wie vor nur eine Durchgangsstation für Traveller auf dem Weg nach Ko Lanta im Norden oder Pulau Langkawi (Malaysia) im Süden. Dabei verpassen sie die einsamen Strände und Meereshöhlen auf Ko Tarutao, die rauen Naturpfade und rauschenden Wasserfälle auf Ko Adang, die rustikale Schönheit von Ko Bulon Leh und schließlich auch den rauen, städtischen Reiz der Stadt Satun.

Zwar ist die Bevölkerung der Provinz Satun überwiegend muslimisch, sie blieb aber von den politischen Unruhen (S. 642) in den Nachbarprovinzen Yala, Pattani und Narathiwat verschont. Rund 60 % der Einwohner sprechen Yawi oder Malaiisch als Muttersprache, und man sieht hier weit mehr Moscheen als Wats.

Satun สตูล

23 610 EW.

Die abgelegene kleine Stadt in einem nebelverhangenen Dschungeltal, das von Kalksteinklippen und einem trüben Fluss eingerahmt wird, ist überraschend geschäftig; immerhin ist sie Hauptort und Mittelpunkt einer Provinz, in der mehr als 300 000 Menschen leben. Die meisten Traveller fahren hier nur schnell auf dem Weg nach Malaysia durch; Segler aus Malaysia, die ihre Jachten in der hoch angesehenen Werft von Satun preiswert reparieren lassen, sind die einzigen Fremden, die sich hier für längere Zeit aufhalten. Wer sich aber vor der Abreise etwas umschaut, findet interessante Sakralbauten, köstlich-authentisches Essen, freundlich lächelnde Enwohner und viel rauen Charme.

Sehenswertes & Aktivitäten

Nationalmuseum Satun MUSEUM
(พิพิธภัณฑ์สถานแห่งชาติสตูล, Villa Kuden; Soi 5, Th Satun Thanee; Eintritt 50 B; ⌚Mi–So 9–16 Uhr) Die restaurierte, strahlend weiße Villa mit minzgrün eingefassten Fenstern, in der Satuns ausgezeichnetes Museum untergebracht ist, wurde 1902 im sino-portugiesischen Stil als Residenz für den geplanten Besuch von Rama V. erbaut, aber der Gouverneur schnappte sich das Anwesen, als der König ausblieb. Das Museum zeigt von einem Audiokommentar erläuterte Dioramen, die alle Aspekte des muslimischen Lebens in Südthailand abhandeln.

Monkey Mountain SPAZIERGANG
Satuns erfrischend schäbige Schönheit erlebt man bei einem Spaziergang über diesen dschungelbedeckten Kalksteinhügel, der von unzähligen Makaken bewohnt wird. Über eine Brücke führt der Weg weiter in ein auf Stelzen stehendes Fischerdorf 1 km westlich der Stadt.

Schlafen

On's Guesthouse PENSION $
(☎074 724133; onmarch13@hotmail.com; 36 Th Burivanich; B/Zi. 250/650 B; ❄📶) On, die en-

Satun

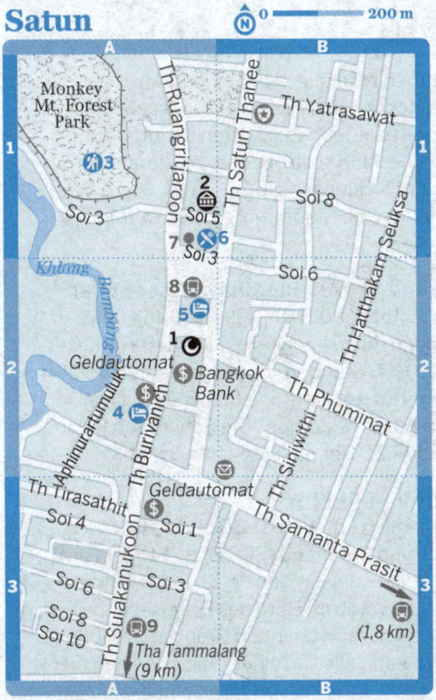

Satun

Sehenswertes

1 Masjid Mambang A2
2 Nationalmuseum Satun A1

Aktivitäten, Kurse & Touren

3 Monkey Mountain A1

Schlafen

4 On's Guesthouse A2
5 Satun Tanee Hotel A2

Essen

@On's the Kitchen ....(siehe 4)
6 Nachtmarkt A1

Praktisches

7 Einreisebehörde A1

Transport

8 Busse nach Trang und Hat Yai A2
9 *Sŏrng•tăa•ou* nach Tha Tammalang ...A3

gagierte Mutter des Tourismus in Satun, hat das alte Geschäftshaus in der Innenstadt in eine blitzblanke, preisgünstige Pension verwandelt. Die geräumigen Zimmer sind mit Klimaanlagen, Holzmöbeln, netten Beistell- und Schreibtischen und weiteren anheimelnden Extras ausgestattet. Jetzt ist noch ein großer, makelloser Schlafsaal mit pastellfarbener Tapete, sechs Betten und Schließfächern hinzugekommen.

Satun Tanee Hotel PENSION $
(074 711010, 074 712309; www.satuntaneehotel.com; 90 Th Satun Thanee; Zi. mit Ventilator 300 B, mit Klimaanlage 350–570 B) Hinter der renovierten Fassade in Limettengrün und Orange finden sich kürzlich aufgemöbelte, frisch gestrichene Zimmer mit guter weißer Bettwäsche und Parkettböden sowie billigere Zimmer mit Klimaanlage oder Ventilator, die nicht renoviert und etwas schäbig sind. Das Ganze wirkt ein bisschen wie ein Wohnheim, aber die renovierten Zimmer haben ein gutes Preis-Leistungs-Verhältnis, und der Empfang ist freundlich.

Essen

Preiswerte chinesische und muslimische Schnellrestaurants finden sich an der Th Burivanich und Th Samanta Prasit. Die chinesischen Imbisse sind auf *kôw mŏo daang* (rotes Schweinefleisch mit Reis) spezialisiert, die muslimschen bieten Roti mit südthailändischem Hähnchen-Curry.

★ **Nachtmarkt** MARKT $
(abseits der Th Satun Thanee; Gerichte ca. 35 B; 17–21 Uhr) Satuns beliebter munterer Nachtmarkt sorgt mit aromatischem *pàt tai*, gebratenem Fisch, Hähnchen-Satay und scharfen südthailändischen Currys fürs leibliche Wohl. Samstags gibt's einen größeren Nachtmarkt in der Th Burivanich.

@On's the Kitchen THAI, INTERNATIONAL $$
(074 724133; 36 Th Burivanich; Hauptgerichte 60–250 B; 8–22 Uhr;) In dem munteren Café im Erdgeschoss von On's Guesthouse, das von den Crews der Jachten, jungen ausländischen Englischlehrern und einigen Einheimischen besucht wird, erhält man schmackhafte Baguettes, Pizzas, Pasta, Salate und thailändische Hauptgerichte, europäisches Frühstück und abends gute Steaks.

Praktische Informationen

Die meisten Hotels haben WLAN. Geldautomaten säumen die Th Burivanich.

Einreisebehörde (074 711080; Soi 3, Th Burivanich; Mo–Fr 8.30–16.30 Uhr) Bearbeitet Visaanträge und -verlängerungen. Für Reisende ist es einfacher, über den Grenzkontrollpunkt bei **Tha Tammalang** (S. 762) aus Thailand aus- und wieder einzureisen.

Post (Ecke Th Satun Thanee & Th Samanta Prasit; Mo–Fr 8.30–16.30, Sa 9–12 Uhr)

GRENZÜBERGANG NACH MALAYSIA

Seit Mitte 2014 gehen die thailändischen Behörden resolut gegen Ein- und Ausreisen zwecks Visaverlängerung vor. Die Maßnahmen richten sich gegen Ausländer, die mit Touristenvisa in Thailand leben und arbeiten; normale Touristen hatten dadurch zum Zeitpunkt unserer Recherche aber keine Probleme. Man sollte jedoch die Situation im Auge behalten und nachprüfen, ob es da neue Entwicklungen gibt.

Bei der Einreise nach Malaysia muss die Uhr um eine Stunde vorgestellt werden.

Von Ko Lipe nach Pulau Langkawi

Von Mitte Oktober bis Mitte April fahren **Tigerline** (S. 773), **Bundhaya Speedboat** (S. 773) und der **Satun Pakbara Speedboat Club** (☎099 414 4994, 099 404 0409; www.tarutaolipeisland.com) täglich von Ko Lipe nach Pulau Langkawi in Malaysia (1000–1400 B, 1½ Std., Abfahrten 10, 10.30, 11 & 16 Uhr). 1½ Stunden vor der geplanten Abfahrt der Fähre holt man sich im Büro der **Einreisebehörde** (Karte S. 769; ⏲8–18 Uhr) im Bundhaya Resort (östlich des Hat Pattaya) den Ausreisestempel. Die Schiffe von Pulau Langkawi nach Ko Lipe legen um 9, 9.30, 14 und 14.30 Uhr malaysischer Zeit ab.

Von Satun nach Kuala Perlis oder Pulau Langkawi

Schiffe nach Pulau Langkawi in Malaysia legen täglich um 9.30, 13.30 und 16 Uhr von der Anlegestelle Tha Tammalang (10 km südlich von Satun) ab (300 B, 1½ Std.). In umgekehrter Richtung fahren Schiffe (30 M$) ab Pulau Langkawi um 9, 13 und 17 Uhr malaysischer Zeit. Den Ausreisestempel holt man sich vorab im Büro der Einreisebehörde in Satun oder, viel einfacher durch die Ausreise aus Thailand über den Grenzkontrollpunkt Tammalang. Wer nur zur Visaverlängerung fährt, kann alles an einem Tag erledigen (vergleiche aber oben).

Von der Anlegestelle Tha Tammalang fahren keine Longtail-Boote mehr nach Kuala Perlis in Malaysia. Man kann aber um 9 Uhr in Satun einen Kleinbus nach Kuala Perlis (400 B) nehmen, der über den Grenzübergang Wang Prajan/Wang Kelian fährt. Bustickets gibt's in On's Guesthouse.

An der Grenze

Bürger der EU, der USA, Australiens, Kanadas und mehrerer anderer Länder können ohne vorab beantragtes Visum für bis zu 90 Tage nach Malaysia einreisen. Wer sich nicht sicher ist, ob er ein Visum bekommt, erkundigt sich bei der nächstgelegenen malaysischen Botschaft oder dem nächsten malaysischen Konsulat und beantragt dort sein Visum.

An- & Weiterreise

BUS

Die Busse fahren vom Busbahnhof **Satun**, 2 km südlich der Stadt. Die Busse nach Hat Yai (70 B, 2 Std., stündl. 5–17 Uhr) und die nicht klimatisierten Regionalbusse nach Trang (100 B, 2 Std., stündl. 5–16.30 Uhr) nehmen Fahrgäste an der Th Satun Thanee auf. Busse fahren u. a. nach:

Bangkok – VIP-Klasse (1150 B, 14 Std., 16.30 Uhr)

Bangkok – mit Klimaanlage (731–742 B, 14 Std., 6 & 16 Uhr)

Krabi (234 B, 5 Std., 8.15, 10.15, 12.15 & 20 Uhr)

Phuket (364 B, 8 Std., 8.15, 10.15, 12.15 & 20 Uhr)

MINIVAN

Minivans fahren vom Busbahnhof Satun nach Hat Yai (100 B, 2 Std., 6–17 Uhr), Krabi (200 B, 5 Std., 7 & 14 Uhr) und Trang (120 B, 2 Std., stündl. 5–17 Uhr). Minivans fahren direkt zwischen Tha Tammalang und Hat Yai (86 B, 2 Std., 6.30–19 Uhr).

Unterwegs vor Ort

Orangefarbene *sŏrng·tăa·ou* nach Tha Tammalang (30 B, 15 Min.; zu den Schiffen nach Malaysia) starten alle 30 bis 40 Minuten vor dem 7-Eleven an der Th Sulakanukoon. Motorradtaxis nehmen für die Strecke 80 B. Die Fahrt mit dem *sŏrng·tăa·ou* zum Busbahnhof kostet 40 B pro Person.

Pak Bara ปากบารา

Pak Bara, 60 km nordwestlich von Satun, ist das wichtigste Sprungbrett zu den bezaubernden südlichen Inseln der Nationalparks Mu Ko Phetra und Tarutao. Mit der zunehmenden Zahl von Besuchern werden auch die Einrichtungen in Pak Bara allmählich besser. Da das friedliche Fischerdorf keine akzeptablen Unterkünfte und abgesehen von tollen Meeresfrüchten auch sonst nicht viel zu bieten hat, gibt es keinen zwingenden Grund, hier länger zu verweilen.

Die aus La-Ngu kommende Hauptstraße (Rte 4052) endet am Pier, das eigentlich eine riesige Wartehalle für die Passagiere der Schnellboote nach Ko Lipe und Ko Tarutao ist. Hier finden sich Reisebüros, preiswerte Restaurants, Geldautomaten und Stände, an denen Strandausrüstung angeboten wird. Am Pier liegt auch das **Besucherzentrum** (Karte S. 766; ☎074 783485; ⏲8–17 Uhr) des Tarutao National Parks, wo man Unterkünfte auf Ko Tarutao und Ko Adang buchen, Schnellboot-Tickets kaufen und Campinggenehmigungen einholen kann. Reisebüros vor Ort arrangieren Tagestouren (2000 B) zu den Inseln des Parks.

An- & Weiterreise

BUS

In Satun nimmt man den normalen Bus nach Trang, steigt in La-Ngu (50 B, 30 Min.) aus und fährt von dort mit einem *sŏrng·tăa·ou* nach Pak Bara (20 B, 15 Min.).

MINIVAN

Klimatisierte Minivans fahren von Hat Yai zum Pier von Pak Bara (130 B, 2 Std., 7.30–18.30 Uhr alle 45 Min.). Manche Minivans verkehren Mitte Mai bis Mitte Oktober nur eingeschränkt. Die minivans fahren u. a. nach:

Flughafen Hat Yai (250 B, 2 Std., 11.30 & 15.30 Uhr)
Hat Yai (150 B, 2 Std., 11.30 & 15.30 Uhr)
Ko Lanta (450 B, 3 Std., 11.30 Uhr)
Krabi (450 B, 4 Std., 11.30 Uhr)
Phuket (650 B, 6 Std., 11.30 Uhr)
Trang (200 B, 2 Std., 11.30 Uhr)

SCHIFF/FÄHRE

Von Mitte Oktober bis Mitte Mai fahren von Pak Bara um 10.30 und 11.30 Uhr Schnellboote zur Ao Pante Malacca auf Ko Tarutao (450 B, 30 Min.) und weiter nach Ko Lipe (650 B, 1½ Std.). Weitere Schnellboote fahren um 9.30, 12.30, 14 und 15 Uhr nach Ko Lipe. Die Boote kehren um 9, 9.30, 12.15, 13, 13.30 und 16 Uhr von Ko Lipe zurück.

Das Boot nach Ko Bulon Leh (400 B, 30 Min.) legt um 12.30 Uhr ab und fährt weiter nach Ko Lipe. Wer das Boot nach Bulon verpasst, kann bei örtlichen Fischern ein Longtail-Boot chartern (2000 B, 1½ Std.). In der Nebensaison fährt generell täglich ein Boot um 11.30 Uhr von Pak Bara nach Ko Lipe (Rückfahrt 9.30 Uhr), sofern das Wetter mitspielt.

Ko Bulon Leh เกาะบุโหลนเล

Das anmutige Ko Bulon Leh, 23 km westlich von Pak Bara, ist von dem für die Andamanensee typischen glasklaren Wasser umgeben und bietet makellose weiße Strände mit hohen Kasuarinen. Die prächtige Insel befindet sich in jener wundervollen Phase, in der die Erschließung so weit fortgeschritten ist, dass man komfortable Einrichtungen findet, aber noch nicht so weit, dass man Tage im Voraus einen Strandplatz buchen müsste (obwohl die Zahl der Bungalows immer weiter zunimmt).

Der hinreißende weiße Hauptstrand erstreckt sich an der Ostküste vom Bulone Resort (S. 764) am nordöstlichen Kap bis zum Pansand Resort. An manchen Abschnitten wird er schmaler, vor allem dort, wo knorrige Mangroven angrenzen oder mächtige ausgebleichte Baumstämme an Land gespült wurden. Das macht es aber auch leicht, ein verstohlenes, schattiges Plätzchen mit traumhafter Aussicht zu finden.

Sehenswertes & Aktivitäten

Das üppig grüne Inselinnere ist von einigen Pfaden und Wegen durchzogen, die gut zu erkunden sind. Das gilt nicht für den von dichtem Dschungel bedeckten, felsigen Westteil, der zu Fuß nicht zugänglich ist. Dagegen kann man die wilde Schönheit der Nordküste in der tiefblauen, mit Korallenresten durchsetzten Bucht von **Ao Panka Yai** bewundern, wo man auch gut schnorcheln kann. Die Bucht ist über einen kleinen, asphaltierten Weg mit **Ao Panka Noi** verbunden, einem Fischerdorf an der nordöstlichen Küste mit schönem Blick auf Karstfelsen, auf dem Kiesstrand liegenden Longtail-Booten und einer Reihe guter, einfacher Restaurants. In der Nähe führt ein ausgeschilderter Pfad (auf dem man vielleicht einen der riesigen Warane der Insel erblickt) nach Westen durch einen Rest von Dschungel und durch Kautschukplantagen schließlich südwärts zur **Ao Muang** (Mangobucht), an der eine Tintenfischersiedlung der *chow lair* (Seenomaden) liegt.

Vor **Laem Son** in der nordöstlichen Ecke der Insel und die Ostküste hinunter finden sich gute Korallen. Schnorchelausrüstung (200 B) und Kajaks (200 B/Std.) kann man im Bulone Resort und im Pansand Resort mieten. Die besten Schnorchelbedingungen herrschen bei Ebbe.

Die Resorts organisieren geführte Schnorcheltrips (1700 B, 4 Std., max. 6 Pers.) zu anderen Inseln der Ko-Bulon-Gruppe. Diese Trips führen meist auch zu dem kristallklaren Wasser um **Ko Gai** (Karte S. 766) und **Ko Ma** (Karte S. 766), deren Felsen von Wind und Wetter erodiert sind. Den schönsten Anblick bietet **White Rock** (Karte S. 766), wo Felsnadeln, auf denen Vögel sich niedergelassen haben, steil aus dem offenen Meer ragen. Unter der Wasseroberfläche liegt ein von Muscheln besetztes Felsenriff, um das unzählige bunte Fische schwimmen.

Schlafen & Essen

Die meisten Unterkünfte sind von Mitte April bis November geschlossen. Um etwas zu essen, lohnt sich der Weg hinüber zur Ao Panka Noi. Es gibt ein paar einheimische Restaurants und Läden in dem muslimischen Dorf zwischen der Ao Panka Noi und der Ao Panka Yai.

Chaolae Homestay BUNGALOWS $
(Karte S. 766; ☎086 967 0716, 086 290 2519; Ao Panka Yai; Bungalow 500–600 B; ⏲Dez.–April) Diese Bungalows aus Bambus und Holz haben Klasse, ein gutes Preis-Leistungs-Verhältnis, mit lackiertem Holz ausgekleidete Innenräume, Strohdächer und Badezimmer (mit Hocktoiletten) aus poliertem Beton. Die ruhige, schattige Anlage wird von einer freundlichen *chow lair*-Familie geführt und ist nur ein paar Schritte von den ordentlichen Schnorchelstellen der Ao Panka Yai entfernt.

Bulon Hill Resort BUNGALOWS $$
(Karte S. 766; ☎086 960 3890, 086 296 5809; www.bulonhill.com; Bungalow 1300–1800 B; ⏲Okt.–Mitte April) Die Anlage mit thailändisch-deutschen Besitzern umfasst geräumige Bungalows aus Beton und Holz sowie kleinere aus Bambus, die alle mit Ventilator ausgerüstet sind und auf Stelzen auf einem mit Blumen bewachsenen Hügel gleich landeinwärts vom nordöstlichen Ende von Bulons Hauptstrand stehen (der Weg ist hinter dem Bulone Resort ausgeschildert). Strom gibt's von 18 bis 6 Uhr. Das empfehlenswerte Restaurant wurde zum Zeitpunkt der Recherche gerade renoviert.

Bulone Resort HOTEL $$
(Karte S. 766; ☎081 897 9084; www.bulone-resort.com; Hauptstrand; Bungalow mit Frühstück & Ventilator 3500 B, Klimaanlage 3000–4000 B; ⏲Nov–April; ❄📶) Das Resort sitzt auf dem Nordostkap mit Zugang zu zwei exquisiten weißen Sandstränden und hat damit die beste Lage auf der Insel. Die niedlichen, weiß angestrichenen Holzbungalows (mit Ventilator oder Klimaanlage) haben schmale Doppelbetten mit Eisengestell und werden gut von der Meeresbrise durchlüftet. Dahinter türmen sich die neuen, auf Stelzen stehenden Bungalows im Stil von Berghütten, die einen prächtigen Ausblick gewähren. Es gibt Strom rund um die Uhr, ein **Restaurant** (Karte S. 766; Hauptgerichte 180–250 B; ⏲7.30–10 & 18–22 Uhr; 📶) mit thailändischer und internationaler Küche und einen Kaffeeausschank.

Su's Corner THAI, FRÜHSTÜCK $
(Karte S. 766; ☎081 189 7183; Ao Panka Noi; Gerichte 80–100 B; ⏲7–20 Uhr) Wer aus gebratenem Reis ohne Fleisch etwas Magisches zaubert, verdient hohes Lob. Dieses schlichte Freiluftcafé mit nur wenigen, unter Palmen stehenden Tischen gleich landeinwärts vom Ao Panka Noi ist zu Recht für seine Baguettes, Shakes, Kuchen und aromatischen Thai-Gerichte beliebt.

Praktische Informationen

Im Bulone Resort und im Pansand Resort gibt's WLAN (Nichtgäste 3 B/Min.). Im Bulone Resort kann man auch Batterien aufladen (für Restaurantbesucher kostenlos).

An- & Weiterreise

Von November bis April fährt täglich um 12.30 Uhr ein Schnellboot von Pak Bara nach Ko Bulon Leh (400 B, 30 Min.). Longtail-Boote bringen Gäste zu dem ihrem Resort am nächsten liegenden Strand (50 B). Zurück nach Pak Bara startet das Boot um 9 Uhr aus der Bucht vor dem Pansand Resort. Man kann auch Longtail-Boote von/nach Pak Bara (2000 B, 1½ Std.) chartern.

Von November bis April fährt täglich um 13 Uhr ein Schnellboot von Ko Bulon Leh nach Ko Lipe (600 B, 1 Std.), das vor dem Pansand Resort stoppt. Das Boot kommt aus Ko Lanta (1600 B, 2 Std.) und hält unterwegs in Ko Ngai (1050 B, 1½ Std.), Ko Muk (900 B, 1 Std.) und Ko Kradan (900 B, 1 Std.). Die Rückfahrt startet um 9 Uhr in Ko Lipe.

Ko Tarutao Marine National Park

อุทยานแห่งชาติหมู่เกาะตะรุเตา

Der **Ko Tarutao Marine National Park** (☎074 783485; www.dnp.go.th; Erw./Kind 200/

100 B; ⌚Mitte Okt.–Mitte Mai) ist eine der schönsten und ursprünglichsten Gegenden Thailands. Er umfasst 51 Inseln, die mit weitgehend intaktem, von Tieren wimmelndem Regenwald bedeckt und von gesunden Korallenriffen und leuchtend weißen Stränden umgeben sind. Das 1974 gegründete Schutzgebiet war der zweite Meeres-Nationalpark des Landes. In ihm kann man Südliche Brillenlanguren, Javaneraffen, Kantschile, Wildschweine, Indische Fischotter, Fischkatzen, Pythons, Bindenwarane, Brahminenweihen, Weißbauchseeadler, Nashornvögel, Riffreiher und Eisvögel erspähen.

Die Unterkünfte im Park bestehen hauptsächlich aus kleinen, umweltfreundlichen, staatlich verwalteten Hütten. Dem Drängen großer Investoren, die Inseln für den Tourismus zu erschließen, wurde bislang kaum nachgegeben, obwohl mit der Drehgenehmigung für die US-amerikanische Reality-TV-Serie *Survivor* (2002) eine Ausnahme gemacht wurde. Und dann ist da noch das kleinere Problem mit einem privaten Resort auf Ko Adang, wo eigentlich nicht gebaut werden darf. Die Anlage sollte 2010 eröffnet werden, aber örtliche Umweltschützer konnten das bisher verhindern.

Müll ist ein Problem auf den Inseln. Nur sporadisch werden die Strände von angespültem Unrat und dem, was die Besucher hinterlassen, gesäubert, auch wenn die erfolgreichen Säuberungsaktionen von Trash Hero (S. 770) die Lage verbessern. Als Besucher sollte man seinen Teil beitragen und Müll vermeiden.

Ko Tarutao ist die größte und am zweithäufigsten besuchte Insel in der Gruppe (nach Ko Lipe). Hier befinden sich die Parkverwaltung (s. rechte Spalte) und die meisten der staatlich verwalteten Unterkünfte. Es gibt keine Wechselstuben auf Ko Tarutao; Geld wechseln kann man in Reisebüros in Pak Bara. Geldautomaten finden sich in Pak Bara und La-Ngu.

Die meisten Traveller wohnen auf Ko Lipe (S. 768), das zwar im Park liegt, sich aber schnell zu einer beliebten, zunehmend asphaltierten Ferieninsel voller touristischer Einrichtungen und Hotels gewandelt hat. Die Insel unterliegt nicht dem Bebauungsverbot, das sonst im Park gilt, weil es auf ihr Siedlungen der *chow lair* (Seenomaden) gibt.

Longtail-Boot-Touren zu den abgelegeneren Insel lassen sich über Reiseveranstalter in Satun oder Pak Bara, die Nationalparkverwaltung auf Ko Tarutao sowie die Resorts und Longtail-Boot-Anbieter auf Ko Lipe vereinbaren.

Ko Tarutao เกาะตะรุเตา

Der Großteil der stolze 152 km² großen Insel ist mit uraltem Wald bedeckt, der sich steil bis zu dem 713 m hohen Gipfel, der höchsten Erhebung in der Region, hinaufzieht. Ko Tarutao liegt gerade einmal 22 km südwestlich von Pak Bara, ist aber eine der urtümlichsten Inseln Thailands. Sie ist zu großen Teilen von Mangrovensümpfen und eindrucksvollen Kalksteinklippen eingefasst; an der Westküste finden sich Höhlen und friedliche weiße Sandstrände.

Die Ursprünglichkeit von Ko Tarutao ist auch eine Folge seiner düsteren Geschichte. Zwischen 1938 und 1948 diente die Insel als Straflager für mehr als 3000 thailändische Kriminelle, Aufständische und politische Gefangene. Dazu gehörten so interessante Persönlichkeiten wie So Setabutra, der in seiner Haftzeit auf Ko Tarutao das erste thailändisch-englische Wörterbuch zusammenstellte, und Sittiporn Gridagon, ein Sohn Ramas VII. Während des Zweiten Weltkriegs versiegte der Nachschub an Lebensmitteln und Medikamenten vom Festland; Hunderte Gefangene starben an Malaria, Hunger und Misshandlungen. Andere Gefangene und Wärter meuterten und betätigten sich fortan als Piraten in der Straße von Malakka, bis britische Truppen 1946 dem Treiben ein Ende setzten.

Der Parkeintritt (Erw./Kind 200/100 B) ist nach der Ankunft bei der **Parkverwaltung** (Karte S. 766; Ao Pante Malacca; ⌚8–17 Uhr) zu bezahlen, die sich im Nordwesten der Insel befindet. Das dortige **Besucherzentrum** (Karte S. 766; ⌚8–17 Uhr) händigt Karten der Insel aus und zeigt detaillierten Ausstellungen zur regionalen Geschichte, Geografie, Fauna und Flora und hat eine faszinierende, verstaubte Bibliothek.

Sehenswertes & Aktivitäten

Mit einem befahrbaren Fluss und langen, asphaltierten Straßen lässt sich Ko Tarutao ideal auf eigene Faust erkunden. In der Parkverwaltung kann man Kajaks (200/500 B pro Std./Tag) und Mountainbikes (50/250 B) mieten.

Ao Pante Malacca STRAND

(อ่าวพันเตมะละกา; Karte S. 766) Die Ao Pante Malacca an der Nordwestküste von Ko Ta-

Ko Tarutao Marine National Park & Umgebung

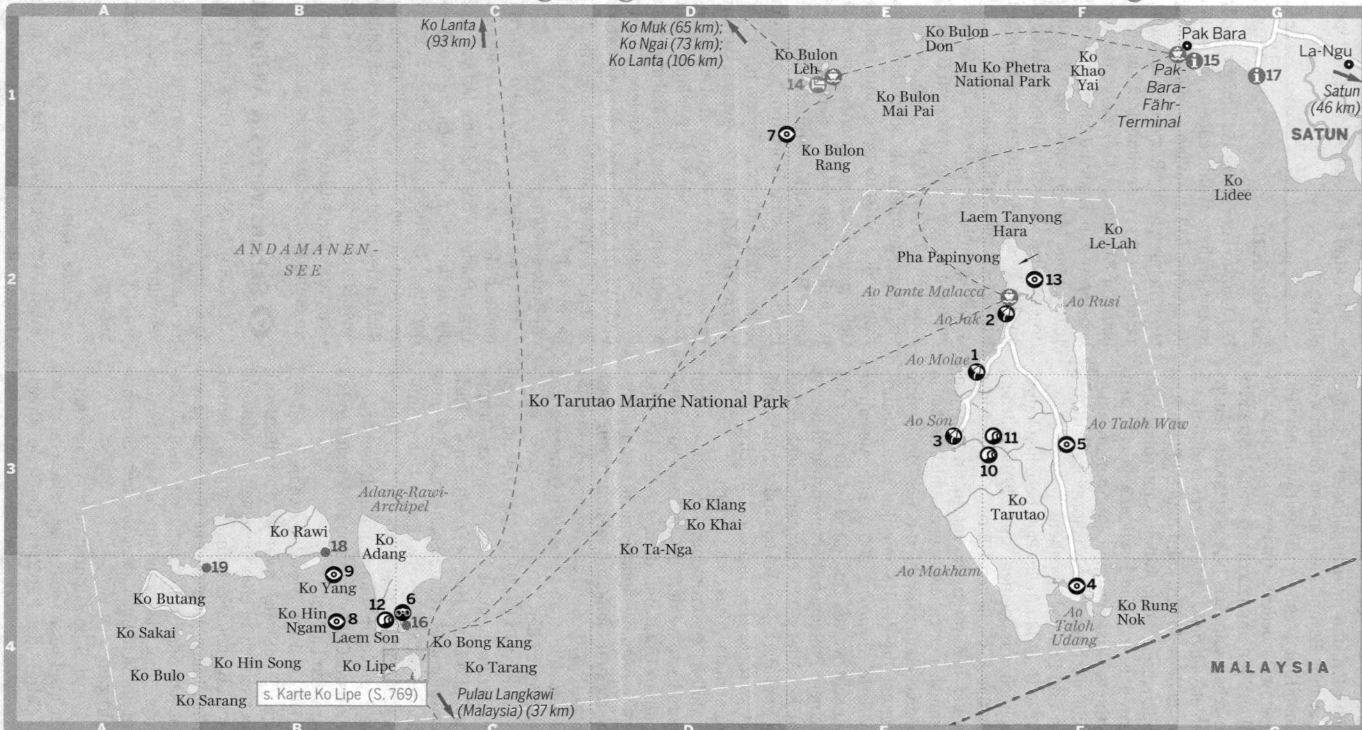

Ko Tarutao Marine National Park & Umgebung

Sehenswertes
1 Ao Molae E2
2 Ao Pante Malacca F2
3 Ao Son E3
4 Ao Taloh Udang F4
5 Ao Taloh Waw F3
6 Chado-Kliff C4
7 Ko Gai D1
8 Ko Hin Ngam B4
Ko Ma .... (siehe 7)
9 Ko Yang B4
10 Nam Tok Lo Po F3
11 Nam Tok Lu Du F3
12 Piraten-Fälle B4
13 Tham Jara-Khe F2
Toe-Boo-Kliff .... (siehe 2)

Aktivitäten, Kurse & Touren
White Rock .... (siehe 7)

Schlafen
Nationalparkunterkünfte an der Ao Molae .... (siehe 1)
Nationalparkunterkünfte an der Ao Pante Malacca .... (siehe 2)
Nationalparkunterkünfte an der Ao Son .... (siehe 3)
Bulon Hill Resort .... (siehe 14)
14 Bulone Resort E1
Chaolae Homestay .... (siehe 14)
Unterkunft im Ko Tarutao Marine National Park .... (siehe 16)

Essen
Ao Pante Malacca Canteen .... (siehe 2)
Ao Son Canteen .... (siehe 3)
Bulone Resort .... (siehe 14)
Su's Corner .... (siehe 14)

Praktisches
Ao-Molae-Ranger-Station .... (siehe 1)
Ao-Son-Ranger-Station .... (siehe 3)
Ao-Taloh-Udang-Ranger-Station .... (siehe 4)
Ao-Taloh-Waw-Ranger-Station .... (siehe 5)
Ko Tarutao Marine National Park – Parkverwaltung .... (siehe 2)
15 Ko Tarutao Marine National Park – Besucherzentrum G1
Ko Tarutao – Besucherzentrum .... (siehe 2)
16 Laem-Son-Ranger-Station C4
17 Mu-Ko-Phetra-National-Park – Parkverwaltung G1
18 Ranger-Station B3
19 Ranger-Station B4

rutao ist die wichtigste Anlegestelle der Insel und besitzt einen hübschen, hellgelben Strand mit Schatten spendenden Schraubenbäumen und Kasuarinen. Hier liegen die Parkverwaltung und die meisten Unterkünfte im Park.

Toe-Boo-Klippe AUSSICHTSPUNKT
(จุดชมวิวผาโต๊ะบู; Karte S. 766) Hinter der Parkverwaltung an der Ao Pante Malacca an der Nordwestküste der Insel führt ein steiler, 500 m (20 Min.) langer Pfad durch den Dschungel unter einem Kalksteinfelsen, von dem die Feuchtigkeit heruntertropft, entlang und dann über eine Reihe von in den Stein gehauenen Stufen hinauf auf die spektakuläre Felsspitze, von der man eine sagenhafte Aussicht über Ko Tarutao bis hinüber nach Ko Adang und zu den umliegenden Inseln genießt.

Tham Jara-Khe HÖHLE
(ถ้ำจระเข้, Krokodilhöhle; Karte S. 766) Folgt man dem Fluss, der an der Ao Pante Malacca an der Nordwestküste von Ko Tarutao ins Meer mündet, ins Landesinnere, gelangt man zur Tham Jara-Khe, in der früher einmal gefährliche Leistenkrokodile gelebt haben. Bei Ebbe ist die Höhle 1 km weit schiffbar; sie kann im Rahmen von Longtail-Boot-Touren (500 B) besucht werden, die am Anleger an der Ao Pante Malacca starten.

Ao Molae STRAND
(อ่าวเมาะและ; Karte S. 766) Die ruhige, wunderbar einsame und unglaublich schöne Ao Molae hat einen exquisiten weißen Sandstrand, hinter dem sich eine Ranger-Station, Bungalows und ein Campingplatz befinden. Die Bucht liegt 4 km südlich der Ao Pante Malacca und ist über einen sehr hügeligen Rad- und Wanderweg zu erreichen.

Ao Son STRAND
(อ่าวสน; Karte S. 766) Die einsame Bucht liegt an der Westküste, 8 km südlich der Ao Pante Malacca, und ist zu Fuß, mit dem Fahrrad oder in einer 30-minütigen Bootsfahrt (1500 B) zu erreichen. 300 m landeinwärts vom Strand führt ein ausgeschilderter Weg zum **Nam Tok Lu Du** (Lu-Du-Fälle; Karte S. 766) (3 km, einfache Strecke 1½ Std.). Über einen Weg, der 500 m südwärts am Strand der Ao So beginnt, gelangt man zum **Nam Tok Lo Po** (Lo-Po-Fälle; Karte S. 766) (5 km, einfache Strecke 2½ Std.) im Inneren der Insel.

Ao Taloh Waw
BUCHT

(อ่าวตะโละวาว; Karte S. 766) Das Lager für normale Sträflinge lag an der abgelegenen Ostküste von Ko Tarutao, 12 km südöstlich der Ao Pante Malacca. Ein Geschichtspfad führt über die alte **Gefängnisstätte** an der Ao Taloh Waw; die Lagergebäude sind aber schon längst verschwunden. Longtail-Boote nehmen für die Fahrt von der Ao Pante Malacca hin und zurück 2500 B.

Ao Taloh Udang
BUCHT

(อ่าวตะโละอุดัง; Karte S. 766) Die überwucherten Ruinen des **Lagers für politische Gefangene** auf Ko Tarutao liegen an der Ao Taloh Udang, 24 km südöstlich der Parkverwaltung. Longtail-Boote fahren von der Anlegestelle an der Ao Pante Malacca (hin & zurück 3500 B, ca. 3 Std.).

Schlafen & Essen

Staatlich geführte Unterkünfte gibt es an der Ao Pante Malacca, der Ao Molae und der Ao Son. Das Trinkwasser ist rationiert, der Abfall wird (sporadisch) aufs Festland zurückgebracht, und Strom gibt es von 18.30 bis 6 Uhr.

Campen (Stellplatz 30 B/Pers., mit gemietetem Zelt 225 B) darf man unter den Kasuarinen an der Ao Molae und der Ao Son, wo es jeweils Toiletten und Duschen gibt, sowie an den wilden Stränden der Ao Makham, der Ao Taloh Waw und der Ao Taloh Udang, an denen man sich vollständig selbst versorgen muss. Oft dringen Affen in die Zelte ein, zerstören dies und jenes und fressen alles Essbare – also alles gut sichern!

Die Unterkünfte können online oder, einfacher, im Besucherzentrum (S. 763) in Pak Bara gebucht werden.

Nationalparkunterkünfte an der Ao Pante Malacca
BUNGALOWS $

(Karte S. 766; Ao Pante Malacca; Zi. 500–1000 B; ⌚Nov.–Mitte Mai) Das größte Angebot der staatlich verwalteten Unterkünfte findet sich in bequemer Nähe zu den Einrichtungen und Büros der Parkverwaltung. Die neueren Bungalows mit Ventilator und Balkonen bieten Platz für zwei Personen, die schlichteren Langhäuser mit Gemeinschaftsbad für bis zu vier Personen. Die halb offene **Kantine** (Hauptgerichte 80–180 B; ⌚7.45–14.30 & 17.30–20.30 Uhr) liefert gute, einfache Thai-Gerichte, und in dem kleinen Gemischtwarenladen bekommt man auch Bier.

Nationalparkunterkünfte an der Ao Molae
BUNGALOWS $

(Karte S. 766; www.dnp.go.th; Ao Molae; Zi. 600 B; ⌚Nov.–Mitte Mai) Die schlichten und einigermaßen sauberen Doppelhäuser mit ein oder zwei Zimmern und dem klassischen minzgrünen Nationalpark-Bettzeug stehen unter Palmen und Kasuarinen direkt am Rand des Strandes. Thai-Gerichte gibt's in der kleinen **Kantine** (Hauptgerichte 70–140 B; ⌚7–14 & 17–21 Uhr).

Nationalparkunterkünfte an der Ao Son
BUNGALOWS $

(Karte S. 766; www.dnp.go.th; Ao Son; Zi. 300–500 B; ⌚Nov.–Mitte Mai) Die schlichten, einigermaßen sauberen Zimmer mit Gemeinschaftsduschen und -toiletten befinden sich in Betonbauten gleich hinter dem schönen Strand der abgelegenen Ao Son. Auch hier gibt's eine **Kantine** (Hauptgerichte 60–140 B; ⌚7–20 Uhr), die einfache Thai-Gerichte, Getränke und Snacks anbietet.

Anreise & Unterwegs vor Ort

Vom 21. Oktober bis Mitte Mai halten die Schnellboote, die um 10.30 und 11.30 Uhr von Pak Bara nach Ko Lipe fahren, in Ko Tarutao (450 B, 30 Min.), aber von Ko Lipe nach Pak Bara setzt nur das Boot um 9 Uhr Passagiere auf Ko Tarutao ab. Von Mitte Mai bis Mitte Oktober ist die Insel offiziell geschlossen. In der Hauptsaison werden in Pak Bara Tagesausflüge zur Insel mit Schnellbooten veranstaltet (ca. 2000 B inkl. Parkgebühr, Mittagessen, Getränke & Schnorcheln).

Wer an der Ao Molae wohnt, kommt dorthin von der Ao Pante Malacca mit einem Kleinbus, der bei Nachfrage täglich um 11 oder 13 Uhr fährt (50 B/Pers.).

Ko Lipe
เกาะหลีเป๊ะ

Ko Lipe ist das Paradebeispiel dieses Jahrzehnts für die hemmungslose Erschließung der thailändischen Inseln. Die Insel besitzt zwei weiße Sandstrände und dazwischen dschungelbewachsene Hügel und liegt nur einen Steinwurf entfernt von geschützten Korallenriffen. Noch vor sieben oder acht Jahren war sie ein umflüsterter Geheimtipp. Die Stimmen schwollen an und schließlich begannen die Bulldozer zu dröhnen. Die größten Verlierer dabei waren die 700 Einwohner des *chow lair*-Dorfs, deren Vorfahren König Rama V. die Insel als Wohnsitz überlassen hatte. Die Seenomaden verkauften das Land in den 1970er-Jahren an einen thailändischen Bauunternehmer,

Ko Lipe

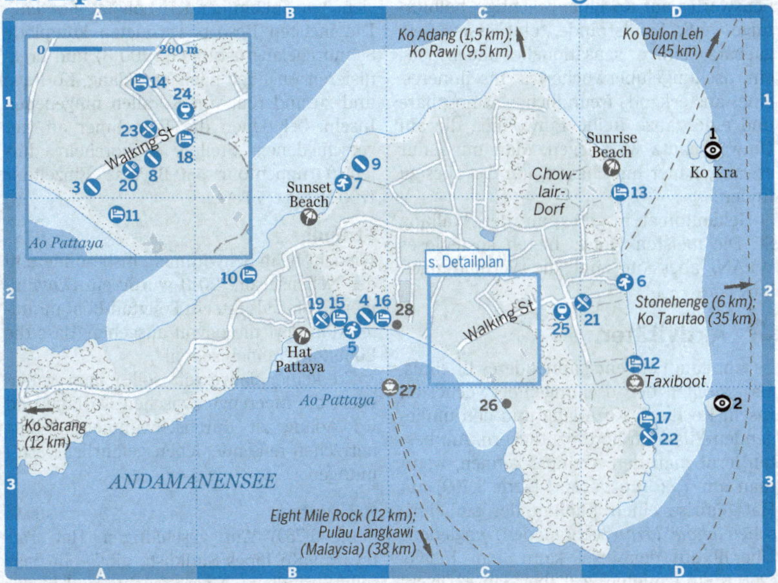

Ko Lipe

Sehenswertes
1 Ko Kra.......D1
2 Ko Usen.......D3

Aktivitäten, Kurse & Touren
Castaway Divers.......(siehe 12)
Davy Jones' Locker.......(siehe 15)
Forra Dive.......(siehe 13)
3 Forra Dive.......A1
4 Forra Dive.......B2
5 Hat Pattaya.......B2
6 Hat Sunrise.......D2
7 Hat Sunset.......B1
8 Ko Lipe Diving.......A1
9 Sabye Divers.......B1

Schlafen
10 Bila Beach.......B2
11 Blue Tribes.......A2
12 Castaway Resort.......D2
13 Forra Dive.......D1
Forra Dive 2.......(siehe 4)
14 Gecko Lipe.......A1
15 Koh Lipe Backpackers Hostel.......B2
16 Mali Resort.......B2
17 Serendipity.......D3
18 The Box.......A1

Essen
19 Daya's.......B2
20 Elephant Coffee House.......A1
21 Nee Papaya.......D2
22 On The Rocks.......D3
23 Papaya Mom.......A1
The Box.......(siehe 18)

Ausgehen & Nachtleben
24 Maya Bar.......A1
25 Pooh's Bar.......C2

Praktisches
26 Einreisebehörde.......C3

Transport
27 Fähranleger.......C2
28 Satun Pak Bara Speedboat Club.......C2

dem Verbindungen zur Mafia nachgesagt wurden.

So musste man befürchten, dass Ko Lipe wie Ko Phi-Phi ein Opfer seiner Schönheit werden würde. Diese Befürchtungen erhielten 2009 weiteren Auftrieb, als sich ein Nachtclub mit dröhnender Musik am Hat Pattaya einnistete. Der Club wurde zwar geschlossen, aber die Bautätigkeit geht weiter. 2010 wurde die Walking St (ein Straßenmarkt) gebaut, und zwischen den prächtigen Stränden breitet sich immer weiter der Betondschungel mit Cafés, Reisebüros, Läden und Bars aus. Selbst 7-Eleven ist hier vertreten.

Aber es gibt auch immer noch viel Liebenswertes auf Ko Lipe: prächtige, halbförmige weiße Sandstrände, total lässige Reggaebars, einige sensationelle Tauchspots, ein dschungelüberwuchertes Inselinneres, eine ansteckend freundliche Atmosphäre und eine ganze Reihe Einwohner, die auf Umweltschutz wert legen. Man muss nur etwas genauer hinschauen, um das alles zu finden.

Geldautomaten gibt's an der Walking St. Die meisten Hotels bieten kostenloses WLAN, aber oft sind die Verbindungen langsam.

Aktivitäten

Es gibt kaum ein entspannenderes Erlebnis, als zwischen den dschungelüberwucherten Inseln Ko Rawi, Ko Adang und den umliegenden Eilanden herumzutuckern. Am besten lernt man den Archipel kennen, wenn man am **Taxibootsstand** (Karte S. 769) am Hat Sunrise einen Kapitän der einheimischen *chow lair* (Seenomaden) engagiert. Überall auf der Insel kann man Kajaks (250 B/Std.) mieten, z. B. bei Sabye Divers (S. 771) und Daya's (S. 773).

Freiwilligenarbeit

Trash Hero FREIWILLIGENARBEIT

(www.trashhero.org) Trash Hero, die Idee eines thailändisch-schweizerischen Duos, leistet mit zunehmendem Erfolg Pionierarbeit. Regelmäßig montags werden Reinigungsaktionen mit Freiwilligen durchgeführt, um die herrlichen weißen Sandstrände auf Ko Lipe und weitere Strände im Ko Tarutao Marine National Park zu säubern und zu schützen. Das Programm startete im Dezember 2013 mit dem klaren Ziel, für den Schutz der Strände nur vorhandene Materialien und Menschen, die sowieso vor Ort sind, einzusetzen. Die örtlichen Unternehmen gelobten schnell Unterstützung und stellten Longtail-Boote, Essen, Getränke und Abfallbehälter zur Verfügung.

Mehr als 1000 freiwillige Helfer (Einheimische und Besucher) haben seither von den hiesigen Stränden 21000 kg Abfall fortgeschafft. An elf offiziellen Standorten in Thailand und Indonesien veranstaltet Trash Hero inzwischen wöchentliche Säuberungsaktionen.

Schnorcheln

Gute Korallenbänke finden sich an der Südküste sowie rund um **Ko Kra** (Karte S. 769) und **Ko Usen** (Karte S. 769), die beiden Inselchen gegenüber dem Hat Sunrise (Vorsicht vor ankommenden Longtail-Booten!). Die meisten Resorts vermieten komplette Schnorchelausrüstungen (200 B) und organisieren Ausflüge nach Ko Adang, Ko Rawi und zu anderen, von Korallen umgebenen Inseln, bei denen die Teilnehmer an vier verschiedenen Stellen schnorcheln dürfen (Gruppentour 550 B/Pers.; Einzeltour 1700 B, max. 5 Pers.).

Strände

Vorsicht beim Schwimmen, insbesondere in der Nebensaison! 2013 wurde ein Schwimmer getötet, als ihn ein Longtail-Boot rammte. Man darf nie davon ausgehen, dass die Bootsführer einen sehen!

Zu keiner Jahreszeit sollte man versuchen, die Meerenge zwischen Ko Lipe und Ko Adang zu durchschwimmen – dort herrschen reißende, lebensgefährliche Strömungen.

Hat Pattaya STRAND

(Karte S. 769) Am geschäftigen Hat Pattaya an Ko Lipes Südküste gibt's ein paar tolle Strandbars, Meeresfrüchte und in der Hauptsaison Partystimmung, allerdings oft mehr Longtail-Boote als Badende.

Hat Sunrise STRAND

(Karte S. 769) Der windige Hat Sunrise ist ein herrlicher langer feiner Sandstrand entlang der Ostküste der Insel. Vom nördlichsten Punkt hat man einen atemberaubenden Blick auf Ko Adang.

Hat Sunset STRAND

(Karte S. 769) Der goldene Sandstrand vor sanften, dschungelbedeckten Hügeln liegt an der Westküste an einer ruhigen Bucht, die in die Straße von Adang übergeht, und hat ein ganz anderes Flair als die übrigen Strände von Ko Lipe. Hier hat sich die Insel noch ihre ungezähmte Seele bewahrt.

Tauchen

Es wäre sicherlich überzogen, die hiesigen Tauchreviere als ganzjährig erstklassig zu bezeichnen, doch wenn die Unterwassersicht zu Beginn der Regenzeit (15. April–15. Juni) aufklart, ist dem durchaus so. Es gibt einige tolle Spots zum Strömungstauchen und zwei wirklich tolle Felsen.

Der **Eight Mile Rock** ist eine Felsnadel im tiefen Wasser, die Teufelsrochen und die sehr seltenen Walhaie anlockt. Dies ist das einzige Tauchgebiet in der Gegend, in dem man Bewohner der Hochsee antrifft. **Stone-**

henge ist bekannt für seine schönen Weichkorallen, die ortsansässigen Seepferdchen, seltene Zebrahaie und die Felsen, denen die Stätte den Namen verdankt. Auch vor **Ko Sarang** befinden sich prachtvolle Weichkorallen, die sich in der Strömung wiegen und zwischen denen eine derart große Zahl von leuchtend bunten Fischen hin und her flitzt, dass viele diesen Tauchspot für den schönsten rund um Ko Lipe halten.

Forra Dive TAUCHEN
(Karte S. 769; ☎084 407 5691; www.forradiving.com; Hat Sunrise; 1/2 Tauchgänge 1500/2800 B; ⌚Nov.–Mitte Mai) Das von Franzosen geführte Unternehmen ist einer der ältesten Tauchveranstalter vor Ort. Angeboten werden Schnorchelausflüge (ab 650 B), „Discover Scuba" (2500 B), Open-Water-Tauchkurse (13 500 B) und – auf Ko Lipe konkurrenzlos – dreitägige Tauchausflüge mit Übernachtung an Bord (10 000 B). Jene „Meeressafaris" führen auf der Route nach Ko Phi-Phi im Norden auch über Hin Daeng und Hin Muang, einen der besten Tauchspots in Thailand. Das Unternehmen hat Filialen an der **Walking St** und am **Hat Pattaya**.

Castaway Divers TAUCHEN
(Karte S. 769; ☎087 478 1516; www.kohlipedivers.com; Castaway Resort, Hat Sunrise; 1/2 Tauchgänge 1600/3000 B; ⌚10–20 Uhr) Bietet neben den üblichen auch intimere Tauchgänge von Longtail-Booten aus an. Darüber hinaus gibt es spezielle Kurse (Nachttauchen, Unterwasserfotografie). Pro Gruppe maximal vier Teilnehmer.

Ko Lipe Diving TAUCHEN
(Karte S. 769; ☎088 397 7749, 087 622 6204; www.kolipediving.com; Walking St; 1/2 Tauchgänge 1700/2800 B; ⌚8–22 Uhr) Der gut organisierte, professionelle Tauchveranstalter erhält ständig glänzende Kritiken für seine speziellen Kurse und Tauchgänge, bei denen der Unterricht im Vordergrund steht. „Discover Scuba" mit zwei Tauchgängen kostet 3000 B; SSI/PADI OWD-Zertifizierungskurse belaufen sich auf 14 000/14 500 B.

Sabye Divers TAUCHEN
(Karte S. 769; ☎089 464 5884; www.sabyesports.com; Hat Sunset; 2/3 Tauchgänge 2700/3500 B; ⌚8.30–20 Uhr) Das alteingesessene Sabye Divers ist ein kleiner Tauchshop mit Greenfins-Siegel, der von einem schon lange hier lebenden Ausländer geführt wird. Die Mitarbeiter sind erfahren. Es gibt eine Reihe von PADI-Zertifizierungskursen (ab 10 500 B), die üblichen Tauchgänge und „Discover Scuba" (2400 B).

Yoga

Im Castaway Resort (S. 772) gibt's in der Hauptsaison Yogasitzungen (450 B; 7 & 16.30 Uhr).

Schlafen

Immer mehr Resorts auf Ko Lipe bleiben ganzjährig geöffnet. Ein paar bescheidene Bambusbungalows halten noch durch, aber immer mehr hässliche Ferienanlagen für Pauschaltouristen machen sich vor allem am Hat Pattaya breit. In der Hauptsaison und rund um Feiertage schnellen die Preise in die Höhe, und man sollte rechtzeitig vorab buchen.

Koh Lipe Backpackers Hostel HOSTEL $
(Karte S. 769; ☎085 361 7923; www.kohlipebackpackers.com; Hat Pattaya; B 400–500 B, Zi. 2500–3000 B; ❄📶) Die typische moderne Backpacker-Unterkunft mit makellosen, geräumigen Schlafsälen mit acht Betten und Klimaanlage in einem zeitgenössisch gestalteten Betonblock am westlichen Abschnitt des Hat Pattaya ist die erste ihrer Art. Es gibt nur Gemeinschaftsduschen, aber eigene Schließfächer, ein junges munteres Flair und WLAN. Vor Ort befindet sich die Tauchschule **Davy Jones' Locker** (Tauchgänge ab 2500 B). Im Obergeschoss gibt's in Pastelltönen gehaltene, komfortable Doppelzimmer mit Klimaanlage.

The Box BOUTIQUEHOTEL $$
(Karte S. 769; ☎086 957 2480; www.theboxliperesort.com; Walking St; Zi. mit Frühstück & Ventilator 1200–1900 B, Klimaanlage 1600–2900 B; ❄📶) Mitten an der Walking St befindet sich das faszinierende Boutiquehotel aus Schiffscontainern, die mit Naturholz verkleidet und über Plankenwege im Garten verbunden sind. Die Einrichtung mit Bambusbetten, kontrastfarbenen Wänden und rechteckigen Waschbecken ist stilvoll minimalistisch. Vorn in dem tollen spanisch-mediterranen Restaurant (S. 773) gibt's leckere Tapas.

Forra Dive BUNGALOWS $$
(Karte S. 769; ☎084 407 5691; www.forradiving.com; Hat Sunrise; Bungalow 1000–1400 B; 📶) Die Anlage hält mit den beliebten Bambusbungalows und Lofts etwas vom alten Geist der Insel wach. Die besten Bungalows haben Badezimmer drinnen und draußen sowie Terrassen mit Hängematten. Wer mit dem Unternehmen taucht, erhält am gleichen

Tag die Unterkunft um 25 % billiger. Ein Ableger mit ähnlichen Bungalows befindet sich am Hat Pattaya. Manchmal werden hier nur Taucher aufgenommen.

Bila Beach BUNGALOWS $$
(Karte S. 769; ☎ 087 570 3684; www.bilabeachresort.com; Hat Sunset; Bungalow 1500 B) Die stilvollen Bungalows mit fransigem Strohdach stehen auf einer Klippe hoch über einer winzigen, abgeschiedenen Bucht, die an den Hat Sunset angrenzt und Felsen und einen weißen Privatstrand besitzt. Unten am Strand gibt's eine tolle Reggaebar aus Bambus und ein Restaurant. Die Anlage ist ideal für Hippie-Flitterwochen. Ein kurzer, schweißtreibender Fußmarsch bringt einen vom Hat Pattaya über den Hügel hierher.

Gecko Lipe BUNGALOWS $$
(Karte S. 769; ☎ 087 810 7257; www.geckolipe.com; 61 Mu 7, Walking St; kleines Zi 800–1200 B, großes Zi 1630–2530 B; WLAN) Die wunderbaren Bambusbungalows in zwei verschiedenen Größen (allesamt mit Ventilator) stehen unter Bäumen auf einem Hügel. Die kleineren, weiß getünchten Häuser haben helle Böden und Bäder mit Kaltwasser und farbenfrohen Wänden. Die goldenen mit Strohdach sind größer und haben dickere Matratzen und stilvolle Bäder mit Warmwasseranschluss. In der Nebensaison gibt's gute Preisnachlässe.

Blue Tribes BUNGALOWS $$
(Karte S. 769; ☎ 083 654 0316, 080 546 9464; www.bluetribeslipe.com; Hat Pattaya; Bungalow 1400–2800 B; ⏲ Aug.–Mai; WLAN) Das Blue Tribes versteckt sich in Gärten voller Blumen und gehört zu den schöneren Ferienanlagen am Hat Pattaya. Die beste Option sind die zweistöckigen, strohgedeckten Holzbungalows mit Wohnzimmern im Erdgeschoss und darüber Schlafzimmern mit Schiebetüren und Blick aufs Meer. Einige Bungalows sind schon etwas abgenutzt, aber alle sind komfortabel. Die meisten haben auch Veranden, auf denen man die Meeresbrise genießt.

★ **Castaway Resort** HOTEL $$$
(Karte S. 769; ☎ 081 170 7605, 083 138 7472; www.castaway-resorts.com; Hat Sunrise; Bungalow 3400–5400 B; WLAN) Die geräumigen Bungalows aus dunklem Holz mit Hängematten auf den Terrassen, unzähligen Kissen, Ventilatoren und schicken Moderne-trifft-Natur-Bädern sind die besten, die Ko Lipe zu bieten hat. Das einladende Resort gehört auch zu den umweltfreundlichsten: Warmes Wasser und Licht – Klimaanlagen gibt es nicht – werden mit Solarstrom erzeugt. Es gibt ein superlässiges Strandcafé, in der Hauptsaison Yogakurse (450 B) und eine gute Tauchschule (S. 771).

Mali Resort RESORT $$$
(Karte S. 769; ☎ 091 979 4600; www.maliresortkohlipe.com; Hat Pattaya; Bungalow mit Frühstück 3700–9945 B; Klimaanlage, WLAN) Die schicken, entspannten, balinesisch anmutenden neuen Bungalows dieser Amerikanern gehörenden Anlage bieten dunkle Holzböden, strohgedeckte offene Dachstühle, eingebaute Sofas, aus Holz geschnitzte Lampen in Elefantenform, farbenfrohe Wandkunst und riesige Außenbäder mit zwei Duschköpfen. Alle Bungalows haben Zugang zu der atemberaubend eleganten Strandbar und einem wundervollen Strandabschnitt. Die besten Angebote gibt's online.

Es gibt auch noch ältere, günstigere Gartenhäuschen, die mit üppiger Bettwäsche ausstaffiert sind.

Serendipity BUNGALOWS $$$
(Karte S. 769; ☎ 088 395 5158; www.serendipityresort-kohlipe.com; Hat Sunrise; Zi. 7800–19 000 B; Klimaanlage, WLAN, Pool) Die exquisit in Orangetönen gestaltete Anlage steht herrlich einsam über dem mit Felsbrocken übersäten südlichen Ende des Hat Sunrise und ist über einen Plankenweg zu erreichen. Die geräumigen strohgedeckten Bungalows aus dunklem Holz haben eigene Terrassen, Sitzbereiche drinnen und draußen, Klimaanlage, Messingwaschbecken und Tee- und Kaffeemaschinen. Zu den beiden Penthouse-Suiten gehören eigene Pools mit atemberaubender Aussicht. Das **Barrestaurant** (Hauptgerichte 165–375 B; ⏲ 12–21.30 Uhr; WLAN), das thailändische und internationale Gerichte serviert, schmiegt sich an die Klippen.

Essen

Preiswert essen kann man an den *roti*-Ständen und in den kleinen thailändischen Cafés an der Walking St. Man sollte das der Müllvermeidung dienende Angebot vieler Resorts und Restaurants nutzen, seine Wasserflasche bei ihnen aufzufüllen.

★ **Nee Papaya** THAI $
(Karte S. 769; Hauptgerichte 80–150 B; ⏲ 9–21.30 Uhr) In dem netten Lokal gibt's jeden Abend günstigen gegrillten Fisch, alle üblichen Currys (darunter auch ein umwerfendes *pá·naang* mit Rindfleisch), Nudeln und

Pfannengerichte (vegetarisch oder mit Rindfleisch, Hühnchen oder Meeresfrüchten), dazu eine eindrucksvolle Auswahl scharfer Isan-Gerichte. Die Köchin verwendet auf Wunsch weniger Chili, am besten schmeckt ihr Essen aber, wenn es nach örtlichem Geschmack gewürzt ist, und genau deshalb strömen kundige thailändische Touristen hierher.

Papaya Mom THAI $
(Karte S. 769; Walking St; Hauptgerichte 90–200 B; ⏲9–22 Uhr; 🖉) Der feine Stand mit Isan-Küche ist bemerkenswert für sein authentisches Essen und bei einheimischen Thais besonders für seine saftigen Fleischgerichte (gegrillter Schweinenacken, *lâhp*) beliebt. Vegetarier können den üppigen Obststand plündern und schauen ansonsten in die gute vegetarische Karte, auf der z. B. ein köstliches Pfannengericht mit Tofu und Bohnensprossen steht.

The Box SPANISCH, MEDITERRAN $$
(Karte S. 769; ☎086 957 2480; www.theboxliperesort.com; Walking St; Tapas 170–235 B, Hauptgerichte 300–380 B; ⏲7–22.30 Uhr; 📶) Wer einmal eine Pause von den scharfen Currys und gebratenen Meeresfrüchten braucht, bestellt sich in diesem zwanglos eleganten, modernen, mit Holz verkleideten Lokal einen *tinto de verano* (Rotwein mit Limonade) und macht sich über die vielen, authentisch-guten spanischen Tapas her. Die besten Gerichte sind das spanische Kartoffel-Omelette, die Knoblauchgarnelen, der Toast mit iberischem Schinken, Brie und karamelisierten Zwiebeln und schließlich die (nicht wirklich spanischen) Burger.

Daya's SEAFOOD, THAI $$
(Karte S. 769; Hat Pattaya; Hauptgerichte 150–300 B; ⏲7–22 Uhr) Dieser Grill, einer der wenigen, die noch von Einheimischen geführt werden, ist wahrscheinlich der beste von allen, die abends bei den Resorts am Hat Pattaya frische Meeresfrüchte zubereiten.

Elephant Coffee House INTERNATIONAL $$
(Karte S. 769; www.facebook.com/ElephantKohLipe; Walking St; Gerichte 180–440 B; ⏲8–1 Uhr) Die Theke ist ein Longtail-Boot, gebrauchte Bücher werden verkauft, und Schwarzweißfotos des örtlichen Alltagslebens schmücken die getünchten Betonwände. Das zeitgemäße Café serviert den ganzen Tag fabelhaftes Frühstück, Arme Ritter, ausgezeichneten Kaffee und hausgemachtes Müsli mit tropischen Früchten. Darüber hinaus gibt's frische Salate, Sandwiches, Burger und dergleichen sowie gelegentlich Livemusik.

🍷 Ausgehen & Nachtleben

Guter Kaffee aus Espressobohnen ist auf Ko Lipe angesagt. Kaffeehäuser verteilen sich über die ganze Insel; besonders viele finden sich in der Walking St.

Glücklicherweise gibt's an allen Stränden immer noch mit Treibholz verkleidete Rasta-Bars. Zumindest einiges scheint sich nie zu verändern.

Maya Bar BAR
(Karte S. 769; Walking St; ⏲18 Uhr–open end) Die offene, stets voll besetzte Cocktailbar wirkt dank Barhockern aus abgewetztem Holz, groben Holztischen, flackernden Kerzen und einer „Bambuswand" modern-rustikal. Nach Einbruch der Dunkelheit legen DJs Dance und Electro auf.

Pooh's Bar BAR
(Karte S. 769; ☎074 750345, 089 463 5099; www.poohlipe.com; Walking St; ⏲10–22.30 Uhr; 📶) Der weitläufige Komplex (zu dem Bungalows, eine Tauchschule und mehrere Restaurants gehören) wurde von einem Pionier des hiesigen Tourismus geschaffen und ist immer noch ein beliebter Treff hier lebender Ausländer. Abends gibt's Filme und Sportereignisse auf dem Großbildschirm und oft auch Livemusik.

ℹ An- & Weiterreise

Vom 21. Oktober bis Mitte Mai fahren Schnellboote von Pak Bara über Ko Tarutao oder Ko Bulon Leh nach Ko Lipe (650 B, 1½ Std.; 9.30, 10.30, 11.30, 14 & 15 Uhr, Rückfahrten nach Pak Bara 9, 9.30, 12.15, 13, 13.30 & 16 Uhr). In der Nebensaison sind die Verkehrsverbindungen vom Wetter abhängig, aber in der Regel fährt täglich um 11.30 Uhr ein Boot direkt von Pak Bara nach Ko Lipe (Rückfahrt 9.30 Uhr).

Von November bis Ende April fährt um 10 Uhr eine Schnellfähre von **Tigerline** (☎081 358 0808, 089 737 0552; www.tigerlinetravel.com) von Ko Lipe über Ko Phi-Phi (1950 B, 7 Std.), Ko Lanta (1700 B, 5 Std.), Ko Muk (1600 B, 3½ Std.), Ko Kradan (1800 B, 3½ Std.) und Ko Ngai (1600 B, 4½ Std.) nach Phuket (2400 B, 8 Std.).

Von Mitte November bis Ende März legen Boote von **Bundhaya Speedboat** (☎081 678 2826, 074 7503889; www.bundhayaspeedboat.com) und **Satun Pak Bara Speedboat Club** (Karte S. 769; ☎099 404 0409, 099 414 4994; www.tarutaolipeisland.com) um 9 Uhr in Ko Lipe nach Ko Lanta (1900 B, 3 Std.) ab; sie fahren über Ko Bulon Leh (600 B, 1 Std.), Ko Kradan (1400 B,

2 Std.), Ko Muk (1400 B, 2 Std.) und Ko Ngai (1600 B, 2½ Std.). Die Boote machen sich um 10.30 Uhr von Ko Lanta auf den Rückweg.

Von Mitte Oktober bis Mitte April fahren auch Boote von Ko Lipe nach Pulau Langkawi (S. 762) in Malaysia.

Egal, mit welchem Boot man anreist, sie fahren alle von/zum **schwimmenden Fähranleger** (Karte S. 769) vor dem Hat Pattaya, wo man in ein Longtail-Boot (50 B) umsteigen und 20 B „Eintrittsgebühr" zahlen muss. Das ist ein Teil einer örtlichen Vereinbarung, die Einheimischen an den Einkünften zu beteiligen. Schnellboote setzen einen *vielleicht* auch direkt am Hat Pattaya ab.

Ko Adang & Ko Rawi เกาะอาดัง/เกาะราวี

Ko Adang, die 30 km² große Insel unmittelbar nördlich von Ko Lipe, wartet mit düsteren, dicht bewaldeten Hügeln, weißen Sandstränden und gesunden Korallenriffen auf. Viele Schnorcheltouren legen hier einen Stopp ein. Im Inselinneren gibt es ein paar kurze Wege durch den Dschungel sowie zu tosenden Wasserfällen, z. B. den **Piratenfällen** (Karte S. 766; Ko Adang), die mehr ein reißender Fluss als ein Wasserfall sind und früher Piraten als Süßwasserquelle gedient haben sollen. Vom **Chado-Kliff** (Karte S. 766; Ko Adang), einen halbstündigen Fußmarsch oberhalb des Hauptstrands, hat man einen tollen Ausblick; offenbar lagen hier einst Piraten auf Lauer, die vorbeifahrende Handelsschiffe angreifen wollten.

Ko Rawi, eine felsige, 29 km² lange, dschungelbedeckte Ellipse, liegt 1 km westlich von Ko Adang und besitzt erstklassige Strände und vor der Küste große Korallenriffe. Ausgezeichnete Schnorchelstellen gibt es auch im Norden von **Ko Yang** (Karte S. 766), einer Insel 1 km südlich der Südostspitze von Ko Rawi, und vor dem winzigen **Ko Hin Ngam** (Karte S. 766), 3 km weiter südlich, wo es Unterwasserfelder mit Riesenmuscheln und farbenfrohen Seeanemonen sowie Strände mit gestreiften Kieselsteinen gibt. Laut einer Legende sind diese Steine verflucht – wer einen entfernt, wird solange Pech haben, bis er den Stein zurückbringt.

Schlafen & Essen

Mit einer Campinggenehmigung darf man an der Ao Lik auf Ko Rawi zelten (Stellplatz 30 B/Pers.).

Unterkunft im Ko Tarutao Marine National Park BUNGALOWS $
(Karte S. 766; www.dnp.go.th; Ko Adang; Bungalow DZ 600 B, für 6 Pers. 1800 B, Stellplatz 30 B/Pers., mit gemietetem Zelt 225 B; ⏲ Nov.–Mitte Mai) Die Nationalpark-Unterkünfte auf Ko Adang befinden sich nahe der Rangerstation Laem Son im Südosten der Insel. Es gibt attraktive Doppelzimmer mit Ventilator und Familienbungalows für sechs Personen, jeweils mit angeschlossenem Bad und Kaltwasser, sowie Stellplätze. Die Unterkünfte bucht man vorab online oder im Besucherzentrum des Nationalparks in Pak Bara (S. 763). Ein kleines Restaurant bietet gute Thai-Gerichte.

An- & Weiterreise

Longtail-Boote bringen einen von Ko Lipe nach Ko Adang (ca. 200 B) oder Ko Rawi (ca. 500 B), der Preis ist Verhandlungssache. Selbst bei einem nur kurzen Stopp auf den Inseln wird die Nationalparkgebühr fällig.

Thailand verstehen

Thailand aktuell

Thailand erlebt gerade schwere Zeiten. Das Militär hat wieder mal das Sagen, und es gibt keine Aussichten auf Wahlen vor 2017. Das Land ist nach wie vor politisch zweigeteilt: Auf der einen Seite stehen die Armen vom Land und auf der anderen die traditionelle Elite und die städtische Mittelklasse. Die stagnierende Wirtschaft und die schlechte Menschenrechtsbilanz werfen einen Schatten auf Thailands Image als Oase relativer Stabilität in Südostasien. Trotz allem aber hat der Tourismus keinen großen Schaden davongetragen – die Traveller, vor allem aus China, kommen noch immer in Scharen.

Beste Sachbücher

Typisch Thai (Philip Cornwel-Smith) Fotos und Beiträge zu Thailands Eigenarten.

A Kingdom in Crisis: Thailand's Struggle for Democracy in the Twenty-First Century (Andrew MacGregor Marshall) In Thailand verboten – vor der Reise lesen!

Bangkok Days (Lawrence Osborne) Eine witziger, aufschlussreicher Bericht über das Leben in Bangkok.

Beste Belletristik

Pisat, Evil Spirits (Seni Saowaphong) Handelt von Konflikten zwischen alter und junger Generation.

Lai Chiwit (Kukrit Pramoj) Sammlung von Kurzgeschichten.

Monsoon Country (Pira Sudham) Erzählt brillant vom Kampf des Nordostens gegen Natur und Zivilisation.

The Judgment (Chart Korbjitti) Drama über einen jungen Dorfbewohner, der fälschlicherweise eines Verbrechens beschuldigt wird.

Jasmin, Homer und das Chamäleon (S. P. Somtow) Der unterhaltsame Bildungsroman mischt traditionelle Ideen mit moderner thailändischer Pop-Kultur.

Married to the Demon King (Sri Daoruang) Version des Ramayana im modernen Bangkok.

Ein neuer Tag, ein neuer Putsch

Am 22. Mai 2014 stürzte das thailändische Militär unter General Prayuth Chan-o-cha die gewählte Regierung der Ministerpräsidentin Yingluck Shinawatra von der Pheu-Thai-Partei. Dies war der 13. Staatsstreich in Thailand seit 1932. Er beendete eine monatelange politische Krise, bei der das Zentrum Bangkoks teilweise von protestierenden Regierungsgegnern besetzt worden war. General Prayuth erklärte, der Putsch sei nötig gewesen, um die Stabilität im Land wieder herzustellen und die Gewalttätigkeiten zwischen den Anhängern Yinglucks bzw. ihres ins Ausland geflohenen Bruders und ehemaligen Premierministers Thaksin Shinawatra, und deren Gegnern, die in Thaksin den Lord Voldemort von Thailand sehen, zu beenden. Während die urbane Mittelklasse und die traditionelle Elite, die die Shinawatras massiver Korruption beschuldigen, den Putsch begrüßten, sind sie zahlenmäßig den vielen ländlichen Armen absolut unterlegen, die Thaksin als den einzigen Politiker betrachten, der jemals etwas für sie getan hätte.

Prayuth, der jeden Freitagabend in einer eigens für ihn geschaffenen Fernsehsendung Ansprachen an die Nation hält, steht inzwischen der Militärregierung vor, der die Militärjunta den orwellesken Namen „Nationaler Rat für Frieden und Ordnung" (NCPO) gegeben hat. Seit der Machtübernahme hat der NCPO den Medien einen Maulkorb verpasst, politische Gegner festgenommen und ins Gefängnis gesteckt, die Verfassung von 2007 außer Kraft gesetzt und die Erstellung einer neuen – der 20. Verfassung Thailands seit 1932 – angeordnet.

Trotz aller Beteuerungen, dass der NCPO die Regierung nur vorübergehend übernehmen würde, stand zur Zeit unserer Recherchen noch kein Termin für mögliche nächste Wahlen fest. Sicher ist jedoch, dass es keine Wahlen vor Fertigstellung der neuen Verfassung geben wird. Der erste Entwurf wurde von dem Komitee, das die Verfassung billigen soll, abgelehnt, teilweise wegen Bestimmungen, die geeignet scheinen, die ohnehin schon fragile Demokratie in Thailand noch mehr zu verwässern. Zu diesen gehören die mögliche Einsetzung eines nicht gewählten Premierministers und die Ernennung (ohne Wahl) von mehr als der Hälfte der Senatoren im Parlament.

Wenige Beobachter glauben, dass es noch vor 2017 Wahlen geben könnte, und noch weniger sind davon überzeugt, dass die neue Verfassung die politische Spaltung des Landes überwinden könnte. Der NCPO scheint das Land wieder zum paternalistischen Modell zurückbringen zu wollen, das einst die thailändische Politik prägte, als das Militär und die Elite das Land im Namen der Monarchie führten, während alle anderen stumm blieben. Thaksins größte Leistung bestand darin, die Armen zu politisieren, und es ist äußerst unwahrscheinlich, dass sie sich wieder einem System fügen würden, welches sie wie in der Vergangenheit mundtot macht.

Der NCPO steht zudem wegen der anhaltenden Wirtschaftsflaute unter immer stärkerem Druck. Da seit dem Putsch die Investitionen aus dem Ausland zurückgegangen sind und sich die erforderliche Sanierung der Infrastruktur verzögert, gibt es in Bezug auf die wirtschaftliche Zukunft des Landes große Sorgen. Außerdem hat Thailands internationaler Ruf durch die wachsende Kritik an der schlechten Menschenrechtsbilanz – sowohl die EU als auch die USA kritisierten Menschenhandel-Skandale und die schlechten Behandlung von Arbeitsmigranten – erheblichen Schaden genommen.

Nichts Böses sagen

Als eine ihrer ersten Maßnahmen brachte die Junta die Medien unter ihre Kontrolle. Mit der Ausrufung des Kriegsrechts wurden die landesweiten Zeitungen und Fernsehsender dazu verpflichtet, keine kritischen Berichte über den Putsch zu veröffentlichen. Etwa 15 Fernseh- und Radiosender wurden geschlossen, 100 Websites gesperrt (darunter zeitweise auch Facebook), und Internetprovidern wurde befohlen, alle Inhalte zu blockieren, die gegen die Bestimmungen der Junta verstoßen. Noch immer sind manche Websites in Thailand nicht aufrufbar, darunter auch der Thailand-Abschnitt der Human-Rights-Watch-Seite. Es folgten Drohungen des NCPO: Im März 2015 erklärte Prayuth vor Journalisten, dass er jeden „zur Strecke bringen" würde, der sich nicht an die offizielle Linie hielte. Deshalb üben die hiesigen Medien bei ihren Berichten starke Selbstzensur, um keine Schwierigkeiten zu bekommen.

Mit der Einschränkung der Pressefreiheit einher geht die Beschneidung der allgemeinen Meinungsfreiheit. Seit dem Putsch wurden mehr als 1000 Personen – Oppositionspolitiker, Akademiker, Journalisten, Blogger und Studenten – für verschieden lange Zeit festgesetzt. Einige kamen vors Militärgericht,

BEVÖLKERUNG: **68,65 MIO.**

BIP: **373,8 MRD. US$**

BIP PRO KOPF: **5560 US$**

ARBEITSLOSENRATE: **0,9%**

AUSGABEN FÜR DIE BILDUNG: **6,4% DES BIP**

Gäbe es nur 100 Menschen in Thailand, ...

wären 75 Thais
wären 14 Chinesen
wären 11 Angehörige anderer Ethnien

Religionen

(% der Bevölkerung)

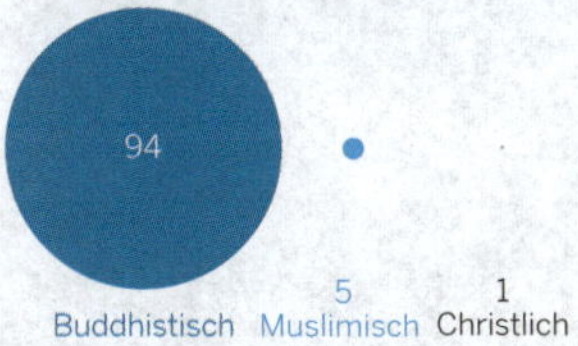

Einwohner pro km²

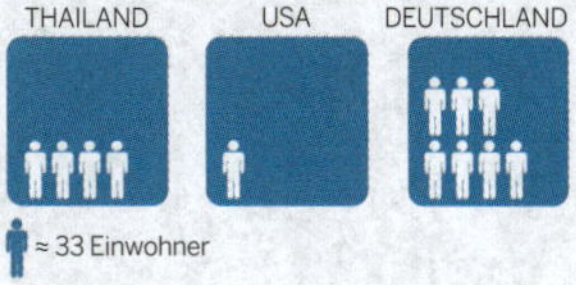

Beste Filme

Paradoxocracy (Pen-ek Ratanaruang; 2013) Dokumentarfilm über die politische Geschichte des Landes seit der Revolution von 1932.
Tom-Yum-Goong (Prachya Pinkaew; 2005) Tony Jaa, Thailands Jackie Chan, brilliert in diesem Kampfkunstfilm, dem erfolgreichsten thailändischen Film, der je in den USA lief.
36 (Nawapol Thamrongrattanarit; 2012) Eine Liebesgeschichte, die aus dem Blickwinkel von 36 statischen Kameraeinstellungen erzählt wird.
Tropical Malady (Apichatpong Weerasethakul; 2004) Das auf dem Land spielende romantische Drama erhielt bei den Filmfestspielen von Cannes den Preis der Jury.

Beste Nachrichten-Websites

The Diplomat (thediplomat.com) Magazin über aktuelle asiatisch-pazifische Themen.
New Mandala (asiapacific.anu.edu.au/newmandala) Kommentare zu Nachrichten, Gesellschaft und Kultur in Südostasien.
Asia Times Online (atimes.com) Renommierte Nachrichtenseite zu Südostasien.

anderen hat man ihre Pässe entzogen. Das veranlasste den Hohen Kommissar der Vereinten Nationen für Menschenrechte im März 2015 zu der Aussage, das thailändische Militär würde mithilfe des verhängten Kriegsrechts die Opposition zum Schweigen bringen, und forderte „die offene Meinungsfreiheit zur Sicherung einer echten Debatte".

Außerdem werden immer mehr Menschen wegen Verstoßes gegen das thailändische *lèse majesté*-Gesetz (wegen Majestätsbeleidigung) angeklagt. Das Gesetz ist eines der schärfsten der Welt. Kritiker werfen dem Militär vor, mit ihm politische Gegner auszuschalten. Erst vor Kurzem wurden zwei Studenten verhaftet, weil sie in einem Theaterstück aufgetreten waren, das angeblich die Monarchie diffamierte, und im August 2015 wurde ein Mann zu 30 Jahren Haft verurteilt, weil er auf seiner Facebook-Seite die Monarchie geschmäht haben soll.

Hallo Nachbar!

Mit der für Ende 2015 geplanten Freihandelszone der ASEAN-Wirtschaftsgemeinschaft sollte für die zehn südostasiatischen Länder des Verbands ein gemeinsamer Markt für einen grenzüberschreitenden, von länderspezifischen Hindernissen befreiten Austausch von Waren, Dienstleistungen, Kapital und Arbeitskräften geschaffen werden. In der Theorie soll die ASEAN-Freihandelszone (kurz AFTA für ASEAN Free Trade Area) innerhalb des ASEAN-Raums den An- und Verkauf von Waren, die Anwerbung ausländischer Arbeitskräfte und die Tätigung von Investitionen erleichtern. Jedes Mitgliedsland ist verpflichtet, bestimmte Regeln gemäß den AFTA-Vereinbarungen einzuhalten. Thailand hat zur Erleichterung des Handels mit Laos bereits eine neue Brücke über den Mekong eröffnet, und in naher Zukunft sollen mehr Grenzübergänge zwischen Thailand und Myanmar entstehen. Dennoch gibt es immer noch Hindernisse – angefangen vom restriktiven Arbeitsrecht (das Ausländer in Thailand von 39 Berufen ausschließt) oder der unterentwickelten Infrastruktur (in Ländern wie Laos, Kambodscha und Myanmar) bis hin zu Sprachbarrieren. Auch wenn Thailand höchstwahrscheinlich wirtschaftlich von der Freihandelszone profitieren wird, befürchten manche Beobachter Wettbewerbsnachteile für das Königreich aufgrund der im Vergleich zu seinen Nachbarstaaten (vor allem Malaysia) unzulänglichen Englisch- und Chinesischkenntnisse der Thais. Viele Analysten sehen das Modell der EU als Vorbild für die ASEAN-Wirtschaftsgemeinde, doch es ist unklar, wie effektiv ein gemeinsamer Markt in einer Region mit so außerordentlich großen wirtschaftlichen Unterschieden sein kann. Außerdem stellt sich die Frage nach der nicht klar definierten Rolle Chinas, dessen Einfluss die ganze Region überschattet.

Geschichte & Politik

Thailands Geschichte beginnt mit Einwanderern, die sich in einer Grenzregion niederließen, die Herrscher ferner Reiche wegen der Aussicht auf lukrativen Handel, Sklaven und Landgewinn für sich beanspruchten. Mit der Zeit bildeten sich in dem so entstandenen Land eigene Machtstrukturen heraus, indem miteinander verfeindete Ortschaften sich zusammentaten und eine nationale Identität entwickelten. Zwar konnten die thailändischen Könige sich gegenüber den expansionistischen Mächten des Westens behaupten, mussten dann aber gegen Widerstände im Inneren ihre absolutistische Herrschaft lockern. Seit Einführung der konstitutionellen Monarchie 1932 wird das Land in erster Linie vom Militär beherrscht, mit ein paar demokratischen Ausrutschern dazwischen.

Geschichte

Frühgeschichte

Über die Kulturen, die in Thailand vor dem 5. und 6. Jh. existierten, ist wenig bekannt. Knochenreste des *Homo erectus*, die mindestens 500 000 Jahre alt sind, wurden in der Provinz Lampang im Norden Thailands gefunden. In Ban Chiang, der bedeutendsten Fundstätte des Landes unweit von Udon Thani, entdeckten Forscher Hinweise auf eine der ältesten Agrargesellschaften der Welt. Im Tal des Mekong sowie auf der Hochebene von Khorat lebten vermutlich schon vor 10 000 Jahren Menschen, die Bauern waren und Bronzewerkzeuge herstellten. Die Höhlenmalereien im Pha Taem National Park bei Ubon Ratchathani sind gut 3000 Jahre alt.

Steinreliefs in Angkor Wat belegen, dass Tais als Söldner in den Truppen der Khmer dienten. Die Khmer bezeichneten diese Tais als „Syam", was 1592 von dem englischen Kaufmann James Lancaster in „Siam" abgewandelt wurde.

Die ersten Königreiche

Um das 10. Jh. n. Chr. herum wanderte das Volk der Tai, die als die Vorfahren der heutigen Thais gelten, aus dem Süden Chinas in das heutige Südostasien ein. Die Einwanderer sprachen Tai-Kadai und stellten wohl die bedeutendste ethnolinguistische Gruppe in Südostasien dar. Einige von ihnen ließen sich an den Flüssen auf dem Gebiet des heutigen Thailands nieder, andere siedelten in Teilen des heutigen Laos und in der Region des Shan-Staats im heutigen Myanmar.

Sie lebten als Bauern, Jäger und Händler in Dörfern, die sie zu Verwaltungseinheiten zusammenfassten. Diese *meu·ang*, die unter der Herr-

ZEITLEISTE

4000–2500 v. Chr.

Prähistorische Siedler im Nordosten Thailands entwickeln die Töpferei, den Reisanbau und die Bronzeherstellung.

6.–11. Jhd.

Die Stadtstaaten der Dvaravati-Kultur breiten sich in Zentralthailand aus, legen ein Netz von Handelsstraßen an, übernehmen die Kultur der Mon und praktizieren den Theravada-Buddhismus

9.–13. Jhd.

Die Khmer dehnen ihre Herrschaft von Angkor nach Thailand aus und errichten dort buddhistische und hinduistische Heiligtümer.

schaft eines Lehnsherrn standen, bildeten das Fundament des Tai-Reichs. Mit der Zeit breiteten sich die Tai von den Gebirgstälern im Norden in die zentrale Tiefebene und auf das Hochplateau im Nordosten aus. Dort gab es mehrere bedeutende Handelszentren, die von verschiedenen einheimischen und auswärtigen Machthabern wie den Mon-Dvaravati, den Khmer (aus Kambodscha) und den (malaiischen) Srivijaya beherrscht wurden.

Antike Stätten

Geschichtspark Ayuthaya

Geschichtspark Sukhothai

Geschichtspark Chiang Saen

Khmer-Ruinen in Lopburi

Nationalmuseum Nakhon Si Thammarat

Geschichtspark Phimai

Dvaravati

Das Volk der Mon beherrschte Teile von Birma (heute Myanmar) sowie das westliche Thailand bis in die zentrale Tiefebene. Mit den Mon eng verbunden ist die buddhistische Kultur der Dvaravati, die ihre Blütezeit im 6. bis 9. Jh. erlebte. Über diese Zeit ist aber nur wenig bekannt. Das Zentrum dieser Kultur war vermutlich Nakhon Pathom, von wo aus Handelsrouten nach Birma, Kambodscha, Chiang Mai und Laos führten. Dies belegen die dortigen Buddha-Darstellungen, Tempel und Steininschriften in der Sprache der Mon, die eindeutig der Dvaravati-Kultur zuzuordnen sind.

Die Dvaravati-Kultur war nur eine von vielen Kulturen, die von Indien beeinflusst waren, sich in Südostasien aber eigenständig weiterentwickelten. Für die Wissenschaftler ist sie aber einzigartig, hat sie doch einen Kunstschatz und ein Netz von Handelsstraßen hinterlassen, das die zentrale Basis des modernen thailändischen Staates werden sollte.

Khmer

Das Königreich der Khmer war das „Römische Reich" Südostasiens. Dieses Königreich, das für seine ausgefallene Architektur und Bildhauerei bekannt ist, hatte einen prägenden Einfluss auf die Kunst und Religion in dieser Region. Das im 9. Jh. begründete Khmer-Reich errichtete seine Hauptstadt in Angkor (im heutigen Kambodscha), von wo es bis in das heutige Zentrum und den Nordosten Thailands vordrang. Rund um Tempel im Stil von Angkor errichtete es Verwaltungszentren in Lopburi (damals Lavo), Sukhothai und Phimai (in der Nähe von Nakhon Ratchasima) und verband sie über Straßen mit ihrer Hauptstadt.

Die großen Bauprojekte der Khmer brachten ihre Macht im Grenzgebiet zum Ausdruck und sind beeindruckende Zeugnisse der fortschrittlichsten Techniken der damaligen Zeit. So ist diese Ära der thailändischen Geschichte stark von Elementen der Khmer-Kultur geprägt, z.B. dem Hinduismus, Brahmanismus, Theravada- und Mahayana-Buddhismus.

Beste Geschichtsbücher

Thailand: A Short History (2003) – David K. Wyatt

A History of Thailand (2009) – Chris Baker & Pasuk Phongpaichit

Chronicle of Thailand: Headlines Since 1946 (2010) – William Warren

Srivijaya

Während das thailändische Festland von den Machtzentren im Norden und Westen beeinflusst wurde, war die malaiische Halbinsel wirtschaftlich und kulturell mit den Zivilisationen des Südens verbunden. Vom 8. bis zum 13. Jh. wurde die Halbinsel vom Staatenbund der Srivijaya

Um 1000
Die ersten Thais gelangen von Südchina aus in das Gebiet des heutigen Thailands.

1240–1438
Die Herrscher von Sukhothai gründen das erste souveräne Königreich auf thailändischem Boden.

1275–1298
Regierungszeit von Ramkhamhaeng: der bedeutendste König Sukhothais weitet den Einflussbereich seines Reiches über fast ganz Thailand aus.

1283
Ramkhamhaeng führt die erste Thai-Schrift ein.

DES KÖNIGS STEINERNES VERMÄCHTNIS

In einer in Stein gemeißelten Inschrift aus dem Jahr 1292 beschreibt König Ramkhamhaeng sein Reich als idyllisch und frei von allen Zwängen und sich selbst als väterlichen Herrscher voller Güte:

Zur Zeit des Königs Ramkhamhaeng ist Sukhothai ein Land des Wohlstands und des Überflusses. Die Gewässer sind voller Fische, auf den Feldern gedeiht der Reis. Wer mit Elefanten handeln will, tut dies. Wer mit Pferden handeln will, tut dies. Und wenn ein Bürger dieses Landes ein Anliegen hat, so kann er einfach die Glocke schlagen, die der König vor seinem Palast aufhängen ließ. Sobald König Ramkhamhaeng den Schlag der Glocke hört, kommt er heraus und fragt den Mann nach seinem Anliegen. Er hört sich den Fall an und trifft dann eine gerechte Entscheidung.

Nach der englischen Übersetzung von A. B. Griswold und Prasert Na Nagara im *Journal of the Siam Society*, Juli 1971.

beherrscht, die den Seehandel zwischen dem Südchinesischen Meer und dem Indischen Ozean kontrollierten. Die Hauptstadt der Srivijaya war vermutlich Palembang auf Sumatra.

Zu den Stadtstaaten von Srivijaya gehörte auch Tambralinga, dessen Hauptstadt sich nahe des heutigen Nakhon Si Thammarat befand. Im 13. Jh. wurde dieser Staat buddhistisch, während sich die anderen Staaten weiter im Süden dem Islam zuwandten und damit eine religiöse Grenze zogen, die bis heute besteht. Überreste der Srivijaya-Kultur sind noch rund um Chaiya und Nakhon Si Thammarat zu sehen. Auch viele Kunstformen der Srivijaya wie das Schattentheater *năng đà·lung (Schattentheater)* und das klassische Tanzdrama *lá·kon* werden heute noch gepflegt.

Als Phibul Songkhram 1939 offiziell den Namen des Landes von „Siam" in „Prathet Thai" (dt. Thailand) änderte, sah man darin eine nationalistische Geste zur Einigung der Tai sprechenden Bevölkerung.

Entstehung der Tai-Königreiche

Im 13. Jh. begann der Niedergang der Großreiche. An ihre Stelle traten wohlhabende Stadtstaaten der Tai, deren politische und militärische Herrschaft auf kleine Gebiete begrenzt war. Schließlich gingen die miteinander rivalisierenden Stadtstaaten in mehreren Königreichen auf, in denen sich allmählich eine thailändische Identität entwickelte. Die für die Einigung des Landes bedeutsamsten Königreiche dieser Zeit sind nach heutigem Stand der Forschung Lan Na, Sukhothai und Ayutthaya.

Lan Na

Das Königreich Lan Na in Norden Thailands wurde Mitte des 13. Jhs. von König Mengrai in Chiang Saen am oberen Mekong gegründet. Er zog anschließend weiter nach Süden, wo er 1292 seine Hauptstadt Chiang Mai, „die neue Stadt", errichtete. Der König war ein geschickter Diplomat und schmiedete wichtige Bündnisse mit möglichen Rivalen wie Kö-

1292
Chiang Mai wird zur Hauptstadt des Königreichs Lan Na, das über weite Teile Nordthailands herrscht.

1351–1767
Im Königreich Ayutthaya beginnt der Aufstieg der Siamesen.

1438
Nach dem Tod des letzten Königs von Sukhothai gliedert Boromaracha II. von Ayutthaya es in sein Reich ein.

1441–1487
König Tilokarat von Lan Na führt sein Reich zu höchster Blüte. Mit Ayutthayas Herrschern konkurriert er um die Macht in Nordthailand.

nig Muang von Phayao und König Ramkhamhaeng von Sukhothai. Das bronzene Denkmal zur Erinnerung an dieses Bündnis steht noch heute in Chiang Mai. Mengrai gelang es auch, Anfang des 14. Jhs. eine Invasion der Mongolen zu verhindern.

Die Könige von Lan Na werden dafür verehrt, dass sie die im heutigen Thailand weit verbreitete, singhalesische Tradition des Theravada-Buddhismus übernommen und die unverwechselbare Kultur des Nordens bewahrt haben. Allerdings litt das Königreich unter Intrigen im Herrscherhaus und kriegerischen Auseinandersetzungen mit rivalisierenden Mächten, sodass es zu keiner größeren Ausdehnung kam.

Sukhothai

Im 13. Jh. schlossen sich mehrere Thai-Fürsten zusammen und entrissen dem Khmer-Reich die Herrschaft über die zentrale Tiefebene. Ihre neue Hauptstadt nannten sie Sukhothai (Morgenröte der Glückseligkeit). In den Augen der Thais war Sukhothai das erste wirklich thailändische Königreich und die Epoche gilt als eine Zeit des künstlerischen und kulturellen Aufbruchs.

Am meisten verehrt wird König Ramkhamhaeng, der aus den Schriften der Inder, Mon und Khmer die Thai-Schrift entwickeln ließ und den Theravada-Buddhismus zur Staatsreligion bestimmte.

In seiner Blüte erstreckte sich das Königreich Sukhothai im Süden bis nach Nakhon Si Thammarat, im Norden bis ins obere Mekong-Tal im heutigen Laos und bis nach Bago (Pegu) im Süden Birmas. Von 1448 bis 1486 befand sich Sukhothais Hauptstadt in Phitsanulok, doch zu dieser Zeit ging bereits ein neuer Stern an Thailands Himmel auf: Ayutthaya.

Ayutthaya

Als Mitte des 14. Jhs. die Ära der Khmer zu Ende ging, übernahm das Königreich Ayutthaya die Herrschaft über das Gebiet am Chao Phraya. Es sollte 416 Jahre lang bestehen und sich selbst als bedeutendstes der ersten Königreiche von Siam bezeichnen. Nicht zuletzt durch die Einverleibung großer Teile des Khmer-Reiches konnte es seinen Einflussbereich stark ausdehnen und eine wichtige Rolle beim Aufbau des modernen thailändischen Staates und seines Gesellschaftssystems spielen.

Die Lage auf einer Insel zwischen zwei Flussarmen begünstigte den internationalen Handel im Merkantilismus des 17. Jhs. und machte Ayutthaya reich. Zudem schützte sich das Königreich mit Söldnertruppen und hochwertigen Feuerwaffen aus Portugal. Die Flüsse gewährleisteten auch die Verbindung zum Golf von Thailand und ins Hinterland.

Zur gleichen Zeit „entdeckten" die europäischen Kaufleute Südostasien und in Ayutthaya entstanden viele ausländische Niederlassungen. Die Besucher aus dem Westen berichten von den weltoffenen Märkten

1511
Portugal gründet die erste ausländische Handelsniederlassung in Ayutthaya, andere europäische Staaten folgen.

1556
Birmanen erobern die Lan-Na-Stadt Chiang-Mai, die bis ins 18. Jh. unter ihrer Oberhoheit bleiben wird.

1688
König Narai stirbt. Es folgten eine Palastrevolte und die Vertreibung der Franzosen.

1700
Mit rund einer Million Einwohnern ist Ayuthaya damals die wohl größte Stadt der Welt.

DES KÖNIGS FREUNDE

In den 1680er-Jahren lud König Narai viele ausländische Botschafter nach Ayutthaya ein, um sich mit fremden Kulturen, Produkten und Ideen vertraut zu machen. Der königliche Hof kaufte einfach alles: Fernrohre, Stundengläser, Papier, Walnussbäume, Käse, Wein und ganze Marmorbrunnen. Mit französischen Jesuiten beobachtete Narai eine Mondfinsternis in seinem Palast in Lopburi, von Ludwig XIV. erhielt er einen Globus als Geschenk.

König Narai nahm auch den griechischen Abenteurer Constantine Phaulkon in seine Dienste, der später der Verschwörung zum Sturz des kranken Königs beschuldigt wurde. Doch dann stürzten die Ankläger selbst den König vom Thron und richteten Phaulkon hin.

und dem kosmopolitischen Königshof in Ayutthaya. So erklärte der Wahl-Londoner Engelbert Kaempfer 1690: „Von den Ländern Asiens ist das Königreich von Siam das großartigste."

Von den Khmer hatten die Herrscher von Ayutthaya die höfischen Sitten, die Sprache und die Idee des Königtums übernommen. Der Monarch betrachtete sich selbst eher als den *devaraja* (Gottkönig) der Khmer denn als den gerechten König der Sukhothai *(dhammaraja)*. Das Königreich bezahlte weiterhin Tribut an den Kaiser von China, der diese rituelle Unterwerfung mit Geschenken und Handelsprivilegien belohnte.

Im Königreich galt eine strenge, vielschichtige hierarchische Rangordnung, die zum größten Teil von König Trailok (reg. 1448–1488) festgelegt worden war. Er entwickelte ein ausgeklügeltes System öffentlicher Ämter mit besonderen Titeln und Graden. Der soziale Status eines Bürgers richtete sich nach der Anzahl von Einheiten an Landbesitz, die er sein eigen nannte. Nach diesem Rang einer Person wurden auch Geldbußen und Strafen für Vergehen bemessen. Die Gesellschaft Ayutthayas setzte sich aus den Mitgliedern des Königshauses, dem Adel und den Bürgern zusammen, wobei die Bürger entweder Freie oder Sklaven waren. Freie Bürger unterstanden einem Aufseher aus dem Königshaus oder Adel, für den sie die Hälfte eines jeden Jahres arbeiten mussten. Dabei handelte es sich um persönliche Dienstleistungen, öffentliche Bauarbeiten oder Dienst an der Waffe. Trotz der strengen Ordnung war ein sozialer Aufstieg durchaus möglich, etwa aufgrund besonderer Fähigkeiten, guter Beziehungen (Heirat) oder königlicher Gunst. Diese Gesellschaftsordnung hat sich in bestimmten Elementen bis heute in Thailand gehalten.

Doch der birmanische Expansionismus setzte der Blütezeit Ayutthayas ein Ende. 1569 eroberte König Bayinnaung die Stadt, die von König Naresuan nochmals zurückgewonnen werden konnte. Doch 1765 drang die ehrgeizige birmanische Dynastie der Kongbaung erneut nach Osten vor, um den politischen und wirtschaftlichen Rivalen endgültig zu beseitigen. Nachdem die birmanischen Truppen die Hauptstadt ein Jahr

König Naresuan wird als Nationalheld verehrt. Als eine Art Kultfigur genießt er besonders bei der thailändischen Armee hohes Ansehen. Der kostspielige Dreiteiler *King Naresuan*, in dem seine Lebensgeschichte erzählt wird, ist ein Kassenschlager und wurde von der thailändischen Regierung mitfinanziert.

1767
Ayutthaya wird von den Birmanen eingenommen.

1768
König Taksin erklärt Thonburi zur neuen Hauptstadt.

1782
Die Chakri-Dynastie wird begründet und Bangkok zur neuen Hauptstadt erklärt.

1826
Thailand geht im Anglo-Birmanischen Krieg ein Bündnis mit Großbritannien ein.

lang belagert hatten, wurde sie 1767 schließlich erobert und zerstört. Die Stadt wurde völlig verwüstet und die Bevölkerung ausgelöscht. Auch die Umgebung wurde entvölkert. Die Eroberung und Zerstörung Ayutthayas war so grauenhaft, dass viele Thais bis heute in ihren birmanischen Nachbarn nur erbarmungslose Feinde und Aggressoren sehen.

Wahrzeichen aus der Bangkok-Periode

Wat Arun

Wat Phra Kaew & Großer Palast

Dusit-Palastpark

Die Bangkok-Periode

Mit der Zerstörung Ayutthayas erlosch die Königsdynastie, das Reich versank im Chaos. Der ehemalige General Taksin übernahm die Herrschaft, indem er mögliche Rivalen besiegte. Er verlegte die Hauptstadt nach Thonburi, einem kleinen Ort flussabwärts von Ayutthaya, der besser an die Handelswege angebunden war. Taksin, der Sohn eines Chinesen und einer Thai, festigte seine Macht, indem er den Handel mit China förderte. Nach 15 Jahren auf dem Thron wurde er 1782 vom Militär abgesetzt.

Einer der Putschisten, Chao Phraya Chakri, bestieg den Thron als König Yodfa (Rama I.) und begründete die bis heute regierende Chakri-Dynastie. Der neue König verlegte seine Hauptstadt auf die andere Seite des Chao Phraya, ins heutige Bangkok. In den ersten 100 Jahren der Bangkok-Periode konzentrierten sich die Herrscher auf die Wiederherstellung der kulturellen, politischen und militärischen Macht des zerstörten Ayutthayas. Gleichzeitig dehnten sie ihren Einflussbereich in alle Richtungen aus. Nach der Zerstörung der Hauptstädte von Laos und Kambodscha drängte das Königreich Siam die birmanischen Aggressoren zurück und machte Chiang Mai zum Vasallen. Die besiegten Völker wurden umgesiedelt und trugen beträchtlich zur Steigerung der Reisernte in Siam bei, die größtenteils nach China exportiert wurde.

1868 erließ König Mongkut (Rama IV.) ein Gesetz, das Ehemännern verbot, ihre Frauen oder Kinder ohne deren Zustimmung zu verkaufen. Nach dem alten Recht, so hieß es, hatte eine Frau „den Wert eines Wasserbüffels".

Anders als die Herrscher Ayutthayas, die sich mit dem Hindu-Gott Vishnu identifiziert hatten, verstanden sich die Chakri-Könige als Verteidiger des Buddhismus. Sie ließen Textsammlungen zusammenstellen, wichtige buddhistische Texte ins Thai übersetzen und königliche Tempel bauen.

Etwa zur gleichen Zeit, Mitte des 19. Jhs., bildeten sich auch eine neue soziale Ordnung und ein marktwirtschaftliches System heraus. Siam öffnete sich dem Westen und übernahm von dort neue Ideen in Wissenschaft und Technik, reformierte sein Schulsystem, die Infrastruktur und die Gesetzgebung. Dabei sollte einer der größten Modernisierer, König Mongkut (Rama IV., reg. 1851–1868), eigentlich gar nicht König werden – 27 Jahre lang hatte er zuvor im Kloster gelebt und dort die Thammayut-Sekte gegründet, die die strenge Disziplin der Mon-Mönche übernommen hatte.

Auf dem Thron gelangt, schloss er Verträge mit westlichen Staaten, die dem Königreich den Zugang zum Weltmarkt öffneten. Außerdem hob er königliche Monopole auf und verlieh den Briten extraterritoriale Rechte.

1851–1868
König Mongkut (Rama IV.) öffnet sein Land westlichen Einflüssen.

1855
Der zwischen dem Königreich Siam und Großbritannien abgeschlossene Bowring-Vertrag fördert die thailändische Wirtschaft und sichert den Briten in Siam Extraterriorialität zu.

1868–1910
Chulalongkorn (Rama V.): Der europäische Imperialismus gewinnt in Siams Nachbarländern zunehmend an Boden.

1874
Die Sklaverei wird abgeschafft.

DIE THAILÄNDISCHE MONARCHIE

Nach der Revolution von 1932 verzichtete König Prajadhipok (Rama VII.) 1935 auf den Thron, den aber kurz darauf sein Neffe Ananda Mahidol bestieg. Obwohl dieser erst zehn Jahre alt war und den Großteil seiner Kindheit an Schulen im Ausland verbracht hatte, wurde er als Rama VIII. zum König gekrönt. Nach seiner Rückkehr nach Thailand wurde er 1946 unter mysteriösen Umständen in seinem Schlafgemach erschossen.

Sein Bruder Bhumibol Adulyadej (sprich: *puumípon adunjádèh*) bestieg im selben Jahr den Thron. Er sollte nicht nur der am längsten regierende König in der thailändischen Geschichte werden, sondern ist aktuell auch der am längsten regierende Monarch der Welt. Auch wenn er in der Politik keine direkte Rolle spielt, hat er in Zeiten politischer Krisen hinter den Kulissen für Stabilität gesorgt. Der König genießt großen Respekt, wird geradezu verehrt und gilt als Paradebeispiel des modernen thailändischen Mannes: gebildet, familienorientiert, wohltätig und zudem sehr elegant.

Der inzwischen 88-jährige König lässt sich nur noch selten in der Öffentlichkeit blicken. Nachdem er von 2009 bis 2013 im Krankenhaus lag, verbringt er nun den Großteil seiner Zeit in seinem am Meer gelegenen Palast in Hua Hin. Auch Königin Sirikit kämpft mit ihrem hohen Alter und gegen die Folgen eines Schlaganfalls.

Der Thronerbe, Kronprinz Vajiralongkorn, hat bereits viele der königlichen Verpflichtungen übernommen. Auch die älteste Königstochter, Prinzessin Sirindhorn, tritt häufig in der Öffentlichkeit auf und ist nach dem König das vielleicht beliebteste Mitglied der thailändischen Königsfamilie.

Mongkuts Sohn Chulalongkorn (Rama V.) unternahm noch wesentlich größere Anstrengungen, um die alte politische Ordnung durch einen modernen Nationalstaat zu ersetzen. Er schaffte die Sklaverei und den Frondienst ab, die es auch nach dem Untergang des Ayutthaya-Reiches noch gegeben hatte. König Chulalongkorn schuf das Berufsbeamtentum, eine Polizei und ein stehendes Heer und ließ Reformen zur Vereinheitlichung der Gesetze, Gerichte und Steuerbehörden durchführen. Mithilfe fortschrittlicher Bewässerungsanlagen und aufgrund des Wachstums der bäuerlichen Bevölkerung konnten die landwirtschaftlichen Erträge Siams gesteigert werden. Schulen nach europäischem Vorbild wurden eingerichtet.

Chulalongkorn stützte sich auf ausländische, besonders britische, Berater. So wurde am Königshof auch viel vom jahrhundertealten Protokoll abgeschafft und durch westliche Gepflogenheiten ersetzt. Italienische Künstler gaben der Architektur des Landes ein neues Gesicht und entwarfen z.B. völlig neue Thronsäle.

Wie sein Vater galt auch Chulalongkorn als gewiefter Diplomat, dem es gelang, die europäischen Mächte perfekt gegeneinander auszuspielen und damit die Kolonialisierung seines Reiches zu verhindern. Als Preis

1890
Die erste Eisenbahnstrecke des Königreichs führt von Bangkok nach Nakhon Ratchasima.

1893
Im Streit um Gebiete in Indochina blockiert Frankreich den Chao Phraya, die Angst vor der Kolonisierung steigt.

1902
Siam annektiert die Provinzen Yala, Pattani und Narathiwat des ehemaligen Sultanats Patani.

1909
Ein Vertrag zwischen Großbritannien und Siam legt dessen Grenzen fest.

DAS LIBERALE GEGENGEWICHT

Der Anwalt Pridi Phanomyong (1900–1983), der in Frankreich studiert hatte, war einer der bürgerlichen Anführer der Revolution von 1932 und Mitbegründer der Volkspartei. Durch eine Verfassung wollte er demokratische Reformen in Thailand einführen und das Eingreifen des Militärs in die Politik per Gesetz verhindern. Er trat für die Verstaatlichung von Land und Produktivkraft ein, wollte die Industrialisierung unter staatlicher Führung und mehr Schutz für Arbeiter. 1934 gründete er die Thammasat-Universität. Außerdem war er die Leitfigur von *Seri Thai*, der Widerstandsbewegung gegen die japanische Besetzung Thailands im Zweiten Weltkrieg und war für kurze Zeit Premierminister.

Obwohl Pridi Phanomyong durchaus als erfahrener Staatsmann anerkannt wurde, war er durchaus umstritten und den Militärs unter Phibul ein ständiger Dorn im Auge. So wurde er von seinen Kritikern als Kommunist beschimpft und unter dem Verdacht des Mordes an König Ananda ins Exil verbannt. Mit dem Ende des Kalten Krieges erscheint sein Vermächtnis in neuem Licht. Man hat die Bedeutung des Gegengewichts erkannt, das seine demokratischen Bemühungen zu den militärischen Interessen bildeten. Im Jahr 2000 ernannte ihn die UNESCO zu einer der großen Persönlichkeiten des 20. Jhs.

für seine Unabhängigkeit musste Thailand jedoch Gebiete an Frankreich (Laos 1893, Kambodscha 1907) und an Großbritannien (drei malaiische Staaten in Birma 1909) abtreten. Auch das ehemalige Königreich Patani fiel 1902 an Großbritannien, das zu dieser Zeit über das heutige Malaysia herrschte, das hinzugewonnene Territorium aber schon fünf Jahre später wieder an Thailand verlor.

Entgegen der jahrhundertealten Traditionen zeigte sich König Chulalongkorn wie sein Vater in der Öffentlichkeit und ließ sich sogar in Bauernkleidung fotografieren. Außerdem war sein Konterfei auf Münzen, Briefmarken und Postkarten zu sehen. Chulalongkorn war auch weit gereist: So hatte er Europa, Singapur, Java, Malaysia, Birma und Indien besucht. Von der fremden Kunst und Architektur, die er auf diesen Reisen kennenlernte, ließ er sich beim Bau seiner fantastischen Paläste inspirieren.

Siam, das sich im Lauf des 19. Jhs. zu einem Staat im modernen Sinn mit klar definierten geografischen Grenzen entwickelt hatte, legte 1902 den Namen „Siam" ab und nannte sich fortan Prathet Thai (Land der Thai) oder Ratcha-anachak Thai (Königreich der Thai). Schon ab 1913 galten alle Menschen, die innerhalb seiner Grenzen lebten, als „Thai".

Militär vs. Demokratie

1932 setzte eine Gruppe junger Offiziere und Beamter, die sich als Khana Ratsadon (Volkspartei) bezeichnete, der absoluten Monarchie ein unblutiges Ende und erwirkte die Einführung einer konstitutionellen Mo-

1913 König Vajiravudh ordnet an, dass alle Bürger Nachnamen tragen müssen.

1916 Die Chulalongkorn-Universität wird als erste thailändische Universität gegründet.

1917 Siam entsendet Truppen zur Unterstützung der Alliierten im Ersten Weltkrieg.

1932 Ein unblutiger Staatsstreich beendet die absolute Monarchie.

narchie. Die Anführer der Gruppe hatten die demokratischen Prinzipien während ihres Studiums in Europa kennengelernt.

In den Jahren nach dem Umsturz versuchten verschiedene miteinander rivalisierende Gruppen – Royalisten, Militärs, Bürgerliche – die Oberhand im neuen Machtgefüge zu gewinnen. Selbst die Volkspartei hatte keine einheitliche Vorstellung von einem demokratischen Thailand. Kurz vor den Parlamentswahlen übernahm der militärische Flügel der Partei kurzerhand die Regierung. Sie zwang 1933 den Vorsitzenden des zivilen Flügels, den in Frankreich ausgebildeten Anwalt Pridi Phanomyong, ins Exil, nachdem er zum Ärger der Generäle einen am Sozialismus angelehnten Wirtschaftsplan eingeführt hatte. Bei den ersten allgemeinen Wahlen Thailands 1937 wurde nur über die Hälfte der Sitze in der neu geschaffenen gesetzgebenden Volksversammlung abgestimmt. General Phibul Songkhram, einer der militärischen Anführer, wurde Premierminister. Dieses Amt bekleidete er von 1938 bis 1944 und noch einmal von 1948 bis 1957.

Phibuls Amtszeit während des Zweiten Weltkriegs war gekennzeichnet von nationalistischen Tendenzen, in deren Mittelpunkt die „Nation" und das „Thai-Sein" standen. Er kollaborierte mit den Japanern und erlaubte ihnen, Thailand als Basis für die Invasion der Staaten in Südostasien zu nutzen. Die Regierung Phibuls hoffte, dadurch die Gebiete zurückzubekommen, die Thailand durch die französische Expansion in Indochina verloren hatte, und wollte dafür auch den USA und Großbritannien den Krieg erklären. Doch Seni Pramoj, der thailändische Botschafter in Washington und Mitglied von *Seri Thai,* der Bewegung zur Befreiung Thailands, weigerte sich, die offizielle Kriegserklärung zu übergeben. Damit bewahrte er sein Land vor den harten Konsequenzen, die unterlegenen Nationen nach dem Zweiten Weltkrieg auf sich nehmen mussten. General Phibul musste 1944 zurücktreten und wurde als Kriegsverbrecher vor Gericht gestellt.

Nach dem Krieg kam es in Thailand zu einer kurzen demokratischen Blüte: In allgemeinen Wahlen wurde über die Verteilung aller Sitze in der Volksversammlung abgestimmt, mithilfe der 1946 verabschiedeten Verfassung sollten die Militärs in die Schranken gewiesen und mehr demokratische Rechte gewährleistet werden. Doch der Tod von König Ananda setzte all dem ein Ende und lieferte dem Militär den Vorwand, mit General Phibul an der Spitze erneut die Regierung zu übernehmen.

Militärdiktatur

Als General Sarit Thanarat 1957 die Macht von Phibul übernahm, errichtete er eine Militärdiktatur: Er schaffte die Verfassung ab, löste das Parlament auf und verbot alle politischen Parteien. In den 1950er-Jahren unterstützten die USA sowohl General Sarit als auch die nachfolgenden

1935
König Prajadhipok (Rama VII.) dankt als bislang einziger König in der thailändischen Geschichte ab. Die Regierung wählt Prinz Mahidol zu seinem Nachfolger.

1939
Der englische Name des Landes wird offiziell von Siam in Thailand geändert.

1941
Im Zweiten Weltkrieg dringen japanische Truppen nach Thailand ein.

1945
Am Ende des Zweiten Weltkriegs verzichtet Thailand auf die eroberten Gebiete in Laos, Kambodscha und Malaysia.

Militärdiktatoren Thanom Kittikachorn und Praphat Charusathien, die das Land von 1964 bis 1973 beherrschten. Im Gegenzug dafür, dass die USA während des Vietnamkrieges Militärstützpunke in Thailand einrichten durfte, erhielt das Land umfangreiche Wirtschaftsleistungen.

Bis 1973 hatten sich linke Aktivisten – vornehmlich Intellektuelle und Studenten – in einer Oppositionsbewegung zusammengefunden, die auf ihren politischen Kundgebungen von der Militärregierung schließlich die Verabschiedung einer Verfassung verlangten. Als das Militär am 14. Oktober eine große Demonstration in Bangkok brutal niederschlug, gab es 77 Tote und mehr als 800 Verletzte. Ein Denkmal in der Th Ratchadamnoen Klang in der Nähe des Demokratiedenkmals erinnert an dieses blutige Ereignis. König Bhumibol setzte dem Blutvergießen schließlich ein Ende und zwang Thanom und Praphat, das Land zu verlassen.

Thailand hatte schon 19 Verfassungen; alle entstanden nach verschiedenen Staatsstreichen. Für die Verfassung Nummer 20 wurde Ende 2015 ein Entwurf vorgelegt. Bei jeder Neuauflage wurde versucht, die Machtbefugnisse innerhalb der Regierung zugunsten der gerade herrschenden Machtgruppe (Militär, Royalisten oder Zivilisten) und zu Ungunsten der politischen Gegner zu verteilen.

In den folgenden Jahren wurde die linksgerichtete Studentenbewegung zunehmend radikaler, weshalb unter Arbeitern und Angehörigen der Mittelschicht die Furcht vor einem hausgemachten Kommunismus um sich griff. Als Thanom 1976 nach Thailand zurückkehrte – angeblich um Mönch zu werden –, wurde er von der königlichen Familie herzlich empfangen. Prompt protestierten Demonstranten an der Thammasat-Universität gegen den in ihren Augen Verantwortlichen für das Massaker vom 14. Oktober 1973. Als rechtsgerichtete antikommunistische Gruppen des bürgerlichen Lagers die Studenten angriffen, kam es zu einem erneuten Blutbad. Daraufhin gingen viele Studenten und Intellektuelle in den Untergrund und schlossen sich den bewaffneten kommunistischen Rebellen an, die als Nationale Befreiungsarmee (People's Liberation Army of Thailand, PLAT) im Dschungel von Nord- und Südthailand kämpften.

Das Land blieb derweil bis Ende der 1980er-Jahre unter der Herrschaft der Militärs, erlebte unter der Regierung des „politischen Soldaten" und Generals Prem Tinsulanonda aber eine Periode politischer und wirtschaftlicher Stabilität. Mit militärischen Aktionen und Amnestieprogrammen gelang es ihm, die kommunistische Guerillabewegung zu zerschlagen. Doch der wirtschaftliche Erfolg hatte auch seine Schattenseite: Führende Geschäftsleute kritisierten zunehmend die Rolle der Militärs in der Regierung und prangerten ihre Mentalität des Kalten Krieges als mittlerweile überholt an. Ihrer Meinung nach sollte man Kommunisten als Geschäftspartner und nicht als Feinde betrachten.

Alles nur Big Business

Bei den allgemeinen Parlamentswahlen 1988 unterlag Prem der Partei Chat Thai unter Chatichai Choonhavan. Dieser holte Geschäftsleute aus der Provinz, die über beste Verbindungen verfügten, in seine Regierung. Damit verlagerte er die Regierungsmacht weg von den Bürokraten und begann, Thailand in einen asiatischen Tigerstaat zu verwandeln. Doch

1946	1957	1959	1965
König Bhumibol Adulyadej (Rama IX.) besteigt den Thron, Thailand wird Mitglied der Vereinten Nationen.	Mit dem Staatsstreich von Sarit Thanarat beginnt die Herrschaft des Militärs, die bis 1973 andauern wird.	Die erste thailändische Tourismusbehörde wird geschaffen.	Im Vietnamkrieg erlaubt Thailand den USA die Einrichtung von Militärstützpunkten.

die politischen Entscheidungen wurden oft wie eine Ware gekauft und verkauft, sodass Chatichai schließlich unter dem Vorwurf der Korruption vom Militär gestürzt wurde. Der Putsch bestätigte einen neuen Trend in der thailändischen Politik: nämlich dass sich Geschäftsleute und Bildungsbürger aus Bangkok mit dem Militär gegen geldgierigen Klüngel aus provinziellen Politikern und Unternehmern verbündeten.

Als sich nach den Parlamentswahlen von 1992 General Suchinda Krapayoon selbst zum Ministerpräsidenten ernannte, stieß dies auf breiten Widerstand innerhalb der Bevölkerung. Die folgenden Zusammenstöße zwischen Demonstranten und dem Militär gingen als „Schwarzer Mai" in die thailändische Geschichte ein: Unter der Führung des ehemaligen Bürgermeisters von Bangkok, Chamlong Srimuang, protestierten rund 200 000 Menschen, die wegen ihres zunehmenden Wohlstands als „Handymob" bezeichnet wurden, in den Straßen von Bangkok. Die Massendemonstration eskalierten zu drei Nächte dauernden, gewaltsamen Auseinandersetzungen mit schwer bewaffneten Soldaten, die erst durch den Appell von König Bhumibol in der Nacht zum 20. Mai beendet wurden.

Nach dem „Schwarzen Mai" forderten die Anhänger der Demokratie erneut eine Verfassungsreform. In den 1990er-Jahren dominierte im thailändischen Parlament meist die Demokratische Partei, die die Interessen der städtischen Mittelschicht und der Geschäftsleute vertrat. Die größte Unterstützung fand sie in den Ballungsgebieten im Süden, wo die Bewohner der ehemaligen Fischerdörfer längst vom Tourismus und dem Export von Gummi, Zinn und Fisch lebten. Auf der anderen Seite des politischen Spektrums standen die ehemals mit dem Militär verbündeten Politiker in Zentralthailand und die Bewohner der neuen Provinzzentren im landwirtschaftlich geprägten Nordosten, die vor allem an den Finanzspritzen interessiert waren. Diese politischen Konfliktlinien bestehen bis heute.

1997 war es mit dem Wirtschafts-Boom vorbei, und ganz Asien befand sich in der Krise. Thailands Wirtschaft ächzte unter hohen Auslandsschulden, einer Überschuldung des Immobiliensektors und der Abwertung des Baht. In den ersten Monaten der Krise mussten für 1 US$ statt 25 bereits 56 B bezahlt werden. Der Internationale Währungsfonds sprang ein und stützte die thailändische Währung mit mehr als 17 Mrd. US$, verlangte im Gegenzug aber finanzpolitische und juristische Reformen sowie eine Liberalisierung der Märkte.

Nach der Krise war es für die Demokraten ein Leichtes, wieder an die Macht zu gelangen, doch erwiesen sie sich schnell als unfähig, den weiteren wirtschaftlichen Niedergang aufzuhalten.

Thaksinokratie & der Coup von 2006

Im Jahr 2000 besserte sich die Wirtschaftslage ganz allmählich. Der ehemalige Polizist Thaksin Shinawatra, der mit seinen Telekommunika-

Thaksin Shinawatra war der erste Premierminister in der thailändischen Geschichte, der eine volle Amtszeit von vier Jahren absolvierte. Seine Schwester Yingluck wurde nach drei Jahren abgesetzt.

1968
Thailand ist Gründungsmitglied des Verbands Südostasiatischer Nationen (ASEAN).

1973
Thailändische Studenten, Arbeiter und Bauern demonstrieren gemeinsam für die Wiedereinsetzung einer demokratischen Regierung.

1976
Das Militär schlägt die Studentenproteste gewaltsam nieder.

1979
Nach drei Jahren Militärherrschaft werden wieder Parlamentswahlen durchgeführt.

tionsunternehmen ein Milliardenvermögen verdient hatte, gewann mit seiner TRT-Partei (für *Thai Rak Thai*, „Thais lieben Thais") die Parlamentswahlen von 2001. Der selbst ernannte Politikunternehmer löste umgehend seine Wahlversprechen für die ländliche Entwicklung ein, erließ den Bauern ihre Schulden, schuf Kapitalfonds für Dörfer und sorgte für eine günstige medizinische Versorgung.

Dank der Verfassungsreform von 1997, bei der die Position des Ministerpräsidenten deutlich gestärkt worden war, erwies sich seine Regierung als eine der stabilsten in Thailands neuerer Geschichte. Die sich erholende Wirtschaft und sein zupackender, wenn auch autoritärer Führungsstil bescherten ihm 2005 einen überwältigenden Wahlsieg und Thailand eine Einparteienregierung. Thaksins Beliebtheit bei den Arbeitern und der Landbevölkerung kannte keine Grenzen.

Doch nur ein Jahr später wurden Thaksin Machtmissbrauch und Interessenkonflikte vorgeworfen, besonders im Zusammenhang mit dem Verkauf seines Familienunternehmens Shin Corporation an die Regierung von Singapur. Den Deal im Wert von umgerechnet 1,88 Mrd. US$ musste er nicht versteuern – als Rechtsgrundlage diente ein neues Telekommunikationsgesetz, an dessen Ausarbeitung er maßgeblich beteiligt gewesen war. Nach Massenprotesten in Bangkok, bei denen seine Amtsenthebung gefordert wurde, setzte ihn das Militär am 19. September 2006 in einem unblutigen Staatsstreich ab, und Thaksin ging ins Exil. Bei den anschließenden Parlamentswahlen gewann die von Thaksins Anhängern neu gegründete Partei der Volksmacht und bildete die neue Regierung unter Führung von Samak Sundaravej.

Die thailändische Nationalhymne ist täglich um 8 und 18 Uhr in Radio und Fernsehen zu hören. Im Fernsehen läuft dazu ein Film, der das harmonische Miteinander der Völker und Religionen in Thailand unter der alles einenden Nationalflagge zeigt.

Gegen diese Regierung protestierte ein Bündnis aus Militär und Thaksin-Gegnern, die mittlerweile die Volksallianz für Demokratie (PAD) gegründet hatten. Sie bestand zumeist aus den städtischen Eliten, die bald als „Gelbhemden" bekannt wurden (Gelb ist die Farbe des Wochentags, an dem König Bhumibol geboren wurde). Man ging allgemein davon aus, dass Thaksin während seiner Amtszeit Ambitionen auf den Thron gehabt habe oder zumindest die königliche Erbfolge habe unterbrechen wollen.

Im September 2008 enthob das Verfassungsgericht Samak Sundaravej wegen eines Formfehlers seines Amtes: Als Amtsträger hatte er eine Kochsendung im Fernsehen moderiert, worin das Gericht einen Interessenkonflikt sah. Aus Angst, dass nach Neuwahlen wieder ein Thaksin-Anhänger die Regierung übernehmen würde, besetzten die Gelbhemden im November 2008 eine Woche lang die beiden größten Flughäfen Thailands, Suvarnabhumi und Don Meuang. Schließlich inszenierte das Militär stillschweigend einen Staatsstreich und erwirkte auch einen Gerichtsbeschluss, der Thaksins Marionetten weiter schwächte. Mit der Bildung von Koalitionen in letzter Minute schaffte es der Demokrat Abhisit Vej-

1980

Die Regierung von Prem Tinsulanonda schwächt die Bewegung der aufständischen Kommunisten und findet schließlich eine politische Lösung.

1984

Rote Khmer fliehen nach Thailand. An der Nordostgrenze kommt es in der Folge zu schweren Auseinandersetzungen mit kambodschanischen Truppen, die von Vietnam unterstützt werden.

1988

Chatichai Choonhavan wird der erste gewählte Premierminister seit 1976.

1991–1992

General Suchinda versucht sich an die Macht zu putschen, König Bhumibol interveniert, um nach den Protesten im „Schwarzen Mai" einen Bürgerkrieg zu verhindern.

jajiva schließlich, die Mehrheit der Parlamentsabgeordneten auf sich zu vereinen und sich als 27. Premierminister Thailands vereidigen zu lassen.

Freilich dauerte es nicht lange, bis sich Thaksins Anhänger ihrerseits organisierten und die United Front for Democracy Against Dictatorship bildeten, besser bekannt als die „Rothemden". In ihren Reihen fanden sich vor allem Thais aus dem Norden und Nordosten, aber auch Gegner des Militärputsches, Aktivisten für die Demokratie, Gegner der Monarchie und eingefleischte Thaksin-Anhänger. Es herrschte eine Art Klassenkampf, denn einige Rothemden bekannten sich offen zu ihrer totalen Ablehnung der Aristokratie.

Die heftigste Demonstration der Rothemden fand 2010 statt, als das höchste thailändische Gericht Thaksin des Machtmissbrauchs während seiner Regierungszeit für schuldig befunden und die Beschlagnahmung von 46 Mrd. US$ aus seinem Vermögen angeordnet hatte. Die Rothemden besetzten zwei Monate lang die zentralen Einkaufsstraßen in Bangkok. Sie forderten die Absetzung der Regierung und Neuwahlen. Da Opposition und Regierung keinen Kompromiss fanden, vertrieb das Militär die Demonstranten im Mai 2010 mit Gewalt. Bei den blutigen Zusammenstößen starben 91 Menschen, Teile der Innenstadt gingen in Flammen auf; der Schaden durch Brandstiftung wird auf 1,5 Mrd. US$ geschätzt.

Bei den Parlamentswahlen 2011 gewann die Thaksin politisch nahe stehende Partei Puea Thai die Mehrheit der Mandate, und Thaksins Schwester Yingluck Shinawatra wurde zur Premierministerin gewählt.

Die Yingluck-Jahre

Yingluck Shinawatra ging als erste weibliche Premierministerin Thailands und überhaupt als jüngste Person in diesem Amt in die Geschichte des Landes ein. Doch während ihrer gesamten Regierungszeit wurde Yingluck vorgeworfen, nur eine Marionette ihres älteren Bruders Thaksin zu sein, der nach dem Putsch von 2006 ins Exil gehen musste. Gerüchte über seinen Einfluss auf die Yingluck-Regierung gingen in Bangkok um: Angeblich soll sich bei Kabinettstreffen Thaksin aus seinen Häusern in London, Dubai oder Hong Kong über Skype zugeschaltet haben.

Tatsächlich verfolgte die Pheu-Thai-Partei unter der Führung von Yingluck die gleiche wirtschaftsorientierte Politik zur Bekämpfung der Armut auf dem Lande im Norden und Nordosten Thailands, wo sich das Machtzentrum der Shinawatras befindet, die bereits die Vorgängerregierungen unter Thaksin im letzten Jahrzehnt geprägt hatte. Dies und der Glaube, dass eigentlich Thaksin und nicht Yingluck die Regierung leite, führten dazu, dass Yingluck von Anfang an mit erbittertem Widerstand zu kämpfen hatte.

Eine umstrittene Maßnahme wurde zum Auslöser der Proteste, in deren Folge Yingluck als zweite aus der Familie Shinawatra durch einen

1997
Die Wirtschaftskrise in den Tigerstaaten trifft auch Thailand. Die historische „Volksverfassung" wird verabschiedet.

2001
Der in der Telekommunikations zum Milliardär aufgestiegene Thaksin Shinawatra wird zum Ministerpräsidenten gewählt.

2004
Ein verheerender Tsunami fordert in Thailand mehr als 5000 Todesopfer und zerstört Fischerei- und Tourismusindustrie. Im Süden kommt es wieder zu Aufständen der Muslime.

2006
König Bhumibol feiert sein 60-jähriges Thronjubiläum. Die Regierung von Ministerpräsident Thaksin wird gestürzt, er geht ins Exil.

Putsch abgesetzt wurde: Die sogenannte Reispreisgarantie sollte das Einkommen der kleinen Bauern aufbessern. Die Regierung würde ihnen den Reis zu einem Preis über dem Marktwert abkaufen, ihn lagern, damit den Preis auf dem Weltmarkt in die Höhe treiben und ihn dann mit hübschem Profit wieder verkaufen. Doch der Plan ging gründlich schief, als Indien sein Reisexportverbot aufhob und der Weltmarkt mit Reis überschwemmt wurde. Thailand, bis 2012 der größte Reisexporteur der Welt, konnte nur dabei zusehen, wie der Preis für Reis sank. Der Schaden für die thailändische Wirtschaft war enorm, während angeblich Millionen von Baht in den Taschen von Politikern und Funktionären, die für die Umsetzung dieser Maßnahme zuständig waren, verschwanden. Im Mai 2014 wurde Yingluck wegen Korruption im Zusammenhang mit der Reispreisgarantie angeklagt.

Die 1946 gegründete Demokratische Partei (Phak Prachathipat) ist die älteste unter den noch bestehenden politischen Parteien in Thailand.

Ebenso umstritten war Yinglucks missglückter Versuch, eine Amnestie zu erlassen, nach der die Anklagen gegen verschiedene Politiker, darunter auch ihren Bruder Thaksin, aus dem Jahr 2004 fallengelassen werden sollten. Dies wurde weithin als Auftakt für die Rückkehr Thaksins nach Thailand gedeutet. Im Oktober 2013 kam es zu Massenprotesten gegen die Regierung, an deren Spitze sich der ehemalige Vizepremierminister Suthep Thaugsuban mit seiner Koalition regierungsgegnerischer Gruppen, des sogenannten „Volkskomitees für Demokratische Reformen“, setzte. Die Demonstranten besetzten Regierungsgebäude, den Lumphini Park und mehrere wichtige Kreuzungen im Zentrum Bangkoks und forderten den Rücktritt der Yingluck-Regierung und das Ende der Korruption.

Im Januar 2014 verhängte Yingluck den Ausnahmezustand über Bangkok. Die kurzfristig angesetzten Landeswahlen im folgenden Monat wurden von der oppositionellen Demokratischen Partei boykottiert. Begleitet von sporadischen Zusammenstößen zwischen Regierungsanhängern und -gegnern enthob das Verfassungsgericht am 7. Mai Yingluck und neun ihrer Minister ihrer Ämter. Fünfzehn Tage später übernahm das Militär mit einem Staatsstreich zum 13. Mal seit 1932 die Herrschaft über das Land.

Probleme in den Grenzregionen

Seit 2001 führen muslimische Separatisten in den südlichsten Provinzen Pattani, Narathiwat und Yala einen wenig beachteten Kleinkrieg gegen die Zentralregierung. Diese drei Provinzen des tiefen Südens bildeten einst das historische Königreich Patani, bis es von der Chakri-Dynastie erobert wurde. Zur Politik, während des Zweiten Weltkrieges einen thailändischen Nationalstaat zu formen, gehörte es auch, den Vielvölkerstaat mit seinen verschiedenen Religionen in eine einheitliche, homogene, thailändisch-buddhistische Gesellschaft zu verwandeln. Im äußersten

2008
Als der Khao Phra Wihan auf Antrag Kambodschas ins Weltkulturerbe aufgenommen wird, kommt es an der Grenze zu Spannungen.

2008
„Gelbhemden“ besetzen Flughäfen, die eine Woche lang geschlossen bleiben.

2009
Die Proteste der thaksinfreundlichen „Rothemden“ führen zur Absage des 4. Ostasiengipfels in Pattaya. In Bangkok wird der Ausnahmezustand erklärt.

2010
Die „Rothemden“ besetzen zwei Wochen lang die Innenstadt von Bangkok; bei der Niederschlagung durch das Militär kommen 91 Menschen ums Leben.

DEMONSTRANTEN ZU VERMIETEN

Jeder, der 2013 und 2014 die Demonstrationen von Regierungsgegnern in den Straßen des Zentrums von Bangkok gesehen hat, wird gedacht haben, echte Protestler in Aktion vor sich zu haben. Allerdings wurden viele der Demonstranten für ihre Anwesenheit bezahlt: Sie wurden in Bussen aus Süd-Thailand (der Hochburg der Demokratischen Partei) in die Hauptstadt gekarrt und erhielten Geld dafür, dass sie monatelang in Sitzblockaden an wichtigen Kreuzungen ausharrten, um den Rücktritt der Pheu-Thai-Regierung zu erzwingen.

Süden formierte sich dagegen Widerstand in Form einer bis heute aktiven separatistischen Bewegung. Die Politik der Assimilierung wurde in den 1980er- und 1990er-Jahren schließlich aufgegeben, und der damalige Premierminister Prem sicherte den Muslimen seine Unterstützung im Kampf für ihre kulturellen Rechte und religiöse Freiheit zu. Außerdem bot er eine Amnestie für die bewaffneten Aufständischen an und förderte die wirtschaftliche Entwicklung der schon lange armen Region.

Die Thaksin-Regierung brach mit dieser Politik. Der Versuch, die Verwaltungsbefugnisse stärker in Bangkok zu zentralisieren, wurde von vielen als ein kaum verschleierter Versuch verstanden, diese traditionelle Hochburg der Demokratischen Partei unter Kontrolle zu bringen. Die muslimische Bevölkerung des „Tiefen Südens" reagierte nicht wohlwollend darauf. 2002 löste die Regierung die aus Zivilisten, Polizei und Militär bestehende Aufsichts- und Grenzsicherheitseinheit auf, obwohl gerade diese Einheit oft als Friedens- und Stabilitätsstifter in der Region betrachtet wurde, weil sie für die nötige Kommunikation zwischen der thailändischen Regierung und den Muslimen im Süden des Landes sorgte. Stattdessen sollte die thailändische Provinzpolizei die Zuständigkeit für die Sicherheit übernehmen, hatte allerdings weder die moralische Autorität noch die Unterstützung der örtlichen Bevölkerung. 2004 kam es bei der Niederschlagung von Demonstrationen zu den Massakern von Tak Bai und an der Krue-Se-Moschee, die mindestens 180 Muslime, viele davon unbewaffnete Zivilisten, das Leben kosteten. 2005 wurde über die Region das Kriegsrecht verhängt.

Verschiedene, für die Unabhängigkeit der Region kämpfende Rebellengruppen vereinten sich 2015 unter der Dachorganisation Mara Patani und begannen direkte Friedensverhandlungen mit der Regierung, die in Malaysia stattfanden. Doch auch nach mehr als einem Jahrzehnt voller Gewalt ist ein Ende des Konflikts noch nicht in Sicht. Verschiedene aufeinanderfolgende Regierungen haben der Beendigung der Aufstände keine Priorität gegeben, und viele Thais verstehen gar nicht, warum ihre Armee weiterhin im „Tiefen Süden" kämpft.

2011

Thaksins Schwester Yingluck Shinawatra wird erste Premierministerin Thailands.

2011

Ein verheerendes Hochwasser überschwemmt ganze Industrieregionen.

2012

Im März explodieren mehrere Autobomben im „Tiefen Süden" mit 16 Toten und mehr als 300 Verletzten.

2013

Mit den militanten Separatisten im Süden werden Friedensgespräche aufgenommen, aber bald wieder abgebrochen.

In Thailand besteht für alle wahlberechtigten Bürger Wahlpflicht. Nicht wahlberechtigt sind Mönche und andere Mitglieder des Klerus.

Politik & Regierung

Im Großen und Ganzen dreht sich das politische Drama, das sich seit dem Staatsstreich von 2006 in Thailand abspielt, um die alte Frage, wie die Legislative aufgebaut sein muss und wer schließlich die übergeordnete Kontrolle haben soll. Die Nationalversammlung (das Parlament von Thailand) hat derzeit 630 Mitglieder und besteht aus zwei Kammern (dem Repräsentantenhaus und dem Senat). Ein Teil der Sitze wird direkt vom Volk gewählt, der andere über Parteilisten verteilt. Mit jeder neuen Verfassung ändert sich die Zahl der vom Volk gewählten Sitze. Die Version von 1997, auch die „Volksverfassung" genannt, verlangte, dass alle Sitze in beiden Kammern direkt vom Volk gewählt werden. Diese dem Volk übertragene Macht ebnete Thaksin und seiner Thai-Rak-Thai-Partei den Weg zur nahezu vollständigen Kontrolle. Seit jener Zeit zweifeln das Militär und die Eliten am Nutzen einer vollständigen Demokratie in Thailand.

Thailändische Wähler geben eine Stimme für das Parlamentsmitglied ihres Wahlkreises ab und eine für die Partei ihrer Wahl. Daraus ergeben sich die Sieger der Direktmandate, und die übrigen Sitze werden gemäß dem Stimmenanteil für die Parteilisten verteilt. Der Premierminister ist der Regierungschef und wird vom Parlament aus der Partei mit der Stimmenmehrheit gewählt.

In Thailand besteht Wahlpflicht für alle wahlberechtigten Bürger (ab 18 Jahre); Mitglieder des Klerus sind jedoch nicht wahlberechtigt. Die Wahlbeteiligung bei den Landeswahlen von 2011 lag bei 75%, 2007 waren es noch 78%. Bei jeder Wahl werden Vorwürfe laut, dass Stimmen gekauft worden seien. Die lokalen Parteichefs machen ihre Runde durch die Dörfer und verteilen Geld. In manchen Fällen nehmen die Dorfbewohner Geld von jeder beliebigen Partei und fühlen sich dadurch nicht in ihrer Wahlentscheidung gebunden.

Auf dem Stimmzettel steht auch ein „Nein" für die Wahlpflichtigen, die keiner der angebotenen Alternativen ihre Zustimmung geben wollen. Eine verbreitete Praxis ist es auch, den Stimmzettel durch Beschreiben oder Kritzeleien ungültig zu machen. Bei der Parlamentswahl von 2005 enthielten viele der ungültigen Stimmzettel gegen Thaksin gerichtete Bemerkungen. Bei der Wahl von 2011 riefen die Gelbhemden dazu auf, mit „Nein" zu stimmen, um so gegen das ihrer Meinung nach korrupte politische System zu protestieren. Die Demokratische Partei ging bei der Wahl im Februar 2014 noch einen Schritt weiter und boykottierte die Wahl.

2013–2014
Proteste gegen die Regierung wegen des Entwurfs eines Amnestie-Gesetzes. In den ersten drei Monaten des Jahres 2014 werden Teile Bangkoks durch Demonstranten gesperrt.

2014
Das Militär verübt den 13. Staatsstreich seit 1932 und stürzt Yingluck Shinawatra und ihre Regierung der Pheu-Thai-Partei.

2015
Der vom Militär vorgelegte Entwurf einer neuen Verfassung wird von den Abgeordneten abgelehnt. Dadurch verzögern sich Neuwahlen bis 2017.

2016
Die ASEAN-Freihandelszone tritt in Kraft und schafft eine engere Bindung Thailands an seine Nachbarländer.

Bevölkerung & Kultur

Thailands nationale Identität legt sich wie ein Mantel, der alle vereint, über die ethnischen und regionalen Unterschiede, die durch eine lange Migrationsgeschichte und die geografische Nähe zu Nachbarn anderer ethnischer Gruppen entstanden sind.

Volksgruppen

Etwa 75% der Bevölkerung Thailands gehören der Gruppe der Thais an. Bei oberflächlicher Betrachtung könnte man einen Eindruck ethnischer Homogenität gewinnen, es existieren jedoch subtile regionale Unterschiede. In den zentralen Ebenen (Chao-Phraya-Tal) haben die Siam-Thais das Land durch ihre historischen Königreiche vereint und so ihre Sprache und Kultur verbreitet. Heute gilt der Dialekt Zentralthailands als „Hochthailändisch", und die Einheitskultur wird von Bangkok aus durch die Medien und das Bildungssystem in alle Teile des Landes getragen.

Oben: Akha-Mädchen

Thailands Demografie

Bevölkerung: 67,9 Mio.

Geburtenrate: 1,6

Bevölkerungsanteil der Menschen über 65 Jahre: 9,9 %

Urbanisierungsrate: 3 %

Lebenserwartung: 74,4 Jahre

Der Nordosten (Isan) hebt sich seit jeher vom Rest des Landes ab. Hier bestehen engere ethnische und kulturelle Verbindungen zu Laos und dem Volk der Thai Lao. In den nordöstlichen Provinzen, die an Kambodscha grenzen, ist der Einfluss der Khmer offensichtlich – in historisch turbulenten Zeiten flohen viele Familien über die Grenze. Die Suay, ein Minderheitenstamm in der Nähe von Surin und Khorat (Nakhon Ratchasima), sind traditionell Elefantentreiber.

Das Volk der Thai Pak Tai übt den kulturell wichtigsten Einfluss im Süden aus. Ihr Dialekt ist ein wenig schneller als Hochthailändisch und dank der geografischen Nähe zu Malaysia und des – historisch bedingt – hohen muslimischen Bevölkerungsanteils ist hier auch der muslimische Volksglaube stärker in die regionale Kultur eingebettet.

Wenn man Thailands Grenzen anhand seiner ethnischen Gruppen und Kulturen neu ziehen müsste, würde sich Nordthailand mit Teilen Südchinas und des nördlichen Myanmars vereinen. Als ursprüngliche Heimat des Volkes der Tai gilt die Yúnnán-Region in China. Es existieren zudem viele Untergruppen, u. a. die Shan (ethnisch Cousins der Thais, die sich im Hochland Burmas ansiedelten) und die Tai Lü (die in den Provinzen Nan und Chiang Rai und im vietnamesischen Hochland leben).

Nach den Thai-Chinesen stellen die Malaien (4,6 %) mit einer Population von knapp unter 9,5 Mio. die zweitgrößte ethnische Minderheit dar und leben meist in den Provinzen im tiefen Süden. Zu den verbleibenden ethnischen Minderheiten, die nur einen sehr geringen Bevölkerungsanteil stellen, gehören auch die nicht thaisprachigen Gruppen der Vietnamesen, Khmer, Mon, Semang (Sakai), Moken (*chow lair*, auch *chao leh* geschrieben; „Menschen des Meeres" oder „Meereszigeuner"), Htin, Mabri und Khamu sowie verschiedene Bergstämme. In Bangkok und einigen weiteren Provinzen lebt außerdem eine kleine Zahl europäischer und anderer nicht-asiatischer Ausländer.

Thai-Chinesen

Menschen chinesischer Abstammung – Hakka, Teochew, Han-Chinesen oder Kantonesen in der zweiten oder dritten Generation – machen bis zu 14 % der Gesamtbevölkerung aus und bilden die weltweit größte chinesische Bevölkerung im Ausland. In Bangkok und den nahen Küstenregionen leben viele Einwanderer aus China, die von Anfang bis Mitte des 20. Jhs. aus wirtschaftlichen Gründen ins Land kamen. Im Verlauf der Geschichte brachten wohlhabende Chinesen ihre Töchter als Nebenfrauen am Königshof unter, knüpften so Verbindungen zum Herrscherhaus und begründeten eine chinesische Blutlinie in Thailand, die sich bis zum heutigen König erstreckt.

WIRTSCHAFTSMIGRANTEN

In Thailand gibt es inoffiziell etwa bis zu 3 Mio. Arbeitsmigranten, hauptsächlich aus Myanmar (etwa 2 Mio.) und in geringerem Maße aus Laos und Kambodscha. Die meisten von ihnen sind gering qualifizierte Arbeiter ohne oder mit schlechter Schulbildung aus wirtschaftlich schwachen oder politisch instabilen Gebieten. Oft halten sie sich illegal im Land auf und haben keinen Arbeitsschutz. Arbeiterrechteaktivisten schätzen, dass die meisten dieser Menschen gerade mal für die Hälfte des Mindestlohns arbeiten – wenn sie denn überhaupt bezahlt werden – und keine Krankenversicherung haben. Der Fischfang, die Textilindustrie und die Baubranche sind stark von Arbeitsmigranten abhängig. Zwar unterhält Thailand ein staatliches Prüfungsverfahren, mit dem etwa die Hälfte der geschätzten Gastarbeiter erfasst wurde, doch den Bestimmungen zufolge müssten diese für bis zu vier Jahre in ihr Heimatland zurückkehren, um dann mit einer neuen Arbeitserlaubnis wiederkommen zu dürfen. Derartige Strafmaßnahmen und hohe Provisionszahlungen halten viele Migranten davon ab, aus der Illegalität herauszutreten.

Mien-Frauen

Die Handelszentren der meisten thailändischen Ortschaften werden von thai-chinesischen Familien betrieben, und vielerorts im Land werden auch chinesische Feste wie das alljährliche Vegetarierfest feierlich begangen.

Chinesisch-buddhistische, meist sehr bunte Tempel, die eine Verbindung zu Traditionen und Glauben der Südchinesen offenbart, sind weit verbreitet – vor allem in Süd-Thailand. Überall findet man Tempel der Mazu (auch Tianhou oder Tienhau), der Himmelskönigin und Göttin der Fischer und aller, die ihr Leben aus dem Meer bestreiten – sie sind typisch für die am Meer gelegenen Provinzen Chinas, von woher die Vorfahren der meisten Thai-Chinesen stammen. Man trifft hier auch auf Tempel für den Kriegsgott Guandi, der häufig mit rotem Gesicht dargestellt wird, sowie für eine Menge anderer taoistischer Gottheiten, die teilweise kaum bekannt sind. Guanyin, die chinesisch-buddhistische Göttin der Barmherzigkeit, wird von den Thai-Chinesen auch sehr verehrt – ebenso wie andere, in ganz China gleichermaßen angebetete Bodhisattvas. Chinesische Zunfthäuser und Ahnenhallen sind gleichfalls reichlich vorhanden.

Thailändische Muslime

Mit etwa 4% der Bevölkerung stellen die Muslime die größte religiöse Minderheit in Thailand dar, die Seite an Seite mit der buddhistischen Mehrheit lebt. Bis heute leben viele der hiesigen Muslime im Süden Thailands; eine noch größere Zahl ist über das ganze Land verteilt. Die meisten Muslime im Süden des Landes sind ethnische Malaien und sprechen neben Thailändisch auch Malaiisch oder Yawi (einen malaiischen Dialekt mit arabischen Schriftzeichen). Im Norden Thailands leben auch ziemlich viele chinesische Muslime, die Ende des 19. Jhs. aus der chinesischen Provinz Yúnnán eingewandert sind.

Hmong-Frauen

Bergvölker

Die ethnischen Minderheiten in den Bergregionen Nordthailands werden oft als „Bergvölker" oder, in der thailändischen Umgangssprache, als *chow kŏw* („Bergmenschen") bezeichnet. Jeder Stamm hat eine eigene Sprache, eigene Bräuche und Trachten und einen eigenen Glauben.

Die meisten von ihnen haben halbnomadische Wurzeln und sind im Lauf der letzten 200 Jahre aus Tibet, Myanmar, China und Laos eingewandert. Da sie weder den Industriemächten noch den Entwicklungsländern angehören, werden sie als Menschen der „Vierten Welt" bezeichnet. Sprache und Kultur definieren die Grenzen ihrer Welt. Einige Gruppen stecken irgendwo zwischen dem 6. und dem 21. Jh. fest, während andere sich allmählich der modernen Lebensweise anpassen. Das Tribal Research Institute in Chiang Mai hat zehn verschiedene Bergvölker identifiziert, aber möglicherweise existieren an die 20. Die Bergvölker integrieren sich immer weiter in die thailändische Bevölkerung, und viele der alten Sitten und traditionellen Gebräuche gehen allmählich verloren.

Akha (I-kaw)

Angehörige: 70 000
Herkunft: Tibet
Leben heute in: Thailand, Laos, Myanmar, Yunnan
Glaube: Animismus mit Schwerpunkt auf Ahnenkult; einige Gruppen sind Christen
Kulturelle Besonderheiten: Die Akha gehören zu den ärmsten ethnischen Minderheiten in Thailand. Die meisten leben in den Provinzen Chiang Mai und Chiang Rai, auf Bergkämmen oder an steilen Hängen in 1000 bis 1400 m Höhe. Sie gelten als geschickte Bauern, werden von der Regierung jedoch oft aus den landwirtschaftlich nutzbaren Gebieten

umgesiedelt. Die berühmte Schaukelzeremonie findet zwischen Mitte August und Mitte September statt, also zwischen der Reispflanz- und der Erntezeit. Die Häuser werden aus Holz und Bambus gebaut, stehen oft auf kurzen Holzstelzen und sind dick mit Gras gedeckt. Am Eingang jedes traditionellen Akha-Dorfes steht ein schlichtes, hölzernes „Geister-Tor", an welches Schamanen Talismane aus Bambusstreifen hängen, um böse Geister fernzuhalten. Neben jedem Tor stehen die eher plumpen Figuren eines Mannes und einer Frau, die beide übertrieben große Sexualorgane haben – die Akha glauben, die menschliche Sexualität wirke auf die Geisterwelt abstoßend.

Ihre Familiengeschichte ist für die Akha von großer Bedeutung, und wenn sie sich zum ersten Mal begegnen, folgt zuallererst ein Vortrag über ihre jeweilige persönliche Herkunft, um festzustellen, ob beide einen gemeinsamen Vorfahren haben.

Traditionell tragen sie einen Kopfschmuck mit Perlen, Federn und baumelndem Silberornamenten.

Mit ihren vielen Dialekten gehört die tonale Akha-Sprache zum Lolo-Zweig der tibetobirmanischen Sprachfamilie. Es gibt keine Schriftform.

Hmong (Mong oder Maew)

Angehörige: 151 000
Herkunft: Südchina
Leben heute in: Südchina, Thailand, Laos, Vietnam
Glaube: Animismus
Kulturelle Besonderheiten: Die Hmong, aufgeteilt in die zwei Untergruppen der Weißen Hmong und der Blauen Hmong, stellen die zweitgrößte Gruppe unter den thailändischen Bergvölkern dar und sind in der

DIE BERGVÖLKER AUS DEM MODERNEN BLICKWINKEL

In der Regel gehört der Lebensstandard der Bergvölker zu den niedrigsten in Thailand. Auch wenn es verlockend wäre, ihren Lebensstandard mit ihrer traditionellen Lebensweise zu begünden, ist ihre Situation in den meisten Fällen doch darauf zurückzuführen, dass sie nicht im Besitz der thailändischen Staatsbürgerschaft sind. Ohne die gelten sie als illegale Bewohner ihres Geburtslandes und haben nicht das Recht, Land zu besitzen, ihre Kinder zur Schule zu schicken, einen Mindestlohn zu verdienen oder die medizinische Versorgung in Anspruch zu nehmen. In den letzten Jahrzehnten wurden an einige Mitglieder der Bergvölker thailändische Ausweiskarten ausgegeben, die ihnen den Zugang zu nationalen Programmen ermöglichen (zumindest theoretisch, da öffentliche Schulen und eine Gesundheitsvorsorge für viele Familien aufgrund zusätzlicher Gebühren trotzdem unerschwinglich bleiben). Andere Bergvolkfamilien haben Aufenthaltsbescheinigungen erhalten, die ihnen das Reisen außerhalb eines bestimmten Bereichs verbieten und damit den Zugang zu Jobs in der mobilen, modernen Gesellschaft begrenzen.

Darüber hinaus hat die thailändische Regierung eine 30-Jahre-Politik zur Umsiedlung der Bergvölker beschlossen, durch die ganze Dörfer aus fruchtbaren Gegenden auf unfruchtbares Land ziehen müssen. Dadurch werden die Stämme von einem funktionierenden Selbstversorgungssystem abgetrennt, in dem ihre Sitten weiterleben konnten, und in ein Marktsystem verpflanzt, mit dem sie nicht mithalten können.

In den vergangenen zehn Jahren hat sich auch die Ausweitung des Tourismus auf die Bergregionen im Norden zu einer immer größeren Bedrohung für die Unabhängigkeit der Bergvolkdörfer entwickelt. Spekulanten aus der Stadt kaufen den Bauern der Bergvölker Land zu meist niedrigen Preisen ab, nur um es dann wieder zu verkaufen – an Resorts und für sehr viel höhere Summen, sofern sie einen Eigentumsnachweis vorlegen können (in vielen Fällen besitzt der Bergbauer die Landrechte nicht und hat eine schlechte Verhandlungsposition). Oft zieht der umgesiedelte Farmer mit seiner Familie anschließend in die Stadt, verliert die Verbindung zur ländlichen Lebensweise seines Stammes und hat für ein erfolgreiches Leben im Tiefland nicht die nötigen Ressourcen.

Provinz Chiang Mai sehr zahlreich, aber auch in anderen nördlichen Provinzen Thailands bestehen kleinere Enklaven. Normalerweise leben sie auf Berggipfeln oder Plateaus über 1000 m Höhe. Das Verwandtschaftssystem ist patrilinear, Polygamie ist bei den Hmong erlaubt.

Die Hmong tragen einfache schwarze Jacken und indigoblaue oder schwarze weite Hosen mit gestreiften Borten (Weiße Hmong) bzw. indigoblaue Röcke (Blaue Hmong) und Silberschmuck. Manchmal werden auch Schärpen um die Taille gebunden und bestickte Schürzen über Bauch und Rücken getragen. Die meisten Frauen tragen ihr Haar zu einem Knoten zusammengebunden.

Karen (Yang oder Kariang)

Anzahl: 500 000
Herkunft: Myanmar
Leben heute in: Thailand, Myanmar
Glaube: je nach Gruppe Animismus, Buddhismus oder Christentum
Kulturelle Besonderheiten: Die Karen sind mit etwa 47% der gesamten Stammesbevölkerung die größte Bergvolkgruppe in Thailand. Sie leben meistens in Tieflandtälern und betreiben als Ackerbauern eher Wechselwirtschaft als Brandwirtschaft. Dank ihrer großen Zahl und ihrer Nähe zur Mehrheitsgesellschaft haben sie sich zum am besten integrierten und wirtschaftlich erfolgreichsten Bergvolk entwickelt. Die Häuser der Karen stehen auf niedrigen Stelzen, die Dächer reichen oft sehr tief. Unter den Karen gibt es vier Hauptgruppen: die Sgaw (Weiße Karen), die Pwo, die Pa-O (Schwarze Karen) und die Kayah (Rote Karen).

Traditionell tragen sie dick gewebte Tuniken mit V-Ausschnitt in verschiedenen Farben (unverheiratete Frauen tragen allerdings Weiß). Die Verwandtschaftsstruktur ist matrilinear, und Ehen sind monogam.

Die Karen-Sprachen gehören zu den Tonsprachen und zur sinotibetischen Sprachfamilie.

Die Lahu sind für ihre strikte Einhaltung der Gleichberechtigung der Geschlechter bekannt.

Lahu (Musoe)

Angehörige: 103 000
Herkunft: Tibet
Leben heute in: Südchina, Thailand, Myanmar
Glaube: theistischer Animismus, polytheistisch, einige Gruppen sind Christen
Kulturelle Besonderheiten: Der thailändische Name des Volkes, *moo seu*, geht auf ein birmanisches Wort für „Jäger" zurück und bezieht sich auf ihre Tradition als Waldvolk. Die Lahu, vom tibetischen Plateau abstammend, leben meist auf etwa 1000 m und sind in abgelegenen Gegenden in Chiang Mai, Chiang Rai und Tak zu finden. Typischerweise leben sie in gemischt-ethnischen Dörfern. Es gibt fünf Hauptgruppen: die Roten Lahu (die zahlenmäßig stärkste Lahu-Gruppe in Thailand), Schwarzen Lahu, Weißen Lahu, Gelben Lahu und die Lahu-Sheleh. Ihre Häuser bestehen aus Holz, Bambus und Gras und stehen auf kurzen Pfählen. Das Essen ist wahrscheinlich das schärfste aller Bergstammküchen.

Ihre traditionelle Kleidung besteht aus schwarz-roten Jacken mit engen Röcken (Frauen) bzw. grünen bzw. blau-grünen weiten Hosen (Männer).

Die Tonsprache der Lahu gehört zum Lolo-Zweig der tibetobirmanischen Sprachfamilie.

Lisu (Lisaw)

Angehörige: 55 000
Herkunft: Tibet
Leben heute in: Thailand, Yunnan (China)
Glaube: Animismus mit Ahnenkult und Geisterbesessenheit

Angehörige der Lisu

Kulturelle Besonderheiten: Lisu-Dörfer liegen meist in den Bergen in einer Höhe von etwa 1000 m und sind in Thailand in acht Provinzen zu finden: in Chiang Mai, Chiang Rai, Mae Hong Son, Phayao, Tak, Kamphaeng Phet, Sukhothai und Lampang. Für die patrilinearen Clans gilt ein Rechtssystem, das die Lisu unter den Bergstämmen einzigartig macht (bei den meisten anderen liegt alle Macht entweder bei einem Schamanen oder dem Dorfvorsteher). Die Häuser werden am Boden errichtet und bestehen aus Bambus und Grasdächern.

Die Frauen tragen lange bunte Tuniken über ihren Hosen, manchmal auch schwarze Turbane mit Quasten, die Männer weite grüne oder blaue Hosen, die an den Knöcheln festgebunden werden.

Da sie eng verwandt sind mit den Akha und Lasu, gehört die Tonsprache der Lisu zum Lolo-Zweig der tibetobirmanischen Sprachfamilie.

Mien (Yao)

Angehörige: 35 500
Herkunft: Zentralchina
Leben heute in: Thailand, Südchina, Laos, Myanmar, Vietnam
Glaube: Animismus mit Ahnenkult, Taoismus, Buddhismus, Christentum
Kulturelle Besonderheiten: Die Mien verstehen sich gut auf Kunsthandwerk, vor allem Stickereien und Silberarbeiten. Sie siedeln in der Nähe von Bergquellen, größtenteils in den Provinzen Nan, Phayao und Chiang Rai, aber auch in anderen Regionen. Während des Amerikakrieges arbeiteten die Mien mit der CIA im Kampf gegen die Pathet-Lao-Kräfte zusammen und flohen in größerer Zahl nach Thailand. Die Mien sind stark von chinesischen Traditionen beeinflusst und benutzen chinesische Zeichen zum Schreiben, obwohl in den 1980ern eine ein-

heitliche Schrift entwickelt wurde. Die Verwandtschaftsstrukturen sind patrilinear, Ehen sind polygam. Die Häuser werden am Boden errichtet und bestehen aus Holz oder Bambus und Gras.

Frauen tragen Hosen und schwarze, aufwendig bestickte Jacken mit roten Kragen und dazu große dunkle Turbane. Männer tragen schwarze Tuniken und schwarze Hosen.

Die Tonsprache Mien gehört zur Sprachfamilie der Hmong-Mien.

Thais sind hinsichtlich ihres Erscheinungsbilds sehr penibel. Viele baden zweimal am Tag und können es nicht verstehen, dass wohlhabende Ausländer oft so liederlich herumlaufen.

Thailändische Mentalität

Ein großer Teil des kulturellen Wertesystems Thailands gründet auf dem Respekt gegenüber Familie, Religion und Monarchie. In diesem System kennt jeder Einzelne seinen Platz, und thailändische Kinder werden streng zur Anpassung in eine Gruppe und zur Unterdrückung „anstößiger" Ansichten erzogen. In den meisten sozialen Situationen steht das Schaffen einer harmonischen Atmosphäre an erster Stelle, und Thais sind sehr stolz darauf, wenn ihre Mitmenschen sich bei ihnen wohlfühlen.

Sà·nùk

Im Allgemeinen, legen die Thais viel Wert auf *sà·nùk*, was „Spaß" bedeutet, und alles, was getan werden muss, sollte auf Spaß basieren. Selbst Arbeit und Studium müssen etwas *sà·nùk* mit sich bringen, sonst werden sie automatisch zur Fronarbeit. Das bedeutet nicht, dass Thais nicht arbeiten wollen, sie arbeiten nur am besten in der Gruppe, um nicht zu vereinsamen und das Ganze ein wenig spielerisch anzugehen. Nichts ist für ein Vorhaben tödlicher, als *mâi sà·nùk* (keinen Spaß) zu machen. Thais mixen ihre Aufgaben oft mit einer gesunden Dosis Gemeinschaftlichkeit, die für den Rücken anstrengende Arbeit auf den Reisfeldern genauso wie die Eintönigkeit bei langen Überlandbusfahrten.

Das Gesicht wahren

Ebenso wie bei den Chinesen ist bei den Thais der Glaube an das Konzept, stets das Gesicht wahren zu müssen, tief verankert. Konfrontationen gehen sie beispielsweise aus dem Weg, und sie bemühen sich immer, sich und andere nicht zu blamieren (es sei denn, das wäre *sà·nùk*). Wer in dieser Kunst perfekt ist, bringt in Unterhaltungen keine negativen Themen zur Sprache, drückt seine Überzeugung oder Meinung nicht ungeniert aus und behauptet nicht, Experte auf einem bestimmten Gebiet zu sein. Zustimmung und Harmonie gelten als die wichtigsten sozialen Tugenden. Während Menschen aus dem Westen häufig der Meinung sind, eine hitzige Diskussion sei o.k., empfinden Thais solche Personen, die laut werden, als unhöflich und launisch. Die Beherrschung zu verlieren, bedeutet für alle Anwesenden einen Gesichtsverlust, und Thais, die verärgert wurden, können sehr extrem reagieren.

Die thailändische Entsprechung des Stinkefingers ist das Zeigen der Fußsohle.

Kleinere Peinlichkeiten wie ein Stolpern oder Hinfallen können eine Gruppe von Thais möglicherweise zum Kichern bringen. Das ist dann aber keine Schadenfreude über das Missgeschick, man will dem Betroffenen nur dabei helfen, sein Gesicht zu wahren, indem man den Zwischenfall einfach weglacht.

Soziale Stellung & Verpflichtungen

Alle Beziehungen in der traditionellen thailändischen Gesellschaft – und auch alle im modernen Thailand – richten sich nach der sozialen Stellung, die durch Alter, Vermögen, Status und die persönliche und politische Weltanschauung definiert ist. Der soziale Rang der Älteren wird *pôo yài* (wörtlich: „große Person") genannt und Eltern, Vorgesetzten, Dorfvorstehern oder Beamten zugeschrieben. Die Stellung der Jüngeren heißt *pôo nóy* („kleine Person"). Der Begriff beschreibt alle, die in der Rangfolge unterhalb einer *pôo yài* stehen. Diese Stufen sind bis zu ei-

Songkran (S. 30) in Bangkok

nem gewissen Grad auch in vielen anderen Gesellschaften auf der Welt erkennbar, doch das Besondere an der thailändischen Form sind die gegenseitigen Verpflichtungen, die „Ältere" und „Jüngere" haben.

Pôo nóy sind verpflichtet, den Älteren Gehorsam und Respekt zu erweisen (diese Konzepte fallen unter den thailändischen Begriff *greng jai*). Für Menschen mit einem niedrigeren Status geziemt es sich nicht, einen Älteren infrage zu stellen oder zu kritisieren. Für die Arbeitswelt bedeutet das, dass jüngere Mitarbeiter in Besprechungen nicht dazu ermutigt werden, etwas beizusteuern, und dass von ihnen erwartet wird, dass sie kommentarlos tun, was ihr Chef ihnen aufträgt.

Im Gegenzug verpflichten sich die *pôo yài*, sich um die *pôo nóy* zu kümmern und sie zu fördern. Es handelt sich also um eine patriarchale Beziehung, in der ein *pôo nóy* um einen Gefallen bitten kann in Bezug auf Geld oder eine Arbeitsstelle. *Pôo yài* bestätigen ihre Stellung, indem sie diese Bitten erfüllen, wenn es ihnen möglich ist; sie abzulehnen, würde einen Gesichts- und Statusverlust bedeuten.

Das Protokoll, das durch die soziale Hierarchie vorgegeben ist, regelt so gut wie jeden Aspekt des Verhaltens der Thais in ihren Familien, Wirtschaftsunternehmen, Schulen und in der Regierung. Gewählte oder ernannte Vertreter stehen auf einer der höchsten Stufen der gesellschaftlichen Leiter und betrachten sich oft als alleinverantwortlich für ihre Mitmenschen – ein starker Widerspruch zum demokratischen Ideal, in dem sie nur das Sprachrohr ihrer Mitmenschen sind. Die komplizierte personelle Hierarchie in Thailand steht einer Zusammenarbeit oft im Weg, besonders, wenn nicht alle Beteiligten denselben Status haben. Dies ist auch der Grund, warum es in Bangkok mehrere Museen mit moderner Kunst gibt, die jeweils über unvollständige Sammlungen verfügen, und nicht ein großes, wirklich herausragendes Haus.

Ein Mönch besucht den Riesen-Buddha am Wat Si Chum (S. 281), Sukhothai Historical Park

Die meisten ausländischen Besucher werden in Form von *pêe* (ältere Geschwister) und *nórng* (jüngere Geschwister) mit einer vereinfachten Version dieser Beziehungsstruktur zu tun haben. Alle Thais sprechen voneinander, indem sie Verwandtschaftsgrade benutzen. Selbst bei Personen, mit denen man nicht blutsverwandt ist, legt man schnell fest, wer *pêe* und wer *nórng* ist. Das ist auch der Grund, weshalb Thais neue Bekannte gleich zu Beginn fragen: „Wie alt bist du?"

Daten zum Lebensstil

Durchschnittliches Heiratsalter von thailändischen Männern/Frauen: 27/24 Jahre

Mindestlohn: 300 B/Tag

Einstiegsgehalt: 9000–12 000 B/Monat

Lebensart

Die individuelle Lebensart variiert je nach familiärem Hintergrund, Einkommen und geografischer Lage. In vielerlei Hinsicht ist Bangkok ein besonderes Phänomen: Hier leben wohlhabende Thais der Mittel- und Oberschicht mit allen modernen Annehmlichkeiten wie Smartphones, Fastfood, K-Popmusik und Modetrends. Das verfügbare Einkommen ist in Bangkok größer als irgendwo sonst in Thailand, auch wenn der Wohlstand allgemein im ganzen Land steigt.

Thais wandern weiterhin wegen der besseren Jobaussichten aus ihren kleinen Dörfern und Städten in die urbanen Zentren ab. Es war lange üblich, dass die Thais einen Teil ihres Gehalts nach Hause zu ihren Eltern schicken oder zur Unterstützung ihrer Kinder einsetzen, die sie zurückgelassen hatten, damit sie im Dorf aufgezogen werden. In manchen sozioökonomischen Schichten ist das auch heute noch der Fall, aber immer mehr Eltern werden selbst wohlhabend und sind nicht mehr auf die Unterstützung ihrer erwachsenen Kinder angewiesen. Tatsächlich haben sich die Verhältnisse eher umgekehrt: Eltern helfen ihren erwachsenen Kinder bei der Anschaffung teurer Autos und von Wohneigentum, das sich diese mit ihren Eingangsgehältern nicht leisten könnten. Als Folge kritisiert die ältere Generation die heutige Jugend häufig für ihr ausuferndes Anspruchsdenken.

In den Provinzhauptstädten überall im Land gestaltet sich das Leben eher traditionell. Beamte – Lehrer und Regierungsangestellte – bilden das Rückgrat der thailändischen Mittelklasse und leben in Kernfamilien in Reihenhaussiedlungen außerhalb der Stadtzentren. Einige von ihnen wohnen auch in den älteren Vierteln in der Innenstadt, in denen Papayas, Mangos und andere Obstbäume in den Vorgärten wachsen. Geschäftsleute leben im Stadtzentrum, normalerweise in Wohnungen über Ladenlokalen – dies erleichtert das Pendeln und ermöglicht einen recht urbanen Lebensstil.

Vielleicht die besten Orte, um die Lebensart der Thais zu kennenzulernen, sind die traditionellen Märkte. Tagesmärkte verkaufen Küchenzubehör sowie lokale Erzeugnisse und regionale Desserts. Auf den Nachtmärkten kann man sich ein Abendessen schmecken lassen und wunderbar das stets sehr rege Treiben beobachten, da sich nur wenige Thais die Mühe machen, selbst zu kochen.

Aus demografischer Sicht wird Thailand wie die meisten Teile Asiens immer grauer. Der Anteil der 25- bis 54-Jährigen macht 47% der Gesamtbevölkerung aus – und dieser Bauch der Bevölkerungspyramide wird das Durchschnittsalter in den kommenden Jahrzehnten deutlich steigen lassen. Frauen konzentrieren sich zunehmend auf Karriere statt aufs Heiraten – der Anteil unverheirateter Frauen macht inzwischen 30% der Bevölkerung aus (und allmählich sind sie den Männern in der Altersgruppe der Dreißiger auch zahlenmäßig überlegen). Mit derzeitigen 0,35% ist Thailands Bevölkerungswachstumsrate sehr niedrig. Von der Regierung finanzierte Familienplanungsprogramme und berufliche Chancen haben die Geburtenrate derart reduziert – in den 1960er-Jahren hatte eine Familie durchschnittlich sechs Kinder, heute gerade mal 1,5 –, dass Analysten bereits vor zukünftigem Arbeitskräftemangel und überlasteten Rentenkassen warnen.

Der thailändische Kalender wird ab 543 v. Chr. errechnet, dem Beginn der buddhistischen Ära. Unser Jahr 2017 ist in der buddhistischen Zeitrechnung demnach 2560 BE (für „Buddhist Era") usw.

Religion

Farbenprächtige Beispiele der täglichen Religionsausübung sieht man an fast jeder Ecke. Wenn man am frühen Morgen durch die Straßen läuft, kann man die kahlgeschorenen buddhistischen Mönche in orangefarbenen Roben beobachten, wie sie still von Haus zu Haus ziehen und beim *bin·dá·bàht* milde Essensgaben sammeln.

Obwohl das Land überwiegend buddhistisch ist, üben die Anhänger anderer Religionen oft Seite an Seite ihren Glauben aus. Neben einer nicht unerheblichen muslimischen Minderheit gibt es in Thailand auch eine Gemeinde von rund 70 000 Sikhs. Einige urtümliche animistische Glaubensrichtungen, die viel älter sind als der Buddhismus oder der Hinduismus, sind ebenfalls anzutreffen – vor allem in sogenannten „Geisterhäusern", aber auch bei Festen, beispielsweise beim Tieropfer beim Pu-Sae-Ya-Sae-Fest in Chiang Mai. So hat auch das Lichterfest Loi Krathong seinen Ursprung im animistischen Glauben, denn es ehrt den Geist des Wassers.

Buddhismus

Etwa 95% der Thais sind Anhänger des Theravada-Buddhismus, eines Zweiges, der während der Sukhothai-Zeit aus Sri Lanka nach Thailand gekommen ist.

Das große Ziel des Theravada-Buddhismus ist *nibbana* („Nirwana" in Sanskrit), was wörtlich eigentlich „Ausblasen" oder „Auslöschen" aller Begierden und damit allen Leidens *(dukkha)* bedeutet. *Nibbana* ist das Ende des Kreislaufs der Wiedergeburten (sowohl von Augenblick zu Augenblick als auch von Leben zu Leben), der die Existenz bestimmt. In der Praxis streben die meisten Thai-Buddhisten allerdings eher nach einer Wiedergeburt in einer „besseren" Existenz als nach dem überirdischen

Ziel des *nibbana*. Das Konzept der Wiedergeburt wird in Thailand beinahe universell anerkannt, sogar von Nicht-Buddhisten.

Die Vorstellung einer Wiedergeburt weckt bei den Thais auch einen ausgeprägten Sinn für Bescheidenheit und Zusammengehörigkeit. Wenn sie in einem Gebüsch irgendein Krabbeltier sehen, denken sie vielleicht daran, dass auch sie selbst einst ein solches Wesen waren oder dass ein verstorbener Verwandter in einem nicht-menschlichen Körper wiedergeboren wurde. Die Wiedergeburt spiegelt gewissermaßen Thailands gesellschaftliche Schichten wider – im Grunde genommen ist sie entweder eine Belohnung oder eine Bestrafung. Es ist essenziell in der buddhistische Karma-Lehre, die auch im thailändischen Sprichwort *tam dee, dâi dee; tam chôoa, dâi chôoa* („Aus guten Taten folgt Gutes, aus schlechten Taten Schlechtes") zum Ausdruck kommt. Ein guter Mensch kann das Schicksal seines gegenwärtigen und seiner zukünftigen Leben verbessern, indem er Verdienste sammelt *(tam bun)*.

Die buddhistische Hierarchie in Thailand folgt dem Tiratana („Drei Juwelen") – dem Buddha, dem *dhamma* (den Lehren) und dem *sangha* (der buddhistischen Gemeinde). Historisch gesehen nimmt der thailändische König seit jeher eine hochverehrte Stellung im Thai-Buddhismus ein und wird oft als halbgöttlich angesehen. Thailändische königliche Zeremonien werden nach wie vor fast ausschließlich von brahmanischen Priestern abgehalten, die die Pflicht haben, die drei Säulen der thailändischen Nation zu erhalten: die Souveränität, die Religion und die Monarchie.

Im Thai-Buddhsimus gibt es keinen bestimmten Sabbattag, aber es existieren heilige Tage *(wan prá)*, die auf jeden siebten oder achten Tag fallen, je nach Mondphase. Außerdem gibt es religiöse Feiertage, die normalerweise wichtige Ereignisse im Leben Buddhas ehren.

Gute Bücher

Being Dharma: The Essence of the Buddha's Teachings (2001; Ajahn Chah)

Thai Folk Wisdom: Contemporary Takes on Traditional Proverbs (2010; Tulaya Pornpiriyakulchai und Jane Vejjajiva)

Sacred Tattoos of Thailand (2011; Joe Cummings)

Verdienste sammeln

Pilgerreisen zu berühmten Tempeln sind ein wichtiger Bestandteil des heimischen Tourismus. Das Sammeln von Verdiensten ist eher ein persönliches Ritual als eine Angelegenheit der gesamten Gemeinde. Gläubige kaufen symbolische Opfergaben wie Lotusknospen, Räucherstäbchen oder Kerzen und bringen diese an der wichtigsten Buddha-Abbildung des Tempels dar. Zu den weiteren Verdienste bringenden Aktivitäten gehören Lebensmittelspenden für den Tempel-*sangha*, Meditation (allein oder in Gruppen), den Mönchen beim Singen der *suttas* (buddhistischen Lehrreden) zuhören oder einen *têht-* oder *dhamma*-Vortrag eines Abtes oder eines anderen angesehenen Lehrers besuchen. Auch wenn die thailändische Gesellschaft sich zunehmend säkularisiert, bleibt das Verdienstesammeln doch eine wichtige kulturelle Tätigkeit – wenn sie auch häufiger mit der Erfüllung von Wünschen (etwa Liebe oder akademischen Erfolg zu finden) in Verbindung gebracht wird als mit religiöser Hingabe.

Mönche & Nonnen

Die Gesellschaft erwartet von jedem thailändischen Mann, dass er eine kurze Zeit seines Lebens als Mönch (*bhikkhu* auf Pali; *prá* or *prá pík·sù* auf Thai) verbringt, idealerweise die Zeit nach seinem Schulabschluss, bevor er eine berufliche Laufbahn einschlägt. Es bedeutet große Verdienste für eine Familie, wenn einer ihrer Söhne „Robe und Schale annimmt". Traditionell verbringen die Männer drei Monate während der *pan·săh* (buddhistische Fastenzeit) im *wát*, die im Juli beginnt und mit der Regenzeit zusammenfällt. Heutzutage gehen die Männer allerdings oft nur noch eine Woche in den Tempel, um als Mönch Verdienste zu sammeln, und die meisten lassen sich heute vor ihrem 20. Lebensjahr vorübergehend zum Mönch weihen, da sie dann noch als Zehn-Gelübde-Novize *(nairn)* dem *sangha* beitreten können.

GEISTERHÄUSER

Vielen Wohnhäusern oder Behausungen in Thailand ist ein „Geisterhaus" angeschlossen, in dem sich der *prá poom* (Schutzgeist) des Grundstücks aufhalten kann. Schutzgeister gehen auf den animistischen Glauben vor der Zeit des Buddhismus zurück – sie leben in Flüssen, Bäumen und an anderen Orten in der Natur, und sie müssen geehrt (und besänftigt) werden. Der Schutzgeist eines bestimmten Grundstücks ist die übernatürliche Entsprechung einer Schwiegermutter: ein verehrtes, aber manchmal störendes Familienmitglied. Um die Geister fröhlich zu stimmen und sie abzulenken, bauen Thais auf ihrem Grundstück aufwendige Behausungen, die an Puppenhäuser erinnern und in denen die Geister komfortabel, aber abgetrennt von den Angelegenheiten der Menschen „leben" können. Um die guten Beziehungen und das persönliche Glück weiter zu fördern, werden täglich Opfergaben wie Reis, Obst, Blumen und Wasser am Geisterhaus dargebracht. Wenn das Haus der Menschen ausgebaut wird, muss auch das Geisterhaus vergrößert werden, um die Geister nicht zu beleidigen. Alle Geisterhäuser müssen von einem brahmanischen Priester geweiht werden.

Als Zeichen dafür, dass sie allen weltlichen Dingen entsagen, müssen Mönche ihre Haare, Augenbrauen und sämtliche Gesichtsbehaarung abrasieren, solange sie im Kloster wohnen. Außerdem müssen sie ein asketisches Leben ohne Luxus führen und dürfen nur eine Mahlzeit am Tag essen (manchmal auch zwei, abhängig von den Traditionen des jeweiligen Tempels). Mönche, die in der Stadt leben, legen ihren Schwerpunkt für gewöhnlich eher auf die Meditation. Vollordinierte Mönche führen Beerdigungen und Hochzeitszeremonien durch, halten Predigten und unterrichten klösterliche Lehren.

In ländlichen Gegenden sind die Klöster auch soziale Einrichtungen, die den Kranken und Armen helfen. Männliche Kinder können ins Kloster kommen und erhalten dort eine kostenlose Ausbildung, eine Tradition, die inzwischen durch das öffentliche Schulsystem abgelöst wurde.

Im Thai-Buddhismus fällt Frauen, die sich ein klösterliches Leben wünschen, nur eine untergeordnete Rolle im Tempel zu, die mit dem vollen Mönchtum nicht gleichzusetzen ist. Eine buddhistische Nonne wird *mâa chee* (Mutter Priesterin) genannt und lebt als *atthasila-* (Acht-Gebote-)Nonne – eine Stellung, die traditionell von Frauen bekleidet wird, die keinen anderen Platz in der Gesellschaft finden konnten. Thailändische Nonnen rasieren sich die Köpfe, tragen weiße Roben und kümmern sich um kleinere Alltagsarbeiten im Tempel. Allgemein gesagt genießen *mâa chee* nicht dasselbe Prestige wie Mönche, und sie spielen auch keine Rolle in den Verdienste bringenden Ritualen der Gläubigen. Immer mehr Ausländer kommen nach Thailand, um sich hier zum buddhistischen Mönch oder zur buddhistischen Nonne weihen zu lassen. Mehr Infos dazu erhält man auf der Website von Buddha Net (www.buddhanet.net)

Islam

In Thailand gibt es ungefähr 3000 Moscheen – allein in Bangkok sind es über 200. 99 % dieser Moscheen gehören dem sunnitischen Zweig des Islam an (bei dem die islamische Führung in der Einigkeit der Ummah, der muslimischen Gemeinde, liegt), während 1 % zum schiitischen Zweig gehört (in dem die religiöse und politische Autorität den Nachkommen Mohammeds zusteht).

Der Islam kam zwischen dem 13. und 16. Jh. durch den Einfluss der indischen und arabischen Händler und Lehrer nach Südthailand.

Essen & Trinken

Jenseits von Pad Thai und grünem Thai-Curry erwartet Thailand-Besucher ein ganzes Universum fantastischer Gerichte. Für viele ist das Essen sowieso einer der Hauptgründe für eine Thailandreise. Noch bemerkenswerter ist die Liebe der Thais selbst zu ihrer Küche: Genau wie die Traveller freuen sie sich unbändig über perfekt zubereitete Nudeln oder einen Sitzplatz in einer angesehenen Garküche. Diese ungenierte Begeisterung fürs Essen, ganz zu schweigen von der Fülle faszinierender Zutaten und Einflüsse, hat eine der vielfältigsten und vergnüglichsten Küchen der Welt hervorgebracht.

Typisches & Spezialitäten

Reis & Nudeln

„Essen" bedeutet in Thailand so viel wie „Reis essen", und fast überall im Land ist eine Mahlzeit ohne Reis unvorstellbar. Thailand hat die fünftgrößte Reisanbaufläche der Welt und gehört seit den 1960er-Jahren zu den größten Reisexporteuren weltweit. Reis wird auf mehr als der Hälfte der landwirtschaftlich genutzten Flächen angebaut und beschäftigt den Großteil der Bevölkerung. Reis ist so grundlegend für die hiesige Esskultur, dass das gebräuchlichste Wort für „essen" *gin kôw* – wörtlich „Reis essen" – ist und man sich üblicherweise mit *Gin kôw rĕu yang* („Haben Sie schon Reis gegessen?) begrüßt.

Thailand ist der zweitgrößte Reisexporteur der Welt. 2014 exportierte das Land ca. 10,8 Mio. t Reis.

Reis ist aber nicht gleich Reis, und auch in Thailand gibt's verschiedene Reissorten. Die wertvollste Sorte ist *kôw hŏrm má·lí* (Jasminreis), ein duftender Langkornreis, der in den Nachbarländern so begehrt ist, dass das Hinausschmuggeln frischer Ware als lukratives Schwarzmarktgeschäft gilt. Reis wird normalerweise als Beilage zu Currys, Kurzgebratenem oder Suppen serviert, die alle unter dem Begriff *gàp kôw* („mit Reis") zusammengefasst werden. Wer im Restaurant nur Reis möchte, bestellt *kôw plòw* („blanken Reis") oder *kôw sŏo·ay* („schönen Reis"). Die Menschen im Norden und Nordosten Thailands essen *kôw nĕe·o* („klebrigen Reis"), einen glutenhaltigen Rundkornreis, der nicht gekocht, sondern gedämpft wird. In chinesischen Restaurants wird als Beilage zumeist *kôw đôm* („gekochter Reis") serviert, ein wässriger Brei, für den manchmal auch brauner oder violetter Reis verwendet wird.

Currys & Suppen

Das thailändische *gaang* – gesprochen wie „Gang" (für „Bande") – wird oft mit „Curry" übersetzt, meint aber eigentlich jedes Gericht mit viel Flüssigkeit und kann deshalb sowohl Suppen (wie *gaang jèut*) als auch die klassischen Chilicurrys bezeichnen, für die die Thaiküche berühmt ist. Die Zubereitung von Chilicurry beginnt mit *krêu·ang gaang*, wobei ein Bündel frischer Zutaten mit Mörser und Stößel zerdrückt und zerrieben wird, um eine aromatische, äußerst scharf schmeckende und ziemlich dicke Paste zu erhalten. Zu den typischen Zutaten in einem *krêu·ang gaang* gehören getrocknete Chilischoten, Galgant, Zitronengras, Blätter der Kaffernlimette, Schalotten, Knoblauch, Garnelenpaste und Salz.

Eine weitere beliebte thailändische Speise in der Suppenkategorie ist *đôm yam*, die berühmte scharf-saure Suppe. Das Feuer unter ihrer oft

THAILÄNDISCHES NUDELEINMALEINS

Nudeln sind in Thailand allgegenwärtig, preiswert und lecker. Sie sind aber auch extrem unterschiedlich und etwas schwierig zu bestellen. Deshalb kommt hier ein Crash-Kurs in thailändischer „Nudelogie".

Nudeln pur

Es gibt vier Hauptsorten. Bei der Bestellung wird im Allgemeinen die Nennung der gewünschten Sorte erwartet.

Bà·mèe Die gelblichen Nudeln sind aus Weizen und Ei. Verkauft werden sie nur frisch.

Kà·nŏm jeen Für die dünnen, runden Nudeln wird ein Teig aus Reismehl durch ein Sieb in kochendes Wasser gedrückt.

Sên gŏo·ay đĕe·o Die in Thailand am weitesten verbreitete Nudelsorte besteht aus einem Reismehl-Wasser-Teig, der zu flachen Blättern gedämpft wird. Die Blätter werden gefaltet und in unterschiedliche Streifen geschnitten, von *sên lék* (dünn) bis *sên yài* (breit).

Wún·sên Die fast durchsichtigen Glasnudeln werden aus Mungobohnenstärke und Wasser hergestellt. Verwendung finden sie in manchen Nudelsuppen.

Nudelgerichte

Bà·mèe Die chinesischen Eiernudeln aus Weizenmehl werden zumeist mit gegrillten Schweinefleischstreifen, etwas Gemüse und auf Wunsch auch Wan-Tan-Teigtaschen serviert.

Gŏo·ay jáp Die Reisnudeln mit Innereien vom Schwein in einer würzig duftenden Brühe mit viel Pfeffer sind ein populäres Gericht der chinesisch-thailändischen Küche.

Gŏo·ay đĕe·o kaang Das muslimisch-thailändische Gericht besteht aus Reisnudeln in einer Currybrühe, oft garniert mit Tofu, hart gekochten Eiern und Erdnüssen.

Gŏo·ay đĕe·o lôok chín Bei diesem Gericht kommen zu den Reisnudeln in einer zumeist klaren Brühe Hackbällchen aus Schweinefleisch oder Fisch, manchmal auch Rindfleisch oder Hühnchen. Eines der beliebtesten Nudelgerichte in ganz Thailand.

Gŏo·ay đĕe·o reu·a Die sehr stark gewürzten Nudeln mit Schweine- oder Rindfleisch sind auch als „Bootsnudeln" bekannt, da sie früher auf den Booten der schwimmenden Märkte in Zentralthailand zubereitet und verkauft wurden.

Kà·nŏm jeen Das nach der verwendeten Nudelsorte benannte Gericht besteht aus dünnen Reisnudeln in einer zumeist recht milden Currybrühe, die auf Wunsch auch mit frischem und eingelegtem Gemüse sowie Kräutern serviert wird. Die Zubereitung von *Kà·nŏm jeen* ist je nach Gegend sehr unterschiedlich. Es gehört aber generell zu den preiswertesten Nudelgerichten im Land.

Kôw soy Bei dem für Nordthailand typischen Gericht schwimmen Eiernudeln aus Weizenmehl in einer gut gewürzten, gehaltvollen Currybrühe.

Yen đah foh Diese Mischung aus Nudeln in einer blutroten Brühe mit diversen Fleischbällchen, Blutwürfeln und knackigem Gemüse ist wohl das bizarrste, aber auch beliebteste Nudelgericht in Bangkok.

Gewürze

Thailändische Nudelgerichte werden oft leicht fade serviert. So können sie nach Belieben von den Kunden selbst gewürzt werden, die zumeist einige oder alle der folgenden vier Würzen verwenden: *prík nám sôm* (milde Chilischeiben in Essig), *nám Ƅlah* (Fischsauce), *prík Ƅòn* (getrockneter roter Chili, gehackt oder gemahlen) und *nám·đahn* (einfacher weißer Zucker). Damit werden die Suppen auf dreierlei Arten schärfer – säuerlich-scharf, salzig-scharf und einfach nur höllisch scharf – und auf eine Art süßer. Oft steht auch ein Streuer mit weißem Pfeffer zur Verfügung. Weniger bekannte Nudelgerichte werden auch mit gemahlenen Erdnüssen, gehackten und in Öl gebratenen Chilis oder chinesischem Essig gewürzt.

samtigen Oberfläche ist frischen *prík kêe nŏo* (winzigen Chilis) zu verdanken, alternativ auch einem halben Teelöffel *nám prík pŏw* (gerösteter Chilipaste). Zitronengras, Kaffernlimettenblätter (nicht zum Verzehr gedacht!) und Limettensaft geben *đôm yam* ihren charakteristischen Geschmack.

Kurzgebratenes & Frittiertes

Die einfachsten Stücke im kulinarischen Repertoire Thailands sind die verschiedenen *pàt*-Gerichte (kurzgebratene Speisen). Die Chinesen – die dafür berühmt sind, ganze Festessen in einem einzigen Wok brutzeln zu können – brachten sie ins Land.

Die Liste der *pàt*-Gerichte scheint endlos. Viele zeigen sich ihren chinesischen Wurzeln verbunden, etwa das allgegenwärtige *pàt pàk bûng fai daang* (kurzgebratener Wasserspinat mit Knoblauch und Chili), manche sind thailändisch-chinesische Kreuzungen, z. B. *pàt pèt* (wörtlich „scharf kurzgebraten"). Hier werden die Hauptzutaten, meist Fleisch oder Fisch, mit roter Currypaste gebraten.

Tôrt (in Öl frittieren) ist die Art der Zubereitung von Snacks wie *glôo·ay tôrt* (frittierte Bananen) oder *Ƅò·Ƅée·a* (Frühlingsrollen). Fisch wird fast immer frittiert und heißt dann *Ƅlah tôrt.*

Thai Food von David Thompson gilt immer noch als das Standardwerk zur Thaiküche. Thompsons neuestes Werk *Thai Street Food* beschäftigt sich mit der weniger formellen Straßenküche.

Salate scharf & würzig

Ebenso landestypisch wie Currys ist der allgegenwärtige *yam,* ein scharfer, würziger „Salat" aus Meeresfrüchten, Fleisch oder Gemüse.

Limettensaft verleiht die nötige Würze, die großzügige Verwendung von Chilischoten macht das Ganze scharf. Die meisten *yam* werden zimmerwarm serviert oder allenfalls von gekochten Zutaten erwärmt. Sie werden als Teil einer Mahlzeit verspeist oder auch allein als *gàp glâam*; dieser Snack ist beliebt auf nächtlichen Kneipentouren.

Nám Prík

Auch wenn *nám prík,* die würzigen „Dips" auf Chilibasis, eher zu Hause als im Restaurant auf den Tisch kommen, sind sie zumindest für die Einheimischen ein Symbol der Thaiküche. Sie werden üblicherweise mit Reis und gedämpftem oder frischem Gemüse und Kräutern gegessen und gehören damit auch in die typische Regionalküche. Wahrscheinlich kann man genau bestimmen, in welcher Provinz man sich aufhält, indem man einfach nachschaut, welche *nám prík*-Version angeboten wird.

Obst

Als tropisches Land kann Thailand mit herausragenden Früchten punkten. *Má·môo·ang* (Mangos) gibt es allein in Dutzenden Varietäten, die in unterschiedlichen Reifestadien verzehrt werden. Außerdem sind *sàp·Ƅà·rót* (Ananas), *má·lá·gor* (Papaya) und *đaang moh* (Wassermelonen) im Angebot, und alle werden an den allgegenwärtigen Ständen verkauft, oft mit einer Mischung aus Salz, Zucker und gemahlenen Chilis bestreut. Zu den Höhepunkten einer Thailandreise gehören aber die nur hier erhältlichen Obstsorten, von denen Besucher noch nie gehört haben. Viele davon sind inzwischen das ganze Jahr über erhältlich, aber im April und Mai haben einige der beliebtesten Varietäten Hochsaison, darunter Durian, Mangos und Mangostane.

Bangkok's Top 50 Street Food Stalls von Chawadee Nualkhair ist eine gute allgemeine Einführung und ein nützlicher Ratgeber zum Thema Essen an Imbissständen.

Durian Der König der Früchte (hierzulande auch als Stinkfrucht bekannt), in Thailand *tú·ree·an* genannt, ist wegen seines intensiven Aromas und Geruchs auch die anrüchigste Frucht des Landes; man denkt dabei an alles von Vanille bis Zwiebeln.

Guave Ursprünglich kommt die *fa·ràng* aus Südamerika, eine grüne, apfelähnliche Frucht mit pinkfarbenem oder weißem Fruchtfleisch, das süß und knackig schmeckt.

Jackbaumfrucht Die riesige grüne Schale von *kà·nŭn* – sie gilt als größte Frucht der Welt – enthält Dutzende wachsgelber Spalten, die wie eine Mischung aus Ananas und Banane schmecken (man fühlt sich an Juicy-Fruit-Kaugummi erinnert).
Langsat Wer die gelbliche Schale dieser Frucht entfernt, die in Thailand als *long·gong* bekannt ist, findet in Segmente unterteiltes, duftendes, perlmuttartiges Fruchtfleisch, das nach Litschi schmeckt.
Litschi Die pinkfarbene Haut der *lín·jèe* umhüllt ein süchtig machendes durchsichtiges Fruchtfleisch, das im Geschmack einer Traube ähnelt; meist nur zwischen April und Juni erhältlich.
Longan *Lam yai* hat die Form eines kleinen, harten Balls, wie eine Mini-Litschi mit süßem, duftendem Fruchtfleisch. Man schält sie, isst das Fleisch und spuckt die Kerne aus.
Mangostane Die harte, lilafarbene Schale der *mang·kút,* Königin der thailändischen Früchte, verbirgt köstlich duftende weiße Segmente, manche enthalten einen harten Kern.
Pomelo Wie eine Grapefruit auf Steroiden kommt die Zitrusfrucht *sôm oh* mit einer dicken, markant grünen Schale daher, unter der süß-herbe Segmente schlummern. Man schneidet die Schale ein, schält die weiße Haut ab und bricht die Spalten auseinander, um das leckere Fruchtfleisch im Inneren genießen zu können.
Rambutan Es gibt verschiedene Ansichten darüber, wie die *ngó* aussieht, nicht alle sind in vornehmer Gesellschaft wiederholbar. Trotzdem enthält die haarige Schale süßes, durchsichtiges Fruchtfleisch, das mit den Zähnen vom Kern abgeschabt wird.
Salak Wegen der schuppigen Haut auch als Schlangen(-haut)-frucht bekannt; das Äußere der *sàlà* sieht aus wie eine mutierte Erdbeere, das weiche Fruchtfleisch schmeckt wie eine unreife Banane.
Sternfrucht Die stark gerippte *má·feu·ang* ist nach dem Aufschneiden durch die dekorative Sternform der Hingucker; das gelbe Fruchtfleisch ist süß und würzig und hat angeblich eine blutdrucksenkende Wirkung.
Wasserapfel In Thailand *chom·pôo* genannt, ist der Wasserapfel eine längliche, pinkfarbene oder rote Frucht mit einer weichen, glänzenden Schale und einem blassen, wässrigen Fruchtfleisch; der Wasserapfel ist ein guter Durstlöscher an einem heißen Tag.
Zimtapfel In Thailand bekannt als *nóy nàh;* unter der knubbligen grünen Schale verbergen sich harte schwarze Samen und süßes, klebriges Fruchtfleisch von körniger Konsistenz.

Die von einer gebürtigen Thailänderin in den USA betreute Website www.shesimmers.com ist eine gute Quelle für alle, die zu Hause thailändisch kochen wollen.

Süßigkeiten

Auf englischsprachigen Speisekarten sind oft „Desserts" zu finden, obwohl in Thailand Süßes eigentlich nur zum Frühstück oder als Snack gegessen wird, nicht aber nach einem Hauptgericht. Auch kennt man in Thailand nur zwei Arten von Süßigkeiten, die sich kaum voneinander unterscheiden. *Kŏrng wăhn* („süße Sachen") sind kleine, üppige Süßspeisen, die oft leicht salzig schmecken. Hauptzutaten für *kŏrng wăhn* sind geriebene Kokosnuss, Kokosmilch, Reismehl (aus weißem oder Klebreis), gekochter Klebreis, Tapioka, Mungobohnenstärke, gekochter Taro und verschiedene Früchte. Auch Eigelb ist eine beliebte Zutat für *kŏrng wăhn*, ebenso wie die allgegenwärtigen *fŏy torng* (wörtlich „goldene Fäden"). Dies geht wahrscheinlich auf die von den Portugiesen in der frühen Ayutthaya-Zeit eingeführten Desserts und Backwaren zurück.

Süßigkeiten, die in etwa dem europäischen Gebäck entsprechen, heißen *kà·nŏm*. Die wohl beliebteste *kà·nŏm*-Art sind mundgerechte, in Bananenblätter gewickelte Stückchen, vor allem *kôw đôm gà·tí* und *kôw đôm mát*. Beide bestehen aus in *gà·tí* (Kokosmilch) gedämpften Klebreiskörnern, die in ein Bananenblatt gewickelt sind und einem festen Toffee ähneln.

From the Source: Thailand von Lonely Planet bietet Rezepte für typisch thailändische Gerichte, die vor Ort getestet und perfektioniert wurden.

Thai Hawker Food von Kenny Yee und Catherine Gordon ist ein reich bebilderter Ratgeber, mit dessen Hilfe man Essen an Thailands Imbissständen erkennen und bestellen kann.

Pok Pok von Andy Ricker und J.J Goode enthält Rezepte für rustikale thailändische Gerichte, die in Rickers gleichnamigen Restaurants in Portland, Oregon, New York City und Los Angeles serviert werden.

Vegetarier sollten sich den überaus praktischen Vegetarian Thai Food Guide (www.eatingthaifood.com/vegetarian-thai-food-guide) herunterladen.

Regionalküchen

Ein wenig bekanntes Merkmal der Thaiküche (zumindest außerhalb Thailands) ist ihre regionale Vielfalt. Obwohl sie sich in einem relativ kleinen Gebiet entwickelt hat, ist sie alles andere als einheitlich und verändert sich leicht, sobald man eine Provinzgrenze überschreitet. Weitere Infos zu den regionalen Spezialitäten Thailands gibt's auf S. 44.

Getränke

Kaffee, Tee & Fruchtsäfte

Die Thais sind große Kaffeetrinker. Die Qualitätssorten Arabica und Robusta werden in den hügeligen Regionen Nord- und Südthailands angebaut. Traditionell wird der Kaffee einfach nur durch einen feinporigen Stoffbeutel gefiltert, der an einem Stahlgriff befestigt ist. Dieser Kaffee wird normalerweise im Glas mit Zucker und Kondensmilch serviert – wer beides nicht möchte, sollte einen *gah·faa dam* (schwarzen Kaffee) bestellen und *mâi sài nám·đahn* (ohne Zucker) dazusagen.

Überall, wo es richtigen Kaffee gibt, ist auch heimischer oder importierter schwarzer Tee zu haben. *Chah tai*, Tee auf thailändische Art, erhält seine orangerote Farbe durch den Zusatz von gemahlenen Tamarindensamen.

Fruchtsäfte gibt es überall im Land. Sie sind die beste Alternative, wenn das Wasser ungenießbar ist und man trotzdem nicht verdursten will. Die meisten *nám pŏn·lá·mái* (Fruchtsäfte) werden mit etwas Zucker und Salz und viel Eis serviert. Viele Ausländer mögen das Salz nicht, aber es hilft dem Körper, die Temperaturen auszuhalten.

Bier & Spirituosen

Es gibt verschiedene Biermarken in Thailand, einheimische (Singha, Chang, Leo) wie lizenzierte ausländische (Heineken, Asahi, San Miguel), die sich in Geschmack und Qualität jedoch kaum unterscheiden.

Einheimischer Reiswhisky und Rum sind günstiger als Bier und daher bei Arbeitern, armen Studenten und Familienzusammenkünften beliebt. Wenn sich Thais etwas gönnen wollen, greifen sie zu importiertem Whisky. Er wird normalerweise mit viel Eis, Soda und einem Spritzer Cola getrunken. Wer abends ausgeht, kauft meist eine ganze Flasche. Wird sie nicht geleert, kann man sie bis zum nächsten Besuch an der Bar deponieren.

Vegetarier & Veganer

Vegetarismus ist in Thailand nicht sehr verbreitet, aber viele Touristenrestaurants sind auf Vegetarier eingerichtet. Selbst in Bangkok gibt es mittlerweile einige *ráhn ah·hăhn mang·sà·wí·rát* (vegetarische Restaurants), in denen das Essen auf Büfetts aufgebaut wird und nicht allzu teuer ist. Fast alle Gerichte sind zudem rein vegan, enthalten also weder Fleisch, Geflügel, Fisch oder Fischsauce noch Milchprodukte oder Eier.

Beim Vegetarian Festival der chinesischen Buddhisten Ende September bzw. Anfang Oktober bieten viele Restaurants und Straßenstände in Bangkok einen ganzen Monat lang nur Gerichte ohne Fleisch an.

„Ich bin Vegetarier/in" heißt auf thailändisch *pŏm gin jair* (für Männer) bzw. *đì·chăn gin jair* (für Frauen). Frei übersetzt heißt es „Ich esse nur Vegetarisches" und bezieht sich damit auch auf Eier und Milchprodukte, bedeutet also eher vegan.

Esskultur

Wie so vieles in der thailändischen Kultur erscheinen auch die Konventionen beim Essen recht entspannt und locker, doch in Wirklichkeit gilt es viele Regeln zu beachten.

Ob zu Hause oder im Restaurant, thailändisches Essen wird immer sehr „familiär" serviert, also auf großen Platten, die in der Reihenfolge auf den Tisch kommen, wie sie in der Küche fertig werden. Von diesen Platten nimmt man sich immer nur einen Löffel voll auf den Teller. Wer sich „seine" Portion von allen Gerichten gleichzeitig auf den Teller häuft, gilt bei den Thais, die mit westlichen Konventionen nicht vertraut sind, als gierig und gefräßig. Ein weiterer sehr wichtiger Punkt bei thailändischem Essen ist die Ausgewogenheit zwischen Geschmacksrichtungen und Konsistenz. Eine traditionelle Tischgesellschaft bestellt Curry, gedünsteten oder gebratenen Fisch, Gemüse aus dem Wok und Suppe. Dabei achtet sie genau auf ein ausgewogenes Verhältnis zwischen kalt und warm, süß und sauer, salzig und ungewürzt.

Ursprünglich wurde mit den Fingern gegessen, und in manchen Gegenden ist das immer noch üblich. Anfang des 20. Jhs. begannen die Thais, ihre Tische mit Gabeln und Löffeln zu decken, um ein „königliches" Ambiente zu schaffen. Schon bald wurde das Essen mit Gabel und Löffel in Bangkok zur Regel und verbreitete sich von dort im ganzen Land. Dabei verwenden die Thais einen Servierlöffel oder den eigenen Löffel, um mundgerechte Portionen von den gemeinsamen Platten zu nehmen und über dem Reis auf ihrem Teller zu verteilen. Mit der Gabel schieben sie den mit dem Gericht vermischten Reis zurück auf den Löffel und befördern das Ganze damit in den Mund.

Bekommt man zum Essen keine Stäbchen angeboten, sollte man auch nicht danach fragen. Mit Stäbchen werden nur chinesische Gerichte aus Schüsseln sowie alle Gerichte in chinesischen Restaurants gegessen. In beiden Fällen liegen die Stäbchen bereit, ohne dass man danach fragen muss. Im Gegensatz zu ihren Kollegen in westlichen Ländern gehen die Restaurantbesitzer in Thailand selbstverständlich davon aus, dass ihre Gäste auch mit Stäbchen essen können.

Die Website Appon's Thai Food (www.khiewchanta.com) listet fast 1000 typisch thailändische Rezepte in leicht nachvollziehbarer Form auf. Bei vielen der von einer Thailänderin geschriebenen Rezepte kann man sich sogar die korrekte Aussprache anhören.

Unbedingt probieren!

Die Thaiküche entstammt vier unterschiedlichen Regionen, weist Einflüsse aller Herren Länder von China bis zum Nahen Osten auf, benutzt sehr viele Zutaten und ist definitiv würzig – was Besucher durchaus überfordern kann. Einen kleinen Führer durch den Speisekartendschungel gefällig? Diese Liste nennt Gerichte, die man unbedingt probieren sollte.

1. Đôm yam
Der Begriff Sour Thai Soup auf vielen englischsprachigen Speisekarten beschreibt diese intensiv würzige Kräuterbrühe, deren Säure einem förmlich den Mund zusammenzieht, nur unzureichend.

2. Pàt tai
Die gebratenen dünnen Reisnudeln mit Eiern, Tofu und Shrimps, gewürzt mit Fischsauce, Tamarinde und getrocknetem Chili, sind zu Recht zum Aushängeschild der Thaiküche geworden.

3. Gaang kĕe·o wăhn
Außerhalb Thailands als grünes Curry bekannt, steht diese Kreuzung aus pikanter Kräuterwürzpaste und rahmiger Kokosmilch geradezu sinnbildlich für die einzigartigen Aromen und Zutaten der Thaiküche.

4. Yam
Für diese Gruppe thailändischer „Salate" werden Fleischstücke oder Meeresfrüchte mit einem sauer-würzigen Dressing und frischen Kräutern vermischt.

5. Lâhp
Hackfleisch gewürzt mit geröstetem Reispulver, Limette, Fischsauce und frischen Kräutern ist quasi ein Crashkurs zu den starken, rustikalen Aromen der Küche in Thailands Nordosten.

6. Bà·mèe
Diese Weizen-Eier-Nudeln, meist mit gebratenem Schweine- oder Krabbenfleisch serviert, kommen ursprünglich aus China und sind bei jedem thailändischen Straßenhändler erhältlich.

7. Kôw mòk
Die thailändische Version eines Biryani verbindet goldfarbenen Reis und zartes Hähnchenfleisch mit einem süß-sauren Dip und einer würzigen Brühe.

8. Sôm·đam
„Papayasalat" ist eigentlich keine passende Beschreibung für dieses Gericht (bei dem knackig Streifen unreifer Papaya, Tomaten, Spargelbohnen, Chili, Limette und Fischsauce mit Mörser und Stößel bearbeitet werden), weil sie nicht ausdrückt, dass dessen Schärfe einem die Tränen in die Augen treibt.

9. Kôw soy
Selbst außerhalb ihres Entstehungsorts in Thailands Norden ist diese Suppe Kult: Flache Weizen-Eier-Nudeln werden mit auf Kokosmilch basierender Brühe mit reichlich Gewürzen übergossen.

10. Pàt pàk bûng fai daang
Wasserspinat (ein knackiges grünes Gemüse), kurz frittiert mit viel Chili und Knoblauch, ist für Thais trotz der Schärfe Wohlfühlessen.

1

6

8

AUSTIN BUSH ©

AUSTIN BUSH ©

AUSTIN BUSH ©

AUSTIN BUSH ©

AUSTIN BUSH ©

AUSTIN BUSH ©

AUSTIN BUSH ©

Kunst & Architektur

Thailand ist geprägt von einer visuell orientierten Kultur, in der das Verständnis von Schönheit und Ästhetik alles von extravaganten Tempelbauten und schlichten altmodischen Häusern bis hin zu den hohen Künsten vom Königshof bestimmt. Tempelbauten und buddhistische Bildhauerei bilden die Hauptformen der alten thailändischen Kunst. Doch auch in der Moderne findet die Kreativität unzählige Ausdrucksformen – von sozialkritischen zeitgenössischen Gemälden bis hin zu Wolkenkratzern in Bangkok. In der Musik wird von Klassik bis Teenie-Pop mit Dance-Beats so ziemlich alles geboten.

Oben: Wat Phra Kaew (S. 63), Bangkok

Architektur

Am eindrucksvollsten offenbart sich Thailands architektonisches Erbe in den prächtigen buddhistischen Tempeln (Wat). Wie bei vielen chinesisch-buddhistischen Tempelpagoden ist eines der charakteristischsten Elemente buddhistischer Tempelbauten der *chedi* (Stupa), der mit seiner einem Berg nachempfundenen Form die Dauerhaftigkeit des Buddhismus versinnbildlichen soll. In vielen werden Reliquien bedeutender Könige oder des historischen Buddha oder auch Überreste denkwürdiger Mönche oder Nonnen aufbewahrt. Thailändische Tempel mischen frei verschiedene fremde Stile – vom maiskolbenförmigen Stupa des Khmer-Reichs bis zum glockenförmigen Stupa Sri Lankas ist alles vertreten.

Thailändische Tempel sind stark von der hinduistisch-buddhistischen Ikonografie geprägt. Darstellungen des mythischen Schlangenwesens *naga,* das über Buddha wachte, während dieser meditierte, sind oft an den Eingangsgeländern und Dachgiebeln zu sehen. Auf der Spitze des Tempeldachs befindet sich der *chôr fáh*, eine goldene Gestalt in Form eines fliegenden Vogels.

Die Lotusknospe ist ein weiteres heiliges Motiv unter den verehrten buddhistischen Symbolen und ziert oft die Spitze von Tempeltoren, Verandasäulen und *chedis* aus der Sukhothai-Zeit. Buddha wird häufig meditierend auf einem Podest aus Lotusblüten dargestellt, die an die

THAILANDS KUNST- & ARCHITEKTURPERIODEN

PERIOD	TEMPEL & CHEDI-STILE	BUDDHA-STILE	BEISPIELE
Dvaravati (7.–11. Jh.)	Stufenförmige *chedis* (Stupas) mit rechteckigem Sockel	Indische Einflüsse; dicker Oberkörper, lange Locken, gebogene Augenbrauen (wie fliegende Vögel), hervorquellende Augen, dicke Lippen und flache Nase	Phra Pathom Chedi, Nakhon Pathom; Lopburi Museum, Lopburi; Wat Chama Thewi, Lamphun
Srivijaya (7.–13. Jh.)	Tempel im Stil des Mahayana-Buddhismus; *chedis* im javanischen Stil mit kunstvollen Bögen	Indische Einflüsse; reiche Verzierung, menschliche Züge und leicht verdrehte Taille	Wat Phra Mahathat Woramahawihaan und National Museum, Nakhon Si Thammarat
Khmer (9.–11. Jh.)	Hinduistisch-buddhistische Tempel; *prang* (*chedi* im Khmer-Stil) in Maiskolbenform	Buddha meditierend auf einem Lotuspodest, während die siebenköpfige *naga* für ihn ein Schutzdach formt	Phimai Historical Park, Nakhon Ratchasima; Phanom Rung Historical Park, Surin
Chiang Saen–Lan Na (11.–13. Jh.)	Tempel aus Teakholz; *chedis* mit quadratischem, manchmal achteckigem Sockel und einem vergoldeten Schirm auf der Spitze	Birmanische Einflüsse; mollige Figur, rundes, lächelndes Gesicht und nach oben weisende Fußsohlen, Meditationspose	Wat Phra Singh, Chiang Mai; Chiang Saen National Museum, Chiang Saen
Sukhothai (13.–15. Jh.)	Khmer-inspirierte Tempel; *chedis* mit schmalen Turmspitzen und einer Lotusknospe als Krone	Anmutige Posen, oft „gehend" dargestellt, keine anatomisch korrekten menschlichen Details	Sukhothai Historical Park, Sukhothai
Ayuthaya (14.–18. Jh.)	Klassische Thai-Tempel mit dreistufigem Dach und Ziergiebeln; glockenförmige *chedis* mit sich verjüngender Turmspitze	König der Ayuthaya-Ära mit juwelenbesetzter Krone und königlichen Insignien	Ayuthaya Historical Park, Ayuthaya
Bangkok-Ratanakosin (19. Jh.)	Bunte und vergoldete Tempel im westlich-thailändischen Stil; mosaikbesetzte *chedis*	Wiederbelebter Ayuthaya-Stil	Wat Phra Kaew, Wat Pho und Wat Arun, Bangkok

Robot Building, Bangkok

buddhistischen Lehren erinnern sollen. Die Lotusblume kann selbst in einem fauligen Teich erblühen – eine Metapher dafür, dass religiöse Vollkommenheit auch in schändlichster Umgebung entstehen kann.

Im späten 19. und frühen 20. Jh. begann man in Thailand, traditionelle Architektur mit europäischen Formen zu verbinden. So sind in Hafenstädten wie Bangkok und Phuket schöne Beispiele chinesisch-portugiesischer Architektur entstanden: Gebäude aus stuckverzierten Backsteinen mit kunstvollen Fassaden. Dieser Stil folgte den Händlern der Kolonialzeit über die Meere und wird von den Einheimischen oft auch „Alt-Bangkok" oder „Ratanakosin" genannt.

Bangkok heute

Bangkoks Wolkenkratzer sind Musterbeispiele der Postmoderne. Die thailändische Architektur der 1960er- und 1970er-Jahre stand unter dem Einfluss der europäischen Bauhaus-Bewegung und ihrem Funktionalismus – das Durchschnittsgebäude sah damals aus wie ein gigantischer, auf der Seite liegender Eierkarton. Als thailändische Architekten während des Bau-Booms Mitte der 1980er-Jahre begannen, unter dem Motto „Form über Funktion" herumzuexperimentieren, waren High-Tech-Entwürfe wie M. L. Sumet Jumsais berühmtes „Robot Building" (1986) an der Th Sathon Tai in Bangkok das Ergebnis. Rangsan Torsuwan, ein Absolvent des Massachusetts Institute of Technology (MIT), führte den neo-klassizistischen (bzw. neu-thailändischen) Stil ein. Von ihm stammt auch der Entwurf für den Sathorn Unique Tower, mit dessen Bau 1990 begonnen worden war, bis 1997 aufgrund der Finanzkrise ein Baustopp verhängt wurde. Heute ist der Wolkenkratzer, obwohl zu vier Fünfteln fertiggestellt, eine Bauruine.

Inzwischen hält sich Bangkok an eine elegantere Architektur-Ästhetik. Einkaufszentren, Wolkenkratzer und Hotels folgen aktuellen Architekturtrends: abgerundete Glastürme, gemusterte Fassaden, präzise geometri-

Phra Pathom Chedi (S. 166), Nakhon Pathom

sche Formen und reiner Minimalismus. Die Anpassung der modernen Architektur an die extremen Bedingungen des tropischen Klimas hat teilweise den Funktionalismus wieder zurückgebracht, der im Zuge des Modernisierungsrauschs in den letzten Jahrzehnten verlorengegangen war. Auch die Sanierung und Restaurierung alter Gebäude ist ein neuer architektonischer Trend der auf Vintage stehenden Jugend, für die traditionelle Architektur keineswegs überholt, sondern originell und nostalgisch ist.

Kunst

Das Beste aus Thailands antiker Kunst ist in den unzähligen berühmten Tempeln des Landes zu sehen. Die vielen staatlichen und privaten Museen Bangkoks konzentrieren sich eher auf moderne Kunst.

Traditionelle Malerei & Bildhauerei

Thailands Schatzkammern in Sachen Kunst sind nach wie vor seine Tempel, in denen sich die Religion in Buddha-Skulpturen und -wandgemälden ständig widerspiegelt. Anhand dieser Buddha-Abbildungen lässt sich Thailands historische und künstlerische Entwicklung von einem kleinen eroberten Land bis zur unabhängigen Nation nachvollziehen.

Einen eigenen Kunststil zeigte das Land erstmals während der Sukhothai-Ära, die für ihre anmutigen, abgeklärten Buddha-Figuren berühmt ist. Die Wandmalereien in den Tempeln sind die Hauptform der alten thailändischen Kunst. Die Wandgemälde, die stets einen lehrenden Charakter haben, zeigen *jataka* (Geschichten aus Buddhas früherem Leben) und die thailändische Version des Hindu-Epos *Ramayana*. Da sie nicht so haltbar sind wie andere Kunstformen, konnten nur sehr wenige Beispiele religiöser Malerei aus der Zeit vor dem 20. Jh. bis heute überdauern. Die frühesten Werke sind im Wat Ratburana in Ayutthaya zu sehen, aber einige der besten können in Bangkok besichtigt werden.

Kunstmuseen & -galerien in Bangkok

- *National Museum*
- *Bangkok Art & Culture Centre*
- *100 Tonson Gallery*
- *H. Gallery*
- *Kathmandu Photo Gallery*
- *Museum of Contemporary Art*
- *Silom Galleria*

Die Entwicklung der thailändischen religiösen Kunst und Architektur lässt sich in verschiedene Perioden unterteilen, die von der Gunst der herrschenden Hauptstadt geprägt waren. Am besten sind die Besonderheiten einer Periode an den unterschiedlichen *chedi*-Formen und den speziellen Merkmalen der Buddha-Statuen – Gesichtszüge, Verzierungen auf dem Kopf, Gewand und Stellung der Füße bei der Meditation – erkennbar.

Zeitgenössische Kunst

Die Übertragung traditioneller Themen auf die säkulare Leinwand begann Anfang des 20. Jhs., als sich westliche Einflüsse in der Region ausbreiteten. Im Allgemeinen gibt die thailändische Malerei dem Abstrakten den Vorzug vor dem Realismus und hält an der eindimensionalen Perspektive der traditionellen Wandgemälde fest. In der thailändischen Kunst gibt es zwei Haupttrends: die Aktualisierung religiöser Themen und ironisch-sozialkritische Arbeiten. Bei einigen Künstlern gehen diese beiden Trends ineinander über.

Der Italiener Corrado Feroci wird oft als Vater der modernen thailändischen Kunst bezeichnet. 1923 wurde er von Rama VI. nach Thailand eingeladen und baute das Demokratiedenkmal und andere Denkmäler in Bangkok.

In den 1970er-Jahren widmeten sich thailändische Künstler mit abstraktem Expressionismus der Modernisierung buddhistischer Themen. Zu den bedeutendsten Arbeiten gehören der farbenfrohe Surrealismus von Pichai Nirand und die mystischen Bleistift- und Federzeichnungen von Thawan Duchanee. Der auch international bekannte Montien Boonma benutzt für seine Installationen Bestandteile des buddhistischen Verdienstesammelns wie Blattgold, Glocken und Kerzenwachs.

Politisch motivierte Kunst bildet eine Parallelbewegung der thailändischen zeitgenössischen Kunst. In Thailands sich rapide industrialisierender Gesellschaft mussten viele Künstler mit ansehen, wie auf Reisfeldern Fabriken entstanden, wie die Wälder zu Asphalt wurden und wie die Erträge in die Taschen derjenigen wanderten, die die richtigen poltischen Verbindungen hatten. Manit Sriwanichpoom ist vor allem für seine Reihe Pink Man on Tour bekannt, in der er den Künstler Sompong Thawee in einem rosafarbenen Anzug mit rosafarbenem Einkaufswagen inmitten der bekanntesten Attraktionen Thailands zeigt. Der forsche Künstler und Lyriker Vasan Sitthiket, Absolvent des College of Fine Art in Bangkok, ist noch unverhohlener und setzt auf Kontroversen, während er mit Mixed-Media-Installationen die Ausbeutung und Korruption

Top Kunstbücher

The Thai House (2002; Ruethai Chaichongrak)

The Arts of Thailand (1998; Steve Van Beek)

Flavours: Thai Contemporary Art (2005; Steven Pettifor)

Bangkok Design (2006; Brian Mertens)

Buddhist Temples of Thailand (2010; Joe Cummings)

HANDGEFERTIGTE KUNST

Thailand blickt auf eine lange Tradition faszinierenden Kunsthandwerks zurück, das sich oft regional und sogar von Dorf zu Dorf unterscheidet. Zu den thailändischen Töpferarbeiten gehören u. a. die grünlichen Seladon-Waren, die aus rotem Lehm gefertigten Tongefäße von Dan Kwian und die *ben-jà-rong*-Keramik im „Fünf-Farben-Stil" mit aufwändigen, bunten Glasuren auf weißem Porzellan aus Zentralthailand. Das ursprünglich ausschließlich nur für den Königshof hergestellte *ben-jà-rong*-Porzellan basiert auf chinesischen Mustern, Seladon hingegen ist thailändischen Ursprungs.

Aufgrund des Einflusses birmanischer Kunsthandwerker herrscht in Nordthailand eine lange Tradition zur Herstellung von Lackkunst, die eindeutig den verschiedenen Regionen zugeordnet werden kann.

Jede Region Thailands hat ihren eigenen Stil in der Seidenweberei. In alten Zeiten dürften die Webstoffe in etwa denselben Zweck wie unsere heutigen Visitenkarten erfüllt haben. An ihnen ließen sich Stammeszugehörigkeit und manchmal auch der Familienstand ablesen. Auch heute noch wird in den Dörfern die Tradition des Webens fortgesetzt, doch sind die Muster geografisch weniger spezifisch.

Oben: Demokratiedenkmal, Bangkok
Unten: Traditionelle thailändische Töpferwaren

ANIRUT RASSAMEESRITRAKOOL / ALAMY STOCK PHOTO ©

Mŏr-lam-Sänger

anklagt. Seine oft aussagekräftigen Arbeiten sind in Thailand verboten und werden als landesverräterisch verdammt.

In den 1990er-Jahren gab es Bestrebungen, die Kunst aus den Museen heraus in den öffentlichen Raum zu tragen. Navin Rawanchaikul begann in seiner Heimatstadt Chiang Mai mit seinem Gemeinschaftsprojekt „Kunst in die Straßen" und zog dann weiter nach Bangkok, wo er Taxis mit Kunstinstallationen ausstattete und damit buchstäblich die Kunst auf die Straßen brachte. Seine anderen Arbeiten sind Wortspiele, z. B. das Mixed-Media-Werk *We Are the Children of Rice (Wine)* von 2002 und sein episches Gemälde mit dem Titel *Super (M)art Bangkok Survivors* von 2004, in dem er seiner Wut gegen die Kommerzialisierung der Museen freien Lauf ließ. Nachwuchskünstler nutzen die unterschiedlichsten Medien für ihre eher introspektiven Arbeiten. So versucht Maitree Siriboon mit Collagen und Fotos seine persönliche Identität, Sexualität und Transformation zu erklären. Die 1979 geborene thailändisch-japanische Künstlerin Yuree Kensaku erschafft allegorische, manchmal surreale cartoonartige Gemälde mit lebhaften Bezügen zur Popkultur. Mit ihrer Kunst will sie „inhaltlich Probleme von Veränderungen, Beziehungen zu anderen und zu meiner Umwelt" zum Ausdruck bringen.

Traditionell wird die thailändische Bildhauerei mit buddhistischen Statuen in Verbindung gebracht. Heute gilt sie als stärkste der zeitgenössischen Künste. Beeinflusst von seinem Lehrer Henry Moore schuf der Bildhauer Khien Yimsiri elegante menschliche und mythische Bronzefiguren. Manop Suwanpinta verleiht der menschlichen Anatomie fantastische Formen, die oft auch technologische Aspekte enthalten, etwa aufklappbare Gesichter, die einen leblosen Inhalt enthüllen. Kamin Lertchaiprasert erforscht in seinen Skulpturen spirituelle und Alltagsthemen. Seine Installation *Ngern Nang* (Sitzendes Geld) zeigt eine Reihe von Figuren aus Banknoten, die von der Nationalbank ausgemustert wurden, mit poetischen Auslassungen über das Leben und die Liebe.

Musik

In Thailand trifft man auf eine reiche Vielfalt musikalischer Genres und Stile – von ruhiger Hofmusik als Begleitung klassischen Tanztheaters bis hin zu dröhnenden House-Beats in den Clubs.

Klassische Musik

Das klassische Orchester, das *ƀèe âht*, wurde ursprünglich zur Begleitung des klassischen Tanz- und Schattentheaters entwickelt. Heute kann man einfache Darbietungen aber auch bei Tempelfesten und an Touristenattraktionen erleben. Das Ensemble besteht aus fünf bis 20 Musikern, die vor jedem Auftritt der *đà·pohn* (oder *thon*), der doppelseitigen Handtrommel, die dem ganzen Ensemble das Tempo vorgibt, Räucherkerzen und Blumen darbieten.

Die thailändische Standardtonleiter unterteilt die Achttonoktave in sieben Ganztonintervalle ohne Halbtöne. Thailändische Tonleitern wurden erstmals von dem thailändisch-deutschen Komponisten Peter Veit (auch unter dem thailändischen Namen Phra Chen Duriyang bekannt) niedergeschrieben, der 1932 Thailands Nationalhymne komponierte.

Lôok Tûng & Mŏr Lam

Das sich am besten verkaufende Genre der modernen thailändischen Musik ist das aus den 1940er-Jahren stammende *lôok tûng* (wörtl. „Kinder der Felder"). Ähnlich wie die Country- und Westernmusik in den USA spricht diese Musikrichtung vor allem die thailändische Arbeiterklasse an. Traditionell handeln diese Lieder von verlorener Liebe, tragischem frühen Tod und den harten Lebensbedingungen der Bauern. Der traurige Gesangstil reicht von sentimental bis gequält. Oft werden die Sänger von Tänzerinnen im Las-Vegas-Stil begleitet.

Mŏr lam ist der thailändische Blues. Diese Volkstradition ist im Nordosten Thailands und in Laos tief verwurzelt. Die Lieder werden auf der *kaan* gespielt, einem Blasinstrument mit einer Doppelreihe von bambusartigen Röhren in einem Resonanzkörper aus Hartholz. Der älteste Stil ist hauptsächlich noch bei Dorfversammlungen zu hören und zeichnet sich durch einen einfachen, aber durchdringenden Bass-Rhythmus aus. Oft wird dazu im Isan-Dialekt gesungen. Da die Lieder häufig von unerwiderter Liebe und den Härten des Lebens handeln, hat sich *mŏr lam* in Elektro-Pop-Versionen und mit einer ernsthaft-albernen Seite auch bei der jüngeren Generation durchgesetzt.

Als Wirtschaftsmigranten aus allen Teilen des Landes nach Bangkok kamen, verschmolzen die beiden Genres miteinander und mit anderen Musikformen, was zur gegenseitigen Befruchtung beitrug. So singen die Interpreten heute, begleitet von Dance-Rhythmen, z. B. über das Leiden

Musikquellen

E Thai Music (www.ethaicd.com) ist ein thailändischer Online-Musikladen.

Beliebte thailändische Radiosender sind Fat FM 104,5 (Alternativ-Rock), Seed FM 97,5 (T-Pop) und Luk Thung FM 95,0 (lôok tûng und mŏr lam).

TRADITIONELLE MUSIKINSTRUMENTE

ƀèe – hohes Holzblasinstrument, das oft bei Thai-Boxkämpfen zu hören ist

rá·nâht èhk – Schlaginstrument aus Bambus, das einem Xylophon ähnelt

kórng wong yài – in einem Halbkreis angeordnete Klangstäbe

đà·pohn (tohn) – eine doppelte Schlagtrommel

pĭn – viersaitiges Instrument, das wie eine Gitarre gezupft wird

sor – schlankes Streichinstrument mit einer Kokosnussschale als Klangkörper

klòo·i – hölzerne Flöte

in der Stadt, über die Arbeit in der Fabrik oder auch über das Schicksal, zu dick zu sein.

Thailands berühmteste *lôok-tûng*-Sängerin war Pumpuang Duangjan, die 1992 im Alter von gerade mal 30 Jahren starb. Um sie zu ehren finanzierte das Königshaus ihre Einäscherung und einen großen Schrein im Wat Thapkradan in Suphanburi. Siriporn Ampaipong führte mit ihrer rauen Stimme die Tradition weiter und ist noch immer sehr beliebt. Die neuen *lôok-tûng*-Prinzessinnen sind Yingli Sijumpon, ein Sternchen aus Buriram, und Baitoi R. Siam, die zum Sexy-Pop übergewechselt ist. Auch Pai Pongsaton und Tai Orathai sind Publikumslieblinge. Auu Jeerawat hat dieses Genre akustisch aufgemischt.

Thailands Playlist

- *That Song (Modern Dog)*
- *The Sound of Siam: Leftfield Luk Thung, Jazz & Molam in Thailand 1964–1975 (Soundway Records Compilation)*
- *Made in Thailand (Carabao)*
- *Best (Pumpuang Duangjan)*
- *Romantic Comedy (Apartment Khunpa)*
- *I Wanna Be Your Dog (Futon)*

Thailändischer Rock & Pop

In den 1970er-Jahren schwappte der politische Folk-Rock – von den Thais *pleng pêu·a chee·wít* („Lieder fürs Leben") genannt – aus den USA und Europa ins Land. Der bald mit der thailändischen Band Caravan assoziierte Stil steht für eine bedeutende Veränderung der zeitgenössischen thailändischen Musik, in der politische und ökologische Themen die üblichen Liebesgeschichten verdrängten. Während der autoritären Diktatur in den 1970er-Jahren waren viele der Caravan-Songs offiziell verboten. Ein weiterer langjähriger Vertreter dieser Musikrichtung ist Carabao, der mit seiner Mischung aus Rock und Heavy Metal eine ganze Generation von Nachahmern hervorbrachte.

Thailands boomender Teenie-Pop – manchmal auch nur T-Pop genannt – kam in den 1970er- und 1980er-Jahren auf. Hier dreht sich alles um Künstler, die aufgrund ihres guten Aussehens ausgesucht wurden, was oft bedeutet, dass sie halb Thai, halb *fa·ràng* sind und englische Namen haben. Thailands King of Pop ist Thongchai „Bird" Mcintyre (auch Pi Bird genannt). Sein erstes Album erschien 1986, und seitdem folgte fast jedes Jahr eine neue Platte. Mit seiner Mischung aus George Michaels Durchhaltevermögen und dem Image als „netter Junge von nebenan" ist er vor allem bei den 30- bis 40-jährigen Thais sehr beliebt.

Die 1990er Jahre waren die Geburtsstunde einer alternativen Popszene – des Indie-Pop. Vorreiter war hier vor allem die unabhängige Plattenfirma Bakery Music. In der Hochphase des Indie-Pop begleitete Modern Dog, eine Band aus vier Absolventen der Chulalongkorn University, eine ganze Generation durch den musikalischen Reifeprozess. Eine weitere erfolgreiche Indie-Band war Loso (eine Ableitung von *low society* im Gegensatz zu *hi-so* oder Promis), die Carabaos Vorliebe für thailändische Volksmelodien und Rhythmen aufgepeppt hat. Im neuen Jahrtausend sind diese Bands in der Classic-Rock-Schiene gelandet, während Bakery Music von einem Konzern aufgekauft wurde.

Die Alternativszene lebt in unterschiedlichen Formen weiter: als Lounge Pop, Garage Rock oder Electronica. Tattoo Colour aus Khon Kaen schaffte es, von einem kleinen Indie-Label aus mehrere Hits zu landen. Und die Fans des Frauentrios Yellow Fang warten alljährlich auf den neuen Song der Gruppe. Der neu belebte Disco-Sound der Groove Riders hat das Tempo gedrosselt, aber den Funk-Faktor erhöht. Mit einer prägnanten Version von Iggy Pops „I Wanna Be Your Dog" läutete 2003 die Electro-Rock-Band Futon ihre Ankunft ein. Die Band Endorphine um die süße Da, die später solo weitermachte, sorgte um die Jahrtausendwende mit ihren Hits fast zehn Jahre lang für Wohlfühlmusik. Die Bangkoker Rocker Ebola haben mit ihren Songtexten zwei Jahrzehnte aufgemischt, und die Hip-Hop-Band Thaitanium rappt seit der Jahrtausendwende, was das Zeug hält.

Aktuell versuchen die meisten Popstars in Thailand die charakteristischen Dance Moves der koreanischen Popstars (Japan-Pop, auch J-Pop

Schattenspiel

genannt, ist inzwischen out) nachzumachen. Die Apple Girl Band macht mithilfe von Apple-Apps Musik. Zu den derzeitigen Stars gehören auch das Girl-Duo Four-Mod, das bereits eine Reihe von Hit-Singles herausgebracht hat, das Poster-Trio FFK (Faye Fang Kaew) und die Zwillingsschwestern Neko Jump.

Tanz & Theater

Thailands hohe Künste sind im Niedergang, seit sich der Palast von einer klösterlichen Gemeinschaft entfernt hat. Einige der bedrohten Kunstformen konnten jedoch gerettet und für die wachsende Touristengemeinde wiederbelebt werden. Volkstraditionen sind zwar weiter verbreitet, doch die Zeit des Dorftheaters ist längst vorbei.

Thailands berühmtestes Tanztheater ist das traditionelle Maskenspiel *khon*, das auf dem *Ramakian* basiert, der thailändischen Version des indischen *Ramayana*. Die Geschichte handelt von Prinz Ramas Suche nach seiner geliebten Prinzessin Sita, die von dem zehnköpfigen bösen Dämon Ravana entführt und auf die Insel Lanka verschleppt wurde. Die Tänzer tragen kunstvolle Kostüme und einige der Charaktere Masken.

Jede Region hat ihren eigenen traditionellen Tanzstil, der bei Tempelfesten und Umzügen aufgeführt wird. Gelegentlich treten in Tempeln auch Schreintänzer auf, die von Gläubigen für eine Darbietung angeheuert werden. Schulkinder nehmen oft Tanzstunden im traditionellen thailändischen Tanz.

Das am häufigsten bei buddhistischen Festen vertretene *lí·gair* ist eine grelle, laute Theaterform, die vermutlich auf Bühnenrituale zurückgeht, die mit arabischen und malaiischen Händlern nach Südthailand kamen. Es ist eine teilweise improvisierte, bunte Mischung aus folkloristischer und klassischer Musik, ausgefallenen Kostümen, Melodramen, Slapstick-Comedy, sexuellen Anspielungen und topaktuellen Kommentaren.

Puppentheater war bei Königen und Untertanen gleichermaßen beliebt. Beim *lá·kon lék* (kleinen Theater) wurden Marionetten unterschiedlicher Größe für Aufführungen am Hof ähnlich wie beim *khon* benutzt. Zwei bis drei Puppenspieler waren notwendig, um die metergroßen Puppen, die mit Drähten an langen Stäben befestigt waren, zu bewegen. Die Geschichten stammen aus thailändischen Volkssagen, vor allem aus dem *Phra Aphaimani*, gelegentlich auch aus dem *Ramakian*.

Das Schattenspiel, bei dem in nächtlichen Vorführungen zweidimensionale Figuren zwischen einer Leinwand und einer Lichtquelle bewegt werden, ist in Südostasien seit vielleicht schon fünf Jahrhunderten Tradition. Es kam mit nahöstlichen Händlern auf die Malaiische Halbinsel und ist in Thailand vor allem im Süden zu finden. Wie in Malaysia und Indonesien werden die Schattenspielfiguren auch in Thailand aus getrockneter Büffel- oder Kuhhaut (*năng*) hergestellt. Heute liegt die Hauptstadt des Schattenspiels in Nakhon Si Thammarat, wo es regelmäßig Vorführungen bei Festen gibt. Das Schattenspiel ist leider eine sterbende Kunstform, aber die Schattenspielfiguren sind heute beliebte Touristensouvenirs. In Nakhon Si Thammarat sollte man unbedingt auch das fantastische Shadow Puppet Museum (S. 633) besuchen, wo exzellente Beispiele solcher teilweise aus dem 18. Jh. stammenden Figuren zu sehen sind.

Thailändische Filmklassiker

6ixtynin9 (1997)

Yam Yasothon (2005)

Ruang Rak Noi Nid Mahasan (Leben nach dem Tod in Bangkok; 2003)

Fah Talai Jone (Tears of the Black Tiger; 2000)

Mekhong Sipha Kham Deuan Sip-et (Mekong Full Moon Party; 2002)

Uncle Boonmee erinnert sich an seine früheren Leben (2010)

Kino

Im thailändischen Filmgeschäft gibt es zwei parallele Strömungen: finanziell erfolgreiche und cineastisch wertvolle Filme. Beides überschneidet sich so gut wie nie.

Das populäre thailändische Kino boomte in den 1960er- und 1970er-Jahren, vor allem als der Staat eine Steuer auf Hollywood-Importe erhob und so für einen Wachstumsschub der heimischen Kinobranche sorgte. Die meisten Filme waren billige Actionstreifen mit Titeln wie *nám nôw* (Stinkendes Wasser), aber die unrealistischen (ja sogar unsinnigen) Storys und die prächtigen Farben hinterließen einen bleibenden Eindruck bei den thailändischen Filmemachern von heute.

KICK THE MACHINE: DIE FILME VON APICHATPONG WEERASETHAKUL

Der für seinen Film *Uncle Boonmee erinnert sich an seine früheren Leben* 2010 in Cannes mit der Goldenen Palme ausgezeichnete unabhängige Filmregisseur Apichatpong Weerasethakul stammt aus Bangkok und hat es sich zum Prinzip gemacht, zur Verteidigung seiner Kunst keine Kontroversen zu scheuen. Das *enfant terrible* der thailändischen Filmemacher war Mitbegründer der Free Thai Cinema Movement, einer Widerstandsbewegung gegen das Gesetz von 2007, nach dem Filme vor dem Kinostart einer einstufenden Bewertung unterzogen werden müssen. Dieses Gesetz ermutigte die Zensoren, Kürzungen an Weerasethakuls Film *Syndromes and a Century* zu verlangen. Deshalb erklärt er jetzt, dass er eine Veröffentlichung seines neuesten Spielfilms *Cemetery of Splendour* (2015) in Thailand wegen der Zensur nicht wünsche. Der Film handelt von einer Gruppe von Soldaten, die in einer Klinik wegen einer mysteriösen Schlafkrankheit behandelt werden – das wurde weithin als eine Metapher für Thailands nicht funktionierendes politisches System verstanden.

Der 45-jährige Regisseur thai-chinesischer Abkunft hat viele Kurzfilme, Spielfilme und Installationen geschaffen. Internationale Aufmerksamkeit erlangte er 2002 mit seiner erotischen Romanze *Blissfully Yours*, für die er im gleichen Jahr bei den Filmfestspielen in Cannes den Prix Un Certain Regard erhielt, und zwei Jahre später mit seinem Film *Tropical Malady*, der, trotzdem er sehr unterschiedlich aufgenommen wurde, den Jurypreis in Cannes einheimste. Weerasethakul widmet sich in seinen stets von seiner Firma Kick the Machine produzierten Filmen vor allem privaten und sozialen Themen, die oft hypnotisch, träumerisch und manchmal sogar surrealistisch mit viel Hintersinn aufbereitet werden.

Wat Phra Kaew (S. 63), Bangkok

Um die Jahrtausendwende schaffte das thailändische Kino den Sprung in internationale Kreise. Teilweise ist das dem Regisseur und Drehbuchautor Pen-Ek Ratanaruang, der am Pratt Institute studierte, und seinen wirklichkeitsnahen, fesselnden Filmen zu verdanken. Apichatpong Weerasethakul ist Thailands führender Regisseur des *cinéma-vérité* und hat bereits drei Preise in Cannes erhalten, darunter die Goldene Palme (die höchste Auszeichnung der Filmfestspiele) für seinen Film *Uncle Boonmee erinnert sich an seine früheren Leben* (2010).

Auf internationalen Filmfestivals sind heute immer mehr Experimentalfilme von thailändischen Regisseuren zu sehen. Nawapol Thamrongrattanarit erntete viel Applaus für sein Drehbuch zu *Bangkok Traffic Love Story* (2009) über eine moderne junge Frau in der Stadt. Sein Debüt als Regisseur feierte er 2012 mit dem Film *36*, in dem in 36 statischen Kameraeinstellungen die Themen verlorene Liebe und verlorene Erinnerungen behandelt werden. *Mary is Happy, Mary is Happy* (2013) ist ein Filmfestivalhit; für seinen Film adaptierte Thamrongrattanarit die Twitter-Feeds einer jungen Thailänderin. Zu seinen neuesten Streifen gehören *Heart Attack* (2015) und der Dokumentarfilm *The Master* (2014).

Festivalfilme profitieren auch von unabhängigen Filmclubs und Eigenwerbung in sozialen Medien. Auf diese Weise umgehen Low-Budget-Filmemacher die großen Studios, die stets wachsamen Zensoren und die ängstlichen, kontroversenscheuen Filmtheater. 2007 führte die Filmbehörde ein Bewertungssystem mit sieben Gruppen ein (darunter auch Filmverbot). Zensiert zu werden, klingt vielleicht wie das Aus für einen Film, doch oft befeuert gerade das den Indie-Erfolg und den Kultstatus. 2013 fühlten sich die Zensoren gleich bei zwei politischen Dokumentarfilmen zum Eingreifen bemüßigt: In Pen-Eks historischem Film *Paradoxocracy* mussten kritische Dialoge ausgeblendet werden. Nontawat

Numbenchapols *Boundary* wurde anfangs sogar ganz verboten; das Verbot wurde aber nach einem Widerspruch aufgehoben. 2015 wurde der thailändische Horrorfilm *Arbat* verboten, weil er „unangebrachtes Fehlverhalten" thailändischer Mönche zeige, was als Beleidigung des Buddhismus gewertet wurde.

Die großen Studios mögen Geistergeschichten, Horrorstreifen, historische Epen, kitschige Liebesgeschichten und überdrehte Komödien. Aufwändige Historienschinken erfüllen gleich zwei Dienste: Sie bringen in der Regel Geld ein und fördern die nationale Identität. Die als Propagandamittel kritisierte sechsteilige Spielfilmreihe *King Naresuan – Der Herrscher von Siam* dreht sich um den König aus der Ayuthaya-Ära, der eine Invasion der Birmanen abwehrte. Jeder Teil war ein Riesenerfolg an den Kinokassen.

Top-Werke

The Lioness in Bloom: Modern Thai Fiction about Women (1996; übersetzt von Susan Fulop Kepner)

Four Reigns (1991; Kukrit Pramoj)

Der Jadereiter (2004; John Burdett)

Fieldwork: A Novel (2007; Mischa Berlinski)

Bangkok Bound (2012; Ellen Boccuzzi)

Literatur

Das geschriebene Wort hat in Thailand eine lange Tradition, die bis ins 11. oder 12. Jh. zurückzuverfolgen ist, als das erste thailändische Schriftstück mithilfe des älteren Mon-Alphabets erstellt wurde. Das 30 000 Zeilen lange *Phra Aphaimani* wurde vom Dichter Sunthorn Phu Ende des 18. Jhs. geschrieben und ist das bekannteste Werk der klassischen Literatur Thailands. Wie viele seiner epischen Vorgänger auf der ganzen Welt erzählt es die Geschichte eines verbannten Prinzen, der erst eine Odyssee mit Liebeshändel und Kampfhandlungen hinter sich bringen muss, bevor er siegreich in sein Königreich zurückkehren kann.

In der gesamten klassischen Thai-Literatur ist jedoch kein anderes Werk so präsent und derart einflussreich auf die thailändische Kultur wie das *Ramakian*. Sein indischer Vorläufer, das *Ramayana,* kam vor 900 Jahren mit den Khmer nach Thailand und tauchte erstmals auf Steinreliefs am Prasat Hin Phimai und anderen Angkor-Tempeln im Nordosten auf. Schließlich entwickelten die Thais ihre eigene Version des Epos, die zum ersten Mal während der Regentschaft Rama I. (reg. 1782–1809) niedergeschrieben wurde. Sie umfasst 60 000 Strophen und ist um ein Viertel länger als das Original in Sanskrit.

Zwar blieben die Hauptthemen die gleichen, doch schmückten die Thais das *Ramayana* mit zahlreichen biografischen Details über den Erzbösewicht Ravana (im *Ramakian* Thotsakan oder „zehnhalsig" genannt) und seine Frau Montho aus. Hanuman, der Affengott, unterscheidet sich im thailändischen Epos erheblich durch seinen koketten Charakter (in der Hindu-Version folgt er strikt seinem Keuschheitsgelübde). Eines der klassischen *Ramakian*-Reliefs in Bangkoks Wat Pho zeigt Hanuman, wie er die entblößte Brust eines jungen Mädchens wie einen Apfel umfasst.

Thailändische Autoren schreiben ihre Werke in der Regel auf Thailändisch; für einige modernere Bücher gibt's aber auch (meist nur englischsprachige) Übersetzungen:

- *Pisat, Evil Spirits* von Seni Saowaphong. Handelt von Generationenkonflikten.
- *Lai Chiwit* (*Many Lives*; Übersetzung 1996) von Kukrit Pramoj. Sammlung von Kurzgeschichten.
- *Monsoon Country* (1988) von Pira Sudham. Fängt hervorragend die Kämpfe gegen Traditionen und Naturgewalten im Nordosten ein.
- *The Judgement* (1982) von Chart Korbjitti. Ein Drama über einen jungen Dorfbewohner, der zu Unrecht eines Verbrechens beschuldigt wird.
- *Jasmin, Homer und das Chamäleon* (1994) von S. P. Somtow. Geschichte eines heranwachsenden Jungen, der hin- und hergerissen ist zwischen traditionellen Auffassungen und der modernen thailändischen Popkultur.
- *Married to the Demon King* (2005) von Sri Doruang. Überträgt das Ramayana ins moderne Bangkok.

Natur & Umwelt

Thailand misst von seiner Nordspitze bis zum Südende 1650 km – eine Strecke, die 16 Breitengrade und eine Vielzahl von Ökozonen umfasst und das Land in ökologischer Hinsicht zu einem der vielfältigsten in Südostasien macht.

Geografie

Thailands seltsame Form wird oft mit einem Elefantenkopf verglichen: Der Rüssel ist die Malaiische Halbinsel, den Rest des Kopfes bilden die Berge im Norden. Von oben angefangen, wird Nordthailand von der Dawna-Tenasserim-Gebirgskette dominiert, einem Südostausläufer des Himalajas. In der Region Zentralthailand wird die Topografie flacher und besteht hauptsächlich aus weiten Ebenen mit Reisfeldern, die von Flüssen gespeist werden, die ebenso sehr verehrt werden wie die Könige des Landes. Thailands ehrwürdigster Fluss ist der Chao Phraya, den die nördlichen Zuflüsse des Ping, Wang, Yom und Nan bilden – eine Abstammungslinie, die es locker mit jedem Aristokraten aufnehmen kann. Die frühen Königreiche des Landes entstanden rund um das Gebiet des Chao Phraya, das auch heute noch der Sitz der Monarchie ist. Das Flussdelta wird die meiste Zeit des Jahres bewirtschaftet.

Thailands Umrisse im Norden und Nordosten folgen einem weiteren imposanten Wasserlauf: dem Mekong. Von seiner Quelle im Hochland von Tibet fließt er als Láncāng Jiāng zunächst durch die chinesische Provinz Yúnnán und bahnt sich dann seinen Weg durch Myanmar, Laos, Thailand, Kambodscha und Vietnam, bis er schließlich ins Südchinesische Meer mündet. In geografischer Hinsicht trennt der Mekong Thailand zwar von seinen Nachbarländern, kulturell gesehen verbindet er sie aber. Der Strom ist die Hauptschlagader Südostasiens und ein wahres Arbeitstier von Fluss, der wegen der Wasserkraftnutzung aufgestaut wurde. Je nach saisonaler Niederschlagsmenge steigt und sinkt sein Pegel. In der Trockenzeit pflanzen die Bauern Gemüse in den sumpfigen Flussauen an und holen die Ernte ein, bevor der Fluss sich sein Territorium wieder zurückholt.

Die Landschaft an der Nordostgrenze Thailands wird vom trockenen Khorat-Plateau dominiert, das sich 300 m über die Zentralebenen erhebt. Es ist ein karger Landstrich, in dem es nur selten regnet, der Boden

WO DIE WILDEN ELEFANTEN ZIEHEN

In vielen der Nationalparks leben Herden wilder Elefanten, die sich abends an Wasserlöchern und Salzteichen versammeln. Hier ein paar Parks, die für ihre Elefantenpopulationen bekannt sind:

Kuiburi National Park (S. 558), in der Nähe von Prachuap Khiri Khan.

Khao Yai National Park (S. 451), nordöstlich von Bangkok in der Provinz Nakhon Ratchasima.

Kaeng Krachan National Park (S. 539), südlich von Bangkok in Phetchaburi.

völlig „blutleer“ ist und der rote Staub mit derselben Hartnäckigkeit, mit der die alten Großmütter ihre Betelnüsse kauen, an allem kleben bleibt.

Die Flüsse im Osten des Königreichs fließen in den Golf von Thailand, ein flaches Becken neben dem Südchinesischen Meer. Der warme, sanfte Golf bietet ideale Bedingungen für Korallen. Weiter im Süden erstreckt sich die Malaiische Halbinsel, eine lange, rüsselförmige Landmasse. Auf der Westseite liegt die Andamanensee, eine wunderschöne Tropenlandschaft mit atemberaubend blauem Gewässer und dramatischen Kalksteininseln. An Land ist die Halbinsel von den letzten noch verbliebenen Regenwaldresten und den Kautschuk- und Palmölplantagen geprägt, die sich immer weiter ausbreiten.

Pflanzen & Tiere

Im nördlichen Teil von Thailand werden die meisten einheimischen Spezies zoologisch als indochinesisch klassifiziert, d.h. sie stammen ursprünglich vom asiatischen Festland. Die Arten aus dem Süden gehören dagegen zur sundaischen Klasse, die für die Malaiische Halbinsel, Sumatra, Borneo und Java typisch ist. In einem interessanten Überschneidungsbereich haben Pflanzen und Tiere beider Klassen ihre Heimat. Dieser Bereich beginnt in Uthai Thani und erstreckt sich bis in den Süden der Golfregion bei Prachuap Khiri.

Der durch sechs Länder fließende Mekong macht dem Amazonas in Bezug auf Artenvielfalt Konkurrenz und beherbergt bedrohte und neu entdeckte Arten wie den Khorat-Großmaulfrosch, der mit seinen Reißzähnen Beute fängt.

In Thailand leben sehr viele Vögel. Mehr als tausend ziehende und nicht ziehende Arten wurden hier verzeichnet – das sind etwa 10 % aller Vogelarten weltweit! Die kühlen Berge im Norden beherbergen Berg- und Zugvögel wie Fliegenschnäpper und Drosselarten, die sonst nur im Himalaja vorkommen; die trockenen Wälder im Khao Yai National Park im Nordosten werden von Nashornvögeln bewohnt; Sumpfvögel bevorzugen die Feuchtgebiete der Zentralregion, und sundaische Arten wie die Pittas, die Gurney entdeckt hatte, lieben das nassere Klima im südlichen Landesteil.

Neben zahlreichen Vögeln werden Besucher der hiesigen Nationalparks am wahrscheinlichsten Affen zu Gesicht bekommen. Thailand beheimatet fünf Makakenarten (darunter die Javaneraffen und die Schweinsaffen), vier Spezies der kleineren Schlankaffen und drei Arten Gibbons. Auch wenn Affen genau wie andere einheimische Arten vom Verlust ihres Lebensraums bedroht sind, überleben diese Tiere manchmal, indem sie sich vom Menschen etwas domestizieren lassen. Die langarmigen Gibbons wurden früher in ländlichen Dörfern regelrecht aufgezogen, und Makaken trifft man in kleinen, bewaldeten Fleckchen oder unbenutzten Tempeln in menschlichen Siedlungen.

Zu den weiteren Bewohnern der Schutzgebiete Thailands gehören der Gaur und das Banteng (Rinderarten), die Seraue (eine asiatische Ziege), der Sambar-Hirsch, das Muntjak, das Hirschferkel und der Tapir.

Sechs Giftschlangenarten gibt es im Land: die Gemeine Kobra, die Königskobra, die Krait, die gewöhnliche Bambusotter, die Malaien-Mokassinotter und die Kettenviper. Die relativ seltene Königskobra kann zwar bis zu 6 m lang werden, die größte Schlange des Landes aber ist die Python, eine Würgeschlange, die 10 m (!) Länge erreicht.

Unter den vielen Eidechsenarten findet man zwei Gattungen: den *đúk·gaa*, einen Gecko, der am frühen Abend seinen Namen „hustet“, und den *jîng-jòk*, eine muntere Eidechse, die an Decken und Wänden Käfer jagt. In einigen Wäldern des Südens lebt auch der wie ein Mini-Dino aussehende Schwarze Raunackenwaran.

Die Meere sind Heimat für Hunderte Korallenarten. Die von diesen winzigen Lebewesen geschaffenen Riffe bieten wiederum Fischen, Schalentieren und winzigen Wirbellosen ideale Lebensbedingungen. Hier findet man z.B. einige der kleinsten Fische der Welt (die 1 cm lange

Zwerggrundel) und den größten Knorpelfisch (der 12 m lange Walhai), zudem Riffbewohner wie den Clownfisch, den Papageifisch sowie Lippfische, Kaiserfische, Drücker- und Feuerfische; im tieferen Wasser sind Zackenbarsche, Barracudas, Haie, Mantarochen, Marline und Thunfische zu Hause. Auch auf Schildkröten, Wale und Delfine kann man treffen.

Die berühmtesten Tiere Thailands sind gleichzeitig die gefährdetsten: Der Indische Elefant, der kleinere Cousin des Afrikanischen Elefanten, zog einst in Herden durch die unberührten Wälder Indochinas. Der Verlust seines Lebensraums und die Wilderei führten dazu, dass der wildlebende Elefant vom Aussterben bedroht ist. Die Zahl von Wildelefanten in Thailand wird auf etwa 1000 geschätzt.

Scheue wildlebende Tiger stolzieren durch das Hinterland zwischen Thailand und Myanmar, aber es werden immer weniger. Eine genaue Zahl lässt sich nicht nennen, aber Experten schätzen, dass es noch ca. 200 bis 300 Exemplare gibt. Das Jagen von Tigern und das Stellen von Fallen ist illegal, aber Wilderer töten die Katzen weiterhin wegen des Wildtierhandels mit Übersee.

Die seltene Gabelschwanzseekuh (wiegt bis zu 1000 kg) – ein pflanzenfressendes Meeressäugetier – galt in Thailand als ausgestorben, bis man in ein paar kleinen Ecken rund um Trang einige Vertreter entdeckt hat. Doch auch sie drohen ihren Lebensraum zu verlieren, und die Propeller der Touristenboote sind eine tödliche Gefahr für die Tiere.

Die verbliebenen Dschungel Thailands lassen sich in zwei Waldtypen gliedern: Monsunwald (mit einer ausgeprägten Trockenzeit von mindestens 3 Monaten) und Regenwald (in dem in über 9 Monaten im Jahr Regen fällt). Die am dichtesten bewaldeten Provinzen sind Chiang Mai und Kanchanaburi.

Die Monsunwälder im nördlichen Teil des Landes bestehen aus Laubbäumen, die während der Regenzeit saftig grün sind, in der Trockenzeit jedoch staubig und kahl. Teakbäume gehören zu den wertvollsten Bäumen des Monsunwaldes, aber es gibt nur noch wenige.

In Südthailand, wo die Niederschläge reichlich und gleichmäßig über das ganze Jahr verteilt sind, werden die Wälder als Regenwald klassifiziert, aber vereinzelt sind auch Monsunwaldgebiete zu finden. Eine wirklich bemerkenswerte Pflanze in einigen südlichen Wäldern ist die *Rafflesia kerrii,* eine niedrig wachsende Pflanze mit riesiger Blüte, die einen Durchmesser von bis zu 80 cm haben kann; im Khao Sok National Park in der Nähe von Surat Thani kann man sie bestaunen.

Thailand ist das Zuhause von fast 75 Küstenmangrovenarten, kleinen salztoleranten Bäumen, die zahlreichen Fisch- und anderen Tierarten an der Küste als Brutkasten dienen. Wiederaufforstungsprogramme in den Mangrovengebieten haben dank der Tatsache, dass die Bäume während des Tsunamis in Asien im Jahr 2004 einen wichtigen Schutz darstellten, an Popularität gewonnen.

Orchideen sind die exquisitesten einheimischen Pflanzen Thailands. Es gibt über 1100 einheimische Arten, und ihre Lebensräume sind vielfältig: Einige sind Bodengewächse, während andere hoch oben in den Bäumen wachsen und wieder andere sich an Felsvorsprünge klammern.

Der nach Königin Sirikit benannte Botanische Garten (S. 389) außerhalb von Chiang Mai beherbergt eine wunderschöne Sammlung von Orchideen und Seerosen.

Zahlen & Fakten

Mit einer Fläche von 514 000 km² ist Thailand etwas größer als Spanien.

Bangkok liegt auf 14° nördlicher Breite auf einer Höhe mit Chennai (Madras), Manila, Guatemala-Stadt und Khartum.

Umweltprobleme

Abholzung

In Thailand hat man große Flächen des Landes in Städte und Farmen umgewandelt, wodurch die hiesigen Ökosysteme enorm strapaziert wurden. Der Weltbank zufolge waren 2013 etwa 32 % des Landes mit natürlichen Waldflächen bedeckt im Vergleich zu 70 % rund 50 Jahre zuvor. Der rapide Rückgang der Waldflächen stand in direktem Zusammenhang mit der Industrialisierung, der Verstädterung und der kommerziellen

Abholzung. Aber auch wenn diese Zahlen äußerst alarmierend sind, hat sich der Verlust von Waldflächen seit der Jahrtausendwende auf etwa 0,4% pro Jahr verlangsamt, und der Waldbestand insgesamt hat sich ebenfalls verbessert – 1990 waren 27,4% des Landes von Wald bedeckt.

Als Antwort auf die Umweltzerstörung hat die thailändische Regierung seit den 1970er-Jahren zahlreiche Schutzgebiete geschaffen und es sich zum Ziel gesetzt, die Waldfläche des Landes bis zur Mitte dieses Jahrhunderts auf 40% zu erhöhen. 1989 wurde jegliche Art der Abholzung in Thailand nach verheerenden Erdrutschen in der Provinz Surat Thani, die ganze Dörfer unter sich begruben und über 100 Menschen das Leben kosteten, verboten. Heute ist es in ganz Thailand illegal, Bäume zu fällen, aber das Gesetz wird regelmäßig von Einwohnern missachtet, die in der Nähe einer großen Waldfläche leben und ausreichend vernetzt sind, um ihre Interessen zu schützen.

Ein weiteres Problem, das mit der Abholzung einhergeht, ist der Verlust zahlreicher Lebensräume. Naturforscher sind sich darüber einig, dass die größte Bedrohung für die Flora und Fauna Thailands weder die Jagd noch der illegale Wildtierhandel ist, sondern der Verlust des Lebensraumes. Zu den in Thailand praktisch bereits ausgestorbenen Arten gehören Koupreys (eine Wildrindart), Schomburgk-Hirsche und Java-Nashörner, aber auch unzählige kleinere Spezies sind bereits mehr oder weniger sang- und klanglos verschwunden.

Küstenerosion & Überfischung

Dem WWF zufolge werden jedes Jahr unglaubliche 250 000 bis 300 000 t Shrimps in Thailands Fischfarmen geerntet. Für deren Aufzucht werden bis zu 540 000 t Beifang aus der freien Natur eingesetzt.

Da sich der Großteil der Fertigungsindustrie Thailands an der Ostküste und am nördlichen Golf von Thailand konzentriert, sind die Küstenregionen im Vergleich zum Landesdurchschnitt von einem höheren Bevölkerungsanteil und einem größeren Wirtschaftswachstum geprägt. Dies wiederum führt zu einer zunehmenden Umweltbelastung.

Bodenerosion ist ein großes Problem entlang der Küsten. Laut Weltbank verliert Thailand jedes Jahr 2 km² seiner Küstenlinie. Was auch teilweise auf die Küstenbebauung (Anlegestege, Hafendämme, Hotels und Straßen am Meeresufer), absinkende Landmassen (aufgrund von Grundwasserschwund) und den Anstieg des Meeresspiegels zurückzuführen ist. Genaue Daten zur Wasserqualität entlang der Küste fehlen zwar, aber Experten geben zu, dass die Kläranlagen mit der wachsenden Bevölkerung in diesen Regionen nicht mehr mithalten können und industrielle Abwässer oft nicht ausreichend gereinigt werden.

Die Küstenerosion stellt eine große Belastung für Thailands Meeresökosystem und seine artenreichen Korallenriffe dar. Basierend auf einem Umweltbericht der Weltbank aus dem Jahr 2006 wird geschätzt, dass etwa 50% der thailändischen Korallenriffe als hochgefährdet einzustufen sind, was das Vorhandensein eines überproportional hohen Anteils toter Korallen nahelegt. Das globale Phänomen der Korallenbleiche im Jahr 2010 – durch El Niño veränderten sich die Wetterbedingungen und sorgten für wärmere Meerestemperaturen – hat die ohnehin bereits geschädigten Korallenriffe Thailands weiter geschwächt. Die thailändische Regierung schloss 18 Gebiete in sieben Meeresparks, die besonders stark von der Korallenbleiche betroffen waren, für den Tourismus. Viele Riffe, vor allem in seichten Gewässern werden sich nicht mehr erholen.

Die Meere sind ein Aktivposten der thailändischen Wirtschaft. Allerdings sind sie durch den groß angelegten Fischfang und die globale Erwärmung stark gefährdet. Die Fischereien verzeichnen einen Rückgang ihres Fangs, weil die Fischbestände zusehends schwinden. Die früher von kleinen Fischerfamilien dominierte Branche ist nun von kommerziellen Großunternehmen geprägt, die in tieferen Gewässern fischen, mehr Ressourcen für einen gewinnbringenden Fang aufwenden und sich von den Geldstrafen, die für Verstöße gegen die Gesetze zum Schutz der

Fischbestände angedroht werden, nicht abschrecken lassen. Als 2013 ein Öltanker vor der Küste von Rayong entladen werden sollte, gelangten 50 000 l Rohöl ins Meer; der Ölteppich bedeckte die gesamte Westküste von Ko Samet. Zwar konnten mit Hilfe von Dispergatoren die Strände äußerlich schnell wieder saniert werden, doch Experten rechnen mit beträchtlichen Langzeitwirkungen der Ölpest auf die Gesundheit der Menschen und das marine Ökosystem.

Energieverbrauch

Durch den zunehmenden Wohlstand seiner Bürger wird der Oxford Business Group zufolge der Energieverbrauch in Thailand in den nächsten Jahrzehnten um 75 % ansteigen. Als zweitgrößter Energieverbraucher Südostasiens (Indonesien nimmt die Spitzenposition ein) versucht Thailand seine Energieversorgung und -produktion auszubauen und zu diversifizieren, indem verstärkt Öl- und Gasreserven oder alternative Energiequellen – dazu gehört auch Atomstrom – erschlossen werden. Derzeit werden drei Viertel des thailändischen Energiebedarfs mit Erdgas gedeckt. Die meisten der bekannten Öl- und Gasfelder liegen im Golf von Thailand im Gebiet des sogenannten „Pattani Trough". Zusammen mit Kambodscha arbeitet Thailand zudem an der Erschließung der Ressourcen im nördlichen Golf von Thailand nahe der thailändisch-kambodschanischen Grenze.

Der Großteil Bangkoks liegt gerade mal etwa 1,5 m über dem Meeresspiegel und sinkt pro Jahr um weitere 2 cm ab. Manche Wissenschaftler schätzen, dass die Stadt aufgrund des Meeresspiegelanstiegs in 15 Jahren vollständig unter Wasser liegen könnte.

Thailand stellt auch Biokraftstoffe her, darunter Ethanol aus Zuckerrüben und Maniok sowie Biodiesel aus Palmöl. Die Stromerzeugung, die Landwirtschaft und die Industrie verursachen den größten Teil der Treibhausgasemissionen des Landes. Während der Energiesektor zur Ankurbelung der Wirtschaft nach zusätzlichen Treibstoffen sucht, wird an anderer Stelle dafür gekämpft, einen freiwilligen CO_2-Emissionshandel einzuführen, um bis 2020 internationale Standards bei den Treibhausgasemissionen zu erfüllen.

Thailand beabsichtigt die Produktion erneuerbarer Energien bis 2021 um ein Viertel zu steigern. Als einer von elf Staudämmen entsteht am südlichen Abschnitt des Mekong die von den Thailändern für 3,5 Mrd. US$ erbaute Xayaburi-Talsperre im nördlichen Laos. Nach seiner Fertigstellung wird die Energy Generating Authority of Thailand (EGAT) 90 % des dort erzeugten Stroms kaufen. Das Stauen des Mekong zur Nutzung seiner Wasserkraft liefert zwar „sauberen" Strom, geht aber vor allem zu Lasten der Umwelt. So wird u.a. dazu beigetragen, dass der ohnehin schon gefährdete Mekong-Riesenwels ausstirbt und der Irawadidelfin aus dem Mekong verschwindet.

Überflutung

Saisonale Überflutungen gehören in einigen Teilen Thailands aufgrund der Monsunregenfälle zur Normalität. Aber inzwischen gibt es nahezu jedes Jahr neue Rekordwasserstände. Die Rekordfluten von 2011 waren die schlimmsten, die Thailand je erlebt hatte. Noch vor Beginn der Regenzeit ließen zwei Wochen mit heftigen Regenfällen Probleme befürchten. Es kam zu Überflutungen im Süden des Landes, zeitweise saßen die Touristen auf den Urlaubsinseln fest. Zur Jahresmitte brachten tropische Stürme weitere Regenfälle im Überfluss, die nahezu drei Monate lang zu Überflutungen in fast allen Teilen des Landes führten. Von den 77 Provinzen Thailands wurden 65 zu Katastrophengebieten erklärt, es gab 815 Tote und geschätzte 33 Mrd. € Sachschäden, eine der bis dahin kostspieligsten Naturkatastrophen weltweit.

Die Überflutung 2011 übertrumpfte damit die Rekordflut vom Vorjahr, als die Regenzeit erst mit Verspätung einsetzte und die Wasserreservoirs in der Provinz Nakhon Ratchasima von ausgetrockneten Gruben in überspülte Katastrophengebiete verwandelte. 2010 starben 177 Menschen,

ILLEGALER WILDTIERHANDEL

Auch Thailand hat das UN-Artenschutzabkommen (Convention on International Trade in Endangered Species; Cites) unterschrieben, aber das Land ist nach wie vor eine wichtige Transportverbindung und ein zentraler Handelsplatz des weltweiten Wildtierhandels, des drittgrößten Schwarzmarktes nach Drogen- und Waffenhandel. Bedrohte Tiere oder Teile von Tieren werden in den örtlichen Wäldern gewildert oder aus Nachbarländern auf dem Weg zu den lukrativen Märkten in China oder den USA auch durch Thailand geschmuggelt. Trotz aller Bemühungen der Polizei gibt es auch auf dem Chatuchak-Markt in Bangkok noch immer eine verborgene Abteilung mit exotischen Tieren.

Auch wenn das Land ernsthafter als seine Nachbarn versucht, diesen Handel zu stoppen, behindern Korruption und unzulängliche Gesetze die Strafverfolgung. Erschwerend kommt hinzu, das die thailändische Gesetzgebung den Handel mit in Gefangenschaft gezüchteten Wildtieren erlaubt, angeblich, um die wild lebenden Populationen zu entlasten. Das erweist sich besonders bei Elefanten als Problem. Kriminelle Banden stehlen Jungtiere aus wild lebenden Herden oder schmuggeln sie über die Grenze nach Birma, und fälschen dann die Papiere, um den Anschein zu erwecken, es handele sich um das Baby einer in Gefangenschaft lebenden Mutter. Auf diese Weise kann das Tier „legal" an Elefanten-Camps verkauft werden.

die anschließenden Katastrophenhilfemaßnahmen dauerten mehrere Monate an, bis das Wasser wieder zurückgegangen war. Weitere Rekordfluten ereigneten sich 2006, als 46 Provinzen hauptsächlich im Norden betroffen waren, sowie 2008 entlang des Mekong.

Eine Vielzahl von Ursachen sind für diese extremen Wetterverhältnisse verantwortlich. Viele Umweltexperten machen die von Menschen zerstörten natürlichen Flutbarrieren, veränderte Wasserläufe und die Abholzung dafür verantwortlich. Die zunehmenden Überschwemmungen am Mekong werden oft mit Bauprojekten stromaufwärts in Verbindung gebracht, wo Dämme errichtet und Stromschnellen beseitigt werden, um die Schifffahrt zu erleichtern. Auch die wachsende Zahl von Menschen entlang des Flusses gilt als Ursache, da die Menschen immer weiter in bewaldete Überschwemmungs- und Feuchtgebiete eindringen. Eine weitere, immer wichtigere Rolle bei den zunehmenden Regenfällen spielt natürlich auch der Klimawandel.

Praktische Informationen

Verantwortungsbewusst reisen

Etikette

Der Monarchie und der Religion (die eng miteinander verbunden sind) wird in Thailand ein Höchstmaß an Achtung entgegengebracht. Aus Furcht, jemanden zu kränken, oder – schlimmer noch – wegen Missachtung der sehr strengen Gesetze des Landes wegen Majestätsbeleidigung ins Gefängnis zu wandern, vermeiden es die Thais strikt, die königliche Familie zu kritisieren oder zu verunglimpfen.

Bilder und Statuen des Buddha gelten als heilig. Daher gehört es sich absolut nicht, albern vor einer Buddhafigur für ein Foto zu posieren oder gar darauf herumzuklettern, auch nicht in Tempelruinen. Die Thais bezeugen jeder Buddha-Statue, auch wenn sie noch so armselig ist, ihren Respekt mit dem *wâi*-Gruß, bei dem die Hände wie zum Gebet aneinandergelegt werden. Da die Mönche in Askese leben, dürfen sie Frauen weder berühren noch von ihnen berührt werden. Wenn eine Frau einem Mönch etwas geben möchte, stellt sie es in Reichweite des Mönchs ab oder platziert es auf seinem „Empfangstuch".

Aus religiösen Gründen betrachten die Thais den Kopf als höchsten und heiligsten Teil des menschlichen Körpers, während die Füße als niedrigste und schmutzigste Körperteile gelten. Dabei haben viele „Fußtabus" durchaus einen praktischen Sinn, denn traditionell essen, schlafen und leben die Thais auf dem Fußboden ihrer Wohnungen, in denen so gut wie keine Möbel stehen. Um die Wohnung und den „Esstisch" sauber zu halten, gilt für Füße (und Schuhe) eine Vielzahl von Regeln und Vorschriften.

Als Zeichen des Respekts, aber auch aus hygienischen Gründen, werden in Privatwohnungen und Tempeln grundsätzlich keine Schuhe getragen. Wer es wie die Thais machen möchte, schleudert jeden Schuh in einer einzigen, flüssigen Bewegung weg und verwandelt seine Schnürschuhe in praktischere Slipper. Man sollte auch niemals *auf*, sondern immer *über* die Türschwelle treten, denn dort lebt nach allgemeinem Glauben der „Geist" des Hauses. Wenn in Bussen und 3.-Klasse-Zügen die Thais dennoch manchmal die Füße hochlegen, ist das zwar nicht die feine englische Art, aber zumindest ziehen sie vorher immer ihre Schuhe aus. Dies gilt auch, wenn sie auf einen Stuhl oder Sitz steigen.

Thais berühren einander auch niemals am Kopf oder wuscheln sich gegenseitig als Zeichen der Zuneigung in den Haaren. Berühren sich junge Leute dennoch gegenseitig am Kopf, so handelt es sich um eine Neckerei oder Stichelei unter Freunden.

Gesellschaftliche Konventionen & Gestik

Der traditionelle thailändische Gruß ist der *wâi*, bei dem die Handflächen wie zum Gebet aneinandergelegt werden. Wie tief man sich dabei verbeugt und wie hoch die Hände gehalten werden, ist abhängig vom Status der Person, die gegrüßt wird. Kinder werden von Erwachsenen nicht mit dem *wâi* gegrüßt, ebensowenig das Servicepersonal, wenn es gerade „im Dienst" ist, wobei dies aber im eigenen Ermessen liegt.

In den traditionelleren Regionen Thailands gelten Berührungen zwischen Menschen unterschiedlichen Geschlechts, sei es von Liebespärchen oder Freunden, als unschicklich. Selbst Händchenhalten ist außerhalb der großen Städte wie Bangkok völlig undenkbar. Dagegen sind Berührungen unter Frauen bzw. Männern durchaus üblich: Sie gelten als Zeichen von Freundschaft, nicht von sexueller Anziehung. So wie sich gute Kumpels gegenseitig auf den Rücken klopfen, fassen ältere Thais jüngeren Männern häufig an den Oberschenkel. Thai-Frauen sind liebenswürdig zueinander, sie sitzen oft nah beisammen oder gehen Arm in Arm.

Im Allgemeinen legen die Thais großen Wert auf Sittsamkeit, nur bei den Jüngeren ändert sich dies ganz allmählich. Auch am Strand ist angemessene Bekleidung absolutes Muss. Mit Ausnahme der Stadtbewohner baden die Thais aus der Provinz immer in voller Montur. Deshalb sind hüllenloses Sonnenbaden und „oben ohne" völlig inakzeptabel und mancherorts auch verboten. Nicht vergessen, dass Badeanzüge nur am Strand die geeignete Bekleidung sind; etwas überziehen auf dem Weg vom Strand zum Hotel!

Tourismus

Trotz der allgemein verbreiteten Vorurteile hat der Touris-

VERHALTENSREGELN

Auf jeden Fall!

Eine respektvolle Haltung einnehmen, wenn die Nationalhymne erklingt! Sie wird um 8 und 18 Uhr im Fernsehen und Radio sowie in öffentlichen Einrichtungen gespielt.

Aufstehen, wenn die Königshymne gespielt wird – im Kino vor jedem Film!

Immer nett lächeln. Macht alles einfacher.

Wer bei Thais zu Hause eingeladen ist, bringt ein Gastgeschenk mit. Hier bieten sich Obst, Getränke oder Snacks an. Blumen dienen in der Regel als Opfergaben, nicht zur Dekoration.

Die Schuhe ausziehen! In Wohnungen, Tempeln oder anderen Gebäuden stapeln sich Sandalen vor der Tür.

Den Kopf leicht senken, wenn man an Leuten, die eine Unterhaltung führen, oder an einem Mönch vorbeigeht. Dies gilt als ein Zeichen von Respekt.

Tempel in angemessener Bekleidung besuchen, d.h. Ellbogen und Knöchel bedecken und vor dem Betreten eines Gebäudes mit Buddha-Abbild immer die Schuhe ausziehen!

Die rechte Hand auszustrecken und mit der linken Hand den rechten Ellbogen zu umfassen gilt als höfliches Verhalten, wenn man einer anderen Person einen Gegenstand überreicht oder etwas entgegennimmt.

Abbildungen von Buddha oder Angehörigen des Königshauses mit Respekt begegnen – respektloses Verhalten kann ernsthafte Konsequenzen haben!

Wer sich in einem Tempel hinsetzt, sollte dies wie die „kleine Meerjungfrau" tun: Die geschlossenen Beine werden so angewinkelt, dass die Füße nicht auf ein Abbild Buddhas zeigen.

Bloß nicht!

Sich ein Buddha-Tattoo stechen lassen. Das gilt als Sakrileg.

Die Monarchie kritisieren. Die Königsfamilie wird sehr verehrt und ist zudem durch das Majestätsbeleidigungsgesetz geschützt.

Füße auf den Tisch oder Stuhl legen. Die Füße gelten als unrein, und auf Stühlen sitzen die Menschen.

Auf einen am Boden liegenden Geldschein treten, damit er nicht wegfliegt. Auf den thailändischen Banknoten ist das Antlitz des Königs zu sehen. Füße + Monarchie = schweres Vergehen.

Über andere Personen oder ihre Habseligkeiten hinwegsteigen. Auweia – Angriff mit den Füßen.

Seine Schuhe außen an den Rucksack binden. Sie könnten versehentlich jemanden berühren. Eine Katastrophe!

Einen Thailänder am Kopf berühren. Das wirkt nicht etwa freundlich, sondern gilt als unhöflich.

Frauen dürfen Mönche und ihre Habseligkeiten nicht berühren. Deshalb hält frau gebührenden Abstand, wenn sie an einem Mönch vorbeigeht, und setzt sich in öffentlichen Verkehrsmitteln niemals neben sie.

mus im Großen und Ganzen einen positiven Effekt auf die thailändische Wirtschaft, denn er schafft Arbeitsplätze für junge Leute und sorgt für gute Geschäfte bei den Unternehmern. Doch viele Reisende wollen nicht nur konsumieren – sie wollen ihr Geld möglichst dort ausgeben, wo es wirklich gebraucht wird, sei es für wohltätige Zwecke oder für Projekte, die dazu beitragen, die traditionelle Lebensweise der Menschen zu erhalten. Mit der Förderung des Kunsthandwerks in den Dörfern und der Homestay-Programme hat sich Thailand gut an diesen Trend angepasst. Leider sprechen die Initiativen eher thailändische als ausländische Besucher an. Doch immer öfter stehen kleine Tourismusprojekte auch Ausländern offen, die einen Einblick in die traditionelle Lebensweise gewinnen wollen.

Tauchen

Die Beliebtheit der thailändischen Tauchgründe stellt eine immense Gefahr für die empfindlichen Korallenriffe dar. Um dieses Ökosystem zu schützen und zu bewahren, sollten ein paar Regeln befolgt werden.

- Keine lebenden Meeresorganismen berühren, nicht auf Korallen treten oder Ausrüstungsgegenstände wie Flossen oder Ähnliches über das Riff ziehen! Die Polypen der Korallen können schon bei der sanftesten Berührung zerstört werden.
- Im seichten Wasser des Korallenmeers keinen Sand aufwirbeln, da die empfindlichen Organismen des Riffs daran ersticken können!
- Mit äußerster Vorsicht in Unterwasserhöhlen tauchen, da sich die Luftblasen an der Decke sammeln können. Dadurch werden Organismen, die sich zuvor im Wasser befanden, trockengelegt und sterben ab.
- Bei den von Tauchschulen unterstützten Aktionen zur Säuberung der Korallen mitmachen!
- Die Fische nicht füttern und auch nicht zulassen, dass der Tauchveranstalter Essensreste im Meer entsorgt, denn die Fische werden von dieser Futterquelle abhängig und fressen nicht mehr die Algen von den Korallen, was zu Schäden am Riff führt.

Begegnung mit Elefanten

Elefanten wurden in Thailand schon immer wegen ihrer Stärke, Ausdauer und Intelligenz verehrt. Unter Aufsicht ihrer Mahuts schleppten sie Teakholzstämme aus dem Urwald, transportierten Güter durch unwegsames Gelände und zogen sogar in den Krieg.

Als dann aber viele der traditionellen Aufgaben der Elefanten von Maschinen übernommen oder gesetzlich verboten wurden (wie die Holzfällerei im Jahr 1989, die aber an der Grenze zwischen Thailand und Myanmar noch immer betrieben wird), waren die grauen Riesen und ihre Betreuer plötzlich arbeitslos. Einige Mahuts verlegten sich aufs Betteln in den Straßen Bangkoks und anderen Touristenzentren, die meisten Elefanten kamen jedoch in der Tourismusbranche unter, wo sie diverse Arbeiten verrichten müssen: So geben sie u. a. zirkusartige Vorstellungen, lassen in sogenannten Elefantencamps Touristen auf sich reiten oder dienen in sogenannten Mahut-Kursen dem Amüsement von Touristen. Dickhäuter, die für ihre Besitzer keinen Profit mehr einbringen, verleben in Schutzgebieten und Rettungszentren einen bescheidenen Lebensabend.

Einen Elefanten artgerecht zu halten kostet im Monat etwa 30 000 B (1000 US$); das entspricht dem Monatsgehalt eines Thailänders in der oberen Mittelschicht. In der Tourismusbranche gibt es zudem keine standardisierten bzw. gesetzlich geregelten Vorschriften zur Haltung von Elefanten. So liegt es in den Händen bewusster Konsumenten, die Branche dazu zu ermutigen, gute Lebensbedingungen für die Tiere zur Norm und nicht zur Ausnahme zu machen.

Für die Behauptung von Tierschützern, dass Elefantenritte und Shows den sanften Riesen schaden, liegen immer mehr Beweise vor. Oft werden sie regelrecht misshandelt, damit sie für das Publikum Kunststücke machen. Doch es gibt Hoffnung: Eine kleine, aber wachsende Zahl von Schutzgebieten bietet einen nachhaltigeren Umgang mit Elefanten an, z. B. Wanderungen in Begleitung von ausgemusterten oder geretteten Elefanten oder das Baden der Tiere. Wer trotzdem unbedingt mal auf einem Elefanten reiten will, sollte die richtigen Fragen stellen, um sicherzugehen, dass es sich um ein gut geführtes Elefantencamp handelt.

Weitere Infos zum verantwortungsbewussten Umgang mit Elefanten gibt's auf S. 358.

- **Gibt es im Camp einen Tierarzt?** In guten Camps stehen die Elefanten unter ständiger medizinischer Aufsicht.
- **Auf welche Art beschafft sich das Camp neue Elefanten?** Manche Camps kaufen illegal in freier Wildbahn gefangene Elefanten mit gefälschter Registrierung, die vorgibt, die Tiere seien in Gefangenschaft geboren worden.
- **Wie viele Stunden am Tag müssen die Elefanten arbeiten?** Ein flotter, vierstündiger Marsch pro Tag (mit Pausen zum Fressen und Saufen) gilt als angemessen.
- **Wie viele Erwachsene müssen die Elefanten auf ihrem Rücken tragen?** Ein Asiatischer Elefant kann zusätzlich zu seinem Mahut im Nacken maximal 150 kg auf

dem Rücken tragen. Einfach nachrechnen, und bei Bedarf einen eigenen Elefanten verlangen.

➡ **Werden die Elefanten an einem schattigen Ort gehalten und haben sie Zugang zu frischem Wasser und einer Futterquelle?** Was fressen sie? Eine ausgewogene Ernährung besteht aus einer Mischung von Früchten, Gräsern sowie Bambus- und Ananasschößlingen.

➡ **Haben die Elefanten sichtbare Wunden oder Verletzungen?** Diese sind oft ein Zeichen von Misshandlung.

➡ **Welche Art von Sattel wird für Elefantenritte verwendet?** Speziell an den Elefantenrücken angepasste Holzsattel sind für das Tier am angenehmsten und am wenigsten belastend.

➡ **Wie ist die Geburten-/Sterberate im Camp?** Glückliche Elefanten haben Nachwuchs.

Wandern zu den Bergdörfern

Obwohl die Bergvölker als ethnische Minderheiten am Rande der thailändischen Gesellschaft stehen, gehören sie zu den größten touristischen Attraktionen des Landes. Viele große und kleine Veranstalter organisieren Trekkingtouren (die Palette reicht von gemütlichen Spaziergängen bis hin zu richtigen Wanderungen) zu den Dörfern, um ihre Kultur und Lebensweise vorzustellen. Dabei ist nicht ganz klar, ob diese Touren in wirtschaftlicher Hinsicht dazu beitragen, die Armut der Bergvölker zu lindern, sodass sie ihre ethnische Identität bewahren können. Einigkeit besteht aber zumeist darin, dass ein kleiner Teil der Gewinne aus den Touren zu den Familien in den Dörfern gelangt und ihnen ein kleines Einkommen verschafft, sodass sie vielleicht nicht in die Städte abwandern.

Im Allgemeinen hat das Trekkinggeschäft in den letzten Jahrzehnten eine größere Sensibilität für die Bergvölker entwickelt. Die meisten Veranstalter beschränken jetzt die Anzahl der Besuche in einem bestimmten Gebiet, um den Einfluss von Außenstehenden auf den Alltag der Menschen im Dorf zu minimieren. Doch die Branche hat noch einen weiten Weg vor sich. So sind all diese Trekking-Unternehmen im Besitz von Thais, die wiederum nur Thai-Führer beschäftigen. Angehörige ethnischer Minderheiten haben praktisch keine Chance auf eine Anstellung, denn ohne thailändischen Personalausweis erhalten sie von der Tourist Authority of Thailand (TAT) keine Lizenz als Tourenführer.

Wanderer sollten sich bewusst sein, dass die ethnischen Minderheiten Thailands ihre eigene kulturelle Identität pflegen und viele an ihren animistischen Traditionen mit den damit verbundenen gesellschaftlichen Tabus und Konventionen festhalten. Wer im Rahmen einer organisierten Tour Dörfer der Bergvölker besuchen will, sollte seinen Reiseleiter fragen, welches Verhalten angemessen ist und welches nicht.

Hier ein paar Tipps:

➡ Bevor man ein Foto von Stammesangehörigen macht, sollte man deren Zustimmung einholen. Das gilt besonders für private Situationen innerhalb der Wohnungen. In vielen traditionellen Glaubensrichtungen wird das Fotografieren mit Argwohn betrachtet.

➡ Religiöse Symbole und Rituale verdienen Respekt. Von Totems am Dorfeingang oder anderen heiligen Gegenständen, die an den Bäumen hängen, sollte man die Finger lassen. Bei Zeremonien und dergleichen hat man nichts verloren, solange man nicht ausdrücklich dazu eingeladen wird.

➡ Besonders Kindern gegenüber sollte man die Bettelkultur gar nicht erst fördern. Stattdessen kann man der Schule vor Ort eine Spende zukommen lassen. Dabei kann der Reiseleiter möglicherweise behilflich sein.

➡ In der Öffentlichkeit immer auf angemessene Kleidung achten! Beim Aus- oder Umziehen nie vor offenen Fenstern stehen, wo plötzlich Kinder auftauchen könnten.

➡ Das Flirten mit Stammesangehörigen ist grundsätzlich unangebracht – es sei denn, man will die entsprechende Person heiraten.

➡ Mit den Dorfbewohnern niemals Alkohol trinken oder Drogen einnehmen; wenn man betrunken ist, entstehen schneller kulturell bedingte Missverständnisse!

➡ Die Dorfbewohner immer anlächeln, selbst wenn sie einen anstarren! Am besten fragt man seinen Reiseleiter, wie man in der Stammessprache „Guten Tag" sagt.

➡ Öffentliche Gefühlsausbrüche unterlassen, denn in manchen traditionellen Systemen gilt dies als Beleidigung der Geisterwelt.

➡ Die Tiere, die im Dorf gehalten werden (selbst die freilaufenden Schweine), sind kein Spielzeug, sondern wertvolle Güter. Auch die Tiere aus dem Dschungel lässt man besser in Ruhe, denn in manchen Glaubensrichtungen gelten sie als Geister, die das Dorf besuchen.

➡ Nicht einfach Müll wegwerfen

➡ Hier gelten dieselben Fußtabus wie in der thailändischen Kultur. Außerdem: Nicht auf die Türschwelle eines Hauses treten, die Füße nicht ans Feuer halten und drinnen prinzipiell keine Schuhe tragen!

Homestays bei Familien

Am besten lässt sich die ländliche Kultur Thailands erleben, wenn man bei einer Gastfamilie wohnt. Darüber hinaus kann man sich auch sicher sein, dass das Geld für die Unterkunft direkt Einheimischen zugutekommt. Die vor allem bei thailändischen Touristen sehr beliebten Unterkünfte unterscheiden sich von Pensionen dadurch, dass die Besucher von einer Familie aufgenommen werden, die meist in einem der kleinen Dörfer abseits der Touristenpfade lebt. Die Unterkünfte sind einfach: Man schläft in der Regel auf einer Matte oder Faltmatratze auf dem Fußboden. Manchmal stellt die Familie dem Gast auch ein eigenes Zimmer zur Verfügung. Im Preis inbegriffen sind Unterkunft, Mahlzeiten im Kreis der Familie und kulturelle Aktivitäten, bei denen man die traditionelle Lebensweise in der Region kennenlernt – vom Reisanbau bis zur Seidenweberei. Da die Leute oft nur wenig Englisch sprechen, kann man prima sein Thai aufbessern.

Freiwilligenarbeit

Es gibt unzählige Hilfsorganisationen in Thailand, die sich um bedürftige Einheimische kümmern und gern die Unterstützung von Besuchern annehmen. Eine regelmäßig aktualisierte Infoquelle für Freiwilligenjobs in Thailand ist **Volunteer Work Thailand** (www.volunteer-workthailand.org). Allerdings sollte man bedenken, dass sich der sogenannte „Volontourismus" zu einem veritablen Geschäft entwickelt hat und nicht jede Organisation die Erwartungen erfüllt, mit denen sie Interessierte anlockt. Lonely Planet kann für keine Organisation geradestehen, mit der wir nicht direkt zusammenarbeiten. Bevor man sich also für ein Projekt entscheidet, sollte man sich gründlich über die jeweilige Organisation informieren.

Arbeit im Tier- & Umweltschutz

Eine Reihe von NGOs ist vor Ort im Tier- und Umweltschutz tätig: Sie betreiben Auffangstationen und Schutzzentren für Wildtiere, die als Haustiere gehalten wurden, und unterhalten Tierkliniken, die sich um zahme Hunde und Katzen kümmern. In den Tierzentren und Schutzgebieten, die auf Hilfskräfte angewiesen sind, wird harte Arbeit oft mit tollen Begegnungen und Erlebnissen mit Tieren belohnt.

→ **Elephant Nature Park** (☎053 818754; www.elephantnaturepark.org; 1 Th Ratchamankha; Tour 1/2 Tage 2500/5800 B) Das beliebte und gut geführte Elefanten-Schutzgebiet bietet siebentägige Freiwilligenjobs in seinem Hauptquartier in Chiang Mai und bei der Tochterorganisation, dem Surin Project.

→ **Elephants World** (☎086 335 5332; www.elephantsworld.org) Hat regelmäßig ein- (2500 B/Pers.) und zweitägige (4500 B) Programme, bei denen man für die Elefanten arbeitet, und akzeptiert auch Freiwilligenjobber für einen ganzen Monat.

→ **Highland Farm Gibbon Sanctuary** (☎081 727 1364; www.gibbonathighlandfarm.org; Mae Sot) Nimmt verwaiste, ausgesetzte und misshandelte Gibbons auf. Freiwillige müssen sich für einen Monat verpflichten und bei der Arbeit auf der Farm helfen.

→ **Koh Chang Animal Project** (☎089 042 2347; www.kohchanganimalproject.org; Ban Khlong Son; ⏲Mo–Sa 9–17.30 Uhr) Tierärzte und Tierarztschwestern auf Reisen kommen oft vorbei, um hier freiwillig zu arbeiten. Aber auch alle anderen können mithelfen. Telefonisch Termin vereinbaren.

→ **Lanta Animal Welfare** (☎084 304 4331; www.lantaanimalwelfare.com; 629 Mu 2, Ban Phra Ae; Führung gegen Spende; ⏲9–17 Uhr) Das Center auf Ko Lanta nimmt sowohl Besucher zum zwanglosen Hundeausführen als auch Langzeitfreiwillige an.

→ **Phuket Gibbon Rehabilitation Project** (โครงการคืนชะนีสู่ป่า; ☎076 260492; www.gibbonproject.org; abseits der Rte 4027; Eintritt gegen Spende;

DIE BESTEN HOMESTAY-PROGRAMME

Ban Kham Pia Homestays (☎087 861 0601; www.bunloedhuts.jimdo.com; EZ 170–270 B, DZ 200–300 B, Mahlzeiten 50–90 B), Bueng Kan

Prasat Muang Tam Homestay (☎089 070 8889; inkl. 3 Mahlzeiten 500 B/Pers.), Buriram

Mae Kampong Homestay Program (☎089 559 4797; Zi. 580 B), Chiang Mai

Sichang Healing House (☎081 572 7840; abseits der Th Makham Thaew), Ko Si Chang

Dan Sai Homestay (☎086 862 4812, 042 892339; B/2BZ oder DZ 170/550 B, mit Klimaanlage 650 B), Loei

Muang Pon Homestay Program (☎084 485 5937; inkl. Frühstück & Abendessen 350 B/Nacht), Mae Hong Son

Ban Prasat Homestay (☎081 725 0791; inkl. 2 Mahlzeiten 400 B/Pers.), Nakhon Ratchasima (Khorat)

Ban Na Ton Chan Homestay Program (☎089 885 1639; http://homestaynatonchan.blogspot.com; inkl. Frühstück & Mittagessen 500 B/Pers.), Sukhothai

Elephant Study Centre (☎044 145050; Eintritt 100 B; ⏲8.30–16 Uhr), Surin

⌚9–16.30, Do bis 15 Uhr; Ⓟ) In diesem Center auf Phuket geben Freiwillige den Besuchern Infos über die Anlage, säubern Käfige, füttern die Gibbons und verfolgen die Spuren der in Freiheit entlassenen Affen.

➡ **Samui Dog & Cat Rescue Centre** (☎077 413490; www.samuidog.org; Soi 3, Chaweng Beach Rd; ⌚9–18 Uhr) Das Center nimmt Geld- und Zeit-Spenden gerne an. Freiwillige werden in der Pflegeklinik in Ban Taling Ngam immer gebraucht (aber nicht in der kleineren Filiale in Hat Chaweng). Infos über die Freiwilligenjobs erhält man telefonisch, oder man schaut einfach vorbei. Die Anfahrtsbeschreibung findet man auf der Website.

➡ **Soi Dog** (☎081 788 4222; www.soidog.org; 167/9 Mu 4, Soi Mai Khao 10; Eintritt gegen Spende; ⌚Mo–Fr 9–12 & 13–15.30 Uhr, Führung 9.30, 11 & 13.30 Uhr) In dem Center in Phuket können Besucher mit den Tieren spielen, die Hunde ausführen oder auch längere Zeit freiwillig arbeiten.

➡ **Trash Hero** (www.trashhero.org) An elf bekannten Orten überall in Thailand führt diese Freiwilligenorganisation einmal die Woche Reinigungsaktionen durch.

➡ **Wild Animal Rescue Foundation** (WARF; ☎02 712 9715; www.warthai.org) Betreibt das Phuket Gibbon Rehabilitation Project sowie einige andere Projekte überall im Land.

➡ **Wildlife Friends of Thailand Rescue Centre** (☎032 458135; www.wfft.org; Phetchaburi) Die Freiwilligen kümmern sich in der Tierauffangstation in Phetchaburi um Malaienbären, Makaken und Gibbons.

Humanitäre Arbeit & Unterricht

Wer sich ehrenamtlich engagieren möchte, findet in Nordthailand, insbesondere in Chiang Mai und Chiang Rai verschiedene Projekte zur Unterstützung benachteiligter Bergvölker. In Chiang Mai, Mae Sot und Sangkhlaburi gibt es Not leidende Gemeinden mit Flüchtlingen und Einwanderern aus Myanmar. Im Nordosten Thailands, dem landwirtschaftlichen Zentrum des Landes, gibt es ebenfalls viele Beschäftigungsmöglichkeiten für ehrenamtliche Lehrer.

Wer nach einem Freiwilligenjob sucht, sollte sich unbedingt im Vorfeld über das Tätigkeitsfeld der jeweiligen Organisation und – was vielleicht noch wichtiger ist – ihre Arbeitsweise informieren. Wird beim Bewerbungsgespräch nicht in erster Linie darauf eingegangen, welche Fähigkeiten der Bewerber mitbringt, und wie man diese zu Gunsten der Einheimischen am besten einsetzen könnte, sollten sofort alle Alarmglocken schrillen. Jede Organisation, die einem verspricht, man könne bei ihr arbeiten, was man will, wo man will und wie lange man will, wird wohl kaum in erster Linie die Bedürfnisse der Einheimischen im Auge haben.

Bei allen Organisationen, die mit Kindern arbeiten, sollte der Schutz der Kinder im Vordergrund stehen. Überprüft die Organisation vor der Anstellung angehende Mitarbeiter nicht gründlich, ist absolute Vorsicht geboten. Experten empfehlen bei Freiwilligenarbeit mit Kindern eine dreimonatige Verpflichtung. Weitere Infos gibt's unter www.thinkchildsafe.org.

➡ **Baan Unrak** (บ้านอุ่นรัก; www.baanunrak.org) Das Heim mit Schule kümmert sich um mehr als 140 verwaiste und ausgesetzte Kinder. Ungeachtet ihrer Religion werden die Kinder im neohumanistischen Sinn in vegetarischer Lebensweise (das gilt auch für die Freiwilligen für den Zeitraum ihres Aufenthalts), Meditation und universeller Liebe erzogen.

➡ **Cultural Canvas Thailand** (www.culturalcanvas.com; Chiang Mai) Vermittelt Freiwilligen Jobs im Norden Thailands in Lern- und Ausbildungszentren für Einwanderer sowie in künstlerischen und anderen Projekten für mehr soziale Gerechtigkeit.

➡ **Khok Pia Village Volunteering** (www.isanexplorer.com/khok-pia-village-volunteering.html) Das Sozialprojekt umfasst ein Dorf und wird von einem engagierten Einheimischen betrieben, der gern Hilfe von Lehrkräften annimmt und sie bei Gastfamilien unterbringt.

➡ **Khon Kaen Education & Travel Programs** (☎083 359 9115; www.kketp.com) Ein Programm in Khon Kaen für freiwillige Lehrer.

➡ **LemonGrass** (☎081 977 5300; www.lemongrass-volunteering.com) Die professionell geleitete Organisation in Surin bringt englische Muttersprachler in Grundschulen unter, wo sie mit den ortsansässigen Lehrern zusammenarbeiten.

➡ **Open Mind Projects** (☎088 564 0734; www.openmindprojects.org) Vermittelt Freiwilligen Jobs überall in Thailand in der IT-Branche, im Gesundheitswesen, in der Bildung und im gemeindeorientierten Ökotourismus.

➡ **Starfish Ventures** (www.starfishvolunteers.com) Vermittelt Freiwilligen Jobs in der Baubranche, im Gesundheitswesen und in Bildungsprogrammen überall in Thailand.

➡ **Travel to Teach** (☎092 818 5929; www.travel-to-teach.org) Die Organisation vermittelt Lehrern ehrenamtliche Stellen überall in Thailand.

➡ **Volunthai** (www.volunthai.com) Das familienbetriebene Unternehmen setzt Freiwillige auf dem Land als Lehrer an Schulen ein und bringt sie in Gastfamilien unter.

Allgemeine Informationen

Botschaften & Konsulate

Ausländische Botschaften haben ihren Sitz in Bangkok; manche Länder betreiben auch Konsulate in Chiang Mai, Pattaya, Phuket oder Songkhla.

China Bangkok (☎02 245 0888; www.chinaembassy.or.th/eng; 57 Th Ratchadaphisek, Bangkok; ⏲Mo–Fr 9–12 & 15–16 Uhr); Chiang Mai (☎053 276125; www.chiangmai.chineseconsulate.org/eng; 111 Th Chang Lor, Tambon Haiya, Chiang Mai; ⏲Mo–Fr 9–11.30 Uhr) Hat auch Konsulate in Khon Kaen und Songkhla.

Deutschland (☎02 287 9000; www.bangkok.diplo.de; 9 Th Sathon Tai/South, Bangkok; ⏲Mo–Fr 8.30–11.30 Uhr; Ⓜ Lumphini Ausgang 2)

Kambodscha (☎02 957 5851; 518/4 Th Pracha Uthit/Soi Ramkhamhaeng 39, Bangkok; ⏲Mo–Fr 9–12 Uhr; Ⓜ Phra Ram 9 Ausgang 3 & Taxi) Hat noch ein Konsulat in Sa Kaew.

Laos (☎02 539 6667; www.laoembassybkk.gov.la/index.php/en; 502/1–3 Soi Sahakarnpramoon, Th Pracha Uthit/Soi Ramkhamhaeng 39, Bangkok; ⏲Mo–Fr 8–12 & 13–16 Uhr; Ⓜ Phra Ram 9 Ausgang 3 & Taxi)

Malaysia (☎02 629 6800; www.kln.gov.my/web/tha_bangkok/home; 33–35 Th Sathon Tai/South, Bangkok; ⏲Mo–Fr 8–16 Uhr; Ⓜ Lumphini Ausgang 2) Hat noch ein Konsulat in Songkhla.

Myanmar (☎02 233 7250; www.myanmarembassybkk.com; 132 Th Sathon Neua/North , Bangkok; ⏲Mo–Fr 9–12 & 13–15 Uhr; Ⓢ Surasak Ausgang 3)

Österreich (☎02 105 6710; www.bmeia.gv.at/botschaft/bangkok.html; No. 1 Q. House Lumpini, Unit 1801, 18. Stock, South Sathorn Rd, Thungmahamek, Sathorn)

Schweiz (☎02 674 6900; www.eda.admin.ch/bangkok; 35 Th Witthayu/Wireless Rd, Bangkok; ⏲Mo–Fr 9–11.30 Uhr)

Essen

Mehr Details zur tollen Landesküche gibt's ab S. 808.

PREISKATEGORIEN: ESSEN

Die folgenden Preiskategorien beziehen sich jeweils auf ein Hauptgericht.

$ unter 150 B

$$ 150–350 B

$$$ über 350 B

Feiertage & Ferien

Behörden und Banken sind an folgenden Feiertagen geschlossen. Die genauen Termine von Feiertagen, die nach dem Mondkalender berechnet werden, finden sich auf der Website der Tourism Authority of Thailand unter Events & Festivals (www.tourismthailand.org/see-do/event-festival).

1. Januar Neujahr

Februar (Datum variiert) Magha Puja, buddhistischer Feiertag

6. April Chakri-Tag, zum Gedenken an Rama I., den Gründer der Chakri-Dynastie

13.–15. April Songkran-Fest, traditionelles thailändisches Neujahrsfest mit Wasserschlacht

1. Mai Tag der Arbeit

5. Mai Tag der Krönung, zu Ehren der Krönung von König und Königin im Jahr 1950

Mai/Juni (Datum variiert) Visakha Puja, buddhistischer Feiertag

Juli/August (Datum variiert) Khao Phansa, Beginn der buddhistischen Fastenzeit

12. August Geburtstag der Königin

23. Oktober Chulalongkorn-Tag

Oktober/November (Datum variiert) Ork Phansa, Ende der buddhistischen Fastenzeit

5. Dezember Geburtstag des Königs/Vatertag

10. Dezember Verfassungstag

31. Dezember Silvester

Fotos & Video

Die Elektroabteilungen der meisten Einkaufszentren bieten Speicherkarten für Digitalkameras an.

Bei Personenaufnahmen ist eine angemessene Zurückhaltung angebracht – also stets höflich auf Thai um Erlaubnis bitten (rechtzeitig und richtig lernen!), dann auf das verlegene Kopfnicken warten! In regelmäßig besuchten Bergregionen verlangen Stammesangehörige oft Geld als Gegenleistung für Fotos. Andere Bergstämme erlauben es dagegen grundsätzlich nicht, dass Kameras auf sie gerichtet werden.

Frauen unterwegs

Weibliche Reisende sehen sich in Thailand normalerweise nur mit wenigen Problemen konfrontiert. Dem gewaltigen Respekt, der Frauen hier entgegengebracht wird, sollten diese in gleicher Weise begegnen.

Vor allem jüngere Thailänderinnen zeigen heute mehr Haut. So ist der „Bardamen-Look" inzwischen weit verbreitet, und auch Touristinnen können nun Tops mit Spaghettiträgern oder bauchnabelfreie Shirts anziehen, ohne den thailändischen Sittsamkeitsanspruch herauszufordern. Weit draußen auf dem Land ist frau aber immer noch besser beraten, sich angemessen konservativ zu kleiden. Überall in Thailand gilt dies grundsätzlich auch bei Tempelbesuchen!

Übergriffe und Vergewaltigungen sind in Thailand zwar selten, kommen aber dennoch vor – besonders wenn die Täter „leichte Beute" wie alleinreisende und/oder betrunkene Frauen wittern. Wer von einer Bar allein zur Unterkunft zurückkehrt, sollte seine Sinne unbedingt noch beisammen haben. Weibliche Traveller tun auch sehr gut daran, einsame Gegenden nur in Begleitung zu erkunden und nie nachts bei Fremden mitzufahren. Obwohl dies eigentlich der gesunde Menschenverstand gebietet, lullt einen die neue Umgebung voller gastfreundlicher Menschen eventuell ein.

Während Bangkok für manche Männer ein Paradies sein mag, finden Frauen ihre „Romeos" an Thailands Stränden. Damen ohne Interesse an solchen Techtelmechteln sollten keinesfalls denken, dass männliche Thais rein platonisch veranlagt sind. Wer leichtsinnig flirtet und sich dann jemand anderem zuwendet, kann in thailändischen Männern unbeabsichtigt das Gefühl des Gesichtsverlusts auslösen. Falls dann noch Alkohol im Spiel ist, wird der Verschmähte eventuell unangenehm oder sogar gewalttätig.

Freiwilligenarbeit

Infos über die Freiwilligenarbeit in Thailand gibt's auf S. 840.

Gefahren & Ärgernisse

Thailand ist allgemein kein gefährliches Reiseziel. Dennoch sollten Traveller stets angemessene Vorsicht walten lassen – vor allem, wenn sie Kontakt mit Fremden (Thais *und* Ausländern) aufnehmen oder allein unterwegs sind. Abzocke und heimlicher Diebstahl sind real aber weitaus wahrscheinlicher als körperliche Angriffe. Motorradunfälle kommen vor Ort allerdings recht häufig vor.

Abzocke

Thais können so freundlich und entspannt erscheinen, dass bei Travellern schnell ein falsches Sicherheitsgefühl entsteht. Dies öffnet jeglicher Abzocke Tür und Tor. Vor allem Bangkok ist bekannt für Betrugsmaschen (S. 155), bei denen die Täter scheinbar die besten Freunde ihrer leichtgläubigen Opfer werden. Die Opfer glauben, ein Schnäppchen zu machen, während sie in Wirklichkeit abgezockt werden.

Somit befolgt man am besten den wichtigsten Rat der Tourism Authority of Thailand (TAT): *Von Fremden angebotene Hilfe beim Einkaufen oder Sightseeing grundsätzlich ignorieren!* Andernfalls wird unweigerlich eine Provision fällig.

Diebstahl & Betrug

Auf persönliche Besitztümer sollte man besonders gut aufpassen. Daher unbedingt immer das Hotelzimmer gut abschließen und die wichtigsten Wertgegenstände (Reisepass, Bargeld, Kreditkarten) stets direkt am Körper tragen! Hotelsafes sind nicht unbedingt sicher.

Dieselben Vorsichtsmaßnahmen gelten auch unterwegs. Abgeschlossenes Gepäck schreckt Diebe in Fernreisebussen kaum ab.

Beim Bezahlen per Karte sollte der Verkäufer das Plastikgeld stets direkt vor den Augen des Kunden durch die Maschine ziehen: Skrupellose Geschäftsleute erschummeln sich bei einem Kauf eventuell vier Abbuchungen. Manchmal werden die Einzugsermächtigungen erst viel später im Abstand von mehreren Wochen oder sogar Monaten einzeln bei einer Bank eingelöst. So können Kunden vielleicht nicht mehr nachvollziehen, ob ein Betrag gleich mehrmals vom selben Händler eingezogen wurde.

Um nicht die ganze Reisekasse auf einen Schlag einzubüßen, sollten Kreditkartenzahlungen nie direkt aufs Bankkonto zugreifen. So wird Betrügern der ungehinderte Zugriff verwehrt.

Bei allen Problemen mit Betrügern ist es ratsam, die **Touristenpolizei** (☎1155) zu kontaktieren.

Drogenbesitz

Trotz scheinbar regelloser Atmosphäre vor Ort müssen

STAATLICHE REISEWARNUNGEN

Da es in letzter Zeit in Thailand immer wieder zu gewalttätigen politischen Protesten und Militärputschs gekommen ist, sollte man sich vor der Reiseplanung über die Lage im Land informieren. Auf folgenden amtlichen Websites findet man Reisewarnungen und Informationen zu derzeit gefährlichen Orten.

Auswärtiges Amt (www.auswaertiges-amt.de/DE/Laenderinformationen/01-Reisewarnungen-Liste_node.html)

Bundesministerium für Europa, Integration und Äußeres (www.bmeia.gv.at/reise-aufenthalt/reiseinformation)

Eidgenössisches Departement für auswärtige Angelegenheiten (www.eda.admin.ch)

auch Ausländer bei Drogenbesitz oder -handel mit sehr schweren, äußerst unangenehmen Strafen rechnen: Kauf, Verkauf, Besitz und Konsum von Opium, Heroin, Kokain, Amphetaminen, halluzinogenen Pilzen oder Marihuana sind in Thailand strengstens verboten. Drogenbesitz kann zu einem einjährigen Gefängnisaufenthalt führen. Drogenschmuggel (Grenzübertritt mit illegalen Betäubungsmitteln) wird deutlich härter und in schweren Fällen zuweilen sogar mit der Todesstrafe geahndet.

Grenz- & Krisengebiete

Da sich Thailands Beziehungen zu den Nachbarländern inzwischen deutlich verbessert haben, ist der Personen- und Warenverkehr an den meisten Grenzübergängen uneingeschränkt möglich. Aufgrund anhaltender Ausschreitungen im äußersten Süden ist der Grenzübergang zwischen Sungai Kolok und Malaysia gefährlich. Gelegenheitsbesucher sollten zudem alle Provinzen mit muslimischer Bevölkerungsmehrheit (Yala, Pattani, Narathiwat) unbedingt meiden.

Das Nachbarschaftsverhältnis zwischen Thailand und Myanmar hat sich entspannt, und es gibt neue Grenzbestimmungen. Im lange umkämpften Gebiet Khao Phra Wihan (kambodschanisch „Preah Vihear") an der Grenze zu Kambodscha kommt es immer noch zu bewaffneten Auseinandersetzungen. Bis sich die Konfliktparteien auf einen dauerhaften Frieden geeinigt haben, sollte man sich daher tunlichst von der Region fernhalten.

Zudem ist es auf jedem Fall ratsam, auf die jeweils aktuellen Reisewarnungen des Außenministeriums in der Heimat zu achten (s. Kasten oben).

Körperliche Angriffe

Körperliche Angriffe auf Traveller sind in Thailand äußerst selten, kommen aber dennoch vor. „Gesichtsverlust" (z. B. durch öffentliche Bloßstellung oder Demütigung) kann Thais zu unerklärlich heftigen und gewalttätigen Reaktionen veranlassen. Oft ist dabei Alkohol im Spiel.

Vor allem alleinreisende Frauen sollten bei Kontakten zum anderen Geschlecht – egal ob Thai oder *fa·ràng* (Ausländer) – stets vorsichtig und möglichst nüchtern sein: Wenn zu viele Drinks im Spiel sind, nutzen Täter oft die Gunst der Stunde. Das grundverschiedene „Balzverhalten" im westlichen und asiatischen Kulturkreis kann außerdem dazu führen, dass sich das Gegenüber bei harmlosen Flirts gleich größere Hoffnungen macht.

Schlepper & Provisionshaie

Schlepper und Provisionshaie haben in Asien eine lange Tradition. In Thailand sind sie zwar nicht so zahlreich wie beispielsweise in Indien, treiben aber dennoch ihr Unwesen. In Bangkok werden Neuankömmlinge oft von *túk-túk*-Fahrern oder anderen „neuen" Freunden zu Stadttouren überredet. Diese enden fast immer in Seiden-, Schmuck- oder Kunsthandwerksläden mit extrem aggressiver Verkaufspolitik.

Schlepper bringen Touristen auch zu bestimmten Unterkünften und kassieren dafür von denen eine Provision. Reisebüros sind berüchtigt dafür, frisch eingetroffene Traveller so lange zu bequatschen, bis sie einer Übernachtung in überteuerten, ungünstig gelegenen Hotels zustimmen.

Manche Reiseagenturen tarnen sich als Vertretungen der staatlichen Tourismusbehörde TAT (Tourism Authority of Thailand). So versehen sie z. B. Angestellte mit gefälschten TAT-Abzeichen oder hängen große TAT-Schilder auf, um Traveller in ihre Büros zu locken. Dort werden ihnen dann Bus- und Zugtickets angedreht und saftige Provisionen einkassiert. Wichtig: Offizielle TAT-Vertretungen buchen keine Hotelzimmer oder Verkehrsmittel! Bei Anbietern solcher Dienstleistungen handelt es sich daher immer um kommerzielle Reisebüros und nicht um Büros der staatlichen Touristeninformation.

Geld

Der Baht ist Thailands Währung. Ein Baht entspricht 100 Satang. Münzen gibt es zu 25 und 50 Satang sowie zu 1, 2, 5 und 10 B. Die 2-B-Münze ist genau so groß wie die

1-B-Münze, aber goldfarben. Satang-Münzen sind meistens nur in Supermärkten gebräuchlich, wo die Preise nicht auf den nächsten vollen Baht aufgerundet werden.

Geldscheine gibt es im Wert von 20 B (grün), 50 B (blau), 100 B (rot), 500 B (violett) und 1000 B (beige).

Devisenbestimmungen

Es gibt keine Obergrenze für die Einführung ausländischer Devisen nach Thailand. Allerdings müssen Beträge über 20 000 US$ bei der Ein- oder Ausreise bei der Zollstelle angegeben werden. Ausländer sind darüber hinaus auch gesetzlich verpflichtet, einen Nachweis über ausreichende finanzielle Mittel für den Zeitraum ihres Aufenthalts vorzulegen. In der Praxis gilt dies aber nur, wenn man im Vorfeld ein Touristen- oder ein anderes Visum beantragt.

Geldautomaten & Kredit-/Bankkarten

Mit Bank- und Kreditkarten aus seinem Heimatland kann man an Geldautomaten überall in Thailand Bargeld (allerdings nur in Baht) vom eigenen Konto abheben. Geldautomaten sind überall im Land vorhanden und eine verlässliche Quelle, um sich mit Bargeld einzudecken.

Allerdings wird an thailändischen Geldautomaten für jede internationale Transaktion eine Gebühr von 150 B erhoben. Hinzu kommen noch die Umtausch- und Fremdnetz- bzw. Auslandsgebühren der eigenen Bank. Somit ist die Nutzung der thailändischen Geldautomaten heute um vieles teurer als früher. Daher empfiehlt es sich, vor der Abreise zu Hause ein Konto bei einer Bank zu eröffnen, die die kostenfreie Nutzung ausländischer Automaten erlaubt (inklusive Rückerstattung von Gebühren, die an Fremdgeräten anfallen).

Aeon ist, soweit wir wissen, die einzige Bank in Thailand, die für Auslandstransaktionen die Gebühr von 150 B nicht erhebt. Allerdings hat sie landesweit nur vereinzelt Geldautomaten, meistens sind sie in Big-C-Läden zu finden.

In manchen Läden, Hotels und Restaurants kann man mit Kredit- und Bankkarten zahlen. Die am häufigsten akzeptierten Karten sind Visa und MasterCard. American Express wird meist nur in Hotels und Restaurants der Spitzenklasse angenommen.

Vor der Reise sollte man unbedingt seine Bank und Kreditkartenfirma über den geplanten Auslandsaufenthalt informieren, um Kontosperrungen wegen verdächtiger Auslandsaktivitäten zu verhindern.

Um den Verlust oder Diebstahl seiner Kredit- oder Bankkarte anzuzeigen, gibt es folgende Hotlines in Bangkok:

American Express (☎02 273 5500)

MasterCard (☎001 636 722 7111)

Visa (☎001 800 11535 0660)

Geld umtauschen

Banken und private Wechselstuben bieten die besten Wechselkurse. Beim Umtausch in Baht sind US-Dollar die am häufigsten akzeptierte Währung, gefolgt vom britischen Pfund und dem Euro. Die meisten Banken verlangen für das Einlösen eines Reiseschecks eine Kommission und eine Bearbeitungsgebühr. Die aktuellen Wechselkurse sind am Devisenschalter angegeben.

Steuern & Erstattungen

In Thailand wird auf viele Waren und Dienstleistungen eine Umsatzsteuer von 7 % erhoben. Hotels und Restaurants der Mittel- und Spitzenklasse nehmen zusätzlich einen Serviceaufschlag von 10 %. Die 17 % tauchen auf den Rechnungen als „Plus Plus" bzw. „++" auf.

Bei der Ausreise kann man sich die Umsatzsteuer auf Einkäufe, jedoch nicht auf Lebensmittel oder Hotels, rückerstatten lassen. Wie man das anstellt, erfährt man unter www.rd.go.th/vrt/engindex.html.

Trinkgelder

Trinkgelder werden in Thailand gern akzeptiert, aber nicht erwartet. Eine gewisse Ausnahme bilden kleinere Beträge bei hohen Restaurantrechnungen, bei denen thailändische Gäste mitunter auf das Wechselgeld verzichten (z. B. 12 B bei einer Rechnung von 488 B und Bezahlen per 500-B-Schein). Doch mit echten Spendierhosen hat das nicht viel zu tun; vielmehr soll gezeigt werden: „Ich bin nicht so geldgierig, dass es mir auf jeden einzelnen Baht ankommt." Viel Hotelrestaurants und andere bessere Lokale erheben eine Servicegebühr (10 %) auf den Rechnungsbetrag.

Internetzugang

Da immer mehr Menschen auf Reisen ihre eigenen Mobilgeräte dabeihaben, verschwinden Internetcafés mehr und mehr. WLAN hingegen ist in Pensionen und Cafés fast schon Standard. Die Signalstärke nimmt in mehrstöckigen Gebäuden in den oberen Etagen ab. Man kann aber um ein Zimmer in der Nähe des Routers bitten.

Kinder

Es gibt nicht gerade viele Attraktionen in Thailand, die speziell auf die ganz Kleinen ausgerichtet sind. Doch mangelt es nie an Einheimischen, die sich gern mit ihnen beschäftigen. Das heißt, dass Kinder hier fast überall gern gesehen sind und man so gut wie nie dieses typische Augenrollen verärgerter Westler zu sehen bekommt. Weitere Infos zum Reisen mit Kindern in Thailand gibt's auf S. 52.

Klima

Bangkok

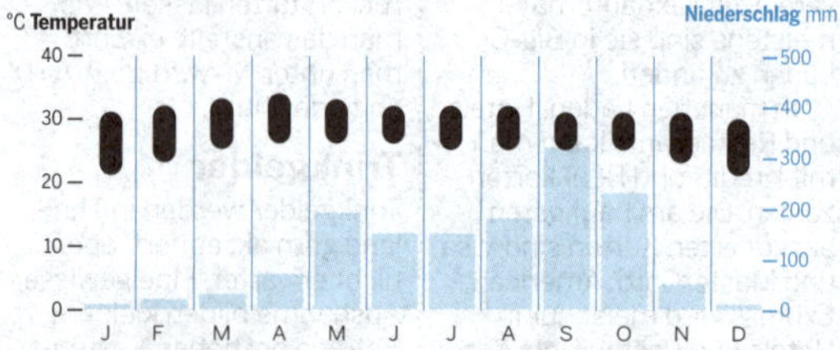

Chiang Mai

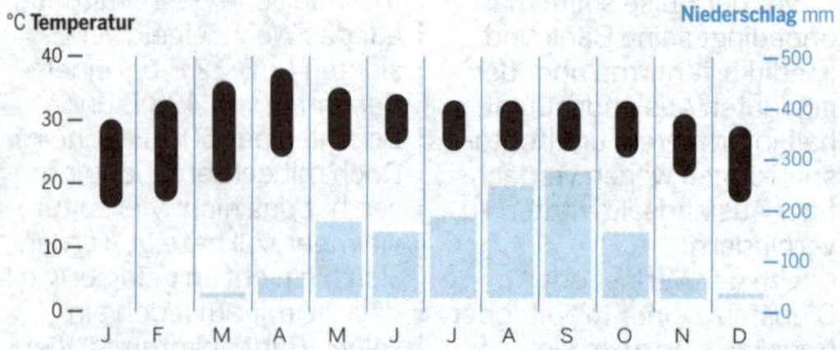

Phuket

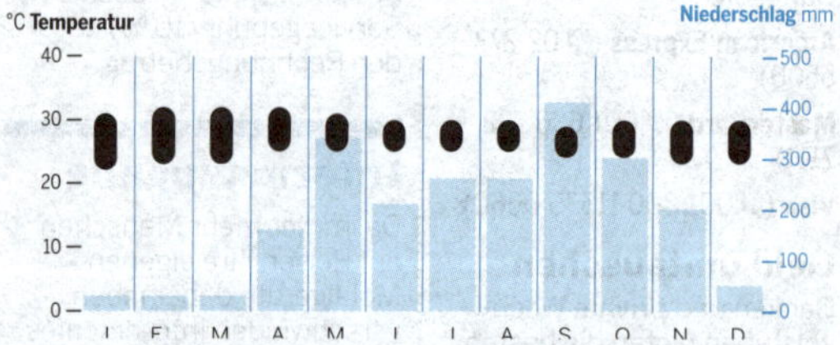

Öffnungszeiten

Hier sind die normalen Öffnungszeiten für verschiedene Bereiche in Thailand angegeben. Behörden und Banken sind an offiziellen Feiertagen geschlossen.

Banken Mo–Fr 9.30–15.30 Uhr. Banken in Einkaufszentren und touristischen Gegenden haben häufig längere Öffnungszeiten (meist bis 20 Uhr) und sind auch am Wochenende geöffnet. Geldautomaten sind rund um die Uhr zugänglich.

Bars & Clubs Bis 24 oder 1 Uhr, in ausgewiesenen Unterhaltungszonen auch bis 2 Uhr. Bei Wahlen und an bestimmten religiösen Feiertagen bleiben Bars und Clubs geschlossen.

Behörden Mo–Fr 8.30–16.30 Uhr, manchmal mit Mittagspause (12–13 Uhr). Einige sind auch samstags (9–15 Uhr) geöffnet.

Geschäfte Größere Läden in der Regel 10–19 Uhr, Einkaufszentren bis 22 Uhr. In Kleinstädten sind die Einzelhandelsgeschäfte sonntags geschlossen.

Restaurants Einfache Lokale sind meist von morgens bis abends (10–20 od. 21 Uhr) geöffnet, feinere Restaurants nur mittags (ca. 11–14 Uhr) und abends (18–22 Uhr).

Post

Die thailändische Post arbeitet sehr effektiv und verlangt für Inlandssendungen nur wenig Porto. Die meisten Postfilialen auf dem Land sind werktags von 8.30 bis 16.30 Uhr und samstags von 9 bis 12 Uhr geöffnet. Die größeren Hauptfilialen in den Provinzhauptstädten haben teilweise auch den halben Sonntag geöffnet.

Die meisten Postfilialen in den Provinzen verkaufen Versandkartons. Achtung: Niemals Bargeld oder andere Wertsachen auf dem Postweg verschicken!

Der Service für postlagernde Sendungen funktioniert allgemein sehr zuverlässig, auch wenn nur wenige Traveller davon Gebrauch machen. Wer seine Post abholen möchte, muss seinen Reisepass vorlegen und etwas Papierkram erledigen.

Rechtsfragen

Thailands Polizei lässt Ausländer (vor allem Traveller) normalerweise in Ruhe. Die Beamten gehen einem meist aus dem Weg, um nicht Englisch mit Fremden sprechen zu müssen. Besonders bei Bagatellvergehen im Straßenverkehr drücken sie auch einmal ein Auge zu.

Drogendelikte bilden allerdings eine gewichtige Ausnahme. Sie werden von den meisten thailändischen Polizisten entweder als soziale Plage angesehen, gegen die zu Felde gezogen werden muss, oder als Möglichkeit, den eigenen Geldbeutel über Bestechungsgelder steuerfrei zu füllen.

Wer wegen irgendeiner Straftat verhaftet wird, darf bei der eigenen Botschaft oder einem Konsulat in Thailand anrufen. Es gibt eine ganze Reihe von Gesetzen, die Dauer und Umstände der Inhaftierung regeln. Die Entscheidungsbefugnis liegt allerdings oft im Ermessen der Polizei. Im Falle von Ausländern fällt dies oft zugunsten des Inhaftierten aus. Trotzdem gilt, wie überall sonst auf der Welt: Wer Polizisten beleidigt oder ihnen anderweitig dumm kommt, macht die Sache nur noch schlimmer.

Das thailändische Gesetz kennt keine Unschuldsvermutung im engeren Sinn. Stattdessen werden Angeklagte als Verdächtige behandelt, über deren Schuld oder Unschuld vor Gericht entschieden wird. Die Prozesse werden meistens schnell in Angriff genommen.

Bei Verhaftungen kann die **Touristenpolizei** (☎1155) äußerst hilfreich sein. Die Beamten haben aber keinerlei Entscheidungsgewalt bei Fällen, die in den Zuständigkeitsbereich der regulären Polizei fallen. Dennoch kann die Touristenpolizei bei Verständigungsproblemen helfen und den Kontakt zur eigenen Botschaft erleichtern. Rund um die Uhr nimmt die Telefon-Hotline der Touristenpolizei alle möglichen Beschwerden und natürlich auch Notrufe entgegen.

PRAKTISCH & KONKRET

Maße & Gewichte

In Thailand gilt das internationale metrische System. Gold und Silber werden in *bàat* (15 g) abgewogen.

Rauchen

Seit 2008 ist das Rauchen in Restaurants und Bars verboten.

Zeitungen & Zeitschriften

Thailands wichtigste englischsprachige Zeitungen sind die *Bangkok Post* (www.bangkokpost.com) und die wirtschaftslastige *Nation* (www.nationmultimedia.com). Die *International New York Times* und Wochenzeitungen wie der *Economist* und die *Time* sind an Zeitungsständen erhältlich.

Reisen mit Behinderung

Für Traveller mit körperlichem Handicap ist Thailand immer noch ein gigantischer Hindernisparcours. Das gilt vor allem für Thailands Städte mit ihren hohen Bordsteinen, holperigen Bürgersteigen und dem hektischen Verkehr. Viele Straßen in Bangkok können nur auf Fußgängerbrücken überquert werden, zu denen steile Treppen hinaufführen. Busse und Boote halten nur so kurz, dass selbst Menschen ohne Behinderung kaum ein- oder aussteigen können. Rampen oder andere Zugangsmöglichkeiten für Rollstuhlfahrer sind selten.

Einige teurere Spitzenklassehotels geben sich Mühe, den Zugang zu ihren Räumlichkeiten für Gäste mit Behinderungen zu erleichtern. Luxushotels, bei denen genügend Angestellte pro Gast tätig sind, empfehlen sich, weil hier das Personal helfen kann, Barrieren zu überwinden. Sonst ist man ziemlich auf sich allein gestellt.

Nützliche Adressen für Allgemeininfos zum Reisen mit Behinderung:

Lonely Planet Accessible Travel (http://lptravel.to/accessibletravel)

Mobility International Schweiz (☎062 212 6740; www.mis-ch.ch; Rötzmattweg 51, 4600 Olten)

MyHandicap Deutschland (☎089-7677-6970; www.myhandicap.de; Habacher Str. 1, 81377 München)

MyHandicap Schweiz (☎071 911 4949; www.myhandicap.ch; Sirnacherstrasse 1, 9500 Wil/St. Gallen)

Nationale Koordinierungsstelle Tourismus für Alle e. V. (Natko; ☎0211-3368-001; www.natko.de; Fleher Str. 317a, 40223 Düsseldorf)

Wheelchair Holidays @ Thailand (www.wheelchairtours.com)

Schwule & Lesben

Die thailändische Kultur begegnet männlichen und weiblichen Homosexuellen relativ tolerant. Recht prominente Schwulen- und Lesben-Szenen finden sich in Bangkok, Pattaya und Phuket. In puncto Kleidung oder Verhalten werden Schwule und Lesben im Allgemeinen kommentarlos akzeptiert. Andererseits wird die öffentliche Zurschaustellung von Gefühlen – egal ob hetero- oder homosexuell – missbilligt.

Man sollte noch wissen, dass sich Lesben in Thailand – vielleicht weil das Land immer noch sehr konservativ ist – im Allgemeinen in starre Geschlechterrollen einfügen. Augenscheinlich haben „maskuline" Lesben, *tom* (von „Tomboy") genannt, typisch kurze Haare, binden ihre Brüste ab und tragen Männerklamotten. Feminine Lesben nennen sich *dêe* (von „Lady"). Lesbische Traveller, die nicht in diese Kategorien passen, müssen mit verwirrten Reaktionen rechnen.

Shoppen

Thailand ist ein Paradies für Schnäppchenjäger. Traveller sollten aber niemals zusammen mit Schleppern, Führern oder „freundlichen Fremden" auf Einkaufstour gehen. Diese Leute erhalten für jeden Kauf eine Provision und treiben die Preise in nicht vertretbare Höhen, worunter dann auch künftige Besucher zu leiden haben.

Antiquitäten

Authentische thailändische Antiquitäten werden immer rarer. Die meisten Händler verkaufen heutzutage echte Stücke oder Kopien aus Myanmar. Bangkok und Chiang Mai sind die Zentren des Antiquitäten- bzw. Replikenhandels.

Die Ausfuhr echter Antiquitäten ist genehmigungspflichtig. Zudem dürfen alte und neue Buddha-Darstellungen nur mit Erlaubnis der thailändischen Kunstbehörde **Office of the National Museum** (☎02 224 1370, 02 224 7493; National Museum, 4 Th Na Phra That; ⌚Di–Fr 9–16 Uhr; ⛴Chang Pier, Maharaj Pier, Phra Chan Tai Pier) exportiert werden.

Bekleidung

Kleidung ist in Thailand zwar in der Regel billig, die Klamotten von der Stange sind allerdings meistens nicht so zugeschnitten, dass sie Europäern passen. In den Malls der Metropolen oder den Touristenzentren werden auch größere Größen geführt. Auf den Märkten findet man billige Alltagsklamotten – praktisch, wenn die eigenen Sachen schmutzig sind und man gerade keine Gelegenheit zum Waschen hat. Führend in Designermode ist Bangkok. Auch mit Schuhen in größeren Größen kann es Schwierigkeiten geben. Umtauschen ist in Thailand größtenteils unüblich – man sollte sich also überzeugt haben, dass alles passt, ehe man den Laden verlässt.

Edelsteine & Juwelen

Thailand ist führender Exporteur von Edelsteinen und Schmuck – nur Indien und Sri Lanka können da noch einigermaßen mithalten. Da die Rohedelsteinvorkommen in Thailand zunehmend erschöpft sind, werden die Steine heute aus Myanmar, Sri Lanka und anderen Ländern importiert und dann in Thailand geschliffen, poliert und verkauft.

Gefälschte Produkte

In Bangkok, Chiang Mai und anderen Touristenzentren gibt es einen schwunghaften Schwarzmarkthandel mit gefakten Designerwaren. Niemand behauptet, dass die Sachen echt sind – selbst die Verkäufer nicht. Eigentlich ist es in Thailand verboten, derartige Produkte herzustellen und zu verkaufen. Von Seiten internationaler Copyright-Schutzorganisationen wird immer wieder Druck auf das Land ausgeübt, diesen Handel ganz zu unterbinden. Aber selten zeigt eine Polizeirazzia bleibende Wirkung – die Händler verkaufen ihre Sachen danach eben noch weiter im Verborgenen.

FEILSCHEN

Wenn bei einem Stück das Preisschild fehlt, kann der Kaufbetrag ausgehandelt werden. Auf Straßenmärkten und in manchen kleinen Läden ist das Feilschen üblich. In Kaufhäusern, Minimärkten, 7-Eleven-Läden usw. gibt's Festpreise.

Thais respektieren gewiefte Feilscher. Man lässt immer den Verkäufer das erste Angebot machen und fragt dann, ob er mit dem Preis nicht etwas runtergehen könne. In der Regel gewährt er dann einen Nachlass. Jetzt macht man ein Gegenangebot. Immer mit einem niedrigen Angebot beginnen! Wer allerdings nicht wirklich an dem Kauf interessiert ist, sollte auch nicht anfangen zu feilschen. Wer von einem Artikel mehrere Stück kaufen will, hat einen größeren Spielraum und kann einen größeren Rabatt aushandeln.

Auf jeden Fall ist es hilfreich, bei Preisverhandlungen immer entspannt und freundlich zu bleiben – lächeln nicht vergessen! Nicht aufbrausen oder laut werden – mit Hysterie kommt man nicht weit.

Keramik

Landesweit werden alle Arten von handgetöpferten Waren (antik und neu) verkauft. In Bangkok gibt's massenhaft moderne Keramik, während sich Chiang Mai an althergebrachte Designs hält. Ko Kret und Dan Kwian sind zwei Dörfer, in denen noch traditionell getöpfert wird.

Lackarbeiten

Chiang Mai ist für seine goldenen Arbeiten auf schwarzem Untergrund bekannt. Möbel und dekorative Stücke wurden traditionell aus Bambus oder Teakholz angefertigt, heute dient jedoch oft Mangoholz als Untergrund. Bei Stücken höchster Qualität besteht nur der Rahmen aus Bambus, um den Pferde- oder Eselshaar gewickelt wird. Bei Stücken minderer Qualität besteht das gesamte Objekt aus Bambus.

Möbel

Rattan- und Hartholzmöbel sind häufig günstig zu haben, auch maßgefertigt. Die meisten Möbel werden in Chiang Mai produziert, es gibt aber auch viele Filialen in Bangkok. Da das Fällen von Teakbäumen verboten ist und die Bestände an recyceltem Teakholz nahezu erschöpft sind, bestehen heute 70 % der in Thailand für den Export produzierten Möbel aus dem Holz alter Kautschukbäume, die gefällt werden, weil sie kein Latex mehr abgeben.

Stoffe

Nordostthailand ist für *mát·mèe*-Tuch berühmt – die dicken Baumwoll- oder Seidenstoffe ähneln dem indonesischen *ikat* und werden mittels Knüpfbatiktechnik gefärbt. Die *mát·mèe*-Seide aus der Provinz Surin zeigt häufig Farben und geometrische Muster, die auf Khmer-Traditionen beruhen.

In Nordthailand zeigt sich an den Seiden der Einfluss der Lanna-Traditionen, die von diversen Thai-Stämmen nach Chiang Mai und in die umliegenden Berge gebracht wurden. Recht schöne Batik gibt es dagegen in Südthailand. Mustermäßig ähnelt sie mehr malaysischer als indonesischer Batik.

Strom

Thailand verwendet 220 V Wechselstrom. In die meisten Steckdosen passen zweipolige Rund- oder Flachstecker.

Telefon

Von Deutschland, Österreich und der Schweiz aus erreicht man Anschlüsse in Thailand mit der Landesvorwahl 0066. Die anfängliche „0" aller thailändischen Telefonnummern ist bei Inlandsgesprächen einzugeben, fällt bei Telefonaten aus dem Ausland aber weg. Die nächsten drei Ziffern nach der „0" stehen für die Ortsvorwahl der jeweiligen Provinz (heute sind sie fester Bestandteil der Anschlussnummer). Thailändische Handynummern beginnen immer mit „08" oder „09".

Auslandsgespräche

Wer von Thailand aus im Ausland anrufen möchte, wählt nach einem internationalen Zugangscode den jeweiligen Ländercode (beispielsweise ☎49 für Deutschland, ☎43 für Österreich, ☎41 für die Schweiz) und die eigentliche Anschlussnummer (inkl. Ortsvorwahl).

Vor Ort gibt's mehrere internationale Zugangscodes mit unterschiedlichen Minutentarifen. Die Standard-Direktvorwahl der CAT (☎001) gilt in puncto Gesprächsqualität als am besten. Sie ermöglicht Verbindungen in die allermeisten Länder, kostet jedoch auch am meisten. Am zweitbesten ist die etwas günstigere TOT-Vorwahl ☎007. Hierbei hat man noch eine recht verlässliche Gesprächsqualität. Diverse Anbieter offerieren immer wieder Sparpreise; diesbezüglich lohnt es sich, das Internet nach Werbeaktionen mit Zugangscodes zu durchforsten.

Wenn man ☎100 wählt, lassen sich R-Gespräche anmelden und normale Auslandstelefonate über eine Vermittlung führen.

Handys

Am einfachsten lässt es sich in Thailand telefonieren, wenn man sich ein Handy besorgt und es mit einer thailändischen SIM-Karte bestückt. Eine Prepaid-SIM-Karte bekommt man in Thailand problemlos an jeder Ecke. Der Mobiltelefonmarkt ist sehr stark umkämpft, und die Angebote unterscheiden sich wesentlich. Deshalb schaut man am besten erst einmal auf die jeweiligen Websites. Prinzipiell bekommt man aber eine SIM-Karte schon ab 49 B. Bei teureren SIM-Karten könnten bereits ein paar Gesprächsminuten aufgeladen sein. In den gleichen Läden bekommen Traveller Aufladekarten ab 10 B. Der Tarif für Inlandsgespräche beginnt bei weniger als 50 Satang pro Minute.

Thailand ist im GSM-Mobilfunknetz; zu den hiesigen Mobilfunkanbietern gehören AIS (1 2 Call), DTAC und True Move. Inzwischen hat auch Thailand ein 4G-Netzwerk. Die Abdeckung und die Qualität der verschiedenen Anbieter verändern sich von Jahr zu Jahr je nach Netzausbau und Netzkapazität. Die einzelnen Anbieter verkaufen zumeist pauschale Kombipakete (Gesprächszeit/Datenvolumen) auf Guthabenbasis.

Die größten Netzanbieter sind:

- **AIS (1 2 Call)** (www.ais.co.th/12call/th)
- **DTAC** (www.dtac.co.th)
- **TrueMove** (www.truemove.com)

Inlandsgespräche

Wer innerhalb Thailands telefonieren möchte, wählt zunächst die Ortsvorwahl, egal wo er sich befindet. Aus diesem Grund sind thailändische Telefonnummern immer neunstellig. In Bangkok beginnen sie mit der 02, gefolgt von einer siebenstelligen Nummer. Bei einem Anruf in die Provinz wählt man zunächst die dreistellige Ortsvorwahl, die stets mit einer 0 beginnt, und dann eine sechsstellige Telefonnummer. Die anfängliche 0 muss allerdings wegfallen,

NÜTZLICHE TELEFONNUMMERN

Landesvorwahl Thailand ☎66

Vorwahl Bangkok ☎02

Handyvorwahlen ☎06, ☎08, ☎ 09

Auslandsanrufe über Telefondienst ☎100

Kostenlose Auskunft ☎1133

wenn man aus dem Ausland anruft.

Toiletten

Typisch asiatische Hocktoiletten werden in Thailand zwar immer seltener, man findet sie jedoch immer noch in älteren Wohnhäusern, schlichten Restaurants, in ländlichen Gegenden oder Busbahnhöfen vor. Gleichzeitig nehmen westliche Sitztoiletten zahlenmäßig zu und sind überall dort vorhanden, wo sich ausländische Touristen tummeln.

Hocktoiletten werden folgendermaßen benutzt: Mit dem Gesicht zur Tür stellt man die Füße auf die Standflächen rechts und links und kauert sich dann über die Bodenöffnung. Zum Säubern des Allerwertesten liegt mancherorts ein wenig Toilettenpapier (5 B) am Toiletteneingang bereit. Wenn das nicht der Fall ist, muss man sich selbst welches mitbringen oder sich eben traditionell mit der Hand und etwas Wasser säubern, das man mit der Plastikkelle oder einer Schüssel aus dem Becken neben der Toilette schöpfen muss. Zum Spülen dann einfach eine ausreichende Menge in den Abfluss nachgießen.

Selbst wenn es Sitztoiletten gibt, verkraften die Rohre eventuell kein Toilettenpapier. In diesem Fall ist ein extra Abfalleimer für benutztes Toilettenpapier und gebrauchte Damenhygieneartikel vorhanden. Manchmal sind auch kleine Wasserschläuche vorhanden – diese Toiletten sind dann sozusagen die thailändische Version eines Bidets.

Touristeninformation

Die **Tourism Authority of Thailand** (TAT; ☎1672; www.travelthailand.tourismthailand.org) fungiert als staatliche Tourismusbehörde und Werbeagentur. Seit 1960 gibt sie hervorragende Broschüren zu Sehenswürdigkeiten heraus. Ihr Hauptsitz in Bangkok wird durch 35 Regionalvertretungen im ganzen Land ergänzt; Kontaktinformationen findet man auf der Website.

Unterkunft

Thailands großes Unterkunftsangebot reicht von günstig und einfach bis hin zu teuer und luxuriös. Kenntnis der Begriffe *hôrng pát lom* (Zimmer mit Ventilator) und *hôrng aa* (Zimmer mit Klimaanlage) ist nützlich, falls das örtliche Personal nur begrenzt Englisch sprechen sollte.

Hostels, Pensionen & Gastfamilien-Unterkünfte

In den größeren Touristengebieten können Sparfüchse für gerade mal 200 B ein Bett in einem Schlafsaal mit Gemeinschaftsbad bekommen. Immer beliebter werden „Flashpacker"-Hostels, die neben Zweckmäßigkeit auch stilvolles Dekor und Komfort bieten. Preislich liegen sie in der oberen Budget- oder unteren Mittelklasse.

In vielen preisgünstigen Hostels gibt es auch private Zimmer. Die Preise hängen von Einrichtung und Lage ab. In Kleinstädten zahlt man mit 200 bis 300 B am wenigsten für ein Zimmer, das in der Regel einen klapprigen Ventilator und ein Gemeinschaftsbad hat. Mit eigenem Bad, Klimaanlage und manchmal auch Fernseher kostet das Zimmer 600 bis 800 B. In Strandorten liegen die Preise allerdings um vieles höher: Dort zahlt man für ein einfaches Zimmer mit Ventilator ab 700 und 800 B. Viele Budgetunterkünfte verdienen ihre Brötchen mit hauseigenen Restaurants, die klassische Backpacker-Kost (Bananenpfannkuchen und Obst-Shakes) servieren. Solche Restaurants sind zwar eine bequeme Option, und man kommt auch mit anderen Travellern zusammen, doch darf man sie nicht als Maßstab für die thailändische Küche sehen. Das Gleiche gilt für das typische Pensionsfrühstück mit Weißbrot und löslichem Kaffee. Wer gut frühstücken will, geht besser auf den Morgenmarkt.

Das Wohnen bei einer Gastfamilie ist eine etwas weniger kommerzielle Budgetoption, die es fast nur in ländlichen Gegenden gibt. Man wohnt im Haus einer Familie, isst mit den Famili-

UNTERKÜNFTE ONLINE BUCHEN

Unter http://lonelyplanet.com/hotels/ gibt's weitere Unterkunftsbewertungen und unabhängig recherchierte Infos von Lonely Planet Autoren – inklusive Empfehlungen zu den besten Adressen. Außerdem kann online gebucht werden.

PREISKATEGORIEN: SCHLAFEN

Die Preise für die Unterkünfte in Thailand sind in einem Zweistufensystem in drei Preisklassen (Budget-, Mittel-, Spitzenklasse) unterteilt. Die aufgeführten Preise beziehen sich auf die Hauptsaison ohne Vorabbuchung.

Großstädte & Strandorte

$ unter 1000 B

$$ 1000–3000 B

$$$ über 3000 B

Kleinstädte

$ unter 600 B

$$ 600–1500 B

$$$ über 1500 B

enmitgliedern, und oft sind auch Aktivitäten im Preis inbegriffen. Weitere Infos findet man auf S. 839.

In Thailand steht „Pension" *(guesthouse)* nicht unbedingt für ein Zimmer im Haus einer Familie, sondern für alle möglichen Budgetunterkünfte; wir nutzen den Begriff allerdings für Ersteres.

Hotels

In Provinzhauptstädten und Kleinstädten sind alte thai-chinesische Hotels, die einst in ganz Thailand üblich waren, oft die einzigen Unterkünfte. Die meisten sind auf thailändische Gäste ausgerichtet; Fremdsprachenkenntnisse sucht man häufig vergebens. Es handelt sich bei diesen Hotels meistens um mehrstöckige Gebäude mit verschiedenen Zimmern – von kahlen Billigstuben mit Ventilator bis hin zu Zimmern mit eigenem Bad, Klimaanlage und Fernseher. Zwar haben manche der thai-chinesischen Hotels zufällig auch tonnenweise Retro-Charme, doch sind sie – falls sie nicht kürzlich renoviert wurden – in der Regel zu alt und zu verwohnt, um gute, mit Pensionen vergleichbare Qualität zu bieten.

Immer öfter steht Mittelklasse für ein Zimmer mit Klimaanlage, Kühlschrank, Warmwasser, Fernseher und kostenlosem WLAN. Es ist nicht ungewöhnlich, dass ein Zimmer all dies bietet, aber keinerlei Aussicht und noch nicht einmal ein Fenster. Das Frühstück reicht von einem „Büfett", bestehend aus Toast und vor Fett triefenden gebratenen Eiern (was dann nicht selten als „amerikanisches Frühstück" bezeichnet wird), bis hin zu gesünderen Gerichten mit Joghurt und tropischen Früchten. Mittelklasse- und Kettenhotels, vor allem diejenigen in großen touristischen Zentren, können vorab gebucht werden. Einige bieten auf ihren Websites oder über Internet-Reiseportale Ermäßigungen an. Sie akzeptieren auch die meisten Kreditkarten, American Express jedoch wird nur von ein paar wenigen Luxushotels angenommen.

Internationale Kettenhotels findet man in Bangkok, Chiang Mai, Phuket und anderen prominenten Strandresorts. In Hotels mit aufmerksamerer Leitung sind gewisse Extras wie Computer im Zimmer und kostenloses WLAN inklusive; ansonsten ist es nicht unüblich, dass man für solche Extras einen Aufpreis bezahlt. Pools sind fast immer vorhanden, ganz zu schweigen von Fitness- und Businesscentern, Restaurants und Bars. Das Frühstück wird oft in Form eines Büfetts serviert. Die meisten Spitzenklassehotels und manche Mittelklassehotels erheben zusätzlich die staatliche Umsatzsteuer von 7 % sowie einen Serviceaufschlag von weiteren 10 %. Diese Zusatzkosten tauchen auf den Rechnungen oft als „Plus Plus" auf.

Unterkünfte in Nationalparks

Die meisten Nationalparks haben Bungalows (meist 600–3000 B, max. 10 Pers.), deren Preise je nach Park und Größe variieren. Darin quartieren sich gern thailändische Großfamilien ein, deren mitgebrachte Vorräte problemlos zum Überleben der Apokalypse reichen würden.

Viele Nationalparks haben obendrein Stellplätze für Zelte (ca. 100 B/Nacht). Zusammen mit anderem Equipment kann man Zelte

WEITERE INFOQUELLEN

Agoda (www.agoda.com/city/bangkok-th.html) Hotelbuchungsseite für Asien mit Niedrigpreisgarantie.

Airbnb (www.airbnb.de) Hat eine lange und stetig wachsende Liste mit Unterkünften in ganz Thailand. Die Übernachtungsmöglichkeiten reichen von Wohnungen und Apartments bis hin zu kleinen Hotels, die sich als Wohnungen und Apartments ausgeben.

Travelfish (www.travelfish.org/country/thailand) Unabhängige Kritiken mit vielen Leser-Feedbacks.

mitunter auch direkt vor Ort ausleihen. Doch Vorsicht: Die Ausrüstung ist eventuell in schlechtem Zustand – also vorher prüfen!

Alle Nationalparkunterkünfte in Bangkok sind vorab über das **Royal Forest Department** (☎02 561 0777; www.dnp.go.th/parkreserve/nationalpark.asp?lg=2) zu reservieren. Auf der Website gibt's separate Bereiche für Stellplätze und Bungalows.

Versicherung

Es ist keine schlechte Investition, eine Reiseversicherung abzuschließen, um sich im Falle von Diebstahl, Verlust oder gesundheitlichen Problemen abzusichern. Die Versicherungen decken unterschiedlich umfangreiche Leistungen ab. Es gibt eine riesige Auswahl von Versicherungen, deshalb ist ein Blick ins Kleingedruckte nötig. Wichtig ist, dass die Versicherung im Notfall den Rücktransport in die Heimat bezahlt. Einige schließen gefährliche Aktivitäten wie Gerätetauchen, Motorradfahren und sogar Trekken aus. Einen vor Ort erworbenen Motorradführerschein erkennen manche Versicherungen nicht an. Eine Versicherung, die die Arztkosten und den Krankenhausaufenthalt sofort bezahlt statt im Nachhinein, kann sehr nützlich sein. Um Ansprüche später geltend machen zu können, müssen sämtliche Unterlagen eingereicht werden.

Weltweiter Reiseversicherungsschutz wird auch unter www.lonelyplanet.com/travel-insurance angeboten. Man kann online Versicherungen abschließen, den Schutz erweitern oder einen Schadensfall geltend machen – alles selbst wenn man bereits unterwegs ist.

Visa

Das **thailändische Außenministerium** (Ministry of Foreign Affairs; ☎02 203 5000; www.mfa.go.th) ist für Einreise- und Visa-Angelegenheiten zuständig. Infos zur Antragstellung und den Preisen findet man auf der Website oder beim nächsten thailändischen Konsulat bzw. der Botschaft. In den letzten fünf Jahren gab es fast jährlich neue Regeln zu Visavergabe und Visaverlängerungen. Den besten Online-Überblick gibt **Thaivisa** (www.thaivisa.com).

Non-Immigrant-Visa

Sogenannte Non-Immigrant-Visa haben eine Gültigkeit von 90 Tagen und sind für Ausländer vorgesehen, die in Thailand Geschäfte tätigen, studieren, im Ruhestand einen längeren Urlaub machen oder Familienangehörigen einen ausgedehnten Besuch abstatten wollen. In dieser Visakategorie gibt es vielfältige Einreisevisa. Wer eine thailändische Arbeitsgenehmigung beantragen will, muss bereits ein Non-Immigrant-Visum besitzen.

Touristenvisa & Visafreiheit

Aktuell können Bürger aus 62 Ländern (darunter Deutsche, Österreicher und Schweizer) gebührenfrei in Thailand einreisen. Je nach Staatsangehörigkeit erhalten sie bei der Einreise per Flugzeug ein Visum für 14 bis 90 Tage (für die meisten Staaten gibt's ein Visum für 30 Tage) oder bei der Einreise auf dem Landweg ein Visum für 15 bis 30 Tage.

Wer kein gültiges Anschluss- bzw. Rückreiseticket und keine ausreichenden Mittel für den Zeitraum seines Aufenthalts vorweisen kann, dem könnte theoretisch die Einreise verweigert werden – allerdings kommt das in der Praxis so gut wie nie vor.

Wer länger als 30 Tage in Thailand bleiben will, sollte vor seiner Abreise in einem thailändischen Konsulat oder der Botschaft ein 60-tägiges Touristenvisum beantragen. Einfach in der Botschaft oder dem am nächsten gelegenen Konsulat Infos über die Antragsformalitäten und die fälligen Gebühren für Touristenvisa einholen!

Visum verlängern & erneuern

Wer über den genehmigten Zeitraum hinaus in Thailand bleiben will, kann bei allen örtlichen Einreisebüros in Thailand einen Antrag zur Verlängerung seines Visums

EINREISEBÜROS IN THAILAND

Im Folgenden sind zwei Adressen von Einreisebüros angegeben, wo man Visumsverlängerungen beantragen und andere Formalitäten erledigen kann. Ganz wichtig: Bei Behördengängen in Thailand immer Sonntagsklamotten tragen und alle Visumsangelegenheiten persönlich erledigen (niemals einen Dritten beauftragen)! Für jegliche Visaverlängerungen sind zwei Passfotos und eine Fotokopie der Foto- und der Visumsseite des Reisepasses erforderlich.

Einreisebüro Bangkok (☎02 141 9889; www.bangkok.immigration.go.th/intro1.html; Bldg B, Government Centre, Soi 7, Th Chaeng Watthana; ⏲Mo–Fr 8.30–12 & 13–16.30 Uhr; Ⓜ Chatuchak Park Ausgang 2 & Taxi, Ⓢ Mo Chit Ausgang 3 & Taxi)

Einreisebüro Chiang Mai (☎053 201755; http://chiangmaiimm.com; abseits der Rte 1141 (Th Mahidol); ⏲Mo–Fr 8.30–16.30 Uhr)

stellen. Die Gebühr für eine Visumsverlängerung beträgt normalerweise 1900 B. Ein normales Visum für 15 oder 30 Tage kann vor Ablauf des Visums um 30 Tage verlängert werden. Ein 60-tägiges Touristenvisum kann nach Ermessen der thailändischen Einreisebehörde um bis zu 30 Tage verlängert werden.

Eine andere Möglichkeit, ein neues Visum zu bekommen, ist die Aus- und Wiedereinreise auf dem Landweg. Bei der Einreise erhält man dann wieder ein neues Visum für 15 oder 30 Tage. Allerdings gehen die Behörden inzwischen gegen häufige und wiederholte Aus- und Einreisen vor.

Wer sein Visum überzieht, muss ein Bußgeld von 500 B pro Tag, maximal aber 20 000 B zahlen. Das Bußgeld wird am Flughafen oder vorab in einem Einreisebüro beglichen. Wer nur einen Tag überzieht, muss keine Strafe zahlen. Kinder unter 14 Jahren in Begleitung eines Elternteils sind von der Bußgeldregelung ausgenommen.

In Thailand ansässige Ausländer verlängern ihr Visum am besten bei dem Einreisebüro, das ihrer örtlichen Wohnadresse am nächsten liegt.

Zeit

Thailands Zeitzone liegt sechs Stunden vor der Mitteleuropäischen Zeit. Zeitangaben erfolgen in der Regel gemäß der 24-Stunden-Skala.

Offiziell gilt in Thailand die buddhistische Zeitrechnung. Das Jahr 1 der Buddhistischen Ära (B. E. für Buddhist Era) liegt, wenn man es vom im Westen gebräuchlichen gregorianischen Kalender ableitet, im Jahr 543 v. Chr. Insofern entspricht das Jahr 2017 unseres Kalenders 2560 B. E., 2018 2561 B. E. usw.

Zoll

Die **thailändische Zollbehörde** (www.customs.go.th) unterhält eine hilfreiche Website mit sehr genauen Angaben zu sämtlichen Zollbestimmungen für Reisende. Thailand erlaubt folgende Freimengen:

- Persönliche Gebrauchsgegenstände (Bekleidung und Hygieneartikel) in angemessener Menge
- Professionelle Berufsausrüstung
- 200 Zigaretten
- 1 l Wein oder Spirituosen

Strikt verboten ist die Einfuhr von:

- Feuerwaffen und Munition (sofern sie nicht vorab bei der Polizeibehörde angemeldet sind)
- Illegalen Drogen
- Pornografischen Medien

Bei Ausreise ist eine Exportgenehmigung für alle Repliken und neu gegossenen Buddha-Figuren (Ausnahme: persönliche Amulette) erforderlich. Bei der Beantragung der Lizenz muss man das bzw. die Objekt(e) zusammen mit jeweils zwei Frontalaufnahmen, Kaufquittung und einer Fotokopie des Reisepasses beim **Office of the National Museum** (☎02 224 1370, 02 224 7493; National Museum, 4 Th Na Phra That; ⏲Di–Fr 9–16 Uhr; ⛴Chang Pier, Maharaj Pier, Phra Chan Tai Pier) einreichen. Die Bearbeitung des Antrags kann bis zu vier Tage dauern.

Verkehrsmittel & -wege

AN- & WEITERREISE

Flüge und geführte Touren lassen sich online unter www.lonelyplanet.com/bookings buchen.

Einreise

Ob per Flugzeug oder auf dem Landweg: Die Einreise nach Thailand geht recht stressfrei vonstatten. Vorzulegen sind ein gültiger Reisepass, die Bordkarte sowie die ausgefüllten Karten für die Ein- und Ausreise.

Das Ausfüllen einer Zollerklärung entfällt bei der Einreise, sofern keine deklarationspflichtigen Waren eingeführt werden. Sollte dies doch der Fall sein, ist ein Formular am jeweiligen Einreisepunkt beim thailändischen Zoll erhältlich.

Flugzeug

Flughäfen

Bangkok ist Thailands größte Drehscheibe für In- und Auslandsflüge. Aber auch die Flughäfen in den einzelnen Provinzen wickeln viele nationale und immer mehr internationale Flüge ab. Auslandsverbindung besteht u. a. hier:

Suvarnabhumi International Airport (☎02 132 1888; www.suvarnabhumiairport.com) Der größte Flughafen des Landes liegt in Samut Prakan (30 km östl. von Bangkok, 110 km bis Pattaya). Er hat seinen IATA-Code (BKK) vom alten Don Mueang International Airport geerbt, wo nach wie vor die meisten Inlandsflüge starten. Der Flughafenname wird *su·wan·na·puhm* ausgesprochen. Die Website gibt Ankunfts- und Abflugzeiten in Echtzeit an.

REISEN & KLIMAWANDEL

Der Klimawandel stellt eine ernste Bedrohung für unsere Ökosysteme dar. Zu diesem Problem tragen Flugreisen immer stärker bei. Lonely Planet sieht im Reisen grundsätzlich einen Gewinn, ist sich aber der Tatsache bewusst, dass jeder seinen Teil dazu beitragen muss, die globale Erwärmung zu verringern.

Fast jede Art der motorisierten Fortbewegung erzeugt CO_2 (die Hauptursache für die globale Erwärmung), doch Flugzeuge sind mit Abstand die schlimmsten Klimakiller – nicht nur wegen der großen Entfernungen und der entsprechend großen CO_2-Mengen, sondern auch, weil sie diese Treibhausgase direkt in hohen Schichten der Atmosphäre freisetzen. Die Zahlen sind erschreckend: Zwei Personen, die von Europa in die USA und wieder zurück fliegen, erhöhen den Treibhauseffekt in demselben Maße wie ein durchschnittlicher Haushalt in einem ganzen Jahr.

Die englische Website www.climatecare.org und die deutsche Internetseite www.atmosfair.de bieten sogenannte CO_2-Rechner. Damit kann jeder ermitteln, wie viele Treibhausgase seine Reise produziert. Das Programm errechnet den zum Ausgleich erforderlichen Betrag, mit dem der Reisende nachhaltige Projekte zur Reduzierung der globalen Erwärmung unterstützen kann, beispielsweise Projekte in Indien, Honduras, Kasachstan und Uganda.

Lonely Planet unterstützt gemeinsam mit Rough Guides und anderen Partnern aus der Reisebranche das CO_2-Ausgleichs-Programm von climatecare.org. Alle Reisen von Mitarbeitern und Autoren von Lonely Planet werden ausgeglichen. Weitere Informationen gibt's auf www.lonelyplanet.com.

Don Mueang International Airport (✆02 535 1253; www.donmueangairportthai.com) Liegt 25 km nördlich von Bangkoks Zentrum und wurde 2006 stillgelegt. Wenig später erfolgte jedoch die Neueröffnung als Billig- und Inlandsflughafen der Metropole.

Phuket International Airport (✆076 327230; www.phuketairportthai.com) Diverse In- und Auslandsverbindungen.

Chiang Mai International Airport (✆053 270222; www.chiangmaiairportthai.com) Bedient u. a. internationale Ziele wie Hongkong, Kuala Lumpur, Luang Prabang, Macao, Mandalay, Seoul, Singapur, Taipeh oder Rangun – ebenso einige Großstädte in China (z. B. Peking, Shanghai).

Chiang Rai International Airport (Mae Fah Luang International Airport; ✆053 798000; www.chiangraiairportonline.com) Wickelt u. a. Auslandsflüge nach Kunming, Macao und Singapur ab.

Hat Yai International Airport (✆074 227131; www.hatyaiairportthai.com) Auslandsverbindung besteht nur nach Kuala Lumpur und Singapur.

Mae Sot Airport (✆055 563620; Th Asia) Flüge nach und ab Rangun.

Auf dem Landweg

Thailand grenzt an Laos, Malaysia, Kambodscha und Myanmar (Birma). Offizielle Grenzübergänge ermöglichen Überlandreisen in alle Nachbarländer (sowie zwischen diesen). Dank immer besser ausgebauter Fernstraßen und neuer Brücken wird es auch zunehmend einfacher, von Thailand über Laos nach China zu fahren.

Grenzübergänge

CHINA

Das Innere Südchinas ist nun mit Laos und Nordthailand verbunden. So gestalten sich Reisen zwischen dem Königreich und dem Reich der Mitte halbwegs direkt. Visa für China müssen vor Abreise beantragt bzw. erlangt werden (am besten in Bangkok oder Chiang Mai).

Chiang Khong–Mengla Der China–Thailand Highway (AH3) ist eine alte Opium-Schmuggelroute, die zu einer wichtigen internationalen Transportader ausgebaut wurde. Die asphaltierte Strecke (1800 km) verbindet Kunming in der chinesischen Provinz Yunnan mit Bangkok und führt dabei durch den Norden von Laos. Komplettiert wurde sie 2014 durch den Bau der vierten thailändisch-laotischen Freundschaftsbrücke über den Mekong (Grenzübergang Chiang Khong–Huay Xai).

Chiang Saen–Jinghong Früher folgten Passagierboote dem Mekong von Nordthailand aus in die chinesische Provinz Yunnan. Zum Recherchezeitpunkt waren diese Verbindungen jedoch eingestellt.

KAMBODSCHA

Direkt an der Grenze gibt's kambodschanische Touristenvisa für 30 US$. Man muss ein Passfoto mitbringen und sollte möglichst den Kerlen aus dem Weg gehen, die Gesundheitszertifikate oder andere Dokumente gegen eine Zusatzgebühr ausfertigen wollen!

Aranya Prathet–Poipet Direkteste Überlandroute zwischen Bangkok und Siem Reap (nach Angkor Wat), inzwischen mit einem staatlichen Bus direkt verbunden.

Hat Lek–Krong Koh Kong Küstenübergang bei Touren nach/ab Ko Chang/Sihanoukville.

Ban Pakard nach Psar Pruhm Schleichweg ab Ko Chang, der über Chanthaburi nach Battambang und Angkor Wat führt.

Abgeschiedener liegen z. B. die Grenzübergänge Choam–Chong Sa-Ngam oder O Smach–Chong Chom (Achtung: wegen Kämpfen im Gebiet Khao Phra Wihan vorübergehend geschlossen!). Sie sind aber nicht sonderlich praktisch, da drüben in Kambodscha nur mietbare Privatfahrzeuge zur Verfügung stehen.

LAOS

Von Nordost- und Nordthailand aus geht's recht stressfrei hinüber nach Laos. Entsprechende Touristenvisa (30–42 US$; idealerweise in sauberen, nicht zerknitterten Scheinen) gibt's direkt an der Grenze. Der Antrag erfordert jeweils ein Passfoto. Es gibt eine wachsende Zahl von Direktbussen, die große Städte auf beiden Seiten der Grenzen verbinden und dadurch den Stopp an den Grenzstädten zu einer reinen Formalität machen.

Nong Khai–Vientiane Die erste thailändisch-laotische Freundschaftsbrücke über den Mekong gehört zu den Hauptverbindungen zwischen den beiden Ländern. Von Bangkok aus ist Nong Khai leicht per Bus oder Zug erreichbar.

Chiang Khong–Huay Xai Dieser Grenzübergang wird von den meisten Direktbussen zwischen Chiang Mai und Chiang Rai nach Laos genutzt. Die vierte thailändisch-laotische Freundschaftsbrücke hat seine Popularität stark gesteigert. Außerdem verkehren hier auch Boote zwischen Nordthailand und Luang Prabang.

Mukdahan–Savannakhet Die zweite thailändisch-laotische Freundschaftsbrücke vernetzt Thailand, Laos und Vietnam.

Nakhon Phanom to Tha Khaek Die dritte thailändisch-laotische Freundschaftsbrücke verbindet den Nordosten Thailands mit dem südlichen Laos.

Chong Mek–Vangtao Dieser Grenzübergang ist am besten über Ubon Ratchathani (Thailand) erreichbar und eine gute Transitoption in Richtung Pakse (Laos). Inzwischen fahren Direktbusse ab Ubon hierher.

Zu den entlegenen Grenzübergängen im Nordosten Thailands gehören Bueng Kan–Paksan (Visa für Laos sind im Voraus zu organisieren!) und Tha Li–Kaen Thao (Mietverkehrsmittel erforderlich). Unter den abgeschiedenen Optionen in Nordthailand ist z. B. Ban Huay Kon in Nan und Muang Ngeun.

MALAYSIA

Vor allem die Westküste Malaysias ist leicht per Bus, Zug oder sogar Boot erreichbar.

Hat Yai–Butterworth Das Westgleis der Bahnlinie ab Bangkok endet in Butterworth (Festlandstor für Penang).

Hat Yai–Padang Besar Auf dem Weg zu verschiedenen Zielen in Malaysia starten Busse und Züge im südthailändischen Transitort Hat Yai. Die Grenzformalitäten werden in Padang Besar erledigt.

Sungai Kolok–Rantau Panjang Obwohl sie theoretisch eine weitere Möglichkeit ist, muss aufgrund der anhaltenden Gewalt in Thailands tiefem Süden dringend von dieser Route abgeraten werden.

Ko Lipe–Langkawi In der Hauptsaison besteht eine praktische Bootsverbindung zwischen den beiden Andamaneninseln. Die meisten Traveller bevorzugen diese Option anstelle der Route, die den Festlandshafen Satun (Thailand) mit der Insel Langkawi (Malaysia) und der Stadt Kuala Perlis (malaysisches Festland) verbindet.

Hinüber nach Malaysia geht's zudem über ein paar kleinere Grenzübergänge. Dafür ist aber jeweils ein eigenes Fahrzeug erforderlich.

MYANMAR

Gemäß den Integrationszielen der AEC (ASEAN Economic Community) hat Myanmar die Einreisebestimmungen an vier seiner Grenzübergänge zu Thailand gelockert. So können Ausländer nun mit einem Visum für Myanmar (im Voraus zu erlangen) einreisen und das Land über einen anderen Grenzübergang wieder verlassen. Zuvor mussten Ein- und Ausreise am selben Kontrollposten erfolgen. Zu den vier genannten Transitstellen gehört der neue Grenzübergang Phu Nam Ron–Htee Khee, der mit hohen infrastrukturellen Investitionen verbunden ist: Thailands Regierung hat vor, diese Route als Verbindung zwischen Bangkok und dem birmanischen Hafen Dawei an der Andamanensee auszubauen.

Mae Sai–Tachileik Dieser Übergang ist bei Travellern beliebt, die ihr Visum für Thailand unkompliziert erneuern wollen. In einem Tagestrip ab Thailand kann der ebenso populäre Grenzmarkt auf birmanischem Boden auch ohne vorab erlangtes Visum besucht werden. Achtung: Jegliche Weiterreise in Myanmar erfordert eine im Voraus zu beantragende Genehmigung!

Ranong–Kawthoung Ist u. a. für „Visa Runs" zwischen dem Süden Thailands und Myanmars beliebt.

Mae Sot–Myawaddy Einer der am besten erreichbaren Grenzübergänge bei Überlandtouren zu Zielen im Inneren Myanmars.

Bus, Auto & Motorrad

In alle Nachbarländer Thailands führen Straßenverbindungen, die sich mit Bussen, Sammeltaxis oder einem eigenen Fahrzeug nutzen lassen. In manchen Fällen fährt man per Bus zur Grenze, durchquert die Einreisestelle zu Fuß und nimmt dann zur Weiterfahrt einen anderen Bus oder ein Sammeltaxi. Ansonsten (vor allem bei Trips nach Malaysia) hält der Bus einfach zwecks Einreiseformalitäten an der Grenze und setzt nach deren Überquerung seinen Weg zum jeweiligen Ziel fort.

Grenzübertritte mit einem eigenen Vehikel erfordern immer einen gewissen Papierkram. Auslandsfahrten mit Mietfahrzeugen sind jedoch allgemein nicht gestattet.

Zug

Thailands und Malaysias staatliche Bahnnetze treffen bei Butterworth aufeinander. Dort, rund 93 km südlich der thailändischen Grenze, kann man Boote nach Penang nehmen oder mit der Malaysian Railway nach Kuala Lumpur und Singapur weiterfahren.

Mehrere Grenzübergänge bieten die Möglichkeit, mit dem Zug anzureisen und dann drüben im anderen Land direkt auf Autos umzusteigen. Beispiele hierfür sind die Übergänge Aranya Prathet–Poipet (Thailand–Kambodscha) und Nong Khai–Vientiane (Thailand–Laos).

Eine weitere Bahnlinie führt von Malaysias Ostküste zur Thai-Grenzstadt Sungai Kolok. Wegen der anhaltenden Gewalt in Thailands tiefem Süden raten wir Travellern von dieser Route aber dringend ab!

UNTERWEGS VOR ORT

Auto & Motorrad

Benzin & Ersatzteile

Thailand hat viele moderne Tankstellen. In ländlicheren Gegenden gibt's *ben·sin/nám·man rót yon* (Benzin; landesweit überall bleifrei) normalerweise am Straßenrand oder bei kleinen Ständen in Dörfern. Lastwagen und teils auch normale Autos fahren mit Diesel. Zudem werden vor Ort auch mehrere alternative Kraftstoffe verwendet. Darunter sind Gasohol (Mix aus Benzin und Äthanol; 91 od. 95 Oktan) und durch Kompression verflüssigtes Erdgas. Letzteres treibt thailändische Taxis mit Hybridmotoren an.

Führerschein

Wer in Thailand ein Kraftfahrzeug (inkl. Motorrad) bewegen will, braucht dafür theoretisch eine internationale Fahrerlaubnis (International Driving Permit, IDP; Achtung: grundsätzlich nur zusammen mit einem nationalen Führerschein gültig!). In der Praxis wird darauf jedoch nicht immer bestanden.

Mieten & Kaufen

In den meisten Großstädten sowie an Flughäfen findet man thailändische und internationale Autovermieter, die neben normalen Autos auch Geländewagen und Vans verleihen. Einheimische Anbieter sind oft günstiger, haben aber teils Fuhrparks von schwankender Qualität. Vor dem Unterschreiben des Vertrags daher das ganze Vehikel (inkl. Reifenprofil) unbedingt sorgfältig unter die Lupe nehmen!

In größeren Städten und Touristenzentren gibt's Mietmotorräder bei Pensionen und kleinen Familienbetrieben. Feuerstühle lassen sich landesweit relativ einfach ausleihen und sind super für Erkundungen auf eigene Faust. Bei Tagesausleihen genügt zumeist der Reisepass als Pfand. Auch Mietmotorräder sollten vorab immer genau inspiziert werden. Und beim Verleiher grundsätzlich nach einem Schutzhelm fragen – in Thailand herrscht Helmpflicht!

Verkehrsregeln & Gefahren

In Thailand herrscht Linksverkehr – jedenfalls prinzipiell. Abgesehen davon werden Verkehrsschilder und Tempolimits in aller Regel nicht weiter beachtet.

Verkehrsregel Nummer eins: Das größere Fahrzeug hat stets Vorfahrt. So steht es zwar nicht in der thailändischen Straßenverkehrsordnung, aber im ungeschriebenen Gesetz der Straße. Die erlaubte Geschwindigkeit liegt innerorts bei 50 km/h und auf den meisten Fernstraßen bei 80 bis 100 km/h, doch überall auf den Schnellstraßen trifft man auch Schnecken mit 30 km/h und Raser mit 150 km/h.

Man hupt, um das Überholen anzukündigen. Blinker werden gern benutzt, um vor entgegenkommendem Verkehr zu warnen: Ein Blinken nach links bedeutet, man kann überholen, ein Blinken nach rechts warnt vor Gegenverkehr. Wenn der Fahrer vor einem das Rücklicht aufblitzen lässt, heißt das ebenfalls, dass man nicht überholen soll.

Der Verkehr in Bangkok ist chaotisch. Die Straßen sind schlecht ausgeschildert, und überall können einem plötzlich Motorräder oder auch ganze Autolawinen auf der eigenen Fahrspur entgegenkommen.

Abgesehen vom thaitypischen Missachten der Verkehrsregeln besteht die größte Schwierigkeit beim Fahren außerhalb Bangkoks darin, mit den vielen verschiedenen Vehikeltypen auf derselben Straße klarzukommen. So begegnet man beispielsweise Lastwagen, Fahrrädern, Motorrädern und Túk-Túks (Aussprache *đúk đúk*), deren Lichter obendrein oft nicht funktionieren. Im ländlichen Raum ist der Fahrzeugverkehr zwar geringer, die Gefahr durch freilaufende Hühner, Hunde und Wasserbüffel aber umso größer.

Versicherung

Alle registrierten Fahrzeuge, die auf Thailands Straßen unterwegs sind, müssen zumindest haftpflichtversichert sein. Die besseren Verleiher bieten Vollkaskoversicherungen für ihre Vehikel an. Bevor man den Mietvertrag unterschreibt, erkundigt man sich

GEFAHREN IM STRASSENVERKEHR

Thailands Straßen sind gefährlich: Nach einer Studie (2014) des Transportation Research Institute an der University of Michigan belegen sie weltweit den zweiten Platz bei tödlichen Unfällen. Konkret kommen hier 44 Verkehrstote auf 100 000 Einwohner – mehr als das Doppelte des internationalen Durchschnitts. Ausländische Touristen wurden bereits mehrmals Opfer von schlimmen Busunglücken. Dies hat einige westliche Länder veranlasst, offizielle Hinweise zu Überlandreisen in Thailand herauszugeben. Zu den darin genannten Gefahren zählen z. B. nicht angepasste Geschwindigkeit, rücksichtslose Fahrweise und Fernbus-Chauffeure unter dem Einfluss von Aufputschmitteln.

Obwohl tragische Busunglücke die meisten Schlagzeilen machen, sind Motorräder an fast 75 % aller örtlichen Verkehrsunfälle beteiligt. Trotz offizieller Helmpflicht trägt nicht einmal die Hälfte aller thailändischen Motorradfahrer einen Schutzhelm. Viele Touristen werden verletzt, weil sie unerfahren im Umgang mit Motorrädern und zudem den lokalen Verkehr nicht gewohnt sind. Das britische Außenministerium zählt Thailand weltweit zu den Regionen, in denen britische Staatsbürger am häufigsten einen Verkehrsunfall erleiden (oft im Zusammenhang mit Motorrädern).

Motorradneulinge sollten sich stets in verkehrsarmen Ecken mit dem Fahrzeug vertraut machen und sich an kleinere Maschinen (max. 100 cm^3 Hubraum) mit Automatikgetriebe halten. Unbedingt immer mit angepasster Geschwindigkeit fahren – vor allem auf rutschigen Straßen oder lockerem Schotter! Für bessere Fahrzeugkontrolle ist es zudem ratsam, die Zuladung so gleichmäßig wie möglich entlang des Rahmens zu verteilen. Und bitte niemals mit der Rücksicht anderer Verkehrsteilnehmer rechnen: Motorräder rangieren in Thailands „Verkehrshierarchie“ sehr weit unten!

RADFAHREN IN THAILAND

Leihfahrräder von mitunter minderer Qualität gibt's in Thailand vielerorts schon für 50 B pro Tag und zumeist auch ohne Sicherheitskaution (vor allem bei Pensionen).

Ländlichere bzw. verkehrsärmere Ecken (z. B. der Ayuthaya und Sukhothai Historical Park oder Pai) lassen sich prima per Drahtesel erkunden. Überall sonst sollte Otto Normaltraveller wegen der schlechten Infrastruktur und der gefährlichen Straßen aber generell aufs Radfahren verzichten (vor allem in Großstädten wie Bangkok) – außer im Rahmen von geführten Touren, die sich an Routen mit wenig Kraftfahrzeugverkehr halten. Nichtsdestotrotz werden Radtouren durch Thailand immer beliebter. Dies liegt wohl auch daran, dass die meisten Straßen asphaltiert sind und breite Seitenstreifen haben.

Aufgrund hoher Zollgebühren sind die lokalen Verkaufspreise für Importbikes ziemlich gepfeffert. Daher bringt man am besten sein eigenes Gefährt mit; die Einfuhr erfordert keine spezielle Genehmigung. Geeignetes Werkzeug und genügend Ersatzteile nicht vergessen! **Bicycle Thailand** (www.bicyclethailand.com) liefert gute Infos zum Radeln vor Ort.

am besten genauestens nach der Haftpflichtversicherung und lässt sich die Originaldokumente inklusive Ausstellungsdatum zeigen, denn wer mit einem nicht versicherten Fahrzeug in einen Unfall gerät, hat ein richtiges Problem.

Bus & Minivan

Das thailändische Busnetz ist gut ausgebaut und zuverlässig. Die thailändische Regierung finanziert die Transportgesellschaft *(bò·rí·sàt kŏn sòng)*, die üblicherweise als Baw Khaw Saw (BKS) abgekürzt wird. Jede Stadt und jeder Ort im Land mit Busanschluss hat eine BKS-Haltestelle, wenn auch vielleicht nur als unbefestigte Haltebucht irgendwo am Straßenrand.

Am verlässlichsten sind in Thailand die Busgesellschaften, die die BKS-Haltestellen benutzen. Diese Gesellschaften sind teilweise staatlich und teilweise private Unternehmen mit Konzession.

Um Busfirmen, die direkt von Touristenzentren (z. B. der Th Khao San in Bangkok) aus operieren, macht man besser einen großen Bogen: Bei solchen Fahrten kommt es immer wieder zu Diebstählen und Provisionspausen. Man muss gut aufpassen, um Bus-Kundenfängern und anderen Problemen zu entgehen.

Bei einigen Zielen verdrängen die Minivans zunehmend die Busse. Aufgrund ihrer kleineren Dimensionen können sie statt an auswärtig gelegenen Busbahnhöfen gleich am Markt starten. In einigen Fällen bringen sie Passagiere direkt zum Hotel. Tipp: Wer die Tollkühnheit der Fahrer nicht unmittelbar miterleben möchte, steigt besser hinten ein!

Busklassen

Am günstigsten und langsamsten sind *rót tam·má·dah* (normale Busse ohne Ventilator), die in jedem Nest halten – ebenso überall, wo jemand ein Handzeichen am Straßenrand gibt. Diese Fahrzeuge existieren noch, verkehren aber nur vereinzelt im ländlichen Raum oder im Nahverkehr.

Bei *rót aa* (klimatisierten Bussen) gibt's entfernungsabhängig verschiedene Klassen: Auf Kurzstrecken sind normalerweise einfache 2.-Klasse-Vehikel ohne Bordtoilette unterwegs. Bei längeren Strecken nehmen Komfort und Extras entsprechend zu. Dies reicht von der 1. Klasse bis hin zu „VIP" oder „Super VIP"; in den letzteren beiden Fällen sind zwecks Liegesitzoption insgesamt weniger Bordplätze vorhanden. Darum wird dann mitunter auch von *rót norn* (Schlafbussen) gesprochen.

Für Fernstrecken empfiehlt sich eine Jacke, da es in den klimatisierten Innenräumen oft arktisch kalt ist. Solche Busse bieten normalerweise einen recht guten Service; auf bestimmten Strecken gibt's sogar eine uniformierte „Stewardess", die Gratis-Getränke verteilt und Videos einlegt.

Die meisten Nachtbusse halten irgendwo unterwegs für eine mitternächtliche Mahlzeit.

Reservierungen

Fahrten mit klimatisierten BKS-Bussen lassen sich an allen BKS-Busbahnhöfen buchen; alternativ kann man solche Tickets telefonisch reservieren und bei Filialen von 7-Eleven bezahlen. Für normale Busse mit Bordventilatoren sind Reservierungen allerdings nicht möglich. Plätze bei privaten Busunternehmen können über die meisten Hotels und alle Reisebüros gebucht werden. Interessenten wenden sich aber besser direkt an die Büros der einzelnen Gesellschaften, um auch das zu bekommen, wofür sie bezahlen.

Flugzeug

Thailändische Inlandsflüge sind weiterhin erschwinglich und starten zumeist vom Don Mueang oder Suvarnabhumi International Airport in Bangkok. Doch auch ab Chiang Mai, Hat Yai, Ko Samui, Phuket und Udon Thani geht's (wenn auch weniger häufig) zu Zielen in Thailand.

Fluglinien

Air Asia (☎02 515 9999; www.airasia.com) Fliegt ab Don Mueang nach Buriram, Chiang Mai, Chiang Rai, Hat Yai, Khong Kaen, Krabi, Loei, Nakhon Phanom, Nakhon Si Thammarat, Nan, Narathiwat, Phitsanulok, Phuket, Roi Et, Sakhon Nakhon, Surat Thani, Trang, Ubon Ratchathani und Udon Thani. Verbindet zudem Phuket mit Udon Thani sowie Chiang Mai mit Hat Yai, Krabi, Phuket und Surat Thani.

Bangkok Airways (☎1771; www.bangkokairways.com) Fliegt ab Suvarnabhumi nach Chiang Mai, Chiang Rai, Krabi, Lampang, Pattaya, Phuket, Ko Samui, Sukhothai, Trat und Udon Thani. Von Chiang Mai aus geht's nach Ko Samui, Phuket und Udon Thani.

Happy Air (☎02 216 5151; www.happyair.co.th) Fliegt ab Suvarnabhumi nach Chumphon und Ranong.

Kan Air (☎02 551 6111; www.kanairlines.com) Fliegt ab Don Mueang nach Chiang Mai, Chiang Rai, Hua Hin, Khon Kaen, Nakhon Ratchasima, Nan, Phitsanulok, Mae Sot, Pattaya, Ubon Ratchathani und Udon Thani. Startet zudem in Chiang Mai gen Chiang Rai, Pai und Mae Hong Son.

Nok Air (☎1318; www.nokair.com) Fliegt ab Don Mueang nach Buriram, Chiang Mai, Chiang Rai, Chumphon, Hat Yai, Khon Kaen, Krabi, Lampang, Loei, Mae Sot, Nakhon Phanom, Nakhon Si Thammarat, Nan, Phitsanulok, Phrae, Phuket, Ranong, Roi Et, Sakhon Nakhon, Surat Thani, Trang, Ubon Ratchathani und Udon Thani. Bedient außerdem die Strecke Chiang Mai–Udon Thani.

Orient Thai (☎02 229 4100; www.flyorientthai.com/en/home) Fliegt ab Don Mueang nach Phuket.

Solar Air (☎02 535 2456; www.solarair.co.th) Fliegt ab Don Mueang nach Chumphon.

Thai Lion Air (☎02 529 9999; www.lionairthai.com) Fliegt ab Don Mueang nach Chiang Mai, Chiang Rai, Hat Yai, Krabi, Nakhon Si Thammarat, Phuket, Surat Thani, Ubon Ratchathani und Udon Thani. Verkehrt zudem auf der Route Hat Yai–Udon Thani.

Thai Smile (☎02 118 8888; www.thaismileair.com) Fliegt u. a. ab Don Mueang nach Chiang Mai, Phuket und Khon Kaen. Ab Suvarnabhumi geht's nach Chiang Mai, Chiang Rai, Hat Yai, Phuket, Khon Kaen, Narathiwat, Surat Thani, Ubon Ratchathani und Udon Thani. Die Strecke Chiang Mai–Phuket wird ebenfalls bedient.

Geführte Touren

Viele Anbieter in aller Welt organisieren geführte Thailand-Touren. Die meisten Anbieter fungieren lediglich als Vermittler für ortsansässige Firmen. Bessere Veranstalter planen ihre Reiserouten durch das Land von Grund auf selbst und wählen lokale Partner aus, die jeweils dazu passen.

Asian Trails (☎02 626 2000; www.asiantrails.travel) Führt Touren für Vermittlungsagenturen in Übersee durch; angeboten wird ein Mix aus Trips zu bekannten und weniger bekannten Zielen.

Eastern & Oriental Express (www.belmond.com/eastern-and-oriental-express) Luxuriöse Zugreisen durch Thailand.

i-to-i (www.i-to-i.com) Freiwilligentourismus plus FSJ- bzw. FÖJ-Programme.

Intrepid Travel (www.intrepidtravel.com) Spezialisiert auf Kleingruppenreisen für junge Leute.

Isan Explorer (☎087 643 9018; www.isanexplorer.com) Maßgeschneiderte Touren durch den Nordosten.

Mekong Cruises (www.cruisemekong.com) Bietet elegante Flusskreuzfahrten auf dem mächtigen Mekong an.

Spice Roads (☎02 381 7490; www.spiceroads.com) Diverse regionale Radtouren.

Tour de Thailand (☎081 173 4469; www.tourdethailand.com) Sammelt Spenden bei Gemeinschaftsradtouren, die etappenweise durch das ganze Land führen.

Tours with Kasma Loha-Unchit (www.thaifoodandtravel.com) Die thailändische Kochbuchautorin lässt einen individuell in die Kultur ihrer Heimat eintauchen.

Nahverkehr

Motorradtaxi

In vielen thailändischen Städten können *mor·đeu·sai ráp jâhng* (Motorradtaxis) für Kurzstrecken gemietet werden. Wenn man kein Gepäck oder nur eine kleine Tasche dabei hat, sind diese Motorräder einfach unschlagbar für eilige Trips durch den Straßendschungel.

In den meisten Städten versammeln sich Motorradtaxis zwecks Passagiersuche in der Nähe von Straßenkreuzungen. Normalerweise tragen die Chauffeure nummerierte Oberteile und verlangen streckenabhängig 10 bis 50 B pro Fahrt. Man sollte den Preis im Voraus aushandeln.

Skytrain & Metro

Bangkok ist Thailands einzige Stadt, in der Nahverkehrszüge über (BTS) und unter der Erde (MRT) verkehren.

Stadtbusse & Sŏrng•tăa•ou

Bangkok besitzt Thailands größtes Stadtbusnetz. Auch in Udon Thani und ein paar anderen Provinzhauptstädten fahren Stadtbusse. Am besten macht man es wie die Einheimischen: Thais stoppen öffentliche Busse, indem sie an einer Haltestelle mit der Handfläche nach unten eine Winkbewegung vollführen. Dann suchen sie sich einen Platz und bezahlen den Fahrtpreis meist gleich oder

SĂHM·LÓR & TÚK-TÚK

Săhm·lór (dreirädrige Fahrradrikschas) findet man meist in Kleinstädten mit wenig Verkehr und bis heute altmodischer Lebensart.

Die moderne Version der mit Wadenkraft betriebenen *săhm·lór* ist das motorisierte Túk-Túk. Die laut knatternden Motoren dieser kleinen Nutzfahrzeuge werden meist mit Autogas betrieben und spucken jede Menge Funken.

Wie bei allen anderen Verkehrsmitteln muss der Preis vor dem Start ausgehandelt werden. In Touristenzentren verlangen Túk-Túk-Chauffeure oft übertrieben hohe Summen von Ausländern. Somit sollte man bereits vor Fahrtbeginn ein Gespür für angemessene Tarife entwickeln. Hotelangestellte helfen hierbei mit realistischen Angaben.

Wer mehr über Fahrradrikschas und deren Design erfahren möchte, wirft am besten einen Blick in den Lonely Planet Hardcover-Bildband *Chasing Rickshaws* von unserem Verlagsgründer Tony Wheeler.

auch teilweise erst später beim Aussteigen.

Anderswo wird der Nahverkehr von *sŏrng·tăa·ou* gewährleistet. Die kleinen Pick-ups tragen auf ihren Ladeflächen zwei einander gegenüber stehende Passagierbänke. Wie Busse sind sie manchmal auf festen Routen unterwegs. Gelegentlich dienen sie aber auch als Sammeltaxis für Fahrgäste mit derselben Reiserichtung. In Touristenzentren lassen sich *sŏrng·tăa·ou* wie normale Taxis mieten – dann aber unbedingt den Fahrtpreis im Voraus aushandeln! Normalerweise kann man *sŏrng·tăa·ou* überall entlang ihrer Routen heranwinken und später beim Aussteigen bezahlen.

Je nach Region folgen *sŏrng·tăa·ou* eventuell auch festen Routen ab dem Stadtzentrum, die außerstädtische Gebiete oder sogar Ziele innerhalb der Provinz bedienen.

Taxi

In Bangkok sind Taxis mit Gebührenzählern am besten einheitlich organisiert. Auch anderswo gibt's inzwischen immer mehr Firmen, die standardmäßig Taxameter benutzen. Trotzdem kann es vorkommen, dass man einen Festpreis bezahlt oder den Tarif vorher aushandeln muss.

In größeren Städten stehen zudem traditionelle Alternativen und (teils inoffizielle) Taxidienste auf App-Basis zur Verfügung

Uber (www.uber.com/cities/bangkok) ist zweifellos der bekannteste Mitfahrservice des Planeten und seit 2014 auch in Thailand vertreten. Das Ganze etablierte sich schnell bei all jenen, die sich den üblichen Stress mit Bangkoks Taxis (Verständigungsprobleme, ständiger Wechselgeldmangel, rücksichtslose Fahrweise) ersparen wollen. Doch bereits Ende 2014 erklärte das thailändische Verkehrsministerium den App-basierten Dienst für illegal. Begründet wurde dies mit unzureichenden Fahrzeugregistrierungen, ungeregelten Preisen und nicht lizenzierten Fahrern. Zum Recherchezeitpunkt schien eine Art Pattsituation eingetreten zu sein: Uber war zwar immer noch in Bangkok aktiv, ging aber heimlicher vor.

Nun die gute Nachricht: Das staatliche Verbot gilt bislang nicht für andere Dienste wie **GrabTaxi** (www.grabtaxi.com/bangkok-thailand) oder **Easy Taxi** (www.easytaxi.com/th), die beide auf offiziell registrierte Taxis zurückgreifen. 2015 nahm sogar eine neue einheimische Alternative namens **All Thai Taxi** (www.allthaitaxi.com) den Betrieb auf.

Schiff/Fähre

Thailands typische *reu·a hăhng yow* (Longtail-Boote) heißen so, weil ihre Schrauben am Ende von langen Außenborder-Antriebswellen montiert sind, die weit über das Heck hinausragen. In Bangkok und dessen Nachbarprovinzen fungieren sie als Haupttransportmittel auf Flüssen bzw. Kanälen – ebenso zwischen bestimmten Inseln.

Zwischen dem Festland und kleinen, wenig besuchten Eilanden verkehren zumeist 8 bis 10 m lange Holzboote mit Innenbordmotor und Steuerhaus; ein einfaches Dach schützt unterwegs Passagiere und Fracht. Beliebtere Ziele werden standardmäßig von schnelleren Luftkissen-, Tragflügel- oder Speedbooten bedient.

Trampen

Trampen ist nirgendwo auf der Welt vollkommen sicher und daher grundsätzlich nicht zu empfehlen. Per Anhalter reisende Traveller sollten sich bewusst sein, dass sie ein kleines, aber ernst zu nehmendes Risiko eingehen. Heutzutage sieht man Tramper in Thailand am häufigsten in Nationalparks ohne öffentliche Verkehrsanbindung – ansonsten aber kaum noch. So werden die meisten einheimischen Autofahrer nicht verstehen, was der Ausländer mit seinem ausgestreckten Daumen da am Straßenrand eigentlich will. Denn Thais bitten nicht per Daumen um eine Mitfahrgelegenheit, sondern strecken den Arm aus und winken mit nach unten zeigender Handfläche. Mit derselben Geste winken sie auch Busse und Taxis heran. So kann es passieren, dass jemand anhält und auf eine Bushaltestelle hinweist, wenn sich eine solche in der Nähe befindet.

Zug

Thailands Schienennetz verbindet alle vier Ecken des Landes miteinander. Für die lange Reise nach Chiang Mai im Norden oder Surat Thani im Süden ist der Zug eine bequeme und malerische, wenn auch langsame Alternative zum Bus. Die Bahn eignet sich auch hervorragend, um vom verkehrsreichen Bangkok aus Kurztrips nach Ayutthaya und Lopburi zu unternehmen.

Die insgesamt 4500 Gleiskilometer werden von der **State Railway of Thailand** (☎1690; www.railway.co.th) betrieben; sie umfassen vier Hauptstrecken in Richtung Norden, Süden, Nordosten und Osten. Alle Fernzüge starten am Bangkoker Bahnhof Hualamphong.

Bahnhofsservice

Alle thailändischen Bahnhöfe haben eine Gepäckaufbewahrung bzw. einen „Cloak Room". Meist gibt's auch einen Ticketschalter, der 15 bis 30 Minuten vor Einfahrt des jeweiligen Zuges öffnet. Hinzu kommen Zeitungshändler, Imbissstände und einige richtige Restaurants.

In den meisten Bahnhöfen hängen Fahrplanausdrucke auf Englisch aus (gilt nicht unbedingt für kleinere Stationen).

Klassen

Mit 1., 2. und 3. Klasse bietet die SRT drei Wagenklassen an, bei denen aber je nach Zugtyp (Ordinary, Rapid oder Express) erhebliche Unterschiede bestehen.

1. Klasse – Privatabteile mit zwei Schlafliegen; nur in Zügen der Kategorien Rapid, Express und Special Express.

2. Klasse – Die gepolsterten, meist ausklappbaren Sitze von 2.-Klasse-Großraumabteilen ohne Schlafmöglichkeiten sind ähnlich wie in Bussen paarweise in Fahrtrichtung montiert. Schlafwagen der 2. Klasse haben einander gegenüber angeordnete Sitzpaare. Wenn diese nach vorn gezogen werden, entstehen zwei übereinander liegende Kojen. Die untere bietet mehr Kopffreiheit und ist darum teurer. Kinder bekommen immer diesen Schlafplatz. 2.-Klasse-Waggons (klimatisiert oder ventilatorgekühlt) hängen nur an Schnell- und Expresszügen.

3. Klasse – Normale 3.-Klasse-Wagen haben zwei Bankreihen mit gegenüberliegenden Sitzpaaren. Jede Einzelbank ist eigentlich für zwei bis drei Personen vorgesehen. In überfüllten Zügen auf dem Land scheint das aber niemanden zu kümmern. Die 3. Klasse ist in Expresszügen nicht und in allen Pendlerbahnen des Großraums Bangkok ausschließlich vorhanden.

Preise

Die Zugpreise berechnen sich aus einem Grundtarif und diversen Zuschlägen. Letztere hängen von jeweiligem Zugtyp (Special Express, Express, Rapid oder Ordinary), Klasse und Entfernung ab. Klimaanlage und Schlafkojen (unten teurer) schlagen mit separaten Extrabeträgen zu Buche.

Reservierungen

Reservierungen sind frühestens 60 Tage und spätestens einen Tag vor dem geplanten Abfahrtstermin möglich. Sie lassen sich persönlich an allen Bahnhöfen vornehmen. Zugtickets kann man aber auch bei Reisebüros kaufen, die dafür normalerweise eine separate Servicegebühr verlangen. Wer sich außerhalb des Landes an die Planung einer Fernzugreise macht, sollte der SRT **(passenger-ser@railway.co.th)** spätestens zwei Wochen vor dem Start eine Reservierungsmail schicken. Die staatliche Bahngesellschaft bestätigt die Buchung ebenfalls mittels elektronischer Post. Eine Stunde vor Abfahrt werden die Tickets dann am vorgesehenen Ausgangsbahnhof abgeholt und bezahlt.

Bei Schlafwagenzügen auf den Fernstrecken Bangkok–Chiang Mai oder Bangkok–Surat Thani ist es ratsam, Plätze rechtzeitig zu reservieren.

Anders als Schlafkojen sollten Sitzplätze für Kurzstreckentrips mindestens einen Tag im Voraus gebucht werden.

Bei Reiserücktritt gibt's einen Teil des Ticketpreises zurück. Die Höhe der Erstattung berechnet sich nach den verbliebenen Tagen zwischen Stornierung und vorgesehenem Abfahrtstermin. Alle diesbezüglichen Einzelheiten lassen sich im Reisezentrum des Bahnhofs klären.

Gesundheit

Die Gesundheitsrisiken und der Standard medizinischer Einrichtungen hängen vom Aufenthaltsort und von der Art des Reisens ab. Die meisten größeren Städte und die Haupttouristenziele verfügen über eine angemessene bis exzellente medizinische Versorgung. Je weiter man aber in abgeschiedene ländliche Gegenden vordringt, desto größer sind die Gesundheitsrisiken, und desto dünner gesät sind die medizinischen Versorgungseinrichtungen.

Viele Traveller befürchten, sich exotische Viruserkrankungen einzufangen, wenn sie in tropische Breitengrade reisen – dabei bereiten bereits bestehende Krankheiten (z.B. des Herzens) und Unfälle (z.B. im Straßenverkehr) viel häufiger Probleme.

Davon abgesehen sind Atemwegsinfektionen, Durchfall und Denguefieber die größten Gesundheitsrisiken. Zum Glück können die meisten Krankheiten aber relativ leicht vermieden oder behandelt werden.

Diese allgemeinen Informationen können den Rat eines ausgebildeten Reise- oder Tropenmediziners natürlich nicht ersetzen.

VOR DER REISE

Medikamente sollten in ihren eindeutig beschrifteten Originalverpackungen mitgeführt werden. Der eigene Arzt sollte eventuelle Erkrankungen in einem unterschriebenen und mit Datum versehenen Brief genau beschreiben, ebenso notwendige Medikamente und Zubehör wie Spritzen etc. Herzkranke sollten eine Kopie des aktuellsten EKGs mitnehmen.

Wer Medikamente nehmen muss, packt besser einen Extravorrat ein – für den Fall, dass Gepäck abhanden kommt. In Thailand sind viele Medikamente nicht verschreibungspflichtig und können in der Apotheke gekauft werden, manchmal ist es aber schwierig, ein Medikament zu finden, das dieselben Inhaltsstoffe hat wie das Präparat von daheim.

Bei plötzlich auftretenden Naturkatastrophen ist es meist ungemein hilfreich, wenn man sich bereits vor Reiseantritt beim Auswärtigen Amt hat registrieren lassen.

Impfungen

Idealerweise lässt man sich sechs bis acht Wochen vor der Abreise in speziellen Kliniken für Reisemedizin, Tropeninstituten etc. beraten.

Die Centers for Disease Control and Prevention (www.cdc.gov) bieten Infos zum Thema Gesundheit auf Reisen und empfehlen Impfungen. Die einzige Impfung, die verlangt wird, ist die gegen Gelbfieber. Der Impfstatus wird aber nur geprüft, wenn man sich sechs Tage vor der Einreise nach Thailand in einem Land aufgehalten hat, das zur Gelbfieberrisikozone gehört. Wer von Afrika oder Südamerika nach Thailand fliegt, sollte vorab klären, ob das ohne Impfnachweis geht.

Reiseapotheke

Die persönliche Reiseapotheke sollte die folgenden Dinge beinhalten (die meisten dieser Medikamente kann man auch in Thailand bekommen):

- Abführmittel (Lactulose)
- Abschwellmittel
- Antibakterielle Salbe, z.B. Betaisodona
- Antibiotika gegen Entzündungen der Haut, z.B. Amoxillin mit Clavulansäure oder Cephalexin
- Antibiotika gegen Reisedurchfall (etwa Norfloxacin oder Ciprofloxacin, auch z.B. Azithromycin) und gegen Giardiasis oder Tropenruhr (z.B. Tinidazol)
- Antihistaminika – es gibt mehrere Alternativen, z.B. Cetirizin bzw. Loratadin für tagsüber und Promethazin für nachts
- Antiseptika, z.B. Jod-Salbe
- Antispasmika gegen Magenkrämpfe, z.B. Buscopan
- bei Neigung zu Blasenentzündung entsprechende Antibiotika

- DEET-haltiges Insektenschutzmittel
- Durchfallmedikamente wie Rehydrationslösungen (z. B. Elotrans), „Stopper“ (z. B. Loperamid) und Medikamente gegen Übelkeit
- Erste-Hilfe-Bedarf wie Schere, Pflaster, Verbände, Gaze, Thermometer (ohne Quecksilber!), sterile Nadeln und Spritzen (inkl. Arztbrief), Sicherheitsnadeln, Pinzette
- Fungizidsalbe, z. B. Clotrimazol
- Halstabletten
- Handwaschgel (mit Alkohol) oder alkoholhaltige Tücher für die Hände
- Ibuprofen oder andere Entzündungshemmer
- Mittel gegen Magenverstimmung, z. B. Maaloxan
- Migränemittel
- Paracetamol
- Permethrin zur Imprägnierung von Kleidung und Moskitonetzen
- Medikamente gegen Pilzbefall oder Candidose (vaginaler Pilzbefall), z. B. Clotrimazoltabletten oder Diflucankapseln
- Steroidhaltige Salbe gegen allergische Ausschläge, z. B. 1- bis 2 %iges Hydrocortison
- Sonnencreme, Sonnenbrille und Hut
- Verhütungsmittel

Versicherung

Wenn die heimische Krankenversicherung die Kosten für Behandlungen im Ausland nicht übernimmt, sollte man eine spezielle Reiseversicherung abschließen – auch dann, wenn man gesund und fit ist, denn Unvorhergesehenes passiert eben immer wieder. Eventuell muss man für risikoreichere Aktivitäten wie Klettern oder Tauchen eine Zusatzversicherung abschließen. Gleiches gilt, wenn man Roller oder Motorrad fahren möchte. In den meisten Krankenhäusern muss man noch vor der Aufnahme „beweisen“ (z. B. mit einer Versicherungspolice), dass man die Behandlung bezahlen kann. Am besten erkundigt man sich vor der Reise, wie die Abrechnung abläuft, und bewahrt sämtliche Unterlagen (Arztberichte, Rechnungen etc.) gut auf.

ZUM WEITERLESEN

- **International Travel & Health** (www.who.int/ith) Informationen der Weltgesundheitsorganisation (WHO) .
- **Centers for Disease Control & Prevention** (www.cdc.gov) hat länderspezifische Informationen.
- **Deutsches Auswärtiges Amt** hat länderspezifische Informationen, Sicherheitshinweise und Merkblätter (http://www.auswaertiges-amt.de/DE/Laenderinformationen/01-Laender/Gesundheitsdienst/Uebersicht_node.html); **Österreichisches Außenministerium** (http://www.bmeia.gv.at/aussenministerium/buergerservice/reiseinformation/a-z-laender/thailand-de.html); **Eidgenössisches Departement für auswärtige Angelegenheiten** (http://www.eda.admin.ch/eda/de/home/travad/travel.html).
- *Traveller's Health: How to Stay Healthy Abroad* (von Dr. Richard Dawood) gilt als die internationale „Gesundheitsbibel“.
- *Travelling Well* (von Dr. Deborah Mills) ist ein Gesundheitsleitfaden mit Website (www.travellingwell.com.au).
- *Healthy Living in Thailand* (herausgegeben vom Thailändischen Roten Kreuz) wird als Lektüre für Langzeitreisende empfohlen.

UNTERWEGS

Jetlag & Reiseübelkeit

Jetlag ist bei der Überquerung von fünf oder mehr Zeitzonen ein häufiges Problem; es äußert sich in Schlafstörungen, Müdigkeit, Unwohlsein und Übelkeit. Um einen Jetlag zu vermeiden, sollte man viel trinken (alkoholfrei) und leicht essen. Bei der Ankunft setzt man sich am besten dem Sonnenlicht aus und passt seinen Tagesrhythmus der neuen Uhrzeit an; Melatonin kann helfen.

Beruhigende Antihistaminika wie Dimenhydrinat (z. B. in Vomex) sind in der Regel die erste Wahl bei Reisekrankheit. Ihre Hauptnebenwirkung ist Schläfrigkeit. Eine homöopathische Alternative ist Ingwer; Scopolamin-Pflaster können zur Vorbeugung ebenfalls angewandt werden.

Thrombose

Das „Touristenklasse-Syndrom“ entsteht, wenn sich während langer Flugreisen Blutgerinnsel in den Beinen bilden, vor allem durch das Stillsitzen. Je länger die Reise ist, desto größer ist das Risiko. Die meisten Blutgerinnsel lösen sich ohne Folgen wieder auf. Es ist aber möglich, dass Gerinnsel durch die Venen zur Lunge gelangen, wo sie gefährliche Komplikationen auslösen können.

Wenn der Fuß, der Knöchel oder die Wade anschwillt oder schmerzt (meist einseitig), könnte es sich um eine

Thrombose handeln. Wandert das Blutgerinnsel in die Lunge, kann es Schmerzen in der Brust oder Atemnot verursachen. Traveller mit einem dieser Symptome sollten umgehend um medizinische Hilfe bitten.

Um das Thromboserisiko zu minimieren, sollte man viel in der Kabine herumgehen, isometrische Übungen machen (die Beinmuskeln im Sitzen an- und entspannen), viel trinken und Alkohol meiden. Wer weiß, dass er ein höheres Risiko hat, Thrombosen zu entwickeln, sollte mit seinem Arzt sprechen.

IN THAILAND

Durchfallerkrankungen

Durchfall ist die am weitesten verbreitete Erkrankung bei Travellern. In mehr als 80 % der Fälle ist ein Bakterium der Auslöser (es gibt diverse Übeltäter), sodass ein Antibiotikum schnell Abhilfe schaffen kann.

Man spricht von akuter Diarrhö, wenn man innerhalb von 24 Stunden mehr als dreimal wässerigen Stuhl hatte und noch mindestens ein weiteres Symptom hinzukommt, z. B. Erbrechen, Fieber, Krämpfe, Übelkeit oder allgemeines Unwohlsein.

Die Behandlung besteht darin, einer Dehydrierung entgegenzuwirken. Rehydrationsflüssigkeiten sind dafür am besten geeignet. Antibiotika wie Norfloxacin, Ciprofloxacin oder Azithromycin töten die Bakterien schnell. Medizinische Hilfe sollte beansprucht werden, falls ein herkömmliches Antibiotikum nicht anschlägt.

Loperamid stoppt nur den Durchfall, beseitigt aber nicht die Ursache. Es kann trotzdem nützlich sein (z. B. wenn eine lange Busreise ansteht). Bei Fieber oder Blut im Stuhl besser nicht nehmen!

Giardia lamblia ist ein Parasit, der relativ häufig vorkommt. Symptome sind Übelkeit, Aufgedunsenheit, starke Blähungen, Müdigkeit und zeitweise auftretender Durchfall. Der Parasit verlässt den Körper möglicherweise ohne Behandlung, aber das kann Monate dauern. Gut geeignet ist das Mittel Tinidazol; Metronidazol ist eine weitere Option.

Die Amöbenruhr kommt unter Travellern sehr selten vor, kann aber von weniger zuverlässige Labors falsch diagnostiziert werden. Die Symptome – Fieber, blutiger Stuhl und allgemeines Unwohlsein – ähneln denen des bakteriell verursachten Durchfalls. Bei Blut im Stuhl sofort einen Arzt aufsuchen! Die Behandlung erfolgt mit zwei Medikamenten: Tinidazol oder Metronidazol töten die Parasiten im Darm und ein weiteres Medikament tötet die Zysten. Bleibt die Krankheit unbehandelt, können Leberabszesse entstehen.

Frauen & Gesundheit

Vor der Reise sollten sich Schwangere von ihrem Arzt genau beraten lassen. Die beste Reisezeit ist allgemein während des zweiten Trimesters (16.–28. Woche), dann treten am seltensten Komplikationen auf. Von ländlichen Gegenden mit schlechter Verkehrsanbindung und mangelnder medizinischer Versorgung sollte man sich fernhalten. Die Reiseversicherung sollte alle Kosten für Behandlungen in Zusammenhang mit der Schwangerschaft tragen, z. B. bei vorzeitigen Wehen.

Malaria stellt für Schwangere ein extremes Risiko dar. Sie sollten nicht in Gegenden reisen, in denen die Malaria-Erreger immun gegen Chloroquin sind. Keines der stärkeren Antimalariapräparate kann während der Schwangerschaft bedenkenlos genommen werden.

Reisediarrhö führt zu Dehydrierung und kann so die Durchblutung der Plazenta hemmen. Die Einnahme von Azithromycin während der Schwangerschaft als Mittel gegen Durchfallerreger gilt als unbedenklich.

In Thailands Städten bekommt man problemlos Damenhygieneartikel. Die Pille & Co . sollte besser von zu Hause mitgebracht werden. Hitze, Feuchtigkeit und Antibiotika begünstigen Candidosen. Diese Pilzerkrankungen können mit Salben und Clotrimazol behandelt werden. Eine praktische Alternative ist eine Tablette Fluconazol (Diflucan). Dehydrierung und lange Busreisen ohne Toilettenpausen können außerdem zu Blasenentzündungen führen; am besten entsprechende Antibiotika von daheim mitbringen!

Infektionskrankheiten

Denguefieber

Diese durch Moskitos übertragene Krankheit breitet sich in Thailand verstärkt aus, vor allem in den Städten. Da es keinen Impfstoff gibt, kann man sich nur schützen, indem man Moskitostiche verhindert. Die Moskitoart, die das Fieber überträgt, ist tagsüber unterwegs – also zu jeder Tageszeit auf der Hut sein! Symptome sind hohes Fieber, starke Kopfschmerzen (vor allem hinter den Augen), Übelkeit und Gliederschmerzen (das Denguefieber hieß einst „Knochenbrecherfieber"), manche Patienten bekommen auch Ausschlag (der sehr stark jucken kann) und Durchfall. In Chiang Mai und auf den südlichen Inseln ist das Risiko besonders hoch. Es gibt keine Behandlungsmöglichkeiten außer Ruhe und Paracetamol. Kein Aspirin oder Ibuprofen nehmen – sie begünstigen etwaige Blutungen! Unbedingt einen Arzt aufsuchen, der die Diagnose stellen und einen überwachen kann! Das

SELTEN, ABER ERNST ZU NEHMEN

Filariose Moskitos übertragen die Fadenwurmkrankheit, von der viele Einheimische betroffen sind; am besten alles tun, um Mückenstiche zu vermeiden! (S. 866)

Hepatitis E Wird durch verunreinigtes Essen oder Wasser übertragen und verursacht ähnliche Symptome wie die Hepatitis A; kann bei schwangeren Frauen einen ungünstigen Verlauf nehmen. Beim Essen und Trinken sollte man also entsprechende Hygieneregeln beachten!

Japanische Enzephalitis Viruserkrankung; wird durch Mückenstiche übertragen und kommt besonders oft in ländlichen Gegenden vor; eine Impfung ist sinnvoll, wenn man mehr als einen Monat außerhalb der Städte verbringt bzw. sich in Thailand niederlässt.

Melioidose Wird beim Kontakt zwischen Haut und erregerhaltigem Boden übertragen. Bis zu 30 % der Bevölkerung im Nordosten Thailands sind infiziert. Die Symptome ähneln denen der Tuberkulose (TB). Es gibt keine Impfung, aber Medikamente.

Strongyloidiasis Beim Kontakt zwischen Haut und verunreinigtem Boden wird ein Parasit, der Zwergfadenwurm, übertragen; in der Lokalbevölkerung sieht man das Krankheitsbild häufig. Charakteristisch ist ein strichförmiger Ausschlag am Oberkörper, der kommt und geht. Daran kann sich eine starke Infektion anschließen. Die Krankheit wird medikamentös behandelt.

Tuberkulose Ärzte, Entwicklungshelfer und Langzeitreisende, die viel Kontakt mit Einheimischen haben, sollten Vorkehrungen gegen diese Krankheit treffen. Impfungen für Kinder werden empfohlen, wenn ein Aufenthalt von mehr als drei Monaten geplant ist. Die Hauptsymptome sind Fieber, Husten, Gewichtsverlust, starker Nachtschweiß sowie Müdigkeit. Die Behandlung ist langwierig und beinhaltet diverse Medikationen.

Typhus Das Flohfleckfieber wird, wie der Name sagt, durch einen Flohbiss übertragen, das Milbenfleckfieber entsprechend durch Milben. Die Symptome reichen von Fieber und Muskelkrämpfen bis hin zu Hautausschlägen. Maßnahmen zur Vermeidung von Insektenstichen ergreifen und Doxycyclin (ein Antibiotikum) einnehmen!

Vogelgrippe Viele Infizierte hatten zuvor Kontakt mit erkrankten oder toten Vögeln.

Denguefieber kann sich zum lebensbedrohlichen hämorrhagischen Denguefieber entwickeln, was bei Travellern aber sehr selten vorkommt. Das Risiko steigt, wenn man sich zunächst mit Denguefieber infiziert und dann ein weiterer Virus hinzukommt.

Geschlechtskrankheiten

Die in Thailand am häufigsten durch sexuelle Kontakte übertragenen Krankheiten sind Herpes, Warzen, Syphilis, Tripper und Chlamydien. Menschen, die diese Krankheiten in sich tragen, haben oft keine Symptome. Kondome können Tripper und Chlamydieninfektionen verhindern, nicht aber Warzen oder Herpes. Wer nach einem sexuellen Kontakt Ausschlag, Schwellungen, Ausfluss oder Schmerzen beim Wasserlassen feststellt, sollte zum Arzt gehen. Wenn man während der Reise sexuell aktiv war, sollte man sich zu Hause auf Geschlechtskrankheiten untersuchen lassen.

Hepatitis A

Das Risiko, sich mit Hepatitis A zu infizieren, ist in Bangkok mittlerweile nicht mehr so groß, im Rest des Landes aber unverändert hoch. Das Virus wird durch Lebensmittel oder Wasser übertragen und befällt die Leber. Zu den Symptomen zählen Gelbsucht (Gelbfärbung der Haut und der Augäpfel), Übelkeit und Teilnahmslosigkeit. Es gibt keine Therapie für Hepatitis A. In seltenen Fällen kann die Krankheit bei Infizierten über 40 Jahren tödlich verlaufen. Wer Thailand bereist, sollte gegen Hepatitis A geimpft sein.

Hepatitis B

Dies ist die einzige durch Geschlechtsverkehr übertragbare Krankheit, die durch eine Impfung vermieden werden kann. Hepatitis B überträgt sich über Körperflüssigkeiten. In einigen Teilen Thailands sind bis zu 20 % der Bevölkerung mit Hepatitis B infiziert, meist ohne davon zu wissen. Zu den Spätfolgen dieser Krankheit gehören Leberzirrhose, Leberkrebs und Tod.

HIV

In Thailand ist HIV mittlerweile eine der häufigsten Todesursachen bei Menschen unter 50 Jahren. Deshalb gilt: Niemals ungeschützten Sex mit Einheimischen haben, ausschließlich sterile Spritzen/Nadeln verwenden und sich besser kein Tattoo stechen lassen!

Influenza

Influenza (Grippe) ist in den Tropen das ganze Jahr über präsent. Die Symptome sind hohes Fieber, Muskelschmerzen, eine laufende Nase, Husten und Halsschmerzen. Grippe ist die am besten durch Impfung vermeidbare Krankheit, die sich Traveller zuziehen könnten, darum sollte jeder über eine Impfung nachdenken. Es gibt keine spezielle Behandlung außer Ruhe und Paracetamol. Komplikationen wie Bronchitis oder eine Mittelohrentzündung können Antibiotikagaben nötig machen.

Larva Migrans cutanea

Diese Krankheit, verursacht durch die Larve des Hakenwurms, tritt besonders oft an Thailands Stränden auf. Der Ausschlag beginnt mit einer kleinen Schwellung und breitet sich linienförmig aus. Der damit verbundene Juckreiz ist besonders nachts sehr stark. Die Krankheit ist medikamentös einfach zu behandeln; der Ausschlag sollte nicht herausgeschnitten oder vereist werden!

Leptospirose

Mit Leptospirose kann man sich durch den Kontakt mit verseuchtem Süßwasser infizieren – häufig tritt die Krankheit nach Rafting- oder Kajaktouren auf. Erstsymptome wie Kopfschmerzen und Fieber sind denen einer Grippe sehr ähnlich. Der Krankheitsverlauf variiert von leichten Beschwerden bis hin zur lebensgefährlichen Erkrankung. Die Diagnose erfolgt durch einen Bluttest. Leptospirose kann mit Doxycyclin behandelt werden.

Malaria

Über diese Krankheit kursieren viele Fehlinformationen. Malaria wird durch einen Parasiten ausgelöst, der durch den Stich einer infizierten Mücke übertragen wird. Fieber ist das Hauptsymptom, doch die Erkrankung kann auch mit Kopfschmerzen, Durchfall, Husten und Schüttelfrost einhergehen – also mit für viele Infektionskrankheiten typischen Symptomen. Eine verlässliche Diagnose ist nur durch einen Bluttest möglich.

In den meisten touristischen Gegenden Thailands, vor allem in Städten oder Badeorten, ist das Malaria-Risiko minimal bis nicht vorhanden – angesichts dessen sollte man sich überlegen, ob man die eventuellen Nebenwirkungen der Malariaprophylaxe in Kauf nehmen will. Wer in ländliche Regionen mit hohem Malariarisiko reisen will (beim Durchschnittstraveller eher unüblich), sollte einen Arzt konsultieren und sich über das passende Medikament und die richtige Dosis informieren.

Masern

Diese hoch ansteckende Virusinfektion wird durch Tröpfcheninfektion oder direkten Kontakt übertragen. Die meisten vor 1966 geborenen Menschen sind immun, weil sie die Krankheit in ihrer Kindheit hatten. Masern beginnen mit hohem Fieber und Ausschlag. Sie können von Komplikationen wie Lungenentzündungen oder Hirnerkrankungen begleitet werden. Es gibt keine spezielle Behandlung. Unbedingt impfen lassen!

Tollwut

Diese unbehandelt immer tödlich verlaufende Krankheit wird durch den Biss oder den Speichel eines infizierten Tieres übertragen. Meist handelt es sich um Hunde oder Affen, aber man sollte nach jedem Tierbiss unverzüglich einen Arzt aufsuchen, um mit der Behandlung zu beginnen. Wenn man sich vor der Reise gegen Tollwut hat impfen lassen, erleichtert das die Behandlung nach dem Biss erheblich.

Die Bisswunde sollte zunächst vorsichtig mit Wasser und Seife ausgewaschen und dann mit einem jodhaltigen Antiseptikum gereinigt werden. Wer keine Tollwutimpfung hat, muss sich so schnell wie möglich Tollwutimmunglobulin spritzen lassen, gefolgt von fünf Dosen Impfstoff in den folgenden 28 Tagen. Wer geimpft ist, benötigt nur zwei nachträgliche Dosen Impfstoff in einem Abstand von drei Tagen.

Typhus

Diese ernsthafte bakterielle Infektion verbreitet sich

DAS HILFT GEGEN MOSKITOS

Wer folgende Ratschläge befolgt, wird nicht so schnell von Mücken gestochen:

- DEET-haltige Insektenschutzmittel auf die nackte Haut auftragen.
- Unter einem Moskitonetz schlafen, das mit Permethrin imprägniert ist.
- Unterkünfte mit Trennwänden und Ventilatoren aussuchen.
- In Gegenden mit hohem Malariarisiko die Kleidung mit Permethrin einsprühen.
- Langärmlige Oberteile und lange Hosen in hellen Farben tragen.
- Mückenspiralen benutzen.
- Insektenschutzmittel im Zimmer versprühen, bevor man das Zimmer verlässt

durch Essen und Wasser. Sie führt zu hohem und immer weiter steigendem Fieber und Kopfschmerzen. Sie kann von trockenem Husten und Magenschmerzen begleitet werden. Typhus wird durch Bluttests nachgewiesen und mit Antibiotika behandelt. Die Impfung wird für alle empfohlen, die länger als eine Woche in Thailand bleiben wollen. Achtung: Die Impfung gewährt keinen 100 %igen Schutz. Vorsicht bei allem, was man isst und trinkt, ist trotzdem geboten!

Mit Kindern reisen

Thailand ist ein relativ unbedenkliches Reiseland für Kinder. Vor der Reise können Eltern sich mit einem Spezialisten für Reisemedizin kurzschließen, um abzuklären, ob der Nachwuchs bereit ist für einen Trip nach Thailand. In eine Reiseapotheke speziell für Kinder gehören flüssige Medikamente, da Kinder oft Probleme beim Schlucken von Tabletten haben. Azithromycin ist für Kinder gut verträglich und hilft bei bakteriell verursachtem Durchfall sowie Ohr-, Atemwegs- und Halsentzündungen.

Lesenswert sind u.a. *Travel with Children* von Lonely Planet und *Your Child's Health Abroad* von Jane Wilson-Howarth, besonders für diejenigen, die voraussichtlich längere Zeit unterwegs sein werden.

Medizinische Versorgung & Kosten

Bangkok gilt in den südostasiatischen Ländern als Ort mit erstklassiger medizinischer Versorgung. Privatkrankenhäuser sind teurer als andere Einrichtungen, bieten aber auch einen höheren Standard, und das Personal spricht Englisch. Die Kosten sind im Vergleich zu denen in den meisten westlichen Ländern niedrig.

Umweltrisiken

Essen

Die meisten Durchfallerkrankungen entstehen durch das Essen im Restaurant. Um sie zu vermeiden, sollte man nur frisch zubereitetes Essen zu sich nehmen und generell Speisen meiden, die schon eine Weile auf dem Buffet liegen; Obst sollte geschält und Gemüse gekocht werden. Und am besten isst man in gut besuchten Restaurants.

Hautprobleme

Hitzepocken sieht man in tropischen Regionen häufig. Sie entstehen, wenn sich Schweiß unter der Hautoberfläche staut. Kalte Duschen und Körperpuder helfen.

Dann gibt es noch zwei Pilze, mit denen Reisende oft zu kämpfen haben. Einer befällt die Leistengegend, die Achselhöhlen und die Zehenzwischenräume. Zunächst sieht man nichts weiter als einen roten Fleck, dann kommen langsam immer mehr dazu. Normalerweise jucken diese Stellen. Man sollte sie trocken halten, zusehen, dass die Kleidung nicht an ihnen reibt, und ein Antimykotikum wie Clotrimazol oder Lamisil auftragen. Der Pilz *Tinea versicolor* verursacht kleine, helle Flecken, zumeist auf dem Rücken, der Brust und den Schultern (am besten einen Arzt aufsuchen!).

Wenn das Klima feucht ist, entzünden sich Schnitte und Kratzer leicht (passiert z. B. gern, wenn man sich an einer Koralle geschnitten hat). Man sollte Wunden sofort mit sauberem Wasser reinigen und ein Antiseptikum auftragen. Bei eindeutigen Anzeichen für eine Entzündung sofort einen Arzt aufsuchen!

Hitze

Die meisten Reisenden brauchen mindestens zwei Wochen, um sich an die Hitze zu gewöhnen. Am besten beugt man angeschwollenen Füßen und Fußgelenken sowie auf extremes Schwitzen zurückzuführenden Muskelkrämpfen vor, indem man ausreichend viel trinkt und körperliche Anstrengungen um die Mittagszeit vermeidet.

Ein Hitzschlag muss sofort durch einen Arzt behandelt werden. Die Symptome treten ganz plötzlich auf und umfassen Schwächeanfälle, Übelkeit, eine Körpertemperatur von mehr als 41 °C (ohne dass der Patient dabei schwitzt), Schwindel, Verwirrungszustände, den Verlust der Koordinationsfähigkeiten, Anfälle und eventuell sogar Zusammenbrüche und Bewusstlosigkeit.

Insektenstiche & -bisse

Wanzen leben in den Ritzen der Möbel oder Wände und kriechen nachts in die Betten, um sich an Menschen gütlich zu tun. Bisse können mit Antihistaminika behandelt werden.

Zecken bekommt man in ländlichen Gegenden schnell. Im Allgemeinen machen sie es sich hinter den Ohren, auf dem Bauch und in den Armbeugen gemütlich. Wer einen Zeckenbiss hat und Symptome wie Schwellungen an der Bissstelle, Fieber oder Muskelschmerzen beobachtet, sollte einen Arzt aufsuchen. Doxycyclin wirkt gegen durch Zecken übertragene Krankheiten.

Blutegel finden sich in feuchten Regenwaldgebieten. Sie übertragen keine Krankheiten, aber ihre Bisse jucken meist heftig und wochenlang und können sich leicht entzünden. Ein jodhaltiges Antiseptikum, das auf den Biss aufgetragen wird, hilft Infektionen zu vermeiden.

Bienen- und Wespenstiche stellen eigentlich nur eine Gefahr für Menschen dar, die allergisch darauf reagieren. Wer eine ausgeprägte Allergie hat, sollte für den Notfall eine Adrenalinspritze mit

QUALLEN

Wer mit einer Würfelqualle in Berührung kommt, kann mit einer kleinen Blessur davonkommen, schlimmstenfalls jedoch sterben. Deshalb ist stets Vorsicht geboten – mit Würfelquallen ist nicht zu spaßen! Es gibt zwei Arten: Manche haben viele Tentakel, andere nur einen. In thailändischen Gewässern treibt sich die gefährlichere von beiden herum – die mit mehren Tentakeln ausgestattete –, und zwar zumeist während der warmen Monate an sandigen Stränden in der Nähe von Flussmündungen. Bei einer besonders starken Vergiftung kann ein Erwachsener innerhalb von zwei Minuten sterben!

Es gibt verschiedene Würfelquallen mit nur einem Tentakel. Manche können schwerwiegende Symptome hervorrufen, die als Irukandji-Syndrom bekannt sind. Auch wenn die Wunde harmlos aussieht, können schon fünf bis 40 Minuten später Beschwerden wie Rückenschmerzen, Übelkeit, Erbrechen, Schweißausbrüche und Atemnot auftreten.

Es gibt noch weitere Quallenarten in Thailand, deren Tentakel unangenehme Hautirritationen, aber keine schlimmeren Symptome hervorrufen. Schützen kann man sich eigentlich nur, indem man spezielle Kleidung trägt, z. B. Neoprenanzüge.

Erste Hilfe bei schweren Vergiftungen

Bei starken Vergiftungen muss jemand bei dem Verletzten bleiben, während ein anderer den Notarzt holt. Sollte das Opfer bewusstlos sein, muss man umgehend mit der Reanimation beginnen. Ist der Verletzte bei Bewusstsein, müssen die Stellen, an denen der bzw. die Tentakel die Haut berührt hat/haben, 30 Sekunden lang mit Essig übergossen werden.

Essig hilft auch gegen Stiche von kleineren Quallen. Am besten sofort einen Arzt aufsuchen für den Fall, dass innerhalb der nächsten 40 Minuten weitere Symptome auftreten.

Australien und Thailand arbeiten gemeinsam an einer besseren Klassifizierung der verschiedenen Quallenarten und ihrer Lebensräume. Man hofft, dass sie so zukünftig besser lokalisiert und Unfälle vermieden werden können.

sich führen. Für alle anderen ist der Schmerz nach dem Stich das Hauptproblem – am besten kühlt man die Stichstelle und nimmt bei Bedarf ein Schmerzmittel.

Parasiten

Unter der einheimischen Bevölkerung sind zahlreiche Parasiten verbreitet, aber Reisende sind eher selten von ihnen betroffen. Um Infektionen durch Parasiten zu vermeiden, sollte man immer Schuhe tragen und nichts Rohes essen, vor allem keinen rohen Fisch, kein rohes Schweinefleisch und kein ungekochtes Gemüse.

Schlangen

Es passiert nur selten, dass Reisende von einer Schlange gebissen werden, aber es gibt immerhin mehr als 85 giftige Schlangenarten in Thailand. In Gegenden, in denen Schlangen vorkommen, sollte man deshalb immer geschlossene Schuhe und lange Hosen tragen.

Das thailändische Rote Kreuz hat diverse Gegengifte zur Behandlung von Schlangenbissen vorrätig.

Sonnenbrand

Selbst an einem wolkenverhangenen Tag holt man sich unter Umständen rasch einen Sonnenbrand. Man sollte Sonnenmilch mit einem hohen Lichtschutzfaktor benutzen (mind. Schutzfaktor 30), nach dem Schwimmen nachcremen und stets einen Hut mit breiter Krempe sowie eine Sonnenbrille tragen. Wer doch einen Sonnenbrand abgekriegt hat, sollte die Sonne meiden, bis sich die Haut vollständig erholt hat, kühlende Kompressen anlegen und gegebenenfalls Schmerztabletten nehmen. Auch Cremes mit 1 % Hydrokortison helfen (diese sollte man zweimal täglich auftragen).

Sprache

Die offizielle Sprache Thailands ist eigentlich der Dialekt, der in Zentralthailand gesprochen und geschrieben wird. Er hat sich als Lingua franca aller thailändischen und nichtthailändischen Bevölkerungsgruppen im Königreich etabliert.

Thai ist eine Tonsprache, d.h., dass die Bedeutung einer einzelnen Silbe durch unterschiedliche Stimmlage (Ton) bei der Aussprache verändert werden kann. Standard-Thai verfügt über fünf Töne: tief, mittel, fallend, hoch und steigend. Die Begriffe hoch, tief und mittel sind relativ; die Tonhöhe hängt immer vom Stimmumfang des Sprechers ab – die Töne sind also nicht festgelegt wie bei einer Notenpartitur.

➡ **tiefer Ton** – „Flach" wie der mittlere Ton. Er wird relativ tief ausgesprochen (bezogen auf den jeweiligen Stimmumfang), unbetont und gleichmäßig, z. B. bei bàht (Baht, die thailändische Währung).

➡ **mittlerer Ton** – Wird ebenfalls „flach" ausgesprochen, der Ton befindet sich in der Mitte des Stimmumfangs des Sprechers wie in di („gut"). Es wird kein Akzent auf den Buchstaben gesetzt.

➡ **fallender Ton** – Beginnt hoch und fällt schnell ab. Die Tonlage ähnelt der deutschen, wenn man jemanden von Weitem ruft, z. B. mâi („nein"/„nicht").

➡ **hoher Ton** – Fällt Ausländern meist am schwersten. Die Tonlage ist am oberen Ende des Stimmspektrums angesiedelt, der Ton wird so flach gesprochen wie möglich. Ein Beispiel ist máh (Pferd).

➡ **steigender Ton** – Beginnt tief und steigt dann gleichmäßig an. Erinnert an die Betonung im Fragesatz („Ja?"), z. B. in săhm („drei").

NOCH MEHR GEFÄLLIG?

Wer noch mehr über die Sprache erfahren und ein paar praktische Wendungen für seine Reise lernen möchte, sollte sich den *Sprachführer Thai* von Lonely Planet zulegen. Man findet den Titel unter **http://shop.lonelyplanet.de** und im Buchhandel.

Die thailändische Regierung hat ein Transkriptionssystem eingeführt, das Royal Thai General Transcription System (RTGS), mit dem Thai mit den Buchstaben des lateinischen Alphabets geschrieben werden kann. Es wird für offizielle Dokumente, Straßenschilder und auf Karten verwendet. Dennoch wird man auf Schildern und Speisekarten auch lokale Varianten entdecken. Im Allgemeinen haben wir uns in diesem Band an den am weitesten verbreiteten Schreibweisen orientiert. Achtung: Das Transkriptionssystem orientiert sich am Englischen, weshalb insbesondere auf die unten erläuterte Aussprache der Vokale geachtet werden muss!

Bei den farbig unterlegten Aussprachehilfen trennen die Bindestriche Silben innerhalb eines Wortes voneinander. Manche Silben werden mittels eines Punktes noch weiter unterteilt, um die Aussprache von Mehrfachvokalen zu erleichtern, z. B. mêu·a·rai („als").

Der Vokal a wird wie das erste „e" in „Wecker" gesprochen, das aa wie das „ä" in „mähen"; das ah erinnert an das „a" in „Vater", das ai wird wie „ei" ausgesprochen, air wie in „Flair" ohne „r", eu spricht man wie das „ö" in „Töpfe". Der Laut ew erinnert an ein „ü" und wird mit runden Lippen gesprochen, das oh klingt wie in „ou" (Vokale einzeln sprechen), or wie das „o" in „Horn" und ow wie „au".

Die meisten Konsonanten werden wie im Deutschen gesprochen. Ausnahmen sind das ƅ (ein harter Plosiv, ausgesprochen wie eine Mischung aus „b" und „p"), das đ, ein harter „t"-Laut wie in „Bett", das ng (wie in „Klinge"), das in Thai anders als im Deutschen auch am Wortanfang stehen kann, und das r wie im englischen Wort „run". In der Alltagssprache klingt dieser gerollte Laut häufig wie ein „l".

GRUNDBEGRIFFE

Die thailändische Gesellschaftsstruktur gebietet, dass man sich verschiedener Register bedient, abhängig davon, mit wem man spricht. Wir haben hier die dem Kontext entsprechende Form verwendet.

Wer höflich sein will, beendet seinen Satz mit kráp (für Männer) oder kâ (für Frauen). Das bezieht sich auf das Geschlecht des Sprechers; üblicherweise bejaht man so auch Fragen oder drückt Zustimmung aus.

Die männliche bzw. weibliche Form haben wir an den jeweils relevanten Stellen mit den Abkürzungen „m./f." bei der Transkription kenntlich gemacht.

Hallo.	สวัสดี	sà-wàt-di
Tschüss.	ลาก่อน	lah gòrn
Ja.	ใช่	tschâi
Nein.	ไม่	mâi
Bitte.	ขอ	kŏr
Danke.	ขอบคุณ	kòrp kun
Gern geschehen.	ยินดี	yin di
Entschuldigen Sie.	ขออภัย	kŏr à-pai
Entschuldigung.	ขอโทษ	kŏr tôht

Wie geht es Ihnen?
สบายดีไหม — sà-bai di măi

Gut. Und Ihnen?
สบายดีครับ/ค่า แล้วคุณล่ะ — sà-bai di kráp/kâ láa·ou kun lâ (m./f.)

Wie ist Ihr Name?
คุณชื่ออะไร — kun tschêu à-rai

Mein Name ist …
ผม/ดิฉันชื่อ … — pŏm/dì-tschăn tschêu … (m./f.)

Sprechen Sie Englisch?
คุณพูดภาษา อังกฤษได้ไหม — kun pôot pah-săh ang-grìt dâi măi

Ich verstehe nicht.
ผม/ดิฉันไม่ เข้าใจ — pŏm/dì-chăn mâi kôw jai (m./f.)

ESSEN & TRINKEN

Ich hätte gern (die Speisekarte).
ขอ (รายการ อาหาร) หน่อย — kŏr (rai gahn ah-hăhn) nòy

Was würden Sie empfehlen?
คุณแนะนำอะไรบ้าง — kun náa-nam à-rai bâhng

Fragewörter

Wann?	เมื่อไร	mêu·a-rai
Warum?	ทำไม	tam-mai
Was?	อะไร	à-rai
Wer?	ใคร	krai
Wo?	ที่ไหน	têe năi

Das war köstlich!
อร่อยมาก — à-ròy mâhk

Prost!
ไชโย — tschai-yoh

Die Rechnung, bitte.
ขอบิลหน่อย — kŏr bin nòy

Ich esse kein/e/n …	ผม/ดิฉัน ไม่กิน …	pŏm/dì-tschăn mâi dschin … (m./f.)
Eier	ไข่	kài
Fisch	ปลา	blah
Nüsse	ถั่ว	tòo·a
rotes Fleisch	เนื้อแดง	néu·a daang

Wichtige Begriffe

Abendessen	อาหารเย็น	ah-hăhn yen
Bar	บาร์	bah
Café	ร้านกาแฟ	ráhn gah-faa
Dessert	ของหวาน	kŏrng wăhn
Essstäbchen	ไม้ตะเกียบ	mái đà-dschèe·ap
Flasche	ขวด	kòo·at
Frühstück	อาหารเช้า	ah-hăhn tschów
Gabel	ส้อม	sôrm
Getränkekarte	รายการ เครื่องดื่ม	rai gahn krêu·ang dèum
Glas	แก้ว	gâa·ou
heiß	ร้อน	rórn
kalt	เย็น	yen
Löffel	ช้อน	tschórn
Markt	ตลาด	đà-làht
Messer	มีด	mêet
mit	มี	mi

Mittagessen	อาหารกลางวัน	ah-hăhn glahng wan
ohne	ไม่มี	mâi mi
Restaurant	ร้านอาหาร	ráhn ah-hăhn
scharf	เผ็ด	pèt
Schüssel	ชาม	tschahm
Speisekarte	รานการอาหาร	rai gahn ah-hăhn
Tasse, Becher	ถ้วย	tôo·ay
Teller	จาน	jahn
Vegetarier	คนกินเจ	kon dschin jair

Fleisch & Fisch

Ente	เป็ด	ɓèt
Fisch	ปลา	ɓlah
Fleisch	เนื้อ	néu·a
Huhn	ไก่	gài
Krebs	ปู	ɓu
Meeresfrüchte	อาหารทะเล	ah-hăhn tá-lair
Rind	เนื้อ	néu·a
Schwein	หมู	mŏo
Tintenfisch	ปลาหมึก	ɓlah mèuk

Obst & Gemüse

Aubergine	มะเขือ	má-kĕu·a
Banane	กล้วย	glôo·ay
Bohnen	ถั่ว	tòo·a
Gemüse	ผัก	pàk
Guave	ฝรั่ง	fa-ràng
Kartoffeln	มันฝรั่ง	man fa-ràng
Kokosnuss	มะพร้าว	má-prów
Limette	มะนาว	má-now
Mango	มะม่วง	má-môo·ang
Mangostane	มังคุด	mang-kút
Nüsse	ถั่ว	tòo·a
Obst	ผลไม้	pŏn-lá-mái
Papaya	มะละกอ	má-lá-gor
Pilze	เห็ด	hèt
Rambutan	เงาะ	ngó
Tamarind	มะขาม	má-kăhm
Tomaten	มะเขือเทศ	má-kĕu·a têt
Wassermelone	แตงโม	đaang moh

Schilder

ทางเข้า	Eingang
ทางออก	Ausgang
เปิด	Offen
ปิด	Geschlossen
ที่ติดต่อสอบถาม	Information
ห้าม	Verboten
ห้องสุขา	Toiletten
ชาย	Männer
หญิง	Frauen

Sonstiges

Chilli	พริก	prík
Ei	ไข่	kài
Eis	น้ำแข็ง	nám kăang
Fischsauce	น้ำปลา	nám ɓlah
Nudeln	เส้น	sên
Öl	น้ำมัน	nám man
Pfeffer	พริกไทย	prík tai
Reis	ข้าว	kôw
Salat	ผักสด	pàk sòt
Salz	เกลือ	gleu·a
Sojasauce	น้ำซีอิ๊ว	nám si-éw
Suppe	น้ำซุป	nám súp
Tofu	เต้าหู้	đôw hôo
Zucker	น้ำตาล	nám đahn

Getränke

Bier	เบียร์	bi·a
Kaffee	กาแฟ	gah-faa
Milch	นมจืด	nom jèut
Orangensaft	น้ำส้ม	nám sôm
Sojamilch	น้ำเต้าหู้	nám đôw hôo
Tee	ชา	chah
Wasser	น้ำดื่ม	nám dèum
Zuckerrohrsaft	น้ำอ้อย	nám ôy

NOTFALL

Hilfe!	ช่วยด้วย	tschôo·ay dôo·ay
Hauen Sie ab!	ไปให้พ้น	ɓai hâi pón

Rufen Sie einen Arzt!
เรียกหมอหน่อย rêe·ak mŏr nòy

Rufen Sie die Polizei!
เรียกตำรวจหน่อย rêe·ak đam·ròo·at nòy

Ich bin krank.
ผม/ดิฉันป่วย pŏm/dì-tschăn ɓòo·ay (m./f.)

Ich habe mich verlaufen.
ผม/ดิฉัน หลงทาง pŏm/dì-tschăn lŏng tahng (m./f.)

Wo sind die Toiletten?
ห้องน้ำอยู่ที่ไหน hôrng nám yòo têe năi

SHOPPEN & SERVICE

Ich hätte gern ...
อยากจะซื้อ ... yàhk jà séu ...

Ich sehe mich nur um.
ดูเฉย ๆ du tschĕu·i tschĕu·i

Kann ich mir das genauer ansehen?
ขอดูได้ไหม kŏr du dâi măi

Wie viel kostet das?
เท่าไร tôw-rai

Das ist zu teuer.
แพงไป paang ɓai

Können Sie den Preis senken?
ลดราคาได้ไหม lót rah-kah dâi măi

Da ist ein Fehler auf der Rechnung.
บิลใบนี้ผิด นะครับ/ค่ะ bin bai née pìt ná kráp/kâ (m./f.)

UHRZEIT & DATUM

Wie viel Uhr ist es?
กี่โมงแล้ว gèe mohng láa·ou

Morgen	เช้า	tschów
Nachmittag	บ่าย	bài
Abend	เย็น	yen
gestern	เมื่อวาน	mêu·a wahn
heute	วันนี้	wan née
morgen	พรุ่งนี้	prûng née
Montag	วันจันทร์	wan jan
Dienstag	วันอังคาร	wan ang-kahn
Mittwoch	วันพุธ	wan pút
Donnerstag	วันพฤหัสฯ	wan pá-réu-hàt
Freitag	วันศุกร์	wan sùk
Samstag	วันเสาร์	wan sŏw
Sonntag	วันอาทิตย์	wan ah-tít

UNTERKUNFT

Wo ist ein/e ...?	... อยู่ที่ไหน	... yòo têe năi
Hotel	โรงแรม	rohng raam
Jugendherberge	บ้านเยาวชน	bâhn yow-wá-tschon
Pension	บ้านพัก	bâhn pák
Zeltplatz	ค่ายพักแรม	kâi pák raam
Haben Sie ein ... Zimmer?	มีห้อง ... ไหม	mi hôrng ... măi
Doppelzimmer	เตียงคู่	đi·ang kôo
Einzelzimmer	เดี่ยว	dèe·o
Zweierzimmer	สองเตียง	sŏrng đi·ang
Bad	ห้องน้ำ	hôrng nám
Fenster	หน้าต่าง	nâh đàhng
Klimaanlage	แอร์	aa
Moskitonetz	มุ้ง	múng
Wäscherei	ห้องซักผ้า	hôrng sák pâh

VERKEHRSMITTEL & -WEGE

Öffentliche Verkehrsmittel

Auto	รถเก๋ง	rót gĕng
Boot	เรือ	reu·a
Bus	รถเมล์	rót mair
Fahrradrikscha	สามล้อ	săhm lór
Flugzeug	เครื่องบิน	krêu·ang bin
Motorrad	มอร์เตอร์ไซค์	mor-đeu-sai

Zahlen

1	หนึ่ง	nèung
2	สอง	sŏrng
3	สาม	săhm
4	สี่	sèe
5	ห้า	hâh
6	หก	hòk
7	เจ็ด	jèt
8	แปด	ɓàat
9	เก้า	gôw
10	สิบ	sìp
11	สิบเอ็ด	sìp-èt
20	ยี่สิบ	yêe-sìp
21	ยี่สิบเอ็ด	yêe-sìp-èt
30	สามสิบ	săhm-sìp
40	สี่สิบ	sèe-sìp
50	ห้าสิบ	hâh-sìp
60	หกสิบ	hòk-sìp
70	เจ็ดสิบ	jèt-sìp
80	แปดสิบ	ɓàat-sìp
90	เก้าสิบ	gôw-sìp
100	หนึ่งร้อย	nèung róy
1000	หนึ่งพัน	nèung pan
10 000	หนึ่งหมื่น	nèung mèun
100 000	หนึ่งแสน	nèung săan
1 000 000	หนึ่งล้าน	nèung láhn

Taxi	รับจ้าง	ráp jâhng
Túk-Túk	ตุ๊ก ๆ	đúk đúk
Zug	รถไฟ	rót fai

Wann fährt der ...Bus?	รถเมล์คัน ... มาเมื่อไร	rót mair kan ... mah mêu·a rai
erste	แรก	râak
letzte	สุดท้าย	sùt tái
nächste	ต่อไป	đòr ɓai

Eine ... Fahrkarte, bitte.	ขอตั๋ว ...	kŏr đŏo·a ...
einfache	เที่ยวเดียว	têe·o di·o
Hin- & Rückfahrt	ไปกลับ	ɓai glàp

Ich hätte gern einen ... Platz.	ต้องการ ที่นั่ง ...	đôrng gahn têe nâng ...
Gang	ติดทางเดิน	đìt tahng deun
Fenster	ติดหน้าต่าง	đìt nâh đàhng

Bahnsteig	ชานชาลา	chan-chah-lah
Ticketschalter	ช่องขายตั๋ว	tschŏrng kăi đŏo·a
Fahrplan	ตารางเวลา	đah-rahng wair-lah

Wann ist die Ankunft in (Chiang Mai)?
ถึง (เชียงใหม่) กี่โมง — tĕung (tschi·ang mài) dschèe mohng

Hält er in (Saraburi)?
รถจอดที่ (สระบุรี) ไหม — rót jòrt têe (sà-rà-bù-ree) măi

Bitte sagen Sie mir Bescheid, wenn wir (Chiang Mai) erreichen.
เมื่อถึง (เชียงใหม่) กรุณาบอกด้วย — mêu·a tĕung (tschi·ang mài) gà-rú-nah bòrk dôo·ay

Ich möchte in (Saraburi) aussteigen.
ขอลงที่(สระบุรี) — kŏr long têe (sà-rà-bù-ree)

Auto- & Radfahren

Ich möchte ein/einen ... mieten.	อยากจะ เช่า ...	yàhk jà tschôw ...
Auto	รถเก๋ง	rót gĕng
Motorrad	รถ มอร์เตอร์ไซค์	rót mor-đeu-sai

Ich möchte ...	ต้องการ ...	đôrng gahn ...
Mein Rad reparieren lassen.	ซ่อมรถ จักรยาน	sôrm rót jàk-gà-yahn
ein Rad leihen.	เช่ารถ จักรยาน	tschôw rót dschàk-gà-yahn

Ist dies die Straße nach (Ban Bung Wai)?
ทางนี้ไป (บ้านบุ่งหวาย) ไหม — tahng née ɓai (bâhn bùng wăi) măi

Wo ist eine Tankstelle?
ปั๊มน้ำมันอยู่ที่ไหน — bâm nám man yòo têe năi

Kann ich hier parken?
จอดที่นี่ได้ไหม — jòrt têe née dâi măi

Wie lange kann ich hier parken?
จอดที่นี่ได้นานเท่าไร — jòrt têe née dâi nahn tôw-rai

Ich brauche einen Mechaniker.
ต้องการช่างรถ — dôrng gahn tschâhng rót

Ich habe einen Platten.
ยางแบน — yahng baan

Ich habe kein Benzin mehr.
หมดน้ำมัน — mòt nám man

Brauche ich einen Helm?
ต้องใช้หมวกกันน๊อกไหม — dôrng tschái mòo·ak gan nórk măi

WEGBESCHREIBUNGEN

Wo ist ...?
... อยู่ที่ไหน — ... yòo têe năi

Wie lautet die Adresse?
ที่อยู่คืออะไร — têe yòo keu à-rai

Könnten Sie das bitte aufschreiben?
เขียนลงให้ได้ไหม — kĕe·an long hâi dâi măi

Können Sie mir (das auf der Karte) zeigen?
ให้ดู (ในแผนที่) ได้ไหม — hâi doo (nai păan têe) dâi măi

Links/rechts abbiegen.
เลี้ยวซ้าย/ขวา — lée·o sái/kwăh

Es ist ...	อยู่ ...	yòo ...
geradeaus	ตรงไป	đrong bai
hinter	ที่หลัง	têe lăng
neben	ข้างๆ	kâhng kâhng
vor	ตรงหน้า	đrong nâh

GLOSSAR

Das Glossar beinhaltet Begriffe aus dem Thai, dem Pali (P) und dem Sanskrit (S), die in diesem Guide verwendet werden. Erläuterungen zu Wörtern aus dem Bereich Essen & Trinken stehen auf S. 809, 811 und 814.

ajahn – *(aajaan)* respektvolle Bezeichnung für einen Lehrer; von *acarya* (Sanskrit)

amphoe – *(amphur)* Distrikt, kleinere Gliederungseinheit als Provinz

AUA – American University Alumni

bâhn – *(ban)* Haus; Dorf

Baht – *(bàat)* thailändische Währung

bàht – Gewichtseinheit (15 g); runde Schüssel, in der Mönche Lebensmittelspenden sammeln

BKS – Baw Khaw Saw (thailändisches Akronym für den Verkehrsbetrieb)

bodhisattva (S) – im Theravada-Buddhismus Bezeichnung für die Leben Buddhas vor seiner Erleuchtung

bòht – zentrales Heiligtum in einem Tempel, das für offizielle Zeremonien der Mönche genutzt wird (z. B. Weihen); geht auf den Pali-Begriff *uposatha (ubohsòt)* zurück; s. auch *wí·hăhn*

bòr nám rórn – Thermalquellen

Brahman – gehört zum Brahmanismus, einer alten religiösen Tradition in Indien, dem Vorläufer des Hinduismus; nicht zu verwechseln mit „Brahmane" (Angehöriger der indischen Priesterkaste)

BTS – kurz für Bangkok Transit System (Skytrain), auf Thai: *rót fai fáh*

ɓah·đé – Batik

CAT – Staatliche Telefongesellschaft

chedi – s. *stupa*

chow – Volk

chow lair – *(chow nám)* halbnomadisches Fischervolk

CPT – Kommunistische Partei Thailands

doy – „Berg" im nordthailändischen Dialekt; in Eigennamen „Doi"

đròrk – *(trok)* Gasse, enger als eine *soi*

fa·ràng – Ausländer aus dem Westen (europäische Wurzeln); auch: Guave

gà·teu·i – *(kàthoey)* das „dritte Geschlecht" in Thailand, gewöhnlich männliche Transvestiten oder Transsexuelle; auch *ladyboys*

gopura (S) – Eingangspavillon in der traditionellen Hindu-Tempelarchitektur, ist häufig bei Tempelanlagen aus der Angkor-Zeit zu erkennen

hàht – Strand; in Eigennamen „Hat" geschrieben

hŏr đrai – eine Tripitaka-Halle (Saal mit buddhistischen Schriften)

hôrng – *(hong)* Raum; in Südthailand sind Inselhöhlen gemeint, die zur Hälfte unter Wasser liegen

Isaan – *(i·săhn)* bezeichnet den Nordosten Thailands

jataka (P) – *(chah·dòk)* Geschichte über Buddhas frühere Leben

jin – Chinese

jin hor – wörtlich „galoppierender Chinese", gemeint sind die berittenen yunannesischen Händler

kàthoey – s. *gà·teu·i*

klorng – Kanal; in Eigennamen „Khlong" geschrieben

kŏhn – Tanztheater mit Masken; basiert auf den Ramakian-Erzählungen

kŏw – Hügel oder Berg; in Eigennamen „Khao"

KMT – Kuomintang (chinesische Nationalpartei)

KNU – Karen National Union, politischer Arm der Karen-Volksgruppe

ku – kleiner Stupa, der teilweise hohl und offen ist

kùtì – Wohnstätte von Mönchen

lăam – Kap; in Eigennamen „Laem"

Ladenhaus – meist zweistöckiges Gebäude: Im Erdgeschoss ist ein Geschäft, oben wird gewohnt; auch *shophouse*

làk meu·ang – Stadtsäule

lék – klein; s. auch *noi*

longyi – birmanischer Sarong

lôok tûng – thailändische Countrymusik

lôw kŏw – weißer Whisky, häufig ein selbst gebrannter Reisschnaps

mâa chi – thailändische buddhistische Nonne

mâa nám – Fluss; in Eigennamen „Mae Nam"

mahathat – *(má·hăh tâht)* Sammelbezeichnung für Tempel, in denen Buddha-Reliquien aufbewahrt werden; vom Sanskrit-Pali-Begriff *mahadhatu*

masjid – *(mát·sà·yít)* Moschee

mát·mèe – Technik zum Batiken von Seiden- und Baumwollfäden und zum Weben komplexer Muster ähnlich dem indonesischen *ikat*; der Ausdruck bezeichnet auch die Muster selbst

meu·ang – Stadt oder Fürstentum

mon·dòp – kleiner Platz, Bauwerk mit Turm in einem wát; vom Sanskrit-Begriff *mandapa* abstammend

mu·ay tai – *(muay thai)* Thaiboxen

mŏr lam – eine Musiktradition aus dem Isaan, ähnlich dem *lôok tûng*

naga (P/S) – *(nâhk)* ein mythisches, schlangenähnliches Wesen mit magischen Kräften

ná·kon – Stadt; vom Sanskrit-Pali-Ausdruck *nagara;* in Eigennamen „Nakhon"

nám – Wasser

nám đòk – Wasserfall; in Eigennamen „Nam Tok" geschrieben

neun – Hügel; in Eigennamen „Noen" geschrieben

nibbana (P/S) – Nirvana; in der buddhistischen Lehre der Zustand der Erleuchtung; die Flucht aus dem Wiedergeburtszyklus; auf Thai: *níp·pahn*

noi – *(nóy)* klein, gering (bei Mengen); s. auch *lék*

nôrk – draußen, außerhalb; in Eigennamen „Nok"

ow – Bucht oder Golf; in Eigennamen „Ao"

pâh mát·mèe – *mát·mèe* Stoff

pěe – Geist

pík·sù – ein buddhistischer Mönch; vom Sanskrit-Begriff *bhikshu* und vom Pali-Begriff *bhikkhu*

PLAT – People's Liberation Army of Thailand, thailändische Volksbefreiungsarmee

prá – ein ehrfurchtsvoller Terminus für Mönche, Adelige und Buddha-Statuen; „Phra" in Eigennamen

prá krêu·ang – Amulette von Mönchen, Buddhas oder Gottheiten, die zum Schutz durch die Geister um den Hals getragen werden; auch *prá pim* genannt

prá pum – Erdgeister oder Wächter

prang – *(ɓrahng)* Tempeltürme im Khmer-Stil

prasat – *(ɓrah·sàht)* kleines, reich verziertes Gebäude, das religiösen Zwecken dient – es befindet sich auf dem Tempelgelände, hat einen kreuzförmigen Grundriss und einen spitzen, dünnen Turm; jede Halle in einem Gebäudekomplex, die religiösen Zwecken dient bzw. von Bedeutung für die Monarchie ist

rót aa – blauweißer, klimatisierter Bus

rót norn – Schlafbus

săh·lah – überdachter Saal, an den Seiten offen, für Zusammenkünfte oder auch als Ruhestätte genutzt; vom portugiesischen *sala*, wörtlich übersetzt „Zimmer"

săhm·lór – dreirädrige Fahrradrikscha

samsara (P) – in der buddhistischen Lehre das Reich der Wiedergeburt und Verwirrung

sangha – (P) die buddhistische Gemeinde

Satang – *(sà·đahng)* thailändische Währungseinheit; 100 Satang sind 1 Baht

serow – asiatische Bergziege

sêua môr hôrm – Bauernhemd aus blauer Baumwolle

soi – schmale Straße

Songkran – thailändisches Neujahr, findet Mitte April statt

sŏrng·tăa·ou – (wörtlich „zwei Reihen") Sammelbezeichnung für kleine Transporter mit zwei Sitzreihen hinten, die als Busse/Taxis eingesetzt werden; auch *săwngthăew* geschrieben

SRT – staatliche Eisenbahn Thailands

stupa – konisch geformtes buddhistisches Monument, in dem heilige buddhistische Gegenstände aufbewahrt werden

tâh – Pier, Bootslandesteg; in Eigennamen „Tha" geschrieben

tâht – vierseitiges Buddhareliquium, kommt häufig im Nordosten vor; in Eigennamen „That" geschrieben

tâm – Höhle; in Eigennamen „Tham" geschrieben

tam bun – sich religiösen Verdienst erwerben

tambon – s. *đam·bon*

TAT – Tourism Authority of Thailand, thailändische Tourismusbehörde

Thammayut – eine der beiden Sekten des Theravada-Buddhismus in Thailand; gegründet von König Rama IV. während seiner Zeit als Mönch

thanŏn – *(tà·nŏn)* Straße; in Eigennamen „Thanon" geschrieben, abgekürzt „Th"

T-pop –Teenie-Popmusik

tràwk – s. *đròrk*

trimurti (S) – Dreieinigkeit der Hauptgottheiten des Hinduismus: Brahma, Shiva und Vishnu

Tripitaka (S) – Schriften des Theravada-Buddhismus (Pali: *Tipitaka*)

túk–túk – *(đúk–đúk)* motorisiertes *săhm·lór*

vipassana (P) – *(wí·Ƀàt·sà·nah)* bedeutet „Einsicht"; buddhistische Meditationstechnik

wâi – thailändische Begrüßungsgeste: Handflächen gegeneinander drücken

wan prá – im Buddhismus die heiligen Tage im Monatsverlauf; sie orientieren sich an den Hauptmondphasen (Vollmond, Neumond, Halbmond)

wang – Palast

wát – Tempel–Kloster; kommt vom Pali-Ausdruck *avasa* („Mönchsbehausung"); in Eigennamen „Wat" geschrieben

wí·hăhn – *(wihan, viharn)* jede große Halle in einem thailändischen Tempel, häufig auch für Nichtbuddhisten zugänglich; kommt aus dem Sanskrit: *Vihara* heißt „Behausung, Wohnstatt"

Yawi – traditionelle Sprache in den malaiischen Gebieten auf Java, Sumatra und der malaiischen Halbinsel, weit verbreitet in den meisten südlichen Provinzen Thailands. Die Schrift basiert auf dem klassischen arabischen Alphabet (mit fünf zusätzlichen Buchstaben)

yài – groß

Hinter den Kulissen

WIR FREUEN UNS ÜBER EIN FEEDBACK

Post von Travellern zu bekommen, ist für uns ungemein hilfreich – Kritik und Anregungen halten uns auf dem Laufenden und helfen, unsere Bücher zu verbessern. Unser reiseerfahrenes Team liest alle Zuschriften ganz genau, um zu erfahren, was an unseren Reiseführern gut und was schlecht ist. Wir können solche Post zwar nicht individuell beantworten, aber jedes Feedback wird garantiert schnurstracks an die jeweiligen Autoren weitergeleitet, rechtzeitig vor der nächsten Nachauflage.

Wer Ideen, Erfahrungen und Korrekturhinweise zum Reiseführer mitteilen möchte, hat die Möglichkeit dazu auf **www.lonelyplanet.com/contact/guidebook_feedback/new**. Anmerkungen speziell zur deutschen Ausgabe erreichen uns über **www.lonelyplanet.de/kontakt**.

Hinweis: Da wir Beiträge möglicherweise in Lonely Planet Produkten (Reiseführer, Websites, digitale Medien) veröffentlichen, ggf. auch in gekürzter Form, bitten wir um Mitteilung, falls ein Kommentar nicht veröffentlicht oder ein Name nicht genannt werden soll. Wer Näheres über unsere Datenschutzpolitik wissen will, erfährt das unter www.lonelyplanet.com/privacy.

DANK VON LONELY PLANET

Vielen Dank den Reisenden, die uns hilfreiche Hinweise, nützliche Ratschläge und interessante Anekdoten mitteilten:

A Alma Asuai, Andrea Zanchi, Anne Légaré **B** Bill Weir **C** Charlotte Toolan, Clare Blenkinsop **D** Daniëlle Wolbers, David Cross, Déan Smits, Des Moriarty **E** Elisa Fernandez, Eric Bitencourt **F** Francesco Agnelli, Francesco Franceschi **G** Geoffrey Taylor, Grant Jarvis **H** Hans van Ek **I** Isabella Capel-Timms **J** Jarosław Śmietana, Jeroen Reitsma, Jessica Meier, Jildau van den Berg, Jocelyn Bulgin, John Zachariassen, Jourdan Shapiro, Julian Rudd, Juliane Dicke, July Marín **K** Karen Fogh, Karlie Drutz, Keith Freeman, Kerry O'Connor **L** Leah Kroes, Louis Aarts, Lucia Urgell **M** Maria Clavero , Marielle Boivin, Matthew Huxtable, Michael Roos, Michelle Tan, Mike Kear **N** Nicholas Jarvis **P** Peter Lilley **R** Rob Falloon, Roscoe Ward **S** Samantha Jeffery, Sarah North, Sharon Dayan, Shira Rotem , Simon Partridge, Stéphanie Visser, Stig Buch **U** Ursula Rose **V** Veronika Stalz **W** Wendy Chrisman, Willemijn Schneyder **Z** Zdenek Klusacek

DANK DER AUTOREN

Mark Beales

Zuerst einen Dank an Sarah Reid, die mir Gelegenheit gab, zu diesem Band zurückzukehren. In Bang Saen hatten Michiel und Mynd einige tolle Tipps, und auf Ko Kut war Seren einfach fabelhaft. Auf Ko Chang danke ich Ian, Lisa und Olivier für ihre große Hilfe und Eric und Issac für tolle Tipps. Die Mitarbeiter der TAT waren so hilfreich wie stets, ganz besonders K. Suladda und K. Kesorn. Mein letzter Dank geht schließlich an Ann und Daniel.

Tim Bewer

Ein herzliches *kòrb kun kráp* an all die vielen Menschen, die mir bei dieser Neubearbeitung geholfen haben. Besonders viel Unterstützung erhielt ich von Prapaporn Sompakdee. Und natürlich geht ein besonderer Dank an Suttawan – für so vieles.

Joe Bindloss

Wie stets geht mein Dank an Linda und Tyler, weil sie mir halfen, verbindlich zu beantworten, welche Elefantenzentren, Restaurants, Klöster und Wasserfälle wirklich familienfreundlich sind, und weil sie zu Hause die Stellung hielten, während ich meine Recherchen abschloss. In Chiang Mai geht mein Dank an die Tourist Authority of Thailand, das Personal von Awana House, die vielen geduldigen Fahrer, die die vielen Zwischenstopps auf den Fahrten durch die Hügel erduldeten, und an all die Einheimischen und Traveller, die mir halfen, neue und überraschende Dinge zu entdecken.

Austin Bush

Mein Dank geht an die Autoren der letzten Auflage dieses Reiseführers, Joe Cummings und China Williams – manche eurer Worte leben weiter! Außerdem danke ich der leitenden Redakteurin Sarah Reid, Pongtawat „Ian" Chalermkittichai und Joe Cummings, den ortskundigen Experten dieser Auflage, den Teilzeit-Rechercheassistentinnen Kathy MacLeod und Maher Sattar und all den übrigen freundlichen Leuten vor Ort in Bangkok und Nordthailand.

David Eimer

Mein Dank geht an Sarah Reid und die gesamte Crew von LP. Und wie immer danke ich besonders all jenen, die mir bewusst oder unbewusst Tipps gegeben haben.

Bruce Evans

Ich hatte das Glück, dass mir zwei gute Freunde bei diesem Trip halfen: Gamontip Prayoontong (Dukata) sowie Thanom Kongphet, einer meiner alten Kumpel aus meiner Zeit als buddhistischer Mönch, der mich zu einer Straßentour durch Nong Khai, Udon Thani und Bueng Kan (seiner Heimatstadt) mitnahm. Ein Dankeschön gilt auch Khun Sutchaniphat und Khun Banphot für den Ausflug nach Phu Thok. Bei Lonely Planet geht mein Dank an die leitende Redakteurin Sarah Reid, die mich mit der Arbeit betraute, und an Anthony Ham für wertvolle Tipps zum Schreiben. In Thailand danke ich meinem Mitautor Tim Bewer für Informationen zu seiner Heimatregion.

Damian Harper

Ein herzlicher Dank an alle, die mir den Weg ebneten und Ideen, Hilfe und Vorschläge einbrachten, ganz besonders an Neal Bambridge, Charoon Juntra, Brigitte Gomm, Matt Rubin, Jessica Meier, Eveline Fortuin, Amanda, Suwatchai Praesomboon, Stanley Chang und Mark Tewari. Mich freute die Gesellschaft der netten Familie auf der Zugfahrt von Hat Yai nach Surat Thani – ihr seid prima, Leute, und ich wünsche euch alles Glück der Welt! Ein Dank geht auch an John, meinen Bruder und Thailand-Fan. Und ein Dankeschön wie immer auch an Daisy, Tim und Emma.

Isabella Noble

Ich danke allen, die mir unterwegs halfen, ob bewusst oder nicht, insbesondere Jamie Monk und Lee Cobaj für die tollen Infos zu Phuket. Ein Dankeschön geht an Paul auf Ko Phayam, den Elefantenexperten John Roberts, die Crew des Gibbon Rehabilitation Project und an Ann für ihre Tipps zur thailändischen Sprache. Zudem danke ich meinen emsigen Mitautoren, insbesondere den Inselexperten Mark Beales und Damian Harper. Ein herzlicher Dank für ihre Unterstützung gebührt Andrew, Raquel und Papi sowie meinem liebsten Recherche-Helfer Jack Noble.

QUELLENNACHWEIS

Die Klimakartendaten stammen von Peel MC, Finlayson BL & McMahon TA (2007) *Updated World Map of the Koppen-Geiger Climate Classification*, erschienen in der Zeitschrift *Hydrology and Earth System Sciences*, Ausgabe 11, 1633–44.

Abbildungen S. 64–65 und S. 66–67 von Michael Weldon.

Titelfoto: Buddhistische Mönche entzünden schwebende Laternen, lifeispixels/Getty ©.

ÜBER DIESES BUCH

Dies ist die 6. deutschsprachige Auflage von *Thailand*, basierend auf der 16. englischsprachigen Auflage von *Thailand*, die von Mark Beales, Tim Bewer, Joe Bindloss, Austin Bush, David Eimer, Bruce Evans, Damian Harper und Isabellea Noble recherchiert und geschrieben wurde.

Dieser Reiseführer wurde von folgenden Mitarbeitern betreut:

Verantwortliche Redakteurin Sarah Reid

Redaktion Elin Berglund, Alison Ridgway

Leitende Kartografin Diana Von Holdt

Buchdesign Cam Ashley

Redaktionsassistenz Andrew Bain, Judith Bamber, Nigel Chin, Gabrielle Innes, Anne Mulvaney, Monique Perrin, Christopher Pitts, Vicky Smith, Gabrielle Stefanos

Kartografieassistenz David Kemp, Valentina Kremenchutskaya

Umschlagrecherche Naomi Parker

Dank an Daniel Corbett, Bruce Evans, Andi Jones, Karyn Noble, Ellie Simpson, Tasmin Waby, Lauren Wellicome, Maureen Wheeler

Register

Verweise auf Karten **000**
Verweise auf Fotos **000**

Verweise auf Karten **000**
Verweise auf Fotos **000**

Verweise auf Karten **000**
Verweise auf Fotos **000**

Verweise auf Karten **000**
Verweise auf Fotos **000**

U

V

W

Verweise auf Karten **000**
Verweise auf Fotos **000**

Kartenlegende

Sehenswertes

- Strand
- Vogelschutzgebiet
- buddhistisch
- Schloss/Palast
- christlich
- konfuzianisch
- hinduistisch
- islamisch
- jainistisch
- jüdisch
- Denkmal
- Museum/Galerie/historisches Gebäude
- Ruine
- Sento-Bad/Onsen
- schintoistisch
- sikhistisch
- taoistisch
- Weingut/Weinberg
- Zoo/Tierschutzgebiet
- andere Sehenswürdigkeit

Aktivitäten, Kurse & Touren

- bodysurfen
- tauchen
- Kanu/Kajak fahren
- Kurs/Tour
- Ski fahren
- schnorcheln
- surfen
- Schwimmbecken
- wandern
- windsurfen
- andere Aktivität

Schlafen

- Unterkunft
- Camping

Essen

- Lokal

Ausgehen & Nachtleben

- Bar/Kneipe
- Café

Unterhaltung

- Unterhaltung

Shoppen

- Shoppen

Praktisches

- Bank
- Botschaft/Konsulat
- Krankenhaus/Arzt
- Internetzugang
- Polizei
- Post
- Telefon
- Toilette
- Touristeninformation
- andere Einrichtung

Geografisches

- Strand
- Hütte/Unterstand
- Leuchtturm
- Aussichtspunkt
- Berg/Vulkan
- Oase
- Park
- Pass
- Picknickplatz
- Wasserfall

Städte

- Hauptstadt (Staat)
- Hauptstadt (Bundesland/Provinz)
- Großstadt
- Kleinstadt/Ort

Verkehrsmittel

- Flughafen
- BART-Station
- Grenzübergang
- T-Station (Boston)
- Bus
- Seilbahn/Gondelbahn
- Fahrrad
- Fähre
- Metro/Muni-Station
- Einschienenbahn
- Parkplatz
- Tankstelle
- U-Bahn/SkyTrain-Station
- Taxi
- Bahnhof/Zug
- Straßenbahn
- U-Bahnhof
- anderes Verkehrsmittel

Achtung: Nicht alle der abgebildeten Symbole werden auf den Karten im Buch verwendet

Verkehrswege

- Mautstraße
- Autobahn
- Hauptstraße
- Landstraße
- Verbindungsstraße
- sonstige Straße
- unbefestigte Straße
- Straße im Bau
- Platz/Promenade
- Treppe
- Tunnel
- Fußgänger-Überführung
- Stadtspaziergang
- Abstecher (Stadtspaziergang)
- Pfad/Wanderweg

Grenzen

- Internationale Grenze
- Bundesstaat/Provinz
- umstrittene Grenze
- Region/Vorort
- Meerespark
- Klippen
- Mauer

Gewässer

- Fluss/Bach
- periodischer Fluss
- Kanal
- Wasser
- Trocken-/Salz-/periodischer See
- Riff

Gebietsformen

- Flughafen/Startbahn
- Strand/Wüste
- Friedhof (christlich)
- Friedhof
- Gletscher
- Watt
- Park/Wald
- Sehenswürdigkeit (Gebäude)
- Sportgelände
- Sumpf/Mangrove

DIE AUTOREN

Mark Beales

Ko Chang & Ostküste Mark arbeitete 13 Jahre lang als Journalist und tauschte dann das kühle Großbritannien gegen die sonnigeren Küsten Thailands aus. Seit 2004 lebt er in Thailand, hat an einem runden Dutzend Lonely Planet Bänden mitgearbeitet, sich als Fernsehmoderator betätigt und seinen Rucksack in jedes südostasiatische Land geschleppt. Gegenwärtig leitet er die englische Fakultät einer internationalen Schule an der Ostküste. Mark ist verheiratet mit Ann, sie haben einen Sohn namens Daniel. Mehr zu Marks Arbeit findet sich unter www.markbeales.com. Mark hat auch die Kapitel *Thailands Top 20*, *Gut zu wissen*, *Thailand für Einsteiger*, *Was gibt's Neues?*, *Wie wär's mit…*, *Reiserouten*, *Aktivitäten* und *Thailand im Überblick* verfasst.

Mehr über Mark gibt's hier:
http://auth.lonelyplanet.com/profiles/markbeales_thailand

Tim Bewer

Zentralthailand Als Kind ist Tim nicht viel gereist, aber als Erwachsener hat er das nachgeholt. Er hat mehr als 80 Länder bereist, darunter die meisten in Südostasien. Nach dem Studium arbeitete er kurzzeitig als Parlamentsreferent, ehe er das Leben im Kapitol gegen eine Rucksacktour durch Westafrika austauschte. Bei dieser Reise beschloss er, sich fortan als freier Reiseautor und Fotograf zu betätigen und ist seither dabei geblieben. Jetzt lebt er in Khon Kaen, Thailand. Weitere Infos zu ihm finden sich unter www.timbewer.com.

Mehr über Tim gibt's hier:
http://auth.lonelyplanet.com/profiles/timbewer

Joe Bindloss

Provinz Chiang Mai Joe entdeckte seine Liebe für Thailand bei einer Landreise durch Asien in den frühen 1990er-Jahren und ist seither öfter in das Land zurückgekehrt, als er zählen kann – um zu klettern, zu tauchen, zu wandern und Küchenutensilien einzukaufen, damit er auch zu Hause tolle Thai-Gerichte kochen kann. Joe ist Autor von mehr als 50 Lonely Planet-Titeln, von *Thailand* und *Myanmar* bis zu *Indien* und *Nepal*. Wenn er nicht gerade unterwegs ist, arbeitet er als leitender Redakteur für den indischen Subkontinent bei Lonely Planet.

Austin Bush

Bangkok Austin kam 1999 mit einem Sprachstipendium für die Universität Chiang Mai nach Thailand. Das aufregende Stadtleben, die Arbeitssuche und scharfes Essen lockten ihn schließlich nach Bangkok. Und das aufregende Stadtleben, die Arbeitssuche und scharfes Essen haben ihn seither auch hier gehalten. Austin stammt aus Oregon und beschäftigt sich als Autor und Fotograf mit Vorliebe mit kulinarischen Themen. Beispiele seiner Arbeiten sind auf www.austinbushphotography.com zu sehen. Austin schrieb auch die Kapitel *Willkommen in Thailand*, *Essen & trinken wie die Thais*, *Essen & Trinken* sowie *Praktische Informationen*.

Mehr über Austin gibt's hier:
http://auth.lonelyplanet.com/profiles/ost_th

David Eimer

Hua Hin & nördliche Golfregion Nach zehn Jahren, in denen David in Thailand nur auf Strände und gutes Essen aus war, zog er 2012 schließlich nach Bangkok. Seither hat ihn seine Arbeit als Journalist für diverse Zeitungen und Zeitschriften vom äußersten Süden bis in den äußersten Norden und praktisch in jeden Winkel des Landes geführt. Bevor er nach Bangkok kam, lebte der gebürtige Londoner sieben Jahre in Beijing und danach fünf Jahre in Los Angeles.

Bruce Evans
Nordostthailand Bruce kam 1973 das erste Mal nach Thailand, und es war Liebe auf den ersten Blick. 1975 kam er zurück. Seine spirituelle Suche führte ihn in ein buddhistisches Kloster in Nordostthailand, in dem der ehrwürdige Ajahn Chah, ein berühmter Meditationslehrer, wirkte. Bruce wurde Mönch und lebte in verschiedenen Klöstern, überwiegend im Isan. Nach 17 Jahren verließ er den Mönchsstand und arbeitete als Redakteur und Übersetzer in Bangkok, ehe er ach 1999 nach Australien zog, wo er bis 2013 als Redakteur und Herausgeber bei Lonely Planet rbeitete. Jetzt ist er freier Lektor, Übersetzer und Dolmetscher. Er ist verheiratet und hat mit seier Frau Lek zwei Kinder, Emilie und Richard. Es freute ihn sehr, für diese Auflage von Thailand seine lten Jagdgründe wieder einmal zu besuchen.

Damian Harper
Ko Samui & südliche Golfregion Damian tauschte eine Karriere im Buchhandel gegen ein vierjähriges Chinesischstudium ein. Diese Entscheidung führte ihn in den Fernen Osten, zum Reisejournalismus und zum Verfassen von Reiseführern. Seit den späten 1990er-Jahren arbeitete er an so verschiedenen Lonely Planet Führern wie *China*, *Malaysia, Singapore & Brunei*, *Vietnam*, *Hong Kong, Macau and Guangzhou*, *London* und *Irland* mit. Weitere Infos über ihn stehen auf seiner Vebsite www.damianharper.com. Damian verfasste auch die Kapitel *Monat für Monat*, *Mit Kindern eisen*, *Bevölkerung & Kultur*, *Kunst & Architektur* sowie *Natur & Umwelt*.

Isabella Noble
Phuket & Andamanenküste Isabella hat englisch-australisch-spanische Wurzeln und schreibt über Thailand, Indien, Spanien und andere Länder für Lonely Planet, Telegraph Travel und weitere Verlage. Trotz Phukets touristischem Ruf ist sie ein großer Fan der Insel (sie verfasste auch den Lonely Planet Band *Pocket Phuket*). Ihre Liebe zur Andamanenküste entdeckte sie 2008 bei einer Backpackertour. Dieses Mal waren ihre interessantesten Erlebnisse Bootsfahrten rund um das rachtvolle Ko Ngai, ziellose Spaziergänge in der farbenfrohen Stadt Phuket, Tubing in Khao Sok nd schließlich Einsamkeit und Stille auf Ko Phayam. Isabella lebt in London und bloggt unter www. sabellanoble.blogspot.com. Zu finden ist sie auch bei Twitter und Instagram (@isabellamnoble).

Mehr über Isabella gibt's hier:
http://auth.lonelyplanet.com/profiles/isabellanoble

DIE LONELY PLANET STORY

Ein ziemlich mitgenommenes, altes Auto, ein paar Dollar in der Tasche und eine Vorliebe für Abenteuer – 1972 war das alles, was Tony und Maureen Wheeler für die Reise ihres Lebens brauchten, die sie durch Europa und Asien bis nach Australien führte. Die Tour dauerte einige Monate, und am Ende saßen die beiden – pleite, aber voller Inspiration – an ihrem Küchentisch und schrieben ihren ersten Reiseführer *Across Asia on the Cheap*. Innerhalb einer Woche hatten sie 1500 Exemplare verkauft. Lonely Planet war geboren.

Heute hat der Verlag Büros in Melbourne, London und Oakland und mehr als 600 Mitarbeiter und Autoren. Und alle teilen Tonys Überzeugung: „Ein guter Reiseführer sollte drei Dinge tun: informieren, bilden und unterhalten."

Lonely Planet Global Limited

Unit E, Digital Court,
The Digital Hub,
Rainsford Street,
Dublin 8,
Ireland

Verlag der deutschen Ausgabe:
MAIRDUMONT, Marco-Polo-Str. 1, 73760 Ostfildern,
www.lonelyplanet.de, www.mairdumont.com
info@lonelyplanet.de

Chefredakteurin deutsche Ausgabe: Birgit Borowski

Übersetzung: Berna Ercan, Tobias Ewert, Karen Gerwig, Marion Gref-Timm, Gabriela Huber Martins, Laura Leibold, Britt Maaß, Marion Matthäus, Dr. Christian Rochow

An früheren Auflagen haben außerdem mitgewirkt: Julie Bacher, Berit Lina Barth, Dorothee Büttgen, Agnes Dubberke, Monika Grabow, Stefanie Gross, Nicola Halschke, Tina Heidborn, Barbara Imgrund, Sebastian Krack, Jürgen Kucklinski, Andreas Loos, Ute Perchtold, Annika Plank, Hauke Reich, Marion Reuter, Andrea Schleipen, Imke Schlüter, Dr. Frauke Sonnabend, Katja Weber

Redaktion: Annegret Gellweiler, Frank Müller, Olaf Rappold, Julia Wilhelm (red.sign, Stuttgart)

Redaktionsassistenz: Adriana Popescu, Sylvia Scheider-Schopf

Satz: Sylvia Scheider-Schopf (red.sign, Stuttgart)

Thailand

6. deutsche Auflage November 2016, übersetzt von *Thailand, 16th edition*, Juli 2016,
Lonely Planet Global Limited

Printed in Poland

Obwohl die Autoren und Lonely Planet alle Anstrengungen bei der Recherche und bei der Produktion dieses Reiseführers unternommen haben, können wir keine Garantie für die Richtigkeit und Vollständigkeit dieses Inhalts geben. Deswegen können wir auch keine Haftung für eventuell entstandenen Schaden übernehmen.

FSC
www.fsc.org
MIX
Papier aus verantwortungsvollen Quellen
FSC® C018236